Marx
Handbuch zum Flüchtlingsschutz
Erläuterungen zur Qualifikationsrichtlinie
2. Auflage

Marx

Handbuch zum Flüchtlingsschutz

Erläuterungen zur Qualifikationsrichtlinie

von

Dr. Reinhard Marx
Rechtsanwalt

2. Auflage

 Luchterhand 2012

Bibliografische Information der Deutschen Nationalbibliothek

Die Deutsche Nationalbibliothek verzeichnet diese Publikation in der Deutschen Nationalbibliografie; detaillierte bibliografische Daten sind im Internet über http://dnb.d-nb.de abrufbar.

ISBN 978-3-472-08023-7

www.wolterskluwer.de
www.luchterhand-fachverlag.de

Alle Rechte vorbehalten.
© 2012 Wolters Kluwer Deutschland GmbH, Luxemburger Straße 449, 50939 Köln.
Luchterhand – eine Marke von Wolters Kluwer Deutschland GmbH.

Das Werk einschließlich aller seiner Teile ist urheberrechtlich geschützt. Jede Verwertung außerhalb der engen Grenzen des Urheberrechtsgesetzes ist ohne Zustimmung des Verlages unzulässig und strafbar. Das gilt insbesondere für Vervielfältigungen, Übersetzungen, Mikroverfilmungen und die Einspeicherung und Verarbeitung in elektronischen Systemen.

Verlag und Autor übernehmen keine Haftung für inhaltliche oder drucktechnische Fehler.

Umschlagkonzeption: Martina Busch, Grafikdesign, Fürstenfeldbruck
Druck und Weiterverarbeitung: Poligrafia Janusz Nowak, Posen, Polen

Gedruckt auf säurefreiem, alterungsbeständigem und chlorfreiem Papier.

Das politische Asyl hat seine Schwächen;
häufig wird es nur deswegen wirksam,
weil die Menschen die Fähigkeit, sich zu schämen,
nicht gänzlich eingebüßt haben.

Otto Kirchheimer

Das Fehlen von Beweismitteln mag die Meinungsbildung
des Tatsachengerichtes erschweren, entbindet es aber nicht davon,
sich eine feste Überzeugung vom Vorhandensein des
entscheidungserheblichen Sachverhalts zu bilden.
Dies muss – wenn nicht anders möglich – in der Weise geschehen,
dass sich der Richter schlüssig wird, ob er dem Kläger glaubt.

Bundesverwaltungsgericht

Zuerst und vor allem findet der Raub der Menschenrechte dadurch statt,
dass einem Menschen der Standort in der Welt entzogen wird,
durch den seine Meinung Gewicht haben und seine Handlung Wirksamkeit
<...>
Nur bei vollständiger Organisiertheit des Menschengeschlechts konnte
der Verlust der Heimat und des politischen Status identisch werden mit der
Ausstoßung aus der Menschheit überhaupt.

Hannah Arendt

Vorwort zur zweiten Auflage

Die Richtlinie 2004/83/EG – Qualifikationsrichtlinie – ist inzwischen in der Praxis angekommen. Die deutsche Rechtsprechung hat zahlreiche, bislang für unumstößlich gehaltene dogmatische Gewissheiten selbstkritisch überprüft und an das Europarecht angepasst. Das Bundesverwaltungsgericht hat durch mehrere Vorabentscheidungsersuchen zur Frage der Ausschlussgründe und des Widerrufs Klärung durch den Europäischen Gerichtshof herbeigeführt. Zur Frage der Verfolgung wegen der Religion ist eine grundsätzliche Änderung der deutschen Rechtsprechung zu erwarten. Der Generalanwalt hat bereits am 19. April 2012 seinen Schlussantrag vorgestellt. Der Gerichtshof dürfte ihm weitgehend folgen, sodass die bisherige deutsche Asylrechtsdogmatik in dieser Frage nicht mehr relevant sein wird.

Wie nicht anders zu erwarten, steht der subsidiäre Schutz für Flüchtlinge aus Bürgerkriegsgebieten derzeit in der Union im Streit. Der *Elgafaji*-Test hat insoweit nicht zur Befriedung dieses Streits beigetragen, sondern diesen eher verschärft. Daher ist ein wesentliches Anliegen dieses Handbuchs, einerseits die bereits durch den Gerichtshof geklärten Fragen in dieser Rechtsfrage darzustellen, andererseits aber insbesondere die ungeklärten Rechtsfragen zu identifizieren und hierfür Lösungsversuche vorzustellen.

Der Richtliniengeber hat mit der Änderungsrichtlinie 2011/95/EU eine Überarbeitung der Richtlinie der Union zum Flüchtlingsschutz verabschiedet. Die Neuregelungen, die in einigen materiellrechtlichen Fragen Änderungen einführen, insbesondere aber eine weitgehende Gleichstellung der subsidiär Schutzberechtigten mit Flüchtlingen anstreben, werden bis spätestens zum 21. Dezember 2013 umzusetzen sein. Diese Entwicklungen und insbesondere die seit Herausgabe der ersten Auflage entwickelte europäische sowie die Rechtsprechung in den Mitgliedstaaten ist in dieser Auflage vollständig berücksichtigt worden, soweit sie zugänglich ist.

Wie in der Vorauflage ist Ausgangspunkt der Darstellung in diesem Handbuch der völkerrechtliche Flüchtlingsschutz und damit die Genfer Flüchtlingskonvention. Aus diesem Grund wurde der Titel des Handbuchs geändert. Es geht um den Flüchtlingsschutz. Dessen möglichst wirksame Verwirklichung ist das Ziel der Union. Das Handbuch versteht sich deshalb als Ratgeber für die Anerkennungspraxis auf der Grundlage der Konvention. Diese ist maßgebend für die Europäische Union. Deren Rechtsakte haben deren normative Vorgaben zu beachten.

Dementsprechend wird die bislang entwickelte Rechtsprechung des Gerichtshofs kritisch beleuchtet und aufgezeigt, dass dieser in seinen bisherigen Entscheidungen in zentralen Fragen einen eigenständigen, nicht unbedingt mit den völkerrechtlichen Entwicklungen übereinstimmenden Weg geht. Da der Gerichtshof für 27 Vertragsstaaten normativ verbindliche Interpretationsvorgaben für die Auslegung und Anwendung der Konvention vorschreibt, andererseits die Konvention insbesondere durch Staatenpraxis fortentwickelt wird, ist diese unionale Eigenwilligkeit nicht unbedenklich. Ein zentrales Anliegen dieses Handbuchs ist es deshalb, die völkerrechtlichen Grundlagen des Flüchtlingsschutzes darzustellen und dadurch dazu beizutragen, dass die Union einen völkerrechtsoffenen flüchtlingsrechtlichen Interpretationsansatz verfolgt.

Mit dieser Auflage wird erneut eine vollständige Überarbeitung und weitreichende Neugestaltung des Handbuchs vorgelegt. Dabei wurde die bisherige Gliederung nicht nur neu gestaltet, sondern wurden auch die entsprechenden Erörterungen gestrafft. Dadurch soll der Praxis ein besserer Zugang zu den einzelnen Rechtsfragen ermöglicht werden. Diesem Ziel dienen auch das Stichwortverzeichnis sowie ein ausführliches Gesetzesregister für diejenigen, die über die entsprechenden Normen der Richtlinie 2004/83/EG/2011/95/EU den Zugang zu einem Rechtsproblem suchen.

Reinhard Marx   Frankfurt am Main, den 25. Mai 2012

Verzeichnis der Schaubilder

Schaubild 1 zur Prüfstruktur des Flüchtlingsbegriffs 10
Schaubild 2 zur Verfolgungshandlung....................................... 23
Schaubild 3 zur Kriegsdienstverweigerung................................... 67
Schaubild 4 zum Wegfall des nationalen Schutzes............................ 89
Schaubild 5 zum wirksamen nationalen Schutz.............................. 110
Schaubild 6 zum internen Schutz.. 122
Schaubild 7 zu den Verfolgungsgründen 150
Schaubild 8 zur Verfolgung aus religiösen Gründen........................... 160
Schaubild 9 zur Verfolgung aus Gründen der Nationalität..................... 183
Schaubild 10 zur Verfolgung wegen der Zugehörigkeit zu einer bestimmten sozialen Gruppe 196
Schaubild 11 zur Verfolgung wegen des Geschlechts 219
Schaubild 12 zur Verfolgung wegen der politischen Überzeugung................ 266
Schaubild 13 zur Verfolgungsprognose 285
Schaubild 14 zu den Nachfluchtgründen.................................... 334
Schaubild 15 zu subjektiven Nachfluchtgründen im Folgeantragsverfahren 341
Schaubild 16 zur Anwendung der Ausschlussgründe nach Art. 12 Abs. 2 RL 2004/83/EG. 369
Schaubild 17 zur Anwendung des Ausschlussgrundes Art. 12 Abs. 2 Buchst. b) RL 2004/83/EG 378
Schaubild 18 zum Ausschluss wegen terroristischer Straftaten 398
Schaubild 19 zu den »Wegfall-der-Umstände-Klauseln« (Art. 11 Abs. 1 Buchst. e) und f) RL 2004/83/EG) 447
Schaubild 20 zum subsidiären Schutz...................................... 494
Schaubild 21 zur drohenden Verhängung oder Vollstreckung der Todesstrafe 502
Schaubild 22 zur drohenden Folter oder unmenschlichen oder erniedrigenden Behandlung oder Bestrafung.. 521
Schaubild 23 zur ernsthaften Bedrohung aufgrund willkürlicher Gewalt............... 567
Schaubild 24 zur erheblichen konkreten Gefahr 636
Schaubild 25 zu erheblichen konkreten Gesundheitsgefährdungen 644

Inhaltsübersicht

Teil 1	Flüchtlingsschutz	1
§ 1	Verbindlichkeit des Flüchtlingsrechts für die Union	3
§ 2	Funktion der Qualifikationsrichtlinie	5
§ 3	Umsetzung des Flüchtlingsrechts im deutschen Recht	7
§ 4	Zur Methodik dieses Handbuchs	8
§ 5	Flüchtlingsbegriff nach Art. 1 A Nr. 2 GFK	10
§ 6	Begriffselemente des Flüchtlingsbegriffs nach Art. 1 A Nr. 2 GFK	11
§ 7	Maßgebendes Herkunftsland (Art. 1 A Nr. 2 Abs. 2 GFK)	12
§ 8	Funktion des Begriffs der Verfolgungsfurcht	14
§ 9	Verfolgungsfurcht im Sinne der Qualifikationsrichtlinie	18
§ 10	Begriff der Verfolgung nach Art. 1 A Nr. 2 GFK	24
§ 11	Begriff der Verfolgungshandlung nach Art. 9 Abs. 1 Buchst. a) RL 2004/83/EG	26
§ 12	Begriff der schwerwiegenden Menschenrechtsverletzung (Art. 9 Abs. 1 Buchst. a) RL 2004/83/EG)	31
§ 13	Kumulationsansatz (Art. 9 Abs. 1 Buchst. b) RL 2004/83/EG)	34
§ 14	Regelbeispiele (Art. 9 Abs. 2 RL 2004/83/EG)	38
§ 15	Funktion des nationalen Schutzes im Flüchtlingsrecht	89
§ 16	Verfolgungsakteure (Art. 6 RL 2004/83/EG)	93
§ 17	Schutzakteure (Art. 7 Abs. 1 RL 2004/83/EG)	102
§ 18	Anforderungen an das nationale Schutzsystem (Art. 7 Abs. 2 RL 2004/83/EG)	110
§ 19	Interner Schutz (Art. 8 RL 2004/83/EG)	121
§ 20	Zusammenhangsklausel im Sinne von Art. 1 A Nr. 2 GFK	149
§ 21	Verfolgung wegen der Rasse (Art. 10 Abs. 1 Buchst. a) RL 2004/83/EG)	155
§ 22	Verfolgung wegen der Religion (Art. 10 Abs. 1 Buchst. b) RL 2004/83/EG)	158
§ 23	Verfolgung wegen der Nationalität (Art. 10 Abs. 1 Buchst. c) RL 2004/83/EG)	181
§ 24	Verfolgung wegen der Zugehörigkeit zu einer bestimmten sozialen Gruppe (Art. 10 Abs. 1 Buchst. d) Satz 1 RL 2004/83/EG)	194
§ 25	Verfolgung wegen der sexuellen Orientierung (Art. 10 Abs. 1 Buchst. d) Abs. 2 Satz 1 RL 2004/83/EG)	207
§ 26	Verfolgung aufgrund des Geschlechts (Art. 10 Abs. 1 Buchst. d) Abs. 2 Satz 3 zweiter Halbs. RL 2004/(3/EG)	216
§ 27	Verfolgung wegen der politischen Überzeugung (Art. 10 Abs. 1 Buchst. e) RL 2004/83/EG)	265
§ 28	Prognosetatsachen	285
§ 29	Beweisrechtliche Prognosemaßstäbe	294
§ 30	Verfolgungsprognose bei Gruppenverfolgungen	314
§ 31	»Sur place«-Flüchtling (Art. 5 Abs. 1 RL 2004/83/EG)	333
§ 32	Subjektive Nachfluchtgründe im Folgeantragsverfahren (Art. 5 Abs. 3 RL 2004/83/EG)	341
§ 33	Schutzgewährung durch eine andere Einrichtung der Vereinten Nationen (Art. 12 Abs. 1 Buchst. a) RL 2004/83/EG)	350
§ 34	Zuerkennung staatsbürgerschaftlicher Rechte und Pflichten (Art. 12 Abs. 1 Buchst. b) RL 2004/83/EG)	362
§ 35	Ausschluss wegen Schutzunwürdigkeit (Art. 12 Abs. 2 RL 2004/83/EG)	366

Inhaltsübersicht

§ 36	Verlustgründe (Art. 11 RL 2004/83/EG)	426
§ 37	Aufhebung der Flüchtlingseigenschaft (Art. 14 Abs. 3 bis 6 RL 2004/83/EG)	473
Teil 2	**Subsidiärer Schutz**	**491**
Abschnitt 1	**Unionsrechtlicher subsidiärer Schutz**	**493**
§ 38	Begriff des subsidiären Schutzes	494
§ 39	Erweiterung des Flüchtlingsbegriffs	497
§ 40	Todesstrafe (Art. 15 Buchst. a) RL 2004/83/EG)	500
§ 41	Folter oder unmenschliche oder erniedrigende Behandlung oder Bestrafung (Art. 15 Buchst. b) RL 2004/83/EG)	517
§ 42	Willkürliche Gewalt (Art. 15 Buchst. c) RL 2004/83/EG)	562
§ 43	Ausschlussgründe (Art. 17 RL 2004/83/EG)	604
§ 44	Verlustgründe (Art. 16 und 19 RL 2004/83/EG)	612
Abschnitt 2	**Nationaler subsidiärer Schutz**	**621**
§ 45	Begriff des nationalen subsidiären Schutzes	621
§ 46	Vorrang des unionsrechtlichen subsidiären Schutzes	623
§ 47	Refoulementverbote nach der EMRK (§ 60 Abs. 5 AufenthG)	625
§ 48	Erhebliche konkrete Gefahr für Leib, Leben oder Freiheit (§ 60 Abs. 7 Satz 1 AufenthG)	635
Teil 3	**Inhalt des Internationalen Schutzes**	**657**
§ 49	Gleichbehandlung von Flüchtlingen und subsidiär Schutzberechtigten	660
§ 50	Besonders schutzbedürftige Personen (Art. 20 Abs. 3 und 4 RL 2004/83/EG)	663
§ 51	Völkerrechtliche Bedeutung des Refoulementschutzes	668
§ 52	Refoulementschutz für Flüchtlinge (Art. 33 GFK)	669
§ 53	Refoulementschutz für subsidiär Schutzberechtigte	675
§ 54	Durchbrechung des Refoulementschutzes (Art. 21 Abs. 2 und 3 RL 2004/83/EG)	679
§ 55	Aufenthaltstitel (Art. 24 RL 2004/83/EG)	686
§ 56	Freizügigkeit (Art. 32 RL 2004/83/EG)	690
§ 57	Reisedokument (Art. 25 RL 2004/83/EG)	692
§ 58	Erwerbstätigkeit	699
§ 59	Sozialhilfe (Art. 28 RL 2004/83/EG)	703
§ 60	Medizinische Versorgung (Art. 29 RL 2004/83/EG)	706
§ 61	Wohnraum (Art. 31 RL 2004/83/EG)	709
§ 62	Bildung (Art. 27 RL 2004/83/EG)	713
§ 63	Integrationsmaßnahmen (Art. 33 RL 2004/83/EG)	716
§ 64	Einbürgerung	719

Inhaltsverzeichnis

Vorwort zur zweiten Auflage. VII
Verzeichnis der Schaubilder IX
Inhaltsübersicht XI
Inhaltsverzeichnis. XIII
Abkürzungsverzeichnis. XXVII
Literaturverzeichnis XXXIII

Teil 1   Flüchtlingsschutz 1

Kapitel 1   Bedeutung des Flüchtlingsschutzes für das Asylverfahren 3
§ 1   Verbindlichkeit des Flüchtlingsrechts für die Union. 3
§ 2   Funktion der Qualifikationsrichtlinie. 5
§ 3   Umsetzung des Flüchtlingsrechts im deutschen Recht 7
§ 4   Zur Methodik dieses Handbuchs. 8

Kapitel 2   Struktur des Flüchtlingsbegriffs nach Art. 1 A Nr. 2 GFK. 10
§ 5   Flüchtlingsbegriff nach Art. 1 A Nr. 2 GFK 10
§ 6   Begriffselemente des Flüchtlingsbegriffs nach Art. 1 A Nr. 2 GFK 11
§ 7   Maßgebendes Herkunftsland (Art. 1 A Nr. 2 Abs. 2 GFK) 12

Kapitel 3   Verfolgungsfurcht 14
§ 8   Funktion des Begriffs der Verfolgungsfurcht. 14
    1.   Entstehungsgeschichte des Begriffs der Verfolgungsfurcht 14
    2.   Inhaltliche Kriterien des Begriffs der Verfolgungsfurcht. 16
§ 9   Verfolgungsfurcht im Sinne der Qualifikationsrichtlinie. 18

Kapitel 4   Begriff der Verfolgungshandlung (Art. 9 RL 2004/83/EG) 21
§ 10   Begriff der Verfolgung nach Art. 1 A Nr. 2 GFK. 24
    1.   Geschichte des Verfolgungsbegriffs 24
    2.   Zweck des Verfolgungsbegriffs 24
§ 11   Begriff der Verfolgungshandlung nach Art. 9 Abs. 1 Buchst. a) RL 2004/83/EG 26
    1.   Begriff der Handlung. 26
    2.   Erfordernis der Individualisierung der Verfolgungshandlung 27
    3.   Prognoserechtliche Bedeutung der Verfolgungshandlung. 28
    4.   Dreistufiger Begriff der Verfolgungshandlung nach Art. 9 RL 2004/83/EG 30
§ 12   Begriff der schwerwiegenden Menschenrechtsverletzung (Art. 9 Abs. 1 Buchst. a) RL 2004/83/EG). 31
§ 13   Kumulationsansatz (Art. 9 Abs. 1 Buchst. b) RL 2004/83/EG) 34
    1.   Der völkerrechtliche Kumulationsansatz 34
    2.   Der unionsrechtliche Kumulationsansatz. 35
§ 14   Regelbeispiele (Art. 9 Abs. 2 RL 2004/83/EG) 38
    1.   Funktion der Regelbeispiele. 39
    2.   Anwendung physischer oder psychischer Gewalt (Art. 9 Abs. 2 Buchst. a) RL 2004/83/EG). 41
        a)   Indizwirkung der Gewaltanwendung 41
        b)   Folter 41
            aa)   Zweckrichtung der Folter 41
            bb)   Besondere Schwere der Behandlung oder Strafe 43
            cc)   Erweiterung des Folterbegriffs. 44
        c)   Körperliche Misshandlung und unmenschliche Behandlung 45

Inhaltsverzeichnis

		d)	Kurzfristige sicherheitsrechtliche Überprüfungen	46
		e)	Sexuelle Gewalt	48
			aa) Begriff der sexuellen Gewalt	48
			bb) Funktion der sexuellen Gewalt	50
			cc) Darlegungsprobleme	50
	3.	Diskriminierende Maßnahmen (Art. 9 Abs. 2 Buchst. b) RL 2004/83/EG)		51
		a)	Funktion des Diskriminierungsverbotes	51
		b)	Diskriminierungen im beruflichen und wirtschaftlichen Bereich	52
			aa) Verfolgungscharakter beruflicher und wirtschaftlicher Beschränkungen	52
			bb) Intensitätsgrad der Beeinträchtigungen	54
			cc) Alternative wirtschaftliche Überlebensmöglichkeiten	55
		c)	Ernsthafte Beeinträchtigungen im schulischen Bereich	56
	4.	Unverhältnismäßige oder diskriminierende Strafverfolgung oder Bestrafung (Art. 9 Abs. 2 Buchst. c) RL 2004/83/EG)		57
		a)	Funktion des Regelbeispiels	57
		b)	Abgrenzung der Verfolgung (persecution) von Strafverfolgung (prosecution)	57
		c)	Staatsschutzdelikte	60
		d)	Politmalus	61
		e)	Individualisierung der Strafverfolgung	62
		f)	Anknüpfung an Verfolgungsgründe	63
		g)	Verfolgungsprognose	63
	5.	Verweigerung gerichtlichen Rechtsschutzes (Art. 9 Abs. 2 Buchst. d) RL 2004/83/EG)		64
		a)	Funktion des Regelbeispiels	64
		b)	Voraussetzungen des Regelbeispiels	65
		c)	Anknüpfung an Verfolgungsgründe	66
	6.	Verweigerung des Militärdienstes (Art. 9 Abs. 2 Buchst. e) RL 2004/83/EG)		67
		a)	Funktion des Regelbeispiels	67
		b)	Wehr- und Kriegsdienstverweigerung im völkerrechtlichen Flüchtlingsrecht	69
		c)	Zweck des Schutzes von Militärdienstverweigerern nach Art. 9 Abs. 2 Buchst. e) RL 2004/83/EG	73
		d)	Voraussetzungen des Regelbeispiels	73
			aa) Verweigerung des Militärdienstes	73
			bb) In einem Konflikt	74
			cc) Unvereinbarkeit des Militärdienstes mit Völkerstrafrecht	75
			(1) Allgemeines	75
			(2) Berufung auf humanitäres Völkerrecht	75
			(3) Kein Erfordernis der Verurteilung durch die internationale Staatengemeinschaft	76
		e)	Darlegungsanforderungen	78
			aa) Darlegung eines ernsthaften Gewissenskonfliktes	78
			bb) Keine Anwendung völkerstrafrechtlicher Beweisregeln	78
		f)	Anknüpfung an Verfolgungsgründe	79
	7.	Gegen die Geschlechtszugehörigkeit oder Kinder gerichtete Handlungen (Art. 9 Abs. 2 Buchst. f) RL 2004/83/EG)		80
		a)	Funktion des Regelbeispiels	80
		b)	Geschlechtsspezifische Verfolgung	80
			aa) Allgemeine Anerkennung geschlechtsspezifischer Verfolgungen	80
			bb) Typen geschlechtsspezifischer Verfolgungen	81
			cc) Nachweis der individuellen Betroffenheit	82
		c)	Verfolgungen gegen Kinder	82
			aa) Besondere Schutzbedürftigkeit unbegleiteter Minderjähriger	82
			bb) Typische gegen Kinder gerichtete Verfolgungsformen	83
			cc) Kindersoldaten	83

		dd)	Besondere behördliche verfahrensrechtliche Fürsorgepflichten	84
		ee)	Andauernde Verfolgungsgefahr	84
	d)	Anknüpfung an Verfolgungsgründe		85

Kapitel 5   Wegfall des nationalen Schutzes 86

§ 15 Funktion des nationalen Schutzes im Flüchtlingsrecht 89
1. Subsidiarität des Flüchtlingsschutzes 89
2. Funktion der Schutzlehre im Flüchtlingsrecht 90

§ 16 Verfolgungsakteure (Art. 6 RL 2004/83/EG) 93
1. Funktion des Begriffs 93
2. Verfolgungen durch den Staat (Art. 6 Buchst. a) RL 2004/83/EG) ... 96
3. Verfolgungen durch staatsähnliche Organisationen (Art. 6 Buchst. b) RL 2004/83/EG) .. 97
4. Verfolgung durch nichtstaatliche Akteure (Art. 6 Buchst. c) RL 2004/83/EG) 99
   a) Funktion des Begriffs 99
   b) Staatliches Schutzversagen 101

§ 17 Schutzakteure (Art. 7 Abs. 1 RL 2004/83/EG) 102
1. Zweck des Begriffs 102
2. Schutz durch den Staat (Art. 7 Abs. 1 Buchst. a) RL 2004/(3/EG) .. 103
3. Schutz durch staatsähnliche oder internationale Organisationen (Art. 7 Abs. 1 Buchst. b) RL 2004/83/EG) 104
   a) Schutz durch staatsähnliche Organisationen 104
       aa) Fehlende völkerrechtliche Rechtsgrundlage für die Schutzverpflichtung 104
       bb) Begriff der »Organisation, die den Staat oder einen wesentlichen Teil des Staatsgebietes beherrscht« (de facto-Autorität) 106
   b) Internationale Organisationen 107
       aa) Fehlende völkerrechtliche Rechtsgrundlage für die Schutzverpflichtung 107
       bb) Begriff der internationalen Organisation 108
       cc) Verfolgungen durch Angehörige internationaler Organisationen 109
       dd) Einschlägige unionsrechtliche Rechtsakte (Art. 7 Abs. 3 RL 2004/83/EG) ... 110

§ 18 Anforderungen an das nationale Schutzsystem (Art. 7 Abs. 2 RL 2004/83/EG) 110
1. Anwendungsbereich des nationalen Schutzeinwandes 111
2. Individueller Zugang zum nationalen Schutzsystem (Art. 7 Abs. 2 letzter Halbsatz RL 2004/83/EG) 112
3. Wirksamkeit des nationalen Schutzsystems (Art. 7 Abs. 2 RL 2004/83/EG) 113
   a) Funktion von Art. 7 Abs. 2 RL 2004/83/EG 113
   b) Erfordernis der wirksamen Schutzgewährleistung 114
   c) Prognoserechtliche Funktion der Gewährleistungsgarantie des Art. 7 Abs. 2 RL 2004/83/EG 115
4. Darlegungslast 117
   a) Beweisrechtliche Anforderungen 117
   b) Grenzen der Darlegungslast 118
   c) »Amtswalterexzess« 120
5. Beweislast 121

§ 19 Interner Schutz (Art. 8 RL 2004/83/EG) 121
1. Funktion des internen Schutzes 122
2. Rechtfertigungsgrund für den internen Schutz 123
3. Begriff des Herkunftslandes im Sinne von Art. 8 RL 2004/83/EG 125
4. Voraussetzungen des internen Schutzes 128
   a) Prüfungsschema 128
   b) Zugang zum Ort des internen Schutzes (Art. 8 Abs. 1 Buchst. b) RL 2011/95/EU) 128
       aa) Sicherer Zugang 128
       bb) Praktische Rückkehrhindernisse (Art. 8 Abs. 3 RL 2004/83/EG) 130
   c) Sicherheit vor Verfolgung (Art. 8 Abs. 1 Buchst. a) RL 2011/95/EU) 132

Inhaltsverzeichnis

		aa)	Verfolgung durch den Staat	132
		bb)	Verfolgung durch lokale oder regionale Behörden	134
		cc)	Verfolgung durch die Staatspartei oder den Staat beherrschende Religionsgemeinschaften	135
		dd)	Verfolgung durch nichtstaatliche Akteure	135
	d)	Zumutbarkeit der Lebensverhältnisse		136
		aa)	Funktion des Zumutbarkeitstests	136
		bb)	Begriff der »unangemessenen Härte«	138
		cc)	Kriterien des Zumutbarkeittests	140
		dd)	Gewährleistung der Religionsfreiheit	142
		ee)	Berücksichtigung spezifischer persönlicher Umstände	144
		ff)	Individueller Zugang zum nationalen Schutz	145
		gg)	Schutzgewährung durch de facto-Autoritäten	145
		hh)	Unerheblichkeit der Lebensverhältnisse in der Herkunftsregion	146
	e)	Darlegungslast		147
	f)	Beweislast		148

Kapitel 6 Verfolgungsgründe (Art. 10 RL 2004/83/EG) 149

§ 20 Zusammenhangsklausel im Sinne von Art. 1 A Nr. 2 GFK 149
1. Funktion der Zusammenhangsklausel (Art. 9 Abs. 3 RL 2004/83/EG) 150
2. Funktion der Zuschreibungsklausel (Art. 10 Abs. 2 RL 2004/83/EG) 152
3. Besondere Ermittlungspflichten 155

§ 21 Verfolgung wegen der Rasse (Art. 10 Abs. 1 Buchst. a) RL 2004/83/EG) ... 155
1. Begriff der Rasse 156
2. Spezifische Merkmale der Verfolgungshandlung 157
3. Anwendung der Zusammenhangsklausel 158

§ 22 Verfolgung wegen der Religion (Art. 10 Abs. 1 Buchst. b) RL 2004/83/EG) ... 158
1. Begriff der Religion 160
   a) Schutzumfang des Begriffs der Religion 160
   b) Schutz des subjektiven religiösen Selbstverständnisses 161
   c) Schutz der öffentlichen Glaubensbetätigung 163
      aa) Funktion der öffentlichen Glaubensbetätigungsfreiheit 163
      bb) Bedeutung der Zusammenhangsklausel für die öffentliche Glaubensbetätigung 165
         (1) Trennung zwischen Verfolgungshandlung und Verfolgungsgrund 165
         (2) Gleichrangiger Schutz der privaten und öffentlichen Glaubensbetätigung 167
2. Spezifische Merkmale der Verfolgungshandlung 169
3. Anwendung der Zusammenhangsklausel 171
   a) Zielrichtung der Verfolgungshandlung 171
   b) Geschlechtsspezifische Dimension der Verfolgung 172
   c) Zulässige Einschränkungen der Religionsausübungsfreiheit 172
4. Spezifische Probleme der Verfolgungsprognose 176
   a) Ermittlungspflichten 176
   b) Allgemeine Prognosegrundsätze 177
   c) Bedeutung zukünftigen individuellen Verhaltens 177
5. Glaubenswechsel 179
   a) Ermittlungspflichten 179
   b) Nachfluchtgrund 180
   c) Verfolgungsprognose 180

§ 23 Verfolgung wegen der Nationalität (Art. 10 Abs. 1 Buchst. c) RL 2004/83/EG) ... 181
1. Begriff der Nationalität 183
2. Spezifische Probleme der Verfolgungshandlung 185

		a) Vertreibung eigener Staatsangehöriger	185
		b) Ausbürgerung eigener Staatsangehöriger	185
	3.	Anwendung der Zusammenhangsklausel	187
		a) Zielrichtung der Verfolgung	187
		b) Zielrichtung der Ausbürgerung	187
	4.	Verfolgung von Staatenlosen	189
		a) Staatenlosigkeit sperrt nicht die Flüchtlingsanerkennung	189
		b) »Land des gewöhnlichen Aufenthaltes« (Art. 1 A Nr. 2 GFK)	190
		c) Prüfung der Staatsangehörigkeit	191
		aa) Grundsätze zur Feststellung der Staatenlosigkeit	191
		bb) Darlegungsanforderungen	193

§ 24 Verfolgung wegen der Zugehörigkeit zu einer bestimmten sozialen Gruppe (Art. 10 Abs. 1 Buchst. d) Satz 1 RL 2004/83/EG) 194
    1. Begriff der »bestimmten sozialen Gruppe« 196
        a) Begriff der »bestimmten sozialen Gruppe« nach Art. 1 A Nr. 2 GFK 196
        b) Begriff der »bestimmten sozialen Gruppe« nach Art. 10 Abs. 1 Buchst. d) RL 2004/83/EG 198
            aa) Funktion des Begriffs 198
            bb) Geschützte interne Merkmale (Art. 10 Abs. 1 Buchst. d) erster Spiegelstrich RL 2004/83/EG) 200
            cc) Erfordernis einer fest umrissenen Identität (Art. 10 Abs. 1 Buchst. d) zweiter Spiegelstrich RL 2004/83/EG) 202
            dd) Kumulative Verschränkung der geschützten Merkmale mit der fest umrissenen Identität 204
    2. Spezifische Probleme der Verfolgungshandlung 206
    3. Anwendung der Zusammenhangsklausel 207

§ 25 Verfolgung wegen der sexuellen Orientierung (Art. 10 Abs. 1 Buchst. d) Abs. 2 Satz 1 RL 2004/83/EG) 207
    1. Begriff der »bestimmten sozialen Gruppe« 208
        a) Geschütztes Merkmal 208
        b) Deutlich abgegrenzte Identität 211
    2. Spezifische Probleme der Verfolgungshandlung 211
    3. Anwendung der Zusammenhangsklausel 213
    4. Verfolgungsprognose 215
        a) Feststellung der individuellen Prognosetatsachen 215
        b) Anwendung der Prognosegrundsätze 215

§ 26 Verfolgung aufgrund des Geschlechts (Art. 10 Abs. 1 Buchst. d) Abs. 2 Satz 3 zweiter Halbs. RL 2004/(3/EG) 216
    1. Begriff der »bestimmten sozialen Gruppe« 219
        a) Geschütztes Merkmal im Sinne von Art. 1 A Nr. 2 GFK 219
        b) Geschütztes Merkmal im Sinne von Art. 10 Abs. 1 Buchst. d) RL 2004/83/EG 220
        c) Begriff des »Geschlechts« (Art. 10 Abs. 1 Buchst. d) Satz 3 zweiter Halbs. RL 2004/83/EG) 221
    2. Anwendung der Zusammenhangsklausel 224
    3. Einzelbeispiele geschlechtsspezifischer Verfolgungen 224
        a) Verletzung religiöser und kultureller Normen 224
            aa) Spezifische Probleme der Verfolgungshandlung 225
            bb) Anwendung der Zusammenhangsklausel 226
            cc) Verfolgungsprognose 228
        b) Häusliche Gewalt 230
            aa) Spezifische Probleme der Verfolgungshandlung 230
            bb) Anwendung der Zusammenhangsklausel 230
        c) Sexuelle Gewalt 232

		aa)	Spezifische Probleme der Verfolgungshandlung.	232
		bb)	Anwendung der Zusammenhangsklausel.	233
	d)	Zwangsverheiratung		235
		aa)	Spezifische Probleme der Verfolgungshandlung.	235
		bb)	Anwendung der Zusammenhangsklausel.	236
		cc)	Verfolgungsprognose.	238
	e)	Geschlechtsverstümmelung		239
		aa)	Spezifische Probleme der Verfolgungshandlung.	239
		bb)	Wegfall des nationalen Schutzes	241
		cc)	Anwendung der Zusammenhangsklausel.	241
		dd)	Verfolgungsprognose.	243
		ee)	Praxis der Genitalverstümmelung in den Herkunftsländern	244
	f)	Frauenhandel		245
		aa)	Spezifische Formen der Verfolgungshandlung.	246
		bb)	Anwendung der Zusammenhangsklausel.	246
		cc)	Verfolgungsprognose.	247
	g)	Verfolgungen von Familienangehörigen		247
		aa)	Spezifische Formen der Verfolgungshandlung.	248
		bb)	Anwendung der Zusammenhangsklausel.	250
		cc)	Verfolgungsprognose.	253
	h)	Heiratsverbot		256
		aa)	Spezifische Formen der Verfolgungshandlung.	256
		bb)	Anwendung der Zusammenhangsklausel.	257
		cc)	Verfolgungsprognose.	259
	i)	Zwangsabtreibung und -sterilisation		260
		aa)	Spezifische Probleme der Verfolgungshandlung.	260
		bb)	Anwendung der Zusammenhangsklausel.	260
	j)	Ehrenmorde		261
		aa)	Spezifische Probleme der Verfolgungshandlung.	261
		bb)	Anwendung der Zusammenhangsklausel.	263
	k)	Blutrache		263
		aa)	Spezifische Probleme der Verfolgungshandlung.	264
		bb)	Anwendung der Zusammenhangsklausel.	264

§ 27 Verfolgung wegen der politischen Überzeugung (Art. 10 Abs. 1 Buchst. e) RL 2004/83/EG) 265
    1. Begriff der politischen Überzeugung 267
    2. Spezifische Probleme der Verfolgungshandlung 269
    3. Anwendung der Zusammenhangsklausel 270
        a) Strafrechtliche Verfolgung 270
        b) Politmalus 272
        c) Wehrdienstverweigerung 274
        d) Staatsschutzdelikte 276
        e) Politische Propaganda. 277
    4. Prognosegrundsätze 280

Kapitel 7 Verfolgungsprognose 282
§ 28 Prognosetatsachen 285
    1. Begründete Furcht vor Verfolgung. 286
    2. Darlegungslast des Antragstellers 288
    3. Untersuchungsgrundsatz 289
    4. Beweiswürdigung. 291
§ 29 Beweisrechtliche Prognosemaßstäbe. 294
    1. Zeitlicher Bezugsrahmen der Prognose 294

	2.	Nachprüfbare und nachvollziehbare Prognose	295
	3.	Plausibilitätsprüfung der individuellen Verfolgungsbehauptungen	296
	4.	Beweismaß der Eintrittwahrscheinlichkeit	299
		a) Funktion der Prognosemaßstäbe	299
		b) Beachtliche Wahrscheinlichkeit der Verfolgungsgefahr	300
		aa) Völkerrechtliche Grundsätze	300
		bb) Kritik gegen den Begriff der beachtlichen Wahrscheinlichkeit	303
		cc) Kritik gegen den Begriff der objektivierten Verfolgungsfurcht	305
		dd) Kriterien für die Risikoverteilung	307
	5.	Vermutungswirkung der Vorverfolgung (Art. 4 Abs. 4 RL 2004/83/EG)	308
		a) Beweiskraft der Vorverfolgung	308
		b) Anwendungsbereich der Vermutungswirkung	309
		c) Reichweite der Vermutungswirkung	311

§ 30 Verfolgungsprognose bei Gruppenverfolgungen ... 314
    1. Beweisrechtliche Funktion des Begriffs der Gruppenverfolgung ... 314
    2. Begriff der »gruppengerichteten Verfolgung« ... 316
    3. Voraussetzungen der »gruppengerichteten Verfolgung« ... 318
        a) Erfordernis der Verfolgungsdichte ... 318
        b) Anforderungen an die Verfolgungsschläge ... 320
        c) Staatliche Gruppenverfolgung ... 322
    4. Anlassgeprägte Einzelverfolgung ... 323
        a) Begriff der anlassgeprägten Einzelverfolgung ... 323
        b) Heuristische Funktion der Referenzfälle ... 325
    5. Verfolgungsprognose ... 327
        a) Anforderungen an die Feststellung der Prognosetatsachen ... 327
        b) Prognosekriterien ... 330

Kapitel 8 Nachfluchtgründe (Art. 5 RL 2004/83/EG) ... 332
§ 31 »Sur place«-Flüchtling (Art. 5 Abs. 1 RL 2004/83/EG) ... 333
    1. Begriff des »Sur place«-Flüchtling ... 334
    2. Begriff des objektiven Nachfluchtgrundes (Art. 5 Abs. 1 RL 2004/83/EG) ... 336
    3. Begriff des subjektiven Nachfluchtgrndes (Art. 5 Abs. 2 RL 2004/83/EG) ... 338
        a) Funktion subjektiver Nachfluchtgründe (Art. 4 Abs. 3 Buchst. d) RL 2004/83/EG) ... 338
        b) Funktion des Kontinuitätskriteriums ... 339
§ 32 Subjektive Nachfluchtgründe im Folgeantragsverfahren (Art. 5 Abs. 3 RL 2004/83/EG) ... 341
    1. Entstehungsgeschichte von Art. 5 Abs. 3 RL 2004/83/EG ... 341
    2. Funktion von Art. 5 Abs. 3 RL 2004/83/EG ... 342
    3. Funktion des Konventionsvorbehalts (Art. 5 Abs. 3 erster Halbs. RL 2004/83/EG) ... 344
    4. Berufung auf subjektive Nachfluchtgründe im Folgeantrag (§ 28 Abs. 2 AsylVfG) ... 347
    5. Funktion der Regelanordnung des Art. 5 Abs. 3 RL 2004/83/EG ... 348

Kapitel 9 Ausschlussgründe ... 350
§ 33 Schutzgewährung durch eine andere Einrichtung der Vereinten Nationen (Art. 12 Abs. 1 Buchst. a) RL 2004/83/EG) ... 350
    1. Funktion des Ausschlussgrundes ... 351
    2. Anwendung des Ausschlussgrundes (Art. 12 Abs. 1 Buchst. a) Satz 1 RL 2004/83/EG) ... 353
    3. Wegfall des Ausschlussgrundes (Art. 12 Abs. 1 Buchst. a) Satz 2 RL 2004/83/EG) ... 355
        a) Voraussetzungen des Wegfalls ... 355
        b) Fehlende Rückkehrmöglichkeit in das Mandatsgebiet von UNRWA ... 356
    4. Rechtliche Wirkung des Wegfalls des Schutzes oder Beistands der UNRWA ... 359
§ 34 Zuerkennung staatsbürgerschaftlicher Rechte und Pflichten (Art. 12 Abs. 1 Buchst. b) RL 2004/83/EG) ... 362
    1. Funktion des Ausschlussgrundes ... 362

Inhaltsverzeichnis

2.	Erfordernis des dauernden Aufenthaltes im Mitgliedstaat	364
3.	Bedeutung des Begriffs »Rechte und Pflichten«	364
4.	Flüchtlingsrechtliche Auswirkungen mehrfacher Staatsangehörigkeit	365

§ 35 Ausschluss wegen Schutzunwürdigkeit (Art. 12 Abs. 2 RL 2004/83/EG) ... 366
- 1. Funktion der Ausschlussgründe ... 369
- 2. Zusammenhang zwischen Art. 1 F und Art. 33 Abs. 2 GFK ... 371
- 3. Verbrechen gegen den Frieden, Kriegsverbrechen oder Verbrechen gegen die Menschlichkeit (Art. 12 Abs. 2 Buchst. a) RL 2004/83/EG) ... 372
  - a) Funktion der Vorschrift ... 372
  - b) Verbrechen gegen den Frieden ... 373
  - c) Kriegsverbrechen ... 374
  - d) Verbrechen gegen die Menschlichkeit ... 376
  - e) Individuelle Verantwortlichkeit ... 376
- 4. Schweres nichtpolitisches Verbrechen (Art. 12 Abs. 2 Buchst. b) RL 2004/83/EG) ... 378
  - a) Funktion der Ausschlussklausel ... 378
  - b) Begriff des schweren nichtpolitischen Verbrechens ... 379
    - aa) Schwerwiegendes Delikt ... 379
    - bb) Nichtpolitisches Delikt ... 381
    - cc) Politisches Delikt im Sinne des Auslieferungsrechts ... 382
  - c) Gegenwärtige Gefahr für die Sicherheit des Aufnahmestaates ... 385
  - d) Verhältnismäßigkeitsprüfung ... 388
  - e) Tatbegehung vor der Aufnahme ... 392
- 5. Zuwiderhandlung gegen Ziele und Grundsätze der Vereinten Nationen (Art. 12 Abs. 2 Buchst. c) RL 2004/83/EG) ... 394
  - a) Funktion der Ausschlussklausel ... 394
  - b) Ziele und Grundsätze der Vereinten Nationen ... 395
  - c) Persönliche Verantwortung ... 396
- 6. Terroristische Handlungen (Art. 12 Abs. 2 Buchst. b) und c) RL 2004/83/EG) ... 398
  - a) Funktion des Ausschlusses von Tätern terroristischer Handlungen ... 398
  - b) Begriff der terroristischen Vereinigung ... 401
  - c) Bedeutung von »Listen terroristischer Vereinigungen« ... 402
  - c) Abgrenzung terroristischer Vereinigungen von Kampfverbänden ... 404
  - d) Mitgliedschaft in einer terroristischen Vereinigung (Art. 25 Abs. 3 Buchst. d) IStGH-Statut) ... 406
    - aa) Zurechnungskriterien ... 406
    - bb) Anwendung von Art. 25 Abs. 3 IStGH-Statut ... 408
    - cc) Erfordernis der Einzelfallprüfung ... 409
- 7. Feststellungsprüfung ... 412
  - a) Feststellung der individuellen Verantwortlichkeit ... 412
  - b) Beweismaß ... 415
  - c) Beweislast ... 417
  - d) Verfahrensgarantien ... 418
    - aa) Durchführung des regulärem Asylverfahrens ... 418
    - bb) Prüfung der Flüchtlingseigenschaft vor der Feststellung der Ausschlussgründe ... 419
    - cc) Vertrauliche Behandlung des Asylantrags ... 420
- 8. Versagung der Flüchtlingseigenschaft wegen Sicherheitsgefährdung (Art. 14 Abs. 5 RL 2004/83/EG) ... 421
  - a) Funktion des Art. 14 Abs. 5 RL 2004/83/EG ... 421
  - b) Voraussetzungen des Art. 14 Abs. 5 RL 2004/83/EG ... 422
  - c) Rechtsfolgen des Art. 14 Abs. 5 RL 2004/83/EG ... 423
  - d) Genuss bestimmter Konventionsrechte (Art. 14 Abs. 6 RL 2004/83/EG) ... 424
- 9. Schutz vor Folter (Art. 3 EMRK) ... 424

Inhaltsverzeichnis

Kapitel 10 Verlustgründe 426
§ 36 Verlustgründe (Art. 11 RL 2004/83/EG) 426
    1. Funktion der Verlustgründe.. 430
    2. Unterstellung unter den Schutz des Staates der Staatsangehörigkeit (Art. 11 Abs. 1 Buchst. a) RL 2004/83/EG).................................. 432
        a) Funktion des Verlustgrundes 432
        b) Freie Willensentscheidung 433
        c) Handlungsformen der Schutzunterstellung 434
            aa) Anforderungen an die individuelle Handlung..................... 434
            bb) Beantragung eines nationalen Passes 434
        d) Wirksame Schutzgewährung 436
        e) Staatenlose Flüchtlinge.. 438
    3. Wiedererlangung der früheren Staatsangehörigkeit (Art. 11 Abs. 1 Buchst. b) RL 2004/83/EG)... 438
        a) Funktion des Verlustgrundes 438
        b) Freie Willensentscheidung 439
        c) Wirksame Schutzerlangung 440
    4. Erwerb einer neuen Staatsangehörigkeit (Art. 11 Abs. 1 Buchst. c) RL 2004/83/EG) 440
        a) Funktion des Verlustgrundes 440
        b) Freie Willensentscheidung 441
        c) Wirksame Schutzerlangung 441
        d) Wiedererlangung des Flüchtlingsstatus.............................. 442
    5. Niederlassung im Herkunftsland (Art. 11 Abs. 1 Buchst. d) RL 2004/83/EG) 443
        a) Funktion des Verlustgrundes 443
        b) Freiwillige Niederlassung 444
        c) Dauerhafte Niederlassung 445
    6. »Wegfall-der-Umstände-Klauseln« (Art. 11 Abs. 1 Buchst. e) und f) RL 2004/83/EG) ... 447
        a) Funktion des Verlustgrundes 447
        b) Inhalt und Umfang der »Wegfall-der-Umstände-Klauseln«................ 449
            aa) Individueller Prüfungsansatz 449
            bb) Grundlegende Veränderung der Umstände 450
            cc) Dauerhafte Änderung der Umstände............................ 453
            dd) Wiederherstellung wirksamer Schutzstrukturen 455
            ee) Wiederherstellung wirksamer Schutzstrukturen gegen die früheren Verfolgungsgefahren... 459
            ff) Nachweislast (Art. 14 Abs. 2 RL 2004/83/EG)........................ 462
        c) Neuartige Verfolgungsgründe...................................... 464
        d) Humanitäre Klausel (Art. 1 C Nr. 5 Satz 2 und Nr. 6 Satz 2 GFK).............. 466
            aa) Funktion der humanitären Klausel 466
            bb) Inhalt der humanitären Klausel.................................. 468
            cc) Kausalität zwischen früherer Verfolgung und Unzumutbarkeit der Rückkehr 470
            dd) Abgrenzung der humanitären Klausel vom subsidiären Schutz 470
        e) Subsidiärer Schutz 471
    7. Rechtsfolgen der Verlustgründe (Art. 14 Abs. 1 RL 2004/83/EG)................... 472
§ 37 Aufhebung der Flüchtlingseigenschaft (Art. 14 Abs. 3 bis 6 RL 2004/83/EG)........ 473
    1. Funktion der Aufhebungsgründe 475
    2. Nachträgliche Ausschlussgründe (Art. 14 Abs. 3 Buchst. a) RL 2004/83/EG) 478
        a) Funktion der nachträglichen Ausschlussgründe 478
        b) Rechtsfolgen des Art. 14 Abs. 3 Buchst. a) RL 2004/83/EG.................. 479
    3. Rücknahme des Statusbescheid (Art. 14 Abs. 3 Buchst. b) RL 2004/83/EG)........... 480
        a) Funktion der Rücknahme... 480
        b) Falsche Darstellung oder Verschweigen von Tatsachen (Art. 14 Abs. 3 Buchst. b) erste Alt. RL 2004/83/EG)... 481

Inhaltsverzeichnis

		c)	Verwendung gefälschter Dokumente (Art. 14 Abs. 3 Buchst. b) zweite Alt. RL 2004/83/EG)	482
		d)	Rücknahmeverfahren	483
		e)	Rechtsfolgen des Art. 14 Abs. 3 Buchst. b) RL 2004/83/EG	484
	4.		Statusaufhebung wegen Sicherheitsgefährdungen (Art. 14 Abs. 4 RL 2004/83/EG)	485
		a)	Funktion des Art. 14 Abs. 4 RL 2004/83/EG	485
		b)	Voraussetzungen des Art. 14 Abs. 4 RL 2004/83/EG	486
		c)	Rechtsfolgen des Art. 14 Abs. 4 RL 2004/83/EG	488
		d)	Genuss bestimmter Konventionsrechte (Art. 14 Abs. 6 RL 2004/83/EG)	489

Teil 2 Subsidiärer Schutz ... 491

Abschnitt 1 Unionsrechtlicher subsidiärer Schutz ... 493

Kapitel 11 Funktion des subsidiären Schutzes ... 493
§ 38 Begriff des subsidiären Schutzes ... 494
§ 39 Erweiterung des Flüchtlingsbegriffs ... 497
1. Betroffene Personengruppen ... 497
2. Vorrang des Flüchtlingsschutzes ... 498

Kapitel 12 Voraussetzungen des unionsrechtlichen subsidiären Schutzes ... 500
§ 40 Todesstrafe (Art. 15 Buchst. a) RL 2004/83/EG) ... 500
1. Funktion von Art. 15 Buchst. a) RL 2004/83/EG ... 502
2. Begriff der Todesstrafe ... 504
3. Verletzung des Folterverbotes ... 505
4. Todeszellensyndrom ... 506
5. Verbot der Doppelbestrafung ... 509
6. Prognoseprüfung ... 510
   a) Funktion der Gefahrenprognose ... 510
   b) Darlegungslasten ... 512
   c) Prognosekriterien ... 513
   d) Bedeutung von Zusicherungen ... 516

§ 41 Folter oder unmenschliche oder erniedrigende Behandlung oder Bestrafung (Art. 15 Buchst. b) RL 2004/83/EG) ... 517
1. Funktion von Art. 15 Buchst. b) RL 2004/83/EG ... 521
2. Begriff der Folter ... 524
   a) Funktion des juristischen Folterbegriffs ... 524
   b) Verantwortlichkeit des Staates für die Folterhandlung ... 525
   c) Grad der Schmerzzufügung ... 526
      aa) Relativitätstest ... 526
      bb) Erweiterter Folterbegriff ... 528
   d) Vorsätzliche Handlung ... 528
   e) Zweckrichtung der Schmerzufügung ... 529
   f) Abgrenzung zu »gesetzlich zulässigen Sanktionen« ... 530
3. Begriff der unmenschlichen oder erniedrigenden Behandlung oder Bestrafung ... 532
   a) Funktion des Begriffs ... 532
   b) Grad der Schmerzuzufügung ... 534
      aa) Funktion des Relativitätstests ... 534
      bb) Inhalt des Relativitätstests ... 534
   c) Behördliche Misshandlungen ... 536
   d) Disziplinar- und körperliche Strafen ... 538
   e) Haftbedingungen ... 540

		aa)	Funktion des präventiven Schutzes gegen Haftbedingungen	540
		bb)	Unzumutbare Haftbedingungen	541
		cc)	Haft im Hochsicherheitsgefängnis.	542
		dd)	Einzelhaft (»solitary confinement«)	543
	f)	Psychiatrische Zwangsmaßnahmen		544
	g)	Gesundheitsgefährdungen		546
		aa)	Funktion des präventiven Schutzes gegen Gesundheitsgefährdungen	546
		bb)	Unzulängliche medizinische Versorgung im Herkunftsland............	548
4.	Regierungsverantwortlichkeit im Rahmen von Art. 15 Buchst. b) RL 2004/83/EG			551
	a)	Funktion des Konzepts der Regierungsverantwortlichkeit...................		551
	b)	Zurechnung sämtlicher im Herkunftsland bestehender Gefahren.............		552
5.	Gefahrenprognose			554
	a)	Funktion der Gefahrenprognose......................................		554
	b)	Darlegungslast		556
	c)	Beweismaß »tatsächliches Risiko«.....................................		558

§ 42 Willkürliche Gewalt (Art. 15 Buchst. c) RL 2004/83/EG) 562
 1. Funktion von Art. 15 Buchst. c) RL 2004/83/EG........................... 567
 2. Bewaffneter Konflikt 570
   a) Funktion dieses Erfordernisses 570
   b) Internationaler bewaffneter Konflikt................................... 571
   c) Innerstaatlicher bewaffneter Konflikt 572
     aa) Funktion des Begriffs 572
     bb) Inhalt des Begriffs.. 573
 3. Willkürliche Gewalt 577
   a) Funktion des Begriffs der willkürlichen Gewalt 577
   b) Prüfkriterien.. 579
 4. Gefahrenprognose 582
   a) Funktion der Gefahrenprognose 582
   b) Darlegungslast 584
   c) Prognosetatsachen 585
     aa) Funktion der Prognosebasis...................................... 585
     bb) Ernsthafte Bedrohungen des Lebens oder der Unversehrtheit 586
     cc) Begriff der »Zivilperson« 587
   d) Prognosemaßstab 589
     aa) Funktion der Prognosemaßstabs 589
     bb) Maßstab bei fehlenden Unterscheidungsmerkmalen 590
       (1) Funktion des Begriffs der »außergewöhnlichen Lage«.............. 590
       (2) Abgrenzung zu Art. 3 EMRK................................. 594
       (3) Kriterien für die Gefahrenprognose 595
     cc) Maßstab bei besonderen Unterscheidungsmerkmalen 597
     dd) Maßstab bei Vorschädigungen (Art. 4 Abs. 4 RL 2004/83/EG) 599
 5. Interner Schutz (Art. 8 RL 2004/83/EG) 601
   a) Funktion des internen Schutzes im Rahmen von Art. 15 Buchst. c) RL 2004/83/EG 601
   b) Zugang zur internen Schutzregion 602
   c) Zumutbarkeit der Lebensverhältnisse 603

Kapitel 13 Ausschlussgründe... 604
§ 43 Ausschlussgründe (Art. 17 RL 2004/83/EG)............................... 604
 1. Funktion der Ausschlussgründe... 605
 2. Verbrechen gegen den Frieden, Kriegsverbrechen oder Verbrechen gegen die Menschlichkeit (Art. 17 Abs. 1 Buchst. a) RL 2004/83/EG) 606
 3. Schwere Straftat (Art. 17 Abs. 1 Buchst. b) RL 2004/83/EG) 607

Inhaltsverzeichnis

4. Zuwiderhandlung gegen Ziele und Grundsätze der Vereinten Nationen (Art. 17 Abs. 1 Buchst. c) RL 2004/83/EG) 608
5. Gefahr für die Allgemeinheit oder für die Sicherheit des Aufnahmemitgliedstaates (Art. 17 Abs. 1 Buchst. d) RL 2004/83/EG) 608
6. Persönliche Verantwortung (Art. 17 Abs. 2 RL 2004/83/EG) 609
7. Straftaten vor der Einreise (Art. 17 Abs. 3 RL 2004/83/EG) 611

Kapitel 14 Verlustgründe 612
§ 44 Verlustgründe (Art. 16 und 19 RL 2004/83/EG) 612
1. Funktion der Verlustgründe 613
2. »Wegfall der Umstände« (Art. 19 Abs. 1 i.V.m. Art. 16 RL 2004/83/EG) 614
3. Nachträgliche Straffälligkeit (Art. 19 Abs. 2 i.V.m. Art. 17 Abs. 3 RL 2004/83/EG) 615
4. Nachträgliche Ausschlussgründe (Art. 19 Abs. 3 Buchst. a) i.V.m. Art. 17 Abs. 1 und 2 RL 2004/83/EG) 615
5. Rücknahme des subsidiären Schutzstatus (Art. 19 Abs. 3 Buchst. b) RL 2004/83/EG) ... 616
6. Verfahren zur Verlustfeststellung 617
7. Rechtsfolgen der Verlustfeststellung 618
8. Rechtsstellung nach Entzug des subsidiären Schutzstatus 619

Abschnitt 2 Nationaler subsidiärer Schutz 621

Kapitel 15 Funktion des nationalen subsidiären Schutzes 621
§ 45 Begriff des nationalen subsidiären Schutzes 621
§ 46 Vorrang des unionsrechtlichen subsidiären Schutzes 623

Kapitel 16 Voraussetzungen des nationalen subsidiären Schutzes 625
§ 47 Refoulementverbote nach der EMRK (§ 60 Abs. 5 AufenthG) 625
1. Funktion des Abschiebungsverbotes nach § 60 Abs. 5 AufenthG 626
2. Verletzung des Rechtes auf ein faires Verfahren (Art. 6 EMRK) 628
3. Verletzung des Rechtes auf Religionsfreiheit (Art. 9 EMRK) 630
4. Verletzung des Rechtes auf Kriegsdienstverweigerung (Art. 9 EMRK) 632
5. Vorbehalt der gesetzmäßigen Bestrafung (§ 60 Abs. 6 AufenthG) 634
6. Prognosekriterien 635
§ 48 Erhebliche konkrete Gefahr für Leib, Leben oder Freiheit (§ 60 Abs. 7 Satz 1 AufenthG) . 635
1. Funktion des Abschiebungsverbotes nach § 60 Abs. 7 Satz 1 AufenthG 636
2. Voraussetzungen des § 60 Abs. 7 Satz 1 AufenthG 638
   a) Erhebliche Gefahr für Leib, Leben oder Freiheit 638
   b) Vorbehalt der gesetzmäßigen Bestrafung (§ 60 Abs. 6 AufenthG) 639
3. Gefahrenprognose 639
4. Interner Schutz 640
5. Sperrwirkung (§ 60 Abs. 7 Satz 3 AufenthG) 641
6. Gesundheitsgefährdungen 642
   a) Funktion des Abschiebungsverbotes bei Gesundheitsgefährdungen 644
   b) Erforderliche Schwere der Gesundheitsgefährdungen 645
      aa) Erhebliche Gesundheitsgefährdung 645
      bb) Psychische Gesundheitsgefährdung 646
      cc) Posttraumatische Belastungsstörung 647
   c) Gefahrenprognose 649
      aa) Keine Anwendung der Sperrwirkung des § 60 Abs. 7 Satz 3 AufenthG 649
      bb) Darlegungsanforderungen 650
      cc) Funktion des Begriffs der konkreten Gefahr 653
      dd) Einwand der Nachsorge 654
      ee) Gefahr der Retraumatisierung 654
   d) Feststellung der psychischen Gesundheitsgefährdung 655

Inhaltsverzeichnis

Teil 3 Inhalt des Internationalen Schutzes	657
Kapitel 17 Funktion der Rechtstellung	659
§ 49 Gleichbehandlung von Flüchtlingen und subsidiär Schutzberechtigten	660
1. Umsetzung der Art. 2 bis 34 GFK	660
2. Rechtsstellung der subsidiär Schutzberechtigten	660
3. Einheitlicher Status	661
4. Einschränkung der Rechtsstellung (Art. 20 Abs. 6 bis 7 RL 2004/83/EG)	661
5. Informationspflichten (Art. 22 RL 2004/83/EG)	662
§ 50 Besonders schutzbedürftige Personen (Art. 20 Abs. 3 und 4 RL 2004/83/EG)	663
1. Einzelprüfung (Art. 20 Abs. 3 RL 2004/83/EG)	663
2. Unbegleitete Minderjährige (Art. 30 RL 2004/83/EG)	663
3. Wahrung des Familienverbundes (Art. 23 RL 2004/83/EG)	664
a) Funktion der Vorschrift	664
b) Gleichbehandlung der Familienangehörigen	664
c) Ausschlussgründe (Art. 23 Abs. 3 und 4 RL 2004/83/EG)	665
d) Nachzug der Familienangehörigen	666
Kapitel 18 Refoulementschutz	667
§ 51 Völkerrechtliche Bedeutung des Refoulementschutzes	668
1. Funktion des Art. 21 RL 2004/83/EG	668
2. Umfang des Refoulementschutzes	668
§ 52 Refoulementschutz für Flüchtlinge (Art. 33 GFK)	669
1. Reichweite des Refoulementschutzes nach Art. 33 Abs. 1 GFK	669
2. Auswirkungen des extraterritorialen Effekts des Refoulementverbots	671
3. Verfahrensrechtliche Auswirkungen des Refoulementverbotes	673
4. Rechtscharakter des Refoulementverbotes	674
§ 53 Refoulementschutz für subsidiär Schutzberechtigte	675
1. Refoulementschutz nach Art. 3 EMRK	675
2. Refoulementschutz nach Art. 3 Übereinkommen gegen Folter	677
3. Refoulementschutz bei drohender Todesstrafe	677
4. Refoulementschutz bei willkürlicher Gewalt (Art. 15 Buchst. c) RL 2004/83/EG)	678
§ 54 Durchbrechung des Refoulementschutzes (Art. 21 Abs. 2 und 3 RL 2004/83/EG)	679
1. Funktion des Art. 21 Abs. 2 und 3 RL 2004/83/EG	679
2. Voraussetzungen des Art. 21 Abs. 2 RL 2004/83/EG	680
3. Beendigung des Aufenthaltstitels (Art. 21 Abs. 3 RL 2004/83/EG)	681
4. Absolute Schutzwirkung des Folterverbotes	681
Kapitel 19 Recht zum Aufenthalt	684
§ 55 Aufenthaltstitel (Art. 24 RL 2004/83/EG)	686
1. Funktion des Aufenthaltsrechts für den internationalen Schutz	686
2. Anspruch auf Erteilung eines Aufenthaltstitels für Flüchtlinge (Art. 24 Abs. 1 RL 2004/83/EG)	687
3. Anspruch auf Erteilung eines Aufenthaltstitels für subsidiär Schutzberechtigte (Art. 24 Abs. 2 RL 2004/83/EG)	688
4. Einschränkung aus zwingenden Gründen der öffentlichen Sicherheit oder Ordnung	689
§ 56 Freizügigkeit (Art. 32 RL 2004/83/EG)	690
1. Funktion der völkerrechtlichen Freizügigkeitsgewährleistung	690
2. Inhalt der unionalen Freizügigkeitsgewährleistung	691
§ 57 Reisedokument (Art. 25 RL 2004/83/EG)	692
1. Funktion des Reisedokuments	692
2. Rechtsanspruch des Flüchtlings nach Art. 25 Abs. 1 RL 204/83/EG	693
3. Reisedokument für subsidiär Schutzberechtigte (Art. 25 Abs. 2 RL 2004/83/EG)	694
4. Zwingende Gründe der öffentlichen Sicherheit oder Ordnung	695

Inhaltsverzeichnis

Kapitel 20 Wirtschaftliche, soziale und kulturelle Rechte 698
§ 58 Erwerbstätigkeit 699
 1. Funktion des Art. 26 RL 2004/83/EG 699
 2. Zugang für Flüchtlinge zum Arbeitsmarkt (Art. 26 Abs. 1 und 2 RL 2004/83/EG) 700
 3. Zugang für subsidiär Schutzberechtigte zum Arbeitsmarkt (Art. 26 Abs. 3 und 4 RL 2004/83/EG) 701
 4. Arbeitsbedingungen (Art. 26 Abs. 5 RL 2004/83/EG) 703
§ 59 Sozialhilfe (Art. 28 RL 2004/83/EG) 703
 1. Funktion von Art. 28 RL 2004/83/EG 703
 2. Zugang für Flüchtlinge zu Sozialhilfeleistungen (Art. 28 Abs. 1 RL 2004/83/EG) 703
 3. Zugang für subsidiär Schutzberechtigte zu Sozialhilfeleistungen (Art. 28 Abs. 1 RL 2004/83/EG) 705
§ 60 Medizinische Versorgung (Art. 29 RL 2004/83/EG) 706
 1. Funktion des Art. 29 RL 2004/83/EG 706
 2. Anspruch des Flüchtlings auf medizinische Versorgung (Art. 29 Abs. 1 RL 2004/83/EG). 706
 3. Anspruch subsidiär Schutzberechtigten auf medizinische Versorgung (Art. 29 Abs. 2 RL 2004/83/EG) 707
 4. Besonders schutzbedürftige Personen (Art. 29 Abs. 3 RL 2004/83/EG) 708
§ 61 Wohnraum (Art. 31 RL 2004/83/EG) 709
 1. Funktion des Art. 31 RL 2004/83/EG 1 709
 2. Umfang des Anspruchs aus Art. 31 RL 2004/83/EG 709
 3. Anwendung des Diskriminierungsverbots (Art. 32 Abs. 2 RL 2011/95/EU) 711

Kapitel 21 Integrationsmaßnahmen 712
§ 62 Bildung (Art. 27 RL 2004/83/EG) 713
 1. Funktion von Art. 27 RL 2004/83/EG 713
 2. Umfang des Anspruchs auf Bildung 714
 3. Anerkennung von ausländischen Zeugnissen (Art. 27 Abs. 3 RL 2004/83/EG) 715
§ 63 Integrationsmaßnahmen (Art. 33 RL 2004/83/EG) 716
 1. Funktion von Art. 33 RL 2004/83/EG 716
 2. Grundsätze zur Gestaltung von Integrationsprogrammen 717
§ 64 Einbürgerung 719
 1. Funktion der Einbürgerung 719
 2. Einbürgerung von Flüchtlingen (Art. 34 GFK) 721
 3. Einbürgerung von subsidiär Schutzberechtigten 722
Gesetzesregister 725
Stichwortverzeichnis 733

Abkürzungsverzeichnis

a.A.	anderer Ansicht
AA	Auswärtiges Amt
a.a.O.	am angegebenen Ort
Abs.	Absatz
AE	Aufenthaltserlaubnis
ähnl.	ähnlich
AEMR	Allgemeine Erklärung der Menschenrechte
AEVO	Arbeitserlaubnisverordnung
a.F.	alte Fassung
AG	Amtsgericht
Ag.	Antragsgegner(in)
AG/VwGO	Ausführungsgesetz zur Verwaltungsgerichtsordnung
ai	amnesty international
AJIL	American Journal of International Law
Alt.	Alternative
a.M.	anderer Meinung
Anl.	Anlage
Anm.	Anmerkung
AnwBl.	Anwaltsblatt (Zeitschrift)
AöR	Archiv für öffentliches Recht (Zeitschrift)
ArchVR	Archiv des Völkerrechts (Zeitschrift)
ARGK	Volksbefreiungsarmee Kurdistans (bewaffneter Arm der PKK)
ARK	(schweizerische) Asylrekourskommission
Art.	Artikel
AS	Amtliche Sammlung der Oberverwaltungsgerichte Rheinland-Pfalz und Saarland
Ast.	Antragsteller(in)
Asyl	Schweizerische Zeitschrift für Asylrecht und -praxis (Schweizerische Flüchtlingshilfe – SFH –, Postfach 279, 8035 Zürich (Hrsg.))
AsylR	Asylrecht
AsylVfG	Asylverfahrensgesetz
AsylVfNG	Asylverfahrensneuordnungsgesetz (Gesetz zur Neuregelung des Asylverfahrens vom 26. Juni 1992)
ATG	Antiterrorgesetz
AuAS	Ausländer- und asylrechtlicher Rechtsprechungsdienst (Zeitschrift)
Aufl.	Auflage
AuslG	Ausländergesetz
AuslVwV	Allgemeine Verwaltungsvorschrift zur Ausführung des Ausländergesetzes von 1965
AZR	Ausländerzentralregister
Beschl.	Beschluss
BAFöG	Bundesausbildungsförderungsgesetz
BAG	Bundesarbeitsgericht
BayOblG	Bayerisches Oberstes Landesgericht
BayOblGZ	Entscheidungen des Bayerischen Obersten Landesgerichtes in Zivilsachen
BayVBl.	Bayerische Verwaltungsblätter (Zeitschrift)
BayVGH	Bayerischer Verwaltungsgerichtshof
BB	Bundesbeauftragter für Asylangelegenheiten
Bd.	Band
BDSG	Bundesdatenschutzgesetz
BEEG	Bundeseltern- und Elternzeitgesetz
Bekl.	Beklagte(r)
BerG	Berufungsgericht
BerHG	Beratungshilfegesetz
Beschl.	Beschluss
Bf.	Beschwerdeführer(in)

Abkürzungsverzeichnis

BfA	Bundesagentur für Arbeit
Bg.	Beschwerdegegner(in)
BGB	Bürgerliches Gesetzbuch
BGBl.	Bundesgesetzblatt
BGH	Bundesgerichtshof
BGHSt	Entscheidungen des Bundesgerichtshofes in Strafsachen
BGHZ	Entscheidungen des Bundesgerichtshofes in Zivilsachen
BGS	Bundesgrenzschutz
BGSG	Bundesgrenzschutzgesetz
BKA	Bundeskriminalamt
BMI	Bundesinnenministerium
BR	Bundesrat
BRAGO	Bundesgebührenordnung für Rechtsanwälte
BRAK-Mit-	Bundesrechtsanwaltskammer-Mitteilungen
BRD	Bundesrepublik Deutschland
BR-Drucks.	Bundesrats-Drucksache
BSG	Bundessozialgericht
BSGE	Entscheidungen des Bundessozialgerichtes
BSHG	Bundessozialhilfegesetz
BT	Bundestag
BT-Drucks.	Bundestag-Drucksache
Buchst.	Buchstabe
BVerfG	Bundesverfassungsgericht
BVerfGE	Entscheidungen des Bundesverfassungsgerichtes
BVerfGG	Bundesverfassungsgerichtsgesetz
BVerfSchG	Bundesverfassungsschutzgesetz
BVerwG	Bundesverwaltungsgericht
BVerwGE	Entscheidungen des Bundesverwaltungsgerichtes
BVFG	Bundesvertriebenengesetz
BW	Baden-Württemberg
BWVPr.	Baden-Württembergische Verwaltungspraxis (Zeitschrift)
BYIL	British Yearbook of International Law
BZRG	Bundeszentralregistergesetz
bzw.	beziehungsweise
CDU	Christlich Demokratische Union
CSU	Christlich Soziale Union
CYIL	Canadian Yearbook of International Law
DDR	Deutsche Demokratische Republik
DDV	Document de Voyage pour les refugies palestiniens
d.h.	das heißt
DÖV	Die Öffentliche Verwaltung (Zeitschrift)
DRiG	Deutsches Richtergesetz
Drucks.	Drucksache
DRK	Deutsches Rotes Kreuz
DSM	Diagnostic and Statistical Manual
DVAuslG	Durchführungsverordnung zum Ausländergesetz
DVBl	Deutsches Verwaltungsblatt (Zeitschrift)
e.A.	einstweilige Anordnung
ECHR	European Convention on Human Rights (= EMRK)
ECRE	European Council on Refugees and Exiles
EG	Europäische Gemeinschaft
EGBGB	Einführungsgesetz zum Bürgerlichen Gesetzbuch
EGGVG	Einführungsgesetz zum Gerichtsverfassungsgesetz
EGH	Ehrengerichtshof
EGMR	Europäischer Gerichtshof für Menschenrechte
EKMR	Europäische Kommission für Menschenrechte

Abkürzungsverzeichnis

EMARK	Entscheidungen und Mitteilungen der Schweizerischen Asylrekourskommission (ARK)
EMRK	Europäische Konvention zum Schütze der Menschenrechte und Grundfreiheiten
Erl.	Erläuterungen
ERNK	Nationale Befreiungsfront Kurdistan (Politischer Arm der PKK)
ESVGH	Entscheidungen des Hessischen Verwaltungsgerichtshofes und des Verwaltungsgerichtshofes Baden-Württemberg
EU	Europäische Union
EuAuslÜb	Europäisches Auslieferungsübereinkommen
EuG	Europäischer Gerichtshof erster Instanz
EuGH	Europäischer Gerichtshof
EuGRZ	Europäische Grundrechtszeitung (Zeitschrift)
ExCom	Executive Committee of the Programme of the United Nation, High Commissioner for Refugees
EZAR	Entscheidungssammlung zum Ausländer- und Asylrecht
f.	folgende
F.D.P.	Freie Demokratische Partei
FEVG	Freiheitsentziehungsgesetz
ff.	fortfolgende
FGG	Reichsgesetz über die freiwillige Gerichtsbarkeit
FK	(Genfer) Flüchtlingskonvention (s. GFK)
FN	Fußnote
FR	Frankfurter Rundschau
GA	Goltdammer's Archiv für Strafrecht
GASP	Gemeinsame Außen- und Sicherheitspolitik
gem.	gemäß
GFK	Genfer Flüchtlingskonvention
GG	Grundgesetz für die Bundesrepublik Deutschland
ggf.	gegebenenfalls
GK	Gemeinschaftskommentar zum AsylVfG
GKG	Gerichtskostengesetz
GMBl.	Gemeinsames Ministerialblatt
GmSOGB	Gemeinsamer Senat der obersten Gerichtshöfe des Bundes
GYIL	German Yearbook of International Law
h.A.	herrschende Ansicht
Hb	Handbuch
Hess.VGRspr.	Rechtsprechungssammlung der hessischen Verwaltungsgerichte
HRLJ	Human Rights Law Journal (Zeitschrift)
Hrsg.	Herausgeber(in)
Halbs.	Halbsatz
Hw	Hinweis
ICD	International Classification of Diseases
ICJ	International Court of Justice
ICTY	International Criminal Court for the former Yugoslavia
i.d.F.	in der Fassung
i.d.R.	in der Regel
IGC	Intergovernmental Cooperation (Zusammenschluss mehrerer Industriestaaten zur Behandlung von Immigrationsfragen)
IJRL	International Journal of Refugee Law (Zeitschrift)
IKRK	Internationales Komitee des Roten Kreuzes
IMK	Ständige Konferenz der Innenminister der Länder und des Bundes
InfAuslR	Informationsbrief Ausländerrecht (Zeitschrift)
insb.	insbesondere
ILO	International Labour Organization
IPbpR	Internationaler Pakt über bürgerliche und politische Rechte

Abkürzungsverzeichnis

IPKF	Indian Peace Keeping Force
IPR	Internationales Privatrecht
IPrax	Praxis des Internationalen Privatrechts (Zeitschrift)
IPwskR	Internationaler Pakt über wirtschaftliche, soziale und kulturelle Rechte
IOM	International Organization of Migration
IRA	Irish Republican Army
IRG	Gesetz über die internationale Rechtshilfe in Strafsachen
IRO	International Refugee Organization
i.V.m.	in Verbindung mit
JA	Juristische Arbeitsblätter
JGG	Jugendgerichtsgesetz
JIR	Jahrbuch für internationales Recht
JR	Juristische Rundschau (Zeitschrift)
JuS	Juristische Schulung (Zeitschrift)
JVA	Justizvollzugsanstalt
JVP	Janatha Vimukhti Peramuna (Volksbefreiungsfront)
JZ	Juristenzeitung
Kap.	Kapitel
KDV	Kriegsdienstverweigerung
KG	Kammergericht
KJ	Kritische Justiz (Zeitschrift)
Kl.	Kläger(in)
krit.	kritisch
KSZE	Konferenz über Sicherheit und Zusammenarbeit in Europa
LAG	Landesarbeitsgericht
LG	Landgericht
LS	Leitsatz
LTTE	Liberation Tigers of Tamil Eelam
LVwGSchlH	Landesverwaltungsgesetz Schleswig-Holstein
MBl.	Ministerialblatt
MDR	Monatsschrift für Deutsches Recht (Zeitschrift)
m.w. Hw.	mit weiteren Hinweisen
n.F.	neue Folge
NJW	Neue Juristische Wochenschrift
Nr.	Nummer
NStZ	Neue Zeitschrift für Strafrecht
NVwZ	Neue Zeitschrift für Verwaltungsrecht
NVwZ-RR	Neue Zeitschrift für Verwaltungsrecht-Rechtsprechungsreport
NW	Nordrhein-Westfalen
NWVBl	Nordrhein-Westfälische Verwaltungsblätter
NZA	Neue Zeitschrift für Arbeitsrecht
NZZ	Neue Zürcher Zeitung
o.a.	oben angegeben
OLG	Oberlandesgericht
OLGZ	Entscheidungen der Oberlandesgerichte in Zivilsachen
OVG	Oberverwaltungsgericht
OVGE	Entscheidungen der Oberverwaltungsgerichte für das Land Nordrhein-Westfalen sowie für die Länder Niedersachsen und Schleswig-Holstein
OVGBln.	Entscheidungen des Oberverwaltungsgerichtes Berlin
PFLT	People's Front of Liberation Tigers (politischer Arm der LTTE)
PKH	Prozesskostenhilfe
PKK	Partiya Karkeren Kurdistan (Kurdische Arbeiter- und Bauernpartei)
PLO	Palestinian Liberation Organization

Abkürzungsverzeichnis

PStG	Personenstandsgesetz
PTBS	Posttraumatisches Belastungssyndrom
PTSD	Post Traumatic Stress Disorder
QRL	Qualifikationsrichtlinie
RA	Rechtsanwalt
RdC	Recueil des Cours (Zeitschrift)
RdErl.	Runderlass
Rdn.	Randnummer (bei Verweisen innerhalb des Buches)
RL	Richtlinie
Rn.	Randnummer (bei Verweisen auf externe Literatur)
Rspr.	Rechtsprechung
RuStAG	Reichs- und Staatsangehörigkeitsgesetz
RzW	Rechtsprechung zum Wiedergutmachungsrecht (Zeitschrift)
S.	Satz
s.	siehe
SG	Sozialgericht
SGB	Die Sozialgerichtsbarkeit
SGB I	Sozialgesetzbuch – Allgemeiner Teil
SGB X	Sozialgesetzbuch – Verwaltungsverfahren
SGG	Sozialgerichtsgesetz
s.o.	siehe oben
sog.	sogenannt
SPD	Sozialdemokratische Partei Deutschlands
StAG	Staatsangehörigkeitsgesetz
StAnz.	Staatsanzeiger
stdg. Rspr.	ständige Rechtsprechung
StGB	Strafgesetzbuch
StlÜbk	Staatenlosenübereinkommen
StPO	Strafprozessordnung
SV	Sichtvermerk
TELF	Tamil Eelam Liberation Front
TELO	Tamil Eelam Liberation Organization
TStGB	Türkisches Strafgesetzbuch
TULF	Tamil United Liberation Front
U.	Urteil
u. a.	und andere
UdSSR	Union der Sozialistischen Sowjet-Republiken
UN	United Nations
UN-AMR	Menschenrechtsausschuss der Vereinten Nationen
UNHCR	United Nations High Commissioner for Refugees
UNKRA	United Nations Korean Reconstruction Agency
UNP	United National Party (Sri Lanka)
UNRWA	United Nations Work and Relief Agency for the Palestine Refugees
Urt.	Urteil
USA	United States of America
u. U.	unter Umständen
VA	Verwaltungsakt
VBlBW	Verwaltungsblätter für Baden-Württemberg
VereinsG	Vereinsgesetz
VersG	Versammlungsgesetz
VerwArch	Verwaltungsarchiv (Zeitschrift)
VerwRdsch	Verwaltungsrundschau
VerwRspr.	Verwaltungsrechtsprechung
VG	Verwaltungsgericht

Abkürzungsverzeichnis

VGH	Verwaltungsgerichtshof
vgl.	vergleiche
VN	Vereinte Nationen
VO	Verordnung
Vorbem.	Vorbemerkung
VStGB	Vietnamesisches Strafgesetzbuch
VVDStRL	Veröffentlichungen der Vereinigung der Deutschen Staatsrechtslehrer
VwGO	Verwaltungsgerichtsordnung
VwV	Verwaltungsvorschrift
VwVfG	Verwaltungsverfahrensgesetz
VwVG	Verwaltungsvollstreckungsgesetz
VwZG	Verwaltungszustellungsgesetz
WVRK	Wiener Vertragsrechtskonvention
ZaöRV	Zeitschrift für ausländisches öffentliches Recht und Völkerrecht
ZAR	Zeitschrift für Ausländerrecht und Ausländerpolitik
z. B.	zum Beispiel
ZDWF	Zentrale Dokumentationsstelle der Freien Wohlfahrtspflege für Flüchtlinge
ZfVR	Zeitschrift für Völkerrecht
ZPO	Zivilprozessordnung
ZRP	Zeitschrift für Rechtspolitik
ZZP	Zeitschrift für Zivilprozess
zust.	zustimmend
z.Zt.	zur Zeit

Literaturverzeichnis

Achermann, Alberto,	Die völkerrechtliche Verantwortlichkeit fluchtverursachender Staaten, 1997
Afele, Enyonam,	Grausames Ritual. Die Verstümmelung weiblicher Geschlechtsorgane verstößt gegen die Menschenrechte, in: *der überblick* 2/93, 29
Aga Khan, Sadruddin,	Legal Problems Relating to Refugees and Displaced Persons, in: *Recueil des Cours* 149 (1976), 287
Ahmed, Munir D.,	Pakistans Rückkehr zur parlamentarischen Demokratie, in: *Orient* 1987, 533
Aldrich, George H.,	New Life for the Laws of War, in: *American Journal of International Law (AIJL)* 1981, 764
Aleinikoff, T. Alexander,	The Meaning of »Persecution« in United States Asylum Law, in: *International Journal of Refugee Law (IJRL)* 1991, 5
ders.,	»Membership in a Particular Social Group«: Analysis and proposed Conclusions, September 2001
Alexander, George J.,	Rule of National Courts in Times of Emergency, in: *Human Rights Law Journal (HRLJ)* 1994, 1
Allain, Jean,	*The* jus cogens *Nature of* non-refoulement, in: *International Journal of Refugee Law (IJRL)* 2001, 533
Alleweldt, Ralf,	Protection Against Expulsion under Art. 3 ECHR, in: *European Journal of International Law (EJIL)* 1993, 360
ders.,	Schutz vor Abschiebung bei drohender Folter oder unmenschlicher oder erniedrigender Behandlung oder Strafe, 1996
Amery, Carl,	Hitler als Vorläufer, 1998
Amman, Christine,	Die Rechte des Flüchtlings, 1994
amnesty international,	Violations of the Human Rights of Homosexuals, AI INDEX: POL 30/01/94, Januar 1994
ders.,	Frauen in Aktion – Frauen in Gefahr, 1995
ders.,	Schutz für politisch Verfolgte, 1996
ders.,	Stellungnahme an den BT-Innenausschuss v. 11.01.2002, DB, 14. WP, Innenausschuss, Prot. Nr. 83, 14/674 D, S. 235
Anker, Deborah E.,	Discretionary Asylum, in: *Virginia Journal of International Law (VJIL)* 1987, 1
dies.,	Determining Asylum Claims in the United States, in: *International Journal of Refugee Law (IJRL)* 1990, 257
dies.,	Refugee Status and Violence against Women in the »Domestic Sphere«: The Non-State-Actor Question, in: *International Association of Refugee Law Jugdes (Hrsg.)*, The Changing Nature of Persecution, 2000, S. 92
Arboleda, Eduardo,	Refugee Definition in Africa and Latin America: The Lessons of Pragmatism, in: *International Journal of Refugee Law (IJRL)* 1991, 185
Arendt, Hannah,	Es gibt nur ein einziges Menschenrecht, in: *Otfried Höffe u. a. (Hrsg.)*, Praktische Philosophie/Ethik 2, 1981, S. 457
dies.,	Elemente und Ursprünge totaler Herrschaft, 1986
Armin, Rupprecht von,	L'Europe et les refugies a travers la perspective du HCR, in: *Kay Hailbronner (Hrsg.)*, Asyl- und Einwanderungsrecht im europäischen Vergleich, 1992, S. 120
Atlam, Hatem,	International liberation movements and international responsibility, in: *M. Spinedi/B. Simma (Hrsg.)*, United Nations Codification of State Responsibility, 1987, S. 35

Literaturverzeichnis

Aziz, Namo,	Kurdistan, 1992
Baarda, Th. A. van,	The Involvement of the Security Council in Maintaining International Humanitarian Law, in: *Netherlands Quarterly of Human Rights (NQHR)* 1994, 137
Bade, Klaus,	Europa in Bewegung, 2000
Balogh, Elemer,	World Peace and the Refugee Problem, in: *Recueil des Cours* 1949 II, 363
Bank, Roland,	Durchbruch für das Flüchtlingsvölkerrecht. Eine Auswertung der deutschen Rechtsprechung zu den flüchtlingsrechtlichen Neuerungen des Zuwanderungsgesetzes, Beilage zum Asylmagazin 6/2002, S. 1
ders.,	Rechtsstellung von Flüchtlingen und subsidiär geschützten Personen nach der Qualifikationsrichtlinie, in: *Rainer Hofmann/Tilman Löhr,* Europäisches Flüchtlings- und Einwanderungsrecht, 2008, S. 169
Bank,	Roland/Foltz, Frederike, Flüchtlingsrecht auf dem Prüfstand. Die Qualifikationsrichtlinie im deutschen Recht. Teil 1: Flüchtlingsschutz, Beilage zum Asylmagazin 10/2008, S. 1.
ders.,	Das Elgafaji-Urteil des EuGH und seine Bedeutung für den Schutz von Personen, die vor bewaffneten Konflikten fliehen in: *NVwZ* 2009, 695
ders.,	Die Beendigung der Flüchtlingseigenschaft nach der »Wegfall-der-Umstände-Klausel«, in: *NVwZ* 2011, 401
Barskanmaz, Cengiz,	Rasse-Unwort des Antidiskriminierungsrechts?, in *KJ* 2011, 382Bartelt, Sandra/Zeitler, Helge Elisabeth, »Intelligente Sanktionen« zur Terrorismusbekämpfung in der EU, in: *EuZW* 2003, 712
Batchelor, Carol A.,	Stateless Persons: Some Gaps in International Protection, in: *International Journal of Refugee Law (IJRL)* 1995, 232
Baty, Thomas,	Can an Anarchy be a State?, in: *American Journal of International Law (AJIL)* 1934, 444
Bäuerle, Michael/Kleindiek, Ralf,	Der generelle Abschiebestopp gem. § 54 AuslG, in: *NVwZ* 1995, 43
Becker, David,	Prüfstempel PTSD – Einwände gegen das herrschende »Trauma«-Konzept, in: *medico international (Hrsg.),* Schnelle Eingreiftruppe »Seele«: Auf dem Weg in die therapeutische Weltgesellschaft. Texte für eine kritische »Trauma-Arbeit«, S. 25-48
ders.,	Trauerprozesse und Traumaverarbeitung im interkulturellen Zusammenhang, in: *Zeitschrift für Politische Psychologie* 1999, 165
Bell, Roland,	Ist die EuGH-Rechtsprechung zum Ausschluss vom Flüchtlingsschutz effektiv?, in: *InfAuslR* 2011, 214
Bell, Roland/von Nieding, Norbert,	Das Asylfolgeantragsverfahren nach neuem Recht, in: *ZAR* 1995, 119Berber, Friedrich, Lehrbuch des Völkerrechts, Erster Band. Allgemeines Friedensrecht, 2. Aufl. 1975
ders.:	Lehrbuch des Völkerrechts, Zweiter Band. Kriegsrecht, 2. Aufl. 1969
Berlit, Uwe,	Flüchtlingsrecht im Umbruch, in: *NVwZ* 2012, 193
Bernhardt, Rudolf,	Interpretation in International Law, in: *Encyclopedia of Public International Law,* Instalment 7, 1984, S. 318
ders.,	Einwirkungen der Entscheidungen internationaler Menschenrechtsinstitutionen auf das nationale Recht, in: Staat und Völkerrechtsordnung, Festschrift für Karl Doehring, 1989, S. 25
Bethäuser, Franz,	Die neueste Rechtsprechung des BVerwG zur anderweitigen Verfolgungssicherheit – insbesondere zur Frage des sog. Fluchtzusammenhangs, in: *NVwZ* 1989, 728
Bielefeldt, Heiner,	Menschenrechte und Menschenrechtsverständnis im Islam, in: *EuGRZ* 1990, 495
ders.,	Islamischer Fundamentalismus als Herausforderung, in: *liberal* 1991, 41

Literaturverzeichnis

ders.,	Die Menschenrechte als das »Erbe der gesamten Menschheit«, in: *Heiner Bielefeldt (Hrsg.)*, Würde und Recht des Menschen. Festschrift für Johannes Schwartländer zum 70. Geburtstag, 1992, S. 154
ders.,	Wiedergewinnung des Politischen. Eine Einführung in Hannah Arendts politisches Denken, 1993
Bierwirth, Cristoph/Göbel-Zimmermann, Ralph,	Handlungsspielräume und Grenzen einer Änderung des Asylrechts, in: *ZRP* 1992, 470
Birck, Angelicka,	Traumatisierte Flüchtlinge, 2002
Bittenbinder, Elise,	Herrschaft und Gewalt: Psychotherapie mit vergewaltigten und gefolterten Frauen, in: *Zeitschrift für Politische Psychologie* 1999, 41
Blake, Nicolas,	The Dublin Convention and Rights of Asylum Seekers in the European Union, in: *Elspeth Guild* (Hrsg.), Implementing Amsterdam, 2001
Bleckmann, Albert,	Verfassungsrechtliche Probleme einer Beschränkung des Asylrechts, 1992
Bleckmann, Albert/Helm, Franziska,	Rechtsprobleme der Staatenlosenkonvention, in: *ZAR* 1989, 147
Bliss, Michael,	Serious Reasons for Considering: Minimum Standards of Procedural Fairness in the Application of Article 1 F Exclusion Clauses, in: *International Journal of Refugee Law (IJRL) Supplementary Issue* 2000, 92
Bloch, Ernst,	Naturrecht und menschliche Würde, 2. Aufl. 1980
Blumenwitz, Dieter,	Anmerkung zu EGMR, EuGRZ 1989, 314, in: *EuGRZ* 1989, 326
Böckenförde, Ernst Wolfgang,	Staat, Gesellschaft, Freiheit, 1976
Bolten, J. J.,	From Schengen to Dublin: The new frontiers of refugee law, in: *Herman Meijers u. a. (Hrsg.)*, Schengen, 1991, S. 8
Bothe, Michael,	Friedenssicherung und Kriegsrecht, in: *Wolfgang Graf Vitzthum (Hrsg.)*, Völkerrecht, 1997, S. 581
Brabandt, Heike,	Internationale Normen und das Rechtssystem, 2011
Brandl, Ulrike,	Das österreichische Asylgesetz 1997, in: *Asyl* 1999, 9
Breitenmoser, Stephan/Wilms, Gunter E.,	Human Rights v. Extradition. The *Soering* Case, in: *Michigan Journal of International Law (MJIL)* 1990, 845
Brownlie, Ian,	System of the Law of Nations. State Responsibility, Part I, 1983
Bryde, Brun-Otto,	Gutachten zur Zulässigkeit einer wiederholten generellen Aussetzung der Abschiebung bestimmter Ausländergruppen durch oberste Landesbehörden, im Auftrag der Fraktion Bündnis 90/Die Grünen im Hessischen Landtag, Mai 1994
Buchalla, Carl E.,	Zwangsscheidung auf islamische Art, in: *Süddeutsche Zeitung*, 19.06.1995
Bueven, Geraldine von,	The International Protection of Family Member‹s Rights as the 21st Century Approaches, in: *Human Rights Quarterly (HRQ)* 1995, 732
Büge, Joachim,	Asylrechtlicher Prognosemaßstab bei kollektiver Verfolgungslage, in: *NVwZ* 1997, 664
Buhr, Kornelia,	Frauenspezifische Verfolgung und Asyl, in: *Demokratie und Recht* 1988, 192
Bumke, Ulrike,	Zur Problematik frauenspezifischer Fluchtgründe – dargestellt am Beispiel der Genitalverstümmelung, in: *NVwZ* 2002, 423
Bundesamt für Migration und Flüchtlinge (BMF) (Informationszentrum),	Kindersoldaten – Information, September 2004
dass.,	Weibliche Genitalverstümmelung. Formen – Auswirkungen – Verbreitung – Asylverfahren, Juli 2005
dass.,	Weibliche Genitalverstümmelung. Formen – Auswirkungen – Verbreitung – Asylverfahren, November 2007

Literaturverzeichnis

dass.,	Geschlechtsspezifische Verfolgung in ausgewählten Herkunftsländern, April 2010Bundesministerium des Innern (BMI), Hinweise des Bundesministeriums des Innern zur Anwendung der Richtlinie 2004/83/EG des Rates vom 29. April 2004 in der BRD vom 13. Oktober 2006
Bundesministerium für Familie, Senioren, Frauen und Jugend (BMFSFJ),	Genitale Verstümmelung bei Mädchen und Frauen, 2000
Capotorti, Francesco,	Study on the Rights of Persons belonging to ethnic, religious and linguistic Minorities, United Nations Publications, Sales No. E.91.XIV.2
Carlier, Jean-Yves/Vanheule, Dirk/Hullmann, Klaus/Galiano, Carlos Pena,	Who is a Refugee?, A Comparative Case of Law Study, 1997
Cassese, Antonio,	The Status of Rebels under the 1977 Geneva Protocol on Non-International Armed Conflict, in: *International and Comparative Law Quarterly (ICLQ)* 1981, 416
ders.,	A new Approach to Human Rights: The European Convention for the Prevention of Torture, in: *American Journal of International Law (AJIL)* 1989, 128
Castel, Jacqueline R.,	Rape, Sexual Assault and the Meaning of Persecution, in: *International Journal of Refugee Law (IJRL)* 1992, 39
Cervenak, Christine M.,	Promotion Inequality: Gender-Based Discrimination in UNRWA's Approach to Palestine Refugee Status, in: *Human Rights Quarterly (HRQ)* 1994, 300
Clark, Tom,	Human Rights and Expulsion: Giving Content to the Concept of Asylum, in: *International Journal of Refugee Law (IJRL)* 1992, 189
Clodius, Anke,	Erläuterungen zu § 43 bis § 45 AufenthG, in: *Rainer Hofmann/Holger Hoffmann*, Ausländerrecht, Handkommentar, 2008
Cox, Theodore N.,	»Well founded Fear of being persecuted«: The Sources and Application of a Criterion of Refugee Status, in: *Brooklyn Journal of International Law (BJIL)* 1984, 333
Crawford, James,	Criteria of Statehood in International Law, in: *British Yearbook of International Law (BQIL)* 1976–1977, 111
Crawford, James/Hyndman, Patricia,	Three Heresies in the Application of the Refugee Convention, in: *International Journal of Refugee Law (IJRL)* 1989, 155
Crépeau, Francois,	Anti-Terrorism Measures and Refugee Law Challenges in Canada, in: *Refugee Survey Quarterly (RSQ)* 2010, 31
Creveld, Martin van,	Die Zukunft des Krieges, 1991
ders.,	Dunkle Vorschau im Kristall. Historische Überlegungen zu den Kriegen, die kommen, in: *Lettre International* Nr. 59, IV/02, S. 6
Dahm, Georg/Delbrück, Jost/Wolfrum, Rüdiger,	Völkerrecht, Band 1, 2. Aufl. 1989
Davy, Ulrike,	Asyl und internationales Flüchtlingsvölkerrecht, Bd. 1, 1996
Dawin, Michael,	Asylrecht und gewalttätiger politischer Kampf, in: *NVwZ* 1991, 349
ders.,	Die Anwendung von Gewalt als Grenze des asylrechtlichen Schutzgutes »politische Überzeugung«, in: *NVwZ* 1992, 335
Deiseroth, Dieter,	Genfer Flüchtlingskonvention und Sozialhilfe, in: *DVBl.* 1998, 116
Delbrück, Jost,	Die Rassenfrage als Problem des Völkerrechts, 1971
Deng, Francis M.,	Comprehensive Study, U. N. Doc. E/CN.4/1993/20, 21. 1. 1993
ders.,	Internally Displaced Persons, U. N. Doc. E/CN.4/1994, 25. 1. 1994
Dhawan, Savita/Eriksson Söder,	Ulla-Stina: Trauma und Psychodrama, in: *Zeitschrift für Politische Psychologie* 1999, 201

Literaturverzeichnis

Doehring, Karl,	Die allgemeinen Regeln des völkerrechtlichen Fremdenrechts und das deutsche Verfassungsrecht, 1963
ders., Effectivness,	in: *Encyclopedia of Public International Law*, Instalment 7, 1984, S. 70
Dolgopol, Ustinia;	Women's Voices, Women's Pain, in: *Human Rights Quarterly (HRQ)* 1994, 127
Duchrow, Julia,	Die flüchtlingsrechtlichen Profile des Zuwanderungsgesetzes, in: *ZAR* 2002, 269
dies.,	Flüchtlingsrecht und Zuwanderungsgesetz unter Berücksichtigung der sog. Qualifikationsrichtlinie, in: *ZAR* 2004, 339
Duchrow, Julia/Spieß, Katharina,	Flüchtlings- und Asylrecht, 2. Aufl. 2005
Duffy, Aoife,	Expulsion to Face Torture? Non-Refoulement in International Law, in: *International Journal of Refugee Law (IJRL)* 2008, 373
Dülmen, Richard van,	Religion und Gesellschaft, 1989
Dürig, Julia,	Beweismaßstab und Beweislast im Asylrecht, 1990
Dutertre, Gilles,	Key case-law extracts. European Court of Human Rights, 2003
Edwards, Alice,	Human Rights, Refugees, and the Right »To Enjoy Asylum, in: *International Journal of Refugee Law (IJRL)* 2005, 293
dies.,	Transitioning Gender: Feminist Engagement with International Refugee Law, in: *Refugee Survey Quarterly (RSQ)* 2010, 21Eide, Asbjörn, Gewissen und Gewalt, in: *Vereinte Nationen* 1986, 60
Einarsen, Terje,	The European Convention on Human Rights and the Notion of an Implied Right to de facto Asylum, in: *International Journal of Refugee Law (IJRL)* 1990, 361
Elias, Norbert,	Studien über die Deutschen, 1989
Ende, Werner,	Der schiitische Islam, in *Werner Ende/Udo Steinbach (Hrsg.)*, Der Islam in der Gegenwart, 3. Aufl. 1991, S. 70
Ender, Aydin,	Ursprung und Vermächtnis des Kemalismus, in: *Ron Ayres u. a.*, Türkei, Staat und Gesellschaft, 1987, S. 90
Epiney, Astrid,	Die völkerrechtliche Verantwortlichkeit von Staaten für rechtswidriges Verhalten im Zusammenhang mit Aktionen Privater, 1992
Errera, Roger,	Cessation and Assessment of New Circumstances: a Comment on Abdulla, CJEU, 2 March 2010, in: *International Journal of Refugee Law (IJRL)* 2011, 521
Erzeren, Ömer,	Von der Guerilla zur Intifada? in: *Behman Nirumand (Hrsg.)*, Die kurdische Tragödie, 1991, S. 156
Espiell, Hector Gros/Picado, Sonia/Valladares Lanza,	Principles and Criteria for the Protection of and Assistance to Central American Refugees, Returnees and Displaced Persons in Latin America, in: *International Journal of Refugee Law (IJRL)* 1990, 82 European Council on Refugees and Exiles (ECRE), The Impact of the EU Qualification Directive on International Protection, October 2008
European Legal Network on Asylum (ELENA),	Background Paper on Non-State Agents of Persecution, 1998 European Legal Network on Asylum (ELENA), The Application of the Concept of Internal Protection Alternative, 2000
Evans, Malcolm D./Morgan, Rod,	Preventing Torture. A Study of the European Convention for the Prevention of Torture and Inhuman or Degrading Treatment or Punishment, 1998
Feaux De La Croix, Ernst,	Zum Begriff der Flüchtlingseigenschaft im Sinne der Genfer Konvention, in: *Rechtsprechung zum Wiedergutmachungsrecht (RzW)* 1968, 289
Fernhout, Roel/Meijers, Herman,	Asylum, in: *Herman Meijers u. a. (Hrsg.)*, A New Immigration Law For Europe? 1993, S. 17

Literaturverzeichnis

Fischer, Erwin,	Trennung von Staat und Kirche, 2. Aufl. 1971
Fischer, Gottfried/Riedesser, Peter,	Lehrbuch der Psychotraumatologie, 2. Aufl. 1999
Fischer-Lescano, Andreas/ Löhr, Tillmann,	Rechtsgutachten Menschen- und flüchtlingsrechtliche Anforderungen an Maßnahmen der Grenzkontrollen auf See, 2007
Fitzpatrick, Joan/Bonoan, Rafael,	Cessation of refugee protection, 2001, in: *refworld*
Follmar-Otto, Petra/Cremer, Hendrik,	Das neue Zusatzprotokoll zur UN-Anti-Folter-Konvention, Deutsches Institut für Menschenrechte, 2004
Fortin, Antonio,	The Meaning of »Protection« in the Refugee Definition, in: *International Journal of Refugee Law (IJRL)* 2000, 548
Fraenkel, Michael,	Einführende Hinweise zum neuen Ausländergesetz, 1991
Fragomen, Austin T.,	The Refugee: A Problem of Definition, in: *Case Western Reserve Journal of International Law (WRJIL)* 1970, 45
Franke, Dietmar,	Politisches Delikt und Asylrecht, 1979
Franz, Fritz,	Das Asylrecht im Schatten der Flüchtlingskonvention, in: *DVBl.* 1966, 623
Fritsch, Falk,	Zur Zulässigkeit wohnsitzbeschränkender Auflagen, in: *ZAR* 2007, 356
Frowein, Jochen Abr.,	Das de facto-Regime im Völkerrecht, 1968
ders.,	Report on the visit to Romania, in: *Human Rights Law Journal (HRLJ)* 1983, 136
Frowein, Jochen Abr./Peukert, Wolfgang,	Europäische Menschenrechtskonvention, EMRK-Kommentar, 2. Aufl. 1996
Fullerton, Maryleen,	Terrorism, Torture, and Refugee Protection in the United States, in: *Refugee Survey Quarterly (RSQ)* 2010, 4
Funke-Kaiser, Michael,	in: *Roland Fritz/Jürgen Vormeier (Hrsg.)*, GK-AsylVfG, II-§ 28
ders.,	Der Prognosemaßstab des Art. 15 Lit. c Qualifikationsrichtlinie und die allgemeine Gefahr, in: *InfAuslR* 2008, 90
Funke-Kaiser, Michael/Müller, Gert,	Aufenthaltsbeendigung, in: *Klaus Barwig u. a. (Hrsg.)*, Das neue Ausländerrecht, 1991, S. 135
Ganshof van der Meersch, W. J.,	Reliance, in the case-law of the European Court of Human Rights, on the domestic law of the States, in: *Human Rights Law Journal (HRLJ)* 1980 (Bd. 1), S. 13
Garcia-Mora, Manuel R.,	International Law and Asylum as a Human Right, 1956
Garro, Alejandro M.,	The Role of the Argentine Judiciary under a State of Siege, in: *Human Rights Law Journal (HRLJ)* 1983, 311
Gasser, Hans-Peter,	Armed Conflict within the Territory of a State, in: *W. Haller u. a. (Hrsg.)*, Im Dienste an der Gemeinschaft, Festschrift für D. Schindler, 1989, S. 225
ders.,	Das Humanitäre Völkerrecht, in: *Hans Haug (Hrsg.)*, Menschlichkeit für alle, 1991, S. 499
Gebauer, Stefanie,	Asylrechtliche Anerkennung frauenspezifischer Verfolgung, in: *ZAR* 1988, 120
Geck, Wilhelm Karl,	Internationaler Schutz von Freiheitsrechten und nationale Souveränität, in: *JZ* 1980, 73
Geertz, Clifford,	Dichte Beschreibung, Beiträge zum Verstehen kultureller Systeme, 1987
Geiger, Rudolf,	Die Auslieferung des politischen Straftäters im Lichte des Grundrechts auf Asyl, in: *Ingo von Münch (Hrsg.)*, Staatsrecht, Völkerrecht, Europarecht. Festschrift für Hans-Jürgen Schlochhauer zum 75. Geburtstag am 28. 3. 1981, 1981, S. 79
Ghaussy, A. Ghanie,	Der islamische Fundamentalismus in der Gegenwart, in: *Thomas Meyer (Hrsg.)*, Fundamentalismus in der modernen Welt, 1989, S. 83

Glahn, Wiltrud von,	Der Kompetenzwandel internationaler Flüchtlingshilfeorganisationen – vom Völkerbund bis zu den Vereinten Nationen, 1992
Göbel-Zimmermann, Ralph,	Handlungsspielräume der Landesregierungen für den Erlaß von Abschiebungsstoppregelungen, in: *ZAR* 1995, 23
ders.,	Handbuch des Ausländer- und Asylrechts, 20. Aufl. 2006, SystDarst IV Rn. 199
Goldammer, Kurt,	Die Formenwelt des Religiösen. Grundriß der systematischen Religionswissenschaft, 1960
Goldberg, Pamela/Passade Cisse, Bernadette,	Gender Issues in Asylum Law after Matter of R-A-, in: Immigration Briefings 2/2000, S. 1
Golsong, Heribert/Petzold, Herbert/Furrer, Hans P.,	Entscheidungen des Europäischen Gerichtshofes für Menschenrechte, Bd. 1, 1970
Goodwin-Gill, Guy S.,	The Determination of Refugee Status, in: *The International Institute of Humanitarian Law*, Yearbook 1985, S. 56
ders.,	Non-Refoulement and the New Asylum Seekers, in: *Virginia Journal of International Law (VJIL)* 1986, 897
ders.,	Comment on the U. S.-Supreme Court Decision INS vs. Cardoza-Fonseca, in: *International Journal of Refugee Law (IJRL)* 1990, 461
ders.,	The Refugee in International Law, 2. Aufl. 1996
Goodwin-Gill, Guy S./ McAdam, Jane,	The Refugee in International Law, 3. Aufl. 2007
Gottstein, Margit,	Frauenspezifische Verfolgung und ihre Anerkennung als politische Verfolgung im Asylverfahren, in: *Streit* 1987; 75
dies.,	Die Situation von Frauen als de-facto-Flüchtlinge vor dem Hintergrund frauenspezifischer Verfolgung, in: *Manfred Karnetzki/Hanns Thomä-Venske (Hrsg.)*, Schutz für de-facto-Flüchtlinge, 1988, S. 139
Grabenwarter, Christoph,	Europäische Menschenrechtskonvention 2003
Graessner, Sepp/Wenk-Ansohn, Mechtild,	Die Spuren von Folter. Eine Handreichung, 2000
Grahl-Madsen, Atle,	The Status of Refugees in International Law, Bd. 1, 1966
ders.,	International Refugee Law Today and Tomorrow, in: *AVR* 1982, 411
ders.,	Identifying the World's Refugees, in: *Annals* 1983, 11
ders.,	Protection of Refugees by their Country of Origin, in: *Yale Journal of International Law (YJIL)* 1986, 376
ders.,	Commentary on the Refugee covention 1951, 1997
Greatbatch, Jacqueline,	The Gender Difference, in: *International Journal of Refugee Law (IJRL)* 1989, 518
Green, L. G.,	Derogation of Human Rights in Emergency Situations, in: *The Canadian Yearbook of International Law (CYIL)* 1978, 92
Groth, Katharina,	Zur Aufhebung von Asyl- und Flüchtlingsanerkennungen im Geflecht von völker- und europarechtlichen Verpflichtungen, in: *ZAR* 2009, 1
Grotzky, Johannes,	Balkankrieg, 1993
Grützner, Heinrich,	Aktuelle Probleme der Auslieferung, in: *ZStW* 1969 (Band 81), 119
Guild, Elspeth/Garlick, Madeline,	Refugee Protection. Counter-Terrorism, and Exclusion in the European Union, in: *RSQ* 2010, 63
Gusy, Christian,	Asylrecht und Asylverfahren in der Bundesrepublik Deutschland, 1980
ders.,	Zur Bedeutung von Art. 3 EMRK im Ausländerrecht, in: *ZAR* 1993, 63
Habermas, Jürgen,	Faktizität und Geltung. Beiträge zur Diskurstheorie des Rechts und des demokratischen Rechtsstaates, 1992
Habsbawm, Eric,	Das Zeitalter der Extreme, 1995

Literaturverzeichnis

Hailbronner, Kay,	Non-Refoulement and »Humanitarian« Refugees, Customary International Law or Wishful Thinking? in: *Virginia Journal of International Law (VJIL)* 1986, 857
ders.,	Das Refoulement-Verbot und die humanitären Flüchtlinge im Völkerrecht, in: *ZAR* 1987, 3
ders.,	Das Gesetz zur Neuregelung des Ausländerrechts, in: *NJW* 1990, 2153
ders.,	Der Flüchtlingsbegriff der Genfer Flüchtlingskonvention und die Rechtsstellung von De-facto-Flüchtlingen, in: *ZAR* 1993, 3
ders.,	The Concept of »Safe Country« and Expeditious Procedures, in: *International Journal of Refugee Law (IJRL)* 1993, 31
ders.,	Ausweisung und Abschiebung in der neueren Rechtsprechung und Gesetzgebung, in: *JZ* 1995, 127
ders.,	Der Staat und der Einzelne als Völkerrechtssubjekt, in: *Wolfgang Graf Vitzthum* (Hrsg.), Völkerrecht, 1997, S. 181
ders.,	Geschlechtspezifische Fluchtgründe, die Genfer Flüchtlingskonvention und das deutsche Asylrecht, in: *ZAR* 1998, 152
ders.,	Die Qualifikationsrichtlinie und ihre Umsetzung, in: *ZAR* 2008, 209
ders.,	Die Qualifikationsrichtlinie und ihre Umsetzung im deutschen Ausländerrecht, in: *ZAR* 2008, 265
Hailbronner, Kay/Bargen, Joachim von/Schenk, Karlheinz,	Ausländerrecht, 2012
Hambro, Edvard,	New Trends in the Law of Extradition and Asylum, in: *The Western Policy Quarterly (WPQ)* 1952 (Band V), 1
Hampson, Françoise J.,	Human rights law and international humanitarian law, two coins or two sides of the same coin? in: *United Nations*, Bulletin of Human Rights 91/1, 1992, S. 46
Harris, D. J./O'Boyle, M./Warbrick, C.,	Law of the European Convention on Human Rights, London u. a. 1995
Hartman, Joan F.,	Derogation from Human Rights Treaties, in: *Harvard International Law Journal (HILJ)* 1981, 1
Hathaway, James C.,	The Evolution of Refugee Status in International Law: 1920–1950, in: *International and Comparative Law Quarterly (ICLQ)* 33 (1984), 348
ders.,	A Reconsideration of the Underlying Premise of Refugee Law, in: *Harvard International Law Journal (HILJ)* 1990, 131ders., The Law of Refugee Status, 1991
ders.,	The Michigan Guideline on the Internal Protection Alternative, in: *International Association of Refugee Law Jugdes (Hrsg.)*, The Changing Nature of Persecution, 2000, S. 182
ders.,	The Rights of Refugees under International Law, 2005
Hathaway, James/Foster, Michelle,	The Causal Connection (»Nexus«) to a Convention Ground, in: *International Journal of Refugee Law (IJRL)* 2003, 461
dies.,	Membership of a Particular Social Group, in: *International Journal of Refugee Law (IJRL)* 2003, 477
dies.,	Internal Protection/Relocation/Flight Alternative as an Alternative as an Aspect of Refugee Status Determination, S. 27
Hathaway, James C./Harvey, Colin J.,	Framing Refugee Protection in the New World Disorder, in CornellILJ 2001, 257
Heinhold, Hubert,	Abschiebungshindernisse nach § 53 Ausländergesetz in der Praxis des Bundesamtes und der Gerichte, in: *InfAuslR* 1994, 411
ders.,	Anmerkung zu BVerwG, InfAuslR 1996, 252, in: *InfAuslR* 1996, 255

Helton, Arthur C.,	Final Asylum Rules in the United States: New Opportunities and Challenges, in: *International Journal of Refugee Law (IJRL)* 1990, 642
ders.,	What is Refugee Protection? in: *International Journal of Refugee Law (IJRL)* Special Issue 1990, 120
Herdegen, Matthias,	Der Wegfall effektiver Staatsgewalt im Völkerrecht: »The Failed State«, in: *Berichte der Deutschen Gesellschaft für Völkerrecht*, Bd. 34, 1996, S. 49
Heuven Goedhardt, G. J. van,	The Problems of Refugees, in: *Recueil des Cours* 1953, 261
Higgins, Rosalyn,	Derogations under Human Rights Treaties, in: *British Yearbook of International Law (BYIL)* 1976/77, 281
Hinckeldey, Sabine von,/Fischer, Gottfried,	Psychotraumatologie der Gedächtnisleistung – Diagnostik, Begutachtung und Therapie traumatischer Erinnerungen, 2002
Hofmann, Rainer,	Refugee Law in Africa 1989, S. 79
Hofmann, Rainer/Hoffmann, Holger,	Ausländerrecht, Handkommentar, 2008
Hofmann, Rainer/Löhr,	Tillmann, Europäisches Flüchtlings- und Einwanderungsrecht, 2008, S. 47
Hofmann, Tessa,	Der Völkermord an den Armeniern vor Gericht. Der Prozeß Talaat Pascha, 1980
dies.,	Das Verbrechen des Schweigens. Die Verhandlung des türkischen Völkermordes an den Armeniern vor dem Ständigen Tribunal der Völker, 1984
Holtzendorff, Franz von,	Die Auslieferung der Verbrecher und das Asylrecht, 1881
Honecker, Martin,	Menschenrechte in der Deutung evangelischer Theologie, in: *Aus Politik und Zeitgeschichte* 1979, B 36/79, 21
Hoppe, Michael,	Die Entscheidung des EuGH zum Erlöschen der Flüchtlingseigenschaft, in: *ZAR* 2010, 164
Hösch, Edgar,	Geschichte der Balkanländer, 1993
Hruschka, Constantin,	Der Prognosemaßstab für die Prüfung der Flüchtlingseigenschaft nach der Qualifikationsrichtlinie, in: *ZAR* 2007, 180
Hruschka, Constantin/Lindner, Christoph,	Der internationale Schutz nach Art. 15 b und c Qualifikationsrichtlinie im Lichte der Maßstäbe von Art. 3 EMRK und § 60 VII AufenthG, in: *NVwZ* 2007, 645
Hruschka, Constantin/Löhr, Tillmann,	Das Konventionsmerkmal »Zugehörigkeit zu einer bestimmten sozialen Gruppe« und seine Anwendung in Deutschland, in: *NVwZ* 2009, 205
Huber, Bertold,	Die Entwicklung des Ausländer-, Asyl- und Arbeitserlaubnisrechts in den Jahren 1987/88, in: *NJW* 1988, 3059
Huber, Hans,	Der Hauptentscheid des Europäischen Gerichtshofs für Menschenrechte in der Sache Lawless, in: *Zeitschrift für ausländisches öffentliches Recht und Völkerrecht (ZaöRV)* 1961, 649
Huber, Wolfgang/Tödt, Heinz Eduard,	Menschenrechte, 1977
Hutzenlaub, Hans-Georg,	Das Asyl als Begrenzung der Auslieferung, Dissertation 1976
Hyndman, Patricia,	Refugees under International Law with a Reference to the Concept of Asylum, in: *The Australian Law Journal (ALJ)* 1986, 148
dies.,	The 1951 Convention and its Implications for Procedural Questions, in: *International Journal of Refugee Law (IJRL)* 1994, 245
Inescu, Lotte,	Zur Asylrelevanz der Situation von Frauen im Iran, in: *InfAuslR* 1986, 337
Internationales Komitee des Roten Kreuzes,	Opinion Paper, »How is the term ›armed conflict‹ defined in international law?«, March 2008
Jackman, Barbara,	Well-Founded Fear of Persecution and other Standards of Decision-Making: A North American Perspective, in: *Geoffrey Coll/Jacqueline Bhaba (Hrsg.)*, Asylum Law and Practice in Europe and North America. A Comparative Analysis, 1992, S. 37

Literaturverzeichnis

Jackson, Ivor C.,	The 1951 Convention Relating to the Status of Refugees: A Universal Basis for Protection, in: *International Journal of Refugee Law (IJRL)* 1991, 403
Jacquemet, Stéphane,	Under What Circumstances Can a Person Who Has Taken an Active Part in the Hostilities of an International or a Non-International Armed Conflict Become an Asylum-Seeker?, Legal and Protection Policy Research Series, UNHCR, Department of International Protection, PPLA/2004/01, June 2004
Jäggi, Christian J./Krieger, David J.;	Fundamentalismus. Ein Phänomen der Gegenwart, 1991 Jellinek, Georg; Allgemeine Staatslehre, 3. Aufl. 1960
Jennings; R. Yewdall,	Some International Law Aspects of the Refugee Question, in: *British Yearbook of International Law (BYIL)* 1939, 98
Jescheck, Hans-Heinrich,	Die internationale Rechtshilfe in Strafsachen, in: *ZStW* 1954 (Band 66), 518
Johansen, Baber,	Diskussionsbeitrag, in: *Heiner Marre/Baber Johansen (Hrsg.)*, Der Islam in der Bundesrepublik Deutschland, 1986, S. 64
ders.,	Staat, Recht und Religion im sunnitischen Islam, in: *Heiner Marre/Baber Johansen (Hrsg.)*, Der Islam in der Bundesrepublik Deutschland, 1986, S. 39
Johnsson, Anders B.,	The International Protection of Women refugees, in: *International Journal of Refugee Law (IJRL)* 1989, 221
Kaiser, Heinz-Bernd,	Homosexualität als politischer Asylgrund? *Senatsverwaltung für Jugend und Familie, Referat für Gleichgeschlechtliche Lebensweisen, Berlin* (Hrsg.), 1994, 14
Kaldor, Mary	Neue und alte Kriege, 2000
Kaleck, Wolfgang,	Terrorismuslisten: Definitionsmacht und politische Gewalt der Exekutive, in: *Kritische Justiz (KJ)* 2011, 62
Kälin, Walter,	Das Prinzip des Non-Refoulement, 1982
ders.,	Drohende Menschenrechtsverletzungen im Heimatstaat als Schranke der Rückschiebung, in: *ZAR* 1986, 172
ders.,	Die Vorbehalte der Türkei zu ihrer Erklärung gemäß Art. 25 EMRK, in: *EuGRZ* 1987, 421
ders.,	Grundriß des Asylverfahrens, 1990
ders.,	Refugees and Civil Wars: Only a Matter of Interpretation?, in: *International Journal of Refugee Law (IJRL)* 1990, 257
ders.,	Well-Founded Fear of Persecution. A European Perspective, in: *Geoffrey Coll/Jacqueline Bhabha (Hrsg.)*, Asylum Law and Practice in Europe and North America. A Comparative Analysis, 1992, S. 21
Kälin, Walter/Künzli, Jörg,	Article 1 F (b): Freedom Fighter, Terrorists, and the Notion of Serious Non-Political Crimes, in: IJRL Supplementary Issue 2000, 46
Kalshoven, Frits,	Reaffirmation and Development of International Law applicable in Armed Conflicts: The Diplomatic Conference, Geneva, 1947–1977, in: *Netherlands Yearbook of International Law (NYIL)* 1977, 107
Kanein, Werner/Renner, Günter,	Ausländerrecht: Ausländergesetz und Asylverfahrensgesetz mit Art. 16 a GG und materiellem Asylrecht sowie arbeits- und sozialrechtlichen Vorschriften, Kommentar, 6. Aufl. 1993
Kapferer, Sibylle,	Legal and Protection Policy Research Series, in : *UNHCR (Hrsg.)*, Cancellation of Refugee Status, März 2003
Karl, Wolfram,	Vertragsänderung und Vertragsbedingungen durch die spätere Praxis im Lichte der Wiener Vertragsrechtskonvention (WVK), in: *Beiträge zum ausländischen öffentlichen Recht und Völkerrecht*, Bd. 84, 1983, S. 353

Keith, Kenneth,	The Difficulties of »Internal Flight« and »Internal Relocation« as Frameworks of Analsysis, in: *International Association of Refugee Law Jugdes (Hrsg.)*, The Changing Nature of Persecution, 2000, S. 169
ders.,	The difficulty of ›internal flight‹ and ›internal relocation‹ as frameworks of analysis, in: *Georgetown Immigration Law Journal (GILJ)* 2001, 433
Keller, Gustav,	Die Psychologie der Folter. Die Psyche der Folterer, die Psycho-Folter, die Psyche der Gefolterten, 1981
Kelley, Ninette,	Report on the International Consultation on Refugee Women, in: *International Journal of Refugee Law (IJRL)* 1989, 233
dies.,	Internal Flight/Relocation/Protection Alternative: Is it Reasonable?, in: *International Journal of Refugee Law (IJRL)* 2002, 4
Kelly, Nancy,	Guidelines for Women's Asylum Claims, in: *International Journal of Refugee Law (IJRL)* 1994, 517
Kenrick, Donald/Puxon, Grattan,	Sinti und Roma – die Vernichtung eines Volkes im NS-Staat, 1981
Khálid, Durán,	Der islamische Faktor im afghanischen Widerstand, in: *Claudia Vogl/Michael Sagurna (Hrsg.)*, Der Freiheitskrieg in Afghanistan, 1984, S. 64
ders.,	Pakistan und Bangladesh, in: *Werner Ende/Udo Steinbach (Hrsg.)*, Der Islam in der Gegenwart, 3. Aufl. 1991
Khokhlov, Igor,	The rights of refugees under international law, in: *United Nations*, Bulletin of Human Rights 91/1, 1992, 85
Kimminich, Otto,	Der internationale Rechtsstatus der Flüchtlinge, 1962
ders.,	Asylrecht, 1968
ders.,	Völkerrecht und Verfassung in der deutschen Asylpraxis, in: *Journal des internationalen Rechts (JIR)* 1971, 296
Kirchhof, Paul,	Verfassungsrechtlicher Schutz und internationaler Schutz der Menschenrechte: Konkurrenz oder Ergänzung?, in: *EuGRZ* 1994, 16
Kjaerum, Morten,	The Concept of Country of First Asylum, in: *International Journal of Refugee Law (IJRL)* 1992, 1
Kliemt, Michael,	Verhinderung der Abschiebung durch »Verzicht« auf Staatsangehörigkeit? in: *InfAuslR* 1993, 219
Klug, Anja,	Harmonization of Asylum in the European Union – Emergence of an EU Refugee System?, in: *German Yearbook of International Law (GYIL)* 2004, 594
Koch, Dietrich F./Winter, Deirdre,	Psychische Reaktionen nach Extrembelastungen bei traumatisierten Kriegsflüchtlingen, 2005
Köfner, Gottfried/Nicolaus, Peter,	Grundlagen des Asylrechts in der Bundesrepublik Deutschland, Band 1, 1986
dies.,	Die Genfer Flüchtlingskonvention im Schatten des Grundgesetzes, in: *ZAR* 1986, 11
Kohl, Christine von,	Kosovo – Zeitbombe auf dem Balkan, in: *Tilman Zülch (Hrsg.)*, »Ethnische Säuberung« – Völkermord für »Großserbien«, 1993, S. 152
Kokott, Juliane,	Beweislastverteilung und Prognoseentscheidungen bei der Inanspruchnahme von Grund- und Menschenrechten, 1993
Kramer, Jane,	Unter Deutschen, 1996
Krell, Gert/Wölte, Sonja,	Gewalt gegen Frauen und die Menschenrechte, in: *Friedhelm Solms u. a. (Hrsg.)*, Friedensgutachten 1994, 1994, S. 497
Kreppel, Gerhard,	Verfassungsrechtliche Grenzen der Auslieferung und Ausweisung unter besonderer Berücksichtigung der Auslieferung bei drohender Todesstrafe, Dissertation 1965
Kreuzberg, Hans,	Grundrecht auf Asyl, 1984

Literaturverzeichnis

Krieken, Peter van,	Torture and Asylum, in: *SIM Newsletter* No. 13, 1986, 27
ders.,	Disintegration and Statelessness, in: *Netherlands Quarterly of Human Rights (NQHR)* 1994, 23
Krüger, Herbert,	Allgemeine Staatslehre, 1964
Kunig, Philip,	Anmerkung zu OVG Lünebrug, InfAuslR 1985, 199, in: *InfAuslR* 1985, 200
ders.,	Völkerrecht und staatliches Recht, in: *Wolfgang Graf Vitzthum (Hrsg.)*, Völkerrecht, 1997, S. 101
Kuzas, Kevin J.,	Asylum for Unrecognized Conscientious Objectors to Military Service: Is There a Right Not to Fight?, in: *Virginia Journal of International Law (VJIL)* 1991, 447
Kwakwa, Edward,	Article 1 F (c): Acts Contrary to the Purposes and Principles of the United Nations, in: *International Journal of Refugee Law (IJRL) Supplementary Issue* 2000, 79
Laier, Tanja,	Anmerkung zu VG Karlsruhe, ZAR 2007, 201, in: *ZAR* 2007, 202.
Lammasch, Heinrich,	Das Recht der Auslieferung wegen politischer Verbrechen, 1884
ders.,	Auslieferungspflicht und Asylrecht, 1887
Lang, Arno,	Untersuchungs- und Verhandlungsgrundsatz im Verwaltungsprozeß, in: *VA* 1961
Lange, Richard,	Grundfragen des Auslieferungs- und Asylrechts, 1953
LaViolette, Nicole,	Gender-Related Claims: Expandiung the Scope of the Canadian Guidelines, in: *International Journal of Refugee Law (IJRL)* 2007, 169
Leder, Karl Bruno,	Einige Anmerkungen zur Problematik der Todesstrafe, in: *Aus Politik und Zeitgeschichte* 1980, B 49/80, 3
Lehmann, Karl,	Die Funktion von Glaube und Kirche angesichts der Sinnproblematik in Gesellschaft und Staat heute, 1977
Lehmann, Katrin,	Das Konzept der inländischen Fluchtalternative in der deutschen Rechtsprechung und deren Verhältnis zu Art. 8 der Qualifikationsrichtlinie (interner Schutz), in: *NVwZ* 2007, 508
Lendvai, Paul,	Zwischen Hoffnung und Ernüchterung. Reflexionen zum Wandel in Osteuropa, 1994
Levi, Primo,	Die Untergegangenen und die Geretteten, 1986
Lieber, Viktor,	Die neuere Entwicklung des Asylrechts im Völkerrecht und Staatsrecht, 1973
Liegmann, Gabriele Martina,	Eingriffe in die Religionsfreiheit als asylerhebliche Rechtsgutverletzung religiös Verfolgter, 1993
Lindenblatt, Kurt,	Das Asylrecht der politischen Verbrecher nach Völkerrecht unter besonderer Berücksichtigung des deutschen Auslieferungswesens. Dissertation 1910
Lisken, Hans/Denninger, Erhard,	Handbuch des Polizeirechts, 2007
Loewenstein, Karl,	Verfassungslehre, 3. Aufl. 1975
Löhr, Tillmann,	Widerruf der Flüchtlingsanerkennung trotz allgemeiner Gefahren im Herkunftsland?, in: *NVwZ* 2006, 1021
Löhr, Tillmann/Pelzer, Marei,	Menschenrechtliches Niemandsland. Die Abschottung Europas unter Missachtung der Flüchtlings- und Menschenrechte, in: *Kritische Justiz (KJ)* 2008, 303
Loschelder, Wolfgang,	Der Islam und die religionsrechtliche Ordnung des Grundgesetzes, in: *Heiner Marre/Baber Johansen (Hrsg.)*, Der Islam in der Bundesrepublik Deutschland, 1986, S. 149

Literaturverzeichnis

Lübbe, Anna, Verfolgungsvermeidende Anpassung an menschenrechtswidrige Verhaltenslenkungen als Grenze der Flüchtlingsanerkennung?, in: *ZAR*, 2012, 7

Luhmann, Niklas, Funktion der Religion, 1982

Luterbacher, Christa, Die flüchtlingsrechtliche Behandlung von Dienstverweigerung und Desertion, 2003

Lüttger, Hans, Internationale Rechtshilfe in Staatsschutzverfahren, in: *GA* 1960, 33

MacDonald, Ian A./Blake, Nicholas J., Immigration Law and Practice in the United Kingdom, 1991

Macklin, Audrey, Refugee Women and the Imperative of Categories, in: *Human Rights Quarterly (HRQ)* 1995, 213

Magiera, Siegfried, Government, in: Encyclopedia of Public International Law, Volume II, 1995, S. 603

Maier, Irene, Wirksamere Ächtung der Folter erstrebt, in: *Vereinte Nationen* 1984, 77

Malik, S. Jamal, Legitimizing Islamization, in: *Orient* 1989, 251

Mallmann, Otto, Zu selbst geschaffenen Nachfluchttatbeständen insbesondere nach § 28 II AsylVfG, in: *ZAR* 2011, 342

Mandal, Ruma, Legal and Protection Policy. Research Series. Protection Mechanisms outside of the 1951 Convention (»Complementary Protection«), *UNHCR (Hrsg.)*, June 2005, S. 2 (zit.: Complementary Protection).

Markard, Nora/Adamietz, Laura, Keep it in the Closet? Flüchtlingsanerkennung wegen Homosexualität auf dem Prüfstand, in: *Kritische Justiz (KJ)* 2011, 294

Markowitsch, Hans-Jooachim, Dem Gedächtnis auf der Spur. Vom Erinnern und Vergessen, 2002

Martin, Susan F., Gender and the Evolving Refugee Regime, *Refugee Survey Quarterly (RSQ)* 2010, 104

Marugg, Michael, Die Rechtsprechung der Schweizerischen Asylrekurskommission im Jahre 1996, in: *Asyl* 1997, 70

Marx, Reinhard, Eine menschenrechtliche Begründung des Asylrechts, 1984

ders., Die Konvention der Vereinten Nationen gegen die Folter und andere grausame, unmenschliche oder erniedrigende Behandlung oder Strafe, in: *ZRP* 1986, 81

ders., Asylrecht. Rechtsprechungssammlung mit Erläuterungen. Bd. 2 und 3, 5. Aufl. 1990

ders., Abschiebung von De-facto-Flüchtlingen und rechtliche Handlungsgrenzen, in: *ZAR* 1991, 125

ders., Konventionsflüchtlinge ohne Rechtsschutz, in: *ZAR* 1992, 3

ders., The Criteria of Determining Refugee Status in the Federal Republic of Germany, in: *International Journal of Refugee Law (IJRL)* 1992, 151

ders., Umfang und Grenzen der Religionsfreiheit im Asylrecht unter besonderer Berücksichtigung der pakistanischen Strafpraxis gegenüber Ahmadis. Rechtsgutachten im Auftrag der Ahmadiyya Gemeinschaft Deutschlands. ZDWF-Schriftenreihe Nr. 52, Februar 1993

ders., Auf dem Weg zum permanenten Internationalen Straftribunal? in: *Kritische Justiz (KJ)* 1994, 358

ders., Völkervertragsrechtliche Abschiebungshindernisse für Flüchtlinge, in: Klaus Barwig u. a. (Hrsg.), Ausweisung im demokratischen Rechtsstaat, Baden-Baden 1996, S. 273

ders., Zur Rechtserheblichkeit des Bürgerkrieges bei der Auslegung und Anwendung der Genfer Flüchtlings-Konvention, in: *InfAuslR* 1997, 372

ders., Menschenrechtlicher Abschiebungsschutz, in: *InfAuslR* 2000, 313

Literaturverzeichnis

ders.,	The Notion of Persecution by Non-State-Actors in German Jurisprudence, in: *International Association of Refugee Law Jugdes (Hrsg.)*, The Changing Nature of Persecution, 2000, S. 60
ders.,	Adjusting the Dublin Convention: New Approaches to Member State Responsibility for Asylum Application, in: *European Journal of Migration and Law (EJML)* 2001, 7
ders.,	Die Genfer Flüchtlingskonvention wird fünfzig: Hat sie ausgedient?, in: *Anwaltsblatt* 2001, 480
ders.,	The critera of applying the »internal flight alternative« test in national refugee status determination procedures in: *International Journal of Refugee Law (IJRL)* 2002, 179
ders.,	Stellungnahme an den Innenausschuss des Deutschen Bundestages v. 1. 1. 2002, in: DB, 14 WP, Innenausschuss, Prot. Nr. 83, 14/674, 235
ders.,	Zu den ausländer- und asylrechtlichen Bestimmungen des Terrorismusbekämpfungsgesetzes, in: *ZAR* 2002, 127
ders.,	Folter: eine zulässige polizeiliche Präventionsmaßnahme?, in: *Kritische Justiz (KJ)* 2004, 278
ders.,	Widerruf wider das Völkerrecht, in: *InfAuslR* 2005, 218
ders.,	Die Richtlinie 2004/83/EG (Qualifikationsrichtlinie) – Abschied von asylrechtlichen deutschen Gewissheiten, in: *Rainer Hofmann/Tillmann Löhr (Hrsg.)*, Europäisches Flüchtlings- und Einwanderungsrecht, 2008, S. 115
ders.,	Die Religionsfreiheit im deutschen Asylrecht, in: *Heiner Bielefeldt u. a. (Hrsg.)*, Jahrbuch Menschenrechte 2009, 2008, S. 123
ders.,	Unterstützung terroristischer Organisationen nach Art. 12 II Buchst. b) und c) QRL, in: *ZAR* 2008, 343
ders.,	Zumutbarkeitsbegriff beim internen Schutz, in: *InfAuslR* 2008, 462
ders.,	Aufenthalts-, Asyl- und Flüchtlingsrecht in der anwaltlichen Praxis, 4. Aufl. 2011
ders.,	Verfolgung aus religiösen Gründen (Art. 10 Abs. 1 Buchst. b) RL 2004/83/EG), *ZAR* 2012, 1
ders.,	Mitgliedschaft in einer terroristischen Vereinigung (Art. 12 Abs. 2 Buchst. b) und c) RL 2004/83/EG) in der Rechtsprechung des Europäischen Gerichtshofs, in: InfAuslR 2012, 32
ders.,	Gefahrengrad bei »willkürlicher« Gewalt (Art. 15 Buchst. c) RL 2004/83/EG), *InfAuslR* 2012, 145
ders.,	in: *Roland Fritz/Jürgen Vormeier(Hrsg.)*, GK-StAR, IV-§ 8
Marx, Reinhard/Strate, Gerhard/Pfaff, Victor,	Kommentar zum AsylVfG, 7. Aufl. 2009
Markowitsch,	Dem Gedächtnis auf der Spur, 2002
Masing, Johannes,	Methodische Grundlagen für die Auslegung der Genfer Flüchtlingskonvention, in: *Rolf Grawert (Hrsg.)*, Offene Staatlichkeit, Festschrift für Ernst-Wolfgang Böckenförde, 1996, S. 51
Mathew, Penelope/Hathaway, James C./Foster, Michelle,	The Role of State Protection in Refugee Analysis, in: *International Journal of Refugee Law (IJRL)* 2003, 444
Mawani, Nurjehan,	Introduction to the Immigration and Refugee Board Guidelines on Gender-Related Persecution, in: *International Journal of Refugee Law (IJRL)* 1993, 240
Max-Planck-Institut für ausländisches öffentliches Recht und Völkerrecht,	Das völkerrechtliche Folterverbot als Asylgrund und Grenze für Auslieferung und Ausweisung. Rechtsgutachten 1983
Mayer, Ann Elizabeth,	Islam and Human Rights. Tradition and Politics, 1991

Mayer, Charles S.,	Die Gegenwart der Vergangenheit, 1992
Mayer, Hans,	Wendezeiten, 1995
McAdam, Jane,	The European Union Qualification Directive: The Creation of a Subsidiary Protection Regime, in: *International Journal of Refugee Law (IJRL)* 2005, 461
Meijers, Herman,	Refugees in Western Europe, in: *International Journal of Refugee Law (IJRL)* 1990, 428
Meindersma, Christa,	Population Exchanges: International Law and State Practice, in: *International Journal of Refugee Law (IJRL)* 1997, 335
Melander, Göran,	The two Refugee Definitions, in: *Raoul Wallenberg Institute*, Report Nr. 4, 1987, 13
Melchior, Michel,	Diskussionsbeitrag, in: *Maier (Hrsg.)*, Europäischer Menschenrechtsschutz. Schranken und Wirkungen, Verhandlungen des Fünften Internationalen Kolloquiums über die EMRK, Heidelberg 1982, S. 294
Menke, Mathias,	Bedingungen einer Asylgesetzgebung der Europäischen Gemeinschaften,
Meron, Theodor,	On the Inadequate Reach of Humanitarian and Human Rights Law and the Need for a New Instrument, in: *American Journal of International Law (AJIL)* 1983, 589
ders.,	Towards a Humanitarian Declaration on Internal Strife, in: *American Journal of International Law (AJIL)* 1984, 859
ders.,	The Geneva Conventions as Customary Law, in: *American Journal of International Law (AJIL)* 1987, 348
ders.,	Human Rights and Humanitarian Norms as Customary Law, 1989
Messari, Nizar/van der Klaauw, Johannes,	Counter-Terrorsim Measures and Refugee Protection in North Africa, in: *Refugee Survey Quarterly (RSQ)* 2010, 83
Meyer, Harald/Schallenberger, Gisbert	Die EU-Flüchtlingsrichtlinie: das Ende für das Forum Internum und Abschied von der Zurechnungstheorie?, in: *NVwZ* 2005, 776
Milner, David,	Exemption from Cessation of Refugee Status in the Second Sentence of Article 1C(5)/(6) of the 1951 Refugee Convention, in: *International Journal of Refugee Law (IJRL)* 2004, 91
Mohl, Robert von,	Staatsrecht, Völkerrecht und Politik, Bd. 1, 1860
Mole, Nuala,	Asylum and the European Convention on Human Rights, 2007
Moll, Frank,	Das Asylgrundrecht bei staatlicher und frauenspezifischer Verfolgung. Mit Hinweisen zu § 60 Abs. 1 AufenthG und unter Berücksichtigung erlittener Traumatisierung, 2007
Möller, Birgit/Regner, Freihart,	Die Verschränkung von äußerer und innerer Realität bei politischer Verfolgung und Folter, in: *Zeitschrift für politische Psychologie* 1999, Jg. 7, Nr. 1+2
Möller, Winfried/Stiegeler, Klaus Peter,	Erläuterungen zu § 60 AufenthG, in: *Hofmann, Rainer/Hoffmann, Holger*, Ausländerrecht, Handkommentar, 2008
Moradi, Golmorad,	Ein Jahr autonome Regierung in Kurdistan. Die Mahabad-Republik 1946–1947, 1992
Mosler, Hermann,	Völkerrecht als Rechtsordnung, in: *Zeitschrift für ausländisches öffentliches Recht und Völkerrecht (ZaöRV)* 1976, 6
Mössner, Jörg Manfred,	Privatpersonen als Verursacher völkerrechtlicher Delikte, in: *German Yearbook of International Law (GYIL)* 1981, 63
Müller, Heinz,	Das politische Asyl, Dissertation 1934
Münkler, Herfried,	Die neuen Kriege, 2003
Muntarbhorn, Vitit,	Determination of the Status of Refugees, in: *UNHCR (Hrsg.)*, Symposon on the Promotion, Dissemination and Teaching of Fundamental Human Rights, 1982, S. 83

Literaturverzeichnis

Musalo, Karen,	Legal and Protection Policy Research Series. Claims for Protection based on Religion or Belief, in: *UNHCR, Department of International Protection (Hrsg.)*, Analysis and Propsed Conclusions, 2002
dies.,	Claims for Protection Based on Religion or Belief, in: *International Journal of Refugee Law (IJRL)* 2004, 165
dies.,	A Short History of Gender Asylum in the United States: resistance and Ambivalence may very slowly be inching towards Recognition of Women's claims, in: *Refugee Survey Quarterly (RSQ)* 2010, 46
Neumann, Johannes,	Das Grundrecht der Glaubens- und Religionsfreiheit, in: *Johannes Schwartländer (Hrsg.)*, Menschenrechte, 1978, S. 126
Neumann, Volker,	Feindschaft als Kriterium des asylrechtlichen Politikbegriffs, in: *NVwZ* 1985, 628
Nguema, Isaac,	Perspektiven der Menschenrechte in Afrika, in: *EuGRZ* 1990, 304
Niarchos, Catherine N.,	Women, War and Rape: Challenges Facing the International Tribunal for the Former Yugoslavia, in: *Human Rights Quarterly (HRQ)* 1995, 649
Nicolaus, Peter,	Artikel 1 der GFK, in: *Otto Benecke Stiftung (Hrsg.)*, Vierzig Jahre Asylgrundrecht, 1990, S. 41
ders.,	Vierzig Jahre GFK und die deutsche Asylrechtsprechung, in: *Archiv für Völkerrecht (ArchVR)* 1991, 270
Nicolaus, Peter/Saramo, Peter,	Zu den Voraussetzungen der Anwendbarkeit des Art. 1 D (2) GFK, in: *ZAR* 1989, 67
Nierhaus, Michael,	Beweismaß und Beweislast, 1990
Niewerth, Johannes,	Der Anwendungsbereich von § 54 IV, VI AuslG unter Berücksichtigung der völkerrechtlichen Verpflichtungen der BRD, in: *NVwZ* 1997, 228
Norwegian Refugee Council,	*Refugee Policy Group* (Hrsg.), Norwegian Roundtable Discussions on United Nations Human Rights Protection for Internally Displaced Persons, 1993.
Nowak, Manfred,	Die UNO-Konvention gegen die Folter vom 10. Dezember 1984, in: *EuGRZ* 1985, 102
ders.,	UNO-Pakt über bürgerliche und politische Rechte und Fakultativprotokoll. CCPR-Kommentar, 1989
ders.,	Human Rights News. United Nations, in: *Netherlands Quarterly of Human Rights (NQHR)* 1994, 317
O'Connor, Terry,	Gender and the Convention Refugee Definition, in: *Immigration Practitioners Association* (Hrsg.), 1993
Odio Benito,	Elizabeth, Elimination of all Forms of Intolerance and Discrimination based on Religion or Belief, *United Nations Publications*, Sales No. E.89.XIV.3
Oehler, Dietrich,	Aktuelle Probleme der Auslieferung, in: *ZStW* 1969 (Band 81), 142
O'Sullivan, Maria,	Withdrawing Protection under Article 1 C(5) of the 1951 Convention: Lessons from Australia, in: *International Journal of Refugee Law (IJRL)* 2008, 586
Parhisi, Parinas,	Homosexualität als Asylgrund, in: *ZAR* 2007, 96
Partsch, Karl-Josef,	Die Anwendbarkeit des Völkerrechts im innerstaatlichen Recht, 1964
ders.,	Hoffen auf Menschenrechte, 1994
Patrnogic, J.,	Inter-Relationship between general Principles of International Law and Fundamental Humanitarian Principles to the Protection of Refugees, in: *Annales De Droit International Medical* 1977, 2
Pejic, Jelena,	Article 1 (a): The Notion of International Crimes, in: *International Journal of Refugee Law (IJRL)* Supplementary Issue 2000, 11

Perluss, Deborah/Hartman, Joan F.,	Temporary Refuge, Emerge of a Customary Norm, in: *Virginia Journal of International Law (VJIL)* 1986, 583
Pictet, Jean S.,	IV. Geneva Convention, Commentary, 1958
Polakiewicz, Jörg,	Die innerstaatliche Durchsetzung der Urteile des Europäischen Gerichtshofs für Menschenrechte, in: *Zeitschrift für ausländisches öffentliches Recht und Völkerrecht (ZaöRV)* 1992, 149
ders.,	Die Aufhebung konventionswidriger Gerichtsentscheidungen nach einem Urteil des Europäischen Gerichtshofs für Menschenrechte, in: *Zeitschrift für ausländisches öffentliches Recht und Völkerrecht (ZaöRV)* 1992, 804
Popov, Nebosja,	Kriegerischer Frieden, in: *Nenad Stefanov/Michael Werz (Hrsg.)*, Bosnien und Europa, 1994, 104
Pötz, Paul-Günter,	Das politische Delikt in internationaler Sicht, in: *GA* 1971, 193
Prantl, Heribert,	Deutschland leicht entflammbar, 1994
Preuß, Ulrich K.,	Krieg, Verbrechen, Blasphemie. Vom Wandel bewaffneter Gewalt, 2002
Quaritsch, Helmut,	Recht auf Asyl, 1985
Refugee Women's Legal Group,	Gender Guidelines for the Determination of Asylum Claims in the UK, Juli 1998
Reichel, Ernst;	Das staatliche Asylrecht »im Rahmen des Völkerrechts«. Zur Bedeutung des Völkerrechts für die Interpretation des deutschen Asylrechts, 1987
Reinhard, Wolfgang,	Geschichte der Staatsgewalt, 1999
Reissner, J.,	Die militant-islamischen Gruppen, in: *Werner Ende/Udo Steinbach (Hrsg.)*, Der Islam in der Gegenwart, 3. Aufl. 1991, S. 641
Renner, Günter,	Verfahrensrechtliche Aspekte der Ausländerrechtsreform, in: *Klaus Barwig u. a. (Hrsg.)*, Das neue Ausländerrecht, 1991, S. 263
ders.,	Ausländerrecht (AuslR), 2011
Rennert, Klaus,	Das materielle Asylrecht in der Rechtsprechung des Bundesverfassungsgerichts, in: *ZAR* 1991, 155
Ress, Georg,	Die »Einzelfallbezogenheit« in der Rechtsprechung des Europäischen Gerichtshof für Menschenrechte, in: *R. Bernhardt/W. K. Geck/G. Jaenicker/H. Steinberger (Hrsg.)*, Völkerrecht als Rechtsordnung, Internationale Gerichtsbarkeit, Menschenrechte, Festschrift für Hermann Mosler, 1983, S. 719
ders.,	Wirkung und Beachtung der Urteile und Entscheidungen der Straßburger Konventionsorgane, in: *EuGRZ* 1996, 350
Rikhof, Joseph,	War Criminals Not Welcome; How Common Law Countries Approach the Phenomenon of International Crimes in the Immigration and Refugee Context in: *International Journal of Refugee Law (IJRL)* 2009, 452
Robinson, Nemiah,	Convention Relating to the Status of the Refugees, 1953
Rodley, Nigel S.,	Torture, Extra-Legal Execution and »Disappearance« as Crimes under International Law, in: *Pedro R. David (Hrsg.)*, Crime and Criminal Policy, United Nations Social Defence Research Institute, Publication Nr. 25, 1985, S. 587
Rossen, Helge,	Duldung und rechtmäßiger Aufenthalt – Zur Ausgestaltung vertragsvölkerrechtlicher Regelungen, in: *ZAR* 1988, 20
Rotberg, Hans Eberhard,	Politisches Delikt und Asylrecht in der deutschen Rechtsordnung, in: *Pietro Nuvolone u. a. (Hrsg.)*, Politisches Delikt und Asylrecht, 1971, S. 49
Rothkegel, Ralf,	De-facto-Flüchtlinge – Begriff und Rechtsstellung, in: *ZAR* 1988, 99
Rothkegel, Ralf	in: *Roland Fritz/Jürgen Vormeier (Hrsg.)*, GK-AsylVfG, Vorb. II 3 Art. 16 a GG, Rn. 99
ders.,	Ewigkeitsgarantie für das Asylrecht?, in: *ZRP* 1992, 222

Literaturverzeichnis

Saas, Claire,	Die Neuregelung der Einreise und des Aufenthaltes von Ausländern in Frankreich: Viel Lärm um nichts, in: *ZAR* 1999, 10
Salomons, Machiel/ Hruschka, Constantin,	Zu Auslegung und Inhalt des Art. 1 C (5) 1 der Genfer Flüchtlingskonvention 386, *ZAR* 2004,
Schaeffer, Klaus,	Asylberechtigung, 1980
Schäppi, Walter,	Politische Verfolgung im Kontext eines Bürgerkrieges. Anmerkungen zur schweizerischen Entscheidungspraxis, in: *Asyl* 1996, 51
Schätzel, Walter,	Die Staatsangehörigkeit der politischen Flüchtlinge, in: *Archiv für Völkerrecht (ArchVR)* 1955, 63
Scherer, Georg,	Religion als anthropologisches Phänomen in ihrer Bedeutung für Staat und Gesellschaft, 1968
Schindler, Dietrich,	Die innerstaatlichen Wirkungen der Entscheidungen der europäischen Menschenrechtsorgane, in: *M. Kummer/H. v. Walder* (Hrsg.), Festschrift zum 70. Geburtstag von Max Guldem, Zürich 1973, S. 273
Schmid, Richard,	Ein neues Kommunisten-Urteil des Supreme Court, in: *JZ* 1958, 501
Schmidt am Busch, Birgit,	Die Kriegsverbrechen an Frauen im Jugoslawienkonflikt, in: *Kritische Justiz (KJ)* 1995, 1
Schmieden, Werner von,	Die Flüchtlingspolitik der Vereinten Nationen und des Europarates, in: *Europa-Archiv* 1951, 3695
Scholz, Tobias B.,	Die »Antiterrorliste« des Sicherheitsrats der Vereinten Nationen, in: *NVwZ* 2009, 287
Schüler, Alfred,	»Verfolgung« und »Schutz« im Sinne der Genfer Konvention, in: *Rechtsprechung zum Wiedergutmachungsrecht (RzW)* 1965, 396
Schulze, Hagen,	Staat und Nation in der europäischen Geschichte, 1995
Schumacher, Franz-J.,	Neuregelung des Verhältnisses von Asyl- und Auslieferungsrecht, in: *ZRP* 1984, 147
Schwartländer, Johannes (Hrsg.),	Menschenrechte und Demokratie, 1981, S. 194
Schwartländer, Johannes,	Demokratie – Verwirklichung oder Gefährdung der Menschenrechte, in: *Johannes Schwartländer, Johannes/Heiner Bielefeldt*, Christen und Muslime vor der Herausforderung der Menschenrechte. Hrsg. von der Wissenschaftlichen Arbeitsgruppe für weltkirchliche Aufgaben der Deutschen Bischofskonferenz, 1992
Seidl-Hohenveldern, Ignaz,	Die internationale Flüchtlingskonvention von 1951 in der Praxis, in: *Erik Brüel u. a. (Hrsg.)*, Internationalrechtliche und staatsrechtliche Abhandlungen. Festschrift für Walter Schätzel zu seinem 70. Geburtstag, 1960, S. 441
Selk, Michael,	Zum Erfordernis eines »Verfolgungsprogramms« bei unmittelbar staatlicher Gruppenverfolgung, in: *NVwZ* 1995, 145
Sexton, Robert C.,	Political Refugees, Non-Refoulement and State-Practice: A Comparative Study, in: *Vanderbilt Journal of Transnational Law (VJTL)* 1985, 731
Shearer, Ivan Anthony,	Extradition in International Law, 1971
Shoyele, Olugbenga,	Armed Conflicts and Canadian Refugee Law and Policy, in: *International Journal of Refugee Law (IJRL)* 2004, 547
Sidibe, Binta/Frankenberger, Sabine,	Die Öffnung ist nicht weiter als ein Streichholzkopf, in: *Frankfurter Rundschau* v. 29. Februar 1996
Sinha, Prakash S.,	Asylum and International Law, 1971
Soeder, Thomas,	Zur Beurteilung posttraumatischer Erkrankungen bei Migranten in: *ZAR* 2009, 314
Spijkerboer, Thomas,	Women and refugee status. Beyond the public/private distinction, commissioned by the Emancipation Council, 1994

Steinberger, Helmut,	Reference to the case law of the organs of the European Convention on Human Rights before national courts, in: *Human Rights Law Journal (HRLJ)* 1985, 402
Stenberg, Gunnel,	Non-Expulsion and Non-Refoulement, 1989
Stewart, Elizabeth J.,	International Human Rights and the Haitian Detention Cases, in: *Virginia Journal of International Law (VJIL)* 1985, 175
Stiegeler, Klaus Peter,	Kommentierung zu § 39 bis § 42, in: *Hofmann, Rainer/Hoffmann, Holger,* Ausländerrecht, Handkommentar, 2008.
Stöcker, Hans A.,	Wirkungen der Urteile des Europäischen Gerichtshofs für Menschenrechte in der Bundesrepublik, in: *NJW* 1982, 1905
Storey, Hugo,	The Internal Flight Alternative Test: The Jurisprudence Re-examined, in: *International Journal of Refugee Law (IJRL)* 1998, 499
ders.,	EU Refugee Qualification Directive: a Brave New World?, in: *International Journal of Refugee Law (IJRL)* 2008, 1
Strieder, Bernd,	Paradigmenwechsel beim religiösen Existenzminimum, in: *InfAuslR* 2007, 360.
Summerfield, Derek,	Das Hilfsbusiness mit dem Trauma, in: medico international Schnelle Eingreiftruppe Seele, 1997
Suntinger, Walter,	The Principle of Non-Refoulement, Looking rather to Geneva than to Strasbourg? in: *Austrian Journal of Public and International Law (AJPIL)* 1995, 203
Sztucki, Jerzy,	The Conclusions on the International Protection of Refugees Adopted by the Executivecommittee of the UNHCR Programme, in: *International Journal of Refugee Law (IJRL)* 1989, 285
Tabari, Azar,	Islam and the Struggle for Emancipation of Iranian Women, in: *Azar Tabari/Nahid Yeganeh (Hrsg.),* In the Shadow of Islam, 1982, S. 5
Takahashi, Saul,	Recourse to Human Rights Treaty Bodies for Monitoring of the Refugee Convention, in: *Netherlands Quaterly of Human Rights (NQHR)* 2002, 53
Takkenberg, Alex/Tahbaz, Christopher C.,	The Collected Travaux Prèparatoires of the 1951 Geneva Convention relating to the Status of Refugees, Vol. I: Early History and the Ad Hoc Committee on Statelessness and Related Problems, 16 January – 16 February 1950; Vol. II: The Ad Hoc Committee on Statelessness and Related Problems, 14–25 August 1950; Vol. III The Conference of Plenipotentiaries on the Status of Refugees and Stateles Persons, 2–25 July 1951, published by the Dutch Refugee Council, 1990
Takkenberg, Lex,	The Protection of the Palestine Refugees in Territories occupied by Israel, in: *International Journal of Refugee Law (IJRL)* 1991, 415
Thürer, Daniel,	Der Wegfall effektiver Staatsgewalt: »The Failed State«, in: Berichte der Deutschen Gesellschaft für Völkerrecht, Bd. 34, 1996, S. 9
Tiberghien, Frédèric,	Persecution by non Public Agents, in: *International Association of Refugee Law Judges (Hrsg.),* Refugee and Asylum Law – Assessing the Scope for Judicial Protection, 1997, S. 2
Tibi, Bassam,	Der Islam und das Problem der kulturellen Bewältigung sozialen Wandels, 1985
ders.,	Die fundamentalistische Herausforderung. Der Islam und die Weltpolitik, 1992
Tiedemann, Paul,	Die Klausel zum bewaffneten Konflikt in der Qualifikationsrichtlinie (Art. 15 c), in: *ZAR* 2011, 206
Tomuschat, Christian,	A Right to Asylum in Europe, in: *Human Rights Law Journal (HRLJ)* 1992, 258
Trechsel, Stefan,	Artikel 3 als Schranke der Ausweisung, in: *Klaus Barwig u. a. (Hrsg.),* Ausweisung im demokratischen Rechtsstaat, 1996, S. 223

Literaturverzeichnis

Treiber Wilhelm,	Die Asylrelevanz von Folter, Todesstrafe und sonstiger unmenschlicher Behandlung, 1990
ders.,	in: *Roland Fritz/Jürgen Vormeier (Hrsg.)*, GK-AuslRII-§ 53 AuslG
Triffterer, Otto,	Das »Folterverbot« im nationalen und internationalen Recht – Anspruch und Wirklichkeit, in: *amnesty international (Hrsg.)*, Folter, 1976, 134
Türk, Volker,	UNHCR‹s Supervisiory Responsibility, in: *Revue québécoise de droit international (RQDI)* 2001, 135
ders.,	Non-State Agents of Persecution, in: Switzerland and the International Protection of Refugees, *Vincent Chetail/Vera Gowlland-Debbas (Hrsg.)*, The Graduate Institute of International Studies, Vol. 2, 2002, S. 95
Ule, Carl Hermann/Laubinger, Hans-Werner,	Verwaltungsverfahrensrecht, 3. Aufl. 1986
Ulmer, Mathias,	Asylrecht und Menschenwürde, 1996
UNHCR,	Executive Committee, International Protection, Note on Refugee Children, EC/SCP/46
ders.,	Die Flüchtlingseigenschaft im Sinne von Art. 1 GFK im Zusammenhang mit den deutschen Entschädigungsgesetzen, in: *Rechtsprechung zum Wiedergutmachungsrecht (RzW)* 1968, 150
ders.,	Handbuch des Amtes des Hohen Kommissars der Vereinten Nationen für Flüchtlinge über Verfahren und Kriterien zur Feststellung der Flüchtlingseigenschaft, 1979 (zitiert: Handbuch)
ders.,	An Overview of Protection Issues in Western Europe, September 1995
ders.,	Sexuelle Gewalt gegen Flüchtlinge. Richtlinien zur Vorbeugung und Reaktion, 1997
ders.,	Note on the Cessation Clauses, May 1997
ders.,	Determination of Refugee Status of Persons connected with organizations or groups which advocate and/or practice violence, June 1998
ders.,	Position on Relocating Internally as a Reasonable Alternative to Seeking Asylum, February 1999
ders.,	Auslegung von Artikel 1 des Abkommens von 1951 über die Rechtsstellung der Flüchtlinge, April 2001.
ders.,	Observations on the European Commission‹s proposal for a Council Directive on minimum standards for the qualification and status of third country nationals and stateless persons as refugees or as persons who otherwise need international protection, November 2001
ders.,	Stellungnahme an den Innenausschuss des Deutschen Bundestages vom 11. 01. 2002, in: DB, 14 WP, Innenausschuss, Prot. Nr. 83, 14/674, 235
ders.,	Richtlinien zum Internationalen Schutz: Geschlechtsspezifische Verfolgung im Zusammenhang mit Artikel 1 A (2) des Abkommens von 1951 bzw. des Protokolls von 1967 über die Rechtsstellung der Flüchtlinge, Mai 2002 (zitiert: Geschlechtsspezifische Verfolgung)
ders.,	Richtlinien zum Internationalen Schutz: »Zugehörigkeit zu einer bestimmten sozialen Gruppe« im Zusammenhang mit Artikel 1 A (2) des Abkommens von 1951 bzw. des Protokolls von 1967 über die Rechtsstellung der Flüchtlinge, Mai 2002 (zitiert: Soziale Gruppe)
ders.,	Richtlinien zum Internationalen Schutz: Anträge auf Anerkennung der Flüchtlingseigenschaft aufgrund religiöser Verfolgung im Sinne des Artikels 1 A (2) des Abkommens von 1951 und/oder des Protokolls von 1967 über die Rechtsstellung der Flüchtlinge, Mai 2002 (zitiert: Religiöse Verfolgung)
ders.,	Refugees, The Road to Recovery, Nr. 130, 2003

Literaturverzeichnis

ders.,	Richtlinien zum Internationalen Schutz. Beendigung der Flüchtlingseigenschaft im Sinne des Artikels 1 C (5) und (6) des Abkommens über die Rechtsstellung der Flüchtlinge (»Wegfall der Umstände«-Klauseln), Februar 2003, s.a. NVwZ-Beil. 2003, 57
ders.,	Guidelines on International Protection: »Internal Flight or Relocation Alternative« within the Context of Article 1 A (2) of the 1951 Convention and/or 1967 Protocol relating to the Status of Refugees, 23. July 2003 (zitiert: Internal Flight or Relocation Alternative.)
ders.,	Background Note on the Application of the Exclusion Clauses: Article 1 F of the 1951 Convention relating to the Status of Refugees, September 2003ders., Richtlinien zum Internationalen Schutz: Anwendung der Ausschlussklauseln: Artikel 1 F des Abkommens über die Rechtsstellung der Flüchtlinge, September 2003
ders.,	Religiöse Verfolgung, April 2004, S. 5.
ders.,	UNHCR-Hinweise zur Anwendung des Art. 1 C (5) der Genfer Flüchtlingskonvention (»Wegfall der Umstände«-Klauseln) auf irakische Flüchtlinge, in: *Ausländer- und Asylrecht (AuAS)* 2005, 211
ders.,	Kommentar zur Richtlinie 2004/83/EG vom Mai 2005
ders.,	Position on claims for refugee status under the 1951 Convention relating to the Status of Refugees based on a fear of persecution due to an individual‹s membership of a family or clan engaged in a blood feud,March 2006
ders.,	Hinweise zur Feststellung des internationalen Schutzbedarfs irakischer Asylbewerber, 26. September 2007.
ders.,	Asylum in the European Union. A Study of the Implementation of the Qualification Directive, November 2007
ders.,	Statement on the »Ceased Circumstances« Clause of the EC Qualification Directive, August 2008.
ders.,	Safe at last? Law and Practice in selected EU Member States with respect to Asylum-Seekers fleeing indiscriminate violence, A UNHCR Research Project, July 2011
ders.,	Guidelines on Statelessness No. 2: Procedures on Determining wheter an Individual as a State Person, 05. April 2012
Veen, Job von der,	Does Persecution by Fellow-Citizens in certain regions of a State fall within the definition of »Persecution« in the Convention relating to the Status of Refugees of 1951? Some Comments bades on Dutch judicial decisions, in: *Netherlands Yearbook of International Law (NYIL)* 1981, 167
Verdross, Alfred/Simma, Bruno,	Universelles Völkerrecht. Theorie und Praxis, 3. Aufl. 1984
Vermeulen, Ben/Spijkerboer, Thomas/Zwaan, Karin/Fernhout Roel,	Persecution by Third Parties, Commisioned by the Research and Documentation Centre of the Ministry of Justice of The Netherlands, May 1998
Vitzthum, Wolfgang Graf,	Begriff und Quellen des Völkerrechts, in: *Wolfgang Graf Vitzthum (Hrsg.), Völkerrecht,* 1997, S. 1
Weber, Hellmuth von,	Die Auslieferung bei politischen Delikten, in: *Hilde Kaufmann u. a. (Hrsg.),* Erinnerungsgabe für Max Grünhut (1893–1964), 1965, S. 161
Weber, Max,	Wirtschaft und Gesellschaft, 5. Aufl. 1980
Weberndörfer, Frank,	Schutz vor Abschiebung nach dem neuen Ausländergesetz, 1992
Weinzierl, Ruth,	Flüchtlinge: Schutz und Abwehr in der erweiterten EU, 2004
Weis, Paul,	The Refugee Convention, 1951, The Travaux Preparatoires analysed with a commentary by Dr. Paul Weis

Literaturverzeichnis

ders.,	Legal Aspects of the Convention relating to the Status of Refugees, in: *British Yearbook of International Law (BYIL)* 1953, 478
ders.,	The International Protection of Refugees, in: *The American Journal of International Law (AJIL)* 1954, 193
ders.,	Nationality and Statelessness in International Law, 1956
ders.,	The concept of the refugee in international law, in: *Du droit international* 1960, 928
ders.,	Staatsangehörigkeit und Staatenlosigkeit im gegenwärtigen Völkerrecht, 1962
ders.,	The United Nations Declaration on Territorial Asylum, in: *The Canadian Yearbook of International Law (CYIL)* 1969, 92
ders.,	Die internationale Entwicklung des Asylrechts, in: *Otto Benecke Stiftung (Hrsg.)*, Grenzfragen des Asylrechts in der Bundesrepublik, 1979, S. 84
ders.,	The Refugee Convention 1951. The Traveaux Preparatoires Analyzed with a commentary, 1995
Wengler, Wilhelm,	Der Begriff des Völkerrechtssubjektes im Lichte der politischen Gegenwart, in: Die Friedenswarte 1953 – 55, S. 113
WHO,	Female Genital Mutilation: An Overview, 1998, S. 5 f.
Willms, Günther,	Souveränität und Menschlichkeit, in: *JR* 1981, 315
Wilsher, Daniel,	Non-State Actors and the Definition of a Refugee in the United Kingdom: Protection, Accountability or Culpability?, in: *International Journal of Refugee Law (IJRL)* 2003, 68
Wittkopp, Silke,	Die Entscheidung des EuGH zum Erlöschen der Flüchtlingseigenschaft, in: *ZAR* 2010, 170
Worthen, Miranda,	Sex Trafficking or Sex Work? Conceptions of Trafficking among Anti-Trafficking Organizations in Nepal, in: *Refugee Survey Quarterly (RSQ)* 2011, 87
Wortley, B. A.,	Political Crimes in English Law and International Law, in: *British Yearbook of International Law (BYIL)* 1971, 219
Yeganeh, Nahid,	Women‹s Struggles in the Islamic Republic of Iran, in: *Azar Tabari/Nahid Yeganeh (Hrsg.)*, In the Shadow of Islam, 1982, S. 26
Yenisey, Feridan,	Die rechtliche Stellung des im Ausland straffällig gewordenen Türken in der Türkei, *InfAuslR* 1988, 125
Yonan, Gabriele,	Assyrer heute. Kultur, Sprache, Nationalbewegung der aramäisch sprechenden Christen im Nahen Osten, 1978
Zambelli, Pia,	Procedual Aspects of the Cessation und Exclusion, in: *International Journal of Refugee Law (IJRL)* 1996, 144
dies.,	Problematic Trends in the Analysis of State Protection and Article 1F(a) Exclusion in Canadian Refugee Law, in: *International Journal of Refugee Law (IJRL)* 2011, 251
Zeidler, Wolfgang,	Einige Bemerkungen zu den Versuchen, den Begriff der »politischen Verfolgung« zu bestimmen, in: *Bernd Rüthers/Klaus Stern (Hrsg.)*, Freiheit und Verantwortung im Verfassungsstaat, 1984, S. 551
Zimmermann, Andreas,	Bedeutung und Wirkung der Ausschlusstatbestände der Artikel 1 F und 33 Abs. 2 der Genfer Flüchtlingskonvention für das deutsche Ausländerrecht, in: *DVBl.* 2006, 1478
Zimmermann, Andreas (Hrsg.),	The 1951 Convention Relating to the Status of Refugees and its 1967 Protocol: A Commentary, 2011

Teil 1 Flüchtlingsschutz

Kapitel 1 Bedeutung des Flüchtlingsschutzes für das Asylverfahren

Leitsätze
1. Die Bedeutung der Qualifikationsrichtlinie als einer verbindlichen Anweisung für die Interpretation des völkerrechtlichen Flüchtlingsbegriffs für die Staatenpraxis einer so großen Staatengruppe, wie sie die Union bildet, kann gar nicht unterschätzt werden. Vieles, was sich nach Maßgabe der Richtlinie im Bereich des Flüchtlingsschutzes in der Union entwickeln wird, wird als Staatenpraxis maßgeblich die universelle Fortentwicklung der Konvention beeinflussen und damit auch Auswirkungen auf die Staatenpraxis außerhalb der Union gewinnen.
2. Die Mitgliedstaaten dürfen in ihrer Asylpraxis unionsrechtliche Zweifelsfragen nicht selbst klären. Vielmehr müssen sie derartige Fragen im Wege des Vorabentscheidungsersuchens (Art. 267 AEUV) dem EuGH vorlegen. Aus unionsrechtlicher Sicht sind die Vorgaben des EuGH zwingend und haben Vorrang gegenüber nationalem Recht. Aus völkerrechtlicher Sicht sind sie Staatenpraxis im Sinne von Art. 31 Abs. 3 Buchst. a) VWRK.
3. § 60 Abs. 1 Satz 1 AufenthG macht das Abkommen vom 28. Juli 1951 über die Rechtsstellung der Flüchtlinge (**Genfer Flüchtlingskonvention – GFK**) unmittelbar zum Gegenstand des deutschen Asylverfahrens. Die Richtlinie wird durch § 13 Abs. 1 AsylVfG i.V.m. § 60 Abs. 1 AufenthG zum Gegenstand des Asylverfahrens gemacht. Damit wird über § 13 Abs. 1 AsylVfG i.V.m. § 60 Abs. 1 Satz 1 und 5 AufenthG der völkerrechtliche Flüchtlingsbegriff Gegenstand des deutschen Asylverfahrens.
4. Eine lediglich ergänzende Anwendung der Richtlinie 2004/83/EG (§ 60 Abs. 1 Satz 5 AufenthG) ist mit dem **Anwendungsvorrang des Unionsrechts** unvereinbar. Vielmehr ist die Richtlinie gegenüber dem bisherigen deutschen Recht vorrangig.
5. Das Handbuch behandelt die Voraussetzungen und Rechtsfolgen des Flüchtlingsschutzes. Wegen der besonderen Bedeutung des Sekundärrechts wird dabei der Flüchtlingsbegriff des Art. 1 A Nr. 2 GFK nach Maßgabe der Qualifikationsrichtlinie dargestellt. Dabei wird wegen der Vorrangigkeit des Völkerrechts bei den einzelnen Fragen zunächst stets der internationale Standard unter Berücksichtigung insbesondere der Positionen von UNHCR (vgl. Erwägungsgrund Nr. 15 RL 2004/83/EG; Art. 35 Abs. 1 GFK) und der internationalen Literatur sowie die Staatenpraxis dargestellt.

§ 1 Verbindlichkeit des Flüchtlingsrechts für die Union

Die Union entwickelt eine gemeinsame Politik im Bereich Asyl, subsidiärer Schutz und vorübergehender Schutz und bekennt sich in diesem Zusammenhang zu ihren Verpflichtungen aus der Genfer Flüchtlingskonvention von 1951 (Art. 78 Abs. 1 AEUV). Zu diesem Zweck legt die Richtlinie 2004/83/EG (**Qualifikationsrichtlinie**) Mindestnormen für die Bestimmung und die Merkmale der Flüchtlingseigenschaft fest (Erwägungsgrund Nr. 16 RL 2004/84/EG). Der in Art. 2 Buchst. c) der Richtlinie definierte Flüchtlingsbegriff beruht dementsprechend auf dem Flüchtlingsbegriff von Art. 1 A Nr. 2 GFK. Dieser ist Grundlage des Gemeinsamen Europäischen Asylsystems. Die Änderungsrichtlinie 2011/95/EU vom 13. Dezember 2011 verbessert in Teilbereichen den Schutz für Flüchtlinge und ist bis spätestens zum 21. Dezember 2013 in nationales Recht umzusetzen (Art. 39 Abs. 1 RL 2011/95/EU).

1

Aus der Entstehungsgeschichte der Konvention folgt, dass der Flüchtlingsbegriff großzügig ausgelegt werden und alle Personen erfassen sollte, die bis dahin als Flüchtlinge angesehen wurden. Die allgemeine Definition in Art. 1 A Nr. 2 GFK war dementsprechend stark durch die bisherigen Erfahrungen der europäischen Staaten beeinflusst worden.[1] Die materiellen Grundlagen des universellen

2

---

1 *Einarsen*, in: *Zimmermann*, The 1951 Convention, Drafting History, para. 64.

Flüchtlingsschutzes waren damit aus der europäischen Praxis heraus entwickelt worden. Es fehlt andererseits ein verbindlicher Mechanismus, der für die nationale Staatenpraxis Leitlinien für die Auslegung und Anwendung des Flüchtlingsbegriffs vorgibt.

3   Das im Völkerrecht derzeit vorherrschende Überprüfungssystem menschenrechtlicher Verträge, das regelmäßig aus einer Kombination von Staatenberichten und individuellen Beschwerdeverfahren besteht, hatte sich 1951 noch nicht entwickelt.[2] Das in Europa bereits 1950 mit der EMRK eingeführte effektive gerichtliche Kontrollsystem konnte sich universell nicht durchsetzen. Deshalb wurde 1951 kein unabhängiges gerichtliches Organ geschaffen, welches die Konventionsnormen mit verbindlicher Wirkung für die Vertragsstaaten auslegt. Daher sind die völkerrechtlichen Auslegungsregeln maßgebend, sodass die Konvention insbesondere nach Maßgabe der Staatenpraxis auszulegen und anzuwenden (Art. 31 Abs. 3 Buchst. a) WVRK) ist.

4   UNHCR hat zwar die Aufgabe, die Durchsetzung der Konventionsnormen zu überwachen (Art. 35 Abs. 1 GFK): Daraus kann jedoch keine Kompetenz zur verbindlichen Interpretation dieser Normen abgeleitet werden. Vielmehr kann UNHCR im Rahmen dieser Aufgabe versuchen, die Staatenpraxis zu harmonisieren und zu diesem Zweck durch empfehlende Stellungnahmen, Verbalnoten und aide-mémoires an die Staaten herantreten und in einzelnen Verfahren in Form eines amicus curiae brief oder andere Formen der Beteiligung die Auslegung der Konventionsnormen zu beeinflussen.[3]

5   Die Vertragsstaaten der GFK sind verpflichtet, mit UNHCR zusammenzuarbeiten (Art. 35 Abs. 1 GFK). Nach Erwägungsgrund Nr. 15 RL 2004/83/EG bieten Konsultationen mit UNHCR den Mitgliedstaaten wertvolle Hilfe bei der Bestimmung der Flüchtlingseigenschaft nach Art. 1 A Nr. 2 GFK. UNHCR ist die internationale Institution, welche die besten und wertvollsten Erfahrungen im Bereich des Flüchtlingsschutzes hat. UNHCR ist zwar kein Gerichtsorgan und kann daher den Vertragsstaaten nicht vorschreiben, welche Auslegung der Konventionsnormen im Zweifelsfall gilt. Die Staatenpraxis, die durch die Richtlinie entwickelt wird, wird aber durch UNHCR mit beeinflusst werden. Nur so kann verhindert werden, dass ein universeller Vertrag zu stark im Interesse einer regionalen Staatengruppe entwickelt werden wird.

6   Das Handbuch von UNHCR wird in der Staatenpraxis allgemein als Orientierungshilfe für die Auslegung von Konventionsnormen verwendet. Auch das BVerwG berücksichtigt bei der Auslegung von Konventionsnormen Stellungnahmen und insbesondere das Handbuch von UNHCR.[4] Allerdings wurde das Handbuch bereits 1979 veröffentlicht und enthält es deshalb nicht zu allen Fragen des Flüchtlingsrechts und insbesondere der Konvention detaillierte Ausführungen.

7   Zusätzlich zum Handbuch sind deshalb aktuelle Richtlinien und sonstige Stellungnahmen und Empfehlungen des aus Staatenvertretern bestehenden Exekutivkomitees des Programms von UNHCR, denen in der Literatur der Charakter normativer Vorgaben für die Entwicklung des Flüchtlingsrechts zugewiesen wird,[5] als Orientierungshilfe für die Auslegung und Anwendung von Konventionsnormen und damit auch von Normen der Qualifikationsrichtlinie heranzuziehen. Dementsprechend wird in den nachfolgenden Erläuterungen der einzelnen Normen der Richtlinie stets zunächst die Position von UNHCR – soweit vorhanden – vorgestellt.

8   Für die Mitgliedstaaten ergibt sich damit eine komplexe völkerrechtliche und supranationale Gemengelage. Die Mitgliedstaaten dürfen in ihrer Asylpraxis unionsrechtliche Zweifelsfragen nicht selbst klären. Vielmehr müssen sie derartige Fragen im Wege des Vorabentscheidungsersuchens (Art. 267 AEUV) dem EuGH vorlegen. Aus unionsrechtlicher Sicht sind die Vorgaben des EuGH zwingend und haben Vorrang gegenüber nationalem Recht. Aus völkerrechtlicher Sicht sind sie

---

2 *Tomuschat*, Human Rights Law Journal 1992, 257.
3 *Türk*, Revue québécoise de droit international 2001, 136 (148 f.).
4 BVerwGE 89, 231 (239) = EZAR 211 Nr. 3 = NVwZ 1992, 679.
5 *Sztucki*, International Journal of Refugee Law, 285 (301 ff.).

Staatenpraxis im Sinne von Art. 31 Abs. 3 Buchst. a) VWRK (§ 2 Rdn. 6). Zu hoffen bleibt, dass der EuGH sich möglichst eng an die im Völkerrecht entwickelten Grundsätze zum Flüchtlingsschutz halten wird, damit die europäische nicht von der universellen Rechtsentwicklung im völkerrechtlichen Flüchtlingsschutz losgelöst wird.

Die Bedeutung der Qualifikationsrichtlinie als einer gemeinsamen Plattform für die Staatenpraxis einer so großen Staatengruppe wie sie die Union bildet, kann gar nicht unterschätzt werden. Vieles, was sich nach Maßgabe der Richtlinie im Bereich des Flüchtlingsschutzes in der Union entwickeln wird, wird als Staatenpraxis maßgeblich die universelle Fortentwicklung der Konvention beeinflussen und damit auch Auswirkungen auf die Staatenpraxis außerhalb der Union gewinnen. Dies birgt andererseits aber auch die Gefahr in sich, dass für die spezifischen Zwecke der Mitgliedstaaten entwickelte Konzepte den universellen Charakter der Konvention insgesamt ändern können. In einigen Bereichen (z. B. Art. 5 Abs. 3, Art. 8 Abs. 3 RL 2004/83/EG; siehe aber Art. 8 RL 2011/95/EU) sowie im Bereich der Terrorismusabwehr ist dieses Risiko bereits verwirklicht worden (vgl. Art. 14 Abs. 4 und 5 RL 2004/83/EG).

§ 2 Funktion der Qualifikationsrichtlinie

Der Rat der Europäischen Union hat am 29. April 2004 die Richtlinie 2004/83/EG (**Qualifikationsrichtlinie**)[6] verabschiedet. Diese ist am 20. Oktober 2004 in Kraft getreten und war bis spätestens zum 10. Oktober 2006 in das innerstaatliche Recht umzusetzen. Bis spätestens zum 21. Dezember 2013 ist die Änderungsrichtlinie vom 13. Dezember 2011 (RL 2011/95/EU), die in einigen Teilbereichen Verbesserungen einführt (Rdn.1), umzusetzen. Die Richtlinie regelt zwei unterschiedliche, aber sich ergänzende Schutzkonzeptionen: Nach Art. 2 Buchst. a) 2004/83/EG bezeichnet der Ausdruck »**internationaler Schutz**« die **Flüchtlingseigenschaft** (Art. 13 RL 2004/83/EG) und den **subsidiären Schutzstatus** (Art. 18 RL 2004/83/EG). Art. 13 RL 2004/83/EG ist danach die Rechtsgrundlage für den Flüchtlingsschutz, Art. 18 RL 2004/83/EG für den subsidiären Schutzstatus.

Kapitel II (Art. 4 bis 8 RL 2004/83/EG) legt für beide Schutzformen zunächst gemeinsame tatbestandliche Voraussetzungen fest. Umfasst hiervon sind die verfahrensrechtlichen Voraussetzungen (Art. 4 RL 2004/83/EG), insbesondere der **Beweisstandard** einschließlich der **Regelvermutung** nach Art. 4 Abs. 4 RL 2004/83/EG, die Grundsätze zu den Nachfluchtgründen (Art. 5 RL 2004/83/EG), die Konzeption des **Wegfalls des nationalen Schutzes** (Art. 6 bis 8 RL 2004/83/EG) einschließlich der Frage der **nichtstaatlichen Verfolgungsakteure** (Art. 6 Buchst. c) RL 2004/83/EG) sowie des **internen Schutzes** (Art. 8 RL 2004/83/EG).

Inhaltlich regelt die Richtlinie zunächst in Kapitel III (Art. 9 und 10 RL 2004/83/EG) die Voraussetzungen des Flüchtlingsschutzes einschließlich der Verlust- und Ausschlussgründe, in Kapitel IV die Zuerkennung (Art. 13) sowie Aberkennung und Beendigung (Art. 14) der Flüchtlingseigenschaft und in Kapitel V (Art. 15 bis 17 RL 2004/83/EG) die Voraussetzungen sowie die Verlust- und Ausschlussgründe des subsidiären Schutzstatus. Kapitel VI regelt die Zuerkennung (Art. 18) sowie Aberkennung und Beendigung (Art. 19) des subsidiären Schutzstatus. Schließlich enthalten Art. 21 bis 34 RL 2004/83/EG Regelungen zum Inhalt des Flüchtlings- und subsidiären Schutzes.

Die Richtlinie 2004/83/EG verfolgt den Zweck, sicherzustellen, dass der internationale Schutz den Personen zuteil wird, die diesen verdienen. Das *wesentliche Ziel* der Richtlinie ist es, einerseits ein Mindestmaß an Schutz in allen Mitgliedstaaten für Personen zu gewährleisten, die tatsächlich

---

6 Richtlinie 2004/83/EG des Rates vom 29.04.2004 (Amtsblatt der EG L 304/12) über Mindestnormen für die Anerkennung und den Status von Drittstaatsangehörigen oder Staatenlosen als Flüchtlinge oder als Personen, die anderweitig internationalen Schutz benötigen und über den Inhalt des zu gewährenden Schutzes (**Qualifikationsrichtlinie**), im Folgenden als »Richtlinie« bezeichnet.

Schutz benötigen, und andererseits sicherzustellen, dass allen diesen Personen in allen Mitgliedstaaten ein Mindestmaß an Leistungen geboten wird (Erwägungsgrund Nr. 6 RL 2004/83/EG).

5   Für den Bereich des Flüchtlingsschutzes bestimmt Art. 78 Abs. 1 AEUV, dass alle unionsrechtlichen Maßnahmen zum Asylrecht in Übereinstimmung mit der Genfer Flüchtlingskonvention von 1951 und dem New Yorker Protokoll von 1967 stehen müssen (§ 3 Rdn. 3 f.). Die Richtlinie beruht auf der Vorläufernorm des Art. 63 Abs. 1 Bucht. c) EGV, der eine inhaltsgleiche Regelung enthielt. Die Richtlinie bezieht sich unmittelbar auf beide Instrumente. Ferner wird festgestellt, dass diese »einen wesentlichen Bestandteil des internationalen Rechtsrahmens für Flüchtlinge« darstellen (Erwägungsgrund Nr. 3 RL 2004/83/EG).

6   Zwar sind völkerrechtliche Auslegungsregeln bei der Auslegung des Primärrechts, bei denen es sich um völkerrechtliche Verträge handelt, lediglich heranzuziehen und finden im Zweifel, da es sich beim Unionsrecht um eine eigenständige Rechtsordnung handelt, unionsrechtliche Auslegungsgrundsätze Anwendung.[7] Dies betrifft aber lediglich die Auslegung und Anwendung der Unionsverträge als solche. Verweist das Unionsrecht – wie Erwägungsgrund Nr. 17 RL 2004/83/EG – auf völkerrechtliche Verträge, welche die Union für sich als verbindlich ansieht (Rdn. 5), ist sie an völkerrechtliche Auslegungsgrundsätze gebunden. Dementsprechend sind nach der Rechtsprechung des EuGH die Bestimmungen der Richtlinie im Lichte ihrer allgemeinen Systematik und ihres Zwecks in Übereinstimmung mit der Konvention auszulegen.[8] Insofern stellt die Richtlinie **Staatenpraxis** im Sinne von Art. 31 Abs. 3 Buchst. a) WVRK dar (§ 1 Rdn. 8).

7   Ziel der Richtlinie ist es dementsprechend, »**gemeinsame Kriterien für die Anerkennung von Asylbewerbern als Flüchtlinge**« im Sinne von Art. 1 A Nr. 2 GFK einzuführen (Erwägungsgrund Nr. 17 RL 2004/83/EG). Nach den Schlussfolgerungen von Tampere soll das Gemeinsame Europäische Asylsystem auf kurze Sicht zur Annäherung der Bestimmungen über die Zuerkennung und die Merkmale der Flüchtlingseigenschaft führen (Erwägungsgrund Nr. 4 RL 2004/83/EG). Dadurch soll die **Sekundärmigration** von Asylbewerbern zwischen den Mitgliedstaaten, soweit sie ausschließlich auf unterschiedlichen Rechtsvorschriften beruht, eingedämmt werden (Erwägungsgrund Nr. 7 RL 2004/83/EG).

8   Zu diesem Zweck sollen Mindestnormen für die Bestimmung und die Merkmale der Flüchtlingseigenschaft festgelegt werden, um die zuständigen innerstaatlichen Behörden der Mitgliedstaaten bei der Anwendung der GFK zu leiten (Erwägungsgrund Nr. 16 RL 2004/83/EG). Dabei müssten gemeinsame Konzepte etwa zu den Fragen des an Ort und Stelle (»**sur place**«) entstehenden Schutzbedarfs (**Nachfluchtgründe**), der Schadensursachen und des Schutzes, internen Schutzes und der Verfolgung einschließlich der Verfolgungsgründe entwickelt werden (Erwägungsgrund Nr. 18 RL 2004/83/EG).

9   Andererseits können die Mitgliedstaaten günstigere Normen für die Zuerkennung der Flüchtlingseigenschaft nach nationalem Recht erlassen oder beibehalten, sofern sie mit der Richtlinie und damit mit der GFK vereinbar sind (Art. 3 RL 82004/83/EG). Insoweit hat der EuGH auf eine entsprechende Vorlagefrage des BVerwG, ob Art. 16a Abs. 1 GG, dem Ausschlussgründe wie in Art. 12 Abs. 2 RL 2004/83/EG fremd sind, beibehalten werden darf,[9] entschieden, dass Unionsrecht dem nicht entgegenstehe, soweit deutlich darauf hingewiesen werde, dass es sich nicht um einen nach Unionsrecht, sondern nach nationalem Recht gewährten asylrechtlichen Rechtsstatus handelt.[10]

---

7   *Mallmann*, ZAR 2011, 342 (344 f.).
8   EuGH, InfAuslR 2010, 188 (189) Rn. 52 f. – Abdulla.
9   BVerwGE 132, 79 (99 f.) = AuAS 2009, 70.
10 EuGH, NVwZ 2011, 40 (43) Rn. 119 bis 121 – B. und D.

§ 3 Umsetzung des Flüchtlingsrechts im deutschen Recht

§ 60 Abs. 1 Satz 1 AufenthG macht das Abkommen vom 28. Juli 1951 über die Rechtsstellung der Flüchtlinge (**Genfer Flüchtlingskonvention – GFK**) unmittelbar zum Gegenstand des deutschen Asylverfahrens. Darüber hinaus hat diese Vorschrift mit der stillschweigenden Bezugnahme auf Art. 33 Abs. 1 GFK eine Umsetzungsfunktion für den völkerrechtlichen **Refoulementschutz**. Schließlich bestimmt § 60 Abs. 1 Satz 5 AufenthG, dass für die Feststellung, ob eine Verfolgung nach der GFK vorliegt, bestimmte Vorschriften der Richtlinie 2004/83/EG (**Qualifikationsrichtlinie**) ergänzend anzuwenden sind.

Die Richtlinie muss in Übereinstimmung mit der GFK ausgelegt werden (Erwägungsgrund Nr. 17 RL 2004/83/EG). Die Verweisungsregel in § 60 Abs. 1 Satz 5 AufenthG stellt damit sicher, dass bei der Auslegung und Anwendung des Flüchtlingsbegriffs des Art. 1 A Nr. 2 GFK die entsprechenden Bestimmungen der Richtlinie berücksichtigt werden. Der Flüchtlingsschutz ist deshalb in zweifacher Weise Bestandteil des Asylverfahrens. Zweck der Richtlinie ist es, für die Praxis der Mitgliedstaaten, gemeinsame Kriterien zur Auslegung und Anwendung der Konvention festzulegen. Daraus folgt zugleich, dass diese die völkerrechtliche Rechtsgrundlage für die Praxis der Mitgliedstaaten im Bereich des Flüchtlingsschutzes ist und bei Unklarheiten über die Auslegung und Anwendung der Richtlinie unmittelbar auf die Konvention zurück zu greifen ist.

Die Richtlinie wird durch § 13 Abs. 1 AsylVfG i.V.m. § 60 Abs. 1 AufenthG zum Gegenstand des Asylverfahrens gemacht: § 13 Abs. 1 AsylVfG macht den Gegenstandsbereich von § 60 Abs. 1 AufenthG und damit auch die Anwendungsregel des § 60 Abs. 1 Satz 5 AufenthG zum Inhalt des Asylantrags. Damit ergibt sich für die innerstaatliche Rechtsanwendung folgende Situation: § 60 Abs. 1 Satz 1 AufenthG verankert einerseits das völkerrechtliche Refoulementverbot (Art. 33 Abs. 1 GFK) in das innerstaatliche Recht und macht andererseits zugleich den Flüchtlingsbegriff in Art. 1 A Nr. 2 GFK zum Gegenstand des innerstaatlichen Rechts.[11] Damit wird über § 13 Abs. 1 AsylVfG i.V.m. § 60 Abs. 1 Satz 1 und 5 AufenthG der völkerrechtliche Flüchtlingsbegriff Gegenstand des deutschen Asylverfahrens.

Die Gesetzesüberschrift »Verbot der Abschiebung« zu § 60 AufenthG wie auch die systematische Stellung der Norm im AufenthG erschwert eine reibungslose Umsetzung des völkerrechtlichen Flüchtlingsschutzes und der Qualifikationsrichtlinie. Zwar hat der Gesetzgeber seit 2007 in § 3 Abs. 4 AsylVfG die unionsrechtliche Norm des Art. 13 RL 2004/83/EG umgesetzt. Die entsprechenden Voraussetzungen enthält jedoch nicht das AsylVfG. Vielmehr regeln – wie aus der Verweisungsnorm des § 3 Abs. 1 AsylVfG folgt, auf die sich seinerseits § 3 Abs. 4 AsylVfG bezieht – die Vorschriften des AufenthG über aufenthaltsbeendende Maßnahmen (Kapitel 5), hier § 60 Abs. 1 AufenthG, die tatbestandlichen Voraussetzungen in Umsetzung der Richtlinie 2004/83/EG (vgl. § 60 Abs. 1 Satz 5 AufenthG) für die Zuerkennung der Flüchtlingseigenschaft.

Durch das Richtlinienumsetzungsgesetz 2007 wurde § 60 Abs. 1 Satz 5 AufenthG mit Wirkung zum 28. August 2007 in das nationale Recht eingeführt. Danach sind Art. 4 Abs. 4 sowie Art. 7 bis 10 RL 2004/83/EG **ergänzend anzuwenden**. In § 60 Abs. 11 AufenthG wird hingegen bestimmt, dass für die Feststellung von Abschiebungsverboten nach § 60 Abs. 2, 3 und 7 Satz 2 AufenthG (subsidiärer Schutzstatus) Art. 4 Abs. 4, 5 Abs. 1 und 2, 6 bis 8 RL 2004/83/EG gelten. Damit verfehlt der Gesetzgeber seine Aufgabe der Umsetzung im Bereich des Flüchtlingsschutzes anders als beim subsidiären Schutz und muss die Rechtsanwendung im Zweifel entsprechend dem **Gebot der richtlinienkonformen Auslegung** unmittelbar auf die Richtlinie RL 2004/83/EG zurückgreifen.[12]

Eine lediglich ergänzende Anwendung der Richtlinie 2004/83/EG ist mit dem **Anwendungsvorrang des Unionsrechts** unvereinbar. Vielmehr ist die Richtlinie gegenüber dem bisherigen deutschen

---

11 BVerwGE 122, 376 (382) = NVwZ 2005, 1087 = InfAuslR 2005, 339.
12 So auch BVerwG, NVwZ 2008, 1241 (1245), Rn. 32 = InfAuslR 2008, 474.

Recht vorrangig. Unzutreffend ist im Blick auf den Flüchtlingsschutz darüber hinaus die ausschließliche Fixierung auf die »Verfolgung« in § 60 Abs. 1 Satz 5 AufenthG. Vielmehr enthält die Richtlinie ein auf Art. 1 A Nr. 2 GFK beruhendes Konzept, das auf der **Verfolgungsfurcht** und der **Verfolgung** (Art. 9 RL 2004/83/EG) dem **Wegfall des nationalen Schutzes** (Art. 6 bis 8 RL 2004/83/EG) und der Anknüpfung der Verfolgung an **Verfolgungsgründe** (Art. 10 RL 2004/83/EG) beruht.

7   § 60 Abs. 1 Satz 1 AufenthG erfasst die tatbestandlichen Voraussetzungen des Flüchtlingsschutzes nach Art. 1 A Nr. 2 GFK i.V.m. Art. 4 bis 10 RL 2004/83/EG. Die Bezugnahme auf nur einzelne Vorschriften der Richtlinie, die die positiven tatbestandlichen Voraussetzungen des Flüchtlingsschutzes regeln, wird der durch die Richtlinie vorgegebenen Konzeption des Flüchtlingsbegriffs nicht gerecht und ist insbesondere nicht geeignet, den Rechtsanwendern die grundlegenden Änderungen, welche die Richtlinie gegenüber der bisherigen deutschen Rechtsprechung mit sich bringt, deutlich zu machen.

8   Die Folge dieser strukturellen Vorgaben ist, dass für den Begriff der Folter und unmenschlichen oder erniedrigenden Behandlung oder Bestrafung nach Art. 15 Buchst. b) RL 2004/83/EG keine Staatlichkeit der Verfolgung verlangt werden kann. Die entgegenstehende Rechtsprechung des BVerwG zu Art. 3 EMRK[13] ist damit nicht mehr anwendbar. Das BVerwG wendet diese Rechtsprechung jedoch unverändert bei § 60 Abs. 5 AufenthG an, der zwar auch auf Art. 3 EMRK verweist, jedoch mangels Entsprechung in der Richtlinie (vgl. Art. 15) den nationalen subsidiären Schutz regelt. Droht Folter durch nichtstaatliche Verfolgungsakteure, ist jedoch die Berufung auf Art. 15 Buchst. b) RL 2004/83/EG zulässig. Der auf § 60 Abs. 5 AufenthG bezogene Vorbehalt des BVerwG ist damit ohne jegliche Praxisrelevanz.

9   Ebenso ist die deutsche Rechtsprechung zu § 53 AuslG 1990 insoweit überholt, soweit in dieser die Anwendung des herabgestuften Wahrscheinlichkeitsmaßstabes abgelehnt wird. Die Vermutungswirkung des bereits erlittenen oder unmittelbar bevorstehenden ernsthaften Schadens in Art. 4 Abs. 4 der Richtlinie (§ 29 Rdn. 66 ff.) findet vielmehr auch auf den subsidiären Schutz Anwendung. Für beide Schutzformen sind darüber hinaus die Grundsätze zu den Nachfluchtgründen (Art. 5 RL 2004/83/EG) und zum internen Schutz (Art. 8 RL 2004/83/EG) maßgebend.

§ 4 Zur Methodik dieses Handbuchs

1   Dieses Handbuch behandelt zunächst die Voraussetzungen und Rechtsfolgen des Flüchtlingsschutzes. Wegen der Vorrangigkeit des Völkerrechts wird in den nachfolgenden Erläuterungen bei den einzelnen Fragen zunächst stets der internationale Standard unter Berücksichtigung insbesondere der Positionen von UNHCR (vgl. Art. 35 Abs. 1 GFK, Erwägungsgrund Nr. 15 RL 2004/83/EG) und der internationalen Literatur sowie die Staatenpraxis dargestellt und anschließend die einzelnen Elemente des Flüchtlingsbegriffs des Art. 1 A Nr. 2 GFK nach Maßgabe der Qualifikationsrichtlinie dargestellt.

2   Sofern bereits Rechtsprechung des EuGH besteht, wird diese in diesem Zusammenhang dargestellt. Dabei wird auch die Rechtsprechung des EGMR, soweit sie auf die Auslegung und Anwendung von Schutznormen des Flüchtlingsrechts Auswirkungen hat, mitberücksichtigt. Zu der überwiegenden Anzahl von Rechtsfragen ist jedoch noch keine Rechtsprechung des EuGH entwickelt worden. Ferner wird jeweils sachbezogen die deutsche Rechtsprechung zu dem jeweiligen Rechtsproblem vorgestellt und dabei herausgearbeitet, ob und gegebenenfalls in welchem Umfang diese bei der Auslegung und Anwendung der Richtlinie weiterhin Bestand haben kann.

---

13   BVerwGE 104, 254 = EZAR 231 Nr. 10 = NVwZ 1997, 1131 = InfAuslR 1997, 379; BVerwGE 105, 187 = EZAR 043 Nr. 26 = DÖV 1998, 608.

Sofern die deutsche Rechtsprechung durch Unionsrecht überholt ist, wird dies jeweils ausführlich erläutert. Dies betrifft insbesondere die Behandlung von Verfolgungen durch nichtstaatlich Akteure, den Verfolgungsgrund Zugehörigkeit zu einer bestimmten sozialen Gruppe und in diesem Zusammenhang insbesondere geschlechtsspezifische Verfolgungen, die verfahrensrechtliche Bedeutung des Begriffs der Verfolgungsfurcht in Abgrenzung zur verobjektivierten deutschen Rechtsprechung sowie den beachtlichen Wahrscheinlichkeitsmaßstab.

Kapitel 2 Struktur des Flüchtlingsbegriffs nach Art. 1 A Nr. 2 GFK

Leitsätze
1. Die Richtlinie übernimmt wortgetreu den Flüchtlingsbegriff nach Art. 1 A Nr. 2 GFK und macht diesen damit zum zwingenden Bestandteil des Sekundärrechts (§ 5 Rdn. 2). Dabei enthält den Schlüssel zu den einzelnen Elementen des Flüchtlingsbegriff der Begriff der Furcht vor Verfolgung (§ 6 Rdn. 1, § 8). Deshalb ist die Verfolgungshandlung stets im Zusammenhang mit dem Begriff der Verfolgungsfurcht zu sehen. Es kommt darauf an, ob der Flüchtling eine begründete Furcht vor Verfolgung aus Gründen der Konvention hat (§ 6 Rdn. 3) und ihm hiergegen in seinem Herkunftsland kein Schutz gewährt wird.
2. Der Begriff »begründete Furcht vor Verfolgung« wurde gewählt, um sicherzustellen, dass jene, die gute Gründe für ihre Furcht vor einer ihnen drohenden Verfolgung angeben können, ebenso geschützt werden wie jene, die bereits in der Vergangenheit Opfer von Verfolgung gewesen waren. Dem Begriff wohnt damit eine in die Zukunft gerichtete Abschätzung von Verfolgungsrisiken inne (§ 8 Rdn. 8, § 28 Rdn. 1 ff.).
3. Da der Flüchtlingsschutz subsidiären Charakter hat (§ 15 Rdn. 1 ff.), wird der Flüchtling, der zwar durch einen Staat seiner Staatsangehörigkeit verfolgt wird, jedoch eine weitere Staatsangehörigkeit eines anderen Staates besitzt, auf diesen verwiesen, sofern er dort nicht ebenfalls verfolgt wird (§ 7 Rdn. 1 ff.).

Verfolgungsfurcht (§ 8)

Verfolgungshandlung (Kapitel 2)

Wegfall des nationalen Schutzes (Kapitel 3)

Verfolgungsgrund (Kapitel 6)

Schaubild 1 zur Prüfstruktur des Flüchtlingsbegriffs

§ 5 Flüchtlingsbegriff nach Art. 1 A Nr. 2 GFK

1 Nach Art. 2 Buchst. c) RL 2004/83/EG ist Flüchtling, wer aus der begründeten Furcht vor Verfolgung wegen seiner Rasse, Religion, Staatsangehörigkeit, Zugehörigkeit zu einer bestimmten sozialen Gruppe oder politischen Überzeugung sich außerhalb des Landes befindet, dessen Staatsangehörigkeit er besitzt, und den Schutz dieses Landes nicht in Anspruch nehmen kann oder wegen dieser Furcht nicht in Anspruch nehmen will. Im Blick auf Staatenlose wird vorausgesetzt, dass diese sich aus den vorgenannten Gründen außerhalb des Landes ihres gewöhnlichen Aufenthaltes befinden und nicht dorthin zurückkehren können oder wegen dieser Furcht dorthin nicht zurückkehren wollen.

2 Die Richtlinie übernimmt damit wortgetreu den Flüchtlingsbegriff in Art. 1 A Nr. 2 GFK und macht diesen zum zwingenden Inhalt des Sekundärrechts mit Anwendungsvorrang für die Mitgliedstaaten. § 60 Abs. 1 Satz 1 AufenthG ist daher so auszulegen und anzuwenden, dass die Vorschrift

den vollen Wortlaut des Flüchtlingsbegriffs in Art. 1 A Nr. 2 GFK[1] unter Berücksichtigung von Kapitel II und III der Richtlinie umfasst. Deshalb ist bei der Auslegung und Anwendung von § 60 Abs. 1 AufenthG ein vollständig anderes konzeptionelles und dogmatisches System als in der bisherigen deutschen Rechtsprechung zum Flüchtlingsbegriff zu beachten, was auch für die Tatsachenfeststellung in der Verwaltungspraxis und in der Rechtsprechung weitreichende Bedeutung hat.

Der Begriff der »politischen Verfolgung« nach § 1 Abs. 1 Halbs. 1 AsylVfG (Art. 16 a Abs. 1 GG) hat deshalb nur noch für die Asylanerkennung nach nationalem Recht eigenständige Bedeutung, darf aber im Flüchtlingsrecht wegen seiner vom Völkerrecht und damit auch vom Sekundärrecht abweichenden Voraussetzungen nicht angewandt werden. Dem Flüchtlingsrecht ist der Begriff der »politischen Verfolgung« fremd. Vielmehr prägt das Völkerrecht der Begriff der Furcht vor Verfolgung aus den bezeichneten Gründen.

§ 6 Begriffselemente des Flüchtlingsbegriffs nach Art. 1 A Nr. 2 GFK

Der Schlüssel zum Verständnis des Flüchtlingsbegriffs nach Art. 1 A Nr. 2 GFK ist der Begriff der Verfolgungsfurcht.[2] Die Qualifikationsrichtlinie enthält zwar keine ausdrückliche Vorschrift zur Behandlung des Begriffs der Verfolgungsfurcht, verweist indes in Art. 2 Buchst. c) auf den Begriff des Flüchtlings nach Art. 1 A Nr. 2 GFK (§ 5 Rdn. 1), für dessen Auslegung und Anwendung der Begriff der Verfolgungsfurcht eine besondere Funktion hat. Darüber hinaus nimmt die Richtlinie in einzelnen Bestimmungen diesen Begriff in Bezug (z. B. Art. 5 Abs. 1 und 2, Art. 8 Abs. 1, Art. 11 Abs. 1 Buchst. d) und Abs. 2).

Es jedoch auffallend, dass die Richtlinie zwar die einzelnen begrifflichen Elemente des Flüchtlingsbegriffs – wie den Begriff der Verfolgung (Art. 9) einschließlich des Wegfalls des nationalen Schutzes (Art. 6 bis 8) und die Anknüpfung der Verfolgung an die Konventionsgründe (Art. 10) – sehr detailliert begrifflich regelt, nicht jedoch den Begriff der Furcht vor Verfolgung. Da die Richtlinie jedoch für die Praxis der Mitgliedstaaten den völkerrechtlichen Flüchtlingsbegriff zur Grundlage des Sekundärrechts macht, ist dieser auch vollständig in der Praxis zu berücksichtigen.

Die Verfolgungshandlung nach Art. 9 RL 2004/83/EG ist deshalb stets im Zusammenhang mit dem Begriff der Verfolgungsfurcht zu sehen. Es kommt darauf an, ob der Asylsuchende eine begründete Furcht vor einer Verfolgung, wie sie in Art. 9 RL 2004/83/EG inhaltlich bestimmt wird, hat. Entsprechend der Staatenpraxis zur GFK und dem Zweck der GFK steht daher am Ausgangspunkt der Prüfung die Furcht vor **Verfolgung** (Art. 9 RL 2004/83/EG). Alle für die Entscheidung wesentlichen Tatsachen und Umstände sind aufzuklären (Art. 4 Abs. 3 Buchst. a) RL 2004/83/EG). Art. 2 Buchst. b) der Richtlinie verweist für die Auslegung und Anwendung der Richtlinie auf die GFK und das New Yorker Protokoll und bezeichnet in Art. 2 Buchst. c) den in Art. 1 A Nr. 2 GFK enthaltenen Flüchtlingsbegriff.

Entsprechend der insbesondere in der angelsächsischen Staatenpraxis entwickelten Dogmatik, die bei der Prüfung der Flüchtlingseigenschaft nach der »**Verfolgungshandlung**« den »**Wegfall des nationalen Schutzes**« und im Anschluss daran den Kausalzusammenhang mit den **Verfolgungsgründen** behandelt, ist nach der Richtlinie im Anschluss an die Verfolgungshandlung der in Art. 6 bis 8 geregelte Wegfall des nationalen Schutzes und anschließend der kausale Zusammenhang mit den Verfolgungsgründen (Art. 10) zu prüfen (Art. 9 Abs. 3).

---

1 BVerwGE 122, 376 (382) = NVwZ 2005, 1087 = InfAuslR 2005, 339, unter Bezugnahme auf BVerwGE 89, 296 (301) = EZAR 232 Nr. 2 = NVwZ 1992, 676 = InfAuslR 1992, 205.
2 Siehe hierzu *UNHCR*, Handbuch über Verfahren und Kriterien zur Feststellung der Flüchtlingseigenschaft, Rn. 37–65; *Grahl-Madsen*, Annals 1983, 11 (13); *Hyndman*, The Australian Law Journal 1986, 148 (149), *Sexton*, Vanderbuilt Journal of Transnational Law 1985, S. 731 (748); *Cox*, Brooklyn Journal of International Law, S. 333.

5   **Verfolgung** im Sinne der GFK ist die dauerhafte oder systematische Verletzung grundlegender Menschenrechte als beweiskräftiges Indiz für einen Wegfall des nationalen Schutzes.[3] Die Konvention differenziert jedoch zwischen der Verfolgung und dem Wegfall des nationalen Schutzes. Sie will den Ausfall des Schutzes gegen Verfolgungen im Herkunftsland durch die Gewährleistung des internationalen Schutzes ausgleichen. Die teleologische, entstehungsgeschichtliche und begriffliche Auslegung von Art. 1 A Nr. 2 GFK legt nahe, zwischen der Verfolgung (Art. 9 RL 2004/83/EG) und dem Wegfall des nationalen Schutzes (Art. 6 bis 8 RL 2004/83/EG) begrifflich zu unterscheiden. Die Begriffsbestimmung der Verfolgungshandlung erfolgt dabei aus der konkreten Sichtweise des jeweiligen Antragstellers.

6   Liegt keine Verfolgung vor, kommt es erst gar nicht zur Prüfung des Wegfalls des nationalen Schutzes. Die Existenz staatlicher oder dem Staat vergleichbarer Schutzstrukturen wird erst bei der Prüfung des Wegfalls des nationalen Schutzes relevant, darf deshalb nicht bereits bei der Prüfung der Verfolgungshandlung in die Prüfung einbezogen werden. Das bedeutet, dass die Behörde sich bei der Prüfung der Verfolgungshandlung zunächst ausschließlich auf die in Art. 9 RL 2004/83/EG bezeichneten Verfolgungselemente zu konzentrieren hat und deshalb auf der ersten Prüfungsstufe der Verfolgungsakteur ohne Bedeutung ist. Erst auf der zweiten Prüfungsstufe kommt der Verfolgungsakteur (Art. 6 RL 2004/83/EG) in den Blick und sind im Blick auf die nationalen Schutzakteure (Art. 6 RL 2004/83/EG) die entsprechenden Darlegungslasten und Ermittlungspflichten zu beachten.

7   Schließlich werden auf der dritten Prüfungsstufe zunächst der Verfolgungsgrund und anschließend der Kausalzusammenhang zwischen der Verfolgungshandlung (Art. 9 RL 2004/83/EG) und den Verfolgungsgründen (Art. 10 RL 2004/83/EG) ermittelt. Zwar besteht zwischen der Verfolgungshandlung und den Verfolgungsgründen ein Kausalzusammenhang (Art. 9 Abs. 3 RL 2004/83/EG). Zunächst sind jedoch die jeweiligen spezifischen Voraussetzungen beider Begriffselemente festzustellen. Dabei darf bei der Ermittlung der Verfolgungshandlung die Prüfung nicht nach Maßgabe der Verfolgungsgründe erfolgen.

8   Dies verdeutlicht etwa der weitaus umfassendere Diskriminierungsansatz der Regelbeispiele in Art. 9 Abs. 2 RL 2004/83/EG gegenüber den fünf enumerativen Verfolgungsgründen nach Art. 10 Abs. 1 RL 2004/83/EG. Umgekehrt darf bei der Feststellung des Verfolgungsgrundes nicht die Verfolgungshandlung in die Prüfung einbezogen werden. Dies hat insbesondere Auswirkungen auf den Verfolgungsgrund der Religion sowie der Zugehörigkeit zu einer bestimmten sozialen Gruppe. Vielmehr ist nach der Ermittlung beider Begriffselemente zu prüfen, ob ein spezifischer Kausalzusammenhang festgestellt werden kann (vgl. Art. 9 Abs. 3 RL 2004/83/EG).

§ 7 Maßgebendes Herkunftsland (Art. 1 A Nr. 2 Abs. 2 GFK)

1   Für den Fall, dass eine Person mehr als eine Staatsangehörigkeit hat, bezieht sich der Ausdruck »das Land, dessen Staatsangehörigkeit sie besitzt« auf jedes der Länder, dessen Staatsangehörigkeit diese Person besitzt (Art. 1 A Nr. 2 Abs. 2 GFK). Da der Flüchtlingsschutz subsidiären Charakter hat (§ 15 Rdn. 1 ff.), wird der Flüchtling, der zwar durch einen Staat seiner Staatsangehörigkeit verfolgt wird, jedoch eine weitere Staatsangehörigkeit eines anderen Staates besitzt, auf diesen verwiesen, sofern er dort nicht ebenfalls verfolgt wird.

2   Es kommt allein auf das Band der Staatsangehörigkeit an. Unerheblich ist, ob der Flüchtling im zweiten Staat der Staatsangehörigkeit jemals gelebt oder ob er dort Bindungen entwickelt hat. Die Ratio von Art. 1 A Nr. 2 Abs. 2 GFK beruht auf dem Grundsatz der Subsidiarität sowie auf dem allgemeinen Rechtsgrundsatz, dass der Staat der Staatsangehörigkeit gegenüber dem Aufenthaltsstaat zur Aufnahme seines Staatsangehörigen verpflichtet ist. Der Flüchtling kann allerdings nur dann

---

3   UK House of Lords, IJRL 2001, 174 (180, 188) – Horvath.

auf den Staat seiner weiteren Staatsangehörigkeit verwiesen werden, wenn er dort wirksamen Schutz erlangen kann (vgl. auch Art. 12 Abs. 1 Buchst. b) RL 2004/83/EG).[4]

Die Richtlinie nimmt Art. 1 A Nr. 2 Abs. 2 GFK nicht in Art. 2 Buchst. c) in Bezug. Allerdings ist nach Art. 4 Abs. 3 Buchst. e) RL 2004/83/EG zu berücksichtigen, ob vom Antragsteller vernünftigerweise erwartet werden kann, dass er den Schutz eines anderen Staates in Anspruch nimmt, dessen Staatsangehörigkeit er für sich geltend machen könnte. Nach Auffassung des BVerwG setzt diese in deutsches Recht nicht umgesetzte Vorschrift (vgl. § 60 Abs. 1 Satz 5 AufenthG) an anderer Stelle geregelte materielle Voraussetzungen in einen behördlichen Prüfungsauftrag um, der sich insbesondere auf das Erfordernis des **Besitzes** mehrfacher Staatsangehörigkeiten bezieht.[5]

Gleichwohl sieht das BVerwG Prüfungsbedarf, ob die Reichweite von Art. 4 Abs. 3 Buchst. e) RL 2004/83/EG über diese verfahrensrechtliche Funktion – insbesondere in Situationen eines Staatenzerfalls und evidenter Möglichkeiten des Erwerbs der Staatsangehörigkeit eines Nachfolgestaates z. B. durch bloße Registrierung – hinausreiche und der Asylsuchende darauf verwiesen werden könne, die Staatsangehörigkeit eines dritten Staates »geltend zu machen« und dessen Schutzes in Anspruch zu nehmen.[6]

Eine derartige Auslegung von Art. 4 Abs. 3 Buchst. e) RL 2004/83/EG steht nicht in Übereinstimmung mit Art. 1 A Nr. 2 Abs. 2 GFK.[7] Zutreffend weist das BVerwG darauf hin, dass es nach Art. 1 A Nr. 2 GFK auf den **Besitz** der Staatsangehörigkeit oder mehrerer Staatsangehörigkeiten **im Zeitpunkt** der Entscheidung (Art. 4 Abs. 3 Buchst. a) RL 2004/83/EG) ankommt.[8] Nach Art. 1 A Nr. 2 Abs. 2 GFK muss der Flüchtling nämlich eine weitere Staatsangehörigkeit »**besitzen**« und wird als maßgebendes Herkunftsland nur das Land bezeichnet, dessen Staatsangehörigkeit der Flüchtling »**hat**«.

Eine in Entscheidungszeitpunkt möglicherweise eröffnete staatsangehörigkeitsrechtliche Option steht dem Besitz nicht gleich. Erwirbt der Flüchtling nachträglich die Staatsangehörigkeit eines dritten Staates, verliert er seine Flüchtlingseigenschaft (Art. 1 C Nr. 3 GFK, Art. 11 Abs. 1 Buchst. c) RL 2004/83/EG). Weder mit dem materiellrechtlichen System des konventionsrechtlichen noch dem des unionsrechtlichen Flüchtlingsschutzes ist eine derartige Überdehnung der bloß verfahrensrechtlichen Funktion des Art. 4 Abs. 3 Buchst. e) RL 2004/83/EG vereinbar. Art. 4 Abs. 3 Buchst. e) RL 2004/83/EG hat allein verfahrensrechtliche Funktion (Hinweisfunktion) und hebt die Kriterien besonders hervor, die bei der Entscheidung zu berücksichtigen sind. Die materiellen Kriterien werden an anderer Stelle geregelt, wie das BVerwG zutreffend mit dem Hinweis auf Art. 1 A Nr. 2 GFK klarstellt.

---

4 *Zimmermann/Mahler*, in: *Zimmermann*, The 1951 Convention, Article 1 A para. 2 Rn. 689.
5 BVerwGE 131, 186 (197) = NVwZ 2008, 1246 = InfAuslR 2008, 469 = EZAR NF 64 Nr. 3 = AuAS 2008, 223, unter Hinweis auf Art. 1 A Nr. 2 GFK.
6 BVerwGE 131, 186 (197) = NVwZ 2008, 1246 = InfAuslR 2008, 469 = EZAR NF 64 Nr. 3 = AuAS 2008, 223.
7 So auch *Lehmann*, NVwZ 2007, 508 (511 f.).
8 BVerwGE 131, 186 (197) = NVwZ 2008, 1246 = InfAuslR 2008, 469 = EZAR NF 64 Nr. 3 = AuAS 2008, 223.

Kapitel 3 Verfolgungsfurcht

> **Leitsätze**
> 1. Beruft der Antragsteller sich auf eine Furcht vor Verfolgung und bezeichnet er hierfür die aus seiner Sicht maßgeblichen Gründe, sind diese zunächst aus seiner Sicht und nicht aus der des vernünftig und besonnen denkenden und handelnden Dritten zu beurteilen (§ 8 Rdn. 13). Das objektivierende Element des Flüchtlingsbegriffs (»begründet«) ist lediglich Hilfsmittel, um die abgegebenen Erklärungen des Flüchtlings bewerten zu können (§ 8 Rdn. 15).
> 2. Aus flüchtlingsrechlicher Sicht ist es nicht das allgemein übliche Maß an Repressionen in einem Staat, das über die Gewährung des Flüchtlingsstatus entscheidet, vielmehr die konkrete Furcht des Flüchtlings vor ihm drohender Verfolgung aus Gründen der Konvention (§ 8 Rdn. 17 ff.).
> 3. Nach der Konvention ist eine Verfolgungsfurcht begründet, wenn hierfür bestimmte Tatsachen geltend gemacht werden können (§ 9 Rdn. 5). Besonderes Gewicht legt die Konvention und dem folgend die Richtlinie auf die individuelle Lage und die persönlichen Umstände des Antragstellers (Art. 4 Abs. 3 Buchst. a) RL 2004/83/EG). Ausgangspunkt ist damit stets die subjektive Furcht des Asylsuchenden, für die er gute Gründe angeben muss. Sind diese kohärent und plausibel, muss er keinen Nachweis für seine begründete Furcht führen (Art. 4 Abs. 5 Buchst. c) RL 2004/83/EG).

§ 8 Funktion des Begriffs der Verfolgungsfurcht

Übersicht   Rdn
1. Entstehungsgeschichte des Begriffs der Verfolgungsfurcht 1
2. Inhaltliche Kriterien des Begriffs der Verfolgungsfurcht 10

1. Entstehungsgeschichte des Begriffs der Verfolgungsfurcht

1   Die Qualifikationsrichtlinie enthält keine ausdrückliche Vorschrift zur Anwendung des Begriffs der Verfolgungsfurcht, verweist jedoch in Art. 2 Buchst. c) auf den Begriff des Flüchtlings nach Art. 1 A Nr. 2 GFK, für dessen Auslegung und Anwendung der Begriff der Verfolgungsfurcht eine besondere Funktion hat. Darüber hinaus nimmt die Richtlinie in einzelnen Bestimmungen diesen Begriff in Bezug (z. B. Art. 5 Abs. 1 und 2, Art. 8 Abs. 1, Art. 11 Abs. 1 Buchst. d) und Abs. 2). Nach der Begründung des Kommissionsentwurfs soll mit der Richtlinie der Flüchtlingsbegriff nach Art. 1 A Nr. 2 GFK »**weiterentwickelt**« werden. Dies legt es nahe, bei der Auslegung und Anwendung der Richtlinie insbesondere auf den Flüchtlingsbegriff der Konvention Bedacht zu nehmen.

2   Der Flüchtlingsbegriff nach Art. 1 A Nr. 2 GFK war zu Beginn der Anwendung der Konvention in der Staatenpraxis wegen der Fixierung auf Flüchtlinge aus den kommunistischen Staaten des Ostblocks vorrangig subjektiv geprägt. Nach Aufhebung der bipolaren Polarisierung nach 1989 verschob sich das Gewicht indes sehr stark auf die objektiven Gründe für die Verfolgungsfurcht. Insbesondere die deutsche Rechtsprechung hatte bereits sehr früh einen vollständig objektiven Begriff der Verfolgung dem Begriff der Verfolgungsfurcht entgegengesetzt und den subjektiven Begriff nicht mehr angewendet.[1]

---

1 BVerfGE 54, 341 (358) = EZAR 200 Nr. 1 = NJW 1980, 2641 = JZ 1981, 804.

§ 8 Funktion des Begriffs der Verfolgungsfurcht

Der Schlüssel zum Verständnis des Flüchtlingsbegriffs nach Art. 1 A Nr. 2 GFK ist der Begriff der Verfolgungsfurcht.[2] Nach der Entstehungsgeschichte der Konvention ist offen, ob ihre Verfasser den liberalen Standard der **Internationalen Flüchtlingsorganisation** (IRO), der Vorläuferin der Konvention, beibehalten wollten.[3] Nach dem IRO-Statut war die persönliche Darlegung der Fluchtgründe vorrangige Entscheidungsgrundlage. Dies reichte zur Feststellung der Flüchtlingseigenschaft aus, es sei denn, die Darlegung war nicht schlüssig.

Die Frage der Übernahme des IRO-Standards war insbesondere während der Beratungen im Ad hoc-Ausschuss ausführlich diskutiert worden. Der französische Delegierte wies darauf hin, dass das IRO-Statut während der durch den Krieg bedingten Psychose eilig verabschiedet worden sei, um Kriegsflüchtlingen schnell materielle Hilfe zukommen lassen zu können. Frankreich habe aber in Ansehung der Flüchtlingskonvention, welche in der Zukunft das IRO-Statut ersetzen sollte, die Vorstellung, dass Flüchtlinge in Zukunft unverzüglich vollständigen und effektiven internationalen Rechtsschutz erhalten sollten.[4]

Der britische Delegierte äußerte demgegenüber die Ansicht, die IRO-Definition sei extrem kompliziert und erfordere sorgfältige Interpretationen. Seine Regierung befürworte daher eine einfache, leicht verständliche generelle Flüchtlingsdefinition.[5] Dem hielt der U. S.-Delegierte entgegen, dass das IRO-Statut zwar kein unantastbares Dokument sei. Es enthalte jedoch die umfassendste Auflistung von Flüchtlingsgruppen, welche sicherlich modifiziert werden könne. Sie könne in Abhängigkeit von der Schutzbedürftigkeit reduziert oder ausgeweitet werden.[6]

Die Bevollmächtigtenkonferenz diskutierte nicht derart intensiv über den Begriff der Verfolgungsfurcht wie der Ausschuss. Der französische Delegierte wandte ein, das IRO-Statut habe sich ausdrücklich auf Flüchtlinge aufgrund des Krieges bezogen. Deshalb müsse die Flüchtlingskonzeption weiter entwickelt werden.[7] Dem pflichtete der Delegierte der Vereinigten Staaten bei. Die Generalversammlung habe empfohlen, dass die Konferenz einen sehr liberalen Begriff verabschiede, welche die größtmögliche weite Definition zur Folge habe.[8]

Das IRO-Statut hatte in den Flüchtlingsbegriff jene Personen eingeschlossen, die aus »stichhaltigen Gründen« einschließlich »Furcht, für die vernünftige Gründe der Verfolgung wegen der Rasse, Religion Nationalität oder politischen Überzeugung« sprechen, nicht in ihr Herkunftsland zurückkehren konnten (Abschnitt C (1) Buchst. a) (i)). Das IRO-Statut schloss nur Personen ein, die bereits Verfolgung erlitten hatten. Demgegenüber war es die Aufgabe der Verfasser der Konvention einen Flüchtlingsbegriff zu entwickeln, der auch zukünftige Fälle von Verfolgung umfasst, sodass es auf eine gegenwärtige Furcht von Verfolgung ankommt.[9]

Dementsprechend wurde der Begriff »begründete Furcht vor Verfolgung« gewählt, um dadurch sicherzustellen, dass jene, die gute Gründe dafür angeben können, dass sie Verfolgung befürchten, ebenso geschützt werden wie jene, die bereits in der Vergangenheit Opfer von Verfolgung gewesen sind.[10] Dem Begriff wohnt damit eine in die Zukunft gerichtete Abschätzung von Verfol-

---

2 Siehe hierzu *UNHCR*, Handbuch über Verfahren und Kriterien zur Feststellung der Flüchtlingseigenschaft, 1979, Rn. 37–65; *Grahl-Madsen*, Annals 1983, 11 (13); *Hyndman*, The Australian Law Journal, S. 148 (149); *Sexton*, Vanderbuilt Journal of Transnational Law, S. 731 (748); *Cox*, Brooklyn Journal of International Law 1984, 333; *Zimmermann/Mahler*, in: Zimmermann, The 1951 Convention, Art. 1 A, para. 2 Rn. 47.
3 Vgl. hierzu *Cox*, Brooklyn Journal of International Law 1984, 333 (349).
4 *Rain*, U. N. Doc. E/AC.32/SR.5, 18.01.1950, S. 15.
5 *Brass*, U. N. Doc. E/AC.32/SR.6, 19.01.1950, S. 3.
6 *Hekkin*, U. N. Doc. E/AC.32/SR.6, 19.01.1950, S. 4.
7 *Rochefort*, U. N. Doc. A/CONF.2/SR.22, 16.07.1951, S. 15.
8 *Warren*, U. N. Doc. A/CONF.2/SR.22, 16.07.1951, S. 16.
9 *Hathaway*, The Law of Refugee Status, S. 68.
10 Ad hoc Committee on Statelessness and Related Problems, UN Doc. E/1618 und E/AC.32/5, p. 39.

gungsrisiken inne (§ 28 Rdn. 1 ff.). Dabei kommt es für die Risikoabschätzung auf die persönlichen Umstände des Antragstellers, z. B. auf seinen individuellen Hintergrund, Eigenschaften und Verhältnisse, an (siehe auch Art. 4 Abs. 3 Buchst. c), Art. 8 Abs. 2 RL 2004/83/EG).[11] Auch das BVerwG sieht als Verfolgten an, wem im maßgeblichen Zeitpunkt gegenwärtig oder unmittelbar bevorstehend Verfolgung droht. Schutzbedürftig sei aber auch, wer in absehbarer Zeit mit gegen ihn gerichtete Maßnahmen ernsthaft rechnen müsse.[12]

9 Angesichts der Entstehungsgeschichte der GFK ist zwar das Urteil, die bloße Schlüssigkeits- bzw. Glaubwürdigkeitsprüfung des IRO-Statuts sei durch die GFK übernommen worden und schließe eine irgendwie geartete Wahrscheinlichkeitsprüfung aus, in dieser pauschalen Form nicht tragbar. Herzstück des Verfahrens nach der GFK ist aber gleichwohl die Aussage des Antragstellers. Die Glaubhaftigkeit seiner Angaben soll nicht durch Widersprüche in nebensächlichen Aspekten infrage gestellt werden.[13] Da Furcht als subjektiver Tatbestand bei den einzelnen Personen unterschiedliche Ursachen hat und sich äußerlich kaum nachweisen lässt, wurde die Einführung eines objektivierenden Kriteriums für erforderlich erachtet, andererseits eine exakte Objektivität im Sinne eines allgemeingültigen Furcht-Niveaus für nicht realisierbar angesehen.[14]

2. Inhaltliche Kriterien des Begriffs der Verfolgungsfurcht

10 Der Begriff »Furcht« (»**fear**«) der Konvention verweist auf ein subjektives Gefühl. Es wurde jedoch durch den Zusatz »begründet« (»**well-founded**«) bewusst ein objektives Kriterium eingeführt. Der Antragsteller hat danach Anhaltspunkte darzulegen, um der Feststellungsbehörde die Entscheidung zu ermöglichen, ob er »gute Gründe« hat, eine Verfolgung zu befürchten. Es ist mithin zu entscheiden, ob im Lichte der festgestellten Umstände des Einzelfalles der Antragsteller mit guten Gründen Verfolgung befürchten muss.

11 Da Furcht subjektiv ist, setzt die Flüchtlingsdefinition ein subjektives Moment bei der Person, die Schutz sucht, voraus. Bei der Feststellung der Flüchtlingseigenschaft wird es deshalb in erster Linie um die Würdigung der Erklärungen des Antragstellers und erst dann um die Beurteilung der in seinem Herkunftsland bestehenden Verhältnisse gehen.[15] Die Erforderlichkeit der objektiven Prüfung ist darin begründet, dass Furcht ein subjektives Gefühl ist und für die Zwecke der Feststellung der Flüchtlingseigenschaft begründet sein, also eine objektive Basis haben muss.[16] Welcher Stellenwert jedem dieser beiden Elemente beizumessen ist, kann stark variieren. Jedenfalls ist die Furcht begründet, wenn ein konkretes und begründetes Risiko der Verfolgung besteht. Dies ist der Fall, wenn ein angemessener Grad von Wahrscheinlichkeit der Verfolgung dargelegt wird.[17] Der Begriff der Verfolgungsfurcht hat damit auch prognoserechtliche Funktion (§ 28 Rdn. 1 ff.).

12 In Fällen, in denen keine subjektive Furcht zum Ausdruck gebracht wird, können die Umstände objektiv gesehen dennoch die Statusgewährung rechtfertigen, wenn unter den geschilderten Umständen jeder so gefährdet wäre, dass es unmaßgeblich ist, ob er Furcht empfindet.[18] Auch in den Fällen, in denen der Antragsteller selbst keine Furcht vor Verfolgung behauptet, jedoch Umstände vorträgt, die bei jedem verständigen Dritten geeignet sind, eine Furcht vor Verfolgung zu begründen,[19] ist

---

11 *Zimmermann/Mahler*, in: *Zimmermann*, The 1951 Convention, Art. 1 A, para. 2 Rn. 206.
12 BVerwG, DÖV 1982, 41 = DVBl. 1981, 1096.
13 *Hathaway*, The Law of Refugee Status, S. 83–85.
14 *Lieber*, Die neuere Entwicklung des Asylrechts im Völkerrecht und Staatsrecht, S. 105.
15 *UNHCR*, Handbuch über Verfahren und Kriterien zur Feststellung der Flüchtlingseigenschaft, Rn. 37.
16 UK House of Lords (1998) AC 958 1 All ER 193 – Sivakumaran.
17 UK House of Lords (1998) AC 958 1 All ER 193 – Sivakumaran, mit Hinweis auf UK Court of Appeal (1987) 3 WLR 1047 (1052).
18 *UNHCR*, Auslegung von Art. 1 GFK, April 2001, S. 4.
19 BVerwGE 88, 367 (377) = EZAR 202 Nr. 21 = NVwZ 1992, 578 = InfAuslR 1991, 363.

deshalb der Asylantrag begründet. Bei der Prüfung sind »Referenzfälle« und das allgemeine politische Klima, das geeignet sein muss, in dem Asylsuchenden eine begründete Furcht vor Verfolgung hervorzurufen, zu berücksichtigen. Bei derartigen Fallkonstellationen ist es mithin gerechtfertigt, den vorgebrachten Sachverhalt aus Sicht des vernünftigen und besonnen denkenden Dritten zu bewerten.

Beruft der Antragsteller sich hingegen ausdrücklich auf eine Furcht vor Verfolgung und bezeichnet er hierfür die aus seiner Sicht maßgeblichen Gründe, sind diese zunächst aus seiner Sicht und nicht aus der des vernünftigen und besonnen denkenden Dritten zu beurteilen. Die deutsche Rechtsprechung hat jedoch von jeher das allgemein übliche Maß des in Verfolgerstaaten Hinzunehmenden zum Ausgangspunkt der Prüfung einer besonderen (subjektiven) Zwangslage gemacht. Dabei gerieten ihr allzu oft die aus individuellen Erlebnissen und Erfahrungen des Asylsuchenden resultierenden Besonderheiten seines Falles aus dem Blickwinkel, die es für seinen Fall nachvollziehbar erscheinen lassen, dass er den Fluchtentschluss realisiert. 13

So ist es für das BVerwG unerheblich, ob der Antragsteller eine sensible Person ist. Maßgebend sei vielmehr, ob »andere verständige Personen« unter denselben Umständen eine solche Furcht empfinden würden, dass ihnen im Heimatland ein weiterer Verbleib zuzumuten sei.[20] Ein »vernünftiger und besonnen denkender Dritter« werde bei Abwägung aller Umstände auch die besondere Schwere des befürchteten Eingriffs in seine Überlegung mit einbeziehen.[21] Insgesamt gesehen müssten die für eine Verfolgung sprechenden Umstände nach ihrer Intensität und Häufigkeit von einem solchen Gewicht sein, dass sich hieraus bei objektiver Betrachtung für den Antragsteller die begründete Furcht herleiten ließe, selbst Opfer von Verfolgung zu werden.[22] 14

Dem hält das völkerrechtliche Schrifttum entgegen, damit werde das Konzept der begründeten Verfolgungsfurcht verfehlt.[23] Zunächst ist daher festzustellen, ob der Antragsteller Furcht vor Verfolgung geltend macht. Ausgehend hiervon ist anschließend den hierfür vorgebrachten Gründen nachzugehen. Das objektivierende Element des Flüchtlingsbegriffs ist Hilfsmittel, um die abgegebenen Erklärungen des Asylsuchenden zu bewerten.[24] Von den Feststellungsbehörden wird nicht verlangt, ein Urteil über die Verhältnisse im Heimatstaat zu treffen. Andererseits sind die Erklärungen des Asylsuchenden nicht abstrakt, sondern im Zusammenhang mit der für diese maßgebenden Hintergrundsituation zu bewerten. Ob die den akuten Verfolgungsdruck auslösenden Tatsachen und Umstände geeignet waren oder sind, bei dem Antragsteller eine Furcht vor Verfolgung auszulösen, kann nur dieser und nicht ein fiktiver Dritter beurteilen. 15

UNHCR weist für diese Fallkonstellation ausdrücklich darauf hin, angesichts der persönlichen Umstände, der Überzeugung und der Aktivitäten eines Antragstellers könne es auch dann, wenn die objektiven Umstände nicht unbedingt gravierend erscheinen und dies bei einer anderen Person unter denselben objektiven Verhältnissen keine Verfolgungsfurcht auslösen müsse, Anlass zu begründeter Furcht geben.[25] Deshalb ist jeder Einzelfall individuell hinsichtlich der objektiven Umstände, der psychologischen Veranlagung und Überempfindlichkeit sowie der Umgebung des Antragstellers zu würdigen.[26] 16

Aus flüchtlingsrechtlicher Sicht ist es nicht das allgemein übliche Maß an Repressionen in einem Staat, das über die Gewährung des Flüchtlingsstatus entscheidet, vielmehr die konkrete Furcht des 17

---

20 BVerwG, Buchholz 402.22 Art. 1 GK Nr. 9.
21 BVerwGE 89, 162 (170) = EZAR 202 Nr. 22 = NVwZ 1992, 582; BVerwG, Buchholz 402.25 § 1 AsylVfG Nr. 147.
22 BVerwGE 88, 367 (378) = EZAR 202 Nr. 21 = NVwZ 1992, 578 = InfAuslR 1991, 363.
23 *Grahl-Madsen*, The Status of Refugees in International Law, Bd. 1, S. 181.
24 *Amann*, Die Rechte des Flüchtlings, S. 64.
25 UNHCR, Auslegung von Art. 1 GFK, April 2001, S. 4.
26 *Weis*, Du droit international, S. 928 (970); *Sinha*, Asylum and International Law, S. 102.

Flüchtlings vor ihm drohender begründeter Verfolgung aus Gründen der Konvention. Verfolgungsfurcht empfindet danach ein Antragsteller, der in einer konkreten Situation, so wie er sie sehen durfte, Anlass hatte, Furcht vor Verfolgung zu hegen. Maßgebend kann danach nicht sein, was der normalempfindliche Durchschnittsbürger angesichts der erlittenen oder drohenden Verfolgung zu Recht an Furcht empfunden hätte. Diese objektive Betrachtungsweise muss vielmehr erweitert werden um das vom Antragsteller konkret bereits Erlebte und um das Wissen um Konsequenzen in vergleichbaren Fällen.

18   Danach ist die subjektive Furcht ausreichend, obwohl gegenüber derjenigen des Normalbürgers übersteigert, wenn sie nachvollziehbar ist.[27] So kann etwa jemand, der vor Jahren bereits einmal eine Verfolgung erlitten hatte, begründeten Anlass für eine ausgeprägtere subjektive Furcht haben als jemand, der erstmals in Kontakt mit Verfolgern kommt.[28] Daher sind zunächst die für eine Verfolgung sprechenden tatsächlichen Gründe (Art. 5 bis 10 RL 2004/83/EG) festzustellen. Eine exakte Objektivität im Sinne eines allgemeinen Furcht-Niveaus ist nicht realisierbar.[29] Ein »vernünftiger und besonnen denkender Dritter«[30] in der Lage des Asylsuchenden ist eine aus positivistischem Denken hervorgegangene Fiktion, die letztlich an die Stelle der konkreten Verfolgungsfurcht des individuellen Antragstellers die Vorstellungen der Behörde bzw. des Tatrichters über ein allgemeines Furcht-Niveau setzt und bei der ausgeblendet wird, dass in einer Verfolgungs- und Fluchtsituation die Tugend der Besonnenheit gefährliche Konsequenzen für den Einzelnen haben kann.

19   Die Bedeutung des Begriffs der Verfolgungsfurcht nach Art. 1 A Nr. 2 GFK kann danach dahin verstanden werden, dass es zuallererst Aufgabe des Antragstellers ist, schlüssig die für seine Verfolgungsfurcht maßgebenden Tatsachen vorzutragen. Da objektive Tatsachen aus dem individuellen Erlebnisbereich regelmäßig einer Überprüfung nur begrenzt zugänglich sind, fordert die Flüchtlingskonvention eine besondere Berücksichtigung des individuellen Tatsachenvortrags und fordert damit die Vertragsstaaten auf, im Blick auf die dargelegte Furcht des Antragstellers vor Verfolgung ein **Wohlwollensgebot** zu beachten. Dies bedeutet nicht, dass subjektive Überempfindlichkeiten die Rechtsfindung leiten sollen. Vielmehr wird bei Anwendung eines derartigen Wohlwollensgebots der in den letzten Jahrzehnten in Westeuropa verschobenen Gewichtung zur rein objektiven Beurteilung der Fluchtgründe und damit dem Trend einer zunehmend restriktiver werdenden Praxis im Geiste der Konvention entgegen gewirkt.

§ 9 Verfolgungsfurcht im Sinne der Qualifikationsrichtlinie

1   Die Qualifikationsrichtlinie beruht auf dem Flüchtlingsbegriff (Art. 2 Buchst. c), Erwägungsgrund Nr. 2, 3 und 16 RL 2004/83/EG) und schließt damit auch dessen Zentralbegriff, den Begriff der Furcht vor Verfolgung, ein. Ohne in diesem Zusammenhang den Begriff der Verfolgungsfurcht zu nennen, orientieren sich die verfahrensrechtlichen Vorschriften in Art. 4 der Richtlinie an dem dargestellten Verständnis dieses Begriffs.

2   Im Richtlinienentwurf wurde die Verfolgung aus der Sicht des Antragstellers definiert. Art. 11 Nr. 1 des Entwurfs bestimmte: »Wird geprüft, ob **objektiv** eine **begründete** Furcht vor Verfolgung nachgewiesen werden kann«.[31] Zwar fehlt im endgültigen Wortlaut von Art. 9 der Richtlinie dieser Zusammenhang zwischen Furcht und Verfolgung. Dabei scheint es sich aber gegenüber dem Entwurf

---

27 Asylrekurskommission (Schweiz), Asyl 1992/4, S. 71 (73).
28 Asylrekurskommission (Schweiz), EMARK 1993 Nr. 11.
29 *Lieber*, Die neuere Entwicklung des Asylrechts im Völkerrecht, 1973, S. 105.
30 BVerwGE 79, 143 (150 f.) = EZAR 201 Nr. 13 = NVwZ 1988, 838 = InfAuslR 1988, 230; BVerwGE 88, 367 (377 f.) = EZAR 202 Nr. 21 = NVwZ 1992, 578 = InfAuslR 1991, 363; BVerwGE 89, 162 (168 f.) = EZAR 202 Nr. 22 = NVwZ 1992, 582; BVerwG, InfAuslR 1989, 163.
31 Kommission, KOM (2001)510 endg.; Ratsdok. S. 50, in: BR-Drucks. 1017/01.

um lediglich eine andere redaktionelle Vorgehensweise zu handeln. Denn mit Art. 4 Abs. 3 Buchst. c) RL 2004/83/EG werden ebenso wie im Art. 11 des Entwurfs die »individuelle Lage und die persönlichen Umstände des Antragstellers« an den Ausgangspunkt der Prüfung gestellt.

Nach Art. 4 Abs. 3 RL 2004/83/EG sind Anträge auf internationalen Schutz **individuell** zu prüfen, wobei die »**individuelle** Lage und die **persönlichen** Umstände des Antragstellers einschließlich solcher Faktoren wie familiärer und sozialer Hintergrund, Geschlecht und Alter« zu berücksichtigen sind, um bewerten zu können, ob »in Anbetracht seiner persönlichen Umstände« die Handlungen, denen er ausgesetzt war oder ausgesetzt sein könnte, einer Verfolgung gleichzusetzen sind (Art. 4 Abs. 3 Buchst. c) RL 2004/83/EG). Es bedarf keines Nachweises für die Angaben des Antragstellers, wenn er sich offenkundig bemüht hat, seinen Antrag zu substanziieren und festgestellt wurde, dass seine Aussagen kohärent und plausibel sind und zu den für seinen Fall relevanten besonderen und allgemeinen Informationen nicht in Widerspruch stehen (Art. 4 Abs. 5 Buchst. a) und c)). 3

Mit diesen allgemeinen Grundsätzen steht die deutsche Rechtsprechung in verfahrensrechtlicher Hinsicht in Übereinstimmung. Danach darf dem Asylantrag jedenfalls nicht mit der Begründung der Erfolg versagt werden, dass neben der Einlassung des Asylsuchenden keine Beweismittel verfügbar sind. Das Fehlen von Beweismitteln mag die Überzeugungsbildung erschweren. Die feste Überzeugung vom Vorhandensein des entscheidungserheblichen Sachverhalts muss – wenn nicht anders möglich – in der Weise geschehen, dass sich Behörde und Gericht schlüssig werden, ob sie dem Asylsuchenden glauben.[32] 4

Diese allgemeinen verfahrensrechtlichen Grundsätze gewichten das subjektive und objektive Element des Begriffs der begründeten Verfolgungsfurcht sachgerecht. Nach der Konvention ist eine Verfolgungsfurcht begründet, wenn hierfür bestimmte Tatsachen geltend gemacht werden können. Besonderes Gewicht legt die Konvention aber und dem folgend die Richtlinie auf die individuelle Lage und die persönlichen Umstände des Antragstellers (Art. 4 Abs. 3 Buchst. a) RL 2004/83/EG). Ausgangspunkt ist damit stets die subjektive Furcht des Asylsuchenden, für die er gute Gründe angeben muss. Sind diese kohärent und plausibel, muss er keinen Nachweis für seine begründete Furcht führen (Art. 4 Abs. 5 Buchst. c) RL 2004/83/EG). 5

Auch nach der Richtlinie kommt es damit auf die Verfolgungsfurcht an. Ist diese nach diesen Grundsätzen begründet, kann der begehrte Flüchtlingsstatus nicht mit der Begründung verweigert werden, es bestehe objektiv keine Verfolgungsgefahr. Obwohl das BVerwG in verfahrensrechtlicher Hinsicht den Erklärungen des Flüchtlings besonderes Gewicht beimisst, kommt es seiner materiellrechtlichen Ansicht nach hingegen für die Beurteilung der Situation auf die subjektive Verfolgungsfurcht nicht an, vielmehr auf eine objektiv bevorstehende Gefahr der Verfolgung.[33] 6

Auch wenn die Vermutungen des Antragstellers zur Aufdeckung der Untergrundarbeit nicht in Zweifel zu ziehen seien und es deshalb nachvollziehbar sei, dass er um sein Leben fürchte, hege er damit allenfalls eine subjektive Verfolgungsfurcht. Es müsse jedoch eine objektiv bevorstehende Gefahr des Verfolgungszugriffs dargelegt werden. Solange nicht feststehe, dass die Untergrundtätigkeit den Behörden zur Kenntnis gelangt sei, sei daher lediglich eine latente Gefährdungslage, nicht aber eine beachtlich wahrscheinliche Verfolgungsgefahr festgestellt worden.[34] 7

Hier lässt das BVerwG nicht einmal mehr die Sichtweise des objektivierten »vernünftig und besonnen denkenden Dritten«[35] gelten, sondern stellt für die Darlegung des akuten Verfolgungsdrucks unerfüllbare, am Ideal der objektiven Wahrheit ausgerichtete Beweisanforderungen auf. Früher hatte 8

---

32 BVerwGE 71, 180 (182) = EZAR 630 Nr. 17 = NVwZ 1985, 685 = InfAuslR 1985, 244; BVerwG, NVwZ 1990, 171, allerdings ohne Hinweis auf den Begriff der Verfolgungsfurcht.
33 BVerwGE 108, 84 (86) = EZAR 203 Nr. 12 = NVwZ 1999, 544 = InfAuslR 1999, 145.
34 BVerwGE 108, 84 (86) = EZAR 203 Nr. 12 = NVwZ 1999, 544 = InfAuslR 1999, 145.
35 BVerwGE 89, 162 (170) = EZAR 202 Nr. 22 = NVwZ 1992, 582; BVerwG, Buchholz 402.25 § 1 AsylVfG Nr. 147.

das BVerwG das Verhältnis des subjektiven Begriffs der Verfolgungsfurcht zum objektiven Gefahrenbegriff dahin umschrieben, dass es **nicht allein** darauf ankomme, ob eine bestimmte (objektive) **Tatsache** vom Asylsuchenden nur **subjektiv** als konkrete Bedrohung empfunden werde, sondern darauf, ob hierfür auch ausreichende **objektive Anhaltspunkte** bestünden, die bei einem vernünftig denkenden, besonnenen Menschen **ernsthafte Furcht vor politischer Verfolgung** hervorrufen könnten.[36]

9   Diesen rudimentären, auf den verobjektivierten Dritten reduzierten Begriff der Verfolgungsfurcht gibt das BVerwG damit auf und ersetzt diesen vollständig durch den objektiven Gefahrenbegriff. Damit verfehlt es die Ratio des völkerrechtlichen Begriffs der Verfolgungsfurcht und auch die nach Unionsrecht vorgegebenen Kriterien für die Beurteilung der subjektiven Verhältnisse des Antragstellers (Art. 4 Abs. 3 Buchst. c) RL 2004/83/EG).

10 Hintergrund dieser konventions- und unionswidrigen Verdrängung des Begriffs der begründeten Verfolgungsfurcht ist die 1980 entwickelte Rechtsprechung des BVerfG. Danach stelle Art. 1 A Nr. 2 GFK mit dem Begriff der »begründeten Furcht vor Verfolgung« zuallererst auf das **subjektive Moment der Verfolgungsfurcht** ab, für die allerdings gute Gründe gegeben sein müssten, während der verfassungsrechtliche Begriff der politischen Verfolgung von einer **objektiven Beurteilung der Verfolgungsgefahr** ausgehe. Der subjektive Bezug beschränke sich hierbei darauf, dass die **drohende** Verfolgung für den Einzelnen Anlass zur Flucht gewesen sein müsse.[37]

11 Die frühere Anwendungspraxis der Konvention sowie die früheren Literaturmeinungen mögen dem BVerfG Anlass für diesen schroffen Dualismus zwischen verfassungsrechtlichem Verfolgtenbegriff einerseits sowie völkerrechtlichem Flüchtlingsbegriff andererseits gegeben haben. Denn in der früheren **Anwendungspraxis** der Konvention wurde **zuallererst** auf die subjektive Verfolgungsfurcht des Asylsuchenden abgestellt, weil in den 1950er und 1960er Jahren ein allgemeiner Konsens über die Situation in den kommunistischen Herkunftsstaaten herrschte. Bei der Anwendung der Konvention wie der Richtlinie ist ein derartiger Dualismus jedoch zu vermeiden. Ist die Verfolgungsfurcht begründet, darf der Antrag nicht mit der Begründung zurückgewiesen werden, eine Verfolgung bestehe objektiv nicht.

12 Es ist freilich zutreffend, dass während der Beratungen der Konvention nicht darüber diskutiert wurde, welche Formen von Verfolgungen den Flüchtlingsstatus begründen sollten. Es sollten jedoch grundsätzlich keine der damals in Europa üblichen Verfolgungsformen ausgeschlossen werden.[38] Zwar entwickelt die Richtlinie für die Anwendungspraxis der Mitgliedstaaten einen eigenständigen Begriff der Verfolgungshandlung (vgl. Art. 9 RL 2004/83/EG). Es ist jedoch unzulässig, mit Hinweis auf die Definition der Verfolgung den Begriff der Verfolgungsfurcht als unerheblich beiseite zu schieben. Vielmehr behält er auch in diesem Fall seine eigenständige Funktion.

13 Keinesfalls dürfen nur noch objektive Gefahren als entscheidungserhebliche Umstände angesehen werden, ohne dass deren subjektive Wirkung auf den Flüchtling im Einzelfall Berücksichtigung findet. Demgegenüber hatte das BVerwG in seiner früheren Rechtsprechung zwar festgestellt, dass Art. 1 A Nr. 2 GFK »bei sachgerechtem Verständnis alle denkbaren Fälle politischer Verfolgung« umfasse.[39] Den subjektiven Vorstellungen des Asylsuchenden darüber, ob ihm in seinem Herkunftsstaat die Situation aufgrund objektiv bestehender Gefahren unzumutbar erscheint, hatte es jedoch stets keine Bedeutung beigemessen. Da die Richtlinie auf dem Flüchtlingsbegriff von Art. 1 A Nr. 2 GFK aufbaut, darf dieser methodische deutsche Sonderweg nicht weiter verfolgt werden.

---

36 BVerwG, InfAuslR 1989, 163.
37 BVerfGE 54, 341 (358) = EZAR 200 Nr. 1 = NJW 1980, 2641 = JZ 1981, 804.
38 *Aleinikoff*, IRLJ 1991, 5 (11).
39 BVerwGE 49, 202 (204) = EZAR 201 Nr. 2 = NJW 1976, 490 = DVBl. 1976, 500; BVerwGE 55, 82 = EZAR 201 Nr. 3 = NJW 1978, 2463; BVerwGE 62, 123 (124) = EZAR 200 Nr. 6 = InfAuslR 1981, 218; BVerwGE 67, 184 (186) = NVwZ 1983, 674 = InfAuslR 1983, 228.

Kapitel 4 Begriff der Verfolgungshandlung (Art. 9 RL 2004/83/EG)

Leitsätze
1. Von Anfang an herrschte keine fest gefügte konzeptionelle Vorstellung vom Begriff der Verfolgung vor. Vielmehr wollten die Verfasser der Konvention auf der Grundlage der Erfahrungen in der Vergangenheit mit dem Begriff der Verfolgung möglichst alle zukünftigen Arten der Verfolgung erfassen. Jeder Definitionsversuch muss deshalb die »prinzipielle Offenheit des Verfolgungsbegriffs« bedenken (§ 10 Rdn. 4 ff.).
2. Die Richtlinie unternimmt zwar mit dem Begriff der »**schwerwiegenden Menschenrechtsverletzung**« (Art. 9 Abs. 1 Buchst. a) RL 2004/83/EG) eine begriffliche Festlegung der Verfolgung. Die prinzipielle Offenheit des Verfolgungsbegriffs kommt aber insbesondere im Kumulationsansatz in Art. 9 Abs. 1 Buchst. b) 2004/83/EG (§ 13) in Verbindung mit den Regelbeispielen in Art. 9 Abs. 2 2004/83/EG (§ 14) zum Ausdruck.
3. Der Begriff der Verfolgungshandlung setzt nicht nur ein bestimmtes Verhalten des Verfolgungsakteurs, das ursächlich für eine Verletzung der Menschenrechte ist, voraus, sondern erfordert auch ein auf die Verletzung der Menschenrechte **zielendes absichtliches, fortdauerndes oder systematisches** Verhalten (§ 11 Rdn. 2 ff.).
4. Soweit das BVerwG auch in der **staatlichen Unterlassung** eine Verfolgungshandlung sieht, wird verkannt, dass sich die Frage der Unterlassung der Schutzgewährung gegen Verfolgungen durch nichtstaatliche Akteure nicht im Rahmen der Prüfung der Verfolgung, sondern des Wegfalls des nationalen Schutzes gegen Verfolgungen stellt (§ 11 Rdn. 3 ff.).
5. Der unionsrechtliche Kumulationsansatz steht im Grundsatz in Übereinstimmung mit dem hergebrachten Verständnis des Kumulationsansatzes, da nicht nur schwerwiegende Verletzungen grundlegender Menschenrechte, sondern darüber hinaus auch die Verletzung aller Menschenrechte, auch wenn sie nicht grundlegend sind und die Verletzung solche auch nicht schwerwiegend ist, erfasst werden (§ 13 Rdn. 55).
6. Die in Art. 9 Abs. 2 RL 2004/83/EG bezeichneten sechs Beispiele zeichnen sich bis auf die in Buchst. a) und f) bezeichnete »sexuelle Gewalt« bzw. an die Geschlechtszugehörigkeit anknüpfenden Handlungen durch ihren neutralen Charakter aus. Zunächst besteht die Funktion der in Art. 9 Abs. 2 RL 2004/83/EG genannten Beispiele darin, bei der Feststellung der Verfolgungshandlung die dort bezeichneten Formen der Verfolgung und Diskriminierung zum Gegenstand der Ermittlungen zu machen (§ 14 Rdn. 4 ff.).
7. Die Regelbeispiele in Art. 9 Abs. 2 RL 2004/83/EG erleichtern einerseits die Feststellung einer schwerwiegenden Verletzung grundlegender Menschenrechte des Antragstellers. Andererseits können sie wichtige Hinweise für die Entscheidung der Frage liefern, ob den festgestellten Verfolgungshandlungen Verfolgungsgründe zugrunde liegen (§ 14 Rdn. 3).
8. Die in den Regelbeispielen bezeichneten Diskriminierungsgründe in Verbindung mit dem Maßstab der Unverhältnismäßigkeit sind nicht durch die enumerativen Verfolgungsgründe begrenzt. Sie sind vielmehr Hilfsmittel, um schwerwiegende von an sich neutralen Maßnahmen abzugrenzen.
9. Maßgeblich für die Ermittlung der Verfolgung ist die begründete Furcht vor Verfolgung im Entscheidungszeitpunkt (Art. 4 Abs. 3 Buchst. a) RL 2004/83/EG). Die die Verfolgung begründenden Umstände und Tatsachen sind anhand einer individual bezogenen Betrachtungsweise aus der konkreten Sicht des Antragstellers zu ermitteln (§ 11 Rdn. 7 ff.). Ob im maßgeblichen Entscheidungszeitpunkt eine begründete Furcht vor Verfolgung besteht, ist maßgeblich von der individuellen Lage und den persönlichen Umständen des Antragstellers abhängig (Art. 4 Abs. 3 Buchst. c) RL 2004/83/EG).
10. Der ausschließlich objektiv geprägte Gefahrenbegriff der deutschen Rechtsprechung, der seinen Ausdruck im prozessualen Erkenntnismittel des »vernünftig denkenden und besonnen handelnden Dritten« findet, ist deshalb für die Richtlinie nur eingeschränkt anwendbar (§ 8 Rdn. 14).

11. Eine individuelle Verfolgung ist dann anzunehmen, wenn Verfolgungen den Einzelnen zwar noch nicht ereilt haben, ihn aber alsbald zu ereilen drohen (§ 11 Rdn. 10 ff.). Demgegenüber fehlt rein faktischen Bedrohungen, die in einem allgemeinen Repressionsklima oder in bürgerkriegsartigen Erscheinungen ihre Ursache haben, der individual bezogene Verfolgungscharakter. Sie können aber individuelle Auswirkungen haben, wenn sie sich auf den Einzelnen zuspitzen.
12. Wirken früher erlittene oder unmittelbar bevorstehende Verfolgungen im Entscheidungszeitpunkt noch fort (Art. 4 Abs. 4 RL 2004/83/EG), findet eine Regelvermutung zugunsten des Asylsuchenden Anwendung (§ 28 Rdn. 55 ff.). Ist dies nicht der Fall, muss eine ernsthafte Möglichkeit der Verfolgung für den Zeitpunkt der Rückkehr festgestellt werden. Nicht eine in der Vergangenheit abgeschlossene Verfolgung, sondern alle im Entscheidungszeitpunkt erheblichen und die Annahme einer Verfolgung rechtfertigenden Tatsachen begründen die Flüchtlingseigenschaft.

Begriff der Verfolgungshandlung (Art. 9 RL 2004/83/EG) — Kapitel 4

| Begründete Furcht (§ 8 Rdn. 10 ff.) |

vor
↓

| einer schwerwiegenden Verletzung eines grundlegenden Menschenrechtes (§ 12) |

↓
oder
↓

| einer Verletzung der Menschenrechte (Kumulationsansatz) (§ 13) |

↓
konkretisiert durch
↓

| Regelbeispiele (§ 14) |
| — Anwendung physischer oder psychischer Gewalt (Rdn. 12 ff.) |
| — Folter (Rdn. 15 ff.) |
| — Körperliche Misshandlung (Rdn. 38 ff.) |
| — Sexuelle Gewalt (Rdn. 51 ff.) |
| — Diskriminierende Maßnahmen (Rdn. 73 ff.) |
| — Strafverfolgung (Rdn. 97 ff.) |
| — Verweigerung gerichtlichen Rechtsschutzes (Rdn. 135 ff.) |
| — Wehrdienstverweigerung (Rdn. 148 ff.) |
| — geschlechtsspezifische Verfolgungen (Rdn. 217 ff.) |
| — Verfolgungen gegen Kinder (225 ff.) |

↓
die auf den
↓

| Einzelnen zielt (Individualisierung der Verfolgungshandlung) (§ 11 Rdn. 7 ff.) |

↓
und
↓

| im Entscheidungszeitpunkt noch andauert (§ 11 Rdn. 11 ff.) |

Schaubild 2 zur Verfolgungshandlung

Kapitel 4 — Begriff der Verfolgungshandlung (Art. 9 RL 2004/83/EG)

§ 10 Begriff der Verfolgung nach Art. 1 A Nr. 2 GFK

Übersicht   **Rdn**
1. Geschichte des Verfolgungsbegriffs 1
2. Zweck des Verfolgungsbegriffs 6

1. Geschichte des Verfolgungsbegriffs

1 Die Definition der Verfolgungshandlung nach Art. 9 RL 2004/83/EG beruht auf dem Verfolgungsbegriff nach Art. 1 A Nr. 2 GFK. Dieser Begriff wurde erstmalig in der Konvention von 1938 betreffend den Status der deutschen Flüchtlinge verwendet und verfolgte den Zweck, jene Personen vom Flüchtlingsschutz auszuschließen, die ihr Herkunftsland aus »**Gründen bloßer persönlicher Vorteile**« (»**reasons for purely personal convenience**«) verlassen hatten.[1]

2 Im Abschnitt C Nr. 1 des IRO-Statuts von 1946 wurde dieser Gedanke aufgenommen, aber positiv definiert. Danach musste der Antragsteller »**stichhaltige Gründe**« (»**valid reasons**«) gegen die Rückkehr in sein Herkunftsland vorbringen, was neben anderen Gründen auch eine Furcht vor Verfolgung einschließen konnte.[2]

3 Demgegenüber reduziert die GFK die eine Vielzahl von stichhaltigen Gründen erfassende Konzeption des IRO-Statuts und macht den eher allgemein gehaltenen Begriff der Verfolgung zum insoweit ausschließlichen Maßstab des Flüchtlingsstatus.[3] Andererseits wurde der Begriff der Verfolgung an keiner Stelle der Konvention definiert und war dies auch so gewollt.[4] Den Verfassern der Konvention war bewusst, dass nicht alle denkbaren Formen der Verfolgung, die ein Schutzbedürfnis begründen können, im Voraus definiert werden können.

4 Von Anfang an herrschte keine fest gefügte oder abstrakte konzeptionelle Vorstellung vom Begriff der Verfolgung vor. Stillschweigend wurde vielmehr vorausgesetzt, dass eine Vielzahl von Maßnahmen unvereinbar mit der menschlichen Würde sei. Dementsprechend sieht UNHCR in dem entwicklungsgeschichtlichen Aspekt der Konvention einen gewichtigen Hinweis darauf, dass die Verfasser der Konvention auf der Grundlage der Erfahrungen in der Vergangenheit mit dem Begriff der Verfolgung möglichst alle zukünftigen Arten von Verfolgungen erfassen wollten.[5]

5 Einig waren sich die Delegierten der Bevollmächtigtenkonferenz, dass bei der Auslegung und Anwendung des Flüchtlingsbegriffs und damit auch seines Teilelementes, des Verfolgungsbegriffs, bedacht werden sollte, dass einerseits eine »größtmögliche Zahl von Flüchtlingen« aufgenommen, andererseits aber auch die Akzeptanz durch die Aufnahmestaaten berücksichtigt werden sollte.[6] Begründet wurde dies mit humanitären Erwägungen, die für die »größtmögliche Anwendung der Konvention« sprechen würden.[7]

2. Zweck des Verfolgungsbegriffs

6 Der Flüchtlingsstatus beruht auf dem »Risiko ernsthafter Nachteile«. Der Entzug grundlegender **bürgerlicher und politischer Rechte** wurde als zureichender Grund für die Gewährung des

---

1 *Hathaway*, The Law of Refugee Status, S. 99.
2 *Hathaway*, The Law of Refugee Status, S. 99.
3 *Hathaway*, The Law of Refugee Status, S. 99.
4 *Weis*, Du droit international, S. 928 (970); *Grahl-Madsen*, The Status of Refugees in International Law, Bd. 1, S. 193; *Hathaway*, The Law of Refugee Status, S. 99.
5 *UNHCR*, Auslegung von Art. 1 des Abkommens von 1951 über die Rechtsstellung der Flüchtlinge, April 2001, S. 5.
6 *Van Heuven Goedhart* (UNHCR), U. N.Doc. A/CONF.2/SR.21, S. 15 f.
7 *Van Boetzler* (Niederlande), U. N.Doc. A/CONF.2/SR.21, S. 16.

Flüchtlingsstatus angesehen. Der Begriff der Verfolgung steht mit dem Gedanken des allgemeinen Menschenrechtsschutz in engem Zusammenhang. Kurz gefasst bedeutet der Verfolgungsbegriff eine ernsthafte Verletzung der Menschenrechte, gegen die der Staat keinen Schutz gewährt.[8]

In der Literatur wird darauf hingewiesen, dass die Anwendung der Konvention durch die Staaten einigen Aufschluss über den Begriff der Verfolgung liefere. Generell gewinne dieser Begriff jedoch erst im Kontext des weiten Feldes der Menschenrechte seinen Inhalt und sei entsprechend fortzuentwickeln. Feststellungen müssten von Fall zu Fall getroffen werden. Dabei müsste einerseits das Recht auf persönliche Integrität und die menschliche Würde und andererseits die Art und Weise, wie diese Rechte verletzt würden, berücksichtigt werden.[9]

Aus der Entwicklungsgeschichte und dem Zweck der Konvention folgt, dass jeder Definitionsversuch des Verfolgungsbegriffs dessen **prinzipielle Offenheit** bedenken und sich deshalb nicht als abschließende Konzeption verstehen darf. Vielmehr geht es darum, für die in der Praxis üblichen Verfolgungen wesentliche Interpretationsmaximen zur Verfügung zu stellen. Die Auslegung des Verfolgungsbegriffs muss dementsprechend »**flexibel, anpassungsfähig** und **offen genug sein, um die veränderlichen Ausprägungen von Verfolgung** erfassen zu können.« Ferner hängt es von den Umständen des Einzelfalles ab, ob nachteilige Handlungen oder Drohungen als Verfolgung einzustufen sind.[10]

Auch wenn internationale und regionale Menschenrechtsabkommen und die entsprechende Rechtsprechung sowie Entscheidungen der zuständigen Überprüfungsorgane die Auslegung der Konvention beeinflussen, kann und soll der Begriff der Verfolgung nicht ausschließlich auf der Grundlage ernsthafter oder schwerwiegender Menschenrechtsverletzungen definiert werden. Schwerwiegende Diskriminierung und die Kumulativwirkung unterschiedlicher Maßnahmen, die für sich genommen keinen Verfolgungscharakter aufweisen, sowie schwerwiegende Menschenrechtsverletzungen können sowohl einzeln wie auch zusammen mit sonstigen Faktoren zu einer begründeten Furcht vor Verfolgung führen (**Kumulationsansatz**).[11]

Auch die Verletzung grundlegender wirtschaftlicher und sozialer Rechte wird deshalb vom Verfolgungsbegriff erfasst. So wies der Delegierte des U. S.-amerikanischen Bundes für Arbeit in den Diskussionen des Ad hoc-Komitees darauf hin, dass Personen auch manchmal aus sozialen oder wirtschaftlichen Gründen ihr Herkunftsland verlassen würden. Dieser Gesichtspunkt sei im Begriff der Verfolgung jedoch nicht ausdrücklich erwähnt. Auf diesen Einwand entgegnete der französische Delegierte, dass der Charakter der Verfolgung in »**sehr weiten Begriffen**« (»**in very broad terms**«) definiert werden sollte. In der Praxis würden Personen, auf die der Delegierte des Bundes für Arbeit hingewiesen habe, als Flüchtlinge anerkannt.[12] Gegen diese Interpretation des Verfolgungsbegriffs erhob sich in der weiteren Diskussion kein Widerspruch.

Der Zentralbegriff der Konvention ist nicht der Begriff der Verfolgung, sondern der Begriff der »**begründeten Furcht vor Verfolgung**« im Sinne von Art. 1 A Nr. 2 GFK (§ 8). Ausgangspunkt der Prüfung im Feststellungsverfahren sind die Aussagen des Asylsuchenden. Für die Begründetheit der vorgebrachten Furcht ist die **Glaubhaftigkeit** dieser Aussagen entscheidend und ob aufgrund der glaubhaften Aussagen des Asylsuchenden die Furcht begründet ist, dass ihm im Herkunftsland eine Verfolgung im Sinne von Art. 1 A Nr. 2 GFK droht.

Dabei erfordert das der Furcht vor Verfolgung eigene subjektive Element eine intensive Würdigung der Ansichten und Gefühle des konkreten Antragstellers. Vor dem Hintergrund dieser Ansichten

---

8 *Zimmermann/Mahler*, in: *Zimmermann*, The 1951 Convention, Article 1 A, para. 2 Rn. 216.
9 *Goodwin-Gill/McAdam*, The Refugee in International Law, 3. Aufl., 2007, S. 94.
10 *UNHCR*, Kommentar zur Richtlinie 2004/83/EG, Mai 2005, S. 20.
11 *UNHCR*, Kommentar zur Richtlinie 2004/83/EG, Mai 2005, S. 20.
12 U.N.Doc. E/AC.32/SR.17, S. 3 f.

und Empfindungen müssen notwendigerweise alle erlittenen oder erwarteten Maßnahmen gegenüber diesem gesehen werden. In Anbetracht der unterschiedlichen psychischen Beschaffenheit der Menschen und der Verschiedenheit der Umstände in jedem einzelnen Fall, muss deshalb die Beantwortung der Frage, was unter Verfolgung zu verstehen ist, notwendig verschieden sein.[13]

§ 11 Begriff der Verfolgungshandlung nach Art. 9 Abs. 1 Buchst. a) RL 2004/83/EG

Übersicht	Rdn
1. Begriff der Handlung	1
2. Erfordernis der Individualisierung der Verfolgungshandlung	7
3. Prognoserechtliche Bedeutung der Verfolgungshandlung	11
4. Dreistufiger Begriff der Verfolgungshandlung nach Art. 9 RL 2004/83/EG	25

1. Begriff der Handlung

1 Die Richtlinie definiert den Handlungsbegriff nicht, sondern setzt ihn voraus. Der Begriff der Verfolgungshandlung setzt nicht nur voraus, dass ein bestimmtes Verhalten eines potenziellen Verfolgers für eine Verletzung der Menschenrechte **ursächlich** ist, sondern erfordert auch ein auf die Verletzung eines derart geschützten Rechtsgutes (Menschenrecht) **zielendes Verhalten**. Die Zielgerichtetheit bezieht sich nicht nur auf die Verfolgungsgründe, sondern auch auf die durch die Handlung bewirkte Menschenrechtsverletzung.[14]

2 Das BVerwG beruft sich insoweit auf die Entwurfsbegründung, wonach als Verfolgung »ausschließlich Handlungen gelten, die absichtlich, fortdauernd oder systematisch ausgeführt werden«.[15] Der **finale Zusammenhang** zwischen dem Verhalten des potenziellen Verfolgers und der Menschenrechtsverletzung werde bei einem **aktiven** Eingriff regelmäßig unproblematisch zu bejahen sein. Werde jedoch von einem Schutzakteur ein bestimmtes Schutzverhalten gefordert, wie hier die Registrierung als Voraussetzung der sozialen Unterstützung, handele es sich bei wertender Betrachtung um eine Form der Unterlassung.

3 Zwar könne auch in einer **Unterlassung** eine Verfolgung liegen. In derartigen Fällen bedürfe es jedoch einer besonderen Prüfung, welche dadurch gegebenenfalls auch nur mittelbar verursachten Folgen dieses Verhalten noch als zielgerichtete Menschenrechtsverletzung zugerechnet werden könne.[16] Hieraus folgt, dass eine besondere Prüfung des Handlungsbegriffs nur angezeigt ist, wenn es um eine Unterlassung geht. Relevant kann diese Frage beim Kumulationsansatz wie auch bei den Regelbeispielen, insbesondere dem nach Art. 9 Abs. 2 Buchst. c) RL 2004/83/EG werden.

4 In der Rechtsprechung anderer Mitgliedstaaten wird Verfolgung als dauerhafte oder systematische **Vorenthaltung** staatlichen Schutzes im Blick auf zentrale internationale Schutznormen definiert.[17] Hier wird der Wegfall des staatlichen Schutzes bereits zum negativen Tatbestandsmerkmal des Verfolgungsbegriffs gemacht. Auch das BVerwG scheint von einem derartigen Ansatz auszugehen. Denn die Vorenthaltung sozialen Schutzes als Folge der fehlenden Registrierung weist auf den fehlenden nationalen Schutz hin.

---

13 *UNHCR*, Handbuch über Verfahren und Kriterien zur Feststellung der Flüchtlingseigenschaft, 1979, Rn. 52.
14 BVerwGE 135, 55 (60 f.) = EZAR NF 61 Nr. 4 = NVwZ 2009, 984.
15 Kommission, KOM (2001)510 endg.; Ratsdok. S. 21, in: BR-Drucks. 1017/01.
16 BVerwGE 135, 55 (61) = EZAR NF 61 Nr. 4 = NVwZ 2009, 984.
17 UK House of Lords, IJRL 2001, 174 (176 f.) – Horvath, mit Bezugnahme auf *Hathaway*, The Law of Refugee Status, S. 112; bekräftigt durch UK House of Lords, IJRL 2004, 411 (431) – Ullah and Do.

Diese Rechtsprechung verkennt jedoch die Struktur und die verbindlichen Vorgaben der Richtlinie. 5
Art. 9 legt die Kriterien der Verfolgungshandlung fest, ohne dass dabei bereits negativ der Wegfall des
nationalen Schutzes geprüft wird. Diese Prüfung erfolgt erst nach Abschluss der Prüfung der Verfolgungshandlung nach Maßgabe von Art. 6 bis 8. Daraus folgt, dass der Richtlinie eine Verfolgung
in Form der Unterlassung fremd ist. Stets geht es zunächst um ein *finales* Verhalten des potenziellen
Verfolgungsakteurs nach Maßgabe von Art. 6. Die Frage der Unterlassung der Schutzgewährung
stellt sich anschließend bei der Betrachtung der Schutzakteure und des von diesen geforderten Maßes des Schutzumfangs nach Maßgabe von Art. 7 (§ 14 Rdn. 136).

So ist nach dem EuGH bei der Frage, ob wirksamer Schutz gegen Verfolgungen gewährt wird, insbesondere die Funktionsweise der Schutzinstitutionen, die durch »ihr Tun oder **Unterlassen** für Verfolgungshandlungen« gegen die den Flüchtlingsstatus genießende Person im Fall ihrer Rückkehr in das Herkunftsland **ursächlich** werden können, zu prüfen.[18] Werden danach gezielt durch einen der drei Verfolgungsakteure im Sinne von Art. 6 der Richtlinie zentrale internationale Schutznormen verletzt, liegt Verfolgung vor. Ob durch das Unterlassen der Schutzgewährung der Flüchtlingsstatus begründet wird, ist keine Frage der Verfolgung, sondern des Wegfalls des nationalen Schutzes. 6

2. Erfordernis der Individualisierung der Verfolgungshandlung

Die die Verfolgungshandlung begründenden Umstände und Tatsachen werden nach Maßgabe eines 7
individuellen Ansatzes festgestellt (Art. 4 Abs. 3 Halbs. 1 RL 2004/83/EG). Dabei sind die individuelle Position und die persönlichen Umstände des Antragstellers einschließlich seines Hintergrunds, Geschlechts und Alters zu berücksichtigen, um beurteilen zu können, ob auf Grundlage seiner persönlichen Verhältnisse die Maßnahmen, die ihm zugefügt wurden oder wahrscheinlich werden, als Verfolgungshandlung gewertet werden können (vgl. Art. 4 Abs. 3 Buchst. c) RL 2004/83/EG).

Ebenso wie dem Asylrecht[19] liegt damit dem Begriff der Verfolgungshandlung nach Art. 9 der Richtlinie ein Individualansatz zugrunde. Bei der Auslegung und Anwendung der Richtlinie ist jedoch anders als in der objektiv geprägten deutschen Rechtsprechung die Verfolgungshandlung aus der konkreten Sicht des einzelnen Antragstellers zu beurteilen. Nur derjenige ist verfolgt, der selbst in seiner Person Verfolgung erlitten bzw. dem diese gedroht hat, weil ihm in Anknüpfung an Verfolgungsgründe gezielt Verfolgungshandlungen zugefügt worden sind[20] oder werden. Rein faktische Bedrohungen, die in einem allgemeinen Repressionsklima oder in bürgerkriegsartigen Erscheinungen ihre Ursache haben, sind demnach nicht individual bezogene Verfolgungshandlungen, können aber subsidiären Schutz begründen (Art. 15 Buchst. b) RL 2004/83/EG).[21] Sie können darüber hinaus individuelle Auswirkungen haben, wenn sie sich auf den Einzelnen zuspitzen. 8

Nicht individuell ist danach zwar eine Beeinträchtigung, wenn der Antragsteller beispielsweise 9
Nachteile geltend macht, die ihm allein aufgrund der **allgemeinen Zustände** in seinem Heimatstaat drohen, wie **Hunger**, **Naturkatastrophen**, aber auch allgemeine Auswirkungen von **Unruhen**, **Revolutionen** und **Kriegen**.[22] Die Furcht, wie andere Personen auch Opfer von Bombenangriffen zu werden, die nicht gezielt auf eine bestimmte Personengruppe gerichtet sind, ist nicht individuell. Flieht der Antragsteller indes vor dem anrückenden Bürgerkriegsgegner, weil etwa seine Wohnung wegen seiner ethnischen oder wegen anderer Kriterien zwecks Verfolgung besonders gekennzeichnet worden ist, hat er eine begründete Furcht vor ihm drohender und auf ihn zugespitzter Verfolgung.

---

18 EuGH, InfAuslR 2010, 188 (190) Rn. 71 = NVwZ 2010, 505 = AuAS 2010, 150 – Abdullah.
19 BVerfGE 80, 315 (335) = EZAR 201 Nr. 20 = InfAuslR 1990, 21 = NVwZ 1990, 151; BVerwG, DÖV 1979, 296; BVerwG, InfAuslR 1986, 82.
20 BVerfGE 83, 216 (230) = EZAR 202 Nr. 20 = NVwZ 1991, 109 = InfAuslR 1991, 200.
21 BVerwG, DÖV 1979, 296; BVerwG, Buchholz 402.24 § 28 AuslG Nr. 18.
22 BVerfGE 80, 315 (335) = EZAR 201 Nr. 20 = InfAuslR 1990, 21 = NVwZ 1990, 151.

10 Generell kann danach gesagt werden, dass individuelle Verfolgung dann anzunehmen ist, wenn Verfolgungsmaßnahmen den Betroffenen noch nicht ereilt haben, ihn aber – weil der Verfolger ihn bereits im Blick hat – demnächst zu ereilen drohen.[23] Es kommt also stets auf eine Gesamtbewertung aller Umstände und darauf an, ob der Asylsuchende individuell für seine Person Verfolgung befürchten muss.[24] Daran fehlt es bei allgemeinen Nachteilen, die jemand aufgrund genereller Zustände in seinem Herkunftsstaat zu erleiden hat,[25] die also nicht nach Maßgabe von ethnischen oder anderen Kriterien den Einzelnen betreffen.

3. Prognoserechtliche Bedeutung der Verfolgungshandlung

11 Die Verfolgungshandlung muss im Zeitpunkt der Entscheidung (Art. 4 Abs. 3 Buchst. a) RL 2004/83/EG) drohen. Früher erlittene oder unmittelbar bevorstehende Verfolgungshandlungen müssen in diesem Zeitpunkt **fortwirken**. Nach Art. 1 A Nr. 2 GFK ist entscheidend, dass der Antragsteller wegen Verfolgung aus Gründen der Konvention im Entscheidungspunkt den Schutz des Herkunftslandes nicht in Anspruch nehmen kann oder wegen dieser Befürchtungen nicht in Anspruch nehmen will.

12 Nicht eine in der Vergangenheit abgeschlossene Verfolgungshandlung, sondern alle im Entscheidungszeitpunkt erheblichen und die Annahme einer Verfolgungshandlung rechtfertigenden Tatsachen (vgl. Art. 4 Abs. 3 Buchst. a) RL 2004/83/EG) begründen die Flüchtlingseigenschaft. Danach ist verfolgt, wer für den Fall der Rückkehr Verfolgung erleidet oder wer im Zeitpunkt seiner Flucht aus dem Herkunftsstaat Verfolgung erlitten hat bzw. wem sie zu diesem Zeitpunkt unmittelbar drohte und der auch für den Fall der Rückkehr Verfolgung befürchten muss.[26] Derartige Tatsachen können auch nach dem Zeitpunkt der Einreise eingetreten sein und begründen für den Fall ihrer Entscheidungserheblichkeit unter dem rechtlichen Gesichtspunkt eines **Nachfluchtgrundes** (vgl. Art. 5 RL 2004/83/EG) die Flüchtlingseigenschaft.

13 Schutz genießt mithin jeder, der einer Verfolgung mit Gefahr für Leib und Leben oder Beschränkungen seiner persönlichen Freiheit ausgesetzt wäre, oder – allgemein gesagt – Repressalien zu erwarten hätte.[27] Schutz wird andererseits vor Verfolgung gewährt, die der Asylsuchende bei Rückkehr in seinen Herkunftsstaat, also gegenwärtig oder doch in absehbarer Zukunft zu befürchten hat. Es setzt bereits erlittene Verfolgung nicht voraus.[28] Maßgebend ist daher allein eine gegenwärtige Verfolgungsbetroffenheit des Asylsuchenden.[29]

14 Maßgebend für die Statuszuerkennung ist die Begründetheit der Furcht vor drohender Verfolgung im Entscheidungszeitpunkt. Der Verfolgungsbegriff ist daher materiellrechtliche Grundlage für die Ermittlung der Prognosetatsachen und die darauf beruhende Prognoseentscheidung (Kapitel 7). Bei dieser Prüfung kommt der individuellen Situation vor der Ausreise maßgebliche Bedeutung zu. Zu Recht ist vorrangiger Gegenstand der Tatsachenfeststellung die Situation des Asylsuchenden vor der Ausreise.

15 Wer das Herkunftsland unter dem Druck einer Verfolgungshandlung verlassen hat, hat bei unveränderter Sachlage auch im Entscheidungszeitpunkt begründete Furcht vor Verfolgung (vgl. auch

---

23 BVerfGE 83, 216 (230 f.) = EZAR 202 Nr. 20 = NVwZ 1991, 109 = InfAuslR 1991, 200.
24 BVerwGE 85, 139 (145) = EZAR 202 Nr. 18 = NVwZ 1990, 1175 = InfAuslR 1990, 312; BVerwGE 89, 162 (168) = EZAR 202 Nr. 22 = NVwZ 1992, 582; BVerwG, EZAR 202 Nr. 13; BVerwG, InfAuslR 1989, 348.
25 BVerfGE 80, 315 (335) = EZAR 201 Nr. 20 = InfAuslR 1990, 21 = NVwZ 1990, 151; BVerwG, DÖV 1979, 296; BVerwG, Buchholz 402.24 § 28 AuslG Nr. 18; BVerwG, InfAuslR 1986, 82.
26 BVerfGE 80, 315 (345) = EZAR 201 N. 20 = NVwZ 1990, 151 = InfAuslR 1990, 21.
27 BVerfGE 54, 341 (357) = EZAR 200 Nr. 1 = NJW 1980, 2641.
28 BVerwGE 71, 175 (177 f.) = EZAR 200 Nr. 13 = NVwZ 1985, 913 = InfAuslR 1985, 241.
29 BVerfGE 54, 341 (360) = EZAR 200 Nr. 1 = NJW 1980, 2641.

Art. 4 Abs. 4 RL 2004/83/EG). Letztlich geht es aber um eine prognoserechtliche, also um eine in die Zukunft gerichtete Entscheidung.

Materiell-rechtliche sind mit Prognosekriterien eng verzahnt. Letztlich geht es darum, aus der Skala der Prognoseerwägungen Kriterien aufzuzeigen, die eine Hilfestellung bei der konkreten Prognose leisten sollen.[30] Materiell-rechtliche und beweisrechtliche Kriterien beruhen allerdings nach der deutschen Rechtsprechung auf einem ausschließlich **objektiv** geprägten **Gefahrenbegriff**, der, soweit die aktuelle Verfolgungssituation vor der Flucht infrage steht, fordert, dass eine unmittelbare Gefahr für Leib, Leben oder persönliche Freiheit bestanden haben muss. Dies ist mit dem flüchtlingsrechtlichen Ansatz, der auf der begründeten Furcht des Antragstellers vor Verfolgung beruht, nicht vereinbar (§ 8). 16

Das BVerfG hat für die Gefährdungssituation vor der Ausreise den Begriff der »**ausweglosen Lage**« geprägt.[31] Schutzbedürftig sei der, der sich »in einer **für ihn** ausweglosen Lage befinde. Das sei bei Verfolgten, die etwa um ihrer Freiheit, ihres Lebens, ihrer körperlichen Unversehrtheit willen aus ihrem Herkunftsland fliehen müssten, erkennbar der Fall«.[32] Die Ausreise muss sich nach der an einem objektiven Gefahrenbegriff ausgerichteten Rechtsprechung des BVerwG bei objektiver Betrachtung nach ihrem äußeren Erscheinungsbild als eine unter dem Druck erlittener Verfolgung stattfindende Flucht darstellen. In dieser Hinsicht komme der zwischen Verfolgung und Ausreise verstrichenen Zeit entscheidende Bedeutung zu. 17

Je länger der Asylsuchende nach erlittener Verfolgung in seinem Heimatstaat verbleibe, umso mehr verbrauche sich der objektive äußere Zusammenhang zwischen Verfolgung und Ausreise. Daher könne auch schon der bloße Zeitablauf dazu führen, dass eine Ausreise den Charakter einer unter dem Druck erlittener Verfolgung stehenden Flucht verliere. Ein Asylsuchender sei mithin regelmäßig nur dann als verfolgt ausgereist anzusehen, wenn er seinen Heimatstaat in nahem zeitlichem Zusammenhang verlasse.[33] 18

Welche Zeitspanne in dieser Hinsicht maßgebend sei, hänge von den jeweiligen Verhältnissen ab. Jedenfalls könne ein Asylsuchender, der nach einer beendeten Verfolgung über mehrere Jahre hinweg in seinem Heimatstaat verblieben sei, ohne dort erneut von Verfolgung bedroht zu sein, nicht als verfolgt ausgereist angesehen werden, wenn er später seinen Heimatstaat verlasse.[34] 19

Die Entscheidungspraxis wendete diese Grundsätze in aller Regel schematisierend an. Festzuhalten ist zwar, dass die den akuten Verfolgungsdruck begründenden tatsächlichen Umstände für die Entscheidung eine überragende Bedeutung haben. Zunächst ist aber zu bedenken, dass alle in der Vergangenheit liegenden Umstände nur Indizcharakter für die entscheidungserhebliche Prognose einer aktuellen Verfolgungsgefahr beanspruchen können.[35] Hierbei gewinnt die Frage der in der Vergangenheit – im Zeitpunkt der Ausreise – liegenden akuten Drucksituation prognoserechtliche Bedeutung, wenn und soweit ein Fortbestehen des früheren Verfolgungsdrucks geltend gemacht wird. 20

Eine schematisierende Entscheidungspraxis wird durch die Rechtsprechung des BVerwG nicht getragen. Zwar gilt der Grundsatz, dass die Ausreise durch bloßen Zeitablauf ihren Fluchtcharakter verlieren kann. Wann dies der Fall ist, kann jedoch nicht nach abstrakten Grundsätzen, sondern stets nur unter Berücksichtigung der konkreten Einzelfallumstände bestimmt werden.[36] Bleibt der 21

---

30 BVerwG, EZAR 201 Nr. 10 = DVBl. 1987, 47.
31 BVerfGE 74, 51 (64) = EZAR 200 Nr. 18 = NVwZ 1987, 311 = InfAuslR 1987, 56; BVerfGE 80, 315 (335).
32 BVerfGE 74, 51 (64) = EZAR 200 Nr. 18 = NVwZ 1987, 311 = InfAuslR 1987, 56.
33 BVerwGE 88, 367 (373) = EZAR 206 Nr. 5 = NVwZ 1992, 382; unter Berufung auf BVerwG 87, 141 (147) = EZAR 200 Nr. 27 = NVwZ 1991, 384.
34 BVerwGE 88, 367 (373) = EZAR 206 Nr. 5 = NVwZ 1992, 382.
35 BVerwGE 71, 175 (178) = EZAR 200 Nr. 13 = NVwZ 1985, 913 = InfAuslR 1985, 241.
36 BVerwGE 88, 367 (373) = EZAR 206 Nr. 5 = NVwZ 1992, 382.

früher Verfolgte nach Beendigung der Verfolgung über Jahre hinweg unverfolgt, fehlt es sicherlich am Fortbestehen des akuten Verfolgungsdrucks.[37]

22 Es ist aber stets zu prüfen, ob nicht in der Zwischenzeit erneute Verfolgungsgefahren eingetreten sind. So kann etwa der Fluchtcharakter der Ausreise nicht bestritten werden, wenn der Asylsuchende zwar erst ca. zwei Jahre nach seiner polizeilichen Inhaftierung seinen Heimatstaat verlassen hat, in der Zwischenzeit aber unter dem Druck der erlittenen Verfolgung in andere Landesteile geflohen, es dort zu blutigen Rassenunruhen gekommen war und er daraufhin den Heimatstaat verlassen hatte.[38]

23 Hingegen darf bei der Auslegung und Anwendung der Verfolgungshandlung nach Art. 9 Abs. 1 RL 2004/83/EG entsprechend dem in Art. 2 Buchst. c) RL 2004/83/EG verankerten Flüchtlingsbegriff nicht ein vorrangiges objektives Verständnis zugrunde gelegt werden. Vielmehr ist auch subjektiv geprägten Besonderheiten Rechnung zu tragen. Die Funktion des bloßen Zeitablaufs, der in der deutschen Rechtsprechung den akuten Verfolgungsdruck beseitigt, wird darüber hinaus dem kumulativen Ansatz nicht gerecht.

24 In Fällen, in denen Diskriminierungen an sich noch nicht allzu schwer wiegen, können diese gleichwohl dann Anlass für eine begründete Furcht vor Verfolgung sein, wenn sie beim Antragsteller ein Gefühl der Unsicherheit auf seine Zukunft im Herkunftsland hervorrufen. Die Furcht wird umso eher begründet sein, wenn der Antragsteller bereits eine Reihe diskriminierender Akte dieser Art zu erdulden hatte und deshalb ein kumulatives Moment vorliegt.[39] Starre zeitliche Grenzen werden diesem Ansatz nicht gerecht.

4. Dreistufiger Begriff der Verfolgungshandlung nach Art. 9 RL 2004/83/EG

25 Die Qualifikationsrichtlinie verfolgt mit ihrer begrifflichen Festlegung des Elements der Verfolgungshandlung im Flüchtlingsbegriff in Art. 9 Abs. 1 Buchst. a) einen ehrgeizigen und nicht unproblematischen Ansatz. Der weitere Aufenthalt im Herkunftsland kann für den Betroffenen in vielerlei Hinsicht so unsicher werden, dass der einzige Ausweg das Verlassen des Landes ist. Aufgrund dieser Umstände stößt der Definitionsversuch der Verfolgungshandlung in Art. 9 RL 2004/83/EG auf Bedenken. Er wird jedoch insbesondere durch den Kumulationsansatz in Art. 9 Abs. 1 Buchst. b) sowie die Regelbeispiele in Art. 9 Abs. 2 RL 2004/83/EG relativiert.

26 Nach Art. 9 Abs. 1 RL 2004/83/EG gelten als Verfolgung im Sinne von Art. 1 A Nr. 2 GFK Handlungen,

> »die aufgrund ihrer Art oder Wiederholung so gravierend sind, dass sie eine schwerwiegende Verletzung der grundlegenden Menschenrechte darstellen, insbesondere die Rechte, von denen gemäß Art. 15 Abs. 2 EMRK keine Abweichung zulässig ist (Buchstabe a), oder in einer Kumulierung, einschließlich einer Verletzung der Menschenrechte, bestehen, die so gravierend ist, dass eine Person davon in ähnlicher wie der unter Buchstabe a beschriebenen Weise betroffen ist (Buchstabe b).«

27 Die Richtlinie versucht damit den Verfolgungsbegriff für die Rechtsanwendung in den Mitgliedstaaten zu definieren. Dies verdeutlicht der Hinweis auf »**schwerwiegende**« Menschenrechtsverletzungen und den »**notstandsfesten Kern**« nach Art. 15 Abs. 2 EMRK, zu dem insbesondere das Folterverbot gehört. Art. 9 Abs. 1 Buchst. a) der Richtlinie gibt jedoch lediglich eine Interpretationsmaxime vor, enthält damit keine erschöpfende Definition des Verfolgungsbegriffs. Allerdings handelt es sich nach dem Schlussantrag des Generalanwalts Bot vom 19. April 2012 bei der Verfolgung um eine äußerst gravierende Handlung, weil mit ihr in flagranter Weise hartnäckig die grundlegendsten Menschenrechte vorenthalten würden. Auch wenn nicht in ein durch Art. 15 Abs. 2 EMRK geschütztes absolutes Recht eingegriffen würde, sei nach demselben Kriterium vorzugehen.

---

37 BVerwGE 88, 367 (373) = EZAR 206 Nr. 5 = NVwZ 1992, 382.
38 BVerwG 87, 141 (147 f.) = EZAR 200 Nr. 27 = NVwZ 1991, 384.
39 *UNHCR*, Handbuch über Verfahren und Kriterien zur Feststellung der Flüchtlingseigenschaft, 1979, Rn. 55.

Es sei unerlässlich, den Verfolgungsbegriff von allen anderen Arten diskriminierender Maßnahmen abzugrenzen. Somit sei zu unterscheiden zwischen dem Fall, dass einer Person bei der Ausübung ihrer Grundrechte einer Beschränkung oder einer Diskriminierung ausgesetzt sei und aus persönlichen Gründen oder zur Verbesserung ihrer Lebensbedingungen oder ihres sozialen Status auswandere, und dem Fall, dass die Person einer so schwerwiegenden Beschränkung unterliege, dass sie Gefahr laufe, dadurch ihrer wichtigsten Rechte beraubt zu werden. Ob eine Unverhältnismäßigkeit vorliege, zeige sich am Maß der Maßnahmen und Sanktionen. Die Unverhältnismäßigkeit sei das objektive Merkmal der Verfolgung, d. h., eines Eingriffs in ein Recht der Person, von dem nicht abgewichen werden dürfe.[40] Es geht dem Generalanwalt offensichtlich darum, die Fälle der Verfolgung von den Fällen abzugrenzen, in denen eine Person zur Verbesserung ihres sozialen Status auswandert. Das Kriterium der »flagranten Verletzung der grundlegendsten Menschenrechte« weicht jedoch von dem in der Staatenpraxis und Literatur entwickelten offenen Verfolgungsbegriff ab und verengt diesen im Ergebnis auf den durch Art. 3 EMRK (vgl. Art. 15 Abs. 2 EMRK) umrissenen Kernbereich und beseitigt dadurch zugleich den Unterschied zum subsidiären Schutz (vgl. Art. 15 Buchst. b) RL 32004/83/EG).

Was im konkreten Einzelfall »schwerwiegend« ist, ergibt sich einerseits aus Art. 9 Abs. 1 Buchst. a) der Richtlinie. Der dort bezeichnete Begriff der **schwerwiegenden** Verletzung **grundlegender** Menschenrechte wird ergänzt durch den **Kumulationsansatz** in Art. 9 Abs. 1 Buchst. b) der Richtlinie. Die einzelnen Rechtsverletzungen müssen nicht schwerwiegend sein. Vielmehr reicht eine »Verletzung der Menschenrechte« aus. Es müssen auch keine **grundlegenden** Menschenrechte betroffen sein. Buchst. b) unterscheidet sich von Buchst. a) dadurch, dass die Verfolgung nicht eine schwerwiegende Verletzung grundlegender Menschenrechte voraussetzt, sondern nur eine Verletzung von Menschenrechten.

28

Der Kumulationsansatz ist demnach weiter gefasst als der enge Ausgangspunkt des Verfolgungsbegriffs. Allerdings reicht eine einzelne nicht schwerwiegende Rechtsverletzung nicht aus. Vielmehr müssen die einzelnen nicht schwerwiegenden Verletzungen in ihrer Auswirkung auf den Einzelnen »**so gravierend**« sein, dass sie einer schwerwiegenden Rechtsverletzung gleich kommen. Der Kumulationsansatz belässt den Mitgliedstaaten also einen weiten Bewertungsrahmen, bei dessen Anwendung allerdings die in den Regelbeispielen (vgl. Art. 9 Abs. 2 RL 2004/83/EG) verkörperten Interpretationsvorgaben zu berücksichtigen sind. Dies erfordert eine wertende, alle vorgebrachten und sonst wie ersichtlichen Umstände und Tatsachen einschließende Gesamtbetrachtung.

29

Werden die verschiedenen Elemente des Begriffs der Verfolgungshandlung in Art. 9 RL 2004/83/EG insgesamt berücksichtigt, kommen eine Vielzahl von Verfolgungshandlungen in Betracht. Kumulationsansatz und Regelbeispiele senken das Maß der schwerwiegenden Verletzung herab. Im Zweifel ist der Verfolgungsbegriff nach Art. 1 A Nr. 2 GFK zugrunde zu legen (vgl. Art. 2 Buchst. c) RL 2004/83/EG), der eine Reduzierung auf ausschließlich »schwerwiegende« Verletzungen der Menschenrechte nicht zulässt. Darüber hinaus folgt aus der Gesamtkonzeption der unionsrechtlichen Verfolgungshandlung, dass diese nach Maßgabe eines menschenrechtlichen Ansatzes auszulegen und anzuwenden ist.

30

§ 12 Begriff der schwerwiegenden Menschenrechtsverletzung (Art. 9 Abs. 1 Buchst. a) RL 2004/83/EG)

Art. 9 Abs. 1 Buchst. a) RL 2004/83/EG erfordert eine schwerwiegende Verletzung grundlegender Menschenrechte, insbesondere der Rechte, von denen nach Art. 15 Abs. 2 EMRK keine Abweichung zulässig ist. Damit zielt der Verfolgungsbegriff zunächst auf das **Recht auf Leben** (Art. 2 EMRK),

1

---

40 Schlussanträge vom 19.04 2012 in den Verbundenen Rechtssachen C-71/11 und C-99/11, Rn. 56, 29, 69 – Y. und Z.

das **Verbot der Folter und unmenschlicher oder erniedrigender Behandlung oder Strafe** (Art. 3 EMRK), das **Verbot der Sklaverei** (Art. 4 EMRK) sowie das Prinzip **nulla poena sine lege** (keine Strafe ohne gesetzliche Grundlage) nach Art. 7 EMRK). Nach Art. 15 Abs. 2 EMRK darf von diesen Normen »**in keinem Fall abgewichen werden.**« Dementsprechend wird im Blick auf diese Rechte auch der Begriff des »**notstandsfesten Kerns**« verwendet. Einen weiter gehenden Ansatz enthält der notstandsfeste Kern nach Art. 4 Abs. 2 IpbpR, der z. B. auch die Religionsfreiheit einschließt.

2 Der EGMR hat im Blick auf das **Folterverbot** insbesondere in seiner ausländerrechtlichen Rechtsprechung an seine traditionelle, bereits 1978 entwickelte Auffassung vom **notstandsfesten Charakter des Folterverbots** nach Art. 3 EMRK[41] angeknüpft und in gefestigter Rechtsprechung festgestellt, dass der aus dieser Norm herzuleitende **Abschiebungsschutz** ein **absoluter** ist.[42] Er hat in diesem Zusammenhang ausdrücklich darauf hingewiesen, dass der aus Art. 3 EMRK fließende Schutz weiter gehend als der Refoulementschutz nach Art. 33 GFK sei (§ 54 Rdn. 9 ff.).[43]

3 Dabei hebt der EGMR ausdrücklich die »immensen Schwierigkeiten« hervor, mit denen »sich Staaten in modernen Zeiten beim Schutz ihrer Gemeinschaften vor **terroristischer Gewalt** konfrontiert sehen«. Allerdings verbiete selbst unter diesen Umständen die »Konvention in **absoluten Begriffen Folter, unmenschliche oder erniedrigende Behandlung oder Strafe, unabhängig vom Verhalten des Opfers**«.[44] Der Gerichtshof unterschätze dabei keineswegs die Größe der Gefahr und die Bedrohung der Gesellschaft, die der Terrorismus heute darstelle. Dies könne aber den absoluten Schutz von Art. 3 EMRK nicht infrage stellen.[45]

4 Art. 9 Abs. 1 Buchst. a) RL 2004/83/EG nimmt seinen Ausgang bei dem Begriff der »**schwerwiegenden Verletzung der grundlegenden Menschenrechte**«. Der Hinweis auf den notstandsfesten Kern nach Art. 15 Abs. 2 EMRK ist insoweit nur ein besonderer Beispielsfall, wie sich bereits aus der Verwendung des Begriffs »**insbesondere**« ergibt. Vielmehr gibt die Norm lediglich eine Interpretationsmaxime vor, enthält aber keine erschöpfende Definition des Verfolgungsbegriffs.[46]

5 Der Hinweis auf den notstandsfesten Kern hat keine begrenzende Funktion, sondern soll sicherstellen, dass die Mitgliedstaaten Verletzungen des Folterverbotes und diesen vergleichbare schwerwiegende Menschenrechtsverletzungen auf jeden Fall berücksichtigen. Daraus kann andererseits nicht ohne Weiteres geschlossen werden, dass die Verletzung des notstandsfesten Kerns der Menschenrechte stets den Flüchtlingsstatus begründet. Vielmehr muss die Verletzung an Verfolgungsgründe anknüpfen (Art. 10 RL 2004/83/EG). Ist dies nicht der Fall, ist grundsätzlich subsidiärer Schutz nach Art. 15 Buchst. b) RL 2004/83/EG begründet, sofern keine Ausschlussgründe (Art. 17 RL 2004/83/EG) eingreifen.

6 Nach dem Handbuch von UNHCR stellen schwerwiegende Verstöße gegen die Menschenrechte eine Verfolgung dar.[47] In der Staatenpraxis ist der Zusammenhang zwischen dem Begriff der Verfolgung und Menschenrechtsverletzungen anerkannt. Ein präziser Begriff der Verletzung der Menschenrechte als Grundlage für die Annahme der Verfolgung hat sich jedoch nicht herausgebildet. Einigkeit besteht, dass grundsätzlich alle Menschenrechte als Grundlage des Begriffs der Verfolgung

---

41 EGMR, EuGRZ 1979, 149 (155) – Nordirland.
42 EGMR, InfAuslR 1997, 97 = NVwZ 1997, 97 (99) – Chahal; EGMR, InfAuslR 1997, 279 (281) = NVwZ 1997, 1100 – Ahmed; EGMR, InfAuslR 2000, 321 (323) – T. I.; EGMR, NVwZ 2008l 1330 (1331) – Saadi.
43 EGMR, InfAuslR 1997, 97 (99) – Chahal; EGMR, NVwZ 2008l 1330 (1332) – Saadi; so auch *Hathaway/Harvey*, 2001, 257 (316 f.).
44 EGMR, InfAuslR 1997, 97 (98) – Chahal; EGMR, InfAuslR 1997, 279 (281) – Ahmed; siehe auch § 54 Rdn. 9 ff.
45 EGMR, NVwZ 2008l 1330 (1332) – Saadi.
46 *Klug*, German YIL 2004, 594 (601).
47 *UNHCR*, Handbuch über Verfahren und Kriterien zur Feststellung der Flüchtlingseigenschaft, Rn. 521.

in Betracht kommen. Geht es dabei um Beeinträchtigungen der **körperlichen Unversehrtheit**, also um Misshandlungen und **Folter**, so stellt nach der deutschen Rechtsprechung generell jede derartige nicht ganz unerhebliche Maßnahme Verfolgung dar, ohne dass es insoweit noch auf eine besondere Intensität oder Schwere des Eingriffs ankommt.[48]

Prinzipiell kann diesem Ansatz gefolgt werden. Allerdings kann Folter niemals eine »nicht ganz unerhebliche Maßnahme« darstellen, sondern ist hinsichtlich ihrer Auswirkung auf den Einzelnen stets eine schwerwiegende Menschenrechtsverletzung. Die Relativierung in der deutschen Rechtsprechung hat ihren Grund darin, dass bereits auf der begrifflichen Ebene der Verfolgungsbegriff mit den »asylerheblichen Merkmalen« (Verfolgungsgründe) verknüpft wird und die deutsche Rechtsprechung deshalb bereits bei der materiellen Begriffsbestimmung des Verfolgungscharakters der Folter bestimmte Formen der Folter nach Maßgabe der Verfolgungsgründe als unerheblich ausgrenzt. 7

Was im konkreten Einzelfall »schwerwiegend« ist, ergibt sich einerseits aus einem Vergleich zum Kumulationsansatz in Art. 9 Abs. 1 Buchst. b) RL 2004/83/EG und andererseits auch aus den in Art. 9 Abs. 2 RL 2004/83/EG bezeichneten Regelbeispielen. Der Begriff der »schwerwiegenden Verletzung grundlegender Menschenrechte« bedarf einer wertenden, alle vorgebrachten und sonst wie ersichtlichen Umstände und Tatsachen einschließenden Gesamtbetrachtung. 8

Für den Begriff der Verfolgung nach Art. 9 Abs. 1 Buchst. a) RL 2004/83/EG wird jedoch eine schwerwiegende Verletzung von Menschenrechten verlangt. Über das erforderliche Ausmaß der Verletzung der Menschenrechte besteht jedoch kein hinreichendes präzises konzeptionelles Verständnis. Insoweit engt die Qualifikationsrichtlinie den Begriff der Menschenrechtsverletzung auf »schwerwiegende Verletzungen« ein. Demgegenüber erfüllen nach dem Handbuch von UNHCR »Bedrohungen des Lebens oder der Freiheit« wegen der Bezeichnung dieser Rechtsgüter in Art. 33 Abs. 1 GFK stets die für die Annahme einer Verfolgung maßgebenden Kriterien. Im Zweifel ist ergänzend der Kumulationsansatz heranzuziehen. 9

Aus denselben Gründen würden auch andere schwerwiegende Verletzungen der Menschenrechte eine Verfolgung darstellen.[49] Der einschränkende Zusatz »schwerwiegend« bezieht sich danach nur auf Bedrohungen des Lebens oder der Freiheit oder vergleichbarer Rechtsgüter. Über derart »schwerwiegende Menschenrechtsverletzungen« hinaus können aber auch »andere dem Antragsteller zum Nachteil gereichende Handlungen oder Drohungen« eine Verfolgung darstellen. Ob Letztere dem Begriff der Verfolgung gleichzusetzen sind, ist von den Umständen des einzelnen Falles abhängig. Dabei ist im Zweifel ergänzend der Kumulationsansatz heranzuziehen (Rdn. 9). Entsprechend dem Zentralbegriff der Verfolgungsfurcht (§ 8) ist auch eine intensive Würdigung der Ansichten und Gefühle des Antragstellers erforderlich.[50] 10

Kritisch wird gegen den Ansatz der schwerwiegenden Verletzung der Menschenrechte eingewandt, dass er nur einen Minimalansatz der Menschenrechte in Bezug nehme. Demgegenüber sei heute anerkannt, dass der Begriff der Verfolgung auf einem menschenrechtlichen Ansatz beruhe. Deshalb wäre es besser gewesen, die Qualifikationsrichtlinie hätte anstelle des Verweises auf Menschenrechte den Begriff der Verfolgung verwendet.[51] Der Begriff der Verfolgung wird zwar auch im Völkerstrafrecht bei der Bestimmung der Verbrechen gegen die Menschlichkeit angewandt und erfordert dort eine weit verbreitete und systematische Verfolgung der zivilen Bevölkerung. Diese zusätzliche 11

---

48 Vgl. BVerfG (Kammer), InfAuslR 1999, 273 (276) = NVwZ-Beil. 1999, 81; siehe auch BVerfG (Kammer), InfAuslR 2000, 254 (258 f.).
49 *UNHCR*, Handbuch über Verfahren und Kriterien zur Feststellung der Flüchtlingseigenschaft, Rn. 51.
50 *UNHCR*, Handbuch über Verfahren und Kriterien zur Feststellung der Flüchtlingseigenschaft, Rn. 52.
51 *Klug*, GermanYIL 2004, 594 (602).

Voaussetzung im Völkerstrafrecht darf jedoch wegen des unterschiedlichen Schutzzwecks des Flüchtlingsrechts nicht zur Voraussetzung des konventionsrechtlichen Verfolgungsbegriffs gemacht werden.[52]

12 Diese Kritik zielt allerdings auf den Definitionsversuch in Art. 9 Abs. 1 Buchst. a) RL 2004/83/EG, lässt hingegen den auf dem Prinzip der allgemeinen Menschenrechte beruhenden Kumulationsansatz in Art. 9 Abs. 1 Buchst. b) RL 2004/83/EG und insbesondere die Regelbeispiele in Art. 9 Abs. 2 RL 2004/83/EG unberücksichtigt. Zutreffend ist die Kritik jedoch insoweit, dass der unionsrechtliche Ansatz der »schwerwiegenden« Menschenrechtsverletzung mit dem allgemeinen Verständnis des Verfolgungsbegriffs nicht übereinstimmt und in der Rechtsanwendung der Mitgliedstaaten dazu führen kann, vorrangig »schwerwiegende« Menschenrechtsverletzungen in den Blick zu nehmen.

§ 13 Kumulationsansatz (Art. 9 Abs. 1 Buchst. b) RL 2004/83/EG)

Übersicht
	Rdn
1. Der völkerrechtliche Kumulationsansatz	1
2. Der unionsrechtliche Kumulationsansatz	8

1. Der völkerrechtliche Kumulationsansatz

1 Der Kumulationsansatz wurde im völkerrechtlichen Schrifttum zunächst auf die Verfolgungsgründe (Konventionsgründe) und nicht auf die Verfolgungshandlung (Verfolgung) bezogen. Danach seien kumulative Verfolgungsgründe zu berücksichtigen. Ein Asylsuchender könne als Mitglied einer ethnischen oder religiösen Minderheit Furcht vor Verfolgung hegen, die seiner Gruppenzugehörigkeit gelte. Er könne darüber hinaus auch Verfolgung aus Gründen der politischen Überzeugung befürchten, falls er als Regimegegner angesehen werde.[53]

2 Dieser Ansatz ist nach heute maßgeblichem Verständnis weiterhin allgemein anerkannt. Es besteht aus begrifflicher Sicht jedoch Übereinstimmung, dass mit dem Kumulationsansatz die Gesamtschau der verschiedenen Verfolgungshandlungen gemeint ist, wie sie im Handbuch von UNHCR vorgegeben wird. So wird in diesem Zusammenhang ein Zusammentreffen mehrerer nachteiliger Umstände, wie z.B. Diskriminierungen in einer allgemeinen Atmosphäre von Unsicherheit und Furcht als ausreichend für die Annahme einer Verfolgung angesehen.[54] Diskriminierungen in ihren unterschiedlichen Formen werden auch in der Staatenpraxis bei der Feststellung von Verfolgungshandlungen berücksichtigt.[55]

3 Danach besteht der Zweck des Kumulationsansatzes darin, diskriminierende Maßnahmen darauf hin zu untersuchen, ob sie in ihrer **Gesamtwirkung** (vgl. auch Art. 9 Abs. 2 Buchst. b) bis d) RL 2004/83/EG) einer Verfolgung gleich kommen. Das vorgegebene unionsrechtliche Erfordernis, dass diese Maßnahmen in ihrer Gesamtwirkung insgesamt »schwerwiegend« sein müssen, kann nicht schematisierend und starr gehandhabt werden. Denn die entsprechenden Feststellungen können von Fall zu Fall unterschiedlich ausfallen.[56] Es liegt in der Natur diskriminierender Verfolgungsmuster, dass sie nicht anhand starrer begrifflicher Kriterien erfasst werden können, sondern in der Feststellungspraxis eine offene und pragmatische Herangehensweise erfordern.

---

52 Expert Meeting on complementarities between International Refugee Law, International Criminal Law and International Human Rights Law, Arusha, Tanzania, April 2011, Summary conclusions No. 15 ff., in: IJRL 2011, 860 (863).
53 *Weis*, Du droit international, S. 928 (970).
54 *Hathaway*, The Law of Refugee Status, S. 105; *Bank/Foltz*, Flüchtlingsrecht auf dem Prüfstand, Asylmagazin 10/2008, S. 1 (3).
55 *Goodwin-Gill/McAdam*, The Refugee in International Law, S. 91 f.
56 *Goodwin-Gill/McAdam*, The Refugee in International Law, S. 91 f.

Dementsprechend gibt die Richtlinie auch nur begrifflich vor, dass die verschiedenen Maßnahmen 4
auf den Einzelnen »**in ähnlicher Weise**« wie eine »schwerwiegende« Verletzung grundlegender Menschenrechte Auswirkungen haben müssen. Diese Formulierung erfordert eine offene und pragmatische Handhabung des Kumulationsansatzes. Dieses Erfordernis wird auch durch die Regelbeispiele nach Art. 9 Abs. 2 Buchst. b) und c) RL 2004/83/EG bekräftigt. Denn ob die Anwendung gesetzlicher, administrativer oder strafrechtlicher Maßnahmen oder die Verweigerung gerichtlichen Rechtsschutzes diskriminierend wirkt, kann nicht nach einem starren begrifflichen Muster, sondern nur aufgrund einer Berücksichtigung sämtlicher Umstände des konkreten Einzelfalles beurteilt werden.

Darüber hinaus weist UNHCR auf die Bestätigung des im Handbuch von UNHCR entwickelten 5
Ansatzes durch die Rechtsprechung in den Vertragsstaaten hin, wonach unter Verfolgung »Menschenrechtsverletzungen oder andere schwere Nachteile« zu verstehen sind.[57] Jedenfalls aus Art. 33 GFK könne abgeleitet werden, dass eine Bedrohung des Lebens oder der Freiheit einer Person stets eine Verfolgung darstelle.

Von Beginn an herrschte kein monolithisches oder starres konzeptionelles Verständnis des Verfolgungsbegriffs. Grundlegend war das Verständnis, dass eine Vielzahl unterschiedlicher Maßnahmen 6
gegen die menschliche Würde Verfolgung darstellen kann. Der Flüchtlingsstatus beruht auf dem Risiko ernsthafter Schadenszufügung (»**risk of serious harm**«), setzt damit nicht zwingend stets eine tödliche oder vergleichbare Bedrohung voraus.[58] Es wird danach nicht als hilfreich angesehen, alle bekannten Maßnahmen gegen die menschliche Würde aufzulisten. Vielmehr ist eine Entscheidung von Fall zu Fall zu treffen, welche einerseits den Begriff der individuellen Integrität und menschlichen Würde und andererseits die Art und Weise deren Verletzung berücksichtigt.[59]

Im Grunde genommen ist die Rechtsprechung des BVerfG ebenfalls von diesen Grundsätzen geprägt. Soweit nicht eine unmittelbare Bedrohung von Leib, Leben oder persönlicher Freiheit besteht, kommt es danach darauf an, ob die drohenden Beeinträchtigungen nach ihrer Intensität und 7
Schwere die Menschenwürde verletzen.[60] Soweit für die Freiheitsgüter Leib, Leben und persönliche Freiheit nicht eine unmittelbare Gefahr besteht, können Beeinträchtigungen geschützter Rechtsgüter aber dann in eine Verfolgung umschlagen, wenn sie **nach ihrer Intensität und Schwere** die Menschenwürde verletzen und über das hinausgehen, was die Bewohner des Herkunftsstaates aufgrund des dort herrschenden Systems hinzunehmen haben.[61]

2. Der unionsrechtliche Kumulationsansatz

Nach Art. 9 Abs. 1 Buchst. b) RL 2004/83/EG gelten Handlungen, die in einer **Kumulierung**, einschließlich einer **Verletzung der Menschenrechte**, bestehen, die **so gravierend ist**, dass eine Person 8
davon **in ähnlicher wie der unter Buchst. a) Art. 9 Abs. 1 Buchst. a) RL 2004/83/EG beschriebenen Weise betroffen** ist. Der unionsrechtliche Ansatz steht im Grundsatz in Übereinstimmung mit dem hergebrachten Verständnis des Kumulationsansatzes, da er die Mitgliedstaaten nicht nur zur Berücksichtigung schwerwiegender Verletzungen grundlegender Menschenrechte verpflichtet, sondern darüber hinaus auch nicht schwerwiegende Verletzungen der Menschenrechte, die nicht grundlegend sind, einbezieht. Die Ausschließlichkeit des Kriteriums der »flagranten Verletzung der

---

57 *UNHCR*, Auslegung von Art. 1 des Abkommens von 1951 über die Rechtsstellung der Flüchtlinge, April 2001, S. 5.
58 *Hathaway*, The Law of Refugee Status, S. 103.
59 *Goodwin-Gill/McAdam*, The Refugee in International Law, S. 94.
60 BVerfGE 54, 341 (357) = EZAR 200 Nr. 1. 1 = NJW 1980, 2641.
61 BVerfGE 54, 341 (360) = EZAR 200 Nr. 1 = NJW 1980, 2641.

grundlegendsten Menschenrechte« in den Schlussanträgen des Generalanwalts Bot vom 19. April 2012[62] negiert jedoch im Ergebnis den entwicklungsoffenen Kumulationsansatz der Richtlinie (§ 11 Rdn. 27).

9 Die kumulative Wirkung unterschiedlicher Handlungen einschließlich einer Verletzung der Menschenrechte muss aber derart gravierend sein, dass der Antragsteller davon **in ähnlicher Weise** wie durch eine schwerwiegende Menschenrechtsverletzung betroffen ist (Art. 9 Abs. 1 Buchst. b) RL 2004/83/EG).[63] Mit anderen Worten müssen die unterschiedlichen Maßnahmen zwar nicht jeweils für sich, aber in ihrer **Gesamtwirkung** das Gewicht und die Schwere einer schwerwiegenden Menschenrechtsverletzung aufweisen. Während in Art. 9 Abs. 1 Buchst. a) RL 2004/83/EG der Begriff der »**schwerwiegenden Verletzung**« der »**grundlegenden**« Menschenrechte verwendet wird und diese Norm damit einen engen Interpretationsrahmen vorgibt, bezieht der Kumulationsansatz **alle** Menschenrechte ein, beschränkt damit den Verfolgungsbegriff nicht auf lediglich grundlegende Menschenrechte.

10 Deshalb können auch Handlungen den Begriff der Verfolgung erfüllen, die jeweils für sich nicht »schwerwiegend« im Sinne von Art. 9 Abs. 1 Buchst. a) RL 2004/83/EG sind, aber im Zusammenhang mit anderen, ähnlichen Handlungen insgesamt als »schwerwiegende« Menschenrechtsverletzung erscheinen. Andernfalls hätte es des Kumulationsansatzes nicht bedurft, sondern hätte die Richtlinie es beim Begriff der schwerwiegenden Menschenrechtsverletzung im Sinne von Art. 9 Abs. 1 Buchst. a) RL 2004/83/EG belassen können.

11 Das Erfordernis nach Art. 9 Abs. 1 Buchst. a) RL 2004/83/EG, dass die Handlungen »aufgrund ihrer **Art** oder **Wiederholung**« schwerwiegend sein müssen, verdeutlicht, dass auch eine **einmalige** Verfolgungshandlung ausreichen kann, wenn sich daraus ergibt, dass der weitere Aufenthalt im Herkunftsland für den Antragsteller unzumutbar war oder zukünftig ist. Einerseits kann nach Art. 9 Abs. 1 Buchst. a) RL 2004/83/EG eine Wiederholung schwerwiegender Handlungen, andererseits nach Art. 9 Abs. 1 Buchst. b) RL 2004/83/EG eine **Kumulierung unterschiedlicher Maßnahmen** Anlass zur Flucht geben.

12 Zielt der Wiederholungsbegriff auf gleichartige Handlungen, werden mit dem Kumulationsansatz unterschiedliche Handlungen angesprochen. Diese können gleichzeitig angewendet worden sein, können aber auch über einen längeren Zeitraum vorgeherrscht haben. Im ursprünglichen Kommissionsentwurf war der Kumulationsansatz nicht enthalten. Der Entwurf verzichtete jedoch auf eine allgemeine Begriffsbestimmung der Verfolgung und wies in der Begründung darauf hin, dass wiederholte Diskriminierungsmaßnahmen, die jede für sich genommen nicht den Tatbestand der Verfolgung erfüllten, dazu führen könnten, dass ein Anspruch auf Zuerkennung des Flüchtlingsstatus wegen kumulativer Gründe bestehe.[64]

13 Es ist nicht möglich, allgemein verbindlich festzulegen, inwieweit kumulative Gründe den Verfolgungsbegriff erfüllen. Dies ist von den einzelnen Umständen des Falles und von den besonderen geografischen, historischen und ethnologischen Gegebenheiten abhängig.[65] So können in Fällen, in denen die Diskriminierungen an sich noch nicht schwer wiegen, diese gleichwohl dann Anlass für eine begründete Furcht vor Verfolgung sein, wenn sie beim Antragsteller ein Gefühl der Unsicherheit für seine Zukunft hervorrufen. Die Furcht wird umso eher begründet sein, wenn der

---

62 Schlussanträge vom 19. 04 2012 in den Verbundenen Rechtssachen C-71/11 und C-99/11, Rn. 56, 29, 69 – Y. und Z.

63 *Marx*, Die Richtlinie 2004/83/EG (Qualifikationsrichtlinie) – Abschied von asylrechtlichen deutschen Gewissheiten, S. 115 (119).

64 Kommissionsentwurf v. 12.09.2001, BR-Drucks. 1017/01, S. 21, 50 f.

65 *UNHCR*, Handbuch über Verfahren und Kriterien zur Feststellung der Flüchtlingseigenschaft, Rn. 53.

Antragsteller bereits eine Reihe diskriminierender Akte dieser Art zu erdulden hatte und deshalb ein kumulatives Moment vorliegt.[66]

Die deutsche Rechtsprechung, welche die Kumulierung mehrerer je für sich nur möglicher Eingriffsursachen,[67] nicht für zulässig erachtete, ist mit Unionsrecht nicht vereinbar. Es wurde zunächst ein Verbotsschild im prognoserechtlichen Prüfungsvorgang aufgestellt, aus der bloßen Summierung **mehrerer nur möglicher** Verfolgungsgründe eine beachtliche Wahrscheinlichkeit von Verfolgung abzuleiten. Die notwendige Gesamtschau, ob dem Asylsuchenden die Rückkehr in sein Herkunftsland zuzumuten sei, beruhe **nicht auf einer Addition mehrerer, im Einzelnen jeweils asylrechtlich nicht erheblicher Gründe**.[68] Andererseits hatte das BVerwG keine Bedenken gegen eine Statuszuerkennung, wenn aus mehreren Gründen ein Bestrafungsrisiko nicht völlig auszuschließen ist und darüber hinaus noch eine dem Asylsuchenden drohende außerstrafrechtliche Rechtsgutbeeinträchtigung festgestellt wird.[69]

14

Diese Rechtsprechung verwarf den Kumulationsansatz zunächst nicht im Blick auf den Verfolgungsbegriff, sondern bei der Anwendung der Verfolgungsprognose. Die Behauptung, die Rechtsprechung des BVerwG stehe in Übereinstimmung mit dem unionsrechtlichen Kumulationsansatz,[70] übersieht jedoch, dass das BVerwG den Kumulationsansatz nicht nur lediglich in prognoserechtlicher Hinsicht behandelt, sondern darüber hinaus auch in materieller Hinsicht und insoweit eine vom nunmehr maßgeblichen Unionsrecht abweichenden Ansatz entwickelt hat.[71]

15

Die Rechtsprechung des BVerwG differenzierte zunächst nicht präzis zwischen dem Zusammenwirken mehrerer materieller Verfolgungseingriffe einerseits und der Frage, mit welchem Wahrscheinlichkeitsgrad diese einzelnen Gründe jeweils drohen müssen. Später hat das BVerwG jedoch ausdrücklich auch aus materiellen Gründen den Kumulationsansatz zurückgewiesen: Eingriffe, die unterschiedliche Schutzgüter mit einer jeweils nicht erheblichen Intensität betreffen, also eine »Vielzahl diskriminierender ›Nadelstiche‹«, sind danach auch in ihrer Gesamtwirkung keine Verfolgung. Mehrere für sich genommen jeweils nicht besonders schwere Beeinträchtigungen unterschiedlicher Rechtsgüter könnten zwar in ihrer Gesamtheit zu einer Benachteiligung und Unterdrückung in verschiedenen Lebensbereichen führen. Eine derartige Situation sei aber noch keine Verfolgung.[72]

16

Demgegenüber können nach Art. 9 Abs. 1 Buchst. b) RL 2004/83/EG zwar »bloße« Diskriminierungen in der Regel noch nicht als Verfolgung angesehen werden. »Besonders krasse Formen der Diskriminierung« werden jedoch zweifellos als Verfolgung gewertet.[73] Ferner ist eine »**stetige und anhaltende Diskriminierung** durch ihre **Kumulierung** in der Regel als Verfolgung zu werten.«[74] Der Begriff der schwerwiegenden Verletzung grundlegender Menschenrechte gewinnt erst durch die Abgrenzung gegenüber dem Kumulationsansatz seine erforderliche Tiefenschärfe. Im Zweifel bedarf es jedoch keiner abschließenden Klärung des Begriffs der grundlegenden Menschenrechte, sondern kann bei der Prüfung der Asylgründe der Kumulationsansatz zugrunde gelegt werden.

17

Damit ist festzuhalten, dass bei der Ermittlung der vom Asylsuchenden vorgebrachten Tatsachen und Umstände zunächst sämtliche Übergriffe, Repressalien, Diskriminierungen, Nachteile und

18

---

66 *UNHCR*, Handbuch über Verfahren und Kriterien zur Feststellung der Flüchtlingseigenschaft, Rn. 55.
67 BVerwGE 82, 171 (173) = EZAR 200 Nr. 25 = NVwZ 1990, 276.
68 BVerwGE 82, 171 (174) = EZAR 200 Nr. 25 = NVwZ 1990, 276.
69 BVerwG, InfAuslR 1983, 257.
70 *Hailbronner*, ZAR 2008, 209 (211); a.A. VG Lüneburg, AuAS 2007, 188 (191).
71 *Marx*, Die Richtlinie 2004/83/EG (Qualifikationsrichtlinie) – Abschied von asylrechtlichen deutschen Gewissheiten, S. 115 (119).
72 BVerwG, NVwZ-RR 1995, 607.
73 Australia Supreme Court, Urt. v. 13.04.2000, (2000) HCA 19, Nr. 25 – Chen Shi Hai.
74 *UNHCR*, Auslegung von Art. 1 des Abkommens über die Rechtsstellung der Flüchtlinge, April 2001, S. 5.

Beeinträchtigungen festzustellen sind. In dieser Prüfungsphase dürfen als nicht schwerwiegend eingeschätzte Benachteiligungen nicht vorschnell ausgeschlossen werden, weil erst nach erschöpfender Aufklärung des Sachverhalts das Urteil möglich ist, ob die verschiedenen, jeweils für sich nicht als schwerwiegend eingeschätzten Handlungen in ihrer Gesamtwirkung als schwerwiegend erscheinen. Ist dies der Fall und besteht auch kein interner Schutz, ist der Antragsteller aufgrund einer ihm drohenden Verfolgungshandlung ausgereist. Ihm darf die Rückkehr in sein Herkunftsland nur zugemutet werden, wenn stichhaltige Gründe dagegen sprechen, dass er erneut von solcher Verfolgung bedroht wird (vgl. Art. 4 Abs. 4 RL 2004/83/EG).

§ 14 Regelbeispiele (Art. 9 Abs. 2 RL 2004/83/EG)

Übersicht   Rdn
1. Funktion der Regelbeispiele 1
2. Anwendung physischer oder psychischer Gewalt (Art. 9 Abs. 2 Buchst. a) RL 2004/83/EG) 12
   a) Indizwirkung der Gewaltanwendung 12
   b) Folter 15
      aa) Zweckrichtung der Folter 15
      bb) Besondere Schwere der Behandlung oder Strafe.. 23
      cc) Erweiterung des Folterbegriffs 30
   c) Körperliche Misshandlung und unmenschliche Behandlung 38
   d) Kurzfristige sicherheitsrechtliche Überprüfungen 42
   e) Sexuelle Gewalt 51
      aa) Begriff der sexuellen Gewalt 51
      bb) Funktion der sexuellen Gewalt 60
      cc) Darlegungsprobleme 63
3. Diskriminierende Maßnahmen (Art. 9 Abs. 2 Buchst. b) RL 2004/83/EG) 67
   a) Funktion des Diskriminierungsverbotes 67
   b) Diskriminierungen im beruflichen und wirtschaftlichen Bereich 73
      aa) Verfolgungscharakter beruflicher und wirtschaftlicher Beschränkungen 73
      bb) Intensitätsgrad der Beeinträchtigungen 80
      cc) Alternative wirtschaftliche Überlebensmöglichkeiten 86
   c) Ernsthafte Beeinträchtigungen im schulischen Bereich 93
4. Unverhältnismäßige oder diskriminierende Strafverfolgung oder Bestrafung (Art. 9 Abs. 2 Buchst. c)
   RL 2004/83/EG) 97
   a) Funktion des Regelbeispiels 97
   b) Abgrenzung der Verfolgung (persecution) von Strafverfolgung (prosecution) 100
   c) Staatsschutzdelikte 114
   d) Politmalus 120
   e) Individualisierung der Strafverfolgung 123
   f) Anknüpfung an Verfolgungsgründe 126
   g) Verfolgungsprognose 130
5. Verweigerung gerichtlichen Rechtsschutzes (Art. 9 Abs. 2 Buchst. d) RL 2004/83/EG) 135
   a) Funktion des Regelbeispiels 135
   b) Voraussetzungen des Regelbeispiels 137
   c) Anknüpfung an Verfolgungsgründe 146
6. Verweigerung des Militärdienstes (Art. 9 Abs. 2 Buchst. e) RL 2004/83/EG) 148
   a) Funktion des Regelbeispiels 148
   b) Wehr- und Kriegsdienstverweigerung im völkerrechtlichen Flüchtlingsrecht 159
   c) Zweck des Schutzes von Militärdienstverweigerern nach Art. 9 Abs. 2 Buchst. e) RL 2004/83/
      EG 172
   d) Voraussetzungen des Regelbeispiels 176
      aa) Verweigerung des Militärdienstes 176
      bb) In einem Konflikt 179
      cc) Unvereinbarkeit des Militärdienstes mit Völkerstrafrecht 184
         (1) Allgemeines 184
         (2) Berufung auf humanitäres Völkerrecht 187

		(3) Kein Erfordernis der Verurteilung durch die internationale Staatengemeinschaft	192
	e)	Darlegungsanforderungen	198
		aa) Darlegung eines ernsthaften Gewissenskonfliktes	198
		bb) Keine Anwendung völkerstrafrechtlicher Beweisregeln	201
	f)	Anknüpfung an Verfolgungsgründe	207
7.	Gegen die Geschlechtszugehörigkeit oder Kinder gerichtete Handlungen (Art. 9 Abs. 2 Buchst. f) RL 2004/83/EG		210
	a)	Funktion des Regelbeispiels	210
	b)	Geschlechtsspezifische Verfolgung	214
		aa) Allgemeine Anerkennung geschlechtsspezifischer Verfolgungen	214
		bb) Typen geschlechtsspezifischer Verfolgungen	217
		cc) Nachweis der individuellen Betroffenheit	223
	c)	Verfolgungen gegen Kinder	225
		aa) Besondere Schutzbedürftigkeit unbegleiteter Minderjähriger	225
		bb) Typische gegen Kinder gerichtete Verfolgungsformen	227
		cc) Kindersoldaten	230
		dd) Besondere behördliche verfahrensrechtliche Fürsorgepflichten	234
		ee) Andauernde Verfolgungsgefahr	238
	d)	Anknüpfung an Verfolgungsgründe	240

1. Funktion der Regelbeispiele

Art. 9 Abs. 2 Satz 1 RL 2004/83/EG bezeichnet besondere Beispiele für das Vorliegen einer Verfolgungshandlung. Aus der Formulierung »unter anderem« folgt einerseits der nicht abschließende Charakter der Auflistung der Handlungen sowie der Charakter der nachfolgenden Beispiele als Regelbeispiele für Verfolgungshandlungen. Der Schwerpunkt der Regelbeispiele liegt auf bestimmten Verfolgungsformen unabhängig davon, welches Rechtsgut davon betroffen ist.

Zugleich hält Art. 9 Abs. 3 RL 2004/83/EG die zuständige Feststellungsbehörde dazu an, eine Verknüpfung zwischen den Verfolgungsgründen der GFK (Art. 10 Abs. 1 RL 2004/83/EG) und dem in Art. 9 Abs. 1 RL 2004/83/EG definierten Begriff der Verfolgungshandlung herzustellen. Dieses Erfordernis beruht auf dem in Art. 2 Buchst. c) RL 2004/83/EG in Bezug genommenen Flüchtlingsbegriff nach Art. 1 A Nr. 2 GFK.

Diese Verknüpfung darf aber erst nach der vorgängigen Begriffsbestimmung der Verfolgungshandlung und den hierauf bezogenen tatsächlichen Feststellung erfolgen. Die in Art. 9 Abs. 2 RL 2004/83/EG bezeichneten Beispiele haben danach eine **zweifache Funktion**: Sie erleichtern den Mitgliedstaaten einerseits die Feststellung einer »schwerwiegenden Verletzung grundlegender Menschenrechtsverletzungen« oder die Feststellung, ob kumulative Maßnahmen in ihrer Gesamtwirkung ähnliche individuelle Auswirkungen haben. Andererseits erleichtern sie die Feststellung, ob den festgestellten Verfolgungshandlungen Verfolgungsgründe zugrunde liegen.

Die in Art. 9 Abs. 2 RL 2004/83/EG bezeichneten sechs Beispiele zeichnen sich bis auf die in Buchst. a) und f) bezeichnete »sexuelle Gewalt« bzw. an die Geschlechtszugehörigkeit anknüpfenden Handlungen durch ihren *neutralen* Charakter aus. Zunächst besteht die Funktion der in Art. 9 Abs. 2 RL 2004/83/EG genannten Beispiele darin, bei der Feststellung der Verfolgungshandlung die dort bezeichneten Formen der Verfolgung und Diskriminierung zum Gegenstand der Ermittlungen zu machen. Bei der Ermittlung der erforderlichen Schwere der Verfolgungshandlung geht es um die tatsächlichen Auswirkungen bestimmter Handlungen auf den Einzelnen aus dessen Sicht. Hierfür liefern die Regelbeispiele wichtige Indizien.

Die deutsche Rechtsprechung versucht eine Lösung dieser Fragen über die Lehre von der **Verfolgungstendenz**.[75] Die in Art. 9 Abs. 2 RL 2004/83/EG genannten Beispielsfälle können sowohl die

---

[75] BVerwGE 62, 123 (125) = EZAR 200 Nr. 6 = InfAuslR 1981, 218; BVerwGE 81, 42 (42) = EZAR 201 Nr. 17 = InfAuslR 1989, 169 = NVwZ 1989, 774.

Flüchtlingseigenschaft begründen wie auch als allgemein zulässige Maßnahmen verstanden werden. Auch der EGMR verwendet für die Abgrenzung zwischen unmenschlichen und hinzunehmenden Maßnahmen einen Relativitätstest, der auch den diskriminierenden Charakter bestimmter, an sich neutraler Maßnahmen (z. B. Haftbedingungen, Erziehungs- und Vernehmungsmethoden) mit einbezieht.[76]

6 Insoweit ist der Ansatz von Art. 9 Abs. 2 RL 2004/83/EG richtig, bereits bei der Feststellung, ob bestimmte Maßnahmen als Verfolgungshandlung zu bewerten sind, auf deren diskriminierenden oder unverhältnismäßigen Charakter abzustellen. Kann dieser nicht festgestellt werden, kann eine Maßnahme nicht als schwerwiegende Verletzung grundlegender Menschenrechte bzw. als Kumulierung von Menschenrechtsverletzungen bewertet werden und fehlt ihr deshalb der Verfolgungscharakter.

7 Ist eine Maßnahme oder ein Bündel von unterschiedlichen Maßnahmen in der Gesamtwirkung indes wegen des diskriminierenden oder unverhältnismäßigen Charakters als Verfolgung anzusehen, kann die Maßnahme bzw. das Maßnahmenbündel als unmenschliche oder erniedrigende Maßnahme nach Art. 9 RL 2004/83/EG bewertet werden und kommen beide darüber hinausgehend als Basis für die Anknüpfung an Verfolgungsgründe in Betracht. In diesem Fall muss aber mehr hinzukommen als der in Art. 9 Abs. 2 RL 2004/83/EG bezeichnete diskriminierende Charakter, nämlich eine Verbindung mit einem oder mehreren der Verfolgungsgründe nach Art. 10 Abs. 1 RL 2004/83/EG.

8 Der in Art. 9 Abs. 2 RL 2004/83/EG mehrfach bezeichnete Begriff der »Diskriminierung« ist nicht an den enumerativen Charakter der Verfolgungsgründe in Art. 10 Abs. 1 RL 2004/83/EG gebunden. Vielmehr können alle Umstände und Tatsachen berücksichtigt werden, die den Schluss rechtfertigen, dass die gegen den Asylsuchenden angewandten Maßnahmen auf diskriminierenden Gründen beruhen. Alle Diskriminierungsgründe können insoweit in Betracht kommen, nicht nur die in Art. 10 Abs. 1 RL 2004/83/EG genannten. Denn in diesem Zusammenhang liefert die Verletzung des Diskriminierungsverbotes wichtige Hinweise, ob eine an sich neutrale Maßnahme als Verfolgung im Sinne von Art. 9 Abs. 1 RL 2004/83/EG gewertet werden kann.

9 Es wäre methodisch fehlerhaft, bei dieser der Feststellung der Verfolgungsgründe vorgelagerten Prüfung des Verfolgungsbegriffs den Prüfungsrahmen auf die Art. 10 Abs. 1 RL 2004/83/EG bezeichneten Diskriminierungsverbote zu begrenzen. Steht die Verletzung des Diskriminierungsverbotes fest und ergibt die Gesamtbetrachtung der vorgebrachten Tatsachen und sonst ersichtlichen Umstände, dass eine Verfolgungshandlung vorliegt, folgt die Prüfung der weiteren Voraussetzungen des Flüchtlingsbegriffs, nämlich Wegfall des nationalen Schutzes sowie das Vorliegen eines oder mehrerer Verfolgungsgründe. Aus der Unverhältnismäßigkeit einer Maßnahme (vgl. Art. 9 Abs. 2 Buchst. b) bis c) RL 2004/83/EG) ergeben sich wichtige Aufschlüsse auf deren diskriminierenden schwerwiegenden Charakter für den Einzelnen wie auch auf das Vorliegen von Verfolgungsgründen.

10 Im Kommissionsentwurf waren die Regelbeispiele nicht von der Definition der Verfolgungshandlung begrifflich abgesetzt. Vielmehr wurde in Art. 11 Abs. 1 der Verfolgungsbegriff in Form von Regelbeispielen erfasst. Die die Regelbeispiele weitgehend prägenden Merkmale der Diskriminierung und Unverhältnismäßigkeit waren ebenfalls nicht genannt. Lediglich in einem Regelbeispiel wurde das Diskriminierungsmerkmal bezeichnet, aber auf die Konventionsgründe beschränkt. Demgegenüber ist das Diskriminierungserfordernis in Art. 9 Abs. 2 der Richtlinie signifikant erweitert worden.

11 Der Aufbau der Regelbeispiele in Art. 9 Abs. 2 ist insbesondere auch in seinem Verhältnis zu den Verfolgungsgründen nach Art. 10 Abs. 1 nicht stimmig. So werden bei der Bestimmung der Verfolgungshandlung sexuelle Gewalt und an die Geschlechtszugehörigkeit anknüpfende Handlungen besonders hervorgehoben (Art. 9 Abs. 2 Buchst. a) und f)) und im Rahmen der Anknüpfung in Art. 10 Abs. 1 Buchst. d) erneut behandelt. Demgegenüber wird das umstrittene Problem der

---

76 EGMR, HRLJ 1999, 459 (468) – V v. UK; EGMR, HRLJ 2002, 378 (384) – Kalashnikov; siehe auch EGMR, HRLJ 1990, 335 (362) = NJW 1990, 2183 = EZAR 933 Nr. 1 – Soering.

Kriegsdienstverweigerung ausschließlich bei der Bestimmung der Verfolgungshandlung behandelt (Art. 9 Abs. 2 Buchst. e)), nicht jedoch im Rahmen der Anknüpfung an Verfolgungsgründe. Hier wird nach der Bestimmung der Verfolgung zumeist eine Lösung über Art. 10 Abs. 1 Buchst. d) indiziert sein.

2. Anwendung physischer oder psychischer Gewalt (Art. 9 Abs. 2 Buchst. a) RL 2004/83/EG)

a) Indizwirkung der Gewaltanwendung

Nach Art. 9 Abs. 2 Buchst. a) RL 2004/83/EG kann die Anwendung physischer oder psychischer Gewalt, einschließlich sexueller Gewalt, eine Verfolgungshandlung darstellen. Durch diese Norm wird bestätigt, dass nach Art. 15 Abs. 2 EMRK notstandsfeste Menschenrechtsverletzungen als Verfolgungshandlung angesehen werden können. Daher stellt die Anwendung physischer oder psychischer Gewalt ein **gewichtiges Indiz** für das Vorliegen einer Verfolgungshandlung dar. 12

Zunächst geht es um die Feststellung, ob bestimmte Gewalthandlungen, insbesondere sexuelle Gewalt, als Verfolgungshandlung bewertet werden können. Damit ist aber noch keine Aussage über die Anknüpfung der Verfolgungshandlung an Verfolgungsgründe getroffen. Allerdings ist mit der Feststellung einer Gewalthandlung häufig zugleich auch eine Aussage über den ihr zugrunde liegenden Verfolgungsgrund indiziert worden. Je intensiver die Gewalthandlung, je eher diese als Folter gewertet werden kann, umso stärker ist die Indizwirkung auf einen der in Art. 10 Abs. 1 RL 2004/83/EG bezeichneten Verfolgungsgründe.[77] 13

Repressalien wie z. B. brutale Misshandlungen und Folterungen mögen zwar vor dem Hintergrund einer erheblichen Einschränkung der Freiheitsrechte in einem Staat zu sehen sein, unter der jeder Bürger zu leiden hat, zumal wenn er sich verdächtig gemacht hat. Damit kann derartigen Handlungen jedoch nicht ihr Verfolgungscharakter abgesprochen werden.[78] 14

b) Folter

aa) Zweckrichtung der Folter

Insbesondere bei der Anwendung von Folter (siehe auch Art. 15 Buchst. b) RL 2004/83/EG, § 41 Rdn. 13 ff.) ist regelmäßig die Annahme begründet, dass eine Maßnahme in Wirklichkeit an Verfolgungsgründe anknüpft.[79] Folter und Misshandlungen finden nicht nur im Vorfeld und zur Aufklärung strafrechtlicher Handlungen statt. Regelmäßig dürfte die Tatsache, dass der Staat zum Mittel der Folter greift, ein Indiz für deren »politischen« Charakter,[80] also für ein Anknüpfen an Verfolgungsgründe darstellen. 15

Nach der völkerrechtlichen Definition ist Folter jede Handlung, durch die einer Person durch einen Amtswalter oder in dessen Auftrag oder mit dessen ausdrücklichem oder stillschweigendem Einverständnis (siehe aber Art. 6 Buchst. c) RL 2004/83/EG) vorsätzlich große körperliche oder seelische Schmerzen oder Leiden zugefügt werden, z. B. um von ihr oder einem Dritten eine Aussage oder ein Geständnis zu erlangen, um sie für eine tatsächlich oder mutmaßlich von ihr begangene Tat zu bestrafen oder um sie oder einen Dritten einzuschüchtern oder zu nötigen, oder aus einem anderen, 16

---

77 Ähnlich für Art. 16a Abs. 1 GG BVerfG (Kammer), EZAR NF 61 Nr. 3, S. 7 f.; BVerfG (Kammer), NVwZ 2009, 1035 (1036).
78 BVerfG (Kammer), InfAuslR 1992, 66 (68).
79 BVerfG (Kammer), InfAuslR 1991, 133 (135) = EZAR 224 Nr. 22; BVerfG (Kammer), EZAR NF 61 Nr. 3, S. 7 f.; BVerfG (Kammer), NVwZ 2009, 1035 (1036).
80 BVerwGE 67, 184 (194) = NVwZ 1983, 674 = InfAuslR 1983, 228.

auf irgendeine Art **von Diskriminierung** beruhenden Grund (Art. 1 Abs. 1 Übereinkommen gegen die Folter der Vereinten Nationen).

17 Aus diesem völkerrechtlichen Folterbegriff ergibt sich, dass der Folter eine Verletzung des Diskriminierungsverbotes immanent ist, sie also stets Verfolgungscharakter hat. Ohne Anknüpfung an die spezifischen Verfolgungsgründe nach Art. 10 Abs. 1 RL 2004/83/EG kann sie aber nicht den Flüchtlingsstatus begründen. Die Zweckgerichtetheit der Folter indiziert zunächst den Verfolgungscharakter. Kann ein derartiger Zweck nicht festgestellt werden, kann aber eine unmenschliche Behandlung oder Strafe vorliegen.

18 Umgekehrt wird keine Folter angenommen, wenn zwar bestimmte zweckgerichtete Misshandlungen (§ 41 Rdn, 30 ff.) festgestellt werden, die Misshandlungen als solche jedoch nicht die erforderliche Schwere (§ 41 Rdn. 21 ff.) aufweisen.[81] Ob darüber hinaus die Folter auch den Flüchtlingsstatus begründet, ist abhängig davon, ob der ihr zugrunde liegende Zweck die Voraussetzungen eines Verfolgungsgrundes (Art. 10 Abs. 1 RL 2004/83/EG) erfüllt.

19 Die spezifische Zweckverfolgung im Sinne von Art. 1 Abs. 1 Übereinkommen gegen Folter fehlt in der Folterdefinition des BVerwG, sodass diese für die Rechtsanwendung unbrauchbar ist. Nach Ansicht des BVerwG ist Folter jede unmenschliche oder erniedrigende Behandlung physischer oder psychischer Art, ohne dass es darauf ankommt, ob diese dem Geständnis eigener oder dem Verrat fremder Taten, der Ahndung bereits bekannter oder der Verhütung zukünftiger Handlungen dient oder Ausdruck anders motivierter Handlungen ist.[82]

20 Dagegen ist einzuwenden, dass gerade das zweckgerichtete Erfordernis (Rdn. 16, § 41 Rdn. 21 ff.) die Folter von den anderen inhumanen Maßnahmen unterscheidet. Einschüchterung und Nötigung sind ganz wesentliche Zwecke, welchen die Folterbehandlung dient. Demgegenüber ist für das BVerwG der in der Folter zum Ausdruck kommende politische Disziplinierungszweck nicht ohne Weiteres erheblich:

21 Das Kriterium der »Disziplinierung« sei in der Rechtsprechung des BVerwG allerdings als ein **Indiz** genannt, das den Rückschluss auf erhebliche Beweggründe des Verfolgers zulasse. Aber nicht die Disziplinierung schlechthin, sondern nur das damit verfolgte Ziel der Verfolger sei entscheidungserheblich: Maßgebend sei allein, ob der Staat seine Bürger in erheblichen Merkmalen zu disziplinieren trachte oder ob er mit der Folter lediglich seine Herrschaftsstruktur aufrechtzuerhalten suche und dabei die Überzeugung seiner Bürger unbehelligt lasse.[83] Hier verschmilzt die Verfolgung ununterscheidbar mit den Verfolgungsgründen. Dies ist nach der Richtlinie unzulässig (vgl. Art. 9 Abs. 3). Im Übrigen kann angesichts der herrschaftssichernden Funktion der Folter die vom BVerwG vorausgesetzte Differenzierung zwischen den Zweckrichtungen nicht präzise gezogen werden.

22 Die bloße Aufrechterhaltung oder Wiederherstellung »staatsbürgerlicher Disziplin«, also des Gehorsams der »Gewaltunterworfenen« gegenüber Gesetzen, die nicht ihrerseits erheblichen Inhalt hätten, sei daher für sich allein – auch wenn hierbei mit großer Härte vorgegangen werde – keine Verfolgung.[84] Diese Rechtsprechung verkennt ferner, dass für den Begriff des Verfolgungsgrundes **nicht** die subjektiven Gründe und Motive der Verfolger maßgebend sind,[85] sondern allein die erkennbare Anknüpfung der Folter an Verfolgungsgründe, von der wegen der ihr immanenten Verletzung des Diskriminierungsverbotes in aller Regel ausgegangen werden kann.

---

81 EGMR, Irland v. UK, Series A 25, § 167 (1978).
82 BVerwGE 67, 184 (192 f.) = NVwZ 1983, 674 = InfAuslR 1983, 228; siehe aber Rdn. 16 f.
83 BVerwGE 74, 226 (230) = EZAR 201 Nr. 9 = InfAuslR 1986, 265.
84 BVerwGE 74, 226 (230) = EZAR 201 Nr. 9 = InfAuslR 1986, 265.
85 BVerfGE 80, 315 (335) = EZAR 201 Nr. 20 = NVwZ 1990, 151 = InfAuslR 1990, 21; BVerfGE 81, 142 (151 f.) = EZAR 200 Nr. 26 = NVwZ 1990, 453 = InfAuslR 1990, 167; BVerfG (Kammer), InfAuslR 1996, 136 (138) = NVwZ 1991, 773; BVerfG (Kammer), NVwZ 1991, 772; BVerfG (Kammer), InfAuslR 1993, 142.

bb) Besondere Schwere der Behandlung oder Strafe

In Art. 1 der Erklärung der Vereinten Nationen gegen die Folter wird die Folter als »eine **verschärfte und vorbedachte Form** einer grausamen, unmenschlichen oder erniedrigenden Behandlung oder Strafe« definiert. Körperliche Misshandlungen bilden damit den Oberbegriff, aus dem sich ein wesentlich engerer Folterbegriff herausschält. Auch die europäische Rechtsprechung unterscheidet körperliche Misshandlungen von Folterungen nach der **Intensität** des zugefügten Leidens (§ 41 Rdn. 21 ff.). Art. 3 EMRK wolle nämlich eine Behandlungsart, die ein sehr ernstes und grausames Leiden hervorrufe, mit einem »**besonderen Stigma**« kennzeichnen.[86] Das der Folter anhaftende besondere Stigma ist mithin ein anderer Ausdruck für die Anknüpfung dieser Maßnahme an Verfolgungsgründe. Andererseits folgt aus dem Fehlen eines derartigen Stigmas bei körperlichen **Misshandlungen** nicht ohne Weiteres, dass diese nicht an Verfolgungsgründe anknüpfen können.

23

Darüber hinaus unterscheidet den Folterbegriff von unmenschlichen Maßnahmen insbesondere die Intensität des zugefügten Leidens. Nach Art. 1 Abs. 1 des Übereinkommens gegen Folter setzt der Folterbegriff die Zufügung »**großer körperlicher oder seelischer Schmerzen**« voraus. Ebenso hat der EGMR in ständiger Rechtsprechung den Unterschied zwischen Folterungen und anderen unmenschlichen oder erniedrigenden Behandlungen im **Grad der Intensität der Schmerzzufügung** gesehen. Während Foltermethoden,[87] wie etwa die **Palästinenserschaukel**[88] oder **Vergewaltigungen**[89] unzweifelhaft den erforderlichen Schweregrad erreichen, bedarf die erforderliche Abgrenzung in anderen Fällen einer Gesamtbewertung.

24

Die Abgrenzung ist nach Ansicht des EGMR notwendigerweise eine **relative**. Sie sei abhängig von allen Umständen des konkreten Einzelfalles, z. B. der Dauer der Behandlung, den körperlichen oder seelischen Auswirkungen, und in einigen Fällen, dem Geschlecht, Alter und dem gesundheitlichen Zustand des Opfers.[90] In diesem Zusammenhang herrschte im **Nordirlandfall** zwischen der (seit 1999 nicht mehr tätigen) Kommission und dem Gerichtshof Dissens in der Bewertung der in den dortigen Internierungslagern gegen Inhaftierte angewendeten fünf Vernehmungstechniken:

25

Die von britischen Behörden als Verhörmethoden angewendeten »fünf Techniken« bestanden darin, dass die Gefangenen für mehrere Stunden gezwungen wurden, mit gespreizten Armen und Beinen gegen eine Wand zu stehen (»**wall standing**«), ihnen eine Kapuze über den Kopf gestreift wurde (»**hooding**«), sie bei den Vernehmungen in einem Raum einem ununterbrochenen zischenden Geräusch ausgesetzt waren, ihnen vor den Vernehmungen der Schlaf entzogen sowie Essen und Trinken auf ein Minimum reduziert wurde. Wenn jemand einschlief, wurde er sofort wieder geweckt und erneut an die Wand gestellt.[91]

26

Nach Ansicht des EGMR verursachten diese Vernehmungsmethoden kein Leiden jener besonderen Intensität und Grausamkeit, welche der Folterbegriff erfordere.[92] Er betonte zunächst, es müsse ein gewisses Minimum an Schwere erreicht sein, um eine Behandlung als Verstoß gegen Art. 3 EMRK ansehen zu können. Die Beurteilung dieses Minimums sei naturgemäß relativ und hänge von allen Umständen des Falles ab, insbesondere von der Dauer, den physischen und psychischen Folgen und

27

---

86 EGMR, Series A 25, § 161 = EuGRZ 1979, 149 – Irland v. UK; EGMR, RJD 1999-V = HRLJ 1999, 238 – Selmouni v. France.
87 *Grabenwarter*, Europäische Menschenrechtskonvention, S. 161.
88 EGMR, HRLJ 1997, 221 (227 f.) – Aksoy v. Turkey.
89 EGMR, HRLJ 1998, 59 (68) – Aydin v. Turkey; Committee against Torture, Netherlands Quaterly of Human Rights 2007, 301 – VL v. Switzerland.
90 EGMR, RJD 1999-V = HRLJ 1999, 238 – Selmouni v. France.
91 EGMR, Series A 25 = EuGRZ 1979, 149 (150 f.).
92 EGMR, Series A 25 = EuGRZ 1979, 149 ((153) (§ 167)).

in bestimmten Fällen dem Geschlecht, dem Alter sowie auch dem Gesundheitszustand des Betroffenen.[93]

28 Demgegenüber hatte die Kommission die Qualifizierung der »fünf Techniken« als Folter damit begründet, dass deren **kombinierte Anwendung**, die die Benutzung der Sinne unmöglich mache, die Persönlichkeit physisch und psychisch unmittelbar beeinträchtige. In diesen Fällen könne der Wille, zu widerstehen, mit keinerlei Unabhängigkeit gebildet werden. Die systematische Anwendung der kombinierten Anwendung dieser Techniken müsse daher als Folter bezeichnet werden, obwohl sie nicht notwendig die schweren Folgen habe, die der herkömmlichen Folter eigen seien.[94]

29 Dem Gerichtshof wird entgegengehalten, er sei wohl der Gefahr erlegen, welche die Kommission bei der Qualifizierung dieser Methoden als Folter vor Augen gehabt habe: Moderne Vernehmungs- und Manipulationstechniken griffen nicht mehr notwendigerweise unmittelbar in die körperliche Integrität ein. Dennoch könne sie für den Betroffenen in der Wirkung herkömmlichen Foltermethoden gleich kommen. Die Kommission habe die Freiheit der Willensentscheidung höher bewertet als der Gerichtshof und habe als Folter sowohl den massiven Eingriff in die körperliche Integrität, der diese Freiheit aufhebe, begriffen, wie auch moderne Techniken, die zwar nicht unmittelbar in die körperliche Integrität eingriffen, aber ebenfalls diese Freiheit aufheben würden, indem sie schwere geistige und psychische Störungen verursachten. Dementsprechend seien die Techniken auch als »**Desorientierungs- und Sinnberaubungsmethoden**« bezeichnet worden.[95]

cc) Erweiterung des Folterbegriffs

30 Der Abgrenzungsbegriff der **Intensität des zugefügten Leidens** kann zwar nicht abstrakt bestimmt werden. Gewisse herkömmliche Methoden – wie etwa Elektroschocks, Verstümmelungen, Verbrennungen mit Zigaretten, Bastonade, Papageienschaukel, Aufhängen an den auf dem Rücken zusammengebundenen Handfesseln an der Decke – erreichen jedoch in aller Regel die geforderte Intensität des körperlichen Eingriffs. Daneben erfüllt jedoch auch das **intensive** Zufügen psychischer Schmerzen, wie etwa Hinrichtungsandrohungen, Scheinhinrichtungen, der Zwang, Folterungen oder Vergewaltigungen anderer, insbesondere nahestehender Personen beizuwohnen, den Folterbegriff.

31 Schließlich muss auch der besonders schwerwiegende Entzug von Nahrung, Wasser und Schlaf oder die lange und vollständige Sinnesisolation als Folter bezeichnet werden.[96] So bewertet der Menschenrechtsausschuss systematische Schläge, Elektroschocks, Zufügung von Verbrennungen, Daumenpresse, langes Hängen an den Hand- oder Beinfesseln, oftmaliges Eintauchen in eine Mischung aus Blut, Urin, Erbrochenem und Exkrementen (»submarino«), langes Stehen, Drohungen, vorgetäuschte Hinrichtungen sowie Nahrungsmittelentzug als Folter.[97]

32 Konnte aufgrund der Rechtsprechung des EGMR im Nordirland-Fall früher der Relativitätstest dahin missverstanden werden, als sei es im Fall polizeilicher und Schmerz zufügender Ermittlungsmethoden von den bezeichneten Kriterien abhängig, ob der erforderliche Grad der Schmerzzufügung erreicht worden sei, ist der Gerichtshof in seiner späteren Rechtsprechung einer derartigen Interpretation entschieden entgegen getreten (§ 41 Rdn. 26 ff.):

33 So hatte die französische Regierung im Fall eines in Polizeihaft misshandelten Anhängers einer korsischen Befreiungsorganisation argumentiert, wegen des jugendlichen Alters und des guten

---

93 EGMR, Series A 25 = EuGRZ 1979, 149 ((153) (§ 162)); so auch EGMR, EuGRZ 1979, 162 ((164) (§ 29)) – Tyrer; EGMR, InfAuslR 1991, 217 (218) (§ 83) = EZAR 933 Nr. 2 = HRLJ 1991, 142 – Cruz Varas.
94 Zitiert bei *Frowein/Peukert*, EKMR. Kommentar, Rn. 5.
95 *Frowein/Peukert*, EKMR. Kommentar, 2. Aufl., Rn. 5 f., unter Hinweis auf EGMR, Series A 25 = EuGRZ 1979, 149 (151).
96 *Kälin*, Grundriss des Asylverfahrens, S. 241.
97 Hinweise bei *Nowak*, Kommentar zum IPbpR, Art. 7 Rn. 9.

Gesundheitszustandes des Beschwerdeführers in Verbindung mit der Tatsache, dass dieser verdächtigt worden sei, an terroristischen Aktionen beteiligt gewesen zu sein, sei der erforderliche Schweregrad der Schmerzzufügung nicht erreicht worden. Der Gerichtshof wies diesen Einwand deutlich zurück und verwies auf die ärztlich bestätigten zahlreichen körperlichen Zeichen von Gewalteinwirkung und deren Intensität. Darüber hinaus könnte die Notwendigkeit polizeilicher Ermittlungen zwecks Abwehr terroristischer Übergriffe nicht dazu führen, dass der konventionsrechtliche Schutz der körperlichen Unversehrtheit eingeschränkt werde.[98]

Polizeiliche Misshandlungen im Rahmen von Ermittlungen, die dem Opfer gezielt Schmerz zufügen, erreichen damit stets die erforderliche Intensität des Leidens. Der Relativitätstest verfolgt vielmehr den Zweck, etwa bei Beschwerden über Haftbedingungen, körperliche Untersuchungen, polizeiliche Bedrohungen und rassische Diskriminierungen die Abgrenzung zwischen Folterhandlungen und anderen unmenschlichen oder erniedrigenden Behandlungen vorzunehmen. 34

Der Gerichtshof hat insbesondere im Blick auf den Folterbegriff den Auslegungsgrundsatz angewandt, dass die Konvention dem Wandel der Rechtsauffassung Rechnung tragen müsse, also ein »living instrument«[99] sei. Bestimmte Maßnahmen, die in der Vergangenheit lediglich als »inhuman und erniedrigend« klassifiziert worden seien, könnten in Zukunft als Folterhandlung bewertet werden. Der zunehmende hohe Standard, der im Bereich des Menschenrechtsschutzes zu beachten sei, erfordere größere Nachdrücklichkeit bei der Feststellung von Verletzungen fundamentaler Werte demokratischer Gesellschaften.[100] 35

Deshalb bewertete der Gerichtshof die **polizeilichen Misshandlungen** eines marokkanischen Beschwerdeführers in französischer **Polizeihaft** als Folter. Der Beschwerdeführer war gezwungen worden, durch ein Spalier von Polizeibeamten zu laufen und war dabei geschlagen worden. Er hatte sich vor einer jungen Frau hinknien müssen, zu der ein Beamter sagte, »Schau, du wirst gleich jemand singen hören.« Ein anderer Polizeibeamter hatte ihm seinen Penis gezeigt und gedroht: »Schau, lutsch dies«, und hatte anschließend über seinen Körper uriniert. Schließlich war er mit einer Lötlampe und einer Spritze bedroht worden. 36

Der Gerichtshof verwies auf die Vielzahl inhumaner Handlungen und stellte fest, dass diese unabhängig von deren gewaltsamer Natur für jedermann abscheulich und erniedrigend seien, unabhängig von ihrer Kondition. Betrachte man die angewandte körperliche und seelische Gewalt als Ganzes, hätte sie dem Beschwerdeführer ernsthafte Schmerzen zugefügt und sei sie insbesondere ernsthaft und grausam gewesen. Eine derartige Behandlung müsse als Folter bezeichnet werden.[101] 37

c) Körperliche Misshandlung und unmenschliche Behandlung

In der Begriffssprache des Völkerrechts werden körperliche Misshandlungen als »grausame, unmenschliche oder erniedrigende Behandlung oder Strafe«[102] (siehe auch Art. 15 Buchst. b) RL 2004/83/EG) bezeichnet. Der Begriff der unmenschlichen Behandlung ist bedeutend weiter gehend als der Folterbegriff. Dabei handelt es sich im Vergleich zum wesentlich engeren Begriff der Folter um einen weitaus größeren Kreis von Maßnahmen, wie etwa auch besonders harte Haftbedingungen,[103] sodass die Anknüpfung an Verfolgungsgründe nicht derart evident wie bei Folterungen ist. 38

---

98 EGMR, Series A 241-A = HRLJ 1992, 453 – Tomasi; EGMR, NVwZ 2008, 1130 (1332), § 137 – Saadi.
99 EGMR, Series A 26 §§ 29 bis 35 (1978) – Tyrer v. UK.
100 EGMR, RJD 1999-V = HRLJ 1999, 239 – Selmouni v. France.
101 EGMR, RJD 1999-V = HRLJ 1999, 239 – Selmouni v. France.
102 Art. 5 AEMR; Art. 7 IPBPR; Art. 16 Abs. 1 Übereinkommen gegen die Folter; Art. 3 EMRK; siehe hierzu auch § 41 Rdn. 41 ff.
103 Siehe hierzu etwa VG Wiesbaden, Urt. v. 04.09.1986 – V/2 E 0551/80 – Zaire; § 41 Rdn. 65 ff.

39 Folter unterscheidet sich von körperlichen Misshandlungen insbesondere durch eine besondere Zweckgerichtetheit, sodass mit der Feststellung einer Folterbehandlung zumeist zugleich auch eine Aussage über deren Anknüpfung an Verfolgungsgründe getroffen worden ist. Demgegenüber bedarf es bei körperlichen Misshandlungen einer anschließenden besonders sorgfältigen Prüfung, ob diese an Verfolgungsgründe anknüpfen. Andernfalls kann lediglich der subsidiäre Schutzstatus nach Art. 15 Buchst. b) RL 2004/83/EG gewährt werden.

40 Das BVerwG hat zwar keinen eigenständigen Begriff der unmenschlichen oder erniedrigenden Behandlung entwickelt, sondern für die Abgrenzung wohl stillschweigend die Rechtsprechung des EGMR zugrunde gelegt. Bei seinem kasuistischen Ansatz sind ihm insoweit aber methodische Fehler unterlaufen. So hat es etwa entschieden, dass die einem Iraner in seiner Heimat drohende Vollstreckung einer **Körperstrafe** von 100 Peitschenhieben für sich allein nicht als Verfolgungshandlung angesehen werden könnte, obwohl diese Strafe im konkreten Fall der Aufrechterhaltung äußerlicher Formen der religiösen Moral galt.[104]

41 Das BVerwG unterliegt hier dem methodischen Fehler, dass es bereits bei der inhaltlichen Begriffsbestimmung einer Verfolgungshandlung Abgrenzungen nach Maßgabe der Verfolgungsgründe vornimmt. Eine derartige Vorgehensweise ist mit Art. 9 Abs. 2 Buchst. a) RL 2004/83/EG nicht vereinbar, weil es für die Begriffsbestimmung der Gewalt auf deren Zweckrichtung nicht ankommt. Im Übrigen weist die Begründung auf den Verfolgungsgrund »Religion« hin. Fehlt es an einem Verfolgungsgrund, sind Körperstrafen nach Art. 15 Buchst. b) RL 2004/83/EG, § 60 Abs. 2 AufenthG und § 60 Abs. 5 AufenthG i.V.m. Art. 3 EMRK erheblich.

d) Kurzfristige sicherheitsrechtliche Überprüfungen

42 Stärker noch als im Blick auf Foltermaßnahmen wird bei körperlichen Misshandlungen regelmäßig aus der Zusammenschau der unterschiedlichen Maßnahmen, die gegen den Einzelnen ergriffen werden oder ihn zu ereilen drohen, erst der diesen zugrunde liegende Verfolgungsgrund ersichtlich. Häufig kann ein Muster von wiederholten kurzfristigen Festnahmen oder Verhaftungen, die bereits als solche erheblich sein können,[105] mit damit zugleich einhergehenden Misshandlungen und Folterungen wegen des unterstellten pauschalen Verdachts, die von der Regierung bekämpfte politische Opposition zu unterstützen,[106] festgestellt werden.

43 Es ist daher nicht gerechtfertigt, wenn in der Rechtsprechung mehr oder wenig schematisch, wegen des kurzfristigen Charakters von Inhaftierungsmaßnahmen die Anknüpfung an Verfolgungsgründe verneint wird. Da es sich jeweils um Eingriffe in die persönliche Freiheit handelt, ist der Charakter auch der kurzfristigen Freiheitsentziehung als schwerwiegende Verletzung eines grundlegenden Menschenrechtes (Art. 9 Abs. a.) RL 2004/83/EG) evident. Eine ganz andere Frage ist es, ob damit zugleich auch an einen Verfolgungsgrund angeknüpft wird. Diese Differenzierung unterbleibt zumeist in der deutschen Rechtsprechung.

44 Zutreffend ist sicherlich, dass die Grenze zwischen sicherheitsrechtlich relevanten Beschränkungen der persönlichen Freiheit und Verfolgungen nicht abstrakt, sondern unter Berücksichtigung der jeweiligen Umstände des Einzelfalles zu ziehen ist.[107] Die in der früheren deutschen Rechtsprechung generell vertretene Auffassung, sicherheitsrechtliche Überprüfungen und damit verbundene

---

104 BVerwG, Buchholz 402.25 § 1 AsylVfG Nr. 106 = EZAR 202 Nr. 16 = InfAuslR 1989, 216; a.A. wohl Hessischer VGH, InfAuslR 1989, 17.
105 BVerwGE 87, 141 (145 f.) = EZAR 200 Nr. 27 = NVwZ 1991, 384.
106 BVerfG (Kammer), InfAuslR 1994, 105 (108).
107 BVerwG, Beschl. v. 10.08.1979 – BVerwG 1 B 761.79.

vorübergehende Verhaftungen und Festnahmen stellten keine erhebliche Verfolgung dar,[108] kann daher in dieser pauschalen Form nicht aufrechterhalten werden.

Begründet wurde die frühere Rechtsprechung damit, dass eine bloße Internierungszeit zur Feststellung der Gefährlichkeit des Einzelnen keine erhebliche Verfolgung darstelle.[109] Der Mangel moderner technischer Fahndungsmethoden erfordere es, jeweils ein möglichst großes Umfeld politisch Verdächtiger zu verhaften. Zwar könne es keinem Zweifel unterliegen, dass derartige, auch Folterungen mit einschließende Methoden der Festnahme viele Unschuldige treffe. Weil diese Methoden jedoch allgemein üblich seien, müsse sich die gesamte Bevölkerung mit ihnen abfinden.[110]   45

Weder das völkerrechtliche absolute Folterverbot noch die Richtlinie lassen derart apologetische Verharmlosungen zu. Dass eine Maßnahme allgemein üblich ist, beseitigt nicht ihren »notstandsfesten Charakter« (Art. 9 Abs. 1 Buchst. a) RL 2004/83/EG; Art. 3, 15 Abs. 2 EMRK). Entscheidend ist allein, ob derartige Maßnahmen dem Einzelnen aufgrund konkreter Anhaltspunkte im Entscheidungszeitpunkt drohen, und zwar unabhängig davon, wie viele Personen davon im Herkunftsland des Antragstellers betroffen sind.   46

Mit einer derartigen Argumentation wird darüber hinaus der in der deutschen Rechtsprechung angewandte Begriff der Gezieltheit des Eingriffs für die Rechtsanwendung unbrauchbar gemacht, da allgemeine Gefahren unterschiedslos die gesamte Bevölkerung oder eine bestimmte Bevölkerungsgruppe treffen. Misshandlungen und Folterungen selektieren jedoch aus der unterschiedslosen Masse der Bevölkerung gezielt bestimmte Personen heraus und richten sich daher gezielt auf die davon Betroffenen.[111] Singularität ist kein Begriffselement der Verfolgung. Sicherheitsrechtliche Überprüfungen, die über bloße Verhöre oder Überwachungen hinausgehen und schwerwiegend in die persönliche Freiheit und körperliche Unversehrtheit eingreifen, erfüllen deshalb stets den Begriff der Verfolgungshandlung.[112]   47

Die Verfolgungshandlung muss nicht notwendigerweise zu einer Dauerhaft führen. Sie kann sich ebenso in wiederholten, jeweils zeitlich begrenzten Inhaftierungen äußern.[113] Daher weist unter diesen Umständen auch die nur kurzfristige Inhaftierung Verfolgungscharakter auf.[114] Demgegenüber soll die für die Dauer von einem Jahr mögliche Vorbeugehaft unerheblich sein, sofern die Möglichkeit gerichtlicher Überprüfung gewährleistet werde.[115] Folter und Misshandlung des Festgenommenen findet jedoch in aller Regel unmittelbar nach dessen Festnahme statt. Häufig werden die Festgenommenen in **Inkommunikado-Haft**, also unter Ausschluss von der Außenwelt gehalten.   48

In seinem allgemeinen Kommentar zu Art. 7 IPbpR hat der Menschenrechtsausschuss wirksame Rechtsgarantien im Interesse der Festgenommenen gefordert und verlangt, dass Ärzten, Anwälten und ihren Angehörigen der Zugang zu diesen ermöglicht werden müsse, Gefangene an öffentlich   49

---

108 Bayerischer VGH, Beschl. v. 29.06.1981 – Nr. 21 B 81 C. 393; Bayerischer VGH, Urt. v. 20.10.1982 – Nr. 21 B 82 C. 901; VG Ansbach, Urt. v. 15.04.1975 – AN 3663-II/74; VG Ansbach, Urt. v. 29.09.1977 – AN 8666-IV/77; VG Köln, InfAuslR 1983, 24; VG Minden, Urt. v. 11.08.1982 – 10 K 12771/80.
109 VG Ansbach, Urt. v. 15.04.1975 – AN 3663-II/74.
110 VG Köln, InfAuslR 1983, 24.
111 Vgl. auch BVerwGE 133, 55 (61 f.) = EZAR NF 61 Nr. 4 = NVwZ 2009, 982.
112 Bayerischer VGH, InfAuslR 1982, 42 (43).
113 BVerfG, Beschl. v. 18.04.1986 – 2 BvR 389/83; siehe auch BVerfG (Kammer), NVwZ-Beil. 2003, 84 = AuAS 2003, 261; BVerfG (Kammer), NVwZ-RR 2004, 613 (614).
114 BVerfG (Kammer), InfAuslR 1991, 133 (135) = EZAR 224 Nr. 22: 12 Tage; BVerwGE 87, 141 (145 f.) = EZAR 200 Nr. 27 = NVwZ 1991, 384: 2 Tage; OVG Hamburg, InfAuslR 1981, 103: eine Woche; VG Ansbach, InfAuslR 1982, 310 (311): ein Monat; VG Potsdam, Beschl. v. 04.10.1994 – 1 L 20712/94.A für Bangladesch; VG Ansbach, Urt. v. 03.03.1995 – AN 11 K 93. 45446: 6 Tage (Indien).
115 Bayerischer VGH, Urt. v. 29.06.1981 – Nr. 21 B 81 C. 393; Bayerischer VGH, Urt. v. 20.10.1982 – Nr. 21 B 82 C.901.

bekannten Orten festgehalten und Haftort und Namen der Festgenommenen in einem Zentralregister eingetragen werden. Maßgeblich sind daher Verfahrensgarantien, die den Festgenommenen unmittelbar nach seiner Verhaftung wirksam gegen Misshandlungen schützen (vgl. auch Art. 9 Abs. 2 Buchst. d) RL 2004/83/EG).

50 Fehlt es an derartigen Garantien, spricht ein gewichtiges Indiz dafür, dass es den staatlichen Behörden mit ihren Maßnahmen nicht um die Aufklärung sicherheitsrelevanter Tatbestände, sondern um die Diskriminierung und Unterdrückung mutmaßlichen oppositionellen Verhaltens geht. In der Vergangenheit bereits erlittene, auch kurzfristige Inhaftierungsmaßnahmen, die an Verfolgungsgründe anknüpfen, sind daher unter dem beweisrechtlichen Gesichtspunkt der Vorverfolgung (Art. 4 Abs. 4 RL 2004/83/EG; § 29 Rdn. 54 ff.) von Bedeutung. Unabhängig hiervon begründet die drohende Gefahr einer auch kurzfristigen – in aller Regel mit Folter und Misshandlung einhergehenden – Festnahme, sofern sie an Verfolgungsgründe anknüpft, die Flüchtlingseigenschaft.

e) Sexuelle Gewalt

aa) Begriff der sexuellen Gewalt

51 Insbesondere **sexuelle Gewalt** stellt nach Art. 9 Abs. 2 Buchst. a) RL 2004/83/EG ein gewichtiges Indiz für das Vorliegen einer Verfolgungshandlung dar. Ferner bestimmt Art. 9 Abs. 2 Buchst. f) RL 2004/83/EG, dass Handlungen, die an die Geschlechtszugehörigkeit anknüpfen, eine Verfolgungshandlung darstellen. Buchst. a) und f) stehen in einem inneren Zusammenhang, betreffen aber zunächst nur die Einordnung einer bestimmten Maßnahme oder eines Bündels von Maßnahmen, welchen sexuelle Gewalt immanent ist, als Verfolgungshandlung. Ob diese Maßnahmen zugleich auch an einen Verfolgungsgrund anknüpfen, erfordert eine davon getrennte, gesonderte Prüfung (§ 26 Rdn. 21 ff.).

52 Der maßgebliche Verfolgungsgrund wird hierbei jedoch häufig die Zugehörigkeit zu einer bestimmten sozialen Gruppe (Art. 10 Abs. 1 Buchst. d) Abs. 2 Satz 2 Halbs. 2 RL 2004/83/EG) darstellen (§ 26 Rdn. 54 ff.). Bevor die Verknüpfung mit dem maßgeblichen Verfolgungsgrund erfolgt, muss jedoch zunächst geprüft werden, ob die im konkreten Einzelfall angewandte sexuelle Gewalt die Kriterien einer Verfolgungshandlung erfüllt. Dies ist insbesondere wegen der Verbindung von Gewalt mit sexuellen Unterdrückungsstrategien in aller Regel anzunehmen.

53 Der Begriff sexuelle Gewalt ist weiter gehend als der Begriff der Vergewaltigung.[116] Dazu gehören etwa das Einführen von Gegenständen in genitale Öffnungen, oraler oder analer Koitus, versuchte Vergewaltigung und andere sexuelle erniedrigende Handlungen. Zu sexueller Gewalt gehören auch die Anwendung oder Androhung von Gewalt, um sexuelle Handlungen von Dritten zu erzwingen. Häufig motiviert das Streben nach Macht und Dominanz diejenigen, die sexuelle Gewalt verüben. Eine erzwungene sexuelle Handlung kann lebensgefährliche Folgen haben. Wie bei anderen Formen von Folter soll das Opfer verletzt, beherrscht und erniedrigt und die innerste physische und mentale Integrität zerstört werden.[117]

54 In ausgeübter sexueller Gewalt manifestiert sich damit ein Angriff auf den Genderstatus der Betroffenen.[118] Vor dem Hintergrund dieser Motivation tritt Vergewaltigung häufig in Situationen bewaffneter Konflikte und landesinterner Kämpfe auf.[119] Auch die deutsche Rechtsprechung geht davon aus, dass Vergewaltigungen nicht mehr als typische, sich aus Kriegsereignissen ergebende Beeinträchtigungen gewertet werden können.[120] So hätten etwa die von den bosnischen Serben begangenen

---

116 BVerfG (Kammer), NVwZ-Beil. 2003, 84 (85) = AuAS 2003, 261, Asylrelevanz der Vergewaltigung.
117 UNHCR, Sexuelle Gewalt gegen Flüchtlinge. Richtlinien zur Vorbeugung und Reaktion, S. 1.
118 § 26 Rdn. 59 ff.
119 § 26 Rdn. 58.
120 VG Aachen, Beschl. v. 12.03.1993 – 9 L.2349/92.A.

Handlungen dem Ziel gedient, die Muslime zu vernichten oder mittels dieser Drohung zu vertreiben.[121] Auch wurde die Vergewaltigung einer zwölfjährigen Tochter mit dem Ziel, den serbischen Vater zum Kriegsdienst bei den Tschetniks zu zwingen, als erheblich angesehen.[122]

Die deutsche Rechtsprechung hat in den Vergewaltigungen muslimischer Frauen im Bosnienkonflikt im Rahmen »ethnischer Säuberungen« Verfolgungsmaßnahmen gesehen: Die Gruppe der Muslime in Bosnien-Herzegowina sei Opfer von Verfolgungen durch die bosnischen Serben, die in Anknüpfung an die ethnische Abstammung der Mitglieder dieser Gruppe diese mit dem erklärten Ziel verfolgten, sie durch »ethnische Säuberungen« zu vernichten oder zu vertreiben. Konzentrations- und Internierungslager, in denen es zu Massenmorden, Folterungen und Vergewaltigungen an Muslimen komme, das Niederbrennen von Häusern, die von Muslimen bewohnt würden, fortwährende Gewalttätigkeiten, Quälereien und Diskriminierungen durch serbische Soldaten, Söldner und serbische Nachbarn seien Ausdruck derartiger »ethnischer Säuberungen«. Insbesondere die Vergewaltigungen seien dabei ein geplant und gezielt eingesetztes Mittel im Rahmen der »ethnischen Säuberungen« gewesen.[123] 55

Nach Ansicht des Exekutivkomitees des Programms von UNHCR ist sexuelle Gewalt eine grobe Verletzung fundamentaler Menschenrechte und stellt, wenn sie im Zusammenhang mit bewaffneten Konflikten ausgeübt wird, einen schwerwiegenden Verstoß gegen humanitäres Völkerrecht dar.[124] In diesem Zusammenhang erfüllen in der Rechtsprechung des EGMR sexuell erniedrigende Handlungen und insbesondere Vergewaltigungen den Begriff der Folter nach Art. 3 EMRK.[125] 56

Art. 27 der Vierten Genfer Konvention verbietet ausdrücklich jeden Angriff auf die Ehre der Frauen, insbesondere Vergewaltigungen, Zwangsprostitutionen und jede unzüchtige Handlung. Zwar ist sexuelle Gewalt nicht ausdrücklich als Kriegsverbrechen normiert worden.[126] Sie kann jedoch als willentliche Form der ernsthaften Verletzung des Körpers und der Gesundheit nach Art. 147 der Vierten Genfer Konvention und damit als Kriegsverbrechen angesehen werden. Freilich finden diese Normen lediglich auf den zwischenstaatlichen Krieg Anwendung. Für den internen Konflikt ist zu bedenken, dass sexuelle Gewalt zutreffend als Folter bezeichnet wird (Rdn. 56).[127] Die verschiedenen Funktionen der Vergewaltigung weisen darauf hin, dass hier die Folter an Verfolgungsgründe anknüpft. 57

In diesem Zusammenhang hat der Sicherheitsrat mit Resolution 1820 (2008) vom 19. Juni 2008 festgestellt, dass Vergewaltigung und andere Formen sexueller Gewalt ein **Kriegsverbrechen**, ein **Verbrechen gegen die Menschlichkeit** oder eine die Tatbestandmerkmale des **Völkermords** erfüllende Handlung darstellen können. Sexuelle Gewalt, wenn sie als vorsätzlich gegen Zivilpersonen gerichtete Kriegstaktik oder im Rahmen eines ausgedehnten oder systematischen Angriffs auf die Zivilbevölkerung eingesetzt werde oder andere damit beauftragt würden, verschärfe Situationen bewaffneten Konfliktes erheblich und könne die Wiederherstellung des Weltfriedens und der internationalen Sicherheit behindern. 58

---

121 VG Freiburg, Urt. v. 21.01.1993 – A 9 K 11694/92; zur Erheblichkeit der Vergewaltigung tamilischer Frauen VG Minden, Urt. v. 06.04.1995 – 9 K 3077/94.A.
122 VG Ansbach, Urt. v. 03.12.1992 – AN 5 K 92.30042 u. a.
123 VG Freiburg, Urt. v. 21.01.1993 – A 9 K 11694/92; VG Aachen, Beschl. v. 12.03.1993 – 9 L.2349/92.A; siehe auch VG Neustadt a. d. Weinstraße, Urt. v. 10.11.1993 – 3 K 2525/93.NW: Vertreibung der Muslime ist »ethnische Säuberung«; ebenso VG Schleswig, Urt. v. 05.10.1994 – 15 A 157/92.
124 Beschluss Nr. 73 (XLIV) (1993) über Rechtsschutz für Flüchtlinge und sexuelle Gewalt.
125 EGMR, HRLJ 1998, 59 (68) – Aydin v Turkey.
126 Siehe hierzu im Einzelnen *Schmidt am Busch*, Die Kriegsverbrechen an Frauen im Jugoslawienkonflikt, in: Kritische Justiz 1995, 1 (4 ff.); *Niarchos*, Women, War and Rape: Challenges Facing the International Tribunal for the Former Yugoslavia, in: Human Rights Quarterly 1995, 649 (651, 668, 673 ff.).
127 EGMR, HRLJ 1998, 59 (68) – Aydin v Turkey ; *Castel*, IJRL 1992, 39 (40, 54).

59 Nach Auffassung des Sicherheitsrates erfüllen danach sexuelle Gewalthandlungen auch im Rahmen eines internen bewaffneten Konfliktes den Tatbestand eines internationalen Verbrechens und sind die Staaten verpflichtet, wirksame Vorbeugungsmaßnahmen gegen derartige internationale Verbrechen zu treffen und insbesondere der Straflosigkeit für solche Handlungen im Rahmen eines umfassenden Konzeptes für die Herbeiführung von dauerhaftem Frieden, Gerechtigkeit, Wahrheit und nationaler Aussöhnung ein Ende zu setzen.

bb) Funktion der sexuellen Gewalt

60 Das Regelbeispiel sexuelle Gewalt soll zunächst wichtige Hinweise auf den Verfolgungscharakter, zugleich aber auch auf den zugrunde liegenden Verfolgungsgrund (§ 26 Rdn. 55 ff.) liefern. Aussagen zu beiden Prüfungsphasen können aus der Funktion sexueller Gewalt erschlossen werden. Sexuelle Gewalt und Vergewaltigung als Kriegsstrategie haben mehrere Funktionen. Zum einen sollen die massenhaften öffentlichen Vergewaltigungen das Zusammengehörigkeitsgefühl des politischen Gegners untereinander stärken. Zum anderen soll die Macht der Sieger über die Besiegten demonstriert und den Ehemännern und Vätern des unterlegenen Gegners vor Augen geführt werden, dass sie unfähig sind, die körperliche Integrität ihrer Frauen zu schützen.[128]

61 Die Kriegshandlungen zielen danach offenkundig darauf ab, die gegnerische Volksgruppe zu vernichten, zumindest aber ihre ethnische und kulturelle Identität zu zerstören. Die Vergewaltigungen müssen daher als systematische, befohlene Aktionen und daher als Bestandteil einer bestimmten Taktik der gegnerischen Kriegspartei gesehen werden.[129] Das Militär der Verfolger setzt damit die Vergewaltigung als Waffe ein, um den Feind im Bewusstsein der eigenen Soldaten zu entmenschlichen, die Moral des Gegners zu schwächen, diesen zu bestrafen und zugleich die eigenen Truppenangehörigen zu belohnen.

62 Hieraus wird deutlich, dass Vergewaltigungen eine besondere Funktion im Rahmen der Genozids einnehmen und Verfolgungsgrund hier vorrangig die Volks- oder Religionszugehörigkeit und in Anbetracht des ethnifizierenden Kriegscharakters deren Zugehörigkeit zum politischen Kriegsgegner ist. Andererseits dürfen die Vergewaltigungen nicht isoliert, sondern müssen sie im Zusammenhang auch mit gegen männliche Angehörige gerichteten Vertreibungsmaßnahmen gesehen werden. Aus der Funktion der Vergewaltigung wird jedoch deutlich, dass die weibliche Geschlechtszugehörigkeit als ein spezifisches Mittel angesehen wird, den politischen Gegner zu demoralisieren sowie zu demütigen und dadurch zugleich die Angehörigen der eigenen Truppen in Schuld zu verstricken und für die eigenen Kriegsziele gefügig zu machen.[130]

cc) Darlegungsprobleme

63 Das zentrale Problem sexueller Gewalt liegt weniger im materiellen Recht, sondern im Bereich der Verfolgungsprognose. Um den anzuwendenden Beweismaßstab zu bestimmen, ist der Sachverhalt unter dem Gesichtspunkt von Vorverfolgungen (Art. 4 Abs. 4 RL 2004/83/EG) zu erforschen. Insbesondere im Blick auf erlittene sexuelle Gewalt wird zutreffend eingewandt, es gebe eine Reihe von Gründen, die Frauen daran hinderten, ihrer Darlegungslast im gebotenen Umfang nachzukommen.[131]

64 Einerseits hat dies seinen Grund in der Scham, die erlittenen Demütigungen und Erniedrigungen in einer fremden und Furcht einflößenden, häufig auch männlich geprägten Darlegungssituation

---

128 VG Freiburg, Urt. v. 21.01.1993 – A 9 K 11694/92.
129 VG Aachen, Beschl. v. 12.03.1993 – 9 L.2349/92.A; OVG Nordrhein-Westfalen, Urt. v. 26.05.1995 – 23 A 2783/93.A, Vergewaltigung muslimischer Bosnierinnen durch bosnische Serben asylerheblich.
130 VG Würzburg, Urt. v. 26.08.1993 – Nr. W 5 K 92.31013.
131 *Castel*, IJRL 1992, 39 (55); *Johnsson*, IJRL 1989, 221 (223); *Kelley*, IJRL 1989, 233 (235); *Gottstein*, Streit 1987, 55 (77); *Gebauer*, ZAR 1988, 120 (128).

vorzutragen. Hinzu kommen fortwirkende traumatische Folgen und die verständliche Neigung zur Verdrängung des Erlebten. Schließlich verschweigen Frauen im Beisein des Ehepartners, dem häufig das schambesetzte Erlebnis auch aus Angst vor Verstoßung verschwiegen worden ist, eher das entscheidungserhebliche Erlebnis als es zu offenbaren.

Andererseits fehlt es häufig an zuverlässigen und detaillierten Informationen über die Praxis sexueller Gewalt im Herkunftsland der Asylsuchenden, sodass eine starke Neigung besteht, den Sachvortrag als unglaubhaft zu bewerten oder aber der erlittenen sexuellen Gewalt einen rein privaten Charakter zuzuschreiben.[132] Jedenfalls ist bei versteckten Hinweisen oder Andeutungen auf erlittene sexuelle Gewalt besondere Behutsamkeit angebracht und den besonderen Darlegungshindernissen in derartigen Fällen im Rahmen der Beweiswürdigung angemessen Rechnung zu tragen. 65

Werden Ehepartner zusammen angehört, ist auf behutsame und die familiären Belange der Eheleute berücksichtigende Weise Vorsorge zu treffen, dass die Eheleute im weiteren Verlauf der Anhörung getrennt angehört werden. Auch insoweit ist aber behutsam vorzugehen, damit wegen der Trennung der Anhörung der Ehemann nicht misstrauisch wird. 66

3. Diskriminierende Maßnahmen (Art. 9 Abs. 2 Buchst. b) RL 2004/83/EG)

a) Funktion des Diskriminierungsverbotes

Nach Art. 9 Abs. 2 Buchst. b) RL 2004/83/EG können gesetzliche, administrative, polizeiliche und/ oder justizielle Maßnahmen, die als solche diskriminierend sind oder in diskriminierender Weise angewendet werden, als Verfolgungshandlung bewertet werden. Dieses Regelbeispiel bezieht sich nicht auf den Strafprozess. Vielmehr wird dieser vom nachfolgenden Regelbeispiel erfasst. Sofern justizielle Maßnahmen in Form eines Strafprozesses erfolgen, ist das nachfolgende Regelbeispiel anzuwenden. Insbesondere in diesem Zusammenhang sind an sich neutrale Maßnahmen von beachtlichen Verfolgungshandlungen abzugrenzen. Als Verfolgungshandlungen gelten derartige Maßnahmen dann, wenn sie **aus sich heraus** diskriminierend sind oder in diskriminierender Weise angewendet werden.[133] Hier gewinnt der kumulative Ansatz der Richtlinie besondere Bedeutung. 67

Allgemeine Maßnahmen zur Gewährleistung der öffentlichen Ordnung, nationalen Sicherheit oder Gesundheit der Bevölkerung stellen an sich regelmäßig keine Verfolgung dar, sofern die völkerrechtlich verankerten Voraussetzungen für eine rechtmäßige Einschränkung der entsprechenden Menschenrechtsverpflichtungen oder eine Abweichung davon erfüllt sind.[134] Demgegenüber ist Diskriminierung dann mit Verfolgung gleichzusetzen, wenn die Diskriminierungsmaßnahmen Konsequenzen mit sich bringen, welche den Antragsteller in hohem Maße benachteiligen. 68

Im Handbuch von UNHCR wird darauf hingewiesen, dass es in vielen Gesellschaften mehr oder minder stark ausgeprägte Unterschiede in der Behandlung verschiedener Gruppen gebe. Personen, die aufgrund solcher Unterschiede eine weniger gute Behandlung erfahren würden, seien nicht notwendigerweise bereits deshalb Opfer von Verfolgung. Nur unter bestimmten Voraussetzungen sei Diskriminierung mit Verfolgung gleichzusetzen. 69

Dies wäre nur der Fall, wenn die Diskriminierungsmaßnahmen Konsequenzen mit sich brächten, welche den Betroffenen in hohem Maße benachteiligen würden, z.B. die ernstliche Einschränkung des Rechts, den Lebensunterhalt zu verdienen oder die Verhinderung des Zugangs zu üblicherweise verfügbaren Bildungseinrichtungen. In den Fällen, in denen die Diskriminierungen an sich noch nicht allzu schwer ins Gewicht fielen, könnten sie aber gleichwohl als Verfolgungshandlung erscheinen, z. B. wenn sie beim Antragsteller ein Gefühl der Furcht und Unsicherheit im Hinblick auf seine Zukunft hervorriefen. In diesen Fällen werde die Verfolgungsfurcht umso eher begründet sein, wenn 70

---

132 *Kelley*, IJRL 1989, 233 (235); *Castel*, IJRL 1992, 39 (55).
133 Kommissionsentwurf v. 12.09.2001, BR-Drucks. 1017/01, S. 21.
134 Kommissionsentwurf v. 12.09.2001, BR-Drucks. 1017/01, S. 21.

der Antragsteller bereits eine Reihe diskriminierender Akte dieser Art habe erdulden müssen und deshalb ein kumulatives Element vorliege.[135]

71 Ausgangspunkt für die Handhabung des Regelbeispiels nach Art. 9 Abs. 2 Buchst. b) RL 2004/83/EG ist die Verletzung des völkerrechtlichen Diskriminierungsverbotes. Damit kommen die zahllosen und sich dem juristischen Begriffsvermögen entziehenden Verfolgungs- und Vertreibungsschicksale vor allem auch während der NS-Zeit ins Blickfeld.[136] Auf diesen geschichtlichen Hintergrund hatte das BVerfG bereits früher hingewiesen.[137]

72 Es war ja gerade und vor allem das Anderssein, das mit dem industriell und planmäßig betriebenen Massenmord der Nationalsozialisten aufgehoben werden sollte. »Auschwitz« steht andererseits am Beginn der modernen völkerrechtlichen Entwicklung der Menschenrechte, die ihren Grund im Diskriminierungsverbot finden, welches in zahllosen völkervertragsrechtlichen Kodifikationen und nationalstaatlichen Verfassungen seinen Niederschlag gefunden hat.

b) Diskriminierungen im beruflichen und wirtschaftlichen Bereich

aa) Verfolgungscharakter beruflicher und wirtschaftlicher Beschränkungen

73 Das Regelbeispiel in Art. 9 Abs. 2 Buchst. b) RL 2004/83/EG muss insbesondere im Zusammenhang mit dem Kumulationsansatz (Art. 9 Abs. 1 Buchst. b) RL) gesehen werden. Personen, die aufgrund mehr oder minder stark ausgeprägter Unterschiede in der Behandlung verschiedener Gruppen in einer staatlich verfassten Gesellschaft eine weniger gute Behandlung erfahren, sind nicht notwendigerweise Opfer von Verfolgung. Nur unter bestimmten Voraussetzungen ist Diskriminierung mit Verfolgung gleichzusetzen, etwa bei ernsthaften Einschränkungen im beruflichen oder Ausbildungsbereich.[138] Diskriminierungen im Bereich der Leistungsverwaltung dürften daher grundsätzlich nicht als erheblich angesehen werden, es sei denn, sie nehmen die Form gezielter Behinderungen an (Rdn. 78).

74 Nach der deutschen Rechtsprechung umfasst der Verfolgungsbegriff grundsätzlich auch Einschränkungen der persönlichen Freiheit. Zwar bewahrt danach das Asylrecht nicht vor den Lasten und Beschränkungen, die ein autoritäres System seiner Bevölkerung allgemein auferlegt.[139] Wirtschaftliche Armut an sich begründet damit nicht ohne Weiteres den Verfolgungscharakter einer Maßnahme. Vielmehr ist eine Grenze zwischen der Einwanderung aus ausschließlich ökonomischen Gründen und der Schutzsuche aus begründeter Furcht vor Verletzungen der sozialen und wirtschaftlichen Rechte, die einer Verfolgung gleich kommen, zu ziehen.

75 Der Eingriff in das Recht auf ungehinderte berufliche und wirtschaftliche Betätigung kann als Verfolgung angesehen werden, wenn dessen Beeinträchtigungen nach ihrer Intensität und Schwere zugleich die Menschenwürde verletzen und über das übliche Maß dessen hinausgehen, was die Bewohner des Heimatstaates allgemein hinzunehmen haben.[140] Häufig kann jedoch eine klare Unterscheidung zwischen den individuellen Folgen von Verfolgungsmaßnahmen einerseits sowie den allgemeinen Auswirkungen ökonomisch instabiler Systeme andererseits nur schwer getroffen werden.

---

135 *UNHCR*, Handbuch über Verfahren und Kriterien zur Feststellung der Flüchtlingseigenschaft, Rn. 54 f.
136 BVerfGE 76, 143 (157) = EZAR 200 Nr. 10 = NVwZ 1988, 237 = InfAuslR 1988, 87; dieser Hinweis fehlt in BVerwGE 67, 184 (186) = InfAuslR 1983, 228 = NVwZ 1983, 674.
137 BVerfGE 54, 341 (357) = EZAR 200 Nr. 1 = NJW 1980, 2641.
138 *UNHCR*, Handbuch über Verfahren und Kriterien zur Feststellung der Flüchtlingseigenschaft, Rn. 55.
139 BVerfG (Kammer), InfAuslR 1991, 133 (135) = EZAR 224 Nr. 22.
140 BVerfG (Kammer), NVwZ-RR 1993, 511 (512), unter Hinweis auf BVerfGE 54, 341 (357) = EZAR 200 Nr. 1 = NJW 1980, 2641; BVerfGE 76, 143 (158) = EZAR 200 Nr. 10 = NVwZ 1988, 237 = InfAuslR 1988, 87; so schon BGH, RzW 1965, 238; BVerwG, InfAuslR 1983, 258; BVerwG, Buchholz 402.25 § 1 AsylVfG Nr. 75 = InfAuslR 1988, 22; BVerwG, Buchholz 402.25 § 1 AsylVfG Nr. 104 u. Nr. 145.

Insbesondere im Blick auf Flüchtlinge aus Entwicklungsländern kann die Unfähigkeit, eine Arbeitsmöglichkeit zu finden, Ergebnis der allgemeinen wirtschaftlichen Notlage sowie zugleich auch gezielter wirtschaftlicher Maßnahmen gegen den Einzelnen sein. In diesem Fall liegt jedoch eine beachtliche Verfolgung vor.[141]

Ausgangspunkt ist das grundsätzlich geschützte Recht auf ungehinderte berufliche und wirtschaftliche Betätigung.[142] Ob die Beeinträchtigungen schwerwiegend sind, ist bei Beeinträchtigungen der beruflichen und wirtschaftlichen Betätigung ebenso wie bei Beeinträchtigungen der religiösen Freiheit im besonderen Maße davon abhängig, ob die in Rede stehenden Beeinträchtigungen nach ihrer Intensität sowie Schwere über das Maß jener allgemeinen Beschränkungen hinausgehen, das die Bewohner des Heimatstaates aufgrund des dort herrschenden Systems allgemein hinzunehmen haben.[143]   76

Das BVerfG hat zur näheren Bestimmung des Inhalts des geschützten Bereichs der ungehinderten beruflichen sowie wirtschaftlichen Betätigung ausdrücklich auf seine Rechtsprechung verwiesen, wonach Eingriffe und Beeinträchtigungen eine Schwere und Intensität aufweisen müssen, die die Menschenwürde verletzen. Sie müssen also ein solches Gewicht haben, dass sie in den elementaren Bereich der sittlichen Person eingreifen, in dem für ein menschenwürdiges Dasein die Selbstbestimmung möglich bleiben muss, sollen nicht die metaphysischen Grundlagen menschlicher Existenz zerstört werden.[144]   77

Das BVerfG hat diese interpretative Leitlinie am Beispiel religiöser Verfolgungen entwickelt, jedoch ausdrücklich auch im Blick auf berufliche und wirtschaftliche Beeinträchtigungen in Anwendung gebracht. Die Staaten sind verpflichtet, soziale und wirtschaftliche Rechte ohne Unterschied der Rasse, Religion, Nationalität und politischen Überzeugung zu gewährleisten. Beschränken sie den Zugang zu beruflichen und wirtschaftlichen Möglichkeiten im Blick auf bestimmte unverfügbare Merkmale oder verweigern sie politischen Opponenten den Zugang zum Arbeitsmarkt, zerstören sie damit bewusst und gezielt die sozialen und wirtschaftlichen Voraussetzungen für deren menschenwürdiges Dasein und greifen damit zugleich auch in den elementaren Bereich der sittlichen Person ein.   78

Ratio dieser Abgrenzungsdogmatik ist, dass der Flüchtlingsstatus im Allgemeinen jedenfalls nicht jenen zuteil werden soll, die in ihrer Heimat benachteiligt sind und etwa in materieller Not leben müssen.[145] Der Abgrenzungsansatz nach Art. 9 Abs. 2 Buchst. b) RL 2004/83/EG zielt hingegen nicht auf die allgemein hinzunehmenden Maßnahmen, sondern auf die individuellen, insbesondere auch kumulativen Auswirkungen diskriminierender Maßnahmen. Dabei ist das maßgebende Abgrenzungskriterium nicht der elementare Bereich der sittlichen Person, weil hiermit ein eher subjektiv geprägter, der rationalen Erkenntnis nur schwer zugänglicher Ansatz ins Spiel kommt. Vielmehr knüpft die Richtlinie im Rahmen der Verfolgungshandlung an äußerlich wahrnehmbare Verletzungen des Diskriminierungsverbotes in Form ernsthafter Beeinträchtigungen im wirtschaftlichen, sozialen und kulturellen Bereich an.   79

---

141 *Hathaway*, The Law of Refugee Status, S. 117–123.
142 BVerfG (Kammer), NVwZ-RR 1993, 511 (512); BVerwG, Buchholz 402.25 § 1 AsylVfG Nr. 145, unter Hinweis auf BVerwG, DÖV 1983, 206 = InfAuslR 1983, 258.
143 BVerfGE 54, 341 (357) = EZAR 200 Nr. 1 = NJW 1980, 2641; BVerfGE 76, 143 (158) = EZAR 200 Nr. 10 = NVwZ 1988, 237 = InfAuslR 1988, 87; BGH, RzW 1965, 238; BVerwG, InfAuslR 1983, 258.
144 BVerfG (Kammer), NVwZ-RR 1993, 511 (512), unter Hinweis auf BVerfGE 76, 143 (158) = EZAR 200 Nr. 10 = NVwZ 1988, 237 = InfAuslR 1988, 87.
145 BVerfGE 54, 341 (357) = EZAR 200 Nr. 1 = NJW 1980, 2641; BVerfGE 56, 216 (235) = EZAR 221 Nr. 4 = InfAuslR 1981, 152.

bb) Intensitätsgrad der Beeinträchtigungen

80 Für berufliche und wirtschaftliche Beeinträchtigungen gilt grundsätzlich nichts anderes wie für andere Eingriffe: Der Eingriff muss sich als schwerwiegende Menschenrechtsverletzung darstellen. Das Maß dieser Intensität ist nicht abstrakt vorgegeben. Es muss vielmehr der humanitären Intention entnommen werden, die die Konvention und damit auch die Richtlinie trägt, demjenigen Aufnahme und Schutz zu gewähren, der sich in einer für ihn ausweglosen Lage befindet.[146]

81 Nach diesen Grundsätzen kann auch der in der deutschen Rechtsprechung früher herrschende Streit über das Maß der Intensität des Eingriffs gelöst werden: Der BGH ging von einer Verfolgung im Sinne der Konvention aus, wenn die befürchtete Behinderung in der wirtschaftlichen Betätigung die Existenz des Verfolgten »**erheblich bedrohte**«.[147] Demgegenüber wollte die frühere Asylrechtsprechung den Asylanspruch nur bei einer »**völligen Existenzvernichtung**« anerkennen.[148]

82 Nach Ansicht des BVerwG verletzen nicht nur die Vernichtung der wirtschaftlichen Existenz, sondern auch »schon« andere Beeinträchtigungen der beruflichen Betätigung die Menschenwürde.[149] Zwar hat das BVerfG hervorgehoben, dass das erforderliche Maß der schwerwiegenden Menschenrechtsverletzung nicht abstrakt vorgegeben werden kann. Dies erlaubt jedoch nicht den Rückzug allein auf die jeweiligen Umstände des Einzelfalles, um zu beurteilen, ob eine unmittelbare Bedrohung der wirtschaftlichen Existenzgrundlage gegeben ist.[150]

83 Erhebliche Beeinträchtigungen der beruflichen Betätigung sind etwa das Verbot einer die Persönlichkeit des Einzelnen im besonderen Maße prägenden beruflichen Betätigung oder seine mit einer Umsetzung verbundene gezielte Bloßstellung und Herabwürdigung.[151] Im Blick auf die Auswirkungen des Diskriminierungsaktes ist zu beurteilen, ob dem Einzelnen etwa der gesamte wirtschaftliche Besitz oder nur ein Teil davon weggenommen wird. Daher kann es an der erforderlichen Schwere der Maßnahme fehlen, wenn ihm und seiner Familie noch eine kleine Parzelle und mit dem Ochsen zu bestellende Felder verblieben sind, von denen sie »gerade noch« leben können. Ferner ist zu bedenken, ob die Arbeitsaufnahme bei einem anderen Bauern als Landwirt oder landwirtschaftlicher Arbeiter in Betracht kommt, wenn die Lebensgrundlage des Einzelnen aufgrund der rechtswidrigen Entziehung des Pachtlandes auf dem Familienbesitz in der Tat nicht mehr zu sichern ist.[152]

84 Dieser rechtliche Maßstab ist zu streng. Ob der Einzelne in schwerwiegender Weise durch die Verletzung seiner Rechte betroffen ist, ist davon abhängig, wie schwerwiegend ihn wirtschaftliche Maßnahmen treffen. Wer »gerade noch« sein Leben fristen kann, gerät in eine ausweglose Lage, ganz abgesehen davon, dass er aufgrund der vorangegangenen Maßnahmen als »Ausgegrenzter« gezeichnet ist und unter diesen Voraussetzungen zumeist einem fortwährenden Prozess der Diskriminierung, Herabwürdigung und Erniedrigung ausgesetzt sein dürfte.

85 Ob bereits der Raub von Vieh aus religiösen Gründen Verfolgungscharakter aufweist, ist fraglich.[153] Die Auswirkungen dieser Maßnahme auf den Einzelnen können jedoch die erforderliche Schwere

---

146 Vgl. BVerfGE 80, 315 (335) = EZAR 201 Nr. 20 = NVwZ 1990, 151 = InfAuslR 1990, 21.
147 BGH, RzW 1965, 238.
148 Bayerischer VGH, Urt. v. 27.04.1971 – Nr. 152 VIII 69; Bayerischer VGH, Urt. v. 12.03.1975 – Nr. 222 VIII 72; Bayerischer VGH, Urt. v. 24.05.1976 -Nr. 226 II 73; VG Ansbach, Urt. v. 28.09.1971 – AN 2328-II/71.
149 BVerwG, Buchholz 402.25 § 1 AsylVfG Nr. 75 = InfAuslR 1988, 22; ebenso VGH Baden-Württemberg, Urt. v. 10.10.1980 – A 12 S 24/80; VG Ansbach, Urt. v. 23.07.1974 – AN 3038-II/72; VG Ansbach, Urt. v. 23.07.1974 – AN 3115-II/73.
150 So aber BVerwG, Beschl. v. 24.10.1979 – BVerwG 1 B 327.79.
151 BVerwG, InfAuslR 1988, 22; BVerwG, Buchholz 402.25 § 1 AsylVfG Nr. 145.
152 BVerwG, Buchholz 402.25 § 1 AsylVfG Nr. 104.
153 Offen gelassen BVerwGE 88, 367 (370) = EZAR 202 Nr. 21 = NVwZ 1992, 578 = InfAuslR 1991, 363.

aufweisen. Auch eine rechtswidrige Entziehung von Pachtland hat das erforderliche Gewicht, wenn dies zu einem wirtschaftlichen Verlust der Existenzgrundlagen führt. Es spielt hierbei rechtlich keine Rolle, ob der Betroffene Eigentümer, Mitpächter oder aber lediglich mithelfender Angehöriger ist. Die Landwegnahme gegen den Vater wirkt unmittelbar auch gegenüber den anderen Familienangehörigen und wird damit zu einer Verfolgung auch gegenüber dem Asylsuchenden selbst.[154]

cc) Alternative wirtschaftliche Überlebensmöglichkeiten

Nach der deutschen Rechtsprechung kann von einer schwerwiegenden Beeinträchtigung sozialer, wirtschaftlicher und kultureller Rechte regelmäßig dann nicht die Rede sein, wenn die wirtschaftliche Existenz des Einzelnen durch eine »**andersartige Beschäftigung**« oder auf »**sonstige Weise**« gewährleistet ist.[155] Eine schwerwiegende Beeinträchtigung der ungehinderten beruflichen und wirtschaftlichen Betätigung ist hingegen anzunehmen, wenn die wirtschaftliche Existenz des Einzelnen nicht durch eine andere, ihm nach seiner Vorbildung mögliche und auch zumutbare Beschäftigung oder auf sonstige Weise gewährleistet ist.[156] Bevor die alternativen Möglichkeiten der Existenzsicherung ins Blickfeld rücken, ist jedoch zu prüfen, ob der Eingriff in die wirtschaftliche, soziale oder kulturelle Existenz als solcher nicht bereits nach seiner Schwere und unter den hierbei vorherrschenden Umständen derart gravierend ist, dass eine Verweisung auf Alternativen von vornherein nicht in Betracht kommt.

86

Zielt etwa die berufliche Diskriminierung auf die politische Unterdrückung des Gegners, ergibt sich bereits aus dem Unterdrückungscharakter, dass dem Einzelnen die Suche nach alternativen Beschäftigungsmöglichkeiten nicht zugemutet werden kann. Wenn etwa der Staat oder die herrschende Staatspartei anstelle der klassischen Verfolgungsmethoden, wie politische Haft oder Folter, die politische Unterdrückung des Gegners mit wirtschaftlichen und beruflichen Maßnahmen praktiziert, ist nämlich in aller Regel davon auszugehen, dass bereits nach dem Gesamtplan der Verfolgung jegliche weitere Suche des Oppositionellen nach der wirtschaftlichen Sicherung seiner Existenzgrundlagen unmöglich gemacht werden wird.

87

Auch im Blick auf die Verfolgung von Minderheiten kann bereits die Beeinträchtigung als solche erheblich sein, etwa in dem Fall, in dem religiöse Minderheiten in ihrem gesellschaftlichen und wirtschaftlichen Umfeld einem allgemeinen auf ihre Ausgrenzung zielenden Klima dadurch ausgesetzt sind, dass sie aus Schlüsselpositionen im Staatsdienst entfernt werden oder der staatlich geduldete oder gar veranlasste wirtschaftliche Boykott für kleine Selbstständige und Gewerbetreibende den wirtschaftlichen Ruin zur Folge hat.[157]

88

Hier kann bereits die Schwere der Diskriminierung ein Indiz dafür sein, dass die Suche nach etwaigen alternativen Beschäftigungsmöglichkeiten auch unter Berücksichtigung der beruflichen Vorbildung von vornherein unzumutbar erscheint. Rechtlicher Maßstab für die Bewertung der Schwere des diskriminierenden Aktes wie der alternativen Möglichkeiten ist das Recht auf »ungehinderte« berufliche und wirtschaftliche Betätigung.[158] Auszugehen ist nicht von einem auf einem Minimum der wirtschaftlichen, sozialen und kulturellen Existenz beruhenden materiellen Maßstab, sondern umgekehrt von dem Recht auf ungehinderte berufliche und wirtschaftliche Betätigung[159] und von den die Diskriminierung begleitenden gesamten Umständen.

89

---

154 BVerwG, Buchholz 402.25 § 1 AsylVfG Nr. 104.
155 BVerwG, InfAuslR 1983, 258; BVerwG, InfAuslR 1988, 22; BVerwG, Buchholz 402.25 § 1 AsylVfG Nr. 104.
156 BVerwG, Buchholz 402.25 § 1 AsylVfG Nr. 104 u. Nr. 145.
157 VG Köln, Urt. v. 25.05.1982 – 2 K 10443/80.
158 BVerfG (Kammer), NVwZ-RR 1993, 511 (512).
159 VG Karlsruhe, Urt. v. 29.01.1981 – A 9 K 51/80; VG Schleswig, InfAuslR 1985, 99.

90 Die **akademische Ausbildung** des Einzelnen etwa als Lehrer führt nicht dazu, dass ihm in seinem Heimatstaat nicht körperliche Tätigkeiten, wie z. B. handwerkliche oder auch landwirtschaftliche Verrichtungen zuzumuten sind. Vielmehr sind derartige Tätigkeiten nicht von vornherein mit der Menschenwürde unvereinbar, solange die Art und Weise der dem Einzelnen abverlangten Arbeit nicht seine personale Würde verletzt, etwa indem sie ihn völlig in die Hände anderer begibt oder sinnentleert wäre.[160] Dabei darf nicht allein auf den Eingriffsakt als solches abgestellt werden, sondern sind auch die mit Diskriminierungsmaßnahmen regelmäßig einhergehenden entwürdigenden und erniedrigenden Begleitumstände in den Blick zu nehmen.

91 Ein Eingriff in die berufliche und wirtschaftliche Betätigung kann auch deshalb für den Einzelnen zu schwerwiegenden Folgen führen, weil dieser dadurch angesichts der bekannten allgemein schlechten Arbeitsmarktlage in eine für ihn ausweglose Lage gerät. Dies mag im Einzelfall, in dem die UNWRA dem palästinensischen Flüchtling Unterstützung gewährt, anders sein.[161] Im Regelfall werden andere Organisationen oder auch Freunde oder Bekannte die materielle Notlage nicht beheben können.

92 Fraglich ist auch, ob eine Verfolgung ihren Charakter allein deshalb verliert, weil Freunde und Bekannte dem Betroffenen solidarisch zur Seite stehen. Dies dürfte für den Regelfall zu verneinen sein. Im Übrigen ist sorgfältig zu ermitteln, ob und unter welchen Bedingungen der von wirtschaftlichen Maßnahmen Betroffene auf dem Arbeitsmarkt zumutbare Möglichkeiten der Beschäftigung finden kann[162] und unter welchen Bedingungen dieser aus dem Arbeitsprozess heraus gedrängt wurde. Dabei ist auch zu bedenken, dass durch wirtschaftliche Verfolgungsmaßnahmen ausgegrenzte Personen in vielfältiger Weise den Neid und die Missgunst der Arbeitskollegen erregen und dies häufig dazu führen kann, dass bereits aus geringfügigem Anlass erneute wirtschaftliche Sanktionen drohen können.[163]

c) Ernsthafte Beeinträchtigungen im schulischen Bereich

93 Benachteiligungen im **schulischen und universitären Bereich** beurteilen sich nach den für berufliche und wirtschaftliche Benachteiligungen maßgebenden Kriterien (Rdn. 80 ff.).[164] So kann etwa die Verweigerung der Aufnahme in eine staatliche Schule Verfolgungscharakter haben, wenn alternative Ausbildungsmöglichkeiten nicht verfügbar sind.[165] Versperrt der Staat seinem Staatsangehörigen den Zugang zur Bildung oder macht er den Zugang von unzumutbaren Bedingungen abhängig, weil er im Ausland geboren ist und die Eltern nicht vor der Geburt die Geburtserlaubnis eingeholt haben, liegt eine erhebliche Diskriminierung vor.[166] Diese Grundsätze sind auch auf die Verweigerung des Zugangs zu weiterführenden Ausbildungsinstitutionen anzuwenden.

94 Im Fall einer religiösen Minderheit drohenden Beschränkungen des Zugangs zur universitären Ausbildung wie auch bei anderen Diskriminierungen kommt es zunächst darauf an, ob und inwieweit der Einzelne von den Benachteiligungen persönlich betroffen ist. Ist er nach dem Schulabschluss ins Arbeitsleben eingetreten und hat er ein Studium gar nicht angestrebt, sind Beschränkungen in der Ausbildung und im Zugang zur Universität ohne rechtliche Bedeutung.[167]

95 Im Rahmen der Schulausbildung durchgeführte Zwangsmaßnahmen, etwa der Zwang zum gemeinschaftlichen Bekenntnis des islamischen Glaubens gegenüber Angehörigen einer religiösen

---

160 BVerwG, Buchholz 402.25 § 1 AsylVfG Nr. 145, in Bezug auf befreite Gebiete.
161 BVerwG, InfAuslR 1983, 258; siehe auch § 32 Rdn. 9 ff.
162 BVerwG, InfAuslR 1983, 60.
163 VG Karlsruhe, Urt. v. 24.09.1993 – A 13 K 14047/93: Einzelfall eines assyrischen Christen im Iran.
164 BVerwGE 74, 41 (47) = EZAR 200 Nr. 18 = NVwZ 1987, 311 = InfAuslR 1987, 56.
165 Bayerischer VGH, Urt. v. 01.03.1977 – Nr. 244 XII 72; VG Ansbach, Urt. v. 04.07.1978 – AN 3843-II/72; VG Schleswig, InfAuslR 1985, 99.
166 VG Meiningen, Beschl. v. 22.02.2011 – 8 K 20205/09 Me.
167 BVerwGE 74, 41 (46) = EZAR 200 Nr. 18 = NVwZ 1987, 311 = InfAuslR 1987, 56.

Minderheit, müssen den Einzelnen konkret betreffen[168] bzw. müssen ihm derartige Maßnahmen aufgrund seines Alters für den Fall der Rückkehr noch drohen. Bestehen keine vergleichbaren alternativen schulischen Ausbildungsmöglichkeiten, liegen die Voraussetzungen einer religiös bedingten diskriminierenden Verfolgungsmaßnahme vor.

Die Verweigerung von angemessenen Bildungschancen enthält jungen Menschen für ihr gesamtes weiteres Leben in schwerwiegender Weise die Möglichkeit vor, ihr Leben in eigener Selbstverantwortung zu bestimmen und zu planen.[169] Eine schwerwiegende Beeinträchtigung kann unter Berücksichtigung des Kumulationsansatzes überdies auch in »ständigen, fein dosierten Benachteiligungen« erblickt werden.[170] Bietet der Staat etwa Angehörigen der orthodoxen Glaubensgemeinschaft nur den Zugang zu den öffentlichen, allein eine jüdisch-religiöse Erziehung vermittelnden Schulen an und wird der Zugang von einer Beschneidung abhängig gemacht, kann von einer Verfolgungshandlung ausgegangen werden.[171] 96

4. Unverhältnismäßige oder diskriminierende Strafverfolgung oder Bestrafung (Art. 9 Abs. 2 Buchst. c) RL 2004/83/EG)

a) Funktion des Regelbeispiels

Nach Art. 9 Abs. 2 Buchst. c) RL 2004/83/EG kann die unverhältnismäßige oder diskriminierende Strafverfolgung oder Bestrafung eine Verfolgungshandlung darstellen. Sowohl die Unverhältnismäßigkeit wie auch der diskriminierende Charakter der Strafverfolgung oder Bestrafung können danach gewichtige Hinweise auf den Verfolgungscharakter liefern. Aus der Unverhältnismäßigkeit der Verfolgung oder Bestrafung können häufig auch Erkenntnisse über den diskriminierenden Charakter wie umgekehrt aus der Verletzung des Grundsatzes der Unverhältnismäßigkeit Hinweise auf deren diskriminierenden Charakter erschlossen werden. Das Regelbeispiel bezieht sich einerseits auf den Prozess der Strafverfolgung und andererseits auf die Bestrafung. 97

Der Begriff **Strafverfolgung** umfasst den Ablauf und die näheren Umstände des Prozesses, von der Aufnahme der polizeilichen Ermittlungen bis zur Verkündung des Urteils und gegebenenfalls auch den Fortgang des Prozesses durch weitere Instanzen. Demgegenüber erfasst der Begriff **Bestrafung** das Urteil selbst und seinen Inhalt sowie die damit zusammenhängenden Begleitumstände. Das Regelbeispiel bezieht sich allein auf den Strafprozess. Verwaltungsprozesse und in diesem Rahmen angeordnete Sanktionen werden vom vorhergehenden Regelbeispiel erfasst (Rdn. 67 bis 96). 98

Nach der Begründung des Kommissionsentwurfs stellt die strafrechtliche Verfolgung und Ahndung von Verstößen gegen ein gewöhnliches Gesetz, dass allgemein Anwendung findet, normalerweise keine Verfolgung dar. Anders ist hingegen die Ausgangslage, wenn der Herkunftsstaat bei der Strafverfolgung oder Urteilsfindung diskriminierend vorgeht, wenn er diskriminierende oder unmenschliche Strafen verhängt oder wenn seine Rechtsvorschriften die Wahrnehmung fundamentaler internationaler Menschenrechte kriminalisieren oder Einzelne zu Handlungen zwingen, die gegen völkerrechtliche Grundsätze verstoßen.[172] 99

b) Abgrenzung der Verfolgung (persecution) von Strafverfolgung (prosecution)

Nach dem Völkerrecht muss grundsätzlich zwischen Verfolgung und Strafverfolgung (§ 35 Rdn. 37 ff.) unterschieden werden. Von diesem Ansatz geht auch das Handbuch von UNHCR aus. 100

---

168 BVerwG, Buchholz 402.25 § 1 AsylVfG Nr. 115.
169 VG Schleswig, InfAuslR 1985, 99.
170 VG Schleswig, InfAuslR 1985, 99.
171 VG Ansbach, Urt. v. 04.07.1978 – AN 3843-II/76: für Angehörige der russisch-orthodoxen Gemeinschaft in Israel.
172 Kommissionsentwurf v. 12.09.2001, BR-Drucks. 1017/01, S. 21.

Danach sind Personen, die vor Strafverfolgung oder Bestrafung wegen eines Deliktes fliehen, normalerweise keine Flüchtlinge: Ein Flüchtling ist das Opfer von Ungerechtigkeit und nicht ein Flüchtling vor der Gerechtigkeit.[173] Ergibt die Prüfung des verfolgten Delikts sowie der Strafverfolgung und der Bestrafung, dass der Charakter des Vergehens sowie auch dessen Verfolgung politisch neutral sind, können sie nicht als Grundlage für die Zuerkennung der Flüchtlingseigenschaft dienen.[174]

101 Mitunter verwischen sich jedoch die Abgrenzungskriterien. Denn die Strafverfolgung kann auch zur Verfolgung eingesetzt werden. Verfolgung und Strafverfolgung sind weder identisch noch stets voneinander abgrenzbar. Weil die strafrechtliche Definitionsmacht wie auch das Strafmonopol in der Hand des Staates liegt, ist es für einen Staat mit Verfolgungsabsicht möglich, das Strafrecht zur Verfolgung politischer Gegner einzusetzen. In derartigen Fällen können die Betroffenen nicht als Flüchtlinge vor der Gerechtigkeit behandelt werden. Vielmehr droht ihnen politische Verfolgung im Gewand des Strafrechts.[175]

102 Im Ausgangspunkt hat jeder Staat das Recht, seine eigenen Gesetze zu erlassen und diese auch durchzusetzen. Allerdings endet die Legitimität der Schaffung und Durchsetzung nationaler Gesetze dort, wo diese in diskriminierender oder unverhältnismäßiger Weise angewandt werden. Aus menschenrechtlicher Sicht kommt es hierbei auf die betroffenen Rechte und die Art und Weise ihrer Verletzung sowie darauf an, ob Strafverfolgung und Bestrafung im angemessenen Verhältnis zu dem mit der Strafverfolgung verfolgten Ziel stehen.[176]

103 Diese Abgrenzungsaufgabe folgt auch aus der internen Struktur der Konvention. Denn nach Art. 1 F Buchst. b) GFK sind nicht alle Personen, die wegen eines strafrechtlichen Delikts verfolgt werden, vom Flüchtlingsschutz ausgeschlossen, sondern nur die, in Bezug auf die aus schwerwiegenden Gründen die Annahme gerechtfertigt ist, dass sie vor ihrer Einreise in das Aufnahmeland ein schweres nichtpolitisches Verbrechen verübt haben (vgl. auch Art. 12 Abs. 2 Buchst. b) RL 2004/83/EG).[177]

104 Zunächst kann eine Person einer so exzessiven Bestrafung unterworfen werden, dass Strafverfolgung einer Verfolgungshandlung gleichkommt. Hierbei wird zu prüfen sein, ob ein faires Gerichtsverfahren verweigert wird (vgl. auch Art. 9 Abs. 2 Buchst. d) RL 2004/83/EG), die Strafverfolgung diskriminierend ist, weil etwa nur Angehörige bestimmter Volksgruppen verfolgt werden, oder ob die Strafe diskriminierend verhängt wird, weil gegen als oppositionell eingeschätzte Personen eine höhere Strafe als üblich ausgesprochen wird.[178]

105 Darüber hinaus kann die Strafverfolgung aus einem der Verfolgungsgründe der GFK, z. B. die religiöse Unterweisung eines Kindes, bereits als solche den Tatbestand der Verfolgung erfüllen. In diesem Fall stellt das Gesetz als solches Verfolgung dar, weil es die legitime religiöse Überzeugung oder Betätigung untersagt. Schließlich kann es Fälle geben, in denen eine Person, die strafrechtliche Verfolgung oder Bestrafung wegen eines normalen Delikts zu fürchten hat, darüber hinaus begründete Verfolgungsfurcht hegt.[179]

106 Um festzustellen, ob die strafrechtliche Verfolgung eine Verfolgungshandlung darstellt, müssen die rechtlichen Besonderheiten des Herkunftslandes berücksichtigt werden. So können die nationalen

---

173 *UNHCR*, Handbuch über Verfahren und Kriterien zur Feststellung der Flüchtlingseigenschaft, Rn. 56; *Hathaway*, The Law of Refugee Status, S. 170.
174 *Hathaway*, The Law of Refugee Status, S. 170.
175 *Hathaway*, The Law of Refugee Status, S. 170 f.; siehe auch § 35 Rdn. 42 ff.
176 *Goodwin-Gill/McAdam*, The Refugee in International Law, S. 103.
177 Siehe hierzu § 35 Rdn. 42 ff.
178 *UNHCR*, Handbuch über Verfahren und Kriterien zur Feststellung der Flüchtlingseigenschaft, Rn. 57.
179 *UNHCR*, Handbuch über Verfahren und Kriterien zur Feststellung der Flüchtlingseigenschaft, Rn. 57.

Gesetze gegen die internationalen Menschenrechte verstoßen. Häufiger ist jedoch weniger das Gesetz als solches als vielmehr die Art seiner Anwendung diskriminierend.[180]

Auch die deutsche Rechtsprechung hat in gefestigter Rechtsprechung den Grundsatz entwickelt, dass Strafverfolgung Verfolgungscharakter haben kann. Strafrechtliche Bestimmungen, Strafverfolgung sowie Strafvollzug lassen sich nach Ansicht des BVerwG als Mittel staatlichen Zwangs verstehen.[181] Zu diesem Zweck sei nicht lediglich die Strafnorm als solche, sondern seien auch die vorhergehende Ermittlungs- und nachfolgende Vollzugspraxis mit zu berücksichtigen[182] und zum Gegenstand der Tatsachenermittlungen zu machen. 107

Bei der Ermittlung des Charakters der Strafverfolgung seien im besonderen Maße Erfahrungen und typische Geschehensabläufe zu berücksichtigen. Das gelte ganz allgemein für die Feststellung von Tatsachen, welche die guten Gründe für die Furcht des Asylsuchenden vor Verfolgung belegen sollen.[183] Der Verfolgungscharakter einer Strafnorm könne häufig erst nach einer Analyse der allgemeinen politischen Verhältnisse ermittelt werden. Die Formulierung einschlägiger Strafbestimmungen für sich genommen könne ebenso wenig ausschlaggebend sein wie ihre Interpretation nach den für die deutsche Rechtsordnung hergebrachten Auslegungsmethoden, da dies mit der Gefahr behaftet wäre, den wirklichen Verhältnissen im Herkunftsstaat des Asylsuchenden nicht gerecht zu werden.[184] 108

Demgegenüber ist nach dem BVerfG Inhalt und Reichweite einer Strafnorm auf der Grundlage eines authentischen Textes anhand ihres Wortlautes zu ermitteln.[185] Ist der Norminhalt nicht aus sich heraus klar umrissen und bestimmt oder bestehen Anhaltspunkte dafür, dass die Norm in der Praxis enger oder weiter ausgelegt und angewendet wird, als ihr Wortlaut nahe legt, ist zur Bestimmung der Reichweite der Norm die Ermittlung der Rechtsauslegung und -anwendung maßgebend.[186] 109

Hiermit kaum zu vereinbaren ist die Rechtsansicht des BVerwG, der Gesetzeswortlaut sowie dessen Interpretation nach den für die deutsche Rechtsordnung maßgeblichen Grundsätzen könne nicht maßgebend sein. Das BVerwG hat lediglich für die Fälle eine Ausnahme gemacht, in denen eine »grobe Verletzung des Prinzips der tatbestandlichen Bestimmtheit von Strafnormen« sowie eine »evident fehlende Tat- und Schuldangemessenheit« der angedrohten oder praktizierten Strafe festgestellt werde. Aber auch hier sieht das BVerwG lediglich Anlass, die Rechtsanwendung besonders sorgfältig auf Verfolgungstendenzen zu »prüfen«.[187] 110

Das BVerwG unterscheidet dogmatisch nicht klar zwischen der Ermittlung des Norminhalts einerseits sowie der Rechtsanwendung andererseits mit der Folge, dass es im Gegensatz zum BVerfG dem Norminhalt keine Bedeutung beimisst und allein auf die Rechtsanwendung abstellt. Demgegenüber kann aber nach allgemeiner Ansicht auch bereits die Strafnorm als solche Verfolgung darstellen, weil 111

---

180 *UNHCR*, Handbuch über Verfahren und Kriterien zur Feststellung der Flüchtlingseigenschaft, Rn. 56–60; *UNHCR*, Auslegung von Art. 1 GFK, April 2001, Rn. 18.
181 BVerwGE 67, 195 (198) = EZAR 201 Nr. 5 = NVwZ 1983, 678.
182 So auch BVerwGE 67, 184 (189) = NVwZ 1983, 674 = InfAuslR 1983, 228.
183 BVerwGE 67, 195 (198) = EZAR 201 Nr. 5 = NVwZ 1983, 678; siehe auch § 35 Rdn. 42 ff.
184 BVerwGE 67, 195 (200) = EZAR 201 Nr. 5 = NVwZ 1983, 678; BVerwG, Buchholz § 1 AsylVfG Nr. 22 = InfAuslR 1984, 219.
185 BVerfGE 76, 143 (161) = EZAR 200 Nr. 10 = NVwZ 1988, 237 = InfAuslR 1988, 87; Rdn. 117.
186 BVerfGE 76, 143 (161) = EZAR 200 Nr. 10 = NVwZ 1988, 237 = InfAuslR 1988, 87.
187 BVerwGE 67, 195 (200) = EZAR 201 Nr. 5 = NVwZ 1983, 678.

sie nicht den anerkannten Grundsätzen der Menschenrechte entspricht.[188] Beispiele hierfür sind die früheren Republikfluchttatbestände[189] und die Ein-Kind-Politik in der VR China.[190]

112 Soweit der Prozess der Strafverfolgung zu beurteilen ist, können nach Ansicht des BVerwG auch die konkreten Umstände staatlichen Vorgehens und die praktische Handhabung der Strafnorm relevant sein.[191] Der Verfolgungscharakter einer Strafnorm liege nicht immer offen zutage. Anhaltspunkte für Intentionen auf den Verfolgungscharakter könnten sich aus der besonderen Ausformung der Strafnorm, aus ihrer praktischen Handhabung, aber auch aus ihrer Funktion im allgemeinen politischen System ergeben.[192]

113 Weitere Anhaltspunkte für die Annahme einer Verfolgung bei drohender Strafverfolgung oder Bestrafung können sich auch aus formellen Kriterien ergeben: So ist etwa der Frage nachzugehen, welches Verfahren angewandt wird und wie die Zuständigkeiten dabei verteilt sind. Es macht einen Unterschied, ob die Entscheidung durch unabhängige, nur einem bereits vorliegenden Gesetz unterworfene allgemeine Gerichte erfolgt oder solchen staatlichen Organen wie Polizei, Militär, Sondergerichten (Rdn. 119) überantwortet wird oder gar ohne rechtliche Grundlage und ohne Durchführung eines geordneten Verfahrens erfolgt. Eine insoweit bestehende Bindungslosigkeit der staatlichen Gewalt spricht in erheblichem Maße für den Verfolgungscharakter der Strafverfolgung.[193]

c) Staatsschutzdelikte

114 Politische Delikte im Sinne des Auslieferungsrechts stellen Verfolgungshandlungen dar (§ 27 Rdn. 38 ff., § 35 Rdn. 42 ff. Wenn auch keine hinreichende Klarheit darüber besteht, ob und in welchem Umfang auslieferungsrechtliche Grundsätze bei der Anwendung der Konvention berücksichtigt werden können, können jedenfalls die begrifflichen Kriterien des auslieferungsrechtlichen politischen Delikts (§ 35 Rdn. 42 ff.) bei der Auslegung und Anwendung der flüchtlingsrelevanten Verfolgungshandlung eine **Orientierungshilfe** liefern.

115 Auch in der deutschen Rechtsprechung bilden »politische Strafnormen« den »Kernbestand des Asylrechts«. Der Verstoß gegen ein Strafgesetz, mit dem der Herkunftsstaat seine politische Grundordnung und seine territoriale Integrität verteidige, werde von diesem Kernbestand erfasst. Liege mithin die betätigte politische Überzeugung im Kernbereich des Asylrechts, könne eine strafrechtliche Verfolgung von Taten, die aus sich heraus eine Umsetzung politischer Überzeugung darstellten, grundsätzlich gegen die politische Überzeugung gerichtete Verfolgung sein.[194]

116 Im Regelfall stellt danach Strafverfolgung auf der Grundlage eines Staatsschutzdeliktes Verfolgung dar. Besondere Fragen stellen sich hierbei im Zusammenhang mit terroristischen Aktionen. Insoweit sind die für die Auslegung und Anwendung des Ausschlussgrundes des Art. 1 F b) GFK (Art. 12 Abs. 2 Buchst. b) RL 2004/83/EG) entwickelten Grundsätze maßgebend.[195]

117 Zur Ermittlung der Reichweite und des Inhaltes eines Staatsschutzdeliktes kommt es allein auf den Gesetzeswortlaut auf der Grundlage eines authentischen Textes an (Rdn. 109). Ist der Inhalt der

---

188 *Hathaway*, The Law of Refugee Status, S. 170 f.; *Goodwin-Gill/McAdam*, The Refugee in International Law, S. 103; *UNHCR*, Handbuch über Verfahren und Kriterien zur Feststellung der Flüchtlingseigenschaft, Rn. 59.
189 Siehe hierzu BVerwGE 39, 27 (30) = DVBl. 1972, 277 = MDR 1972, 351; BVerwG, DÖV 1979, 827 = EZAR 200 Nr. 4.
190 *Goodwin-Gill/McAdam*, The Refugee in International Law, S. 103.
191 BVerwGE 67, 195 (200) = EZAR 201 Nr. 5 = NVwZ 1983, 678.
192 BVerwGE 62, 123 (125) = EZAR 200 Nr. 6 = InfAuslR 1981, 218.
193 BVerwGE 67, 195 (200) = EZAR 201 Nr. 5 = NVwZ 1983, 678.
194 BVerfGE 80, 315 (336 f.) = EZAR 201 Nr. 20 = NVwZ 1990, 151 = InfAuslR 1990, 21.
195 Siehe hierzu § 35 Rdn. 42 ff.

Staatsschutznorm nicht aus sich heraus klar umrissen und bestimmt oder bestehen Anhaltspunkte dafür, dass diese in der Praxis enger oder weiter ausgelegt und angewendet wird, als ihr Wortlaut nahe legt, ist zur Bestimmung der Reichweite des Staatsschutzdeliktes die Ermittlung der Rechtsanwendung und -auslegung erforderlich. Ob im Einzelfall die Strafnorm auch angewandt wird, ist eine von dieser Prüfung zu **unter**scheidende und nach den jeweiligen Beweisgrundsätzen zu **ent**scheidende Frage.

In erster Linie ist deshalb bei der Ermittlung von Reichweite und Inhalt einer Norm des Strafrechts zu prüfen, ob sie als Staatsschutznorm angesehen werden kann. Kann dies bejaht werden und droht dem Asylsuchenden im Einzelfall ein Strafverfahren oder der Vollzug auf der Grundlage eines Staatsschutzdeliktes, sind weitere Ermittlungen nicht erforderlich. Bleiben nach Ermittlung des Inhalts und der Reichweite einer Strafnorm auch unter Berücksichtigung der Rechtspraxis Zweifel, ob Strafverfolgung nach Maßgabe eines Staatsschutzdeliktes droht, sind zusätzliche Ermittlungen notwendig.   **118**

Insbesondere politische Prozesse werden häufig vor **Sondergerichten** durchgeführt. Jedoch ist die Durchführung eines Verfahrens vor einem **Ausnahmegericht (Rdn. 113)** nach der Rechtsprechung des BVerfG unerheblich, wenn diesem Gericht aufgrund sachlicher Erwägungen in einer gesetzesvertretenden Regelung abstrakt-genereller Art, mithin einem Gesetz in materiellem Sinne, eine hinreichend bestimmt umschriebene Zuständigkeit für Verfahren auf besonderen Sachgebieten zugewiesen wurde.[196] Demgegenüber verletzt nach der Rechtsprechung des EGMR die Beteiligung von in die Armee strukturell eingebundenen Militärrichtern das Recht auf ein faires Verfahren (Art. 6 EMRK).[197] Drohen im Rahmen der Strafverfahrens deshalb Willkür und Misshandlung, weil der Einzelne als politischer Gegner wegen einer politisch motivierten Tat verfolgt wird und die Gerichte auf lokaler Ebene häufig dem Druck einflussreicher Personen ausgesetzt sind und daher nur über eine begrenzte Unabhängigkeit verfügen,[198] liegt eine Verfolgungshandlung vor.   **119**

d) Politmalus

Es ist allgemein anerkannt, dass es Fälle geben kann, in denen eine Person, die strafrechtliche Verfolgung oder Bestrafung wegen eines normalen Delikts zu fürchten hat, darüber hinaus begründete Verfolgungsfurcht haben kann.[199] Derartige Strafverfolgung oder Bestrafung stellt Verfolgung dar, wenn sie zur Verfolgung von Gegnern des Regimes eingesetzt wird. Kann darüber hinaus eine Anknüpfung der Verfolgung an einen der Verfolgungsgründe in Art. 1 A Nr. 2 GFK (Art. 10 Abs. 1 RL 2004/83/EG) festgestellt werden, ist die Flüchtlingseigenschaft zuzuerkennen.   **120**

In der Praxis hat sich hierfür der Begriff des **Politmalus**[200] herausgebildet. Bei der Ermittlung sind danach die konkreten Umstände und die praktische Handhabung der Strafnorm in den Blick zu   **121**

---

196 BVerfG, EZAR 150 Nr. 7.
197 EGMR, Urt. v. 09.06.1998 – Nr. 197/825/1031, Rn. 65 ff. (68) – Incal; EMGR, Urt. v. 28.10.1998 – Nr. 70/1997/854/1061 – Ciraklar; EGMR, Urt. v. 08.08.2006 – Nr. 47278/99 – Yilmaz et. al., EGMR, Urt. v. 21.12.2006 – Nr. 52746/99, Rn. 20 – Guler und Caliskan; EGMR, Urt v. 12.04.2007 – Nr. 46286/99 Rn. 91 ff. – Özen zu den türkischen Staatssicherheitsgerichten; siehe auch OLG Frankfurt am Main, Beschl. v. 23.08.2006 – 2 Ausl A 36/06; OLG Köln, Beschl. v. 08.08.2007 – 6 Ausl A 15/07; OLG Hamburg, InfAuslR 2006, 468; OLG Stuttgart, NStZ-RR 2007, 273; OLG Bamberg, NStZ 2008, 640 (641); OLG Celle, NStZ 2008, 638 (639); siehe nunmehr auch BVerfG, NVwZ-RR 2008, 643 (645).
198 BVerfG (Kammer), NVwZ-Beil. 1993, 19.
199 *UNHCR*, Handbuch über Verfahren und Kriterien zur Feststellung der Flüchtlingseigenschaft, Rn. 59; siehe auch § 20 Rdn. 59–71.
200 BVerfG (Kammer), NVwZ-Beil. 1993, 19; BVerfG, NVwZ-RR 2008, 643 (644); BVerwGE 4, 238 (242) = DVBl. 1957, 685; BVerwG, InfAuslR 1984, 219; BVerwG, NVwZ 1984, 653.

nehmen.[201] Ausdrücklich verweist das BVerwG in diesem Zusammenhang[202] auf die auslieferungsrechtliche Rechtsprechung des BVerfG, wonach ein »manipuliertes Strafurteil« den Verfolgungscharakter indiziert. In diesem Fall besteht der Verfolgungscharakter gerade darin, den Verfolgten die unberechtigte Freiheitsstrafe verbüßen zu lassen, wobei selbst ordnungsgemäße Haftverhältnisse nichts am Tatbestand des Verfolgungscharakters ändern.[203] Auch aus der Höhe der drohenden Strafe oder der Behandlung während der Untersuchungshaft oder im Strafvollzug kann sich ergeben, dass der Herkunftsstaat Verfolgung in Form versteckter Repressalien vornimmt.[204]

122 Die Feststellung einer »willkürlichen« Handhabung einer generellen Maßnahme ist ein gewichtiger Hinweis auf deren Verfolgungscharakter. Ob diese an Verfolgungsgründe anknüpft, kann angenommen werden, wenn die unsystematische und willkürhafte Handhabung Ausdruck einer auf die vorhandene oder unterstellte Regimegegnerschaft abzielende Praxis ist.[205] Es reicht für die Anknüpfung nicht aus, dass bei der dem Einzelnen drohenden Strafverfolgung die »Grundsätze von Menschlichkeit und Rechtsstaatlichkeit« verletzt werden. Vielmehr müssen aus zusätzlichen Anhaltspunkten Indizien auf ein Anknüpfen der Strafverfolgung an Verfolgungsgründe abgeleitet werden.[206]

e) Individualisierung der Strafverfolgung

123 Allein der Umstand, dass eine politische Strafnorm in Kraft ist, befreit die Rechtsprechung nicht von der gebotenen Tatsachenfeststellung, ob diese auch dem einzelnen Asylsuchenden droht. Eine an Verfolgungsgründe anknüpfende Strafverfolgung kann mithin nur dann ohne Weiteres die Zuerkennung der Flüchtlingseigenschaft rechtfertigen, wenn damit zugleich eine dem Einzelnen drohende unmittelbare Gefahr für Leib, Leben oder Freiheit gegeben ist. Hier verlagert sich die Frage der Individualisierbarkeit der Strafverfolgung in die Prognoseprüfung:

124 Kann der Asylsuchende etwa durch Vorlage strafrechtlicher Dokumente den Nachweis führen, dass ihm strafrechtliche Ermittlungen, ein Verfahren oder der Vollzug einer Strafe auf der Grundlage eines Staatsschutzdeliktes drohen, kann die erforderliche Prognoseentscheidung getroffen werden. Ist dies nicht der Fall, ist diese nach den Grundsätzen des Wahrscheinlichkeitsbeweises zu treffen.[207]

125 In dem Fall, in dem die behauptete Strafverfolgung nicht nach Maßgabe eines Staatsschutzdeliktes, sondern anhand einer an kriminelles Verhalten anknüpfenden Norm geltend gemacht wird (Rdn. 100 ff.), ist mit der erforderlichen Prüfung der zusätzlichen Merkmale, die das Urteil einer Verfolgung tragen, regelmäßig zugleich auch eine Feststellung im Blick auf die Individualisierung der Strafverfolgung getroffen worden. Ohne Berücksichtigung der konkreten Umstände des jeweiligen Einzelfalles kann die Frage, ob in der lediglich kriminelles Verhalten sanktionierenden Maßnahme zugleich auch Anhaltspunkte auf eine Verfolgung zum Ausdruck kommen, nicht beantwortet werden. Anschließend ist in einem weiteren Schritt die Anknüpfung einer solcherart Verfolgung an Verfolgungsgründe zu prüfen. Mit der Feststellung einer Verfolgung dürfte aber zugleich auch regelmäßig die Anknüpfung der Strafverfolgung an Verfolgungsgründe indiziert sein.[208]

---

201 BVerwGE 67, 195 (200) = EZAR 201 Nr. 5 = NVwZ 1983, 678; BVerwG, EZAR 200 Nr. 19.
202 BVerwGE 67, 195 (200) = EZAR 201 Nr. 5 = NVwZ 1983.
203 BVerfGE 63, 197 (209) = EZAR 150 Nr. 3 = InfAuslR 1983, 148 = NJW 1983, 1723; BVerfG, EZAR 150 Nr. 7.
204 BVerfGE 64, 46 (62) = EZAR 150 Nr. 5 = NJW 1983, 1721, = EuGRZ 1983, 354 = DÖV 1983, 678.
205 BVerwG, Buchholz 402.24 § 1 AsylVfG Nr. 125.
206 BVerwG, NVwZ 1984, 653 = InfAuslR 1984, 216.
207 BVerwGE 67, 195 (199) = EZAR 201 Nr. 5 = NVwZ 1983, 678.
208 Siehe hierzu § 27 Rdn. 14 ff.

f) Anknüpfung an Verfolgungsgründe

Der sachtypische Beweisnotstand, wonach in der Regel unmittelbare Beweise über Vorgänge im Herkunftsland nicht erhoben werden können, betrifft verstärkt die Ermittlung der Verfolgungsgründe, zumal dann, wenn diese nicht an bestimmte persönliche Merkmale des Verfolgten, sondern an seine politische oder religiöse Überzeugung anknüpfen.[209] Insoweit ist bei der Frage, ob die Strafverfolgung oder Bestrafung an bestimmte erhebliche persönliche Eigenschaften des Asylsuchenden, also an Verfolgungsgründe anknüpft, mit Rücksicht auf die sich hieraus ergebenden Beweisschwierigkeiten zugunsten des Asylsuchenden das als wahr anzunehmen, was erfahrungsgemäß den Regeln des Lebens entspricht.[210]

126

Die Frage, ob die drohende Strafverfolgung oder Bestrafung an Verfolgungsgründe anknüpft, sowie die gebotene Prognoseentscheidung lassen sich nicht dogmatisch präzis voneinander trennen. Während mit dem Grundsatz der Individualisierbarkeit sowie der Anknüpfung der Strafverfolgung oder Bestrafung eine materielle Frage dogmatisch auf den Begriff gebracht wird, ist die konkrete Einzelfallentscheidung von der Feststellung der Prognosetatsachen und der darauf beruhenden Prognoseentscheidung abhängig.

127

Je nach der Natur des zugrunde liegenden Deliktes liegt der Schwerpunkt deshalb auf den konkreten Umständen des Einzelfalles: Bei einem zu beurteilenden Staatsschutzdelikt sind die Ermittlungen zunächst unabhängig von den Umständen des konkreten Einzelfalles auf die Auslegung des Norminhalts unter Berücksichtigung der konkreten Rechtsanwendung zu richten. Bestehen am Staatsschutzcharakter der Norm keine Zweifel, ist zu prüfen, ob eine unmittelbar drohende Gefahr für Leib, Leben oder persönliche Freiheit besteht. Der Fokus der tatsächlichen Ermittlungen liegt im Bereich der Prognoseprüfung. Kann der Asylsuchende durch Vorlage entsprechender strafrechtlicher Dokumente Beweis über eine ihm drohende Strafverfolgung oder Bestrafung nach Maßgabe eines Staatsschutzdeliktes (Rdn. 114 ff.; § 35 Rdn. 46 ff.) führen, bedarf es keiner weiteren Prüfung.

128

Erfüllt hingegen die drohende Strafverfolgung nicht den Tatbestand eines Staatsschutzdeliktes, ist zu prüfen, ob eine Bestrafung des Asylsuchenden die Zuerkennung der Flüchtlingseigenschaft deshalb rechtfertigt, weil diese nicht der mit dem Delikt sanktionierten kriminellen Verhaltensweise, sondern der in seinem individuellen Verhalten zum Ausdruck kommenden politischen Überzeugung gilt oder an andere Verfolgungsgründe anknüpft.[211] Hier wird also mit der konkreten Ermittlung der zusätzlichen Tatsachen im Rahmen der Prüfung des Verfolgungscharakters der Strafverfolgung sowie deren Individualisierbarkeit und deren Anknüpfung an Verfolgungsgründe zugleich auch die Prognoseentscheidung im konkreten Fall getroffen.

129

g) Verfolgungsprognose

Der Umstand, dass im Herkunftsland des Asylsuchenden Träger der von ihm vertretenen politischen Überzeugung Verfolgung erleiden, ist ein gewichtiges Indiz, dass hieraus für diesen eine ernsthafte Befürchtung hergeleitet werden kann, ebenfalls individuell von dieser allgemeinen Verfolgungsgefahr betroffen zu werden.[212] Ergeben die tatrichterlichen Ermittlungen, dass das festgestellte individuelle Verhalten des Asylsuchenden aufgrund seiner persönlichen Verhältnisse und Erlebnisse mit der erforderlichen Wahrscheinlichkeit eine Strafverfolgung oder Bestrafung nach sich zieht, ist zu prüfen, ob diese Maßnahmen als Verfolgung im Sinne der Staatsschutzdelikte (Rdn. 114 ff.; § 35 Rdn. 45 ff.) angesehen werden können oder ihnen aus anderen Gründen der Charakter einer Verfolgung nicht abgesprochen werden kann.

130

---

209 BVerwGE 67, 195 (198) = EZAR 201 Nr. 5 = NVwZ 1983, 678.
210 BVerwGE 67, 195 (199) = EZAR 201 Nr. 5 = NVwZ 1983, 678.
211 In umgekehrter Anwendung von BVerwG, InfAuslR 1990, 102 (104).
212 BVerwGE 55, 82 (84) = EZAR 201 Nr. 3 = NJW 1978, 2463.

131 Demgegenüber wird eingewandt, auch wenn nach dem Tatbestand der Norm das strafbare Verhalten in der Äußerung einer politischen Überzeugung bestehe und damit bereits der abstrakten Strafandrohung ein Verfolgungsgrund zugrunde liege, stelle die durch die bloße Existenz der Strafnorm bewirkte Einschränkung der Freiheit der Meinungsäußerung nach Schwere und Intensität des Eingriffs noch keine Verfolgung dar. Komme es in Anwendung der Norm auf den Einzelfall zur Verhängung einer Strafe, gehe der Verfolgungscharakter der Norm nicht ausnahmslos derart in die verhängte Strafe ein, dass diese ebenfalls zur politischen Maßnahme werde.[213]

132 Die Prüfung im Rahmen der Verfolgungsprognose setzt eine sorgfältige Berücksichtigung der individuellen Lebensführung des Asylsuchenden voraus. Nur wer bislang »unpolitisch« aufgetreten ist, kann kaum mit der erforderlichen Überzeugungsgewissheit ein Bild vermitteln, er werde nach Rückkehr regimefeindliche Aktivitäten unternehmen. Wer jedoch bereits vor der Ausreise oder während des Auslandsaufenthalts aus innerer Überzeugung oppositionelle Aktivitäten entwickelt hat, dem wird es kaum gelingen, sich nach seiner Rückkehr politisch zu enthalten mit der Folge, dass auf seinen Fall eine Straffreiheitsgarantie keine Anwendung findet. Politische Enthaltsamkeit nach Rückkehr kann unter der Geltung von Art. 10 Abs. 1 Buchst. e) RL 2004/83/EG nicht gefordert und deshalb nicht zur Grundlage der Prognoseprüfung gemacht werden.[214]

133 Denn ein Verzicht auf jegliche politische Aktivität als Voraussetzung der Verfolgungsfreiheit im Heimatstaat belässt nicht einmal ein noch so gering zu veranschlagendes Mindestmaß an Äußerungs- und Betätigungsmöglichkeit.[215] Vorausgesetzt werden kann politische Enthaltsamkeit mithin nur bei demjenigen, dessen Leben auch bislang von politischer Passivität geprägt war. Maßgeblich für die Tatsachenermittlung und Prognoseentscheidung ist daher die Frage, inwieweit auch für die Zukunft ein politisches Verhalten des Asylsuchenden zu erwarten ist.

134 Die Beantwortung dieser Frage beruht auf einer umfassenden Würdigung seiner Gesamtpersönlichkeit. Diese kann nur dann hinreichend sicher beurteilt werden, wenn berücksichtigt wird, ob und wie der Asylsuchende etwa durch bestimmte politische Überzeugungen geprägt ist und wie wichtig ihm diese sind.[216] Der Einwand der Zumutbarkeit der freiwilligen Rückkehr ist mithin nicht zulässig, wenn er einem politisch überzeugten und bislang für seine Überzeugung eintretenden Regimegegner angesonnen wird. Denn in seinem Fall findet eine etwaig bestehende Straffreiheitsgarantie regelmäßig keine Anwendung.

5. Verweigerung gerichtlichen Rechtsschutzes (Art. 9 Abs. 2 Buchst. d) RL 2004/83/EG)

a) Funktion des Regelbeispiels

135 Nach Art. 9 Abs. 2 Buchst. d) RL 2004/83/EG kann die Verweigerung gerichtlichen Rechtsschutzes mit dem Ergebnis einer unverhältnismäßigen oder diskriminierenden Bestrafung eine Verfolgungshandlung sein. Dieses Regelbeispiel steht im engen Zusammenhang mit dem Regelbeispiel nach Art. 9 Abs. 2 Buchst. b) RL 2004/83/EG. Ebenso wie bei den Regelbeispielen nach Art. 9 Abs. 2 Buchst. b) und c) RL 2004/83/EG ist hier die Verletzung des Verhältnismäßigkeitsgrundsatzes oder des Diskriminierungsverbotes ein wichtiges Indiz auf den Verfolgungscharakter der Maßnahme.

136 Dieses Regelbeispiel steht im engen Zusammenhang mit dem zweiten zentralen und in Art. 6 bis 8 RL 2004/83/EG geregelten Element des Flüchtlingsbegriffs, dem Wegfall des nationalen Schutzes (§ 11 Rdn. 3 ff.). Beim Regelbeispiel des Art. 9 Abs. 2 Buchst. d) RL 2004/83/EG hat die Schutzversagung Indizwirkung für die Annahme einer Verfolgungshandlung. In diesem Fall dürfte regelmäßig die zusätzliche Prüfung des staatlichen Schutzversagens entfallen, weil mit Bejahung der

---

213 *Dawin*, NVwZ 1991, 349.
214 § 27 Rdn. 55 ff.
215 OVG Rheinland-Pfalz, EZAR 205 Nr. 13.
216 OVG Rheinland-Pfalz, EZAR 205 Nr. 13.

Verfolgungshandlung bereits über den Wegfall des nationalen Schutzes entschieden worden ist. Da es sich um Verfolgung durch staatliche Akteure handelt, findet der Einwand des internen Schutzes grundsätzlich keine Anwendung.

b) Voraussetzungen des Regelbeispiels

Nach dem Wortlaut des Art. 9 Abs. 2 Buchst. d) RL 2004/83/EG muss gerichtlicher Rechtsschutz verweigert werden. Der Rechtsschutz kann gänzlich verweigert, aber auch nur unzulänglich unter Verletzung anerkannter Verfahrensgarantien gewährt werden. Die nur unzulängliche Gewährleistung eines fairen Verfahrens läuft im Ergebnis für den Betroffenen auf die gänzliche Verweigerung von Rechtsschutz hinaus. Der EGMR hat wiederholt festgestellt, es könne nicht ausgeschlossen werden, dass eine krasse Verletzung des Rechts auf einen fairen Prozess oder eine solche Drohung Refoulementschutz nach Art. 6 EMRK begründe.[217] 137

Dementsprechend liegt eine Verfolgungshandlung auch dann vor, wenn zwar gerichtlicher Rechtsschutz gewährt wird, dieser aber nicht mit anerkannten Grundsätzen eines fairen Verfahrens übereinstimmt. In diesen Fällen sind regelmäßig auch die Voraussetzungen des zweiten oder dritten Regelbeispiels erfüllt. Die Verweigerung eines internen verwaltungsrechtlichen Überprüfungsverfahrens (Rdn. 141) reicht nicht aus, es sei denn, gegen die Verwaltungsmaßnahme wird gerichtlicher Rechtsschutz nach Maßgabe fairer Grundsätze gewährt. 138

Der in Anspruch genommene gerichtliche Rechtsschutz kann auf Schutz gegen behördliche oder private Maßnahmen oder Unterlassungen gerichtet sein. Die Maßnahme muss nicht eine Freiheitsentziehung sein. Der verweigerte gerichtliche Rechtsschutz kann sich auf alle denkbaren Verfahren in allen Rechtsbereichen beziehen. Es kann sich um einen Straf-, öffentlichrechtlichen-, polizeirechtlichen-, disziplinarrechtlichen-, Zivil- oder auch Arbeitsprozess handeln. 139

Verwaltungshaft ist ein typisches Beispiel für die Verweigerung gerichtlichen Rechtsschutzes. Denn hier wird der Belastete seinem gesetzlichen Richter entzogen und der Willkür der Verwaltung ausgesetzt. Die Inhaftierung z,B. in **Guatanamo-Bay** ist eine derartige Verfolgungshandlung. Anstelle eines gerichtlichen Strafprozesses werden hier als gefährlich eingestufte Personen über einen unbestimmten Zeitraum festgehalten, ohne dass ihnen die Möglichkeit eingeräumt wird, vor einem unabhängigen Strafgericht ihre Unschuld zu beweisen. Diese Form der Haft verletzt das Recht Inhaftierter, dass nur ein Richter über ihre Freiheitsentziehung entscheiden darf (»**habeas corpus**«).[218] 140

Sofern anstelle eines unabhängigen Strafgerichts ein Ersatzgremium eingerichtet wird, muss dieses die Voraussetzungen für einen fairen Prozess gewährleisten. Es müssen dem Betroffenen also Verfahrensgarantien eingeräumt werden und die Überprüfung muss unabhängig von den die Haft anordnenden Instanzen sein. Das Organ muss auch in seiner Überprüfungs- und Entscheidungskompetenz unabhängig, also nicht von Regierungsanweisungen abhängig sein. Sofern sich der strafrechtliche Vorwurf nicht beweisen, andererseits jedoch ein gewisses Sicherheitsrisiko, etwa wegen terroristischer Bezüge, nicht ausräumen lässt, ist eine weitere Freiheitsentziehung nicht mehr gerechtfertigt. 141

Allein die Verweigerung gerichtlichen Rechtsschutzes reicht jedoch für die Annahme einer Verfolgung nicht aus. Vielmehr verlangt Art. 9 Abs. 2 Buchst. d) RL 2004/83/EG, dass kausale Folge der Verweigerung eine unverhältnismäßige oder diskriminierende Bestrafung sein muss. Bei einem gut begründeten und im Rahmen einer unabhängigen Überprüfung bestätigten Sicherheitsrisiko wird man allein wegen der Verweigerung gerichtlichen Rechtsschutzes noch nicht von einer Verfolgung sprechen können. Gibt es jedoch gewichtige Hinweise auf eine diskriminierende Behandlung des 142

---

217 EGMR, EZAR 933 Nr. 1 = NJW 1990, 2183 = EuGRZ 1989, 319 – Soering.; EGMR, Series A No. 240, § 110 – Drozd and Janousek; EGMR, Entscheidung v. 16.10.2001 – Nr. 71555/01, § 32 – Einhorn.
218 US Supreme Court, 553 U.S. 2008 = HRLJ 2008, 107 (125) – Boumediene et al.

Betroffenen, ist das Ergebnis der Verweigerung gerichtlichen Rechtsschutzes diskriminierend und liegt eine Verfolgung vor.

143 Fehlen derartige Hinweise, dürfte sich nach einer bestimmten Dauer der Inhaftierung die weitere Freiheitsentziehung in eine unverhältnismäßige Bestrafung umwandeln, sodass das Ergebnis der Verweigerung gerichtlichen Rechtsschutzes eine Verfolgung darstellt. Ab welcher Zeitdauer die Verwaltungshaft unverhältnismäßig wird, kann nicht abstrakt bestimmt werden. Es kommt vielmehr auf eine Bewertung aller Umstände des konkreten Einzelfalls an.

144 Auch die Verweigerung gerichtlichen Rechtsschutzes gegen andere Formen von behördlichen Maßnahmen, etwa disziplinarische Maßnahmen, Landenteignungen, wirtschaftliche und berufliche Eingriffe können Verfolgung darstellen, wenn sie im Ergebnis dazu führen, dass die Folgen den Einzelnen derart schwerwiegend belasten, dass sie diskriminierend oder unverhältnismäßig gemessen am Zweck des Eingriffs sind.

145 Die Verweigerung gerichtlichen Rechtsschutzes gegen Akte privater Verfolgungsakteure steht im engen Sachzusammenhang mit Art. 6 Buchst. c) und Art. 7 Abs. 2 RL 2004/83/EG und kann eine Verfolgung darstellen. Maßstab für die erforderliche Gewährleistung gerichtlichen Rechtsschutzes gegen Maßnahmen nichtstaatlicher Akteure ist Art. 7 Abs. 2 RL 2004/83/EG (§ 18). Dabei sind insbesondere die gerichtlichen Verfahrensvorschriften und die Art und Weise, in der sie angewandt werden, sowie der Umfang, in dem im Herkunftsland des Asylsuchenden die Achtung der grundlegenden Menschenrechte gewährleistet ist, zu berücksichtigen.[219]

c) Anknüpfung an Verfolgungsgründe

146 Der Verweigerung des gerichtlichen Rechtsschutzes oder der Gewährung unzureichender Verfahrensgarantien müssen Verfolgungsgründe zugrunde liegen (vgl. Art. 9 Abs. 3 RL 2004/83/EG). Ist das Ergebnis der Verweigerung diskriminierend, wird diese in aller Regel auch an einen Verfolgungsgrund nach Art. 10 Abs. 1 RL 2004/83/EG anknüpfen. Gerade bei der Verweigerung gerichtlichen Schutzes gegen Akte nichtstaatlicher Verfolgungsakteure werden häufig religiöse, rassische, ethnische oder auf die abweichende politische Überzeugung des Betroffenen zielende Gründe hierfür maßgebend sein.

147 Der Verweigerung muss nicht ein systematisches staatliches Verfolgungsprogramm zugrunde liegen. Für die Vorenthaltung von allgemein zur Verfügung stehender medizinischer Versorgung zulasten einer bestimmten Bevölkerungsgruppe hat das BVerwG diese Voraussetzung in freier Rechtsschöpfung aufgestellt.[220] Eine derart einschränkende Auffassung kann aus dem Wortlaut von Art. 9 Abs. 2 Buchst. d) RL 2004/83/EG im Blick auf die Vorenthaltung gerichtlichen Rechtsschutzes nicht hergeleitet werden. Vielmehr ist aufgrund einer Gesamtbetrachtung der Umstände des konkreten Einzelfalles zu bewerten, ob der Verweigerung gerichtlichen Rechtsschutzes Verfolgungsgründe zugrunde liegen.

---

[219] EuGH, InfAuslR 2010, 188 (190) = NVwZ 2010, 505 = AuAS 2010, 150 – Abdullah.
[220] BVerwGE 133, 55 (63) = EZAR NF 61 Nr. 4 = NVwZ 2009, 982, betrifft Tschetschenen in der Russischen Förderation außerhalb von Tschetschenien.

6. Verweigerung des Militärdienstes (Art. 9 Abs. 2 Buchst. e) RL 2004/83/EG)

Darlegung, dass Einsatz gedroht hat bzw. unmittelbar bevorsteht (Rdn. 176 ff.)

↓

Darlegung, dass Verweigerung des Dienstes auf Gründen des Art. 12 Abs. 2 RL 2004/83/EG beruht (Rdn. 172 ff., 184 ff.)

↓

Darlegung eines ernsthaften Gewissenskonfliktes aus Gründen des Art. 12 Abs. 2 RL 2004/83/EG (Rdn. 198 ff.)

↓

Darlegung, dass Beteiligung an Verbrechen i.S.d. Art. 12 Abs. 2 RL 2004/83/EG möglich war/ist (Rdn. 201 ff.)

↓

Darlegung, dass Sanktion an Zugehörigkeit zu einer bestimmten sozialen Gruppe (Art. 10 Abs. 1 Buchst. d) RL 2004/83/EG) anknüpft (Rdn. 207 ff.,) § 27 Rdn. 29 ff.

Schaubild 3 zur Kriegsdienstverweigerung

a) Funktion des Regelbeispiels

Nach Art. 9 Abs. 2 Buchst. e) RL 2004/83/EG kann die Strafverfolgung oder Bestrafung wegen Verweigerung des Militärdienstes Verfolgungscharakter aufweisen, wenn die Verweigerung in einem aktuellen Konflikt erfolgt und der Militärdienst Verbrechen oder Handlungen umfassen würde, die unter die Ausschlussklauseln von Art. 12 Abs. 2 RL 2004/83/EG i.V.m. Art. 1 F GFK fallen. Bei geltend gemachter Dienstverweigerung darf die Prüfung jedoch nicht ausschließlich anhand des Regelbeispiels in Art. 9 Abs. 2 Buchst. e) 2004/83/EG erfolgen. Vielmehr ist diese auch unter Berücksichtigung der anderen Regelbeispiele durchzuführen, insbesondere ist zu prüfen, ob die drohende Bestrafung unverhältnismäßig oder diskriminierend ist. 148

Zweck des Regelbeispiels nach Art. 9 Abs. 2 Buchst. e) RL 2004/83/EG ist die Prüfung der Frage, ob die auf die Militärdienstverweigerung gerichtete Strafverfolgung oder Bestrafung als Verfolgung gewertet werden kann. Ist dies der Fall, bedarf es einer zusätzlichen Prüfung, ob die Verfolgung wegen Militärdienstverweigerung an Verfolgungsgründe anknüpft. Eine besondere Betrachtung ist in diesem Zusammenhang dem Verfolgungsgrund der »Zugehörigkeit zu einer bestimmten sozialen Gruppe« (Art. 10 Abs. 1 Buchst. d) 2004/83/EG) geschuldet. Die Bestrafung kann aber auch der politischen Überzeugung gelten. 149

Nach der Begründung des Kommissionsentwurfs stellt eine strafrechtliche Verfolgung oder Bestrafung wegen Verweigerung des Wehrdienstes in der Regel keine Verfolgung dar, unabhängig davon, ob diese Weigerung aus Gewissensgründen oder durch Nichtbefolgung des Einberufungsbefehls, Flucht oder Desertion erfolgt. Anders sei dagegen die Ausgangslage, wenn der Zugang zu einem fairen Rechtsverfahren verweigert werde oder bei der Einberufung, Aufgabenverteilung oder den Dienstbedingungen diskriminierend vorgegangen oder diskriminierende Sanktionen wegen Versäumnisse im Zusammenhang mit Wehrverpflichtungen verhängt würden und der Antragsteller deshalb eine schwere Strafe zu erwarten hätte oder wenn Personen mit ernsthaften politischen, religiösen oder moralischen Bedenken gegenüber dem Wehrdienst keine sinnvolle und nicht diskriminierende Alternative angeboten werde.[221] 150

---

221 Kommissionsentwurf v. 12.09.2001, BR-Drucks. 1017/01, S. 21 f.; siehe auch § 20 Rdn. 19 ff.

151 Dieser weite menschenrechtliche Ansatz ist durch Art. 9 Abs. 2 Buchst. e) 2004/83/EG nicht übernommen worden. Allerdings erfüllen die im Entwurf der Kommission bezeichneten Beispielsfälle diskriminierender Strafverfolgung oder Bestrafung von Militärdienstverweigerern häufig die tatbestandlichen Voraussetzungen der Regelbeispiele nach Art. 9 Abs. 2 Buchst. b) bis d) 2004/83/EG (Rdn. 73 ff., 97 ff., 135 ff.). Offensichtlich hat die gegenüber dem Entwurf grundlegende Umgestaltung des Verfolgungsbegriffs dazu geführt, dass die Verweigerung des Militärdienstes begrifflich enger gefasst wurde, weil die im Entwurf bezeichneten weiteren erheblichen Verweigerungsfälle problemlos den anderen Regelbeispielen zugeordnet werden können.

152 Daher darf bei einer geltend gemachten Militärdienstdienstverweigerung die Prüfung nicht ausschließlich anhand des Regelbeispiels in Art. 9 Abs. 2 Buchst. e) 2004/83/EG vorgenommen werden. Vielmehr sind die Angaben des Antragstellers darüber hinaus sorgfältig und erschöpfend auch anhand der anderen Regelbeispiele zu überprüfen.[222] Das im Völkerrecht zunehmend anerkannte Recht auf Kriegsdienstverweigerung aus Gewissensgründen (Rdn. 159 ff.) wird zwar durch die Richtlinie abweichend von der Begründung im Kommissionsentwurf nicht unmittelbar anerkannt. Der Kommissionsentwurf wollte hingegen Antragsteller berücksichtigen, die ernsthafte politische, religiöse oder moralische Bedenken gegenüber dem Wehrdienst einwenden und denen keine sinnvolle und nicht diskriminierende Alternative angeboten wird.[223] Im Blick auf diese Fallgruppe können die Regelbeispiele nach Art. 9 Abs. 2 Buchst. b) und c) RL 2004/83/EG (Rdn. 73 ff., 97 ff.).in Betracht kommen.

153 In der deutschen Rechtsprechung wird Art. 9 Abs. 2 Buchst. e) RL 2004/83/EG dahin interpretiert, dass die Kriegsdienstverweigerung als solche nicht die Zuerkennung der Flüchtlingseigenschaft rechtfertige.[224] Bereits vor Inkrafttreten der Richtlinie hatte die britische Rechtsprechung sich gegen die Berücksichtigung des Rechts auf Kriegsdienstverweigerung als solches im Asylverfahren ausgesprochen.[225] Demgegenüber geht UNHCR davon aus, dass für den Fall der Verweigerung des Wehrdienstes aus tief verwurzelten moralischen, religiösen oder politischen Überzeugungen (Wehrdienstverweigerung aus Gewissensgründen) die Bestrafung als Verfolgung zu werten ist.[226]

154 Eine sachgerechte Bewertung darf nicht lediglich den Text von Art. 9 Abs. 2 Buchst. e) RL 2004/83/EG in den Blick nehmen, sondern hat die Entstehungsgeschichte sowie die Systematik der Richtlinie einzubeziehen. Danach liegt es zunächst in der Logik der Ausschlussgründe im Sinne von Art. 12 Abs. 2 RL 2004/83/EG, dass die Richtlinie damit das Recht auf Kriegsdienstverweigerung im Grundsatz anerkennt. Andererseits stößt die Anerkennung der Kriegsdienstverweigerung im Flüchtlingsrecht dogmatisch deshalb auf Schwierigkeiten, weil die Staaten ein generelles Gesetz anwenden und dabei nicht notwendigerweise zugleich auch auf einen durch Art. 10 Abs. 1 RL 2004/83/EG geschützten Status zugreifen müssen. Diese Frage ist allein anhand der Kriterien in dieser Norm zu beantworten.

155 Wenn schwerwiegende Diskriminierungen oder der militärische Einsatz zu einem völkerrechtswidrigen Krieg bei der Feststellung des Verfolgungsbegriffs berücksichtigt werden, ohne dass damit zugleich auch die Frage beantwortet wird, auf welchem Verfolgungsgrund die Zuerkennung der Flüchtlingseigenschaft beruht, kann aus systematischen Gründen auch die staatliche Reaktion auf das Recht auf Kriegsdienstverweigerung anhand der Regelbeispiele berücksichtigt werden.[227] Ob die

---

222 *Bank/Foltz*, Flüchtlingsrecht auf dem Prüfstand, Asylmagazin 10/2008, S. 1 (3).
223 Kommissionsentwurf v. 12.09.2001, BR-Drucks. 1017/01, S. 21 f.
224 Niedersächsisches OVG, Beschl. v. 02.03.2007 – 11 LA 189/06.
225 UK Court of Appeal (2003) 1 WLR 856, 877–9 – Sepet and Bulbul; kritisch gegen diese Rechtsprechung *Goodwin-Gill/McAdam*, The Refugee in International Law, S. 112–116.
226 *UNHCR*, Kommentar zur Richtlinie 2004/83/EG, Mai 2005, S. 21.
227 *Goodwin-Gill/McAdam*, The Refugee in International Law, S. 115.

Verfolgung an Verfolgungsgründe anknüpft, ist nicht nach Maßgabe von Art. 9, sondern anhand der Kriterien von Art. 10 Abs. 1 der Richtlinie zu beantworten.

Die Richtlinie setzt damit bei der Kriegsdienstverweigerung dogmatisch zunächst beim Verfolgungsbegriff an und behandelt ausschließlich dort (Art. 9 RL 2004/83/EG) diese Frage. Die Anknüpfung an Verfolgungsgründe wird dabei anders als bei geschlechtsspezifischen Verfolgungen, die sowohl in Art. 9 Abs. 2 Buchst. a) und f) RL 2004/83/EG wie auch in Art. 10 Abs. 1 Buchst. d) RL 2004/83/EG erwähnt wird, nicht ausdrücklich geregelt. Bleibt damit die Frage der Anknüpfung beim Kriegsdienstverweigerungsrecht in der Richtlinie offen, ist kein Grund dafür ersichtlich, im Rahmen der Verfolgungshandlung nur einen verengten Ansatz in dieser Frage zuzulassen. Vielmehr sind auch gegen die Berufung auf das Kriegsdienstverweigerungsrecht gerichtete Maßnahmen als Verfolgung zu bewerten, wenn sie die entsprechenden Kriterien erfüllen.

156

Ob dies der Fall ist, ist aus menschenrechtlicher Sicht danach zu entscheiden, welche Rechte und auf welche Art und Weise diese verletzt werden und ob Strafverfolgung und Bestrafung im angemessenen Verhältnis zu dem mit der Strafverfolgung verfolgten Ziel stehen.[228] Danach kann auch die strafrechtliche Verfolgung oder Bestrafung der Kriegsdienstverweigerung als Verfolgung gewertet werden, jedenfalls schließen die in Art. 9 Abs. 2 RL 2004/83/EG besonders hervorgehobenen Regelbeispiele eine derartige Feststellung nicht zwingend aus. So gesehen entscheidet sich die Frage, ob die Richtlinie das Recht auf Kriegsdienstverweigerung anerkennt, nicht bei Art. 9 Abs. 2 Buchst. e) RL 2004/83/EG, sondern auch anhand der anderen Regelbeispiele.

157

Kann der Konnex zu einem Verfolgungsgrund nicht hergestellt werden, erfüllt die Verfolgungshandlung aber zugleich auch die Voraussetzungen des Begriffs des »ernsthaften Schadens« nach Art. 15 Buchst. b) RL 2004/83/EG, ist der subsidiäre Schutzstatus zuzuerkennen. Im Auslieferungsrecht stehen rein militärische Taten der Auslieferung entgegen. Gleichwohl geht die Theorie nicht von einem politischen Delikt aus.[229] Vielmehr sei die Weigerung, einer allgemeinen staatsbürgerlichen Verpflichtung zu genügen, »unpolitisch«.[230] Dem Auslieferungsverbot liege die Überlegung zugrunde, dass Wehrdelikte durch die »besonderen militärischen Verhältnisse« des jeweiligen Staates bedingt seien und daher nicht als Straftaten angesehen werden könnten, die ein »allgemeines internationales Interesse« zum Ausdruck bringen würden.[231] Hinzu komme, dass kein Staat einen anderen Staat unterstützen wolle, mit dessen politischen, insbesondere wehrpolitischen Anschauungen er nicht übereinstimme. Folgerichtig entfällt bei einem derartigen Ansatz der dem Auslieferungsverbot zugrunde liegende Rechtsgrund, wenn zwischen mehreren Staaten ein Militärbündnis besteht.[232]

158

b) Wehr- und Kriegsdienstverweigerung im völkerrechtlichen Flüchtlingsrecht

Die GFK trägt dem Gewissenskonflikt des Verweigerers unter drei Voraussetzungen Rechnung: Erstens wird die Flüchtlingseigenschaft zuerkannt, wenn der Betroffene glaubhaft machen kann, dass die ihm drohende Strafverfolgung oder Bestrafung wegen Wehr- oder Kriegsdienstverweigerung diskriminierenden Charakter hat (vgl. Art. 9 Abs. 2 Buchst. c) 2004/83/EG), zweitens, wenn sich der Verweigerer darauf beruft, dass er sich einem militärischen Einsatz entzogen hat, der von der Völkergemeinschaft als den Grundregeln menschlichen Verhaltens widersprechend verurteilt wird

159

---

228 *Goodwin-Gill/McAdam*, The Refugee in International Law, S. 103.
229 *Kimminich*, Asylrecht, S. 92 f.; *Seidl-Hohenveldern*, Die internationale Flüchtlingskonvention in der Praxis, S. 443; a.A. *Gusy*, Asylrecht und Asylverfahren in der BRD, S. 129 f.; so auch *Garcia-Mora*, International Law and Asylum as a Human Right, S. 107; *Rothkegel*, in: GK, Vorb. II 3 Art. 16 a GG, Rn. 99.
230 *Rotberg*, Politisches Delikt und Asylrecht in der deutschen Rechtsordnung, in: Politisches Delikt und Asylrecht, *Nuvolone/Pisani/Rotberg* (Hrsg.), S. 49 (53).
231 So *Grützner*, Aktuelle Probleme der Auslieferung, in: ZStW 1969, S. 119 (132); *Jescheck*, Die internationale Rechtshilfe in Strafsachen, in: ZStW 1954, S. 518 (534 f.).
232 So *Grützner*, Aktuelle Probleme der Auslieferung, in: ZStW 1969, S. 119 (132); *Jescheck*, Die internationale Rechtshilfe in Strafsachen, in: ZStW 1954, S. 518 (534 f.).

(Art. 9 Abs. 2 Buchst. e) RL 2004/83/EG). Diese Frage wird im Rahmen der tatbestandlichen Voraussetzungen des Art. 9 Abs. 2 Buchst. e) RL 2004/83/EG behandelt. Drittens kann er sich darauf berufen, dass er den Wehr- oder Kriegsdienst aus echten Gewissensgründen ablehnt.

160 Soweit die Verweigerung des Wehr- oder Kriegsdienstes als Fluchtgrund anerkannt wird, weil der Betroffene glaubhaft machen kann, dass die ihm drohende Strafverfolgung oder Bestrafung diskriminierenden Charakter hat, kann das Regelbeispiel des Art. 9 Abs. 2 Buchst. c) 2004/83/EG) heran gezogen werden (Rdn. 97 ff.). Nach UNHCR ist derjenige, der sich der Einberufung entzieht, als Flüchtling anzuerkennen, wenn er dartun kann, dass er aufgrund seiner Rasse, Religion, Nationalität, Zugehörigkeit zu einer bestimmten sozialen Gruppe oder politischen Überzeugung wegen eines militärischen Deliktes eine **unverhältnismäßig schwere Strafe** zu erwarten hätte. Das Gleiche gelte, wenn er – abgesehen von der Strafe wegen Desertion – aus diesen Gründen begründete Furcht vor Verfolgung geltend machen könne.[233]

161 Beachtlich ist die Bestrafung z. B. auch, wenn etwa lediglich Angehörige einer bestimmten sozialen Gruppe einberufen werden oder wenn die Einberufungspraxis bedeutend rigoroser gegenüber Personen mit einer bestimmten politischen Ausrichtung praktiziert wird oder wenn die Bestrafung gegenüber Angehörigen bestimmter sozialer Gruppen unterschiedlich gemessen an der allgemeinen entsprechenden Bestrafungspraxis ausfällt.[234] Im Grunde genommen handelt es sich hierbei um Fälle, die in der deutschen Rechtsprechung unter dem rechtlichen Gesichtspunkt des **Politmalus** (Rdn. 120 bis 122) behandelt werden.

162 Die Verfolgung oder Bestrafung der Wehr- oder Kriegsdienstverweigerung wird auch dann als beachtlich gewertet, wenn der Dienst, der geleistet werden soll, für die Person aufgrund ihrer persönlichen Umstände im Blick auf **ihre echte religiöse, politische, humanitäre oder philosophische Überzeugung** oder – im Fall einer internen Konfliktes ethnischen Charakters – aufgrund ihrer ethnischen Hintergrunds unzumutbar ist.[235] Hier wird keine inhaltlich bestimmte Motivation des Verweigerers vorausgesetzt, wie bei der Weigerung, an einem völkerrechtlich unzulässigen Krieg teilzunehmen. Vielmehr kommt es allein auf die Glaubhaftmachung einer echten und aufrichtigen Gewissensentscheidung gegen den Wehr- oder Kriegsdienst unabhängig davon an, zu welchem Zweck die bewaffneten Streitkräfte eingesetzt werden und dass das staatliche Recht diesem Gewissenskonflikt keine Rechnung trägt, vielmehr auf die Verweigerung mit Maßnahmen reagiert wird, welche als Verfolgung zu werten sind.

163 Insoweit kommt insbesondere der *religiös* motivierten Wehr- und Kriegsdienstverweigerung eine gewichtige Funktion zu. So stellt z. B. UNHCR fest, dass einem Antragsteller, der die Ernsthaftigkeit seiner religiösen Überzeugung und darüber hinaus darlegen könne, dass die Behörden im Herkunftsland auf diese Gewissensüberzeugung keine Rücksicht nehmen würden, die Flüchtlingseigenschaft zuerkannt werden sollte.[236] Die Ernsthaftigkeit und Echtheit der politischen, religiösen oder moralischen Überzeugung müssen, da es sich um eine Ausnahme von einer Verpflichtung zur Befolgung eines allgemeinen Gesetzes handelt, einer sorgfältigen Prüfung der Persönlichkeit des Verweigerers und seines persönlichen Hintergrunds unterzogen werden. Von Bedeutung kann hierbei sein, dass der Antragsteller bereits vor seiner Einberufung entsprechende Überzeugungen geäußert oder wegen dieser schon früher Probleme mit den Behörden erfahren hat.[237]

164 Das BVerwG hatte in seiner früheren Rechtsprechung anerkannt, dass ein Asylsuchender durch seine **religiöse Verpflichtung** in so **schwere Gewissenskonflikte** geraten könne, dass seine Furcht

---

233 *UNHCR*, Handbuch über Verfahren und Kriterien zur Feststellung der Flüchtlingseigenschaft, Rn. 169.
234 *Hathaway*, The Law of Refugee Status, S. 180; so auch *Luterbacher*, Die flüchtlingsrechtliche Behandlung von Dienstverweigerungen und Desertion, S. 44–50; siehe auch *LaViolette*, IJRL 2007, 169 (206 f.).
235 *UNHCR*, Auslegung von Art. 1 GFK, April 2001, Rn. 18.
236 *UNHCR*, Handbuch über Verfahren und Kriterien zur Feststellung der Flüchtlingseigenschaft, Rn. 172.
237 *UNHCR*, Handbuch über Verfahren und Kriterien zur Feststellung der Flüchtlingseigenschaft, Rn. 174.

vor Verfolgung wegen seiner religiösen Überzeugung begründet sei.[238] Damit hat es schwerwiegende Gewissenskonflikte im Zusammenhang mit der Wehr- und Kriegsdienstverweigerung im Grundsatz anerkannt, ohne allerdings diese Rechtsprechung später fortzuentwickeln. Seit den 1980er Jahren hat es wehrrechtliche Delikte überwiegend anhand der Lehre vom Politmalus (Rdn. 120 bis 122) behandelt, aber nicht ausdrücklich festgestellt, dass das Recht auf Kriegsdienstverweigerung aus Gewissensgründen im Asylverfahren nicht berücksichtigt werden dürfe. Vielmehr hat es diese Frage bislang überhaupt nicht behandelt. Soweit es sich hiermit auseinandergesetzt hat, hat es eine unmittelbare Anwendung von Art. 4 Abs. 3 GG im Asylrecht abgelehnt.[239]

Relevant ist auch, ob der Antragsteller freiwillig den militärischen Dienst geleistet hat oder zum Wehrdienst einberufen wurde.[240] Aber auch derjenige, der zunächst freiwillig den Militärdienst geleistet hatte, kann seine Überzeugungen ändern. Zumeist werden hierfür Schlüsselerlebnisse[241] ursächlich sein. Zwingend ist dies jedoch nicht. Selbstverständlich gelten diese Grundsätze nicht bei völkerrechtswidrigen Einsätzen. Hier kommt es unabhängig davon, ob der Antragsteller freiwillig den militärischen Dienst aufgenommen hat, allein darauf an, dass er an derartigen Einsätzen wegen ihrer Rechtswidrigkeit nicht teilnehmen will. 165

Bislang hat sich ein Recht auf Kriegsdienstverweigerung aus Gewissensgründen nicht durchsetzen können,[242] obwohl das Recht auf Gewissensfreiheit allgemein anerkannt ist (vgl. Art. 18 IPbpR). Die Ausübung dieses Rechts kann jedoch eingeschränkt werden. Jedoch setzt sich im Völkerrecht, insbesondere in den Vereinten Nationen und regionalen Menschenrechtssystemen zunehmend die Anerkennung eines Rechts auf Kriegsdienstverweigerung durch. Mit Resolution 1989/59 hat die Generalversammlung das Recht eines jeden Menschen anerkannt, im Rahmen der in Art. 18 IPbpR garantierten legitimen Ausübung des Rechtes auf Gedanken-, Gewissens- und Religionsfreiheit aus Gewissensgründen den Wehrdienst zu verweigern. 166

Die frühere Menschenrechtskommission der Vereinten Nationen hat mit den Resolutionen 1995/83 vom 08. März 1995 und 1998/77 vom 22. April 1998 ebenfalls das Recht auf Verweigerung des Kriegsdienstes aus Gewissensgründen anerkannt. Der Ausschuss für Menschenrechte hat in seinem Allgemeinen Kommentar Nr. 22 zu Art. 18 IPbpR vom 30. Juli 1993 festgestellt, dass aus dieser Norm ein Recht auf Wehrdienstverweigerung abgeleitet werden kann. Darüber hinaus erkennt er eine Verletzung von Art. 18 Abs. 3 IPbpR, wenn der Verweigerer entgegen seiner echten religiösen Überzeugung zum Wehrdienst gezwungen wird.[243] 167

Auch in der europäischen Rechtsentwicklung wird die Wehr- und Kriegsdienstverweigerung anerkannt. So hatte die Europäische Kommission für Menschenrechte die Beschwerde eines Beschwerdeführers, der sich geweigert hatte, an militärischen Einsätzen gegen Flüchtlinge teilzunehmen, im Blick auf Art. 3 EMRK für zulässig erklärt.[244] Die Beratende Versammlung des Europarates hatte bereits mit der Empfehlung 816 (1977) das Recht auf Kriegsdienstverweigerung aus Gewissensgründen als Menschenrecht bezeichnet und in der Entschließung 102 (1994) über »Fahnenflüchtlinge und Wehrdienstverweigerer aus den Republiken des ehemaligen Jugoslawien« auf dieses Recht hingewiesen. Das Ministerkomitee des Europarates empfiehlt den Vertragsstaaten in der Empfehlung 168

---

238 BVerwG, Urt. v. 14.02.1963 – BVerwG I C 92.62, abgedruckt bei *Marx*, Asylrecht. Rechtsprechungssammlung mit Erläuterungen. Bd. 3, S. 1604, Nr. 80.3.
239 BVerwGE 62, 123 (124) = EZAR 200 Nr. 6 = InfAuslR 1981, 218.
240 *UNHCR*, Handbuch über Verfahren und Kriterien zur Feststellung der Flüchtlingseigenschaft, Rn. 174.
241 BVerwGE 81, 294 (296 f.), mit Hinweis auf BVerwG, Buchholz 448.0 § 25 WPflG Nr. 120.
242 *Goodwin-Gill/McAdam*, The Refugee in International Law, S. 105 ff.; zur Staatenpraxis siehe »The Question of Conscientious Objection to Military Service«, Report of the UN General Secretary vom 16.01.1997, UN Doc.E/CN.4/1997/99.
243 Human Rights Committee, Netherlands Quaterly of Human Rights 2007, 297 – Chou and Yoon.
244 EKMR, Entscheidung vom 07.03.1994 – Nr. 22408/93 – H. gegen Schweden; siehe auch § 47 Rdn. 19 ff.

Nr. R(87)8, Wehrpflichtigen, die aus ernsthaften Gewissensgründen den Wehrdienst verweigern, von ihrer Verpflichtung zu befreien. Auch das Europäische Parlament (Europäische Union) hat das Recht auf Wehrdienstverweigerung aus Gewissensgründen wiederholt anerkannt.

169 Der BGH hat in seiner auslieferungsrechtlichen Rechtsprechung das Kriegsdienstverweigerungsrecht grundsätzlich anerkannt. Danach sei eine Auslieferung unzulässig, wenn sie dazu führe, dass der Verfolgte unmittelbar nach der Strafverbüßung, noch ehe er den ersuchenden Staat wieder verlassen könne, zum Wehrdienst mit der Waffe herangezogen werde und falls er aus Gewissensgründen diesen Dienst verweigere, Bestrafung zu gewärtigen habe.[245] Demgegenüber gehört nach der Rechtsprechung des BVerwG das Recht zur Organisation der Selbstverteidigung zu den originären und souveränen Rechten eines jeden Staates.[246] Dieses Recht erlaube es den Staaten, die Wehrpflicht ihrer Bürger als **staatsbürgerliche Pflicht** einzuführen und die Erfüllung dieser Pflicht durch Strafandrohungen zu sichern.[247]

170 Die zwangsweise Heranziehung zum Wehrdienst und die damit verknüpfte Sanktion wegen Kriegsdienstverweigerung und Desertion würden daher, selbst wenn sie von weltanschaulich totalitären Staaten ausgingen, nicht schon für sich allein eine Verfolgung darstellen.[248] Verfolgung könne in dieser Hinsicht aber dann angenommen werden, wenn »**besondere Umstände**« hinzuträten, aus denen sich ergebe, dass mit der Inpflichtnahme beabsichtigt sei, Wehrpflichtige wegen Verfolgungsgründen, insbesondere wegen einer wirklichen oder vermuteten, von der herrschenden Staatsdoktrin abweichenden politischen Überzeugung zu treffen.[249]

171 Der Hinweis auf die »besonderen Umstände« kann dahin verstanden werden und wird in der Praxis regelmäßig auch so ausgelegt, dass die zwangsweise Durchsetzung der Wehrpflicht grundsätzlich als unerheblich angesehen wird. Bereits in seiner ersten grundlegenden asylrechtlichen Entscheidung hatte das BVerwG festgestellt, es müssten besondere Umstände die Beachtlichkeit der Strafverfolgung wegen Fahnenflucht begründen können.[250] Dies kann jedoch auch als Hinweis verstanden werden, nicht von vornherein von der Unbeachtlichkeit der Verfolgung wegen Wehrdienstverweigerung auszugehen, sondern stets die besonderen Umstände des Einzelfalles sorgfältig in den Blick zu nehmen.[251] Darauf weist auch das BVerfG hin, wenn es im Blick auf die zwangsweise Heranziehung zum Wehrdienst und die damit im Zusammenhang stehende Bestrafung wegen Kriegsdienstverweigerung verlangt, dass die Frage der Erheblichkeit dieser Bestrafung nach Maßgabe der Umstände des Einzelfalles zu beurteilen sei.[252]

---

245 BGHSt 27, 191 (193) = NJW 1977, 1599.

246 BVerwG, Beschl. v. 17.07.1979 – BVerwG 1 B 492.79; ebenso VGH Baden-Württemberg, Urt. v. 06.02.1985 – A 13 S 223/84.

247 BVerwGE 81, 41 (44) = EZAR 201 Nr. 17 = NVwZ 1989, 169 = InfAuslR 1989, 169; so schon BVerwG, DÖV 1975, 286; BVerwG, Beschl. v. 17.07.1979 – BVerwG 1 B 492.79.

248 BVerwG, EZAR 201 Nr. 10 = DVBl. 1987, 47; BVerwGE 81, 41 (42) = EZAR 201 Nr. 17 = NVwZ 1989, 169 = InfAuslR 1989, 169 = D 33; BVerwG, NVwZ 1993, 193 (194); BVerwG, EZAR 205 Nr. 15 = NVwZ 1992, 274; ebenso BVerfG (Kammer), Beschl. v. 02.09.1991 – 2 BvR 939/89.

249 BVerwGE 81, 41 (42) = EZAR 201 Nr. 17 = NVwZ 1989, 169 = InfAuslR 1989, 169; BVerwG, EZAR 201 Nr. 10; BVerwG, NVwZ 1993, 193 (194); BVerwG, Buchholz 402.25 § 1 AsylVfG Nr. 54.

250 BVerwGE 4, 238 (242) = NJW 1957, 962; so auch BVerwGE 4, 235 = NJW 1957, 761.

251 So BVerwG, DVBl. 1963, 146; BVerwG, Urt. v. 14.02.1963 -BVerwG I C 92. 61; BVerwG, Buchholz 402.24 § 28 AuslG Nr. 16.

252 BVerfG (Kammer), Beschl. v. 02.09.1991 – 2 BvR 939/89, unter Hinweis auf BVerwGE 62, 123 = EZAR 200 Nr. 6 = InfAuslR 1981, 218; siehe auch BVerfGE 71, 276 (294 f.) = EZAR 631 Nr. 3 = NVwZ 1986, 459 = InfAuslR 1986, 159; BVerwG, EZAR 205 Nr. 15.

c) Zweck des Schutzes von Militärdienstverweigerern nach Art. 9 Abs. 2 Buchst. e) RL 2004/83/EG

Nach Art. 9 Abs. 2 Buchst. e) RL 2004/83/EG stellt die Strafverfolgung oder Bestrafung wegen Militärdienstverweigerung eine Verfolgung dar, wenn der Antragsteller mit seinem Wehr- oder Kriegsdienst zu Art. 12 Abs. 2 RL 2004/83/EG zuwiderlaufenden militärischen Einsätzen gezwungen würde oder für den Fall der Rückkehr hierzu gezwungen werden wird. Die Richtlinie will damit Asylsuchende davor schützen, in einem Konflikt Militärdienst zu leisten, wenn in diesem Verbrechen im Sinne von Art. 12 Abs. 2 RL 2004/83/EG (§ 35) begangen werden. Wenn einerseits die Teilnahme an derartigen Verbrechen zum Ausschluss vom Flüchtlingsschutz und subsidiärem Schutzstatus führt, darf andererseits die Weigerung, in einen Konflikt hinein gezogen zu werden, in dem derartige Verbrechen begangen werden, den Asylsuchenden nicht schutzlos stellen.[253]

Die Ratio von Art. 9 Abs. 2 Buchst. e) RL 2004/83/EG folgt damit aus der inneren Struktur der Richtlinie. Die Norm schützt den, der wegen seiner Weigerung, eines der in Art. 12 Abs. 2 RL 2004/83/EG bezeichneten Verbrechen zu begehen, strafrechtlich verfolgt oder bestraft oder anderweitig mit Sanktionen belegt werden kann, sofern ihm die Flucht aus dem Herkunftsland gelingt.[254] Müssen für den Ausschluss des Flüchtlingsschutzes jedoch schwerwiegende Gründe die Annahme rechtfertigen, dass der Asylsuchende ein derartiges Verbrechen begangen oder daran teilgenommen hat, reicht für die Statusgewährung die Darlegung aus, dass er den Militärdienst »in einem Konflikt verweigert«, wenn es in diesem zu solcherart Verbrechen kommt.

Es muss also nicht jenseits aller vernünftigen Zweifel feststehen, dass der Asylsuchende bei Befolgung des Einsatzbefehls ein derartiges Verbrechen begangen hätte. Das Flüchtlingsrecht will dem Einzelnen präventiv Schutz davor gewähren, in eine Konfliktlage zu geraten, bei der es zur Begehung von derartigen Verbrechen kommt. Demgegenüber ist das Völkerstrafrecht repressiv, setzt also die Begehung eines solcherart Verbrechens voraus und bewertet ex post, ob jenseits vernünftiger Zweifel feststeht, dass der Einzelne hieran beteiligt war. Der an das Völkerstrafrecht anknüpfende Ausschlussgrund nach Art. 12 Abs. 2 RL 2004/83/EG lässt allerdings bereits schwerwiegende Gründe ausreichen, die eine entsprechende Annahme rechtfertigen.

Die Kommission begründet die Ratio des Regelbeispiels damit, dass zwar andere Formen der Bestrafung wegen Wehrdienstverweigerung im Allgemeinen nicht von vornherein Verfolgungscharakter aufwiesen, sondern zusätzlich Aspekte deren diskriminierenden Charakter belegen müssten. Eine Bestrafung wegen Verweigerung des Wehrdienstes könne jedoch »**per se**« eine Verfolgung darstellen, wenn nachgewiesen werden könne, dass der Wehrdienst die Teilnahme an militärischen Aktionen erfordere, die aufgrund echter und tief empfundener moralischer, religiöser oder politischer Überzeugungen oder aus sonstigen berechtigten Gewissensgründen strikt abgelehnt würden.[255]

d) Voraussetzungen des Regelbeispiels

aa) Verweigerung des Militärdienstes

Der Asylsuchende muss den Militärdienst verweigert haben oder darlegen, dass er im Fall der Rückkehr den Militärdienst verweigern wird und ihm deswegen Strafverfolgung oder Bestrafung droht. Art. 9 Abs. 2 Buchst. e) RL 2004/83/EG verwendet den umfassenderen Begriff des »**Militärdienstes**« und nicht den engeren des »**Wehrdienstes**«. Es werden also nicht nur Wehrdienstleistende erfasst, sondern alle einberufenen oder einzuberufenden Soldaten unabhängig davon, ob sie ihrer gesetzlich angeordneten Wehrpflicht folgen, freiwillig Wehrdienst oder als Berufssoldaten Militärdienst leisten.

---

253 *BMI*, Hinweise zur Anwendung der Richtlinie 2004/83/EG, Oktober 2006, S. 8.
254 *Klug*, GermanYIL 2004, 594 (604).
255 Kommissionsentwurf v. 12.09.2001, BR-Drucks. 1017/01, S. 22.

177 Die Leistung lediglich des Wehrdienstes unabhängig von einem Konflikt in Erfüllung der allgemeinen Wehrpflicht wird ebenso wenig wie die Leistung des Militärdienstes außerhalb eines Konflikts erfasst. Die Weigerung, Militärdienst zu leisten, kann auf unterschiedliche Weise zum Ausdruck kommen. Der Asylsuchende kann sich bereits der Musterung entzogen, er kann aber auch zunächst die Einberufung abgewartet und dieser dann nicht Folge geleistet haben. Er kann der Einberufung Folge geleistet und während des Ausgangs oder des Heimaturlaubs beschlossen haben, nicht zu seiner Einheit zurückzukehren. Er kann seine Einheit kurzfristig (Entfernung von der Truppe) oder dauerhaft (Fahnenflucht oder Desertion) während eines aktuellen Einsatzes verlassen haben.

178 In all diesen Fällen droht Strafverfolgung wegen eines Wehrdeliktes unabhängig von der Form des Militärdienstes. Erfasst werden sowohl die Strafverfolgung wie auch andere Formen der Bestrafung, etwa Verlust der bürgerlichen Ehrenrechte, gesellschaftliche Ächtung wegen unehrenhafter Entlassung aus der Armee (vgl. auch Art. 9 Abs. 2 Buchst. b) RL 2004/83/EG). Es kommt stets darauf, dass diese Form der Strafverfolgung oder Bestrafung schwerwiegend bzw. die Gesamtwirkung der unterschiedlichen Maßnahmen vergleichbar schwerwiegend ist.

bb) In einem Konflikt

179 Nach dem Wortlaut von Art. 9 Abs. 2 Buchst. e) RL 2004/83/EG muss der Militärdienst »in einem Konflikt« geleistet worden sein. Das Bestehen eines »**Konfliktes**« im Sinne dieser Norm darf nicht mit dem Begriff »internationaler oder innerstaatlicher bewaffneter Konflikt«, wie er in Art. 15 Buchst. c) RL 2004/83/EG verwendet wird, verwechselt werden. Es kann aufgrund der Ratio von Art. 9 Abs. 2 Buchst. e) RL 2004/83/EG auch nicht aus gesetzessystematischen Gründen der Nachweis eines internationalen oder innerstaatlichen bewaffneten Konflikts gefordert werden. Zumeist werden zwar Verbrechen der in Art. 12 Abs. 2 RL 2004/83/EG bezeichneten Art im Verlaufe kriegerischer Auseinandersetzungen begangen. Im Schrifttum und in der Rechtsprechung der Mitgliedstaaten werden in diesem Zusammenhang generell militärische Einsätze genannt, die auf die Verletzung grundlegender Menschenrechte, der humanitären Normen des Völkerrechts und der Verletzung der territorialen Integrität anderer Staaten zielen.[256]

180 Verbrechen gegen die Menschlichkeit (§ 35 Rdn. 26 bis 28), also die Verletzung grundlegender Menschenrechte, schwere nichtpolitische Verbrechen (§ 35 Rdn. 33 bis 54), z. B. terroristische Aktionen, und Handlungen (§ 35 Rdn. 98 ff.), welche den Zielen und Grundsätzen der Vereinten Nationen zuwiderlaufen (§ 35 Rdn. 85 ff.), werden häufig auch **außerhalb** kriegerischer Auseinandersetzungen begangen. Nur Kriegsverbrechen (§ 35 Rdn. 18 bis 26) und Verbrechen gegen den Frieden (§ 35 Rdn. 15 bis 17) setzen das Bestehen eines Krieges voraus. Deshalb braucht der Antragsteller nicht zwingend darzulegen, dass die bewaffneten Streitkräfte in einem bewaffneten Konflikt verwickelt sind.

181 Dem Zusammenhang von Art. 9 i.V.m. Art. 12 Abs. 2 RL 2004/83/EG kann der Grundsatz entnommen werden, dass die Militärdienstverweigerung generell als Fluchtgrund anerkannt wird, wenn der Antragsteller mit dem Militärdienst in einem diktatorischen Regime Institutionen und politische Maximen verteidigen soll, die mit grundlegenden Menschenrechten unvereinbar sind. Häufig wird das Militär zur innenpolitischen Repression eingesetzt und sind Militäreinheiten an der systematischen Folterpraxis gegenüber Oppositionellen oder ethnischen Minderheiten beteiligt. Zwar werden zur Folterpraxis spezialisierte Einheiten eingesetzt. Diese sind jedoch häufig auf die Mitwirkung der militärischen Strukturen angewiesen.

182 Auch die Weigerung des Antragstellers, terroristischen Gruppierungen beizutreten, wird nach Art. 9 i.V.m. Art. 12 Abs. 2 RL 2004/83/EG als Fluchtgrund anerkannt und setzt ebenfalls nicht notwendigerweise als Kontext einen bewaffneten Konflikt voraus. Vereinzelte terroristische Aktionen als

---

256 *Hathaway*, The Law of Refugee Status, S. 180 f.; UK House of Lords, (2003) UKHL 15 Rn. 7 – Sepet and Bulbul.

solche erfüllen noch nicht ohne Weiteres den Tatbestand eines internen bewaffneten Konfliktes, sind aber für den Fall der Weigerung, an diesen teilzunehmen, nach Art. 9 i.V.m. Art. 12 Abs. 2 RL 2004/83/EG relevant. Darüber hinaus können terroristische Handlungen, ohne notwendigerweise Ausprägung eines bewaffneten Konfliktes zu sein, den Zielen und Grundsätzen der Vereinten Nationen zuwiderlaufen.[257]

Zur Vermeidung schwerwiegender Wertungswidersprüche kann daher der Begriff Konflikt in Art. 9 Abs. 2 Buchst. e) RL 2004/83/EG nicht im Sinne von Art. 15 Buchst. c) RL 204/83/EG ausgelegt werden. Vielmehr folgt aus der inneren Struktur der Richtlinie, dass Konfliktlagen, die eine Situation nach Art. 12 Abs. 2 RL 2004/83/EG hervorrufen, auch außerhalb kriegerischer Auseinandersetzungen auftreten können. Man kann den Begriff »Konflikt« auch subjektiv verstehen, nämlich, dass die Strafverfolgung oder Bestrafung den Antragsteller in einen »Konflikt« bringt, entweder dem Einberufungs- oder Einsatzbefehl oder seinem Gewissen zu folgen.   183

cc) *Unvereinbarkeit des Militärdienstes mit Völkerstrafrecht*

(1) Allgemeines

Der Einsatz, zu dem der Verweigerer herangezogen wird, muss Verbrechen oder Handlungen umfassen, die nach Art. 12 Abs. 2 RL 2004/83/EG zum Flüchtlingsausschluss führen. Der militärische Einsatz als solcher oder die Art der Kriegführung muss danach mit Völkerstrafrecht unvereinbar sein (Rdn. 180). Die Richtlinie will Asylsuchende davor schützen, in einem Konflikt Militärdienst zu leisten, wenn in diesem Verbrechen im Sinne von Art. 12 Abs. 2 RL 2004/83/EG begangen werden. Die Ratio von Art. 9 Abs. 2 Buchst. e) RL 2004/83/EG folgt damit aus der inneren Struktur der Richtlinie (Rdn. 183).   184

Die Norm stellt den, der wegen seiner Weigerung, eines der in Art. 12 Abs. 2 RL 2004/83/EG bezeichneten Verbrechen zu begehen, strafrechtlich verfolgt oder bestraft oder anderweitig mit Sanktionen belegt werden könnte, den Flüchtlingsstatus zur Verfügung, sofern ihm die Flucht aus dem Herkunftsland gelingt.[258] Nicht die grundsätzlich legitime Strafverfolgung, sondern der militärische Einsatz als solcher oder die Art der Kriegführung sowie die hierdurch determinierte Motivation für die Verweigerung des Dienstpflichtigen sind der Ausgangspunkt des Unionsrechts.   185

Sofern die Strafverfolgung darüber hinaus auch diskriminierend oder unverhältnismäßig ist, ist als zusätzliches Regelbeispiel Art. 9 Abs. 2 Buchst. c) RL 2004/83/EG heranzuziehen. Art. 9 Abs. 2 Buchst. e) RL 2004/83/EG liegt jedoch ein derartiger Abgrenzungsbegriff nicht zugrunde. Maßgebend ist vielmehr, ob die Art der Kriegführung mit Völkerstrafrecht vereinbar ist. Entwicklungen im Völkerstrafrecht, insbesondere das IStGH-Statut, sind bei der Auslegung und Anwendung von Art. 9 Abs. 2 Buchst. e) RL 2004/83/EG heranzuziehen.   186

(2) Berufung auf humanitäres Völkerrecht

Während für den Ausschluss des Flüchtlingsschutzes schwerwiegende Gründe zu der Annahme berechtigten müssen, dass der Asylsuchende ein derartiges Verbrechen begangen oder daran teilgenommen hat, reicht für die Statusgewährung die Darlegung aus, dass er den Militärdienst »in einem Konflikt verweigert«, wenn es in diesem zu solcherart Verbrechen kommt (Rdn. 201 ff.). Damit erkennt die Richtlinie die Verweigerung des Militärdienstes als Fluchtgrund an, wenn der Verweigerer sich   187

---

257 EuGH, InfAuslR 2011, 40 (41) = NVwZ 2011, 285 – B. und D.
258 *Klug*, GermanYIL 2004, 594 (604).

darauf beruft, dass er sich einem militärischen Einsatz entzogen hat, der von der Völkergemeinschaft als den Grundregeln menschlichen Verhaltens widersprechend verurteilt wird.[259]

188 Dies kann einerseits seinen Grund darin haben, dass der Konflikt als solcher (Verbrechen gegen den Frieden) oder die angewandten Kriegsmethoden (Kriegsverbrechen, Verbrechen gegen die Menschlichkeit) Völkerrecht verletzen (Rdn. 180).[260] Die Wehr- und Kriegsdienstverweigerung wird generell als Fluchtgrund anerkannt, wenn der Antragsteller mit dem Militärdienst in einem diktatorischen Regime Institutionen und politische Maximen verteidigen soll, die mit den allgemein anerkannten Menschenrechten unvereinbar sind. Es gibt eine Vielzahl militärischer Handlungen, die völkerrechtlich unzulässig sind. Dies umfasst militärische Aktionen, welche grundlegende Menschenrechte (Verbrechen gegen die Menschlichkeit) oder die humanitären Regeln der Kriegführung (Kriegsverbrechen) oder die territoriale Unversehrtheit anderer Staaten (Verbrechen gegen den Frieden) verletzen.[261]

189 So hatte etwa die Generalversammlung der Vereinten Nationen bereits 1978 mit Resolution 33/165 (1978) das Recht aller Personen anerkannt, den Dienst in Polizei- und Militäreinheiten zu verweigern, die zur Durchsetzung der Apartheid eingesetzt wurden, und die Staaten aufgefordert, Betroffenen Asylrecht zu gewähren. Darin eingeschlossen ist die Verweigerung, der Einberufung Folge zu leisten, mit der Begründung, dass das Militär im Herkunftsland bekanntermaßen an Folterungen, Vertreibungen von Minderheiten oder anderen Menschenrechtsverletzungen beteiligt ist.

190 Der sich seit Mitte der 1980er Jahre durchsetzende Trend, einer im Blick auf völkerrechtswidrige Handlungen motivierten Kriegsdienstverweigerung die Anerkennung nicht zu versagen[262] und dementsprechend auch den Flüchtlingsschutz zu gewähren,[263] wird inzwischen auch in der Staatenpraxis als Verfolgungsgrund anerkannt.[264] Damit nicht im Einklang steht die frühere Rechtsprechung des BVerwG, die in der Bestrafung wegen Wehrdienstverweigerung regelmäßig eine Maßnahme mit unerheblicher genereller Tendenz erkannte.[265]

191 Der Verweigerer wird zwar nicht wegen seiner Gewissensentscheidung, sondern deshalb bestraft, weil er einem allgemeinen Gesetz den Gehorsam verweigert. Jedoch begründet die hierauf bezogene Fluchtmotivation die Flüchtlingseigenschaft, weil eine derart motivierte Weigerung von der internationalen Gemeinschaft deshalb anerkannt wird, weil der Verweigerer im Konflikt zwischen der Erfüllung des nationalen Einsatzbefehls und der Achtung vor grundlegenden völkerrechtlichen staatlichen Verpflichtungen mit seiner Flucht eine Wertentscheidung für diese Regeln trifft.

(3) Kein Erfordernis der Verurteilung durch die internationale Staatengemeinschaft

192 Nicht vorausgesetzt wird, dass die internationale Gemeinschaft die militärische Aktion als solche verurteilt. Vielmehr kommt es allein auf das objektive Vorliegen eines der in Art. 12 Abs. 2 RL 2004/83/EG; Art. 1 F GFK bezeichneten Ausschlussgründe an. Die in der Staatenpraxis und im völkerrechtlichen Schrifttum umstrittene Frage, ob die Verweigerung des Kriegsdienstes nur dann anerkannt wird, wenn die internationale Staatengemeinschaft den Kriegseinsatz als den Grundregeln

---

259 *UNHCR*, Handbuch über Verfahren und Kriterien zur Feststellung der Flüchtlingseigenschaft, Rn. 171; *UNHCR*, Auslegung von Art. 1 GFK, April 2001, Rn. 18; *Hathaway*, The Law of Refugee Status, S. 181; dagegen *Reichel*, Das staatliche Asylrecht »im Rahmen des Völkerrechts«, S. 147.
260 *Goodwin-Gill/McAdam*, The Refugee in International Law, S. 104.
261 *Hathaway*, The Law of Refugee Status, S. 180f.
262 Siehe hierzu *Eide*, Gewissen und Gewalt, in: Vereinte Nationen 1986.
263 UK House of Lords, IJRL 2003, 276 (281, 295) – Sepet et.al; UK Court of Appeal, IJRL 2008, 469, Rn. 21–41 – BE (Iran); UK Court of Appeal, (2008) EWCA Civ 540 = IJRL 2008, 469 (Iran).
264 *Kuzas*, Asylum for Unrecognized Conscientious Objectors to Military Service: Is There a Right Not to Fight?, in: Virginia Journal of International Law 1991, S. 447.
265 BVerwGE 62, 123 (124f.) = EZAR 200 Nr. 6 = InfAuslR 1981, 218 = DVBl. 1981, 774.

menschlichen Verhaltens widersprechend verurteilt hat, betrifft ausschließlich das Verbrechen gegen den Frieden.

Ob ein Einsatz auf einem Mandat des Sicherheitsrats beruht oder nicht, ist für die Verletzung des Gewaltverbots (Art. 2 Nr. 4 UN-Charta) und damit für die Frage maßgebend, ob mit der Teilnahme an einem derartigen Einsatz eine völkerstrafrechtliche Beteiligung an einem Verbrechen gegen den Frieden verbunden ist. Kriegsverbrechen und Verbrechen gegen die Menschlichkeit werden von der internationalen Staatengemeinschaft als den Grundregeln menschlichen Verhaltens widersprechend verurteilt, sodass in diesem Zusammenhang durch völkerstrafrechtliche Kodifizierung bereits die Verurteilung durch die internationale Gemeinschaft erfolgt ist.

So weist z. B. das britische Oberhaus darauf hin, dass es »zwingende Gründe für die Annahme gibt, dass demjenigen der Flüchtlingsstatus zuerkannt werden sollte, der sich mit der Begründung geweigert hat, Militärdienst zu leisten, dass ein solcher Dienst ihn dem Risiko aussetzen könnte oder würde, Kriegsverbrechen oder schwerwiegende Menschenrechtsverletzungen zu begehen oder an einem Konflikt teilzunehmen, der von der internationalen Gemeinschaft verurteilt wird, oder wenn die Verweigerung mit überschießender oder unverhältnismäßiger Bestrafung sanktioniert wird.«[266] Aus der alternativen Auflistung der anerkannten Verweigerungsgründe folgt, dass das Erfordernis, dass die internationale Gemeinschaft den Konflikt verurteilen muss, sich nicht auf den Verweigerungsgrund der Vermeidung der Verwicklung in Kriegsverbrechen oder Verbrechen gegen die Menschlichkeit bezieht.

Eine Beteiligung an völkerrechtswidrigen Maßnahmen oder militärischen Einsätzen, die mit Art. 1 F GFK nicht in Übereinstimmung stehen, ist danach unabhängig von entsprechenden Feststellungen des Sicherheitsrates stets unzulässig. Andererseits erleichtert es die entsprechenden Feststellungen im Asylverfahren, wenn der Konflikt, auf den sich die Verweigerung bezieht, vom Sicherheitsrat als völkerrechtswidrig verurteilt wurde.[267] Zwingend vorausgesetzt wird dies jedoch nicht. Da der Sicherheitsrat keine rechtlichen, sondern politische Entscheidungen trifft und häufig über die Bewertung bestimmter Konflikte keine Einigung erzielen kann (z. B. Dafur, Syrien), kann die Anerkennung eines Fluchtgrundes im Blick auf den Verweigerer nicht von einer entsprechenden Entscheidung des Sicherheitsrates abhängig gemacht werden.

Selbst wenn eine militärische Aktion auf einem Mandat des Sicherheitsrates beruht, schließt dies nicht aus, dass es im Verlaufe der Ausführung dieses Mandates zu völkerrechtlich unzulässigen Handlungen durch die Streitkräfte im Rahmen der Ausführung des Mandats kommt. So verletzte etwa das während der Bush-Administration praktizierte wahllose Bombardieren der Zivilbevölkerung im Osten und Süden von Afghanistan oder der derzeitige Einsatz von Drohnen zur gezielten Tötung von Nichtkombattanten in Ausführung der »Operation Enduring Freedom« humanitäres Völkerrecht (Kriegsverbrechen) und stellt die Bestrafung desjenigen, der sich derartigen Einsätzen widersetzt, eine Verfolgung dar.

Die Sanktionen auf eine derart motivierte Verweigerung können nicht nur durch Staaten, sondern auch durch nichtstaatliche Konfliktbeteiligte (Art. 6 Buchst. b) und c) RL 2004/83/EG) drohen. Denn das humanitäre Völkerrecht bindet auch nichtstaatliche Konfliktbeteiligte an Rechtsregeln.

---

266 UK House of Lords (2003), UKHL 15, Rn. 8 – Sepet and Bulbul: » *There is compelling support for the view that refugee status should be accorded to one who has refused to undertake compulsory military service on the grounds that such service would or might require him to commit atrocities or gross human rights abuses or participate in a conflict condemned by the international community, or where refusal to serve would earn grossly excessive or disproportionate punishment.*«.

267 Kommissionsentwurf v. 12.09.2001, BR-Drucks. 1017/01, S. 22; *UNHCR*, Kommentar zur Richtlinie 2004/83/EG, Mai 2005, S. 21.

e) Darlegungsanforderungen

aa) Darlegung eines ernsthaften Gewissenskonfliktes

198 Maßgebend für die Darlegungslast des Antragstellers ist die Glaubhaftmachung eines ernsthaften Gewissenskonfliktes im Sinne von Art. 9 Abs. 2 Buchst. e) RL 2004/83/EG. Es reicht aus, wenn er Tatsachen bezeichnet, dass es in dem konkreten Kriegskonflikt, an dem er gezwungen werden sollte, teilzunehmen, zu derartigen Verbrechen gekommen und daher die Möglichkeit nicht auszuschließen war, dass er in diese hätte verwickelt werden können bzw. wenn dies für die Zukunft droht. Zunächst kommt es unabhängig vom subjektiven Kenntnisstand auf die objektive Sach- und Rechtslage an. Entsprechend der subjektiven Sichtweise des für die Richtlinie maßgebenden Flüchtlingsbegriffs (Art. 2 Buchst. c) 2004/83/EG) sind darüber hinaus auch die subjektiven Vorstellungen des Antragstellers maßgebend.

199 Kann sich der Deserteur danach auf einen ernsthaften Gewissenskonflikt berufen, der darin besteht, dass er nicht unmittelbar oder mittelbar an völkerrechtswidrigen Kriegshandlungen teilnehmen will, ist ihm der Flüchtlingsstatus zuzuerkennen. Ist ihm bewusst, dass die Armee, der er angehört, etwa zivile Objekte bombardiert oder in anderer Weise die unbeteiligte Zivilbevölkerung nicht geschont wird, wird er zur Beteiligung an einem militärischen Einsatz gezwungen, der mit völkerrechtswidrigen Mitteln geführt wird und ist die Möglichkeit nicht auszuschließen, dass er in derartige Verbrechen verwickelt werden könnte.

200 Andererseits begründet allein der Hinweis auf einen völkerrechtlich unzulässigen militärischen Einsatz oder auf die Anwendung völkerrechtlich unzulässiger kriegerischer Methoden noch nicht den Flüchtlingsstatus. Vielmehr muss der Antragsteller glaubhaft darlegen, dass seine Verweigerung durch diese Gründe motiviert ist. In diesem Fall ist mit der Feststellung einer Verfolgung wegen Kriegsdienstverweigerung zugleich auch der maßgebende Verfolgungsgrund bezeichnet. Denn unter diesen Umständen ist aus Sicht der Verfolger (vgl. Art. 10 Abs. 2 RL 2004/83/EG) von einer Verfolgung wegen abweichender politischer Überzeugung des Antragstellers auszugehen (§ 27 Rdn. 29 ff.).

bb) Keine Anwendung völkerstrafrechtlicher Beweisregeln

201 Für die Zuerkennung der Flüchtlingseigenschaft ist nicht der völkerstrafrechtliche Beweisstandard zugrunde zu legen, wonach jenseits vernünftiger Zweifel feststehen muss, dass der Verweigerer bei einer Befolgung des Einsatzbefehls ein Kriegsverbrechen begangen haben würde (Rdn. 187). Damit würde er mit unerfüllbaren Beweisanforderungen belastet und liefe der unionsrechtliche Schutz für Kriegsdienstverweigerer leer. Vielmehr reicht es aus, dass der Antragsteller gute Gründe bezeichnen kann, bei Befolgung des Einsatzbefehls möglicherweise in derartige Verbrechen verwickelt zu werden und er dies mit seinem Gewissen nicht verantworten kann.

202 Für die Darlegungslast wird also nicht notwendigerweise der Nachweis vorausgesetzt, dass der Verweigerer selbst in derartige Verbrechen verwickelt werden wird. Es muss also nicht jenseits aller vernünftigen Zweifel feststehen, dass der Asylsuchende bei Befolgung des Einsatzbefehls in ein derartiges Verbrechen verwickelt worden wäre bzw. werden wird.

203 Das Flüchtlingsrecht will dem Einzelnen *präventiv* Schutz davor gewähren, in eine Konfliktlage zu geraten, bei der es zur Begehung von derartigen Verbrechen kommt. Es ist also eine Bewertung *ex ante* gefordert, ob die Möglichkeit besteht, dass der Verweigerer bei Befolgung des Einsatzbefehls in Verbrechen im Sinne von Art. 1 A F GFK hätte verwickelt werden können. Demgegenüber ist das Völkerstrafrecht **repressiv**, setzt also die Begehung eines solcherart Verbrechens voraus und bewertet **ex post**, ob jenseits vernünftiger Zweifel feststeht, dass der Einzelne hieran beteiligt war.

204 Die britische Rechtsprechung hat sich ausdrücklich gegen eine spiegelbildliche Anwendung von Art. 12 Abs. 2 RL 2004/83/EG und Art. 9 Abs. 2 Buchst. e) RL 2004/83/EG ausgesprochen. So hat das Berufungsgericht ausgeführt, es stelle eine oberflächliche Betrachtungsweise dar, dass nur diejenigen schutzbedürftig wären, die Asyl suchten, um dadurch die Begehung eines in Art. 1 F GFK

(Art. 12 Abs. 2 RL 2004/83/EG) aufgezählten Verbrechens zu vermeiden. Dieser Ansatz entspreche nicht der Ratio des Flüchtlingsrechts.[268] Das völkerrechtliche Flüchtlingsrecht folgt anderen Grundsätzen als das völkerrechtliche Strafrecht.

Der Antragsteller ist damit nicht gehalten, nach den Beweisregeln »jenseits aller vernünftigen Zweifel« einen Gewissenskonflikt darzulegen, sondern glaubhaft zu machen, dass er bei Befolgung des Einsatzbefehls aufgrund der ihm verfügbaren Informationen an militärischen Angriffen hätte beteiligt worden können, bei denen etwa unterschiedslos Zivilpersonen wie militärische Anlagen Objekte militärischer Angriffe waren (Verletzung des völkerrechtlichen Unterscheidungsgebots) oder es zur Tötung oder Verletzung von Zivilpersonen in einem Ausmaße gekommen war, das außer Verhältnis zu dem insgesamt erwarteten konkreten und unmittelbaren militärischen Vorteil stand (Verletzung des völkerrechtlichen Verhältnismäßigkeitsgrundsatzes). 205

Dabei muss der Antragsteller nicht wie ein Strafrichter nachträglich Beweis führen, dass damals aus seiner Sicht der bevorstehende militärische Einsatz Völkerrecht verletzt hatte, sondern gute Gründe bezeichnen, dass es aus seiner Sicht möglicherweise zu Verletzungen humanitären Rechts gekommen wäre. Dieser Beweisstandard entspricht der Staatenpraxis. So weist z.B. das britische Oberhaus darauf hin, dass es »zwingende Gründe für die Annahme gibt, dass demjenigen der Flüchtlingsstatus zuerkannt werden sollte, der sich mit der Begründung geweigert hat, Militärdienst zu leisten, dass ein solcher Dienst ihn dem Risiko aussetzen könnte oder würde, Kriegsverbrechen oder schwerwiegende Menschenrechtsverletzungen zu begehen oder an einem Konflikt teilzunehmen, der von der internationalen Gemeinschaft verurteilt wird, oder wenn die Verweigerung mit überschießender oder unverhältnismäßiger Bestrafung sanktioniert wird.«[269] 206

f) Anknüpfung an Verfolgungsgründe

Die Richtlinie behandelt die Frage der Anknüpfung anders als bei der sexuellen Gewalt (siehe einerseits Art. 9 Abs. 2 Buchst. a), anderseits Art. 10 Abs. 1 Buchst. d) Satz 2 RL 2004/83/EG) nicht ausdrücklich (§ 26 Rdn. 29 ff.). Vielmehr ist davon auszugehen, dass mit dem Nachweis, dass die Voraussetzungen der Verfolgungshandlung erfüllt sind, in aller Regel zugleich auch die Anknüpfung an Verfolgungsgründe gelungen ist. Dies entspricht auch der Staatenpraxis. 207

Zumeist wird die Anknüpfung in der Staatenpraxis über den Verfolgungsgrund der politischen Überzeugung (Art. 10 Abs. 1 Buchst. e) RL 2004/83/EG) vollzogen (§ 26 Rdn. 29 ff.). Begründet wird dies damit, dass ein Regime, das den Krieg unter Verletzung humanitärer Rechtsregeln führt, in dem Verweigerer einen Oppositionellen sieht und deshalb die diesem drohende Strafverfolgung oder Bestrafung Verfolgung darstellt.[270] In der britischen Rechtsprechung ist z.B. allgemein anerkannt, dass der Verweigerer begründete Furcht vor Verfolgung wegen seiner politischen Überzeugung hat, wenn er desertiert ist, um nicht in schwerwiegende Menschenrechtsverletzungen verwickelt zu werden.[271] 208

---

268 UK Court of Appeal, (2008) EWCA Civ 540 = IJRL 2008, 469, Rn. 39 – BE.

269 UK House of Lords (2003) UKHL 15, Rn. 8 – Sepet and Bulbul: » *There is compelling support for the view that refugee status should be accorded to one who has refused to undertake compulsory military service on the grounds that such service would or might require him to commit atrocities or gross human rights abuses or participate in a conflict condemned by the international community, or where refusal to serve would earn grossly excessive or disproportionate punishment.*«; UK Court of Appeal, (2008) EWCA Civ 540 = IJRL 2008, 469, Rn. 40 – BE ; *Luterbacher*, Die flüchtlingsrechtliche Behandlung von Dienstverweigerungen und Desertion, S. 217 ff. Siehe auch UK Court of Appeal, (2008) EWCA Civ 540 = IJRL 2008, 469 im Fall eines iranischen Berufssoldaten, der wegen einer bevorstehenden Beteiligung an einem Einsatz mit Landminen Asyl im Ausland suchte.

270 *Goodwin-Gill/McAdam*, The Refugee in International Law, S. 104 f.

271 UK Court of Appeal (2008) EWCA Civ 540 = IJRL 2008, 469, Rn. 40 – BE.

209 Auch das BVerwG hat eine derartige Auslegung anerkannt. Danach wird ein Staat oder eine nichtstaatliche Gruppierung, die zu derartigen Kriegführungsmethoden greifen, in jedem Verweigerer vorab einen Staatsfeind sehen, sodass der Zugriff einer abweichenden politischen Überzeugung gilt.[272] Die australische Rechtsprechung behandelt demgegenüber die Verfolgung von Kriegsdienstverweigerern mit anerkannten Gründen als Verfolgung wegen der Zugehörigkeit zu einer bestimmten sozialen Gruppe (Art. 1 A Nr. 2 GFK, Art. 10 Abs. 1 Buchst. d) RL 2004/83/EG), da diese eine derartige Gruppe bildeten, die im Herkunftsland als solche auch erkenntlich sei.[273]

7. Gegen die Geschlechtszugehörigkeit oder Kinder gerichtete Handlungen (Art. 9 Abs. 2 Buchst. f) RL 2004/83/EG)

a) Funktion des Regelbeispiels

210 Handlungen, die an die Geschlechtszugehörigkeit anknüpfen oder gegen Kinder gerichtet sind, können nach Art. 9 Abs. 2 Buchst. f) RL 2004/83/EG Verfolgungscharakter aufweisen. Die Richtlinie trägt damit der im Diskurs der letzten zwanzig Jahre gewachsenen Bedeutung geschlechtsspezifischer Verfolgungen in vielfältiger Weise Rechnung. Bereits in Art. 9 Abs. 2 Buchst. a) RL 2004/83/EG wird der Aspekt sexueller Gewalt besonders hervorgehoben (Rdn. 51 ff.).

211 Die Hervorhebung sexueller Gewalt wie auch der geschlechtsspezifischen Verfolgung in Art. 9 Abs. 2 RL 2004/83/EG hat zunächst aber lediglich Bedeutung für die Ermittlung der tatbestandlichen Voraussetzungen der Verfolgungshandlung. Irreführend ist allerdings die Verwendung des Begriffs »anknüpfen« in Art. 9 Abs. 2 Buchst. f) RL 2004/83/EG im Rahmen einer Norm, welche die Feststellung des Verfolgungsbegriffs inhaltlich bestimmt, weil damit auf die Frage der Anknüpfung an Verfolgungsgründe hingewiesen wird.

212 Für die Frage der Anknüpfung der geschlechtsspezifischen Verfolgung an Verfolgungsgründe ist jedoch nicht Art. 9 RL 2004/83/EG maßgebend. Vielmehr enthält Art. 10 Abs. 1 Buchst. d) Abs. 2 Satz 2 Halbs. 2 RL 2004/83/EG hierzu spezifische Kriterien. Da die Verfolgung selbst kein Merkmal des Verfolgungsgrundes »Zugehörigkeit zu einer bestimmten sozialen Gruppe« ist,[274] enthält Art. 9 Abs. 2 in Buchst. a) und f) RL 2004/83/EG die für die Ermittlung der Verfolgungshandlung maßgebenden Kriterien.

213 Auch wenn beide Aspekte eng miteinander zusammenhängen, ist in Anknüpfung an der von der Richtlinie vorgegebenen Dogmatik bei geschlechtsspezifischen wie auch bei Verfolgungen gegen Kinder stets zwischen Verfolgungshandlung und Verfolgungsgrund zu unterscheiden und erst nach der inhaltlichen Begriffsbestimmung der Verfolgung der Kausalzusammenhang zu den Verfolgungsgründen zu ermitteln (Art. 9 Abs. 3 RL 2004/83/EG). Nicht ausgeschlossen ist es bei entsprechendem Sachvorbringen allerdings, dass bereits mit der Feststellung der Verfolgung die Frage der Anknüpfung entschieden ist.

b) Geschlechtsspezifische Verfolgung

aa) Allgemeine Anerkennung geschlechtsspezifischer Verfolgungen

214 Nach Art. 9 Abs. 2 Buchst. f) RL 2004/83/EG wie auch nach § 60 Abs. 1 Satz 3 AufenthG kann eine Handlung deshalb Verfolgungscharakter aufweisen, weil sie an die Geschlechtszugehörigkeit anknüpft.[275] Seit etwa Mitte der 1980er Jahre wird insbesondere in der Literatur im Blick auf verfolgte Frauen die Anerkennung eines eigenständigen Fluchtgrundes gefordert. Die Richtlinie trägt

---

272 In Anlehnung an BVerwGE 69, 320 (322 f.) = EZAR 201 Nr. 8 = NVwZ 1985, 117.
273 Australia High Court (2004) HCA 25 = IJRL 2004, 628, Rn. 81 ff. – S. v. MIMA.
274 Siehe hierzu § 26 Rdn. 51 ff.
275 Siehe hierzu § 26.

dieser Forderung in zweifacher Weise Rechnung, nämlich bei der inhaltlichen Begriffsbestimmung der Verfolgungshandlung und der Bestimmung des Verfolgungsgrundes (§ 26).

Art. 1 A Nr. 2 GFK etwa enthält fünf enumerative Verfolgungsgründe, jedoch nicht die Geschlechtszugehörigkeit. Inzwischen wird im internationalen Diskurs jedoch allgemein anerkannt, dass die Definition des Flüchtlingsbegriffs geschlechtsspezifische Verfolgungen umfasst. Text, Ziel und Zweck der Konvention erfordern danach eine geschlechtsspezifische Fragen einschließende Interpretation des Verfolgungsgrundes der »Zugehörigkeit zu einer bestimmten sozialen Gruppe.«[276]

215

Ob bestimmte Maßnahmen Verfolgungscharakter aufweisen, ist abhängig von den Gesamtumständen des konkreten Einzelfalls. Das Völkerstrafrecht sowie internationale Menschenrechtsabkommen identifizieren bestimmte Handlungen als Verstöße gegen die entsprechenden Normen, wie z. B. sexuelle Gewalt (Art. 9 Abs. 2 Buchst. a) RL 2004/83/EG). Daher besteht Einigkeit, dass Vergewaltigungen und andere Formen gegen Frauen gerichteter Gewalt, wie z. B. Geschlechtsverstümmelungen, häusliche Gewalt und Frauenhandel ernsthafte körperliche und psychische Schmerzen und Leiden hervorrufen und deshalb als Verfolgungen anzusehen sind, sei es, dass sie durch staatliche, sei es, dass sie durch nichtstaatliche Verfolger durchgeführt werden.[277]

216

bb) Typen geschlechtsspezifischer Verfolgungen

In Kanada und den Vereinigten Staaten sind besondere Richtlinien für die asylrechtliche Feststellungspraxis erlassen worden, um geschlechtsspezifische Verfolgungen besser ermitteln und berücksichtigen zu können. Nach Nr. 4 der kanadischen »Richtlinien zu Asylanträgen unter Berufung auf Verfolgung wegen des Geschlechts« von 1996 handelt es sich bei der Verfolgung aufgrund des Geschlechts um eine *Form* der Verfolgung.

217

Wenn sich eine Frau auf Furcht vor Verfolgung wegen ihres Geschlechts berufe, sei es in erster Linie erforderlich, festzustellen, welche Verbindung zwischen Geschlecht, befürchteter Verfolgung (vgl. Art. 9 Abs. 2 Buchst. f) RL 2004/83/EG) und einem bzw. mehreren Verfolgungsgründen (Art. 10 Abs. 1 RL 2004/83/EG) bestehe. Weibliche Asylantragstellerinnen ließen sich im Wesentlichen in vier, sich gegenseitig nicht ausschließende Kategorien einteilen:

218

1. Frauen könnten aus denselben, in der GFK aufgeführten Gründen und unter vergleichbaren Umständen Verfolgung wie Männer befürchten. 2. Frauen könnten »Sippenverfolgung« befürchten. 3. Frauen könnten Verfolgung durch bestimmte Formen ernsthafter geschlechtsbedingter Diskriminierung oder Gewalttätigkeiten befürchten. 4. Frauen könnten Verfolgung befürchten, weil sie sich nicht nach bestimmten das Geschlecht diskriminierenden religiösen Gesetzen, Gewohnheitsregeln und Praktiken richteten.

219

Nach den entsprechenden Richtlinien der Vereinigten Staaten weisen sexueller Missbrauch, Vergewaltigung, Kindesmord, Geschlechtsverstümmelungen, Zwangsheirat, Sklaverei, häusliche Gewalt und Zwangsabtreibung Verfolgungscharakter auf.[278] Nach den kanadischen Richtlinien beruht die bestehende Rechtsauffassung über den Verfolgungsbegriff im Wesentlichen auf den Erfahrungen männlicher Asylsuchender. Abgesehen von einigen Vergewaltigungsfällen sei die Definition nur selten auf frauenspezifische Erfahrungen angewendet worden, wie z. B. Kindstötung, Verstümmelung des Genitalbereichs, Verbrennen der Braut, erzwungene Heirat, Gewalt im häuslichen Umfeld, erzwungene Abtreibung oder Zwangssterilisation.

220

---

276 Summary Conclusions on Gender-Related Persecution, San Remo Expert Roundtable, Global Consultation on International Protection, 6. bis 08.09.2001; so auch *UNHCR*, Kommentar zur Richtlinie 2004/83/EG, Mai 2005, S. 21.

277 *UNHCR*, Guidelines on International Protection: Gender-Related Persecution, Mai 2002, S. 3; siehe hierzu im Einzelnen § 26, Rdn. 44 ff.

278 INS Gender Guidelines vom 26.05.1995, Nr. 1 II, siehe auch § 19 Rdn. 218 ff.

221 Die Tatsache, dass Gewalt gegen Frauen, einschließlich sexueller Gewalt und Gewalt im häuslichen Bereich, überall in der Welt vorkomme, sei unerheblich im Blick auf die Entscheidung darüber, ob Vergewaltigungen und andere geschlechtsspezifische Verbrechen Formen von Verfolgung darstellten. Es komme vielmehr darauf an, ob die – tatsächlich erlittene oder befürchtete – Gewalt eine **schwerwiegende Menschenrechtsverletzung** (vgl. auch Art. 9 Abs. 1 Buchst. a) RL 2004/83/EG) darstelle und unter welchen Umständen davon auszugehen sei, dass das Gewaltrisiko deshalb bestehe, weil angemessener staatlicher Schutz fehle.

222 Die **sozialen, kulturellen, traditionellen und religiösen Gesetze und Normen**, die für Frauen in den jeweiligen Herkunftsländern gelten, müssen unter Berücksichtigung der menschenrechtlichen Abkommen bewertet werden, die internationale Maßstäbe für die Anerkennung des Schutzbedürfnisses von Frauen zur Verfügung stellen. Der vorschnelle Hinweis auf die in den Herkunftsländern geltenden Sitten und Gebräuche ist deshalb unzulässig, wenn er internationalen Menschenrechtsstandards nicht standhält. Zu nennen sind in diesem Zusammenhang insbesondere die **Allgemeine Menschenrechtserklärung**, der **Bürgerrechtspakt**, der **Sozialrechtspakt**, das **Übereinkommen zur Beseitigung jeder Form von Diskriminierung der Frau**, das **Übereinkommen über die politischen Rechte der Frau**, das **Übereinkommen über die Staatsangehörigkeit verheirateter Frauen**, das **Übereinkommen gegen Folter** und die **Erklärung über die Beseitigung von Gewalt gegen Frauen**.

cc) Nachweis der individuellen Betroffenheit

223 Die Antragstellerin kann ihren Antrag nicht ausschließlich auf die Tatsache stützen, dass auf sie eine innerstaatliche Politik oder innerstaatliche Gesetze Anwendung findet, die sie ablehnt. Vielmehr muss sie nachweisen, dass sie tatsächlich Verfolgung erlitten hat oder befürchten musste oder für den Fall der Rückkehr erleiden wird aufgrund einer Politik oder eines Gesetzes, dem ein Verfolgungscharakter immanent ist, aufgrund einer Politik oder eines Gesetzes, das zum Zwecke der Verfolgung aus einem der in Art. 10 Abs. 1 RL 2004/83/EG bezeichneten Gründe angewendet wird, aufgrund einer Politik oder eines Gesetzes, das – obwohl damit legitime Zwecke verfolgt werden – mit Mitteln durchgeführt wird, die den Verfolgungstatbestand erfüllen oder ihre eine Bestrafung für Verstöße gegen eine derartige Politik oder ein derartiges Gesetz droht, die unverhältnismäßig streng ist.

224 Das entscheidende Kriterium ist die besondere individuelle Situation der Antragstellerin (vgl. auch Art. 4 Abs. 3 Buchst. c) RL 2004/83/EG) im Vergleich zu der allgemeinen Menschenrechtssituation im Herkunftsland wie auch zu den Erfahrungen anderer Frauen in ähnlicher Lage. Nach den kanadischen Richtlinien ist bei der Bewertung des Gewichts und der Glaubhaftigkeit der vorgebrachten Angaben zu bedenken, dass die Berufung auf Verfolgung wegen des Geschlechts nicht allein deshalb zurückgewiesen werden kann, weil die Antragstellerin aus einem Land kommt, in dem Frauen allgemein Unterdrückung und Gewalt erfahren, und ihre Furcht vor Verfolgung sich ihr nicht auf der Grundlage individualisierter Fakten gezielt zuordnen lasse.

c) Verfolgungen gegen Kinder

aa) Besondere Schutzbedürftigkeit unbegleiteter Minderjähriger

225 Nach Art. 9 Abs. 2 Buchst. f) RL 2004/83/EG können Handlungen, die gegen Kinder gerichtet sind, Verfolgungscharakter aufweisen. Erwägungsgrund Nr. 20 RL 2004/83/EG hält die Mitgliedstaaten dazu an, insbesondere kinderspezifische Formen der Verfolgung zu berücksichtigen. Dies betrifft insbesondere **unbegleitete minderjährige Kinder und Jugendliche** (vgl. auch Art. 2 Buchst. j) RL 2004/83/EG).

226 Sofern Kinder und Jugendliche mit ihren Eltern einreisen und Asyl beantragen, wird ihr Antrag zumeist nicht eigenständig geprüft und entschieden, wenn dem Antrag der Eltern oder eines Elternteils stattgegeben wird. Für diese Personengruppen stellen sich damit keine besonderen Probleme. Vielmehr ist Art. 9 Abs. 2 Buchst. f) RL 2004/83/EG insbesondere auf die Situation unbegleiteter minderjähriger Kinder und Jugendlicher gemünzt.

bb) Typische gegen Kinder gerichtete Verfolgungsformen

Typische gegen Kinder und Jugendliche gerichtete Verfolgungen sind insbesondere Zwangsrekrutierungen als Kindersoldaten, sexuelle Ausbeutung, sexueller Missbrauch, Gewalt, Zwangsheirat, Zwangsprostitution, Kinderhandel, Sklaverei, verletzende traditionelle Praktiken, wie z. B. Geschlechtsverstümmelungen, Sippenhaft, drohende Umerziehungsmaßnahmen.[279] Sowohl Jungen wie Mädchen sind Opfer sexueller Ausbeutung. Sexuelle Gewalt umfasst weibliche Kindesmorde, Kinderheirat, Genitalverstümmelung, Vergewaltigung, sexuelle Übergriffe und sexuelle Ausbeutung als Voraussetzung für die Gewährung von Nahrung und Unterstützung.

227

Der Sicherheitsrat hat mit Resolution 1820 (2008) vom 19. Juni 2008 festgestellt (Rdn. 58 ff.), dass Gewalt gegen Frauen und **Kinder** in Situationen **bewaffneter Konflikte**, einschließlich **sexueller Gewalt** in Situationen bewaffneter Konflikte, trotz Aufrufe an alle Konfliktparteien, derartige Handlungen mit sofortiger Wirkung zu beenden, in diesen Situationen »nach wie vor auftreten und in einigen Situationen systematisch ausgedehnt wurden und ein erschreckendes Ausmaß an Brutalität erreicht haben.«

228

Vergewaltigungen und andere Formen sexueller Gewalt stellen nach Ansicht des Sicherheitsrates ein Kriegsverbrechen, ein Verbrechen gegen die Menschlichkeit oder eine die Tatbestandsmerkmale des Völkermords erfüllende Handlung dar. Es sei sicherzustellen, dass allen Opfern sexueller Gewalt, insbesondere Frauen und Mädchen, gleicher Schutz durch das Gesetz und gleicher Zugang zur Justiz gewährt werde.

229

cc) Kindersoldaten

Insbesondere die Praxis der Zwangsrekrutierung von Jungen und männlichen Jugendlichen als **Kindersoldaten** (§ 35 Rdn. 28) durch Regierungseinheiten wie durch bewaffnete Oppositionsgruppen hat seit den 1990er Jahren ein erschreckendes Ausmaß angenommen. Die meisten zwangsrekrutierten Opfer sind zwar Jugendliche, es werden aber häufig auch Kinder unter 10 Jahre als Kindersoldaten eingesetzt.[280] Die Vereinten Nationen schätzen die Zahl der Kindersoldaten auf über 300.000 Personen, die Mehrzahl unter ihnen sei zwischen 15 und 17 Jahre alt.[281] Sie werden in mehr als dreißig Ländern weltweit eingesetzt. Human Rights Watch hat Interviews mit Kindersoldaten in Ländern wie **Angola**, **Kolumbien**, dem **Libanon**, **Sierra Leone**, **Sudan** und **Uganda** durchgeführt.[282]

230

Kindersoldaten werden als menschliche Minendetektoren eingesetzt, nehmen an Selbstmordoperationen teil, tragen Vorräte und dienen als Spione, Boten und Späher. Wegen ihrer Unreife und fehlender Erfahrung erleiden Kindersoldaten höhere Verletzungsraten als die erwachsenen Soldaten. Da Kinder körperlich verletzlich und leicht einzuschüchtern sind, sind sie in der Regel gefügige Soldaten. Diese besonderen Merkmale zwangsrekrutierter Kinder rechtfertigen die entsprechende Annahme einer bestimmten sozialen Gruppe (Art. 10 Abs. 1 Buchst. d) RL 2004/83/EG). Viele Kinder werden entführt oder zwangsrekrutiert und oft unter Todesdrohungen gezwungen, Befehle auszuführen.

231

In Sierra Leone wurden Kindersoldaten sogar dazu gezwungen, ihre eigenen Eltern und die Nachbarn zu töten, um sie dadurch auf grausame Art gefügig zu machen. In diesem Land sind tausende von Kindern gezwungen worden, fürchterliche Gewalttaten gegen Zivilpersonen zu verüben, darunter Enthauptungen, Amputationen, Vergewaltigungen und das Verbrennen von Menschen am lebendigen Leibe. Dabei wurden ihnen häufig Drogen verabreicht.

232

---

279 *Bundesamt für Migration und Flüchtlinge* (Informationszentrum), Kindersoldaten, September 2004, S. 9.
280 Global Consultations on International Protection, Refugee Children, 25.04.2002, EC/GC/02/9, § 15.
281 Refugees, The Road to Recovery, Nr. 130, 2003, S. 26.
282 HRW, Pressemitteilung (www.hrw.org/german/children/kindersoldaten.htm).

233 Auch Mädchen werden in vielen Ländern als Soldatinnen eingesetzt. Zusätzlich zur Teilnahme am bewaffneten Kampf werden Mädchen darüber hinaus sexuell ausgebeutet und von Rebellenführern in Angola, Sierra Leone und Uganda zwangsweise zu »Ehefrauen« genommen. Kinder schließen sich häufig auch aus Verzweiflung über ihre schutzlose Lage bewaffneten Gruppen an. Wenn eine Gesellschaft im Laufe eines Konfliktes zusammenbricht, den Kindern der Zugang zur Schulbildung verwehrt wird und sie aus ihrem Elternhaus vertrieben werden, sehen viele Kinder bewaffnete Gruppen als die beste Überlebenschance an.

dd) Besondere behördliche verfahrensrechtliche Fürsorgepflichten

234 Sofern Kinder zusammen mit ihren Eltern oder mit einem Elternteil Asyl beantragen, ergeben sich keine besonderen verfahrensrechtlichen Probleme. Hingegen bereiten die Ermittlung der Verfolgung und Verfolgungsgründe von **unbegleiteten Kindern** und **Jugendlichen** besondere Schwierigkeiten. Im Blick auf diese Personengruppe sind die Mitgliedstaaten bereits von Amts wegen gehalten, kinderspezifische Formen von Verfolgung zu ermitteln (Erwägungsgrund Nr. 20 RL 2004/83/EG).

235 Nach Art. 2 Buchst. i) RL 2004/83/EG sind »unbegleitete Minderjährige« Antragsteller unter 18 Jahren, die ohne Begleitung eines gesetzlich oder nach den Gepflogenheiten für sie Verantwortlichen in das Hoheitsgebiet eines Mitgliedstaates einreisen, solange sie nicht tatsächlich in die Obhut einer solchen Person genommen werden. Umfasst sind auch Minderjährige, die ohne Begleitung zurück gelassen werden, nachdem sie in das Hoheitsgebiet der Mitgliedstaaten eingereist sind.

236 Ist in diesen Fällen ein Vormund nicht bestellt, hat die angesprochene Behörde das zuständige Jugendamt einzuschalten, welches in analoger Anwendung von § 57 ZPO für die Bestellung eines besonderen Vertreters durch das Vormundschaftsgericht Sorge zu tragen hat. Diese behördliche Verpflichtung ergibt sich auch aus Art. 19 Abs. 1 RL 2003/9/EG (**Asylbewerberaufnahmerichtlinie**). Danach sind die Mitgliedstaaten verpflichtet, so bald wie möglich, für die erforderliche Vertretung von unbegleiteten Minderjährigen Sorge zu tragen (siehe auch Art. 30 RL 2004/83/EG).

237 Ist das Kind in einem Alter, in dem es bereits in der Lage ist, die seine Verfolgungsfurcht begründenden tatsächlichen Umstände selbst vorzubringen, kann der Antrag grundsätzlich nach den für Erwachsene geltenden Maßstäben behandelt werden, wobei allerdings eine kindergerechte Ermittlung und Beweiswürdigung geboten ist. Darüber erfordern allerdings die Schwierigkeiten von Kindern und Jugendlichen, ihre eigenen Verfolgungserlebnisse zu schildern sowie kognitive und psychische Blockaden aufgrund erfahrener sexueller oder anderer Gewalt, eine besonders sorgfältige Behandlung ihres Asylbegehrens und sollte im Zweifelsfall zugunsten des Kindes der Flüchtlingsstatus gewährt werden.[283]

ee) Andauernde Verfolgungsgefahr

238 Die Gefahr der Verfolgung muss für den Fall der Rückkehr weiterhin drohen. An dieser Voraussetzung scheitern die meisten Asylbegehren von Kindern, sofern für den Fall der Rückkehr von der Volljährigkeit auszugehen ist. Allerdings muss sorgfältig untersucht werden, ob die auf die Kinder in der Vergangenheit bezogene Verfolgung erneut in anderer Weise auch dem nunmehr erwachsenen Asylsuchenden droht (vgl. auch Art. 4 Abs. 4 Art. 2004/83/EG).

239 Allein der Hinweis, mit Erreichung der Volljährigkeit drohe keine Zwangsrekrutierung als Kindersoldat,[284] greift zu kurz. So ist es durchaus vorstellbar, dass die früheren Kommandeure dem zurückgekehrten, nunmehr volljährigen Verweigerer wegen der Desertion als Kind oder aus Rache mit Vergeltungsmaßnahmen drohen oder wegen seines Auslandsaufenthaltes in diesem einen Spion oder Abweichler sehen und wegen der aus der früheren Schutzlosigkeit folgenden Umstände ein interner Schutz außerhalb der Herkunftsregion nicht zur Verfügung steht.

---

283 *UNHCR*, Executivcommittee, International Protection, Note on Refugee Children, EC/SCP/46, § 15.
284 So Niedersächsisches OVG, AuAS 2010, 189.

d) Anknüpfung an Verfolgungsgründe

Zumeist ist mit der Feststellung der Verfolgungshandlung auch die Frage der Anknüpfung an Verfolgungsgründe gelöst worden (siehe auch Rdn. 214 ff., 231). Nicht zulässig ist es, im Blick auf Kindersoldaten nur dann eine Verfolgung wegen der Zugehörigkeit zu einer bestimmten sozialen Gruppe anzunehmen, wenn die Verfolgung an unabänderliche Merkmale anknüpft.[285] Vielmehr beruht das Recht auf Kriegsdienstverweigerung auf allgemein anerkannten Menschenrechten und ist damit von einem die Identität prägenden Merkmal im Sinne von Art. 10 Abs. 1 Buchst. d) RL 2004/83/EG auszugehen, das weit über die Schutzwirkung unabänderlicher Merkmale hinausreicht.[286]

240

---

285 So aber Niedersächsisches OVG, AuAS 2010, 189.
286 Siehe auch Rdn. 207 ff.

Kapitel 5 Wegfall des nationalen Schutzes

Leitsätze
1. Die »Abwesenheit des Schutzes der Herkunftsstaates« ist das zentrale Auslegungsprinzip des Flüchtlingsbegriffs (§ 15 Rdn. 3 ff.). Dementsprechend regeln Art. 6 bis 8 2004/83/EG die Voraussetzungen, unter denen die Inanspruchnahme des nationalen Schutzes zumutbar ist und deshalb vernünftigerweise vom Antragsteller erwartet werden kann, dass er sich vor Inanspruchnahme internationalen Schutzes um den verfügbaren nationalen Schutz bemüht.
2. Das Konzept des Wegfalls des nationalen Schutzes ist Ausdruck eines auf der **Subsidiarität des Flüchtlingsschutzes** aufbauenden völkerrechtlichen Prinzips. Der Schwerpunkt der Richtlinie liegt daher auf den Schutzakteuren (Art. 7 RL 2004/83/EG). Eine eigenständige verfahrensrechtliche Behandlung der Verfolgungsakteure ist demgegenüber nur und lediglich in dem Umfang erforderlich, um ermitteln zu können, ob der Antragsteller vor seiner Ausreise unter zumutbaren Voraussetzungen um die Beantragung nationalen Schutzes nachsuchen konnte (§ 16 Rdn. 8 ff., 17 ff.).
3. Das Konzept des Wegfalls des nationalen Schutzes beruht auf der »**Schutzlehre**«, die im Flüchtlingsvölkerrecht an die Stelle der klassischen **Zurechnungslehre** tritt (§ 15 Rdn. 8 ff.). Zweck der Zurechnungslehre ist die Begründung von **nachträglichen** Wiedergutmachungsansprüchen für deliktisches Verhalten des Aufenthaltsstaates. Das für das Flüchtlingsrecht entscheidene Moment der Schutzlosigkeit stellt sich nicht, weil die betroffenen Einzelnen jederzeit den Schutz ihres Herkunftsstaates in Anspruch nehmen können.
4. Zweck der Schutzlehre ist demgegenüber die **präventive** Gewährleistung internationalen Schutzes, weil im Herkunftsstaat gegen Verfolgungen kein Schutz verfügbar ist (§ 15 Rdn. 21 ff.). Aus dieser unterschiedlichen Zwecksetzung folgt, dass **Schutzversagen** infolge zerbrochener oder ineffektiver Schutzstrukturen zwar die Zurechnungslehre, nicht aber die Schutzlehre begrenzt (§ 16 Rdn. 41 ff.). Im Flüchtlingsvölkerrecht verfehlt daher der Einwand, dass kein Staat einen perfekten und lückenlosen Schutz sicherstellen kann, den Kern des Schutzgedankens (§ 16 Rdn. 45).
5. Bei der Auslegung und Anwendung der Richtlinie ist der Konzeption des Wegfalls des nationalen Schutzes in zweifacher Hinsicht Rechnung zu tragen: Zunächst ist zu ermitteln, ob der Antragsteller vor seiner Ausreise im Herkunftsland Schutz vor Verfolgung erlangen konnte. Entscheidend für die Statusgewährung ist indes die andauernde Schutzlosigkeit im Entscheidungszeitpunkt (Art. 4 Abs. 3 Buchst. a) RL 2004/83/EG). Regelmäßig kann dem Antragsteller, dem vor seiner Ausreise Verfolgung widerfahren ist oder gedroht hatte, die Schutzbeantragung nach Rückkehr nicht zugemutet werden, wenn keine grundlegende Veränderung der allgemeinen Verhältnisse im Herkunftsland eingetreten ist (Art. 4 Abs. 4 RL 2004/83/EG).
6. Der Begriff der Verfolgung verlangt keine aktive Beteiligung des Staates an der Verfolgung durch nichtstaatliche Akteure. Ist dies der Fall, ist grundsätzlich nationaler Schutz nicht verfügbar und trifft den Antragsteller keine hierauf bezogene Darlegungslast. Die fehlende **Komplizenschaft** des Staates mit den nichtstaatlichen Verfolgungsakteuren hat danach anders als in der früheren deutschen Rechtsprechung keine schutzbegrenzende Funktion. Vielmehr hebt die festgestellte Komplizenschaft die Darlegungslast des Antragstellers auf (§ 16 Rdn. 17 ff.).
7. Allgemein wird davon ausgegangen, dass das Erfordernis der Abwesenheit von nationalem Schutz regelmäßig nur bei Verfolgungen durch private Akteure erheblich ist. Demgegenüber trifft den Staat eine Verpflichtung, die Rechte des Einzelnen zu achten. Asylsuchende, die Verfolgung durch den Staat befürchten, sind daher grundsätzlich nicht gehalten, nachzuweisen, dass der Staat nicht willig und bereit zur Schutzgewährung ist (§ 17 Rdn. 8 ff.).
8. Die Konvention beruht auf dem Grundsatz, dass ausschließlich der Staat gehalten ist, gegen Verfolgung Schutz zu gewähren und andere Entitäten keine Verpflichtung zur

Schutzgewährung trifft. Die Berufung auf die Schutzverpflichtung von **de facto**-Autoritäten sieht sich dem Einwand ausgesetzt, dass hierfür keine anerkannte Rechtsgrundlage besteht (§ 17 Rdn. 11 ff.).
9. Nur Parteien oder Organisationen, die wirksame und ausreichende Verwaltungsstrukturen zur sozialen Versorgung und die Menschenrechte achtende und fördernde rechtliche Institutionen zur Beilegung von Streitigkeiten herausgebildet haben, können allenfalls als Schutzakteure in Betracht gezogen werden.
10. Das System der Konvention lässt eine Zuweisung der Schutzaufgabe an internationale Organisationen nicht zu. Der Begriff »Schutz des Landes« in Art. 1 A Nr. 2 GFK verweist auf den nationalen Schutz des Herkunftslandes und nicht auf den von internationalen Organisationen. Die Konvention beruht auf der Voraussetzung, dass nationaler Schutz nicht durch insoweit völkerrechtlich nicht verantwortliche Organisationen, sondern durch den nach völkerrechtlichen Grundsätzen verantwortlichen Staat gewährt wird (§ 17 Rdn. 24 ff.).
11. Darüber hinaus verfügen Internationale Organisationen in der Regel nicht über die erforderlichen administrativen Strukturen zur Schutzgewährung und sind deshalb nicht in der Lage, Herrschaftsgewalt nach innen durchzusetzen. Hinzu kommt, dass anders als Staaten internationale Organisationen nicht die Qualifikationsmerkmale eines Staates aufweisen und auch nicht wie diese Vertragsparteien internationaler Verträge zum Schutze der Menschenrechte sind (§ 17 Rdn. 27 ff.).
12. Die abstrakt-generellen Kriterien in Art. 7 Abs. 2 RL 2004/83/EG leiten die Ermittlungen, ob das dem Antragsteller zugängliche nationale Schutzsystem unter Berücksichtigung seiner individuellen Verhältnisse auch dem Umfang nach wirksam war. Da es sich hierbei um allgemeine Umstände handelt, trifft den Antragsteller lediglich eine eingeschränkte Darlegungslast und die Behörde eine erhöhte Ermittlungspflicht.
13. **Verfügbarkeit** und **Hinlänglichkeit des Schutzes** durch die Behörden des Herkunftslandes gehören zum Bestandteil des Flüchtlingsbegriffs. Nur unter diesen Voraussetzungen kann unter dem Gesichtspunkt der Subsidiarität des internationalen Schutzes (Art. 2 Buchst. a) RL 2004/83/EG; § 14 Rdn. 1 ff.) vom Antragsteller vernünftigerweise erwartet werden, dass er Schutz vor Verfolgung im Herkunftsland sucht (§ 18 Rdn. 7 ff.).
14. Art. 7 Abs. 2 RL 2004/83/EG hat nicht die Funktion, nach Maßgabe der Zurechnungslehre anhand abstrakt-genereller materieller Kriterien bestimmte Verfolgungshandlungen dem Staat zuzurechnen und davon die Statusgewährung abhängig zu machen. Vielmehr hat die Vorschrift **prognoserechtliche Funktion** und beruht auf der Schutzlehre sowie auf der Überlegung, dass vollständiger Schutz gegen isolierte und lediglich **entfernt liegende Möglichkeiten der Verfolgung** (§ 18 Rdn. 26 ff.) durch nichtstaatliche Akteure nicht geschuldet ist.
15. Der Schutz der Konvention beruht nicht auf abstrakten Formalitäten, sondern richtet sich gegen reale Risiken. Der einzig relevante Schutz der Konvention ist der Schutz, der Verfolgungsrisiken konkret ausschaltet, die andernfalls den Antragsteller zwingen würden, internationalen Schutz zu suchen.
16. Wer den Schutz seines Herkunftslandes gegen Verfolgungen in anderen Landesteilen in Anspruch nehmen kann, bedarf wegen der **Subsidiarität des Flüchtlingsschutzes** nicht des internationalen Schutzes (§ 19 Rdn. 6 ff.).
17. Der interne Schutzeinwand bezeichnet **nicht** einen **Rechtsbegriff**, sondern weist auf ein **tatsächliches Moment im Rahmen der Prognoseprüfung** hin. Dementsprechend wird in der Staatenpraxis und nach Art. 8 RL 2004/83/EG der interne Schutz nicht wie in der bisherigen deutschen Rechtsprechung als Alternative zur Flucht ins Ausland (»**inländische Fluchtalternative**«), sondern ausschließlich als Alternative zum internationalen Schutz im Entscheidungszeitpunkt (»**interne Schutzalternative**«) geprüft (§ 19 Rdn. 1 ff.).
18. Die zentrale Frage, ob interner Schutz in Anspruch genommen werden kann, zielt auf die Voraussetzungen, unter denen angenommen werden kann, dass der Antragsteller einerseits

tatsächlich und andererseits in zumutbarer Weise **Zugang zum internen Ort des Schutzes** innerhalb des Herkunftslandes erlangen kann (§ 19 Rdn. 29 ff.).
19. In der überwiegenden Staatenpraxis wird der interne Schutzeinwand grundsätzlich nicht bei Verfolgungen durch den Staat angewandt. Allein mit dem Hinweis, dass die Verfolger nicht am Ort der internen Schutzzone aktiv sind, kann die Verfolgungssicherheit nicht unterstellt werden. Vielmehr müssen vernünftige Anhaltspunkte dafür bestehen, dass die **Reichweite** der Verfolger **örtlich begrenzt** ist (§ 19 Rdn. 48 ff.).
20. Gehen die Verfolgungen von nichtstaatlichen Akteuren aus, ist sorgfältig die Reichweite der Verfolger zu prüfen. Belegen die Erkenntnisquellen, dass diese Akteure landesweit Verfolgungen ausüben können oder durch nichtstaatliche Akteure verfolgte Personen durch die Regierung als Sympathisanten oder Unterstützer der bewaffneten Opposition verdächtigt werden, ist der Verweis auf den internen Schutzort nicht zumutbar (§ 19 Rdn. 62 ff.).
21. Vom Antragsteller kann nach dem allgemein anerkannten »reasonableness test« (Zumutbarkeitsprüfung) vernünftigerweise nur erwartet werden, dass er sich am internen Schutzort ansiedelt, wenn ihm dort grundlegende **bürgerliche, politische, wirtschaftliche, soziale und kulturelle Rechte** gewährt werden (§ 19 Rdn. 75 ff., 83 ff.). Der gebotene Menschenrechtsstandard ist jedenfalls dann nicht gewährleistet, wenn er dort unter Berücksichtigung seiner persönlichen Verhältnisse keine realen Möglichkeiten zum wirtschaftlichen Überleben hat.
22. Demgegenüber liegt der deutschen Rechtsprechung ein lediglich **negatives Erkenntnisinteresse** zugrunde, nämlich die Reduktion der Lebensbedingungen bis zur Grenze des nicht mehr hinnehmbaren »**Dahinvegetierens am Rande des Existenzminimums**« (§ 19 Rdn. 86 ff.). Dies ist unvereinbar mit dem international maßgeblichen Standard, dem ein **positives Erkenntnisinteresse** zugrunde liegt, nämlich die grundsätzliche Sicherstellung der wirtschaftlichen und sozialen Lebensbedingungen am internen Schutzort anhand des Maßstabs universeller Menschenrechte.
23. Die **Darlegungslast** für den Wegfall des nationalen Schutzes obliegt zunächst dem Antragsteller. Geht die Verfolgung vom Staat oder vergleichbaren Organisationen aus, trifft die Behörde regelmäßig die Beweislast, dass interner Schutz verfügbar ist. Bei Verfolgungen durch nichtstaatliche Akteure muss zunächst der Antragsteller darlegen, dass in anderen Teilen des Herkunftslandes aufgrund seiner persönlichen Verhältnisse kein Schutz verfügbar ist. Die Behörde hat stichhaltige Belege für die Annahme anzuführen, dass der Antragsteller gleichwohl in anderen Landesteilen Schutz finden kann. Dabei muss die Behörde auch die kumulative Wirkung verschiedener Risiken berücksichtigen (§ 19 Rdn. 116 ff.).

> Von welchem Akteur geht die Verfolgung aus?
>
> – staatlicher Verfolgungsakteur (§ 16 Rdn. 17 bis 21)
>
> – de facto-Autorität (§ 16 Rdn. 22 bis 32)
>
> – nichtstaatlicher Verfolgungsakteur (§ 16 Rdn. 33 bis 46)

> Wird im Fall der Rückkehr wirksamer Schutz gewährt (§ 17)?
>
> – entfällt im Regelfall bei Verfolgung durch den Staat (§ 16 Rdn. 17 ff.)
>
> – liegt ein »Amtswalterexzess« vor? (§ 18 Rdn. 49 ff.)
>
> – Reichweite der Darlegungslasten bei Verfolgung durch nichtstaatliche Akteure (§ 18 Rdn. 34 ff.)
>
> – Zumutbarkeit der Schutzbeantragung (§ 18 Rdn. 40 ff.)

> Kann in anderen Teilen des Herkunftslandes in zumutbarer Weise wirksamer Schutz erlangt werden (§ 19)?

Schaubild 4 zum Wegfall des nationalen Schutzes

§ 15 Funktion des nationalen Schutzes im Flüchtlingsrecht

Übersicht   Rdn
1. Subsidiarität des Flüchtlingsschutzes.................................... 1
2. Funktion der Schutzlehre im Flüchtlingsrecht 8

1. Subsidiarität des Flüchtlingsschutzes

Der Flüchtlingsbegriff der Richtlinie beruht auf Art. 1 A Nr. 2 GFK (vgl. Art. 2 Buchst. c) RL 2004/83/EG). Daher ist nach der Prüfung, ob dem Antragsteller vor der Ausreise eine Verfolgung drohte und für den Fall der Rückkehr weiterhin droht, zu prüfen, ob gegen diese im Herkunftsland nationaler Schutz verfügbar sein wird. Auch wenn Anlass der Ausreise eine erlittene oder unmittelbar bevorstehende Verfolgung war, ist danach ebenso wie in dem Fall, in dem nach der Ausreise im Aufnahmeland erstmals Furcht vor Verfolgung geltend gemacht wird, zu ermitteln, ob der Antragsteller für den Fall der Rückkehr gegen die drohende Verfolgung wirksamen nationalen Schutz erlangen kann. **1**

Nach welchen Kriterien zu prüfen ist, ob wirksamer nationaler Schutz in Anspruch genommen werden kann, beantworten die Regelungen in Art. 6 bis 8 RL 2004/83/EG. Der konzeptionelle Zusammenhang dieser Normen erschließt sich erst aus der Struktur des Flüchtlingsbegriffs in Art. 1 A Nr. 2 GFK. Dies rechtfertigt es, völkerrechtliche Auslegungsgrundsätze auch im Rahmen des Unionsrechts heranzuziehen. Zunächst ist der Wortlaut des Flüchtlingsbegriffs und in diesem Zusammenhang der Begriff der Verfolgung auszulegen. Gemäß Art. 31 Abs. 1 WVRK sind völkerrechtlich maßgebende Begriffe »in Übereinstimmung mit der gewöhnlichen«, ihren »Bestimmungen in ihrem Zusammenhang zukommenden Bedeutung« auszulegen. **2**

Die Wortlautauslegung des Flüchtlingsbegriffs ergibt, dass die »**Abwesenheit des Schutzes des Herkunftsstaates**« das zentrale Element des Flüchtlingsbegriffs der Konvention ist: Nach Art. 1 A Nr. 2 GFK findet der Ausdruck Flüchtling Anwendung auf »jede Person«, welche »aus der begründeten Furcht vor Verfolgung« aus den dort genannten Gründen »**den Schutz dieses Landes nicht in** **3**

Anspruch nehmen kann oder wegen dieser Befürchtungen nicht in Anspruch nehmen will«. Die gewöhnliche, den Bestimmungen der Konvention in ihrem Zusammenhang zukommende Bedeutung des Flüchtlingsbegriffs ergibt daher, dass der **Wegfall des nationalen Schutzes** für die Schutzgewährung der Staaten maßgebend ist.

4 Für das auf Art. 1 A Nr. 2 GFK beruhende Unionsrecht ist deshalb die Frage maßgebend, ob gegen Verfolgungen nationaler Schutz im Herkunftsland verfügbar ist.[1] Entsprechend der insbesondere in der angelsächsischen Staatenpraxis entwickelten Dogmatik, in der bei der Prüfung der Flüchtlingseigenschaft nach der »**Verfolgungshandlung**« der »**Wegfall des nationalen Schutzes**« und im Anschluss daran der Kausalzusammenhang mit den **Verfolgungsgründen** behandelt wird (§ 6 Rdn. 4 ff.), ist auch nach der Qualifikationsrichtlinie im Anschluss an die Verfolgungshandlung der in Art. 6 bis 8 RL 2004/83/EG beschriebene Wegfall des nationalen Schutzes und anschließend der kausale Zusammenhang mit den Verfolgungsgründen (Art. 10 RL 2004/83/EG) zu prüfen.

5 Die Richtlinie enthält die Kriterien für den zweiten Prüfungsschritt in Art. 6 bis 8. Dabei bezeichnet Art. 6 die Verfolgungsakteure und Art. 7 die Schutzakteure. Bei der Prüfung, ob wirksamer nationaler Schutz gewährt wird, ist insbesondere zu berücksichtigen, ob die Verfolgung nur regional begrenzt droht und in anderen Landesteilen dagegen wirksamer nationaler Schutz verfügbar ist (§ 19). Art. 7 und 8 RL 2004/83/EG regeln die Voraussetzungen, unter denen die Inanspruchnahme nationalen Schutzes zumutbar ist und deshalb vom Antragsteller vernünftigerweise erwartet werden kann, dass er sich vor Inanspruchnahme des Flüchtlingsschutzes im Ausland um nationalen Schutz im Herkunftsland bemüht. Beide Vorschriften sind Ausdruck des auf der **Subsidiarität des Flüchtlingsschutzes** (Rdn. 6 f., 10) aufbauenden Prinzips, wie es in der heutigen Staatenpraxis vorherrschend ist.

6 Das Flüchtlingsrecht ersetzt den nationalen Schutz durch Gewährung von Flüchtlingsschutz nur, wenn ernsthafte Gründe für die Annahme sprechen, dass angemessener nationaler Schutz gegen Verletzungen grundlegender Menschenrechte im Herkunftsland nicht vorhanden ist.[2] Danach ist nur schutzbedürftig, wer von einer auf Verfolgungsgründen (Art. 10 RL 2004/83/EG) beruhenden Verfolgungshandlung (Art. 9 RL 2004/83/EG) durch Verfolgungsakteure (Art. 6 RL 2004/83/EG) bedroht ist, vor der im Gebiet des Herkunftsstaates kein Schutz durch Schutzakteure (Art. 7 RL 2004/83/EG) gewährt wird. Umstritten ist dabei aber, ob das Erfordernis der Schutzbeantragung überhaupt für die Phase vor der Ausreise gilt oder ob damit der diplomatische Schutz lediglich für den sich im Ausland aufhaltenden Flüchtling gemeint ist (§ 16 Rdn. 2 ff.).

7 Art. 7 Abs. 1 RL 2004/83/EG bezeichnet die Akteure, die als Schutzgaranten in Betracht kommen, und Art. 7 Abs. 2 RL 2004/83/EG die Voraussetzungen, die im Rahmen der Rückkehrprognose an den Umfang und die Effektivität des nationalen Schutzes zu stellen sind. Art. 8 RL 2004/83/EG beschreibt das Sonderproblem des internen Schutzes, das in der Praxis der Mitgliedstaaten und auch der Bundesrepublik bislang als »**inländische Fluchtalternative**« behandelt wurde. Der Einwand des **internen Schutzes** ist nicht anders wie der Einwand der nationalen Schutzgewährung nach Art. 7 Abs. 1 und 2 RL 2004/83/EG Ausdruck der Subsidiarität des Flüchtlingsschutzes.

2. Funktion der Schutzlehre im Flüchtlingsrecht

8 Die in Art. 6 und 7 RL 2004/83/EG vorgegebene Konzeption des Wegfalls des nationalen Schutzes beruht auf der GFK und damit auf der Schutzlehre. Während die Zurechnungslehre an das klassische Völkerrecht anknüpft, das allein auf die Staaten und internationale Organisationen als Völkerrechtssubjekte konzentriert ist, trägt die Schutzlehre dem allgemeinen Menschenrechtsschutz Rechnung. Seit 1945 bilden sich menschenrechtliche Verpflichtungen (vgl. Art. 1 Ziff. 3 UN-Charta) heraus, welche die traditionellen Strukturen des Völkerrechts nachhaltig umgewandelt haben.

---

[1] *Klug*, GermanYIL 2004, 594 (606).

[2] *Hathaway*, The Law of Refugee Status, S. 124.

Danach sind zwar aus formaler Sicht weiterhin lediglich Staaten und internationale Organisationen Völkerrechtssubjekte. Jedoch gewinnt das durch menschenrechtliche Verpflichtungen gebundene völkerrechtliche Handeln der Staaten bedeutend stärkeres Gewicht. Der Schutz des Einzelnen und nicht unreflektierte, von den Interessen der Individuen losgelöste abstrakte staatliche Interessen sind damit viel stärker als vor 1945 zum Gegenstand des Völkerrechts geworden.

Besondere Auswirkungen hat diese Entwicklung des Völkerrechts auf das Flüchtlingsrecht. Dies zeigt sich insbesondere an der Frage, ob Verfolgungen, die nicht vom Staat ausgehen, von diesem auch nicht initiiert oder toleriert werden, eine Schutzbedürftigkeit nach dem Völkerrecht begründen. Diese wird nach der Schutzlehre deshalb begründet, weil ein Staat, der legitime Erwartungen an seine Schutzfähigkeit nicht erfüllen kann, seine grundlegenden Verpflichtungen verfehlt und hierdurch das Bedürfnis nach einem Ersatz für den fehlenden nationalen Schutz aufgeworfen wird.[3] Mit der Schutzlehre eng verbunden ist damit der Subsidiaritätsgrundsatz (Rdn. 6 f.).

Für das Entstehen der Schutzbedürftigkeit in derartigen Situationen ist keine Absicht oder fahrlässige Inkaufnahme des Staates, den nationalen Schutz zu versagen und dadurch dem Einzelnen einen Schaden zuzufügen, erforderlich: Ob als Folge willentlichen Handelns oder Unterlassens oder von Unfähigkeit zur Schutzgewährung, entscheidend ist, dass dem Einzelnen der Zugang zu grundlegenden Schutzgarantien verweigert wird.[4] Das Völkerrecht knüpft im Flüchtlingsrecht damit an die **nationale** Schutzlosigkeit als Folge von Verfolgung an und ersetzt die nationale Schutzgewährung durch den **internationalen** Akt der Statusgewährung.

Darin besteht der Zweck der Schutzlehre. Sie fragt nicht danach, ob dem Staat die Verfolgung zuzurechnen ist. Wäre dies der Fall, würde die Zuerkennung der Flüchtlingseigenschaft eine dem Staat zurechenbare Verfolgung voraussetzen und müsste diese verweigert werden, wenn der Staat nicht in irgendeiner Weise in die Verfolgungshandlung involviert ist.[5] Gerade auf dieser völkerrechtlich nicht tragfähigen Prämisse baut jedoch die asylrechtliche Dogmatik auf. Das BVerfG hatte 1989 die These entwickelt, das Flüchtlingsvölkerrecht habe »seinerzeit ohne weitere Infragestellung bei den Staaten als Völkerrechtssubjekten« angeknüpft[6] und hieraus die Folgerung gezogen, dass Verfolgungen grundsätzlich nur vom Staat ausgehen können.

Die These des BVerfG beruht auf der völkerrechtlichen Zurechnungslehre. Danach haben die Staaten Sorge dafür zu tragen, dass ihre innerstaatliche Rechtsordnung so ausgestaltet ist und effektiv umgesetzt werden kann, dass sie unter normalen Umständen in der Lage sind, ihren völkerrechtlichen Präventions- und Repressionspflichten gegenüber Handlungen Privater mit der nach den Umständen **angemessenen Sorgfalt** zu entsprechen. Danach ist ein Mangel an **due diligence** anzunehmen, wenn die staatliche Organisation nicht einem internationalen objektiven Standard entspricht, der prinzipiell die Erfüllung entsprechender staatlicher Verpflichtungen garantieren kann.[7]

Der objektive Maßstab des due diligence ist insbesondere im völkerrechtlichen Fremdenrecht entwickelt worden. Würden diese Grundsätze ohne Weiteres auf das Flüchtlingsvölkerrecht übertragen, könnte bei genereller Schutzunfähigkeit des Staates, dem anhand des Maßstabes des due diligence kein Vorwurf gemacht werden kann, keine vom Völkerrecht anerkannte Verfolgungssituation entstehen. Die ganz überwiegende Staatenpraxis wie auch Unionsrecht (vgl. Art. 6 Buchst. c) RL 2004/83/EG), die bei genereller Schutzunfähigkeit grundsätzlich eine Schutzbedürftigkeit anerkennen, stünden dann nicht in Übereinstimmung mit allgemeinem Völkerrecht.

---

3 *Hathaway*, The Law of Refugee Status, S. 128.
4 *Hathaway*, The Law of Refugee Status, S. 128.
5 *Goodwin-Gill/McAdam*, The Refugee in International Law, S. 99.
6 BVerfGE 80, 315 (334) = NVwZ 1990, 151 = InfAuslR 1990, 21 = EZAR 201 Nr. 20.
7 *Epiney*, Die völkerrechtliche Verantwortlichkeit von Staaten für rechtswidriges Verhalten im Zusammenhang mit Aktionen Privater, S. 223, 227, 234; siehe hierzu auch *Mössner*, GYIL Bd. 24 (1981), S. 63 (73 ff.).

15 Das allgemeine Völkerrecht wird vom Grundsatz der völkerrechtlichen Verantwortlichkeit der Staaten beherrscht. Die Zurechnungslehre beruht auf dem völkerrechtlichen Deliktsrecht. Dieses entwickelte sich im 19. Jahrhundert im völkerrechtlichen Fremdenrecht. Wenn dem Aufenthaltsstaat ein Mangel an »due diligence« in Ansehung des gebotenen Schutzes der durch Privathandlungen verletzten Person vorgeworfen werden konnte, war er dem Staat zur Wiedergutmachung verpflichtet, dem der Verletzte angehört.

16 Die Zurechnungslehre findet ihre Grenze im Einwand des due diligence. Der Staat, der anhand eines objektiven Standards die nach den Umständen angemessene Sorgfalt hat walten lassen, kann nach allgemeinem Völkerrecht für Übergriffe Privater nicht verantwortlich gemacht werden. Geprüft wird, ob der Staat administrative und strukturelle Vorkehrungen zum Schutze der seiner Obhut unterstehenden Personen getroffen hat. Entlasten kann sich der Staat, wenn er die Erfüllung entsprechender staatlicher Verpflichtungen prinzipiell garantieren kann.[8]

17 Generelles Unvermögen begründet nach der ausschließlich am allgemeinen Völkerrecht ausgerichteten Zurechnungslehre damit keine staatliche Verantwortlichkeit. Weil die Zurechnungslehre mit ihrem ausschließlich am allgemeinen Völkerrecht ausgerichteten Inhalt dem Einzelnen bei konkretem Schutzversagen des Staates schutzlos lässt, wird von den Vertretern des Schutzansatzes (»**protection view**«) auf die Entwicklung des völkerrechtlichen Menschenrechtsschutzes seit Verabschiedung der GFK verwiesen und gegen die an den Staat anknüpfende Zurechnungsdoktrin (»**accountability standard**«) unter Bezugnahme auf Art. 31 Abs. 1 WVRK eingewandt, vorrangiges Ziel und Zweck der GFK sei die Lösung des Flüchtlingsproblems im Geiste der Menschenrechte.[9]

18 Daher könne der Flüchtling nicht auf den Schutz des Heimatstaates verwiesen werden, wenn dieser schutzunfähig oder keine Regierung mehr vorhanden sei und Verfolgung durch private Verfolger drohten.[10] Die Frage der Urheberschaft der Verfolgung nach den völkerrechtlichen Grundsätzen der Staatenverantwortlichkeit stelle sich deshalb im Flüchtlingsvölkerrecht nicht. Während die Unfähigkeit des Staates zur Gebietsherrschaft zu einem Wegfall der völkerrechtlichen Verantwortlichkeit führe, setze weder das Flüchtlingsrecht noch allgemeines Völkerrecht die Existenz effektiver und funktionsfähiger Regierungsstrukturen voraus, um den Flüchtlingsstatus zu gewähren.[11]

19 Die These des BVerfG (Rdn. 12) verkennt, dass das Flüchtlingsrecht nicht die Zurechnungslehre, sondern die Schutzlehre prägt. Dass die Vertragsstaaten bei den Staaten als Völkerrechtssubjekten angeknüpft haben,[12] beantwortet noch nicht die Frage, in welchem Zusammenhang diese Anknüpfung von Bedeutung ist. Die Wortlautauslegung des Flüchtlingsbegriffs ergibt jedenfalls, dass die »**Abwesenheit des Schutzes des Herkunftsstaates**« das zentrale Element des Flüchtlingsbegriffs der Konvention ist (Rdn. 3). Bedeutung hat die These des BVerfG für die Schutzakteure. Insoweit ist es zutreffend, dass grundsätzlich nur der Staat Schutz gewähren kann und ergeben sich deshalb gegen die Ausweitung auf andere Schutzakteure (vgl. Art. 7 Abs. 1 RL 2004/83/EG) völkerrechtliche Bedenken (§ 17 Rdn. 11 ff.).

20 Nach Art. 1 A Nr. 2 GFK findet der Ausdruck Flüchtling Anwendung auf »jede Person«, welche »aus der begründeten Furcht vor Verfolgung« aus den dort genannten Gründen »**den Schutz dieses Landes nicht in Anspruch nehmen kann oder wegen dieser Befürchtungen nicht in Anspruch nehmen will**«. Es ist also die individuelle Schutzlosigkeit einer Person, die aus Gründen der Konvention

---

8 *Epiney*, Die völkerrechtliche Verantwortlichkeit von Staaten für rechtswidriges Verhalten im Zusammenhang mit Aktionen Privater, S. 223, 227, 234; siehe hierzu auch *Mössner*, GYIL Bd. 24 (1981), S. 63 (73 ff.); so auch der Ansatz in BVerwGE 67, 317 (320 f.) = EZAR 202 Nr. 1; BVerwGE 70, 232 (236 f.) = NVwZ 1985, 281 = DVBl. 1985, 572 = InfAuslR 1985, 48.
9 *Türk*, Non-State Agents of Persecution, S. 95 (104 ff.).
10 *Vermeulen/Spijkerboer/Zwaan/Fernhout*, Persecution by Third Parties, S. 14 f.
11 *Goodwin-Gill*, The Refugee in International Law, S. 73.
12 BVerfGE 80, 315 (334) = NVwZ 1990, 151 = InfAuslR 1990, 21 = EZAR 201 Nr. 20.

verfolgt wird, welche dem Flüchtlingsbegriff seine spezifische Inhaltsbestimmung verleiht. Die generelle Schutzunfähigkeit des Staates, welche die Grenze der Zurechnungslehre aufzeigt, ist deshalb für die Inhaltsbestimmung dieses Begriffs unerheblich.

Zweck der Zurechnungslehre ist die Begründung von völkerrechtlichen Repressalien gegenüber dem verantwortlichen Staat, wenn der verursachende Staat nach deliktsrechtlichen Grundsätzen für die Schutzversagung gegenüber Privaten verantwortlich gemacht werden kann. Zweck des Flüchtlingsschutzes ist die **präventive** Gewährleistung internationalen Schutzes zugunsten des Einzelnen durch die Gemeinschaft der Vertragsstaaten der GFK, wenn der Herkunftsstaat aus welchen Gründen auch immer nicht zur Sicherstellung des nationalen Schutzes in der Lage ist. 21

Einer Schutzlehre bedurfte das klassische Völkerrecht nicht, weil die durch private Übergriffe in ihren Rechten verletzten Fremden jederzeit den Schutz des Herkunftsstaates in Anspruch nehmen können. Die Zurechnungslehre zielt vorrangig auf **nachträgliche** Wiedergutmachung verletzter Rechte von Individuen, die deren Heimatstaat im Umfang des due diligence-Maßstabs gegen den Aufenthaltsstaat geltend machen kann. Diese unterschiedliche Zwecksetzung des Deliktsrechts einerseits sowie des Flüchtlingsrechts andererseits hatte die deutsche Rechtsprechung nicht zur Kenntnis nehmen wollen. Das Unionsrecht hat insoweit Klarheit geschaffen und die Schutzlehre in die ihr zukommende Funktion gesetzt. 22

§ 16 Verfolgungsakteure (Art. 6 RL 2004/83/EG)

Übersicht   Rdn
1. Funktion des Begriffs 1
2. Verfolgungen durch den Staat (Art. 6 Buchst. a) RL 2004/83/EG) 17
3. Verfolgungen durch staatsähnliche Organisationen (Art. 6 Buchst. b) RL 2004/83/EG) 22
4. Verfolgung durch nichtstaatliche Akteure (Art. 6 Buchst. c) RL 2004/83/EG) 33
    a) Funktion des Begriffs 33
    b) Staatliches Schutzversagen 41

1. Funktion des Begriffs

Art. 6 RL 2004/(3/EG bezeichnet drei verschiedene Gruppen von Verfolgungsakteuren, nämlich den **Staat**, Parteien oder Organisationen, die den Staat oder einen wesentlichen Teil des Staates beherrschen (**de facto-Autoritäten**), und **nichtstaatliche Akteure**. Dem Begriff der Verfolgung immanent ist, dass sie von einem Akteur ausgeht, da sie absichtlich, fortdauernd oder systematisch ausgeführt wird (§ 11 Rdn. 1 ff.). Es muss also ein **finaler Zusammenhang** zwischen dem Verhalten eines Verfolgers und einem Eingriff festgestellt werden (§ 11 Rdn. 2 ff.).[13] Mit der Prüfung, ob eine Verfolgungshandlung droht, ist damit auch bereits die Frage geklärt worden, von welchem Akteur die Verfolgung ausgeht. Der Schwerpunkt der Prüfung im Rahmen des Wegfalls des nationalen Schutzes liegt deshalb weniger bei der Frage des Verfolgungsakteurs als bei der Frage des Schutzakteurs und dem Umfang des erforderlichen Schutzes. In der Entwurfsbegründung wird ausgeführt, es sei unerheblich, von wem die Verfolgung ausgehe. Zu prüfen sei, ob der Antragsteller im Herkunftsstaat wirksamen Schutz vor der Verfolgung erlangen kann.[14] 1

Gleichwohl werden unterschiedliche Verfolgungsakteure bezeichnet. Deshalb stellen sich verschiedene Fragen. Bezogen auf welche Situation ist die Differenzierung vorzunehmen? Ist diese sowohl für die Situation vor der Ausreise wie auch auf die nach der Rückkehr vorzunehmen? Warum bedarf es überhaupt einer Differenzierung unter den verschiedenen Verfolgungsakteuren, wenn es im Ergebnis auf die Frage ankommt, ob wirksamer Schutz verfügbar ist? Ob bereits im Blick auf die 2

---

13 Kommission, KOM (2001)510 endg.; Ratsdok. S. 21, in: BR-Drucks. 1017/01.
14 Kommission, KOM (2001)510 endg.; Ratsdok. S. 18, in: BR-Drucks. 1017/01.

Verfolgungssituation vor der Ausreise eine präzise Identifizierung erforderlich ist, ist deshalb umstritten, weil nicht geklärt ist, ob sich die Frage der Verfügbarkeit nationalen Schutzes auf die Situation vor der Ausreise oder auf die Situation des Flüchtlings bezieht, der sich außerhalb seines Herkunftslandes aufhält. Von der letzteren Situation geht der Wortlaut von Art. 1 A Nr. 2 GFK aus. Denn Flüchtling ist nur derjenige, der die nationalen Grenzen überschritten hat und sich außerhalb seines Herkunftslandes befindet.

3 In der Feststellungspraxis der Vertragsstaaten liegt der Schwerpunkt auf der Ermittlung der Situation vor der Ausreise (Rdn. 13). Dies ist sicherlich dem Glaubwürdigkeitstest geschuldet. Denn als Flüchtling anerkannt werden soll nur jemand, der die Behörden überzeugen kann, dass er aus Not sein Herkunftsland verlassen hat. Es stellt sich aber die Frage, ob diese Feststellungspraxis aus rechtlicher Sicht zwingend erforderlich ist. Nach dem Wortlaut von Art. 1 A Nr. 2 GFK ist derjenige Flüchtling, der sich außerhalb seines Herkunftslandes befindet (Rdn. 2). Will der Aufnahmestaat ihn in das Herkunftsland verbringen, stellt sich nach Art. 1 A Nr. 2 i.V.m. Art. 33 Abs. 1 GFK die Frage, ob er gute Gründe dafür hat, den Schutz seines Herkunftslandes »nicht in Anspruch (zu) nehmen« (Art. 1 A Nr. 2 GFK).

4 Die Richtlinie verhält sich zu dieser Frage nicht, übernimmt aber in Art. 2 Buchst. c) stillschweigend den Flüchtlingsbegriff nach Art. 1 A Nr. 2 GFK. Ferner will die Richtlinie Mindestnormen für die Bestimmung und die Merkmale der Flüchtlingseigenschaft festlegen, um die Behörden bei der Anwendung der GFK zu leiten (Erwägungsgrund Nr. 16). Die Richtlinie verweist zur Lösung dieser Frage also auf die GFK und enthält in Art. 4 Abs. 3 Buchst. a) und Art. 8 Abs. 2 zusätzliche Hinweise, dass es auf die Situation im Entscheidungszeitpunkt, also auf die des Flüchtlings außerhalb seines Herkunftslandes ankommt.

5 UNHCR leitet aus der Analyse des Wortlautes von Art. 1 A Nr. 2 GFK ab, z. B. aus der Tatsache, dass die entsprechenden Formulierungen am Ende der Definition platziert seien, und die Formulierung, »Schutz dieses Landes« unmittelbar nach der Formulierung »sich außerhalb des Landes befindet« verwendet werde sowie aus weiteren Umständen, dass im Zeitpunkt der Ausarbeitung der Konvention der externe (diplomatische) Schutz gemeint gewesen sei.[15] Auch die historische Analyse trage diese Auslegung. Danach wäre der Flüchtlingsbegriff so zu verstehen, dass der Aufnahmestaat den Flüchtling nicht auffordern dürfe, den Schutz seines Herkunftslandes im Ausland in Anspruch zu nehmen. Für dieses Verständnis sprechen auch die Beendigungsklauseln in Art. 1 C GFK.

6 UNHCR begründet seine Auffassung damit, dass unter der fehlenden Bereitschaft des Flüchtlings, diplomatischen Schutz im Ausland in Anspruch zu nehmen, die fehlende Bereitschaft zu verstehen sei, die Möglichkeit in Kauf zu nehmen, in das Land der Staatsangehörigkeit verbracht zu werden, in dem die befürchtete Verfolgung stattfinden könnte.[16] Zugleich weist UNHCR aber auch darauf hin, dass die angelsächsische Rechtsprechung der Verfügbarkeit von staatlichem Schutz **innerhalb** des Herkunftslandes erhebliche Bedeutung für die Feststellung der Flüchtlingseigenschaft beimesse. Diese etwas erweiterte Bedeutung könne als zusätzliches – allerdings nicht unbedingt erforderliches – Argument zugunsten der Anwendung der Konvention auf Personen, die durch nichtstaatliche Verfolgungsakteure bedroht sind, gesehen werden.[17]

7 Die Frage, ob vor der Ausreise wirksamer nationaler Schutz gegen Verfolgungen verfügbar war, ist weder eine getrennt zu betrachtende noch eine zielführende Frage, sondern eine aus einer ganzen Reihe von Überlegungen, die bei der Feststellung der Flüchtlingseigenschaft in bestimmten Fällen anzustellen sind, insbesondere dann, wenn Furcht vor Verfolgung durch nichtstaatliche Akteure dargelegt wird.[18] Hierbei ist die Frage zu beantworten, ob die der Furcht zugrunde liegende Gefahr

---

15 *UNHCR*, Auslegung von Art. 1 GFK, April 2001, Rn. 35; so auch *Fortin*, IJRL 2000, 548 (564 f.).
16 *UNHCR*, Auslegung von Art. 1 GFK, April 2001, Rn. 35.
17 *UNHCR*, Auslegung von Art. 1 GFK, April 2001, Rn. 36.
18 *UNHCR*, Auslegung von Art. 1 GFK, April 2001, Rn. 15.

in ausreichendem Maße durch verfügbaren und wirksamen nationalen Schutz vor der befürchteten Gefahr entschärft wird.

Die Differenzierung zwischen den verschiedenen Verfolgungsakteuren ist danach deshalb geboten, weil bei einer Verfolgung durch den Staat allein die Situation des Flüchtlings außerhalb des Herkunftslandes entscheidend ist. Denn geht die Verfolgung vom Staat aus, kommt es auf die Situation innerhalb des Herkunftslandes nicht an, weil der Staat grundsätzlich im gesamten Staatsgebiet die Verfolgung ausüben kann (§ 18 Rdn. 35 ff, 49 ff.). Geht die Verfolgung aber von Organisationen, die nur einen Teil des Staatsgebietes beherrschen, oder von privaten Akteuren aus, reicht es nicht aus, dass der Flüchtling lediglich darauf verweist, er habe gute Gründe, die Inanspruchnahme des Schutzes seines Herkunftslandes abzulehnen. Vielmehr ist er gefordert, darzulegen, dass er auch im Blick auf die Situation innerhalb seines Herkunftslandes gute Gründe hat, den Schutz seines Herkunftsstaates gegen Verfolgungen durch private Akteure nicht in Anspruch zu nehmen. 8

Damit ist die Frage beantwortet, dass es auf die zeitliche Situation außerhalb des Herkunftslandes ankommt und eine Differenzierung zwischen den verschiedenen Verfolgungsakteuren deshalb erforderlich ist, weil bei Verfolgungen, die nicht vom Staat ausgehen, der Flüchtling darlegen muss, welche Gründe er für seine Weigerung hat, den Schutz seines Herkunftslandes nicht in Anspruch zu nehmen. Nicht beantwortet ist damit aber die Frage, welche Bedeutung die Ermittlung der Situation vor der Ausreise hat und ob hierbei ebenfalls eine Differenzierung zwischen den verschiedenen Verfolgungsakteuren erforderlich ist. 9

Nach der Begründung des Vorschlags der Kommission hat die Feststellungsbehörde zu ermitteln, ob ein innerstaatliches Schutzsystem sowie Mechanismen zur Ermittlung, strafrechtlichen Verfolgung und Ahndung von Verfolgungshandlungen vorhanden sind, ob der Flüchtling also wirksamen Schutz »erlangen kann.«. Wirksamer Schutz ist danach nur vorhanden, wenn der Staat in der Lage und willens ist, dieses System so zu handhaben, dass die Verfolgungsgefahr minimal ist.[19] Die Begründung des Kommissionsentwurfs ist insoweit vor dem Hintergrund zu sehen, dass die **Verfügbarkeit** und **Hinlänglichkeit des Schutzes** durch die Behörden des Herkunftslandes nach der angelsächsischen wie auch der deutschen Rechtsprechung zum Bestandteil des Flüchtlingsbegriffs gehört.[20] 10

Nur unter diesen Voraussetzungen kann es unter dem Gesichtspunkt der Subsidiarität des internationalen Schutzes (Art. 2 Buchst. a) RL 2004/83/EG) dem Antragsteller zugemutet werden, dass er Schutz vor Verfolgung im Herkunftsland sucht. Die zentrale Frage der Prüfung lautet jedoch stets, ob der Antragsteller weiterhin begründete Furcht vor Verfolgung hat, unabhängig von den Schritten, die er vor der Ausreise zur Verhinderung von Verfolgung eingeleitet hatte.[21] Auch wenn sich daher der Antragsteller vor der Ausreise nicht um Schutz vor Verfolgung bemüht hat, befreit dies die Feststellungsbehörde nicht davon, im Rahmen der Rückkehrprognose zu prüfen, ob er im Fall der Rückkehr Zugang zum nationalen Schutzsystem haben wird. 11

Zwar wurde mit den Regelungen in Art. 6 und 7 RL 2004/83/EG ein sehr differenziertes Regelwerk verabschiedet. Am Grundsatz, dass beim Wegfall des nationalen Schutzes unabhängig davon, von wem die Verfolgung ausgeht, die Flüchtlingseigenschaft zuzuerkennen ist, ändert dies jedoch nichts. Es bedarf deshalb an sich keiner Differenzierung nach den drei verschiedenen Akteuren in Art. 6 der Richtlinie. Grund für die Ausdifferenzierung ist jedoch die Hervorhebung der besonderen Darlegungslasten im Blick auf nichtstaatliche Akteure. Im Blick auf die anderen Verfolgungsakteure ist demgegenüber grundsätzlich nicht der Nachweis zu führen, dass der Staat nicht in der Lage oder nicht willens ist, Schutz zu gewähren.[22] 12

---

19 Kommissionsentwurf v. 12.09.2001, BR-Drucks. 1017/01, S. 18 f.
20 *UNHCR*, Auslegung von Art. 1 GFK, April 2001, Rn. 14.
21 *UNHCR*, Kommentar zur Richtlinie 2004/83/EG, Mai 2005, S. 18.
22 *Klug*, GermanYIL 2004, 594 (605).

13 Zweck der Differenzierung nach Verfolgungsakteuren ist deshalb, dass der Antragsteller, der Verfolgung durch private Akteure befürchtet, darlegen muss, dass von ihm vernünftigerweise nicht erwartet werden kann, dass er sich nach der Rückkehr innerhalb des Herkunftslandes um Schutz bemüht, weil diese Bemühungen bereits vor der Ausreise fehlgeschlagen waren. Geht die Verfolgung vom Staat oder diesem vergleichbaren Entitäten aus, wird ihm nach Unionsrecht grundsätzlich eine derartige Darlegungslast nicht abverlangt. Da es für die Frage der Verfügbarkeit des Schutzes auf den Entscheidungszeitpunkt ankommt (vgl. Art. 4 Abs. 3 Buchst. a), Art. 8 Abs. 2 RL 2004/83/EG), ist die Frage, ob der Antragsteller sich vor der Ausreise gegen Verfolgung durch nichtstaatliche Akteure um wirksamen Schutz bemüht hat, an sich ohne Bedeutung.

14 Vielmehr kommt es darauf an, ob ihm für den Fall der Rückkehr vernünftigerweise zugemutet werden kann, Schutz gegen Verfolgungen bei den in Art. 7 Abs. 1 der Richtlinie bezeichneten Schutzakteuren zu suchen. Kann ihm dies zugemutet werden, bedarf es entsprechend dem Grundsatz der Subsidiarität des Flüchtlingsrechts nicht der Gewährung von Flüchtlingsschutz. Wenn gleichwohl in der Feststellungspraxis die Ermittlung der die Verfolgung begründenden Umstände im Mittelpunkt steht (Rdn. 3), hat dies seinen Grund darin, dass die Feststellungsbehörde klären muss, wer die Beweislast zu tragen hat (vgl. Art. 4 Abs. 4 RL 2004/83/EG, s. auch § 10 Rdn. 11 ff.). Darüber hinaus kommt unabhängig hiervon vergangenen Ereignissen eine gewichtige Funktion für die Prognoseentscheidung zu.

15 Wegen dieser verfahrens- und materiellrechtlichen Funktion des Begriffs der Verfolgungsakteure regt UNHCR die Mitgliedstaaten dazu an, aus Gründen der Klarstellung in ihren nationalen Gesetzen die Differenzierung nach verschiedenen Verfolgungsakteuren festzuschreiben.[23] Da es auf den Wegfall des nationalen Schutzes ankommt, richtet sich der Fokus bei der Prüfung auf die Schutzakteure, nämlich den Staat oder Parteien oder Organisationen einschließlich internationaler Organisationen, die den Staat oder einen wesentlichen Teil des Staatsgebiets beherrschen (Art. 7 Abs. 1 RL 2004/83/EG). Das primäre Erkenntnisinteresse zielt auf die Voraussetzungen, unter denen von einem Wegfall des nationalen Schutzes für den Fall der Rückkehr ausgegangen werden kann, sodass der Antragsteller es ablehnen kann, den Schutz seines Herkunftslandes in Anspruch zu nehmen (vgl. Art. 1 A Nr. 2 GFK, Art. 2 Buchst. c) RL 2004/83/EG).

16 Nach Art. 6 Buchst. c) RL 2004/83/EG sind unter den dort bezeichneten Voraussetzungen auch Verfolgungen durch nichtstaatliche Akteure erheblich. § 60 Abs. 1 Satz 4 Buchst. c) AufenthG wiederholt den Wortlaut von Art. 6 Buchst. c) RL 2004/83/EG und erweitert diesen zusätzlich um den klarstellenden Hinweis, dass eine Verfolgung durch nichtstaatliche Akteure unabhängig davon vorliegen kann, ob im Herkunftsland des Antragstellers eine staatliche Herrschaftsmacht vorhanden ist oder nicht. Diese Klarstellung entspricht der Logik von Art. 6 RL 2004/83/EG, der lediglich die Verfolgungsakteure bezeichnet und die Frage der nationalen Schutzgewährung den Regelungen in Art. 7 RL 2004/83/EG überlässt.

2. Verfolgungen durch den Staat (Art. 6 Buchst. a) RL 2004/83/EG)

17 Weder der Konvention noch der Entstehungsgeschichte können Aussagen über die Quelle der Verfolgungen entnommen werden. Es kann daher aus der Konvention keine zwingende Verbindung zwischen Verfolgung und Staat abgeleitet werden.[24] Art. 6 RL 2004/83/EG unterscheidet im Blick auf die Verfolgungsakteure zwischen dem Staat und diesem vergleichbaren Organisationen einerseits und nichtstaatlichen Akteuren andererseits. Der Begriff der einzelnen Akteure wird nicht definiert. Dies ist auch nicht erforderlich, da es nach der Konvention und der Richtlinie nicht auf eine präzise begriffliche Erfassung der Verfolgungsakteure, sondern darauf ankommt, ob wirksamer nationaler Schutz gegen Verfolgungen gewährt wird. Lediglich für die Frage der Darlegung, ob es vom

---

23 *UNHCR*, Kommentar zur Richtlinie 2004/83/EG, Mai 2005, S. 18; siehe auch § 60 Abs. 1 Satz 4 AufenthG.
24 *Godwin-Gill/McAdam*, The Refugee in International Law, S. 98.

Antragsteller vernünftigerweise erwartet werden kann, um wirksamen Schutz zu ersuchen, muss zwischen nichtstaatlichen und anderen Verfolgern unterschieden werden (Rdn. 8 ff.).

Droht Verfolgung durch den Staat, ist in aller Regel kein Schutz gegen diese Verfolgung im Herkunftsland verfügbar. Die Hervorhebung des Staates in Art. 6 Buchst. a) ist daher nicht der Zurechnungsdoktrin geschuldet, sondern dient der Beweiserleichterung. Der Begriff des Staates ist im Völkerrecht eindeutig umschrieben, bedarf also keiner näheren Erörterung.[25] Zunächst muss untersucht werden, ob dem Staat Verfolgungen privater Akteure zugerechnet werden können. Dies ist der Fall, wenn der Staat derartige Verfolgungen anregt, stillschweigend zustimmt oder duldet. Nur dann, wenn dies nicht festgestellt werden kann, kann von einer Verfolgung durch private Akteure ausgegangen werden (Rdn. 33 ff.).[26] Können sie hingegen dem Staat zugerechnet werden, kann grundsätzlich davon ausgegangen werden, dass kein wirksamer Schutz gewährleistet wird.[27]

18

Daher ist zunächst zu prüfen, ob Verfolgungen Privater dem Staat zugerechnet werden können, weil diese mit Unterstützung oder stillschweigender Zustimmung der Regierung ausgeübt wird, oder ob der Staat die Handlungen zugelassen hat oder zulassen wird, ohne Maßnahmen zu ergreifen, um sie zu verhindern oder die Verantwortlichen zu bestrafen.[28] Wie insbesondere der zuletzt genannte Zurechnungsfaktor zeigt, geht es bei dieser Frage weniger darum, wem die Verfolgung zugerechnet werden kann, sondern darum, ob gegen diese wirksamer Schutz gewährt wird. Diese Frage wird nach Maßgabe von Art. 7 Abs. 2 RL 2004/83/EG beantwortet (§ 17).

19

Daraus folgt, Verfolgungen durch den Staat äußern sich in erster Linie durch Handlungen seiner Behörden. Die handelnden Akteure müssen jedoch nicht identifiziert werden. Der Staat als Rechtspersönlichkeit führt seine Handlungen durch natürliche Personen aus. Nur individuelle Handlungen oder Unterlassungen können eine staatliche Zurechenbarkeit begründen.[29] Üben Behörden die Verfolgung aus, sind diese stets dem Staat zurechenbar. Die Frage, ob einzelne behördliche Akte auch dem Staat zuzurechnen sind, wenn die Behörden ihre Kompetenzen überschreiten, betrifft den Einwand des »Amtswalterexzesses« (§ 18 Rdn. 19 ff.). Damit wird aber nicht die Frage aufgeworfen, von wem die Verfolgung ausgeht, sondern ob Schutz nach Maßgabe von Art. 7 Abs. 2 RL 2004/83/EG gegen die Amtswalter gewährt wird.

20

Stellen sich schwierig zu lösende Abgrenzungsfragen, ist im Zweifel von einer Verfolgung durch private Akteure auszugehen.[30] Pragmatische Gründe sprechen dagegen, die Feststellungspraxis mit Fragen der Zurechnung in Zweifelsfragen über Gebühr zu belasten, da ja auch Verfolgungen durch private Akteure anerkannt werden. Zwar gilt insoweit eine gesteigerte Darlegungslast. Wenn andererseits Hinweise darauf vorgebracht werden, dass staatliche Behörden durch aktives Tun oder Unterlassen in die Verfolgung involviert sind, sich diese Hinweise aber nicht mit der erforderlichen Gewissheit aufklären lassen, wird die Darlegungslast hinsichtlich der Inanspruchnahme staatlichen Schutzes herab gestuft.

21

3. Verfolgungen durch staatsähnliche Organisationen (Art. 6 Buchst. b) RL 2004/83/EG)

Nach Art. 6 Buchst. b) RL 2004/83/EG können Verfolgungen von Organisationen ausgehen, die den Staat oder einen wesentlichen Teil des Staatsgebietes beherrschen. Die Kommission begründet diesen Vorschlag nicht näher, sondern verweist auf die Praxis der Mitgliedstaaten, die auch den Staat

22

---

25 Siehe hierzu *Zimmermann/Mahler*, in: *Zimmermann*, The 1951 Convention, Art. 1 A para. 2 Rn. 269 ff.
26 *Zimmermann/Mahler*, in: *Zimmermann*, The 1951 Convention, Art. 1 A para. 2 Rn. 282.
27 *Godwin-Gill/McAdam*, The Refugee in International Law, S. 100.
28 Interamerikanischer Gerichtshof für Menschenrechte, EuGRZ 1989, 157 (171).
29 Interamerikanischer Gerichtshof für Menschenrechte, EuGRZ 1989, 157 (171); *Meron*, Human Rights and Humanitarian Law as Customary Law, 1989, S. 155.
30 A.A wohl *Zimmermann/Mahler*, in: *Zimmermann*, The 1951 Convention, Art. 1 A para. 2 Rn. 282.

beherrschende Parteien oder Organisationen als Verfolgungsakteure behandelten.[31] Die Richtlinie definiert den Begriff der Parteien oder Organisationen, die den Staat oder einen wesentlichen Teil des Staatsgebietes beherrschen, nicht. Für das Völkerrecht zählt allein die Völkerrechtssubjektivität. Entweder besteht diese, dann handelt es sich um einen Staat, oder sie besteht nicht. Dann handelt es sich nicht um den Staat.

23 Besteht die Völkerrechtssubjektivität, gehen die Verfolgungen vom Staat aus. Der Einführung einer besonderen Kategorie des Verfolgungsakteurs bedarf es nicht. Diese Grundsätze gelten auch für Verfolgungen durch die Staatspartei oder die den Staat beherrschenden religiösen Gruppen. Soweit die Richtlinie also auf Parteien oder Organisationen verweist, die den Staat beherrschen, werden Verfolgungen durch diese dem Staat zugerechnet. Damit verweist die Richtlinie insoweit auf den Staat. Die Staatspartei oder die vorherrschenden religiösen Gruppen sind landesweit organisiert und deshalb – wegen ihrer engen Verbindungen zum zentralen Staatsapparat – auch fähig, im gesamten Staatsgebiet Verfolgungen auszuüben.[32]

24 Daher besteht eine Regelvermutung, dass die Staatspartei oder die dominierende religiöse Gruppierung auch in der Lage ist, im gesamten Land Verfolgungen auszuüben. Dem Staat werden Verfolgungen dieser Gruppierungen zugerechnet. Der Einführung einer besonderen Kategorie bedarf es nicht. Beherrschen diese Gruppierungen den Staat, ist dieser aber völkerrechtlich nicht anerkannt, weil die bisherigen staatlichen Strukturen durch einen Bürgerkrieg zerschlagen oder durch oppositionelle Kräfte übernommen wurden, diese zwar die Macht ganz oder teilweise im Staat erlangt haben, aber noch nicht völkerrechtlich anerkannt sind, kann man hingegen nicht von einer Verfolgung durch den Staat sprechen.

25 Offensichtlich zielt die Richtlinie auf diese Übergangsprozesse in einem Staat, in dem die bisherigen staatlichen Strukturen ganz oder teilweise aufgelöst wurden und eine oder mehrere oppositionelle Gruppierungen die Macht im Staat oder in verschiedenen, wesentlichen Teilen des Staatsgebietes ausüben. Aus völkerrechtlicher Sicht verletzt eine präzise Definition dieser Entitäten anhand materieller Kriterien das Nichteinmischungsprinzip. Entweder besteht ein Staat oder er besteht nicht. Ein Staat im Werden ist noch kein Staat. Das Völkerrecht definiert diese Entitäten nicht, weil sein begriffliches Kategoriensystem auf den Staat ausgerichtet ist.

26 Das Völkerrecht versucht aber, neben dem Staat andere verantwortliche Akteure zu erfassen, um bestimmte humanitäre Prinzipien durchzusetzen und Interessen von Drittstaaten zu schützen. Hinzuweisen ist insbesondere auf den gemeinsamen Art. 3 der Genfer Konventionen sowie die beiden Zusatzprotokolle, die bestimmte nichtstaatliche Konfliktbeteiligte an humanitäre Rechtsregeln zugunsten der unbeteiligten Zivilbevölkerung oder der nicht mehr kämpfenden Kombattanten binden. Der Internationale Gerichtshof hat in diesem Zusammenhang die Contras als völkerrechtlich verantwortlich gemäß Art. 3 der Genfer Konventionen bezeichnet.[33]

27 Dem Völkerrecht ist die Unterscheidung zwischen Staaten und staatsähnlichen Entitäten (**de facto-Autoritäten**) fremd, weil nur Staaten, nicht aber derartige Entitäten Rechtssubjektivität aufweisen (Rdn. 22 f.). Demgegenüber ist der Begriff der **Deliktsfähigkeit** ein rechtlich anerkannter Begriff. Er ist Teilelement der völkerrechtlichen Rechtsfähigkeit. Sobald in einem Bürgerkrieg die Interessen dritter Staaten in Mitleidenschaft gezogen werden, hat das Völkerrecht flexibel reagiert und auf **de facto-Regime** bezogene Haftungstatbestände entwickelt.

28 Historisch hat sich zwar die Deliktsfähigkeit aus der Stellung der kriegführenden Partei entwickelt. Daraus folgt jedoch nicht, dass die Deliktsfähigkeit nur während des andauernden Bürgerkrieges

---

31 Kommission, KOM (2001)510 endg.; Ratsdok. S. 18, in: BR-Drucks. 1017/01.

32 Global Consultations on International Protection, San Remo Expert Roundtable, 06.–08.09.2001, Summary Conclusions – Internal Protection/Relocation/Flight Alternative, Rn. 2; siehe auch BVerfGE 54, 341(358) = EZAR 200 Nr. 1 = NJW 1980, 2641.

33 I.C.J. Reports 1986, 14 (65) – Nicaragua v. United States.

besteht. Vielmehr kann sie allein als Konsequenz der Beherrschung eines bestimmten Territoriums durch die kriegführende Partei angesehen werden. Da die kriegführende Partei Deliktsfähigkeit besitzt, kann diese nicht mit Beendigung des Bürgerkrieges und der Konsolidierung der Aufständischen zu einem befriedeten de **facto-Regime** enden.[34]

Offensichtlich zielt die Richtlinie in Art. 6 Buchst. b) auf diese Gruppierungen. Jedoch stellt sich die Frage nach der Ratio dieser Anknüpfungskategorie im Flüchtlingsrecht. Denn in diesem geht es nicht um die Deliktsfähigkeit und damit um die Zurechnung (§ 13 Rdn. 13 ff.), sondern um den präventiven Schutz vor Verfolgung. Dass derartige Entitäten an humanitäre Rechtsregeln gebunden sind, besagt als solche ja noch nicht, dass sie diese auch einhalten und damit wirksamen Schutz vor Verfolgungen gewährleisten. Die Bindung an humanitäre Verpflichtungen scheint aber Ratio für die Bezeichnung dieser Entitäten als Schutzakteure in der Richtlinie (Art. 7 Abs. 1 Buchst. b)) zu sein (§ 17 Rdn. 11 ff.). 29

Zutreffend weist die Kommission auch in diesem Zusammenhang darauf hin, es sei unerheblich, von wem die Verfolgung ausgehe. Zu prüfen sei vielmehr, ob der Antragsteller im Herkunftsstaat wirksamen Schutz vor der Verfolgung erlangen könne.[35] Im Zusammenhang mit den Verfolgungsakteuren macht die besondere Hervorhebung von **de facto-Autoritäten** daher an sich keinen Sinn. Es hätte deshalb ausgereicht, zwischen dem Staat und anderen Verfolgungsakteuren zu unterscheiden. Lassen sich Verfolgungen durch andere Akteure als dem Staat diesem nicht zurechnen, geht die Verfolgung nicht vom Staat aus. Die zusätzliche Unterscheidung zwischen **de facto-Autoritäten** und privaten Akteuren ist völkerrechtlich nicht gefordert. 30

Die besondere Hervorhebung in Art. 6 Buchst. b) der Richtlinie hat wohl ihren Grund darin, dass die Kommission mit ihrem Vorschlag an die Praxis der Mitgliedstaaten anknüpfen wollte. So wurden etwa in Frankreich und Deutschland Verfolgungen durch private Akteure nicht anerkannt. In Deutschland wurden aber dem Staat theoretisch – wenn auch ohne praktische Auswirkungen – solche staatsähnliche Organisationen gleichgestellt, die den Staat verdrängt hatten oder denen dieser das Feld überlassen hatte und die ihn insoweit ersetzten.[36] Jedenfalls ist im Rahmen der Flüchtlingsentscheidung keine präzise Differenzierung zwischen dem Staat und **de facto-Autoritäten** erforderlich. Dies ist auch nicht erforderlich. 31

Lassen sich Verfolgungen nicht dem Staat zurechnen, geht die Verfolgung nicht vom Staat aus. Können die Verfolger nicht eindeutig als **de facto-Autorität** bezeichnet werden, ist im Zweifel von einem nichtstaatlichen Akteur auszugehen. In diesem Fall wird allerdings die erhöhe Darlegungslast nach Art. 6 Buchst. c) RL 2004/83/EG begründet. Letztlich ist es jedoch unerheblich, von wem die Verfolgung ausgeht, sondern entscheidend, ob der Antragsteller im Herkunftsstaat wirksamen Schutz vor der Verfolgung erlangen kann (Rdn. 30).[37] 32

4. Verfolgung durch nichtstaatliche Akteure (Art. 6 Buchst. c) RL 2004/83/EG)

a) Funktion des Begriffs

Der Kommissionsvorschlag enthält keiner näheren Ausführungen zum Begriff der nichtstaatlichen Akteure. Offensichtlich wird damit an den völkerrechtlichen Diskurs über nichtstaatliche Verfolgungsakteure angeknüpft. Damit rücken eine weite Brandbreite unterschiedlicher Akteure ins 33

---

34 *Frowein*, Das de facto-Regime im Völkerrecht, S. 82.
35 Kommission, KOM (2001) 510 endg.; Ratsdok. S. 18, in: BR-Drucks. 1017/01.
36 BVerfGE, 80, 315 (334) = NVwZ 1990, 151 = InfAuslR 1990, 21 = EZAR 201 Nr. 20; BVerwG, InfAuslR 1986, 82 – *PLO*; BVerwGE 101, 328 (333) = NVwZ 1997, 194 = InfAuslR 1997, 37 = EZAR 200 Nr. 32 – Bosnien und Herzegowina; BVerwGE 105, 306 (309 ff.) = NVwZ 1998, 750 = InfAuslR 1998, 145 – Taliban I; BVerwGE 114, 27 (32 f.) = NVwZ 2001, 818 = InfAuslR 2001, 306.
37 Kommission, KOM (2001) 510 endg.; Ratsdok. S. 18, in: BR-Drucks. 1017/01.

Blickfeld, die von Warlords und Kriegskommandanten, die keine überlegene Gebietsgewalt erlangt haben, über Kommandanten einer marodierenden Soldateska, die Soldateska selbst, Dorfälteste, Mafiabosse, Geschlechtsverstümmelungen durchführende Hebammen, bis hin zu gewalttätigen Ehemännern und Lebenspartnern reicht.

34 Die Richtlinie nennt in Art. 6 drei Gruppen von Verfolgungsakteuren und in Art. 7 Abs. 1 zwei Gruppen von Schutzakteuren. Bei einer sachgerechten Auslegung der Richtlinie ergibt sich, dass es für den Wegfall des nationalen Schutzes allein auf die Schutzakteure nach Art. 7 Abs. 1 ankommt. Sind infolge sich auflösender oder zerbrochener staatlicher Schutzstrukturen die dort bezeichneten Schutzakteure nicht vorhanden oder ist im Zerfallsprozess staatlicher Macht ihre Schutzfähigkeit eingeschränkt oder aufgehoben, kann wirksamer Schutz im Herkunftsland nicht erlangt werden.

35 Es bedarf es einer zusammenfassenden Betrachtung von Art. 6 und 7 RL 2004/83/EG und eines »Erst-Recht-Schlusses«: Zunächst sind die Verfolgungsakteure nach Art. 6 RL 2004/83/EG zu identifizieren. Geht die Verfolgung von nichtstaatlichen Akteuren im Sinne von Art. 6 Buchst. c) RL 2004/83/EG aus und sind keine der in Art. 7 Abs. 1 RL 2004/83/EG bezeichneten Schutzakteure vorhanden, muss von einem Wegfall des nationalen Schutzes ausgegangen werden. Wenn bereits beim Vorhandensein von Schutzakteuren der nationale Schutz entfallen kann, muss dies erst recht gelten, wenn überhaupt keine Schutzakteure mehr bestehen.

36 Im Gesetzgebungsverfahren zu § 60 Abs. 1 AufenthG bestand die Befürchtung, dass das BVerwG wegen seiner traditionellen Fixierung auf die Zurechnungslehre in diesem Fall die Richtlinie, die damals erst im Entwurf vorlag, nach ihrem Inkrafttreten dahin hätte interpretieren können, dass sie das Bestehen der in Art. 7 Abs. 1 RL 2004/83/EG bezeichneten Schutzakteure voraussetze und deshalb Schutz versagt werden könnte, wenn keine Schutzakteure mehr vorhanden sind. Deshalb hat der Gesetzgeber in § 60 Abs. 1 Satz 4 Buchst. c) Halbs. 2 AufenthG ausdrücklich geregelt, dass eine Verfolgung auch dann vorliegen kann, wenn Verfolgungen durch nichtstaatliche Akteure drohen und im Herkunftsland keine staatliche Herrschaftsmacht vorhanden ist. Droht eine Verfolgung und ist der nationale Schutz weggefallen, entsteht die internationale Schutzbedürftigkeit.

37 Es erschien dem deutschen Gesetzgeber angesichts der vom BVerwG entwickelten Zurechnungslehre erforderlich, klarzustellen, dass Verfolgungen durch nichtstaatliche Akteure auch dann erheblich sind, wenn im Herkunftsland des Antragstellers keine staatliche Herrschaftsmacht vorhanden ist (vgl. § 60 Abs. 1 Satz 4 Buchst. c) AufenthG). Nach dem Völkerrecht und dem die Richtlinie prägenden Konzept des nationalen Schutzes ist allein entscheidend, ob vor Verfolgungen durch wen auch immer im Herkunftsland wirksamer Schutz gewährt wird. Ist dies nicht der Fall, entsteht die Schutzbedürftigkeit (vgl. Art. 4 bis 12 RL 2004/83/EG), welche die Flüchtlingseigenschaft begründet (vgl. Art. 13 RL 2004/83/EG).

38 Ungeachtet dessen wollte anfangs teilweise die Rechtsprechung zunächst als nichtstaatliche Akteure nur Personengruppen anerkennen, die dem Staat oder Parteien bzw. Organisationen vergleichbar sind.[38] Auch in Polen wurden nach einer Untersuchung zur Praxis der Mitgliedstaaten paramilitärische Gruppierungen, kriminelle Banden und Stämme, Täter häuslicher Gewalt und von Ehrenmorden nicht als nichtstaatliche Verfolger anerkannt.[39] Die Rolle der Verfolgungsakteure ist jedoch nicht mit dem Moment einer hoheitlichen Macht verbunden.

39 Das BVerwG weist im Blick auf § 60 Abs. 1 Satz 4 Buchst. c) AufenthG gegen diese Rechtsprechung darauf hin, dass diese – insoweit mit Art. 6 Buchst. c) RL 2004/83/EG identische – Vorschrift bereits nach ihrem Wortlaut **alle nichtstaatlichen Akteure ohne weitere Einschränkungen** umfasst, namentlich also auch Einzelpersonen, sofern von ihnen Verfolgungen ausgehen.[40] Diese eindeutige

---

38 OVG Schleswig-Holstein, InfAuslR 2007, 256 (257); VG Regensburg, Urt. v. 24.02.2005 – RN 3 K 04.30585; VG Sigmaringen, Urt. v. 05.04.2005 – A 3 K 12411/03.

39 *ECRE*, The Impact of the EU Qualification Directive on International Protection, S. 15.

40 BVerwGE 126, 243 (251) = InfAuslR 2007, 33 = NVwZ 2007, 1420 = AuAS 2006, 246.

Klarstellung macht deutlich, dass die frühere entgegenstehende Rechtsprechung des BVerwG aufgrund der Entwicklung des Unionsrechts überholt ist. Inzwischen wird in der überwiegenden Rechtsprechung die geänderte Rechtslage anerkannt.[41]

Es ist danach unzulässig, im Blick auf nichtstaatliche Verfolgungsakteure bestimmte zusätzliche qualifizierende Voraussetzungen aufzustellen, insbesondere nichtstaatliche Verfolgungsakteure nur dann in Betracht zu ziehen, wenn diese als Träger überlegener Macht angesehen werden können. Derart zusätzliche Voraussetzungen sind im Blick auf Parteien oder Organisationen, die den Staat oder einen wesentlichen Teil des Staatsgebiets beherrschen, in ihrer Funktion als Schutzakteure zu fordern.

b) Staatliches Schutzversagen

Die Schutzlehre (§ 15 Rdn. 8 ff.) gewinnt ihre eigentliche Bedeutung beim Schutzversagen des Staates. Nach Art. 6 Buchst. c) RL 2004/83/EG erkennt die Richtlinie an, dass in dem Fall, in dem der Einzelne gegen Verfolgungen durch nichtstaatliche Akteure nicht in der Lage ist, wirksamen Schutz zu gewähren, der Flüchtlingsstatus begründet wird. Geht die Verfolgung von nichtstaatlichen Akteuren aus und sind die Schutzakteure nicht in der Lage, Schutz vor diesen zu gewähren, kann dem Antragsteller die Inanspruchnahme des Schutzes des Herkunftslandes nicht zugemutet werden.

Schutzunvermögen führt damit nach Art. 6 Buchst. c) RL 2004/83/EG und nach § 60 Abs. 1 Satz 4 Buchst. c) AufenthG nicht zum Ausschluss des Flüchtlingsschutzes. Vielmehr sind die Ausschlussgründe enumerativ in Art. 12 RL 2004/83/EG bezeichnet. Das Unvermögen zur Schutzgewährung kann auf fehlenden Ressourcen des bestehenden Staates, es kann aber auch darauf beruhen, dass überhaupt keine zentralen Schutzstrukturen mehr bestehen. Von den Vertragsstaaten werden bei der Anwendung der Konvention solche Personen als Flüchtlinge angesehen, die vor Akten schwerer Diskriminierung oder anderen gegen bestimmte Gruppen gerichteten Handlungen geflohen sind, wenn diese mit Wissen der Behörden verübt wurden oder wenn die Behörden sich weigern – oder sich als außerstande erweisen – den Betroffenen wirksamen Schutz zu gewähren.[42]

Dem Begriff der Verfolgung ist der staatliche Charakter nicht immanent.[43] Vielmehr hatte der BGH bereits in den 1960er Jahren entschieden, dass auch das Staatsversagen aus beliebigem Grund dem Begriff der Verfolgung nach der Konvention zuzuordnen ist.[44] Zwar wird Schutz »gewöhnlich« durch die Regierung gewährt[45] und muss der Umstand, der dazu führt, dass der außerhalb des Staatsgebietes lebende Staatsangehörige von seinem Heimatstaat keinen Schutz erhält, auf einer Verfolgung beruhen, die den Verfolgten daran hindert, in das Land seiner Staatsangehörigkeit zurückzukehren. Schutzlosigkeit im flüchtlingsrechtlichen Sinne kann mithin nicht unabhängig von Verfolgung und diese wiederum nicht unabhängig vom Auslandsaufenthalt des Verfolgten entstehen.[46]

Die militärische Besetzung des Staates der Staatsangehörigkeit durch ausländische Truppe begründet nur eine vorläufige Herrschaft über die besetzten Gebiete. Das besetzte Gebiet bleibt Staatsgebiet des militärisch unterworfenen Staates. Träger der Staatsgewalt bleibt etwa eine bestehende Exilregierung. Nach dem Völkerrecht gilt sie weiterhin als Regierung der staatlichen Gemeinschaft, obgleich sie im besetzten Gebiet keinerlei Gewalt mehr ausüben kann.[47]

---

41 Siehe hierzu bereits *Bank*, Durchbruch für das Flüchtlingsvölkerrecht, Beilage zum Asylmagazin 6/2002, S. 1 (7), mit Nachweisen.
42 *UNHCR*, Handbuch über Verfahren und Kriterien zur Feststellung der Flüchtlingseigenschaft, 1979, Rn. 65.
43 *Schüler*, »Verfolgung« und »Schutz« im Sinne der Genfer Konvention, in: RzW 1965, 396.
44 BGH, RzW 1968, 571.
45 BGH, RzW 1965, 238.
46 BGH, RzW 1966, 367.
47 BGH, RzW 1966, 367, zur deutschen Besetzung Polens.

45 Daher verfehlt der Einwand, dass kein Staat einen perfekten, lückenlosen Schutz sicherstellen könne,[48] den Kern der Schutzlehre. Im Blick auf die allgemeine Kriminalität ist dieser am objektiven Maßstab des **due diligence** orientierte Einwand sicherlich berechtigt. Die Verfolgungsgründe der GFK beruhen jedoch auf dem seit 1945 hervorgebrachten, in zahlreichen Konventionen verankerten und inzwischen zur allgemeinen Regel erstarkten **Diskriminierungsverbot**. Weil privaten Verfolgungen ein zielgerichteter andauernder Vernichtungswille aus Gründen der Konvention zugrunde liegt, unterscheiden sich Verfolgungen aus Gründen der Konvention wesentlich von Bedrohungen aufgrund der allgemeinen Kriminalität.

46 Fehlt es an einer dem Einzelnen gezielt drohenden Verfolgungen aus Gründen der Konvention, kann die Gewährung subsidiären Schutzes in Betracht kommen Die staatliche Unfähigkeit, vor genereller Gewalt oder nicht individualisierbaren Rechtsgutgefährdungen zu schützen, kann damit zwar nicht den Flüchtlingsstatus begründen, wohl aber subsidiären Schutz nach Art. 15 Buchst. c) RL 2004/83/EG.[49]

§ 17 Schutzakteure (Art. 7 Abs. 1 RL 2004/83/EG)

Übersicht

	Rdn
1. Zweck des Begriffs	1
2. Schutz durch den Staat (Art. 7 Abs. 1 Buchst. a) RL 2004/(3/EG)	6
3. Schutz durch staatsähnliche oder internationale Organisationen (Art. 7 Abs. 1 Buchst. b) RL 2004/83/EG)	11
a) Schutz durch staatsähnliche Organisationen	11
aa) Fehlende völkerrechtliche Rechtsgrundlage für die Schutzverpflichtung	11
bb) Begriff der »Organisation, die den Staat oder einen wesentlichen Teil des Staatsgebietes beherrscht« (de facto-Autorität)	16
b) Internationale Organisationen	24
aa) Fehlende völkerrechtliche Rechtsgrundlage für die Schutzverpflichtung	24
bb) Begriff der internationalen Organisation	28
cc) Verfolgungen durch Angehörige internationaler Organisationen	35
dd) Einschlägige unionsrechtliche Rechtsakte (Art. 7 Abs. 3 RL 2004/83/EG)	38

1. Zweck des Begriffs

1 Art. 1 A Nr. 2 GFK zielt auf Personen, die Schutz vor Verfolgung suchen. Wird dieser Schutz im Herkunftsland nicht gewährt, betrachten die Vertragsstaaten den Betroffenen als Flüchtling. Die Notwendigkeit der subsidiären Schutzgewährung im Ausland entsteht nur, wenn kein wirksamer Schutz im Herkunftsland verfügbar ist. Die Formulierung in Art. 1 A Nr. 2 GFK »den **Schutz** nicht in Anspruch nehmen kann oder wegen dieser Befürchtungen nicht in Anspruch nehmen will« muss daher dahin interpretiert werden, dass eine Person, die Verfolgung aus Gründen der Konvention befürchtet, nur dann nicht als Flüchtling angesehen wird, wenn der Staat des Herkunftslandes bereit und willig zur Schutzgewährung ist.[50]

2 Weitere Ausführungen zum Begriff des Schutzes des Herkunftslandes enthält Art. 1 A Nr. 2 GFK nicht, insbesondere bezeichnet das Völkerrecht keine Schutzakteure, sondern geht wie selbstverständlich davon aus, dass für die Beurteilung der Frage, ob dem Antragsteller zugemutet werden kann, den Schutz seines Herkunftslandes in Anspruch zu nehmen, nur auf den Staat abzustellen ist. In der völkerrechtlichen Literatur wird davon ausgegangen, dass es nach Art. 1 A Nr. 2 GFK allein

---

48 BVerwG, EZAR 202 Nr. 24.
49 Siehe hierzu insbesondere § 42.
50 *Zimmermann/Mahler*, in: *Zimmermann*, The 1951 Convention relating to the Status of Refugees and its 1967 Protocol, Article 1 A, para. 2 Rn. 598.

auf die Verpflichtung ankommt, die ein Staat den seiner Obhut unterstehenden Personen schuldet.[51] Die ausdifferenzierenden Regelungen über Schutzakteure in Art. 7 Abs. 1 der Richtlinie sind deshalb ein Fremdkörper in einem Schutzsystem, das auf der Konvention aufbaut.

Der Vorschlag der Kommission war an der völkerrechtlichen Ausgangslage ausgerichtet und enthielt folgerichtig keine eigenständige Bezeichnung der Schutzakteure. Vielmehr wurden in Art. 9 Abs. 1 des Vorschlags lediglich die Verfolgungsakteure (§ 16) bezeichnet. Art. 6 der Richtlinie übernimmt diese Differenzierung des Vorschlags. In Art. 9 Abs. 2 des Vorschlags wurden wie nunmehr in Art. 7 Abs. 2 der Richtlinie die Voraussetzungen für die wirksame Schutzgewährung dargestellt, ohne dass die Schutzakteure besonders herausgestellt wurden.[52] Im Laufe der Beratungen wurden Art. 7 grundlegend umgestaltet. Die Änderungsrichtlinie 2011/95/EU klärt zudem einige Fragen der rechtlichen Konzepte »Verfolgungsakteur« und »interner Schutz« geklärt werden sollen. Es wird bereits in Art. 7 Abs. 2 Satz 1 RL 2011/95/EU darauf hingewiesen, dass der Schutz wirksam und dauerhaft sein und ausschließlich durch die in dieser Vorschrift bezeichneten Schutzakteure gewährt werden kann.[53] Dies erinnert an den Standard nach Art. 11 Abs. 2 der Richtlinie (§ 35 Rdn. 71 ff., 79 ff.). Die Änderungen sind bis spätestens zum 21. Dezember 2013 umzusetzen und werden nachfolgend berücksichtigt (Art. 39 Abs. 1). 3

Nach Art. 7 Abs. 1 RL 2004/83/EG kommen nur der Staat, Parteien oder Organisationen einschließlich internationaler Organisationen, die den Staat oder einen wesentlichen Teil des Staatsgebietes beherrschen (Art. 7 Abs. 1 RL 2004/83/EG), als Schutzakteure in Betracht. Diese Schutzgaranten sind mit Ausnahme internationaler Organisationen zugleich Verfolgungsakteure (vgl. Art. 6 Buchst. a) und b) RL 2004/83/EG). Die Richtlinie entwickelt damit ein eigenwilliges Verständnis von der Schutzlehre. Es besteht die Gefahr, dass dieses Verständnis langfristig die Auslegung und Anwendung der Konvention nachhaltig beeinflussen wird. 4

Die Aufnahme weiterer Schutzakteure neben dem Staat stößt nicht nur deshalb auf Bedenken, weil diese mit dem Wortlaut von Art. 1 A Nr. 2 GFK und der Entstehungsgeschichte der Konvention nicht zu vereinbaren ist, sondern auch insbesondere deshalb, weil im Völkerrecht eine dem Staat vergleichbare Zurechnungskategorie für die Schutzgewährung sowohl bei internationalen Organisationen wie auch bei staatsähnlichen Organisationen (§ 16 Rdn. 22 ff.) fehlt. Auffallend ist, dass die internationalen Organisationen zwar nicht als Verfolgungsakteure in Art. 6 Buchst. b) RL 2004/83/EG, wohl aber als Schutzakteure in Art. 6 Buchst. c) und Art. 7 Abs. 1 RL 2004/83/EG bezeichnet werden. Daran ändert die Änderungsrichtlinie nichts. 5

2. Schutz durch den Staat (Art. 7 Abs. 1 Buchst. a) RL 2004/(3/EG)

Nach Art. 7 Abs. 1 Buchst. a) RL 2004/83/EG kann Schutz gegen Verfolgungen durch den Staat gewährt werden. Der Zweck von Art. 1 A Nr. 2 GFK besteht nicht darin, dem Staat die Verantwortung für die Verfolgung zuzuweisen. Vielmehr ist der Staat verantwortlich dafür, dem Einzelnen gegen Verfolgungen Schutz zu gewähren. Es besteht ein Zusammenhang zwischen der Verfolgung und dem Fehlen des wirksamen Schutzes. Dieser Zusammenhang besteht aber nur, wenn die Verfolgung von privaten Akteuren ausgeht. Er beruht darauf, dass Staaten verpflichtet sind, die auf ihrem Gebiet lebenden Personen gegen Übergriffe zu schützen.[54] Daher ist zu prüfen, ob der Staat bereit und fähig zur Schutzgewährung ist. 6

---

51 *Hathaway*, The Law of Refugee Status, S. 107.
52 Kommissionsentwurf v. 12.09.2001, BR-Drucks. 1017/01, S. 18 f.; siehe auch § 13 Rdn. 11 ff.
53 *Commission of the European Communities*, Proposal for a Directive on minimum standards for the qualification and status of third country nationals or stateless persons as beneficiaries of international protection, 21 Oct. 2009, COM(2009)551/3, S. 26; Council of the European Union, PRESSE 445, 24 Nov. 2011.
54 *Fortin*, IJRL 2000, 548 (573 f.); *Zambelli*, IJRL 2011, 251 (256).

7 Wird festgestellt, dass im Herkunftsland angemessener nationaler Schutz für den Antragsteller verfügbar ist, kann er nicht behaupten, Verfolgung zu befürchten. Dieser Grundsatz folgt aus der innerstaatlichen Beziehung zwischen dem Einzelnen und seinem Staat sowie aus der völkerrechtlichen Regel, dass Flüchtlingsschutz nur dann gewährt wird, wenn der Staat entweder nicht bereit oder nicht fähig ist, seine traditionellen Verpflichtungen zum Schutze des Einzelnen zu erfüllen.[55]

8 Allgemein wird davon ausgegangen, dass das Erfordernis der Abwesenheit von nationalem Schutz als stillschweigende Voraussetzung des Begriffs der Verfolgung nur dann von Bedeutung ist, wenn Verfolgung durch private Akteure droht. Geht die Verfolgung vom Staat aus, kann nicht argumentiert werden, dass der Staat seine Verpflichtungen zur Schutzgewährung nicht erfüllt. Denn den Staat trifft eine Verpflichtung, die Rechte des Einzelnen zu achten. Diese Verpflichtung kann nicht als »Verpflichtung zu Schutzgewährung« bezeichnet werden.[56] Die Schutzverpflichtung hat der Staat ja bereits durch Verfolgung verletzt. Daraus folgt, dass Asylsuchende, die Verfolgung durch den Staat befürchten, nicht gehalten sind, nachzuweisen, dass der Staat nicht willig und bereit zur Schutzgewährung ist.

9 Dementsprechend geht Art. 6 Buchst. a) RL 2004/83/EG bei Verfolgungen durch staatliche Behörden grundsätzlich davon aus, dass im Herkunftsland de facto kein Schutz erlangt werden kann. Deshalb trifft den Antragsteller im Regelfall keine Darlegungslast dahin, dass er sich gegenüber staatlichen Behörden um Schutz vor Verfolgung durch staatliche Behörden bemüht hat. Dies wird auch daraus deutlich, dass Art. 6 Buchst. a) anders als Buchst. c) RL 2004/83/EG dem Antragsteller keine Darlegungslast im Blick auf die Schutzbeantragung auferlegt.

10 Ebensowenig kommt der Staat als Schutzakteur in Betracht, wenn er die Verfolgung durch private Akteure angestiftet, sich an diesen beteiligt oder diese toleriert hat. Derartige **Komplizenschaft** ist ein deutliches Zeichen, dass der Staat seine Verpflichtungen, die Rechte des Einzelnen zu beachten, verletzt hat. Es macht in diesem Fall keinen Sinn, nach einer darüber hinausgehenden Verpflichtung zu suchen, gegen Verfolgungen Schutz zu suchen. Die Verpflichtung zur Schutzgewährung wird nur dann aktuell, wenn der Staat nicht in die Verfolgung in irgendeiner Weise involviert ist (Rdn. 8).

3. Schutz durch staatsähnliche oder internationale Organisationen (Art. 7 Abs. 1 Buchst. b) RL 2004/83/EG)

a) Schutz durch staatsähnliche Organisationen

aa) Fehlende völkerrechtliche Rechtsgrundlage für die Schutzverpflichtung

11 Nach Art. 7 Abs. 1 Buchst. b) RL 2004/83/EG kommen Parteien oder Organisationen, die den Staat oder einen wesentlichen Teil des Staates beherrschen, als Schutzakteure in Betracht. Es handelt sich um qualitativ völlig unterschiedliche Entitäten. Dementsprechend ist bei der Darstellung zwischen beiden Organisationstypen zu unterscheiden. Beiden haftet aber der Mangel an, dass es ihnen an der für die Schutzgewährung erforderlichen völkerrechtlichen Rechtsfähigkeit mangelt. Im Vorschlag der Kommission war diese Erweiterung der Schutzakteure nicht vorgesehen.[57] Die hierfür maßgeblichen Gründe können den Materialien nicht entnommen werden. Bedeutung kommt diesen Schutzakteuren insbesondere bei der Frage zu, ob Flüchtlinge im Ausweichgebiet auf deren Schutz verwiesen werden können (§ 19 Rdn. 108 bis 112).

12 Art. 1 A Nr. 2 GFK stützt nicht die Annahme, dass auch de facto-Autoritäten in Betracht kommen. Vielmehr folgt aus dem Wortlaut, dass es nicht lediglich um den Wegfall des Schutzes, sondern um den Wegfall des Schutzes des Staates. Dies hat seinen Grund darin, dass die Konvention auf dem

---

55 *Hathaway*, The Law of Refugee Status, S. 125.
56 *Fortin*, IJRL 2000, 548 (573 f.).
57 Kommissionsentwurf v. 12.09.2001, BR-Drucks. 1017/01, S. 49.

Grundsatz beruht, dass ausschließlich der Staat gehalten ist, gegen Verfolgung Schutz zu gewähren und andere Entitäten keine Verpflichtung zur Schutzgewährung trifft.[58] Die Berufung auf **de facto**-Autoritäten[59] sieht sich dem Einwand ausgesetzt, dass hierfür keine anerkannte Rechtsgrundlage bezeichnet wird, dass gegenüber derartigen Entitäten eine Verpflichtung zur Schutzgewährung gegen Verfolgungen eingefordert werden kann. Es kann daher vernünftigerweise nicht erwartet werden, dass durch diese wirksamer Schutz gegen Verfolgung gewährleistet wird. Auch die Autoren, die **de facto**- Atoritäten als Schutzakteure in Betracht ziehen, fordern, dass der durch sie gewährte Schutz sinnvoll und dauerhaft sein müsse.[60] Auch Art. 7 Abs. 2 Satz 1 RL 2011/95/EU erfordert, dass dieser Schutz wirksam und dauerhaft sein muss.

Das Vordringen menschenrechtlicher und humanitärer Normen seit 1945 hat zwar dazu geführt, dass neben die Staaten kleinere und größere politisch aktionsfähige Entitäten getreten sind.[61] Dies entspricht wegen der Einhaltung humanitärer Normen und zum Schutze von Drittstaaten zentralen Bedürfnissen der Völkerrechtsordnung (§ 16 Rdn. 27 ff.). Die hierfür maßgebenden Gründe tragen jedoch nicht zugleich auch die erforderliche rechtliche Begründung einer Verpflichtung zur Schutzgewährung gegenüber dem Einzelnen. Aus der Verpflichtung, in bewaffneten Konflikten bestimmte humanitäre Schutznormen zu beachten, also insbesondere keine Geiseln zu nehmen, unbeteiligte Zivilpersonen und Kombattanten, die die Waffen niedergelegt haben und damit Nichtkombattanten geworden sind, wirksam zu schützen, unbeteiligte Personen nicht zu töten und generell niemanden zu misshandeln, kann keine Verpflichtung abgeleitet werden, die der Obhut derartiger Kampfverbände unterstehenden Personen wirksam gegen Verfolgungen durch andere zu schützen.

13

Auch UNHCR bewertet die Erweiterung der Schutzverpflichtung auf **de facto**-Autoritäten als problematisch, da nur Staaten nach dem Völkerrecht verpflichtet seien, die Rechte der Bürger zu achten und diese insbesondere vor Übergriffen durch andere zu schützen. Demgegenüber wiesen **de facto**-Autoritäten keine staatlichen Merkmale auf und würden nur im begrenzten Umfang als Völkerrechtssubjekte anerkannt. In der Praxis bedeute dies, dass ihre Fähigkeit, die interne Ordnung und deren Regelungen wirksam durchzusetzen, sehr begrenzt sei. Daher könne aus der vorübergehenden oder zeitweiligen Verwaltungshoheit und Gebietskontrolle keine Schutzverpflichtung gegenüber einzelnen Personen hergeleitet werden.[62]

14

So ist es z. B. nach den kanadischen Richtlinien für die Beurteilung der Frage, ob nationaler Schutz verfügbar ist, ohne Bedeutung, dass der Antragsteller bei nichtstaatlichen Institutionen nicht um Schutz ersucht hat.[63] Die britische Rechtsprechung verweist auf das System der GFK, welches erfordert, dass der nationale Schutz nicht durch insoweit völkerrechtlich nicht verantwortliche **de facto**-Autoritäten, sondern durch den nach völkerrechtlichen Grundsätzen verantwortlichen Staat gewährt wird.[64] Demgegenüber behandelt die kanadische Rechtsprechung derartige Entitäten als Schutzakteure.[65] Nach Satz 1 RL 2011/95/EU müssen diese Enitäten willens und fähig sein, Schutz

15

---

58 *Fortin*, IJRL 2000, 548 (573 f.); *Zambelli*, IJRL 2011, 251 (256); *Hathaway*, The Law of Refugee Status, S. 125; *Goodwin-Gill/McAdam*, The Refugee in International Law, S. 99 f.; *Keelley*, IJRL 2002, 4 (20); a.A. *Storey*, IJRL 2008, 1 (3); *Zimmermann/Mahler*, The 1951 Convention, Article 1 A para. 2 Rn. 664 ff.
59 *Storey*, IJRL 2008, 1 (3).
60 *Zimmermann/Mahler*, The 1951 Convention, Article 1 A para. 2 Rn. 667.
61 *Wengler*, in: Die Friedenswarte 1953, 113 (142).
62 *UNHCR*, Kommentar zur Richtlinie 2004/83/EG, Mai 2005, S. 18; *Klug*, GermanYIL 2004, 594 (607).
63 Ausschuss für Einwanderungs- und Flüchtlingsangelegenheiten, Richtlinie zu Asylbewerberinnen, die sich aus Furcht vor Verfolgung aufgrund ihres Geschlechts berufen, v. 25.11.1996, S. 24.
64 UK Court of Appeal EWCA Civ 759(2002) – Gardi.
65 Canada Federal Court (1999) Fed. Ct Trial Lexis 220 – Elmi.

im Sinne von Art. 7 Abs. 2 der Richtlinie durchzusetzen.[66] In der Regel können diese Entitäten diese Verpflichtungen nicht erfüllen (Rdn. 12 f.).

bb) Begriff der »Organisation, die den Staat oder einen wesentlichen Teil des Staatsgebietes beherrscht« (de facto-Autorität)

16 Nach Art. 7 Abs. 1 Buchst. b) RL 2004/83/EG kommen sowohl Parteien bzw. Organisationen in Betracht, die den Staat beherrschen, wie auch solche, die einen wesentlichen Teil des Staatsgebietes beherrschen. Die Verwendung des Begriffs »Parteien« in diesem Zusammenhang ist irreführend. Denn nach dem gewöhnlichen Begriff des Wortes Parteien handelt es sich hierbei um Gruppierungen, die **innerhalb** eines Staates mit anderen Gruppierungen um die Macht im Staate kämpfen. Setzen sie in diesem Machtkampf ihren Anspruch mit bewaffneter Gewalt durch, wandeln sie sich zum Bürgerkriegsgegner. Darüber hinaus kann eine Partei mit dem Staat identisch sein. Insbesondere die »faktische Einheit von Staat und Staatspartei« oder von »Staat und Staatsreligion« sind wie Verfolgungen durch den Staat nach Art. 7 Abs. 1 Buchst. a) der Richtlinie zu behandeln.[67] Hier handelt es sich wegen der engen Verschmelzung mit staatlichen Strukturen um Verfolgungen durch den Staat.

17 Im Fall von Organisationen, die einen wesentlichen Teil des Staatsgebietes beherrschen, ist der Staat häufig noch nicht zerfallen, sondern befindet sich im Bürgerkrieg oder im Auflösungsprozess. Es können sich aber auch bereits die zentralstaatlichen Strukturen aufgelöst haben und an die Stelle des Staates eine Vielzahl von Organisationen getreten sein, die jeweils für sich einen bestimmten Teil des Staatsgebietes beherrschen wie in Somalia, bzw. in einem Teil des Staatsgebietes mit konkurrierenden Organisationen um die Macht in diesem Gebiet kämpfen. In derartigen Fällen fehlt es sowohl an der Voraussetzung, dass die Organisation einen »wesentlichen« Teil des Staatsgebietes eingenommen haben wie auch an der Voraussetzung, dass sie diesen Teil beherrschen.

18 Art. 7 Abs. 1 Buchst. b) RL 2004/83/EG kann nicht auf eine Situation angewandt werden, in der das bislang völkerrechtlich als Staat bezeichnete Gebiet von einem Flickenteppich unterschiedlicher **de facto-** Autoritäten beherrscht wird, deren Machtanspruch in ihrem geografischen Einflussbereich wirksam durch gegnerische Gruppierungen infrage gestellt wird. In derartigen Situationen fehlt es selbst für eine **de facto** Schutzzuweisung an den hierfür erforderlichen Mindestvoraussetzungen. Dies wird nunmehr auch durch Art. 7 Abs. 1 zweiter Halbs. RL 2011/95/EU klargestellt. Wenn man entgegen völkerrechtlichen Vorgaben eine derartige Schutzzuweisung vornehmen will, bedarf es der unangefochtenen und daherhaften Herrschaft über einen »wesentlichen« Teil des Staatsgebietes (Art. 7 Abs. 2 Satz 1 RL 2011/95/EU).

19 Nur dann also, wenn eine Organisation einen **wesentlichen** Teil des Staatsgebietes dauerhaft **beherrscht**, kommt sie nach Art. 7 Abs. 1 Buchst. b) RL 204/83/EG als Schutzakteur in Betracht. Damit fallen Situationen, in denen gegeneinander kämpfende Gruppierungen die Regierung aufgelöst haben, sich aber nicht auf eine gemeinsame Regierung einigen können, ebenso aus dem Anwendungsbereich der Norm heraus wie Situationen, in denen der Regierung mehrere bewaffnete Gruppierungen gegenüberstehen, keine von ihnen jedoch einen wesentlichen Teil des Staatsgebietes beherrscht (Rdn. 23).

20 Wann von der Beherrschung eines wesentlichen Teils des Staatsgebietes auszugehen ist, kann nicht abstrakt und generell für alle denkbaren Fallkonstellationen einheitlich beantwortet werden. Die Lösung ist pragmatisch anhand des Schutzzwecks von Art. 7 RL 2004/83/EG zu suchen. Nur Parteien oder Organisationen, die wirksame und ausreichende Verwaltungsstrukturen zur sozialen

---

66 *Commission of the European Communities*, Proposal for a Directive on minimum standards for the qualification and status of third country nationals or stateless persons as beneficiaries of international protection, 21 Oct. 2009, COM(2009)551/3, S. 26; Council of the European Union, PRESSE 445, 24 Nov. 2011.

67 Vgl. BVerfGE 54, 341 (358) = EZAR 200 Nr. 21 = NJW 1980, 2641.

Versorgung und die Menschenrechte achtende und fördernde rechtliche Institutionen zur Beilegung von Streitigkeiten heraus gebildet haben, kommen als Schutzakteure in Betracht.

Art. 7 Abs. 1 Buchst. b) RL 2004/83/EG geht von einer anderen Situation wie Art. 15 Buchst. c) RL 2004/83/EG aus. Dies ergibt sich auch aus den unterschiedlichen Zwecken beider Normen. Art. 15 Buchst. c) RL 2004/83/EG setzt lediglich einen innerstaatlichen »bewaffneten Konflikt« voraus und erfasst damit Situationen, die weit unterhalb der Schwelle bewaffneter Konflikte liegen, die für die Anwendung von Art. 7 Abs. 1 Buchst. b) RL 2004/83/EG maßgebend ist.[68] Denn nach Art. 15 Buchst. c) der Richtlinie geht es um eine möglichst weitreichende Einbeziehung von Situationen willkürlicher Gewalt im Rahmen bewaffneter Konflikte als tatbestandliche Voraussetzungen für die Gewährung des subsidiären Schutzstatus. 21

Demgegenüber liegt der Norm des Art. 7 Abs. 1 Buchst. b) der Richtlinie die Ratio zugrunde, dass im Einzelfall die Gewährung von Flüchtlingsschutz deshalb nicht erforderlich ist, weil wirksamer Schutz im Herkunftsland erlangt werden kann. Das setzt dauerhaft im Staatsgebiet eingerichtete sowie schutzfähige und -bereite Organisationen voraus. Geht es hier um die Bestimmung von Organisationen, die zur Schutzgewährung fähig sind, geht es dort lediglich um die Kampffähigkeit von Organisationen. Beide Normen verdeutlichen, dass die These des BVerfG von der gleichzeitigen Verfolgungs- und Schutzmächtigkeit[69] im Unionsrecht keine Anwendung findet. 22

Die erforderliche Effektivität und Stabilität sind in einem »noch andauernden Bürgerkrieg« besonders vorsichtig zu bewerten. Solange jederzeit und überall mit dem Ausbruch die Herrschaftsgewalt regionaler Machthaber grundlegend infrage stellender bewaffneter Auseinandersetzungen gerechnet werden muss, kann sich »eine dauerhafte territoriale Herrschaftsgewalt nicht etablieren«.[70] Bei einem anhaltenden Bürgerkrieg verlangt daher das Erfordernis, dass sich eine den untergegangenen oder handlungsunfähigen Staat verdrängende Organisation durchgesetzt haben muss, dass zwischenzeitlich entstandene Machtgebilde voraussichtlich von Dauer sein werden und Vorläufer neuer oder erneuerter staatlicher Strukturen sind. Solange die Konfliktbeteiligten daher mit militärischen Mitteln die Machtübernahme im Gesamtstaat »**anstreben**«, fehlt ihnen die Fähigkeit zur Schutzgewährung.[71] 23

b) Internationale Organisationen

aa) Fehlende völkerrechtliche Rechtsgrundlage für die Schutzverpflichtung

Art. 7 Abs. 1 Buchst. b) RL 2004/83/EG erweitert den Begriff der Schutzakteure um internationale Organisationen. Eher beiläufig und ohne sich mit der völkerrechtlichen Zurechnung der Schutzaufgabe zu befassen, stellt der EuGH fest, dass Schutz durch internationale Organisationen auch mittels der Präsenz multinationaler Truppen im Herkunftsland sichergestellt werde.[72] Dagegen spricht, dass ebensowenig wie de facto-Autoritäten eine Schutzaufgabe zugewiesen werden kann (Rdn. 11 bis 16), bei internationalen Organisationen vorausgesetzt werden kann, dass sie Schutz gegen Übergriffe durch Dritte oder gar durch den Staat gewähren. 24

Das System der GFK lässt eine Zuweisung der Schutzaufgabe an internationale Organisationen nicht zu. Der Begriff »Schutz des Landes« in Art. 1 A Nr. 2 GFK verweist auf den nationalen Schutz des Herkunftslandes und nicht auf den von internationalen Organisationen. Art. 1 D GFK zielt nur auf die Institutionen der Vereinten Nationen, die im Zeitpunkt des Inkrafttretens der Konvention 25

---

68 Siehe hierzu § 42 Rdn. 20 ff.
69 BVerfGE 80, 315 (334) = EZAR 201 Nr. 20 = InfAuslR 1990, 21 = NVwZ 1990, 151.
70 BVerwGE 105, 306 (310) = InfAuslR 1998, 145 (146); BVerwG, InfAuslR 1998, 242 (244).
71 BVerwGE 105, 306 (310) = InfAuslR 1998, 145 (147); BVerwG, InfAuslR 1998, 242 (244), Hervorhebungen nicht im Original.
72 EuGH, InfAuslR 2010, 188 (190) = NVwZ 2010, 50 = AuAS 2010, 150 Rn. 74 – Abdullah.

Flüchtlingen Schutz gewährten.[73] Die Konvention beruht auf der Voraussetzung, dass nationaler Schutz nicht durch insoweit völkerrechtlich nicht verantwortliche Organisationen, sondern durch den nach völkerrechtlichen Grundsätzen verantwortlichen Staat gewährt wird.[74]

26 Daher kann aus der vorübergehenden oder zeitweiligen Verwaltungshoheit und Gebietskontrolle einer internationalen Organisation keine Schutzverpflichtung gegenüber einzelnen Personen hergeleitet werden.[75] Auch UNHCR bewertet die Regelung in Art. 7 Abs. 1 Buchst. b) RL 2004/83/EG wegen der Einbeziehung internationale Organisationen als problematisch, da nur Staaten nach dem Völkerrecht verpflichtet sind, die Rechte der Bürger zu achten und diese insbesondere vor Übergriffen durch andere zu schützen.

27 Internationale Organisationen verfügen in der Regel nicht über die erforderlichen administrativen Strukturen zur Schutzgewährung und sind deshalb nicht in der Lage, Herrschaftsgewalt nach innen durchzusetzen. Hinzu kommt, dass – anders als Staaten – internationale Organisationen nicht die Qualifikationsmerkmale eines Staates aufweisen und auch nicht wie diese Vertragsparteien internationaler Verträge zum Schutze der Menschenrechte sind. Darüber hinaus haben die Erfahrungen in der Vergangenheit gezeigt, dass internationale Friedenstruppen vorrangig auf die Herstellung einer stabilen innerstaatlichen Ordnung bedacht, jedoch nicht in der Lage sind, dem Einzelnen einen effektiven Schutz gegen Verfolgungen und Bedrohungen durch innerstaatliche Behörden, ehemalige Bürgerkriegsparteien und andere mühsam in den Friedensprozess eingebundene interne Kräfte zu gewährleisten.

bb) Begriff der internationalen Organisation

28 Die Richtlinie behandelt internationale Organisationen nicht als Verfolgungsakteure. Abweichend vom Text in Art. 6 Buchst. b) wird in Art. 7 Abs. 1 Buchst. b) RL 2004/83/EG das Attribut »international« hinzugefügt. Mit »internationalen Organisationen« sind in diesem Zusammenhang Organisationen gemeint, die im Rahmen friedenserzwingender oder – erhaltender Maßnahmen im Herkunftsland des Antragstellers eingesetzt werden.[76]

29 Sofern derartige Organisationen mandatsgemäß nur zur Erzwingung des Friedens zwischen den beteiligten Konfliktparteien eingesetzt werden, fehlt ihnen bereits nach ihrem Mandat von vornherein die Schutzfähigkeit (Art. 7 Abs. 1 zweiter Halbs. RL 2011/95/EU). Denn in diesem Fall sollen sie die streitenden Parteien von weiteren Kämpfen abhalten und erst die Voraussetzungen dafür schaffen, dass nach dem Abflauen der Kämpfe Schutzstrukturen aufgebaut werden können. Die Gewährung von Schutz bleibt jedoch originäre Aufgabe der nationalen Institutionen.

30 Besteht das Ziel der internationalen Organisation ausschließlich in der militärischen Bekämpfung eines nichtstaatlichen bewaffneten Gegners wie bei der Operation »Enduring Freedom« in Afghanistan, fehlen von vornherein erst recht jegliche Voraussetzungen für die Annahme einer Übernahme einer Schutzfunktion. Aber auch Missionen zur Friedensbewahrung übernehmen regelmäßig keine Schutzaufgaben gegenüber der Bevölkerung des Einsatzgebietes, sondern helfen beim »nation-building«, also beim Wiederaufbau der durch die Bürgerkriegsgegner zerstörten staatlichen Strukturen, wie etwa in Afghanistan beim Einsatz von ISAF.

31 Denkbar ist nach dem Wortlaut von Art. 7 Abs. 1 Buchst. b) RL 2004/83/EG eine Anwendung dieser Norm nur auf Situationen, in denen die Friedensmission selbst die Regierung im Herkunftsland übernimmt, wie etwa bei UNMIK im Kosovo (Rdn. 34). Denn nur wenn die internationale Organisation einen wesentlichen Teil des Staatsgebietes beherrscht, kommt sie als Schutzakteur in

---

73 *Mathew* u. a., IJRL 2003, 444 (457 f.); siehe auch § 33 Rdn. 1 ff.
74 UK Court of Appeal, EWCA Civ 759(2002) – Gardi.
75 *UNHCR*, Kommentar zur Richtlinie 2004/83/EG, Mai 2005, S. 18; *Klug*, GermanYIL 2004, 594 (607); siehe jetzt auch Art. 7 Abs. 2 Satz 1 RL 2011/95/EU.
76 EuGH, InfAuslR 2010, 188 (190) = NVwZ 2010, 50 = AuAS 2010, 150 Rn. 74 – Abdullah.

Betracht. Üblicherweise beherrschen Friedensmissionen aber nicht das Staatsgebiet, sondern beschränken sich darauf, die bewaffneten Konfliktparteien zu einer Beendigung ihrer Auseinandersetzungen und zum Aufbau eines neuen Gemeinwesens zu bewegen. Aber auch in diesem Fall müssen sie zur Gewährung wirksamen Schutzes in der Lage sein. Daran fehlte es bei der Übernahme der Verantwortung im Kosovo.[77]

Schutzfunktionen gegenüber der Zivilbevölkerung üben internationale Organisationen in aller Regel nicht aus, allenfalls mittelbar über die nationalen Konfliktparteien. Ihr Einfluss auf diese reicht aber häufig kaum dazu, diese vom weiteren Waffengang abzuhalten, geschweige denn, effektive Vorkehrungen dagegen zu treffen, dass diese politische Gegner verfolgen. Die Angehörigen dieser Organisationen müssen häufig selbst um ihr Leben fürchten und können sich wie etwa in Afghanistan nur unzulänglich gegen Angriffe durch nichtstaatliche Akteure schützen. 32

Nur wenn internationale Organisationen Herrschaftsgewalt im Mandatsgebiet ausüben und zur Schutzgewährung bereit und fähig sind, was zumeist nicht der Fall ist, kommen sie als Schutzakteur in Betracht. Vorausgesetzt wird dabei zusätzlich, dass sie sich dabei nicht nur auf bestimmte Regionen im Herkunftsland des Antragstellers beschränken, sondern die Schutzaufgabe effektiv in einem wesentlichen Teil des Staatsgebietes ausüben Dies folgt aus dem klaren Wortlaut von Art. 7 Abs. 1 Buchst. b) RL 2004/83/EG und wird nunmehr durch Art. 7 Abs. 2 Satz 1 RL 2011/95/EU bestätigt. 33

Von den derzeit bekannten Friedensmissionen erfüllte ausschließlich die Kosovo-Mission UNMIK (Rdn. Rdn. 31) diese Bedingungen. Auf diese Situation ist wohl auch Art. 7 Abs. 3 RL 2004/83/EG und die darin enthaltene Bezugnahme auf einschlägige Rechtsakte des Rates (s. auch Rdn. 38) gemünzt. In der schweizerischen Rechtsprechung wurde in diesem Zusammenhang im Übrigen darauf hingewiesen, dass verfolgte Minderheiten im Kosovo wie die Ashkali und Roma außerhalb den von der KFOR geschützten Zonen vor Verfolgung nicht sicher waren.[78] Auch der österreichische Verwaltungsgerichtshof erachtete aus diesem Grund den von der KFOR bereit gehaltenen Schutz ausdrücklich für unzureichend.[79] 34

cc) Verfolgungen durch Angehörige internationaler Organisationen

Die Richtlinie führt internationale Organisationen in Art. 6 Buchst. b) nicht als Verfolgungsakteure auf und verkennt damit die moderne Entwicklung, die sich in internationalen Friedenseinsätzen manifestiert. Danach können Angehörige internationaler Friedenstruppen Verfolgungsakteure sein. Dies belegen zahlreiche Prozesse in den Entsendestaaten der Truppen gegen Soldaten, die in Ausführung der Friedensoperationen an Folterhandlungen beteiligt waren oder etwa wie im Kosovo an sexueller Ausbeutung beteiligt sind. Derartige Übergriffe sind deshalb als Verfolgungen durch nichtstaatliche Akteure anzusehen. 35

Bei der »Global Consultation on International Protection« wurde darauf hingewiesen, dass eine Ende 2001 mehrere westafrikanische Länder untersuchende Mission festgestellt hatte, dass Flüchtlingskinder durch Mitarbeiter internationaler Nichtregierungsorganisationen und UN-Institutionen einschließlich UNHCR ausgebeutet und darüber hinaus internationale Friedenstruppen Kinder sexuell ausgebeutet hätten.[80] 36

Dementsprechend hat der Sicherheitsrat in der Resolution 1820 (2008) vom 19. Juni 2008 über Vergewaltigung und sexuellen Missbrauch von Frauen und Kindern seine Besorgnis wegen »sexueller Ausbeutung und sexuellem Missbrauch bei Friedenseinsätzen der Vereinten Nationen« geäußert und im Rahmen der »Null-Toleranz-Politik« die truppen- und polizeistellenden Länder ausdrücklich 37

---

77 VG Göttingen, Urt. v. 01.04.2010 – 4 A 43/09.
78 Schweizerische ARK, EMARK 2001 Nr. 13.
79 VwGH, Entscheidung vom 06.03.2001 – Nr. Zl. 2000/01/0056.
80 Global Consultations on International Protection, Refugee Children, EC/GC/02/9, 25.04.2002, § 12.

aufgefordert, angemessene Präventionsmaßnahmen gegenüber derartigen Übergriffen zu ergreifen, um sicherzustellen, »dass das an derartigen Handlungen beteiligte Personal umfassend zur Rechenschaft gezogen wird.«[81]

dd) Einschlägige unionsrechtliche Rechtsakte (Art. 7 Abs. 3 RL 2004/83/EG)

38 Nach Art. 7 Abs. 3 RL 2004/83EG sind bei internationalen Organisationen unionsrechtliche Rechtsakte zu berücksichtigen, die in diesem Zusammenhang relevant sind. Diese Vorschrift ist aber nur auf »internationale Organisationen« im Sinne von Art. 7 Abs. 1 Buchst. b) RL 2004/83/EG gemünzt, wie sich aus dem Erfordernis der Schutzgewährung ergibt. Die Richtlinie grenzt hiervon »Parteien oder Organisationen« im Sinne von Art. 7 Abs. 1 Buchst. b) RL 2004/83/EG ab. Auf diese findet nach dem klaren Wortlaut die Norm des Art. 7 Abs. 3 RL 2004/83/EG keine Anwendung. Insoweit ist angesichts der unbegrenzten und heterogenen Vielfalt der sozialen Realität auch kaum vorstellbar, dass Rechtsakte eine Auflistung entsprechender Gruppierungen unternehmen könnten.

§ 18 Anforderungen an das nationale Schutzsystem (Art. 7 Abs. 2 RL 2004/83/EG)

Übersicht   Rdn
1. Anwendungsbereich des nationalen Schutzeinwandes... 1
2. Individueller Zugang zum nationalen Schutzsystem (Art. 7 Abs. 2 letzter Halbsatz RL 2004/83/EG)   7
3. Wirksamkeit des nationalen Schutzsystems (Art. 7 Abs. 2 RL 2004/83/EG) 15
   a) Funktion von Art. 7 Abs. 2 RL 2004/83/EG... 15
   b) Erfordernis der wirksamen Schutzgewährleistung.. 20
   c) Prognoserechtliche Funktion der Gewährleistungsgarantie des Art. 7 Abs. 2 RL 2004/83/EG... 26
4. Darlegungslast 34
   a) Beweisrechtliche Anforderungen 34
   b) Grenzen der Darlegungslast 40
   c) »Amtswalterexzess«.. 49
5. Beweislast 52

| Individueller Zugang zum nationalen Schutzsystem (Rdn. 7 ff.) |
↓
| Materielle Anforderungen an das nationale Schutzsystem (Rdn. 15 ff.) |
↓
| Prognoserechtliche Anforderungen an das nationale Schutzsystem (Rdn. 26 ff.) |
↓
| Anforderungen an die Darlegungslasten (Rdn. 34 ff.) |
↓
| Grenzen der Darlegungslasten (Rdn. 40 ff.) |
↓
| Beweislast (Rdn. 52 ff.) |

Schaubild 5 zum wirksamen nationalen Schutz

---

81 S/RES/1820(2208) v. 19.06.2009, Nr. 7.

1. Anwendungsbereich des nationalen Schutzeinwandes

Nach Art. 1 A Nr. 2 GFK setzt die Zuerkennung der Flüchtlingseigenschaft voraus, dass der Antragsteller Schutz vor Verfolgung nicht in Anspruch nehmen kann oder aus den Gründen der Konvention nicht in Anspruch nehmen will. Wie ausgeführt (§ 15 Rdn. 1 ff.), beruht die Gewährung des Flüchtlingsstatus auf dem Prinzip der Subsidiarität. Der Status wird nur gewährt, wenn keine vernünftigen Gründe dafür sprechen, dass angemessener Schutz gegen Verfolgungen im Herkunftsland verfügbar ist. Ob dies der Fall ist, ist im Rahmen der Verfolgungsprognose zu entscheiden. Die Situation im Zeitpunkt der Ausreise ist insoweit unerheblich,[82] kann aber die entsprechenden Feststellungen erleichtern.

Die Feststellung, dass der Wegfall des nationalen Schutzes immanente Voraussetzung des Begriffs der Verfolgung nach Art. 1 A Nr. 2 GFK ist, macht nur Sinn, soweit es um die Verfolgung durch nichtstaatliche Akteure geht. Der Begriff der Verfolgung durch den Staat hat hingegen nicht den Wegfall des nationalen Schutzes zur stillschweigenden Voraussetzung. Der Verpflichtung des Staates, die Rechte seiner Bürger zu beachten, kann nicht als eine »Verpflichtung zur Schutzgewährung« verstanden werden. Deshalb besteht bei Verfolgungen durch den Staat grundsätzlich keine Verpflichtung, nachzuweisen, dass im Herkunftsland kein wirksamer nationaler Schutz erreichbar ist.[83] Die Gegenmeinung will von diesem Grundsatz eine Ausnahme für den »Amtswalterexzess« (Rdn. 19 ff.) zulassen.

Nach Ansicht der britischen und auch kanadischen Rechtsprechung ist dem Begriff der Verfolgung nach Art. 1 A Nr. 2 GFK ein Versagen des Staates, gegen Verfolgungen durch nichtstaatliche Akteure Schutz zu gewähren, immanent. Dieses Problem stelle sich hingegen bei Verfolgungen durch staatliche Behörden nicht. Jedoch stelle bei Verfolgungen durch nichtstaatliche Akteure das Versagen des Staates, Schutz zu gewähren, unabhängig davon ein wichtiges Element dar. Es stelle das Verbindungsglied zwischen Verfolgung durch den Staat und Verfolgungen durch nichtstaatliche Stellen dar, welches im Interesse der Folgerichtigkeit des gesamten Systems des Flüchtlingsschutzes erforderlich sei. Deshalb stellten Übergriffe durch nichtstaatliche Akteure Verfolgungen dar, wenn sie mit dem Unvermögen des Staates einhergingen, Schutz zu gewähren.[84]

Dementsprechend wird nach Art. 6 Buchst. c) RL 2004/83/EG nur für den Fall der Verfolgung durch nichtstaatliche Akteure die einschränkende Voraussetzung gemacht, dass die Schutzakteure erwiesenermaßen nicht in der Lage oder nicht willens sind, nationalen Schutz gegen Verfolgungen zu gewähren. Korrespondierend hiermit wird für die Schutzakteure vorausgesetzt, dass sie willens und fähig sind, Schutz zu gewähren (Art. 7 Abs. 1 zweiter Halbs. RL 2011/95/EU). Die Richtlinie geht damit entsprechenden dem Art. 1 A Nr. 2 GFK zugrunde liegenden Schutzkonzept davon aus, dass bei Verfolgungen durch den Staat oder diesem vergleichbare Organisationen im Herkunftsland kein wirksamer nationaler Schutz erreichbar ist. Dementsprechend entfällt eine entsprechende Prüfungspflicht.

Dagegen wird eingewandt, Art. 7 der Richtlinie lasse sich kein Anhalt dafür entnehmen, dass die Frage des staatlichen Schutzes von vornherein nur bei einer Verfolgung durch nichtstaatliche Akteure gestellt werden solle.[85] Diese Frage wird jedoch durch den Aufbau der Richtlinie zum Wegfall des nationalen Schutzes beantwortet. Nur bei Verfolgung durch nichtstaatliche Akteure besteht eine Verpflichtung, darzulegen, dass kein wirksamer nationaler Schutz besteht (Art. 6 Buchst. c)).

---

82 *Zimmermann/Mahler*, in: *Zimmermann*, The 1951 Convention, Article 1 A para 2 Rn. 600.
83 *Fortin*, IJRL 2000, 548 (573 f.); *Pia Zambelli*, IJRL 2011, 252 (256 f.); *Goodwin-Gill/McAdam*, The Refugee in International Law, S. 99 f.; a.A. *Wittkopp*, ZAR 2010, 170 (173).
84 UK House of Lords, IJRL 2001, 174 (179–181) – Horvath; Canada Federal Court, Lexis 318, F. C. T. D. – Zhuravleva.
85 *Wittkopp*, ZAR 2010, 170 (173).

Bei Verfolgungen durch den Staat und staatsähnliche Organisationen (Art. 6 Buchst. a) und b)) besteht diese Verpflichtung nicht.

6   Die Verfolgungsakteure in Art. 6 Buchst. a) und b) sind darüber hinaus deckungsgleich mit den Schutzakteuren nach (Art. 7 Abs. 1 Buchst. a) und b)) mit Ausnahme der internationalen Organisationen. Das spricht dafür, dass die Richtlinie mit Art. 6 und Art. 7 den Ansatz von Art. 1 A Nr. 2 GFK (vgl. auch Art. 2 Buchst. c)) übernommen hat, wonach bei Verfolgungen durch den Staat nicht nachzuweisen ist, dass im Herkunftsland kein wirksamer nationaler Schutz erreichbar ist (Rdn. 2).

2. Individueller Zugang zum nationalen Schutzsystem (Art. 7 Abs. 2 letzter Halbsatz RL 2004/83/EG)

7   Nach Art. 7 Abs. 2 letzter Halbs. RL 2004/83/EG ist Schutz nur gewährleistet, wenn der Antragsteller »Zugang zu diesem Schutz hat«. In der Begründung des Richtlinienentwurfs wird hierzu ausgeführt, dass bei der Prüfung der Flüchtlingseigenschaft insbesondere zu berücksichtigen sei, ob und inwieweit dem einzelnen Antragsteller **individueller Zugang** zum vorhandenen Schutzsystem gewährt worden war.[86] Es bedarf »einer sorgfältigen Abwägung mehrerer Faktoren allgemeiner und konkreter Art« über die allgemeinen Verhältnisse im Herkunftsland und die Effektivität verfügbarer Ressourcen sowie der Fähigkeit und Bereitschaft, diese zum Schutz der Bewohner in angemessener und wirksamer Weise einzusetzen.[87]

8   **Verfügbarkeit** und **Hinlänglichkeit des Schutzes** durch die Behörden des Herkunftslandes gehören zum Bestandteil des Flüchtlingsbegriffs.[88] Nur unter diesen Voraussetzungen kann unter dem Gesichtspunkt der Subsidiarität des internationalen Schutzes (Art. 2 Buchst. a) RL 2004/83/EG; § 15 Rdn. 1 ff.) vom Antragsteller vernünftigerweise erwartet werden, dass er Schutz vor Verfolgung im Herkunftsland sucht.

9   Die zentrale Frage der Prüfung lautet stets, ob der Antragsteller begründete Furcht vor Verfolgung hat, unabhängig von den Schritten, die er vor der Ausreise zur Verhinderung von Verfolgung eingeleitet hatte.[89] Auch wenn sich der Antragsteller vor der Ausreise nicht um Schutz vor Verfolgung bemüht hat, befreit dies die Feststellungsbehörde deshalb nicht von ihrer Verpflichtung zur Prüfung im Rahmen der Rückkehrprognose, ob der Antragsteller im Fall der Rückkehr Zugang zum nationalen Schutzsystem haben wird.

10 Ist Zugang zum nationalen Schutzsystem eröffnet und entspricht dieses den Anforderungen nach Art. 7 Abs. 2 RL 2004/83/EG, kann grundsätzlich von der Schutzfähigkeit des Staates in Ansehung von Verfolgungen durch nichtstaatliche Akteure ausgegangen werden. Bei Verfolgungen durch staatliche Behörden gilt diese Vermutung nicht. Vielmehr bedarf es grundsätzlich keiner Prüfung, ob nationaler Schutz verfügbar ist (Rdn. 2, 19 ff.).

11 Sind die staatlichen Strukturen wegen eines **Bürgerkrieges** oder vergleichbaren internen Konfliktes zusammengebrochen und auch keine vergleichbaren Strukturen an deren Stelle getreten, besteht kein nationales Schutzsystem. Die Frage des individuellen Zugangs zu einem derartigen System stellt sich nicht. Sind keine schützenden Instanzen verfügbar, kann deshalb ein Schutzersuchen nicht gefordert werden.[90] § 60 Abs. 1 Satz 4 Buchst. c) AufenthG stellt klar, dass dem Antragsteller nicht entgegengehalten werden kann, dass eine staatliche Herrschaftsmacht nicht vorhanden ist. Sind die

---

86 Kommissionsentwurf v. 12.09.2001, BR-Drucks. 1017/01, S. 18 f.
87 *UNHCR*, Auslegung von Art. 1 GFK, April 2001, Rn. 15.
88 *UNHCR*, Auslegung von Art. 1 GFK, April 2001, Rn. 14.
89 *UNHCR*, Kommentar zur Richtlinie 2004/83/EG, Mai 2005, S. 18.
90 Canadian Immigration and Refugee Board, Guidelines issued by the Chairperson on »Civilian Non-Combatants fearing Persecution in Civil War Situations«, 1996, S. 12, mit Verweis auf Supreme Court of Canada, Entscheidung vom 30.06.1993 – Nr. 21937 – Ward.

in Art. 7 Abs. 1 RL 2004/83/EG bezeichneten Schutzakteure nicht vorhanden, entsteht daher ohne Weiteres eine schutzbedürftige Situation.

Bei der Frage, ob eine den Staat oder wesentliche Teile des Staatsgebietes beherrschende Organisation effektiven Schutz gewähren kann und dieser auch für den Einzelnen zugänglich ist, ist zu prüfen, ob diese lediglich reine militärische oder auch effektive zivile Verwaltungsstrukturen aufgebaut hat. Insbesondere in diesen Fällen kann die Forderung nach Schutzbeantragung jedoch häufig wegen Verfolgungsgefahren oder erheblichen Diskriminierungen für den Einzelnen unzumutbar sein. Allerdings ist in einem derartigen Fall wie auch sonst der Einwand des internen Schutzes zu prüfen (Art. 8 RL 2004/83/EG § 19).

Nach der Rechtsprechung des EuGH müssen sich die Behörden im Lichte von Art. 7 Abs. 2 RL 2004/83/EG für die Beurteilung der Frage, ob die Furcht vor Verfolgung begründet ist, im Hinblick auf die individuelle Lage des Flüchtlings vergewissern, dass die Schutzakteure geeignete Schritte eingeleitet haben, um die Verfolgung zu verhindern, und dieser Zugang zu diesem Schutz haben wird.[91] Die Kommission weist im Richtlinienentwurf darauf hin, es sei von Bedeutung, ob ein Schutzsystem generell allen Bevölkerungsgruppen einen zureichenden und **zugänglichen** Schutz biete. Wirksamer Schutz bestehe nur, wenn der Staat in der Lage und willens sei, dieses System so zu handhaben, dass die Verfolgungsgefahr minimal sei. Insbesondere sei zu berücksichtigen, ob und inwieweit dem Einzelnen individueller Zugang zum vorhandenen Schutzsystem gewährt werde.[92]

Aus dem Wortlaut von Art. 7 Abs. 2 RL 2004/83/EG folgt, dass der Antragsteller – in seinem konkreten Fall – Zugang zu **diesem Schutz** haben muss. Ist das nationale Schutzsystem von vornherein für bestimmte Personengruppen aus diskriminierenden Gründen vollständig versperrt, ist nach Art. 7 Abs. 2 RL 2004/83/EG kein Zugang zu diesem System eröffnet. Eine nicht dem allgemeinem Maßstab im Herkunftsland entsprechende Schutzgewährung, die aus Gründen etwa der Rasse oder des Geschlechts unwirksam oder unzulänglich ist, erfüllt nicht den Maßstab nach Art. 7 Abs. 2 RL 2004/83/EG. Eine andere Auffassung geriete in einen Wertungswiderspruch mit Art. 9 Abs. 2 Buchst. b) RL 2004/83/EG, wonach die diskriminierende Anwendung gesetzlicher, administrativer, polizeilicher und/oder justizieller Maßnahmen als Regelbeispiel einer Verfolgungshandlung bezeichnet wird.[93]

3. Wirksamkeit des nationalen Schutzsystems (Art. 7 Abs. 2 RL 2004/83/EG)

a) Funktion von Art. 7 Abs. 2 RL 2004/83/EG

Nach Art. 7 Abs. 2 RL 2004/83/EG ist generell Schutz gewährleistet, wenn die nach Art. 7 Abs. 1 RL 2004/83/EG maßgebenden Schutzakteure geeignete Schritte einleiten, um die Verfolgung zu verhindern, beispielsweise durch wirksame Rechtsvorschriften zur Ermittlung, Strafverfolgung und Ahndung von Handlungen, die eine Verfolgung darstellen, und wenn der Antragsteller Zugang zu diesem nationalen Schutzsystem hat. Nach der Begründung des Richtlinienentwurfs hat diese Vorschrift die Funktion, die Bewertung zu leiten, ob staatlicher Schutz in Anspruch genommen werden kann und wie wirksam dieser ist.[94] Dabei ist eine konkrete Betrachtungsweise angezeigt.

Danach müssen ein innerstaatliches Schutzsystem sowie Mechanismen zur Ermittlung, strafrechtlichen Verfolgung und Ahndung von Verfolgungshandlungen vorhanden sein. Einen wirksamen Schutz gebe es nur, wenn der Staat in der Lage und willens sei, dieses System so zu handhaben, dass die Gefahr der Verfolgung minimal sei. Zunächst sei zu ermitteln, ob der Staat geeignete Schutzvorkehrungen eingeleitet habe. Hierbei sei die allgemeine Lage zu berücksichtigen. Zu prüfen sei

---

91 EuGH, InfAuslR 2010, 188 (190) = NVwZ 2010, 505 = AuAS 2010, 150 § 70 – Abdulla.
92 Kommissionsentwurf v. 12.09.2001, BR-Drucks. 1017/01, S. 18 f.; siehe auch § 13 Rdn. 11 ff.
93 Siehe hierzu § 14 Rdn. 67 ff.
94 Kommissionsentwurf v. 12.09.2001, BR-Drucks. 1017/01, S. 18 f.

darüber hinaus, ob der Staat sich an der Verfolgung beteilige, welche Politik er insoweit betreibe, ob Verfolger Einfluss auf staatliche Bedienstete nehmen würden, ob die Untätigkeit des Staates System habe und welche Maßnahmen der Staat treffe, um Verfolgungen abzuwenden.[95]

17 Die Richtlinie beruht auf der Schutzlehre (§ 15 Rdn. 8 ff.) und geht deshalb grundsätzlich davon aus, dass vom Antragsteller vernünftigerweise nicht die Inanspruchnahme staatlichen Schutzes gegen Verfolgungen durch staatliche Behörden und diesen vergleichbare Institutionen erwartet werden kann (Rdn. 2). Art. 7 Abs. 2 RL 2004/83/EG hat daher die Funktion, die materiellen Kriterien zu bezeichnen, unter denen vom Antragsteller vernünftigerweise erwartet werden kann, dass er gegen Verfolgungen durch nichtstaatliche Verfolger (Art. 6 Buchst. c) RL 2004/83/EG) im Herkunftsland nationalen Schutz beantragt. Art. 7 Abs. 1 RL 2011/95/EU stellt klar, dass nur durch die in dieser Vorschrift bezeichneten Schutzakteure wirksamer und dauerhafter Schutz gewährt werden kann.[96] Dies erinnert an den Standard nach Art. 11 Abs. 2 der Richtlinie (§ 36 Rdn. 71 ff., 79 ff.).

18 Wo eine solche Einschätzung erforderlich ist, bedarf es einer sorgfältigen Abwägung mehrerer Faktoren allgemeiner und konkreter Art, etwa des allgemeinen Zustands von Recht und Ordnung und der Justiz im Land und deren Durchschlagskraft, etwa auch der verfügbaren Ressourcen sowie der Fähigkeit und Bereitschaft, diese zum Schutz der Bewohner in angemessener und wirksamer Weise einzusetzen.[97] Der Einwand des Wegfalls des nationalen Schutzes beruht auf einer Verpflichtung des Staates, die Menschenrechte zu schützen und zu fördern (Rdn. 2).

19 Da es weder einen allgemein anerkannten Standard der Lebensqualität noch ein universelles Verständnis darüber gibt, welche Rolle Regierungen bei der Erfüllung der Erwartungen und Hoffnungen ihrer Bürger hinsichtlich eines angemessenen Lebensstandards haben, kann auf die Frage, nach welchen Kriterien diese Frage entschieden werden soll, keine abstrakte und jederzeit gültige Antwort gegeben werden.[98] Die internationale Gemeinschaft hat in dieser Frage mit der GFK anerkannt, dass gewisse grundlegende Rechte von allen Staaten anzuerkennen sind.

b) Erfordernis der wirksamen Schutzgewährleistung

20 Nach der Rechtsprechung des EuGH müssen sich die Behörden im Lichte von Art. 7 Abs. 2 RL 2004/83/EG für die Beurteilung der Frage, ob die Furcht vor Verfolgung begründet ist, im Hinblick auf die individuelle Lage des Flüchtlings vergewissern, dass die Schutzakteure geeignete Schritte eingeleitet haben, um die Verfolgung zu verhindern, dass sie demgemäß insbesondere über wirksame Rechtsvorschriften zur Ermittlung und Ahndung von Verfolgungshandlungen verfügen. Für diese Prüfung ist insbesondere die Funktionsweise der Institutionen, Behörden und Sicherheitskräfte einerseits und aller Gruppen des Herkunftslandes, die durch ihr Tun oder Unterlassen für Verfolgungshandlungen gegen den Einzelnen ursächlich werden können, andererseits zu berücksichtigen.[99]

21 Nach Art. 4 Abs. 3 RL 2004/83/EG, der sich auf die Prüfung der Ereignisse und Umstände bezieht, haben die zuständigen Behörden insbesondere die Rechts- und Verwaltungsvorschriften des Herkunftslands und die Weise, in der sie angewandt werden, sowie den Umfang, in dem im Herkunftsland die Achtung der grundlegenden Menschenrechte gewährleistet ist, zu berücksichtigen.[100] Der verfügbare Schutz im Herkunftsstaat gegen Verfolgungen durch nichtstaatliche Akteure muss also

---

95 Kommissionsentwurf v. 12.09.2001, BR-Drucks. 1017/01, S. 18 f.

96 *Commission of the European Communities*, Proposal for a Directive on minimum standards for the qualification and status of third country nationals or stateless persons as beneficiaries of international protection, 21 Oct. 2009, COM(2009)551/3, S. 26; Council of the European Union, PRESSE 445, 24 Nov. 2011.

97 *UNHCR*, Auslegung von Art. 1 GFK, April 2001, Rn. 15.

98 *Hathaway*, The Law of Refugee Status, 1991, S. 105 f.

99 EuGH, InfAuslR 2010, 188 (190) = NVwZ 2010, 505 = AuAS 2010, 150 § 70 – Abdulla.

100 EuGH, InfAuslR 2010, 188 (190) = NVwZ 2010, 505 = AuAS 2010, 150 § 70 – Abdulla.

effektiv und dauerhaft sein (Art. 7 Abs. 2 Satz 1 RL 2011/95/EU). Ist der Staat nicht in der Lage, derartigen effektiven Schutz zu gewährleisten, kann dem Antragsteller die Möglichkeit der Inanspruchnahme des Schutzes nicht zugemutet werden (Art. 7 Abs. 1 zweiter Halbs. RL 2011/95/EU).

Die Richtlinie fordert stets eine individuelle, auf den einzelnen Antragsteller bezogene Prüfung (Art. 4 Abs. 3 Buchst. c) RL 2004/83/EG). Diesem verfahrensrechtlichen Erfordernis kann nicht mit einem generell-abstrakten Maßstab Rechnung getragen werden. Auch nach der Begründung des Entwurfs muss untersucht werden, wie wirksam der angebotene Schutz ist. Einen derart wirksamen Schutz gebe es nur, wenn der Staat in der Lage und willens sei, das Schutzsystem so zu handhaben, dass die Verfolgungsgefahr minimal sei.[101]

22

Andererseits ist nach der Begründung des Entwurfs zu fragen, ob die Untätigkeit des Staates, geeignete Schritte einzuleiten, System habe.[102] Dieser Hinweis ist irreführend. Art. 7 Abs. 2 RL 2004/83/EG ist auch nach Auffassung der Kommission so zu verstehen, dass ein Staat, der weder in der Lage noch willens ist, dem Einzelnen Schutz zu gewähren, keinen wirksamen Schutz zur Verfügung stellt. Es kommt danach stets darauf an, ob im konkreten Einzelfall wirksamer Schutz verfügbar ist. Ob die Untätigkeit des Staates System hat oder dieser eine diskriminierende Absicht zugrunde liegt, ist unter diesen Voraussetzungen unerheblich.

23

Bezieht die Untätigkeit des Staates sich auf die Einleitung genereller Schritte zur Einleitung von Schutzvorkehrungen, kann dies aber ein Indiz für den mangelnden wirksamen Schutz im Einzelfall sein. Ein Staat, der nicht die erforderlichen Maßnahmen zum Schutze der Bürger einleitet, gewährt unabhängig davon, ob derartige Versäumnisse systematisch oder lediglich gegen bestimmte Minderheiten praktiziert werden, im Einzelfall keinen wirksamen Schutz.

24

Danach kann festgehalten werden, dass ein Staat, der unfähig ist oder Erwartungen in seine Schutzbereitschaft ignoriert, eine seiner grundlegendsten Aufgaben verfehlt und damit das Bedürfnis nach Gewährung internationalen Schutzes aufgeworfen wird. Für diese Untätigkeit bedarf es keiner Feststellung, dass damit der Einzelne geschädigt werden soll. Es ist unerheblich, ob die Schutzverweigerung das Ergebnis einer gezielten Politik, von Untätigkeit oder von Unfähigkeit ist. In allen diesen Fällen wird kein wirksamer Schutz gewährt.

25

c) Prognoserechtliche Funktion der Gewährleistungsgarantie des Art. 7 Abs. 2 RL 2004/83/EG

Art. 7 Abs. 2 RL 2004/83/EG hat insbesondere prognoserechtliche Funktion (Rdn. 14 ff.). Demgegenüber wird eingewandt, Art. 7 Abs. 2 RL 2004/83/EG gewähre »keinen lückenlosen hundertprozentigen Schutz«.[103] Diesem Verständnis liegt wohl die frühere deutsche Rechtsprechung zugrunde. Danach sei kein Staat verpflichtet, einen »schlechthin perfekten lückenlosen Schutz zu gewähren« und sicherzustellen, dass Fehlverhalten, Fehlentscheidungen oder »Pannen« sonstiger Art bei der Erfüllung der ihm zukommenden Aufgabe der Wahrung des inneren Friedens nicht vorkommen. Deshalb schließe weder Lückenhaftigkeit des Systems staatlicher Schutzgewährung überhaupt noch die im Einzelfall von dem Betroffenen erfahrene Schutzversagung als solche staatliche Schutzbereitschaft oder Schutzfähigkeit aus.[104]

26

Vielmehr bestehe die »die **Zurechenbarkeit** begründende **Schutzunfähigkeit** oder Schutzunwilligkeit **nicht bereits** dann«, »**wenn in dem zu beurteilenden Einzelfall effektiver staatlicher Schutz nicht gewährleistet worden** ist, obwohl dies möglich gewesen wäre«. Vielmehr seien private Übergriffe erst dann dem Staat zuzurechnen, wenn er hiergegen **grundsätzlich keinen effektiven Schutz**

27

---

101 *Kommission der Europäischen Gemeinschaften*, Vorschlag für eine Richtlinie des Rates zur Festlegung von Mindestnormen für die Anerkennung, KOM(2001)510, v. 12.09.2001, S. 21.

102 *Kommission der Europäischen Gemeinschaften*, Vorschlag für eine Richtlinie des Rates zur Festlegung von Mindestnormen für die Anerkennung, KOM(2001)510, v. 12.09.2001, S. 21.

103 *Wittkopp*, ZAR 2010, 170 (173).

104 BVerwG, EZAR 202 Nr. 24.

leiste.¹⁰⁵ Habe der Staat generell zureichende Vorkehrungen zur Eindämmung privater Gewalt getroffen, dürften die konkreten Umstände für die Schutzversagung im Einzelfall nicht berücksichtigt werden. Erst die **Komplizenschaft** des Staates mit dem verfolgenden Dritten in einem konkreten Einzelfall begründet damit die Zurechnung staatlicher Schutzversagung gegenüber privaten Verfolgungen.¹⁰⁶

28 Dieser Rechtsprechung liegt die Zurechnungslehre (§ 15 Rdn. 8 ff.) zugrunde. Diese ist für die Auslegung und Anwendung von Art. 7 Abs. 2 RL 2004/83/EG jedoch nicht maßgebend. Vielmehr muss der Einzelne wirksamen Zugang zum nationalen Schutzsystem unabhängig davon haben, ob der Staat im Übrigen generell Schutz gewährleistet.¹⁰⁷ Die Richtlinie beruht nicht auf der Zurechnungsdoktrin, sondern auf der Schutzlehre und löst dieses Problem bei den verfahrensrechtlichen Mitwirkungspflichten (Rdn. 34 ff.). Je stärker staatliche Bemühungen zur Unterbindung von Übergriffen und je demokratischer und rechtsstaatlicher die Verhältnisse im Herkunftsland des Antragstellers sind, umso strenger ist die Darlegungslast, dass er in seinem konkreten Fall keinen Schutz erlangen konnte.¹⁰⁸

29 Anschaulich verdeutlicht die britische Rechtsprechung die prognoserechtliche Funktion der Gewährleistungsgarantie des Art. 7 Abs. 2 RL 2004/83/EG. Danach ist bei der Prognoseprüfung das **Subsidiaritätsprinzip** zu berücksichtigen. Dieses beruht auf der Überlegung, dass vollständiger Schutz gegen **isolierte** und lediglich **entfernt liegende Möglichkeiten der Verfolgung** durch nichtstaatliche Akteure nicht geschuldet ist. Der anzuwendende Maßstab muss deshalb nicht die Leistung erbringen, dass sämtliche Risiken auszuschalten sind. Vielmehr ist er pragmatisch anzuwenden und sind die Schutzpflichten zu berücksichtigen, die der Herkunftsstaat den seiner Obhut unterstellten Personen schuldet.¹⁰⁹

30 Die britische Rechtsprechung hat in der Folgezeit **Horvath** weiter interpretiert. Danach enthält die Konvention **keine Garantie** gegen Verfolgungen durch nichtstaatliche Akteure. Vielmehr liege der relevante Schutzstandard irgendwie unterhalb dieser Schwelle. Maßgeblich für den die Prognoseprüfung leitenden Schutzstandard der Konvention sei die Tatsache, dass diese einen **Ersatz** bzw. ein **Surrogat für den fehlenden nationalen Schutz** gewähre. Deshalb seien Inhalt und Umfang dieses Schutzstandards nach Maßgabe derselben Schutzpflichten zu bestimmen, die der Vertragsstaat seinen eigenen Bürgern schulde.¹¹⁰

31 Das Schutzsystem müsse Strafvorschriften enthalten, die Verfolgungshandlungen durch nichtstaatliche Akteure unter Strafe stellten und angemessene Sanktionen gegen diese vorsehe. Es müsse darüber hinaus so gestaltet werden, dass Opfer von Verfolgungen nicht aus dem Schutzsystem ausgeschlossen würden. Schließlich müsste aufseiten der Polizei und anderer mit dem Gesetzesvollzug betrauter Behörden der wirkliche Wille bestehen, Ermittlungen einzuleiten, aufzuklären und Strafverfolgungsmaßnahmen einzuleiten.¹¹¹

32 Grundlegend sei, dass der Schutzwille mit der Fähigkeit einhergehe, Schutz gegen Verfolgungen durch nichtstaatliche Akteure in einem Umfang zu gewähren, der vernünftigerweise erwartet werden könne und das »konkrete Risiko« der Verfolgung ausschalte. Was im Einzelnen zumutbarer Schutz

---

105 BVerwG, NVwZ 1996, 85; BVerwG, NVwZ 1995, 391 (392).
106 BVerwGE 95, 42 (49) = EZAR 230 Nr. 3 = NVwZ 1994, 497 = InfAuslR 1994, 196 = AuAS 1994, 140.
107 EuGH, InfAuslR 2010, 188 (190) = NVwZ 2010, 505 = AuAS 2010, 150 § 70 – Abdulla.
108 Canada Federal Court of Appeal, 143 DLR (4 th) 532 – Kadenko.
109 *Lordrichter Hope of Craighead*, in: UK House of Lords, IJRL 2001, 174 (182) – Horvarth; so auch BVerfGE 81, 58 (66) = EZAR 203 Nr. 5 = NVwZ 1990, 514 = InfAuslR 1990, 74; BVerwGE 67, 317 (320) = EZAR 202 Nr. 1.
110 UK Court of Appeal, 11.11.2003 – C1/2003/1007(A), C1/2003/1007(B)&C3/2003/1007–Bagdanavicius.
111 UK High Court of Justice, 06.02.2002 – CO/2392/2001 (2002) – Dhima.

bedeute, sei danach stets vom Wahrscheinlichkeitsgrad der Verfolgung abhängig.[112] Die Frage nach dem generellen Schutzstandard stelle sich stets, wenn der Staat zwar schutzwillig sei, seine Fähigkeit hierzu jedoch infrage stehe. Zur Beantwortung dieser Frage müsse die Frage des angemessenen Schutzstandards nach den aufgezeigten Grundsätzen gelöst werden. In diesem Sinne sind auch die Kriterien von Art. 7 Abs. 2 RL 2004/83/EG auszulegen und anzuwenden.

Es ist deshalb nicht maßgebend, ob die staatlichen Behörden im konkreten Einzelfall alles ihnen Mögliche unternehmen werden, um generell Schutz zu gewähren. Vielmehr kommt es entscheidungserheblich darauf an, ob eine ernsthafte Möglichkeit dafür besteht, dass der Einzelne aus Gründen der Konvention verfolgt wird. Der eigentliche Zweck des in **Horvath** entwickelten Standards besteht mithin darin, isolierte und bei Anlegung eines Wahrscheinlichkeitsmaßstabes weit entfernt liegende Möglichkeiten ausschließen.[113] Die britische Rechtsprechung hat klargestellt, dass **Horvath** nicht so verstanden werden könne, dass ausreichender Schutz gewährleistet sei, wenn die zuständigen Behörden ihr Bestes täten. Könne der Antragsteller darlegen, dass das Beste ineffektiv sei, habe er glaubhaft gemacht, dass der Staat zur erforderlichen Schutzgewährung nicht fähig sei.[114] 33

4. Darlegungslast

a) Beweisrechtliche Anforderungen

Nach dem Wortlaut von Art. 6 RL 2004/83/EG werden dem Antragsteller lediglich im Blick auf Verfolgungen durch nichtstaatliche Akteure Darlegungslasten auferlegt, sich um die Erlangung nationalen Schutzes zu bemühen. Nach der Begründung des Kommissionsentwurfs, der in Art. 9 eine mit Art. 6 der Richtlinie im Wesentlichen identische Regelung vorgesehen hatte, besteht die Ratio der Bezeichnung der unterschiedlichen Verfolgungsakteure darin, das die Feststellungsbehörden der Mitgliedstaaten zu prüfen haben, ob der Antragsteller im Herkunftsland wirksamen Schutz vor Verfolgung erlangen kann.[115] 34

Gehe die Verfolgung vom Staat aus, sei »die entsprechende Furcht begründet, weil es de facto im Herkunftsland keine Möglichkeit gibt, um Schutz nachzusuchen.« Gehe hingegen die Verfolgung von nichtstaatlichen Akteuren aus, sei die Furcht nur dann begründet, »wenn der Staat nicht willens oder effektiv nicht in der Lage ist, Schutz vor einer solchen Gefahr zu bieten.«[116] Aus diesem Grund wurde in Art. 9 Buchst. c) des Entwurfs ebenso wie in Art. 6 Buchst. c) RL 2004/83/EG der Zusatz angefügt, dass der Staat nicht in der Lage oder nicht willens ist, wirksamen Schutz zu bieten. Demgegenüber fehlt bei den beiden vorhergehenden Gruppen der Verfolgungsakteure eine vergleichbare Einschränkung. 35

Damit ist grundsätzlich nur bei Verfolgungen durch nichtstaatliche Akteure darzulegen, dass im Herkunftsland vor diesen kein wirksamer Schutz erlangt werden kann. Geht hingegen die Verfolgung vom Staat oder den Staat beherrschenden Parteien oder Organisationen aus (Art. 6 Buchst. a) und b) RL 2004/83/EG), entfällt in aller Regel eine entsprechende Darlegungslast. Vielmehr wird grundsätzlich unterstellt, dass es in diesem Fall de facto keine Möglichkeit gibt, im Herkunftsland Schutz vor Verfolgung zu erlangen. 36

---

112 UK High Court of Justice, 06.02.2002 – CO/2392/2001 (2002) – Dhima.
113 UK Court of Appeal, Entscheidung v. 25.05.2001, C/2000/3674 – Banomova, zitiert nach *Wilsher*, IJRL 2003, 68 (92).
114 UK Supreme Court (2002) EWCA Civ 314 Rn. 37 ff. – Kacaj, UK Court of Appeal (2002) EWCA Civ. 1605 Rn. 20 ff. – Dhima; *Wilsher*, IJRL 2003, 68 (92).
115 Kommissionsentwurf v. 12.09.2001, BR-Drucks. 1017/01, S. 18.
116 Kommissionsentwurf v. 12.09.2001, BR-Drucks. 1017/01, S. 18; siehe jetzt auch Art. 7 Abs. 2 zweiter Halbs. RL 2011/95/EU.

37 Nach Art. 6 Buchst. c) RL 2004/83/EG setzt die Zuerkennung der Flüchtlingseigenschaft bei Verfolgungen durch nichtstaatliche Akteure voraus, dass Schutz vor Verfolgung nicht erlangt werden kann, weil die Schutzakteure erwiesenermaßen nicht in der Lage oder nicht willens sind. Treffender als der deutsche Wortlaut von Art. 6 Buchst. c) RL 2004/83/EG bringen der englische und französische Text diese Rechtslage zum Ausdruck. Danach sind Verfolgungen durch nichtstaatliche Akteure erheblich, »**if it can be demonstrated**« »**s'il peut être démontré**«, dass der Antragsteller im Herkunftsland wegen Schutzunfähigkeit oder -unwilligkeit des Staates oder diesem vergleichbare Organisationen keinen Schutz erlangen konnte. Der Antragsteller muss mithin lediglich **darlegen** (»**demonstrated**«, »**démontré**«), dass er sich um Schutz bemüht hat, diesen aber nicht erlangen konnte (Rdn. 52 ff.).

38 Anschließend obliegt es der Feststellungsbehörde anhand der verfügbaren Erkenntnismittel festzustellen, ob die in Art. 7 Abs. 1 RL 2004/83/EG bezeichneten Schutzakteure »**erwiesenermaßen**« nicht in der Lage oder nicht willens waren, Schutz zu gewähren. Den Befürchtungen von UNHCR, durch die Verwendung des Begriffs »erwiesenermaßen« könnte sich die Beweislast des Antragstellers verschärfen,[117] sind mithilfe der Beweislastregelungen Rechnung zu tragen: Es kommt insoweit wie bei allen anspruchsbegründenden Tatsachen und Umständen auf den Maßstab der »**Überzeugungsgewissheit**« an. Der englische Text besagt eher allgemeiner »if it can be demonstrated,« d. h. **es** muss insoweit der Nachweis geführt werden, dass kein Schutz gewährt wurde.

39 Damit bleibt die Verteilung der Beweisrisiken offen. Entsprechend den das Flüchtlingsrecht beherrschenden verfahrensrechtlichen Grundsätzen ist allgemein anerkannt, dass den Antragsteller insoweit zunächst die Darlegungspflicht trifft, anschließend der Behörde die Ermittlungspflicht obliegt und der Antragsteller die Beweislast dafür trägt, dass der Nachweis nicht gelingt. Vom Antragsteller ist zu erwarten, dass er konkrete Tatsachen und Umstände bezeichnet, aus denen sich ergibt, dass er sich um Schutz bemüht hat. Danach hat der Asylsuchende zunächst die persönlichen Umstände, Verhältnisse und Erlebnisse im Blick auf das Schutzsuchen schlüssig sowie mit Blick auf zeitliche, örtliche und sonstige Umstände detailliert und vollständig darzulegen. Bei persönlichen Umständen ist die Amtsermittlungspflicht begrenzt.[118] Da sich die Darlegungslast im Umfang der Entwicklung demokratischer Strukturen verschärft,[119] wird sie umgekehrt in dem Maße, wie die staatlichen Strukturen zerfallen, deutlich herabgesetzt.

b) Grenzen der Darlegungslast

40 Die Darlegungslast findet ihre Grenze insbesondere im Einwand des **persönlichen Unvermögens** sowie der **Unzumutbarkeit**. Im Blick auf das persönliche Unvermögen differenziert das BVerwG zwischen **persönlichen Erlebnissen und Erfahrungen** des Antragstellers einerseits sowie den **allgemeinen Verhältnissen** in dessen Herkunftsland andererseits.[120] Danach braucht die Feststellungsbehörde in Ansehung der individuellen Verhältnisse in keine Ermittlungen einzutreten, die durch das Sachvorbringen nicht veranlasst sind. Mit Blick auf die **allgemeinen Verhältnisse im Herkunftsland** ist der Asylsuchende dagegen in einer schwierigen Situation. Seine eigenen Kenntnisse und Erfahrungen sind häufig auf einen engeren Lebenskreis begrenzt und liegen stets einige Zeit zurück.

41 Die Mitwirkungspflicht des Antragstellers wird im Hinblick auf dieses persönliche Unvermögen erheblich eingeschränkt. Wollte man auch insofern einen lückenlosen Tatsachenvortrag verlangen, der im Sinne der zivilprozessualen Verhandlungsmaxime schlüssig zu sein hätte, wäre dies mit rechtsstaatlichen Verfahrensgrundsätzen nicht mehr vereinbar. Vielmehr muss es genügen, um der

---

117 *UNHCR*, Kommentar zur Richtlinie 2004/83/EG, Mai 2005, S. 18.
118 BVerwG, Buchholz 402.24 Art. 1 GK Nr. 11; BVerwG, DVBl. 1963, 145; BVerwG, InfAuslR 1982, 156; BVerwG, InfAuslR 1983, 76; BVerwG, DÖV 1983, 207; BVerwG, BayVBl. 1983, 507; BVerwG, InfAuslR 1984, 129; BVerwG, InfAuslR 1989, 350.
119 Canada Federal Court of Appeal, 143 DLR (4 th) 532 – Kadenko.
120 BVerwG, InfAuslR 1982, 156; BVerwG, InfAuslR 1983, 76; BVerwG, InfAuslR 1984, 129; BVerwG, DÖV 1983, 207; BVerwG, BayVBl. 1983, 507; BVerwG, InfAuslR 1989, 350.

Behörde zu weiteren Ermittlungen Anlass zu geben, wenn der Tatsachenvortrag des Antragstellers die **nicht entfernt liegende Möglichkeit** ergibt, dass er im Herkunftsland keinen Schutz erlangen konnte oder erlangen wird.

Eine weitere Grenze findet die Darlegungslast im Gedanken der **Zumutbarkeit**. Nach Art. 1 A Nr. 2 GFK kann dem Antragsteller die Inanspruchnahme nationalen Schutzes nicht zugemutet werden, wenn er diesen aus Gründen der Konvention »nicht in Anspruch nehmen will«. Dem liegt der Gedanke der Zumutbarkeit zugrunde. Unzumutbar ist der Verweis auf den nationalen Schutz, wenn der Antragsteller vernünftige und plausible Gründe dafür angeben kann, dass ihm ein Schutzersuchen nicht zumutbar ist, weil er in diesem Fall durch staatliche Behörden oder maßgebliche Stellen vergleichbarer Organisationen verfolgt oder diskriminiert werden wird. So wird z. B. nach den kanadischen Richtlinien zu geschlechtsspezifischen Verfolgungen vom 25. November 1996 Antragstellern die Möglichkeit eingeräumt, darzulegen, dass es für sie objektiv unzumutbar war, staatlichen Schutz in Anspruch zu nehmen. In diesem Fall stehe die Tatsache, dass sie keinen staatlichen Schutz in Anspruch genommen hätten, dem Begehren nicht entgegen.

42

Bei der Prüfung, ob es unzumutbar sei, dass die Antragstellerin darauf verzichtet habe, staatlichen Schutz in Anspruch zu nehmen, sei neben weiteren wesentlichen Faktoren das soziale, kulturelle, religiöse und wirtschaftliche Umfeld zu berücksichtigen, in dem die Antragstellerin gelebt habe. Wenn eine Frau z. B. in Form einer Vergewaltigung Verfolgung wegen ihres Geschlechts erfahren habe, bestehe die Möglichkeit, dass sie aus der Gemeinschaft ausgestoßen werde, wenn sie staatlichen Schutz in Anspruch nehme.[121]

43

Auch nach den von der britischen Nichtregierungsorganisation »Refugee Women's Legal Group« veröffentlichen Richtlinien zu geschlechtsspezifischen Verfolgungen ist es für eine Asylsuchende nicht stets zumutbar oder möglich, bei staatlichen Behörden um Schutz nachzusuchen. Dies könne etwa dann nicht verlangt werden, wenn sie für den Fall der Schutzbeantragung Gewalt oder Benachteiligungen in Kauf nehmen müsse oder wenn sie vernünftige Gründe für ihre Furcht vortragen könne, dass sie keinen Schutz habe erlangen können.[122]

44

Danach kann im konkreten Einzelfall der Verweis auf den nationalen Schutz unzumutbar sein, sofern konkret und schlüssig dargelegt wird, dass etwa ernsthafte Bedrohungen durch die Familie oder erhebliche Diskriminierungen durch Teile der Bevölkerung drohen. So wird bei familiärer Gewalt die Familie häufig unterbinden wollen, dass diese nach außen bekannt wird. Besteht die Gefahr, dass die Polizei nach Erstattung der Anzeige die Familienangehörigen informieren und diese deshalb ihre Verfolgungen gegen die Antragstellerin fortsetzen werden und gibt es darüber hinaus keine effektiven gesellschaftlichen oder staatlichen Schutzeinrichtungen gegen familiäre Gewalt, ist die Inanspruchnahme polizeilichen Schutzes in derartigen Fällen für die Antragstellerin unzumutbar.

45

Besondere Sensibilität ist bei einer vorgebrachten erlittenen Vergewaltigung angezeigt. Bestehen vernünftige Gründe für die Befürchtung, dass eine durch private Akteure vergewaltigte oder sonstwie sexuellen oder vergleichbaren Übergriffen ausgesetzte Frau wegen des Ersuchens um polizeilichen Schutz erneut Opfer von Vergewaltigungen oder sie deshalb aus der Familie ausgestoßen werden wird, ist ihr eine Inanspruchnahme polizeilichen Schutzes nicht zuzumuten.[123] Fehlt einer Frau das Vertrauen, dass die Polizei sie schützen werde und wird eine systematische Praxis behördlicher Diskriminierungen der religiösen oder ethnischen Gruppe, welcher die vergewaltigte Frau angehört,

46

---

121 Kanadischer Ausschuss für Einwanderungs- und Flüchtlingsangelegenheiten, Richtlinie zu Asylbewerberinnen, die sich aus Furcht vor Verfolgung aufgrund ihres Geschlechts berufen v. 25.11.1996, S. 24.
122 Refugee Women's Legal Group, Gender Guidelines for the Determination of Asylum claims in the UK, July 1998, Nr. 3.8.
123 *Castel*, IJRL 1992, 39 (54); *Spijkerboer*, Women and Refugee Status, Emancipation Council (Hrsg.), S. 24.

festgestellt, ist es unzumutbar für das weibliche Opfer von sexueller Gewalt, polizeilichen Schutz in Anspruch zu nehmen.[124]

47   Da die Antragstellerin in einem derartigen Fall die Schutzbeantragung von vornherein unterlassen hat, trifft sie aber eine erhöhte Darlegungslast. Letztlich hat indes die Feststellungsbehörde die Untersuchungspflicht. Die Antragstellerin muss insoweit schlüssig darlegen, dass sie aufgrund allgemein bekannter Umstände davon ausgehen muss, bei den relevanten Behörden misshandelt oder im erheblichen Umfang diskriminiert (vgl. auch Art. 9 Abs. 2 Buchst. b) und d) der RL 2004/83/EG) oder aus ihrer Gemeinschaft ausgestoßen zu werden. Frühere Verfolgungen begründen eine Regelvermutung andauernder Verfolgungen (Art. 4 Abs. 4 RL 2004/83/EG).

48   Die Darlegungslast, dass das nationale Schutzersuchen von vornherein unzumutbar gewesen sei, verschärft sich jedoch in dem Fall, in dem im Herkunftsland demokratische und rechtsstaatliche Strukturen bestehen. Je demokratischer die Strukturen, desto höher ist die Darlegungslast, dass die Antragstellerin die verfügbaren Möglichkeiten zur Schutzsuche ausgeschöpft hat.[125]

c) »Amtswalterexzess«

49   Die Darlegungslast im Hinblick auf den Wegfall des nationalen Schutzes bezieht sich grundsätzlich nur auf Verfolgungen durch nichtstaatliche Akteure (Rdn. 2 ff.). Davon ist nach der Struktur von Art. 6 RL 2004/83/EG auch für die Richtlinie auszugehen. Teilweise wird von diesem Grundsatz im Blick auf den »Amtswalterexzess« in der Staatenpraxis eine Ausnahme zugelassen. So weisen z. B. die U.S.-Richtlinien zu geschlechtsspezifischen Verfolgungen von 1995 darauf hin, dass im Allgemeinen die Regierung der Verfolger sei. Es könne sich jedoch die Frage stellen, ob die von einem Amtswalter ausgeübte oder angedrohte Verfolgung dennoch als bloße private Handlung erscheine. Hierbei gehe es darum, dass Regierungsbeamte Handlungen verübten, die normalerweise »privaten« Charakter aufwiesen. Es sei sorgfältig zu prüfen, ob vernünftige Gründe für die Annahme sprächen, dass diese als »privat« erscheinende Handlung eine »öffentliche« sei, welche der Regierung oder einem Beamten zugerechnet werden könne, weil sie unfähig oder unwillig sei, diesen Beamten zu kontrollieren.

50   Nach der Rechtsprechung des BVerfG wird gegen Verfolgungen durch Amtswalter nur ausnahmsweise und nur unter den Voraussetzungen »vereinzelter Exzesstaten« von Amtswaltern kein Schutz gewährt.[126] Dauern Verfolgungen in Form mehrfacher Übergriffe mit erheblicher Intensität über einen längeren Zeitraum an, kann hingegen nicht mehr das Exzesstaten prägende Kriterium »**vereinzelter und spontaner Vorgänge**« unterstellt werden.[127] Bei Verfolgungen durch Angehörige staatlicher Behörden ist deshalb der Antragsteller nur ausnahmsweise gehalten, darzulegen, dass er gegen Verfolgungen durch diese keinen Schutz erlangen kann. Kann seinem Sachvorbringen nicht entnommen werden, dass die behaupteten Verfolgungen Ausdruck vereinzelter und spontaner Übergriffe durch einzelne Angehörige staatlicher Behörden sind, ist davon auszugehen, dass nationaler Schutz im Herkunftsland nicht verfügbar war.

51   Die Richtlinie verfolgt nach ihrem Wortlaut und ihrer Begründung die strikte Linie und verneint bei Verfolgungen durch den Staat oder durch Parteien oder Organisationen, die diesen ersetzen, grundsätzlich eine auf die Schutzbeantragung bezogene Darlegungslast, weil in diesen Fällen prinzipiell die Nichtverfügbarkeit staatlichen Schutzes unterstellt wird. Jedenfalls dann, wenn die Verfolgungen

---

124   *Spijkerboer*, Women and Refugee Status, Emancipation Council (Hrsg.), S. 24, 31.
125   Canada Federal Court of Appeal, 143 DLR (4 th) 532 – Kadenko.
126   BVerfGE 80, 315 (352) = EZAR 201 Nr. 20 = NVwZ 1990, 151 = InfAuslR 1990, 21; BVerfG (Kammer), NVwZ 1992, 1081 (1083); BVerfG (Kammer), NVwZ-RR 1993, 511 (512); BVerfG (Kammer), InfAuslR 1993, 310 (312); BVerfG (Kammer), NVwZ-Beil. 2003, 84 (85 f.) = AuAS 203, 261; siehe auch Niedersächsisches OVG, DVBl. 1983, 181 (182); OVG Saarland, AS 1982, 361 (366 f.) = NVwZ 1983, 170; VGH Baden-Württemberg, InfAuslR 1982, 255 (256).
127   BVerfG (Kammer), NVwZ-Beil. 2003, 84 (85 f.) = AuAS 203, 261.

durch die Amtswalter andauern und der Betreffende gegen diese keinen Schutz erhalten kann, kann ihm nach der der Richtlinie zugrunde liegenden Schutzlehre nicht der Einwand des Schutzunvermögens entgegengehalten werden. Für die wirksame nationale Schutzgewährung trifft unter diesen Voraussetzungen die Behörde die Beweislast.

5. Beweislast

Entsprechend dem Günstigkeitsprinzip ist der Antragsteller mit der Beweislast beschwert, wenn unerweislich bleibt, ob er gegen Verfolgungen durch nichtstaatliche Verfolger keinen Schutz erlangen kann. Art. 6 Buchst. c) RL 2004/83/EG ist missverständlich formuliert. Der Begriff »erwiesenermaßen« bedeutet nicht, dass der Antragsteller beweisen muss, dass gegen Verfolgungen durch nichtstaatliche Akteure kein nationaler Schutz verfügbar ist (Rdn. 37 f.). Vielmehr hat der Antragsteller, bevor die Beweislastregeln Anwendung finden, zunächst unter Berücksichtigung der ihn treffenden Darlegungslast (Rdn. 34 ff.) den Sachverhalt zu schildern und die Behörde diesen Sachverhalt von Amts wegen aufzuklären. Bleiben nach sorgfältiger und ordnungsgemäßer Aufklärung Zweifel, gehen diese zulasten des Antragstellers. In diesem Fall ist nicht »erwiesen«, dass die Schutzakteure zur Schutzgewährung nicht in der Lage oder willens sind.

52

Ob der Antragsteller gehalten ist, nationalen Schutz zu beantragen, ist darüber hinaus auch abhängig davon, ob ihm dies zuzumuten war bzw. sein wird (Rdn. 42 ff.). Kann er stichhaltige Einwände dafür liefern, dass eine Schutzbeantragung für ihn mit einem hohen Risiko persönlicher Gefährdung verbunden ist, hat er seiner Darlegungslast genügt. Folgt man im Fall des Amtswalterexzesses (Rdn. 49 ff.) nicht der strikten Linie, trifft im Prozess grundsätzlich das Bundesamt die Beweislast dafür, dass die behaupteten Übergriffe lediglich Ausdruck vereinzelter und spontaner Übergriffe einzelner Amtswalter waren.

53

§ 19 Interner Schutz (Art. 8 RL 2004/83/EG)

Übersicht

	Rdn
1. Funktion des internen Schutzes	1
2. Rechtfertigungsgrund für den internen Schutz	6
3. Begriff des Herkunftslandes im Sinne von Art. 8 RL 2004/83/EG	15
4. Voraussetzungen des internen Schutzes	27
a) Prüfungsschema	27
b) Zugang zum Ort des internen Schutzes (Art. 8 Abs. 1 Buchst. b) RL 2011/95/EU)	29
aa) Sicherer Zugang	29
bb) Praktische Rückkehrhindernisse (Art. 8 Abs. 3 RL 2004/83/EG)	38
c) Sicherheit vor Verfolgung (Art. 8 Abs. 1 Buchst. a) RL 2011/95/EU)	48
aa) Verfolgung durch den Staat	48
bb) Verfolgung durch lokale oder regionale Behörden	58
cc) Verfolgung durch die Staatspartei oder den Staat beherrschende Religionsgemeinschaften	60
dd) Verfolgung durch nichtstaatliche Akteure	62
d) Zumutbarkeit der Lebensverhältnisse	65
aa) Funktion des Zumutbarkeitstests	65
bb) Begriff der »unangemessenen Härte«	75
cc) Kriterien des Zumutbarkeittests	83
dd) Gewährleistung der Religionsfreiheit	93
ee) Berücksichtigung spezifischer persönlicher Umstände	100
ff) Individueller Zugang zum nationalen Schutz	104
gg) Schutzgewährung durch de facto-Autoritäten	108
hh) Unerheblichkeit der Lebensverhältnisse in der Herkunftsregion	113
e) Darlegungslast	116
f) Beweislast	120

> Ist die interne Region im Herkunftsland von außen sicher erreichbar? (Rdn. 29 ff.)
> – persönliche Sicherheit auf dem Weg zur internen Region (Rdn. 33 ff.)
> – bestehen lediglich praktische Hindernisse? (Rdn. 38 ff.)

> Besteht wirksame Sicherheit vor dem Zugriff der Verfolger? (Rdn. 48 ff.)

> Besteht individueller Zugang zu angemessenen Lebensbedingungen? (Rdn. 65 ff.)

> Stehen persönliche, familiäre oder soziale Gründe der Aufenthaltsnahme am internen Ausweichort entgegen (Rdn. 100 ff.)?

> Genügt der Antragsteller seiner Darlegungslast (Rdn. 116 ff.)?

Schaubild 6 zum internen Schutz

1. Funktion des internen Schutzes

1 Durch Art. 8 RL 2004/83/EG wird die in den Mitgliedstaaten seit den 1970er Jahren entwickelte Praxis der **inländischen Fluchtalternative** übernommen. Es handelt sich hierbei um eine **Freistellungsklausel**. Die Mitgliedstaaten können danach die Zuerkennung der Flüchtlingseigenschaft von dem Nachweis abhängig machen, dass kein interner Schutz im Herkunftsland gewährt werden wird. Die Bundesrepublik hatte bereits Anfang der 1980er Jahre die Figur der inländischen Fluchtalternative entwickelt und hat in § 60 Abs. 1 Satz 4 letzter Halbs. AufenthG diese Klausel in Anspruch genommen.

2 Entsprechend der internationalen Staatenpraxis, die etwa in Kanada[128] und in der Bundesrepublik Deutschland (vgl. § 77 Abs. 1 AsylVfG) gesetzlich verankert ist, ist nach Art. 8 Abs. 1 RL 2004/83/EG die Frage einer in einem »Teil des Hoheitsgebietes des Herkunftslandes« bestehenden Schutzalternative im Rahmen der **Verfolgungsprognose** zu prüfen (§ 29 Rdn. 57 ff.). Damit hat die interne Schutzalternative gegenüber ursprünglichen Ansätzen ihre Funktion vollständig verändert. Es geht nicht mehr um die Prüfung, ob im Zeitpunkt der Flucht innerhalb des Herkunftsstaates interne Schutzzonen als Alternative zur Flucht bestanden (**interne Fluchtalternative**), sondern darum, ob im Zeitpunkt der Entscheidung (vgl. Art. 4 Abs. 3 Buchst. a) RL 2004/83/EG) ein Ausweichort (**interne Schutzalternative**) ausgemacht werden kann.

3 Dadurch erscheint eine interne Schutzzone **nicht** mehr als **Alternative zur Flucht**, sondern als **Alternative zum internationalen Schutz**. So verwenden die **Michigan Guidelines**[129] nicht mehr den Begriff der internen Fluchtalternative, sondern den der internen Schutzalternative. Wohl inspiriert durch diese neuere Entwicklung verwendet Art. 8 RL 2004/83/EG nicht den Begriff der internen Fluchtalternative, sondern die neuere Begriffsschöpfung »**interner Schutz**«. Die neue Konzeption hat erhebliche Auswirkungen auf die Prognoseprüfung. Denn danach hat die Situation des Flüchtlings vor der Ausreise keine Bedeutung, sondern allein die Lage im Entscheidungszeitpunkt.

---

128 Siehe hierzu *Zambelli*, IJRL 1996, 144; Überblick über die Staatenpraxis bei *Marx*, IJRL 2002, 179.

129 *Hathaway*, The Michigan Guidelines on the Internal Protection Alternative, in: *International Association of Refugee Law Judges* (Hrsg.), The Changing Nature of Persecution, S. 193.

Für die Anwendung der Regelvermutung (Art. 4 Abs. 4 RL 2004/83/EG) kommt es danach nicht auf die Situation vor der Ausreise an (§ 29 Rdn. 57 ff.). Maßgebend ist allein die im Entscheidungszeitpunkt maßgebende Tatsache der Verfolgung. Sucht der Antragsteller vor der Ausreise nicht nach internen Möglichkeiten der Schutzgewährung, bleibt die Verfolgung ungeachtet dessen Bezugspunkt für die Prüfung nach Art. 4 Abs. 4 RL 2004/83/EG. Die deutsche Rechtsprechung hat bereits ihre einerseits auf den Fluchtzeitpunkt und andererseits auf den Entscheidungszeitpunkt beruhenden, kaum verständlichen zweistufigen Prognosemaßstäbe an die unionsrechtliche Situation angepasst und wendet den internen Schutzeinwand nur noch im Rahmen der Verfolgungsprognose an.[130] Die auf den Fluchtzeitpunkt abstellenden Grundsätze zur rückschauenden Prognose finden damit keine Anwendung mehr.

Beim Einwand der internen Schutzalternative handelt es sich nicht um einen »**Rechtsbegriff**«, vielmehr um ein »**tatsächliches Moment**« im Rahmen der **Prognoseprüfung**.[131] Art. 8 Abs. 1 RL 2004/83/EG stellt den Mitgliedstaaten die Anwendung des internen Schutzeinwandes frei. Die Staatenpraxis ist in dieser Frage sehr uneinheitlich, enthält jedoch einige Grundsätze, die auch bei der Anwendung von Art. 8 der Richtlinie zu berücksichtigen sind. Es besteht eine sachliche Nähe zu der Regelung des Art. 7 Abs. 2 der Richtlinie (§ 18), die ebenfalls auf dem Gedanken der Subsidiarität des Flüchtlingsschutzes beruht und vorrangig bei geltend gemachter Verfolgung durch nichtstaatliche Akteure Anwendung findet.

2. Rechtfertigungsgrund für den internen Schutz

Weder in der Staatenpraxis noch im Schrifttum besteht Einigung über die rechtlichen Grundlagen des internen Schutzeinwandes. Nach dem Wortlaut von Art. 1 A Nr. 2 GFK ist es keinesfalls selbstverständlich, dass der Flüchtlingsstatus am internen Schutzeinwand scheitern muss. Der Begriff des Flüchtlings setzt jedoch voraus, dass der Betreffende wegen einer befürchteten Verfolgung den Schutz seines Herkunftslandes nicht in Anspruch nehmen kann. Im Umkehrschluss kann hieraus gefolgert werden, dass in dem Fall, in dem im Herkunftsland Schutz gewährt wird, der Betroffene nicht unter den Flüchtlingsbegriff fällt.[132]

Unklarheit besteht darüber, ob für die Rechtfertigung des internen Schutzeinwandes an den Begriff der Verfolgungsfurcht oder an das Konzept der Verfolgung anzuknüpfen ist. Der Wortlaut von Art. 8 Abs. 1 RL 2004/83/EG verknüpft den internen Schutzeinwand mit dem Begriff der Verfolgungsfurcht. Dies wird auch durch Art. 8 Abs. 1 Buchst. a) RL 2011/95/EU bekräftigt. Auch UNHCR verbindet den internen Schutzeinwand mit dem Begriff der Verfolgungsfurcht. Danach muss sich die Furcht vor Verfolgung nicht immer auf das gesamte Territorium erstrecken.[133] Dieser Ansatz wird in zahlreichen Dokumenten von UNHCR bekräftigt.[134] Kritisch wird gegen diese konzeptionelle Herangehensweise eingewandt, sie stehe nicht in Übereinstimmung mit dem Erfordernis, dass die Furcht vor Verfolgung landesweit bestehen müsse. Der Antragsteller müsse deshalb bei einer Anknüpfung des internen Schutzeinwandes an die Verfolgungsfurcht darlegen, dass er in allen

---

130 BVerwGE 133, 55 (65) = NVwZ 2009, 982 = EZAR NF 61 Nr. 4 = AuAS 2009, 115; BVerwG, NVwZ 2009, 1308 (1310) = EZAR NF 67 Nr. 6; Hessischer VGH, NVwZ-RR 2008, 828; siehe hierzu *Lehmann*, NVwZ 2007, 508 (513); *Marx*, InfAuslR 2008, 462.

131 Nr. 1 der Summary Conclusions – Internal Protection/Relocation/Flight Alternative, San Remo Expert Roundtable, Global Consultations on International Protection, 06.–08.09.2001.

132 *Zimmermann/Mahler*, in: *Zimmermann*, The 1951 Convention, Article 1 A para. 2 Rn. 606 f.

133 *UNHCR*, Handbuch über Verfahren und Kriterien zur Feststellung der Flüchtlingseigenschaft, 1979, Rn. 91.

134 *UNHCR*, Position on Relocating Internally as a Reasonable Alternative to Seeking or Receiving Asylum, UNHCR/IOM/24/99, 9 February 1999, Rn. 9; bekräftigt durch *UNHCR*, Interpreting Article 1 of the 1951 Convention Relating to the Status of Refugees, April 2001, Rn. 37; krit. hierzu *Zimmermann/Mahler*, in: *Zimmermann*, The 1951 Convention, Article 1 A para. 2 Rn. 611 ff.

Teilen seines Herkunftslandes Furcht vor Verfolgung befürchte. Damit würde die Darlegungslast unzumutbar überhöht.[135]

8   Überwiegend wird der interne Schutzeinwand aus dem im Flüchtlingsbegriff enthaltenen Element des nationalen Schutzes abgeleitet. Dies wird damit begründet, dass eine Person nicht als Flüchtling angesehen werden könne, wenn sie Schutz vor Verfolgung in irgendeinem Teil ihr Herkunftslandes erlangen könne. Das Flüchtlingsrecht antworte auf die Schutzbedürftigkeit derjenigen, die keine Alternative zum internationalen Schutz hätten. Darüber hinaus folge der subsidiäre Charakter des internationalen Schutzes (§ 15 Rdn. 1 ff.) aus dem Text von Art. 1 A Nr. 2 GFK und der Entstehungsgeschichte.[136]

9   Die Skepsis gegen diese Argumente hat insbesondere ihren Grund darin, dass bis zu den 1980er Jahren, also immerhin dreißig Jahre lang, der interne Schutzeinwand in der Staatenpraxis nicht gegen Flüchtlinge geltend gemacht wurde. Erst mit der zunehmenden Ankunft nichteuropäischer Flüchtlinge in Westeuropa gewann das Argument Bedeutung, dass internationaler Schutz nur gewährt wird, wenn im Herkunftsland kein Schutz verfügbar ist.[137] Wortlaut und Entstehungsgeschichte von Art. 1 A Nr. 2 GFK wurden also über Jahrzehnte nicht als derart zwingend empfunden, dass einem über die Grenzen seines Herkunftslandes geflohenen Flüchtling der Verweis auf andere Regionen in seinem Herkunftsland zugemutet wurde.

10 Erstmals entwickelte die deutsche Rechtsprechung den internen Schutzeinwand.[138] Ihr folgten eine Reihe von Vertragsstaaten. Überwiegend gehen die Gerichte der Vertragsstaaten davon aus, dass der interne Schutzeinwand konzeptionell an den Begriff des **nationalen** Schutzes anknüpft, der integraler Bestandteil des Flüchtlingsbegriffs in Art. 1 A Nr. 2 GFK ist. So liegt nach der australischen Rechtsprechung der Schwerpunkt der Konvention nicht auf dem Schutz, den das Herkunftsland in bestimmten Regionen zur Verfügung stellen könne. Vielmehr beruhe der interne Schutzeinwand auf einem mehr generellen Schutzstandard.[139] Auch die britische Rechtsprechung verbindet den internen Schutzeinwand mit dem verfügbaren nationalen Schutz im betreffenden Herkunftsland.[140]

11 In **Ward** hat der Oberste Gerichtshof in Kanada festgestellt, dass das Flüchtlingsrecht entwickelt worden sei, um für den fehlenden nationalen Schutz einen Ersatz zu schaffen. Es werde nur in den Situationen relevant, in denen der nationale Schutz nicht verfügbar sei. Die internationale Gemeinschaft habe bei der Verabschiedung der Konvention die Vorstellung gehabt, dass von verfolgten Personen zunächst erwartet werden könne, dass sie ihren Staat um Schutz ersuchten, bevor die Schutzgewährung in die Verantwortlichkeit anderer Staaten falle.[141]

12 Ebenso beruht nach der deutschen Rechtsprechung der Einwand des internen Schutzes auf dem Subsidiaritätsprinzip. Danach ist der Antragsteller nicht schutzbedürftig, wenn er in anderen Teilen des Herkunftslandes Schutz finden kann.[142] Wer den Schutz seines Herkunftslandes in Anspruch nehmen kann, befindet sich deshalb in keiner die Statusgewährung rechtfertigenden Notlage.[143] Der Verfolgte soll sich zunächst an den Staat seiner Staatsangehörigkeit wenden, ehe er im Ausland Schutz sucht.[144]

---

135 *Storey*, IJRL 1998, 499 (524).
136 *Hathaway*, The Law of Refugee Status, S. 133; BVerwG, NVwZ 2009, 1308 (1310) = EZAR NF 67 Nr. 6.
137 *Klug*, GermanYIL 2004, 594 (607).
138 BVerwGE 67, 314 = EZAR 203 Nr. 1 = InfAuslR 1983, 326.
139 Australia Federal Court of Appeal, *Randhawa v. MEI*, (1994) 124 ALR 265.
140 UK Court of Appeal, Karankaran v. SSDH, (2000) 3 All ER 449.
141 Canada Supreme Court, Ward v Attorney General, (1993) 2 SCR 688, 709.
142 BVerfGE 80, 315 (344) = EZAR 201 Nr. 1 = NVwZ 1990, 151 = InfAuslR 1990, 21.
143 BVerwG, EZAR 203 Nr. 4; BVerwG, InfAuslR 1989, 107.
144 BVerfGE 80, 315 (343) = EZAR 201 Nr. 20 = NJW 1990, 151 = InfAuslR 1990, 21.

Die nationalen Gerichte bewerten den internen Schutzeinwand damit als direkte Konsequenz des subsidiären Charakters des internationalen Schutzes.[145] Wenn sie untersuchen, ob die Furcht des Antragstellers begründet ist, berücksichtigen sie, ob der Antragsteller nationalen Schutz in anderen Teilen des Herkunftslandes finden kann. Damit ist festzuhalten, dass der internationale Schutz in der Staatenpraxis als Ersatz für den nationalen Schutz angesehen wird. Deshalb ist nach der Staatenpraxis weder der Begriff der Verfolgungsfurcht noch der Verfolgung, sondern das Subsidiaritätsprinzip die konzeptionelle Grundlage für den internen Schutz. Demgegenüber ist für die Richlinie der Wegfall der begründeten Verfolgungsfurcht konzeptionelle Grundlage für den internen Schutzeinwand (Rdn. 7; Art. 8 Abs. 1 RL 2004/83/EG, Art. Abs. 1 Buchst. a) RL 2011/95/EU).

Ob dieser Einwand mit dem Begriff der Verfolgungsfurcht oder mit dem nationalen Schutzbegriff der Flüchtlingsdefinition verbunden wird, ist im Ergebnis nicht entscheidend, da es sich bei der Frage des internen Schutzes nicht um eine rechtliche Konzeption handelt. Vielmehr hängt es von den besonderen tatsächlichen Umständen des Einzelfalles ab, ob diese Frage Bedeutung erlangt.[146] UNHCR hat deshalb auch auf die vorgebrachte Kritik reagiert und festgestellt, dass die verschiedenen Ansätze sich nicht gegenseitig ausschließen würden. Welche Verfahrensweise auch immer gewählt werde, es sei entscheidend, dass die Flüchtlingseigenschaft in einem holistischen Verfahren miteinander zusammenhängender Elemente festgestellt werde.[147]

3. Begriff des Herkunftslandes im Sinne von Art. 8 RL 2004/83/EG

Art. 8 Abs. 1 und Abs. 2 RL 2004/83/EG verweist auf einen »Teil des Herkunftslandes.« Als »Herkunftsland« (§ 7) kann im Allgemeinen nur ein Gebiet in Betracht kommen, das rechtlich und tatsächlich der Herrschaftsgewalt der Zentralregierung untersteht. Dementsprechend geht die Begründung des Vorschlags der Kommission in diesem Zusammenhang auch davon aus, dass die »nationale Regierung das Recht hat, im **gesamten nationalen Hoheitsgebiet tätig zu** werden.«[148]

Dies ist auch die Ratio der verfassungsgerichtlichen Rechtsprechung, die von einem **mehrgesichtigen Staat** ausgeht.[149] Nur dann, wenn sichergestellt ist, dass die nationalen Behörden des Herkunftslandes das gesamte Staatsgebiet beherrschen, können innerhalb dieses Herrschaftsbereiches gelegene Regionen für die Prüfung der Frage eines internen Schutzes in Betracht kommen. Nur dann kann überhaupt erst beurteilt werden, ob die in Art. 7 Abs. 1 RL 2004/83/EG genannten Schutzakteure Zugang zum nationalen Schutzsystem gewähren. Ist dies nicht der Fall oder ungewiss, bleibt der für die Anwendung von Art. 7 Abs. 2 RL 2004/83/EG maßgebende individuelle Zugang von zu vielen Ungewissheiten und Unabwägbarkeiten abhängig.

Allerdings kann nach Art. 7 Abs. 1 Buchst. b) RL 2004/83/EG auch von Organisationen, die einen wesentlichen Teil des Staatsgebietes beherrschen, Schutz geboten werden (§ 17 Rdn. 11 ff.). Eine systematische Betrachtung kann den Zusammenhang zwischen Art. 7 Abs. 1 und Art. 8 Abs. 1 RL 2004/83/EG zwar nicht von vornherein ausschließen. Andererseits gebietet der Auslegungsgrundsatz des **effet utile**, dass der Zugang zum nationalen Schutzsystem wirksam sichergestellt sein muss. Beim Übergang der Herrschaftsgewalt von der Zentralregierung auf de facto-Autoritäten ist dies regelmäßig von zu vielen und schwerwiegende Unsicherheiten und Ungewissheiten abhängig

---

145 Canada Federal Court of Appeal, Thirunavukkarasu v MEI 1993 ACWSJ LEXIS 21770; siehe auch *UNHCR*, Position on Relocating Internally as a Reasonable Alternative to Seeking or Receiving Asylum, Inter-Office Memorandum No. IOM/24/99, 9 February 1999, Rn. 9; siehe auch *UNHCR*, Interpreting Article 1 of the 1951 Convention Relating to the Status of Refugees, April 2001, Rn. 37.

146 Global Consultations on International Protection, San Remo Expert Roundtable, 06.–08.09.2001, Summary Conclusions – Internal Protection/Relocation/Flight Alternative, Rn. 1.

147 *UNHCR*, Interpreting Article 1 of the 1951 Convention Relating to the Status of Refugees, April 2001, Rn. 37.

148 Kommissionsentwurf, in: BR-Drucks. 1017/01, S. 20.

149 BVerfGE 80, 315 (342 f.) = EZAR 201 Nr. 20 = NVwZ 1990, 151 = InfAuslR 1990, 21.

(Rdn. 108 ff.). Jedenfalls ist deshalb eine zurückhaltende Einbeziehung derartiger Autoritäten bei der Auslegung und Anwendung von Art. 8 Abs. 1 RL 2004/83/EG angezeigt.

18 Aus der Entstehungsgeschichte der GFK kann entnommen werden, dass die Beziehung zwischen dem Flüchtling und seinem Herkunftsstaat der Ausgangspunkt für die Gewährung internationalen Schutzes ist. Sofern dieser Staat eine sichere Alternative auf seinem Gebiet bereitstellt, erfüllt er seine völkerrechtliche Verpflichtung und ist die Gewährung des Flüchtlingsstatus entbehrlich.

19 Das Handbuch von UNHCR weist in diesem Zusammenhang darauf hin, dass sich die Verfolgungsfurcht nicht immer auf das **gesamte Territorium** des Landes erstrecken muss. Bei Konflikten zwischen verschiedenen Volksgruppen oder bei schweren, bürgerkriegsähnliche Zustände mit sich bringenden Unruhen könne es vielmehr vorkommen, dass sich die Verfolgung einer bestimmten ethnischen oder nationalen Gruppe nur auf einen Landesteil beschränke. In einem solchen Fall werde einer Person der Flüchtlingsstatus nicht deshalb vorenthalten, weil sie Zuflucht in einem anderen Landesteil hätte suchen können, wenn, nach allen Umständen zu urteilen, ein solches Verhalten **vernünftigerweise** von ihr nicht erwartet werden könnte.[150]

20 Der Verweis auf den nationalen Schutz ist jedoch nur gerechtfertigt, wenn tatsächlich effektiver Schutz durch die Regierung bereitgestellt wird und vom Betroffenen vernünftigerweise die Inanspruchnahme dieses Schutzes erwartet werden kann.[151] In Situationen, in denen etwa finanzielle, logistische oder andere Hindernisse den Flüchtling davon abhalten, die interne Schutzzone zu erreichen (Rdn. 38 ff.), oder in denen die Qualität des bereitgehaltenen Schutzes den Mindeststandard politischer und sozialer Rechte nicht erreicht (Rdn. 65 ff.), oder in denen die persönliche Sicherheit aus anderen Gründen nicht gegeben oder ihre Sicherstellung für den Flüchtling nicht vorhersehbar ist, bleibt die staatliche Verantwortlichkeit für die andauernde Verfolgung und damit auch das Schutzbedürfnis für die Inanspruchnahme internationalen Rechtsschutzes im Ausland bestehen.

21 Auch nach der Rechtsprechung des BVerwG ist für die Bewertung der inländischen Fluchtalternative grundsätzlich das jeweilige **Staatsgebiet in seiner Gesamtheit** in den Blick zu nehmen.[152] Sei dieses bezogen auf den vom Asylsuchenden geltend gemachten »Verfolgungsgrund« insgesamt frei von Verfolgung, scheide ein Asylanspruch auch dann aus, wenn in bestimmten Landesteilen **Bürgerkrieg** herrsche.[153] Dabei fänden die Grundsätze über die inländische Fluchtalternative auch im Blick auf Gebiete Anwendung, in denen die Zentralregierung ihre Gebietsgewalt vorübergehend faktisch verloren habe[154] (»befreite oder autonome Gebiete«) und deshalb dort ihre Fähigkeit zur Schutzgewährung vorläufig und für ungewisse Zeit prinzipiell aufgehoben sei.[155]

22 Nach dem Grundsatz der Subsidiarität sei es dem in seinem Herkunftsland Verfolgten grundsätzlich zuzumuten, in faktisch verfolgungsfreie Gebiete seines Heimatstaates auszuweichen, bevor er Schutz im Ausland suche. Das gelte nicht nur innerhalb eines »mehrgesichtigen«, prinzipiell landesweit

---

150 *UNHCR*, Handbuch über Verfahren und Kriterien zur Feststellung der Flüchtlingseigenschaft, Rn. 91.
151 *Hathaway*, The Law of Refugee Status, S. 134.
152 BVerwG, EZAR 203 Nr. 7; BVerwGE 110, 74 (75 f.) = EZAR 044 Nr. 16 = NVwZ 2000, 331 = InfAuslR 2000, 122.
153 BVerwG, EZAR 203 Nr. 7; gemeint ist wohl nicht der Verfolgungsgrund im Sinne von Art. 10 Abs. 1 RL 2004/83/EG, sondern eher allgemein die »Verfolgung« als solche.
154 BVerGE 108, 84 (88) = InfAuslR 1999, 145 = InfAuslR 1999, 280 = NVwZ 1999, 544 = EZAR 203 Nr. 12 = AuAS 1999, 166; BVerwG, InfAuslR 2000, 32 (33); BVerwG, Urt. v. 05.10.1999 – BVerwG 9 C 15.99 – alle zu Nordirak; BVerwGE 131, 186 (190) = NVwZ 2008, 1246 = InfAuslR 2008, 469 = EZAR NF 64 Nr. 3 = AuAS 2008, 223.
155 BVerwGE 108, 84 (89) = InfAuslR 1999, 145 = InfAuslR 1999, 280 = NVwZ 1999, 544 = EZAR 203 Nr. 12 = AuAS 1999, 166, unter Hinweis auf BVerwG, NVwZ 1993, 791 = EZAR 203 Nr. 7 = Buchholz 402.25 § 1 AsylVfG Nr. 160 – Sri Lanka; siehe auch BVerwG, InfAuslR 1990, 206 = Buchholz 402.25 § 2 AsylVfG Nr. 18 – Eritrea; BVerfG (Kammer), InfAuslR 1991, 198 (200) – Afghanistan.

verfolgungsmächtigen Staates, sondern auch (und erst recht) für Regionen, in denen der (Verfolger-) Staat seine effektive Gebiets- und Verfolgungsmacht, sei es infolge eines Bürgerkrieges oder sei es etwa wegen des Eingreifens fremder Mächte, vorübergehend verloren habe.[156] In solchen Gebieten könne (erneute) Verfolgung durch denselben Verfolger regelmäßig nicht stattfinden, der Betroffene also auf absehbare Zeit verfolgungsfrei leben. Er bedürfe daher des internationalen Schutzes vor dem Verfolger nicht, ohne dass es insoweit darauf ankomme, ob am Ort der inländischen Fluchtalternative eine andere oder staatsähnliche Friedensordnung bestehe.[157]

23 Dagegen ist einzuwenden: Nach der Richtlinie kommt es weder auf den Zeitpunkt der Flucht noch auf die fehlende Verfolgungsfähigkeit, sondern darauf an, ob im Zeitpunkt der Entscheidung am Ausweichort wirksamer Schutz durch den maßgebenden Herkunftsstaat gewährt wird. Übt der Herkunftsstaat dort keine Herrschaftsgewalt aus, kann er auch keinen wirksamen Schutz gewähren. **De facto**-Autoritäten sind regelmäßig nicht zur wirksamen Schutzgewährung in der Lage.

24 Das BVerwG wendet die Grundsätze der inländischen Fluchtalternative darüber hinaus auch dann an, wenn die als Ausweichmöglichkeit in Betracht zu ziehenden Orte nicht mehr zum Territorium des Herkunftsstaates gehören. Verliere der Staat in einer Region die Gebietsherrschaft – etwa durch Annexion oder Sezession – endgültig, werde diese asylrechtlich zum Ausland und könne nicht mehr inländische Fluchtalternative sein.[158] Damit entfalle dort die mit einem Verbleiben im territorialen Machtbereich des Verfolgerstaates verbundene erhöhte Gefährdung, welche in erster Linie die erhebliche Maßstabserleichterung für inländische Fluchtalternativen rechtfertige.[159]

25 Wann insoweit nur von einem lediglich »vorübergehenden« und wann von einem »endgültigen« Verlust der Herrschaftsgewalt auszugehen sei, sei anhand der jeweils in Betracht kommen politischen und sonstigen Umstände zu bewerten und entzieht sich einer abstrakten Bewertung.[160] So nimmt die deutsche Rechtsprechung auch nach nahezu zwei Jahrzehnten Verlust der Herrschaftsgewalt der Republik Azerbeidjan über die Enklave Nagorny-Karabach durch armenische de facto-Autoritäten diese Region unter dem Gesichtspunkt des nur »vorübergehenden« Verlustes der Herrschaftsgewalt noch immer zum territorialen Bezugspunkt der inländischen Schutzalternative im Blick auf das Herkunftsland Azerbeidjan.[161]

26 Bei der Beurteilung des Falles Bosnien und Herzegowina hatte das BVerwG in diesem Zusammenhang mit freilich angreifbarer Begründung – unter Zugrundelegung einer durch den Pariser Friedensvertrag und die Verfassung dieses Staates nicht getragenen »Zwei-Staaten-Theorie« – die »Republika Srpska« und die Föderation als asylrechtlich getrennt zu bewertende Staaten behandelt und deshalb die aus der serbischen Republik geflohenen muslimischen Asylsuchenden auf die Föderation als weiteren Staat ihrer Staatsangehörigkeit verwiesen. Im Blick auf die Föderation fänden deshalb die Grundsätze der inländischen Fluchtalternative keine Anwendung.[162]

---

156 BVerwGE 108, 84 (89 f.) = InfAuslR 1999, 145 = InfAuslR 1999, 280 = NVwZ 1999, 544 = EZAR 203 Nr. 12 = AuAS 1999, 166.

157 BVerwGE 108, 84 (89 f.) = InfAuslR 1999, 145 = InfAuslR 1999, 280 = NVwZ 1999, 544 = EZAR 203 Nr. 12 = AuAS 1999, 166.

158 BVerGE 108, 84 (88) = InfAuslR 1999, 145 = NVwZ 1999, 544 = EZAR 203 Nr. 12 = AuAS 1999, 166; BVerwG, InfAuslR 2000, 32 (33).

159 BVerwGE 108, 84 (88) = InfAuslR 1999, 145 = InfAuslR 1999, 280 = NVwZ 1999, 544 = EZAR 203 Nr. 12 = AuAS 1999, 166.

160 BVerwGE 108, 84 (88) = InfAuslR 1999, 145 = InfAuslR 1999, 280 = NVwZ 1999, 544 = EZAR 203 Nr. 12; bekräftigt durch BVerwG, Urt. v. 29.05.2008 – BVerwG 10 C 11.07, Rn. 15.

161 BVerwGE 131, 186 (190) = NVwZ 2008, 1246 = InfAuslR 2008, 469 = EZAR NF 64 Nr. 3 = AuAS 2008, 223; siehe hierzu *Lehmann*, NVwZ 2007, 508 (511), mit Hinweisen auf obergerichtliche Rechtsprechung.

162 BVerwGE 101, 328 (336 ff.) = EZAR 200 Nr. 32 = NVwZ 1997, 194 = InfAuslR 1997, 37.

4. Voraussetzungen des internen Schutzes

a) Prüfungsschema

27 Der Einwand des internen Schutzes gewinnt im Rahmen der Verfolgungsprognose Bedeutung (Rdn. 2, § 29 Rdn. 57 ff.). Kommt die in Aussicht genommene Region als territorialer Bezugspunkt der Entscheidung in Betracht, ist zunächst zu prüfen, ob der Antragsteller überhaupt ungefährdeten Zugang zum Ort des internen Schutzes hat (Rdn. 29 ff.). Insoweit weicht Art. 8 Abs. 3 RL 2004/83/EG bedenklich von völkerrechtlichen Grundsätzen sowie der Staatenpraxis ab (Rdn. 38 ff.). Anschließend ist zu untersuchen, ob der Antragsteller am Ort der internen Schutzzone vor dem Zugriff der Verfolger sicher ist (Rdn. 48 ff.). Art. 8 RL 2011/95/EU habtg diese Vorschrift auf und ist bis spätestens zum 21. Dezember 2013 umzusetzen (Art. 39 Abs. 1 RL 2011/95/EU). Das ist bei Verfolgungen durch staatliche oder vergleichbare Behörden regelmäßig nicht der Fall.

28 Schließlich ist zu prüfen, ob aufgrund der am Ort des internen Schutzes vorherrschenden allgemeinen Verhältnisse vom Antragsteller vernünftigerweise erwartet werden kann, dass er sich dort aufhält (vgl. Art. 8 Abs. 1 letzter Halbs. der RL 2004/83/EG). Dabei sind die allgemeinen Verhältnisse wie auch die persönlichen Umstände des Antragstellers in den Blick zu nehmen (Art. 8 Abs. 2 RL 2004/83/EG). Damit ist der insoweit abstrakt-generelle Maßstab der bisherigen deutschen Rechtsprechung nicht mehr anwendbar (Rdn. 65 ff.).

b) Zugang zum Ort des internen Schutzes (Art. 8 Abs. 1 Buchst. b) RL 2011/95/EU)

aa) Sicherer Zugang

29 Die zentrale Frage, ob interner Schutz in Anspruch genommen werden kann, zielt auf die Voraussetzungen, unter denen angenommen werden kann, dass der Antragsteller einerseits tatsächlich und andererseits in zumutbarer Weise Zugang zum internen Ort des Schutzes innerhalb des Herkunftslandes erlangen kann. Falls innerhalb des Herkunftslandes eine alternative Schutzzone besteht, diese aber nicht erreicht werden kann, ist der Verweis auf den internen Schutz rein spekulativer Natur und bleibt er eine lediglich theoretische Option.[163] Dementsprechend bekräftigt die Änderungsrichtlinie diesen Grundsatz und stellt klar, dass der Antragsteller sicher und legal in den Ausweichort reisen kann (Art. 8 Abs. 1 zweiter Halbs. RL 2011/95/EU).

30 Damit sich eine interne Alternative nicht nur als theoretische Option, sondern als eine dem Einzelnen praktisch eröffnete Möglichkeit internen Schutzes darstellt, bedarf es **verlässlicher Tatsachenfeststellungen** zur Prognose der Erreichbarkeit wie auch zur Bewertung einer realistisch eröffneten Reisemöglichkeit. Nur im Fall einer weitgehend gesicherten Prognose sowie einer die konkreten persönlichen Umstände des Einzelnen berücksichtigenden Zumutbarkeitsbewertung ist es mit Blick auf die Subsidiarität des Flüchtlingsschutzes gerechtfertigt, diesen zu versagen.[164] Steht fest, dass die Behörden den Asylsuchenden nicht einreisen lassen, besteht auch dann, wenn die Grenzkontrollen nur lückenhaft sind, kein Zugang zum Ort des internen Schutzes. Denn es ist unwahrscheinlich, dass es diesen gestattet würde, sich dort aufzuhalten.[165]

31 In erster Linie sind zunächst Risikofaktoren für die persönliche Sicherheit des Antragstellers bezogen auf den Weg vom Aufnahmemitgliedstaat zum internen Ort des Schutzes zu prüfen. In Ansehung von körperlichen Hindernissen kann dem Antragsteller nicht zugemutet werden, große körperliche Strapazen in Kauf zu nehmen. Zu berücksichtigen sind darüber hinaus natürliche Hindernisse,

---

163 BVerwGE 131, 186 (192) = NVwZ 2008, 1246 = InfAuslR 2008, 469 = EZAR NF 64 Nr. 3 = AuAS 2008, 223; *Storey*, IJRL 1998, 499 (523).

164 BVerwGE 131, 186 (192) = NVwZ 2008, 1246 = InfAuslR 2008, 469 = EZAR NF 64 Nr. 3 = AuAS 2008, 223.

165 EGMR, InfAuslR 2007, 223 (225) – Salah Sheekh.

deren Überwindung schwierig oder sogar gefährlich ist wie etwa ein See, ein Fluss, eine Gebirgskette. Auch von Menschen errichtete Hindernisse wie z. B. eine militärisch umkämpfte Zone, Landminen und militärische Kontrollpunkte sind zu berücksichtigen.[166]

In der Rechtsprechung der Vertragsstaaten wird deshalb der interne Schutzeinwand nicht angewendet, wenn heftige militärische Kämpfe am Zielort vorherrschen und deshalb die Gefahr besteht, dass der Antragsteller bei seiner Ankunft getötet wird.[167] Andererseits ist dem Antragsteller nach der Rechtsprechung des BVerwG grundsätzlich die freiwillige Ausreise zuzumuten. Etwaige **Gefährdungen auf dem Reiseweg** zum internen Ort des Schutzes innerhalb des Herkunftslandes seien ebenso wie Gefahren, die sich durch die Wahl bestimmter Abschiebungswege durch die einzelnen Ausländerbehörden ergeben könnten, regelmäßig nicht Gegenstand der Prüfung.[168] 32

Derartige Gefährdungen betreffen nach Ansicht des BVerwG die Art und Weise der Durchsetzung der Ausreisepflicht im Wege der Verwaltungsvollstreckung und unterliegen daher grundsätzlich nicht der Prüfung durch die Asylbehörde. Stelle diese allerdings fest, dass eine freiwillige Rückkehr oder zwangsweise Abschiebung nur auf ganz bestimmten Reisewegen in Betracht komme, welche bei Ankunft im Zielstaat die Erreichbarkeit relativ sicherer Landesteile unzumutbar erscheinen ließen, könne ausnahmsweise ein beachtliches Hindernis vorliegen, weil dann die festgestellte Zufluchtsmöglichkeit nur theoretisch bestehe. 33

Maßgebend könne stets nur sein, ob der Asylsuchende einen sicheren Zugang zum Zielstaat der Abschiebung und von dort innerhalb des Zielstaates eine gefährdungsfreie Weiterreise zum sicheren Ort innerhalb des Zielstaates finden werde. Könne das Bundesamt beide Voraussetzungen einer gefährdungsfreien Rückreise nicht mit hinreichend tragfähigen Feststellungen zuverlässig bejahen, habe es den Schutzstatus zu gewähren. Es sei Aufgabe der Asylbehörde, abschließend festzustellen, ob der interne Ort von außen sicher erreicht werden könne. Damit ist diese Frage Bestandteil der auf die Statusberechtigung zielenden Prüfung. Ihre Prüfung darf wegen des Erfordernisses wirksamer Gewährung internationalen Schutzes nicht der Vollstreckungsbehörde überlassen bleiben. Ab 22. Dezember 2013 darf diese Rechtsprechung nicht mehr weitergeführt werden, weil es nicht mehr auf die Frage praktischer Hindernisse gegen den Zugang zum Herkunftsland ankommt (vgl. einerseits Art. 8 Abs. 3 RL 2004/83/EG und andererseits Art. 8 Rl 2011/95/EU). Zusätzlich stellt Art. 8 Abs. 1 zweiter Halbs. Rl 2011/95/EU klar, dass der Antragsteller »sicher« und »legal« in den Ausweichort (vom Aufnahmemitgliedstaat aus) reisen können muss. 34

Während über tatsächliche Hindernisse Einigkeit besteht, wird die Frage rechtlicher Zugangsbarrieren kontrovers behandelt. So erfordert der Begriff der tatsächlichen Erreichbarkeit nach allgemein anerkannter Ansicht z. B. Visa- und Transitvisaerfordernisse von Durchreisestaaten.[169] Deshalb kann ein Asylsuchender nicht auf einen Ausweichort im Herkunftsort verwiesen werden, wenn hierzu die Durchreise durch einen Drittstaat erforderlich ist und dieser Staat die Durchreise nicht erlaubt.[170] So darf z. B. nach der australischen Rechtsprechung der Flüchtling nicht auf das Herkunftsland 35

---

166 BVerwG, NVwZ 1993, 1210 (1212); UK Court of Appeal, Ex p Robinson (1997) Imm AR 94; Österr. VwGH, Entsch. v. 28.04.2000, 96/21/1036–7; UNHCR Position on Relocating Internally as a Reasonable Alternative to Seeking or Receiving Asylum, UNHCR/IOM/24/99, 9 February 1999, Rn. 9.
167 Österr.VwGH, Entsch. v. 28.04.2000 – Nr. 96/21/1036–7; BVerwGE 105, 187 (194) = EZAR 043 Nr. 26 = DÖV 1998, 608 = DVBl. 1998, 608; US Board of Immigration Appeals, Nr. 3276 (1996) – Matter of H; Canada Court of Appeal, Nr. 1MM-2124–96 (1997) – Dirshe.
168 BVerwGE 104, 265 (277 ff.) = InfAuslR 1997, 341 = NVwZ 1997, 1127 = EZAR 043 Nr. 21.
169 Global Consultations on International Protection, San Remo Expert Roundtable, 06.–08.09.2001, Summary Conclusions – Internal Protection/Relocation/Flight Alternative, Rn. 3.
170 *Zimmermann/Mahler*, in: *Zimmermann*, The 1951 Convention, Article 1 A para. 2 Rn. 631.

verwiesen werden, wenn die Durchreise durch einen Drittstaat die Ausstellung von Reisedokumenten durch den Drittstaat voraussetzt.[171]

36 Demgegenüber steht nach der Rechtsprechung des BVerwG die Verweigerung von Durchreisevisa durch einen Drittstaat grundsätzlich der Anwendung des internen Schutzeinwandes nicht entgegen.[172] Unerheblich sei, ob der Norden des Irak über die Türkei aus rechtlichen Gründen nicht zugänglich sei. Maßgebend sei vielmehr, ob es dem Antragsteller aus eigener Initiative praktisch möglich sei, den Norden des Irak zu erreichen und ihm dies zumutbar sei. Lediglich ein vorübergehendes rechtliches Hindernis aufgrund der fehlenden Bereitschaft der türkischen Behörden, ein Durchreisevisum auszustellen, führe für den Antragsteller nicht dazu, dass der Norden des Irak nicht erreichbar sei.[173]

37 Nur die vorübergehende Nichterreichbarkeit des sicheren Gebietes wegen typischerweise behebbarer Schwierigkeiten bei der Beschaffung von Reisedokumenten und Transitvisa sperrt die Zuerkennung der Flüchtlingseigenschaft. Steht die Erteilung der Einreiseerlaubnis durch einen Drittstaat jedoch nicht fest, fehlt es an gesicherten tatsächlichen Feststellungen zum Reiseweg (Art. 8 Abs. 1 Buchst. b) RL 2011/95/EU; Rdn. 30). Es ist einem Flüchtling darüber hinaus nicht zuzumuten, auf ein Gebiet verwiesen zu werden, dass er erst nach Erwerb des Flüchtlingsstatus in einem Drittstaat zu erreichen vermag.[174]

bb) Praktische Rückkehrhindernisse (Art. 8 Abs. 3 RL 2004/83/EG)

38 Nach Art. 8 Abs. 3 RL 2004/83/EG kann der Flüchtling auch dann auf das Herkunftsland verwiesen werden, wenn **praktische** Hindernisse der Erreichbarkeit sicherer Gebiete entgegenstehen. **Rechtliche** Hindernisse auf dem Weg dorthin vernichten hingegen diese Option.[175] Spätestens ab 22. Dezember 2013 dürfen die Mitgliedstaaten diese Regelung nicht mehr anwenden (Art. 40 Abs. 1 i.V.m. Art. 8 RL 2011/95/EU). Da Art. 8 Abs. 3 RL 2004/83/EG immanentes Begriffsmerkmal des Konzeptes der internationalen Schutzes ist, muss diese Vorschrift so ausgelegt und angewendet werden, dass sie nicht den tatsächlichen Zugang zu einem wirksamen System des nationalen Schutzes unnötig erschwert oder gar auf unabsehbare Zeit verhindert.

39 Art. 8 Abs. 3 RL 2004/83/EG stellt es den Mitgliedstaaten frei, ob sie praktische Hindernisse berücksichtigen oder nicht, hat also keinen zwingenden Charakter. Die Mehrzahl der Mitgliedstaaten hat diese Vorschrift nicht umgesetzt.[176] UNHCR kritisiert, dass Art. 8 Abs. 3 RL 2004/83/EG dazu führe, dass Personen, die keinen Zugang zu einer Schutzalternative hätten, internationaler Schutz verweigert werde. Dies sei mit Art. 1 GFK unvereinbar. Eine interne Schutzalternative müsse für die betroffene Person sicher und auf legalem Weg erreichbar sein. Sei die in Aussicht genommene Alternative **praktisch nicht erreichbar**, gebe es keine interne Schutzalternative und könne eine solche auch nicht unter zumutbaren Bedingungen erreicht werden.[177]

---

171 Australia Federal Court, (2000) 177 ALR 506 – Al-Amidi v. MIMA, zit. nach *Zimmermann/Mahler*, in: Zimmermann, The 1951 Convention, Article 1 A para. 2 Rn. 631.
172 BVerwGE 110, 74 (77) = EZAR 044 Nr. 16 = NVwZ 2000, 331 = InfAuslR 2000, 122; BVerwGE 131, 186 (194) = NVwZ 2008, 1246 (1248) = InfAuslR 2008, 469; Global Consultations on International Protection, San Remo Expert Roundtable, 06.–08.09.2001, Summary Conclusions – Internal Protection/Relocation/Flight Alternative, Nr. 3.
173 BVerwGE 110, 74 (77) = EZAR 044 Nr. 16 = NVwZ 2000, 331 = InfAuslR 2000, 122; BVerwG, NVwZ 2001, 572 (573).
174 BVerwG, Buchholz 402.242 § 60 Abs. 1 AufenthG Nr. 32; BVerwGE 131, 186 (192 f.) = NVwZ 2008, 1246 (1248) = InfAuslR 2008, 469.
175 *Kelley*, International Journal of Refugee Law 2002, 4 (14).
176 *ECRE*, The Impact of the EU Qualification Directive on International Potection, S. 18.
177 *UNHCR*, Kommentar zur Richtlinie 2004/83/EG, Mai 2005, S. 19.

Die Richtlinie ignoriere damit die Grundsätze, die von UNHCR, dem EGMR, Rechtsexperten und Vertragsstaaten der Konvention als wesentliche Voraussetzung für die Annahme eines internen Schutzes angesehen werde, nämlich, dass die betreffende Region praktisch, sicher und auf legalen Wege erreichbar sein müsse. Art. 8 Abs. 3 RL 2004/83/EG erlaube im Gegensatz dazu die Annahme einer internen Schutzalternative, obwohl praktische Hindernisse den Zugang zum Ort der internen Alternative versperrten. Die Bundesrepublik Deutschland sei der einzige Mitgliedstaat von den fünf untersuchten Mitgliedstaaten, der diese Vorschrift umgesetzt habe. UNHCR fordert die Mitgliedstaaten auf, diese Norm nicht umzusetzen.[178]

40

Demgegenüber hat das BVerwG keine Bedenken gegen die Anwendung von Art. 8 Abs. 3 RL 2004/83/EG. Der auf den Aufenthalt bezogene Maßstab erfasse auch die Vorstufe der Erreichbarkeit des sicheren Gebietes und verlange eine an den Kriterien des Art. 8 Abs. 2 orientierte Zumutbarkeitsbewertung. Art. 8 Abs. 3 **erweitere** den Anwendungsbereich des internen Schutzes auf Fälle, in denen ansonsten die Prognose tatsächlicher Rückkehrmöglichkeit im Zeitpunkt der Entscheidung über den Antrag wegen praktischer Hindernisse für eine Rückkehr in das Herkunftsland negativ ausfallen würde. Viele Staaten machten eine Durchreise von der Einholung eines Transitvisums abhängig, erteilten dieses aber in der Regel.[179]

41

Das BVerwG behandelt die Visumerteilung als praktisches Hindernis, obwohl es sich um ein rechtliches Hindernis handelt, auf das Art. 8 Abs. 3 RL 200483/EG nicht gemünzt ist. Die Beantragung eines Visums beruht zwar auf einem freiwilligen Willensentschluss. Das BVerwG übersieht jedoch, dass der Antrag auf Ausstellung eines Visums eine rechtliche Willenserklärung und keine bloß praktische Vollzugshandlung ist. Erst recht ist die Entscheidung über den Antrag eine rechtliche Willenserklärung, nämlich ein Verwaltungsakt, der zudem im freien Ermessen des ausstellenden Staates steht.

42

Jedenfalls steht aber auch nach der Rechtsprechung des BVerwG diese Norm unter dem Vorbehalt der Zumutbarkeit. Praktische Hindernisse sind etwa lediglich vorübergehende Unterbrechungen der Transportverbindungen und Wetterbedingungen. Der Regelungszusammenhang, in dem der Begriff der »praktischen Hindernisse« steht, wird durch das Erfordernis des individuellen Zugangs zum nationalen Schutzsystem geprägt: Der interne Schutz steht zwar der Zuerkennung der Flüchtlingseigenschaft entgegen, jedoch nur, wenn der Zugang zum nationalen Schutzsystem (Art. 7 Abs. 2 a. E. RL 2004/83/EG) im Zeitpunkt der Statusentscheidung (Art. 4 Abs. 3 Buchst. a) und Art. 8 Abs. 2 RL 2004/83/EG) hinreichend sicher gewährleistet ist.

43

Die Unterbrechungen dürfen lediglich technischer Natur sein, wie etwa ein Motorschaden, ein vorübergehender Ausfall der Flugverbindungen aufgrund eines technischen, alsbald behebbaren Defektes. Unterbrechungen der Transportverbindungen, die ihre Ursache in den allgemeinen Verhältnissen des Herkunftslandes, etwa in bewaffneten Kämpfen oder Zerstörungen des Landes haben, sind keine »technischen Hindernisse«, sondern nicht nur vorübergehende Hindernisse, welche der sicheren Erreichbarkeit des internen Schutzortes entgegenstehen.

44

Der Begriff der »praktischen Hindernisse« in Art. 8 Abs. 3 RL 2004/83/EG ist immanenter Bestandteil des unionsrechtlichen Konzepts des internationalen Schutzes und muss deshalb als Begriffselement des internationalen Schutzes ausgelegt und angewendet werden. Dies verbietet es, völlig anderen Zwecken dienende, nach nationalem Recht zu bestimmende Begriffe, wie etwa inlandsbezogene Vollstreckungshemmnisse zur Auslegung heranzuziehen. Zur Auslegung von Art. 8 Abs. 3 RL 2004/83/EG kann damit nicht die für die Anwendung von § 60 a Abs. 2, § 25 Abs. 5 Satz 1 AufenthG maßgebende Unterscheidung in rechtliche und tatsächliche Abschiebungshindernisse zugrunde gelegt werden. Dagegen spricht nicht nur, dass unionsrechtliche Normen nicht nach

45

---

178 *UNHCR*, Asylum in the European Union, November 2008, S. 57.
179 BVerwGE 131, 186 (195) = NVwZ 2008, 1246 (1248) = InfAuslR 2008, 469 = EZAR NF 64 Nr. 3 = AuAS 2008, 223.

Maßgabe des nationalen Rechts ausgelegt werden dürfen. Vielmehr sind insbesondere die insoweit maßgebenden unterschiedlichen Zweckbestimmungen zu berücksichtigen.

46 Zweck der Anwendung der § 60 a Abs. 2 und § 25 Abs. 5 Satz 1 AufenthG ist es, für die Vollzugsphase nach einem erfolglos durchgeführten Asylverfahren inlandsbezogene rechtliche und tatsächliche Hindernisse gegen den Vollzug der Abschiebungsandrohung zu bezeichnen. Die für die Anwendung der Richtlinie 2004/83/EG maßgebende Frage, ob eine **internationale Schutzbedürftigkeit** (vgl. Art. 2 Buchst. a) RL 2004/83/EG) besteht, ist in diesem Fall bereits negativ beantwortet worden. Zweck der Anwendung von Art. 8 Abs. 3 RL 2004/83/EG ist es demgegenüber, die für die Subsidiarität des internationalen Schutzes maßgebende Ausgangsposition im spezifischen Fall des internen Schutzes zu konkretisieren und auf dieser Grundlage Anforderungen an den Reiseweg vom Aufnahmestaat zum internen Schutzort im Herkunftsland zu bestimmen.

47 Auch wenn im Rahmen der Prognoseentscheidung wegen Art. 8 Abs. 3 RL 2004/83/EG der **Reiseweg** vom Aufnahmemitgliedstaat zum Ort des internen Schutzes zum Gegenstand der Prüfung der Schutzbedürftigkeit gemacht wird (Rdn. 32 ff.), bestimmt nicht wie bei § 60 a Abs. 2 und § 25 Abs. 5 Satz 1 AufenthG die grundsätzlich rechtlich unbegrenzte zuwanderungspolitische Steuerungskompetenz des Aufnahmemitgliedstaates, die rechtlich lediglich durch inlandsbezogene Vollstreckungshemmnisse eingeschränkt werden kann, die Rechtsentscheidung. Vielmehr geht es um die Konkretisierung der aus Art. 33 Abs. 1 GFK folgenden völkerrechtlichen Verpflichtungen des Aufnahmemitgliedstaates (Art. 21, Erwägungsgrund Nr. 11 RL 2004/83/EG). Ist der Zugang zum nationalen Schutzsystem nicht sichergestellt, besteht Schutzbedürftigkeit.

c) *Sicherheit vor Verfolgung (Art. 8 Abs. 1 Buchst. a) RL 2011/95/EU)*

aa) *Verfolgung durch den Staat*

48 Der interne Schutz setzt zusätzlich zur Erreichbarkeit des sicheren Gebietes voraus, dass der Einzelne dort vor Verfolgung sicher ist. Ist dieses Gebiet zwar im Allgemeinen sicher, der Einzelne dort jedoch aufgrund persönlicher Umstände (Art. 8 Abs. 2 RL 2004/83/EG) nicht sicher vor dem Zugriff der Verfolgungsakteure, kann ihm der Flüchtlingsstatus nicht versagt werden. Zunächst ist in diesem Zusammenhang die persönliche Sicherheit des Antragstellers am Ort der internen Schutzalternative Gegenstand der Ermittlungen. Falls er dort Furcht vor Verfolgung hegen muss, kann ihm eine Rückkehr nicht zugemutet werden (Art. 8 Abs. 1 Buchst. a) RL 2011/95/EU).

49 Staaten sind regelmäßig in der Lage, ihr Gewaltmonopol landesweit auszuüben (§ 16 Rdn. 17 ff.). Sofern die Verfolgung von staatlichen Behörden ausgeht, spricht eine Regelvermutung dafür, dass die Reichweite der Verfolger das gesamte Staatsgebiet erfasst. Deshalb wird in der Staatenpraxis der interne Schutzeinwand regelmäßig nicht angewandt, wenn der Antragsteller eine ihm persönlich drohende Verfolgung durch staatliche Behörden geltend macht.[180] Darüber hinaus muss insbesondere die Art der Verfolgung berücksichtigt werden. Sofern der Antragsteller Furcht vor Misshandlungen durch Militärbehörden wegen seiner Wehrdienstverweigerung hegt (§ 14 Rdn. 172 ff.), ist er in allen Teilen des Herkunftslandes dem Verfolgungszugriff des Staates ausgesetzt.[181]

---

180 *UNHCR*, An Overview of Protection Issues in Western Europe: Legislative Trends and Positions Taken by UNHCR, September 1995, S. 31; Hinweise auf Staatenpraxis bei *Vermeulen/Spijkerboer/Zwaan/Fernhout*, Persecution by Third Parties, University of Nijmegen, Commissioned by the Ministry of Justice of the Netherlands, S. 22–23; Global Consultations on International Protection, San Remo Expert Roundtable, 06.–08.09.2001, Summary Conclusions – Internal Protection/Relocation/Flight Alternative, Rn. 2; ebenso BVerfGE 81, 58 (61) = EZAR 203 Nr. 5 = NVwZ 1990, 514 = InfAuslR 1990, 74; BVerfG (Kammer), InfAuslR 1999, 273 (279); BVerfG (Kammer), InfAuslR 2000, 254 (260 f.); BVerwG, InfAuslR 1994, 375/377) = NVwZ 1994, 1123.

181 US Court of Appeal, 9. Bezirk, 207 F.3 d 584 (2000) – Chanchavac.

Es kann dem Antragsteller nicht zugemutet werden, an anderen Orten des Herkunftslandes Schutz zu suchen, wenn die Verfolger mit dem Staat verbunden sind (§ 16 Rdn. 17 ff.). Einem Antragsteller, der durch staatliche Behörden gefoltert worden ist, ist es unzumutbar, in anderen Landesteilen Schutz bei diesen Behörden zu suchen.[182] Diese Grundsätze gelten auch für Organisationen, die das gesamte Staatsgebiet beherrschen (vgl. Art. 7 Abs. 1 Buchst. b) Buchst. b) RL 2004/83/EG, § 16 Rdn. 22 ff.). Sofern jedoch die Verfolgungsakteure nicht in Verbindung mit der Regierung stehen, ist es dem Antragsteller grundsätzlich zuzumuten, in anderen Teilen des Landes Schutz zu suchen.[183]

50

Dem Einwand des internen Schutzes liegt die Annahme zugrunde, dass staatliche Behörden willens und fähig sind, die Rechte der Bürger zu schützen, hierzu jedoch in anderen Landesteilen nicht in der Lage sind. Deshalb kann der Hinweis auf den Schutz in anderen Regionen grundsätzlich nicht im Blick auf Situationen eingewandt werden, in denen der Antragsteller vor ihm gezielt geltenden Verfolgungen durch staatliche Behörden flieht, auch wenn diese in anderen Landesteilen keine Verfolgung ausüben.[184]

51

UNHCR geht insoweit von einer widerleglichen Vermutung aus. Die Feststellungsbehörden könnten im Einzelfall Tatsachen feststellen und unter besonderen Umständen annehmen, dass der Verweis auf den internen Schutz zumutbar ist.[185] Insoweit ist jedoch besondere Zurückhaltung angezeigt[186] und trägt die Behörde die Beweislast. Deshalb werden in der Rechtsprechung der Vertragsstaaten bei Verfolgungen durch staatliche Behörden Ausnahmen nur unter engen Voraussetzungen zugelassen.[187] Zwar hat das House of Lords die Ansicht des Berufungsgerichts, es gebe keine Regelvermutung für die Unzulässigkeit des Verweises auf andere Regionen bei staatlicher Verfolgung, bestätigt, zugleich aber dessen Auffassung, Hinweise auf eine direkte oder indirekte staatliche Beteiligung an Verfolgungen stellten einen relevanter Faktor darstellten, bekräftigt.[188]

52

Jedenfalls in den Fällen, in denen der Antragsteller ihm persönlich geltende gezielte Verfolgungen staatlicher Behörden glaubhaft darlegt, darf der interne Schutzeinwand nur ausnahmsweise angewandt werden. Besonderes Gewicht ist in diesem Zusammenhang auf die Ermittlung der Stabilität der Verhältnisse am Ort des internen Schutzes zu legen. Je instabiler dort die Verhältnisse sind, umso höher ist das Risiko, dass dieser Ort für die Ausübung von Übergriffen durch staatliche Behörden oder für diese handelnde Personen zugänglich ist. So wurde z. B. in der Staatenpraxis festgestellt, dass es die fragilen Strukturen im Norden des Irak dem zentralstaatlichen Geheimdienst ermöglichten, Oppositionelle auch dort zu verfolgen und der Norden deshalb nicht als sicheres Gebiet angesehen.[189]

53

---

182 US Court of Appeal, 9. Bezirk, 63 F.3 d 1501 – Singh v. Ilchert; New Zealand Refugee Status Appeals Authority, Entsch. v. 18.06.1993 – Nr. 135/92 ReRS.
183 US Court of Appeal, 11. Bezirk, (2001) 241 F.3 d 1320 – Mazariegos.
184 UNHCR, An Overview of Protection Issues in Western Europe, Sept. 1995, S. 31.
185 UNHCR Position on Relocating Internally as a Reasonable Alternative to Seeking Asylum, UNHCR/IOM/24/99, 09.02.1999, Nr. 2.
186 *Zimmermann/Mahler*, in: *Zimmermann*, The 1951 Convention, Article 1 A para. 2 Rn. 634.
187 Canada Federal Court of Appeal, 1993 ACWSJ LEXIS 21770 – Thirunavukkarusa; US Court of Appeal, 9. Bezirk, 63 F.3 d 1501 – Singh v. Ilchert.
188 UK House of Lords, IJRL 2008, 186 (189) – AH (Sudan) and others.
189 UBAS (Österreich), Entsch. v. 08.07.1999 – 202.819/0-VII/21/98; UBAS, Entsch. v. 25.01.2000 – 201.442/0-VI/17/98; Belgium Refugee Appeals Board, Decision of 22 April 1996, zit. in: *Elena*, The Application of the Concept of Internal Protection Alternative, 2000, S. 22; Dutch District Court of Den Haag, Entsch. v. 13.09.1999 – AWB 99/4335, zit. in: *Elena*, The Application of the Concept of Internal Protection Alternative, 2000, S. 39; Asylrekurskommission (Schweiz), EMARK 2000 Nr. 15 S. 130 ff.; a.A. BVerwGE 108, 84 (88) = InfAuslR 1999, 145 = EZAR 203 Nr. 12 = NVwZ 1999, 544; BVerwG, InfAuslR 1999, 100; BVerwG, InfAuslR 2000, 32 (33).

54 Die deutsche Rechtsprechung geht davon aus, dass bei gruppengerichteten ethnischen Verfolgungen am Ort des internen Schutzes durchgeführte Überprüfungsmaßnahmen, Polizeikontrollen, Razzien sowie sonstige sicherheitsrelevante Maßnahmen als »**polizeiliche Standardmaßnahmen**« nicht als Verfolgungen anzusehen seien. Begründet wird dies damit, dass es auch nach rechtsstaatlichen Grundsätzen Personen hinnehmen müssten, aufgrund ihrer Zugehörigkeit zu einer bestimmten ethnischen Gruppe in höherem Maße als andere verdächtig zu sein und deshalb in verstärktem Umfang mit polizeilichen Eingriffsmaßnahmen konfrontiert zu werden.[190]

55 Dem russischen Staat könne deshalb nicht abgesprochen werden, im Rahmen der Terrorismusabwehr auch großflächige Ermittlungen durchzuführen.[191] Zwar bestätigten Presseberichte dass es bei Überprüfungen im Polizeigewahrsam zu Körperverletzungen und Folter und im Einzelfall sogar zu Todesfällen gekommen sei. Derartige Übergriffe würden aber nicht nur die Angehörigen der ethnischen Minderheit betreffen, sondern stellten eine »allgemeines Phänomen« dar, von dem die gesamte Bevölkerung des Herkunftslandes betroffen sei.[192] Diese Rechtsprechung ist unvereinbar mit internationalen Grundsätzen, wonach der Antragsteller sicher in die Ausweichregion reisen und sich dort sicher aufhalten kann (Art. 8 Abs. 1 zweiter Halbs. RL 2011/95/EU).

56 Im Ergebnis wendet die Rechtsprechung die Grundsätze des Art. 4 Abs. 4 RL 2004/83/EG nicht sachgerecht an. Es ist unerheblich, ob bestimmte Unterdrückungsmaßnahmen ein »allgemeines Phänomen« darstellen, wenn konkrete Vorfälle die vernünftige Annahme begründen, dass ein von Verfolgung betroffener Angehöriger einer ethnischen Minderheit hiervon betroffen sein wird. In diesem Fall kann nicht mit hinreichender Sicherheit ausgeschlossen werden, dass es nicht anlässlich polizeilicher Kontrollen zu Übergriffen kommen kann. Bei Identitätsprüfungen im Rahmen eines ethnischen Konfliktes liegt die Annahme, dass es in diesem Zusammenhang zu Verfolgungen gegen Angehörige der ethnischen Minderheit auch in anderen Regionen des Herkunftslandes kommt, vielmehr sehr nahe.[193]

57 Auch internationale Gerichte gehen davon aus, dass von einem Antragsteller, der Folter durch staatliche Behörden erlitten hat, vernünftigerweise nicht erwartet kann, dass er bei staatlichen Behörden Schutz sucht. So hatte der EGMR in **Chahal** festgestellt, dass dem Beschwerdeführer polizeiliche Verfolgung nicht nur in der Heimatprovinz Punjab, sondern überall in Indien drohe.[194] In **Hilal** hatte er den Umstand, dass die Polizei in Sansibar eng mit den Polizeibehörden des Festlandes von Tansania verbunden war, berücksichtigt und deshalb verneint, dass der Antragsteller dort effektiven Schutz erlangen könnte.[195] Auch der Ausschuss der Vereinten Nationen gegen Folter hat hervorgehoben, es sei unwahrscheinlich, dass innerhalb des Herkunftslandes sichere Zonen verfügbar seien, wenn die Polizei den Antragsteller suche.[196]

bb) Verfolgung durch lokale oder regionale Behörden

58 Geht die Verfolgung von **lokalen** oder **regionalen Behörden** aus, kann der Antragsteller nur unter besonderen Umständen auf andere Regionen im Herkunftsland verwiesen werden.[197] Grundsätzlich ist es unwahrscheinlich, dass eine zentrale Regierung, die keine effektiven Schutzvorkehrungen

---

190 Bayerischer VGH, Urt. v. 31.01.2005 – 11 B 02.31597.
191 Hessischer VGH, Urt. v. 18.05.2006 – 3 UE 177/04.A.
192 OVG Nordrhein-Westfalen, Urt. v. 12.07.2005 – 11 A 2307/03.
193 Vgl. BVerfG (Kammer), InfAuslR 2000, 254 (260 f.).
194 EGMR, EZAR 933 Nr. 4 = NVwZ 1997, 1093 = InfAuslR 1997, 97 – Chahal.
195 EGMR, InfAuslR 2001, 417 – Hilal.
196 CAT, IJRL 1996, 440 – Ismail Alan; CAT, IJRL 1999, 203 (210) – Orhan Ayes.
197 Global Consultations on International Protection, San Remo Expert Roundtable, 06.–08.09.2001, Summary Conclusions – Internal Protection/Relocation/Flight Alternative, Rn. 2; siehe auch BVerFGE 54, 341 (358) = EZAR 200 Nr. 1 = NJW 1980, 2641.

gegen Verfolgungen durch derartige Behörden trifft, effektiven Schutz im Fall der Rückkehr gegen deren Verfolgungen gewähren wird.[198] Droht daher Verfolgung durch eine lokale oder regionale Behörde und kann die zentrale Regierung ihre Herrschaftsgewalt grundsätzlich im gesamten Herkunftsland ausüben, kann vom Antragsteller grundsätzlich nicht erwartet werden, in sein Herkunftsland zurückzukehren. Dabei ist auch die Fähigkeit lokaler Behörden zur Verfolgung in anderen Landesteilen, in Betracht zu ziehen.[199]

Eine andere Betrachtungsweise mag gerechtfertigt sein, wenn die Regierung Verfolgungen durch die lokalen oder regionalen Behörden wirksam unterbindet. In diesem Fall kann ausnahmsweise davon ausgegangen werden, dass diese Behörden in anderen Landesteilen keine Verfolgung ausüben. Dazu bedarf es jedoch hinreichend zuverlässiger Feststellungen, da angesichts der strukturellen und institutionellen Verankerung lokaler Behörden im Gesamtgefüge des Staates eine Vermutung dafür spricht, dass diese aus diesen Gründen auch in anderen Landesteilen Verfolgungsmaßnahmen ausüben werden. 59

cc) Verfolgung durch die Staatspartei oder den Staat beherrschende Religionsgemeinschaften

Diese Grundsätze gelten auch für Verfolgungen durch die Staatspartei oder durch die den Staat und die Gesellschaft beherrschenden religiösen Gruppen (§ 16 Rdn. 23). In den meisten Fällen sind die Staatspartei oder die vorherrschenden religiösen Gruppen landesweit – organisiert und deshalb – wegen ihrer engen Verbindungen zum zentralen Staatsapparat – auch fähig, im gesamten Staatsgebiet Verfolgungen auszuüben.[200] Daher besteht eine Regelvermutung, dass die Staatspartei oder die dominierende religiöse Gruppierung auch in der Lage ist, im gesamten Land Verfolgungen auszuüben. 60

Befürchtet der Antragsteller Verfolgungen durch regionale Teilgliederungen der Staatspartei oder der dominierenden religiösen Gruppierung, ist deshalb der Verweis auf sichere Gebiete für ihn grundsätzlich nicht zumutbar. Nur wenn klare und eindeutige Tatsachen dafür sprechen, dass lokale Behörden, Parteigliederungen oder Untergliederungen der dominierenden religiösen Gruppierung keinerlei Einfluss in anderen Landesteilen haben, kann vom Antragsteller ausnahmsweise erwartet werden, in anderen Landesteilen Schutz zu suchen. Dies wird allerdings nur in seltenen Ausnahmefällen gelten.[201] Für die Anwendung derartiger Ausnahmefälle trifft indes die Behörde die Beweislast. 61

dd) Verfolgung durch nichtstaatliche Akteure

Ursprünglich war der Einwand der inländischen Fluchtalternative auf Verfolgungen durch nichtstaatliche Akteure konzipiert worden.[202] Dies ist auch in der derzeitigen Staatenpraxis der typische Anwendungsfall des internen Schutzeinwandes. Sofern die Verfolgung von nichtstaatlichen Akteuren ausgeht (vgl. Art. 6 Buchst. c) RL 2004/83/EG) und diese nicht mit den staatlichen Behörden zusammen arbeiten oder sonstwie mit diesen verbunden sind und die Verfolgung durch nichtstaatliche Akteure örtlich begrenzt bleibt, kann daher vom Antragsteller vernünftigerweise erwartet werden, internen Schutz in Anspruch zu nehmen.[203] 62

---

198 Vgl. EGMR, InfAuslR 2001, 417 – Hilal ; *Zimmermann/Mahler*, in: *Zimmermann*, The 1951 Convention, Article 1 A para. 2 Rn. 635.
199 *Zimmermann/Mahler*, in: *Zimmermann*, The 1951 Convention, Article 1 A para. 2 Rn. 635.
200 Global Consultations on International Protection, San Remo Expert Roundtable, 06.–08.09.2001, Summary Conclusions – Internal Protection/Relocation/Flight Alternative, Rn. 2; siehe auch BVerfGE 54, 341(358) = EZAR 200 Nr. 1 = NJW 1980, 2641.
201 *Marx*, IJRL 2002, 179 (192).
202 BVerwGE 67, 314 (315 f.) = EZAR 203 Nr. 1 = InfAuslR 1983, 326; New Zealand Refugee Status Appeals Authority, Entsch. v. 05.08.1992 – Nr. 18/92 ReJS.
203 New Zealand Refugee Status Appeals Authority, Decision of 05.08.1992 – No. 18/92 Re JS.

63 Belegen die Erkenntnismittel aber, dass die nichtstaatlichen Akteure ihre Verfolgungen landesweit ausüben können oder dass durch nichtstaatliche Akteure verfolgte Personen durch die Regierung als Sympathisanten oder Unterstützer der bewaffneten Opposition verdächtigt werden, der Antragsteller also sowohl durch oppositionelle Gruppierungen wie auch durch den Staat verfolgt wird, kann von ihm nicht erwartet werden, in anderen Landesteilen Schutz zu suchen.[204]

64 Die Feststellungsbehörde hat deshalb zunächst den lokal begrenzten Charakter der vorgebrachten Verfolgung durch nichtstaatliche Akteure festzustellen. Trägt der Antragsteller vor, dass ernsthafte Anzeichen dafür bestehen, dass er ein besonders prominenter Gegner der nichtstaatlichen Akteure ist oder dass die Verfolger unschwer in der Lage sind, ihn außerhalb der Herkunftsregion aufzuspüren und zu verfolgen, kann er nicht an das interne Gebiet verwiesen werden.[205]

d) Zumutbarkeit der Lebensverhältnisse

aa) Funktion des Zumutbarkeitstests

65 Nach Art. 8 Abs. 1 RL 2004/83/EG kann vom Antragsteller erwartet werden, dass er das sichere Ausweichgebiet aufsucht, wenn er den dort verfügbaren Schutz unter Berücksichtigung der allgemeinen Gegebenheiten und seiner **persönlichen Umstände** (vgl. Art. 8 Abs. 2, Art. 4 Abs. 3 Buchst. c) RL 2004/83/EG) für ihn zumutbar erlangen kann. Die Änderungsrichtlinie präzisiert die insoweit maßgebenden Kriterien (Art. 8 Abs. 2 RL 2011/95/EU). Die **generalisierende Betrachtungsweise** des BVerwG[206] ist insoweit mit der Richtlinie unvereinbar und überholt.[207] Das BVerwG hält an dieser auch nicht mehr fest. Vielmehr stellt es lapidar fest, dass nach den persönlichen Umständen des Asylsuchenden im anderen Landesteil jedenfalls das Existenzminimum gewährleistet sein müsse.[208]

66 Aus dem für die Auslegung von Art. 8 maßgebenden Zumutbarkeitsbegriff folgt, dass das Ausweichgebiet »ein bewohnbares und sicheres Umfeld frei von drohender Verfolgung bieten muss, in der die Person gemeinsam mit ihren Angehörigen unter vergleichbaren wirtschaftlichen, sozialen und kulturellen Bedingungen wie andere unter normalen Umständen lebende Bewohner des Landes ein ›normales‹ Leben führen kann, einschließlich der Ausübung und Inanspruchnahme der bürgerlichen und politischen Rechte.«[209] Daher muss grundsätzlich die Inanspruchnahme der bürgerlichen und politischen Rechte am Ausweichort gewährleistet sein.

67 Ungeklärt ist der **Vergleichsmaßstab** für die Beurteilung, welche bürgerlichen und politischen Rechte gewährleistet ein müssen. Die Konvention handelt vom Wegfall des Schutzes, der durch den Herkunftsstaat zu gewähren ist. Dies ist der Schutz, welcher innerhalb des Herkunftslandes und grundsätzlich überall in diesem Land verfügbar sein muss. Zwar enthalten die Bestimmungen der Konvention keine ausdrückliche Antwort auf die Frage, unter welchen Voraussetzungen vom Antragsteller vernünftigerweise erwartet werden kann, innerhalb seiner Herkunftslandes internen Schutz zu suchen (vgl. Art. 8 Abs. 2 RL 2004/83/EG; Art. 8 Abs. 1 zweiter Halbs. RL 2011/95/EU).

---

204 Dutch Council of State, Entsch. v. 26.03.1997 – RO93.3958.
205 US Court of Appeal, 11. Bezirk, (2001) 241 F.3 d 1320 – Mazariegos; Dutch Council of State, Entscheidung v. 08.11.1994 – RO2. 92. 3389, District Court of Den Haag, Entscheidung v. 15.07.1997 – AWB 97/1525; UK Court of Appeal, Ex p Robinson v SSHD (1997) Imm AR 94; Court of Appeals, Sotelo-Aquiije v Slattery, (1994) 17 F.3 d 33; *UNHCR*, Handbuch über Verfahren und Kriterien zur Feststellung der Flüchtlingseigenschaft, 1979, Nr. 43.
206 BVerwGE 87, 141 (149) = NVwZ 1992, 384 = EZAR 200 Nr. 27; BVerwG, InfAuslR 1994, 201 (203); BVerwG, EZAR 200 Nr. 30; BVerwG, EZAR 203 Nr. 10.
207 Siehe hierzu *Marx*, InfAuslR 2008, 462.
208 BVerwGE 131, 186 (197) Rn. 35 = NVwZ 2008, 1246 (1249) = InfAuslR 2008, 469 = EZAR NF 64 Nr. 3 = AuAS 2008, 223.
209 *UNHCR*, Auslegung von Art. 1 GFK, April 2001, Rn. 13.

Eine sachgerechte und faire Auslegung ihrer Vorschriften legt jedoch nahe, dass gefährliche oder unzumutbare Existenzbedingungen der Konvention nicht gerecht werden.[210]

Sowohl das Völkerrecht wie auch das Konzept des nationalen Schutzes haben eine gemeinsame Rechtsquelle, das ist das moderne System der internationalen Menschenrechte. Solange eine Beeinträchtigung der Menschenrechte nicht im gesamten Staatsgebiet des Herkunftslandes ausgeschlossen werden kann, besteht die internationale Schutzbedürftigkeit fort. Wenn die Verfolgung nicht landesweit droht und das Herkunftsland fähig und willens ist, Schutz einschließlich der angemessenen Lebensbedingungen zu gewährleisten (vgl. Art. 7 Abs. 2 RL 2004/83/EG), besteht keine internationale Schutzbedürftigkeit.[211]

Der Zumutbarkeitsbegriff wird im Kontext des Flüchtlingsrechts angewandt, setzt jedoch eine Übereinkunft über den Inhalt eines Begriffs voraus, der im Flüchtlingsrecht selbst nicht definiert wird. Das ist der Begriff des »Schutzes dieses Landes«, also des nationalen Schutzes des Herkunftslandes (Art. 1 A Nr. 2 GFK). Die Flüchtlingsdefinition beruht auf der Annahme, dass der Flüchtling den nationalen Schutz aus Gründen der Konvention nicht in Anspruch nehmen kann oder will. Das Erfordernis der individuellen Unwilligkeit oder Unfähigkeit beruht seinerseits auf dem Konzept der Verfolgung.[212]

Der Schutzbegriff hat unterschiedliche Funktionen im Flüchtlingsrecht. Der Flüchtlingsbegriff beruht auf dem Begriff des Wegfalls des **nationalen** Schutzes (§ 15 Rdn. 1 ff.). Die Konvention definiert den präzisen Inhalt des Begriffs des nationalen Schutzes nicht, bezeichnet jedoch eine Grenze jenseits deren die Inanspruchnahme nationalen Schutzes unzumutbar wird. Diese Grenze markiert der Begriff der Verfolgung. Falls der Flüchtlingsstatus gewährt wird, erhält der Flüchtling **internationalen** Schutz nach Art. 2 bis 33 der Konvention, also Ersatz für den Wegfall des **nationalen** Schutzes. Dies kann jedoch nicht der Maßstab des Art. 8 Abs. 2 RL 2004/83/EG sein. Wird dieser internationale Schutz zum Ausgangspunkt des internen Schutzes genommen (Rdn. 72), würden Binnenvertriebene häufig unzulässigerweise gegenüber der im internen Ausweichgebiet ansässigen Bevölkerung privilegiert. Der Wortlaut des Art. 1 A Nr. 2 der Konvention verweist auf den **nationalen** Schutz. Wird der Status verweigert, beruht dies auf der Annahme, dass trotz Verfolgung nationaler Schutz verfügbar ist. Dieser Begriff ist daher Ausgangspunkt der Prüfung.

Dem Flüchtlingsrecht liegen damit unterschiedliche Schutzkonzepte zugrunde, die streng voneinander zu trennen sind.[213] Die Lösung für diese Frage enthält die Konvention selbst. Die Elemente des Flüchtlingsbegriffs reflektieren ein menschenrechtliches Schutzbedürfnis. Das Flüchtlingsrecht gewährt Personen, welche die Kriterien der Flüchtlingsdefinition erfüllen, **mehr Freiheiten als ihnen in ihrem Herkunftsland eingeräumt** wurden. Andererseits stößt eine Beurteilung der Situation am Ausweichort anhand der in Art. 2 bis 33 GFK gewährten Rechte auch deswegen auf Probleme, weil eine Verständigung über den Inhalt des Flüchtlingsstatus nicht zur Basis des nationalen Schutzes gemacht werden kann (Rdn. 73, 70).

Gegen den in der angelsächsischen Rechtsprechung angewandten Zumutbarkeitstest, der danach fragt, ob die Lebensverhältnisse am Ausweichort »unangemessen hart« (»**unduly harsh**«) sind, wird eingewandt, dieser berücksichtige Risiken unterhalb der Schwelle der Verfolgung nicht. Deshalb wird in Anknüpfung an die **Michigan Guidelines**, welche die Rechte aus der Konvention zur Grundlage für die Beurteilung der sozialen Situation am Ausweichort machen (Rdn. 70), vorgeschlagen, es müsse dort ein Schutzniveau herrschen, welche die Vertragsstaaten den Flüchtlingen zukommen lassen wollten.[214]

---

210 *Keith*, Georgetown Immigration Law Journal 2001, 433 (439).
211 Canada Federal Court of Appeal, Randhawa v MEI (1994) 124 ALR 265.
212 *Grahl-Madsen*, YaleJIL 1986, 362 (363 f.).
213 *Marx*, IJRL 2002, 179 (206 ff.).
214 *Zimmermann/Mahler*, in: *Zimmermann*, The 1951 Convention, Article 1 A para. 2 Rn. 648 ff.

73 Zweifelhaft ist, ob die Kritik die angelsächsische Rechtsprechung zutreffend rezipiert (Rdn. 75 ff.). Andererseits kann nach dem Schutzsystem der Konvention das Konzept des internationalen Schutzes (Flüchtlingsstatus) nicht zum Maßstab des nationalen Schutzes nach Art. 1 A Nr. 2 GFK gemacht werden (Rdn. 70 f.).[215] Der Zumutbarkeitstest ist nach Maßgabe eines Schutzstandards zu vollziehen, den die Konvention vorsieht und nicht als ein vages dem Belieben der Behörden anheim gegebenes Konzept. Dabei setzt das dem Flüchtlingsbegriff immanente Spannungsverhältnis zwischen dem Begriff des nationalen Schutzstandards (Art. 1 A Nr. 2 GFK) einerseits und dem Begriff der internationalen Schutzbedürftigkeit (Art. 2 ff. GFK) andererseits eine Entscheidung darüber voraus, wie hoch der Standard des **nationalen Menschenrechtsschutzes** zu setzen ist.

74 Das Konzept grundlegender Menschenrechte muss vor dem Hintergrund der besonderen politischen, ethnischen, religiösen und anderen menschenrechtlichen Voraussetzungen im Herkunftsland konkretisiert werden. Obwohl Fragen wirtschaftlicher Natur, wie z. B. der Zugang zu angemessenen Arbeitsbedingungen, nicht unmittelbar relevant für die Bestimmung des nationalen Menschenrechtsstandards sind, begründet die Unfähigkeit, in anderen Landesteilen wirtschaftlich zu überleben, die internationale Schutzbedürftigkeit.[216] Jedenfalls muss dem Antragsteller ein Mindestmaß an wirtschaftlicher Unterstützung gewährt werden.

bb) Begriff der »unangemessenen Härte«

75 Ausgangspunkt für die Beurteilung, ob es dem Flüchtling vernünftigerweise zugemutet werden kann, in einen anderen Landesteil Aufenthalt zu nehmen, ist die Frage, ob der dort verfügbare interne Schutz grundlegenden zivilen, politischen und sozioökonomischen Rechten genügt. Ob dies der Fall ist, beurteilt die angelsächsische Rechtsprechung nach Maßgabe des Zumutbarkeitstests und fragt danach, ob es **unangemessen hart«** (**»unduly harsh«**) erscheint, dem Flüchtling den Aufenthalt in dieser Region zuzumuten. Die Testfrage der »unangemessenen Härte« verweise auf die Frage, ob einer Person, die Asyl begehre, vernünftigerweise zugemutet werden könne, einen anderen Ort im Herkunftsland aufzusuchen.[217]

76 Die Präambel der Konvention verdeutliche, dass die Vertragsstaaten den Grundsatz bekräftigt hätten, dass Flüchtlinge grundlegende Rechte und Freiheiten ohne Diskriminierung genießen sollten. Wenn die Verfolgung auf einen bestimmten Teil des Herkunftslandes begrenzt sei, stelle sich die Frage, ob der Antragsteller in anderen Landesteilen wirksamen Schutz finden könne.[218] Dabei komme dem Begriff des Flüchtlings und dem dort verankerten grundlegenden Konzept des Schutzes zentrale Bedeutung zu. Bestehe die begründete Besorgnis, dass im Herkunftsland kein Schutz garantiert werde, müsse die internationale Gemeinschaft subsidiären Schutz gewährleisten. Denn der Flüchtlingsbegriff nach Art. 1 A Nr. 2 GFK definiere Flüchtlinge unter Hinweis auf ihre Fähigkeit oder Bereitschaft, den Schutz ihres Landes in Anspruch zu nehmen.[219]

77 Die unterschiedlichen Methoden für die Anwendung des »Zumutbarkeitstest« oder des Tests der »unangemessenen Härte« müssten vor dem Hintergrund der Frage gesehen werden, ob der Antragsteller berechtigt sei, den Status eines Flüchtlings zu genießen. Der Zumutbarkeitstest müsse deshalb in Beziehung zu der vorrangigen Verpflichtung des Herkunftslandes gesetzt werden, den

---

215 *Kelley*, IJRL 2002, 4 (40).
216 UNHCR, An Overview of Protection Issues in Western Europe, June 1994, S. 22.
217 UK Court of Appeal, FC3 96/7394/D, Rn. 18, 29. – Robinson; UK Court of Appeal, CA 181/97 – Butler; Immigration Appeal Tribunal, (1997) ImmAR 568, 575, 578, Rn. 18, 29 – Robinson; UK Immigration Appeal Tribunal, (1998) INLR 519, 521 – Manoharan; UK Immigration Appeal Tribunal, (1999) INLR 205, 212 – Sachithananthan.
218 UK Court of Appeal, FC3 96/7394/D, Rn. 18. – Robinson.
219 UK Court of Appeal, CA 181/97 – Butler.

Antragsteller zu schützen. Dabei erfordere ein wirksamer Schutz des Herkunftslandes, dass grundlegende zivile, politische und sozioökonomische Rechte gewährt würden.[220]

Das House of Lords hat diese Rechtsprechung 2006 im Grundsatz bestätigt, dabei den Zumutbarkeitstest jedoch restriktiv angelegt, allerdings durch den angewandten Vergleichsmaßstab Härten aufgefangen: Im Ausgangspunkt geht es davon aus, dass der Zumutbarkeitstest zwar ein strenger sei (»a rigorous one«), jedoch nicht mit dem Standard von Art. 3 EMRK gleichgesetzt werden dürfe.[221] Falls ein konkretes Risiko unmenschlicher Behandlung bestehe, untersage Art. 3 EMRK die Abschiebung. Die Frage der internen Umsiedlung sei jedoch von dieser Frage zu trennen.[222]

Vergleichsmaßstab zur Beurteilung der Verhältnisse im anderen Landesteil sind sowohl die Verhältnisse im gesamten Herkunftsland wie auch am Herkunftsort. Die Lordrichter fanden insofern in ihren Voten eine einheitliche Linie. Erforderlich ist danach eine faire Würdigung aller entsprechenden Tatsachen. Die Ermittlungen müssen sich auf die spezifische Situation des Antragstellers konzentrieren. Dessen Geschlecht, Alter, Erfahrungen, Fähigkeiten und familiäre Bindungen sind sehr relevant. Es gibt weder eine Notwendigkeit, den Verhältnissen am Herkunftsort noch denen im gesamten Land als Vergleichsmaßstab Priorität einzuräumen.[223]

Hervorgehoben wird, dass in manchen Fällen die tatsächlichen Ermittlungen auf Schwierigkeiten stoßen werden. Die Probleme seien jedoch in der Anwendung des Zumutbarkeitstest, nicht in seiner Beschreibung zu sehen. Der humanitäre Zweck der Konvention bestehe in der Gewährleistung eines vernünftigen Maßes an Schutz für jene, die in ihrer Herkunftsregion oder in anderen Landesteilen eine begründete Furcht vor Verfolgung hegten, nicht jedoch darin, einen generellen, für die gesamte Welt maßgebenden Lebensstandard zu erhalten, so wünschenswert dies auch erscheinen möge.[224]

Der Begriff der »unangemessenen Härte« setzt danach den Standard, anhand dessen zu prüfen ist, ob vom Antragsteller vernünftigerweise eine interne Umsiedlung erwartet werden kann. Falls dieser ein relativ normales Leben im anderen Landesteil, verglichen mit den im gesamten Land vorherrschenden Verhältnissen, führen kann, wird es als zumutbar angesehen, dass er dort Aufenthalt nimmt.[225] Einerseits werden danach die Verhältnisse am Herkunftsort berücksichtigt und die dortigen Verhältnisse mit denen am Ort des internen Schutzes verglichen. Falls unter derartigen Verhältnissen der Antragsteller kein »relativ normales Leben« verglichen mit dem allgemein in seinem Herkunftsland herrschenden Verhältnissen führen kann, wird es als »unangemessen hart« angesehen, ihm den Aufenthalt im anderen Landesteil zuzumuten.[226]

Die Lebensführung vor Beginn der Verfolgung ist zwar ein relevanter Faktor, nicht aber der Ausgangspunkt. Vielmehr wird prognostisch die Situation nach der Rückkehr des Flüchtlings mit den generellen Lebensverhältnissen im gesamten Herkunftsland verglichen. Falls der Antragsteller zu einem Leben zurückkehren kann, das in diesem Kontext normal ist und er keine begründete Furcht vor Verfolgung hegen muss, kann er sich nicht auf die frühere Verfolgung berufen. Das bedeutet aber nicht, dass die erforderliche, auch kumulative Faktoren einschließende holistische Betrachtungsweise durch einen Maßstab ersetzt werden kann, der nur danach fragt, ob die Umstände am

---

220 UK Court of Appeal, CA 181/97 – Butler.
221 *Lordrichter Binhhaml*, in: UK House of Lords, (2007) UKHL 49, Rn. 9 – AH (Sudan) and others.
222 *Baroness Hale*, in: UK House of Lords, (2007) UKHL 49, Rn. 22 – AH (Sudan) and others.
223 *Lordrichter Bingham*, in: UK House of Lords, (2006) UKHL 5, Rn. 21. – Januzi; bekräftigt *Lordrichter Bingham*, in: UK House of Lords, (2007) UKHL 49, Rn. 5 – AH (Sudan) and others.
224 *Lordrichter Bingham*, in: UK House of Lords, (2007) UKHL 49, Rn. 5 – AH (Sudan) and others.
225 *Lordrichter Hope*, UK House of Lords, (2006) UKHL 5, Rn. 47. – Januzi.
226 *Lordrichter Carswell*, UK House of Lords, (2006) UKHL 5, Rn. 64 ff. – Januzi; *Lordrichter Binhhal*, UK House of Lords, (2007) UKHL 49, Rn. 8 – AH (Sudan) and others.

Ort des internen Schutzes schlechter als irgendwo sonst im Lande sind.[227] Der Vergleichsmaßstab könne nicht das Leben der Ärmsten der Armen, etwa das Leben der Binnenflüchtlinge vor dem Bürgerkrieg im Südsudan, die in Lagern oder Slums vegetierten, sein.

cc) Kriterien des Zumutbarkeittests

83 Aus der angesächsischen Rechtsprechung sind daher die materiellen Kriterien des Zumutbarkeittests zu entwickeln. Die Lordrichter stützen sich maßgeblich auf die Richtlinien von UNHCR zum internen Schutz[228] und knüpfen an die dort aufgeworfene Frage an, ob der Antragsteller – verglichen mit den Verhältnissen im gesamten Land – ein »relativ normales Leben« führen kann, ohne eine »unangemessene Härte« zu erfahren. Eine Neuumsiedlung kann vom Antragsteller nicht erwartet werden, wenn im anderen Landesteil die Achtung vor den Menschenrechten, insbesondere die notstandsfesten (vgl. auch Art. 9 Abs. 1 Buchst. a) RL 2004/83/EG), als offensichtlich problematisch erscheint. Dies bedeutet nicht, dass die fehlende Gewährleistung sämtlicher ziviler, bürgerlicher oder sozioökonomischer Menschenrechte im anderen Landesteil diesen als Bezugspunkt der Entscheidung disqualifiziert. Gefordert ist vielmehr, dass dort eine tatsächliche Alternative für den Antragsteller besteht.[229]

84 Es kommt hierbei darauf an, ob die dort verletzten oder nicht gewährten Rechte so fundamental für das Leben des Antragstellers sind, dass seine Neuumsiedlung unangemessen hart erscheint.[230] Auch UNHCR fordert danach eine pragmatische und keine dogmatische Handhabung des internen Schutzeinwandes. Ob die Gewährleistung der Menschenrechte »**als offensichtlich problematisch erscheint**«, setzt nicht eine Untersuchung der generellen Lebensverhältnisse am Ort des internen Schutzes voraus, sondern bedeutet, dass gemessen an den persönlichen Lebensverhältnissen des Antragstellers eine insoweit prekäre Situation als unangemessene Härte erscheint.

85 Im Blick auf die sozioökonomischen Verhältnisse scheide der andere Landesteil für den Antragsteller aus, wenn er dort nicht in der Lage sein werde, seinen Lebensunterhalt zu verdienen oder eine Unterkunft zu finden oder wenn er dort nicht die erforderliche medizinische Hilfe erhalten werde. Von einem menschenrechtlichen Standpunkt aus, könne einem Antragsteller die Umsiedlung nicht zugemutet werden, wenn er dort wirtschaftliche Armut oder eine Existenz unterhalb eines zumindest angemessenen Lebensstandards erfahren würde. Am anderen Ende des Spektrums stehe eine lediglich verminderte Einschränkung des Lebensstandards oder der wirtschaftlichen Situation des Antragstellers aufgrund der Umsiedlung. Zwischen diesen beiden Polen müsse die sozioökonomische Situation im anderen Landesteil bewertet und dabei gefragt werden, ob die Verhältnisse dort dem Antragsteller ein »relativ normales Leben« – verglichen mit den Verhältnissen im gesamten Land – ermöglichen werden.[231]

86 Der Zumutbarkeitstest ist bedeutend offener und weit oberhalb des extrem restriktiven Maßstabes der bisherigen deutschen Rechtsprechung. Diese erachtet eine Verweigerung des Zugangs zu angemessenen wirtschaftlichen Überlebensbedingungen für unschädlich, wenn auch die Bevölkerung im Herkunftsland am Rande des Existenzminimums lebe.[232] Nicht zumutbar ist der Verweis auf einen anderen Landesteil, wenn der Flüchtling dort **auf Dauer** ein Leben zu erwarten hat, das zu Hunger,

---

227 *Baroness Hale*, UK House of Lords, (2007) UKHL 49, Rn. 27 – AH (Sudan) and others; *LordrichterBingham*, UK House of Lords, (2006) UKHL 5, Rn. 20. – Januzi.
228 *Lordrichter Bingham*, UK House of Lords, (2006) UKHL 5, Rn. 20 – Januzi.
229 *UNHCR*, Guidelines on International Protection: »Internal Flight or Relocation Alternative« within the Context of Article 1 A (2) of the 1951 CRS, Rn. 7 II a), Juli 2003.
230 *UNHCR*, Internal Flight or Relocation Alternative, Juli 2003, Rn. 28.
231 *UNHCR*, Internal Flight or Relocation Alternative, Juli 2003, Rn. 29.
232 OVG Nordrhein-Westfalen, Urt. v. 12.07.2005 – 11 A 2307/03.A, Rn. 201; OVG Schleswig-Holstein, Urt. v. 03.11.2005 – 1 LB 211/01 UA, S. 22, beide zum internen Schutz für Tschetschenen in der Russischen Föderation.

Verelendung und schließlich zum Tode führt, oder wenn er dort nichts anderes zu erwarten hat, als ein »Dahinvegetieren am Rande des Existenzminimums.«[233] Die deutsche Rechtsprechung ist damit nicht auf grundlegende Menschenrechte, sondern auf den extremen Härtefall, die Vorstufe zum Tod, ein »Dahinvegetieren am Rande des Existenzminimums« fixiert[234] und damit lediglich den Ausschluss einer »Verelendungs- oder Todesgefahr«.[235]

Das BVerwG hat klargestellt, dass dem Betroffenen **»auf absehbare Zeit«** ein ihm nicht zumutbares »Dahinvegetieren am Rande des Existenzminimums« drohen müsse, das auch nicht durch Überwindung von Anfangsschwierigkeiten behoben werden könne. Derartige »existenzielle Gefahren« müssten mit beachtlicher Wahrscheinlichkeit drohen und dürften nicht lediglich im Bereich des Möglichen liegen.[236] Danach bietet ein verfolgungssicherer Ort dem Betroffenen das wirtschaftliche Existenzminimum dann, wenn er durch eigene Arbeit oder durch Zuwendungen von dritter Seite jedenfalls nach Überwindung von Anfangsschwierigkeiten das zu seinem Lebensunterhalt »**unbedingt** Notwendige« erlangen kann.[237]

87

Zu den danach zumutbaren Arbeiten gehören auch Tätigkeiten, für die es keine Nachfrage auf dem allgemeinen Arbeitsmarkt gibt, die nicht überkommenen Berufsbildern entsprechen, etwa weil sie keinerlei besondere Fähigkeiten erfordern, und die nur zeitweise, etwa zur Deckung eines kurzfristigen Bedarfs, beispielsweise in der Landwirtschaft oder auf dem Bausektor ausgeübt werden.[238] Nicht zumutbar ist jedoch die entgeltliche **Erwerbstätigkeit für eine kriminelle Organisation**, die in der fortgesetzten Begehung von oder Teilnahme an Verbrechen besteht. Ein verfolgungssicherer Ort, an dem das wirtschaftliche Existenzminimum nur durch derartiges kriminelles Handeln erlangt werden kann, ist kein zumutbarer Schutzort.[239]

88

Andererseits ist es nicht erforderlich, dass der Flüchtling am internen Schutzort ein förmliches Aufenthaltsrecht erhält, wenn er seine Existenz auch ohne dieses und ohne Inanspruchnahme staatlicher Sozialleistungen in zumutbarer Weise etwa im Rahmen eines Familienverbandes sichern kann. Ein Leben in der **Illegalität**, das den Flüchtling jederzeit der Gefahr polizeilicher Kontrollen und der strafrechtlichen Sanktionierung aussetzt, stellt hingegen keine zumutbare Schutzalternative dar.[240] Nach der Änderungsrichtlinie muss der Antragsteller im anderen Landesteil hingegen »aufgenommen« werden (Art. 8 Abs. 1 zweiter Halbs. Rl 2011/95/EU). Dies schließt eine legale Einreise und einen legalen Aufenthalt ein.

89

Das BVerwG hat nunmehr angedeutet, dass sein bisheriger Maßstab mit Art. 8 Abs. 2 RL 2004/83/EG möglicherweise nicht mehr vereinbar ist, jedoch offen gelassen, welche »darüber hinausgehenden wirtschaftlichen und sozialen Standards erfüllt sein müssen«. Allerdings hat es unter Hinweis auf die britische Rechtsprechung festgestellt, es spreche einiges dafür, dass die gemäß Art. 8 Abs. 2 RL 2004/83/EG zu berücksichtigenden allgemeinen Gegebenheiten des Herkunftslandes – oberhalb der **Schwelle des Existenzminimums** – auch den Zumutbarkeitsmaßstab prägten.[241]

90

---

233 BVerwG, NVwZ-RR 1991, 442; BVerwG, Beschl. v. 31.07.2002 – BVerwG 1 B 128.02.
234 BVerwG, NVwZ-RR 1991, 442; BVerwG, Beschl. v. 31.07.2002 – BVerwG 1 B 128.02.
235 OVG Nordrhein-Westfalen, Urt. v. 12.07.2005 – 11 A 2307/03.A, Rn. 202.
236 BVerwG, InfAuslR 2007, 211 (212) = NVwZ 2007, 590 = EZAR 64 Nr. 2 = AuAS 2007, 68.
237 BVerwG, InfAuslR 2007, 211 (212) = NVwZ 2007, 590 = EZAR 64 Nr. 2 = AuAS 2007, 68, mit Hinweis auf BVerwG, Buchholz 402.25 § 1 AsylVfG Nr. 270; siehe hierzu auch *Lehmann*, NVwZ 2007, 508 (513 f.).
238 BVerwG, InfAuslR 2007, 211 (212) = NVwZ 2007, 590 = AuAS 2007, 68.
239 BVerwG, InfAuslR 2007, 211 (212) = NVwZ 2007, 590 = AuAS 2007, 68.
240 BVerwG, InfAuslR 2007, 211 (213) = NVwZ 2007, 590 = AuAS 2007, 68.
241 BVerwGE 131, 186 (197) Rn. 35 = NVwZ 2008, 1246 = InfAuslR 2008, 469 = EZAR NF 64 Nr. 3 = AuAS 2008, 223., mit Hinweis auf UK House of Lords, UKHL 5, Rn. 47 – Januzi; *Dörig*, ZAR 2006, 272 (275 f.).

91 Nach der Rechtsprechung des EGMR verletzt ein Vertragsstaat Art. 3 EMRK, wenn er einen Asylsuchenden in ein »relativ sicheres Gebiet« seines Herkunftslandes abschiebt und dieser in diesem über keine Beziehungen zu einem Clan verfügt und deshalb gezwungen wäre, unter unmenschlichen Bedingungen in einem Lager für Binnenflüchtlinge zu leben.[242] Nähere Informationen zu den Lagerbedingungen werden nicht mitgeteilt. Es sind daher die Lagerbedingungen zu untersuchen. Werden den Betroffenen nicht die für ein Leben in Freiheit und Würde erforderlichen wirtschaftlichen und sozialen Rechte gewährt, ist der Verweis auf das Ausweichgebiet unzulässig. Wenn derartige Grundsätze bereits Art. 3 EMRK ins Spiel bringen, sind sie erst recht bei der Anwendung von Art. 8 Abs. 2 RL 2004/83/EG als notwendiger, aber nicht hinreichender Maßstab zu beachten.

92 Wird am Ausweichort die Zivilbevölkerung durch kriegerische Auseinandersetzungen und Luftangriffe betroffen, handelt es sich um drohende Gefahren für Leib und Leben.[243] Soweit eine Verwicklung in kriegerische Auseinandersetzungen zwischen regierungstreuen Truppen und Aufständischen sowie zwischen rivalisierenden Gruppen von Aufständischen droht, sind verlässliche Feststellungen über konkrete Gefährdungen erforderlich.[244] Führt die Regierung gezielte Luftangriffe auf die Bevölkerung in anderen Landesteilen durch, ist ohne Weiteres von einer Unzumutbarkeit des dortigen Aufenthaltes auszugehen.[245] In all diesen Fällen ist offensichtlich, dass aufgrund der bestehenden Situation die Inanspruchnahme grundlegender bürgerlicher, politischer und soziokultureller Rechte nicht gewährleistet ist.

dd) Gewährleistung der Religionsfreiheit

93 Zu den grundlegenden bürgerlichen Rechten, deren Ausübung am Ort der internen Schutzalternative sichergestellt sein muss, gehört das Recht auf Religionsfreiheit. Danach kann von einem Antragsteller, der den muslimischen Glauben ablehnt, vernünftigerweise nicht erwartet werden, sich in einem Landesteil seines Herkunftslandes anzusiedeln, wenn er dort gezwungen werden wird, sich entsprechend den vorherrschenden islamischen Grundsätzen zu verhalten.[246] Ebenso wenig ist es für einen Antragsteller zumutbar, sich in anderen Landesteilen Indiens anzusiedeln, wenn er weder die dortigen religiösen Gebräuche noch den dort üblichen Dialekt beherrscht.[247]

94 Die deutsche Rechtsprechung beurteilt die Frage der Gewährleistung der religiösen Ausübungsfreiheit vorrangig unter dem Gesichtspunkt der Verfolgung, nicht jedoch unter der Fragestellung, ob aus spezifischen individuellen religiösen Gründen die Ansiedlung am Ort der in Betracht kommenden Schutzalternative für den Antragsteller zumutbar ist. Wer vor einer an seine Religionszugehörigkeit anknüpfenden Verfolgung geflohen ist, ist am Ausweichort nicht hinreichend sicher vor Verfolgung, wenn der Staat ihn durch eigene Maßnahmen daran hindert, das religiöse Existenzminimum zu wahren.[248] Entsprechendes gilt, wenn dort eine feindlich eingestellte muslimische Umgebung durch aktives, mit dem für alle geltenden Recht unvereinbares Handeln Angehörige einer religiösen Minderheit daran hindert, dasjenige Maß an Zusammenhalt in einer »Religionsfamilie« zu finden, das sie zur Wahrung ihres religiösen Existenzminimums benötigen, ohne dass der Staat sich gegenüber rechtswidrigen Übergriffen schutzwillig zeigt.[249]

95 Die Verengung auf das Maß des religiösen Existenzminimums ist schon im Bereich der an Verfolgungsgründe anknüpfenden Verfolgung nicht mehr gerechtfertigt (Art. 10 Abs. 1 Buchst. b)

---

242 EGMR, InfAuslR 2007, 223 (224) – Salah Sheekh (Somalia).
243 BVerfG (Kammer), InfAuslR 1991, 198 (200).
244 BVerwG, Urt. v. 30.04.1991 – BVerwG 9 C 130.90.
245 OVG Lüneburg, Urt. v. 07.06.1988 – 13 A 12/88.
246 Österrreichischer UBAS, Entsch. v. 05.05.2000 – 200.194/38-II04/00.
247 US Court of Appeal, 9. Bezirk, 63 F.3d1501 – Singh.
248 BVerfGE 81, 58 (66) = EZAR 203 Nr. 5 = NVwZ 1990, 254 = InfAuslR 1990, 147.
249 BVerfGE 81, 58 (67 f.) = EZAR 203 Nr. 5 = NVwZ 1990, 254 = InfAuslR 1990, 147.

RL 2004/83/EG, § 22 Rdn. 15 ff.), kann aber erst recht nicht als Maß für die Bewertung, ob am internen Ort des Schutzes grundlegende Rechte gewährleistet werden, dienen. Demgegenüber verengt die deutsche Rechtsprechung auch im Zusammenhang mit der Bewertung möglicher Schutzalternativen die Glaubenspraxis allein auf den Verfolgungsaspekt und verengt diesen wiederum nur auf das religiöse Existenzminimum. Dieses gehöre zum unentziehbaren Kern der Privatsphäre, den der religiöse Mensch zu seinem Leben- und Bestehenkönnen als sittliche Person benötige.[250]

Dabei sind bei archaischen und von mündlicher Überlieferung geprägten Religionsformen die besonderen Voraussetzungen der Religionsausübung in den Blick zu nehmen, die nach der allgemein geübten religiösen Praxis für das religiöse Leben schlechthin unverzichtbar sind. Für die Jeziden etwa kann insoweit die Aufrechterhaltung einer Familienstruktur im Sinne eines für die Ausübung der Kulthandlungen notwendigen Gruppenzusammenhalts und, damit einhergehend, einer Verbindung mit einer Priesterfamilie in Betracht kommen.[251] Das BVerfG verwendet in diesem Zusammenhang ausdrücklich den Begriff der »Religionsfamilie«.[252]

96

Die Wahrung des religiösen Existenzminimums setzt die Prüfung voraus, welche Bedeutung dem Zusammenhalt der Angehörigen derartiger Religionsgemeinschaften untereinander und mit ihrer Religionsfamilie für die Religionsbewahrung zukommt, welches Maß an Zusammenhalt in räumlicher und zeitlicher Hinsicht hierfür auch nach den in der Bundesrepublik mittlerweile vorliegenden Erfahrungen erforderlich ist, ob der betreffende Angehörige der Religionsgemeinschaft nach seiner eigenen Religiosität hierauf angewiesen ist und ob der hierfür gegebenenfalls notwendige staatliche Schutz in hinreichend verlässlicher Weise gewährleistet erscheint.[253]

97

Es begründe keine Verfolgung, wenn Jeziden ohne vollständige Verleugnung ihrer religiösen Identität in den Großstädten der Türkei keine Überlebenschance hätten. Es sei kein Anhaltspunkt dafür zu erkennen, dass der Staat die Jeziden durch eigene Maßnahmen daran hindere, in den Städten das religiöse Existenzminimum zu wahren, oder die städtische Bevölkerung den Jeziden die Wahrung des religiösen Existenzminimums durch aktives, mit dem für alle geltendes Recht unvereinbares Handeln unmöglich mache.[254] Die Beeinträchtigung müsse mithin auf ein aktives Tun entweder des Staates oder einer feindlich gesonnenen muslimischen Umgebung zurückzuführen sein. Denn die Statusgewährung habe nicht die Funktion, religiöse oder ethnische Minderheiten vor einer allmählichen Assimilation als Folge eines langfristigen Anpassungsprozesses zu schützen.[255]

98

Hiergegen hat das BVerfG unter Erweiterung seines ursprünglich auf den Verfolgungsbegriff begrenzten Ansatzes ernsthafter Nachteile eingewandt, nicht jeder mit einem Leben in der Stadt verbundene »Anpassungsdruck«, der zur Auflösung des archaischen Gruppenzusammenhalts unter den Jeziden führe, sei unerheblich.[256] Zwar könne unter Berücksichtigung einer konkret belegbaren Schutzbereitschaft des Staates eine hinreichende Sicherheit vor Verfolgung am Ort der Fluchtalternative bestehen. Es komme jedoch entscheidungserheblich darauf an, ob der Asylsuchende dort sonstigen, an seinem Herkunftsort so nicht gegebenen Nachteilen und Gefahren ausgesetzt wäre. Keine Fluchtalternative liege mithin dann vor, wenn sich die Betroffenen derartigen Nachteilen

99

---

250 BVerfGE 76, 143 (159) = EZAR 200 Nr. 20 = NVwZ 1988, 237 = InfAuslR 1988, 87; 81, 58 (66).
251 BVerfGE 81, 58 (66 f.) = EZAR 203 Nr. 5 = NVwZ 1990, 254 = InfAuslR 1990, 147.
252 BVerfGE 81, 58 (67) = EZAR 203 Nr. 5 = NVwZ 1990, 254 = InfAuslR 1990, 147; BVerwGE 85, 139 (146 f.) = EZAR 202 Nr. 18 = NVwZ 1990, 1175 = InfAuslR 1990, 312; 88, 367 (378 f.).
253 BVerwGE 85, 139 (146 f.) = EZAR 203 Nr. 5 = NVwZ 1990, 254 = InfAuslR 1990, 147.
254 BVerwGE 88, 367 (378 f.); BVerwG, NVwZ-RR 1991, 442 (443); BVerwG, Buchholz 402.25 § 1 AsylVfG Nr. 104.
255 BVerwG, EZAR 203 Nr. 6 = NVwZ-RR 1991, 442 (443).
256 BVerfGE 81, 58 (67) = EZAR 203 Nr. 5 = NVwZ 1990, 254 = InfAuslR 1990, 147.

und Gefahren nur durch Aufgabe einer das religiöse Existenzminimum wahrenden Lebensweise entziehen könnten.²⁵⁷

ee) Berücksichtigung spezifischer persönlicher Umstände

100 Nach Art. 8 Abs. 2 RL 2004/83/EG sind bei der Prüfung des internen Schutzeinwandes die persönlichen Lebensumstände des Antragstellers im Zeitpunkt der Entscheidung (vgl. auch Art. 4 Abs. 3 Buchst. a) RL 2004/83/EG) zu berücksichtigen. Deshalb sind alle individuellen Umstände des Antragstellers unter Berücksichtigung seines konkreten Einzelfalles in den Blick zu nehmen.²⁵⁸ Die Richtlinie steht insoweit in Übereinstimmung mit dem internationalen Standard.²⁵⁹

101 So sind insbesondere individuelle Besonderheiten wie Sprache, Bildung, persönliche Fähigkeiten, vorangegangener Aufenthalt des Antragstellers in dem in Betracht kommenden Landesteil, örtliche und familiäre Bindungen, Geschlecht, Alter, ziviler Status, Lebenserfahrung, soziale Einrichtungen, gesundheitliche Versorgung und verfügbares Vermögen zu berücksichtigen.²⁶⁰ Die kumulative Wirkung mehrerer der bezeichneten Faktoren ist zu beachten. Obwohl eine diskriminierende Behandlung im Bildungs- und Arbeitsbereich sowie bei der Wohnungssuche als solche grundsätzlich die Neuansiedlung nicht unzumutbar machen, kann die diskriminierende Behandlung in Verbindung mit den aufgezeigten Faktoren unter dem Gesichtspunkt der **kumulativen Wirkung** sämtlicher Besonderheiten des Einzelfalles den dortigen Aufenthalt als unzumutbar erscheinen lassen.²⁶¹

102 Eine besonders überragende Funktion kommt insoweit dem **Verlust familiärer Bindungen** zu. Nationale Gericht haben entschieden, dass es trotz staatlicher Unterstützung am Ort der internen Schutzes für ältere oder auf Unterstützung angewiesene Personen unzumutbar sei, diese auf den im anderen Landesteil des Herkunftsortes grundsätzlich verfügbaren Schutz zu verweisen, wenn sie im Aufnahmeland in feste soziale und emotionale familiäre Beziehungen eingebunden seien.²⁶² Familiäre Bindungen am Ausweichort kommt damit bei der Auslegung und Anwendung von Art. 8 Abs. 2 RL 2004/83/EG eine überragende Bedeutung zu. Fehlen derartige Bindungen, sprechen erhebliche Gründe dagegen, dem Antragsteller eine Neuansiedlung zuzumuten.

103 Der EGMR verlangt ebenfalls die Berücksichtigung familiärer Bindungen am Ausweichort. Auch wenn ein Gebiet »relativ sicher« sei, Personen ohne familiäre oder Clanbeziehungen jedoch anders als Personen, die auf solche Bindungen zurückgreifen könnten, dort nur unter unmenschlichen Bedingungen in Lagern für Binnenflüchtlinge leben könnten, dürften sie nicht auf dieses Gebiet verwiesen werden.²⁶³

---

257 BVerfG (Kammer), InfAuslR 1992, 219 (222).

258 UNHCR, Position Paper. Relocating Internally as a Reasonable Alternative to Seeking Asylum, Februar 1999, Nr. 18.

259 Global Consultations on International Protection, San Remo Expert Roundtable, 06.–08.09.2001, Summary Conclusions – Internal Protection/Relocation/Flight Alternative, Nr. 5; *Lordrichter Bingham*, UK House of Lords, (2007) UKHL 49, Rn. 8 – AH (Sudan) and others UK Court of Appeals, (1997) Imm AR 94 – *Robinson*; New Zealand Court of Appeal, (1999) NZAR 205, 217–218 (CA) – *Butler*; Canada Federal Court of Appeal, Entsch. v. 19.08.1998 – IMM-5091–97 – Ramanathan.

260 Canada Federal Court of Appeal, Entsch. v. 19.08.1998 – IMM-5091–97 – Ramanathan.

261 UK Court of Appeal, (1999) ImmAR 436 – Gnanam.

262 Canada Federal Court of Appeal, Entscheidung v. 19.08.1998 – IMM-5091–97 – Ramanathan; Canada Federal Court of Appeal, (1993) FCJ 887 – Abubakar; The Netherlands Court of Zwolle, Entsch. v. 10.06.1997 – AWB 96/10979; BVerfG (Kammer), NVwZ 1997, 65 (66) = C 39.

263 EGMR, InfAuslR 2007, 223 (224) – Salah Sheekh (Somalia).

ff) Individueller Zugang zum nationalen Schutz

Art. 7 Abs. 2 RL 2004/83/EG ist auch im Rahmen von Art. 8 Abs. 2 RL 2004/83/EG zu beachten. Die Änderungsrichtlinie stellt dies mit Art. 8 Abs. 2 Satz 1 RL 2011/95/EU ausdrücklich klar. Die Prognoseprüfung fällt zugunsten des Antragstellers aus, wenn er keinen Zugang zum Schutzsystem hat (Art. 7 Abs. 2 letzter Halbs. RL 2004/83/EG, § 18 Rdn. 7 bis 14). Diese Frage zielt nicht auf die Erreichbarkeit des Ausweichgebietes (Rdn. 29 bis 37), sondern darauf, ob trotz Erreichbarkeit dort Zugang zum verfügbaren Schutz gewährt wird. Der Schutz muss effektiv sein. Die Richtlinie fordert eine individuelle, auf den einzelnen Antragsteller bezogene Prüfung (Art. 4 Abs. 3 Buchst. c) RL 2004/83/EG). Diesem verfahrensrechtlichen Erfordernis kann nicht mit einem generell-abstrakten Maßstab Rechnung getragen werden (Art. 8 Abs. 2 RL 2004/83/EG).[264]

104

Die Gegenmeinung ist nicht überzeugend und darüber hinaus auch widersprüchlich: Danach beurteile sich die Frage, ob eine **generelle** Schutzbereitschaft und -willigkeit anzunehmen sei, danach, dass zumindest die **Bereitschaft** bestehe, den angemessenen Schutzstandard zu gewähren. Zugleich wird aber eingeräumt, dass es auf die individuellen Umstände ankomme.[265] Die generelle Bereitschaft, die keine Entsprechung in der Praxis findet, eröffnet als solche dem Einzelnen noch keinen Zugang zum Schutzsystem. Maßgebend sind jedoch die individuellen Verhältnisse und nicht die abstrakt bleibende generelle, aber nicht praktisch wirksame Schutzbereitschaft.

105

Bedenken ergeben sich insoweit auch gegen die bisherige deutsche Rechtsprechung. Danach stehen lediglich Anfangsschwierigkeiten[266] dem Verweis auf den anderen Landesteil nicht entgegenstehen. Derartige allgemein gehaltene Klauseln bergen stets die immanente Gefahr in sich, dass sie uferlos angewandt werden. Deshalb sind präzise Feststellungen erforderlich, für welchen Zeitraum der Zugang zu angemessenen Lebensbedingungen versperrt ist und aus welchen Mitteln der Antragsteller unter Berücksichtigung seiner persönlichen Umstände in der Zwischenzeit seinen Lebensunterhalt sicherstellen und eine Unterkunft finden kann. Ab dem 22. Dezember 2013 sind aber auch derartige Erwägungen nicht mehr zulässig (Art. 8 Abs. 2 Satz 1 i.V.m. Art. 39 Abs. 1 RL 2011/95/EU). Bei Familien dürften nicht überwindbare Existenznöte bereits in der Anfangsphase den Aufenthalt im Ausweichgebiet unzumutbar machen.

106

Sind die staatlichen Strukturen wegen eines **Bürgerkrieges** oder vergleichbaren internen Konfliktes insgesamt im Lande zusammengebrochen und auch keine vergleichbaren Strukturen an deren Stelle getreten, besteht kein nationales Schutzsystem. Die Frage des individuellen Zugangs zu einem derartigen System stellt sich erst gar nicht. Sind keine schützenden Instanzen verfügbar, kann deshalb ein Schutzersuchen nicht gefordert werden.[267]

107

gg) Schutzgewährung durch de facto-Autoritäten

Art. 7 Abs. 1 Buchst. b) RL 2004/83/EG ist auch im Rahmen von Art. 8 RL 2004/83/EG zu berücksichtigen. In aller Regel dürften de facto-Autoriäten jedoch nicht bereit und willig sein, den erforderlichen wirksamen und insbesondere dauerhaften Schutz (§ 17 Rdn. 11 ff.) zu gewähren. Grundsätzlich bestehen erhebliche Bedenken, derartige Entitäten in Betracht zu ziehen, da sie regelmäßig weder bereit noch willig sind, die erforderlichen Lebensbedingungen dauerhaft sicherzustellen

108

---

264 A.A. *Hailbronner*, ZAR 2008, 265.
265 *Hailbronner*, ZAR 2008, 265.
266 BVerwG, InfAuslR 2007, 211 (212) = NVwZ 2007, 590 = AuAS 2007, 68, mit Hinweis auf BVerwG, Buchholz 402.25 § 1 AsylVfG Nr. 270; siehe hierzu auch *Lehmann*, NVwZ 2007, 508 (513 f.).
267 Canadian Immigration and Refugee Board, Guidelines issued by the Chairperson on »Civilian Non-Combatants fearing Persecution in Civil War Situations«, 1996, S. 12, mit Verweis auf Supreme Court of Canada, Entscheidung vom 30.06.1993 – Nr. 21937 – *Ward*.

(Art. 7 Abs. 1 zweiter Halbs. RL 2011/95/EU). Häufig werden sie Schutz nur den Angehörigen des eigenen Stammes oder Clans gewähren, sodass sie nicht als Schutzakteure in Betracht kommen.[268]

109 Die Schutzgewährung am Ort der internen Schutzalternative setzt normalerweise voraus, dass der Staat diese Region beherrscht und sein Schutzmonopol ausüben kann.[269] Praktisch kann der Schutz nur durch eine Organisation sichergestellt werden, die u. a. ein formales System hervorgebracht hat, dass landesweit den Respekt vor den Menschenrechten garantieren und deren Inanspruchnahme gewährleisten kann.[270] Wenn daher für die Auslegung und Anwendung des in Art. 8 Abs. 2 RL 2004/83/EG bezeichneten Standards auf die in Art. 7 Abs. 1 Buchst. b) RL 2004/83/EG erwähnten Organisationen zurückgegriffen wird, müssen diese zumindest diesen Schutz in geregelter Weise sicherstellen können. Darüber hinaus ist Stabilität der Situation am Ort des internen Schutzes ein zwingendes Erfordernis.[271]

110 Auch wenn der EGMR insoweit Clans in Betracht zieht,[272] ist zu bedenken, dass er diese Frage nur am Maßstab von Art. 3 EMRK beantwortet, für die erforderlichen Lebensbedingungen jedoch ein weit über diesen Maßstab hinausgehendes Schutzniveau gefordert wird (Rdn. 75 bis 85). Das britische Oberhaus hebt ausdrücklich hervor, dass der Zumutbarkeitstest nicht mit dem Standard von Art. 3 EMRK gleichgesetzt noch die Situation der Flüchtlinge nach der Rückkehr mit der Situation der Ärmsten der Armen im Herkunftsland verglichen werden darf.[273]

111 Von Bedeutung ist auch, ob lediglich reine militärische oder auch effektive zivile Verwaltungsstrukturen aufgebaut wurden. Im ersten Fall dürfte in aller Regel die Erwartung der Schutzgewährung nicht gerechtfertigt sein. Vielmehr ist insbesondere in diesem Fall zu prüfen, ob eine Verfolgungsgefahr besteht. Wurden administrative Strukturen aufgebaut, ist zu prüfen, ob durch diese allen im Ausweichgebiet aufhaltenden Personen unterschiedslos dauerhaft Schutz gewährt wird.

112 Es reicht in diesem Zusammenhang nicht aus, dass internationale Hilfsorganisationen am in Betracht kommenden Ort des internen Schutzes tätig sind, wenn nicht für jedermann ein wirksamer Zugang zu ausreichender Hilfe gewährleistet ist.[274] Demgegenüber geht das BVerwG ohne genaue Untersuchung der Frage des individuellen Zugangs sowie des Umfang der gewährten Hilfe durch internationale Organisationen davon aus, dass diese grundsätzlich bei der Beurteilung der zumutbaren Lebensbedingungen zu berücksichtigen seien.[275]

hh) Unerheblichkeit der Lebensverhältnisse in der Herkunftsregion

113 Nach der früheren deutschen Rechtsprechung fehlte es am Bestehen verfolgungsbedingter Nachteile, wenn die existenzielle Gefährdung am Herkunftsort **so** nicht bestanden hatte. Gefährdungen führten deshalb dann nicht zur Unzumutbarkeit einer Ansiedlung am Ort der internen Fluchtalternative, wenn der Betroffene an seinem Herkunftsort im Zeitpunkt der Flucht in gleicher Weise existenziell gefährdet gewesen wäre.[276] Diese Grundsätze können nach Art. 8 RL 2004/83/EG keine Anwendung finden, weil es nicht auf den Zeitpunkt der Ausreise und auf die in diesem Zeitpunkt als Alternative zur Flucht gegebenen Alternativen ankommt.

---

268 EGMR, InfAuslR 2007, 223 (224 f.) – Salah Sheekh.
269 ARK (Schweiz), EMARK 2000 Nr. 15.
270 *Mathew/Hathaway/Foster*, IJRL 2003, 444 (457).
271 BVerwG, InfAuslR 1992, 222.
272 EGMR, InfAuslR 2007, 223 (224 f.) – Salah Sheekh.
273 *Baroness Hale*, UK House of Lords, (2007) UKHL 49, Rn. 29 – AH (Sudan) and others.
274 The Netherlands Court of Den Haag, Entscheidung v. 20.03.2000 – AWB 99/81105.
275 BVerwGE 81, 58 (66) = EZAR 203 Nr. 5 = NVwZ 1990, 254 = InfAuslR 1990, 147; siehe auch BVerfG (Kammer), InfAuslR 1992, 219 (222).
276 BVerfGE 80, 315 (343 f.) = EZAR 201 Nr. 20 = NVwZ 1990, 151 = InfAuslR 1990, 21; BVerfG (Kammer), InfAuslR 1991, 198 (200).

Die britische Rechtsprechung behandelt insoweit zwar die persönliche Lebensführung vor Beginn der Verfolgung als einen relevanten Faktor, nicht aber als den Ausgangspunkt der Bewertung. Vielmehr wird die Situation nach der Rückkehr des Flüchtlings mit den generellen Lebensverhältnissen im gesamten Herkunftsland verglichen. Dabei darf die erforderliche, auch kumulative Faktoren einschließende holistische Betrachtungsweise nicht durch einen Maßstab ersetzt werden kann, der nur danach fragt, ob die Umstände am Ort des internen Schutzes schlechter als irgendwo sonst im Lande sind.[277] 114

Das BVerwG hat inzwischen im Hinblick auf Art. 8 RL 2004/83/EG und die Begründung des Entwurfs des Richtlinienumsetzungsgesetzes seine bisherige Rechtsprechung aufgegeben und folgt ausdrücklich der gesetzlichen Begründung: Danach könne vom Antragsteller nur dann vernünftigerweise erwartet werden, dass er sich im anderen Landesteil niederlasse, wenn er dort eine ausreichende Lebensgrundlage vorfinde, d. h. dort das Existenzminimum gewährleistet sei. Dies gelte auch dann, wenn in der Herkunftsregion die Lebensverhältnisse gleichermaßen schlecht seien.[278] 115

e) Darlegungslast

Grundsätzlich gilt auch für den Einwand des internen Schutzes die allgemeine Regel, dass den Antragsteller die Darlegungslast und die Behörde die Untersuchungspflicht trifft. Der Wegfall des internen Schutzes ist Tatbestandsmerkmal der Flüchtlingseigenschaft, sodass dem Antragsteller die Darlegungslast obliegt. Bei Verfolgung durch nichtstaatliche Akteure trifft zunächst den Antragsteller die Darlegungslast, dass in anderen Landesteilen des Herkunftslandes kein interner Schutz verfügbar ist.[279] Genügt er seiner Darlegungslast, kann der Antrag nur abgelehnt werden, wenn die Behörde aufgrund stichhaltiger Belege feststellen kann, dass der Antragsteller in anderen Landesteilen Schutz finden kann. 116

Der interne Schutzeinwand darf nicht zu zusätzlichen Beweislasten für den Antragsteller führen. Es kann von ihm nicht verlangt werden, darzulegen, dass in keinem Landesteil eine interne Schutzalternative verfügbar ist.[280] Vielmehr besteht insoweit eine eingeschränkte Darlegungslast, da es sich nicht um dem persönlichen Erfahrungsbereich zuzuordnende Umstände handelt. Im Blick auf die allgemeinen Verhältnisse (Art. 8 Abs. 2 RL 2004/83/EG) hat die Behörde von Amts wegen die Ermittlungen sachgerecht und erschöpfend zu führen (Art. 8 Abs. 2 Satz 2 RL 2011/95/EU; § 18 Rdn. 40 ff.). Damit gewährleistet ist, dass die Ermittlungen den für den internen Schutzeinwand maßgebenden Tatsachen und Umstände entsprechen, ist dem Antragsteller zu Beginn der entsprechenden Sachverhaltsermittlung zu eröffnen, dass nunmehr die Frage des internen Schutzes behandelt wird und ihm die Frage der Behörde zur Beurteilung dieser vorliegenden Erkenntnisse mitgeteilt werden.[281] 117

Dies entspricht den Grundsätzen eines fairen Verfahrens. Zweck dieser Verfahrensweise ist es, dem Antragsteller die Möglichkeit einzuräumen, sich angemessen auf die Behandlung dieses 118

---

277 *Baroness Hale*, UK House of Lords, (2007) UKHL 49, Rn. 27 – AH (Sudan) and others; *Lordrichter Bingham*, UK House of Lords, (2006) UKHL 5, Rn. 20. – Januzi.

278 BVerwGE 131, 186 (196) Rn. 32 = NVwZ 2008, 1246 = InfAuslR 2008, 469, mit Bezugnahme auf BT-Drucks. 16/5065, S. 185.

279 Canada Federal Court of Appeal, 1993 ACWSJ LEXIS 21770 – Thirunavakkarasu; UK Court of Appeal, (2000) 3 All ER 449 – Karanakaran; New Zealand Refugee Status Appeals Authority, Entsch. v. 22.06.2000 – Nr. 71729/99; siehe auch § 18 Rdn. 34 ff.

280 *UNHCR* Position Paper Relocating Internally as a Reasonable Alternative to Seeking Asylum, Februar 1999, Rn. 8.

281 Summary Conclusions: internal protection/relocation/flight alternative, Expert roundtable organized by UNHCR and the International Institute of Humanitarian Law, San Remo, 6–8. Sept. 2001, Nr. 7.

Sachkomplexes vorzubereiten.²⁸² Dies ist insbesondere auch deshalb von Bedeutung, weil diese Frage auf Umstände zielt, die nicht dem persönlichen Erfahrungsbereich des Antragstellers zuzuordnen sind und ihn deshalb nur eine eingeschränkte Darlegungslast und die Behörde eine erhöhte Ermittlungspflicht trifft (§ 18 Rdn. 40 ff.).

119 Die Frage des internen Schutzes wird im Rahmen der Prognoseprüfung erheblich (§ 29 Rdn. 57 ff.), sodass es grundsätzlich auf die allgemeinen und individuellen Verhältnisse im Zeitpunkt der Flucht nicht ankommt. Allerdings gewinnt die Tatsache der vor der Flucht erlittenen oder drohenden Verfolgung nach Art. 4 Abs. 4 RL 2004/83/EG verfahrensrechtliche Bedeutung, weil eine Regelvermutung der geltend gemachten Verfolgung Anwendung findet (§ 29 Rdn. 66 ff.;siehe nach folgend Rdn. 122).²⁸³ Die Feststellungsbehörde hat darüber hinaus die **kumulative Wirkung** verschiedener Risiken zu berücksichtigen (vgl. auch Art. 9 Abs. 1 Buchst. b) RL 2004/83/EG). Die Prognoseprüfung hat in Abhängigkeit von den individuellen Auswirkungen notwendigerweise bestimmten Risikoaspekten mehr Gewicht beizumessen als anderen.²⁸⁴

f) Beweislast

120 Die Grundsätze zur Beweislastverteilung finden erst Anwendung, wenn der Sachverhalt unter Berücksichtigung der Darlegungslasten und Untersuchungspflichten vollständig aufgeklärt ist. Lässt sich dieser in den entscheidungserheblichen Gesichtspunkten nicht vollständig aufklären, obliegt nach der Staatenpraxis der Behörde im Rahmen der Verfolgungsprognose die Beweislast dafür, dass der Antragsteller in zumutbarer Weise durch Ansiedlung außerhalb der Herkunftsregion die Verfolgung durch nichtstaatliche Akteure vermeiden kann.²⁸⁵ Geht die Verfolgung vom Staat oder von vergleichbaren Organisationen aus, trifft die Behörde im Regelfall die Beweislast, sodass bei Zweifeln am Bestehen eines wirksamen und angemessenen internen Schutzes dem Antrag stattzugeben ist.

121 Nach dem BVerwG müssen mit beachtlicher Wahrscheinlichkeit unzumutbare Lebensbedingungen am Ausweichort zu erwarten sein und dürfen diese nicht lediglich im Bereich des Möglichen liegen (Rdn. 87).²⁸⁶ Da es insoweit um die allgemeinen Verhältnisse im Herkunftsland geht, hat die Behörde zunächst den Sachverhalt aufzuklären (§ 18 Rdn. 40 ff.). Bei der Ermittlung der Umstände, die ein Ausweichen in andere Regionen des Herkunftslandes als zumutbar erscheinen lassen, kommt es auch auf das Verhalten des Staates in Ansehung der nichtstaatlichen Verfolgung an. Hat der Staat die Verfolgung nicht unterstützt, sondern lediglich toleriert, mag bei Hinzutreten weiterer Umstände davon ausgegangen werden können, dass der Staat derartige Verfolgungen in anderen Regionen nicht tolerieren wird.²⁸⁷

122 Hat der Antragsteller bereits Verfolgung erlitten oder drohte ihm diese unmittelbar, kommt ihm die Regelvermutung des Art. 4 Abs. 4 RL 2003/83/EG zugute (§ 29 Rdn. 54 ff., 66). Mit Blick auf den Normzweck der Vermutungswirkung erscheint es nicht sachgerecht, der Prüfung internen Schutzes als Ausdruck der Subsidiarität des Flüchtlingsschutzes einen strengeren Maßstab zugrunde zu legen als der systematisch vorgelagerten Stellung der Verfolgungsprognose.²⁸⁸

---

282 Canada Federal Court of Appeal, 1993 ACWSJ LEXIS21770 – Thirunavakkarasu; Canada Federal Court of Appeal, 1991 ACWSJ LEXIS 15788 – Sathanandan.
283 US Court of Appeal, 9. Bezirk, 207 F.3 d 584 – Chanchavac; US Court of Appeal, 9. Bezirk, 63 F.3 d 1501 – Singh v. Ilchert.
284 Federal Court of Australia, (1996) 185 CLR 259 – *Wu Shan Ling*; US Court of Appeal, 11. Bezirk, 241 F.3 d 1320 – Mazariegos; New Zealand Refugee Status Appeals Authority, Entsch. v. 18.06.1993 – Nr. 135/92 Re/RS; Österreichischer UBAS, Entsch. v. 08.07.1999 – Nr. 202.819/0-VII/21/98.
285 US Court of Appeal, 1. Bezirk, (2001) US App. LEXIS 14261.
286 BVerwG, InfAuslR 2007, 211 (212) = NVwZ 2007, 590 = EZAR 64 Nr. 2 = AuAS 2007, 68.
287 *Hathaway/Foster*, Internal Protection/Relocation/Flight Alternative as an Alternative as an Aspect of Refugee Status Determination, S. 27.
288 BVerwG, NVwZ 2009, 1308 (1310) = EZAR NF 67 Nr. 6.

Kapitel 6 Verfolgungsgründe (Art. 10 RL 2004/83/EG)

§ 20 Zusammenhangsklausel im Sinne von Art. 1 A Nr. 2 GFK

Übersicht

	Rdn
1. Funktion der Zusammenhangsklausel (Art. 9 Abs. 3 RL 2004/83/EG)	1
2. Funktion der Zuschreibungsklausel (Art. 10 Abs. 2 RL 2004/83/EG)	11
3. Besondere Ermittlungspflichten	20

Leitsätze

1. Die befürchtete Verfolgung muss wegen eines oder mehrerer Verfolgungsgründe drohen (Rdn. 1 ff.). Der Verfolgungsgrund muss ein »wesentlicher beitragender Faktor«, jedoch nicht der einzige oder beherrschende Grund sein. Vielmehr reicht es aus, wenn er bei der Verfolgung wirksam war (Rdn. 6). Der Verfolgungsgrund zielt entweder auf einen besonderen Status (Art. 10 Abs. 1 Buchst. a) – d) RL 2004/83/EG) oder auf die geschützte Überzeugung (Art. 10 Abs. 1 Buchst. e) RL 2004/83/EG).
2. Ebenso wie Art. 1 A Nr. 2 GFK beschreibt Art. 10 Abs. 1 der Richtlinie **abschließend** die maßgeblichen Verfolgungsgründe. Zur Auslegung und Anwendung der Verfolgungsgründe sind die in Art. 9 Abs. 2 der Richtlinie beschriebenen Verletzungen des Diskriminierungsverbotes sowie des Verhältnismäßigkeitsgrundsatzes heranzuziehen (Rdn. 2).
3. Nicht der Inhalt der **Motivation** aufseiten der Verfolger, sondern die Tatsache, dass die Verfolgung gegen den geschützten Status oder die geschützte Überzeugung gerichtet ist, ist maßgebend. Uneinigkeit herrscht jedoch über die erforderliche Intensität der Zielrichtung. Nach der überwiegenden Staatenpraxis reicht die Darlegung aus, dass aufseiten der Verfolgungsakteure neben anderen Gründen zumindest ein Verfolgungsgrund vorliegt. Dieser muss nicht der beherrschende Grund sein (Rdn. 6 ff.).
4. Auch bei nichtstaatlichen Akteuren kommt es für die Bewertung der Verfolgungsgründe auf die Sichtweise der Verfolger an. Kann danach ein Verfolgungsgrund nicht festgestellt werden, kann das staatliche Schutzversagen seinen Grund in einem besonderen Status oder einer geschützten Überzeugung haben und deshalb die Flüchtlingseigenschaft begründen.
5. Es kommt darauf an, ob die Verfolger dem Antragsteller den besonderen Status oder die geschützte Überzeugung zuschreiben (Art. 10 Abs. 2 RL 2004/83/EG). Unerheblich ist deshalb, ob er diesen Status innehat oder diese Überzeugung vertritt.

Kapitel 6 — Verfolgungsgründe (Art. 10 RL 2004/83/EG)

> Liegen die Voraussetzungen einer Verfolgunghandlung (§ 2 Rdn. 3 bis 7, 14, § 9) vor?

> Ist der nationale Schutz weggefallen (§ 2 Rdn. 4 bis 7, § 15 bis § 19)?

> Knüpft die Verfolgungshandlung an einen Verfolgungsgrund an (Rdn. 1 ff.)?
>
> – Zielt die Verfolgung auf einen oder mehrere Verfolgungsgründe (Rdn. 3 bis 5)?
>
> – Stellt der Verfolgungsgrund einen **wesentlichen beitragenden** Faktor dar (Rdn. 6 bis 7)?
>
> – Auf welchen geschützten Status (Rdn. 8 bis 10) zielt die Verfolgungshandlung?
>
> – Ist der Staat bei Verfolgungen durch nichtstaatliche Akteure wegen des geschützten Status schutzbereit (§ 18 Rdn. 10)?
>
> – Kommt neben der Zugehörigkeit zu einer bestimmten sozialen Gruppe ein weiterer besonders geschützter Status in Betracht (§ 15 Rdn. 7, § 19 Rdn. 20 bis 22)?
>
> – Hat der Antragsteller tatsächlich den geschützten Status oder wird ihm dieser von den Verfolgern **zugeschrieben** (Rdn. 11 ff.)?

Schaubild 7 zu den Verfolgungsgründen

1. Funktion der Zusammenhangsklausel (Art. 9 Abs. 3 RL 2004/83/EG)

1 Die Richtlinie beruht auf dem Flüchtlingsbegriff (Art. 2 Buchst. c) RL 2004/83/EG). Nach Art. 1 A Nr. 2 GFK muss die befürchtete Verfolgung »wegen« der dort bezeichneten Verfolgungsgründe drohen. Art. 9 Abs. 3 RL 2004/83/EG trägt dem Grundsatz Rechnung, dass nach Art. 1 A Nr. 2 GFK ein Zusammenhang zwischen der Verfolgungshandlung (Art. 9 Abs. 1 RL 2004/83/EG) und den Verfolgungsgründen (Art. 10 Abs. 1 RL 2004/83/EG) herzustellen ist. Die befürchtete Verfolgung muss wegen einem der Verfolgungsgründe drohen. Art. 9 Abs. 3 RL 2004/83/EG) knüpft an die Zusammenhangsklausel von Art. 1 A Nr. 2 GFK an, ohne sie näher zu erläutern.

2 Die in Art. 10 Abs. 1 RL 2004/83/EG bezeichneten Verfolgungsgründe sind identisch mit den Verfolgungsgründen in Art. 1 A Nr. 2 GFK. Ebenso wie Art. 1 A Nr. 2 GFK beschreibt Art. 10 Abs. 1 der Richtlinie **abschließend** die maßgeblichen Verfolgungsgründe. Zur Auslegung und Anwendung der Verfolgungsgründe sind die in Art. 9 Abs. 2 der Richtlinie beschriebenen Verletzungen des Diskriminierungsverbotes sowie des Verhältnismäßigkeitsgrundsatzes heranzuziehen. Häufig gibt die Unverhältnismäßigkeit einer Maßnahme Aufschluss über eine ihr zugrunde liegende Diskriminierungsabsicht. Die Verfolgungsgründe der Konvention sind besondere Formen der Diskriminierung und können daher als spezifischer Ausdruck des Diskriminierungsverbotes betrachtet werden.[1]

3 Wer eine ihm geltende Verfolgungshandlung (Kapitel 4) sowie den Wegfall des nationalen Schutzes (Kapitel 5) darlegen kann, wird als Flüchtling anerkannt, wenn die Verfolgung auf einen oder mehreren der in Art. 10 Abs. 1 RL 2004/83/EG bezeichneten Verfolgungsgründen beruht (vgl. Art. 13 RL 2004/83/EG). Kann die Anknüpfung der Verfolgung an einen Verfolgungsgrund nicht dargelegt werden, besteht nach Maßgabe der entsprechenden Voraussetzungen Anspruch auf subsidiären Schutz (Art. 15, 18 RL 2004/83/EG). Allerdings ist der Begriff der Verfolgungshandlung nach Art. 9 bedeutend weiter gehend als der Begriff des ernsthaften Schadens nach Art. 15 der Richtlinie.

---

[1] *Goodwin-Gill/McAdam*, The Refugee in International Law, S. 70.

Unerheblich ist, ob die Verfolgung auf einem einzigen Verfolgungsgrund oder auf dem Zusammenwirken von zwei oder auch mehreren Gründen beruht.[2] Es liegt auf der Hand, dass sich die einzelnen Verfolgungsgründe oft überschneiden können. Normalerweise ist bei einer Person mehr als ein Grund der Anlass ihrer Verfolgung, etwa wenn sie sich nicht nur als ein politischer Gegner erwiesen hat, sondern auch Angehöriger einer bestimmten religiösen oder nationalen Gruppe ist.[3] Auch kann etwa ein Angehöriger einer ethnischen oder religiösen Minderheit wegen seiner abweichenden politischen Überzeugung verfolgt werden.[4] In derartigen Fällen sind alle in Betracht kommenden Verfolgungsgründe – Verfolgung wegen der politischen Überzeugung, der Religion, der Nationalität und der Zugehörigkeit zu einer bestimmten sozialen Gruppe – darzulegen und zu prüfen.

In der internationalen Staatenpraxis und in der Literatur wird bei der Herstellung eines Zusammenhangs zwischen der befürchteten Verfolgung und einem oder mehreren Verfolgungsgründen (**Zusammenhangsklausel**) ein pragmatischer Ansatz verfolgt. Die Methode, auf die Motivation der Verfolger abzustellen, wird in der überwiegenden Staatenpraxis abgelehnt. Verfolgungen sind Ausdruck eines komplexen internen Machtkampfes, sodass subjektive Intentionen der einzelnen Verfolger in Ansehung ihres Inhaltes und Umfangs nicht stets präzis ermittelt werden können. Die Konvention trägt dem Schutzbedürfnis des Flüchtlings unabhängig von der Motivation der Verfolger Rechnung.[5] Darüber hinaus darf nicht ohne Not auf derart subjektive Tatsachen abgestellt werden, weil diese kaum mit der erforderlichen Bestimmtheit und hinreichenden Zuverlässigkeit festgestellt werden können.

Nach einem in der überwiegenden Staatenpraxis verfolgten pragmatischen Ansatz reicht die Darlegung aus, dass die Verfolgungshandlung zumindest auf einen Verfolgungsgrund nach Art. 1 A Nr. 2 GFK neben anderen, von der Konvention nicht erfassten Gründen gerichtet ist. Da Verfolgungen häufig unterschiedlichen Zwecken dienen, genügt es, wenn jedenfalls einer der verfolgten Zwecke auf einen geschützten Status zielt.[6] Der Verfolgungsgrund muss ein »**wesentlicher beitragender Faktor**«, jedoch nicht der einzige oder beherrschende Grund sein.[7] Vielmehr reicht es aus, wenn er bei der Verfolgung wirksam war.[8] Deshalb sind lediglich Tatsachen und Umstände vorzutragen, aus denen bei vernünftiger Betrachtungsweise folgt, dass die Verfolgung gegen einen oder mehrere nach Art. 1 A Nr. 2 GFK, Art. 10 Abs. 1 RL 2004/83/EG besonders geschützten Status gerichtet ist, mit anderen Worten, die Verfolgung auf einem der fünf Verfolgungsgründe beruht.[9]

Nicht der Inhalt der Motivation aufseiten der Verfolger, sondern die Tatsache, dass die Verfolgung gegen den geschützten Status oder die geschützte Überzeugung gerichtet ist, ist maßgebend. Uneinigkeit herrscht jedoch über die erforderliche Intensität der Zielrichtung. In einigen angelsächsischen Staaten wird die Darlegung verlangt, dass die Verfolgung nicht ausgeübt würde, wenn sie nicht auf Verfolgungsgründen beruhte (»**but for**«-test). Dem hält allerdings das britische Oberhaus entgegen, dass die Konvention nicht auf einem derart einfachen, sondern auf einem umfassenderen Ansatz beruhe.[10] Die U.S.-amerikanische Rechtsprechung fragt danach, ob die auf einen geschützten

---

2 *UNHCR*, Handbuch über Verfahren und Kriterien zur Feststellung der Flüchtlingseigenschaft, Rn. 66.
3 *UNHCR*, Handbuch über Verfahren und Kriterien zur Feststellung der Flüchtlingseigenschaft, Rn. 67.
4 *Weis*, Du droit international, S. 928 (970).
5 *Zimmermann/Mahler*, in: *Zimmermann*, The 1951 Convention, Article 1A, para 2, Rn. 331.
6 So auch *UK House of Lords,* IJRL 1999, 496 (505 f.) – Shah and Islam.
7 *UNHCR*, Auslegung von Art. 1, April 2001, Rn. 23.
8 *UK House of Lords*, (2006) UKHL 46, Rn. 17 = IJRL 2007, 96 (105) – Fornah.
9 *Goldberg/Passade Cisse*, Immigration Briefings 2000, 1 (9).
10 *UK House of Lords*, (2006) UKHL 46, Rn. 17 = IJRL 2007, 96 (105) – Fornah.

Status zielende Richtung überwiegt.[11] Nach der britischen Rechtsprechung reicht es aus, wenn die Zielrichtung bei der Verfolgung wirksam war.[12]

8   Die Verfolgung von Juden während des Nationalsozialismus zielte nicht auf deren politische Überzeugung. Verfolgungen von Demokraten in einem fundamentalistisch muslimischen Staat richten sich nicht gegen deren Religion.[13] In einem Fall ist die Verfolgung gegen den geschützten Status »Jude«, im anderen gegen die demokratische Überzeugung des Betroffenen gerichtet. Die Ermittlungen haben sich deshalb auf den persönlichen Status oder die persönliche Überzeugung zu konzentrieren. Maßgeblich kommt es auf die Auswirkungen der Verfolgung auf den geschützten Status oder die geschützte Überzeugung des Antragstellers an. Der Zusammenhang zwischen Verfolgung und Verfolgungsgrund wird damit durch den in Art. 1 A Nr. 2 GFK bzw. Art. 10 Abs. 1 RL 2004/83/EG geschützten Status oder die Überzeugung des Antragstellers hergestellt.

9   Nach der deutschen Rechtsprechung ist anhand des inhaltlichen Charakters nach der erkennbaren Gerichtetheit der Maßnahme zu beurteilen, ob eine spezifische Zielrichtung vorliegt, die Verfolgung mithin »wegen« eines geschützten Merkmals erfolgt.[14] Dem Begriff der Verfolgung wohnt ein finales Moment inne, da nur dem auf bestimmte Merkmale einzelner Personen oder Gruppen von Personen zielenden Zugriff erhebliche Wirkung zukommt. Das Kriterium der »erkennbaren Gerichtetheit der Maßnahme« und das Erfordernis, dass die Verfolgung an geschützte Merkmale anknüpfen muss, verdeutlichen, dass es auf die in der Maßnahme objektiv erkennbar werdende Anknüpfung ankommt, nicht aber auf die subjektiven Motive der Verfolger. Ausschlaggebend sind demnach die objektiven Auswirkungen einer Verfolgungsmaßnahme auf den Einzelnen oder eine Gruppe von Personen.[15]

10 Der Zusammenhang zwischen Verfolgung und Verfolgungsgründen kann einerseits durch die Zielrichtung der Verfolgung hergestellt werden. Andererseits kann auch an die Schutzakteure angeknüpft werden. Bei der Frage, ob die Schutzakteure geeignete Schritte einleiten, um die Verfolgung abzuwenden (vgl. Art. 7 Abs. 2 der RL 2004/83/EG, § 18 Rdn. 15 ff.), können für die Schutzversagung ebenfalls Verfolgungsgründe maßgebend sein. Komplizenschaft des Staates mit den nichtstaatlichen Akteuren kann einen Hinweis auf den für die Schutzversagung maßgebenden Zusammenhang liefern, ist indes nach der für die Auslegung der Qualifikationsrichtlinie maßgebenden **Schutzlehre** im Gegensatz zur früheren deutschen Rechtsprechung[16] keine zwingende Voraussetzung für die Feststellung der fehlenden staatlichen Schutzbereitschaft und -fähigkeit.[17]

2. Funktion der Zuschreibungsklausel (Art. 10 Abs. 2 RL 2004/83/EG)

11 Nach Art. 10 Abs. 2 RL 2004/83/EG ist es für die Bewertung der Frage, ob die Furcht des Antragstellers vor Verfolgung begründet ist, unerheblich, ob er tatsächlich den geschützten Status innehat, der zur Verfolgung führt, sofern ihm dieser von den Verfolgern zugeschrieben wird. Es kommt damit für die Anwendung der Zusammenhangsklausel allein darauf an, ob aus deren Sicht die Verfolgungshandlung an Verfolgungsgründe anknüpft. Diese Auslegung steht in Übereinstimmung mit der internationalen Staatenpraxis und der deutschen Rechtsprechung. Bereits sehr früh wurde

---

11 Nachweise bei *Zimmermann/Mahler*, in: *Zimmermann*, The 1951 Convention, Article 1A, para. 2, Rn. 326 ff.
12 *UK House of Lords*, (2006) UKHL 46, Rn. 17 = IJRL 2007, 96 (105) – Fornah.
13 INS Gender Guidelines vom 26.05.1995.
14 BVerfGE 80, 315 (335) = EZAR 201 Nr. 20 = NVwZ 1990, 151 = InfAuslR 1990, 21; BVerfGE 81, 142 (151) = EZAR 200 Nr. 26 = NVwZ 1990, 453 = InfAuslR 1990, 167.
15 BVerfGE 83, 216 (231 ff.) = EZAR 202 Nr. 20 = NVwZ 1991, 109 = InfAuslR 1991, 200.
16 BVerwGE 95, 42 (49) = EZAR 230 Nr. 3 = NVwZ 1994, 497 = InfAuslR 1994, 196; BVerwG, EZAR 202 Nr. 26.
17 Lordrichter *Hope of Craighead*, UK House of Lords, IJRL 2001, 174 (181) – Horvarth, unter Bezugnahme auf den kanadischen Obersten Gerichtshof, (1993) 103 D. L. R. (4 th) 1 – Ward.

in der Literatur eingewandt, es könne vom Antragsteller kaum die Bezeichnung des Verfolgungsgrundes gefordert werden, da er selbst häufig diesen Grund nicht kenne. Daher obliege es der Behörde festzustellen, ob die dargelegte Verfolgung an einen der in Art. 1 A Nr. 2 GFK bezeichneten Verfolgungsgründe anknüpfe.[18]

Hieran knüpft das Handbuch von UNHCR an. Danach ist der Antragsteller sich oft selbst nicht im Klaren darüber, welche Gründe die von ihm befürchtete Verfolgung hat. Man kann von ihm auch nicht erwarten, dass er eine detaillierte Darstellung dieser Gründe geben kann. Vielmehr ist es Aufgabe der mit der Untersuchung seines Falles betrauten Behörde, den Grund oder die Gründe für die befürchtete Verfolgung festzustellen und zu entscheiden, ob diese nach Art. 1 A Nr. 2 GFK relevant sind.[19] In der angelsächsischen Rechtsprechung wird insoweit das Auslegungsprinzip der »imputed political opinion« verwendet. Danach reicht es aus, dass die Verfolger ihre Maßnahmen deshalb gegen den Antragsteller richten, weil sie davon ausgehen, dass dieser abweichende politische Überzeugungen vertritt.[20]

12

In der deutschen Rechtsprechung ist anerkannt, dass es auf die Zuschreibung der geschützten Merkmale durch die Verfolger ankommt. Das BVerwG hatte bereits 1977 maßgeblich auf die Sichtweise der Verfolgungsorgane abgestellt und ausdrücklich seine bis dahin maßgebende Rechtsprechung aufgegeben, die davon ausging, dass der Verfolgte die vom Verfolgerstaat angenommene politische Überzeugung auch tatsächlich besitzen musste.[21] In einer späteren Entscheidung stellte das Gericht fest, Schutz gegenüber gezielter Verfolgung könne auch beanspruchen, wer persönlich nicht in einem der Schutzgüter der GFK betroffen sei. Der vermeintliche politische Gegner oder religiöse Abweichler werde genauso geschützt wie der tatsächliche.[22]

13

Einschränkend hatte das BVerwG jedoch festgestellt, es müsse aus Sicht des Verfolgers um den Zugriff auf eine wirkliche oder vermeintliche politische Überzeugung oder ein sonstiges persönliches Merkmal gehen. Dort wo eine solche Überzeugung nicht vorhanden und dies dem Verfolgern auch bekannt sei, komme grundsätzlich eine gegen persönliche Merkmale gerichtete politische Motivation nicht in Betracht.[23] Denkbar sei allerdings, dass der Verfolger eine politisch motivierte Verfolgung ohne Rücksicht auf das Vorhandensein einer Überzeugung betreibe. Dies könne jedoch nur in Ausnahmefällen in Betracht kommen. Sie setze ein in besonderem Maße unduldsames Regime voraus, das aufgrund einer alle Lebensbereiche umfassenden ideologisch einseitig ausgerichteten totalitären Struktur zu Überreaktionen neige.[24]

14

Demgegenüber ist nach der Rechtsprechung des BVerfG maßgebend, dass die Verfolgungshandlung den von ihr Betroffenen gerade in Anknüpfung an geschützte Merkmale treffen soll.[25] Daher dürften bei einem vom Verfolger gehegten Verdacht der Trägerschaft von geschützten Merkmalen die zur

15

---

18 *Weis*, Du droit international, S. 928 (970).
19 *UNHCR*, Handbuch über Verfahren und Kriterien zur Feststellung der Flüchtlingseigenschaft, 1979, Rn. 67.
20 INS Gender Guidelines von 26.05.1996.
21 BVerwGE 55, 82 (84f.) = EZAR 201 Nr. 3 = NJW 1978, 2463.
22 Grundlegend BVerwGE 62, 123 (124) = EZAR 200 Nr. 6 = InfAuslR 1981, 218; bekräftigt z. B. BVerwGE 75, 99 (106) = EZAR 200 Nr. 17 = InfAuslR 1986, 65; BVerwGE 81, 41 (42) = EZAR 201 Nr. 17 = NVwZ 1989, 774 = InfAuslR 1989, 169; BVerwGE 90, 127 (134) = EZAR 206 Nr. 7 = NVwZ 1992, 893 = InfAuslR 1992, 258; BVerwG, NVwZ 1993, 193 (194), mit »Schutzgüter der GFK« sind wohl die Verfolgungsgründer nach Art. 1 A Nr. 2 GFK gemeint.
23 BVerwGE 75, 99 (106f.) = EZAR 200 Nr. 17 = InfAuslR 1986, 65.
24 BVerwGE 75, 99 (107) = EZAR 200 Nr. 17 = InfAuslR 1986, 65.
25 BVerfGE 80, 315 (335) = EZAR 201 Nr. 20 = NVwZ 1990, 151 = InfAuslR 1990, 21.

Aufklärung dieses Verdachts eingesetzten Mittel nicht als unerheblich qualifiziert werden.[26] Nicht erforderlich ist, dass der von Verfolgung Betroffene tatsächlich Träger eines verfolgungsverursachenden Merkmals ist. Maßgebend ist allein eine objektive Betrachtungsweise. Auch wenn der Verfolgte nur vermeintlich Träger eines geschützten Merkmals ist, wie z. B. Sympathisant oder Unterstützer einer oppositionellen Organisation,[27] kann er in erheblicher Weise betroffen sein.

16 Unvereinbar mit diesen Grundsätzen ist die Ansicht, Repressalien des Geheimdienstes richteten sich deshalb nicht gegen die politische oder religiöse Überzeugung des Betroffenen, weil sie als polizeiliche Methoden und Mittel anzusehen seien, die im Zusammenhang mit der Aufklärung der familiären Verhältnisse des Betroffenen stünden.[28] Der Umstand, dass der Betroffene selbst mit den oppositionellen Bewegungen nichts zu tun hat, ändert an der Bewertung nichts, wenn die von den Behörden eingesetzten Mittel gegen ihn gerade dazu dienten, den offenbar gehegten Verdacht einer Zugehörigkeit zu einer oppositionellen Bewegung zu erhärten. Damit kann der Maßnahme ein an Verfolgungsgründe anknüpfender Charakter nicht von vornherein abgesprochen werden.[29]

17 Maßgebend für das Anknüpfen der Verfolgungshandlung an Verfolgungsgründe (Art. 9 Abs. 3 RL 2004/83/EG) ist damit nicht die unmittelbare Verwirklichung der Verfolgungshandlung. Vielmehr ist danach zu fragen, ob ihr nach ihrem inhaltlichen Charakter eine spezifische Zielrichtung innewohnt. Gleichwohl hält das BVerwG an seiner früheren Rechtsprechung fest und verlangt etwa bei Verfolgungen durch nichtstaatliche Akteure, dass den muslimischen Viehdieben bekannt sein müsse, dass der von ihnen misshandelte Betroffene der Glaubensgemeinschaft der Jeziden angehört habe.[30] Christen müssten unter großstädtischen Verhältnissen für Muslime als solche erkennbar und aus diesem Grund Übergriffen ausgesetzt sein.[31] Ob politische oder religiöse Beweggründe vorliegen, ob also an geschützte Merkmale angeknüpft wird, ist jedoch allein davon abhängig, welche Zielrichtung die Verfolgung hat. Nicht erforderlich ist, dass die Verfolgten den Status, auf den die Verfolgung zielt, auch haben.

18 Die Ansicht, in etwaigen **Disziplinarmaßnahmen** könne keine Verfolgung gesehen werden, ist überholt. Auch eine Ahndung der unerlaubten Amtsniederlegung mit nur disziplinarischen Mitteln kann an geschützte Merkmale anknüpfen, wenn sie darauf gerichtet ist, den Betreffenden in Anknüpfung an geschützte Merkmale zu treffen. Dies ist etwa der Fall, wenn das »**Dorfschützersystem**« Instrument staatlicher Politik zur Verhinderung oder Schwächung der Solidarität zwischen kurdischen Widerstandskämpfern und der übrigen kurdischen Bevölkerung ist. Der durch die Sanktionsandrohung bewirkte Zwang zum Verbleiben in dem möglicherweise freiwillig begründeten Amt eines Dorfschützers wird dann wegen der erzwungenen Distanz zu den politischen Zielen des kurdischen Separatismus erheblich.[32]

19 Die Verfolgung knüpft in diesen Fällen an den ethnischen oder politischen Status des kurdischen Antragstellers an. Besonders intensive Verfolgungen entfalten eine **Indizwirkung** auf einen Verfolgungsgrund.[33] Ebenso kann eine auf längere Zeit angelegte **Zwangsumerziehung** und politische

---

26 BVerfG (Kammer), InfAuslR 1991, 25 (28) = NVwZ 1821, 772; BVerfG (Kammer), Inf-AuslR 1993, 105 (107); BVerfG (Kammer), InfAuslR 1993, 142 (144).
27 BVerfG (Kammer), InfAuslR 1993, 105 (107); BVerfG (Kammer), NVwZ 1991, 772 (772 f.) = InfAuslR 1991, 25; BVerfG (Kammer), InfAuslR 1992, 66 (69); BVerfG (Kammer), Inf-AuslR 1992, 222 (225); BVerfG (Kammer), InfAuslR 1992, 215 (218); BVerfG (Kammer), Inf-AuslR 1993, 142 (144).
28 BVerfG (Kammer), InfAuslR 1993, 142 (144).
29 BVerfG (Kammer), InfAuslR 1993, 142 (144).
30 BVerwGE 88, 367 (370) = EZAR 206 Nr. 5 = NVwZ 1992, 578 = InfAuslR 1991, 363.
31 BVerwG, InfAuslR 1990, 211 (213).
32 BVerfG (Kammer), InfAuslR 1991, 81 (84); zum Dorfschützersystem siehe auch BVerfG (Kammer), NVwZ-Beil. 1995, 18.
33 BVerfG (Kammer), NVwZ 2009, 1035 (1036).

Indoktrinierung zur Herstellung, Veränderung oder Unterdrückung der politischen Gesinnung insbesondere in speziellen Lagern oder Schulungsstätten, vor allem in totalitären Staaten, an die geschützte Überzeugung des Antragstellers anknüpfen.[34] Ein Zusammenhang zwischen Verfolgung und einem Verfolgungsgrund liegt auch vor, wenn die Verfolgung allein deshalb ausgeübt wird, weil der Verfolgte eine Person mit anderer Religionszugehörigkeit heiratet – also faktische und rechtliche **Heiratsverbote** – verhängt werden.[35] Geschütztes Merkmal ist hier nicht die Religion, sondern die Eheschließungsfreiheit und damit der Status der Zugehörigkeit zu einer bestimmten sozialen Gruppe.

3. Besondere Ermittlungspflichten

Da es maßgeblich auf die Zuschreibung der geschützten Merkmale durch die Verfolger ankommt, ergeben sich besondere behördliche Ermittlungspflichten. Oft hat der Antragsteller keine Informationen darüber, welche Gründe die von ihm befürchtete Verfolgung hat. Man kann von ihm auch nicht erwarten, dass er seinen Fall insoweit selbst analysiert und eine detaillierte Darstellung der Verfolgungsgründe geben kann. Vielmehr ist es Aufgabe der Feststellungsbehörden, den Grund oder die Gründe für die befürchtete Verfolgung festzustellen.[36] Die Behörde hat stets sorgfältig die objektiven tatsächlichen und rechtlichen Verhältnisse im Herkunftsland des Asylsuchenden zu untersuchen. Von wesentlicher Bedeutung sind auch die konkreten Umstände des staatlichen Vorgehens sowie die praktische Handhabung von Sanktionsnormen.[37]

20

So kann beispielsweise wegen einer behaupteten Gefahr der **Folterbehandlung** die Annahme begründet sein, dass eine an sich unerhebliche Maßnahme in Wirklichkeit an ein geschütztes Merkmal anknüpft.[38] Der Einwand, das Flüchtlingsrecht bewahre nicht vor den Lasten und Beschränkungen, die ein autoritäres System seiner Bevölkerung **allgemein** auferlegt,[39] verkennt, dass Verfolgungen Teil der allgemeinen Beschränkungen sein können und deshalb besondere Ermittlungspflichten Anwendung finden. Repressalien wie z. B. brutale Misshandlungen und Folterungen mögen zwar vor dem Hintergrund einer erheblichen Einschränkung der Freiheitsrechte in einem Staat zu sehen sein, unter der jeder Bürger zu leiden hat, zumal wenn er sich verdächtig gemacht hat. Damit allein kann jedoch nicht überzeugend verneint werden, dass derartige Verfolgungen auf den Einzelnen zielen[40] und an ein geschütztes Merkmal anknüpfen können.[41]

21

§ 21 Verfolgung wegen der Rasse (Art. 10 Abs. 1 Buchst. a) RL 2004/83/EG)

Übersicht

	Rdn
1. Begriff der Rasse	1
2. Spezifische Merkmale der Verfolgungshandlung	5
3. Anwendung der Zusammenhangsklausel	10

---

34 BVerwGE 87, 187 (189) = NVwZ 1991, 790 = InfAuslR 1991, 209, unter Hinweis auf BVerwGE 75, 99, (106) = EZAR 200 Nr. 17 = InfAuslR 1986, 65; s. zur Umerziehung in Vietnam: BVerwG, EZAR 201 Nr. 25 = InfAuslR 1994, 286; zur Umerziehung im kommunistischen Afghanistan: BVerwG, Buchholz 402.24 § 1 AsylVfG Nr. 63; zur religiös motivierten Zwangsumerziehung von christlichen Türkinnen: BVerwG, EZAR 202 Nr. 17 = Inf-AuslR 1991, 211 (213).
35 BVerwGE 90, 127 (129 f.) = EZAR 206 Nr. 7 = InfAuslR 1992, 258 (260).
36 UNHCR, Handbuch über Verfahren und Kriterien zur Feststellung der Flüchtlingseigenschaft, 1979, Rn. 66 f.
37 BVerwGE 67, 195 (200) = EZAR 201 Nr. 5 = NVwZ 1983, 678; BVerwG, EZAR 202 Nr. 11.
38 BVerfG (Kammer), InfAuslR 1991, 133 (135) = EZAR 224 Nr. 22.
39 BVerwG, InfAuslR 1991, 133 (135).
40 EGMR, InfAuslR 2007, 223 (225) – Salah Sheekh.
41 BVerfG (Kammer), InfAuslR 1992, 66 (68).

> **Leitsätze**
> 1. Der Begriff »Rasse« ist weit **auszulegen** und umfasst alle ethnischen Gruppen, die gewöhnlich als Rasse bezeichnet werden. (Rdn. 1 ff.). Das gemeinsame Merkmal, das die verschiedenen rassischen Gruppen in den verschiedenen Herkunftsländern miteinander verbindet, ist ihr **Ausschluss aus dem nationalen Schutzsystem** wegen eines **identifizierbaren ethnischen Merkmals**.
> 2. Nach Völkerstrafrecht stellt die systematische oder weitverbreitete Verfolgung wegen der Rasse ein internationales Verbrechen dar (Rdn. 5). Daher ist Diskriminierung wegen der Rasse ein wichtiger Faktor bei der Feststellung des Verfolgungsgrundes. Die Diskriminierung muss jedoch die Form einer Verfolgungshandlung angenommen haben. Die bloße Zugehörigkeit zu einer bestimmten rassischen Gruppe als solche reicht für die Flüchtlingsanerkennung regelmäßig nicht aus.
> 3. Das vorrangige gemeinsame Kriterium unterschiedlicher Diskriminierungen ist der durch die Diskriminierung bewirkte Ausschluss vom Schutz des Staates. Darin liegt das Moment der Verfolgung (Rdn. 8).
> 4. Der Verfolgungsgrund Rasse ist selten der einzige Verfolgungsgrund, sondern kann sich in vielfältiger Weise mit dem Verfolgungsgrund Zugehörigkeit zu einer bestimmten sozialen Gruppe oder dem der Nationalität verbinden. Die Verfolgung zielt auf den Status der Rasse, wenn die Behörden willens und fähig sind, andere ethnische Gruppen zu schützen, nicht jedoch die Gruppe, welcher der Antragsteller zuzuordnen ist (Rdn. 10 f.).

1. Begriff der Rasse

1 Die Verfolgung ist erheblich, wenn sie an die Rasse (Art. 10 Abs. 1 Buchst. a) RL 2004/83/EG) anknüpft. Der Begriff »Rasse« umfasst insbesondere die Aspekte Hautfarbe, Herkunft und Zugehörigkeit zu einer bestimmten ethnischen Gruppe. Zwar wird dieser Begriff in Art. 1 A Nr. 2 GFK nicht definiert. Der historische Kontext macht jedoch deutlich, dass die Absicht der Verfasser der Konvention dahin ging, vor der Art von Verfolgung Schutz zu gewähren, denen Juden durch das nationalsozialistische Regime ausgesetzt gewesen waren. Dieser historische Kontext rechtfertigt eine weite Auslegung und Anwendung dieses Verfolgungsgrundes, welcher alle Personen mit einem identifizierbaren ethnischen Merkmal erfasst.[42]

2 Nach der Begründung des Entwurfs der Richtlinie ist der Begriff Rasse im »weitesten Sinne« zu verstehen und umfasst »alle Arten von ethnischen Gruppen und sämtliche soziologische Aspekte.« Von einer Verfolgung aufgrund der Rasse sei vorrangig auszugehen, wenn ein Verfolgungsakteur den vom ihm Verfolgten wegen eines tatsächlichen oder angenommenen Unterschieds als einer anderen Rassengruppe als der seinigen zugehörig betrachte und wenn hierin der Grund für sein Handeln oder die Furcht vor Verfolgung liege.[43]

3 Dementsprechend entwickelt die Richtlinie einen weiten Ansatz des Begriffs der Rasse. Auch nach Auffassung von UNHCR ist der Begriff Rasse im **weitesten Sinne** zu verstehen. Er umfasse »**alle ethnischen Gruppen**«, die gewöhnlich als »Rassen« bezeichnet würden. Häufig beziehe er sich auf die Zugehörigkeit zu einer spezifischen sozialen Gruppe gemeinsamer Herkunft, die eine Minderheit innerhalb der Bevölkerung darstelle. Diskriminierung aufgrund der Zugehörigkeit zu einer Rasse sei daher ein wichtiger Faktor bei der Feststellung, ob eine Verfolgung an die Rassenzugehörigkeit anknüpfe.[44]

---

42 *Hathaway*, The Law of Refugee Status, S. 141; kritisch zur juristischen Verwendung des Rassebegriffs *Barskanmaz*, KJ 2011, 382, mit weiteren Hinweisen.

43 Kommission der EG, Vorschlag für eine Richtlinie zur Festlegung von Mindestnormen für die Anerkennung, 12.09.2001 – KOM(2001) 510, S. 25.

44 *UNHCR*, Handbuch über Verfahren und Kriterien zur Feststellung der Flüchtlingseigenschaft, 1979, Rn. 68.

Das gemeinsame Merkmal, das die verschiedenen rassischen Minderheiten in den unterschiedlichen Herkunftsländern miteinander verbindet, ist ihr Ausschluss aus dem nationalen Schutzsystem wegen eines identifizierbaren ethnischen Merkmals. Die Konvention reagiert auf den fehlenden Schutz einer rassischen Gruppe. Sie setzt nicht einen bestimmten Minderheitenstatus der ethnischen Gruppe voraus. Deshalb kann der Flüchtlingsstatus auch Angehörigen einer ethnischen Mehrheit gewährt werden, wenn ihnen grundlegende Menschenrechte aufgrund ihrer identifizierbaren ethnischen Zugehörigkeit verweigert werden.[45] In aller Regel dürften jedoch Minderheitengruppen wegen ihrer ethnischen und rassischen Herkunft aus dem nationalen Schutzsystem ausgegrenzt werden.

2. Spezifische Merkmale der Verfolgungshandlung

Diskriminierungen aufgrund der Rasse werden weltweit als eine der gröbsten Verletzungen der Menschenrechte verurteilt. Nach Völkerstrafrecht stellt die systematische oder weitverbreitete Verfolgung wegen der Rasse ein internationales Verbrechen dar. Daher ist Diskriminierung wegen der Rasse ein wichtiger Faktor bei der Feststellung des Verfolgungsgrundes. Die Diskriminierung muss jedoch die Form einer Verfolgungshandlung angenommen haben. Die bloße Zugehörigkeit zu einer bestimmten rassischen Gruppe als solche reicht für die Flüchtlingsanerkennung regelmäßig nicht aus. Es gibt jedoch Fälle, in denen aufgrund besonderer, für die ganze Gruppe nachteiliger Umstände, die Zugehörigkeit zu dieser Gruppe schon in sich ein ausreichender Grund darstellt, Verfolgung zu befürchten.[46]

Diskriminierungen aus rassischen Gründen werden oft Verfolgungsformen im Sinne von Art. 1 A Nr. 2 GFK annehmen. Dies ist insbesondere der Fall, wenn die Menschenwürde einer Person durch Diskriminierung aufgrund ihrer Rasse in einem Maße beeinträchtigt wird, das unvereinbar mit den elementarsten und unverzichtbaren Menschenrechten ist, oder wenn die Nichtbeachtung von Beschränkungen für Menschen einer bestimmten Rasse schwerwiegende Folgen für diese nach sich zieht.[47] Mit dem Hinweis auf die **Nichtbeachtung** kommt das Phänomen der **Schutzlosigkeit** ins Spiel.

Art. 1 Abs. 1 des Rassendiskriminierungsabkommens bezeichnet in diesem Zusammenhang mit »Rassendiskriminierung« jede auf der Rasse, Hautfarbe, Abstammung, nationalen Herkunft oder der ethnischen Zugehörigkeit beruhende Unterscheidung, Ausschließung, Beschränkung oder Bevorzugung, die zum Ziel oder zur Folge hat, dass dadurch ein gleichberechtigtes Anerkennen, Genießen oder Ausüben von Menschenrechten und Grundfreiheiten im politischen, wirtschaftlichen, sozialen, kulturellen oder jeden sonstigen Bereich des öffentlichen Lebens vereitelt oder beeinträchtigt wird.

Rassendiskriminierung kommt danach in den unterschiedlichsten Formen vor. Das vorrangige gemeinsame Kriterium dieser unterschiedlichen Diskriminierungsformen ist der durch die Diskriminierung bewirkte Ausschluss vom Schutz des Staates. Darin liegt das Moment der Verfolgung. Das Flüchtlingsrecht knüpft an den Wegfall wirksamen nationalen Schutzes und weniger an den Minderheitenstatus als solchen an. Mitglieder einer bestimmten ethnischen Gruppe können danach als aus rassischen Gründen verfolgte Gruppe angesehen werden, wenn sie aufgrund dessen ihrer grundlegenden Menschenrechte beraubt werden.[48]

Die Verfolgung wegen der Rasse kann sich bei Männern und Frauen unterschiedlich äußern. Die vom Verfolger gewählte Verfolgungsmethode kann etwa in der Zerstörung der ethnischen Identität und/oder des Wohlstands einer rassischen Gruppe bestehen, indem er die Männer tötet, ihnen bleibende körperliche Verletzungen zufügt oder sie inhaftiert, während die Frauen als Trägerinnen der

---

45 *Hathaway*, The Law of Refugee Status, S. 143.
46 *UNHCR*, Handbuch über Verfahren und Kriterien zur Feststellung der Flüchtlingseigenschaft, Rn. 70.
47 *UNHCR*, Handbuch über Verfahren und Kriterien zur Feststellung der Flüchtlingseigenschaft, Rn. 69.
48 *Hathaway*, The Law of Refugee Status, S. 143.

ethnischen oder rassischen Identität betrachtet und in anderer Weise verfolgt werden, etwa durch sexuelle Gewalt oder Fortpflanzungskontrolle.[49]

3. Anwendung der Zusammenhangsklausel

10 Der Verfolgungsgrund Rasse wird selten als einziger Verfolgungsgrund geltend gemacht. Dies mag auch daran liegen, dass bislang ein eher objektiver Begriff der Rasse vorherrschend war. Inzwischen wird aber insbesondere durch die Rechtsprechung der internationalen Straftribunale anerkannt, dass kollektive Identitäten und insbesondere die ethnische Identität ihrer Natur nach soziale Begriffe, die auf den unterschiedlichsten Faktoren beruhen, darstellen.[50] Häufig bezieht Rasse sich – wie aus den vorstehenden Beispielen ersichtlich – auch auf die »**Zugehörigkeit zu einer bestimmten sozialen Gruppe gemeinsamer Herkunft**«, die eine Minderheit innerhalb der Bevölkerung darstellt.[51] Eine indigene Frau wird unter bestimmten Umständen nicht nur wegen ihrer Rasse, sondern auch wegen ihres Geschlechts verfolgt.[52] Wegen dieser Vielschichtigkeit des auf den Begriff der Rasse bezogenen Verfolgungsgrundes und seiner Überscheidung mit anderen Verfolgungsgründen wird er in der Staatenpraxis kaum angewandt.[53]

11 Der Verfolgungsgrund Rasse kann sich deshalb in vielfältiger Weise mit dem Verfolgungsgrund »Zugehörigkeit zu einer bestimmten sozialen Gruppe« überschneiden. Darüber hinaus gibt es auch Überschneidungen mit dem Verfolgungsgrund »Nationalität.« Die Verfolgung zielt auf den Verfolgungsgrund Rasse, wenn der Antragsteller darlegen kann, dass die Behörden willig und fähig sind, andere rassische, nicht jedoch seine Gruppe zu schützen. Dies ist evident, wenn nichtstaatliche Akteure davon ausgehen können, dass die Behörden den Antragsteller, weil er Angehöriger einer bestimmten Rasse ist, nicht schützen werden.[54]

§ 22 Verfolgung wegen der Religion (Art. 10 Abs. 1 Buchst. b) RL 2004/83/EG)

Übersicht   Rdn
1. Begriff der Religion... 1
   a) Schutzumfang des Begriffs der Religion 1
   b) Schutz des subjektiven religiösen Selbstverständnisses 7
   c) Schutz der öffentlichen Glaubensbetätigung 15
      aa) Funktion der öffentlichen Glaubensbetätigungsfreiheit 15
      bb) Bedeutung der Zusammenhangsklausel für die öffentliche Glaubensbetätigung 25
         (1) Trennung zwischen Verfolgungshandlung und Verfolgungsgrund............... 25
         (2) Gleichrangiger Schutz der privaten und öffentlichen Glaubensbetätigung.......... 36
2. Spezifische Merkmale der Verfolgungshandlung 42
3. Anwendung der Zusammenhangsklausel 56
   a) Zielrichtung der Verfolgungshandlung................................. 56
   b) Geschlechtsspezifische Dimension der Verfolgung 59
   c) Zulässige Einschränkungen der Religionsausübungsfreiheit 63
4. Spezifische Probleme der Verfolgungsprognose.................................. 81
   a) Ermittlungspflichten.. 81
   b) Allgemeine Prognosegrundsätze 86
   c) Bedeutung zukünftigen individuellen Verhaltens 88
5. Glaubenswechsel.. 96

---

49 UNHCR, Geschlechtsspezifische Verfolgung, Mai 2002, Rn. 24.
50 *Goodwin-Gill/McAdam*, The Refugee in International Law, S. 70.
51 *UNHCR*, Handbuch über Verfahren und Kriterien zur Feststellung der Flüchtlingseigenschaft, 1979, Rn. 68.
52 *Kelly*, IJRL 1994, 517 (525).
53 *Zimmermann/Mahler*, in: *Zimmermann*, The 1951 Convention, Article 1A, para. 2, Rn. 343 f.
54 *Goldberg/Passade Cisse*, Immigration Briefings 2000, 1 (9).

§ 22 Verfolgung wegen der Religion   Kapitel 6

    a) Ermittlungspflichten 96
    b) Nachfluchtgrund 100
    c) Verfolgungsprognose 104

Leitsätze

1. Der geschützte Status umfasst die Religion als **Glaube**, als **Identität** und als **Lebensform**. Geschützt ist die Möglichkeit, in Übereinstimmung mit den religiösen oder atheistischen Grundsätzen leben zu können einschließlich an religiösen Riten teilzunehmen oder nicht teilzunehmen (Rdn. 3 ff.).
2. Die Entscheidung für oder gegen eine bestimmte Religion, für bestimmte Formen der Glaubensbetätigung und generell die Frage der konkreten religiös bestimmten Lebensführung hat **subjektiven Charakter**, weil sie auf der Freiheit der religiösen Selbstbestimmung beruht (Art. 10 Abs. 1 GRCh, Rdn. 7 ff.).
3. Die Weigerung einer Frau, den religiösen Gebräuchen zu folgen, kann unabhängig von ihrer tatsächlichen Überzeugung als Beweis für eine inakzeptable religiöse Gesinnung aufgefasst werden. Daher können bei **geschlechtsspezifischen Verfolgungen** Religion und politische Überzeugung nicht stets voneinander abgegrenzt werden (Rdn. 59 ff.).
4. Weil die Religionsfreiheit nach Maßgabe universeller Menschenrechtsstandards umfassend geschützt ist, ist weder eine Reduktion auf ein »religiöses Existenzminimum« noch der Ausschluss der **öffentlichen Glaubenspraxis** zulässig. Flüchtlingsrechtlich geschützt ist daher entgegen der traditionellen deutschen Rechtsprechung auch die öffentliche Glaubenspraxis (Missionieren, öffentliches Gebet und Werben für den Glauben, Rdn. 15 ff.).
5. Die Verfolgung aus religiösen Gründen kommt in unterschiedlichen Formen vor (Rdn. 42 f.). Sie kann auch in Form **schwerwiegender Diskriminierungen** ausgeübt werden. Eine bestehende diskriminierende Gesetzgebung stellt für sich genommen keine Verfolgung dar, kann aber ein gewichtiges Indiz für religiöse Verfolgung sein (Rdn. 51 ff.).
6. Einschränkungen der religiösen Glaubenspraxis sind völkerrechtlich nur erlaubt, wenn sie aus einem der in Art. 18 Abs. 3 IpbpR und Art. 9 Abs. 2 EMRK enumerativ aufgezählten, eng gefassten Gründen vorgenommen werden und zur Erreichung dieses Ziels »erforderlich« (Art. 18 Abs. 3 IPbpR) bzw. »notwendig« (Art. 9 Abs. 2 EMRK) sind (Rdn. 63 ff.).
7. Entsprechend der subjektiven Grundentscheidung für die Religion kann dem Antragsteller, der im Bundesgebiet seinen Glauben in bestimmten Formen praktiziert hat, die im Herkunftsland nicht erlaubt sind und Verfolgungen auslösen, nicht zugemutet werden, nach Rückkehr seine Glaubenspraxis einzuschränken (Rdn. 88 ff.).
8. Die Ermittlungen richten sich auf die glaubhafte Glaubenspraxis des Antragstellers und die Verfolgungssituation im Herkunftsland. Ob in versteckten oder privaten Formen die Glaubenspraxis im Herkunftsland toleriert wird, ist zunächst unerheblich, kann aber dem Asylantrag zusätzliches Gewicht verleihen.
9. Wird mit dem Asylantrag ein **Glaubenswechsel** (Rdn. 96 ff.) dargelegt, ist eine sorgfältige und umfassende Überprüfung der Umstände und Ernsthaftigkeit der Konversion erforderlich. Darüber hinaus ist zu prüfen, ob der Glaubenswechsel den Behörden im Herkunftsland wahrscheinlich bekannt geworden ist und welche Maßnahmen sie deshalb ergreifen können.

Kapitel 6   Verfolgungsgründe (Art. 10 RL 2004/83/EG)

Liegt eine Verfolgungshandlung vor?

– Erreichen die Beschränkungen der Glaubenspraxis die Schwelle »**schwerwiegender Diskriminierungen**« (Rdn. 42 ff.)?

– Erreichen die Diskriminierungen in ihrer **kumulativen Gesamtwirkung** die Schwelle schwerwiegender Diskriminierungen?

– Wird die Glaubenspraxis im Rahmen der allgemein zulässigen Schranken ausgeübt (Rdn. 81 ff.)?

Wird im Herkunftsland gegen die Verfolgungshandlung kein Schutz gewährt?

Knüpft die Verfolgungshandlung an die Religion des Antragstellers an (Rdn. 56 ff.)?

– Stellt der Verfolgungsgrund einen **wesentlichen beitragenden** Faktor dar?

– Auf welches subjektive religiöse Selbstverständnis (Rdn. 7 ff.) zielt die Verfolgung oder wird dem Antragsteller von den Verfolgern ein bestimmter religiöser Status **zugeschrieben**?

– Ist der Staat bei Verfolgungen durch nichtstaatliche Akteure wegen des religiösen Status des Antragstellers nicht schutzbereit (Rdn. 58)?

Welche Tatsachen dürfen in die **Verfolgungsprognose** eingestellt werden?

– beruht die dargelegte religiöse Überzeugung und Glaubenspraxis auf einer **ernsthaften religiösen Überzeugung** (Rdn. 81 ff.)?

– Kann dem Antragsteller zugemutet werden, nach Rückkehr in sein Herkunftsland auf die Ausübung seiner Glaubenspraxis zu verzichten (Frage ist nur bei rein asyltaktischer Betätigung im Bundesgebiet zulässig) – (Rdn. 88 ff.)?

– Kann der Antragsteller nach Rückkehr in sein Herkunftsland Träger seiner religiösen Überzeugung ausfindig machen und mit diesen zusammen seinen Glauben praktizieren (Rdn. 107)?

– Praktiziert der Antragsteller seinen Glauben im Bundesgebiet aufgrund einer ernsthaften religiösen Entscheidung auch in der Öffentlichkeit?

– Wird im Herkunftsland die öffentliche Glaubenspraxis, welche der Antragsteller im Bundesgebiet ausgeübt hat, verfolgt?

Schaubild 8 zur Verfolgung aus religiösen Gründen

1. Begriff der Religion

a) Schutzumfang des Begriffs der Religion

1   Die Verfolgung ist erheblich, wenn sie an die Religion (Art. 10 Abs. 1 Buchst. b) RL 2004/83/EG) anknüpft. In der deutschen Rechtsprechung ist dieser Verfolgungsgrund von jeher sehr kontrovers diskutiert worden. Ungeachtet der Klärung durch Art. 10 Abs. 1 Buchst. b) RL 2004/83/EG sieht

das BVerwG Klärungsbedarf und hat eine Vielzahl von Fragen insbesondere zur öffentlichen Dimension der Religionsfreiheit dem EuGH zur Klärung vorgelegt.[55]

Der unionsrechtliche Begriff der Religion umfasst insbesondere theistische, nichttheistische und atheistische Glaubensüberzeugungen, die Teilnahme bzw. Nichtteilnahme an religiösen Riten im privaten oder öffentlichen Bereich, allein oder in Gemeinschaft mit anderen, sonstige religiöse Betätigungen oder Meinungsäußerungen und Verhaltensweisen Einzelner oder der Gemeinschaft, die sich auf eine religiöse Überzeugung stützen oder nach dieser vorgeschrieben sind (Art. 10 Buchst. b) RL 2004/83/EG).[56]

Zunächst schützt die Religionsfreiheit die individuelle Grundentscheidung für ein religiöses oder nichtreligiöses Leben. Darüber hinaus beinhaltet dieses Recht auch die Freiheit, in Übereinstimmung mit der getroffenen religiösen Entscheidung zu leben einschließlich des Rechts auf Teilnahme am Gottesdienst oder an anderen religiösen Riten, sowie der Freiheit, seine religiösen Ansichten zu äußern. Es ist nicht erforderlich, dass der Einzelne irgendeine Form der religiösen Aktivität entfaltet hat.[57] Denn auch die Entscheidung gegen eine bestimmte Religion wird geschützt.

Das individuelle Recht auf Religionsfreiheit umfasst danach auch die Möglichkeit, in Übereinstimmung mit den religiösen Glaubensgrundsätzen leben zu können, einschließlich an religiösen Riten teilzunehmen oder an diesen nicht teilzunehmen. Daher sind im Begriff der Religion sowohl die individuelle Glaubens**überzeugung** wie auch die entsprechende Glaubens**praxis** enthalten und wird dadurch der geschützte Status des Antragstellers inhaltlich umschrieben.

Der geschützte Bereich umfasst die Religion als Glaube, als Identität und als Lebensform. Religion als **Glaube** bedeutet, dass theistische, nichttheistische und atheistische Glaubensformen erfasst sind. Dabei können Glaubensformen Überzeugungen oder Weltanschauungen über die göttliche oder letzte Wahrheit oder die spirituelle Bestimmung der Menschheit sein. Die Antragsteller können ferner als Ketzer, Abtrünnige, Spalter, Heiden oder Abergläubige angesehen werden.

Religion als **Identität** ist weniger im theologischen Sinne als Glaube zu verstehen. Gemeint ist vielmehr die Zugehörigkeit zu einer Gemeinschaft, die aufgrund eines gemeinsamen Glaubens, gemeinsamer Tradition, ethnischer Abstammung, Staatsangehörigkeit oder gemeinsamer Vorfahren besteht. Religion als »**Lebensform**« bedeutet, dass für den Antragsteller die Religion einen zentralen Aspekt seiner Lebensform und einen umfassenden oder teilweisen Zugang zur Welt darstellt. Generell darf niemand gezwungen werden, seine Religion zu verstecken, zu ändern oder aufzugeben, um einer Verfolgung zu entgehen.[58]

b) Schutz des subjektiven religiösen Selbstverständnisses

Die Entscheidung für oder gegen eine bestimmte Religion, für bestimmte Formen der Glaubensbetätigung und generell die Frage der konkreten religiös bestimmten Lebensführung hat subjektiven Charakter, weil sie auf der Freiheit der religiösen Selbstbestimmung beruht: Weder der Staat noch dessen Akteure noch nichtstaatliche Akteure dürfen in die religiöse Grundentscheidung des Einzelnen eingreifen, an eine bestimmte religiöse Anschauung zu glauben oder diese abzulehnen, noch in die Entscheidung, die religiöse Grundentscheidung zu wechseln. Art. 10 Abs. 1 GRCh gewährleistet die Freiheit, die Religion oder Weltanschauung zu **wechseln** und sich zu seiner Religion oder Weltanschauung zu **bekennen**.

---

55 BVerwGE 138, 270 = NVwZ 2011, 755; siehe hierzu *Berlit*, NVwZ 2012, 193.
56 Siehe hierzu im Einzelnen UNHCR, Richtlinien zum Internationalen Schutz. Anträge auf Anerkennung der Flüchtlingseigenschaft aufgrund religiöser Verfolgung, April 2004, S. 3 (zit.: Religiöse Verfolgung).
57 *Hathaway*, The Law of Refugee Status, S. 146.
58 *UNHCR*, Religiöse Verfolgung, April 2004, S. 5.

8 Insbesondere die Freiheit zum Glaubenswechsel bringt den **höchstpersönlichen Charakter der Religionsfreiheit** zum Ausdruck. Wäre der Ansatz des Unionsrechts objektiv, könnte die subjektiv ausgerichtete Entscheidung zum Glaubenswechsel kaum überzeugend begründet werden. Ebenso wenig könnte die Bekenntnisfreiheit auf der Grundlage eines objektiven Verständnisses begründet werden, es sei denn, als kollektiv von der jeweiligen Glaubensgemeinschaft verordnetes äußeres Bekenntnis. Dies aber wäre eine Negation der freien religiösen Selbstbestimmung.

9 Dementsprechend ist nach Art. 10 Abs. 1 Buchst. b) letzter Halbs. RL 2004/83/EG für die Frage, ob die Verfolgung an die Religion anknüpft, darauf abzustellen, ob sich die Religion auf eine subjektive Überzeugung stützt oder nach dieser vorgeschrieben ist. Diese Entscheidung ist vollständig autonom. Die zentrale Frage ist darauf gerichtet, ob es zwischen der befürchteten Verfolgung und der vom Antragsteller selbst gewählten religiösen Lebensführung einen Zusammenhang gibt.[59] Eine Verfolgung aus religiösen Gründen kann daher auch vorliegen, wenn die Eingriffe einer Person gelten, die keinerlei religiöse Überzeugung hat, sich keiner bestimmten Religion anschließt oder sich weigert, sich den mit einer Religion verbundenen Riten und Gebräuchen ganz oder teilweise zu unterwerfen.[60]

10 Der maßgebende Gesichtspunkt ist, ob es zwischen der Bedrohung oder Verfolgung und der vom Antragsteller für sich definierten Grundentscheidung für oder gegen eine Religion einen Zusammenhang gibt. Ist dies der Fall, ist er schutzbedürftig. Der Status, auf den die Verfolgung in diesem Fall zielt, ist der religiöse Status. Auch eine gegen die Entscheidung, sich gegen eine Religion zu wenden, gerichtete Verfolgung zielt auf den religiösen Status (Rdn. 3). Entsprechend dem allgemein anerkannten Recht, auch eine Entscheidung gegen die Religion zu treffen, umfasst der religiöse Status auch die Entscheidung gegen eine bestimmte Religion.

11 Demgegenüber kam es nach der bisherigen deutschen Rechtsprechung weder auf das Selbstverständnis der Religionsgemeinschaft noch auf das des einzelnen Gläubigen von der Bedeutung des Glaubenselements, das von dem staatlichen Eingriff betroffen ist, an.[61] Was eine einzelner Person oder eine Gruppe von Personen aufgrund besonderer persönlicher Prädispositionertheit subjektiv als gravierenden Eingriff empfindet, muss nach dem BVerwG diesen Charakter nicht auch objektiv tragen.[62]

12 Ein derart verengter Begriff der geschützten Religionsfreiheit kann für die Auslegung und Anwendung von Art. 10 Abs. 1 Buchst. b) RL 2004/83/EG wegen des vorgegebenen weiten Religionsbegriffs nicht mehr verwendet werden. Vielmehr wird entsprechend dem universell anerkannten Religionsbegriff **kein objektiv vorgegebener Religionsbegriff** zugrunde gelegt, sondern die individuelle Entscheidung des Einzelnen für eine bestimmte Religion. Bereits die Frage nach dem religiösen Existenzminimum verfehlt den völkerrechtlichen Ansatz der Richtlinie.[63]

13 Inzwischen hat das BVerwG anerkannt, dass es ausreichend sein dürfte, dass der Einzelne die unterdrückte religiöse Betätigung seines Glaubens für sich selbst als verpflichtend empfindet, um seine religiöse Identität zu wahren.[64] Allerdings behandelt es diese Frage im Rahmen der »schwerwiegenden Verletzung« der Religionsfreiheit, also im Rahmen der Verfolgungshandlung nach Art. 9 Abs. 1 Buchst. a) RL 2004/83/EG, und nicht – wie nach dem Aufbau der Richtlinie gefordert – unter der

---

59 *Hathaway*, The Law of Refugee Status, S. 145.
60 Kommission der EG, Vorschlag für eine Richtlinie zur Festlegung von Mindestnormen für die Anerkennung, 12.09.2001 – KOM(2001) 510, S. 26.
61 BVerwGE 80, 321 (325) = EZAR 201 Nr. 16 = NVwZ 1989, 477 = InfAuslR 1989, 167; BVerwGE 85, 139 (147) = EZAR 202 Nr. 18 = NVwZ 1990, 1175 = InfAuslR 1990, 312; BVerwGE 87, 52 (58) = EZAR 201 Nr. 21 = NVwZ 1991, 337.
62 BVerwGE 80, 321 (325) = EZAR 201 Nr. 16 = NVwZ 1989, 477 = InfAuslR 1989, 167.
63 VGH Baden-Württemberg, AuAS 2007, 31 (33); VG Karlsruhe, AuAS 2007, 57 = ZAR 2007, 201; VG Trier, AuAS 2007, 23.
64 BVerwGE 138, 270 (286) = NVwZ 2011, 755 Rn. 43.

Fragestellung, ob eine Verfolgungshandlung an den religiösen Status des Einzelnen anknüpft (Art. 9 Abs. 3 RL 2004/83/EG).

Der Asylsuchende muss zur vollen Überzeugung des Gerichts die für ihn verpflichtende religiöse Grundentscheidung nachweisen. Dabei dürfte nach Ansicht des BVerwG dem Umstand, dass die Glaubensbetätigung nach dem Selbstverständnis der Glaubensgemeinschaft, der der Einzelne angehöre, zu einem tragenden Glaubensprinzip gehöre, eine indizielle, aber keine zwingende Wirkung zukommen. Maßgebend dürfte vielmehr sein, wie der Einzelne seinen Glauben lebe und welche Glaubensbetätigungen für ihn persönlich nach seinem Glaubensverständnis unverzichtbar seien.[65]

14

c) Schutz der öffentlichen Glaubensbetätigung

aa) Funktion der öffentlichen Glaubensbetätigungsfreiheit

Nach Art. 10 Abs. 1 Buchst. b) RL 2004/83/EG wird auch die Glaubenspraxis im **öffentlichen Bereich** geschützt, sodass Sanktionen, die an die öffentliche Glaubensbetätigung anknüpfen, erheblich sind. Der Kommissionsentwurf enthält zu diesem Aspekt der Glaubenspraxis keine näheren Erläuterungen. Weil die öffentliche Glaubenspraxis in allen menschenrechtlichen Kodifikationen geschützt und deshalb etwa auch im Handbuch des UNHCR wie selbstverständlich als Verfolgungsgrund bezeichnet wird,[66] erachtete die Kommission eine vertiefende Auseinandersetzung mit dieser Frage wohl nicht für erforderlich.

15

Bereits die Minderheitenschutzabkommen des Völkerbundes enthielten die rechtliche Verpflichtung, u.a. die freie Religionsausübung im öffentlichen und im privaten Bereich zu gewährleisten.[67] Ebenso schützt Art. 18 IPbpR die private wie öffentliche Glaubenspraxis.[68] Differenzierungen zwischen beiden Bereichen sind jedoch deshalb notwendig, weil nach Art. 18 Abs. 2 des Paktes das Verbot der zwangsweisen Beeinflussung sich ausschließlich auf den privaten Freiheitsbereich bezieht, während die Schranken nach Abs. 3 dieser Vorschrift nur für den öffentlichen Bereich gelten.

16

Diese Differenzierung hat aber nicht die Funktion, den öffentlichen Freiheitsgebrauch aus dem Schutzbereich der Religionsfreiheit auszugrenzen. Vielmehr ist sie deshalb erforderlich, weil die private und öffentliche Glaubenspraxis jeweils unterschiedlichen Einschränkungsbefugnissen unterliegen. Zu Recht wird daher hervorgehoben, dass erst das Zusammenspiel des Prinzips der Religionsfreiheit und ihrer Beschränkungen das konkrete Maß des individuellen Rechtes auf Religionsfreiheit bestimmt.[69] Die gleiche Schrankenproblematik kennzeichnet Art. 9 Abs. 2 EMRK.

17

Angesichts der völkerrechtlichen Entwicklung, wie sie insbesondere in Art. 18 und 27 IPbpR und in Art. 1 der Erklärung Nr. 36/55 der Generalversammlung der Vereinten Nationen über die Beseitigung aller Formen von Intoleranz und Diskriminierung aufgrund der Religion und der Überzeugung vom 25. November 1981 zum Ausdruck kommt, ist heute das Recht auf private und öffentliche Religionsausübung als fundamentales Menschenrecht allgemein anerkannt.[70] Für den europäischen Bereich ist insoweit auf Art. 9 EMRK zu verweisen, der wie Art. 18 IPbpR die

18

---

65 BVerwGE 138, 270 (286) = NVwZ 2011, 755 Rn. 43.
66 UNHCR, Handbuch über Verfahren und Kriterien zur Feststellung der Flüchtlingseigenschaft, 1979, Rn. 71; so auch Generalanwalt Y. Both, Schlussantrag vom 19.04.2012 in den Rechtssachen C-71/11 und C-99/11; siehe hierzu Vorlagebeschluss BVerwGE 138, 270 = NVwZ 2011, 755.
67 *Capotori*, Study on the Rights of Persons belonging to ethnic, religious and linguistic Minorities, United Nations Publication Sales No. E.91.XIV.2, Rn. 99.
68 *Nowak*, UNO-Pakt über bürgerliche und politische Rechte und Fakultativprotokoll, Rn. 9 zu Art. 18.
69 *Nowak*, UNO-Pakt über bürgerliche und politische Rechte und Fakultativprotokoll, Rn. 2 zu Art. 18.
70 *Capotori*, Study on the Rights of Persons belonging to ethnic, religious and linguistic Minorities, United Nations Publication Sales No. E.91.XIV.2, Rn. 241.

Ausübung der Religionsfreiheit auch in der Öffentlichkeit gewährleistet, jedoch nach Maßgabe bestimmter Kriterien begrenzt.[71]

19 Art. 18 IPbpR hebt den **kollektiven Charakter** der Religionsfreiheit besonders hervor.[72] Eine lediglich die individuelle Existenz in Blick nehmende metaphysische Betrachtung der Religionsfreiheit übersieht daher den **Doppelcharakter** der genannten Norm: Durch die Worte »öffentlich oder privat« (»in public or in private«, »en public qu'en privé«) unterstreicht nämlich Art. 18 des Paktes, dass sowohl die private Religionsfreiheit wie auch der öffentliche Freiheitsgebrauch, seine Religion zu bekunden bzw. »auszuüben« (»manifest«, »manifester«) rechtlich geschützt ist.

20 Aus theologischer Sicht wird die freilich umstrittene These aufgestellt, die Glaubens- und Gewissensfreiheit bilde in einem sehr prinzipiellen Sinn historisch das erste Menschenrecht.[73] Denn hier komme der Gedanke der Unverfügbarkeit und damit der Grund allen Menschenrechts am deutlichsten zur Geltung. Die Anerkennung der Unverfügbarkeit der Religionsfreiheit war die Konsequenz des religiösen Kampfes in Europa um die Glaubens- und Gewissensfreiheit, der mit der Reformation begann und sich in den Religionskriegen verschärfte. Diese geschichtlich erkämpfte Unverfügbarkeit der religiösen Existenz war jedoch von Beginn an nicht lediglich auf eine private Sphäre begrenzt. Vielmehr bedeutete Religionsfreiheit in der Entwicklung der Menschenrechte seit dem 17. Jahrhundert das Recht auf eine Pluralität religiöser Überzeugungen innerhalb desselben Staatswesens.

21 Der Pluralität der Religionsfreiheit immanent ist der Öffentlichkeitsaspekt. Für die Herausbildung der Religionsfreiheit war das christliche Verständnis von der Freiheitsbotschaft des Evangeliums, die frei verkündigt wird, von prägender Bedeutung. Um der Öffentlichkeit des Evangeliums willen wurde in der Geschichte des Christentums von Anfang an die Gewährung der zunächst als Kultusfreiheit verstandenen Religionsfreiheit gefordert.[74] Auch wenn die gängige Vorstellung von Religionsausübung in erster Linie Gebet, Kult und Predigt, allenfalls noch karitative Tätigkeiten vor Augen hat, so hat doch das Christentum seit sehr früher Zeit seine durchaus politische Handlungskomponente niemals verleugnet.[75]

22 Dieser geistesgeschichtliche Hintergrund der Religionsfreiheit findet seinen Ausdruck im geltenden Völkerrecht: Neben dem gesprochenen Wort sind grundsätzlich alle von Art. 19 IPbpR erfassten Kommunikationsformen einschließlich der in Art. 21 IPbpR garantierten Versammlungsfreiheit geschützt. Darüber hinaus genießen Religionsgemeinschaften Vereinigungsfreiheit gemäß Art. 22 IPbpR. Auch fallen religiöse Botschaften inhaltlich unter den umfassenden Anwendungsbereich der öffentlichen Meinungsfreiheit. Die öffentliche Religionsfreiheit wird damit als Unterfall der öffentlichen Meinungsfreiheit angesehen.[76]

23 Zu den von Art. 18 Abs. 1 des Paktes geschützten Formen der Religionsfreiheit gehören namentlich der **Gottesdienst, religiöse Bräuche, Praxis und Unterricht**. Unter Gottesdienst ist die typische Form religiöser Anbetung und Verkündung, also die Kultusfreiheit zu verstehen.[77] Ebenfalls relativ eindeutig bestimmt ist die Gewährleistung religiöser Riten und Gebräuche, wozu insbesondere Prozessionen, aber auch das Tragen einer religiösen Kleidung oder Barttracht oder das Tragen des

---

71 *Frowein/Peukert*, EMRK-Kommentar, Rn. 10 zu Art. 9.
72 *Nowak*, UNO-Pakt über bürgerliche und politische Rechte und Fakultativprotokoll, Rn. 7 f. zu Art. 18.
73 *Huber/Tödt*, Menschenrechte, S. 209.
74 *Huber/Tödt*, Menschenrechte, S. 164.
75 *Neumann*, Das Grundrecht der Glaubens- und Religionsfreiheit, in: *Schwartländer*, Menschenrechte, S. 130.
76 *Nowak*, UNO-Pakt über bürgerliche und politische Rechte und Fakultativprotokoll, Rn. 21 zu Art. 18.
77 *Frowein/Peukert*, EMRK-Kommentar,; *Nowak*, UNO-Pakt über bürgerliche und politische Rechte und Fakultativprotokoll, Rn. 23 zu Art. 18.

Turbans, kurz Gebete und alle sonstigen Bräuche, Rituale und Riten der verschiedenen Religionsgemeinschaften, gezählt werden.[78]

Nach Art. 6 der Erklärung der Vereinten Nationen über die Beseitigung aller Formen von Intoleranz und Diskriminierung aufgrund der Religion oder der Überzeugung vom 31. Dezember1981 unterfallen dem **Praxisbegriff** die Abhaltung religiöser Versammlungen oder Gottesdienste sowie die Befugnis zur Einrichtung und Unterhaltung hierfür notwendiger Versammlungsorte (Tempel, Kirchen, Moscheen), die Gründung und Unterhaltung von Wohlfahrtseinrichtungen oder humanitärer Institutionen, die Herstellung, der Erwerb und Gebrauch ritueller Gegenstände, die Verfassung, Herausgabe und Verbreitung religiöser Publikationen, die Verbreitung der Religion an hierfür geeigneten Orten sowie das Sammeln von Spenden. Zutreffend wird daher auch die missionarische Tätigkeit als religiöse Praxis bezeichnet.[79]   24

bb) Bedeutung der Zusammenhangsklausel für die öffentliche Glaubensbetätigung

(1) Trennung zwischen Verfolgungshandlung und Verfolgungsgrund

Nach Art. 9 Abs. 3 RL 2004/83/EG muss zwischen Verfolgung und Verfolgungsgründen eine Verknüpfung bestehen. Das daraus folgende Trennungsgebot zwischen beiden Elementen des Flüchtlingsbegriffs berücksichtigt das BVerwG nicht und sieht deshalb unionsrechtliche Zweifelsfragen, die sich nach dem klaren Aufbau der Richtlinie nicht stellen. So hat es festgestellt, entgegen verbreiteter Ansicht in Rechtsprechung und Literatur sei mit Art. 10 Abs. 1 Buchst. b) RL 2004/83/EG »nicht ohne Weiteres eine Erweiterung des Flüchtlingsschutzes verbunden.« Vielmehr bestimme Art. 9 Abs. 1 Buchst. a) RL 2004/83/EG maßgeblich, ob ein Ausländer als Flüchtling anzuerkennen sei. Der Flüchtlingsschutz setze daher eine Verfolgungs**handlung** voraus, die anknüpfend an Verfolgungs**gründe** ein »grundlegendes Menschenrecht in schwerwiegender Weise« verletze.[80]   25

Gehe es bei religiöser Betätigung nicht um Eingriffe in Leben, körperliche Unversehrtheit oder physische Freiheit, sei zu prüfen, ob ein Eingriff in die Religionsfreiheit vorliege, der eine Verfolgung im Sinne von Art. 9 Abs. 1 Buchst. a) RL 2004/83/EG darstelle.[81] Werde der Kern der Religionsfreiheit verletzt, sei in jedem Fall eine schwerwiegende Rechtsverletzung zu bejahen. Ob hierunter nur das religiöse Existenzminimum – wie beim verfassungsrechtlichen Asylspruch – falle, also die Glaubensbetätigung im privaten und nachbarschaftlich-kommunikativen Bereich, oder ob und unter welchen Voraussetzungen beim Flüchtlingsschutz unter Geltung der Richtlinie auch religiöse Betätigungen in der Öffentlichkeit erfasst würden, stelle eine unionsrechtliche Zweifelsfrage dar.[82]   26

Dementsprechend hat das BVerwG nunmehr diese Frage dem EuGH zur Klärung vorgelegt.[83] Dabei verkürzen die vorgelegten Fragen den Anwendungsbereich der Verfolgungshandlung, weil sie mit dem Hinweis auf eine »**schwerwiegende Verletzung der Religionsfreiheit**« allein Art. 9 Abs. 1 Buchst. a) RL 2004/83/EG nicht nur zum Ausgangspunkt, sondern auch zum ausschließlichen Bezugspunkt der Entscheidung macht, ohne den Kumulationsansatz in Art. 9 Abs. 1 Buchst. b) sowie die Regelbeispiele in Art. 9 Abs. 2 RL 2004/83/EG in die Betrachtung religiös geprägter Verfolgungen einzubeziehen (§ 11 Rdn. 27, § 12 Rdn. 8). Generalanwalt Bot hat in seinen Schlussanträgen vom 19. April 2012 zutreffend zwischen der Verfolgung und den Verfolgungsgründen differenziert   27

---

78 *Frowein/Peukert*, EMRK-Kommentar, Rn. 10 zu Art. 9; *Nowak*, UNO-Pakt über bürgerliche und politische Rechte und Fakultativprotokoll, Rn. 23 zu Art. 18.
79 *Nowak*, UNO-Pakt über bürgerliche und politische Rechte und Fakultativprotokoll, Rn. 23 zu Art. 18.
80 BVerwGE 133, 221 (225 f.) = InfAuslR 2009, 363 (364 f.) = NVwZ 2009, 1167.
81 BVerwGE 133, 221 (225 f.) = InfAuslR 2009, 363 (364 f.) = NVwZ 2009, 1167.
82 BVerwGE 133, 221 (227) = InfAuslR 2009, 363 (365) = NVwZ 2009, 116; *Hoppe*, ZAR 2010, 164 (165); hiergegen *Marx*, ZAR 2010, 1.
83 BVerwGE 138, 270 = NVwZ 2011, 755; *Berlit*, NVwZ 2012, 193.

und darauf hingewiesen, dass die Verfolgung nicht durch den Bereich der Religionsfreiheit, sondern durch die Art und die Folgen der Unterdrückung gekennzeichnet wird, die auf den Betroffenen ausgeübt wird[84]

28   Darüber hinaus läuft der Ansatz des BVerwG darauf hinaus, dass der in Art. 10 Abs. 1 Buchst. b) RL 2004/83/EG zum Anknüpfungspunkt der Verfolgungshandlung gemachte religiöse Status in seiner von der Richtlinie gewollten Schutzwirkung leer läuft. Folgt man der Methodik der Begründung des BVerwG, wäre eine Verletzung der Religionsfreiheit vom Flüchtlingsschutz nur umfasst, wenn sie in schwerwiegender Weise erfolgte. Die zahlreichen, in der Rechtswirklichkeit für religiöse Verfolgungen typischen Diskriminierungen und Menschenrechtsverletzungen, die als solche keinen, aber in ihrer Gesamtwirkung schwerwiegenden Charakter haben, blieben unberücksichtigt. Die betroffenen Asylsuchenden wären ungeachtet des Kumulationsansatzes und der Regelbeispiele derartigen Verfolgungen schutzlos ausgeliefert.

29   Methodisch verkennt das BVerwG, dass es im Rahmen von Art. 9 RL 2004/83/EG nicht auf eine »schwerwiegende Verletzung der Religionsfreiheit«, sondern auf eine schwerwiegende Verletzung eines »grundlegenden Menschenrechtes« (vgl. Art. 9 Abs. 1 Buchst. a) RL 2004/83/EG) ankommt, unabhängig davon, ob es sich um das Recht auf politische Betätigung, auf Meinungsfreiheit, Religionsfreiheit oder ein sonstiges grundlegendes Menschenrecht handelt. Grundlage für den verfehlten methodischen Ansatz des BVerwG ist, dass es den in der deutschen Rechtsprechung seit Mitte der 1980er Jahre entwickelten Ansatz, wonach nur die schwerwiegende Verletzung der Religionsfreiheit einen Asylanspruch begründet, zur Grundlage des Unionsrechts macht und darauf die Vorlagefragen beruhen.

30   Die deutsche Rechtsprechung unterscheidet nicht wie das Unionsrecht zwischen der Verfolgungshandlung und den Verfolgungsgründen, sondern begrenzt bereits im Rahmen der Verfolgungshandlung die geschützten grundlegenden Menschenrechte nach Maßgabe des **enumerativen** Katalogs von Art. 1 A Nr. 2 GFK, wie er sich auch in Art. 10 Abs. 1 RL 204/83/EG widerspiegelt. Die in der deutschen Rechtsprechung für die Begrenzung der in Betracht kommenden grundlegenden Menschenrechte bezeichneten »asylerheblichen Merkmale« sind mit den Verfolgungsgründen des Art. 1 A Nr. 2 GFK identisch.

31   Demgegenüber begrenzt Art. 9 Abs. 1 Buchst. a) RL 2004/83/EG den Katalog der grundlegenden Menschenrechte nicht auf das in Art. 10 Abs. 1 RL 2004/83/EG bezeichnete abschließende Diskriminierungsverbot. Wie insbesondere die als Auslegungshilfe heranzuziehenden Regelbeispiele des Art. 9 Abs. 2 RL 2004/83/EG verdeutlichen, ist das Diskriminierungsverbot (vgl. Buchst. b) bis d)), das bei den Verfolgungshandlungen heranzuziehen ist, ungleich weitergehend als der abschließende Katalog des Art. 10 Abs. 1 RL 2004/83/EG. Welche Menschenrechte im Rahmen von Art. 9 Abs. 1 Buchst. a) RL 2004/83/EG als grundlegend in Betracht kommen, beantwortet sich daher nicht nach dem abschließenden Katalog des Art. 10 Abs. 1 RL 2004/83/EG. Dies verkennt das BVerwG.

32   Bereits die Systematik der Richtlinie erfordert, dass zunächst die Verfolgungshandlung (Art. 9) unabhängig von den Verfolgungsgründen eigenständig zu bestimmen ist. Die Kriterien der Verfolgungsgründe (Art. 10) werden in diesem Zusammenhang zunächst nicht berücksichtigt. Das verdeutlicht z. B. das Phänomen sexueller Gewalt und geschlechtsspezifischer Verfolgung, das zunächst in Art. 9 Abs. 2 Buchst. a) und f) RL 2004/83/EG für die Bestimmung der Verfolgungshandlung eigenständig bezeichnet und für den Anknüpfungsvorgang in Art. 10 Abs. 1 Buchst. d) Satz 2 RL 2004/83/EG erneut aufgegriffen wird.

33   Das **Trennungsprinzip** der Richtlinie entspringt den Erfordernissen des Völkerrechts und trägt dem Charakter des Gegenstandsbereichs Verfolgung aus Gründen der Konvention Rechnung. Der Zweck des Flüchtlingsrechts erfordert daher eine methodisch sachgerechte Erfassung der tatbestandlichen

---

[84] Schlussanträge vom 19.04 2012 in den Verbundenen Rechtssachen C-71/11 und C-99/11, Rn. 52 – Y. und Z.

Voraussetzungen des Flüchtlingsschutzes und damit eine klare Trennung zwischen den einzelnen Elementen des Flüchtlingsbegriffs. Für den Verfolgungsbegriff hat sich ein präziser Begriff der Verletzung der Menschenrechte nicht heraus gebildet. Er bedarf wegen der Wandelbarkeit politischer Entwicklungen auch keiner abschließenden normativen Verständigung. Einigkeit besteht aber darin, dass grundsätzlich alle Menschenrechte als Grundlage des Begriffs der Verfolgung zu beachten sind und je nach dem Grad der Belastung des Einzelnen im Ausgangspunkt seine Schutzbedürftigkeit auslösen können.

Der auch für die Auslegung und Anwendung der Richtlinie maßgebende Art. 1 A Nr. 2 GFK (vgl. Art. 2 Buchst. c) RL 2004/83/EG) unterscheidet zwischen der Verfolgung und den ihr zugrunde liegenden Konventionsgründen. Ebenso prägt die Richtlinie, welche den in Art. 1 A Nr. 2 GFK normierten Begriff des Flüchtlings für die Mitgliedstaaten verbindlich bestimmt, die Trennung zwischen der **Verfolgung** (shandlung) und den Verfolgungsgründen (**Konventionsgründe**). Wird mit dem Begriff der Verfolgung die **Form** angesprochen, in welcher der Einzelne in seinen Freiheitsrechten beeinträchtigt wird, zielen die Konventionsgründe auf die **Gründe**, welche diesen Freiheitseingriffen zugrunde liegen. 34

Während die Form nicht abschließend geregelt ist und wegen des jederzeit wandelbaren Charakters politischer Repressionen auch nicht enumerativ geregelt werden kann, Maßnahmen der Verfolger sich nämlich wandeln und in unterschiedlichen Formen auftreten können, sind die den Maßnahmen zugrunde liegenden Gründe in der Konvention wie in der Richtlinie abschließend geregelt. Dies hat seinen Grund darin, dass die Schutzbedürftigkeit der in ihren Menschenrechten verletzten Personen einen von den Vertragsstaaten akzeptierten Konsens über die Anwendung des maßgeblichen Verbots der Diskriminierung voraussetzt, wie er seinen Ausdruck in den Konventionsgründen findet, der Grund für die Menschenrechtsverletzung also anders als deren Form (Schwere) nicht offen bleiben kann. 35

(2) Gleichrangiger Schutz der privaten und öffentlichen Glaubensbetätigung

Dem Vorabentscheidungsersuchen des BVerwG liegt die traditionelle Asylrechtsdogmatik zugrunde, welche die Religionsfreiheit in einen Kernbereich, der »auf das Glaubensbekenntnis und auf Glaubensbetätigungen **im häuslichen und nachbarschaftlichen Bereich**« beschränkt ist, von einem weiteren Schutzbereich, der die »Glaubensausübung **in der Öffentlichkeit**« erfasst, aufspaltet. Das deutsche Asylrecht schützt lediglich das »**religiöse Existenzminimum**« (Kernbereich). Dies setzt zwar ein kommunikatives Element voraus, nämlich die religiöse Kommunikation (gemeinsames Gebet, Gottesdienst). Diese muss indes **abseits der Öffentlichkeit** stattfinden.[85] 36

Politische Verfolgung liegt daher nach der Rechtsprechung des BVerfG nicht vor, wenn die die Religionsfreiheit unterdrückenden Maßnahmen der Durchsetzung des **öffentlichen Friedens** unter verschiedenen, in ihrem Verhältnis zueinander möglicherweise **aggressiv-intoleranten Glaubensrichtungen** dienen und zu diesem Zweck etwa einer religiösen Minderheit untersagt wird, gewisse Merkmale, Symbole oder Bekenntnisformen in der Öffentlichkeit zu verwenden, obwohl sie für die Minderheit identitätsbestimmend sind.[86] 37

Eine derartige Differenzierung ist unvereinbar mit Art. 10 Abs. 1 GRCh und Art. 10 Abs. 1 Buchst. b) RL 2004/83/EG.[87] Vielmehr stehen für den Anknüpfungsvorgang der private und öffentliche 38

---

[85] BVerfGE 76, 143 (159) = EZAR 200 Nr. 20 = NVwZ 1988, 237 = InfAuslR 1988, 87; zuletzt noch BVerwG, InfAuslR 2004, 319 (320) = NVwZ 2004, 1000 = AuAS 2004, 125.

[86] BVerfGE 76, 143 (160) = EZAR 200 Nr. 20 = NVwZ 1988, 237 = InfAuslR 1988, 87; zur Unbeachtlichkeit von Sektion 298-B, 298-C PPC s. BVerwGE 92, 278 (280) = NVwZ 1993, 788 = EZAR 201 Nr. 24; BVerwG, NVwZ 1993, 788 (789); BVerwG, NVwZ 1994, 500; s. aber BVerfG (Kammer), InfAuslR 1992, 145 (148), zur Ermittlungstiefe.

[87] *Meyer/Schallenberger*, NVwZ 2005, 776 (777).

Bereich der geschützten Religionsfreiheit gleichrangig nebeneinander. Nach Art. 4 Abs. 3 Buchst. a) RL 2004/83/EG sind »alle mit dem Herkunftsland verbundenen Tatsachen«, die für den Anknüpfungsvorgang nach Art. 10 Abs. 1 Buchst. b) RL 2004/83/EG **erheblich** sind, also die Umstände, wie dort nach den innerstaatlichen Rechtsvorschriften und der Anwendungspraxis auf die Teilnahme bzw. Nichtteilnahme des Asylsuchenden »an religiösen Riten im privaten oder öffentlichen Bereich« reagiert wird, festzustellen und anschließend zu entscheiden, ob die Art und Weise der Reaktion auf die Glaubenspraxis eine Verfolgungshandlung darstellt und erst im Anschluss hieran, zu prüfen, ob diese spezifische Reaktion auf den geschützten religiösen Status zielt. Dementsprechend vertritt Generalanwalt Bot in Übereinstimmung mit allen Stellungnahmen, auch der der Bundesregierung, und insbesondere unter Verweis auf die Rechtsprechung des EGMR und Art. 10 GRCh, dass der Schutzbereich der Religionsfreiheit nicht in einen »privaten« und in einen »öffentlichen Bereich« aufgespalten und daher vom Antragsteller vernünftigerweise nicht verlangt werden dürfe, dass er im Herkunftsland auf die öffentliche Glaubensbetätigung verzichte.[88]

39   Es macht nach der Richtlinie für die Zielrichtung der Maßnahme keinen Unterschied, ob sie auf die Glaubensbetätigung im privaten oder öffentlichen Bereich gerichtet ist. Nach Unionsrecht werden – wie ausgeführt – beide Betätigungsformen der Religionsfreiheit gleichermaßen geschützt und ist die Flüchtlingseigenschaft zuzuerkennen, wenn die Verfolgungshandlung an die Glaubensbetätigung anknüpft, gleichviel, ob sie in privaten oder öffentlichen Betätigungsformen ausgeübt wird. Entgegen dem Vorverständnis des BVerwG wird diese Differenzierung nicht im Bereich der Verfolgungshandlung erheblich, sondern bei der Anknüpfung der Verfolgungshandlung (vgl. Art. 9 Abs. 3 RL 2004/83/EG) an Verfolgungsgründe:

40   Eingriffe in die Religionsfreiheit dürften eher zulässig sein, wenn aus Gründen der öffentlichen Sicherheit oder Ordnung die öffentliche Glaubensbetätigung beschränkt (Umzüge, Prozessionen, Demonstrationen) als wenn die private Glaubensbetätigung (Gottesdienst, Gebet allein und mit anderen außerhalb der Öffentlichkeit) beschränkt wird. Die differenziert zu behandelnden Formen der Glaubensbetätigung betreffen damit den Anknüpfungsvorgang, also die Frage, ob die Maßnahme auf die religiöse Betätigung des Einzelnen zielt oder der Aufrechterhaltung der öffentlichen Sicherheit und Ordnung dient oder aus anderen anerkannten Gründen gerechtfertigt ist (Rdn. 63 ff.).

41   Demgegenüber wendet sich das BVerwG ungeachtet Art. 10 Abs. 1 Buchst. b) RL 2004/83/EG im Vorabentscheidungsersuchen[89] gegen die obergerichtliche Rechtsprechung, soweit sie anerkennt, dass diese Norm »einen sehr weitgehenden Schutz« gewährleistet, da er sowohl »die Entscheidung aus innerer Überzeugung religiös zu leben, wie auch die Entscheidung aufgrund religiösen Desinteresses jegliche religiöse Betätigung zu unterlassen, schützt und dem Einzelnen zubilligt, dass er sich zu seiner religiösen Grundentscheidung auch nach außen bekennen darf, insbesondere auch die Teilnahme an religiösen Riten im öffentlichen Bereich, allein oder in Gemeinschaft mit anderen erfasst wird.«[90]

---

88 Schlussanträge vom 19.04 2012 in den Verbundenen Rechtssachen C-71/11 und C-99/11, Rn. 50, 89 ff. – Y. und Z.
89 BVerwGE 138, 270 (282 f.) = NVwZ 2011, 755 (758) Rn. 33.
90 Bayerischer VGH, InfAuslR 2008, 101 (102) = AuAS 2008, 20; VGH Baden-Württemberg, Urt. v. 20.05.2008 – A 10 S 72/08, insoweit in AuAS 2008, 213 nicht abgedruckt; ebenso VGH Baden-Württemberg, InfAuslR 2008, 97 (99); VGH Baden-Württemberg, Urt. v. 20.05.2008 – A 10 S 72/08; Hessischer VGH, EZAR NF 62 Nr. 11 = AuAS 2007, 276; Hessischer VGH, EZAR NF 62 Nr. 17; Hessischer VGH, Urt. v. 12.07.2007 – 8 UE 3339/04.A; OVG Saarland, Beschl. v. 07.03.2008 – 3 Q 166106; VG Düsseldorf, Urt. v. 24.04.2007 – 2 K 4/07.A; VG Düsseldorf, Urt. v. 25.03.2008 – 2 K 1706/07.A; VG Düsseldorf, Beschl. v. 30.04.2008 – 22 L 571/08.A; VG Karlsruhe, AuAS 2007, 57; VG Karlsruhe, ZAR 2007, 201; VG Karlsruhe, Urt. v. 04.10.2007 – A 6 K 1306/06; VG Regensburg, Urt. v. 28.04.2008 – RO 4 K 07.30168; VG Stuttgart, NVwZ-RR 2008, 577 (578); VG Würzburg, AuAS 2009, 19 (21); VG Hamburg, NVwZ 2009, 265 (267); *Möller/Stiegeler*, § 60 AufenthG Rn. 11.

2. Spezifische Merkmale der Verfolgungshandlung

Religiöse Verfolgung kann verschiedene Formen annehmen. Je nach den besonderen Umständen des Einzelfalls einschließlich der Auswirkungen auf den Betroffenen, zählt dazu das **Verbot**, Mitglied einer Glaubensgemeinschaft zu sein, das Verbot der Unterweisung in dieser Religion, das Verbot, die Riten dieser Religion in Gemeinschaft mit anderen privat oder öffentlich auszuüben, oder schwere Diskriminierung von Personen wegen ihrer Religionsausübung, ihrer Zugehörigkeit zu einer bestimmten Religionsgemeinschaft oder ihres Wechsels der Glaubensrichtung.[91] Allerdings engt der Generalanwalt Bot in seinen Schlussanträgen vom 19. April 2012 den Disriminierungsbegriff auf die flagrante Verletzung grundlegendster Menschenrechte ein (§ 11 Rdn. 27, § 12 Rdn. 8). Sanktionen, die an den **Glaubenswechsel** anknüpfen, werden auch in der deutschen Rechtsprechung als erheblich angesehen (Rdn. 96 ff.).[92]

42

Die Verfolgung kann **interreligiös**, also gegenüber Angehörigen anderer Glaubensrichtungen oder -gemeinschaften, **innerreligiös**, d.h. innerhalb derselben Religion, aber zwischen verschiedenen Gruppierungen oder zwischen Angehörigen derselben Gruppierung, oder eine Kombination aus beidem sein.[93] In diesen Fällen sind die Verfolger zumeist nichtstaatliche Akteure. Dagegen geht bei einem **Heiratsverbot** wegen der bloßen Tatsache der Eheschließung die Verfolgung vom Staat aus und ist dieses erheblich, wenn der Verpflichtete sich diesem entzieht und deshalb als »Abtrünniger« verfolgt wird.[94] Die **Zwangsbeschneidung** christlicher Wehrpflichtiger in der türkischen Armee erniedrigt den Betroffenen unter Missachtung seines religiösen und personalen Selbstbestimmungsrechts zum bloßen Objekt.[95]

43

Demgegenüber ist die **Verletzung des staatlichen Neutralitätsgebotes** als solche nach dem BVerwG nicht von einem solchen Gewicht sei, dass im Fall der Flucht die Zuerkennung der Flüchtlingseigenschaft gerechtfertigt wäre, weil sie nicht in den Kernbereich der Religionsfreiheit eingreife.[96] Diese Ausführungen betreffen die Verfolgungshandlung und bezeichnen Fragen der Abgrenzung **erheblicher** Verfolgungen von **nicht beachtlichen** Diskriminierungen (Rdn. 51 ff.), die entweder nicht die Eingriffsschwere der Regelbeispiele erreichen oder den Einzelnen nicht als **gezielte** Maßnahme (Beispiel des BVerwG: Kreuz im Klassenzimmer) betreffen.

44

Stillschweigend liegt dem Begriff der Verfolgungshandlung eine auf den Einzelnen zielende Maßnahme (vgl. Art. 4 Abs. 3 Buchst. c) RL 2004/83/EG) zugrunde, an der es bei allgemeinen Maßnahmen wie etwa dem Kreuz im Klassenzimmer (Rdn. 44) fehlt. Die Kommission weist in ihrem Entwurf der Richtlinie darauf hin, dass Verfolgungshandlungen »absichtlich, fortdauernd oder systematisch ausgeführt werden müssen.«[97] Es muss sich also um eine auf den Einzelnen zielende absichtliche Verletzung seiner Rechte handeln (§ 11 Rdn. 1 ff.). Erst wenn z. B. im Fall des Kreuzes im Klassenzimmer eine derart allgemeine Maßnahme etwa durch einen Schulverweis durchgesetzt wird, stellt sich die Frage der gezielten Verfolgung.

45

Das BVerwG verkennt, dass sich für die Rechtsanwendung der Vertragsstaaten der GFK wie auch der Mitgliedstaaten die von ihm aufgezeigte Abgrenzungsaufgabe, zwischen erheblichen und

46

---

91 *UNHCR*, Handbuch über Verfahren und Kriterien zur Feststellung der Flüchtlingseigenschaft, Rn. 72.
92 BVerfG (Kammer), NVwZ-Beil. 1995, 33 = InfAuslR 1995, 210.
93 *UNHCR*, Religiöse Verfolgung, S. 5.
94 BVerwGE 90, 127 (134 f.) = EZAR 206 Nr. 7 = NVwZ 1992, 893 = InfAuslR 1992, 258, siehe auch § 26 Rdn. 151 ff.
95 BVerwGE 89, 162 (166) = EZAR 202 Nr. 22 = NVwZ 1992, 582; VGH Baden-Württemberg, InfAuslR 1988, 199.
96 BverwGE 138, 270 (282) = NVwZ 2011, 755 (758) Rn. 23.
97 Vgl. Art. 11 Abs. 1 Buchst. a) des Vorschlags für eine Richtlinie des Rates über Mindestnormen für die Anerkennung und den Status von Drittstaatsangehörigen und Staatenlosen als Flüchtlinge oder als Personen, die anderweitig internationalen Schutz benötigen, KOM(2001) 510 endg.; Ratsdok. 13620/01, S. 21.

unerheblichen Eingriffen einerseits zu differenzieren sowie andererseits erhebliche Maßnahmen, die gezielt gegen den Einzelnen gerichtet sind, von allgemeinen Anordnungen ohne unmittelbaren Eingriffscharakter abzugrenzen, nicht nur bei Verfolgungen aus religiösen Gründen, sondern grundsätzlich bei allen Verfolgungen unabhängig von deren Zielrichtung stellt.

47 Die erste Abgrenzungsaufgabe beantworten die Kriterien von Art. 9 der Richtlinie, also der Begriff der schwerwiegenden Verletzung grundlegender Menschenrechte, der Kumulationsansatz und die Regelbeispiele. Gegen welchen geschützten Status diese Verletzung zielt, ist dabei ohne Bedeutung. Dies wird erst bei der erforderlichen Anknüpfung an die Verfolgungsgründe nach Art. 10 der Richtlinie relevant. Das BVerwG macht hingegen bereits den geschützten Status »Religionsfreiheit« zum Begriffsmerkmal der Verfolgungshandlung. Die für die deutsche Rechtsprechung so bedeutsame Unterscheidung ist jedoch keine spezifische Abgrenzungsaufgabe, die sich nur bei religiösen Verfolgungen stellt.

48 Auch bei Eingriffen z. B. in die politische sowie wirtschaftliche Betätigungsfreiheit, Berufsausübungsfreiheit, Bildungsfreiheit oder Versammlungs- und Vereinigungsfreiheit ist stets danach zu unterscheiden, ob es sich um schwerwiegende Rechtsverletzungen oder um unerhebliche Diskriminierungen (vgl. Art. 9 Abs. 2 Buchst. b) und c) RL 2004/83/EG) handelt. Darüber hinaus ist stets zu prüfen, ob es sich um eine allgemeine oder um eine gezielte Maßnahme handelt.

49 So stellt z. B. ein Versammlungs- oder Vereinigungsverbot als solches noch keine Verfolgung wegen der politischen Überzeugung dar, sondern erst dann, wenn es mit behördlichen Mitteln gegen den Einzelnen umgesetzt wird und vernünftige Gründe dafür sprechen, dass es nicht allein der Aufrechterhaltung der öffentlichen Sicherheit und Ordnung, sondern der politischen Überzeugung des Demonstrationsteilnehmers oder Vereinsmitgliedes gilt. Ebenso stellt ein Steuer- oder ein Schulgesetz als solches noch keine Verfolgungshandlung dar, sondern erst, wenn es durch einen Steuerbescheid oder einen Schulverweis in der Verwaltungspraxis umgesetzt wird.

50 Ob ein derartiger Bescheid schwerwiegend in die Rechte der Belasteten eingreift, ist allein von seiner konkreten Auswirkung auf dessen persönliche Situation abhängig. Die Anknüpfung der Maßnahme an Verfolgungsgründe, die Frage also, ob der Kernbereich des geschützten Status betroffen ist oder nicht, beantwortet aber nicht die Frage, ob diese eine erhebliche Verfolgungshandlung darstellt, sondern, dass diese an einen in Art. 10 Abs. 1 der Richtlinie geschützten Status anknüpft. Wird durch eine Maßnahme gezielt der geschützte Status betroffen, ist zwar ein Verfolgungsgrund nach der Richtlinie betroffen. Erreicht diese Maßnahme aber nicht die Schwere einer Verfolgungshandlung, ist sie unerheblich unabhängig davon, ob sie an den religiösen Status anknüpft oder nicht.

51 Nicht jede religiöse Diskriminierung stellt notwendigerweise religiöse Verfolgung dar. Zu unterscheiden ist insoweit zwischen Diskriminierungen, die lediglich zu einer bevorzugten Behandlung anderer führen, und Diskriminierungen, die Verfolgungen gleichzusetzen sind, weil sie zusammen genommen (vgl. auch Art. 9 Abs. 1 Buchst. b) RL 2004/84/EG) oder für sich allein eine ernsthafte Einschränkung der Religionsfreiheit bewirken. Das ist etwa der Fall, wenn Diskriminierungen dazu führen, dass damit eine ernstliche Einschränkung des Rechts, den Lebensunterhalt zu verdienen, oder des Zugangs zu den normalerweise verfügbaren Bildungs- und Gesundheitseinrichtungen, verbunden ist.[98]

52 Diskriminierungen können auch in Form von Einschränkungen oder Begrenzungen der religiösen Glaubensrichtung oder Bräuche erfolgen, z. B. durch Bestrafung der Konversion, des Missionierens oder der Begehung bestimmter, für die betroffene Religion typischer religiöser Feste und Gebräuche. Nicht in Übereinstimmung hiermit steht die frühere Rechtsprechung des BVerwG, wonach die disziplinarische Ahndung eines aus religiöser Überzeugung den **Flaggengruß** verweigernden Zeugen Jehovas nicht die Menschenwürde beeinträchtige.[99] Allerdings hat das BVerwG anerkannt,

---

98 *UNHCR*, Religiöse Verfolgung, S. 7.
99 BVerwGE 80, 321 (326 f.) = EZAR 201 Nr. 16 = InfAuslR 1989, 167 = NVwZ 1989, 477 – Zaire.

dass das Verbot der Glaubensgemeinschaft als solches dem Gläubigen die geschützte Möglichkeit der Glaubenspraxis entziehe.[100]

Eine bestehende **diskriminierende Gesetzgebung** stellt für sich genommen keine Verfolgung dar. Sie kann jedoch ein gewichtiges Indiz für religiöse Verfolgung sein (vgl. auch Art. 9 Abs. 2 Buchst. b) und c) RL 2004/83/EG).[101] Beschneidungen und Verbote öffentlicher Glaubensbetätigungen bzw. Praktiken, die nach dem Verständnis der jeweiligen Religion bzw. Weltanschauung, aber auch nach dem – nicht notwendigerweise völlig identischen – glaubhaft dargelegten Verständnis des Einzelnen von grundlegender Bedeutung sind, können zur Flüchtlingsanerkennung führen.[102] 53

Das BVerwG hatte früher entschieden, das Verbot im Iran, sich gemeinsam mit seiner Freundin in der Öffentlichkeit zu zeigen, habe zwar seine Ursache in strengen islamischen Moralvorstellungen, treffe die Glaubenspraxis indes nicht in ihrem Kern.[103] Es treffe darüber hinaus alle Staatsbürger gleichermaßen, richte sich also nicht in diskriminierender Weise gegen bestimmte Glaubensgemeinschaften. Darüber hinaus müssten diskriminierende Gesetze den Einzelnen als Gläubigen treffen. Daran könnten bei religiös indifferenten Personen Zweifel bestehen.[104] 54

Ob das Gesetz allgemein gilt, ist nicht maßgebend, sondern ob es den Einzelnen in seiner religiösen Grundüberzeugung trifft. Das muss im Beispiel des BVerwG nicht zwingend der Fall sein. Wird andererseits jemand wegen Verletzung des erwähnten Verbotes von einer schwerwiegenden individualisierbaren Verfolgungshandlung betroffen, kann es sich um religiöse Verfolgung handeln. Hier kommt es darauf an, ob der Staat dem Einzelnen wegen seines normabweichenden Verhaltens eine gegen die herrschende Staatsreligion gerichtete Auffassung unterstellt (vgl. Art. 10 Abs. 2 RL 2004/83/EG). 55

3. Anwendung der Zusammenhangsklausel

a) Zielrichtung der Verfolgungshandlung

Die Verfolgung muss auf den geschützten Status der Religion zielen. Der Verfolgungsgrund der Religion überschneidet sich häufig mit anderen Verfolgungsgründen. Er wird regelmäßig leicht erkennbar sein, wenn ein Regime eine bestimmte religiöse Weltanschauung vertritt und auch gegen andere durchsetzt. Derartige Regime verfolgen zumeist offenkundig bestimmte religiöse Ziele. Diese Wertvorstellungen müssen sich nicht notwendigerweise in religiösen Texten niederschlagen. Nicht entscheidend ist jedoch, ob die Behörden die religiöse Grundordnung durchsetzen, sondern ob ihre Maßnahmen gegen den religiösen Status gerichtet sind. 56

Der Umstand, dass ein Regime bestimmte religiöse Ziele verfolgt, besagt also als solcher noch nichts über die Zielrichtung der Maßnahmen. Nicht der Beweggrund der Verfolger, sondern die Beeinträchtigung eines geschützten Status ist entscheidend. Bei einem religiösen, unduldsamen Regime werden aber häufig Maßnahmen gegen den religiösen Status von Andersgläubigen gerichtet sein. Wird mit der Maßnahme zugleich der aus religiösen Motiven gespeiste Widerstand unterdrückt, zielt diese sowohl gegen den religiösen wie gegen den politischen Status des Verfolgten. 57

Kann nicht festgestellt werden, ob die Maßnahmen z. B. nichtstaatlicher Verfolger eine bestimmte Zielrichtung aufweisen, kann ungeachtet dessen eine Verfolgung aus religiösen Gründen vorliegen, wenn der erforderliche Schutz gegen die Verfolgung mit Blick auf den religiösen Status des Verfolgten nicht gewährt wird. Insbesondere bei Maßnahmen gegen religiöse Minderheiten oder gegen 58

---

100 BVerwGE 80, 321 (326 f.) = EZAR 201 Nr. 16 = InfAuslR 1989, 167 = NVwZ 1989, 477 – Zaire.
101 Bayerischer VGH, InfAuslR 2008, 101 (102).
102 VGH Baden-Württemberg, Urt. v. 20.05.2008 – A 10 S 72/08.
103 BVerwG, InfAuslR 1989, 216.
104 BVerwG, EZAR 204 Nr. 5.

Frauen wird in religiös-orthodoxen Systemen häufig der Schutz wegen des Minderheiten- oder Genderstatus verweigert. Im letzteren Fall sind aber geschlechtsspezifische Besonderheiten der religiösen Verfolgung (Rdn. 59 ff.) zu beachten.

b) Geschlechtsspezifische Dimension der Verfolgung

59 In manchen Staaten weist die Religion Frauen und Männern unterschiedliche Rollen oder Verhaltensregeln zu. Wenn eine Frau der ihr zugedachten Rolle nicht entspricht oder sich nicht an die Religion hält und sie deshalb bestraft wird, kann sie begründete Furcht vor Verfolgung wegen ihrer Religion haben. Ihre Weigerung, die Regeln zu befolgen, kann unabhängig von ihrer tatsächlichen Überzeugung als Beweis für eine inakzeptable religiöse Gesinnung aufgefasst werden (vgl. Art. 10 Abs. 2 RL 2004/83/EG).

60 Eine Frau kann wegen ihrer tatsächlichen oder ihr nur zugeschriebenen religiösen Überzeugung oder Religionsausübung (Art. 10 Abs. 2 RL 2004/83/EG) Schaden nehmen, auch wegen der Weigerung, sich zu einem bestimmten Glauben zu bekennen, eine vorgeschriebene Religion auszuüben oder sich entsprechend den Lehren einer vorgeschriebenen Religion zu verhalten.[105] Maßgebend ist jedoch nicht die religiöse Motivation der Verfolger, sondern das geschützte Merkmal, das hier im Widerstand der Frau gegen bestimmte oktroyierte religiöse Verhaltensregeln zum Ausdruck kommt.

61 Die Verfolgungsgründe Religion und politische Überzeugung können bei geschlechtsspezifischen Anträgen nicht stets präzis voneinander abgegrenzt werden, insbesondere bei einer zugeschriebenen politischen Überzeugung. Wenn religiöse Lehrsätze von einer Frau ein bestimmtes Verhalten verlangen, kann ein abweichendes Verhalten als inakzeptable politische Überzeugung bewertet werden. Zum Beispiel kann sich in manchen Kulturkreisen die den Frauen zugewiesene Rolle aus Vorschriften des Staates oder der offiziellen Religion herleiten. Die Behörden oder nichtstaatlichen Akteure können in einem von diesem Rollenbild abweichenden Verhalten einer Frau die Weigerung sehen, sich zu einem bestimmten Glauben zu bekennen oder diesen zu praktizieren.

62 Gleichzeitig kann dieses abweichende Verhalten als Zeichen einer abweichenden politischen Überzeugung angesehen werden, welche die der politischen Macht zugrunde liegende Gesellschaftsordnung gefährdet. Dies ist vor allen in Gesellschaften der Fall, in denen keine klare Trennung zwischen den religiösen und staatlichen Institutionen, Gesetzen und Doktrinen herrscht.[106]

c) Zulässige Einschränkungen der Religionsausübungsfreiheit

63 Völkerrechtlich anerkannte Beschränkungen der religiösen Ausübungsfreiheit knüpfen nicht an den religiösen Status an. Vielmehr wird der Statusträger in die allgemein zulässigen Schranken der Religionsfreiheit (Art. 18 Abs. 3 IPbpR, Art. 9 Abs. 2 EMRK) zurück verwiesen. Zulässige Einschränkungen oder Begrenzungen können z. B. Maßnahmen zur Verhinderung strafbarer Handlungen (z. B. rituelle Tötungen) oder gesundheitsschädlicher traditioneller Bräuche und/oder Einschränkungen religiöser Praktiken, die nach völkerrechtlichen Maßstäben dem Kindeswohl abträglich sind, umfassen. Ebenso wenig stellt die strafrechtliche Ahndung gewaltverherrlichender oder rassistischer Hasspredigten und Äußerungen im Namen der Religion Verfolgung aus Gründen der Religion dar.

64 Der Schrankenvorbehalt nach Art. 18 Abs. 3 IPbpR folgt zwar im generellen Aufbau den Vorbehalten z. B. in Art. 12 Abs. 3, 19 Abs. 3, 21 Abs. 2 und 22 Abs. 2 IPbpR. Jedoch weicht er in der Formulierung der konkreten Eingriffszwecke erheblich von den anderen Vorbehalten ab, sodass er insgesamt weniger Eingriffe zulässt als die anderen Schrankenvorbehalte.[107] Zunächst ist Voraussetzung

---

105 *UNHCR*, Richtlinie zum Internationalen Schutz: Geschlechtsspezifische Verfolgung, Mai 2002, S. 8; *Kelley*, IJRL 1994, 517 (525); siehe auch § 26 Rdn. 23 ff.

106 *UNHCR*, Geschlechtsspezifische Verfolgung, S. 8 f.; *Refugee Women's Legal Group*, Gender Guidelines fort he Determination of Asylum Claims in the UK, Nr. 4.10.

107 *Nowak*, UNO-Pakt über bürgerliche und politische Rechte und Fakultativprotokoll, Rn. 31 zu Art. 18.

§ 22 Verfolgung wegen der Religion　　　　　　　　　　　　　　　　　　　　　　　　　Kapitel 6

für Einschränkungen der religiösen Ausübungsfreiheit, dass der Eingriff »gesetzlich vorgesehen« (»prescribed by law«) sein muss. Hieraus folgt, dass der Eingriff in einem generell-abstrakten parlamentarischen Gesetz im formellen Sinn bzw. in einer gleichgewichtigen ungeschriebenen Rechtsnorm des common law in einer die Vollzugsorgane ausreichend determinierenden Weise normiert sein muss.[108] Die Einschränkung muss also vom Gesetzgeber normiert worden sein, sodass eine bloße Verwaltungsvorschrift nicht ausreicht.

Da die Gewährleistung eines Rechtes nur im Rahmen der Schranken Geltung entfalten kann, d. h. der Umfang des Geltungsbereiches eines Rechtes erst durch dessen Grenzen deutlich wird, gilt Art. 2 Abs. 1 IPbpR nicht nur für die Anerkennung des Rechtes auf Religionsfreiheit. Vielmehr entfaltet dieses Diskriminierungsverbot seine eigentliche Bedeutung erst bei der Bestimmung des Schrankenvorbehaltes nach Art. 18 Abs. 3 IPbpR. Ein Gesetz, welches die religiöse Ausübungsfreiheit einer bestimmten religiösen Minderheit gezielt einschränkt, ist also keine allgemeine Rechtsnorm im Sinne von Art. 18 Abs. 3 IPbpR und verstößt damit zugleich gegen das Diskriminierungsverbot nach Art. 2 Abs. 1 IPbpR.　　65

Demgegenüber ist für das BVerwG zweifelhaft, ob die »**nicht** nach Art. 9 Abs. 2 EMRK **gerechtfertigte** Beeinträchtigung des Rechts auf öffentliche Religionsausübung eine schwerwiegende Verletzungshandlung im Sinne von Art. 9 Abs. 1 Buchst. a) der Richtlinie 2004/83/EG darstellen kann – und zwar auch dann, wenn der Gläubige unter dem Druck der ihm drohenden Gefahr für Leib, Leben und physische Freiheit auf die Glaubensausübung in der Öffentlichkeit verzichtet.«[109] Das BVerwG hat Zweifel, ob eine nicht gerechtfertigte Maßnahme gegen die Religionsfreiheit vom Asylsuchenden dann hinzunehmen ist, wenn er diese Einschränkung von sich aus durch Verzicht auf bestimmte Freiheitsgewährleistungen der umfassend nach Art. 10 Abs. 1 GRCh und Art. 9 Abs. 1 EMRK gewährleisteten Religionsfreiheit abwenden kann.　　66

Wenn das BVerwG feststellt, dass eine Verfolgungshandlung nicht nach Art. 9 Abs. 2 EMRK gerechtfertigt ist, dann liegt ein Fall vor, in dem die Zielrichtung der Verfolgungshandlung die völkerrechtlich geschützte Religionsfreiheit ist (Rdn. 64). Eine nicht nach Art. 9 Abs. 2 EMRK gerechtfertigte Verfolgungshandlung zielt stets auf den religiösen Status. Für den Anknüpfungsvorgang (vgl. Art. 9 Abs. 3 RL 2004/83/EG) maßgebend ist, ob eine Verfolgungshandlung völkerrechtlich, insbesondere nach Art. 9 Abs. 2 EMRK gerechtfertigt werden kann. Ist der Eingriff nach diesem Maßstab gerechtfertigt, ist die Glaubensbetätigung nicht geschützt. Infolgedessen knüpft die Verfolgungshandlung nicht an die Religionsfreiheit des Einzelnen (Art. 10 Abs. 1 Buchst. b) RL 2004/83/EG) an.　　67

Kann der Eingriff jedoch nicht gerechtfertigt werden, ist die Glaubensbetätigung – gleichviel ob sie in privaten oder öffentlichen Formen ausgeübt wird – geschützt und zielt er folglich auf den religiösen Status des Einzelnen. Für einen vom Asylsuchenden vernünftigerweise zu erwartenden Verzicht auf die Glaubensbetätigung, gibt es folglich keine Rechtsgrundlage. Vernünftigerweise erwartet werden kann ein Verzicht nur dann, wenn der drohende Eingriff in die Religionsfreiheit nach dem Völkerrecht gerechtfertigt werden kann.　　68

Das BVerwG stellt in diesem Zusammenhang ausdrücklich fest, den Ahmadis in Pakistan sei jedes Werben für ihren Glauben mit dem Ziel, andere zum Beitritt in die eigene Glaubensgemeinschaft zu bewegen, strikt untersagt und werde regelmäßig strafrechtlich verfolgt.[110] Seit Einführung »dieser **spezifisch auf die Ahmadis zugeschnittenen Blasphemiebestimmungen**« sollen etwa 2.000 Strafverfahren gegen Ahmadis eingeleitet worden sein. Bereits diese Umstände stellen gewichtige Hinweise auf eine diskriminierende Strafgesetzgebung und Anwendungspraxis im Sinne von Art. 9 Abs. 2 Buchst. c) RL 2004/83/EG dar. Eine derartige strafrechtliche Verfolgung knüpft an die religiöse Betätigungsfreiheit an, weil sie nicht gerechtfertigt werden kann.　　69

108　*Nowak*, UNO-Pakt über bürgerliche und politische Rechte und Fakultativprotokoll Rn. 32 zu Art. 18.
109　BVerwGE 138, 270 (281) = NVwZ 2011, 755 (758) Rn. 31.
110　BVerwGE 138, 270 = NVwZ 2011, 755, Rn. 7.

70 Das BVerwG weist ausdrücklich daraufhin, die Ahmadis seien nach der Verfassung als »Nicht-Muslime« eingestuft und würden mit Freiheitsstrafen bis zu drei Jahren oder mit Geldstrafe bestraft, wenn sie den Anspruch erheben würden, Muslime zu sein, ihren Glauben als Islam bezeichneten, ihn predigten oder propagierten oder andere aufforderten, ihren Glauben anzunehmen. Zudem könne mit dem Tode oder lebenslanger Freiheitsstrafe und Geldstrafe bestraft werden, wer den Namen des Propheten Mohammed verunglimpfe.[111]

71 Eine derart strafbewehrte Ausgrenzung einer muslimischen Minderheit entgegen ihrem Selbstverständnis aus der Umma (Gemeinschaft der Muslime) ist nach Völkerrecht nicht gerechtfertigt. Die Durchsetzung des Verbots, sich als Muslime zu bezeichnen und auf andere werbend für die eigene Religionsgemeinschaft einzuwirken, mittels Freiheitsstrafen sowie des Entzugs des gebotenen staatlichen Schutzes gegen religiös motivierte Gewalttaten durch religiöse Extremisten, zielt auf den Verfolgungsgrund der Religion nach Art. 10 Abs. 1 Buchst. b) RL 2004/83/EG. Dass das BVerwG gleichwohl Zweifel hegt, ob solcherart nicht gerechtfertigte Maßnahmen den unionsrechtlichen Flüchtlingsschutz vermitteln können, hat seinen Grund nicht in dem insoweit zu Zweifeln keinen Anlass gebenden Unionsrecht (vgl. Art. 10 Abs. 1 GRCh, Art. 10 Abs. 1 Buchst. b) RL 2004/83/EG), sondern in der seit 1987 stetig verfestigten deutschen Rechtsprechung.

72 Danach kann »von einer politischen Verfolgung dann noch nicht die Rede sein, wenn die staatlichen Maßnahmen, die in die Religionsfreiheit eingreifen, der Durchsetzung des öffentlichen Friedens unter verschiedenen, in ihrem Verhältnis zueinander möglicherweise aggressiv-intoleranten Glaubensrichtungen dienen und zu diesem Zweck etwa religiösen Minderheiten mit Rücksicht auf eine religiöse Mehrheit untersagt wird, gewisse Bezeichnungen, Merkmale, Symbole oder Bekenntnisformen in der Öffentlichkeit zu verwenden, obschon sie nicht nur für die Mehrheit, sondern auch für die Minderheit identitätsbestimmend sind. Insbesondere wenn ein Staat seine Existenz auf eine bestimmte Religion gründet (Staatsreligion), wie das in islamischen Ländern vielfach der Fall ist, sind Maßnahmen, die er zur näheren Definition und Abgrenzung der Zugehörigkeit zu dieser Staatsreligion sowie zu deren Schutz – auch gegenüber einer internen Glaubensabspaltung – ergreift, ungeachtet ihres Eingriffs in die Religionsfreiheit so lange nicht als politische Verfolgung anzusehen, als sie den zuvor beschriebenen Grad der Intensität des Eingriffs nicht erreichen und – etwa den Angehörigen – der ausgegrenzten Minderheit – das von der Menschenwürde gebotene religiöse Existenzminimum belassen«[112]

73 Hiergegen ist einzuwenden, dass die deutsche Rechtsprechung sich für ihre Rechtsauffassung nicht auf völkerrechtlich anerkannte Rechtfertigungsgründe beruft, sondern in freier Rechtsschöpfung Abgrenzungskriterien gewählt hat, welche den staatlich betriebenen Ausgrenzungsprozess gegen religiöse Minderheiten nicht zum Anlass nehmen, den davon Betroffenen Schutz zu gewähren. Vielmehr wird diesen zugemutet, den Eingriff in die Religionsfreiheit hinzunehmen, solange nicht das auf das »forum internum« reduzierte »religiöse Existenzminimum« gefährdet ist.

74 Wie das Beispiel der Ahmadis in Pakistan anschaulich verdeutlicht, hat der dortige Ausgrenzungsprozess zu deren Verdrängung aus dem gesellschaftlichen Leben mittels schwerwiegender Eingriffe in Leib, Leben und persönliche Freiheit in Verbindung mit einer Schutzlosstellung geführt. Das BVerwG weist ausdrücklich auf die langjährigen, ja, selbst lebenslange Freiheitsstrafen und die Todesstrafe und darauf hin, dass die Polizeiorgane gegen religiös motivierte Gewalttaten, die »aus der Mitte der Mehrheitsbevölkerung von religiösen Extremisten begangen würden« keinen effektiven Schutz gewähren. Aufgrund der seit Mitte der 1970er Jahre eingeführten Blasphemiegesetzgebung und des Entzugs des staatlichen Schutzes fühlen sich Extremisten ganz offensichtlich durch den Staat ermutigt, Angehörige der Ahmadis rücksichtslos zu verfolgen und zu töten, wenn sie es wagen, sich zu ihrer Glaubensüberzeugung öffentlich zu bekennen. Für die Ahmadis hat dies zu einem vollständigen Rückzug aus dem öffentlichen Leben geführt.

---

111 BVerwGE 238, 270 = NVwZ 2011, 755.
112 BVerfGE 76, 143 (159 f.) = EZAR 200 Nr. 20 = NVwZ 1988, 237 = InfAuslR 1988, 87 – Ahmaidiyya II.

Die deutsche Rechtsprechung verkennt, dass diese Maßnahmen des pakistanischen Staates, gegen die sie keinen asylrechtlichen Schutz gewähren will, nicht »der Durchsetzung des öffentlichen Friedens unter verschiedenen, in ihrem Verhältnis zueinander möglicherweise aggressiv-intoleranten Glaubensrichtungen dienen«[113] vielmehr den öffentlichen Frieden erheblich gefährden. Gerade das Beispiel der Ahmadis in Pakistan verdeutlicht, dass nur Eingriffe in die Religionsfreiheit, die völkerrechtlich gerechtfertigt werden können, dem öffentlichen Frieden dienen und deshalb die Zweifel des BVerwG, ob im Lichte von Art. 9 Abs. 2 EMRK nicht zu rechtfertigende Verfolgungshandlungen auf den religiösen Status der davon Betroffenen zielen, dahin zu beantworten ist, dass dies unter dieser Voraussetzung stets der Fall ist.

Nur wenn ein Eingriff einem der in Art. 18 Abs. 3 IPbpR bzw. Art. 9 Abs. 2 EMRK enumerativ aufgezählten Zwecke dient, zielt er nicht auf den religiösen Status. Nach Art. 18 Abs. 3 des Paktes sind Einschränkungen der religiösen Ausübungsfreiheit zum Schutze der öffentlichen Sicherheit, Ordnung, Gesundheit, Sittlichkeit oder der Grundrechte und -freiheiten anderer zulässig. Art. 9 Abs. 2 EMRK verwendet anstelle des Begriffs der Sittlichkeit den der Moral, hat damit aber keine in der Sache unterschiedliche Bedeutung.

Anders als z. B. Art. 21 Abs. 2 und 22 Abs. 2 verwendet Art. 18 Abs. 3 IPbpR nicht den Begriff der »nationalen«, sondern lediglich den der »öffentlichen Sicherheit«, erlaubt damit Eingriffe in die religiöse Ausübungsfreiheit nur, wenn eine konkrete Gefährdung für die Sicherheit von Personen oder Sachen besteht. Dies wird insbesondere der Fall sein, wenn verfeindete religiöse Gruppen aufeinandertreffen oder wenn religiöse Bräuche in den Dienst politischer Interessen gestellt werden.[114] Der Eingriffszweck der öffentlichen Ordnung beinhaltet nicht den in anderen Bestimmungen des Paktes erwähnten Begriff des »ordre public« und erlaubt damit nicht aus jedem aus dem französischen Zivilrechtskonzept des »ordre public« ableitbaren Grund einen Eingriff in die religiöse Ausübungsfreiheit. Vielmehr darf diese Freiheit nur zur Vermeidung von konkreten Ordnungsstörungen im engeren Sinn beschränkt werden.

So können z. B. religiöse Prozessionen gewissen Meldevorschriften unterworfen werden.[115] Einschränkungen zum Schutze der Gesundheit und Sittlichkeit setzen ebenfalls rational nachprüfbare Gründe voraus. So ist z. B. die Impfpflicht oder die Bluttransfusion aus Gründen der öffentlichen Gesundheitsfürsorge erforderlich. Sofern gewisse religiöse Bräuche oder Riten die öffentliche Sittlichkeit verletzen (z. B. »schwarze Messen«) oder die Gesundheit gefährden (z. B. Klitorisbeschneidung), sind ebenfalls Einschränkungen erlaubt.[116]

Schließlich darf die religiöse Ausübungsfreiheit zum Schutze der Grundrechte und -freiheiten anderer eingeschränkt werden. Sämtliche innerstaatlich anerkannte Grundrechte und in internationalen Abkommen gewährleistete Menschenrechte können folglich einen Eingriff in die Religionsfreiheit rechtfertigen.[117] Religiös motivierte Aufforderungen zum Rassenhass oder zum Krieg oder die Verletzung der physischen und psychischen Integrität und der Religionsfreiheit anderer sind von den Staaten zu unterbinden[118] und unterfallen damit selbstverständlich dem Schrankenvorbehalt von Art. 18 Abs. 3 IPbpR.

Generell kann damit festgehalten werden, dass Einschränkungen der religiösen Glaubenspraxis nur aufgrund eines Gesetzes zulässig sind, welches weder an sich noch in seiner Anwendung das Ziel der

---

113 BVerfGE 76, 143 (159 f.) = EZAR 200 Nr. 20 = NVwZ 1988, 237 = InfAuslR 1988, 87.
114 *Nowak*, UNO-Pakt über bürgerliche und politische Rechte und Fakultativprotokoll, Rn. 36 zu Art. 18.
115 *Nowak*, UNO-Pakt über bürgerliche und politische Rechte und Fakultativprotokoll, Rn. 38–40 zu Art. 18.
116 *Nowak*, UNO-Pakt über bürgerliche und politische Rechte und Fakultativprotokoll, Rn. 41 f. zu Art. 18; siehe hierzu auch § 26 Rdn. 81 ff.
117 *Nowak*, UNO-Pakt über bürgerliche und politische Rechte und Fakultativprotokoll, Rn. 43 f. zu Art. 18.
118 *Nowak*, UNO-Pakt über bürgerliche und politische Rechte und Fakultativprotokoll, Rn. 35 u. 45 zu Art. 18.

Ausgrenzung einer religiösen Minderheit verfolgen darf. Darüber hinaus ist ein Eingriff völkerrechtlich nur dann erlaubt, wenn er zu einem der in Art. 18 Abs. 3 IPbpR enumerativ aufgezählten, eng gefassten Zwecke vorgenommen wird. Schließlich muss der Eingriff zur Erreichung dieses Zweckes »erforderlich« (Art. 18 Abs. 3 IPbpR) bzw. »notwendig« (Art. 9 Abs. 2 EMRK) sein. Die Einschränkung muss danach in Schwere und Intensität proportional zu dem angestrebten Zweck sein und darf nicht zur Regel werden.[119]

4. Spezifische Probleme der Verfolgungsprognose

a) Ermittlungspflichten

81 Die Prognoseentscheidung hat aufgrund zuverlässig festgestellter Tatsachen zu erfolgen. Ausgangspunkt für die Anwendung der Prognosegrundsätze ist die ernsthafte religiöse Grundentscheidung des Asylsuchenden, die insbesondere bei nachträglichem Glaubenswechsel besondere Bedeutung gewinnt (Rdn. 95 ff.). Eine solche Prüfung ist nur entbehrlich, wenn der im Aufnahmeland vollzogene Glaubenswechsel allein für sich im Herkunftsland Verfolgung auslöst.[120] Dies kann bei Bekanntwerden der Glaubensentscheidung häufig unterstellt werden. Bestehen Zweifel, ob der Glaubenswechsel im Herkunftsland bekannt geworden ist, ist die Situation des Asylsuchenden nach Rückkehr unter besonderer Berücksichtigung des erweiterten Religionsbegriffs zu ermitteln.

82 Jeder Asylantrag bedarf einer sorgfältigen Prüfung des individuellen Profils und der persönlichen Erfahrungen des Antragstellers, seiner religiösen Glaubensrichtung, Identität oder Lebensform, deren Bedeutung für den Antragsteller, der Auswirkungen der Einschränkungen auf diesen, des Wesens seiner Rolle und Aktivitäten innerhalb der Religionsgemeinschaft, der Frage, ob der Verfolger hiervon Kenntnis erlangt hatte oder erlangen könnte und ob dies zu einer Behandlung führen könnte, die die Grenze zur Verfolgung überschreitet.[121] Die Behörde muss die entsprechenden Ermittlungen umsichtig führen und sich bewusst machen, dass Handlungen, die einem Außenstehenden trivial erscheinen mögen, innerhalb des Glaubens des Antragstellers eine zentrale Bedeutung haben können.[122]

83 Die Überprüfung der Glaubhaftmachung der vorgebrachten Tatsachen ist bei Anträgen aufgrund religiöser Verfolgung von zentraler Bedeutung. Allerdings ist eine umfassende Feststellung oder Überprüfung der Grundlagen oder Kenntnisse der Religion des Antragstellers nicht stets erforderlich oder angemessen.[123] Demgegenüber hat nach dem BVerwG der Asylsuchende zur vollen Überzeugung des Gerichts die für ihn verpflichtende religiöse Grundentscheidung nachzuweisen. Maßgebend ist, wie der Einzelne seinen Glauben lebt und welche Glaubensbetätigungen für ihn persönlich nach seinem Glaubensverständnis unverzichtbar sind (Rdn. 14).[124]

84 In jedem Fall sind bei Überprüfungen des Kenntnisstandes einer Religion die Umstände des Einzelfalles zu berücksichtigen, insbesondere weil die entsprechenden Kenntnisse je nach sozialem und wirtschaftlichem Hintergrund, Bildungsstand, Alter und Geschlecht der betroffenen Person sehr unterschiedlich gestaltet sein können. Geringe Kenntnisse können durch Nachforschungen hinsichtlich der besonderen Praktiken der jeweiligen Religion in der betroffenen Region oder durch Untersuchung der subjektiven und persönlichen Umstände des Antragstellers aufgeklärt werden.[125]

---

119 *Frowein/Peukert*, EMRK-Kommentar, Rn. 23 zu Art. 9.
120 Hessischer VGH, EZAR NF 62 Nr. 13 = ZAR 2008, 34.
121 *UNHCR*, Religiöse Verfolgung, S. 5.
122 *UNHCR*, Religiöse Verfolgung, S. 6; siehe auch Rn. 77–80.
123 *UNHCR*, Religiöse Verfolgung, S. 11 f.
124 BVerwGE 138, 270 (286) = NVwZ 2011, 755 (759) Rn. 43.
125 *UNHCR*, Religiöse Verfolgung, S. 11 f.

So kann der in einer Gesellschaft vorherrschende Grad der Verfolgung einer Religionsgemeinschaft das Erlernen oder Ausüben der jeweiligen Religion für den Antragsteller ernsthaft erschweren. Selbst wenn dieser in einem repressiven Umfeld eine religiöse Erziehung erhalten hat, ist diese häufig nicht durch qualifizierte religiöse Führer vermittelt worden. Frauen wird häufig der Zugang zur religiösen Erziehung verwehrt. Hingegen können detaillierte Kenntnisse von Antragstellern erwartet werden, die sich als religiöse Führer darstellen oder eine umfassende religiöse Erziehung erhalten haben.[126]

b) Allgemeine Prognosegrundsätze

War der Asylsuchende bereits vor der Ausreise wegen seiner religiösen Grundentscheidung verfolgt worden oder drohte ihm diese aus diesen Gründen unmittelbar, findet die Vermutungswirkung des Art. 4 Abs. 4 RL 2004/83/EG Anwendung. Es bedarf einer strikt einzelfallbezogenen Betrachtung (Art. 4 Abs. 3 Buchst. a) RL 2004/83/EG). Dies schließt allerdings die Anwendung der darlegungs- und beweiserleichternden Grundsätze der gruppengerichteten Verfolgung nicht aus.[127]

Wird eine in diesem Sinne bestehende Vorverfolgung nicht dargelegt, verweist Art. 2 Buchst. c) RL 2004/83/EG auf den Flüchtlingsbegriff des Art. 1 A Nr. 2 GFK, wonach eine begründete Furcht vor Verfolgung darzulegen ist. Insoweit wendet die deutsche Rechtsprechung den Maßstab der beachtlichen Wahrscheinlichkeit unter Hinweis auf den Maßstab des »real risk« der angelsächsischen Rechtsprechung an.[128] Hierbei wird jedoch übersehen, dass die angelsächsische Rechtsprechung den Maßstab des »real risk« für ausländerrechtliche Abschiebungshindernisse verwendet und im Rahmen von Flüchtlingsentscheidungen eine »ernsthafte Möglichkeit« (»serious possibility«).[129]

c) Bedeutung zukünftigen individuellen Verhaltens

Entsprechend dem weiten Religionsbegriff der Richtlinie ist das Selbstverständnis des Einzelnen, d. h. seine subjektive Grundentscheidung für oder gegen eine bestimmte religiöse Anschauung, ebenso geschütztes Merkmal wie die Entscheidung, für diese auch öffentlich einzutreten (Rdn. 7 ff.). Wer daher im Bundesgebiet seinen Glauben öffentlich praktiziert hat, muss es nicht hinnehmen, nach Rückkehr in sein Herkunftsland die öffentliche Glaubenspraxis wegen der Gefahr von Verfolgung einzustellen. Die Vorstellung, es sei dem Antragsteller zuzumuten, sich nach Rückkehr einer öffentlichen Glaubenspraxis zu enthalten, ist unvereinbar mit Art. 1 A Nr. 2 GFK.[130]

Demgegenüber verneint das BVerwG die erforderliche Unmittelbarkeit der Gefährdung von Leib, Leben oder physischer Freiheit, wenn die Realisierung der Gefahr »noch von einer willensgesteuerten Handlung des Asylbewerbers« abhänge, die sich nicht sicher prognostizieren lasse. Dem Betroffenen werde danach zugemutet, die Gefahr zu vermeiden, soweit dadurch nicht der Kernbereich seiner Religionsfreiheit verletzt werde. Werde dieser hingegen verletzt, komme es auf die ohnehin nur schwer zu treffende Prognose, wie sich der Betroffene nach Rückkehr in sein Heimatland verhalten würde, nicht mehr an.[131]

Dieser Ansatz verkennt die Schutzwirkung der Richtlinie 2004/83/EG. Maßgebend ist nicht das zukünftige Verhalten des Asylsuchenden und auch nicht ein irgendwie definierter Kernbereich (Rdn. 91), sondern das zukünftige Verhalten der Verfolgungsakteure (Art. 6 RL 2004/83/EG) für den Fall, dass der Asylsuchende im Fall der Rückkehr die ihm umfassend gewährleistete Freiheit der Religionsausübung in Anspruch nimmt. Entsprechend der primärrechtlich gewährleisteten Religionsfreiheit (vgl. Art. 10 Abs. 1 GRCh) enthält Art. 10 Abs. 1 Buchst. b) RL 2004/83/EG keine

---

126 *UNHCR*, Religiöse Verfolgung, S. 11 f.
127 VGH Baden-Württemberg, Urt. v. 20.05.2008 – A 10 S 72/08.
128 VGH Baden-Württemberg, Urt. v. 20.05.2008 – A 10 S 72/08.
129 Siehe hierzu § 29 Rdn. 30 ff.
130 *Hathaway*, The Law of Refugee Status, S. 147.
131 BVerwGE 138, 270 (288) = NVwZ 2011, 755 Rn. 50.

Rechtfertigung dafür, vom Einzelnen zur Abwendung einer ihm andernfalls drohenden Gefahr den Verzicht auf bestimmte Freiheitsgewährleistungen der Religionsfreiheit zu verlangen. Die Grundrechte stehen nicht unter dem Vorbehalt, dass bei drohender Verfolgung auf ihre Ausübung zu verzichten ist. Recht braucht dem Unrecht nicht zu weichen.

91 Weder Primärrecht noch Sekundärrecht erlauben eine Aufspaltung der Religionsfreiheit in einen »Kernbereich« einerseits und in weniger stark geschützte Freiheitsbereiche andererseits. Was vom Asylsuchenden vernünftigerweise erwartet werden kann, ist, dass er für den Fall der Rückkehr auf die Ausübung der Religionsfreiheit verzichtet, wenn die ihn treffenden Einschränkungen seiner Freiheitsgewährleistungen nach Völkerrecht gerechtfertigt sind (Rdn. 63 ff.). Solange er sich jedoch im Rahmen der anerkannten Schranken bewegt, ist ein Verzicht auf die Ausübung der Religionsfreiheit unzumutbar.

92 Im Grunde genommen bezeichnet das BVerwG ein tatsächliches Moment im Rahmen der Verfolgungsprognose. Ist der Asylsuchende bereits vor der Ausreise wegen der Inanspruchnahme der Religionsfreiheit verfolgt worden oder war er von Verfolgung unmittelbar bedroht, kommt ihm die Vermutungswirkung des Art. 4 Abs. 4 RL 2004/83/EG (§ 29 Rdn. 54 ff.) unabhängig davon zugute, ob er in öffentlicher oder privater Form seinen Glauben betätigt hat. Hat er sich abseits der Öffentlichkeit religiös betätigt, jedoch auf die öffentliche Glaubensbetätigung mit Rücksicht auf die drohende Verfolgung verzichtet, droht ihm jedoch für den Fall der Rückkehr Verfolgung, wenn er seinen Glauben öffentlich bekennen und sich dafür einsetzen wird, kommt ihm zwar nicht die Vermutungswirkung des Art. 4 Abs. 4 RL 2004/83/EG zugute, wohl aber ist ihm die Flüchtlingseigenschaft zuzuerkennen, wenn ihm die ernsthafte Möglichkeit der Verfolgung droht.

93 Es ist unlässig mit Hinweis auf den eingeschränkten Gebrauch der Religionsfreiheit vor der Ausreise auch für den Fall der Rückkehr eine derart eingeschränkte Inanspruchnahme zur Abwendung der Verfolgungsgefahr zu verlangen. Das Unionsrecht und das Völkerrecht gewährleisten den vollen Gebrauch der Religionsfreiheit einschließlich der öffentlichen Ausübungsfreiheit und verlangen vom Einzelnen nicht, dass er den wahrscheinlichen Eintritt des Unrechts im Herkunftsland durch Rechtsverzicht abwendet.[132] Entscheidend für die Verfolgungsprognose ist vielmehr, dass aufgrund der hier praktizierten Religion davon auszugehen ist, dass der Antragsteller auch im Herkunftsland seine öffentliche Glaubenspraxis fortsetzen wird.

94 Kann sich der Glaubensangehörige nach Rückkehr einer Bestrafung nur in der Weise entziehen, dass er seine Religionszugehörigkeit leugnet und effektiv versteckt hält, ist er in der geschützten Religionsfreiheit betroffen.[133] Prognoserechtlich entscheidend ist allein, ob der Antragsteller aufgrund seiner individuellen religiösen Prägung und seiner darauf beruhenden Glaubenspraxis im Bundesgebiet diese aufgeben kann oder nicht. Davon kann im Regelfall nicht ausgegangen werden, es sei denn, die hier gezeigte religiöse Betätigung ist rein asyltaktischer Art. Für eine derartige Prognose bedarf es jedoch stichhaltiger und nachprüfbarer Anhaltspunkte und trifft die Behörde insoweit die Beweislast

95 Ohne dass es einer Prüfung der vorstehenden Tatsachen und Umstände bedarf, ist dem Antragsteller die Rückkehr in sein Herkunftsland nicht zuzumuten, wenn er seine aufgrund einer ernsthaften religiösen Grundentscheidung im Bundesgebiet ausgeübte Glaubenspraxis dort deshalb nicht fortsetzen kann, weil er dort keinen Angehörigen seiner Glaubensgemeinschaft ausfindig machen und mit diesen zusammen seinen Glauben praktizieren kann. Nur wenn nach seinem religiösen Selbstverständnis das gemeinsame Gebet und die Glaubenspraxis zusammen mit anderen nicht Bestandteil der

---

132 *Generalanwalt Y. Both*, Schlussantrag vom 19.04.2012 in den Rechtssachen C-71/11 und C-99/11, Rn. 106 f.; siehe hierzu Vorlagebeschluss BVerwGE 138, 270 = NVwZ 2011, 755; unklar *Lübbe*, ZAR 2012, 7 (13).

133 BVerfG (Kammer), NVwZ-Beil. 1995, 33; OVG Nordrhein-Westfalen, InfAuslR 2008, 409 (4149), für den Kernbereich der Religionsfreiheit.

religiösen Praxis des Antragstellers ist, kommt es auf diese Frage nicht an. In aller Regel, jedenfalls bei den großen Religionsgemeinschaften, wird die religiöse Praxis jedoch gemeinsam mit anderen ausgeübt. Nur in Fällen religiöser Wahnvorstellungen mag diese Frage ausnahmsweise relevant werden.

5. Glaubenswechsel

a) Ermittlungspflichten

Im Völkerrecht wird eine **Konversion** als **Nachfluchtgrund** grundsätzlich anerkannt und insoweit eine sorgfältige und umfassende Überprüfung der Umstände und Ernsthaftigkeit der Konvertierung gefordert(Rdn. 81). Zu ermitteln sind Wesen und Zusammenhang der im Herkunftsland ausgeübten und der im Aufenthaltsstaat angenommenen religiösen Überzeugung, eine etwaige Unzufriedenheit mit der im Herkunftsland ausgeübten Religion, die Umstände der Entdeckung der jetzt angenommenen Religion, die Erfahrungen des Antragstellers mit Blick auf die neue Religion, seine seelische Verfassung und erhärtende Nachweise bezüglich der Einbindung des Antragstellers in die neue Religion.[134]

96

Dabei können die besonderen Umstände des Aufnahmestaates zusätzliche Nachforschungen nahe legen. Wenn beispielsweise von örtlichen Religionsgemeinschaften im Aufnahmeland systematische und organisierte Konvertierungen durchgeführt werden, ist eine Überprüfung des Kenntnisstandes wenig hilfreich. Vielmehr muss die Behörde offene Fragen stellen und versuchen die Motivation für die Konversion sowie deren Auswirkungen auf das Leben des Antragstellers zu beleuchten. Schließlich ist zu ermitteln, ob die Behörden des Herkunftslandes Kenntnis von der Konversion erlangen können und wie sie diese wahrscheinlich beurteilen werden.[135]

97

Demgegenüber geht die obergerichtliche Rechtsprechung den umgekehrten Weg und erlegt dem Bundesamt keine umfassende Ermittlungspflichten, sondern dem Asylsuchenden besonders hohe Darlegungslasten auf. Zu prüfen sei, ob der Glaubenswechsel auf einem inneren Bedürfnis oder auf asyltaktischen Erwägungen beruhe. Nur bei einem ernsthaften Glaubenswechsel könne das Gericht zu der Überzeugung gelangen, dass der Schutz suchende Asylsuchende bei Rückkehr in sein Herkunftsland von seiner neuen Glaubensüberzeugung nicht ablassen könne und deshalb in eine ausweglose Lage gerate.[136] Selbstverständlich hat der Antragsteller darzulegen, dass sein Glaubenswechsel auf einer für ihn ernsthaften Glaubensüberzeugung beruht. Das befreit die Behörde jedoch nicht von ihren Ermittlungspflichten.

98

Auch in der deutschen Rechtsprechung ist anerkannt, dass der Übertritt von einem bestimmten Glauben zu einem anderen erhebliche Verfolgungen auslösen kann.[137] Das BVerfG hat den Umstand, dass ein Asylsuchender, der im Alter von sechs Jahren im Iran vom muslimischen zum chaldäisch-katholischen Glauben übergetreten war, vor seiner Ausreise unbehelligt blieb und auch seine Mutter ungefährdet in den Iran zurückgekehrt war, nicht ohne Weiteres als unerheblich gewertet: Ahnde eine ausländische Rechtspraxis, wie vorliegend für den Fall der Apostasie unterstellt, das religiöse Bekenntnis als solches und könne sich der Glaubensangehörige einer Bestrafung – hier der Todesstrafe – nur in der Weise entziehen, dass er seine Religionszugehörigkeit leugne und effektiv versteckt halte, sei ihm der elementare Bereich des religiösen Existenzminimums entzogen.[138]

99

---

134 *UNHCR*, Religiöse Verfolgung, S. 12 f.
135 *UNHCR*, Religiöse Verfolgung, S. 12 f.
136 Hessischer VGH, InfAuslR 2007, 405 (406); Hessischer VGH, ZAR 2008, 34.
137 BVerfG (Kammer), NVwZ-Beil. 1995, 33 = InfAuslR 1995, 210 = AuAS 1995, 124; BVerwG, Beschl. v. 01.03.1991 – BVerwG 9 B 309.90; VGH Baden-Württemberg, Urt. v. 28.09.1990 – A 14 S 512/89; OVG Nordrhein-Westfalen, Urt. v. 21.05.1987 – 16 A 10425/86; OVG Nordrhein-Westfalen, InfAuslR 2008, 411; VG Schleswig, Urt. v. 05.12.1991 – 5 A 699/90; Bayerischer VGH, InfAuslR 2008, 101 (102) = AuAS 2008, 20.
138 BVerfG (Kammer), NVwZ-Beil. 1995, 33 = InfAuslR 1995, 210 = AuAS 1995, 124.

b) Nachfluchtgrund

100 In der Praxis gewinnt der Glaubenswechsel regelmäßig als gewillkürter Nachfluchtgrund Bedeutung und stößt deshalb überwiegend auf den Verdacht asyltaktischen Verhaltens.[139] Die frühere deutsche Rechtsprechung, die insoweit in Anknüpfung an die Rechtsprechung des BVerfG davon ausgegangen war, dass ein nach Verlassen des Heimatstaates erfolgter Glaubenswechsel einer gewillkürten autonomen Entscheidung des Asylsuchenden entspringe und deshalb nur ausnahmsweise anerkannt werden könne,[140] ist wegen Art. 5 Abs. 2 RL 2004/83/EG überholt. Dies hat der Gesetzgeber des Richtlinienumsetzungsgesetzes durch Einfügung des § 28 Abs. 1 a AsylVfG n.F. bestätigt.

101 Danach wird der »gewillkürte« Glaubenswechsel, wozu auch der möglicherweise durch »schicksalhafte« innere oder äußere Vorgänge und Motive hervorgerufene Glaubenswechsel gehört,[141] regelmäßig zur Zuerkennung der Flüchtlingseigenschaft führen, wenn er Ausdruck und Fortsetzung einer bereits im Herkunftsland bestehenden Überzeugung oder Ausrichtung ist (§ 31 Rdn. 20 ff.). Kann eine derartige Kontinuität nicht festgestellt werden, finden keine den Asylsuchenden belastende, sondern die allgemeinen Beweisregeln Anwendung.

102 Die Richtlinie geht also den umgekehrten Weg. Während nach der deutschen Rechtsprechung ein außerhalb des Heimatlandes vollzogener Wechsel der Religionsgemeinschaft und eine dadurch möglicherweise entstehende Verfolgungsgefahr nur dann Schutz begründen kann, wenn sich dieser Religionswechsel als Ausdruck und Fortführung einer schon im Heimatstaat vorhandenen und erkennbar betätigten festen Überzeugung darstellt,[142] wird nach Art. 5 Abs. 2 RL 2004/83/EG unter diesen Voraussetzungen regelmäßig die Flüchtlingseigenschaft zuerkannt.

103 Soweit Art. 5 Abs. 3 RL 2004/83/EG bei Berufung auf den **nachträglichen** Glaubenswechsel im **Folgeantragsverfahren** den Mitgliedstaaten die Befugnis einräumt, die Zuerkennung der Flüchtlingseigenschaft zu verweigern, dürfen sie diese Freistellungsklausel nur unter Beachtung der GFK in Anspruch nehmen. Die Vorschrift des § 28 Abs. 2 AsylVfG, die diese Einschränkung nicht übernommen hat, ist in diesem Sinne unmittelbar richtlinienkonform auszulegen und anzuwenden (§ 32 Rdn. 11). Demgegenüber ist das BVerwG der Ansicht, dass Art. 5 Abs. 3 lediglich auf den Refoulementschutz des Art. 33 GFK verweise und deshalb Einschränkungen des Flüchtlingsschutzes im Folgeantragsverfahren zulässig seien.[143]

c) Verfolgungsprognose

104 Maßstab für die Bewertung, ob die Glaubensbetätigung im Herkunftsland zu Verfolgungen führten wird, können bei einem im Aufnahmeland vollzogenen Glaubenswechsel nicht die dort beheimateten religiösen Gemeinden sein, die um ihrer Existenz willen auf Missionsarbeit verzichten.[144] Vielmehr ist für die Prognoseentscheidung eine Beschränkung auf die Religionsausübung im privaten oder nachbarschaftlichen Bereich unzulässig und deshalb die Flüchtlingseigenschaft zuzuerkennen, wenn der Asylsuchende dort bei öffentlicher Glaubensbetätigung Verfolgung befürchten muss.[145]

---

139 *Musalo*, Claims for Protection based on Religion or Belief, S. 53.

140 BVerwG, Beschl. v. 01.03.1991 – BVerwG 9 B 309.90; ebenso VGH Baden-Württemberg, Urt. v. 28.09.1990 – A 14 S 512/89.

141 BVerwG, Beschl. v. 01.03.1991 – BVerwG 9 B 309.90; ebenso VGH Baden-Württemberg, Urt. v. 28.09.1990 – A 14 S 512/89.

142 BVerwG, Beschl. v. 01.03.1991 – BVerwG 9 B 309.90; ebenso VGH Baden-Württemberg, Urt. v. 28.09.1990 – A 14 S 512/89.

143 BVerwGE 133, 31 (39) = NVwZ 2009, 730 = InfAuslR 2009, 260 = EZAR NF 68 Nr. 2.

144 Bayerischer VGH, InfAuslR 2008, 101 (102) – zu Iran bei Konversion vom muslimischen zum christlichen Glauben; wohl auch VG Düsseldorf, 25.03.2005 – 2 K 1706/07.A.

145 VG Karlsruhe, ZAR 2007, 201 (201), m. Anm. von *Laier*; so wohl auch Bayerischer VGH, Inf-AuslR 2008, 101 (102) = AuAS 2008, 20.

Eine Prüfung der Beweggründe für den Glaubensübertritt ist nur dann entbehrlich, wenn der im Aufnahmeland vollzogene Glaubenswechsel allein für sich im Herkunftsland mit beachtlicher Wahrscheinlichkeit selbst dann zu erheblichen Verfolgungsmaßnahmen führt, wenn der Asylsuchende dort seine Glaubensüberzeugung verheimlichen, verleugnen oder aufgeben würde. Dies setzt wiederum voraus, dass den Behörden der im Aufnahmeland vollzogene Glaubensübertritt mit beachtlicher Wahrscheinlichkeit bekannt werden wird.[146] Unter diesen Voraussetzungen ist bei fehlender Vorprägung der Glaubensübertritt regelmäßig beachtlich, wenn er im Herkunftsland Verfolgungsgefahren hervorruft, ohne dass zusätzlich eine besondere religiöse Vorprägung geprüft werden müsste.[147]

105

Stellt sich die Glaubensüberzeugung als identitätsprägend dar, weil der Glaubensübertritt auf einer einem inneren Bedürfnis beruhenden Gewissensentscheidung erfolgt war, und muss der Asylsuchende zur Vermeidung seiner Gefährdung seine Glaubensüberzeugung leugnen und effektiv verstecken, ist mit dem Druck zu einem solchen Verhalten der menschenrechtliche Mindestbestand der Religionsfreiheit betroffen, sodass eine Rückkehr unzumutbar ist.[148]

106

Zu bedenken ist bei der Verfolgungsprognose auch, dass bei einem im Bundesgebiet vollzogenen Glaubenswechsel Angehörige der Glaubensgemeinschaft, welcher der Antragsteller nunmehr angehört, diesen zumeist deshalb nicht in ihre Reihen aufnehmen werden, weil sie ihrerseits deshalb Verfolgungsgefahren befürchten. Ihm wird deshalb nicht einmal das religiöse Existenzminimum gewährt werden.

107

§ 23 Verfolgung wegen der Nationalität (Art. 10 Abs. 1 Buchst. c) RL 2004/83/EG)

Übersicht
	Rdn
1. Begriff der Nationalität...	1
2. Spezifische Probleme der Verfolgungshandlung.........................	7
a) Vertreibung eigener Staatsangehöriger.................................	7
b) Ausbürgerung eigener Staatsangehöriger............................	9
3. Anwendung der Zusammenhangsklausel...................................	16
a) Zielrichtung der Verfolgung..	16
b) Zielrichtung der Ausbürgerung...	18
4. Verfolgung von Staatenlosen..	23
a) Staatenlosigkeit sperrt nicht die Flüchtlingsanerkennung...	23
b) »Land des gewöhnlichen Aufenthaltes« (Art. 1 A Nr. 2 GFK).....	27
c) Prüfung der Staatsangehörigkeit..	32
aa) Grundsätze zur Feststellung der Staatenlosigkeit........	32
bb) Darlegungsanforderungen...	43

Leitsätze
1. Verfolgung wegen der Nationalität wird allgemein nicht nur als Verfolgung wegen der Staatsangehörigkeit angesehen, sondern umfassend als Verfolgung wegen der Zugehörigkeit zu einer Gruppe, die durch gemeinsame kulturelle, ethnische oder sprachliche Merkmale gekennzeichnet ist. Der Verfolgungsgrund überschneidet sich häufig mit dem Verfolgungsgrund Rasse und Zugehörigkeit zu einer bestimmten sozialen Gruppe (Rdn. 1 ff.).

---

146 Hessischer VGH, ZAR 2008, 34; VG Stuttgart, NVwZ-RR 2008, 577 (578).
147 Hessischer VGH, Urt. v. 12.07.2007 – 8 UE 3339/04.A; VG Karlsruhe, Urt. v. 04.10.2007 – A 6 K 1306/06; VG Lüneburg, InfAuslR 2007, 41 (42 f.); a.A. VG Braunschweig, AuAS 2008, 69 (70).
148 OVG Nordrhein-Westfalen, InfAuslR 2008, 411 (412 f.).

2. Dabei ist keine zwingende Voraussetzung, dass jene, die aufgrund ihrer »Nationalität« verfolgt werden, im Herkunftsland eine Minderheit bilden. Vielmehr ist entscheidend, dass aufgrund ihrer Nationalität eine Gruppe von Menschen Ziel von Verfolgung wird.
3. Dem **Verfolgungsgrund »Staatsangehörigkeit«** liegen Verfolgungsmaßnahmen des Aufenthaltsstaates gegen eine bestimmte, durch eine gemeinsame Staatsangehörigkeit miteinander verbundene Gruppe von Personen zugrunde. Verweigert der Staat der Staatsangehörigkeit die Aufnahme, entsteht eine internationale Schutzbedürftigkeit (Rdn. 5).
4. Der ausbürgernde Staat wird zwar grundsätzlich nicht durch Völkerrecht an seinem Tun gehindert. Nach Art. 1 A Nr. 2 GFK werden von Ausbürgerung betroffene Personen jedoch als Flüchtlinge angesehen, wenn dieser ein Verfolgungsgrund zugrunde liegt (Rdn. 10). Die Ausbürgerung bzw. Aussperrung kann auf die ethnische oder rassische Zugehörigkeit, also auf die Nationalität oder Rasse des Antragstellers zielen. Sie kann aber auch seiner politischen Überzeugung gelten.
5. Generell kann Verfolgung aus Gründen der Nationalität in feindlicher Haltung der Mehrheitsbevölkerung und Maßnahmen des Staates gegenüber einer ethnischen und sprachlichen Minderheit bestehen. Ebenso wie bei der rassischen Verfolgung kann bereits die bloße Zugehörigkeit zu einer bestimmten nationalen Gruppe bereits in sich einen ausreichender Grund darstellen, Verfolgung zu befürchten (Rdn. 16 ff.).
6. Auch »**Staatenlose**« können von Verfolgung betroffen sein (Rdn. 23 ff.). Im Ausgangspunkt ist die Trennung zwischen dem Flüchtlingsrecht und dem Recht der Staatenlosen zu beachten: Nicht jeder Flüchtling ist zugleich staatenlos. Die meisten Flüchtlinge behalten ihre Staatsangehörigkeit, gehen aber aufgrund von Verfolgung aus Verfolgungsgründen ihrer schützenden Wirkung verlustig. Umgekehrt begründet die Staatenlosigkeit als solche nicht bereits einen Verfolgungsgrund nach der Konvention. Die Konvention erkennt aber an, dass auch Staatenlose Flüchtlinge sein können (Art. 1 A Nr. 2 GFK).
7. Bezugspunkt im Sinne des Flüchtlingsrechts ist bei Staatenlosen das Land des früheren »gewöhnlichen Aufenthaltes« (Art. 1 A Nr. 2 GFK). Dies ist das Land, zu dem der Antragsteller vor seiner Ausreise in einer Beziehung gestanden hat, die im Großen und Ganzen dem Verhältnis zwischen einem Staat und seinem Staatsangehörigen vergleichbar ist (Rdn. 27 ff.). Durchreisestaaten kommen nicht als Land des gewöhnlichen Aufenthaltes in Betracht.
8. Ist Grund für die Verfolgung des Staatenlosen im Land des früheren »gewöhnlichen Aufenthaltes« sein besonderer sozialer und kultureller Status, liegt der Verfolgung die Zugehörigkeit des Antragstellers zu einer bestimmten sozialen Gruppe zugrunde. Ihr kann auch der Verfolgungsgrund der Rasse, Religion oder politischen Überzeugung zugrunde liegen.

Welche Staatsangehörigkeit besitzt der Antragsteller (Rdn. 32 ff.) oder ist er staatenlos (Rdn. 23 ff., 35 ff.)?

↓

Hat der Antragsteller seine Staatsangehörigkeit oder Staatenlosigkeit glaubhaft gemacht (Rdn. 43 ff.)?

↓

In welchen Formen findet die Verfolgungshandlung ihren Ausdruck (Rdn. 7 ff.)?

– wird der Antragsteller als Angehöriger einer nationalen Gruppe vertrieben (Rdn. 7 ff., 16 f.)?

– ist der Antragsteller »ausgebürgert« worden (Rdn. 9 ff.)?

– wird ihm der Zugang zum Gebiet seines Staates der Staatsangehörigkeit (Rdn. 5 ff., 12) oder des früheren gewöhnlichen Aufenthaltes versperrt?

↓

Zielt die Verfolgungshandlung

– auf die Staatsangehörigkeit (Rdn. 24 ff.)?

– auf die Nationalität (Rdn. 3, 16 ff., 18 ff.)

– oder auf einen anderen besonderen Status (Rdn. 16 ff.)?

Schaubild 9 zur Verfolgung aus Gründen der Nationalität

1. Begriff der Nationalität

Die Verfolgung ist erheblich, wenn sie an die Nationalität (Art. 10 Abs. 1 Buchst. b) RL 2004/83/EG) anknüpft. Nach Art. 1 A Nr. 2 GFK ist jemand Flüchtling, der aus begründeter Furcht vor Verfolgung wegen seiner »**Nationalität**« sich außerhalb des Landes seiner Staatsangehörigkeit oder seines gewöhnlichen Aufenthaltes befindet. Allgemein wird der Begriff der Nationalität nicht nur im Sinne einer Staatsangehörigkeit, sondern im Sinne einer kollektiven Identität bestimmter ethnischer oder sprachlicher Gruppen verstanden.[149] Dementsprechend beschränkt sich der unionsrechtliche Begriff der Nationalität nicht lediglich auf die Staatsangehörigkeit oder das Fehlen einer solchen, sondern bezeichnet die Zugehörigkeit zu einer Gruppe, die durch ihre kulturelle, ethnische oder sprachliche Identität, gemeinsame geografische oder politische Ursprünge oder ihre Verwandtschaft mit der Bevölkerung eines anderen Staates bestimmt wird (Art. 10 Abs. 1 Buchst. c) RL 2004/83/EG).

Der Verfolgungsgrund »Nationalität« kann sich deshalb insbesondere auch mit dem Verfolgungsgrund »Rasse« oder »Zugehörigkeit zu einer bestimmten sozialen Gruppe« überschneiden.[150] In Art. 1 A Nr. 2 GFK wird der Begriff nicht inhaltlich definiert. Er wird aber in der Praxis nicht sehr streng gehandhabt. Vielmehr umfasst er ethnische Herkunft und Zugehörigkeit zu bestimmten

---

149 *Hathaway*, The Law of Refugee Status, 1991, S. 144 f.; *Schaeffer*, Asylberechtigung, S. 40; UNHCR, Handbuch über Verfahren und Kriterien zur Feststellung der Flüchtlingseigenschaft, Rn. 74.

150 *Hathaway*, The Law of Refugee Status, 1991, S. 144 f.; *Goodwin-Gill/McAdam*, The Refugee in International Law, S. 72; *Goldberg/Passade Cisse*, Immigration Briefings 2000, 1 (8); UNHCR, Handbuch über Verfahren und Kriterien zur Feststellung der Flüchtlingseigenschaft, Rn. 74.

ethnischen, religiösen, kulturellen and sprachlichen Gemeinschaften.[151] Damit ist die frühere Literatur, welche den Begriff der Nationalität mit Staatsangehörigkeit gleichsetzte, überholt (Rdn. 4 ff.).[152]

3   Personen, die aufgrund ihrer Nationalität verfolgt werden, müssen im eigenen Land keine Minderheit bilden. Vielmehr ist entscheidend, dass aufgrund der Nationalität eine Gruppe von Menschen Ziel von Verfolgung und Unterdrückung wird.[153] Obwohl Verfolgung aufgrund der Nationalität zumeist von Angehörigen einer Minderheit befürchtet wird, verdeutlichen zahlreiche historische Beispiele, dass der Mehrheit angehörende Personen Verfolgung durch eine herrschende (oligarchische) Minderheit erleiden können.[154] Manchmal wird der Begriff der Nationalität durch den Staat benutzt, um eine bestimmte ethnische, religiöse oder kulturelle Gruppe zu brandmarken, auch wenn diese Zuschreibung nicht zutreffend ist. So wurden z. B. Juden in der UdSSR als Nationalität behandelt und in Personenstandsdokumenten als Angehörige der »jüdischen Nation« registriert.[155]

4   Mit dem allgemein anerkannten Begriff der Nationalität unvereinbar ist die deutsche Übersetzung des Verfolgungsgrundes »Nationalität« nach Art. 1 A Nr. 2 GFK mit »Staatsangehörigkeit« (vgl. § 14 Abs. 1 Satz 1 AuslG 1965, § 51 Abs. 1 AuslG 1990, § 60 Abs. 1 Satz 1 AufenthG). Hingegen wird in den Normen des Art. 1 A Nr. 2, Art. 33 Abs. 1 GFK und auch Art. 10 Abs. 1 Buchst. c) RL 2004/83/EG der Begriff zutreffend mit »Nationalität« übersetzt. Zwar kann die Verfolgung wegen der Nationalität an die Staatsangehörigkeit anknüpfen. Darin allein erschöpft sich der Begriff jedoch nicht. Anfangs erschien es abwegig, die Staatsangehörigkeit als geschützten Status in Art. 1 A Nr. 2 GFK zu bezeichnen, da ein Staat seine eigenen Staatsangehörigen kaum wegen ihrer Zugehörigkeit zum eigenen Staatsverband verfolgen wird.[156] Denn jene, die die Staatsangehörigkeit eines anderen Staates besitzen und deshalb verfolgt werden, können den Schutz des Staates ihrer Staatsangehörigkeit in Anspruch nehmen.

5   Es gibt jedoch Situationen, in denen Staatsangehörige eines bestimmten Staates wegen ihrer Staatsangehörigkeit im Aufenthaltsstaat verfolgt werden und in denen der Staat der Staatsangehörigkeit diesen die Aufnahme verweigert.[157] Wer keinen wirksamen Schutz durch einen anderen Staat erlangen kann, ist schutzbedürftig und wird entsprechend dem Konzept des »Landes des früheren gewöhnlichen Aufenthalts« (vgl. Art. 1 A Nr. 2 letzter Halbs. GFK, Rdn. 27 ff.) als Flüchtling anerkannt.[158] Die Anwendung dieses Konzeptes ist sachgerecht, weil der Betroffene faktisch staatenlos ist bzw. die formelle Staatsangehörigkeit unklar ist, diese dem Antragsteller aber vom verfolgenden Staat zugeschrieben wird (vgl. Art. 10 Abs. 2 RL 2004/83/EG).

6   In der deutschen Rechtsprechung wird in diesen Fällen eine Lösung über den Begriff der »**Aussperrung**« gesucht (Rdn. 7 ff.). Bei diesem Ansatz ist jedoch der Verfolgungsgrund zu klären: Verfolgt der Staat der früheren Staatsangehörigkeit den Antragsteller, um ihn damit in seiner oppositionellen Überzeugung zu treffen, verfolgt er ihn wegen seiner politischen Überzeugung. Mittel der Verfolgung ist die Ausbürgerung.

---

151 *Goodwin-Gill/McAdam*, The Refugee in International Law, S. 73.
152 *Hathaway*, The Law of Refugee Status, S. 144.
153 *Goodwin-Gill/McAdam*, The Refugee in International Law, S. 73.
154 *UNHCR*, Handbuch über Verfahren und Kriterien zur Feststellung der Flüchtlingseigenschaft, 1979, Rn. 76.
155 *Goldberg/Passade Cisse*, Immigration Briefings 2000, 1 (9).
156 *Robinson*, Convention relating to the Status of Refugees, S. 53.
157 *Goodwin-Gill/McAdam*, The Refugee in International Law, S. 72 f.
158 *Hathaway*, The Law of Refugee Status, 1991, S. 144.

2. Spezifische Probleme der Verfolgungshandlung

a) Vertreibung eigener Staatsangehöriger

Das Nebeneinander von zwei oder mehr ethnischen Gruppen innerhalb eines Staatsgebietes kann Situationen schaffen, welche eine Gefahr der Verfolgung in sich birgt.[159] Es liegt auf der Hand, dass in dem Fall, in dem der Staat sich mit einer dieser Gruppen politisch identifiziert, Vertreibungsmaßnahmen der Angehörigen der anderen Gruppe die Folge sein können. Insbesondere **ethnische Säuberungen** können zu Aussperrungen führen. Hier zielen die Verfolgungsmaßnahmen von vornherein auf die Vertreibung des politischen Gegners oder der unterdrückten Minderheit durch gewaltsame Aussperrung. Die Aussperrung kann mit weiteren Verfolgungsmaßnahmen verbunden sein. Häufig ist dies auch der Fall.

BVerfG und BVerwG verweisen in diesem Zusammenhang auf das »unmittelbare Erlebnis ungezählter **Verfolgungs- und Vertreibungsschicksale**«, die nach den geschichtlichen Erfahrungen seit jeher zu den wichtigsten Ursachen für die Unterdrückung und Verfolgung Andersartiger und Andersdenkender gehört haben und heute noch gehören.[160] Es besteht also ein enger Zusammenhang zwischen Verfolgung und Vertreibung. Vertreibung ist eine **Methode der Verfolgung** Andersartiger und Andersdenkender (Rdn. 6). So wurden im Gefolge der russischen Revolution etwa zwei Millionen im Ausland lebende russische Flüchtlinge und durch die nationalsozialistische Regierung 1941 alle ins Ausland geflohenen deutschen Juden ausgebürgert.[161] Die früheren Ostblockstaaten hingegen hatten ihre ins westliche Ausland geflohenen Staatsangehörigen nicht mehr formal ausgebürgert,[162] sondern mit strafrechtlichen Maßnahmen (**Republikflucht**)[163] verfolgt.

b) Ausbürgerung eigener Staatsangehöriger

Die geschichtlichen Beispiele der Vertreibung verdeutlichen, dass die Ausbürgerung regelmäßig Folge, nicht aber Ursache der Flucht ist. Zielrichtung der Verfolgungen ist in diesem Fall häufig die Nationalität. Es können aber auch andere Verfolgungsgründe in Betracht kommen. Zumeist werden darüber hinaus damit weitere Zwecke verfolgt. Zwar wird aus Sicht des Völkerrechts die Ausbürgerung, selbst wenn sie aus politischen Gründen sowie im großen Umfang zum Zwecke der Bestrafung erfolgt, nicht als Rechtsmissbrauch angesehen.[164] Hiernach mag man zwar die Ausbürgerung nicht als völkerrechtswidrigen Akt ansehen. Eine ganz andere Frage ist es jedoch, ob dieser allgemein als höchst unwillkommen angesehene Akt die Billigung der Staatengemeinschaft finden und die Praxis der Vertragsstaaten der Konvention insoweit negativ binden kann.

Der ausbürgernde Staat wird zwar nicht durch Völkerrecht an seinem Tun gehindert. Die Vertragsstaaten werden jedoch durch den Begriff der Nationalität in Art. 1 A Nr. 2 GFK dazu ermächtigt, von Ausbürgerungen betroffene Personen als Flüchtlinge anzuerkennen. Typisch und notwendig für den Flüchtlingsstatus ist, dass das normale Band des Vertrauens, der Loyalität, des Schutzes und des Beistandes zwischen dem Staat und seinem Angehörigen zerrissen ist.[165] Dies ist bei der

---

159 *UNHCR*, Handbuch über Verfahren und Kriterien zur Feststellung der Flüchtlingseigenschaft, Rn. 75.
160 BVerfGE 76, 143 (156 f.) = EZAR 200 Nr. 10 = NVwZ 1988, 237 = InfAuslR 1988, 87; BVerwGE 67, 184 (186) = NVwZ 1983, 674 = InfAuslR 1983, 228.
161 *Weis*, Nationality and Statelessness in International Law, S. 124; § 71 Rn. 7.
162 *Feaux De La Croix*, Zum Begriff der Flüchtlingseigenschaft im Sinne der Genfer Konvention, in: RzW 1968, S. 289 (291).
163 BVerwGE 39, 27 = DVBl. 1972, 277 = JZ 1972, 277; BVerwG, DÖV 1979, 827 = EZAR 200 Nr. 4; Nachweise bei *Marx*, Asylrecht, Bd. 1, S. 678 ff.; *Marx/Strate/Pfaff*, Kommentar zum AsylVfG, § 1 Rn. 329 ff.
164 *Weis*, Nationality and Statelessness in International Law, S. 124 ff. m. w. Hw.
165 *Grahl-Madsen*, The Status of Refugees in International Law, S. 91 f.; *Lieber*, Die neuere Entwicklung des Asylrechts im Völkerrecht und Staatsrecht, S. 81.

Ausbürgerung unzweifelhaft der Fall. Diese ist die wohl denkbar schärfste Form der Ausgrenzung. Das BVerwG sieht deshalb in der »Aussperrung« von Staatsangehörigen eine erhebliche Maßnahme.[166]

11 Die Aussperrung, mag sie ihren Grund in der formellen oder faktischen Ausbürgerung (**de facto-**Ausbürgerung)[167] haben, hat für die Rechtsstellung des Einzelnen tief greifende Folgen. Er ist zwar aus der Sicht des aussperrenden Staates außerhalb dessen Staatsgebietes nicht in seiner Bewegungsfreiheit beschränkt, im Übrigen aber von allen persönlichen Rechten ausgeschlossen. In dieser Wirkung der Aussperrung liegt das spezifische Moment der Verfolgungshandlung. Es kann keinem vernünftigen Zweifel unterliegen, dass die dauerhafte Aussperrung eine schwerwiegende Menschenrechtsverletzung (Art. 9 Abs. 1 Buchst. a) RL 2004/83/EG) darstellt.

12 Die Aussperrung kann durch formelle Ausbürgerung[168] oder durch Verweigerung der endgültigen Rückkehrmöglichkeit vollzogen werden.[169] In allen Fällen tritt an die Stelle von politischer Haft, Folter oder anderen erheblichen Maßnahmen oder zusätzlich zu diesen die Aussperrung. Ob eine Maßnahme als Verfolgungshandlung anzusehen ist, wird durch die darin zum Ausdruck kommende schwerwiegende Menschenrechtsverletzung indiziert (Art. 9 Abs. 1 Buchst. a) RL 2004/83/EG). Die Ausbürgerung hebt das Basisrecht aller Rechte, das Recht einer Person auf Anerkennung als Rechtsperson (Art. 6 AEMR) und mithin auf Zugehörigkeit zu einer politischen Gemeinschaft, auf.

13 Jedenfalls die Auswirkungen der Ausbürgerung oder Aussperrung auf die persönlichen Rechte des Einzelnen sind schwerwiegend. Aussperrung wie andere Verfolgungsmaßnahmen zerreißen das schützende Band zwischen Staat und Individuum, wenn auch anders als bei der formellen Ausbürgerung bei den anderen Verfolgungsmaßnahmen die formale Beziehung der Staatsangehörigkeit bestehen bleibt. Die Aussperrung versperrt dem Einzelnen auf absehbare Zeit oder auf Dauer die Rückkehrmöglichkeit. Mag zwar theoretisch eine Rückkehrmöglichkeit bestehen, sie ist dem Einzelnen jedoch aus rechtlicher Sicht aus Gründen der drohenden Verfolgung nicht zumutbar.

14 Nach dem BVerwG ist dementsprechend auch maßgeblich für die Schwere der mit einer Ausbürgerung bewirkten Rechtsverletzung im Sinne von Art. 9 Abs. 1 Buchst. a) RL 2004/83/EG, dass der Staat dem Einzelnen seinen grundlegenden Status als Staatsbürger entzieht und ihm damit zwangsweise den Aufenthaltsschutz versagt, ihn also staaten- und schutzlos macht.[170] Aussperrung und Einreiseverweigerung kommen in ihrer tatsächlichen Wirkung einer Ausbürgerung aber nur gleich, wenn sie nicht lediglich »befristet«, sondern für unabsehbare Zeit verhängt werden und regelmäßig gleichzeitig dem Betroffenen auch der diplomatische Schutz nicht länger gewährt wird.[171]

15 Bei der Beurteilung der Schwere der durch eine Ausbürgerung bewirkten Rechtsverletzung sind auch die individuelle Lage und die persönlichen Umstände des Einzelnen zu berücksichtigen (Art. 4 Abs. 3 Buchst. c) RL 2004/83/EG). Er muss danach auch persönlich von der Ausbürgerung betroffen sein. Dabei kann nach Auffassung des BVerwG auch von Bedeutung sein, ob und in welchem Maße sich der Einzelne um die Aufhebung der Ausbürgerung und die Wiedererlangung der ihm entzogenen Staatsangehörigkeit bemüht, gegebenenfalls auch welche Gründe ihn hiervon abgehalten

---

166 BVerwG, Buchholz 402.25 § 1 AsylVfG Nr. 30 = DVBl. 1985, 579 = InfAuslR 1985, 145; BVerwG, Buchholz 402.25 § 1 AsylVfG Nr. 180; BVerwGE 133, 203 (208) = Inf-AuslR 2009, 310 = NVwZ 2010, 252 = AuAS 2009, 175; *Hoppe*, ZAR 2010, 164 (165).
167 BVerwGE 133, 203 (210) = InfAuslR 2009, 310 = NVwZ 2010, 252 = AuAS 2009, 175.
168 Hessischer VGH, Urt. v. 07.08.1986 – X OE 189/82; OVG Rheinland-Pfalz, EZAR 631 Nr. 16 = NVwZ-RR 1992, 326.
169 VG Ansbach, NVwZ 1982, 458.
170 BVerwGE 133, 203 (208) = InfAuslR 2009, 310 = NVwZ 2010, 252 = AuAS 2009, 175, mit Hinweis auf UK Court of Appeal, EWCA Civ 809 – EB.
171 BVerwG, DVBl. 1997, 912 (913) = AuAS 1997, 190.

haben.¹⁷² Dem kann nicht gefolgt werden. Der Konvention kann kein Rechtfertigungsgrund dafür entnommen werden, dass ein Flüchtling, der Furcht vor einer begründeten Verfolgung hat, sei es durch Haft, Folter, sei es durch Ausbürgerung, sich vor Zuerkennung der Flüchtlingseigenschaft um Aufhebung der Verfolgung bemühen muss.

3. Anwendung der Zusammenhangsklausel

a) Zielrichtung der Verfolgung

Die Verfolgung muss an die Nationalität anknüpfen. Das Nebeneinander von zwei oder mehr ethnischen oder sprachlichen Gruppen innerhalb der Grenzen eines Staates schafft häufig Konfliktsituationen, welche die Gefahr der Verfolgung in sich bergen. Dabei ist es nicht stets einfach, zwischen der Verfolgung aufgrund der Rasse, der Nationalität oder wegen der politischen Überzeugung zu unterscheiden, wenn der Konflikt zwischen den nationalen Gruppen mit politischen Strömungen einhergeht, insbesondere nicht in dem Fall, in dem sich eine politische Bewegung mit einer bestimmten Nationalität verbindet. Generell kann Verfolgung aus Gründen der Nationalität in feindlicher Haltung der Mehrheitsbevölkerung und Maßnahmen des Staates gegenüber einer ethnischen und sprachlichen Minderheit bestehen. Ebenso wie bei der rassischen Verfolgung kann bereits die bloße Zugehörigkeit zu einer bestimmten nationalen Gruppe bereits in sich ein ausreichender Grund darstellen, Verfolgung zu befürchten.¹⁷³ 16

Wegen des kumulativen Effektes der Verfolgungsgründe ist eine präzise Unterscheidung der Verfolgungsgründe nicht geboten. Der Verfolgungsgrund Nationalität ist offensichtlich, wenn der Antragsteller darlegen kann, dass der Staat willig und fähig ist, nationalen Gruppen, denen er nicht angehört, Schutz zu gewähren, seiner Gruppe jedoch den erforderlichen Schutz versagt.¹⁷⁴ In diesen Fällen zielt die Schutzversagung auf die Nationalität des Einzelnen, während die Verfolgung durch nichtstaatliche Akteure ebenfalls gegen die Nationalität oder einen anderen geschützten Status gerichtet sein kann oder ihr eine derartige Zielrichtung fehlt. 17

b) Zielrichtung der Ausbürgerung

Nicht anders wie andere Verfolgungsmaßnahmen muss auch die Ausbürgerung an die Nationalität anknüpfen. Jedoch ist die Art der Anwendung der Zusammenhangsklausel im Streit. Typisch und notwendig für den Flüchtlingsstatus ist, dass das normale Band des Vertrauens, der Loyalität, des Schutzes und des Beistandes zwischen dem Staat und seinem Angehörigen zerrissen ist.¹⁷⁵ Hat der Asylsuchende etwa aus Gründen ihm drohender Verfolgung seinen Heimatstaat verlassen und wird er anschließend formell ausgebürgert, tritt die Ausbürgerung zu bereits bestehenden Verfolgungsgründen hinzu. Generell kann die Aussperrung der ethnischen oder rassischen Zugehörigkeit, also der Nationalität, der Mitgliedschaft in einer Glaubensgemeinschaft, aber auch seiner politischen 18

---

172 BVerwGE 133, 203 (209 f.) = InfAuslR 2009, 310 = NVwZ 2010, 252 = AuAS 2009, 175; *Hoppe*, ZAR 2010, 164 (165).

173 *UNHCR*, Handbuch über Verfahren und Kriterien zur Feststellung der Flüchtlingseigenschaft, 1979, Rn. 70.

174 *Goldberg/Passade Cisse*, Immigration Briefings 2000, 1 (9).

175 *Grahl-Madsen*, The Status of Refugees in International Law, S. 91 f.; *Lieber*, Die neuere Entwicklung des Asylrechts im Völkerrecht und Staatsrecht, S. 81.

Überzeugung gelten, wenn damit ein tatsächlicher oder mutmaßlicher Gegner der Regierung getroffen werden soll.[176]

19 Die geschichtlichen Beispiele der Vertreibung (Rdn. 8) verdeutlichen, dass die Ausbürgerung regelmäßig Folge, nicht aber Ursache der Flucht ist. Zielrichtung der Verfolgung sind häufig andere geschützte Eigenschaften, oft aber auch die Nationalität. Die Ausbürgerung bzw. Aussperrung knüpft an die Nationalität an, wenn sie der Zugehörigkeit zu einer durch gemeinsame kulturelle, ethnische oder sprachliche Merkmale geprägten Gruppe gilt. Die Verweigerung der Rückkehr sowie auch die nachträgliche formelle Ausbürgerung dürften sich regelmäßig als objektiver Nachfluchtgrund darstellen. Abschiebungsmaßnahmen und Aussperrung sind demgegenüber als Vorfluchtgründe anzusehen. Auch die formelle Ausbürgerung kann Ausreisegrund sein, wird aber regelmäßig mit weiteren Verfolgungsgründen einhergehen.

20 Nach der Rechtsprechung des BVerwG ist zwischen der Ausbürgerung, die an Verfolgungsgründe anknüpft und ordnungsrechtlichen Sanktionen zu unterscheiden. Letzteres sei etwa der Fall, wenn mit der Ausbürgerung – wie in der Türkei – die Nichterfüllung des Wehrdienstes sanktioniert werde oder die Behandlung unerlaubt im Ausland verbliebener Kubaner als Emigranten generell nur an den Umstand der Überschreitung der Rückkehrfrist anknüpfe und darum alle Personen treffe, die nicht nach Kuba zurückkehren wollten, ohne dass danach unterschieden werde, ob hierfür persönliche, familiäre, wirtschaftliche oder aber politische Motive maßgebend seien.[177] Wie bereits ausgeführt, besagt die Ausbürgerung als solche noch nichts über die ihr zugrunde liegende Zielrichtung (Rdn. 18). Werden jedoch eigene Staatsangehörige ausgesperrt, ist regelmäßig davon auszugehen, dass hierfür Verfolgungsgründe maßgebend sind.[178] Diese Regelvermutung hat das BVerwG allerdings in seiner neuesten Rechtsprechung nicht bekräftigt.

21 Das BVerwG hat aber andererseits die berufungsgerichtlichen Feststellungen, dass die Ausbürgerung eines Asylsuchenden durch türkische Behörden einem »exponierten politischen Gegner und Aktivisten« gelte, nicht beanstandet.[179] Demgegenüber hat die Rechtsprechung im Fall eines zum Glauben der Zeugen Jehovas konvertierten arabisch-orthodoxen Christen aus der Türkei eine spezifische flüchtlingsrechtliche Zielrichtung verneint. Eine Anknüpfung an einen Verfolgungsgrund sei nicht zu erkennen. Vielmehr würden lediglich die staatsangehörigkeitsrechtlichen Verhältnisse von Personen geregelt, die – ohne für den türkischen Staat sonstwie von Interesse zu sein – ausgewandert seien und sich bei den türkischen Behörden nicht abgemeldet hätten.[180] Ebenso wenig ziele die Wiedereinreisesperre gegen syrische Kurden auf deren Nationalität. Dagegen spreche, dass die Mehrzahl der Kurden in Syrien im Besitz der syrischen Staatsangehörigkeit sei.[181]

22 Für die Verfolgungsprognose geht das BVerwG in den Fällen, in denen die Ausbürgerung bzw. Wiedereinreisesperre nicht an Verfolgungsgründe anknüpft, davon aus, dass diese einen Staat voraussetze, in den der Einzelne in rechtlich zulässiger Weise zurückkehren könne. Löse der Staat aus

---

176 VG Karlsruhe, Urt. v. 10.01.1984 – A 11 K 34/82; VG Köln, Urt. v. 12.07.1983 – 14 K 10507/82; VG Oldenburg, Urt. v. 18.10.1985 – 5 VG 112/82; VG Stuttgart, Urt. v. 21.02.1985 – A 5 K 2240/82; VG Wiesbaden, Urt. v. 18.04.1985 – II/2 E 06080/82, alle zu Vietnam; zur heutigen Sicht im Blick auf Vietnam: BVerwG, NVwZ 1994, 1119; VGH Baden-Württemberg, InfAuslR 1993, 32; VGH Baden-Württemberg, Inf-AuslR 1994, 161; Bayerischer VGH, Urt. v. 16.01.1995 – 6 BA 93.32309: Aussperrung eigener Staatsangehöriger hat ihre Ursache in den allgemeinen und wirtschaftlichen Verhältnissen Vietnams; VG Bayreuth, Urt. v. 09.04.1997 – b 6 K 95.30751, nepalesische Volkszugehörige unterliegen in Bhutan einer ethnisch motivierten Ausbürgerungspolitik.
177 BVerwGE 133, 203 (210 f.) = InfAuslR 2009, 310 = NVwZ 2010, 252 = AuAS 2009, 175; s. aber VG Darmstadt, Beschl. v. 13.12.2010, Wiedereinreisesperre in Kuba verletzt Art. 3 EMRK.
178 BVerwG, Buchholz 402.25 § 1 AsylVfG Nr. 30 = InfAuslR 1985, 145.
179 BVerwG, InfAuslR 2009, 171 (172); so bereits Hessischer VGH, Urt. v. 07.08.1986 – X OE 189/82.
180 OVG Rheinland-Pfalz, EZAR 631 Nr. 16.
181 OVG Berlin, EZAR 61 Nr. 2, S. 4.

neutralen Gründen die ihn mit dem Einzelnen verbindenden Beziehungen, stehe er ihm in gleicher Weise gegenüber wie jeder andere Staat, sodass die Frage ob dem Staatenlosen auf seinem Territorium Verfolgung drohe, mit Blick auf die Flüchtlingsanerkennung gegenstandslos werde.[182] Diese Begründung ist missverständlich. Die Verfolgung ist gegenstandslos, weil zuvor bereits der neutrale Charakter der Wiedereinreisesperre festgestellt worden ist. Einem Staatenlosen kann jedoch eine Verfolgung, die an Verfolgungsgründe anknüpft, vom Staat des gewöhnlichen Aufenthalts drohen.

4. Verfolgung von Staatenlosen

a) Staatenlosigkeit sperrt nicht die Flüchtlingsanerkennung

Auch Staatenlose können von Verfolgung betroffen sein. Für die Frage, ob eine Verfolgung an Verfolgungsgründe anknüpft, ist es unerheblich, ob der Einzelne eine Staatsangehörigkeit besitzt oder nicht. Besitzt er keine Staatsangehörigkeit und befürchtet er Verfolgung aus Gründen der Konvention, ist er Flüchtling, wenn er sich außerhalb des Landes befindet, in welchem er seinen gewöhnlichen Aufenthalt hatte und nicht dorthin zurückkehren kann oder wegen der erwähnten Befürchtungen nicht dorthin zurückkehren will (Art. 1 A Nr. 2 GFK). An diesen völkerrechtlichen Begriff knüpft Art. 2 Buchst. c) RL 2004/83/EG an. 23

Der Begriff der Staatsangehörigkeit, treffender dessen Negation, der Begriff der Staatenlosigkeit, steht in einem merkwürdigen Spannungsverhältnis zum System des internationalen Schutzes für Flüchtlinge: Nicht jeder Flüchtling ist zugleich staatenlos. Vielmehr behalten die meisten Flüchtlinge ihre bisherige Staatsangehörigkeit, gehen aber aufgrund der ihnen drohenden Verfolgung ihrer schützenden Wirkung verlustig. Umgekehrt begründet die Staatenlosigkeit als solche nicht bereits einen Verfolgungsgrund nach der Konvention. Der Ad Hoc-Ausschuss über Staatenlosigkeit hatte das Verhältnis zwischen dem Flüchtlingsschutz und der Rechtsstellung der Staatenlosen ausführlich diskutiert und eine rechtliche Trennung zwischen beiden Rechtsmaterien gewollt. Drei Jahre nach Verabschiedung der Konvention für Flüchtlinge wurde ein nahezu inhaltsgleiches Abkommen über die Rechtsstellung der Staatenlosen beschlossen. 24

Aus rechtlicher und historischer Sicht ist daher zwischen Staatenlosigkeit und Flüchtlingsschutz zu trennen, was aber nicht bedeutet, dass Staatenlose keine Flüchtlinge sein können (Rdn. 23). Vielmehr können sich staatenlose Flüchtlinge auf die Rechte nach der GFK berufen, während Staatenlosen, die keine begründete Furcht vor Verfolgung hegen, die Rechtsstellung nach der Staatenlosenkonvention gewährt wird. Die Spaltung in staatenlose Personen und in Flüchtlinge ist Ausdruck einer neueren Entwicklung im Völkerrecht. In der ersten Phase des modernen Flüchtlingsvölkerrechts war die Staatenlosigkeit eine Voraussetzung für die Gewährung des Flüchtlingsstatus. Sein historischer Ausgangspunkt waren die politisch begründeten Ausbürgerungen der Flüchtlinge und Exilanten nach der russischen Revolution (Rdn. 8). 25

Es war die generelle Politik des Völkerbundes, Schutz für jene Personen sicherzustellen, die zwangsweise ausgebürgert worden und daher de jure schutzlos waren. Darüber hinaus war aber auch anerkannt, dass Personen, die keinen Reiseausweis von ihrem Heimatstaat erlangen konnten, schutzwürdig waren.[183] Für das seit 1951 entwickelte Flüchtlingsvölkerrecht ist demgegenüber Staatenlosigkeit als solche nicht Anlass zur Gewährung von Flüchtlingsschutz.[184] Vielmehr wurde 26

---

182 BVerwG, InfAuslR 1986, 76 (77) = Buchholz 402.25 § 1 AsylvfG Nr. 39; BVerwGE 123, 18 (22); OVG Rheinland-Pfalz, EZAR 631 Nr. 16.
183 *Hathaway*, The Law of Refugee Status, S. 2 ff.
184 *Hathaway*, The Law of Refugee Status, S. 61; *Grahl-Madsen*, The Status of Refugees in International Law, S. 77; *Weis*, British Yearbook of International Law, S. 478 (480); *Lieber*, Die neuere Entwicklung des Asylrechts im Völkerrecht und Staatsrecht, S. 83; *UNHCR*, Handbuch über Verfahren und Kriterien zur Feststellung der Flüchtlingseigenschaft Rn. 102; siehe hierzu auch: *Batchelor*, IJRL 1995, 232 (239 ff., 256 ff.).

die Frage der Staatenlosigkeit ausdrücklich aus den Beratungen der Flüchtlingskonvention ausgeklammert und einer späteren Regelung vorbehalten (Rdn. 24).

b) »Land des gewöhnlichen Aufenthaltes« (Art. 1 A Nr. 2 GFK)

27 Art. 1 A Nr. 2 GFK unterscheidet für die Frage, an welchen Staat, für die Frage des nationalen Schutzes anzuknüpfen ist, in Flüchtlinge mit und ohne Staatsangehörigkeit: Maßgebend ist, ob der Flüchtling aus Furcht vor Verfolgung aus den in der Konvention genannten Gründen nicht den Schutz seines **Heimatstaates** in Anspruch nehmen oder ob er aus diesen Gründen nicht in das **Land seines gewöhnlichen Aufenthaltes** zurückkehren kann (Rdn. 23). Ausdrücklich verwendet die Konvention im Blick auf den Prüfungsgegenstand »Land des gewöhnlichen Aufenthaltes« den Begriff des Staatenlosen. Damit sind staatenlose Personen gemeint, die im Land ihres gewöhnlichen Aufenthaltes vor der Ausreise aus diesem begründet Verfolgung befürchten mussten oder aus diesen Gründen nicht dorthin zurückkehren können.

28 Es ist allgemein anerkannt, dass der Staatenlose zum »Land des gewöhnlichen Aufenthaltes« in einer Beziehung gestanden haben muss, die im Großen und Ganzen dem Verhältnis zwischen einem Staat und seinem Staatsangehörigen vergleichbar ist.[185] Jedenfalls muss er dort in Sicherheit gelebt und das Recht auf Aufenthalt und Rückkehr gehabt haben.[186] Daher setzt der Begriff voraus, dass der Flüchtling im Land des »gewöhnlichen Aufenthaltes« Aufnahme gefunden und eine gewisse Dauer dort gelebt hat.[187] Weil das Flüchtlingsrecht die Rückführung einer Person in einen Staat verhindern will, in dem ihr Verfolgung droht, ist der geeignete Anknüpfungspunkt der Staat, in den der Staatenlose normalerweise zurückkehrt, wenn er keine Verfolgung befürchten müsste.[188]

29 Für das BVerwG wird hingegen unabhängig von der Frage, welche Rechte gewährt werden, ein Land zum gewöhnlichen Aufenthalts im Sinne von Art. 1 A Nr. 2 GFK, wenn er sich im diesen eine »gewisse Dauer« aufgehalten und dort tatsächlich seinen Lebensmittelpunkt gefunden und nicht nur vorübergehend gelebt hat. Es reiche aus, dass die zuständigen Behörden keine aufenthaltsbeendenden Maßnahmen eingeleitet haben.[189] Die in Bezug genommene kanadische Rechtsprechung erfordert jedoch mehr als einen bloß faktischen Aufenthalt, sondern einen Status, der dem Verhältnis zwischen einem Staat und seinem Staatsangehörigen in etwa vergleichbar ist (Rdn. 28).[190]

30 Umstritten ist, ob in Analogie zum Flüchtling mit mehreren Staatsangehörigkeiten auch im Blick auf einen Staatenlosen mehrere Staaten als Land des »gewöhnlichen Aufenthalts« in Betracht kommen können, sodass dieser hinsichtlich jeder dieser Staaten eine begründete Furcht vor Verfolgung darlegen muss.[191] Das BVerwG stellt in diesem Fall auf das Land des letzten gewöhnlichen Aufenthaltes ab.[192] Demgegenüber wendet die kanadische Rechtsprechung die für Flüchtlinge mit mehreren Staatsangehörigkeiten maßgebenden Grundsätze an.

---

185 Canada Federal Court (1994) 1 C.F. 723 – Maarouf; *Hathaway*, The Law of Refugee Status, S. 61.
186 *Goodwin-Gill/McAdams*, The Refugee in International Law, S. 526.
187 Canada Federal Court (1994) 1 C.F. 723 – Maarouf.
188 *Hathaway*, The Law of Refugee Status, S. 62.
189 BVerwGE 133, 203 (214) = InfAuslR 2009, 310 = NVwZ 2010, 252 = AuAS 2009, 175, mit Hinweis auf Canada Federal Court, 1 F.C. 723 – Maarouf.
190 Canada Federal Court, (1994) 1 C.F. 723 – Maarouf.
191 So Canada Federal Court, (1998) 4 F. C. 21 – Thabet; so auch *Hathaway*, The Law of Refugee Status, S. 62; *Zimmermann/Mahler*, The 1951 Convention, Article 1 A, para. 2 Rn. 682; OVG Schleswig-Holstein, InfAuslR 1999, 285 (286); dagegen bereits *Robinson*, Convention relating to the Status of Refugees, 1953, S. 43; zustimmend *UNHCR*, Handbuch über Verfahren und Kriterien zur Feststellung der Flüchtlingseigenschaft, Rn. 104 f.
192 BVerwGE 133, 203 (214) = InfAuslR 2009, 310 = NVwZ 2010, 252 = AuAS 2009, 175, mit Hinweis auf Canada Federal Court, 1 F.C. 723 – Maarouf.

Habe ein Antragsteller mehrere Staatsangehörigkeiten, reiche es aus, wenn er darlege, dass er in einem dieser Staaten eine begründete Furcht vor Verfolgung hege, jedoch kein Staat der Staatsangehörigkeit fähig zur Gewährung von Schutz sei. Ein staatenloser Antragsteller brauche deshalb nicht im Blick auf jedes Land seines gewöhnlichen Aufenthaltes eine begründete Furcht vor Verfolgung darzulegen. Vielmehr reiche es aus, wenn er in einem dieser Staaten Verfolgung befürchte und er nicht in der Lage sei, in einen der Staaten des gewöhnlichen Aufenthaltes zurückzukehren.[193]

c) Prüfung der Staatsangehörigkeit

aa) Grundsätze zur Feststellung der Staatenlosigkeit

Bevor von der Staatenlosigkeit eines Antragstellers ausgegangen werden kann, ist wegen der differenzierenden Regelungen in Art. 1 A Nr. 2 GFK zunächst seine Staatsangehörigkeit zu prüfen. Wird von einem Flüchtling mit Hinweis auf seine Staatsangehörigkeit Verfolgung im Blick auf den Staat seiner Staatsangehörigkeit behauptet, sind im Zweifelsfall Feststellungen zu der behaupteten Staatsangehörigkeit zu treffen. Hat er mehrere Staatsangehörigkeiten, muss er im Blick auf einen dieser Staaten eine begründete Verfolgungsfurcht und darüber hinaus darlegen, dass keiner der Staaten seiner Staatsangehörigkeit zur Schutzgewährung fähig ist (Rdn. 30).[194]

Artikel 1 des Haager Abkommens über Staatsangehörigkeitsfragen von 1930 bestimmt, dass es den Staaten überlassen bleibt, nach ihrem innerstaatlichen Recht zu bestimmen, wen sie als Staatsangehörigen betrachten wollen. Es besteht Einigkeit darin, dass in dieser Kodifizierung lediglich eine generelle Regel zum Ausdruck kommt.[195] Dementsprechend ist ein Staatenloser eine Person, die von keinem Staat als Staatsangehöriger nach seinem Recht angesehen wird.[196] Denn die Voraussetzungen, unter denen die Staatsangehörigkeit begründet und beendet wird, regelt jeder Staat selbstständig nach seinem innerstaatlichen Recht.[197] Art. 1 Abs. 1 StlÜbk definiert ebenfalls als »Staatenlosen« eine Person, die kein Staat aufgrund seines Rechtes als Staatsangehörigen betrachtet. Das Völkerrecht enthält mithin eine einfache Rechtsregel: Der Begriff der Staatenlosigkeit wird lediglich negativ definiert, nämlich als Fehlen einer Staatsangehörigkeit.[198]

Gegen vereinzelte Versuche, die Ausbürgerung zum Zwecke der Bestrafung oder aus politischen Gründen als Verstoß gegen allgemeines Völkerrecht oder als Rechtsmissbrauch zu erklären, wird eingewandt, dass damit die Pflicht des Staates zur Zulassung seiner Staatsangehörigen aufgeworfen und derartige Pflichten anderen Staaten auferlegt würden. Die Frage der Zulassung sei jedoch eine Folge der Staatsangehörigkeit und von der Frage des Entzugs der Staatsangehörigkeit strikt zu trennen.[199]

Eine Person hat entweder eine Staatsangehörigkeit oder sie besitzt keine, ist also staatenlos. Differenzierungen in **de jure** - und **de facto**-Begriffe sind demgegenüber wenig hilfreich. Sie schaffen weder neues Recht noch staatliche Verpflichtungen. Im **Ad hoc**-Ausschuss über Staatenlosigkeit wies der brasilianische Delegierte jedoch darauf hin, dass die Situation von Flüchtlingen der von Staatenlosen vergleichbar sei. Es sei unbestreitbar, dass Flüchtlinge und **de facto Staatenlose** weitaus ungünstiger

---

193 Canada Federal Court, (1998) 4 F. C. 21 – Thabet.
194 So Canada Federal Court0 UK House of Lords, (1998) 4 F. C. 21 – Thabet.
195 *Grahl-Madsen*, The Status of Refugees in International Law, Volume I, 1966, S. 76; *Weis*, Nationality and Statelessness in International Law, S. 126 f., 239 ff.
196 *Grahl-Madsen*, The Status of Refugees in International Law, S. 77; BVerwGE 87, 11 (14) = EZAR 252 Nr. 5 = NVwZ 1991, 787 = InfAuslR 1991, 72; BVerwGE 92, 116 (119) = EZAR 278 Nr. 1 = InfAuslR 1993, 268; BVerwG, InfAuslR 1992, 161 (162); BVerwG, NVwZ 1992, 674 (675).
197 BVerfGE 37, 217 (218) = NJW 1974, 1609 = DÖV 1975, 774; OVG Schleswig-Holstein, InfAuslR 1999, 285 (286); zur Feststellung der Staatenlosigkeit s. *UNHCR, Guidelines on Statelessness No. 2: Procedures für Deterning wether an Individual is a Stateless Person*, 5. April 2012, No. II.
198 *Weis*, British Yearbook of International Law, S. 478 (480).
199 *Weis*, Staatsangehörigkeit und Staatenlosigkeit im gegenwärtigen Völkerrecht, S. 10.

gestellt seien als **de iure Staatenlose**.[200] Seitdem ist es allgemein üblich geworden, zwischen **de iure**- und **de facto**-Staatenlosigkeit zu unterscheiden. Auch die deutsche Rechtsprechung verwendet diese Unterscheidung.[201]

36   Der Begriff der de facto-Staatenlosigkeit oder im Blick auf Flüchtlinge der Begriff der de facto-Staatsangehörigkeit wird jedoch als verunglückt empfunden. Daher wird empfohlen, Flüchtlinge als »Personen ohne Rechtsschutz« (»**unprotected persons**«) zu bezeichnen. Der Begriff der Personen ohne Rechtsschutz wiederum wird unterteilt in »**de iure schutzlose Personen**« und in »**de facto schutzlose Personen**«. Zur ersten Kategorie gehören Staatenlose, zur zweiten die Flüchtlinge. Es gibt jedoch auch Flüchtlinge, die de iure schutzlos sind, nämlich staatenlose Flüchtlinge.[202]

37   Im Blick auf den Begriff der Staatenlosigkeit ist die Unterscheidung in **de iure**- und **de facto**-Staatenlosigkeit freilich nicht sinnvoll. Dem Art. 1 StlÜbk liegt in Anknüpfung an allgemeines Völkerrecht der Begriff des **de iure** Staatenlosen zugrunde,[203] also jener Personen, die kein Staat nach seinem Recht als Staatsangehörige betrachtet. Eine teleologische Erweiterung des Staatenlosenbegriffs dieses Übereinkommens auf **de facto**-Staatenlose, also auf jene Fälle, in denen der Heimatstaat den diplomatischen Schutz nicht ausüben will,[204] verwischt die Grenzen zum Flüchtlingsvölkerrecht. Auch bleibt unklar, inwieweit die Behandlung der Angehörigen eines bestimmten Staates als Staatenlose zu Kollisionen mit dessen Personalhoheit führt.

38   Die Verwendung des Begriffs der »**ungeklärten Staatsangehörigkeit**«, ist wenig hilfreich. Eine Staatsangehörigkeit »ungeklärt« gebe es nicht. Eine Person ist entweder Angehöriger eines oder mehrerer Staaten oder sie ist staatenlos.[205] Eine »ungeklärte« Staatsangehörigkeit kann nicht mehr sein als eine vorübergehende Arbeitsbezeichnung, wenn die Identität einer Person nicht feststeht oder Anhaltspunkte dafür bestehen, dass sie Angehörige eines bestimmten Staates ist, ein hinreichend sicherer Nachweis dafür aber noch fehlt. In einem Verfahren, in dem es gerade darauf ankomme, ob jemand staatenlos ist, kann diese Frage jedoch nicht offen bleiben.[206]

39   Das BVerwG wendet im Fall der Unerweislichkeit der behaupteten Staatsangehörigkeit die für Staatenlose maßgebenden Grundsätze an. Es gebe nur eine Entscheidungsalternative: Der Tatrichter müsse sich schlüssig werden, ob der Asylsuchende die behauptete Staatsangehörigkeit besitze **oder** als Staatenloser aus einem bestimmten Staat eingereist sei. Die Wahrunterstellung ist nicht zulässig, weil es sich hierbei um eine entscheidungserhebliche Tatsache handele.[207] Für eine dritte Option dergestalt, dass die Staatsangehörigkeit »ungeklärt« bleibt, ist demzufolge wegen der »vorrangigen Entscheidungserheblichkeit« der Frage der Staatsangehörigkeit für die Gewährung des Flüchtlingsstatus kein Raum.

40   Auch nach Ansicht von UNHCR ist in Fällen, in denen die Staatsangehörigkeit nicht eindeutig geklärt werden kann, die Flüchtlingseigenschaft wie bei einer staatenlosen Person festzustellen.[208]

---

200 *Gurreiro*, U. N. Doc. E/AC.32/SR.3, S. 4, 17.01.1950.
201 OVG Berlin, EZAR 252 Nr. 4 = InfAuslR 1990, 76.
202 *Weis*, British Yearbook of International Law, S. 478 (480).
203 BVerwGE 87, 11 (14) = EZAR 252 Nr. 5 = NVwZ 1991, 787 = InfAuslR 1991, 72; BVerwGE 92, 116 (119) = EZAR 278 Nr. 1 = InfAuslR 1993, 268; BVerwG, InfAuslR 1992, 161 (162); BVerwG, NVwZ 1992, 674 (675).
204 So *Bleckmann/Helm*, ZAR 1989, S. 147 (148).
205 VG Berlin, InfAuslR 1985, 237 (238); VG Berlin, InfAuslR 1988, 174 (176); VG Berlin, InfAuslR 1988, 225 (227).
206 VG Berlin, InfAuslR 1985, 237 (238); so auch BVerwG, InfAuslR 1987, 278 (279).
207 BVerwG, *Buchholz* 402.25 § 1 AsylVfG Nr. 125 = InfAuslR 1990, 238.
208 *UNHCR*, Handbuch über Verfahren und Kriterien zur Feststellung der Flüchtlingseigenschaft, Rn. 89.

Diese Regel wird als sachgerecht empfunden, weil sie der ratio legis der Unterscheidung zwischen Staatenlosen und Personen mit Staatsangehörigkeit entspreche.[209]

Maßstab ist das jeweilige nationale Recht. Die der Statusgewährung vorausgehende Feststellung der Staatsangehörigkeit von Flüchtlingen hat die objektiv bestehende Rechtslage zum Gegenstand. Behörden und Gerichte müssen sich mit der erforderlichen Überzeugungsgewissheit Klarheit verschaffen, ob der Asylsuchende nach dem nationalen Recht des Staates, auf das er sich beruft, dessen Staatsangehöriger ist. Zwar wird vertreten, für die Frage der de iure-Staatsangehörigkeit sei das innerstaatliche **Recht**, nicht dagegen das Verhalten sowie die Auslegung dieses Rechts durch die zuständigen Behörden dieser Staaten maßgebend.[210] Einer Person eine Staatsangehörigkeit zuzuweisen, welche sie nach Ansicht der zuständigen Organe des Staates der behaupteten Staatsangehörigkeit nicht hat, ist jedoch eine rechtliche Fiktion.[211]   41

Daher darf der Aufenthaltsstaat nicht seine eigene Rechtsansicht über die Bedeutung einer innerstaatlichen Norm des Staatsangehörigkeitsrechtes eines fremden Staates an die Stelle dessen innerstaatlichen Rechtes setzen. Vielmehr ist er aus völkerrechtlichen Gründen gehalten, die Auslegung und Anwendung dieser Normen durch die zuständigen Organe des fremden Staates seinen Maßnahmen zugrunde zu legen. Zwar bleiben die sich aus der Staatsangehörigkeit ergebenden rechtlichen Beziehungen des Asylsuchenden zu seinem Heimatstaat durch die Statusgewährung unberührt.[212] Basiert die Statusentscheidung eines anderen Staates jedoch auf der Annahme einer Staatsangehörigkeit, die der Asylsuchende nach dem Recht des Staates der behaupteten Staatsangehörigkeit nicht besitzt, wird für den spezifischen Zweck der Statusgewährung eine unzulässige Fiktion begründet.[213]   42

bb) Darlegungsanforderungen

An den grundsätzlich dem Antragsteller obliegenden Nachweis seiner Staatenlosigkeit dürfen keine überspannten Anforderungen gestellt werden. Vielmehr ist der Nachweis geführt, wenn kein vernünftiger Zweifel daran besteht, dass der Antragsteller von dem oder den Staaten, als deren Angehöriger er überhaupt in Betracht kommt, nicht als Staatsangehöriger angesehen wird.[214] Ergeben sich überhaupt keine Anhaltspunkte auf einen in Betracht kommenden Staat der Staatsangehörigkeit, ist ohne Weiteres von der Staatenlosigkeit des Asylsuchenden auszugehen.   43

Bereitet es dem Antragsteller Probleme, zur Frage seiner Staatsangehörigkeit oder seines ständigen Aufenthaltes als Staatenloser durch Vorlage entsprechender Personaldokumente den Nachweis seiner Herkunft zu führen, muss sich die Behörde anhand aller Umstände des Falles, vor allem unter Würdigung der Einlassung des Asylsuchenden schlüssig werden, ob dieser die Staatsangehörigkeit, auf die er sich beruft, tatsächlich besitzt oder als Staatenloser aus einem bestimmten Staat eingereist ist. Von der Wahrheit des Sachvorbringens muss die Behörde überzeugt sein und darf deshalb nur von einem von ihr als feststehend erachteten, nicht dagegen von einem lediglich für wahrscheinlich gehaltenen Sachverhalt ausgehen.[215]   44

Insoweit trifft den Asylsuchenden eine besondere Pflicht, an der Aufklärung des entscheidungserheblichen Sachverhalts mitzuwirken. So kann von ihm erwartet werden, dass er zum Zwecke der   45

---

209 *Kälin*, Grundriss des Asylverfahrens, S. 35 Rn. 35.
210 VG Berlin, InfAuslR 1991, 162 (166); a.A. OVG Nordrhein-Westfalen, EZAR 250 Nr. 2 = InfAuslR 1988, 68; OVG Berlin, EZAR 274 Nr. 3 = InfAuslR 1991, 228; OVG Schleswig-Holstein, InfAuslR 1999, 285 (286).
211 *Weis*, Nationality and Statelessness in International Law, S. 92; *ders.*, The concept of the refugee in international law, in: Du droit international, S. 928 (972).
212 BVerwGE 69, 323 (331) = EZAR 200 Nr. 10 = NJW 1984, 2782 = DVBl. 1984, 1012.
213 *Weis*, Nationality and Statelessness in International Law, S. 92.
214 VG Berlin, InfAuslR 1985, 237 (238).
215 BVerwG, Buchholz 402.25 § 1 AsylVfG Nr. 1255 = InfAuslR 1990, 238.

Überprüfung Angaben zum Zeitpunkt und Ort der Geburt von Eltern, Großeltern, deren frühere Aufenthaltsorte und gegebenenfalls derzeitige Aufenthaltsorte sowie Namen, Geburtsdaten und -orte und Aufenthaltsorte von weiteren Verwandten macht.[216]

46 Anders als bei der Prüfung der Staatenlosigkeit, bei der nach der obergerichtlichen Rechtsprechung auch Nachfragen bei den zuständigen Behörden des Landes des letzten gewöhnlichen Aufenthaltes durchgeführt werden dürfen,[217] ist die Beweiserhebung im Asylverfahren durch Einholung einer Auskunft bei den zuständigen Stellen des behaupteten Verfolgerstaates über die Frage der Staatsangehörigkeit entsprechend den allgemeinen prozessualen Grundsätzen[218] ein schlechthin untaugliches Beweismittel. Kann sich die Behörde über die Frage der Staatsangehörigkeit nicht die erforderliche Überzeugungsgewissheit verschaffen, ist von einem staatenlosen Asylsuchenden auszugehen.

47 Da aufgrund der Abwehrmaßnahmen gegen Asylsuchende heute der ohne Reise- und Identitätsdokumente einreisende Asylsuchende zum typischen Regelfall geworden ist, haben sich Prüfungen der Staatsangehörigkeit heute im großen Umfang in Glaubwürdigkeitsprüfungen umgewandelt. Häufig werden jedoch objektive Indizien, wie andere die Identität belegende Dokumente (Schul-, Universitäts- und Berufsausbildungsdokumente, Partei- oder Gewerkschaftsausweis) oder das Zeugnis von hier lebenden Verwandten, Freunden und Bekannten das erforderliche Urteil erleichtern.

§ 24 Verfolgung wegen der Zugehörigkeit zu einer bestimmten sozialen Gruppe (Art. 10 Abs. 1 Buchst. d) Satz 1 RL 2004/83/EG)

Übersicht   Rdn
1. Begriff der »bestimmten sozialen Gruppe« 1
   a) Begriff der »bestimmten sozialen Gruppe« nach Art. 1 A Nr. 2 GFK. 1
   b) Begriff der »bestimmten sozialen Gruppe« nach Art. 10 Abs. 1 Buchst. d) RL 2004/83/EG. 11
      aa) Funktion des Begriffs. 11
      bb) Geschützte interne Merkmale (Art. 10 Abs. 1 Buchst. d) erster Spiegelstrich RL 2004/83/EG). 21
      cc) Erfordernis einer fest umrissenen Identität (Art. 10 Abs. 1 Buchst. d) zweiter Spiegelstrich RL 2004/83/EG). 28
      dd) Kumulative Verschränkung der geschützten Merkmale mit der fest umrissenen Identität .. 40
2. Spezifische Probleme der Verfolgungshandlung. 51
3. Anwendung der Zusammenhangsklausel 53

> **Leitsätze**
> 1. Die Konvention enthält keine konkrete Liste sozialer Gruppen (Rdn. 7 ff.) Vielmehr ist der Begriff der bestimmten sozialen Gruppe **entwicklungsoffen** für die vielfältigen und sich wandelnden Erscheinungsformen von Gruppen in verschiedenen Gesellschaften und in Abhängigkeit von den Entwicklungen im Bereich internationaler Menschenrechtsnormen auszulegen und anzuwenden (**dynamische Interpretation**).
> 2. Der Verfolgungsgrund Zugehörigkeit zu einer bestimmten sozialen Gruppe ist kein Sammelbecken für alle Personen, die Verfolgung befürchten und darf nicht so ausgelegt werden, dass die anderen Verfolgungsgründe überflüssig werden (Rdn. 8 ff.). Doch muss seine Auslegung mit Ziel und Zweck der Konvention in Übereinstimmung stehen. Die Verfolgungsgründe schließen sich nicht gegenseitig aus, sondern ergänzen und verstärken sich.

---

216 OVG Nordrhein-Westfalen, EZAR 252 Nr. 11, für die Anwendung des StlÜbk.
217 OVG Nordrhein-Westfalen, EZAR 252 Nr. 11.
218 BVerwG, DVBl. 1983, 1001; BVerwG, NVwZ 1989, 353.

3. Es besteht inzwischen allgemeine Übereinstimmung, dass eine bestimmte soziale Gruppe eine Gruppe von Personen innerhalb einer Gesellschaft bezeichnet, die ein **gemeinsames Merkmal** kennzeichnet, das aber **nicht** die Personen **miteinander verbinden** muss (Rdn. 9).
4. Der **Begriff der Verfolgung** ist **kein inhaltliches Begriffsmerkmal** der bestimmten sozialen Gruppe (Rdn. 16). Der Begriff der bestimmten sozialen Gruppe ist **nicht identisch** mit dem Begriff der **Gruppenverfolgung** (Rdn. 51 ff.). Für die inhaltliche Begriffsbestimmung ist nicht erforderlich, dass alle ihre Mitglieder verfolgt werden. Vielmehr reicht es aus, dass die Gruppe von der umgebenden Gesellschaft als fest umrissene Gruppe wahrgenommen wird.
5. Die **Größe der Gruppe** ist ebenso wie bei den anderen Verfolgungsgründen der Konvention kein maßgebendes Kriterium für die Begriffsbestimmung (Rdn. 20 ff.). Die Tatsache, dass vielen Personen Verfolgung droht, kann nicht als Vorwand dazu dienen, ihnen internationalen Schutz zu versagen.
6. Die inhaltliche Begriffsbestimmung der bestimmten sozialen Gruppe, also des geschützten Status, erfolgt anhand von **drei geschützten – internen – Merkmalen**, den angeborenen, unveränderbaren sowie den Merkmalen, die so bedeutsam für die Identität oder das Gewissen sind, dass der Verzicht hierauf nicht verlangt werden kann (Rdn. 21 ff.). Insbesondere in Ansehung des dritten Merkmals sind die universellen Menschenrechtsnormen für die inhaltliche Bestimmung heranzuziehen.
7. In der Staatenpraxis erfolgt keine präzise Trennung zwischen den drei geschützten Merkmalen. Vielmehr verbindet sie alle drei Kriterien miteinander. Insbesondere bei der dritten Kategorie ist es von dem kulturellen und sozialen Kontext abhängig, ob auf das identitätsprägende Merkmal oder die inhaltliche Gewissensüberzeugung verzichtet werden kann (Rdn. 24). Auch das Kriterium der **Schutzlosigkeit** ist ein wichtiges Erkenntnismittel zur Bestimmung des besonderen Status (Rdn. 27).
8. Art. 1 A Nr. 2 GFK verweist mit dem Zusatz »bestimmte« soziale Gruppe auf ein **externes Merkmal**, d. h. die Gruppe muss als solche innerhalb der sie umgebenden Gesellschaft bestimmbar sein, also eine fest umrissene Identität aufweisen (Rdn. 28 ff.). Dementsprechend ist nach der Richtlinie zu ermitteln, ob die Gruppe aufgrund ihres internen Merkmals von der sie umgebenden Gesellschaft deutlich abgegrenzt ist.
9. Es ist nicht die Funktion des externen Merkmals, von einer sozialen Gruppe zusätzliche Untergruppen abzuspalten (Rdn. 29 ff.) Vielmehr sind nach der Richtlinie interne und externe Merkmale miteinander vereinbar und ergänzen sich gegenseitig (Rdn. 40 ff.). Es geht hierbei um die richtige Zuordnung der internen Merkmale (angeborene, unveränderbare oder die Identität prägende Merkmale) zu den externen Merkmalen (soziale Wahrnehmung der Gruppe).
10. Ob ein Merkmal oder eine Glaubensüberzeugung fundamental für die Identität oder das Gewissen ist, ist abhängig davon, wie die Gruppe durch die sie umgebende Gesellschaft wahrgenommen wird. Es ist deshalb Bedacht zu nehmen auf verbindende und gemeinsame Merkmale wie ethnische, kulturelle, linguistische Abstammung, Bildung, familiärer Hintergrund, wirtschaftliche Aktivitäten und gemeinsam geteilte Werte (Rdn. 44).
11. Es reicht aus, wenn aufseiten der Verfolger die Zugehörigkeit des Antragstellers zu einer bestimmten sozialen Gruppe ein wesentlicher beitragender Faktor ist. Dieser muss indes nicht als einziger oder beherrschender Grund dargelegt werden (Rdn. 53).
12. Für die Anwendung des Kausalzusammenhangs reicht es aus, wenn die nichtstaatlichen Verfolger den besonderen Status der Gruppe im Blick haben oder der Staat wegen dieses Status den Schutz gegen Verfolgungen durch nichtstaatliche Akteure versagt (Rdn. 54).

| Droht dem Antragsteller aufgrund seines Sachvorbringens Verfolgung? |

| Ist der nationale Schutz gegen diese Verfolgung weggefallen? |

| Erfüllt die Gruppe, welcher der Antragsteller zuzuordnen ist, die Merkmale einer bestimmten sozialen Gruppe:
– welches interne Merkmal kennzeichnet die Gruppe (Rdn. 21 ff.)?
– ist die Gruppe aufgrund des internen Merkmals von den anderen Gruppen der Gesellschaft unterscheidbar (Rdn. 28 ff.)? |

| Knüpft die Verfolgungshandlung an die Zugehörigkeit des Antragstellers zu einer bestimmten sozialen Gruppe an (Rdn. 11 ff., 53 ff.)?
Stellt die Zugehörigkeit des Antragstellers zu der sozialen Gruppe einen **wesentlichen beitragenden** Faktor bei der Verfolgung dar? |

| Ist der Staat bei Verfolgungen durch nichtstaatliche Akteure wegen der Zugehörigkeit des Antragstellers zu der bestimmten sozialen Gruppe nicht schutzbereit (Rdn. 54 f.)? |

| Kommt neben der Zugehörigkeit zu einer bestimmten sozialen Gruppe ein weiterer besonders geschützter Status in Betracht (Rdn. 8)? |

Schaubild 10 zur Verfolgung wegen der Zugehörigkeit zu einer bestimmten sozialen Gruppe

1. Begriff der »bestimmten sozialen Gruppe«

a) Begriff der »bestimmten sozialen Gruppe« nach Art. 1 A Nr. 2 GFK

1   Die Verfolgung ist erheblich, wenn sie an die Zugehörigkeit zu einer bestimmten sozialen Gruppe (Art. 10 Abs. 1 Buchst. d) RL 2004/83/EG) anknüpft. Dieser Begriff ist der am wenigsten klare Begriff in Art. 1 A Nr. 2 GFK. Er wurde auf der Bevollmächtigtenkonferenz kurz vor der Abstimmung auf Vorschlag des schwedischen Delegierten ohne Diskussion eingeführt. Der schwedische Delegierte hatte lediglich bemerkt, die Erfahrung hätte gezeigt, dass bestimmte Flüchtlinge lediglich deshalb verfolgt worden seien, weil sie zu bestimmten sozialen Gruppen gehörten. Solche Gruppen existierten, und die Konvention sollte diese ausdrücklich erwähnen.[219]

2   Über diesen Vorschlag wurde auf der Konferenz nicht weiter diskutiert, sodass der Entstehungsgeschichte über Inhalt, Umfang und Grenzen dieses Konventionsmerkmales nichts entnommen werden kann. Der Mangel der inhaltlichen Diskussion scheint darauf hinzudeuten, dass die Verfasser der Konvention bestimmte Beispiele in der Staatenpraxis im Bewusstsein hatten, wie jene, die in den sich gerade neu entstehenden sozialistischen Staaten beobachtet wurden, insbesondere die Verfolgung von Grundstückseignern, Mitglieder der kapitalistischen Klasse, unabhängigen Geschäftsleuten, Angehörigen der Mittelklasse und deren Familien.[220]

---

219 *Petren*, UN Doc. A/CONF.2/SR. 3, S. 14.
220 *Goodwin-Gill/McAdam*, The Refugee in International Law, S. 74.

Die ursprüngliche Absicht mag dahin gezielt haben, bekannte Personenkategorien vor bekannten Verfolgungsmustern zu schützen. Unklar ist, ob seinerzeit beabsichtigt war, die begriffliche Neuschöpfung generell auf damals noch nicht anerkannte soziale Gruppen anzuwenden. Es gibt jedoch keinen Grund, warum dieser Begriff nicht dynamisch fortentwickelt werden sollte.[221] So geht das Exekutivkomitee des Programms von UNHCR in seiner Empfehlung Nr. 89 (LI) von 2000 davon aus, »dass der internationale Rechtsschutz eine **dynamische** und **handlungsorientierte Aufgabe** ist, die **in Zusammenarbeit mit den Staaten und anderen Partnern** ausgeübt« werde.

Ebenso wird in der völkerrechtlichen Literatur die GFK als »**lebendiges und sich entwickelndes Instrument**«[222] bezeichnet. Dies schließt es aus, dass die Vertragsstaaten durch eine bestimmte Auslegung entgegen dem Grundsatz des »**effet utile**« einen Vertrag oder einen seiner Teile seiner vollen Wirksamkeit berauben. Darüber hinaus darf die Anwendung dem Vertrag nicht einen Sinn geben, der seinem Wortlaut und Geist widerspricht.[223]

Für den europäischen völkerrechtlichen Kontext ist insoweit insbesondere die Rechtsprechung des EGMR stilbildend. Er hat in ständiger Rechtsprechung das Prinzip der dynamischen Auslegung entwickelt. Ziel und Zweck der Konvention als ein **Instrument zum Schutze des Individuums** erforderten, dass ihre Vorschriften als **Schutzvorschriften praktisch wirksam und effektiv gestaltet**, verstanden und angewandt würden.[224] Die Schutzbestimmung der Konvention dürften deshalb nicht nach Maßgabe des Konsenses der Vertragsparteien im Zeitpunkt des Vertragsschlusses, sondern im Lichte der aktuellen Anschauungen und Wandlungen der Rechtsauffassungen interpretiert werden (»**living instrument**«).[225]

Dementsprechend wird der Begriff der »bestimmten sozialen Gruppe« in der Staatenpraxis dynamisch interpretiert. Bei diesem Begriff handelt sich zwar um ein Diskriminierungsverbot, das begrifflich so in keinem vor und nach Verabschiedung der Konvention entwickelten menschenrechtlichen Instrument verwendet wurde. Das Diskriminierungsverbot des Art. 2 Nr. 1 AEMR untersagt jedoch die Diskriminierung wegen der »sozialen Herkunft«, des »Eigentums« oder »sonstiger Umstände«, was der Sache nach auf dasselbe hinausläuft. Die für die Auslegung eines völkerrechtlichen Vertrages maßgebende nachträgliche Staatenpraxis (Art. 31 Abs. 3 Buchst. a) WVRK) hat im Sinne der dynamischen Auslegung der Konvention Frauen, Familien, Stämme, Berufsgruppen und Homosexuelle als bestimmte soziale Gruppe anerkannt.

Die Konvention enthält entsprechend ihrem dynamischen Charakter keine konkrete Liste sozialer Gruppen noch kann aus der Entstehungsgeschichte hergeleitet werden, dass es eine abgeschlossene Reihe identifizierbarer Gruppen gibt. Vielmehr ist der Begriff »**entwicklungsoffen**« für die vielfältigen und sich wandelnden Erscheinungsformen von Gruppen in verschiedenen Gesellschaften und abhängig von den Entwicklungen im Bereich der internationalen Menschenrechtsnormen auszulegen und anzuwenden.

Das Konventionsmerkmal »Zugehörigkeit zu einer bestimmten sozialen Gruppe« bedarf der Abgrenzung. Er ist kein »Sammelbecken« für alle Personen, die Verfolgung befürchten und darf deshalb nicht so ausgelegt werden, dass die anderen Konventionsmerkmale überflüssig werden.[226] Die Konventionsmerkmale schließen einander nicht aus. Vielmehr kann ein Antragsteller aus mehr als einem der in Art. 1 A Nr. 2 GFK bezeichneten Merkmalen statusberechtigt sein. So kann eine

---

221 *Goodwin-Gill/McAdam*, The Refugee in International Law, S. 74.
222 *Goodwin-Gill*, Asylum 2001 – A Convention and a Purpose, in: Bd. 13, International Journal of Refugee Law, S. 1, 13 (2001), »living and evolving instrument«.
223 *Verdross/Simma*, Universelles Völkerrecht, § 780 (S. 494).
224 EGMR, EuGRZ 1989, S. 314, 318 – Soering, seitdem ständige Rechtsprechung.
225 EGMR, EuGRZ 1979, S. 162 – Tyrer, seitdem ständige Rechtsprechung.
226 *UNHCR*, Richtlinien zum Internationalen Schutz: Zugehörigkeit zu einer bestimmten »sozialen Gruppe« im Zusammenhang mit Art. 1 A (2) GFK, Mai 2002, S. 2 (zit.: Soziale Gruppe).

Antragstellerin z. B. geltend machen, dass ihr Verfolgung droht, weil sie es ablehnt, traditionelle Kleidung zu tragen. Wird ihr Verhalten vom Staat als Ausdruck einer oppositionellen Haltung verstanden, droht ihr darüber hinaus Verfolgung wegen der politischen Überzeugung.[227] Kommt auch die Anknüpfung an andere Konventionsmerkmale in Betracht, sollte wegen der komplexen Struktur der bestimmten sozialen Gruppe zunächst die Anknüpfung an diese versucht werden. Bleiben Zweifel, sollte auch die Anknüpfung an den Begriff der bestimmten sozialen Gruppe untersucht werden.

9 Der zunächst in der US-amerikanischen Rechtsprechung entwickelte Ansatz, wonach die Mitglieder der sozialen Gruppe ein »gemeinsames unveränderbares Merkmal« teilen müssen,[228] ist überholt. Vielmehr haben die US-Berufungsgerichte die weiter gehende Interpretation entwickelt, die für die Gruppe kein gemeinsames inneres Band fordert. Es kommt deshalb nicht darauf an, dass die Mitglieder einer bestimmten sozialen Gruppe miteinander Umgang pflegen.[229] Vielmehr steht die Frage im Vordergrund, ob die Mitglieder der Gruppe eine Gemeinsamkeit haben. UNHCR weist darauf hin, dass diese Fragestellung auch der Analyse für die anderen Verfolgungsgründe in Art. 1 A Nr. 2 GFK entspreche, bei denen auch nicht gefordert werde, dass die Mitglieder der Glaubensgemeinschaft oder Personen mit übereinstimmender politischer Überzeugung miteinander verkehrten oder Teil einer eng verwobenen Gruppe sein müssten.[230]

10 Es besteht deshalb in der Staatenpraxis Einigkeit für die Anwendung des Konventionsmerkmals der »Zugehörigkeit zu einer bestimmten sozialen Gruppe«, dass eine »bestimmte soziale Gruppe« eine Gruppe von Personen darstellt, die ein gemeinsames Merkmal kennzeichnet, das sie aus der Gesellschaft ausgrenzt, welches die Personen aber nicht miteinander verbinden muss. Die Änderungsrichtlinie hat diese Rechtslage dadurch besonders hervorgehoben, dass sie auf den »gemeinsamen« Hintergrund der Gruppe hinweist. Darüber hinaus muss das Merkmal angeboren oder unveränderbar sein oder auf andere Weise fundamentale und damit unverzichtbare Bedeutung für die menschliche Würde haben.[231]

b) Begriff der »bestimmten sozialen Gruppe« nach Art. 10 Abs. 1 Buchst. d) RL 2004/83/EG

aa) Funktion des Begriffs

11 Art. 10 Abs. 1 Buchst. d) RL 2004/83/EG knüpft an die GFK und insbesondere an den angelsächsischen Diskurs zum Begriff der bestimmten sozialen Gruppe an und versucht von diesem Ausgangspunkt aus eine juristische Definition dieses Begriffs. Danach gilt eine Gruppe **insbesondere** als eine »bestimmte soziale Gruppe«, wenn die Mitglieder dieser Gruppe **angeborene Merkmale** (z. B. Geschlecht, sexuelle Orientierung, ethnische Abstammung, Erbgut) oder einen **unveränderbaren gemeinsamen Hintergrund** (historische Bindung, berufliche oder soziale Stellung) gemein haben oder **Merkmale** oder eine **Glaubensüberzeugung** teilen, die so bedeutsam für die Identität oder das Gewissen der Mitglieder sind (z. B. Mitglieder einer religiösen Gemeinschaft, Gewerkschaft oder Partei, Journalist, Kritiker), dass diese nicht gezwungen werden sollten, auf diese zu verzichten. Entsprechend dem angelsächsischen Diskurs fordert die Norm keinen inneren Zusammenhalt der Gruppe.

12 Die Kommission weist darauf hin, dass die Formulierung sich nicht auf genau definierte kleine Personengruppen beschränke.[232] Vielmehr enthalte Art. 10 Abs. 1 Buchst. d) RL 2004/83/EG Regeln

---

227 *UNHCR*, Soziale Gruppe, S. 2 f.
228 Board of Immigration Appeals, 19 I&N Dec. 211 (B. I. A. 1985) – Matter of Acosta; siehe hierzu *Goldberg/Passade Cisse*, Immigration Briefings 2000, 1 (10 f.).
229 Canada Supreme Court (1995) 3 S.C.R. 593 – *Chan*.
230 *UNHCR*, Soziale Gruppe, S. 5; *Hruschka/Löhr*, NVwZ 2009, 205 (206).
231 Summary Conclusions on Membership of a Particular Social Group, San Remo Expert Roundtable, Global Consultation on International Protection, 6. bis 08.09.2001.
232 Kommissionsentwurf v. 12.09.2001, in: BR-Drucks. 1017/01, S. 24.

für die Auslegung des Begriffs »Zugehörigkeit zu einer bestimmten sozialen Gruppe«. Hierbei handle es sich um eine »bewusst relativ allgemein gehaltene Formulierung, die **umfassend auszulegen**« sei. Eine Gruppe lasse sich anhand eines wesentlichen Merkmals wie des Geschlechts, der sexuellen Ausrichtung, des Alters, der familiären Bindung oder der Lebensgeschichte oder anhand eines Attributs definieren, das so bedeutsam für die Identität oder das Gewissen sei, dass von den Mitgliedern der Gruppe nicht verlangt werden dürfe, darauf zu verzichten, wie z. B. die Mitgliedschaft in einer Gewerkschaft oder die Zugehörigkeit zu einer Menschenrechtsgruppe.[233]

Zusätzlich zu den im ersten Spiegelstrich bezeichneten drei alternativ gestalteten geschützten Merkmalen (**interne** Merkmale) wird gefordert, dass die Gruppe im Herkunftsland des Antragstellers eine **deutlich abgegrenzte Identität** hat, weil sie von der sie umgebenden Gesellschaft als andersartig betrachtet wird (**externes** Merkmal). Dabei ist der Stellenwert des externen Merkmals und dessen Verhältnis zu den internen Merkmalen umstritten. Im ursprünglichen Entwurf war das externe Merkmal nicht vorgesehen. Es wurde erst im Laufe der Beratungen eingefügt und in der Änderungsrichtlinie beibehalten.

13

Art. 10 Buchst. d) RL 2004/83/EG knüpft insbesondere an die in der angelsächsischen Rechtsprechung entwickelte Begriffsbestimmung der bestimmten sozialen Gruppe an. In kontinentalen Rechtssystemen hatte der Begriff nahezu keine Anerkennung erfahren,[234] sodass die Umsetzung der Richtlinie insoweit besonderer konzeptioneller und dogmatischer Anstrengungen bedarf. Das BVerwG hatte ausdrücklich den Ansatz der Vorinstanz, Homosexuelle als Angehörige einer bestimmten sozialen Gruppe zu definieren, zurückgewiesen und die Lösung pragmatisch in »Anknüpfung« an den Regelungsgehalt der GFK gesucht.[235] Offensichtlich erschienen der deutschen Rechtsprechung die Konsequenzen einer Öffnung der Verfolgungsgründe nach Maßgabe der bestimmten sozialen Gruppe nicht vorhersehbar:

14

Gedanklich hat die deutsche Rechtsprechung bereits mit dem Hinweis auf unverfügbare Merkmale und politische und religiöse Grundentscheidungen des Einzelnen sowie auf den ausgrenzenden Charakter von Verfolgungen[236] die Tür zur Begriffsbestimmung der bestimmten sozialen Gruppe geöffnet. Ebenso wie in der US-amerikanischen, australischen, britischen, kanadischen und neuseeländischen Rechtsprechung prägt den Begriff der sozialen Gruppe nämlich ein doppelter Ansatz, einerseits angeborene oder unveränderbare Merkmale oder fundamentale Menschenrechte, deren Verzicht nicht verlangt werden kann, und andererseits eine damit verbundene ausgrenzende Wirkung, die allerdings nicht wie beim deutschen Ausgrenzungsbegriff die Merkmale der Verfolgung erfüllen muss, sondern lediglich die Funktion der Unterscheidung hat.

15

Die bestimmte soziale Gruppe darf nicht über die Verfolgung definiert werden. Dennoch können Verfolgungen gegen eine Gruppe ein maßgeblicher Faktor bei der Bestimmung der Erkennbarkeit einer Gruppe in einer bestimmten Gesellschaft sein.[237] Wegweisend ist die australische Rechtsprechung, in der darauf hingewiesen wird, dass das eine Gruppe von Personen verbindende gemeinsame Merkmal nicht eine gemeinsame Furcht vor Verfolgung sein kann.[238] Der Begriff der »bestimmten sozialen Gruppe« ist nicht identisch mit dem Begriff der »Gruppenverfolgung« noch reicht allein der Hinweis auf die Zugehörigkeit zu einer bestimmten sozialen Gruppe für die Anerkennung der Flüchtlingseigenschaft aus (Rdn. 51).

16

---

233 Kommissionsentwurf v. 12.09.2001, in: BR-Drucks. 1017/01, S. 24.
234 *Klug*, GermanYIL 2004, 594 (610).
235 BVerwGE 79, 143 (147) = EZAR 2091 Nr. 13 = NVwZ 1988, 838 = InfAuslR 1988, 230.
236 BVerfGE 80, 315 (333) = EZAR 201 Nr. 20 = NVwZ 1990, 151 = InfAuslR 1990, 21.
237 San Remò Expert Roundtable on International Protection, 06.–08.09.2001, Summary Conclusions on Membership of a Particular Social Group, Nr. 6.
238 Australia High Court of (1997) 190 CLR 225 – A v. MIMA.

17 Vielmehr muss der Antragsteller zunächst darlegen, dass ihm gezielt Verfolgung droht (Art. 9 RL 2004/83/EG) und anschließend, dass diese an seine Zugehörigkeit zu einer bestimmten sozialen Gruppe anknüpft (vgl. Art. 9 Abs. 3 RL 2004/83/EG). Umgekehrt ist für die Bestimmung der sozialen Gruppe nicht Voraussetzung, dass alle ihre Mitglieder verfolgt werden oder gemeinsam Verfolgung befürchten. Vielmehr reicht es aus, dass die Gruppe aufgrund eines gemeinsamen Merkmals von der übrigen Gesellschaft als fest umrissene Gruppe wahrgenommen wird. Diese Wahrnehmung muss nicht in Form der Verfolgung erfolgen.

18 Es muss danach nicht der Nachweis geführt werden, dass allen Mitgliedern einer bestimmten sozialen Gruppe Verfolgung droht. Dennoch können Verfolgungen gegen eine Gruppe maßgeblicher Faktor bei der Bestimmung der bestimmten sozialen Gruppe sein. So sind Linkshänder keine bestimmte soziale Gruppe. Wenn sie allerdings verfolgt werden, weil sie Linkshänder sind, würden sie in der Gesellschaft in kürzester Zeit als bestimmte soziale Gruppe erkennbar werden. Ihre Verfolgung, weil sie Linkshänder sind, würde sie in der öffentlichen Wahrnehmung als bestimmte soziale Gruppe erscheinen lassen. Es wäre jedoch die Eigenschaft der Linkshändigkeit, nicht die Verfolgungshandlung, die sie zur bestimmten sozialen Gruppe macht.[239]

19 An die Stelle der Linkshänder können auch Behinderte, Einarmige, Insassen von Altersheimen etc. gesetzt werden. Voraussetzung ist lediglich, dass die Betroffenen anhand eines gemeinsamen Merkmals als soziale Gruppe definiert werden können. Das ist bei den Linkshändern, Behinderten und Einarmigen das Kriterium der Unveränderbarkeit. Bei Insassen von Altersheimen dürfte das Abgrenzungskriterium häufig auch ein für die Betroffenen nicht veränderbarer Hintergrund (vgl. Art. 10 Abs. 1 Buchst. d) Satz 1 RL 2004/83/EG) sein.

20 Die Größe der bestimmten sozialen Gruppe ist kein maßgebendes Kriterium für deren Begriffsbestimmung.[240] Dasselbe gilt auch für Verfolgungen, die auf den anderen Verfolgungsgründen beruhen. Das BVerwG hat bereits sehr früh klargestellt, dass Flüchtlinge »ohne Rücksicht auf ihre Zahl« Schutz genießen.[241] Auch das BVerfG hatte in seiner ersten grundlegenden Entscheidung zum Begriff der politischen Verfolgung darauf hingewiesen, dass die Verfolgung ihre Bedeutung nicht dadurch verliert, dass von ihr nicht nur einzelne Personen, sondern mehrere Angehörige einer Gruppe betroffen sind.[242] So kann ein Staat versuchen, z. B. religiöse oder politische Ideologien zu unterdrücken, denen viele Mitglieder einer bestimmten Gesellschaft, vielleicht sogar die Mehrheit der Bevölkerung anhängen. Die Tatsache, dass vielen Personen Verfolgung droht, kann nicht als Grund dafür dienen, ihnen Schutz zu versagen.[243]

bb) Geschützte interne Merkmale (Art. 10 Abs. 1 Buchst. d) erster Spiegelstrich RL 2004/83/EG)

21 Art. 10 Abs. 1 Buchst. d) erster Spiegelstrich der Richtlinie nennt als gemeinsame, eine bestimmte soziale Gruppe prägende Kriterien die »angeborenen Merkmale«, einen Hintergrund, der nicht verändert werden kann oder gemeinsame Merkmale oder Glaubensüberzeugungen, die so bedeutsam für die Identität oder das Gewissen sind, das der Betreffende nicht gezwungen werden sollte, auf sie zu verzichten. Im Vorschlag der Kommission wurden die ersten beiden Gruppen unter dem **Begriff** des »wesentlichen Merkmals« als einheitliches Kriterium definiert und davon das dritte Kriterium unterschieden. Danach lässt sich eine Gruppe anhand eines wesentlichen Merkmals wie des Geschlechts, der sexuellen Ausrichtung (vgl. auch Art. 10 Abs. 1 Buchst. d) Abs. 2 Satz 2 RL 2004/83/EG), des Alters, der familiären Bindung oder der Lebensgeschichte definieren.

---

239 Australia High Court (1997) 190 CLR 225 – A v. MIMA.
240 *Hruschka/Löhr*, NVwZ 2009, 205 (206).
241 BVerwGE 39, 27 (31) = MDR 1972, 351 = JZ 1972, 277.
242 BVerfGE 54, 341 (359) = EZAR 200 Nr. 1 = MDR 1981, 115.
243 UNHCR, Soziale Gruppe, S. 6.

Für die Aufspaltung des ersten Kriteriums in zwei Kategorien kann den Materialien nichts entnommen werden. Maßgebend ist der Oberbegriff der »geschützten Merkmale«. In der Staatenpraxis wird geprüft, ob eine Gruppe ein unveräußerliches (angeborenes) Merkmal oder ein für die menschliche Würde so unverzichtbares Attribut teilt, dass es einer Person nicht zugemutet werden sollte, diese aufzugeben. Ein unveräußerliches Merkmal kann danach angeboren (Geschlecht, ethnische Abstammung) oder aus anderen Gründen unabänderlich sein, etwa aufgrund einer historischen Bindung, der beruflichen oder sozialen Stellung. 22

Im Blick auf die gemeinsamen Merkmale, deren Verzicht nicht erzwungen werden sollte, können anhand der Menschenrechtsnormen jene Merkmale identifiziert werden, die so grundlegend für die menschliche Würde sind, dass niemand gezwungen werden sollte, sie aufzugeben.[244] Dieser Ansatz geht auf die kanadische Rechtsprechung zurück, die im Blick auf die Ein-Kind-Politik in der VR China, die mittels Sterilisation durch lokale Behörden durchgesetzt wird, auf das Recht von Paaren und Individuen, in freier Selbstbestimmung darüber zu entscheiden, wann und wie viel Kinder sie haben wollten, verweist (§ 26 Rdn. 166). Dieses im Völkerrecht anerkannte fundamentale Recht sei bei der Bestimmung der bestimmten sozialen Gruppe zu berücksichtigen.[245] 23

In der Staatenpraxis werden alle drei Kriterien miteinander verbunden. Ob die geschützten Merkmale verändert werden können, ist abhängig von dem kulturellen und sozialen Kontext, in dem der oder die Betreffende lebt, wie auch von der Anschauung der Verfolgungsakteure.[246] Danach ist bei der Prüfung interner Merkmale zu prüfen, ob sich die infrage stehende Gruppe durch eines der folgenden Attribute definiert: 24
1. durch ein angeborenes, unveräußerliches Merkmal,
2. durch einen zunächst freiwilligen Status, der aufgrund seiner historischen Permanenz nicht geändert werden kann, oder
3. durch eine Eigenart oder Bindung, die für die Würde des Menschen so grundlegend ist, dass Mitglieder der Gruppe nicht gezwungen werden sollten, sie aufzugeben.[247]

In Anwendung dieser Interpretation sind Gerichte und Verwaltungsbehörden in einer Reihe von Entscheidungen zu dem Schluss gelangt, dass z.B. Frauen, Homosexuelle und Familien eine bestimmte soziale Gruppe bilden können.[248] Die Richtlinie hebt dementsprechend das Geschlecht (Art. 10 Abs. 1 Buchst. d) Abs. 2 Satz 3 Halbs. 2 RL 2004/83/EG) und die sexuelle Ausrichtung (Art. 10 Abs. 1 Buchst. d) Abs. 2 Satz 2 RL 2004/83/EG) besonders hervor. Art. 4 Abs. 3 Buchst. c) RL 2004/83/EG verpflichtet die Behörden, bei der Ermittlung diese Faktoren besonders zu beachten. 25

In Übereinstimmung hiermit können die drei geschützten internen Merkmale nach Art. 10 Abs. 1 Buchst. d) erster Spiegelstrich RL 2004/83/EG ausgelegt werden. In der Begründung des Kommissionsvorschlags wird darauf hingewiesen, dass die Formulierung »relativ allgemein gehalten« und »umfassend auszulegen«, das Entstehen von Schutzlücken mithin zu verhindern sei. Sie sei so auszulegen, dass sie auch Gruppen von Personen umfasse, die nach dem Gesetz als »minderwertig« oder Menschen »zweiter Klasse« gelten würden, wodurch die Verfolgung durch Privatpersonen oder sonstige nichtstaatliche Akteure stillschweigend geduldet werde, sowie Gruppen, gegenüber denen der Staat in diskriminierender Weise vom Gesetz Gebrauch mache und bei denen er sich weigere, das Gesetz zu ihrem Schutz anzuwenden.[249] 26

---

244 *UNHCR*, Soziale Gruppe, S. 3.
245 Canada Supreme Court (1995) 3 S.C.R. 593 – Chan.
246 *Refugee Women's Legal Group*, Gender Guidelines für die Determination of Asylum Claims in the UK, S. 17.
247 Ebenso *Hathaway*, The Law of Refugee Status, S. 161.
248 *UNHCR*, Soziale Gruppe, S. 3.
249 Kommissionsentwurf v. 12.09.2001, in: BR-Drucks. 1017/01, S. 24.

27 Auch das Kriterium der **Schutzlosigkeit** kann daher zur Auslegung der »geschützten Merkmale« herangezogen werden. Es ist sogar häufig ein besonderes Kriterium, das die Situation bestimmter sozialer Gruppen in der Gesellschaft vom Rest der Gesellschaft scheidet und ihren Status zusammen mit anderen gemeinsamen Faktoren begründet. Dementsprechend weist Lordrichter **Steyn** in **Islam and Shah** auf das Kriterium der Schutzlosigkeit bestimmter Frauen in Pakistan hin.[250]

cc) Erfordernis einer fest umrissenen Identität (Art. 10 Abs. 1 Buchst. d) zweiter Spiegelstrich RL 2004/83/EG)

28 Nach Art. 10 Abs. 1 Buchst. d) zweiter Spiegelstrich RL 2004/83/EG muss zu den gemeinsamen geschützten Merkmals hinzukommen, dass die Gruppe eine »deutlich abgegrenzte Identität hat, da sie von der sie umgebenden Gesellschaft als andersartig betrachtet wird«. Der ursprüngliche Entwurf enthielt dieses zusätzliche Erfordernis nicht. In der englischen Übersetzung wird der Begriff »**distinct identity**« verwendet. Die Funktion dieses Abgrenzungsmerkmals besteht darin, die bestimmte soziale Gruppe inhaltlich als eine Gruppe mit einer fest umrissenen oder ausgeprägten Identität zu bestimmen, die sie als solche innerhalb der Gesellschaft erkennbar und damit von anderen Gruppen unterscheidbar macht. Das geschützte (interne) Merkmal ist nach dem Wortlaut der Norm der Grund, warum die Gruppe »von der sie umgebenden Gesellschaft als andersartig betrachtet wird.«

29 Es ist damit nicht die Funktion dieses Abgrenzungsmerkmals, von einer sozialen Gruppe zusätzliche Untergruppen abzuspalten und erst eine derart bestimmte Untergruppe als »bestimmte« soziale Gruppe zu identifizieren. Die Größe einer Gruppe ist kein Abgrenzungsmerkmal (Rdn. 20), vielmehr die im ersten Spiegelstrich von Art. 10 Abs. 1 Buchst. d) Abs. 1 RL 2004/83/EG bezeichneten geschützten Merkmale. Der Begriff »deutlich abgegrenzte Identität« verweist auf die »Gruppe«. Er hat keine quantitative Dimension. Kann anhand eines oder mehrerer derartiger Merkmale eine Gruppe identifiziert werden, müssen nicht zusätzlich nach Maßgabe weiterer materieller Kriterien Untergruppen gebildet werden. Vielmehr verweist der Wortlaut von Art. 1 A Nr. 2 GFK auf eine »**bestimmte**« soziale Gruppe, die anhand eines (**internen**) Merkmals als solche **nach außen** erkennbar abgegrenzt wird und sich dadurch von anderen Gruppen unterscheidet.

30 In der Staatenpraxis werden zwei unterschiedliche Ansätze vertreten. Nach der ersten Interpretation werden »geschützte (interne) Merkmale« zugrunde gelegt, während nach der zweiten geprüft wird, ob eine Gruppe ein gemeinsames (externes) Merkmal teilt, das sie zu einer erkennbaren Gruppe macht oder sie von der Gesellschaft insgesamt unterscheidet. Angesichts der unterschiedlichen Ansätze und der Schutzlücken, die sich daraus unter Umständen ergeben könnten, ist nach UNHCR eine Zusammenführung beider Ansätze angezeigt.[251]

31 Das Merkmal der »deutlich abgegrenzten Identität« wird in der Staatenpraxis insbesondere in Australien, gelegentlich auch in den Vereinigten Staaten als eigenständiges, vom Ansatz der »geschützten Merkmale« unabhängiges Kriterium angewendet. Führend ist die Rechtsprechung des Obersten Gerichtshofes von Australien. Danach ist der Begriff bestimmte »soziale Gruppe« weit auszulegen. Das Attribut »sozial« lege nahe, dass die Verbindung von Personen einen sozialen Charakter haben müsse, d. h. die Gruppe müsse als solche innerhalb der Gesellschaft in einer Weise erkennbar sein, dass ihre Mitglieder etwas miteinander teilten, das sie von der Gesellschaft als ganzer unterscheide.[252]

32 Der Begriff »bestimmte« in Art. 1 A Nr. 2 GFK weise lediglich darauf hin, dass die Gruppe als eine bestimmte soziale Gruppe identifizierbar sein müsse. Demnach sei eine »bestimmte soziale Gruppe« eine Gruppe von Personen, die ein bestimmtes Merkmal miteinander teilten, welches sie miteinander verbinde und sie in die Situation bringe, von der übrigen Gesellschaft unterschieden zu werden. Die Mitglieder der Gruppe müssten danach nicht nur ein gemeinsames Element aufweisen, vielmehr

---

250 Lordrichter *Steyn*, UK House of Lords, IJRL 1999, 496 (504 f.) – Islam and Shah.
251 *UNHCR*, Soziale Gruppe, S. 3 f.
252 Australia High Court (1997) 190 CLR 225 – A v. MIMA.

müsse dieses Element sie darüber hinaus auch in der Weise miteinander verbinden, dass es sie von der Gesellschaft insgesamt unterscheidet.[253]

Dieser Ansatz wird auch als **externer Ansatz** bezeichnet, weil es insbesondere auf die Sichtweise der Gesellschaft ankommt, ob bestimmte Merkmale einer Gruppe zugeschrieben werden und sich diese aufgrund dieser Zuschreibung von der Gesellschaft insgesamt unterscheidet. Es kommt danach darauf an, ob eine Gruppe durch die übrige Gesellschaft als eine abgegrenzte Gruppe »aufgrund bestimmter diese gemeinsam prägender Charakteristika, Eigenschaften, Aktivitäten, Überzeugungen, Interessen oder Zielvorstellungen« wahrgenommen wird.[254] 33

Der auf geschützte Merkmale beruhende Ansatz kann nach Ansicht von UNHCR so verstanden werden, dass er eine Reihe von Gruppen identifiziere, die den Kern der Analyse aus der Sicht der gesellschaftlichen Wahrnehmung bilden würde. Deshalb solle ein einheitlicher Standard angewendet werden, der beide vorherrschende Lösungsansätze in sich vereinige. Danach sei eine bestimmte soziale Gruppe eine Gruppe von Personen, die ein gemeinsames Merkmal aufwiesen **oder** von der Gesellschaft als eine Gruppe wahrgenommen werde.[255] Art. 10 Abs. 1 Buchst. d) Satz 1 RL 2004/83/EG erfordert jedoch eine **kumulative** Berücksichtigung. 34

Diese Definition beinhalte historisch gewachsene Charakteristika, die unveränderlich seien, sowie Merkmale, die zwar geändert werden könnten, deren Veränderung aber nicht verlangt werden sollte, da sie außerordentlich eng mit der Identität der Person verbunden oder Ausdruck fundamentaler Menschenrechte seien. Berufe sich ein Antragsteller auf eine soziale Gruppe, deren Charakteristik weder als unabänderlich noch als fundamental beurteilt werde, sollte im Zuge einer weiteren Prüfung festgestellt werden, ob eine Gruppe nicht dennoch als erkennbare Gruppe in der betreffenden Gesellschaft wahrgenommen werde, wenn etwa Besitzer eines Ladens oder bestimmte Berufsgruppen in der Gesellschaft als bestimmte soziale Gruppe gelten, die sich deutlich von der restlichen Gesellschaft unterscheide.[256] 35

Für diesen Ansatz spricht, dass kein Verweis auf anerkannte Rechtsstandards erforderlich ist wie beim Ansatz der geschützten Merkmale nach der Richtlinie. Die pragmatische Entwicklungsoffenheit des Ansatzes ist der Tatsache geschuldet, dass es keinen erschöpfenden und verbindlichen Rechtsstandard gibt, auf den der Ansatz der geschützten Merkmale verweist. Darüber hinaus eröffnet dieser Ansatz dem Verfolgungsgrund der Zugehörigkeit zu einer bestimmten sozialen Gruppe einen weiter gehenden Anwendungsbereich, als es der auf geschützte Merkmale beruhende **interne Ansatz** vermag, und ermöglicht Rechtsanwendern damit, politische und kulturelle Besonderheiten des Herkunftslandes mit zu berücksichtigen.[257] 36

Bekräftigung findet diese Position in der Literatur, welche an der Richtlinie kritisiert, diese trenne beide Ansätze, statt sie miteinander zu verbinden.[258] Gegen diese Kritik wird angemerkt, dass die ausschließliche Abgrenzungsfunktion der sozialen Wahrnehmung einer Gruppe von Personen als bestimmte soziale Gruppe, ohne Berücksichtigung materieller Kriterien wie beim internen Ansatz dazu führe, dass nahezu alle Gruppen von Personen innerhalb einer Gesellschaft als bestimmte soziale Gruppe definiert werden könnten.[259] 37

---

253 Australia High Court (1997) 190 CLR 225 – A v. MIMA.
254 Australia High Court (1997) 190 CLR 225 – A v. MIMA; der Bezugsrahmen wird hier nicht durch die Verfolger wie bei Art. 10 Abs. 2 RL 2001/84/EG, sondern direct durch die Gesellschaft bestimmt.
255 *UNHCR*, Soziale Gruppe S. 4; so auch *Klug*, GermanYIL 2004, 594 (610).
256 *UNHCR*, Soziale Gruppe S. 4.
257 *Hathaway/Foster*, Membership of a Particular Social Group, IJRL 2003, 477 (484).
258 *Klug*, GermanYIL 2004, 594 (610); *Hruschka/Löhr*, NVwZ 2009, 205 (208).
259 *Hathaway/Foster*, Membership of a Particular Social Group, IJRL 2003, 477 (484).

38 Dem ist zuzustimmen. Die Position von UNHCR erweist sich deshalb als problematisch, weil bei einem Abstellen allein auf die soziale Wahrnehmung von außen ohne gleichzeitige Anknüpfung an ein materielles Abgrenzungsmerkmal der Begriff der sozialen Gruppe seine Abgrenzungsfunktion verliert. Darüber hinaus steht der Wortlaut der Konvention gegen diesen Ansatz, weil bei diesem der Begriff »bestimmte« in Art. 1 A Nr. 2 GFK funktionslos wird. Auch die Richtlinie erfordert eine kumulative Betrachtung. Darüber hinaus erscheint der Streit nicht nötig (Rdn. 41 ff.).

39 Das britische Oberhaus hat den kumulativen Ansatz der Richtlinie kritisiert und unter Hinweis auf die Entscheidung **Shah and Islam** darauf hingewiesen, dass auch allein die soziale Wahrnehmung einer Gruppe, ohne dass ein geschütztes Merkmal die Gruppe konkretisiere, ausreichen könne. Dabei verweist Lordrichter **Bingham of Cornhill** darauf, dass die Verfolgung wie in **Shah and Islam** ein Merkmal sein könne, dass eine Gruppe als bestimmte soziale Gruppe von anderen Gruppen in der Gesellschaft unterscheide.[260] Obwohl das Oberhaus sich auch auf die australische Rechtsprechung beruft, weicht es mit dem Hinweis auf die Verfolgung von dieser ab, da nach dieser das eine Gruppe von Personen verbindende gemeinsame Merkmal nicht eine gemeinsame Furcht vor Verfolgung sein kann (Rdn. 16).[261]

dd) Kumulative Verschränkung der geschützten Merkmale mit der fest umrissenen Identität

40 Nach Art. 10 Abs. 1 Buchst. d) Abs. 1 RL 2004/83/EG ist eine **kumulative** Verschränkung beider in der Staatenpraxis üblichen Ansätze angezeigt. Die Richtlinie geht davon aus, dass beide Ansätze miteinander vereinbar sind und sich gegenseitig ergänzen. Es geht bei dieser Frage um die richtige Zuordnung der »**internen**« Merkmale (angeborene, unveränderbare oder fundamentale Identitätsmerkmale) zu den »**externen**« Merkmalen (soziale Wahrnehmung der Gruppe). »Gemeinsame Merkmale« müssen die Gruppe von der übrigen Gesellschaft unterscheiden. Derartige Merkmale sind normalerweise angeboren, unveränderbar oder auf andere Weise grundlegend für die menschliche Würde.[262]

41 Mit dem Wortlaut von Art. 10 Abs. 1 Buchst. d) Abs. 1 RL 2004/83/EG unvereinbar wäre zwar eine Auslegung, die beim Fehlen interner Merkmale externe Merkmale ausreichen ließe. Es ist jedoch in der Lebenswirklichkeit kaum ein Fall denkbar, in dem eine Gruppe eine deutlich erkennbare Identität aufweist und hierfür nicht interne geschützte Merkmale ursächlich sind. Vielmehr kann zur Auslegung der internen auf externe Merkmale wie umgekehrt zur Konkretisierung der externen auf interne Merkmale zurückgegriffen werden. In diesem Fall wird die bestimmte soziale Gruppe sowohl durch geschützte Merkmale wie auch durch eine nach außen abgegrenzte Identität geprägt.

42 Zunächst ist festzuhalten, dass Gruppen, die durch ein geschütztes Merkmal miteinander verbunden sind, in ihrem Herkunftsland regelmäßig durch die übrige Gesellschaft als abgegrenzte Gruppe angesehen werden, daher zumeist mit der inhaltlichen Begriffsbestimmung des internen Merkmals zugleich auch das externe Merkmal bestimmt worden ist. Insbesondere bei der Begriffsbestimmung des dritten internen Merkmals hat das externe Merkmal ergänzende Auslegungsfunktion. Ob ein Merkmal oder eine Glaubensüberzeugung fundamental für die Identität oder das Gewissen ist, ist insbesondere auch abhängig davon, wie die Gruppe als solche durch die umgebende Gesellschaft wahrgenommen wird.

43 Die Frage, ob auf das Merkmal oder die Gewissensüberzeugung verzichtet werden kann, stellt sich nicht, wenn die umgebende Gesellschaft tolerant gegenüber der bestimmten sozialen Gruppe eingestellt ist. Ist dies nicht der Fall, ist es gerade das die Identität bestimmende fundamentale Merkmal, welches die Gruppe von der umgebenden Gesellschaft deutlich abgrenzt. Insbesondere beim

---

260 UK House of Lords (2006) UKHL 46, Rn. 12 ff. (16) – Fornah.
261 Australia High Court (1997) 190 CLR 225 – A v. MIMA.
262 San Remo Expert Roundtable on International Protection, 06.–08.09.2001, Summary Conclusions on Membership of a Particular Social Group, Nr. 5.

dritten internen Merkmal verschränken sich damit interner und externer Ansatz. Durch die Berücksichtigung der gesellschaftlichen Zuschreibung (vgl. auch Art. 10 Abs. 2 RL 2004/83/EG) wird der Begriff der bestimmten sozialen Gruppe mithin nicht aufgelöst, vielmehr ist zu prüfen, ob eine bestimmte Gruppe in einem spezifischen kulturellen Kontext als bestimmte soziale Gruppe identifizierbar ist.[263]

Das wesentliche Kriterium bei der Begriffsbestimmung ist eine Kombination von Merkmalen, über die die Mitglieder der Gruppe verfügen können, mit anderen Merkmalen, die außerhalb ihrer Verfügungsgewalt liegen. Bei der Auslegung und Anwendung dieses Verfolgungsgrundes ist deshalb Bedacht auf verbindende und gemeinsame Merkmale wie die ethnische, kulturelle, linguistische Abstammung, Bildung, familiärer Hintergrund, wirtschaftliche Aktivitäten und gemeinsam geteilte Werte zu nehmen.[264] Im besonderen Maße erheblich sind auch die Einstellungen anderer sozialer Gruppen gegenüber der bestimmten sozialen Gruppe innerhalb der Gesellschaft. Das Gewicht und damit die Identität einer bestimmten sozialen Gruppe, stehen häufig auch im direkten Verhältnis zu deren Wahrnehmung durch andere.[265]

44

Es ist also das Merkmal des Andersseins und des Andersdenkenden,[266] das die Gruppe von der umgebenden Gesellschaft abgrenzt. Zur Begriffsbestimmung der internen Merkmale ist deshalb auch das in Art. 9 Abs. 2 Buchst. b) bis d) RL 2004/83/EG bezeichnete Diskriminierungsverbot heranzuziehen. Dem Begriff der bestimmten sozialen Gruppe ist – wie auch die Staatenpraxis verdeutlicht – damit ein Moment fehlender Abgeschlossenheit immanent. Deswegen ist er auch in der Lage, auf unterschiedliche Gruppenformen im Kontext von Verfolgungen zu reagieren.[267] Andererseits sind hinreichend bestimmte Abgrenzungskriterien herausgebildet worden, die dem Abgleiten ins Uferlose entgegenwirken.

45

Während die angeborenen und unveränderbaren Merkmale nicht derart entwicklungsoffen wie der externe Ansatz ausgelegt werden können, sind die Merkmale, deren Verzicht nicht verlangt werden kann, derart entwicklungsoffen, dass sie mithilfe des in Art. 10 Abs. 1 Buchst. d) Abs. 1 zweiter Spiegelstrich RL 2004/83/EG enthaltenen externen Ansatzes konkretisiert werden können. Für die Auslegung des dritten internen Begriffselementes kommt es allerdings nicht auf das Verständnis der übrigen Gesellschaft, sondern auf das der Mitglieder der Gruppe an. Dies verdeutlicht das Erfordernis, dass das Merkmal »bedeutsam für die Identität« der Mitglieder der Gruppe sein muss.

46

Das dritte Begriffselement in Art. 10 Abs. 1 Buchst. d) Abs. 1 erster Spiegelstrich RL 2004/83/EG verweist also nicht auf unabänderliche Merkmale wie die ersten beiden Begriffselemente und ermöglicht den Rechtsanwendern, unter Berufung auf fundamentale Rechte politische und kulturelle Besonderheiten des Herkunftslandes, also die für den externen Ansatz maßgeblichen Umstände, die auf eine deutlich abgegrenzte Identität der Gruppe hinweisen, mit zu berücksichtigen. Nach der Begründung des Kommissionsentwurfs ist die Zugehörigkeit zu einer Gewerkschaft wie auch zu einer Menschenrechtsgruppe ein Merkmal, das so bedeutsam für die Identität der Gruppenmitglieder ist, dass dessen Verzicht nicht verlangt werden sollte.[268] Auch der gemeinsame berufliche Hintergrund wie die gewerkschaftliche oder berufliche Tätigkeit sind danach geschützte Merkmale.

47

Ob die Gruppe sich durch diese von der übrigen Gesellschaft unterscheidet, ist abhängig davon, dass sie von dieser wegen dieses Merkmals als andersartig betrachtet wird. Generell können danach die konkrete Lebensgeschichte und damit die konkrete Lebenssituation Merkmale sein, die so

48

---

263 *Aleinikoff*, »Membership in a Particular Social Group«: Analysis and proposed Conclusions, S. 27.
264 *Goodwin-Gill/McAdam*, The Refugee in International Law, S. 75 f.
265 *Goodwin-Gill/McAdam*, The Refugee in International Law, S. 75 f.
266 BVerwGE 67, 184 (186) = NVwZ 1983, 674 = InfAuslR 1983, 228; BVerfGE 54, 341 (357) = EZAR 200 Nr. 1 = NJW 1980, 2641.
267 *Goodwin-Gill/McAdam*, The Refugee in International Law, S. 45 f.
268 Kommissionsentwurf, BR-Drucks. 1017/01, S. 24.

bedeutsam für die Identität sind, dass der Betreffende nicht gezwungen werden sollte, auf diese zu verzichten (vgl. Art. 10 Abs. 1 Buchst. d) Abs. 1 erster Spiegelstrich RL 2004/83/EG). Ob dies der Fall ist, ist insbesondere auch von dem kulturellen und sozialen Kontext abhängig, in dem der oder die Betreffende lebt.[269]

49 UNHCR weist in seiner Positionsbestimmung darauf hin, dass sowohl nach den auf den internen Merkmalen wie auch nach den auf den externen Merkmalen beruhenden Ansätzen in der Staatenpraxis Frauen, Familien und Homosexuelle – abhängig von den Umständen in der Gesellschaft, aus der sie kommen- als bestimmte soziale Gruppe anerkannt werden. Die von beiden Ansätzen angestellten Analysen seien oft deckungsgleich, und zwar deshalb, weil Gruppen, deren Mitglieder gemeinsame unveräußerliche oder grundlegende Charakteristik aufwiesen, von ihrer Gesellschaft auch als soziale Gruppe wahrgenommen würden.[270] Der externe Ansatz könne hingegen Vereinigungen als soziale Gruppe anerkennen, deren gemeinsame Charakteristik weder unveräußerlich noch grundlegend für die menschliche Würde sei, etwa der Beruf oder die soziale Klasse.[271] Gerade diese Merkmale können aber als grundlegend druch die Menschrechte geschützt angesehen werden (Rdn. 47).

50 Gemessen an diesen Grundsätzen verkürzt die obergerichtliche Rechtsprechung den Ansatz der Richtlinie, wenn eine abgegrenzte Identität der Friseure im Irak, die westliche Haarschnitte anbieten, mit der Begründung verneint wird, dass die »besondere Gefährdung von Friseuren an eine rein subjektive Bewertung ihrer Handwerksleistung und nicht an gemeinsame identitätsstiftende Merkmale« anknüpfe.[272] Dem ist entgegenzuhalten, dass einerseits die Berufsausübung ein fundamentales Recht (Rdn. 47) und andererseits der Anknüpfungspunkt für die Wahrnehmung einer bestimmten sozialen Gruppe aus der Sicht der Gesellschaft zu beurteilen ist. Bildet die spezifische, als »unislamisch« empfundene Handwerksleistung eines Friseurs den Grund für die gesellschaftliche Wahrnehmung dieser Berufsgruppe handelt es sich um eine bestimmte soziale Gruppe.

2. Spezifische Probleme der Verfolgungshandlung

51 Die bestimmte soziale Gruppe darf nicht über die Verfolgung definiert werden (Rdn. 16). Die britische und australische Rechtsprechung ist sich in dieser Frage jedoch nicht einig (Rdn. 39). Der Begriff der »bestimmten sozialen Gruppe« ist nicht identisch mit dem Begriff der »Gruppenverfolgung« noch reicht allein der Hinweis auf die Zugehörigkeit zu einer bestimmten sozialen Gruppe aus. Vielmehr muss der Antragsteller zunächst darlegen, dass ihm gezielt Verfolgung droht. Dabei spielt die Frage der Zugehörigkeit zu einer bestimmten sozialen Gruppe zunächst keine Rolle. Vielmehr ist dies nach Maßgabe der in Art. 9 RL 2004/83/EG aufgestellten Grundsätze (Kapitel 4) zu entscheiden.

52 Ist festgestellt worden, dass eine Verfolgung droht, ist zu prüfen, ob diese an einen Verfolgungsgrund, z. B. den der Zugehörigkeit zu einer bestimmten sozialen Gruppe anknüpft. Umgekehrt ist für die Bestimmung der sozialen Gruppe nicht Voraussetzung, dass alle ihre Mitglieder verfolgt werden oder gemeinsam Verfolgung befürchten (Rdn. 17). Vielmehr reicht es aus, dass die Gruppe aufgrund eines geschützten Merkmals von der übrigen Gesellschaft als fest umrissene Gruppe wahrgenommen wird. Diese Wahrnehmung muss nicht in Form der Verfolgung erfolgen. Allerdings muss der Antragsteller selbst von gezielter Verfolgung bedroht sein.

---

269 *Refugee Women's Legal Group*, Gender Guidelines für die Determination of Asylum Claims in the UK, S. 17.
270 *UNHCR*, Soziale Gruppe, S. 3 f.
271 *UNHCR*, Soziale Gruppe, S. 3 f., s. aber VG Saarlouis, NVwZ-RR 2008, 732, Friseure bilden im Irak keine bestimmte soziale Gruppe.
272 VG Saarlouis, NVwZ-RR 2008, 732.

3. Anwendung der Zusammenhangsklausel

Verfolgungen von Personen wegen der Zugehörigkeit zu einer bestimmten sozialen Gruppe durch den Staat sind nach den allgemeinen Grundsätzen zu beurteilen. Es reicht die Darlegung aus, dass die Verfolgung zumindest auf einen Verfolgungsgrund nach Art. 1 A Nr. 2 GFK neben anderen, von der Konvention nicht erfassten Gründen gerichtet ist (§ 20 Rdn. 6 ff.). Der Verfolgungsgrund muss ein wesentlicher beitragender Faktor, jedoch nicht der einzige oder beherrschende Grund sein.[273] Vielmehr reicht es aus, wenn er bei der Verfolgung wirksam war.[274] Dem Antragsteller darf keine unzumutbare Darlegungslast aufgebürdet werden, die Anknüpfung der Verfolgung an einen geschützten Status nachzuweisen. Vielmehr reicht es aus, wenn er Tatsachen und Umstände vorbringt, aus denen sich bei vernünftiger Betrachtungsweise ergibt, dass die Verfolgung auf dem Verfolgungsgrund der Zugehörigkeit zu einer bestimmten sozialen Gruppe beruht.[275]

53

Asylanträge, die mit der Zugehörigkeit zu einer bestimmten sozialen Gruppe begründet werden, betreffen häufig Personen, die sich durch nichtstaatliche Akteure bedroht fühlen. Wenn diese auf einen Konventionsgrund zielen und der Staat zur Schutzgewährung nicht bereit oder außerstande ist (vgl. Art. 6 Buchst. c) RL 2004/83/EG), ist der kausale Zusammenhang zwischen Verfolgungshandlung und Verfolgungsgrund (Art. 9 Abs. 3 RL 2004/83/EG) dargelegt. Es kann jedoch Situationen geben, in denen dieser Nachweis nicht geführt werden kann, weil etwa eine Frau nicht darlegen kann, dass sie von ihrem Ehemann wegen eines Verfolgungsgrundes misshandelt wird. Gleichwohl kann sie Anspruch auf Zuerkennung der Flüchtlingseigenschaft haben, wenn der Staat aus einem der fünf Verfolgungsgründe nicht schutzbereit ist.

54

In diesem Fall wird die Misshandlung durch den Ehemann durch die Weigerung des Staates ermöglicht, sie im Blick auf einem Konventionsgrund (Geschlecht) zu schützen.[276] Grund für die staatliche Schutzversagung wird in derartigen Fällen häufig das geringe gesellschaftliche Ansehen von Frauen – wie dies insbesondere in islamischen Herkunftsländern beobachtet werden kann – in Verbindung mit einer dominanten Rolle des männlichen Geschlechts in der herrschenden wirtschaftlichen Sozialordnung sein.

55

Zusammenfassend kann damit festgehalten werden, dass der Kausalzusammenhang zwischen der Verfolgungshandlung und der Anknüpfung an den Verfolgungsgrund der bestimmten sozialen Gruppe dargelegt ist, wenn entweder eine tatsächliche Gefahr der Verfolgung durch nichtstaatliche Verfolgungsakteure aus Gründen, die in Beziehung zu einer bestimmten sozialen Gruppe stehen, droht, unabhängig davon, ob die Schutzversagung durch den Staat auf diesem Verfolgungsgrund beruht oder nicht, oder wenn zwar die Verfolgung durch einen nichtstaatlichen Verfolgungsakteur nicht in Beziehung zu diesem Verfolgungsgrund steht, der Staat indes aus diesem Grund außerstande oder nicht bereit ist, wirksamen Schutz zu gewähren.[277]

56

§ 25 Verfolgung wegen der sexuellen Orientierung (Art. 10 Abs. 1 Buchst. d) Abs. 2 Satz 1 RL 2004/83/EG)

Übersicht

	Rdn
1. Begriff der »bestimmten sozialen Gruppe«	1
a) Geschütztes Merkmal	1
b) Deutlich abgegrenzte Identität	12
2. Spezifische Probleme der Verfolgungshandlung	14

---

273 UNHCR, Auslegung von Art. 1, April 2001, Rn. 23.
274 UK House of Lords, (2006) UKHL 46, Rn. 17 = IJRL 2007, 96 (105) – Fornah.
275 *Goldberg/Passade Cisse*, Immigration Briefings 2000, 1 (9).
276 UNHCR, Soziale Gruppe, S. 6 f.
277 UNHCR, Soziale Gruppe, S. 7; siehe auch UK House of Lords, IJRL 1999, 496 (505 f.) – Islam and Shah.

3. Anwendung der Zusammenhangsklausel	24
4. Verfolgungsprognose	31
a) Feststellung der individuellen Prognosetatsachen	31
b) Anwendung der Prognosegrundsätze	35

Leitsätze

1. Die Richtlinie ordnet das Merkmal der sexuellen Orientierung weder den angeborenen noch den unveränderbaren, sondern den Merkmalen zu, die so bedeutsam für die Identität sind, dass der Antragsteller nicht gezwungen werden sollte, auf dieses zu verzichten (Rdn. 2 ff.).
2. Die Richtlinie ist damit offener als die deutsche Rechtsprechung, die eine »unentrinnbar festgelegte homosexuelle Neigung« (unveränderbares Merkmal) voraussetzt. Vielmehr verlangt die Richtlinie eine die Identität des Antragstellers prägende (fundamentales Merkmal) und dadurch nach außen deutlich abgrenzbare homosexuelle Praxis (externes Merkmal). Auch heterosexuelle oder nicht unentrinnbar auf homosexuelle Praktiken festgelegte Personen können unter diesen Voraussetzungen eine bestimmte soziale Gruppe bilden.
3. Die internationalen Menschenrechtsnormen knüpfen im Ausgangspunkt an das Selbstverständnis des Rechtsträgers an. Nicht erst eine zwingende unentrinnbare Neigung, sondern eine in freier Selbstbestimmung getroffene Entscheidung für bestimmte sexuelle Praktiken ist grundsätzlich anerkannt und stellt ein Merkmal für die Identität dar, dessen Verzicht nicht gefordert werden darf.
4. Die Form **strafrechtlicher** Verfolgung Homosexueller ist sicherlich die am weitesten verbreitete Form der gegen die sexuelle Orientierung gerichteten Maßnahmen (Rdn. 14 ff.). Die bloße **gesellschaftliche Ächtung** Homosexueller erfüllt noch nicht den Verfolgungsbegriff. Besondere Umstände können aber ein Umschlagen allgemeiner Diskriminierung in schwerwiegende Diskriminierung bewirken, die den Einzelnen belasten und vor denen ihm kein wirksamer Schutz im Herkunftsland gewährt wird (Rdn. 16).
5. Bei der Anwendung der Zusammenhangsklausel sind die Handlungen, die nach dem nationalen Recht der Mitgliedstaaten als strafbar gelten (Art. 10 Abs. 1 Buchst. d) Abs. 2 Satz 2 Halbs. 1 RL 2004/83/EG) nach Maßgabe der internationalen Menschenrechtsnormen auszulegen (Rdn. 24 ff.). Einverständliche homosexuelle Betätigung unter Erwachsenen im Privatbereich ist nach der Rechtsprechung des EGMR eine »**wesentliche Ausdrucksmöglichkeit der menschlichen Persönlichkeit**«. Es besteht seiner Ansicht nach »heute ein vertieftes Verständnis homosexuellen Verhaltens mit der Folge gesteigerter Toleranz« (Rdn. 28).
6. Die Verfolgungsprognose hat sich insbesondere darauf zu konzentrieren, ob das sexuelle Selbstverständnis des Asylsuchenden und die darauf beruhenden Praktiken glaubhaft sind (Rdn. 37). Unzulässig wäre die Frage der Behörde an den Antragsteller, ob er sich nach Rückkehr in sein Herkunftsland der homosexuellen Betätigung enthalten oder jedenfalls nach außen verbergen könnte.

1. Begriff der »bestimmten sozialen Gruppe«

a) Geschütztes Merkmal

1 Richtet sich die Verfolgung gegen die sexuelle Orientierung, knüpft sie an die Zugehörigkeit zu einer bestimmten sozialen Gruppe an (Art. 10 Abs. 1 Buchst. d) Satz 3 Halbs. 1 RL 2004/83/EG).[278] Nach dieser Norm kann je nach den Gegebenheiten im Herkunftsland des Antragstellers als soziale Gruppe auch eine Gruppe gelten, die sich auf das gemeinsame Merkmal der sexuellen Orientierung gründet. Dabei dürfen indes als sexuelle Orientierung im Sinne der Richtlinie keine Handlungen

---

278 *Markard/Adamietz*, KJ 2011, 294.

verstanden werden, die nach dem nationalen Recht der Mitgliedstaaten als strafbar gelten (Art. 10 Abs. 1 Buchst. d) Abs. 2 Satz 3 Halbs. 1 RL 200483/EG). Nach der Begründung des Entwurfs kann eine Gruppe anhand eines wesentlichen Merkmals wie der sexuellen Orientierung definiert werden, wenn es so bedeutsam für die Identität ist, das von den Mitgliedern nicht verlangt werden darf, darauf zu verzichten. Homosexuelle könnten sich jedoch nicht in jedem Fall auf diesen Verfolgungsgrund berufen.[279]

Die Richtlinie ordnet das Merkmal der sexuellen Orientierung damit weder den angeborenen noch den unveränderbaren, sondern zutreffend den Merkmalen zu, deren Verzicht wegen der Bedeutung für die Identität nicht verlangt werden darf. Die ausschließliche Anknüpfung an ein unveränderbares Merkmal ist damit nach der Richtlinie nicht zulässig. Damit ist die Rechtsprechung des BVerwG, die im Blick auf die Verfolgung von Homosexuellen ausdrücklich die Anwendung des Verfolgungsgrundes der bestimmten sozialen Gruppe und eine unentrinnbare schicksalhafte Festlegung auf homosexuelles Verhalten verlangt,[280] überholt.[281]

Selbstverständlich kann im Einzelfall auch die unveränderbare Neigung geschütztes Merkmal sein. Zwingend ist dies jedoch nicht. Vielmehr kann dem Einzelnen ein Verzicht auf seine sexuelle Orientierung nicht abverlangt werden, wenn diese bedeutsam für seine Identität ist. Man kann seine religiöse und politische Grundentscheidung in verschiedenen Formen ausdrücken, sie einschränken, bei Gefahr zurücknehmen, freilich niemals ohne Gefahr psychischer Schädigungen vollständig aufgeben. Ebenso findet die sexuelle Orientierung ihren Ausdruck in unterschiedlichsten Formen und kann daher auch in Abhängigkeit von den äußeren Umständen eingeschränkt und teilweise zurückgenommen werden, jedoch ohne Gefahr psychischer Schäden niemals vollständig.

Die internationalen Menschenrechtsnormen und auch die Grundrechte knüpfen im Ausgangspunkt an das **Selbstverständnis** des Rechtsträgers an. Nicht eine ihn **zwingende** unentrinnbare Neigung, sondern seine in **freier** Selbstbestimmung getroffene Entscheidung für bestimmte sexuelle Praktiken ist grundsätzlich hinzunehmen und stellt ein Merkmal für die Identität des Rechtsträgers dar, dessen Verzicht von diesem nicht gefordert werden darf. Sind danach die gewählten sexuellen Praktiken erlaubt, kommt es nicht auf eine neigungsmäßige Festlegung, sondern auf die identitätsbestimmende Funktion der sexuellen Orientierung an. Die Änderungsrichtlinie hebt diesen Gedanken ausdrücklich durch Ersetzung des eher objektiv zu verstehenden Begriffs der »Ausrichtung« durch den der »Orientierung«, der auf das Recht der freien sexuellen Selbstbestimmung verweist, hin.

In welchem Umfang entsprechende sexuelle Praktiken als die Identität prägendes Merkmal anerkannt werden, ist anhand der internationalen Menschenrechtsnormen zu bewerten. Maßgebend für den Ausgangspunkt der Begriffsbestimmung ist, dass die **Freiheit der sexuellen Selbstbestimmung** grundsätzlich geschützt ist. Nach Maßgabe dieses universellen Ansatzes sind auch nationale Einschränkungen der sexuellen Selbstbestimmung im Herkunftsland zu bewerten. Zu dem durch die Menschenrechte geschützten persönlichen Bereich gehört auch homosexuelles Verhalten als »eine wesentliche Ausdrucksmöglichkeit der menschlichen Persönlichkeit«.[282]

Der EGMR behandelt Fragen der sexuellen Selbstbestimmung im Rahmen des durch Art. 8 Abs. 1 EMRK geschützten Privatlebens. Im Fall einer transsexuellen Beschwerdeführerin, die sich auf ihr Recht auf statusrechtliche Behandlung als Frau berufen hatte, stellte der Gerichtshof den ihr grundsätzlich gewährten Konventionsschutz nicht infrage, sondern befasste sich ausschließlich mit der Frage, was der Begriff »Achtung« in derartigen Fällen in positiver Hinsicht von den Vertragsstaaten

---

279 Kommissionsentwurf v. 12.09.2001, BR-Drucks. 1017/01, S. 24.
280 BVerwGE 79, 143 (147) = EZAR 201 Nr. 13 = NVwZ 1988, 838 = InfAuslR 1988, 230.
281 Zweifelnd OVG Nordrhein-Westfalen, Asylmagazin 3/2011, 81 (82).
282 EGMR, NJW 1984, 541 (543) – Dudgeon; ebenso für transsexuelles Verhalten EGMR, HRLJ 1992, 358 (361).

verlange.²⁸³ Auch in der deutschen Rechtsprechung wird hervorgehoben, dass die sexuelle Prägung eines Menschen zu den elementaren Bestandteilen seiner Persönlichkeit gehört.²⁸⁴

7   Das Recht auf sexuelle Selbstbestimmung wird danach unmittelbar durch den Anspruch auf Achtung des Privatlebens nach Art. 8 Abs. 1 EMRK geschützt. Freiheitsentziehende Einschränkungen unterliegen deshalb dem besonderen Begründungszwang nach Art. 8 Abs. 2 EMRK. Zusätzlich kann sich aus Art. 14 EMRK, der nach der Rechtsprechung des Gerichtshofes trotz seines unselbstständigen Charakters eine wichtige und eigenständige Funktion bei der Ergänzung der anderen Konventionsnormen einnimmt,²⁸⁵ eine Konventionsverletzung ergeben. Im Sinne des Art. 14 EMRK ist eine unterschiedliche Behandlung diskriminierend, wenn sie »keine objektive und vernünftige Rechtfertigung« hat, mithin kein legitimes Ziel verfolgt oder wenn »zwischen den eingesetzten Mitteln und dem angestrebten Ziel kein angemessenes Verhältnis besteht«.²⁸⁶

8   Nach der Rechtsprechung des BVerfG wird die homosexuelle Betätigung durch die allgemeine Handlungsfreiheit (Art. 2 Abs. 1 GG) geschützt.²⁸⁷ Ebenso ist nach Art. 1 Abs. 1 GG vom Schutz der Würde des Menschen erfasst, dass der Einzelne sich selbst in seiner Individualität begreift. Art. 2 Abs. 1 GG i.V.m. Art. 1 Abs. 1 GG gewährleisten die freie Entfaltung der im Menschen angelegten Fähigkeiten und Kräfte.²⁸⁸ Das Grundgesetz hat den Intim- und Sexualbereich des Menschen als Teil seiner Privatsphäre durch diese Bestimmungen unter verfassungsrechtlichen Schutz gestellt. Sie sichern dem Menschen das Recht zu, seine Einstellung zum Geschlechtlichen, insbesondere sein Verhältnis zur Sexualität selbst zu bestimmen und grundsätzlich selbst darüber zu befinden, ob, in welchen Grenzen und mit welchen Zielen er Einwirkungen Dritter auf diese Einstellung hinnehmen will.²⁸⁹

9   Entsprechend dem dynamischen Auslegungsprinzip (§ 24 Rdn. 6 ff.) ist bei der Begriffsbestimmung des geschützten Merkmals den Änderungen der gesellschaftlichen Auffassungen Rechnung zu tragen. Nach Ansicht des EGMR betrifft die Homosexualität eine »**wesentliche Ausdrucksmöglichkeit der menschlichen Persönlichkeit**«. Bereits 1984 wies er darauf hin, dass »ein vertieftes Verständnis homosexuellen Verhaltens mit der Folge gesteigerter Toleranz insoweit (besteht), als man es in der Mehrheit der Mitgliedstaaten des Europarates nicht mehr für notwendig oder angemessen ansieht, homosexuelle Praktiken für sich genommen mit strafrechtlichen Sanktionen zu bewehren.«²⁹⁰

10 Wegen der gewandelten Auffassungen auch in eher konservativen Gesellschaften kann heute deshalb nicht mehr festgestellt werden, dass ein »dringendes soziales Bedürfnis« besteht, private und einverständliche homosexuelle Praktiken unter Erwachsenen zu bestrafen.²⁹¹ Insbesondere die deutsche Rechtsprechung offenbart den tiefgreifenden Wandel der Auffassungen über Homosexualität in säkularen Gesellschaften im Laufe der vergangenen Jahrzehnte. 1957 hatte das BVerfG ohne jegliche Selbstzweifel im Strom einer allgemeinen gesellschaftlichen Ächtung der Homosexuellen, wie er auch im Begriff der »**widernatürlichen Unzucht**« von § 175 des Reichsstrafgesetzbuches von 1871²⁹²

---

283 EGMR, HRLJ 1992, 358 ([361] [§ 44]) – B. v. France.
284 VG Gießen, NVwZ-Beil. 1999, 119.
285 EGMR, EuGRZ 1979, 454 ([456] [§ 32]) – Marckx gegen Belgien.
286 EGMR, EuGRZ 1985, 567 ([570] [§ 72]) – Abdulaziz gegen Vereinigtes Königreich; EGMR, EuGRZ 1979, 454 ([456] [§ 33]) – Marckx gegen Belgien.
287 BVerfGE 6, 389 (432 f.).
288 BVerfGE 49, 286 (298).
289 BVerfGE 47, 46 (73); 60, 123 (134).
290 EGMR, NJW 1984, 541 (542 f.) – Dudgeon.
291 EGMR, NJW 1984, 541 (542 f.) – Dudgeon.
292 Zitiert in BVerfGE 6, 389 (392); in BGHSt. 1, 107 hielt es die Redaktion für erforderlich, die Entscheidung unter dem Titel »widernatürliche Unzucht« abzudrucken, obwohl dieser Begriff in der Entscheidung selbst gar nicht genannt wird.

zum Ausdruck kam, noch festgestellt, dass gleichgeschlechtliche Betätigung »eindeutig« gegen das Sittengesetz verstoße.[293]

Selbst noch 1970 meinte das BVerwG, weil es »tief verwurzelte Vorurteile« erkannte, feststellen zu müssen, dass die »psychologischen und anthropologischen Grundlagen einer Ablehnung homosexueller Verhaltensweisen« nicht übersehen werden dürften. Deshalb widerspreche Homosexualität als »Verfehlen normgemäßen Verhaltens« zumindest »einer der beiden Funktionen menschlicher Sexualität«.[294]

b) Deutlich abgegrenzte Identität

Der Hinweis des EGMR auf die gesteigerte Toleranz in den Mitgliedstaaten des Europarates gegenüber homosexuellen Praktiken[295] zeigt einen gesellschaftlichen Trend in aufgeklärten Gesellschaften auf. Langfristig wird dieser dazu führen, dass derartige Praktiken nicht mehr als anstößig empfunden werden, sodass dann in derartigen Gesellschaften Homosexuelle nicht mehr als abgegrenzte soziale Gruppe betrachtet werden (§ 24 Rdn. 42 ff.).

Maßgebend ist jedoch die Situation in den Herkunftsländern (Art. 4 Abs. 3 Buchst. a) RL 2004/83/ EG) und die dort vorherrschenden gesellschaftlichen Auffassungen. In vielen Gesellschaften herrscht gegenüber Homosexuellen keine Toleranz. Je geringer das Toleranzverständnis, umso deutlich abgegrenzter erscheinen Homosexuelle innerhalb einer Gesellschaft als bestimmte soziale Gruppe.

2. Spezifische Probleme der Verfolgungshandlung

Die Form strafrechtlicher Verfolgung Homosexueller ist sicherlich die am weitesten verbreitete Form der gegen die sexuelle Orientierung gerichteten Maßnahmen. Wie sich aus dem Kumulationsansatz des Art. 9 Abs. 1 Buchst. b) RL 2004/83/EG ergibt, können indes auch andere, nicht in strafrechtlichen Formen ausgeübte Maßnamen Verfolgungscharakter aufweisen. So laufen etwa in **Rumänien** Homosexuelle nach wie vor Gefahr, polizeilich aufgegriffen und behandelt und insbesondere auch körperlich misshandelt, also grob rechtsstaatswidrig bereits vor der Durchführung eines gerichtlichen Verfahrens schikaniert zu werden. Zudem stellt die Presse Homosexuelle mit staatlicher Duldung, wenn nicht sogar Billigung, öffentlich an den Pranger.[296]

Zu dem liegt etwa eine Verfolgungshandlung vor, wenn die Polizei einen Homosexuellen ohne Grund mit Hinweis auf einen Aids-Verdacht in geradezu erbärmlicher Weise gegenüber anderen Menschen seiner Umgebung »denunziert«, um ihn dadurch deutlich als »gefährlichen Außenseiter« zu brandmarken.[297] Demgegenüber weisen bloße polizeiliche Kontrollmaßnahmen im Blick auf Homosexuelle als solche keinen Verfolgungscharakter auf,[298] wenn sie nicht mit Diskriminierungen und unverhältnismäßigen Begleitumständen einhergehen (Art. 9 Abs. 2 Buchst. b) RL 2004/83/EG.

Die bloße gesellschaftliche Ächtung Homosexueller erfüllt noch nicht den Verfolgungsbegriff. Besondere Umstände können aber ein Umschlagen allgemeiner Diskriminierung in schwerwiegende Diskriminierung bewirken, die den Einzelnen belasten und vor denen ihm kein wirksamer Schutz im Herkunftsland gewährt wird. Soweit die Rechtsprechung es in diesem Zusammenhang allerdings für zumutbar erachtet, die Homosexualität nicht öffentlich zur Schau zu tragen,[299] ist dies mit Art. 10

---

293 BVerfGE 6, 389 (434).
294 BVerwGE 43, 157 (158).
295 EGMR, NJW 1984, 541 (542 f.) – Dudgeon.
296 VG Stuttgart, Urt. v. 13.08.1993 – A 3 K 11553/93; siehe auch VG Würzburg, AuAS 1995, 120.
297 VG Stuttgart, Urt. v. 13.08.1993 – A 3 K 11553/93.
298 Raad van State (Niederlande), IJRL 1989, 246 (246 f.); a.A. VG Ansbach, Urt. v. 09.03.1981 – AN 7013-IV/78 (XX): es fehlt bereits am Verfolgungscharakter der Kontrollmaßnahmen.
299 VG Sigmaringen, Urt. v. 27.01.1994 – A 4 K 10599/92 – Ukraine.

Abs. 1 Buchst. d) RL 204/83/EG nicht vereinbar. Die Freiheit der sexuellen Selbstbestimmung ist grundsätzlich geschützt. Eine Zurückhaltung kann daher nur im Blick auf allgemein als unzulässig bewertete sexuelle Praktiken verlangt werden.

17 Strafverfolgung gegen die bloße sexuelle Betätigung ist regelmäßig unzulässig. Wenn wie etwa im Iran und einigen anderen islamischen Staaten homosexuelles Verhalten als schlechthin mit islamischen Ordnungs- und Moralvorstellungen unvereinbar angesehen wird, ist die Entscheidung insoweit relativ einfach zu treffen. Aber auch die bestehenden Verbote homosexuellen Verhaltens im islamischen Rechtskreis dienen dem Schutze der öffentlichen Moral. Zutreffend weist das BVerwG darauf hin, dass damit die Verbotslage im Iran im Wesentlichen der bis 1969 in der Bundesrepublik geltenden Rechtslage entspricht.[300]

18 Der **Iran** nimmt bei der strafrechtlichen Verfolgung Homosexueller eine prominente Rolle ein. Nach dem Islamischen Strafgesetzbuch des iranischen Staates von 1982 wird unter anderem der Geschlechtsverkehr unter erwachsenen Männern mit dem Tode bestraft (Art. 139 bis 141 iranisches StGB). Sexuelle Handlungen unterhalb dieser Schwelle ziehen eine Strafe von 100 Peitschenhieben nach sich. Im dreimaligen Wiederholungsfall wird ebenfalls die Todesstrafe verhängt. Bei sämtlichen Strafen handelt es sich um **hadd-Strafen**, nämlich durch Gott verordnete absolute Strafen, von denen der Richter nicht abweichen darf.[301]

19 Die homosexuelle Betätigung wird entsprechend der islamischen Rechtstradition durch ein viermaliges Geständnis oder durch vier unbescholtene männliche Augenzeugen bewiesen. Als im islamischen Rechtskreis neues Beweismittel speziell für den Nachweis homosexuellen Verhaltens ist durch das Gesetz vom 25. August 1982 auch das eigene Wissen des Richters eingeführt worden, das er »auf den üblichen Wegen« erlangt hat. Die homosexuelle Veranlagung als solche wird nicht bestraft.[302] Die im Iran bestehende Homosexuelle betreffenden Verbotsnormen als solche stellen noch keine Verfolgung dar. Denn sie knüpfen nicht an die homosexuelle Veranlagung, sondern an ein bestimmtes äußeres Verhalten an, nämlich die Begattung einer männlichen Person (Art. 139, 140 iranisches StGB), sinnliche Berührungen oder ähnliche Handlungen ohne Eindringen des Gliedes (Art. 152 iranisches StGB), nacktes Beieinanderliegen unter einer Decke ohne zureichenden Grund (Art. 154 iranisches StGB) sowie Küsse in wollüstiger Absicht (Art. 155 iranisches StGB).[303]

20 Anders als nach dem früher geltenden deutschen Strafrecht, das für die Strafbarkeit homosexueller Handlungen keine körperliche Berührung voraussetzte,[304] dürfte damit nach iranischem Strafrecht die körperliche Berührung zum strafrechtlichen Tatbestand gehören. Damit ist jede einverständliche sexuelle Betätigung unter erwachsenen Männern untersagt. Homosexuelles Verhalten ist mit islamischen Ordnungs- und Moralvorstellungen schlechthin unvereinbar.[305] Die islamische Republik ist ein religiös-totalitärer Staat, dessen hauptsächlicher Zweck in der rigorosen Durchsetzung islamischer Ordnungs- und Moralvorstellungen besteht, die die Beseitigung und Ausrottung von Menschen, die sich mit diesen Vorstellungen nicht in Einklang bringen lassen, einschließt.

21 Die Rechtsprechung hat diese Grundsätze auch auf **weibliche Homosexuelle** angewendet: Stehe fest, dass die Persönlichkeitsstruktur der Klägerin homosexueller Art ist und sie immer wieder gleichgeschlechtlichen Kontakt suchen werde, sei davon auszugehen, dass sie im Iran »schwersten Verfolgungsmaßnahmen«, die bis zu ihrer Tötung führen könnten, ausgesetzt sei. Denn derartige sexuelle

---

300 BVerwGE 79, 143 (148) = EZAR 201 Nr. 13 = NVwZ 1988, 838 = InfAuslR 1988, 230.
301 BVerwGE 79, 143 (144) = EZAR 201 Nr. 13 = NVwZ 1988, 838 = InfAuslR 1988, 230. Hessischer VGH, InfAuslR 1987, 24 (25 f.).
302 BVerwGE 79, 143 (144) = EZAR 201 Nr. 13 = NVwZ 1988, 838 = InfAuslR 1988, 230.
303 BVerwG, EZAR 201 Nr. 13, insoweit in BVerwGE 79, 143 (148) nicht abgedruckt.
304 BGHSt 1, 107 (11); 1, 292 (295); 4, 323 (325); 5, 88 (90); 8, 1 (2); BGH, NJW 1957, 191.
305 BVerwGE 79, 143 (148) = EZAR 201 Nr. 13 = NVwZ 1988, 838 = InfAuslR 1988, 230.

Betätigung werde als Unzucht (»**Mossahekah**«) beim ersten Mal mit 100 Peitschenhieben und beim vierten Mal mit dem Tode bestraft.[306]

Der Iran ist sicherlich ein prominentes Beispiel für die gegen Homosexuelle gerichtete drakonische Bestrafungspraxis. Folterungen, Verschleppungen, extralegale Hinrichtungen von Homosexuellen sind andererseits Methoden, deren sich auch andere Staaten bei der Verfolgung von Homosexuellen bedienen.[307] So wird etwa aus **Brasilien** berichtet, dass es dort in Einzelfällen zur Verschleppung und Tötung Homosexueller durch Angehörige der Sicherheitskräfte gekommen sein soll.[308] In **Kolumbien** werden im Rahmen des »Programms der sozialen Säuberung« (»social cleansing«) Homosexuelle und andere gesellschaftlich Verachtete, wie etwa Straßenkinder und Prostituierte, durch Todesschwadrone mit Unterstützung der Polizei aus ihren privaten Wohnungen entführt und ermordet.[309]

22

Darüber hinaus ist die Inhaftierung von Homosexuellen in verschiedenen Staaten ein gebräuchliches Mittel der Unterdrückung homosexueller Männer.[310] In **Rumänien** werden Homosexuelle gemäß Art. 200 Abs. 1 rumänisches StGB strafrechtlich verfolgt und behandelt die deutsche Rechtsprechung dies als eine mit der EMRK unvereinbare Praxis.[311] Auch in **Nigeria** werden homosexuelle Praktiken nach § 214 des nigerianischen StGB mit hohen Gefängnisstrafen sanktioniert und führt das Bekanntwerden derartiger Praktiken zu gesellschaftlicher Ächtung. Selbst in aufgeklärten Gesellschaftskreisen wird Homosexualität als »abnorm« angesehen und stößt auf weitestgehende Ressentiments und Ablehnung.[312] In **Jemen** werden homosexuelle Praktiken auf der Grundlage des islamischen Strafrechts der Scharia mit Freiheitsstrafen bis zu zehn Jahren Dauer geahndet. Dies kann auch mit der Anwendung von Körperstrafen einhergehen.[313]

23

3. Anwendung der Zusammenhangsklausel

Art. 10 Abs. 1 Buchst. d) Satz 3 Halbs. 1 RL 2004/83/EG bestimmt ausdrücklich, dass als sexuelle Orientierung keine Handlungen verstanden werden dürfen, die nach nationalem Recht als strafbar gelten. Dieser Norm kommt bei der Anwendung der Zusammenhangsklausel Bedeutung zu. Denn überschreitet die sexuelle Betätigung die allgemein anerkannten Schranken des Rechts auf sexuelle Selbstbestimmung, knüpft die Verfolgung nicht an die sexuelle Orientierung an.

24

In der Begründung des Kommissionsentwurfs wird darauf hingewiesen, dass die sexuelle Orientierung nicht impliziere, dass Homosexuelle diesen Verfolgungsgrund in jedem Fall geltend machen könnten.[314] Damit verweist die Begründung auf die Frage der zulässigen Grenzen der Beschränkung sexueller Betätigung. Maßgebend sind insoweit die allgemeinen Menschenrechte, deren allgemein gehaltenen Einschränkungsvorbehalte indes die präzise Inhaltsbestimmung erschweren.

25

Bei der Ermittlung des Verfolgungscharakters von Maßnahmen, die gegen sexuelle Praktiken gerichtet sind, kommt es zunächst auf die reine Tatsachenfeststellung an. Ob diese und insbesondere

26

---

306 VG Gelsenkirchen, Urt. v. 20.12.1990 – 5 K 10255/89; VG Stuttgart, EZAR 62 Nr. 9 = ZAR 2007, 107; siehe hierzu *Parhisi*, ZAR 2007, 96.
307 Siehe hierzu die inhaltsleere Antwort der Bundesregierung auf eine kleine Anfrage der Linkspartei, BT-Drucks. 16/72142.
308 *Amnesty international*, Violations of the Human Rights of Homosexuals, AI INDEX: POL 30/01/94, Januar 1994, S. 3.
309 *Amnesty international*, Violations of the Human Rights of Homosexuals, AI INDEX: POL 30/01/94, Januar 1994, S. 6 f.
310 *Amnesty international*, Violations of the Human Rights of Homosexuals, AI INDEX: POL 30/01/94, Januar 1994, S. 5: VR China, S. 27: Russische Förderation, S. 21–27: Rumänien.
311 VG Würzburg, AuAS 1995, 120.
312 VG Leipzig, InfAuslR 1999, 309 (310).
313 VG Gießen, InfAuslR 1999, NVwZ-Beil. 1999, 119 (120).
314 Kommissionsentwurf v. 12.09.2001, BR-Drucks. 1017/01, S. 24.

die Strafverfolgung auf die sexuelle Ausrichtung zielen, ist davon abhängig, ob der Staat damit die ihm durch die allgemeinen Menschenrechte gesetzten Schranken überschreitet. Damit stellt sich die Frage nach dem Umfang des menschenrechtlich geschützten Bereichs bei Verfolgungen wegen der sexuellen Ausrichtung.

27 Während die Grundrechte ihre Schranke im allgemeinem Sittengesetz finden, sind für das Flüchtlingsrecht die Grenzen des geschützten Bereichs anhand der allgemeinen Moral zu bestimmen (Art. 8 Abs. 3 EMRK). Es ist gekünstelt, in diesem Zusammenhang eine scharfe Unterscheidung zwischen dem »Schutz der Rechte und Freiheiten anderer« und dem »Schutz der Moral« (Art. 8 Abs. 3 EMRK) zu treffen. Das letztere Merkmal kann den Schutz des moralischen Ethos oder der moralischen Normen der Gesellschaft insgesamt umfassen. Bedeutet daher »Schutz der Rechte und Freiheiten anderer« die Sicherung der moralischen Interessen und Wohlfahrt bestimmter Individuen oder Gruppen, die eines besonderen Schutzes wegen mangelnder Reife, geistiger Störung oder dauernder Abhängigkeit bedürfen, handelt es sich insoweit nur um einen Aspekt des »Schutzes der Moral«.[315]

28 Zwar lässt sich nicht bezweifeln, dass eine gewisse Regelung des homosexuellen Verhaltens, wie in der Tat jeder Form sexuellen Verhaltens mit den Mitteln des Strafrechts als »notwendig in einer demokratischen Gesellschaft« gerechtfertigt werden kann. In Art. 8 EMRK ist jedoch der Begriff der »Notwendigkeit« mit dem der »demokratischen Gesellschaft« verbunden. Damit ist festzuhalten: Homosexuelle einverständliche Betätigung unter Erwachsenen im Privatbereich ist grundsätzlich völkerrechtlich geschützt. Die Anschauungen über homosexuelle Praktiken haben sich in den vergangenen Jahrzehnten sowohl in Deutschland wie auch in den meisten anderen Staaten nachhaltig verändert. Im Gegensatz zu früheren Einstellungen wird Homosexualität nicht mehr als krankhaftes oder strafwürdiges Verhalten eingestuft.[316]

29 Zwar gibt es keinen weltweit geltenden gemeinsamen Maßstab für die öffentliche Sittlichkeit. Daher muss den Staaten bei der Regelung des öffentlichen Lebens, etwa bei der Gestaltung öffentlicher Fernsehprogramme, ein gewisser Ermessensspielraum zugestanden werden.[317] Etwas anderes gilt jedoch für den Einsatz strafrechtlicher Mittel. Nach den heute herrschenden gesellschaftlichen Anschauungen lässt sich die Anwendung strafrechtlicher Mittel zur Abwehr homosexuellen Verhaltens – im gegenseitigen Einvernehmen im Privaten und unter Erwachsenen – nicht mehr mit der öffentlichen Moral begründen.

30 Die Grenzen des Rechts auf sexuelle Selbstbestimmung sind ausschließlich anhand der allgemeinen Moral zu bestimmen (Art. 8 Abs. 3 EMRK). Die völkerrechtlich anerkannte Moral verlangt von Homosexuellen jedoch nicht, dass sie ihren Neigungen im Verborgenen nachgehen müssen, sodass eine strafrechtliche Verfolgung Homosexueller, die sich öffentlich zu ihrer Sexualität bekennen, unzulässig ist.[318] Der Hinweis auf Art. 10 Abs. 1 Buchst. b) RL 2004/83/EG und der dort hervorgehobene Schutz der öffentlichen Glaubensbetätigung, der in Art. 10 Abs. 1 Buchst. d) RL 2004/83/EG fehlt, rechtfertigt keine einschränkende Ansicht. Es ist allgemein anerkannt, dass auch die politische Betätigung im öffentlichen Bereich geschützt ist, obwohl die öffentliche Ausübungsfreiheit in Art. 10 Abs. 1 Buchst. e) RL 2004/83/EG nicht genannt ist. Selbstverständlich können die Staaten die Ausübung homosexueller ebenso wie heterosexueller Praktiken in der Öffentlichkeit wegen Erregung öffentliches Ärgernisses untersagen.

---

315 EGMR, NJW 1984, 541 (542) – Dudgeon.
316 VG Gießen, NVwZ-Beil. 1999, 119.
317 Ausschuss für Menschenrechte der VN, EuGRZ 1982, 342 (344).
318 Australia High Court Appelant S395/2002 (2003) HCA 71 UK Supreme Court (2010) UKSC 31 Rn. 72; *Markard/Adamietz*, KJ 2011, 294 (298); zweifelnd OVG Nordrhein-Westfalen, Asylmagazin 3/2011, 81 (82).

4. Verfolgungsprognose

a) Feststellung der individuellen Prognosetatsachen

Die Behörde hat gegebenenfalls Feststellungen dahin zu treffen, ob sich der Asylsuchende bereits in der Vergangenheit homosexuell betätigt hat. Die Prüfung wird regelmäßig den Zeitraum seit dem Erreichen der Pubertät in den Blick nehmen. Ein Asylsuchender kann jedoch aus Scham oder aus Angst vor der damit verbundenen gesellschaftlichen Ächtung seine homosexuelle Veranlagung über einen mehr oder weniger langen Zeitraum unterdrückt haben, sodass er erst zu einem weitaus späteren Zeitpunkt das persönliche Risiko einzugehen wagt, entsprechend seiner sexuellen Veranlagung zu leben. 31

Selbst die Eheschließung mit einer Frau muss nicht als zwingender Beweis für die fehlende homosexuelle Neigung gewertet werden. Denn gerade die bürgerliche Ehe mag dem ansonsten der allgemeinen gesellschaftlichen Ächtung und möglicherweise Verfolgung zum Opfer fallenden Homosexuellen einen angemessenen Schutz bieten. Die Unentrinnbarkeit der homosexuellen Neigung hat keine die Ermittlungen begrenzende Funktion (Rdn. 4). 32

Hat der Antragsteller erst im erwachsenen Alter seine homosexuelle Betätigung im Bundesgebiet aufgenommen, können Feststellungen zu der Frage, ob und unter welchen Bedingungen es ihm vor seiner Ausreise aus seinem Heimatstaat gelungen war, die Richtung seines sexuellen Triebverhaltens nach außen zu verbergen und ob nach der Art seiner Veranlagung erwartet werden kann, er könne nach seiner Rückkehr in seinen Heimatstaat ebenso wie vor seiner Ausreise seine konkrete Lebensführung gestalten, die Entscheidung erleichtern. Derartige Feststellungen kann das Verwaltungsgericht jedoch nicht ohne die Hinzuziehung eines Sexualwissenschaftlers treffen. 33

Liegen diese Voraussetzungen in der Person des Antragstellers vor, wird die Entscheidungsfindung erleichtert. Ist aufgrund der festgestellten unentrinnbaren homosexuellen Prägung des Asylsuchenden mehr oder weniger zwangsläufig die Weiterführung homosexueller Praktiken im Herkunftsland zu erwarten, droht mit der erforderlichen Wahrscheinlichkeit Verfolgung.[319] Insoweit ist auch das öffentliche Bekenntnis zur homosexuellen Veranlagung im Bundesgebiet mit zu berücksichtigen.[320] Da es jedoch nicht auf die unentrinnbar festgelegte Neigung (Rdn. 4), sondern auf das Recht zur sexuellen Selbstbestimmung ankommt, darf der Antrag nicht allein deshalb abgelehnt werden, weil der Antragsteller in der Vergangenheit keine im Herkunftsstaat verbotenen sexuellen Praktiken verfolgt hat und insoweit auch nicht neigungsmäßig festgelegt war. Vielmehr kommt es darauf an, dass er im Entscheidungszeitpunkt (Art. 4 Abs. 3 Buchst. a) RL 2004/983/EG) glaubhaft derartige Praktiken verfolgt und die Behörden im Herkunftsland gegen diese vorgehen. 34

b) Anwendung der Prognosegrundsätze

Für die Anwendung der Prognosegrundsätze finden die allgemeinen Kriterien Anwendung. Ist glaubhaft gemacht worden, dass der Antragsteller wegen seiner sexuellen Praktiken vor seiner Ausreise bereits Verfolgungen erlitten hatte oder ihm diese unmittelbar bevorstanden und erfolgte die Ausreise im unmittelbaren zeitlichen Zusammenhang mit andauernden Verfolgungen oder Bedrohungen nach Maßgabe des Kumulationsansatzes, kann der Antrag nur bei einer grundlegenden Änderung der allgemeinen Verhältnisse, für deren Vorliegen die Behörde beweisbelastet ist, abgelehnt werden (Art. 4 Abs. 4 RL 2004/83/EG). 35

Fehlt es an einer derartigen Vorverfolgung, kommt es zunächst darauf an, ob der Antragsteller glaubhaft machen kann, dass er sexuelle Praktiken verfolgt, die in seinem Herkunftsland mit Verfolgungsmaßnahmen unterdrückt werden, und darüber hinaus den Behörden mit der erforderlichen Wahrscheinlichkeit bekannt werden wird, dass er derartige Praktiken ausübt. Es ist deshalb sorgfältig zu 36

---

319 VG Leipzig, InfAuslR 1999, 309 (310).
320 VG Leipzig, Urt. v. 15.11.2000 – A 7 K 32574/96.

ermitteln, welche sexuellen Praktiken der Antragsteller ausübt. Dabei ist grundsätzlich sein aus dem Recht auf freie sexuelle Selbstbestimmung folgendes Selbstverständnis anzuerkennen.

37 Die Prüfung hat sich lediglich darauf zu beschränken, ob dieses Selbstverständnis und die darauf beruhenden Praktiken glaubhaft sind. Unzulässig wäre die Frage der Behörde an den Antragsteller, ob er sich nach Rückkehr in sein Herkunftsland der homosexuellen Betätigung enthalten oder jedenfalls seine sexuelle Orientierung nach außen verbergen könnte. Denn geschützt ist das Recht auf sexuelle Selbstbestimmung (Rdn. 4 ff.). Was geschützt wird, darf auch nach außen bekundet werden. Daher stecken diese Grundsätze den rechtlichen Bezugsrahmen für die Ermittlung der Prognosetatsachen ab.

38 Im Ausgangspunkt darf entsprechend dem Schutz, dem das die Identität prägende Merkmal der sexuellen Orientierung nach der Richtlinie zukommt, vom Antragsteller keine Zurückhaltung verlangt werden. Steht fest, dass Praktiken der vom Antragsteller verfolgten Art im Herkunftsland verfolgt werden und beruft sich dieser glaubhaft auf sein Recht auf sexuelle Selbstbestimmung, ist regelmäßig für den Fall der Rückkehr von der erforderlichen Wahrscheinlichkeit gegen den Antragsteller gerichteter Verfolgungen wegen seiner Zugehörigkeit zu einer bestimmten sozialen Gruppe auszugehen.

39 Anschließend ist die allgemeine Praxis im Herkunftsland im Blick auf sexuelle Praktiken der vom Antragsteller dargelegten Art zu untersuchen. Wird auf diese mit Maßnahmen reagiert, die Verfolgungscharakter im Sinne von Art. 9 RL 2004/83/EG einschließlich kumulativer Elemente aufweisen, ist grundsätzlich davon auszugehen, dass der Antragsteller im Fall der Rückkehr von diesen Maßnahmen betroffen werden wird.

40 Die von diesen Grundsätzen abweichende Rechtsprechung des BVerwG kann für die Prognoseprüfung nach der Richtlinie nicht mehr angewandt werden. Dieses hatte im Rahmen der Prognoseprüfung verlangt, die Unentrinnbarkeit der homosexuellen Veranlagung nach den besonderen Umständen des Falles festzustellen. Bestand die Gefahr, allein deshalb im Fall der Rückkehr bestraft zu werden, war der geltend gemachte Anspruch begründet. Die Prognose, ein unentrinnbar auf seine homosexuelle Veranlagung festgelegter Antragsteller werde sich nach seiner Rückkehr in seinen Heimatstaat einer strafbaren homosexuellen Betätigung aller Voraussicht nach nicht enthalten, konnte deshalb nicht beanstandet werden.[321]

§ 26 Verfolgung aufgrund des Geschlechts (Art. 10 Abs. 1 Buchst. d) Abs. 2 Satz 3 zweiter Halbs. RL 2004/(3/EG)

Übersicht	Rdn
1. Begriff der »bestimmten sozialen Gruppe«	1
a) Geschütztes Merkmal im Sinne von Art. 1 A Nr. 2 GFK	1
b) Geschütztes Merkmal im Sinne von Art. 10 Abs. 1 Buchst. d) RL 2004/83/EG.	5
c) Begriff des »Geschlechts« (Art. 10 Abs. 1 Buchst. d) Satz 3 zweiter Halbs. RL 2004/83/EG)	9
2. Anwendung der Zusammenhangsklausel	21
3. Einzelbeispiele geschlechtsspezifischer Verfolgungen	23
a) Verletzung religiöser und kultureller Normen	23
aa) Spezifische Probleme der Verfolgungshandlung	23
bb) Anwendung der Zusammenhangsklausel	29
cc) Verfolgungsprognose	37
b) Häusliche Gewalt	44
aa) Spezifische Probleme der Verfolgungshandlung	44

---

321 BVerwGE 79, 143 (151) = EZAR 201 Nr. 13 = NVwZ 1988, 838 = InfAuslR 1988, 230, inzwischen fordert die Praxis nach der Auskunft der Bundesregierung nicht mehr den Nachweis der Irreversibilität der homosexuellen Neigung durch sexualwissenschaftliches Gutachten (BT-Drucks. 17/8357, S. 5).

bb) Anwendung der Zusammenhangsklausel	46
c) Sexuelle Gewalt	54
aa) Spezifische Probleme der Verfolgungshandlung	54
bb) Anwendung der Zusammenhangsklausel	59
d) Zwangsverheiratung	66
aa) Spezifische Probleme der Verfolgungshandlung	66
bb) Anwendung der Zusammenhangsklausel	70
cc) Verfolgungsprognose	77
e) Geschlechtsverstümmelung	81
aa) Spezifische Probleme der Verfolgungshandlung	81
bb) Wegfall des nationalen Schutzes	88
cc) Anwendung der Zusammenhangsklausel	92
dd) Verfolgungsprognose	101
ee) Praxis der Genitalverstümmelung in den Herkunftsländern	104
f) Frauenhandel	110
aa) Spezifische Formen der Verfolgungshandlung	110
bb) Anwendung der Zusammenhangsklausel	113
cc) Verfolgungsprognose	115
g) Verfolgungen von Familienangehörigen	117
aa) Spezifische Formen der Verfolgungshandlung	117
bb) Anwendung der Zusammenhangsklausel	128
cc) Verfolgungsprognose	141
h) Heiratsverbot	151
aa) Spezifische Formen der Verfolgungshandlung	151
bb) Anwendung der Zusammenhangsklausel	156
cc) Verfolgungsprognose	164
i) Zwangsabtreibung und -sterilisation	166
aa) Spezifische Probleme der Verfolgungshandlung	166
bb) Anwendung der Zusammenhangsklausel	168
j) Ehrenmorde	171
aa) Spezifische Probleme der Verfolgungshandlung	171
bb) Anwendung der Zusammenhangsklausel	178
k) Blutrache	180
aa) Spezifische Probleme der Verfolgungshandlung	180
bb) Anwendung der Zusammenhangsklausel	184

Leitsätze

1. Der Begriff »Geschlecht« verweist auf den sozialen Geschlechtsbegriff (»**Gender**«) und bezeichnet die Beziehungen zwischen Frauen und Männern auf der Grundlage gesellschaftlich oder kulturell üblicher oder definierter Identitäten (Rdn. 9 ff.). Der Begriff ist weder ausschließlich biologisch (»Sex«) noch statisch noch von Natur aus vorgegeben, sondern erhält im Laufe der Zeit sozial oder kulturell entstandene Inhalte.
2. Faktoren für eine geschlechterbezogene inhaltliche Begriffsbestimmung der bestimmten sozialen Gruppe sind das biologische Geschlecht, Alter, der eheliche Status, der familiäre und verwandtschaftliche Hintergrund, der frühere wirtschaftliche und soziale Status sowie der berufliche Hintergrund oder ethnische oder Stammeszugehörigkeiten (Rdn. 12 ff.).
3. Ob die Genderfaktoren unveränderbar sind, ist abhängig von dem kulturellen und sozialen Kontext, in dem die Frau lebt. Externe Faktoren führen mithin zur Herausbildung einer von der umgebenden Gesellschaft deutlich abgegrenzten Identität (Rdn. 18).
4. Sowohl der Richtlinie wie auch § 60 Abs. 1 Satz 3 AufenthG liegt der Genderbegriff und damit ein interne und externe Merkmale miteinander verschränkender Ansatz zugrunde (Rdn. 5 ff.). Der Genderbegriff knüpft an das interne – angeborene – Merkmal Geschlecht an, das durch kulturelle, soziale und familiäre Faktoren seine soziale Begriffsbestimmung (externes Merkmal) erfährt und damit entsprechend den spezifischen Kontextfaktoren eine von der umgebenden Gesellschaft deutlich abgegrenzte, fest umrissene Gruppe bezeichnet.

5. Die Richtlinie erfordert danach eine Begriffsbestimmung des Geschlechts anhand der jeweils maßgebenden Genderfaktoren. Nach deutschem Recht reicht zwar das Geschlecht allein aus. Aber auch dem deutschen Recht liegt der Genderbegriff zugrunde und ist deshalb zur sozialen Begriffsbestimmung eine Berücksichtigung der jeweils maßgebenden Genderfaktoren erforderlich.
6. Nach der Richtlinie wie nach deutschem Recht **können** geschlechterbezogene Aspekte berücksichtigt werden. Die Statusentscheidung ist jedoch eine **Rechtsentscheidung**. Weder die Richtlinie noch das deutsche Recht stellen danach die Berücksichtigung geschlechterbezogener Aspekte in das behördliche Ermessen. Die Feststellungsbehörde wird lediglich daran erinnert, bei der Sachverhaltsermittlung auf geschlechterbezogene Aspekte Bedacht zu nehmen und die Genderfaktoren sorgfältig zu ermitteln.
7. In der Staatenpraxis üblich ist auch die Bildung von bestimmten **Untergruppen** von Frauen. Dies ist jedoch **keine zwingende Voraussetzung** für die Begriffsbestimmung der bestimmten sozialen Gruppe bei Asylanträgen mit geschlechterbezogenen Aspekten. Vielmehr ist entscheidend, dass aufgrund **bestimmter** Genderfaktoren wie sozialer, kultureller, religiöser, familiärer, ethnischer, rassischer Hintergrund, Alter, wirtschaftliche Stellung und Stammeszugehörigkeiten die **bestimmte** soziale Gruppe zu ermitteln ist, die durch die Genderfaktoren eine von der sie umgebenden Gesellschaft deutlich abgegrenzte Identität aufweist
8. Das Geschlecht muss ein maßgebender beitragender Faktor für die Verfolgung sein, muss aber nicht als einziger oder überwiegender Grund nachgewiesen werden (Rdn. 21). Es genügt, wenn der staatliche oder nichtstaatliche Akteur der Antragstellerin den Verfolgungsgrund zuschreibt (Art. 10 Abs. 2 RL 2004/83/EG). Zielt der nichtstaatliche Akteur auf das Geschlecht, liegt der Verfolgungsgrund unabhängig davon vor, aus welchen Gründen staatlicher Schutz versagt wird. Umgekehrt ist der Kausalzusammenhang zu bejahen, wenn dieser im Blick auf den nichtstaatlichen Akteur nicht dargelegt wird, indes die fehlende Schutzfähigkeit oder -bereitschaft auf der Zugehörigkeit zu der durch das »Geschlecht« bestimmten sozialen Gruppe beruht (Rdn. 22).

Droht der Antragstellerin aufgrund ihres Sachvorbringens Verfolgung?

Ist der nationale Schutz gegen diese Verfolgung weggefallen?

Knüpft die Verfolgung an das Geschlecht an?

Erfüllt die Gruppe, welcher die Antragstellerin zuzuordnen ist, die Merkmale einer bestimmten sozialen Gruppe: – welches geschlechterbezogene Merkmal kennzeichnet die Gruppe (Rdn. 9 ff.)? – ist die Gruppe aufgrund des geschlechterbezogenen Merkmals von den anderen Gruppen der Gesellschaft unterscheidbar (Rdn. 18 ff.)?

Stellt das geschlechterbezogene Merkmal der Antragstellerin einen **wesentlichen beitragenden** Faktor bei der Verfolgung dar (Rdn. 21)?

Ist der Staat bei Verfolgungen durch nichtstaatliche Akteure wegen der Zugehörigkeit der Antragstellerin zu der bestimmten sozialen Gruppe nicht schutzbereit (Rdn. 22)?

Schaubild 11 zur Verfolgung wegen des Geschlechts

1. Begriff der »bestimmten sozialen Gruppe«

a) Geschütztes Merkmal im Sinne von Art. 1 A Nr. 2 GFK

Aus den Beschlüssen des Exekutivkomitees des Programms von UNHCR folgt ein feststehender Grundsatz, dass bei der Auslegung und Anwendung des Flüchtlingsbegriffs nach Art. 1 A Nr. 2 GFK in seiner Gesamtheit stets auf eine mögliche geschlechtsbezogene Dimension zu achten ist.[322] Daher bestehe auch keine Notwendigkeit, die Definition des Flüchtlingsbegriffs der GFK durch einen weiteren Grund zu ergänzen.[323] Wortlaut, Ziel und Zweck der GFK erfordern eine geschlechterbezogene Aspekte einschließende Auslegung und Anwendung. Ob der Hinweis auf geschlechterbezogene Aspekte als solcher bereits ausreicht, um von einer Verfolgung wegen der Zugehörigkeit zu einer bestimmten sozialen Gruppe ausgehen zu können, bedarf der vertieften Analyse des Begriffs des Geschlechts.

Geschlechtsspezifische Verfolgungsgründe können sowohl von Frauen wie auch von Männern geltend gemacht werden. Zumeist werden derartige Anträge jedoch aufgrund der spezifischen Methoden der Verfolgung von Frauen gestellt. Historisch wurde die Flüchtlingsdefinition aufgrund männlicher Erfahrungen interpretiert, sodass viele Fälle von Verfolgungen von Frauen unberücksichtigt blieben. In den 1990er Jahren wurden jedoch in Bezug auf die Analyse und das Verständnis von »sex« und »gender«im Flüchtlingsrecht in der Staatenpraxis wie auch ganz allgemein in der

---

322 *UNHCR*, ExCom, Nr. 39 (1985), Nr. 73 (1993), Nr. 77 (g) (1995), Nr. 79 (o) (1997), Nr. 87 (1999); siehe auch Refugee Survey Quaterly, Heft 2/2010, Gender Equality and Refugee Women.

323 *UNHCR*, Geschlechtsspezifische Verfolgung S. 3 f.; *Edwards*, RSQ 2010, 21 (25 ff.); *Musalo*, RSQ 2010, 46 (49 ff.); *Martin*, RSQ 2010, 104 (109 ff.).

staatlichen Praxis und in wissenschaftlichen Abhandlungen beachtliche Fortschritte erzielt. Diese Entwicklungen vollzogen sich parallel zur Weiterentwicklung des Völkerrechts und des allgemeinen Menschenrechtsschutzes und insbesondere auch des Völkerstrafrechts.

3   Im Blick auf den Versuch, die Kriterien des Flüchtlingsbegriffs in der Staatenpraxis anzuwenden, weist UNHCR auf die Notwendigkeit hin, eine **ganzheitliche Beurteilung** vorzunehmen und alle maßgeblichen Umstände des Falles in Betracht zu ziehen. Es sei von besonderer Wichtigkeit, sich einerseits ein Gesamtbild von der Persönlichkeit der Antragstellerin, ihrem Hintergrund und ihrer persönlichen Erfahrung zu machen und andererseits die spezifischen historischen, geografischen und kulturellen Verhältnisse im Herkunftsland genau zu kennen und zu analysieren.[324] In manchen Fällen könne das Geschlecht von wesentlicher Bedeutung sein. In anderen Fällen sei dieses für die Verfolgung unerheblich.[325]

4   Als Beispiele für geschlechtsspezifische Verfolgungen bezeichnet UNHCR sexuelle Gewalttaten, Gewalt in der Familie, häusliche Gewalt, erzwungene Familienplanung, Verstümmelung der weiblichen Geschlechtsorgane, Bestrafung wegen Verletzungen des Sittenkodexes.[326] Zudem sei allgemein anerkannt, dass Vergewaltigung und andere Formen geschlechtsspezifischer Gewalt, etwa Gewalt im Zusammenhang mit der Mitgiftproblematik, häusliche Gewalt und Menschenhandel, Handlungen seien, die erhebliche Schmerzen und sowohl psychisches wie auch physisches Leid verursachten und von staatlichen wie nichtstaatlichen Verfolgungsakteuren gleichermaßen als Methode der Verfolgung angewandt würden (§ 14 Rdn. 214 ff.).[327] Während im Allgemeinen bloße Diskriminierungen nicht als Verfolgung angesehen werden, kann eine systematisch betriebene Diskriminierung oder Benachteiligung in ihrer kumulativen Wirkung Verfolgung bedeuten (Art. 9 Abs. 1 Buchst. b), Abs. 2 Buchst. c) RL 2004/83/EG).[328]

b) Geschütztes Merkmal im Sinne von Art. 10 Abs. 1 Buchst. d) RL 2004/83/EG

5   Richtet sich die Verfolgung gegen das Geschlecht, knüpft sie an die Zugehörigkeit zu einer bestimmten sozialen Gruppe an (Art. 10 Abs. 1 Buchst. d) Satz 3 Halbs. 2 RL 2004/83/EG). Nach dieser Norm können bei der Begriffsbestimmung »**geschlechterbezogene Aspekte**« berücksichtigt werden.[329] Sie berücksichtigt damit eine seit Jahren erhobene Forderung nach Anerkennung geschlechtsspezifischer Verfolgungen. Ausgehend von der Erkenntnis, dass Frauen häufig bedeutend weniger in politische Aktivitäten verstrickt sind als Männer und sexuelle Gewalt, wie etwa Vergewaltigung (§ 14 Rdn. 51 ff.), aus Gründen erfahren, die nicht in der Konvention genannt sind, wird empfohlen, derartige Schutzbegehren dem Begriff der sozialen Gruppe zuzuordnen.[330]

6   Nach geltendem Sekundärrecht rechtfertigen indes geschlechterbezogene Aspekte **für sich allein** genommen nicht die Annahme, dass die Verfolgung auf einem Verfolgungsgrund beruht (Art. 10 Abs. 1 Buchst. d) Satz 3 Halbs. 1 RL 2004/83/EG). Dies wird damit begründet, dass Frauen diesen Verfolgungsgrund nicht in jedem Fall geltend machen könnten.[331] Hingegen kann nach § 60 Abs. 1 Satz 3 AufenthG[332] eine Verfolgung wegen der Zugehörigkeit zu einer bestimmten sozialen Gruppe

---

324 *UNHCR*, Geschlechtsspezifische Verfolgung, S. 3 und 4.
325 *UNHCR*, Geschlechtsspezifische Verfolgung, S. 3 und 4.
326 *UNHCR*, Geschlechtsspezifische Verfolgung, S. 3.
327 *UNHCR*, Geschlechtsspezifische Verfolgung, S. 4.
328 *UNHCR*, Geschlechtsspezifische Verfolgung, S. 5.
329 Siehe auch § 13 Rdn. 51 ff.
330 *Hathaway*, The Law of Refugee Status, S. 162; *Goodwin-Gill/McAdam*, Refugee in International Law, S. 81 ff.; *Castel*, Rape, IJRL 1992, 39 (51); *Mawani*, IJRL 1993, 240 (244); *Johnsson*, IJRL 1989, 221 (223); *Kelley*, IJRL 1989, 233 (235 f.); *Greatbatch*, IJRL 1989, 518 (526).
331 Kommissionsentwurf, in: BR-Drucks. 1017/01, S. 24.
332 Zur Entstehungsgeschichte *Brabandt*, Internationale Normen und das Rechtssystem, 2011, S. 172 ff.

auch dann vorliegen, wenn die Verfolgung **allein** an das Geschlecht anknüpft. Das deutsche Recht geht damit auf den ersten Blick über das Unionsrecht hinaus und verzichtet auf zusätzliche Erfordernisse, wenn auf einen geschlechterbezogenen Verfolgungsgrund hingewiesen wird.

Nach Art. 10 Abs. 1 Buchst. d) Satz 3 zweiter Halbs. RL 2011/95/EU sollen geschlechterbezogene Aspekte bei der Feststellung einer bestimmten sozialen Gruppe angemessen berücksichtigt werden.[333] Die Mitgliedstaaten haben bis zum 21. Dezember 2013 Zeit, diese Änderungen in nationales Recht umzusetzen (Art. 39 Abs. 1 RL 2011/95/EU). Damit gleicht sich die Richtlinie auch nach ihrem Wortlaut der internationalen Rechtsentwicklung an. Nach der Rechtsprechung darf die Richtlinie nicht zu einer restriktiven Anwendung des § 60 Abs. 1 Satz 3 AufenthG herangezogen werden (vgl. auch Art. 3 RL 2004/83/EG).[334] In aller Regel dürfte es jedoch zwischen dem nach geltendem unionsrechtlichen und dem deutschen Ansatz zu keinen unterschiedlichen Ergebnissen kommen. Auch für UNHCR bedeutet zwar eine geschlechterbezogene Analyse der Konvention nicht, dass alle Frauen automatisch Anspruch auf den Statusbescheid haben. Die Flüchtlingsdefinition schließe jedoch bei richtiger Auslegung mit geschlechtsspezifischer Verfolgung begründete Asylanträge ein, ohne dass es insoweit der Darlegung eines zusätzlichen Aspektes bedarf (Rdn. 9 ff.). Dies wird durch die Änderungsrichtlinie auch nach dem Wortlaut klargestellt. 7

Der Begriff »geschlechterbezogene Aspekte« in Art. 10 Abs. 1 Buchst. d) Satz 3 Halbs. 2 RL 2004/83/EG verweist auf den Begriff der »**geschlechtsspezifischen Verfolgung**«, der an sich kein Rechtsbegriff, sondern eine phänomenologische Beschreibung bestimmter Verfolgungsformen ist. Um das Wesen der geschlechtsspezifischen Verfolgung zu verstehen, müssen die beiden Bedeutungen des Begriffs »**Geschlecht**«, die biologische (»**sex**«) und die soziale (»**gender**«), definiert und getrennt betrachtet werden Rdn. 9 ff.). 8

c) Begriff des »Geschlechts« (Art. 10 Abs. 1 Buchst. d) Satz 3 zweiter Halbs. RL 2004/83/EG)

Der Begriff »Geschlecht« in seiner sozialen Bedeutung bezeichnet die Beziehungen zwischen Frauen und Männern auf der Grundlage gesellschaftlich oder kulturell üblicher oder definierter Identitäten, Rechtsstellungen, Rollen und Aufgaben, die dem einen oder anderen Geschlecht zugewiesen sind. Demgegenüber bezeichnet »Geschlecht« im biologischen Sinne unterschiedliche biologische Merkmale.[335] 9

Genderspezifische Merkmale werden als klare Beispiele für eine bestimmte soziale Gruppe bezeichnet, die durch ein angeborenes und unveränderbares Merkmal miteinander verbunden ist.[336] Der Begriff »Gender« ist jedoch weder statisch noch von Natur aus vorgegeben, sondern erhält im Laufe der Zeit sozial oder kulturell entstandene Inhalte.[337] Faktoren für eine derartige soziale Bestimmung geschlechterbezogener Aspekte sind das **biologische Geschlecht**, das **Alter**, der **eheliche Status**, der **familiäre und verwandtschaftliche Hintergrund**, der **frühere wirtschaftliche und soziale Status** sowie **berufliche Hintergrund** oder **ethnische** oder **Stammeszugehörigkeiten**. 10

Ob diese Faktoren unveränderbar sind, ist abhängig von dem kulturellen und sozialen Kontext, in dem die Frau lebt.[338] In **Ward** interpretiert der Oberste Gerichtshof in Kanada den Genderbegriff 11

---

333 *Commission of the European Communities*, Proposal for a Directive of the European Parliament and of the Council on minimum standards for the qualification and status of third country nationals or stateless persons as beneficiaries of international protection and the content of the protection granted, COM(2009) 55/3, 21. October 2009, S. 29.

334 Hessischer VGH, NVwZ-RR 2006, 504 (505); so auch *Möller/Stiegeler*, § 60 AufenthG Rn. 16; *Moll*, Das Asylgrundrecht bei staatlicher und frauenspezifischer Verfolgung, S. 80.

335 *UNHCR*, Geschlechtsspezifische Verfolgung, S. 3.

336 *Hathaway*, The Law of Refugee Status, S. 162.

337 *UNHCR*, Geschlechtsspezifische Verfolgung, S. 3; *LaViolette*, IRLJ 2007, 169 (180 ff.).

338 *Refugee Women's Legal Group*, Gender Guidelines for the Determination of Asylum Claims in the UK, S. 17.

im engen Zusammenhang mit dem sprachlichen Hintergrund und der sexuellen Orientierung.[339] Art. 10 Abs. 1 Buchst. d) Satz 3 zweiter Halbs. RL 2011/95/EU hebt besonders die »geschlechtliche Identität«, also ein die Identität prägendes, auf dem Geschlecht beruhendes Merkmal, hervor. Externe Faktoren führen mithin zur Herausbildung einer von der umgebenden Gesellschaft deutlich abgegrenzten Identität. Auch beim Begriff der geschlechterbezogenen Aspekte ist zur Begriffsbestimmung auf die gegenseitige Verschränkung interner mit externen Merkmalen Bedacht zu nehmen (§ 24 Rdn. 40 ff.) und kann so der geltende unionsrechtliche mit dem deutschen Ansatz in Übereinstimmung gebracht werden.

12 So verstanden kann der Begriff »Geschlecht« in § 60 Abs. 1 Satz 3 AufenthG in seiner sozialen Dimension »Gender« als solcher ausreichen. Zunächst erscheint das »Geschlecht« als geschütztes (angeborenes) Merkmal im Sinne von Art. 10 Abs. 1 Buchst. d) Abs. 1 erster Spiegelstrich 1. Alt. RL 2004/83/EG. Das interne (geschützte) Merkmale erfährt seine soziale Begriffsbestimmung durch die bezeichneten kulturellen, sozialen und familiären Kriterien im Sinne einer nach außen fest umrissenen Identität (Art. 10 Abs. 1 Buchst. d) Abs. 1 zweiter Spiegelstrich RL 2004/83/EG). Zwar rechtfertigen geschlechterbezogene Aspekte für sich allein nicht die Annahme eines Verfolgungsgrundes. Wird jedoch ein interne und externe Merkmale miteinander verschränkender Ansatz angewendet, also der soziale Begriff »Gender« herausgearbeitet und werden damit sozial oder kulturell entstandene Inhalte mit einbezogen, knüpft die allein an den Begriff »Gender« anknüpfende Verfolgung auch nach der Richtlinie an die Zugehörigkeit zu einer bestimmten sozialen Gruppe an.

13 UNHCR weist darauf hin, dass »Frauen« in mehreren Rechtsordnungen als bestimmte soziale Gruppe anerkannt werden. Dies bedeute indes nicht, dass alle Frauen in einer Gesellschaft Anspruch auf die Gewährung des Flüchtlingsstatus hätten. Vielmehr müsse die Antragstellerin zusätzlich nachweisen, dass sie begründete Furcht vor Verfolgung aufgrund ihrer Zugehörigkeit zu einer bestimmten sozialen Gruppe habe.[340] Das Geschlecht könne aber in die Kategorie der bestimmten sozialen Gruppe fallen, da Frauen ein deutliches Beispiel für eine durch angeborene und unveränderliche Charakteristika von der Gesellschaft deutlich abgegrenzte Gruppe seien und oft anders als Männer behandelt würden.[341] Auch die kanadischen Richtlinien zu geschlechtsspezifischen Verfolgungen weisen darauf hin, dass es sich beim »Geschlecht« um ein angeborenes Merkmal handle und Frauen folglich eine bestimmte soziale Gruppe darstellen können.[342]

14 Wegweisend für die Zuordnung des Begriffs »Geschlecht« zum Verfolgungsgrund der »Zugehörigkeit zu einer bestimmten sozialen Gruppe« ist die Entscheidung **Islam and Shah** des House of Lords, in der die Lordrichter den Fall pakistanischer Frauen zu beurteilen hatten, die von ihren Ehemännern verstoßen und des Ehebruchs beschuldigt worden waren, sodass diese für den Fall der Rückkehr die Auspeitschung oder Steinigung zu befürchten hatten. Lordrichter **Steyn** stellte zunächst fest, dass Frauen in Pakistan als bestimmte soziale Gruppe angesehen werden können. Aus historischer Sicht sei auf den Umstand hinzuweisen, dass selbst unter den brutalsten und repressivsten Systemen wie Nazideutschland und unter dem Stalinismus einige Angehörige der von Verfolgung betroffenen Gruppen dieser hätten entgehen können. Diese bedeute jedoch nicht, dass diese Gruppen nicht als bestimmte soziale Gruppen verstanden werden könnten.

15 Sofern man die Frauen in Pakistan als solche nicht als bestimmte soziale Gruppe ansehen wolle, sei jedoch zu bedenken, dass die Antragstellerinnen durch das Zusammentreffen von drei Charakteristika geprägt würden: das Geschlecht, der gegen sie erhobene Verdacht des Ehebruchs sowie ihre ungeschützte Position in Pakistan. Diese Merkmale würden keinen Aspekt von Verfolgung beinhalten. Die betroffenen Frauen könnten vielmehr mit praktizierenden Homosexuellen verglichen

---

339 Canada Supreme Cout, 30.06.1993 – No. 21937 – Ward.
340 *UNHCR*, Soziale Gruppe, S. 6.
341 *UNHCR*, Geschlechtsspezifische Verfolgung, S. 9.
342 Richtlinien zu Asylbewerberinnen, die sich auf Furcht vor Verfolgung aufgrund ihres Geschlechts berufen, 25.11.1996, Nr. 1II.

werden, die durch den Staat nicht geschützt würden. In konzeptioneller Hinsicht existiere eine solche Gruppe unabhängig von der Verfolgung.³⁴³ Ähnlich wird in der kanadischen und deutschen Spruchpraxis argumentiert. Danach werden alleinstehende muslimische Frauen, die ohne männlichen Schutz in einer muslimischen Gesellschaft leben müssen, als bestimmte soziale Gruppe angesehen. Sie könnten nicht über die Eigenschaft »Gender« sowie die Abwesenheit von männlichem Schutz frei entscheiden.³⁴⁴

Nach Lordrichter **Hoffmann** müsse zunächst die Gesellschaft, zu welcher eine bestimmte soziale Gruppe gehöre, identifiziert werden. Diskriminierung sei ein wesentliches Element, um eine bestimmte soziale Gruppe zu bestimmen. Eine Gesellschaft, die Frauen aufgrund ihres Geschlechts diskriminiere, grenze diese aus der Gesellschaft aus. Allein der Umstand, dass die Antragstellerinnen Frauen seien, habe aber nicht notwendigerweise Verfolgung zur Folge. Man könne keine allgemeinen Regeln entwickeln zur Bestimmung der Charakteristika, die eine bestimmte soziale Gruppe von Frauen von den übrigen Frauen in einer Gesellschaft abgrenzten. Vielmehr müsste die Entscheidung von Fall zu Fall bestimmt werden. Der entscheidende Faktor, welche die betroffene Gruppe von Frauen von den Frauen innerhalb einer Gesellschaft insgesamt abgrenze, sei die evidente Tatsache institutionalisierter Diskriminierung von Frauen durch die Polizei, die Gerichte und das gesamte Rechtssystem eines Staates.³⁴⁵ 16

Zusammenfassend kann für die Begriffsbestimmung des »Geschlechts« festgehalten werden, dass in der Rechtsprechung der Vertragsstaaten wie auch nach Ansicht von UNHCR die Gruppe der Frauen in einem bestimmten Herkunftsland eine bestimmte soziale Gruppe bilden können. Vorausgesetzt wird dabei zunächst stets die glaubhaft gemachte – drohende – Verfolgung der Antragstellerin. Die Verfolgung selbst ist jedoch kein Begriffselement des Verfolgungsgrundes der Zugehörigkeit zu einer bestimmten sozialen Gruppe (§ 24 Rdn. 16 ff.). In Übereinstimmung mit dieser Ansicht steht § 60 Abs. 1 Satz 3 AufenthG. 17

Üblich ist häufig auch die Bildung von bestimmten Untergruppen von Frauen.³⁴⁶ Dies ist jedoch keine zwingende Voraussetzung für die Begriffsbestimmung (§ 24 Rdn. 29 ff.). Vielmehr ist entscheidend, dass aufgrund bestimmter sozialer, kultureller, religiöser oder weiterer Faktoren ein bestimmter inhaltlich geprägter Genderstatus bestimmte Frauen von der umgebenden Gesellschaft deutlich abgrenzt und diese wegen dieser Faktoren als andersartig betrachtet werden. So geht das Oberhaus davon aus, dass das Merkmal Frauen für die Begriffsbestimmung ausreicht, verweist jedoch zur Ermittlung des maßgebenden inhaltlichen Genderstatus auf bestimmte Charakteristika wie Diskriminierung und Schutzlosigkeit, um die Mitglieder der bestimmten sozialen Gruppe zu identifizieren. 18

Die kanadischen Richtlinien weisen darauf hin, dass bestimmte soziale Gruppen auch durch Teilgruppen von Frauen gebildet werden können, wobei etwa Alter, Rasse, Familienstand und wirtschaftliche Stellung, der Status als alleinstehende Frau und Stammeszugehörigkeiten zu berücksichtigen seien. Bei der Frage, ob diese Faktoren unveränderlich seien, müsse das soziokulturelle Umfeld berücksichtigt werden, in dem die betreffende Frau lebe, wie auch die Einstellung derer, von denen die Verfolgung ausgehe, sowie derer, die für die Gewährung des staatlichen Schutzes verantwortlich seien.³⁴⁷ Die »geschlechtliche Identität« (Art. 10 Abs. 1 Buchst. d) Satz 3 zweiter Halbs. RL 2011/95/EU) setzt jedoch keine Unabänderbarkeit voraus. 19

---

343 Lordrichter *Steyn*, UK House of Lords, IJRL 1999, 496 (504 f.) – Islam and Shah; zu dieser Entscheidung *Brabandt*, Internationale Normen und das Rechtssystem, S. 130 ff.

344 *Hathaway*, The Law of Refugee Status, S. 162 f.; siehe auch VG Wiesbaden, Urt. v. 06.12.2006 – 1 E 1407/04.A(2), alleinstehende Frauen im Jemen genießen Abschiebungsschutz nach § 60 Abs. 7 AufenthG.

345 Lordrichter *Hoffmann*, UK House of Lords, IJRL 1999, 496 (50507–515) – Islam and Shah.

346 *Kelly*, IJRL 1994, 517 (527).

347 Richtlinien zu Asylbewerberinnen, die sich auf Furcht vor Verfolgung aufgrund ihres Geschlechts berufen vom 25.11.1996, Nr. 1.

20 Die Herausbildung von Untergruppen hat danach keinen zwingenden bestimmenden und einschränkenden Charakter des Begriffs »Geschlecht« (§ 23 Rdn. 29 ff.), sondern erleichtert die inhaltliche Bestimmung des Genderstatus. Dementsprechend stellt Art. 10 Abs. 1 Buchst. d) Satz 3 Halbs. 2 RL 2004/83/EG fest, dass geschlechtsspezifische Aspekte berücksichtigt werden **können**. Auch nach § 60 Abs. 1 Satz 3 AufenthG **kann** eine Verfolgung wegen der Zugehörigkeit zu einer bestimmten sozialen Gruppe auch an das Geschlecht anknüpfen. Damit wird die Anerkennung geschlechtsspezifischer Verfolgung nicht in das Ermessen der Behörde gestellt. Die Feststellung von Verfolgung aus Gründen der Konvention ist vielmehr eine Rechtsentscheidung.[348]

2. Anwendung der Zusammenhangsklausel

21 Das Geschlecht muss ein maßgebender beitragender Faktor für die Verfolgung sein, muss aber nicht als einziger oder überwiegender Grund nachgewiesen werden (§ 20 Rdn. 11 ff.). In vielen Rechtsordnungen, z. B. in einigen angelsächsischen Staaten, muss der kausale Zusammenhang eindeutig feststehen, während in anderen Staaten die Kausalität der Verfolgung nicht als eine für sich abzuklärende Frage behandelt, sondern diese bei der Gesamtanalyse des Flüchtlingsbegriffs geprüft wird. Bei vielen Asylanträgen mit geschlechtsbezogenem Hintergrund liegt die Schwierigkeit nicht in der Feststellung, welcher anwendbare Verfolgungsgrund vorliegt, sondern vielmehr in der Herstellung des Kausalzusammenhangs.[349]

22 Es genügt, wenn der staatliche oder nichtstaatliche Akteur der Antragstellerin den Verfolgungsgrund zuschreibt (Art. 10 Abs. 2 RL 2004/83/EG). Zielt der nichtstaatliche Akteur auf das Geschlecht, liegt der Verfolgungsgrund unabhängig davon vor, aus welchen Gründen staatlicher Schutz versagt wird. Umgekehrt ist der Kausalzusammenhang zu bejahen, wenn dieser im Blick auf den nichtstaatlichen Akteur nicht dargelegt wird, indes die fehlende Schutzfähigkeit oder -bereitschaft auf der Zugehörigkeit zu der durch das »Geschlecht« bestimmten sozialen Gruppe beruht. Konkrete Fälle häuslicher Gewalt oder von Misshandlungen aus Gründen einer anderen sexuellen Orientierung oder geschlechtlicher Identität können unter diesem Blickwinkel analysiert werden.[350] Zu berücksichtigen ist, dass weibliche Antragsteller erfahrene sexuelle Gewalt aus Scham und aus Angst vor dem Zerbrechen der ehelichen Bande häufig nicht offenbaren.[351]

3. Einzelbeispiele geschlechtsspezifischer Verfolgungen

a) Verletzung religiöser und kultureller Normen

> **Leitsätze**
> 1. Verfolgungen von Frauen wegen **Verletzung religiöser und kultureller Normen und Gebräuche** liegt der Verfolgungsgrund der Religion wie auch der politischen Überzeugung zugrunde. Zugleich manifestieren sich in derartigen Normen und Gebräuchen Genderfaktoren, weil sie den unterprivilegierten Status der Frauen in einer patriarchalisch, totalitärtheokratisch bestimmten politischen Ordnung festschreiben (Rdn. 23 ff.).
> 2. Der in der deutschen Rechtsprechung erhobene Einwand, derartige Normen und Gebräuche entsprächen dem Selbstverständnis des islamischen Staates und seien hinzunehmen, weil das Grundgesetz nicht Maßstab der Statusentscheidung sein könne (Rdn. 30 ff.), verkennt, dass diese Regeln mit universellen Menschenrechtsnormen nicht vereinbar sind.
> 3. Für die Verfolgungsprognose (Rdn. 37 ff.) ist zu ermitteln, ob die Antragstellerin glaubhaft machen kann, dass sie derartige Normen und Gebräuche nicht befolgen wird. Ist dies der Fall und wird im Herkunftsland entsprechendes nonkonformistisches – auf der

---

348 BVerwGE 49, 211 (212) = EZAR 210 Nr. 1 = DÖV 1976, 94.
349 *UNHCR*, Geschlechtsspezifische Verfolgung, S. 7; *Kneebone*, IJRL 2005, 7 (24 ff.).
350 *UNHCR*, Geschlechtsspezifische Verfolgung, S. 6.
351 Committe against Torture, Netherlands Quaterly of Human Rights 2007, 301 (302) – VL v. Switzerland.

> gschlechtlichen Identiät beruhendes - Verhalten sanktioniert, ist der Status zu gewähren. Eine Prüfung, ob der Antragstellerin eine Anpassung an die herrschenden Normen gelingen wird, ist unzulässig, weil internationale Menschenrechtsnormen dem Verweis auf eine derartige Anpassung entgegenstehen.

aa) Spezifische Probleme der Verfolgungshandlung

Nonkonformistisches Verhalten gegenüber religiös und kulturell begründeten allgemeinen Gesetzen und Gebräuchen kann zu Verfolgungshandlungen führen. Zunächst ist zu prüfen, ob der oder die Asylsuchende durch eine Maßnahme in schwerwiegender Weise (Art. 9 Abs. 1 RL 2004/83/EG) betroffen ist. Ist dies der Fall, ist zu untersuchen, ob das der Maßnahme zugrunde liegende **Gesetz** bzw. der in anderen Formen durchgesetzte kulturelle oder religiöse Brauch auf das Geschlecht zielt. Maßgebend ist insoweit, ob die generellen Regelungen mit den international anerkannten Menschenrechtsnormen übereinstimmen.[352]

23

Der Einwand, das Verbot, z. B. bestimmte Kleidungsvorschriften einzuhalten, als solches, stelle noch keine Verfolgung dar, weil es nicht die erforderliche Eingriffsschwelle erreiche, insbesondere nicht die Menschenwürde verletze,[353] verkennt, dass es erstens nicht um die Begriffsbestimmung der Verfolgung geht und zweitens derartige Gesetze aus traditionellen oder kulturellen Normen und Praktiken abgeleitet sein können, welche mit international anerkannten Menschenrechtsnormen nicht übereinstimmen.[354] Ist das Strafmaß oder die Strafe für die Nichteinhaltung oder den Verstoß gegen eine bestimmte Politik oder ein Gesetz unverhältnismäßig streng (Art. 9 Abs. 2 Buchst. c) RL 2004/83/EG) oder mit einer geschlechtsspezifischen Dimension verbunden, ist dies gleichbedeutend mit Verfolgung.[355] Auch bei einem allgemeinen Gesetz dürfen die Umstände der Bestrafung oder Behandlung nicht so einschneidend sein, dass sie gemessen am Gesetzeszweck unverhältnismäßig sind. Eine strenge Bestrafung von Frauen, die mit ihrer gesetzeswidrigen Handlung gegen den Sittenkodex einer Gesellschaft verstoßen haben, kann deshalb einer Verfolgung gleich kommen.

24

Auch dann, wenn derartige Gesetze oder politische Grundsätze gerechtfertigte Ziele verfolgen, sind **Durchsetzungsmethoden**, die den Betroffenen erheblichen Schaden zufügen, als Verfolgung zu bewerten. So herrscht z. B. die weitverbreitete Auffassung vor, dass **Familienplanung** eine geeignete Methode darstelle, um einem zu schnellen Bevölkerungswachstum Einhalt zu gebieten. Wird jedoch versucht, diese politischen Ziele durch **Zwangsabtreibungen** und –**sterilisationen** (Rdn. 166 ff.) durchzusetzen, ist dies ein Verstoß gegen fundamentale Menschenrechte. Derartige Praktiken werden, auch wenn sie dem Vollzug eines rechtmäßigen Gesetzes dienen, als schwere Verletzung der Menschenrechte und damit als Verfolgung angesehen.

25

Maßstab für die Bewertung sind die Allgemeine Erklärung der Menschenrechte, die Pakte über bürgerliche und politische Rechte sowie über wirtschaftliche, soziale und kulturelle Rechte, die Übereinkommen zur Beseitigung jeder Form von Diskriminierung der Frau, über die Staatsangehörigkeit verheirateter Frauen, gegen Folter sowie die Erklärung über die Beseitigung von Gewalt gegen Frauen. Dementsprechend ist anerkannt, dass die **öffentliche Prügelstrafe** als Sanktion gegen wiederholte Verstöße gegen die islamische Kleiderordnung eine Verfolgung darstellt.[356] Daher stellt auch eine glaubhaft gemachte Gefahr der **Auspeitschung** wegen mehrmaligen Verstoßes gegen die

26

---

352 *UNHCR*, Geschlechtsspezifische Verfolgung, S. 4.
353 *Pahisi*, ZAR 2007, 96 (97); *Moll*, Das Asylgrundrecht bei staatlicher und frauenspezifischer Verfolgung, S. 112.
354 *UNHCR*, Geschlechtsspezifische Verfolgung, S. 4.
355 *UNHCR*, Geschlechtsspezifische Verfolgung, S. 5.
356 Hessischer VGH, InfAuslR 1989, 17; ebenso *Castel*, IJRL 1992, 39 (51 f.); kritisch hierzu *Greatbatch*, IJRL 1989, 518 (525).

Kleiderordnung und kritischer Äußerungen gegen das herrschende Regime eine erhebliche Disziplinarmaßnahme dar.[357]

27 Dabei müssen die vorgetragenen verschiedenen Aktivitäten den Schluss rechtfertigen, die Asylsuchende werde durch die gegen sie gerichteten Maßnahmen insbesondere wegen ihrer Zugehörigkeit zum weiblichen Geschlecht verfolgt.[358] Wird eine Frau wegen ihrer nicht den im Iran herrschenden Vorschriften entsprechenden Bekleidung durch Pasdaran festgenommen, beschimpft und wiederholt misshandelt, haben diese Maßnahmen Verfolgungscharakter.[359]

28 Ebenso wird in der Tatsache der Geburt einer nichtehelichen Tochter wie auch bereits im Umstand des außerehelichen Geschlechtsverkehrs deshalb eine erhebliche Verfolgung gesehen, weil die Mutter neben der Gefahr der allgemeinen gesellschaftlichen Ächtung insbesondere mit einer empfindlichen Bestrafung rechnen muss. Im Iran sei die Ausübung des außerehelichen Geschlechtsverkehrs nach den »hadd«- oder »tazir«-Gesetzen strafbar. Das Strafmaß reiche von der **Auspeitschung** über die **Steinigung** bis hin zur **Todesstrafe** und sei im Fall der »tazir«-Strafen vom Richter selbst zu bestimmen.[360]

bb) Anwendung der Zusammenhangsklausel

29 Das Exekutivkomitee des Programms von UNHCR hat in Empfehlung Nr. 39 (XXXVI) (1985) über »Flüchtlingsfrauen und Internationaler Rechtsschutz« anerkannt, dass es den Staaten in Ausübung ihrer Souveränität freistehe, Frauen, die wegen Verstoßes gegen die herrschende Sittenordnung schwerwiegende oder unmenschliche Maßnahmen zu befürchten haben, als soziale Gruppe im Sinne von Art. 1 A Nr. 2 GFK zu betrachten.[361] Aus dieser Formulierung wurde früher der Schluss gezogen, die Nichtanerkennung derartiger Fluchtgründe als »soziale Gruppe« verletze nicht die Konvention.[362] Andererseits schließt sie nicht aus, derartige Verfolgungen unter die anderen Kategorien der Genfer Flüchtlingskonvention zu subsumieren.[363]

30 Allgemein wird heute jedoch in der Sanktionierung der Verletzung der herrschenden Sittenregeln eine Verfolgung im Sinne der Konvention gesehen. Da die Konvention ein universell anerkanntes Instrument des Rechtsschutzes für Flüchtlinge darstellt, geht daher der Vorwurf, dadurch würden den islamischen Staaten westliche Standards aufoktroyiert, ins Leere.[364] Insbesondere in der deutschen Rechtsanwendung wurde früher und wird teilweise auch heute noch der Einwand erhoben, der Maßstab des Grundgesetzes könne nicht entscheidend für die Beurteilung der Verfolgung sein. Deshalb hätten Frauen derartige Maßnahmen hinzunehmen. So wird etwa argumentiert, gegen Frauen gerichtete Diskriminierungen entsprächen dem Selbstverständnis des islamischen Staates

---

357 Bayerischer VGH, Urt. v. 01.03.1988 – 19 B 87.31241; Bayerischer VGH, Urt. v. 13.07.1989 – 19 B 88.31215; a.A. OVG Rheinland-Pfalz, NVwZ-Beil. 2002, 100; siehe hierzu auch BVerfG (Kammer), AuAS 1996, 3 (5): Gefahr der Auspeitschung nach Art. 102 iran. StGB jedenfalls im Blick auf § 53 Abs. 4 AuslG 1990 beachtlich; siehe auch VG Kassel, Urt. v. 21.11.1995 – 8 E 9160/91.A (2); VG Frankfurt am Main, Urt. v. 09.02.2005 – 7 E 1985/04.A(1), Gefahr der Auspeitschung für eine muslimische Iranerin wegen Eheschließung mit einem nicht-muslimischen deutschen Staatsangehörigen ist asylerheblich.
358 Bayerischer VGH, Urt. v. 13.07.1989 – 19 B 88.31215.
359 VG Schleswig, InfAuslR 1986, 336.
360 VG Köln, Urt. v. 24.09.1992 – 7 K 10321/89; VG Frankfurt am Main, Urt. v. 09.02.2005 – 7 E 1985/04.A (1); a.A. VG Darmstadt, Urt. v. 01.08.2003 – 5 E 31040/98. A; siehe hierzu auch EGMR, InfAuslR 2001, 57 = NVwZ 2001, 97 – Jabari.
361 U. N. Doc. A/AC.96/673, S. 36.
362 *Kälin*, Grundriss des Asylverfahrens, S. 97.
363 *Greatbatch*, IJRL 1989, 518 (525).
364 So auch *Mawani*, IJRL 1993, 240 (244); *Johnsson*, IJRL 1989, 221 (224).

und seien deshalb unerheblich.³⁶⁵ Die Auspeitschung sei nicht gegen Frauen gerichtet, weil unverheiratete Frauen, die schwanger würden, generell diese Sanktion befürchten müssten. Hiermit werde lediglich der Verstoß gegen die öffentliche Moral und Sitte geahndet.³⁶⁶

Nicht der Maßstab des Grundgesetzes, sondern internationale Menschenrechtsnormen leiten die Entscheidung. Die Verfolgung von Verstößen gegen soziale Normen, die sich nicht auf disziplinarische Sanktionen beschränkt, sondern in strafrechtlichen Formen erfolgt, dürfte kaum mit dem international anerkannten Grundsatz der Verhältnismäßigkeit übereinstimmen. Dies beantwortet aber zunächst nur die Frage nach der Verfolgung. Damit ist die Anknüpfungsfrage aber noch nicht gelöst. Da regelmäßig Frauen von derartigen Maßnahmen betroffen sind, spricht eine Vermutung dafür, dass die Verfolgung auch der Zugehörigkeit der Antragstellerin zu einer bestimmten sozialen Gruppe gilt. 31

Es ist darüber hinaus anerkannt, dass die öffentliche Prügelstrafe als Sanktion gegen wiederholte Verstöße gegen die islamische Kleiderordnung eine Verfolgung wegen der Zugehörigkeit zu einer bestimmten sozialen Gruppe darstellt, nämlich der Gruppe von Frauen, die nicht bereit sind, die islamischen Bekleidungsvorschriften zu beachten.³⁶⁷ Vermuten die Verfolger in derartigen Fällen eine regimefeindliche Einstellung der betreffenden Frauen, gilt die Bestrafung zudem auch einer politischen Gegnerin des herrschenden Regimes, also der politischen Überzeugung.³⁶⁸ Sanktionen gegen den religiös, politisch oder anders begründeten Widerstand gegen die herrschende Moral stellt Verfolgung aus religiösen oder politischen Gründen dar.³⁶⁹ So sieht z. B. der iranische Staat in einer Verletzung der Bekleidungsvorschriften einen Verstoß gegen die bestehende totalitär-theokratische politische Ordnung und gilt die auf die Verletzung öffentlicher Moralvorschriften gerichtete Sanktion einer abweichenden politischen Überzeugung.³⁷⁰ Werden derartige Normverletzungen auf der Grundlage einer »geschlechtlichen Idenität« begangen, knüpfen Verfolgungen an das Geschlecht an (Art. 10 Abs. 1 Buchst. d) Satz 3 zweiter Halbs. RL 2011/95/EU). 32

Der Verfolgung weiblichen nonkonformistischen Verhaltens gegen islamische Moralregeln können also mehrere Verfolgungsgründe zugrunde liegen. Aus rechtlicher Sicht ist unabhängig davon, ob das zugrunde liegende Verhalten in privaten oder öffentlichen Formen zum Ausdruck gelangt ist, allein maßgebend, dass die diesem Verhalten geltenden Maßnahmen an einen Verfolgungsgrund anknüpfen. Zutreffend wird zur Bewertung dieser Frage darauf hingewiesen, dass im Iran Frauen ausgepeitscht und gesteinigt werden, weil sie gegen die Kleiderordnung verstoßen oder Ehebruch begangen haben. Anknüpfungspunkt ist ein vom Islam als Staatsreligion für sozialschädlich oder für unzüchtig angesehenes Verhalten. Hierbei gehe es nicht um die Einhaltung moralischer Ordnungsvorstellungen, um Ehre und Keuschheit der Frauen, sondern um die Unterdrückung der Frauen. Verstöße gegen islamische Gesetze werden letztlich weniger als moralische Verfehlung, sondern als Auflehnung gegen Gottes Gebote und daher als vom Staat zu bestrafendes Verbrechen angesehen.³⁷¹ 33

Der Stigmatisierungscharakter der im Iran geltenden Sittengesetze wird insbesondere aus deren Entstehungsgeschichte deutlich: Der **Schador** gewann politische Symbolfunktion in der 34

---

365 So Niedersächsisches OVG, Urt. v. 18.03.1988 – 21 OVG A 600/87 – Iran; OVG Rheinland-Pfalz, NVwZ-Beil. 2002, 100 (101) – Afghanistan.
366 Bayerischer VGH, Urt. v. 11.11.1992 – 19 BZ 92.31853.
367 Hessischer VGH, InfAuslR 1989, 17; ebenso *Castel*, IJRL 1992, 39 (51 f.); kritisch hierzu *Greatbatch*, IJRL 1989, 518 (525).
368 Hessischer VGH, InfAuslR 1989, 17; *Moll*, Das Asylgrundrecht bei staatlicher und frauenspezifischer Verfolgung, S. 112.
369 British Immigration Appeal Tribunal, IJRL 1989, 566 (567).
370 VGH Baden-Württemberg, InfAuslR 1990, 346 (347); VGH Baden-Württemberg, Urt. v. 18.10.1991 – A 14 S 2764/90; ebenso VG Schleswig, InfAuslR 1986, 336.
371 *Buhr*, Demokratie und Recht, S. 192 (200 f.); ähnl. *Inescu*, InfAuslR 1986, 337 (339).

Oppositionsbewegung gegen das Schah-Regime. Mit ihm wurde politische Opposition, nicht jedoch ein religiöser Glaube verbunden.[372] Erste Versuche der islamischen Revolutionsregierung Bekleidungsvorschriften einzuführen, stießen daher auch auf spontanen und heftigen Protest der Frauenbewegung am 8. März 1979, dem Tag der Frauen, in Teheran und zwangen das Regime zu vorübergehenden taktischen Rückzugsmanövern.[373] Zutreffend wird angesichts dieser Entstehungsgeschichte der islamischen Sittenvorschriften im Iran festgestellt, dass der Widerstand gegen den Schador politisch begründet war und ist und deshalb der Schador für den iranischen Staat Symbolfunktion für die politische Unterdrückung von Frauen übernommen hat.

35 Einerseits können danach bei der Verfolgung nonkonformistischen Verhaltens die angewandten Maßnahmen aus Sicht der Verfolger (Art. 10 Abs. 2 RL 2004/83/EG) auf die abweichende politische Überzeugung der betroffenen Frauen zielen. Dies setzt voraus, dass Anhaltspunkte geliefert werden, dass die Antragstellerin aufgrund ihrer konkreten Lebensführung aus Sicht der Verfolger als Regimegegnerin erscheinen kann. Fehlt es an derartigen Anhaltspunkten, dürfte der Prognoseprüfung zumeist zuungunsten der Antragstellerin ausfallen. Andererseits kann der Widerstand gegen die Kleiderordnung aber auch auf einer geschlechtlichen Identität oder Gewissensüberzeugung beruhen, die so bedeutsam für die Identität der betroffenen Frauen ist, dass ein Verzicht auf diese nicht verlangt werden kann (Art. 10 Abs. 1 Buchst. d) Abs. 1 erster Spiegelstrich RL 2004/83/EG). Durch die harten Formen der staatlichen Reaktionen werden diese deutlich von der umgebenden Gesellschaft unterscheidbar.

36 Aber auch in diesem Fall müssen aufgrund der vorgebrachten Umstände Anhaltspunkte die Annahme rechtfertigen, dass für die Antragstellerin aufgrund ihrer konkreten Lebensführung der Widerstand gegen die herrschenden kulturellen und sozialen Normen ein ihre geschlechtliche Identität prägendes Merkmal ist. Liegen diese Voraussetzungen vor, kann die Verfolgung aus Sicht der Verfolger sowohl der abweichenden politischen Überzeugung wie auch dem durch die Identitätsprägung vermittelten sozialen Status gelten. So sieht die Rechtsprechung den geschlechtsspezifischen Aspekt der Verfolgung darin, dass diese gegen Frauen gerichtet ist, die mit der selbst gewählten westlich orientierten Lebensweise kulturelle oder religiöse Normen übertreten oder sich diesen nicht beugen wollen.[374]

cc) Verfolgungsprognose

37 Bleibt die Furcht vor Sanktionen wegen einer etwaigen Verletzung öffentlicher Sittenregeln lediglich allgemein, ohne durch Hinweis auf vorangegangene Verfolgungen wegen eines bereits entfalteten individuellen oppositionellen Verhaltens[375] oder in Verbindung mit anderen gewichtigen Indizien begründet zu werden, fällt die gebotene Verfolgungsprognose regelmäßig zuungunsten der Asylsuchenden aus. Als Abgrenzungsmerkmal vermag die allgemeine Wirkung genereller Sittenregeln Bedeutung nur bei der Bestimmung der Verfolgungshandlung erlangen, wenn generelle Beeinträchtigungen von gezielten Verfolgungen abzugrenzen sind.

38 Hier mag es gerechtfertigt erscheinen, im Einzelfall wegen des fehlenden Gewichts den Sanktionen, die sich gegen die Verletzung allgemeiner Sittenregeln richten, ihren schwerwiegenden Eingriffscharakter abzusprechen.[376] Hingegen können konkret im Einzelfall drohende Maßnahmen, die schwerwiegend im Sinne von Art. 9 Abs. 1 RL 2004/83/EG sind, wie etwa die öffentliche Auspeit-

---

372 *Yeganeh*, Women's Struggles in the Islamic Republic of Iran, in: In the Shadow of Islam, Azar Tabari/Nahid Yeganeh (Hrsg.), S. 26 (37).

373 *Tabari*, Islam and the Struggle for Emancipation of Iranian Women, in: In the Shadow of Islam, Azar Tabari/Nahid Yeganeh (Hrsg.), S. 5 (14 f.).

374 VG Göttingen, AuAS 2006, 56 (57 f.), Irak.

375 Siehe hierzu illustrativ Niedersächsisches OVG, Urt. v. 18.03.1988 – 21 OVG A 271/87: Politische Vorbelastung wegen Kritik an islamischen Bekleidungsvorschriften im Iran.

376 VG Saarlouis, Urt. v. 21.01.1988 – 6 K 63/86.

schung, nicht allein deshalb als unerheblich bezeichnet werden, weil derartige Sanktionen generell allen potenziell von dieser Norm Betroffenen drohen.[377]

Kann für die Vergangenheit ein Verstoß gegen derartige Regeln und ein deswegen gegen die Antragstellerin gerichtete Sanktion glaubhaft gemacht werden, hat diese eine Vorverfolgung erlitten. Ihr Asylbegehren darf daher nur abgelehnt werden, wenn die Vermutungswirkung der Vorverfolgung widerlegt werden kann (Art. 4 Abs. 4 RL 2004/83/EG; § 29 Rdn. 49 ff.). Sind die in Betracht kommenden Verbote noch immer in Kraft und werden sie auch angewandt, genügt die Behörde ihrer Widerlegungslast nicht. War die Antragstellerin in der Vergangenheit mit der herrschenden Sittenordnung nicht in Konflikt geraten, wird die Vermittlung der Überzeugungsgewissheit, dass sie für die Zukunft mit überwiegender Wahrscheinlichkeit gegen die herrschenden sozialen und kulturellen Normen verstoßen wird, hingegen Probleme bereiten.

In der Verwaltungspraxis gewinnt dieser Umstand im Übrigen selten allein, vielmehr zumeist in Verbindung mit anderen Prognosetatsachen Bedeutung, etwa ein mehr oder weniger bedeutendes exilpolitisches Engagement oder die Eheschließung mit einem bekannten Regimegegner. Der Umstand, dass die Antragstellerin wie andere Frauen auch, sich in der Vergangenheit mit den in ihrem Herkunftsland herrschenden Verbotsnormen abgefunden hatte, wird daher zunächst gegen sie sprechen.[378] Andererseits ist ein derartiger Schluss nicht in jedem Einzelfall zwingend. Vielmehr kann die Asylsuchende während ihres Aufenthaltes im Ausland einen Politisierungsschub erfahren und diesen auch in konkrete Taten umgesetzt haben.

In diesen Fällen kann sie aber auch bereits wegen exilpolitischer Aktivitäten zur Rechenschaft gezogen werden. Ob die Asylsuchende von westlichen Wertvorstellungen geprägt ist und deshalb die in ihrem Herkunftsland herrschenden sozialen Normen ablehnt, ist eine Frage der Würdigung des Einzelfalles, insbesondere der Gesamtpersönlichkeit der Antragstellerin. Dabei ist auch vergangenes Verhalten vor dem Hintergrund der Gesamtpersönlichkeit der Asylsuchenden zu berücksichtigen. Entscheidend für die Gesamtbewertung sind die Persönlichkeit der Antragstellerin und die Frage, ob sie aufgrund ihrer früheren oder jetzigen konkreten Lebensführung die herrschenden sozialen Normen in ihrem Herkunftsland ablehnt, sowie die Wahrscheinlichkeit, dass derartiges Verhalten für den Fall der Rückkehr Verfolgungen zur Folge hat.

Da die im Herkunftsland herrschenden sozialen Normen mit international anerkannten Normen nicht übereinstimmen, darf der Antragstellerin nicht zugemutet werden, nach Rückkehr ihren Widerstand aufzugeben und sich den herrschenden kulturellen Normen anzupassen. Eine hierauf abzielende Prognoseprüfung ist deshalb unzulässig. Gleichwohl erleichtert es die Entscheidung, wenn feststeht, dass die Antragstellerin eine Frau mit klarer und entschiedener Haltung ist, der es auf Dauer nicht gelingen kann, sich mit einer Rolle minderen Rechts abzufinden, ihre politische Überzeugung zu unterdrücken und darauf zu verzichten, für das von ihr als notwendig Erkannte auch aktiv und engagiert einzutreten.[379]

Bei der Ermittlung der Prognosetatsachen ist daher zu prüfen, ob aufgrund des bisher von der Antragstellerin gezeigten Verhaltens feststeht, dass sie durch westliche Verhaltensnormen geprägt ist und deshalb die in ihrem Herkunftsland herrschenden sozialen Normen nicht als verbindlich für sich ansieht. Wer sich unter den Bedingungen eines demokratischen Staatswesens und einer pluralistischen offenen Gesellschaft im Ausland politisiert und entsprechend diesem Bewusstsein verhalten hat, dem wird es kaum oder doch nur um die Gefahr der Persönlichkeitsspaltung bzw. schwerwiegender psychischer Belastungen gelingen, nach der Rückkehr in seinen Heimatstaat die Politisierung für seine Person zurückzunehmen.

---

377 So aber Bayerischer VGH, Urt. v. 11.11.1992 – 19 BZ 92.31853; dagegen *Buhr*, Demokratie und Recht, S. 192 (199).
378 British Immigration Appeal Tribunal, IJRL 1989, 566 (567).
379 Niedersächsisches OVG, Urt. v. 18.03.1988 – 21 OVG A 271/87 – Iran.

b) Häusliche Gewalt

Leitsätze

1. Bei der **häuslichen Gewalt**, d. h. von Familienangehörigen oder von mit der Frau zusammenlebenden Personen ausgehender Gewalt gegen die Frau, ist das gemeinsame Merkmal der betroffenen Frauen die soziale, kulturelle und die entsprechend geprägte familiäre Situation der Frauen (Rdn. 46 ff.). Häusliche Gewalt zielt darauf, Gefolgschaft der betroffenen Frau zu erzielen und deren konkrete Lebensführung in einer Weise zu begrenzen, dass ein frei bestimmtes Denken und Handeln unterbunden wird.
2. Durch diese Genderfaktoren werden die betroffenen Frauen von der sie umgebenden Gesellschaft deutlich abgegrenzt (Rdn. 49). Der entscheidende Unterschied zwischen der allgemeinen Kriminalität und der gegen Frauen gerichteten häuslichen Gewalt ist die spezifische, auf den Genderstatus gerichtete Art und Weise der Gewaltausübung und die systematische staatliche Schutzversagung wegen dieser Genderfaktoren (Rdn. 48).
3. Von der Antragstellerin müssen Umstände vorgebracht werden, dass in der Gewaltausübung durch nahestehende Personen nicht lediglich Frust und Ärger zum Ausdruck kommen, sondern diese mit Umständen einhergeht, die den männlichen Dominanzanspruch kennzeichnen. Können derartige Umstände nicht festgestellt werden, kann der geschlechtsspezifische Charakter in der systematischen Versagung staatlichen Schutzes aus geschlechtsspezifischen Gründen zum Ausdruck kommen (Rdn. 51 ff.).

aa) Spezifische Probleme der Verfolgungshandlung

44 Gewalt im häuslichen Umfeld bedeutet Gewalt, die von Familienmitgliedern oder anderen Personen, mit denen die Frau zusammenlebt, an ihr verübt wird. Sexuelle und vergleichbare Formen von Gewalt gegen Frauen wird als Gewalt definiert, die die Herrschaftsverhältnisse zwischen Männern und Frauen wiederherstellt und ausnutzt. Mithin wird Gewalt als Ausdruck männlicher Machtstrukturen zur Herstellung eines Gewaltverhältnisses verstanden, das einseitig zur Durchsetzung bestimmter Interessen benutzt wird.[380]

45 Derartige Maßnahmen stellen nach Art. 9 Abs. 2 Buchst. a) RL 2004/83/EG eine Verfolgungshandlung dar (§ 14 Rdn. 51 ff.). Je intensiver die häusliche Gewalthandlung, also je eher diese als Folter gewertet werden kann, umso stärker ist die Indizwirkung auf einen der in Art. 10 Abs. 1 RL 2004/83/EG bezeichneten Verfolgungsgründe.[381]

bb) Anwendung der Zusammenhangsklausel

46 In der australischen, deutschen, kanadischen und U. S.-amerikanischen Rechtsprechung werden Frauen, die Gewalt im häuslichen Umfeld durch einen Familienangehörigen erleiden, als bestimmte soziale Gruppe behandelt.[382] Auch UNHCR weist darauf hin, dass konkrete Fälle von **häuslicher Gewalt** Verfolgung aus Gründen der Konvention darstellen können[383] Unter Hinweis auf die kanadische Rechtsprechung[384] wird festgestellt, dass der Verfolgungsgrund der Zugehörigkeit zu einer bestimmten sozialen Gruppe »Frauen als Ganzes« erfassen müsse. Es gebe gewichtige Gründe dafür,

---

380 *Gottstein*, Der Streit, S. 75 (76); *Buhr*, Demokratie und Recht, S. 192 (201).

381 Ähnlich für Art. 16a Abs. 1 GG BVerfG (Kammer), EZAR NF 61 Nr. 3, S. 7 f.; BVerfG (Kammer), NVwZ 2009, 1035 (1036).

382 Kanadische Richtlinien zu Asylbewerberinnen, die sich auf Furcht vor Verfolgung aufgrund ihres Geschlechts berufen vom 25.11.1996, RL Nr. 4 A I 3; Australian Refugee and Humanitarian Division, Particular Social Group: An Australian Perspective, Dezember 2001, S. 20 f.; VG Stuttgart, AuAS 2006, 135 (137).

383 *UNHCR*, Geschlechtsspezifische Verfolgung, S. 5 f.; siehe hierzu auch *Goodwin-Gill/McAdam*, The Refugee in International Law, S. 81–84.

384 Siehe hierzu *Macklin*, HRQ 1995, 213.

Frauen als Mitglieder einer bestimmten sozialen Gruppe anzusehen, weil sie im Gegensatz zu den in der Gesellschaft privilegierte Positionen einnehmenden Männern entrechtet seien.[385]

Das gemeinsame Merkmal bei der häuslichen Gewalt ist die soziale, kulturelle und die entsprechend geprägte familiäre Situation der betroffenen Personen. Die gegen diese ausgeübte Gewalt erfüllt einen bestimmten Zweck. Das Muster der angewandten oder angedrohten Gewalt zielt darauf, Gefolgschaft der betroffenen Frauen zu erzielen und deren konkrete Lebensführung in einer Weise zu begrenzen, dass ein frei bestimmtes Denken und Handeln unterbunden wird und die missbrauchte Frau den Bedürfnissen und Forderungen des Verfolgers zu dienen hat. Die ausgeübte Gewalt wird planvoll und kontrolliert ausgeübt.[386] Es geht also um die »geschlechtliche Identität« der Frau (Art. 10 Abs. 1 Buchst. d) Satz 3 erster Halbs. RL 2011/95/EU). 47

Bei der Abgrenzung ist zunächst zu bedenken, dass Opfer von Kriminalität generell eine Situation der Schutzlosigkeit erfahren, aber nicht bereits deshalb die Kriterien der Flüchtlingseigenschaft erfüllen. Der entscheidende Unterschied zwischen der allgemeinen Kriminalität einerseits und der gegen Frauen in ihrer sozialen Genderrolle gerichteten Gewalt andererseits ist die Art und Weise der Gewaltanwendung und die systematische staatliche Schutzversagung. Jeder Erklärungsversuch muss deshalb über die individuellen Charakteristika des Mannes, der Frau und der Familie hinausgehen und die gesellschaftlichen Verhältnisse im Herkunftsland der Antragstellerin in den Blick nehmen. Generell kann Gewalt gegen Frauen als Ausdruck der alle Kulturen beherrschenden Vorstellung verstanden werden, dass Männer den Frauen überlegen sind und die mit ihnen zusammenlebenden Frauen ihrer Verfügungsgewalt unterliegen.[387] 48

Von häuslicher Gewalt betroffene Frauen werden von der sie umgebenden Gesellschaft auch als andersartig betrachtet. Eine Gesellschaft, die Frauen aufgrund ihres Geschlechts den wirksamen Schutzes vorenthält, grenzt diese aus der Gesellschaft aus. Der entscheidende Faktor, welche bei der häuslichen Gewalt die betroffene Gruppe von Frauen von den Frauen innerhalb einer Gesellschaft insgesamt abgrenzt, ist die evidente Tatsache institutionalisierter Diskriminierung von Frauen durch Polizei, Gerichte und das gesamte Rechtssystem eines Staates.[388] 49

Zwar kann ein Verfolgungsgrund nicht angenommen werden, wenn der Gewalt ausschließlich private Konfliktbeziehungen zugrunde liegen. Die Zielrichtung der von nichtstaatlichen Akteuren ausgehenden Verfolgung ist jedoch unerheblich, wenn der Staat wegen des Geschlechts Schutz verweigert. Geht die Gewalt von einem Familienangehörigen aus und zielt sie nicht auf den Genderstatus der Frau, weil sie Ausdruck eines privaten Konfliktes ist, liegt der häuslichen Gewalt dennoch ein Verfolgungsgrund zugrunde, wenn der Staat den erforderlichen Schutz gegen häusliche Gewalt verweigert, weil die Betroffenen Frauen sind (Rdn. 52).[389] 50

Häufig werden die familiären Beziehungsstrukturen jedoch von patriarchalischen Überlegenheitsvorstellungen beherrscht, sodass Gewalt nicht Ausdruck eines privaten Konfliktes ist, sondern auf den Genderstatus der Frauen zielt. Der Ausübung häuslicher Gewalt kann damit ein Verfolgungsgrund zugrunde liegen, wenn der Ehemann oder Partner die häusliche Gewalt wegen der geschlechtsspezifischen Identität der Frau ausübt. Insoweit müssen von der Antragstellerin entsprechende Umstände vorgebracht werden, dass die Art und Weise der Gewaltausübung durch den Ehemann nicht lediglich Ausdruck von Frust und Ärger ist, sondern diese mit Umständen einhergeht, welche den männlichen Dominanzanspruch kennzeichnen. Dies wird zumeist aus Äußerungen des 51

---

385 *Castel*, IJRL 1992, 39 (52).
386 US Court of Appeals, 9th Circuit, IJRL 2001, 586 (592) – Aguirre-Cervantes.
387 *Macklin*, H. R. Q. 1995, 213 (244).
388 Lordrichter *Hoffmann*, UK House of Lords, IJRL 1999, 496 (50507–515) – Islam and Shah.
389 Australia Federal Court (1999) FCA 1529 – Khawar; Australia Federal Court (2000) FCA 1130; UK House of Lords, IJRL 1999, 496 (504 f.) – Islam and Shah.

Akteurs hervorgehen, kann aber auch aus dem planmäßigen Einsatz und der Art der Gewaltanwendung und sonstigen Begleitumständen abgelesen werden.

52 Können derartige Umstände nicht festgestellt werden, kann der geschlechtsspezifische Charakter in der systematischen Versagung staatlichen Schutzes aus geschlechtsspezifischen Gründen zum Ausdruck kommen (Rdn. 50). Die betroffenen Frauen können mit praktizierenden Homosexuellen verglichen werden, die durch den Staat nicht geschützt würden (Rdn. 59).[390]

53 In diesem Zusammenhang kann auch der drohenden **Kindesentziehung** durch den Vater, der dieses während des familiären Zusammenlebens misshandelt hat, ein Verfolgungsgrund zugrunde liegen, wenn der nationale Schutz versagt wird, weil die nationalen Behörden gegenüber alleinstehenden Müttern und ihren Kindern wegen deren Genderstatus keinen Schutz gewähren.[391] Liegen der drohenden Kindesentführung nicht nur private Rachemotive zugrunde, sondern entspringt der väterliche Besitzanspruch einem Verständnis, das Frauen und Kindern nur eine untergeordnete Funktion in dessen patriarchalischem Weltbild zuweist, zielt die Verfolgung durch den Vater auf das Geschlecht. Fehlt es hieran, ist zu untersuchen, ob die Behörden alleinstehenden Frauen und deren Kindern keinen wirksamen Schutz gewähren, weil das vorherrschende gesellschaftliche Verständnis patriarchalisch geprägt ist.

c) Sexuelle Gewalt

> **Leitsätze**
> 1. **Vergewaltigungen und sexuelle Gewalt** gegen Frauen kommen in vielfältigen Formen vor. Sie können als häusliche Gewalt, aber auch außerhalb des engen Kontextes ehelicher, familiärer und vergleichbarer Beziehungen ausgeübt werden (Rdn. 54). Maßgebend für die Bestimmung des Verfolgungsgrundes ist, ob aus Sicht des Verfolgers Genderfaktoren eine Rolle spielen (Rdn. 59 ff., 62 ff.). Der Verfolgungsgrund kann auch aus den für die Schutzversagung maßgebenden Gründen deutlich werden, wenn für die Schutzlosigkeit ein auf Diskriminierung des weiblichen Geschlechts beruhendes nationales Schutzsystem maßgebend ist (Rdn. 65).
> 2. Bei der sexuellen Gewalt als **Kriegsstrategie** folgt der geschlechterspezifische Status der betroffenen Frauen daraus, dass massenhafte Vergewaltigungen das Zusammengehörigkeitsgefühl der diese Strategie zulassenden Gesellschaft untereinander stärken soll, die Macht der Sieger über die Besiegten demonstriert und den betroffenen Ehemännern und Vätern vor Augen geführt werden soll, dass sie unfähig sind, die körperliche und sexuelle Integrität ihrer Frauen zu schützen. Schließlich soll dadurch im ethnifizierten Konflikt die ethnische und kulturelle Identität des Gegners zerstört werden (Rdn. 59 ff.).
> 3. Die Vergewaltigung von Frauen kann auch die Funktion **politischer Unterdrückung** haben, wenn sie als Mittel der innenpolitischen Repression eingesetzt wird und damit aus der Sicht des Verfolgers die politische Überzeugung der Betroffenen treffen soll (Rdn. 64) Wird die sexuelle Gewalt im Rahmen privater, insbesondere verwandtschaftlicher oder ehelicher Beziehungen ausgeübt, kann häufig das Streben nach Macht und Dominanz diejenigen motivieren, die sexuelle Gewalt verüben (Rdn. 47 ff., 65).

aa) Spezifische Probleme der Verfolgungshandlung

54 Vergewaltigungen kommen in vielfältigen Formen vor (siehe auch § 13 Rdn. 51 ff.). Häufig werden sie als eine besonders menschenunwürdige Form der häuslichen Gewalt neben anderen Gewaltformen ausgeübt. In diesem Fall richtet sich ihre rechtliche Bewertung nach den für die häusliche Gewalt maßgebenden Kriterien (Rdn. 44 ff.). Vergewaltigungen kommen indes auch außerhalb des

---

390 Lordrichter *Steyn*, UK House of Lords, IJRL 1999, 496 (504 f.) – Islam and Shah.

391 Vgl. VG Freiburg, InfAuslR 2004, 461, Verfolgungsgrund wurde nicht geprüft, aber Schutz nach § 53 AuslG 1990, jetzt § 60 Abs. 2 bis 5 AufenthG, gewährt.

engeren Kontextes ehelicher, familiärer und vergleichbarer Beziehungen vor. Sie ist auch häufig mit Zwangsentführungen verbunden, die in ethnischen Konflikten ihre Ursache haben.

Nach den U.S.- amerikanischen Richtlinien begründet die ernsthafte körperliche Schadenszufügung eine Verfolgungshandlung. Dies gelte auch für Vergewaltigungen und andere Formen ernsthafter sexueller Gewalt. Zahlreiche Formen sexueller Gewalt unterschieden sich nicht von Misshandlungen, Folterungen und anderen Formen körperlicher Gewalt, die allgemein als Verfolgungen anerkannt würden. Der Hinweis auf sexuelle Gewalt in einem Asylantrag dürfte die Behörde nicht von vornherein zu der Schlussfolgerung verleiten, dass diesem ein ausschließlich privater Übergriff zugrunde liege. Wie auch in anderen Verfahren müsse die Antragstellerin, die sexuelle Gewalt glaubhaft gemacht haben, auch einen dieser zugrunde liegenden Verfolgungsgrund darlegen.[392]

Sexuelle Gewalt stellt nach Art. 9 Abs. 2 Buchst. a) RL 2004/83/EG ein gewichtiges Indiz für das Vorliegen einer Verfolgungshandlung dar. Ferner bestimmt Art. 9 Abs. 2 Buchst. f) RL 2004/83/EG (§ 14 Rdn. 214 ff.), dass Handlungen, die an die Geschlechtszugehörigkeit anknüpfen, eine Verfolgungshandlung darstellen. Der Begriff sexuelle Gewalt geht über den Begriff der Vergewaltigung hinaus[393] und umfasst etwa das Einführen von Gegenständen in genitale Öffnungen, oralen oder analen Koitus, versuchte Vergewaltigung und andere sexuell erniedrigende Handlungen. Auch die Anwendung oder Androhung von Gewalt, um sexuelle Handlungen von Dritten zu erzwingen, wird vom Begriff eingeschlossen.

Nach Ansicht des Exekutivkomitees des Programms von UNHCR ist sexuelle Gewalt eine grobe Verletzung fundamentaler Menschenrechte und stellt, wenn sie im Zusammenhang mit bewaffneten Konflikten ausgeübt wird, einen schwerwiegenden Verstoß gegen humanitäres Völkerrecht dar.[394] Art. 27 der Vierten Genfer Konvention verbietet ausdrücklich jeden Angriff auf die Ehre der Frauen, insbesondere Vergewaltigungen, Zwangsprostitutionen und jede unzüchtige Handlung. Diese können als willentliche Form der ernsthaften Verletzung des Körpers und der Gesundheit nach Art. 147 der Vierten Genfer Konvention und damit als Kriegsverbrechen angesehen werden (§ 14 Rdn. 58 ff.).

Dementsprechend können nach Auffassung des Sicherheitsrates, Vergewaltigung und andere Formen sexueller Gewalt ein **Kriegsverbrechen**, ein **Verbrechen gegen die Menschlichkeit** oder eine die Tatbestandmerkmale des **Völkermords** erfüllende Handlung darstellen. Sexuelle Gewalt, wenn sie als vorsätzlich gegen Zivilpersonen gerichtete Kriegstaktik oder im Rahmen eines ausgedehnten oder systematischen Angriffs auf die Zivilbevölkerung eingesetzt werde oder andere damit beauftragt würden, verschärfe Situationen bewaffneten Konfliktes erheblich und könne die Wiederherstellung des Weltfriedens und der internationalen Sicherheit behindern. (Resolution 1820 [2008] vom 19. Juni 2008).

bb) Anwendung der Zusammenhangsklausel

Frauen, die von der Kriegsstrategie der Vergewaltigung betroffen sind, werden wegen ihrer Zugehörigkeit zu einer bestimmten sozialen Gruppe verfolgt (§ 14 Rdn. 60 ff.). Der geschlechtsspezifische Status der betroffenen Frauen folgt aus den unterschiedlichen Funktionen der Vergewaltigungen im Krieg: Zum einen sollen die massenhaften öffentlichen Vergewaltigungen das Zusammengehörigkeitsgefühl der diese Kriegsstrategie anwendenden Gesellschaft untereinander stärken. Zum anderen soll die Macht der Sieger über die Besiegten demonstriert und den betroffenen Ehemännern und Vätern vor Augen geführt werden, dass sie unfähig sind, die körperliche Integrität ihrer Frauen zu schützen.[395]

---

392 INS Gender Guidelines vom 26.05.1995, Nr. 1II A.
393 BVerfG (Kammer), NVwZ-Beil. 2003, 84 (85) = AuAS 2003, 261, Asylrelevanz der Vergewaltigung.
394 Beschluss Nr. 73 (XLIV) (1993) über Rechtsschutz für Flüchtlinge und sexuelle Gewalt.
395 VG Freiburg, Urt. v. 21.01.1993 – A 9 K 11694/92.

60 Im ethnischen Bürgerkrieg kommt ein weiteres Moment hinzu. So zielten im bosnischen Bürgerkrieg die Kriegshandlungen offenkundig darauf ab, die Volksgruppe der Muslime zu vernichten, zumindest aber ihre ethnische und kulturelle Identität zu zerstören. Die Vergewaltigungen mussten daher als systematische, befohlene Aktionen und daher als Bestandteil einer bestimmten Taktik der serbischen Kriegspartei gesehen werden.[396] Hieraus wird deutlich, dass die Vergewaltigungen eine besondere Funktion im Rahmen der Genozid einnehmen und Verfolgungsgrund hier vorrangig die Volks- oder Religionszugehörigkeit darstellt. Andererseits dürfen die Vergewaltigungen nicht isoliert, sondern müssen im Zusammenhang auch mit gegen männliche Angehörige gerichteten Vertreibungsmaßnahmen gesehen werden.

61 Aus der Funktion der Vergewaltigung wird jedoch deutlich, dass die weibliche Geschlechtszugehörigkeit als ein spezifisches Mittel angesehen wird, den politischen Gegner zu demoralisieren sowie zu demütigen und dadurch zugleich die Angehörigen der eigenen Truppen in Schuld zu verstricken und für die eigenen Kriegsziele gefügig zu machen. Aus diesen spezifischen Gründen zielen die Vergewaltigungen auch auf den sozialen Genderstatus der Frauen und damit auf die Zugehörigkeit dieser Frauen zu einer bestimmten sozialen Gruppe.

62 In ausgeübter sexueller Gewalt manifestiert sich damit ein Angriff auf den Genderstatus der Betroffenen. Die deutsche Rechtsprechung hatte Vergewaltigungen muslimischer Frauen im Bosnienkonflikt im Rahmen »ethnischer Säuberungen« als Verfolgungen anerkannt: Die Gruppe der Muslime in Bosnien-Herzegowina sei Opfer von Verfolgungen durch bosnische Serben, die in Anknüpfung an die ethnische Abstammung der Mitglieder dieser Gruppe diese mit dem erklärten Ziel verfolgten, sie durch »ethnische Säuberungen« zu vernichten oder zu vertreiben. Konzentrations- und Internierungslager, in denen es zu Massenmorden, Folterungen und Vergewaltigungen an Muslimen komme, das Niederbrennen von Häusern, die von Muslimen bewohnt würden, fortwährende Gewalttätigkeiten, Quälereien und Diskriminierungen durch serbische Soldaten, Söldner und serbische Nachbarn seien Ausdruck derartiger »ethnischer Säuberungen«. Insbesondere die Vergewaltigungen seien geplant und gezielt im Rahmen der »ethnischen Säuberungen« eingesetzt worden.[397]

63 Vergewaltigungen könnten nicht mehr als typische, sich aus Kriegsereignissen ergebende Beeinträchtigungen gewertet werden.[398] So hätten z. B. die von den bosnischen Serben begangenen Handlungen dem Ziel gedient, die Muslime zu vernichten oder mittels dieser Drohung zu vertreiben.[399] Die Vergewaltigung einer zwölfjährigen Tochter mit dem Ziel, den serbischen Vater zum Kriegsdienst bei den Tschetniks zu zwingen, wurde als erheblich angesehen.[400]

64 Die Vergewaltigung von Frauen kann auch die Funktion politischer Unterdrückung haben, wenn sie als Mittel der innenpolitischen Repression eingesetzt wird und damit aus der Sicht des Verfolgers die politische Überzeugung der oder des Betroffenen treffen soll.[401] So zielt die Verfolgung auf das Geschlecht, wenn ein Armeeangehöriger eine Frau deshalb vergewaltigt und brutal misshandelt, weil er sie der Zusammenarbeit mit der Opposition verdächtigt.[402]

---

396 VG Aachen, Beschl. v. 12.03.1993 – 9 L.2349/92.A; OVG Nordrhein-Westfalen, Urt. v. 26.05.1995 – 23 A 2783/93.A: Vergewaltigung muslimischer Bosnierinnen durch bosnische Serben asylerheblich.

397 VG Freiburg, Urt. v. 21.01.1993 – A 9 K 11694/92; VG Aachen, Beschl. v. 12.03.1993 – 9 L.2349/92.A; siehe auch VG Neustadt a. d. Weinstr., Urt. v. 10.11.1993 – 3 K 2525/93.NW: Vertreibung der Muslime ist »ethnische Säuberung«; ebenso: VG Schleswig, Urt. v. 05.10.1994 – 15 A 157/92.

398 VG Aachen, Beschl. v. 12.03.1993 – 9 L.2349/92.A.

399 VG Freiburg, Urt. v. 21.01.1993 – A 9 K 11694/92; zur Erheblichkeit der Vergewaltigung tamilischer Frauen VG Minden, Urt. v. 06.04.1995 – 9 K 3077/94.A.

400 VG Ansbach, Urt. v. 03.12.1992 – AN 5 K 92.30042 u. a.

401 US Court of Appeals, Ninth Circuit, IJRL 1989, 243 (244); US Court of Appeals, Fifth Circuit, IJRL 1989, 244 (245); siehe hierzu auch § 14 Rdn. 60 ff.

402 US Court of Appeals, 9th Circuit, 813 F.2 d 1432 – Lazo-Majano.

Wird die sexuelle Gewalt im Rahmen privater, insbesondere verwandtschaftlicher oder ehelicher 65
Beziehungen ausgeübt, ist zu bedenken, dass häufig das Streben nach Macht und Dominanz diejenigen motiviert, die sexuelle Gewalt verüben (Rdn. 47 ff.). Eine erzwungene sexuelle Handlung kann lebensgefährliche Folgen haben. Wie bei anderen Formen von Folter soll das Opfer verletzt, beherrscht und erniedrigt und die innerste physische und mentale Integrität zerstört werden.[403] Kann eine derartige Zielrichtung der sexuellen Gewalt dargelegt werden, zielt sie auf den Genderstatus. Wird wirksamer Schutz durch staatliche Behörden verweigert, ist der Antrag begründet. Kann die Zielrichtung der Gewaltausübung durch den nichtstaatlichen Akteur nicht belegt werden, wird häufig die Schutzversagung gegen den Genderstatus zielen.

d) Zwangsverheiratung

> **Leitsätze**
> 1. Ein Eingriff in die religiöse und sexuelle Selbstbestimmung durch zwangsweise Entführung und Verheiratung stellt eine schwerwiegende Verletzung der Menschenrechte dar (Rdn. 1 ff.). Derartige Verfolgungen sind im Kontext von zumeist gegen weibliche Angehörige religiöser oder ethnischer Minderheiten gerichteten Maßnahmen und/oder vor dem Hintergrund eines insgesamt Frauen einen minderen Wert zuweisenden gesellschaftlichen Klimas zu bewerten (Genderfaktoren).
> 2. Die infolge der **Schutzlosigkeit** potenziell drohende Gefahr der Entführung durch muslimische Männer vor einem spezifischen religiösen, kulturellen und ethnischen Hintergrund teilen alle Frauen in vergleichbarer Lage, kennzeichnet ihre Zugehörigkeit zu einer bestimmten sozialen Gruppe und unterscheidet sie deutlich von anderen Gruppen der Gesellschaft (Rdn. 70 ff.).
> 3. Zwangsentführung und anschließende zwangsweise Verheiratung gehen danach zumeist mit einer Vielzahl von menschenrechtswidrigen Maßnahmen einher, welche das Recht auf Selbstbestimmung der Frau, insbesondere ihre Selbstbestimmung zur freien Lebensgestaltung einschließlich ihres sexuellen Verhaltens, verletzen. Werden derartige Maßnahmen im Kontext ethnisch, kulturell oder religiös geprägter Konflikte ausgeübt, zielen sie auf den ethnischen und sozialen Status der Frau. Fehlt eine derartige Zielrichtung, sind Maßnahmen nichtstaatlicher Akteure häufig vom Selbstverständnis geprägt, die betroffene Frau der männlichen Herrschaftsgewalt zu unterwerfen (Rdn. 47 ff., 74 ff.).

aa) Spezifische Probleme der Verfolgungshandlung

Der Eingriff in die religiöse und sexuelle Selbstbestimmung durch zwangsweise Entführung und 66
Verheiratung stellt eine schwerwiegende Verletzung der Menschenrechte dar (vgl. Art. 9 Abs. 1 Buchst. a) RL 2004/83/EG). Derartige Verfolgungen sind im Kontext von zumeist gegen weibliche Angehörige religiöser oder ethnischer Minderheiten gerichteten Maßnahmen und/oder vor dem Hintergrund eines insgesamt Frauen einen minderen Wert zuweisenden gesellschaftlichen Klimas zu bewerten.

Eine **Zwangsverheiratung** liegt vor, wenn eine Frau gegen ihren erklärten Willen verheiratet und 67
sie mit Druck oder Drohungen dazu gezwungen werden soll. Eine Zwangsverheiratung beeinträchtigt die betroffene Frau in ihrem Recht auf individuelle und selbstbestimmte Lebensführung und in ihrem Recht auf sexuelle Selbstbestimmung. Die mit der Zwangsverheiratung verbundene Zwangslage liefert die Frau dauerhaft und ohne Aussicht auf Hilfe als reines Objekt der Befriedigung oder zu Zwecken der Fortpflanzung den sexuellen Trieben des Ehemannes aus. Damit handelt es sich

---

403 UNHCR, Sexuelle Gewalt gegen Flüchtlinge. Richtlinien zur Vorbeugung und Reaktion, 1997, S. 1; § 14 Rn. 53 ff.

um eine schwerwiegende Verletzung der Menschenrechte (vgl. Art. 9 Abs. 1 Buchst. a) RL 2004/83/ EG).[404]

68 Im Blick auf die der Zwangsverheiratung vorangehende **Zwangsentführung** gegen weibliche Angehörige von Minderheiten besteht die Eingriffswirkung gegen die Minderheit in einer akuten Bedrohung von Leib und Leben wie auch letztlich in der Vernichtung der wirtschaftlichen Existenz der bäuerlichen Familien, die durch Vertreibungsmaßnahmen der feindlichen ethnisch religiösen Gruppen ihrer Lebensgrundlagen beraubt werden. Soweit Entführungen und Zwangsehen wie Zwangsbekehrungen gegen weibliche Angehörige von Minderheiten gerichtet sind, können diese Verfolgungen zumeist als Muster eines Verfolgungsprogramms, das Misshandlungen, Menschenraub, Mord, bewaffneten Raub, Viehdiebstahl, Zerstörung von Feldern, Weinbergen und Ernten, sonstigen Diebstählen sowie Erpressung zum Inhalt hat, verstanden werden.[405]

69 Diese auf alleinstehende christliche Frauen in der Türkei gemünzte Rechtsprechung wird auch auf alleinstehende Frauen in Afghanistan angewandt. So ist anerkannt, dass Frauen, die sich beispielsweise einer Zwangsheirat durch Flucht entzogen haben, vor einem gewalttätigen Ehemann geflohen waren oder denen vorgeworfen wird, ein nichteheliches Kind geboren zu haben, schutzlos den Verfolgungsakteuren ausgesetzt sind, begründete Furcht vor Verfolgung hegen.[406]

bb) Anwendung der Zusammenhangsklausel

70 Maßgebend für die Anknüpfung an den Genderstatus sind eine Vielzahl von Faktoren: Die infolge der **Schutzlosigkeit** potenziell drohende Gefahr der Entführung durch muslimische Männer teilen alle Frauen in vergleichbarer Lage und kennzeichnet ihre Zugehörigkeit zu einer bestimmten sozialen Gruppe und unterscheidet sie deutlich von anderen Gruppen der Gesellschaft. Der die Schutzlosigkeit hervorbringende Genderstatus wird darüber hinaus durch den religiösen, kulturellen und ethnischen Hintergrund bestimmt und rechtfertigt insgesamt die Schlussfolgerung, dass Zwangsentführungen und -bekehrungen an den so verstandenen Genderstatus und damit an die Zugehörigkeit zu einer bestimmten sozialen Gruppe anknüpfen.

71 Nach der deutschen Rechtsprechung gelten Zwangsentführungen und Zwangsverheiratungen aus Sicht muslimischer Männer dem Zugriff auf religiös-ethnische Merkmale.[407] Sofern im muslimischen Herkunftsland auch muslimische Frauen entführt werden, nutzen die muslimischen Täter bei der Entführung christlicher und jezidischer Frauen bewusst die **Schutzlosigkeit** der Angehörigen einer religiösen Minderheit aus und betreiben deren Übertritt auch aus religiöser Überzeugung.[408] Damit zielen die Verfolgungen auf die Zugehörigkeit der Opfer zu einer bestimmten sozialen Gruppe. Den Zwangsentführungen muslimischer Frauen liegt darüber hinaus auch ein religiöser Grund zugrunde.

72 Es ist zwar sachgerecht, bei derartigen Verfolgungen die nach der Konvention relevanten Zielrichtungen von kriminellen Motiven abzugrenzen. Andererseits ist zu bedenken, dass die Unterscheidung einerseits in religiös geprägte Zwangsentführungen von Frauen mit anschließender Zwangsheirat, Zwangsbekehrung und Zwangsbeschneidung sowie andererseits – im Blick auf die anderen

---

404 VG Stuttgart, NVwZ-RR 2011, 501 (502); VG Stuttgart, NVwZ 2007, 1335 (1336); ähnlich VG Trier, Asylmagazin 1-2/2011, 24.
405 BVerwG, EZAR 203 Nr. 11; Hessischer VGH, Urt. v. 13.05.1982 – X OE 1131/81; OVG Rheinland-Pfalz, Urt. v. 10.12.1986 – 11 A 131/86; VG Stuttgart, NVwZ 2007, 1335 (1336).
406 VG Frankfurt am Main, InfAuslR 2004, 458 (459); VG Dresden, Urt. v. 01.02.2005 – A 7 K 31131/03; VG München, AuAS 2007, 105 (106); siehe auch OVG Sachsen, AuAS 2004, 96; VG Frankfurt am Main, Urt. v. 24.01.2005 – 5 E 7411/03.A(2), beide für Abschiebungsschutz nach § 60 Abs. 7 AufenthG für alleinstehende ältere Frauen.
407 BVerwGE 85, 12 (19) = EZAR 202 Nr. 17 = InfAuslR 1990, 211; so schon BVerwG, NVwZ 1984, 521.
408 BVerwGE 85, 12 (19) = EZAR 202 Nr. 17 = InfAuslR 1990, 211.

genannten Delikte – in kriminelle Delikte, der Gesamtzusammenhang des Verfolgungsmusters unzulässigerweise verkürzt wird.[409] Darüber hinaus ist es ausreichend, dass der Genderstatus ein wesentlich beitragender, nicht aber der beherrschende Grund sein muss. Zudem sind Entführungen häufig auch wirtschaftlich oder sexuell und damit auch kriminell motiviert.

Im Blick auf die Zwangsverheiratung von Jeziden in der Türkei weist die Rechtsprechung darauf hin, dass die muslimische Annahme besonderer sexueller Attraktivität von Jezidinnen auf unterstellte orgiastische Ausschweifungen der Jeziden bei der Kultausübung zurückgehe und die wirtschaftlichen Überlegungen untrennbar damit zusammenhingen, dass die Jeziden aus religiösen Gründen schwächstes Glied der sozialen Kette seien und sich daher am wenigsten wehren könnten. Hinzu komme, dass ein Muslime, der eine Jezidin entführe, noch das positive Gefühl haben könne, nicht nur die Entführte individuell »bekehrt«, sondern die verhasste Religionsgemeinschaft der Jeziden damit insgesamt geschwächt zu haben. Insgesamt sei deshalb nach der Lebenserfahrung anzunehmen, dass Muslime bei Übergriffen auf Jezidinnen deren religiös bedingte Mindereinschätzung im Blick hätten.[410]

Zwangsentführung und anschließende zwangsweise Verheiratung gehen danach zumeist mit einer Vielzahl von menschenrechtswidrigen Maßnahmen einher, welche das Recht auf Selbstbestimmung der Frau, insbesondere ihre Selbstbestimmung zur freien Lebensgestaltung einschließlich ihres sexuellen Verhaltens, verletzen. Werden derartige Maßnahmen im Kontext ethnisch, kulturell oder religiös geprägter Konflikte ausgeübt, zielen sie auf den ethnischen und sozialen Status der Frau. Fehlt eine derartige Zielrichtung, sind Maßnahmen nichtstaatlicher Akteure häufig vom Selbstverständnis geprägt die betroffene Frau der männlichen Herrschaftsgewalt zu unterwerfen (Rdn. 47 ff.). In sämtlichen Fällen ist es der soziale Status der Frau (»Gender«), der einen wesentlichen Faktor im Kontext derartiger Maßnahmen darstellt. Die Verfolgungen richten sich damit gegen die Frau auch wegen ihrer Zugehörigkeit zu einer bestimmten sozialen Gruppe.

Bei Zwangsentführungen und -verheiratungen von Frauen in Afghanistan und im Irak ist die Situation ähnlich. Für Afghanistan ist anerkannt, dass Frauen, die sich beispielsweise einer Zwangsheirat durch Flucht entzogen haben, vor einem gewalttätigen Ehemann geflohen waren oder denen vorgeworfen wird, ein nichteheliches Kind geboren zu haben, schutzlos den Verfolgungsakteuren ausgesetzt sind und wegen einer auf das weibliche Geschlecht zielenden Verfolgung, also wegen der Zugehörigkeit zu einer bestimmten sozialen Gruppe begründete Furcht vor Verfolgung hegen.[411] Hier begründet die Schutzlosigkeit aufgrund der allgemeinen Gegebenheiten in den Herkunftsländern Afghanistan oder Irak in Verbindung mit der untergeordneten Stellung der Frau und der übergeordneten Herrschaftsrolle der Männer aufgrund des islamisch geprägten Rollenverständnisses den Genderstatus.

Zumeist spielen aber auch noch zusätzliche religiöse, kulturelle, ethnische und ökonomische Faktoren eine Rolle. Denn Frauen werden z. B. im Irak als »weichere Ziele« angesehen und erleiden Gewalt, durch die das Ansehen der gesamten, jeweils anderen konfessionellen Gruppierung beschmutzt werden soll.[412] Diese Faktoren in Summe rechfertigen die Feststellung, dass derartige Zwangsverheiratungen dem Genderstatus der Frau und damit deren Zugehörigkeit zu einer bestimmten sozialen Gruppe in Afghanistan gelten, die sich deutlich von anderen gesellschaftlichen Gruppen, z. B. den bereits – nicht zwangsweise – verheirateten Frauen unterscheidet.

---

409 OVG Rheinland-Pfalz, Urt. v. 10.12.1986 – 11 A 131/86.
410 VGH Baden-Württemberg, InfAuslR 1990, 356 (360).
411 VG Frankfurt am Main, InfAuslR 2004, 458 (459); VG Dresden, Urt. v. 01.02.2005 – A 7 K 31131/03; siehe auch OVG Sachsen, AuAS 2004, 96; VG Frankfurt am Main, Urt. v. 24.01.2005 – 5 E 7411/03.A(2), beide für Abschiebungsschutz nach § 60 Abs. 7 AufenthG für alleinstehende ältere Frauen.
412 *UNHCR*, Hinweise zur Feststellung des internationalen Schutzbedarfs irakischer Asylbewerber, 26.11.2007, S. 6.

cc) Verfolgungsprognose

77 Grundsätzlich finden auf die geltend gemachte Gefahr der drohenden Zwangsentführung und -verheiratung die allgemeinen Prognosegrundsätze Anwendung. War die Antragstellerin vor ihrer Ausreise von diesen Maßnahmen unmittelbar betroffen, findet die Beweiswirkung der früheren Verfolgungsbedrohung Anwendung. Diese kann die Behörde nur widerlegen, wenn sie zuverlässige Feststellungen treffen kann, dass die Behörden des Herkunftslandes wirksame Schutzvorkehrungen gegen derartige Übergriffe getroffen haben und Sorge dafür treffen, dass vorbeugender Schutz gegen eine Wiederholung derartiger Maßnahmen sichergestellt ist (vgl. Art. 4 Abs. 4 RL 2004/83/EG; § 29 Rdn. 54 ff.).

78 In diesem Zusammenhang hat das BVerwG besondere Prognosegrundsätze für die Fälle **alleinstehender Frauen** entwickelt: Die Gefahr von Entführungen drohe nur denjenigen, denen es nicht gelinge, in anderen Landesteilen Wohnung und Arbeit zu finden.[413] Habe die Asylsuchende vor ihrer Ausreise Kontakt zu Angehörigen ihrer Glaubensgemeinschaft gehabt und im Zusammenhang mit ihrer Tätigkeit als Näherin wiederholt ohne Begleitung ihre Wohnung verlassen, fehle es bereits an den erforderlichen Prognosetatsachen.[414] Demgegenüber droht nach der obergerichtlichen Rechtsprechung christlichen Frauen, die zur Sicherung ihres Lebensunterhalts mangels verwandtschaftlicher oder sonstiger Anknüpfungspunkte außerstande seien, in Istanbul Entführung durch muslimische Männer und damit notwendigerweise der zwangsweise Übertritt zum Islam.[415]

79 Darüber hinaus hat das BVerwG für christliche Frauen mit **familiären Bindungen im Bundesgebiet** weitere besondere Grundsätze entwickelt: Eine Verfolgungsprognose, die einen **hypothetischen Geschehensablauf** ohne Einbeziehung der hier mit Aufenthaltsrecht ausgestatteten Verwandten unterstelle, leide an einem Rechtsfehler.[416] Allein wegen des allen Mitgliedern einer Familie zustehenden Bleiberechts im Bundesgebiet könne eine hypothetische Gemeinschaftlichkeit des Aufenthaltes im Herkunftsland, der im Blick auf den hier Schutz suchenden Familienangehörigen zu unterstellen sei, ebenso wenig verneint werden wie dieser hypothetische Aufenthalt überhaupt.[417] Derart hypothetische Betrachtungen sind mit Art. 4 Abs. 3 Buchst. a) und c) RL 2004/83/EG unvereinbar, da nur im Entscheidungszeitpunkt vorliegende aktuelle Tatsache **und** Umstände berücksichtigt werden müssen.

80 Da den Angehörigen des als Flüchtling anerkannten stammberechtigten Familienangehörigen nach geltendem Recht ohne Anspruch auf Prüfung eigener Verfolgungsgründe ein identischer Status zusteht (§ 26 Abs. 4 AsylVG), ist diese Rechtsprechung überholt. Die zunächst noch offen gelassene Frage, welche Prognosegrundsätze bei Störungen des Familienverbandes Anwendung finden,[418] hat das BVerwG später dahin entschieden, dass im Fall des Todes des Ehegatten sowie der tief greifenden Entfremdung zwischen dem noch lebenden Elternteil und den Kindern im Rahmen der Verfolgungsprognose zu unterstellen sei, dass sich jeder der Asylsuchenden allein in der Türkei aufhalten würde.[419]

---

413 BVerwGE 85, 12 (20) = EZAR 202 Nr. 17 = InfAuslR 1990, 211; BVerwG, Buchholz 402.25 § 1 AsylVfG 130 = NVwZ-RR 1991, 44.

414 BVerwG, Buchholz 402.25 § 1 AsylVfG Nr. 130.

415 Hessischer VGH, Urt. v. 26.03.1990 – 12 UE 2970/86; Hessischer VGH, Urt. v. 21.12.1992 – 12 UE 1847/89; ebenso BVerfG (Kammer), Beschl. v. 11.07.1990 – 2 BvR 497/88, 2 BvR 798/88; Canadian Immigration and Refugee Board, IJRL 1993, 276 (277).

416 BVerwGE 90, 364 (367) = EZAR 206 Nr. 8 = Buchholz 402.24 § 1 AsylVfG Nr. 155 = NVwZ 1993, 190; BVerwG, Buchholz 402.24 § 1 AsylVfG Nr. 164 = EZAR 204 Nr. 5 = AuAS 1994, 5; BVerwG, Buchholz 402.25 § 1 AsylVfG Nr. 163; BVerwG, Urt. v. 24.07.1990 – BVerwG 9 C 20.89.

417 BVerwGE 90, 364 (368) = EZAR 206 Nr. 8 = NVwZ 1993, 190; BVerwG, Buchholz 402.24 § 1 AsylVfG Nr. 164.

418 BVerwGE 90, 364 (369 f.) = EZAR 206 Nr. 8 = NVwZ 1993, 190.

419 BVerwG, EZAR 202 Nr. 5 = Buchholz 402.25 § 1 AsylVfG Nr. 164 = AusAS 1994, 5.

e) Geschlechtsverstümmelung

> **Leitsätze**
> 1. Art. 19 der Kinderrechtskonvention verpflichtet die Staaten, Kinder vor jeglicher Form körperlicher oder geistiger Gewaltanwendung, Schmerzzufügung oder Misshandlung zu schützen. Art. 3 der Erklärung zur Beseitigung von Gewalt gegen Frauen von 1993 wendet sich gegen die Verstümmelung von weiblichen Geschlechtsorganen und andere Frauen schädigende traditionelle Praktiken (Rdn. 86).
> 2. Wirksamer Schutz wird bei kulturell verfestigter Praxis der Genitalverstümmelung regelmäßig nicht gewährt. Selbst wenn Zugang zu Polizeistationen gewährt würde, wäre allein damit kein wirksamer Schutz gegen die sich aus vielfältigen kulturellen, religiösen, mythischen, tribalistischen, sexuellen, wirtschaftlichen und sozialen Quellen speisende Menschenrechtsverletzung (Rdn. 94, 96, 99) gewährleistet. (Rdn. 90)
> 3. Bei der **Geschlechtsverstümmelung** ist gemeinsames Merkmal das Geschlecht als angeborenes Merkmal wie auch in seiner Bedeutung als soziale Rollenzuschreibung (Gender). Genitalverstümmelungen sind fest in der Tradition, Kultur und den ungleichen Machtverhältnissen innerhalb der jeweiligen Gesellschaftsordnung verwurzelt, zielen mithin auf den Genderstatus der Frau sowie auf deren geschlechtliche Identität (Rdn. 92 ff.).
> 4. Die den sozialen Genderstatus begründenden Merkmale unterliegen nicht der freien Verfügungsgewalt der Mädchen und Frauen und können deshalb nicht verändert werden(Rdn. 96 ff.).
> 5. Nur Antragstellerinnen, die noch nicht beschnitten worden sind, kann Genitalverstümmelung drohen. Die Tatsache, dass die Antragstellerin bereits ein Kind geboren hat, schützt nicht gegen die Genitalverstümmelung. Wächst die Antragstellerin in die Pubertät hinein, besteht eine hohe Wahrscheinlichkeit der Genitalverstümmelung. Die Praxis der Genitalverstümmelung kann bis zum heiratsfähigen Alter, jedenfalls bis zur Vollendung des 20. Lebensjahres drohen (Rdn. 101).

aa) Spezifische Probleme der Verfolgungshandlung

81 **Geschlechtsverstümmelung** ist eine schwerwiegende Menschenrechtsverletzung (Art. 9 Abs. 1 Buchst. a) RL 2004/83/EG). Der häufig verwendete Begriff der »**Zwangsbeschneidung**« ist irreführend und wird dem Charakter dieser Menschenrechtsverletzung nicht gerecht. Die WHO definiert die weibliche Geschlechtsverstümmelung (**Female Genitile Mutilation – FGM**) als die Gesamtheit aller mit der teilweisen oder vollständigen Entfernung der äußeren weiblichen Genitalien verbundenen Behandlungen sowie anderer Verletzungen weiblicher Genitalorgane, die auf kulturellen oder anderen nicht-therapeutischen Gründen beruhen.[420] Dementsprechend nennen die kanadischen Richtlinien als ein Beispiel für geschlechtsspezifische Verfolgungen die Verstümmelung des Genitalbereichs und stellen diese in einen Zusammenhang mit Kindstötung, Verbrennung der Braut, erzwungene Heirat, Gewalt im häuslichen Bereich, erzwungene Abtreibung oder Zwangssterilisation.[421]

82 In der Praxis wird die Geschlechtsverstümmelung in unterschiedlichen Formen ausgeübt.[422] Bei der **Klitorisbeschneidung** wird die Klitoris teilweise oder vollständig entfernt. Demgegenüber werden bei der **Exzision** (**Klitoridektomie**) die Klitoris und die inneren Schamlippen entfernt. Die äußeren

---

[420] *WHO*, Female Genital Mutilation: An Overview, 1998, S. 5 f.
[421] Richtlinie zu Asylbewerberinnen, die sich auf Furcht vor Verfolgung aufgrund ihres Geschlechts berufen v. 25.11.1996, Nr. 4 B; ebenso *UNHCR*, Geschlechtsspezifische Verfolgung, S. 4.
[422] Siehe hierzu *Bundesamt für Migration und Flüchtlinge*, Weibliche Genitalverstümmelung. Formen – Auswirkungen – Verbreitung – Asylverfahren, Juli 2005, S. 7; *Bundesamt für Migration und Flüchtlinge*, Weibliche Genitalverstümmelung. Formen – Auswirkungen – Verbreitung – Asylverfahren, November 2007, S. 1; *Bundesamt für Migration und Flüchtlinge*, Weibliche Genitalverstümmelung. Formen – Auswirkungen – Verbreitung – Asylverfahren, April 2010, S. 1 ff.

Schamlippen bleiben unverletzt. Die Vagina wird nicht verschlossen. Das Ausmaß der Entfernung ist unterschiedlich und ist von den jeweiligen Gebräuchen abhängig. Klitorisbeschneidung und Exzesion sind mit 85 % die häufigsten Beschneidungsarten von Mädchen und Frauen.

83 Am weitesten verbreitet ist die **Infibulation (Pharaonische Beschneidung)**. Hierbei werden zunächst die Klitoris sowie die inneren und äußeren Schamlippen vollständig entfernt und anschließend beide Seiten der Vulva mit Dornen aneinander befestigt oder mit Seide zusammengenäht, sodass die übrig gebliebene Haut der äußeren Schamlippen nach dem Abheilen eine Brücke aus Narbengewebe über der Vagina bildet. Der Scheideneingang verschwindet so bis auf eine sehr kleine Öffnung für den Urin- und Menstruationsfluss, die durch das Einsetzen eines winzigen Holzstücks oder eines Rindhalms offen gehalten wird.

84 Infibulation ist die extremste Form von Verstümmelung und richtet sowohl unmittelbar wie auch langfristig die größten gesundheitlichen Schäden an. Sie wird überall in Afrika, besonders in Somalia, im Nordsudan, im östlichen Djibouti, in Eritrea, Südägypten und Mali, sowie in Teilen des Mittleren Ostens praktiziert (Rdn. 104 ff.).[423] Die Durchführung des Eingriffs erfolgt mit speziellen Messern, Scheren, Skalpellen, Glasscherben oder Rasierklingen. Häufig entstehen aufgrund ungeeigneter Instrumente, schlechter Lichtverhältnisse und nicht keimfreier Bedingungen unbeabsichtigt zusätzliche schwerwiegende Schädigungen. Schätzungen zufolge sterben 5 bis 10 % aller von Genitalverstümmelung betroffenen Mädchen in Afrika bereits bei der Operation. Häufigste Todesursache ist Verbluten.[424]

85 Gewöhnlich werden die Eingriffe von einer eigens mit dieser Aufgabe betrauten älteren Frau oder von traditionellen Geburtshelfern aus dem Dorf durchgeführt. Dabei wird das Opfer festgehalten. Im Allgemeinen werden keine Anästhetika oder Antiseptika verwendet. Der Eingriff kann im Säuglingsalter, während der Kindheit, im Zeitpunkt der Eheschließung oder während der ersten Schwangerschaft durchgeführt werden. Die Beschneidung führt neben dem Schaden durch den Eingriff selbst in vielen Fällen zu schwerwiegenden gesundheitlichen Folgen. Über die psychischen Langzeitwirkungen liegen kaum Untersuchungen vor. Frauen, die den schweren Arten von Beschneidung unterzogen werden, leiden mit sehr hoher Wahrscheinlichkeit an gesundheitlichen Komplikationen, die eine lebenslange ärztliche Behandlung erfordern.[425]

86 In der Rechtsprechung wird angesichts dieser extremen Auswirkungen die Geschlechtsverstümmelung als »entsetzliche Folter« bezeichnet.[426] Art. 19 der Kinderrechtskonvention verpflichtet die Staaten, Kinder vor jeglicher Form körperlicher oder geistiger Gewaltanwendung, Schmerzzufügung oder Misshandlung zu schützen. Art. 3 der Erklärung zur Beseitigung von Gewalt gegen Frauen von 1993 wendet sich gegen die Verstümmelung von weiblichen Geschlechtsorganen und andere Frauen schädigende traditionelle Praktiken. Darüber hinaus haben zahlreiche Gremien der Vereinten Nationen und auch die Weltfrauenkonferenz von 1995 die Beseitigung dieser menschenrechtswidrigen Praktiken gefordert.

87 Die Geschlechtsverstümmelung ist weit verbreitet. Über 130 Millionen Frauen sind nach Schätzungen der Vereinten Nationen Opfer von Geschlechtsverstümmelungen betroffen (Rdn. 104 ff.). Insbesondere in **Afrika** sind diese Praktiken innerhalb eines Gürtels, der sich von Senegal im Westen

---

423 *Bundesministerium für Familie, Senioren, Frauen und Jugend*, Genitale Verstümmelung bei Mädchen und Frauen, 2000, S. 10 f.; *Afele*, der überblick 2/93, 29 (30).

424 *Bundesamt für Migration und Flüchtlinge*, Weibliche Genitalverstümmelung. Formen – Auswirkungen – Verbreitung – Asylverfahren, April 2010, S. 3.

425 *Bundesministerium für Familie, Senioren, Frauen und Jugend*, Genitale Verstümmelung bei Mädchen und Frauen, 2000, S. 11 f., 15 f.

426 Canada Court of Appeal, 3 F. C. 25 (T. D.) (1995) – Annan; UK House of Lords (2006) UKHL 46 Rn. 25 ff. – Fornah; *Women's Legal Group*, Gender Guidelines for the Determination of Asylum Claims in the UK, S. 9.

bis zum Horn von Afrika im Osten sowie von Ägypten im Norden bis zur Zentralafrikanischen Republik im Süden erstreckt, verbreitet.[427]

bb) Wegfall des nationalen Schutzes

Ebenso wie bei anderen Verfolgungen ist auch bei der Genitalverstümmelung nach Ermittlung der Verfolgungshandlung zu prüfen, ob im Herkunftsland nationaler Schutz gegen diese verfügbar ist. Maßgebend ist die Situation im Entscheidungszeitpunkt (Art. 4 Abs. 3 Buchst. a) RL 2004/83/EG). Es kommt deshalb nicht darauf an, dass im Zeitpunkt der Ausreise noch keine Geschlechtsverstümmelung drohte oder die Antragstellerin im Ausland geboren wurde. Maßgebend ist allein, ob für den Fall der Rückkehr gegen die drohende Genitalverstümmelung wirksamer Schutz gewährt werden wird.

88

So kann eine unbeschnittene Frau etwa in Sierra Leone (Rdn. 109) nicht ohne Weiteres in den Familienverband zurückkehren, da eine unbeschnittene Frau häufig die »Familienehre« verletzt. Als Faustregel gilt, dass die Geschlechtsverstümmelung bzw. deren Akzeptanz umso wahrscheinlicher ist, je ländlicher, je geringer gebildet und je stärker verwurzelt potenzielles Opfer und Täter in der afrikanischen Tradition sind.[428] So ist z. B. im Norden Ghanas der soziale Druck auf Opfer und Familie, in eine Genitalverstümmelung einzuwilligen, erheblich.[429] Es gibt zudem zumeist auch keine weiblichen Polizistinnen, an die Opfer sich wenden können, abgesehen davon, dass die Entfernung zur nächsten Polizeistation in ländlichen Gebieten sehr groß ist.[430]

89

Selbst wenn Zugang zu Polizeistationen gewährt würde, wäre allein damit kein wirksamer Schutz gegen diese aus vielfältigen kulturellen, religiösen, mythischen, tribalistischen, sexuellen, wirtschaftlichen und sozialen Quellen sich speisende Menschenrechtsverletzung (Rdn. 94, 96, 99) gewährleistet. Unter diesen Voraussetzungen kann wirksamer Schutz gegen die drohende Genitalverstümmelung im Herkunftsland nicht erwartet werden. Da diese Praktiken selbst noch bis zum heiratsfähigen Alter der Frau drohen können und diese zumeist mangels Anknüpfungspunkte in anderen Landesteilen zur Existenzsicherung auf den familiären Verband angewiesen ist, ist vom Wegfall des staatlichen Schutzes auszugehen.

90

Drohte unmittelbar vor der Flucht die Praxis der Geschlechtsverstümmelung, kann nur bei einer grundlegenden Veränderung der Verhältnisse im Herkunftsland der Flüchtlingsstatus versagt werden (Art. 4 Abs. 4 RL 2004/83/EG). Der Staat muss mithin nach der Flucht eine Vielzahl von wirksamen Maßnahmen unternommen haben, damit die Beweiswirkung früherer Verfolgungen (§ 29 Rdn. 54 ff.) widerlegt werden kann. Dies ist bei den meisten in Betracht kommenden Herkunftsländern nicht der Fall.

91

cc) Anwendung der Zusammenhangsklausel

Die von der Genitalverstümmelung betroffenen Mädchen und jungen Frauen werden wegen ihrer Zugehörigkeit zu einer bestimmten sozialen Gruppe verfolgt. Gemeinsames Merkmal ist das Geschlecht als angeborenes (biologisches) Merkmal wie auch in seiner Bedeutung als soziale Rollenzuschreibung (Gender), also als unveränderbares Merkmal (Rdn. 90 f., 95). Tradition, Kultur, religiöse Gebote, Familienehre, sexuelle Aspekte sowie die ungleiche Machtverteilung in der jeweils maßgeblichen dörflichen Gemeinschaft und übergreifenden Gesellschaft und die daraus folgende Sicht der Gesellschaft auf Frauen als minderwertig vermitteln eine deutlich abgegrenzte Identität.[431]

92

---

427 Hessischer VGH, NVwZ-RR 2006, 504.
428 Hessischer VGH, NVwZ-RR 2006, 506 (506).
429 VG Regensburg, AuAS 2009, 227 (228).
430 VG Ansbach, Asylmagazin 12/2010, 412 (413), Äthiopien.
431 UK House of Lords, (2006) UKHL 46, Rn. 31 = IJRL 2007, 96 (113); Rn. 325.

93 Dieser Hintergrund wird auch in der Definition der WHO deutlich, die zur Abgrenzung von Heileingriffen auf kulturelle oder andere nicht-therapeutische Gründe verweist (Rdn. 82). Die Wirksamkeit und Unveränderbarkeit der Rollenzuschreibung verdeutlicht auch die bemerkenswerte Tatsache, dass für viele internationale Organisationen die Genitalverstümmelung noch immer eine kulturelle Angelegenheit ist und sie deshalb nicht den Eindruck erwecken wollen, anderen Kulturen westliche Werte aufzuzwingen.[432] Aus diesem Grund halten sie sich mit Kritik zurück und unterlassen auch häufig die Durchführung wirksamer Kampagnen gegen derartige Praktiken.

94 Es ist insbesondere der soziale Begriff des Geschlechts, der auf die Beziehungen zwischen Frauen und Männern auf der Grundlage gesellschaftlich oder kulturell üblicher oder definierter Identitäten, Rechtsstellungen, Rollen und Aufgaben verweist[433] und bei der Genitalverstümmelung in einer Vielzahl von eng miteinander verbundenen Aspekten zum Ausdruck kommt. Die den sozialen Genderstatus begründenden Merkmale unterliegen nicht der freien Verfügungsgewalt der Mädchen und Frauen und können deshalb nicht verändert werden (Rdn. 88). Angesichts der vielfältigen kulturellen, religiösen, mythischen, tribalistischen, sexuellen, wirtschaftlichen, sozialen und auf Aufrechterhaltung männlicher Herrschaft angelegten Besonderheiten der Praxis der Geschlechtsverstümmelung (Rdn. 90, 92) können sich die betroffenen Mädchen und jungen Frauen nicht frei in ihrer Gesellschaft bewegen, ohne die Gefahr des Übergriffs befürchten zu müssen.[434]

95 Genitalverstümmelungen sind fest in der Tradition, Kultur und den ungleichen Machtverhältnissen innerhalb der jeweiligen Gesellschaftsordnung verwurzelt.[435] Diese den Genderstatus beschreibenden Faktoren in ihrer Gesamtheit belegen, dass die betroffenen Mädchen und jungen Frauen in diesem für sie nicht veränderbaren Status (Rdn. 92) getroffen werden. Die religiöse Bedeutung der Genitalverstümmelung ergibt sich aus der subjektiv gefühlten Verpflichtung, nicht indes aus den Religionen selbst. Ein weitverbreiteter Irrtum geht dahin, in der Genitalverstümmelung bei Frauen ein spezifisches Phänomen islamischer Länder zu sehen. Der Koran schreibt sie nicht vor. Die Genitalverstümmelung wurde schon lange vor der Entstehung des Islam praktiziert. Darüber hinaus ist diese Praxis etwa auch bei den Kopten in Ägypten, den äthiopischen Christen und Juden, bei Katholiken, Protestanten und Animisten üblich.[436]

96 Die Unveränderbarkeit dieses Status kommt auch in den zur Geschlechtsverstümmelung vorgebrachten Rechtfertigungsgründen zum Ausdruck. Sie sind zahlreich und spiegeln die Geschichte und die Gedankenwelt der Gesellschaft wider, in der sie entstanden sind. Brauch, Tradition, religiöse Gebote, Läuterung, Familienehre, Steigerung der sexuellen Lust des Ehemannes, Vermittlung eines Gefühls von Gruppenzugehörigkeit, Erhöhung der Fruchtbarkeit, Steigerung der Heiratschancen, Erhöhung des Brautpreises sowie ungleiche Machtverteilung und die daraus folgende Fügsamkeit der Frauen gegenüber den Geboten in ihren Gesellschaften werden als Rechtfertigungsgründe für diese Praktiken genannt.[437]

97 Frauen sind auch die Mittlerinnen, die die traditionellen kulturellen Werte an die folgenden Generationen weitergeben. Sie verkörpern durch ihre Kleidung, ihre ihnen eigentümlichen Verhaltensweisen und ihre Sexualität viele der maßgeblichen kulturellen Werte. In den patriarchalischen Gesellschaften sind es deshalb auch ältere Frauen, die Genitalverstümmelungen ausführen. Sie tragen damit maßgebend dazu bei, dass das bestehende kulturelle tribalistische Wertesystem aufrechterhalten

---

432 *Afele*, der überblick 2/93, 29 (33).
433 *UNHCR*, Geschlechtsspezifische Verfolgung, S. 3.
434 *Bumke*, NVwZ 2002, 423 (425); wohl auch *Hailbronner*, ZAR 1998, 152 (159).
435 *Bundesministerium für Familie, Senioren, Frauen und Jugend*, Genitale Verstümmelung bei Mädchen und Frauen, 2000, S. 7.
436 *Afele*, der überblick 2/93, 29 (32 f.); *Sidibe/Frankenberger*, FR v. 29.02.1996.
437 *Bundesministerium für Familie, Senioren, Frauen und Jugend*, Genitale Verstümmelung bei Mädchen und Frauen, 2000, S. 13.

wird.[438] Eng verbunden mit diesen kulturellen, religiösen und tribalistischen Aspekten der Genitalverstümmelung sind die wirtschaftlichen Interessen. Für ihre systemstabilisierende Rolle werden Beschneiderinnen belohnt. Sie wachen eifersüchtig über ihren Status und verdammen jeden, der sich ihnen entgegenstellt oder ihre Arbeit und ihren Status infrage stellt. Besonders der wirtschaftliche Gewinn hat dazu beigetragen, dass diese Praxis bis heute beibehalten wird.

Beschneiderinnen sind zumeist ältere Frauen oder traditionelle Geburtshelferinnen. Es ist ein Geschäft, das von der Mutter auf die Tochter, von Generation zu Generation, weitergegeben wird.[439] Auch für die Familien der von Genitalverstümmelung betroffenen Mädchen hat diese wirtschaftliche Bedeutung. Die Höhe des Brautpreises ist abhängig von der Jungfräulichkeit der Braut. Für die Armen ist dies eine wichtige Einnahmequelle. Viele Mädchen und Frauen glauben deshalb auch, dass die Geschlechtsverstümmelung erforderlich ist, damit sie von ihrer Gemeinschaft und von ihrem zukünftigen Ehemann akzeptiert werden. 98

Neben der Jungfräulichkeit soll mit der Genitalverstümmelung auch die sexuelle Zurückhaltung der späteren Ehefrau und ihre Treue gesichert werden. Ehebruch ist eine extreme Verletzung der Familienehre und wird streng bestraft. Eine unbeschnittene Frau wird keinen Ehemann finden.[440] So gibt es Berichte über Frauen über zwanzig, die sich auf Verlangen des Ehemannes oder der Schwiegermutter i. d. R. vor der Hochzeit der Operation unterziehen. 99

Nach der Empfehlung des Exekutivkomitees des Programms von UNHCR Nr. 39 (XXXVI)(1985) können Antragstellerinnen, die eine harte oder unmenschliche Behandlung zu befürchten haben, weil sie den Sittenkodex in der Gesellschaft ihres Herkunftslandes verletzt haben, als eine bestimmte soziale Gruppe angesehen werden. Antragstellerinnen, die sich der ihnen nach Rückkehr bevorstehenden Genitalverstümmelung widersetzen, verletzen den Sittenkodex der für sie maßgeblichen Gesellschaft in ihrem Herkunftsland. Auch in der Rechtsprechung der Vertragsstaaten wird bei drohender Genitalverstümmelung von einer Verfolgung wegen der Zugehörigkeit zu einer bestimmten sozialen Gruppe ausgegangen.[441] 100

dd) Verfolgungsprognose

Nur den Antragstellerinnen, die noch nicht beschnitten worden sind, kann eine Genitalverstümmelung drohen.[442] Gegebenenfalls ist dies durch Einholung eines ärztlichen Attestes aufzuklären.[443] Die Tatsache, dass die Antragstellerin bereits ein Kind geboren hat, schützt nicht gegen die Genitalverstümmelung.[444] Wächst die Antragstellerin in die Pubertät hinein, besteht eine hohe Wahrscheinlichkeit der Genitalverstümmelung.[445] Die Praxis der Genitalverstümmelung kann bis zum heiratsfähigen Alter jedenfalls bis zur Vollendung des 20. Lebensjahres drohen.[446] 101

---

438 *Afele*, der überblick 2/93, 29 (32).
439 *Afele*, der überblick 2/93, 29 (32 f.).
440 *Sidibe/Frankenberger*, FR v. 29.02.1996.
441 UK House of Lords, (2006) UKHL 46, Rn. 26 = IJRL 2007, 96 (109 ff.), mit zahlreichen Hinweisen auf die Rechtsprechung in den angelsächsischen Vertragsstaaten; Hessischer VGH, NVwZ-RR 2006, 506; VG Regensburg, AuAS 2009, 227; weitere Hinweis auf die deutsche Rechtsprechung in: *Bundesamt für Migration und Flüchtlinge*, Weibliche Genitalverstümmelung. Formen – Auswirkungen – Verbreitung – Asylverfahren, April 2010, S. 61 ff.
442 OVG Hamburg, InfAuslR 1999, 439 (441); VG München, InfAuslR 1999, 306 (307); VG Oldenburg, InfAuslR 1998, 412 (413); VG Wiesbaden, AuAS 2000, 79 (81).
443 OVG Hamburg, InfAuslR 1999, 439 (441).
444 VG Oldenburg, InfAuslR 1998, 412 (413).
445 VG Frankfurt am Main, NVwZ-RR 2002, 460 (461).
446 VG Oldenburg, InfAuslR 1998, 412 (413).

102 Bei handlungsunfähigen Antragstellerinnen ist die Wahrscheinlichkeit einer Genitalverstümmelung auch davon abhängig, wer nach der Rückkehr die elterliche Sorge bis zur Volljährigkeit ausüben wird und welche Einstellung diese Person zur Praxis der Genitalverstümmelung hat[447] und ob sie sich dem sozialen Druck widersetzen kann. Grundsätzlich ist angesichts der kulturell und tribalistisch verfestigten Praxis der Genitalverstümmelung davon auszugehen, dass die Verwandten und andere einflussreiche Personen mit Versprechungen, Drohungen und notfalls mit Gewalt alles daran setzen werden, um die Antragstellerin dem Ritual zu unterziehen.[448]

103 Es kann deshalb von Antragstellerinnen nicht verlangt werden, Familienangehörige zu bezeichnen, die gegen den Willen der Eltern auf eine Durchführung der Genitalverstümmelung drängen werden.[449] Damit werden der Antragstellerin unerfüllbare Darlegungslasten auferlegt und wird der humanitäre Charakter des Flüchtlingsschutzes verkannt. Vielmehr ist im Fall einer praktizierten Genitalverstümmelung im Herkunftsland für den Regelfall davon auszugehen, dass die Eltern die betroffenen Mädchen und jungen Frauen gegen sozialen Druck nicht wirksam schützen können. In diesem Fall besteht aufgrund des ausgedehnten und weitreichenden Familiennetzes auch kein interner Schutz.

ee) Praxis der Genitalverstümmelung in den Herkunftsländern

104 Die Rechtsprechung geht im Blick auf **Äthiopien** davon aus, dass ungeachtet der 2004 von der Regierung verabschiedeten Strafgesetze gegen die Praxis der Geschlechtsverstümmelung und der Aufklärungskampagnen der Regierung ein wirksamer Schutz durch staatliche oder nichtstaatliche Stellen nicht erwartet werden kann. Darüber hinaus sei der äthiopische Staat nicht in der Lage, Täter wirksam zu verfolgen und zu bestrafen. Eine Anzeige wegen der damit verbundenen sozialen Ächtung der Frauen unterbleibe zumeist.[450]

105 Auch in der **Elfenbeinküste** unternimmt der Staat keine wirksamen Maßnahmen gegen die Praktiken der Geschlechtsverstümmelung[451] Zwar hat die Regierung im Dezember 1998 die Praxis der Geschlechtsverstümmelung erstmals untersagt und unter Strafe gestellt. An der Ausübung dieser Praxis hat dies indes wenig verändert. Weiterhin unternimmt der Staat gegen bekannt werdende Einzelfälle nichts. Weder würden Anklagen noch Strafverfahren gegen die Verantwortlichen durchgeführt, sodass von einer systematischen Schutzversagung auszugehen ist.[452] Es besteht auch kein interner Schutz gegen die Praxis der Geschlechtsverstümmelung. Aufgrund des ausgedehnten und weitreichenden Familiennetzes können die von Verfolgung bedrohten Personen im gesamten Land aufgespürt werden.[453]

106 In **Ghana** bietet die Umsiedlung der potenziellen Opfer in den Süden des Landes nur relative, nicht aber wirksame Sicherheit, da es angesichts der sehr engen und breit gefächerten Familienbeziehungen in Ghana sehr schwierig ist, völlig unterzutauchen, zumal auch im Süden bereits größere Migrantengemeinden aus dem Norden ansässig sind.[454] In **Guinea** werden zwar Aufklärungskampagnen

---

447 OVG Hamburg, InfAuslR 1999, 439 (441).
448 VG Frankfurt am Main, NVwZ-RR 2002, 460 (461); wohl auch VG Wiesbaden, AuAS 2000, 79 (82).
449 So aber VG Trier, NVwZ-Beil. 1999, 75.
450 VG Ansbach, Asylmagazin 12/2010, 412 (413f.); siehe auch VG Ansbach, Urt. v. 15.02.2007 – AN 18 K 05.30424.
451 VG Wiesbaden, AuAS 2000, 79 (80); VG Frankfurt am Main, InfAuslR 1999, 300 (305); VG Frankfurt am Main, NVwZ-RR 2002, 460 (461); VG Oldenburg, InfAuslR 1998, 412 (414); siehe auch OVG Hamburg, InfAuslR 1998, 439 (441); siehe auch *Bundesamt für Migration und Flüchtlinge*, Weibliche Genitalverstümmelung. Formen – Auswirkungen – Verbreitung – Asylverfahren, November 2007, S. 54f.
452 VG Frankfurt am Main, NVwZ-RR 2002, 460 (462).
453 VG Oldenburg, InfAuslR 1998, 412 (413); VG Oldenburg, Urt. v. 11.06.2008 – 7 A 2360/07; VG Frankfurt am Main, NVwZ-RR 2002, 460 (462); VG Aachen, Urt. v. 10.01.2007 – 1621/05.
454 VG Regensburg, AuAS 2009, 227 (228).

in Zusammenarbeit mit nichtstaatlichen Organisationen durchgeführt. Eine spürbare Eindämmung dieser Praxis ist jedoch nicht eingetreten. Die Regierung setzt die ihr zur Verfügung stehenden Mittel zum Schutze der Opfer von Genitalverstümmelungen nicht ein. Trotz der seit 1965 bestehenden Strafgesetzgebung wurden bislang keine strafrechtlichen Verfahren gegen Täter der Genitalverstümmelung eingeleitet. Angesichts des gesellschaftlichen Drucks können nahestehende Personen keinen Schutz gewährleisten.[455]

Auch die Regierung in **Kamerun** geht nicht wirksam gegen die Praxis der Geschlechtsverstümmelung vor. Über Lippenbekenntnisse hinaus sind keine konkreten Maßnahmen zur Eindämmung der Geschlechtsverstümmlung – sei es aus Gründen der Gleichgültigkeit oder aus politischen und ethnischen Rücksichtnahmen – unternommen worden. Angesichts der weiterhin staatlich geduldeten Praxis der Geschlechtsverstümmelung ist die Umsiedlung in andere Landesteile lediglich eine theoretische Möglichkeit.[456] **107**

Die Rechtsprechung geht überwiegend davon aus, dass die drohende Genitalverstümmelung in **Nigeria** Abschiebungsschutz begründet, weil dort kein wirksamer nationaler Schutz gegen diese Verfolgungen verfügbar sei.[457] Dagegen wird eingewandt, die Regierung bekämpfe wirksam diese Praxis. Jedenfalls in den Großstädten gebe es Sicherheit gegen die Genitalverstümmelung. Nach der von UNICEF veröffentlichten Statistik sind 60 % der Frauen in Nigeria von der Praxis der Genitalverstümmelung betroffen und wird auch in Großstädten sozialer Druck zwecks Nachholung des Eingriffs ausgeübt.[458] **108**

In **Sierra Leone** ist die Praxis der Geschlechtsverstümmelung nicht gesetzlich verboten (Rdn. 89). Obwohl internationale Organisationen Aufklärungsarbeit über unmittelbare Risiken und weitere Folgen betreiben, gibt es kaum Fortschritte bei der Beseitigung dieser Praxis. In der traditionellen Gesellschaft wird die Geschlechtsverstümmelung insbesondere von Geheimgesellschaften und Geheimbünden praktiziert, die nach außen stark abgeschottet sind und deren Innenleben für Außenstehende kaum erforschbar ist.[459] Etwa 80 %, teilweise sogar 90 %, der weiblichen Bevölkerung sind von diesen Praktiken betroffen, die in allen Regionen und innerhalb aller ethnischen Gruppen durchgeführt werden. Angesichts des hohen Verbreitungsgrades müssen Antragstellerinnen mit überwiegender Wahrscheinlichkeit befürchten, dieser Praxis unterworfen zu werden ist.[460] **109**

f) Frauenhandel

> **Leitsätze**
> 1. **Frauenhandel** ist unauflöslich mit sexueller Gewalt, Ausbeutung und Zwangsprostitution verbunden. Es ist der Genderstatus der Frau, ihr Alter, Geschlecht, ihre wirtschaftliche und soziale Stellung wie insbesondere auch ihre sexuelle Verwertbarkeit zu wirtschaftlichen

---

455 VG Düsseldorf, Urt. v. 28.09.2007 – 13 K 1441/05.A; VG Düsseldorf, Urt. v. 23.04.2007 – 13 L 600/07.A; VG Aachen, Urt. v. 04.01.2007 – 4 K 1763/05.A; VG Berlin, Urt. v. 27.02.2007 – VG 1 X 30.05.

456 VG München, InfAuslR 1999, 306 (307) = NVwZ-Beil. 1999, 74; siehe auch *Bundesamt für Migration und Flüchtlinge*, Weibliche Genitalverstümmelung. Formen – Auswirkungen – Verbreitung – Asylverfahren, November 2007, S. 60 f.; siehe auch die Hinweise in *Bundesamt für Migration und Flüchtlinge*, Weibliche Genitalverstümmelung. Formen – Auswirkungen – Verbreitung – Asylverfahren, November 2010, S. 66 ff., auf ablehnende Entscheidungen.

457 VG Düsseldorf, Urt. v. 20.02.2006 – 1 K 5590/05.A; VG München, Urt. v. 25.01.2006 – M 21 K 04.52104; VG Stuttgart, Urt. v. 10.06.2005 – A 10 K13121/03.

458 VG Trier, NVwZ-Beil. 1999, 75.

459 Hessischer VGH, NVwZ-RR 2006, 504 (506).

460 Hessischer VGH, NVwZ-RR 2006, 504 (506), weitere Beispiele aus der Rechtsprechung s. *Bundesamt für Migration und Flüchtlinge*, Weibliche Genitalverstümmelung. Formen – Auswirkungen – Verbreitung – Asylverfahren, November 2007, S. 66 f.; *Bundesamt für Migration und Flüchtlinge*, Weibliche Genitalverstümmelung. Formen – Auswirkungen – Verbreitung – Asylverfahren, November 2010, S. 68 ff.

> Zwecken, auf den der Frauenhandel abzielt: Diese Umstände bezeichnen insgesamt die für die bestimmte soziale Gruppe maßgebenden Genderfaktoren (Rdn. 113 f.).
> 2. Frauen und Minderjährige sind nach ihrer Rückkehr in das Herkunftsland häufig erheblichen Folgerisiken ausgesetzt, wie etwa Vergeltungsmaßnahmen durch Angehörigen von Menschenhändlerringen oder anderen Einzelpersonen, sowie dem Risiko, erneut Menschenhändlern in die Hände zu fallen. Hinzu kommen zumeist massive Ausgrenzung sowie schwere Diskriminierung durch Familie oder lokale Gemeinschaft wegen ausgeübter oder unterstellter Prostitution im Ausland (Rdn. 115 f.).

aa) Spezifische Formen der Verfolgungshandlung

110 Nach Ansicht von UNHCR ist die Anwerbung von Frauen oder Minderjährigen durch Nötigung oder Täuschung für die Zwecke der Zwangsprostitution oder der sexuellen Ausbeutung eine Form geschlechtsspezifischer Gewalt.[461] Art. 3 des Protokolls der Vereinten Nationen zur Verhütung, Bekämpfung und Bestrafung des Menschenhandels definiert Menschenhandel und damit insbesondere Frauenhandel, als die »Anwerbung, Beförderung, Verbringung, Beherbergung oder den Empfang von Personen durch die Androhung oder Anwendung von Gewalt oder andere Formen der Nötigung, durch Entführung, Betrug, Täuschung, Missbrauch von Macht oder Ausnutzung besonderer Hilflosigkeit oder durch Gewährung oder Entgegennahme von Zahlungen oder Vorteilen zur Erlangung des Einverständnisses einer Person, die Gewalt über eine andere Person hat, zum Zwecke der Ausbeutung.«

111 Menschenhandel ist als eine Form der Folter und grausamer, unmenschlicher oder erniedrigender Behandlung anzusehen. Sie bedeutet für die Antragstellerin auch eine erhebliche Einschränkung ihrer Bewegungsfreiheit, wenn sie mit Entführung, Zwangsverheiratung (Rdn. 67) und/oder Wegnahme des Reisepasses oder anderer Personaldokumente einhergeht.[462] Die Richtlinie erkennt in Art. 9 Abs. 2 Buchst. a) »sexuelle Gewalt« als ein Beispiel einer Verfolgungshandlung an (§ 14 Rdn. 51 ff.). Es ist deshalb folgerichtig, dass mit dem Frauenhandel, der unauflöslich mit sexueller Gewalt, Ausbeutung und Zwangsprostitution verbunden ist, im Zusammenhang stehende Bedrohungen und Übergriffe Verfolgungscharakter aufweisen.

112 Nach Angaben der Internationalen Arbeitsorganisation ILO gibt es weltweit 12,3 Millionen Opfer von Zwangsarbeit, davon sind mindestens 2,4 Millionen Opfer von Menschenhandel. Von diesen werden 32 % zum Zwecke der Ausbeutung durch Arbeit, etwa 43 % zwecks sexueller Ausbeutung und etwa 25 % aus einer Mischung von beiden gehandelt. Soweit Menschenhandel zum Zwecke der sexuellen Ausbeutung erfolgt, sind hiervon zu 98 % Frauen und Mädchen betroffen. Im Bereich der Kinderarbeit sind etwa 1,2 Millionen minderjährige Opfer vom Menschenhandel betroffen.[463]

bb) Anwendung der Zusammenhangsklausel

113 Die mit Frauenhandel verbundenen Maßnahmen zielen auf den Genderstatus der Frauen. Dabei sind ihr Alter, Geschlecht, ihre wirtschaftliche und soziale Stellung wie insbesondere auch ihre sexuelle Verwertbarkeit zu wirtschaftlichen Zwecken, auf den der Frauenhandel abzielt, von besonderer Bedeutung. Dementsprechend hat das Europäische Parlament in der Entschließung vom 19. Mai 2000 die Mitgliedstaaten aufgefordert, dass der Frauenhandel ein Grund für die Gewährung des Flüchtlingsstatus sein sollte.

114 Eine signifikante Anerkennung haben Opfer von Frauenhandel in der Rechtsprechung bislang nicht gefunden. Die Opferschutzrichtlinie (2004/81/EG) wie auch § 25 Abs. 4a AufenthG gewähren nur

---

461 *UNHCR*, Geschlechtsspezifische Verfolgung, S. 6.
462 *UNHCR*, Geschlechtsspezifische Verfolgung, S. 6; *Worthen*, RSQ 2011, 86 (87 ff.).
463 *Bundesamt für Migration und Flüchtlinge*, Geschlechtsspezifische Verfolgung in ausgewählten Herkunftsländern, April 2010, S. 18.

vorübergehenden Schutz.⁴⁶⁴ Daher haben sich bislang die Gerichte nur vereinzelt mit dieser Frage auseinandergesetzt. In der deutschen Rechtsprechung werden etwa Opfer von Frauenhandel, die sich hiervon befreit haben als klar definierbare und nach außen von der Gesellschaft wahrnehmbare Gruppe beschrieben.⁴⁶⁵ Auch in der U. S.-amerikanischen Praxis werden chinesische Frauen, die sich der Zwangsprostitution widersetzen, als Mitglieder einer bestimmten sozialen Gruppe angesehen. Nach der kanadischen und britischen Spruchpraxis haben verarmte junge russische bzw. ukrainische Frauen, die unter Täuschung der Prostitution zugeführt und wegen ihrer Weigerung, die Zwangsprostitution fortzuführen, verfolgt werden, eine begründete Furcht vor Verfolgung wegen Zugehörigkeit zu einer bestimmten sozialen Gruppe.

cc) Verfolgungsprognose

Bei der Verfolgungsprognose ist zu bedenken, dass Frauen und Minderjährige nach ihrer Rückkehr in das Herkunftsland häufig erheblichen Folgerisiken ausgesetzt sein werden, etwa Vergeltungsmaßnahmen durch Angehörigen von Menschenhändlerringen oder anderen Einzelpersonen, sowie dem Risiko, erneut Menschenhändlern in die Hände zu fallen. Darüber hinaus wird zumeist massive Ausgrenzung sowie schwere Diskriminierung durch die Familie oder lokale Gemeinschaft wegen der ausgeübten oder unterstellten Prostitution im Aufnahmeland drohen. 115

Dementsprechend berücksichtigt die Rechtsprechung, dass Opfer mit Diskriminierungen durch Familie und soziales Umfeld und mit Vergeltung durch Täter und deren Umfeld rechnen müssen. Hätten sie gegen die Täter im Aufnahmestaat ausgesagt, würden sie von diesen bedroht werden.⁴⁶⁶ Ist der Staat unfähig oder unwillig, Schutz vor solchen Gefahren zu gewähren, besteht eine ernsthafte Möglichkeit der Verfolgung aus Gründen der Konvention (Art. 10 Abs. 1 Buchst. d) RL 2004/83/EG).⁴⁶⁷ 116

g) Verfolgungen von Familienangehörigen

> **Leitsätze**
> 1. Sippenhaftartige Repressalien reichen von tätlichen. Angriffen über Hausdurchsuchungen, Verhöre, kurzfristige und langfristige Inhaftierungen ohne Anklageerhebung und gerichtliches Verfahren bis zu Verurteilungen im Schnellverfahren zu hohen Gefängnisstrafen und physischen und psychischen Folterungen und bei weiblichen Gefangenen Vergewaltigungen (Rdn. 118 ff.).
> 2. **Zugehörigkeit zu einer Familie** (»Sippenverfolgung«) als solche wird in der Staatenpraxis allgemein als Verfolgungsgrund anerkannt (Rdn. 128 ff.). Vorgängig ist allerdings die Ermittlung einer im Zeitpunkt der Entscheidung andauernden Gefahr der Verfolgung durch einen staatlichen oder nichtstaatlichen Akteur, gegen die im Herkunftsland kein nationaler Schutz verfügbar ist.
> 3. Die **familiäre Bezogenheit** des Antragstellers ist das die bestimmte soziale Gruppe bildende Merkmal (Rdn. 131 ff.). Man kann zwar familiäre Beziehungen ändern, aufheben und neu gestalten, ebenso wie man politische Überzeugungen, religiöse Grund- und Gewissensentscheidungen ändern kann. Die Menschen können jedoch ebenso wenig ohne dauerhafte psychische Schäden aus ihren familiären Beziehungen wie aus ihren Glaubens- und Gesinnungsgemeinschaften herausgelöst werden. Es handelt sich damit um ein Merkmal, das so bedeutsam für die Identität des Menschen ist, dass der Verzicht nicht erzwungen werden sollte.
> 4. Streit besteht zwischen der deutschen und der angelsächsischen Rechtsprechung über das Anknüpfungsmerkmal. Die deutsche Rechtsprechung erkennt einen eigenständigen

---

464 *Marx*, Aufenthalts-, Asyl- und Flüchtlingsrecht, 4. Aufl., 2011, S. 648 ff.
465 VG Wiesbaden, Asylmagazin, 5/2011, 158.
466 VG Wiesbaden, Asylmagazin, 5/2011, 158.
467 *UNHCR*, Geschlechtsspezifische Verfolgung, S. 6.

> Verfolgungsgrund der familiären Verbundenheit nicht an. Vielmehr ist maßgebend, dass der Familienangehörige den Verfolgungsgrund mit dem verfolgten Angehörigen teilt (Rdn. 132).
> 5. Demgegenüber erkennt die angelsächsische Rechtsprechung einen eigenständigen Verfolgungsgrund »Familie« an (Rdn. 139). Auch wenn die den Verfolgungen der Familienmitglieder innewohnende Zielrichtung nicht gegen einen Konventionsgrund gerichtet ist oder dieser unbekannt ist, beruhen die wegen der ursprünglichen Verfolgung auch auf die Familienangehörigen gerichteten Maßnahmen auf dem Konventionsgrund der Zugehörigkeit zur Familie.
> 6. Sind Fälle festgestellt worden, in denen der Verfolgerstaat Repressalien gegenüber Ehefrauen im Zusammenhang mit der Verfolgung ihrer Ehegatten ergriffen hat, wird eine Vermutung dafür wirksam, dass auch der Ehefrau eines Verfolgten eine Verfolgung mit der erforderlichen Wahrscheinlichkeit droht (Rdn. 142). Eine derartige Regelvermutung ist aber auf Ehegatten und minderjährige Kinder beschränkt. Verfolgungen von anderen Familienmitgliedern im Herkunftsland kommt jedoch Indizwirkung zu (Rdn. 148 ff.).

aa) Spezifische Formen der Verfolgungshandlung

117 Bei der Verfolgung von Regimegegnern sind stets auch die hiermit im Zusammenhang stehenden Maßnahmen in den Blick zu nehmen. So erreichen sippenhaftartige Repressalien die erforderliche Eingriffsschwelle, wenn zurückbleibende oder zurückkehrende Personen Gefahr laufen, verhört, verhaftet und hierbei möglicherweise auch misshandelt und gefoltert zu werden, um dadurch den mit diesen Personen verwandten geflohenen politischen Gegner zur Rückkehr zu bewegen.[468]

118 Sippenhaftartige Repressalien reichen von tätlichen Angriffen über Hausdurchsuchungen, Verhöre, kurzfristige und langfristige Inhaftierungen ohne Anklageerhebung und gerichtliches Verfahren bis zu Verurteilungen im Schnellverfahren zu hohen Gefängnisstrafen und physischen und psychischen Folterungen und bei weiblichen Gefangenen Vergewaltigungen.[469] Der erforderliche Verfolgungscharakter auch im Blick auf die mitinhaftierten Eltern und Geschwister ist stets erreicht, wenn etwa das Kleinkind der verhörten und verhafteten Verwandten an den Folgen der Misshandlungen stirbt.[470]

119 Aber auch unterhalb dieser Schwelle liegende Gefahren sind beachtlich. Werden im Herkunftsland verbleibende minderjährige abhängige Verwandte des politischen Gegners von Zwangserziehungsmaßnahmen betroffen, sind diese erheblich. Sieht der Verfolgerstaat von derartigen Maßnahmen jedoch deshalb ab, weil im Herkunftsland lebende Verwandte die Betroffenen aufnehmen und damit hinreichend vor Zwangserziehungsmaßnahmen schützen, fehlt es an der erforderlichen Verfolgungsgefahr.[471]

120 Entzieht der Herkunftsstaat den Verwandten des politischen Gegners ihre Staatsbürgerschaft[472] oder belegt er sie umgekehrt mit einem Ausreiseverbot,[473] ist hingegen von einer Verfolgung auszugehen. Geht der Staat nicht nur gegen Angehörige einer Rebellenorganisation, sondern auch gegen deren Familienangehörige mit aller Schärfe unter Einschluss von Freiheitsstrafen in jeder Höhe und auch der Todesstrafe vor, kann an der erforderlichen Intensität dieser Form der Sippenverfolgung

---

[468] OVG Saarland, Urt. v. 22.02.1989 – 3 R 434/85 – Afghanistan; VGH Baden-Württemberg, Urt. v. 19.03.1991 – A 16 S 114/90 – Irak.
[469] VG Schleswig, Urt. v. 08.08.1991 – 5 A 199/90 – Iran.
[470] Sachverhalt in BVerfG (Kammer), InfAuslR 1992, 59 (60) = EZAR 224 Nr. 22 – Türkei.
[471] BVerwG, Buchholz 402.25 § 1 AsylVfG Nr. 63 – Afghanistan.
[472] VG Ansbach, Urt. v. 18.07.1985 – AN 19 K 80 C. 1568 – Togo; siehe hierzu § 22 Rdn. 9 ff.
[473] VG Schleswig, Urt. v. 08.08.1991 – 5 A 199790.

kein Zweifel bestehen.[474] Sippenverfolgung kann schließlich auch in der Form der Inhaftierung der Eltern praktiziert werden, um hierdurch der mit gefälschten Wehrdienstdokumenten geflohenen Kinder habhaft zu werden.[475]

Bedient sich ein Regime derart archaischer Formen der Herrschaftssicherung, dürfen die Anforderungen an die Glaubhaftmachung der Verfolgung nicht zu hoch geschraubt werden. Im hohen Maße entscheidet politische Opportunität darüber, ob diese archaische Repressionsform zum Einsatz kommt.[476] Häufig mag die Geiselnahme auch eher zielgerichtet und auf den Einzelfall abzielend praktiziert werden.[477] Dies darf jedoch nicht verallgemeinert werden. Ein Regime, das sich derartiger Maßnahmen bedient, die jeglichem modernen Verständnis von präventivpolizeilicher sowie strafrepressiver Praxis Hohn sprechen, neigt zur Willkür. Diese Erkenntnis leitet die Ermittlungen. 121

Ein hohes Maß an Unvorhersehbarkeit und Willkür kennzeichnet also die Praxis der »Geiselnahme«. Dadurch erzielt das Regime selbst bei einer lediglich geringfügigen Zahl von Fällen der Sippenverfolgung dennoch einen hohen Abschreckungs- und Einschüchterungseffekt, weil sich alle näheren Angehörigen von politischen Gegnern als **potenziell** durch Formen der Sippenhaft bedroht fühlen müssen[478] und diese Furcht ihren Fluchtentschluss bestimmt. Die durch ein hohes Maß an Unvorhersehbarkeit und Willkür geprägte Praxis der Sippenverfolgung prägt also die Furcht vor unmittelbar drohender Verfolgung wegen des Angehörigenstatus. 122

In den Staaten, die Richtlinien zur Ermittlung geschlechtsspezifischer Verfolgung erlassen haben, hat die Verfolgung insbesondere von Frauen aufgrund der familiären Zugehörigkeit ein besonderes Gewicht. So erkennen die kanadischen Richtlinien Frauen, die Verfolgung ausschließlich aufgrund ihrer Verwandtschaft fürchten, z. B. wegen ihres Familienstandes oder wegen Aktivitäten oder Ansichten ihrer Ehemänner, Eltern oder Geschwister oder anderer Familienmitglieder, den Flüchtlingsstatus zu. 123

Solche Fällen von »**Sippenverfolgungen**« gingen üblicherweise mit Gewalt bzw. sonstigen Formen von Belästigung gegen Frauen, denen nicht persönlich staatsfeindliche Haltung oder politische Überzeugung vorgeworfen werde, einher, um sie dazu zu zwingen, Informationen über den Aufenthalt oder die politischen Aktivitäten ihrer Familienangehörigen preiszugeben. Darüber hinaus könnten Frauen allein aufgrund der politischen Aktivitäten ihrer Familienangehörigen bestimmter politischer Überzeugungen bezichtigt werden.[479] Derartige Verfolgungen erfolgen häufig in gewaltförmigen Formen oder in Form willkürlicher Freiheitsentziehung oder anderer Übergriffe.[480] 124

Diese Verfolgungen werden allgemein als »Sippenverfolgung« bezeichnet. Die Form der Sippenverfolgung oder -haftung ist dem modernen Straf- und Zivilrecht fremd. Regierungen setzen dieses Instrument dennoch häufig ein, um durch die Verhaftung, Inhaftierung und Vernehmung unter Anwendung von Folter des Verwandten eines festgenommenen oder untergetauchten politischen Gegners Informationen über dessen Aktivitäten und Verbindungen und gegebenenfalls über dessen Verbleib zu gewinnen. Zudem verfolgt die Sippenverfolgung den Zweck, auf im Lande untergetauchte oder ins Ausland geflohene Gegner einzuwirken, sich zu stellen oder jedenfalls regimefeindliche Aktivitäten zu unterlassen. Die Angehörigen werden mithin als »Geisel« oder »Faustpfand«[481] benutzt. 125

---

474 OVG Rheinland-Pfalz, Beschl. v. 16.03.1988 – 13 E 20/87 – Angola; zu Angola ebenso VG Aachen, Beschl. v. 25.08.1994 – 7 L 1090/94.A.
475 VG Köln, Urt. v. 11.09.1990 – 22 K 10948/88 – Iran.
476 Hessischer VGH, Urt. v. 25.09.1989 – 13 UE 2036/87.
477 Hessischer VGH, Urt. v. 26.10.1989 – 13 UE 4007/88.
478 OVG Rheinland-Pfalz, Urt. v. 07.06.1989 – 13 A 12/88.
479 Kanadische Richtlinien zu Asylbewerberinnen, die sich auf Furcht vor Verfolgung aufgrund ihres Geschlechts berufen, v. 25.11.1996, RL 4 A I 2.
480 *Kelly*, IJRL 1994, 517 (529).
481 BVerwG, EZAR 202 Nr. 14.

126 Eine weitere Funktion der Sippenverfolgung bzw. -haftung ist ihre »vorbeugende Abschreckung« auf die Gesamtbevölkerung, um dadurch den Einzelnen von regimefeindlichen Handlungen abzuhalten, um seine Angehörigen nicht zu gefährden. Die »vorbeugende Abschreckung« kann auch darin bestehen, die Angehörigen von Regimegegnern dazu anzuhalten, aus Angst vor Sippenhaftungsmaßnahmen auf Letztere einzuwirken, oppositionelle Handlungen zu unterlassen. Schließlich wird Sippenhaftung gegen Angehörige von Regimegegnern auch ersatzweise, wenn man des Gegners nicht habhaft werden konnte, oder zusätzlich zu dessen Verfolgung als Vergeltungsmaßnahme praktiziert.[482]

127 Eine wesentliche Funktion der Sippenverfolgung ist also, dass sie als wirksames »Druck- und Beugemittel« gegen den eigentlichen politischen Gegner eingesetzt wird.[483] Hier werden die Angehörigen als »Geiseln« benutzt, um auf den politischen Gegner einzuwirken, sich zu stellen oder zumindest ihn mit dem Ziel einzuschüchtern, seinen Widerstand aufzugeben. Zwischen der »Geiselnahme« und der »Sippenverfolgung« wird daher in der Rechtsprechung auch häufig kein Unterschied gemacht.[484] Die »Geiselnahme« bezeichnet jedoch nur eine Funktion der »Sippenverfolgung«, nämlich die Inhaftierung zur Druckausübung in Richtung auf den Verfolgten.[485] Es soll jegliche Gedanken- und Meinungsfreiheit bereits im Keim erstickt und darüber hinaus der konkrete politische Gegner zur Aufgabe seines Widerstandes gezwungen werden. Derartige Maßnahmen stellen Verfolgung dar.[486]

bb) Anwendung der Zusammenhangsklausel

128 Bei der Sippenverfolgung haben familiäre Bande die Funktion eines gemeinsamen, eine bestimmte soziale Gruppe formenden Merkmales. Alle anderen Merkmale der Flüchtlingsdefinition wie frühere Verfolgung oder Furcht vor künftiger Verfolgung müssen erfüllt und darüber hinaus muss die Zusammenhangsklausel anwendbar sein. Verfolgung wegen der familiären Zugehörigkeit kann auch männlichen Antragstellern drohen, Überwiegend begründeten indes Antragstellerinnen ihren Asylantrag mit ihrer familiären Zugehörigkeit.[487]

129 In Australien und im Vereinigten Königreich erkennt die Rechtsprechung die Familie als solche als bestimmte soziale Gruppe an. Die Zugehörigkeit zu einer bestimmten Familie bezeichnet danach ein gemeinsames Merkmal der Familienzugehörigkeit, das die Familienangehörigen miteinander verbindet und sie deutlich von der Gesellschaft abgrenzt. Ausdrücklich wird auf die einzelne Familie als solche abgestellt und die Notwendigkeit verneint, diese als Teil einer nach anderen Kriterien zu bestimmenden sozialen Gruppe zu definieren.[488] Die umgebende Gesellschaft sieht in den familiären Banden ein deutliches Unterscheidungsmerkmal und misst diesem Bedeutung bei.[489]

---

482 OVG Rheinland-Pfalz, Urt. v. 07.06.1989 – 13 A 12/88.

483 BVerwGE 75, 304 (312) = NVwZ 1987, 505 = InfAuslR 1987, 783; Hessischer VGH, Urt. v. 25.09.1989 – 13 UE 2036/87; Hessischer VGH, Urt. v. 26.10.1989 – 13 UE 4007/88; OVG Nordrhein-Westfalen, Urt. v. 14.05.1985 – 20 A 10046/84; OVG NV, Urt. v. 02.04.1987 – 20 A 10099/86; OVG Rheinland-Pfalz, Urt. v. 07.06.1989 – 13 A 12/88.

484 Bayerischer VGH, Urt. v. 01.03.1988 – Nr. 19 B 87.31241; siehe auch BVerfG (Kammer), InfAuslR 1992, 59 (60); BVerwG, InfAuslR 1985, 274 (276).

485 Bayerischer VGH, InfAuslR 1990, 215; Hessischer VGH, Urt. v. 26.10.1989 – 13 E 4007/88; OVG Rheinland-Pfalz, Urt. v. 07.06.1988 – 13 A 12/88; OVG Rheinland-Pfalz, Beschl. v. 16.03.1988 – 13 E 20/87; VG Schleswig, Urt. v. 09.03.1984 – 15 A 26/83.

486 UK House of Lords, (2006) UKHL 46, Rn. 21 ff. = HRLJ 2007, 96 – Fornah and K.

487 INS Gender Guidelines, 26.05.1995, III B 3; siehe auch *Kneebone*, IJRL 2005, 7 (32 f.).

488 Australia Federal Court (1999) FCA 101 – Sarrazola; UK House of Lords, (2006) UKHL 46, Rn. 24 = IJRL 2007, 96 – Fornah and K.

489 UK House of Lords (2006) UKHL 46, Rn. 19 = IJRL 2007, 96 – Fornah and K.

Danach ist festzuhalten, dass nach der Staatenpraxis die Zugehörigkeit zu einer Familie als solche als Verfolgungsgrund anerkannt wird. Vorgängig ist allerdings die Ermittlung einer im Zeitpunkt der Entscheidung andauernden bzw. drohenden Gefahr der Verfolgung des Familienangehörigen durch einen staatlichen oder nichtstaatlichen Akteur, gegen die im Herkunftsland kein nationaler Schutz verfügbar ist. Eine derart glaubhaft gemachte Verfolgung zielt auf die Familie, wenn sie aufgrund des Status, der Aktivitäten oder Überzeugungen des Ehegatten, der Eltern, Kinder, der Geschwister oder anderer Familienangehöriger ausgeübt wird.

Die **familiäre Bezogenheit des Antragstellers** ist das die bestimmte soziale Gruppe bildende **interne Merkmal**. Man kann familiäre Beziehungen nicht ändern, aufheben und neu gestalten. Menschen können nicht ohne dauerhafte psychische Schäden aus ihren familiären Beziehungen wie aus ihren Glaubens- und Gesinnungsgemeinschaften herausgelöst werden. Es handelt sich damit um ein unveränderbares und darüber hinaus um ein Merkmal, das so bedeutsam für die Identität des Menschen ist, dass der Verzicht nicht erzwungen werden sollte (vgl. Art. 10 Abs. 1 Buchst. d) Abs. 1 RL 2004/83/EG). Es ist dieser familiäre Schutzbereich, auf den die Menschen besonders sensibel reagieren und in dem sie weitaus verwundbarer und damit durch unduldsame Staaten bedeutend effektiver angreifbar sind als in anderen persönlichen Schutzbereichen. Geschützt wird die familiäre Bezogenheit z. B. durch Art. 23 IPbpR und Art. 8 EMRK.

Streit besteht zwischen der deutschen und der angelsächsischen Rechtsprechung über den Verfolgungsgrund. Nach dem BVerfG kann die Verfolgung einzelner Familienmitglieder auf einem Verfolgungsgrund beruhen, der auch andere Familienmitglieder ergreife. Es entstehe daher in dem Fall, in dem die Verfolgung politischer Gegner auch deren »Sippe« erfasse oder der Verfolgungsgrund in der Zugehörigkeit zu einer bestimmten Religion oder Weltanschauung liege, eine eigene, die Verwandten betreffende Verfolgung.[490] In der deutschen Rechtsprechung wird damit ein eigenständiger Verfolgungsgrund der familiären Verbundenheit nicht anerkannt. Vielmehr ist maßgebend, dass der Familienangehörige den Verfolgungsgrund mit dem verfolgten Angehörigen teilt. Über den Begriff der **stellvertretenden Verfolgung** wird der Familienangehörige in den Verfolgungsgrund des ursprünglich Verfolgten einbezogen, der sich gegen den anderen verfolgten Angehörigen richtet. Ein eigenständiger Verfolgungsgrund der Zugehörigkeit zu einer bestimmten Familie ist damit nicht verbunden.

Der Hinweis auf die »Nähe zum Familienangehörigen« könnte jedoch einen Hinweis in diese Richtung enthalten. Die deutsche Rechtsprechung hat es jedoch bislang vermieden, auf den Verfolgungsgrund Zugehörigkeit zu einer bestimmten sozialen Gruppe zurückzugreifen. Nur vereinzelt wird von einer vermittelnden Betrachtung vollends abgesehen und im Zugriff auf Familienangehörige selbst eine Anknüpfung an unveräußerliche Merkmale erkannt.[491] Diese dogmatische Einordnung von Maßnahmen, die gegen den Familienverband eines Verfolgten gerichtet sind, erschwert die Bewertung von sippenhaftartigen Repressalien. Dies wird besonders am Beispiel der Verfolgung wegen der politischen Überzeugung deutlich:

Wird der Bruder wegen seiner Mitgliedschaft in einer islamischen Bewegung verfolgt und werden gegen die an sich unpolitische Schwester Maßnahmen zwecks Ausforschung der Verhältnisse des Bruders ergriffen, ist es unerheblich, dass diese sich nicht gegen die politische oder religiöse Überzeugung der Schwester richten.[492] Gewährt der Angehörige seinem an einem Putsch beteiligten Vetter Unterschlupf und wird er deshalb verfolgt, stellt das BVerfG auf den Verdacht der Trägerschaft eines asylerheblichen Merkmals ab (vgl. auch Art. 10 Abs. 2 RL 2004/83/EG). Die asylspezifische Zielrichtung könne nur dann verneint werden, wenn den Ermittlern ein ausschließlich privater Charakter der dem Vetter vorgeworfenen Unterstützungshandlung von vornherein offenkundig

---

490 BVerfG, NVwZ 1985, 260.
491 VGH Baden-Württemberg, Urt. v. 19.03.1991 – A 16 S 114/90.
492 BVerfG (Kammer), InfAuslR 1993, 142 (145); ähnlich BVerfG (Kammer), Inf-AuslR 1992, 217 (218); BVerwG, InfAuslR 1985, 274 (275) = EZAR 204 Nr. 2 = NVwZ 1986, 487.

gewesen wäre. Wird jedoch wegen eines »Verbrechens gegen die Regierung« ermittelt, könne dies nicht angenommen werden.[493]

135 In der obergerichtlichen Rechtsprechung wird jedoch für die Erstreckung des ursprünglichen Verfolgungsgrundes auf die den engeren Verwandten drohende Verfolgung gefordert, die Intensität der politischen Aktivitäten des Verfolgten müssten den Schluss nahe legen, dass dieser nicht nur selbst in Opposition zum Regime des Heimatstaates stehe, sondern auch versuche, überzeugungsbildend auf andere einzuwirken. Bei eher unbedeutenden politischen Aktivitäten des Verfolgten sei deshalb die Anwendung der Regelvermutung nicht gerechtfertigt.[494] Die deutsche Rechtsprechung erkennt also die Familie als bestimmte soziale Gruppe nicht an. Folge hiervon ist, dass jeweils umfangreicher Ermittlungen zur Zielrichtung der Ursprungsmaßnahme erforderlich sind.

136 Die deutsche Rechtsprechung untersucht akribisch, ob die Behörden die Angehörigen stellvertretend in die Verfolgung einbeziehen. Die familiäre Bezogenheit, die in diesen Fällen aufgrund vielfältiger Faktoren relevant wird, ist hingegen ohne Bedeutung. Ausgangspunkt ist, dass die Gefahr eigener Verfolgung sich aus gegen Dritte gerichtete Maßnahmen ergeben könne, wenn diese wegen eines asylerheblichen Merkmals verfolgt würden, das der Asylsuchende mit ihm teile.[495] Verfolgung von einzelnen Mitgliedern einer Familie sei gekennzeichnet durch die **übergreifenden mittelbaren Wirkungen** der Verfolgung und den häufig alle Familienmitglieder einschließenden Verfolgungsgrund. Daher könne Verfolgung mit beachtlicher Wahrscheinlichkeit drohen, wenn sich die Verfolgung in erster Linie gegen einen anderen Angehörigen derselben Familie richte:

137 Die Verfolgung wirke kraft der gegenseitigen Abhängigkeit sehr oft in die persönlichen und wirtschaftlichen Beziehungen der Familienmitglieder hinein. Diese Beziehungen seien vor solchen Beeinträchtigungen geschützt, die nach Intensität und Schwere die Menschenwürde verletzten und über das hinausgingen, was die Bewohner des Heimatstaates aufgrund des dort herrschenden Systems allgemein hinzunehmen hätten.[496] Eine dergestalt mittelbare Wirkung einer gegen einen anderen gerichteten Verfolgung könne zur Verfolgung auch gegen den Betroffenen werden, wenn sie unmittelbar gegen ihn wirken solle, d. h., wenn sich der Verfolgungswille von Anfang an oder auch später gegen den Drittbetroffenen richte.[497]

138 Für die stellvertretende Erstreckung der Verfolgung gegen die Angehörigen eines Verfolgten sei die Erkenntnis maßgebend, dass unduldsame Staaten im Kampf gegen oppositionelle Kräfte dazu neigten, anstelle des politischen Gegners, dessen sie nicht habhaft werden könnten, auf Personen zurückzugreifen, die dem Verfolgten besonders nahe stünden oder von ihm abhängig seien, um hierdurch in der einen oder anderen Weise den auf Unterdrückung abweichender Meinungen gerichteten Maßnahmen doch noch zum Erfolg zu verhelfen.[498] Die Behauptung, in der deutschen Asylrechtsprechung stelle die »Sippenhaft« einen Asylgrund »sui generis« dar,[499] trifft deshalb nicht zu.

139 Demgegenüber erkennt die angelsächsische Rechtsprechung einen eigenständigen Verfolgungsgrund »Familie« an. Auch wenn die den Verfolgungen der Familienmitglieder innewohnende Zielrichtung nicht gegen einen Konventionsgrund gerichtet oder dieser unbekannt ist, beruht die wegen der ursprünglichen Verfolgung auch auf die Familienangehörigen gerichteten Maßnahmen auf

---

493 BVerfG (Kammer), InfAuslR 1992, 215 (218).
494 Bayerischer VGH, Urt. v. 01.03.1988 – Nr. 19 B 87.31241 – Iran.
495 BVerfGE 83, 216 (231) = EZAR 202 Nr. 20 = NVwZ 1991, 109 = InfAuslR 1991, 200.
496 BVerwGE 65, 244 (249 f.) = EZAR 204 Nr. 1 = NVwZ 1983, 328 = InfAuslR 1982, 245, unter Hinweis auf BVerfGE 54, 341 (357).
497 BVerwGE 65, 244 (250) = EZAR 204 Nr. 1 = NVwZ 1983, 328 = InfAuslR 1982, 245.
498 BVerwG, InfAuslR 1985, 274 (276); BVerwGE 75, 304 (312) = NVwZ 1987, 505 = Inf-AuslR 1987, 168; BVerwG, EZAR 204 Nr. 3.
499 *Spijkerboer*, Women und refugee status. Beyond the public/private distinction, Emancipation Council (Hrsg.), S. 50; so auch VGH Baden-Württemberg, Urt. v. 19.03.1991 – A 16 S 114/90.

dem Konventionsgrund der Zugehörigkeit zur Familie. Ausdrücklich stellt das House of Lords fest, nach dem Wortlaut der Konvention und der Logik würden die Familienangehörigen wegen ihrer Zugehörigkeit zur Familie verfolgt. Die ursprüngliche Verfolgung sei eine Sache. Werde die Familie wegen dieser Verfolgung ebenfalls verfolgt, richte sich die Verfolgung gegen die Familie als solche. Der Konventionsgrund der Zugehörigkeit zu einer bestimmten sozialen Gruppe stehe eigenständig neben den anderen Konventionsgründen.[500]

Für die Anwendung und Auslegung von Art. 10 Abs. 1 Buchst. d) RL 2004/83/EG bedarf es deshalb keiner zusätzlicher Ermittlungen im Blick auf die Reichweite und den Umfang der Zielrichtung der Ursprungsmaßnahme. Wird festgestellt, dass die Verfolgung der Familienangehörigen wegen der familiären Bezogenheit ausgeübt wird, erfolgt die Verfolgung wegen der Zugehörigkeit zu der bestimmten sozialen Gruppe, nämlich wegen der Zugehörigkeit zur Familie des Verfolgten. Zusätzliche Ermittlungen dahin, ob der gegen den verfolgten Familienangehörigen gerichtete Verfolgungsgrund auch ursächlich für die Verfolgung der weiteren Familienangehörigen ist, sind nicht erforderlich. 140

cc) Verfolgungsprognose

Am Ausgangspunkt der Ermittlungen im konkreten Einzelfall steht zunächst die drohende Verfolgung. Ist diese für die Vergangenheit festgestellt worden und droht sie auch im Fall der Rückkehr, ohne dass hiergegen im Herkunftsland wirksamer Schutz gewährt wird, ist die Flüchtlingseigenschaft zu bejahen, wenn die Verfolgungsakteure die Familie als solche im Blick haben bzw. der Staat im Fall nichtstaatlicher Verfolgung aus diesem Grund die erforderliche Schutzgewährung versagt. Die deutsche Rechtsprechung hat im Blick auf bestimmte Angehörige beweiserleichternde Grundsätze aufgestellt, die zwar für den privilegierten Personenkreis verfahrensrechtliche Besserstellungen mit sich bringen, in ihrer Anwendung für die nicht diesem Personenkreis angehörenden Angehörigen indes kaum überwindbare Darlegungshindernisse errichten: 141

Sind Fälle festgestellt worden, in denen der Verfolgerstaat Repressalien gegenüber Ehefrauen im Zusammenhang mit der Verfolgung ihrer Ehegatten ergriffen hat, wird eine Vermutung dafür wirksam, dass auch der Ehefrau eines Verfolgten eine Verfolgung mit der erforderlichen Wahrscheinlichkeit droht, sodass – vorbehaltlich ausnahmsweise gegebener Anhaltspunkte für das Gegenteil – im Allgemeinen davon auszugehen ist, dass der Verfolgerstaat eine Ehefrau zumindest auch als vermeintliche politische Gegnerin ansieht, wenn er sie durch Maßnahmen in die gegen den Ehemann gerichtete Verfolgung einbezieht.[501] 142

Es braucht daher regelmäßig nicht weiter geprüft werden, ob die festgestellten Fälle Ausdruck einer allgemeinen Praxis des Verfolgerstaates sind oder die ihnen zugrunde liegenden Umstände konkrete Rückschlüsse gerade auch auf eine eigene Verfolgungsgefahr desjenigen gestatten, der sich auf die Vergleichsfälle beruft. Anderes gilt nur, wenn die Regelvermutung aufgrund besonderer Umstände, die darzutun der Behörde obliegt, als widerlegt anzusehen ist.[502] Tragender Gesichtspunkt für diese neben der Ehefrau auch die minderjährigen abhängigen Kinder einbeziehende Vermutung ist die Annahme einer »besonderen potenziellen Gefährdungslage«, die daraus resultiert, dass unduldsame Staaten dazu neigen, anstelle des politischen Gegners, dessen sie nicht habhaft werden können, auf ihnen »besonders nahe stehende und von ihnen abhängige Personen« zurückzugreifen und sie gewissermaßen stellvertretend in Anspruch zu nehmen. 143

---

500 UK House of Lords (2006) UKHL 46 Rn. 20 f. – Fornah.
501 BVerwG, InfAuslR 1985, 274 (275).
502 BVerwG, InfAuslR 1985, 274 (275) = EZAR 204 Nr. 2 = NVwZ 1986, 487; BVerwGE 75, 304 (312) = NVwZ 1987, 505 = InfAuslR 1987, 168; BVerwGE 79, 244 (245); BVerwG, EZAR 202 Nr. 14; BVerwG, Buchholz 402.25 § 1 AsylVfG Nr. 151.

144 Nur Ehegatten und minderjährige Kinder können nach der Rechtsprechung des BVerwG durch den Staat derart instrumentalisiert werden, dass sie für diesen zum »wirksamen Druck- und Beugemittel« werden und deshalb geschützt werden müssen.[503] Dies aber ist nach seiner Ansicht bei Familienangehörigen schlechthin, also der »**Generationen-Großfamilie**« nicht der Fall. Nur zwischen der »in der Hausgemeinschaft geeinten engeren Familie« und dem Verfolgten besteht nach Ansicht des BVerwG aus der Sicht des Verfolgerstaates im Regelfall eine genügend enge persönliche Bindung, um durch Drangsalierung des Angehörigen nötigend auf den eigentlich verfolgten politischen Gegner einwirken oder um den Angehörigen stellvertretend für den eigentlich Verfolgten in Anspruch nehmen zu können.[504]

145 Allerdings hat das BVerwG ausdrücklich festgestellt, dass es im Zusammenhang mit der Verfolgung eines politischen Gegners auch zur Verfolgung sonstiger Verwandter kommen kann.[505] Zunächst hatte das BVerwG die auf der Annahme eines potenziell besonders gefährdeten Personenkreises beruhende Regelvermutung auch auf leibliche oder ihnen rechtlich gleichgestellte minderjährige Kinder von Verfolgten angewandt.[506] Überdies hat es auf die Regelvermutung zurückgegriffen, wenn im Herkunftsland noch keine tatsächliche Lebensgemeinschaft bestanden hatte. Zwar fehle es in derartigen Fällen an der erforderlichen Nähe zum Verfolgungsgeschehen.[507] Unduldsame Stellen werden dies aber häufig anders sehen. Vielmehr greifen sie auf die dem Verfolgten besonders nahe stehenden Personen zurück.[508]

146 Darüber hinaus untersucht die Rechtsprechung unter dem Gesichtspunkt der Sippenhaft regelmäßig die unmittelbare Auswirkung von Verfolgungen gegen weitere Familienmitglieder.[509] Gegebenenfalls wird sogar die **Großfamilie** in die Prüfung einbezogen.[510] Besonders häufig richten sich derartige Maßnahmen auch gegen **Brüder** von Verfolgten,[511] deren weibliche Geschwister[512] oder Kinder[513] oder auch Eltern oder generell Geschwister.[514] Sie können aber auch gegen den **Vetter** eines Gesuchten[515] sowie bei nichtehelichen Beziehungen auch gegen den Lebenspartner[516] gerichtet sein.

---

503 BVerwGE 75, 304 (312 f.).

504 BVerwGE 79, 244 (247) = EZAR 222 Nr. 7.

505 BVerwG, Buchholz 402.25 § 1 AsylVfG Nr. 87 = EZAR 202 Nr. 14 = InfAuslR 1988, 335; BVerwGE 79, 244 (248) = EZAR 222 Nr. 7.

506 BVerwGE 75, 304 (312 f.) = NVwZ 1987, 505 = InfAuslR 1987, 168; BVerwGE 79, 244 (246) = EZAR 222 Nr. 7; BVerwG, Buchholz 402.25 § 1 AsylVfG Nr. 62 u. Nr. 63.

507 BVerwG, EZAR 215 Nr. 5.

508 BVerwGE 75, 304 (312) = NVwZ 1987, 505 = InfAuslR 1987, 168.

509 BVerwGE 65, 244 (246) = EZAR 204 Nr. 1 = NVwZ 1983, 328 = InfAuslR 1982, 24; BVerwG, InfAuslR 1985, 274 (275); OVG Rheinland-Pfalz, Beschl. v. 16.03.1988 – 13 E 20/87 – Angola; OVG Rheinland-Pfalz, NVwZ-RR 1989, 438 – Äthiopien; VG Ansbach, Urt. v. 29.01.1986 – AN 15 K 85 C. 0119(17) – Somalia; VG Karlsruhe, Urt. v. 05.12.1989 – A 11 K 302/87 – Vietnam.

510 VG Ansbach, Urt. v. 18.07.1985 – AN 19 K 80 C.1568 – Togo; s. aber BVerwGE 79, 244 (247) = EZAR 222 Nr. 7.

511 BVerwG, EZAR 201 Nr. 26 – Tamile; OVG Nordrhein-Westfalen, InfAuslR 1986, 199 – Türkei; VG Schleswig, Urt. v. 09.03.1984 – 15 A 26/83; VG Ansbach, Urt. v. 10.08.1994 – AN 12 K 93.56726 – Algerien; VG Düsseldorf, Beschl. v. 09.10.1955 – 22 L 1098/95. A – Kosovo-Albaner.

512 BVerfG (Kammer), InfAuslR 1993, 142 (145) – Ägypten; OVG Nordrhein-Westfalen, Urt. v. 19.11.1984 – 20 A 10104/83 – Afghanistan.

513 VG Saarlouis, Urt. v. 28.03.1995 – 11 K 435/93.A: Sohn des politisch Verfolgten – Libanon.

514 BVerwG, InfAuslR 1994, 375 = NVwZ 1994, 1123.

515 BVerfG (Kammer), InfAuslR 1992, 215.

516 VG Köln, Urt. v. 13.03.1990 – 22 K 10531/88 – Iran.

Während jedoch die obergerichtliche Rechtsprechung die Regelvermutung auch auf den Bruder eines Verfolgten erstreckt,[517] hält dem das BVerwG entgegen, es gebe keine Regelvermutung des Inhalts, dass immer dann, wenn in einem Staat Repressalien gegenüber irgendeinem Familienangehörigen eines Verfolgten festgestellt worden seien, jeder Asylsuchende, der in verwandtschaftlichen Beziehungen zu einem Verfolgten stehe, gefährdet sei.[518] Vielmehr würden sich in einer besonderen potenziellen Gefährdungslage nur die Ehefrau und minderjährige Kinder des Verfolgten, nicht jedoch seine Verwandten schlechthin befinden.[519] Andererseits kommt festgestellten Fällen der Verfolgung von Verwandten, die nicht zur Kleinfamilie gehören, für die Verfolgungsprognose eine gewichtige Indizwirkung zu.[520]

147

Maßgeblich für die prognoserechtliche Bewertung ist zunächst der Grad der Abhängigkeit sowie der Intensität des Schutz- und Treuebandes zwischen dem politischen Gegner und dem asylsuchenden Verwandten. Die Gefahr, dass der Verfolgerstaat sich des Verwandten als »wirksames Druck- und Beugemittels« bedient,[521] ist umso größer, je enger die verwandtschaftlichen Beziehungen gestaltet sind und dies den Behörden bekannt ist. Gerade weil Verfolgungspraktiken unduldsamer Staaten auf die verwundbarste Stelle des politischen Gegners zielen, gehören enge Verwandte zu einem besonders gefährdeten Personenkreis. Auch wenn die Regelvermutung hier nach der Rechtsprechung keine Anwendung findet, kommt Feststellungen über Repressalien des Verfolgerstaates gegen enge Verwandte politischer Gegner bei Vergleichbarkeit der persönlichen Beziehungen eine gewichtige Indizwirkung für die Gefahr der Verfolgung zu.

148

Wie so häufig werden verfahrensrechtliche Besserstellungen eines bestimmten Personenkreises mit abstrakten und schematisierenden Kriterien erzielt, die zulasten der nicht privilegierten Asylsuchenden geht. So wird für die erforderliche Wahrscheinlichkeit der Verfolgung von Angehörigen, die nicht dem beweisrechtlich privilegierten Personenkreis zuzurechnen sind, die Feststellung einer »generellen Sippenhaftpraxis«[522] gefordert. Es kommt jedoch für die Prognoseprüfung auf die konkreten Tatsachenfeststellungen an. Der gebotenen Beweiswürdigung darf sich das Gericht nicht mit dem Hinweis auf eine fehlende generelle Sippenhaftpraxis entziehen. Insbesondere die Schwere der vorgebrachten drohenden Sippenhaftmaßnahme gewinnt im Rahmen der Prognose eine gewichtige Bedeutung.[523] Das hohe Maß an Unvorhersehbarkeit der Maßnahme und die dieser zugrunde liegenden Willkür[524] beschränkt sich nicht auf einen bestimmten Personenkreis. Maßgebend sind vielmehr die vorgebrachten Einzelfallumstände.

149

Soweit eine Vorverfolgung behauptet wird, ist zu bedenken, dass auch bei unmittelbar drohender Verfolgung von einer Vorverfolgung auszugehen ist (Art. 4 Abs. 4 RL 2004/83/EG; § 29 Rdn. 54 ff.).[525] Für die tatrichterlichen Feststellungen kommt hier den Willkürtendenzen eine besonders gewichtige Funktion zu. Die bloße theoretische Möglichkeit, von Verfolgungsmaßnahmen betroffen zu werden, begründet zwar noch keine unmittelbare Gefahr im Sinne des Begriffs der Vorverfolgung. Ergeben jedoch die Gesamtumstände des Falles die reale Möglichkeit der eigenen Verfolgung, drohte

150

---

517 OVG Nordrhein-Westfalen, InfAuslR 1986, 199.
518 BVerwGE 79, 244 (246) = EZAR 222 Nr. 7.
519 BVerwGE 79, 244 (246) = EZAR 222 Nr. 7.
520 BVerwG, Buchholz 402.25 § 1 AsylVfG Nr. 87 = EZAR 202 Nr. 14 = InfAuslR 1988, 335.
521 BVerwGE 75, 304 (313) = NVwZ 1987, 505 = InfAuslR 1987, 168.
522 So aber OVG Nordrhein-Westfalen, NVwZ 1994, 602; OVG Nordrhein-Westfalen, Urt. v. 24.10.1990 – 16 A 10267/90.
523 BVerwGE 89, 162 (170) = EZAR 202 Nr. 22 = NVwZ 1992, 582; BVerwG, Buchholz 402.25 § 1 AsylVfG Nr. 147; § 14 Nr. 4.
524 OVG Rheinland-Pfalz, Urt. v. 07.06.1989 – 13 A 12/88; Bayerischer VGH, Urt. v. 10.06.1988 – Nr. 24 B C. 1078; VG Ansbach, Urt. v. 20.12.1983 – AN 876-XII/79; VG Ansbach, Urt. v. 22.03.1984 – AN 537-XIII/79; VG Trier, Urt. v. 17.05.1989 – 6 K 118/87.
525 BVerfGE 80, 315 (345) = EZAR 201 Nr. 20 = NVwZ 1990, 151 = InfAuslR 1990, 21.

dem Asylsuchenden zum Zeitpunkt seiner Ausreise unmittelbar Verfolgung.[526] Eine derartige reale Möglichkeit wird auch sehr stark durch die Willkürtendenzen des Regimes bestimmt. Sind bereits andere Verwandte des Asylsuchenden aus sippenverfolgungsartigen Gründen vor ihm verhaftet worden, besteht auch für ihn akuter Verfolgungsdruck.[527]

h) Heiratsverbot

Leitsätze
1. Aufgrund der allgemein anerkannten Eheschließungsfreiheit greift ein Staat, der eine Verfolgung allein deshalb ausübt, weil ein Staatsangehöriger einen Menschen mit anderer Religion oder Nationalität heiratet – also **faktische** sowie **rechtliche Heiratsverbote** verhängt –, in schwerwiegender Weise in das allgemeine Persönlichkeitsrecht ein und verletzt die Würde des Menschen in erheblichem Maße (Rdn. 151, 155).
2. Die Verfolgungshandlung kann einerseits in einer gezielten Handlung gegen die Eheschließung bestehen, etwa indem die Verletzung des Verbotes strafrechtlich oder mit vergleichbaren Sanktionen geahndet wird. Sie kann sich aber auch in den Folgen manifestieren, die mit dem angeordneten Heiratsverbot zusammenhängen, etwa dadurch, dass den Betroffenen die Anerkennung ihrer gewünschten Beziehung als eheliche Beziehung und damit als Rechtsinstitut verweigert wird. Die damit zusammenhängenden Nachteile sind zumeist schwerwiegender Natur (Rdn. 152).
3. Die »freie Wahl des Ehepartners« stellt ein gemeinsames Merkmal dar, dass so bedeutsam für die Identität ist, dass die Betreffenden nicht gezwungen werden sollten, auf diese zu verzichten. Zugleich vermittelt dieses Merkmal aufgrund der religiösen, kulturellen und politischen Kontextbedingungen des Heiratsverbotes eine deutlich abgegrenzte Identität (Rdn. 156 ff.).
4. Grundsätzlich begründen »faktische« und »rechtliche« Heiratsverbote die Gefahr von Verfolgung, wenn die davon Betroffenen zwangsweise in das Herkunftsland zurückkehren müssen und dort die eheliche und familiäre Lebensgemeinschaft fortsetzen wollen. So leitet die Rechtsprechung aus einem aus rassischen Gründen erlassenen Ehe**verbot** als solchem eine konkrete **Einzelfallbetroffenheit** ab (Rdn. 164 f.).

aa) Spezifische Formen der Verfolgungshandlung

151 Aufgrund der allgemein anerkannten Eheschließungsfreiheit (Art. 16 Abs. 1 AEMR; Art. 23 Abs. 2 IPbpR; Art. 12 EMRK; Art. 17 AMRK; Rdn. 157) greift ein Staat, der eine Verfolgung allein deshalb ausübt, weil ein Staatsangehöriger einen Menschen mit anderer Religion oder Nationalität heiratet – also **faktische** sowie **rechtliche Heiratsverbote** verhängt –, in schwerwiegender Weise in das allgemeine Persönlichkeitsrecht ein und verletzt die Würde des Menschen in erheblichem Maße. Das Recht auf Heirat zwischen Menschen aus freiem, staatlich unbeeinflusstem Entschluss gehört als eine der wesentlichen Lebensentscheidungen zum Kernbereich persönlicher Freiheit und Menschenwürde.[528] Entscheidend für die Frage, ob ein verhängtes Heiratsverbot eine Verfolgungshandlung darstellt, ist also nicht die (subjektive) Einschätzung und Ansicht (der Organe) der Verfolger, sondern die objektive Rechtslage im jeweiligen Herkunftsstaat und darauf beruhende Maßnahmen.

152 Die Verfolgungshandlung kann einerseits in einer gezielten Handlung gegen die Eheschließung bestehen, etwa indem die Verletzung des Verbotes strafrechtlich oder mit vergleichbaren Sanktionen geahndet wird. Sie kann sich aber auch in den Folgen manifestieren, die mit dem angeordneten Heiratsverbot zusammenhängen, etwa dadurch, dass den Betroffenen die Anerkennung ihrer gewünschten Beziehung als eheliche Beziehung und damit als Rechtsinstitut verweigert wird. Die damit

---

526 Für die Zukunftsprognose BVerwGE 89, 162 (169 f.) = EZAR 202 Nr. 22 = NVwZ 1992, 582.
527 VG Stuttgart, InfAuslR 1991, 56 (57).
528 BVerwGE 90, 127 (133) = EZAR 206 Nr. 7 = InfAuslR 1992, 258.

zusammenhängenden Nachteile sind zumeist schwerwiegender Natur und langfristiger Art. Daher kann die Verfolgung bereits in der staatlichen Behinderung des ehelichen Zusammenlebens bestehen.

Bereits die Vorschriften, die der gewünschten Eheschließung als solche die Anerkennung versagen, stellen damit Verfolgung dar. Regelmäßig wird der Staat jedoch darüber hinaus auch das eheliche Zusammenleben unterbinden oder aber den gemeinsamen Kindern die gebotene Anerkennung und Förderung versagen. Das BVerwG hat nicht erläutert, was es unter einem »faktischen« Heiratsverbot versteht. Denkbar ist, dass die innerstaatlichen Rechtsvorschriften keine gesetzliche Handhabe zur Unterbindung des Ehewunsches bieten, durch administrative Maßnahmen jedoch gleichwohl die staatliche anerkannte Eheschließung unterlaufen wird, in dem die Eheschließung oder das eheliche Zusammenleben erschwert oder gänzlich unmöglich und die Kindererziehung nach den eigenen sittlichen Wertvorstellungen durch staatlich verordnete Maßnahmen unterbunden wird. 153

Eine besonders gravierende Form von Verfolgung stellt die Anordnung der **Zwangsscheidung** dar, weil einem Ehegatten der Vorwurf der **Apostasie** gemacht wird mit der Folge, dass die Aufrechterhaltung der Lebensgemeinschaft strafrechtlich verfolgt wird.[529] Zumeist geht die Durchsetzung des Eheverbotes auch mit weiteren erheblichen Eingriffen, wie etwa Freiheits- oder administrativen Strafen einher. Zwingend notwendig ist dies jedoch nicht. 154

Das Recht auf freie Gestaltung der ehelichen und verwandtschaftlichen Beziehungen umfasst auch das Recht darauf, gemeinsame Kinder haben und diese nach den eigenen sittlichen Wertmaßstäben erziehen zu können. Das Recht zur Heirat und Familiengründung, insbesondere das im Zentrum des Rechts auf Familiengründung stehende Recht, Kinder zu zeugen,[530] bilden ein zusammengehörendes Recht: Eine Verfolgungsmaßnahme, die an die bloße Tatsache der Heirat eines bestimmten Menschen einer bestimmten Religion oder an eine bestimmte Kindererziehung anknüpft, verletzt die Menschenwürde in besonders schwerwiegender Weise und ist regelmäßig erheblich.[531] Dementsprechend wird in der Rechtsprechung in der strafrechtlichen Verfolgung in Form der Prügelstrafe wegen außerehelicher sexueller Beziehungen eine erhebliche Verfolgungshandlung gesehen.[532] 155

bb) Anwendung der Zusammenhangsklausel

Die »freie Wahl des Ehepartners« stellt ein gemeinsames Merkmal dar, das so bedeutsam für die Identität und auch menschenrechtlich geschützt (Rdn. 151, 157) ist, dass die Betroffenen nicht gezwungen werden sollten, auf diese zu verzichten (Art. 10 Abs. 1 Buchst. d) Abs. 1 erster Spiegelstrich RL 2004/83/EG). Zugleich vermittelt dieses Merkmal aufgrund der religiösen, kulturellen und politischen Kontextbedingungen des Heiratsverbotes eine deutlich abgegrenzte Identität. Das Recht auf Heirat zwischen Menschen aus freiem, staatlich unbeeinflusstem Entschluss gehört als eine der wesentlichen Lebensentscheidungen zum Kernbereich **persönlicher** Freiheit und Menschenwürde (Rdn. 151). Die freie Wahl des Ehepartners ist eine Grundforderung des Lebens und muss unabhängig von seiner Rasse, Religion, politischen Überzeugung oder Abstammung aus einer bestimmten sozialen Gruppe sanktionslos möglich sein. Liebe und Heirat dürfen nicht von Staats wegen ge- oder verboten oder mit Sanktionen belegt werden, weil sie gleichsam »unentrinnbares« Phänomen menschlichen Lebens sind.[533] 156

---

529 *Buchalla*, Zwangsscheidung auf islamische Art, in: Süddeutsche Zeitung v. 19.06.1995 – Fall des ägyptischen Islamwissenschaftlers Nasr Hamad Abu Said. Bestätigt durch Kassationsgericht in Kairo (Süddeutsche Zeitung v. 27.09.1995).
530 *Frowein/Peukert*, EMRK-Kommentar, S. 251; *Nowak*, CCPR-Kommentar, 1989, S. 442.
531 BVerwGE 90, 127 (133) = EZAR 206 Nr. 7 = InfAuslR 1992, 258.
532 VG Darmstadt, NVwZ-RR 2004, 615 (617); VG Karlsruhe, AuAS 2006, 238 (239); VG Trier, Urt. v. 19.04.2007 – 6 K 981/06.TR; VG Frankfurt am Main, Urt. v. 09.02.2005 – 7 E 1985/04.A(1).
533 BVerwGE 90, 127 (132 f.) = EZAR 206 Nr. 7 = InfAuslR 1992, 258; noch offen gelassen in BVerwG, Buchholz 402.25 § 1 AsylVfG Nr. 151.

157 Im Völkerrecht ist das Recht, eine Ehe einzugehen, durch menschenrechtliche Kodifikationen geschützt (Art. 16 Abs. 1 AEMR; Art. 23 Abs. 2 IPbpR; Art. 12 EMRK; Art. 17 AMRK). Art. 23 Abs. 2 IPbpR etwa verpflichtet die Vertragsstaaten dazu, die Ehe als Rechtsinstitut, d. h. als privatrechtlichen Vertrag zwischen Personen verschiedenen Geschlechts ab einem gewissen Mindestalter vorzusehen und die für eine rechtlich gültige und anerkannte Eheschließung erforderlichen Verfahrensgarantien zu gewährleisten. Außerdem sind die Vertragsstaaten verpflichtet, das Institut der Ehe, aber auch das Recht und die Freiheit der Eheschließung gegenüber Eingriffen von staatlichen Organen und privaten Personen zu schützen.[534]

158 Für die Anwendung der Zusammenhangsklausel weist das BVerwG auf ein unveränderliches Merkmal, ein gleichsam »unentrinnbares« Phänomen menschlichen Lebens, hin.[535] Sachgerechter ist es jedoch, unter Hinweis auf das Völkerrecht, im identitätsprägenden Merkmal das maßgebende geschützte Merkmal zu sehen. Die deutsche Rechtsprechung bedarf im Blick auf Art. 10 Abs. 1 Buchst. d) RL 2004/83/EG der Überprüfung. Bislang erkennt diese eine Verfolgung wegen der Eheschließung oder eines Schwangerschaftsabbruchs nur dann an, wenn diese wegen eines asylerheblichen Merkmals oder im Blick auf dieses erfolgt. Es reicht mithin nicht aus, dass Asylsuchende Verfolgung befürchten, weil sie überhaupt geheiratet haben. Vielmehr ist glaubhaft zu machen, dass die der Eheschließung geltende Verfolgung wegen eines asylerheblichen Merkmals oder im Blick auf dieses droht.

159 Ehelicht etwa ein iranischer Muslime eine polnische Katholikin und lässt er im weiteren Verlauf die christliche Erziehung der gemeinsamen Kinder zu oder verhindert er diese nicht, kann die befürchtete Verfolgung an die Tatsache anknüpfen, dass sich der Asylsuchende damit als abtrünniger Muslime erwiesen hat und deshalb verfolgt wird, weil in der Heirat einer Christin und in der Zulassung einer christlichen Erziehung der gemeinsamen Kinder ein staatlich sanktionierter Verstoß gegen Gebote der Religion gegeben sein können.[536] Ebenso wie bei der »sippenhaftartigen Verfolgung« (Rdn. 132 ff.) sucht die deutsche Rechtsprechung den Anknüpfungspunkt in den anderen Konventionsgründen. Personen, die wegen eines Heiratsverbotes verfolgt werden, werden jedoch wegen Zugehörigkeit zu einer bestimmten sozialen Gruppe (Rdn. 156) verfolgt. Dieser Konventionsgrund ist unabhängig von den anderen Konventionsgründen und steht eigenständig neben diesen.

160 Das Heiratsverbot zielt nur dann nicht auf ein geschütztes Merkmal, wenn es sich im Rahmen der allgemein anerkannten Schranken hält. Art. 23 Abs. 1 IPbpR verweist mit dem Begriff des heiratsfähigen Alters darauf, dass die Vertragsstaaten bestimmte Voraussetzungen für die Ehefähigkeit festlegen können: Aus der Entstehungsgeschichte des Paktes ergibt sich, dass die Vertragsstaaten verpflichtet sind, ein **Mindestalter** für das Recht auf Heirat festzulegen, das sie grundsätzlich nach ihrem innerstaatlichen Recht selbst bestimmen können und grundsätzlich nicht unter 15 Jahre liegen soll.[537] Weitere Einschränkungen enthält Art. 23 IPbpR nicht. Man wird jedoch ein Eheverbot zulasten von Personen, die aufgrund ihrer geistigen Verfassung nicht geschäftsfähig sind, für zulässig halten können. Die Vertragsstaaten können Ehehindernisse und -verbote festlegen, die allgemein anerkannt sind, wie etwa das **Inzestverbot** zwischen nahen Blutsverwandten sowie das Bigamieverbot, auch wenn die Polygamie in einer Reihe von Staaten ausdrücklich anerkannt ist.[538]

161 Die in der Staatenpraxis allgemein anerkannten Eheverbote und -hindernisse sind aber im Blick auf den Wortlaut von Art. 23 Abs. 2 IPpbR **restriktiv** zu interpretieren. Über die bezeichneten Beispiele

---

534 *Nowak*, CCPR-Kommentar, S. 436.

535 BVerwGE 90, 127 (132 f.) = EZAR 206 Nr. 7 = InfAuslR 1992, 258; noch offen gelassen in BVerwG, Buchholz 402.25 § 1 AsylVfG Nr. 151.

536 BVerwGE 90, 127 (134) = EZAR 206 Nr. 7 = InfAuslR 1992, 258; ebenso im Blick auf eine iranische Asylsuchende muslimischen Glaubens wegen ihrer Eheschließung mit einem nicht-muslimischen deutschen Staatsangehörigen VG Kassel, Urt. v. 21.11.1995 – 8 E 9160/91.A (2).

537 *Nowak*, CCPR-Kommentar, S. 437; *Frowein/Peukert*, EMRK-Kommentar, S. 250.

538 *Nowak*, CCPR-Kommentar, S. 438 f.; *Frowein/Peukert*, EMRK-Kommentar, S. 250.

hinausgehende Eheverbote, Ehehindernisse oder Nichtigkeitsgründe wie Schwägerschaft, Adoption, Ehebruch, Impotenz oder bestimmte Krankheiten, aber auch faktische Verbote wie im Fall von Strafgefangenen, sind mit dem Völkerrecht nicht vereinbar. So kann z. B. die Verweigerung der Heiratserlaubnis durch die Behörden der Vereinigten Staaten wegen unterstellte Beziehungen der Verlobten zu einem ausländischen Nachrichtendienst,[539] nicht auf Völkerrecht gestützt werden.

Die frühere Rechtsprechung hatte die Asylanträge von Antragstellern aus Osteuropa zu bewerten, die zunächst durch Israel aufgenommen worden waren, deren Ehe dort aber wegen der allein gültigen **Rabbinatsehe** nicht anerkannt wurde. Die Rechtsprechung erkannte die Anträge mit der Begründung an, dass den Flüchtlingen dort im Gegensatz zu den israelischen Staatsangehörigen jüdischen Glaubens das Recht auf eine staatlich anerkannte Eheschließung nicht zugestanden wurde, weil es im israelischen Recht das Institut der Ziviltrauung nicht gibt.[540] Die obergerichtliche Rechtsprechung erachtete diese Diskriminierung indes für überwindbar. Die standesamtliche Trauung von Verlobten unterschiedlichen religiösen Bekenntnisses im Ausland werde in Israel im vollen Umfang anerkannt.[541] 162

Anknüpfungspunkt war hier aber nicht der Konventionsgrund soziale Gruppe, sondern die religiöse Diskriminierung. Eher ein Grenzfall dürfte das frühere spanische und griechische Recht darstellen, welches einem Kleriker, der die höheren Weihen empfangen hatte, auch nach Aufgabe seines Berufes die Eheschließung untersagte.[542] Demgegenüber erkennt die neuere Rechtsprechung z. B. im iranischen Heiratsverbot, das Frauen untersagt, einen Ausländer zu heiraten, Männer in dieses Verbot aber nicht einbezieht, eine gegen Frauen gerichtete Verfolgung. Frauen, die einen Ausländer heiraten wollten, bildeten eine bestimmte soziale Gruppe.[543] 163

cc) Verfolgungsprognose

Grundsätzlich begründen »faktische« und »rechtliche« Heiratsverbote[544] die Gefahr von Verfolgung, wenn die davon Betroffenen zwangsweise in das Herkunftsland zurückkehren müssen und dort die eheliche und familiäre Lebensgemeinschaft fortsetzen wollen. So hat der BGH aus einem aus rassischen Gründen erlassenen Ehe**verbot** als solchem eine konkrete **Einzelfallbetroffenheit**[545] abgeleitet. Nach der Rechtsprechung des BVerfG ist Schutz zu gewähren, wenn eine vom Staat erlassene generelle Norm, die in den von der Menschenwürde geforderten Mindestbestand der Religionsfreiheit eingreift, bestimmte religiöse Anschauungen oder Bekenntnisse im Sinne einer Verfolgung diskriminiert.[546] 164

Verbietet eine generelle Norm aus religiösen oder anderen Gründen die Eheschließung oder droht deshalb eine Zwangsabtreibung oder -sterilisation, ist damit stets zugleich der von der Menschenwürde geforderte Mindestbestand des allgemeinen Persönlichkeitsrechts verletzt und deshalb zugleich die Gefahr einer Verfolgung gegeben. Allein das Verbot reicht in einem derartigen Fall für die Statusgewährung aus. Zu prüfen ist lediglich noch, ob im Fall der Asylsuchenden die tatbestandlichen Voraussetzungen des generellen Verbotes erfüllt sind. Denn es ist ohne Weiteres einleuchtend, dass für den Fall der Rückkehr der Asylsuchenden der Herkunftsstaat die eheliche 165

---

539 Siehe hierzu Bayerischer VGH, Urt. v. 14.12.1972, Nr. 39 VIII 71, abgedruckt in *Marx*, AsylR Bd. 1, S. 260 f.
540 VG Ansbach, Urt. v. 06.06.1978 – AN 3656-II/76.
541 Bayerischer VGH, Urt. v. 29.01.1974, Nr. 45 VIII 72; a.A. OLG Hamm, FamRZ 1977, 324: keine Anerkennung im Ausland geschlossener Ehen in Israel.
542 Vgl. OLG Hamm, OLGZ 1974, 103.
543 Hessischer VGH, AuAS 2006, 163 (164).
544 BVerwGE 90, 127 (132) = EZAR 206 Nr. 7 = InfAuslR 1992, 258.
545 BGH, MDR 1965, 279.
546 BVerfGE 76, 143 (160) = EZAR 200 Nr. 10 = NVwZ 1988, 237 = InfAuslR 1988, 87.

Lebensgemeinschaft nicht anerkennen und durch geeignete Maßnahmen dafür Sorge tragen wird, dass sein mit genereller Wirkung erlassenes Verbot im Einzelfall beachtet wird.

i) Zwangsabtreibung und -sterilisation

> **Leitsätze**
> 1. Familienplanung ist zwar generell eine legitime Methode, um einem zu schnellen Bevölkerungswachstum Einhalt zu gebieten und als solche mit den universellen Menschenrechten vereinbar. Wird jedoch versucht, diese politischen Ziele wie etwa mit der »**Ein-Kind**- Politik« in der VR China durch **Zwangsabtreibungen** und - **sterilisationen** durchzusetzen, ist dies eine schwerwiegende Menschenrechtsverletzung (Rdn. 166 ff.).
> 2. In diesem Fall weisen die von diesen Maßnahmen betroffenen Frauen aufgrund ihrer geschlechtsspezifischen Rolle in Verbindung mit den sozialen, kulturellen und politischen Kontextbedingungen eine deutlich abgrenzbare Identität auf (Rdn. 168 ff.).

aa) Spezifische Probleme der Verfolgungshandlung

166 Die weitverbreitete Auffassung, dass Familienplanung eine geeignete Methode sei, um einem zu schnellen Bevölkerungswachstum Einhalt zu gebieten, ist als solche mit den universellen Menschenrechten vereinbar. Wird jedoch versucht, diese politischen Ziele durch **Zwangsabtreibungen** und -**sterilisationen** durchzusetzen, ist dies eine schwerwiegende Menschenrechtsverletzung (Art. 9 Abs. 1 Buchst. a) RL 2004/84/EG). Nicht die generelle Politik als solche, sondern die zur ihrer Durchsetzung ohne Rücksicht auf die Rechte der Betroffenen angewandten Maßnahmen berechtigen in diesen Fällen zu der Annahme einer Verfolgung.

167 Eine prominente Rolle spielt in diesem Zusammenhang die »**Ein-Kind-Politik**« in der VR China (Rdn. 168, § 24 Rdn. 23), die mit schwerwiegenden Menschenrechtsverletzungen bis hin zu Zwangssterilisationen und -abtreibungen in fortgeschrittenen Schwangerschaftsmonaten verbunden ist. Dabei kommt es auch immer wieder zu Übergriffen durch von lokalen Amtsträgern angeheuerte Schlägertrupps, deren Übergriffe im Ergebnis der Regierungspolitik entsprechen.[547] Werden Kinder im Ausland geboren und haben die Eltern vorher keine »**Geburtserlaubnis**« beantragt, müssen sie eine hohe Bußgeldsumme zwischen 930,– und 34.800,– € zahlen. Sind sie dazu nicht in der Lage, drohen Beschlagnahme von Eigentum und können auch Inhaftierungen angeordnet werden.[548]

bb) Anwendung der Zusammenhangsklausel

168 Nach der Staatenpraxis knüpfen Verfolgungen wegen Verletzung der die staatliche Familienplanung regelnden Normen an die Zugehörigkeit zu einer bestimmten sozialen Gruppe an. So zielt z. B. die in der VR China praktizierte »**Ein-Kind-Politik**«, deren Verletzung mit Zwangssterilisation geahndet wird (Rdn. 167), nach der australischen und kanadischen Rechtsprechung auf die Zugehörigkeit der betroffenen Frauen zu einer bestimmten sozialen Gruppe.[549] Frauen, die bereits ein Kind haben und deshalb von der Zwangssterilisation betroffen sind, können ihr gemeinsames Recht auf Fortpflanzung geltend machen und weisen nach außen aufgrund ihrer geschlechtsspezifischen Rolle in Verbindung mit den sozialen und kulturellen Kontextbedingungen eine deutlich abgrenzbare Identität auf.[550] Sie teilen miteinander einen gemeinsamen sozialen Status und verfolgten ein gemeinsames, nicht von der Regierung akzeptiertes Interesse. Die betroffenen Kinder werden ebenfalls als bestimmte soziale Gruppe angesehen.[551]

---

547 VG Trier, InfAuslR 2011, 219 (220).
548 VG Meiningen, Asylmagazin 5/2011, 153.
549 Australia High Court (1997) 142 A. L. R. 331 – Applicant A v. MIEA.
550 *UNHCR*, Geschlechtsspezifische Verfolgung, S. 5, 9 f.; Rn. 87.
551 Canada Federal Court, IJRL 1994, 118 (119 f.).

Auch nach der deutschen Rechtsprechung knüpfen Zwangsabtreibungen und -sterilisierungen an die Zugehörigkeit der betroffenen Frauen in der VR China zu einer bestimmten sozialen Gruppe.[552] Ebenso werden die von dieser Politik erfassten und als »schwarze Kinder« bezeichneten Kinder als bestimmte soziale Gruppe angesehen, da die Geburt unveränderbar ist und diese Kinder eine deutlich abgegrenzte Identität haben.[553]

169

Das BVerwG hat hingegen die Anknüpfung an einen Verfolgungsgrund verneint, wenn der vietnamesische Staat eine vietnamesische Vertragsarbeitnehmerin in der früheren Sowjetunion mit der Drohung, diese wegen Vertragsbruchs zur Rückkehr zu veranlassen, zum Schwangerschaftsabbruch treibt.[554] Dem Druck habe kein Verfolgungsgrund zugrunde gelegen. Außerdem hätte die Klägerin sich der geforderten Abtreibung durch Rückkehr nach Vietnam entziehen können, ohne dort erhebliche Nachteile befürchten zu müssen.[555] Die Besonderheit dieses Falles bestand darin, dass die Asylsuchende dem Druck nachgegeben hatte und deshalb keine weiteren Repressalien mehr drohten. Das BVerwG hat jedoch die Frage offen gelassen, ob seine Rechtsprechung auch für den Fall gilt, dass »eine Frau dem Abtreibungsansinnen nicht nachgibt und in Kauf nimmt, nach Vietnam zurückgeschickt zu werden«.[556]

170

j) Ehrenmorde

Leitsätze
1. **Ehrenmorde** betreffen Frauen, die in einer von traditionellen Wertvorstellungen beherrschten muslimisch geprägten Familie unter dem dominierenden Einfluss des Vaters aufgewachsen sind und sich der Entscheidung der Familie, eine für sie bestimmte Person zu heiraten, widersetzt haben. Aufgrund dessen geraten sie in ernsthafte Lebensgefahr, weil sie sich der elterlichen Wahl eines Ehepartners durch »unerlaubtes Verlassen« der Familie entzogen haben (Rdn. 171).
2. Aufgrund der familiären, kulturellen und sozialen Kontextbedingungen gelten die Verfolgungen dem sozialen »Genderstatus« der betroffenen Frauen. Sie werden in schwerwiegender Weise in ihrem Recht auf selbstbestimmte sexuelle Identität verletzt. Innerhalb des in der Gesellschaft herrschenden Ehrenkodexes hat die durch die besondere Rolle der Frau geprägte »**Ehre der Familie**« eine herausragende Stellung und hat zur Folge, dass aufgrund der Verletzung der Familienehre die betroffenen Frauen in dem betreffenden Land eine von der sie umgebenden Gesellschaft deutlich abgegrenzte Identität haben (Rdn. 178 f.).

aa) Spezifische Probleme der Verfolgungshandlung

Allgemein anerkannt ist, dass die ernsthafte Gefahr, wegen Verletzung der familiären Familienplanung durch die eigenen Familienangehörigen getötet zu werden, eine schwerwiegende Menschenrechtsverletzung darstellt. Hiervon sind Frauen betroffen, die in einer von traditionellen Wertvorstellungen beherrschten muslimisch geprägten Familie unter dem dominierenden Einfluss des Vaters aufgewachsen sind und sich der Entscheidung der Familie, eine für sie bestimmte Person zu heiraten, widersetzt haben. Aufgrund dessen geraten sie in ernsthafte Lebensgefahr, weil sie sich der elterlichen Wahl eines Ehepartners durch »unerlaubtes« Verlassen der Familie entzogen haben.

171

Innerhalb des in der Gesellschaft herrschenden Ehrenkodexes hat die Ehre der Familie eine herausragende Stellung. Die »Familienehre« macht sich bevorzugt am sittenstrengen Verhalten der Frauen und Töchter fest. Es bedeutet eine »Schande« für die Familie, wenn sich die Tochter der elterlichen

172

---

552 VG Aachen, Urt. v. 07.04.1993 – 3 K 842/92.A; VG Leipzig, Urt. v. 20.03.2007 – A 4 K 30550/04; VG Trier, InfAuslR 2011, 219 (220); VG Trier, Asylmagazin 7-8/2011, 243.
553 Australia High Court, (2000) HCA 19 – Chen Shi Hai.
554 BVerwG, Beschl. v. 21.11.1994 – BVerwG 9 B 666.94.
555 BVerwG, Beschl. v. 21.11.1994 – BVerwG 9 B 666.94.
556 BVerwG, Beschl. v. 21.11.1994 – BVerwG 9 B 888.94.

Wahl eines Ehepartners durch »unerlaubtes« Verlassen der Familie entzieht. Ein Verstoß hiergegen verlangt nach Sühne. Nach traditioneller Vorstellung kann die Familienehre nur dadurch wieder hergestellt werden, dass der nächste männliche Verwandte – i. d. R. der Vater oder der Bruder – das Mädchen, das dagegen verstoßen hat, tötet. Die Täter sehen sich verpflichtet, den Lebenswandel der ihrer Familie zugehörenden Frauen zu kontrollieren und sie für Verfehlungen zu bestrafen, um nicht ihrerseits als Mann das Ansehen zu verlieren.[557]

173 Die Praxis der Ehrenmorde kommt insbesondere in traditionellen islamischen Gesellschaften mit einem archaisch geprägten Familienbild vor. In **Afghanistan** wurden 2009 51 Ehrenmorde registriert. Sie kommen insbesondere bei den paschtunischen, aber auch bei den anderen Volksgruppen vor. Die männliche Ehre wird durch die eigenständige Entscheidung der Frau für ein selbstbestimmtes Leben bedroht. Die gesellschaftliche Anschauung ihrer unangetasteten Ehre zwingt die Frau, sich in der Öffentlichkeit äußerst vorsichtig zu verhalten und ihren Kontakt zu Männern einzuschränken. Bereits der Verdacht des Ehebruchs oder von vorehelichen Beziehungen führt zumeist zur sofortigen Ermordung der Frau.[558]

174 Im **Irak** sind in allen Landesteilen Ehrenmorde verbreitet und bleiben zumeist straffrei.[559] Im kurdischen Teil werden Ehrenmorde als Unfälle, Selbsttötungen oder Selbstmordversuche getarnt durchgeführt.[560] Im **Iran** werden ebenfalls Ehrenmorde beobachtet. Diese werden aber offiziell als unmoralisch verurteilt. Gleichwohl kommen sie selbst in Großstädten vor.[561] In **Syrien** werden Ehrenmorde nicht oder nur gering geahndet. Ein Vater, der seine Tochter wegen Verstoßes gegen die Familienehre tötet, kann davon ausgehen, dass das Verbrechen weder zur Anzeige gelangt noch polizeiliche und staatsanwaltliche Ermittlungen zur Folge hat. Ehrenmorde ereignen sich nicht nur in Dörfern, sondern auch häufig in Städten mit westlich geprägtem Stadtbild und Schulen. Es sind keineswegs nur einfache, ungebildete Täter. Vielmehr kommen Ehrenmorde auch in Akademikerkreisen vor.[562]

175 In der **Türkei** sind zwar 2003 umfassende Reformen und in diesem Zusammenhang auch die bisherige Privilegierung des Ehrenmordes aufgehoben worden. Diese Maßnahmen gewähren mangels wirksamer Durchsetzung jedoch keinen zureichenden Schutz. Die parlamentarische Ehrenmord-Kommission berichtete 2006 von 1.190 Ehrenmorden und Blutrachedelikten zwischen 2001 und 2006. Menschenrechtsorganisationen registrieren jährlich rund 200 Ehrenmorde.[563]

176 Im Blick auf Gesellschaften, in denen Ehrenmorde üblich sind und vom Staat nicht wirksam unterbunden werden, ist ein Verweis auf den internen Schutz (Art. 8 RL 2004/83/EG) nicht zulässig. Die Abschiebung in das Herkunftsland bedeutet unter diesen Voraussetzungen praktisch die

---

557 Niedersächsisches OVG, InfAuslR 2002, 154 (155); VG Berlin, InfAuslR 2002, 160 (161) = AuAS 2001, 261; VG Münster, InfAuslR 1999, 307 (308); VG Gelsenkirchen, InfAuslR 2000, 51 – alle zu Syrien.

558 *Bundesamt für Migration und Flüchtlinge*, Geschlechtsspezifische Verfolgung in ausgewählten Herkunftsländern, April 2010, S. 30 f.

559 *UNHCR*, Hinweis zur Feststellungen des internationalen Schutzbedarfs irakischer Asylsuchender, S. 6; *Bundesamt für Migration und Flüchtlinge*, Geschlechtsspezifische Verfolgung in ausgewählten Herkunftsländern, April 2010, S. 98.

560 *UNHCR*, Hinweis zur Feststellungen des internationalen Schutzbedarfs irakischer Asylsuchender, S. 6.

561 *Bundesamt für Migration und Flüchtlinge*, Geschlechtsspezifische Verfolgung in ausgewählten Herkunftsländern, April 2010, S. 106.

562 Niedersächsisches OVG, InfAuslR 2002, 154 (156); VG Berlin, InfAuslR 2002, 160 (161) = AuAS 2001, 261.

563 VG Darmstadt, Urt. v. 17.10.2007 – E 1047/06.A(1); siehe auch Niedersächsisches OVG, AuAS 2005, 106.

Auslieferung an die Großfamilie.[564] Die Inanspruchnahme polizeilichen Schutzes bedeutet Schutzhaft auf unbestimmte Zeit und ist deshalb unzumutbar.[565]

Wird die Gefahr eines bevorstehenden Ehrenmordes erst im Folgeantragsverfahren geltend gemacht, fehlt es am Verschulden im Sinne von § 51 Abs. 2 VwVfG, wenn der Vater oder ein anderer als Täter in Betracht kommender Familienangehöriger im Erstverfahren zusammen mit der Asylsuchenden den Asylantrag gestellt hatte. Unter diesen Umständen ist es der Antragstellerin nicht zumutbar gewesen, Asylgründe gegen ihre Familienangehörige vorzubringen.[566]

bb) Anwendung der Zusammenhangsklausel

Aufgrund der familiären, kulturellen und sozialen Kontextbedingungen gelten die Ehrenmorde dem sozialen »Genderstatus« der betroffenen Frauen. Der geschützte Status beruht auf dem die geschlechtliche Identität prägenden Merkmal. Frauen werden in schwerwiegender Weise in ihrem allgemeinen Persönlichkeitsrecht, ihrer Würde und in ihrem Recht auf selbstbestimmte sexuelle Identität verletzt. Nur der Mann, nicht aber die Frau kann sich im Sinne einer selbstbestimmten sexuellen Identität frei im gesellschaftlichen Umfeld bewegen.[567] Die Gruppe derjenigen Frauen in einem bestimmten Herkunftsland, die einerseits Familien zugehörig sind, die durch traditionelle Rollenbilder und dem darauf beruhenden Ehrbegriff geprägt sind, und sich andererseits der traditionellen Regelung widersetzen, bilden eine bestimmte soziale Gruppe.[568]

Der soziale Genderstatus wird damit durch das traditionelle Frauenbild in diesen Gesellschaften geprägt. Die Schande für die Familie wird noch vergrößert, wenn die betroffene Frau in einer offiziell nicht anerkannten Verbindung mit einem anderen Mann lebt[569] oder aus der »unerlaubten« Verbindung sogar ein Kind hervorgegangen ist.[570] Die Schutzlosigkeit als alleinstehende Frau grenzt die Betroffene deutlich von der übrigen Gesellschaft ab.[571]

k) Blutrache

Leitsätze
1. Die Gefahr, Verfolgung durch Angehörige einer Familie oder Sippe aus Anlass einer Fehde, die als Angriff auf die Familien- oder Sippenehre empfunden wird, ausgesetzt zu sein (**Blutrache**), erfüllt die Kriterien einer Verfolgungshandlung (Rdn. 180).
2. Aufgrund der familiären, kulturellen und sozialen Kontextbedingungen gilt die Blutrache der familiären oder Sippenzugehörigkeit, also einem unveränderbaren oder sogar – jedenfalls aus Sicht der Täter – angeborenen Merkmal und damit der Zugehörigkeit zu einer bestimmten sozialen Gruppe (Rdn. 184). Die von Blutrache bedrohten Angehörigen einer bestimmten Familie oder Sippe sind aufgrund ihres besonderen Status auch von der übrigen Gesellschaft deutlich abgegrenzt. Die soziale Unterscheidung folgt ja gerade aus der der Blutrache immanenten Gefahr, welche die Betroffenen »vogelfrei« und damit schutzlos macht.

---

564 VG Münster, InfAuslR 1999, 307 (308); VG Berlin, InfAuslR 2002, 160 (163) = AuAS 2001, 261.
565 VG Berlin, InfAuslR 2002, 160 (163) = AuAS 2001, 261.
566 VG Münster, InfAuslR 1999, 307 (308).
567 VG Berlin, InfAuslR 2002, 160 (162); *LaViolette*, IJRL 2007, 169 (207 ff.).
568 VG Düsseldorf, Urt. v. 18.08.2006 – 21 K 3768/04.A.
569 Niedersächsisches OVG, InfAuslR 2002, 154 (156); VG Berlin, InfAuslR 2002, 160 (161) = AuAS 2001, 261.
570 VG Berlin, InfAuslR 2002, 160 (161) = AuAS 2001, 261.
571 VG Wiesbaden, Urt. v. 06.12.2005 – 1 E 1407/04.A(2).

aa) Spezifische Probleme der Verfolgungshandlung

180 Die Gefahr, Verfolgung durch Angehörige einer Familie oder Sippe aus Anlass einer Fehde, die als Angriff auf die Familien- oder Sippenehre empfunden wird, ausgesetzt zu sein (**Blutrache**), erfüllt die Kriterien einer Verfolgungshandlung. Gerade bei einer bestehenden Familien- oder Sippenfehde, bei der die Familien- oder Sippenehre den Mord als Sühne fordert, werden die Täter nicht ruhen, bis sie das Opfer gefunden haben. Selbst im Ausland besteht keine wirksame Sicherheit gegen derartige Gefahren. Ein Vergleich zwischen der Gefährdungslage im Herkunftsland und im Aufnahmeland ergibt jedoch, dass die Risiken im Aufnahmeland geringer sind und darüber hinaus die Täter nicht auf ein für ihre Absichten und Pläne günstiges Umfeld vertrauen können.[572]

181 Insbesondere in der Schwarzmeerregion in der **Türkei** und in den östlichen Landesteilen ist die Blutrache als gewohnheitsrechtliches Racheprinzip weit verbreitet. Staatliche Stellen können nur bei ganz konkreten Hinweisen Schutz bieten, die allerdings gerade bei Blutrache nicht üblich sind.

182 Vereinzelt hatte die frühere Rechtsprechung eine drohende Blutrache als Abschiebungshindernis nach § 53 Abs. 6 Satz 1 AuslG 1990 (jetzt § 60 Abs. 7 Satz 1 AufenthG anerkannt.[573] Jedenfalls ist inzwischen anerkannt, dass vor derartigen Gefahren Schutz durch ein Asylbegehren gesucht werden kann.[574] Die Versuche in der deutschen Rechtsprechung, vor derartigen Gefahren keinen Schutz zu gewähren, sind allerdings vielfältig: So mochte die Rechtsprechung zunächst in den privaten Tätern keine nichtstaatlichen Akteure erkennen.[575] Diese Ansicht wurde wegen Unvereinbarkeit mit Unionsrecht vom BVerwG zurückgewiesen.[576]

183 Darüber hinaus wird eingewandt, die aus Furcht vor Blutrache im Ausland Schutz begehrenden Antragsteller könnten in anderen Landesteilen innerhalb des Herkunftslandes ansiedeln.[577] Der Einwand, der Herkunftsstaat könne keinen »absoluten und lückenlosen Schutz« bieten,[578] ist mit der Schutzlehre unvereinbar. Im Gegenteil liegt gerade im Moment der Schutzlosigkeit ein wesentliches Merkmal für die Anknüpfung an einen Verfolgungsgrund.

bb) Anwendung der Zusammenhangsklausel

184 Aufgrund der familiären, kulturellen und sozialen Kontextbedingungen gilt die Blutrache der familiären oder Sippenzugehörigkeit, also einem unveränderbaren oder sogar – jedenfalls aus Sicht der Täter – angeborenen Merkmal und damit der Zugehörigkeit zu einer bestimmten sozialen Gruppe[579] Die Betroffenen werden in schwerwiegender Weise in ihrer Sicherheitslage beeinträchtigt. Der familiäre oder Sippenkontext, die Aussichtslosigkeit, der Gefahr zu entgehen und die dadurch bedingte Schutzlosigkeit sind die wesentlichen Faktoren für die bestimmte soziale Gruppe. Die von Blutrache bedrohten Angehörigen einer bestimmten Familie oder Sippe sind aufgrund ihres besonderen Status auch von der übrigen Gesellschaft deutlich abgegrenzt. Die soziale Unterscheidung folgt ja gerade aus der der Blutrache immanenten Gefahr, welche die Betroffenen »vogelfrei« und damit schutzlos macht.

---

572 VG Stuttgart, Urt. v. 24.09.2002 – A 6 K 1339/01.

573 VG Göttingen, Beschl. v. 08.10.1993 – 4 B 4257/93; VG Bayreuth, Urt. v. 02.04.2004 – B 1 K 99.30540; VG Stuttgart., Urt. v. 24.09.2002 – A 6 K 1339/01.

574 OVG Saarland, Beschl. v. 01.02.2007 – 2 W 37106.

575 OVG Schleswig-Holstein, InfAuslR 2007, 256 (257).

576 BVerwGE 126, 243 (251) = InfAuslR 2007, 33 = NVwZ 2007, 1420 = AuAS 2006, 246.

577 OVG Hamburg, InfAuslR 1984, 60 (64) = NVwZ 1985, 65; so auch OVG Schleswig-Holstein, InfAuslR 2007, 256 (257); siehe auch VG Würzburg, EZAR 632 Nr. 17.

578 VG Gießen, Urt. v. 11.04.2007 – 8 E 4011/05.A.

579 *UNHCR*, Position on claims, for refugee status bared on a fear of persecution due to an individual 's membership of a family or clan engaged in blood feud, March 2006, S. 5 ff.

§ 27 Verfolgung wegen der politischen Überzeugung (Art. 10 Abs. 1 Buchst. e) RL 2004/83/EG)

Übersicht
		Rdn
1.	Begriff der politischen Überzeugung	1
2.	Spezifische Probleme der Verfolgungshandlung	12
3.	Anwendung der Zusammenhangsklausel	14
	a) Strafrechtliche Verfolgung	14
	b) Politmalus	22
	c) Wehrdienstverweigerung	29
	d) Staatsschutzdelikte	38
	e) Politische Propaganda	44
4.	Prognosegrundsätze	55

Leitsätze

1. Der Verfolgung liegt ein Verfolgungsgrund zugrunde, wenn sie gegen die politische Überzeugung des Antragstellers gerichtet ist. Dieser Konventionsgrund ist **weit auszulegen**. Er umfasst jede Äußerung über jede Frage, die auf den Staat, die Regierung, Politik, gesellschaftliche einflussreiche Gruppen oder deren Politik bezogen ist (Rdn. 1 ff.). Der typische Flüchtling ist derjenige, den die Regierung oder mächtige Gruppen wegen seiner politischen Überzeugung verfolgen, weil diese als bedrohlich für den eigenen Machtanspruch bewertet wird (Rdn. 3).

2. Der Richtlinie sind sachliche Einschränkungen der politischen Überzeugung, dass diese nach außen geistige Wirkung entfalten muss, fremd. Vielmehr ist entscheidend, ob das Verhalten oder die Handlung des Antragstellers von der Regierung als Ausdruck politischer Opposition aufgefasst wird (Rdn. 5, 9). Als politisch gilt eine Überzeugung auch dann, wenn die Ansichten oder Handlungen objektiv gesehen unbedeutend sind oder vom Äußernden selbst nicht als politisch eingestuft werden (Rdn. 2).

3. Die Furcht vor Verfolgung wegen der politischen Verfolgung kommt häufig in Form **strafrechtlicher Verfolgung** (Rdn. 12, 16 ff., 22 ff.) vor, kann aber auch durch außerstrafrechtliche Methoden ausgelöst werden (Rdn. 12, § 14 Rdn. 97 ff.). Bei der strafrechtlichen Verfolgung ist grundsätzlich zwischen Verfolgung und Strafverfolgung zu unterscheiden (Rdn. 12, 14 ff., § 14 Rdn. 101 ff.).

4. Bei der Prüfung, ob **außerstrafrechtliche Maßnahmen** gegen die politische Überzeugung durchgeführt werden, ist zu untersuchen, ob diese Konsequenzen mit sich bringen, die den Betroffenen in hohem Maße benachteiligen. Freiheitsentziehende Maßnahmen wegen der politischen Überzeugung außerhalb eines geordneten Strafverfahrens stellen stets in hohem Maße schwerwiegende Menschenrechtsverletzungen dar (Rdn. 13).

5. Für die Sachverhaltsermittlung ist danach zu differenzieren, ob der Antragsteller aufgrund eines **Staatsschutzdeliktes** (Rdn. 20, 38 ff., § 14 Rdn. 114 ff., § 35 Rdn. 46 ff.) unter Einschluss einer **Zusammenhangstat** oder einer gemeinstrafrechtlichen kriminelles Verhalten sanktionierenden Norm verfolgt wird.

6. Zur Abgrenzung bedient sich die Rechtsprechung der eingängigen Formel des **Politmalus** (Rdn. 15 ff. 22 ff.), d.h. einer Strafe, die **unverhältnismäßig** (Rdn. 16, 24), **außergewöhnlich hart**, willkürlich (Rdn. 18, 22), mit **Folter** oder **unmenschlicher Behandlung** (Rdn. 18, 33) verbunden ist oder als **Todesstrafe** (Rdn. 24) verhängt wird, auf einem **manipulierten Strafvorwurf** (Rdn. 16, 21), Verfahrensverletzungen (Rdn. 17) beruht oder durch **Sondergerichte** (Rdn. 18) verhängt wird.

7. Beim Politmalus handelt es sich nicht um eine rechtliche Doktrin. Vielmehr werden mit diesem Begriff **Prüfkriterien** erfasst, die bei der Tatsachenfeststellung und Beweiswürdigung zu berücksichtigen sind. Diese sind nicht nur bei der strafrechtlichen, sondern auch bei der außerstrafrechtlichen Verfolgung in Betracht zu ziehen.

8. Insbesondere Propagandaaktivitäten, wie z. B. separatistische, agitatorische und politisch-revolutionäre Aktivitäten, können Ausdruck einer politischen Überzeugung sein und als solche strafrechtlich verfolgt werden (Rdn. 44).
9. Verweigert der Verfolgte aus politischer Überzeugung den **Wehrdienst**, knüpfen gleichwohl zwangsweise durchgesetzte Maßnahmen an dessen politische Überzeugung an und sind deshalb erheblich (Rdn. 29 ff. [35]). Ob dies der Fall ist, ist nach Maßgabe der Umstände des Einzelfalles zu entscheiden Ein Ansatzpunkt für die Prüfung ist die aus politischer Überzeugung gegen die Heranziehung zum Wehrdienst gerichtete Opposition.
10. Maßgebend ist, dass die Behörden Kenntnis von der politischen Überzeugung des Antragstellers haben, sei es, dass er sie offen geäußert hat oder die Behörden auf andere Weise Informationen über seine politischen Ansichten erlangt haben (Rdn. 10, 55 ff.). Je gewichtiger die Überzeugungen des Antragstellers im politischen Kontext seines Herkunftslandes gewertet werden können, umso größer erscheint die Wahrscheinlichkeit, dass die Behörden hiervon Kenntnis erlangt haben.

– Liegt eine Verfolgungshandlung vor (Art. 9 RL 2004/85/EG)?

– Droht dem Antragsteller aufgrund seines Sachvorbringens Verfolgung?

– Hat er seine politische Überzeugung nach außen betätigt (Rdn. 1 ff.) oder unterstellt die Regierung ihm eine bestimmte politische Einstellung oder Handlung (Art. 10 Abs. 2 RL 2004/83/EG, Rdn. 2)?

– Wie schätzt er seine eigenen Überzeugungen/Aktivitäten selbst ein?

– Wie schätzt die Regierung oder der nichtstaatliche Akteur diese ein?

Ist der nationale Schutz weggefallen (Art. 6 bis 8 RL 2004/83/EG)?

– bei **strafrechtlicher** – vom Staat ausgehender – Verfolgung ist stets vom Wegfall des Schutzes im Herkunftsland auszugehen.

– geht die Verfolgung von **nichtstaatlichen** oder **mächtigen gesellschaftlichen Akteuren** (Art. 6 Buchst. b) und c) RL 2004/83) aus, ist zu prüfen, ob im Herkunftsland wirksamer Schutz gegen diese gewährt wird.

– Besteht ein Zusammenhang der Verfolgung mit dem Verfolgungsgrund politische Überzeugung?

– Richtet sich die Verfolgung gegen seine politische Überzeugung?

– Droht ein(e) **Staatsschutzdelikt/Zusammenhangstat** (Rdn. 20, 38 ff.)? (wenn ja, ist Zusammenhangsklausel erfüllt?)

– Handelt es sich bei der Strafnorm um ein **Propagandadelikt** (Rdn. 44), wird die Anknüpfung indiziert.

– Liegen die Voraussetzungen des **Politmalus** (Rdn. 22 ff.) vor, wird die Anknüpfung indiziert.

Ist den Behörden die abweichende politische Überzeugung bekannt geworden und deshalb die Verfolgungsfurcht begründet (Rdn. 10, 55 f.)?

Schaubild 12 zur Verfolgung wegen der politischen Überzeugung

§ 27 Verfolgung wegen der politischen Überzeugung Kapitel 6

1. Begriff der politischen Überzeugung

Nach Art. 1 A Nr. 2 GFK ist Flüchtling, wer begründete Furcht vor Verfolgung wegen seiner »politischen Überzeugung« hegt. Nach allgemeiner Ansicht ist dieser Begriff weit auszulegen. Er umfasst jede Äußerung über jede Frage, die auf den Staat, die Regierung oder Politik bezogen ist.[580] Der typische Flüchtling ist jemand, den die Regierung oder eine andere Autorität wegen seiner politischen Überzeugung verfolgt, weil diese als bedrohlich für den eigenen Machtanspruch bewertet wird (Rdn. 3). Nicht nur die gegen die Regierung, sondern auch die gegen andere Verfolger gerichtete Kritik wird vom Begriff der politischen Überzeugung erfasst.[581] Dieser Verfolgungsgrund kommt in der Praxis häufig in Form eines Nachfluchtgrundes vor (Kapitel 8) und bereitet im Rahmen eines Folgeantrags (§ 32) erhebliche Probleme.

Die Kritik kann geäußert worden sein oder nicht. Als politisch gilt eine Überzeugung auch dann, wenn die Ansichten oder dementsprechenden Handlungen des Asylsuchenden objektiv gesehen unbedeutend sind oder er selbst seine Überzeugung nicht als politisch einstuft oder einstufen will.[582] Sie kann dem Antragsteller auch fälschlicherweise lediglich zugeschrieben worden sein (vgl. Art. 10 Abs. 2 RL 2004/83/EG). Wurde Kritik geäußert und der Antragsteller deshalb verfolgt oder mit Verfolgung bedroht, hat er eine begründete Verfolgungsfurcht.[583] Was im Aufnahmestaat als nichtpolitisch aufgefasst werden mag, kann im Herkunftsland entsprechend der dort vorherrschenden Situation als hochpolitische Frage verstanden werden. So kann z. B. in einer Bürgerkriegssituation eine neutrale Position oder die fehlende Unterstützung der Regierung als politische Position eingeschätzt werden.[584]

Maßgebend ist stets die nach internationalen Normen anerkannte politische Äußerungsfreiheit. Die politische Überzeugung wird in Art. 19 AEMR, Art. 19 IPbpR und Art. 10 EMRK umfassend geschützt und ist in diesem Sinne bei der Anwendung des Konventionsgrundes der politischen Überzeugung anzuwenden. Diesen Normen kann keine sachliche Beschränkung der Meinungsfreiheit auf Regierungsangelegenheiten entnommen werden. Der typische »politische Flüchtling« ist derjenige, der durch die Regierung oder einen anderen Verfolger wegen seiner als Gefahr für die herrschende Ordnung bewerteten politischen Überzeugung verfolgt wird (Rdn. 1).[585]

In Übereinstimmung mit Art. 1 A Nr. 2 GFK ist nach Art. 10 Abs. 1 Buchst. e) RL 2004/83/EG die Verfolgung erheblich, wenn sie wegen der politischen Überzeugung des Antragstellers ausgeübt wird. Nach der Begründung des Richtlinienvorschlags ist in Übereinstimmung mit der allgemeinen Ansicht (Rdn. 2 und 3) unter dem Begriff der politischen Überzeugung zu verstehen, dass der Antragsteller in einer Angelegenheit, die die in Art. 6 der Richtlinie bezeichneten Verfolger sowie deren Politiken oder Verfahren betrifft, eine Meinung, Grundhaltung oder Überzeugung vertritt. Auch eine Handlung kann Ausdruck einer politischen Überzeugung sein oder als solche vom Verfolger angesehen werden.[586]

Dabei ist unerheblich, ob der Antragsteller aufgrund dieser Meinung, Grundhaltung oder Überzeugung tätig geworden ist (Art. 10 Abs. 1 Buchst. e) letzter Halbs. RL 2004/83/EG).[587] Art. 1 A Nr. 2 GFK bezieht sich auf die politische Überzeugung. Dementsprechend unterscheidet auch die Richtlinie zwischen der politischen **Überzeugung** und der politischen **Aktion**. Ursprünglich ging die

---

580 Canada Supreme Court (1993) 2 S.C.R. 689 – *Ward*; *Goodwin-Gill/McAdam*, The Refugee in International Law, S. 87; *Zimmermann/Mahler*, in: *Zimmermann*, The 1951 Convention, Article 1 A para. 2 Rn. 421.
581 Canada Supreme Court (1993) 2 S.C.R. 689 – Ward.
582 Kommissionsentwurf v. 12.09.2001, BR-Drucks. 1017/01, S. 24.
583 *Goodwin-Gill/McAdam*, The Refugee in International Law, S. 87.
584 *Zimmermann/Mahler*, in: *Zimmermann*, The 1951 Convention, Article 1 A para. 2 Rn. 422.
585 *Goodwin-Gill/McAdam*, The Refugee in International Law, S. 87.
586 Kommissionsentwurf v. 12.09.2001, BR-Drucks. 1017/01, S. 24.
587 *Hathaway*, The Law of Refugee Status, S. 149.

Literatur davon aus, dass sich die politische Überzeugung in bestimmten formalen Formen, wie z. B. der Mitgliedschaft in einer politischen Partei, ausgedrückt haben muss. Später wurde der Fokus auf das Verhalten der Regierung verschoben. Die entscheidende Frage ist aber, ob ein bestimmtes Verhalten oder bestimmte Handlungen des Antragstellers von den Verfolgungsakteuren als Ausdruck einer politischen Opposition aufgefasst werden. Dementsprechend wird jede Aktion, die in diesem Sinne bewertet wird, als Ausdruck einer politischen Überzeugung angesehen.[588]

6   Art. 10 Abs. 1 Buchst. e) RL 2004/83/EG schützt damit die politische Überzeugung unabhängig davon, ob und in welchen Formen der Antragsteller diese nach außen zum Ausdruck gebracht hat. Auch wenn er seine politische Überzeugung nicht geäußert hat, die Verfolger aber aufgrund bestimmter Umstände, zu denen auch sein Verhalten oder seine Verhältnisse in einem bestimmten Kontext (Teilnahme an Versammlungen, Demonstrationen, Beziehung zu bestimmten Personen oder sonstige persönliche, familiäre oder berufliche Verbindungen) gehören, ihm eine bestimmte politische Ansicht zuschreiben und ihn deshalb verfolgen, hat er begründete Verfolgungsfurcht wegen seiner politischen Überzeugung (vgl. Art. 10 Abs. 2 RL 2004/83/EG; Rdn. 2). So kann z. B. dem Asylsuchenden wegen seiner Zusammenarbeit mit den Koalitionstruppen von Terroristen eine entsprechende politische Überzeugung unterstellt werden.[589]

7   Die behördliche Prognoseprüfung wird einerseits erleichtert, wenn die politische Überzeugung durch bestimmte Handlungen und Aktionen des Antragstellers nach außen zum Ausdruck gebracht wurde. So gesehen, ist die Auffassung des BVerfG, dass die Konvention mit der »politischen Überzeugung« nicht nur die politische Gesinnung als solche und ihre Bekundung, sondern grundsätzlich auch ihre **Betätigung** schützen will,[590] zutreffend. Auch nach dem BVerwG indiziert ein Zugriff allein wegen des bloßen Innehabens einer politischen Überzeugung – und zwar im Sinne eines über den Bereich des »forum internum« hinausgehenden »Mindestmaßes an Äußerungs- und **Betätigung**smöglichkeiten« die Zielrichtung, dass die Verfolgung an die politische Überzeugung anknüpft.[591] Es bedarf aber nicht zwingend der Betätigung, weil die politische Überzeugung auch geschützt ist, wenn sie nicht betätigt wird (Rdn. 5 f.).

8   Andererseits umfasst nach dem BVerwG der Schutzbereich der politischen Überzeugung auch die Möglichkeit, einem Dritten die eigene Überzeugung zu vermitteln und die Absicht, dass der Dritte sich dann auch entsprechend dieser bei ihm begründeten Überzeugung verhält.[592] Der strafrechtliche Zugriff auf den Betroffenen, wenn er schon allein wegen des bloßen Innehabens einer politischen Überzeugung erfolge, indiziere mithin in aller Regel die Verfolgung.[593] Auch in dem Fall, in dem das Aussprechen einer Meinung mit dem Ziel, dem Adressaten die eigene Überzeugung zu vermitteln oder eine dieser nahe kommenden Überzeugung beim Adressaten zu begründen und ihn zu einem entsprechenden Verhalten zu veranlassen, unterbunden werden solle, werde regelmäßig die Verfolgung indiziert.[594]

9   Diese Rechtsprechung des BVerwG bedarf der Überprüfung. Der Richtlinie sind sachliche Einschränkungen der politischen Überzeugung in dem Sinne, dass diese nach außen geistige Wirkung entfalten muss, fremd. Vielmehr ist entscheidend, ob ein bestimmtes Verhalten oder bestimmte Handlungen des Antragstellers von der Regierung als Ausdruck einer politischen Opposition

---

588 *Hathaway*, The Law of Refugee Status, S. 152 ff.
589 VGH Baden-Württemberg, Beschl. v. 01.12.2010 – A 2 S 1898/10, Irak.
590 BVerfGE 80, 315 (336) = EZAR 201 Nr. 20 = NVwZ 1990, 151 = InfAuslR 1990, 21.
591 BVerwGE 67, 195 (201) = EZAR 201 Nr. 5 = NVwZ 1983, 678; BVerwGE 77, 258 (265 f.) = EZAR 200 Nr. 19 = NVwZ 1987, 288 = InfAuslR 1987, 228; BVerwGE 80, 136 (140) = EZAR 201 Nr. 15; BVerwG, Buchholz 402.25 § 1 AsylVfG Nr. 76 u. Nr. 121.
592 BVerwGE 80, 136 (140) = EZAR 201 Nr. 15; BVerwG, Buchholz 402.25 § 1 AsylVfG Nr. 121.
593 BVerwGE 77, 258 (265) = EZAR 200 Nr. 19 = NVwZ 1987, 288 = InfAuslR 1987, 228.
594 BVerwGE 80, 136 (140) = EZAR 201 Nr. 15.

aufgefasst werden (Rdn. 5). Letztlich geht es hier nicht um ein materielles, sondern um ein beweisrechtliches Problem: Wird die politische Überzeugung nach außen bekundet, wird die Prognoseprüfung erleichtert (Rdn. 7). Bleibt der Betroffene im stillen Kämmerlein, wird es ihm schwerfallen, die Asylbehörden davon zu überzeugen, dass er wegen seiner politischen Überzeugung verfolgt wird.

So reicht allein die Tatsache, dass ein Antragsteller eine gegen die Regierung gerichtete politische Überzeugung vertritt, nicht aus, wenn nicht zugleich dargelegt wird, dass diese von der Regierung nicht geduldet wird und er deshalb Furcht vor Verfolgung befürchtet.[595] Dies setzt voraus, dass die Behörden Kenntnis von seiner politischen Überzeugung haben, sei es, dass er sie offen geäußert hat oder die Behörden auf andere Weise Informationen über seine politischen Ansichten erlangt haben (Rdn. 55 ff.). Je gewichtiger die Überzeugungen des Antragstellers im politischen Kontext seines Herkunftslandes gewertet werden können, umso größer erscheint die Wahrscheinlichkeit, dass die Behörden hiervon Kenntnis erlangt haben.[596] 10

Art. 1 A Nr. 2 GFK und Art. 10 Abs. 1 Buchst. e) RL 2004/83/EG beziehen sich nicht auf Handlungen, sondern auf Überzeugungen. Deshalb wird nicht vorausgesetzt, dass der Antragsteller bereits aufgrund seiner politischen Überzeugung aktiv geworden sein muss. Die entscheidende Frage ist allein, ob es wahrscheinlich ist, dass der Regierung seine oppositionelle Meinung bekannt ist und sie ihn deshalb als gefährlich einschätzt und verfolgen wird. Dies setzt eine Verfolgungsprognose voraus, ob der Antragsteller aufgrund seiner politischen Überzeugung wahrscheinlich von der Regierung als Gefahr angesehen wird und es deshalb Verfolgung befürchten muss.[597] 11

2. Spezifische Probleme der Verfolgungshandlung

Die Furcht vor Verfolgung wegen der politischen Verfolgung kommt häufig in strafrechtlicher Form vor (Art. 9 Abs. 2 Buchst. c) RL 2004/83/EG),[598] kann aber auch durch außerstrafrechtliche Methoden ausgelöst werden (Art. 9 Abs. 2 Buchst. b) RL 2004/83/EG).[599] Bei der strafrechtlichen Verfolgung ist grundsätzlich zwischen Verfolgung und Strafverfolgung zu unterscheiden. Mitunter verwischen sich jedoch die Abgrenzungskriterien. Denn die Strafverfolgung kann auch zur Verfolgung eingesetzt werden. Verfolgung und Strafverfolgung sind weder identisch noch stets voneinander abgrenzbar (§ 14 Rdn. 101). 12

Bei der Prüfung, ob außerstrafrechtliche Maßnahmen wegen der politischen Überzeugung durchgeführt werden, ist zu untersuchen, ob diese Konsequenzen mit sich bringen, die den Betroffenen in hohem Maße benachteiligen. Freiheitsentziehende Maßnahmen wegen der politischen Überzeugung außerhalb eines geordneten Strafverfahrens stellen stets in hohem Maße eine schwerwiegende Menschenrechtsverletzung dar. In den Fällen, in denen Diskriminierungen wegen der politischen Überzeugung an sich noch nicht allzu schwer ins Gewicht fallen, können sie aber gleichwohl als Verfolgung erscheinen, z. B. wenn sie beim Antragsteller ein Gefühl der Furcht und Unsicherheit im Hinblick auf seine Zukunft hervorrufen. In diesen Fällen wird die Verfolgungsfurcht umso eher begründet sein, wenn der Antragsteller bereits eine Reihe diskriminierender Akte dieser Art hat erdulden müssen und deshalb ein kumulatives Element vorliegt (§ 14 Rdn. 70).[600] 13

---

595 Canadian Supreme Court (1993) 2 S.C.R. 689 – Ward.
596 *Zimmermann/Mahler*, in: *Zimmermann*, The 1951 Convention, Article 1 A para. 2 Rn. 431.
597 *Hathaway*, The Law of Refugee Status, S. 150 f.; *Zimmermann/Mahler*, in: *Zimmermann*, The 1951 Convention, Article 1 A para. 2 Rn. 432.
598 Siehe hierzu § 14 Rdn. 97 ff.
599 Siehe hierzu § 14 Rdn. 73 ff.
600 *UNHCR*, Handbuch über Verfahren und Kriterien zur Feststellung der Flüchtlingseigenschaft, 1979, Rn. 54 f.

3. Anwendung der Zusammenhangsklausel

a) Strafrechtliche Verfolgung

14 Die Verfolgung muss wegen der politischen Überzeugung drohen. Nicht immer ist es möglich, einen kausalen Zusammenhang zwischen der geäußerten Ansicht und der befürchteten Maßnahme herzustellen. Die Staaten geben zumeist nicht offen zu, dass sie die allgemein anerkannte Meinungsfreiheit nicht beachten und verbergen deshalb ihre Absichten. Das Handbuch von UNHCR weist in diesem Zusammenhang auf die weit verbreitete Praxis hin, gegen die politische Überzeugung gerichtete Maßnahmen unter dem Deckmantel der Bestrafung wegen krimineller Handlungen durchzuführen. Daher sei es erforderlich, Klarheit über die dem Verhalten des Antragstellers zugrunde liegende politische Überzeugung zu gewinnen sowie darüber, dass seine politische Überzeugung Ursache der befürchteten Verfolgung war oder sein werde.[601]

15 Bestehen Anhaltspunkte für den Verdacht, dass mit einer nicht gezielt die politische Überzeugung unterdrückenden Strafverfolgung in Wahrheit die entgegenstehende politische Gesinnung verfolgt wird, sind besondere Kriterien zu ermitteln und zu prüfen, ob nicht ungeachtet des unerheblichen Inhalts der Strafnorm aus zusätzlichen Anhaltspunkten der Schluss gerechtfertigt ist, dass die Strafverfolgung der politischen Überzeugung gilt. Die Behörde hat danach die konkreten Umstände und die praktische Handhabung der Strafnorm in den Blick zu nehmen.[602] Insoweit kann eine auf einer **falschen Verdächtigung** beruhende Strafverfolgung in Wirklichkeit gegen die politische Überzeugung der Betroffenen gerichtet sein.[603] Dabei geht es um eine sachgerechte Einzelfallwürdigung, die weder in die eine noch in die andere Richtung durch Regel-Ausnahme-Annahmen gesteuert werden darf (s. aber Rdn. 22).

16 Ausdrücklich verweist das BVerwG in diesem Zusammenhang[604] auf die auslieferungsrechtliche Rechtsprechung des BVerfG, wonach ein »**manipuliertes Strafurteil**« (Rdn. 21) Verfolgung wegen der politischen Überzeugung indiziert. In diesem Fall besteht die Verfolgung gerade darin, den Verfolgten die unberechtigte Freiheitsstrafe verbüßen zu lassen, wobei selbst ordnungsgemäße Haftverhältnisse nichts am Tatbestand der Verfolgung ändern.[605] Auch aus der **Höhe der drohenden Strafe** oder der Behandlung während der Untersuchungshaft oder im Strafvollzug kann sich ergeben, dass der Herkunftsstaat Verfolgung in Form **versteckter Repressalien** vornimmt.[606] Derartige Umstände weisen auf einen Politmalus (Rdn. 22 ff.) hin.

17 Weitere Anhaltspunkte für die Annahme von Verfolgung können sich auch aus **formellen Kriterien** ergeben: So ist etwa der Frage nachzugehen, welches Verfahren angewandt wird und wie dabei die Zuständigkeiten verteilt sind. Es macht einen Unterschied, ob die Entscheidung durch unabhängige, nur einem bereits vorliegenden Gesetz unterworfene allgemeine Gerichte erfolgt oder solchen staatlichen Organen wie Polizei, Militär, Sondergerichten überantwortet wird oder gar ohne rechtliche Grundlage und ohne Durchführung eines geordneten Verfahrens erfolgt. Eine insoweit bestehende Bindungslosigkeit der staatlichen Gewalt spricht in erheblichem Maße für eine Verfolgung.[607]

---

601 *UNHCR*, Handbuch über Verfahren und Kriterien zur Feststellung der Flüchtlingseigenschaft, 1979, Rn. 81 f.
602 BVerwGE 67, 195 (200) = EZAR 201 Nr. 5 = NVwZ 1983, 678; BVerwG, EZAR 200 Nr. 19.
603 BVerfG, NVwZ 2008, 643 (644).
604 BVerwGE 67, 195 (200) = EZAR 201 Nr. 5 = NVwZ 1983, 678.
605 BVerfGE 63, 197 (209) = EZAR 150 Nr. 3 = InfAuslR 1983, 148 = DVBl. 1983, 546 = DÖV 1983, 675 = NJW 1983, 1723 = MDR 1983, 640; BVerfG, EZAR 150 Nr. 7.
606 BVerfGE 64, 46 (62) = EZAR 150 Nr. 5 = NJW 1983, 1721, = EuGRZ 1983, 354 = DÖV 1983, 678.
607 BVerwGE 67, 195 (200) = EZAR 201 Nr. 5 = NVwZ 1983, 678.

Die Durchführung eines Verfahrens vor einem **Ausnahmegericht** ist nach der Rechtsprechung des BVerfG jedoch dann unschädlich, wenn diesem Gericht aufgrund sachlicher Erwägungen in einer gesetzesvertretenden Regelung abstrakt-genereller Art, mithin einem Gesetz in materiellem Sinne, eine hinreichend bestimmt umschriebene Zuständigkeit für Verfahren auf besonderen Sachgebieten zugewiesen wurde.[608] Anders ist jedoch die Rechtslage, wenn dem Antragsteller im Rahmen der auf ihn zukommenden Strafverfahrens deshalb **Willkür** und **Folter** drohen, weil er als politischer Gegner wegen einer politisch motivierten Tat verfolgt wird und die Gerichte auf lokaler Ebene häufig dem Druck einflussreicher Personen ausgesetzt sind und daher nur über eine begrenzte Unabhängigkeit verfügen (§ 14 Rdn. 119).[609]

18

Allein die Feststellung einer »**willkürlichen**« Handhabung einer generellen Maßnahme rechtfertigt andererseits nicht die Annahme von Verfolgung. Vielmehr muss die unsystematische und willkürhafte Handhabung Ausdruck einer auf die vorhandene oder unterstellte Regimegegnerschaft abzielenden Praxis sein.[610] Es reicht mithin nicht aus, dass bei der dem Antragsteller drohenden Strafverfolgung die »Grundsätze von Menschlichkeit und Rechtsstaatlichkeit« verletzt werden. Vielmehr müssen aus zusätzlichen objektiven Anhaltspunkten Indizien auf ein Anknüpfen der Strafverfolgung an die politische Überzeugung abgeleitet werden.[611] Dass keine Anhaltspunkte für Willkür hinsichtlich der Feststellung der Straftat erkennbar sind, schließt nicht aus, dass ein derartiges Urteil aus der Höhe der Bestrafung folgen kann.[612]

19

Für die Sachverhaltsermittlung ist demnach danach zu differenzieren, ob der Antragsteller aufgrund eines Staatsschutzdeliktes (§ 14 Rdn. 114 ff., § 35 Rdn. 46 ff.) oder aufgrund einer gemeinstrafrechtlichen kriminelles Verhalten sanktionierenden Norm verurteilt wird. Ob Strafverfolgung nach Maßgabe eines Staatsschutzdeliktes droht, ist anhand eines authentischen Textes nach den hergebrachten Auslegungsmethoden zu beurteilen. Verbleiben Zweifel, ist die Rechtsauslegung und -anwendung heranzuziehen. Ergibt sich danach, dass mit der Strafverfolgung die politische Grundordnung und territoriale Integrität des Herkunftsstaates geschützt wird, liegt politische Strafverfolgung vor.

20

Ist diese Frage nicht eindeutig zu beantworten oder droht Strafverfolgung aufgrund einer eindeutig kriminelles Verhalten sanktionierenden Norm, sind zusätzliche Tatsachenfeststellungen erforderlich: So kann etwa eine grobe Verletzung der tatbestandlichen Bestimmtheit einer Strafnorm oder eine evident fehlende Tat- und Schuldangemessenheit bereits der angedrohten (abstrakt-generellen) Norm oder im konkreten Einzelfall der praktizierten Strafnorm, des verhängten Strafmaßes oder die Behandlung während der Untersuchungshaft oder im Strafvollzug ebenso für eine der politischen Überzeugung geltenden Verfolgung sprechen wie ein manipulierter Strafvorwurf oder ein manipuliertes Strafurteil (Rdn. 16). Für eine Verfolgung kann auch sprechen, wenn das Strafgericht nicht unabhängig ist (Rdn. 18) und auch im Übrigen anerkannte Grundsätze eines fairen Gerichtsverfahrens nicht beachtet.

21

---

608 BVerfG, EZAR 150 Nr. 7.
609 EGMR, Urt. v. 09.06.1998 – Nr. 197/825/1031, Rn. 65 ff. (68) – Incal; EMGR, Urt. v. 28.10.1998 – Nr. 70/1997/854/1061 – Ciraklar; EGMR, Urt. v. 08.08.2006 – Nr. 47278/99 – Yilmaz et. al.; EGMR, Urt. v. 21.12.2006 – Nr. 52746/99, Rn. 20 – Guler und Caliskan; EGMR, Urt. v. 12.04.2007 – Nr. 46286/99 Rn. 91 ff. – Özen zu den türkischen Staatssicherheitsgerichten; siehe auch OLG Frankfurt am Main, Beschl. v. 23.08.2006 – 2 Ausl A 36/06; OLG Köln, Beschl. v. 08.08.2007 – 6 Ausl A 15/07; OLG Hamburg, InfAuslR 2006, 468; OLG Stuttgart, NStZ-RR 2007, 273; OLG Bamberg, NStZ 2008, 640 (641); OLG Celle, NStZ 2008, 638 (639); BVerfG (Kammer), NVwZ-Beil. 1993, 19; BVerfG (Kammer), EZAR NF 61 Nr. 3, S. 7 = NVwZ 2008, 643 (645), zu den früheren türkischen Staatssicherheitsgerichten, heute durch Gerichte für schwere Strafsachen ersetzt.
610 BVerwG, Buchholz 402.24 § 1 AsylVfG Nr. 125.
611 BVerwG, NVwZ 1984, 653 = InfAuslR 1984, 216.
612 BVerfG, EZAR NF 61 Nr. 3, S. 7 = NVwZ 2008, 643 (644).

b) Politmalus

22 Zur Abgrenzung von nicht der politischen Überzeugung geltenden von der gegen die politische Überzeugung gerichteten strafrechtlichen Verfolgung bedient sich die Rechtsprechung der eingängigen Formel des **Politmalus**.[613] Auch das Handbuch des UNHCR weist in diesem Zusammenhang darauf hin, dass eine übersteigerte und willkürliche Bestrafung häufig Indizwirkung für deren Anknüpfung an den Verfolgungsgrund der politischen Überzeugung entfalten könne.[614] Dabei handelt es sich nicht um eine rechtliche Doktrin. Vielmehr werden mit diesem Begriff Prüfkriterien erfasst, die bei der Tatsachenfeststellung und Beweiswürdigung zu berücksichtigen sind. Diese sind nicht nur bei der strafrechtlichen, sondern auch bei der außerstrafrechtlichen Verfolgung in Betracht zu ziehen. So kann der Politmalus häufig auch aus dem unverhältnismäßigen oder diskriminierenden Charakter derartiger Maßnahmen erschlossen werden (Art. 9 Abs. 2 Buchst. b) bis d) RL 2004/83/EG).[615]

23 Bei der Ermittlung sind zunächst die konkreten Umstände und die praktische Handhabung der Strafnorm in den Blick zu nehmen.[616] Auch aus der Höhe der drohenden Strafe oder der Behandlung während der Untersuchungshaft oder im Strafvollzug kann sich ergeben, dass der Herkunftsstaat Verfolgung in Form versteckter Repressalien vornimmt (Rdn. 15 ff.).[617] Insbesondere im Blick auf die Wehrdienstverweigerung (Rdn. 29 ff.) hat das BVerwG die Erheblichkeit von Sanktionen von Beginn an auch unter dem rechtlichen Gesichtspunkt des Politmalus[618] behandelt: Die wegen der Fahnenflucht zu erwartende strafrechtliche Verfolgung sei nicht ohne Weiteres politischer Art. Sie könne aber als Verfolgung angesehen werden, wenn zu erwarten stehe, dass die oppositionelle Haltung des Verweigerers gegenüber der Staatsgewalt seines Heimatstaates zu seinen Ungunsten (**strafverschärfend**) mitberücksichtigt werde.[619]

24 Daher liegt derartigen Maßnahmen dann ein Verfolgungsgrund zugrunde, wenn sie zielgerichtet gegenüber bestimmten Personen eingesetzt werden, die durch die Maßnahmen gerade wegen ihrer Religion, ihrer politischen Überzeugung oder eines anderen Verfolgungsgrundes getroffen werden sollen.[620] Die **außergewöhnliche Härte** einer drohenden Strafe – insbesondere die in der Praxis verhängte und vollstreckte **Todesstrafe** – gibt allerdings dann Anlass zur Prüfung ihrer Relevanz, wenn in einem totalitären Staat ein geordnetes sowie berechenbares Gerichtsverfahren fehlt und Strafen – auch und gerade während eines Krieges - willkürlich verhängt werden, weil ein derartiges evidentes Fehlen rechtsstaatlicher Grundsätze ein Indiz für eine hinter der Strafnorm stehende Anknüpfung der Verfolgung an ein asylerhebliches Merkmal sein kann.[621]

25 Andererseits mag ein Staat, indem er als Sanktion für Straftaten seiner Bürger auch die Todesstrafe vorsieht und verhängt, nach Ansicht des BVerwG seine Staatsgewalt exzessiv und unter Verletzung

---

613 BVerfG (Kammer), NVwZ-Beil. 1993, 19; BVerfG, NVwZ 2008, 643 (644); BVerfG (Kammer), NVwZ-Beil. 1993, 19 = BVerfG, NVwZ 2009, 1035 (1036); BVerwGE 4, 238 (242) = DVBl. 1957, 685; BVerwG, InfAuslR 1984, 219; BVerwG, NVwZ 1984, 653.
614 *UNHCR*, Handbuch über Verfahren und Kriterien zur Feststellung der Flüchtlingseigenschaft, 1979, Rn. 85.
615 Siehe hierzu im Einzelnen § 14 Rn. 67 bis 147.
616 BVerwGE 67, 195 (200) = EZAR 201 Nr. 5 = NVwZ 1983, 678; BVerwG, EZAR 200 Nr. 19.
617 BVerfGE 64, 46 (62) = EZAR 150 Nr. 5 = NJW 1983, 1721, = EuGRZ 1983, 354 = DÖV 1983, 678; BVerfG, EZAR NF 61 Nr. 3, S. 7 = NVwZ 2008, 643 (644).
618 So auch *Quaritsch*, Recht auf Asyl, S. 95; *Reichel*, Das staatliche Asylrecht »im Rahmen des Völkerrechts«, S. 148.
619 BVerwGE 4, 238 (242) = NJW 1957, 962 = Buchholz 402.22 Art. 1 GK Nr. 1; BVerwGE 4, 235 = NJW 1957, 761.
620 BVerwG, EZAR 205 Nr. 15; BVerwG, NVwZ 1993, 193 (194).
621 BVerwG, EZAR 205 Nr. 15; BVerwG, NVwZ 1993, 193 (194).

einer nach der Wertordnung der Verfassung geltenden Grenze ausüben. Das Asylrecht schütze jedoch nicht schlechthin gegen jede exzessive staatliche Machtausübung.[622] Die obergerichtliche Rechtsprechung sieht deshalb in der Verhängung einer bis zu 15-jährigen Freiheitsstrafe als Reaktion auf eine Desertion lediglich einen zwar erkennbar abschreckenden Charakter, nicht aber ein Indiz auf einen zugrunde liegenden Verfolgungsgrund: Es sei nicht Zweck der Strafnorm, bestimmte soziale, religiöse oder nationale Gruppen zu unterdrücken oder politisch missliebige Personen aus dem öffentlichen Leben auszuschalten. Vielmehr sei sie ein allgemeines Kennzeichen staatlicher Strafpolitik, die mit ihrer harten Strafdrohung darauf angelegt sei, etwaigen Unregelmäßigkeiten im sicherheitsrelevanten Bereich entgegenzuwirken.[623]

Werde in Kriegszeiten die unerlaubte Entfernung von der Truppe mit dem Tode bestraft, werde damit die Verweigerung des Einsatzes für die Interessen des Staates und des Staatsvolkes geahndet, die als besonders verwerflich angesehen werde. Jedoch könne nur so der »notwendige Druck« auf die Soldaten erzeugt werden, an den »naturgemäß« lebensgefährlichen Kampfhandlungen teilzunehmen. Die Strafdrohung richte sich an alle Angehörigen der Truppe gleichermaßen. Sie betreffe deshalb nicht von vornherein etwa nur tatsächliche oder mutmaßliche Regimegegner. Daran ändere sich auch nichts dadurch, dass in manchen Staaten die Pflicht zur Teilnahme am Krieg zusätzlich politisch-ideologisch oder religiös überhöht werde.[624]

26

Das BVerwG erkennt jedoch in dem Umstand, dass in derselben Strafform Wehrdienstentziehung und Mitgliedschaft in einer als verräterisch angesehenen Partei mit dem Tode bedroht und somit dieser Mitgliedschaft nach ihrem Unwertgehalt und ihrer Strafwürdigkeit gleichgestellt wird, einen Anhalt dafür, dass auch die der Wehrdienstverweigerung geltende Strafandrohung auf die als »Verrat« gewertete oppositionelle Einstellung und Überzeugung des Delinquenten zielt.[625] Hierin und in der allgemeinen Haltung der Staatsführung gegenüber Wehrdienstverweigerern verkörpere sich eine vom Staat betriebene »allgemeine Ächtung der Deserteure«. Diese würden nicht als Straftäter, sondern als »Verräter an der gemeinsamen Sache« angesehen. Als außerhalb der allgemeinen Rechts- und Moralordnung stehend würden sie für »vogelfrei« erklärt. Ihre Tötung gelte als eine »lobenswerte Tat«.[626]

27

---

622 BVerwG, NVwZ 1993, 193 (194).
623 VGH Baden-Württemberg, Urt. v. 06.02.1985 – A 13 S 223/84.
624 Niedersächsisches OVG, Beschl. v. 17.08.1989 – 21 O 61/89, für den Iran; für Erheblichkeit der Bestrafung wegen Wehrdienstverweigerung im Iran: Hessisches VGH, Urt. v. 09.09.1991 – 13 UE 499/89; OVG Nordrhein-Westfalen, InfAuslR 1989, 177; VGH Baden-Württemberg, InfAuslR 1992, 374; offen gelassen BVerwGE 90, 127 = EZAR 206 Nr. 7 – NVwZ 1992, 893 = InfAuslR 1992, 258 (261 f.); siehe aber § 14 Rdn. 176 ff.
625 BVerwG, InfAuslR 1993, 154 = NVwZ 1993, 789 = EZAR 206 Nr. 9, zum Irak; ebenso für Beachtlichkeit der irakischen Wehrdienstverweigerern drohenden Strafe: OVG Nordrhein-Westfalen, NVwZ-RR 1991, 274; VGH Baden-Württemberg, Urt. v. 02.09.1991 – A 16 S 258490; VGH Baden-Württemberg, Urt. v. 04.09.1991 – A 16 S 2296/90; VG Hannover, Urt. v. 18.10.1990 – 9 A 19/89; für Beachtlichkeit der iranischen Wehrdienstverweigerern drohenden Sanktion: OVG Nordrhein-Westfalen, InfAuslR 1989, 177; VG Saarlouis, Beschl. v. 07.09.1994 – 4 K 171/92 für Beachtlichkeit der erhöhten Bestrafung gegenüber vietnamesischen Deserteuren: VG Koblenz, Urt. v. 29.03.1995 – 1 K 1888/93. KO; gegen Beachtlichkeit der kurdischen Deserteuren drohenden Bestrafung in der Türkei: VGH Baden-Württemberg, Urt. v. 20.03.1995 – A 12 S 361/92.
626 BVerwG, InfAuslR 1993, 154 = NVwZ 1993, 789 = EZAR 206 Nr. 9, zum Irak; ebenso für Beachtlichkeit der irakischen Wehrdienstverweigerern drohenden Strafe: OVG Nordrhein-Westfalen, NVwZ-RR 1991, 274; VGH Baden-Württemberg, Urt. v. 02.09.1991 – A 16 S 258490; VGH Baden-Württemberg, Urt. v. 04.09.1991 – A 16 S 2296/90; VG Hannover, Urt. v. 18.10.1990 – 9 A 19/89; für Beachtlichkeit der iranischen Wehrdienstverweigerern drohenden Sanktion: OVG Nordrhein-Westfalen, InfAuslR 1989, 177; VG Saarlouis, Beschl. v. 07.09.1994 – 4 K 171/92 für Beachtlichkeit der erhöhten Bestrafung gegenüber vietnamesischen Deserteuren: VG Koblenz, Urt. v. 29.03.1995 – 1 K 1888/93. KO; gegen Beachtlichkeit der kurdischen Deserteuren drohenden Bestrafung in der Türkei: VGH Baden-Württemberg, Urt. v. 20.03.1995 – A 12 S 361/92.

28 Zusammenfassend ist damit zum Politmalus festzuhalten, dass die Heranziehung zum Wehr- oder Kriegsdienst und die damit im Zusammenhang stehende Sanktion deshalb beachtlich sein können, weil im Blick auf die entgegenstehende politische Überzeugung mit verschärften Sanktionen (Politmalus) zu rechnen ist. Dabei kommt es insbesondere auf die Rechtspraxis sowie die Gestaltung des Verfahrens an. Eine evident gegen rechtsstaatliche Grundsätze verstoßende Behandlung von Wehrpflichtigen kann dafür sprechen, dass mit der Ahndung an die politische Überzeugung angeknüpft wird. Die standrechtliche Erschießung von Deserteuren ist hierfür ein typisches Beispiel. Darüber hinaus kann die Art des Umgangs mit dem Wehrpflichtigen einen Hinweis auf einen Politmalus enthalten. Auch der Einsatz an gefährlicher Front ohne zureichende Ausbildung (»Kanonenfutter«) hat Indizcharakter auf einen zugrunde liegenden Verfolgungsgrund.[627]

c) Wehrdienstverweigerung

29 Die Rechtsprechung wendet die Figur des Politmalus insbesondere an, um zu prüfen, ob die strafrechtliche Verfolgung von Wehrdienstverweigerern gegen die politische Überzeugung gerichtet ist (Rdn. 23 ff., § 14 Rdn. 159 ff.). Sie hat darüber hinaus weitere Kriterien entwickelt, um eine Bestrafung mit genereller Tendenz von Verfolgungsmaßnahmen, die gegen Wehrpflichtige insbesondere wegen einer wirklichen oder vermeintlichen, von der herrschenden Staatsdoktrin abweichenden politischen Überzeugung gerichtet sind abzugrenzen. Zu prüfen ist, ob mit ihrer Heranziehung zugleich eine politische Disziplinierung und Einschüchterung von politischen Gegnern in den eigenen Reihen, eine Umerziehung von Andersdenkenden oder eine Zwangsassimilation von Minderheiten bezweckt wird.[628]

30 Sehe der Staat im Blick auf die ethnische Zugehörigkeit des Asylsuchenden vorab in jeden Angehörigen der ethnischen Minderheit einen potenziellen politischen Gegner und vermute damit bei ihm eine mit der Auffassung der ethnisch geprägten Volksbefreiungsfront identische politische Überzeugung, sei die Verfolgungsfurcht begründet, weil mit militärischen Zwang ethnisch begründeter Widerstand gebrochen werden solle. Würden jedoch nicht nur Angehörige der ethnischen Minderheit, sondern auch Angehörige anderer Volksgruppen zum Wehrdienst herangezogen und sei die Durchführung der allgemeinen Wehrpflicht in dem von der ethnischen Minderheit beanspruchten Gebiet nicht minder systematisch und lückenhaft als in anderen Landesteilen, werde sie weitgehend vom Bedarf der Armee bestimmt und erfolge die Bestimmung des Einzuberufenden regelmäßig durch Los, sei die Verfolgungsfurcht unbegründet.[629]

31 Im Blick auf die im Zusammenhang mit der Heranziehung drohende Bestrafung kommt es darauf an, ob über die Ahndung eines Verstoßes gegen eine allgemeine Pflicht hinaus der Wehrpflichtige hierdurch wegen eines Verfolgungsgrundes, insbesondere wegen einer wirklichen oder vermuteten missliebigen politischen Überzeugung getroffen werden soll. Maßgebend ist mithin, dass die Behörden danach differenzieren, ob der Wehrpflichtige sich dem Wehrdienst aus Abenteuerlust oder unspezifischer allgemeiner Unlust entzieht oder ob dies nach ihrem Eindruck aus politischen Gründen geschieht. Nur im zuletzt genannten Fall muss der Wehrpflichtige mit verschärften Maßnahmen rechnen. Für diese Annahme müssen jedoch aus der Sicht der Behörden Anhaltspunkte sprechen.[630] Das BVerwG untersucht also, ob ein bestimmtes Verhalten oder bestimmte Handlungen vom Staat als Ausdruck einer politischen Opposition aufgefasst werden (Rdn. 5 f.).[631]

---

627 OVG Nordrhein-Westfalen, InfAuslR 1989, 177.
628 BVerwGE 81, 41 (42) = EZAR 201 Nr. 17 = NVwZ 1989, 774 = InfAuslR 1989, 169, unter Bezugnahme auf BVerwGE 62, 123 (125) = EZAR 200 Nr. 6 = InfAuslR 1981, 218.
629 BVerwGE 81, 41 (43) = EZAR 201 Nr. 17 = NVwZ 1989, 774 = InfAuslR 1989, 169.
630 BVerwGE 81, 41 (44 f.) = EZAR 201 Nr. 17 = NVwZ 1989, 774 = InfAuslR 1989, 169.
631 *Hathaway*, The Law of Refugee Status, S. 152 ff.

Es kann nach dem BVerwG nicht bereits deshalb angenommen werden, dass der Maßnahme ein Verfolgungsgrund zugrunde liegt, weil den zuständigen Militärorganen bekannt ist oder durch den Verweigerer bekannt wird, dass die Rekrutierung dessen religiöser oder politischer Überzeugung widerstreitet. Vielmehr zielt sie erst dann auf die politische Überzeugung, wenn der Verweigerer über die Erfüllung der allgemeinen staatsbürgerlichen Verpflichtung und die Ahndung einer etwaigen Pflichtverletzung hinaus in seiner politischen Überzeugung getroffen werden soll. Dann ist aber ohne Bedeutung, ob der Staat die religiöse oder politische Überzeugung zu verändern oder zu unterdrücken trachtet.[632] Bei diesem Ansatz kann aus logischen Gründen die Bestrafung an sich unter keinen denkbaren Umständen **wegen** der politischen Überzeugung, sondern stets nur wegen einer Verschärfung im Blick auf diese Überzeugung (**Politmalus**) beachtlich sein. 32

Aber auch der Politmalus (Rdn. 22 ff.) wird durch die Rechtsprechung in unerreichbare Höhen gehängt: So soll die Verfolgung nicht auf die politische Überzeugung zielen, wenn durch die **Folterungen** die Teilnahme am Kriegsdienst erzwungen werden soll. Eine derartige Zielrichtung richte sich nicht gegen die Überzeugung des Verweigerers. Die Folterungen seien auch nicht deshalb erheblich, weil der Verweigerer von der Verwerflichkeit des Kriegsdienstes überzeugt sei, aufgrund dieser Überzeugung den Wehrdienst verweigere und seine Überzeugung den Militärorganen gegenüber auch zu erkennen gegeben habe. Die Sicht des Verweigerers sei für die Beurteilung des Verfolgungsgrundes unmaßgeblich.[633] Diese Begründung berücksichtigt nicht die Rechtsprechung des BVerfG zur Indizwirkung der Folter[634] und verkennt erst recht den völkerrechtlichen Zentralbegriff der Verfolgungsfurcht (§ 9). 33

Demgegenüber hatte die gerügte Vorinstanz den Umstand, dass den Behörden die Überzeugung des Verweigerers von der prinzipiellen Verwerflichkeit des Kriegsdienstes bekannt gewesen war, als ursächlich für die verübten Folterungen angesehen: Diese an die wirkliche und erklärte Überzeugung des Verweigerers anknüpfende Maßnahme verliere ihren Verfolgungscharakter nicht deshalb, weil Sanktionen wegen Wehrdienstverweigerung weltweit üblich seien. Sie würden vielmehr wie jede andere staatliche Maßnahme auch ihren spezifischen Charakter dadurch erhalten, dass sie gegen die politische Überzeugung gerichtet seien, mithin dadurch, dass der Staat mit seinen Sanktionen in einen vorstaatlichen, ihm unverfügbaren Bereich ansetze.[635] 34

Eine Verfolgung, die gegen die politische Überzeugung gerichtet ist, verletzt grundsätzlich den konventionsrechtlich geschützten Bereich.[636] Für die Wehrdienstverweigerung kann nichts anderes gelten. Verweigert der Verfolgte aus politischer Überzeugung den Wehrdienst, knüpfen gleichwohl zwangsweise durchgesetzte Maßnahmen an dessen politische Überzeugung an und sind deshalb erheblich. Ob dies der Fall ist, ist nach Maßgabe der Umstände des Einzelfalles zu entscheiden.[637] Ein Ansatzpunkt für die Prüfung ist die aus politischer Überzeugung gegen die Heranziehung zum Wehrdienst gerichtete Opposition. Der Deserteur begeht ebenso wie der politische Straftäter seine Handlung in konsequenter Umsetzung seiner politischen Überzeugung und kann daher nicht ohne Weiteres als »Feigling« denunziert werden.[638] Wird der staatliche Machtanspruch ungeachtet der behördlich bekannten oppositionellen Einstellung durchgesetzt, knüpfen die Maßnahmen erkennbar an einen Verfolgungsgrund an. 35

Die staatliche Zwangsmaßnahme beruht jedoch auch dann auf einem Verfolgungsgrund, wenn sie einen vermuteten politischen Widerstand brechen will. Dies kann etwa angenommen werden, wenn 36

---

632 BVerwG, EZAR 201 Nr. 10.
633 BVerwG, EZAR 201 Nr. 10.
634 BVerfG (Kammer), NVwZ 2009, 1035 (1036).
635 OVG Nordrhein-Westfalen, Urt. v. 04.09.1985 – 19 A 10162/83.
636 BVerfGE 80, 315 (337) = EZAR 201 Nr. 20 = NVwZ 1990, 151 = InfAuslR 1990, 21.
637 BVerfG, Beschl. v. 02.09.1991 – 2 BvR 939/89.
638 *Garcia-Mora*, International Law and Asylum as a Human Right, S. 107.

auf demonstrierende Studenten mit dem Mittel der Zwangsrekrutierung zugegriffen wird,[639] mithin bei der Heranziehung zum Wehrdienst eine zielgerichtete Auswahl nach bestimmten Eigenschaften und Überzeugungen unter den Wehrpflichtigen stattfindet.[640] Hält ein aus nationalen, religiösen und politischen Gründen gespeister Widerstand weiter Kreise der Bevölkerung gegen eine dem Staat durch eine fremde Macht aufgezwungene Umwälzung seines staatlichen Lebens nach wie vor unvermindert an, ist es denkbar, dass jeder, der sich dem Staat nicht positiv zur Verfügung stellt, als politischer Gegner gilt, die Zwangsrekrutierung mithin auch zur Disziplinierung und Einschüchterung des in jedem Rekruten vorab vermuteten politischen oder religiösen Gegners eingesetzt wird.[641]

37 Werden etwa Wehrdienstverweigerer ohne jegliche militärische Ausbildung an vorderster Kriegsfront eingesetzt und damit in den Tod gesandt, knüpft die staatliche Maßnahme erkennbar an einen Verfolgungsgrund an. Denn damit soll der politische Gegner getroffen werden, dem aufgrund seiner Wehrdienstverweigerung eine regimefeindliche Haltung unterstellt wird (vgl. auch Art. 10 Abs. 2 RL 2004/83/EG).[642]

d) Staatsschutzdelikte

38 Nach Ansicht der BVerfG umfasst der Begriff der politischen Überzeugung nicht nur die politische Gesinnung als solche und ihre Bekundung, sondern grundsätzlich auch ihre Betätigung. Traditionell hätten die Auslieferungsverbote den Kernbestand des Asylrechts gebildet. Diese hätten seit dem 19. Jahrhundert zugunsten der »politischen Straftäter« (Rdn. 20, § 14 Rdn. 114 ff., § 35 Rdn. 46 ff.) gegolten, also solche Ausländer, die ihre oppositionelle politische Überzeugung betätigt und hierbei Strafgesetze verletzt hätten, mit denen ihr Heimatstaat seine politische Grundordnung und seine territoriale Integrität verteidigt habe.[643] Danach können die begrifflichen Kriterien des politischen Delikts des Auslieferungsrechts bei der Anwendung der Zusammenhangsklausel berücksichtigt werden. Verfolgt der Staat mittels eines politischen Delikts die politische Gesinnung, knüpft die Verfolgung an die politische Überzeugung an.

39 In dem Zusammenhang stellen insbesondere die **Zusammenhangstaten** (§ 35 Rdn. 50 ff.) schwierige Abgrenzungsaufgaben bei der Erfassung der Auslieferungsausnahme. Ausgehend von der belgischen Gesetzgebung des Jahres 1833 werden politische Delikte, also Delikte, die unmittelbar gegen den Bestand oder die Sicherheit des Staates gerichtet sind,[644] nach dem zugrunde liegenden politischen Rechtsgut als »fest umrissene Gruppe« der Gruppe der gemeinen Straftaten gegenübergestellt.[645] Daneben wollte der belgische Gesetzgeber zusätzlich zu den eigentlichen Staatsschutzdelikten auch gewisse **Zusammenhangstaten**, die von ihm als »**faits connexes**« bezeichneten, von der Auslieferung freistellen.

40 Zusammenhangstaten sind, für sich gesehen, ihrem strafrechtlichen Tatbestand nach »gemeine« Taten. Unter den »konnexen« Taten verstand der belgische Gesetzgeber solche an sich zu den »gemeinen« Taten gehörende, tatbestandlich selbstständige Straftaten, die mit einem bestimmten »politischen« Delikt in einem »gewissen inneren und äußeren Zusammenhang« stehen. Eine rein äußerliche Verknüpfung, etwa Gleichzeitigkeit, Gleichheit des Tatortes, der Gelegenheit und der Person,

---

639 VG Wiesbaden, Urt. v. 04.09.1986 – V/2 E 6240/83.
640 BVerwGE 69, 320 (321 f.) = EZAR 201 Nr. 8 = NVwZ 1985, 117; BVerwGE 81, 41 (42 f.) = EZAR 201 Nr. 17 = NVwZ 1989, 774 = InfAuslR 1989, 169.
641 BVerwGE 69, 320 (322) = EZAR 201 Nr. 8 = NVwZ 1985, 117, siehe aber Rdn. 30 f.
642 OVG Nordrhein-Westfalen, InfAuslR 1989, 177 (179).
643 BVerfGE 80, 315 (336 f.) = EZAR 201 Nr. 20 = NVwZ 1990, 151 = InfAuslR 1990, 21; BVerfGE 81, 142 (149 f.) = EZAR 200 Nr. 26 = NVwZ 1990, 453 = InfAuslR 1990, 167.
644 RGSt 67, 150 (158); BGHSt 18, 218 (221); 28, 110 (115); 30, 55 (60); 30, 199 (203 f.); siehe auch BVerfGE 80, 315 (336) = EZAR 201 Nr. 20 = NVwZ 1990, 151 = InfAuslR 1990, 21; BVerfGE 81, 142 (149) = EZAR 20,0 Nr. 26 = NVwZ 1990, 453 = InfAuslR 1990, 167.
645 RGSt 67, 150 (159).

reicht für sich allein nicht aus. Erforderlich ist vielmehr ein »**bewusstes und gewolltes Verhältnis von Ursache und Wirkung**«:[646] Die »gemeine« Straftat muss als Mittel, Weg oder Deckung für die »politische« gewollt und tatsächlich begangen sein. Insofern – und nur insofern – erlangt mithin der politische Zweck des Täters für die Bestimmung des Begriffs der Zusammenhangstat Bedeutung.

Dieser zunächst in Belgien entwickelte Deliktstypus ist von den meisten Staaten übernommen worden. Danach sollen nicht nur politische Delikte, sondern auch gewisse gemeine Delikte der Auslieferung entzogen werden, und zwar wegen der besonderen Umstände, unter denen sie begangen wurden. Die Zusammenhangstat setzt begrifflich zwei verschiedene strafbare Handlungen voraus, nämlich ein »politisches« und ein »gemeines« Delikt. Der Begriff der »Konnexität« entstammt dem Prozessrecht, das unter Konnexität jeden Zusammenhang versteht, der die gleichzeitige Verfolgung und Beurteilung mehrerer Straftaten rechtfertigt. Er ist im Auslieferungsrecht jedoch selbstständig und wesentlich enger zu fassen. Ungeachtet gewisser nationaler Unterschiede versteht man unter Konnexität eine vom Täter gewollte sachliche, innere Zweckbeziehung zwischen einem politischen Delikt und einer anderen Straftat.[647]

41

Den Gegensatz zum Zusammenhangsdelikt bildet das »isolierte« Verbrechen, z. B. der **außerhalb einer Erhebung** oder wenigstens ohne die zuvor erwähnte Beziehung zu ihr verübte Mord an einem Staatsmann.[648] Hieraus folgt, dass die Beweggründe des Täters bei der Bewertung der Frage, ob das gemeine Delikt die politische Tat »vorbereiten, sichern, decken oder abwehren« soll,[649] eine gewisse Bedeutung erlangen. Es ist für den Begriff der Konnexität unerheblich, ob das politische Delikt und die Zusammenhangstat von ein und demselben Täter oder von jeweils anderen Tätern begangen worden sind, ob beide Delikte in einem oder mehreren Strafverfahren verfolgt werden oder ob überhaupt nur ein Verfahren wegen des gemeinen Deliktes anhängig ist. Diese Umstände sagen für sich nichts über die innere Zweckbeziehung zwischen beiden Taten aus. Entscheidend ist vielmehr, dass die gemeine Straftat mit dem politischen Delikt psychologisch in einem derart engen Zusammenhang steht, dass beide Taten als »natürliche Handlungseinheit« erscheinen.[650]

42

Zwar ist eine umfassende und allgemein akzeptierte Definition des politischen Deliktes bislang nicht gelungen. Es lassen sich jedoch einige allgemein anerkannte Grundsätze feststellen: Der politische Zweck, den der Täter mit seiner Tat verfolgt, ist zu berücksichtigen. Darüber hinaus ist der Kontext, in dem das Verbrechen verübt wird, von Bedeutung. Wird es im Zusammenhang mit einem bewaffneten Konflikt begangen, kann es grundsätzlich als politisches Verbrechen bezeichnet werden und zielt die strafrechtliche Verfolgung auf die politische Überzeugung des Betroffenen.

43

e) Politische Propaganda

Nach Ansicht der BVerfG umfasst der Begriff der politischen Überzeugung darüber hinaus grundsätzlich auch Handlungen, die aus sich heraus eine Umsetzung politischer Überzeugung darstellen, insbesondere **separatistische** und **politisch-revolutionäre Aktivitäten**, und zwar auch dann, wenn der Staat hierdurch das Rechtsgut des eigenen Bestandes oder seine politische Identität verteidige.[651] Dem ist zu entnehmen, dass im Grundsatz auch das Werben für separatistische oder revolutionäre Ziele selbst in aggressiver Form geschützt ist, vorausgesetzt, die Werbung schlägt nicht in gewalttätige Handlungen um und die Strafnorm kann nicht als konnexes Delikt (Rdn. 39 ff.) gewertet werden. Dann findet ohnehin Art. 1 F Buchst. b) GFK Anwendung (§ 35 Rdn. 37 ff.). Der Prototyp des

44

---

646 RGSt 67, 150 (160).
647 *Pötz*, GA 1971, 193 (199).
648 RGSt 67, 150 (160).
649 OLG Düsseldorf, MDR 1951, 181.
650 *Pötz*, GA 1971, 193 (200).
651 BVerfGE 80, 315 (337) = EZAR 201 Nr. 20 = NVwZ 1990, 151 = InfAuslR 1990, 21; BverfGE 81, 142 (149 f.) = EZAR 200 Nr. 26 = NVwZ 1990, 453 = InfAuslR 1990, 167.

»politischen Flüchtlings« ist ja gerade der Agitator, der gesellschaftliche Stimmungen und Emotionen für seine Zwecke in agitatorischer Absicht ausnutzt und zugleich auch aufheizt.

45 Das BVerwG hat hingegen Zweifel, ob »Protest- und Kampflieder« die einen »Aufruf zur Begehung von Gewalttaten« enthalten, noch dem geschützten Bereich der Propaganda zuzurechnen sind.[652] Im konkreten Verfahren enthielt der öffentliche Vortrag der Lieder die Aufforderung des Sängers an seine Zuhörer, zur Änderung der politischen Verhältnisse in der Türkei in der konkreten Situation den Weg der Gewalt einzuschlagen und die in den Liedern genannten Gewaltmittel einzusetzen. Politische Propaganda mit dem Aufruf, zwecks Erreichung der propagierten Ziele Gewaltakte zu begehen, richte sich nicht gegen die politische Überzeugung, wenn auch eine den Gewaltaufruf erfassende Strafnorm zum Zuge komme. Eine Strafbestimmung, die das Auffordern zur Begehung von Gewalttaten mit Strafe bedrohe, stelle sich nicht als Zugriff auf die politische Überzeugung dar.[653]

46 Enthält mithin die öffentliche Propaganda die konkrete Aufforderung, Gewaltaktionen durchzuführen, gilt der strafrechtliche Zugriff einer kriminellen Komponente des individuellen Verhaltens. Das BVerwG stellt entscheidend darauf ab, ob »an Stelle oder neben« der die bloße Propaganda bekämpfenden Strafnorm eine weitere die Aufforderung zu Gewalttaten pönalisierende Vorschrift zum Zuge kommt. Auch nach der Rechtsprechung des BVerfG sind objektive Umstände zu ermitteln, die darauf schließen lassen, dass die Verfolgung von Taten, die sich gegen politische Rechtsgüter richten, nicht der mit dem Delikt betätigten politischen Überzeugung als solcher gilt, sondern einer in solchen Taten zum Ausdruck gelangenden zusätzlichen kriminellen Komponente, deren Strafwürdigkeit der Staatenpraxis geläufig ist.[654]

47 So sei es beispielsweise, wenn Straftaten in einer »besonders kritischen, über die Bedrohung der staatlichen Einheit oder bestehenden politischen Ordnung hinausgehenden, die Sicherheit der Bevölkerung unmittelbar gefährdenden Spannungslage verfolgt« würden, um – objektiv nachweisbar – die »privaten Rechtsgüter« der Bürger zu schützen, nicht aber, um die Äußerung oder Betätigung einer politischen Überzeugung zu bestrafen. Dies könne der Fall sein, wenn die »Äußerung oder Betätigung einer politischen Überzeugung in einer durch terroristische Aktivitäten tiefgreifend verunsicherten Situation« derart demonstrativ – also ohne eine gebotene deutliche und glaubwürdige Distanzierung von solchen Aktivitäten – erfolge, dass sie von der »Öffentlichkeit geradezu als **Unterstützung des Terrorismus**« verstanden werden müsse. Die Äußerung oder Betätigung von kritischen – auch staatsfeindlichen – politischen Überzeugungen als solche bleibe aber grundsätzlich geschützt.[655]

48 Wird in der Demokratie- und Rechtstheorie der Begriff der Öffentlichkeit als Vehikel für Transparenz zur Identifizierung neuer Problembereiche durch Minderheiten diskutiert,[656] verwendet das BVerfG ihn in rechtsverkürzender Weise zulasten von Minderheiten. Festzuhalten ist aber, dass der Vorwurf der terroristischen Unterstützung fehlgeht, wenn die artikulationsfähige Öffentlichkeit der unterdrückten Minderheit einer von den Institutionen der herrschenden Staatsnation als »terroristisch« denunzierte Organisation breite Zustimmung entgegenbringt. In diesem Fall kann kaum von einer »terroristischen« Unterstützung oder Förderung einer terroristischen Organisation gesprochen werden, weil die Öffentlichkeit der Minderheitsgesellschaft eine deutliche und glaubwürdige Distanzierung von Aktivitäten der durch sie unterstützen Organisation nicht billigen würde.

49 Der Streit um die Inhaltsbestimmung des Propagandabegriffs gewinnt insbesondere Bedeutung bei der Frage, ob Strafnormen, die die herrschende Ordnung schützen sollen, in die konventionsrechtlich

---

652 BVerwGE 80, 136 (141) = EZAR 201 Nr. 20 = NVwZ 1990, 151 = InfAuslR 1990, 21.
653 BVerwGE 80, 136 (141) = EZAR 201 Nr. 15.
654 BVerfGE 80, 315 (338) = EZAR 201 Nr. 20 = NVwZ 1990, 151 = InfAuslR 1990, 21.
655 BVerfGE 80, 315 (338) = EZAR 201 Nr. 20 = NVwZ 1990, 151 = InfAuslR 1990, 21.
656 *Habermas*, Faktizität und Geltung. Beiträge zur Diskurstheorie des Rechts und des demokratischen Rechtsstaates, S. 460.

geschützte politische Überzeugung eingreifen. Die hierbei entscheidende Frage ist, ob auch bereits durch bloße Propagandatätigkeit, mit welchem Inhalt und in welcher nichtgewalttätigen Form auch immer, ein Delikt begangen werden kann, das einer der Staatenpraxis geläufige »kriminelle Natur« aufweist.[657] Dagegen spricht, dass die die »privaten Rechtsgüter« der Bürger schützenden Normen in derartigen Konfliktsituationen in einer inneren Zweckbeziehung zu politischen Delikten stehen (Rdn. 39). Knüpft die Strafnorm an politische Propagandaktivitäten an, verteidigt sie das Rechtsgut des eigenen Bestandes des Staates oder seine politische Identität.[658]

Demgegenüber verlegt die obergerichtliche Rechtsprechung die **Gefahrenschwelle**, ab der die Strafnorm politische Propaganda unterdrücken dürfe, ohne dass damit die politische Gesinnung getroffen werde, weit in den gesellschaftlichen Meinungs- und Willensbildungsprozess. Derartige Strafnormen stellten auf eine Angriffsform ab, die sich im Vorfeld der auf den gewaltsamen Umsturz zugeschnittenen Tatbestände des Hochverrats oder des Verfassungsverrats bewegten. Ihrem Deliktstypus nach seien diese Normen daher den »abstrakten Gefährdungsdelikten« zuzurechnen. Sie hätten, da sie »antizipierten Gefahrenlagen« Rechnung tragen würden, insofern Präventionscharakter, als der Gesetzgeber davon ausgehe, dass schon Propagandaaktivitäten die Tendenz in sich tragen könnten, durch eine Schwächung der nationalen Integrität Gefahren für den Staatsbestand und die verfassungsmäßige Ordnung hervorzurufen.[659] 50

Dies rechtfertige es, das Strafrecht nicht erst dann wirksam werden zu lassen, wenn es bereits zu einem Hochverrat oder Verfassungsverrat gekommen sei, sondern mit der strafrechtlichen Abwehr schon auf einer früheren Stufe einzusetzen. Derartige Strafnormen knüpften an Handlungsweisen als Angriffsmittel an, die in ihrer Tendenz generell dazu beitrügen, eine politische Atmosphäre zu schaffen, in der sich Staatsumwälzungen vollziehen könnten. Sie zielten darauf ab, Veränderungen des bestehenden gesellschaftlichen und wirtschaftlichen Systems zu verhindern, ließen die politische Überzeugung des Einzelnen jedoch unbehelligt.[660] 51

Die Gesellschaft stoße an ihre Grenzen, wo es um den bestimmenden Einfluss der herrschenden Nation in einem ungeteilten Land oder einseitige ideologische Machtansprüche gehe. Gefahren für den seine Einheit verteidigenden Staat suche die Regierung mit den Mitteln der Staatsgewalt schon im Ansatz zu begegnen. Schneide die Norm jedoch nicht jegliche Äußerungs- oder Betätigungsmöglichkeit ab, sondern knüpfe strafrechtliche Sanktionen lediglich an solche Aktivitäten, die die Merkmale der Propaganda aufweisen,[661] bleibe die politische Überzeugung unberührt. 52

Die Gegenmeinung wird damit begründet, dass die Anforderungen an die Intensität des nach außen gerichteten Verhaltens in der Rechtspraxis im Herkunftsland nicht sehr hoch angesetzt würden. Auch an den Inhalt der Propaganda würden keine allzu hohen Anforderungen gestellt. Schon die Tatsache, dass in Flugblättern an die »Völker der Türkei« nebeneinander türkische und kurdische Wörter und Sätze verwendet würden und Hinweise zu finden seien, wonach von der Möglichkeit der Existenz eines Staates »Kurdistan« ausgegangen werde, werde als »separatistische Propaganda« 53

---

657 BVerfGE 80, 315 (338) = EZAR 201 Nr. 20 = NVwZ 1990, 151 = InfAuslR 1990, 21, verweist auf die Verfolgung von Taten, die sich gegen politische Rechtsgüter richten.
658 BVerfGE 80, 315 (337) = EZAR 201 Nr. 20 = NVwZ 1990, 151 = InfAuslR 1990, 21; BVerfGE 81, 142 (149 f.) = EZAR 200 Nr. 26 = NVwZ 1990, 453 = InfAuslR 1990, 167.
659 VGH Baden-Württemberg, Urt. v. 04.02.1985 – A 13 S 143/83.
660 VGH Baden-Württemberg, Urt. v. 04.02.1985 – A 13 S 143/83; OVG Lüneburg, Urt. v. 24.05.1985 – 11 OVG A 307/82; dagegen Hessischer VGH, Urt. v. 26.09.1985 – X OE 317/82; OVG Saarland, NVwZ-RR 1989, 277; ebenso Niedersächsisches OVG, Urt. v. 14.02.1990 – 11 OVG A 252/88.
661 VGH Baden-Württemberg, Urt. v. 04.02.1985 – A 13 S 143/83; OVG Lüneburg, Urt. v. 24.05.1985 – 11 OVG A 307/82; dagegen Hessischer VGH, Urt. v. 26.09.1985 – X OE 317/82; OVG Saarland, NVwZ-RR 1989, 277; ebenso Niedersächsisches OVG, Urt. v. 14.02.1990 – 11 OVG A 252/88.

gewertet.⁶⁶² Der türkische Staat knüpfe mit dem Propagandabegriff an die Verkündung einer politischen Überzeugung an, die sich gegen die politischen und ideologischen Grundlagen der geltenden Verfassungsordnung richte und versuche dadurch jedwede geistige Auseinandersetzung mit dem Kemalismus zu unterbinden.⁶⁶³

54 Es sei davon auszugehen, dass mit dem Propagandabegriff de facto an die Gesinnung angeknüpft werde, weil keine Abgrenzung der Masse der vielen mit Sicherheit für den Staatsbestand bedeutungslosen Verstöße von dem Bereich des wirklich gefährlichen und zur Gewaltanwendung bereiten echten Milieus stattfinde.⁶⁶⁴ Zielte eine Strafnorm darauf, Meinungsäußerungen, die sich auf die militärischen oder polizeilichen Sicherheitskräfte sowie die Justiz als die maßgeblichen Stützen des Staates beziehen (Rdn. 1 ff.), strafrechtlich zu verfolgen, stellte dies als solche eine Verfolgung des Antragstellers wegen seiner politischen Überzeugung dar.⁶⁶⁵ Auch das BVerwG hält der obergerichtlichen Rechtsprechung entgegen, dass die Meinungskundgabe gegenüber Dritten und damit auch die Wirkung, dass der Dritte sich im Sinne der vermittelten Meinung verhält, grundsätzlich geschützt sei.⁶⁶⁶

4. Prognosegrundsätze

55 Nach der Begründung des Kommissionsentwurfs wie auch dem Handbuch von UNHCR reicht das Bekunden einer politischen Überzeugung allein nicht aus. Vielmehr muss der Antragsteller glaubhaft machen, dass die Behörden Kenntnis von seiner politischen Überzeugung haben oder wahrscheinlich erlangen werden (Rdn. 10) oder ihm eine politische Überzeugung zuschreiben, dass diese Überzeugung von den Behörden nicht geduldet wird und er in Anbetracht der Lage im Herkunftsland Gefahr läuft, wegen seiner Überzeugung verfolgt zu werden (Rdn. 10).⁶⁶⁷

56 Es seien jedoch auch Fälle denkbar, in denen der Antragsteller seine Ansichten in keiner Weise geäußert habe. Wenn er jedoch eine besonders stark ausgeprägte Überzeugung dieser Art habe, könne mit Recht angenommen werden, dass sie früher oder später doch offenkundig und der Antragsteller deshalb mit den Behörden in Konflikt geraten werde. Sofern diese Umstände glaubhaft dargelegt würden, hege der Antragsteller Verfolgungsfurcht wegen seiner politischen Überzeugung.⁶⁶⁸ In derartigen Situationen entstehen jedoch häufig Darlegungsprobleme. Dies ist insbesondere der Fall, wenn die politische Handlung mehr oder weniger isoliert erscheint und nicht durch offenkundige Formen politischer Handlungen begleitet wird. In diesen Fällen ist es nicht immer möglich, die objektive politische Handlung als Ausdruck der politischen Überzeugung zu deuten. Dies betrifft auch die Fälle der zugeschriebenen politischen Überzeugung.⁶⁶⁹

57 Das BVerwG hat aus dem Umstand, dass im Herkunftsstaat des Asylsuchenden Träger der von ihm vertretenen politischen Überzeugung Verfolgung erleiden, geschlossen, dass hieraus für diesen eine ernsthafte Befürchtung hergeleitet werden kann, ebenfalls individuell von dieser allgemeinen

---

662 Hessischer VGH, Urt. v. 26.09.1985 – X OE 317/82; Hessischer VGH, Urt. v. 26.04.1984 – X OE 1116/81.
663 OVG Saarland, NVwZ-RR 1989, 277.
664 Niedersächsisches OVG, Urt. v. 14.02.1990 – 11 OVG A 252/88.
665 OVG Rheinland-Pfalz, AuAS 2007, 249 (251), zu Art. 159 Abs. 5 TStGB a.F., jetzt § 301 Abs. 4 TStGB n.F.
666 BVerwGE 77, 258 (265) = EZAR 200 Nr. 19 = NVwZ 1987, 288 = InfAuslR 1987, 228; BVerwGE 80, 136 (140) = EZAR 201 Nr. 15; BVerwG, Buchholz 402.25 § 1 AsylVfG Nr. 121.
667 Kommissionsentwurf v. 12.09.2001, BR-Drucks. 1017/01, S. 24; *UNHCR*, Handbuch über Verfahren zur Feststellung der Flüchtlingseigenschaft, 1979, Rn. 80; siehe auch § 24 Rn. 63 ff.
668 *UNHCR*, Handbuch über Verfahren und Kriterien zur Feststellung der Flüchtlingseigenschaft, Rn. 81 f.
669 *Goodwin-Gill*, The Refugee in International Law, S. 49.

Verfolgungsgefahr betroffen zu werden.[670] Ergeben danach die Ermittlungen, dass das festgestellte individuelle Verhalten des Asylsuchenden aufgrund seiner persönlichen Verhältnisse und Erlebnisse mit der erforderlichen Wahrscheinlichkeit eine Strafverfolgung oder eine vergleichbare Maßnahme nach sich zieht, ist ihm die Flüchtlingseigenschaft zuzuerkennen.

---

670 BVerwGE 55, 82 (84) = EZAR 201 Nr. 3 = NJW 1978, 2463.

Kapitel 7 Verfolgungsprognose

Leitsätze

Prognosegrundsätze

1. Die Konvention enthält keine prognoserechtlichen Kriterien. Vielmehr kommt es insoweit maßgeblich auf den Begriff der begründeten Verfolgungsfurcht an. Vorrangig ist die Ermittlung der Tatsachen und Umstände, die im Antragsteller eine Furcht vor Verfolgung hervorgerufen haben oder im Fall der Rückkehr hervorrufen können. An die Prüfung der Verfolgungsfurcht schließt sich die Prüfung der Wahrscheinlichkeit der Verfolgung an. Der Begriff der **Furcht vor Verfolgung** (Art. 2 Buchst. c) RL 2004/83/EG) ist damit **Grundlage der Verfolgungsprognose** (§ 28 Rdn. 1 ff., § 29 Rdn. 28 ff., 52 ff.).
2. Der Antragsteller hat darzulegen, dass es in seinem Fall »vernünftige Gründe« oder eine »ernsthafte Möglichkeit« für die Annahme gibt, dass er für den Fall der Rückkehr Verfolgung erleiden wird. Die Konvention legt damit das Schwergewicht auf die besondere individuelle Situation des Antragstellers und beurteilt von hier aus – unter Berücksichtigung der allgemeinen politischen und rechtlichen Situation in seinem Herkunftsstaat –, ob für den Eintritt der Verfolgungsgefahr eine »ernsthafte Möglichkeit« spricht (§ 28 Rdn. 6 f.).
3. Die Beweisführungspflicht des Antragstellers begrenzt die behördliche Untersuchungspflicht. Dabei ist zwischen **persönlichen Erlebnissen** des Antragstellers und den **allgemeinen Verhältnissen** im Herkunftsland zu unterscheiden. Lediglich im Blick auf die individuellen Erfahrungen trifft den Antragsteller die volle Darlegungs- und Beweislast. Mit Blick auf die allgemeinen Verhältnisse genügt hingegen die Darlegung einer entfernt liegenden Möglichkeit, dass die Furcht vor Verfolgung begründet ist, und trifft die Behörde im Folgenden die Untersuchungspflicht (§ 28 Rdn. 11 ff., 20 ff., § 29 Rdn. 10 ff.).
4. Die Rechtsprechung berücksichtigt die besondere Beweisnot des Asylsuchenden. Zwar muss das **Kernvorbringen** (§ 28 Rdn. 30) in sich stimmig und nachvollziehbar sein. Zur Anerkennung kann aber bereits der Tatsachenvortrag führen, sofern seine Behauptungen in dem Sinne »glaubhaft« sind, dass sich die Behörde von ihrer Wahrheit überzeugen kann (§ 28 Rdn. 14, 20, 22 ff., 32, § 29 Rdn. 51 ff.). Dabei müssen die aus soziokulturellen Verständnisproblemen folgenden Darlegungsdefizite angemessen berücksichtigt werden.
5. Die Konvention enthält keine Vorschriften zur Feststellung der Flüchtlingseigenschaft. Vielmehr haben die Vertragsstaaten Feststellungsverfahren einzurichten, um ihren aus der GFK folgenden Verpflichtungen gerecht zu werden. Daher haben sie auch nach ihrem innerstaatlichen Recht die für die Prognoseprüfung maßgeblichen verfahrensrechtlichen Grundsätze zu regeln und sich dabei am Wortlaut der Konvention auszurichten.
6. Die Verfolgungsprognose hat die Wahrscheinlichkeit künftiger Geschehensabläufe bei einer hypothetisch zu unterstellenden Rückkehr des Asylsuchenden zum Gegenstand und darf sich nicht darauf beschränken, die Lage im Entscheidungszeitpunkt wie in einer Momentaufnahme festzuhalten. Vielmehr ist die Furcht vor Verfolgung nur dann nicht begründet, wenn bei einer auf **absehbare Zeit ausgerichteten Zukunftsprognose** nicht ernstlich mit Verfolgung zu rechnen ist (§ 29 Rdn. 1, 5).
7. Der Prognoseprüfung voraus geht zunächst die Sammlung und Sichtung der tatsächlichen Entscheidungsgrundlagen. Wegen der Vielzahl von Ungewissheiten über die relevante Situation im Herkunftsland verlangt die anschließende Prognose eine **sachgerechte** und der jeweiligen Materie **angemessene** und **methodisch einwandfreie** Erarbeitung ihrer tatsächlichen Grundlagen. Maßgebend ist, dass die Prognose diesen Anforderungen gerecht wird, nicht aber, dass sie durch die spätere Entwicklung bestätigt oder widerlegt wird (§ 29 Rdn. 5 ff.).
8. Auch ein die Verfolgung erst auslösendes **zukünftiges eigenes Verhalten** des Antragstellers in seinem Herkunftsland ist jedenfalls dann zu berücksichtigen, wenn es mehr oder weniger zwangsläufig zu erwarten ist oder eine Änderung des Verhaltens nicht verlangt werden kann (Art. 10 Abs. 1 Buchst. d) RL 2004/83/EG). Dies beruht auf einer umfassenden

Würdigung der Gesamtpersönlichkeit des Asylsuchenden. Dabei ist insbesondere zu würdigen, ob und wie er etwa durch bestimmte politische Überzeugungen geprägt ist und wie wichtig ihm diese sind.
9. Die Prognoseprüfung vollzieht sich nach unterschiedlichen Beweismaßstäben: Das **Regelbeweismaß** bezieht sich nur auf die Tatsachenfeststellungen, nicht aber auf die Verfolgungsprognose selbst (§ 29 Rdn. 12 ff.). Bei dieser geht es um das angemessene Maß der Risikoverteilung und werden reale von bloß entfernten Möglichkeiten abgegrenzt (§ 29 Rdn. 35 ff., 52 ff.).
10. Die Rechtsprechung bewertet auch das individuelle Vorbringen anhand des Regelbeweises und verfehlt damit den Schlüsselbegriff der Furcht vor Verfolgung. Gewissheit ist lediglich für die objektiven Prognosetatsachen (allgemeine Verhältnisse) zu verlangen (§ 29 Rdn. 13 ff., 17 ff.). Hinsichtlich der individuellen Prognosetatsachen (Furcht vor Verfolgung) wird nach Maßgabe der Aussagenanalyse insbesondere Stimmigkeit, Konstanz und Nachvollziehbarkeit des Sachvorbringens gefordert (§ 29 Rdn. 15, 19 ff.).
11. Ob dem Antragsteller die Rückkehr in das Herkunftsland nicht zugemutet werden kann, ist abhängig davon, ob er Verfolgungen ausgesetzt sein würde (Art. 33 Abs. 1 GFK), die Furcht vor Verfolgung also begründet ist (§ 29 Rdn. 25 ff.). Art. 33 Abs. 1 GFK verweist dabei auf Art. 1 A Nr. 2 GFK und verlangt damit eine Bezugnahme auf die persönliche Situation des Asylsuchenden, sodass nicht gefordert werden kann, dass die Verfolgung wahrscheinlicher als das Gegenteil sein muss. Deshalb sind vernünftigerweise mögliche, also reale, von den bloß »**entfernt liegenden**« Möglichkeiten abzugrenzen (§ 28 Rdn. 28 bis 35

Vermutungswirkung der Vorverfolgung (Art. 4 Abs. 4 RL 2004/83/EG)
12. Nach Art. 4 Abs. 4 RL 2004/83/EG streitet für den Vorverfolgten die **tatsächliche Vermutung**, dass sich frühere Handlungen und Bedrohungen bei einer Rückkehr in das Herkunftsland wiederholen. Dadurch wird er von der Notwendigkeit entlastet, stichhaltige Gründe dafür darzulegen, dass sich die verfolgungsbegründenden Umstände bei Rückkehr in sein Herkunftsland erneut realisieren werden. Die **Beweiskraft der Vorverfolgung** kann aber widerlegt werden. Sie ist widerlegt, wenn stichhaltige Gründe die Wiederholungsträchtigkeit solcher Verfolgung entkräften (§ 29 Rdn. 55 ff.). Die frühere Herabstufung des Wahrscheinlichkeitsmaßstabs ist damit überholt.
13. Während nach der Rechtsprechung des BVerwG die Beurteilung, ob die Vermutungswirkung entfällt, tatrichterlicher Würdigung im Einzelfall im Rahmen der freien Beweiswürdigung obliegt, bedarf es nach der Rechtsprechung des EuGH hierzu der Prüfung, ob die Faktoren, welche die Furcht des Flüchtlings begründeten, **dauerhaft** und **grundlegend** beseitigt sind, die Veränderung der Umstände also erheblich und nicht nur vorübergehend ist (§ 29 Rdn. 58).
14. Für die Anwendung der Beweiskraft der Vorverfolgung wird eine erlittene Verfolgung nicht vorausgesetzt. Vielmehr findet sie auch Anwendung, wenn der Asylsuchende wegen einer ihm unmittelbar drohenden Verfolgung ausgereist ist (§ 29 Rdn. 59 ff.). Je länger der Asylsuchende nach erlittener Verfolgung im Herkunftsland verbleibt, desto mehr schwindet allerdings der Zusammenhang zwischen Verfolgung und Ausreise (§ 29 Rdn. 62 ff.).
15. Die Vermutungswirkung findet auch Anwendung, wenn der von Verfolgung oder von Verfolgungsbedrohung betroffene Asylsuchende ausreist, ohne interne Ausweichmöglichkeiten zu suchen. Die entgegenstehende frühere Rechtsprechung ist damit überholt (§ 29 Rdn. 64, § 30 Rdn. 57 ff.).
16. Auch **situationsbedingte Verfolgungsgründe** führen zur Anwendung der Vermutungswirkung. Die entgegenstehende frühere Rechtsprechung ist überholt (§ 29 Rdn. 66 ff.).

Gruppenverfolgung
17. In der Staatenpraxis sind für Verfolgungen, die sich nicht nur lediglich auf einzelne Personen, sondern auf Gruppen von Personen beziehen (**gruppengerichtete Verfolgung**), besondere Prognosegrundsätze herausgebildet worden (§ 30 Rdn. 1 ff.). Diese Verfolgungsformen

werden bei der Feststellung der individuellen Verfolgungshandlung relevant und führen dazu, dass im Rahmen der Verfolgungsprognose erleichterte Beweisregeln zugunsten des Antragstellers Anwendung finden.

18. Bei der Gruppenverfolgung handelt es sich damit nicht um eine spezifische Rechtsdoktrin, sondern um eine besondere, häufig sogar typische Verfolgungsform, wenn die Verfolger auf die Rasse, Religion, Nationalität, politische Überzeugung oder Zugehörigkeit zu einer bestimmten sozialen, kulturellen oder wirtschaftlichen Klasse zielen, die als tatsächliches Moment im Rahmen der Verfolgungsprognose zu berücksichtigen ist (§ 30 Rdn. 5 ff.).

19. Die bloße Zugehörigkeit zu einer verfolgten Gruppe kann für die Zuerkennung der Flüchtlingseigenschaft genügen. Die »unmittelbare Betroffenheit des Einzelnen durch gerade auf ihn zielende Verfolgungen ebenso wie die Gruppengerichtetheit der Verfolgung sind nur **Eckpunkte** eines durch **fließende Übergänge** gekennzeichneten Erscheinungsbildes von Verfolgungen«, sodass die gegenwärtige Gefahr einer Verfolgung für einen Gruppenangehörigen aus dem Schicksal anderer Gruppenmitglieder auch dann drohen kann, wenn diese Referenzfälle es noch nicht rechtfertigen, vom Typus einer gruppengerichteten Verfolgung auszugehen (§ 30 Rdn. 10 ff.).

20. Zentrale Voraussetzung der Gruppenverfolgung ist die **Verfolgungsdichte**. Die Gruppenmitglieder müssen Rechtsgutbeeinträchtigungen erfahren, aus deren Intensität und Häufigkeit jedes einzelne Gruppenmitglied die begründete Furcht herleiten kann, selbst alsbald Opfer solcher Verfolgungshandlungen zu werden. Daher kann von einer Gruppenverfolgung, auch wenn sie regional begrenzt ist, erst gesprochen werden, wenn sie sich »in flächendeckenden Massenausschreitungen« äußert (§ 30 Rdn. 14 ff.).

21. Die Vielfalt möglicher Verfolgungsgefährdungen verbietet es andererseits, die Zugehörigkeit zu einer gefährdeten Gruppe allein deshalb unberücksichtigt zu lassen, weil die Gefährdung **unterhalb der Schwelle der Gruppenverfolgung** liegt. Vielmehr kommt »Referenzfällen« die Funktion zu, individuelle Gefährdungslagen »**anlassgeprägter Einzelverfolgung**« zu identifizieren, welche **unterhalb** der Schwelle »gruppengerichteter Verfolgung« zu verorten sind (§ 30 Rdn. 32 ff.).

22. Demgegenüber werden bei der »**Einzelverfolgung wegen Gruppenzugehörigkeit**« aus bestimmten Anlässen Einzelne oder einige Mitglieder aus einer Gruppe **herausgegriffen** und einer Verfolgung unterworfen. Die Gruppe als solche bleibt hierbei unverfolgt. Bei einer Gruppenverfolgung hingegen ist die Gruppe als solche Ziel von Verfolgungen, sodass jedes einzelne Mitglied der Gruppe allein deswegen, weil es die gruppenspezifischen Merkmale besitzt, mit beachtlicher Wahrscheinlichkeit Verfolgung zu befürchten hat (§ 30 Rdn. 41 ff.).

23. Der Richtlinie ist der deutsche Begriff der **rückschauenden Verfolgungsprognose** fremd. Es bedarf deshalb keiner rückschauenden Prognose, um anhand der im Zeitpunkt der Flucht maßgeblichen Umstände zu prüfen, ob der Antragsteller landesweit verfolgt wurde bzw. ihm eine solche Verfolgung drohte. Art. 4 Abs. 4 RL 2004/83/EG setzt keine landesweite Vorverfolgung voraus (§ 30 Rdn. 57 ff.).).

| Hat der Antragsteller seiner Darlegungslast genügt (§ 28 Rdn. 9 bis 15)? |

↓

| Hat die Behörde den Sachverhalt erschöpfend und sachgerecht aufgeklärt (§ 28 Rdn. 16 bis 21)? |

↓

| Genügt die Prognose den methodischen Anforderungen (§ 29 Rdn. 5 bis 18)? |

↓

| Ist die Furcht vor Verfolgung begründet (§ 28 Rdn. 1 bis 8)? |

↓

| Liegt eine Gruppenverfolgung (§ 30 Rdn. 14 bis 28) vor, findet die Regelvermutung der individuellen Betroffenheit statt (§ 30 Rdn. 6, 57 ff.). |

↓

| Welche prognoserechtlichen Grundsätze finden Anwendung?
– Ist der Antragsteller bereits im Herkunftsland verfolgt worden oder drohte ihm vor der Ausreise unmittelbar Verfolgung (§ 29 Rdn. 59 bis 66)?
– Ist dies der Fall, findet die Regelvermutung des Art. 4 Abs. 4 RL 2004/83/EG zugunsten des Antragstellers Anwendung (§ 30 Rdn. 54 bis 58)?
– Hat die Behörde die Beweiswirkung der Vorverfolgung in dem Sinne widerlegt, dass eine grundlegende und dauerhafte Veränderung der Verhältnis im Herkunftsland eingetreten ist (§ 30 Rdn. 55 ff.)?
– Droht dem Antragsteller aufgrund individueller Besonderheiten gleichwohl die ernsthafte Möglichkeit erneuter Verfolgung (§ 30 Rdn. 57)? |

↓

| Sofern der Antragsteller im Herkunftsland nicht verfolgt worden war oder ihm dort keine Verfolgung drohte, ist zu prüfen, ob eine »ernsthafte Möglichkeit« der Verfolgung oder bloß eine »entfernt liegende Möglichkeit« der Verfolgung droht (§ 29 Rdn. 25 bis 44)? |

Schaubild 13 zur Verfolgungsprognose

§ 28 Prognosetatsachen

Übersicht

		Rdn
1.	Begründete Furcht vor Verfolgung	1
2.	Darlegungslast des Antragstellers	9
3.	Untersuchungsgrundsatz	16
4.	Beweiswürdigung	22

1. Begründete Furcht vor Verfolgung

1 Der Schlüssel zum Verständnis des Flüchtlingsbegriffs nach Art. 1 A Nr. 2 GFK ist der Begriff der Verfolgungsfurcht (§ 8 Rdn. 3).[1] Diesem Begriff wohnt eine in die Zukunft gerichtete Abschätzung von Verfolgungsrisiken inne. Dabei sind für die Risikoabschätzung die persönlichen Umstände des Antragstellers, z. B. sein individueller Hintergrund sowie Eigenschaften und Verhältnisse (siehe auch Art. 4 Abs. 3 Buchst. c), Art. 8 Abs. 2 RL 2004/83/EG) von Bedeutung.[2] Auch für das BVerwG kommt es darauf an, ob der Asylsuchende im maßgeblichen Entscheidungszeitpunkt (Art. 4 Abs. 3 Buchst. a) RL 2004/83/EG) in absehbarer Zeit gegen ihn gerichtete Maßnahmen ernsthaft befürchten muss (§ 8 Rdn. 8).[3]

2 Bei der Feststellung der Flüchtlingseigenschaft wird es deshalb in erster Linie um die Würdigung der Erklärungen des Antragstellers und erst dann um die Beurteilung der in seinem Herkunftsland bestehenden Verhältnisse gehen.[4] Die Erforderlichkeit der objektiven Prüfung ist darin begründet, dass Furcht ein subjektives Gefühl ist und für die Zwecke der Feststellung der Flüchtlingseigenschaft begründet sein, also eine objektive Basis haben muss. Die Bedeutung des Begriffs der Verfolgungsfurcht nach Art. 1 A Nr. 2 GFK kann danach dahin beschrieben werden, dass es zuallererst Aufgabe des Antragstellers ist, schlüssig die für seine Verfolgungsfurcht maßgebenden Tatsachen vorzutragen.

3 An die Prüfung der Verfolgungsfurcht schließt sich die Prüfung der **Wahrscheinlichkeit** der Verfolgung an. Diese ist aus dem subjektiven Begriff der **Verfolgungsfurcht** zu entwickeln.[5] Der Begründetheitstest der Konvention zielt auf die Wahrscheinlichkeit, die dafür spricht, dass der Antragsteller für den Fall der Rückkehr in sein Herkunftsland Verfolgung ausgesetzt sein wird. Sofern hierfür eine gewisse Wahrscheinlichkeit spricht, ist seine Furcht begründet.[6] Da objektive Tatsachen aus dem individuellen Erlebnisbereich regelmäßig nur begrenzt überprüfbar sind, erfordert die Konvention eine besondere Berücksichtigung des individuellen Tatsachenvortrags. Die Vertragsstaaten haben im Blick auf die dargelegte Furcht des Antragstellers vor Verfolgung ein **Wohlwollensgebot** zu beachten. (§ 8 Rdn. 19).

4 Dementsprechend sind nach Art. 4 Abs. 3 RL 2004/83/EG Anträge auf internationalen Schutz **individuell** zu prüfen, wobei die »**individuelle** Lage und die **persönlichen** Umstände des Antragstellers einschließlich solcher Faktoren wie familiärer und sozialer Hintergrund, Geschlecht und Alter« zu berücksichtigen sind, um bewerten zu können, ob »in Anbetracht seiner persönlichen Umstände« die Handlungen, denen er ausgesetzt war oder ausgesetzt sein könnte, einer Verfolgung gleichzusetzen sind (Art. 4 Abs. 3 Buchst. c) RL 2004/83/EG). Auch nach § 25 Abs. 1 Satz 1 AsylVfG sind Ausgangspunkt der Prognoseprüfung die Tatsachen, welche die Furcht vor Verfolgung begründen. Hierzu muss der Antragsteller die erforderlichen Angaben machen. Damit ist der Begriff der Verfolgungsfurcht Grundlage der Verfolgungsprognose. Die Behörde muss prüfen, ob für den Fall der Rückkehr die Furcht vor Verfolgung begründet ist.[7] Eine begründete Furcht vor Verfolgung ist anzunehmen, wenn es wahrscheinlich ist, dass die Furcht des Antragstellers, für den Fall der Rückkehr Verfolgungen ausgesetzt zu sein, begründet ist.

---

1 Siehe hierzu *UNHCR*, Handbuch über Verfahren und Kriterien zur Feststellung der Flüchtlingseigenschaft, 1979, Rn. 37–65; *Grahl-Madsen*, Annals 1983, 11 (13); *Hyndman*, The Australian Law Journal 1986, 148 (149), *Sexton*, Vanderbuilt Journal of Transnational Law 1985, 731 (748); *Cox*, Brooklyn Journal of International Law 1984, 333; siehe auch § 8 und § 9.
2 *Zimmermann/Mahler*, in: *Zimmermann*, The 1951 Convention, Art. 1 A, para. 2 Rn. 206.
3 BVerwG, DÖV 1982, 41 = DVBl. 1981, 1096.
4 *UNHCR*, Handbuch über Verfahren und Kriterien zur Feststellung der Flüchtlingseigenschaft, 1979, Rn. 37.
5 *Jackman*, Well-Founded Fear of Persecution and other Standards of Decision-Making: A North American Perspective, S. 44.
6 *Grahl-Madsen*, The Status of Refugees in International Law, Bd. 1, S. 181.
7 *Hathaway*, The Law of Refugee Status, S. 75.

§ 28 Prognosetatsachen Kapitel 7

Im Flüchtlingsrecht geht es jedoch nicht lediglich um die bloße Abwägung verschiedener Risikofaktoren. Vielmehr müssen im Flüchtlingsrecht insbesondere die irreparablen Folgen einer etwaigen fehlerhaften Entscheidung bei der Prognose besondere Berücksichtigung finden. Dem Flüchtling fehlt anders als anderen Ausländern charakteristischerweise die Option der Rückkehr, sodass die Beweisregeln dem Schutzzweck des Flüchtlingsrechts verpflichtet sind und einer restriktiven Anwendungspraxis entgegenstehen. Der Schutzzweck der Konvention ist in sich selbst zureichender Grund, dem Antragsteller nicht die Beweislast aufzuerlegen (»benefit of the doubts«), wenn er außerstande ist, objektiven Beweis zu führen, die Glaubhaftigkeit seiner Angaben jedoch nicht infrage stehen (Art. 4 Abs. 5 Buchst. c) RL 2004/83/EG).[8]

5

Die entscheidungserhebliche Frage bei der Prognoseprüfung ist danach, ob vernünftige Gründe für die Annahme sprechen, dass es für die Furcht des Antragstellers, wegen eines Verfolgungsgrundes verfolgt zu werden, eine gewisse Wahrscheinlichkeit gibt (»**reasonable chance**«). Hingegen ist es unerheblich, ob ihm diese Gefahr allein droht oder durch eine Vielzahl von Erkenntnismitteln untermauert wird.[9] Widerstreiten die Erkenntnismittel den Behauptungen des Antragstellers, kann von ihm erwartet werden, dass er sich mit den gegen sein Vorbringen sprechenden Erkenntnissen auseinandersetzt und darlegt, warum die in diesen enthaltenen allgemeinen Aussagen auf die spezifischen Besonderheiten seines Falles nicht zutreffen. Er hat mithin darzulegen, dass es in seinem Fall »vernünftige Gründe« oder eine »ernsthafte Möglichkeit« für die Annahme gibt, dass für den Fall der Rückkehr seine Furcht vor Verfolgung begründet ist.[10]

6

Die Konvention legt damit das Schwergewicht auf die besondere individuelle Situation des Asylsuchenden (vgl. auch Art. 4 Abs. 3 Buchst. c) RL 2004/83/EG), also auf seine Furcht vor Verfolgung, und beurteilt von hier aus – unter Berücksichtigung der allgemeinen politischen und rechtlichen Situation in seinem Herkunftsland (Begründetheitstest)[11] –, ob für den Eintritt der Verfolgungsgefahr eine »ernsthafte Möglichkeit« spricht. Entfernt liegende Möglichkeiten (»**remote possibilities**«) rechtfertigen das Urteil einer begründeten Furcht vor Verfolgung dagegen nicht. Dementsprechend sind alle mit dem Herkunftsland verbundenen Tatsachen, die im Entscheidungszeitpunkt relevant sind, zu berücksichtigen (Art. 4 Abs. 3 Buchst. a) Abs. 1 RL 2004/83/EG). Die Behörde ist verpflichtet, unter Mitwirkung des Antragstellers die für den Antrag maßgeblichen Anhaltspunkte zu prüfen (Art. 4 Abs. 1 RL 2004/83/EG). Sie hat die Angaben objektiv und unparteiisch zu prüfen (Art. 8 Abs. 2 RL 2005/85/EG).

7

Anschließend ist zu prüfen, ob die Furcht vor Verfolgung insofern objektiv begründet ist, als hierfür eine bestimmte »**Wahrscheinlichkeit**« bestehen muss. Es bedarf keines Nachweises für die Angaben des Antragstellers, wenn er sich offenkundig bemüht hat, seinen Antrag zu substanziieren und festgestellt wurde, dass seine Aussagen kohärent und plausibel sind und zu den für seinen Fall relevanten besonderen und allgemeinen Informationen nicht in Widerspruch stehen (Art. 4 Abs. 5 Buchst. a) und c) RL 2004/83/EG, § 9 Rdn. 3). Die Verfolgungsprognose wird auf der Grundlage der im Verwaltungsverfahren, insbesondere in der persönlichen Anhörung ermittelten **tatsächlichen Entscheidungsgrundlagen** getroffen. Schenkt die Behörde den Angaben des Asylsuchenden zum Kern des Sachvorbringens keinen Glauben, bedarf es regelmäßig keiner Verfolgungsprognose mehr. Ist sie hingegen von seinen Angaben überzeugt, wird die Prognose auf der Grundlage dieser als glaubhaft gemacht angesehenen Angaben zu seinen persönlichen Verhältnissen getroffen.

8

---

8 *Goodwin-Gill*, The Determination of Refugee Status, in: The International Institute of Humanitarian Law, Yearbook 1985, 56 (66 f.); ebenso: UNHCR, Handbuch über Verfahren und Kriterien zur Feststellung der Flüchtlingseigenschaft, 1979, Rn. 196 ff.
9 *Hathaway*, The Law of Refugee Status, S. 91 f.
10 *Hathaway*, The Law of Refugee Status, S. 96.
11 *Anker*, IJRL 1990, 257.

2. Darlegungslast des Antragstellers

9 Nach Art. 4 Abs. 1 RL 2004/83/EG können die Mitgliedstaaten es als Pflicht des Antragstellers betrachten, so schnell wie möglich alle zur Begründung des Antrags erforderlichen Anhaltspunkte darzulegen. Dies entspricht dem internationalen Rechtsstandard. Danach ist es in erster Linie Aufgabe des Asylsuchenden selbst, die für seinen Fall erheblichen Tatsachen und Umstände vorzubringen. Aufgabe der Behörde ist es demgegenüber, von Amts wegen die erforderlichen Ermittlungen durchzuführen und die Glaubhaftigkeit der Erklärungen des Antragstellers zu beurteilen.[12]

10 Auch nach der Rechtsprechung genügt der Antragsteller regelmäßig seiner **Beweisführungspflicht**, wenn er Umstände darlegt, die nach den Erfahrungen des Lebens den Schluss auf die Wahrheit der beschriebenen Tatsachen rechtfertigen (**Beweis des ersten Anscheins**). Behörde und Gerichte können nicht umhin, das als wahr anzunehmen, was erfahrungsgemäß den Regeln des Lebens entspricht, solange nicht besondere Umstände eine Anwendung der üblichen Regeln ausschließen.[13] Ausgangspunkt der Überlegungen ist, dass es sich bei der Frage nach den guten Gründen für eine Furcht vor Verfolgung um einen **inneren Tatbestand** handelt, dessen Feststellung naturgemäß auf Probleme stößt, sodass es nicht möglich ist, ohne Beweisregeln auszukommen. Zunächst hat der Asylsuchende seine guten Gründe schlüssig, konkret, lebensnah und für Dritte nachvollziehbar mit genauen Einzelheiten sowie erschöpfend vorzutragen.[14]

11 Dabei ist zwischen **persönlichen Erlebnissen und Erfahrungen** des Antragstellers einerseits sowie den **allgemeinen Verhältnissen** in seinem Herkunftsland andererseits zu differenzieren. Den Antragsteller trifft lediglich im Hinblick auf seine persönlichen Erlebnisse eine Darlegungslast. Diese begrenzt den Untersuchungsgrundsatz. Die Behörde braucht in keine Ermittlungen einzutreten, die durch das individuelle Sachvorbringen nicht veranlasst sind. Mit Blick auf die **allgemeinen Verhältnisse im Herkunftsland** ist der Asylsuchende dagegen in einer schwierigen Situation. Seine eigenen Kenntnisse und Erfahrungen sind häufig auf einen engeren Lebenskreis begrenzt und liegen stets einige Zeit zurück. Seine Mitwirkungspflicht würde überdehnt, wollte man auch insofern einen lückenlosen Tatsachenvortrag verlangen, der im Sinne der zivilprozessualen Verhandlungsmaxime schlüssig zu sein hätte. Es genügt insoweit für den Anlass zu weiteren Ermittlungen, wenn der Tatsachenvortrag die **nicht entfernt liegende Möglichkeit** ergibt, dass die Furcht vor Verfolgung begründet ist.[15]

12 Einem in der Staatenpraxis anerkannten allgemeinen verfahrensrechtlichen Grundsatz zufolge liegt die Darlegungslast grundsätzlich bei der Person, die einen Anspruch geltend macht. Es kommt jedoch oft vor, dass Antragsteller nicht in der Lage sind, ihre Behauptungen mit schriftlichen Unterlagen oder anderen Beweisstücken zu belegen. Die Fälle, in denen der Antragsteller formelle Beweisdokumente für seine Behauptungen beibringen kann, sind eher die Ausnahme denn die Regel. In der Mehrzahl der Fälle nimmt eine Person, die vor Verfolgung flieht, nur die notwendigsten Unterlagen, sehr häufig aber überhaupt keine persönlichen Dokumente mit. Während also grundsätzlich die Beweislast beim Antragsteller liegt, verteilen sich Prüfung und Würdigung der relevanten Tatsachen und Umstände auf Antragsteller und Behörde. Es kann aber auch Fälle geben, in denen die Behörde alle ihre verfügbaren Möglichkeiten ausschöpfen muss, um sich die für die Beweiswürdigung erforderlichen Beweismittel zu verschaffen.

---

12 *UNHCR*, Handbuch über Verfahren und Kriterien zur Feststellung der Flüchtlingseigenschaft, 1979, Rn. 195.
13 BVerwG, Buchholz 402.22 Art. 1 GK Nr. 11; BVerwG, Beschl. v. 05.04.1978 – BVerwG I B 71.78.
14 BVerwG, DVBl. 1963, 145 = ArchVR 1963, 367; BVerwG, EZAR 630 Nr. 8.
15 BVerwG, InfAuslR 1982, 156 (156 f.) = Buchholz 402.24 § 28 AuslG Nr. 31; BVerwG, InfAuslR 1983, 76 (77); BVerwG, InfAuslR 1984, 129; BVerwG, DÖV 1983, 207; BVerwG, BayVBl. 1983, 507; BVerwG, InfAuslR 1989, 350 (351).

Aber auch Nachforschungen dieser Art ist nicht immer Erfolg beschieden. Vielmehr kommt es häufig vor, dass für Erklärungen kein Beweis erbracht werden kann. Sind die Einlassungen glaubhaft, wird daher, sofern keine dagegen sprechenden stichhaltigen Gründe vorliegen – nach dem Grundsatz »**im Zweifel für den Antragsteller**« entschieden (Art. 4 Abs. 5 Buchst. c) RL 2004/83/EG).[16] Die Rechtsprechung berücksichtigt insoweit die **besondere Beweisnot** des nach den allgemeinen Grundsätzen des Verwaltungsprozessrechts mit der **materiellen Beweislast** hinsichtlich der guten Gründe für seine Verfolgungsfurcht beschwerten Asylsuchenden.[17] Der Asylsuchende befindet sich typischerweise in **Beweisnot**. Er ist als »Zeuge in eigener Sache« zumeist das einzige Beweismittel. Auf die Glaubhaftigkeit seiner Schilderung kommt es entscheidend an.[18]

13

Dies legt nahe, dessen eigenen Erklärungen größere Bedeutung beizumessen, als dies sonst in der Prozesspraxis bei Parteibekundungen der Fall ist, und den **Beweiswert** seiner Aussage im Rahmen des Möglichen **wohlwollend** zu beurteilen.[19] Die Beweisprobleme des Flüchtlings bestehen häufig im Fehlen von Beweismitteln. Regelmäßig können unmittelbare Beweise im Verfolgerstaat nicht erhoben werden. Mit Rücksicht darauf kommt dem **persönlichen Vorbringen** des Asylsuchenden und dessen Würdigung **gesteigerte Bedeutung** zu. Zur Statuszuerkennung kann schon allein der Tatsachenvortrag des Asylsuchenden führen, sofern seine Behauptungen unter Berücksichtigung aller sonstigen Umstände in dem Sinne »**glaubhaft**« sind, dass sich die Behörde von ihrer Wahrheit überzeugen kann.[20]

14

Dem Asylantrag darf jedenfalls nicht mit der Begründung der Erfolg versagt werden, dass neben der Einlassung des Asylsuchenden keine Beweismittel verfügbar seien. Das Fehlen von Beweismitteln mag die Überzeugungsbildung erschweren. Die feste Überzeugung vom Vorhandensein des entscheidungserheblichen Sachverhalts muss – wenn nicht anders möglich – in der Weise geschehen, dass sich Behörde und Gericht schlüssig werden, ob sie dem Asylsuchenden glauben.[21] Art. 4 Abs. 5 RL 2004/83/EG bezeichnet bestimmte Kriterien, anhand deren bei Fehlen von Nachweisen die Glaubhaftigkeit der Angaben des Antragstellers festgestellt werden kann. Die Vorschrift kann aber nicht dahin verstanden werden, dass bei Nichterfüllung der Kriterien die Feststellung der Glaubhaftigkeit der Angaben stets eines Nachweises bedürfte. Vielmehr bezeichnet Art. 23 RL 2005/85/EG (Verfahrensrichtlinie) die an die Glaubhaftmachung der Angaben zu stellenden Anforderungen.

15

3. Untersuchungsgrundsatz

Das Bundesamt klärt nach § 24 Abs. 1 Satz 1 AsylVfG den Sachverhalt und erhebt die erforderlichen Beweise (vgl. auch Art. 6 bis 8 RL 2005/85/EG). Die Vorschrift enthält eine **spezielle Ausformung** des allgemeinen **Untersuchungsgrundsatzes**. Die Regelungen des § 24 VwVfG sind aber ergänzend heranzuziehen. Der **Umfang des Untersuchungsgrundsatzes** wird durch das **Amtsermittlungsprinzip** bestimmt. **Materiell-rechtlich** wird der Umfang dieser Pflicht durch den **Verfahrensgegenstand** bestimmt, also die Zuerkennung der Flüchtlingseigenschaft und die tatsächlichen Voraussetzungen des subsidiären Schutzes. Für den Verwaltungsprozess folgt aus § 86 VwGO eine umfassende gerichtliche Verpflichtung, von Amts wegen jede mögliche Aufklärung des Sachverhalts bis hin zur Grenze der Zumutbarkeit zu versuchen, sofern dies für die Entscheidung des Rechtsstreits

16

---

16 *UNHCR*, Handbuch über Verfahren und Kriterien zur Feststellung der Flüchtlingseigenschaft, 1979, Rn. 195; *UNHCR*, Auslegung von Art. 1 GFK, April 2001, S. 3.
17 BVerwGE 71, 180 (181 f.) = EZAR 630 Nr. 17 = NVwZ 1985, 685 = InfAuslR 1985, 244.
18 BVerfGE 94, 166 (200 f.) = EZAR 632 Nr. 25 = NVwZ 1976, 678.
19 BVerwGE 71, 180 (181 f.) = EZAR 630 Nr. 17 = NVwZ 1985, 685 = InfAuslR 1985, 244.
20 BVerwGE 71, 180 (182) = EZAR 630 Nr. 17 = NVwZ 1985, 685 = InfAuslR 1985, 244; BVerwG, NVwZ 1990, 171 = InfAuslR 1989, 349.
21 BVerwGE 71, 180 (182) = EZAR 630 Nr. 17 = NVwZ 1985, 685 = InfAuslR 1985, 244; BVerwG, NVwZ 1990, 171.

erforderlich ist.[22] Diesem Grundsatz kommt im Asylverfahren verfassungsrechtliches Gewicht zu.[23] Behörde und Gericht sind weder an das tatsächliche Vorbringen des Asylsuchenden noch an Beweisanträge gebunden.

17 Nach Art. 8 Abs. 2 Buchst. b) RL 2005/85/EG sind genaue und aktuelle Informationen verschiedener Quellen, wie etwa von UNHCR, über die allgemeine Lage im Herkunftsland des Antragstellers und über Durchreisestaaten heranzuziehen. Darüber hinaus hat die Leitung des Bundesamtes sicherzustellen, dass die Einzelentscheider die anzuwendenden internationalen und nationalen Normen des Asyl- und Flüchtlingsrechts kennen (Art. 8 Abs. 2 Buchst. c) RL 2005/85/EG).

18 Der Regelung in § 24 Abs. 1 Satz 1 AsylVfG können keine besonderen Vorschriften über Umfang und Grenzen der Amtsermittlungspflicht entnommen werden. Daher ist auf allgemeines Verfahrensrecht zurückzugreifen. Das Bundesamt bestimmt Art und Umfang der Ermittlungen. Hierbei ist es zwar an das Vorbringen und die Beweisanträge der Beteiligten nicht gebunden (§ 24 Abs. 1 VwVfG, Rdn. 16). Insbesondere im Asylverfahren werden aber Umfang und Reichweite des Untersuchungsgrundsatzes im konkreten Einzelfall durch den Tatsachenvortrag des Antragstellers (§ 25 Abs. 1 Satz 1 AsylvfG, Rdn. 2 ff.) bestimmt.

19 Anders als im Zivilprozess, in dem sich der Rechtspflegezweck des formalen Gleichheitsprinzips grundsätzlich im logisch richtigen Urteil über **Erzählungen von Parteien** erschöpft, wird im **öffentlich-rechtlichen Verfahren** über **tatsächliche Geschehensabläufe** geurteilt.[24] Wegen des verfassungsrechtlichen Grundsatzes der **Gesetzmäßigkeit der Verwaltung** (Art. 20 Abs. 3 GG) besteht ein **öffentliches Interesse** an der Richtigkeit der der Sachentscheidung zugrunde liegenden tatsächlichen Feststellungen. Im Asylverfahren zielt das öffentliche Interesse deshalb auf die **Richtigkeit** der Sachentscheidung über die Statusberechtigung. Diesem öffentlichen Interesse dient der Untersuchungsgrundsatz (**Offizialmaxime**) nach Art. 4 Abs. 1 Satz 2 RL 2004/83/EG, § 24 Abs. 1 Satz 1 AsylVfG, § 24 VwVfG, § 86 Abs. 1 VwGO.

20 Die Amtsermittlungspflicht findet ihre Grenze an der Mitwirkungspflicht des Antragstellers, der vor allem gehalten ist, die ihm geläufigen Tatsachen mitzuteilen, mit denen er seinen Asylantrag begründet (Rdn. 2 ff.).[25] Diese Grundsätze gelten auch für die behördliche Sachaufklärung. Die aus sozio-kulturellen Verständnisproblemen herrührenden Defizite bei der Erfüllung der Darlegungslast dürfen jedoch nicht übersehen und die auf Richtigkeit der Sachentscheidung zielende Amtsermittlungspflicht nicht vorschnell beiseitegeschoben werden. Die Tatsachenermittlung umfasst sowohl die individuellen Verhältnisse des Antragstellers (Rdn. 11 f.) wie die allgemeinen Verhältnisse in seinem Herkunftsland (Art. 4 Abs. 3 Buchst. a) und c) RL 2004/83/EG).

21 Festzuhalten ist damit: Der Asylsuchende ist verpflichtet, von sich aus einen in sich stimmigen und nachvollziehbaren Verfolgungsvortrag unter Angabe konkreter Einzelheiten zu schildern, aus dem sich – als wahr unterstellt – ergibt, dass ihm bei verständiger Würdigung seines Falles Verfolgung droht.[26] Die Behörde ist nicht gehalten, von sich aus in die Ermittlung von Fragen einzutreten, die nicht durch entsprechende Erklärungen des Antragstellers veranlasst sind. Davon unberührt bleibt jedoch die behördliche Belehrungspflicht und Fürsorge, einem mit den Anforderungen des Asylverfahrens nicht vertrauten Antragsteller die notwendigen Hilfestellungen zu geben und bei der Beweiswürdigung die Hilflosigkeit und mangelnde Vertrautheit wohlwollend zu berücksichtigen.

---

22 BVerwG, DÖV 1983, 647; BVerwG, InfAuslR 1984, 292.
23 BVerfG, InfAuslR 1990, 161.
24 *Lang*, VA 1961, 60 (65).
25 BVerwG, InfAuslR 1984, 292.
26 BVerwG, EZAR 630 Nr. 8; BVerwG, DÖV 1985, 68; BVerwG, InfAuslR 1989, 350.

4. Beweiswürdigung

Für die Feststellung der individuellen Prognosetatsachen, d. h. für die Beurteilung der Glaubhaftigkeit seiner Angaben ist die persönliche Anhörung des Antragstellers durch die Behörde von maßgebender Bedeutung.[27] Das wichtigste Erkenntnismittel ist der Antragsteller selbst. Mit Rücksicht darauf kommt dem persönlichen Vorbringen und dessen Würdigung im Asylverfahren **gesteigerte Bedeutung** zu.[28] Auch das Handbuch von UNHCR betont, dass die Schlüsse, die die Behörde aus den ihr bekannt gewordenen Tatsachen zieht, und der persönliche Eindruck, den sie vom Antragsteller gewinnt, Grundlagen für ihre Entscheidung sind.[29] Die Art der Einlassung des Antragstellers, seine Persönlichkeit und insbesondere seine Glaubwürdigkeit, spielen bei der Würdigung der Frage, ob er gute Gründe zur Überzeugungsgewissheit dargelegt hat, eine entscheidende Rolle.[30]

22

Unglaubwürdigkeit ist indes kein geeignetes Kriterium für die Beweiswürdigung, da es keinen starren, schematisch festgelegten Begriff der Unglaubwürdigkeit gibt. Dies ist eine Frage der freilich stets irrtumsanfälligen persönlichen Lebenserfahrung des Beurteilenden und des erforderlichen guten Glaubens an die Legitimität von Fluchtgründen. Eine Person, die »glaubwürdig« erscheint, kann ungewollt oder vorsätzlich nicht realitätsbezogene Angaben machen. Eine Person, die »unglaubwürdig« erscheint, kann den Tatsachen entsprechende Angaben machen. Ob eine Person als »glaubwürdig« eingeschätzt wird oder nicht, unterliegt dem Einfluss von allgemeinen und situativen persönlichen sowie emotionalen Einstellungen und Vorlieben sowie kulturellen und historischen Kontextfaktoren.

23

Die Bewertung der »Glaubwürdigkeit« des Asylsuchenden oder der Glaubhaftigkeit seiner Sachangaben anhand des subjektiv beobachteten persönlichen Verhaltens führt häufig zu logischen und verfahrensrechtlich kaum kontrollierbaren Fehlschlüssen. Die Ermittlungen und die Beweiswürdigung sind objektiv und unparteiisch zu führen (Art. 8 Abs. 2 Buchst. a) RL 2005/85/EG). In der Verwaltungspraxis herrscht eine Tendenz vor, aus dem persönlichen Verhalten des Asylsuchenden alltagspsychologische Schlüsse auf die Glaubhaftigkeit seiner Angaben zu ziehen. Jedoch wird in der Rechtspsychologie der Begriff der Glaubwürdigkeit nicht mehr verwendet, weil er eine allgemeine Persönlichkeitseigenschaft über verschiedene Situationen hinweg als konstant unterstellt. Dieses Persönlichkeitskonstrukt hat sich in der psychologische Disziplin empirisch nicht belegen lassen. Vielmehr hat sich gezeigt, dass die Glaubhaftigkeit von Aussagen stark von **situativen Momenten** bestimmt ist. »Glaubwürdigkeit« ist keine konstante Persönlichkeitseigenschaft, sondern kann nur in Bezug auf einzelne Aussagen zu spezifischen Situationen festgestellt werden.[31]

24

Aber auch insoweit ist Zurückhaltung geboten. Das Ausdrucksverhalten einer Person ist stark von seiner Persönlichkeit und seiner kulturellen Zugehörigkeit abhängig. Die Wahrnehmung und Interpretation des Ausdrucks ist deshalb besonders anfällig für Missverständnisse, umso mehr, wenn der Ausdruck des Aussagenden von Rechtsanwendern interpretiert wird, deren kultureller Hintergrund nicht derselbe ist wie der des Beurteilenden.[32] Persönliche Alltagstheorien, Weltanschauungen und »Lebenserfahrung« führen vermehrt bei kulturfremden Personen zu Überschätzung der Unglaubhaftigkeit. Deshalb sind die Angaben der Asylsuchenden in der Verwaltungspraxis anhand einer kriterienbezogenen Aussageanalyse zu beurteilen und ist auf das systemfremde Merkmal der persönlichen Glaubwürdigkeit weitgehend zu verzichten.

25

---

27 BVerfGE 54, 341 (359) = EZAR 200 Nr. 1 = NJW 1980, 2641; BVerwG, DVBl. 1963, 145; Hessischer VGH, ESVGH 31, 259; OVG Hamburg, InfAuslR 1983, 187.
28 BVerwGE 71, 180 (182) = EZAR 630 Nr. 17 = NVwZ 1985, 685 = InfAuslR 1985, 244; BVerwG, NVwZ 1990, 171 = InfAuslR 1989, 349.
29 *UNHCR*, Handbuch über Verfahren und Kriterien zur Feststellung der Flüchtlingseigenschaft, 1979, Rn. 202.
30 BVerwG, DVBl. 1963, 145.
31 *Birck*, Traumatisierte Flüchtlinge, S. 1.
32 *Birck*, Traumatisierte Flüchtlinge, S. 121.

26   Durch ein Gespräch zwischen dem Asylsuchenden und der Behörde kann am besten sichergestellt werden, dass der Sachverhalt umfassend aufgeklärt, die Stichhaltigkeit des Asylgesuchs überprüft und etwaigen Unstimmigkeiten oder Widersprüchen im Sachvorbringen auf der Stelle nachgegangen wird.[33] Dabei sind die einzelnen Angaben des Antragstellers in ihrer Gesamtwirkung sachgerecht und loyal zusammenfassend zu bewerten.[34] Im Blick auf die einzelnen geschilderten Ereignisse und Vorkommnisse kann zwar anhand einer kriterienbezogenen Aussagenanalyse der Wahrheitsgehalt ermittelt werden. Dies darf jedoch nicht dazu führen, dass das Gebot der zusammenfassenden Bewertung außer Acht gelassen und den einzelnen derart ermittelten Sachverhaltselementen eine übersteigerte Bedeutung im Rahmen der Gesamtwürdigung beigemessen wird.

27   Besondere Bedeutung gewinnt auch die Erfahrung des die Ermittlungen durchführenden Behördenbediensteten, die Geeignetheit seiner Fragetechnik, sein Wissen aus Parallelverfahren sowie die verständige Leitung und verfahrensrechtliche Fürsorge für den Antragsteller. Wissen aus Parallelverfahren ist jedoch zum Gegenstand der Ermittlungen zu machen, damit der Antragsteller sich hierzu angemessen äußern kann. Es gibt keinen Erfahrungsgrundsatz, dass ein widersprüchlicher Sachvortrag als solcher bereits die Unglaubwürdigkeit eines Asylsuchenden indiziert.[35] Im Handbuch von UNHCR wird in diesem Zusammenhang darauf hingewiesen, dass unwahre Angaben an sich noch kein Grund sind, dem Antragsteller die Statusberechtigung zu versagen. Vielmehr sei es Aufgabe der Behörde, solche Angaben im Lichte aller Umstände des Falles zu werten. Sehr häufig könnten alle relevanten Tatsachen erst nach Prüfung einer ganzen Reihe von Umständen ermittelt werden. Würden einzelne Vorfälle oder Ereignisse aus ihrem Zusammenhang gelöst, könne dies zu falschen Schlussfolgerungen verleiten.

28   Auch sei zu bedenken, dass für das Verhalten des Antragstellers verschiedene Umstände ursächlich sein könnten. Sei kein hervorstechendes Einzelereignis vorgetragen worden, könne manchmal bereits ein unbedeutendes Ereignis der letzte auslösende Faktor sein, der die psychische Belastung des Antragstellers in seinem Land untragbar mache. Wenn keiner der berichteten Vorfälle für sich allein ausreiche, eine begründete Furcht vor Verfolgung zu belegen, so könnten die geschilderten Vorkommnisse in ihrer Gesamtwirkung (vgl. auch Art. 9 Abs. 1 Buchst. b) RL 2004/83/EG) sehr wohl diese Furcht als begründet erscheinen lassen.[36]

29   Dementsprechend hat auch das BVerwG im Blick auf die Glaubhaftmachung der individuellen Prognosetatsachen keine Einwände gegen die Anwendung eines Erfahrungssatzes erhoben, wonach die Befragung von Asylsuchenden aus anderen Kulturkreisen mit erheblichen Problemen verbunden ist und diese zudem von verschiedensten Stellen Hinweise erhalten, deren Bedeutung sie nicht verstehen und deren mögliche Auswirkungen sie nicht übersehen, von denen sie sich aber gleichwohl beeinflussen lassen. Wenn aus dieser Situation heraus häufig Widersprüche im Sachvortrag auftreten, darf dies nicht einfach den betroffenen Asylsuchenden angelastet werden.[37]

30   Erforderlich ist zudem eine konkrete Auseinandersetzung mit dem **Kern des Sachvorbringens**.[38] Die Widersprüche im Sachvortrag müssen sich auf wesentliche Aspekte des Sachverhalts beziehen. Ist das Kernvorbringen im Großen und Ganzen widerspruchsfrei und stimmig, können Widersprüche in Nebenaspekten die Ablehnung eines Asylantrags nicht tragen. Zudem sind die Äußerungen des

---

33   Hessischer VGH, ESVGH 31, 259.
34   *UNHCR*, Handbuch über Verfahren und Kriterien zur Feststellung der Flüchtlingseigenschaft, 1979, Rn. 202.
35   OVG Mecklenburg-Vorpommern, AuAS 2000, 221; siehe auch VG Meiningen, NVwZ-RR 2000, 252.
36   *UNHCR*, Handbuch über Verfahren und Kriterien zur Feststellung der Flüchtlingseigenschaft, 1979, Rn. 197–201; zum Kumulationsansatz s. § 13.
37   BVerwG, NVwZ 1990, 171.
38   BVerfG (Kammer), InfAuslR 1991, 85; BVerfG (Kammer), InfAuslR 1994, 41; BVerfG (Kammer), NVwZ-Beil. 1993, 10.

Asylsuchenden im Lichte der Fragestellungen zu beurteilen. Zwar trifft ihn eine umfassende Darlegungslast. Lässt er es an einer hinreichend konkreten Schilderung seiner Verfolgungserlebnisse fehlen, muss die Behörde nicht von sich aus Ermittlungen anstellen, ob vielleicht ein bislang nicht aufgedeckter Umstand in seiner persönlichen Lebenssphäre von Bedeutung sein kann.[39] Andererseits ist der Asylsuchende gehalten, eine an ihn gestellte Frage nach Möglichkeit gezielt und im Umfang beschränkt auf diese zu beantworten. Es kann nicht von ihm verlangt werden, aus Anlass einer Fragestellung alle hiermit möglicherweise im Zusammenhang stehenden Ereignisse darzulegen, ganz abgesehen davon, dass entsprechende Versuche von der Behörde und den Verwaltungsgerichten häufig unterbunden werden.

Die Behörde hat sämtliches schriftliche und mündliche Sachvorbringen zur Kenntnis zu nehmen[40] und auch konkret in der Entscheidung zu würdigen.[41] Ergeben sich zwischen den bisherigen Angaben oder im Rahmen der Anhörung **Widersprüche**, sind diese an Ort und Stelle durch **Vorhalt** aufzuklären.[42] Die Behörde hat die Verfahrensherrschaft. Sie hat mögliche Widersprüche, Ungereimtheiten und sonstige Unklarheiten von Amts wegen aufzuklären. Jedenfalls setzt sie sich in den Fällen, in denen derartige Widersprüche einer mit Asylsachen befassten Behörde hätten auffallen müssen, dem Verdacht aus, bewusst den Sachverhalt in sich unstimmig zu lassen. Damit verletzt sie jedoch ihre Amtsermittlungspflicht. Zu bedenken ist auch die häufig anzutreffende intellektuelle – und wohl auch soziokulturell bedingte – Unfähigkeit der Asylsuchenden, einen Geschehensverlauf strukturiert und im Zusammenhang zu schildern.[43]

31

Nach der Rechtsprechung muss die Behörde die volle Überzeugung von der Wahrheit – und nicht etwa nur von der Wahrscheinlichkeit – des vom Antragsteller behaupteten individuellen Lebenssachverhaltes erlangen, aus dem er seine Verfolgungsfurcht herleitet (Rdn. 9 ff., 20 ff.).[44] Im Blick auf die persönliche Schilderung des Verfolgungshergangs müssen Behörde und Gericht sich die erforderliche Überzeugungsgewissheit notfalls dadurch schaffen, dass sie sich schlüssig werden, ob sie dem Asylsuchenden Glauben schenken. Diese mit der erforderlichen Überzeugungsgewissheit festgestellten individuellen Tatsachen bilden die Prognosebasis für die anschließende Prognoseprüfung. Glaubhaftmachung des Sachverhalts kann demnach nur heißen, dass der Asylsuchende die individuellen Aspekte der Prognosebasis zur Überzeugung von Behörde und Gericht darlegt.

32

Darlegungslast und beweisrechtliche Regel der Glaubhaftmachung aufseiten des Asylsuchenden sowie das Regelbeweismaß aufseiten von Behörde und Gericht (s. § 29 Rdn. 19 ff.) haben demnach Bedeutung nur bei der Erarbeitung der Prognosetatsachen. In der darauf folgenden Prognoseprüfung geht es darum, aus der Skala der Prognoseerwägungen von der mit Sicherheit bevorstehenden bis zu der mit Sicherheit auszuschließenden Verfolgung Kriterien aufzuzeigen, die eine Hilfestellung bei der konkreten Prognose im Einzelfall leisten sollen, um je nach anzuwendenden Beweismaßstab die jeweilige Verfolgungsprognose zu treffen.

33

---

39 BVerwG, InfAuslR 1989, 350 (351).
40 OVG Saarland, InfAuslR 1983, 79.
41 BVerfG (Kammer), InfAuslR 1991, 85; BVerfG (Kammer), InfAuslR 1993, 105; BVerfG (Kammer), NVwZ 1992, 560.
42 BVerfG (Kammer), InfAuslR 1991, 85.
43 BVerwG, NVwZ 1990, 171.
44 BVerwGE 71, 180 (181) = EZAR 630 Nr. 17 = NVwZ 1985, 685 = InfAuslR 1985, 244; BVerwG, NVwZ 1990, 171 = InfAuslR 1989, 341; BVerwG, InfAuslR 1990, 238.

§ 29 Beweisrechtliche Prognosemaßstäbe

Übersicht   Rdn
1. Zeitlicher Bezugsrahmen der Prognose 1
2. Nachprüfbare und nachvollziehbare Prognose.. 5
3. Plausibilitätsprüfung der individuellen Verfolgungsbehauptungen 9
4. Beweismaß der Eintrittwahrscheinlichkeit 19
   a) Funktion der Prognosemaßstäbe 19
   b) Beachtliche Wahrscheinlichkeit der Verfolgungsgefahr...................... 25
      aa) Völkerrechtliche Grundsätze 25
      bb) Kritik gegen den Begriff der beachtlichen Wahrscheinlichkeit 36
      cc) Kritik gegen den Begriff der objektivierten Verfolgungsfurcht 45
      dd) Kriterien für die Risikoverteilung 51
5. Vermutungswirkung der Vorverfolgung (Art. 4 Abs. 4 RL 2004/83/EG) 54
   a) Beweiskraft der Vorverfolgung 54
   b) Anwendungsbereich der Vermutungswirkung 59
   c) Reichweite der Vermutungswirkung... 66

1. Zeitlicher Bezugsrahmen der Prognose

1   Maßgebend sind die Verhältnisse im Zeitpunkt der behördlichen oder gerichtlichen Entscheidung (Art. 4 Abs. 3 Buchst. a) RL 2004/83/EG, § 77 Abs. 1 Satz 1 AsylVfG). Die Verfolgungsprognose hat die Wahrscheinlichkeit künftiger Geschehensabläufe bei einer hypothetisch zu unterstellenden Rückkehr des Asylsuchenden zum Gegenstand. Daher darf sie sich nicht darauf beschränken, die Lage im maßgeblichen Zeitpunkt wie in einer Momentaufnahme festzuhalten und allein auf das abzustellen, was gegenwärtig geschieht oder als unmittelbar bevorstehend erkennbar ist.[45] Vielmehr ist die Furcht vor Verfolgung nur dann nicht begründet, wenn bei einer auf **absehbare Zeit** ausgerichteten Zukunftsprognose nicht ernstlich mit erheblichen Maßnahmen gegen den Antragsteller zu rechnen ist.[46]

2   Bei der Prognoseprüfung sind auch die zukünftige Entwicklung des persönlichen Umfeldes des Asylsuchenden sowie sein eigenes zu erwartendes zukünftiges Verhalten in den Blick zu nehmen.[47] Auch ein die Verfolgung erst auslösendes **zukünftiges eigenes Verhalten** des Antragstellers in seinem Herkunftsland ist jedenfalls dann zu berücksichtigen, wenn es mehr oder weniger zwangsläufig zu erwarten oder eine Änderung des Verhaltens nicht verlangt werden kann (Art. 10 Abs. 1 Buchst. d) RL 2004/83/EG) und damit die Gefährdung des Antragstellers in so greifbare Nähe gerückt ist, dass sie wie eine unmittelbare drohende Gefahr als erheblich eingestuft werden muss.[48] Maßstab für das zukünftige Verhalten ist der Begriff der Zumutbarkeit. Da etwa die **öffentliche** Glaubenspraxis geschützt ist (Art. 10 Abs. 1 Buchst. b) RL 2004/83/EG) kann vom Antragsteller nicht ein Verheimlichen seiner Glaubensüberzeugungen nach der Rückkehr gefordert werden (§ 22 Rdn. 88 ff., 104 ff.).

3   Dieselben Grundsätze sind im Blick auf die politische Betätigung anzuwenden. Der behördliche Einwand, dem Antragsteller sei nach Rückkehr in sein Herkunftsland der Verzicht auf politische Aktivitäten zuzumuten, um der Verfolgung zu entgehen, ist deshalb unzulässig.[49] Ein Verzicht auf politische Aktivitäten kann dem Antragsteller danach nicht zugemutet werden. Die Zumutung politischer Enthaltsamkeit als Voraussetzung von Verfolgungsfreiheit würde nicht einmal ein noch

---

45 BVerwG, DÖV 1982, 41 = DVBl. 1981, 1096 = EZAR 200 Nr. 3; BVerwGE 68, 106 (108 f.) = EZAR 202 Nr. 2 = InfAuslR 1984, 87; BVerwGE 79, 143 (150) = EZAR 201 Nr. 13 = NVwZ 1988, 838 = InfAuslR 1988, 230; BVerwG, EZAR 202 Nr. 6 = InfAuslR 1986, 82; BVerwG, EZAR 631 Nr. 5 = NVwZ 1989, 69.
46 BVerwGE 68, 106 (109).
47 BVerwG, InfAuslR 1990, 211; für die Verfolgung wegen der Religion § 22 Rdn. 88 ff.
48 BVerwGE 79, 143 (151) = EZAR 201 Nr. 13 = NVwZ 1988, 838 = InfAuslR 1988, 230.
49 Hessischer VGH, Beschl. v. 20.11.1996 – 12 UZ 4496/96.A, mit Hinweis auf BVerfGE 80, 315.

so gering zu veranschlagendes Mindestmaß an Äußerungs- und Betätigungsmöglichkeit belassen. Inwieweit künftiges politisches Verhalten des Antragstellers in seinem Herkunftsland zu erwarten ist, beruht auf einer umfassenden Würdigung seiner Gesamtpersönlichkeit. Dabei ist insbesondere zu würdigen, ob und wie er etwa durch bestimmte politische Überzeugungen geprägt ist und wie wichtig ihm diese sind.[50]

Andererseits gehört nach der Rechtsprechung des BVerwG zu den zu berücksichtigenden zukünftigen Geschehensabläufen auch, ob ein allein in die Heimat zurückkehrender Antragsteller von seinen im Bundesgebiet verbleibenden Angehörigen durch Geldüberweisungen unterstützt werden wird. Die Einschätzung, ob ein Antragsteller voraussichtlich zusammen mit den von ihm abhängigen Angehörigen in das Herkunftsland zurückgehen und sie dort unterhalten wird, ist daher nach dem BVerwG Gegenstand der freien richterlichen Beweiswürdigung.[51] Für diese Annahme müssen jedoch objektiv feststellbare Tatsachen angeführt werden können. In die Verfolgungsprognose für minderjährige Kinder ist damit auch das voraussichtliche Rückkehrverhalten ihrer Eltern mit einzubeziehen.[52] Bei der Gefahrenprognose für die minderjährigen Kinder kann andererseits die Anwesenheit der Eltern nicht unterstellt werden, wenn Eltern und Kinder sich **tief greifend entfremdet** haben und auch im Bundesgebiet nicht in Familiengemeinschaft zusammenleben.[53]

2. Nachprüfbare und nachvollziehbare Prognose

Die Verfolgungsprognose hat die Wahrscheinlichkeit **künftiger Geschehensabläufe** bei einer **hypothetisch** zu unterstellenden Rückkehr des Antragstellers in seinem Herkunftsland zum Gegenstand und macht eine zusammenfassende Bewertung des Sachverhalts erforderlich.[54] Wegen der Vielzahl von Ungewissheiten über die relevante Situation im Herkunftsland verlangt die Bewertung eine **sachgerechte** und der jeweiligen Materie angemessene und **methodisch einwandfreie** Erarbeitung ihrer **tatsächlichen Grundlagen**.[55] Von einer solchermaßen erarbeiteten Prognosebasis kann nur die Rede sein, wenn die Tatsachenermittlungen einen hinreichenden Grad an Verlässlichkeit aufweisen und dem Umfang nach zureichend sind.[56]

Der Prognoseprüfung selbst geht aber zunächst die Sammlung und Sichtung der tatsächlichen Grundlagen der Sachentscheidung **abtrennbar** voraus.[57] Diese hat die Behörde von Amts wegen festzustellen. Sie hat dabei jede mögliche Aufklärung des Sachverhalts bis zur Grenze der Unmöglichkeit zu versuchen (§ 28 Rdn. 16 ff.). Die Tatsachenfeststellung erfordert einen hinreichenden Grad an Verlässlichkeit. Instabile und sich ständig ändernde Machtverhältnisse im Herkunftsland des Antragstellers stehen der Sachentscheidung jedoch nicht entgegen. Ist das Verfahren im Übrigen entscheidungsreif, braucht die Behörde nicht abwarten, bis die Verhältnisse im Herkunftsstaat des Antragstellers sich stabilisiert haben und infolgedessen eine sichere Prognose möglich ist. Selbstverständlich sind in die Prognose selbst die durch nicht gefestigte oder sich ständig ändernde Machtstrukturen bedingten Unsicherheiten zu würdigen. Sie können sich unter Berücksichtigung des

---

50 OVG Rheinland-Pfalz, EZAR 205 Nr. 13.
51 BVerwG 85, 12 (16) = Buchholz 402.25 § 1 AsylVfG Nr. 125 = EZAR 202 Nr. 17 = NVwZ 1990, 1179 = InfAuslR 1990, 211; siehe hierzu § 26 Rdn. 76 ff.
52 BVerwG, Urt. v. 24.07.1990 – BVerwG 9 C 20.89; BVerwG 90, 364 (368 f.) = EZAR 206 Nr. 8 = NVwZ 1993, 190 = Buchholz 402.25 § 1 AsylVfG Nr. 155 = InfAuslR 1993, 28.
53 BVerwG, Buchholz 402.25 § 1 AsylVfG Nr. 164; BVerwG, Buchholz 402.25 § 1 AsylVfG Nr. 163; BVerwG, EZAR 204 Nr. 5.
54 BVerwGE 87, 141 (149 f.) = EZAR 200 Nr. 27 = NVwZ 1991, 384; BVerwG, NVwZ 1991, 382 (384).
55 BVerwGE 87, 141 (150) = EZAR 200 Nr. 27 = NVwZ 1991, 384; so schon BVerwG, DÖV 1985, 68 = DVBl. 1984, 1016.
56 BVerwGE 87, 141 (150) = EZAR 200 Nr. 27 = NVwZ 1991, 384.
57 BVerfG (Kammer), InfAuslR 1993, 146.

7 Dies setzt neben einer **vollständigen Ausschöpfung aller verfügbaren Erkenntnisquellen** voraus, dass die Behörde die in einer Prognose berücksichtigten tatsächlichen Verhältnisse über Vorgänge aus Vergangenheit und Gegenwart bezeichnet und in nachprüfbarer Weise die Umstände offen legt, aus denen auf eine Verfolgungsgefahr für die Zukunft geschlossen wird. Eine solche Offenlegung ist unverzichtbar, weil nur durch sie den Verfahrensbeteiligten und den Gerichten die Möglichkeit eröffnet wird, das Ergebnis der in der Prognose zum Ausdruck kommenden Beweiswürdigung einer Prüfung zu unterziehen. Nur eine in diesem Sinne nachprüfbare und nachvollziehbare Beweiswürdigung wird im Übrigen dem rechtsstaatlichen Gebot willkürfreier, **rationaler** und **plausibler behördlicher und richterlicher Entscheidungsfindung** gerecht.[59]

Anzuwendenden Prüfungsmaßstabes nach Lage des jeweiligen Einzelfalles zugunsten oder zulasten des Antragstellers auswirken.[58]

8 Die Beachtung dieses Gebotes ist bei der Erstellung von Prognosen umso mehr angezeigt, als jede Prognose eine geistige **Vorwegnahme der Zukunft** darstellt, also eine Aussage ist, die – im Unterschied zu Aussagen über Vergangenheit und Gegenwart – typischerweise mit Unsicherheiten verbunden ist. Soll diese **zukunftsorientierte Aussage** mehr sein als eine bloße »Weissagung« oder »Prophezeiung«, muss sie in besonderem Maße von **Rationalität** und **Plausibilität** getragen werden.[60] Maßgebend ist andererseits lediglich, dass die Prognose den an sie zu stellenden methodischen Anforderungen genügt, nicht aber, dass die Prognose durch die spätere tatsächliche Entwicklung mehr oder weniger bestätigt oder widerlegt wird.[61] Diesen Anforderungen genügt die Tatsachenfeststellung aber nur dann, wenn die aus Vergangenheit und Gegenwart gewonnenen Erkenntnisse, auf denen die Prognose beruht, im Einzelnen ausgebreitet werden und in nachvollziehbarer Weise dargelegt wird, welche zukunftsorientierte Schlussfolgerung aus diesen Erkenntnissen zu ziehen ist.[62]

3. Plausibilitätsprüfung der individuellen Verfolgungsbehauptungen

9 Das BVerwG fordert für die Feststellung der Prognosetatsachen, wozu auch das individuelle Sachvorbringen gehört, die Anwendung des Regelbeweismaßes (**Überzeugungsgewissheit**) nach § 108 Abs. 1 Satz 1 VwGO.[63] Allerdings vermengt es in Ansehung des individuellen Sachvorbringens die Maßstäbe der Überzeugungsgewissheit und der Glaubhaftmachung. Zur Statusberechtigung könne schon allein der Tatsachenvortrag des Antragstellers führen, sofern die Behauptungen in dem Sinne »glaubhaft« seien, dass sich Behörde und Gericht von ihrer »Wahrheit« überzeugen könnten. Einer Überzeugungsbildung würde die Behörde dadurch nicht enthoben.[64] Damit verlangt das BVerwG auch für den individuellen Tatsachenvortrag, dass dieser dem Maßstab der Überzeugungsgewissheit gerecht werden muss und verfehlt damit den besonderen flüchtlingsrechtlichen Ansatz.

10 Grund hierfür ist wohl die Rechtsprechung des BVerfG, das 1980 festgestellt hatte, dass das Asylrecht von einer **objektiven Beurteilung** der Verfolgungsgefahr ausgeht. Der subjektive Bezug beschränke sich hingegen lediglich darauf, dass die Verfolgung für den Einzelnen der Anlass für die Flucht sein müsse. Demgegenüber stelle Art. 1 A Nr. 2 GFK auf das subjektive Moment der »Verfolgungsangst« ab.[65] Demgegenüber hatte das BVerwG bis dahin stets den Begriff der Verfolgungsfurcht seinen

---

58 BVerwG, EZAR 202 Nr. 6; BVerwG, EZAR 631 Nr. 5.
59 BVerwGE 87, 141 (150) = EZAR 200 Nr. 27 = NVwZ 1991, 384.
60 BVerwGE 87, 141 (150) = EZAR 200 Nr. 27 = NVwZ 1991, 384.
61 BVerwG, DÖV 1985, 68.
62 BVerwGE 87, 141 (150) = EZAR 200 Nr. 27 = NVwZ 1991, 384.
63 BVerwGE 87, 141 (150) = EZAR 200 Nr. 27 = NVwZ 1991, 384.
64 BVerwGE 71, 180 (182) = EZAR 630 Nr. 17 = NVwZ 1985, 585 = InfAuslR 1985, 244.
65 BVerfGE 54, 341 (359) = EZAR 200 Nr. 1 = NJW 1980, 2641 = JZ 1981, 804.

Entscheidungen über die tatsächlichen Voraussetzungen der Statusberechtigung zugrunde gelegt.[66] In einem überraschenden Schwenk stellte es 1985 hingegen fest, dass das Fehlen von Beweismitteln zwar die Meinungsbildung des Gerichts erschweren könne, es aber nicht davon entbinde, sich eine feste Überzeugung vom Vorhandensein des entscheidungserheblichen Sachverhalts zu bilden. Dies müsse – wenn nicht anders möglich – in der Weise geschehen, dass sich der Richter schlüssig werde, ob er dem Asylsuchenden **glaube**.[67]

Auch wenn insoweit – wie sich bereits aus dem Gefahrenbegriff ergebe – eine beachtliche Wahrscheinlichkeit der vom Antragsteller befürchteten Verfolgung ausreiche und deshalb ein »voller Beweis« nicht erbracht werden könne, ändere dies nichts daran, dass die Behörde von der Richtigkeit ihrer verfahrensfehlerfrei gewonnenen Prognose drohender Verfolgung die **volle Überzeugung** erlangt haben müsse. Es dürften jedoch **keine unerfüllbaren Beweisanforderungen** gestellt und keine unumstößliche Gewissheit verlangt werden, sondern Behörde und Gericht müssten sich in tatsächlich zweifelhaften Fällen mit einem für das praktische Leben brauchbaren Grad von Gewissheit begnügen, der den Zweifeln Schweigen gebiete, auch wenn sie nicht völlig auszuschließen seien.[68]

11

Diese Rechtsprechung ist methodisch nicht bedenkenfrei, weil sie die Begriffselemente »begründet« und »Furcht« nach demselben Beweismaß beurteilt und nicht zwischen der Feststellung von Prognosetatsachen einerseits und der eigentlichen – wertenden – Prognoseprüfung andererseits differenziert. Der Hinweis auf den Gefahrenbegriff – also auf die objektive Begründung der Verfolgungsfurcht – weist zunächst zutreffend auf das Regelbeweismaß hin. Die Forderung, dass das Gericht auch für die Gefahrenprognose die **volle Überzeugung** von der Richtigkeit erlangt haben muss, zielt nicht auf eine anhand des Regelbeweismaßes vorzunehmende Tatsachenfeststellung, sondern auf die »verfahrensfehlerfreie Richtigkeit« der Risikoabwägung (Rdn. 5 ff.). Das Regelbeweismaß bezieht sich nur auf die Tatsachenfeststellungen, nicht aber zugleich auch auf die Verfolgungsprognose, weil nur im ersten Fall (Prognose-) Tatsachen festgestellt werden, im zweiten hingegen die aufgrund der festgestellten Tatsachen identifizierten Risiken gegeneinander abgewogen werden. Der erste Fall betrifft den richterlichen – empirischen – Erkenntnisprozess, der zweite die Abwägung von Risiken anhand des verfassungskräftigen Maßstabs der Verhältnismäßigkeit.

12

Methodisch bedenklich ist es hingegen, auch für die **individuellen** Verfolgungs**behauptungen** – also für die Furcht vor Verfolgung – das für die **objektiven** Verfolgungs**tatsachen** (objektive Begründetheit der Furcht vor Verfolgung) maßgebende Regelbeweismaß anzuwenden, auch wenn das BVerwG einschränkt, insoweit dürften keine unerfüllbaren Beweisanforderungen gestellt und keine unumstößliche Gewissheit verlangt werden. Der beweisrechtliche Anspruch des Regelbeweismaßes wird dem Begriff der Verfolgungsfurcht nicht gerecht. Ob aus Sicht des Antragstellers die objektiven Verfolgungsgefahren so bedrohlich waren, dass dadurch die Furcht vor Verfolgung begründet ist, kann weder ein objektiver Dritter noch der Rechtsanwender mit Gewissheit feststellen. Das Gericht begründet seinen Ansatz damit, dass ein Abstellen lediglich auf Wahrscheinlichkeiten bei der Tatsachenfeststellung gegen den Wortlaut von § 108 Abs. 1 Satz 1 VwGO sowie das Prinzip der freien Beweiswürdigung verstoße.[69]

13

Dagegen ist einzuwenden, dass auch das Regelbeweismaß auf einem Wahrscheinlichkeitsbegriff beruht: Dem juristischen Wahrscheinlichkeitsbegriff wohnt stets immanent ein bestimmtes Beweismaß inne. Die verschiedenen Beweismaßstäbe, wie etwa Glaubhaftmachung und richterliche Überzeugungsgewissheit, bezeichnen das auf der Tatsachenebene anzuwendende Beweismaß. Für die richterliche Überzeugung im Rahmen der Tatsachenfeststellung genügt zwar nicht jede

14

---

66 BVerwGE 49, 202 (204 f.), mit Hinweisen = EZAR 201 Nr. 2 = NJW 1976, 490; BVerwGE 55, 82 (84) = EZAR 201 Nr. 3 = NJW 1978, 2463; BVerwGE 62, 123 (124) = EZAR 200 Nr. 6 = InfAuslR 1981, 218; BVerwGE 67, 184 (186) = InfAuslR 1983, 228 = NVwZ 1983, 674.
67 BVerwGE 71, 180 (182) = EZAR 630 Nr. 17 = NVwZ 1985, 585 = InfAuslR 1985, 244.
68 BVerwGE 71, 180 (181 f.) = EZAR 630 Nr. 17 = NVwZ 1985, 585 = InfAuslR 1985, 244.
69 Siehe auch *Nierhaus*, Beweismaß und Beweislast, S. 71.

Wahrscheinlichkeit.[70] Vielmehr ist ein derart hoher Grad an Wahrscheinlichkeit erforderlich, dass er nach der Lebenserfahrung praktisch der Gewissheit gleichkommt. Überzeugungsgewissheit erfordert damit als Beweismaß einen **besonders hohen Wahrscheinlichkeitsbegriff**. Dies wird jedoch im Blick auf individuelle Verfolgungsbehauptungen der humanitären Intention des Flüchtlingsrechts und dem Begriff der Verfolgungsfurcht nicht gerecht.

15 Gegen die Rechtsprechung des BVerwG ist damit festzuhalten, dass nicht Überzeugungsgewissheit in Ansehung der individuellen Verfolgungsbehauptungen gefordert werden darf, sondern die Behörde diese auf Schlüssigkeit und Stimmigkeit zu überprüfen hat. Die Aussagenanalyse und -bewertung liegt jedoch weit unterhalb der Schwelle, die durch den Regelbeweis der Überzeugungsgewissheit gekennzeichnet ist. Der Regelbeweis ist auf Feststellung der objektiven Wahrheit ausgerichtet. Für das Flüchtlingsrecht reicht es hingegen aus, dass die Einlassungen des Antragstellers hinsichtlich des Kerns seines individuellen Sachvorbringens glaubhaft, also in sich stimmig, widerspruchsfrei, erschöpfend, detailliert und lebensnah sind (§ 28 Rdn. 26 ff.). Sofern keine stichhaltigen Gründe den Tatsachenvortrag infrage stellen, ist nach dem Grundsatz »im Zweifel für den Antragsteller« zu verfahren.[71]

16 Im Ergebnis wendet auch das BVerwG diesen Maßstab an, wenn es feststellt, dass keine unumstößliche Gewissheit verlangt werden dürfe, sondern die Behörde sich in tatsächlich zweifelhaften Fällen mit einem für das praktische Leben brauchbaren Grad von Gewissheit begnügen müsse und der Rechtsanwender sich letztlich schlüssig werden müsse, ob er dem Asylsuchenden **glaube**.[72] Praktisch läuft dieser Maßstab auf eine Plausibilitätsprüfung der individuellen Verfolgungsbehauptungen hinaus. Es wird aber nach außen der Anspruch auf Gewissheit erhoben und damit beweisrechtlich so getan, als gebe es im Blick auf die Verfolgungsbehauptungen keine Zweifel. Dieses Verfahren wird dem Begriff der Verfolgungsfurcht deshalb nicht gerecht, weil aus der Sicht des Flüchtlings die Situation vor der Ausreise bzw. nach der Rückkehr zu beurteilen ist und dabei seine subjektive Gefahreneinschätzung maßgebend ist. Damit wird aber kein objektiver Erkenntnisprozess bezeichnet, sondern eine Überprüfung der subjektiven Fluchtentscheidung anhand von Plausibilitätskriterien gefordert.

17 Gewissheit ist für die objektiven Prognosetatsachen (§ 28 Rdn. 19, 32) zu verlangen, also für die »Begründetheit« der Furcht. Dies betrifft die allgemeinen Verhältnisse im Herkunftsland, nicht aber die hierauf beruhende subjektive Fluchtentscheidung. Hierfür reicht eine an Plausibilitätskriterien ausgerichtete rationale Überprüfung der Aussagen des Asylsuchenden aus (Rdn. 15 ff.). Sind diese im Wesentlichen stimmig, widerspruchsfrei, nachvollziehbar und erscheinen sie erlebnisfundiert, ist die subjektive Verfolgungsfurcht begründet. Verbleiben Zweifel, muss sich der Rechtsanwender schlüssig werden, ob diese Zweifel derart gewichtig sind, dass sie geeignet sind, das individuelle Vorbringen insgesamt infrage zu stellen oder lediglich Nebenaspekte des Kernvorbringens betreffen.

18 Im Ergebnis fordert auch das BVerwG nicht die Anwendung eines anderen Maßstabes, da sich in tatsächlich zweifelhaften Fällen die Behörde schlüssig werden muss, ob sie dem Asylsuchenden **glaubt**.[73] Sowohl vor dem beweisrechtlichen Schwenk des BVerwG wie auch danach bis heute haben die Gerichte dieser Grundsätze angewandt. Was sich seit diesem Schwenk geändert hat, ist der beweisrechtlich hochgesteckte Anspruch, der jedoch im Blick auf den individuellen Verfolgungsvortrag systemwidrig, da nicht dem Maßstab der Gewissheit zugänglich ist. Folge dieser beweisrechtlichen Hochzonung ist, dass Behörden und Gerichte die Plausibilitätsprüfung zunehmend strenger

---

70 BVerwGE 71, 180 (181) = EZAR 630 Nr. 17 = NVwZ 1985, 585 = InfAuslR 1985, 244; BVerwG, NVwZ 1990, 171; BVerwG, InfAuslR 1990, 238.
71 *UNHCR*, Handbuch über Verfahren und Kriterien zur Feststellung der Flüchtlingseigenschaft, 1979, Rn. 196.
72 BVerwGE 71, 180 (182) = EZAR 630 Nr. 17 = NVwZ 1985, 585 = InfAuslR 1985, 244.
73 BVerwGE 71, 180 (182) = EZAR 630 Nr. 17 = NVwZ 1985, 585 = InfAuslR 1985, 244.

gehandhabt haben. Die Rechtsprechung sollte offen eingestehen, dass die beweisrechtliche Zielvorgabe eine Fiktion ist.

4. Beweismaß der Eintrittwahrscheinlichkeit

a) Funktion der Prognosemaßstäbe

Die Statusentscheidung wird nach verwaltungsrechtlichen Grundsätzen getroffen. Verwaltungsverfahrensrechtliche Beweismaßstäbe können aber nicht ohne Weiteres auf die Prognoseprüfung, die auf der Grundlage des Begriffs der begründeten Furcht vor Verfolgung beruht, übertragen werden. Der Rechtsprechung ist dies bewusst. Sie hat deshalb besondere Beweismaßstäbe entwickelt. Die Prognoseprüfung ist zweistufig (Rdn. 17 ff.). Für die erste Stufe ist Gewissheit der Maßstab für die Feststellung allgemeiner Prognosetatsachen. Im Blick auf die individuellen Verfolgungsbehauptungen kann aus der immanenten Sachlogik heraus jedoch nicht der Maßstab der Gewissheit angewandt werden. Vielmehr muss sich die Behörde nach einer rationalen und deshalb überprüfbaren Plausibilitätsprüfung Gewissheit verschaffen, ob sie dem Asylsuchenden Glauben schenken will (Rdn. 17). Dabei macht es keinen Sinn, den Gerichten abzuverlangen, sie müssten die volle Überzeugung von der Wahrheit (im Sinne von objektiver Gewissheit) – und nicht etwa nur von der Wahrscheinlichkeit – der Verfolgungsbehauptungen erlangen (§ 28 Rdn. 12 ff., 32 ff.).[74]

19

Sind die Prognosetatsachen festgestellt worden, muss sich die Behörde auf der zweiten Prüfungsstufe Gewissheit verschaffen, ob aufgrund des für glaubhaft bewerteten Sachvorbringens unter Berücksichtigung der allgemeinen Verhältnisse der Eintritt der Verfolgungsgefahr wahrscheinlich ist. Dies ist eine wertende Prognoseentscheidung (Rdn. 12). Dabei müssen die im Einzelnen festgestellten Verfolgungsrisiken aus der Sicht des Antragstellers (Furcht vor Verfolgung) identifiziert, jeweils abgewogen und in ihrem Gewicht gegeneinander abgewogen werden, um die Frage zu beantworten, ob der Eintritt der Verfolgung wahrscheinlich ist. Hier ist entsprechend verwaltungsrechtlichen Grundsätzen nicht das Regelbeweismaß, sondern der Wahrscheinlichkeitsbeweis anzuwenden.

20

Die Rechtsprechung der vergangenen fünf Jahrzehnte hat gezeigt, dass in dieser ein erhebliches Unbehagen gegen den Begriff der Verfolgungsfurcht vorherrscht. Das BVerfG verdeutlicht bereits auf der begrifflichen Ebene, was es von diesem hält, wenn es den psychologischen Begriff der »Verfolgungsangst«[75] anstelle des flüchtlingsrechtlichen Begriffs der »Verfolgungsfurcht« verwendet. Das BVerwG hat von jeher versucht, den Begriff der Verfolgungsfurcht durch den Begriff des objektivierenden Dritten einzufangen (Rdn. 44 ff.). Im Bemühen, sich nicht einem subjektiven »Angstgefühl« ausliefern zu müssen, wird also das Schlüsselelement des Flüchtlingsrechts objektiviert und so auf der verfahrensrechtlichen Ebene dem Flüchtlingsrecht sein spezifisches Element genommen:

21

Objektiviert (begründet) ist die Tatsachenbasis, nicht jedoch die darauf beruhende subjektive Furcht. Die Prognosetatsachen sind nach Maßgabe des Regelbeweises festzustellen. Die aus Vergangenheit und Gegenwart gewonnenen Erkenntnisse zu den allgemeinen Verhältnissen, auf denen die Prognose beruht, sind mit der erforderlichen Überzeugungsgewissheit festzustellen.[76] Ergibt sich dabei, dass die Furcht unbegründet ist, wird die Entscheidung bereits auf der ersten Stufe abgebrochen und der Antrag abgelehnt. Wird festgestellt, dass die vom Asylsuchenden vorgebrachten Verfolgungsbehauptungen im Blick auf die allgemeinen Verhältnisse in seinem Herkunftsland eine reale (begründete) Tatsachenbasis haben, ist anhand von Plausibilitätskriterien zu prüfen, ob ihm für den Fall der Rückkehr wahrscheinlich eine Verfolgungsgefahr droht. Dies ist eine wertende Prognoseentscheidung nach verwaltungsrechtlichen Grundsätzen. Des Rückgriffs auf einen objektiven Dritten bedarf es dazu nicht.

22

---

74 So BVerwGE 71, 180 (181) = EZAR 630 Nr. 17 = NVwZ 1985, 685 = InfAuslR 1985, 244; BVerwG, NVwZ 1990, 171 = InfAuslR 1989, 341; BVerwG, InfAuslR 1990, 238.
75 BVerfGE 54, 341 (359) = EZAR 200 Nr. 1 = NJW 1980, 2641 = JZ 1981, 804.
76 BVerwGE 87, 141 (150) = EZAR 200 Nr. 27 = NVwZ 1991, 384.

23 Zu beurteilen ist, ob aufgrund des glaubhaften individuellen Sachvortrags objektiv die Gefahr von Verfolgung droht. Im Blick auf die objektiven Tatsachen, welche die Furcht vor Verfolgung begründen, wird damit das Regelbeweismaß angewandt und festgestellt, ob aufgrund des in sich stimmigen und im Einzelnen konkretisierten Sachvortrags Verfolgung droht. Auch wenn insoweit – wie sich bereits aus dem **Gefahrenbegriff** ergibt – eine beachtliche Wahrscheinlichkeit ausreicht und deshalb ein »**voller Beweis**« nicht erbracht werden kann, ändert dies nichts daran, dass die Behörde von der Richtigkeit ihrer verfahrensfehlerfrei gewonnenen Prognose drohender Verfolgung die volle Überzeugung gewonnen haben muss.[77]

24 »Je unabwendbarer eine drohende Verfolgung erscheint, desto unmittelbarer steht sie bevor. Je schwerer der befürchtete Verfolgungseingriff ist, desto weniger kann es dem Gefährdeten zugemutet werden, mit der Flucht zuzuwarten, bis der Verfolger unmittelbar vor der Tür steht. Das gilt auch dann, wenn der Eintritt der befürchteten Verfolgung von reiner Willkür abhängt, das befürchtete Ereignis somit im Grunde jederzeit eintreten kann, ohne dass allerdings im Einzelfall immer gesagt werden könnte, dass dessen Eintritt zeitlich in nächster Nähe bevorsteht«.[78] Die allgemeinen Begleitumstände, z. B. eine Willkürpraxis, die Repressionsmethoden gegen bestimmte oppositionelle oder verwundbare Gruppen, sind allgemeine Prognosetatsachen. Ob der Asylsuchende deshalb Furcht empfinden muss, ist eine subjektive Entscheidung, die einer Plausibilitätsprüfung unterliegt.

b) Beachtliche Wahrscheinlichkeit der Verfolgungsgefahr

aa) Völkerrechtliche Grundsätze

25 Die GFK enthält keine prognoserechtlichen Kriterien. Vielmehr kommt es insoweit maßgeblich auf den Begriff der begründeten Verfolgungsfurcht an (§ 8 Rdn. 1 ff., § 28 Rdn. 1 ff.). Vorrangig ist die Ermittlung der Tatsachen und Umstände, die im Antragsteller eine Furcht vor Verfolgung hervorgerufen haben oder im Fall der Rückkehr hervorrufen können. Die Erklärungen des Antragstellers müssen nicht durch Erkenntnismittel bestätigt werden. Denn Ausgangspunkt der Statusentscheidung ist die begründete Furcht vor Verfolgung. Ob dem Antragsteller die Rückkehr in das Herkunftsland nicht zugemutet werden kann, ist abhängig davon, ob er von Verfolgungen »**bedroht sein würde**« (Art. 33 Abs. 1 GFK), die Furcht vor Verfolgung also begründet ist. Art. 33 Abs. 1 GFK enthält also mit dem prognoserechtlichen Begriff »bedroht sein würde« für die Erforderlichkeit einer Verfolgungsprognose einen wichtigen Hinweis. Maßgebend für Art. 33 Abs. 1 GFK ist jedoch der Flüchtlingsbegriff nach Art. 1 A Nr. 2 GFK und damit der subjektive Begriff der Verfolgungsfurcht.

26 Die Konvention selbst enthält keine Vorschriften zur Feststellung der Flüchtlingseigenschaft. Vielmehr haben die Vertragsstaaten Feststellungsverfahren einzurichten, um ihren aus der GFK folgenden Verpflichtungen gerecht zu werden. Daher haben sie auch nach ihrem innerstaatlichen Recht die für die Prognoseprüfung maßgeblichen verfahrensrechtlichen Grundsätze zu regeln. Sie haben sich dabei an dem Wortlaut der Konvention auszurichten. Die Union hat zu diesem Zweck die Verfahrensrichtlinie 2005/85/EG erlassen. Unvereinbar mit dem prognoserechtlichen Ansatz von Art. 33 Abs. 1 GFK, wonach es darauf ankommt, ob der Antragsteller in seinen Rechtsgütern Leben oder Freiheit »**bedroht sein würde**«, ist der objektive Ansatz des deutschen Gesetzgebers. Danach kommt es darauf an, ob der Antragsteller für den Fall der Rückkehr in diesen Rechtsgütern »**bedroht ist**« (§ 60 Abs. 1 Satz 1 AufenthG, § 51 Abs. 1 AuslG 1990; § 14 Abs. 1 Satz 1 AuslG 1965).

27 Dieser unterschiedliche Ansatz ist bislang in der Rechtsanwendungspraxis nicht zur Kenntnis genommen worden, erklärt aber die vom internationalen Standard abweichenden deutschen verfahrensrechtlichen Grundsätze der Prognoseprüfung. Es macht erstens einen Unterschied, ob der Gefahreneinschätzung ein auf Gewissheit zielender materieller Begriff (»bedroht ist«) zugrunde liegt,

---

77 BVerwGE 71, 180 (181 f.) = Buchholz 402.25 § 1 AsylVfG Nr. 32 = BayVBl. 1985, 567 = EZAR 630 Nr. 17 = NVwZ 1985, 2685 = InfAuslR 1985, 244.

78 BVerwG, Buchholz 402.25 § 1 AsylVfG Nr. 166 = InfAuslR 1994, 201.

oder ob ein Prognosebegriff (»bedroht sein würde«) maßgebend ist. Will die Prognoseprüfung sich nicht in einer prophetischen Weissagung erschöpfen, hat sie den völkerrechtlichen Prognosebegriff anzuwenden. Zweitens verweist Art. 33 Abs. 1 GFK auf Art. 1 A Nr. 2 GFK, sodass es für die Prognoseprüfung zuallererst auf den Begriff der subjektiven Verfolgungsfurcht, nicht aber auf eine objektiv bevorstehende Gefahr des Verfolgung[79] ankommt.

Im Flüchtlingsrecht hat sich seit der Entscheidung **Cárdoza-Fonseca** des Obersten Gerichtshofes der Vereinigten Staaten die Tendenz durchgesetzt, nicht den Begriff der hohen Wahrscheinlichkeit (»**clear probability**«) zu verwenden. Nach diesem müsste die drohende Verfolgung wahrscheinlicher sein als das Gegenteil. Art. 1 A Nr. 2 GFK verlangt indes eine Bezugnahme auf die subjektive Situation des Asylsuchenden, sodass nicht verlangt werden kann, dass die Verfolgung wahrscheinlicher als das Gegenteil sein muss.[80] Allgemein wird dieser Maßstab als »serious possibility« bezeichnet.[81] UNHCR weist darauf hin, dass sich in der Staatenpraxis allgemein der Beweisstandard des common law durchgesetzt habe. Daher bestehe heute Einigkeit, dass der erforderliche Standard geringer sei als die in Zivilprozessen erforderliche Abwägung der Wahrscheinlichkeit, sondern dass eine »**vernünftigerweise mögliche** (»**reasonably possible**«) **Verfolgungswahrscheinlichkeit**« dargelegt werden müsse, damit die Furcht als begründet erscheine.[82] Starre vorgegebene Prognosemaßstäbe sind im Flüchtlingsrecht nicht sachgerecht.[83] 28

Im Entwurf der Qualifikationsrichtlinie wurde in Art. 7 Buchst. b) eine Regelung vorgeschlagen, wonach die Furcht des Antragstellers vor Verfolgung »insofern objektiv begründet« sein müsse, dass »eine **objektive Möglichkeit**« bestehe, dass der Antragsteller im Fall der Rückkehr tatsächlich verfolgt werde. Dieser Vorschlag ist in der verabschiedeten Richtlinie nicht enthalten. Grund hierfür dürfte die Kontroverse über den anzuwendenden Wahrscheinlichkeitsmaßstab gewesen sein. Im deutschen Text des Entwurfsvorschlags wurde der Begriff »**hohe Wahrscheinlichkeit**« für die in Zukunft drohende Verfolgung verwandt.[84] Die deutsche Fassung des Entwurfs stimmte jedoch insoweit mit der englischen nicht überein. Bemerkenswert ist indes, dass sich die amtliche Übersetzung offensichtlich dem in der deutschen Rechtsprechung verwendeten Maßstab der **überwiegenden Wahrscheinlichkeit**[85] stark annäherte. 29

In der englischen Fassung des Entwurfs wurde demgegenüber in diesem Zusammenhang der Begriff »**reasonable likelihood**« verwendet. Der Maßstab der »hohen Wahrscheinlichkeit«, der allgemein als »überwiegende Wahrscheinlichkeit« verstanden wird,[86] entspricht jedoch dem angelsächsischen Maßstab des »**clear probability**«,[87] der im allgemeinen Ausländerrecht verwendet wird. Zwar ist der im deutschen Recht verwandte Prognoseansatz der überwiegenden Wahrscheinlichkeit auch im angelsächsischen Rechtskreis verankert. Er hat dort seinen Ursprung im zivilprozessualen Beweisstandard des »**proof on a balance of probability**«. Danach ist der Beweis für eine Tatsache erbracht, 30

---

79 So BVerwGE 108, 84 (86) = EZAR 203 Nr. 12 = NVwZ 1999, 544 = InfAuslR 1999, 145.
80 US Supreme Court 107 8 Ct. 1207 (1212 f.) (1987) – Cardoza-Fonseca.
81 Canada Federal Court of Appeal, Rasaratnam v MEI, (1992) 1 FC 706; ähnlich UK House of Lords (1988) 1 All ER 193 – Sivakumaran.
82 *UNHCR*, Auslegung von Art. 1 GFK, April 2001, S. 3.
83 So auch BVerwGE 79, 143 (150 f.) = EZAR 201 Nr. 13 = NVwZ 1988, 838 = InfAuslR 1988, 230.
84 Kommission der EG, Vorschlag für eine Qualifikationsrichtlinie v. 12.09.2001 – KOM(2001)510, 16.
85 BVerwGE 55, 82 (83) = NJW 1978, 2463 = EZAR 201 Nr. 3 = DÖV 1978, 447; BVerwGE 70, 169 (171) = EZAR 200 Nr. 12 = InfAuslR 1985, 51; BVerwGE 88, 367 (377) = EZAR 202 Nr. 21 = NVwZ 1992, 578; BVerfGE 76, 143 (167) = EZAR 200 Nr. 20 = NVwZ 1988, 237 = InfAuslR 1988, 87; BVerfG (Kammer), InfAuslR 1988, 87 = EZAR 200 Nr. 20.
86 BVerfGE 76, 143 (167) = EZAR 200 Nr. 10 = NVwZ 1988, 237 = InfAuslR 1988, 87; BVerwGE 68, 106 (108) = EZAR 202 Nr. 2 = InfAuslR 1984, 87.
87 US Supreme Court 467 US 407 (429 f.), 104 S.Ct (1984) – *Stevic*.

wenn diese »**more likely than not**« ist, die Gründe, die für ihre Existenz sprechen, mithin gewichtiger sind als die Gegengründe.[88]

31 Im Vereinigten Königreich wird dieser Beweismaßstab zwar noch im allgemeinen Ausländerrecht angewandt.[89] Bereits 1971 hatte das Oberhaus aber darauf hingewiesen, dass sich der Standard der überwiegenden Wahrscheinlichkeit für Zukunftsprognosen nicht eigne. Vielmehr genügen bereits eine nicht quantifizierbare »**ernsthafte Möglichkeit**« drohender Verfolgung bzw. ernsthafte Gründe für die Annahme einer Verfolgungsgefahr, um die Auslieferung zu untersagen.[90] Für flüchtlingsrechtliche Entscheidungen hatte das Oberhaus 1988 festgestellt, dass für die Prognoseprüfung die Verfolgungsgefahr nicht wahrscheinlicher sein müsse als ihr Gegenteil.[91] Diese Entscheidung nimmt Bezug auf die Rechtsprechung des Obersten Gerichtshofes der Vereinigten Staaten, wonach für das allgemeine Ausländerrecht der Beweismaßstab der überwiegenden Wahrscheinlichkeit (»withholding of deportation«) zugrunde zu legen ist, für die flüchtlingsrechtliche Statusentscheidung jedoch ein weniger strenger Beweismaßstab angezeigt ist (Rdn. 28).

32 1984 hatte der Gerichtshof gefordert, der ausländerrechtliche Abschiebungsschutz »withholding of deportation« setze voraus, dass die Gefahr, Opfer von Verfolgung zu werden, wahrscheinlicher sein müsse als deren Gegenteil.[92] »The standard requires that an application be supported by evidence establishing that **it is more likely than not** that the alien would be subject to persecution.« Von diesem strengen Beweismaßstab hatte der Gerichtshof jedoch 1987 für die flüchtlingsrechtliche Statusentscheidung ausdrücklich Abstand genommen: Während die Formulierung »bedroht sein würde« in Art. 33 Abs. 1 GFK, der Grundlage für die Gewährung des ausländerrechtlichen Abschiebungsschutzes »withholding of deportation« sei, keine subjektive Komponente enthalte, daher vom Antragsteller die Darlegung verlange, dass die Gefahr der Verfolgung stärker sein müsse als deren Nichtrealisierung (»**clear probability**«), erfordere das subjektive Element der Furcht im Flüchtlingsbegriff nach Art. 1 A Nr. 2 GFK die Bezugnahme auf die subjektive Befindlichkeit des Flüchtlings in bestimmter Weise.[93]

33 Dass die Furcht des Flüchtlings **objektiv** begründet sein müsse, bedeute nicht, dass seine Furcht ohne Bedeutung sei, noch werde dadurch der Beweismaßstab derart umgewandelt, dass die Gefahr von Verfolgung wahrscheinlicher sein müsse als deren Gegenteil. Vielmehr könne jemand durchaus eine begründete Furcht vor Verfolgung hegen, auch wenn für deren Realisierung weniger als 50 % spreche.[94] Unter Umständen könne schon eine Wahrscheinlichkeit von 10 % genügen.[95] Dieser Beweisstandard ist auch von der kanadischen Rechtsprechung übernommen worden, wonach für die Gefahr der Verfolgung nicht mehr als 50 %, jedoch mehr als nur eine entfernte Möglichkeit sprechen müsse. Eine beachtliche »vernünftige« oder »ernsthafte Möglichkeit« sei daher von der unbeachtlichen »bloßen Möglichkeit« abzugrenzen.[96] 1988 hatte auch das britische Oberhaus diesen Maßstab übernommen (Rdn. 31).[97]

---

88 *Kälin*, Grundriss des Asylverfahrens, S. 147.

89 Immigration Appeal Tribunal, Nr. TH/93591/82 (2075) – Woldu v. Secretary of State, zit. bei: *Cox*, Brooklyn Journal of International Law 1984, 333 (363).

90 Wiedergegeben nach *Kälin*, Grundriss des Asylverfahrens, S. 148.

91 UK House of Lords, IJRL 1989, 250 – Sivakumaran.

92 US Supreme Court, INS v. Stevic, 467 U. S. 407 (429 f.), 104 S.Ct (1984).

93 US Supreme Court 107 8 Ct. 1207 (1212 f.) (1987) – Cardoza-Fonseca.

94 »That the fear must be ›well-founded‹ does not alter the focus on the individual's subjective fear, nor does it transform the standard into a ›more likely than not‹ one. One can certainly have a well-founded fear of an event happening when there is less than a 50% chance of the occurence taking place.«.

95 US Supreme Court 107 8 Ct. 1207 (1217) (1987) – Cardoza-Fonseca.

96 Canada Federal Court of Appeal, IJRL 1990, 450.

97 UK House of Lords, IJRL 1989, 250 – Sivakumaran.

Diesen Ansätzen ist gemeinsam, dass sie den strengen zivilprozessualen Beweisstandard für die Entscheidung in flüchtlingsrechtlichen Fragen für ungeeignet ansehen. Während etwa in zivilrechtlichen Haftungsfällen **nachträglich** die Ursachen für schadensbegründende Tatsachen festgestellt werden, sind im Asyl- und Flüchtlingsrecht Prognosen über **zukünftige** Ereignisse und Entwicklungen zu treffen.[98] Die Prognoseentscheidung beruht auf einem **wertenden Kriterium**: Bei einer zu unterstellenden Wahrscheinlichkeit von 40 % Verfolgungsgefahr widerspricht es der Garantie der Menschenwürde, hundert Mitglieder einer nach diesem Wahrscheinlichkeitsmaßstab gefährdeten Gruppe im vollen Bewusstsein der Tatsache zur Rückkehr zu zwingen, dass 40 von ihnen nach Rückkehr Folterungen oder andere krasse Menschenrechtsverletzungen erleiden werden.[99]

Ob die Gefahr der Verfolgung wahrscheinlich ist, kann daher – wie dieses Beispiel illustrativ verdeutlicht – nicht entschieden werden, ohne von der individuellen Situation abzusehen. Auch rein objektive Theorien haben damit aus Rechtsgründen das individuelle Merkmal der Zumutbarkeit in die Prognoseentscheidung einzubeziehen.[100] Die Prognoseprüfung zielt auf die Frage, ob aufgrund der vorgetragenen Umstände und Tatsachen eine Verfolgung droht. Letztlich handelt es sich hierbei um eine wertende Entscheidung, bei der die reale Möglichkeit der Verfolgung von der bloß entfernten Möglichkeit abzugrenzen ist.[101] Es geht um das angemessene Maß der **Risikoverteilung**, das allerdings der Berücksichtigung der subjektiven Verhältnisse des Flüchtlings Raum geben muss.

bb) Kritik gegen den Begriff der beachtlichen Wahrscheinlichkeit

Der in der Rechtsprechung verwandte Begriff der beachtlichen Wahrscheinlichkeit bedarf anhand dieser beweisrechtlichen Grundsätze der Präzisierung: Für das Völkerrecht zeigt der Vergleich zwischen der statusrechtlichen Flüchtlingsentscheidung und dem Zivilrecht, dass die Prognoseprüfung nicht auf dem Maßstab der Objektivität beruht: Geht es im zivilrechtlichen Haftungsfall um die **nachträgliche** Feststellung von schadensverursachenden Tatsachen, für den sich im angelsächsischen Rechtskreis mit Blick auf die hierzu erforderliche Tatsachenfeststellung der Beweismaßstab der überwiegenden Wahrscheinlichkeit herausgebildet hat, weil auch naturwissenschaftliche Aussagen auf Bewertungen, Einschätzungen und Prognosen beruhen, hat die Praxis im Flüchtlingsrecht eine Entscheidung über eine **zukünftige** Entwicklung zu treffen, die mit einem weitaus höheren Maß an Unsicherheiten verbunden ist.

Nach der deutschen Rechtsprechung muss der Antragsteller Umstände glaubhaft machen, aus denen sich zur Überzeugung der Behörde die Gefahr von Verfolgung mit beachtlicher Wahrscheinlichkeit ergibt. Genügt er dem nicht, fehlen die für die Statusgewährung maßgeblichen Voraussetzungen. Sein Begehren bleibt ohne Erfolg.[102] Es muss ihm vielmehr bei verständiger und zusammenfassender Bewertung seines Sachvorbringens Verfolgung mit beachtlicher Wahrscheinlichkeit drohen.[103] Der Eintritt der Gefahr der Verfolgung muss dabei mit **überwiegender Wahrscheinlichkeit** drohen.[104] Die Rechtsprechung wendet also für die flüchtlingsrechtliche Entscheidung das für zivilrechtliche Haftungsfälle maßgebende Beweismaß an. Ungeachtet dessen hat das BVerwG den Begriff der überwiegenden Wahrscheinlichkeit der angelsächsischen Rechtsprechung anzunähern versucht, ohne allerdings deren Differenzierung einerseits in einen ausländerrechtlichen (Art. 33 Abs. 1 GFK)

---

98 BVerwGE 87, 141 (150) = EZAR 200 Nr. 27 = NVwZ 1991, 384.
99 *Kälin*, Grundriss des Asylverfahrens, S. 148.
100 *Kälin*, Grundriss des Asylverfahrens, S. 150; *Dürig*, Beweismaßstab und Beweislast im Asylrecht, S. 78 f.
101 So erstaunlicherweise der Ansatz in BVerwGE 89, 162 (169 f.) = EZAR 202 Nr. 22 = NVwZ 1992, 582, unter Bezugnahme auf die Entscheidung Cardoza-Fonseca.
102 BVerwGE 70, 169 (171) = EZAR 200 Nr. 12 = InfAuslR 1985, 51.
103 BVerwGE 55, 82 (83 f.) = EZAR 201 Nr. 3 = NJW 1978, 2463; BVerwGE 68, 106 (107) = EZAR 202 Nr. 2 = InfAuslR 1984, 87.
104 BVerfGE 76, 143 (167) = EZAR 200 Nr. 20 = InfAuslR 1988, 87; BVerwGE 68, 106 (108) = EZAR 202 Nr. 2 = InfAuslR 1984, 87; bestätigt BVerfG, EZAR 200 Nr. 20 = InfAuslR 1988, 87.

sowie andererseits in einen flüchtlingsrechtlichen Wahrscheinlichkeitsmaßstab (Art. 1 A Nr. 2 GFK, Rdn. 32) überhaupt zu bemerken.

38 Danach liegt eine Verfolgungsgefahr dann vor, wenn im Rahmen der Prognose nach Maßgabe einer »**qualifizierenden**« Betrachtung im Sinne einer Gewichtung und Abwägung aller festgestellten Umstände und ihrer Bedeutung bei einem vernünftig denkenden, besonnenen Menschen in der Lage des Antragstellers Verfolgungsfurcht hervorgerufen werden kann. Eine in diesem Sinne wohlbegründete Furcht vor einem Ereignis kann deshalb auch dann vorliegen, wenn aufgrund einer »**quantitativen**« oder »**statistischen**« Betrachtungsweise weniger als 50 % Wahrscheinlichkeit für dessen Eintritt besteht. Beachtliche Wahrscheinlichkeit sei deshalb dann anzunehmen, wenn bei der im Rahmen der Prognose vorzunehmenden »**zusammenfassenden**« Bewertung des zur Prüfung gestellten Lebenssachverhaltes die für eine Verfolgung sprechenden Umstände ein größeres Gewicht besitzen und deshalb gegenüber den dagegen sprechenden Tatsachen überwiegen.[105]

39 Das BVerwG versucht hier eine Verbindung unterschiedlicher, miteinander nicht vereinbarer Beweisansätze: Es greift einerseits mit der Anknüpfung an den freilich objektiv zu verstehenden vernünftig denkenden, besonnenen Dritten auf seine frühere, in den sechziger Jahren des 20. Jahrhunderts ausschließlich an Art. 1 A Nr. 2 GFK orientierte Rechtsprechung[106] zurück, verbindet diese mit dem seit 1977 entwickelten, vielfach, wohl auch vom BVerwG selbst missverstandenen objektiven Prognoseansatz,[107] der als bewusste Abkehr von der an Art. 1 A Nr. 2 GFK ausgerichteten Rechtsprechung verstanden wird, und kehrt schließlich mit der Berufung auf die angelsächsische Rechtsprechung zu seiner früheren, in den sechziger Jahren entwickelten Rechtsprechung zurück.

40 Bereits kurz vor der Entwicklung des qualifizierten Beweisansatzes hatte das BVerwG festgestellt, auch wenn »beachtliche Wahrscheinlichkeit« mit »überwiegender Wahrscheinlichkeit« gleichgesetzt werde, dürfe dies nicht unter rein quantitativen Gesichtspunkten betrachtet werden.[108] Wertende Betrachtungen verschmelzen hier begriffliche Unvereinbarkeiten und nehmen dem Wahrscheinlichkeitsbeweis begrifflich präzise Konturen. Das BVerwG löst den Blick von der rein statistischen Risikoabwägung, die es für das Flüchtlingsrecht für ungeeignet erachtet. Vielmehr ist seiner Ansicht nach das **Gewicht** der jeweiligen, für und gegen die Verfolgungsgefahr sprechenden Tatsachen zu ermitteln und anschließend eine wertende Prognoseentscheidung zu treffen. Überwiegt das Gewicht der für die Verfolgungsgefahr sprechenden Tatsache, ist der Status zu gewähren. Unklar bleibt jedoch, nach welchen materiellen Kriterien das jeweilige Gewicht der Prognosetatsachen ermittelt wird. Zur Lösung dieser Frage hat das BVerwG später ausdrücklich auf seine traditionelle **Zumutbarkeitsformel** zurückgegriffen: Die Zumutbarkeit bildet das **vorrangige qualitative Kriterium**, das bei der Beurteilung anzulegen ist, ob die Wahrscheinlichkeit einer Verfolgung »beachtlich« ist.[109]

41 Begrifflich klare Konturen hat der Wahrscheinlichkeitsbegriff mit einem substanzlosen Zumutbarkeitsbegriff, der nicht auf den konkreten Flüchtling abstellt, nicht gewonnen. Mit dem beweisrechtlichen Grundsatz der beachtlichen Wahrscheinlichkeit sollen in der Zukunft drohende Gefahren festgestellt werden. Der Begriff der unmittelbar drohenden Verfolgung zielt auf die Frage der **Eintrittswahrscheinlichkeit**.[110] Kriterium für die Feststellung einer polizeirechtlichen Gefahr ist jedoch nicht die beachtliche, sondern die »**hinreichende Wahrscheinlichkeit**« des Schadenseintritts. Eine

---

105 BVerwGE 79, 143 (150 f.) = EZAR 201 Nr. 13 = NVwZ 1988, 838 InfAuslR 1988, 230; bestätigt BVerwGE 88, 367 (377 f.) = EZAR 202 Nr. 21 = NVwZ 1992, 578 = InfAuslR 1991, 363; BVerwGE 89, 162 (168 f.) = EZAR 202 Nr. 22 = NVwZ 1992, 582; BVerwG, InfAuslR 1989, 163.

106 BVerwG, Urt. v. 29.06.1962 – BVerwG I C 54.60; ebenso BVerwG, Buchholz 402.22 Art. 1 GK Nr. 9; Urt. v. 01.06.1965 – BVerwG I C 118.52.

107 BVerwGE 55, 82 (83 f.) = EZAR 201 Nr. 3 = NJW 1978, 2463.

108 BVerwG, Buchholz 402.25 § 1 AsylVfG Nr. 80.

109 BVerwGE 89, 162 (169) = EZAR 202 Nr. 22 = NVwZ 1992, 582; BVerwG, Buchholz 402.25 § 1 AsylVfG Nr. 147.

110 BVerwG, Buchholz 402.25 § 1 AsylVfG Nr. 166 = InfAuslR 1994, 201.

konkrete Gefahr liegt vor, wenn in dem zu beurteilenden konkreten Einzelfall in überschaubarer Zukunft mit dem Schadenseintritt hinreichend wahrscheinlich gerechnet werden kann.[111] Der Begriff der polizeilichen Gefahr enthält eine Prognose, d. h., eine auf Tatsachen gegründete subjektive Einschätzung über einen zukünftigen Geschehensablauf. Bezugspunkt der Gefahrenprognose ist der erwartete Schadenseintritt für ein geschütztes Rechtsgut.

Welche ursächlichen Ereignisse und Geschehensabläufe in die Gefahrenprognose eingestellt werden dürfen, ist jedoch eine vorgreifliche wertende Entscheidung. Der präventiv ausgerichtete polizeirechtliche Gefahrenbegriff darf zwar nicht uferlos angewandt werden und setzt voraus, dass aus gewissen gegenwärtigen Zuständen nach dem Gesetz der Kausalität gewisse andere Schaden bringende Zustände und Ereignisse erwachsen werden. Schadensmöglichkeiten, die sich deshalb nicht ausschließen lassen, weil nach dem derzeitigen Wissensstand bestimmte Ursachenzusammenhänge weder bejaht noch verneint werden können, begründen keine Gefahr, sondern lediglich einen »**Gefahrenverdacht**« oder ein »**Besorgnispotenzial**«.[112] Wegen der abzuwehrenden Gefahr für öffentliche Schutzgüter wird aber eine konkrete Gefahr bereits dann angenommen, wenn sich die Gefahr nicht ausschließen lässt, sie also hinreichend wahrscheinlich ist. 42

Das BVerwG verfehlt mit seinem verobjektivierenden Gefahrenbegriff damit auch verwaltungsrechtliche Grundsätze. Dem Gefahrenabwehrrecht ist der Begriff der beachtlichen Wahrscheinlichkeit fremd. Das BVerwG wird aber auch von der entgegengesetzten Seite kritisiert und ihm eine »Kehrtwende«[113] vorgehalten: Die zahlreichen Schwankungen in seiner Rechtsprechung zum Beweisrecht hätten dazu geführt, dass mit der »ominösen Rechtsfigur« des Wahrscheinlichkeitsbeweises in »einem beweisrechtlichen Schmelztiegel Elemente des prima-facie-Beweises, der Vermutungsregel und der Beweislastumkehr zu einem »Wahrscheinlichkeitsbeweis« genannten Konglomerat zusammengerührt« würden.[114] 43

Diese Kritik verfehlt den flüchtlingsrechtlichen Ansatz und verkennt, dass Prognoseentscheidungen stets auf Wahrscheinlichkeitsannahmen beruhen. Die beweisrechtliche Position des BVerwG ist bereits aus verwaltungsrechtlichen Gründen nicht sachgerecht, weil sie mit dem Begriff der beachtlichen Wahrscheinlichkeit einen zu strengen Maßstab verwendet. Vielmehr besteht nach polizeirechtlichen Grundsätzen eine Verfolgungsgefahr, wenn sie hinreichend wahrscheinlich ist. Verfehlt ist die Position des BVerwG auch deshalb, weil sie den Begriff der Verfolgungsfurcht nicht angemessen integriert und deshalb mit Völkerrecht und auch mit Art. 4 Abs. 3 Buchst. c) RL 204/83/EG kaum vereinbar ist.[115] 44

cc) Kritik gegen den Begriff der objektivierten Verfolgungsfurcht

Nach der Rechtsprechung des BVerwG ist entscheidend, ob aus Sicht eines vernünftigen und besonnen denkenden Menschen in der Lage des Asylsuchenden nach Abwägung aller bekannten Umstände eine Rückkehr in den Herkunftsstaat als unzumutbar erscheint.[116] Wie in der früheren Rechtsprechung ist Maßstab der Prognoseprüfung der vernünftig denkende und besonnen handelnde Dritte, freilich in der Lage des Antragstellers. Jedoch überwiegt hier im Gegensatz zur Rechtsprechung anderer Vertragsstaaten der GFK der verobjektivierte Ansatz. Damit wird ein für die Rechtsanwendung kaum lösbares Problem geschaffen, das darin besteht, dass sich die Behörde kaum oder 45

---

111 BVerfGE 115, 320 (361); Denninger, in: *Lisken/Denninger*, Handbuch des Polizeirechts, S. 321, (318).
112 BVerwGE 116, 347 (351), mit Hinweis auf PrOVG, PrVBl. 16, 125 (126); BVerwG 72, 300 (315).
113 *Nierhaus*, Beweismaß und Beweislast, S. 95.
114 *Nierhaus*, Beweismaß und Beweislast, S. 92.
115 *Hruschka*, ZAR 2007, 180 (181).
116 BVerwGE 89, 163 (169) = EZAR 202 Nr. 22 = NVwZ 1992, 582; so auch BVerwGE 79, 143 (150) = EZAR 201 Nr. 13 = NVwZ 1988, 838 InfAuslR 1988, 230; BVerwG, Buchholz 402.25 § 1 AsylVfG Nr. 147.

nur unzulänglich selbst in die Lage des Antragstellers hineinversetzen kann. Auch die Bezugnahme auf den in einer vergleichbaren Lage befindlichen Dritten vermag die aus geografischen, sozio-kulturellen, ethnischen und politischen Differenzen erwachsenden Verständnisprobleme kaum zulänglich zu beseitigen.

46 Für das BVerwG ist nicht die Furcht des Antragstellers vor einer ihm drohenden Verfolgung maßgebend, auch wenn für sie anhand objektiver Tatsachen gute Gründe sprechen, sie also begründet ist. Das Gericht negiert den in Art. 1 A Nr. 2 GFK und im Unionsrecht (Art. 2 Buchst. c) RL 2004/83/EG) vorgegebenen Begriff der Furcht vor Verfolgung und stellt stattdessen darauf ab, ob der Antragsteller wegen des geltend gemachten Verfolgungsgrundes für die Zukunft begründete Furcht vor Verfolgung hegen muss. Dies wird nur dann bejaht, wenn ihm für seine Person bei verständiger, nämlich **objektiver** Würdigung der gesamten Umstände seines Falles Verfolgung droht, sodass ihm nicht zuzumuten ist, im Heimatstaat zu bleiben oder dorthin zurückzukehren.[117] Es gilt damit für das Beweismaß der beachtlichen Wahrscheinlichkeit der **objektive Maßstab** eines **verständigen Betrachters**.[118]

47 Es kommt darauf an, ob der Asylsuchende bei zusammenfassender Bewertung seines Sachvorbringens bei verständiger Würdigung aller Umstände seines Falles die begründete Furcht vor Verfolgung ernsthaft hegen muss.[119] Dabei kommt es aber nicht darauf an, ob eine bestimmte Tatsache vom Antragsteller nur **subjektiv** als konkrete Bedrohung empfunden wird, sondern darauf, ob hierfür auch ausreichende **objektive Anhaltspunkte** bestehen, die bei einem **vernünftig denkenden und besonnen handelnden Menschen** ernsthafte **Furcht** vor Verfolgung hervorrufen können.[120] Mit der Einfügung des Maßstabes des verständigen Dritten will das BVerwG vermeiden, dass das »**subjektive Furchtempfinden**« des Antragstellers zum Maßstab der Entscheidungsfindung wird.[121]

48 Bei einer objektiven Beurteilung könnten aber grundsätzlich auch »Referenzfälle« stattgefundener und stattfindender Verfolgung sowie ein Klima allgemeiner moralischer, religiöser oder gesellschaftlicher Verachtung in einem Asylsuchenden begründete Verfolgungsfurcht entstehen lassen, sodass es ihm nicht zuzumuten sei, in seinem Herkunftsland zu bleiben oder dorthin zurückzukehren. Wann eine Verfolgungsfurcht als begründet anzusehen sei, hänge von den Umständen des Einzelfalles ab und entziehe sich einer rein quantitativen oder statistischen Betrachtung.[122] Danach wird ein vernünftig denkender Mensch die »**bloße theoretische Möglichkeit**« einer Verfolgung außer Betracht lassen. Ergibt jedoch das Gewicht der Gesamtumstände (qualifizierender Maßstab) die »**reale Möglichkeit**«, wird er das Risiko einer Rückkehr vermeiden.

49 Nach der früheren, am völkerrechtlichen Flüchtlingsbegriff ausgerichteten Rechtsprechung des BVerwG kam es zwar bei der Frage, ob der Antragsteller gute Gründe für eine Furcht vor Verfolgung geltend machen kann, nicht nur auf die **objektiv** feststellbaren Verfolgungstatbestände, vielmehr **in gewissem Maße** auch auf die **subjektiven Verhältnisse** des Asylsuchenden an. Aber auch dieser Ansatz wurde verobjektiviert: Maßgebend war insoweit, ob andere verständige Personen unter denselben Umständen eine solche Furcht empfinden würden, dass es ihnen nicht mehr zuzumuten

---

117 BVerwGE 55, 82 (83) = EZAR 201 Nr. 3 = NJW 1978, 2463; BVerwGE 70, 169 (171) = EZAR 200 Nr. 12 = InfAuslR 1985, 51; BVerwGE 79, 143 (150) = EZAR 201 Nr. 13 = NVwZ 1988, 838 = InfAuslR 1988, 230; BVerwGE 88, 367 (377) = EZAR 202 Nr. 21 = NVwZ 1992, 578 = InfAuslR 1991, 363; BVerwGE 89, 162 (169) = EZAR 202 Nr. 22 = NVwZ 1992, 582.
118 BVerwGE 70, 169 (171) = EZAR 200 Nr. 12 = InfAuslR 1985, 51, unter Hinweis auf BVerwG, Buchholz 402.22 Art. 1 GK Nr. 15, stdg. Rspr.
119 BVerwG, InfAuslR 1989, 163.
120 BVerwG, InfAuslR 1989, 163.
121 BVerwGE 88, 367 (377) = EZAR 202 Nr. 21 = NVwZ 1992, 578 = InfAuslR 1991, 363.
122 BVerwGE 88, 367 (379 f.) = EZAR 202 Nr. 21 = NVwZ 1992, 578 = InfAuslR 1991, 363.

ist, sich in ihrem Heimatstaat aufzuhalten[123] oder dorthin zurückzukehren. Die Berücksichtigung der subjektiven Verhältnisse des Asylsuchenden im Rahmen der Prognoseentscheidung erfolgt freilich mithilfe der verobjektivierten Figur des »verständigen Dritten«. Damit schließt die nachfolgende nahtlos an die frühere Rechtsprechung an:

Entscheidend ist, ob »aus der Sicht eines besonnenen und vernünftig denkenden Menschen in der Lage des Asylsuchenden«[124] nach Abwägung aller bekannten Umstände eine Rückkehr in das Herkunftsland als unzumutbar erscheint. Unzumutbar kann eine Rückkehr in das Herkunftsland auch dann sein, wenn nur ein mathematischer Wahrscheinlichkeitsgrad von weniger als 50 % für eine Verfolgung spricht. Ein verständiger Dritter wird bei der Abwägung aller Umstände auch die **besondere Schwere** des befürchteten Eingriffs in einem gewissen Umfang in seine Betrachtung einbeziehen.[125] Wenn bei quantitativer Betrachtungsweise nur eine geringe mathematische Wahrscheinlichkeit für eine Verfolgung besteht, macht es aus der Sicht eines besonnenen und vernünftig denkenden Menschen bei der Überlegung, ob er in sein Herkunftsland zurückkehren kann, einen erheblichen Unterschied, ob er z. B. lediglich eine Gefängnisstrafe von einem Monat oder aber die Todesstrafe riskiert.[126] Insgesamt gesehen, müssen die für eine Verfolgung sprechenden Umstände nach ihrer **Intensität** und **Häufigkeit** von einem solchen **Gewicht** sein, dass sich daraus bei objektiver Betrachtung für den Asylbewerber die begründete Furcht ableiten lässt, selbst Opfer solcher Verfolgungsmaßnahmen zu werden.[127]

50

dd) Kriterien für die Risikoverteilung

Die Prognoseprüfung kann **nicht** nach Maßgabe von **Beweislastregeln** vorgenommen werden, da es nicht um die Frage geht, wer im Fall der Unerweislichkeit entscheidungserheblicher Tatsachen die Beweislast trägt, sondern darum, aufgrund welcher wertenden Grundsätze bestehende Risiken zwischen den Beteiligten verteilt werden. Dies wird anhand des **Grundsatzes der Verhältnismäßigkeit** entschieden. Für die angemessene Wahl der Risikoverteilung hat die angelsächsische Rechtsprechung die methodischen Grundlagen erarbeitet.[128] Die Furcht des Asylsuchenden muss objektiv begründet sein. Dabei kommt dem subjektiven Element der Furcht des Flüchtlings vor dieser objektiven Verfolgungsgefahr eine erhebliche Bedeutung zu. Die angelsächsische Rechtsprechung geht seit der grundlegenden Entscheidung des Obersten Gerichtshofes der Vereinigten Staaten (Rdn. 28)[129] im Allgemeinen davon aus, dass eine begründete Furcht vor einer objektiv drohenden Verfolgung auch anerkannt werden kann, wenn für deren Realisierung weniger Gründe sprechen als für deren Gegenteil. Methodisch werden »**vernünftige**« Gründe als erhebliche von der unbeachtlichen »**bloßen Möglichkeit**« des Gefahreneintritts abgegrenzt.

51

Damit wird auch eine pragmatische Handhabung der Frage der **Risikoverteilung** im Rahmen des Wahrscheinlichkeitsbeweises aufgezeigt: Im völkerrechtlichen Schrifttum wird gefordert, dass in Anbetracht der erheblichen Konsequenzen einer Fehlentscheidung der Flüchtling in den Genuss einer Vermutungsregel der humanitären Schutzbedürftigkeit (»**presumption of humanitarian need**«) kommen sollte. Die Behörde sei gehalten, klare und plausible Gründe dafür anzugeben, dass die geltend gemachte Gefahr nicht mehr bestehe.[130] **Paul Weis**, der als Vater des modernen Flüchtlings-

52

---

123 BVerwG, Urt. v. 29.06.1962 – BVerwG I C 54.60.
124 BVerwGE 79, 143 (150) = EZAR 201 Nr. 13 = NVwZ 1988, 838 = InfAuslR 1988, 230; BVerwGE 89, 162 (169).
125 BVerwGE 89, 162 (170) = EZAR 202 Nr. 22 = NVwZ 1992, 582; BVerwG, Buchholz 402.25 § 1 AsylVfG Nr. 147.
126 BVerwGE 89, 162 (170) = EZAR 202 Nr. 22 = NVwZ 1992, 582.
127 BVerwGE 88, 367 (378) = EZAR 202 Nr. 21 = NVwZ 1992, 578 = InfAuslR 1991, 363.
128 Siehe hierzu *Hruschka*, ZAR 2007, 180 (181), mit weiteren Hinweisen.
129 INS v. Cardoza-Fonseca, 107 8 Ct. 1207 (1212 f.) (1987).
130 *Goodwin-Gill*, Virginia Journal of International Law 1986, 897 (905).

rechts bezeichnet wird, hatte gefordert, dass das Prinzip »**in dubio pro reo**« im Flüchtlingsrecht angewandt werden sollte: Ist der Sachvortrag des Asylsuchenden glaubhaft und unter Berücksichtigung der bekannten Umstände plausibel, sollte er mangels klarer entgegenstehender Erkenntnisse in den Genuss einer zu seinen Gunsten wirkenden Beweislastregel (»**benefit of the doubt**«) kommen.[131]

53 Unvereinbar hiermit ist der Prognoseansatz des BVerwG, wenn es verlangt, dass im Rahmen der Verfolgungsprognose Gewissheit bestehen müsse, dass die Asylsuchende in das Blickfeld der Behörden geraten sei.[132] Hier wird weder der Versuch einer angemessenen Risikoverteilung unternommen noch kann die Prognose nach Maßgabe des Regelbeweises vorgenommen werden. Vielmehr ist nach der Rechtsprechung des BVerwG eine an **Rationalität** und **Plausibilität** ausgerichteten Prognoseentscheidung durchzuführen (Rdn. 5 ff.). Hiermit unvereinbar ist es, dem Antragsteller mit der Beweislast dafür zu beschweren, nachzuweisen, dass er mit Gewissheit in das Blickfeld der Behörden geraten wird. Hier wird eine vernünftige Risikoverteilung durch eine nicht erfüllbare Beweislast vollends unmöglich gemacht.

5. Vermutungswirkung der Vorverfolgung (Art. 4 Abs. 4 RL 2004/83/EG)

a) Beweiskraft der Vorverfolgung

54 Die Tatsache, dass ein Antragsteller bereits verfolgt wurde bzw. von Verfolgung unmittelbar bedroht war, ist ein **ernsthafter Hinweis** darauf, dass seine Furcht begründet ist, es sei denn, **stichhaltige Gründe** sprechen dagegen, dass er erneut von solcher Verfolgung bedroht wird (Art. 4 Abs. 4 RL 2004/83/EG). Das BVerwG hat mit Hinweis auf die Rechtsprechung des EuGH festgestellt, die bisherige deutsche Rechtsprechung zur Nachweiserleichterung bei Vorverfolgung sei mit der Richtlinie nicht mehr vereinbar. Art. 4 Abs. 4 RL 2004/83/EG modifiziere die Nachweiserleichterung. Der der Prognose zugrunde zu legende Wahrscheinlichkeitsmaßstab bleibe unverändert, auch wenn der Asylsuchende bereits Vorverfolgung erlitten habe. Der in dem Tatbestandsmerkmal »**tatsächlich Gefahr** liefe« in Art. 2 Buchst. e) RL 2004/83/EG enthaltene Wahrscheinlichkeitsmaßstab orientiere sich an der Rechtsprechung des EGMR.[133]

55 Art. 4 Abs. 4 RL 2004/83/EG privilegiere den Vorverfolgten auf andere Weise. Für ihn streite die **tatsächliche Vermutung**, dass sich frühere Handlungen und Bedrohungen bei einer Rückkehr in das Herkunftsland wiederholen würden. Die Vorschrift messe den in der Vergangenheit liegenden Umständen Beweiskraft für ihre Wiederholung in der Zukunft bei. Dadurch werde der Vorverfolgte von der Notwendigkeit entlastet, stichhaltige Gründe dafür darzulegen, dass sich die verfolgungsbegründenden Umstände bei Rückkehr in sein Herkunftsland erneut realisieren würden. Es würden nicht die strengen Maßstäbe gelten, die bei fehlender Vorverfolgung anzulegen seien. Die Vermutung könne aber widerlegt werden. Hierfür sei erforderlich, dass stichhaltige Gründe die Wiederholungsträchtigkeit solcher Verfolgung entkräften würden. Diese Beurteilung obliege tatrichterlicher Würdigung im Rahmen der freien Beweiswürdigung. Die Vermutung könne im Einzelfall selbst dann widerlegt sein, wenn nach herkömmlicher Betrachtung keine hinreichende Sicherheit im Sinne des herabgestuften Wahrscheinlichkeitsmaßstabes bestünde. Dieser Maßstab habe bei der Flüchtlingsentscheidung keine Bedeutung mehr.[134]

---

131 *Weis*, Du droit international, S. 928 (986).

132 BVerwGE 108, 84 (86 f.) = InfAuslR 1999, 145 = NVwZ 1999, 544 = EZAR 203 Nr. 12 = AuAS 1999, 166.

133 BVerwG 136, 377 (384) = EZAR NF 62 Nr. 21 = InfAuslR 2010, 458, mit Hinweis auf EuGH, InfAuslR 2010, 188 (192) Rn. 88 ff. – Abdullah; so auch *Hoppe*, ZAR 2010, 165 (166); *Berlit*, NVwZ 2012, 193 (196).

134 BVerwG 136, 377 (385) = EZAR NF 62 Nr. 21 = InfAuslR 2010, 458, mit Hinweis auf EGMR, NVwZ 2008, 1330 Rn. 128 – Saadi.

Der EuGH spricht der Vorverfolgung eine **Beweiskraft** zu.[135] Demgegenüber hatte nach der deutschen Rechtsprechung die Vorverfolgung eine **Herabstufung der Nachweislast** zur Folge.[136] Dieser lag die Erwägung zugrunde, dass dem erhöhten Risiko eines Antragstellers, der bereits einmal Verfolgung erlitten hat, aus **humanitären Gründen** mit einer **Herabminderung der Nachweislast**[137] zu begegnen sei. Der Antragsteller, der nicht schon einmal Verfolgung erlitten habe, müsse dagegen Umstände glaubhaft machen, aus denen sich zur Überzeugung der Behörde die Gefahr von Verfolgung mit beachtlicher Wahrscheinlichkeit ergebe. Für den Antragsteller, der bereits einmal Verfolgung erlitten habe, gelte hingegen anstelle des Maßstabs der beachtlichen Wahrscheinlichkeit ein **herabgestufter Wahrscheinlichkeitsmaßstab**.[138] Diese Grundsätze sind überholt. Vielmehr gilt die mit Beweiskraft ausgestattete Vermutungswirkung.

56

Die Behörde kann aber die Wiederholungsträchtigkeit der Vorverfolgung entkräften (Rdn. 58). Insoweit verweist das BVerwG auf die tatrichterliche Beweiswürdigung, bezeichnet selbst aber keine Kriterien für die Entkräftung der Beweiswirkung, obwohl dies nahe gelegen hätte. Es geht nicht lediglich um richterliche Beweiswürdigung, sondern um Beweiswürdigung nach Maßgabe einheitlicher Kriterien. Unter Hinweis auf Art. 2 Buchst. e) RL 2004/83/EG deutet das BVerwG an, dass im Fall der Entkräftung der Antragsteller nachweisen müsse, dass ihm mit beachtlicher Wahrscheinlichkeit Verfolgung drohe. Für die Entkräftung der Beweiskraft selbst gelten die Grundsätze des herabgestuften Wahrscheinlichkeitsmaßstabs nicht.

57

Die nach Art. 4 Abs. 4 maßgebenden stichhaltigen Gründe, die gegen eine erneute Verfolgung sprechen, sind keine andere als die Gründe, die im Rahmen der »Wegfall der Umstände«- Klausel des Art. 11 Abs. 1 Buchst. e) und f) RL 2004/83/EG maßgebend sind.[139] Dafür spricht, dass der EuGH diese Grundsätze im Rahmen der Auslegung der »Wegfall der Umstände«- Klausel entwickelt hat. Nur wenn die Faktoren, welche die Furcht des Flüchtlings begründeten, dauerhaft beseitigt sind, die Veränderung der Umstände also erheblich und nicht nur vorübergehend ist,[140] wird die Beweiskraft der Vorverfolgung entkräftet. Werden im Blick auf ein bestimmtes Herkunftsland statusrechtliche Entscheidungen wegen veränderter Umstände aufgehoben, erscheint es gerechtfertigt, dem Vorverfolgten im Asylverfahren die Umstände, welche die geänderte Einschätzung der Verfolgungssituation als stichhaltige Gründe leiten, entgegenzuhalten. In diesem Fall bleibt ihm jedoch die Möglichkeit, unter Hinweis auf besondere, seine Person betreffende Umstände nach Maßgabe des allgemeinen Wahrscheinlichkeitsmaßstabes (Rdn. 36 ff.) ihn treffende Verfolgung geltend zu machen.

58

b) Anwendungsbereich der Vermutungswirkung

Nach Art. 4 Abs. 4 RL 2004/83/EG findet die Vermutungswirkung Anwendung, wenn der Antragsteller bereits verfolgt wurde oder von solcher Verfolgung bedroht war. Auch in der deutschen Rechtsprechung wurde der Begriff der Vorverfolgung zunächst auf jene Flüchtlinge angewandt, die bereits einmal Verfolgung **erlitten** hatten.[141] Die Frage, ob eine **Vorverfolgung** gegeben ist, gilt einem **in der**

59

---

135 EuGH, InfAuslR 2010, 188 (192) Rn. 94 – Abdullah.
136 BVerwGE 65, 250 (252) = EZAR 200 Nr. 7 = NVwZ 1983, 160.
137 BVerwGE 65, 250 (252) = EZAR 200 Nr. 7 = NVwZ 1983, 160.
138 BVerwGE 70, 169 (171) = EZAR 200 Nr. 12 = InfAuslR 1985, 51.
139 Siehe hierzu § 35 Rdn. 109 ff.; diese Klarstellung unterlassen BverwG wie auch die Literatur (*Berlit*, NVwZ 2012, 193 (196)).
140 EuGH, InfAuslR 2010, 188 (191) Rn. 73 ff. – Abdullah.
141 BVerfGE 54, 341 (360) = EZAR 200 Nr. 1 = NJW 1980, 2641 = InfAuslR 1980, 338; BVerwGE 65, 250 (251) = EZAR 200 Nr. 7 = NVwZ 1989, 160; BVerwGE 68, 106 (107) = EZAR 202 Nr. 2 = InfAuslR 1984, 87; BVerwGE 70, 169 (170 f.) = EZAR 200 Nr. 12 = InfAuslR 1985, 51; BVerwGE 71, 175 (178 f.) = EZAR 200 Nr. 13 = NVwZ 1985, 913 = InfAuslR 1985, 241; BVerwG, InfAuslR 1985, 276; BVerwG; EZAR 203 Nr. 7.

Vergangenheit abgeschlossenen Sachverhalt.[142] Hat eine solche Vorverfolgung stattgefunden, kann es für ihre Feststellung nicht mehr darauf ankommen, ob sie auch im Zeitpunkt der späteren Ausreise noch anhält. Sie kann nicht deswegen zur Nichtverfolgung werden, weil sie zu einem späteren Zeitpunkt nicht mehr fortgesetzt wird, aus welchen Gründen auch immer.[143]

60 Andererseits wird bereits erlittene Verfolgung nicht vorausgesetzt. Vielmehr wendet das BVerwG den Begriff der Vorverfolgung auch auf die **unmittelbar drohende Verfolgung** an, die es von insoweit nicht ausreichenden Referenzfällen von Verfolgung und einem dort herrschenden feindseligen Klima abgrenzt.[144] Zutreffend bezieht das BVerwG sich zur Bekräftigung seiner Ansicht auf das BVerfG, das festgestellt hat, dass statusberechtigt ist, wer wegen **bestehender** oder **unmittelbar drohender** Verfolgung ausgereist ist.[145] Ausdrücklich weist das BVerfG darauf hin, dass der bereits eingetretenen Verfolgung die unmittelbar drohende Verfolgung gleichsteht.[146] Die Beweiskraft nach Art. 4 Abs. 4 RL 2004/83/EG findet also nicht nur im Blick auf in der Vergangenheit erlittene Verfolgung, sondern auch dann Anwendung, wenn eine Verfolgung unmittelbar gedroht hat.

61 Es ist kein sachlich gerechtfertigter Grund dafür ersichtlich, denjenigen, der das Glück gehabt hat, vor unmittelbar bevorstehender, ihm drohender Verfolgungsgefahr fliehen zu können, gegenüber demjenigen, dem eine derartige Flucht misslungen war, beweisrechtlich anders zu behandeln. Im einen wie im anderen Fall sind es die meist schweren und bleibenden Folgen erlittener oder unmittelbar bevorstehender Verfolgung, welche die Vermutungserleichterung tragen. Nicht vorausgesetzt wird, dass der Asylsuchende seinen Heimatstaat unter einem durch die Vorverfolgung verursachten und im Zeitpunkt der Ausreise fortbestehenden »akuten« Verfolgungsdruck verlassen hat (§ 30 Rdn. 57 ff.).[147] Die Vorverfolgung muss nicht **ausreisebestimmend** gewesen sein.[148] Hat die Vorverfolgung stattgefunden oder drohte sie unmittelbar, kann es für ihre Feststellung nicht darauf ankommen, ob sie auch zu einem späteren Zeitpunkt noch anhält.

62 Der Zusammenhang zwischen Vorverfolgung und Grenzübertritt wird nicht allein dadurch zerrissen, dass der Asylbewerber, wenn möglich, über kürzere oder längere Zeit im Heimatstaat verbleibt, weil er z. B. glaubt, auf eine Besserung der Verhältnisse hoffen zu können. Es gibt keine Lebenserfahrung, aus der sich herleiten ließe, eine nicht in engem zeitlichen Zusammenhang mit bereits erlittener Vorverfolgung vorgenommene Ausreise des Asylsuchenden sei als Hinweis zu werten, dass die Ausreise von der Vorverfolgung nicht mehr beeinflusst sei.[149] Das BVerwG hat jedoch später jedenfalls im Blick auf gruppengerichtete Verfolgungen unter Abweichung von seiner bisherigen Rechtsprechung entschieden, dass der objektive äußere Zusammenhang zwischen Verfolgung und Ausreise umso mehr schwinde, je länger der Asylsuchende nach erlittener Gruppenverfolgung im Land verbleibe.[150]

---

142 BVerwGE 71, 175 (177) = EZAR 200 Nr. 13 = NVwZ 1985, 913 = InfAuslR 1985, 241.
143 BVerwGE 71, 175 (177) = EZAR 200 Nr. 13 = NVwZ 1985, 913 = InfAuslR 1985, 241; siehe auch BVerfG, NVwZ 2008, 643 (645).
144 BVerwGE 88, 367 (377) = EZAR 202 Nr. 21 = NVwZ 1992, 578 = DÖV 1992, 125.
145 BVerfGE 80, 315 (345) = NVwZ 1990, 151 = InfAuslR 1990, 21 = EZAR 201 Nr. 20; bekräftigt BVerfG (Kammer), NVwZ-Beil. 1996, 41 = AuAS 1996, 101; so auch BVerwG, NVwZ 1997, 1134 (1135) = EZAR 200 Nr. 33 = DVBl. 1997, 908 = AuAS 1997, 177 = InfAuslR 1997, 329 (LS).
146 BVerfG (Kammer), NVwZ-Beil. 1996, 41 = AuAS 1996, 101, mit Bezugnahme auf BVerfGE 80, 315 (345) = NVwZ 1990, 151 = InfAuslR 1990, 21 = EZAR 201 Nr. 20; BVerfGE 83, 216 (230) = NVwZ 1991, 768 = EZAR 202 Nr. 20 = InfAuslR 1991, 200.
147 BVerwG, InfAuslR 1985, 276.
148 BVerwGE 71, 175 (178) = EZAR 200 Nr. 13 = NVwZ 1985, 913 = InfAuslR 1985, 241; BVerwG, InfAuslR 1985, 276.
149 BVerwGE 71, 175 (179 f.) = EZAR 200 Nr. 13 = NVwZ 1985, 913 = InfAuslR 1985, 241; siehe auch BVerfG, NVwZ 2008, 643 (645).
150 BVerwG, EZAR 201 Nr. 21 = NVwZ 1991, 377 (378).

Darüber hinaus knüpft der geforderte Zusammenhang zwischen Verfolgung und Flucht an die im Herkunftsland **unmittelbar drohende** Verfolgung an (Art. 4 Abs. 4 RL 2004/83/EG).[151] Die Frage, ob ein Zusammenhang zwischen Verfolgung und Flucht aus dem Heimatland besteht, lässt sich nicht aufgrund einer allgemeinen Lebenserfahrung beantworten, sondern nur in Würdigung des jeweils vorgefundenen konkreten Lebenssachverhaltes.[152] So kann es z. B. sein, dass sich nach Aufhebung eines Freispruchs die Bedrohungslage erneut aktualisierte.[153] Hat der Antragsteller für die Vergangenheit eine erlittene oder ihm drohende Verfolgung glaubhaft gemacht, ist seine (fortwirkende) Verfolgungsfurcht grundsätzlich begründet. 63

Für die Anwendung der Vermutungswirkung kommt es nach Art. 4 Abs. 4 RL 2004/83/EG nicht auf die Situation vor der Ausreise an. Maßgebend ist allein die im Entscheidungszeitpunkt maßgebende Tatsache der Verfolgung. Reist der Antragsteller aus, ohne interne Ausweichmöglichkeiten zu suchen, bleibt die Vermutungswirkung der Vorverfolgung bestehen (§ 19 Rdn. 4). Die Rechtsprechung hat ihren einerseits auf den Fluchtzeitpunkt und andererseits auf den Entscheidungszeitpunkt beruhenden zweistufigen Prognosemaßstab an die unionsrechtliche Situation angepasst und wendet den internen Schutzeinwand nur noch im Rahmen der Verfolgungsprognose an.[154] Die auf den Fluchtzeitpunkt abstellenden Grundsätze zur rückschauenden Prognose finden damit keine Anwendung mehr. 64

Die in der Vergangenheit liegende **Verfolgung in einem Drittstaat** führt grundsätzlich nicht zur Anwendung von Art. 4 Abs. 4 RL 2004/83/EG. Sie wird regelmäßig wesentliche Unterschiede zu den im Herkunftsland drohenden Verfolgungshandlungen aufweisen, weil sie in einem anderen Staat unter wesentlich abweichenden politischen Verhältnissen erfolgt ist. Etwas anderes kann in besonders gelagerten Ausnahmefällen allerdings dann gelten, wenn **mehrere Staaten** eine **bestimmte Volksgruppe**, die in jedem dieser Staaten ansässig ist, **gemeinsam handelnd** aus den gleichen Gründen verfolgen, oder wenn der Heimatstaat des Antragstellers und der Drittstaat einem **Blocksystem** angehören, in dem allgemein Angehörige einer Volksgruppe oder die Träger einer bestimmten politischen Überzeugung verfolgt werden.[155] 65

c) Reichweite der Vermutungswirkung

Die Rechtsprechung hatte früher die Nachweiserleichterung nicht angewandt, wenn Sachverhalte vorgetragen wurden, in denen **gelegentliche**, erkennbar **situationsbedingte** politische Proteste und Unmutskundgaben zur Verfolgung geführt haben. Hier liege ein dauerhafter »**latenter**« Gefährdungsgrund jedenfalls dann nicht vor, wenn nur der Eintritt ungewisser äußerer, mehr zufälliger Anstöße zu einer Wiederholung des die Verfolgung auslösenden Verhaltens führen könnte. Galten etwa frühere Verfolgungsmaßnahmen nicht einer fortdauernden politischen Überzeugung des Asylsuchenden, die ihn bei gegebenem Anlass erneut zur Offenbarung in Wort und Tat drängen kann, sondern einer aus einer konkreten Situation erwachsenen und auf sie beschränkten Protesthaltung, müsse zwar mit hinreichender Sicherheit ausgeschlossen werden können, dass die (beendete) Verfolgung wegen des in der Vergangenheit liegenden Anlasses wieder auflebe, doch bedürfe es des gleichen Maßstabes nicht auch für die vorausschauende Beurteilung, ob künftiges Verhalten des Asylsuchenden neue Repressalien nach sich ziehen könnte. Derlei situationsbedingte Verfolgungsgründe indizierten die Wiederholungsgefahr nicht.[156] 66

---

151 BVerfGE 74, 51 (64) = EZAR 200 Nr. 18 = NVwZ 1987, 311 = InfAuslR 1987, 56.
152 BVerwGE 71, 175 (180) = EZAR 200 Nr. 13 = NVwZ 1985, 913 = InfAuslR 1985, 241.
153 BVerfG, NVwZ 2008, 643 (645).
154 BVerwGE 133, 55 (65) = NVwZ 2009, 982 = EZAR NF 61 Nr. 4 = AuAS 2009, 115; BVerwG, NVwZ 2009, 1308 (1310) = EZAR NF 67 Nr. 6; Hessischer VGH, NVwZ-RR 2008, 828; siehe hierzu *Lehmann*, NVwZ 2007, 508 (513); *Marx*, InfAuslR 2008, 462.
155 BVerwGE 68, 106 (108) = EZAR 202 Nr. 2 = InfAuslR 1984, 87.
156 BVerwGE 65, 250 (253) = EZAR 200 Nr. 7 = NVwZ 1983, 160.

67 In derartigen Fällen unterstellte die Rechtsprechung eine Vorverfolgung, sodass zwar mit hinreichender Sicherheit ausgeschlossen werden musste, dass die abgeschlossene Verfolgung aus dem ihr zugrunde liegenden Anlass wieder auflebte. Mit hinreichender Sicherheit auszuschließen war jedoch nicht auch die Möglichkeit jeder denkbaren sonstigen Verfolgung.[157] Da das BVerwG diese Rechtsprechung nur dann anwandte, wenn Anlass der Vorverfolgung erkennbar situationsbedingte politische Proteste und Unmutsbezeugungen waren, kam sie von vornherein nicht zur Anwendung, wenn Anlass der Vorverfolgung eine gefestigte und nach außen erkennbar hervorgetretene politische Überzeugung war.[158]

68 Eine derartige Differenzierung der Vermutungswirkung in Abhängigkeit von der Art der Vorverfolgung kennt die Richtlinie nicht. Vielmehr knüpft die Beweiskraft an jede Verfolgungshandlung an, welche die Voraussetzungen von Art. 9 RL 2004/83/EG erfüllt.[159] Nur dann, wenn die Faktoren, welche die Furcht des Flüchtlings begründeten, dauerhaft beseitigt sind, die Veränderung der Umstände also erheblich und dauerhaft ist (Rdn. 58), ist die Vermutungswirkung entkräftet. Dies gilt aber für alle Vorverfolgungen unabhängig davon, ob sie dauerhafter oppositionellen oder lediglich gelegentlichen, erkennbar situationsbedingten politischen Protesten und Unmutskundgaben galten.

69 Die deutsche Rechtsprechung hatte darüber hinaus besondere Grundsätze erarbeitet, nach Maßgabe deren bestimmte Verfolgungstatbestände nicht zur Beweislastumkehr führten: Demjenigen, der aus Gründen, die **keinerlei Verknüpfung** mehr zu der früheren Vorverfolgung aufwiesen, die Rückkehr in sein Heimatland ablehne, sei es ebenso wie dem bisher in seiner Person noch nicht verfolgten Asylbewerber zumutbar, die fortwirkende Verfolgung glaubhaft zu machen.[160] Der innere Grund für die Herabstufung der an das Maß der Wahrscheinlichkeit der Verfolgung zu stellenden Anforderungen entfalle, wenn die in der Vergangenheit liegende Verfolgung sich wesentlich von den für die Zukunft befürchteten Nachstellungen unterscheide oder keinerlei Verbindung mit diesen aufweise, weil sich in diesem Fall die beendete Verfolgung nicht als wiederholungsträchtig erweise und daher kein erhöhtes Risiko auslöse.[161]

70 Der Gerichtshof hat in diesem Zusammenhang festgestellt, dass Art. 4 Abs. 4 Anwendung finde, wenn frühere Verfolgungshandlungen oder Bedrohungen mit Verfolgung vorlägen und eine Verknüpfung mit dem in diesem Stadium geprüften Verfolgungsgrund aufwiesen. Dies könne insbesondere der Fall sein, wenn der Flüchtling einen anderen Verfolgungsgrund als den für die Statuszuerkennung festgestellten geltend mache und er vor seinem ursprünglichen Asylantrag Verfolgungen oder Bedrohungen mit Verfolgung ausgesetzt gewesen sei, die aus diesem anderen Grund gegen ihn gerichtet gewesen seien, er diesen damals aber nicht geltend gemacht habe oder er nach dem Verlassen des Herkunftslandes Verfolgungen oder Bedrohungen mit Verfolgung aus dem genannten Grund ausgesetzt gewesen sei, und diese dort ihren Ursprung gehabt hätten.[162]

71 In dem Fall hingegen, in dem sich der Flüchtling auf den gleichen Verfolgungsgrund, wie den bei seiner Statuszuerkennung festgestellten, berufe und geltend mache, dass nach dem Wegfall der Tatsachen, aufgrund deren er als Flüchtling anerkannt worden sei, andere Tatsachen eingetreten seien, die eine Verfolgung aus den gleichen Gründen befürchten ließen, richte sich die vorzunehmende Prüfung normalerweise nicht nach Art. 4 Abs. 4, sondern nach Art. 11 Abs. 2 der Richtlinie.[163] Im Ergebnis ist zwischen der früheren deutschen Rechtsprechung und der Auffassung des Gerichtshofes

---

157 BVerwG, BayVBl. 1983, 507.
158 BVerwGE 65, 250 (253) = EZAR 200 Nr. 7 = NVwZ 1983, 160.
159 EuGH, InfAuslR 2010, 188 (192) = NVwZ 2010, 505 = AuAS 2010, 150, Rn. 92 – Abdullah.
160 BVerwGE 65, 250 (251 f.) = EZAR 200 Nr. 7 = NVwZ 1983, 160.
161 BVerwGE 68, 106 (108) = EZAR 202 Nr. 2 = NJW 1984, 1314 = InfAuslR 1984, 87, unter Hinweis auf BVerwGE 65, 250 (253) = EZAR 200 Nr. 7 = NVwZ 1983, 160.
162 EuGH, InfAuslR 2010, 188 (192) = NVwZ 2010, 505 = AuAS 2010, 150, Rn. 92 – Abdullah.
163 EuGH, InfAuslR 2010, 188 (192) = NVwZ 2010, 505 = AuAS 2010, 150, Rn. 92 – Abdullah.

ein Unterschied nicht festzustellen. Die Vermutungswirkung gilt nicht für die Berufung auf Verfolgungsgründe, die **keinerlei Verknüpfung** zu den früheren Verfolgungsgründen aufweisen, vorausgesetzt, sie lagen vor der Statuszuerkennung nicht vor. Lagen sie indes vor, wurde sie aber lediglich nicht geltend gemacht, findet die Vermutungswirkung Anwendung.

Die deutsche Rechtsprechung hatte es für die Anwendung des Vorverfolgtenmaßstabes genügen lassen, dass die Zielrichtung der künftigen Verfolgung identisch mit der Zielrichtung der früheren Verfolgung ist. Als nicht wiederholungsträchtig wurde deshalb eine frühere Gruppenverfolgung wegen Religionszugehörigkeit angesehen, wenn die Gefahr einer künftigen Einzelverfolgung nunmehr wegen politischer Aktivitäten zu beurteilen ist.[164] Hatte der Flüchtling sich jedoch vor der Ausreise nicht auf diese politischen Aktivitäten berufen, weil er im Blick auf die Gruppenverfolgung anerkannt wurde, kommt ihm die Vermutungswirkung des Art. 4 Abs. 4 der Richtlinie zugute (Rdn. 71).[165] Probleme dürften hier im Blick auf die nachträgliche erstmalige Geltendmachung früherer Verfolgungen auftreten. Dies betrifft aber das Widerrufs- und nicht das Asylverfahren und wird deshalb hier nicht weiter vertieft.[166] 72

Die Vermutungswirkung findet auch dann Anwendung, wenn bei einer **am Gedanken der Zumutbarkeit der Rückkehr ausgerichteten Betrachtung** ein innerer Zusammenhang zwischen erlittener Vorverfolgung und der mit dem Asylbegehren geltend gemachten Gefahr erneuter Verfolgung dergestalt besteht, dass bei der Rückkehr mit einem **Wiederaufleben der ursprünglichen Verfolgung** zu rechnen wäre **oder** nach den gesamten Umständen **typischerweise das erhöhte Risiko der Wiederholung einer gleichartigen Verfolgung** besteht.[167] Zur Feststellung einer derartigen Verknüpfung sind die **objektiven**, nach der Lebenserfahrung hierfür **typischerweise geeigneten Risikofaktoren** zu würdigen, insbesondere die fortbestehenden oder veränderten politischen und staatsrechtlichen Verhältnisse im Herkunftsland sowie die Gerichtetheit der erlittenen und befürchteten Verfolgungsmaßnahmen.[168] 73

Die Vermutungswirkung findet mithin dann keine Anwendung, wenn die frühere Verfolgung mit der nunmehr befürchteten Verfolgung keinerlei Verknüpfung aufweist. Dies ist nicht der Fall, wenn der Asylsuchende einen **einheitlichen Verfolgungsgrund** geltend macht. So begründen etwa exilpolitische Aktivitäten des Asylsuchenden sowohl aus seiner Sicht wie auch aus dem Blickwinkel der Behörden des Herkunftslandes einen einheitlichen Verfolgungsgrund, wenn sie nur die Fortsetzung seiner früheren politischen Aktivitäten im Heimatstaat darstellen. Das BVerwG hatte in diesem Fall die Frage, ob der Asylsuchende im Fall seiner Rückkehr in sein Herkunftsland Verfolgung zu befürchten hat, nach dem Maßstab beurteilt, der bei der Beurteilung anzulegen ist, ob die Gefahr einer Wiederholung bereits erlittener Verfolgung mit hinreichender Sicherheit ausgeschlossen werden kann.[169] Nach Art. 4 Abs. 4 der Richtlinie kommt es darauf an, ob der Asylsuchende wegen politischer Aktivitäten vorverfolgt war. Ist dies der Fall, greift die Vermutungswirkung und kommt es auf die Relevanz exilpolitischer Aktivitäten nicht an. 74

Wurde die früher erlittene Verfolgung durch ein quasi-staatliches Organ, etwa die palästinensische El-Fatah, ausgeübt, steht nach der Rechtsprechung die für die Zukunft befürchtete Verfolgung durch die Regierung in keinem inneren Zusammenhang mit der erlittenen Vorverfolgung. Es handele sich vielmehr um eine in ihrer Zielrichtung gerade entgegen gesetzte Verfolgung. Die früher erlittene Verfolgung indiziere in einem derartigen Fall kein erhöhtes Risiko für die jetzt befürchtete, 75

---

164 BVerwGE 85, 266 (267 f.) = NVwZ 1990, 1177 = EZAR 202 Nr. 9 = InfAuslR 1990, 337; BVerwG, NVwZ 1997, 1134 (1136) = DVBl. 1997, 908 = EZAR 200 Nr. 33 = AuAS 1997, 177.
165 EuGH, InfAuslR 2010, 188 (192) = NVwZ 2010, 505 = AuAS 2010, 150, Rn. 92 – Abdullah.
166 Siehe hierzu § 35 Rdn. 117 ff.
167 BVerwG, NVwZ 1997, 1134 (1135) = DVBl. 1997, 908 = EZAR 200 Nr. 33 = AuAS 1997, 177.
168 BVerwG, NVwZ 1997, 1134 (1135) = DVBl. 1997, 908 = EZAR 200 Nr. 33 = AuAS 1997, 177.
169 BVerwG, Buchholz 402.25 § 1 AsylVfG Nr. 23 = InfAuslR 1985, 276.

sondern bewirke eher das Gegenteil. Unter solchen Umständen sei der in Fällen ohne Vorverfolgung geltende Wahrscheinlichkeitsmaßstab anzuwenden.[170] Steht die Verfolgung durch die Regierung jedoch im Zusammenhang mit der Vorverfolgung durch den nichtstaatlichen Akteur, beruft sich etwa der Asylsuchende darauf, dass die Regierung ihn wegen vermuteter Zugehörigkeit zum nichtstaatlichen Akteur verfolgt, beruft er sich auf eine Verfolgung, die aus einem anderen Grund gegen ihn gerichtet war. In diesem Fall entfaltet die Vorverfolgung durch den nichtstaatlichen Akteur Vermutungswirkung hinsichtlich der drohenden Verfolgung durch die Regierung.[171]

§ 30 Verfolgungsprognose bei Gruppenverfolgungen

Übersicht   Rdn
1. Beweisrechtliche Funktion des Begriffs der Gruppenverfolgung   1
2. Begriff der »gruppengerichteten Verfolgung«   8
3. Voraussetzungen der »gruppengerichteten Verfolgung« 14
   a) Erfordernis der Verfolgungsdichte 14
   b) Anforderungen an die Verfolgungsschläge 23
   c) Staatliche Gruppenverfolgung 29
4. Anlassgeprägte Einzelverfolgung 32
   a) Begriff der anlassgeprägten Einzelverfolgung 32
   b) Heuristische Funktion der Referenzfälle 38
5. Verfolgungsprognose 45
   a) Anforderungen an die Feststellung der Prognosetatsachen 45
   b) Prognosekriterien 57

1. Beweisrechtliche Funktion des Begriffs der Gruppenverfolgung

1   In der Staatenpraxis sind für Verfolgungen, die sich nicht nur lediglich auf einzelne Personen, sondern auf Gruppen von Personen beziehen, besondere Prognosegrundsätze herausgebildet worden. Nach dem Handbuch von UNHCR bezieht sich die Feststellung der Flüchtlingseigenschaft zwar normalerweise jeweils nur auf einen Einzelfall. Es gebe jedoch Fälle, in denen ganze Gruppen unter Umständen vertrieben würden, aus denen geschlossen werden könne, dass jedes einzelne Mitglied der Gruppe als Flüchtling anzusehen sei. In solchen Fällen werde Hilfe äußerst dringend erforderlich und es sei oft nicht möglich, bei jedem einzelnen Antragsteller die Feststellung der Flüchtlingseigenschaft gesondert durchzuführen.[172]

2   In solchen Fällen bediene man sich in der Staatenpraxis des »**Gruppenverfahrens**« (»**group determination**«) zur Feststellung der Flüchtlingseigenschaft, nach der jedes Mitglied der verfolgten Gruppe **prima facie** – d. h. sofern keine gegenteiligen Hinweise vorlägen – als Flüchtling angesehen werde. Nach UNHCR haben gruppengerichtete Verfolgungsphänomene damit beweiserleichternde Grundsätze im Rahmen der Verfolgungsprognose zur Folge. Die bloße Zugehörigkeit zu einer verfolgten Gruppe kann genügen, um die Flüchtlingseigenschaft zuzuerkennen, sodass die Feststellung individual bezogener Verfolgungsrisiken entbehrlich wird. In der Literatur wird diese »group determination« dementsprechend als Verzicht auf das Erfordernis des »**singling out of the individual**« bezeichnet.[173]

3   Im Vorschlag der Kommission wurde dieses Phänomen in Art. 11 Abs. 2 Buchst. c), dem Vorbild von Art. 9 RL 2004/83/EG, als ein verfahrensrechtlicher Merkposten für die Feststellungsbehörde

---

170 BVerwG, EZAR 630 Nr. 22.
171 EuGH, InfAuslR 2010, 188 (192) = NVwZ 2010, 505 = AuAS 2010, 150, Rn. 97 f. – Abdullah.
172 *UNHCR*, Handbuch über Verfahren und Kriterien zur Feststellung der Flüchtlingseigenschaft, Rn. 44.
173 *Crawford/Hyndman*, International Journal of Refugee Law 1989, 155 (160); *Goodwin-Gill/McAdam*, The Refugee in International Law, S. 129.

neben anderen aufgelistet, wonach es unerheblich sei, »ob der Antragsteller aus einem Land kommt, in dem viele oder alle Menschen der Gefahr allgemeiner Unterdrückung oder Gewalt ausgesetzt sind.«[174] Es sei zu berücksichtigen, dass Flüchtlinge mitunter in großer Zahl aus Regionen fliehen würden, in denen es in weiten Teilen zu Unterdrückung und Gewalt komme. Diese Personen hätten Anspruch darauf, als Flüchtling anerkannt zu werden, wenn ihre begründete Furcht vor Verfolgung im Wesentlichen auf einen der Verfolgungsgründe zurückzuführen sei. Nur wenn keiner dieser fünf Gründe in einem engen Zusammenhang zur Furcht vor Verfolgung stehe, komme der subsidiäre Schutzstatus in Betracht.

Während der Beratungen über die Richtlinie wurde dieser Vorschlag nicht aufgegriffen. Dies bedeutet nicht, dass damit die Gruppenverfolgung nach Unionsrecht nicht anerkannt wäre. Vielmehr haben die Mitgliedstaaten, auch ohne dass es hierzu einer besonderen unionsrechtlichen Regelung bedürfte, die Konvention bei der Auslegung und Anwendung der Richtlinie zu beachten. Der EGMR hat in seiner neueren Rechtsprechung bei Gefährdungslagen für Gruppen den bislang restriktiv gehandhabten Maßstab der tatsächlichen Gefahr aufgelockert und für ausreichend erachtet, dass der Betroffene und seine Familie Ziel von Misshandlungen geworden waren, weil sie einer Minderheit angehörten und bekannt war, dass sie sich nicht schützen konnten.[175] Für ehemalige Mitglieder und Sympathisanten der Volksmudjaheddin bestehe im Iran die Gefahr, getötet oder misshandelt zu werden, sodass für Rückkehrer aus dem Camp Ashraf (Irak) ein tatsächliches Risiko der Verfolgung vorliege.[176]

4

Gegen Gruppen gerichtete Verfolgungsformen werden bei der Feststellung der individuellen Verfolgungshandlung relevant und führen dazu, dass im Rahmen der Verfolgungsprognose erleichterte Grundsätze zugunsten des Antragstellers Anwendung finden. Darauf weist auch das BVerwG hin, wenn es feststellt, dass der objektive äußere Zusammenhang zwischen Verfolgung und Ausreise umso mehr schwinde, je länger der Asylsuchende nach erlittener Gruppenverfolgung im Land verbleibe.[177] Bei der Gruppenverfolgung handelt es sich damit nicht um eine besondere Rechtsdoktrin, sondern um eine besondere, häufig sogar typische Verfolgungsform, wenn die Verfolger auf die Rasse, Religion, Nationalität, politische Überzeugung oder Zugehörigkeit zu einer bestimmten sozialen, kulturellen oder wirtschaftlichen Klasse zielen, die als tatsächliches Moment im Rahmen der Verfolgungsprognose zu berücksichtigen ist. Allerdings werden die hierzu entwickelten Beweisgrundsätze – wie üblicherweise bei derartigen Phänomenen – häufig zu starr gehandhabt und musste deshalb das BVerfG auf die verfahrensrechtliche Verpflichtung zum heuristischen Umgang mit dieser Frage hinweisen.

5

Ausgangspunkt der deutschen Rechtsprechung ist die asylrechtliche **Individualkonzeption**: Nur derjenige ist Flüchtling, der selbst in seiner Person Verfolgung aus Gründen der Konvention erlitten hat, weil ihm in Anknüpfung an Konventionsmerkmale **gezielt** intensive Rechtsgutverletzungen zugefügt werden. Es kommt damit stets darauf an, dass der Asylsuchende **individuell für seine Person** Verfolgung befürchten muss.[178] Nichts anderes gilt im Ausgangspunkt für gruppengerichtete Verfolgungen. Begründete Furcht vor Verfolgung kann sich aus gegen den Einzelnen selbst gerichteten Maßnahmen des Verfolgers ergeben. Eigene Verfolgung kann auch dann zu bejahen sein, wenn solche Maßnahmen den Betroffenen noch nicht ereilt haben, ihn aber – weil der Verfolger ihn bereits im Blick hat – demnächst zu ereilen drohen. Damit hat es jedoch nicht sein Bewenden. Vielmehr kann sich die Gefahr eigener Verfolgung eines Asylsuchenden auch aus gegen Dritte gerichteten

6

---

174 Kommissionsentwurf, 12.09.2001 – KOM(2001)510, S. 54.
175 EGMR, InfAuslR 2007, 223 (225) – Salah Sheekh.
176 EGMR, InfAuslR 2010, 47 (49) Rn. 83 – Abdolkhani und Karimnia, mit Hinweis auf EGMR, InfAuslR 2007, 223 (225) – Salah Sheekh.
177 BVerwG, EZAR 201 Nr. 21 = NVwZ 1991, 377 (378).
178 BVerwGE 85, 139 (145) = EZAR 202 Nr. 18 = NVwZ 1990, 1175 = InfAusR 1990, 312; 89, 162 (168); BVerwG, EZAR 202 Nr. 13; BVerwG, InfAuslR 1989, 348.

Maßnahmen ergeben, wenn diese Dritten wegen eines Konventionsgrundes verfolgt werden, den er mit ihnen teilt, und wenn er sich mit ihnen in einer nach Ort, Zeit und Wiederholungsträchtigkeit vergleichbaren Lage befindet und deshalb seine eigene bisherige Verschonung von Verfolgung als eher zufällig anzusehen ist. In einer solchen Lage kann die Gefahr eigener politischer Verfolgung auch aus **fremdem Schicksal** abgeleitet werden.[179]

7 Die historische und zeitgeschichtliche Erfahrung lehrt, dass für den Einzelnen die Gefahr, selbst verfolgt zu werden, umso größer und – hinsichtlich ihrer Aktualität – um so unkalkulierbarer ist, je weniger sie von individuellen Umständen abhängt oder geprägt ist und je mehr sie unter Absehung hiervon überwiegend oder ausschließlich an **kollektive**, dem Einzelnen **unverfügbare Merkmale** anknüpft. Sieht der Verfolger von individuellen Momenten gänzlich ab, weil seine Verfolgung der durch das gemeinsame Merkmal gekennzeichneten Gruppe als solcher und damit grundsätzlich **allen** Gruppenmitgliedern gilt, kann eine **solche Gruppengerichtetheit der Verfolgung** dazu führen, dass jedes Mitglied der Gruppe im Verfolgerstaat eigene Verfolgung jederzeit gewärtig sein muss.[180] Diese Grundsätze sind auch bei der Anwendung der Qualifikationsrichtlinie zu beachten.[181]

2. Begriff der »gruppengerichteten Verfolgung«

8 Das BVerfG hat den in der fachgerichtlichen Rechtsprechung vorher entwickelten Begriff der »Gruppenverfolgung«[182] zunächst nicht verwendet, sondern hat an seine Stelle den Begriff der »**gruppengerichteten Verfolgung**«[183] gesetzt und erst im Anschluss daran den Begriff der Gruppenverfolgung benutzt.[184] Bevor das BVerwG den Begriff der »Gruppenverfolgung« entwickelt hatte, hatte es bereits darauf hingewiesen, dass das Vorhandensein einer für die Behörden möglicherweise noch nicht erkennbar in Erscheinung getretenen politischen Überzeugung eine Verfolgungsgefahr ernstlich befürchten lassen könne, wenn im Heimatstaat Träger dieser Überzeugung Verfolgung erleiden würden.[185] Diese Entscheidung betraf freilich einen Asylsuchenden, der im Aufnahmeland auf Verfolgungen in seinem Herkunftsland gegen Mitglieder seiner politischen Organisation hingewiesen hatte, ohne vor seiner Ausreise bereits selbst von gruppengerichteten Verfolgungen betroffen gewesen zu sein. Bereits die frühere Rechtsprechung maß damit dem Gesichtspunkt der Gruppenverfolgung Bedeutung im Rahmen der Prognoseentscheidung zu.[186]

9 Unter welchen Voraussetzungen von einer gruppengerichteten Verfolgung bei **unmittelbarer staatlicher Verfolgung** auszugehen ist, hat das BVerfG weder in seiner grundlegenden Entscheidung zu gruppengerichteten Verfolgungsmaßnahmen[187] noch später[188] entschieden. In Ansehung nichtstaatlicher Verfolgung wird jedenfalls vorausgesetzt, dass Gruppenmitglieder Rechtsgutbeeinträchtigungen erfahren müssen, aus deren Intensität und Häufigkeit jedes einzelne Gruppenmitglied die begründete Furcht herleiten können muss, selbst alsbald Opfer solcher Verfolgungsmaßnahmen zu werden.[189] Ausdrücklich verwendet das BVerfG in diesem Zusammenhang den Begriff der »**unmittelbaren Betroffenheit des Einzelnen**« wegen gerade auf ihn zielender Verfolgungen, neben den es

---

179 BVerfGE 83, 216 (230 f.) = EZAR 202 Nr. 20 = NVwZ 1991, 768 = InfAuslR 1991, 200.
180 BVerfGE 83, 216 (233 f.) = EZAR 202 Nr. 20 = NVwZ 1991, 768 = InfAuslR 1991, 200.
181 BVerwG, NVwZ 2009, 1237 = InfAuslR 2009, 315 = EZAR NF 60 Nr. 12; *Hoppe*, ZAR 2010, 165 (166).
182 BVerwGE 67, 314 (315); 70, 232 (233); 71, 175 (176); BVerwGE 88, 367 (367) = EZAR 202 Nr. 21 = NVwZ 1992, 578 = InfAuslR 1991, 363; BVerwG, NVwZ 1986, 485.
183 BVerfGE 83, 216 (232) = EZAR 202 Nr. 20 = NVwZ 1991, 768 = InfAuslR 1991, 200.
184 BVerfGE 83, 216 (234) = EZAR 202 Nr. 20 = NVwZ 1991, 768 = InfAuslR 1991, 200.
185 BVerwGE 55, 82 (85) = EZAR 201 Nr. 3 = NJW 1978, 2463 = DVBl. 1978, 883.
186 BVerwG, EZAR 202 Nr. 12 = NVwZ 1988, 637 = InfAuslR 1988, 259; BVerwG, EZAR 631 Nr. 5.
187 BVerfGE 83, 216 (232) = EZAR 202 Nr. 20 = NVwZ 1991, 768 = InfAuslR 1991, 200.
188 BVerfG, InfAuslR 1991, 280 (282).
189 BVerfGE 83, 216 (232) = EZAR 202 Nr. 20 = NVwZ 1991, 768 = InfAuslR 1991, 200.

den Begriff der »gruppengerichteten Verfolgungen« stellt.[190] Daraus hat das BVerwG geschlossen, der Begriff der Gruppenverfolgung sei lediglich ein Hilfsmittel, um aus Maßnahmen, die gegen die Gruppe als solche gerichtet seien, auf eine individuelle Verfolgungsbetroffenheit des Asylsuchenden zu schließen.[191]

Nach dem BVerfG stellen die »unmittelbare Betroffenheit des Einzelnen durch gerade auf ihn zielende Verfolgungsmaßnahmen ebenso wie die Gruppengerichtetheit der Verfolgung nur **Eckpunkte** eines durch **fließende Übergänge** gekennzeichneten Erscheinungsbildes politischer Verfolgung« dar.[192] Die Anknüpfung an die Gruppenzugehörigkeit bei Verfolgungen sei nicht immer eindeutig erkennbar. Oft trete sie nur als ein mehr oder minder deutlich im Vordergrund stehender, die Verfolgungsbetroffenheit mitprägender Umstand hervor, der – je nach Lage der Dinge – für sich allein noch nicht die Annahme der Verfolgung jedes einzelnen Gruppenmitglieds, wohl aber bestimmter Gruppenmitglieder rechtfertige, die sich in vergleichbarer Lage befänden. 10

Auch solchen Fällen im **Übergangsbereich** zwischen **anlassgeprägter Einzelverfolgung** und **gruppengerichteter Verfolgung** müsse Rechnung getragen werden, um das Phänomen von Verfolgungen sachgerecht zu erfassen.[193] Daraus folge, dass die gegenwärtige Gefahr einer Verfolgung für einen Gruppenangehörigen aus dem Schicksal anderer Gruppenmitglieder möglicherweise auch dann herzuleiten sei, wenn diese Referenzfälle es noch nicht rechtfertigten, vom Typus einer gruppengerichteten Verfolgung auszugehen. Hier wie da sei von Belang, ob **vergleichbares Verfolgungsgeschehen** sich in der Vergangenheit schon häufiger ereignet habe, ob die Gruppenangehörigen als Minderheit in einem Klima allgemeiner moralischer, religiöser oder gesellschaftlicher Verachtung leben müssten, das Verfolgungen wenn nicht gar in den Augen der Verfolger rechtfertigt, so doch tatsächlich begünstigt, und ob sie ganz allgemein Unterdrückungen und Nachstellungen ausgesetzt seien, auch wenn diese noch die Schwere einer Verfolgung erreicht hätten.[194] 11

Zur Identifizierung der individuellen Betroffenheit im Rahmen gruppengerichteter Verfolgungen knüpft das BVerfG an den vom BVerwG in Abgrenzung zur Gruppenzugehörigkeit geprägten Begriff der »**Einzelverfolgung wegen Gruppenzugehörigkeit**« an. Dieser sei **heuristisch** zu verwenden, um der vielgestaltigen Realität von Verfolgungen Rechnung zu tragen. Die begriffliche Aufbereitung der Erscheinungsformen von Verfolgung im Sinne ihrer sachgerechten Erfassung sei Aufgabe der Fachgerichte, die insbesondere auch darüber zu befinden hätte, ob Verfolgungen gegenüber Gruppenangehörigen bereits eine solche **Dichte** aufwiesen, dass bereits deshalb die Annahme einer jedes Gruppenmitglied einschließenden Gruppenverfolgung gerechtfertigt sei, oder ob eine Verfolgungsgefahr nicht für alle, wohl aber für den überwiegenden Teil oder nur für einige Gruppenangehörige begründet sei oder ob den Maßnahmen insoweit jeder Indizcharakter mangele. Zwar stehe den Fachgerichten hierbei ein gewisser Wertungsrahmen zu. Dieser rechtfertige es jedoch nicht, heuristische Begriffe losgelöst von ihrer Funktion zu verstehen und damit in einer Weise zu verselbstständigen, die erhebliche Gefährdungslagen außer Betracht lasse.[195] 12

Der Rechtsprechung des BVerfG ist mithin die Leitlinie zu entnehmen, zur rechtlichen Identifizierung von Verfolgungen, die an die Gruppenzugehörigkeit anknüpfen und deshalb als solche nicht immer eindeutig erkennbar sind, Erkenntnis leitende Vorgaben zu entwickeln, die es den Fachgerichten erleichtern sollen, aus der vielgestaltigen Realität gruppengerichtete Verfolgungen herauszufiltern. Die Begriffe der »anlassgeprägten Einzelverfolgung« einerseits sowie der »gruppengerichteten Verfolgung« andererseits sind mithin lediglich Erkenntnis fördernde Leitlinien, die jedoch nicht in 13

---

190 BVerfGE 83, 216 (233) = EZAR 202 Nr. 20 = NVwZ 1991, 768 = InfAuslR 1991, 200.
191 BVerwGE 89, 162 (168) = EZAR 202 Nr. 22 = NVwZ 1992, 582.
192 BVerfGE 83, 216 (233) = EZAR 202 Nr. 20 = NVwZ 1991, 768 = InfAuslR 1991, 200.
193 BVerfGE 83, 216 (233) = EZAR 202 Nr. 20 = NVwZ 1991, 768 = InfAuslR 1991, 200.
194 BVerfGE 83, 216 (233) = EZAR 202 Nr. 20 = NVwZ 1991, 768 = InfAuslR 1991, 200.
195 BVerfGE 83, 216 (234) = EZAR 202 Nr. 20 = NVwZ 1991, 768 = InfAuslR 1991, 200.

starre, die soziale Realität verfremdende Kategorien verselbstständigt werden dürfen. Methodologisch ist bei der Anwendung dieser Kategorien stets ihre Funktion zu beachten, nämlich die heuristische Erkenntnis spezifischer Gefährdungslagen im Blick auf die Bandbreite der vielgestaltigen sozialen Realität. Demgegenüber hat das BVerwG anknüpfend an seine frühere Rechtsprechung festgehalten, die heuristischen Vorgaben des BVerfG seien nicht dahin zu verstehen, dass neben die bisherigen Formen der Einzel- und Gruppenverfolgung eine dritte Kategorie asylerheblicher Verfolgungsbetroffenheit treten solle.[196]

3. Voraussetzungen der »gruppengerichteten Verfolgung«

a) Erfordernis der Verfolgungsdichte

14 Zentrale Voraussetzung der Gruppenverfolgung ist die Verfolgungsdichte. Die Gruppenmitglieder müssen Rechtsgutbeeinträchtigungen erfahren, aus deren Intensität und Häufigkeit jedes einzelne Gruppenmitglied die begründete Furcht herleiten kann, selbst alsbald Opfer solcher Verfolgungshandlungen zu werden. Dies wird vor allem bei »gruppengerichteten Massenausschreitungen« der Fall sein, die das ganze Land oder große Teile desselben erfassen, aber etwa auch dann, wenn unbedeutende oder kleine Minderheiten mit solcher Härte, Ausdauer und Unnachgiebigkeit verfolgt werden, dass jeder Angehörige dieser Minderheit sich ständig der Gefährdung an Leib, Leben oder persönlicher Freiheit ausgesetzt sieht.[197]

15 Um Gruppenverfolgungen von »anlassgeprägten Einzelverfolgungen« abzugrenzen, kommt es nach der Rechtsprechung des BVerfG darauf an, ob Verfolgungen gegen Gruppenangehörige bereits eine solche **Dichte** aufweisen, dass schon aus diesem Grunde die Annahme einer jedes Gruppenmitglied einschließenden Gruppenverfolgung gerechtfertigt ist, oder ob eine derartige Verfolgungsgefahr zwar nicht für alle, wohl aber für den überwiegenden Teil oder auch nur für einige Gruppenangehörige begründet ist.[198] Mit dem Begriff der »Dichte« weist das BVerfG unausgesprochen auf den bereits zuvor vom BVerwG entwickelten Begriff der »**Verfolgungsdichte**«[199] hin, den das BVerwG im Anschluss an die verfassungsgerichtliche Klarstellung weiter präzisiert hat.[200] Den Begriff Gruppenverfolgung hatte das BVerwG zunächst in Anlehnung an die verfassungsgerichtliche Rechtsprechung aus dem Jahr 1980 konkretisiert.[201] Damals hatte das BVerfG festgestellt, dass sich Verfolgungen, worauf bereits die Aufzählung der Fluchtgründe in Art. 1 A (2) GFK hinwiese, auch gegen Gruppen von Menschen richten könne, die durch gemeinsame Merkmale wie etwa Rasse, Religion oder politische Überzeugung verbunden seien.[202]

16 Nach der Rechtsprechung des BVerwG liegt eine Gruppenverfolgung vor, wenn – möglicherweise zeitlich begrenzt[203] – die Gruppe als solche Ziel einer Verfolgung ist, sodass im landesweiten, regionalen oder lokalen Bereich jedes einzelne Mitglied allein deswegen, weil es die gruppenspezifischen

---

196 BVerwGE 88, 367, (375) = EZAR 202 Nr. 21 = InfAuslR 1991, 363 = Buchholz 402.25 § 1 AsylVfG Nr. 146; BVerwG, Buchholz 402.25 § 1 AsylVfG Nr. 166.
197 BVerfGE 83, 216 (232) = EZAR 202 Nr. 20 = NVwZ 1991, 768 = InfAuslR 1991, 200; OVG Thüringen, EZAR NF 60 Nr. 8, S. 12 f.
198 BVerfGE 83, 216 (232) = EZAR 202 Nr. 20 = NVwZ 1991, 768 = InfAuslR 1991, 200.
199 BVerwG, EZAR 202 Nr. 15; BVerwGE 85, 139 (142); BVerwG, InfAuslR 2007, 33, 35 = NVwZ 2006, 1420 = AuAS 2006, 246.
200 BVerwGE 89, 162 (169) = EZAR 202 Nr. 22 = NVwZ 1992, 582; BVerwG, NVwZ 1993, 192; BVerwGE 96, 200 = EZAR 202 Nr. 25 = InfAuslR 1994, 424 = NVwZ 1995, 175; BVerwG, NVwZ 2009, 1237 = InfAuslR 2009, 315 = EZAR NF 60 Nr. 12.
201 BVerwGE 67, 314 (315) = EZAR 203 Nr. 1 = InfAuslR 1983, 326.
202 BVerfGE 54, 341 (358) = EZAR 200 Nr. 1 = NJW 1980, 2641.
203 BVerwGE 70, 232 (234 f.) = EZAR 202 Nr. 3 = NVwZ 1985, 281 = InfAuslR 1985, 48.

Merkmale aufweist, Verfolgung zu befürchten hat.[204] Der Begriff der Gruppenverfolgung ist anhand von **Pogromen** entwickelt worden, die sich gegen eine religiöse Minderheit richten, also gegen eine Vielzahl von durch gruppenspezifische Merkmale verbundenen Personen, die eben wegen dieser Merkmale insgesamt verfolgt werden.[205] Mit diesem Begriff werden schlagwortartig die tatsächlichen Voraussetzungen bezeichnet, unter denen anzunehmen ist, dass jedes Gruppenmitglied ohne Rücksicht auf seine persönliche Situation Verfolgung befürchten muss.[206]

Damit die Regelvermutung eigener Verfolgung grundsätzlich allen Gruppenangehörigen ohne Rücksicht darauf zugutekommen kann, ob sich die Verfolgungen in ihrer Person verwirklicht hatten, ist nach dem BVerwG erforderlich, dass jedes im Verfolgungsgebiet im Verfolgungszeitraum lebende Gruppenmitglied nicht nur möglicherweise, latent oder potenziell, sondern allein wegen dieser Gruppenzugehörigkeit aktuell gefährdet ist, weil den Gruppenangehörigen insgesamt Verfolgung droht. Eine derartige Annahme setze voraus, dass sich die Möglichkeit asylerheblicher Übergriffe gegen Gruppenmitglieder in einem bestimmten Verfolgungsgebiet zu einer erhöhten Gefährdungslage für die Gruppe insgesamt verdichte, wie dies beispielsweise im Zusammenhang mit Pogromen oder pogromähnlichen Aktionen angenommen werden könne.[207] 17

Die Verfolgungsdichte erfordere mithin in quantitativer Beziehung die Gefahr einer derartigen **Vielzahl von Eingriffshandlungen** im Verfolgungsgebiet, dass es sich hierbei nicht um vereinzelt bleibende individuelle Übergriffe oder um eine Vielzahl einzelner Übergriffe handele, sondern die Verfolgungshandlungen im Verfolgungszeitraum und Verfolgungsgebiet auf alle sich dort aufhaltenden Gruppenmitglieder zielten und sich in quantitativer wie qualitativer Hinsicht so ausweiten, wiederholen und um sich griffen, dass daraus für jeden Gruppenangehörigen nicht nur die Möglichkeit, sondern ohne Weiteres die aktuelle Gefahr eigener Betroffenheit entstehe, weil auch keine verfolgungsfreien oder deutlich weniger gefährdeten Zonen oder Bereiche vorhanden seien.[208] Auch wenn die Gruppenverfolgung regional begrenzt sein sollte, sei entscheidend, dass sie sich »in flächendeckenden Massenausschreitungen« äußere. Erst bei einer solchen Verfolgungsdichte sei die Erstreckung des Vorverfolgtenstatus auf grundsätzlich alle Gruppenmitglieder unabhängig von dem Nachweis bereits erlittener oder unmittelbar bevorstehender Verfolgung in eigener Person gerechtfertigt sei.[209] 18

Derartige »flächendeckende Massenausschreitungen« werden im Rahmen einer von nichtstaatlichen Akteuren ausgehenden Gruppenverfolgung nach der Rechtsprechung in der Regel erst bei Geschehnissen ähnlich einem Pogrom oder unter pogromähnlichen Verhältnissen angenommen werden können, weil nur dann die notwendige aktuelle Gefahr für alle Gruppenmitglieder besteht.[210] Eine vergleichbare quantitative und qualitative Verfolgungsdichte sei auch dann erforderlich, wenn es sich im Randgebiet eines Staates nicht um eruptive Ereignisse, sondern um lang andauernde »stille« Differenzen, gegenseitige Animositäten und Streitigkeiten zwischen verschiedenen ethnischen und religiösen Menschen handele. Ein derartiges »feindliches Klima« einschließlich möglicher Diskriminierungen oder Benachteiligungen der Bevölkerungsminderheit durch die Bevölkerungsmehrheit 19

---

204 BVerwG, EZAR 202 Nr. 15 = NVwZ-RR 1989, 502 = InfAuslR 1989, 248.

205 BVerwGE 89, 162 (168) = EZAR 202 Nr. 22 = Buchholz 402.25 § 1 AsylVfG Nr. 147.

206 BVerwGE 89, 162 (168) = EZAR 202 Nr. 22 = Buchholz 402.25 § 1 AsylVfG Nr. 147.

207 BVerwG, NVwZ-RR 1989, 502, unter Hinweis auf BVerwG, DVBl. 1985, 572, insoweit in BVerwGE 70, 232 nicht abgedruckt; BVerwG, InfAuslR 2007, 33, 35 = NVwZ 2006, 1420 = AuAS 2006, 246; BVerwG, NVwZ 2009, 1237 = InfAuslR 2009, 315 = EZAR NF 60 Nr. 12.

208 BVerwG, NVwZ-RR 1989, 502 = Buchholz 402.25 § 1 AsylVfG Nr. 105; bekräftigt BVerwG, Buchholz 402.25 § 1 AsylVfG Nr. 115; BVerwGE 85, 139 (143 f.); BVerwGE 89, 162 (168) = Buchholz 402.25 § 1 AsylVfG Nr. 147; BVerwG, EZAR 202 Nr. 3 = NVwZ 1992, 192 = Buchholz 402.25 § 1 AsylVfG Nr. 156.

209 BVerwGE 85, 139 (143 f.) = EZAR 202 Nr. 18 = NVwZ 1990, 1175 = InfAuslR 1990, 312.

210 BVerwGE 85, 139 (144); zur rechtlichen Bedeutung von Pogromen im Zusammenhang mit Gruppenverfolgungen s. schon BVerwGE 70, 232 (237); 71, 175 (175 f.); 74, 41 (43).

oder aber die allmähliche Assimilation ethnischer oder religiöser Minderheiten als Folge eines langfristigen Anpassungsprozesses könne nicht automatisch als Gruppenverfolgung angesehen werden und sei daher für sich genommen noch nicht relevant.[211]

20 Demgegenüber nimmt das BVerfG eine andere Akzentsetzung vor: Die Annahme begründeter Verfolgungsfurcht aufgrund gruppengerichteter Verfolgungen sei insbesondere bei gruppengerichteten Massenausschreitungen gerechtfertigt, die das ganze Land oder große Teile desselben erfasst.[212] Auf diese Klarstellung hat das BVerwG reagiert und festgestellt, dass die erforderliche Verfolgungsdichte nicht ausschließlich bei Geschehnissen ähnlich einem Pogrom zu bejahen sei. Vielmehr sei allein entscheidend, dass die die Angehörigen der Gruppe treffenden **Verfolgungsschläge** nach ihrer Intensität und Häufigkeit so **dicht** und **eng** gestreut fielen, dass bei objektiver Betrachtung für jedes Gruppenmitglied die Furcht begründet sei, selbst ein Opfer solcher Verfolgungsmaßnahmen zu werden.[213]

21 Eine derartige Verfolgungsdichte könne auch dann gegeben sein, wenn die Übergriffe von kleinen, gezielt und kontinuierlich handelnden Gruppen, etwa Banden oder radikalen Kommandos, in großer Zahl begangen würden.[214] Insoweit hat das BVerfG auf die Gruppenverfolgungen hingewiesen, die dadurch geprägt sind, dass unbedeutende oder kleine Minderheiten mit solcher Härte, Ausdauer und Unnachgiebigkeit verfolgt werden, dass zugunsten jedes Angehörigen dieser Minderheit von einer aktuellen Verfolgungsgefahr auszugehen sei.[215] Maßgebend für den Begriff der Verfolgungsdichte sei, dass die festgestellten Übergriffe gegen eine Minderheit generell jedes Mitglied dieser Gruppe zu jeder Zeit und an jedem Ort des Verfolgungsgebietes erreichen könnten und – negativ abgrenzend –, dass es sich nicht lediglich um einen lang andauernden Prozess der Verdrängung der Minderheit handele.[216]

22 Hatte das BVerwG früher offen gelassen, nach Maßgabe welcher Kriterien die erforderliche »Vielzahl von Angriffshandlungen« zu bestimmen ist,[217] hat es später festgestellt, lediglich eine »unbestimmte« Vielzahl« von Übergriffen reiche nicht aus. Vielmehr erfordere der Begriff der Verfolgungsdichte die Feststellung »einer so großen Vielzahl von asylrelevanten Übergriffen«, dass für jeden Angehörigen der Volksgruppe nicht nur potenziell und möglicherweise, sondern aktuell ein den Vergleichsfällen entsprechendes Verfolgungsschicksal drohe.[218] Dabei muss für jede Angriffshandlung festgestellt werden, dass sie an das die Gruppe kennzeichnende Merkmal anknüpft.[219]

b) Anforderungen an die Verfolgungsschläge

23 Nach dem BVerwG besteht zwischen der Größe der verfolgten Gruppe und den Anforderungen an die Intensität der Verfolgungsdichte eine Abhängigkeit: Um zu beurteilen, ob sich aus

---

211 BVerwGE 85, 139 (144) = EZAR 202 Nr. 18 = NVwZ 1990, 1175 = InfAuslR 1990, 312, unter Hinweis auf BVerfGE 81, 58 (67) = EZAR 203 Nr. 5 = NVwZ 1990, 514 = InfAuslR 1990, 74; zum Anpassungsdruck s. aber auch: BVerwGE 85, 266 = EZAR 202 Nr. 19 = InfAuslR 1990, 337; BVerwG, InfAuslR 1990, 211; zur fehlenden Relevanz der Übergriffe gegen Roma im Kosovo s. VGH Baden-Württemberg, AuAS 2010, 190.
212 BVerfGE 83, 216 (232) = EZAR 202 Nr. 20 = NVwZ 1991, 768 = InfAuslR 1991, 200.
213 BVerwG, NVwZ 1993, 192 = Buchholz 402.25 § 1 AsylVfG Nr. 156 = EZAR 202 Nr. 23, unter Hinweis auf BVerwG, Buchholz 402.24 § 1 AsylVfG Nr. 146, in BVerwGE 88, 367 insoweit nicht abgedruckt; bekräftigt BVerwG, NVwZ 1995, 175.
214 BVerwG, EZAR 202 Nr. 23.
215 BVerfGE 83, 216 (232) = EZAR 202 Nr. 20 = NVwZ 1991, 768 = InfAuslR 1991, 200.
216 BVerwG, Buchholz 402.24 § 1 AsylVfG Nr. 156 = EZAR 202 Nr. 23 = NVwZ 1993, 192.
217 BVerwGE 85, 139 (144 f.) = EZAR 202 Nr. 18 = NVwZ 1990, 1175 = InfAuslR 1990, 312; BVerwGE 86, 265 (269) = EZAR 202 Nr. 19 = NVwZ 1990, 1177 = InfAuslR 1990, 337; BVerwG, Buchholz 402.24 § 1 AsylVfG Nr. 105.
218 BVerwGE 96, 200 (203) = InfAuslR 1994, 424 = EZAR 202 Nr. 25 = NVwZ 1995, 175.
219 BVerwG, NVwZ 2009, 1237 (1238) = InfAuslR 2009, 315 = EZAR NF 60 Nr. 12.

Verfolgungsschlägen gegen einzelne Mitglieder einer Gruppe für jedes einzelne Gruppenmitglied eine beachtlich wahrscheinliche Verfolgungsgefahr ergebe, müssten Intensität und Anzahl aller Verfolgungen auch zur Größe der Gruppe in Beziehung gesetzt werden, »weil eine bestimmte Anzahl von Eingriffen, die sich für eine kleine Gruppe von Verfolgten bereits als bedrohlich erweise, gegenüber einer großen Gruppe vergleichsweise geringfügig erscheinen« könne.[220] Daher hat das BVerwG bei der vergleichsweise großen Gruppe der albanischen Volkszugehörigen aus dem Kosovo die bloße Feststellung »zahlreicher« oder »häufiger« Eingriffe für die Annahme einer Gruppenverfolgung nicht als ausreichend angesehen.[221]

Demgegenüber erfordere die »äußerst geringe Zahl von nur etwa 1300 syrisch-orthodoxen Christen im Tur Abdin« in der Türkei eine andere Betrachtungsweise. Wenn vor allem die muslimisch-kurdische Bevölkerung durch Schikanen, Drangsalierungen und Verbrechen in Form von Überfällen, Viehdiebstählen, Erpressungen, Entführungen bis hin zu Morden sowie Landnahmen starken Druck auf die christlichen Gemeinden ausübe und die syrisch-orthodoxen Christen aus ihren angestammten Dörfern vertreibe, wobei auch Überfälle und Raub an der Tagesordnung seien, ergebe sich indes bei einer derart kleinen Gruppe »auch ohne weitere Quantifizierung der Verfolgungsschläge ohne Weiteres die Nähe der Gefahr für jedes einzelne Gruppenmitglied«. Eine Gruppenverfolgung lasse sich »**nicht rein rechnerisch**« ermitteln. Vielmehr bedürfe es dazu wie bei der Individualverfolgung letztlich einer wertenden Betrachtung und seien auch Art und Intensität der festgestellten Übergriffe in die Wertung einzubeziehen.[222]

24

Die abnehmende Größe der Bezugsgruppe bewirkt damit eine Herabstufung der Prognosegrundsätze. Um die »Verfolgungsdichte« bestimmen zu können, kommt es nach der Rechtsprechung auf die **Relation der festgestellten Eingriffshandlungen** zur Größe der verfolgten Gruppe an.[223] Die zahlenmäßigen Grundlagen der gebotenen Relationsbetrachtungen zur Verfolgungsdichte seien nicht mit quasi naturwissenschaftlicher Genauigkeit festzustellen. Vielmehr reicht es aus, die »ungefähre Großenordnung der Verfolgungsschläge« zu ermitteln und sie in Beziehung zur Gesamtgruppe der von Verfolgung Betroffenen zu setzen. Bei unübersichtlicher Tatsachenlage und nur bruchstückhaften Informationen aus einem Krisengebiet darf auch aus einer Vielzahl von Einzelinformationen eine zusammenfassende Bewertung des ungefähren Umfangs der erheblichen Verfolgungsschläge und der Größe der verfolgten Gruppe vorgenommen werden. Auch für die Annahme einer erheblichen Dunkelziffer nicht bekannter Übergriffe müssen die Feststellungen zur Größenordnung der Gesamtheit der Anschläge aber in nachvollziehbarer und überprüfbarer Weise begründet werden.[224] Ausdrücklich hat das BVerwG nochmals klargestellt, dass ein Verzicht auf eine weitere Quantifizierung nur bei besonders kleinen Gruppen zulässig sei.[225]

25

Die als verfolgungsgefährdet angesehene kurdische Bevölkerung in den türkischen Notstandsprovinzen umfasse vier Millionen Personen.[226] Dass im Südosten der Türkei ungefähr 1.300 von insgesamt 12.000 Dörfern von den türkischen Sicherheitskräften zerstört worden seien, reiche nicht aus. Insoweit fehlten Feststellungen zum Anteil der verfolgten Personen in den Städten der Notstandsgebiete. Trotz der mit den Dorfzerstörungen verbundenen Begleitumstände wie Eigentumszerstörungen, Freiheitsberaubungen, Misshandlungen, Tötungen und Zwangsevakuierungen genüge der

26

---

220 BVerwG, Urt. v. 22.05.1996 – BVerwG 9 B 136.96, NVwZ 1996, 1116 (nur LS); BVerwGE 126, 243 (249 ff.) = EZAR NF 62 Nr. 8 = NVwZ 2006, 1420 = InfAuslR 2007, 33; BVerwG, NVwZ 2009, 1237 (1238) = InfAuslR 2009, 315 = EZAR NF 60 Nr. 12.
221 BVerwG, Urt. v. 22.05.1996 – BVerwG 9 B 136.96, NVwZ 1996, 1116 (nur LS).
222 BVerwG, Urt. v. 22.05.1996 – BVerwG 9 B 136.96, NVwZ 1996, 1116 (nur LS).
223 BVerwGE 101, 123 (126) = EZAR 202 Nr. 27 = NVwZ 1996, 1110.
224 BVerwG, NVwZ 2009, 1237 (1238) = InfAuslR 2009, 315 = EZAR NF 60 Nr. 12, mit Hinweis auf BVerwGE 96, 200 (213) = InfAuslR 1994, 424 = NVwZ 1995, 175 = EZAR 202 Nr. 25.
225 BVerwG, NVwZ 2009, 1237 (1238) = InfAuslR 2009, 315 = EZAR NF 60 Nr. 12.
226 BVerwGE 101, 123 (126) = EZAR 202 Nr. 27 = NVwZ 1996, 1110.

Hinweis auf 1.300 Dorfzerstörungen nicht. Es seien auch detaillierte Angaben dazu erforderlich, wie viele Personen von den unterschiedlich schweren Eingriffen in welchem Zeitraum betroffen gewesen seien. Bei den festgestellten »Eigentumszerstörungen« und »Zwangsevakuierungen« fehle eine Auseinandersetzung damit, ob und inwieweit diese Maßnahmen überhaupt die erforderliche Eingriffsintensität auswiesen.[227]

27 Da durch die Festlegung der verfolgten Gruppe die Personen bezeichnet werden, die im Regelfall beachtlich wahrscheinlich von Verfolgung betroffen sind, ist das Kriterium für die Bestimmung und Abgrenzung der Gruppe das Verfolgungsverhalten der Verfolger einschließlich etwaiger Pläne und Programme. Alle Personen, gegen die der Verfolger seine Verfolgung betreibt oder voraussichtlich betreiben wird, sind in die Gruppe einzubeziehen.[228] Kriterium für die Bestimmung und Abgrenzung der Gruppe, auf die die Verfolgung zielt und die darum von der Verfolgung betroffen ist, auch wenn die Voraussetzungen einer Gruppenverfolgung für die gesamte Gruppe noch nicht erfüllt sind, ist das **tatsächliche Verfolgungsgeschehen**.[229]

28 Alle Personen, gegen die die Verfolger – objektiv gesehen – ihre Verfolgung richten, sind in die Gruppe einzubeziehen. Das können sämtliche Träger eines den Verfolgern Anlass zur Verfolgung gebenden Merkmals, etwa einer bestimmten Ethnie oder Religion, also sämtliche des den Verfolgern insoweit missliebigen, ihnen zur Verfolgung veranlassenden Persönlichkeitsmerkmals sein.[230] In diesem Fall begründe bereits die Zugehörigkeit zu dieser Ethnie oder Religion **für sich allein** die Verfolgungsbetroffenheit.[231]

c) Staatliche Gruppenverfolgung

29 Die vom BVerfG offen gelassene Frage nach den Voraussetzungen von dem Staat unmittelbar zuzurechnenden Gruppenverfolgungen[232] beantwortet das BVerwG hinsichtlich der erforderlichen Verfolgungsdichte seiner Ansicht nach im Grundsatz nicht anders als bei Gruppenverfolgungen durch nichtstaatliche Akteure.[233] Erhebliche Unterschiede könnten sich aber im Blick auf die prinzipielle Überlegenheit staatlicher Machtmittel sowie daraus ergeben, dass die Annahme einer staatlichen Gruppenverfolgung voraussetze, dass mit ihr eigene staatliche Ziele – offen oder verdeckt – von eigenen staatlichen Organen oder durch eigens vom Staat dazu berufene oder doch autorisierte Kräfte durchgesetzt werden könnten.[234]

30 Im Unterschied zu Gruppenverfolgungen durch nichtstaatliche Akteure könne daher eine staatliche Gruppenverfolgung schon dann anzunehmen sein, wenn zwar »Referenz-« oder Vergleichsfälle durchgeführter Verfolgungen zum Nachweis einer jedem Gruppenmitglied drohenden »Wiederholungsgefahr« nicht im erforderlichen Umfang oder überhaupt (noch) nicht festgestellt werden könnten, aber hinreichend sichere Anhaltspunkte für ein staatliches **Verfolgungsprogramm** vorlägen, dessen Umsetzung bereits eingeleitet sei oder alsbald bevorstehe.[235] Wolle der Heimatstaat etwa ethnische oder religiöse Minderheiten physisch vernichten oder ausrotten oder aus seinem Staatsgebiet

---

227 BVerwGE 101, 123 (126 f.) = EZAR 202 Nr. 27 = NVwZ 1996, 1110.
228 BVerwG, NVwZ-RR 1996, 57 = InfAuslR 1995, 422 = AuAS 1995, 273.
229 BVerwGE 105, 204 (207) = NVwZ 1999, 308 = EZAR 203 Nr. 11 = AuAS 1998, 84 (LS).
230 BVerwG, NVwZ-RR 1996, 57 = InfAuslR 1995, 422 = AuAS 1995, 273; BVerwGE 105, 204 (207) = NVwZ 1999, 308 = EZAR 203 Nr. 11.
231 BVerwGE 105, 204 (207) = NVwZ 1999, 308 = EZAR 203 Nr. 11.
232 BVerfGE 83, 216 (232) = EZAR 202 Nr. 20 = InfAuslR 1991, 200 = NVwZ 1991, 768.
233 BVerwGE 96, 200 (203 f.) = InfAuslR 1994, 424 = NVwZ 1995, 175 = EZAR 202 Nr. 25.
234 BVerwGE 85, 139 (143) = EZAR 202 Nr. 18 = NVwZ 1990, 1175 = InfAuslR 1990, 312.
235 BVerwGE 96, 200 (204) = InfAuslR 1994, 424 = NVwZ 1995, 175 = EZAR 202 Nr. 25; BVerwG, InfAuslR 2007, 33 (35) = NVwZ 2006, 1420 = AuAS 2006, 246; OVG Thüringen, EZAR NF 60 Nr. 8, S. 11 f.

vertreiben, könne dies der Fall sein. In derartigen extremen Situationen bedürfe es nicht erst der Feststellung einzelner Vernichtungs- oder Vertreibungsschläge, um die beachtliche Wahrscheinlichkeit drohender Verfolgungen darzutun. Die allgemeinen Anforderungen an eine hinreichend verlässliche Prognose müssten allerdings auch dann erfüllt sein. »Referenzfälle« von Verfolgungen sowie ein »Klima allgemeiner moralischer, religiöser oder gesellschaftlicher Verachtung« seien auch dabei gewichtige Indizien für eine gegenwärtige Gefahr von Verfolgung.[236]

Mit dem Hinweis auf die physische Vernichtung oder Ausrottung von Minderheiten bezieht sich das BVerwG unausgesprochen auf die Rechtsprechung des BVerfG.[237] Zudem kann nach dem BVerwG der gehegte »pauschale Verdacht« separatistischer Aktivitäten gegenüber einer ganzen Volksgruppe – ebenso wie im Einzelfall der Verdacht der Trägerschaft eines asylerheblichen Merkmals – auf die ganze Volksgruppe durchschlagen und eine »Separatismus-Verfolgung« je nach den Umständen des Einzelfalles als »ethnische« Gruppenverfolgung erscheinen lassen.[238] Zwar werden bei staatlichen Verfolgungen die Anforderungen herabgestuft und wird eine Gruppenverfolgung bereits dann angenommen, wenn zwar »Referenzfälle« oder »Vergleichsfälle« durchgeführter Verfolgungen zum Nachweis einer jedem Gruppenmitglied drohenden »Wiederholungsgefahr« nicht feststellbar sind, aber »hinreichend sichere Anhaltspunkte für ein staatliches Verfolgungsprogramm« vorliegen, dessen Umsetzung bereits eingeleitet ist oder alsbald bevorsteht. Das Erfordernis des »staatlichen Verfolgungsprogramms« ist ein Kriterium, das die Prognoseentscheidung erleichtert, aber nicht zwingend vorgeschrieben ist.

4. Anlassgeprägte Einzelverfolgung

a) Begriff der anlassgeprägten Einzelverfolgung

Das BVerfG hat den Begriff der »anlassgeprägten Einzelverfolgung« aus der Erkenntnis entwickelt, dass die Anknüpfung an die Gruppenzugehörigkeit bei Verfolgungen nicht immer eindeutig erkennbar ist. Oft tritt sie nur als ein mehr oder minder deutlich im Vordergrund stehender, die (individuelle) Verfolgungsbetroffenheit **mit**prägender Umstand hervor, der je nach Lage der Dinge für sich allein noch nicht die Annahme einer Verfolgung jedes einzelnen Gruppenmitglieds, wohl aber bestimmter Gruppenmitglieder rechtfertige, die sich in vergleichbarer Lage befänden. Auch solchen Fällen im Übergangsbereich zwischen »anlassgeprägter Einzelverfolgung und gruppengerichteter Verfolgung« müsse Rechnung getragen werden, um das Phänomen von Verfolgungen sachgerecht zu erfassen.[239] Daher könne die gegenwärtige Gefahr der Verfolgung für einen Gruppenangehörigen aus dem Schicksal anderer Gruppenmitglieder möglicherweise auch dann hergeleitet werden, wenn diese »Referenzfälle« es noch nicht rechtfertigten, vom Typus einer gruppengerichteten Verfolgung auszugehen.[240]

Diese vorgegebene Leitlinie hat dem BVerwG Anlass gegeben, klarstellend darauf hinzuweisen, dass die Ausführungen des BVerfG seiner Ansicht nach nicht so zu verstehen seien, dass neben die bisherigen Formen der Einzel- und Gruppenverfolgung eine dritte Kategorie asylerheblicher Verfolgungsbetroffenheit treten solle. Die vom BVerfG hervorgehobenen Gesichtspunkte seien vielmehr lediglich als gewichtige **Indizien** auf eine gegenwärtige Gefahr von Verfolgung von Bedeutung.[241]

---

236 BVerwGE 96, 200 (204), unter Hinweis auf BVerfGE 83, 216 (233); BVerwGE 88, 367 (376 ff.) = EZAR 202 Nr. 21 = NVwZ 1992, 578 = InfAuslR 1991, 363.
237 BVerfGE 80, 315 (340) = EZAR 200 Nr. 1 = NJW 1980, 2641.
238 BVerwGE 96, 200 (205) = EZAR 202 Nr. 25 = InfAuslR 1994, 424 = NVwZ 1995, 175, unter Hinweis auf BVerfG, InfAuslR 1994, 105 (108).
239 BVerfGE 83, 216 (233) = EZAR 202 Nr. 20 = InfAuslR 1991, 200 = NVwZ 1991, 768.
240 BVerfGE 83, 216 (233) = EZAR 202 Nr. 20 = InfAuslR 1991, 200 = NVwZ 1991, 768.
241 BVerwGE 88, 367 (375) = EZAR 202 Nr. 21 = NVwZ 1992, 578.

Auf die Maßgeblichkeit solcher Indizien habe das BVerwG wiederholt hingewiesen.[242] Dass sich allein mit Blick auf die vom BVerfG genannten Kriterien »Referenzfälle« und »Klima« ein Schutzanspruch nicht begründen lasse, zeige bereits die Überlegung, dass nahezu jeder Angehörige einer ethnischen, religiösen oder politischen Minderheit – insbesondere in Randgebieten eines Staates mit lang dauernden Differenzen zwischen ethnischen und religiösen Gruppen von Menschen – auf Referenzfälle von Verfolgungen sowie auf ein diese Verfolgung begünstigendes Klima allgemeiner moralischer, religiöser oder gesellschaftlicher Verachtung verweisen könne.[243]

34 Die Vielfalt möglicher Verfolgungsgefährdungen verbiete es andererseits, die Zugehörigkeit zu einer gefährdeten Gruppe allein deshalb unberücksichtigt zu lassen, weil die Gefährdung **unterhalb der Schwelle der Gruppenverfolgung** liege. Die Gefahr von Verfolgung, die sich für jemanden daraus ergebe, dass Dritte wegen eines Merkmals verfolgt würden, das auch er aufweise, könne von verschiedener Art seien: Die Verfolgungsakteure könnten von individuellen Merkmalen gänzlich absehen, die Verfolgung vielmehr ausschließlich gegen die durch das gemeinsame Merkmal gekennzeichnete Gruppe als solche und damit grundsätzlich gegen alle Gruppenmitglieder betreiben. Dann handele es sich um eine Gruppenverfolgung.[244] Das Merkmal, das seinen Träger als Angehörigen einer missliebigen Gruppe aufweise, könne für den Verfolger aber auch nur »**ein Element in seinem Feindbild**« darstellen, das die Verfolgung »**erst bei Hinzutreten weiterer Umstände**« auslöse. Das von den Verfolgern zum **Anlass** für eine Verfolgung genommene Merkmal sei dann ein mehr oder minder deutlich im Vordergrund stehender, die Verfolgungsbetroffenheit **mitprägender Umstand**, der für sich allein noch nicht die Annahme von Verfolgung jedes einzelnen Merkmalsträgers rechtfertige, wohl aber bestimmter unter ihnen, etwa solcher, die durch weitere Besonderheiten in den Augen des Verfolgers zusätzlich belastet seien.[245]

35 Der Umstand allein, dass ein Teil der Familie des Asylsuchenden noch im Herkunftsland verblieben ist und in wirtschaftlich gesicherten Verhältnissen lebt, lässt nach Ansicht des BVerfG indes nicht ohne Weiteres den Schluss zu, dass die Angehörigen des Asylsuchenden und er selbst für den Fall der Rückkehr nicht Gefahr laufen, Opfer einer Gruppenverfolgung zu werden.[246] Löst die Zugehörigkeit zu einer bestimmten Berufsgruppe oder zum Kreis der Vertreter einer bestimmten politischen Richtung, wie etwa die Lehrertätigkeit eines politischen Aktivisten einer politischen Partei, nicht bei jedem Gruppenangehörigen unterschiedslos und ungeachtet sonstiger Besonderheiten, sondern – jedenfalls in manchen Fällen – nur nach Maßgabe weiterer individueller Besonderheiten die Verfolgung des Einzelnen aus, so könne eine »**Einzelverfolgung wegen Gruppenzugehörigkeit**« vorliegen.[247]

36 In einem solchen Fall ist es mithin unschädlich, dass ein Asylsuchender eine auf individuell in seiner Person liegenden Umständen und Besonderheiten bevorstehende Einzelverfolgung darlegt, wenn er die die Verfolgungsgefahr auslösenden Umstände zugleich mit weiteren Personen teilt.[248] Allerdings bereite die **rechtliche** Einordnung von **tatsächlichen** Gefährdungslagen zwischen anlassgeprägten Einzelverfolgungen und gruppengerichteten Verfolgungen insofern Schwierigkeiten, als das BVerfG mit der von ihm geforderten »Ausreise wegen bestehender oder unmittelbar drohender Verfolgung«

---

242 BVerwGE 88, 367 (375) = EZAR 202 Nr. 21 = NVwZ 1992, 578, unter Hinweis auf BVerwGE 67, 195 (199) = EZAR 201 Nr. 5 = NVwZ 1983, 678, BVerwGE 65, 250 (252) = EZAR 204 Nr. 1 = InfAuslR 1982, 245 = NVwZ 1983, 328.
243 BVerwGE 88, 367 (375 f.) = EZAR 202 Nr. 21 = NVwZ 1992, 578.
244 BVerwG, DVBl. 1996, 623 (624) = AuAS 1996, 154.
245 BVerwG, DVBl. 1996, 623 (624) = AuAS 1996, 154.
246 BVerfG (Kammer), NVwZ-Beil. 1996, 41 = AuAS 1996, 101.
247 BVerwG, DVBl. 1996, 623 (624) = AuAS 1996, 154.
248 BVerwG, DVBl. 1996, 623 = AuAS 1996, 154.

Voraussetzungen normiert habe, die in den Fällen des nunmehr von ihm betonten »Übergangsbereichs« gerade nicht erfüllt seien.[249]

Den so entstandenen Schwierigkeiten versucht das BVerwG mithilfe der Zumutbarkeitsformel im Rahmen der Anwendung der Prognosegrundsätze zu begegnen.[250] Insoweit hat das BVerfG, um der vielgestaltigen sozialen Realität, in der gruppengerichtete Verfolgungen stattfinden, gerecht zu werden und erhebliche Gefährdungslagen zu erfassen, den heuristischen Begriff »Referenzfälle« entwickelt. Wesentlich ist dabei die Funktion des Begriffs der »anlassgeprägten Einzelverfolgung«: Besteht bei der Gruppenverfolgung die erhebliche Gefahr, dass **alle** Gruppenangehörigen von Verfolgungshandlungen betroffen sind, droht diese Gefahr im Fall der anlassgeprägten Einzelverfolgung »noch nicht« jedem einzelnen Gruppenmitglied, wohl aber bestimmten Gruppenmitgliedern, die sich in vergleichbarer Lage befinden.[251] Den hierbei auftretenden Problemen kann mit den heuristischen Begriffen »Referenzfälle« und »Einzelverfolgung wegen Gruppenzugehörigkeit« in angemessener Weise begegnet werden. 37

b) Heuristische Funktion der Referenzfälle

Das BVerfG sieht in »Referenzfällen« heuristische Hilfsmittel, um die gegenwärtige Gefahr von Verfolgungen für einen Gruppenangehörigen festzustellen: Auch wenn die festgestellten Referenzfälle für »tatsächlich bestehende Gefährdungslagen« es noch nicht rechtfertigen, vom Typus einer gruppengerichteten Verfolgung auszugehen, könne aus ihnen doch eine gegenwärtige Gefahr von Verfolgung für bestimmte Gruppenangehörige herzuleiten sein. Hier wie dort ist von Belang, ob sich »vergleichbares Verfolgungsgeschehen« in der Vergangenheit schon häufiger ereignet habe, ob die Gruppenangehörigen als Minderheit in einem »Klima allgemeiner moralischer, religiöser oder gesellschaftlicher Verachtung leben« müssten, das Verfolgungshandlungen wenn nicht gar in den Augen der Verfolger rechtfertige, so doch tatsächlich begünstige, und ob sie ganz allgemein Unterdrückungen und Nachstellungen ausgesetzt seien, mögen diese als solche auch noch nicht von einer Schwere sein, welche die Annahme einer Verfolgung begründe.[252] 38

»Referenzfällen« kommt damit die Funktion zu, individuelle Gefährdungslagen »anlassgeprägter Einzelverfolgung« zu identifizieren, welche **unterhalb** der Schwelle »gruppengerichteter Verfolgung« zu verorten sind. Kommt dort dem Begriff der »Verfolgungsdichte« eine verfahrensrechtliche Funktion zu, übernimmt hier der Begriff »Referenzfälle« diese Funktion. Dabei dürfen nach der Rechtsprechung des BVerfG die Anforderungen an das Vorliegen von Verfolgungen und deren Nachweis nicht überspannt werden.[253] Dies wäre etwa der Fall, wenn zwar die Voraussetzungen einer Gruppenverfolgung als »**noch nicht**« gegeben angesehen würden und bereits aus diesem Grunde die drohende Verfolgung eines Asylsuchenden, der von unmittelbar gegen ihn gerichteten Verfolgungen bislang verschont geblieben sei, verneint werde, ohne die gegebene »**allgemeine Gefahrenlage**« im Übrigen hinreichend gewürdigt zu haben. 39

Vielmehr sei auch zu berücksichtigen, dass die Verfolgungen, welche der Asylsuchende befürchte, nach ihrer Schwere die erforderliche Schwelle noch nicht erreichten. In diesem Fall müsse indes im Wege einer Gesamtbeurteilung erwogen werden, ob dieser wegen der Intensität, der Häufigkeit und des Erscheinungsbildes festgestellter Verfolgungen gegenüber anderen Gruppenangehörigen 40

---

249 BVerwGE 88, 367 (376f.) = EZAR 202 Nr. 21 = NVwZ 1992, 578, unter Hinweis auf BVerfGE 80, 315 (345) = EZAR 200 Nr. 1 = NJW 1980, 2641.
250 BVerwGE 88, 367 (377) = EZAR 202 Nr. 21 = NVwZ 1992, 578; BVerwG, Buchholz 402.25 § 1 AsylVfG Nr. 166.
251 BVerfGE 83, 216 (232f.) = EZAR 202 Nr. 20 = InfAuslR 1991, 200 = NVwZ 1991, 768.
252 BVerfGE 83, 216 (233) = EZAR 202 Nr. 20 = NVwZ 1991, 768 = InfAuslR 1991, 200.
253 BVerfGE 83, 216 (234) = EZAR 202 Nr. 20 = NVwZ 1991, 768 = InfAuslR 1991, 200.

gleichwohl begründete Verfolgungsfurcht haben könne.[254] Bezogen auf fachgerichtlich entwickelte Unterscheidungen liegt es nach dem BVerfG nahe, zur Erkenntnis von »vergleichbarem Verfolgungsgeschehen« den vom BVerwG in Abgrenzung zur Gruppenverfolgung geprägten Begriff der »Einzelverfolgung wegen Gruppenzugehörigkeit« zu Hilfe zu ziehen und ihn damit in einer Weise heuristisch zu verwenden, die der vielgestaltigen Realität von Verfolgungen Rechnung trägt.[255] Das BVerfG sieht in diesem Begriff damit neben dem Begriff »Referenzfälle« heuristische Hilfsmittel, die selbstständig nebeneinander im Rahmen der Prognoseprüfung Anwendung finden.

41   Bei der »Einzelverfolgung wegen Gruppenzugehörigkeit« werden aus bestimmten Anlässen einzelne oder einige Mitglieder aus einer Gruppe **herausgegriffen** und einer Verfolgung unterworfen. Die missliebige Gruppe als solche bleibt unverfolgt. Demgegenüber liegt eine Gruppenverfolgung dann vor, wenn die Gruppe als solche Ziel einer Verfolgung ist, sodass jedes einzelne Mitglied der Gruppe allein deswegen, weil es die gruppenspezifischen Merkmale besitzt, mit beachtlicher Wahrscheinlichkeit Verfolgung zu befürchten hat.[256] Die Besonderheit der Gruppenverfolgung liegt lediglich darin, dass die **Rückschlüsse** auf die individuelle Verfolgungsgefahr für den Asylsuchenden nicht oder nicht nur aus seinem persönlich erlittenen Schicksal, sondern aus Maßnahmen gegen eine ganze Gruppe gezogen werden, der der Asylsuchende angehört. Eine derartige Gruppenverfolgung ist von der »Einzelverfolgung wegen Zugehörigkeit zu einer bestimmten durch gemeinsame Merkmale verbundenen Gruppe von Menschen« zu unterscheiden.[257]

42   Dabei fordert das BVerwG den Nachweis, dass der Asylsuchende aus einem **bestimmten Anlass** aus einer Gruppe **herausgegriffen** werden muss. Es müsse **in jedem Einzelfall geprüft** werden, ob und in welcher Weise sich die gegen eine ganze Gruppe gerichteten Maßnahmen auf die Lebensführung des einzelnen Gruppenangehörigen auswirken würden.[258] Demgegenüber will das BVerfG die Figur der »Einzelverfolgung wegen Gruppenzugehörigkeit« lediglich als heuristisches Hilfsmittel angewandt wissen, um zugunsten eines nicht bereits durch unmittelbar gegen ihn gerichtete Verfolgungsmaßnahmen betroffenen Asylsuchenden aus dem Kriterium des »vergleichbaren Verfolgungsgeschehens« eine begründete Furcht vor individuellen Verfolgungsmaßnahmen abzuleiten.

43   In der obergerichtlichen Rechtsprechung wurde seinerzeit die Rechtsprechung des BVerwG als ungeeignet zur Problemlösung verworfen: Die begriffliche Abgrenzung begegne in ihrer konkreten Ausformung Bedenken. So stelle sich die Frage, ob es sich auch dort nur um eine »Einzelverfolgung wegen Gruppenzugehörigkeit« handeln solle, wo wahllos beliebige Gruppenmitglieder betroffen würden, alleiniger Anknüpfungspunkt für die Verfolgung also die Gruppenzugehörigkeit sei, es einer besonderen Hervorhebung innerhalb der Gruppe nicht bedürfe und somit jedes Mitglied der Gruppe von ihr betroffen sei.[259] Kennzeichen der »Einzelverfolgung wegen Gruppenzugehörigkeit« sei neben dem Betroffensein nur einzelner oder einiger Mitglieder der Gruppe die Auslösung der Verfolgung durch bestimmte Anlässe. Auch Pogrome oder pogromähnliche Aktionen würden indes nicht ohne Anlass ausbrechen. Fraglich bleibe mithin, wo die Grenze zu ziehen sei, wenn Vorgänge, die Anlass zu Einzelverfolgungen sein könnten, sich wie in Sri Lanka 1985 Tag für Tag ereigneten

---

254 BVerfGE 83, 216 (234 f.) = EZAR 202 Nr. 20 = NVwZ 1991, 768 = InfAuslR 1991, 200.
255 BVerfGE 83, 216 (233 f.) = EZAR 202 Nr. 20 = NVwZ 1991, 768 = InfAuslR 1991, 200, unter Hinweis auf BVerwGE 70, 232 (233 f.) = EZAR 202 Nr. 3 = NVwZ 1985, 281 = Inf-AuslR 1984, 48; BVerwGE 74, 31 (34); in BVerwGE 74, 31 (34) wird der Begriff der Einzelverfolgung wegen Gruppenzugehörigkeit jedoch nicht verwandt.
256 BVerwGE 70, 232 (233 f.) = EZAR 202 Nr. 3 = DVBl. 1985, 572 = DÖV 1985, 409 = Buchholz 402.25 § 1 AsylVfG Nr. 27.
257 BVerwGE 70, 232 (233); 74, 31 (34) = EZAR 202 Nr. 3 = DVBl. 1985, 572 = DÖV 1985, 409.
258 BVerwGE 74, 31 (34) = NVwZ 1986, 569 = EZAR 202 Nr. 7.
259 OVG Nordrhein-Westfalen, Urt. v. 15.02.1985 – 19 A 10163/84, abgedr.: *Marx*, AsylR II Nr. 36.6.

und von den srilankischen Sicherheitskräften auch Tag für Tag zum Anlass für Übergriffe genommen würden.²⁶⁰

Eine Gruppenverfolgung verwirkliche sich immer nur über eine Vielzahl von Einzelverfolgungen, sodass es im konkreten Fall eines zusätzlichen Kriteriums bedürfe, um festzustellen, ob eine »Einzelverfolgung wegen Gruppenzugehörigkeit« oder aber eine Einzelverfolgung als Teil einer Gruppenverfolgung vorliege.²⁶¹ Diese begrifflichen Schwierigkeiten dürften das BVerfG wohl dazu veranlasst haben, einer heuristischen Verwendung der Figur der »Einzelverfolgung wegen Gruppenzugehörigkeit« den Vorzug zu geben, um so die entscheidungserheblichen Indizien für eine begründete Furcht vor Verfolgung unterhalb der für die Gruppenverfolgung eingreifenden beweiserleichternden Regelvermutung feststellen zu können. Die Inhaltsbestimmung der heuristischen Hilfsmittel »Referenzfälle« und »Einzelverfolgung wegen Gruppenzugehörigkeit« kann letztlich aus deren Abgrenzung zum Begriff der »Verfolgungsdichte« getroffen werden. Jedoch hat die fachgerichtliche Rechtsprechung auch nach zwanzig Jahren den kreativen Ansatz des BVerfG nicht aufgegriffen.

5. Verfolgungsprognose

a) Anforderungen an die Feststellung der Prognosetatsachen

Die Rechtsprechung stellt hohe Anforderungen an die Feststellung von Prognosetatsachen bei Gruppenverfolgungen wie auch bei anlassgeprägten Einzelverfolgungen. Für beide Verfolgungsformen gelten insoweit dieselben Grundsätze. Nur die Übergriffe, Vorgänge, Repressalien, Verfolgungen und Bedrohungen, welche die Voraussetzungen einer Verfolgung erfüllen und zugleich auch an einen Verfolgungsgrund anknüpfen, dürfen nach der Rechtsprechung in die Prognosebasis eingestellt werden. Nur wenn auf der Basis der jeweils im Einzelnen anhand dieser Grundsätze ermittelten Tatsachen von einer gruppengerichteten oder anlassgeprägten Einzelverfolgung hinsichtlich der Personengruppe, welche der Antragsteller zuzuordnen ist, ausgegangen werden kann, finden im Einzelfall im Rahmen der Verfolgungsprognose beweiserleichternde Grundsätze Anwendung. In jedem Einzelfall muss sich mit anderen Worten die Summe der einzelnen Verfolgungen widerspiegeln.

Nur die nach den Grundsätzen des Regelbeweises (§ 108 Abs. 1 Satz 1 VwGO) festgestellten Tatsachen, welche die Merkmale einer Verfolgung erfüllen und an einen Verfolgungsgrund anknüpfen, werden in die Prognosebasis einbezogen. So hat das BVerwG festgestellt, dass trotz der mit den Dorfzerstörungen verbundenen Begleitumstände wie Eigentumszerstörungen, Freiheitsberaubungen, Misshandlungen, Tötungen und Zwangsevakuierungen lediglich der Hinweis auf 1.300 Dorfzerstörungen nicht genüge. Es fehlten insoweit auch detaillierte Angaben dazu, wie viele Personen von den unterschiedlich schweren Eingriffen in welchem Zeitraum betroffen gewesen seien. Im Blick auf die festgestellten »Eigentumszerstörungen« sowie »Zwangsevakuierungen« fehle darüber hinaus eine Auseinandersetzung damit, ob und inwieweit diese Maßnahmen überhaupt die erforderliche Eingriffsintensität aufwiesen.²⁶²

Zur Vermeidung von Missverständnissen weist das BVerwG allerdings darauf hin, dass die vom Berufungsgericht »als regelmäßige Begleiterscheinung der Zwangsevakuierung von Dörfern bezeichneten schwerwiegenden Eingriffe in Leib und Leben sowie übermäßige Freiheitsbeschränkungen **individuelle Verfolgung indizieren**, die ihrerseits nicht mit der Begründung verneint werden darf, die Zwangsräumungen dienten der Bekämpfung der PKK«.²⁶³ In diesem Zusammenhang rügte das BVerwG die Vorinstanz, weil diese im Hinblick auf die **Gerichtetheit des staatlichen Vorgehens** zwar davon ausgegangen sei, dass eine Gruppenverfolgung »wegen« der kurdischen Volkszugehörigkeit schon dann in Betracht komme, wenn sich die Übergriffe nach ihrem inhaltlichen Charakter

---

260 OVG Nordrhein-Westfalen, Urt. v. 15.02.1985 – 19 A 10163/84, abgedr.: *Marx*, AsylR II Nr. 36.6.
261 OVG Nordrhein-Westfalen, in: *Marx*, AsylR II Nr. 36.6.
262 BVerwGE 101, 123 (126 f.) = EZAR 202 Nr. 27 = NVwZ 1996, 1110.
263 BVerwGE 101, 123 (130) = EZAR 202 Nr. 27 = NVwZ 1996, 1110.

und ihrer äußerlich erkennbaren Gerichtetheit als Verfolgungen darstellten, welche maßgeblich auf einem »**pauschalen Verdacht** der Unterstützung separatistischer und terroristischer Aktivitäten der PKK oder gar einer Beteiligung hieran« beruhten. Die frühere Einschränkung, es sei zu prüfen, ob und inwieweit die staatliche Friedensordnung in dem Gebiet aufgehoben sei, in dem die vom Staat zur Erhaltung oder Wiedergewinnung seiner Einheit bekämpften separatistischen Gruppen agierten und eine Situation des offenen Bürgerkrieges oder eines Guerilla-Bürgerkrieges zu bewerten sei,[264] ist überholt (vgl. Art. 6 Buchst. c) RL 2004/83/EG, § 60 Abs. 1 Satz 4 AufenthG).

48   Da nach Art. 6 Buchst. c) RL 2004/83/EG Verfolgungen auch von nichtstaatlichen Akteuren ausgehen können, kommt es in diesem Zusammenhang nicht darauf an, ob diese im Rahmen eines Bürgerkrieges stattfinden. Vielmehr sind sämtliche Vorfälle, welche die Kriterien der Verfolgungshandlung (Art. 9 RL 2004/83/EG) erfüllen, in die Prognosebasis einzubeziehen. Dazu gehören darüber hinaus nicht nur unmittelbare Gefahren für Leib und Leben, sondern nach Maßgabe des Kumulationsansatzes (Art. 9 Abs. 1 Buchst. b) RL 2004/83/EG) sowie unter Berücksichtigung der Regelbeispiele (Art. 9 Abs. 2 RL 2004/83/EG) auch Diskriminierungen und andere Übergriffe, welche nicht die Merkmale eines klassischen Verfolgungseingriffs erfüllen.

49   Nach der Rechtsprechung des BVerfG sind sämtliche erheblichen Ereignisse in die Beurteilung der »Verfolgungsdichte« einzubeziehen.[265] Die hierauf aufbauende Prognose ist jedoch keine an den konkreten Umständen des Einzelfalles ausgerichtete, wie es der vom BVerwG verwendete Begriff der beachtlichen Wahrscheinlichkeit nahe legt. Nach dem BVerfG ist vielmehr lediglich danach zu fragen, ob das einzelne Gruppenmitglied aufgrund der festgestellten Verfolgungsdichte eine »begründete Furcht« hegen muss, selbst »**alsbald**« Opfer gruppengerichteter Verfolgungen zu werden. In der Sprache des BVerwG kommt es hingegen auf die aktuelle Gefährdung **jedes** einzelnen Gruppenmitgliedes an.[266] Eine lediglich »beträchtliche Anzahl« von »häufig gewalttätigen« Eingriffen reiche für die Annahme der erforderlichen Verfolgungsdichte nicht aus.[267]

50   Nunmehr hat das BVerwG klargestellt, die zahlenmäßigen Grundlagen der gebotenen Relationsbetrachtungen zur Verfolgungsdichte (Rdn. 25 f.) seien nicht mit quasi naturwissenschaftlicher Genauigkeit festzustellen. Es reiche vielmehr aus, die »ungefähre Größenordnung der Verfolgungsschläge« zu ermitteln und sie in Beziehung zur Gesamtgruppe der von Verfolgung Betroffenen zu setzen. Bei unübersichtlicher Tatsachenlage und nur bruchstückhaften Informationen aus einem Krisengebiet dürfe auch aus einer Vielzahl von Einzelinformationen eine zusammenfassende Bewertung des ungefähren Umfangs der erheblichen Verfolgungsschläge und der Größe der verfolgten Gruppe vorgenommen werden. Auch für die Annahme einer erheblichen Dunkelziffer nicht bekannter Übergriffe müssen die Feststellungen zur Größenordnung der Gesamtheit der Anschläge aber in nachvollziehbarer und überprüfbarer Weise begründet werden.[268]

51   Der Grund für den Ansatz des BVerwG ist in dem von ihm hergestellten zu starren Zusammenhang zwischen dem Begriff der aktuellen Gefährdung der einzelnen Gruppenmitglieder sowie dem Umfang der festzustellenden Fälle zu sehen, welche die Verfolgungsdichte begründen (Rdn. 23 ff.). Heuristische Begriffe sind Annahmen und Hypothesen, die fortentwickelt werden müssen. Sie bezeichnen Leitlinien für die Praxis, vorläufige Ergebnisse, die an einem spezifischen Zweck ausgerichtet sind, nämlich die Gewährung von Schutz für Personen, die aufgrund gemeinsam verbundener Merkmale von aktueller Verfolgung betroffen sind. Eine funktionsgerechte Anwendung

---

264   BVerwGE 101, 123 (127 f.) = EZAR 202 Nr. 27 = NVwZ 1996, 1110; siehe auch BVerwGE 101, 134 (136) = EZAR 203 Nr. 8 = InfAuslR 1996, 324 = NVwZ 1996, 1113.
265   BVerfG, InfAuslR 1994, 105 (108 f.); BVerfG, InfAuslR 1994, 156 (159).
266   BVerwGE 85, 139 (142) = EZAR 202 Nr. 18 = NVwZ 1990, 1175 = InfAuslR 1990, 1064.
267   BVerwGE 85, 139 (144) = EZAR 202 Nr. 18 = NVwZ 1990, 1175 = InfAuslR 1990, 1064; BVerwGE 96, 200 (206) = InfAuslR 1994, 424 (426).
268   BVerwG, NVwZ 2009, 1237 (1238) = InfAuslR 2009, 315 = EZAR NF 60 Nr. 12, mit Hinweis auf BVerwGE 96, 200 (213) = InfAuslR 1994, 424 = NVwZ 1995, 175 = EZAR 202 Nr. 25.

heuristischer Begriffe kann weder durch eine der »Fliegenbeinzählerei« Vorschub leistenden Feststellungspraxis noch durch eine zu starre Fixierung auf den Einzelfall gewährleistet werden.

Das BVerwG fordert im Blick auf die Ermittlung der für die Feststellung der Verfolgungsdichte und von Referenzfällen maßgebenden Prognosetatsachen für jeden einzelnen beobachteten Vorfall die Berücksichtigung der Zusammenhangsklausel (Rdn. 22, 45). Kann ein Zusammenhang der insoweit jeweils isoliert betrachteten einzelnen Übergriffe mit einem Verfolgungsgrund nicht festgestellt werden, bleiben sie unberücksichtigt. So ist z.B. bei den Übergriffen gegen Sunniten im Irak zwischen kriminellen Verbrechen, ungezielten terroristischen Anschlägen, die allein die Destabilisierung der Lage bezwecken, und solchen Übergriffen zu differenzieren, die an die Religionszugehörigkeit anknüpfen. Bei der erforderlichen Gesamtschau der Verfolgungssituation können nur an Verfolgungsgründe anknüpfende Anschläge berücksichtigt werden.[269] Derartige Übergriffe sind aber im Rahmen der »willkürlichen Gewalt« im Sinne des Art. 15 Buchst. c) RL 2004/83/EG zu berücksichtigen.[270]

52

Christliche Wehrpflichtige in der Türkei bilden z.B. eine »Untergruppe« der Gruppe der syrisch-orthodoxen Christen, deren Angehörige allein dadurch miteinander verbunden sind, dass sie wehrpflichtig sind. Die Furcht, während des Wehrdienstes »zwangsbeschnitten« zu werden, geschieht daher nicht wegen des gruppenspezifischen Merkmals der Wehrpflicht. Diese eröffnet lediglich die Möglichkeit, die einzelnen, jeweils zu unterschiedlichen Zeitpunkten an verschiedenen Orten einzuberufenden christlichen Wehrpflichtigen aus einem anderen Grunde, nämlich wegen ihrer Religion zu verfolgen. Aus diesem Grund hat in einem derartigen Fall jenseits einer begrifflichen Abgrenzung der Gruppenverfolgung die rechtliche Beurteilung allein bei der Frage anzusetzen, ob der Asylsuchende für seine Person mit guten Gründen befürchtet, während des Wehrdienstes zwangsbeschnitten zu werden.[271]

53

Ein Vorgehen der türkischen Sicherheitskräfte aus Anlass konkreter Aktionen der PKK könne nicht von vornherein mit einem Einschreiten gegen die kurdische Zivilbevölkerung wegen eines pauschalen Separatismusverdachtes gleichgesetzt werden. Hierzu bedürfe es tatrichterlicher Feststellungen und Bewertungen, ob und gegebenenfalls inwieweit übermäßige Reaktionen vorlägen, welche nur so erklärbar seien, dass der türkische Staat mit seinen Gegenmaßnahmen die kurdische Zivilbevölkerung überschießend unter den Druck brutaler Gegengewalt setze. Hierbei sei auch zu berücksichtigen, dass die Zwangsevakuierungen im Regelfall solche Dörfer beträfen, die von der PKK als Operations- und Versorgungsbasis genutzt würden und die meist am Rande des Rückzugsgebietes der PKK, insbesondere am Fuß hoher Berge lägen. Auch sei zu ermitteln, ob bei der Zwangsevakuierung von Dörfern auch völlig unverdächtige kurdische Bewohner durch asylerhebliche Maßnahmen in Mitleidenschaft gezogen würden.[272]

54

Anders als Dorfzerstörungen behandelt das BVerwG **Bombenterror**. Nach seiner Rechtsprechung unterscheiden sich die Feststellungen bei einem »überschießenden militärischen Vorgehen«, welches als Gegenterror qualifiziert werden könne, hinsichtlich der Qualität und Quantität der Verfolgungsschläge typischerweise nicht unerheblich von solchen Feststellungen zu einem Verfolgungsgeschehen, welche punktuell nur einzelne Mitglieder der Gruppe betreffe. Mit Rücksicht hierauf könne die Feststellung einer Vielzahl von militärischen Angriffen auf die Zivilbevölkerung, der wahllosen Bombardierung von Zivilobjekten, von Luftangriffen auf Tempel, Kirchen, Schulen und Krankenhäuser oder von häufigen Bombardierungen mit zahlreichen Opfern die erforderliche

55

---

269 BVerwG, NVwZ 2009, 1237 (1239) = InfAuslR 2009, 315 = EZAR NF 60 Nr. 12.
270 Siehe hierzu § 42 Rdn. 46 ff.
271 BVerwGE 89, 162 (168) = EZAR 202 Nr. 22 = NVwZ 1992, 582.
272 BVerwGE 101, 123 (129) = EZAR 202 Nr. 27 = NVwZ 1996, 1110.

Verfolgungsdichte eher belegen als etwa die Feststellung lediglich häufiger Übergriffe auf Einzelpersonen bei anderen Formen der Gruppenverfolgung.[273]

56 Auch diese Rechtsprechung bedarf der Überprüfung, da nach Unionsrecht keine monokausale Verknüpfung zwischen der Verfolgung und dem Verfolgungsgrund vollzogen wird. Vielmehr reicht es aus, dass ein oder mehrere Verfolgungsgründe einen »**wesentlichen beitragenden Faktor**« bei den Übergriffen gespielt haben (§ 20 Rdn. 1 ff.). Der oder die Verfolgungsgründe müssen jedoch nicht als einziger oder beherrschender Grund dargelegt werden.[274] Dabei dürfen dem Antragsteller keine unzumutbaren Darlegungslasten aufgebürdet werden, die Motivation der Verfolger nachzuweisen. Auf diese kommt es nicht maßgeblich an, sondern auf den Status, auf den die Verfolgung zielt. Es ist deshalb weniger die subjektive Absicht der Verfolger nachzuweisen, sondern darzulegen, dass bei den einzelnen Maßnahmen auch ein nach Art. 1 A Nr. 2 GFK geschützten Status von Bedeutung gewesen sein könnte.

b) Prognosekriterien

57 Die Ratio der Gruppenverfolgung besteht in der Anwendung beweiserleichternder Prognosegrundsätze. Die deutsche Rechtsprechung differenzierte in diesem Zusammenhang bislang in **rückschauende** und **Zukunftsprognose**. Die Funktion der rückschauenden Prognose bestand darin, Feststellungen zum **Vorverfolgtenstatus** zu treffen. Dies wurde bislang für erforderlich erachtet, um im Rahmen der Verfolgungsprognose beweiserleichternde Grundsätze anwenden zu können. Diese Grundsätze können nach Art. 4 Abs. 4 RL 2004/83/EG keine Anwendung mehr finden, da es danach auch bei gruppengerichteten Verfolgungen nur noch auf eine in die Zukunft gerichtete Betrachtung ankommen kann. Die Rechtsprechung hat dementsprechend den zweistufigen Prognosemaßstab aufgegeben und wendet den internen Schutzeinwand nur noch im Rahmen der Verfolgungsprognose an (§ 29 Rdn. 61).[275]

58 Für die Rechtsanwendungspraxis war früher von Bedeutung, ob die Gruppenverfolgung regionalen oder landesweiten Charakter hatte. Erstreckte sich die Gruppenverfolgung über das gesamte Land, fand die Regelvermutung für jeden Gruppenangehörigen Anwendung. Er war vorverfolgt ausgereist. Zu seinen Gunsten trat eine Beweislastumkehr ein. War die Gruppenverfolgung lediglich regional begrenzt, wirkte die Regelvermutung nur für die im so begrenzten Verfolgungsgebiet lebenden Gruppenangehörigen.[276] In diesen Fällen reist der von regionaler Verfolgung Betroffene nur dann als »Vorverfolgter« aus, wenn er in anderen Landesteilen nicht hinreichend sicher vor Verfolgung war oder ihm dort andere existenzielle Gefährdungen mit beachtlicher Wahrscheinlichkeit drohten.[277] Diese Rechtsprechung ist überholt (Rdn. 57). Zutreffend ist zwar, dass zunächst zu prüfen ist, welche Personengruppe im Herkunftsgebiet des Antragstellers von gruppengerichteten Verfolgungen betroffen ist. Ist der Antragsteller dieser zuzuordnen, findet im Rahmen der Verfolgungsprognose unabhängig von seiner Situation vor der Ausreise wie auch unabhängig von seinem Herkunftsort die Regelvermutung des Art. 4 Abs. 4 RL 2004/83/EG Anwendung.

59 Es ist im Rahmen der Verfolgungsprognose für die Feststellung der Verfolgungsgefahr ohne Bedeutung, ob die Gruppenverfolgung regionalen Charakter hat. Ist dies der Fall, sind interne Ausweichorte zu prüfen. Auch wenn der Herkunftsort des Antragstellers nicht mit dem Gebiet identisch ist, in dem die gruppengerichteten Verfolgungen stattfinden, findet die Vermutungswirkung Anwendung

---

273 BVerwG, EZAR 203 Nr. 10 = NVwZ-RR 1997, 742.

274 *UNHCR*, Auslegung von Art. 1 GFK, April 2001, Rn. 23.

275 BVerwGE 133, 55 (65) = NVwZ 2009, 982 = EZAR NF 61 Nr. 4 = AuAS 2009, 115; BVerwG, NVwZ 2009, 1308 (1310) = EZAR NF 67 Nr. 6; Hessischer VGH, NVwZ-RR 2008, 828; siehe hierzu *Lehmann*, NVwZ 2007, 508 (513); *Marx*, InfAuslR 2008, 462.

276 BVerwGE 70, 232 (234) = EZAR 202 Nr. 3 = NVwZ 1985, 281 = InfAuslR 1985, 48.

277 BVerfGE 80, 315 (343 f.) = EZAR 201 Nr. 20 = NVwZ 1990, 151 = InfAuslR 1990, 21 = EZAR 201 Nr. 20 = NVwZ 1990, 151 = InfAuslR 1990, 21; so noch OVG Thüringen, EZAR NF 60 Nr. 8, S. 17.

und ist anschließend der Ausweichort zu untersuchen. Dabei mag die Herkunft des Antragstellers eher für die Anwendung von Art. 8 RL 2004/83/EG sprechen, sofern dort wirksamer Schutz vor dem Zugriff der Verfolger besteht. Art. 4 Abs. 4 RL 2004/83/EG kann kein stillschweigender einschränkender Vorbehalt entnommen werden, dass bei regional begrenzter Verfolgung bzw. unmittelbar bevorstehender Verfolgungsgefahr nicht von einer begründeten Verfolgung auszugehen sei. Ob stichhaltige Gründe gegen die Begründetheit der Verfolgungsfurcht sprechen, ist davon abhängig, ob die Voraussetzungen des internen Schutzes vorliegen.

Denn es bleibt den Mitgliedstaaten freigestellt, den Status zu versagen, wenn in einem Teil des Staatsgebietes keine begründete Furcht vor Verfolgung besteht (Art. 8 Abs. 1 RL 2004/83/EG, § 19). Wendet der Mitgliedstaat das Konzept des internen Schutzes an, mag er darauf hinweisen, dass der Antragsteller das interne Schutzgebiet sicher erreichen kann und dort auch vor Verfolgung sicher (Art. 8 Abs. 1 RL 2004/83/EG) sowie unter Berücksichtigung der konkreten persönlichen Umstände des Antragstellers diesem dort der Aufenthalt zumutbar ist (Art. 8 Abs. 2 RL 2004/83/EG). Bei der Verfolgungsprognose ist die Gesamtheit des jeweiligen Staatsgebietes in den Blick zu nehmen. 60

Lässt sich der Sachverhalt in den entscheidungserheblichen Gesichtspunkten nicht vollständig aufklären, obliegt nach der Staatenpraxis der Behörde im Rahmen der Verfolgungsprognose die Beweislast dafür, dass der Antragsteller in zumutbarer Weise durch Ansiedlung außerhalb der Herkunftsregion die Verfolgung durch nichtstaatliche Akteure vermeiden kann (§ 19 Rdn. 120 ff.).[278] Geht die Verfolgung vom Staat oder von vergleichbaren Organisationen aus, trifft die Behörde im Regelfall die Beweislast, sodass bei Zweifeln am Bestehen eines wirksamen und angemessenen internen Schutzes dem Antrag stattzugeben ist. 61

---

278 US Court of Appeal, 1. Bezirk, (2001) US App. LEXIS 14261.

Kapitel 8 Nachfluchtgründe (Art. 5 RL 2004/83/EG)

Leitsätze
1. Eine Person kann aufgrund von objektiven Veränderungen im Herkunftsland zum Flüchtling »**sur place**« werden. Diese Personengruppe wird von Art. 5 Abs. 1 RL 2004/83/EG erfasst (§ 31 Rdn. 1 ff.). Sie kann aber auch aufgrund von eigenen Handlungen zum Flüchtling »**sur place**« werden, z. B. wenn sie sich mit Personen assoziiert, die als Flüchtlinge anerkannt sind, oder wenn sie im Aufnahmeland ihre politische Überzeugung zum Ausdruck bringt. Auf diese Personengruppe sind die Regelungen in Art. 5 Abs. 2 und 3 der Richtlinie gemünzt (§ 31 Rdn. 7 ff.).
2. **Objektive Nachfluchtgründe** zielen auf die klassische Kategorie der Flüchtlinge »**sur place**«. In diesem Fall ist der Antragsteller aus Gründen im Ausland, die in keinem Zusammenhang mit der internationalen Schutzbedürftigkeit stehen. Infolge nachträglicher Veränderungen im Herkunftsland kann die ursprüngliche Rückkehrabsicht jedoch nicht realisiert werden, weil diese eine begründete Furcht vor Verfolgung zur Folge haben (§ 31 Rdn. 7 ff.). Objektive Nachfluchtgründe begründen ohne Einschränkung die Statusberechtigung (§ 31 Rdn. 11).
3. Der objektive Nachfluchtgrund erfasst auch Situationen, in denen im Zeitpunkt der Ausreise ein **latenter Konflikt** im Herkunftsland herrschte, der nach der Ausreise derart eskaliert, dass der Antragsteller deshalb begründete Furcht vor Verfolgung hegen muss (§ 31 Rdn. 9).
4. Nach Art. 5 Abs. 2 der Richtlinie kann die begründete Furcht vor Verfolgung darüber hinaus auch auf **Aktivitäten des Antragstellers seit Verlassen des Herkunftslandes** beruhen (§ 31 Rdn. 15 ff.). Damit erkennt die Richtlinie in Übereinstimmung mit der internationalen Staatenpraxis und dem internationalen Standard »**Sur place**« – Flüchtlinge aufgrund individuellen Verhaltens an.
5. In der Staatenpraxis und insbesondere in der deutschen Rechtsprechung sind für die Behandlung von Nachfluchtgründen aufgrund eigener Aktivitäten besondere, restriktive prozessuale Grundsätze entwickelt worden. Im Ausgangspunkt ist aber festzuhalten, dass auch insoweit eine sorgfältige Untersuchung aller Umstände angezeigt (§ 32 Rdn. 16) und insbesondere zu prüfen ist, ob die Behörden des Herkunftslandes Kenntnis von den Handlungen des Antragstellers erlangt haben können und wie diese Handlungen von den Behörden beurteilt werden mögen.
6. Besonderer Bedacht ist in diesen Fällen auf die **Glaubwürdigkeit** des Antragstellers zu legen (§ 31 Rdn. 16 ff.), allerdings kann auch bei fehlender Glaubwürdigkeit eine begründete Furcht vor Verfolgung drohen (§ 31 Rdn. 19). In diesen Fällen ist es besonders wichtig, dass alle Einzelheiten sorgfältig auf die Wahrscheinlichkeit hin geprüft und analysiert werden, dass deswegen tatsächlich die Gefahr der Verfolgung droht. Eine der wichtigsten Überlegungen betrifft die Frage, ob das Verhalten den Behörden des Herkunftslandes zur Kenntnis gelangt ist oder gelangen könnte und wie diese die Handlungen des Antragstellers in Wahrheit beurteilen werden.
7. Während die Kontinuität der vor der Ausreise des Antragstellers entfalteten Aktivitäten mit denen nach der Ausreise nach der Richtlinie eine Regelvermutung der begründeten Furcht vor Verfolgung begründen, beim Fehlen des Kontinuitätsmerkmals aber gleichwohl die Verfolgungsfurcht begründet sein kann (§ 31 Rdn. 20 ff.), kann nach der Rechtsprechung des BVerfG eine Asylberechtigung nur in Betracht gezogen werden, »wenn die selbstgeschaffenen Nachfluchttatbestände sich als Ausdruck und Fortführung einer schon während des Aufenthaltes im Heimatstaat vorhandenen und erkennbar betätigten festen Überzeugung darstellen, mithin als Konsequenz einer **dauernden**, die eigene Identität prägenden und **nach außen kundgegebenen Lebenshaltung** erscheinen« (§ 31 Rdn. 26 f.).
8. Art. 5 Abs. 3 der Richtlinie stellt es den Mitgliedstaaten **unbeschadet der GFK** frei festzulegen, dass ein Folgeantragsteller in der Regel nicht als Flüchtling anerkannt wird, wenn

die Verfolgungsgefahr auf Umständen beruht, die er nach Verlassen seines Herkunftslandes geschaffen hat. Die Mitgliedstaaten sind nicht verpflichtet, eine derartige Regelung einzuführen. Machen sie von der Freistellungsklausel Gebrauch, müssen sie jedoch die Regelvermutung einführen (§ 32 Rdn. 6).

9. Abs. 2 und 3 von Art. 5 RL 2004/83/EG müssen im Gesamtzusammenhang gesehen werden: Nach Abs. 2 Halbs. 1 kann die begründete Furcht vor Verfolgung auf Aktivitäten des Antragstellers nach Verlassen des Herkunftslandes beruhen. Derartige Aktivitäten können nach Abs. 3 in der Regel nicht den Flüchtlingsstatus begründen, wenn sich der Antragsteller auf diese im Rahmen eines Folgeantrags beruft. Unbeschadet dessen ist indes die GFK zu beachten (§ 32 Rdn. 9). Die Berufung auf Art. 5 Abs. 3 RL 2004/83/EG stellt die Mitgliedstaaten nicht von ihren Verpflichtungen aus der Grundrechtscharta und der Konvention frei.

10. Art. 5 Abs. 3 der Richtlinie enthält damit eine besondere verfahrensrechtliche Vorkehrung gegen Missbrauchsfälle und lässt auch wohl einen gewissen beweisrechtlichen Schematismus erkennen. Dieser ist indes mit der GFK unvereinbar. Die Richtlinie gewährt den Mitgliedstaaten Befugnisse nur »unbeschadet der GFK«. Sie dürfen damit die Konvention nicht durch die Art und Weise der Behandlung von Nachfluchtgründen verletzen (§ 32 Rdn. 11 ff.).

11. Nur dann, wenn die Motive und die Person des Antragstellers aus Sicht des Herkunftsstaates unglaubwürdig sind und die zuständigen Behörden deshalb die öffentlichen Aktivitäten nicht ernst nehmen (§ 31 Rdn. 19), sodass kein Verfolgungsrisiko droht, erlaubt die Konvention die Zurückweisung des Antrags. Dies ist deshalb mit der Konvention vereinbar, weil es in diesem Fall an »**guten Gründen**« für die Furcht vor Verfolgung fehlt (§ 32 Rdn. 14).

12. In der Rechtsprechung der Vertragsstaaten wird ein Ausschluss des Schutzes für selbst geschaffene Nachfluchtgründe abgelehnt. Selbst wenn evident ist, dass die auf einem freien Willensentschluss beruhenden Äußerungen oder Aktivitäten vorrangig den Zweck verfolgt hatten, sich einen Asylgrund zu verschaffen, führt das aufgrund dessen ausgelöste Verfolgungsrisiko dazu, dass der Antragsteller unter den Schutz der Konvention fällt (§ 32 Rdn. 18).

13. Nach der Rechtsprechung ist die Missbrauchsvermutung widerlegt, wenn der Antragsteller den Verdacht ausräumen kann, dass er Nachfluchtaktivitäten nach Verfahrensabschluss nur oder aber vorrangig mit Blick auf die erstrebte Flüchtlingsanerkennung entwickelt oder intensiviert. Bleibt das Betätigungsprofil nach Abschluss des Erstverfahrens unverändert, liege die Annahme eines Missbrauchs eher fern (§ 32 Rdn. 29).

§ 31 »Sur place«-Flüchtling (Art. 5 Abs. 1 RL 2004/83/EG)

Übersicht Rdn
1. Begriff des »Sur place«-Flüchtling 1
2. Begriff des objektiven Nachfluchtgrundes (Art. 5 Abs. 1 RL 2004/83/EG) 7
3. Begriff des subjektiven Nachfluchtgrndes (Art. 5 Abs. 2 RL 2004/83/EG). 15
   a) Funktion subjektiver Nachfluchtgründe (Art. 4 Abs. 3 Buchst. d) RL 2004/83/EG) 15
   b) Funktion des Kontinuitätskriteriums 20

Kapitel 8 — Nachfluchtgründe (Art. 5 RL 2004/83/EG)

> Liegen **objektive Nachfluchtgründe** (Rdn. 7 bis 14) vor?
> Es gelten weder materiellrechtliche noch verfahrensrechtliche Besonderheiten (Rdn. 11)

↓

> Liegen **subjektive Nachfluchtgründe** (Rdn. 15 bis 19) vor?

↓

> Besteht **Kontinuität** (Rdn. 20 bis 27) mit im Herkunftsland entfalteten Aktivitäten oder Überzeugungen (Art. 5 Abs. 1 RL 2004/83/EG)?
> Es findet eine Regelvermutung Anwendung (Rdn. 22)

↓

> Besteht keine Kontinuität, ist eine besonders sorgfältige Einzelfallprüfung erforderlich, um ernsthaftes Engagement von asyltaktischem Verhalten abzugrenzen (Rdn. 17 ff.).

↓

> Sind die Nachfluchtaktivitäten den Heimatbehörden bekannt geworden (Rdn. 20)?

↓

> Unterstellen die Heimatbehörden dem Antragsteller oppositionelle Aktivitäten oder eine nicht erlaubte Glaubensbetätigung und verfolgen sie ihn deshalb (Rdn. 19)?

Schaubild 14 zu den Nachfluchtgründen

1. Begriff des »Sur place«-Flüchtling

1   Nach Art. 5 Abs. 1 RL 2004/83/EG kann die begründete Verfolgungsfurcht auf Ereignissen beruhen, nachdem der Antragsteller das Herkunftsland verlassen hat. Für die Konvention kommt es allein darauf an, dass der Flüchtling »**sich außerhalb des Landes** befindet«, dessen Staatsangehörigkeit er besitzt bzw. in welchem er als Staatenloser seinen gewöhnlichen Aufenthalt hat. Dies folgt bereits aus dem klaren Wortlaut von Art. 1 A Nr. 2 GFK und wird darüber hinaus unterstützt durch Art. 1 C Nr. 4 GFK. Diese Norm setzt stillschweigend voraus, dass ein Flüchtling jemand sein kann, der sich im Aufnahmestaat aus begründeter Furcht vor Verfolgung dafür entscheidet, dort zu bleiben.[1]

2   Insbesondere die Entstehungsgeschichte bestätigt diese Auffassung. Die entsprechende Formulierung in Art. 1 A Nr. 2 GFK geht zurück auf einen Vorschlag des französischen Delegierten im **Ad-hoc**-Ausschuss, der darauf hinwies, dass die Definition des Flüchtlings nicht lediglich Personen umfassen sollte, die aus Furcht vor Verfolgung ihr Herkunftsland verlassen hätten, sondern auch diejenigen, die sich bereits außerhalb ihres Herkunftslandes aufhielten, bevor die Verfolgung begonnen habe und aufgrund von Furcht vor Verfolgung unfähig wären, zurückzukehren.[2] Danach setzt die Konvention nicht voraus, dass der Ausreise aus dem Herkunftsland eine Verfolgung zugrunde liegt. Der Vorschlag des französischen Delegierten bestimmte in der Folgezeit die weiteren Diskussionen und wurde von der Generalversammlung bestätigt. In der Bevollmächtigtenkonferenz wollte der britische Delegierte zunächst mit Zustimmung des schwedischen Delegierten eine Formulierung

---

1 *Zimmermann/Mahler*, in: *Zimmermann*, The 1951 Convention, Article 1 A para 2 Rn. 132; *Goodwin-Gill/McAdam*, The Refugee in International Law, S. 73 ff.

2 Ad Hoc-Committee on Statelessness and related Problems, U.N.Doc. E/AC.32/SR.17 (1950), S. 3: »... that the paragraph should cover not only those who had actually left their country owing to persecution, but also those who had already been outside their country bevor the persecution began and were unable to return for fear of persecution.«.

durchsetzen, wonach die Verfolgung Voraussetzung für die Flucht sein sollte. Er zog seinen Vorschlag jedoch schließlich zurück. Diese Frage wurde anschließend nicht weiter diskutiert und Art. 1 A Nr. 2 GFK im Sinne des Vorschlags des französischen Delegierten verabschiedet.[3]

Die Konvention macht damit zwischen Flüchtlingen »**sur place**« und Flüchtlingen, die aufgrund eines akuten Verfolgungsdrucks die Grenze des Herkunftslandes überqueren, keinen Unterschied. Dies steht mit der generellen Regel in Übereinstimmung, dass die Konvention auf Personen zielt, die sich außerhalb des Territoriums des Herkunftslandes aufhalten und aus Gründen der Konvention nicht in dieses zurückkehren können.[4] Auch UNHCR unterstützt die allgemeine Interpretation der Konvention, wonach eine Person, die in dem Zeitpunkt, in dem sie das Herkunftsland verließ, kein Flüchtling war, zu einem späteren Zeitpunkt Flüchtling werden kann. Ein Flüchtling »**sur place**« wird mithin Flüchtling aufgrund von Ereignissen, die sich während seiner Abwesenheit in seinem Herkunftsland ereignen. So könnten Diplomaten und andere Personen, die in offizieller Funktion im Ausland tätig seien, Kriegsgefangene, Studenten, Arbeitsmigranten und andere Personen während ihres Auslandsaufenthaltes um die Zuerkennung ihrer Flüchtlingseigenschaft nachsuchen und als Flüchtlinge anerkannt werden.[5] 3

Unvereinbar mit diesem allgemeinen völkerrechtlichen Grundsatz ist die Ansicht des BVerfG, das Völkerrecht präge der kausale Zusammenhang zwischen drohender Verfolgung und Flucht (Rdn. 26). Dabei verweist das BVerfG aber gleichwohl als Substitut für den fehlenden Zusammenhang auf den Schutz nach Art. 33 Abs. 1 GFK.[6] Weder dort noch in Art. 1 A Nr. 2 GFK wird aber ein kausaler Zusammenhang zwischen drohender Verfolgung und Flucht, sondern nur verlangt, dass gute Gründe für die Furcht vor Verfolgung der Rückkehr entgegenstehen (Rdn. 2). Dementsprechend übernimmt Art. 5 Abs. 2 RL 2004/83/EG auch nicht die Einschränkungen des deutschen Rechts (vgl. auch § 28 Abs. 1 a AsylVfG). 4

Grundlegend für diese Personengruppe ist die Unterscheidung nach dem Anlass des Asylbegehrens. Eine Person kann aufgrund von objektiven Veränderungen im Herkunftsland zum Flüchtling »**sur place**« werden. Diese Personengruppe wird von Art. 5 Abs. 1 der Richtlinie erfasst. Im Blick auf diese Personengruppe besteht allgemeines Einverständnis, dass die Konvention ohne Einschränkung Schutz gegen Verfolgung gewährt (Rdn. 10). In der Begründung des Vorschlags der Richtlinie wird insoweit ausgeführt, dass die Antragsteller in den betreffenden Fällen Schutz benötigen, wenn sie sich bereits im Hoheitsgebiet der Mitgliedstaaten aufhielten. Der Grund hierfür seien in der Regel die veränderten Umstände im Herkunftsland.[7] 5

Eine Person kann aber auch aufgrund von eigenen Handlungen zum Flüchtling »**sur place**« werden, z. B. wenn sie sich mit Personen assoziiert, die als Flüchtlinge anerkannt sind, oder wenn sie im Aufnahmeland ihre politische Überzeugung zum Ausdruck bringt.[8] Insoweit herrscht Streit, ob zwecks Bekämpfung von Missbrauch Beschränkungen des Schutzes zulässig sind. Auf diese Personengruppe sind die Regelungen in Art. 5 Abs. 2 und 3 RL 2004/83/EG (Rdn. 20 ff., § 31) gemünzt. In der Staatenpraxis und insbesondere in der deutschen Rechtsprechung sind insoweit besondere, restriktive prozessuale Grundsätze entwickelt worden. Abstrakte Doktrinen sind zur Problemlösung jedoch ungeeignet. Vielmehr ist eine sorgfältige Untersuchung aller Umstände angezeigt und insbesondere 6

---

3 *Zimmermann/Mahler*, in: *Zimmermann*, The 1951 Convention, Article 1 A para 2 Rn. 133 ff.
4 *Hathaway*, The Law of Refugee Status, S. 33.
5 *UNHCR*, Handbuch und Kriterien zur Feststellung der Flüchtlingseigenschaft, 1979, Rn. 95.
6 BVerfGE 74, 51 (65) = EZAR 200 Nr. 18 = NVwZ 1987, 311 = InfAuslR 1987, 56.
7 Kommissionsentwurf v. 11.09.2001 – KOM(2001)510, S. 19.
8 *UNHCR*, Handbuch und Kriterien zur Feststellung der Flüchtlingseigenschaft, 1979, Rn. 96.

zu prüfen, ob die Behörden des Herkunftslandes Kenntnis von den Handlungen des Antragstellers erlangt haben können und wie diese Handlungen von den Behörden beurteilt werden (Rdn. 17).[9]

2. Begriff des objektiven Nachfluchtgrundes (Art. 5 Abs. 1 RL 2004/83/EG)

7   Nach Art. 5 Abs. 1 RL 2004/83/EG kann die begründete Furcht vor Verfolgung auf **Ereignissen** beruhen, die eingetreten sind, nachdem der Antragsteller das Herkunftsland verlassen hat. Diese Vorschrift ist damit auf **seit der Ausreise eingetretene relevante Veränderungen** im Herkunftsland gemünzt. Der Status wird in diesem Fall gewährt, wenn die Veränderungen nachweislich der Anlass für die begründete Furcht des Antragstellers davor sind, Verfolgungen zu erleiden.[10] Objektive Nachfluchtgründe nach Art. 5 Abs. 1 RL 2004/83/EG erfassen etwa Diplomaten und andere Personen, die in offizieller Funktion im Ausland tätig sind, Kriegsgefangene[11] und generell Personen, die während ihres Auslandsaufenthaltes durch objektive Veränderungen der allgemeinen Verhältnisse in ihrem Herkunftsland, die durch sie nicht beeinflussbar sind, überrascht werden und aufgrund dieser Veränderungen für ihre Person eine begründete Furcht vor Verfolgung aus Gründen der Konvention hegen.

8   Objektive Nachfluchtgründe zielen auf die klassische Kategorie der Flüchtlinge »sur place«. In diesem Fall ist der Antragsteller aus Gründen im Ausland, die in keinem Zusammenhang mit der internationalen Schutzbedürftigkeit stehen. Im Zeitpunkt der Ausreise aus dem Herkunftsland mag die Vorstellung vorgeherrscht haben, eine Urlaubs- oder Geschäftsreise im Ausland zu unternehmen oder dort ein Studium zu beginnen und anschließend in das Herkunftsland zurückzukehren. Infolge nachträglicher Veränderungen im Herkunftsland kann die ursprüngliche Rückkehrabsicht jedoch nicht realisiert werden, weil diese eine begründete Furcht vor Verfolgung zur Folge habe.[12]

9   Der objektive Nachfluchtgrund erfasst aber auch Situation, in denen im Zeitpunkt der Flucht bereits ein latenter Konflikt im Herkunftsland herrschte, der nach der Ausreise aber derart eskaliert, dass der Antragsteller deshalb begründete Furcht vor Verfolgung hegen muss. In diesem Fall hat er lediglich darzulegen, dass aufgrund der Veränderung des Konflikts eine tatsächliche Situation eingetreten ist, so dass er für seine Person eine begründete Furcht vor Verfolgung hegen muss.[13] Auch wenn ihm vorgehalten werden kann, er habe im Zeitpunkt der Flucht keine begründete Furcht vor Verfolgung gehabt, weil die Bedrohungen aufgrund des Konflikts lediglich allgemein und nicht gezielt gegen ihn gerichtet waren, rechtfertigt dies als solches keine Anwendung eines restriktiven Maßstabes, wenn im Entscheidungszeitpunkt kein Zweifel an einer den Antragsteller geltenden Verfolgung besteht (Rdn. 23).

10 Weil die Konvention und damit auch Art. 5 Abs. 1 RL 2004/83/EG Flüchtlinge, die wegen begründeter Verfolgungsfurcht die Grenzen des Herkunftslandes überqueren, mit diesen »**Sur place**«- Flüchtlingen gleichstellt, finden im Blick auf die Asylbegehren dieser Personengruppe keine besonderen verfahrensrechtlichen Grundsätze Anwendung (Rdn. 5). Maßgeblich für die Begriffsbestimmung ist der Zeitpunkt, in dem der Antragsteller das Herkunftsland verlassen hat (Art. 5 Abs. 2 RL 2004/83/ EG). Auch die Rechtsprechung des BVerwG setzt für die Differenzierung zwischen Vor- und Nachfluchtgründen beim Tatbestand der Ausreise aus dem Herkunftsland an.[14] Danach ist grundsätzlich

---

9   *Goodwin-Gill/McAdam*, The Refugee in International Law, S. 64; *Hathaway*, The Law of Refugee Status, S. 37 f.; *Zimmermann/Mahler*, in: Zimmermann, The 1951 Convention, Article 1 A para 2 Rn. 166; *UNHCR*, Handbuch und Kriterien zur Feststellung der Flüchtlingseigenschaft, 1979, Rn. 96.

10 Kommissionsentwurf v. 12.09.2001, BR-Drucks. 1017/01, S. 17.

11 *UNHCR*, Handbuch und Kriterien zur Feststellung der Flüchtlingseigenschaft, 1979, Rn. 95.

12 *Hathaway*, The Law of Refugee Status, 1991, S. 34.

13 *Hathaway*, The Law of Refugee Status, 1991, S. 34; *Zimmermann/Mahler*, in: *Zimmermann/Mahler*, The 1951 Convention, Article 1 A para 2 Rn. 147.

14 BVerwG, EZAR 206 Nr. 5; so auch OVG Rheinland-Pfalz, Beschl. v. 21.11.1989 – 13 E 6/89; s. aber auch BVerwG, NVwZ 1992, 274.

der **Zeitpunkt der Ausreise aus dem Verfolgerstaat** für die Unterscheidung in Vor- und Nachfluchtgründe maßgebend. Ausnahmsweise, nämlich dann, wenn der Herkunftsstaat in dem Drittstaat, in dem der Flüchtling sich aufgehalten hat, **effektive Gebietsgewalt**[15] ausübt, ist der Zeitpunkt der Ausreise aus diesem Drittstaat entscheidungserheblich. Art. 5 Abs. 2 RL 2011/95/EU ersetzt den Begriff »seit« durch »nach« und stellt damit eher auf die Ortsveränderung ab. Diesem ist jedoch auch ein zeitlicher Moment immanent.

Mit diesen Grundsätzen steht die deutsche Rechtsprechung grundsätzlich in Übereinstimmung. Objektive Nachfluchttatbestände begründen ohne Einschränkung die Statusberechtigung. Das BVerfG versteht hierunter Vorgänge oder Ereignisse im Heimatland des Asylsuchenden, die dort **unabhängig** von seiner Person ausgelöst werden (Rdn. 7).[16] Grundlage sei eine Änderung des politischen Systems im Herkunftsland oder der dortigen Strafgesetze in der Weise, dass nunmehr dem aus anderen Gründen im Gastland befindlichen Staatsangehörigen für den Fall seiner Rückkehr Verfolgung drohe, z.B. wegen seiner früher dort gezeigten politischen Haltung oder wegen seiner Zugehörigkeit zu der nunmehr dort verfolgten Gruppe[17] oder wegen des Erlasses von Strafbestimmungen nach der Ausreise des Asylsuchenden, welche die religiöse Betätigung einschränkten.[18] Auch die Zugehörigkeit zu einer **Exilorganisation** ist beim Wandel des politischen Systems ein objektiver Nachfluchttatbestand.[19]

11

Nach dem BVerwG ist es darüber hinaus nicht Merkmal objektiver Nachfluchttatbestände oder auch nur Voraussetzung ihrer Erheblichkeit, dass sich das Verfolgung auslösende Geschehen im Heimatland verwirklicht. Auch Verhaltensweisen eines Dritten sowie Geschehnisse und Vorgänge im Zufluchtsland könnten erhebliche objektive Nachfluchtgründe sein.[20] Das BVerfG habe zur Beantwortung der Frage der Erheblichkeit objektiver Nachfluchttatbestände **schlechthin** die Unzumutbarkeit der Rückkehr herausgestellt, vorausgesetzt, die Verfolgungstatbestände würden ohne eigenes Zutun verwirklicht.[21] Sei dies aber die innere Rechtfertigung für die Erheblichkeit objektiver Tatbestände überhaupt, könne es nicht darauf ankommen, ob der objektive Tatbestand sich im Heimatstaat oder im Zufluchtland verwirklicht habe. Der Hinweis auf Vorgänge oder Ereignisse im Herkunftsland sei deshalb nur **beispielhaft** zu verstehen.[22]

12

Dementsprechend stellt es einen erheblichen objektiven Nachfluchtgrund dar, wenn einem im Bundesgebiet wehrpflichtig gewordenen (iranischen) Asylsuchenden im Herkunftsland Bestrafung wegen **Wehrdienstentziehung** droht.[23] Werde aufgrund praktizierter **Sippenverfolgung** (§ 26 Rdn. 117 ff.) in die Verfolgung desjenigen, dem an sich die Verfolgung gelte, einer seiner Angehörigen einbezogen, erlange dieser Angehörige die Statusberechtigung aufgrund der ihm drohenden Verfolgungsgefahr, die nicht auf von ihm selbst geschaffenen Nachfluchtgründen beruhe.[24] Nehme der Heimatstaat die Eheschließung einer Asylsuchenden mit einem verfolgten und exilpolitisch aktiven Regimegegner, dessen Aktivitäten selbst asylrechtlich unerheblich seien, zum Anlass, diese unter dem Gesichtspunkt der Sippenhaft in die gegen den Ehegatten gerichtete Verfolgung mit

13

---

15 BVerwG, EZAR 206 Nr. 5.
16 BVerfGE 74, 51 (64 f.) = EZAR 200 Nr. 18 = NVwZ 1987, 311 = InfAuslR 1987, 56.
17 BVerfGE 74, 51 (65) = EZAR 200 Nr. 18 = NVwZ 1987, 311 = InfAuslR 1987, 56.
18 BVerfGE 76, 143 (163) = EZAR 200 Nr. 20 = InfAuslR 1988, 87; siehe auch BVerwG, EZAR 206 Nr. 4 = NVwZ-RR 1992, 274.
19 BVerwG, NVwZ 1992, 274.
20 BVerwGE 88, 92 (95 f.) = EZAR 200 Nr. 8 = NVwZ 1992, 272; BVerwG, NVwZ 1993, 195.
21 BVerwGE 88, 92 (96) = EZAR 200 Nr. 8 = NVwZ 1992, 272.
22 BVerwGE 88, 92 (96) = EZAR 200 Nr. 8 = NVwZ 1992, 272.
23 VGH Baden-Württemberg, AuAS 6/1992, S. 12; a.A. wohl OVG Nordrhein-Westfalen, Urt. v. 30.05.1990 – 16 A 10126/88.
24 BVerwGE 88, 92 (96 f.) = EZAR 200 Nr. 8 = NVwZ 1992, 272; ebenso OVG Nordrhein-Westfalen, Beschl. v. 01.06.1988 – 16 B 20074/88; VGH Baden-Württemberg, Urt. v. 19.03.1991 – A 16 S 114/90.

einzubeziehen, stelle dies für die Asylsuchende nicht ein selbstgeschaffener, sondern ein objektiver Nachfluchtgrund dar.[25]

14   Selbst geschaffene Nachfluchtgründe seien nur solche, die von Asylsuchenden geschaffen würden, um unter Berufung hierauf dieses Asyl zu begehren. Ehegatten bildeten keine asylrechtliche Einheit. Vielmehr sei für jeden Ehegatten jeweils individuell und ohne Berücksichtigung des Asylbegehrens des anderen Ehegatten die Frage der Statusberechtigung zu prüfen. Ergebe die Prüfung, dass der eine Ehegatte infolge des im Bundesgebiet gezeigten Verhaltens des anderen Ehegatten Verfolgung befürchten müsse, könne diese nicht deshalb unberücksichtigt bleiben, weil das Verhalten des anderen Ehegatten einen Ausschlusstatbestand erfülle.[26] Demgegenüber sieht das BVerwG z. B. in der **Eheschließung** und der Gestattung der christlichen Kindererziehung, welche zeitlich nach dem Verlassen des Heimatlandes erfolgt, einen subjektiven Nachfluchtgrund, weil Heirat und Erziehung stets subjektive Entscheidungen des Einzelnen aus eigenem, autonomen Entschluss seien.[27] Derartige subjektive Nachfluchttatbestände können aber beachtlich sein.[28]

3. Begriff des subjektiven Nachfluchtgrndes (Art. 5 Abs. 2 RL 2004/83/EG)

a) Funktion subjektiver Nachfluchtgründe (Art. 4 Abs. 3 Buchst. d) RL 2004/83/EG)

15   Nach Art. 5 Abs. 2 RL 2004/83/EG kann die begründete Furcht vor Verfolgung auf **Aktivitäten des Antragstellers seit nach Verlassen des Herkunftslandes** (Rdn. 10) beruhen. Damit erkennt die Richtlinie in Übereinstimmung mit der internationalen Staatenpraxis und dem internationalen Standard subjektive »Sur place«-Flüchtlinge an. Danach kann eine Person zum Flüchtling »**sur place**« werden, z. B. wenn sie sich mit Personen assoziiert, die als Flüchtlinge anerkannt sind, oder wenn sie im Aufnahmeland ihre politische Überzeugung zum Ausdruck bringt.[29] Der grundlegende Unterschied zu objektiven Gründen besteht hier darin, dass die Verfolgung auf Ereignissen beruht, die durch eigenes Verhalten des Antragstellers herbeigeführt werden. Dadurch gefährdet er die Rückkehrmöglichkeit, weil er Verfolgung befürchten muss.[30]

16   In der Staatenpraxis wird diesem Problem im Allgemeinen dadurch Rechnung getragen, dass besonderer Bedacht auf die **Glaubwürdigkeit** des Antragstellers gelegt wird. In diesen Fällen ist es besonders wichtig, dass alle Einzelheiten sorgfältig auf die Wahrscheinlichkeit hin geprüft und analysiert werden, ob deswegen tatsächlich Verfolgungsgefahren drohen. Eine der wichtigsten Überlegungen betrifft die Frage, ob das Verhalten den Behörden des Herkunftslandes zur Kenntnis gelangt ist oder gelangen könnte und wie diese die Handlungen des Antragstellers in Wahrheit beurteilen werden.[31] In einigen Staaten, etwa im Vereinigten Königreich, in den Niederlanden und in Deutschland, wird in diesem Zusammenhang eine Prüfung des »guten Glaubens« des Antragstellers in seine Handlungen oder die Prüfung der Kontinuität seiner Handlungen im Vergleich zur Zeit vor der Ausreise für erforderlich erachtet.[32] Die Einschätzung dieser Elemente kann Bestandteil der Analyse sein und eine wichtige Information für die Statusentscheidung liefern.

---

25 BVerwG, NVwZ 1992, 195 = InfAuslR 1991, 310; a.A. Niedersächsisches OVG, EZAR 206 Nr. 2.
26 BVerwG, NVwZ 1992, 195 = InfAuslR 1991, 310; siehe hierzu auch § 26 Rdn. 139.
27 BVerwGE 90, 127 (129 f.) = EZAR 206 Nr. 7; VGH Baden-Württemberg, Beschl. v. 06.02.1990 – A 14 S 609/89; VG Kassel, InfAuslR 1996, 238.
28 BVerwGE 90, 127 (132 f.) = EZAR 206 Nr. 7; a.A. VGH Baden-Württemberg, Beschl. v. 06.02.1990 – A 14 S. 609/89).
29 *UNHCR*, Handbuch und Kriterien zur Feststellung der Flüchtlingseigenschaft, 1979, Rn. 96.
30 *Hathaway*, The Law of Refugee Status, S. 36 ff.
31 *UNHCR*, Handbuch und Kriterien zur Feststellung der Flüchtlingseigenschaft, 1979, Rn. 96; *UNHCR*, Auslegung von Art. 1 GFK, April 2001, Rn. 34.
32 *UNHCR*, Auslegung von Art. 1 GFK, April 2001, Rn. 34; *Klug*, German YIL 2005, 599 (612 f.).

UNHCR weist jedoch in diesem Zusammenhang ausdrücklich darauf hin, dass eine Einschätzung der Glaubwürdigkeit zwar wichtige Informationen liefern, aber nicht entscheidend sein könne. Vielmehr blieben – wie in allen Fällen – die entscheidenden Faktoren der Statusentscheidung die Wahrscheinlichkeit, dass die befürchtete Verfolgung tatsächlich eintrete, die Schwere der Verfolgung und der dieser zugrunde liegende Verfolgungsgrund. Diese Voraussetzungen können auch gegeben sein, wenn der Flüchtling nicht als glaubwürdig erscheint (Rdn. 6).[33]

17

Dementsprechend bestimmt Art. 4 Abs. 3 Buchst. d) RL 2004/83/EG, dass die Asylbehörden individuell die Frage prüfen, ob die Aktivitäten des Antragstellers seit Verlassen des Herkunftslandes ausschließlich oder hauptsächlich aufgenommen wurden, um die für die Beantragung internationalen Schutzes erforderlichen Voraussetzungen zu schaffen. Dies ist ein Hinweis für die Behörde, den Motiven für die Aktivitäten nachzugehen, um von hier aus zu beurteilen, ob die Behörden des Herkunftslandes diese zum Anlass nehmen werden, den Betroffenen nach seiner Rückkehr zu verfolgen.

18

Steht dies fest, kann der Einwand der fehlenden Glaubwürdigkeit des Antragstellers seinem Schutzbegehren nicht entgegengehalten werden. Das australische Berufungsgericht hat in diesem Zusammenhang festgestellt, dass auch in dem Fall, in dem die Absicht des Antragstellers drauf gerichtet ist, mit seinen politischen Aktivitäten einen Asylgrund zu schaffen, er vom Schutz der Konvention erfasst werde, wenn die Behörden des Herkunftslandes ihm eine entsprechende oppositionelle Einstellung unterstellen und ihn deshalb verfolgen werden.[34]

19

b) Funktion des Kontinuitätskriteriums

Art. 5 Abs. 2 Halbs. 1 RL 2004/83/EG stellt zunächst den allgemeinen Grundsatz auf, dass die begründete Verfolgungsfurcht auf Aktivitäten des Antragstellers nach Verlassen des Herkunftslandes beruhen kann und steht insoweit in Übereinstimmung mit dem internationalen Standard (Rdn. 3). Es sind deshalb alle Einzelheiten des vorgebrachten Sachverhalts sorgfältig auf die Wahrscheinlichkeit hin zu prüfen und zu analysieren, dass deswegen tatsächlich die Gefahr der Verfolgung droht, und die Frage zu beantworten, ob die dargelegten Aktivitäten den Behörden des Herkunftslandes zur Kenntnis gelangt sind oder gelangen könnten und wie diese wahrscheinlich beurteilt werden.[35]

20

Spezifische Einschränkungen, wie sie teilweise in der Staatenpraxis üblich sind, enthält die Richtlinie damit nicht. Im Gegenteil, unter bestimmten Voraussetzungen geht die Richtlinie regelmäßig von einer begründeten Verfolgungsfurcht bei nachträglichen eigenen Aktivitäten des Antragstellers im Ausland aus, ohne andererseits automatisch den internationalen Schutz zu versagen, wenn diese Voraussetzungen nicht vorliegen. Nach Art. 5 Abs. 2 Halbs. 2 RL 2004/83/EG kann die Furcht des Antragstellers vor Verfolgung insbesondere dann begründet sein, wenn die Aktivitäten seit Verlassen des Herkunftslandes Ausdruck und Fortsetzung einer bereits im Herkunftsland bestehenden Überzeugung oder Ausrichtung sind. Die Vermutungswirkung trägt insbesondere dem Auslegungsprinzip Rechnung, dass die individuelle Lage und die persönlichen Umstände des Antragstellers besonders in den Blick zu nehmen sind (Art. 4 Abs. 3 Buchst. c) RL 2004/83/EG).

21

Der Wortlaut von Art. 5 Abs. 2 RL 2004/83/EG spricht für eine Regelvermutung, da zwischen der »begründeten« Furcht vor Verfolgung und den das Kontinuitätsmerkmal ausfüllenden Aktivitäten im Ausland durch das Wort »insbesondere« ein unmittelbarer Zusammenhang hergestellt wird. Ebenso spricht die Begründung des Vorschlags der Kommission für eine Regelvermutung. Danach

22

---

33 *UNHCR*, Auslegung von Art. 1 GFK, April 2001, Rn. 34; *Goodwin-Gill/McAdam*, The Refugee in International Law, S. 64; *Hathaway*, The Law of Refugee Status, 1991, S. 37 f.; *Zimmermann/Mahler*, in: *Zimmermann*, The 1951 Convention, Article 1 A para 2 Rn. 166.
34 Australia Federal Court, (1999) FCA 868, Rn. 28 bis 30 – Mohammed; siehe auch Art. 10 Abs. 2 RL 2004/83/EG.
35 *UNHCR*, Handbuch und Kriterien zur Feststellung der Flüchtlingseigenschaft, 1979, Rn. 96; *UNHCR*, Auslegung von Art. 1 GFK, April 2001, Rn. 34.

sind »**Sur place**«- Ansprüche leichter zu begründen, wenn es sich bei den Aktivitäten um das Kundtun von Überzeugungen handelt, die der Antragsteller bereits im Herkunftsland vertreten hat und weiterhin vertritt und deretwegen er internationalen Schutz benötigt. Die »Kontinuität ist hierbei zwar nicht unbedingt eine Voraussetzung, sie ist jedoch ein **Indiz** für die Glaubwürdigkeit« des Antragstellers.[36]

23 In der Staatenpraxis betrifft das Kontinuitätsmerkmal etwa Fälle, in denen bereits vor der Ausreise latent vorhandene Gefährdungsrisiken durchaus den Ausreiseentschluss mitbeeinflusst haben mögen, diese sich nach der Ausreise aber derart verschärfen, dass dem Antragsteller eine Rückkehr in das Herkunftsland nicht mehr zugemutet werden kann (Rdn. 9).[37] In der deutschen Rechtsprechung bezeichnet in diesem Zusammenhang der Begriff der ausweglosen Lage einen Ausnahmetatbestand von der prinzipiellen Unerheblichkeit subjektiver Nachfluchtgründe.[38] Diese wird aber nur angenommen, wenn der Ausreiseentschluss seinen Grund in einer »latenten Gefährdungslage« hatte. Kann dies nicht festgestellt werden, bleibt es bei der prinzipiellen Unbeachtlichkeit subjektiver Nachfluchtgründe.

24 Derart schematisch und starr kann die Richtlinie nicht angewendet werden. Vielmehr findet eine Regelvermutung Anwendung, wenn der Antragsteller vor der Ausreise bestimmte politische Aktivitäten entwickelt und nach der Ausreise die Situation im Herkunftsland sich derart verändert hat, dass er aus begründeter Furcht vor Verfolgung wegen dieser Aktivitäten nicht dorthin zurückkehren kann. Dies setzt nicht zwingend eine latente Gefährdungslage im Zeitpunkt der Ausreise voraus. Fehlt es an einer derartigen Kontinuität, kann anders als nach der deutschen Rechtsprechung der Antragsteller nach Art. 5 Abs. 2 RL 2004/83/EG und nunmehr auch nach § 28 Abs. 1 a AsylVfG dennoch eine begründete Furcht vor Verfolgung wegen seiner politischen Überzeugung haben.

25 Das Kontinuitätskriterium kann generell Indiz auf eine ernsthafte politische Überzeugung des Antragstellers sein, welche vom Herkunftsland zum Anlass von Verfolgungen genommen wird. Es ist jedoch lediglich ein Aspekt im Rahmen der Prüfung der Glaubhaftigkeit des Sachvorbringens,[39] sodass sein Fehlen nicht gegen eine begründete Furcht vor Verfolgung spricht. Während danach die Kontinuität der vor der Ausreise des Antragstellers entfalteten Aktivitäten in seinem Herkunftsland mit denen nach der Ausreise eine Regelvermutung der begründeten Furcht vor Verfolgung begründen, beim Fehlen des Kontinuitätsmerkmals aber gleichwohl die Verfolgungsfurcht begründet sein kann, geht die deutsche Rechtsprechung für die Asylberechtigung den umgekehrten Weg.

26 Nach der Rechtsprechung des BVerfG darf eine Asylberechtigung nur in Betracht gezogen werden, »wenn die selbstgeschaffenen Nachfluchttatbestände sich als Ausdruck und Fortführung einer schon während des Aufenthaltes im Heimatstaat vorhandenen und erkennbar betätigten festen Überzeugung darstellen, mithin als Konsequenz einer **dauernden**, die eigene Identität prägenden und **nach außen kundgegebenen Lebenshaltung** erscheinen«.[40] Anknüpfend an diese Rechtsprechung stellt § 28 Abs. 1 Satz 1 AsylVfG den **Grundsatz** der asylrechtlichen Unbeachtlichkeit von Nachfluchttatbeständen auf und lässt lediglich eng begrenzte **Ausnahmen** von diesem Grundsatz zu. Nicht zur Asylberechtigung führen danach jene Verfolgungstatbestände, die der Antragsteller **nach** Verlassen seines Herkunftslandes **aus eigenem Entschluss** geschaffen hat.

27 Bei diesen Tatbeständen sei ein kausaler Zusammenhang zwischen Verfolgung und Flucht nicht gegeben (s. aber Rdn. 2). Der Verfolgungstatbestand werde – anders als bei den objektiven Nachfluchttatbeständen – vom Asylsuchenden selbst **aus eigenem Willensentschluss**, ohne dass ein Risiko damit verbunden wäre, hervorgerufen. Dies müsse zwar nicht notwendig dazu führen, derartige

---

36 Kommissionsentwurf v. 12.09.2001, BR-Drucks. 1017/01, S. 17.
37 *Hathaway*, The Law of Refugee Status, S. 34.
38 BVerwGE 80, 131 (134) = EZAR 200 Nr. 21 = NVwZ 1989, 264 = InfAuslR 1988, 337.
39 *Goodwin-Gill/McAdam*, The Refugee in International Law, S. 89.
40 BVerfGE 74, 51 (66) = EZAR 200 Nr. 18 = NVwZ 1987, 311 = InfAuslR 1987, 56.

Tatbestände von vornherein und ausnahmslos von der Asylerheblichkeit auszuschließen. Ihre Anerkennung als rechtserheblicher Asylgrund könne aber nur für **Ausnahmefälle** in Betracht kommen, an die – mit Blick auf den Schutzbereich und Inhalt der Asylrechtsgarantie – ein besonders strenger Maßstab anzulegen sei. Dies gelte sowohl in **materieller** Hinsicht wie für die **Darlegungslast** sowie die **Beweisanforderungen**.[41] Die Beachtlichkeit selbst geschaffener Nachfluchtgründe richtet sich jedoch nach den Vorgaben der Richtlinie. Das BVerwG weist ausdrücklich darauf hin, dass deren Berücksichtigung beim Asylgrundrecht und bei der Flüchtlingsanerkennung unterschiedliche Regelungsmodelle zugrunde liegen.[42]

§ 32 Subjektive Nachfluchtgründe im Folgeantragsverfahren (Art. 5 Abs. 3 RL 2004/83/EG)

Übersicht

	Rdn
1. Entstehungsgeschichte von Art. 5 Abs. 3 RL 2004/83/EG	1
2. Funktion von Art. 5 Abs. 3 RL 2004/83/EG	6
3. Funktion des Konventionsvorbehalts (Art. 5 Abs. 3 erster Halbs. RL 2004/83/EG)	11
4. Berufung auf subjektive Nachfluchtgründe im Folgeantrag (§ 28 Abs. 2 AsylVfG)	22
5. Funktion der Regelanordnung des Art. 5 Abs. 3 RL 2004/83/EG	28

Liegt eine Folgeantrag vor (Rdn. 22 ff.)?

Wurden die im Folgeantragsverfahren geltend gemachten Nachfluchtgründe nach Abschluss des Erstverfahrens entfaltet (Rdn. 27)?

Sind die nach Abschluss des Erstverfahrens entwickelten Aktivitäten geeignet, die in diesem Verfahren als unerheblich bewerteten Asylgründe nunmehr als erheblich erscheinen zu lassen (Rdn. 26)?

Sind die Nachfluchtaktivitäten den Heimatbehörden bekannt geworden (Rdn. 20)?

Unterstellen die Heimatbehörden dem Antragsteller oppositionelle Aktivitäten oder eine nicht erlaubte Glaubensbetätigung und verfolgen sie ihn deshalb (Rdn. 19)?

Schaubild 15 zu subjektiven Nachfluchtgründen im Folgeantragsverfahren

1. Entstehungsgeschichte von Art. 5 Abs. 3 RL 2004/83/EG

Eine der Vorschrift des Art. 5 Abs. 3 RL 2004/83/EG vergleichbare Regelung war im Vorschlag der Kommission nicht enthalten. Wenige Wochen nach Bekanntgabe des Vorschlags brachten die Koalitionsfraktionen und die Bundesregierung den Gesetzentwurf zum ersten Zuwanderungsgesetz[43] ein und schlugen eine Regelung vor, die in § 28 Abs. 2 AsylVfG Gesetz geworden ist. Die Bundesregierung hat in den Verhandlungen über die Richtlinie maßgebend dazu beigetragen, dass eine dieser nationalen Norm ähnliche Regelung in Art. 5 Abs. 3 RL 2004/83/EG als Freistellungsklausel

1

---

41 BVerfGE 74, 51 (65 f.) = EZAR 200 Nr. 18 = NVwZ 1987, 311 = InfAuslR 1987, 56.
42 BVerwGE 135, 49 (53 f.) = NVwZ 2010, 383 = AuAS 2010, 55; *Hoppe*, ZAR 2010, 164 (166 f.).
43 BT-Drucks. 14/7387, S. 38, v. 08.11.2001.

eingeführt wurde. Der ursprüngliche Vorschlag enthielt in Art. 8 Abs. 2 eine der deutschen Rechtslage (vgl. § 28 Abs. 1 AsylVfG a. F.) vergleichbare Regelung. Art. 8 Abs. 2 bestimmte, es sei nicht von einer begründeten Furcht vor Verfolgung auszugehen, wenn Aktivitäten nachweislich und allein aufgenommen würden, um die für die Beantragung internationalen Schutzes erforderlichen Voraussetzungen zu schaffen.

2 Begründet wurde dieser Vorschlag damit, dass die Furcht vor Verfolgung zwar nicht allein deshalb unbegründet sein müsse, weil sie durch eigenes Zutun erzeugt worden sei. Lasse sich jedoch mit hinreichender Sicherheit nachweisen, dass der Antragsteller seit Verlassen des Herkunftslandes nur deshalb mit bestimmten Aktivitäten begonnen habe, weil er die erforderlichen Voraussetzungen für die Zuerkennung der Flüchtlingseigenschaft habe schaffen wollen, seien diese Aktivitäten in der Regel nicht begründet und zögen die Glaubwürdigkeit des Antragstellers in Zweifel. Sei indes mit hinreichender Sicherheit davon auszugehen, dass die Behörden des Herkunftslandes Kenntnis von seinen Aktivitäten erlangt hätten und diese als Hinweis auf eine konträre politische oder sonstige abweichende Meinung oder Verhaltensweise betrachteten, könne von einer begründeten Verfolgungsfurcht ausgegangen werden und sei der Antragsteller als schutzbedürftig anzusehen.[44]

3 Auf Kritik von UNHCR wurden die ursprünglichen Regelungen geändert.[45] Nunmehr enthält Art. 5 Abs. 2 RL 2004/83/EG eine Privilegierung des Antragstellers, der mit seiner Asylbegründung das Kontinuitätskriterium erfüllt (§ 31 Rdn. 20 bis 27) und nicht mehr eine Missbrauchsregelung (Rdn. 2). Diese wurde mit Art. 5 Abs. 3 RL 2004/83/EG eingeführt und gegenüber dem ursprünglichen Vorschlag erheblich verschärft. Allerdings wurde abweichend vom deutschen Vorbild (§ 28 Abs. 2 AsylVfG) der Vorbehalt »unbeschadet der Genfer Flüchtlingskonvention« (Rdn. 11 ff.) in den Wortlaut eingefügt.

4 Die Missbrauchsregelung des Art. 5 Abs. 3 RL 2004/83/EG bedeutet eine Verschärfung gegenüber dem ursprünglichen Vorschlag: In Art. 8 Abs. 2 des Entwurfs wurde zunächst der Grundsatz aufgestellt, dass Aktivitäten seit Verlassen des Herkunftslandes eine begründete Verfolgungsfurcht hervorrufen können. Für den Fall, dass diese nachweislich und allein aufgenommen werden, um die Voraussetzungen für die Schutzgewährung zu schaffen, wurde von dem Grundsatz eine Ausnahme zugelassen. Nach der Begründung war aber auch in diesem Fall die Flüchtlingseigenschaft zuzuerkennen, wenn die Aktivitäten des Antragstellers den Behörden des Herkunftslandes bekanntgeworden sind und als ernsthafter Hinweis auf eine abweichende Überzeugung betrachtet werden.

5 Nunmehr formuliert Art. 5 Abs. 2 RL 2004/83/EG den erwähnten Grundsatz und begründet eine Regelvermutung der begründeten Verfolgungsfurcht beim Nachweis des Kontinuitätskriteriums (§ 31 Rdn. 20 ff.). Die Ausnahme vom Grundsatz der Regelvermutung wird in Art. 5 Abs. 3 RL 2004/83/EG geregelt, jedoch anders als im ursprünglichen Vorschlag auf Folgeanträge beschränkt, wenn diese mit subjektiven Nachfluchtgründen begründet werden. Darüber hinaus werden die Mitgliedstaaten durch den einschränkenden Zusatz »**unbeschadet der Genfer Flüchtlingskonvention**« (Rdn. 11 ff.) dazu angehalten, bei der Gestaltung der nationalen Ausnahmetatbestände die internationalen Verpflichtungen aus der Konvention einzuhalten. Allerdings ist die Funktion dieser Vorbehaltsklausel umstritten (Rdn. 12 ff.). Eine Änderung dieser Klausel wird durch Art. 5 Abs. 3 RL 2011/95/EU nicht bewirkt.

2. Funktion von Art. 5 Abs. 3 RL 2004/83/EG

6 Art. 5 Abs. 3 RL 2004/83/EG stellt es den Mitgliedstaaten unbeschadet der GFK frei, festzulegen, dass ein Folgeantragsteller in der Regel nicht als Flüchtling anerkannt wird, wenn die Verfolgungsgefahr auf Umständen beruht, die er nach Verlassen seines Herkunftslandes geschaffen hat. Es handelt sich damit um eine Freistellungsklausel. Die Mitgliedstaaten sind nicht verpflichtet, eine derartige

---

44 Kommissionsentwurf v. 12.09.2001, BR-Drucks. 1017/01, S. 17 f., 48.
45 *Klug*, GermanYIL 2004, 595 (612).

Regelung einzuführen. Vielmehr stellt die Norm es ihnen frei, ob sie von dieser Möglichkeit Gebrauch machen. D.h. nicht, dass sie eine nationale Regelung selbst auch als Ermessensnorm ausgestalten müssten. Vielmehr sollen sie von ihrem Ermessen, von den Mindestnormen der Richtlinie abzuweichen, in der Weise Gebrauch machen, dass sie insoweit für den Regelfall zwingende nationale Regelungen vorsehen.

Ob die Mitgliedstaaten von ihrer Befugnis nach Art. 5 Abs. 3 der Richtlinie Gebrauch machen, unterliegt also ihrer nationalen Ermessensentscheidung. Ermessen bezieht sich damit auf das Verhältnis der Richtlinie zur nationalen Abweichungskompetenz, nicht hingegen auf die inhaltliche Ausgestaltung der nationalen abweichenden Regelung selbst. Hat sich ein Mitgliedstaat entschieden, von dem ihm gewährten Ermessen Gebrauch zu machen, kann er die nationale Regelung auch als zwingende einführen, muss allerdings Ausnahmen zulassen. Denn nach Art. 5 Abs. 3 »wird« im Regelfall nicht als Flüchtling anerkannt, wer sich im Folgeantragsverfahren auf subjektive Nachfluchtgründe beruft. Ob hiervon eine Ausnahme zugelassen wird, ist keine Ermessensentscheidung, sondern Auslegung und Anwendung eines unbestimmten Rechtsbegriffs. 7

Art. 5 Abs. 3 RL 2004/83/EG gewährt den Mitgliedstaaten Befugnisse allerdings nur »unbeschadet der GFK« (Rdn. 11 ff.). Der **Konventionsvorbehalt** steht im Zusammenhang mit dem ursprünglichen Vorschlag der Konvention in Art. 8 Abs. 2 (Rdn. 1 ff.). Deshalb dürfen die Mitgliedstaaten mit ihrer nationalen abweichenden Norm nicht die Konvention verletzen. Darauf weist auch die Begründung der im ursprünglichen Vorschlag der Kommission in Art. 8 Abs. 2 enthaltenen Missbrauchsregelung hin, die zwar die Einführung einer verschärften Darlegungsregelung für zulässig erachtete, aber zugleich auch ausdrücklich hervorhob, dass auch in der Absicht der Aufenthaltsverschaffung entfaltete Aktivitäten eine begründete Furcht vor Verfolgung zur Folge haben könnten (Rdn. 2). Art. 5 Abs. 3 geht jedoch noch über den in der Staatenpraxis umstrittenen »Glaubwürdigkeitsvorbehalt« (§ 31 Rdn. 17, 19) hinaus und erlaubt den Mitgliedstaaten, durch starre Beweisregeln subjektive Nachfluchtgründe einzuschränken. 8

Abs. 2 und 3 von Art. 5 RL 2004/83/EG müssen im Gesamtzusammenhang gesehen werden: Nach Abs. 2 Halbs. 1 kann die begründete Furcht vor Verfolgung auf Aktivitäten des Antragstellers seit Verlassen des Herkunftslandes beruhen. Derartige Aktivitäten können nach Abs. 3 in der Regel nicht den Flüchtlingsstatus begründen, wenn der Antragsteller einen Folgeantrag stellt. Unbeschadet dessen ist indes die GFK zu beachten. Nach der Rechtsprechung des EuGH sind zur Auslegung von Freistellungsklauseln des Unionsrechts die Grundrechtscharta sowie völkerrechtliche Normen heranzuziehen.[46] Die Berufung auf die Freistellungsklausel des Art. 5 Abs. 3 RL 2004/83/EG entbindet die Mitgliedstaaten also nicht von ihren Verpflichtungen aus der Grundrechtscharta und der Konvention. Vielmehr dürfen sie von dieser nur einen Gebrauch machen, der mit der überwiegenden Auslegung und Anwendung der Konvention in der Staatenpraxis (Rdn. 18 f.) übereinstimmt. 9

Im Schrifttum wird kritisiert, dass die Entstehungsgeschichte von Art. 5 Abs. 3 der Richtlinie Zweifel aufwirft, ob diese Norm mit Völkerrecht vereinbar sei. Sie setze das objektive Bestehen einer Verfolgungsgefahr voraus, stelle es jedoch in das nationale Ermessen, die begründete Furcht des Folgeantragstellers vor dieser Verfolgung unberücksichtigt zu lassen. Werde der zentrale Aspekt der in der Konvention geregelten Verfolgung in Betracht gezogen, gebe es keine Grundlage für eine Differenzierung zwischen Antragstellern, deren politische Aktivitäten sich bereits im Herkunftsland entwickelt, und jenen, die sich erst im Aufnahmeland politisch betätigt hätten.[47] Damit werden Zweifel aufgeworfen, ob die Ausschlussklausel des Art. 5 Abs. 3 RL 2004/83/EG, obwohl sie zugleich einen Konventionsvorbehalt enthält, mit Völkerrecht vereinbar ist. 10

---

46 EuGH, NVwZ 2006, 1033, § 52 f. – EP gegen Rat der EU; EuGH, InfAuslR 2010, 221 = NVwZ 2010, 697, Rn. 44 – Chakroun.
47 *Goodwin-Gill/McAdam*, The Refugee in International Law, S. 89.

3. Funktion des Konventionsvorbehalts (Art. 5 Abs. 3 erster Halbs. RL 2004/83/EG)

11 Die Mitgliedstaaten können nach Art. 5 Abs. 3 der Richtlinie zwar festlegen, dass ein Antragsteller, der einen Asylfolgeantrag stellt, in der Regel nicht als Flüchtling anerkannt wird, wenn die Verfolgungsgefahr auf Umständen beruht, die er selbst nach Verlassen des Herkunftslandes geschaffen hat. Diese Befugnis haben die Mitgliedstaaten allerdings nur »**unbeschadet der GFK**« (Rdn. 8). Dieser Konventionsvorbehalt ist umstritten. Bislang ist der EuGH mit dieser Frage mangels Vorabentscheidungsersuchen nicht befasst worden. Die deutsche Rechtsprechung sieht insoweit keine unionsrechtliche Zweifelsfrage und hat deshalb dem Gerichtshof diese Frage auch nicht vorgelegt (Rdn. 12). Rechtsprechung anderer Mitgliedstaaten ist bislang nicht bekannt.

12 Nach dem BVerwG ist der Regelausschluss der Flüchtlingsanerkennung für nach Abschluss des Erstverfahrens selbst geschaffene Nachfluchtgründe mit den Regelungen der Konvention vereinbar und wirft auch hinsichtlich des Konventionsvorbehalts in Art. 5 Abs. 3 RL 2004/83/EG keine unionsrechtliche Zweifelsfrage auf. Es erscheine bereits zweifelhaft, ob eine Furcht vor Verfolgung im Sinne von Art. 1 A Nr. 2 GFK überhaupt auf Fälle der risikolosen Verfolgungsprovokation im Aufnahmeland gestützt werden könne. Art. 33 Abs. 1 GFK garantiere dem von Verfolgung bedrohten Ausländer keinen bestimmten Status, sondern lediglich Abschiebungsschutz für die Dauer der Bedrohung. In diesem Sinne gewährten die Abschiebungsverbote des § 60 Abs. 2, 3, 5 und 7 AufenthG regelmäßig ausreichenden Schutz.[48] Bereits zuvor hatte die Rechtsprechung die Funktion des Konventionsvorbehalts lediglich in der Sicherstellung des Refoulementschutzes nach Art. 33 Abs. 1 GFK gesehen.[49]

13 Diese Auffassung überzeugt nicht. Der Schutz nach Art. 33 Abs. 1 GFK wird in der Richtlinie bereits durch Art. 21 RL 2004/83/EG in Bezug genommen. Es kann der Richtlinie kein Hinweis dafür entnommen werden, dass der Konventionsvorbehalt in Art. 5 Abs. 3 RL 2004/83/EG lediglich deklaratorische Wirkung hätte. Wenn eine Norm des Unionsrechts entgegen ihrem Wortlaut derart verkürzend ausgelegt werden soll, muss es hierfür zureichende Anhaltspunkte in der Richtlinie selbst geben. Die einschränkende Auffassung könnte deshalb nur überzeugen, wenn in Art. 5 Abs. 3 RL 2004/83/EG lediglich auf Art. 21 RL 2004/83/EG verwiesen worden wäre. Da dies nicht der Fall ist, ist davon auszugehen, dass der Konventionsvorbehalt in Art. 5 Abs. 3 eine über den bloßen Refoulementschutz hinausgehende Bedeutung hat und die Konvention mit allen Rechten zu beachten ist. Im Übrigen nimmt Art. 33 Abs. 1 GFK ausdrücklich Art. 1 A Nr. 2 GFK und damit den dort geregelten Flüchtlingsbegriff in Bezug. Der Flüchtling genießt jedoch den in Art. 32 bis 34 geregelten Status.

14 Nach der Rechtsprechung des EuGH sind – wie bereits erwähnt – zur Auslegung von Freistellungsklauseln des Unionsrechts die Grundrechtscharta sowie völkerrechtliche Normen heranzuziehen (Rdn. 9).[50] Art. 1 A Nr. 2 GFK schützt umfassend die politische Überzeugung unabhängig von der Glaubwürdigkeit des Antragstellers, wenn ihm wegen politischer oder religiöser Aktivitäten Verfolgung droht. Weil die Manifestation oppositioneller Meinungen menschenrechtlich geschützt ist, ist die Fixierung auf gewillkürte Aktivitäten ohnehin nicht sachgerecht.[51] Nur dann, wenn die Motive und die Person des Antragstellers aus Sicht des Herkunftsstaates unglaubwürdig sind und die zuständigen Behörden deshalb die öffentlichen Aktivitäten nicht ernst nehmen (§ 31 Rdn. 19), sodass kein Verfolgungsrisiko droht, erlaubt die Konvention die Zurückweisung des Antrags. In diesem

---

48 BVerwGE 133, 31 (39) Rn. 17 ff. = EZAR NF 68 Nr. 2 = NVwZ 2009, 730 = InfAuslR 2009, 260; *Mallmann*, ZAR 2011, 342 (344).

49 Niedersächsisches OVG, InfAuslR 2006, 421 (423); Bayerischer VGH, Beschl. v. 10.06.2008 – 14 ZB 08.30211; Hessischer VGH, Beschl. v. 11.10.2006 – 11 ZU 2803/05.A; wohl auch VG Stuttgart, NVwZ 2006, 113 (114); VG Stuttgart, Urt. v. 18.04.2005 – A 11 K 12040/03; VG Göttingen, Urt. v. 13.03.2008 – 2 A 371/05; OVG Nordrhein-Westfalen, InfAuslR 2005, 489; *Funke-Kaiser* in: GK-AsylVfG II – § 28 Rn. 57.

50 EuGH, NVwZ 2006, 1033, § 52 f. – EP gegen Rat der EU; EuGH, InfAuslR 2010, 221 = NVwZ 2010, 697, Rn. 44 – Chakroun.

51 *Hathaway*, The Law of Refugee Status, 1991, S. 37.

Fall fehlt es an »**guten Gründen**«, also an einer objektiven Begründung für die Furcht vor Verfolgung (Rdn. 17).

UNHCR hat in der öffentlichen Anhörung zum ersten Zuwanderungsgesetz am 16. Januar 2002 darauf hingewiesen, dass die GFK nicht zwischen Vor- und Nachfluchtgründen unterscheide, sondern den Zweck verfolge, Personen, deren Leben oder Freiheit aus den Gründen der Konvention gefährdet sei, zu schützen. Daher seien Personen, die außerhalb des Herkunftslandes allein deshalb aktiv würden, um ein Verfolgungsrisiko zu begründen, nicht notwendigerweise vom Flüchtlingsbegriff ausgeschlossen (§ 31 Rdn. 3 ff.). Daher erachtet UNHCR die deutsche Regelung des § 28 Abs. 2 AsylVfG, die keinen Konventionsvorbehalt enthält, für unvereinbar mit der GFK.[52] Auch der Bundesrat hatte völkerrechtliche Bedenken gegen § 28 Abs. 2 AsylVfG geltend gemacht.[53]

Bereits das Handbuch von UNHCR weist in Ansehung subjektiver Nachfluchtgründe auf das Gebot einer sorgfältigen Untersuchung aller Umstände des Einzelfalls hin. Später hat UNHCR erneut bekräftigt, dass derartige Gründe die Frage der Glaubwürdigkeit des Antragstellers aufwerfen würden, da nicht ausgeschlossen werden könnte, dass mit diesen Aktivitäten eine bestimmte Absicht verfolgt werde. In solchen Fällen sei es besonders wichtig, dass alle Einzelheiten sorgfältig auf ihre Wahrscheinlichkeit hin geprüft und analysiert würden, ob deswegen tatsächlich die Gefahr der Verfolgung drohe.[54] Im Kommentar zur Richtlinie weist UNHCR darauf hin, es sei nicht erforderlich, die »Bösgläubigkeit« des Asylsuchenden zu prüfen. Die Konvention enthalte weder ausdrücklich noch stillschweigend eine Bestimmung, wonach der Schutz wegfalle, soweit die begründete Verfolgungsfurcht aus Handlungen im Ausland folge.[55]

Mit dem einschränkenden Zusatz »unbeschadet der GFK« in Art. 5 Abs. 3 RL 2004/83/EG ist dieser Begründung Rechnung getragen worden. Der Begriff der begründeten Furcht vor Verfolgung bringt das Doppelerfordernis der persönlichen Glaubwürdigkeit und der glaubhaften, auf guten Gründen beruhenden Furcht des Antragstellers (Rdn. 14) ins Spiel. Herzstück der entsprechenden Prüfung ist, ob die »subjektive« Furcht begründet ist, ob also hinreichend zuverlässige Tatsachen und Umstände das Urteil rechtfertigen, dass der Antragsteller ernsthaft mit der Möglichkeit der Verfolgung rechnen muss.[56] Allerdings lässt Art. 20 Abs. 6 RL 204/83/EG eine Einschränkung der zu gewährenden Rechtsstellung zu, wenn die Verfolgung auf asyltaktischem Verhalten beruht.[57] Ergibt die Prognoseprüfung jedoch, dass der Herkunftsstaat auch Aktivitäten ernst nimmt, die der Antragsteller provokativ unternommen hat, um sich ein Aufenthaltsrecht zu verschaffen, hat er hingegen gute Gründe für seine Furcht vor Verfolgung (§ 31 Rdn. 19) und steht Art. 5 Abs. 3 RL 2004/83/EG einer nationalen Regelung entgegen, die in diesem Fall den Konventionsschutz versagt.

In der Rechtsprechung der Vertragsstaaten wird ein Ausschluss des Schutzes für selbst geschaffene Nachfluchtgründe abgelehnt. Selbst wenn evident sei, dass die auf einem freien Willensentschluss beruhenden Äußerungen oder Aktivitäten vorrangig den Zweck verfolgt hätten, sich einen Asylgrund zu verschaffen, führe das aufgrund dessen ausgelöste Verfolgungsrisiko dazu, dass der Antragsteller unter den Schutz der Konvention falle. Die Vorinstanz verstehe die Konvention falsch, weil sie sich wegen des selbst geschaffenen Asylgrundes an der Berücksichtigung der Verfolgungsgefahr gehindert gesehen habe. Die zentrale Frage gehe dahin, ob der Antragsteller eine echte Furcht vor

---

52 *UNHCR*, Stellungnahme an den BT-Innenausschuss v. 14.01.2002, DB, 14. WP, Innenausschuss, Prot. Nr. 83, 14/674 I, S. 280; ebenso *amnesty international*, Stellungnahme an den BT-Innenausschuss v. 11.01.2002, DB, 14. WP, Innenausschuss, Prot. Nr. 83, 14/674 D, S. 235; *Marx*, Stellungnahme an den BT-Innenausschuss v. 01.01.2002, DB, 14. WP, Innenausschuss, Prot. Nr. 83, 14/674, S. 168.
53 BR-Drucks. 921/1/01 v. 13.12.2001; BR-Drucks. 921/01 v. 04.01.2002; siehe auch *Duchrow*, ZAR 2002, 269 (272); *Duchrow*, ZAR 2004, 339 (342).
54 *UNHCR*, Auslegung von Art. 1 GFK, April 2001, Rn. 34.
55 *UNHCR*, Kommentar zur Richtlinie 2004/83/EG, S. 17.
56 *Goodwin-Gill*, The Refugee in International Law, S. 41.
57 *Bank/Foltz*, Flüchtlingsrecht auf dem Prüfstand, Beilage zum Asylmagazin 10/2008, S. 1 (5).

Verfolgung habe und ihm für den Fall der Rückkehr eine ernsthafte Verfolgung im Sinne der Konvention drohe.[58] Auch das BVerfG hat darauf hingewiesen, dass selbst geschaffene Nachfluchtgründe zwar der Asylrelevanz ermangeln könnten. Sie seien aber bei der Auslegung und Anwendung von Art. 33 Abs. 1 GFK zu berücksichtigen.[59]

19 Die Konvention behandelt die Frage subjektiver Nachfluchtgründe nicht ausdrücklich, sondern nur die Frage der Nachfluchtgründe als solche (§ 31 Rdn. 1 ff.). Sie behandelt zudem weder die Frage des Missbrauchs noch wurde diese während der Beratungen diskutiert. Hingegen haben sich seit den 1960er Jahren nationale Gerichte hiermit auseinandergesetzt und besondere Regeln zur Glaubwürdigkeitsprüfung entwickelt. Danach mag zwar eine strengere Prüfung der Glaubwürdigkeit des Antragstellers angezeigt sein. Es ist aber allgemein anerkannt, dass unabhängig von der Glaubwürdigkeit des Antragstellers die Flüchtlingseigenschaft zuzuerkennen ist, wenn dieser eine begründete Furcht vor Verfolgung geltend machen kann. Einen Ausschluss für selbst geschaffene Verfolgungsgründe kennt die Konvention nicht.[60]

20 Damit ist festzuhalten, dass Art. 5 Abs. 3 RL 2004/83/EG die Frage, ob die Berufung auf selbst geschaffene Nachfluchtgründe im Folgeantragsverfahren die Versagung der Flüchtlingseigenschaft rechtfertigt, nicht eindeutig beantwortet.[61] Der Konventionsvorbehalt sowie die Entstehungsgeschichte von Art. 5 Abs. 2 und 3 der Richtlinie in Verbindung mit der allgemeinen Auffassung über den Schutzumfang legen jedoch nahe, eine Auslegung zu wählen, die dem Schutzgedanken der Konvention gerecht wird. Die Mitgliedstaaten müssen bei der Berufung auf Ermessensklauseln völkerrechtliche Vorgaben beachten.[62] Der Konventionsvorbehalt hat die Funktion, die aus Art. 1 A Nr. 2 GFK folgende Verpflichtung wirksam sicherzustellen (**effet utile**). Unabhängig davon, welche Motive im konkreten Einzelfall der Nachfluchtbetätigung zugrunde liegt, ist der Ausschluss des Flüchtlingsschutzes nur zulässig, wenn diese keine Verfolgung im Sinne von Art. 9 RL 2004/83/EG auslöst, die an Verfolgungsgründe (Art. 10 Abs. 1 RL 2004/83/EG) anknüpft.

21 Die Konvention hat Vorrang vor der Richtlinie. Art. 5 Abs. 3 RL 2004/83/EG enthält eine besondere verfahrensrechtliche Vorkehrung gegen Missbrauchsfälle und lässt auch wohl einen gewissen beweisrechtlichen Schematismus erkennen. Dieser ist indes mit der GFK unvereinbar.[63] Der Regel-Ausnahme-Mechanismus lässt zwar Ausnahmen vom Ausschluss zu. Dieser ist jedoch in der Konvention nicht enthalten und deshalb unvereinbar mit ihr.[64] Darüber hinaus wird in der Rechtsprechung die Regelanordnung derart restriktiv gehandhabt (Rdn. 28 ff.), dass kaum Ausnahmen zugelassen werden. Der Konventionsvorbehalt des Art. 5 Abs. 3 der Richtlinie erfordert aber zur

---

58 Australia Federal Court (1999) FCA 868 Rn. 28 bis 30 – Mohammed, mit Hinweis auf *Hathaway*, The Law of Refugee Status, S. 37; ebenso US Court of Appeals, Seventh Circuit, F.2d (1992) – Bastanipour; British Court of Appeal (2000) Imm AR 96 Rn. 27 = IJRL 2000, 626 – Danian, siehe auch Fußnote 61.

59 BVerfGE 74, 51 (66 f.) = EZAR 200 Nr. 18 = NVwZ 1987, 311 = InfAuslR 1987, 56.

60 Australia Federal Court (1999) FCA 868 Rn. 28 bis 30 – Mohammed; Australia Federal Court (2000) FCA 265 Rn. 12 – Somaghi; US Court of Appeals, Seventh Circuit, F.2d (1992) – Bastanipour; British Court of Appeal (2000) Imm AR 96 Rn. 27 = IJRL 2000, 626 – *Danian*; Canada Federal Court (2003) F.C.J. No. 1591; FC 1266 Rn. 21 f. – Ghasemian; *UNHCR*, Handbuch und Kriterien zur Feststellung der Flüchtlingseigenschaft, 1979, Rn. 96; *UNHCR*, Auslegung von Art. 1 GFK, April 2001, Rn. 34; *Hathaway*, The Law of Refugee Status, S. 37; *Goodwin-Gill/McAdam*, The Refugee in International LawS. 73 ff.; *Goodwin-Gill*, IJRL 2000, 663 (664, 670); *Löhr*, Die Qualifikationsrichtlinie: Rückschritt hinter internationale Standards?, in: *Hoffmann/Löhr*, Europäisches Flüchtlings- und Einwanderungsrecht, S. 47 (78 f.); *Zimmermann/Mahler*, in: *Zimmermann*, The 1951 Convention, Article 1 A para 2 Rn. 133 ff.

61 *Zimmermann/Mahler*, in: *Zimmermann*, The 1951 Convention, Article 1 A para 2 Rn. 169.

62 EuGH, NVwZ 2006, 1033, § 52 f. – EP gegen Rat der EU; EuGH, InfAuslR 2010, 221 = NVwZ 2010, 697, Rn. 44 – Chakroun.

63 *Klug*, German YIL 2004, 594 (613).

64 *Löhr*, Die Qualifikationsrichtlinie: Rückschritt hinter internationale Standards?, in: *Hoffmann/Löhr*, Europäisches Flüchtlings- und Einwanderungsrecht, S. 47 (79).

wirksamen Gewährleistung völkerrechtlicher Verpflichtungen, dass stets sämtliche Umstände des Einzelfalles in den Blick zu nehmen sind (Rdn. 19), um bewerten zu können, dass eine begründete Furcht vor Verfolgung besteht.[65]

4. Berufung auf subjektive Nachfluchtgründe im Folgeantrag (§ 28 Abs. 2 AsylVfG)

Der Gesetzgeber hat mit § 28 Abs. 2 AsylVfG von der Ermessensklausel des Art. 5 Abs. 3 RL 2004/83/EG Gebrauch gemacht, allerdings ohne den Konventionsvorbehalt aufzunehmen. Ob das neue Vorbringen des Antragstellers als Asylfolgeantrag zu bewerten ist, richtet sich nach den Vorschriften über den Folgeantrag (§ 71 Abs. 1 Satz 1 AsylVfG i.V.m. § 51 Abs. 1 bis 3 VwVfG). § 28 Abs. 2 AsylVfG findet deshalb keine Anwendung, wenn nach unanfechtbarer Zurückweisung des Eilrechtsschutzantrags nach § 36 Abs. 3 AsylVfG im Hauptsacheverfahren Nachfluchtaktivitäten vorgetragen werden, die nach Antragsablehnung entstanden sind. Diese Umstände sind mithilfe eines Abänderungsantrags (vgl. § 80 Abs. 7 Satz 2 VwGO) geltend zu machen. Wird dem Antrag stattgegeben und anschließend im Hauptsacheverfahren die beachtliche Wahrscheinlichkeit von Verfolgung aufgrund der nachträglich eingetretenen Umstände festgestellt, ist die Flüchtlingseigenschaft zuzuerkennen, weil es sich in diesem Fall nicht um einen Folgeantrag, sondern den Erstantrag handelt (Rdn. 25). 22

Der typische Fall eines Folgeantrags ist, dass der Antragsteller im ersten Asylverfahren nach Ausschöpfung der Rechtsmittel erfolglos geblieben ist. In dem erfolglosen Abschluss des Erstverfahrens liegt die für das Verständnis des § 28 Abs. 2 AsylVfG entscheidende zeitliche Zäsur.[66] Diese kann aber auch im Abschluss eines vorangegangenen Folgeantragsverfahrens liegen.[67] Erfasst wird aber auch der Fall, dass der Antragsteller den Asylantrag oder nach Zurückweisung des Eilrechtsschutzantrags die asylrechtliche Klage zurückgenommen hat und damit der angefochtene Bescheid unanfechtbar geworden ist. Hier findet § 28 Abs. 2 AsylVfG unmittelbar Anwendung. Maßgeblicher Zeitpunkt für die Anwendung der Vorschrift ist der Zeitpunkt der Rücknahme oder der unanfechtbaren Ablehnung des früheren Antrags. Hat der Antragsteller den früheren Antrag freiwillig zurückgenommen, werden alle exilpolitischen Aktivitäten, die nach der verfahrensbeendenden Erklärung unternommen wurden, nach Maßgabe von § 28 Abs. 2 AsylVfG beurteilt. 23

§ 28 Abs. 2 AsylVfG findet nur Anwendung, wenn die Voraussetzungen für die Durchführung eines weiteren Asylverfahrens vorliegen. Der Antragsteller hat schlüssig darzulegen, inwiefern die neuen exilpolitischen Aktivitäten geeignet sind, eine ihm **günstigere Entscheidung** herbeizuführen.[68] Insoweit darf das Bundesamt jedoch lediglich prüfen, ob aufgrund der vorgebrachten veränderten tatsächlichen Umstände die **Möglichkeit** einer positiven Entscheidung des Bundesamtes besteht.[69] 24

Bezugspunkt für die Zulässigkeitsprüfung ist die letzte mündliche Verhandlung vor dem Verwaltungsgericht bzw. im Fall der Antragsrücknahme die persönliche Anhörung nach § 24 Abs. 1 Satz 2 AsylVfG. Exilpolitische Aktivitäten, die in dem Zeitraum zwischen der persönlichen Anhörung bzw. der mündlichen Verhandlung und der Rücknahme, der Antragsablehnung bzw. der Zustellung des Urteils oder des Beschlusses im Rechtsmittelverfahren unternommen wurden, fallen nicht in den Anwendungsbereich von § 28 Abs. 2 AsylVfG. Hierfür spricht, dass sich der Wortlaut von § 28 Abs. 2 Satz 1 AsylVfG ausdrücklich nur auf Aktivitäten, die »nach Rücknahme« oder nach dem Zeitpunkt der »unanfechtbaren Ablehnung des früheren Asylantrags« entstanden sind, bezieht. Aktivitäten, die vor diesem Zeitpunkt entfaltet wurden, jedoch aus verfahrensrechtlichen Gründen 25

---

65 *Goodwin-Gill*, The Refugee in International Law, S. 41.
66 BVerwGE 133, 31 (37) = EZAR NF 68 Nr. 2 = NVwZ 2009, 730 = InfAuslR 2009, 260; BVerwGE 135, 49 (55) = NVwZ 2010, 383 = AuAS 2010, 55.
67 BVerwGE 135, 49 (53) = NVwZ 2010, 383 = AuAS 2010, 55.
68 *Mezger*, VBlBW 1995, 308 (309); *Hanisch*, DVBl. 1983, 415 (420).
69 BVerfG (Kammer), InfAuslR 1995, 19 (21); VGH Baden-Württemberg, InfAuslR 1984, 249 (251).

im ersten Asylverfahren nicht berücksichtigt werden konnten, lösen nicht die Rechtsfolge des § 28 Abs. 2 Halbs. 2 AsylVfG aus.

26 Voraussetzung für den Ausschlusstatbestand nach § 28 Abs. 2 Halbs. 2 AsylVfG ist, dass nach Abschluss des Erstverfahrens subjektive Nachfluchtgründe vorgebracht werden. Beruft sich der Antragsteller auf nachträgliche Gründe, die im engen Sachzusammenhang mit den im Erstverfahren geprüften Gründen stehen, findet § 28 Abs. 2 AsylVfG keine Anwendung. Diese Vorschrift betrifft nur exilpolitische Aktivitäten. Macht der Antragsteller hingegen Umstände geltend, die nach Abschluss des Erstverfahrens eingetreten und bekannt geworden sind und welche die im Erstverfahren als unerheblich eingestuften Asylgründe nunmehr als entscheidungserheblich erscheinen lassen, findet § 28 Abs. 2 AsylVfG keine Anwendung. So kann etwa die Festnahme eines Parteifreundes, mit dem der Antragsteller vor seiner Flucht zusammengearbeitet hatte, oder die Durchsuchung der Wohnung des Antragstellers im Herkunftsland die früher vorgetragenen und als nicht beachtlich eingestuften politischen Aktivitäten in einem vollständig anderen Licht erscheinen lassen.

27 Nachträgliche exilpolitische Aktivitäten stellen die Mehrheit der geltend gemachten Gründe für das Wiederaufgreifen dar. Aktivitäten, die sich von ihrer Art, ihrem Inhalt, Gewicht und Profil her nicht von den im Erstverfahren vorgetragenen exilpolitischen Betätigungen unterscheiden und mit diesen in einem inneren Zusammenhang stehen, führen bereits mangels Erheblichkeit nicht zur Einleitung eines weiteren Asylverfahrens. Unterscheiden sie sich hingegen von den im Erstverfahren geltend gemachten subjektiven Nachfluchtgründen und leitet das Bundesamt aus diesem Grund ein weiteres Asylverfahren ein, kommt § 28 Abs. 2 AsylVfG zur Anwendung.

5. Funktion der Regelanordnung des Art. 5 Abs. 3 RL 2004/83/EG

28 Liegen die tatbestandlichen Voraussetzungen nach Art. 5 Abs. 3 RL 2004/83/EG vor, ordnet § 28 Abs. 2 AsylVfG an, dass in der Regel die Flüchtlingseigenschaft nicht zuerkannt wird. Mit dieser Vorschrift hat der Gesetzgeber die risikolose Verfolgungsprovokation durch Nachfluchttatbestände regelhaft unter Missbrauchsverdacht gestellt. Für nach dem Zeitpunkt des Abschlusses des Erstverfahrens selbst geschaffene Nachfluchtgründe wird nach der Rechtsprechung des BVerwG ein Missbrauch der Inanspruchnahme des Flüchtlingsschutzes in der Regel vermutet. Damit erübrige sich ein positiver Nachweis des finalen Zusammenhangs zwischen selbst geschaffenem Nachfluchttatbestand und erstrebtem Flüchtlingsstatus im Einzelfall. § 28 Abs. 2 AsylVfG verlagere die Substanziierungs- sowie die objektive Beweislast auf den Antragsteller, dem die Widerlegungslast auferlegt werde.[70]

29 Die Maßstäbe für die Abgrenzung des Regelausschlusses von einem Ausnahmefall seien aus dem vom Gesetzgeber gewählten Regelungsmodus sowie dem Zweck des Ausschlusstatbestandes zu entwickeln. Die Missbrauchsvermutung sei widerlegt, wenn der Antragsteller den Verdacht ausräumen könne, er habe Nachfluchtaktivitäten nach Verfahrensabschluss nur oder aber vorrangig mit Blick auf die erstrebte Flüchtlingsanerkennung entwickelt oder intensiviert. Aus Art. 5 Abs. 2 und 3 der Richtlinie lasse sich entnehmen, dass das Kontinuitätskriterium nach außen betätigter politischer Überzeugung auch unionsrechtlich legitim sei und Indizwirkung entfalten könne, ohne jedoch allein zur Widerlegung der Vermutung auszureichen. Bleibe das Betätigungsprofil nach Abschluss des Erstverfahrens unverändert, liege die Annahme eines Missbrauchs eher fern.[71] Jedoch wird hier dem Antragsteller entgegengehalten, dass sich die Sachlage (§ 51 Abs. 1 Nr. 1 VwVfG) nicht verändert hat.

30 Werde der Antragsteller jedoch erstmals exilpolitisch aktiv oder intensiviere er seine bisherigen Aktivitäten, müsse er dafür gute Gründe anführen, um den Verdacht auszuräumen, dies sei vorrangig erfolgt, um die Voraussetzungen für eine Flüchtlingsanerkennung zu schaffen. Dazu seien die

---

70 BVerwGE 133, 31 (37) = EZAR NF 68 Nr. 2 = NVwZ 2009, 730 = InfAuslR 2009. 260; BVerwGE 135, 49 (55) = NVwZ 2010, 383 = AuAS 2010, 55.

71 BVerwGE 133, 31 (38) = EZAR NF 68 Nr. 2 = NVwZ 2009, 730 = InfAuslR 2009. 260.

Persönlichkeit des Antragstellers und dessen Motive für die erstmalig aufgenommen oder intensivierten Aktivitäten vor dem Hintergrund seines bisherigen Vorbringens und seiner Vorfluchterlebnis einer Gesamtwürdigung zu unterziehen.[72] Dass der Antragsteller sich im Herkunftsland aufgrund seines Alters noch keine gefestigte Überzeugung habe bilden können (vgl. § 28 Abs. 1 Satz 2 AsylVfG), sei im Rahmen von § 28 Abs. 2 AsylVfG unerheblich. Schaffe der Betroffene in Kenntnis der Erfolglosigkeit eines oder gar mehrerer Asylverfahren einen Nachfluchtgrund, spreche vielmehr viel dafür, dass er den Missbrauchstatbestand erfülle.[73] In der Literatur wird eine Ausnahme zugelassen, wenn ein Antragsteller bei Ausreise aus seinem Herkunftsland »völlig unpolitisch« war, im Aufnahmestaat aber den verbrecherischen Charakter des heimatlichen Regimes erkannt habe und er deshalb zu der glaubhaften sittlichen Überzeugung gekommen sei, sich gegen dieses zu betätigen.[74]

§ 28 Abs. 2 AsylVfG bedarf der richtlinienkonformen Auslegung. Für die Beurteilung eines Asylantrags als Folgeantrag ist es nach deutschem Recht unerheblich, ob der Antragsteller sich zwischen den Anträgen ununterbrochen im Bundesgebiet aufgehalten hat.[75] Da die Vorschrift nur darauf abstellt, dass der erneute Antrag nach Abschluss eines Asylverfahrens auf Umstände gestützt wird, die der Antragsteller selbst geschaffen hat, fallen nach dem Wortlaut der Vorschrift hierunter auch politische Aktivitäten, die der Antragsteller nach Rückkehr nach Abschluss des Erstverfahrens im Herkunftsland entfaltet hat. Demgegenüber erfordert Art. 5 Abs. 3 RL 2004/83/EG, dass der Antragsteller diese Aktivitäten nach (dem letzten) Verlassen des Herkunftslandes geschaffen hat. Ergibt sich aufgrund der im Herkunftsland entfalteten Aktivitäten die beachtliche Wahrscheinlichkeit einer Verfolgung, liegt ein Vorfluchtgrund vor und findet § 28 Abs. 2 AsylVfG keine Anwendung.[76]

31

---

72 BVerwGE 133, 31 (38) = EZAR NF 68 Nr. 2 = NVwZ 2009, 730 = InfAuslR 2009. 260, *Mallmann*, ZAR 2011, 342 (343).
73 BVerwGE 135, 49 (55) = NVwZ 2010, 383 = AuAS 2010, 55.
74 *Funke-Kaiser*in: GK-AsylVfG II – § 28 Rn. 68.
75 BVerwGE 77, 323 (324) = EZAR 224 Nr. 16 = NVwZ 1988, 258; OVG Bremen, InfAuslR 1986, 16; OVG Nordrhein-Westfalen, Urt. v. 16.04.1985 – 17 B 20798/84; VGH Baden-Württemberg, InfAuslR 1984, 249; BayObLG, NVwZ-Beil. 1998, 55; *Bell/von Nieding*, ZAR 1995, 119.
76 BVerwGE 133, 31 (41) = EZAR NF 68 Nr. 2 = NVwZ 2009, 730 = InfAuslR 2009, 260.

Kapitel 9 Ausschlussgründe

Die Qualifikationsrichtlinie fasst in Art. 12 die Ausschlussgründe zusammen und orientiert sich dabei an den Ausschlussgründen in Art. 1 D, E und F GFK: Art. 12 Abs. 1 Buchst. a) RL 2004/83/EG verweist auf den Ausschlussgrund nach Art. 1 D GFK (**Schutzgewährung durch eine andere Einrichtung der Vereinten Nationen**) und Art. 12 Abs. 1 Buchst. b) RL 2004/83/EG auf den Ausschlussgrund nach Art. 1 E GFK (**Zuerkennung gleichwertiger Rechte und Pflichten**). Während diese Ausschlussgründe auf der Überlegung beruhen, dass für die Gewährung des Flüchtlingsstatus die Schutz**bedürftigkeit** fehlt, liegt Art. 1 F GFK und damit auch Art. 12 Abs. 2 und 3 RL 2004/83/EG (**Begehung internationaler Verbrechen und Zuwiderhandlung gegen Ziele und Grundsätze der Vereinten Nationen**) der Gedanke der Schutz**unwürdigkeit** zugrunde.

§ 33 Schutzgewährung durch eine andere Einrichtung der Vereinten Nationen (Art. 12 Abs. 1 Buchst. a) RL 2004/83/EG)

Übersicht

	Rdn
1. Funktion des Ausschlussgrundes	1
2. Anwendung des Ausschlussgrundes (Art. 12 Abs. 1 Buchst. a) Satz 1 RL 2004/83/EG)	9
3. Wegfall des Ausschlussgrundes (Art. 12 Abs. 1 Buchst. a) Satz 2 RL 2004/83/EG)	17
a) Voraussetzungen des Wegfalls	17
b) Fehlende Rückkehrmöglichkeit in das Mandatsgebiet von UNRWA	24
4. Rechtliche Wirkung des Wegfalls des Schutzes oder Beistands der UNRWA	32

Leitsätze

1. Ein Flüchtling, der den Schutz oder Beistand der UNRWA genießt, kann sich nach Art. 1 D Abs. 1 GFK nicht auf den Schutz der Konvention berufen (Rdn. 9). Den Schutz oder Beistand der UNRWA kann nur genießen, wer sich im Mandatsgebiet der UNRWA aufhält. Es kann sich dabei auch um die Nachkommen von palästinensischen Flüchtlingen handeln (Rdn. 12).
2. Der Ausschluss von der Konvention beruht auf der Voraussetzung, dass die Hilfe von UNRWA tatsächlich in Anspruch genommen wird. Wer hingegen gegenüber UNRWA nur berechtigt ist, Schutz zu erhalten, diesen aber tatsächlich nicht in Anspruch nimmt (Rdn. 13), wird nicht vom Schutzbereich der Konvention ausgeschlossen.
3. Wird der Flüchtling aus Gründen der Verfolgung zum Verlassen des Mandatsgebietes gezwungen, fällt er **ipso facto** in den Anwendungsbereich der Konvention. Seine Flüchtlingseigenschaft braucht nicht erneut im Rahmen eines Feststellungsverfahrens geprüft werden (Rdn. 15).
4. Der Schutz oder Beistand von UNRWA ist nicht erst dann im Sinne von Art. 1 D Abs. 2 GFK weggefallen, wenn UNRWA als Institution insgesamt nicht mehr besteht oder in einem Teil des Mandatsgebiets nicht mehr tätig werden kann. Vielmehr kommt es darauf an, dass dem konkreten Antragsteller dieser Schutz oder Beistand nicht mehr zugutekommt.
5. Personen, die freiwillig das Mandatsgebiet verlassen haben, sind nicht vom persönlichen Geltungsbereich der Konvention ausgeschlossen. Sie fallen jedoch nicht **ipso facto** in den Schutzbereich der Konvention (Rdn. 24). Demgegenüber genießen Personen, die sich aufgrund externer Ereignisse, die außerhalb ihres Einflussbereiches liegen, aus dem Mandatsgebiet der UNRWA entfernen, **ipso facto** den Schutz der Konvention (Rdn. 25 f.).
6. Solange sich die palästinensischen Flüchtlinge im Mandatsgebiet der UNRWA aufhalten, sind sie vom Schutz der Konvention ausgeschlossen (Art. 1 D Abs. 1 GFK). Verlassen sie dieses Gebiet **aus welchem Grund auch immer**, können sie sich auf die Konvention

> berufen, wenn ihnen die Rückkehr in den früheren Aufnahmestaat unmöglich gemacht wird (Rdn. 31 ff., 39).

1. Funktion des Ausschlussgrundes

Art. 12 Abs. 1 Buchst. a) RL 2004/83/EG hat sein Vorbild in Art. 1 D GFK.[1] Dieser Ausschlussgrund ist im Zusammenhang mit den Palästina-Flüchtlingen ausgearbeitet worden, welche den Schutz der »United Nations Relief and Works Agency for the Palestine Refugees in the near East« genießen. Zu den Schutz oder Beistand gewährenden Organisationen und Institutionen der Vereinten Nationen gehört die durch Resolution Nr. 302/IV vom 8. Dezember 1949 mit Hilfeleistungen und Hilfeprogrammen für die **palästinensischen Flüchtlinge** im Nahen Osten beauftragte, gegenüber dem UNHCR selbstständige **United Nations Relief and Works Agency for the Palestine Refugees in the Near East (UNRWA)**.[2] Die gegenüber UNHCR betonte Selbstständigkeit ergibt sich einerseits aus der Tatsache, dass UNRWA bereits vor Verabschiedung des UNHCR-Statuts 1950 ins Leben gerufen worden war, andererseits aus der Entstehungsgeschichte der Konvention.

Wegen des nichtpolitischen, humanitären Charakters von UNHCR sollte dieser nicht mit der hochpolitischen Frage des palästinensischen Flüchtlingsproblems befasst werden. Daher sieht auch das Statut von UNHCR eine Art. 1 D GFK vergleichbare Vorschrift vor (Kap. II B Nr. 7 Buchst. c) Statut des UNHCR). Grund für die Schaffung von UNRWA war der von der Generalversammlung ausgearbeitete **Teilungsplan**, in dessen Gefolge es zu dem bis heute ungeklärten palästinensischen Flüchtlingsproblem kam. Die Vereinten Nationen sahen sich deshalb in der Verantwortung, als der Plan, der IRO das Schutzmandat für die palästinensischen Flüchtlinge zu übertragen, an deren Statut und an fehlenden finanziellen Ressourcen gescheitert war.[3] Die Verfasser der Konvention nahmen aber auch Bedacht auf die arabischen Befürchtungen, eine formale Flüchtlingsanerkennung würde die Mobilität der palästinensischen Flüchtlinge ermöglichen und damit dem Ziel der Rückführung dieser Flüchtlinge in die palästinensische Gemeinschaft entgegenwirken.[4]

Im Zeitpunkt der Verabschiedung der Konvention wurden nämlich politische Lösungen des palästinensischen Flüchtlingsproblems in Form der Rückführung oder Entschädigungsleistung diskutiert.[5] Zwar bestand in diesem Zeitpunkt die IRO noch. Sie führte jedoch nur noch ihre verbliebenen Hilfs- und Auswanderungsprogramme durch und beendete ihre Arbeit 1952,[6] sodass nur noch zwei Sonderorgane für Flüchtlingsfragen der Vereinten Nationen tätig waren, nämlich UNRWA und die »**United Nations Korean Reconstruction** Agency« (**UNKRA**). UNKRA war wie UNRWA als Sonderorgan der Generalversammlung eingerichtet worden, und zwar durch Resolution 410 (V) vom 1. Dezember 1950. Die Aufgabe von UNKRA war jedoch von vornherein auf die Gewährung von Hilfestellung für koreanische Flüchtlinge in Korea beschränkt.[7]

Diese Flüchtlinge waren daher nicht über Art. 1 D GFK, sondern wie die volksdeutschen Flüchtlinge aufgrund von Art. 1 E GFK vom Schutzbereich der GFK ausgeschlossen (§ 34). UNKRA stellte 1958 ihre Arbeit ein. Als einzige existierende Organisation der Vereinten Nationen war und ist daher

---

1 *Kommission der Europäischen Gemeinschaften*, KOM(2001)510.2001/0207(CNS), 12.09.2001, S. 29.
2 BVerwGE 89, 296 (302) = EZAR 232 Nr. 2 = NVwZ 1992, 676 = InfAuslR 1992, 205.
3 Zur Geschichte von UNRWA *von Schmieden*, Europa-Archiv 1951, 3695 (3697); *Kimminich*, Der Internationale Rechtsstatus der Flüchtlinge, S. 280 f.; *Cervenak*, Human Rights Quaterly 1994, 300 (304 ff.); *Takkenberg*, International Journal of Refugee Law 1991, 415 (417 ff.).
4 *Hathaway*, The Law of Refugee Status, S. 207.
5 *Goodwin-Gill*, The Refugee in International Law, S. 57.
6 *Von Glahn*, Der Kompetenzwandel internationaler Flüchtlingshilfsorganisationen – vom Völkerbund bis zu den Vereinten Nationen, S. 108.
7 *Von Glahn*, Der Kompetenzwandel internationaler Flüchtlingshilfsorganisationen, S. 108.

UNRWA im Rahmen von Art. 1 D GFK von Bedeutung.[8] Die Ausschlussklausel findet nur Anwendung, wenn der Schutz oder Beistand von UNRWA dazu führt, dass die begründete Furcht des Betreffenden vor Verfolgung gegenstandslos wird. Eine Person wird nur dann von der Flüchtlingsanerkennung ausgeschlossen, wenn sie den Schutz oder Beistand der Vereinten Nationen genießt und wenn ihr dieser Schutz zuteilwurde, bevor sie um Asyl ersucht hat, und ihr der Schutz oder Beistand zu keiner Zeit entzogen wurde.[9] Im Einzelnen ist aber Vieles strittig (Rdn. 8).

5 Der vorrangige Grund für den Ausschluss der betreffenden Flüchtlingsgruppe war das Ziel, keine Kompetenzkonflikte zwischen UNHCR und spezifischen Einrichtungen der Vereinten Nationen herbeizuführen.[10] Darüber hinaus sollte eine Überschneidung der Hilfe der Vereinten Nationen vermieden werden. Dieses Ziel findet seinen Niederschlag in Art. 1 D Abs. 1 GFK. Staaten, welche den Fortbestand der Hilfe der Vereinten Nationen für palästinensische Flüchtlinge für den Fall sicherstellen wollten, dass die für diese Flüchtlinge spezifische Einrichtung nicht mehr bestehen sollte, machten sich für die Verabschiedung von Art. 1 D Abs. 2 GFK stark. Es handelt sich danach bei Art. 1 D GFK um eine echte Kompromisslösung.[11] Daher muss das Zusammenspiel beider Absätze bedacht werden (Rdn. 7, 11, 17 ff.).

6 Tatsächlich ist diese Ausschlussklausel aber dem starken Druck der arabischen Staaten geschuldet, die kritisierten, dass das palästinensische Flüchtlingsproblem Folge der Gründung des Staates Israel durch einen Beschluss der Vereinten Nationen war und diese deshalb eine unmittelbare Verantwortung für die palästinensischen Flüchtlinge übernehmen sollten.[12] Die Ausschlussklausel des Art. 1 D GFK wurde durch den Dritten Hauptausschuss der Generalversammlung von den Delegierten der arabischen Staaten Libanon, Ägypten und Saudi-Arabien in der Form eines von ihnen vorgeschlagenen Zusatzes eingeführt. Der Vorschlag dieser arabischen Staaten beruhte auf der Zielvorstellung, die palästinensischen Flüchtlinge als Gruppe scharf getrennt von den anderen Flüchtlingsgruppen nach Art. 1 GFK zu halten.[13]

7 Art. 1 D Abs. 1 GFK enthält die Ausschlussklausel, regelt also die Voraussetzungen, unter denen ein Flüchtling sich nicht auf den Schutz der GFK berufen kann. Demgegenüber wird in Art. 1 D Abs. 2 GFK der Wegfall der Ausschlussklausel geregelt, d. h. festgelegt, unter welchen Voraussetzungen ein derartiger – zunächst vom Schutz der Konvention ausgeschlossener – Flüchtling sich wieder auf den Schutz der Konvention berufen kann. Dementsprechend enthält Art. 12 Abs. 1 Buchst. a) Satz 1 RL 2004/83/EG den Wegfall der Ausschlussklausel und regelt Art. 12 Abs. 1 Buchst. a) Satz 2 RL 2004/83/EG die Anwendungsklausel. Der deutsche Gesetzgeber hat diesen Ausschlussgrund im Rahmen der Richtlinienumsetzungsgesetzes 2007 in § 3 Abs. 3 AsylVfG eingeführt.[14]

8 In ihrem Schlussantrag in der Rechtssache **Babol** wies die Generalanwältin **Sharpston** darauf hin, dass Art. 1 D GFK eine Vielzahl von Fragen offen lasse. Es könnten sowohl zu Abs. 1 wie auch zu Abs. 2 jeweils zwei allgemeine Fragenkomplexe herausgearbeitet werden, welche der Klärung bedürften. Es stelle sich im Blick auf Abs. 1 zunächst die Frage, wie die Wendung »Personen, die zurzeit ... Schutz oder Beistand ... genießen« im geografischen und zeitlichen Sinne zu verstehen sei.

---

8 *Robinson*, Convention relating to the Status of Refugees, *Grahl-Madsen*, The Status of Refugees in International Law, Bd. 1, S. 264; *Goodwin-Gill/McAdam*, The Refugee in International Law, S. 151 bis 161.

9 *Kommission der Europäischen Gemeinschaften*, KOM(2001) 510.2001/0207(CNS), 12.09.2001, S. 29.

10 *Robinson*, Convention relating to the Status of Refugees, S. 54.; *Weis*, Du droit international, S. 928 (982); *Hathaway*. The Law of Refugee Status, S. 206.

11 *Qafisheh/Azarov*, in: *Zimmermann*, The 1951 Convention, Article 1 D Rn. 8, mit Hinweis auf Australia Federal Court (2002) FCAFC 329 – Wabq.

12 *Hathaway*. The Law of Refugee Status, S. 206, mit Hinweisen auf die Debatten in der Generalversammlung; ebenso *Goodwin-Gill/McAdam*, The Refugee in International Law, S. 154; *Qafisheh/Azarov*, in: *Zimmermann*, The 1951 Convention, Article 1 D Rn. 8.

13 *Robinson*, Convention relating to the Status of Refugees, S. 64.

14 *Marx*, Kommentar zum AsylVfG, § 3 Rn. 6–64.

Des Weiteren stelle sich die Frage, ob diese Personen den Schutz tatsächlich genießen müssten oder ob bereits die Berechtigung ausreiche. Darüber hinaus sei ungeklärt, wann »diese Unterstützung aus irgendeinem Grunde weggefallen« sei. Schließlich bestehe Unklarheit darüber, was unter »**ipso facto**« zu verstehen sei.[15]

2. Anwendung des Ausschlussgrundes (Art. 12 Abs. 1 Buchst. a) Satz 1 RL 2004/83/EG)

Nach Art. 1 D Abs. 1 GFK ist jede Person vom Schutz der Konvention ausgeschlossen, die den Schutz oder Beistand einer Organisation der Vereinten Nationen genießt. Das sind Flüchtlinge, die den Schutz von UNRWA genießen (Rdn. 3 ff.). Dabei ist in **örtlicher** Hinsicht zu beachten, dass der Schutz oder Beistand von UNRWA nicht weltweit besteht, wie sich schon aus ihrer Bezeichnung ergibt. Vielmehr betreut UNRWA jene palästinensischen Flüchtlinge, die infolge des Teilungsplans von 1948 in **Jordanien**, **Syrien**, im **Libanon** und im **Gaza-Streifen** leben. Um den Schutz oder Beistand von UNRWA zu genießen, muss sich der Flüchtling an einem Ort aufhalten, an dem dieser Schutz rein tatsächlich bereitsteht. Unterstützung durch UNRWA steht nur im Mandatsgebiet der UNRWA zur Verfügung. Ein Flüchtling, der sich außerhalb dieses Gebietes aufhält, genießt nicht den Schutz oder Beistand der UNRWA.[16]

Durch Resolution 2252 (ES-V) der Generalversammlung vom 4. Juli 1967 wurde das Mandat von UNRWA darüber hinaus auf jene palästinensischen Flüchtlinge erweitert, die infolge des Juni-Krieges 1967 in diese Länder geflohen waren.[17] Überdies wird das Mandat von UNRWA zugunsten jener palästinensischen Flüchtlinge, die aus dem Gaza-Streifen nach **Ägypten** geflohen waren, angewandt. Nicht alle palästinensischen Flüchtlinge in den von Israel besetzten Gebieten und dem Gaza-Streifen werden von UNRWA betreut. Schutz- oder Beistandsgewährung durch UNRWA ist von der Zustimmung des jeweiligen Aufnahmestaates abhängig, in dem sich der palästinensische Flüchtling aufhält.

Zutreffend wies die Generalanwältin **Sharpston** den Einwand der belgischen Regierung, dass der gesamte Art. 1 D GFK auf Personen beschränkt bleiben müsse, die sich im Mandatsgebiet von UNRWA befänden, mit der Begründung zurück, dass die Vorschrift konsekutiv zu verstehen sei (Rdn. 5, 7, 17 ff.). Wolle der Flüchtling Rechte aus Abs. 2 geltend machen, sei zuvor zu prüfen, ob er ursprünglich von Abs. 1 erfasst worden sei. Sei dies zu verneinen, gehöre er von vornherein nicht zu dem Personenkreis, der von der Konvention ausgeschlossen sei. Vielmehr könne er sich dann auf Art. 1 A GFK berufen.[18] Nach der belgischen Auffassung ergibt sich aus Art. 1 D GFK eine geografische Beschränkung, die alle palästinensischen Flüchtlinge ausschließt, die sich im Mandatsgebiet von UNRWA aufhalten, unabhängig davon, ob sie dort tatsächlich Schutz oder Beistand der UNRWA genießen. Dem hat sich der EuGH nicht angeschlossen.[19]

In **zeitlicher** Hinsicht findet die Vorschrift nicht nur Anwendung auf jene Personen, die im Zeitpunkt der Verabschiedung der Konvention am 28. Juli 1951 Schutz oder Beistand von UNRWA erhielten, sondern auch auf Personen, die nach diesem Zeitpunkt von UNRWA betreut worden sind, einschließlich jener Personen, die nach Verabschiedung der Konvention geboren wurden. Der Flüchtlingsstatus wird jedoch nur vom Vater auf die Kinder übertragen, sodass palästinensische Flüchtlingsfrauen, die von UNRWA betreut werden und eine Person ehelichen, die nicht unter das Mandat von UNRWA fällt, ihren Status nicht auf ihre Kinder vererben können.[20] Zwar folgt aus

---

15 *Sharpston*, Schlussantrag vom 4. März 2010 in der Rechtssache C-31/09 – Bolbol, Rn. 47.
16 *UNHCR*, Handbuch über Verfahren und Kriterien zur Feststellung der Flüchtlingseigenschaft, 1979, Rn. 143.
17 EuGH, InfAuslR 2010, 327 (328) Rn. 61 – Bolbol.
18 *Sharpston*, Schlussantrag vom 4. März 2010 in der Rechtssache C-31/09 – Bolbol, Rn. 47.
19 EuGH, InfAuslR 2010, 327 (328) Rn. 47 – Bolbol.
20 *Cervenak*, Human Rights Quaterly 1994, 300 (301).

der Entstehungsgeschichte, dass nur solche Personen ausgeschlossen werden sollten, die »**im Zeitpunkt, in dem die Konvention in Kraft tritt**«, bereits Schutz oder Beistand anderer Organisationen der Vereinten Nationen genossen.[21] Seit 1951 hat UNRWA jedoch zahlreichen Personen – sowohl Nachkommen der ursprünglichen Flüchtlinge wie auch neuen Flüchtlingen – Beistand und Schutz gewährt. So bezieht etwa der EuGH die 1967 Vertriebenen in den Anwendungsbereich von Art. 1 D GFK ein (Rdn. 10).[22] Auch das BVerwG weist die Ansicht, die Gründe für den Wegfall müssten unmittelbar mit der Entstehung des Staates Israel und der dadurch bedingten Flucht zusammenhängen oder auf Gründen beruhen, die in den Verantwortungsbereich der Vereinten Nationen fallen,[23] ausdrücklich zurück.[24]

13 Die umstrittene Frage, ob nur jene Personen, die tatsächlich Schutz und Beistand der UNRWA genießen oder auch solche, die diesen Schutz nicht genießen, aber dazu berechtigt sind, nach Art. 1 D Abs. 1 GFK vom Schutz der Konvention ausgeschlossen sind, hat der EuGH dahin entschieden, dass nach dem klaren Wortlaut dieser Norm nur diejenigen Personen, die die Hilfe von UNRWA tatsächlich in Anspruch nehmen, vom Schutz der Konvention ausgeschlossen sind. Die Ausschlussklausel des Art. 1 D GFK sei eng auszulegen und erfasse deshalb nicht Personen, die berechtigt seien oder gewesen seien, den Schutz oder Beistand der UNRWA in Anspruch zu nehmen.[25] Die Ansicht des BVerwG, maßgebend sei nicht, dass der Flüchtling tatsächlich Hilfeleistungen von UNRWA erhält, sondern lediglich, dass er noch der Personengruppe angehöre, deren Betreuung UNRWA entsprechend ihrem Mandat übernommen habe,[26] ist damit überholt.

14 Die konkrete Bedeutung der alternativen Betreuungsformen »Schutz« oder »Beistand« bestimmt sich nach der im Rahmen ihres Auftrages wahrgenommenen Tätigkeit von UNRWA. Diese Tätigkeit (»Beistand«) betrifft die Versorgung der hilfsbedürftigen Flüchtlinge, namentlich durch Bereitstellung von Unterkunft in Lagern und Verpflegung mit Lebensmitteln. Daraus schließt das BverwG, dass UNRWA weder die Aufgabe noch die Möglichkeit habe, den von ihr betreuten Flüchtlingen einen allgemeinen Schutz zu gewähren. UNRWA sei insbesondere weder legitimiert noch dafür gerüstet, Verfolgung oder nicht politisch motivierte Zwangsmaßnahmen des Aufnahmestaates oder von dritter Seite, Einwirkungen infolge eines Krieges oder sonstige Gefahren abzuwehren. Um einen so verstandenen Schutz gehe es im Rahmen der Art. 1 D GFK nicht.[27]

15 Diese Beschreibung der Ratio der Ausschlussklausel verkürzt deren Funktion. Der Ausschluss der Flüchtlinge vom Schutz der Konvention beruht auf dem fortwährenden Genuss von »**Schutz**« oder »**Beistand**« einer anderen Institution der Vereinten Nationen (Art. 1 D Abs. 1 GFK). Jedoch entfällt der Ausschluss der Möglichkeit, sich auf die Rechte der Konvention berufen zu können, wenn »**Schutz oder** »**Beistand**« von UNRWA entfällt.[28] Wird der Flüchtling aus Gründen der Verfolgung, also aus von ihm nicht beeinflussbaren Gründen, zum Verlassen des Mandatsgebietes von UNRWA gezwungen, ist die Hilfestellung von UNRWA weggefallen und fällt er **ipso facto** unter die Schutzbestimmungen der Konvention (Rdn. 24 ff.).

16 Solange die Betreuung dieser Flüchtlinge durch UNRWA **andauert** und der Einzelne der begünstigten Flüchtlingsgruppe angehört, besteht der Schutz oder Beistand von UNRWA grundsätzlich

---

21 Mr. Hoare, Delegierter des Vereinigten Königreichs auf der Bevollmächtigtenkonferenz, A/CONF.2/SR.19, S. 20.
22 EuGH, InfAuslR 2010, 327 (328) Rn. 47 – Bolbol.
23 So VGH Baden-Württemberg, InfAuslR 1987, 191 = ESVGH 38, 73.
24 BVerwGE 88, 254 (262) = EZAR 232 Nr. 1 = InfAuslR 1991, 305.
25 EuGH, InfAuslR 2010, 327 (328) Rn. 51 – Bolbol; so auch Australia Federal Court (2002) FCAFC 329 Rn. 69, 3 – *WABQ*; *Qafisheh/Valentina Azarov*, in: *Zimmermann*, The 1951 Convention, Article 1 D Rn. 35.
26 BVerwG 89, 296 (303) = EZAR 232 Nr. 1 = InfAuslR 1991, 305.
27 BVerwGE 89, 296 (303) = EZAR 232 Nr. 2 = NVwZ 1992, 676 = InfAuslR 1992, 205.
28 *Goodwin-Gill/McAdam*, The Refugee in International Law, S. 155.

fort. Dieser erstreckt sich auf alle Personen, die bei UNRWA als Palästina-Flüchtlinge registriert sind. Der **Nachweis** der Registrierung lässt sich in aller Regel durch die von UNRWA ausgestellten **Registrierungskarten** führen, auch wenn diese zeitlich befristet sind. Denn Zeitangaben auf den Registrierungskarten von UNRWA betreffen lediglich deren Gültigkeitsdauer, ohne damit etwas über Fortbestand von Schutz oder Beistand von UNRWA auszusagen.[29]

3. Wegfall des Ausschlussgrundes (Art. 12 Abs. 1 Buchst. a) Satz 2 RL 2004/83/EG)

a) Voraussetzungen des Wegfalls

Die Bestimmungen der GFK sind nach Art. 1 D Abs. 2 GFK ipso facto anwendbar, wenn der nach Art. 1 D Abs. 1 GFK gewährte Schutz »**aus irgendeinem Grunde** weggefallen« ist. Nach Auffassung der Kommission wird eine Person nur dann aus Gründen des Schutzes oder Beistands der Vereinten Nationen von der Flüchtlingsanerkennung ausgeschlossen, wenn ihr dieser Schutz oder Beistand zu keiner Zeit entzogen wurde. Ein Ausschluss aufgrund dieser Klausel erfolge nicht, wenn die Person aufgrund von Umständen, auf die sie keinen Einfluss habe, nicht an den Ort zurückkehren könne, an dem sie grundsätzlich Anspruch auf den Schutz oder Beistand der Vereinten Nationen habe. Werde ein solcher Schutz oder Beistand aus irgendeinem Grund nicht mehr gewährt, ohne dass die Situation der betreffenden Person im Einklang mit den einschlägigen Resolutionen der Generalversammlung der Vereinten Nationen endgültig geregelt worden sei, könne sich der Betreffende ipso facto auf die Richtlinie berufen.[30]

17

Nach Ansicht des BVerwG kann der Schutz durch UNRWA auch dadurch weggefallen sein, dass ein Staat auf seinem Gebiet der UNRWA ohne oder gegen deren Willen ein weiteres Tätigwerden zugunsten der bisher von ihr betreuten Personen untersagt.[31] Vorübergehende Unterbrechungen der Betreuung durch UNRWA, etwa das zeitweilige Ausbleiben der Hilfeleistungen infolge von Transportproblemen, ließen hingegen die Betreuung durch UNRWA fortbestehen. Sinn und Zweck der Ausschlussklausel des Art. 1 D GFK gebiete, dass nicht bereits vorübergehende Vorkommnisse einen Wegfall der Betreuung durch UNRWA bewirkten, sondern nur solche, denen Dauerhaftigkeit zukomme.[32] Es sei nicht erforderlich, dass der Schutz oder Beistand für die gesamte Personengruppe, für die UNRWA tätig sei, weggefallen sei.[33]

18

Das BVerwG begründet seine Auffassung damit, es sei zwar nicht zu verkennen, dass die in Art. 1 D GFK getroffene Regelung auf die gesamte Gruppe ziele, deren Flüchtlingsschicksal insgesamt von den Vereinten Nationen gelöst werden sollte. Bei Verabschiedung der GFK habe man sich dementsprechend unter Wegfall der Betreuung durch UNRWA vor allem die Beendigung des Mandates von UNRWA vorgestellt, das sich auf die Gesamtheit der palästinensischen Flüchtlinge beziehe. Die hierfür maßgebliche Erwartung einer alsbaldigen Lösung des palästinensischen Flüchtlingsproblems habe sich jedoch nicht erfüllt. Darüber hinaus sei eine ausschließlich auf den Wegfall der Betreuung durch UNRWA für die Gesamtheit der palästinensischen Flüchtlinge abstellende Betrachtung schon deshalb ausgeschlossen, weil deren Schutz oder Beistand jeweils von der Zustimmung der einzelnen Aufnahmeländer abhängig sei und diese eine unterschiedliche Haltung zur Tätigkeit von UNRWA einnehmen können.[34]

19

---

29 BVerwGE 89, 296 (303) = EZAR 232 Nr. 2 = NVwZ 1992, 676 = InfAuslR 1992, 205.
30 *Kommission der Europäischen Gemeinschaften*, KOM(2001)510.2001/0207 (CNS), 12.09.2001, S. 29 f.
31 BVerwGE 88, 254 (262) = EZAR 232 Nr. 1 = InfAuslR 1991, 305.
32 BVerwGE 89, 296 (304) = EZAR 232 Nr. 2 = NVwZ 1992, 676 = InfAuslR 1992, 205.
33 BVerwGE 88, 254 (262) = EZAR 232 Nr. 1 = InfAuslR 1991, 305; BVerwGE 89, 296 (304) = EZAR 232 Nr. 2 = NVwZ 1992, 676 = InfAuslR 1992, 205.
34 BVerwGE 88, 254 (263) = EZAR 232 Nr. 1 = InfAuslR 1991, 305.

20 Werde UNRWA mithin in einem Aufnahmeland eine Betreuung palästinensischer Flüchtlinge verwehrt, sei der Schutz oder Beistand dort weggefallen, auch wenn er in anderen Aufnahmeländern noch andauere. Vor allem aber änderten die an ein bestimmtes, bei der Ausarbeitung der Konvention 1951 vorgefundenes Gruppenschicksal und an dessen erhoffte Lösung anknüpfende Erwartungen nichts daran, dass Art. 1 D GFK nach Wortlaut wie nach Sinn und Zweck **jedem einzelnen palästinensischen Flüchtling**, solange eine endgültige Regelung entsprechend den Entschließungen der Vereinten Nationen nicht erfolgt sei, Hilfe gewährleistet werden sollte, sei es in Form von Schutz oder Beistand von UNRWA oder durch Gewährung der Vergünstigungen der GFK.[35]

21 Der Schutz oder Beistand von UNRWA ist also nicht erst dann im Sinne von Art. 1 D Abs. 2 GFK weggefallen, wenn UNRWA als Institution insgesamt nicht mehr besteht oder in einem Teil des Mandatsgebiets nicht mehr tätig werden kann. Vielmehr kommt es darauf an, dass dem konkreten Antragsteller dieser Schutz oder Beistand nicht mehr zugutekommt. Diese Position des BVerwG hat im Schrifttum Unterstützung erfahren.[36] Demgegenüber gehen das britische und australische Berufungsgericht davon aus, Voraussetzung für die Anwendung von Art. 1 D Abs. 2 GFK sei, dass UNRWA aufgelöst werde, sodass kein palästinensischer Flüchtling mehr den Schutz oder Beistand von UNRWA genießen könne.[37] Der EuGH hat sich mit dieser Frage nicht befasst. Jedoch hat die Generalanwältin **Sharpston** in ihrem Schlussantrag die Auffassung vertreten, dass »wegfallen« im Sinne von Art. 1 D Abs. 2 GFK in dem Sinne zu verstehen sei, dass dem konkreten Antragsteller der Schutz oder Beistand von UNRWA nicht mehr zugutekomme.[38]

22 Nach der Begründung der Kommission erfolgt ein Ausschluss nach Art. 12 Abs. 1 Buchst. a) RL 2004/83/EG nicht, wenn die Person aufgrund von Umständen, auf die sie keinen Einfluss hat, nicht an den Ort zurückkehren kann, an dem sie grundsätzlich Anspruch auf den Schutz oder Beistand der Vereinten Nationen hat. Werde ein solcher Schutz oder Beistand aus irgendeinem Grund nicht mehr gewährt, ohne dass die Situation der betreffenden Person im Einklang mit den einschlägigen Regeln der Resolutionen der Generalversammlung endgültig geregelt wurde, könne sich der Betroffene ipso facto auf diese Richtlinie berufen.[39] Die Begründung stellt danach nicht darauf ab, aus welchen Gründen der Betroffene aus dem Mandatsgebiet der entsprechenden Institution der Vereinten Nationen ausgereist ist, sondern ausschließlich darauf, ob er nach Ausreise durch Rückkehr den Schutz oder Beistand wieder in Anspruch nehmen kann.

23 Es stellen sich damit für die Anwendung von Art. 1 D Abs. 2 GFK mehrere Fragen: Zunächst ist umstritten, ob die UNRWA insgesamt oder in dem Teil des Mandatsgebietes in dem der Flüchtling tatsächlich Schutz oder Beistand genossen hat, ihre Arbeit eingestellt haben muss oder ob es ausreicht, dass der konkrete Antragsteller den Schutz oder Beistand der UNRWA nicht mehr genießen kann. Diese Frage beantworten die Kommission, die Generalanwältin **Sharpston** in der Rechtssache **Balbol** sowie das BVerwG in letzterem Sinne. Umstritten ist darüber hinaus, ob die Gründe, aus denen der Flüchtling das Mandatsgebiet verlassen hat und in diesem Zusammenhang auch die Frage, ob die tatsächliche Unmöglichkeit der Rückkehr in das Mandatsgebiet, in die Betrachtung mit einbezogen werden müssen.

b) Fehlende Rückkehrmöglichkeit in das Mandatsgebiet von UNRWA

24 Umstritten ist, ob es für die Anwendung der Konvention auf die Ausreisemotive ankommt. Im Blick auf den **Grund** für den Wegfall des Schutzes oder Beistands der UNRWA unterscheidet die

---

35 BVerwGE 88, 254 (263 f.) = EZAR 232 Nr. 1 = InfAuslR 1991, 305.
36 *Qafisheh/Azarov*, in: *Zimmermann*, The 1951 Convention, Article 1 D Rn. 55; *Goodwin-Gill/McAdam*, The Refugee in International Law, S. 159.
37 UK Court of Appeal (2002) EWCA Civ 1103 Rn. 47 – El-Ali; Australia Federal Court (2002) FCAFC 329 Rn. 69, 5 – WABQ; hiergegen *Goodwin-Gill/McAdam*, The Refugee in International Law, S. 159.
38 *Sharpston*, Schlussantrag vom 4. März 2010 in der Rechtssache C-31/09 – Bolbol, Rn. 78.
39 *Kommission der Europäischen Gemeinschaften*, KOM(2001)510.2001/0207 (CNS), 12.09.2001, S. 29 f.

Generalanwältin **Sharpston** in der Rechtssache **Balbol** zwischen Personen, die sich freiwillig und Personen, die aufgrund externer Ereignisse, die außerhalb ihres Einflussbereiches liegen, aus dem Mandatsgebiet der UNRWA entfernen. Personen, die der ersten Kategorie angehörten, seien nicht mehr vom persönlichen Geltungsbereich der Konvention ausgeschlossen, da sie nicht »zurzeit ... Schutz oder Beistand ...« genießen. Sie hätten die Möglichkeit, sich einer individuellen Beurteilung zu unterziehen, um ihre Anerkennung als Flüchtling nach Art. 1 A GFK zu erwirken, fielen jedoch nicht **ipso facto** unter die Bestimmungen der Konvention. Sie hätten sich bewusst in eine Lage begeben, in der ihnen die Hilfe von UNRWA nicht mehr zugänglich sei. Die Bereitschaft der UNRWA zur Leistung dieser Hilfe sei hingegen nicht weggefallen. Personen der zweiten Kategorie befänden sich hingegen unfreiwillig in einer gegenüber ihrer früheren Lage, in der sie aufgrund von Art. 1 D Abs. 1 GFK von der Anwendung der Konvention ausgeschlossen gewesen seien, veränderten Situation. Die UNRWA habe ihre Hilfe an sie eingestellt.[40]

Der EuGH hat sich mit dieser Frage nicht befasst. Dem Votum der Generalanwältin kommt aber gleichwohl eine wegweisende Funktion für die weitere Auslegung und Anwendung der Klausel des Art. 1 D Abs. 2 GFK zu. Danach fallen Personen, die aufgrund externer Ereignisse das Mandatsgebiet der UNRWA, in dem sie bis dahin tatsächlich Schutz oder Beistand dieser Organisation erhalten hatten, **ipso facto** unter die Bestimmungen der Konvention. Es bedarf also keiner Prüfung ihrer Flüchtlingseigenschaft im Sinne von Art. 1 A GFK. Demgegenüber fallen Personen, die sich freiwillig aus dem Mandatsgebiet der UNRWA entfernt haben, nicht **ipso facto** unter die Bestimmungen der Konvention. Ihnen ist jedoch die Möglichkeit zu eröffnen, dass ihre Flüchtlingseigenschaft nach Art. 1 A GFK geprüft wird. Bei der Feststellungsprüfung dürfte auch der Frage der Rückkehrmöglichkeit in das Gebiet der UNRWA, in dem sie bisher tatsächlich Schutz oder Beistand der UNRWA erhalten hatten, eine besondere Bedeutung zukommen. 25

Eine entgegengesetzte Ansicht vertritt das BVerwG. Danach ist der Schutz oder Beistand von UNRWA nicht weggefallen, wenn der Flüchtling Zugriffen von dritter Seite oder sonstigen Gefahren ausgesetzt sei, er also aus externen, von ihm nicht beeinflussbaren Gründen das Mandatsgebiet der UNRWA verlassen musste. Die Konvention sei nicht bereits deshalb anwendbar, weil der Schutz des palästinensischen Flüchtlings seitens UNRWA durch die bürgerkriegsartige Situation im Aufnahmeland nicht oder nur unzureichend gewährleistet sei. Fliehe mithin der Flüchtling aus dem Mandatsgebiet der UNRWA, weil er durch private Dritte verfolgt werde oder ein Bürgerkrieg herrsche, komme dadurch die Tätigkeit von UNRWA aber nicht insgesamt und andauernd zum Erliegen, könne er sich nicht auf die Konvention berufen. Anders liege es, wenn der Aufenthaltsstaat den Flüchtling unmittelbar aus Gründen der Konvention verfolge oder ihm gegenüber Übergriffen von Dritten nicht den gebotenen Schutz gewähre (s. nunmehr aber Art. 6 Buchst. c) RL 2004/83/EG). In derartigen Fällen könne nicht mehr von einer Zustimmung zum Aufenthalt des Flüchtlings ausgegangen werden.[41] 26

Das BVerwG begründet seine Auffassung damit, die Ausschlussklausel solle gewährleisten, dass sich in erster Linie UNRWA der palästinensischen Flüchtlinge annehme, nicht aber die Vertragsstaaten der Konvention, insbesondere nicht die arabischen Staaten. Die palästinensischen Flüchtlinge würden mithin primär auf die Betreuung durch UNRWA verwiesen. Dieser Zweck würde verfehlt, hätten die Flüchtlinge es weitgehend in der Hand, ob sie die Betreuung durch UNRWA oder allgemein die Vergünstigungen der GFK in Anspruch nehmen würden.[42] Es käme hierbei nicht auf die Gründe an, welche die Flüchtlinge zur Preisgabe der Betreuung durch UNRWA und zum Verlassen deren Tätigkeitsgebietes veranlasst hätten. Ebenso wenig komme es darauf an, ob dem Flüchtling 27

---

40 *Sharpston*, Schlussantrag vom 4. März 2010 in der Rechtssache C-31/09 – Bolbol, Rn. 82 ff.
41 BVerwGE 88, 254 (263 f.) = EZAR 232 Nr. 1 = InfAuslR 1991, 305.
42 BVerwGE 88, 254 (264) = EZAR 232 Nr. 1 = InfAuslR 1991, 305; 89, 296 (305).

eine weitere Inanspruchnahme des Schutzes von UNRWA zumutbar sei oder ihm deren Verlust vorgeworfen werden könne.⁴³

28 Auch wenn im Einzelfall ein Verbleiben im Mandatsgebiet unzumutbar sei, bedeute dies nicht, dass UNRWA ihre Tätigkeit eingestellt habe oder die Ausreise des Flüchtlings einer Einstellung der Tätigkeit gleichstünde. Die allgemeinen oder besonderen Lebensbedingungen, denen der Einzelne in den Aufnahmestaaten ausgesetzt sei, würden es zwar im Einzelfall nicht nur verständlich, sondern sogar zwingend erscheinen lassen, dass er das Land verlasse. Soweit UNRWA im betreffenden Staat weiterhin tätig sei, solle den Vertragsstaaten der Konvention aber nicht schon deswegen die Verantwortung für den Flüchtling zuwachsen.⁴⁴ Kein zur Anwendung der Konvention führender Wegfall der Betreuung durch UNRWA liege mithin dann vor, wenn der Flüchtling aus dem Staat, in dem UNRWA tätig sei, ausreise, obwohl er nicht dorthin zurückkehren könne, oder wenn er im Ausland verbleibe, obwohl er darüber seine Rückkehrberechtigung verliere.⁴⁵

29 Der Flüchtling habe sich, wenn er das Mandatsgebiet verlassen wolle, die für eine Reise nach den jeweiligen Bestimmungen des Aufnahmestaates erforderlichen Ausweisdokumente zu beschaffen und deren Gültigkeitsdauer zu beachten. Missachte er die danach bestehenden Anforderungen aus welchen Gründen auch immer, sei die Betreuung durch UNRWA nicht weggefallen. Es komme auch nicht mehr darauf an, ob der Aufnahmestaat ihm später die Rückreise verzögere, faktisch erschwere oder sogar ausdrücklich versage. Derartigen Maßnahmen des Aufnahmestaates komme für die Beurteilung, ob ein Wegfall der Betreuung durch UNRWA vorliege, gegenüber dem Verhalten des Flüchtlings keine ausschlaggebende Bedeutung zu.⁴⁶

30 Im Schrifttum wird dem Gedanken der Rückkehrmöglichkeit und weniger den Motiven für die Ausreise Vorrang eingeräumt. Der Begriff »aus irgendeinem Grund« verweise auf den immanenten Zweck der Wegfallklausel, dass schutzbedürftige Personen in zügiger und wirksamer Weise internationalen Schutz erhalten müssten. Daher dürfe die Ausschlussklausel des Art. 1 D Abs. 1 GFK erst angewandt werden, wenn eindeutig Klarheit bestehe, dass UNRWA diesen Personen tatsächlich Schutz oder Beistand leiste und auch dazu in der Lage sei. Der Begriff »aus irgendeinem Grund« ziele eindeutig darauf, dass eine wirksame Rückkehrmöglichkeit für Flüchtlinge bestehen müsse. Daher gebe es keinen vernünftigen Grund für den Ausschluss des konventionsrechtlichen Schutzes zulasten der Personen, die sich freiwillig aus dem Gebiet begeben hätten, in dem sie zuvor tatsächlich Schutz oder Beistand der UNRWA genossen hätten.⁴⁷

31 Damit ist festzuhalten: Solange sich die palästinensischen Flüchtlinge im Mandatsgebiet der UNRWA aufhalten, sind sie vom Schutz der Konvention ausgeschlossen (Art. 1 D Abs. 1 GFK). Verlassen sie dieses Gebiet aus welchem Grund auch immer, können sie sich auf die Konvention berufen, wenn ihnen die Rückkehr in den früheren Aufnahmestaat unmöglich gemacht wird. Aus der Entstehungsgeschichte der Richtlinie folgt, dass es allein auf die Frage des tatsächlichen Zugangs zum Mandatsgebiet von UNRWA unabhängig von den Ausreisemotiven des Flüchtlings ankommt. Aus dieser kann darüber hinaus abgeleitet werden, dass arabische und westliche Staaten palästinensische Flüchtlinge vom Schutzbereich der Konvention ausschließen wollten, solange die Vereinten Nationen ihnen in ihrer Region den erforderlichen Schutz gewähren. Ein palästinensischer

---

43 BVerwGE 89, 296 (305 f.) = EZAR 232 Nr. 2 = NVwZ 1992, 676 = InfAuslR 1992, 205.
44 BVerwGE 89, 296 (306) = EZAR 232 Nr. 2 = NVwZ 1992, 676 = InfAuslR 1992, 205.
45 BVerwGE 89, 296 (307) = EZAR 232 Nr. 2 = NVwZ 1992, 676 = InfAuslR 1992, 205.
46 BVerwGE 89, 296 (307) = EZAR 232 Nr. 2 = NVwZ 1992, 676 = InfAuslR 1992, 205; so auch Niedersächsisches OVG, Urt. v. 15.02.1988 – 11 OVG A 20/87; a.A. VG Berlin, InfAuslR 1990, 81; VG Sigmaringen, Urt. v. 26.05.1986 – 6 K 674/85; VG Sigmaringen, Urt. v. 21.12.1988 – 3 K 254/87; so wohl auch; VGH Baden-Württemberg, Beschl. v. 17.05.1984 – A 12 S 195/84; VGH Baden-Württemberg, InfAuslR 1987, 191; siehe auch VG Stade, InfAuslR 1987, 85.
47 *Qafisheh/Azarov*, in: *Zimmermann*, The 1951 Convention, Article 1 D Rn. 56 ff.; *Cervenak*, Human Rights Quaterly, 1994, 300 (331).

Flüchtling, der sich außerhalb des Mandatsgebietes von UNRWA aufhält und nicht dorthin zurückkehren kann, genießt nicht deren Beistand. Fraglich ist allein, ob er unabhängig von den Motiven der Ausreise **ipso facto** unter die Bestimmungen Konvention fällt oder ob er zuvor ein Feststellungsverfahren durchlaufen muss.

4. Rechtliche Wirkung des Wegfalls des Schutzes oder Beistands der UNRWA

Die Generalanwältin **Sharpston** geht in der Rechtssache **Balbol** davon aus, dass jene Flüchtlinge, die nicht mehr den Schutz oder Beistand der UNRWA genießen könnten, **ipso facto** unter die Bestimmungen der Konvention fielen. Dies folge aus dem klaren Wortlaut von Art. 1 D Abs. 2 GFK sowie aus dem Zweck dieser Vorschrift. Die »bloße Erlaubnis, sich in die Schlange der Personen einzureihen, die auf eine individuelle Beurteilung ihres Anspruchs auf Anerkennung als Flüchtling warten«, entspreche nicht der nach der Vorschrift geforderten »besonderen Behandlung und Rücksichtnahme.«[48] Allerdings hatte die Generalanwältin zuvor einschränkend angemerkt, dies gelte nur für jene Flüchtlinge, die aus externen, ihrem Einflussbereich nicht unterliegenden Gründen das Mandatsgebiet von UNRWA hätten verlassen müssen. Wer freiwillig dieses Gebiet verlassen hat, muss sich danach wohl hinten anstellen (Rdn. 25). Die Staaten wenden beide Varianten für den Fall des Wegfalls des Schutzes oder Beistands der UNRWA an, d. h. üblich ist sowohl die automatische Flüchtlingsanerkennung[49] wie auch die Durchführung eines Feststellungsverfahrens.[50]

32

Das BVerwG schließt sich der restriktiven Position an. Habe der Flüchtling aus begründeter Furcht vor Verfolgung das Mandatsgebiet der UNRWA verlassen, begründe dies zwar seine Flüchtlingseigenschaft nach Art. 1 A Nr. 2 GFK und führe im Bundesgebiet zu seiner die Rechtsstellung nach der GFK vermittelnden Asylanerkennung. Das Verlassen des Aufnahmestaates aus Verfolgungsfurcht oder sonstigen Gefahren begründe jedoch nicht »ipso facto« die Flüchtlingseigenschaft nach Art. 1 D Abs. 2 GFK. Insofern seien die palästinensischen Flüchtlinge nicht anders zu behandeln als andere Personen, die als Staatsangehörige oder Staatenlose in den Aufnahmestaaten lebten.[51] Dem könne jedoch nicht ohne Weiteres der Fall gleichgesetzt werden, dass nach freiwilliger Ausreise eine Rückkehr in das Mandatsgebiet unmöglich sei, etwa weil der Aufnahmestaat die Rückkehr nicht gestatte.[52] Hier bewirkten sowohl das Verhalten des Flüchtlings wie auch die Anordnung des früheren Aufnahmestaates den Verlust der Betreuung durch UNRWA. Daher komme es darauf an, welchem dieser auslösenden Faktoren ein ausschlaggebendes Gewicht beizumessen sei.

· 33

Handle der Flüchtling in der Absicht, mit der Ausreise die Betreuung durch UNRWA durch die Inanspruchnahme der Vergünstigungen der Konvention zu ersetzen, sei dies als freiwillige Aufgabe zu bewerten, mit der Folge, dass die Betreuung durch UNRWA nicht weggefallen sei. Werde hingegen der Flüchtling nach freiwilliger Ausreise durch die weitere politische Entwicklung überrascht und ihm unvorhergesehen die Betreuung durch UNRWA entzogen oder die Rückkehr in das Mandatsgebiet versagt, sei der Schutz oder Beistand bei Berücksichtigung des humanitären Zwecks der Konvention weggefallen mit der Folge, dass der Flüchtling **ipso facto** unter die Bestimmungen der Konvention falle.[53] Dies sei insbesondere der Fall, wenn dem Flüchtling zunächst mit der Ausstellung eines Reisedokumentes die Rückkehrmöglichkeit in den Tätigkeitsbereich eröffnet worden sei, der bisherige Aufnahmestaat ihm aber während der Geltungsdauer des Dokuments und danach gleichwohl die Rückkehr nicht nur vorübergehend verwehre. In einem derartigen Fall habe der Flüchtling

34

---

48 *Sharpston*, Schlussantrag vom 4. März 2010 in der Rechtssache C-31/09 – Bolbol, Rn. 85 ff.
49 UK Court of Appeal (2002) EWCA Civ 1103 Rn. 49 f. – El-Ali; offen gelassen Australia Federal Court (2002) FCAFC 329 Rn. 69 – WABQ.
50 *Qafisheh/Azarov*, in: Zimmermann, The 1951 Convention, Article 1 D Rn. 73.
51 BVerwGE 89, 296 (306) = EZAR 232 Nr. 2 = NVwZ 1992, 676 = InfAuslR 1992, 205.
52 BVerwGE 88, 254 (265) = EZAR 232 Nr. 1 = InfAuslR 1991, 305; 89, 296 (305).
53 BVerwGE 88, 254 (265) = EZAR 232 Nr. 1 = InfAuslR 1991, 305; 89, 296 (305).

ungeachtet der freiwilligen Ausreise aus dem Mandatgebiet keinen Einfluss auf den Fortbestand der Betreuung durch UNRWA. Diese sei ihm entzogen worden.

35 Von seinem Ansatz aus folgerichtig bringt das BVerwG mithin Art. 1 D Abs. 2 GFK in dem Fall zur Anwendung, in dem der Flüchtling 1962 freiwillig den Gaza-Streifen verlassen hatte, um zunächst in Ägypten und später in Saudi-Arabien als Lehrer zu arbeiten, infolge des Juni-Krieges 1967 die israelischen Behörden ihm jedoch anschließend die Wiedereinreise verweigert hatten.[54] Demgegenüber blieb dem Flüchtling der Schutz der Konvention versagt, der 1978 aus dem Libanon wegen der dort herrschenden Bürgerkriegsgefahren geflohen war.[55] Das BVerwG stellt damit ausschlaggebend auf die Absichten des Flüchtlings zum Zeitpunkt seines Verlassens des Mandatsgebietes ab. Maßgebend sind für diese Rechtsprechung Sinn und Zweck sowie die Entstehungsgeschichte der Konvention. Beide tragen das vorrangig aus Sicht der Aufnahmeländer ordnungspolitisch angelegte Verständnis des Gerichtes indes nicht.

36 Die Entstehungsgeschichte bleibt unergiebig, trägt jedenfalls die einschränkende Ansicht des BVerwG nicht. So wird in dem zusammenfassenden Beitrag des ägyptischen Delegierten auf der Bevollmächtigtenkonferenz darauf hingewiesen, dass die palästinensischen Flüchtlinge automatisch in den Genuss der Rechte der Konvention gelangen würden, sofern die für sie zuständigen Institutionen der Vereinten Nationen ihre Tätigkeit eingestellt hätten.[56] Die Tatsache, dass in dem bis 1975 als »Schweiz des Ostens« angesehenen Libanon ein Jahrzehnte langer Bürgerkrieg die Not der palästinensischen Flüchtlinge verschärfen und die libanesischen, aber auch die jordanischen Behörden sich weigern könnten, den Flüchtlingen Aufnahme zu gewähren, war von den Bevollmächtigten überhaupt nicht vorhergesehen und deshalb auch nicht diskutiert worden.[57]

37 Daraus wird im Schrifttum der Schluss gezogen, dass eine Person, welche den Schutz der entsprechenden Institution der Vereinten Nationen nicht mehr genieße, weil sie sich außerhalb deren Mandatsgebietes befinde, allein durch diesen Umstand unter die Schutzbestimmungen der Konvention falle, ohne dass es der Feststellung einer begründeten Verfolgungsfurcht nach Art. 1 A GFK bedürfe.[58] Art. 1 D GFK wird damit nicht als Ausschlussgrund, sondern als bedingter Einbeziehungsgrund (»**contingent inclusion clause**«) gehandhabt, wonach die Anwendung der konventionsrechtlichen Schutzes von bestimmten Bedingungen abhängig ist.[59] Ob ein Flüchtling, auf den bislang die Ausschlussklausel des Art. 1 D Abs. 1 GFK Anwendung gefunden hat, sich in der Union unmittelbar auf Art. 1 D Abs. 2 GFK berufen kann, ist von einer Reihe von Voraussetzungen abhängig. Er muss als Erstes den Schutz oder Beistand von UNRWA genossen haben.[60] Denn nur der Genuss des Schutzes nach Abs. 1 des Art. 1 D GFK kann nach Abs. 2 wegfallen:

38 Die Ausschlussklausel des Art. 1 D Abs. 1 GFK sowie die Anwendungsklausel des Art. 1 D Abs. 2 GFK bilden eine Einheit in dem Sinne, dass nur bei Erfüllung der tatbestandlichen Voraussetzungen beider Absätze der Norm eine Anwendung der Konvention in Betracht kommt. Dieses Verständnis der Vorschrift folgt bereits aus der einleitend in Art. 1 D Abs. 2 GFK gewählten Formulierung »dieser Schutz«, der auf die in Abs. 1 getroffene Regelung Bezug nimmt. Es entspricht ihrem Sinn und Zweck, eine den Bedürfnissen einer bestimmten Personengruppe angemessene Sonderregelung

---

54 BVerwGE 88, 254 (266) = EZAR 232 Nr. 1 = InfAuslR 1991, 305; 89, 296 (305).
55 BVerwGE 89, 296 (307) = EZAR 232 Nr. 2 = NVwZ 1992, 676 = InfAuslR 1992, 205.
56 *Mostafa*, ägyptischer Delegierter auf der Bevollmächtigtenkonferenz, U. N. Doc. A/CONF. 2/SR. 2, 02.07.1951, S. 22.
57 *Nicolaus/Saramo*, ZAR 1989, 67 (68 f.).
58 *Goodwin-Gill*, The Refugee in International Law, S. 92; *Goodwin-Gill/McAdam*, The Refugee in International Law, S. 155; *Qafisheh/Azarov*, in: Zimmermann, The 1951 Convention, Article 1 D Rn. 72; *Köfner/Nicolaus*, Grundlagen des Asylrechts in der Bundesrepublik Deutschland, Bd. 1, S. 312; Rn. 24.
59 *Qafisheh/Azarov*, in: Zimmermann, The 1951 Convention, Article 1 D Rn. 72.
60 *Kommission der Europäischen Gemeinschaften*, KOM(2001)510.2001/0207(CNS), 12.09.2001, S. 29.

zu schaffen.⁶¹ Demgegenüber kann sich nach Ansicht von UNHCR der Flüchtling, der sich außerhalb des Mandatsgebietes der UNRWA aufhält, nicht **ipso facto** auf die Schutzbestimmungen der Konvention berufen. Der Ausschlussgrund des Art. 1 D GFK sperre in diesem Fall jedoch nicht die Prüfung seiner Flüchtlingseigenschaft in einem Feststellungsverfahren.⁶² Gegen diese Position wird eingewandt, dass eine Person, die sich außerhalb des Mandatsgebietes der entsprechenden Institution der Vereinten Nationen befinde, ohne Schutz sei und nicht länger deren Beistand genieße. Allein aufgrund dieser Tatsache fiele sie unter den Schutz der Konvention, unabhängig davon, ob sie die Voraussetzungen der Flüchtlingseigenschaft nach Art. 1 A Nr. 2 GFK erfülle.⁶³

Eine weitere Voraussetzung für die automatische Anerkennung der Flüchtlingseigenschaft nach Wegfall des Schutzes oder Beistands der UNRWA ist, dass der Flüchtling nicht in das Mandatsgebiet zurückkehren kann. Ist dies der Fall, fällt er **ipso facto** unter den Schutz der Konvention.⁶⁴ Damit kann festgehalten werden, dass es unabhängig von den Gründen der Ausreise allein darauf ankommt, ob die Rückkehr in das Mandatsgebiet möglich, also der Schutz oder Beistand der Vereinten Nationen weiterhin tatsächlich verfügbar ist. Art. 1 D GFK kann daher kaum als Ausschlussklausel angesehen werden. Vielmehr schiebt er die Einbeziehung der palästinensischen Flüchtlinge in den universellen Flüchtlingsschutz zeitlich hinaus.⁶⁵ 39

Nach Art. 12 Abs. 1 Buchst. a) Satz 2 RL 2004/83/EG genießt der Flüchtling **ipso facto** den Schutz der Richtlinie, wenn der Schutz oder Beistand der UNRWA weggefallen ist. Er genießt Refoulement- und Ausweisungsschutz (Art. 32 f. GFK). Soweit einzelne Bestimmungen der Konvention einen »rechtmäßigen Aufenthalt« des Flüchtlings voraussetzen, erforderte dies nach der früheren Rechtsprechung des BVerwG die ausdrückliche behördliche Zustimmung zur Aufenthaltsverfestigung. Es genüge nicht die faktische Anwesenheit, selbst wenn sie dem Vertragsstaat bekannt sei und von diesem hingenommen werde. Ebenso wenig wie das Staatenlosenübereinkommen regele die Konvention, wann im Einzelnen ein Aufenthalt rechtmäßig sei. Vielmehr bestimme sich die Rechtmäßigkeit des Aufenthaltes grundsätzlich nach den für die Aufenthaltnahme geltenden Rechtsnormen des jeweiligen Vertragsstaates.⁶⁶ 40

Für die Bundesrepublik bedeute dies, dass grundsätzlich ein Aufenthaltstitel erforderlich sei, damit etwa der Rechtsanspruch auf den Reiseausweis nach Art. 28 Abs. 1 Satz 1 GFK begründet werde.⁶⁷ In der Bundesrepublik sei der Aufenthalt eines Ausländers grundsätzlich nur dann rechtmäßig, wenn er von der zuständigen Ausländerbehörde erlaubt worden sei. Ohne einen hierfür grundsätzlich erforderlichen Aufenthaltstitel oder die Befreiung von diesem Erfordernis sei der Ausländer verpflichtet, das Bundesgebiet unverzüglich zu verlassen. Die bloße Anwesenheit des Ausländers, möge sie auch von der Behörde hingenommen werden, genüge mithin nach deutschem Recht unabhängig von ihrer Dauer nicht für einen rechtmäßigen Aufenthalt.⁶⁸ Diese Rechtsprechung ist überholt. Denn nach Art. 12 Abs. 1 Buchst. a) Satz 2 RL 2004/83/EG genießt der Flüchtling **ipso facto** den Schutz der Richtlinie und hat damit auch den Anspruch nach Art. 24 Abs. 1 RL 2004/83/EG auf Erteilung 41

---

61 BVerwGE 88, 254 (260) = EZAR 232 Nr. 1 = InfAuslR 1991, 305; BVerwGE 89, 296 (302) = EZAR 232 Nr. 2 = NVwZ 1992, 676 = InfAuslR 1992, 205; VGH Baden-Württemberg, EZAR 232 Nr. 3.
62 *UNHCR*, Handbuch über Verfahren und Kriterien zur Feststellung der Flüchtlingseigenschaft, Rn. 143.
63 *Goodwin-Gill/McAdam*, The Refugee in International Law, S. 155.
64 *Köfner/Nicolaus*, Grundlagen des Asylrechts, Bd. 1, S. 312.
65 *Goodwin-Gill/McAdam*, The Refugee in International Law, S. 151–161; ebenso *Hathaway*. The Law of Refugee Status, S. 208.
66 BVerwGE 88, 254 (267) = EZAR 232 Nr. 1 = InfAuslR 1991, 305; BVerwGE 89, 296 (305) = EZAR 232 Nr. 2 = NVwZ 1992, 676 = InfAuslR 1992, 205.
67 BVerwGE 88, 254 (266 f.) = EZAR 232 Nr. 1 = InfAuslR 1991, 305; BVerwGE 89, 296 (305) = EZAR 232 Nr. 2 = NVwZ 1992, 676 = InfAuslR 1992, 205.
68 BVerwGE 88, 254 (267) = EZAR 232 Nr. 1 = InfAuslR 1991, 305; BVerwGE 89, 296 (305) = EZAR 232 Nr. 2 = NVwZ 1992, 676 = InfAuslR 1992, 205.

des Aufenthaltstitels. Nach deutschem Recht steht ihm der Anspruch auf Erteilung der Aufenthaltserlaubnis nach § 25 Abs. 2 AufenthG zu.

§ 34 Zuerkennung staatsbürgerschaftlicher Rechte und Pflichten (Art. 12 Abs. 1 Buchst. b) RL 2004/83/EG)

Übersicht

	Rdn
1. Funktion des Ausschlussgrundes	1
2. Erfordernis des dauernden Aufenthaltes im Mitgliedstaat	9
3. Bedeutung des Begriffs »Rechte und Pflichten«	11
4. Flüchtlingsrechtliche Auswirkungen mehrfacher Staatsangehörigkeit	13

Leitsätze

1. Die Flüchtlingseigenschaft darf nicht gewährt werden, wenn ein Asylsuchender von den zuständigen Behörden des Aufenthaltsstaates als Person anerkannt wird, welche die Rechte und Pflichten hat, die mit dem Besitz der Staatsangehörigkeit dieses Staates verknüpft sind (§ 34 Rdn. 1).
2. Die Ausschlussklausel setzt voraus, dass der Status der Person dem Status der Staatsangehörigen des Aufnahmelandes weitgehend angeglichen ist (§ 34 Rdn. 11). Die in Betracht kommenden Personen besitzen die Rechte und Pflichten, die Staatsangehörigen zustehen, auch wenn sie nicht notwendigerweise eingebürgert worden sein müssen. Es reicht aus, dass sie lediglich als **de facto** Staatsangehörige des Aufnahmelandes behandelt werden. Diese Klausel zielte auf »**Volksdeutsche**« und ist historisch überholt.

1. Funktion des Ausschlussgrundes

1 Die Ausschlussklausel des Art. 12 Abs. 1 Buchst. b) RL 2004/83/EG beruht auf Art. 1 E GFK.[69] Danach kann die Zuerkennung der Flüchtlingseigenschaft verwehrt werden, wenn ein Asylsuchender von den zuständigen Behörden des Aufenthaltsstaates als Person anerkannt wird, welche die Rechte und Pflichten hat, die mit dem Besitz der Staatsangehörigkeit dieses Staates verknüpft sind. Auch das IRO-Statut von 1949, Anhang I Teil II Nr. 4, schloss ausdrücklich Flüchtlinge deutscher Herkunft aus dem Anwendungsbereich des Status aus. Der Hinweis auf gleichwertige Rechte oder Pflichten ist in Art. 1 E GFK nicht enthalten. Der deutsche Gesetzgeber hat diese Regelung nicht umgesetzt. Weder wird in § 60 Abs. 1 Satz 5 AufenthG auf diese verwiesen noch wurde wie im Blick auf Art. 12 Abs. 1 Buchst. a) RL 2004/83/EG eine diesem Ausschlussgrund vergleichbare Regelung in § 3 AsylVfG eingeführt.

2 Diese Ausschlussklausel zielt auf eine bestimmte Gruppe von Personen, die sich aus Gründen der Verfolgung außerhalb ihres Herkunftslandes aufhalten und im Aufenthaltsstaat einen Status genießen, der gewöhnlicherweise Flüchtlingen nicht gewährt wird. Die Bestimmung bezieht sich auf Personen, welche an sich die Flüchtlingseigenschaft erfüllen und in einem Land aufgenommen wurden, das ihnen die Mehrzahl der Rechte, welche Staatsangehörigen zuteil werden, aber nicht die formelle Staatsangehörigkeit gewährt.[70] Obwohl diese Personen die Kriterien der Flüchtlingseigenschaft erfüllen, bestimmt Art. 1 E GFK klar und eindeutig, dass die Konvention auf sie keine Anwendung findet. Aus flüchtlingsrechtlicher Sicht können diese Personen deshalb nicht als Flüchtlinge im Sinne der Konvention behandelt werden.[71] Sie werden häufig als »**nationale**« Flüchtlinge

---

69 *Kommission der Europäischen Gemeinschaften*, KOM(2001)510.2001/0207(CNS), 12.09.2001, S. 30.
70 *Marx*, in: *Zimmermann*, The 1951 Convention, Article 1 E Rn. 2.
71 *Robinson*, Convention relating to the Status of Refugees, S. 55.

bezeichnet. Im Aufnahmeland hat die Bevölkerung in der Regel dieselbe ethnische Herkunft wie die Flüchtlinge.[72]

Während im Fall von Art. 1 C Nr. 2 und Art. 34 GFK der Flüchtlingsstatus erlischt, wenn die Staatsangehörigkeit des Aufnahmelandes gewährt wird, wird der Flüchtling im Fall von Art. 1 E GFK ebenso wie im Fall von Art. 1 A Nr. 2 Abs. 2 GFK von vornherein vom Genuss der Rechte der Konvention ausgeschlossen, weil er sich auf eine andere Staatsangehörigkeit oder im Aufnahmeland einen der Staatsangehörigkeit vergleichbaren Status berufen kann. In all diesen Fällen fehlt die Schutzbedürftigkeit, um die Bestimmungen der Konvention anwenden zu können, obwohl die Betroffenen im Blick auf ihr Herkunftsland eine begründete Furcht vor Verfolgung geltend machen können (Rdn. 13).[73]

Die in Art. 1 E GFK geregelte Frage wurde durch den Delegierten der Vereinigten Staaten im Ad-Hoc-Komitee aufgeworfen. Er verwies auf die 600.000 arabischen Flüchtlinge, für welche die Vereinten Nationen besondere Abkommen vereinbart hätten (§ 33), die zahlreichen kaschmirischen und indischen Flüchtlinge sowie die 800.000 Personen **deutscher** Herkunft aus Zentral- und Osteuropa, die zur damaligen Zeit in Deutschland als »**Volksdeutsche**« Aufnahme gefunden hätten, welche die Kriterien der Flüchtlingseigenschaft erfüllten. Er betonte, dass die deutsche Regierung nicht ermuntert werden dürfe, die Verantwortung für diese Flüchtlinge auf die Vereinten Nationen abzuwälzen.[74]

Im zweiten Bericht des Sozialausschusses des Wirtschafts- und Sozialrates der Vereinten Nationen wurde deshalb eine Ausschlussklausel vorgeschlagen, die ausdrücklich ehemalige Angehörige deutscher Minderheiten, die Aufnahme in Deutschland gefunden hatten, aus dem Anwendungsbereich der Konvention ausschloss.[75] Der zweite Bericht des Sozialausschusses an den Wirtschafts- und Sozialrat schlug deshalb eine Formulierung in Art. 1 B Nr. 5 vor, wonach ausdrücklich ehemalige Angehöriger deutscher Minderheiten, die sich in Deutschland niedergelassen hatten, vom Anwendungsbereich des Konvention ausgeschlossen werden sollten.[76] Auf der Bevollmächtigtenkonferenz wurde dieser Vorschlag in Art. 1 D aufgegriffen. Es fand jedoch keine vertiefte Diskussion statt.[77]

Zwar ist die Formulierung in Art. 1 E GFK allgemein gehalten. Die Entstehungsgeschichte verdeutlicht jedoch, dass sie vorrangig auf die deutschen Volkszugehörigen aus den Vertreibungsgebieten zielte. Bis zum Jahre 1962 konnten auch **britische Staatsbürger aus den unabhängigen Commonwealth-Staaten** unter die Ausschlussklausel subsumiert werden, weil sie nach dem britischen Staatsangehörigkeitsgesetz von 1948 wie britische Bürger behandelt wurden und Recht auf Zugang zum und auf Bewegungs- und Niederlassungsfreiheit im Staatsgebiet des Vereinigten Königreichs hatten. Erst im Jahr 1962 und weiterhin im Jahr 1981 wurde diese Rechtslage zulasten der bisher Berechtigten geändert, sodass diese Personen heute nicht mehr nach Art. 1 E GFK behandelt werden können.[78]

Eine weitere Gruppe stellten die **türkischen Flüchtlinge aus Bulgarien** in der Türkei dar, die nach Auffassung des damaligen Hochkommissars für Flüchtlinge nicht unter das UNHCR-Status fielen (Art. 6 A Buchst. c)), weil sie in der Türkei eingebürgert wurden und bereits vor der Einbürgerungsentscheidung dieselben Rechte wie türkische Staatsbürger, allerdings keine politischen Rechte genossen. Sie waren andererseits von der Wehrdienstpflicht befreit und es wurden ihnen Privilegien,

---

72 *UNHCR*, Handbuch über Verfahren und Kriterien zur Feststellung der Flüchtlingseigenschaft, Rn. 144.
73 *Marx*, in: *Zimmermann*, The 1951 Convention, Article 1 E Rn. 8.
74 UN Doc. E/AC.32/SR.3, S. 9.
75 Zweiter Bericht des Social Committee an ECOSOC, 10.08.1950, UN.Doc. E/1814.
76 Second Report of the Social Committee to ECOSOC, UN Doc. E/1814 (1950), S. 5.
77 Conference of Plenipotentiaries, Draft Convention and Draft Protocol, UN Doc. A/CONF.2/1 (1951), S. 5.
78 *Goodwin-Gill/McAdam*, The Refugee in International Law, S. 161 f.

wie z. B. Befreiung von Steuerverpflichtungen, und spezifische wirtschaftliche Hilfestellungen gewährt.[79]

8   Art. 1 E GFK ist danach historisch überholt. Auch das deutsche Bundesamt, das es bis 2004 für erforderlich hielt, den Abgrenzungsbegriff »**ausländische**« Flüchtlinge aufzunehmen, um nach außen deutlich zu machen, dass es für die volksdeutschen Flüchtlinge nicht zuständig war, heißt inzwischen nicht mehr »Bundesamt für die Anerkennung ausländischer Flüchtlinge«, sondern schlicht »Bundesamt für Migration und Flüchtlinge«. Es erstaunt daher, dass ein modernes Flüchtlingsinstrument wie die Qualifikationsrichtlinie diesen überholten Ausschlussgrund aufgreift. Offensichtlich gibt es zu dieser Klausel keine Staatenpraxis. Die Studie von UNHCR über die Umsetzung der Qualifikationsrichtlinie erwähnt dementsprechend diese Klausel nicht.[80]

2. Erfordernis des dauernden Aufenthaltes im Mitgliedstaat

9   Der Drittstaatsangehörige muss in dem Mitgliedstaat, in dem er die mit der Staatsangehörigkeit verbundenen Rechte und Pflichten hat, dauerhaft Aufenthalt genommen haben. Es ist also ein dauerhafter und nicht lediglich ein bloßer besuchsweiser Aufenthalt erforderlich. Eine Person, die sich außerhalb des Landes aufhält, aber nicht den diplomatischen Schutz dieses Landes genießt, ist von dieser Ausschlussklausel nicht betroffen.[81] Darüber hinaus muss wegen der grundlegenden Bedeutung des erforderlichen Schutzes für Flüchtlinge im Aufnahmeland dem Begriff des Aufenthaltes das Recht auf Einreise und Schutz vor Abschiebung zugeordnet werden (Rdn. 13).[82] Sofern das Recht zum Aufenthalt diese Rechtsposition nicht einschließt, genügt es nicht den Anforderungen von Art. 1 E GFK.

10 Sofern ein volksdeutscher Flüchtling in einem anderen Vertragsstaat und nicht in Deutschland Asyl beantragt, kann dieser ihm nicht Art. 1 E GFK entgegenhalten.[83] Sucht er in einem anderen Mitgliedstaat Schutz vor Verfolgung, die ihm in einem Vertreibungsgebiet in einem östlichen Mitgliedstaat droht, dessen Staatsangehörigkeit er besitzt, kann dieser ihm zwar entgegenhalten, dass die Richtlinie nur für Drittstaatsangehörige gilt. Dieser Einwand befreit den um Schutz ersuchten Mitgliedstaat jedoch nicht vor den Verpflichtungen, die aus der Konvention folgen. Art. 1 E GFK enthält keinen geografischen Vorbehalt, wonach die Staatsangehörigen der Union sich nicht auf die Bestimmungen der Konvention berufen könnten. Allein die Bundesrepublik Deutschland kann sich gegenüber dem Schutzersuchen auf Art. 1 E GFK berufen, wenn sie dem Antragsteller mit der Staatsangehörigkeit vergleichbare Rechte und Pflichten gewährt.

3. Bedeutung des Begriffs »Rechte und Pflichten«

11 Es gibt keine präzise Definition des Begriffs »Rechte und Pflichten«, der den Ausschluss vom Flüchtlingsschutz nach Art. 1 E GFK, Art. 12 Abs. 1 Buchst. b) RL 2004/83/EG begründet. Es kann jedoch im eher allgemeinen Sinne gesagt werden, dass die Ausschlussklausel Anwendung findet, wenn der Status der Person dem Status der Staatsangehörigen des Aufnahmelandes weitgehend angeglichen ist.[84] Die in Betracht kommenden Personen besitzen die Rechte und Pflichten, die Staatsangehörigen zustehen, auch wenn sie nicht notwendigerweise eingebürgert worden sein müssen. Es reicht aus, dass sie lediglich als **de facto** Staatsangehörige (§ 23 Rdn. 35 ff.) des Aufnahmelandes behandelt

---

79 *Weis*, Du droit international, S. 982 f.

80 *UNHCR*, Asylum in the European Union. A Study of the Implementation of the Qualifikation Directive, Nov. 2007, 90 ff.

81 *UNHCR*, Handbuch über Verfahren und Kriterien zur Feststellung der Flüchtlingseigenschaft, 1979, Rn. 146; *Marx*, in: Zimmermann, The 1951 Convention, Article 1 E Rn. 5.

82 *Goodwin-Gill/McAdam*, The Refugee in International Law, S. 162.

83 *Köfner/Nicolaus*, Grundlagen des Asylrechts in der Bundesrepublik Deutschland, Bd. 1, S. 316.

84 *UNHCR*, Handbuch über Verfahren und Kriterien zur Feststellung der Flüchtlingseigenschaft, 1979, Rn. 145.

werden. Weil die Ausschlussklausel den Aufenthalt in dem Staat voraussetzt, der bereit ist, ihnen **de facto** die mit der Staatsangehörigkeit verbundenen Rechte zu gewähren, rechtfertigt weder ein unzulänglicher Schutz noch ein nicht dauerhaftes Aufenthaltsrecht im Aufnahmeland die Anwendung des Ausschlussklausel.[85]

Die Gleichstellung mit Staatsangehörigen im Bereich wirtschaftlicher und sozialer Rechte ist ausreichend. Der Besitz **politischer** Rechte und Pflichten, z.B. der Besitz des Wahlrechts, ist keine Voraussetzung für die Anwendung von Art. 1 E GFK.[86] Auf der Bevollmächtigtenkonferenz wurde die Frage erörtert, ob der Begriff »Rechte und Pflichten, die mit der Staatsangehörigkeit dieses Landes verknüpft sind« auch politische Rechte umfasse. Der Genuss politischer Rechte ist normalerweise Staatsangehörigen vorbehalten. Die Einbeziehung politischer Rechte durch die Ausschlussklausel würde deshalb darauf hinauslaufen, dass diese nur auf Personen Anwendung finden könnte, welche die Staatsangehörigkeit des Aufnahmelandes haben. Diese Personen sind jedoch bereits durch die Flüchtlingsdefinition in Art. 1 A Nr. 2 GFK erfasst, weil sie sich nicht »außerhalb des Landes befinden, dessen Staatsangehörigkeit sie besitzen.«[87] Danach setzt Art. 1 E GFK und Art. 12 Abs. 1 Buchst. b) RL 2004/83/EG nicht voraus, dass die Person die vollständigen, mit der Staatsangehörigkeit verbundenen Rechte besitzt.[88] Sie muss aber insbesondere wirksam gegen Abschiebung und Ausweisung (Art. 32 und 33 GFK) geschützt sein (Rdn. 9).

4. Flüchtlingsrechtliche Auswirkungen mehrfacher Staatsangehörigkeit

Werden die besonderen Voraussetzungen zusammengenommen, auf denen Art. 1 E GFK beruht, wird deutlich, dass diese Bestimmung dasselbe Ziel wie Art. 1 C Nr. 2 und Art. 34 GFK, und im Hinblick auf mehrfache Staatsangehörigkeit auch Art. 1 A Nr. 2 Abs. 2 GFK, verfolgt. In all diesen Fällen besteht keine Notwendigkeit, den Betroffenen den Schutz der Konvention länger bzw. überhaupt zu gewähren, auch wenn sie sich auf eine begründete Furcht vor Verfolgung aus Gründen der Konvention, insbesondere wegen ihrer Nationalität, berufen können (Rdn. 3).[89] Es fehlt das für die Anwendung der Konvention vorausgesetzte Schutzbedürfnis, da sie sich nach Eintritt des Verfolgungsereignisses in ihrem Herkunftsland auf einem mit der Konvention vergleichbaren oder darüber hinausgehenden Schutz berufen können.

Während Art. 1 E GFK sich auf die Rechte und Pflichten bezieht, die mit dem Besitz der Staatsangehörigkeit verbunden sind, ist es im Blick auf Flüchtlinge mit mehrfacher Staatsangehörigkeit erforderlich, zwischen dem Besitz einer Staatsangehörigkeit im rechtlichen Sinne einerseits und der Bereitschaft und Fähigkeit zur Gewährleistung der damit verbundenen Rechte andererseits zu unterscheiden. Deshalb kann entsprechend dem Schutzzweck der Konvention (Rdn. 13) der Ausschluss nach Art. 1 A Nr. 2 Abs. 2 GFK nicht mit dem bloßen Hinweis auf den Besitz der formalen Staatsangehörigkeit gerechtfertigt werden, wenn diese nicht effektiv ist und die Rechte gewährt, die normalerweise Staatsangehörigen gewährt werden.[90] Dies gilt auch für die Anwendung von Art. 1 E GFK. Es ist daher erforderlich, zu prüfen, ob der Staat bereit und fähig ist, den erforderlichen Schutz zu gewähren.[91] Deshalb ist eine Person im Rahmen des Art. 1 E GFK nicht vom Schutz der Konvention ausgeschlossen, wenn der Aufnahmestaat nicht willens ist, den erforderlichen Schutz zu gewähren.[92]

---

85 *Hathaway*, The Law of Refugee Status, S. 212.
86 *Robinson*, Convention relating to the Status of Refugees, S. 55.
87 *Weis*, Du droit international, S. 982.
88 *Goodwin-Gill*, The Refugee in International Law, S. 94.
89 *Marx*, in: *Zimmermann*, The 1951 Convention, Article 1 E Rn. 8.
90 *UNHCR*, Handbuch über Verfahren und Kriterien zur Feststellung der Flüchtlingseigenschaft, 1979, Rn. 107 UNHCR.
91 *Hathaway*, The Law of Refugee Status, S. 59; *Piotrowicz*, IJRL 1996, 319 (332).
92 *Hathaway*, The Law of Refugee Status, S. 59.

Kapitel 9

§ 35 Ausschluss wegen Schutzunwürdigkeit (Art. 12 Abs. 2 RL 2004/83/EG)

Übersicht   **Rdn**

1. Funktion der Ausschlussgründe 1
2. Zusammenhang zwischen Art. 1 F und Art. 33 Abs. 2 GFK 7
3. Verbrechen gegen den Frieden, Kriegsverbrechen oder Verbrechen gegen die Menschlichkeit (Art. 12 Abs. 2 Buchst. a) RL 2004/83/EG) 13
   a) Funktion der Vorschrift 13
   b) Verbrechen gegen den Frieden 15
   c) Kriegsverbrechen 18
   d) Verbrechen gegen die Menschlichkeit 26
   e) Individuelle Verantwortlichkeit 29
4. Schweres nichtpolitisches Verbrechen (Art. 12 Abs. 2 Buchst. b) RL 2004/83/EG) 33
   a) Funktion der Ausschlussklausel 33
   b) Begriff des schweren nichtpolitischen Verbrechens 37
      aa) Schwerwiegendes Delikt 37
      bb) Nichtpolitisches Delikt 42
      cc) Politisches Delikt im Sinne des Auslieferungsrechts 46
   c) Gegenwärtige Gefahr für die Sicherheit des Aufnahmestaates 55
   d) Verhältnismäßigkeitsprüfung 66
   e) Tatbegehung vor der Aufnahme 79
5. Zuwiderhandlung gegen Ziele und Grundsätze der Vereinten Nationen (Art. 12 Abs. 2 Buchst. c) RL 2004/83/EG) 85
   a) Funktion der Ausschlussklausel 85
   b) Ziele und Grundsätze der Vereinten Nationen 89
   c) Persönliche Verantwortung 93
6. Terroristische Handlungen (Art. 12 Abs. 2 Buchst. b) und c) RL 2004/83/EG) 98
   a) Funktion des Ausschlusses von Tätern terroristischer Handlungen 98
   b) Begriff der terroristischen Vereinigung 107
   c) Bedeutung von »Listen terroristischer Vereinigungen« 113
   c) Abgrenzung terroristischer Vereinigungen von Kampfverbänden 119
   d) Mitgliedschaft in einer terroristischen Vereinigung (Art. 25 Abs. 3 Buchst. d) IStGH-Statut) ... 126
      aa) Zurechnungskriterien 126
      bb) Anwendung von Art. 25 Abs. 3 IStGH-Statut 133
      cc) Erfordernis der Einzelfallprüfung 137
7. Feststellungsprüfung 144
   a) Feststellung der individuellen Verantwortlichkeit 144
   b) Beweismaß 154
   c) Beweislast 163
   d) Verfahrensgarantien 166
      aa) Durchführung des regulärem Asylverfahrens 166
      bb) Prüfung der Flüchtlingseigenschaft vor der Feststellung der Ausschlussgründe ... 170
      cc) Vertrauliche Behandlung des Asylantrags 173
8. Versagung der Flüchtlingseigenschaft wegen Sicherheitsgefährdung (Art. 14 Abs. 5 RL 2004/83/EG) 175
   a) Funktion des Art. 14 Abs. 5 RL 2004/83/EG 175
   b) Voraussetzungen des Art. 14 Abs. 5 RL 2004/83/EG 181
   c) Rechtsfolgen des Art. 14 Abs. 5 RL 2004/83/EG 186
   d) Genuss bestimmter Konventionsrechte (Art. 14 Abs. 6 RL 2004/83/EG) 188
9. Schutz vor Folter (Art. 3 EMRK) 190

§ 35 Ausschluss wegen Schutzunwürdigkeit   Kapitel 9

Leitsätze
1. Der Zweck der **Ausschlussklauseln des Art. 12 Abs. 2 RL 2004/83/EG** (Art. 1 F GFK) ist doppelter Natur: Bestimmte Handlungen sind derart schwerwiegend, dass den Tätern von vornherein die Schutzbedürftigkeit abgesprochen wird. Darüber hinaus soll das Flüchtlingsrecht nicht daran hindern, schwerwiegende Taten gerichtlich zu verfolgen (Rdn. 3 ff.).
2. Die Ausschlussklauseln dürfen nicht mit der Einschränkungsklausel des Art. 33 Abs. 2 GFK verwechselt werden. Während jedenfalls Art. 1 F Buchst. a) und c) GFK den Tätern wegen des schwerwiegenden Charakters ihrer Handlungen von vornherein die Schutzbedürftigkeit abspricht, bezieht sich Art. 33 Abs. 2 GFK auf ein **zukünftiges Risiko**, das ein bereits anerkannter Flüchtling für den Aufnahmestaat darstellen kann. Art. 1 F GFK sperrt bereits den Zugang zum Schutzsystem, hingegen zielt Art. 33 Abs. 2 GFK auf Personen, die bereits als Flüchtling anerkannt worden sind (Rdn. 7 ff.; s. aber Leitsatz 15).
3. Art. 12 Abs. 2 Buchst. a) RL 2004/83/EG ist Art. 1 F Buchst. a) GFK nachgebildet. Danach werden jene Personen vom Flüchtlingsschutz ausgeschlossen, in Bezug auf die aus schwerwiegenden Gründen die Annahme gerechtfertigt ist, dass sie ein **Verbrechen gegen den Frieden**, ein **Kriegsverbrechen** oder ein **Verbrechen gegen die Menschlichkeit** im Sinne der internationalen Vertragswerke begangen haben (Rdn. 13 ff.). Die Verbrechenskategorien des Art. 1 F Buchst. a) GFK sind grundsätzlich **dynamisch auszulegen**.
4. Der **Begriff des schweren nichtpolitischen Verbrechens** (Art. 12 Abs. 2 Buchst. b) RL 204/83/EG, Art. 1 F Buchst. b) GFK) zielt auf Personen, vor denen die Bevölkerung des Aufnahmestaates wegen der Art des von ihnen begangenen Verbrechens geschützt werden soll. Gleichzeitig soll hiermit auch der Situation eines Flüchtlings genügt werden, der eine oder mehrere **nicht so schwerwiegende Straftaten** oder eine politische Straftat vor der Aufnahme begangen hat (Rdn. 33 ff.).
5. Ein Verbrechen ist schwerwiegend, wenn es sich um ein Kapitalverbrechen handelt, das in den meisten Rechtsordnungen als besonders schwerwiegend qualifiziert wird (Rdn. 37 ff.). Es ist als nichtpolitisch anzusehen, wenn es überwiegend aus persönlichen Beweggründen oder Gewinnstreben, begangen wurde (Rdn. 42 ff.). Besteht keine eindeutige Verbindung zwischen dem Verbrechen und dem angeblichen politischen Ziel oder ist die betreffende Handlung in Bezug zum angeblichen politischen Ziel unverhältnismäßig, dann überwiegen nichtpolitische Beweggründe (Rdn. 50 ff.).
6. Auch wenn Auslieferungsverträge zunehmend **terroristische Straftaten** (Rdn. 98 ff.) als nichtpolitisch definieren, muss stets im Lichte aller Umstände des Einzelfalls untersucht werden, ob der Tat nicht ein politisches Element immanent ist. Im Einzelfall muss deshalb eine konkrete Betrachtungsweise der Tat des Antragstellers vorgenommen werden. Dabei müssen auch erschwerende oder strafmildernde Umstände und muss darüber hinaus auch berücksichtigt werden, ob der Antragsteller bereits seine Strafe verbüßt hat oder gar als resozialisiert gelten kann.
7. Aus dem Zusammenhang zwischen Art. 33 Abs. 2 und Art. 1 F Buchst. b) GFK folgt, dass anders als bei den Ausschlussgründen des Art. 1 F Buchst. a) und c) GFK bei der Anwendung des Art. 1 F Buchst. b) GFK eine **Wiederholungsgefahr** (Rdn. 55 ff.) geprüft werden muss (umstritten). Demgegenüber machen EuGH und BVerwG die Anwendung dieser Norm nicht von einer gegenwärtigen Gefahr abhängig (Rdn. 60 ff.)
8. Bei der Anwendung der Ausschlussklausel wird überwiegend die Schwere der befürchteten Verfolgung gegen die Art der Straftat, derer der Antragsteller verdächtigt wird, abgewogen (Rdn. 66 ff.). Demgegenüber will der EuGH keine gesonderte **Verhältnismäßigkeitsprüfung** zulassen (Rdn. 71 ff.). Jedoch ist bereits bei der Ermittlung des schwerwiegenden Charakters eine derartige Prüfung vorzunehmen (Rdn. 74 ff.).
9. Nach Art. 12 Abs. 2 Buchst. c) RL 2004/83/EG wird in Übereinstimmung mit Art. 1 F Buchst. c) GFK der Flüchtlingsschutz jenen Personen nicht zuteil, in Bezug auf die aus schwerwiegenden Gründen die Annahme gerechtfertigt ist, dass sie sich Handlungen zuschulden kommen ließen, die den **Zielen und Grundsätzen der Vereinten Nationen zuwiderlaufen** (Rdn. 85 ff.). Leitend für die Anwendung ist ein internationaler

Konsens – verkörpert durch Beschlüsse der Vereinten Nationen – darüber, dass bestimmte Handlungen als ernsthafte und andauernde Verletzungen grundlegender Menschenrechte, welche zu Verfolgungen führen, zu werten sind (Rdn. 89 ff.).
10. Diese Klausel findet auf **Einzelpersonen** grundsätzlich keine Anwendung (Rdn. 93 ff.). Eine Einzelperson kann eine Handlung gegen Ziele und Grundsätze der Vereinten Nationen nur begehen, wenn sie in einem Staat oder einer staatsähnlichen Organisation eine **gewisse Machtposition** besessen und zur Verletzung dieser Grundsätze einen direkten Beitrag geleistet hat.
11. Art. 1 F Buchst. b) und c) GFK werden auf **terroristische Straftäter** angewandt (Rdn. 107 ff.). Die Tatsache, dass eine Gruppierung auf einer **Liste** »**terroristischer Organisationen**« der internationalen Gemeinschaft oder sogar einzelner Staaten verzeichnet und der Antragsteller mit einer derartigen Gruppierung verbunden ist, rechtfertigt als solche noch keine von den allgemeinen Grundsätzen abweichende Beurteilung (Rdn. 113 ff.).
12. **Terroristische Gruppierungen** müssen von **nichtstaatlichen Kampfverbänden** abgegrenzt werden (Rdn. 119 ff.). Sofern oppositionelle Gruppierungen über eine Führung verfügen, die mittels disziplinarischer Maßnahmen die Einhaltung der Regeln des Kriegsrechts durch ihre Untergebenen zu gewährleisten vermag, können diese nicht als terroristische Gruppierungen eingestuft werden. Vorausgesetzt wird hierbei aber die grundsätzliche Anerkennung kriegsrechtlicher Regelungen und die Unterwerfung unter diese sowie bestehende disziplinarische Strukturen, um deren Sicherstellung zu gewährleisten.
13. Die Anwendung der Ausschlussklauseln setzt eine **persönliche Verantwortung** und damit entsprechende konkrete Feststellungen voraus (Rdn. 144 ff.) voraus. Maßgebend ist insoweit Art. 12 Abs. 3 RL 2004/83/EG i.V.m. Art. 25 Abs. 3 IStGH-Statut. Danach ist ein Asylsuchender vom Flüchtlingsschutz ausgeschlossen, wenn aus der spezifischen Form seiner Zugehörigkeit zu einer terroristischen Vereinigung geschlossen werden kann, dass er dadurch ausreichend in der Lage ist, einen Beitrag zur Fähigkeit der Organisation zu leisten, terroristische Anschläge zu verüben (Rdn. 133 ff.). Umstritten ist, ob allein aufgrund einer führenden Position in einer terroristischen Vereinigung auf eine Vermutung persönlicher Verantwortung geschlossen werden kann (Rdn. 133 ff., 138 ff.)
14. Die Behörden brauchen keine Schuld festzustellen. Vielmehr genügen sie ihrer Beweislast, wenn sie ernsthafte Gründe für die Annahme bezeichnen, dass der Antragsteller verantwortlich ist. Ernsthafte Anhaltspunkte sind etwa die absolvierte Schulung durch die Organisation und die Position innerhalb eines Systems. Wer über Jahre in einer Organisation, deren Ziel und Zweck die Begehung schwerwiegender Straftaten ist, an führender Stelle tätig ist, muss sich zurechnen lassen, dass er aufgrund dieser Position Kenntnis von den terroristischen Aktionen hatte und die zugrunde liegenden Ziele der Organisation teilt (Rdn. 154 ff.).
15. Art. 14 Abs. 5 RL 2004/83/EG erweitert in Form einer Freistellungsklausel in völkerrechtlich bedenklicher Weise die Ausschlussgründe um die Gründe des Art. 33 Abs. 2 GFK. Die Mitgliedstaaten können deshalb den Flüchtlingsstatus von vornherein versagen, wenn der Antragsteller **rechtskräftig** wegen eines **besonders schweren Verbrechens** verurteilt wurde oder er eine Gefahr für die Sicherheit des Mitgliedstaates darstellt (Rdn. 175 ff.) Es ist aber eine **gegenwärtige** Gefahr festzustellen.
16 Auch wenn die Feststellungsbehörde den Flüchtlingsstatus wegen Vorliegens von Ausschlussgründen versagen will, muss sie völkerrechtlich anerkannte Refoulementverbote berücksichtigen (Art. 21 RL 2004/83/EG). Insoweit ist Art. 3 EMRK zu beachten, der anders als Art. 33 Abs. 2 GFK keine Ausnahme vom Refoulementverbot zulässt (Rdn. 190 ff.). Der Refoulementschutz nach Art. 3 EMRK hat absoluten Charakter und steht nicht unter Terrorismusvorbehalt.

> Weisen ernsthafte Anhaltspunkte auf eine Tat im Sinne des Art. 12 Abs. 2 RL 2004/83/EG hin (Rdn. 15 ff., 37 ff., 89 ff.)?
> – welcher Ausschlussgrund kommt in Betracht?
> – Besteht hinreichender Tatverdacht (Rdn. 161 ff.)?

> Ist der Antragsteller persönlich für die Tat verantwortlich (Rdn. 30 ff., 39 f., 93 ff., 144 ff.)?

> Besteht ein konkretes Risiko der Folteranwendung nach Abschiebung in das Herkunftsland (Rdn. 190 ff.)?

Schaubild 16 zur Anwendung der Ausschlussgründe nach Art. 12 Abs. 2 RL 2004/83/EG

1. Funktion der Ausschlussgründe

Die Ausschlussgründe nach Art. 12 Abs. 2 RL 2004/83/EG sind im Wesentlichen wortgleich mit den Ausschlussgründen in Art. 1 F GFK. Sowohl diese Norm wie auch Art. 7 Buchst. d) UNHCR-Statut und Art. I (5) der OAU-Flüchtlingskonvention verpflichten die Vertragsstaaten und UNHCR, bestimmten Personen, die ansonsten die Voraussetzungen der Flüchtlingseigenschaft erfüllen würden, den Flüchtlings- bzw. Mandatsstatus zu verweigern. Dementsprechend sind nach der Begründung des Vorschlags der Kommission die Mitgliedstaaten verpflichtet, zur Wahrung der Integrität und Glaubwürdigkeit der Konvention Antragstellern, auf die Art. 1 F GFK Anwendung findet, die Flüchtlingseigenschaft nicht zuzuerkennen.[93] Der deutsche Gesetzgeber hatte diese Ausschlussgründe 2001 zunächst in § 51 Abs. 3 Satz 2 AuslG 1990 eingeführt, anschließend 2004 in § 60 Abs. 8 Satz 2 AufenthG a.F. überführt und mit dem Richtlinienumsetzungsgesetz 2007 in § 3 Abs. 2 AsylVfG n.F. eingeführt.

Die in der Zwischenkriegszeit verabschiedeten völkerrechtlichen Instrumente, die zum Schutze einzelner Flüchtlingsgruppen entwickelt worden waren, enthielten keine Bestimmungen für den Ausschluss straffälliger Personen. Demgegenüber war zu der Zeit, in der die Konvention diskutiert wurde, die Erinnerung an die **Nürnberger Kriegsverbrecherprozesse** noch sehr lebendig. Alle Staaten waren sich darin einig, dass es für Kriegsverbrecher keinen Schutz geben sollte. Darüber hinaus bestand bei den Staaten auch der Wunsch, Straftäter, die eine Gefahr für die Sicherheit und Ordnung darstellen, von ihrem eigenen Staatsgebiet fernzuhalten.[94] Diese Ausschlussgründe beruhen auf der Überlegung, dass bestimmte Verbrechen so schwerwiegend sind, dass der Täter keinen Schutz verdient. Ihr Hauptzweck ist es, den Urhebern »abscheulicher Taten und schwerer gemeiner Straftaten den Schutz zu versagen und sicherzustellen, dass solche Personen die Institution Asyl nicht dazu missbrauchen, einer gerichtlichen Verantwortung für ihre Taten zu entgehen.«[95]

Funktion der Ausschlussklauseln ist es einerseits, bestimmte Handlungen zu bestimmen, die derart schwerwiegend sind, dass den Tätern von vornherein die Schutzbedürftigkeit abgesprochen wird. Andererseits soll das Flüchtlingsrecht nicht daran hindern, schwerwiegende Taten gerichtlich zu verfolgen. Während diese zugrunde liegenden Ziele der Ausschlussklauseln bei deren Auslegung und Anwendung berücksichtigt werden müssen, sind sie andererseits im Kontext des übergreifenden

---

93 *Kommission der Europäischen Gemeinschaften*, KOM(2001)510/2001/0207(CNS), 12.09.2002, S. 31.
94 *UNHCR*, Handbuch über Verfahren und Kriterien zur Feststellung der Flüchtlingseigenschaft, 1979, Rn. 148.
95 *UNHCR*, Richtlinien zum Internationalen Schutz: Anwendung der Ausschlussklauseln, September 2003, Rn. 2.

humanitären Ziels der Konvention zu sehen.[96] Deshalb haben selbst Personen, in Bezug auf die die Begehung schwerwiegender Straftaten angenommen wird, einen Anspruch auf sorgfältige Prüfung ihres Schutzbegehrens und darf diese nicht im Schnellverfahren durchgeführt werden.[97] Dementsprechend weist das Exekutivkomitee des Programms von UNHCR darauf hin, dass die Ausschlussklauseln »genauestens beachtet werden« sollten, um die Institution Asyl zu schützen.[98]

4   Daraus folgt, dass in Anbetracht der schwerwiegenden Folgen, die ein Ausschluss vom Flüchtlingsschutz für den Antragsteller hat, die Ausschlussgründe **restriktiv auszulegen** sind.[99] Sie dürfen darüber hinaus nur mit äußerster Vorsicht und erst nach einer umfassenden Beurteilung der fallspezifischen Umstände angewandt werden.[100] Die deutsche Rechtsprechung geht aber davon aus, dass im Einzelfall kein Zusammenhang zwischen Verfolgungsanlass und Ausschlussgrund bestehen, die Verfolgung also nicht auf die Begehung einer Tat zielen muss, die zum Ausschluss führt. Allein der Umstand, dass der Betroffene vor seiner Ausreise in der Vergangenheit eine derartige Tat begangen hat, bewirkt daher nach dieser Rechtsprechung den Flüchtlingsausschluss. Daher ist das gesamte Verhalten vor der Einreise in den Blick zu nehmen.[101] Die Ausschlussklauseln des Art. 1 F GFK sind **abschließender Natur**.[102] Dies gilt wegen der Identität mit den konventionsrechtlichen Ausschlussklauseln des Art. 1 F GFK auch für die Ausschlussgründe des Art. 12 Abs. 2 RL 2004/83/EG.

5   Die Ausschlussklauseln des Art. 12 Abs. 2 Buchst. a) und c) RL 2004/83/EG beziehen sich wie Art. 1 F Buchst. a) und c) GFK auf Verbrechen unabhängig davon, wann und wo sie begangen wurden. Im Gegensatz dazu beschränkt sich der Anwendungsbereich von Art. 12 Abs. 2 Buchst. b) RL 2004/83/ EG ebenso wie der des Art. 1 F Buchst. b) GFK ausdrücklich auf Verbrechen, die außerhalb des Aufnahmelandes begangen wurden, bevor die Täter dort als Flüchtlinge aufgenommen wurden.[103] Art. 1 F Buchst. a) und c) GFK sind deshalb jederzeit anwendbar unabhängig davon, ob die betreffende Handlung im Aufnahmestaat, im Herkunftsland oder in einem Drittstaat begangen wurde. Wird eine derartige Handlung festgestellt, wird der Betreffende vom Flüchtlingsschutz ausgeschlossen. Sofern er bereits als Flüchtling anerkannt wurde, wird der Status aufgehoben (vgl. Art. 14 Abs. 3 Buchst. a) i.V.m. Art. 12 Abs. 2 Buchst. a) und c) RL 2004/83/EG).[104]

6   Für die Auslegung und Anwendung von Art. 1 F GFK kommt es nicht auf die innerstaatlichen Auslegungsgrundsätze in den Mitgliedstaaten, sondern auf die in Art. 31 WVRK geregelten völkerrechtlichen Auslegungsregeln und damit insbesondere auf die Staatenpraxis (vgl. Art. 31 Abs. 3 Buchst. a) WVRK) an. Allerdings gelten für die Auslegung und Anwendung von unionsrechtlichen Normen nicht die völkervertragsrechtlichen Auslegungsgrundsätze. Andererseits beruht die Norm des Art. 12 Abs. 2 RL 2004/83/EG auf Art. 1 F GFK. Diese ist deshalb im Sinne der zu dieser Vorschrift entwickelten Staatenpraxis auszulegen. Dementsprechend verweist der Gerichtshof zwar auf die im Unionsrecht entwickelten Grundsätze zur Auslegung von Richtlinien, bewertet dieser aber unter Hinweis auf Primärrecht (Art. 78 Abs. 1 AEUV) nach Maßgabe der Konvention sowie

---

96 *UNHCR*, Background Note on the Application of the Exclusion Clauses, September 2003, S. 2.
97 *Hathaway/Harvey*, Cornell ILJ 2001, 257 (258).
98 *UNHCR* Exekutivkomitee, Empfehlung Nr. 82 (XLVIII) – 1997 – zur Bewahrung der Institution Asyl.
99 Canada Federal Court (2002) 1 F.C. 559 Rn. 102 – *Zrig*; *UNHCR*, Handbuch über Verfahren und Kriterien zur Feststellung der Flüchtlingseigenschaft, 1979, Rn. 149.
100 *UNHCR*, Richtlinien zum Internationalen Schutz: Anwendung der Ausschlussklauseln, September 2003, Rn. 2.
101 BVerwGE 135, 252 (268) = NVwZ 2010, 979 = InfAuslR 2010, 256 = EZAR NF 68 Nr. 7.
102 *UNHCR*, Richtlinien zum Internationalen Schutz: Anwendung der Ausschlussklauseln, September 2003, Rn. 3.
103 *UNHCR*, Richtlinien zum Internationalen Schutz: Anwendung der Ausschlussklauseln, September 2003, Rn. 3.
104 *UNHCR*, Background Note on the Application of the Exclusion Clauses, September 2003, S. 5 f.; siehe hierzu § 37 Rdn. 14 ff.

der Grundrechtscharta,[105] die ihrerseits das Asylrecht nach Maßgabe der Konvention gewährleistet (Art. 18).

2. Zusammenhang zwischen Art. 1 F und Art. 33 Abs. 2 GFK

Die Ausschlussklauseln des Art. 1 F GFK dürfen nicht mit der Einschränkungsklausel des Refoulementverbotes des Art. 33 Abs. 2 GFK verwechselt werden (Rdn. 175 ff.). Während jedenfalls Art. 1 F Buchst. a) und c) GFK den Tätern wegen des schwerwiegenden Charakters ihrer Handlungen von vornherein die Schutzbedürftigkeit abspricht, bezieht sich Art. 33 Abs. 2 GFK auf ein **zukünftiges Risiko**, das ein bereits anerkannter Flüchtling für den Aufnahmestaat darstellen kann.[106] Art. 1 F GFK sperrt bereits den Zugang zum Schutzsystem. Demgegenüber bezieht Art. 33 Abs. 2 GFK sich auf Personen, die bereits als Flüchtling anerkannt worden sind.

Art. 1 F GFK einerseits und Art. 33 Abs. 2 GFK andererseits enthalten unterschiedliche rechtliche Antworten auf unterschiedliche Gefahren und verfolgen unterschiedliche Zwecke. Art. 33 Abs. 2 GFK bezieht sich auf Flüchtlinge, die aufgrund eines schwerwiegenden Deliktes zu einem extrem hohen Sicherheitsrisiko für den Aufnahmestaat werden (Rdn. 33 ff., Rdn. 56 ff., 80 ff.). Er bezweckt den Schutz der **Sicherheit des Aufnahmestaates**. Seine Anwendung hängt von der Feststellung ab, dass der Flüchtling ein bedeutendes gegenwärtiges oder zukünftiges Sicherheitsrisiko darstellt. Deshalb wurde Art. 33 Abs. 2 GFK in der Staatenpraxis stets als »letztes Mittel« angesehen, dessen Anwendung wegen des außergewöhnlichen Risikos, das der Betroffene darstellt, gerechtfertigt ist und dessen Abwehr nur durch dessen Entfernung vom Staatsgebiet erreicht werden kann (§ 37 Rdn. 54 ff.).[107]

Während die Ausschlussklauseln des Art. 1 F GFK darüber hinaus **zwingenden Charakter** haben, wird die Anwendung von Art. 33 Abs. 2 GFK in das **Ermessen** der zuständigen Behörden des Aufnahmestaates gestellt. Die Konvention verpflichtet die Staaten zur Schutzversagung nur in Bezug auf Personen, die nach Maßgabe des **internationalen Strafrechts** als schutzunwürdig angesehen werden. Demgegenüber wird es den Vertragsstaaten freigestellt, anhand einer Vielzahl von **nationalen Sicherheitsinteressen** Flüchtlingen den Abschiebungsschutz zu entziehen, jedoch nur, wenn sie den gegenüber Art. 1 F GFK weitaus höheren Beweisstandard beachten. Eine Reihe von Obergerichten im Vereinigten Königreich, den Vereinigten Staaten und Kanada haben auf diesen bedeutsamen Unterschied zwischen beiden Rechtsinstrumenten hingewiesen. Art. 1 F GFK zielt danach auf den historisch begründeten Ausschluss schutzunwürdiger Personen vom Flüchtlingsschutz, dient jedoch nicht den Interessen des Aufnahmestaates.[108]

Über diese bedeutsamen Unterschiede zwischen Art. 1 F GFK und Art. 33 Abs. 2 GFK kann nicht mit der Erwägung hinweggegangen werden, dass beide Bestimmungen in einem sachlichen Zusammenhang stünden, weil der Refoulementschutz auf Flüchtlinge beschränkt bleibe.[109] Die Feststellung, dass nach Art. 1 F GFK der Flüchtlingsstatus »wegfällt«,[110] verkennt die unterschiedlichen Konzeptionen beider Rechtsinstrumente. Im Fall des Art. 1 F GFK fällt der Flüchtlingsstatus nicht weg, sondern wird von vornherein nicht gewährt. Demgegenüber fällt im Fall des Art. 33 Abs. 2 GFK der Flüchtlingsstatus nicht weg. Die Vertragsstaaten dürfen den Flüchtling unter den

---

105 EuGH, InfAuslR 2011, 40 = NVwZ 2011, 285 – AuAS 2011, 43 Rn. 78 – B und D.

106 *UNHCR*, Richtlinien zum Internationalen Schutz: Anwendung der Ausschlussklauseln, September 2003, Rn. 3.

107 *UNHCR*, Background Note on the Application of the Exclusion Clauses, September 2003, S. 5; *Stenberg*, Non-Expulsion and Non-Refoulement, S. 227; BVerwGE 49, 202 (208) = EZAR 134 Nr. 1 = NJW 1976, 490.

108 *Hathaway/Harvey*, Cornell ILJ 2001, 257 (260 f.).

109 So *Zimmermann*, DVBl. 2006, 1478 (1479); *Zimmermann/Wennholz*, in: *Zimmermann*, The 1951 Convention, Article 1 F Rn. 29 ff.

110 *Zimmermann*, DVBl. 2006, 1478 (1479).

Voraussetzungen dieser Norm sowie unter Berücksichtigung von Art. 3 EMRK aber nach Ermessen abschieben.

11 Das Unionsrecht verwischt ebenfalls die Unterschiede zwischen Art. 1 F GFK einerseits und Art. 33 Abs. 2 GFK andererseits, indem es in Art. 12 Abs. 2 RL 2004/83/EG die Ausschlussgründe des Art. 1 F GFK übernimmt und es in Form einer Freistellungsklausel in Art. 14 Abs. 5 RL 2004/84/EG den Mitgliedstaaten freistellt, in den Fällen des Art. 14 Abs. 4 RL 2004/83/EG (Rdn. 175 ff.)., der inhaltlich Art. 33 Abs. 2 GFK aufgreift, den Betroffenen nicht die Rechtsstellung des Flüchtlings zuzuerkennen . Damit können die Mitgliedstaaten aus Gründen des Art. 33 Abs. 2 GFK bereits von vornherein den Flüchtlingsstatus ausschließen, während die Konvention diese Rechtsfolge nur bei den Ausschlussgründen des Art. 1 F GFK zulässt und für die Anwendung des Art. 33 Abs. 2 GFK voraussetzt, dass der Flüchtlingsstatus bereits gewährt worden ist. Die Richtlinie erweitert damit entgegen dem enumerativen Charakter der Ausschlussgründe deren Anwendungsbereich.[111]

12 Art. 14 Abs. 5 RL 2004/83/EG hat ganz offensichtlich sein Vorbild im Asylverfahrensrecht der Bundesrepublik. Der deutsche Gesetzgeber hatte bereits 1997 in § 30 Abs. 4 AsylVfG geregelt, dass beim Vorliegen der tatbestandlichen Voraussetzungen des Art. 33 Abs. 2 GFK der Asylantrag als offensichtlich unbegründet abgelehnt wird. UNHCR kritisiert in diesem Zusammenhang, mit Art. 14 Abs. 5 RL 2004/83/EG werde das Risiko erhöht, dass substanzielle Änderungen der Ausschlussklauseln eingeführt würden und verweist in diesem Zusammenhang auf das entsprechende Recht der Bundesrepublik sowie der Slowakischen Republik.[112]

3. Verbrechen gegen den Frieden, Kriegsverbrechen oder Verbrechen gegen die Menschlichkeit (Art. 12 Abs. 2 Buchst. a) RL 2004/83/EG)

a) Funktion der Vorschrift

13 Art. 12 Abs. 2 Buchst. a) RL 2004/83/EG ist Art. 1 F Buchst. a) GFK nachgebildet. Danach werden jene Personen vom Flüchtlingsschutz ausgeschlossen, in Bezug auf die aus schwerwiegenden Gründen die Annahme gerechtfertigt ist, dass sie ein Verbrechen gegen den Frieden, ein Kriegsverbrechen oder ein Verbrechen gegen die Menschlichkeit im Sinne der internationalen Vertragswerke begangen haben. Danach können völkerrechtliche Entwicklungen im Völkerstrafrecht, insbesondere das Statut des Internationalen Strafgerichtshofes, bei der Auslegung und Anwendung dieser Norm herangezogen werden. Die Verbrechenskategorien des Art. 1 F Buchst. a) GFK sind also grundsätzlich **dynamisch auszulegen**.[113] Darauf weist der Begriff »internationale Vertragswerke« in Art. 12 Abs. 2 Buchst. a) RL 2004/83/EG hin.

14 Zu den verschiedenen internationalen Vertragswerken, die in Bezug auf die Definition internationaler Verbrechen eine Orientierungshilfe bieten, zählen das Übereinkommen von 1948 über die Verhütung und Bestrafung des Völkermordes, die vier Genfer Abkommen von 1949 zum Schutz von Kriegsopfern und die zwei Zusatzprotokolle von 1977, die Satzungen der Internationalen Strafgerichtshöfe für das ehemalige Jugoslawien und Ruanda, die Charta des Internationalen Militärtribunals von 1945 (»Londoner Charta«) und zuletzt die Satzung des Internationalen Strafgerichtshofes von 1998, die am 1. Juli 2002 in Kraft getreten ist.[114] Gegenwärtig bestimmt sich die Frage, ob derartige Verbrechen begangen worden sind, in erster Linie nach dem IStGH-Statut. In diesem

---

111 *Löhr*, Die Qualifikationsrichtlinie, in: *Hoffmann/Löhr*, Europäisches Flüchtlings- und Einwanderungsrecht, S. 47 (85).

112 *UNHCR*, Asylum in the European Union. A Study of the Implementation of the Qualification Directive, November 2007, S. 91.

113 *Zimmermann*, DVBl. 2006, 1478 (1481); siehe auch *Simeon*, IJRL 2009, 192.

114 *UNHCR*, Richtlinien zum Internationalen Schutz: Anwendung der Ausschlussklauseln, September 2003, Rn. 10.

manifestiert sich der aktuelle Stand der völkerrechtlichen Entwicklung bei Verletzungen des Humanitären Völkerrechts.[115]

b) Verbrechen gegen den Frieden

Der Begriff des **Verbrechens gegen den Frieden** geht zurück auf Art. VI des Statuts des Nürnberger Militärtribunals. Danach zielt dieser Begriff auf die »Planung, Vorbereitung und Anstiftung zu oder Führung eines Angriffskrieges oder eines Krieges, durch den internationale Verträge, Abkommen oder Zusicherungen verletzt werden oder Teilnahme an einer Verschwörung zum Zwecke der Erfüllung eines der vorgenannten Ziele.« Dieser Begriff wurde zuvor in der Generalversammlung und Völkerrechtskommission diskutiert. In diesem Zusammenhang ist auch das Verbrechen der **Aggression** von Bedeutung. Die Generalversammlung versteht unter einer Aggression »die Anwendung bewaffneter Gewalt durch einen Staat gegen die Souveränität, territoriale Integrität oder politische Unabhängigkeit eines anderen Staates oder in irgendeiner Weise entgegen den Bestimmungen der Charta der Vereinten Nationen.«[116] Art. 16 des Entwurfs der Völkerrechtskommission über Verbrechen gegen den Frieden und die Sicherheit der Menschheit lautet: »Eine Person, welche als Führer oder Organisator aktiv an der Planung, Vorbereitung, Einleitung oder Durchführung einer Aggression durch einen Staat beteiligt ist oder diese anordnet, ist eines Verbrechens der Aggression verantwortlich.«[117]

15

Bei den Verhandlungen über das IStGH-Statut konnte über das **Aggressionsverbrechen** keine Einigung erzielt werden. Darüber hinaus kann nicht bereits jeder Verstoß gegen das Gewaltverbot als Aggressionsverbrechen gewertet werden. Es ist offensichtlich, dass Verbrechen gegen den Frieden nur im Zusammenhang mit der Planung oder Durchführung eines Krieges oder bewaffneten Konfliktes begangen werden können. Einigkeit bestand aber jedenfalls darin, dass von vornherein nur die jeweilige militärische und zivile Führung, die einen Staat oder eine staatsähnliche Organisation vertritt, überhaupt als Tätergruppe (Rdn. 147) in Betracht kommen dürfte.[118] Auf der Überprüfungskonferenz in Kampala im Jahr 2010 konnte zwar Einigung über den Aggressionsbegriff erzielt werden. Die Ergänzung des Rom-Statuts tritt jedoch erst 2017 in Kraft, soweit die erforderlichen Ratifikationen bis dahin vorliegen. Darüber hinaus sind die materiellen Voraussetzungen sehr hoch.[119]

16

Angesichts dieser Definitionsprobleme kommt dieser Verbrechenskategorie im Rahmen des Art. 1 F Buchst. a) GFK praktisch nur eine geringe Bedeutung zu.[120] Diese Bestimmung wurde in der Vergangenheit in der Praxis nur selten angewandt.[121] UNHCR ist kein Fall bekannt, in dem sich die Rechtsprechung eines der Vertragsstaaten mit dem Verbrechen gegen den Frieden als Ausschlussgrund befasst hat.[122] Viele der Handlungen, welche an sich der Kategorie des Verbrechens gegen den Frieden zugeordnet werden können, können jedoch auch als Kriegsverbrechen oder Verbrechens gegen die Menschlichkeit gewertet werden.[123] Von Anfang an bestand Einigkeit, dass nur politische

17

---

115 BVerwGE 136, 89 (97) = NVwZ 2010, 974 = EZAR NF 68 Nr. 8; BVerwGE 135, 252 (265) = NVwZ 2010, 979 = InfAuslR 2010, 256 = EZAR NF 68 Nr. 7; BverwGE 139, 272 (276) = NVwZ 2011, 1456 (1459) Rn. 28.
116 *General Assembly*, Resolution 3312 (XXIX), 1974.
117 ILC Report, A/51/10, 1996, ch. II/2), Rn. 46–48 (http://www.un.org/law/ilc/texts/dcodefra.htm).
118 *UNHCR*, Background Note on the Application of the Exclusion Clauses, September 2003, S. 11; *UNHCR*, Richtlinien zum Internationalen Schutz: Anwendung der Ausschlussklauseln, September 2003, Rn. 11; OVG Nordrhein-Westfalen, Urt. v. 27.03.2007 – 8 A 5118/05.A.
119 *Zimmermann/Wennholz*, in: *Zimmermann*, The 1951 Convention, Article 1 F Rn. 52.
120 *Zimmermann*, DVBl. 2006, 1478 (1482).
121 *UNHCR*, Richtlinien zum Internationalen Schutz: Anwendung der Ausschlussklauseln, September 2003, Rn. 11.
122 *UNHCR*, Background Note on the Application of the Exclusion Clauses, September 2003, S. 11.
123 *UNHCR*, Background Note on the Application of the Exclusion Clauses, September 2003, S. 11.

oder militärische Führer, also Personen, die in verantwortlicher Funktion für den Staat handeln, als Täter in Betracht kommen (Rdn. 15, 147).[124]

c) Kriegsverbrechen

18 **Kriegsverbrechen** sind z. B. Straftaten wie die vorsätzliche Tötung und Folterung von Zivilpersonen, wahllose Angriffe gegen die Zivilbevölkerung und das mutwillige Vorenthalten eines fairen und ordnungsgemäßen Gerichtsverfahrens gegenüber einer Zivilperson oder einem Kriegsgefangenen.[125] Generell werden Angriffe gegen jede Person, die nicht oder nicht mehr an Kriegshandlungen teilnimmt, wie etwa verwundete oder kranke Kombattanten, Kriegsgefangene oder Zivilpersonen als Kriegsverbrechen bezeichnet. Solche Verbrechen können sowohl in internationalen wie in internen bewaffneten Konflikten verübt werden, wobei es von der Art des Konflikts abhängt, wie das Verbrechen beschaffen sein muss.[126] Art. 8 Abs. 2 Buchst. a) und b) IStGH-Statut verweist auf den internationalen, Art. 8 Abs. 2 Buchst. c) bis f) IStGH-Statut auf den innerstaatlichen bewaffneten Konflikt.

19 Im Blick auf internationale bewaffnete Konflikte stellen schwerwiegende Verletzungen jeder der Bestimmungen der Genfer Konventionen I bis IV Kriegsverbrechen dar. Auch schwerwiegende Verletzungen der Bestimmungen des Zusatzprotokolls I, jedenfalls soweit sie Gewohnheitsrecht reflektieren, werden als Kriegsverbrechen gewertet.[127] Neuere Entwicklungen des Völkerstrafrechts haben zu der allgemeinen Anerkennung geführt, dass auch in innerstaatlichen bewaffneten Konflikten Kriegsverbrechen begangen werden können. Jedenfalls haben die Internationale Strafgerichte zu Ruanda und zum ehemaligen Jugoslawien schwerwiegende Verletzungen des gemeinsamen Art. 3 der Genfer Konventionen als Kriegsverbrechen angesehen.[128] Diese Norm erfasst auch Handlungen als Kriegsverbrechen, die gegen Soldaten gerichtet sind wie umgekehrt der Täter auch eine Zivilperson sein kann (Rdn. 28). Art. 8 Abs. 2 Buchst. e) IStGH-Statut zielt auf andere schwere Verstöße gegen die innerhalb des feststehenden Rahmens des Völkerrechts anwendbaren Gesetze und Gebräuche im innerstaatlichen bewaffneten Konflikt, wie z. B. den Schutz gegnerischer Kombattanten gegen meuchlerische Tötung oder Verwundung, die Erklärung, dass kein Pardon gegeben wird, sowie die körperliche Verstümmelung von Personen, die sich in der Gewalt einer anderen Konfliktpartei befinden (vgl. auch gemeinsamer Art. 3 der Genfer Konventionen).[129]

20 Art. 8 Abs. 2 Buchst. a) (iv) IStGH-Statut macht deutlich, dass die schwerwiegende Verletzung gewohnheitsrechtlicher Regeln zur Kriegführung im innerstaatlichen bewaffneten Konflikt, wie z. B. der Verstoß gegen das Unterscheidungsgebot und den Verhältnismäßigkeitsgrundsatz, Kriegsverbrechen darstellen. So stellt die Zerstörung von Eigentum größeren Ausmaßes, die nicht durch militärische Erfordernisse gerechtfertigt ist, ein Kriegsverbrechen dar. Nach Art. 8 Abs. 2 Buchst. b) (ii) des Statuts erfüllen vorsätzliche Angriffe auf zivile Objekte ebenfalls den Tatbestand eines Kriegsverbrechens. Die Vertreibung der Zivilbevölkerung (Art. 8 Abs. 2 Buchst. a) (vi) IStGH-Statut) sowie wahllose Bombenangriffe auf dicht besiedelte Städte (Art. 8 Abs. 2 Buchst. b) (i) IStGH-Statut) sind danach als Kriegsverbrechen zu werten.

---

124 *Goodwin-Gill/McAdam*, The Refugee in International Law, S. 167; *Zimmermann/Wennholz*, in: *Zimmermann*, The 1951 Convention, Article 1 F Rn. 5.
125 Siehe hierzu die Untersuchung von *Rikhof*, IJRL 2009, 453, zur Berücksichtigung von Kriegsverbrechen in fünf angelsächsischen Ländern.
126 BVerwGE 131, 198 (208) = EZAR NF 69 Nr. 4 = NVwZ 2008, 1241 = InfAuslR 2008, 474; BVerwGE 135, 252 (264 f.) = NVwZ 2010, 979 = InfAuslR 2010, 256 = EZAR NF 68 Nr. 7; *UNHCR*, Richtlinien zum Internationalen Schutz: Anwendung der Ausschlussklauseln, September 2003, Nr. 12.
127 *Zimmermann/Wennholz*, in: *Zimmermann*, The 1951 Convention, Article 1 F Rn. 54; *Goodwin-Gill/McAdam*, The Refugee in International Law, S. 167; so auch BVerwGE 136, 89 (103 f.) = NVwZ 2010, 974 = EZAR NF 68 Nr. 8; siehe auch *Berlit*, NVwZ 2012, 193 (194).
128 *Goodwin-Gill/McAdam*, The Refugee in International Law, S. 166 f.
129 BVerwGE 136, 89 (97 f.) = NVwZ 2010, 974 = EZAR NF 68 Nr. 8.

Allerdings ist es häufig schwierig, festzustellen, wann ein innerstaatlicher bewaffneter Konflikt vor- 21
liegt. Interne Unruhen und Spannungen, wie etwa vereinzelte Aufstände oder sporadische Akte
der Gewaltanwendung als solche können noch nicht als interner bewaffneter Konflikt angesehen
werden.[130] Deshalb können im Rahmen derartiger interner Gewaltprozesse verübte Aktionen nicht
unter den Begriff des Kriegsverbrechens subsumiert werden. Andererseits wird die Position von
UNHCR, dass weniger schwerwiegende Verletzungen der Regeln des Humanitären Völkerrechts
nicht als Kriegsverbrechen gewertet werden, abgelehnt.[131]

Die **Teilnahme am bewaffneten Kampf** in einer oppositionellen Gruppierung als solche stellt kein 22
Kriegsverbrechen dar (Rdn. 119 ff.). Das Humanitäre Völkerrecht enthält hinsichtlich des innerstaatlichen bewaffneten Konflikts nur modale Regelungen für eine Auseinandersetzung (**ius in
bello**), pönalisiert jedoch nicht die Gewaltanwendung gegen Kämpfer der gegnerischen Partei als
solche (**ius ad bellum**).[132] Auch als schwere nichtpolitische Straftat kann die Kriegsteilnahme gegen
bewaffnete Regierungssoldaten nicht eingeordnet werden, da es hier um den Sturz der Regierung
bzw. um die Änderung der Regierungspolitik geht (Rdn. 43). Zu den modalen Regelungen gehört
etwa die **meuchlerische Tötung**. Insoweit kann das Verbot der Heimtücke nach Art. 37 Abs. 1 Zusatzprotokoll I herangezogen werden. Untersagt ist aber nicht jede Irreführung des Gegners, sondern nur die Ausnutzung eines durch spezifische, völkerrechtswidrige Handlungen erschlichenen
Vertrauens. Das völkerstrafrechtliche ist daher nicht mit dem strafrechtlichen Heimtückemerkmal
(§ 211 Abs. 2 StGB) identisch. Als Heimtücke im innerstaatlichen bewaffneten Konflikt gelten vielmehr Handlungen, durch die ein Gegner in der Absicht, sein Vertrauen zu missbrauchen, verleitet
wird, darauf zu vertrauen, dass er nach den Regeln des in bewaffneten Konflikten anwendbaren Völkerrechts Anspruch auf Schutz hat oder verpflichtet ist, Schutz zu gewähren. Das ist der Fall, wenn
durch das verdeckte Tragen von Waffen die gegnerischen Soldaten darüber getäuscht werden, dass
sie von den Widerstandskämpfern keinen Angriff zu erwarten haben.[133]

Allerdings besteht im innerstaatlichen bewaffneten Konflikt für Guerilla- bzw. Widerstandskämpfer 23
keine völkerrechtliche Pflicht zum Tragen einer Uniform. Daher ist der Tatbestand des Vortäuschens
eines zivilen oder Nichtkombattantenstatus nur unter besonderen Voraussetzungen erfüllt. Für Widerstandskämpfer in derartigen Konflikten besteht jedoch die Pflicht zum offenen Tragen der Waffe
als Unterscheidungsmerkmal zwischen Kämpfern und Zivilpersonen. Dies lässt sich aus Art. 44
Abs. 3 Zusatzprotokoll I herleiten, wonach Kombattanten nicht das Verbot perfiden Verhaltens verletzen, wenn sie ihre Waffen bei jeder militärischen Handlung einschließlich der Vorbereitung von
Angriffen offen tragen. Dies lässt sich auf den innerstaatlichen bewaffneten Konflikt übertragen.[134]

Die **Geiselnahme** von Kombattanten, die die Waffen gestreckt haben oder sich außer Gefecht be- 24
finden, kann ein Kriegsverbrechen darstellen. Wer den Angriff mit dem Ziel einer Geiselnahme aber
bereits zu einem Zeitpunkt führt, in dem der Kombattant noch bewaffnet war, begeht kein Kriegsverbrechen. Ein Kombattant streckt die Waffen nur dann, wenn er aufhört zu kämpfen und die
Absicht signalisiert, die Kampfhandlungen einzustellen, insbesondere durch Aufgabe der Kontrolle
über seine Waffen. Dass ein Soldat durch einen Angriff überrascht wird und deshalb kaum Widerstand leistet, macht ihn nicht zum Nichtkombattanten.[135]

Täter eines Kriegsverbrechens kann auch eine **Zivilperson** sein, wenn ein funktionaler Zusammen- 25
hang mit dem bewaffneten Konflikt besteht. Erforderlich ist eine Verbindung zwischen Tat und

---

130 *UNHCR*, Background Note on the Application of the Exclusion Clauses, September 2003, S. 11 f.
131 *Zimmermann/Wennholz*, in: *Zimmermann*, The 1951 Convention, Article 1 F Rn. 56 f., unter Bezugnahme auf Canada Federal Court (1994) 3 F.C 646 – Gonzalez.
132 BVerwGE 135, 252 (266) = NVwZ 2010, 979 = InfAuslR 2010, 256 = EZAR NF 68 Nr. 7.
133 BVerwGE 136, 89 (103 f.) = NVwZ 2010, 974 = EZAR NF 68 Nr. 8.
134 BVerwGE 136, 89 (101 f.) = NVwZ 2010, 974 = EZAR NF 68 Nr. 8.
135 BVerwGE 136, 89 (103 f.) = NVwZ 2010, 974 = EZAR NF 68 Nr. 8.

bewaffnetem Konflikt, nicht zwischen Täter und einer der Konfliktparteien. Letzteres ist zwar Indiz für den funktionalen Zusammenhang der Tat mit dem bewaffneten Konflikt, aber keine zwingende Voraussetzung. Der bewaffnete Konflikt muss für die Fähigkeit des Täters, das Verbrechen zu begehen, für seine Entscheidung zur Tatbegehung, für die Art und Weise der Begehung oder für den Zweck der Tat von wesentlicher Bedeutung sein. Für einen funktionalen Zusammenhang spricht es, wenn bestimmte Taten unter Ausnutzung der durch den bewaffneten Konflikt geschaffenen Situation begangen werden. Das gilt aber nicht für Taten, die nur bei Gelegenheit eines bewaffneten Konflikts begangen werden. Zu prüfen ist, ob die Tat in Friedenszeiten ebenso hätte begangen werden können oder die Situation des bewaffneten Konflikts die Tatbegehung erleichtert und die Opfersituation verschlechtert hat. Dabei ist die persönliche Motivation des Täters unerheblich.[136]

d) Verbrechen gegen die Menschlichkeit

26 **Verbrechen gegen die Menschlichkeit** sind mit Kriegsverbrechen vergleichbar. Sie stellen gemeine Verbrechen mit besonderer Schwere dar, welche ihren Charakter als internationale Verbrechen dadurch erlangen, dass sie in Ausführung einer Politik ernsthafter und systematischer Diskriminierung gegen eine bestimmte nationale, ethnische, rassische oder religiöse Bevölkerungsgruppe begangen werden. Das Konzept des Verbrechens gegen die Menschlichkeit fand seinen Ausdruck in der Völkermordkonvention und findet nunmehr seinen Niederschlag in Art. 7 IStGH-Statut. Handlungen wie Völkermord, Mord, Vergewaltigung, Ausrottung, Versklavung, Vertreibung, Vergewaltigung, Folter und das Verschwindenlassen von Personen oder andere damit vergleichbare Handlungen stellen Verbrechen gegen die Menschlichkeit dar.

27 Während die Londoner Charta und das Statut zum Internationalen Strafgerichtshof zum ehemaligen Jugoslawien fordern, dass derartige Delikte im Kontext eines internationalen oder innerstaatlichen Konfliktes begangen sein müssen, ist nunmehr anerkannt, dass sie auch in Friedenszeiten verübt werden können, wie sich z. B. aus Art. 7 IStGH-Statut ergibt. Wegen der Natur dieses Deliktes wird es aber zumeist um Handlungen in kriegerischen Auseinandersetzungen gehen. Aber auch eine einzelne Handlung kann ein Verbrechen gegen die Menschlichkeit darstellen, wenn sie Teil eines kohärenten Systems oder einer Reihe systematischer und wiederholter Handlungen ist. Da solche Handlungen in Friedenszeiten wie im Rahmen bewaffneter Konflikte vorkommen können (s. aber Rdn. 87 ff.), stellen sie die umfangreichste Verbrechenskategorie des Art. 1 F GFK dar.[137] Dementsprechend können auch Delikte wie die Terroranschläge des 11. September 2001 als Verbrechen gegen die Menschlichkeit geahndet werden.[138]

28 Die Beteiligung von **Kindersoldaten** (§ 14 Rdn. 230 ff.) an Kriegsverbrechen und Verbrechen gegen die Menschlichkeit stellt ein besonderes Problem dar. In der Staatenpraxis wird der Ausschlussgrund nicht angewandt, wenn sie im Zeitpunkt der Begehung der Verbrechen in einer besonders verwundbaren Situation waren.[139] Die Mehrzahl der Asylsuchenden werden kaum in derartige Verbrechen verwickelt sein, sodass dieser Ausschlussgrund nur eine sehr kleine Personengruppe erfasst.[140]

e) Individuelle Verantwortlichkeit

29 Allein die Tatsache, dass der Antragsteller eine höhere oder hochrangige Funktion in einem repressiven Staat ausgeübt hat, rechtfertigt nicht den Ausschluss vom Flüchtlingsschutz (Rdn. 144 ff.). Nicht die Funktion in einem System, sondern die tatsächliche Verantwortung des Beamten ist für

---

136 BVerwGE 136, 89 (100) = NVwZ 2010, 974 = EZAR NF 68 Nr. 8 BVerwGE 136, 689.
137 *UNHCR*, Richtlinien zum Internationalen Schutz: Anwendung der Ausschlussklauseln, September 2003, Nr. 13.
138 *Zimmermann*, DVBl. 2006, 1478 (1483); *Zimmermann/Wennholz*, in: *Zimmermann*, The 1951 Convention, Article 1 F Rn. 58.
139 *Goodwin-Gill/McAdam*, The Refugee in International Law, S. 171.
140 *Hathaway/Harvey*, Cornell ILJ 2001, 257 (266).

den Ausschluss vom Flüchtlingsschutz entscheidend. Deshalb ist in jedem Einzelfall eine Überprüfung der persönlichen Verantwortung erforderlich, um zu entscheiden, ob der Antragsteller Kenntnisse über die durchgeführten verbrecherischen Aktionen oder versucht hatte, diese zu verhindern oder sich aus den Aktionen zurückgezogen hatte. Darüber hinaus muss berücksichtigt werden, ob der Antragsteller überhaupt derartige Handlungsalternativen gehabt hatte. Personen, von denen angenommen werden kann, dass sie verbrecherische Handlungen durchgeführt, sich daran beteiligt, diese geplant oder angestiftet, dazu aufgerufen oder in die Ausführung durch untergeordnete Beamte eingewilligt haben, sind dagegen vom Flüchtlingsstatus ausgeschlossen.[141]

Die britische Rechtsprechung hält in diesem Zusammenhang einen Antragsteller, der vor seiner Ausreise im Rahmen der Verfolgungsorgane Dienst verrichtet und dabei festgestellt hatte, dass diese an systematischen Misshandlungen von Festgenommenen beteiligt waren, für verantwortlich hinsichtlich der von den Verfolgungsbehörden begangenen Verbrechen gegen die Menschlichkeit, ohne dass besondere Feststellungen zu seiner Position innerhalb der Repressionsorgane getroffen werden.[142] Dies erscheint bedenklich, sofern nicht festgestellt werden kann, dass der Betroffene erheblichen Einfluss auf die Anwendung der Repressionsmethoden hatte oder er in einer Position war, die üblicherweise zu einer Beteiligung an derartigen Verbrechen führte. 30

Das BVerwG hat diesen Ausschlussgrund im Fall eines Ruanders angewandt, der Präsident der Forces Démocratiques de Libération due Rwanda (FDLR), einer 1999 gegründeten Exilorganisation der Hutus, die im Osten des Kongo Kriegsverbrechen und Verbrechen gegen die Menschlichkeit verübt hatten, war. Seine Verantwortlichkeit folge aus seiner Stellung als Präsident der FDLR und der damit verbundenen Funktion des obersten militärischen Befehlshabers. Nach Art. 28 Buchst. a) IStGH-Statut sei ein militärischer Befehlshaber u. a. bereits dann für die von Truppen unter seiner Führungsgewalt und Kontrolle begangenen Verbrechen verantwortlich, wenn er wusste oder hätte wissen müssen, dass in seinem Einflussbereich derartige Verbrechen begangen worden seien und er nicht alles in seiner Macht Stehende getan hätte, um ihre Begehung zu verhindern.[143] Als Präsident habe der Kläger unumschränkte Befehls- und Verfügungsgewalt besessen. Die ihm nachgeordneten, vor Ort tätigen Kommandanten hätten regelmäßig über Satellitentelefon, elektronische oder herkömmliche Fernsprechverbindungen engen Kontakt zu ihm gesucht, um seine Anweisungen entgegenzunehmen oder zumindest sein Einverständnis zu bestimmten Militäraktionen einzuholen.[144] 31

Das BVerwG bezieht sich auch auf die Rechtsprechung des EuGH zur Mitgliedschaft in Organisationen, wonach dem Betroffenen eine individuelle Verantwortlichkeit für die Verwirklichung der Handlungen der Organisation zugerechnet können werden muss.[145] Unabhängig hiervon spricht eine Vermutung für die persönliche Verantwortung des Beamten, wenn er über einen langen Zeitraum einem System, das systematisch Verbrechen im Sinne des Art. 12 Abs. 2 RL 2004/83/EG verübt hat, gedient hatte.[146] Dies ist z. B. anzunehmen, wenn der betreffende Staat wegen der Praxis schwerwiegender oder systematischer Verletzungen der Menschenrechte international, insbesondere durch die (frühere) Menschenrechtskommission, dessen Nachfolger, den Menschenrechtsrat, oder den Menschenrechtskommissar der Vereinten Nationen, verurteilt wurde. Wer unter derartigen Umständen ungeachtet der internationalen Kritik in einer höheren oder hochrangigen Position in einem derartigen Regime verbleibt, ist vom Flüchtlingsschutz ausgeschlossen, sofern nicht die 32

---

141 *UNHCR*, Background Note on the Application of the Exclusion Clauses, Rn. 57.
142 Upper Tribunal (2011) UKUT 003399 (IAC) Rn. 48 ff. – Azimi-Rad (Dienst bei den Bassidji im Iran).
143 BverwGE 139, 272 (276 ff.) – NVwZ 2011, 1456 (1459) Rn. 30.
144 BverwGE 139, 272 (276 ff.) – NVwZ 2011, 1456 (1459) Rn. 30 f.
145 EuGH, InfAuslR 2011, 40 (42) = AuAS 2011, 43 Rn. 94 ff. – B. und D; *Goodwin-Gill/McAdam*, The Refugee in International Law, 3 S. 171.
146 *Rikhof*, IJRL 2009, 452 (456).

Vermutung widerlegt werden kann, der Betroffene also weder Kenntnis von derartigen Verbrechen hatte noch an diesen persönlich beteiligt war.[147]

4. Schweres nichtpolitisches Verbrechen (Art. 12 Abs. 2 Buchst. b) RL 2004/83/EG)

Weisen ernsthafte Anhaltspunkte auf eine Tat im Sinne des Art. 12 Abs. 2 Buchst. b) RL 2004/83/EG hin (Rdn. 37 ff.)?
– Handelt es sich um ein schwerwiegendes Verbrechen (Rdn. 37 ff.)?
– Handelt es sich um ein nichtpolitisches Verbrechen (Rdn. 42 ff.)?

↓

Wurde die Tat vor der Aufnahme des Antragstellers begangen (Rdn. 79 ff.)?

↓

Ist der Antragsteller persönlich für die Tat verantwortlich (Rdn. 144 ff.)?
Besteht hinreichender Tatverdacht (Rdn. 161 ff.)?

↓

Besteht im Zeitpunkt der Entscheidung eine gegenwärtige Gefahr (Rdn. 55 ff., umstr.)?

↓

Ist der Ausschluss vom Flüchtlingsschutz unter Berücksichtigung der Folgen für den Antragsteller verhältnismäßig (Rdn. 66 ff., umstr.)?

↓

Besteht ein konkretes Risiko der Folteranwendung nach Abschiebung in das Herkunftsland (Rdn. 190 ff.)?

Schaubild 17 zur Anwendung des Ausschlussgrundes Art. 12 Abs. 2 Buchst. b) RL 2004/83/EG

a) Funktion der Ausschlussklausel

33 Art. 12 Abs. 2 Buchst. b) RL 204/83/EG beruht auf Art. 1 F Buchst. b) GFK und bezeichnet damit einen in Ansehung seiner Reichweite sehr umstrittenen Ausschlussgrund. Der Begriff des schweren nichtpolitischen Verbrechens zielt auf Personen, vor denen die Bevölkerung des Aufnahmestaates wegen der Art des von ihnen begangenen Verbrechens geschützt werden soll (Rdn. 8). Gleichzeitig soll hiermit auch der Situation eines Flüchtlings genügt werden, der eine oder mehrere **nicht so schwerwiegende Straftaten** oder eine politische Straftat begangen hat.[148] Funktion des Art. 1 F Buchst. b) GFK ist der Ausschluss von Personen, die sich nach **gemeinem Recht** tatsächlich eines schwerwiegenden Verbrechens schuldig gemacht haben und sich durch die Flucht ihrer strafrechtlichen Verantwortung entziehen möchten. Art. 1 F Buchst. b) GFK ist daher ein Mittel, das Flüchtlingsrecht mit den Grundprinzipien des Auslieferungsrechts in Übereinstimmung zu bringen, indem gewährleistet wird, dass Täter schwerwiegender Straftaten nicht der Gerichtsbarkeit des Staates entzogen werden, in dem sie in fairer und rechtsstaatlich einwandfreier Weise strafrechtlich zur Verantwortung gezogen werden.[149]

---

147 *UNHCR*, Background Note on the Application of the Exclusion Clauses, Rn. 58.
148 *UNHCR*, Handbuch über Verfahren und Kriterien zur Feststellung der Flüchtlingseigenschaft, 1979, Rn. 151; *Marx*, ZAR 2008, 343; siehe hierzu auch insbesondere § 14 Rdn. 100 ff.
149 *Hathaway*, The Law of Refugee Status, S. 221.

Für Straftäter und andere unerwünschte Flüchtlinge waren in den Abkommen der Zwischenkriegszeit keine Regelungen vorgesehen. Das IRO-Statut schloss gemeine Straftäter, die ausgeliefert werden können, aus. Auch vom UNHCR-Statut werden sie ausgeschlossen. Auf der Bevollmächtigtenkonferenz bezog sich der Delegierte des Vereinigten Königreichs auf Art. 14 Abs. 2 AEMR, wonach das Asylrecht nicht im Fall einer Verfolgung wegen nichtpolitischer Verbrechen gewährt werden kann. Falls schwerwiegende Gründe für die Annahme sprechen würden, dass eine Person eines derartigen Deliktes beschuldigt würde, würde er nicht durch die Konvention geschützt.[150] Der französische Delegierte wies darauf hin, dass der Begriff des Delikts nicht auf ein »Vergehen« ziele, vielmehr beziehe er sich wie bei Art. 14 Abs. 2 AEMR auf schwerwiegende Delikte.[151] Der Delegierte der Schweiz betonte ebenfalls, dass »schwerwiegende Verbrechen« der Gewährung des Flüchtlingsstatus entgegenstünden[152] und wurde hierbei durch den französischen Delegierten unterstützt, der ausdrücklich auf die Einfügung des Wortes »schwerwiegend« vor dem Begriff »Verbrechen« beharrte.[153]

34

Art. 1 F Buchst. b) GFK soll »gemeinen Straftätern« den Schutz der Konvention vorenthalten, um die Integrität des Flüchtlingsrechts nicht zu gefährden. Daher rechtfertigt nicht jedes kriminelle Handeln des Schutzsuchenden vor der Flucht den Ausschluss von der Flüchtlingsanerkennung. Vielmehr muss der Straftat ein gewisses Gewicht zukommen.[154] Funktion des Ausschlussgrundes ist neben der Bewahrung der Integrität des Flüchtlingsrechts insbesondere der Schutz der Sicherheit der Bevölkerung des Aufnahmestaates. Jeder Staat stellt selbst fest, was ein schwerwiegendes Verbrechen darstellt, ist dabei aber an völkerrechtliche Grundsätze gebunden (Rdn. 36). Da sich der Begriff nicht von selbst versteht, muss den Staaten ein gewisser Beurteilungsspielraum bei der Entscheidung eingeräumt werden, ob der kriminelle Charakter des Delikts überwiegt, sodass der Flüchtling eine Gefahr für die interne Ordnung darstellt. Schrifttum und Staatenpraxis stimmen aber darin überein, das schwerwiegende Verbrechen insbesondere solche gegen die körperliche Unversehrtheit, das Leben und die persönliche Freiheit sind.[155]

35

Art. 1 F Buchst. b) GFK ist ungeachtet dessen anwendbar, dass dieselbe Handlung nicht als Kriegsverbrechen im Sinne von Art. 1 F Buchst. a) GFK gewertet werden kann, da beide Ausschlussklauseln sowohl nach der Entstehungsgeschichte wie auch nach ihrer jeweiligen Zweckrichtung unterschiedliche Ziele verfolgen. Darauf folgt, dass bewaffnete Kämpfer im Rahmen von Kampfhandlungen schwere nichtpolitische Straftaten begehen können.[156] Das ist jedoch nicht der Fall, wenn ihre Handlungen auf den Sturz der Regierung oder auf eine Änderung der Regierungspolitik zielen (Rdn. 25, 43 ff.). Allerdings kann sich aus der Art der Handlung gleichwohl ergeben, dass sie zwar nicht als Kriegsverbrechen, wohl aber als schwere nichtpolitische Straftat (Rdn. 38) einzuordnen ist.

36

b) Begriff des schweren nichtpolitischen Verbrechens

aa) Schwerwiegendes Delikt

Bei der im englischen und französischen Text von Art. 1 F Buchst. b) GFK als »crime« bezeichneten Handlung handelt es sich um einen untechnischen Begriff. Aus seiner strukturellen Nähe zum Deliktsbegriff des Art. 33 Abs. 2 GFK ergibt sich jedenfalls, dass es nicht darauf ankommt, wie das

37

---

150 UN Doc. A/CONF.2/SR.29, S. 11, siehe hierzu auch BVerwGE 135, 252 (262 f.) = NVwZ 2010, 979 = InfAuslR 2010, 256 = EZAR NF 68 Nr. 7.
151 UN Doc. A/CONF.2/SR.29, S. 18.
152 UN Doc. A/CONF.2/SR.29, S. 17.
153 UN Doc. A/CONF.2/SR.29, S. 20; siehe auch § 9 Rn. 121 -143.
154 BVerwGE 135, 252 (269) = NVwZ 2010, 979 = InfAuslR 2010, 256 = EZAR NF 68 Nr. 7.
155 *Goodwin-Gill/McAdam*, The Refugee in International Law, S. 177.
156 BVerwGE 135, 252 (270) = NVwZ 2010, 979 = InfAuslR 2010, 256 = EZAR NF 68 Nr. 7; siehe aber Rdn. 119 ff.

fragliche Verbrechen gegebenenfalls im Herkunftsstaat bestraft würde. Vielmehr ist der strafrechtliche Maßstab dem Völkerrecht zu entnehmen (Rdn. 35).[157] In die Kategorie des Verbrechens nach Art. 1 F Buchst. b) GFK fallen deshalb keine leichten Verbrechen. Es muss sich um ein Kapitalverbrechen oder eine sonstige Straftat handeln, die in den meisten Rechtsordnungen als besonders schwerwiegend qualifiziert ist und entsprechend strafrechtlich verfolgt wird.[158]

38 Auch Straftatbestände, welche die legitime Ausübung von Menschenrechten unter Strafe stellen, werden nicht von Art. 1 F Buchst. b) GFK erfasst.[159] Für die Prüfung, ob ein schwerwiegendes Verbrechen vorliegt, sind folgende Faktoren zu berücksichtigen: Die Art der Handlung, der tatsächlich zugefügte Schaden, die Art des zur strafrechtlichen Verfolgung des Verbrechens eingesetzten Verfahrens, die Form der Strafe sowie die Frage, ob das Verbrechen in den meisten Rechtsordnungen ein Verbrechen darstellen würde. Zum Beispiel sind Mord, Vergewaltigung und bewaffneter Raub zweifellos schwere Verbrechen. Einfacher Diebstahl genügt hingegen nicht.[160] Ist die Tötung hingegen durch den Kombattantenstatus legitimiert, liegt kein schwerwiegendes Verbrechen vor (Rdn. 36). Die Berufung auf Rechtfertigungs- und Entschuldigungsgründe ist zu berücksichtigen.[161]

39 In jedem Einzelfall muss die Tat einer Person, die Flüchtlingsschutz sucht, individuell geprüft werden. Der Ausschluss einer Person, die begründete Furcht vor Verfolgung hegt, wird als restriktive Ausnahme von der Regel, dass schutzbedürftigen Personen Schutz zusteht, gewertet. Deshalb muss die begangene Handlung von einer solchen Schwere sein, dass der Betroffene nicht in berechtigter Weise Anspruch auf den Schutz erheben kann, der mit der Flüchtlingseigenschaft verbunden ist. Der Ablehnung des EuGH, eine gesonderte Verhältnismäßigkeitsprüfung durchzuführen, ist wohl zu entnehmen, dass er bereits bei der Beurteilung der begangenen Handlung und der individuellen Verantwortlichkeit diesen Gedanken heranzieht (Rdn. 55 ff., 71).[162] Auch UNHCR nimmt bereits auf der tatbestandlichen Ebene der Ermittlung der Schwere eine Abwägung zwischen der Schwere der befürchteten Verfolgung und der Art der Straftat vor.[163]

40 Wenn eine Person begründete Furcht vor sehr schwerer Verfolgung hat, muss das von ihr begangene Verbrechen sehr schwer sein. Ist die befürchtete Verfolgung weniger gravierend, ist es erforderlich, die Art des Verbrechens in Betracht zu ziehen, um entscheiden zu können, ob der Betroffene sich nicht in Wirklichkeit der Strafverfolgung entziehen wollte bzw. ob seine Straftaten nicht seine Schutzbedürftigkeit überwiegen. Dabei müssen alle relevanten – auch alle mildernden wie auch alle erschwerenden – Umstände in Betracht gezogen werden. Zu berücksichtigen ist auch, ob der Betroffene die Strafe bereits verbüßt hat, er begnadigt oder amnestiert wurde. Im letzteren Fall ist zu vermuten, dass die Ausschlussklausel nicht mehr länger anwendbar ist (Rdn. 58).[164]

41 UNHCR stellt damit nicht ausschließlich auf die Schwere der Tat und das Verhalten des Betroffenen bei der Tatbegehung ab, sondern auch auf das gesamte **Verhalten** des Betroffenen in strafrechtlicher Hinsicht, um zu beurteilen, ob er wegen der Begehung eines schwerwiegenden Delikts oder aus

---

157 BVerwGE 136, 89 (106 f.) = NVwZ 2010, 974 = EZAR NF 68 Nr. 8; *Zimmermann*, DVBl. 2006, 1478 (1484).

158 BVerwGE 136, 89 (106 f.) = NVwZ 2010, 974 = EZAR NF 68 Nr. 8; BVerwGE 135, 252 (269) = NVwZ 2010, 979 = InfAuslR 2010, 256 = EZAR NF 68 Nr. 7; *Zimmermann*, DVBl. 2006, 1478 (1484).

159 *UNHCR*, Richtlinien zum Internationalen Schutz: Anwendung der Ausschlussklauseln, September 2003, Nr. 14.

160 *UNHCR*, Richtlinien zum Internationalen Schutz: Anwendung der Ausschlussklauseln, September 2003, Nr. 14.

161 BVerwGE 136, 89 (106 f.) = NVwZ 2010, 974 = EZAR NF 68 Nr. 8.

162 EuGH, InfAuslR 2011, 40 (43) = NVwZ 2011, 285 = AuAS 2011, 43 Rn. 109 – B. und D.

163 *UNHCR*, Handbuch über Verfahren und Kriterien zur Feststellung der Flüchtlingseigenschaft, 1979, Rn. 156.

164 *UNHCR*, Handbuch über Verfahren und Kriterien zur Feststellung der Flüchtlingseigenschaft, 1979, Rn. 156 f.

begründeter Furcht vor Verfolgung Schutz im Ausland sucht. Das völkerrechtliche Schrifttum unterstützt diese Auffassung.[165] Bereits sehr früh wurde darauf hingewiesen, es gebe keinen Grund, den Flüchtlingsschutz zu versagen, wenn der Betroffene bereits seine Strafe für das begangene gemeine Delikt verbüßt habe.[166] Einerseits ist zu beurteilen, ob das Delikt schwerwiegender Art ist. Dabei sind die Tatumstände und das individuelle Verhalten in Betracht zu ziehen.[167] Darüber hinaus darf wegen der schwerwiegenden Folgen, welche der Ausschluss des Betroffenen vom Flüchtlingsschutz für diesen hat, nicht die Art der Verfolgung unberücksichtigt bleiben und die Frage, ob das strafrechtliche Gesamtverhalten des Betroffenen seine Eigenschaft als **bona fide**-Flüchtling überwiegt.[168] Im Ergebnis bestätigt auch das BVerwG diese Auffassung, wenn es einen spezifischen Zusammenhang zwischen Verfolgungsanlass und Ausschlussgrund verneint, sondern das gesamte Verhalten des Schutzsuchenden vor der Ausreise in Betracht zieht.[169]

bb) Nichtpolitisches Delikt

Ob ein Verbrechen nichtpolitischer Natur ist, ist insbesondere davon abhängig, um was für ein Verbrechen es sich handelt und welcher Zweck mit der Straftat verfolgt, d. h., ob sie aus echten politischen Motiven begangen wurde und nicht etwa aus rein persönlichen Gründen oder aus Gewinnstreben. Ferner ist ein enger und unmittelbarer Zusammenhang zwischen dem begangenen Vergehen und dem damit verfolgten Zweck und Ziel zu prüfen. Überwiegt bei der Straftat das politische Element dasjenige nach gemeinem Recht, handelt es sich nicht um eine nichtpolitische Straftat. Dies gilt nicht, wenn die begangene Straftat im groben Missverhältnis zum erstrebten Ziel stand oder wenn diese in besonders grausamer Weise begangen wurde.[170] Dieses Abgrenzungsmerkmal hat insbesondere bei terroristischen Straftaten Bedeutung (Rdn. 98 ff.). Das verfolgte politische Ziel muss überdies mit den Menschenrechten und Grundfreiheiten übereinstimmen. Ein politischer Zweck, der fundamentale Menschenrechte verletzt, kann nicht gerechtfertigt werden.[171] 42

In der US-amerikanischen und kanadischen Rechtsprechung wird zur Abgrenzung ebenfalls auf das Motiv für die Tat abgestellt. Danach ist ein schwerwiegendes nichtpolitisches Verbrechen ein Delikt, das nicht aus »ernsthaften politischen Motiven« (»**genuine political** motives«) begangen wurde, nicht auf die Veränderung der politischen Organisation oder Struktur des Staates gerichtet ist und keinen Bezug zwischen der begangenen Tat und den vorgegebenen politischen Zwecken und Zielen aufweist.[172] Das Oberhaus des Vereinigten Königreichs hebt ebenfalls hervor, dass ein Verbrechen »politisch« ist, sofern es zu politischen Zwecken begangen wurde, etwa um die Regierung zu stürzen oder die Regierungspolitik zu verändern. Zudem muss ein zureichend enger und unmittelbarer Zusammenhang zwischen dem Verbrechen und dem erstrebten Ziel bestehen. Dabei muss berücksichtigt werden, ob die angewandten Methoden auf ein militärisches oder auf ein Regierungsobjekt 43

---

165 *Zimmermann/Wennholz*, in: *Zimmermann*, The 1951 Convention, Article 1 F Rn. 78; *Goodwin-Gill/McAdam*, The Refugee in International Law, S. 178; *Hathaway*, The Law of Refugee Status, S. 222 f.
166 *Grahl-Madsen*, The Status of Refugees in International Law, Bd. 1, S. 291 ff.; *Weis*, Du droit international, S. 928 (984 ff.).
167 EuGH, InfAuslR 2011, 40 (43) = NVwZ 2011, = AuAS 2011, 43 Rn. 109 – B. und D.
168 *Goodwin-Gill/McAdam*, The Refugee in International Law, S. 178.
169 BVerwGE 135, 252 (268) = NVwZ 2010, 979 = InfAuslR 2010, 256 = EZAR NF 68 Nr. 7.
170 UNHCR, Handbuch über Verfahren und Kriterien zur Feststellung der Flüchtlingseigenschaft, 1979, Rn. 152; *Goodwin-Gill/McAdam*, The Refugee in International Law, S. 178 f.
171 UNHCR, Handbuch über Verfahren und Kriterien zur Feststellung der Flüchtlingseigenschaft, 1979, Rn. 152; UNHCR, Background Note on the Application of the Exclusion Clauses, September 2003, S. 16; *Goodwin-Gill/McAdam*, The Refugee in International Law, S. 177.
172 US Supreme Court, 119 S.Ct. 1439 (1999) – Aguirre-Aguirre v. INS; Canada Supreme Court (1993) 2 S. C. R. 689 – Ward; Canada Federal Court of Appeal (1995) 1 F.C. 508 p. 509; Canada Federal Court of Appeal (2002) 1 F.C. 559 (2001) F.C.J. No. 1433 Rn. 86 – Zrig.

zielten und darüber hinaus, ob diese wahrscheinlich wahllose Tötungen hervorrufen konnten oder gezielt auf Mitglieder der staatlichen Organisation gerichtet gewesen waren.[173]

44 Auch das BVerwG prüft in diesem Zusammenhang, den Delikttypus sowie die der Tat zugrunde liegenden Motive und die mit ihr verfolgten Zwecke. Nichtpolitisch ist die Tat, wenn sie überwiegend aus anderen Motiven, etwa aus persönlichen Beweggründen oder Gewinnstreben begangen wird. Besteht keine eindeutige Verbindung zwischen dem Verbrechen und dem angeblichen politischen Ziel oder ist die betreffende Handlung in Bezug zum behaupteten politischen Ziel unverhältnismäßig, überwiegen nichtpolitische Beweggründe und kennzeichnen die Tat damit insgesamt als nichtpolitisch.[174]

45 Danach dient der politische Charakter der Tat insbesondere der Abgrenzung zu gemeinen Verbrechen. Wie aus der Entstehungsgeschichte der Konvention und aus dem Hinweis auf den Delikttypus und die verfolgten Ziele in der Rechtsprechung der Konventionsstaaten sowie dem Schrifttum folgt, sind deshalb für die Abgrenzung insbesondere auslieferungsrechtliche Grundsätze heranzuziehen (Rdn. 46 ff.). Dies erleichtert auch eine Bewertung der Frage, ob der Betroffene aus begründeter Furcht vor Verfolgung oder wegen der Furcht vor strafrechtlicher Verfolgung wegen terroristischer Aktivitäten Schutz im Ausland sucht.

cc) Politisches Delikt im Sinne des Auslieferungsrechts

46 Mit der Betonung auf »nichtpolitisch« legt Art. 1 F Buchst. b) GFK nahe, das »politische Delikt« im Sinne des Auslieferungsrechts einzubeziehen, obwohl im Einzelnen Vieles unklar ist.[175] Bei den Diskussionen über diese Norm wurde ein enger Zusammenhang zwischen dem »politischen Delikt« und dem davon abzugrenzenden nichtpolitischen Verbrechen nach Art. 1 F Buchst. b) GFK hergestellt. So wies während der Beratungen im Ad hoc-Ausschuss der US-amerikanische Delegierte darauf hin, dass der Ausschluss gemeiner Straftäter im Sinne des Auslieferungsrechts selbstverständlich sei.[176] Auch die Ausschlussklausel in Art. 7 Buchst. d) des UNHCR-Statuts, wonach sich die Zuständigkeit von UNHCR nicht auf eine Person erstreckt, in Bezug auf die aus schwerwiegenden Gründen die Annahme gerechtfertigt ist, dass sie ein Verbrechen begangen hat, das unter die Bestimmungen von Auslieferungsverträgen fällt, legt eine Berücksichtigung des Begriffs des auslieferungsrechtlichen politischen Delikts nahe.

47 Die Diskussion über auslieferungsrechtliche Grundsätze hat insbesondere Auswirkungen auf die Frage, ob der Ausschluss vom Flüchtlingsschutz vergleichbar dem Auslieferungsrecht auf die Begehung des Delikts und dessen materiellen Charakter beschränkt bleiben soll, sodass es unabhängig von den individuellen Umständen des Betroffenen nur auf die Frage des auslieferungsfähigen Delikts ankommen würde. In der Rechtsprechung der Vertragsstaaten wird eine Beschränkung des Art. 1 F Buchst. b) GFK nur auf auslieferungsfähige Delikte abgelehnt. Begründet wird dies damit, dass der humanitäre Zweck und Charakter der Konvention den Aufnahmestaat nicht davon abhalten könne, eine Person, die sich nach seinem nationalen Recht eines schwerwiegenden Delikts schuldig gemacht habe, von vornherein aus dem Schutzbereich auszuschließen. Zudem würde diese Interpretation

---

173 UK House of Lords, (1996) 2 All ER 865 – T. v. Secretary of State for the Home Department.

174 BVerwGE 135, 252 (269 f.) = NVwZ 2010, 979 = InfAuslR 2010, 256 = EZAR NF 68 Nr. 7, mit Hinweis auf *UNHCR*, Handbuch über Verfahren und Kriterien zur Feststellung der Flüchtlingseigenschaft, 1979, Rn. 152 und UK House of Lords, (1996) 2 All ER 865 – T. v. Secretary of State for the Home Department; ebenso BVerwGE 136, 89 (106 f.) = NVwZ 2010, 974 = EZAR NF 68 Nr. 8.

175 *Goodwin-Gill/McAdam*, The Refugee in International Law, S. 173 bis 176; *Hathaway*, The Law of Refugee Status, S. 221 ff.; *Zimmermann*, DVBl. 2006, 1478 (1483).

176 UN Doc. E/AC.32/SR.5, S. 5.

einen von Art. 1 F Buchst. b) GFK nicht geforderten Auslieferungsvertrag zwischen Aufnahmestaat und Herkunftsland voraussetzen.[177]

Aus der Entstehungsgeschichte und Staatenpraxis wird deshalb abgeleitet, dass legitime Sicherheitsinteressen der Aufnahmestaaten die Anwendung der Ausschlussklausel leiten und zugleich den Zweck verfolgen, die Integrität des internationalen Flüchtlingsrechts zu bewahren. Deshalb müsse ein in die Zukunft weisendes Sicherheitsrisiko oder festgestellt werden, dass allein das Delikt wegen seines Charakter oder der Art der Tatbegehung als solches zu einem Ausschluss führe.[178] Die Beziehung zwischen Art. 1 F Buchst. b) GFK und dem Auslieferungsrecht habe zur Folge, dass auslieferungsfähige Delikte typischerweise schwerwiegend und nichtpolitisch seien. Art. 1 F Buchst. b) GFK sei jedoch nicht hierauf beschränkt.[179] 48

Damit kann der Begriff des politischen Delikts zur Auslegung des Ausschlussgrundes herangezogen werden. Dieser ist zwar wegen seiner spezifischen Funktion nicht auf den Begriff des auslieferungsfähigen Delikts begrenzt. Art. 1 F Buchst. b) GFK soll »gemeinen Straftätern« den Schutz der Konvention vorenthalten, um die Integrität des Flüchtlingsrechts nicht zu gefährden. Daher rechtfertigt nicht jedes kriminelle Handeln des Schutzsuchenden vor der Flucht den Ausschluss von der Flüchtlingsanerkennung. Vielmehr muss der Straftat ein gewisses Gewicht zukommen und muss sie nichtpolitisch sein (Rdn. 35).[180] Wegen der Funktion des Art. 1 F Buchst. b) GFK, die Integrität des Flüchtlingsrechts zu wahren, wird in der Staatenpraxis abweichend vom Auslieferungsrecht das gesamte Verhalten des Betroffenen vor der Ausreise berücksichtigt und eine verbüßte oder erlassene Strafe (Rdn. 42 ff.) nicht als derart schwerwiegend angesehen, dass die Schutzgewährung die Integrität des Flüchtlingsrechts gefährden könnte. Zur Erfassung des nichtpolitischen Charakters kann dem »politischen Delikt« jedoch indizielle Wirkung zu. 49

Im Auslieferungsrecht stellen insbesondere **Zusammenhangstaten** (§ 27 Rdn. 39 ff.) schwierige Abgrenzungsaufgaben. Ausgehend von der belgischen Gesetzgebung des Jahres 1833 werden politische Delikte, also Delikte, die unmittelbar gegen den Bestand oder die Sicherheit des Staates gerichtet sind,[181] nach dem zugrunde liegenden politischen Rechtsgut als »fest umrissene Gruppe« der Gruppe der gemeinen Straftaten gegenübergestellt.[182] Daneben wollte der belgische Gesetzgeber zusätzlich zu den eigentlichen Staatsschutzdelikten auch gewisse **Zusammenhangstaten** (»**faits connexes**«) von der Auslieferung freistellen. Unter den »konnexen« Taten verstand der belgische Gesetzgeber solche an sich zu den »gemeinen« Taten gehörende, tatbestandlich selbstständige Straftaten, die mit einem bestimmten »politischen« Delikt in einem »gewissen inneren und äußeren Zusammenhang« stehen. Eine rein äußerliche Verknüpfung, etwa Gleichzeitigkeit, Gleichheit des Tatortes, der Gelegenheit und der Person, reicht für sich allein nicht aus. Erforderlich ist vielmehr ein »**bewusstes und gewolltes Verhältnis von Ursache und Wirkung**«:[183] Die »gemeine« Straftat muss als Mittel, Weg oder Deckung für die »politische« gewollt und tatsächlich begangen sein. Insofern – und nur insofern – erlangt mithin der politische Zweck des Täters für die Bestimmung des Begriffs der Zusammenhangstat Bedeutung. 50

---

177 Australia Federal Court (1998) 1314 FCA – Ovcharuk; Canada Federal Court (2002) 1 F.C. 559 Rn. 92 – Zrig.
178 *Goodwin-Gill/McAdam*, The Refugee in International Law, S. 176; *Zimmermann/Wennholz*, in: *Zimmermann*, The 1951 Convention, Article 1 F Rn. 62.
179 *Zimmermann/Wennholz*, in: *Zimmermann*, The 1951 Convention, Article 1 F Rn. 63.
180 BVerwGE 135, 252 (269) = NVwZ 2010, 979 = InfAuslR 2010, 256 = EZAR NF 68 Nr. 7.
181 RGSt 67, 150 (158); BGHSt 18, 218 (221); 28, 110 (115); 30, 55 (60); 30, 199 (203 f.); siehe auch BVerfGE 80, 315 (336) = EZAR 201 Nr. 20 = NVwZ 1990, 151 = InfAuslR 1990, 21; BVerfGE 81, 142 (149) = EZAR 200 Nr. 26 = NVwZ 1990, 453 = InfAuslR 1990, 167.
182 RGSt 67, 150 (159).
183 RGSt 67, 150 (160).

51 Dieser zunächst in Belgien entwickelte Deliktstypus ist von den meisten Staaten übernommen worden. Danach sollen nicht nur politische Delikte, sondern auch gewisse gemeine Delikte der Auslieferung entzogen werden, und zwar wegen der besonderen Umstände, unter denen sie begangen wurden. Die Zusammenhangstat setzt begrifflich zwei verschiedene strafbare Handlungen voraus, nämlich ein »politisches« und ein »gemeines« Delikt. Der Begriff der »Konnexität« entstammt dem Prozessrecht, das unter Konnexität jeden Zusammenhang versteht, der die gleichzeitige Verfolgung und Beurteilung mehrerer Straftaten rechtfertigt. Er ist im Auslieferungsrecht jedoch selbstständig und wesentlich enger zu fassen. Ungeachtet gewisser nationaler Unterschiede versteht man unter Konnexität eine vom Täter gewollte sachliche, innere Zweckbeziehung zwischen einem politischen Delikt und einer anderen Straftat.[184]

52 Den Gegensatz zum Zusammenhangsdelikt bildet das »**isolierte**« **Verbrechen**, z. B. der **außerhalb einer Erhebung** oder wenigstens ohne die zuvor erwähnte Beziehung zu ihr verübte Mord an einem Staatsmann.[185] Hieraus folgt, dass die Beweggründe des Täters bei der Bewertung der Frage, ob das gemeine Delikt die politische Tat »vorbereiten, sichern, decken oder abwehren« soll,[186] eine gewisse Bedeutung erlangen. In der Staatenpraxis der Konventionsstaaten wird bei der Bestimmung des politischen Charakter des schwerwiegenden Verbrechens auf die Beweggründe des Betroffenen abgestellt (Rdn. 42 f.) und damit an die Grundsätze zum Zusammenhangsdelikt angeknüpft. Da ein Verbrechen »politisch« ist, sofern es zu politischen Zwecken begangen wurde, etwa um die Regierung zu stürzen oder die Regierungspolitik zu verändern,[187] fehlt es an diesem Charakter, wenn das Verbrechen außerhalb einer Erhebung oder ohne eine vom Täter gewollte sachliche, innere Zweckbeziehung zwischen einem politischen Delikt und einer anderen Straftat begangen wird.

53 Im **bewaffneten innerstaatlichen Konflikt**, in dem militärische Aktivitäten allein auf militärische Objekte gerichtet sind, stellt die hierauf zielende strafrechtliche Verfolgung ein »politisches Delikt« dar, fällt also nicht in den Anwendungsbereich von Art. 1 F Buchst. b) GFK.[188] Diese Auffassung wird durch die schweizerische, britische und kanadische Rechtsprechung (Rdn. 42) bestätigt. In Ansehung von Aktionen im Rahmen eines bewaffneten innerstaatlichen Konfliktes wird danach unterschieden, ob diese wahllos gegen die Zivilbevölkerung oder ausschließlich gegen militärische Objekte gerichtet sind.[189] Ein **Staatsstreich** ist danach eine politische Straftat im Sinne von Art. 1 F Buchst. b) GFK.[190] Die Straftat ist politisch, wenn sie im Kontext eines innerstaatlichen bewaffneten Konfliktes begangen wird und die Zivilbevölkerung nicht in Mitleidenschaft zieht. Steht hingegen die begangene Straftat in grobem Missverhältnis zum erstrebten Ziel oder wird sie in besonders grausamer Weise begangen, kann ihr kaum ein politischer Charakter zugewiesen werden.[191] Übereinstimmend hiermit verweist die gesetzliche Begründung zum Richtlinienumsetzungsgesetz 2007 auf »Anschläge auf die Zivilbevölkerung«.[192] In derartigen Fällen dürfte häufig auch der Tatbestand des Kriegsverbrechens (Rdn. 18 ff.) oder Verbrechens gegen die Menschlichkeit (Rdn. 26 ff.) erfüllt sein.

54 Es ist für den Begriff der Konnexität unerheblich, ob das politische Delikt und die Zusammenhangstat von ein und demselben Täter oder von jeweils anderen Tätern begangen worden sind, ob beide

---

184 *Pötz*, GA 1971, 193 (199).
185 RGSt 67, 150 (160).
186 OLG Düsseldorf, MDR 1951, 181.
187 UK House of Lords, (1996) 2 All ER 865 – T. v. Secretary of State for the Home Department; Canada Federal Court of Appeal (1995) 1 F.C. 508 Gil.; Canada Federal Court of Appeal (2002) 1 F.C. 559 Rn. 88 – Zrig.
188 *Kälin/Künzli*, IJRL Bd. 12, Special Supplementary Issue: Exclusion from Protection, S. 46 (69).
189 Schweiz BG, Urt. v. 23.01.2007 – 1 A 163/2006, 1 A 203/2006 ggs; UK House of Lords, (1996) 2 All ER 865 – T. v. Secretary of State for the Home Department.
190 Canada Federal Court (2002) 1 F.C. 559 Rn. 46 – Zrig.
191 *UNHCR*, Handbuch über Verfahren und Kriterien zur Feststellung der Flüchtlingseigenschaft, Rn. 152.
192 BT-Drucks. 16/5065, S. 406.

Delikte in einem oder mehreren Strafverfahren verfolgt werden oder ob überhaupt nur ein Verfahren wegen des gemeinen Deliktes anhängig ist. Diese Umstände sagen nichts über die innere Zweckbeziehung zwischen beiden Taten aus. Entscheidend ist vielmehr, dass die gemeine Straftat mit dem politischen Delikt psychologisch in einem derart engen Zusammenhang steht, dass beide Taten als »natürliche Handlungseinheit« erscheinen.[193] Zwar ist eine umfassende und allgemein akzeptierte Definition des politischen Deliktes bislang nicht gelungen. Es lassen sich jedoch einige allgemein anerkannte Grundsätze feststellen: Danach ist der politische Zweck, den der Täter mit seiner Tat verfolgt, und der Kontext, in dem das Verbrechen verübt wird, von Bedeutung. Wird es im Zusammenhang mit einem bewaffneten Konflikt begangen, kann es grundsätzlich nicht als nichtpolitisches Verbrechen bezeichnet werden (Rdn. 53).

c) Gegenwärtige Gefahr für die Sicherheit des Aufnahmestaates

Aus dem Zusammenhang zwischen Art. 33 Abs. 2 und Art. 1 F Buchst. b) GFK (Rdn. 7-12) folgt, dass anders als bei Art. 1 F Buchst. a) und c) GFK die Anwendung des Art. 1 F Buchst. b) GFK eine Wiederholungsgefahr voraussetzt.[194] Während bei den anderen Ausschlussgründen wegen der besonders gravierenden Gefährdung der internationalen Sicherheit die Schutzunwürdigkeit grundsätzlich nicht beseitigt werden kann, fehlt es nach allgemeiner Ansicht an einer derartigen Ausgangslage bei einem Verbrechen nach Art. 1 F Buchst. b) GFK. Darauf weist bereits der inhaltliche Zusammenhang mit Art. 33 Abs. 2 GFK hin (Rdn. 7 ff.). Art. 33 Abs. 2 GFK bezieht sich auf ein **zukünftiges Risiko**, das ein bereits anerkannter Flüchtling für den Aufnahmestaat darstellen kann.[195] Die Anwendung von Art. 33 Abs. 2 GFK wird deshalb stets als »letztes Mittel« wegen des vom Betroffenen ausgehenden außergewöhnlichen Risikos angesehen und setzt voraus, dass die Abwehr dieses Risikos nur durch dessen Entfernung vom Staatsgebiet erreicht werden kann.[196]

Zwischen Art. 33 Abs. 2 GFK und Art. 1 F Buchst. b) GFK besteht nur eine geografische Differenz, nämlich der Ort der Tatbegehung (Rdn. 79 ff.). Nach der Entstehungsgeschichte der Konvention sollte die Einreise von Personen abgewehrt werden, deren Straftaten die Integrität des Flüchtlingsrechts gefährden würden. Hingegen wurden Flüchtlinge, die bereits im Lande leben und straffällig werden, auf eine bestimmte Weise bereits als Mitglieder der Gesellschaft angesehen, die eine andere Behandlung verdienen.[197] Beide Normen schützen die nationale Sicherheit des Aufnahmestaates. Art. 1 F Buchst. b) GFK eröffnet lediglich die Möglichkeit, Straftätern von vornherein den Zugang zum Staatsgebiet zu verwehren, wenn keine Hinweise auf eine begründete Verfolgungsfurcht bestehen. Demgegenüber ergibt sich aus der Integration der Flüchtlinge in das Aufnahmeland, ihnen bei Straffälligkeit einen größeren verfahrensrechtlichen Schutz zuteilwerden zu lassen, wenn sie aus dem Aufnahmeland verwiesen werden sollen. Bereits diese – bezogen auf den Sicherheitsbegriff – identische Ausgangslage erfordert, dass auch in den Fällen des Art. 1 F Buchst. b) GFK stets eine Wiederholungsgefahr zu prüfen ist.

In der internationalen Diskussion über diesen Ausschlussgrund wird dies als selbstverständlich vorausgesetzt. So wies bereits **Paul Weis**, der an den Beratungen der GFK teilgenommen und eine führende Rolle bei der anschließenden Herausbildung des Flüchtlingsrechts übernommen hatte, schon sehr früh darauf hin, dass es keinen Grund dafür gebe, eine Person, welche die Flüchtlingseigenschaft erfülle, aber eine schwerwiegende Straftat begangen, diese jedoch bereits verbüßt habe,

---

193 *Pötz*, GA 1971, 193 (200).
194 Canada Court of Appeal (2000) 4 F.C. 390 (2000) F.C.J. No. 1180 Rn. 4 und 8 – San Tong Chan; *UNHCR*, Background Note on the Application of the Exclusion Clauses, September 2003, S. 16; *Marx*, ZAR 2008, 343 (346).
195 *UNHCR*, Richtlinien zum Internationalen Schutz: Anwendung der Ausschlussklauseln, September 2003, Rn. 3.
196 *UNHCR*, Background Note on the Application of the Exclusion Clauses, September 2003, S. 5.
197 UN Doc. A/CONF.2/SR.29, S. 19.

vom Flüchtlingsstatus auszuschließen. Eine derartige Regelung würde dem allgemein anerkannten Prinzip des Strafrechts, dass eine Person, welche ihre Strafe verbüßt habe, wegen des zugrunde liegenden Deliktes keine weiteren Nachteile erleiden sollte, widersprechen.[198] In Bezug auf die anderen Ausschlussgründe des Art. 1 F GFK machte Paul Weis diesen Vorbehalt nicht.

58 Ebenso geht UNHCR anders als bei den anderen Ausschlussgründen im Blick auf Art. 1 F Buchst. b) GFK davon aus, dass alle relevanten Faktoren – auch alle mildernden Umstände ebenso wie alle erschwerenden Umstände – in Betracht gezogen werden müssen. Als relevant wird in diesem Zusammenhang auch die Tatsache angesehen, dass ein wegen eines schwerwiegenden Delikts verurteilter Straftäter seine Strafe verbüßt hat, er begnadigt oder ihm eine Amnestie gewährt worden ist. Im letzteren Fall sei zu vermuten, dass die Ausschlussklausel nicht mehr länger anwendbar sei, es sei denn, es könne bewiesen werden, dass – ungeachtet der Begnadigung oder der Amnestie – der »kriminelle Charakter« der Tatbegehung immer noch vorherrsche (Rdn. 40 f.).[199]

59 Auch die Rechtsprechung in den Vertragsstaaten wendet die Ausschlussklausel nicht an, wenn der Antragsteller seine Strafe bereits verbüßt hat.[200] Im völkerrechtlichen Schrifttum findet diese Position Unterstützung. So wird eine Anwendung von Art. 1 F Buchst. b) GFK verneint, wenn der Antragsteller nur zu einer Bewährungsstrafe verurteilt oder auf Bewährung entlassen worden ist oder nach der Tat Jahre vergangen sind,[201] ohne dass der Antragsteller erneut straffällig geworden ist, oder der Antragsteller seine Strafe bereits verbüßt hat oder gar als resozialisiert gelten kann oder amnestiert wurde.[202] Nur dann, wenn eine Amnestie mit Völkerrecht unvereinbar sei, sei eine andere Bewertung angezeigt. Sei die Strafe jedoch verbüßt und werde eine positive Sozialprognose getroffen, dass der Betroffene in Zukunft keine weiteren Straftaten mehr begehen werde, dürfe er nicht vom Flüchtlingsschutz ausgeschlossen werden.[203]

60 Allgemein anerkannt ist danach, dass Art. 1 F Buchst. b) GFK eine einzelfallbezogene Prüfung aller Umstände mit dem Ziel erfordert, festzustellen, ob von dem Betroffenen gegenwärtig noch eine Gefahr für die Sicherheit des Aufnahmelandes ausgeht. Demgegenüber behandelt der EuGH Buchst. b) und c) von Art. 1 F GFK in diesem Gesichtspunkt nach einheitlichen Kriterien. Diese Ausschlussgründe seien geschaffen worden, um Personen auszuschließen, die des Schutzes für unwürdig angesehen würden und zu verhindern, dass dieser Schutz den Urhebern bestimmter schwerwiegender Straftaten ermögliche, sich einer strafrechtlichen Verantwortung zu entziehen. Es widerspreche dieser doppelten Zielsetzung, den Ausschluss vom Bestehen einer gegenwärtigen Gefahr für den Aufnahmemitgliedstaat abhängig zu machen. Nach der Systematik der Richtlinie sei die Frage, ob vom Flüchtling eine gegenwärtige Gefahr ausgehe, hingegen bei der Anwendung von Art. 14 Abs. 4 Buchst. a) RL 2004/83/EG zu berücksichtigen.[204]

61 Der Gerichtshof will damit in Übereinstimmung mit Art. 33 Abs. 2 GFK (Rdn. 183) für Flüchtlinge den Fortbestand des Refoulementschutzes von einer gegenwärtigen Gefahr für die Sicherheit des Aufnahmestaates abhängig machen. Da Abs. 5 sich auf Abs. 4 Buchst. a) des Art. 14 RL 2004/83/EG bezieht, ist es andererseits in das Ermessen des Mitgliedstaates gestellt, ob er die Entscheidung über die Zuerkennung der Flüchtlingseigenschaft von einer gegenwärtigen Gefahr abhängig macht.

---

198 *Weis*, Du droit international, S. 928 (986).
199 *UNHCR*, Handbuch über Verfahren und Kriterien zur Feststellung der Flüchtlingseigenschaft, 1979, Rn. 157; so auch Canada Court of Appeal (2000) 4 F.C. 390 (2000) F.C.J. No. 1180 Rn. 4 und 8 – San Tong Chan.
200 Canada Federal Court (2000), 4 F. C. 390 (2000) F.C.J. No. 1180 Rn. 4 u. 8 – San Tong Chan.
201 *Goodwin-Gill*, The Refugee in International Law, S. 107; siehe auch *Goodwin-Gill/McAdam*, The Refugee in International Law, S. 183 f.
202 *Hathaway*, The Law of Refugee Status, S. 222 f.; *Zimmermann*, DVBl. 2006, 1478 (1484).
203 *Zimmermann/Wennholz*, in: *Zimmermann*, The 1951 Convention, Article 1 F Rn. 78 f.
204 EuGH, InfAuslR 2011, 40 (42) = NVwZ 2011, 285 = AuAS 2011, 43 Rn. 101 bis 105 – B und D.

Entgegen der Auffassung des vorlegenden Gerichts[205] beantwortet der EuGH daher diese Frage nicht dahin, dass beim Fehlen einer gegenwärtigen Gefahr für die Sicherheit des Aufnahmelandes der Antragsteller **zwingend** nach Art. 1 F Buchst. b) GFK auszuschließen wäre. Er stellt vielmehr lediglich fest, dass der Ausschluss nach Art. 1 F Buchst. b) und c) GFK nicht voraussetzt, dass von der betreffenden Person eine gegenwärtige Gefahr für den Aufnahmemitgliedstaat ausgeht.[206]

Andererseits ist der Ausschluss nach Art. 12 Abs. 2 RL 2004/83/EG zwingend und wird eine gegenwärtige Gefahr nicht vorausgesetzt. Die Mitgliedstaaten können deshalb die zwingende Rechtsfolge des Ausschlusses auch dann festsetzen, wenn keine gegenwärtige Gefahr für die Sicherheit besteht. Voraussetzung für den zwingenden Ausschluss ist dies nicht. Fehlt es an dieser Voraussetzung, erlaubt hingegen Art. 14 Abs. 5 RL 2004/83/EG i.V.m. Art. 14 Abs. 4 Buchst. a) RL 2004/83/EG, dass die Mitgliedstaaten nach ihrem Ermessen die Flüchtlingseigenschaft zuerkennen. Mit dem Hinweis auf die doppelte Zwecksetzung von Art. 1 F Buchst. b) und c) GFK, auszuschließen, dass sich Straftäter ihrer strafrechtlichen Verantwortung entziehen (Rdn. 60), beruft sich der Gerichtshof auf eine Zweckrichtung des Ausschlussgrundes, die nicht mehr Anwendung findet, wenn der Antragsteller nur zu einer Bewährungsstrafe verurteilt oder auf Bewährung entlassen worden ist oder nach der Tat Jahre vergangen sind, ohne dass der Antragsteller erneut straffällig geworden ist, oder der Antragsteller seine Strafe bereits verbüßt hat oder gar als resozialisiert gelten kann oder amnestiert wurde (Rdn. 59).[207]

62

Der Widerspruch in der Rechtsprechung des Gerichtshofes, dass eine zwingende Rechtsfolge – Ausschluss vom Flüchtlingsschutz im Rahmen der Statusentscheidung – nicht auf einer Voraussetzung – gegenwärtige Gefahr – beruht, die bei der Inanspruchnahme einer Freistellungsklausel zwingend ist, ist deshalb dahin aufzulösen, dass der zwingende Ausschluss nach Sekundärrecht zwar keine gegenwärtige Gefahr für die Sicherheit des Aufnahmemitgliedstaates erfordert, die Mitgliedstaaten jedoch nicht daran hindert, diese zur Voraussetzung zu machen. Andererseits belässt Primärrecht ihnen jedoch kein Ermessen, da nach Unionsverfassungsrecht die geforderte Beachtung der Konvention (Art. 18 GRCh i.V.m. Art. 6 Abs. 1 EUV, Art. 78 Abs. 1 AEUV) sie zur Anwendung der Ermessensklausel des Art. 14 Abs. 5 RL 2004/83/EG i.V.m. Art. 14 Abs. 4 Buchst. a) RL 2004/83/EG in dem Sinne zwingt, dass die Versagung der Zuerkennung der Flüchtlingseigenschaft die Feststellung einer gegenwärtigen Gefahr voraussetzt.

63

Es entspricht der ständigen Rechtsprechung des EuGH, Sekundärrecht nach Maßgabe der Primärrechtskonformität auszulegen.[208] Der Gerichtshof bindet die Mitgliedstaaten bei der Anwendung von Ermessensklauseln an die Grundrechte als integralen Bestandteil der allgemeinen Rechtsgrundsätze und insbesondere an die Charta der Grundrechte. Darüber hinaus verpflichtet er die Mitgliedstaaten im Rahmen der Berufung auf Ermessensklauseln auf die in der EMRK sowie im IPbpR verankerten Rechte. Den Mitgliedstaaten werde bei der Berufung auf Ermessensklauseln zwar ein

64

---

205 BVerwGE 132, 79 (90 f.) = EARZ NF 68 Nr. 3 = NVwZ 2009, 403 (Ls); BVerwG, NVwZ 2009, 592 (594) = EARZ NF 46 Nr. 4; a.A. OVG Nordrhein-Westfalen, Urt. v. 27.03.2007 – 8 A 5118/05.A; OVG Rheinland-Pfalz, InfAuslR 2003, 254 (260) = NVwZ-RR 2003, 596; VG Gelsenkirchen, Urt. v. 29.11.2005 – 14 a K 2880/04.A; VG Darmstadt, Urt. v. 31.05.2007 – 7 E 1844/05.A(1), bestätigt durch Hessisches VGH, Beschl. v. 22.12.2011 – 4 A 2375/11.A.Z.

206 EuGH, InfAuslR 2011, 40 (42) = NVwZ 2011, 285 Rn. 105 – B und D.

207 *Weis*, Du droit international, S. 928 (986); *Grahl-Madsen*, The Status of Refugees in International Law, Bd. 1, S. 291 ff.; *Hathaway*, The Law of Refugee Status, S. 222 f.; *Zimmermann*, DVBl. 2006, 1478 (1484); *Zimmermann/Wennholz*, in: *Zimmermann*, The 1951 Convention, Article 1 F Rn. 78 f.; *UNHCR*, Handbuch über Verfahren und Kriterien zur Feststellung der Flüchtlingseigenschaft, 1979, Rn. 157.

208 EuGH, Urt. v. 17.12.1998 – Rs. C-186/96, Rn. 35 – Demand; EuGH, Urt. v. 13.04.2000 – Rs. C-292/97, Rn. 37, 63 – Karlsson; EuGH, Urt. v. 03.10.2000 – Rs. C-411/98, Rn. 47 – Ferlini; EuGH, Urt. v. 10.04.2003 – Rs. C-276/01, Rn. 70, – *Steffensen*; EuGH, Urt. v. 27.06.2006 – Rs. C-540/03, Rn. 60, NVwZ 2006, 1033, 1034 – EP gegen Rat; siehe hierzu auch *Zorn/Twardozs*, DStR 2007, 2185 (2192); *von Bogdandy*, EuR 2009, 749 (754 f.); *Möller*, NVwZ 2010, 225 (227).

»**begrenzter Ermessensspielraum**« belassen. Sie müssten sich hierbei aber insbesondere an den europarechtlichen Grundrechten sowie den in der EMRK und im Pakt verankerten Rechten orientieren. Folglich könne eine Ermessensklausel nicht dahin ausgelegt werden, dass sie die Mitgliedstaaten ausdrücklich oder stillschweigend ermächtigte, Umsetzungsbestimmungen zu erlassen, die im Widerspruch zu diesen Rechten stehen.[209]

65 Nach der Rechtsprechung des Gerichtshofes ist es Sache des nationalen Gerichts, das innerstaatliche Recht so auszulegen, dass es mit unionsrechtlichen Anforderungen übereinstimmt, wenn sich jemand auf unmittelbar geltende primärrechtliche Vorschriften beruft.[210] Aus dieser Rechtsprechung hat sich der Grundsatz der unionsrechtskonformen Auslegung (vgl. auch Art. 10 EGV) entwickelt, der im Verhältnis der Mitgliedstaaten zur Union besteht. Ist eine sekundärrechtliche Norm danach in ihrer Bedeutung mehrdeutig, dürfen die Mitgliedstaaten ihr nationales Recht nicht so auslegen, dass es unionsrechtlichen Anforderungen zuwiderläuft, wenn auch eine primärrechtskonforme Auslegung möglich ist. Ausdrücklich weist der Gerichtshof darauf hin, dass die Mitgliedstaaten bei der Durchführung der unionsrechtlichen Regelungen die Erfordernisse des Grundrechtsschutzes in der Unionsrechtsordnung beachten und deshalb diese so weit wie möglich in Übereinstimmung mit diesen Erfordernissen anwenden müssen.[211]

d) Verhältnismäßigkeitsprüfung

66 Umstritten ist darüber hinaus auch, ob Art. 1 F Buchst. b) GFK eine Abwägung der befürchteten Verfolgung gegen die Art der begangenen Straftat voraussetzt. Der Zusammenhang zur Frage der gegenwärtigen Gefahr ist evident. Es erscheint nicht verhältnismäßig, eine Person, die begründete Furcht vor Verfolgung hat und nicht wegen eines internationalen Verbrechens nach Art. 1 F Buchst. a) GFK schutzunwürdig ist, selbst dann noch vom Flüchtlingsschutz auszuschließen, wenn eine Gefahr für die Sicherheit des Aufnahmestaates nicht mehr besteht. Es ist schlechthin nicht nachvollziehbar, aus welchen Gründen die Schutzgewährung zugunsten eines derartigen Flüchtlings die Integrität des Flüchtlingsrechts gefährden könnte.

67 Auf der Bevollmächtigtenkonferenz wies der dänische Delegierte darauf hin, dass der Antrag eines Flüchtlings, der ein Verbrechen verübt hätte, das für die ihn verfolgende Regierung ohne besondere Auswirkungen geblieben sei, differenziert zu behandeln sei. Regierungen könnten nicht gezwungen werden, Personen, die ein schweres Delikt begangen hätten, Asyl zu gewähren, nur weil diese im Zeitpunkt der Tatbegehung wegen geringfügiger politischer Aktivitäten einer geringen Wahrscheinlichkeit der Verfolgung ausgesetzt gewesen seien. Daher müsse eine sachgerechte Differenzierung zwischen allen zu berücksichtigenden Faktoren vorgenommen werden.[212] Der Präsident der Konferenz stellte anschließend fest, es falle in die Zuständigkeit des Aufnahmelandes, eine Abwägung zwischen den durch den Antragsteller begangenen Delikten einerseits und der Frage andererseits vorzunehmen, wie wahrscheinlich seine Furcht vor Verfolgung begründet sei.[213]

68 In der Staatenpraxis und im Schrifttum wird die Verhältnismäßigkeitsprüfung als sinnvolles Instrument zur sachgerechten Anwendung von Art. 1 F GFK gehandhabt. So muss nach der kanadischen Rechtsprechung zwischen den Umständen, die auf den »schwerwiegenden« und jenen, die auf den nichtpolitischen Charakter des Deliktes hinweisen, unterschieden werden, weil eine humanitäre Abwägung zwischen dem Individuum, das Furcht vor Verfolgung hegt, und den legitimen Interessen

---

209 EuGH, Urt. 27.06.2006 – Rs. C-540/03, Rn. 62, 71, NVwZ 2006, 1033, 1034 – EP gegen Rat.
210 EuGH, Urt. v. 04.02.1988 – Rs. 157/86, Rn. 11, Slg 1988, 673 – Murphy; EuGH, Urt. v. 05.10.1994 – Rs. C-165/91, Rn. 34, Slg 1994, 4661 – van Munster; EuGH, Urt. v. 13.12.1989 – Rs. 322/88, Rn. 18, Slg 1989, 4407 – Grimaldi.
211 EuGH, Urt. v. 13.04.2000 – Rs. C-292/97, Rn. 37 – Karlsson, unter Bezugnahme auf EuGH, Urt. v. 24.03.1994 – Rs. C-2/92, Rn. 16 – Bostock, Slg. 1994, I-955.
212 UN Doc. A/CONF.2/SR.24, S. 13.
213 UN Doc. A/CONF.2/SR.29, S. 23.

des Staates, kriminelle Handlungen zu verfolgen, vollzogen werden müsse.[214] Hingegen wendet sich der Oberste Gerichtshof der Vereinigten Staaten im ausdrücklichen Gegensatz zum Handbuch von UNHCR dagegen, das Verfolgungsrisiko gegen das Gewicht der strafrechtlichen Verfehlungen abzuwägen, verweist aber andererseits darauf, dass bei der Ermittlung des Gewichts der Schwere der Straftat zu prüfen sei, ob der politische Charakter den gemeinrechtlichen überwiege (Rdn. 37 ff.),[215] wendet damit im Ergebnis ebenfalls den Verhältnismäßigkeitstest an.

Nach UNHCR muss das begangene Verbrechen sehr schwer sein, um die Anwendung der Ausschlussklausel zu rechtfertigen. Hege eine Person begründete Furcht vor sehr schwerer Verfolgung, z. B. vor einer Verfolgung, die Gefahr für Leben und Freiheit bedeute, müsse das von ihr begangene Verbrechen sehr schwer sein. Sei die befürchtete Verfolgung weniger gravierend, müsse die Art des Verbrechens bedacht und geprüft werden, ob der Antragsteller sich nicht in Wirklichkeit der Strafverfolgung entziehen wolle (Rdn. 40). Es müssten danach alle relevanten Faktoren – auch alle mildernden Umstände ebenso wie alle erschwerenden Umstände – in Betracht gezogen werden.[216] 69

Unterstützung findet diese Position in der Literatur. Danach könne eine Person, die begründete Furcht vor ernsthafter Verfolgung, die eine Gefährdung von Leben und Freiheit nach sich ziehe, hege, nur aus besonders schwerwiegenden Gründen ausgeschlossen werden. Bei nicht schwerwiegender Verfolgung müssten die Umstände und die Natur des begangenen Delikts darauf hinweisen, dass der kriminelle Charakter der Deliktsbegehung stärker sei als die Schutzbedürftigkeit des Antragstellers. Fehlten politische Faktoren, spreche etwa bei Mord, Vergewaltigung, Brandstiftung, Drogenhandel und bewaffnetem Raub eine Vermutung für ein schwerwiegendes nichtpolitisches Delikt. Umstände, die auf ein schwerwiegendes Delikt hinwiesen, seien etwa Waffengebrauch bei der Tatausführung sowie die Art der Drogen. Die Vermutung könne durch gewichtige Faktoren widerlegt werden, wie z. B. eine Verurteilung oder Entlassung auf Bewährung, die Zeitdauer nach der Verurteilung oder Strafverbüßung, der Charakter des Täters – etwa die Tatsache, dass er nur einmal straffällig geworden sei –, ein lediglich geringfügiger Tatbeitrag (z. B. Gehilfenstatus) sowie andere die Tatausführung prägende Umstände, wie etwa eine die Tatausführung herbeiführende Provokation und eine Notwehrhandlung.[217] 70

Der EuGH lehnt demgegenüber das Abwägungsgebot ohne Auseinandersetzung mit der entgegenstehenden Staatenpraxis und Literatur ab. Der Ausschluss hänge mit der Schwere der begangenen Tat zusammen, die von einem derartigen Grad sein müsse, dass der Antragsteller nicht schutzbedürftig sei. Berücksichtige die Behörde bereits im Rahmen ihrer Beurteilung der Schwere der begangenen Handlungen und der individuellen Verantwortung des Antragstellers alle Umstände, die für diese Handlungen und für die Lage der Person kennzeichnend seien und komme sie zu dem Schluss, dass Art. 1 F Buchst. b) GFK Anwendung finde (Rdn. 39), könne sie nicht zur Vornahme einer Verhältnismäßigkeitsprüfung verpflichtet sein, die eine erneute Beurteilung des Schweregrades der begangenen Handlung einschließe.[218] 71

Demgegenüber hatte der Generalanwalt **Mengozzi** die Ansicht vertreten, dass die Anwendung von Art. 1 F Buchst. b) und c) GFK nicht außer Verhältnis zum Zweck und, allgemeiner, zur humanitären Natur des Flüchtlingsrechts stehen dürfe. Das bedeute im Wesentlichen, dass die Feststellung, ob 72

---

214 Canada Supreme Court (1998) 1 S.C.R. 982 Rn. 73 – Pushpanathan; Canada Federal Court (1998) 1 SCR 982, Rn. 73 – Pushpanathan v. Canada; Canada Court of Appeal (2000) 4 F.C. 390 (2000) F.C.J. No. 1180 Rn. 6 – San Tong Chan.
215 US Supreme Court, 03.05.1999, www.unhcr.org/refworld/docid/3ae6b74b0.html – Agguire-Agguire; US Court of Appeal (Sec. Circuit), 989 F.2d 603, Rn. 97 f. – McMullen.
216 *UNHCR*, Handbuch über Verfahren und Kriterien zur Feststellung der Flüchtlingseigenschaft, 1979, Rn. 156 f.
217 *Goodwin-Gill/McAdam*, The Refugee in International Law, S. 178 f.; *Hathaway*, The Law of Refugee Status, S. 224; *Zimmermann/Wennholz*, in: Zimmermann, The 1951 Convention, Article 1 F Rn. 80.
218 EuGH, InfAuslR 2011, 40 (43) = NVwZ 2011, 285 = AuAS 2011, 43 Rn. 108 ff. – B. und D.

die Voraussetzungen dieser Ausschlussgründe vorlägen, auf einer umfassenden Prüfung sämtlicher Umstände des Einzelfalls beruhen müsse. Keinesfalls dürfe der Antragsteller in sein Herkunftsland abgeschoben werden, wenn er dort aus den Gründen der Konvention verfolgt würde. Könne allein durch Nichtanwendung der Ausschlussgründe die Abschiebung verhindert werden, dürften diese nicht angewandt werden.[219] Deshalb wies der Gerichtshof ausdrücklich darauf hin, dass die Anwendung der Ausschlussklauseln keine Stellungnahme zu der gesonderten Frage impliziere, ob diese Person in ihr Herkunftsland ausgewiesen werden könne.[220]

73 Das vorlegende Gericht hatte darauf hingewiesen, dass es bei Verabschiedung der Konvention noch keinen subsidiären Schutz gegeben habe, sodass die Anwendung der Ausschlussklausel regelmäßig zur Folge gehabt hätte, dass der Betroffene abgeschoben worden sei. Dagegen könnten sich vom Flüchtlingsschutz ausgeschlossene Personen nunmehr in allen Vertragsstaaten der EMRK auf den absoluten Schutz von Art. 3 EMRK berufen (Rdn. 190 ff.). Der den Ausschlussklauseln zugrunde liegende Zweck, Schutzunwürdige auszuschließen, dürfe darüber hinaus nicht dem im Völkerrecht und Unionsrecht verankerten Grundsatz der Verhältnismäßigkeit widersprechen. In besonders gelagerten Ausnahmefällen könne deshalb der Betroffene mit einem »**bona fide**«-Flüchtling auf eine Stufe gestellt werden, etwa wenn er aktiv an der Verhinderung weiterer Terrorakte mitwirke oder es sich um eine Jahrzehnte zurückliegende Jugendsünde handele.[221]

74 Die Verhältnismäßigkeitsprüfung ist ein sinnvolles analytisches Instrument, das sicherstellt, dass die Ausschlussklauseln im Einklang mit dem übergeordneten humanitären Ziel und im Sinne der Konvention angewandt werden. Ausgangspunkt ist die Straftat des Flüchtlings. Ob diese dazu führt, dass der Antragsteller begründete Furcht vor Verfolgung hegt, ist von einer Vielzahl von Umständen abhängig, z. B. davon, mit welcher Härte die Behörden auf die Verfehlung reagieren oder ob sie eine Verfehlung nur zum Anlass nehmen, den Betroffenen aus Gründen der Konvention zu verfolgen. Im Blick auf Delikte, die nicht gezielt auf die politische Gesinnung zielen, sind weitere Kriterien zu ermitteln und zu prüfen, ob nicht ungeachtet des an sich unerheblichen Inhalts der Strafnorm aus zusätzlichen Anhaltspunkten der Schluss gerechtfertigt ist, dass die Strafverfolgung an Konventionsmerkmale anknüpft.[222] Es sind im Rahmen dieser Prüfung also die konkreten Umstände und die praktische Handhabung der Strafnorm in den Blick zu nehmen (§ 27 Rdn. 12 ff.).[223]

75 Daher sind die konkreten Umstände und die praktische Handhabung der Strafnorm zu berücksichtigen. So indiziert etwa ein manipuliertes Strafurteil die Anknüpfung der Verfolgung an Konventionsmerkmale.[224] Diese besteht hier gerade darin, den Antragsteller unberechtigterweise eine Freiheitsstrafe verbüßen zu lassen, sodass selbst ordnungsgemäße Haftverhältnisse die Verfolgungsgefahr nicht beseitigen.[225] Auch aus der **Strafhöhe** oder der Behandlung während der Untersuchungshaft oder im Strafvollzug kann folgen, dass der Antragsteller in Form **versteckter Repressalien** verfolgt wird.[226] Zu prüfen ist auch, welches Verfahren angewendet wurde und wie die Zuständigkeiten dabei verteilt waren. Es macht einen Unterschied, ob die Entscheidung durch unabhängige, nur

---

219 Schlussantrag des Generalanwalts Paolo Mengozzi vom 01.06.2010 in der Rechtssache C-57/09 und C-101/09, Rn. 97 ff.
220 EuGH, InfAuslR 2011, 40 (43) = NVwZ 2011, 285 = AuAS 2011, 43 Rn. 110 – B. und D.
221 BVerwGE 132, 79 (94 f.) = EARZ NF 68 Nr. 3 = NVwZ 2009, 403 (Ls); bekräftigt BVerwG, NVwZ 2009, 592 (595) = EARZ NF 46 Nr. 4.
222 BVerfG (Kammer), NVwZ-Beil. 1993, 19; BVerwGE 4, 238 (242) = DVBl. 1957, 685; BVerwG, InfAuslR 1984, 219; BVerwG, NVwZ 1984, 653; siehe auch § 14 Rdn. 107 ff.
223 BVerwGE 67, 195 (200) = EZAR 201 Nr. 5 = NVwZ 1983, 678 = EuGRZ 1983, 392; BVerwG, EZAR 200 Nr. 19.
224 BVerwGE 67, 195 (200) = EZAR 201 Nr. 5 = NVwZ 1983, 678 = EuGRZ 1983, 392.
225 BVerfGE 63, 197 (209) = EZAR 150 Nr. 3 = InfAuslR 1983, 148 = DVBl. 1983, 546 = DÖV 1983, 675 = NJW 1983, 1723 = MDR 1983, 640; BVerfG, EZAR 150 Nr. 7.
226 BVerfGE 64, 46 (62) = EZAR 150 Nr. 5 = NJW 1983, 1721, = EuGRZ 1983, 354 = DÖV 1983, 678.

einem bereits vorliegenden Gesetz unterworfene allgemeine Gerichte erfolgte oder solchen staatlichen Organen wie Polizei, Militär, Sondergerichten überantwortet wurde oder gar ohne rechtliche Grundlage und ohne Durchführung eines geordneten Verfahrens erfolgte. Eine insoweit bestehende Bindungslosigkeit der staatlichen Gewalt spricht in erheblichem Maße für die Anknüpfung der Verfolgung an Konventionsmerkmale.[227]

Die Feststellung einer »**willkürlichen**« Handhabung einer generellen Maßnahme rechtfertigt andererseits nicht die Annahme, dass die Strafverfolgung an Konventionsmerkmale anknüpft. Vielmehr muss die unsystematische und willkürhafte Handhabung Ausdruck einer auf die vorhandene oder unterstellte Regimegegnerschaft abzielenden Praxis sein.[228] Es reicht mithin nicht aus, dass bei der dem Asylsuchenden drohenden Strafverfolgung die »Grundsätze von Menschlichkeit und Rechtsstaatlichkeit« verletzt werden. Vielmehr müssen aus zusätzlichen Anhaltspunkten Indizien auf ein Anknüpfen der Strafverfolgung an Konventionsgründen abgeleitet werden.[229] Es sind also die Umstände der vom Antragsteller begangenen Handlung und die hierauf einsetzende Verfolgung der Behörden präzis zu ermitteln. Dabei wird die Frage, ob Strafverfolgung an ein Konventionsmerkmal anknüpft, auch danach entschieden, ob diese verhältnismäßig ist oder nicht. Die Verletzung des Verhältnismäßigkeitsgrundsatzes kann also die Anknüpfung an Konventionsmerkmale indizieren. 76

Daraus folgt, dass die Funktion des Verhältnismäßigkeitsprinzips im Rahmen des Ausschlussgrundes des Art. 1 F Buchst. b) GFK verschiedene Ausprägungen hat: Zunächst ist es bei der Frage zu berücksichtigen, ob die Art und Weise der strafrechtlichen Reaktion auf die Tat des Asylsuchenden für die Anknüpfung an ein Konventionsmerkmal spricht, d. h. das Prinzip der Verhältnismäßigkeit ist bereits bei der Ermittlung der Verfolgung (Art. 9 Abs. 2 Buchst. c) und d) RL 2004/83/EG sowie der Anwendung der Zusammenhangsklausel zu beachten. Ausgangspunkt ist der Begriff der **begründeten Verfolgungsfurcht**. Die Berufung auf den Flüchtlingsstatus kann kaum ignoriert werden, wenn die Abwägung zwischen dem Charakter des verübten Delikts und der begründeten Verfolgung vor einer strafrechtlichen Sanktion ergibt, dass die strafrechtliche Verfolgung unverhältnismäßig ist. Darüber hinaus erfordert das Verhältnismäßigkeitsprinzip eine Abwägung zwischen den Folgen der Straftat für den Einzelnen und den legitimen Interessen des Staates, kriminelle Handlungen zu verfolgen (Rdn. 68). Die Ausschlussklauseln müssen deshalb unter Beachtung der Verhältnismäßigkeit zum verfolgten Ziel angewandt werden.[230] Es sind bei der Beurteilung der Schwere der begangenen Handlungen und der individuellen Verantwortung des Antragstellers alle Umstände, die für diese Handlungen und für seine Lage prägend sind, zu ermitteln. Drängt sich nach Maßgabe des Grundsatzes der Verhältnismäßigkeit der Schluss auf, dass Art. 1 F Buchst. b) GFK anwendbar ist, will der Gerichtshof eine erneute Verhältnismäßigkeitsprüfung ausschließen.[231] 77

Fraglich ist aber, ob nicht bereits bei der Konkretisierung der Verfolgungshandlung diese Verhältnismäßigkeitsprüfung vollzogen worden ist, eine Bejahung der Verhältnismäßigkeit der Strafverfolgung also zugleich eine Entscheidung über die fehlende Verfolgung darstellt und es unter diesen Voraussetzungen gar nicht mehr zur Anwendung der Ausschlussfrage kommt. Umgekehrt folgt dann aus der Bejahung der Unverhältnismäßigkeit des politischen Charakters der Strafverfolgung (Rdn. 44), dass es ebenfalls nicht mehr der Prüfung von Ausschlussgründen bedarf. Zwar zieht der Generalanwalt einen Art. 3 EMRK übersteigenden Refoulementschutz nach Art. 33 Abs. 1 GFK dann in Betracht, wenn nur durch Außerachtlassung der Ausschlussklauseln die Abschiebung in das 78

---

227 BVerwGE 67, 195 (200) = EZAR 201 Nr. 5 = NVwZ 1983, 678 = EuGRZ 1983, 392.
228 BVerwG, Buchholz 402.24 § 1 AsylVfG Nr. 125.
229 BVerwG, NVwZ 1984, 653 = InfAuslR 1984, 216.
230 *UNHCR*, Richtlinien zum Internationalen Schutz: Anwendung der Ausschlussklauseln, September 2003, Nr. 24.
231 EuGH, InfAuslR 2011, 40 (43) = NVwZ 2011, 285 = AuAS 2011, 43 Rn. 108 ff. – B. und D.

Herkunftsland verhindern werden kann[232] und hat der Gerichtshof diese Frage offen gelassen.[233] Diese stellt sich aber nur, wenn das Verhältnismäßigkeitsprinzip nicht bereits bei der Bewertung der Tat des Asylsuchenden und der strafrechtlichen Sanktion hierauf herangezogen wird. Unter diesen Voraussetzungen ist zu berücksichtigen, dass Art. 33 Abs. 1 GFK über Art. 3 EMRK hinausreicht, wenn Verfolgung nach Maßgabe des Kumulationsansatzes und der Regelbeispiele (Art. 9 Abs. 1 Buchst. b) und Abs. 2 RL 2004/83/EG) droht. Auch das BVerwG will dies für Ausnahmefälle anerkennen (Rdn. 73).

e) Tatbegehung vor der Aufnahme

79 Unter Art. 1 F Buchst. b) GFK fallen nur Straftaten, die von einem Antragsteller begangen wurden, oder von denen man annimmt, dass sie zu einem Zeitpunkt begangen wurden, in dem sich der Antragsteller noch außerhalb des Aufnahmelandes befand, d. h., bevor er dort als Flüchtling aufgenommen wurde.[234] Auf der Bevollmächtigtenkonferenz stellte der Delegierte des Vereinigten Königreichs fest, dass der Antragsteller das Verbrechen vor der Einreise in das Aufnahmeland begangen haben muss.[235] Er wurde hierbei durch den französischen Delegierten unterstützt, der hervorhob, dass die Aufnahmestaaten sich gegen die Einreise von Personen schützen können müssten, die aufgrund von Straftaten das Flüchtlingsrecht in Misskredit bringen würden.[236]

80 Im Normalfall handelt es sich bei dem Land, in dem die Straftat begangen wurde, um das Herkunftsland. Es kann aber auch jedes andere Land sein, nur nicht das Aufnahmeland, in dem der Antragsteller seinen Asylantrag stellt.[237] Der Flüchtling, der im Aufnahmeland ein schweres Verbrechen begeht, untersteht der Gerichtsbarkeit seines Aufnahmelandes. In extremen Fällen erlaubt Art. 33 Abs. 2 GFK die Abschiebung des Flüchtlings in das Herkunftsland, wenn er nach Verurteilung wegen eines »besonders schweren« Verbrechens eine Gefahr für die Sicherheit der Bevölkerung des Aufnahmelandes darstellt.[238] Die zeitliche Beschränkung von Art. 1 F Buchst. b) GFK ist danach auf Verbrechen vor der Aufnahme begrenzt. Schwere nichtpolitische Verbrechen, die nach der Einreise begangen werden, können deshalb nur nach Art. 33 Abs. 2 GFK behandelt werden (Rdn. 7 ff.).[239] Nach der Ratio der Konvention werden damit nach der Einreise begangene Verbrechen im Sinne des Art. 1 F Buchst. b) GFK im Rahmen des nationalen Strafrechts des Aufnahmelandes behandelt und können zur Ausweisung (Art. 32 GFK) und Abschiebung (Art. 33 Abs. 2 GFK) führen.[240]

81 Art. 12 Abs. 2 Buchst. b) RL 2004/83/EG enthält in diesem Zusammenhang einen von Art. 1 F Buchst. b) GFK abweichenden Wortlaut. Während Art. 1 F Buchst. b) GFK bestimmt, dass Personen ein Verbrechen »**außerhalb des Aufnahmelandes** begangen haben müssen, **bevor sie dort** als Flüchtling aufgenommen wurden«, interpretiert Art. 12 Abs. 2 Buchst. b) RL 2004/83/EG diesen Wortlaut dahin, dass das Verbrechen »**vor dem Zeitpunkt der Ausstellung eines Aufenthaltstitels aufgrund der Zuerkennung der** Flüchtlingseigenschaft« begangen sein muss, wendet damit diesen Ausschlussgrund entgegen dem Wortlaut von Art. 1 F Buchst. b) GFK auch auf Verbrechen an, die

---

232 Schlussantrag des Generalanwalts Paolo Mengozzi vom 01.06.2010 in der Rechtssache C-57/09 und C-101/09, Rn. 97.
233 EuGH, InfAuslR 2011, 40 (43) = NVwZ 2011, 285 = AuAS 2011, 43 Rn. 110 – B. und D.
234 *UNHCR*, Handbuch über Verfahren und Kriterien zur Feststellung der Flüchtlingseigenschaft, 1979, Rn. 153.
235 UN Doc. A/CONF.22/SR.29, S. 19.
236 UN Doc. A/CONF.22/SR.29, S. 19.
237 *UNHCR*, Handbuch über Verfahren und Kriterien zur Feststellung der Flüchtlingseigenschaft, 1979, Rn. 153.
238 *Goodwin-Gill*, The Refugee in International Law, S. 102; siehe auch *Goodwin-Gill/McAdam*, The Refugee in International Law, S. 181 f.
239 *Zimmermann/Wennholz*, in: *Zimmermann*, The 1951 Convention, Article 1 F Rn. 82.
240 *UNHCR*, Background Note on the Application of the Exclusion Clauses, September 2003, S. 16.

außerhalb des Aufnahmelandes vor der Statuszuerkennung begangen wurden. Damit wird durch sekundäres Unionsrecht ein internationaler Vertrag nicht in Übereinstimmung mit der gewöhnlichen, seinen Bestimmungen in ihrem Zusammenhang zukommenden Bedeutung (Art. 31 Abs. 1 WVRK), sondern gegen diese Bedeutung interpretiert.[241]

Art. 12 Abs. 2 Buchst. b) RL 2004/83/EG bestimmt zwar in Übereinstimmung mit Art. 1 F Buchst. b) GFK, dass das Verbrechen »**außerhalb** des Aufnahmelandes« begangen sein muss.[242] Soweit damit möglicherweise auch außerhalb des Aufnahmemitgliedstaates (in einem Drittstaat), aber nach Aufnahme in diesem Staat begangene Verbrechen eingeschlossen werden, verstößt dies gegen den Wortlaut von Art. 1 F Buchst. b) GFK. Denn mit der Zulassung zum Staatsgebiet des Mitgliedstaates ist der Antragsteller dort als Flüchtling aufgenommen worden. Erwägungsgrund Nr. 13 RL 2004/83/EG stellt ausdrücklich fest, dass die Statuszuerkennung lediglich **deklaratorischer Natur** ist, der Flüchtling also nach Aufnahme durch Zulassung zum Staatsgebiet als Flüchtling zu behandeln und damit der Zeitpunkt, auf den Art. 1 F Buchst. b) GFK abstellt, überschritten ist. 82

Die Rechtsprechung in der Vertragsstaaten hebt ausdrücklich hervor, das Art. 1 F Buchst. b) GFK auf schwere nichtpolitische Straftaten begrenzt ist, die außerhalb des Aufnahmelandes vor der Aufnahme begangen wurden, während Art. 33 Abs. 2 GFK Verbrechen innerhalb dieses Landes erfasst.[243] UNHCR kritisiert in diesem Zusammenhang, dass in wenigen Fällen nationale Gerichte Art. 1 F Buchst. b) GFK in dem Sinne angewandt haben, dass schwere nichtpolitische Verbrechen, die nach der Einreise, aber vor der formalen Zuerkennung des Flüchtlingsstatus begangen wurden, nach Art. 1 F Buchst. b) GFK behandelt wurden. Nach Auffassung von UNHCR kann der Begriff »vor der Einreise« nicht in dem Sinne ausgelegt werden, dass er auch die zeitliche Phase von der Einreise bis zur formalen Anerkennung einschließt. Der völkerrechtlich maßgebend englische Begriff »Admission« (Zulassung zum Staatsgebiet) beinhalte in diesem Zusammenhang die tatsächliche physische Anwesenheit in dem Aufnahmeland. Darüber hinaus wirke die Zuerkennung des Flüchtlingsstatus lediglich **deklaratorisch** und nicht konstitutiv.[244] 83

UNHCR verweist zur Bekräftigung seiner Position auf die französische Rechtsprechung. Der französische Staatsrat erachtet es für unzulässig, den Flüchtlingsstatus zu entziehen, wenn ein anerkannter Flüchtling in Frankreich ein Verbrechen begangen hat.[245] Vielmehr könne er nur nach Maßgabe von Art. 32 und 33 GFK behandelt werden. Dies erlaube indes nicht den Ausschluss vom Flüchtlingsstatus.[246] Nach der früheren Rechtsprechung des BVerwG durfte über die Ausweisung und Abschiebung eines Flüchtlings nach pflichtgemäßem Ermessen entschieden werden. Hingegen treffe die Asylbehörde reine Rechtsentscheidungen, bei der für Ermessenserwägungen kein Raum sei.[247] Dies hatte zur Folge, dass Art. 33 Abs. 2 GFK im Asylverfahren nicht angewandt werden durfte. Seit 1997 wird in der Bundesrepublik indes Art. 33 Abs. 2 GFK und seit 2002 Art. 1 F GFK im Asylverfahrens als negatives Tatbestandsmerkmal im Rahmen der Statusentscheidung (vgl. § 30 Abs. 4 84

---

241 Kritisch auch *Klug*, German YIL 2004, 594 (615).
242 So ausdrücklich EuGH, InfAuslR 2011, 40 (43) = = NVwZ 2011, 285 = AuAS 2011, 43 Rn. 102 – B. und D.
243 Canada Federal Court (1998) 1 S.C.R. 982 Rn. 73 – Pushpanathan; Canada Federal Court (2000) 4 F.C. 390 (2000) F.C.J No. 1180 Rn. 5 – San Tong Chan; Australia Federal Court (1998) 1314 FCA – Ovcharuk.
244 *UNHCR*, Background Note on the Application of the Exclusion Clauses, S. 16; so auch *Weis*, Du droit international, S. 928 (944).
245 Conseil d'Etat, (21.05.1997), www.unhcr.org/refworld/docid/3ae6b67214.html – Pham.
246 Conseil d'Etat, (22.03.1993), www.unhcr.org/refworld/docid/3ae6b6711a.html – Rajkumar.
247 BVerwGE 49, 211 (213) = Buchholz 402.24 § 29 AuslG Nr. 1 = EZAR 210 Nr. 1 = DÖV 1976, 94 = MDR 1976, 254 = BayVBl. 1976, 410.

AsylVfG) behandelt. Das BVerwG hat seine entgegenstehende frühere Rechtsprechung ausdrücklich für überholt erklärt.[248]

5. Zuwiderhandlung gegen Ziele und Grundsätze der Vereinten Nationen (Art. 12 Abs. 2 Buchst. c) RL 2004/83/EG)

a) Funktion der Ausschlussklausel

85 Nach Art. 12 Abs. 2 Buchst. c) RL 2004/83/EG werden in Übereinstimmung mit Art. 1 F Buchst. c) GFK Personen vom Flüchtlingsschutz ausgeschlossen, in Bezug auf die aus schwerwiegenden Gründen die Annahme gerechtfertigt ist, dass sie sich Handlungen zuschulden kommen ließen, die den Zielen und Grundsätzen der Vereinten Nationen zuwiderlaufen. Angesichts der umfassenden, allgemeinen Formulierung der Ziele und Grundsätze der Vereinten Nationen ist der Anwendungsbereich dieser Kategorie eher unklar, weshalb diese Ausschlussklausel eng ausgelegt werden sollte. Sie war im Textentwurf der Konvention Teil der Bestimmung, die auf Personen zielte, die Verbrechen gegen den Frieden und die Sicherheit begangen hatten.[249] Auf Vorschlag des jugoslawischen Delegierten wurden während der Bevollmächtigtenkonferenz beide Sachbereiche voneinander getrennt behandelt und für die gegen Ziele und Grundsätze der Vereinten Nationen zuwiderlaufenden Handlungen eine eigenständige Ausschlussklausel diskutiert[250] und verabschiedet.

86 Nach der Entstehungsgeschichte der Konvention besteht zwischen den Ausschlussklauseln in Art. 1 F Buchst. a) und c) GFK ein enger Zusammenhang. Dadurch sollte der Zugang von feindlichen Kollaborateuren des Zweiten Weltkrieges zum Flüchtlingsstatus gesperrt werden.[251] Die Ausschlussklausel hätte deshalb für die heutige Staatenpraxis keine Relevanz. Im Verlaufe der weiteren Diskussionen wurde dieser Vorschlag jedoch nicht mehr aufgegriffen und kann daher für die Interpretation der Ausschlussklausel unberücksichtigt bleiben.[252] Nach Auffassung des britischen Delegierten sollten gegen Ziele und Grundsätze der Vereinten Nationen zuwiderlaufende Handlungen vergleichbar den Verbrechen gegen Frieden und die internationale Sicherheit, wie z. B. Völkermord oder Kriegsverbrechen seien.[253] In diesen Fällen findet allerdings zumeist die Ausschlussklausel des Art. 1 F Buchst. a) GFK Anwendung.

87 Gleichwohl liefert die Entstehungsgeschichte der Konvention wichtige Hinweise, welche Funktion der Ausschlussklausel zugewiesen wurde. Der französische Delegierte wies darauf hin, dass Verbrechen gegen die Menschlichkeit, wie sie in der Londoner Charta definiert werden, nur im Rahmen eines Kriegs Anwendung finden (s. aber Rdn. 27).[254] Dies überzeugte die anderen Delegierten, welche die Klausel ursprünglich für sehr vage angesehen hatten. So wies der kanadische Delegierte darauf hin, dass Personen, die ihre Machtposition dazu missbraucht hätten, **außerhalb eines Kriegs** Verbrechen gegen die Menschlichkeit zu begehen, nach dieser Klausel ausgeschlossen werden sollten.[255] Aus der Entstehungsgeschichte der Klausel wird deshalb in der Rechtsprechung geschlossen, dass ihr Zweck sich aus der Norm des Art. 1 F GFK insgesamt und der Konvention als Ganzes ergebe. Jene, die verantwortlich für Verfolgungen seien, durch welche Flüchtlinge hervorgerufen würden, sollten nicht in den Genuss der Konvention kommen. Der Begriff der Zuwiderhandlung gegen

---

248 BVerwGE 109, 1 (3) = EZAR 200 Nr. 35 = InfAuslR 1999, 470.
249 UN Doc. E/AC.32/L.32, S. 3.
250 UN Doc. A/CONF.2/SR.29, S. 21 f.
251 UN Doc. E/AC.7/SR.160, S. 16, zit. nach *Weis*, Du droit international, S. 928 (986).
252 *Hathaway*, The Law of Refugee Status, S. 227.
253 Mr. *Hoare*, Vereinigtes Königreich auf der Bevollmächtigtenkonferenz, UN Doc. A/CONF.2/SR.29, S. 19; UN Doc. A/CONF.2/SR.29, S. 11 f.; *UNHCR*, Richtlinien zum Internationalen Schutz: Anwendung der Ausschlussklauseln, Rn. 17.
254 UN Doc. E/AC.7/SR, 166, S. 6.
255 UN Doc. E/AC.7/SR. 166, S. 10.

die Ziele und Grundsätze der Vereinten Nationen schließe jene aus, die für ernsthafte, andauernde und systematische Verletzung von Menschenrechten, die außerhalb von Kriegen zu Verfolgungen führen, verantwortlich seien.[256]

Die Delegierten betonten andererseits aber auch die Missbrauchsanfälligkeit einer derart unbestimmten Klausel. So äußerte z. B. der chilenische, pakistanische und mexikanische Delegierte ihre Besorgnis, dass der Flüchtlingsstatus nicht einer Person, die nach nationalem Recht weder verurteilt noch angeklagt worden sei, allein aus dem Grund verweigert werden dürfe, weil vermutet werde, sie habe etwas getan, das mit dem vage beschriebenen Zweck und Zielen der Vereinten Nationen nicht übereinstimme.[257] Die Unbestimmtheit der Klausel, der Mangel einer übereinstimmenden Staatenpraxis und die Risiken des Missbrauchs bei ihrer Anwendung legen daher nach Ansicht von UNHCR eine sehr restriktive Auslegung nahe.[258] Im Schrifttum wird hingegen der dynamische Charakter der Klausel betont. Sie sei zwar historisch auf Staatenbeziehungen einschließlich kollektiver Maßnahmen, Bedrohungen des Friedens zu verhindern, gemünzt gewesen. Die menschenrechtliche Fortentwicklung des Völkerrechts erfasse heute aber auch Täter, welche die Menschenrechte anderer verletzten. Relevant seien auch die individuellen Verpflichtungen gegenüber der Gemeinschaft.[259] In der Rechtsprechung der Vertragsstaaten wird die Klausel heute insbesondere auf terroristische Täter angewandt (Rdn. 101 ff.). 88

b) Ziele und Grundsätze der Vereinten Nationen

Die Ziele und Grundsätze der Vereinten Nationen sind in der Präambel und in Art. 1 und 2 der UN-Charta und darüber hinaus in zahllosen zwischenstaatlichen Konventionen definiert. Diese Bestimmungen enthalten eine Aufzählung von fundamentalen Grundsätzen, von denen sich die Mitgliedstaaten der Vereinten Nationen im Verhältnis zueinander und im Verhältnis zur Völkergemeinschaft insgesamt leiten lassen sollten. Dementsprechend zielt die Klausel auf Handlungen, die Zielen und Grundsätzen der Vereinten Nationen in schwerwiegender Weise zuwiderhandeln und findet deshalb nur unter **extremen Umständen** im Fall von Aktivitäten Anwendung, welche die grundlegende Basis der internationalen Zusammenarbeit der Staaten unter dem Dach der Vereinten Nationen angreifen.[260] Die Klausel enthält jedoch keine präzise und erschöpfende Liste der entsprechenden Handlungen, wohl aber weist ihr Zweck auf bestimmte Kategorien von Handlungen hin. Leitend für ihre Anwendung ist ein internationaler Konsens darüber, dass bestimmte Handlungen als ernsthafte und andauernde Verletzungen grundlegender Menschenrechte, welche zu Verfolgungen führen, angesehen werden (Rdn. 87).[261] 89

Daher ist ein allgemein anerkanntes internationales Übereinkommen der Vereinten Nationen in Form einer Resolution, Erklärung oder eines Abkommens erforderlich, dass bestimmte Handlungen den Zielen und Grundsätzen der Vereinten Nationen zuwiderlaufen.[262] Der Maßstab für die Anwendung ist die Schwere der betreffenden Handlung, die Art und Weise ihrer Ausführung, ihre **internationale Dimension** und langfristigen Ziele sowie ihre Auswirkungen auf den internationalen Frieden und die Sicherheit.[263] Eine vernünftige und sachgerechte Auslegung dieser Ausschlussklausel 90

---

256 Canada Supreme Court (1998) 1 S.C.R. 982 Rn. 63 f. – Pushpanathan.
257 UN Doc. E/AC.7/SR.165, S. 24; UN Doc. E/AC.7/SR.16o, S. 16; UN Doc. E/AC.7/SR.165, S. 29.
258 *UNHCR*, Background Note on the Application of the Exclusion Clauses, September 2003, Rn. 46 ; *UNHCR*, Statement on Article 1 F of the 1951 Convention, Juli 2009, S. 14.
259 *Goodwin-Gill/McAdam*, The Refugee in International Law, S. 185 f.; *Zimmermann/Wennholz*, in: *Zimmermann*, The 1951 Convention, Article 1 F Rn. 84.
260 *UNHCR*, Background Note on the Application of the Exclusion Clauses, September 2003, Rn. 47.
261 Canada Supreme Court (1998) 1 S.C.R. 982 Rn. 65 – Pushpanathan.
262 Canada Supreme Court (1998) 1 S.C.R. 982 Rn. 66 – Pushpanathan.
263 *UNHCR*, Statement on Article 1 F of the 1951 Convention, Juli 2009, S. 14; *UNHCR*, Richtlinien zum Internationalen Schutz: Anwendung der Ausschlussklauseln, September 2003, Rn. 17.

ergibt daher, dass die Vertragsstaaten in die Lage versetzt werden sollen, wirksam als Agenten der internationalen Gemeinschaft zu handeln und dementsprechend fundamentale Normen über anerkannte internationale Verhaltensstandards gegen Regierungsmitglieder in Anwendung zu bringen. Dadurch wird vermieden, den Flüchtlingsstatus jenen zu gewähren, die ihre politische Autorität missbraucht haben, um das Wohlbefinden von Individuen, ihres Staates oder der Weltgemeinschaft zu gefährden.[264]

91 Auch nach Auffassung von UNHCR soll die Klausel Situationen vorbehalten bleiben, in denen Zuwiderhandlungen und deren Folgen den Anforderungen eines besonders hohen Maßstabes gerecht würden. Deshalb würden Verbrechen, welche den internationalen Frieden, die internationale Sicherheit sowie die friedlichen Beziehungen zwischen den Staaten beeinträchtigten, sowie ernsthafte und andauernde Verletzungen der Menschenrechte in den Anwendungsbereich dieser Ausschlussklausel fallen.[265] Diese Umstände seien auch in den Blick zu nehmen, wenn Handlungen zu beurteilen seien, denen ein terroristischer Bezug zugewiesen würde.[266]

92 Andererseits sei diese Ausschlussklausel kein Auffangtatbestand für alle Handlungen, die nicht durch Art. 1 F Buchst. a) und b) GFK erfasst würden, aber eine Schutzunwürdigkeit begründen könnten. Dies folge insbesondere aus ihrer Entstehungsgeschichte (Rdn. 86). So lehnt es die kanadische Rechtsprechung ab, die Ausschlussklausel z. B. in Fällen von Drogenhandel anzuwenden[267] und prüft die australische Rechtsprechung in einem derartigen Fall nicht einmal Art. 1 F Buchst. c) GFK.[268] Begründet wird dies damit, dass Drogenhandel zwar ein extrem ernsthaftes Problem darstelle und die Vereinten Nationen hiergegen außergewöhnliche Anstrengungen unternommen hätten. Diese hätten den Drogenhandel jedoch nicht als ernsthafte und andauernde Verletzung von Menschenrechten, die eine Verfolgung darstelle, angesehen.[269]

c) Persönliche Verantwortung

93 Der persönliche Anwendungsbereich der Ausschlussklausel wird überwiegend im Sinne der Position von UNHCR, wonach diese Klausel auf Einzelpersonen grundsätzlich keine Anwendung finden könne, definiert. Einzelpersonen könnten Handlungen gegen Ziele und Grundsätze der Vereinten Nationen nur begehen, wenn sie in einem Mitgliedstaat eine **gewisse Machtposition** besessen und zu einer Verletzung dieser Grundsätze durch den Staat einen direkten Beitrag geleistet hätten.[270] Dementsprechend rügt UNHCR ausdrücklich die Staaten, welche die Ausschlussklausel auf Personen, die nicht mit einem Staat oder einer staatsähnlichen Organisationen verbunden sind, anwenden. Versuche, diese Klausel weit auszulegen und z. B. auf Handlungen wie Drogenhandel oder Menschenhandel auszuweiten, beruhten auf einer Verkennung ihres Zwecks.[271]

94 Bestätigung findet diese Position in der Entstehungsgeschichte der Konvention. Der französische Delegierte stellte im Ad hoc-Ausschuss klar, dass die Ausschlussklausel sich nicht »gegen den Mann auf der Straße« richte, »sondern auf Personen zielt, die Regierungsverantwortung ausüben, wie z. B.

---

264 *Hathaway*, The Law of Refugee Status, S. 228 f.
265 *UNHCR*, Background Note on the Application of the Exclusion Clauses, September 2003, Rn. 47.
266 *UNHCR*, Statement on Article 1 F of the 1951 Convention, Juli 2009, S. 14.
267 Canada Supreme Court (1998) 1 S.C.R. 982 Rn. 69 – Pushpanathan; Canada Federal Court (1998) 1 S.C.R. 982 Rn. 76 – Pushpanathan; Canada Court of Appeal (2000) 4 F.C. 390 (2000) F.C.J. No. 1180 Rn. 5 – San Tong Chan.
268 Australia Federal Court (1998) 13414 FCA – Ovcharuk.
269 Canada Supreme Court (1998) 1 S.C.R. 982 Rn. 69 – Pushpanathan; Canada Federal Court (1998) 1 S.C.R. 982 Rn. 76 – Pushpanathan.
270 *UNHCR*, Handbuch über Verfahren und Kriterien zur Feststellung der Flüchtlingseigenschaft, 1979, Rn. 163; *UNHCR*, Richtlinien zum Internationalen Schutz: Anwendung der Ausschlussklauseln, September 2003, Rn. 17.
271 *UNHCR*, Background Note on the Application of the Exclusion Clauses, September 2003, Rn. 48.

Staatsoberhäupter, Minister und hohe Beamte«. Im Fall des »Regierungsumschwungs könnten Verfolger zu Flüchtlingen« werden. In derartigen Fällen könnten die »Staaten nicht gezwungen werden, Asyl zu gewähren, und unter keinen Umständen könnte dieses im Namen der Charta oder der Allgemeinen Menschenrechtserklärung zugesprochen werden.«[272] Es sollte danach vermieden werden, dass ein grausamer Tyrann, nachdem er Verbrechen gegen die Menschlichkeit begangen hatte, wegen Asylgewährung in einem anderen Staat nicht von seinem Herkunftsland zur Verantwortung gezogen werden kann.[273]

Aus der Entstehungsgeschichte folgt damit, dass der Kreis der Verantwortlichen sehr eng gezogen und mit der rechtlichen Verantwortlichkeit für die Einhaltung der Ziele und Grundsätze der Vereinten Nationen verknüpft werden sollte. Bereits damals wurde ein Diskurs geführt, der über Jahrzehnte die Debatten in der Völkerrechtskommission geprägt hatte und im Zusammenhang mit den Balkankriegen der 1990er Jahre sowie dem Völkermord in Ruanda 1994 zur Einsetzung von internationalen Ad hoc Straftribunalen und schließlich 1998 zum Rom-Statut geführt hatte. 95

Durch eine **dynamische Auslegung der Konvention** kann deshalb der Täterkreis auch auf Einzelpersonen erstreckt werden, sofern sie in einer staatsähnlichen Organisation über eine staatliche Verantwortlichkeit vergleichbare machtvolle Position verfügen.[274] Jedoch ist zunächst stets zu fragen, ob der zu beurteilende Sachverhalt nicht bereits durch die anderen Ausschlussklauseln erfasst wird. Dies betrifft insbesondere Art. 1 F Buchst. a) GFK. Für Verbrechen, in Bezug auf die nicht die nach strikten juristischen Kriterien zu ermittelnde Verantwortlichkeit für Kriegsverbrechen, Verbrechen gegen den Frieden und die Menschlichkeit festgestellt werden kann, kann Art. 1 F Buchst. c) GFK herangezogen werden, weil hier eine internationale Dimension evident ist (Rdn. 87) und weil Art. 1 F Buchst. c) GFK aufgrund seiner Entstehungsgeschichte und seinem Zweck schwerwiegende Verletzungen der Ziele und Grundsätze der Vereinten Nationen erfasst. Nicht dagegen kann eine nach Art. 1 F Buchst. b) GFK schwere nichtpolitische Handlung, die nicht den internationalen Frieden und die Sicherheit gefährdet, wie z.B. der Drogenhandel, unter Art. 1 F Buchst. c) GFK subsumiert werden,[275] weil dieser nicht als ernsthafte und andauernde Verletzung von Menschenrechten verstanden werden kann. 96

Es wird aber stets vorausgesetzt, dass der Täter innerhalb einer dem Staat vergleichbaren Organisation eine machtvolle Position ausübt. Dies hat die Rechtsprechung inzwischen im Blick auf die Zugehörigkeit zu einer Organisation, die den internationalen Terrorismus unterstützt, herausgearbeitet (Rdn. 144 ff.). Auch bei einer dynamischen Auslegung von Art. 1 Buchst. c) GFK kann daher der Verantwortlichkeitsbereich nicht auf bloße Einzelpersonen ohne machtvolle Position innerhalb einer staatsähnlichen Organisation ausgeweitet werden.[276] Demgegenüber wird im Schrifttum vereinzelt die Verantwortlichkeit im Sinne von Art. 1 F Buchst. c) GFK von Personen mit politischer Verantwortlichkeit gelöst, sofern der Täter an Menschenrechtsverletzungen beteiligt ist, sei es individuell oder als Mitglied einer in derartige Verbrechen verwickelten Organisation (Rdn. 126 ff.).[277] Andererseits wird aber eingeräumt, eine Einzelperson, welche außerhalb eines Staates agiere und aufgrund ihrer Verbrechen als schutzunwürdig angesehen werden könnte, könnte wirkungsvoller von Art. 1 F Buchst. a) GFK erfasst werden.[278] 97

---

272 *Rochefort*, UN Doc. E/AC.7/SR.160, S. 18 und UN Doc. E/AC.7/SR.166, S. 6.
273 *Rochefort*, UN Doc. E/AC.7/SR.166, S. 6, zit. nach *Hathaway*, The Law of Refugee Status, S. 229.
274 *UNHCR*, Background Note on the Application of the Exclusion Clauses, Rn. 48.
275 Canada Supreme Court (1998) 1 S.C.R. 982 Rn. 69 – Pushpanathan; Canada Federal Court (2000) 4 F.C. 390 (2000) F.C.J-. No. 1180 Rn. 5 – San Tong Chan.
276 Canada Supreme Court (1998) 1 S.C.R. 982 Rn. 68 – Pushpanathan.
277 *Goodwin-Gill*, The Refugee in International Law, S. 113; bekräftigt *Goodwin-Gill/McAdam*, The Refugee in International Law, S. 183 f.
278 *Goodwin-Gill*, The Refugee in International Law, S. 113.

6. Terroristische Handlungen (Art. 12 Abs. 2 Buchst. b) und c) RL 2004/83/EG)

> Handelt es sich bei der Organisation, der der Antragsteller zugehörig ist, um eine terroristische Vereinigung (Rdn. 107 ff.)?

> Kann der Antragsteller aufgrund seiner Position in der Organisation über die Planung und Durchführung terroristischer Aktionen mitbestimmen oder leistet er aufgrund dessen jedenfalls einen Beitrag zur Fähigkeit der Organisation, terroristische Anschläge zu verüben, (Rdn. 133 ff.)?

> Besteht ein konkretes Risiko der Folteranwendung nach Abschiebung in das Herkunftsland (Rdn. 190 ff.)?

Schaubild 18 zum Ausschluss wegen terroristischer Straftaten

a) Funktion des Ausschlusses von Tätern terroristischer Handlungen

98   Besonders gravierende Gewalttaten wie jene, die gemeinhin als »**terroristisch**« bezeichnet werden, stehen in einem derartigen Missverhältnis zu jeglichem politischen Ziel, dass bei ihnen regelmäßig nicht das politische Motiv im Sinne von Art. 1 F Buchst. b) GFK überwiegen kann (Rdn. 43 ff.).[279] Hier ist es also die Unverhältnismäßigkeit der Tat und deren Folgen, welche der Berufung auf politische Motive entgegenstehen. Dementsprechend hat die völkerrechtliche Entwicklung dazu geführt, dass z. B. Flugzeugentführungen, Geiselnahmen und Straftaten gegen Diplomaten grundsätzlich nicht als politische Straftaten angesehen werden.[280] Dies hat auch Auswirkungen auf die Anwendung der Ausschlussklauseln des Art. 1 F Buchst. b) und c) GFK. Auch der EuGH weist darauf hin, dass »terroristische Handlungen«, die durch ihre Gewalt gegenüber der Zivilbevölkerung gekennzeichnet sind, auch wenn mit ihnen vorgeblich politische Ziele verfolgt werden, als schwere nichtpolitische Straftaten anzusehen sind.[281]

99   Bislang gibt es keine allgemein anerkannte Definition des Terrorismus (Rdn. 101 ff., 107 ff.), sodass ein an diesen Begriff anknüpfender Ausschlussgrund in der Literatur sehr kritisch gesehen wird.[282] In der Rechtsprechung wird gefordert, dass für den Ausschluss von Personen vom Flüchtlingsschutz, welche den internationalen Terrorismus unterstützen, Resolutionen oder Erklärungen der Vereinten Nationen erforderlich sind, um den geforderten internationalen Konsens annehmen zu können.[283] Diese befördern zwar eine internationale Rechtsordnung und darauf beruhende staatliche Zusammenarbeit und verstärken das Bewusstsein, dass Terrorismus eine Bedrohung des internationalen Friedens und der Sicherheit darstellen. Probleme entstehen jedoch, wenn Staaten Maßnahmen zur Bekämpfung des Terrorismus ergreifen, die ihrerseits mit Völkerrecht unvereinbar sind. Nur die einzelnen Abkommen, die verschiedene Aspekte des Terrorismus behandeln, können die Grundlage für

---

279 *UNHCR*, Richtlinien zum Internationalen Schutz: Anwendung der Ausschlussklauseln, September 2003, Nr. 15; *Fullerzton*, RSQ 2010, 4; *Crépau*, RSQ 2010, 31; *Vested-Hansen*, RSQ 2010, 45; *Guild/Garlick*, RSQ 2010, 63; *Messari/van der Klaauw*, RSQ 2010, 83; *Someon*, RSQ 2010, 104.
280 *Zimmermann*, DVBl. 2006, 1478 (1483).
281 EuGH, InfAuslR 2011, 40 (41) = = NVwZ 2011, 285 = AuAS 2011, 43 Rn. 81 – B. und D.
282 *Goodwin-Gill/McAdam*, The Refugee in International Law, S. 191 ff.; *Zimmermann/Wennholz*, in: *Zimmermann*, The 1951 Convention, Article 1 F Rn. 100 f.; *Marx*, ZAR 2002, 127 (128).
283 Canada Supreme Court (1998) 1 S.C.R. 982 Rn. 66 – Pushpanathan, mit Hinweis auf die Ergänzung von 1997 zur 1994er Erklärung der Generalversammlung über Maßnahmen zur Beseitigung des Terrorismus.

den Ausschluss vom Flüchtlingsschutz bilden, vorausgesetzt, die betreffende Handlung kann eine der Kategorien dieser Abkommen zugeordnet werden.[284]

Eine Person, die begründete Furcht vor schwerwiegender Verfolgung wie z. B. vor Eingriffen in Leben oder Freiheit hegt, kann nur aus besonders schwerwiegenden Gründen vom Flüchtlingsstatus ausgeschlossen werden.[285] Im Einzelfall muss deshalb eine konkrete Betrachtungsweise der Tat des Antragstellers vorgenommen werden. Dabei müssen auch erschwerende oder strafmildernde Umstände und muss darüber hinaus auch berücksichtigt werden, ob der Antragsteller bereits seine Strafe verbüßt hat oder gar als resozialisiert gelten kann.[286] Es kommt auf die Schwere der Straftaten und auf die Unverhältnismäßigkeit der Tatbegehung und -folgen an. Unter einem »schwerwiegenden Verbrechen« im Sinne des Art. 1 F Buchst. b) GFK ist immer ein Kapitalverbrechen oder eine besonders schwere Straftat zu verstehen. Weniger schwerwiegende Straftaten, die mit entsprechend geringeren Strafen belegt werden, stellen hingegen keinen Rechtfertigungsgrund für die Anwendung der Ausschlussklausel dar.[287] Der Hinweis auf bestimmte schwerwiegende Delikte in der Internationalen Konvention zur Verhinderung der Finanzierung des Terrorismus offenbart, dass auch das Völkerrecht eine präzise Definition des Terrorismus vermeidet und stattdessen auf den schwerwiegenden Charakter des Verbrechens abstellt.

100

Soweit terroristische Handlungen unter Hinweis auf Art. 1 F Buchst. c) GFK den Ausschluss vom Flüchtlingsschutz rechtfertigen sollen (Rdn. 90 ff.), ist insbesondere Resolution 1373(2001) des Sicherheitsrates zu beachten, wonach terroristische Handlungen wie auch die bewusste Finanzierung, Planung und Anstiftung derartiger Handlungen gegen den Zweck und die Grundsätze der Vereinten Nationen gerichtet sind. Zweck der Resolution ist es, den Zugang zu einem sicheren Hafen für Terroristen auszuschließen. Andererseits weist der Sicherheitsrat darauf hin, dass Flüchtlinge nur in Übereinstimmung mit den Menschenrechten vom Flüchtlingsschutz ausgeschlossen werden dürfen. Daraus wird in der Literatur geschlossen, dass es Resolution 1373 (2001) nicht rechtfertige, jegliche Handlung mit terroristischen Bezügen zum Anlass für den Flüchtlingsausschluss zu nehmen. Nach dem Zweck der Resolution könne eine Person, die keine Verbindungen zu terroristischen Strukturen mehr hätten, nicht ausgeschlossen werden.[288]

101

Der Sicherheitsrat hat mit Resolution 1624 (2005) erneut betont, dass gegen den Terrorismus gerichtete Maßnahmen nur in Übereinstimmung mit völkerrechtlichen, insbesondere menschenrechtlichen, flüchtlingsrechtlichen und humanitären Verpflichtungen getroffen werden dürfen. Auch wenn der »Terrorismus« den Zielen und Grundsätzen der Vereinten Nationen zuwiderläuft und deshalb den Flüchtlingsausschluss rechtfertigt, bedarf es deshalb der Berücksichtigung verfahrensrechtlicher Regelungen, um festzustellen, ob der Betroffene eine terroristische Handlung begangen hat, die von der internationalen Gemeinschaft als terroristisch eingestuft wird. Dieser schwerwiegende Vorwurf ist angesichts der fehlenden internationalen Verständigung über den Begriff des »Terrorismus« indes mit besonderer Sorgfalt zu überprüfen.[289]

102

Der Hinweis auf die Bedrohung des Weltfriedens und der internationalen Sicherheit in den Resolutionen des Sicherheitsrates zum Terrorismus legt nahe, den Ausschluss vom Flüchtlingsschutz vorrangig nach Maßgabe von Art. 1 F Buchst. c) GFK zu behandeln. Dabei bezieht sich der Sicherheitsrat ausdrücklich auf konkrete terroristische Aktionen, sodass grundsätzlich eine nach strafrechtlichen

103

---

284 *Goodwin-Gill/McAdam*, The Refugee in International Law, S. 191 ff.; *Zimmermann/Wennholz*, in: *Zimmermann*, The 1951 Convention, Article 1 F Rn. 100 f.
285 *Goodwin-Gill*, The Refugee in International Law, S. 107.
286 *Zimmermann*, DVBl. 2006, 1478 (1484).
287 *UNHCR*, Handbuch über Verfahren und Kriterien zur Feststellung der Flüchtlingseigenschaft, 1979, Rn. 155.
288 *Zimmermann/Wennholz*, in: *Zimmermann*, The 1951 Convention, Article 1 F Rn. 99.
289 *Goodwin-Gill/McAdam*, The Refugee in International Law, S. 195 ff.

Kriterien zu ermittelnde individuelle Verantwortlichkeit festzustellen ist (Rdn. 137 ff., 144 ff.). Unmittelbar nach dem 11. September 2001 bestimmte der Sicherheitsrat mit Resolution 1373 (2001) verbindlich, dass die Staaten, bevor sie einer Person den Flüchtlingsstatus gewähren, geeignete Maßnahmen ergreifen, »um sich zu vergewissern, dass der Asylsuchende keine terroristischen Handlungen geplant oder erleichtert oder sich daran beteiligt hat«. Dabei stellte der Sicherheitsrat zugleich fest, dass Terroranschläge wie die vom 11. September 2001 den Weltfrieden und die internationale Sicherheit bedrohen.

104 Auch UNHCR hat sich nach dem 11. September 2001 wiederholt mit dieser Frage befasst und festgestellt, obwohl terroristische Handlungen den Weltfrieden und die internationale Sicherheit bedrohten und deshalb den Zielen und Grundsätzen der Vereinten Nationen zuwiderliefen, reiche allein die Tatsache, dass eine Handlung als terroristisch anzusehen sei, für die Anwendung von Art. 1 F Buchst. c) GFK nicht aus. Wie für die völkerrechtliche Literatur ist für die Position von UNHCR maßgebend, dass bislang über den Begriff des Terrorismus keine internationale Einigung erzielt werden konnte.[290] Statt sich auf die Beschreibung des Terrorismusbegriffs zu versteifen, sollte für die Anwendung von Art. 1 F Buchst. c) GFK in Fällen, in denen terroristische Aktionen in Rede stehen, vielmehr das Ausmaß der internationalen Dimension derartiger Handlungen, wie z. B. ihr schwerwiegender Charakter, internationale Auswirkungen und Einfluss auf den Weltfrieden und die internationale Sicherheit berücksichtigt werden.[291]

105 Abschließend kommt UNHCR in diesem Zusammenhang zu dem Schluss, dass nur derartige Aktionen wie sie in den Resolutionen des Sicherheitsrats 1373 (2001) und 1377 (2001) angesprochen würden, nämlich Anschläge wie die vom 11. September 2001, die Anwendung von Art. 1 F Buchst. c) GFK rechtfertigen. Werde der generelle Charakter von Art. 1 F Buchst. c) GFK berücksichtigt, könnten nur derart verabscheuungswürdige Akte die internationale Sicherheit beeinträchtigen und deshalb in den Anwendungsbereich dieser Klausel fallen. Dabei könnten ausschließlich die Führer von Gruppen, die für derartige terroristische Aktionen Verantwortung ausübten, durch die Klausel ausgeschlossen werden. Personen, die eine derartige Leitungsfunktion nicht erfüllten, könnten nach anderen Ausschlussklauseln behandelt werden.[292] In Betracht kommt insoweit Art. 1 F Buchst. b) GFK. Danach eignet sich Art. 1 F Buchst. c) GFK durchaus für den Einschluss terroristischer Straftäter, soweit der Nachweis einer internationalen Dimension der entsprechenden Taten geführt werden kann und der Antragsteller Kommando- und Leitungsfunktionen innehatte.

106 Nach der Rechtsprechung genügt es für den Ausschluss vom Flüchtlingsschutz nach Art. 1 F Buchst. c) GFK grundsätzlich nicht, wenn der Antragsteller einer als terroristisch eingestuften Organisation angehört oder eine derartige Organisation unterstützt hat. Nicht in jeder in den Resolutionen des Sicherheitsrates zum Ausdruck kommenden Position manifestierten sich Ziele und Grundsätze der Vereinten Nationen.[293] Auch private Gruppen und Einzelakteure könnten Träger völkerrechtlicher Pflichten sein. Dies gelte insbesondere im Fall von Sanktionen nach Kapitel VII der Charta. Indem in Resolution 1373 (2001) terroristische Handlungen als den Zielen und Grundsätzen der Vereinten Nationen widersprechend qualifiziert werden, seien auch einzelne Akteure für die Anwendung von Art. 1 F Buchst. c) GFK in Betracht zu ziehen.[294]

---

290 *UNHCR*, Background Note on the Application of the Exclusion Clauses, September 2003, Rn. 49.
291 *UNHCR*, Background Note on the Application of the Exclusion Clauses, September 2003, Rn. 49.
292 *UNHCR*, Background Note on the Application of the Exclusion Clauses, September 2003, Rn. 49.
293 OVG Nordrhein-Westfalen, Urt. v. 27.03.2007 – 8 A 5118/05.A; a.A. OVG Rheinland-Pfalz, InfAuslR 2003, 254 (256) = NVwZ-RR 2003, 596.
294 *Zimmermann*, DVBl. 2006, 1478 (1485); VG Regensburg, Urt. v. 30.11.2004 –. RO 2 K 04.30415; VG Koblenz, Urt. v. 11.08.2004 – 4 K 2125/03.KO; VG Ansbach, Urt. v. 06.02.2006 – AN 1 K 05.30351; VG Hannover, Urt. v. 14.03.2006 – 11 A 3466/03.

b) Begriff der terroristischen Vereinigung

Literatur und Rechtsprechung vermeiden es, den Flüchtlingsausschluss an eine abstrakte Kategorie der »terroristischen Vereinigung« anzuknüpfen. Vielmehr wird gefordert, dass die betreffende Handlung als terroristische nach Maßgabe internationaler Abkommen oder Erklärungen bzw. Resolutionen identifiziert werden kann (Rdn. 99 ff.). Auch das BVerwG räumt im Ausgangspunkt kritisch ein, dass es keinen allgemein anerkannten Begriff des Terrorismus gibt und stützt seine Rechtsprechung auf völkerrechtliche Texte ab. Zwar beinhalte dieser Begriff eine gewisse Unschärfe und seien die bisherigen Versuche, auf völkerrechtlicher Ebene eine allgemein anerkannte vertragliche Definition des Terrorismus zu entwickeln, nicht in vollem Umfang erfolgreich gewesen seien. In der Rechtsprechung des BVerwG sei jedoch in den Grundsätzen geklärt, unter welchen Voraussetzungen die – völkerrechtlich geächtete – Verfolgung politischer Ziele mit terroristischen Mitteln anzunehmen sei.[295] Zur Begriffsbestimmung zieht das Gericht auch Beschlüsse der Europäischen Union, die etwa in Form eines »Gemeinsamen Standpunktes« einen textlichen Niederschlag gefunden haben, heran.[296] In diesem Zusammenhang kennzeichnet der EuGH als »terroristische Handlungen« jene, die durch ihre Gewalt gegenüber der Zivilbevölkerung gekennzeichnet sind (Rdn. 97).[297]

107

Problematisch bleibt es gleichwohl, für den Ausschluss vom Flüchtlingsschutz nicht an konkrete Akte des Einzelnen, sondern an eine abstrakte begriffliche Kategorie der »terroristischen Vereinigung« anzuknüpfen. Dabei handelt es sich um einen »auf Dauer angelegten Zusammenschluss«, der bei Unterordnung des Willens des Einzelnen unter den Willen der Gesamtheit gemeinsame terroristische Zwecke verfolgt oder gemeinsame terroristische Tätigkeiten entfaltet. Staatliche Abwehrmaßnahmen zielen auf »die erhöhte kriminelle Intensität«, die »in einer festgefügten Organisation ihren Ausdruck findet, die kraft der ihr innewohnenden Eigendynamik eine erhöhte Gefährlichkeit für wichtige Rechtsgüter der Gemeinschaft mit sich bringt«. Diese für »größere Personenzusammenschlüsse typische Eigendynamik hat ihre spezifische Gefährlichkeit darin, dass sie geeignet ist, dem Einzelnen die Begehung von Straftaten zu erleichtern und bei ihm das Gefühl persönlicher Verantwortung zurückzudrängen«.[298] Die Bekämpfung derartiger Vereinigungen beruht auf der Erkenntnis, dass Aktivitäten dann besonders gefährlich sind, wenn sie sich auf eine gemeinschaftliche Basis stützen können.[299]

108

Die Straftaten brauchen nicht das Endziel, der Hauptzweck oder die ausschließliche Tätigkeit sein. Auch wenn sie die Erreichung des Endziels nur vorbereiten sollen, bleiben Zweck und Tätigkeit der Organisation auf die Begehung strafbarer Handlungen gerichtet.[300] Demgegenüber genügt es nicht, dass die Begehung der Straftaten nur ein Zweck oder eine Tätigkeit von untergeordneter Bedeutung ist.[301] Eine Vereinigung unterstützt den Terrorismus, wenn sie diesen fördert, stärkt oder absichert, wozu auch logistische Unterstützung oder Werbung gehört. Erfasst wird also nicht nur die Mitgliedschaft in einer Vereinigung, die sich selbst terroristisch betätigt. Sie erstreckt sich auch auf Vereinigungen, die im Vorfeld Unterstützungsleistungen erbringen.

109

Problematisch bleibt bei einem nicht an individuell zurechenbare Handlungen anknüpfenden Ausschluss vom Flüchtlingsschutz die hohe Missbrauchsanfälligkeit derart abstrakter Kategorien, die ja

110

---

295 BVerwGE 123, 114 (129) = InfAuslR 2005, 374 = NVwZ 2005, 1091, unter Hinweis auf das Übereinkommen zur Bekämpfung der Finanzierung des Terrorismus von 1999 und den Ratsbeschluss Nr. 2002/475 von 2002; BVerwGE 132, 79 (87) = EZAR NF 68 Nr. 3 = NVwZ 2009, 403 (LS); BVerwG, NVwZ 2009, 592 (594) = EZAR NF Nr. 4.
296 BVerwGE 123, 114 (124) = InfAuslR 2005, 374 = NVwZ 2005, 1091; ebenso Hessischer VGH, InfAuslR 2006, 219 (220) = NVwZ-RR 2007, 131.
297 EuGH, InfAuslR 2011, 40 (41) = NVwZ 2011, 285 = AuAS 2011, 43 Rn. 81 – B. und D.
298 BGH, NJW 1992, 1518.
299 BVerfGE 80, 244 (255).
300 BGHSt 15, 259 (260).
301 BGHSt 31, 207; 41, 47.

insbesondere auch in der ideologischen Auseinandersetzung mit dem politischen Gegner verwendet werden. Dies verdeutlicht insbesondere die deutsche Rechtsprechung, welche den Begriff der terroristischen Vereinigung sehr weit zieht und damit konturenlos macht. Die unklare Abgrenzung der bewaffneter Kämpfer (Kombattanten) von terroristischen Bewegungen (Rdn. 119 ff.) und die Unmöglichkeit, sich international über legitime Zielsetzungen Gewalt anwendender Organisationen zu verständigen, verdeutlichen die Probleme, die einer internationalen juristischen Begriffsklärung terroristischer Handlungen entgegenstehen. Die systematische, schwerwiegende und massenhafte Verletzung der Menschenrechte in vielen Staaten der Welt ist ein weiteres Hindernis auf dem Weg zu einer Verständigung über diesen Begriff. Es ist nicht zulässig, ohne Weiteres bestimmte Oppositionsgruppen, die mit Gewalt gegen ihre Regierung kämpfen, als terroristisch einzustufen.

111 So wendet sich auch das BVerfG gegen eine pauschale Gleichsetzung von Gewalt und Terrorismus.[302] Vielmehr bedarf es für die Anwendung eines auf den Terrorismus gemünzten Ausschlusstatbestandes zusätzlicher Merkmale. Diese können etwa in den von der jeweiligen Organisation eingesetzten Methoden und Mitteln gefunden werden. Auch das BVerwG verweist auf die terroristischen **Mittel**, mit denen eine Vereinigung ihre politischen Ziele verfolgt.[303] Der Sicherheitsrat hat zwar in der Resolution 1373 (2001) indirekt auf die in der Internationalen Konvention für die Verhinderung der Finanzierung des Terrorismus enthaltene Definition Bezug genommen, welche allgemein solche Handlungen als terroristisch definiert, die den Tod oder eine schwere Körperverletzung einer Zivilperson oder eines Nichtkombattanten herbeiführen soll, wenn der Zweck dieser Handlung aufgrund ihres Wesens oder der Umstände darin besteht, die Bevölkerung einzuschüchtern oder eine Regierung oder internationale Organisation zu einem Tun oder Unterlassen zu nötigen.

112 Gleichwohl eignet sich der Begriff der terroristischen Tat wegen seiner Missbrauchsanfälligkeit und seines ideologisch aufgeladenen Inhalts und auch insbesondere wegen seiner polarisierenden Wirkung nicht für die Rechtsanwendung. Denn auch ein legitimer Widerstand zielt auf eine Nötigung der diktatorischen Regierung, bestimmte Praktiken zu unterlassen, ab. Es müssen deshalb die Ziele der Widerstandshandlungen – Wiederherstellung von Frieden und sozialer Gerechtigkeit – in die juristische Definition einbezogen werden. Für den Flüchtlingsausschluss sollte daher an juristisch präzis definierte Taten angeknüpft werden. Soweit diese im Rechtsentstehungsprozess der Vereinten Nationen dazu benutzt werden, um dem Phänomen des internationalen Terrorismus in gemeinschaftlichen Anstrengungen begrifflich entgegenzuwirken, sind es doch stets genau definierte Straftaten (»**terroristische Mittel**«), welche dieses Phänomen kennzeichnen. Schwierigkeiten treten auf, wenn der Ausschluss vom Flüchtlingsschutz nicht mehr an derartige Straftaten, sondern an die Vereinigung als solche anknüpft. Wie weit allein die Zugehörigkeit zu einer derartigen Vereinigung als solche den Flüchtlingsausschluss rechtfertigt, wird folglich derzeit in der Staatenpraxis sehr kontrovers diskutiert (Rdn. 125 ff.).

c) Bedeutung von »Listen terroristischer Vereinigungen«

113 Seit den 1990er Jahren hat sich in der internationalen Sanktionspraxis ein Trend zu »**intelligenten Sanktionen**« (»**smart sanctions**«) herausgebildet, die durch die Möglichkeit eines selektiven Einsatzes geprägt sind.[304] Anders als klassische Sanktionsmittel richten sich diese Sanktionen nicht gegen Staaten, sondern gegen Organisationen und Einzelpersonen, um diese durch ein Einfrieren deren Gelder operationsunfähig zu machen. Unmittelbar nach dem 11. September 2001 verabschiedete der Sicherheitsrat gezielt zur Bekämpfung der Finanzierung des Terrorismus Resolution 1373, die

---

302 BVerfG (Kammer), InfAuslR 1991, 257 (260) = NVwZ 1992, 261.
303 BVerwGE 123, 114 (130) = InfAuslR 2005, 374 = NVwZ 2005, 1091, PKK.
304 Siehe hierzu *Scholz*, NVwZ 2009, 287; *Schubert*, Rechtliche Grundlagen für die Verhängung zielgerichteter Sanktionen (»Smart Sanctions«) durch die Vereinten Nationen und die EU, Wissenschaftliche Dienste des Deutschen Bundestages, Infobrief WD 2 – 3010-121/11; zum Rechtsschutz hiergegen s. EuGH, NVwZ 2009, 295.

die Verpflichtung zum Einfrieren von Guthaben und sonstigen Vermögenswerten verdächtiger Personen und Gruppierungen enthält und zusätzlich das Sammeln von Geldern zur Unterstützung terroristischer Organisationen unter Strafe stellt.[305] Bereits 1999 wurde Resolution 1267 verabschiedet, die sich gegen das Taliban-Regime und Al-Quaida richtet.

Die Union hat ihre Verpflichtungen aus den Resolutionen 1373 (2001) und 1267 (1999) durch ein koordiniertes Vorgehen im Rahmen der Gemeinsamen Außen- und Sicherheitspolitik (GASP) erfüllt. Während die Resolution 1267 (1999) unmittelbar eine Liste verdächtiger Personen und Gruppierungen enthält, ist Resolution 1373 (2001) allgemeiner gehalten. Deshalb hat die Europäische Union eine autonome Liste erstellt. Danach wurde der Gemeinsame Standpunkt 2001/931/GASP erlassen und eine EG-Verordnung mit einer EU-einheitlichen Liste terroristischer Organisationen.[306] Für die Aufnahme von Organisationen und Einzelpersonen reichen »ernsthafte und schlüssige Beweise oder Indizien« aus und erstreckt sich die gerichtliche Kontrolle der Rechtmäßigkeit auf die Beurteilung der Tatsachen und Umstände, die zur Begründung herangezogen werden. Dabei hat der Rat ein »**weites Ermessen**« und kann der Gerichtshof nicht seine Beurteilung der Beweise, Tatsachen und Umstände an die Stelle der Beurteilung des Rates setzen. Seine Rechtmäßigkeitskontrolle erstreckt sich vielmehr auf die Prüfung der Einhaltung von Verfahrensvorschriften und Begründungspflichten und darauf, ob der Sachverhalt richtig ermittelt worden ist und kein offensichtlicher Fehler in der Beurteilung der Tatsachen oder Ermessensmissbrauch vorgelegen hat.[307]

114

Die gerichtliche Kontrolle der Aufnahme einer Organisation bezieht sich danach eher auf die Einhaltung von Verfahrensrechten und erlaubt keine inhaltliche Überprüfung der Richtigkeit der Ratsentscheidung. Soweit es um Organisationen geht, werden durch die Entscheidung über deren Aufnahme in die Liste keine Aussagen zu Einzelpersonen getroffen. Die Liste hat den Zweck, entsprechend Resolution 1373 (2001) des Sicherheitsrates die Gelder derartiger Organisationen einzufrieren und dadurch Druck auf die Organisation auszuüben.[308] Bereits aus dieser Funktion wird deutlich, dass gegen die einzelnen Mitglieder einer derartigen Organisation allein wegen deren Leistung ohne zusätzliche Feststellungen entsprechend den dargestellten Grundsätzen nicht die Ausschlussklausel des Art. 1 F Buchst. b) und c) GFK angewandt werden kann (Rdn. 116).

115

Die Tatsache, dass eine Gruppierung auf einer Liste »terroristischer Organisationen« der internationalen Gemeinschaft oder sogar einzelner Staaten verzeichnet und der Antragsteller mit einer derartigen Gruppierung verbunden ist, rechtfertigt daher als solche keine von den allgemeinen Grundsätzen abweichende Beurteilung. Keinesfalls begründet allein dieser Umstand einen automatischen Ausschluss vom Flüchtlingsschutz. Der EuGH weist darauf hin, dass nur »schwerwiegende Gründe« den Ausschluss rechtfertigen. Nach dem Wortlaut von Art. 12 Abs. 2 Buchst. b) und c) 2004/83/EG setzt deren Anwendung voraus, dass »in jedem Einzelfall eine Würdigung der genauen tatsächlichen Umstände« erforderlich ist. Folglich kann allein die Tatsache der Zugehörigkeit zu einer gelisteten Organisation nicht den automatischen Ausschluss vom Flüchtlingsschutz bewirken.[309]

116

Zur Begründung weist der Gerichtshof zudem darauf hin, dass zwischen dem Gemeinsamen Standpunkt 2001/931/GASP und der Richtlinie 2004/83/EG hinsichtlich der verfolgten Ziele kein unmittelbarer Zusammenhang besteht. Die Aufnahme einer Organisation in eine Liste erlaube indes die Feststellung, dass die Vereinigung, der die betreffende Organisation angehöre, terroristischer Art sei. Auch dürfe dieser Gesichtspunkt bei der Prüfung, ob die Handlung, die der Antragsteller begangen habe, Art. 12 Abs. 2 Buchst. b) und c) 2004/83/EG zuzuordnen sei, berücksichtigt werden.

117

---

305 Zum Ganzen *Bartelt/Zeitler*, EuZW 2003, 712; BT-Drucks. 16/6236 v. 16.08.2007.
306 Siehe hierzu EuGH, HRLJ 2008, 373 (375) Rn. 23 ff. – Kadi and Al Bakarat.
307 EuGH, Urt. v. 12.12.2006 – Rechtssache T-228/02, Rn. 124, 136, 154–159 – Organisation des Modjahedines du peule d'Iran.
308 *Bundesregierung*, BT-Drucks. 16/2128, S. 2, zur *LTTE*.
309 EuGH, InfAuslR 2011, 40 (41) = NVwZ 2011, 285 = AuAS 2011, 43 Rn. 87 ff. – B. und D.; OVG Schleswig-Holstein, AuAS 2011, 262 (264).

Darüber hinaus führe entgegen der Ansicht der Kommission die Beteiligung an einer Handlung einer gelisteten Vereinigung nicht notwendig und automatisch zum Ausschluss nach Maßgabe dieser Normen. Vielmehr sei auch in diesem Fall eine individuelle Prüfung der genauen tatsächlichen Umstände erforderlich.[310]

118 Ob der Gerichtshof damit die Auffassung von UNHCR übernommen hat, wonach eine Vermutung der persönlichen Verantwortung in Betracht gezogen werden kann, sofern die Liste auf nachvollziehbaren und stichhaltigen Gründen beruht und es vernünftige Gründe für die Annahme gibt, dass alle Mitglieder einer auf der Liste gesetzten Organisation individuell für gewalttätige Aktionen verantwortlich sind,[311] dürfte eher fraglich sein. Der Gerichtshof vermeidet beweisrechtliche Festlegungen und insistiert darauf, dass vor dem Ausschluss eine sorgfältige und erschöpfende Prüfung der genauen tatsächlichen Umstände durchgeführt wird. Das BVerwG selbst hatte sich im Vorlagebeschluss insoweit nicht festgelegt, vielmehr lediglich festgestellt, dass der der DHKP/C zugehörige Kläger deren Kampftruppen, die das bestehende türkische Staatssystem durch einen Volkskrieg zerschlagen wolle, in vielfältiger Weise unterstützt und dadurch eine schwere nichtpolitische Straftat begangen habe.[312]

c) Abgrenzung terroristischer Vereinigungen von Kampfverbänden

119 Aus völkerrechtlichen Gründen ist insbesondere eine Abgrenzung terroristischer Vereinigungen von Kampfverbänden erforderlich. Die bloße Tatsache der Zugehörigkeit zu einem Kampfverband kann unter keinen rechtlichen Umständen den Flüchtlingsausschluss rechtfertigen.[313] Andererseits verschwimmen in der ideologischen Auseinandersetzung die Grenzen zwischen »terroristischen Gruppierungen« und dem Schutz des Humanitären Völkerrechts unterliegenden Kampfverbänden. Rechtlicher Ausgangspunkt für die Abgrenzung ist der Begriff des **Kombattanten**. Nach Art. 43 Zusatzprotokoll Nr. I sind Kombattanten im Fall bewaffneter Auseinandersetzungen zur Gewaltanwendung berechtigte Personen. Der Begriff umfasst Angehörige der Streitkräfte mit Ausnahme des Sanitäts- und Seelsorgepersonals. Dabei bestehen Streitkräfte aus der Gesamtheit der organisierten bewaffneten Verbände, Gruppen und Einheiten einer der Konfliktparteien, sofern diese einer Führung unterstehen, welcher dieser Partei für das Verhalten ihrer Untergebenen verantwortlich ist. In Verbindung mit Art. 1 Abs. 4 Zusatzprotokoll Nr. I ermöglicht diese Definition, auch solchen bewaffneten Gruppierungen den Kombattantenstatus zu geben, die nicht einer staatlichen Autorität unterstehen, vorausgesetzt, sie verfügen über eine Führung, die mittels disziplinarischer Maßnahmen die Einhaltung der Regeln des Kriegsrechts durch ihre Untergebenen zu gewährleisten vermag.[314]

120 Während Kombattanten gemäß Art. 43 Abs. 2 Zusatzprotokoll Nr. I ausdrücklich zur Anwendung von bewaffneter Gewalt berechtigt sind und deshalb nicht für die bloße Teilnahme an bewaffneten Angriffen, sondern lediglich für die Verletzung völkerrechtlicher Verpflichtungen, wie z. B. im Zusammenhang mit der Anwendung bewaffneter Gewalt verübte Kriegsverbrechen, Verbrechen gegen den Frieden und Verbrechen gegen die Menschlichkeit (vgl. Art. 12 Abs. 2 Buchst. a) RL 2004/83/EG), verantwortlich gemacht werden können, dürfen Zivilpersonen grundsätzlich keine Gewalt ausüben. Personen, die sich an bewaffneten Kampfhandlungen beteiligen, ohne Kombattanten zu sein, können vielmehr hierfür von der gegnerischen Partei nach allgemeinen Regeln bestraft

---

310 EuGH, InfAuslR 2011, 40 (41) = = NVwZ 2011, 285 = AuAS 2011, 43 Rn. 88 ff. – B. und D.; *Berlit*, NVwZ 2012, 193 (195).

311 *UNHCR*, Background Note on the Application of the Exclusion Clauses, September 2003, Rn. 62; UNHCR hat diese vereinzelt vertretene Position in der Folgezeit nicht erneut bekräftigt.

312 BVerwGE 132, 79 (87) = EZAR NF 68 Nr. 3 = NVwZ 2009, 403 (LS); BVerwG, NVwZ 2009, 592 (594) = EZAR NF Nr. 4, zur PKK.

313 BVerwGE 135, 252 (266) = NVwZ 2010, 979 = InfAuslR 2010, 256 = EZAR NF 68 Nr. 7.

314 *Bothe*, in: *Bothe u. a.*, Völkerrecht, S. 658 f.

werden. Dementsprechend können Mitglieder einer terroristischen Organisation nicht den Status eines Kombattanten erworben haben. Ihr Ausschluss vom Flüchtlingsschutz richtet sich nach den oben dargelegten Grundsätzen.

Für die Abgrenzung terroristischer Gruppierungen von Kampfverbänden kommt es darauf an, ob eine oppositionelle Gruppierung über eine Führung verfügt, die mittels disziplinarischer Maßnahmen die Einhaltung der Regeln des Kriegsrechts durch ihre Untergebenen zu gewährleisten vermag (Rdn. 119). Die grundsätzliche Anerkennung kriegsrechtlicher Regelungen und die Unterwerfung unter diese sowie bestehende disziplinarische Strukturen, um deren Sicherstellung zu gewährleisten, sind erforderlich. Eine Gruppierung, deren Ziele und Methoden vorrangig in der Verübung terroristischer Anschläge besteht, bei deren Ausübung begriffsnotwendig nicht zwischen militärischen Objekten und der unbeteiligten Zivilbevölkerung unterschieden wird, diese vielmehr wegen des Propagandaeffekts gerade auf die Zivilbevölkerung gerichtet sind, kann bereits begrifflich kein bewaffneter Kampfverband sein. Kampfverbände unterwerfen sich also kriegsrechtlichen Regeln und setzen im Fall der Verübung von Kriegsverbrechen oder Verbrechen gegen die Menschlichkeit bestehende disziplinarische Strukturen hiergegen ein. Hingegen erkennen terroristische Gruppierungen derartige Regelungen nicht an. Ihr Ziel ist es vielmehr, bestehende staatliche, wirtschaftliche und gesellschaftliche Institutionen durch Verbrechen gegen die Zivilbevölkerung (»weiche Ziele«) im Sinne einer asymmetrischen Kriegsführung unter Druck zu setzen. Hier liegt die Annahme eines Kriegsverbrechens nahe, sodass es keines Rückgriffs auf Art. 12 Abs. 2 Buchst. c) RL 2004/83/EG bedarf. 121

Das Exekutivkomitee von UNHCR empfiehlt den Staaten im Beschluss Nr. 94 (LIII) (2002) über den zivilen und humanitären Charakter von Asyl, dass »Kämpfer« nicht als Asylsuchende betrachtet werden sollten, **solange** die zuständigen Behörden nicht innerhalb eines angemessenen Zeitraums festgestellt haben, dass sie »**tatsächlich und endgültig alle militärischen Aktivitäten eingestellt**« haben. Sobald dies feststehe, sollten spezielle Verfahren zur Einzelfeststellung des Flüchtlingsstatus vorgesehen werden, um sich zu vergewissern, dass diejenigen, die Asyl suchten, die Kriterien für die Flüchtlingseigenschaft erfüllten. Während des Verfahrens sei auf diesen Gesichtspunkt mit größter Sorgfalt zu achten, um einen Missbrauch des Asylsystems durch Personen zu verhindern, die keinen internationalen Schutz verdienten. Denn es bestehe ein unauflösbarer Konflikt zwischen dem Ziel, internationalen Schutz zu suchen einerseits und dem Ziel, vom Gebiet des Aufnahmestaates aus militärische Operationen zu planen und durchzuführen, andererseits.[315] 122

Ein ehemaliger Kombattant kann danach den Flüchtlingsstatus beantragen (siehe auch Art. 15 Buchst. c) RL 2004/83/EG, § 42 Rdn. 69 ff.). Die Anwendung der GFK setzt in diesem Fall voraus, dass der Antragsteller unabhängig von seiner früheren formalrechtlichen Stellung als »Kombattant« oder »Zivilperson« tatsächlich entwaffnet ist und sich grundsätzlich und dauerhaft vom bewaffneten Kampf losgesagt hat und ihm auch keine persönliche Verantwortung für Kriegsverbrechen, Verbrechen gegen den Frieden und Verbrechen gegen die Menschlichkeit nachgewiesen werden kann. Daraus folgt, dass ehemalige Kämpfer allein wegen ihres früheren Kombattantenstatus nicht vom Flüchtlingsschutz ausgeschlossen werden können. Auch die Tatsache, dass derartige Personen in einer Situation massenhafter Fluchtbewegungen in einem Drittland zunächst von der übrigen Flüchtlingsbevölkerung getrennt wurden, kann nicht als Grund für die Anwendung der Ausschlussklauseln verstanden werden.[316] Der Beschluss des Exekutivkomitees zielt insbesondere auf Situationen in Ostafrika, wo sich in Situationen massenhafter Fluchtbewegungen in der Region »Große Seen« zahlreiche Kämpfer der Konfliktparteien – also möglicherweise frühere Verfolger – unter die Flüchtlingsbevölkerung mischen und in den Flüchtlingslagern ihre früheren Übergriffe fortsetzen. 123

Der Beschluss hat die Funktion, sicherzustellen, dass in derartigen Massenfluchtsituationen zunächst geprüft wird, ob der Kombattantenstatus tatsächlich nicht mehr besteht, bevor der Asylantrag geprüft wird. Besteht insoweit Klarheit, kann das normale Feststellungsverfahren durchgeführt 124

---

315 *Jacquemet*, Legal and Protection Policy Research Series, S. 21.
316 *UNHCR*, Background Note on the Application of the Exclusion Clauses, Rn. 63.

werden, wobei allerdings Anlass besteht, den Blick besonders auf Umstände und Tatsachen zu lenken, die für eine Anwendung der Ausschlussklauseln sprechen. Liegen Hinweise vor, dass ehemalige Kombattanten in Kampfhandlungen verwickelt waren, in deren Verlauf Kriegsverbrechen und Verbrechen gegen die Menschlichkeit begangen wurden, besteht Anlass zu einer sorgfältigen Prüfung, ob der Antragsteller nach Maßgabe der allgemein anerkannten Grundsätze persönlich verantwortlich für derartige Verbrechen gemacht werden kann. Für diese Prüfung gelten dieselben Grundsätze wie für Mitglieder einer Organisation, die gewalttätige Handlungen durchführt (Rdn. 126 ff.).[317]

125 Mit derartigen Massenfluchtbewegungen ist die Situation in den Mitgliedstaaten nicht vereinbar. Hier bedarf es keiner Prüfung, ob der Antragsteller noch den Kombattantenstatus innehat. Aufgrund der geografischen Entfernung vom früheren Kampfort und der zivilen Situation in den Aufnahmemitgliedstaaten kann an einer Beendigung des Kombattantenstatus im Zeitpunkt der Asylantragstellung nicht der geringste Zweifel bestehen (§ 42 Rdn. 69 ff.). Spezielle Verfahren zur Prüfung der Flüchtlingseigenschaft sind in den Konfliktsituationen für den Schutz der übrigen Flüchtlingsbevölkerung unerlässlich, entbehren jedoch einer entsprechenden Notwendigkeit in den Mitgliedstaaten. Die Tatsache des früheren Kombattantenstatus rechtfertigt auch keine unmittelbare Konzentration auf die Ausschlussgründe. Vielmehr sind zunächst die tatsächlichen Gründe für die vorgebrachte Furcht vor Verfolgung und anschließend mit besonderer Sorgfalt die Tatsachen zu ermitteln, die für eine Anwendung der Ausschlussklauseln sprechen.

d) Mitgliedschaft in einer terroristischen Vereinigung (Art. 25 Abs. 3 Buchst. d) IStGH-Statut)

aa) Zurechnungskriterien

126 Der in der Praxis wohl wichtigste Anknüpfungspunkt für die Anwendung der Ausschlussgründe ist die Zugehörigkeit des Antragstellers zu einer Organisation, die als **terroristisch** eingestuft wird.[318] Für diesen Ausschlussgrund werden regelmäßig Art. 1 F Buchst. b) und c) GFK herangezogen. Häufig werden keine besonders hohen Anforderungen an die individuellen Zurechnungskriterien gestellt. Vielmehr wird teilweise allein aus der Zugehörigkeit in irgendeiner Weise zu der betreffenden Organisation die Berechtigung zur Anwendung von Art. 1 F Buchst. b) und c) GFK abgeleitet. Strafrechtlicher Anknüpfungspunkt für diese Herangehensweise sind die Organisationsdelikte nach § 129 bis § 129 c StGB. Diese Methode entspricht jedoch nicht allgemein anerkannten internationalen Grundsätzen. In der angelsächsischen Rechtsprechung sind inzwischen die Zurechnungskriterien bei Zugehörigkeit zu terroristischen Organisationen unter Anwendung von Art. 25 Abs. 3 Buchst. d) IStGH-Statut schärfer herausgearbeitet worden (Rdn. 127 ff.). Diesen Ansatz scheint auch der EuGH zu verfolgen.

127 Die Ansätze, welche nationale strafrechtliche Zurechnungskriterien anwenden, sind deshalb problematisch, weil der Ausschluss vom **internationalen** Schutz nicht auf der Grundlage einer **nationalen** juristischen Definition erfolgen kann und darüber hinaus bislang keine zufriedenstellende und hinreichend juristisch handhabbare Einigung auf den Begriff des Terrorismus hergestellt werden konnte (Rdn. 106 ff.). In der britischen Rechtsprechung sind eine Reihe von Kriterien entwickelt worden, die bei der Frage, ob ein Asylsuchender, der einer Gewalt anwendenden Organisation angehört, zu beachten sind: Charakter und gegebenenfalls Größe der Organisation, insbesondere hinsichtlich des Teils, in dem der Antragsteller unmittelbar aktiv war; die Frage, ob und durch wen die Organisation geächtet wurde; die Umstände, unter denen er angeworben wurde; die Dauer seiner Zugehörigkeit zur Organisation und die Frage, ob er Möglichkeiten gehabt hätte, diese zu verlassen; seine Position, sein Rang, seine Bedeutung und sein Einflussbereich in der Organisation, seine Kenntnisse

---

317 *UNHCR*, Background Note on the Application of the Exclusion Clauses, Rn. 63.
318 Siehe hierzu *Marx*, InfAuslR 2012, 30.

von Verbrechen und terroristischen Aktionen sowie die Frage, welchen persönlichen Beitrag er bei der Ausübung der Handlungen geleistet hatte.[319]

Art. 1 F GFK disqualifiziere jene, welche in dem Bewusstsein konkrete Beiträge zu Verbrechen leisten, dass ihr Handeln oder Unterlassen dessen Ausführung unterlasse. Sofern dem Betroffenen bewusst sei, dass nach dem gewöhnlichen Laufe der Ereignisse seine Handlungen bestimmte Folgen haben werden, handele er vorsätzlich und willentlich.[320] Die höchstrichterliche britische Rechtsprechung wendet sich insbesondere gegen den in der instanzgerichtlichen Rechtsprechung und von UNHCR vertretenen Ansatz, im Blick auf terroristische Organisationen zu differenzieren, welche nach ihren Zielen, Methoden und Aktivitäten überwiegend terroristischen Charakter haben und hieraus bezogen auf die Mitgliedschaft in derartigen Gruppierungen eine Regelvermutung der persönlichen Verantwortung zu entwickeln (»**Gurung approach**«). Das Immigration and Asylum Tribunal hatte in **Gurung** auf Mitglieder in Gruppierungen, die von ihrem Charakter her terroristisch sind, eine Regelvermutung der Verantwortlichkeit für die von diesen begangenen Verbrechen aufgestellt.[321] Flexibler ist die kanadische Rechtsprechung. Danach reicht zwar grundsätzlich die Mitgliedschaft für den Ausschluss aus, wenn der vorrangige Zweck der Organisation in der Begehung internationaler Verbrechen besteht.[322] Vorausgesetzt wird hierbei aber, dass aus der Art der Zugehörigkeit notwendigerweise auf die Kenntnis und Beteiligung des Antragstellers an derartigen Verbrechen geschlossen werden könne.[323]

128

Anders als nach der nunmehr überholten instanzgerichtlichen britischen Rechtsprechung reicht also nach der kanadischen Rechtsprechung weder die bloße Mitgliedschaft aus noch wird eine Regelvermutung der Verantwortlichkeit aufgestellt, da niemand ohne persönliche und wissentliche Beteiligung internationale Verbrechen ausüben könne. Vielmehr sei zu prüfen, ob der Asylsuchende persönlich in gewalttätige Handlungen verwickelt gewesen sei oder wissentlich einen wesentlichen Beitrag zu derartigen Aktionen geleistet habe. Für diese Feststellung kann eine bedeutende Position in der Organisation ausreichen.[324] Die Behörden brauchten keine Schuld festzustellen. Vielmehr genügten sie ihrer Beweislast, wenn sie ernsthafte Gründe für die Annahme der Verantwortlichkeit des Antragstellers bezeichnen können. Ernsthafte Anhaltspunkte seien etwa die absolvierte Schulung durch die Organisation und die Position innerhalb eines Systems. Wer über Jahre in einer Organisation, deren Ziel und Zweck die Begehung schwerwiegender Straftaten ist, an führender Stelle tätig sei, müsse sich zurechnen lassen, dass er aufgrund dieser Position Kenntnis von den terroristischen Aktionen habe und die zugrunde liegenden Ziele der Organisation teile.[325]

129

Andererseits akzeptiert die kanadische Rechtsprechung den Einwand eines Asylsuchenden, dass er gegen seinen Willen durch die Armee von El Salvador zwangsweise rekrutiert worden und nachdem er beobachtet habe, dass die Armee Foltermethoden angewendet hätte, bei der ersten sich ihm bietenden Gelegenheit desertiert sei. Dieser Einwand wird als erheblicher Faktor für die Feststellung, dass dieser sich nicht eines Kriegsverbrechens oder eines Verbrechens gegen die Menschlichkeit schuldig gemacht hat, berücksichtigt.[326] Ebenso ist in der britischen Rechtsprechung das jugendliche Alter im Zeitpunkt des Eintritts in die Organisation ein besonders erheblicher Faktor

130

---

319 UK Supreme Court (2010) UKSC 15 Rn. 30 und 36 – JS.
320 UK Supreme Court (2010) UKSC 15 Rn. 30 und 36 – JS.
321 UK Immigration and Asylum Tribunal (2003) ImmAR 115 – Grung; UK Court of Appeal (2009) EWCA Civ 226 Rn. 36 ii) – MH and DS; *UNHCR*, Background Note on the Application of the Exclusion Clauses, September 2003, Rn. 61.
322 Canada Federal Court (2002) F.C.J. No. 1207 (2002) FCT 867 Rn. 41 – Pushpanathan.
323 Canada Federal Court (1992 F.C.J. No. 109 Rn. 41 – Ramirez.
324 Canada Federal Court, (1992) 2 FC 317 – Ramirez.
325 Canada Federal Court, IJRL 2003, 823 (835–849) – En Nahda.
326 Canada Federal Court of Appeal, Urt. v. 14.09.1993 – Action A-746–91 – Moreno v. Canada.

für die Frage, ob von einem freiwilligen Beitritt ausgegangen werden kann.[327] Das steht in Übereinstimmung mit der britischen Rechtsprechung und der Ansicht von UNHCR. Danach sprechen eine glaubwürdige Erklärung für die fehlende Beteiligung oder den Rückzug des Antragstellers von jeglichen ausschlusswürdigen Verbrechen in Verbindung mit dem Fehlen ernsthafter Anhaltspunkte für seine konkrete Beteiligung gegen die Anwendung der Ausschlussklausel.[328] Die deutsche Rechtsprechung leitet in diesem Zusammenhang aus der Rechtsprechung des EuGH zur individuellen Verantwortlichkeit ab (Rdn. 136), dass die altersbedingte Einsichtsfähigkeit zu prüfen sei, ohne dass damit generell eine Verantwortlichkeit vor Vollendung des 18. Lebensjahres ausgeschlossen sei.[329]

131 Die angelsächsische Rechtsprechung knüpft damit zwar an eine führende Position in einer Organisation an. Maßgebend ist aber stets, dass aufgrund der Gesamtumstände, wie etwa die Länge der Ausübung der Führungsposition oder der persönliche Einfluss innerhalb der Organisation, die Annahme gerechtfertigt ist, dass der Antragsteller Kenntnis von den einzelnen Handlungen hatte und die Ziele der Organisation teilt. Auch UNHCR knüpft im Ergebnis nicht an die bloße Mitgliedschaft in einer Organisation an. Vielmehr wird eine individuelle Verantwortlichkeit für deren Verbrechen vorausgesetzt. Diese sei z. B. anzunehmen, wenn der Antragsteller für die Finanzen der Gruppierung verantwortlich sei und deshalb unterstellt werden könne, dass er Kenntnis von der Verwendung der Gelder für die Verübung krimineller Handlungen habe. In diesen Fällen erfordere die Feststellung einer persönlichen Verantwortung eine besonders große Sorgfalt bei der Ermittlung der aktuellen Aktivitäten der Gruppierung, ihres Gewichtes und ihrer Rolle in der Gesellschaft, in der sie aktiv sei, ihrer Organisationsstrukturen, der Position des Antragstellers in der Organisation sowie seiner Fähigkeit, in entscheidender Weise auf ihre Handlungen Einfluss zu nehmen.[330]

132 Gegebenenfalls müssten Fragmentierungen einer Gruppierung in Betracht gezogen werden. So könne es durchaus sein, dass der Teil der Organisation, in dem der Antragsteller aktiv gewesen sei, unfähig gewesen sei, Gewalthandlungen des militärischen Flügels zu kontrollieren. Darüber hinaus könnten von der Gruppierung nicht autorisierte kriminelle Aktionen durch andere im Namen der Gruppierung ausgeübt worden sein. Auch könne sich der gewalttätige Charakter der Organisation gewandelt haben, sodass die individuelle Mitgliedschaft anhand der Praxis der Organisation während der Zeit, in welcher der Antragsteller ihr angehört habe, zu bewerten sei. Schließlich muss der Vortrag des Antragstellers, dass er gegen seinen Willen unter Zwang in der Organisation festgehalten worden sei, berücksichtigt werden.[331]

bb) Anwendung von Art. 25 Abs. 3 IStGH-Statut

133 Grundlegend für diese Versuche, die Zurechnung an die **spezifische Form** der Zugehörigkeit zu einer terroristischen Vereinigung zu knüpfen, ist jedoch, dass der nach Art. 25 Abs. 3 Buchst. d) IStGH-Statut erforderliche Begriff der Beteiligung an einem Verbrechen erfüllt ist. Für diese Feststellung wird die Bildung von Unterkategorien, die auf der überwiegenden terroristischen Prägung beruhen, als nicht hilfreich empfunden. Vielmehr sei über diese Frage nach den aufgestellten Kriterien (Rdn. 126) zu entscheiden. Zweifelsohne rechtfertige die aktive Mitgliedschaft des Asylsuchenden in einer Organisation, die ihre Ziele **ausschließlich** mittels terroristischer Handlungen verfolge, zumeist die Annahme, dass er verantwortlich für diese Handlungen sei. Jedoch sei der Charakter einer Organisation als solcher nur ein Faktor unter den verschiedenen Kriterien und sollte es vermieden werden, eine Regelvermutung der persönlichen Verantwortlichkeit ins Spiel zu bringen. Dies verleite den Rechtsanwender zu Fehlschlüssen.[332]

---

327 UK Court of Appeal (2009) EWCA Civ 226 Rn. 36 i) – MH and DS.
328 *UNHCR*, Background Note on the Application of the Exclusion Clauses, September 2003, Rn. 59.
329 Niedersächsisches OVG, AuAS 2011, 70 (71).
330 *UNHCR*, Background Note on the Application of the Exclusion Clauses, September 2003, Rn. 61.
331 *UNHCR*, Background Note on the Application of the Exclusion Clauses, September 2003, Rn. 61.
332 UK Supreme Court (2010) UKSC 15 Rn. 29 und 31 – JS.

Ansatzpunkt für die Zurechnung auch bei der Zugehörigkeit zu Organisationen, die überwiegend eine terroristische Prägung aufweisen, ist nach der britischen Rechtsprechung Art. 12 Abs. 3 RL 2004/83/EG das Erfordernis, dass der Antragsteller andere zu den terroristischen Aktionen angestiftet oder sich in sonstiger Weise daran beteiligt haben muss. Diese Norm weite den Anwendungsbereich von Art. 1 F GFK nicht aus. Vielmehr bekräftige sie, was bereits im Völkerrecht allgemein anerkannt sei. Dabei bezieht der Supreme Court sich ausdrücklich auf Art. 25 Abs. 3 Buchst. b), c) und d) IStGH-Statut. Der Ansatz dieser Zurechnungskriterien sei weitgehend und erfasse nicht nur aktive Terroristen und Tatteilnehmer, sondern auch jene, die im Vorfeld Unterstützungshandlungen zugunsten terroristischer Aktivitäten entfalteten.[333] Damit ist die Rechtsprechung des britischen Berufungsgerichts, das es ausdrücklich abgelehnt hatte, bei der Anwendung von Art. 1 F GFK völkerstrafrechtliche Zurechnungskriterien zugrunde zu legen,[334] überholt. 134

Nach Art. 12 Abs. 3 RL 2004/83/EG i.V.m. Art. 25 Abs. 3 Buchst. b), c) und d) IStGH-Statut ist verantwortlich, wer ein Verbrechen begeht, anordnet, dazu auffordert oder anstiftet, zur Erleichterung eines Verbrechens Beihilfe oder sonstige Unterstützung bei seiner Begehung oder versuchten Begehung leistet, einschließlich der Bereitstellung der Mittel für die Begehung, oder auf sonstige Weise zur Begehung oder versuchten Begehung eines derartigen Verbrechens durch eine mit einem gemeinsamen Ziel handelnde Gruppe von Personen beiträgt. Im letzteren Falle erfordert Art. 25 Abs. 3 Buchst. d) IStGH-Statut, dass ein solcher Beitrag **vorsätzlich** sein und entweder mit dem **Ziel** geleistet werden muss, die **kriminelle Tätigkeit** oder die **strafbare Absicht der Gruppe zu fördern**, soweit diese sich auf die Begehung eines Verbrechens beziehen, oder **versucht**, ein solches Verbrechen zu begehen. 135

Insbesondere Art. 25 Abs. 3 Buchst. d) IStGH-Statut ist nach der angelsächsischen Rechtsprechung also bei der Beurteilung der Zugehörigkeit eines Antragstellers zu einer terroristischen Vereinigung zu beachten. Danach ist ein Asylsuchender vom Flüchtlingsschutz auszuschließen, wenn aus der spezifischen Form seiner Zugehörigkeit zu einer terroristischen Gruppierung geschlossen werden kann, dass er dadurch ausreichend in der Lage ist, einen Beitrag zur Fähigkeit der Organisation zu leisten, terroristische Anschläge zu verüben. Die Bereitstellung von Finanzmitteln in Kenntnis und mit dem Willen, dass diese die Begehung derartiger Verbrechen fördern, erfüllt den Tatbestand von Art. 25 Abs. 3 Buchst. d) i) IStGH-Statut.[335] Je näher die Funktion des Betroffenen an eine führende oder eine Position mit Befehlsgewalt in der Organisation rücke, umso leichter werde es fallen, seine Kenntnis und den erforderlichen Willen, dass Verbrechen ausgeübt würden, festzustellen. Darüber hinaus sei auch das Verbleiben in einer derartigen Position in Kenntnis, das die Organisation Verbrechen ausübe, zu berücksichtigen.[336] Auch das BVerwG hat für die Auslegung von Art. 1 F GFK völkerstrafrechtliche Grundsätze herangezogen.[337] 136

cc) Erfordernis der Einzelfallprüfung

Ausgangspunkt ist Art. 25 Abs. 3 Buchst. d) i) IStGH-Statut. Danach wird die individuelle Verantwortlichkeit (Rdn. 144 ff.) begründet, wenn auf »sonstige Weise« dadurch zur Begehung eines Verbrechens vorsätzlich beigetragen wird, dass diese Beiträge »mit dem Ziel« geleistet werden, »die kriminelle Tätigkeit oder die strafbare Absicht der Gruppe zu fördern.« Diese Beiträge müssen also ausreichend sein, die Fähigkeit der Organisation, terroristische Anschläge zu verüben, zu fördern.[338] 137

---

333 UK Supreme Court (2010) UKSC 15 Rn. 31 f. – JS, unter ausdrücklicher Bezugnahme auf BVerwGE 132, 79 (88) Rn. 21 = EZAR NF 68 Nr. 3.
334 UK Court of Appeal (2009) EWCA Civ 226 Rn. 30 – MH and DS.
335 UK Upper Tribunal (2011) UKUT 00339 (IAC) Rn. 54 ff. – Azimi-Rad.
336 Canada Federal Court (1994) 1 F.C.F. 433 – Sivakumar.
337 BVerwGE 136, 89 (104) = NVwZ 2010, 974 = EZAR NF 68 Nr. 8; BVerwGE 135, 252 (272) = NVwZ 2010, 979 = InfAuslR 2010, 256 = EZAR NF 68 Nr. 7; BVerwG, NVwZ 2011, 1456 (1459) Rn. 28 ff.
338 UK Upper Tribunal (2011) UKUT 00339 (IAC) Rn. 54 ff. – Azimi-Rad.

Es wird also nicht ein unmittelbarer Zusammenhang zwischen den Beiträgen und konkreten Verbrechen, jedoch zur Fähigkeit der Vereinigung, solcherart Verbrechen zu verüben, vorausgesetzt. Auch der EuGH fordert »eine individuelle Prüfung der genauen tatsächlichen Umstände.« Dabei ist insbesondere zu berücksichtigen, dass der betreffenden Person »ein Teil der Verantwortung für Handlungen, die von der fraglichen Organisation im Zeitraum der Mitgliedschaft der Person in dieser Organisation begangen wurden, zugerechnet werden kann.« Diese individuelle Verantwortlichkeit ist anhand objektiver wie subjektiver Kriterien zu beurteilen. Zu prüfen ist die **Rolle**, welche der Antragsteller bei der Verwirklichung der betreffenden Handlungen tatsächlich gespielt hat, seine Position innerhalb dieser Organisation, der Grad der Kenntnis, die er von deren Handlungen hatte oder haben musste, die etwaigen Pressionen, denen er ausgesetzt gewesen wäre, oder andere Faktoren, die geeignet gewesen seien, sein Verhalten zu beeinflussen.[339]

138 Abschließend stellt der Gerichtshof fest, habe der Antragsteller eine hervorgehobene Position »in einer sich terroristischer Methoden bedienenden Organisation« innegehabt, könne vermutet werden, dass er »eine **individuelle Verantwortung** für von dieser Organisation im relevanten Zeitraum begangene Handlungen trägt.« Diese befreie die Behörde aber nicht von der Prüfung sämtlicher erheblicher Umstände.[340] Eine Vermutung hatte der Generalanwalt **Mengozzi** in seinem Schlussantrag nicht aufgestellt.[341] Der EuGH vermeidet den Begriff Regelvermutung, sodass nicht die Grundsätze zur Widerlegung heranzuziehen sind. Vielmehr weist er darauf hin, dass bei einer »hervorgehobenen Position« eine individuelle Verantwortlichkeit vermutet werden könne. Ob diese Vermutung gerechtfertigt ist, erfordert nach seiner Rechtsprechung aber eine Prüfung sämtlicher erheblicher Umstände.[342] Dies erfordert insbesondere Art. 25 Abs. 3 Buchst. d) i) IStGH-Statut, der Regelvermutungen nicht zulässt. Das BVerwG hat bei der Umsetzung der Entscheidung des EuGH ausdrücklich darauf hingewiesen, dass bei einer hervorgehobenen Position des Antragstellers in einer sich terroristischer Methoden bedienenden Organisation zwar eine Vermutung seiner individuellen Verantwortung angenommen werden könne. Gleichwohl bedürfe es aber der Prüfung sämtlicher Umstände des Einzelfalles.[343]

139 Art. 12 Abs. 3 RL 2004/83/EG ist nach Maßgabe von Art. 25 Abs. 3 IStGH-Statut auszulegen (Rdn. 132 f.) ist. Diese Frage betrifft nicht das bei Art. 1 F GFK im Vergleich zum Strafverfahrensrecht abgeschwächte **Beweismaß**, sondern die **materiellen Zurechnungskriterien**. Um Konflikte mit dem Völkerstrafrecht auszuschließen, ist Art. 25 IStGH-Statut anzuwenden. Danach wird der aktive Terrorist, der Teilnehmer im engeren strafrechtlichen Sinne (Abs. 3 Buchst. a) bis c)) sowie derjenige, der im Vorfeld Unterstützungshandlungen zugunsten terroristischer Organisationen vornimmt, erfasst.[344] Eine starre Vermutungsregel ist insoweit nicht nur wenig hilfreich, sondern verhindert, dass die vom Gerichtshof für erforderlich erachtete Einzelfallprüfung durchgeführt wird. Auch die britische Rechtsprechung geht bei hochrangigen Funktionären »zumeist« von einer Verantwortlichkeit des Betroffenen für die während des Zeitraums seiner Funktionärstätigkeit begangenen Verbrechen der Organisation aus[345] und weist damit diesem Gesichtspunkt ein besonderes Gewicht zu, hebt aber die Pflicht zur Einzelfallwürdigung sämtlicher Umstände des Einzelfalls nicht auf.

---

339 EuGH, InfAuslR 2011, 40 (94 ff.) = NVwZ 2011, 285 = AuAS 2011, 43 – B. und C.
340 EuGH, InfAuslR 2011, 40 (98) = NVwZ 2011, 285 = AuAS 2011, 43 – B. und C, dagegen *Bell*, InfAuslR 2011, 214 (215).
341 Generalanwalt Paolo Mengozzi, Schlussanträge vom 01.06.2010 in den verbundenen Rechtssachen C.57/09 und C 101/09, Rn. 74 bis 82.
342 EuGH, InfAuslR 2011, 40 (98) = NVwZ 2011, 285 = AuAS 2011, 43 – B. und C, dagegen *Bell*, InfAuslR 2011, 214 (215).
343 BverwGE 140, 114 (130 f.) = NVwZ 2011, 1456 (1460)Rn. 35.
344 BVerfGE 80, 315 (339) = EZAR 201 Nr. 20 = NVwZ 1990, 151 = InfAuslR 1990, 21; BVerwGE 132, 79 (88) = EZAR NF 68 Nr. 3 = NVwZ 2009, 402 (LS); UK Supreme Court (2010) UKSC 15 Rn. 31 f. – JS.
345 UK Supreme Court (2010) UKSC 15 Rn. 29 und 31 – JS.

In den Fällen einer systematisch terroristische Anschläge verübenden Organisation ist darüber hinaus eine Einschätzung erforderlich, inwieweit die Tat das internationale Geschehen berührt, und zwar im Blick auf die Schwere des Verbrechens, seine internationalen Auswirkungen sowie seine Folgen für den Weltfrieden und die internationale Sicherheit.[346] Bleiben die terroristischen Aktivitäten auf das umkämpfte Staatsgebiet beschränkt, fehlt es grundsätzlich an der erforderlichen internationalen Dimension. Die deutsche Rechtsprechung erachtet in diesem Zusammenhang den Ausschluss vom Flüchtlingsschutz nicht für gerechtfertigt, wenn konkrete Aktivitäten des Antragstellers zur Umsetzung der Einsicht, dass bestimmte Provinzen im Herkunftsland des Asylsuchenden mit Gewalt losgelöst werden müssten, nicht festgestellt werden können.[347] Hier fehlt es also an den für die Anwendung von Art. 25 Abs. 3 Buchst. d) IStGH-Statut erforderlichen konkreten objektiven Beiträgen zu den von der Organisation begangenen Verbrechen.

140

Die deutsche Rechtsprechung steht grundsätzlich in Übereinstimmung mit diesen Grundsätzen. Darauf weist insbesondere der Hinweis der britischen Rechtsprechung auf die Rechtsprechung des BVerwG (Rdn. 133) hin.[348] Die Funktionärstätigkeit oder Unterstützung einer als terroristisch bezeichneten Organisation durch den Antragsteller hatte das BVerwG zunächst im Zusammenhang mit der nationalen Umsetzungsnorm des Art. 33 Abs. 2 GFK entwickelt, was aus dem Hinweis auf die **innere Sicherheit der Bundesrepublik**[349] deutlich wird. Inzwischen hat es diese Rechtsprechung auch auf Art. 1 F GFK bezogen.[350] Insoweit stellt das BVerwG fest, es reiche im Allgemeinen aus, dass der Antragsteller eine die Sicherheit des Staates gefährdende Organisation in **qualifizierter Weise**, insbesondere durch **eigene Gewaltbeiträge** oder als **Funktionär**, unterstützt, er also durch eigene erhebliche Gewalttätigkeit oder -bereitschaft für die Ziele der Organisation ebenso eintritt wie durch die strukturelle Einbindung in die Organisation, etwa durch Ausübung einer aktiven Funktionärstätigkeit.[351] Nach der obergerichtlichen Rechtsprechung liegen Anhaltspunkte von erheblichem Gewicht vor, wenn klare und glaubhafte Indizien für die Begehung von entsprechenden Handlungen vorliegen.[352]

141

Diese Herangehensweise an Art. 1 F GFK entspricht Art. 25 Abs. 3 Buchst. d) i) IStGH-Statut, da der Hinweis »im Allgemeinen« nicht die vom EuGH geforderte Einzelfallprüfung ausschließt. Soweit es die Rechtsprechung allerdings für die Anwendung von Art. 1 F GFK für ausreichend erachtet, dass der Antragsteller sich für die »Belange« einer als terroristisch eingestuften, aber nicht nach den Vereinsvorschriften verbotenen Organisation etwa durch Teilnahme an nicht angemeldeten Demonstrationen und Spendensammlungen, einsetzt und damit dem äußeren Erscheinungsbild nach »nicht nur einfacher Unterstützer« ist,[353] überschreitet sie die zulässigen Grenzen von Art. 25 Abs. 3 Buchst. d) i) IStGH-Statut. Vielmehr sind von den geforderten qualifizierten Beiträgen stets

142

---

346 *UNHCR*, Richtlinien zum Internationalen Schutz: Anwendung der Ausschlussklauseln, September 2003, Rn. 17.
347 BVerfG (Kammer), InfAuslR 1991, 257 (260) = EZAR 201 Nr. 23 = NVwZ 1992, 261.
348 UK Supreme Court (2010) UKSC 15 Rn. 31 f. – JS, mit Hinweis auf BVerwGE 132, 79 (88) Rn. 21 = EZAR NF 68 Nr. 3.
349 BVerwGE 109, 1 (5) = EZAR 200 Nr. 35 = InfAuslR 1999, 470 = NVwZ 1999, 1346 = AuAS 1999, 187; ausdrücklich dagegen Hessischer VGH, NVwZ-Beil. 2000, 102 (106); a.A. OVG Rheinland-Pfalz, AuAS 2000, 102, für *PKK*; siehe auch BVerfG (Kammer), NVwZ 2002, 709; BVerfG (Kammer), NVwZ 2002, 712; BVerfG (Kammer), NVwZ 2002, 711, alle zum vereinsrechtlichen, auf das PKK/ERNK bezogene Betätigungsverbot.
350 BVerwGE 132, 79 (87) = EZAR NF 68 Nr. 3 = NVwZ 2009, 402 (LS).
351 BVerwGE 109, 1 (7 f.) = EZAR 200 Nr. 35 = InfAuslR 1999, 470 = NVwZ 1999, 1346 = AuAS 1999, 187.
352 OVG Schleswig-Holstein, AuAS 2011, 262 (263).
353 VG Ansbach, Urt. v. 15.12.2005 – AN 18 K 05.30827, zur MEK.

unerhebliche »Unterstützungshandlungen von Sympathisanten der Organisation«, die nicht »strukturell« in diese »eingebunden« sind, abgegrenzen.[354]

143 Schließt sich der Asylsuchende militanten Einheiten einer Gruppierung an, wird er durch diese in den Bergen an Waffen und ideologisch ausgebildet und nimmt er – wenn auch nur in der zweiten Reihe – an Kampfhandlungen teil, geht nach der Rechtsprechung ein derartiges Verhalten jedenfalls über den bloßen Anschluss an diese Gruppierung hinaus und schließt auch eigene, wenn auch untergeordnete Unterstützungsbeiträge ein.[355] Trägt die Betroffene hingegen nur ein Banner der Organisation, trägt sie zwar ein Gewehr, benutzt dieses aber nicht und arbeitet sie in einem Flüchtlingslager der Organisation und leistet dort erste Hilfe für verwundete Personen, darunter auch verwundeten Kämpfern, reicht dies nach der britischen Rechtsprechung für die Annahme von Art. 1 F Buchst. c) GFK nicht aus. Dabei ist insbesondere das Humanitäre Völkerrecht in Betracht zu ziehen. Überwiegt die Tätigkeit als Krankenschwester im Flüchtlingslager, spricht dieser Umstand gegen eine Verantwortlichkeit für die von der Organisationen begangenen Taten.[356] Es müssen also **zusätzlich** zur Mitgliedschaft schwerwiegende Gründe die Annahme rechtfertigen, dass der Antragsteller unmittelbar an der **Förderung oder Unterstützung terroristischer Handlungen** beteiligt war. Eine Anwendung der Ausschlussklausel ist unter keinen Umständen erlaubt, wenn er sich in einer konkreten Situation an einer derartigen Handlung beteiligt haben könnte, sein Beitrag aber in keinem unmittelbaren Zusammenhang zu dieser steht.[357]

7. Feststellungsprüfung

a) Feststellung der individuellen Verantwortlichkeit

144 Art. 1 F GFK setzt für den Ausschluss vom Flüchtlingsschutz voraus, dass »schwerwiegende Gründe die Annahme rechtfertigen«, dass der Antragsteller eines der dort bezeichneten Verbrechen begangen hat. Hieran knüpft Art. 12 Abs. 2 RL 2004/83/EG an und konkretisiert in Abs. 3, dass auch Antragsteller ausgeschlossen werden, die andere zu derartigen Verbrechen oder Handlungen anstiften oder sich in sonstiger Weise daran beteiligen. Damit sind bei der Anwendung von Art. 12 Abs. 3 RL 2004/83/EG völkerstrafrechtliche Zurechnungskriterien nach Art. 25 Abs. 3 IStGHG-Statut zu berücksichtigen (Rdn. 134 f.).[358] Das gilt auch für hochrangige Beamte in einem repressiven System (Rdn. 30 ff.) wie bei der Mitgliedschaft in einer sich terroristischer Methoden bedienenden Organisation (Rdn. 137 ff.). Nach der Rechtsprechung des EuGH folgt aus dem Wortlaut von Art. 1 F GFK und Art. 12 Abs. 2 RL 2004/83/EG, dass diese Bestimmungen erst angewandt werden dürfen, nachdem in jedem Einzelfall eine Würdigung der genauen bekannten tatsächlichen Umstände vorgenommen wurde, um zu ermitteln, ob »schwerwiegende Gründe die Annahme rechtfertigen«, dass der Antragsteller, der im Übrigen die Voraussetzungen für die Zuerkennung der Flüchtlingseigenschaft erfüllt, eines der dort bezeichneten Verbrechen begangen hat.[359]

145 Im Allgemeinen ist ein Antragsteller persönlich verantwortlich, wenn er die Straftat begangen oder in dem Bewusstsein, dass ihre Handlung oder Unterlassung die Ausübung des Verbrechens erleichtern

---

354 Niedersächsisches OVG, Beschl. v. 14.02.2007 – 4 LA 31/07, zur MEK; VG Hannover, Urt. v. 14.03.2006 – 11 A 3466/03, zur *MEK*; VG Gelsenkirchen, Urt. v. 29.11.2005 – 14 a K 2880/04.A, zur PKK.
355 Niedersächsisches OVG, AuAS 2011, 70, zur DHKP-C.
356 UK Court of Appeal (2009) EWCA Civ 226 Rn. 36 iii), 39 – MH and DS, zur PKK.
357 Vgl. UNHCR, Determination of refugee status of persons connected with organizations or groups which advocate and/or practice violence, 1 June 1998, Nr. 15: The exclusion provisions *»do not in any way refer to a situation in which a person may have contributed towards the commission of the act in a less direct or more remote manner.«*.
358 UK Supreme Court (2010) UKSC 15 Rn. 31 f. – JS.
359 EuGH, InfAuslR 2011, 40 (87) = NVwZ 2011, 285 = AuAS 2011, 43 – B. und C; zur individuellen Verantwortlichkeit nach Art. 1 F GFK siehe auch BVerfG (Kammer), InfAuslR 2008, 263 (264).

würde, wesentlich zu ihrer Durchführung beigetragen hat. Der Ausschluss ist in diesem Fall von dem Umfang abhängig, in dem er persönlich für das Verbrechen verantwortlich ist. Es genügt aber auch, dass er zu einem gemeinsamen verbrecherischen Unternehmen angestiftet, ihm Vorschub geleistet oder daran teilgenommen hat.[360] Dementsprechend finden nach Art. 12 Abs. 3 RL 2004/83/EG die Ausschlussklauseln auch auf Personen Anwendung, die andere zu den in Abs. 2 dieser Norm bezeichneten Handlung angestiftet oder sich in sonstiger Weise daran beteiligt haben. Dies steht in Übereinstimmung mit Art. 25 Abs. 3 Buchst. d) IStGH-Statut sowie Sicherheitsresolution 1373 (2001), wonach der Ausschluss vom Flüchtlingsstatus ausdrücklich auf die »**Planung, Erleichterung oder Beteiligung an terroristischen Handlungen**« bezogen, also eine an äußere Handlungsformen anknüpfende individuelle Zurechnungskategorie vorausgesetzt wird.

Art. 12 Abs. 3 RL 2004/83/EG setzt damit in Anlehnung an Art. 1 F GFK voraus, dass der Betroffene ein entsprechendes Verbrechen **begangen** hat. Es muss danach die Annahme begründet sein, dass sich nach den allgemeinen strafrechtlichen Bestimmungen über Täterschaft und Teilnahme, gegebenenfalls modifiziert durch völkerstrafrechtliche Regelungen, wie z. B. Art. 25 Abs. 3 IStGH-Statut, ein eigener Tatbeitrag nachweisen lässt und kein völkerstrafrechtlich relevanter Straffreistellungsgrund vorliegt. Ein »schwerwiegendes« Verbrechen kann danach nur angenommen werden, wenn die zugrunde liegende Handlung durch eine »**unmittelbare und persönliche Beteiligung des Asylsuchenden**« geprägt ist.[361]   146

Besondere Grundsätze sind zu beachten, wenn die persönliche Verantwortung für Verbrechen gegen den Frieden sowie Zuwiderhandlungen gegen Ziele und Grundsätze der Vereinten Nationen festzustellen sind. Da Verbrechen gegen den Frieden im Zusammenhang mit der Vorbereitung und Durchführung eines Krieges begangen werden und internationale und innerstaatliche Kriege nur durch Staaten oder staatsähnliche Organisationen verübt werden können, können nur Personen zur Verantwortung gezogen werden, die innerhalb des Staates oder der staatsähnlichen Organisation eine hohe Position ausgeübt haben (Rdn. 16). Ebenso können Handlungen gegen Ziele und Grundsätze der Vereinten Nationen grundsätzlich nur durch Personen verübt werden, die innerhalb eines Staates oder einer staatsähnlichen Organisation eine hohe Funktion ausgeübt haben (Rdn. 93 ff.). Im Gegensatz hierzu können Personen ohne Verbindung zu einem Staat Kriegsverbrechen, Verbrechen gegen die Menschlichkeit und schwere nichtpolitische Verbrechen begehen.[362]   147

Im Allgemeinen stellt sich die Frage der persönlichen Verantwortung und damit die Grundlage für den Ausschluss, wenn der Betroffene einen wesentlichen Beitrag zu einem Verbrechen in dem Bewusstsein leistet, dass seine Handlung oder Unterlassung die Verbrechensausführung erleichtert. Deshalb muss der Umfang der Tatbeteiligung einer Person in jedem Einzelfall sorgfältig analysiert werden. Ob der individuelle Tatbeitrag zu einem gemeinsamen verbrecherischen Unternehmen wesentlich war oder nicht, ist von einer Vielzahl von Faktoren abhängig, wie z. B. die spezifische Funktion des Betroffenen, seine Position in einer Organisation oder Gruppe und insbesondere der konkrete Tatbeitrag in Beziehung zu der Schwere und dem Umfang des verübten Verbrechens (Rdn. 127 bis 132, 137 bis 144).[363]   148

Eine strafrechtliche Verantwortung liegt im Allgemeinen nur dann vor, wenn der Betroffene **wissentlich** und **vorsätzlich** wesentliche Elemente eines entsprechenden Tatbestands erfüllt hat. Ist der subjektive Tatbestand nicht gegeben, etwa weil dem Betroffenen eine wesentliche Tatsache nicht bekannt war, kann keine persönliche Verantwortung angenommen werden. Nach Art. 30 IStGH-Statut kann eine individuelle Verantwortlichkeit nur angenommen werden, wenn der Täter in Kenntnis   149

---

360 *UNHCR*, Richtlinien zum Internationalen Schutz: Anwendung der Ausschlussklauseln, September 2003, Rn. 18.
361 *Lisbon Expert Roundtable, Global Consultations on International Protection*, Summary Conclusions – Exclusion from Refugee Status, 3–4 May 2000, Nr. 11.
362 *UNHCR*, Background Note on the Application of the Exclusion Clauses, September 2003, Rn. 50.
363 *UNHCR*, Background Note on the Application of the Exclusion Clauses, September 2003, Rn. 55.

der tatbestandlichen Elemente des entsprechenden Verbrechens vorsätzlich handelt. Fehlt es an dieser Voraussetzung, kann eine persönliche Verantwortung für das entsprechende Verbrechen nicht festgestellt werden. Eine Person begeht die Tat vorsätzlich, wenn sie den Taterfolg herbeiführen will oder sich bewusst ist, dass dieser bei normalem Verlauf der Ereignisse eintreten wird. Wissen bedeutet Kenntnis der Tatumstände oder das Bewusstsein, dass bei normalem Verlauf der Ereignisse der Taterfolg eintreten wird.

150 So kann ein Täter, der einen Mord begehen will, nicht für ein Verbrechen gegen die Menschlichkeit verantwortlich gemacht werden, wenn er keine Kenntnis von fortdauernden oder systematischen Angriffen gegen die zivile Bevölkerung hat. Eine derartige Kenntnis ist jedoch ein unerlässliches Element des subjektiven Tatbestands bei einem Verbrechen gegen die Menschlichkeit. In derartigen Fällen wird anstelle der Anwendung von Buchst. a) eher der Ausschlussgrund nach Buchst. b) des Art. 12 Abs. 2 RL 2004/83/EG in Betracht kommen.[364] In manchen Fällen kann es darüber hinaus an den entsprechenden geistigen Fähigkeiten des Täters fehlen, um für ein Verbrechen verantwortlich gemacht zu werden, etwa wegen Unzurechnungsfähigkeit, geistiger Behinderung, unfreiwilliger Intoxikation oder, im Fall von Kindern (**Kindersoldaten**), wegen mangelnder Reife (§ 14 Rdn. 230 ff.). Ebenso sind Rechtfertigungs- und Entschuldigungsgründe zu berücksichtigen.[365]

151 Ein häufig eingewandter Verteidigungsgrund besteht darin, dass die Tat infolge **höheren Befehls** oder aufgrund von Zwang durch höhere Regierungsstellen ausgeübt wurde. Es gehört jedoch zu den allgemein anerkannten Rechtsgrundsätzen, dass eine derartige Notlage nicht von der persönlichen Verantwortung befreit. Grundsatz IV der Nürnberger Prinzipien besagt, dass bei einer auf einem Verbrechen gegen den Frieden und die Sicherheit der Menschheit beruhenden Anklage die Tatsache, dass der Täter in Ausführung eines Befehls der Regierung oder eines Vorgesetzten handelt, diesen nicht von seiner strafrechtlichen Verantwortlichkeit freistellt, vorausgesetzt, dass eine andere Entscheidung tatsächlich für ihn möglich war. Dieser Grundsatz wird auch durch Art. 7 Abs. 4 IStGH-Statut bestätigt. Sofern sich der Antragsteller auf eine Zwangssituation aufgrund von Druckausübung durch höhere Stellen beruft, bleibt er nach Art. 31 Buchst. d) des Status nur straffrei, wenn die Tat wegen einer unmittelbaren Bedrohung des Täters mit dem Tode oder fortwährenden unmittelbaren ernsthaften körperlichen Verletzungen ausgeführt wurde und dieser nicht die Absicht hatte, größeren Schaden anzurichten als den Schaden, den er durch die Tatausführung verhindern wollte.

152 Sofern eine derartige Zwangssituation wegen der Anweisung einer anderen Person in einer Gewalt anwendenden Organisation entstanden war, ist zu untersuchen, ob von dem Antragsteller erwartet werden konnte, der Tatausführung durch Verzicht auf seine weitere Mitgliedschaft in einer derartigen Situation zu entgehen und ob er zu einem früheren Zeitpunkt diesen Schritt vollzogen hätte, sofern bereits in diesem Zeitpunkt klar war, dass die verbrecherische Situation entstehen würde. Dabei muss jede spezifische Situation anhand der konkreten Umstände beurteilt werden. Relevante Faktoren sind insoweit die Folgen der Desertion wie auch die Vorhersehbarkeit der Situation, dass unter Druck die Ausübung derartiger Verbrechen vom Antragsteller verlangt werden würde.[366]

153 Die Anwendung angemessener und erforderlicher Gewalt, um sich gegen einen gegenwärtigen rechtswidrigen Angriff zu verteidigen (**Notwehr**) oder **Nothilfe** für andere zu leisten, befreit von strafrechtlicher Verantwortung. Insbesondere in kriegerischen Situationen kann die angemessene und verhältnismäßige Anwendung von Gewalt, um das zum Überleben notwendige eigene Eigentum oder das eines anderen gegen einen gegenwärtigen und rechtswidrigen Angriff zu verteidigen, unter bestimmten Umständen einen Rechtfertigungsgrund darstellen.[367]

---

364 *UNHCR*, Background Note on the Application of the Exclusion Clauses, September 2003, Rn. 64.
365 *UNHCR*, Richtlinien zum Internationalen Schutz: Anwendung der Ausschlussklauseln, September 2003, Rn. 121.
366 *UNHCR*, Background Note on the Application of the Exclusion Clauses, September 2003, Rn. 70.
367 *UNHCR*, Background Note on the Application of the Exclusion Clauses, September 2003, Rn. 71.

b) Beweismaß

Der durch Art. 1 F GFK vorgegebene Beweisstandard, dass »**schwerwiegende Gründe zur der Annahme** berechtigen«, erfordert vor der Anwendung des Beweismaßes (Rdn. 158 ff.) zunächst wegen des besonderes Ausnahmecharakters der Ausschlussgründe, dass die diesem Beweismaßstab zugrunde liegenden individual bezogenen Umstände und Tatsachen besonders sorgfältig und erschöpfend auf der Grundlage zugänglicher Informationen festgestellt werden.[368] Im Blick auf die auf der Zugehörigkeit zu einer sich terroristischer Mittel bedienenden Organisation sind einerseits genaue Feststellungen dazu gefordert, wann und wie lange der Antragsteller tatsächlich die maßgebende Funktion ausgeübt hat und welche konkreten terroristischen Straftaten die Organisation in diesem Zeitraum begangen oder geplant hat. Andererseits sind auch besondere, die Vermutung der individuellen Verantwortlichkeit entkräftende Faktoren zu berücksichtigen.[369]

154

Lediglich »tatsächliche Anhaltspunkte« oder gar nur bloße Vermutungen reichen für die geforderten Feststellungen nicht aus.[370] Für das deutsche Verfahrens- und Prozessrecht gilt das **Regelbeweismaß**. Nur dem Regelbeweis im Sinne von § 108 Abs. 1 Satz 1 VwGO genügende Tatsachen dürfen in die erforderliche Prüfung eingestellt werden. Deshalb sind zunächst umfassend sämtliche für die Anwendung der Ausschlussgründe maßgebenden Tatsachen und Umstände festzustellen. Dabei können etwa auch Geständnisse und Zeugenaussagen genügen, wenn diese vertrauenswürdig sind. Ist das Geständnis im Herkunftsland gemacht worden, kann dies auf Druckausübung,[371] insbesondere Folteranwendung beruhen. Entsprechende Hinweise des Antragstellers sind sorgfältig zu prüfen und stehen einer Heranziehung seines Geständnisses nach Art. 15 des Übereinkommens gegen Folter entgegen.

155

Ein Ausschluss kann darüber hinaus nicht auf der Grundlage **sensiblen Beweismaterials** beschlossen werden, das nicht offengelegt und vom Antragsteller deshalb auch nicht widerlegt werden kann. UNHCR erachtet in Ausnahmefällen die Heranziehung **anonymer Informationen** für zulässig, jedoch nur, wenn dies zum Schutze der Zeugen erforderlich sei und die Möglichkeit des Antragstellers, den Inhalt solcher Aussagen zu widerlegen, nicht wesentlich eingeschränkt werde.[372] Im deutschen Verfahrens- und Prozessrecht dürfen derartige Informationen jedoch stets nur **ergänzend** herangezogen werden und nicht entscheidungserheblich die Anwendung der Ausschlussgründe tragen. Nach der Rechtsprechung des BVerfG genügen die Angaben anonym bleibender Gewährspersonen regelmäßig nicht, wenn sie nicht durch andere, nach der Überzeugung des Tatsachengerichtes wichtige Gesichtspunkte bestätigt werden.[373]

156

Die verwaltungsgerichtliche Rechtsprechung wendet diese auf das Strafverfahrensrecht bezogenen Grundsätze auch für die Aussage eines Zeugen vom Hörensagen im Verfahren vor den Verwaltungsgerichten an. Denn sie würden die Zulässigkeit sowie den Beweiswert einer »mittelbaren« Zeugenaussage schlechthin und damit Grundsätze der Beweisaufnahme und -würdigung betreffen. Daher genügten die Angaben eines Gewährsmannes grundsätzlich nicht, wenn sie nicht durch andere nach der Überzeugung des Gerichts wichtige **Gesichtspunkte bestätigt würden**.[374] Es entspricht darüber

157

---

368 EuGH, InfAuslR 2011, 40 (87) = NVwZ 2011, 285 = AuAS 2011, 43 – B. und C.
369 BverwGE 140, 114 (131 f.) = NVwZ 2011, 1456 (1460); *Berlit*, NVwZ 2012, 193 (195 f.).
370 *UNHCR*, Background Note on the Application of the Exclusion Clauses, September 2003, Rn. 107; a.A. *Zimmermann*, DVBl. 2006, 1478 (1481).
371 *UNHCR*, Background Note on the Application of the Exclusion Clauses, September 2003, Rn. 107.
372 *UNHCR*, Background Note on the Application of the Exclusion Clauses, September 2003, Rn. 113.
373 BVerfGE 57, 250 (292).
374 VGH Baden-Württemberg, NJW 1984, 2429 (2430).

hinaus anerkannten prozessrechtlichen Grundsätzen, dass derartige Bekundungen hinsichtlich ihres Beweiswertes regelmäßig besonders kritisch zu bewerten seien.[375]

158 Der Maßstab der »schwerwiegenden Gründe« in Art. 1 F GFK ist kein bekanntes Konzept in der Staatenpraxis und ist deshalb in der Frage des Beweismaßes nicht einheitlich. Die kanadische Rechtsprechung stellt ausdrücklich fest, der strafrechtliche Maßstab »jenseits vernünftiger Zweifel« sowie auch der zivilrechtliche Beweisstandard der »Abwägung nach Wahrscheinlichkeitsgraden« sei für die Anwendung der Ausschlussklausel nicht erforderlich.[376] Der erforderliche Beweisstandard liege vielmehr unterhalb der Abwägung von Wahrscheinlichkeiten. Ernsthafte Anhaltspunkte seien etwa die absolvierte Schulung durch die Organisation und die Position innerhalb eines Systems. Wer über Jahre in einer Organisation, deren Ziel und Zweck die Begehung schwerer Straftaten sei, an führender Stelle tätig sei, müsse sich zurechnen lassen, dass er aufgrund dieser Position Kenntnis von den terroristischen Aktionen habe und die zugrunde liegenden Ziele der Organisation teile.[377]

159 Nach einer vereinzelt gebliebenen Literaturmeinung reicht es sogar aus, dass hinreichende Beweismittel vorliegen, welche die **Vermutung** nahe legen, dass der Betroffene einen Ausschlusstatbestand erfüllt, ohne dass diese Annahme mit überwiegender Wahrscheinlichkeit oder gar jenseits aller Zweifel festgestellt werden müsste.[378] Diese Ansicht verwischt jedoch die für die Feststellung von Tatsachen maßgebenden Beweisgrundsätze mit dem an die individuelle Zurechnung anzulegenden Beweisstandard und verfehlt damit das Beweismaß von Art. 1 F GFK. Die in Bezug genommene Literaturmeinung fordert zudem hinreichende Gründe, dass der Betroffene einen der in Art. 1 F GFK bezeichneten Tatbestände erfüllt.[379]

160 Nach der britischen Rechtsprechung liegt der Beweisstandard des Art. 1 F GFK irgendwie geringfügig unterhalb des strafrechtlichen Beweismaßes des Ausschlusses vernünftiger Zweifel sowie des zivilrechtlichen Maßstabes der Abwägung nach Wahrscheinlichkeitsgraden. Eine strikte Anwendung des zivilrechtlichen Beweismaßes sei nicht erforderlich. Vielmehr sei ein breiter Ansatz anzuwenden, der die »Möglichkeit«, dass zweifelhafte Ereignisse stattgefunden hätten, mit berücksichtigt.[380] Über die Anwendung von Art. 1 F GFK wird zwar nicht nach den Regeln eines Strafprozesses entschieden, jedoch beruht der Ausschluss auf völkerstrafrechtlichen Zurechnungskriterien (Rdn. 133 bis 136). Eine Reihe von Mitgliedstaaten, wie z. B. die Niederlande, Polen und Schweden, wenden deshalb auch das strafrechtliche Beweismaß an.[381] Nach dem BVerwG ist das Beweismaß für die Feststellung der individuellen Verantwortlichkeit im Vergleich zum Strafrecht zwar herabgesetzt. Mangels einheitlicher internationaler Kriterien sei daher eine Orientierung an nationalen Strafverfahrensgrundsätzen zu Täterschaft und Teilnahme angezeigt.[382]

161 Eine Absenkung des Beweismaßes unterhalb der Abwägung nach Wahrscheinlichkeiten wie in der kanadischen Rechtsprechung (Rdn. 154) ist nicht akzeptabel. Um sicherzustellen, dass Art. 1 F GFK in Übereinstimmung mit dem übergreifenden humanitären Zweck der Konvention angewandt wird, muss der Beweisstandard streng sein, um sicherzustellen, dass **bona fide** Flüchtlinge nicht irrtümlich

---

375 Hessischer VGH, InfAuslR 2000, 128 (129), mit Bezugnahme auf BVerwG, NVwZ-RR 1999, 208; siehe auch *Marx*, Kommentar zum AsylVfG, § 78 Rn. 961 bis 964.
376 Canada Federal Court of Appeal (1992) 2 F.C. 317 (CA) – Ramirez; Canada Federal Court of Appeal (2002) 1 F.C. 559 (2001) F.C.J. No. 1433 (CA) – Zrig; *so auch Zimmermann/Wennholz*, in: *Zimmermann*, The 1951 Convention, Article 1 F Rn. 46.
377 Canada Federal Court, IJRL 2003, 823 (835–849) – En Nahda.
378 *Zimmermann*, DVBl. 2006, 1478 (1481), mit Hinweis auf *Hathaway*, The Law of Refugee Status, S. 215.
379 *Hathaway*, The Law of Refugee Status, S. 21.
380 UK Immigration and Asylum Tribunal, IJRL 2002, 382 (403) – Gurung.
381 *UNHCR*, Statement on Article 1 F of the 1951 Convention, Juli 2009, S. 24 f.
382 BVerwG, Urt. v. 07.07.2011 – BVerwG 10 C 26.10 Rn. 38.

ausgeschlossen werden. Folglich müssen klare und glaubwürdige Beweise vorliegen.[383] Deshalb ist der Standard, der eine Abwägung nach Wahrscheinlichkeitsgraden durchführt, zu niedrig. Für die Feststellung »schwerwiegender Gründe« wird vielmehr als ein Minimum eine klare Beweislage gefordert, welche nach international üblichen Regeln für die Zulassung einer Anklage vorausgesetzt wird,[384] also ein **hinreichender Tatverdacht**. Dagegen wird eingewandt, dass hinreichender Tatverdacht nicht ausreiche. Vielmehr liege der erforderliche Beweisstandard zwischen dem hinreichenden Tatverdacht (Anklageerhebung) und dem Maßstab jenseits vernünftiger Zweifel (Verurteilung).[385]

Der Sache nach verweist der Maßstab der hinreichenden Gründe auf den hinreichenden Tatverdacht. Hierfür wird jedoch eine auf Tatsachen gegründete Prognose gefordert, dass eine Verurteilung wahrscheinlich ist. Das bedeutet zwar nicht, dass bereits die Überzeugung von der Täterschaft des Beschuldigten zu verlangen ist. Die Anklagebehörde muss jedoch davon ausgehen können, dass das Gericht die Überzeugung von der Täterschaft des Beschuldigten gewinnen kann. Ebenso wie für die Feststellung der positiven Tatbestandsmerkmale der Flüchtlingseigenschaft eine auf Tatsachen beruhende Prognosebasis erforderlich ist,[386] ist für die Feststellung der Ausschlussgründe eine auf Tatsachen gegründete Prognosebasis zu ermitteln. Ob die festgestellten Tatsachen das Urteil rechtfertigen, dass der Asylsuchende eine der in Art. 1 F GFK bezeichneten Taten begangen hat, bedarf einer Prognoseeinschätzung anhand des Maßstabes der überwiegenden Wahrscheinlichkeit auf der Grundlage von Tatsachen, die anhand des Regelbeweises festgestellt wurden.

162

c) Beweislast

Kann die Behörde nicht den erforderlichen Nachweis führen, dass auf den Antragsteller die Ausschlussklausel des Art. 12 Abs. 2 RL 2004/83/EG Anwendung findet, geht die Unerweislichkeit der Tatsachen zu ihren Lasten. Zwar trifft den Antragsteller die Beweislast für die anspruchsbegründenden Tatsachen. Es ist jedoch allgemein anerkannt, dass für die Anwendung der Ausschlussklauseln die Beweislast bei der Behörde liegt,[387] da es sich in verfahrensrechtlicher Hinsicht um eine Ausnahme vom Anspruchstatbestand handelt. Im Verfahrensrecht wird die Frage, wer die materielle Beweislast trägt, nach materiellem Recht und unabhängig von der jeweiligen prozessualen Stellung der Beteiligten im konkreten Verfahren in Auslegung der im Einzelfall einschlägigen Norm entschieden. Enthält diese wie Art. 12 Abs. 2 RL 2004/83/EG i.V.m. § 3 Abs. 2 AsylvfG hierzu keine besonderen Regelungen, ist nach dem allgemeinen Rechtsgrundsatz (**Günstigkeitsprinzip**), dass die Nichterweislichkeit von Tatsachen, aus denen ein Beteiligter ihm günstige Rechtsfolgen herleitet, zu seinen Lasten geht, zu entscheiden.[388] Gesetzliche Bestimmungen wie auch allgemeine Grundsätze über die Beweislastverteilung sind darüber hinaus stets auch im Lichte des Verfassungsrechts, insbesondere der Grundrechte und der allgemeinen Prinzipien – wie etwa Sachnähe und Zumutbarkeit – auszulegen.

163

Maßgeblich ist stets, welcher Verfahrensbeteiligter nach dem Plan des Gesetzgebers oder beim Fehlen gesetzlicher Vorschriften über die Beweislastverteilung nach allgemeinen Rechtsgrundsätzen

164

---

383 *Zimmermann/Wennholz*, in: *Zimmermann*, The 1951 Convention, Article 1 F Rn. 47.

384 UNHCR, Determination of refugee status of persons connected with organizations or groups which advocate and/or practice violence, 1 June 1998, Nr. 17; *UNHCR*, Background Note on the Application of the Exclusion Clauses, Rn. 107.

385 *Lawyers Committee for Human Rights*, IJRL Supplementary Issue 2000, 317 (329).

386 BVerwGE 71, 180 (181) = EZAR 630 Nr. 17 = NVwZ 1985, 685 = InfAuslR 1985, 244; BVerwG, NVwZ 1990, 171 = InfAuslR 1989, 341; BVerwG, InfAuslR 1990, 238.

387 Canada Federal Court of Appeal (1992) 2 FC 317 (CA) – Ramirez; UK Upper Tribunal (2011) UKUT 00339 (IAC) Rn. 15 – Azimi-Rad; *UNHCR*, Background Note on the Application of the Exclusion Clauses, September 2003, Rn. 105.

388 Vgl. nur BVerwGE 18, 168 (173 f.); 54, 131 (132); 47, 30 (339); 61, 176 (189); BVerwG, NVwZ 1992, 772 (773); BVerwG, NVwZ-RR 1995, 172 (173); BVerwG, NVwZ-RR 2000, 256.

mit der Beweislast beschwert werden kann. Dabei kommt dem Umstand, dass es sich um Tatsachen oder Vorgänge aus dem Bereich eines Beteiligten handelt und ihm deshalb ein wesentlicher Beitrag zur Klärung leichter möglich und zumutbar ist, eine maßgebende Bedeutung zu. Dementsprechend geht bei Klagen, welche der Abwehr hoheitlicher Eingriffe dienen, die Nichterweislichkeit der für den Eingriff maßgebenden Tatsachen zulasten der Behörde.

165 Dem Antragsteller ist Gelegenheit einzuräumen, sämtliche Verteidigungsmittel zur Ausräumung der Annahme, er sei in Verbrechen im Sinne von Art. 1 F GFK verwickelt, vorzubringen. Seine mangelnde Bereitschaft zur Zusammenarbeit mit den Behörden ist als solche kein Schuldbeweis im Blick auf die Tatsachen, die zur Stützung des Ausschlusses herangezogen werden, wenn keine eindeutigen und überzeugenden Beweismittel vorliegen. Es kann daher irrelevant sein, den Ausschluss zu prüfen, wenn durch fehlende Bereitschaft zur Zusammenarbeit die wesentlichen anspruchsausschließenden Fakten eines Asylantrags nicht ermittelt werden können.[389] Es ist darüber hinaus stets erforderlich, die Gründe für die fehlende Aussagebereitschaft zu ermitteln. Denn diese können durch unzulängliche Übersetzung, ein erlittenes Trauma, den geistigen Zustand des Antragstellers, Furcht oder andere Faktoren beeinflusst sein.[390]

d) Verfahrensgarantien

aa) Durchführung des regulärem Asylverfahrens

166 Der Antragsteller hat einen Anspruch auf Prüfung des Asylbegehrens einschließlich der Ausschlussgründe im regulären Asylverfahren. Da der Ausschluss vom Flüchtlingsschutz zu schwerwiegenden Folgen führt, ist es unerlässlich, dass in das Verfahren **strenge Verfahrensgarantien** eingebaut werden. Derartige Feststellungen dürfen nach Ansicht von UNHCR grundsätzlich nur im **regulären Asylverfahren** und keinesfalls im Zulässigkeits- oder beschleunigten Verfahren getroffen werden, um eine vollständige Beurteilung der Sach- und Rechtsfragen des Einzelfalls sicherzustellen.[391] Hierfür spricht auch, dass nach dem EuGH eine individuelle Prüfung der genauen tatsächlichen Umstände erforderlich ist.[392] Diese kann weder in beschleunigten Verwaltungsverfahren noch im gerichtlichen, notwendigerweise summarischen Prüfverfahren vorgenommen werden. Erst eine endgültige Entscheidung über den Ausschluss nach einer sorgfältigen Prüfung aller relevanten Umstände und Tatsachen entzieht dem Flüchtling den Abschiebungsschutz nach Art. 33 GFK.[393] Daher darf über den Ausschluss nach Art. 1 GFK nicht in Verfahren zur Behandlung offensichtlich unbegründeter Asylanträge entschieden werden.[394] Demgegenüber verpflichtet § 30 Abs. 4 AsylVfG das zuständige Bundesamt, für den Ausschluss nach Art. 12 Abs. 2 RL 2004/83/EG das beschleunigte Verfahren anzuwenden.

167 Die Feststellung der Ausschlussgründe im beschleunigten Verfahren widerspricht den gebotenen Grundsätzen der Fairness des Verfahrens, weil Ausschlussgründe als Ausnahme von dem an sich gegebenen Anspruch sehr restriktiv auszulegen sind und dies eine besonders sorgfältige Prüfung der entsprechenden Tatsachen und Umstände erfordert. Darüber hinaus ermöglicht die Berücksichtigung von Ausschlussgründen im regulären Verfahren, die für die Statusgewährung sprechenden Tatsachen und die auf die Annahme von Ausschlussgründen hinweisenden Umstände zu ermitteln und im Rahmen der Verhältnismäßigkeitsprüfung gegeneinander abzuwägen. Dadurch wird eine

---

389 *UNHCR*, Richtlinien zum Internationalen Schutz: Anwendung der Ausschlussklauseln, September 2003, Rn. 35.
390 *UNHCR*, Background Note on the Application of the Exclusion Clauses, September 2003, Rn. 111.
391 *UNHCR*, Richtlinien zum Internationalen Schutz: Anwendung der Ausschlussklauseln, September 2003, Rn. 31.
392 EuGH, InfAuslR 2011, 40 (42) Rn. 94 = NVwZ 2011, 285 = AuAS 2011, 43 – B. und D.
393 *UNHCR*, The Exclusion Clauses: Guidelines on their Application, 1 Dec. 1996, Nr. 84.
394 *Bliss*, IJRL 2000 Special Supplementary Issue, S. 92 (131).

vollständige Erfassung sämtlicher tatsächlicher und rechtlicher Gründe sichergestellt. Dies ist insbesondere deshalb erforderlich, weil Ausschlussgründe häufig komplexer Natur sind sowie eine Untersuchung des Charakters des in Rede stehenden Verbrechens und des Tatbeitrags des Antragstellers einerseits und eine Berücksichtigung des Charakters der befürchteten Verfolgung andererseits erfordern.[395]

Der Antragsteller hat ein Recht darauf, dass die Behörde ihn vor Beginn der auf Ausschlussgründe zielenden Prüfung darauf hinweist, dass nunmehr Ausschlussgründe zum Gegenstand der Befragung gemacht werden. Zwar muss nach der Rechtsprechung insoweit nicht stets ein ausdrücklicher Hinweis erfolgen, dass nunmehr Ausschlussgründe behandelt werden. Dem Antragsteller muss aufgrund der Art und Weise der Befragung durch die Behörde jedoch bewusst werden, dass die Ermittlungen sich nunmehr den Ausschlussgründen widmen (siehe auch Art. 10 Abs. 1 Buchst. a) RL 2005/85/EG).[396] 168

UNHCR empfiehlt in Verfahren, in denen die Ausschlussgründe geprüft werden, folgende Verfahrensgarantien zu beachten: 169
– Gebot der individuellen Berücksichtigung sämtlicher konkreter Umstände in jedem Einzelfall,
– Bekanntgabe der entsprechenden Tatsachen und Umstände gegenüber dem Antragsteller und Einräumung der Möglichkeit, zu diesen Stellung zu nehmen,
– Bereitstellung einer rechtlichen Vertretung,
– Hinzuziehung eines geeigneten Dolmetschers,
– Mitteilung der für den Ausschluss maßgebenden Gründe in schriftlicher Form,
– Gewährung eines Rechtsbehelfs gegen eine Ausschlussentscheidung gegenüber einem unabhängigen Kontrollorgan und
– keine Abschiebung des Antragstellers, bevor nicht sämtliche Rechtsbehelfe gegen die Entscheidung, den Flüchtlingsschutz auszuschließen, erschöpft worden sind.[397]

bb) Prüfung der Flüchtlingseigenschaft vor der Feststellung der Ausschlussgründe

Nach Ansicht von UNHCR ist vor einer Anwendung der Ausschlussklauseln im Regelfall zunächst die Flüchtlingseigenschaft zu prüfen. Wegen des Ausnahmecharakters der Ausschlussgründe gelte der Grundsatz der Prüfung der Flüchtlingseigenschaft vor der Anwendung der Ausschlussklauseln (»**inclusion before exclusion**«).[398] In diesem Sinne ist auch die Rechtsprechung des EuGH zu verstehen, der fordert, dass die zuständigen Behörden die Bestimmungen des Art. 12 Abs. 2 RL 2004/83/EG erst anwenden dürfen, **nachdem** sie im Einzelfall eine Würdigung der genauen tatsächlichen Umstände, die ihr bekannt sind, vorgenommen hat, **um zu ermitteln**, ob schwerwiegende Gründe zu der Annahme berechtigen, dass die Handlungen des Betreffenden, der im Übrigen **die Voraussetzungen für die Anerkennung als Flüchtling erfüllt**, unter die Ausschlussklauseln fällt.[399] Die Erkenntnis, dass die Voraussetzungen der Flüchtlingseigenschaft erfüllt sind, beruht auf einer vorgängigen Prüfung. Erst nachdem die entsprechenden Tatsachen festgestellt wurden, kann entschieden werden, ob schwerwiegende Gründe die Anwendung der Ausschlussklauseln rechtfertigen. 170

---

395 *UNHCR*, Background Note on the Application of the Exclusion Clauses, September 2003, Rn. 99.
396 UK IAT, IJRL 2002, 382 (393) – Gurung.
397 *UNHCR*, Background Note on the Application of the Exclusion Clauses, September 2003, Rn. 98.
398 *UNHCR*, The Exclusion Clauses: Guidelines on their Application, 1 Dec. 1996, Nr. 84; *UNHCR*, Background Paper on the Article 1 F Exclusion Clauses, 1997; *UNHCR*, Determination of refugee status of persons connected with organizations or groups which advocate and/or practice violence, 1 June 1998, Nr. 4 und 5; *UNHCR*, Background Note on the Application of the Exclusion Clauses, Rn. 100; Nr. 15 der Summary Conclusions – Exclusion from Refugee Status, Lisbon Expert Roundtable, Global Consultations on International protection, 3–4 May 2001; *Bliss*, IJRL 2000 Special Supplementary Issue, S. 92 (106 ff.); *Marx*, ZAR 2002, 127 (133); dagegen *Zimmermann*, DVBl. 2006, 1478 (1480).
399 EuGH, InfAuslR 2011, 40 (41) Rn. 87 = NVwZ 2011, 285 = AuAS 2011, 43 – B. und D.

171 Durch einen derartigen Prüfungsaufbau wird auch vermieden, dass Ausschlussgründe in Fällen in Betracht gezogen werden, in denen sich ihre Anwendung verbietet. In Fällen, in denen der Verdacht terroristischer Aktivitäten besteht, wird dadurch die Prüfung der Frage ermöglicht, ob der Antragsteller legitime strafrechtliche Verfolgung oder Verfolgung aus den Gründen der Konvention befürchtet. Eine Entscheidung über den Ausschluss vom Flüchtlingsschutz ohne vorhergehende Prüfung der Flüchtlingseigenschaft dürfte darüber hinaus unvereinbar mit Ziel und Zweck der GFK (vgl. auch Art. 31 Abs. 1 WVRK) sein. Weil der Ausschluss der **extreme Ausnahmefall** ist, muss zunächst über die Flüchtlingseigenschaft entschieden werden. Erst die hierbei zu prüfenden Umstände erlauben eine Bewertung ihres Gewichts und ihrer Bedeutung auch im Blick auf Art. 1 F GFK. Nur wenn ein Haftbefehl eines internationalen Strafgerichtes oder offensichtliche Beweismittel vorliegen, dass der Antragsteller in ein außerordentlich schwerwiegendes Verbrechen verwickelt ist, insbesondere wenn es sich um spektakuläre Fälle nach Art. 1 F Buchst. c) GFK handelt sowie in Rechtsmittelverfahren, in denen der Ausschlussgrund im Zentrum steht, ist nach Ansicht von UNHCR eine Ausnahme von diesen Grundsätzen gerechtfertigt.[400]

172 Dem wird in der Rechtsprechung der Vertragsstaaten der Konvention entgegengehalten, dass bei hinreichend klarer Beweislage die Behörde verpflichtet sei, Ausschlussgründe zu prüfen. Auch ziele die Prüfung der Ausschlussgründe darauf, ob der Antragsteller in der Vergangenheit ein ausschlusswürdiges Delikt begangen habe, während die Prüfung der Flüchtlingseigenschaft eine gegenwärtige Gefahr der Verfolgung zum Inhalt habe. Deshalb solle die Behörde zunächst die Ausschlussgründe prüfen, wenn offensichtlich Anhaltspunkte auf ein schwerwiegendes Verbrechen hinwiesen.[401] Im Verfahren zur Prüfung der Flüchtlingseigenschaft seien die gleichen völkerrechtlichen Verfahrensvorgaben wie bei der Feststellung von Ausschlussgründen zu beachten und erfolge eine implizite Prüfung der Verfolgungssituation. Bei einer völkerrechtskonformen Auslegung der Ausschlussgründe könnten nur solche Gründe als schwerwiegend gelten, die nicht nur absolut schwer, sondern zugleich schwerer wiegen würden als die dem Flüchtling drohenden verfolgungsspezifischen Gefährdungen.[402]

cc) Vertrauliche Behandlung des Asylantrags

173 Die Vertraulichkeit des Asylantrags ist zur Bewahrung der Integrität des Asylverfahrens und zum Schutze des Antragstellers strikt zu beachten. Andererseits können wegen der internationalen operativen Dimension insbesondere terroristische Gefahren nicht ohne Nachrichtenaustausch mit anderen Staaten wirksam bekämpft werden. Auf keinen Fall darf aber darauf hingewiesen werden, dass der Betreffende einen Asylantrag gestellt hat. Das Gebot der vertraulichen Behandlung bleibt auch dann wirksam, wenn das Vorliegen von Ausschlussgründen endgültig festgestellt worden ist, um die Integrität des Asylverfahrens zu bewahren.[403]

174 Soweit UNHCR auch den Nachrichtenaustausch mit dem Herkunftsland unter dem Vorbehalt, dass die Tatsache der Asylbeantragung verschwiegen wird, für zulässig erachtet,[404] kann dies nicht akzeptiert werden. UNHCR weist in diesem Zusammenhang darauf hin, dass die Tatsache der Offenbarung der Asylantragstellung im Herkunftsland lebende Verwandte, Freunde und Bekannte des Antragstellers gefährden könnten. Die Annahme, dass der Antragsteller im anfragenden Staat einen Asylantrag gestellt hat, dürfte für den Herkunftsstaat jedoch bereits aufgrund einer vorherigen Anfrage aus diesem Staat häufig nahe liegen. Zudem besteht ein hohes Risiko, dass zum Zwecke der Erreichung der Abschiebung und anschließenden Verfolgung falsche und irreführende Informationen an die Behörden des Aufnahmestaates geliefert werden.

---

400 *UNHCR*, Background Note on the Application of the Exclusion Clauses, September 2003, S. 26 f.
401 UK IAT, IJRL 2002, 382 (393–403) – Gurung.
402 *Zimmermann*, DVBl. 2006, 1478 (1490).
403 *UNHCR*, Background Note on the Application of the Exclusion Clauses, September 2003, Rn. 104.
404 *UNHCR*, Background Note on the Application of the Exclusion Clauses, September 2003, Rn. 103.

§ 35 Ausschluss wegen Schutzunwürdigkeit Kapitel 9

8. Versagung der Flüchtlingseigenschaft wegen Sicherheitsgefährdung (Art. 14 Abs. 5 RL 2004/83/EG)

a) Funktion des Art. 14 Abs. 5 RL 2004/83/EG

Nach Art. 14 Abs. 5 RL 2004/83/EG können die Mitgliedstaaten in den in Art. 14 Abs. 4 RL 2004/83/EG bezeichneten Fällen (§ 37 Rdn. 47 ff.) entscheiden, dem Flüchtling die ihm an sich zustehende Rechtsstellung nicht zuzuerkennen, solange noch keine Entscheidung darüber gefasst worden ist. Nach der Formulierung handelt es sich um eine Freistellungsklausel und damit nicht um zwingendes Unionsrecht. Sie steht im Zusammenhang mit Art. 14 Abs. 4 RL 2004/83/EG, der aus den Gründen des Art. 33 Abs. 2 GFK die Beendigung des Flüchtlingsstatus erlaubt (§ 37 Rdn. 47 ff.). Demgegenüber erlaubt Art. 14 Abs. 5 RL 2004/83/EG aus diesen Gründen bereits von vornherein, den begehrten Flüchtlingsstatus zu versagen, obwohl ausdrücklich darauf hingewiesen wird, dass der Betroffene Flüchtling ist. Der Sache nach handelt es sich damit um einen Ausschlussgrund. 175

Zwar ist der sachlich enge Zusammenhang zu Art. 14 Abs. 4 RL 2004/83/EG evident. Es ist dennoch ungereimt, einen Ausschlussgrund im Rahmen der Vorschrift zu regeln, welche Aufhebungsgründe behandelt. Ungereimt ist diese Systematik auch deswegen, weil beim subsidiären Schutz ein an Art. 33 Abs. 2 GFK ausgerichteter Ausschlussgrund im Zusammenhang mit den Ausschlussgründen (Art. 17 Abs. 1 Buchst. d) RL 2004/83/EG) geregelt und bei den Aufhebungsgründen erneut aufgegriffen wird (Art. 19 Abs. 3 Buchst. a) RL 2004/83/EG). Der Grund dürfte wohl darin liegen, dass den Verfassern der Richtlinie die Völkerrechtswidrigkeit ihres Vorhabens bewusst war. Darauf deutet hin, dass Art. 33 Abs. 2 GFK nicht im Rahmen der zwingenden Ausschlussgründe des Art. 12 RL 2004/83/EG, sondern als Freistellungsklausel in Art. 14 Abs. 5 RL 204/83/EG behandelt wird. Derartige völkerrechtliche Bedenken bestehen hingegen beim subsidiären Schutz nicht. Die sachliche Nähe zu den Ausschlussgründen legt nahe, die Freistellungsklausel im Zusammenhang mit den Ausschlussgründen des Art. 12 Abs. 2 RL 2004/83/EG zu erörtern. 176

Ebenso wie Art. 14 Abs. 4 ist Art. Abs. 5 RL 2004/83/EG auf Druck der Bundesregierung in die Richtlinie eingefügt worden, die damit ihre nationale Sonderregelung in das Unionsrecht hinüber retten wollte. Nationales Vorbild für die unionsrechtliche Freistellungsklausel ist die in Deutschland seit 1997 geltende Vorschrift des § 30 Abs. 4 AsylVfG, die zur Berücksichtigung der Gründe des Art. 33 Abs. 2 GFK bereits im Anerkennungsverfahren zwingt und entgegen international anerkannten Gründen (Rdn. 166) hierfür ein Schnellverfahren vorsieht. UNHCR weist in der Untersuchung über die Praxis der Mitgliedstaaten darauf hin, dass Deutschland der einzige Mitgliedstaat ist, der Art. 14 Abs. 5 RL 2004/83/EG anwendet.[405] UNHCR kritisiert, dass Art. 33 Abs. 2 GFK nicht als Tatbestandsmerkmal für die Feststellung des Flüchtlingsstatus konzipiert worden sei. Die Hinzufügung des Ausnahmetatbestandes vom Refoulementverbot zu den Ausschlussgründen des Art. 1 F GFK sei unvereinbar mit der GFK (§ 37 Rdn. 48 ff.).[406] 177

Art. 14 Abs. 5 RL 2004/83/EG verweist materiell auf Abs. 4 dieser Norm und nimmt damit die dort als **Aufhebungsgründe** geregelten Tatbestände (§ 37 Rdn. 50 ff.) als **negative Tatbestandsmerkmale** für die Entscheidung über die Zuerkennung der Flüchtlingseigenschaft in Bezug. Art. 14 Abs. 5 RL 2004/83/EG trägt allerdings bereits insoweit dem Grundsatz Rechnung, dass eine Entscheidung über den Ausschluss ohne vorhergehende Prüfung der Flüchtlingseigenschaft unvereinbar mit dem Ziel und Zweck der Konvention (vgl. auch Art. 31 Abs. 1 WVRK) und der Staatenpraxis[407] 178

---

405 *UNHCR*, Asylum in the European Union. A study of the implementation of the Qualification Directive, S. 94.

406 *UNHCR*, Asylum in the European Union. A study of the implementation of the Qualification Directive, S. 94.

407 UK Immigration Appeals Tribunal, (1995) Imm A. R. 494; Canada Court of Appeal, Moreno v. Canada, (1993) 159 NR 210 (C. A.); US Board of Appeal, Matter of Ballester-Garcia, (1980), 17 I. & N. Dec. 592, Schweizerische Asylrekurskommission, Urt. v. 14.09.1998, B. M.

(Rdn. 184) ist. Das verdeutlicht auch der Wortlaut der Norm, der ausdrücklich von einem Flüchtling spricht. Weil der Ausschluss der **extreme Ausnahmefall** ist, muss zunächst über die Flüchtlingseigenschaft entschieden werden. Erst die hierbei zu prüfenden Umstände erlauben eine Bewertung ihres Gewichts und ihrer Bedeutung auch im Blick auf die Ausschlussgründe. Die **wegen des besonderen Ausnahmecharakters strenge Prüfung der Ausschlussgründe** darf darüber hinaus nicht in Zulässigkeits- oder beschleunigten Verfahren durchgeführt werden. Erst eine endgültige Entscheidung über den Ausschluss nach einer sorgfältigen Prüfung aller relevanten Umstände und Tatsachen entzieht dem Flüchtling den Abschiebungsschutz nach Art. 33 GFK (Rdn. 170 ff.).[408]

179 Nationales Vorbild für die unionsrechtliche Freistellungsklausel ist die in Deutschland seit 1997 geltende Vorschrift des § 30 Abs. 4 AsylVfG (Rdn. 177). § 30 Abs. 4 AsylVfG ist unabhängig von seiner Völkerrechtswidrigkeit aber auch mit Unionsrecht unvereinbar, weil ohne Prüfung der Flüchtlingseigenschaft bereits aus den Gründen des Art. 14 Abs. 4 RL 2004/83/EG der Asylantrag abgelehnt wird, und zwar als offensichtlich unbegründet. Darüber hinaus ist § 30 Abs. 4 AsylVfG auch mit Art. 14 Abs. 5 RL 2004/83/EG unvereinbar, weil die Bezugsnorm des Art. 14 Abs. 5 RL 2004/83/EG nur den Begriff des »besonders schweren Verbrechens« enthält, während die Bezugsnorm des § 30 Abs. 4 AsylVfG auf den weiter gehenden Begriff des »besonders schweren Vergehens« (vgl. § 68 Abs. 8 Satz 1 AufenthG) zielt.

180 Die Verfahrensrichtlinie enthält das Konzept des offensichtlich unbegründeten Asylantrags nicht. Ob daraus ein Verbot hergeleitet werden kann, an diesem Konzept festzuhalten, ist ungeklärt. Jedenfalls müssen die Mitgliedstaaten die in Art. 6 bis 22 RL 2005/85/EG genannten Verfahrensanforderungen beachten. Mit Unionsrecht unvereinbar ist jedenfalls, dass in den Fällen des Art. 14 Abs. 4 RL 2004/83/EG nicht die Flüchtlingseigenschaft festgestellt wird. Ebenso unvereinbar mit Unionsrecht dürfte angesichts dessen die Ablehnung des Asylantrags als offensichtlich unbegründet sein, weil diese ohne Feststellung der Flüchtlingseigenschaft erfolgt. Ist die Flüchtlingseigenschaft festgestellt worden, kann der Asylantrag nicht mehr nach § 30 AsylVfG behandelt werden, weil ja nicht mehr offensichtlich ist, dass der Antragsteller sämtliche Voraussetzungen für die Flüchtlingseigenschaft nicht erfüllt (vgl. § 30 Abs. 1 AsylVfG).

b) Voraussetzungen des Art. 14 Abs. 5 RL 2004/83/EG

181 Art. 14 Abs. 5 RL 2004/83/EG verweist materiell auf Abs. 4 der Vorschrift und nimmt damit die dort als **Aufhebungsgründe** geregelten Tatbestände als **negative Tatbestandsmerkmale** für die Entscheidung über die Zuerkennung der Flüchtlingseigenschaft in Bezug. Art. 14 Abs. 5 RL 2004/83/EG selbst enthält keine tatbestandlichen Voraussetzungen, sondern regelt nur die Rechtsfolgen, wenn vor der Zuerkennung der Flüchtlingseigenschaft ein Grund nach Art. 14 Abs. 4 RL 2004/83/EG bekannt wird. Es kommt damit für die Anwendung von Abs. 5 auf die in Abs. 4 geregelten Tatbestände des Art. 14 RL 2004/83/EG an (§ 37 Rdn. 50 ff.). Danach müssen stichhaltige Gründe für die Annahme sprechen, dass der Flüchtling eine Gefahr für die Sicherheit des Aufnahmestaates oder für die Allgemeinheit dieses Staates darstellt, weil er wegen eines schwerwiegenden Verbrechens rechtskräftig verurteilt wurde.

182 Es besteht Übereinstimmung darin, dass nur eine **sehr hohe Gefahr** für die Sicherheit des Aufnahmestaates die Abschiebung rechtfertigen kann. Insoweit ist die Schwelle für die Anwendung von Art. 33 Abs. 2 GFK höher als die für die Anwendung von Art. 1 F Buchst. b) GFK (Rdn. 37 ff.). Es ist unvereinbar mit der Systematik der Konvention, den Begriff der »Gefahr« in Art. 33 Abs. 2 GFK auf Sachverhalte anzuwenden, in denen weniger als eine sehr ernsthafte Gefahr für die Sicherheit des Landes oder die Allgemeinheit besteht.[409] Dies folgt aus dem Begriff des »besonders schweren Vergehens« in Art. 33 Abs. 2 GFK. Insoweit erhöht Art. 14 Abs. 5 Buchst. b) RL 2004/83/EG sogar

---

408 *UNHCR*, The Exclusion Clauses: Guidelines on their Application, 1 Dec. 1996, Nr. 84.
409 *Goodwin-Gill/McAdam*, The Refugee in International Law, S. 237; *Hathaway*, The Law of Refugee Status, S. 226.

die Gefahrenschwelle, weil er anders als Art. 33 Abs. 2 GFK die Ausnahme vom Refoulementverbot nicht auch bei »besonders schweren Vergehen«, sondern nur bei »besonders schweren Verbrechen« zulässt.

Art. 33 Abs. 2 GFK setzt eine in die Zukunft gerichtete Prognoseentscheidung voraus, während Art. 1 F GFK allein wegen bestimmter individueller Handlungen zum Ausschluss vom Flüchtlingsschutz führt. Dementsprechend haben die Mitgliedstaaten zunächst festzustellen, dass der Antragsteller die Voraussetzungen der Flüchtlingseigenschaft erfüllt (Rdn. 178). Erst nach dieser Entscheidung, die aber nicht die Zuerkennung der Flüchtlingseigenschaft zur Folge hat, wird aus gegebenem Anlass die Gefahrenprognose angestellt. Art. 33 Abs. 2 GFK unterscheidet sich also auch insoweit von Art. 1 F GFK, dass diese Norm der **Gefahrenabwehr** dient, nicht jedoch ein internationales Prinzip zum Ausdruck bringt, wonach der Betroffene aufgrund bestimmter Handlungen schutzunwürdig wird (Rdn. 7 ff.). Für die Anwendung von Art. 33 Abs. 2 GFK kommt es nicht in erster Linie auf den abstrakten Charakter der begangenen Straftat, sondern auf die Umstände an, unter denen sie begangen wurde, und ob hieraus eine Gefahr für die Sicherheit des Aufnahmestaates oder die Allgemeinheit folgt (§ 37 Rdn. 48 ff.). 183

Anders als bei der Anwendung von Abs. 4 ist die Prognoseentscheidung nach Abs. 5 von Art. 14 RL 2004/83/EG vor der Zuerkennung der Flüchtlingseigenschaft zu treffen. Allerdings ist eine präventivpolizeiliche Gefahrenprognose im System des flüchtlingsrechtlichen Feststellungsverfahrens ein Fremdkörper und führt dazu, dass nicht eine konkrete polizeirechtliche Gefahrenprognose über eine Wiederholungsgefahr getroffen, sondern anhand von abstrakten Normen ein Ausschlusstatbestand in Anwendung gebracht wird. Dies ist mit Art. 33 Abs. 2 GFK unvereinbar. Am Ausgangspunkt steht die Frage, ob der Antragsteller eine Gefahr für die Sicherheit des Staates oder der Allgemeinheit darstellt. Das Erfordernis der rechtskräftigen Verurteilung wegen eines besonders schweren Verbrechens fügt ein weiteres Element hinzu, kann aber nicht dahin verstanden werden, dass allein wegen dieser Straftat eine Gefahr für die Sicherheit des Staates oder die Allgemeinheit besteht. Vielmehr entspricht es völkerrechtlichen Grundsätzen, dass Art. 33 Abs. 2 GFK als Ausnahme vom Refoulementschutz eine Berücksichtigung aller Umstände des Falles einschließlich z. B. des Charakters der Straftat, des Hintergrunds ihrer Ausübung, des Verhaltens des Täters und des konkreten Strafurteils erfordert. 184

Die Anwendung von Art. 14 Abs. 5 RL 2004/83/EG setzt damit voraus, dass ein **rechtskräftiges Urteil** wegen eines **besonders schweren Verbrechens** gegen den Flüchtling ergangen ist. Es reicht danach nicht wie bei Art. 1 F GFK aus, dass schwerwiegende Gründe zu der Annahme berechtigen, der Betroffene habe bestimmte Straftaten begangen. Art. 33 Abs. 2 GFK enthält eine Schutzgarantie dahin, dass gegen einen Flüchtling, der im Aufnahmestaat eine Straftat begangen hat, nur im Fall der rechtskräftigen Verurteilung vorgegangen werden darf.[410] Ferner genügt es nicht, dass der Flüchtling ein »schwerwiegendes« Verbrechen begangen hat. Vielmehr muss er ein »besonders schweres Verbrechen« verübt haben. Schließlich muss aufgrund der Gesamtumstände die Prognose begründet sein, dass er **gegenwärtig** eine Gefahr für die Sicherheit des Aufnahmemitgliedstaates oder seine Allgemeinheit darstellt. 185

c) Rechtsfolgen des Art. 14 Abs. 5 RL 2004/83/EG

Nach Art. 14 Abs. 5 RL 2004/83/EG darf die Flüchtlingseigenschaft nicht zuerkannt werden, wenn die Voraussetzungen des Art. 14 Abs. 4 RL 2004/83/EG erfüllt sind. Diese Norm schiebt damit das die Zulässigkeit der Abschiebung von Flüchtlingen betreffende Problem bereits in das **Feststellungs**verfahren hinein. Die Mitgliedstaaten haben danach zunächst die Voraussetzungen der Flüchtlingseigenschaft zu prüfen und festzustellen, ob der Antragsteller Flüchtling im Sinne von Art. 13 RL 2004/83/EG ist (Rdn. 178). Dies ergibt sich auch aus Art. 14 Abs. 6 RL 2004/83/EG. Denn die Anwendung dieser Vorschrift setzt voraus, dass zunächst die Flüchtlingseigenschaft festgestellt wird. 186

---

410 *Robinson*, Convention relating to the Status of Refugees, S. 140.

Haben die Mitgliedstaaten dem Flüchtling die Rechtsstellung zuerkannt, können sie von der Freistellungsklausel des Art. 14 Abs. 5 RL 2004/83/EG keinen Gebrauch mehr machen. Dies folgt aus dem Wortlaut der Norm. Anschließend können sie den gewährten Status nur nach Art. 14 Abs. 4 RL 2004/83/EG aufheben, wenn nach Zuerkennung der Flüchtlingseigenschaft ein Ausschlussgrund nach Art. 14 Abs. 4 RL 2004/83/EG eingetreten ist.

187 In einem zweiten Schritt haben die Mitgliedstaaten zu prüfen, ob die Voraussetzungen des Art. 14 Abs. 4 RL 2004/83/EG (§ 37 Rdn. 50 ff.) erfüllt sind. Ist dies nicht der Fall, wird die Flüchtlingseigenschaft zuerkannt. Sind die Voraussetzungen des Art. 14 Abs. 4 RL 2004/83/EG erfüllt, wird dem Flüchtling die Rechtsstellung eines Flüchtlings nicht zuerkannt (Art. 14 Abs. 5 RL 2004/83/EG). Solange er sich im Mitgliedstaat aufhält, genießt er die in Art. 14 Abs. 6 RL 2004/83/EG bezeichneten Konventionsrechte. Auch wenn die Feststellungsbehörde den Flüchtlingsstatus wegen Vorliegens der entsprechenden Voraussetzungen versagen will, muss sie den Schutz nach Art. 3 EMRK (siehe auch Art. 15 Buchst. b) RL 2004/83/EG) beachten (vgl. Art. 21 RL 2004/83/EG), der anders als Art. 33 Abs. 2 GFK keine Ausnahme vom Refoulementverbot zulässt (Rdn. 190 ff.).[411]

d) Genuss bestimmter Konventionsrechte (Art. 14 Abs. 6 RL 2004/83/EG)

188 Nach Art. 14 Abs. 6 RL 2004/83/EG haben Flüchtlinge, denen der Flüchtlingsstatus entzogen wurde (Art. 14 Abs. 4 RL 2004/83/EG) oder die ihn erst gar nicht erlangt haben (Art. 14 Abs. 5 RL 2004/83/EG), Anspruch auf einige der Rechte nach der Konvention (Rdn. 188), die keinen rechtmäßigen Aufenthalt voraussetzen.[412] Die Vorbehaltsklausel des Art. 14 Abs. 6 RL 2004/83/EG weist darauf hin, dass der Genuss dieser Konventionsrechte vom Aufenthalt des Flüchtlings im Aufnahmemitgliedstaat abhängig ist. Vollzieht der Mitgliedstaat nach der Versagung des Flüchtlingsstatus aufenthaltsbeendende Maßnahmen, kommt es nicht zur Anwendung von Art. 14 Abs. 6 RL 2004/83/EG. Diese Vorschrift kommt den Flüchtlingen zugute, die unter die Ausschlussklauseln des Art. 12 Abs. 2 RL 2004/83/EG fallen, aber wegen Art. 3 EMRK nicht in ihr Herkunftsland und mangels Aufnahmebereitschaft eines dritten Staates – wie zumeist in derartigen Fällen – nicht in einen anderen Staat abgeschoben werden können.

189 Art. 14 Abs. 6 RL 2004/83/EG bezeichnet nicht alle Konventionsrechte, die keinen rechtmäßigen Aufenthalt voraussetzen. Es handelt sich um das **Verbot diskriminierender Behandlung** (Art. 3 GFK), das **Recht auf Religionsausübung** (Art. 4 GFK), den **Zugang zu den Gerichten** (Art. 16 GFK), das Recht auf **öffentliche Erziehung** (Art. 22 GFK), das **Verbot der Bestrafung wegen illegaler Einreise** (Art. 31 GFK), den **Ausweisungsschutz** nach Art. 32 GFK und den **Refoulementschutz** nach Art. 33 GFK. Ungereimt ist der Hinweis auf den Schutz nach Art. 33 GFK in Art. 14 Abs. 6 RL 2004/83/EG. Denn dieser war dem Flüchtling durch die Anwendung von Art. 14 Abs. 5 RL 2004/83/EG ja gerade genommen worden.

9. Schutz vor Folter (Art. 3 EMRK)

190 Auch wenn die Feststellungsbehörde den Flüchtlingsstatus wegen Vorliegens von Ausschlussgründen versagen will, muss sie völkerrechtlich anerkannte Refoulementverbote berücksichtigen (Art. 21 RL 2004/83/EG; § 53 Rdn. 1 ff.). Insoweit ist Art. 3 EMRK zu beachten, der anders als Art. 33 Abs. 2 GFK keine Ausnahme vom Refoulementverbot zulässt. Der EGMR hat in diesem Zusammenhang ausdrücklich und wiederholt festgestellt, dass der in Art. 3 EMRK gewährleistete Schutz vor Folter oder unmenschlicher oder erniedrigender Strafe oder Behandlung **ausnahmslos** gilt, sodass der in Art. 3 EMRK gewährte Refoulementschutz umfassender als jener in Art. 33 GFK ist (§ 53

---

411 EGMR, EZAR 933 Nr. 4 = InfAuslR 1997, 97 = NVwZ 1997, 1093 – Chahal; EGMR, Inf-AuslR 1997, 279 (281) = NVwZ 1997, 1100 = EZAR 933 Nr. 5 – Ahmed.

412 *Klug*, German Yearbook of International Law 2004, 594 (616).

Rdn. 9 ff.).⁴¹³ Der Refoulementschutz nach Art. 3 EMRK hat **absoluten Charakter** und steht **nicht unter Terrorismusvorbehalt**.⁴¹⁴ Vielmehr hat der EGMR insbesondere in seiner ausländerrechtlichen Rechtsprechung an seine traditionelle, bereits 1978 entwickelte Auffassung vom **notstandsfesten Charakter des Folterverbots** nach Art. 3 EMRK⁴¹⁵ angeknüpft und in inzwischen gefestigter Rechtsprechung festgestellt, dass der aus dieser Norm herzuleitende **Abschiebungsschutz** ein **absoluter** ist.⁴¹⁶

Dabei hebt der EGMR ausdrücklich die »immensen Schwierigkeiten« hervor, mit denen »sich Staaten in modernen Zeiten beim Schutz ihrer Gemeinschaften vor **terroristischer Gewalt** konfrontiert sehen«. Allerdings verbiete selbst unter diesen Umständen die »Konvention in **absoluten Begriffen Folter, unmenschliche oder erniedrigende Behandlung oder Strafe, unabhängig vom Verhalten des Opfers**«.⁴¹⁷ Auch das BVerwG hat ausdrücklich darauf hingewiesen, dass mit dem Ausschluss des Asyl- und Abschiebungsschutzes nicht zugleich auch der Schutz nach Art. 3 EMRK ausgeschlossen werde.⁴¹⁸ Das BVerwG stellt ausdrücklich fest, dass vom Flüchtlingsschutz ausgeschlossene Personen dem absoluten Refoulementschutz des Art. 3 EMRK unterfallen.⁴¹⁹ Auch der EuGH hat in diesem Zusammenhang ausdrücklich darauf hingewiesen, dass die Entscheidung über den Ausschluss vom Flüchtlingsschutz keine Stellungnahme zu der Frage enthalte, ob der Betroffene in sein Herkunftsland abgeschoben werden dürfe.⁴²⁰

191

Die Große Kammer des EGMR hat mit deutlichen Worten den Versuch der britischen Regierung zurückgewiesen, den Schutz von Art. 3 EMRK gegen die staatlichen Sicherheitsinteressen abzuwägen. Der Schutz gegen Folter und unmenschliche oder erniedrigende Strafe oder Behandlung sei absolut. Art. 3 EMRK begründe einen absoluten, durch keine Ausnahme durchbrochenen Schutz gegen Auslieferung und Abschiebung. Die Auffassung, die Risiken, die dem Betroffenen im Zielstaat drohten, könnten gegen seine Gefährlichkeit abgewogen werden, beruhe auf einem unzutreffenden Verständnis von Art. 3 EMRK. Die Begriffe »Gefahr« (für den Betroffenen) und »Gefährlichkeit« (für die Bevölkerung) könnten nicht gegeneinander abgewogen werden, weil beide unabhängig voneinander festgestellt werden müssten. Die Gefahr, dass der Betroffene eine Gefahr für die Allgemeinheit darstelle, reduziere nicht in irgendeiner Weise das ihm drohende Risiko im Zielstaat.⁴²¹

192

Ebenso wenig hat der Gerichtshof den zweiten Einwand der britischen Regierung akzeptiert, dass bei Gefährdungen der Allgemeinheit die Prüfung des konkreten Risikos, nach der Abschiebung einer Art. 3 EMRK zuwiderlaufenden Behandlung ausgesetzt zu werden, weniger streng ausfallen könnte, wenn die Allgemeinheit durch den Betroffenen gefährdet sei. Eine derartige Verfahrensweise sei unvereinbar mit der absoluten Schutzwirkung von Art. 3 EMRK. Deshalb erklärte die Große Kammer des Gerichtshofes ausdrücklich, dass sie keinen Grund dafür sehe, den maßgeblichen Beweisstandard zu ändern.⁴²²

193

---

413 EGMR, EZAR 933 Nr. 4 = InfAuslR 1997, 97 = NVwZ 1997, 1093 – Chahal; EGMR, Inf-AuslR 1997, 279 (281) = NVwZ 1997, 1100 = EZAR 933 Nr. 5 – Ahmed; siehe auch § 5 Rdn. 4–6.
414 EGMR, NVwZ 1992, 869 (870) – Vilvarajah; EGMR, InfAuslR 1997, 97 (101) = NVwZ 1997, 1093 – Chahal; EGMR, InfAuslR 1997, 279 (281) = NVwZ 1997, 1100 – Ahmed; *Hathaway/Harvey*, Cornell ILJ 2001, 257 (316).
415 EGMR, EuGRZ 1979, 149 (155) – Nordirland.
416 EGMR, InfAuslR 1997, 97 = NVwZ 1997, 97 (99) – Chahal; EGMR, InfAuslR 1997, 279 (281) = NVwZ 1997, 1100 – Ahmed; EGMR, InfAuslR 2000, 321 (323) – T. I.
417 EGMR, InfAuslR 1997, 97 (98) – Chahal; EGMR, InfAuslR 1997, 279 (281) – Ahmed.
418 BVerwGE 109, 12 (24) = EZAR 200 Nr. 34 = InfAuslR 1999, 366 = NVwZ 1999, 1349, für § 53 Abs. 4 AuslG 1990.
419 BverwGE 132, 79 (94) = EZAR NF 68 Nr. 3.
420 EuGH, InfAuslR 2011, 40 (43) Rn. 110 = NVwZ 2011, 285 = AuAS 2011, 43 – B. und D.
421 EGMR, NVwZ 2008, 1330 (1332) Rn. 139 – Saadi.
422 EGMR, NVwZ 2008, 1330 (1332) Rn. 138 bis 140 – Saadi.

Kapitel 10 Verlustgründe

§ 36 Verlustgründe (Art. 11 RL 2004/83/EG)

Übersicht

	Rdn
1. Funktion der Verlustgründe	1
2. Unterstellung unter den Schutz des Staates der Staatsangehörigkeit (Art. 11 Abs. 1 Buchst. a) RL 2004/83/EG)	10
a) Funktion des Verlustgrundes	10
b) Freie Willensentscheidung	13
c) Handlungsformen der Schutzunterstellung	15
aa) Anforderungen an die individuelle Handlung	15
bb) Beantragung eines nationalen Passes	18
d) Wirksame Schutzgewährung	23
e) Staatenlose Flüchtlinge	30
3. Wiedererlangung der früheren Staatsangehörigkeit (Art. 11 Abs. 1 Buchst. b) RL 2004/83/EG)	32
a) Funktion des Verlustgrundes	32
b) Freie Willensentscheidung	35
c) Wirksame Schutzerlangung	38
4. Erwerb einer neuen Staatsangehörigkeit (Art. 11 Abs. 1 Buchst. c) RL 2004/83/EG)	40
a) Funktion des Verlustgrundes	40
b) Freie Willensentscheidung	43
c) Wirksame Schutzerlangung	45
d) Wiedererlangung des Flüchtlingsstatus	46
5. Niederlassung im Herkunftsland (Art. 11 Abs. 1 Buchst. d) RL 2004/83/EG)	49
a) Funktion des Verlustgrundes	49
b) Freiwillige Niederlassung	53
c) Dauerhafte Niederlassung	56
6. »Wegfall-der-Umstände-Klauseln« (Art. 11 Abs. 1 Buchst. e) und f) RL 2004-83-EG)	
a) Funktion des Verlustgrundes	61
b) Inhalt und Umfang der »Wegfall-der-Umstände-Klauseln«	67
aa) Individueller Prüfungsansatz	67
bb) Grundlegende Veränderung der Umstände	71
cc) Dauerhafte Änderung der Umstände	79
dd) Wiederherstellung wirksamer Schutzstrukturen	86
ee) Wiederherstellung wirksamer Schutzstrukturen gegen die früheren Verfolgungsgefahren	98
ff) Nachweislast (Art. 14 Abs. 2 RL 2004/83/EG)	106
c) Neuartige Verfolgungsgründe	116
d) Humanitäre Klausel (Art. 1 C Nr. 5 Satz 2 und Nr. 6 Satz 2 GFK)	121
aa) Funktion der humanitären Klausel	121
bb) Inhalt der humanitären Klausel	128
cc) Kausalität zwischen früherer Verfolgung und Unzumutbarkeit der Rückkehr	134
dd) Abgrenzung der humanitären Klausel vom subsidiären Schutz	137
e) Subsidiärer Schutz	138
7. Rechtsfolgen der Verlustgründe (Art. 14 Abs. 1 RL 2004/83/EG)	142

Leitsätze

1. Nach Art. 14 Abs. 1 RL 2004/83/EG ist die Flüchtlingseigenschaft abzuerkennen, wenn Verlustgründe nach Art. 11 RL 2004/83/EG vorliegen. Die Verlustgründe des Art. 11 RL 2004/83/EG beruhen auf Art. 1 C GFK. Sowohl die Konvention wie auch das Statut von UNHCR beenden den Schutzstatus, wenn der Flüchtling durch eigene Handlungen zu erkennen gibt, dass er keine begründete Verfolgungsfurcht mehr hegt oder wenn die Umstände, aufgrund deren er als Flüchtling anerkannt worden ist, weggefallen sind (Rdn. 5).
2. Grundsätzlich setzt die Feststellung des Verlustes des Flüchtlingsstatus voraus, dass eine auf einem freien Willensentschluss beruhende Handlung des Flüchtlings die Schlussfolgerung erlaubt, dass die Schutzbedürftigkeit entfallen ist (Rdn. 6). Dies allein reicht jedoch nicht. Vielmehr muss der Flüchtling im Herkunftsland auch wirksamen Schutz erlangen können (Rdn. 23 ff.).
3. Aus dem Zusammenhang der Regelungen in Abs. 1 und 2 von Art. 14 RL 2004/83/EG i.V.m. Art. 11 RL 2004/83/EG folgt, dass die Frage, ob im konkreten Einzelfall Verlustgründe Anwendung finden, jeweils einer vorgängigen Prüfung bedarf (Rdn. 9). Zwar beenden die Verlustgründe **ipso facto** mit dem Eintritt eines der Verlustgründe den Flüchtlingsstatus. Ob im Einzelfall die Verlustgründe erfüllt sind, bedarf jedoch jeweils einer besonders sorgfältigen Einzelfallprüfung.
4. Nach Art. 14 Abs. 1 RL 2004/83/EG erfolgt die Beendigung des Flüchtlingsstatus in unterschiedlichen Formen, sei es, dass dieser ausdrücklich aufgehoben, beendet oder nicht verlängert wird. Damit zielt die Vorschrift auf die Norm des Art. 24 Abs. 1 RL 2004/83/EG. Denn der Flüchtlingsstatus als solcher wird nicht verlängert, sondern der auf seiner Grundlage erteilte Aufenthaltstitel. Der Flüchtlingsstatus selbst bleibt wirksam, solange er nicht aufgehoben worden ist. Eine Verlängerung oder Beendigung außerhalb der ausdrücklichen Aufhebung des Status ist nicht vorgesehen (Rdn. 142 ff.).

Unterstellung unter den Schutz des Staates der Staatsangehörigkeit (Art. 11 Abs. 1 Buchst. a) RL 2004/83/EG)

5. Wird dem Flüchtling aufgrund eines freiwilligen und in der Absicht der Schutzerlangung gestellten Antrags wirksam Schutz durch den Staat der Staatsangehörigkeit gewährt, wird die Flüchtlingseigenschaft beendet (Rdn. 10 ff.).
6. Die bloße Inanspruchnahme von Dienstleistungen des Herkunftsstaates zur Überwindung bürokratischer Hindernisse für Amtshandlungen des Aufnahmestaates begründet keinen Verlustgrund (Rdn. 15). Es wird vielmehr die Annahme eines Vorteils durch den Herkunftsstaat und darüber hinaus vorausgesetzt, dass die Vornahme der Handlung objektiv als eine Unterschutzstellung gewertet werden kann (Rdn. 14).
7. Umstritten ist, ob die Beantragung der Ausstellung oder Verlängerung eines **nationalen Reiseausweises** eine Vermutung der Freiwilligkeit der Handlung begründet, die der Flüchtling widerlegen kann (Rdn. 18 bis 20).
8. Liegen die Voraussetzungen der Schutzunterstellung vor, wird dem Flüchtling aber der Schutz tatsächlich nicht gewährt, findet der Verlustgrund keine Anwendung (Rdn. 23).
9. Freiwilligkeit, Schutzwille und effektive Schutzgewährung sind konzeptionelle Bestandteile des Verlustgrundes und haben die Funktion, zu vermeiden, dass der Flüchtling erneuter Verfolgung ausgesetzt wird (Rdn. 25).

Wiedererlangung der früheren Staatsangehörigkeit (Art. 11 Abs. 1 Buchst. b) RL 2004/83/EG)

10. Allein die Wiederlangung der früheren Staatsangehörigkeit begründet keinen Verlust der Staatsangehörigkeit, wenn diese nicht auf einem freiwilligen Erwerbsakt beruht (Rdn. 32 ff.), sodass die kraft Gesetzes wieder erworbene frühere Staatsangehörigkeit den Verlust nicht herbeiführt (Rdn. 36).
11. Es reicht nicht aus, dass der Flüchtling die frühere Staatsangehörigkeit hätte wieder erwerben **können**, wenn er diese tatsächlich nicht erworben hat (Rdn. 36).

12. Der freiwillige Erwerbsakt muss durch die Wiederbelebung der früheren Beziehungen zwischen dem Flüchtling und seinem früheren Herkunftsstaat ergänzt werden (Rdn. 39)

Erwerb einer neuen Staatsangehörigkeit (Art. 11 Abs. 1 Buchst. c) RL 2004/83/EG)
13. Der Flüchtlingsstatus erlischt, wenn der Flüchtling die Staatsangehörigkeit eines dritten Staates, zumeist des Aufnahmestaates, erworben hat und tatsächlich den Schutz der Staatsangehörigkeit dieses Staates genießt (Rdn. 40 f.).
14. Weder nach Völkerrecht noch nach Unionsrecht wird ein freiwilliger Erwerbsakt vorausgesetzt, nach deutschem Recht bedarf es jedoch eines Einbürgerungsantrags (Rdn. 43 f.).
15. Mit dem Erwerb der Staatsangehörigkeit muss eine effektive Schutzgewährung verbunden sein. Dies setzt mehr als die bloße Abwesenheit von Verfolgungsfurcht voraus (Rdn. 45). Vielmehr ist grundsätzlich der volle Genuss staatsbürgerschaftlicher Rechte erforderlich.
16. Verliert der Flüchtling nachträglich die neu erworbene Staatsangehörigkeit, lebt der Flüchtlingsstatus wieder auf. Einer erneuten Asylbeantragung bedarf es nicht (Rdn. 46). Macht hingegen der Flüchtling bezogen auf den neuen Staat der Staatsangehörigkeit Furcht vor Verfolgung geltend, muss die Frage der Schutzbedürftigkeit in einem Verfahren neu beantwortet werden (Rdn. 47).

Niederlassung im Herkunftsland (Art. 11 Abs. 1 Buchst. d) RL 2004/83/EG)
17. Der Flüchtlingsstatus erlischt, wenn der Flüchtling freiwillig in sein Herkunftsland mit der Absicht der dauerhaften Niederlassung zurückkehrt (Rdn. 49 ff.). Aus den Gesamtumständen der Rückreise und des Aufenthaltes muss sich ergeben, dass der Flüchtling die Absicht hatte, dauerhaft in sein Aufnahmeland zurückzukehren (Rdn. 51).
18. Für die dauerhafte Niederlassung kommt es darauf an, ob die Rückreise nach ihrer Dauer, ihrem Anlass, der Art der Einreise sowie dem Ort des Aufenthalts im Herkunftsland Grund für die Annahme bietet, das sich darin ein Fortfall der begründeten Verfolgungsfurcht dokumentiert (Rdn. 56). Während ein gelegentlicher, nur nach Wochen bemessener Besuchsaufenthalt als solcher zu kurz ist, um auf die Absicht dauerhafter Niederlassung zu schließen, begründet ein regelmäßiger Aufenthalt im Herkunftsland Zweifel am Fortbestehen der Schutzbedürftigkeit (Rdn. 53, 60).
19. Will der Flüchtling etwa nur kranke Verwandte oder Freunde besuchen oder nahestehenden Personen bei der Flucht behilflich sein, lässt er sich nicht in dauerhafter Absicht nieder (Rdn. 54).
20. Die behördlich genehmigte Einreise verbunden mit einer ungefährdeten Ein- und Ausreise über offizielle Grenzübergangsstellen ist Indiz auf die dauerhafte Rückkehr, es sei denn, die Verfolgung geht nicht von nichtstaatlichen Akteuren aus (Rdn. 58 f.).

»Wegfall-der-Umstände«-Klauseln (Art. 11 Abs. 1 Buchst. e) und f) RL 2004/83/EG)
21. Traditionell haben UNHCR und die Vertragsstaaten die »Wegfall-der-Umstände«-Klausel grundsätzlich auf ganze Flüchtlingsgruppe angewandt. Die Anwendung auf individuelle Flüchtlinge ist eher eine neuere und umstrittene Entwicklung (Rdn. 63)
22. Ausgangspunkt des Verlustgrundes ist die **individuelle Situation** des Flüchtlings im Zeitpunkt der Statusgewährung. Im Hinblick auf diese Situation muss eine grundlegende und dauerhafte Änderung der Verhältnisse im Herkunftsland eingetreten sein (Rdn. 67, 69, 72).
23. Die Änderung ist **grundlegend**, wenn die politischen Machtstrukturen, die für die frühere Verfolgung ausschlaggebend warren, beseitigt sind. Allein eine relative Beruhigung der Lage genügt nicht. Vielmehr müssen die Schutzakteure effektive Schutzvorkehrungen getroffen haben, damit die Menschen ihre Rechte ausüben können und vor Übergriffen geschützt sind (Rdn. 74)
24. Änderungen im Herkunftsland, die nur einen Teil des Staatsgebietes betreffen, können grundsätzlich nicht die Beendigung des Flüchtlingsstatus herbeiführen (Rdn. 78, 84).
25. Die Änderung ist **dauerhaft**, wenn es sich bei den früheren Verfolgungen um einen in der Vergangenheit abgeschlossenen Vorgang handelt (Rdn. 79). Deswegen darf der

Flüchtlingsstatus nicht vorschnell während eines politischen Übergangsprozesses beendet werden.
26. Es können hinsichtlich der Dauerhaftigkeit der Änderung keine genauen Zeitvorgaben gemacht werden. Vielmehr ist diese von einer Vielzahl besonderer historischer, politischer, regionaler und sonstiger Umstände abhängig. Jedes Herkunftsland muss aufgrund seiner besonderen spezifischen Bedingungen bewertet werden (Rdn. 82).
27. Im Fall gewaltsam herbeigeführter Veränderungen, z. B. durch einen Umsturz oder militärischen Sieg, bedarf die Feststellung der Dauerhaftigkeit einer längeren und sorgfältigen Beobachtung (Rdn. 81). Hingegen können friedliche Änderungen im Rahmen eines verfassungsmäßigen Verfahrens mit einem echten Wandel einhergehen (Rdn. 80). Aber auch hier ist nicht allein auf die formale Änderung der Verhältnisse abzustellen, sondern darauf, dass effektive Schutzstrukturen bestehen (Rdn. 74)
28. Besonders umstritten ist, ob lediglich **wirksamer Schutz gegen die frühere Verfolgung** (spiegelbildlicher Ansatz), sondern darüber hinausgehend insgesamt effektiver und dauerhafter Schutz im Herkunftsland bestehen muss (Rdn. 86 bis 97).
29. Der spiegelbildliche Ansatz des EuGH bezieht sich zwar auf die Umstände, die die frühere Schutzunfähigkeit infrage gestellt hatten und nicht auf die frühere Verfolgung (Rdn. 101). Die Prüfung hat gleichwohl zunächst die früheren Verfolgungsrisiken zu identifizieren, weil nur so die Frage der effektiven Schutzfähigkeit beantwortet werden kann. Aus dem Erfordernis der grundlegenden und dauerhaften Änderung folgt jedoch, dass die Behörde prüfen muss, ob und in welchem Umfang noch Reststrukturen der früheren Verfolger aktiv sind. Ist die Situation noch immer instabil und die Regierung unfähig, gegen Verfolgungen Schutz zu gewähren, haben sich die Umstände nicht verändert (Rdn. 102).
30. Sind noch derartige Reststrukturen vorhanden, löst dies Zweifel an der wirksamen Fähigkeit zur Schutzgewährung gegen frühere Verfolgungen aus. Erst wenn es der Regierung gelingt, diese Strukturen vollständig zu beseitigen, steht die Schutzfähigkeit nicht mehr infrage (Rdn. 103). Sowohl nach dem spiegelbildlichen wie nach dem übergreifenden Schutzansatz geht es damit um die Wiederherstellung wirksamer Schutzstrukturen (Rdn. 104 ff.).
31. Die Behörde muss daher sorgfältig prüfen, ob und in welchem Umfang Reststrukturen der früheren Verfolger weiterhin bestehen und die Regierung in der Lage ist, gegen diese wirksamen Schutz zu gewähren. Ist die Regierung noch immer instabil, kann sie diesen Schutz nicht sicherstellen (Rdn. 112). Verbleiben insoweit Zweifel, trägt die Behörde nach Art. 14 Abs. 2 RL 2004/83/EG die **Beweislast** (Rdn. 106 f., 112 ff.).
32. Je größer das Risiko einer auch unterhalb der Schwelle der beachtlichen Wahrscheinlichkeit verbleibenden Verfolgung ist, desto nachhaltiger muss die Stabilität der Änderung sein. Bleiben Unsicherheiten hinsichtlich dieser Stabilität, kommt es erst gar nicht zur Prognoseprüfung, vielmehr hat die Behörde bereits im Rahmen der sie treffenden Ermittlungspflicht nicht den Nachweis führen können, dass die Änderung der Verhältnisse dauerhaft ist (Rdn. 114).
33. Erst wenn an der erforderlichen grundlegenden und dauerhaften Änderung der Umstände, welche für die frühere Schutzunfähigkeit ausschlaggebend waren, keine Zweifel mehr bestehen, hat der Flüchtling nach der Rechtsprechung des BVerwG Beweis zu führen, dass die früheren Verfolgungen weiterhin mit beachtlicher Wahrscheinlichkeit drohen (Rdn. 110).
34. Der EuGH verweist auf die **Beweiskraft früherer Verfolgungen** oder Bedrohungen, wenn ein anderer Verfolgungsgrund bereits im Anerkennungsverfahren hätte berücksichtigt werden können, der Flüchtling diesen aber nicht vorgebracht hatte, weil er bereits aus anderen Gründen anerkannt wurde (Rdn. 118 f.). Sind hingegen nach dem Wegfall der Umstände, aufgrund deren er als Flüchtling anerkannt worden ist, andere Tatsachen eingetreten sind, die eine Furcht vor Verfolgung aus dem gleichen Grund befürchten lassen, richtet sich die Prognoseprüfung nicht nach Art. 4 Abs. 4, sondern nach Art. 11 Abs. 2 RL 2004/83/EG (Rdn. 120).

> 35. Der Wortlaut von Art. 11 Abs. 1 Buchst. e) und f) RL 2004/83/EG enthält keine den **humanitären Klauseln** des Art. 1 C Nr. 5 Abs. 2 und Nr. 6 Abs. 2 GFK vergleichbaren Zusatz. Die angelsächsische Rechtsprechung lehnt ihre Berücksichtigung ab. Nach § 73 Abs. 1 Satz 3 AsylVfG ist sie hingegen im deutschen Recht zu beachten (Rdn. 125 bis 127). Art. 11 Abs. 3 RL 2011/95/EU führt die humanitäre Klausel auch im Unionsrecht ein und ist bis spätestens zum 21. Dezember 2013 umzusetzen.
> 36. Es muss sich um »zwingende Gründe«, also auf früheren Verfolgungen beruhende Gründe handeln. Daher wird Kausalität vorausgesetzt (Rdn. 134 ff.). Die humanitäre Klausel trägt der »**psychischen** Sondersituation« solcher Personen Rechnung, die ein besonders schweres, nachhaltig wirkendes »Verfolgungsschicksal« erlitten haben und denen es deshalb selbst lange Zeit danach – auch ungeachtet veränderter Verhältnisse – nicht zumutbar ist, in den früheren Verfolgerstaat zurückzukehren (Rdn. 123, 129 ff.).
> 37. Die humanitäre Klausel schützt nicht gegen »**allgemeine Gefahren**« (Rdn. 132). Sofern hingegen ein »**ernsthafter Schaden**« im Sinne von Art. 15 RL 2004/83/EG droht, sperrt dies zwar nicht die Beendigung des Flüchtlingsstatus. Es ist aber eine entsprechende Feststellung geboten und gegebenenfalls subsidiärer Schutz zu gewähren (Rdn. 138 ff.).
>
> **Rechtsfolgen der Verlustgründe (Art. 14 Abs. 1 RL 2004/83/EG)**
> 38. Nach Art. 14 Abs. 1 RL 2004/83/EG wird bei Erfüllung der tatbestandlichen Voraussetzungen eines Verlustgrundes der Flüchtlingsstatus aberkannt, beendet oder nicht verlängert. Diese Rechtsfolge ist zwingend, den Mitgliedstaaten bleibt aber überlassen, zu regeln, in welcher Form und mit welcher Wirkung der Status aufgehoben wird (Rdn. 142 ff.)

1. Funktion der Verlustgründe

1 Die Qualifikationsrichtlinie fasst in Art. 11 die Ausschlussgründe zusammen und orientiert sich dabei ersichtlich an den Ausschlussgründen in Art. 1 C GFK. Die Konvention behandelt die Verlustgründe (Erlöschensgründe) in Art. 1 C vor den Ausschlussgründen des Art. 1 D bis F. Ebenso werden in der Richtlinie die Verlustgründe (Art. 11) vor den Ausschlussgründen (Art. 12), andererseits jedoch die mit den Verlustgründen im Zusammenhang stehenden Aberkennungs- und Beendigungsgründe in Art. 14 geregelt. Die Konvention enthält keine Statusgewährungsnorm, sondern setzt voraus, dass die Statusgewährung nach dem nationalen Recht der Vertragsstaaten geregelt wird. Deshalb erscheint es ungereimt, dass in einem Rechtsakt, der die Statusgewährung behandelt, die hierauf bezogenen Erlöschensgründe vor der Norm behandelt werden, welche die Gewährung dieses Status behandelt. Der enge Sachzusammenhang legt daher nahe, Verlust- und Aufhebungsgründe – also Art. 11 und 14 – im Zusammenhang zu behandeln.

2 Während die GFK keine Aufhebungsgründe regelt, werden in Art. 14 RL 2004/83/EG die Gründe für die Aberkennung, Beendigung oder Ablehnung der Verlängerung der Flüchtlingseigenschaft behandelt. Die auf die Verlustgründe in Art. 11 RL 2004/83/EG bezogenen Aufhebungsgründe haben ihr Vorbild in der Konvention (Art. 1 C GFK, Rdn. 1). Die weiteren Aufhebungsgründe in Art. 14 beruhen auf der bisherigen Praxis in den Mitgliedstaaten, müssen aber mit völkerrechtlichen Grundsätzen in Übereinstimmung stehen. Die Richtlinie stellt aber – insoweit systemwidrig – auch einen Zusammenhang zwischen den Aufhebungsgründen und den Ausschlussgründen her (vgl. Art. 14 Abs. 3 Buchst. a) RL 2004/83/EG). Diese werden bei der Erörterung der Ausschlussgründe behandelt (§ 35 Rdn. 175 bis 189).

3 Nach Art. 14 Abs. 1 RL 2004/83/EG wird einem Flüchtling die Flüchtlingseigenschaft aberkannt, wenn er nach Art. 11 RL 2004/83/EG nicht länger Flüchtling ist. Die Vorschrift verweist also auf die Verlustgründe (Rdn. 2). Materiell sind damit die Verlustgründe des Art. 11 RL 2004/83/EG maßgebend, während Art. 14 Abs. 1 RL 2004/83/EG die hierauf bezogene verfahrensrechtliche Norm darstellt. Art. 14 Abs. 2 RL 2004/83/EG stellt für die Anwendung der Erlöschensgründe eine Beweislastregel auf. Art. 14 Abs. 3 Buchst. a) RL 2004/83/EG regelt die Aberkennung der Flüchtlingseigenschaft für den Fall, dass nachträglich Ausschlussgründe nach Art. 12 RL 2004/83/EG bekannt

werden. Art. 14 Abs. 3 Buchst. b) RL 2004/83/EG ist als Rücknahmevorschrift zu verstehen, welche die Aufhebung des Statusbescheides für den Fall des unrechtmäßig erteilten Statusbescheides regelt.

Schließlich enthält Art. 14 Abs. 4 RL 2004/83/EG eine Freistellungsklausel, wonach es den Mitgliedstaaten freigestellt wird, die Gründe nach Art. 33 Abs. 2 GFK für die Einschränkung des Refoulementschutzes zum Anlass für die Beendigung der Geltung des Statusbescheides zu nehmen. Nach Art. 14 Abs. 5 RL 2004/83/EG wird den Mitgliedstaaten freigestellt, aus diesen Gründen bereits die Gewährung des Statusbescheides zu verweigern (§ 35 Rdn. 175 bis 189). Dieser Standort in der Richtlinie ist gesetzessystematisch verfehlt, da es um die nationale Kompetenz geht, Ausschlussgründe, die von vornherein der Statusgewährung entgegenstehen, im Asylverfahren zu prüfen. Diese Klausel hätte deshalb im Zusammenhang mit Art. 12 geregelt werden müssen, nicht aber im Zusammenhang mit den Aufhebungsgründen. Art. 14 Abs. 6 RL 2004/83/EG stellt klar, dass für die Anwendung der Freistellungsklauseln bestimmte Rechte nach der GFK (§ 35 Rdn. 188 f.) zugunsten der Flüchtlinge zu beachten sind. 4

Nach Art. 14 Abs. 1 RL 2004/83/EG haben die Mitgliedstaaten die Flüchtlingseigenschaft abzuerkennen, wenn Erlöschensgründe nach Art. 11 RL 2004/83/EG vorliegen. Die Erlöschensgründe des Art. 11 RL 2004/83/EG verweisen auf Art. 1 C GFK. Sowohl die Konvention (Art. 1 C Nr. 1 bis 4 GFK) wie auch das UNHCR-Statut (Art. V Nr. 4) erlauben die Verlustfeststellung, wenn der bislang Berechtigte durch eigene Handlungen, wie durch Schutzunterstellung, Wiedererlangung der Staatsangehörigkeit seines Herkunftslandes, Erlangung der Staatsangehörigkeit eines anderen Staates oder dauerhafte Niederlassung im Herkunftsland, zu erkennen gibt, dass er keine begründete Furcht vor Verfolgung mehr hegt, oder wenn die für die Statusgewährung maßgebenden Gründe entfallen sind. Die Konvention geht davon aus, dass unter diesen Voraussetzungen keine Schutzbedürftigkeit mehr besteht, 5

Die Feststellung des Verlustes setzt voraus, dass die Handlung des Flüchtlings **freiwillig** erfolgte. Der französische Delegierte, der die Klausel in die Diskussion einführte, begründete dies damit, dass ein Flüchtling seinen Status nur verliere, sofern er dies ausdrücklich wünsche und diesen Zweck durch eine Reihe von **freiwilligen** Handlungen verfolge.[1] Deshalb müssen zur Feststellung der Freiwilligkeit der Handlungen sämtliche Umstände bei der Kontaktaufnahme des Flüchtlings mit den Behörden seines Herkunftslandes berücksichtigt werden, z. B. sein Alter, der Zweck seiner Kontaktaufnahme, ob die Kontaktaufnahme erfolgreich war, ob sie wiederholt wurde und welche Vorteile sie tatsächlich für den Flüchtling gebracht hat.[2] Die Motivation des Flüchtlings wie auch das Verständnis des Schutzkonzepts sind wichtige Kriterien für die Bewertung der Verlustgründe nach Art. 1 C Nr. 1 bis 4 GFK, die auch im engen Zusammenhang mit der Flüchtlingsdefinition in Art. 1 A Nr. 2 GFK stehen.[3] 6

Allein die Freiwilligkeit der Handlungen des Flüchtlings reicht nicht aus. Vielmehr müssen diese darüber hinaus auch darauf gerichtet sein, erneut den Schutz seiner Interessen durch das Herkunftsland zu erlangen.[4] Deshalb scheiden die üblichen, rein technischen Formen der Kontaktaufnahme, wie z. B. Anfragen nach Schulzeugnissen oder beruflichen Nachweisen, Identitäts- und anderen Personaldokumenten als Anzeichen auf eine beabsichtigte Schutzunterstellung aus, weil diese durch bloße Notwendigkeiten, nicht aber vom Wunsch auf Wiedererlangung des Schutzes beeinflusst werden.[5] Das völkerrechtliche Schutzkonzept bezieht all diese Momente ein, um die Feststellung treffen 7

---

1 *Rochefort*, U.N. Doc. E/AC.7/SR. 160, S. 7, zitiert bei *Hathaway*, The Law of Refugee Status, S. 193.
2 *Goodwin-Gill/McAdam*, The Refugee in International Law, S. 137.
3 *Kneebone/O'Sullivan*, in: *Zimmermann*, The 1951 Convention, Article 1 C Rn. 47.
4 *Hathaway*, The Law of Refugee Status, S. 193; *Goodwin-Gill/McAdam*, The Refugee in International Law, S. 136.
5 *Hathaway*, The Law of Refugee Status, S. 193.

zu können, ob die Freiwilligkeit und Motivation des Flüchtlings Ausdruck für die Wiederherstellung normaler Beziehungen zwischen dem Flüchtling und seinem Herkunftsland sind.[6]

8   Die Mitgliedstaaten wenden Art. 14 Abs. 1 i.V.m. Art. 11 RL 2004/83/EG auf jene Asylanträge an, die nach Inkrafttreten der Richtlinie, also nach dem 20. Oktober 2004, gestellt wurden. Für die Statusgewährung, die aufgrund von Anträgen, die vor diesem Zeitpunkt gestellt wurden, ergangen sind, enthält die Richtlinie keine spezifische Regelung. Insoweit entscheiden die Mitgliedstaaten nach ihrem nationalen Recht, wobei sie allerdings materiellrechtlich an die Vorgaben von Art. 1 C GFK gebunden sind. Das BVerwG interpretiert die durch das RichtlinienumsetzungsG 2007 vollzogene Änderung des § 73 Abs. 1 Satz 2 AsylVfG, die erkennbar auf Art. 11 Abs. 1 Buchst. e) und f) RL 2004/83, EG verweist, dass diese Umsetzung der Richtlinie nach nationalem Recht auch für Anträge gilt, die vor dem 20. Oktober 2004 gestellt wurden, sodass auch insoweit der EuGH für die Auslegung von Altanträgen zuständig ist.[7] Der EuGH hat diese Ansicht akzeptiert und deshalb über den Vorlagebeschluss entschieden.[8] Die »Wegfall-der-Umstände«-Klausel ist der in der Praxis bedeutendste Verlustgrund. Ob die Anwendung der Richtlinie auch für Altanträge gilt, wenn andere Erlöschensgründe geltend gemacht werden, ist offengeblieben. Davon dürfte aber auszugehen sein.

9   Aus dem Zusammenhang der Regelungen in Abs. 1 und 2 von Art. 14 RL 2004/83/EG i.V.m. Art. 11 RL 2004/83/EG folgt, dass die Frage, ob im konkreten Einzelfall Erlöschensgründe Anwendung finden, jeweils einer vorgängigen Prüfung bedarf. Zwar beenden die Erlöschensgründe **ipso facto** mit dem Eintritt eines der Erlöschensgründe den Flüchtlingsstatus. Ob im Einzelfall die Erlöschensgründe erfüllt sind, bedarf jedoch jeweils einer besonders sorgfältigen Einzelfallprüfung. Dies ergibt sich auch aus der Vorschrift des Art. 14 Abs. 1 und 2 RL 2004/83/EG, wonach der Mitgliedstaat dem Flüchtling »**in jedem Einzelfall nachzuweisen**« hat, dass in seinem Fall Erlöschensgründe vorliegen. § 72 AsylVfG, der für bestimmte Erlöschensgründe keine Feststellungsprüfung vorsieht, ist mit Unionsrecht nicht vereinbar.

2. Unterstellung unter den Schutz des Staates der Staatsangehörigkeit (Art. 11 Abs. 1 Buchst. a) RL 2004/83/EG)

a) Funktion des Verlustgrundes

10 Art. 11 Abs. 1 Buchst. a) RL 2004/83/EG ist Art. 1 C Nr. 1 GFK nachgebildet. Diese Beendigungsklausel bezieht sich auf einen Flüchtling, der im Besitz einer Staatsangehörigkeit ist und sich **außerhalb** des Landes seiner Staatsangehörigkeit aufhält und sich dort freiwillig dem Schutz seines Herkunftslandes unterstellt. Davon zu unterscheiden ist der Fall, in dem der Flüchtling in das Land, dessen Staatsangehörigkeit er besitzt, **zurückkehrt** und sich dort niederlässt. Diese Fallgruppe regelt Art. 1 C Nr. 4 GFK, Art. 11 Abs. 1 Buchst. d) RL 2004/83/EG. Danach benötigt ein Flüchtling, der die Behörden des Herkunftslandes freiwillig um eine Form des ausschließlich Staatsangehörigen des betreffenden Landes gewährten diplomatischen Schutzes ersucht und diesen Schutz auch erlangt, nicht länger den Flüchtlingsstatus.[9]

11 Die Funktion des Verlustgrundes erschließt sich aus der Überlegung, dass ein Flüchtling, der sich freiwillig erneut dem Schutz des Landes, dessen Staatsangehörigkeit er besitzt, unterstellt hat, nicht mehr auf internationalen Schutz angewiesen ist (Rdn. 5).[10] In diesem Fall ist der Flüchtling noch im Besitz der früheren Staatsangehörigkeit und bezieht er sich durch eine eindeutige freiwillige Handlung auf diese, um deren Schutz erneut geltend zu machen. Hat er in der Zwischenzeit – nach der

---

6 *Goodwin-Gill/McAdam*, The Refugee in International Law, 2007, S. 136.
7 BVerwG, EZAR NF 60 Nr. 6 S. 5 = AuAS 2008, 118 = InfAuslR 2008, 183 (LS).
8 EuGH, InfAuslR 2010, 188 = NVwZ 2010, 505 = AuAS 2010, 150 – Abdulla.
9 Begründung des Kommissionsentwurfs, KOM(2001)510 v. 12.09.2001, S. 27.
10 *UNHCR*, Handbuch über Verfahren und Kriterien zur Feststellung der Flüchtlingseigenschaft, 1979, Rn. 118.

Statusgewährung – die Staatsangehörigkeit eines dritten Staates erworben, ist der Flüchtlingsstatus bereits nach Art. 1 C Nr. 3, Art. 11 Abs. 1 Buchst. c) RL 2004/83/EG erloschen.

Die Anwendung des Verlustgrundes des Art. 11 Abs. 1 Buchst. a) RL 2004/83/EG ist von drei Voraussetzungen (Rdn. 6 f.) abhängig: 12
- der Flüchtling muss bei der Unterschutzstellung in **freier Willensentscheidung** handeln (**Freiwilligkeit**),
- der Flüchtling muss in der **Absicht** handeln, sich mit seinen Handlungen erneut dem Schutz des Staates seiner Staatsangehörigkeit zu unterstellen (Absicht) und
- der Flüchtling muss diesen Schutz auch tatsächlich erhalten (**erneute Inanspruchnahme**).

Handelt der Flüchtling nicht freiwillig, hört er nicht auf Flüchtling zu sein. Kam der Kontakt zwischen dem Flüchtling und der diplomatischen Vertretung seines Herkunftslandes zufällig zustande, ist es unwahrscheinlich, dass er tatsächlich beabsichtigte, sich dem Schutz des Staates seiner Staatsangehörigkeit zu unterstellen.[11] Für die Anwendung des Verlustgrundes wird vorausgesetzt, dass der Flüchtling aus freier Willensentscheidung und in der Absicht, durch seine Handlung erneut den Schutz seines Herkunftslandes in Anspruch zu nehmen, handelt. Liegen diese Voraussetzungen vor, wird dem Flüchtling aber der Schutz tatsächlich nicht gewährt, findet der Erlöschensgrund keine Anwendung.[12]

b) Freie Willensentscheidung

Nach Art. 11 Abs. 1 Buchst. a) RL 2004783/EG muss der Flüchtling sich freiwillig dem Schutz des Landes seiner Staatsangehörigkeit unterstellt haben (Rdn. 6 und 12). Freiwilligkeit beruht auf subjektiven Absichten. Die überragende Frage ist jedoch, ob der erlangte Schutz tatsächlich wirksam ist (Rdn. 23 ff.). Freiwilligkeit und Absicht der erneuten Schutzunterstellung sind die wesentlichen Elemente dieses Verlustgrundes (Rdn. 6 f.). Deshalb bedarf es bei der Feststellung der Freiwilligkeit der Willensentscheidung einer sorgfältigen Prüfung.[13] Freiwilligkeit schließt Zwang jedweder Art aus. Zwang kann von den Behörden des Herkunftsstaates, eines Drittstaates, der Bundesrepublik oder von privaten Dritten ausgehen. Der ausgeübte Zwang muss nicht unwiderstehlich sein. Andererseits beseitigt nicht jede äußere Einwirkung auf die Motivation des Flüchtlings die Freiheit der Willensbildung. 13

Handelt der Flüchtling nicht freiwillig, erlischt der Flüchtlingsstatus nicht. Wird der Flüchtling von einer Behörde des Aufnahmestaates angewiesen, gegen seinen Willen eine Handlung vorzunehmen, die als erneute Inanspruchnahme des Schutzes des Staates seiner Staatsangehörigkeit ausgelegt werden kann, findet der Erlöschensgrund keine Anwendung.[14] Nach der Rechtsprechung des BVerwG setzt die freiwillige Unterschutzstellung die Annahme eines »**Vorteils**« durch den Heimatstaat voraus, insbesondere in Form der Passerlangung oder -verlängerung, ferner die (**subjektive**) Freiwilligkeit dieser Annahme und darüber hinaus, dass die Vornahme der Handlung **objektiv** als eine solche Unterschutzstellung zu werten ist.[15] Umgekehrt erlischt der Flüchtlingsstatus auch bei Freiwilligkeit nicht, wenn der erlangte Schutz nicht wirksam ist (Rdn. 12, 23 ff.). Art. 1 C Nr. 1 GFK hat keinen 14

---

11 Begründung des Kommissionsentwurfs, KOM(2001)510 v. 12.09.2001, S. 27.

12 *UNHCR*, Note on the Cessation Clauses v. 30 Mai 1997 – EC/47/SC/CRP.30, S. 1; Kommissionsentwurf, KOM(2001)510 v. 12.09.2001, S. 27.

13 *Kneebone/O'Sullivan*, in: *Zimmermann*, The 1951 Convention, Article 1 C Rn. 58, unter Hinweis auf *Hathaway*, The Law of Refugee Status, S. 192 ff.

14 *UNHCR*, Handbuch über Verfahren und Kriterien zur Feststellung der Flüchtlingseigenschaft, 1979, Rn. 120.

15 BVerwGE 89, 231 (235 f.) = EZAR 211 Nr. 3 = NVwZ 1992, 679; VGH Baden-Württemberg, NVwZ-Beil. 1999, 108 (109) = AuAS 1999, 213.

Strafcharakter und darf nicht gegen Flüchtlinge angewandt werden, deren begründete Verfolgungsfurcht fortbesteht.[16]

c) Handlungsformen der Schutzunterstellung

aa) Anforderungen an die individuelle Handlung

15 Der Flüchtling muss durch seine Handlungen zum Ausdruck bringen, dass er sich dadurch erneut dem Schutz seines Herkunftslands unterstellen will. Die bloße Inanspruchnahme einer Dienstleistung der Auslandsvertretung des Heimatstaates zur Überwindung bürokratischer Hindernisse für Amtshandlungen von Behörden des Aufnahmestaates erfüllt nicht den Tatbestand des Verlustgrundes. Deshalb scheiden die üblichen, rein technischen Formen der Kontaktaufnahme, wie z. B. Anfragen nach Schulzeugnissen oder beruflichen Nachweisen, Identitäts- und anderen Personaldokumenten als Anzeichen auf eine beabsichtigte Schutzunterstellung aus, weil diese durch bloße Notwendigkeiten, nicht aber vom Wunsch auf Wiedererlangung des Schutzes beeinflusst werden (Rdn. 7). Lediglich Routinekontakte zur Vertretung des Herkunftslandes, um bestimmte Nachweise zu personenstandsrechtlichen oder Ausbildungszwecken zu erlangen, bedeuten keine Schutzunterstellung.[17]

16 Der Rechtsverlust tritt nicht bei der Erwirkung von Amtshandlungen einer Auslandsvertretung des Herkunftslandes ein, die sich in einem **einmaligen**, für die Beziehung zu diesem Land **unerheblichen Vorgang** erschöpfen. **Vorübergehende, rein »technische Kontakte«** zu derartigen Stellen ändern nichts an der fortbestehenden Schutzbedürftigkeit des Flüchtlings, der sich in Wahrheit dem Herkunftsland nicht wieder zugewandt hat.[18] Diese Kontakte können durch Umstände, auf die der Flüchtling keinen Einfluss hat, erforderlich werden. So kann er z. B. gezwungen sein, die Scheidung in seinem Herkunftsland zu betreiben, da andernfalls die Scheidung international nicht anerkannt wird. Eine derartige Handlung kann nicht als »freiwillige Wiederinanspruchnahme des Schutzes« angesehen werden und nicht bewirken, dass der Flüchtlingsstatus erlischt.[19]

17 Der Flüchtlingsstatus erlischt vielmehr erst dann, wenn der Betreffende die rechtlichen Beziehungen zu seinem Heimatstaat **dauerhaft** wiederherstellt. Zutreffend beschreibt das BVerwG die flüchtlingsrechtliche Ausgangslage des Erlöschensgrundes des Art. 1 C Nr. 1 GFK: Entzogen wird der gewährte Rechtsstatus jenen Flüchtlingen, die sich den **diplomatischen Schutz** gleichsam »auf Vorrat« sichern, ohne dass die Erledigung bestimmter administrativer Angelegenheiten sie hierzu nötigt, oder jenen, die sich selbst »ohne Not« wieder in dessen schützende Hand begeben.[20] Viele Flüchtlinge suchen die Auslandsvertretung aus administrativer Notwendigkeit auf, ohne damit zugleich politische Loyalität und Vertrauen gegenüber dem Herkunftsland zum Ausdruck zu bringen.[21]

bb) Beantragung eines nationalen Passes

18 Typisches Beispiel für die Schutzunterstellung ist die **Passbeantragung** bei der diplomatischen Vertretung des Herkunftslandes. Umstritten ist, ob der Tatsache der Passbeantragung eine Indizwirkung auf die Schutzunterstellung zukommt. Nach UNHCR begründet dieser Umstand eine derartige Indizwirkung, gegen die der Flüchtling Beweise vorbringen kann, welche die Annahme der

---

16 *Kneebone/O'Sullivan*, in: *Zimmermann*, The 1951 Convention, Article 1 C Rn. 58, unter Hinweis auf *Grahl-Madsen*, The Status of Refugees in International Law, Bd. 1, S. 391.
17 *Hathaway*, The Law of Refugee Status, S. 193.
18 BVerwGE 89, 231 (237) = EZAR 211 Nr. 3 = NVwZ 1992, 679.
19 *UNHCR*, Handbuch über Verfahren und Kriterien zur Feststellung der Flüchtlingseigenschaft, 1979, Rn. 120.
20 BVerwGE 89, 231 (237) = EZAR 211 Nr. 3 = NVwZ 1992, 679.
21 *Hathaway*, The Law of Refugee Status, S. 192.

Freiwilligkeit widerlegen.²² Diese Position findet Unterstützung in der Literatur, wonach die Beantragung und Ausstellung des Passes oder die Verlängerung der Geltungsdauer bei Fehlen gegenteiliger Anhaltspunkte eine Vermutung begründen, dass kein weiterer Flüchtlingsschutz mehr benötigt wird. Verstärkt werde diese Vermutung durch den Gebrauch des Passes insbesondere zur Einreise in sein Herkunftsland.²³ Auch die Rechtsprechung weist der freiwilligen Annahme eines nationalen Passes eine **Indizwirkung** zu, dass sich der Betroffene damit erneut dem Schutz seines Heimatstaates unterstellen will. Die für die Freiwilligkeit der Passannahme sprechende Regelvermutung kann aber durch konkretes Sachvorbringen widerlegt werden.²⁴

Die Gegenmeinung kritisiert diese Position als zu formal. Der Flüchtling habe selten Furcht davor, vom Personal der Auslandsvertretung verfolgt zu werden. Vielmehr sei stets zu prüfen, ob ungeachtet der Passbeantragung der Flüchtling weiterhin Verfolgung für den Fall der Rückkehr in das Herkunftsland befürchte. Zu viele Flüchtlinge erneuerten ihre nationalen Reisedokumente als Routineangelegenheit, ohne dabei die rechtlichen Konsequenzen dieser Handlung zu bedenken.²⁵ Auch stünden der Regelvermutung allgemein anerkannte Grundsätze entgegen, wonach die Behörde die Beweislast für die Anwendung eines Verlustgrundes trage.²⁶ Der Gegenmeinung ist bereits aus verfahrensrechtlichen Gründen der Vorzug zu geben, da für den Verlust eines Status die Behörde die Beweislast trägt. Angesichts der Vielschichtigkeit der möglichen Motive für die Passbeantragung und der vielfältigen administrativen Zwängen ist es nicht gerechtfertigt, widerlegbare Vermutungsregeln aufzustellen, da hierdurch eine sorgfältige Aufklärung der Situation des Flüchtlings hinsichtlich der Freiwilligkeit wie auch der verfolgten Absichten erschwert wird. [19]

Eine Freiwilligkeit kann insbesondere nicht unterstellt werden, wenn eine Passbeantragung **eigenmächtig** durch die Heimatbehörde vorgenommen wurde.²⁷ Vielmehr wird vorausgesetzt, dass mit der Inanspruchnahme der Dienste des Herkunftslandes die Absicht des Flüchtlings verbunden ist, dass dieser seine Interessen im Ausland schützt und er dadurch einen erheblichen Vorteil erhält. Denn hiermit gibt er zu erkennen, dass er keine Verfolgungsfurcht mehr vor seinem Heimatstaat hegt. Erforderlich ist jedoch ein eigener Willensentschluss, ohne dass Umstände dazu zwingen, die im konkreten Fall einer begründeten Furcht vor Verfolgung vergleichbar sind.²⁸ [20]

Bei der Prüfung ist zwischen Asylsuchenden und anerkannten Flüchtlingen zu differenzieren. Asylsuchende erhalten zunächst keinen Reiseausweis und werden häufig gezwungen, die Verlängerung der Geltungsdauer des Reiseausweises bei der konsularischen Vertretung zu beantragen. Hier kann von vornherein keine Freiwilligkeit oder ein Wille auf Schutzunterstellung angenommen werden. Hingegen erhalten anerkannte Flüchtlinge einen internationalen Reiseausweis nach Art. 28 GFK (vgl. auch Art. 25 Abs. 1 RL 2004/83/EG), der ihnen einen gesicherten internationalen Rechtsstatus und im Einzelnen aufgeführte Rechte in ihrem gewöhnlichen Aufnahmeland, aber auch auf Reisen in andere Länder sichert.²⁹ Aber auch hier können Notwendigkeiten, etwa eine beabsichtigte Eheschließung oder eine Einreise in das Herkunftsland zwecks Unterstützung eines engen Verwandten bei der Flucht, zur Beantragung eines nationalen Passes zwingen. Anders als bei Asylsuchenden darf zwar insoweit ein strengerer Maßstab angelegt werden. Im einen wie im anderen Fall ist aber die Aufstellung einer Vermutungswirkung nicht gerechtfertigt. [21]

---

22 *UNHCR*, Handbuch über Verfahren und Kriterien zur Feststellung der Flüchtlingseigenschaft, 1979, Rn. 121.
23 *Goodwin-Gill/McAdam*, The Refugee in International Law, S. 136.
24 VGH Baden-Württemberg, NVwZ-Beil. 1999, 108 (109) = AuAS 1999, 213.
25 *Hathaway*, The Law of Refugee Status, 1991, S. 192.
26 *Kneebone/O'Sullivan*, in: *Zimmermann*, The 1951 Convention, Article 1 C Rn. 56.
27 Hessischer VGH, AuAS 1994, 201.
28 BT-Drucks. 9/875, S. 18; so schon BGH, DVBl. 1966, 113; OLG Köln, RzW 1964, 469.
29 BVerfGE 52, 391 (403) = EZAR 150 Nr. 1 = JZ 1980, 24 = NJW 1980, 516 = DVBl. 1980, 447 = BayVBl. 1980, 79.

22 Die Einreise mit dem internationalen Reiseausweis in den Herkunftsstaat führt nicht automatisch zum Erlöschen des gewährten Status. Allerdings werden mehrmalige Einreisen und Aufenthalte im Herkunftsstaat unter Benutzung des internationalen Reiseausweises Anlass geben, ein behördliches Prüfungsverfahren zur Feststellung der Voraussetzungen nach Art. 11 Abs. 1 Buchst. d) RL 2004/83/EG durchzuführen.[30] Die Einreise in das Herkunftsland mit einem nationalen Reiseausweis, der bereits im Zeitpunkt der Einreise zum Zwecke des Asylsuchens im Besitz des Antragstellers war, unterfällt nach der Rechtsprechung dem Begriff der »sonstigen Handlungen«.[31]

d) Wirksame Schutzgewährung

23 Liegen die Voraussetzungen der Schutzunterstellung vor, wird dem Flüchtling aber der Schutz tatsächlich nicht gewährt, findet der Erlöschensgrund keine Anwendung.[32] Der häufigste Fall der erneuten Schutzunterstellung ist der, dass ein Flüchtling beabsichtigt, in das Land seiner Staatsangehörigkeit zurückzukehren. Durch den bloßen Antrag auf Repatriierung hört er jedoch nicht auf, Flüchtling zu sein. Während die Schutzunterstellung eine freiwillige Handlung des Flüchtlings voraussetzt, wird dadurch die überragende Voraussetzung des Verlustgrundes, dass er dadurch tatsächlich wirksamen Schutz durch die Behörden seines Herkunftslandes erhalten haben muss, nicht beseitigt. Art. 1 C Nr. 1 GFK erfordert einen objektiven Test und erfordert die Prüfung, ob unabhängig von den Motiven des Flüchtlings die Verfolgung fortbesteht.[33]

24 Auch das BVerwG setzt voraus, dass der Flüchtling den Schutz des Staates der Staatsangehörigkeit tatsächlich erlangt haben muss. Allein der freiwillige Entschluss zur Kontaktaufnahme mit dem Heimatstaat reicht danach nicht aus. Vielmehr muss durch die Kontaktaufnahme eine **dauerhafte Rechtsbeziehung zum Heimatstaat wiederhergestellt werden**. Ob nach diesen Grundsätzen der Flüchtling nicht mehr unfähig oder unwillig ist, sich dem Schutz des Staates seiner Staatsangehörigkeit zu unterstellen, ist nach einem objektiven Maßstab zu bewerten.[34]

25 Darüber hinaus ist erforderlich, zu prüfen, ob der dem Flüchtling ausgestellte Pass tatsächlich zur Inanspruchnahme der vollen Rechte, die aus der Staatsangehörigkeit folgen, berechtigt, z. B., ob er damit berechtigt ist, frei in sein Herkunftsland ein- und auszureisen.[35] Die Ausstellung des Passes hat nicht automatisch die Schutzgewährung durch das Herkunftsland zur Folge. Wie die Entstehungsgeschichte der Konvention verdeutlicht, vertrat die Mehrzahl der Delegierten die Auffassung, dass nicht allein die Freiwilligkeit der Schutzunterstellung ausreicht, sondern der Schutz auch tatsächlich gewährt worden sein muss. Freiwilligkeit, Schutzwille und effektive Schutzgewährung sind konzeptionelle Bestandteile des Verlustgrundes und haben die Funktion, zu vermeiden, dass der Flüchtling erneuter Verfolgung ausgesetzt wird.[36]

26 Unklar ist die Position von UNHCR in diesem Zusammenhang. Danach mag ein Flüchtling freiwillig den Pass seines Herkunftslandes erworben haben, weil er die Absicht hatte, entweder freiwillig in sein Land zurückzukehren oder den Schutz des Herkunftslandes in Anspruch zu nehmen, jedoch weiterhin außerhalb dieses Landes zu bleiben. Mit dem Erhalt eines solchen Dokumentes höre er normalerweise auf, ein Flüchtling zu sein. Gebe er im Folgenden jede der beiden erwähnten Absichten auf, müsse die Flüchtlingseigenschaft erneut festgestellt werden und der Flüchtling

---

30 Vgl. VG Gießen, InfAuslR 2001, 243 (244); Rn. 48 ff.
31 VG Gießen, AuAS 2002, 237 (238 f.); Rn. 48 ff.
32 *UNHCR*, Note on the Cessation Clauses v. 30 Mai 1997 – EC/47/SC/CRP.30, S. 1; Kommissionsentwurf, KOM(2001)510 v. 12.09.2001, S. 27.
33 *Kneebone/O'Sullivan*, in: *Zimmermann*, The 1951 Convention, Article 1 C Rn. 51, unter Hinweis auf *Grahl-Madsen*, The Status of Refugees in International Law, Bd. 1, S. 379, 391.
34 BVerwGE 89, 231 (239) = EZAR 211 Nr. 3 = NVwZ 1992, 679.
35 *Goodwin-Gill/McAdam*, The Refugee in International Law, S. 137.
36 *Hathaway*, The Law of Refugee Status, S. 192.

darlegen, dass keine grundlegende Änderung der Verhältnisse, die ihn ursprünglich zum Flüchtling gemacht hätten, eingetreten ist.[37] Bevor eine derartige Prüfung erforderlich wird, ist jedoch zunächst zu prüfen, ob überhaupt wirksamer Schutz gewährt wurde. Ist dies nicht der Fall, bedarf es keiner erneuten Prüfung der Verfolgungsgefahr.

Art. 11 Abs. 1 Buchst. a) RL 2004/83/EG, Art. 1 C Nr. 1 GFK setzen nach ihrem jeweiligen Wortlaut voraus, dass die Verfolgung, die Anlass zur Statusgewährung gegeben hatte, weggefallen ist. Wirksame Schutzgewährung beruht auf der Voraussetzung, dass die Verfolgungsgefahr erloschen ist. Der Verlustgrund beruht auf der Annahme, dass der Flüchtling mit der erneuten Schutzunterstellung zu erkennen gibt, dass er aus seiner Sicht keine begründete Furcht vor Verfolgung mehr hegt. Das kann jedoch auf einem Irrtum beruhen. Freiwilligkeit, Schutzwille und effektive Schutzgewährung sind miteinander zusammenhängende konzeptionelle Bestandteile des Verlustgrundes und haben die Funktion, zu vermeiden, dass der Flüchtling erneuter Verfolgung ausgesetzt wird (Rdn. 25).[38] Besteht daher die Verfolgungsgefahr fort, ist es unerheblich, dass der Flüchtling bei der Schutzunterstellung irrtümlich die Vorstellung hegte, er sei sicher vor Verfolgung. 27

Nach UNHCR muss in derartigen Fällen die Verfolgungsgefahr nicht notwendigerweise entfallen, jedoch müsse die Flüchtlingseigenschaft erneut festgestellt werden. Es sei aber lediglich darzulegen, dass keine grundlegende Änderung der Verhältnisse, welche für die Statusgewährung ursächlich gewesen seien, eingetreten sei.[39] Das BVerwG macht die dauerhafte Wiederherstellung der rechtlichen Beziehungen zum Heimatstaat zur Voraussetzung,[40] geht damit im Ergebnis davon aus, dass der (objektive) Wegfall der Verfolgungsgefahr maßgebend ist. Die dauerhafte Wiederherstellung rechtlicher Bindungen zum Herkunftsstaat kommt in der Sache dem Wegfall der Verfolgungsgefahr gleich. Um das Erfordernis dauerhafter Bindungen zu bejahen, bedarf es zuallererst der Prüfung, ob die Verfolgungsgefahr entfallen ist. Allein der freiwillige Entschluss zur Kontaktaufnahme mit Behörden des Herkunftslandes genüge nicht, um einen Wegfall der Verfolgungsgefahr zu unterstellen. Vielmehr müsse durch die Kontaktaufnahme eine dauerhafte Rechtsbeziehung zum Heimatstaat wiederhergestellt werden. Dies sei ein gewichtiges Indiz dafür, dass dem Flüchtling keine Verfolgung mehr drohe.[41] 28

Wegen der Notwendigkeit der Einzelfallprüfung sind Indizwirkungen abzulehnen (Rdn. 19 ff.). Im Übrigen ist zu differenzieren: Hegte der Flüchtling bei Schutzunterstellung irrtümlich die Vorstellung, die Verfolgungsgefahr sei entfallen, beruhte die fehlende Verfolgungsfrucht also auf einem Irrtum, bedarf es keiner erneuten Prüfung der Flüchtlingseigenschaft. Art. 1 C Nr. 1 GFK hat keinen Strafcharakter und darf nicht gegen Flüchtlinge angewandt werden, wenn die guten Gründe für die Verfolgungsfurcht tatsächlich fortbestehen (Rdn. 14).[42] Die Behörde hat in diesem Fall lediglich die Befugnis, zu prüfen, ob die Annahme eines Irrtums fehlerhaft, die Verfolgungsgefahr also tatsächlich weggefallen ist. Ist dies nicht der Fall, bleibt der Flüchtling schutzbedürftig und im Besitz des Status. Ändert sich nach der Unterschutzstellung die Situation und leben die die Schutzgewährung begründenden Umstände wieder oder treten anders geartete Verfolgungstatbestände auf, ist eine erneute Prüfung der Voraussetzungen für die Flüchtlingseigenschaft nach Maßgabe der Grundsätze zu Art. 1 C Nr. 5 und 6 GFK erforderlich. 29

---

37 *UNHCR*, Handbuch über Verfahren und Kriterien zur Feststellung der Flüchtlingseigenschaft, 1979, Rn. 123.
38 *Hathaway*, The Law of Refugee Status, S. 192.
39 *UNHCR*, Handbuch über Verfahren und Kriterien zur Feststellung der Flüchtlingseigenschaft, 1979, Rn. 123.
40 BVerwGE 89, 231 (237) = EZAR 211 Nr. 3 = NVwZ 1992, 679.
41 BVerwGE 89, 231 (239) = EZAR 211 Nr. 3 = NVwZ 1992, 679.
42 *Kneebone/O'Sullivan*, in: Zimmermann, The 1951 Convention, Article 1 C Rn. 58, unter Hinweis auf *Grahl-Madsen*, The Status of Refugees in International Law, Bd. 1, S. 391.

e) Staatenlose Flüchtlinge

30 Nach dem eindeutigen Wortlaut von Art. 11 Abs. 1 Buchst. a) RL 2004/83/EG, Art. 1 C Nr. 1 GFK muss der Flüchtling sich unter Berufung auf die Staatsangehörigkeit, die er »besitzt« durch irgendeine eindeutige Handlung erneut freiwillig dem Schutz des Herkunftslandes unterstellen. Wurde der Flüchtling nach der Ausreise aus seinem Herkunftsland ausgebürgert oder war er bereits im Zeitpunkt seiner Ausreise aus dem Land, in dem er seinen gewöhnlichen Aufenthaltsort hatte, staatenlos, kann Art. 11 Abs. 1 Buchst. a) RL 2004/83/EG auf ihn keine Anwendung finden. Dieser Erlöschenstatbestand kann daher auf **staatenlose Asylberechtigte** oder **staatenlose Flüchtlinge** keine Anwendung finden.[43]

31 Durch die Gewährung des Flüchtlingsstatus wird der Flüchtling nicht staatenlos (Rdn. 34; § 23 Rdn. 35). Dies ist – unabhängig von der Gewährung der Rechtsstellung – nur der Fall, wenn er durch den Staat seiner Staatsangehörigkeit ausgebürgert wird. Die Ausbürgerung selbst kann zwar Ausdruck einer an Verfolgungsgründe anknüpfenden Verfolgung sein.[44] Der Flucht folgt jedoch nicht stets und automatisch die Ausbürgerung nach. Von dieser Staatspraxis gehen die Vorschriften des Art. 11 Abs. 1 Buchst. a) RL 2004/83/EG und Art. 1 C Nr. 1 GFK aus. Der Erlöschenstatbestand findet deshalb weder auf diejenigen Flüchtlinge Anwendung, die bereits als Staatenlose einreisen, noch auf jene, denen nachträglich die Staatsangehörigkeit entzogen wird.[45]

3. Wiedererlangung der früheren Staatsangehörigkeit (Art. 11 Abs. 1 Buchst. b) RL 2004/83/EG)

a) Funktion des Verlustgrundes

32 Der Flüchtlingsstatus erlischt nach Art. 1 C Nr. 2 GFK, Art. 11 Abs. 1 Buchst. b) RL 2004/83/EG, wenn der Flüchtling nach dem Verlust seiner früheren Staatsangehörigkeit diese freiwillig wieder erlangt hat. Nach der Begründung des Vorschlags der Kommission begründet die Wiedererlangung der früheren Staatsangehörigkeit de iure allein noch nicht die Anwendung der Beendigungsklausel. Vielmehr muss der Wiedererlangung ein freiwilliger Akt des Flüchtlings, der auf die Wiedererlangung der früheren Staatsangehörigkeit gerichtet ist, zugrunde liegen.[46] Der Verlustgrund kann daher nur eintreten, wenn der Flüchtling seine frühere Staatsangehörigkeit wegen seiner Flucht oder aus anderen Gründen verloren hat. In aller Regel behalten Flüchtlinge jedoch ihre Staatsangehörigkeit (Rdn. 31), sodass ein Verlustgrund nach Art. 11 Abs. 1 Buchst. b) RL 2004/83/EG rechtlich nicht eintreten kann. Ebenso ist selbstredend, dass bei staatenlosen Flüchtlingen weder der Tatbestand nach Abs. 1 Buchst. a) noch der nach Buchst. b) eintreten kann (Rdn. 31 f.).[47]

33 Art. 11 Abs. 1 Buchst. b) RL 2004/83/EG regelt den Fall, in dem der Flüchtling seine frühere Staatsangehörigkeit – zumeist die des Herkunftslandes – wieder erlangt. Der Verlustgrund beruht auf der Annahme, dass damit die Gründe für die Verfolgungsfurcht des Flüchtlings nachträglich entfallen sind und dieser aus diesem Grund des internationalen Schutzes nicht mehr bedarf. Der Wortlaut von Art. 1 C Nr. 2 GFK ist eindeutig. Die Staatsangehörigkeit muss wieder erworben werden, welche der Flüchtling früher gehabt hat. Hat er mehrere Staatsangehörigkeiten gehabt, musste er im Blick auf jeden Staat der Staatsangehörigkeit eine begründete Verfolgungsfurcht geltend machen (Art. 1 A Nr. 2 Abs. 2 GFK). Der Staat, von dem der Flüchtling nach Art. 1 C Nr. 2 GFK die

---

43 So auch VGH Baden-Württemberg, AuAS 1997, 240.
44 BVerwG, Buchholz 402. 25 § 1 AsylVfG Nr. 30; BVerwG, InfAuslR 1986, 76; siehe hierzu § 22 Rdn. 9 ff.
45 Zu diesem Fall VGH Baden-Württemberg, AuAS 1997, 240 = InfAuslR 1997, 223.
46 Begründung des Kommissionsentwurfs, KOM(2001)510 v. 12.09.2001, S. 27.
47 VGH Baden-Württemberg, InfAuslR 1997, 223 (224) = AuAS 1997, 240 (LS); *Hathaway*, The Law of Refugee Status, S. 197.

Staatsangehörigkeit wieder erwirbt, kann damit nur der Staat sein, aus dem er wegen begründeter Furcht vor Verfolgung geflohen ist oder in den er aus diesen Gründen nicht zurückkehren konnte.[48]

Von diesem Erlöschensgrund abzugrenzen ist der Verlustgrund des Art. 1 C Nr. 3 GFK, Art. 11 Abs. 1 Buchst. c) RL 2004/83/EG, dem der Fall zugrunde liegt, dass der Flüchtling die Staatsangehörigkeit eines dritten Staates, regelmäßig die des Aufnahmestaates, erwirbt (Rdn. 40 ff.). In diesem Fall kann die auf den Staat der früheren Staatsangehörigkeit bezogene Verfolgungsfurcht noch fortbestehen und wird dies auch häufig der Fall sein. Die Schutzbedürftigkeit ist jedoch entfallen, weil nunmehr ein neuer Staat den Schutz des Flüchtlings durch Gewährung der Staatsangehörigkeit übernommen hat.   34

b) Freie Willensentscheidung

Der Neuerwerb der früheren Staatsangehörigkeit setzt wie im Rahmen des Art. 11 Abs. 1 Buchst. a) RL 2004/83/EG einen auf einem freien Willensentschluss beruhenden Erwerbsakt voraus. Anders als lediglich die freiwillige Inanspruchnahme diplomatischen Schutzes nach Art. 1 C Nr. 1 GFK, die hinsichtlich der wirksamen Schutzgewährung häufig nicht eindeutig ist (Rdn. 23 – 29), begründet die erneute Entscheidung, die Staatsangehörigkeit des Staates, in dem die Verfolgung drohte, in Anspruch zu nehmen, durchgreifende Zweifel, ob weiterhin eine Schutzbedürftigkeit besteht. Weil die Staatsangehörigkeit im Allgemeinen als verbindendes Band zwischen dem Einzelnen und dem Staat verstanden wird, wird dem Flüchtling, der freiwillig die frühere Staatsangehörigkeit wieder erlangt, die Beweislast dafür auferlegt, dass er wegen fortbestehender oder neu eintretender Verfolgung nicht in Sicherheit in das Land seiner früheren und erneuten Staatsangehörigkeit zurückkehren kann.[49]   35

Wird die Staatsangehörigkeit kraft Gesetzes z. B. wegen Eheschließung oder kraft eines Erlasses gewährt, bedeutet dies nicht notwendigerweise, dass der Erwerb freiwillig ist, es sei denn, die Staatsangehörigkeit wird freiwillig oder stillschweigend angenommen. Niemand hört allein deshalb auf, ein Flüchtling zu sein, weil er die Wahl hat, seine frühere Staatsangehörigkeit erneut zu erwerben, es sei denn, er hat von dieser Möglichkeit auch tatsächlich Gebrauch gemacht.[50] Es reicht nicht aus, dass der Flüchtling die frühere Staatsangehörigkeit hätte wieder erwerben **können**, wenn er diese tatsächlich nicht erworben hat. Der überragende Zweck von Art. 1 C Nr. 2 GFK ist es, den Flüchtlingsstatus zu entziehen, wenn aufgrund eines freiwilligen Erwerbsaktes tatsächlich wieder eine Normalisierung der Beziehungen zwischen Flüchtling und Herkunftsland eingetreten ist.[51]   36

Wird die frühere Staatsangehörigkeit kraft Gesetzes verliehen und hat der Flüchtling eine **Ausschlagungsoption**, wird die Nichtinanspruchnahme der Ausschlagungsoption als freiwilliger Erwerbsakt gewertet, wenn nachgewiesen werden kann, dass er in voller Kenntnis der Gesetzeslage von seiner Ausschlagungsoption keinen Gebrauch gemacht hat, es sei denn, es kann besondere Umstände geltend machen, wonach es tatsächlich nicht seine Absicht war, seine frühere Staatsangehörigkeit wieder zu erlangen.[52] Die Ausschlagungsoption muss aber tatsächlich bestanden haben und es muss im Hinblick auf die zeitlichen und örtlichen Voraussetzungen auch für den Flüchtling möglich gewesen sein, die Option auszuschlagen. Nur unter diesen Voraussetzungen begründet die fehlende Ausschlagung eine Vermutung der Freiwilligkeit.   37

---

48 *UNHCR*, Note on the Cessation Clause, 30.05.1997, Rn. 13.
49 *Hathaway*, The Law of Refugee Status, S. 196.
50 *UNHCR*, Handbuch über Verfahren und Kriterien zur Feststellung der Flüchtlingseigenschaft, 1979, Rn. 128.
51 *Hathaway*, The Law of Refugee Status, S. 197.
52 *UNHCR*, Handbuch über Verfahren und Kriterien zur Feststellung der Flüchtlingseigenschaft, 1979, Rn. 123.

c) Wirksame Schutzerlangung

38 Der Nachweis der Wiedererlangung der früheren Staatsangehörigkeit ist zugleich Nachweis für die Wiedererlangung des Schutzes dieses Staates bzw. für die Normalisierung der Beziehung des Flüchtlings zu diesem Staat und führt deshalb zur Beendigung des Flüchtlingsstatus. Liegen die Voraussetzungen der Schutzunterstellung an sich vor, wird dem Flüchtling aber der Schutz tatsächlich nicht gewährt, findet der Erlöschensgrund keine Anwendung.[53] Allein der Antrag auf Wiedererwerb der früheren Staatsangehörigkeit reicht für das Eintreten des Erlöschenstatbestandes nicht aus. Vielmehr setzt der Wortlaut von Art. 11 Abs. 1 Buchst. b) RL 2004/83/EG eindeutig voraus, dass der Flüchtling die frühere Staatsangehörigkeit »wiedererlangt **hat**«.

39 Hat ein Flüchtling seine Staatsangehörigkeit verloren und unternimmt er Bemühungen, diese wieder zu erlangen, findet der Erlöschenstatbestand nur Anwendung, wenn neben der Freiwilligkeit des Antrags auf Wiedererwerb die erlangte Staatsangehörigkeit effektiv ist. Allein die Wiedererlangung der Staatsangehörigkeit de iure führt nicht zur Anwendung der Erlöschensklausel. Der freiwillige Erwerbsakt muss vielmehr durch die aktuelle Wiederbelebung der früheren Beziehungen zwischen dem Flüchtling und seinem früheren Staat der Staatsangehörigkeit ergänzt werden.[54] Darüber hinaus muss die frühere Staatsangehörigkeit effektiv gewesen sein. Der aus der Staatsangehörigkeit fließende Schutz, welcher dem Flüchtling zuvor durch den Entzug der Staatsangehörigkeit genommen worden war, muss danach wirksam und für den Flüchtling darüber hinaus auch verfügbar sein. Diese Voraussetzung ist insbesondere in den Fällen von Bedeutung, in denen die Verfolgung in Form der Entlassung aus der Staatsangehörigkeit erfolgte.[55]

4. Erwerb einer neuen Staatsangehörigkeit (Art. 11 Abs. 1 Buchst. c) RL 2004/83/EG)

a) Funktion des Verlustgrundes

40 Der Flüchtlingsstatus erlischt nach Art. 1 C Nr. 3 GFK, Art. 11 Abs. 1 Buchst. c) RL 2004/83/EG, Art. 1 C Nr. 3 GFK, wenn der Flüchtling eine neue Staatsangehörigkeit erworben hat und den Schutz des Landes, dessen Staatsangehörigkeit er erworben hat, genießt. Gewöhnlich erwirbt ein Flüchtling die Staatsangehörigkeit des Landes, in dem er seinen Wohnsitz hat. In bestimmten Fällen kann jedoch ein Flüchtling die Staatsangehörigkeit eines anderen Staates erwerben. Erwirbt der Flüchtling diese Staatsangehörigkeit, endet sein Flüchtlingsstatus ebenfalls, vorausgesetzt, der Besitz der neuen Staatsangehörigkeit beinhaltet auch den Schutz des betreffenden Landes.[56] Auf Staatenlose ist dieser Verlustgrund anwendbar, weil auch staatenlose Flüchtlinge eine neue Staatsangehörigkeit erwerben können.

41 Wie beim Wiedererwerb der früheren Staatsangehörigkeit beruht auch dieser Verlustgrund auf dem Grundsatz, dass eine Person, die den Schutz des Staates ihrer früheren oder neuen Staatsangehörigkeit genießt, nicht schutzbedürftig ist. Häufig wird bei Flüchtlingen, die nicht staatenlos sind, die frühere Staatsangehörigkeit noch bestehen. Hat der Flüchtling sich vor Erlangung einer neuen Staatsangehörigkeit bereits durch eine eindeutige und freiwillige Handlung erneut dem Schutz des Staates, dessen Staatsangehörigkeit er noch besitzt, unterstellt, ist der Flüchtlingsstatus bereits nach Art. 11 Abs. 1 Buchst. a) RL 2004/83/EG erloschen. Der Erwerb einer weiteren Staatsangehörigkeit, etwa die des Aufnahmestaates, hat unter diesen Umständen keine flüchtlingsrechtlichen Folgen. Nach dem Staatsangehörigkeitsrecht des dritten Staates wird dem Betroffenen in diesem Fall jedoch häufig abverlangt werden, zunächst auf seine frühere Staatsangehörigkeit zu verzichten. Bei

---

53 *UNHCR*, Note on the Cessation Clauses v. 30 Mai 1997 – EC/47/SC/CRP.30, S. 1; Kommissionsentwurf, KOM(2001)510 v. 12.09.2001, S. 27; *Goodwin-Gill/McAdam*, The Refugee in International Law, S. 136.

54 *UNHCR*, Note on the Cessation Clauses v. 30.05.1997, Rn. 13.

55 *UNHCR*, Note on the Cessation Clauses v. 30.05.1997, Rn. 13; § 22 Rn. 9 ff.

56 *UNHCR*, Handbuch über Verfahren und Kriterien zur Feststellung der Flüchtlingseigenschaft, 1979, Rn. 130.

Flüchtlingen wird hingegen häufig Mehrstaatigkeit hingenommen, sodass der Flüchtling, der im Besitz der früheren Staatsangehörigkeit ist, eine weitere, zumeist die des Aufnahmestaates erwirbt.

Der Verlustgrund des Art. 11 Abs. 1 Buchst. c) RL 2004/83/EG darf nicht mit dem Ausschlusstatbestand des Art. 12 Abs. 1 Buchst. b) RL 2004/83/EG verwechselt werden. Im letzteren Fall wird der Flüchtling von vornherein vom Flüchtlingsstatus ausgeschlossen. Der Zweck beider Klauseln ist jedoch derselbe. In beiden Fällen fehlt die Schutzbedürftigkeit. Während der Erwerb einer neuen Staatsangehörigkeit nach Gewährung des Flüchtlingsstatus zur Folge hat, dass dieser erlischt, führt die Gewährung von Rechten und Pflichten, die mit dem Besitz der Staatsangehörigkeit verknüpft sind bzw. von gleichwertigen Rechten durch die Behörden des Aufnahmestaates dazu, dass die Gewährung des Flüchtlingsstatus von vornherein gesperrt wird. 42

b) Freie Willensentscheidung

Der Wortlaut von Art. 11 Abs. 1 Buchst. c) RL 2004/83/EG enthält anders als die vorhergehenden Erlöschenstatbestände keinen Hinweis auf die Freiwilligkeit des Antrags auf Erwerb der neuen Staatsangehörigkeit. Auch die Kommentarliteratur stellt bei diesem Erlöschensgrund nicht auf die Freiwilligkeit des Erwerbsaktes ab. Art. 1 C Nr. 3 umfasse sowohl den freiwilligen wie den unfreiwilligen Erwerbsakt wie auch den automatischen Erwerb einer Staatsangehörigkeit.[57] Regelmäßig erfolgt der Erwerb einer neuen Staatsangehörigkeit durch Einbürgerung, sodass dem staatsangehörigkeitsrechtlichen Erwerbsakt ein freiwilliger Willensentschluss des Flüchtlings zugrunde liegt. Bei anderen Erwerbstatbeständen ist eher zu prüfen, ob durch die erworbene Staatsangehörigkeit wirksamer Schutz vermittelt wird (Rdn. 45 ff.). 43

Im deutschen Recht kommt jedoch das Erfordernis der Freiwilligkeit im Antragserfordernis des § 72 Abs. 1 Nr. 3 AsylVfG zum Ausdruck. Danach ist Voraussetzung für das Eingreifen des Erlöschenstatbestandes eine **formelle Antragstellung**. Eine antragslose Einbürgerung durch dritte Staaten ist kaum vorstellbar, es sei denn, durch Eheschließung mit einem Staatsangehörigen des Drittstaates wird automatisch die Staatsangehörigkeit dieses Staates verliehen. Einverständnis oder Zustimmung zu einem sonstigen Staatsangehörigkeitserwerb ist nach deutschem Recht mithin nicht ausreichend, sodass etwa eine Zwangseinbürgerung oder der Staatsangehörigkeitserwerb kraft Gesetzes unerheblich ist. Zwar fehlt in Art. 11 Abs. 1 Buchst. c) RL 2004/83/EG das Antragserfordernis. Die Mitgliedstaaten dürfen günstigere Normen jedoch beibehalten (Art. 3 RL 2004/83/EG). Eine zwingende dieser Besserstellung entgegenstehende Regelung kann der Richtlinie nicht entnommen werden. 44

c) Wirksame Schutzerlangung

Nach dem eindeutigen Wortlaut von Art. 1 C Nr. 3 GFK, Art. 11 Abs. 1 Buchst. c) RL 2004/83/EG muss mit dem Erwerb der neuen Staatsangehörigkeit eine effektive **Schutzgewährung** durch den Staat der Staatsangehörigkeit verbunden sein. Der Verlustgrund setzt voraus, dass der Besitz der neuen Staatsangehörigkeit auch den Schutz des betreffenden Landes beinhaltet.[58] Der Erwerb der Staatsangehörigkeit de iure allein begründet noch nicht die Anwendung des Verlustgrundes. Vielmehr muss der Schutz durch das Land der neuen Staatsangehörigkeit auch gewährleistet sein. Diese Einschränkung ergibt sich aus den Worten »und den Schutz des Landes, dessen Staatsangehörigkeit er erworben hat, genießt«.[59] Der effektive Schutz der Staatsangehörigkeit setzt mehr als die bloße Abwesenheit von Furcht vor Verfolgung voraus. Vielmehr müssen die mit der Staatsangehörigkeit 45

---

57 *Goodwin-Gill/McAdam*, The Refugee in International Law, S. 138; *Kneebone/O'Sullivan*, in: *Zimmermann*, The 1951 Convention, Article 1 C Rn. 65 ff.

58 *UNHCR*, Handbuch über Verfahren und Kriterien zur Feststellung der Flüchtlingseigenschaft, 1979, Rn. 130.

59 Kommissionsentwurf, KOM(2001)510 v. 12.09.2001, S. 27.

verbundenen grundlegenden Rechte, insbesondere das Recht auf Rückkehr und Aufenthalt im Staat der Staatsangehörigkeit, gewährleistet sein.[60]

d) Wiedererlangung des Flüchtlingsstatus

46 Die Begründung des Vorschlags der Kommission weist unter Bezugnahme auf das Handbuch von UNHCR darauf hin, dass je nach den Umständen der flüchtlingsrechtliche Schutzstatus wieder aufleben kann, wenn dieser aufgrund des Erwerbs einer neuen Staatsangehörigkeit beendet wurde und anschließend die neu erworbene Staatsangehörigkeit verloren geht.[61] Auf Personen, die ihre neu erworbene Staatsangehörigkeit wieder verlieren, zielt die Beendigungsklausel nicht, solange die für die Statusgewährung maßgebenden Gründe fortbestehen.[62] Nach der Begründung der Richtlinie wie auch dem Handbuch von UNHCR kommt es in derartigen Fällen auf die Umstände, die zum Verlust der Staatsangehörigkeit führten, für die Entscheidung der Frage an, ob der Flüchtlingsstatus wieder auflebt. Unter diesen Voraussetzungen bedarf es damit keiner erneuten asylrechtlichen Schutzbeantragung, sondern lediglich der Darlegung der Gründe, die zum Verlust der Staatsangehörigkeit geführt haben.

47 Davon zu unterscheiden ist der Fall, dass der Flüchtling **nachträglich** begründete Furcht vor Verfolgung in Bezug auf das Land der jetzigen Staatsangehörigkeit geltend macht. Dies stellt eine gänzlich neue Situation dar, sodass die Frage der Rechtsstellung als Flüchtling im Blick auf das Land der jetzigen Staatsangehörigkeit neu beantwortet werden muss.[63] Hiervon wiederum zu unterscheiden ist der Fall, dass zwar eine neue Staatsangehörigkeit erworben wird, der Flüchtling bezogen auf diesen Staat jedoch **von vornherein** begründete Furcht vor Verfolgung hegt. Der für die Anwendung von Art. 1 C Nr. 3 GFK erforderliche »wirksame Schutz« umfasst insbesondere das Fehlen einer begründeten Furcht vor Verfolgung.[64] Deshalb sind in derartigen Fällen die Voraussetzungen des Verlustgrundes von vornherein nicht erfüllt. Auch UNHCR verweist den Betroffenen nur dann auf ein neues Asylbegehren, wenn **nach** dem Erwerb der neuen Staatsangehörigkeit begründete Furcht vor Verfolgung geltend gemacht wird.

48 Es ist kaum vorstellbar, dass ein derartiger Fall bei einem auf einem vorhergehenden Einbürgerungsbegehren beruhenden Erwerbsakt eintreten kann. Denn ein Flüchtling wird kaum die Staatsangehörigkeit eines Staates von sich aus freiwillig anstreben, durch den oder in dem er von vornherein Verfolgung befürchtet. Vielmehr können derartige Fallgestaltungen wohl nur beim automatischen Erwerb der Staatsangehörigkeit auftreten, bei dem es auf einen entgegenstehenden Willen des Flüchtlings nicht ankommt. Andererseits verdeutlichen diese Fälle, dass es auch bei Art. 1 C Nr. 3 GFK zumeist auf die Freiwilligkeit ankommt. Ist dem automatischen Erwerb aber nicht von vornherein eine begründete Furcht vor Verfolgung immanent, tritt der Verlustgrund unabhängig vom entgegenstehenden Willen ein. Häufig wird der Flüchtling in derartigen Fällen aber je nach der Länge des bisherigen Aufenthaltes im Aufnahmestaat einen Aufenthaltsanspruch geltend machen können, wenn ein anderer als dieser Staat dem Flüchtling automatisch die Staatsangehörigkeit verleiht.

---

60 *Goodwin-Gill/McAdam*, The Refugee in International Law, S. 138; *Kneebone/O'Sullivan*, in: *Zimmermann*, The 1951 Convention, Article 1 C Rn. 65 ff.

61 Kommissionsentwurf, KOM(2001)510 v. 12.09.2001, S. 27; *UNHCR*, Handbuch über Verfahren und Kriterien zur Feststellung der Flüchtlingseigenschaft, 1979, Rn. 132.

62 *Weis*, Du droit international, S. 928 (976).

63 *UNHCR*, Handbuch über Verfahren und Kriterien zur Feststellung der Flüchtlingseigenschaft, 1979, Rn. 131; *UNHCR*, Note on the Cessation Clauses v. 30 Mai 1997, Rn. 18.

64 *Kneebone/O'Sullivan*, in: *Zimmermann*, The 1951 Convention, Article 1 C Rn. 67, unter Hinweis auf *Grahl-Madsen*, The Status of Refugees in International Law, Bd. 1, S. 396.

5. Niederlassung im Herkunftsland (Art. 11 Abs. 1 Buchst. d) RL 2004/83/EG)

a) Funktion des Verlustgrundes

Der Flüchtlingsstatus erlischt nach Art. 1 C Nr. 4 GFK, Art. 11 Abs. 1 Buchst. d) RL 2004/83/EG, wenn der Flüchtling freiwillig in das Land, das er aus Furcht vor Verfolgung verlassen hat oder außerhalb dessen er sich befindet, zurückgekehrt ist und sich dort niedergelassen hat. Dieser Verlustgrund erfasst sowohl Personen, die im Besitz einer Staatsangehörigkeit sind, wie auch staatenlose Flüchtlinge. Die Klausel betrifft Flüchtlinge, die in ihr Herkunftsland oder das Land ihres früheren gewöhnlichen Aufenthaltes zurückgekehrt sind und nicht bereits im Aufnahmestaat aufgrund der anderen Beendigungsklauseln ihre Flüchtlingseigenschaft verloren haben.[65] Der Verlustgrund bezieht sich seinem eindeutigen Wortlaut nach nur auf das Erlöschen eines bereits gewährten Rechtsstatus.[66] Der deutsche Gesetzgeber regelt diesen Erlöschenstatbestand in § 72 Abs. 1 Nr. 1 a AsylVfG.

49

Die Rückkehr und erneute Begründung eines dauerhaften Aufenthaltes in dem Staat, in Bezug auf den früher begründete Furcht vor Verfolgung gehegt worden war, ist das wohl eindeutigste Anzeichen dafür, dass ein Flüchtling dort keine Furcht vor Verfolgung mehr hat. Hiermit bringt er auf unmissverständliche Weise seine Bereitschaft zum Ausdruck, auf die Schutzbereitschaft seines Herkunftslandes zu vertrauen.[67] Der ursprüngliche Entwurf dieser Klausel stellte lediglich auf die Rückkehr des Flüchtlings ab. Der **Ad hoc**- Ausschuss lehnte diesen Vorschlag jedoch ab, weil die Klausel nicht nur freiwillige Rückkehrer, sondern auch gegen ihren Willen zurückgebrachte Flüchtlinge erfasst hätte.[68] Deshalb wurde das Erfordernis der Freiwilligkeit der Rückkehr und Niederlassung eingefügt, um dadurch sicherzustellen, dass nur Personen ihren Flüchtlingsstatus verlieren, die sich aus freiem Willensentschluss erneut in ihrem Herkunftsland niedergelassen haben.

50

Dementsprechend sind die Anforderungen an die Feststellung der Freiwilligkeit der Niederlassung sehr hoch (Rdn. 53 ff.). Die bloße Rückkehr in das Herkunftsland reicht nicht aus. Vielmehr muss sich aus den Gesamtumständen der Rückreise und des Aufenthaltes im Herkunftsland ergeben, dass der Flüchtling nach seiner Ankunft nicht die Absicht hat, in sein Aufnahmeland zurückzukehren.[69] Bleibt unmittelbar nach der Rückkehr noch offen, ob eine derartige Absicht besteht, kann erst aufgrund der Umstände der folgenden Zeit beurteilt werden, ob der freiwilligen Rückkehr die dauerhafte Niederlassung folgt und nicht mehr die Absicht besteht, in das Aufnahmeland zurückzukehren. Nur unter diesen Umständen bewirken Rückkehr und Niederlassung ein Ende des Flüchtlingsstatus, weil der Betreffende sich nicht mehr mit guten Gründen darauf berufen kann, dass er im Herkunftsland Furcht vor Verfolgung hat und er aus diesen Gründen weiterhin im Aufnahmeland leben will.[70]

51

Dieses Verständnis der Klausel des Art. 1 C Nr. 4 GFK hat heute, wo Flüchtlinge häufig in eine Situation großer Unsicherheit und fragiler Sicherheit zurückkehren, eine zunehmende Bedeutung. Um die Rückkehrer nicht vorschnell unzumutbarer Unsicherheit in beide Richtungen – bezogen auf die Perspektive der Niederlassung in der Heimat einerseits sowie hinsichtlich der Rückkehroption andererseits – auszusetzen, darf die Norm nicht als Strafnorm für jene Flüchtlinge angewandt werden, die lediglich die Sicherheitslage im Herkunftsland erkunden wollen, um anschließend eine

52

---

65 *UNHCR*, Handbuch über Verfahren und Kriterien zur Feststellung der Flüchtlingseigenschaft, Rn. 133.
66 BVerwGE 78, 152 (154 f.) = EZAR 202 Nr. 11 = InfAuslR 1988, 19 = NVwZ 1988, 160; BVerwG, EZAR 112 Nr. 5 = InfAuslR 1988, 317; ebenso OVG Nordrhein-Westfalen, Urt. v. 01.10.1984 – 20 A 10123/83; VG Köln, NVwZ 1983, 498.
67 *James C. Hathaway*, The Law of Refugee Status, 1991, S. 197.
68 S. Hinweise bei *Hathaway*, The Law of Refugee Status, S. 197 f.
69 *Goodwin-Gill/McAdam*, The Refugee in International Law, S. 138; *Kneebone/O'Sullivan*, in: *Zimmermann*, The 1951 Convention, Article 1 C Rn. 65 ff.; Kommissionsentwurf, KOM(2001)510 v. 12.09.2001, S. 28.
70 *Kneebone/O'Sullivan*, in: *Zimmermann*, The 1951 Convention, Article 1 C Rn. 74, unter Hinweis auf *Grahl-Madsen*, The Status of Refugees in International Law, Bd. 1, S. 378.

wohl überlegte Rückkehrentscheidung treffen zu können.[71] Ein illustratives Beispiel bildet die Rückkehrpolitik der europäischen Staaten nach dem Ende des Bosnienkonfliktes Mitte der 1990er Jahre. Damals wurde bosnischen Flüchtlingen die Option eingeräumt, sich in Bosnien zwecks Erkundung ihrer persönlichen Sicherheitslage in Bosnien kurzfristig aufzuhalten, ohne dass deshalb automatisch der Aufenthaltsstatus erloschen wäre.

b) Freiwillige Niederlassung

53 Art. 11 Abs. 1 Buchst. d) RL 2004/83/EG verlangt in Anknüpfung an Art. 1 C Nr. 4 GFK, dass die Rückkehr in den Herkunftsstaat **freiwillig** erfolgen muss. Insoweit gelten die allgemeinen Grundsätze zur Freiwilligkeit (Rdn. 13 ff., 35 ff.). Weil die Klausel ausdrücklich Freiwilligkeit voraussetzt, ist es evident, dass allein der bloße Aufenthalt im Herkunftsland (Rdn. 50 ff.) nicht automatisch den Verlust des Flüchtlingsstatus zur Folge hat. Das Erfordernis der Freiwilligkeit ist deshalb im Sinne einer Rückkehr in das Herkunftsland zu verstehen, mit dem Ziel, dort dauernden Wohnsitz zu nehmen. Deshalb ist zwischen lediglich kurzfristigen und dauerhaften Aufenthalten zu differenzieren. Es wird also ein **subjektives** (Freiwilligkeit der Rückkehr) wie ein **objektives** Element (Niederlassung mit dauerhaftem Charakter) vorausgesetzt. Wer lediglich das persönliche Sicherheitsrisiko im Herkunftsland überprüfen will, lässt sich nicht dauerhaft im Herkunftsland nieder (Rdn. 52 f.).[72] Die Anwendung des Verlustgrundes setzt deshalb eine freiwillige Rückkehr in dauerhafter Niederlassungsabsicht voraus (Rdn. 51). Reist der Flüchtling lediglich vorübergehend in sein Herkunftsland ein, ohne sich dort dauerhaft niederzulassen, und kehrt anschließend in den Aufnahmestaat zurück, beendet dies nicht ipso facto den Flüchtlingsstatus.[73]

54 Besucht ein Flüchtling sein Herkunftsland und bedient sich dabei nicht eines Passes dieses Landes, sondern verwendet z. B. einen vom Aufnahmestaat ausgestellten Reiseausweis, kehrt er nicht mit der Absicht der Niederlassung zurück.[74] Nach der Rechtsprechung und Literatur ist zu prüfen, ob der Flüchtling z. B. nur deshalb in sein Heimatland reisen wollte, um kranke Verwandte oder Freunde zu besuchen oder nahestehenden Personen bei der Flucht zu helfen. Derartigen Fallkonstellationen trage die GFK in Art. 1 C Nr. 4 dadurch Rechnung, dass die Flüchtlingseigenschaft erst dann entfalle, wenn der Flüchtling in das Herkunftsland »zurückgekehrt ist **und** sich dort niedergelassen hat«[75] Von vornherein fehlt es am Erfordernis der freiwilligen Rückkehr, wenn der Flüchtling durch Arglist oder Drohung – etwa mit Blick auf im Herkunftsland lebende nahe Angehörige – seitens der heimatlichen Regierung zur Rückkehr veranlasst oder durch Abschiebung dorthin[76] verbracht wird.[77] Die in derartigen Fällen regelmäßig nach der Rückkehr erfolgende Festnahme oder Verhaftung belegt im Übrigen den Fortbestand der Verfolgungsgefahr.

55 Wer daher nur kurzfristig in den Herkunftsstaat eingereist ist, sich etwa dort versteckt gehalten und auch im Übrigen hinreichende Vorkehrungen gegen ein behördliches Bekanntwerden seines Aufenthaltes getroffen hat, verliert nicht den gewährten Rechtsstatus. Aber auch, wenn der Flüchtling

---

71 *Hathaway*, The Law of Refugee Status, S. 199; *Kneebone/O'Sullivan*, in: *Zimmermann*, The 1951 Convention, Article 1 C Rn. 65 ff.

72 *Hathaway*, The Law of Refugee Status, S. 199.

73 *Weis*, Du droit international, S. 928 (978); *Goodwin-Gill/McAdam*, The Refugee in International Law, S. 138.

74 *UNHCR*, Handbuch über Verfahren und Kriterien zur Feststellung der Flüchtlingseigenschaft, 1979, Rn. 134.

75 BVerwGE 89, 231 (237) = EZAR 211 Nr. 3 = NVwZ 1992, 679; Schweizerische Asylrekurskommission, EMARK 1996 Nr. 11; Schweizerische Asylrekurskommission, EMARK 1996 Nr. 12; VG Gießen, NVwZ-Beil. 2000, 29 (30); VG Düsseldorf, Urt. v. 22.03.2000 – 16 K 3261/99.A; *Hathaway*, The Law of Refugee Status, S. 198.

76 BVerwGE 69, 323 (328 f.) = EZAR 200 Nr. 10 = NJW 1984, 2782 = DVBl. 1984, 1012.

77 *Hathaway*, The Law of Refugee Status, S. 197 f.

sich nicht vor dem befürchteten Zugriff der Behörden versteckt hält, lässt Art. 1 C Nr. 4 GFK die Beendigung des Flüchtlingsstatus erst zu, wenn er mit den heimatlichen Behörden freiwillig Kontakt aufgenommen hat.[78] Dabei kann die vorübergehende Rückkehr in ein Gebiet, das unter dem Schutz der Vereinten Nationen von lokalen Behörden verwaltet wird und dem Einflussbereich der Zentralregierung entzogen ist, nicht als Kontaktaufnahme mit den heimatlichen Behörden angesehen werden.[79]

c) Dauerhafte Niederlassung

Die dauerhafte Rückkehr in das Herkunftsland rechtfertigt regelmäßig den Schluss auf den Wegfall der Verfolgungsgefahr (Rdn. 51 f.).[80] Ob die Rückkehr des Flüchtlings in das Herkunftsland als dauerhaft angesehen werden kann, ist im konkreten Einzelfall anhand objektiver Kriterien (Rdn. 53) zu prüfen. Generell ist nach der Begründung des Vorschlags der Kommission davon auszugehen, dass regelmäßige Besuche des Herkunftslandes in einem bestimmten Zeitraum mit einer erneuten Niederlassung dort gleichzusetzen ist. Dies ist insbesondere der Fall, wenn der Flüchtling die Sozialleistungen und Einrichtungen in Anspruch nimmt, die normalerweise Staatsangehörigen des Herkunftslandes vorbehalten sind.[81] Es kommt darauf an, dass die **Rückreise nach ihrer Dauer, ihrem Anlass, der Art der Einreise** sowie dem Ort des Aufenthaltes im Herkunftsland Grund für die Annahme bietet, in ihr dokumentiere sich ein Fortfall der Verfolgungsfurcht.[82]

56

Umgekehrt ist der nur kurzfristige, etwa zwei Monate dauernde Aufenthalt im Herkunftsland, wenn sich daraus nicht auf eine erhebliche nachträgliche Änderung der dortigen Verhältnisse schließen lässt, kein Grund für den Widerruf des Statusbescheids.[83] Die Rechtsprechung hatte schon sehr früh allein in der Tatsache der Rückkehr kein Indiz für den Wegfall der Furcht vor Verfolgung gesehen.[84] Allerdings wurde in der Rückkehr ohne äußeren Zwang in das Herkunftsland und in der dortigen Aufnahme einer Beschäftigung in einem Staatsbetrieb ein Grund erkannt, der auf einen Wegfall der Furcht vor Verfolgung schließen lässt, ungeachtet des inneren Vorbehalts des Flüchtlings, irgendwann in die Bundesrepublik zurückkehren zu wollen.[85] Erforderlich ist nach der Rechtsprechung für den Fall, dass die frühere Verfolgung vom Staat ausging, dass die Rückkehr des Flüchtlings den zuständigen Behörden des Herkunftslandes bekannt geworden sein muss und diese dennoch keine Maßnahmen gegen den Rückkehrer ergriffen haben (Rdn. 55).[86]

57

Beweiskräftiges Indiz für das Bekanntwerden der Rückkehr des Flüchtlings ist regelmäßig die **dauerhafte Niederlassung** oder die behördlich genehmigte Einreise in das Herkunftsland in Verbindung mit einer ungefährdeten Ein- und Ausreise über offizielle Grenzübergangsstellen.[87] Bei dem aufgrund seiner Zugehörigkeit zu einer verfolgten Gruppe als verfolgt angesehenen Flüchtling muss überdies hinzukommen, dass er auch durch nichtstaatliche Akteure keine Bedrohungen

58

---

78 Schweizerische Asylrekurskommission, EMARK 1996 Nr. 9.
79 Schweizerische Asylrekurskommission, EMARK 1996 Nr. 9, zu den Schutzzonen im Norden des Irak; ebenso VG Gießen, NVwZ-Beil. 2000, 29 (30); siehe auch BVerwG, NVwZ 2001, 335 (336) = InfAuslR 2001, 532 = EZAR 214 Nr. 13; VG Göttingen, InfAuslR 2000, 37 (38).
80 BVerwGE 112, 80 (87) = NVwZ 2001, 335 (336) = InfAuslR 2001, 532 = EZAR 214 Nr. 13; VGH Baden-Württemberg, EZAR 214 Nr. 1; Bayerischer VGH, Beschl. v. 11.09.1962 – Nr. 87 VIII 62; VG Hamburg, InfAuslR 1980, 131; VG Gießen, NVwZ-Beil. 2000, 29.
81 Kommissionsentwurf, KOM(2001)510 v. 12.09.2001, S. 27.
82 VG Düsseldorf, Urt. v. 22.03.2000 – 16 K 3261/99.A.
83 BVerwG, NVwZ 2001, 335 (336) = InfAuslR 2001, 532 = EZAR 214 Nr. 13.
84 Bayerischer VGH, Beschl. v. 11.09.1962 – Nr. 87 VIII 62; VG Hamburg, InfAuslR 1980, 131.
85 Bayerischer VGH, Beschl. v. 11.09.1962 – Nr. 87 VIII 62.
86 VGH Baden-Württemberg, EZAR 214 Nr. 1; VG Gießen, NVwZ-Beil. 2000, 29 (30).
87 VGH Baden-Württemberg, EZAR 214 Nr. 1; VG Gießen, NVwZ-Beil. 2000, 29 (30); VG Göttingen, InfAuslR 2000, 37 (38).

und Gefahren mehr zu befürchten hat. Aus einer lediglich vorübergehenden Rückkehr in den Herkunftsstaat ergibt sich hingegen noch keine hinreichend zuverlässige Grundlage für die Feststellung, dass dem Flüchtling keine Verfolgungsgefahr mehr droht. Bei einem **Gruppenverfolgten** oder von nichtstaatlichen Akteuren verfolgten Flüchtling ist deshalb die Kenntnis seines Aufenthaltes seitens der Behörden noch kein hinreichendes Indiz für den Wegfall der Furcht vor Verfolgung. Auch hier vermittelt erst die dauerhafte Niederlassung im Herkunftsland die Grundlage für die Prognose, ob die weitere Anwendung der Vermutung eigener Verfolgung aufgrund der Gruppenzugehörigkeit nicht mehr gerechtfertigt ist.

59 Hieraus folgt, dass eine schematisierende Anwendung des Verlustgrundes des Art. 11 Abs. 1 Buchst. d) RL 2004/83/EG den Sinn des Flüchtlingsschutzes verfehlt. Maßgebend für die Statusgewährung ist die begründete Furcht vor Verfolgung. Die auf Dauer ausgerichtete Niederlassung im Herkunftsland ist ein gewichtiges Indiz für den Wegfall dieser Furcht. Ergibt die Prüfung, dass den Behörden des Herkunftslandes die Niederlassung des Flüchtlings bekannt geworden ist und sie dies nicht zum Anlass von Verfolgungsmaßnahmen genommen haben, steht fest, dass der durch staatliche Behörden verfolgte Flüchtling des Schutzes nicht mehr bedarf. Er kann deshalb für seine Verfolgungsfurcht keine guten Gründe mehr vorbringen.

60 Es muss deshalb sorgfältig untersucht werden, ob bei länger dauernden und häufigeren Aufenthalten im Herkunftsland zu Verwandtenbesuchen oder Geschäftszwecken auf eine Beendigung des Flüchtlingsstatus geschlossen werden kann. An irgendeinem Punkt schlagen derartige Besuche indes in eine dauerhafte Niederlassung um. Während ein gelegentlicher, nur nach Wochen bemessener Besuchsaufenthalt als solcher zu kurz ist, um daraus auf die dauerhafte Niederlassung zu schließen, wird ein regelmäßiger Aufenthalt im Herkunftsland Zweifel an einem fortdauernden Bedürfnis, Schutz im Ausland zu gewähren, aufkommen lassen. Unter solchen Umständen trägt der Flüchtling ausnahmsweise die Beweislast dafür, dass weiterhin kein wirksamer nationaler Schutz gegen Verfolgungen verfügbar ist.[88]

---

88 *Hathaway*, The Law of Refugee Status, S. 199.

6. »Wegfall-der-Umstände-Klauseln« (Art. 11 Abs. 1 Buchst. e) und f) RL 2004/83/EG)

> Ausgangspunkt: **individuelle Furcht** vor Verfolgung im Zeitpunkt der Statusgewährung (Rdn. 67 bis 70).

↓

> **Grundlegende** (Rdn. 71 bis 78) und **dauerhafte** Veränderung (Rdn. 79 bis 85) der für die Statusgewährung ausschlaggebenden Umstände.

↓

> Wiederherstellung wirksamer Schutzstrukturen (Rdn. 86 bis 97) im Herkunftsland (umstr.).

↓

> Wiederherstellung der wirksamen Schutzfähigkeit gegen die früheren Verfolgungen (Rdn. 98 bis 105).

↓

> **Nachweislast** für die grundlegende und dauerhafte Änderung der Umstände trägt die Behörde (Rdn. 106 bis 115).

↓

> Anwendung der humanitären Klausel des Art. 1 C Nr. 5 Abs. 2 oder Nr. 6 Abs. 2 GFK (Rdn. 121 bis 137).

Schaubild 19 zu den »Wegfall-der-Umstände-Klauseln« (Art. 11 Abs. 1 Buchst. e) und f) RL 2004/83/EG)

a) Funktion des Verlustgrundes

Der Flüchtlingsstatus erlischt nach Art. 1 C Nr. 5 und 6 GFK, wenn es der Flüchtling nach Wegfall der Umstände, aufgrund deren er als Flüchtling anerkannt worden ist, nicht mehr ablehnen kann, den Schutz des Herkunftslandes in Anspruch zu nehmen. Die Regelungen in Art. 6 A Buchst. c) und f) des UNHCR-Statuts enthalten ähnliche Bestimmungen und ermächtigen UNHCR, förmliche Erklärungen zur allgemeinen Beendigung der Flüchtlingseigenschaft spezifischer Flüchtlingsgruppen abzugeben. Die Funktion des Verlustgrundes besteht darin, das Vorrecht der Staaten zu sichern, den Flüchtlingsstatus zu beenden, wenn diese aufgrund einer Einschätzung der Veränderung der allgemeinen Verhältnisse im Herkunftsland zu der Überzeugung gelangen, dass dort wieder Schutz für den Flüchtling verfügbar ist. Wie der Beitrag des französischen Delegierten auf der Bevollmächtigtenkonferenz verdeutlicht, verfolgen die Klauseln nach ihrer Entstehungsgeschichte den Zweck, dem Herkunftsland erneut die Verantwortung für den Flüchtling zuzuweisen, wenn es wieder als glaubwürdiger Hüter der Rechte des Flüchtlings angesehen werden kann, um dadurch die Aufnahmeländer zu entlasten.[89]

Art. 11 Abs. 1 Buchst. e) und f) RL 2004/83/EG orientieren sich an Art. 1 C Nr. 5 und Nr. 6 GFK, wonach aufgrund »**grundlegender Änderungen der objektiven Umstände im Herkunftsland**« die Flüchtlingseigenschaft erlischt. Während die anderen Verlustgründe an den freiwilligen Entschluss des Flüchtlings, sich durch bestimmte Handlungen erneut dem Schutz des Herkunftslandes oder eines anderen Landes zu unterstellen, anknüpfen, beziehen sich die Beendigungsklauseln des Art. 11 Abs. 1 Buchst. e) und f) RL 2004/83/EG auf die veränderten Umstände im Herkunftsland des Flüchtlings. Der Verlustgrund wird als »Wegfall-der-Umstände-Klauseln« oder »allgemeine

---

89 *Rochefort*, U.N. Doc. A/CONF.2SR.28, S. 12 ff.

Beendigungsklauseln« bezeichnet.[90] Das Unionsrecht orientiert sich am Handbuch von UNHCR und an der Staatenpraxis.[91] Wie Art. 1 C Nr. 5 GFK zielt Art. 11 Abs. 1 Buchst. e) RL 2004/83/EG auf Flüchtlinge, die noch im Besitz einer Staatsangehörigkeit sind, während Art. 11 Abs. 1 Buchst. f) RL 2004/83/EG wie Art. 1 C Nr. 6 GFK staatenlose Flüchtlinge erfasst. Die humanitäre Klausel in Art. 1 C Nr. 5 Abs. 2 und Nr. 6 Abs. 2 GFK bezieht sich zwar nach dem Wortlaut nur auf statuäre Flüchtlinge. Sie wird in der Staatenpraxis jedoch auch auf Flüchtlinge nach Art. 1 A Nr. 2 GFK angewandt, weil sie Ausdruck eines »**generellen humanitären Grundsatzes**« des Flüchtlingsrechts ist.[92] Zwar hat Art. 11 Abs. 1 Buchst. e) und f) RL 2004/83/EG die humanitäre Klausel nicht übernommen. Die Mitgliedstaaten wenden sie aber an (Rdn. 125 ff.). Art. 11 Abs. 3 RL 2011/95/EU führt sie erstmals in das Unionsrecht ein. Diese Änderung ist bis spätestens 21. Dezember 2013 umzusetzen (Art. 39 Abs. 1 RL 2011/95/EU).

63 Die »Umstände« im Sinne von Art. 1 C Nr. 5 und Nr. 6 GFK zielen auf »**grundlegende Veränderungen** im Herkunftsland, aufgrund deren man annehmen kann, dass der Anlass für die Furcht vor Verfolgung nicht mehr länger besteht.«[93] Dies wird durch Art. 11 Abs. 2 RL 2004/83/EG bekräftigt. Das Unionsrecht orientiert sich am Handbuch von UNHCR und an der Staatenpraxis.[94] Die Ansicht von **Paul Weis**, die »Wegfall-der-Umstände-Klauseln« erfassten ausschließlich statuäre Flüchtlinge,[95] hat sich in der Staatenpraxis nicht durchgesetzt. Vielmehr werden sie auch auf Flüchtlinge nach Art. 1 A Nr. 2 GFK angewandt. Traditionell haben UNHCR und die Staaten die Beendigungsklauseln jedoch grundsätzlich nur auf ganze Flüchtlingsgruppen angewandt. Die Anwendung auf individuelle Flüchtlinge ist eher eine neuere und umstrittene Entwicklung der Klauseln, die eine sehr unterschiedliche Anwendungspraxis hervorgebracht hat.[96] Insbesondere Australien und Deutschland haben in den letzten Jahren diese Klauseln extensiv angewandt.[97] Der EuGH hat die deutsche Praxis bestätigt.[98]

64 Die Beendigung des Flüchtlingsstaus führt zum Verlust der damit verbundenen Rechte und kann zudem zu einer Rückführung der Flüchtlinge in ihr Herkunftsland führen. Deshalb ist eine sorgfältige **Einzelfallprüfung** grundlegende Voraussetzung für die Beendigung des Flüchtlingsstatus. Dies wird auch dadurch hervorgehoben, dass der Verlustgrund individualbezogen ist. Nach dem Wortlaut von Art. 1 C Nr. 5 und 6 GFK wie auch der Richtlinie muss die Veränderung der allgemeinen Verhältnisse auf die individuelle Situation des Flüchtlings (»Wegfall **der Umstände**, aufgrund **deren**, **er** als Flüchtling anerkannt worden ist«) bezogen werden. Es bedarf daher einer sorgfältigen Prüfung der veränderten Umstände, um zu entscheiden, ob aufgrund dessen der Flüchtling sich nicht mehr auf eine begründete Furcht vor Verfolgung berufen kann.[99]

65 Da viele Flüchtlinge ungeachtet bestehender Sicherheitsrisiken in ihr Herkunftsland zurückkehren, ohne dass offiziell ein Wegfall der den Schutz rechtfertigenden Umstände erklärt worden

---

90 *UNHCR*, NVwZ-Beil. 2003, 57; *UNHCR*, AuAS 2005, 211.
91 Kommissionsentwurf, KOM(2001)510 v. 12.09.2001, S. 28.
92 *UNHCR*, Handbuch über Verfahren und Kriterien zur Feststellung der Flüchtlingseigenschaft, 1979, Rn. 136; *UNHCR*, Exekutionskomitee, Empfehlung Nr. 65 (XLII) (1991); Lisbon Expert Roundtable, Mai 2001, Global Consultation on International Protection, Summary Conclusions – Cessation of Refugee Status; *UNHCR*, NVwZ-Beil. 2003, 57 (59); *Milner*, IJRL 2004, 91 (96 ff.); BVerwGE 124, 276 (290) = NVwZ 2006, 707 = InfAuslR 2006, 244 = AuAS 2006, 92.
93 *UNHCR*, Handbuch über Verfahren und Kriterien zur Feststellung der Flüchtlingseigenschaft, 1979, Rn. 135.
94 Kommissionsentwurf, KOM(2001)510 v. 12.09.2001, S. 28.
95 *Weis*, Du droit international, S. 928 (980).
96 *Kneebone/O'Sullivan*, in: *Zimmermann*, The 1951 Convention, Article 1 C Rn. 81.
97 *O'Sullivan*, International Journal of Refugee Law 2008, 586 (587).
98 EuGH, InfAuslR 2010, 188 = NVwZ 2010, 505 = AuAS 2010, 150 – Abdulla.
99 *Goodwin-Gill/McAdam*, The Refugee in International Law, S. 139 f.

ist (Rdn. 52), gibt UNHCR Erklärungen nach Art. 6 A Buchst. c) und f) des UNHCR-Statuts (Rdn. 61) selten ab.[100] Bei der Anwendung der allgemeinen Beendigungsklauseln ist zu berücksichtigen, dass der Flüchtlingsschutz »**umfassende** und **dauerhafte Lösungen**« zum Ziel hat und dieser Anspruch des Flüchtlings Gegenstand und Zweck der allgemeinen Beendigungsklauseln prägt.[101] Zahlreiche Beschlüsse des Exekutivkomitees des Programms von UNHCR bekräftigen, dass die Konvention und die Grundsätze des Flüchtlingsschutzes dauerhafte Lösungen für Flüchtlinge anstreben.[102] Deshalb empfiehlt das Exekutivkomitee den Staaten »bei jeder Entscheidung über die Anwendung der Beendigungsklauseln, die sich auf den ›Wegfall der Umstände‹ stützt, sorgfältig den grundlegenden Charakter der Veränderungen im Heimat- oder Herkunftsland einschließlich der generellen Menschenrechtssituation und der besonderen Ursachen für die Verfolgungsfurcht« zu beurteilen, »um auf objektive und nachprüfbare Weise sicherzustellen, dass die Situation welche die Zuerkennung der Flüchtlingseigenschaft rechtfertigte, nicht länger existiert.«[103]

66 Nach Art. 11 Abs. 2 RL 2004/83/EG sind die allgemeinen Beendigungsklauseln anhand dieser Kriterien auszulegen und anzuwenden. Die Anwendung der allgemeinen Beendigungsklauseln hat eine dauerhafte Lösung zum Ziel. Deren Anwendung darf nicht dazu führen, dass Flüchtlinge mit einem unsicheren Aufenthaltsstatus im Aufnahmeland leben müssen. Ebenso wenig darf die Anwendung der Beendigungsklauseln dazu führen, dass Flüchtlinge zur Rückkehr in instabile Verhältnisse gezwungen werden, da dies die Wahrscheinlichkeit einer dauerhaften Lösung verringern würde und darüber hinaus zusätzliche oder erneute Instabilität andernfalls sich bessernder Verhältnissen verursachen und damit die Gefahr neuer Flüchtlingsbewegungen verwirklichen könnte. Deshalb gilt der Grundsatz, dass sich die Verhältnisse im Herkunftsland »**grundlegend** und **dauerhaft**« (Rdn. 71 ff., 79 ff.) geändert haben müssen, bevor die allgemeinen Beendigungsklauseln angewendet werden können.[104]

b) Inhalt und Umfang der »Wegfall-der-Umstände-Klauseln«

aa) Individueller Prüfungsansatz

67 Nach dem Wortlaut von Art. 1 C Nr. 5 und 6 GFK muss die Veränderung der allgemeinen Verhältnisse auf die individuelle Situation des Flüchtlings (»Wegfall **der Umstände**, aufgrund **deren er** als Flüchtling anerkannt worden ist«) bezogen werden (Rdn. 64). Die zentralen Fragen im Rahmen der Überprüfung beziehen sich auf die individuelle Situation des Flüchtlings. Die erste Frage zielt auf die Prüfung, ob aufgrund der veränderten Situation der tatsächlichen Verhältnisse im Herkunftsland das Verfolgungsrisiko für den Flüchtling beseitigt wurde und darüber hinaus nunmehr effektiver Schutz für ihn dort verfügbar ist. Nur unter diesen Umständen kann es der Flüchtling vernünftigerweise nicht mehr ablehnen, den im Herkunftsland für ihn verfügbaren Schutz in Anspruch zu nehmen.[105]

68 Nach dem Handbuch von UNHCR weist der Begriff »Umstände« auf auf grundlegende Veränderungen im Herkunftsland hin, aufgrund derer angenommen werden kann, dass der **individuelle Anlass** für die Flucht nicht mehr länger besteht. Eine bloße – möglicherweise vorübergehende – Veränderung der Umstände, die für die Flucht des Flüchtlings mitbestimmend waren, aber keine wesentliche Veränderung der Umstände mit sich brachte, reicht für die Anwendung der

---

100 *UNHCR*, NVwZ-Beil. 2003, 57 (58).
101 *UNHCR*, NVwZ-Beil. 2003, 57 (58).
102 So z. B. UNHCR ExCom, Beschluss Nr. 29 (XXXIV) (1983); UNHCR ExCom, Beschluss Nr. 50 (XXXIX) (1988); UNHCR ExCom, Beschluss Nr. 58 (XL) (1989); UNHCR ExCom, Beschluss Nr. 79 (XLVII) (1996); UNHCR ExCom, Beschluss Nr. 81 (XLVIII) (1997); UNHCR ExCom, Beschluss Nr. 85 (XLIX) (1998); UNHCR ExCom, Beschluss Nr. 87 (L) (1999); UNHCR ExCom, Beschluss Nr. 90 (LI) (2001).
103 UNHCR ExCom, Beschluss Nr. 69 (XLIII) (1992).
104 *UNHCR*, NVwZ-Beil. 2003, 57 (58).
105 *Goodwin-Gill/McAdam*, The Refugee in International Law, S. 139 f.

Beendigungsklauseln nicht aus.¹⁰⁶ Hieran knüpft die Begründung des Vorschlags der Kommission an. Danach müssen die veränderten Umstände im Herkunftsland **so tiefgreifend und dauerhaft** sein, dass die **begründete Furcht des Flüchtlings** gegenstandslos wird.¹⁰⁷ Auch nach der Rechtsprechung des EuGH haben sich die Behörden im Blick auf die individuelle Lage des Flüchtlings zu vergewissern, dass die veränderten Umstände die Ursachen beseitigt haben, die für die Flüchtlingsanerkennung maßgebend waren.¹⁰⁸

69 Die Beendigungsklauseln sind auf die individuelle Situation des Flüchtlings im Zeitpunkt der Zuerkennung der Flüchtlingseigenschaft zu beziehen. Daher ist zu prüfen, ob die veränderten Umstände im Herkunftsland die Grundlage für die Furcht des betreffenden Flüchtlings aufgehoben haben. Lediglich der Hinweis auf die Verbesserung der allgemeinen Lage im Herkunftsland genügt damit nicht, wenn hieraus nicht zugleich folgt, dass damit auch die Umstände, welche die Furcht des Flüchtlings vor Verfolgung begründeten, weggefallen sind.¹⁰⁹ Bei einer grundlegenden Änderung der Umstände können individuelle Besonderheiten in der Person des Flüchtlings Anlass geben, anders als bei anderen Flüchtlingen aus dem betreffenden Herkunftsland die allgemeinen Beendigungsklauseln nicht anzuwenden. Bei ethnischen Konflikten wird erfahrungsgemäß eine echte Versöhnung häufig nur schwer zu erreichen sein.¹¹⁰ Bei **staatenlosen Flüchtlingen** ist zu prüfen, dass, abgesehen von den veränderten Umständen im Land des gewöhnlichen Aufenthalts, diese auch **in der Lage sein müssen**, in das Land des gewöhnlichen Aufenthaltes zurückzukehren, was bei staatenlosen Flüchtlingen oft nicht möglich sein dürfte.¹¹¹

70 Eine automatische Beendigung des Flüchtlingsstatus mit Hinweis auf die generelle Verbesserung der allgemeinen Situation reicht also nicht aus. Vielmehr ist stets zu prüfen, ob aufgrund dessen die Gründe für die Furcht des betreffenden Flüchtlings vor Verfolgung beseitigt worden sind (Rdn. 64). In dieser Frage besteht in der Rechtsprechung und im Schrifttum Übereinstimmung. Bei Veränderung der für die Verfolgungsfurcht maßgebenden Umstände steht lediglich fest, dass sich die den Anlass für die Flucht bildenden Umstände verändert haben und die Furcht des Flüchtlings vor dieser Verfolgung nicht mehr begründet ist. Ob dies für die Statusbeendigung ausreicht oder ob darüber hinaus auch effektiver Schutz für den Flüchtling verfügbar sein muss (Rdn. 86 ff.), ist die in der Staatenpraxis derzeit am heftigsten umstrittene Frage bei der Anwendung der Beendigungsklauseln. Eine Lösung ist aus der Konvention zu entwickeln.

bb) Grundlegende Veränderung der Umstände

71 Allgemein wird davon ausgegangen, dass der Flüchtlingsstatus nur dann beendet werden darf, wenn die Umstände, aufgrund deren der Flüchtling anerkannt worden ist, sich **grundlegend** und **dauerhaft** verändert haben. Das Exekutivkomitee des Programms von UNHCR empfiehlt den Vertragsstaaten, »sorgfältig den grundlegenden Charakter der Veränderungen im Heimat- oder Herkunftsland einschließlich der generellen Menschenrechtssituation und der besonderen Ursache für die Verfolgungsfurcht« in den Blick zu nehmen, »um auf objektive und nachprüfbare Weise

---

106 *UNHCR*, Handbuch über Verfahren und Kriterien zur Feststellung der Flüchtlingseigenschaft, 1979, Rn. 135.
107 Kommissionsentwurf, KOM(2001)510 v. 12.09.2001, S. 28; ebenso *Goodwin-Gill/McAdam*, The Refugee in International Law, S. 139.
108 EuGH, InfAuslR 2010, 188 (190) = NVwZ 2010, 505 = AuAS 2010, 150 Rn. 69 f. – Abdulla.
109 *Kneebone/O'Sullivan*, in: *Zimmermann*, The 1951 Convention, Article 1 C Rn. 172; *Goodwin-Gill/McAdam*, The Refugee in International Law, S. 139; *Fitzpatrick/Bonoan*, Cessation of refugee protection, 2001, S. 491 (514); *UNHCR*, Handbuch über Verfahren und Kriterien zur Feststellung der Flüchtlingseigenschaft, 1979, Rn. 135.
110 *UNHCR*, NVwZ-Beil. 2003, 57 (59).
111 *UNHCR*, Handbuch über Verfahren und Kriterien zur Feststellung der Flüchtlingseigenschaft, 1979, Rn. 139.

sicherzustellen, dass die Situation, welche die Zuerkennung des Flüchtlingsstatus rechtfertigte, nicht länger existiert.« Hierbei sei »unabdingbare Grundlage« für die Anwendung der allgemeinen Beendigungsklauseln, »der **grundlegende, stabile** und **dauerhafte Charakter der Veränderungen**«.[112] Daraus leitet UNHCR in seinen Positionen zur Anwendung der Beendigungsklauseln ab, dass die Beendigung der Flüchtlingseigenschaft erst dann in Betracht kommt, wenn sich die Verhältnisse im Herkunftsland des Flüchtlings

- **grundlegend** und
- **dauerhaft** verändert haben und aufgrund dieser Veränderungen sichergestellt ist,
- dass der Betroffene im Herkunftsstaat **effektiven Schutz** erlangen kann.[113]

Das Erfordernis der **grundlegender Natur** der Änderungen beruht auf dem Wortlaut der Beendigungsklauseln, da diese nur angewandt werden dürfen, wenn es der Betroffene aufgrund der Änderungen »nicht mehr ablehnen kann, den Schutz« des Herkunftslandes »in Anspruch zu nehmen« (Art. 1 C Nr. 5 Satz 1 und Nr. 6 Satz 1 GFK). Die entsprechenden Ermittlungen erfassen die **objektiven Verhältnisse** im Herkunftsland[114] und nehmen ihren Ausgang bei der individuellen Situation des Flüchtlings im Zeitpunkt der Statuszuerkennung (Rdn. 67 bis 70). Dementsprechend verlangt auch Art. 11 Abs. 2 RL 2004/83/EG eine **erhebliche** Änderung der insoweit für den Flüchtling maßgebenden Umstände. Die Kommission weist in der Begründung ihres Vorschlags darauf hin, dass Voraussetzung für die Anwendung der Klauseln ein grundlegender Wandel von entscheidender politischer und sozialer Bedeutung ist, der zu stabilen Machtstrukturen geführt hat, die sich von denen unterscheiden, aufgrund deren der Flüchtling eine begründete Furcht vor Verfolgung hatte. Ein umfassender politischer Wandel ist das offenkundigste Beispiel für eine tief greifende Veränderung der Umstände. Die Durchführung demokratischer Wahlen, die Verkündung einer Amnestie, die Aufhebung repressiver Gesetze, die Zerschlagung früherer Strukturen und Reformanstrengungen zur Beachtung und Anwendung der Menschenrechte können auf einen solchen Übergang hindeuten.[115] Zu prüfen ist, in welchem Umfang die politischen Veränderungen im Herkunftsland die die Flucht auslösenden Umstände beseitigt haben.[116]

72

Diese Auslegung wird durch die Entstehungsgeschichte der Konvention getragen. Auf der Bevollmächtigtenkonferenz wies der französische Delegierte darauf hin, dass es dem Aufnahmestaat nicht mehr zugemutet werden könne, weiterhin die Verantwortung für den Flüchtling zu tragen, wenn das Herkunftsland sich zu einem demokratischen System gewandelt habe.[117] Daraus folgt, dass die Änderung von grundlegender politischer Bedeutung in dem Sinne sein muss, dass die politischen Machtstrukturen, unter denen die frühere Verfolgung ausgeübt wurde, nicht mehr bestehen. Allein eine relative Beruhigung der Lage in einem unverändert repressiven System ist deshalb ebenso wenig ausreichend wie der Umstand, dass eine demokratische Regierung eingerichtet wurde. Allein eine formale Änderung der staatlichen Strukturen (Rdn. 74) beseitigt noch nicht die begründete Furcht des Flüchtlings vor der früheren Verfolgung. Vielmehr kommt es darauf an, in welchem Umfang die demokratische Wahl einer Regierung zu wirklichen Veränderungen in den Menschenrechtssituationen geführt hat.[118]

73

Es reicht also nicht aus, dass der Staat lediglich nicht die Menschenrechte verletzt. Vielmehr muss er **effektive Schutzvorkehrungen** treffen, damit die Menschen ihre Rechte ausüben können und

74

---

112 UNHCR ExCom Nr. 69 (XLIII) (1992).
113 *UNHCR*, AuAS 2005, 211 (212).
114 UK House of Lords (1998) 1 All ER 193 Rn. 165 – Sivakumaran et. al.
115 Kommissionsentwurf, KOM(2001)510 v. 12.09.2001, S. 28; ebenso *Goodwin-Gill/McAdam*, The Refugee in International Law, S. 139.
116 *UNHCR*, AuAS 2005, 211 (212).
117 *Rochefort*, U.N.Doc. A/CONF.2/SR.28, S. 13.
118 *Hathaway*, The Law of Refugee Status, S. 201; *Goodwin-Gill/McAdam*, The Refugee in International Law, S. 140 f.

vor Übergriffen geschützt sind (Art. 7 Abs. 2 RL 2004/83/EG). Die Änderung der Umstände muss daher zu einem **wirksamen** System des Schutzes gegen Verfolgungen im Herkunftsland geführt haben (Rdn. 98 ff.). Lediglich formale Änderungen der Verhältnisse reichen nicht aus. Derartige Entwicklungen müssen vielmehr zu einer wirklichen Schutzfähigkeit und -bereitschaft zugunsten des Flüchtlings im Herkunftsland geführt haben. Auch wenn sich ein repressives in ein demokratisches System gewandelt hat, de facto die Macht jedoch in der Hand der früheren Machtinhaber bleibt oder die Sicherheitsbehörden unverändert Menschenrechte verletzen (Rdn. 73), fehlt es an einer effektiven Änderung der Umstände.[119] Nach der Begründung des Vorschlags der Kommission ist eine »tiefgreifende Veränderung der Umstände« nicht mit »einer Verbesserung der Lage im Herkunftsland gleichbedeutend.« Es sei daher zu prüfen, ob es zu einem grundlegenden Wandel von entscheidender politischer oder sozialer Bedeutung gekommen sei, der zu stabilen Machtstrukturen geführt habe, die sich von denen unterschieden, aufgrund deren der Flüchtling eine begründete Furcht vor Verfolgung gehabt habe.[120]

75 Zwar kann die **spontane Rückkehr von Flüchtlingen** in ihr Herkunftsland, wenn sie in größerem und dauerhaftem Umfang stattfindet, **Indiz** für Änderungen sein, die sich im Herkunftsland ereignen oder ereignet haben. Ist es jedoch wahrscheinlich, dass es aufgrund der Rückkehr der ehemaligen Flüchtlinge zu neuen Spannungen im Herkunftsland kommt, kann dies auf das Fehlen wirksamer, fundamentaler Änderungen hinweisen.[121] Soweit eine besondere Ursache für die Verfolgungsfurcht festgestellt wurde (Rdn. 72), hat die Beseitigung dieser Ursache eine größere Bedeutung als die Änderung anderer Umstände. Häufig sind indes die Entwicklungen in einem Land miteinander verknüpft, seien es bewaffnete Konflikte, schwere Menschenrechtsverletzungen, schwere Diskriminierungen von Minderheiten oder das Fehlen von Rechtsstaatlichkeit, sodass die Veränderung eines Umstandes zur Verbesserung anderer Umstände führt. Daher müssen alle entscheidenden Faktoren berücksichtigt werden. Eine Ende der Kampfhandlungen, umfassende politische Veränderungen und eine Rückkehr zu Frieden und Stabilität sind typischen Situationen, welche die Anwendung der allgemeinen Beendigungsklauseln zulassen.[122] Hingegen weisen die Verkündung einer Amnestie, die Aufhebung repressiver Gesetze oder die Zerschlagung früherer Strukturen lediglich auf einen Übergang zu grundlegenden Änderungen hin,[123] rechtfertigen als solche aber noch nicht die Anwendung der Beendigungsklauseln.

76 In Übereinstimmung mit diesen Grundsätzen haben sich nach der Rechtsprechung des EuGH die Behörden im Blick auf die individuelle Lage des Flüchtlings zu vergewissern, ob durch die veränderten Umstände die für die Flüchtlingsanerkennung maßgebenden Ursachen beseitigt worden sind. Nach Art. 7 Abs. 2 RL 2004/83/EG ist zu prüfen, ob die Schutzakteure tatsächlich Schutz bieten können, geeignete Schritte eingeleitet haben, um die Verfolgung zu verhindern, dass sie demgemäß insbesondere über wirksame Rechtsvorschriften zur Ermittlung, Strafverfolgung und Ahndung von Verfolgungshandlungen verfügen und der Flüchtling Zugang zu diesem Schutz haben wird. Für diese Nachprüfung haben sie die Funktionsweise der Institutionen, Behörden und Sicherheitskräfte einerseits und aller Gruppen oder Einheiten des Herkunftslandes, die durch ihr Handeln oder Unterlassen für Verfolgungen gegenüber dem Flüchtling ursächlich werden können, andererseits zu beurteilen. Art. 4 Abs. 3 Buchst. a) RL 2004/83/EG, der sich auf die Prüfung der Ereignisse und Umstände bezieht, zielt insbesondere auf die Rechts- und Verwaltungsvorschriften des Herkunftslandes

---

119 *Hathaway*, The Law of Refugee Status, S. 202.
120 Kommissionsentwurf, KOM(2001)510 v. 12.09.2001, S. 28.
121 *UNHCR*, NVwZ-Beil. 2003, 57 (59); *UNHCR*, Note on the Cessation Clauses v. 30 Mai 1997, Rn. 20.
122 *UNHCR*, NVwZ-Beil. 2003, 57 (58).
123 Kommissionsentwurf, KOM(2001)510 v. 12.09.2001, S. 28; ebenso *Goodwin-Gill/McAdam*, The Refugee in International Law, S. 139.

und die **Art und Weise, in der sie angewandt werden**, sowie den Umfang, in dem in diesem die Achtung grundlegender Menschenrechte gewährleistet ist.[124]

Auch nach der Rechtsprechung des BVerwG ist mit dem Begriff »Wegfall der Umstände« im Sinne von Art. 1 C Nr. 5 Abs. 1 und Nr. 6 Abs. 1 GFK, aufgrund derer die Anerkennung erfolgt, »eine **nachträgliche erhebliche und nicht nur vorübergehende Änderung** der für die Anerkennung maßgeblichen Verhältnisse« zu verstehen.[125] Es müsse eine prinzipiell schutzmächtige Herrschaftsgewalt im Sinne von Art. 7 RL 2004/83/EG im Herkunftsland vorhanden sein und, anders als nach der bisherigen Rechtsprechung des BVerwG, dem Betroffenen auch kein ernsthafter Schaden im Sinne von Art. 15 RL 2004/83/EG und keine sonstigen Gefahren etwa im Hinblick auf die allgemeine Sicherheitslage oder die allgemeinen Lebensbedingungen drohen (Rdn. 138 ff.).[126]

77

Bei der Prüfung der veränderten Umstände ist die Gesamtheit des Herkunftslandes in Betracht zu ziehen. Die Flüchtlingseigenschaft kann nur dann beendet werden, wenn die Grundlage für die Verfolgung entfallen ist, ohne dass der Flüchtling in bestimmte sichere Regionen des Landes zurückkehren muss, um vor Verfolgung sicher zu sein. Änderungen im Herkunftsland, die nur einen Teil des Staatsgebietes betreffen, können daher grundsätzlich nicht zur Beendigung der Flüchtlingseigenschaft führen (Rdn. 84).[127] Ebenso wäre die Tatsache, dass der Flüchtling sich im Herkunftsland nicht frei bewegen oder niederlassen kann, ein Indiz dafür, dass die Änderungen nicht grundlegender Natur sind.[128]

78

cc) Dauerhafte Änderung der Umstände

Darüber hinaus müssen die Veränderungen **dauerhaft**,[129] dürfen also nicht nur vorübergehend sein (Art. 11 Abs. 2 RL 2004/83/EG). Die Beendigung des Flüchtlingsstatus kann nicht vorschnell während eines politischen Übergangsprozesses, vielmehr erst dann vorgenommen werden, wenn vernünftigerweise erwartet werden kann, dass die grundlegenden Änderungen wahrscheinlich von Dauer sein werden. Diese Voraussetzung ist Ausdruck des **prospektiven Charakters** der Flüchtlingsdefinition.[130] Nach der Schutzlehre soll wirksamer Schutz gegen zukünftige Risiken sichergestellt werden. Das Schutzbedürfnis entfällt daher nur, wenn es sich bei der früheren Verfolgung um einen in der Vergangenheit abgeschlossenen Vorgang handelt. So wie die Schutzlehre danach fragt, ob nicht nur im Augenblick der Statusentscheidung Risiken bestehen, sondern in absehbarer Zeit mit deren Verwirklichung zu rechnen ist, so fragt sie bei der Beendigung dieses Status, ob es feststeht, dass in absehbarer Zeit mit einer Verwirklichung von ernsthaften Risiken vernünftigerweise nicht mehr zu rechnen ist.

79

Eine **dauerhafte Änderung der politischen Situation** im Herkunftsland kann erst festgestellt werden, wenn nach einer Phase der Konsolidierung vernünftigerweise nicht mehr mit dem Wiederaufleben der ursprünglichen Fluchtgründe gerechnet werden kann.[131] Entwicklungen, die bedeutende und grundlegende Änderungen andeuten, müssen sich zunächst konsolidieren, bevor eine Entscheidung zur Statusbeendigung getroffen werden kann. Gelegentlich kann bereits nach relativ kurzer Zeit beurteilt werden, ob grundlegende und dauerhafte Änderungen stattgefunden haben. Dies ist der Fall, wenn z. B. friedliche Änderungen im Rahmen eines verfassungsmäßigen Verfahrens sowie

80

---

124 EuGH, InfAuslR 2010, 188 (190) = NVwZ 2010, 505 = AuAS 2010, 150 Rn. 69 bis 71 – Abdulla.
125 BVerwGE 124, 276 (283 f.) = NVwZ 2006, 707 = InfAuslR 2006, 244 = AuAS 2006, 92; BVerwG, EZAR NF 60 Nr. 6 = InfAuslR 2008, 183 = AuAS 2008, 118; BVerwG, NVwZ 2006, 1420 (1421).
126 BVerwG, InfAuslR 2008, 183 = AuAS 2008, 118.
127 *UNHCR*, NVwZ-Beil. 2003, 57 (59).
128 *UNHCR*, NVwZ-Beil. 2003, 57 (59).
129 UNHCR ExCom Nr. 69 (XLIII) (1992).
130 *Hathaway*, The Law of Refugee Status, 1991, S. 203.
131 *UNHCR*, AuAS 2005, 211 (212).

freie und gerechte Wahlen mit einem echten Wechsel der Regierung stattfinden, die der Achtung der fundamentalen Menschenrechte verpflichtet ist, und wenn im Land eine relevante politische und wirtschaftliche Stabilität gegeben ist.[132]

81 Dagegen bedarf im Fall der gewaltsam herbeigeführten Veränderung der politischen Verhältnisse im Herkunftsland, z. B. durch einen Umsturz des bisherigen politischen Regimes oder den militärischen Sieg einer Bürgerkriegspartei, die Feststellung des dauerhaften Charakters einer längeren und sorgfältigen Beobachtung der Entwicklungen vor Ort.[133] Einerseits besteht in diesen Fällen in besonderem Maße die Gefahr der Entstehung neuer Verfolgungs- und Fluchtgründe, wenn sich beispielsweise die gewaltsam an die Macht gelangte Gruppierung nicht eindeutig zur Einhaltung grundlegender Menschenrechte verpflichtet oder diese nicht wirksam durchzusetzen vermag. Andererseits besteht in solchen Situationen auch ein erhöhtes Risiko einer Umkehr der eingeleiteten Veränderungen.[134]

82 Die Richtlinien von UNHCR zur Anwendung der allgemeinen Beendigungsklauseln enthalten keine genauen Zeitvorgaben für die Konsolidierungsphase, weil keine klaren Regelungen zur Dauer dieser Phase entwickelt werden können.[135] Dies ist sachgerecht, weil der grundlegende und dauerhafte Charakter der Veränderungen von einer Vielzahl besonderer historischer, politischer, regionaler und sonstiger Umstände abhängig ist und deshalb jedes Herkunftsland aufgrund seiner besonderen spezifischen Bedingungen bewertet werden muss. Die Lösung des Problems liegt im Verfahrensrecht, da nach Art. 14 Abs. 2 RL 2004/83/EG die Behörde die Beweislast für die grundlegende und dauerhafte Änderung der Verhältnisse trifft (Rdn. 106 ff.).[136] Für den Wiederaufbau des Landes muss daher genügend Zeit eingeräumt werden. Friedensverhandlungen zwischen gegnerischen militanten nichtstaatlichen Gruppierungen oder zwischen diesen und der Regierung müssen sorgfältig überwacht werden. Dies ist besonders wichtig, wenn Konflikte zwischen verschiedenen Volksgruppen bestanden hatten, da in derartigen Fällen eine echte Versöhnung erfahrungsgemäß häufig nur schwer zu erreichen ist. Solange die landesweite Versöhnung nicht fest verankert und ein echter Landesfrieden wiederhergestellt ist, sind die eingetretenen politischen Veränderungen möglicherweise nicht von Dauer.[137]

83 Generell kann festgehalten werden, dass Änderungen, die sich in einem friedlichen, verfassungsgemäßen und demokratischen Prozess vollziehen, mit Garantien für den Schutz der Menschenrechte und unter der Herrschaft des Gesetzes, in einer relativ kurzen Periode bewertet werden können. Wo hingegen die Änderungen in einem kriegerischen Prozess stattfinden, in dem die Konfliktbeteiligten sich noch nicht ausgesöhnt und die Rückkehr von Flüchtlingen neue Konflikte und Tötungen verursacht haben – wie z. B. in Afghanistan seit 2001 und Irak seit 2003 –, das neue Regime noch nicht effektive Herrschaftsgewalt über das gesamte Land erlangt hat und keine wirksamen Vorkehrungen zum Schutze der Menschenrechte bestehen, ist die Beobachtungsphase ungleich länger. Solange kein nationaler Versöhnungsprozess eingeleitet wurde und die politischen Veränderungen nicht sicher und unveränderbar sind, können diese nicht als dauerhaft angesehen werden.[138]

84 Insbesondere in Situationen, in denen das Herkunftsland infolge bewaffneter Konflikte in unterschiedliche Zonen fragmentiert ist und in keiner dieser Zonen effektive Schutzstrukturen aufgebaut worden sind, fehlt es an einer wirksamen dauerhaften Schutzbereitschaft und -fähigkeit als

---

132 *UNHCR*, NVwZ-Beil. 2003, 57 (59).
133 *UNHCR*, NVwZ-Beil. 2003, 57 (59); *UNHCR*, AuAS 2005, 211 (212).
134 *UNHCR*, AuAS 2005, 211 (212).
135 *UNHCR*, Note on the Cessation Clauses v. 30 Mai 1997, Rn. 22.
136 *Goodwin-Gill/McAdam*, The Refugee in International Law, S. 142 f.; Kommissionsentwurf, KOM(2001)510 v. 12.09.2001, S. 29; *Kneebone/O'Sullivan*, in: *Zimmermann*, The 1951 Convention, Article 1 C Rn. 85 ff.
137 *UNHCR*, NVwZ-Beil. 2003, 57 (59).
138 *UNHCR*, Note on the Cessation Clauses v. 30 Mai 1997, Rn. 22.

Voraussetzung für die Anwendung der Beendigungsklauseln (Rdn. 78). Wenn in derartigen Situationen die Verhältnisse in einem Teil des Landes als grundlegende Änderungen erscheinen, muss eine ausreichende Zeit zugewartet werden, bevor ein Urteil über deren Stabilität und Dauerhaftigkeit getroffen werden kann. Lediglich kurze Perioden des Friedens in einer oder mehreren Regionen des Herkunftslandes sind keinesfalls ausreichend. Wenn ein friedlicher Teil des Herkunftslandes von Teilen umgeben ist, in denen kriegerische Auseinandersetzungen herrschen, müssen die grundlegenden Änderungen sich zunächst stabilisieren, bevor ein Urteil über deren Dauerhaftigkeit getroffen werden kann.[139]

Auch nach der Rechtsprechung des EuGH muss unter Berücksichtigung von Art. 11 Abs. 2 RL 2004/83/EG festgestellt werden, ob die Veränderung der Umstände »erheblich und nicht nur vorübergehend« ist. Die Faktoren, welche die Furcht des Flüchtlings vor Verfolgung begründeten, müssten als dauerhaft beseitigt angesehen werden können. Die Beurteilung der Veränderung der Umstände als erheblich und nicht nur vorübergehend setze somit das Fehlen begründeter Befürchtungen voraus, Verfolgungen ausgesetzt zu sein, die schwerwiegende Verletzungen der Menschenrechte im Sinne von Art. 9 der Richtlinie darstellten. Festgestellt werden müsse, dass die Schutz bietenden Akteure, im Hinblick auf die zu beurteilen sei, ob tatsächlich eine Veränderung der Umstände eingetreten sei, gemäß Art. 7 Abs. 1 RL 2004/83/EG entweder der Staat selbst oder Parteien oder Organisationen einschließlich internationaler Organisationen seien, die den Staat oder einen wesentlichen Teil des Staatsgebietes beherrschten. Schutz könne dabei auch mittels der Anwesenheit multinationaler Truppen sichergestellt werde.[140]

85

dd) Wiederherstellung wirksamer Schutzstrukturen

UNHCR und die Literatur leiten aus der Konvention das zusätzliche Erfordernis ab, dass vor der Beendigung des Flüchtlingsstatus nicht lediglich wirksamer Schutz gegen die früheren Verfolgungen sichergestellt sein muss, sondern im Entscheidungszeitpunkt im Herkunftsland insgesamt effektive und dauerhafte Schutzstrukturen bestehen müssen. Dagegen behandelt die Rechtsprechung einiger Vertragsstaaten das Schutzerfordernis in Art. 1 C Nr. 5 und 6 GFK **spiegelbildlich** zum Schutzkonzept des Art. 1 A Nr. 2 GFK, sodass nach dieser Auffassung kein Schutzbedürfnis für den Flüchtling mehr besteht, wenn die Umstände, welche die frühere Verfolgung ausgelöst haben, weggefallen sind. Dass die Situation im Herkunftsland im Übrigen unsicher und fragil ist, wird nach dieser Auffassung von dem beiden Normen zugrunde liegenden Schutzkonzept nicht erfasst. Bislang gibt es zur »Wegfall-der-Umstände«-Klauseln nur wenig Rechtsprechung in den erwähnten Vertragsstaaten, sodass in dieser Frage kaum eine entsprechende gewohnheitsrechtliche Übung, die nach Art. 31 Abs. 3 Buchst. b) WVRK Bedeutung erlangen könnte, angenommen werden kann. Auf den ersten Blick scheint sich der EuGH der Rechtsprechung der Vertragsstaaten angeschlossen zu haben. Diese bedarf jedoch einer näheren Untersuchung.

86

Nach UNHCR steht im Zentrum der Prüfung die Frage, ob der Flüchtling aufgrund der Veränderungen in seinem Herkunftsland **effektiven nationalen Schutz** erlangen kann. Erforderlich hierfür sei die Etablierung einer funktionsfähigen Regierung und grundlegender Verwaltungsstrukturen, wie sie z. B. ein funktionierender Rechtsstaat erfordere, sowie eine angemessene Infrastruktur, innerhalb derer die Bewohner ihre Rechte ausüben könnten, einschließlich des Rechts auf eine Existenzgrundlage. Eine rein physische Sicherheit für Leib und Leben sei nicht ausreichend.[141] Insbesondere die allgemeine Menschenrechtssituation im Herkunftsland sei ein gewichtiges Indiz für die Beurteilung, ob effektiver Schutz verfügbar sei. Den folgenden Kriterien kommt nach den Richtlinien von UNHCR zur Beendigung der Flüchtlingseigenschaft bei der entsprechenden Beurteilung eine besondere Bedeutung zu:

87

---

139 *UNHCR*, Note on the Cessation Clauses v. 30 Mai 1997, Rn. 26.
140 EuGH, InfAuslR 2010, 188 (190) = NVwZ 2010, 505 = AuAS 2010, 150 Rn. 73 bis 75 – Abdulla.
141 *UNHCR*, NVwZ-Beil. 2003, 57 (59); *UNHCR*, AuAS 2005, 211 (212 f.).

- Stand der demokratischen Entwicklung im Land einschließlich der Durchführung freier und gerechter Wahlen.
- Beitritt zu Menschenrechtsabkommen und Zulassung unabhängiger nationaler oder internationaler Organisationen zur freien Überprüfung der Einhaltung der Menschenrechte.
- Eine vorbildliche Beachtung von Menschenrechten sei nicht erforderlich. Allerdings müssten bedeutende Verbesserungen vorliegen.
- Minimale Voraussetzungen seien dafür die Beachtung des Rechts auf Leben und Freiheit sowie das Verbot der Folter, faire Gerichtsverfahren und Zugang zu den Gerichten sowie unter anderem die Gewährleistung des Schutzes der fundamentalen Grundrechte der Meinungs-, Vereinigungs- und Religionsfreiheit.
- Wichtige und speziellere Indizien seien Amnestien, die Aufhebung freiheitsberaubender Gesetze und der Abbau ehemaliger Geheimdienststrukturen.[142]

88   Die Literatur stimmt dieser Position überwiegend zu. Sei kein derartiger Schutz wirksam und verfügbar, scheide eine von Art. 1 C Nr. 5 und 6 GFK vorausgesetzte Schutzunterstellung schon rein logisch aus. Vor diesem Hintergrund sei die Möglichkeit der Schutzunterstellung nicht das bloße Spiegelbild des für die Flüchtlingsanerkennung fehlenden Schutzes des Herkunftslandes.[143] Die Bestimmungen der Konvention seien anhand von Art. 31 Abs. 1 WVRK nach Treu und Glauben in Übereinstimmung mit der gewöhnlichen, den Bestimmungen in ihrem Zusammenhang zukommenden Bedeutung und im Lichte ihres Ziels und Zwecks auszulegen. Das Erfordernis der Wiederherstellung wirksamer Schutzstrukturen folge aus dem Schutzzweck der Konvention ebenso wie aus dem Wortlaut von Art. 1 C Nr. 5 und 6 GFK, wonach vorausgesetzt werde, dass es der Flüchtling nur unter den dort bezeichneten Voraussetzungen »nicht mehr ablehnen kann, den Schutz des Landes in Anspruch zu nehmen.«[144] Die für die Auslegung verbindliche englische Formulierung »**have ceased to exist**« beschreibe einen **umfassenden** und **endgültigen Zustand**. Diese Auslegung werde durch den Schutzzweck gestützt.[145] Eine zu frühe Rückkehr könne Flüchtlinge erneuter Verfolgungsgefahr aussetzen (Rdn. 75).[146]

89   Das Erfordernis grundlegender Änderungen beziehe sich auf die Gründe der Flucht und darauf, ob **spätere** Entwicklungen die Verfolgungsgefahren beseitigt hätten und ob nunmehr wirksamer Schutz im Herkunftsland verfügbar sei. Nur unter diesen Voraussetzungen könne es der Flüchtling vernünftigerweise nicht mehr ablehnen, den Schutz seines Landes in Anspruch zu nehmen.[147] Hingegen verkenne der spiegelbildliche Ansatz, dass Art. 1 C GFK im Rahmen des Gesamtkontextes von Art. 1 GFK, dessen Teil die Beendigungsklauseln seien, auszulegen sei. Dies werfe die Frage der Bedeutung der Begriffe »nationaler Schutz« und »Wegfall der Umstände« auf. Vor diesem Hintergrund laufe der spiegelbildliche Ansatz der Funktion und dem Ziel von Art. 1 C GFK zuwider und stimme nicht mit der Anwendung von Art. 1 C Nr. 1 bis 4 GFK überein.[148]

90   Bislang wird der spiegelbildliche Ansatz nur in der australischen, britischen und deutschen Rechtsprechung vertreten. Nach der angelsächsischen Rechtsprechung setzt Art. 1 C Nr. 5 GFK nicht voraus, dass eine bedeutende, effektive und dauerhafte Veränderung der Verhältnisse im Herkunftsland eingetreten, sondern lediglich, dass aufgrund der Änderung der Umstände die Furcht des Flüchtlings nicht länger begründet ist. Art. 1 A Nr. 2 und 1 C Nr. 5 GFK verfolgten den Zweck, dem Flüchtling

---

142 *UNHCR*, NVwZ-Beil. 2003, 57 (59); *Fitzpatrick/Bonoan*, Cessation of refugee protection, 2001, S. 491 (536).
143 *Salomons/Hruschka*, ZAR 2004, 386 (390).
144 *Löhr*, NVwZ 2006, 1021 (1022 f.); *Löhr*, Die Qualifikationsrichtlinie, in: *Hofmann/Löhr*, Europäisches Flüchtlings- und Einwanderungsrecht, 47 (80).
145 *Löhr*, NVwZ 2006, 1021 (1022).
146 *UNHCR*, NVwZ-Beil. 2003, 57 (58).
147 *Goodwin-Gill/McAdam*, The Refugee in International Law. 140 ff.
148 *Kneebone/O'Sullivan*, in: *Zimmermann*, The 1951 Convention, Article 1 C Rn. 153 f., 158 ff.

den Aufenthalt im Aufnahmeland solange zu ermöglichen, wie die Furcht vor Verfolgung begründet sei. Zwar könne in Betracht gezogen werden, festzustellen, ob die Änderung der Umstände bedeutend, wirksam und dauerhaft sei. Der Zweck der Prüfung bestehe jedoch lediglich darin, zu untersuchen, ob der Flüchtling bei Berücksichtigung dieser Änderung immer noch eine begründete Furcht vor Verfolgung geltend machen könne.[149] In diese Richtung geht auch die deutsche Rechtsprechung, nach der eine spiegelbildliche Betrachtung geboten sei, sodass der Begriff »Schutz des Landes« nach Art. 1 C Nr. 5 Satz 1 GFK keine andere Bedeutung als »Schutz dieses Landes« in Art. 1 A Nr. 2 GFK habe. Schutz sei bezogen auf die Verfolgung aus Gründen der GFK. Da Art. 1 C Nr. 5 Satz 1 GFK die Beendigung des Flüchtlingsstatus im Anschluss an Art. 1 A Nr. 2 GFK regele, könne mit »Schutz« nur der Schutz vor Verfolgung gemeint sein.[150]

Nach der Rechtsprechung des EuGH ist der Schutz, der in Art. 1 C Nr. 5 GFK gemeint ist, derjenige, der bis dahin gefehlt hat, d. h., der Schutz vor der Verfolgung. Folglich erlösche die Flüchtlingseigenschaft, wenn der Flüchtling in seinem Herkunftsland nicht mehr Umständen ausgesetzt erscheine, welche die Unfähigkeit dieses Landes belegten, Schutz vor Verfolgungen sicherzustellen. Ein solches Erlöschen impliziere, dass durch die Änderung der Umstände die Ursachen, die zu der Anerkennung als Flüchtling geführt hätten, beseitigt worden seien. Die Behörden müssten sich im Licht des Art. 7 Abs. 2 der Richtlinie im Hinblick auf die individuelle Lage des Flüchtlings vergewissern, dass die Schutzakteure die erforderlichen Schutzvorkehrungen eingeleitet hätten und er im Fall des Erlöschens seiner Flüchtlingseigenschaft Zugang zu diesem Schutz habe. Die Veränderung der Umstände sei erheblich und nicht nur vorübergehend (Art. 11 Satz 2 RL 2004/83/EG), wenn die Faktoren, die die Furcht vor Verfolgung begründet hätten, als dauerhaft beseitigt angesehen werden könnten.[151]

91

Der EuGH stellt also unter Hinweis auf Art. 7 Abs. 2 der Richtlinie auf die Fähigkeit der Schutzakteure ab, um zu beurteilen, ob »tatsächlich eine Veränderung der Umstände« eingetreten ist (Rdn. 74 ff.), und stellt hierbei einen Zusammenhang zwischen Art. 7 Abs. 2 und Art. 11 Satz 2 RL 2004/83/EG her. Seine Rechtsprechung könnte folglich dahin interpretiert werden, dass nur bei einer erheblichen und dauerhaften Änderung der Umstände nicht mehr zu besorgen ist, dass die früheren Verfolgungen weiterhin drohen. Andererseits stellt der Gerichtshof jedoch klar, dass eine Beantwortung der Frage, ob die Sicherheitslage stabil sei und die allgemeinen Lebensbedingungen das Existenzminimum gewährleisteten, sich nicht mehr stelle, wenn die Faktoren, welche die Verfolgungsfurcht begründeten, als dauerhaft beseitigt angesehen werden können[152]

92

Die Rechtsprechung des EuGH legt den Schwerpunkt der Prüfung auf die Schutzakteure und in diesem Zusammenhang insbesondere auch auf internationale Organisationen. Der Gerichtshof vermeidet andererseits eine Auseinandersetzung mit der Frage, ob die Beendigung des Flüchtlingsstatus eine Wiederherstellung wirksamer Schutzstrukturen voraussetzt. Fraglich ist aber, ob aus diesem Schweigen auf eine Ablehnung dieser Position geschlossen werden kann.[153] Generalanwalt **Mazak** hatte in seinen Schlussanträgen die Ansicht vertreten, dass die Beendigung des Flüchtlingsstatus von zwei Voraussetzungen abhängig sei, zwischen denen ein innerer Zusammenhang bestehe.

93

---

149 Australia Federal Court (2005) FCAFC 136 Rn. 52 – QAAH; Australia Federal Court (2005) FCA 161 Rn. 30 – NBEM; UK House of Lords (1998) 1 All ER 193 Rn. 165 – Sivakumaran et. Al.; UK House of Lords (1999) 1 AC 293, 306 – Adnan; UK House of Lords (2005) UKHL 19 Rn. 56 – Hoxha.

150 BVerwGE 124, 276 (284) = NVwZ 2006, 707 = InfAuslR 2006, 244 = AuAS 2006, 92; BVerwG, EZAR NF 60 Nr. 6, S. 13 = InfAuslR 2008, 183 = AuAS 2008, 118; BVerwG, NVwZ 2011, 944 (945) = AuAS 2011, 107 (LS); Niedersächsisches OVG, NVwZ-RR 2004, 614 = AuAS 2004, 153; VGH Baden-Württemberg, NVwZ-RR 2004, 790; Bayerischer VGH, InfAuslR 2005, 43 (44).

151 EuGH, InfAuslR 2010, 188 (190) = NVwZ 2010, 505 = AuAS 2010, 150 Rn. 68 ff., 73 – Abdulla; hiergegen *Bank*, NVwZ 2011, 401.

152 EuGH, InfAuslR 2010, 188 (190) = NVwZ 2010, 505 = AuAS 2010, 150 Rn. 77, 73 – Abdulla.

153 *Errera*, IJRL 2011, 521 (535).

Festzustellen sei, dass die Umstände, aufgrund deren der Flüchtling anerkannt worden sei, weggefallen seien und das Herkunftsland sowohl in der Lage wie auch willens sei, den Flüchtling zu schützen. Genüge allein die Feststellung des Wegfalls der Umstände, aufgrund deren eine Person als Flüchtling anerkannt worden sei, wäre die Formulierung in Art. 1 C Nr. 5 GFK »nicht mehr ablehnen kann, den Schutz des Landes in Anspruch zu nehmen, dessen Staatsangehörigkeit er besitzt«, völlig überflüssig. Das Erlöschen der Flüchtlingseigenschaft beruhe daher darauf, dass es im Herkunftsland zu einer Veränderung der Umstände gekommen sei, die es dem Betroffenen erlaube, den Schutz dieses Landes tatsächlich in Anspruch zu nehmen.[154]

94 Der Wortlaut und die Entstehungsgeschichte der Beendigungsklauseln des Art. 1 C Nr. 5 und 6 GFK, die Systematik der Konventionsbestimmungen sowie ihr Ziel und Zweck sprechen gegen den spiegelbildliche Ansatz. Dieser verkürzt das besondere Erfordernis, dass nach Art. 1 C Nr. 5 Satz 1 Halbs. 2 GFK **zusätzlich** zum Wegfall der Umstände, welche die Furcht vor Verfolgung begründeten, zu prüfen ist, ob es der Flüchtling zumutbarerweise ablehnen kann, den Schutz des Herkunftslandes in Anspruch zu nehmen, auf die Frage des Schutzes der früheren Verfolgung. Die behauptete Symmetrie zwischen Art. 1 A Nr. 2 GFK und Art. 1 C Nr. 5 GFK besteht nur im Blick auf den ersten Halbsatz von Art. 1 C Nr. 5 Satz 1 GFK, nämlich auf den Wegfall der Umstände, welche die frühere Verfolgung verursacht haben. Aus dem zweiten Absatz dieser Norm folgt jedoch das zusätzliche Erfordernis, zu prüfen, ob es der Flüchtling aufgrund der veränderten Umstände nunmehr ablehnen kann, den Schutz des Herkunftslandes in Anspruch zu nehmen. Anders als die angelsächsische Rechtsprechung unterstellt, gibt es keine zwingende Symmetrie zwischen dem Schutzbegriff in Art. 1 C Nr. 2 einerseits und Art. 1 C Nr. 5 Satz 1 GFK andererseits. Gegen diese Symmetrie spricht der Wortlaut des Art. 1 C Nr. 5 Satz 1 Halbs. 2 GFK. Bei einer spiegelbildlichen Betrachtung hätte es des zweiten Halbsatzes nicht bedurft.

95 Der EuGH und die Rechtsprechung, welche den spiegelbildlichen Ansatz vertreten, können den Widerspruch nicht auflösen, dass sie den Zugang zu einem Schutzsystem prüfen, obwohl die Umstände, welche die frühere Verfolgung ausgelöst und ihr Fortdauern bewirkt haben, weggefallen sind. Muss der Zugang zu einem nationalen Schutzsystem geprüft werden, obwohl die Umstände weggefallen sind, welche die Verfolgungsfurcht begründet haben, bedarf es keiner Prüfung dieses Zugangs. Denn die Furcht des Flüchtlings ist nicht begründet, wenn Zugang zum nationalen Schutzsystem besteht (Rdn. 99 f.). In diesem Fall dürfen aber die Beendigungsklauseln nicht angewandt werden. Die Beschränkung auf die früheren Umstände, welche die Verfolgungsfurcht begründet haben, ist also keine Anwendung des Art. 1 C Nr. 5 GFK, sondern eine dieser Anwendung vorgelagerte Prüfung. Sind die für die Verfolgungsfurcht ausschlaggebenden Umstände noch vollständig oder auch nur teilweise vorhanden, sind sie nicht weggefallen. Es kommt weder zur Anwendung von Art. 1 C Nr. 5 GFK noch zur Anwendung von Beweislastregeln. Dieser den spiegelbildlichen Ansatz prägende logische Widerspruch verdeutlicht, dass der Wortlaut von Art. 1 C Nr. 5 Satz 1 Halbs. 2 GFK nicht den Schutz gegen die frühere Verfolgung meint, sondern einen übergreifenden Schutz.

96 Diese Wortlautauslegung findet Bestätigung im Zweck der Konvention im Allgemeinen und in dem der Beendigungsklauseln im Besonderen. Die Konvention verfolgt den Zweck, bei Wegfall des nationalen Schutzes wegen begründeter Furcht vor Verfolgung dem Flüchtling internationalen Schutz zu gewähren. Die internationale Gemeinschaft der Vertragsstaaten tritt also an die Stelle des Herkunftslandes und kann die Verantwortung für den Flüchtling erst dann wieder an das Herkunftsland übertragen, wenn dort wirksame Schutzstrukturen aufgebaut worden sind und der Flüchtling Zugang zu diesen hat. So ist auch die Entstehungsgeschichte zu verstehen (Rdn. 73, 97) Sind nur die Umstände weggefallen, welche Anlass zur Statusgewährung gegeben hatten, bestehen jedoch im Herkunftsland keine effektiven Schutzstrukturen, dürfen die Aufnahmestaaten sich nicht vorschnell ihrer Verantwortung für den Flüchtling entledigen.[155] Der Einwand, der Schutz des Art. 1 C Nr. 5

---

154 *Mazák*, Schlussanträge in den verbundenen Rechtssachen C-175/08 u. a. Rn. 46 f. – Abdulla.
155 *Marx*, InfAuslR 2005, 218 (219).

GFK beziehe sich nicht »auf den Schutz vor allgemeinen – wenn auch erhöhten – Lebensrisiken,«[156] ist vor diesem Hintergrund nicht überzeugungskräftig. Bestehen »erhöhte Lebensrisiken« darf der Aufnahmestaat die Verantwortung für den Flüchtling nicht auf das Herkunftsland übertragen.

Für diese systematische, über den verkürzten spiegelbildlichen Ansatz hinausgehende Auslegung der Beendigungsklauseln spricht auch ihre Entstehungsgeschichte. Danach herrschte auf der Bevollmächtigtenkonferenz Übereinstimmung, dass es dem Aufnahmestaat erst dann nicht mehr zugemutet werden kann, weiterhin die Verantwortung für den Flüchtling zu tragen, wenn das Herkunftsland sich zu einem demokratischen System gewandelt hat (Rdn. 73).[157] Das ist der Fall, wenn nicht lediglich formale demokratische, sondern **effektive Schutzvorkehrungen** (Rdn. 74 f.) im Herkunftsland bestehen. Diesem Erfordernis kann aber nicht durch einen lediglich verkürzten, auf die frühere Verfolgung gerichteten, sondern nur durch einen umfassenden Schutzansatz genügt werden. Erst dann kann es der Flüchtling nicht mehr ablehnen, den Schutz seines Herkunftslandes in Anspruch zu nehmen.

97

ee) Wiederherstellung wirksamer Schutzstrukturen gegen die früheren Verfolgungsgefahren

Die vom EuGH bestätigte angelsächsische und deutsche Auslegung der Beendigungsklauseln kann nicht als gewohnheitsrechtliche Übung im Sinne von Art. 31 Abs. 3 Buchst. b) WVRK gewertet werden. Allerdings werden die Mitgliedstaaten wegen des unionsrechtlichen Anwendungsvorrangs ihre nationale Praxis an der Rechtsprechung des Gerichtshofs ausrichten. Aufgrund dessen ist das Risiko, dass der spiegelbildliche Ansatz sich zu einer gewohnheitsrechtlichen Regel entwickeln könnte, nicht von der Hand zu weisen. Andererseits ist dieser Ansatz seinerseits nicht so eindeutig, wie es auf den ersten Blick erscheint. Denn der Widerspruch, der die spiegelbildliche Position prägt, (Rdn. 95), ist aus der Binnensicht dieses Ansatzes kein Widerspruch. Diese Erkenntnis ermöglicht eine Versöhnung beider unterschiedlichen Sichtweisen:

98

Wird der Schwerpunkt der Prüfung auf den Wegfall der Umstände, welche die dem Flüchtling drohenden Verfolgungsrisiken bewirkt haben, gelegt, besteht ein Widerspruch, wenn gleichwohl nach dem festgestellten Wegfall dieser **Verfolgungsrisiken** weiterhin der Zugang zum Schutzsystem geprüft wird (Rdn. 95). Denn sind diese Risiken weggefallen, besteht kein Anlass für die Schutzgewährung und damit auch für eine hierauf bezogene Prüfung mehr. Der EuGH setzt jedoch bei der **Schutzfähigkeit** an und prüft die »Umstände, die die **Unfähigkeit** oder umgekehrt die **Fähigkeit** des Herkunftslandes belegen, **Schutz vor Verfolgungshandlungen** sicherzustellen.« Folglich erlischt die Flüchtlingseigenschaft, wenn der Flüchtling in seinem Herkunftsland nicht mehr Umständen ausgesetzt erscheint, die die **Unfähigkeit** belegen, seinen **Schutz** vor Verfolgungen sicherzustellen, die aus Gründen der Konvention gegen seine Person gerichtet würden.[158] Dementsprechend wird das Schutzsystem anhand des Maßstabs des Art. 7 Abs. 2 RL 2004/83/EG und insbesondere der Zugang zu diesem sorgfältig geprüft und die Mitgliedstaaten angehalten, sich unter Berücksichtigung der individuellen Lage des Flüchtlings zu **vergewissern**, dass die Schutzakteure wirksamen Schutz bieten können.

99

In der Logik des Ansatzes des Gerichtshofes müssen danach die Umstände, welche die für den Flüchtling bedrohlichen objektiven Verfolgungsrisiken hervorgerufen haben, nicht weggefallen sein, um die Beendigungsklauseln anzuwenden. Vielmehr kann auch bei Fortbestand dieser Umstände der Flüchtlingsstatus nicht mehr aufrechterhalten werden, wenn die spezifischen »**Umstände**«, die bislang die Schutzunfähigkeit und damit die begründete Furcht des Flüchtlings vor Verfolgung bewirkt haben, »**weggefallen**« sind. Die Literatur verhält sich nicht zu einem derart differenzierenden

100

---

156 *Groht*, ZAR 2009, 1 (7).
157 *Rochefort*, U.N.Doc. A/CONF.2/SR.28, S. 13.
158 EuGH, InfAuslR 2010, 188 (190) = NVwZ 2010, 505 = AuAS 2010, 150 Rn. 73 – Abdulla; so auch BVerwG, EZAR NF 60 Nr. 6 = InfAuslR 2008, 183 = AuAS 2008, 118; *Wittkopp*, ZAR 2010, 170 (172); siehe auch *Errera*, IJRL 2011, 521 (535).

Ansatz, sondern verweist lediglich generell auf die Umstände, welche bislang die Verfolgungsfurcht begründet haben.[159] Ebenso verweist die Empfehlung Nr. 69 (XLIII) des Exekutivkomitees des Programms von UNHCR von 1992 nur allgemein auf »die **Situation**, welche die Zuerkennung des Flüchtlingsstatus rechtfertigte.« Das Handbuch stellt zwar einen Zusammenhang zwischen der Veränderung der Umstände und dem »Anlass« für die Flucht her.[160] Anlass kann indes auch die fehlende Schutzgewährung sein. Hingegen stellen die Richtlinien zu den Beendigungsklauseln von UNHCR klar, dass die »**Fluchtgründe**«, welche zur Flüchtlingsanerkennung geführt haben (Nr. 10), zu prüfen sind. Von dieser zu trennen ist die Beurteilung, ob wirksamer Schutz verfügbar ist (Nr. 15).[161]

101 Wird die Wiederherstellung der Schutzfähigkeit des Herkunftslandes zum Ausgangspunkt der Prüfung genommen, ist eine besonders sorgfältige Prüfung der früheren Akteure, von denen die Verfolgung ausging, geboten. Ob Schutzstrukturen bestehen, setzt zunächst eine Beurteilung der Gefahren voraus, gegen die die Schutzgewährung erforderlich ist. Erst eine präzise Identifizierung dieser Gefahren, ihrer Schwere, der Art und Weise sowie der Faktoren, durch welche diese Gefahren verursacht werden (Verfolgungsakteure), ermöglicht eine Prüfung, ob und in welchem Umfang wirksamer Schutz im Herkunftsland verfügbar ist. Daraus folgt, dass auch der spiegelbildliche Ansatz gehalten ist, die früheren Verfolgungen und deren Fortbestand sorgfältig zu prüfen, d. h. die Prüfung konzentriert sich insbesondere auf die Frage, ob diese Gefahren dauerhaft weggefallen sind (Rdn. 79 bis 85).

102 In der angelsächsischen Rechtsprechung wird in diesem Zusammenhang betont, dass die Umstände, die im Zeitpunkt der Entscheidung über die Flüchtlingseigenschaft, im Herkunftsland vorgeherrscht und die Furcht vor Verfolgung ausgelöst hatten, auch die Prüfung im Rahmen der Beendigungsklauseln bestimmen. Hatten etwa die Verfolger im damaligen Zeitpunkt weite Bereiche des Staatsgebietes beherrscht, ist aber ihr Einfluss im Zeitpunkt der Entscheidung über die Beendigung des Flüchtlingsstatus weitgehend zurück gedrängt worden, reicht die Feststellung, dass es für die Verfolger keine realistische Chance auf Rückeroberung der Macht gibt, nicht für die Beendigung des Status aus. Vielmehr muss die Behörde sorgfältig prüfen, ob und in welchem Umfang Aktivitäten aus den Reststrukturen der früheren Verfolger im Herkunftsland, insbesondere in der Herkunftsregion des Flüchtlings, hervorgebracht werden und ob die Regierung fähig ist, hiergegen wirksamen Schutz zu gewähren. Ist die Situation noch immer instabil und die Regierung nicht in der Lage, den Flüchtling gegen die Verfolger zu schützen, haben sich die Umstände, aufgrund deren er als Flüchtling anerkannt wurde, nicht verändert.[162]

103 Auch nach dem spiegelbildlichen Ansatz ist damit eine Beendigung des Flüchtlingsstatus erst dann zulässig, wenn sich die Umstände, aufgrund deren der Flüchtling anerkannt wurde, **grundlegend** und **dauerhaft** verändert haben (Rdn. 71), die Sicherheitssituation also stabil ist und die politischen Machtstrukturen, unter denen früher die Verfolgung ausgeübt wurde, nicht mehr bestehen (Rdn. 73). Sind noch **Reststrukturen** der früheren Verfolgungsakteure aktiv, löst dies Zweifel an der wirksamen Fähigkeit, gegen diese Schutz zu gewähren, aus. Solange es der Regierung nicht gelingt, diese Strukturen vollständig zu beseitigen, spricht viel dagegen, dass es der Regierung gelungen ist, ein wirksames Schutzsystem zu errichten (Rdn. 74). Es geht hier nicht um **allgemeine Gefahren**, z.B. aufgrund von Kriegen, Revolutionen oder Naturkatastrophen, die als solche unerheblich

---

159 *Goodwin-Gill/McAdam*, The Refugee in International Law, S. 139 f.; *Hathaway*, The Law of Refugee Status, S. 201 f.; *Kneebone/O'Sullivan*, in: *Zimmermann*, The 1951 Convention, Article 1 C Rn. 172.

160 *UNHCR*, Handbuch über Verfahren und Kriterien zur Feststellung der Flüchtlingseigenschaft, 1979, Rn. 135.

161 *UNHCR*, Richtlinien zum Internationalen Schutz: Beendigung der Flüchtlingseigenschaft im Sinne des Art. 1 C (5) und (6) des Abkommens von 1951 über die Rechtsstellung der Flüchtlinge (»Wegfall der Umstände« – Klauseln) vom 10.02.2002.

162 Australia Federal Court (2005) FCAFC 136 Rn. 73 ff. – QAAH, zu den Taliban in Afghanistan.

sind.¹⁶³ Vielmehr bedürfen derart allgemeine Gefahren einer sorgfältigen Analyse, ob in diesen auch Aktivitäten von Restbeständen früherer Verfolgungsakteure zum Ausdruck kommen. Ist dies der Fall, ist die Änderung nicht dauerhaft und wird dadurch die Schutzfähigkeit infrage gestellt. Das Schutzbedürfnis entfällt daher erst dann, wenn frühere Verfolgungsstrukturen als ein in der Vergangenheit abgeschlossener Prozess erscheinen (Rdn. 79). Gerade in fragilen und historisch nicht abgeschlossenen Übergangsprozessen wie z. B. in Afghanistan und im Irak kann daher auch nach dem spiegelbildlichen Ansatz solange nicht ein Wegfall der Umstände angenommen werden, wie nicht ein effektives Schutzsystem hervorgebracht wurde und die früheren Machtstrukturen wirksam aufgelöst worden sind.

Wird das spiegelbildliche Konzept so verstanden, können Differenzen zum weiter gehenden Schutzansatz kaum noch ausgemacht werden. Im Fokus beider Ansätze steht die wirksame Wiederherstellung nationaler Schutzstrukturen. Dabei geht es nicht um einen lückenlosen Schutz gegen jede denkbare Form von Menschenrechtsverletzungen, sondern um einen wirksamen Schutz gegen Verfolgungen, die aus den Restbeständen der früheren Machtstrukturen hervorgehen können. Solange diese nicht vollständig beseitigt sind, bestehen Zweifel, ob die Übergangsregierung oder die demokratisch gewählte Regierung in der Lage ist, wirksamen Schutz gegen Bedrohungen sicherzustellen, die aus diesen Restbeständen hervorbrechen können (Rdn. 74). Die Etablierung einer funktionsfähigen Regierung und grundlegender Verwaltungsstrukturen sowie eine angemessene Infrastruktur, innerhalb derer die Bewohner ihre Rechte ausüben können,¹⁶⁴ ist das offenkundigste Anzeichen für das vollständige Verschwinden früherer Machtstrukturen.

104

Auch der spiegelbildliche Ansatz des EuGH zwingt zur Prüfung, ob die Faktoren, die die Verfolgungsfurcht begründeten, »**dauerhaft beseitigt**« sind. Die Beurteilung der Veränderung der Umstände als »erheblich und nicht nur vorübergehend« setzt danach das »Fehlen begründeter Befürchtung« voraus, Verfolgungen ausgesetzt zu sein, die schwerwiegende Menschenrechtsverletzungen darstellen (Rdn. 92).¹⁶⁵ Die Prüfung ist also nicht ausschließlich auf den Wegfall der Verfolgungsgefahr beschränkt, sondern erfasst die Faktoren, die für die frühere Verfolgung von Bedeutung waren. Diese sind im Einzelnen zu analysieren, bevor ein Schluss auf den qualifizierten Charakter der Änderungen möglich ist.¹⁶⁶ Da der Gerichtshof an der Schutzunfähigkeit anknüpft, sind im Beendigungsverfahren auch die Faktoren zu prüfen, die im Statusverfahren für die fehlende Schutzfähigkeit, z. B. Mangel an Rechtsstaatlichkeit, allgemein schwaches Niveau der Achtung der Menschenrechte, ursächlich waren.¹⁶⁷ Ob der Gerichtshof diese Konsequenz ziehen wollte, ist indes fraglich.¹⁶⁸ Aus der Forderung nach einer grundlegenden und dauerhaften Änderung der die frühere Verfolgung begründenden Verhältnisse folgt jedoch, dass erst die Hervorbringung wirksamer Schutzstrukturen Zweifel an der Schutzfähigkeit gegen frühere Verfolgungen beseitigen¹⁶⁹ Es geht beiden Ansätzen also darum, in historischen Übergangsprozessen den Flüchtlingsstatus nicht vorschnell zu beenden. Zutreffend weisen Rechtsprechung und Literatur darauf hin, dass diese Frage letztlich durch ein angemessenes Verfahren gelöst werden muss (Rdn. 106 ff.).¹⁷⁰

105

---

163 BVerwG, EZAR NF 60 Nr. 6, S. 9 = AuAS 2008, 118.
164 *UNHCR*, NVwZ-Beil. 2003, 57 (59); *UNHCR*, AuAS 2005, 211 (212 f.).
165 EuGH, InfAuslR 2010, 188 (190) = NVwZ 2010, 505 = AuAS 2010, 150 Rn. 73 – Abdulla.
166 Australia Federal Court (2005) FCAFC 136 Rn. 73 ff. – QAAH.
167 *Bank*, NVwZ 2011, 401 (405).
168 *Wittkopp*, ZAR 2010, 170 (173).
169 *Hathaway*, The Rights of Refugees under International Law, 2005, S. 925.
170 Australia Federal Court (2005) FCAFC 136 Rn. 69 – QAAH. *Goodwin-Gill/McAdam*, The Refugee in International Law, S. 143; *Kneebone/O'Sullivan*, in: *Zimmermann*, The 1951 Convention, Article 1 C Rn. 176.

ff) Nachweislast (Art. 14 Abs. 2 RL 2004/83/EG)

106 In der angelsächsischen Rechtsprechung wird darauf hingewiesen, dass im Gegensatz zur Statuszuerkennung, bei der der Flüchtling die Behörde überzeugen muss, dass er eine begründete Furcht vor Verfolgung hat, der Status nicht beendet werden dürfe, wenn nicht aufgeklärt werden könne, ob nunmehr Schutzfähigkeit und -bereitschaft bestehe.[171] Die Beweislast, dass tatsächlich eine grundlegende und dauerhafte Änderung der Umstände, aufgrund deren der Flüchtling anerkannt wurde, eingetreten ist, liegt danach bei der Behörde.[172] Nach deutschem Verfahrensrecht geht es jedoch nicht um nicht aufklärbare Tatsachen. Die Tatsachen sind vielmehr nach dem Regelbeweis festzustellen. In der anschließenden Beweiswürdigung können auf der Grundlage dieser Tatsachen jedoch nicht ausräumbare Zweifel aufkommen, ob die Änderung der Umstände grundlegend und nicht nur vorübergehend ist, die Regierung also tatsächlich in der Lage ist, wirksamen Schutz gegen Bedrohungen sicherzustellen, die noch immer aus den Restbeständen früherer Machtstrukturen hervorgehen können (Rdn. 104). Es geht damit um ein Abwägen von Wahrscheinlichkeiten, also darum, ob es wahrscheinlich ist, dass die Restbestände früherer Machtstrukturen tatsächlich beseitigt bzw. geeignete Schutzstrukturen hervorgebracht wurden, gegen eine Wiederholung früherer Verfolgungen Schutz zu gewährleisten.[173]

107 Kann diese Frage nicht eindeutig beantwortet werden, darf der Flüchtlingsstatus nicht beendet werden. In diesem Sinne wird diese Frage durch das nationale Recht der Vereinigten Staaten, des Vereinigten Königreichs und von Kanada geregelt[174] Danach trifft die Behörde eine »Beweislast« (»**evidential burden**«), nachzuweisen, dass der Flüchtling sicher zurückkehren kann. Behauptet die Behörde, dass ein vormals instabiles Land nunmehr sicher geworden ist, hat sie zureichende Beweismittel für diese Behauptung vorzulegen.[175] Auch hier sind es nicht Tatsachen, die nicht aufgeklärt werden können, sondern die aus diesen zu ziehenden Schlussfolgerungen, ob sich die Verhältnisse wirklich so grundlegend und dauerhaft verändert haben, dass der Flüchtling nunmehr in ein sicheres Herkunftsland zurückkehren kann, welche für die Entscheidung im Beendigungsverfahren maßgebend sind. Bleiben Zweifel an dieser Sicherheit, kann also nach der Bewertung der verschiedenen Risikofaktoren nicht gesagt werden, ob eine Rückkehr in Sicherheit möglich ist, darf der Flüchtlingsstatus nicht beendet werden.

108 Nach dem EuGH ist Art. 4 Abs. 4 RL 2004/83/EG anzuwenden, wenn zu beurteilen ist, ob aufgrund der festgestellten Umstände die Furcht des Betroffenen begründet erscheint. Diese Situation stelle sich zunächst und insbesondere bei der Statuszuerkennung. Die solchen Verfolgungen oder Bedrohungen zukommende **Beweiskraft** sei unter der aus Art. 9 Abs. 3 RL 2004/83/EG folgenden Voraussetzungen zu berücksichtigen, dass eine Verknüpfung mit dem früheren Verfolgungsgrund vorliege.[176] Damit ist nach der Rechtsprechung des EuGH der erleichterte Wahrscheinlichkeitsmaßstab anzuwenden, wenn zu beurteilen ist, ob eine Wiederholung der Verfolgung zu befürchten ist, die an den im Statusverfahren maßgebenden Verfolgungsgrund anknüpft.

109 Die deutsche Rechtsprechung hatte bislang eine Abwägung nach Wahrscheinlichkeitsgraden vorgenommen und die Grundsätze der negativen Verfolgungsprognose für den Widerruf des Rechtsstatus angewandt.[177] Dies ist der Prognosemaßstab des Art. 4 Abs. 4 RL 2004/83/EG. Wurde der

---

171 Australia Federal Court (2005) FCAFC 136 Rn. 69 – QAAH.
172 UK House of Lords (2005) UKHL 19 Rn. 66 – Hoxha; Australia Federal Court (2005) FCAFC 136 Rn. 56, 69 – *QAAH*; so auch *Fitzpatrick/Bondom*, Cessation of refugee protection, 2001, S. 491 (515).
173 *Goodwin-Gill/McAdam*, The Refugee in International Law, S. 143; *Kneebone/O'Sullivan*, in: *Zimmermann*, The 1951 Convention, Article 1 C Rn. 179 ff.
174 Hinweise bei *Kneebone/O'Sullivan*, in: *Zimmermann*, The 1951 Convention Article 1 C Rn. 182 ff.
175 UK House of Lords (2005) UKHL 19 Rn. 66 – Hoxha.
176 EuGH, InfAuslR 2010, 188 (192) = NVwZ 2010, 505 = AuAS 2010, 150 Rn. 94 bis 96 – Abdulla.
177 BVerwG, EZAR 214 Nr. 3; BVerwGE 124, 277 (281) = NVwZ 2006, 707 = InfAuslR 2006, 244.

Statusbescheid erlassen, weil der Betroffene Verfolgung erlitten hat oder als ihm bevorstehend hat befürchten müssen, sind die für seine Furcht vor Verfolgung maßgeblichen tatsächlichen Voraussetzungen nur dann weggefallen, wenn er für seine Person vor künftiger Verfolgung hinreichend geschützt ist. Ernsthafte Zweifel am wirksamen Schutz vor erneuter Verfolgungsgefahr schließen den Widerruf aus. Der Widerruf ist nur zulässig, wenn wegen zwischenzeitlicher Veränderungen im Verfolgerstaat mit hinreichender Sicherheit wirksamer Schutz gegen eine Wiederholung der Verfolgung gewährleistet ist. Ändert sich nachträglich lediglich die Beurteilung der Verfolgungslage, ist der Widerruf von vornherein unzulässig.[178]

Nunmehr vollzieht das BVerwG einen überraschenden Schwenk. Unionsrechtlich gelte beim Flüchtlingsschutz für die Verfolgungsprognose ein »**einheitlicher Prognosemaßstab**« auch wenn der Flüchtling bereits Vorverfolgung erlitten habe. Aus der konstruktiven Spiegelbildlichkeit von Anerkennungs- und Erlöschensprüfung folge, dass sich der Maßstab der Erheblichkeit für die Veränderung der Umstände danach bestimme, ob noch eine beachtliche Wahrscheinlichkeit einer Verfolgung bestehe. Die Richtlinie 2004/83/EG kenne mit Art. 14 Abs. 2 nur diesen einen Wahrscheinlichkeitsmaßstab zur Beurteilung der Verfolgungsgefahr unabhängig davon, in welchem Stadium – Zuerkennung oder Erlöschen der Flüchtlingseigenschaft – diese geprüft werde.[179] Weder beantwortet das BVerwG die Frage, welche Funktion Art. 4 Abs. 4 RL 2004/83/EG bei einer derartigen Auslegung überhaupt noch hat, noch ist zutreffend, dass allein Art. 14 Abs. 2 RL 2004/83/EG die Beweislastverteilung regelt. Vielmehr wendet der EuGH bei einem gleichartigen Verfolgungsgrund Art. 4 Abs. 4 RL 2004/83/EG an (Rdn. 108) und bestätigt damit die internationale Übung wie auch die bisherige deutsche Rechtsprechung.[180]

110

Unklar bleibt, was das BVerwG mit dem Hinweis auf die **Nachweispflicht** nach Art. 14 Abs. 2 und der tatsächlichen **Vermutungswirkung** des Art. 4 Abs. 4 der Richtlinie, die für die Statusaufhebung maßgebend seien, besagen will, wenn es zugleich auf den auf einer »tatsächlichen Gefahr« (Art. 3 EMRK) beruhenden einheitlichen Maßstab der beachtlichen Wahrscheinlichkeit verweist.[181] Angesichts eines derart fundamentalen Schwenks seiner bisherigen Rechtsprechung hätte mehr Klarheit erwartet werden können. So ist die These eines einheitlichen Prognosemaßstabs weder nachvollziehbar noch wirkt sie überzeugend: War der Flüchtling von Verfolgung betroffen oder bedroht, spricht nach Art. 4 Abs. 4 eine **Vermutung** dafür, dass seine Furcht vor Verfolgung begründet ist bzw. er »**tatsächlich Gefahr**« läuft, erneut Verfolgung zu erleiden, es sei denn, »**stichhaltige Gründe**« sprechen dagegen. Beim Fehlen stichhaltiger Gründe kommt also nach Unionsrecht verfahrensrechtlich den früheren Verfolgungen oder Bedrohungen eine **Beweiskraft** zu,[182] aufgrund deren die auf dem Prognosemaßstab des Art. 3 EMRK beruhende »tatsächliche Gefahr« erwiesen ist. Es bedarf nicht des individuellen Nachweises einer überwiegenden Wahrscheinlichkeit erneuter Verfolgung. Zweifel am Wiederaufleben der früheren Verfolgung stehen einer Beendigung des Flüchtlingsstatus entgegen.

111

Nach Art. 14 Abs. 2 RL 2004/83/RL ist in jedem Einzelfall nachzuweisen, dass der Betroffene nach Maßgabe von Art. 14 Abs. 1 i.V.m. Art. 11 RL 2004/83/EG nicht länger Flüchtling ist. Der Vorschlag der Kommission enthielt die Formulierung, dass der Mitgliedstaat die Beweislast für das Vorliegen der tatbestandlichen Voraussetzungen der allgemeinen Beendigungsklauseln trägt.[183] Die Flüchtlingseigenschaft erlischt nur dann, wenn der Flüchtling in seinem Herkunftsland nicht mehr Umständen ausgesetzt erscheint, die die **Unfähigkeit** belegen, seinen **Schutz** vor Verfolgungen sicherzustellen, die aus Gründen der Konvention gegen seine Person gerichtet würden.[184] Die Behörde

112

---

178 OVG Nordrhein-Westfalen, AuAS 2008, 237 (238) – Sri Lanka.
179 BVerwG, InfAuslR 2011, 408 (410); zustimmend *Wittkopp*, ZAR 2010, 170 (175).
180 EuGH, InfAuslR 2010, 188 (190) = NVwZ 2010, 505 = AuAS 2010, 150 Rn. 94 bis 96 – Abdulla.
181 BVerwG, InfAuslR 2011, 408 (410) Rn. 22; BVerwGE 136, 377 (385) Rn. 23; s. aber Rn. 114 f.
182 EuGH, InfAuslR 2010, 188 (190) = NVwZ 2010, 505 = AuAS 2010, 150 Rn. 94 – Abdulla.
183 Kommissionsentwurf, KOM(2001)510 v. 12.09.2001, S. 56.
184 *Errera*, IJRL 2011, 521 (535).

muss daher sorgfältig prüfen, ob und in welchem Umfang Reststrukturen der früheren Verfolger weiterhin bestehen und ob die Regierung fähig ist, gegen Verfolgungen oder Bedrohungen, die aus diesen Restbeständen hervorbrechen können, wirksamen Schutz zu gewähren. Ist die Situation noch immer instabil und die Regierung nicht in der Lage, den Flüchtling gegen die Verfolger zu schützen, haben sich die Umstände, aufgrund deren er als Flüchtling anerkannt wurde, nicht verändert (Rdn. 102).[185]

113 Die Beweislastregel des Art. 14 Abs. 2 RL 2004/83/EG steht in Übereinstimmung mit dem internationalen Standard. Auch das BVerwG fordert von der Behörde den Nachweis, dass im maßgeblichen Zeitpunkt nicht nur lediglich kurzzeitig keine begründete Furcht vor Verfolgung mehr besteht. Die erforderliche dauerhafte Veränderung verlange den Behörden vielmehr den Nachweis der **tatsächlichen Grundlagen** für die Prognose ab, dass sich die Veränderung der Umstände als stabil erweise, d. h. der Wegfall der verfolgungsbegründenden Umstände auf absehbare Zeit anhalte. Insbesondere nach dem Sturz einer Regierung könne eine Veränderung in der Regel nur dann als dauerhaft angesehen werden, wenn im Herkunftsland ein Staat oder ein sonstiger Schutzakteur vorhanden sei, der geeignete Schritte eingeleitet habe, um die der Statusgewährung zugrunde liegende Verfolgung wirksam zu verhindern.[186]

114 Die Statusbeendigung sei nur gerechtfertigt, wenn dem Betroffenen im Herkunftsland »**nachhaltiger Schutz**« geboten werde, nicht erneut mit beachtlicher Wahrscheinlichkeit Verfolgungen ausgesetzt zu werden. So wie die Wahrscheinlichkeitsbeurteilung eine qualifizierte Betrachtungsweise im Sinne der Gewichtung und Abwägung aller Umstände erfordere, gelte dies auch für das Kriterium der Dauerhaftigkeit (Rdn. 79 ff.). Je größer das Risiko einer auch unterhalb der Schwelle der beachtlichen Wahrscheinlichkeit verbleibenden Verfolgung sei, desto nachhaltiger müsse die Stabilität der Verhältnisse sein und prognostiziert werden können. Auch beim Fortbestand eines Regimes seien an die Dauerhaftigkeit hohe Anforderungen zu stellen.[187]

115 Damit wirkt der bisherige im Rahmen der Prognose eingesetzte qualifizierende Bewertungsmaßstab auf das Stadium der Feststellung der Prognosetatsachen zurück. In Zukunft wird weitaus strikter als bislang zu prüfen sein, ob noch Restbestände der früheren Verfolgungsstrukturen bestehen, weil dies gegen das Erfordernis der Dauer der Änderungen spricht (Rdn. 101 ff. (103)). Je größer das Risiko einer auch unterhalb der Schwelle der beachtlichen Wahrscheinlichkeit verbleibenden Verfolgung ist, desto nachhaltiger muss die Stabilität der Änderung sein. Bleiben Unsicherheiten hinsichtlich dieser Stabilität, kommt es erst gar nicht zur Prognoseprüfung, vielmehr hat die Behörde bereits im Rahmen der sie treffenden Ermittlungspflicht nicht den Nachweis führen können, dass die Änderung der Verhältnisse dauerhaft ist. Damit übernimmt das BVerwG den angelsächsischen Begriff der Beweislast für die Risikoprüfung und gibt seinen traditionellen prognoserechtlichen Schlüssel der Risikoverteilung jedenfalls zunächst für das Beendigungsverfahren auf. Ob mit diesem durch die Rechtsprechung des EuGH nicht geforderten Schwenk viel erreicht werden wird, bleibt abzuwarten.

c) Neuartige Verfolgungsgründe

116 Der Flüchtlingsstatus darf nur beendet werden, wenn nicht mehr mit dem Wiederaufleben der ursprünglichen oder der Entstehung neuer Fluchtgründe gerechnet werden kann.[188] Insbesondere im Fall der gewaltsam herbeigeführten Veränderung der politischen Verhältnisse im Herkunftsland, z. B. durch einen Umsturz des bisherigen politischen Regimes oder den militärischen Sieg einer Bürgerkriegspartei, bedarf die Feststellung des dauerhaften Charakters der Änderung der Umstände

---

185 Australia Federal Court (2005) FCAFC 136 Rn. 73 ff. – QAAH, zu den Taliban in Afghanistan.
186 BVerwG, InfAuslR 2011, 408 (411).
187 BVerwG, InfAuslR 2011, 408 (411).
188 *UNHCR*, AuAS 2005, 211 (212).

einer längeren und sorgfältigen Beobachtung der Entwicklungen vor Ort.[189] Einerseits besteht in diesen Fällen im besonderen Maße die Gefahr der Entstehung neuer Verfolgungs- und Fluchtgründe, wenn sich beispielsweise die gewaltsam an die Macht gelangte Gruppierung nicht eindeutig zur Einhaltung grundlegender Menschenrechte verpflichtet oder diese nicht wirksam durchzusetzen vermag. Andererseits besteht in solchen Situationen auch ein erhöhtes Risiko einer Umkehr der eingeleiteten Veränderungen.[190]

Das BVerwG hatte in diesem Zusammenhang dem EuGH die Frage zur Klärung vorgelegt, ob in einer Situation, in der die bisherigen Umstände, aufgrund deren der Betreffende als Flüchtling anerkannt worden ist, entfallen sind, neue andersartige verfolgungsbegründende Umstände am Wahrscheinlichkeitsmaßstab zu messen sind, der für die Statuszuerkennung gilt oder unter Berücksichtigung der Beweiserleichterung von Art. 4 Abs. 4 RL 2004/83/EG zu beurteilen sind.[191] In seiner bisherigen Rechtsprechung hatte das BVerwG in diesem Zusammenhang den allgemeinen Prognosemaßstab der beachtlichen Wahrscheinlichkeit angewandt, wenn dem »Betroffenen keine Verfolgungswiederholung im engeren Sinne droht, sondern eine gänzlich neue und andersartige Verfolgung, die in keinem inneren Zusammenhang mit der früheren mehr steht.«[192] Auf diese Rechtsprechung hatte das BVerwG in seinem Vorlagebeschluss ausdrücklich hingewiesen.[193]

117

Nach dem EuGH kann bei einer derartigen Fallgestaltung Art. 4 Abs. 4 RL 2004/83/EG anwendbar sein, wenn frühere Verfolgungen oder Bedrohungen vorliegen und eine Verknüpfung mit dem in diesem Stadium geprüften Verfolgungsgrund aufweisen. Dies könne insbesondere der Fall sein, wenn der Flüchtling einen anderen Verfolgungsgrund als den im Anerkennungsverfahren festgestellten geltend mache und er vor seinem ursprünglichen Antrag Verfolgungen oder Bedrohungen ausgesetzt gewesen sei, die aus diesem anderen Grund gegen ihn gerichtet gewesen seien, er diese damals aber nicht geltend gemacht habe oder er nach der Ausreise Verfolgungen oder Bedrohungen aus dem bezeichneten Grund ausgesetzt gewesen sei und diese im Herkunftsland ihren Ursprung hätten.[194]

118

Der EuGH wendet also die Beweiskraft früherer Verfolgungen oder Bedrohungen an, wenn der andere Verfolgungsgrund bereits im Anerkennungsverfahren hätte berücksichtigt werden können, der Flüchtling diesen aber nicht vorgebracht hatte, weil er bereits aus anderen Gründen anerkannt wurde. In diesem Fall soll er nicht des Privilegs der Beweiskraftwirkung verlustig gehen, weil ihm wegen der aus anderen Gründen erfolgten Anerkennung kein Vorwurf der fehlenden Mitwirkung gemacht werden kann. Probleme dürfte die nachträgliche Beweisführung, dass der andere Verfolgungsgrund im Anerkennungsverfahren bereits bestanden hatte, bereiten. Im zweiten Fall handelt es sich um objektive Nachfluchtgründe (§ 31 Rdn. 7 ff.), die nach der Ausreise aus dem Herkunftsland bis zur Entscheidung über die Beendigung des Flüchtlingsstatus eingetreten sind, also nicht zwingend bereits im Zeitpunkt der Anerkennungsentscheidung vorgelegen haben müssen.

119

In dem Fall hingegen, in dem der Flüchtling unter Berufung auf den für die Zuerkennung der Flüchtlingseigenschaft maßgebenden Verfolgungsgrund einwendet, dass nach dem Wegfall der Umstände, aufgrund deren er als Flüchtling anerkannt worden ist, andere Tatsachen eingetreten sind, die eine Furcht vor Verfolgung aus dem gleichen Grund befürchten lassen, richtet sich die Prognoseprüfung nicht nach Art. 4 Abs. 4, sondern nach Art. 11 Abs. 2 RL 2004/83/EG. In diesem Fall ist

120

---

189 *UNHCR*, NVwZ-Beil. 2003, 57 (59); *UNHCR*, AuAS 2005, 211 (212).
190 *UNHCR*, AuAS 2005, 211 (212).
191 BVerwG, InfAuslR 2008, 183 = AuAS 2008, 118; BVerwG, NVwZ 2009, 592 = EZAR NF 68 Nr. 4.
192 BVerwG, NVwZ 2006, 1420 (1422); BVerwG, NVwZ 2007, 1330 (1331) = InfAuslR 2007, 401 = AuAS 2007, 225; so auch OVG Nordrhein-Westfalen, EZAR 69 Nr. 1; OVG Rheinland-Pfalz, AuAS 2007, 60; offen gelassen BVerwG, EZAR 214 Nr. 3; BVerwGE 124, 276 (281) = NVwZ 2006, 707 = InfAuslR 2006, 244 = AuAS 2006, 92; BVerwG, NVwZ 2011, 944 (945) = AuAS 2011, 107 (LS); so auch *Groht*, ZAR 2009, 1 (7).
193 BVerwG, EZAR NF 60 Nr. 6, S. 19 = InfAuslR 2008, 183 = AuAS 2008, 118.
194 EuGH, InfAuslR 2010, 188 (190) = NVwZ 2010, 505 = AuAS 2010, 150 Rn. 96 – Abdulla.

zu prüfen, ob die behauptete Veränderung der Umstände, z. B. das Verschwinden eines Verfolgers und das anschließende Auftreten eines anderen Verfolgers hinreichend erheblich ist, um die Furcht des Flüchtlings vor Verfolgung nicht mehr als begründet ansehen zu können.[195] Damit bestätigt der EuGH die frühere Rechtsprechung des BVerwG (Rdn. 113), zugleich aber wird die These des BVerwG, im Unionsrecht gelte ein »**einheitlicher Prognosemaßstab**« (Rdn. 108), widerlegt.

d) Humanitäre Klausel (Art. 1 C Nr. 5 Satz 2 und Nr. 6 Satz 2 GFK)

aa) Funktion der humanitären Klausel

121   Die humanitäre Klausel des Art. 1 C Nr. 5 Satz 2 und Nr. 6 Satz 2 GFK beruht auf der Überzeugung, dass es für den Flüchtling aufgrund des Charakters früherer Verfolgungen auch dann, wenn sie abgeschlossen sind, unzumutbar sein kann, in sein Herkunftsland zurückzukehren. Bereits das IRO-Statut enthielt in Abschnitt C Nr. 1 Buchst. a) (iii) eine vergleichbare Regelung. Das UNHCR-Statut materialisiert die humanitäre Klausel durch eine Erweiterung der Flüchtlingsdefinition, indem es in Art. 6 A (ii) den Zusatz »aus anderen Gründen als der persönlichen Bequemlichkeit«[196] anfügt. Ursprünglich wurde eine Formulierung vorgeschlagen, wonach eine Rückkehr aus anderen als Gründen der »persönlichen Zweckmäßigkeit« (»**reasons other than personal convenience**«) unzumutbar sein kann. Diese Formel erschien jedoch als zu unbestimmt. Durch die Klausel sollte die Beendigung des Flüchtlingsstatus insbesondere jüdischer Flüchtlinge aus Deutschland und Österreich abgewendet werden, nachdem in den Herkunftsländern demokratische Systeme etabliert worden waren. Die Unzumutbarkeit der Rückkehr älterer alleinstehender Flüchtlingsfrauen wurde hingegen kontrovers diskutiert, weil bei einer Ausweitung dieser Klauseln eine unangemessene Belastung der Aufnahmeländer befürchtet wurde.[197]

122   Aus dieser Entstehungsgeschichte wird abgeleitet, dass die Verfasser der Konvention den psychologischen Faktor, der mit früheren Verfolgungen verbunden ist, berücksichtigen wollten. Ein Flüchtling, der durch die Regierung seines Herkunftslandes verfolgt worden sei, könne ungeachtet der Beendigung dieser Regierung ein fehlendes Vertrauen in sein Herkunftsland haben und eine Abneigung dagegen, mit seinen Bürgern identifiziert zu werden.[198] Die humanitäre Klausel verfolgt danach nicht den Zweck, mit Rücksicht auf familiäre Umstände oder Altersgebrechlichkeit Flüchtlingen generell Hilfe zukommen zu lassen. Vielmehr sollen nur zwingende Gründe in Betracht gezogen werden, die mit früheren Verfolgungen verbunden sind.[199] Derartige Gründe sind z. B. die psychologisch begründete Distanz des Flüchtlings zum Herkunftsland, die ihn dort treffende fortdauernde negative Einstellung der Bevölkerung und die Ansichten und persönlichen Umstände des Flüchtlings, nicht jedoch bloße wirtschaftliche Motive oder Gründe persönlicher Zweckmäßigkeit.[200]

123   Die humanitären Klauseln des Art. 1 C Nr. 5 Satz 2 und Nr. 6 Satz 2 GFK beziehen sich danach auf die besondere Lage von Flüchtlingen, die in der Vergangenheit unter sehr schwerer Verfolgung zu leiden hatten und deren Flüchtlingseigenschaft nicht notwendigerweise beendet wird, auch wenn sich in ihrem Herkunftsland grundlegende und dauerhafte Änderungen vollzogen haben. Dem liegt die Überzeugung zugrunde, dass von jemandem, der selbst – oder dessen Familie – besonders schwere Verfolgung zu erdulden hatte, nicht erwartet werden kann, dass er in sein Herkunftsland zurückkehrt. Auch wenn im Herkunftsland eine Änderung des Regimes stattgefunden hat, bedeutet dies nicht stets auch eine völlige Änderung in der Haltung der Bevölkerung, noch bedeutet sie, in

---

195 EuGH, InfAuslR 2010, 188 (190) = NVwZ 2010, 505 = AuAS 2010, 150 Rn. 96 – Abdulla.
196 *Weis*, Du droit international, S. 928 (980).
197 UN Doc. A/CONF.2/SR.28, S. 10 bis 17.
198 *Robinson*, Convention relating to the Status of Refugees, S. 52 f.
199 *Hathaway*, The Law of Refugee Status, S. 204.
200 *Grahl-Madsen*, The Status of Refugees in International Law, Volume I, S. 410 ff.

Anbetracht der Erlebnisse in der Vergangenheit, dass sich der psychische Zustand des Flüchtlings völlig geändert hat.[201]

Nach den Vorstellungen der Verfasser der Konvention sollten mit der humanitären Klausel damit zwei Ziele berücksichtigt werden: Einerseits wurde es als legitim angesehen, dass jemand, für den die Rückkehr in das Land, in dem die frühere Verfolgung stattgefunden hatte, eine seelische Belastung bedeutet, nicht zurückkehren muss. Andererseits sollte der Situation von Flüchtlingen Rechnung getragen werden, die durch private Akteure verfolgt worden waren und deren Einstellung ungeachtet der vollzogenen Änderungen im Herkunftsland sich nicht notwendigerweise geändert hat.[202] Das Exekutivkomitee des Programms von UNHCR interpretiert die Klausel dahin, dass »**Härtefälle**« vermieden werden sollten und empfiehlt, dass die Staaten einen angemessenen und bereits erworbene Rechte absichernden Aufenthaltsstatus für Personen erwägen, die zwingende, auf früheren Verfolgungen beruhende Gründe haben, um die erneute Inanspruchnahme des Schutzes ihres Herkunftslandes zu verweigern (Empfehlung Nr. 69 (XLVIII) (1992)). 124

Die humanitäre Klausel bezieht sich nach dem Wortlaut der Bestimmungen des Art. 1 C Nr. 5 Satz 2 und Nr. 6 Satz 2 GFK nur auf die »statuären Flüchtlinge« nach Art. 1 A Nr. 1 GFK. UNHCR und die Literatur sehen sie jedoch als Ausdruck eines »**generellen humanitären Grundsatzes**« des **Flüchtlingsrechts** an.[203] Dafür spricht, dass die Gesetzgebung in Frankreich, Belgien, Deutschland, Kanada und in den Vereinigten Staaten diese Klausel auf alle Flüchtlinge erstreckt. Dagegen spricht, dass ihre Anwendung auf Flüchtlinge nach Art. 1 A Nr. 2 GFK in der britischen und australischen Rechtsprechung unter Auseinandersetzung mit der Literatur und der Position von UNHCR abgelehnt wird.[204] Ob man angesichts dessen von einer gewohnheitsrechtlichen Praxis der Erweiterung der Klausel auf Flüchtlinge nach Art. 1 A Nr. 2 GFK[205] sprechen kann, erscheint zweifelhaft. Das House of Lords vermochte keine klare und weitverbreitete Praxis festzustellen, welche erforderlich ist, um über den Wortlaut der Bestimmungen des Art. 1 C Nr. 5 Satz 2 und Nr. 6 Satz 2 GFK hinaus die Klausel auch auf Flüchtlinge nach Art. 1 A Nr. 2 GFK anzuwenden.[206] Dies hindert die Vertragsstaaten andererseits nicht daran, sie als Grundlage anzusehen, um die Betroffenen weiterhin aus zwingenden, auf früheren Verfolgungen beruhenden Gründen als Flüchtlinge zu behandeln.[207] 125

Auch der bisherige Wortlaut von Art. 11 Abs. 1 Buchst. e) und f) RL 2004/83/EG enthält keine den humanitären Klauseln des Art. 1 C Nr. 5 Satz 2 und Nr. 6 Satz 2 GFK vergleichbaren Zusatz. Demgegenüber übernimmt Art. 11 Abs. 3 RL 2011/95/EU die humanitären Klauseln, die bis spätestens zum 21. Dezember 2013 in nationales Recht umzusetzen ist (Art. 39 Abs. 1 RL 2011/95/EU). Damit schließt sich die Union der befürwortenden Staatenpraxis an und kann die entgegenstehende britische Praxis nach dem Stichtag nicht mehr aufrecht erhalten werden. 126

Das Exekutivkomitee des Programms von UNHCR setzt sich nicht für die zwingende Beibehaltung des Flüchtlingsstatus ein, sondern empfiehlt den Staaten Flüchtlingen aus Härtegründen einen 127

---

201 *UNHCR*, Handbuch über Verfahren und Kriterien zur Feststellung der Flüchtlingseigenschaft, Rn. 136.
202 *Hathaway*, The Law of Refugee Status, S. 203 f.
203 *UNHCR*, Handbuch über Verfahren und Kriterien zur Feststellung der Flüchtlingseigenschaft, Rn. 136; *UNHCR*, Exekutionskomitee, Empfehlung Nr. 65 (XLII) (1991); Lisbon Expert Roundtable, Mai 2001, Global Consultation on International Protection, Summary Conclusions – Cessation of Refugee Status; *UNHCR*, NVwZ-Beil. 2003, 57 (59); *Milner*, IJRL 2004, 91 (96 ff.); *Fitzpatrick/Bonoan*, Cessation of refugee protection, S. 491 (517); BVerwGE 124, 276 (290) = NVwZ 2006, 707 = InfAuslR 2006, 244 = AuAS 2006, 92.
204 UK House of Lords (2005) UKHL 19 Rn. 12 ff. – Hoxha; UK Supreme Court (2002) EWCA Civ 1403 Rn. 23 – Hoxha; Australia Federal Court (2005) FCAFC 136 Rn. 57 – QAAH.
205 *Goodwin-Gill/McAdam*, The Refugee in International Law, S. 148; dagegen *Hathaway*, The Rights of Refugees, S. 942 f.
206 UK House of Lords (2005) UKHL 19 Rn. 26 – Hoxha.
207 *Goodwin-Gill/McAdam*, The Refugee in International Law, S. 148 f.

angemessenen und bereits erworbene Rechte absichernden Aufenthaltsstatus zu gewähren (Empfehlung Nr. 69 (XLVIII) (1992)). Ebenso weist die britische Rechtsprechung darauf hin, dass im Blick auf Personen, die wegen früherer Verfolgungen an seelischen Verletzungen litten und die deshalb Schwierigkeiten hätten, die Verhältnisse in ihrem Herkunftsland zu ertragen, eine aufenthaltsrechtliche Lösung aus humanitären Gründen in Betracht zu ziehen sei.[208] Im deutschen Recht findet die humanitäre Klausel hingegen Anwendung (vgl. § 73 Abs. 1 Satz 3 AsylVfG).

bb) Inhalt der humanitären Klausel

128 Die Anwendung der humanitären Klausel hat zur Voraussetzung, dass die nach Art. 11 Abs. 1 Buchst. e) und f) RL 2004/83/EG maßgeblichen Voraussetzungen für die Anwendung der allgemeinen Beendigungsklauseln vorliegen, sodass an einer grundlegenden und dauerhaften Änderung sowie der effektiven Schutzgewährung im Herkunftsland kein Zweifel besteht. Gleichwohl erlischt in Anknüpfung an frühere Verfolgungen aus humanitären Erwägungen die Flüchtlingseigenschaft nicht, wenn der Flüchtling oder seine Familienangehörigen einer »außergewöhnlichen menschenverachtenden Verfolgung ausgesetzt waren« und deshalb von ihnen aus »zwingenden Gründen« eine Rückkehr in ihr Herkunftsland nicht erwartet werden kann.[209] Darunter fallen z. B. Personen, die interniert oder inhaftiert, Opfer von Gewalt einschließlich sexuellen Missbrauchs waren oder Gewaltanwendung gegen Familienangehörige ansehen mussten und schwer traumatisierte Personen. Diese Flüchtlinge hatten schwerwiegende Verfolgung erlitten, unter anderem auch durch Teile der örtlichen Bevölkerung. Deshalb kann von ihnen vernünftigerweise nicht erwartet werden, zurückzukehren. Auch Kinder sollten vor diesem Hintergrund besonders berücksichtigt werden, da gerade sie sich häufig auf »zwingende Gründe« berufen können, wegen derer sie die Rückkehr in ihr Herkunftsland ablehnen.[210]

129 Es muss sich um »zwingende Gründe« handeln. Die humanitäre Klausel trägt der »**psychischen** Sondersituation« solcher Personen Rechnung, die ein besonders schweres, nachhaltig wirkendes »Verfolgungsschicksal« erlitten haben und denen es deshalb selbst lange Zeit danach – auch ungeachtet veränderter Verhältnisse – nicht zumutbar ist, in den früheren Verfolgerstaat zurückzukehren. Bei den traumatischen Folgewirkungen liegt der Schwerpunkt auf der subjektiven Situation des Flüchtlings. Diese bezeichnen »psychische Blockaden«, welche der Rückkehr ins Herkunftsland etwa deshalb entgegenstehen, weil der Flüchtling unter einem Langzeittrauma leidet oder er oder Angehörige von schwerwiegenden Verfolgungen, insbesondere von Foltermaßnahmen, betroffen oder bedroht waren.[211] Bei den objektiven Auswirkungen darf kein enger Maßstab angelegt werden. Zwar legt die Formulierung »zwingende Gründe« eine objektive Auslegung nahe. Ob ein besonders schweres, nachhaltig wirkendes Verfolgungsgeschehen anzunehmen ist, ist jedoch in erster Linie von der besonderen psychischen Situation des Flüchtlings abhängig. Die Entscheidung kann dabei je nach der besonderen individuellen Situation des Flüchtlings unterschiedlich ausfallen.

130 Nach der Rechtsprechung enthalten die humanitären Klauseln des Art. 1 C Nr. 5 Satz 2 und Nr. 6 Satz 2 GFK eine **einzelfallbezogene Ausnahme** von der Beendigung des Flüchtlingsstatus, die unabhängig vom Vorliegen der Voraussetzungen für die Anwendung der allgemeinen Beendigungsklauseln ist. Danach erlischt der Flüchtlingsstatus nicht, wenn sich »aus dem konkreten Flüchtlingsschicksal besondere Gründe ergeben, die eine Rückkehr unzumutbar erscheinen lassen.« Maßgeblich sind somit **Nachwirkungen früherer Verfolgungsmaßnahmen**, ungeachtet dessen, dass sie abgeschlossen sind und sich aus ihnen für die Zukunft keine Verfolgungsgefahr mehr ergibt. Der Rückkehr in das Herkunftsland müssen **gegenwärtig** zwingende Gründe entgegenstehen, d. h. eine Rückkehr muss unzumutbar sein. Diese Gründe müssen darüber hinaus auf der früheren Verfolgung

---

208 UK House of Lords (2005) UKHL 19 Rn. 26. – Hoxha.
209 *UNHCR*, NVwZ-Beil. 2003, 57 (59).
210 *UNHCR*, NVwZ-Beil. 2003, 57 (59).
211 Schweizerische Asylrekurskommission, EMARK 1996, Nr. 10.

beruhen.²¹² Dementsprechend findet die humanitäre Klausel Anwendung, wenn eine verfolgungsbedingte Traumatisierung bzw. sonstige psychische Erkrankung glaubhaft gemacht wird.²¹³

Es ist nicht gerechtfertigt, die humanitären Regelungen nur auf die Flüchtlinge anzuwenden, die bereits früher eine Verfolgung »erlitten« hatten.²¹⁴ Art. 1 C Nr. 5 Satz 2 und Nr. 6 Satz 2 GFK will mit dem Verweis auf »frühere Verfolgungen« entsprechend dem Zentralbegriff der »begründeten Verfolgungsfurcht« nach Art. 1 A Nr. 2 GFK auch die frühere Furcht vor drohender Verfolgung erfassen (vgl. auch den Wortlaut von Art. 11 Abs. 2 RL 2004/83/EG).²¹⁵ Dem entspricht es, dass nach der Rechtsprechung des EuGH frühere Verfolgungsbedrohungen sowie nach der Rechtsprechung des BVerfG der Begriff der Vorverfolgung auch unmittelbar bevorstehende Verfolgungen umfasst,²¹⁶ also nicht bereits erlittene Vorverfolgung voraussetzt. 131

Nicht jede auftretende Beeinträchtigung ist ausreichend Vielmehr muss es sich um Gründe einer gewissen Schwere und Tragweite handeln. Ein Widerruf hat danach immer dann zu unterbleiben, wenn schwere physische oder psychische Schäden vorliegen, die infolge der bereits erlittenen Verfolgung oder Verfolgungsbedrohung entstanden sind und die sich bei einer Rückkehr in das Herkunftsland wesentlich verschlechtern.²¹⁷ Dagegen schützt die humanitäre Klausel nicht gegen **allgemeine Gefahren**. Die lediglich allgemein gehaltene, nicht durch konkrete Umstände begründete Befürchtung, eine Rückkehr an den Ort der früheren Verfolgung und eine Begegnung mit den früheren Verfolgern oder Repräsentanten der verfolgenden Gruppe sei unzumutbar,²¹⁸ reicht deshalb nicht. Es können aus der Klausel auch keine allgemeine, von den Voraussetzungen der Normen des 1 C Nr. 5 Satz 2 und Nr. 6 Satz 2 GFK losgelöste Zumutbarkeitskriterien hergeleitet werden, die einem Widerruf des asylrechtlichen Statusbescheids entgegenstehen.²¹⁹ Damit ist die vereinzelt vertretene Ansicht, bei der Anwendung der humanitären Klausel müsse berücksichtigt werden, dass der Flüchtling bei einer Rückkehr in sein Herkunftsland »schlechthin keine ein Existenzminimum gewährleistende Lebensgrundlage mehr finden kann«,²²⁰ überholt. 132

Vereinzelt wird die Anwendung der humanitären Klausel dann abgelehnt, wenn zwar eine verfolgungsbedingte Traumatisierung glaubhaft gemacht worden ist, infolge veränderter Verhältnisse jedoch nicht mehr die Möglichkeit besteht, dass der Flüchtling gegenwärtigen muss, seinen früheren Verfolgern zu begegnen.²²¹ Diese Ansicht übersieht, dass die Anwendung der humanitären Klauseln ja gerade eine Änderung der Regimes voraussetzt und auf der Überlegung beruht, dass dies nicht immer auch eine völlige Änderung in der Haltung der Bevölkerung zur Folge hat **oder** in Anbetracht der Erlebnisse des Flüchtlings in der Vergangenheit, sich »der psychische Zustand des Flüchtlings völlig geändert hat«.Es kommt entsprechend dem Charakter des Flüchtlingsbegriffs auf die **subjektive Sichtweise** des Flüchtlings an. Entscheidend sind die nach objektiven Grundsätzen zu 133

---

212 BVerwGE 124, 276 (290) = NVwZ 2006, 707 = InfAuslR 2006, 244 = AuAS 2006, 92; BVerwG, NVwZ 2006, 1420 (1421); BVerwG, NVwZ 2007, 1089 (1092) = InfAuslR 2007, 401 = AuAS 2007, 164; VGH Baden-Württemberg, EZAR 214 Nr. 1; OVG Nordrhein-Westfalen, EZAR 69 Nr. 1.
213 VG Göttingen, Urt. v. 14.01.2004 – 1 A 26/04; VG Göttingen Urt. v. 14.12.2004 – 2 A 171/04; VG Braunschweig, Urt. v. 12.11.2004 – 6 A 58/04.
214 So aber VGH Baden-Württemberg, EZAR 214 Nr. 1.
215 So ausdr. auch Schweizerische Asylrekurskommission, EMARK 1995 Nr. 16.
216 EuGH, InfAuslR 2010, 188 (192) = NVwZ 2010, 505 Rn. 96 – Abdulla; BVerfGE 80, 315 (345) EZAR 201 Nr. 20 = NVwZ 1990, 151 = InfAuslR1990, 21.
217 Hessischer VGH, InfAuslR 2003, 400 (401).
218 Hessischer VGH, Beschl. v. 30.06.2005 – 7 UZ 891/05.A.
219 BVerwGE 124, 276 (290) = NVwZ 2006, 707 = InfAuslR 2006, 244 = AuAS 2006, 92; BVerwG, NVwZ 2006, 1420 (1421); BVerwG, NVwZ 2007, 1089 (1092) = InfAuslR 2007, 401 = AuAS 2007, 164.
220 VG Saarlouis, Urt. v. 24.11.2004 – 10 K 442/02.A.
221 VG Kassel, Urt. v. 08.02.2005 – 4 E 3390/03.A; ähnlich VG Gießen, AuAS 2004, 70 (71).

ermittelnden schweren und nachhaltig auf diesen einwirkenden Folgen der früheren Verfolgung.[222] Ob und wie intensiv diese Wirkungen sind, muss zunächst aus der Sicht des Betroffenen bewertet werden.

cc) Kausalität zwischen früherer Verfolgung und Unzumutbarkeit der Rückkehr

134 Der Flüchtling muss sich auf zwingende, auf früheren Verfolgungen beruhende Gründe berufen können, um den Schutz seines Herkunftslandes ablehnen zu können (Art. 1 C Nr. 5 Satz 2 und Nr. 6 Satz 2 GFK). Zwischen der früheren Verfolgung und der Unzumutbarkeit der Rückkehr muss mithin ein kausaler Zusammenhang bestehen.[223] Dementsprechend fordert die Rechtsprechung, dass schwere physische oder psychische Schäden vorliegen müssen, die infolge der bereits erlittenen Verfolgung entstanden sind und die sich bei einer Rückkehr in das Herkunftsland wesentlich verschlechtern.[224] In diesem Sinne nicht kausale humanitäre Gründe und solche des Vertrauensschutzes sind deshalb unerheblich.[225]

135 Ist der Flüchtling etwa vor der Ausreise Jahre lang inhaftiert gewesen und dadurch psychisch zerstört, ist ihm eine Rückkehr in seinen Herkunftsstaat nicht zuzumuten. Dies ist erst recht anzunehmen, wenn der Betroffene inzwischen ein fortgeschrittenes Alter erreicht hat und es ihm deshalb und wegen der früheren Verfolgung nicht zuzumuten ist, im Herkunftsland eine neue Existenz aufzubauen.[226] Es kommt allein darauf an, die frühere – objektive – Verfolgung kausal für die derzeitige – subjektive – psychische Belastung des Flüchtlings ist. Dass sich inzwischen im Herkunftsland die Verhältnisse geändert haben, ist unerheblich (Rdn. 133). Denn entsprechend dem humanitären Grundgedanken der Klauseln des Art. 1 C Nr. 5 Satz 2 und Nr. 6 Satz 2 GFK sind unabhängig von den allgemeinen Verhältnissen im Herkunftsland zwingende, kausale Härtegründe zu berücksichtigen.

136 Dementsprechend wird in der Rechtsprechung allein geprüft, ob die fortbestehende Traumatisierung durch Folter, Demütigungen und Drohungen durch staatliche Behörden verursacht wurde. Wegen des unmittelbar ursächlichen Zusammenhangs zwischen der erlittenen Verfolgung und der weiter bestehenden schweren psychischen Erkrankung des Flüchtlings wird deshalb unabhängig von den im Zeitpunkt der Entscheidung im Herkunftsland objektiv herrschenden Verhältnissen die Zumutbarkeitsklausel angewandt.[227]

dd) Abgrenzung der humanitären Klausel vom subsidiären Schutz

137 Die Voraussetzungen für die Anwendung der humanitären Klauseln einerseits und die Voraussetzungen des Art. 15 RL 2004/83/EG (Rdn. 138 ff.) andererseits müssen getrennt voneinander geprüft werden, auch wenn die insoweit zu berücksichtigen Umstände sich teilweise überschneiden können. Die Voraussetzungen des subsidiären Schutzes unterscheiden sich jedoch so wesentlich von den Voraussetzungen der humanitären Klausel, dass sich deren gesonderte Überprüfung auch dann nicht erübrigt, wenn ein Abschiebungshindernis nicht vorliegt.[228] Während die humanitäre Klausel allein auf den Kausalzusammenhang zwischen der früheren Verfolgung und der andauern-

---

222 VGH Baden-Württemberg, EZAR 214 Nr. 1.
223 BVerwGE 124, 276 (290) = NVwZ 2006, 707 = InfAuslR 2006, 244 = AuAS 2006, 92; OVG Nordrhein-Westfalen, EZAR 69 Nr. 1.
224 Hessischer VGH, InfAuslR 2003, 400 (401); VG Gießen, AuAS 2004, 70 (71).
225 VG Gießen, AuAS 2004, 70 (71).
226 VG Düsseldorf, Urt. v. 03.01.2001 – 25 K 7305/96.A.
227 VG Göttingen, Urt. v. 02.07.2004 – 3 A 95/04; ebenso VG Göttingen, Urt. v. 02.07.2004 – 3 A 3502/02, für Klägerin aus dem Sandzak.
228 Hessischer VGH, InfAuslR 2003, 400 (401); VG Göttingen, Urt. v. 05.05.2004 – 2 A 171/04; VG Würzburg, Urt. v. 20.08.2004 – W 7 K 04.30411.

den schweren psychischen Belastung des Flüchtlings abstellt und weder eine gegenwärtige Gefahr für Leib und Leben noch voraussetzt, dass die zwingenden Gründe die Schwere des »ernsthaften Schadens« aufweisen, muss nach Art. 15 RL 2004/83/EG gegenwärtig ein ernsthafter Schaden drohen. Deshalb wird die Verwaltungspraxis, die im Fall schwerer psychischer Langzeitwirkungen zwar den Statusbescheid aufhebt, jedoch subsidiären Schutz gewährt, weder den humanitären Klauseln noch den strengeren materiellen Erfordernissen des Art. 15 RL 2004/83/EG gerecht.

e) Subsidiärer Schutz

Bei einer sachgerechten Behandlung der »Wegfall-der-Umstände«-Klauseln ist eine Beendigung des Flüchtlingsstatus nicht zulässig, wenn noch Reststrukturen der früheren Verfolgungsakteure im Herkunftsland aktiv sind (Rdn. 73, 103), weil sich dann Zweifel an der wirksamen Fähigkeit, gegen diesen Schutz zu gewähren, ergeben (Rdn. 74). Drohen neuartige Verfolgungsgefahren, die also weder von den früheren Verfolgern ausgehen noch auf den ursprünglichen Verfolgungsgrund zielen, sind diese im Beendigungsverfahren nach Maßgabe der allgemeinen Prognosegrundsätze zu prüfen (Rdn. 98 bis 104). Davon zu trennen ist der Fall, dass zwar keine neuartigen Verfolgungen drohen, wohl aber ein ernsthafter Schaden im Sinne von Art. 15 RL 2004/83/EG. Hier bestehen also keine flüchtlingsrelevanten Risiken, sondern Gefahren, welche den subsidiären Schutzstatus begründen. Fraglich ist, ob diese im Beendigungsverfahren zu prüfen sind und der Beendigung des Flüchtlingsstatus entgegenstehen. 138

Der übergreifende Schutzansatz will zwar verhindern, dass Flüchtlinge nicht unfreiwillig in Verhältnisse zurückkehren müssen, die möglicherweise zu einer neuerlichen Flucht und der Notwendigkeit der Flüchtlingsanerkennung führen.[229] Da ein ernsthafter Schaden nicht an einen Konventionsgrund anknüpft, kann dieser die Beibehaltung des Flüchtlingsstatus nicht rechtfertigen. Die humanitäre Klausel stellt allein auf den Kausalzusammenhang zwischen früherer Verfolgung und der fortdauernden schweren psychischen Belastung ab und setzt eine gegenwärtige Gefahr für Leib und Leben nicht voraus (Rdn. 133). Ein ernsthafter Schaden im Sinne von Art. 15 RL 2004/83/EG kann daher nicht als humanitärer Härtefall im Beendigungsverfahren behandelt werden (Rdn. 137). 139

Allgemein anerkannt ist jedoch, dass im Beendigungsverfahren ein derartiger Schaden zwar nicht die Aufhebung des Flüchtlingsstatus hindert, jedoch im Beendigungsverfahren ein eigenständiges Prüfprogramm erfordert, sodass beim Vorliegen eines ernsthaften Schadens zwar der Flüchtlingsstatus aufgehoben wird, aber eine Feststellung zum Vorliegen eines ernsthaften Schadens zu treffen ist.[230] Für das deutsche Asylverfahren leitet das BVerwG diese Kompetenz aus einer Rechtsanalogie zu den Regelungen in §§ 24 Abs. 2, 31 Abs. 3 Satz 1, 31 Abs. 3 Satz 1, 32, 39 Abs. 2 und 73 Abs. 1 bis 3 AsylVfG ab. Diesen Normen lasse sich als gemeinsamer Leitgedanke entnehmen, dass nach Beendigung des Flüchtlingsstatus nicht offen bleiben kann, ob und in welcher Form subsidiärer Schutz zu gewähren ist.[231] Droht ein ernsthafter Schaden, ist eine entsprechende Feststellung geboten und der subsidiäre Schutzstatus zu gewähren. 140

Das BVerwG hatte deshalb dem EuGH die Frage vorgelegt, ob im Beendigungsverfahren ein ernsthafter Schaden der Beendigung des Flüchtlingsstatus entgegensteht.[232] Der EuGH hat daraufhin festgestellt, dass die Richtlinie zwei unterschiedliche Schutzregelungen im Rahmen des »internationalen Schutzes« kenne und beide Bereiche verkannt würden, würde die Beendigung des 141

---

229 *UNHCR*, Richtlinien zur Beendigung des Flüchtlingseigenschaft, NVwZ-Beil. 2003, 57 (57).
230 BVerwG, DVBl. 1996, 624 = VBlBW 1996, 255; BVerwG, InfAuslR 1996, 322 = EZAR 240 Nr. 6 = AuAS 1996, 166; BVerwG, NVwZ-Beil. 1999, 113 (114) = InfAuslR 1999, 373; BVerwGE 124, 276 (284 f.) = NVwZ 2006, 707 = InfAuslR 2006, 244 = AuAS 2006, 92; BVerwG, NVwZ 2007, 1330 (1331) = InfAuslR 2007, 401 = AuAS 2007, 225; VGH Baden-Württemberg, EZAR 214 Nr. 4; OVG Nordrhein-Westfalen, EZAR 69 Nr. 1; a.A. Bayerischer VGH, NVwZ-Beil. 1996, 61.
231 BVerwG, NVwZ-Beil. 1999, 113 (113 f.) = InfAuslR 1999, 373.
232 BVerwG, InfAuslR 2008, 183.

Flüchtlingsstatus von der Feststellung abhängig gemacht, dass die Voraussetzungen für die Anwendung des subsidiären Schutzes nicht erfüllt seien. Daher trete nach der Systematik der Richtlinie das Erlöschen des Flüchtlingsstatus unbeschadet des Rechts des Betroffenen ein, um die Zuerkennung des subsidiären Schutzstatus zu ersuchen.[233]

7. Rechtsfolgen der Verlustgründe (Art. 14 Abs. 1 RL 2004/83/EG)

142   Nach Art. 14 Abs. 1 RL 2004/83/EG **wird** bei Erfüllung der tatbestandlichen Voraussetzungen eines Erlöschensgrundes der Flüchtlingsstatus aberkannt, beendet oder nicht verlängert. Der Wortlaut der unionsrechtlichen Norm ist zwingend. Es handelt sich nicht um eine Freistellungsklausel. Vielmehr sind die Mitgliedstaaten nach Unionsrecht verpflichtet, die erforderlichen Schritte einzuleiten, können aber in unterschiedlicher Weise auf das Bekanntwerden eines Verlustgrundes reagieren. Sie können durch die Aberkennung des Flüchtlingsstatus auf den Verlustgrund reagieren, können nach nationalem Recht aber auch regeln, dass der Flüchtlingsstatus bei Bekanntwerden eines Verlustgrundes kraft Gesetzes erlischt. Schließlich können sie unter diesen Voraussetzungen auch die Verlängerung des Flüchtlingsstatus versagen.

143   Art. 14 Abs. 1 RL 2004/83/EG verweist auf die von einer Regierungs- oder Verwaltungsbehörde, einem Gericht oder einer gerichtsähnlichen Behörde zuerkannte Flüchtlingseigenschaft. Dies ist ungereimt, da nach Art. 39 RL 2005/85/EG gegen behördliche Statusentscheidungen ein wirksamer Rechtsbehelf vor einem Gericht oder Tribunal eingelegt werden kann. Die Wortwahl ist eindeutig. Eine Gericht oder Tribunal ist keine gerichtsähnliche Behörde, sondern eine unabhängige Überprüfungsinstanz. Der Hinweis auf das Gericht mag wohl seinen Grund darin haben, dass in manchen Mitgliedstaaten anders als im deutschen Recht[234] wohl das Gericht selbst den Statusbescheid erlassen kann.

144   Die Richtlinie unterscheidet zwischen **Aberkennung** (Widerruf), **Beendigung** und **Nichtverlängerung**. Im Unterschied zur Beendigung wird bei der Aberkennung der Flüchtlingseigenschaft erst ein Prüfungsverfahren durchgeführt. Demgegenüber verweist die Beendigung der Sache nach auf den in Art. 1 C GFK bezeichneten Begriff des Erlöschens. Bei Vorliegen der entsprechenden Voraussetzungen wird daher unmittelbar der Flüchtlingsstatus beendet. Für den Fall der Aberkennung enthalten Art. 37 und 38 RL 2005/85/EG entsprechende Verfahrensbestimmungen, setzen also ein vorgängiges Prüfungsverfahren unter Einschluss wirksamer Verfahrensgarantien voraus. Für die Beendigung des Flüchtlingsstatus sieht die Verfahrensrichtlinie keine besonderen Verfahrensvorschriften vor. Andererseits folgt aus Art. 14 Abs. 1 und 2 RL 2004/83/EG, dass entsprechende **Feststellungen** zu treffen sind. Die Beendigungsfolge kann daher erst nach vorgängiger Prüfung der entsprechenden Voraussetzungen festgestellt werden.

145   Anders als bei der Aberkennung, die erst nach der – unanfechtbaren – behördlichen Feststellung wirksam wird, dürfte die Feststellung der Beendigung des Flüchtlingsstatus **rückwirkende Wirkung** – bezogen auf den Zeitpunkt, in dem die entsprechenden Voraussetzungen eingetreten waren – entfalten. Bis zur unanfechtbaren Feststellung der Beendigung darf der Mitgliedstaat indes keine für den Flüchtling nachteiligen Rechtsfolgen anordnen. Schließlich kann der Mitgliedstaat die Verlängerung der Flüchtlingseigenschaft ablehnen, wenn ein Verlustgrund bekannt wird oder nachträglich eingetreten ist. Im deutschen Recht ist dieser Rechtsfolge unbekannt, da zwischen der Zuerkennung der Flüchtlingseigenschaft durch das zuständige Bundesamt (§ 3 Abs. 4, § 5 AsylVfG) und der darauf beruhenden Erteilung eines Aufenthaltstitels nach § 25 Abs. 2 AufenthG durch

---

233   EuGH, InfAuslR 2010, 188 (190) = NVwZ 2010, 505 = AuAS 2010, 150 Rn. 79 – Abdulla; ebenso *Groht*, ZAR 2009, 1 (8).
234   BVerwG, NVwZ-Beil. 1996, 57 (58); BVerwG, InfAuslR 2000, 125 (126) = NVwZ 2000, 575 = EZAR 214 Nr. 11; BVerwG, AuAS 2008, 8; OVG Hamburg, NVwZ-Beil. 1996, 44 (45); OVG Nordrhein-Westfalen, NVwZ-RR 1996, 421 = AuAS 1996, 81; VGH Baden-Württemberg, EZAR 043 Nr. 12; OVG Thüringen, AuAS 1996, 236; *Marx*, Kommentar zum AsylVfG, § 74 Rn. 24.

die zuständige Ausländerbehörde unterschieden wird. Der Flüchtlingsstatus selbst kann nicht verlängert werden, sondern besteht solange fort, bis er widerrufen oder erloschen ist (vgl. § 73, § 72 AsylVfG). Demgegenüber lässt die Qualifikationsrichtlinie diese Frage offen (vgl. Art. 13, 24 Abs. 1 RL 2004/83/EG), überlässt den Mitgliedstaaten damit, den Flüchtlingsstatus durch bloße Nichtverlängerung zu beenden. Die Nichtverlängerung hat ex-nunc-Wirkung.

Die Erforderlichkeit eines speziellen Verfahrens zur Prüfung der entsprechenden Voraussetzungen folgt auch aus Art. 37 und 38 RL 2005/85/EG. Dort werden Verfahrensvorschriften für die Prüfung der Aberkennung der Flüchtlingseigenschaft geregelt, die stets Anwendung finden, wenn »neue Elemente oder Erkenntnisse zutage treten, die darauf hindeuten, dass Gründe für eine Überprüfung der Berechtigung der Flüchtlingseigenschaft bestehen« (Art. 37 RL 2005/83/EG). Daraus ist zu schließen, dass unabhängig von der Frage, in welcher Form die Mitgliedstaaten den rechtlichen Fortbestand des Flüchtlingsstatus aufheben, stets die besonderen Verfahrensbestimmungen nach Art. 37 und 38 RL 2005/83/EG Anwendung finden, wenn »neue Elemente oder Erkenntnisse« zutage treten. Art. 14 Abs. 1 RL 2004/83/EG zielt wohl eher auf die Vorschrift des Art. 24 Abs. 1 RL 2004/83/EG. Denn der Flüchtlingsstatus als solches wird ja nicht verlängert, sondern der auf seiner Grundlage erteilte Aufenthaltstitel. Der Flüchtlingsstatus selbst bleibt wirksam, solange er nicht aufgehoben worden ist. Eine Verlängerung oder Beendigung außerhalb der ausdrücklichen Aufhebung des Status ist nicht vorgesehen. 146

§ 37 Aufhebung der Flüchtlingseigenschaft (Art. 14 Abs. 3 bis 6 RL 2004/83/EG)

Übersicht

	Rdn
1. Funktion der Aufhebungsgründe	1
2. Nachträgliche Ausschlussgründe (Art. 14 Abs. 3 Buchst. a) RL 2004/83/EG)	14
a) Funktion der nachträglichen Ausschlussgründe	14
b) Rechtsfolgen des Art. 14 Abs. 3 Buchst. a) RL 2004/83/EG	19
3. Rücknahme des Statusbescheid (Art. 14 Abs. 3 Buchst. b) RL 2004/83/EG)	25
a) Funktion der Rücknahme	25
b) Falsche Darstellung oder Verschweigen von Tatsachen (Art. 14 Abs. 3 Buchst. b) erste Alt. RL 2004/83/EG)	28
c) Verwendung gefälschter Dokumente (Art. 14 Abs. 3 Buchst. b) zweite Alt. RL 2004/83/EG)	34
d) Rücknahmeverfahren	37
e) Rechtsfolgen des Art. 14 Abs. 3 Buchst. b) RL 2004/83/EG	41
4. Statusaufhebung wegen Sicherheitsgefährdungen (Art. 14 Abs. 4 RL 2004/83/EG)	47
a) Funktion des Art. 14 Abs. 4 RL 2004/83/EG	47
b) Voraussetzungen des Art. 14 Abs. 4 RL 2004/83/EG	50
c) Rechtsfolgen des Art. 14 Abs. 4 RL 2004/83/EG	56
d) Genuss bestimmter Konventionsrechte (Art. 14 Abs. 6 RL 2004/83/EG)	62

Leitsätze

Nachträgliche Ausschlussgründe (Art. 14 Abs. 3 Buchst. a) RL 2004/83/EG)

1. Art. 14 Abs. 3 Buchst. a) RL 2004/83/EG zielt auf zwei unterschiedliche verfahrensrechtliche Situationen (Rdn. 15): Nach der ersten Alternative bestanden die Ausschlussgründe bereits **im Zeitpunkt der Statusentscheidung**, waren der Behörde aber nicht bekannt. Sofern die Nichtkenntnis der Behörde auf dem Verschweigen des Antragstellers beruht, ist Art. 14 Abs. 3 Buchst. a) RL 2004/83/EG **lex spezialis** gegenüber Art. 14 Abs. 3 Buchst. b) RL 2004/83/EG, obwohl dessen Voraussetzungen ebenfalls gegeben sind. Nach der zweiten Alternative handelt es sich um nachträglich eintretende Ausschlussgründe. Waren diese bereits im Zeitpunkt der Statusentscheidung bekannt, findet die erste Alternative Anwendung.

2. Da der Ausschlussgrund des Art. 12 Abs. 2 Buchst. b) RL 2004/83/EG nur Anwendung findet, wenn die schwere nichtpolitische Straftat vor der Aufnahme des Flüchtlings im Aufnahmemitgliedstaat begangen wurde, findet Art. 14 Abs. 3 Buchst. a) 2. Alt. RL 2004/83/EG bei nachträglich auftretenden Straftaten dieses Charakters nur dann Anwendung, wenn diese bereits vor der Aufnahme im Mitgliedstaat begangen worden waren, den Behörden jedoch im Zeitpunkt der Statusentscheidung nicht bekannt waren (Rdn. 16 f.).

Rücknahme des Statusbescheides (Art. 14 Abs. 3 Buchst. b) RL 2004/83/EG)

3. Der Statusbescheid ist zurückzunehmen, wenn die Angaben des Betroffenen in objektiver Hinsicht unzutreffend waren, eine **Kausalität** zwischen den Angaben und der Statusentscheidung besteht und der Betroffene die **Absicht** gehabt hat, die zuständigen Behörden irrezuführen (Rdn. 30). Alle drei Elemente müssen kumulativ festgestellt werden.

4. Die Rücknahme ist unzulässig, wenn ein Verfahrensfehler darauf beruht, dass der Behörde wesentliche Tatsachen im Entscheidungszeitpunkt deshalb nicht bekannt waren, weil sie die Ermittlungen nicht korrekt geführt hat (Rdn. 29). Hier fehlt es an einer vom Unionsrecht vorausgesetzten Täuschungshandlung. Die Rücknahme etwa wegen einer falschen Einschätzung der Gefährdungslage ist wegen des enumerativen Charakters der unionsrechtlichen Rücknahmebestimmung unzulässig.

5. Die Vorlage **gefälschter** oder **verfälschter Beweismittel** kann die Versagung der Statusentscheidung nur tragen, wenn die behauptete Verfolgungsgefahr **allein** hierauf beruht. Die Bezugnahme allein auf ein gefälschtes Dokument zur Rechtfertigung der Statusversagung ist daher nicht zulässig, wenn dieses sich nur auf einen Teilkomplex, nicht aber auf sämtliche mit dem Asylvorbringen geltend gemachten Asylgründe bezieht.

6. Von vornherein unzulässig ist daher die Rücknahme, wenn die falsche Darstellung oder die gefälschten Dokumente sich nur auf Nebenaspekte des Verfolgungsvortrags beziehen, ohne damit zugleich auch der glaubhaften Einschätzung des Kernvorbringens insgesamt die Grundlage zu entziehen.

Stratusaufhebung wegen Sicherheitsgefährdungen (Art. 14 Abs. 4 RL 2004/83/EG)

7. Art. 14 Abs. 4 RL 2004/83/EG steht in engem Zusammenhang mit Art. 14 Abs. 5 RL 2004/83/EG. Letztere Norm erlaubt bereits die Versagung der Statusgewährung aus Gründen des Art. 33 Abs. 2 GFK, erstere die nachträgliche Aufhebung des Flüchtlingsstatus aus diesem Grund (Rdn. 48).

8. Art. 14 Abs. 4 und 5 RL 2004/83/EG ist mit Art. 33 Abs. 2 GFK unvereinbar (Rdn. 9 ff.). Die Anwendung von Art. 33 Abs. 2 GFK setzt eine präventivpolizeiliche Prüfung voraus und hat die Abschiebung oder deren Unterlassung, nicht aber den Wegfall des Status zur Folge. Es besteht die Gefahr, dass entgegen dem Zweck des Art. 33 Abs. 2 GFK nicht die vom Betroffenen ausgehende Gefahr, sondern der abstrakte Charakter des Delikts über den Widerruf entscheidet (Rdn. 48 f.).

9. Die Aufhebung des Status nacht Art. 14 Abs. 4 RL 2004/83/EG setzt ein rechtskräftiges Urteil wegen eines besonders schweren Verbrechens voraus. Da nach § 60 Abs. 8 Satz 1 AufenthG bereits ein besonders schweres Vergehen genügt, ist die Norm unionsrechtswidrig (Rdn. 50 ff.).

10. Art. 33 Abs. 2 GFK kommt nur als ultima ratio in Betracht (Rdn. 54), d. h., seine Anwendung setzt aufgrund konkret festgestellter Umstände die Annahme einer **Wiederholungsgefahr** mit Blick auf die qualifizierte Straftat im Sinne von Art. 14 Abs. 4 RL 2004/83/EG voraus (Rdn. 54 f.).

11. Hebt die Behörde den Flüchtlingsbescheid aus Gründen des Art. 33 Abs. 2 GFK auf, darf auch kein subsidiärer Schutz gewährt werden (Art. 17 Abs. 1 Buchst. d) RL 2004/83/EG, Rdn. 61): Es ist aber das absolute Folterverbot nach Art. 3 EMRK zwingend zu berücksichtigen (Art. 21 RL 2004/83/EG; Rdn. 61; § 54, Rdn. 9 ff.)).

12. Werden nach der Aufhebung des Flüchtlingsstatus aufenthaltsbeendende Maßnamen wegen Art. 3 EMRK nicht vollzogen, genießt der Betroffene einige Rechte aus der GFK, wie z. B. **Verbot diskriminierender Behandlung** (Art. 3 GFK), das **Recht auf**

> Religionsausübung (Art. 4 GFK), den **Zugang zu den Gerichten** (Art. 16 GFK), das Recht auf **öffentliche Erziehung** (Art. 22 GFK), das **Verbot der Bestrafung wegen illegaler Einreise** (Art. 31 GFK), den **Ausweisungsschutz** nach Art. 32 GFK und den **Refoulementschutz** nach Art. 33 GFK (Rdn. 62 f.)

1. Funktion der Aufhebungsgründe

Nach Art. 14 Abs. 3 Buchst. a) RL 2004/83/EG wird der Flüchtlingsstatus aberkannt, beendet oder dessen Verlängerung versagt, wenn festgestellt wird, dass der Flüchtling von der Zuerkennung der Flüchtlingseigenschaft wegen Bestehens eines Ausschlussgrundes nach Art. 12 RL 2004/83/EG (§ 35) hätte ausgeschlossen werden müssen oder ausgeschlossen ist. Es handelt sich um eine zwingende Norm des Unionsrechts und nicht um eine Freistellungsklausel. Im Vorschlag der Kommission war diese Regelung nicht vorgesehen. Sie wurde erst im Laufe der Beratungen eingeführt. 1

Die Vorschrift des Art. 14 Abs. 3 Buchst. a) RL 2004/83/EG zielt auf zwei unterschiedliche verfahrensrechtliche Situationen: Nach der ersten Alternative bestanden die Ausschlussgründe bereits **im Zeitpunkt der Statusentscheidung**, waren der Behörde aber nicht bekannt. Sofern die Nichtkenntnis der Behörde auf dem Verschweigen des Antragstellers beruht, ist Art. 14 Abs. 3 Buchst. a) RL 2004/83/EG **lex spezialis** gegenüber Art. 14 Abs. 3 Buchst. b) RL 2004/83/EG (Rdn. 6), obwohl dessen Voraussetzungen ebenfalls gegeben sind. Die Behörde muss feststellen, dass im Blick auf sämtliche Elemente des Ausschlusstatbestandes eine falsche Darstellung gegeben wurde oder wesentliche Tatsachen verschwiegen wurden. 2

Nach der zweiten Alternative handelt es sich um nachträglich eintretende Ausschlussgründe. Waren diese bereits im Zeitpunkt der Statusentscheidung bekannt, findet die erste Alternative Anwendung. Daher kann es sich nur um nach der Statusentscheidung entstandene Tatsachen handeln, welche die Anwendung der Ausschlussgründe rechtfertigen. Es ist z. B. denkbar, dass ein Flüchtling nach Zuerkennung der Flüchtlingseigenschaft innerhalb oder außerhalb des Aufnahmestaates ein Verbrechen gegen den Frieden, ein Kriegsverbrechen oder Verbrechen gegen die Menschlichkeit begeht. Da derartige Verbrechen in aller Regel im Zusammenhang mit einem bewaffneten Konflikt verübt werden, dürfte ein derartiger Ausschlussgrund bei einem Verbleiben des Flüchtlings im Mitgliedstaat kaum denkbar sein. Allerdings können auch vom Aufnahmestaat aus über moderne Kommunikationsmittel Leitungsfunktionen über bewaffnete Einheiten ausgeübt und dabei Kriegsverbrechen begangen werden.[235] Ein Flüchtling kann darüber hinaus auch im Aufnahmestaat nach Zuerkennung der Flüchtlingseigenschaft Handlungen begehen, die den Zielen und Grundsätzen der Vereinten Nationen zuwiderlaufen (§ 35 Rdn. 85 ff.). 3

Nach Art. 14 Abs. 3 Buchst. b) RL 2004/83/EG wird dem Betroffenen der Flüchtlingsstatus aberkannt, beendet oder dessen Verlängerung versagt, wenn festgestellt wird, dass eine falsche Darstellung oder das Verschweigen von Tatsachen seinerseits, einschließlich der Verwendung gefälschter Dokumente, für die Zuerkennung der Flüchtlingseigenschaft maßgebend war. Es handelt sich damit um den klassischen Fall der **verwaltungsrechtlichen Rücknahme** und um eine zwingende Norm des Unionsrechts, also nicht um eine Freistellungsklausel. Im Vorschlag der Kommission war diese Regelung nicht vorgesehen. Sie wurde erst im Laufe der Beratungen eingeführt. 4

Die Aufhebung des Statusbescheides wegen falscher Angaben oder Verschweigen rechtserheblicher Tatsachen ist Ausdruck eines generellen Grundsatzes sowohl im kontinentalen wie auch im angelsächsischen Rechtssystem und ist darüber hinaus in der Staatenpraxis anerkannt.[236] Auch das Handbuch von UNHCR weist darauf hin, dass nachträglich Fakten bekannt werden können, wonach eine Person nie hätte als Flüchtling anerkannt werden dürfen, z. B. könne erst später bekannt werden, dass der Flüchtlingsstatus nur durch die falsche Darstellung wesentlicher Fakten erlangt worden sei, 5

---

235 Siehe hierzu BVerwG, NVwZ 2011, 1456 (1459) Rn. 30 – Präsident des FDLR.
236 *Kapferer*, Cancellation of Refugee Status, S. 5.

die betreffende Person eine andere Staatsangehörigkeit besitze, oder eine der Ausschlussklauseln zum Tragen gekommen wäre, wenn alle relevanten Fakten bekannt gewesen wären. In derartigen Fällen werde gewöhnlicherweise der Flüchtlingsstatus aufgehoben.[237]

6   Das im Handbuch bezeichnete Fallbeispiel der Ausschlussgründe wird im Unionsrecht jedoch anders geregelt. Beruht die fehlende Kenntnis der Behörde von einem Ausschlussgrund (Art. 12 Abs. 2 RL 2004/83/EG) auf dem Verschweigen des Antragstellers, ist Art. 14 Abs. 3 Buchst. a) RL 2004/83/EG **lex spezialis** gegenüber Art. 14 Abs. 3 Buchst. b) RL 2004/83/EG, obwohl dessen Voraussetzungen ebenfalls gegeben sind (Rdn. 2). Da es sich bei Art. 14 Abs. 3 Buchst. b) RL 2004/83/EG um eine Verfahrensbestimmung handelt, hätte diese an sich nicht in der Qualifikationsrichtlinie, sondern in der Verfahrensrichtlinie geregelt werden müssen. Die dort für das Verfahren der Aberkennung vorgesehenen Vorschriften (Art. 37 und 38 RL 2005/85/EG) sind jedoch bei der Anwendung von Art. 14 Abs. 3 Buchst. b) RL 2004/83/EG zu beachten

7   Nach Art. 14 Abs. 3 RL 2004/83/EG wird bei Erfüllung der tatbestandlichen Voraussetzungen eines Ausschlussgrundes der Flüchtlingsstatus aberkannt, beendet oder nicht verlängert. Die Mitgliedstaaten können damit in unterschiedlicher Weise auf das Bekanntwerden eines Ausschlussgrundes reagieren. Sie können wie in der Bundesrepublik durch den Widerruf (§ 73 AsylVfG) auf den Ausschlusstatbestand reagieren. Sie können aber auch nach nationalem Recht regeln, dass der Flüchtlingsstatus kraft Gesetzes erlischt. In diesem Fall müssen sie aber ebenso wie bei der Aberkennung und wie auch bei der Versagung der Verlängerung des Flüchtlingsstatus die entsprechenden Voraussetzungen in einem speziellen Verfahren prüfen.

8   Nach Art. 14 Abs. 4 RL 2004/83/EG **können** die Mitgliedstaaten den Flüchtlingsstatus aufheben, wenn der Flüchtling die Sicherheit des Aufnahmemitgliedstaates gefährdet. Bei Vorliegen dieser Voraussetzungen können die Mitgliedstaaten darüber hinaus bereits aus diesem Grund die Gewährung des Flüchtlingsstatus versagen (Art. 14 Abs. 5 RL 2004/83/EG, § 35 Rdn. 175 ff.). Es handelt sich um typische **Freistellungsklauseln**, verpflichten damit die Mitgliedstaaten nicht zu entsprechenden Maßnahmen. Abs. 6 von Art. 14 RL 2004/83/EG verweist auf den Mindeststandard der Konventionsrechte. Danach ist davon auszugehen, dass auch nach unanfechtbarer Aufhebung des Statusbescheides nicht zwingend aufenthaltsbeendende Maßnahmen ergriffen werden dürfen.

9   Die Freistellungsklauseln sind sehr umstritten, weil Zweifel an ihrer völkerrechtlichen Vereinbarkeit bestehen. Sie sind auf Druck der Bundesrepublik in die Richtlinie eingefügt worden.[238] Zwar können die Konventionsstaaten unter den Voraussetzungen des Art. 33 Abs. 2 GFK einen Flüchtling in sein Herkunftsland abschieben. Sie dürfen deshalb jedoch nicht den Flüchtlingsstatus aufheben (§ 35 Rdn. 7 ff.). UNHCR rügt deshalb, dass Art. 14 Abs. 4 RL 2004/83/EG das Risiko wesentlicher Änderungen der Ausschlussgründe der Konvention in sich birgt, indem Art. 33 Abs. 2 GFK (Einschränkung des Refoulementverbotes) den in Art. 1 F GFK enthaltenen Ausschlussgründen (Art. 12 Abs. 2 RL 2004/83/EG) als weiterer Ausschlussgrund hinzugefügt wird.[239] Nach der Konvention dienen die Ausschlussgründe und die Einschränkung des Refoulementschutzes unterschiedlichen Zwecken (§ 35 Rdn. 7 ff., 37 ff.). Art. 1 F GFK enthält eine **abschließende** Aufzählung von Ausschlussgründen, die auf dem Verhalten des Antragstellers beruhen.

10 Die Ausschlussgründe beruhen auf der Überzeugung, dass gewisse Handlungen so schwerwiegend sind, dass die Täter keinen internationalen Schutz verdienen. Darüber hinaus soll das Flüchtlingsrecht nicht einer Bestrafung von schwerwiegenden Straftätern im Wege stehen. Dagegen regelt Art. 33 Abs. 2 GFK die Behandlung von Flüchtlingen und die Definition der Umstände, unter

---

237 *UNHCR*, Handbuch über Verfahren und Kriterien zur Feststellung der Flüchtlingseigenschaft, 1979, Rn. 117; ebenso *UNHCR*, Kommentar zur Richtlinie 2004/83/EG, Mai 2005, S. 28.
238 *Klug*, German Yearbook of International Law 2004, 594 (616).
239 *UNHCR*, Kommentar zur Richtlinie 2004/83/EG, Mai 2005, S. 30; *Klug*, German Yearbook of International Law 2004, 594 (616).

§ 37 Aufhebung der Flüchtlingseigenschaft denen diese dennoch abgeschoben werden können. Der Zweck dieser Vorschrift besteht in der Gewährleistung der Sicherheit des Aufnahmestaates oder der Allgemeinheit. Die Norm knüpft an die Bewertung an, dass der Flüchtling im Fall einer rechtskräftigen Verurteilung wegen eines Verbrechens oder eines besonders schweren Vergehens als eine Gefahr für die Sicherheit des Aufnahmestaates oder für die Allgemeinheit angesehen wird.[240]

Art. 33 Abs. 2 GFK wurde jedoch nicht verfasst, um einen Grund für die Beendigung der Flüchtlingseigenschaft zu schaffen. Die Gleichsetzung der Ausnahmen vom Refoulementschutz nach Art. 33 Abs. 2 GFK mit den Ausschlussgründen des Art. 1 F GFK ist deshalb unvereinbar mit der Konvention und führt darüber hinaus zu einer falschen Auslegung beider Konventionsnormen.[241] Nach der Rechtsprechung des EuGH sind zur Auslegung von Freistellungsklauseln des sekundären Unionsrechts die Grundrechtscharta sowie völkerrechtliche Verträge zum Menschenrechtsschutz heranzuziehen.[242] Soweit den Mitgliedstaaten danach ein Ermessensspielraum verbleibt, sind sie an völkerrechtliche Verpflichtungen gebunden.[243] Die Berufung auf die Freistellungsklauseln des Art. 14 Abs. 4 und 5 RL 2004/83/EG entbindet die Mitgliedstaaten damit nicht von ihren entsprechenden Verpflichtungen aus der Grundrechtscharta und der Konvention. Vielmehr dürfen sie von dieser nur einen Gebrauch machen, der mit den Grundsätzen übereinstimmt, welche nach dem Völkerrecht zu beachten sind.

11

Während sich die Mitgliedstaaten bei der Heranziehung der EMRK für die Anwendung von Freistellungsklauseln auf die Rechtsprechung des EGMR beziehen können, fehlt bei der Heranziehung der GFK ein verbindlicher Interpretationsmechanismus, sondern ist die Staatenpraxis maßgebend (Art. 31 Abs. 3 Buchst. b) WVRK). UNHCR hat keine der Rechtsprechung des EGMR vergleichbare Funktion für die Auslegung der Konvention. So besteht die Gefahr, dass sich durch Art. 14 Abs. 4 und 5 RL 2004/83/EG eine Staatenpraxis entwickelt, die insgesamt das Verhältnis zwischen Ausschlussgründen und der Ausnahme vom Refoulementschutz verändern kann.

12

Nach deutschem Recht ist der Widerruf des Statusbescheides zulässig, wenn dessen tatsächliche Voraussetzungen deshalb nicht mehr vorliegen, weil der Flüchtling nachträglich Taten begangen hat, welche die Annahme rechtfertigen, dass von ihm nach Maßgabe von § 60 Abs. 8 AufenthG (Art. 33 Abs. 2 GFK) eine Gefahr für die Sicherheit der Bundesrepublik Deutschland oder für die Allgemeinheit ausgeht.[244] Früher durfte der Widerruf nur erfolgen, wenn die tatsächlichen Voraussetzungen für die Statusfeststellung **nicht mehr** vorlagen.[245] Unvereinbar hiermit ist jedoch die Widerrufspraxis, unter Hinweis auf § 60 Abs. 8 Satz 1 AufenthG den früher aus den Gründen dieser Vorschrift gewährten Statusbescheid aufzuheben, ohne dass Änderungen der tatsächlichen Verhältnisse eingetreten sind. Dies betrifft insbesondere Angehörige der PKK bzw. Kongra-Gel und anderer linker Organisationen, die in der Türkei aktiv sind, sowie Angehörige der Organisation Volksmodjahedin Iran.[246]

13

---

240 *UNHCR*, Kommentar zur Richtlinie 2004/83/EG, Mai 2005, S. 30.
241 *UNHCR*, Kommentar zur Richtlinie 2004/83/EG, Mai 2005, S. 30.
242 EuGH, NVwZ 2006, 1033, § 52 f. – EP gegen Rat der EU, zur FamilienzusammenführungsRL und Art. 8 EMRK.
243 EuGH, NVwZ 2006, 1033, § 62, § 63 – EP gegen Rat der EU.
244 BVerwGE 124, 276 (288), NVwZ 206, 707 = InfAuslR 2006, 244 = AuAS 2006, 92.
245 BVerwG, EZAR 214 Nr. 3; BVerwGE 112, 80 (82) = NVwZ 2001, 335 = InfAuslR 2001, 532 = EZAR 214 Nr. 13; BVerwG, NVwZ 2005, 89 (90) = AuAS 2005, 5; OVG Rheinland-Pfalz, NVwZ-Beil. 2001, 9 (19).
246 Vgl. hierzu Hessischer VGH, Beschl. v. 23.01.2007 – 6 ZU 1276/06.a; VG Köln, InfAuslR 2006, 100. VG Hannover, Urt. v. 08.03.2006 – 11 A 3466/03.

2. Nachträgliche Ausschlussgründe (Art. 14 Abs. 3 Buchst. a) RL 2004/83/EG)

a) Funktion der nachträglichen Ausschlussgründe

14   Art. 14 Abs. 3 Buchst. a) RL 2004/83/EG nimmt die Ausschlussgründe nach Art. 12 RL 2004/83/EG in Bezug. Von praktischer Bedeutung ist lediglich Art. 12 Abs. 2 und 3 RL 2004/83/EG. Verbrechen gegen den Frieden (§ 34 Rdn. 15 ff.), Kriegsverbrechen (§ 35 Rdn. 18 ff.), Verbrechen gegen die Menschlichkeit (§ 35 Rdn. 26 ff.), schwere nichtpolitische Verbrechen (§ 35 Rdn. 37 ff.) sowie Zuwiderhandlungen gegen Ziele und Grundsätze der Vereinten Nationen (§ 35 Rdn. 85 ff.) sind danach nach Statuszuerkennung zwingend zu berücksichtigen und führen zur Aufhebung des Statusbescheides, sofern den Betroffenen eine persönliche Verantwortung hierfür trifft (§ 35 Rdn. 30 ff., 93 ff., 126 ff., 133 ff., 144 ff.). Es muss deshalb ein behördliches Prüfungsverfahren vor der Aufhebung des Status durchgeführt werden (Rdn. 7).

15   Art. 14 Abs. 3 Buchst. a) RL 2004/83/EG zielt auf zwei unterschiedliche verfahrensrechtliche Situationen (Rdn. 2 f.): Nach der ersten Alternative bestanden die Ausschlussgründe bereits **im Zeitpunkt der Statusentscheidung**, waren der Behörde jedoch nicht bekannt. Die Norm begründet eine Verpflichtung zur Aufhebung des Statusbescheides unabhängig davon, wann die Ausschlussgründe entstanden sind.[247] Der Gesetzgeber hat die unionsrechtliche Norm in § 73 Abs. 1 Satz 1 AsylVfG umgesetzt. Nach der gesetzlichen Begründung wird der Flüchtlingsstatus »widerrufen« – also »aberkannt« im Sinne von Art. 14 Abs. 3 Buchst. a) RL 2004/83/EG –, wenn nachträglich Ausschlussgründe eintreten.[248] Aus dem unionsrechtlichen Anwendungsvorrang folgt, dass die Mitgliedstaaten den Flüchtlingsstatus aberkennen, beenden oder nicht verlängern, wenn nachträglich bekannt wird, dass der Flüchtling wegen eines Ausschlussgrundes hätte ausgeschlossen werden müssen (Art. 12 Abs. 2 Buchst. a) bis c) RL 2004/83/EG) oder ausgeschlossen ist (Art. 12 Abs. 2 Buchst. a) und c) RL 2004/83/EG). Der Wortlaut der unionsrechtlichen Norm ist zwingend. Es handelt sich nicht um eine Freistellungsklausel.

16   Aus völkerrechtlicher Sicht bestehen im Hinblick auf Art. 1 F Buchst. a) und c) GFK keine Bedenken, da es insoweit unerheblich ist, wann die dort bezeichneten Handlungen begangen wurden. Daher können gegen Art. 14 Abs. 3 Buchst. a) RL 2004/83/EG, soweit dieser Art. 12 Abs. 2 Buchst. a) und c) RL 2004/83/EG in Bezug nimmt, keine Einwände erhoben werden. UNHCR weist indes darauf hin, dass schwere nichtpolitische Straftaten (Art. 1 F Buchst. b) GFK) außerhalb des Aufnahmestaates vor dem Zeitpunkt der Aufnahme begangen worden sein müssen (§ 35 Rdn. 79 ff.). Würden solcherart Straftaten nach der Aufnahme begangen, sei gegebenenfalls Art. 32 und 33 Abs. 2 GFK anzuwenden (vgl. aber Art. 14 Abs. 5 RL 2004/83/EG). Weder Art. 1 F Buchst. b) noch Art. 32 noch Art. 33 Abs. 2 GFK erlaubten, die Flüchtlingseigenschaft zu beenden, wenn der Flüchtling im Zeitpunkt der Statusentscheidung die Kriterien der Flüchtlingseigenschaft erfüllt hätte. Soweit es sich um schwerwiegende nichtpolitische Straftaten handele, sei Art. 14 Abs. 3 Buchst. a) RL 2004/83/EG so zu verstehen, dass er sich auf Straftaten beziehe, die vor dem Zeitpunkt der Aufnahme außerhalb des Aufnahmestaates begangen worden seien.[249]

17   Kritisch wird deshalb gegen Art. 14 Abs. 3 Buchst. a) RL 2004/83/EG eingewandt, dass jedenfalls Art. 1 F Buchst. b) GFK (Art. 12 Abs. 2 Buchst. b) RL 2004/83/EG) nicht angewandt werden könnte, es sei denn neue Tatsachen – im Blick auf Vorgänge vor der Einreise des Flüchtlings – würden bekannt.[250] Darauf folgt, dass Art. 14 Abs. 3 Buchst. a) RL 2004/83/EG nur dann auf schwerwiegende nichtpolitische Verbrechen angewandt werden kann, wenn diese bereits vor der Aufnahme im Mitgliedstaat begangen worden waren, den Behörden jedoch im Zeitpunkt der Statusentscheidung nicht bekannt waren. Werden derartige Straftaten nach der Zuerkennung der Flüchtlingseigenschaft

---

247 BVerwG, Urt. v. 31.03.2011 – BVerwG 10 C 2.10 Rn. 23.
248 BT-Drucks. 16/5065, S. 420.
249 *UNHCR*, Kommentar zur Richtlinie 2004/83/EG, Mai 2005, S. 29.
250 *Klug*, German Yearbook of International Law 2004, 594 (615).

begangen, finden Art. 32 und Art. 33 Abs. 2 GFK Anwendung (s. aber Art. 14 Abs. 5 RL 2004/83/ EG). Auch das BVerwG hat klargestellt, dass schwere nichtpolitische Verbrechen nach Art. 1 F Buchst. b) GFK vor der Aufnahme als Flüchtling begangen sein müssen.[251] Deshalb dürfen Verbrechen dieser Art, die nach der Aufnahme begangen wurden, anders als Verbrechen nach Art. 1 F Buchst. a) GFK oder Zuwiderhandlungen nach Art. 1 F Buchst. c) GFK, nicht zum Anlass der nachträglichen Aufhebung des Statusbescheids gemacht werden. Die Behörden können deshalb nur nach Art. 33 Abs. 2 GFK (§ 60 Abs. 8 AufenthG) vorgehen, haben dabei aber Art. 3 EMRK zwingend zu beachten.

Art. 12 Abs. 2 Buchst. b) RL 2004/83/EG enthält einen von Art. 1 F Buchst. b) GFK abweichenden Wortlaut (§ 35 Rdn. 79 ff.). Während Art. 1 F Buchst. b) GFK bestimmt, dass Personen ein Verbrechen »**außerhalb des Aufnahmelandes** begangen haben müssen, **bevor** sie **dort** als Flüchtling aufgenommen wurden«, interpretiert Art. 12 Buchst. b) RL 2004/83/EG diesen Wortlaut dahin, dass das Verbrechen »**vor dem Zeitpunkt der Ausstellung eines Aufenthaltstitels aufgrund der Zuerkennung der Flüchtlingseigenschaft**« begangen worden sein muss, wendet damit diesen Ausschlussgrund entgegen dem Wortlaut von Art. 1 F Buchst. b) GFK auf Verbrechen an, die außerhalb des Aufnahmelandes vor der Zuerkennung der Flüchtlingseigenschaft begangen wurden (vgl. auch § 3 Abs. 2 Satz 1 Nr. 2 AsylVfG). Der Begriff »vor der Einreise« erfasst nicht die zeitliche Phase von der Einreise bis zur formalen Anerkennung. Der englische Begriff »Admission« (Zulassung zum Staatsgebiet) beinhaltet die tatsächliche physische Anwesenheit im Aufnahmeland. Zudem wirkt die Zuerkennung des Flüchtlingsstatus lediglich **deklaratorisch** und nicht konstitutiv.[252]

18

b) Rechtsfolgen des Art. 14 Abs. 3 Buchst. a) RL 2004/83/EG

Nach Art. 14 Abs. 3 Buchst. a) RL 2004/83/EG wird bei Erfüllung der tatbestandlichen Voraussetzungen eines Ausschlussgrundes der Flüchtlingsstatus aberkannt, beendet oder nicht verlängert. Der Wortlaut der unionsrechtlichen Norm ist zwingend. Es handelt sich nicht um eine Freistellungsklausel. Vielmehr sind die Mitgliedstaaten nach Unionsrecht verpflichtet, die erforderlichen Schritte einzuleiten, können aber in unterschiedlicher Weise auf das Bekanntwerden eines Ausschlussgrundes reagieren. Sie können durch die Aberkennung des Flüchtlingsstatus auf den Ausschlusstatbestand reagieren. Sie können nach nationalem Recht aber auch regeln, dass der Flüchtlingsstatus bei nachträglichem Bekanntwerden oder Neueintreten eines Ausschlussgrundes kraft Gesetzes erlischt. Schließlich können sie unter diesen Voraussetzungen auch die Verlängerung des Flüchtlingsstatus versagen.

19

Die Richtlinie unterscheidet damit zwischen Aberkennung (Widerruf), Beendigung und Nichtverlängerung des Status. Der Unterschied zwischen Aberkennung und Beendigung besteht darin, dass die Aberkennung erst nach einem vorgängigen Prüfungsverfahren zulässig ist, während die Beendigung auf den in Art. 1 C GFK bezeichneten Begriff des Erlöschens verweist, d. h., bei Vorliegen der entsprechenden Voraussetzungen wird unmittelbar der Flüchtlingsstatus beendet. Für den Fall der Aberkennung enthalten Art. 37 und 38 RL 2005/85/EG entsprechende Verfahrensbestimmungen, setzen also ein vorgängiges Prüfungsverfahren unter Einschluss wirksamer Verfahrensgarantien voraus. Für die Beendigung des Flüchtlingsstatus sieht die Verfahrensrichtlinie keine besonderen Verfahrensvorschriften vor.

20

Andererseits bestimmt Art. 14 Abs. 3 Buchst. a) RL 2004/83/EG durch die Formulierung »feststellt«, dass der Mitgliedstaat einzelfall- und sachbezogene **Feststellungen** zum Ausschlussgrund treffen muss. Die Beendigungsfolge kann deshalb erst nach vorgängiger Prüfung der entsprechenden Voraussetzungen festgestellt werden. Anders als bei der Aberkennung, die erst nach der – unanfechtbaren – behördlichen Feststellung wirksam wird, dürfte die Feststellung der Beendigung des Flüchtlingsstatus **rückwirkende Wirkung** – bezogen auf den Zeitpunkt, in dem die entsprechenden

21

---

251 BVerwG, NVwZ 2011, 1456 (1458) Rn. 22.
252 *UNHCR*, Background Note on the Application of the Exclusion Clauses, S. 16; so auch *Weis*, Du droit international, S. 928 (944).

Voraussetzungen eingetreten waren – entfalten. Bis zur unanfechtbaren Feststellung der Beendigung darf der Mitgliedstaat indes keine für den Flüchtling nachteiligen Rechtsfolgen anordnen.

22 Schließlich kann der Mitgliedstaat die Verlängerung der Flüchtlingseigenschaft ablehnen, wenn ein Ausschlussgrund bekannt wird oder nachträglich eingetreten ist. Im deutschen Recht ist dieser Rechtsfolge unbekannt, da zwischen der Zuerkennung der Flüchtlingseigenschaft durch das zuständige Bundesamt (§ 3 Abs. 4, § 5 AsylVfG) und der darauf beruhenden Erteilung eines Aufenthaltstitels nach § 25 Abs. 2 AufenthG durch die zuständige Ausländerbehörde unterschieden wird. Der Flüchtlingsstatus selbst kann nicht verlängert werden, sondern besteht solange fort, bis er widerrufen oder erloschen ist (§ 73, § 72 AsylVfG). Demgegenüber lässt die Richtlinie diese Frage offen (vgl. Art. 13, 24 Abs. 1 RL 2004/83/EG), belässt den Mitgliedstaaten damit die Möglichkeit, den Flüchtlingsstatus durch bloße Nichtverlängerung zu beenden. Aber auch in diesem Fall bestimmt Art. 14 Abs. 3 Buchst. a) RL 2004/83/EG, dass die entsprechenden Voraussetzungen festzustellen sind und hat die Nichtverlängerung ex-nunc-Wirkung.

23 Die Erforderlichkeit eines speziellen Verfahrens zur Prüfung der entsprechenden Voraussetzungen folgt auch aus Art. 37 und 38 RL 2005/83/EG. Dort werden Verfahrensvorschriften für die Prüfung der Aberkennung der Flüchtlingseigenschaft geregelt, die stets Anwendung finden, wenn »neue Elemente oder Erkenntnisse zutage treten, die darauf hindeuten, dass Gründe für eine Überprüfung der Berechtigung der Flüchtlingseigenschaft bestehen« (Art. 37 RL 2005/83/EG). Daraus ist zu schließen, dass unabhängig von der Frage, in welcher Form die Mitgliedstaaten die Rechtswirksamkeit des Flüchtlingsstatus aufheben, stets die besonderen Verfahrensbestimmungen nach Art. 37 und 38 RL 2005/83/EG Anwendung finden, wenn »neue Elemente oder Erkenntnisse« zutage treten.

24 Anders als Abs. 1 und Abs. 4 verweist Abs. 3 von Art. 14 Abs. 1 RL 2004/83/EG nicht auf die von einer Regierungs- oder Verwaltungsbehörde, einem Gericht oder einer gerichtsähnlichen Behörde zuerkannte Flüchtlingseigenschaft. Vielmehr wird lediglich auf die Flüchtlingseigenschaft abgestellt. Aber auch bei nachträglichen Ausschlussgründen dürfte es häufig um Statusentscheidungen gehen, die aufgrund gerichtlicher Verpflichtung erlassen wurden. Aus welchen Gründen die Norm des Art. 14 RL 2004/83/EG insoweit unterschiedliche Begrifflichkeiten wählt, bleibt unerfindlich. Von der Sache her geht es aber stets um einen Statusbescheid, der bei Vorliegen der entsprechenden Voraussetzungen aufgehoben wird. Die Aufhebung selbst kann gegebenenfalls gerichtlich überprüft werden (Art. 39 Abs. 1 Buchst. e) RL 2005/85/EG).

3. Rücknahme des Statusbescheid (Art. 14 Abs. 3 Buchst. b) RL 2004/83/EG)

a) Funktion der Rücknahme

25 Nach Art. 14 Abs. 3 Buchst. b) RL 2004/83/EG ist der Statusbescheid unter den dort genannten Voraussetzungen zurückzunehmen. Die Norm unterscheidet zwei Fallgestaltungen: Das Vorbringen einer falschen Darstellung oder das Verschweigen von Tatsachen einerseits und die Verwendung gefälschter Dokumente andererseits. In der Staatenpraxis ist der Fall der falschen Darstellung allgemein anerkannt. Teilweise wird dies als einziger Rücknahmegrund im Flüchtlingsrecht geregelt. Ergänzend finden allgemeine verfahrensrechtliche Vorschriften Anwendung.[253] Art. 14 Abs. 3 Buchst. b) RL 2004/83/EG hat **abschließender** Charakter. Nur unter den in dieser Norm genannten Voraussetzungen ist die Rücknahme eines Statusbescheids zulässig. Ein Ermessen für andere Rücknahmegründe wird den Mitgliedstaaten nicht eingeräumt.

26 Der enumerative Charakter folgt aus der Rücknahmeverpflichtung. Da die Richtlinie für die Rücknahme des Statusbescheids eine zwingende Verpflichtung festlegt, haben die Mitgliedstaaten wegen des unionsrechtlichen Anwendungsvorrangs ihr nationales Recht danach auszurichten und Regelungen einzuführen, die sowohl die Voraussetzungen wie auch die Rechtsfolgen des Unionsrechts

---

253 *Kapferer*, Cancellation of Refugee Status, March 2003, S. 6.

übernehmen. Sofern sie aus im Unionsrecht nicht bezeichneten anderen Gründen den Statusbescheid aufheben wollen, fehlt hierfür eine Rechtsgrundlage. Art. 14 der Richtlinie räumt den Mitgliedstaaten auch nicht in Form einer Freistellungsklausel Ermessen ein, den Status aus Gründen, die in Art. 14 Abs. 3 Buchst. b) RL 2004/83/EG nicht genannt werden, aufzuheben.

Der Gesetzgeber hat in § 73 Abs. 2 AsylVfG Art. 14 Abs. 3 Buchst. b) RL 2004/83/EG umgesetzt. Die Verwendung gefälschter Dokumente wird in § 73 Abs. 2 AsylVfG zwar nicht genannt. Wie aus dem Wortlaut der unionsrechtlichen Norm folgt, handelt es sich bei der Verwendung gefälschter Dokumente jedoch lediglich um einen Unterfall der falschen Darstellung von Tatsachen (»einschließlich«). Soweit die Rechtsprechung bislang für die Rücknahme zusätzlich auf § 48 VwVfG zurückgegriffen hat,[254] ist sie mit Unionsrecht nicht mehr vereinbar. Treffen Täuschungshandlung und die »Wegfall-der-Umstände«-Klauseln nach Art. 1 C Nr. 5 und 6 GFK zusammen, kann die Behörde die Rücknahme auch in einen Widerrufsbescheid nach Art. 11 Abs. 1 Buchst. e) oder f) RL 2004/83/EG umdeuten.[255]   27

b) Falsche Darstellung oder Verschweigen von Tatsachen (Art. 14 Abs. 3 Buchst. b) erste Alt. RL 2004/83/EG)

Nach Art. 14 Abs. 3 Buchst. b), 1. Alt. RL 2004/83/EG wird der Flüchtlingsstatus aufgehoben, wenn eine falsche Darstellung oder das Verschweigen von Tatsachen für die Statusgewährung ausschlaggebend war. In der Staatenpraxis besteht im Blick auf die Voraussetzungen des Rücknahmegrundes wegen falscher Darstellung oder Verschweigen von Tatsachen Übereinstimmung darin, dass   28
1. die Angaben des Betroffenen in objektiver Hinsicht unzutreffend gewesen sein müssen,
2. eine Kausalität zwischen den Angaben und der Statusentscheidung bestehen und
3. der Betroffene die Absicht gehabt haben muss, die zuständigen Behörden irrezuführen.[256]

Alle drei Elemente müssen kumulativ festgestellt werden. Daher muss nachgewiesen werden, dass die Darstellung des Betroffenen objektiv nicht zutreffend war, sich auf die maßgebenden tatsächlichen Entscheidungsgrundlagen bezog und die Absicht der Irreführung bestand.

Die Rücknahme ist unzulässig, wenn ein Verfahrensfehler vorliegt und dieser darauf beruht, dass der Behörde wesentliche Tatsachen im Entscheidungszeitpunkt deshalb nicht bekannt waren, weil sie die Ermittlungen nicht korrekt geführt hat. Hier fehlt es an einer vom Unionsrecht vorausgesetzten Täuschungshandlung (Rdn. 31). Im Grundsatz bezieht sich diese verfahrensrechtliche Regel auf alle Aufhebungs- und Ausschlussgründe, und zwar unabhängig davon, ob der Betroffene die entsprechenden Tatsachen verschwiegen hat oder nicht.[257] Es wird jedoch auf die abweichende Verwaltungspraxis in Deutschland (vgl. § 48 VwVfG)[258] hingewiesen.[259] Danach ist in Fällen, in denen die Statusgewährung aus nicht dem Asylsuchenden zuzurechnenden Gründen – etwa wegen einer falschen Einschätzung der Gefährdungslage oder rechtsirriger Annahme der Statusvoraussetzungen seitens des Bundesamtes – von Anfang an rechtswidrig,[260] Da in diesen Fällen die Voraussetzungen Art. 14 Abs. 3 Buchst. b), 1. Alt. RL 2004/83/EG nicht vorliegen, ist wegen des enumerativen Charakters dieser Norm (Rdn. 25 f.) die Rücknahme unzulässig.   29

Soweit Informationen und Tatsachen, die im Zeitpunkt der Entscheidung den Behörden nicht bekannt waren, zu beurteilen sind, kann es sich um Tatsachen handeln, die im Entscheidungszeitpunkt   30

---

254 BVerwGE 112, 80 (88 ff.) = NVwZ 2001, 335 (337) = InfAuslR 2001, 532 = EZAR 214 Nr. 13.
255 BVerwGE 108, 30 (35) = EZAR 214 Nr. 10 = InfAuslR 1999, 143 = NVwZ 1999, 302.
256 *Kapferer*, Cancellation of Refugee Status, March 2003, S. 7.
257 *Kapferer*, Cancellation of Refugee Status, March 2003, S. 13–16, 25.
258 BVerwGE 112, 80 (88 ff.) = NVwZ 2001, 335 (337) = InfAuslR 2001, 532 = EZAR 214 Nr. 13; VG Koblenz, InfAuslR 1995, 428 (429); *Marx*, Kommentar zum AsylVfG, § 73 Rn. 160; siehe auch Rn. 166.
259 *Kapferer*, Cancellation of Refugee Status, March 2003, S. 25.
260 BVerwGE 112, 80 (88 ff.) = NVwZ 2001, 335 (337) = InfAuslR 2001, 532 = EZAR 214 Nr. 13.

noch nicht existierten oder den Behörden nicht bekannt waren. Sofern die Informationen im Entscheidungszeitpunkt noch nicht existierten, kann die Behörde ein Prüfungsverfahren einleiten und ermitteln, ob dies darauf beruht, dass dem Betroffenen die entsprechenden Tatsachen, auf die sich die neuen Informationen beziehen, bekannt waren und er sie absichtlich verschwiegen hat. Beziehen sich die neuen Informationen auf neu entstandene Tatsachen, die dem Betroffenen naturgemäß im Entscheidungszeitpunkt nicht bekannt sein konnten, kann die Anwendung der allgemeinen Beendigungsklauseln (Art. 11 Abs. 1 Buchst. e) und f) RL 2004/83/EG) in Betracht kommen (Rdn. 27). Bei neuen Informationen ist daher zwischen der Rücknahme und der Anwendung der allgemeinen Beendigungsklauseln zu unterscheiden: Beziehen sich neue Informationen auf im Entscheidungszeitpunkt bestehende Tatsachen und waren diese dem Betroffen bekannt, ist ein Rücknahmeverfahren einzuleiten. Beziehen sie sich hingegen auf nachträgliche Tatsachen, ist die Anwendung der allgemeinen Beendigungsklauseln zu prüfen.

31 Zu prüfen ist darüber hinaus, ob die Behörde die neuen Informationen hätten ermitteln können. In der Staatenpraxis ist allgemein anerkannt, dass die Behörde kein Rücknahmeverfahren einleiten kann, wenn die neuen Informationen im Zeitpunkt der Entscheidung deshalb nicht bekannt waren, weil die Behörde entsprechende tatsächliche Ermittlungen entgegen ihrer Verpflichtung zur korrekten Sachverhaltsermittlung unterlassen hatte, obwohl ihr dies möglich war und von ihr nach den Umständen auch erwartet werden konnte (Rdn. 29).[261] Hier fehlt es an einer vom Unionsrecht vorausgesetzten Täuschungshandlung des Betroffenen.

32 Zwischen der falschen Darstellung des Betroffenen und der Statusgewährung muss **Kausalität** bestehen. Hat der Betroffene etwa in Bezug auf bestimmte Sachverhaltselemente, z. B. im Blick auf bestimmte Vorfluchtgründe, eine falsche Darstellung gegeben, beruht die Statusentscheidung jedoch auf anderen Gründen, etwa auf weiteren zutreffend geschilderten Vorfluchtgründen oder auf exilpolitischen Aktivitäten, fehlt es an der erforderlichen Kausalität der Täuschungshandlung des Betroffenen. Nach § 73 Abs. 2 AsylVfG ist die Rücknahme nur zulässig, wenn der Betroffene nicht aus anderen Gründen anzuerkennen ist.

33 Schließlich muss nachgewiesen werden, dass der Betroffene die Behörde **absichtlich** irregeführt hat. An dieser Voraussetzung kann es fehlen, wenn dieser wegen eines traumatischen Erlebnisses nicht zum vollständigen Sachvortrag in der Lage war oder ihm wegen der zwischen den Verfolgungsereignissen und dem Zeitpunkt der Anhörung verstrichenen Zeit bestimmte Vorgänge nicht oder nicht mehr vollständig erinnerlich waren. In derartigen Fällen fehlt es an der Absicht der Irreführung und ist die Rücknahme unzulässig.[262] Erwähnt der Betroffene einen Umstand, der möglicherweise die Versagung der Flüchtlingseigenschaft zur Folge haben kann, unterlässt die Behörde jedoch pflichtwidrig weitere Ermittlungen und erkennt sie diesem die Flüchtlingseigenschaft zu, fehlt es an der Absicht der Irreführung.[263]

c) Verwendung gefälschter Dokumente (Art. 14 Abs. 3 Buchst. b) zweite Alt. RL 2004/83/EG)

34 Der Flüchtlingsstatus ist nach Art. 14 Abs. 3 Buchst. b) zweite Alt. RL 2004/83/EG zurückzunehmen, wenn die »Verwendung gefälschter Dokumente« für die Zuerkennung der Flüchtlingseigenschaft maßgebend war. An dieser Voraussetzung fehlt es von vornherein, wenn falsche Dokumente verwandt werden, um aus dem Herkunftsland fliehen und in den Aufnahmestaat einreisen zu können,[264] vorausgesetzt der Betroffene offenbart anschließend seine wahre Identität. Regelmäßig

---

261 *Kapferer*, Cancellation of Refugee Status, March 2003, S. 25; s. Rn. 163.

262 *UNHCR*, Note on Burden and Standard of Proof in Refugee Claims, December 1998, Rn. 9; siehe auch *UNHCR*, Auslegung von Art. 1 GFK, April 2001, Rn. 10.

263 *Kapferer*, Cancellation of Refugee Status, March 2003, S. 7, unter Hinweis auf VGH (Österreich), Urt. v. 25.04.1995 – 94/20/0779.

264 *UNHCR*, Kommentar zur Richtlinie 2004/83/EG, Mai 2005, S. 29; *Kapferer*, Cancellation of Refugee Status, March 2003, S. 9 f.

verbleiben die gefälschten Reisedokumente im Besitz des Fluchthelfers, sodass bereits deshalb der Täuschungstatbestand nicht erfüllt ist. Die Vorlage gefälschter Reisedokumente ist in der Regel nicht als Beweismittel für die behauptete Verfolgungsgefahr geeignet. Dadurch kann also die Statusentscheidung regelmäßig nicht bewirkt werden.

Dass ein Asylsuchender allein deshalb unglaubwürdig sein soll, weil er angibt, keine Ausweisdokumente zu besitzen, begegnet nach dem BVerfG erheblichen Zweifeln.[265] Darüber hinaus folgt aus Art. 31 Abs. 1 GFK, dass Flüchtlinge zur Verwendung gefälschter Reisedokumente gezwungen sein können.[266] Insoweit ist auch zu berücksichtigen, dass nach den allgemeinen Erfahrungen die seit nahezu dreißig Jahren getroffenen umfangreichen Vorkehrungen der westlichen Industriestaaten zur Verhinderung der Einreise von Asylsuchenden dazu geführt haben, dass heute der **typische Regelfall** der ohne Reisedokumente und Identitätsnachweise einreisende Flüchtling ist. In der Literatur wird zudem darauf hingewiesen, dass Fälle denkbar sind, in denen der Betreffende aus Furcht vor Strafe oder aufgrund von Misstrauen gegenüber den Behörden daran gehindert wird, von vornherein seine Identität zu offenbaren. Flüchtlinge benötigten häufig eine gewisse Zeit, um Vertrauen zu gewinnen und der Behörde ihre Fluchtgründe zu offenbaren.[267]

In der Rechtsprechung wird insbesondere das Erfordernis der Kausalität hervorgehoben: So kann die Vorlage **gefälschter** oder **verfälschter Beweismittel** die Versagung der Statusentscheidung nur tragen, wenn die behauptete Verfolgungsgefahr **allein** hierauf beruht.[268] Die Bezugnahme allein auf ein gefälschtes Dokument zur Rechtfertigung der Statusversagung ist daher nicht zulässig, wenn dieses sich nur auf einen Teilkomplex, nicht aber auf sämtliche mit dem Asylvorbringen geltend gemachten Asylgründe bezieht.[269]

d) Rücknahmeverfahren

In der Staatenpraxis reicht es aus, dass Anhaltspunkte für das Vorliegen eines Rücknahmegrundes bestehen, um ein Verfahren zu eröffnen. Die Rücknahme selbst ist aber nur gerechtfertigt, wenn die neuen Tatsachen die Annahme rechtfertigen, dass deren Berücksichtigung im Zeitpunkt der Statusentscheidung dazu geführt hätte, dass die vorgebrachten Tatsachen unglaubhaft sind. Bei der Prüfung der Voraussetzungen für die Rücknahme ist also der Glaubhaftmachungstest im Rahmen der Statusentscheidung zugrunde zu legen und zu prüfen, ob die Berücksichtigung der nunmehr bekannt gewordenen Tatsachen damals dazu geführt hätte, dass das Sachvorbringen als widersprüchlich, ungereimt oder unvollständig erschienen wäre.[270]

Von vornherein unzulässig ist daher die Rücknahme, wenn die falsche Darstellung oder die gefälschten Dokumente sich nur auf Nebenaspekte des Verfolgungsvortrags beziehen, ohne damit zugleich auch der glaubhaften Einschätzung des Kernvorbringens insgesamt die Grundlage zu entziehen. Unzulässig ist die Rücknahme auch, wenn die **Behörde** ihre **Meinung** zur Einschätzung bestimmter vom Antragsteller vorgebrachter Tatsachen zu dessen Lasten geändert hat und nunmehr diese seinerzeit den Statusbescheid stützenden Tatsachen als nicht glaubhaft wertet.[271]

Entscheidend ist allein die Frage, ob im Lichte der neu bekannt gewordenen Tatsachen die Statusentscheidung ihre Rechtfertigung verliert. Darüber hinaus sind vom Antragsteller neu vorgebrachte Tatsachen in der Gesamtwürdigung zu berücksichtigen, wenn diese neuen Tatsachen als solche den

---

265 BVerfG (Kammer), NVwZ 1992, 560 (561) = InfAuslR 1992, 75; BVerfG (Kammer), InfAuslR 1993, 105 (108).
266 *UNHCR*, Kommentar zur Richtlinie 2004/83/EG, Mai 2005, S. 29.
267 *Göbel-Zimmermann*, in: Handbuch des Ausländer- und Asylrechts, SystDarst IV Rn. 199.
268 BVerfGE 65, 76 (97) = EZAR 630 Nr. 4 = NVwZ 1983, 735 = InfAuslR 1984.
269 BVerfG (Kammer), NVwZ-Beil. 1994, 58 (59) = AuAS 1994, 222.
270 *Kapferer*, Cancellation of Refugee Status, March 2003, S. 27.
271 *Kapferer*, Cancellation of Refugee Status, March 2003, S. 28.

Erlass des Statusbescheides gerechtfertigt hätten. Dies betrifft insbesondere die Fälle, in denen die falsche Darstellung nur einige Sachverhaltselemente betrifft.[272] Naturgemäß ist eine solche Prüfung mit erheblichen Schwierigkeiten verbunden und in der Praxis zu beobachten, dass eine falsche Darstellung bestimmter Sachverhaltselemente häufig zur Einschätzung aller Sachverhaltselemente als unglaubhaft führt, obwohl sie nur einen Teilbereich des Sachvorbringens betreffen und das Kernvorbringen vom fehlerhaft vorgebrachten Teil des Sachvortrages unberührt bleibt.

40 In der Staatenpraxis wird darüber hinaus geprüft, ob dem Betroffenen – unabhängig davon, dass die falsche Darstellung oder die Verwendung gefälschter Dokumente das frühere Sachvorbringen insgesamt als nicht glaubhaft erscheinen lassen – aus anderen Gründen die Flüchtlingseigenschaft zuerkannt werden müsste, sodass unter diesen Voraussetzungen die Rücknahme nicht zulässig ist (Rdn. 32).[273] Dies kann der Fall sein, wenn der Betroffene aufgrund des nunmehr vorgebrachten Vorbringens zu seinen wahren Fluchtgründen die Flüchtlingseigenschaft erfüllt. In der Praxis scheitern derartige Verfahren jedoch häufig an der Unwilligkeit der Behörden, angesichts der verfahrensrechtlichen Vorbelastung unvoreingenommen den neuen Vortrag zu prüfen. Wesentlich unproblematischer ist es, wenn in der Zwischenzeit entfaltete exilpolitische Aktivitäten den Statusbescheid tragen. Hier findet Art. 5 Abs. 3 RL 2004/83/EG (§ 32 Rdn. 22 ff.) keine Anwendung, weil ein Rücknahme- kein Folgeantragsverfahren ist.

e) Rechtsfolgen des Art. 14 Abs. 3 Buchst. b) RL 2004/83/EG

41 Nach Art. 14 Abs. 3 Buchst. b) RL 2004/83/EG wird bei Erfüllung der tatbestandlichen Voraussetzungen eines Rücknahmegrundes der Flüchtlingsstatus aberkannt, beendet oder nicht verlängert. Der Wortlaut der unionsrechtlichen Norm ist zwingend. Damit wird die in der Staatenpraxis übliche Ermessenspraxis im Rücknahmeverfahren[274] für die Mitgliedstaaten nicht anerkannt. Vielmehr sind die Mitgliedstaaten nach Unionsrecht verpflichtet, die erforderlichen Schritte einzuleiten, sofern ihnen Rücknahmegründe bekannt werden. Sie haben den Status aufzuheben, sofern sie sich davon überzeugt haben, dass die erforderlichen Voraussetzungen hierfür erfüllt sind. Für das deutsche Recht legt bereits § 73 Abs. 2 AsylVfG abweichend von § 49 VwVfG eine **Rücknahmeverpflichtung** fest.[275]

42 Die Mitgliedstaaten können die Rücknahme durch Aberkennung des Flüchtlingsstatus durch dessen Beendigung oder durch Nichtverlängerung vollziehen. Die Richtlinie unterscheidet damit zwischen Aberkennung (Rücknahme), Beendigung und Nichtverlängerung. Mit Rücknahme ist eine Entscheidung gemeint, welche die Unwirksamkeit der Statuszuerkennung zur Folge hat.[276] Der Unterschied zwischen Aberkennung (Rücknahme) und Beendigung besteht darin, dass die Aberkennung erst nach einem vorgängigen Prüfungsverfahren zulässig ist, während die Beendigung auf den in Art. 1 C GFK bezeichneten Begriff des Erlöschens verweist, d. h., bei Vorliegen der entsprechenden Voraussetzungen wird unmittelbar der Flüchtlingsstatus beendet. Für den Fall der Aberkennung enthalten Art. 37 und 38 RL 2005/85/EG entsprechende Verfahrensbestimmungen, setzen also ein vorgängiges Prüfungsverfahren unter Einschluss wirksamer Verfahrensgarantien voraus.

43 Für die Beendigung des Flüchtlingsstatus sieht die Verfahrensrichtlinie keine besonderen Verfahrensvorschriften vor. Andererseits bestimmt Art. 14 Abs. 3 Halbs. 1 RL 2004/83/EG, dass der Mitgliedstaat entsprechende **Feststellungen** treffen muss. Dementsprechend muss er die Beendigungsfolge in einem Verwaltungsverfahren nach vorgängiger Prüfung feststellen. Anders als bei der Aberkennung nach Art. 14 Abs. 3 Buchst. a) RL 2004/83/EG, die erst nach der – unanfechtbaren – behördlichen

---

272 *Kapferer*, Cancellation of Refugee Status, March 2003, S. 28.
273 *Kapferer*, Cancellation of Refugee Status, March 2003, S. 28 f.
274 *Kapferer*, Cancellation of Refugee Status, March 2003, S. 30.
275 BVerwGE 112, 80 (99) = NVwZ 2001, 335 = InfAuslR 2001, 532 = EZAR 214 Nr. 13.
276 *UNHCR*, Kommentar zur Richtlinie 2004/83/EG, Mai 2005, S. 28.

§ 37 Aufhebung der Flüchtlingseigenschaft

Feststellung wirksam wird (Rdn. 21), dürfte die Rücknahme **rückwirkende** Wirkung entfalten. Dies folgt daraus, dass die Rücknahme die Unwirksamkeit der Statuszuerkennung zur Folge hat.[277] Wählt der Mitgliedstaat die Form der Beendigung des Flüchtlingsstatus, ergibt sich bereits aus dem Wortlaut dieses Begriffs die **ex nunc**-Wirkung.

Schließlich kann der Mitgliedstaat die Verlängerung der Flüchtlingseigenschaft ablehnen, wenn ein Rücknahmegrund bekannt wird. Im deutschen Recht ist diese Rechtsfolge unbekannt, da zwischen der Zuerkennung der Flüchtlingseigenschaft durch das zuständige Bundesamt (§ 3 Abs. 4, § 5 AsylVfG) und der darauf beruhenden Erteilung eines Aufenthaltstitels nach § 25 Abs. 2 AufenthG durch die zuständige Ausländerbehörde unterschieden wird. Der Flüchtlingsstatus selbst kann nicht verlängert werden, sondern besteht solange fort, bis er zurückgenommen worden ist (§ 73 Abs. 2 AsylVfG). Demgegenüber lässt die Richtlinie diese Frage offen (vgl. Art. 13, 24 Abs. 1 RL 2004/83/EG), überlässt den Mitgliedstaaten damit, den Flüchtlingsstatus durch bloße Nichtverlängerung zu beenden. Aber auch in diesem Fall bestimmt Art. 14 Abs. 3 Buchst. b) RL 2004/83/EG, dass die entsprechenden Voraussetzungen festzustellen sind und hat die Nichtverlängerung **ex-nunc**-Wirkung.

44

Die Erforderlichkeit eines speziellen Verfahrens zur Prüfung der entsprechenden Voraussetzungen folgt aus Art. 37 und 38 RL 2005/83/EG. Dort werden Verfahrensvorschriften für die Prüfung der Aberkennung der Flüchtlingseigenschaft geregelt, die stets Anwendung finden, wenn »neue Elemente oder Erkenntnisse zutage treten, die darauf hindeuten, dass Gründe für eine Überprüfung der Berechtigung der Flüchtlingseigenschaft bestehen« (Art. 37 RL 2005/83/EG). Daraus ist zu schließen, dass unabhängig von der Frage, in welcher Form die Mitgliedstaaten den Fortbestand des Flüchtlingsstatus beseitigen, stets die besonderen Verfahrensbestimmungen nach Art. 37 und 38 RL 2005/83/EG Anwendung finden, wenn »neue Elemente oder Erkenntnisse« zutage treten.

45

Anders als Abs. 1 und Abs. 4 verweist Abs. 3 von Art. 14 Abs. 1 RL 2004/83/EG nicht auf die von einer Regierungs- oder Verwaltungsbehörde, einem Gericht oder einer gerichtsähnlichen Behörde zuerkannte Flüchtlingseigenschaft. Vielmehr wird lediglich auf die Flüchtlingseigenschaft abgestellt. Aber auch bei nachträglichen Ausschlussgründen dürfte es häufig um Statusentscheidungen gehen, die aufgrund gerichtlicher Verpflichtung erlassen wurden. Aus welchen Gründen die Norm des Art. 14 RL 2004/83/EG insoweit unterschiedliche Begrifflichkeiten wählt, bleibt unerfindlich. Von der Sache her geht es aber stets um einen Statusbescheid, der bei Vorliegen der entsprechenden Voraussetzungen aufgehoben wird. Die Aufhebung selbst kann gegebenenfalls gerichtlich überprüft werden (Art. 39 Abs. 1 Buchst. e) RL 2005/85/EG).

46

4. Statusaufhebung wegen Sicherheitsgefährdungen (Art. 14 Abs. 4 RL 2004/83/EG)

a) Funktion des Art. 14 Abs. 4 RL 2004/83/EG

Art. 14 Abs. 4 RL 2004/83/EG ist Art. 33 Abs. 2 GFK nachgebildet. Danach müssen stichhaltige Gründe für die Annahme sprechen, dass der Flüchtling eine Gefahr für die Sicherheit des Aufnahmestaates oder für die Allgemeinheit dieses Staates darstellt, weil er wegen eines schwerwiegenden Verbrechens rechtskräftig verurteilt wurde. Diese Bestimmung war im Vorschlag der Kommission nicht vorgesehen und ist erst im Laufe der Beratungen eingeführt worden. Sie steht im engen Sachzusammenhang mit Art. 14 Abs. 5 RL 2004/83/EG, weil beide Normen in Form einer Freistellungsklausel den Mitgliedstaaten die Möglichkeit einräumen, einen völkerrechtlich nicht zulässigen weiteren Ausschlussgrund (Rdn. 48 ff.) neben die Ausschlussgründe des Art. 1 F GFK (Art. 12 Abs. 2 RL 2004/83/EG, § 34) einzuführen. Während Abs. 4 von Art. 14 der Richtlinie aus Gründen des Art. 33 Abs. 2 GFK die nachträgliche Aufhebung des Flüchtlingsstatus erlaubt, wird durch Abs. 5 sichergestellt, dass aus diesen Gründen bereits die Statusgewährung gesperrt wird.

47

---

277 *UNHCR*, Kommentar zur Richtlinie 2004/83/EG, Mai 2005, S. 28.

48 Es bestehen schwerwiegende Bedenken gegen die Freistellungsklauseln des Art. 14 Abs. 4 und Abs. 5 RL 2004/83/EG, weil die enumerativen Ausschlussgründe des Art. 1 F GFK unzulässigerweise erweitert werden (Rdn. 47, § 35 Rdn. 7 ff.). Das Konzept der Schutzunwürdigkeit folgt nach Voraussetzungen und Rechtsfolgen anderen Kriterien als die Gefahrenabwehrnorm des Art. 33 Abs. 2 GFK. Ergebnis der präventivpolizeilichen Prüfung ist die Abschiebung des Flüchtlings oder deren Unterlassung, nicht aber der Wegfall des Status. Durch die Aufhebung des Status wird im Übrigen die Gefahr nicht beseitigt. Darüber hinaus ist die Asylbehörde von ihrer Aufgabe und ihrer Ausbildung gar nicht in der Lage, die klassische Polizeiaufgabe der präventivpolizeilichen Gefahrenprognose zu übernehmen. Aufgrund dessen besteht die Gefahr, dass entgegen dem Zweck des Art. 33 Abs. 2 GFK nicht die vom Betroffenen ausgehende Gefahr, sondern der abstrakte Charakter des Delikts über den Widerruf entscheidet (Rdn. 50, 52).

49 Damit wird offenkundig, dass Art. 33 Abs. 2 GFK entgegen seiner konventionsrechtlichen Funktion zur Sanktionsnorm für bestimmte Straftaten umgestaltet und damit durch die Hintertür der Anwendungsbereich von Art. 1 F Buchst. b) GFK auf Straftaten nach der Aufnahme im Mitgliedstaat erweitert wird. Das BVerwG hat offensichtlich keine völkerrechtlichen Bedenken gegen diese Norm und hat in diesem Zusammenhang klargestellt, dass eine Änderung der die Statusentscheidung begründenden Verhältnisse (Art. 11 Abs. 1 Buchst. e) und f) RL 2004/83/EG) nicht nur dann vorliegt, wenn infolge der maßgeblichen Verhältnisse im Herkunftsland keine Verfolgung mehr droht, sondern auch, wenn inzwischen von dem Flüchtling nach Maßgabe von § 60 Abs. 8 AufenthG (Art. 14 Abs. 4 RL 2004/83/EG) eine Gefahr für die Sicherheit der Bundesrepublik Deutschland oder für die Allgemeinheit ausgeht.[278] Eine Studie zur Praxis der Mitgliedstaaten hat ergeben, dass **Belgien**, **Frankreich**, **Polen** und **Ungarn** anders als die Bundesrepublik Art. 14 Abs. 4 RL 2004/83/EG nicht in Anspruch genommen haben.[279]

b) Voraussetzungen des Art. 14 Abs. 4 RL 2004/83/EG

50 Am Ausgangspunkt steht die Frage, ob der Flüchtling eine Gefahr für die Sicherheit des Staates oder der Allgemeinheit darstellt. Das Erfordernis der rechtskräftigen Verurteilung wegen eines besonders schweren Verbrechens fügt ein weiteres Element hinzu, kann aber nicht dahin verstanden werden, dass allein wegen dieser Straftat eine Gefahr für die Sicherheit des Staates oder die Allgemeinheit besteht. Vielmehr kommt es für die Anwendung von Art. 33 Abs. 2 GFK nicht in erster Linie auf den abstrakten Charakter der begangenen Straftat, sondern auf die Umstände an, unter denen sie begangen wurde, und ob hieraus eine Gefahr für die Sicherheit des Aufnahmestaates oder die Allgemeinheit folgt (Rdn. 48). Es entspricht völkerrechtlichen Grundsätzen, dass Art. 33 Abs. 2 GFK als Ausnahme vom Refoulementschutz eine Berücksichtigung aller Umstände des Falles einschließlich z. B. des Charakters der Straftat, des Hintergrunds ihrer Ausübung, des Verhaltens des Täters und des konkreten Strafurteils erfordert.

51 Art. 33 Abs. 2 GFK setzt darüber hinaus eine in die Zukunft gerichtete **Prognoseentscheidung** voraus, während Art. 1 F GFK allein wegen bestimmter individueller Handlungen zum Ausschluss vom Flüchtlingsschutz führt (§ 35 Rdn. 7 ff.). Es ist deshalb unvereinbar mit der Systematik der Konvention, den Begriff der »Gefahr« in Art. 33 Abs. 2 GFK auf Sachverhalte anzuwenden, in denen weniger als eine sehr ernsthafte Gefahr für die Sicherheit des Landes oder die Allgemeinheit besteht.[280] Dies folgt aus dem Begriff des »besonders schweren Vergehens« in Art. 33 Abs. 2 GFK. Insoweit erhöht Art. 14 Abs. 4 Buchst. b) RL 2004/83/EG sogar die Gefahrenschwelle, weil er anders

---

[278] BVerwGE 124, 276 (288) = NVwZ 2006, 707 = InfAuslR 2006, 244 = AuAS 2006, 92; siehe auch BVerwGE 122, 271 (284) = EZAR 51 Nr. 2 = NVwZ 2005, 704 = InfAuslR 2005, 276 – Metin Kaplan; siehe auch OVG Nordrhein-Westfalen, NVwZ 2004, 757 (758) – Metin Kaplan.

[279] *ECRE*, The Impact of the EU Qualification Directive on International Potection, S. 26.

[280] *Goodwin-Gill/McAdam*, The Refugee in International Law, S. 237; *Hathaway*, The Law of Refugee Status, S. 226.

als Art. 33 Abs. 2 GFK die Ausnahme vom Refoulementverbot nicht bereits bei »besonders schweren Vergehen«, sondern nur bei »besonders schweren Verbrechen« zulässt. § 60 Abs. 8 Satz 1 AufenthG, der unverändert auch ein »besonders schweres Vergehen« als Eingriffsgrundlage beibehält, ist deshalb mit Unionsrecht unvereinbar.

Fraglich ist, ob zwischen den beiden in Art. 33 Abs. 2 GFK und Art. 14 Abs. 4 RL 2004/83/EG geregelten Fallgruppen differenziert werden muss, weil nicht die Straftat, sondern die vom Flüchtling ausgehende Gefahr die Ausnahme vom Refoulementschutz begründet.[281] Während es im ersten Fall um eine Gefahr für die Sicherheit des Aufnahmestaates geht, die unabhängig von einer Straftat bestehen kann, geht es im anderen Fall um eine Gefahr für die Allgemeinheit dieses Staates, die an eine besonders schwere Straftat des Flüchtlings anknüpft. Art. 33 Abs. 2 GFK unterscheidet sich auch insoweit von Art. 1 F GFK, dass letztere Norm der **Gefahrenabwehr** dient, nicht jedoch ein internationales Prinzip zum Ausdruck bringt, wonach der Betroffene aufgrund bestimmter Handlungen schutzunwürdig wird. Bei der Gefahrenabwehr steht nicht die durch eine Straftat möglicherweise verursachte Schutzunwürdigkeit des Betroffenen in Rede, sondern die aus der Straftat folgende Gefahr (Rdn. 48). 52

Art. 14 Abs. 4 RL 2004/83/EG setzt ein **rechtskräftiges Urteil** wegen eines **besonders schweren Verbrechens** voraus. Es reicht nicht wie bei Art. 1 F GFK aus, dass schwerwiegende Gründe zu der Annahme berechtigen, der Betroffene habe bestimmte Straftaten begangen. Art. 33 Abs. 2 GFK enthält eine Schutzgarantie dahin, dass gegen einen Flüchtling, der im Aufnahmestaat eine Straftat begangen hat, nur im Fall der rechtskräftigen Verurteilung vorgegangen werden darf.[282] Darüber hinaus genügt es nicht, dass der Flüchtling ein »schwerwiegendes« Verbrechen begangen hat. Vielmehr muss er ein »besonders schwerwiegendes Verbrechen« verübt haben und muss aufgrund der Gesamtumstände die Prognose begründet sein, dass er gegenwärtig eine Gefahr für die Sicherheit des Aufnahmemitgliedstaates oder seine Allgemeinheit darstellt. 53

Die Statusaufhebung nach Art. 14 Abs. 4 RL 2004/83/EG kann stets nur als »**ultima ratio**« in Betracht kommen. Dementsprechend sind schon die tatbestandlichen Voraussetzungen **eng auszulegen**. Sie erfordern, dass mit Blick auf die erste Alternative nicht lediglich die **Annahme** gerechtfertigt ist, der Betroffene sei als eine Gefahr für die Sicherheit der Bundesrepublik anzusehen. Dies muss vielmehr **feststehen**.[283] Bei der zweiten Alternative kann nicht schon allein deswegen angenommen werden, der Betroffene bedeute eine schwerwiegende Gefahr für die Allgemeinheit, weil er wegen eines besonders schweren Verbrechens rechtskräftig verurteilt worden ist. Vielmehr muss eine **Wiederholungsgefahr** hinzukommen.[284] Die Rechtsprechung stellt damit nicht vorrangig auf die Straftat ab. Vielmehr beruht die Statusaufhebung entscheidend auf einer Gefahrenprognose (Rdn. 48 f.). Dabei muss die Wiederholung eines besonders schweren Verbrechens zu besorgen sein.[285] 54

Es reicht also nicht aus, wenn lediglich neue Verfehlungen nicht ausgeschlossen werden können. Vielmehr muss **aufgrund konkret festgestellter Umstände** die Annahme einer Wiederholungsgefahr mit Blick auf die qualifizierte Straftat im Sinne des Art. 14 Abs. 4 RL 2004/83/EG (§ 60 Abs. 8 Satz 1, 2. Alt. AufenthG) gerechtfertigt sein.[286] Eine strafgerichtlich festgestellte **günstige Sozialprognose** 55

---

281 *Goodwin-Gill/McAdam*, The Refugee in International Law, S. 235 f.
282 *Robinson*, Convention relating to the Status of Refugees, S. 140.
283 BVerwGE 49, 202 (209 f.) = NJW 1976, 490 = DVBl. 1976, 500 = EZAR 134 Nr. 1.
284 BVerwGE 49, 202 (209 f.) = NJW 1976, 490 = DVBl. 1976, 500 = EZAR 134 Nr. 1.
285 OVG Hamburg, EZAR 132 Nr. 2 = NVwZ-RR 1990, 374 = InfAuslR 1990, 188; OVG Nordrhein-Westfalen, EZAR 227 Nr. 3; siehe auch OVG Hamburg, EZAR 035 Nr. 6.
286 OVG Nordrhein-Westfalen, EZAR 227 Nr. 3.

spricht dabei regelmäßig gegen die Annahme einer Wiederholungsgefahr.[287] Auch persönliche Bindungen, die zu einer charakterlichen Festigung des Flüchtlings führen können, sind zu berücksichtigen.[288] Im Blick auf die Unterstützung als terroristisch eingestufter Organisation (§ 35 Rdn. 98 ff.) kritisiert UNHCR in seinem Bericht über die Untersuchung der Praxis der Mitgliedstaaten, dass die deutsche Rechtsprechung die Freistellungsklausel des Art. 14 Abs. 4 RL 2004/83/EG über das zulässige Maß hinaus ausdehne. So würden niedrigschwellige Unterstützungshandlungen für als terroristisch eingestufte Organisationen bereits als Ausschlussgrund angesehen.[289]

c) Rechtsfolgen des Art. 14 Abs. 4 RL 2004/83/EG

56   Nach Art. 14 Abs. 4 RL 2004/83/EG wird der Flüchtlingsstatus aberkannt, beendet oder nicht verlängert, wenn die Voraussetzungen dieser Norm erfüllt sind Die Mitgliedstaaten können die Aufhebung des Flüchtlingsstatus durch Aberkennung, Beendigung oder durch Nichtverlängerung vollziehen. Es besteht also Wahlfreiheit zwischen Aberkennung (Widerruf), Beendigung und Nichtverlängerung. Unter Widerruf ist eine Entscheidung gemeint, welche die Unwirksamkeit der Statuszuerkennung zur Folge hat.[290] Der Unterschied zwischen Aberkennung (Widerruf) und Beendigung besteht darin, dass die Aberkennung erst nach einem vorgängigen Prüfungsverfahren zulässig ist, während die Beendigung auf den in Art. 1 C GFK bezeichneten Begriff des Erlöschens verweist. Danach bewirkt das Vorliegen der entsprechenden Voraussetzungen unmittelbar die Beendigung des Flüchtlingsstatus.

57   Für den Fall der Aberkennung enthalten Art. 37 und 38 RL 2005/85/EG entsprechende Verfahrensbestimmungen (Rdn. 59), setzen also ein vorgängiges Prüfungsverfahren unter Einschluss wirksamer Verfahrensgarantien voraus. Für die Beendigung des Flüchtlingsstatus sieht die Verfahrensrichtlinie keine besonderen Verfahrensvorschriften vor. Es liegt aber in der Logik der Gefahrenabwehr, dass entsprechende **Feststellungen** in einem Prüfungsverfahren zu treffen sind. Die Beendigungsfolge ist also in einem Verwaltungsverfahren nach vorgängiger Prüfung festzustellen. Die Aberkennung nach Art. 14 Abs. 4 RL 2004/83/EG wird erst nach der – unanfechtbaren – behördlichen Feststellung wirksam. Wählt der Mitgliedstaat die Form der Beendigung des Flüchtlingsstatus, ergibt sich bereits aus dem Wortlaut dieses Begriffs die **ex nunc** – Wirkung.

58   Schließlich kann der Mitgliedstaat die Verlängerung der Flüchtlingseigenschaft ablehnen, wenn eine Sicherheitsgefährdung im Sinne des Art. 14 Abs. 4 RL 2004/83/EG bekannt wird. Im deutschen Recht ist diese Rechtsfolge unbekannt, da zwischen der Zuerkennung der Flüchtlingseigenschaft durch das zuständige Bundesamt (§ 3 Abs. 4, § 5 AsylVfG) und der darauf beruhenden Erteilung eines Aufenthaltstitels nach § 25 Abs. 2 AufenthG durch die zuständige Ausländerbehörde unterschieden wird. Der Flüchtlingsstatus selbst kann nicht verlängert werden, sondern besteht solange fort, bis er zurückgenommen worden ist (§ 73 Abs. 2 AsylVfG). Demgegenüber lässt die Richtlinie diese Frage offen (vgl. Art. 13, 24 Abs. 1 RL 2004/83/EG), überlässt den Mitgliedstaaten damit, den Flüchtlingsstatus durch bloße Nichtverlängerung zu beenden. Aber auch in diesem Fall bestimmt Art. 14 Abs. 4 RL 2004/83/EG, dass die entsprechenden Voraussetzungen festzustellen sind und hat die Nichtverlängerung **ex-nunc**-Wirkung.

59   Die Erforderlichkeit eines speziellen Verfahrens zur Prüfung der entsprechenden Voraussetzungen folgt aus Art. 37 und 38 RL 2005/83/EG (Rdn. 47). Dort werden Verfahrensvorschriften für die Prüfung der Aberkennung der Flüchtlingseigenschaft geregelt, die stets Anwendung finden, wenn »neue

---

287   OVG Nordrhein-Westfalen, EZAR 227 Nr. 3; OVG Hamburg, EZAR 132 Nr. 2 = NVwZ-RR 1990, 374 = InfAuslR 1990, 188; OVG Hamburg, NVwZ-RR, 1996, 358; VGH Baden-Württemberg, ESVGH 37, 226; VGH Baden-Württemberg, InfAuslR 1996, 328 (330) = EZAR 234 Nr. 1 = AuAS 1996, 125.
288   OVG Hamburg, EZAR 132 Nr. 2.
289   *UNHCR*, Asylum in the European Union. A study of the implementation of the Qualification Directive, S. 94.
290   *UNHCR*, Kommentar zur Richtlinie 2004/83/EG, Mai 2005, S. 28.

Elemente oder Erkenntnisse zutage treten, die darauf hindeuten, dass Gründe für eine Überprüfung der Berechtigung der Flüchtlingseigenschaft bestehen« (Art. 37 RL 2005/83/EG). Daraus ist zu schließen, dass unabhängig von der Frage, in welcher Form die Mitgliedstaaten die Rechtswirksamkeit des Flüchtlingsstatus aufheben, stets die besonderen Verfahrensbestimmungen nach Art. 37 und 38 RL 2005/83/EG Anwendung finden, wenn »neue Elemente oder Erkenntnisse« zutage treten.

Anders als Abs. 3 und in Übereinstimmung mit Abs. 1 von Art. 14 Abs. 1 RL 2004/83/EG verweist Abs. 4 auf die von einer Regierungs- oder Verwaltungsbehörde, einem Gericht oder einer gerichtsähnlichen Behörde zuerkannte Flüchtlingseigenschaft. Aus welchen Gründen die Norm des Art. 14 RL 2004/83/EG insoweit unterschiedliche Begrifflichkeiten wählt, bleibt unerfindlich. Von der Sache her geht es aber stets um einen Statusbescheid, der bei Vorliegen der entsprechenden Voraussetzungen aufgehoben wird. Die Aufhebung selbst kann gegebenenfalls gerichtlich überprüft werden (Art. 39 Abs. 1 Buchst. e) RL 2005/85/EG). Entsprechend dem Charakter der Öffnungsklausel können die Mitgliedstaaten das Verfahren nach ihrem Ermessen gestalten. Nach deutschem Recht besteht eine **Widerrufsverpflichtung**, wenn die Normvoraussetzungen vorliegen (§ 73 Abs. 1 Satz 1 AsylVfG). Erneut wird damit deutlich, dass bereits die Freistellungsklausel und erst recht ihre Inanspruchnahme durch die Bundesrepublik mit Völkerrecht unvereinbar ist. Denn bei der Anwendung von Art. 33 Abs. 2 GFK ist nicht auf den abstrakten Charakter der begangenen Straftat, sondern auf die Umstände abzustellen, unter denen sie begangen wurde, und ob hieraus eine Gefahr für die Sicherheit des Aufnahmestaates oder die Allgemeinheit folgt. Es handelt sich damit um eine präventivpolizeiliche Ermessensentscheidung (Rdn. 48), die einem (negativen) Statusverfahren systemfremd ist und zur Entscheidungsfindung auch nichts beitragen kann.

60

Hebt die Behörde den Flüchtlingsstatus aus Gründen des Art. 33 Abs. 2 GFK auf, entfällt wegen Art. 19 i.V.m. Art. 17 Abs. 1 Buchst. d) RL 2004/83/EG auch die Berufung auf den subsidiären Schutz (§ 36 Rdn. 138 ff.). Art. 21 RL 2004/83/EG verweist indes auf die völkerrechtlich anerkannten Grundsätze zum Refoulementschutz. Insoweit ist Art. 3 EMRK (siehe auch Art. 15 Buchst. b) RL 2004/83/EG) zu beachten, der anders als Art. 33 Abs. 2 GFK keine Ausnahme vom Refoulementverbot zulässt (Art. 21 RL 2004/83/EG, § 54 Rdn. 9 ff.). Der EGMR hat in diesem Zusammenhang ausdrücklich und wiederholt festgestellt, dass der in Art. 3 EMRK gewährleistete Schutz vor Folter oder unmenschlicher oder erniedrigender Strafe oder Behandlung **ausnahmslos** gilt, sodass der in Art. 3 EMRK gewährte Refoulementschutz umfassender als jener in Art. 33 GFK ist.[291]

61

d) Genuss bestimmter Konventionsrechte (Art. 14 Abs. 6 RL 2004/83/EG)

Nach Art. 14 Abs. 6 RL 2004/83/EG haben Flüchtlinge, denen der Flüchtlingsstatus entzogen wurde (Art. 14 Abs. 4 RL 2004/83/EG), Anspruch auf einige der Rechte nach der Konvention (Rdn. 188), die keinen rechtmäßigen Aufenthalt voraussetzen (§ 35 Rdn. 188 ff.).[1] Die Vorbehaltsklausel des Art. 14 Abs. 6 RL 2004/83/EG weist darauf hin, dass der Genuss dieser Konventionsrechte vom Aufenthalt des Flüchtlings im Aufnahmemitgliedstaat abhängig ist. Vollzieht der Mitgliedstaat nach der Aufhebung des Flüchtlingsstatus aufenthaltsbeendende Maßnahmen, kommt es nicht zur Anwendung von Art. 14 Abs. 6 RL 2004/83/EG. Diese Vorschrift kommt den Flüchtlingen zugute, die unter die Ausschlussklauseln des Art. 12 Abs. 2 RL 2004/83/EG fallen, aber wegen Art. 3 EMRK nicht in ihr Herkunftsland und mangels Aufnahmebereitschaft eines dritten Staates – wie zumeist in derartigen Fällen – nicht in einen anderen Staat abgeschoben werden können (§ 35 Rdn. 188).

62

Art. 14 Abs. 6 RL 2004/83/EG bezeichnet nicht alle Konventionsrechte, die keinen rechtmäßigen Aufenthalt voraussetzen. Es handelt sich um das Verbot diskriminierender Behandlung (Art. 3 GFK), das Recht auf Religionsausübung (Art. 4 GFK), den Zugang zu den Gerichten (Art. 16 GFK), das Recht auf öffentliche Erziehung (Art. 22 GFK), das Verbot der Bestrafung wegen illegaler Einreise (Art. 31 GFK), den Ausweisungsschutz nach Art. 32 GFK und den Refoulementschutz nach Art. 33

63

---

291 EGMR, EZAR 933 Nr. 4 = InfAuslR 1997, 97 = NVwZ 1997, 1093 – Chahal; EGMR, InfAuslR 1997, 279 (281) = NVwZ 1997, 1100 = EZAR 933 Nr. 5 – Ahmed.

GFK. Ungereimt ist der Hinweis auf den Schutz nach Art. 33 GFK in Art. 14 Abs. 6 RL 2004/83/EG. Denn dieser war dem Flüchtling durch die Anwendung von Art. 14 Abs. 4 RL 2004/83/EG ja gerade genommen worden.

Teil 2 Subsidiärer Schutz

Abschnitt 1 Unionsrechtlicher subsidiärer Schutz

Kapitel 11 Funktion des subsidiären Schutzes

Leitsätze

1. Die Richtlinie konzipiert den subsidiären Schutz nach Art. 18 als Kategorie des »**internationalen Schutzes**« (Art. 2 Buchst. a) RL 2004/83/EG). Der subsidiäre Schutzstatus ergänzt die in der GFK festgelegte Schutzregelung für Flüchtlinge. Diese subsidiären Kriterien sollen »völkerrechtlichen Verpflichtungen« im Bereich der Menschenrechte und bestehenden Praktiken in den Mitgliedstaaten entsprechen (Erwägungsgrund Nr. 25 RL 2004/83/EG, § 38 Rdn. 1 ff.)).
2. In der Staatenpraxis waren Regelungen für den Aufenthalt von Personen entwickelt worden, die nicht als Flüchtlinge anerkannt wurden, deren Rückführung in das Herkunftsland jedoch aus den verschiedensten Gründen nicht möglich ist. Diese Praxis hatte dramatisch unterschiedliche Schutzstandards zur Folge (§ 38 Rdn. 2)
3. Die Regelungen zum subsidiären Schutz schaffen keine völlig neuen Rechtskategorien schutzbedürftiger Personen. Vielmehr dienen die in Art. 15 RL 2004/83/EG entwickelten Kategorien der Klarstellung und Kodifizierung der bestehenden Praxis in den Mitgliedstaaten (§ 38 Rdn. 4 ff.). Die Richtlinie greift eine internationale Tendenz auf und regelt diese für die Praxis der Mitgliedstaaten verbindlich. In einer Reihe von Staaten sind Regelungen für den Aufenthalt von Personen entwickelt worden, die nicht als Flüchtlinge anerkannt werden, deren Rückführung jedoch aus den verschiedensten Gründen nicht möglich oder ratsam ist.
4. Der in der Praxis für dieses Phänomen entwickelte Begriff des »**komplementären Schutzes**« hat sich seit Ende der 1990er Jahre herausgebildet. Es handelt sich um einen allgemeinen Begriff, der in der Praxis in unterschiedlichen Variationen, wie etwa als »subsidiärer Schutz«, »humanitärer Schutz« oder »vorübergehender Schutz«, Anwendung findet.
5. Der subsidiäre Schutzstatus muss vom **vorübergehenden Schutzstatus** getrennt werden (§ 38 Rdn. 5). Während der vorübergehende Schutz ein lediglich für einen begrenzten Zeitraum anwendbares Konzept zur Lösung von Massenfluchtbewegungen darstellt, handelt es sich beim subsidiären Schutzstatus um ein Konzept zur Gewährung **dauerhaften** internationalen Schutzes, der nicht auf Massenfluchtbewegungen beschränkt ist, als **Alternative** zum Flüchtlingsschutz.
6. Die Verfahrensrichtlinie behandelt einen Asylantrag zunächst nur nach Maßgabe der GFK, es sei denn, der Betreffende ersucht ausdrücklich um eine andere Form des Schutzes (Art. 2 Buchst. b) RL 2005/85/EG, s. aber § 13 AsylVfG). Erfüllt der Antragsteller weder die flüchtlingsrechtlichen noch die Voraussetzungen des subsidiären Schutzes, muss es Schutzsuchenden ermöglicht werden, einen Antrag auf Gewährung menschenrechtlichen Schutzes nach Maßgabe des nationalen Rechts zu stellen (nationaler subsidiärer Schutzstatus, § 38 Rdn. 6).
7. In Art. 21 ff. RL 2004/83/EG wird der Inhalt des subsidiären Schutzstatus in Angleichung an den dort ebenfalls normierten Flüchtlingsstatus geregelt. Entgegen dem ursprünglichen Ansatz der Kommission wurden jedoch in der Richtlinie 2004/83/EG erhebliche Unterschiede in der jeweiligen Rechtsstellung festgelegt (§ 38 Rdn. 9).
8. Im Rahmen weit ausgreifender Menschenrechtsverletzungen wie z. B. Massaker und andere Übergriffe gegen die Zivilbevölkerung kommt es häufig zu individualbezogenen Formen der Verfolgungen gegen Einzelpersonen. In diesen Fällen besteht eine begründete Furcht vor Verfolgung aus Gründen der GFK. Kann eine begründete Furcht vor Maßnahmen, die innerhalb der Bevölkerung nach Rasse, Religion, Nationalität und anderen Gründen selektieren, nicht geltend gemacht werden, sind regelmäßig die Voraussetzungen des subsidiären Schutzstatus erfüllt (vgl. Art. 15 Buchst. c) RL 2004/83/EG, § 39 Rdn. 4).

9. Die Richtlinie definiert subsidiär Schutzberechtigte als Personen, die zwar nicht als Flüchtling anerkannt werden können, die aber stichhaltige Gründe für die Annahme vorgebracht haben, dass sie bei einer Rückkehr in ihr Herkunftsland tatsächlich Gefahr laufen, einen ernsthaften Schaden im Sinne des Art. 15 zu erleiden (§ 39 Rdn. 2). Umfasst sind Personen, die von schwerwiegenden Menschenrechtsverletzungen (Todesstrafe, Folter oder unmenschliche oder erniedrigende Behandlung) betroffen sind (Art. 15 Buchst. a) und b) RL 2004/83/EG) sowie Personen, die zwar ernsthafte individuelle Bedrohungen des Lebens oder der Unversehrtheit infolge willkürlicher Gewalt befürchten, hierfür jedoch keine individualbezogene Furcht vor Verfolgung geltend machen können (Art. 15 Buchst. c) RL 2004/83/EG).
10. Nur im Blick auf die Personen, die nicht unter die Bestimmungen der GFK fallen, die aber als **Flüchtlinge im weiteren Sinne** angesehen werden können, darf auf den subsidiären Schutz zurückgegriffen werden. Subsidiäre Schutzformen dürfen deshalb nicht in einer Weise angewandt werden, die das internationale Schutzsystem für Flüchtlinge aushöhlt (§ 39 Rdn. 6 ff.).
11. Deshalb ist es unzulässig, immer dann auf den subsidiären Schutz auszuweichen, wenn es schwierig oder zeitaufwendig wäre, die Flüchtlingseigenschaft festzustellen. Befindet sich eine Person in einer Situation, in welcher die Kriterien der Flüchtlingseigenschaft erfüllt sind, kann die Gewährung lediglich subsidiären Schutzes daher eine Verletzung der sich aus dem Flüchtlingsrecht ergebenden Verpflichtungen darstellen.

Liegt ein ernsthafter Schaden nach Art. 15 RL 2004/83/EG vor (§ 38)?

↓

Erfüllt das Sachvorbringen zugleich den Begriff der Verfolgungshandlung (Art. 9 RL 2004/83/EG) und die Voraussetzungen der Zusammenhangsklausel (Art. 10 RL 2004/83/EG), dann ist die Zuerkennung der Flüchtlingseigenschaft vorrangig (§ 39 Rdn. 6 ff.).

↓

Welcher ernsthafte Schaden liegt vor?

– eine drohende Todesstrafe (§ 40),

– Folter oder unmenschliche oder erniedrigende Behandlung oder Bestrafung (§ 41) oder

– willkürliche Gewalt in der Herkunftsregion (§ 42)

↓

Liegen Ausschlussgründe (§ 44) vor?

↓

Liegen Verlustgründe (§ 44) vor?

Schaubild 20 zum subsidiären Schutz

§ 38 Begriff des subsidiären Schutzes

1 Die Richtlinie konzipiert den subsidiären Schutz nach Art. 18 als Kategorie des »**internationalen Schutzes**« (Art. 2 Buchst. a) RL 2004/83/EG). Das Adjektiv »subsidiär« bezieht sich auf den Flüchtlingsschutz, der Vorrang gegenüber dem subsidiären Schutzstatus hat (§ 39 Rdn. 6 ff.). Subsidiär ist jedoch auch der Flüchtlingsschutz wie auch insgesamt der internationale Schutz gegenüber dem nationalen Schutz (§ 16 Rdn. 1 ff.). Nach Erwägungsgrund Nr. 24 RL 2004/83/EG sollen

Mindestnormen für die Merkmale des subsidiären Schutzes festgelegt werden. Dabei soll der subsidiäre Schutzstatus die in der GFK festgelegte Schutzregelung für Flüchtlinge **ergänzen**. Es werden Kriterien eingeführt, die als Grundlage für die Gewährung eines subsidiären Schutzstatus dienen. Diese Kriterien sollen völkerrechtlichen Verpflichtungen im Bereich der Menschenrechte und bestehenden Praktiken in den Mitgliedstaaten entsprechen (Erwägungsgrund Nr. 25 RL 2004/83/EG).

Bis zur Umsetzung der Richtlinie gab es keine speziellen unionsrechtlichen Vorschriften zum subsidiären Schutz. Bis dahin bestehende Verfahren in den Mitgliedstaaten wurden unter dem Begriff »**de facto**«-Flüchtlinge zusammengefasst, hatten aber als Ergebnis dramatisch unterschiedliche Schutzstandards zur Folge. Ungeachtet der seit Beginn der 1970er Jahre erhobenen Forderungen für eine einheitliche europäische Lösung ließ diese bis zur Verabschiedung der Rechtsakte der Union zum Gemeinsamen Asylsystem nach 2001 auf sich warten. Die Qualifikationsrichtlinie enthält den ersten unionsrechtlichen Versuch zur Einführung eines komplementären oder subsidiären Schutzsystems, der zum System des Flüchtlingsschutzes hinzu trat.[1]

Jedoch sehen die EMRK und die Rechtsprechung des EGMR einen rechtlich verbindlichen Rahmen vor, der maßgeblich für die Wahl der Kategorien von Begünstigten ist. Der Europarat hat darüber hinaus in einer Reihe von Beschlüssen die Anwendung gemeinsamer Kriterien für Personen vorgeschlagen, die zwar nicht unter die GFK fallen, aber gleichwohl internationalen Schutz benötigen.[2] Dementsprechend begründet die Kommission ihren Vorschlag, den subsidiären Schutzstatus einzuführen, damit, dass es in der Union keine speziellen Vorschriften zum subsidiären oder komplementären Schutz gebe. Jedoch würden die EMRK und die Rechtsprechung des EGMR einen rechtlich verbindlichen Rahmen vorsehen, der maßgeblich für die Bestimmung der Berechtigten dieses Status sei.[3] Folgerichtig erinnert Erwägungsgrund Nr. 25 der Richtlinie die Mitgliedstaaten an ihre internationalen Verpflichtungen im Bereich der Menschenrechte.

Daher schaffen die Regelungen zum subsidiären Schutz keine völlig neuen Rechtskategorien schutzbedürftiger Personen. Vielmehr dienen die in Art. 15 RL 2004/83/EG entwickelten Kategorien der Klarstellung und Kodifizierung der bestehenden Praxis in den Mitgliedstaaten.[4] Die Richtlinie greift eine internationale Tendenz auf und regelt diese für die Praxis der Mitgliedstaaten verbindlich. In einer Reihe von Staaten sind Regelungen für den Aufenthalt von Personen entwickelt worden, die nicht als Flüchtlinge anerkannt werden, deren Rückführung jedoch aus den verschiedensten Gründen nicht möglich oder ratsam ist. Der in der Praxis für dieses Phänomen entwickelte Begriff des »**komplementären Schutzes**« hat sich seit Ende der 1990er Jahre herausgebildet. Es handelt sich um einen allgemeinen Begriff, der in der Praxis in unterschiedlichen Variationen, wie etwa als »subsidiärer Schutz«, »humanitärer Schutz« oder »vorübergehender Schutz«, Anwendung findet.[5]

Der Mangel einer universell anerkannten Definition für den subsidiären Schutz kann in Ansehung des Begriffs des »vorübergehenden Schutzes« Verwirrung stiften. Der Begriff »vorübergehender Schutz« wird allgemein zur Beschreibung vorübergehender Lösungen zur dringlichen Regelung von Massenfluchtbewegung verwendet. Demgegenüber wird das Konzept des subsidiären Schutzes nicht auf notstandsähnliche bzw. lediglich vorübergehende Situationen angewandt. Vielmehr handelt es sich um ein Konzept zur Gewährung internationalen Schutzes als Alternative zum

---

1 *Goodwin-Gill/McAdam*, The Refugee in International Law, S. 325; *McAdam*, IRLJ 2005, 461.
2 Parliamentary Assembly Recommendation 773 (1976) on the Situation of De Facto Refugees, Recommendation 817 (1977) on Certain Aspects of the Right to Asylum, Recommendation 1327 (1977) on the Protection and Reinforcement of the Human Rights of Refugees and Asylum Seekers in Europe, Recommendation 1525 (2001) on the UNHCR and the Fiftieth Anniversary of the Geneva Convention, Committee of Ministers, Recommendation (2001) 18.
3 Kommissionsentwurf KOM(2001)510 endg.; Ratsdok. 13620/01, in: BR-Drucks. 1017/01, S. 28.
4 Kommissionsentwurf KOM(2001)510 endg.; Ratsdok. 13620/01, in: BR-Drucks. 1017/01, S. 28.
5 *Mandal*, Complementary Protection, S. 2.

Flüchtlingsschutz. Personen, auf die an sich komplementäre Schutzformen zugeschnitten sind, können freilich in Notstandssituationen vorübergehenden Schutz beanspruchen. Dementsprechend hat die Union mit der Richtlinie 2001/55/EG für den »vorübergehenden Schutz« und mit Art. 15 bis 18 der Richtlinie 2004/83/EG für den subsidiären Schutz voneinander getrennte und auch abgrenzbare Konzepte entwickelt.

6 Das in der Richtlinie verwirklichte Konzept des subsidiären Schutzstatus wird sehr kritisch bewertet, da es weit hinter dem ursprünglich weiten Ansatz der Kommission zurückbleibt und sich im Ergebnis darauf beschränkt, die besten Elemente in der Praxis der Mitgliedstaaten aufzugreifen und in ein unionsrechtliches Konzept zu integrieren.[6] UNHCR hat demgegenüber die pragmatische Herangehensweise in der Staatenpraxis begrüßt, soweit sie dazu dient, den für Flüchtlinge vorgesehenen internationalen Schutz zu ergänzen. Anders als die Richtlinie verwendet UNHCR für diese Schutzformen den Begriff »**komplementärer**« Schutz (Rdn. 3).[7] In der Begründung des Vorschlags der Kommission werden sowohl die Begriffe »subsidiärer« wie auch »komplementärer«, also »ergänzender« Schutz gebraucht.[8] Die Richtlinie selbst verwendet indes nur noch den Begriff subsidiärer Schutz.

7 Nach der Richtlinie RL 2004/83/EG umfasst ein Asylantrag sowohl das Begehren auf Prüfung des Flüchtlingsschutzes wie auch des subsidiären Schutzes. Das bedeutet, dass Personen, die nicht als Flüchtlinge anerkannt werden können, weil sie die entsprechenden Voraussetzungen nicht erfüllen, ein Recht darauf haben, dass ihr Begehren nach Maßgabe menschenrechtlicher Verpflichtungen zu prüfen ist. Allerdings behandelt die Verfahrensrichtlinie einen Asylantrag zunächst nur nach Maßgabe der GFK, es sei denn, der Betreffende ersucht ausdrücklich um eine andere Form des Schutzes (Art. 2 Buchst. b) RL 2005/85/EG, s. aber § 13 AsylVfG). Erfüllt der Antragsteller weder die flüchtlingsrechtlichen noch die Voraussetzungen des subsidiären Schutzes, muss es Schutzsuchenden ermöglicht werden, einen menschenrechtlichen Schutzantrag nach Maßgabe des nationalen Rechts zu stellen.[9] In der Bundesrepublik wird dem durch die Einführung eines nationalen subsidiären Schutzstatus nach Maßgabe des § 60 Abs. 5 und 7 Satz 1 AufenthG Rechnung getragen.

8 Mit dem subsidiären Schutzstatus hat die Union ein **menschenrechtliches** Verständnis **des Refoulementschutzes** anerkannt. Ursprünglich wurden menschenrechtliche Verpflichtungen gegen die Ursprungsländer gerichtet. Erst in den 1980er Jahren erweiterte Art. 3 des Übereinkommens gegen Folter der Vereinten Nationen und 1989 die Rechtsprechung des EGMR, der sich auf diese Norm bezog,[10] den menschenrechtlichen Schutz auch auf die Aufnahmeländer und entwickelten Refoulementverbote. Allerdings ist auch die GFK und insbesondere Art. 33 als menschenrechtliches Schutzinstrument konzipiert und versteht UNHCR die Konvention als integralen Bestandteil des menschenrechtlichen Schutzsystems.[11] Da das System des Flüchtlingsschutzes mit dem individuell bezogenen Begriff der Verfolgungsfurcht einen engeren Personenkreis begünstigt, versuchen menschenrechtliche Schutzinstrumente jedoch einen größeren Personenkreis zu erfassen. Die Union öffnet insoweit mit Art. 15 Buchst. c) RL 2004/83/EG Neuland. Es kann daher nicht verwundern, dass über die Reichweite dieser Norm keine Einigung besteht.[12]

9 In Art. 21 ff. RL 2004/83/EG wird der Inhalt des subsidiären Schutzstatus in Angleichung an den dort ebenfalls normierten Flüchtlingsstatus geregelt. Entgegen dem ursprünglichen Ansatz der Kommission wurden jedoch in der Richtlinie 2004/83/EG erhebliche Unterschiede in der jeweiligen

---

6 *McAdam*, IRLJ 2005, 461 (464 ff.).
7 *UNHCR*, Komplementäre Schutzformen, April 2001, S. 1.
8 Kommissionsentwurf KOM(2001)510 endg.; Ratsdok. 13620/01, in: BR-Drucks. 1017/01, S. 28.
9 *Storey*, IJRL 2008, 1 (15).
10 EGMR, EZAR 933 Nr. 1 S. 5 = EuGRZ 1989, 319 = NJW 1990, 2183 – Soering.
11 *Edwards*, IRLJ 2005, 293 (295 ff.).
12 Siehe hierzu § 42 Rdn. 4.

Rechtsstellung festgelegt. Durch die Änderungsrichtlinie 2011/95/EU soll demgegenüber der subsidiäre Schutzstandard weitgehend dem Flüchtlingsschutz angeglichen werden.[13] Ob die Neuregelungen diesen Zweck erfüllen, bedarf jedoch der näheren Untersuchung im dritten Teil dieses Handbuchs.

§ 39 Erweiterung des Flüchtlingsbegriffs

Übersicht Rdn
1. Betroffene Personengruppen 1
2. Vorrang des Flüchtlingsschutzes 6

1. Betroffene Personengruppen

Das Exekutivkomitee für das Programm von UNHCR weist in der Empfehlung Nr. 103 (LVI – 2005) darauf hin, dass neben den Flüchtlingen Personen, die wegen willkürlicher Bedrohungen als Folge genereller Gewalt, bewaffneter Konflikte oder ernsthafter Störungen der öffentlichen Ordnung nicht in ihre Herkunftsländer zurückkehren können, des Schutzes bedürfen. Es sei notwendig, generelle Grundsätze zu entwickeln, anhand derer komplementäre Schutzformen für schutzbedürftige Personen eingeführt werden könnten.[14] Dabei verweist das Exekutivkomitee auf die Bedeutung regionaler Instrumente, wie z. B. die Flüchtlingskonvention der OAU von 1969 und die für Latein- und Zentralamerika maßgebende Cartagena Deklaration von 1984. 1

Komplementäre Schutzformen zugunsten schutzbedürftiger Personen sind ein positiver Ansatz, um pragmatisch auf bestimmte Notlagen zu reagieren. Das Exekutivkomitee ermutigt deshalb die Staaten, komplementäre Schutzformen für jene Personen einzuführen, die zwar nicht die Flüchtlingseigenschaft erfüllen, gleichwohl aber schutzbedürftig sind. Da der Flüchtlingsbegriff auf das individuelle Konzept der begründeten Furcht vor Verfolgung zugeschnitten ist, war das Mandat von UNHCR von Anfang an weiter gehend als die staatlichen Verpflichtungen nach der Konvention. Die Generalversammlung der Vereinten Nationen hat UNHCR von Beginn an Aufgaben für eine Bandbreite schutzbedürftiger Situationen übertragen, die nicht von der Konvention erfasst werden. Die **Schutzlücke** zwischen dem Mandat von UNHCR und den internationalen Verpflichtungen kann deshalb durch die Einführung des Konzeptes des komplementären bzw. subsidiären Schutzes geschlossen werden. Damit wird auch eine besonders enge Nähe subsidiärer Schutzformen zu internationalen Verpflichtungen deutlich. 2

In Empfehlungen des Exekutivkomitees von UNHCR wurde wiederholt darauf hingewiesen, dass Personen auch dann eine begründete Verfolgungsfurcht haben können, wenn sie aus Konfliktsituationen kommen. So wies das Exekutivkomitee z. B. 1994 darauf hin, »dass eine große Anzahl der auf internationalen Schutz angewiesenen Personen als Folge von lebens- oder freiheitsbedrohenden Konfliktsituationen zur Flucht gezwungen wurden.« Daher könnten Personen, denen es infolge von Konfliktsituationen nicht möglich sei, sicher in ihre Herkunftsländer zurückzukehren, nach den jeweiligen Umständen als Flüchtlinge angesehen werden.[15] Sowohl in Friedenszeiten wie auch in Zeiten bewaffneter Konflikte komme es immer wieder zu schweren und wiederholten Verletzungen 3

---

13 *Commission of the European Communities*, Proposal for a Directive on minimum standards for the qualification and status of third country nationals or stateless persons as beneficiaries of international protection, 21 Oct. 2009, COM(2009)551/3, S. 36 ff.; Council of the European Union, PRESSE 445, 24 Nov. 2011.
14 *UNHCR*, Executiv Committee, Conclusion on the Provision on International Protection Including Through Complementary Forms of Protection, No. 103 (LVI) – 2005.
15 *Exekutivkomitee des Programms von UNHCR*, Allgemeiner Beschluss zum Internationalen Rechtsschutz, Nr. 74 (XLV) (1994), Buchst. k) und l).

der Menschenrechte und Grundfreiheiten. Diese zählten zu den Hauptursachen der Flüchtlingsströme.[16]

4   In der Tat kann die zielgerichtete Unterscheidung bestimmter Personengruppen anhand ethnischer, religiöser oder auf die politische Identität abzielender Gründe eine gezielte militärische Taktik darstellen. Im Rahmen weit ausgreifender Menschenrechtsverletzungen wie z. B. Massaker und andere Übergriffe gegen die Zivilbevölkerung wird es häufig zu individualbezogenen Formen der Verfolgungen gegen Einzelpersonen kommen. In diesen Fällen besteht eine begründete Furcht vor Verfolgung aus Gründen der GFK. Kann eine begründete Furcht vor Maßnahmen, die innerhalb der Bevölkerung nach Rasse, Religion, Nationalität und anderen Gründen selektieren, nicht geltend gemacht werden, sind regelmäßig die Voraussetzungen des subsidiären Schutzstatus erfüllt (vgl. Art. 15 Buchst. c) RL 2004/83/EG).

5   Die Richtlinie definiert den Begünstigten als einen Antragsteller, »der die Voraussetzungen für die Anerkennung als Flüchtling nicht erfüllt, der aber stichhaltige Gründe für die Annahme vorgebracht hat, dass er bei einer Rückkehr in sein Herkunftsland oder, bei einem Staatenlosen, in das Land des vorherigen gewöhnlichen Aufenthalts tatsächlich Gefahr liefe, einen ernsthaften Schaden im Sinne des Art. 15 zu erleiden, und auf den Art. 17 Abs. 1 und 2 keine Anwendung findet und der den Schutz dieses Landes nicht in Anspruch nehmen kann oder wegen dieser Gefahr nicht in Anspruch nehmen will« (Art. 2 Buchst. e) RL 2004/83/EG). An die Stelle des Begriffs der »Verfolgungshandlung« (Art. 9) tritt der Begriff des »ernsthaften Schadens« (Art. 15), der mit den ersten beiden Fallgruppen die traditionellen menschenrechtlichen Refoulementverbote aufgreift und mit der dritten Neuland betritt. Im Übrigen wird mit dem Hinweis auf den Wegfall des nationalen Schutzes und die Ausschlussgründe der subsidiäre Schutz spiegelbildlich nach Maßgabe der Struktur des Flüchtlingsbegriffs gebildet.

2. Vorrang des Flüchtlingsschutzes

6   Für die sachgerechte Unterscheidung zwischen beiden Formen des internationalen Schutzes hat das Exekutivkomitee von UNHCR ausdrücklich darauf hingewiesen, dass komplementäre Schutzformen in einer Weise angewendet werden sollten, welche das internationale Schutzsystem für Flüchtlinge stärke und nicht aushöhle.[17] Deshalb wendet sich UNHCR gegen eine zunehmende Staatenpraxis, immer dann komplementäre Schutzformen anzuwenden, wenn es schwierig oder zeitaufwendig ist, die Flüchtlingseigenschaft festzustellen. Befinde sich ein Antragsteller in einer Situation, in welcher die Kriterien der Flüchtlingseigenschaft erfüllt seien, könnte die Gewährung lediglich komplementären Schutzes deshalb eine Verletzung der sich aus dem Flüchtlingsrecht ergebenden internationalen Verpflichtungen darstellen.[18] Folgerichtig werden die Mitgliedstaaten durch Art. 2 Buchst. e) RL 2004/83/EG dazu angehalten, vor der Prüfung des subsidiären Schutzes zunächst den Flüchtlingsschutz zu prüfen.

7   Nur für diejenigen Personen, die nicht unter die Bestimmungen der Konvention fallen, die aber als Flüchtlinge im weiteren Sinne angesehen werden können (Rdn. 1 – 4), darf auf den subsidiären Schutz zurückgegriffen werden. UNHCR verwendet in diesem Zusammenhang den Begriff »**Flüchtling im weiteren Sinne**«, um jene außerhalb ihres Herkunftslandes befindlichen Personen zu kennzeichnen, welche wegen einer ernsthaften Bedrohung ihres Lebens, ihrer Freiheit oder Sicherheit als Folge eines bewaffneten Konfliktes oder einer schwerwiegender Störung der öffentlichen Ordnung in ihrem Herkunftsland auf internationalen Schutz angewiesen sind.[19]

---

16 *Exekutivkomitee des Programms von UNHCR*, Beschluss zum Internationalen Rechtsschutz, Nr. 85 (XLIX) (1998), Buchst. g).
17 *Exekutivkomitee des Programms von* UNHCR, Conclusion on the Provision on International Protection Including Through Complementary Forms of Protection, N0. 103 (LVI) – 2005, No. k.
18 *UNHCR*, Komplementäre Schutzformen, April 2001, S. 1; *Klug*, GermanYIL 2004, 594 (619).
19 *Mandal*, Complementary Protection, S. 5.

Hinzu kommt, dass Personen, die unter die Bestimmungen der Konvention fallen, von den Vertrags- 8
staaten wegen abweichender Auslegung ihrer Bestimmungen häufig nicht anerkannt werden. Dem
will die Richtlinie 2004/83/EG mit der verbindlichen Festlegung der Kriterien für die Feststellung
der Flüchtlingseigenschaft in Art. 9 und 10 vorbeugen. Während zwar bislang in der Staatenpraxis
viele Personen häufig wegen einer restriktiven Handhabung der Konvention vom Flüchtlingsschutz
ausgeschlossen wurden, indes komplementären Schutz erhalten haben, entwickelt die Richtlinie
2004/83/EG klare Konzeptionen für beide Formen des internationalen Schutzes.

Eine sachgerechte und vernünftige Handhabung der Bestimmungen in Art. 9 und 10 RL 2004/83/ 9
EG kann deshalb an sich nicht mehr dazu führen, dass Flüchtlinge auf den subsidiären Schutzstatus
abgedrängt werden. Dieser bezieht sich nach der Richtlinie auf Personen, die zwar von ernsthaften
und schwerwiegenden Menschenrechtsverletzungen betroffen sind, die indes keinen hierfür maßgebenden Verfolgungsgrund darlegen können (Art. 15 Buchst. a) und b) RL 2004/83/EG) sowie auf
Personen, die zwar ernsthafte individuelle Bedrohungen des Lebens oder der Unversehrtheit infolge
willkürlicher Gewalt befürchten, hierfür jedoch keine individualbezogene Furcht vor Verfolgungen
geltend machen können (Art. 15 Buchst. c) RL 2004/83/EG).

Es ist von größter Wichtigkeit, zwischen beiden Gruppen eine genaue und sorgfältige Unterschei- 10
dung zu treffen, um den tatsächlichen Schutzbedarf ermitteln zu können, aufgrund dessen von
einer Rückführung Abstand zu nehmen ist.[20] Die Staaten könnten zwar aus Härte- oder praktischen
Gründen einen längeren Verbleib für bestimmte Personen erlauben. Derartige ausländerrechtliche
Verbleibsregelungen müssen jedoch klar von den Fällen unterschieden werden, in denen internationale schutzbedürftige Situationen eintreten. Subsidiäre Schutzformen können insbesondere spezifische vorübergehende Schutzmechanismen darstellen, um – ohne zuvor formal die Flüchtlingseigenschaft oder den subsidiären Schutzstatus festzustellen – unverzüglich auf Massenfluchtbewegungen
zu reagieren (§ 38 Rdn. 4).

---

20 *Exekutivkomitee des Programms von UNHCR*, Beschluss zum Internationalen Rechtsschutz, Nr. 85 (XLIX) (1998), Buchst. y).

Kapitel 12 Voraussetzungen des unionsrechtlichen subsidiären Schutzes

§ 40 Todesstrafe (Art. 15 Buchst. a) RL 2004/83/EG)

Übersicht

	Rdn
1. Funktion von Art. 15 Buchst. a) RL 2004/83/EG	1
2. Begriff der Todesstrafe	7
3. Verletzung des Folterverbotes	13
4. Todeszellensyndrom	17
5. Verbot der Doppelbestrafung	26
6. Prognoseprüfung	30
a) Funktion der Gefahrenprognose	30
b) Darlegungslasten	38
c) Prognosekriterien	42
d) Bedeutung von Zusicherungen	53

Leitsätze

1. Es ist die Funktion von Art. 15 Buchst. a) der Richtlinie, anknüpfend an die **völkerrechtliche Entwicklung zur Ächtung der Todesstrafe** für die Praxis der Mitgliedstaaten klare und verbindliche Regelungen festzulegen (Rdn. 1 ff.). Damit bringt die Richtlinie die Rechtsüberzeugung der Mitgliedstaaten zum Ausdruck, dass die Verhängung und Vollstreckung der Todesstrafe eine schwerwiegende Verletzung der Menschenrechte darstellt und extraterritoriale Verpflichtungen der Mitgliedstaaten begründet, die sie im Rahmen ihrer ausländerrechtlichen Praxis zwingend zu beachten haben.

2. Unter dem **Begriff der Todesstrafe** wird die **absichtliche Tötung zur Vollstreckung** eines **gerichtlich verhängten Todesurteils** im Fall eines vom Gesetz mit dem Tode bedrohten Verbrechens (vgl. Art. 2 Abs. 1 EMRK, Art. 6 Abs. 2 IPbpR) verstanden. Im weiteren Sinne ist hierunter die **gezielte physische Vernichtung** eines Menschen durch den Staat zu verstehen, welche als formelle staatliche Sanktion an ein bestimmtes individuelles Verhalten oder eine bestimmte Eigenschaft dieses Menschen anknüpft (Rdn. 7 ff.).

3. Die Praxis des **Verschwindenlassens, extralegale Hinrichtungen,** »willkürliche Hinrichtungen«, »Hinrichtungen im Schnellverfahren« wie auch »**Scheinhinrichtungen**« verletzen zwar Art. 2 EMRK und Art. 6 IPbpR, können aber begrifflich nicht als Todesstrafe bezeichnet werden. Es fehlt damit an der begrifflichen Voraussetzung des Art. 15 Buchst. a) der Richtlinie. In all diesen Zweifelsfällen bedarf es mit Blick darauf, dass Art. 15 RL 2004/83/EG sowohl gegen die Todesstrafe wie auch gegen Folter und unmenschliche oder erniedrigende Behandlung oder Bestrafung einen gleichwertigen Schutz sicherstellt, keiner begrifflichen Klärung der Form der Behandlung oder Bestrafung (Rdn. 8 ff.).

4. Die Art und Weise der Verhängung und Vollstreckung der Todesstrafe wie auch andere schwerwiegende Formen der Verletzung des Rechts auf Leben (Rdn. 8 ff.) können das Folterverbot verletzen, sodass der subsidiäre Schutz auch durch Art. 15 Buchst. b) RL 2004/83/EG vermittelt wird (Rdn. 13 ff.). Bestimmte Hinrichtungsmethoden, das Todeszellensyndrom (Rdn. 17 ff.) oder die der Vollstreckung der Todesstrafe vorausgehenden unmenschlichen Haftbedingungen verletzen das Folterverbot. Hier geht die Vollstreckung der Todesstrafe mit der Verletzung des Folterverbots einher, sodass subsidiärer Schutz nach Art. 15 Buchst. a) und Buchst. b) i.V.m. Art. 18 RL 2004/83/EG zu gewähren ist (Rdn. 15 ff.).

5. Nach allgemeiner Ansicht besteht keine allgemeine Regel des Völkerrechts, welche die **Doppelbestrafung** untersagt. Die Rechtsprechung hat jedoch insbesondere unter dem Gesichtspunkt einer drohenden unmenschlich harten Bestrafung oder Behandlung im Rahmen des Strafverfahrens aus dem Grundsatz der Verhältnismäßigkeit sowie aus Art. 3 EMRK ein Verbot aufenthaltsbeendender Maßnahmen abgeleitet. Diesem Gesichtspunkt

kommt daher im Rahmen von Art. 15 Buchst. b) RL 2004/83/EG, § 60 Abs. 2 und 5 AufenthG Bedeutung zu (Rdn. 25 ff.).
6. Der Antragsteller muss die Umstände und Tatsachen, die für die von ihm befürchtete Gefahr der Verhängung oder Vollstreckung der Todesstrafe maßgebend sind, von sich aus konkret, in sich stimmig und erschöpfend vortragen (vgl. Art. 4 Abs. 1 Satz 1, Abs. 5 Buchst. c) RL 2004/83/EG, § 25 Abs. 2 AsylVfG, Rdn. 37 ff.). Die Präklusionsvorschriften (§ 25 Abs. 3 AsylVfG; § 82 Abs. 1 Satz 3 AufenthG) sind wegen des Gewichts der bedrohten Rechtsgüter einschränkend auszulegen und anzuwenden (Rdn. 38 ff.).
7. Um die Vollstreckung der Todesstrafe effektiv zu verhindern, begründet bereits die **drohende Gefahr der Verurteilung** zu dieser Strafe und nicht erst die Verurteilung einen ernsthaften Schaden. Wird die Todesstrafe zwar verhängt, nach der maßgebenden Vollstreckungspraxis des Herkunftslandes jedoch über Jahre hinweg nicht vollstreckt, droht gleichwohl ein ernsthafter Schaden. Die Nichtvollstreckung eines verhängten Todesurteils ist der Ausnahmefall. Darüber hinaus ist ihr Nichtvollzug von einer Reihe von Ungewissheiten abhängig und will die Richtlinie dem Betroffenen nicht das Risiko dafür aufbürden, dass das Todesurteil nach der Abschiebung nicht vollstreckt werden wird (Rdn. 36).
8. Nach Art. 2 Buchst. e) RL 2004/83/EG reicht es aus, dass der Antragsteller »**stichhaltige Gründe für die Annahme**« vorbringt, dass er bei einer Rückkehr in sein Herkunftsland »**tatsächlich Gefahr**« läuft, einen ernsthaften Schaden zu erleiden. Die Behörde hat deshalb nach Art. 4 Abs. 3 Buchst. b) RL 2004/83/EG zu prüfen, ob dem Antragsteller im Herkunftsland die Verhängung oder Vollstreckung der Todesstrafe drohen **könnte** (Rdn. 29 ff.).
9. Ob nach der Abschiebung die Todesstrafe verhängt oder vollstreckt werden wird, ist von **zwei Komponenten** abhängig, nämlich einerseits davon, dass der Betroffene eine Straftat verübt hat, die nach dem Recht des Herkunftslandes mit der Todesstrafe bedroht ist, und andererseits den Behörden bekannt ist oder wahrscheinlich bekannt werden wird, dass der Betroffene eine derartige Straftat verübt hat (Rdn. 33, 40 ff.).
10. Es sind Umstände und Tatsachen darzulegen, welche die ernsthafte Möglichkeit begründen, dass den Behörden des Herkunftslandes bekannt ist oder mit überwiegender Wahrscheinlichkeit bekannt werden wird, dass eine Straftat begangen wurde, die nach dem Recht des Herkunftslandes mit dem Tode bedroht ist. Ausreichend ist bereits die individuelle Darlegung, dass die Behörden des Herkunftslandes den Betroffenen einer Straftat verdächtigen, die nach dem dortigen Recht mit dem Tode bedroht ist. Ob aufgrund dessen die Todesstrafe verhängt oder vollstreckt werden wird, haben die Feststellungsbehörden nach Maßgabe des Untersuchungsgrundsatzes unter Berücksichtigung anerkannter Prognosegrundsätze festzustellen (Rdn. 40 ff.).
11. Droht ein ernsthafter Schaden nach Art. 15 Buchst. a) RL 2004/83/EG, erkennen die Mitgliedstaaten zwingend den subsidiären Schutzstatus zu (Art. 18 RL 2004/83/EG) und erteilen dem Betroffenen so bald wie möglich einen Aufenthaltstitel (Art. 24 Abs. 2 RL 2004/83/EG, Rdn. 57 ff.). Die Abschiebung ist zwingend untersagt. In Übereinstimmung mit Art. 17 RL 2004/83/EG sperrt das Vorliegen von Ausschlussgründen nach § 25 Abs. 3 Satz 2, 3. Alt. AufenthG zwar die Erteilung der Aufenthaltserlaubnis nach § 25 Abs. 3 Satz 1 AufenthG. Der Betroffene ist jedoch zu dulden (§ 60 a Abs. 2 AufenthG, Rdn. 59).

Kapitel 12
Voraussetzungen des unionsrechtlichen subsidiären Schutzes

Hat der Antragsteller seiner Darlegungslast genügt (Rdn. 37 ff.)?

Hat die Behörde den Sachverhalt erschöpfend und sachgerecht aufgeklärt (Rdn. 34)?

Gibt es stichhaltige Gründe für die Annahme, dass der Antragsteller im Zielstaat der Abschiebung die Gefahr der Verhängung oder Vollstreckung der Todesstrafe befürchten muss (Rdn. 30)?

Haben die Behörden Kenntnis oder wird dem Betroffenen von diesen eine Straftat unterstellt bzw. besteht hierfür eine ernsthafte Wahrscheinlichkeit und wird nach dem Recht des Zielstaats der Abschiebung diese Tat mit dem Tode bedroht (Rdn. 40 ff.)?

Droht dem Antragsteller die Verhängung oder Vollstreckung der Todesstrafe (Rdn. 1 ff.) oder drohen ihm schwerwiegende Verletzung des Rechts auf Leben, die eine unmenschliche oder erniedrigende Behandlung oder Bestrafung darstellen (Rdn. 12 ff.) oder stellt eine drohende erneute Bestrafung eine unmenschliche oder erniedrigende Behandlung oder Bestrafung dar (Rdn. 25 ff.)?

Schaubild 21 zur drohenden Verhängung oder Vollstreckung der Todesstrafe

1. Funktion von Art. 15 Buchst. a) RL 2004/83/EG

1   Nach Art. 15 Buchst. a) RL 2004/83/EG gilt die **Verhängung** oder **Vollstreckung der Todesstrafe** als ernsthafter Schaden. Der Vorschlag der Kommission erwähnte die Todesstrafe nicht ausdrücklich, sondern definierte in diesem Zusammenhang eher allgemein als Voraussetzung des subsidiären Schutzes die »Verletzung eines Menschenrechts, sofern dieses so gravierend ist, dass internationale Verpflichtungen der Mitgliedstaaten greifen.«[1] In der Begründung wies die Kommission darauf hin, dass diese Voraussetzung sich auf die begründete Furcht vor der Verletzung anderer Menschenrechte als Folter oder unmenschliche oder erniedrigende Behandlung oder Strafe bezieht. Dabei hätten die Mitgliedstaaten in vollem Umfang ihren Verpflichtungen aus Menschenrechtsinstrumenten wie der EMRK zu genügen. Insbesondere müssten sie prüfen, ob die Rückkehr des Antragstellers in das Herkunftsland zu einem ernsthaften Schaden aufgrund der Verletzung eines Menschenrechts führen könnte und ob sie in diesem Zusammenhang eine extraterritoriale Verpflichtung zur Schutzgewährung hätten.[2]

2   Im Verlaufe der Beratungen der Richtlinie wurde dieser ursprünglich weite Ansatz auf die Verhängung oder Vollstreckung der Todesstrafe eingeschränkt. Zugleich bringt die Richtlinie damit die Rechtsüberzeugung der Mitgliedstaaten zum Ausdruck, dass die Verhängung und Vollstreckung der Todesstrafe eine Verletzung anderer Menschenrechte darstellt und extraterritoriale Verpflichtungen der Mitgliedstaaten begründet, die sie im Rahmen ihrer ausländerrechtlichen Praxis zwingend zu beachten haben. Im Zeitpunkt des Inkrafttretens der Richtlinie war das Protokoll Nr. 13 zur EMRK noch nicht in Kraft getreten. Während nach Protokoll Nr. 6 (1983) die Todesstrafe noch für Kriegszeiten oder bei unmittelbarer Kriegsgefahr zugelassen wird, schafft Protokoll Nr. 13 sie vollständig ab. Es trat am 1. Februar 2005 in Kraft und hat nach Art. 2 notstandsfesten Charakter.

---

1 Kommissionsentwurf KOM(2001)510 endg.; Ratsdok. 13620/01, in: BR-Drucks. 1017/01, S. 54.

2 Kommissionsentwurf KOM(2001)510 endg.; Ratsdok. 13620/01, in: BR-Drucks. 1017/01, S. 29.

Art. 15 Buchst. a) der Richtlinie beruhte damit zunächst auf Protokoll Nr. 6 und wird durch Protokoll Nr. 13 weiter verstärkt.³

Die Funktion von Art. 15 Buchst. a) der Richtlinie besteht also darin, anknüpfend an die völkerrechtliche Entwicklung zur Ächtung der Todesstrafe für die Praxis der Mitgliedstaaten klare und verbindliche Regelungen festzulegen. Auch Art. 6 IPbpR schränkt die Todesstrafe erheblich ein. Das 2. Fakultativprotokoll zum IPbpR untersagt die Anwendung der Todesstrafe in Friedenszeiten. Art. 4 der Amerikanischen Menschenrechtskonvention legt ebenfalls eine signifikante Begrenzung der Todesstrafe fest. Die Generalversammlung der Vereinten Nation hat in der Resolution 62/149 vom 18. Dezember 2007 festgestellt, dass die Anwendung der Todesstrafe die menschliche Würde verletze und die Staaten deshalb die Anwendung dieser Strafe einschränken sowie die Zahl der Delikte, welche diese Strafe vorsehen, vermindern sollten.

Wegen der völkerrechtlichen Bemühungen um eine weltweite Abschaffung oder Eindämmung der Todesstrafe befinden sich jene Staaten in besonderer Weise in diesem universellen Entwicklungstrend, die für ihre innerstaatliche Rechtsanwendung auch im Blick auf Sachverhalte mit Auslandsbezug der Ächtung der Todesstrafe besonderen Vorrang geben. Gegenüber der Situation von 1964, als das BVerfG noch feststellte, dass Art. 102 GG kein Werturteil über andere Rechtsordnungen bedeute, die die Erfahrungen mit einem Unrechtssystem nicht gemacht hätten und daher die Anerkennung eines Refoulementverbots auf eine völkerrechtlich unzulässige Diskriminierung fremder Rechtsordnungen hinausliefe,⁴ kann heute ein Konflikt zwischen Völkerrecht und Verfassungsrecht in dieser Frage nicht mehr auftreten. Dies erweist auch die Bekräftigung des Abschiebungsverbotes durch Art. 15 Buchst. a) RL 2004/83/EG.

Für das Ausländerrecht bestimmte bereits § 53 Abs. 2 AuslG 1990, dass ein Ausländer nicht in einen Staat abgeschoben werden darf, wenn er dort wegen einer Straftat gesucht wird und die Gefahr der Todesstrafe besteht. Im geltenden Recht führt § 60 Abs. 3 AufenthG dieses Abschiebungshindernis fort. Die sprachliche Neufassung in § 60 Abs. 3 AufenthG aufgrund des Richtlinienumsetzungsgesetzes 2007 gleicht den deutschen Text dem Wortlaut der Richtlinie an. Nach § 8 IRG 1982 ist die Auslieferung nur zulässig, wenn der ersuchende Staat, nach dessen Recht die Tat mit der Todesstrafe bedroht ist, zusichert, dass die Todesstrafe nicht verhängt oder nicht vollstreckt wird. Demgegenüber ist nach Art. 11 EuAuslÜbk bei drohender Todesstrafe lediglich eine Ermessensentscheidung des ersuchten Staates gefordert. Diese völkerrechtliche Ermessensregelung ist jedoch im Lichte des modernen Völkerrechts sowie des geltenden Verfassungsrechts in ein **absolutes Auslieferungsverbot** umgewandelt worden.⁵

Damit kann festgehalten werden, dass Art. 15 Buchst. a) RL 2004/83/EG eine im universellen Recht wie auch in den Mitgliedstaaten hervorgebrachte Tendenz aufgreift, zwingenden Abschiebungsschutz gegen die Verhängung oder Vollstreckung der Todesstrafe zu gewähren. Seit der ersten Entscheidung des BVerfG zur Todesstrafe im Jahr 1964 sind die Bemühungen um eine universelle Ächtung oder zumindest Einschränkung der Todesstrafe deutlich vorangeschritten. Das BVerfG verwies 1982 auf das Eintreten der Bundesregierung »für eine weltweite Abschaffung der Todesstrafe«.⁶ Der BGH bezieht sich auf die Wertvorstellungen des Grundgesetzes, wie sie in Art. 102 GG ihren Niederschlag gefunden hätten, die maßgeblich die Verankerung eines Auslieferungsverbotes in § 8 IRG beeinflusst hätten, um im Auslieferungsverkehr diese Vorstellungen zur Geltung bringen und die internationalen Bemühungen um eine Zurückdrängung der Todesstrafe in diesem Bereich

---

3 *Goodwin-Gill/McAdam*, The Refugee in International Law, S. 326; *McAdam*, IRLJ 2005, 461(476 f.).
4 BVerfGE 18, 112 (117) = NJW 1964, 1783 = ArchVR 1964, 326; zustimmend *Kreppel*, Verfassungsrechtliche Grenzen der Auslieferung und Ausweisung unter besonderer Berücksichtigung der Auslieferung bei drohender Todesstrafe, S. 146; BayObLG, BayObLGZ 1976, 95, noch a.A. BayObLG, BayObLGZ 1964, 127; siehe aber *Shearer*, Extradition in International Law, S. 149.
5 OLG Düsseldorf, EZAR 050 Nr. 3, unter Hinweis auf BGHSt 34, 256 (263).
6 BVerfGE 60, 348 (355) = EZAR 150 Nr. 2 = NVwZ 1982, 269 = InfAuslR 1982, 271.

unterstützen zu können.⁷ Diese Grundsätze haben gleichermaßen Bedeutung für die Auslegung und Anwendung von Art. 15 Buchst. a) RL 204/83/EG wie für § 60 Abs. 3 AufenthG.

2. Begriff der Todesstrafe

7 Unter dem Begriff der Todesstrafe wird die **absichtliche Tötung zur Vollstreckung** eines **gerichtlich verhängten Todesurteils** im Fall eines vom Gesetz mit dem Tode bedrohten Verbrechens (vgl. Art. 2 Abs. 1 EMRK; Art. 6 Abs. 2 IPbpR) verstanden. Im weiteren Sinne ist hierunter die **gezielte physische Vernichtung** eines Menschen durch den Staat zu verstehen, welche als formelle staatliche Sanktion an ein bestimmtes individuelles Verhalten oder eine bestimmte Eigenschaft dieses Menschen anknüpft.⁸ Bereits der Begriff der Todesstrafe schließt damit die gezielte Tötung eines Menschen durch nichtstaatliche Gruppierungen aus.⁹ Die Gegenmeinung verkennt, dass eine von nichtstaatlichen Gruppierungen angeordnete und vollstreckte vorsätzliche Tötung zwar nicht begrifflich als Todesstrafe gewertet, wohl aber als Folter bzw. unmenschliche Bestrafung im Sinne von Art. 15 Buchst. b) RL 2004/83/EG anzusehen ist (Rdn. 9).

8 In der Literatur wird nur die **im Rahmen eines Gerichtsverfahrens** und aufgrund eines **gerichtlichen Urteils verhängte Strafe** als Todesstrafe angesehen (Rdn. 7). Danach werden **extralegale Hinrichtungen**, d. h. die ohne jedes gerichtliche Verfahren durch Sicherheitskräfte oder mit Duldung oder Unterstützung des Staates durch paramilitärische oder andere Gruppierungen ausgeübten Tötungen politischer Gegner nicht dem Begriff der Todesstrafe zugeordnet (Rdn. 11) und begründen damit nicht subsidiären Schutz nach Art. 15 Buchst. a), sondern nach Art. 15 Buchst. b) RL 2004/83/EG.¹⁰ Dies wird auch für das **Verschwindenlassen**, d. h. die durch Sicherheitskräfte oder mit Duldung oder Unterstützung des Staates durch paramilitärische oder andere Gruppierungen verübte Entführung, Folterung, Liquidierung und anschließende spurlose Beseitigung politischer Gegner angenommen.¹¹

9 Im Hinblick auf das Verschwindenlassen hat der EGMR jedoch eine aus Art. 2 EMRK folgende Verpflichtung des Staates gegenüber den verschwundenen Personen angenommen, wirksame Ermittlungen einzuleiten. Demgegenüber können sich nach ständiger Rechtsprechung des Gerichtshofs die Angehörigen von verschwundenen Personen wegen der besonderen Belastung durch die andauernde Ungewissheit über das Schicksal ihrer Angehörigen auf Art. 3 EMRK berufen.¹² Damit begründet das dem Staat zurechenbare Verschwindenlassen von Personen eine Verletzung von Art. 2 EMRK. Wer sich damit unter Berufung auf zuverlässige Tatsachen auf die konkrete Gefahr beruft, von der Gefahr des Verschwindenlassens bedroht zu sein, genießt den Schutz von Art. 2 EMRK.

10 Ob die Praxis des Verschwindenlassens den Begriff der Todesstrafe erfüllt, hat der EGMR nicht entschieden. Für die Anwendung von Art. 15 der Richtlinie ist diese Frage jedoch von Bedeutung. Angesichts der eindeutigen begrifflichen Definition der Todesstrafe in Art. 2 Abs. 1 EMRK und Art. 6 Abs. 2 IPbpR, die auf ein durch ein Gericht aufgrund eines Gesetzes verhängtes Urteil verweist, kann Art. 15 Buchst. a) RL 2004/83/EG, der ja nicht auf eine Verletzung von Art. 2 EMRK, sondern auf eine drohende Verhängung oder Vollstreckung einer Todesstrafe verweist, in derartigen Fällen nicht

---

7 BGHSt 34, 256 (263).

8 *Treiber*, in: GK-AuslR, II – § 53 AuslG Rn. 146; *ders.*, Die Asylrelevanz von Folter, Todesstrafe und sonstiger unmenschlicher Behandlung, S. 32.

9 *Weberndörfer*, Schutz vor Abschiebung nach dem neuen Ausländergesetz, S. 132; a.A. *Duchrow/Spieß*, Flüchtlings- und Asylrecht, S. 132.

10 *Treiber*, in: GK-AuslR, II – § 53 AuslG Rn. 146; *ders.*, Die Asylrelevanz von Folter, Todesstrafe und sonstiger unmenschlicher Behandlung, S. 32; *Weberndörfer*, Schutz vor Abschiebung nach dem neuen Ausländergesetz, S. 132.

11 *Treiber*, Die Asylrelevanz von Folter, Todesstrafe und sonstiger unmenschlicher Behandlung, S. 33.

12 EGMR, NVwZ-RR 2011, 251 (257, 259) Rn. 174 und 200 – Varnava u. a.

angewandt werden. Vielmehr gewährt Art. 15 Buchst. b) RL 2004/83/EG Schutz gegen derartige Menschenrechtsverletzungen

Auch extralegale Hinrichtungen wie auch »willkürliche Hinrichtungen« oder »Hinrichtungen im Schnellverfahren«, die unmittelbar nach der Verkündung eines Todesurteils erfolgen, das durch eine staatliche oder quasistaatliche Instanz im Rahmen eines lediglich formalen Scheinverfahrens ohne jegliche Verfahrensgarantien wie rechtliches Gehör, Verteidigungsmöglichkeiten, Gewährleistung der Öffentlichkeit des Verfahrens und Rechtsmittelgarantie verhängt wird, kann nicht als Todesstrafe angesehen werden.[13] Der Ausschuss für Menschenrechte sieht in derart willkürlichen oder im Schnellverfahren und ohne die Einholung von Sicherheitsgarantien vollzogenen Hinrichtungen aber einen Verstoß gegen Art. 6 IPbpR.[14] Dies hat seinen Grund darin, dass Art. 6 eine Vielzahl von Verfahrensgarantien gewährt. Ob deshalb eine nicht in gesetzlichen Formen und nicht durch gesetzlich eingerichtete Gerichte angeordnete Tötung als Todesstrafe bewertet werden kann, dürfte aber fraglich sein.   11

In all diesen Zweifelsfällen bedarf es mit Blick darauf, dass Art. 15 RL 2004/83/EG sowohl gegen die Todesstrafe wie auch gegen Folter und unmenschliche oder erniedrigende Bestrafung einen gleichwertigen Schutz sicherstellt, keiner begrifflichen Klärung der Form der Bestrafung. Vielmehr ist in derartigen Fällen Art. 15 Buchst. b) RL 2004/83/EG zu prüfen (Rdn. 13 ff.). Dies gilt auch für **Scheinhinrichtungen**, also ein sich aus Sicht des Betroffenen als eine tatsächliche Hinrichtung vollziehender Vorgang. Eine derartige Maßnahme erzeugt im Opfer ein Gefühl intensiver Angst, Schmerzen und Erniedrigung, welche geeignet ist, dieses zu erniedrigen und zu entwürdigen.   12

3. Verletzung des Folterverbotes

Die Art und Weise der Verhängung, Vorbereitung und Vollstreckung der Todesstrafe wie auch andere schwerwiegende Formen der Verletzung des Rechts auf Leben können (Rdn. 8 ff.) das Folterverbot verletzen, sodass der subsidiäre Schutz auch durch Art. 15 Buchst. b) RL 2004/83/EG vermittelt wird. In diesem Zusammenhang ist darauf hinzuweisen, dass auch das BVerfG hervorgehoben hat, dass es nach Art. 1 Abs. 1 und Art. 2 Abs. 1 GG den Behörden der Bundesrepublik verwehrt ist, einen Verfolgten auszuliefern, wenn er dort die Verhängung einer grausamen, unmenschlichen oder erniedrigenden Strafe zu befürchten habe. Daher habe die Auslieferung zu unterbleiben, wenn der Verfolgte eine derartige Strafe zu gewärtigen oder zu verbüßen habe.[15]   13

Bereits in seiner ersten grundlegenden Entscheidung zum Refoulementcharakter des Folterverbots hat der EGMR auf den engen Zusammenhang zwischen der Todesstrafe und dem Folterverbot hingewiesen: Die Art und Weise, wie die Todesstrafe auferlegt oder vollstreckt werde, die persönlichen Umstände des verurteilten Menschen und die Disproportionalität zur Schwere der Tat sowie die Bedingungen in der Haft vor Vollstreckung seien mögliche Indizien, die die Behandlung oder Bestrafung der verurteilten Person in den Schutzbereich des Art. 3 EMRK heben würden. Die heute gültige Einstellung der Vertragsstaaten zur Todesstrafe sei maßgebend für die Beurteilung, ob das zumutbare Maß an Leiden und Erniedrigung überschritten worden sei.[16]   14

Maßgebend für die Abgrenzung zwischen dem ernsthaften Schaden nach Art. 15 Buchst. a) RL 2004/83/EG einerseits sowie dem nach Art. 15 Buchst. b) RL 2004/83/EG andererseits ist, ob eine absichtliche Tötung durch staatliche Organe aufgrund eines im rechtsstaatlichen Verfahren ergangenen Todesurteils vorliegt (Rdn. 7). Steinigungen, Kreuzigungen, Verbrennen auf dem Scheiterhaufen, das Begraben bei lebendigem Leib stellen gezielte Tötungen dar und verletzen völkerrechtliche Regelungen zur Todesstrafe und das Folterverbot. Davon zu unterscheiden sind   15

---

13 *Treiber*, Die Asylrelevanz von Folter, Todesstrafe und sonstiger unmenschlicher Behandlung, S. 33.
14 UN-Committee on Human Rights, HRLJ 1994, 149 ((157) (§ 15.6)) – Charles Chitat Ng v. Canada.
15 BVerfGE 75, 1 (16 f.).
16 EGMR, EuGRZ 1989, 314 (321) (§§ 101, 104) = NJW 1990 = EZAR 1989, 319 – Soering.

Hinrichtungsmethoden, das Todeszellensyndrom (Rdn. 16 ff.) oder die der Vollstreckung der Todesstrafe vorausgehenden unmenschlichen Haftbedingungen. Diese können im Einzelfall das Folterverbot verletzen. Hier geht die Vollstreckung der Todesstrafe mit der Verletzung des Folterverbots einher, sodass subsidiärer Schutz nach Art. 15 Buchst. a) und Buchst. b) i.V.m. Art. 18 RL 2004/83/EG zu gewähren ist.

16   Soweit für die Todesstrafe auf den Schutz vor unmenschlicher Behandlung verwiesen wird,[17] hat dies seine Berechtigung insbesondere für die Zeitphase, welche der Verhängung und Vollstreckung der Todesstrafe vorgelagert ist. Art. 15 Buchst. b) RL 2004/83/EG wie auch § 60 Abs. 3 AufenthG schützen jedoch auch vor der Vollstreckung der Todesstrafe selbst. Wenn daher nach anerkannten Prognosegrundsätzen (Rdn. 29 ff.) feststeht, dass die Todesstrafe verhängt und vollstreckt werden und dies mit Methoden erfolgen wird bzw. im Zusammenhang mit der Verhängung und Vollstreckung der Todesstrafe Methoden angewandt werden, die als Folter oder unmenschliche Maßnahmen zu werten sind, folgt der subsidiäre Schutz aus Art. 15 Buchst. a) und Buchst. b) RL 2004/83/EG bzw. § 60 Abs. 3 und Abs. 5 AufenthG gleichermaßen. Nur dann, wenn andere schwerwiegende Formen der Verletzung des Rechts auf Leben (Rdn. 8 ff.) nicht den Begriff der Todesstrafe erfüllen, ist unmittelbar zu prüfen, ob das Folterverbot verletzt wird (Rdn. 12).

4. Todeszellensyndrom

17   Den engen Zusammenhang von Todesstrafe und Folterverbot hat der EGMR insbesondere am Beispiel des **Todeszellensyndroms** (»**death row phenomenon**«) herausgearbeitet. Tatsächliche Grundlage für die Rechtsverletzung seien die Verzögerungen infolge der Berufungs- und Revisionsinstanzverfahren nach Verhängung der Todesstrafe, zunehmende Spannungen und psychologische Traumata, denen der Betroffene während dieser Zeit ausgesetzt sein würde, die Tatsache, dass Richter und Jury beim Strafausspruch nicht verpflichtet seien, das Alter und den geistigen Zustand des Angeklagten im Tatzeitpunkt zu berücksichtigen, die zukünftigen extremen Haftverhältnisse in der Todeszelle, in der der Betroffene damit rechnen müsste, wegen seines Alters, seiner Hautfarbe und Nationalität Opfer von Gewalt und sexuellem Missbrauch zu werden, und letztlich das ständig präsente Umfeld der Exekution selbst sowie das Vollstreckungsritual.[18]

18   Die Zeitspanne, die ein verurteilter Häftling in der Todeszelle von Virginia bei Ausschöpfung aller Rechtsmittel abwarten müsse, betrage im Schnitt sechs bis acht Jahre. Zwar dienten die Rechtsbehelfe nach dem Recht von Virginia dazu, sicherzustellen, dass die endgültige Sanktion der Tötung nicht unrechtmäßig oder willkürlich ausgeführt werde. Die Bereitstellung von komplexen Rechtsmittelverfahren nach dem Urteilsausspruch möge auch gut gemeint und potenziell von Nutzen sein. Dies hätte jedoch zur Folge, dass der verurteilte Häftling für viele Jahre die Bedingungen in der Todeszelle ertragen und damit auch in Furcht und wachsenden Spannungen vor dem immer gegenwärtigen Schatten des Todes leben müsste. Die Schwere der Haftform, wie sie in den Todeszellen im ersuchenden Staat gehandhabt werde, liege in der Tatsache, dass die Häftlinge diesem Haftregime einer in die Länge gezogenen Zeitspanne von durchschnittlich sechs bis acht Jahren ausgesetzt seien.[19] Im Zeitpunkt der Tötungen sei der Beschwerdeführer erst 18 Jahre alt gewesen. Auch liege nicht bestrittenes Beweismaterial vor, wonach er sich in einem »geistig abnormen Zustand« befunden hätte, der seine Verantwortung für sein Handeln wesentlich beeinträchtigt habe.

19   Anders als Art. 2 EMRK würden Art. 6 IPbpR und Art. 6 der Amerikanischen Menschenrechtskonvention ausdrücklich die Verhängung der Todesstrafe für Jugendliche, die im Zeitpunkt der Tat unter 18 Jahre alt seien, verbieten. Offen bleibe, ob Art. 2 EMRK auch ein solches Verbot beinhalte. Jedenfalls zeige die ausdrückliche Aufzählung in anderen Verträgen zumindest, dass die

---

17 *Treiber*, in: GK-AuslR, II – § 53 AuslG Rn. 147.
18 EGMR, EuGRZ 1989, 314 (321 f.) § 105) = NJW 1990 = EZAR 1989, 319 – Soering, der Auszuliefernde sollte in Virginia (USA) im »Mecklenburg Correctional Center« untergebracht werden.
19 EGMR, EuGRZ 1989, 314 (312) (§ 107) = NJW 1990 = EZAR 1989, 319 – Soering.

Jugendlichkeit eines Menschen als allgemeiner Grundsatz relevant sei. Dies könne dazu führen, dass das jugendliche Alter und weitere Umstände die Vereinbarkeit der mit der Todesstrafe verbundenen Maßnahmen mit Art. 3 EMRK infrage stelle.[20] Auch wenn nach dem Recht im ersuchenden Staat der Altersfaktor und die Unzurechnungsfähigkeit berücksichtigt wurden, blieben Alter und geistige Verfassung eines zum Tode verurteilten Menschen für die Vereinbarkeit des Todeszellensyndroms mit Art. 3 EMRK von besonderer Wichtigkeit.

Zusammenfassend stellt der Gerichtshof in **Soering** fest: Für jeden zum Tode verurteilten Häftling seien Verzögerungsmomente zwischen Verhängung sowie Vollstreckung der Strafe und die Erfahrung schwerster Stresssituationen unter den für die strenge Inhaftierung notwendigen Umständen unausweichlich. Der demokratische Charakter des Rechtssystems von Virginia und die positive Ausgestaltung von Straf- und Berufungsverfahren würden nicht bezweifelt. Auch werde den Insassen der Todeszellen psychologische und psychiatrische Hilfe gewährt. Das tatsächliche Risiko einer über die durch Art. 3 EMRK gesetzte Grenze hinausgehenden Behandlung folge jedoch aus der sehr langen Zeitspanne, die unter solch extremen Verhältnissen in der Todeszelle verbracht werden müsste, mit der immer gegenwärtigen und wachsenden Furcht vor der Vollstreckung der Todesstrafe in Verbindung mit den persönlichen Umständen des Betroffenen, insbesondere seinem Alter und geistigen Zustand im Tatzeitpunkt. Die rechtmäßigen Ziele der Auslieferung könnten auch durch andere Maßnahmen erreicht werden, die keine Leiden solch außergewöhnlicher Intensität und Dauer nach sich ziehen würden. Daher würde die Auslieferung die Verletzung von Art. 3 EMRK bewirken.[21] 20

Dieser Rechtsprechung sind die internationale sowie die Rechtsprechung vieler Staaten gefolgt. So untersucht der Menschenrechtsausschuss die Umstände des »Todeszellensyndroms« unter dem Gesichtspunkt des Folterverbots nach Art. 7 IPbpR: Lang dauernde Haft in der Todeszelle unter schwerwiegenden Umständen könnte zwar nicht generell als grausame, inhumane oder erniedrigende Behandlung betrachtet werden. Zu prüfen seien aber insbesondere die persönlichen Verhältnisse des Beschwerdeführers, die besonderen Haftbedingungen in der Todeszelle und die Frage, ob die vorgesehene Hinrichtungsmethode besonders grausam sei. Die Umstände im Blick auf das Alter und den geistigen Zustand des Betroffenen sowie die Bedingungen in der Todeszelle seien jedoch nicht mit den in **Soering** genannten Umständen vergleichbar. Der Beschwerdeführer habe weder im Blick auf die Haftbedingungen in Pennsylvania noch auf Zeitverzögerungen noch auf besondere Hinrichtungsmethoden substanziierte Einwände erhoben. Daher verletze seine Auslieferung durch Kanada an die Vereinigten Staaten weder Art. 6 noch Art. 7 IPbpR.[22] 21

Der EGMR wie auch der Menschenrechtsausschuss leiten den Refoulementschutz bei einer drohenden Verhängung und Vollstreckung der Todesstrafe mithin vorrangig aus den mit dem Todeszellensyndrom verbundenen Umständen ab. Danach gewinnt die **Zeitdauer zwischen Urteilsausspruch und Vollstreckung**, soweit sie auf der Einlegung von Rechtsbehelfen beruht, unter dem Gesichtspunkt inhumaner und grausamer Behandlung eine wesentliche Bedeutung. Nach dem Judicial Committee of the Privy Council, einer in London ansässigen höchsten Appellationsinstanz für die Commonwealth-Staaten, müsse sichergestellt sein, dass die Vollstreckung einerseits so schnell wie möglich nach der Verurteilung durchgeführt werde, andererseits dem Verurteilten eine angemessene Zeit zur Einlegung von Rechtbehelfen und deren Prüfung gewährt werden müsse. Durch die missbräuchliche Einlegung von Rechtsbehelfen bedingte Zeitverzögerungen blieben jedoch unberücksichtigt. Es sei nicht unmenschlich oder erniedrigend, wenn einem zum Tode Verurteilten jede 22

---

20 EGMR, EuGRZ 1989, 314 (322) (§ 108) = NJW 1990 = EZAR 1989, 319 – Soering.
21 EGMR, EuGRZ 1989, 314 (323) (§ 111) = NJW 1990 = EZAR 1989, 319 – Soering.
22 UN-Committee on Human Rights, HRLJ 1993, 307 (314) (§ 15.3 f.) – Kindler; bekräftigt UN-Committee on Human Rights, Communication, HRLJ 1994, 410 ((416 f.) (§§ 16.7 ff.) – Cox, diese Entscheidung betraf ebenfalls die Auslieferung unter dem Gesichtspunkt des Todeszellensyndroms in Pennsylvania. Auch die Entscheidung No. 486/1992, HRLJ 1992, 352 – K. C. v. Canada, betraf die Auslieferung nach Pennsylvania. Hier scheiterte die Beschwerde am nicht erschöpften innerstaatlichen Rechtsweg.

Möglichkeit eingeräumt werde, um den Urteilsspruch überprüfen zu lassen, auch wenn dadurch die Zeitspanne zwischen der Verhängung und Vollstreckung des Urteils verlängert werde.[23]

23 Überprüfungsverfahren, die freilich Jahre dauerten, seien nicht hinnehmbar. Im vorliegenden Fall hatte die Zeitspanne zwischen der Verurteilung und deren Überprüfung bereits 14 Jahre gedauert, was den Privy Council zu der Bemerkung veranlasste, dass eine derart lange Zeitdauer »schockierend« sei. Das Ziel sollte es sein, ein Überprüfungsverfahren binnen eines Jahres durchzuführen. Abschließend wird festgestellt, dass in jedem Fall, in dem die Vollstreckung erst fünf Jahre nach der Verurteilung stattfinde, starke Gründe dafür sprechen würden, dass die Verzögerung als solche eine »unmenschliche oder erniedrigende Bestrafung oder Behandlung« darstelle.[24] Nach dem Obersten Gerichtshof von Zimbabwe kann kein Zweifel daran bestehen, dass eine Zeitdauer von zehn Monaten zwischen Urteilsausspruch und dem für die Hinrichtung bestimmten Datum, viel zu lang ist. Der Einwand der Regierung, die Verzögerung sei unter anderem durch eine Aussetzungsanordnung, die wegen der Überprüfung der der Todesstrafe zugrunde liegenden Gesetzgebung erfolgt sei, wurde nicht anerkannt.[25]

24 Daneben droht eine Verletzung des Folterverbots auch durch die **Methoden der Vollstreckung der Todesstrafe**. Zwar vermochte der Menschenrechtsausschuss der Vereinten Nationen im Blick auf die Hinrichtungsmethode der **tödlichen Injektion** keinen Verstoß gegen Art. 7 IPbpR zu sehen.[26] In **Charles Chitat NG** erkannte er hingegen in der Auslieferung an die Vereinigten Staaten deshalb eine Verletzung von Art. 7 IPbpR, weil die Hinrichtung durch **Gas** (»**gas asphyxiation**«) nicht den unverzüglichen Tod zur Folge habe und daher nicht mit dem Erfordernis in Übereinstimmung stehe, wonach die Exekution das geringst mögliche körperliche und psychische Leiden verursachen müsse. Vielmehr trete der Erstickungstod erst nach einer Dauer von zehn Minuten ein. Zwar könne nach dem Wortlaut von Art. 7 IPbpR jede Hinrichtung als grausame und unmenschliche Behandlung angesehen werden. Andererseits erlaube Art. 6 IPbpR die Todesstrafe für besonders schwere Verbrechen. Diesen normativen Widerspruch löst der Ausschuss pragmatisch dadurch auf, dass die Hinrichtung nur dann nicht Art. 7 IPbpR verletzt, wenn sie so ausgeführt wird, dass sie das geringst mögliche körperliche und psychische Leiden verursacht.[27]

25 Damit kann festgehalten werden, dass nach dem Völkerrecht die Todesstrafe nicht generell untersagt ist. Ihrer Ausgestaltung im Einzelnen werden jedoch durch andere völkerrechtliche Normen erhebliche Grenzen gesetzt. Insbesondere das vorrangig in den Vereinigten Staaten und in Jamaika herrschende Todeszellensyndrom lässt Zweifel an der Vereinbarkeit der Todesstrafe mit Art. 7 IPbpR aufkommen. Todesstrafe und Todeszellensyndrom sind verschiedene Phänomene. Die Gestaltung der Todesstrafe sanktioniert nicht alle ihre – auch durch rechtsstaatliche Verfahren bedingten – Begleiterscheinungen, die in jedem Einzelfall unter dem Gesichtspunkt der »unmenschlichen oder erniedrigenden Bestrafung« zu würdigen sind.[28] Die Todesstrafe begründet in derartigen Fällen nicht nur subsidiären Schutz nach Art. 15 Buchst. a) i.V.m. Art. 18 RL 2004/83/EG, § 60 Abs. 3 AufenthG, sondern auch nach Art. 15 Buchst. b) i.V.m. Art. 18 RL 2004/83/EG, § 60 Abs. 2 und 5 AufenthG i.V.m. Art. 3 EMRK.

---

23 Judicial Committee of the Privy Council, London, HRLJ 1993, 338 (345, 343) – Pratt and Morgan.

24 Judicial Committee of the Privy Council, HRLJ 1993, 338 (345, 345 f.) – Pratt and Morgan.

25 Zimbabwe Supreme Court, HRLJ 1993, 323 (325 ff.); der Verfassungsgerichtshof von Südafrika erachtet unter ausführlicher Auseinandersetzung mit Soering und der Rechtsprechung des UN-Ausschusses die Todesstrafe für verfassungswidrig, Verfassungsgerichtshof von Südafrika, HRLJ 1995, 154; siehe auch *Schabas*, South Africa's new constitutional Court abolishes the death penalty, in: HRLJ 1995, 133.

26 UN-Committee on Human Rights, HRLJ 1993, 307 ((311) (§ 9.7) (314) (§ 16)) – Kindler; ebenso UN-Committee on Human Rights, HRLJ 1994, 410 ((417) (§ 17.3)) – Cox.

27 UN-Committee on Human Rights, Communication No. 469/1991 – Charles Chitat Ng v. Canada, HRLJ 1994, 149 (157) (§§ 16.2 ff.).

28 *Blumenwitz*, Anmerkung zur Soering-Entscheidung des EGMR, in: EuGZR 1989, 326 (327).

5. Verbot der Doppelbestrafung

In der Praxis sind es in aller Regel auf dem Gebiet des Mitgliedstaates verübte Straftaten, die im Herkunftsland zum Anlass der Durchführung eines Strafverfahrens genommen werden und die daher die Prüfung einer im Herkunftsstaat drohenden Todesstrafe gebieten. In diesem Fall ist der Betroffene bereits rechtskräftig verurteilt worden, sodass über die Gefahr der Verhängung und Vollstreckung der Todesstrafe hinaus die Frage zu beantworten ist, ob die Gefahr der Doppelbestrafung einen ernsthaften Schaden begründet. Die Richtlinie selbst verhält sich zu dieser Frage nicht. In der Bundesrepublik hat die Rechtsprechung wiederholt diese umstrittene Frage behandelt. Nach allgemeiner Ansicht enthält Art. 103 Abs. 3 GG kein von den deutschen Behörden allgemein zu ächtendes Verbot der Doppelbestrafung und sind diese daher auch nicht gehalten, alles zu unterlassen, was eine derartige Rechtsfolge im Ausland zur Folge hätte.[29]

Diese Verfassungsnorm besage vielmehr lediglich, dass der Betroffene nicht wiederholt von einem deutschen Gericht bestraft werden dürfe, nachdem ein Strafverfahren vor einem deutschen Gericht abgeschlossen sei. Nicht ausgeschlossen sei indes die Bestrafung durch ein deutsches Gericht, nachdem die Tat bereits im Ausland geahndet worden sei.[30] Ebenso wenig sei im Regelfall wegen einer erneuten Bestrafung im Herkunftsland die Abschiebung untersagt, nachdem der Betroffene durch ein deutsches Gericht wegen derselben Tat rechtskräftig verurteilt worden ist.[31] Es bestehe keine allgemeine Regel des Völkerrechts, welche die Doppelbestrafung untersage,[32] insbesondere gebe es kein zum Kernbereich des internationalen Strafrechts gehörendes Verbot der Doppelbestrafung.[33]

Die Rechtsprechung hat jedoch insbesondere unter dem Gesichtspunkt einer drohenden unmenschlich harten Bestrafung oder unmenschlichen Behandlung im Rahmen des Strafverfahrens aus dem Grundsatz der Verhältnismäßigkeit sowie aus Art. 3 EMRK ein Verbot aufenthaltsbeendender Maßnahmen abgeleitet.[34] Diesem Gesichtspunkt kommt daher im Rahmen von Art. 15 Buchst. b) RL 2004/83/EG, § 60 Abs. 2 und 5 AufenthG Bedeutung zu. Darüber hinaus folgt unmittelbar aus Verfassungsrecht und aus Art. 15 Buchst. a) RL 2004/83/EG, dass die Abschiebung unzulässig ist, wenn im Rahmen der im Herkunftsstaat drohenden erneuten Strafverfahrens die Gefahr der Verhängung und Vollstreckung der Todesstrafe zu befürchten ist.[35]

Die überwiegende Mehrzahl der Fälle betraf früher türkische Straftäter, die wegen Rauschgifthandels im Bundesgebiet verurteilt worden waren. Nachdem die Türkei im Zuge des durch den angestrebten Beitritt zur Europäischen Union eingeleiteten Reformprozesses die Todesstrafe abgeschafft hat, bleibt der **Iran** als Hauptanwendungsfall von Art. 15 Buchst. a) RL 2004/83/EG. Dort wird unverändert die Todesstrafe wegen einer im Ausland begangenen Rauschgifttat verhängt und vollstreckt.[36]

---

29 Hessischer VGH, InfAuslR 1982, 177; Hessischer VGH, InfAuslR 1990, 109; Hessischer VGH, NVwZ-RR 1990, 511; Hessischer VGH, EZAR 033 Nr. 4 = NVwZ-RR 1995, 228 = AuAS 1995, 38; OVG Hamburg, EZAR 130 Nr. 3; Niedersächsisches OVG, InfAuslR 1985, 199; OVG Nordrhein-Westfalen, DVBl. 1983, 37; offen gelassen VG Wiesbaden, AuAS 2002, 55 (56).
30 OVG Hamburg, EZAR 130 Nr. 3; Hessischer VGH, NVwZ-RR 1990, 511.
31 OVG Nordrhein-Westfalen, DVBl. 1983, 37.
32 OVG Nordrhein-Westfalen, DVBl. 1983, 37.
33 OLG Düsseldorf, EZAR 050 Nr. 2.
34 Hessischer VGH, InfAuslR 1982, 177; OVG Nordrhein-Westfalen, DVBl. 1983, 37; OVG Nordrhein-Westfalen, NVwZ 1986, 781; VGH Baden-Württemberg, InfAuslR 1994, 27; OVG Rheinland-Pfalz, InfAuslR 1998, 199 (2000).
35 Bayerischer VGH, InfAuslR 1985, 257; Hessischer VGH, InfAuslR 1990, 109; Hessischer VGH, NVwZ-RR 1990, 511; Hessischer VGH, EZAR 033 Nr. 4 = NVwZ 1995, 228 = AuAS 1995, 38; OVG Hamburg, EZAR 130 Nr. 3; Niedersächsisches OVG, InfAuslR 1989, 332.
36 VG Wiesbaden, InfAuslR 1994, 55; VG Wiesbaden, AuAS 2002, 55 (56); VG Frankfurt am Main, Beschl. v. 14.09.1993 – 11 G 734/93 (1); VG Düsseldorf, Beschl. v. 23.05.1995 – 24 L 454/94; VG Karlsruhe, InfAuslR 2011, 298 (299).

Aufgrund der am 21. Januar 1991 in Kraft getretenen iranischen Strafrechtsänderungen wird gemäß Art. 8 Abs. 6 des Betäubungsmittelgesetzes gegen jeden die Todesstrafe verhängt, der im Besitz von mehr als 30 g Heroin, Morphium, Kokain oder Methadon oder von mehr als fünf Gramm Opium ist.[37] Auch die Gefahr der Doppelbestrafung ist nicht auszuschließen. Zwar vertreten die Richter des Obersten Gerichts in Teheran zu dieser Frage einander entgegengesetzte Ansichten. Doch ist nach den Angaben der iranischen Regierung die Hinrichtung von Drogenhändlern an der Tagesordnung.[38]

6. Prognoseprüfung

a) Funktion der Gefahrenprognose

30   Art. 15 Buchst. a) RL 2004/83/EG definiert lediglich als eine Untergruppe eines ernsthaften Schadens die »Verhängung und Vollstreckung der Todesstrafe«, lässt die Frage, nach welchen Prognosegrundsätzen der ernsthafte Schaden festzustellen ist, jedoch ebenso wie beim Flüchtlingsschutz offen. Da nach der Begründung der Richtlinie die EMRK sowie die Rechtsprechung des EGMR maßgebend sind,[39] gilt insoweit auch der vom EGMR zu Art. 2 und 3 EMRK entwickelte Beweisstandard des »**tatsächlichen Risikos**«. Danach muss der Beschwerdeführer ein tatsächliches Risiko darlegen, dass ihm im Fall der Rückkehr die Verhängung oder Vollstreckung der Todesstrafe droht.[40] Um die Vollstreckung der Todesstrafe effektiv zu verhindern, begründet bereits die drohende Gefahr der Verurteilung zu dieser Strafe und nicht die Verurteilung selbst einen ernsthaften Schaden.

31   Dementsprechend reicht es nach Art. 2 Buchst. e) RL 2004/83/EG aus, dass der Antragsteller »**stichhaltige Gründe für die Annahme**« vorbringt, dass er bei einer Rückkehr in sein Herkunftsland »**tatsächlich Gefahr**« läuft, einen ernsthaften Schaden zu erleiden. Die Behörde hat deshalb nach Art. 4 Abs. 3 Buchst. b) RL 2004/83/EG zu prüfen, ob dem Antragsteller im Herkunftsland die Verhängung oder Vollstreckung der Todesstrafe drohen **könnte**. Demgegenüber kommt es nach deutschem Recht darauf an, dass der Betroffene wegen einer Straftat **gesucht wird** und die »**Gefahr der Todesstrafe**« besteht (vgl. § 60 Abs. 3 Satz 1 AufenthG). Anfangs wurde gegen die Einbeziehung bereits der Verhängung der Todesstrafe Kritik geäußert.[41] Hingegen wirkt nach der bereits zuvor entwickelten Rechtsprechung des BVerwG die Gefahr einer im Ausland drohenden **Verhängung** oder **Vollstreckung** der Todesstrafe auf das Gewicht des öffentlichen Interesses ein, künftigen Störungen der öffentlichen Sicherheit und Ordnung vorzubeugen. Bei ausländerrechtlichen Entscheidungen sei deshalb eine im Ausland drohende Verhängung und Vollstreckung der Todesstrafe nicht von vornherein rechtlich irrelevant.[42]

32   Dies wird nunmehr durch § 60 Abs. 3 Satz 1 AufenthG ausdrücklich klargestellt. Diese Rechtsfolge ergibt sich auch aus § 60 Abs. 3 Satz 2 AufenthG, der die Vorschriften des IRG für entsprechend anwendbar erklärt. Das Auslieferungsverbot des § 8 IRG umfasst die Verhängung und Vollstreckung

---

37 VG Frankfurt am Main, Beschl. v. 14.09.1993 – 11 G 734/93 (1); VG Wiesbaden, Inf-AuslR 1994, 55 (56).
38 VG Wiesbaden, InfAuslR 1994, 55; VG Wiesbaden, AuAS 2002, 55 (56).
39 Kommissionsentwurf KOM(2001)510 endg.; Ratsdok. 13620/01, in: BR-Drucks. 1017/01, S. 28 f.
40 EGMR, EZAR 933 Nr. 1, § 111 = EuGRZ 1989, 314 = NJW 1990, 2183 – *Soering*; EGMR, EZAR 933 Nr. 3, § 113 = NVwZ 1992, 879 = InfAuslR 1992, 81 – Vilvarajah; EGMR, EZAR 933 Nr. 3, § 113 = NVwZ 2008, 1330 (1331) Rn. 124 – Saadi.
41 *Hailbronner*, ZAR 1990, 57 (60).
42 BVerwGE 78, 285 (294) = EZAR 120 Nr. 11 = NVwZ 1987, 288 = InfAuslR 1987, 228; BVerwG, EZAR 120 Nr. 12; ebenso Bayerischer VGH, InfAuslR 1985, 257; Hessischer VGH, InfAuslR 1990, 109; OVG Hamburg, EZAR 130 Nr. 3 = DÖV 1986, 614 = NVwZ 1986, 781 = InfAuslR 1986, 33; OVG Nordrhein-Westfalen, NVwZ 1986, 781 = InfAuslR 1986, 201; VGH Baden-Württemberg, Beschl. v. 19.10.1987 – 13 S 715/87; a.A. Niedersächsisches OVG, InfAuslR 1985, 199; wie BVerwG: Niedersächsisches OVG, InfAuslR 1989, 332.

der Todesstrafe.[43] Damit ist klargestellt, dass bereits ein drohendes Strafverfahren, welches mit beachtlicher Wahrscheinlichkeit damit enden wird, dass gegen den von der Abschiebung Betroffenen die Todesstrafe verhängt werden wird, ausländerrechtliche Maßnahmen zwingend ausschließt. Diese Rechtsfolge liegt in der Ratio des § 60 Abs. 3 AufenthG. Denn würde die Gefahr der Verurteilung zur Todesstrafe kein Abschiebungshindernis begründen, liefe diese Norm leer, da die Behörden nach der Abschiebung und anschließenden Verhängung der Todesstrafe deren Vollstreckung nicht mehr hindern könnten.

33 Dass der Refoulementschutz bereits gegen die drohende Gefahr der Todesstrafe gerichtet ist, wurde vom EGMR von Anfang an hervorgehoben. Er hatte in diesem Zusammenhang die Ansicht der britischen Regierung, einem Vertragsstaat könne nicht die Verantwortung für Akte auferlegt werden, die außerhalb seines Jurisdiktionsbereiches erfolgten, ausdrücklich zurückgewiesen. Vielmehr sei Art. 3 EMRK auch dann anzuwenden, wenn die negativen Folgen einer Auslieferung tatsächlich oder möglicherweise außerhalb des Herrschaftsbereichs des ausliefernden Staates erlitten würden.[44] Der EGMR hebt ausdrücklich hervor, es sei unstreitig, dass die britische Regierung keine Einflussmöglichkeiten auf die Praktiken und Regelungen der Behörden in Virginia habe.[45] Ebenso geht der Menschenrechtsausschuss davon aus, dass eine Person als »Opfer« im Sinne von Art. 1 Fakultativprotokoll zum IPbpR anzusehen sei, wenn die Verletzung der geschützten Rechte nach der Auslieferung außerhalb der Jurisdiktion des Vertragsstaates stattfinde.[46]

34 Ob nach der Abschiebung die Todesstrafe verhängt und vollstreckt werden wird, ist von **zwei Komponenten** abhängig, nämlich einerseits davon, dass der Betroffene eine Straftat verübt hat, die nach dem Recht des Herkunftslandes mit der Todesstrafe bedroht ist, und andererseits den Behörden bekannt ist oder wahrscheinlich bekannt werden wird, dass der Betroffene eine derartige Straftat verübt hat. Mit anerkannten Prognosegrundsätzen unvereinbar ist die Ansicht, ein ernsthafter Schaden drohe nicht, wenn die Behörden des Herkunftslandes noch keine Kenntnis von der entsprechenden Straftat des Antragstellers hätten und der Betroffene deshalb lediglich befürchten müsse, dass diese von seiner Tat Kenntnis erlangen werden.[47] Diese Ansicht schließt die Tatsachen aus der Prognoseprüfung aus, die darauf hinweisen, dass die Bestrafung im Herkunftsland bekannt werden wird. Wird die Straftat im Herkunftsland bekannt und droht nach der zugrunde liegenden Strafnorm die Verurteilung zur Todesstrafe, ist der Eintritt eines ernsthaften Schaden zu befürchten.

35 Für die Beurteilung der Gefahr, dass eine verübte Straftat die Verhängung oder Vollstreckung der Todesstrafe nach sich ziehen wird, kommt es auf die Straf- und Vollstreckungspraxis des Herkunftslandes an.[48] Behörde und Verwaltungsgericht haben von Amts wegen den Sachverhalt aufzuklären und Feststellungen dahin zu treffen, ob konkrete Anhaltspunkte für eine dem Betroffenen in seinem Herkunftsland drohende Bestrafung bis hin zur Verhängung und Vollstreckung der Todesstrafe vorliegen.[49] Die Behörde hat sich hierbei aller vorhandenen Erkenntnisquellen zu bedienen, um beurteilen zu können, in welchem Maße mit dem Eintritt der Gefahr der Todesstrafe zu rechnen ist.[50] Da es sich überwiegend um die im Herkunftsland vorherrschenden allgemeinen Verhältnisse und Umstände handelt, besteht eine eingeschränkte Darlegungslast und korrespondierend damit eine erhöhte Untersuchungspflicht.

---

43 So auch OLG Düsseldorf, EZAR 050 Nr. 3; siehe auch BVerfGE 60, 348 (355) = EZAR 150 Nr. 2 = NJW 1982, 2728 = NVwZ 1982, 269 = InfAuslR 1982, 204.
44 EGMR, EuGRZ 1989, 314 (318) (§ 83 bis § 85) = NJW 1990 = EZAR 1989, 319 – Soering.
45 EGMR, EuGRZ 1989, 314 (318) (§ 86) = NJW 1990 = EZAR 1989, 319 – Soering.
46 UN-Committee on HRLJ 1994, 411 (416) (§ 16.1); UN-Committee on Human Rights, HRLJ 1994, 149 ((155) (§ 13.2)).
47 *Weberndörfer*, Schutz vor Abschiebung nach dem neuen Ausländergesetz, S. 133.
48 *Treiber*, in: GK-AuslR, II – § 53 AuslG Rn. 152; VG Wiesbaden, AuAS 2002, 55 (56).
49 BVerwG, EZAR 120 Nr. 12; BVerwG, InfAuslR 1990, 312; Hessischer VGH, InfAuslR 1990, 109.
50 Hessischer VGH, NVwZ-RR 1990, 511 (512).

36 Demgegenüber war nach der gesetzlichen Begründung zu § 53 Abs. 2 AuslG 1990 Grundlage der erforderlichen Feststellungen die der Bundesregierung und dem Bundeskriminalamt vorliegenden und zugänglichen Erkenntnisse.[51] Gegen diese Beschränkung der Aufklärungsbefugnis wurden seinerzeit verfassungsrechtliche Einwendungen erhoben.[52] Die gesetzliche Begründung konnte jedoch auch dahin verstanden werden, dass die vorliegenden und zugänglichen Erkenntnisquellen auf jeden Fall zu berücksichtigen sind. Darüber hinaus ist der Sachverhalt bis hin zur Grenze der Unmöglichkeit aufzuklären.

37 Bereits die drohende bloße Verhängung (Rdn. 31 ff.) und nicht erst die drohende Vollstreckung der Todesstrafe reicht nach der Richtlinie für die Gewährung subsidiären Schutzes aus. Wird die Todesstrafe zwar verhängt, nach der Vollstreckungspraxis des Herkunftslandes jedoch über Jahre nicht vollstreckt, droht deshalb gleichwohl ein ernsthafter Schaden.[53] Die Nichtvollstreckung eines verhängten Todesurteils ist der Ausnahmefall. Darüber hinaus ist der Nichtvollzug von einer Reihe von Ungewissheiten abhängig und will die Richtlinie dem Betroffenen nicht das Risiko dafür aufbürden, dass das Todesurteil nach der Abschiebung nicht vollstreckt werden wird. Es bleibt dem Mitgliedstaat überlassen, entsprechende **Zusicherungen** der zuständigen Behörden des Herkunftslandes einzuholen (vgl. auch § 60 Abs. 3 Satz 2 AufenthG i.V.m. § 8 IRG). Derartige wirksame Zusicherungen sind im einseitigen Abschiebungsverfahren jedoch anders als im gegenseitigen Auslieferungsverkehr eher selten und bedürfen auch einer besonders sorgfältigen Prüfung durch den Mitgliedstaat (Rdn. 52 ff.).

b) Darlegungslasten

38 Der Antragsteller muss die Umstände und Tatsachen, die für die von ihm befürchtete Gefahr der Verhängung oder Vollstreckung der Todesstrafe maßgebend sind, von sich aus konkret, in sich stimmig und erschöpfend vortragen (vgl. Art. 4 Abs. 1 Satz 1, Abs. 5 Buchst. c) RL 2004/83/EG, § 25 Abs. 2 AsylVfG). Ihn trifft insoweit eine Darlegungslast (vgl. § 25 Abs. 2 AsylVfG, § 82 Abs. 1 AufenthG). Andererseits greifen unter diesen Voraussetzungen aber auch beweiserleichternde Grundsätze ein (Art. 4 Abs. 1 Satz 2 RL 2004/83/EG). Wegen der Präklusionsvorschriften in § 25 Abs. 3 AsylVfG und § 82 Abs. 1 Satz 3 AufenthG kann die Behörde nachträgliches Sachvorbringen unberücksichtigt lassen. Das Verwaltungsgericht wird im Asylverfahren in aller Regel § 87 b Abs. 3 VwGO angewendet haben. Tatsachen, die dem Asylsuchenden bereits im Asylverfahren bekannt waren, kann er mithin nicht nachträglich zur Unterstützung seines Begehrens auf Gewährung von subsidiärem Schutz vortragen.

39 Die Präklusionsvorschriften (§ 25 Abs. 3 AsylVfG; § 82 Abs. 1 Satz 3 AufenthG) sind wegen des Gewichts der bedrohten Rechtsgüter einschränkend auszulegen und anzuwenden. Zu differenzieren ist zunächst zwischen Asylsuchenden und anderen Ausländern. Typischer Anwendungsfall des Art. 15 Buchst. a) RL 2004/83/EG, § 60 Abs. 3 AufenthG ist der straffällig gewordene ausländische Arbeitnehmer oder Student. Stellt dieser keinen Asylantrag, findet die Richtlinie keine Anwendung. In diesem Fall entscheidet die zuständige Ausländerbehörde unmittelbar nach § 60 Abs. 3 AufenthG unter Mitwirkung des Bundesamtes (§ 72 Abs. 2 AufenthG). Den Antragsteller trifft in diesem Verfahren erst dann eine Darlegungspflicht, wenn er durch die Behörde auf die bevorstehenden aufenthaltsbeendenden Maßnahmen hingewiesen und über die Präklusionsvorschriften belehrt (§ 82 Abs. 3 Satz 2 AufenthG) worden ist. Demgegenüber wird vom Asylsuchenden von vornherein eine auch die in § 60 Abs. 3 AufenthG bezeichneten Gefahren umfassende Darlegungspflicht eingefordert (vgl. § 25 Abs. 2 AsylVfG).

40 Das BVerfG hat festgestellt, es reiche von Verfassungs wegen aus, wenn die Einwendungen des im Verwaltungsverfahren Rechtsuchenden in groben Zügen erkennen lassen, welche Rechtsgüter als

---

51 BR-Drucks. 11/90, S. 76.
52 *Hailbronner*, NJW 1990, 2153 (2159).
53 *Treiber*, in: GK-AuslR, II – § 53 AuslG Rn. 153; *Duchrow/Spieß*, Flüchtlings- und Asylrecht, S. 132.

gefährdet angesehen und welche Beeinträchtigungen befürchtet werden. Dabei dürfe nicht mehr gefordert werden als das durchschnittliche Wissen eines nicht sachverständigen Bürgers im Blick auf mögliche Beeinträchtigungen von Leben, Gesundheit und sonstiger geschützter Rechtspositionen durch das in Rede stehende Verwaltungshandeln. Aus Art. 19 Abs. 4 GG würden sich Vorwirkungen auf die Ausgestaltung des dem gerichtlichen Rechtsschutzverfahren vorgelagerten Verwaltungsverfahrens ergeben. Daraus würden in erster Linie Anforderungen an das Verhalten der Behörde im Verwaltungsverfahren selbst folgen.[54]

Hieraus folgt, dass die Präklusionsvorschriften zurückhaltend anzuwenden sind, insbesondere im typischen Anwendungsfall des ausländischen Arbeitnehmers oder Studenten, in dem dieser bislang keinen Anlass hatte, unaufgefordert und ohne konkreten Anlass die Behörde auf ihm möglicherweise drohende Gefahren in seinem Herkunftsland hinzuweisen. Die Behörde – und nachfolgend das Verwaltungsgericht – trifft mithin eine umfassende Sachaufklärungspflicht, konkreten Anhaltspunkten auf eine dem Betroffenen individuell drohende Verhängung oder Vollstreckung der Todesstrafe nachzugehen. Behauptet der Betroffene etwa, ihm drohe wegen seiner Desertion im Blick auf den in seinem Herkunftsland herrschenden Kriegszustand die Todesstrafe, hat er seiner Darlegungspflicht genügt.[55] Wie im Blick auf eine drohende Verfolgung ist der Betroffene lediglich gehalten, in Bezug auf die in seine Sphäre fallenden Ereignisse und persönlichen Erlebnisse eine schlüssige Darstellung zu geben (§ 28 Rdn. 11 f.). Hinsichtlich der drohenden Todesstrafe ist daher von Amts wegen zu ermitteln, ob diese dem Antragsteller aufgrund seines persönlichen Sachvortrags konkret droht. 41

c) Prognosekriterien

Der Betroffene muss Umstände und Tatsachen darlegen, welche die ernsthafte Möglichkeit begründen, dass den Behörden des Herkunftslandes bekannt ist oder mit überwiegender Wahrscheinlichkeit bekannt werden wird, dass er eine Straftat begangen hat, die nach dem Recht des Herkunftslandes mit dem Tode bedroht ist. Dabei ist insbesondere eine **Kumulation** entsprechender Verdachtsmomente zu berücksichtigen. Ausreichend ist die individuelle Darlegung, dass die Behörden des Herkunftslandes den Betroffenen einer Straftat verdächtigen, die nach dem dortigen Recht mit dem Tode bedroht ist. Ob aufgrund dessen die Todesstrafe verhängt oder vollstreckt werden wird, haben die Feststellungsbehörden nach Maßgabe des Untersuchungsgrundsatzes festzustellen. 42

Art. 15 Abs. a) RL 2004/83/EG setzt voraus, dass der Betreffende durch die Behörden seines Heimatstaates wegen einer Straftat »gesucht« wird und die Gefahr der Verhängung oder der Vollstreckung der Todesstrafe besteht. Nach der gesetzlichen Begründung zur insoweit inhaltsgleichen Vorläufernorm des § 53 Abs. 2 AuslG 1990 wird für die »Beachtlichkeit einer Gefahr der Todesstrafe« die »positive Feststellung« vorausgesetzt, dass ein anderer Staat den Betreffenden wegen einer Straftat sucht.[56] In der Literatur wird deshalb behauptet, § 60 Abs. 3 AufenthG könne nur zur Anwendung kommen, wenn zweifelsfrei feststehe, dass der Betreffende wegen einer mit der Todesstrafe sanktionierten Straftat von einem anderen Staat gesucht werde. Zur Feststellung dieser Voraussetzung genüge zunächst eine Anfrage beim Bundeskriminalamt.[57] 43

Der einschränkenden Ansicht kann nicht gefolgt werden. Sie beruht auf einer unzulässigen Verengung des Gesetzeswortlautes, einer Verkürzung verfassungsrechtlicher Grundsätze sowie auf einem fragwürdigen methodischen Umgang mit dem subsidiären Schutz. Wegen des Anwendungsvorrangs ist der Wortlaut von Art. 15 Buchst. a) RL 2004/83/EG maßgebend, andererseits der Wortlaut von § 60 Abs. 3 Satz 1 AufenthG nicht derart eindeutig, wie es nach der einschränkenden Position den Anschein hat. Vielmehr erlaubt er auch eine Auslegung, wonach die Gefahr festzustellen ist, dass der 44

---

54 BVerfGE 61, 82 (117 f.).
55 VG Darmstadt, Beschl. v. 09.12.1993 – 6 G 10485/93.A(4) – Georgien.
56 BR-Drucks. 11/90, S. 76.
57 *Fraenkel*, Einführende Hinweise zum neuen Ausländergesetz, S. 288.

Betreffende im Fall der Einreise in den Zielstaat dort wegen einer mit Todesstrafe bedrohten Straftat »gesucht werden wird«. Damit ist diese Frage nach den üblichen Prognosegrundsätzen zu lösen:

45 Zu beurteilen ist, ob es ernsthafte und konkrete Anhaltspunkte dafür gibt, dass der Betroffene für den Fall seiner Rückkehr im Zielstaat wegen einer mit Todesstrafe bedrohten Straftat gesucht werden wird. Nach dem maßgeblichen Beweismaß reichen für die Prognose wegen des Gewichts der bedrohten Rechtsgüter bereits »geringe Risiken« aus. Die Prognoseentscheidung ist stets eine »geistige Vorwegnahme der Zukunft«. Soll diese zukunftsorientierte Aussage mehr als eine bloße »Weissagung« oder »Prophezeiung« sein, muss sie in besonderem Maße von Rationalität und Plausibilität getragen sein.[58] Maßgebend ist andererseits lediglich, dass die Prognose den an sie zu stellenden methodischen Anforderungen genügt, nicht aber, dass sie durch die spätere tatsächliche Entwicklung mehr oder weniger bestätigt oder widerlegt wird.[59] Auf diesen besonderen verfahrensrechtlichen Aspekt der Prognoseentscheidung weist auch das BVerfG hin: Generell erfordere der Grundrechtsschutz geeignete, verlässliche Verfahren, mit deren Hilfe der Steigerungsgrad der Gefahr für Leib und Leben ermittelt werden könne.[60]

46 Ist etwa zu beurteilen, ob eine im Ausland begangene Tat nach dem innerstaatlichen Recht des Zielstaates die Einleitung eines Strafverfahrens mit der Folge der Verhängung und Vollstreckung der Todesstrafe zur Folge haben und der Betreffende deswegen im Zielstaat gesucht werden wird, kommt es wesentlich auf die positive Kenntnis der Behörden des Zielstaates von dieser Auslandstat an. Es müssen mithin ernsthafte und konkrete Anhaltspunkte dafür vorgetragen werden, dass die Behörden von der Auslandstat Kenntnis erlangt haben oder wahrscheinlich erhalten werden. So kann etwa über Landsleute, über Kontakte zur Auslandsvertretung, über die öffentliche Prozessberichterstattung oder durch andere Umstände die Auslandsvertretung Kenntnis von der Straftat erlangt haben. Ein »geringes Risiko« reicht für diese Annahme angesichts des Gewichts der bedrohten Rechtsgüter aus.

47 So wird nach der Rechtsprechung jeder Iraner, der sich über mehrere Jahre im Ausland aufgehalten hat, bei der Einreise in den Iran einer intensiven Befragung über seinen Auslandsaufenthalt und seine dort entfalteten Aktivitäten unterzogen, sodass überwiegend wahrscheinlich ist, dass seine Verurteilung zu einer nach dem iranischen Recht mit dem Tode bedrohten Straftat den iranischen Behörden bekannt werden wird.[61] Es reicht aus, dass der Betroffene lediglich einer derartigen Straftat verdächtigt wird. Er muss deswegen nicht notwendigerweise mit Haftbefehl gesucht werden. Der Betroffene muss eine derartige Tat auch nicht notwendigerweise tatsächlich begangen haben. Vielmehr ist ausreichend, dass er der Begehung oder sonstigen Beteiligung an einer derartigen Straftat durch die Behörden verdächtigt wird. So kann ein entsprechender Verdacht etwa auf Denunziationen Dritter beruhen oder darauf, dass diese ihn unter der Folteranwendung entsprechend belastet haben.

48 Angesichts des bedrohten Rechtsgutes Leben kann es in einem derartigen Fall dem Betroffenen nicht zugemutet werden, in einem Strafverfahren im Herkunftsland seine fehlende Beteiligung an einer entsprechenden Straftat darzulegen. Vielmehr reicht der in sich stimmige und nachvollziehbare Vortrag aus, dass aufgrund ernsthafter Indizien die Behörden des Herkunftslandes davon ausgehen, dass er an einer entsprechenden Straftat beteiligt war. Hat die Auslandsvertretung Kenntnis von der Beteiligung des Betroffenen an der Straftat, ist überwiegend wahrscheinlich, dass diese im Zielstaat zum Anlass strafrechtlicher Maßnahmen genommen werden wird. Für diese Annahme sprechen insbesondere Berichte und Meldungen über eine einschlägige Strafverfolgungs- und Strafvollstreckungspraxis. Dass Einzelfälle der Verurteilung von Auslandstätern nicht bekannt geworden sind, kann seinen Grund darin haben, dass die Betroffenen nicht abgeschoben werden oder die Behörden

---

58 BVerwGE 87, 141 (150) = EZAR 200 Nr. 27 = NVwZ 1991, 384.
59 BVerwG, DÖV 1985, 68.
60 BVerfGE 66, 39 (59).
61 VG Wiesbaden, AuAS 2002, 55 (56 f.).

des Zielstaates eine gezielte Desinformationspolitik betreiben oder sonstwie die Aufklärung über eine derartige Praxis erschweren.

Jedenfalls darf in dem Fall, in dem konkrete und ernsthafte Anhaltspunkte dafür sprechen, dass die Auslandstat bekannt geworden und eine einschlägige Verurteilungs- und Vollstreckungspraxis im Zielstaat bei derartigen dort begangenen Taten üblich ist, der subsidiäre Schutz nicht mit der Begründung versagt werden, dass keine Verurteilung von Auslandstätern bekannt geworden seien. Nicht Gewissheit, sondern ein »konkretes Risiko« ist nach der Rechtsprechung des EGMR gefordert. Für die nach vollständiger Erforschung des Sachverhalts zu treffende Gefahrenprognose ist zu bedenken, dass eine Bandbreite von Möglichkeiten denkbar ist, ob sich die befürchteten Zugriffe tatsächlich realisieren werden. Für die Gefahrenprognose kommt es also auf das Maß der Wahrscheinlichkeit an, dass im Einzelfall der Betroffene im Zielland wegen einer Straftat gesucht und deshalb mit der Todesstrafe bestraft werden wird. 49

Richtungsweisend für die Wahl des Beweismaßes ist die vom EGMR entwickelte Rechtsprechung: In **Soering** hatte der Gerichtshof die Ansicht der britischen Regierung nicht akzeptiert, dass die Verhängung und Vollstreckung der Todesstrafe »gewiss« sein müsse.[62] Zwar würde eine Reihe von Umständen gegen die Wahrscheinlichkeit der Verhängung der Todesstrafe sprechen. Andererseits sei wegen der festen Haltung der Anklagebehörde die Annahme kaum möglich, dass gerade keine substanziellen Gründe dafür vorlägen, dass der Beschwerdeführer keinem »konkreten Risiko« gegenüberstehe, zum Tode verurteilt zu werden.[63] Zwar würden die Konventionsorgane grundsätzlich nur bestehende, nicht aber auch lediglich möglicherweise eintretende Konventionsverletzungen berücksichtigen. Im Hinblick auf die ernsten, irreparablen Leiden und um die Effektivität des Schutzes durch Art. 3 EMRK zu garantieren, sei jedoch die Abkehr von dem erwähnten Grundsatz erforderlich.[64] 50

Allgemein wird diese Rechtsprechung dahin verstanden, dass wegen des Gewichts der gefährdeten Rechtsgüter und der Garantie effektiven Schutzes, den Art. 3 EMRK verspricht, bereits »geringe Risiken« für eine Rechtsgutgefährdung zu berücksichtigen sind. Damit kann festgehalten werden, dass es für die im Rahmen von Art. 15 Buchst. a) RL 2004/83/EG, § 60 Abs. 3 AufenthG anzustellende Gefahrenprognose ausreicht, wenn »ernsthafte und konkrete Anhaltspunkte« eine gewisse Wahrscheinlichkeit dafür begründen, dass der Betroffene wegen einer mit der Todesstrafe sanktionierten Straftat nach seiner Rückkehr in den Zielstaat gesucht und verurteilt werden wird. Das BVerwG verwendet nicht das Beweismaß der »beachtlichen Wahrscheinlichkeit« (§ 29 Rdn. 25 ff.), sondern belässt mit dem flexiblen Begriff der Bandbreite der Praxis einen gewissen Spielraum und erklärt als unerheblichen Eckpunkt die bloß abstrakte und durch keine konkreten Tatsachen getragene Hypothese für unerheblich.[65] Ob andererseits ein ernsthafter Schaden auch bei einer fehlenden Wahrscheinlichkeit der Verhängung und Vollstreckung der Todesstrafe anzunehmen ist,[66] ist ungeklärt. Andererseits sind die vom BVerwG hervorgehobenen »konkreten und ernsthaften Anhaltspunkte«[67] nichts anderes als die bei der Entscheidung über den Flüchtlingsstatus maßgebenden »realen Möglichkeiten« (§ 29 Rdn. 51 ff.). 51

Die Bandbreite möglicher Prognosen reicht mithin vom Nachweis einer mit Sicherheit anzunehmenden Suche nach dem Betroffenen mit der Folge der Verhängung und Vollstreckung der Todesstrafe bis zur bloß abstrakten Hypothese eines derartigen Eingriffs. Einer bloß abstrakten Hypothese kann rechtlich kein bedeutsames Gewicht beigemessen werden. In die Prüfung sind vielmehr nur 52

---

62 EGMR, EuGRZ 1989, 314 (§ 83) = NJW 1990 = EZAR 1989, 319 – Soering.
63 EGMR, EuGRZ 1989, 314 (§ 90 bis § 99) = NJW 1990 = EZAR 1989, 319 – Soering.
64 EGMR, EuGRZ 1989, 314 (§ 90 bis § 99) = NJW 1990 = EZAR 1989, 319 – Soering.
65 BVerwGE 78, 285 (295) = EZ AR 120 Nr. 11 = NVwZ 1987, 288 = InfAuslR 1987, 228.
66 So Niedersächsisches OVG, InfAuslR 1989, 332.
67 BVerwGE 78, 285 (295) = EZAR 120 Nr. 11 = NVwZ 1987, 288 = InfAuslR 1987, 228.

solche Nachteile einzustellen, für deren Annahme konkrete und ernsthafte Anhaltspunkte bestehen. Die Behörde muss also im Rahmen des praktisch Vertretbaren prüfen, mit welcher Wahrscheinlichkeit mit einem strafrechtlichen Verfahren zu rechnen ist.[68]

d) Bedeutung von Zusicherungen

53 Art. 15 Buchst. a) RL 2004/83/EG steht nicht unter dem Vorbehalt, dass kein ernsthafter Schaden droht, wenn die Behörden des Herkunftslandes zusichern, dass im Fall der Abschiebung die Todesstrafe nicht verhängt oder vollstreckt werden wird. Demgegenüber verweist § 60 Abs. 3 Satz 2 AufenthG auf § 8 IRG, wonach die Auslieferung zulässig ist, wenn der ersuchende Staat zusichert, dass die Todesstrafe nach der Auslieferung nicht verhängt oder nicht vollstreckt werden wird. Daraus wird geschlossen, dass es auch für die Anwendung des § 60 Abs. 3 AufenthG entscheidungserheblich darauf ankomme, dass der Zielstaat zusichere, er werde die Todesstrafe nicht verhängen oder vollstrecken.[69] Die Rechtsprechung lässt jedoch die Abschiebung nicht zu, wenn die Regierung nicht die Umwandlung der Todesstrafe in die lebenslange Freiheitsstrafe zusichert.[70] Das Unionsrecht ist eindeutig. Der nach Art. 15 Buchst. a) RL 2004/83/EG zustehende subsidiäre Schutz steht nicht unter dem Vorbehalt einer möglichen Zusicherung.

54 Darüber hinaus ist der auslieferungsrechtliche Spezialitätsgrundsatz nicht auf das ausländerrechtliche Verfahren übertragbar: Anders als das zwischenstaatliche Auslieferungsverfahren ist das ausländerrechtliche Verfahren kein zwischenstaatliches Verfahren, sondern ein einseitiger Hoheitsakt.[71] Ob im ausländerrechtlichen Verfahren eine verbindliche Stellungnahme der Regierung des Zielstaates eingeholt werden kann, ist wegen der Einseitigkeit dieses Verfahrens, in dem keine verbindlichen Erklärungen des Zielstaates eingeholt werden, fraglich. Regelmäßig werden derartige Ermittlungen über das Auswärtige Amt geführt. Amtliche Auskünfte sind jedoch keine völkerrechtlich verbindlichen Erklärungen in Form von diplomatischen Noten, sondern selbstständige Beweismittel, die ohne förmliches Beweisverfahren vom Gericht im Rahmen der freien Beweiswürdigung im Wege des Freibeweises verwertet werden.[72]

55 Verbindliche Spezialitätszusagen werden im ausländerrechtlichen Verfahren nicht abgegeben und auch nicht eingeholt. Sofern amtliche Auskünfte herangezogen werden, ist zu bedenken, dass es sich nicht um verbindliche Spezialitätszusagen, sondern um im Wege des Freibeweises zu verwertende Beweismittel handelt. Es handelt sich mithin nicht um ein Problem der etwaigen Verbindlichkeit von Garantiezusagen, sondern um die Anwendung der Prognosegrundsätze im Einzelfall, in dem zu entscheiden ist, ob aufgrund der Auskunftslage die festgestellten Tatsachen eher gegen eine Verhängung oder Vollstreckung der Todesstrafe sprechen als dafür. Dabei ist sicherlich auch die Praxis der Rechtsanwendung zu berücksichtigen. Steht jedoch zur Überzeugungsgewissheit der Behörde fest, dass im konkreten Einzelfall die Todesstrafe verhängt und/oder vollstreckt werden wird, vermögen generelle zwischenstaatliche Vereinbarungen über den Verzicht auf die Strafvollstreckung das festgestellte Prognoseergebnis nicht zu beeinflussen.

56 Ein derartiges zwischenstaatliches Verfahren ist bisher noch nicht beobachtet worden. Überdies ergeben sich erhebliche Zweifel gegen die Effektivität derart genereller Zusagen im Einzelfall. Einem Staat, der bereits auf die Vollstreckung einer noch nicht verhängten Strafe verzichtet, kann ohne weiteres zugemutet werden, auch auf deren Verhängung im konkreten Einzelfall zu verzichten. Generelle Absprachen sind nur verbindlich, wenn sie für den konkreten Einzelfall hinreichend

---

68 BVerwGE 78, 285 (295) = EZAR 120 Nr. 11 = NVwZ 1987, 288 = InfAuslR 1987, 228; Hessischer VGH, InfAuslR 1990, 109; *Kunig*, Anmerkung zu Niedersächsisches OVG, InfAuslR 1985, 199, in: InfAuslR 1985, S. 200 (201).
69 *Renner/Bergmann*, AuslR, § 60 AufenthG Rn. 44.
70 Bayerischer VGH, InfAuslR 1985, 257.
71 Kritisch hierzu auch *Treiber*, in: GK-AuslR II – § 53 AuslG Rdn. 157.
72 BVerfG (Kammer), InfAuslR 1990, 161; BVerwG, DVBl. 1985, 577; BVerwG, InfAuslR 1986, 74.

§ 41 Folter oder unmenschliche oder erniedrigende Behandlung oder Bestrafung   Kapitel 12

zuverlässige Kontrollmöglichkeiten vorsehen. Der Unterschied zwischen dem auslieferungs- und dem ausländerrechtlichen Verfahren hat im Übrigen Auswirkungen auf die Bewertung der Verlässlichkeit gegebener Zusicherungen. Denn im einseitigen ausländerrechtlichen Verfahren drohen dem Zielstaat der Abschiebung anders als im gegenseitigen Auslieferungsverkehr keine Konsequenzen.[73]

Selbst wenn entsprechende Zusicherungen durch die zuständigen Behörden im Zielstaat der Abschiebung gegeben würden, befreit dies nicht von der Verpflichtung, zu prüfen, ob die Zusagen in ihrer praktischen Anwendung eine ausreichende Garantie für den Schutz der Betroffenen bieten. Das Gewicht solcher Zusagen ist in jedem Fall von den im Entscheidungszeitpunkt maßgeblichen Verhältnissen abhängig.[74] Herkunftsländer, in denen schwerwiegende Menschenrechtsverletzungen üblich sind, werden von den internationalen Vertragsüberwachungsorganen im Blick auf die Einhaltung von Zusicherungen eher negativ bewertet.[75]

57

§ 41 Folter oder unmenschliche oder erniedrigende Behandlung oder Bestrafung (Art. 15 Buchst. b) RL 2004/83/EG)

Übersicht

	Rdn
1. Funktion von Art. 15 Buchst. b) RL 2004/83/EG	1
2. Begriff der Folter	13
a) Funktion des juristischen Folterbegriffs	13
b) Verantwortlichkeit des Staates für die Folterhandlung	17
c) Grad der Schmerzzufügung	21
aa) Relativitätstest	21
bb) Erweiterter Folterbegriff	26
d) Vorsätzliche Handlung	28
e) Zweckrichtung der Schmerzzufügung	30
f) Abgrenzung zu »gesetzlich zulässigen Sanktionen«	35
3. Begriff der unmenschlichen oder erniedrigenden Behandlung oder Bestrafung	41
a) Funktion des Begriffs	41
b) Grad der Schmerzzufügung	45
aa) Funktion des Relativitätstests	45
bb) Inhalt des Relativitätstests	47
c) Behördliche Misshandlungen	54
d) Disziplinar- und körperliche Strafen	58
e) Haftbedingungen	65
aa) Funktion des präventiven Schutzes gegen Haftbedingungen	65
bb) Unzumutbare Haftbedingungen	67
cc) Haft im Hochsicherheitsgefängnis	72
dd) Einzelhaft (»solitary confinement«)	74
f) Psychiatrische Zwangsmaßnahmen	78
g) Gesundheitsgefährdungen	85
aa) Funktion des präventiven Schutzes gegen Gesundheitsgefährdungen	85
bb) Unzulängliche medizinische Versorgung im Herkunftsland	91
4. Regierungsverantwortlichkeit im Rahmen von Art. 15 Buchst. b) RL 2004/83/EG	99
a) Funktion des Konzepts der Regierungsverantwortlichkeit	99
b) Zurechnung sämtlicher im Herkunftsland bestehender Gefahren	105
5. Gefahrenprognose	110
a) Funktion der Gefahrenprognose	110
b) Darlegungslast	117
c) Beweismaß »tatsächliches Risiko«	122

---

73 *Treiber*, in: GK-AuslR II – § 53 AuslG Rn. 157.
74 EGMR, NVwZ 2008, 1330 (1333) Rn. 147 ff. – Saadi.
75 CAT/C/CR/33/3, § 4, Nov. 2004; U.N. A760/316, Interim Report of the Special Rapporteur on torture, 30.08.2005, § 46; Report by *Gil-Robles* on His Visit to Sweden, CommDH(2004)13, § 9, 08.07.2004.

Kapitel 12 — Voraussetzungen des unionsrechtlichen subsidiären Schutzes

Leitsätze

1. Wird der Antrag mit der drohenden Gefahr der Folter oder unmenschlichen oder erniedrigenden Maßnahme im Herkunftsland begründet, wird der Betroffene durch Art. 15 Buchst. b) der Richtlinie geschützt. Die Richtlinie orientiert sich in dieser Frage an der EMRK. Daher ist für die Handhabung der Richtlinie durch die Mitgliedstaaten im Zweifel die Auslegung und Anwendung von Art. 3 EMRK durch den EGMR verbindlich. Der EuGH wird jedoch nicht daran gehindert, einen generöseren Ansatz als der EGMR zu entwickeln (Rdn. 3).
2. Der Wortlaut von Art. 15 Buchst. b) der Richtlinie verweist nicht auf Art. 3 EMRK, weil nur eine zielstaatsbezogene Gefahr erfasst wird und die Herkunftsländer der Antragsteller zumeist nicht Vertragsstaaten der EMRK sind (Rdn. 1).
3. Wird der Antrag mit der drohenden Gefahr der Folter oder unmenschlichen oder erniedrigenden Maßnahme in einem Drittstaat begründet, wird der Betroffene nicht durch Art. 15 Buchst. b) der Richtlinie geschützt. Gegen die Abschiebung in den Drittstaat schützt unmittelbar Art. 3 EMRK (Art. 21 RL 2004/83/EG, Rdn. 2).
4. Wird der Asylantrag mit drohender Folter begründet, spricht ein starkes Indiz für die Zuerkennung der Flüchtlingseigenschaft (§ 27 Rdn. 22 ff.). Der Antragsteller fällt nur dann auf den subsidiären Schutzstatus zurück, wenn er nicht darlegen kann, dass die drohende Folter an einen Verfolgungsgrund anknüpft, sofern er keinen Ausschlussgrund (Art. 17 RL 2004/83/EG) erfüllt. Deshalb verbleibt für Art. 15 Buchst. b) der Richtlinie nur ein begrenzter Anwendungsbereich (Rdn. 5).
5. Art. 15 Buchst. b) RL 2004/83/EG erfordert an sich keine präzise Trennung zwischen Folter und anderen Misshandlungsformen. Dem Folterbegriff haftet jedoch ein **spezifisches Stigma** an. Eine Differenzierung ist auch deshalb angezeigt, weil drohende Folter zumeist eine Anknüpfung an Verfolgungsgründe indiziert (Rdn. 5), eine derartige Indizwirkung bei bloßen Misshandlungen jedoch nicht ohne Weiteres angenommen werden kann (Rdn. 13). Zudem können erst im Lichte der normativen Konturen des engen Folterbegriffs Streitfragen des Begriffs der unmenschlichen Behandlung sachgerecht gelöst werden (Rdn. 14, 41 ff.).
6. Folter ist eine »**willkürliche unmenschliche Behandlung, die besonders ernsthaftes und grausames Leiden**« hervorruft. In **objektiver** Hinsicht muss die angewandte Maßnahme ein besonders ernsthaftes und grausames Leiden verursachen, jedoch wird keine Körperverletzung gefordert. In subjektiver Hinsicht muss ihr ein vorsätzliches und willkürliches Handeln zugrunde liegen. Folter wie unmenschliche oder erniedrigende Maßnahmen setzen in der Regel eine bestimmte Zweckrichtung voraus. Die Abgrenzung ist grundsätzlich vom Grad der Leidenszufügung abhängig (Rdn. 15).
7. Nach der Definition des Übereinkommens wie auch nach der Rechtsprechung des EGMR prägen vier tatbestandliche Elemente den Folterbegriff (Rdn. 17): Es müssen eine dem Staat zurechenbare Handlung (Rdn. 17 ff.), eine Schmerzzufügung mit einem bestimmten Intensitätsgrad (Rdn. 45 ff.), vorsätzliches Handeln und eine bestimmte Zweckverfolgung festgestellt werden (Rdn. 30 ff.).
8. Gleichwohl ist die völkerrechtliche Zurechnungsdoktrin (§ 16 Rdn. 13 ff.) nicht zwingender Bestandteil des Folterbegriffs. Vielmehr hat der EGMR in ständiger Rechtsprechung einen deutlich weiter gehenden Begriff der Regierungsverantwortlichkeit entwickelt (Rdn. 19 f., 99 ff.). In der in Deutschland umstrittenen Frage der Zurechenbarkeit von Misshandlungen kommt es für die Anwendung und Auslegung von Art. 15 Buchst. b) RL 2004/83/EG auf die Rechtsprechung des EGMR sowie auch auf die Grundsätze zum Wegfall des Schutzes nach Art. 6 bis 8 RL 2004/83/EG an.
9. Der Begriff der gesetzlich zulässigen Sanktionen (Art. 1 Abs. 1 Satz 2 Übereinkommen gegen Folter) ist nach Maßgabe der Rechtsprechung des EGMR inhaltlich dahin zu konkretisieren, dass das verursachte Leiden bzw. die Erniedrigung über das Maß hinausgehen muss, welches unvermeidbar mit jeder legitimen Behandlung oder Bestrafung insbesondere

bei Freiheitsentziehungen verbunden ist (Rdn. 38 ff.). Für Art. 15 Buchst. b) RL 2004/83/EG ist das Problem der »legitimen Maßnahmen« oder der »gesetzlich zulässigen Maßnahmen« insbesondere bei der inhaltlichen Bestimmung des Begriffs der »erniedrigenden Behandlung oder Bestrafung« von Bedeutung.

10. Anders als der durch relativ klare Konturen geprägte Folterbegriff (Rdn. 13 ff.) ist der Begriff der unmenschlichen oder erniedrigenden Bestrafung oder Behandlung einer präzisen begrifflichen Erfassung nur eingeschränkt zugänglich. Während z. B. der Folterbegriff vorsätzliches Handeln unabdingbar voraussetzt (Rdn. 26 ff.), müssen unmenschliche oder erniedrigende Maßnahmen nicht notwendigerweise auf die Zufügung von Leiden gerichtet sein, wenn auch in der Praxis eine derartige Absicht zumeist feststellbar ist (Rdn. 41 ff.). Der EGMR will alle Gefahrenquellen, unabhängig von ihrer Entstehung, mit dem Begriff erfassen (Rdn. 85 ff.). Dies betrifft insbesondere Gesundheitsgefährdungen, die aber an derart hohe, indes im Gerichtshof nicht unumstrittene Voraussetzungen geknüpft werden, dass der Refoulementschutz leer läuft (Rdn. 96 ff.).

11. Für die Abgrenzung »unmenschlicher« oder »erniedrigender« Maßnahmen im Sinne von Art. 3 EMRK von anderen unmenschlichen oder erniedrigenden Maßnahmen, die nicht im Sinne von Art. 3 EMRK erheblich sind, verweist der EGMR auf den **Relativitätstest** (Rdn. 47 ff.). **Behördliche Misshandlungen** (Rdn. 54 ff.) erfüllen zumeist den Folterbegriff. Relevant wird die Abgrenzungsaufgabe bei **Disziplinar- und körperlichen Strafen** (Rdn. 58 ff.), im Fall der Freiheitsentziehung bei den **Haftbedingungen** (Rdn. 65 ff.), bei **psychiatrischen Zwangsmaßnahmen** (Rdn. 78 ff.) und insbesondere bei **Gesundheitsgefährdungen** (Rdn. 85 ff.).

12. Anders als beim Flüchtlingsschutz kommt es ausschließlich auf den nach objektiven Grundsätzen zu ermittelnden ernsthaften Schaden und nicht auf eine begründete Furcht vor einer derartigen Gefahr (§ 29 Rdn. 28 ff.) an. Der zeitliche Bezugsrahmen der **Gefahrenprognose** (§ 29 Rdn. 1 ff.) erstreckt sich auf die im Entscheidungszeitpunkt in absehbarer Zeit erkennbaren wahrscheinlichen künftigen Geschehensabläufe bei einer hypothetisch unterstellten Rückkehr ins Herkunftsland (Rdn. 110)

13. Die **Gefahrenprognose** ist nicht anhand des Regelbeweises, sondern nach Maßgabe des Wahrscheinlichkeitsbeweises (Rdn. 122 ff.) durchzuführen. Während die nachträgliche Prüfung von Konventionsverletzungen durch das Beweismaß »**jenseits jeden vernünftigen Zweifels**« geleitet wird, erfordert der präventive Menschenrechtsschutz die Anwendung eines deutlich herabgestuften Beweismaßes. Dieses bezeichnet der Begriff des »**konkreten Risikos**« (Rdn. 112).

14. Der Antragsteller muss die Umstände und Tatsachen, die für die von ihm befürchtete Gefahr von Folter oder unmenschlicher oder erniedrigender Behandlung maßgebend sind, von sich aus konkret, in sich stimmig und erschöpfend vortragen (vgl. Art. 4 Abs. 1 Satz 1, Abs. 5 Buchst. c) RL 2004/83/EG, § 25 Abs. 2 AsylVfG). Die **Darlegungspflicht** begrenzt die **Untersuchungspflicht** der Behörde. Diese hat die Aufgabe, die allgemeinen rechtlichen und politischen Verhältnisse im Herkunftsland aufzuklären. Anschließend muss sich die Behörde mit dem Vorbringen auseinandersetzen und möglicherweise weitere Ermittlungen auf der Grundlage des Sachvorbringens anstellen (Rdn. 117 ff.).

15. Der Gerichtshof verlangt einen **substanziierten Sachvortrag**. Vollständige Präzison und Widerspruchsfreiheit kann von Folteropfern jedoch in aller Regel nicht erwartet werden (Rdn. 119). Für **Präklusionsvorschriften** gibt es weder in der Qualifikationsrichtlinie noch in der Verfahrensrichtlinie eine Grundlage (Rdn. 120).

16. Das Beweismaß des »**tatsächlichen Risikos**« (Rdn. 112) erfordert die Bezeichnung konkreter Gründe, um beurteilen zu können, ob im Fall der Abschiebung für den Antragsteller im Zielstaat ein tatsächliches Risiko besteht, einer Behandlung ausgesetzt zu werden, die über die durch Art. 3 EMRK gesetzte Grenze hinausgeht. Das tatsächliche Risiko bezieht sich auf eine bestehende »**objektive Gefahr**«, einer Art. 3 EMRK zuwiderlaufenden Behandlung unterworfen zu werden. Der Gerichtshof differenziert dabei zwischen unerheblichen

»bloßen Möglichkeiten« einerseits sowie dem beachtlichen »**ernsthaften Risiko**« einer unmenschlichen oder erniedrigenden Behandlung andererseits (Rdn. 122 ff.).

17. Wo die verfügbaren Quellen eine allgemeine Lage beschreiben, bedürfen die spezifischen Behauptungen des Beschwerdeführers für seinen Fall grundsätzlich der Bestätigung durch andere Beweise (Rdn. 116, 123 ff.). Der allgemeinen Lage kann aber eine indizielle Wirkung zukommen. Der Antragsteller muss nicht stets besondere **Unterscheidungsmerkmale** (»special distinguishing features«) belegen, wenn er auf andere Weise darlegen kann, dass die »generelle Situation von Gewalt« im Zielstaat ein derartiges Niveau an Intensität aufweist, dass jegliche Abschiebung in dieses Land Art. 3 EMRK zuwiderlaufen würde (Rdn. 125).
18. Werden **systematische Misshandlungen** spezifischer **Personengruppen** im Herkunftsland belegt, reicht der Nachweis der Zugehörigkeit zu einer diesen Gruppen für die Prognose eines tatsächlichen Risikos aus (Rdn. 126 ff.). Zunächst wird die generelle Situation in den betreffenden Regionen des Zielstaates anhand von Berichten unabhängiger Menschenrechtsorganisationen oder Informationen aus Regierungsquellen geprüft. Folgt aus diesen die Gefahr einer systematischen Misshandlung, bedarf es keiner Darlegung besonderer Gefährdungsrisiken aufgrund persönlicher Unterscheidungsmerkmale (Rdn. 126).
19. Darüber hinaus kann **in außergewöhnlichen Situationen** ebenso wie im Rahmen von Art. 15 Buchst. c) RL 2004/83/EG eine Situation genereller Gewalt eine derartige Intensität aufweisen, dass für jede Person, die in die betreffende Region zurückkehrt und dort allein aufgrund ihrer Anwesenheit gefährdet wird, ein tatsächliches Risiko besteht, Art. 3 EMRK zuwiderlaufenden Maßnahmen ausgesetzt zu werden.
20. Art. 3 EMRK schließt die Berücksichtigung **interner Fluchtalternativen** nicht aus. Die Berufung auf eine derartige Alternative setzt jedoch als Mindestbedingung voraus, dass der Rückkehrer in der Lage sein muss, in die Ausweichregion zu reisen (§ 19 Rdn. 27 ff.), Zutritt zu dieser zu erhalten und sich dort niederzulassen (Rdn. 128). Sofern er keine familiären oder Stammesbindungen in einer Ausweichregion hat oder nicht ungefährdet in diese reisen kann und deshalb gezwungen sein wird, in einem Lager für Binnenflüchtlinge Aufnahme zu suchen, dürfen dort keine Bedingungen herrschen, die Ausdruck einer humanitären Krise sind. Eine durch die Lagerbedingungen hervorgerufene Situation extremer Armut für Binnenflüchtlinge, die durch die Unfähigkeit gekennzeichnet ist, Grundbedürfnisse wie Nahrung, Hygiene und Unterbringung zu erfüllen, begründet ein tatsächliches Risiko, einer Art. 3 EMRK zuwiderlaufenden Behandlung ausgesetzt zu werden.

§ 41 Folter oder unmenschliche oder erniedrigende Behandlung oder Bestrafung   Kapitel 12

Hat der Antragsteller seiner Darlegungslast genügt (Rdn. 117 ff.)?

Hat die Behörde den Sachverhalt erschöpfend und sachgerecht aufgeklärt (Rdn. 117 ff.)?

Ergibt sich aus dem glaubhaften Sachvorbringen eine drohende Folterbehandlung?
In diesem Fall wird in aller Regel eine Anknüpfung an einen Verfolgungsgrund indiziert
(§ 27 Rdn. 22 ff.). Dies gilt insbesondere für behördliche Misshandlungen (Rdn. 54 ff.).

Ergibt sich aus dem glaubhaften Sachvorbringen kein für den Folterbegriff erforderliches Maß an Schmerzzufügung (Rdn. 21 ff.) oder fehlt es an der erforderlichen Zweckrichtung der Handlung (Rdn. 30 ff.) oder an einem vorsätzlichen Handeln?
Ist dies der Fall, ist anhand des Relativitätstests (Rdn. 45 ff.) zu prüfen, ob bei **Disziplinar- und körperlichen Strafen** (Rdn. 58 ff.), bei **Haftbedingungen** (Rdn. 65 ff.), **psychiatrischen Zwangsmaßnahmen** (Rdn. 78 ff.) oder **Gesundheitsgefährdungen** (Rdn. 85 ff.) der erforderliche Grad an Schmerzzufügung (Rd. 45 ff.) erreicht ist.

Gibt es stichhaltige Gründe für die Annahme, dass der Antragsteller im Zielstaat der Abschiebung dem tatsächlichen Risiko einer Art. 3 EMRK zuwiderlaufenden Behandlung ausgesetzt sein wird (Rdn. 122 ff.)?

Schaubild 22 zur drohenden Folter oder unmenschlichen oder erniedrigenden Behandlung oder Bestrafung

1. Funktion von Art. 15 Buchst. b) RL 2004/83/EG

Nach Art. 15 Buchst. b) RL 2004/(3/EG gilt »**Folter oder unmenschliche oder erniedrigende Behandlung oder Bestrafung** eines Antragstellers im Herkunftsland« als ernsthafter Schaden. Nach der Begründung des zugrunde liegenden Kommissionsentwurfs orientiert sich diese Fallgruppe des ernsthaften Schadens an Art. 3 EMRK. Prüften die Mitgliedstaaten, ob ein Antragsteller nach diesem Kriterium Anspruch auf subsidiären Schutz habe, sollten sie keinen strengeren Maßstab als den von der EMRK angegebenen anlegen.[76] Der Wortlaut von Art. 15 Buchst. b) der Richtlinie verweist nicht auf Art. 3 EMRK. Dies hat seinen Grund offensichtlich darin, dass auf Folter oder unmenschliche Behandlung in den Herkunftsländern der Antragsteller hingewiesen wird und damit zumeist Staaten erfasst werden, die nicht Vertragsstaaten der EMRK sind.

Dies bedeutet, dass ein Antrag, der mit der drohenden Gefahr der Folter in einem Drittstaat begründet wird, nicht durch Art. 15 Buchst. b) der Richtlinie erfasst wird. In diesem Fall findet jedoch Art. 3 EMRK unmittelbar Anwendung, wenn der Antragsteller in diesen Staat abgeschoben werden soll (Art. 21 RL 2004/83/EG). Darüber hinaus ist das Folterverbot universell anerkannt (Rdn. 6 ff.) und wird durch die unterschiedlichen regionalen und internationalen Vertragsorgane im Wesentlichen nach einheitlichen Grundsätzen ausgelegt. Der subsidiäre Schutzstatus wird jedoch nur erteilt, wenn die Folter im Herkunftsland des Antragstellers droht. Der EGMR untersagt in diesem Fall nur die Abschiebung. Er hat jedoch keine Kompetenz, zugleich über den subsidiären Schutzstatus zu entscheiden. Es obliegt allein dem EuGH, über diese Frage zu entscheiden.[77]

---

76 Kommissionsentwurf KOM (2001) 510 endg.; Ratsdok. 13620/01, in: BR-Drucks. 1017/01, S. 29.
77 *McAdam*, IJRL 2005, 461 (478); *Goodwin-Gill/McAdam*, The Refugee in International Law, S. 326.

3 Wie aus der Begründung der Richtlinie hervorgeht, orientiert diese sich in dieser Frage an der EMRK. Daher ist im Zweifel insoweit die Auslegung und Anwendung von Art. 3 EMRK durch den EGMR für die Handhabung der Richtlinie durch die Mitgliedstaaten verbindlich. Der EuGH wird jedoch nicht daran gehindert, einen generöseren Ansatz als der EGMR zu entwickeln.[78] Die Richtlinie bestätigt zugleich die Rechtsprechung der früheren EKMR sowie des EGMR, die gleichermaßen aus Art. 3 EMRK ein **Refoulementverbot** abgeleitet haben (§ 33). Wie Art. 3 EMRK umfasst Art. 15 Buchst. b) RL 2004/83/EG Folter und unmenschliche oder erniedrigende Behandlung oder Bestrafung. Subsidiärer Schutz wird damit nicht nur bei drohender Folter, sondern auch bei bevorstehenden unmenschlichen oder erniedrigenden Maßnahmen gewährt. Demgegenüber beschränkt das Übereinkommen gegen Folter den Refoulmentschutz ausschließlich auf Folter (Art. 3 Abs. 1). Folter und unmenschliche oder erniedrigende Behandlung oder Bestrafung sind zwar eng miteinander verbunden. Auch kann die Trennlinie zwischen beiden Misshandlungsformen nicht stets klar gezogen werden, wie insbesondere der Streit zwischen der Kommission und dem Gerichtshof im **Nordirland-Fall** (Rdn. 22 f.) belegt. Es ist bereits wegen des in Art. 15 Buchst. b) RL 2004/83/EG wie auch in Art. 3 EMRK vorgegebenen Wortlautes gleichwohl geboten, beide Formen der Misshandlungen voneinander zu trennen.

4 Auch wenn der enge Folterschutz nicht Anwendung findet, kann ein ernsthafter Schaden gleichwohl drohen, weil der Begriff der unmenschlichen Behandlung in den einzelnen Teilaspekten des Misshandlungsbegriffs bedeutend weiter gehend als der Folterbegriff ist, wie etwa das Problem der **unmenschlichen Haftbedingungen** sowie das fehlende Erfordernis der **Vorsätzlichkeit** beim Begriff der unmenschlichen Behandlung erweisen. Art. 15 Buchst. b) RL 2004/83/EG verweist auf das »**Herkunftsland**« des Antragstellers. Hingegen kommt es nach deutschem Recht auf den **Zielstaat der Abschiebung** an (vgl. § 59 Abs. 2 Halbs. 1, Abs. 3 Satz 2 AufenthG) und untersagt § 60 Abs. 2 AufenthG, mit dem Art. 15 Buchst. b) der Richtlinie umgesetzt wird, die Abschiebung in **jeden** Staat, in dem Folter oder unmenschliche Behandlung droht. Der subsidiäre Schutzstatus wird jedoch nicht durch die Asylbehörde gewährt. Diese versagt bei Sicherheitsgefährdungen den beantragten Aufenthaltstitel (§ 25 Abs. 3 Satz 2 Buchst. d) AufenthG).

5 Wird der Asylantrag mit drohender Folter begründet, spricht ein starkes Indiz für die Zuerkennung der Flüchtlingseigenschaft (§ 14 Rdn. 12 ff., § 27 Rdn. 22 ff.). Der Antragsteller fällt nur dann auf den subsidiären Schutz zurück, wenn er nicht darlegen kann, dass die drohende Folter an einen Verfolgungsgrund anknüpft. Art. 15 Buchst. b) der Richtlinie hat deshalb nur einen begrenzten Anwendungsbereich. Nur in sehr seltenen Fällen wird man feststellen können, dass die Folter nicht an einen Verfolgungsgrund anknüpft. Ist dies nicht der Fall und erfüllt der Antragsteller einen Ausschlussgrund (Art. 17 RL 2004/83/EG), wird ihm nicht der subsidiäre Schutzstatus gewährt. Der Refoulementschutz ist jedoch zu beachten.

6 Die nach 1945 verabschiedeten universellen und regionalen Menschenrechtsinstrumente untersagen die Anwendung der Folter in eindeutiger Weise.[79] Nach Art. 5 AEMR darf »**niemand der Folter oder grausamer, unmenschlicher oder erniedrigender Behandlung oder Strafe unterworfen werden**«. Einen identischen oder ähnlichen Wortlaut enthalten Art. 7 IPbpR, Art. 3 EMRK, Art. 5 Abs. 2 der Amerikanischen Menschenrechtskonvention von 1969 sowie Art. 5 der (afrikanischen) Banjul Charta der Menschenrechte von 1981 (§ 53 Rdn. 5 ff.). Aufgrund dieser völkervertragsrechtlichen Entwicklung wird allgemein davon ausgegangen, dass das Folterverbot nicht nur den Rang einer **völkergewohnheitsrechtlichen Norm** erlangt hat, also auch Staaten bindet, die keinem der bezeichneten Verträge beigetreten sind, sondern darüber hinaus auch den Status eines **ius cogens** einnimmt.[80] Es handelt sich damit um eine Norm, die von der internationalen Gemeinschaft in ihrer Gesamtheit angenommen und anerkannt wird, von der nicht abgewichen werden darf und die nur

---

78 *Storey*, IJRL 2008, 1 (44 f.).
79 Siehe hierzu *Marx*, KJ 2004, 278 (280 ff.).
80 *Part*, Columbia Journal of Transnational Law 2005, 811 (821 f.).

durch eine spätere Norm des allgemeinen Völkerrechts derselben Rechtsnatur geändert werden darf (Art. 53 WVRK). Darüber hinaus hat die Generalversammlung der Vereinten Nationen 1973 eine Erklärung und 1984 ein Übereinkommen gegen Folter und andere grausame, unmenschliche oder erniedrigende Behandlung oder Strafe verabschiedet.

Ein dichtes normatives Geflecht von universellen und regionalen vertraglichen Vorschriften stärkt damit das völkerrechtliche Folterverbot. Die hervorgebrachten Regelungen enthalten jedoch nicht nur lediglich bindende materielle Vorgaben für die Staatenpraxis. Vielmehr kennzeichnet die Erfolgsgeschichte des Folterverbotes darüber hinaus die Einrichtung internationaler Überprüfungsverfahren, um die Staatenpraxis zu überprüfen und auf ihre normativen Verpflichtungen festzulegen. Allgemein bekannt ist das Beschwerdeverfahren nach Art. 34 EMRK, das nach Erschöpfung des innerstaatlichen Rechtsweges die Möglichkeit eröffnet, unmittelbar den EGMR anzurufen. Darüber hinaus hat der nach dem Europäischen Übereinkommen zur Verhütung von Folter von 1987 eingerichtete Ausschuss das Recht, periodische, aber auch ad hoc-Besuche in den Vertragsstaaten durchzuführen, um Berichten über Folterungen oder andere inhumane Maßnahmen nachzugehen und auf Abhilfe zu drängen. Dieses Verfahrens ist nicht rechtsförmig, sondern präventiv gestaltet. 7

Auf der Ebene der Vereinten Nationen sind die Vertragsstaaten des Übereinkommens gegen Folter verpflichtet, dem Überwachungsorgan, also dem Ausschuss gegen Folter, in periodischen Abständen Staatenberichte vorzulegen, damit dieser die Einhaltung der Vorschriften des Übereinkommens überprüfen kann (Art. 19). Darüber hinaus kann der Ausschuss Untersuchungen durchführen, wenn er Hinweise über systematische Folterungen in einem Vertragsstaat erhält, und geeignete Abhilfemaßnahmen vorschlagen (Art. 20). Schließlich kann sich ein Folteropfer nach Erschöpfung des innerstaatlichen Rechtsweges an den Ausschuss wenden, sofern der Vertragsstaat, gegen den sich die Beschwerde richtet, das individuelle Beschwerdeverfahren durch eine Erklärung anerkannt hat (Art. 21 Abs. 1 Satz 1). Der Ausschuss kann in diesem Zusammenhang seine guten Dienste zur Verfügung stellen, um eine gütliche Regelung der Beschwerde herbeizuführen (Art. 21 Abs. 1 Buchst. e)). 8

Bedeutend effizienter als dieses schwerfällige rechtsförmige Verfahren ist das Besuchssystem, das nach europäischem Vorbild mit dem Fakultativprotokoll zum Übereinkommen gegen Folter vom 18. Dezember 2002 eingeführt worden ist. Es verpflichtet u. a. die beitretenden Staaten, in allen Einrichtungen, in denen Menschen die Freiheit aufgrund behördlicher oder gerichtlicher Entscheidung entzogen ist, unabhängige Kontroll- und Beschwerdeinstanzen einzuführen.[81] Darüber hinaus sind die präventiven Instrumente des Menschenrechtszentrums der Vereinten Nationen in Genf zu nennen. So berichtet z. B. der Sonderberichterstatter gegen Folter jährlich dem Menschenrechtsrat über besonders besorgniserregende Folterpraktiken. In diesem Zusammenhang sind auch die anderen Sonderberichterstatter bzw. Arbeitsgruppen zu erwähnen, die sich mit besonders gravierenden Formen von Menschenrechtsverletzungen insbesondere gegen inhaftierte Personen befassen. 9

Dieser geraffte Überblick über die Entwicklung des völkerrechtlichen Folterverbotes macht deutlich, dass das Verbot der Folter auf der normativen Ebene inzwischen eine kaum zu überschätzende Entwicklung erfahren hat, die noch dadurch verstärkt wird, dass dieses Verbot **notstandsfest** ist, also anders als andere Normen der menschenrechtlichen Verträge auch im Notstand, in Kriegszeiten oder zur Abwehr terroristischer Gefahren nicht eingeschränkt werden darf (54 Rdn. 9 ff.). Beispielhaft ist hier Art. 15 EMRK, wonach bestimmte Garantien eingeschränkt werden können, wenn das »Leben der Nation durch Krieg oder einen anderen öffentlichen Notstand bedroht ist«. Jedoch darf »**in keinem Fall**« vom Folterverbot des Art. 3 EMRK abgewichen werden (Art. 15 Abs. 2 EMRK). Auch nach Art. 4 Abs. 2 IPbpR ist das Folterverbot des Art. 7 IPbpR notstandsfest. Die anderen regionalen Instrumente enthalten identische Regelungen. 10

---

81 Siehe hierzu *Follmar-Otto/Cremer*, Das neue Zusatzprotokoll zur UN-Anti-Folter-Konvention, Deutsches Institut für Menschenrechte.

11 Andererseits ist nicht zu übersehen, dass auch nach 1945 die Praxis der Folter weiterhin in vielen Staaten systematisch ausgeübt wird und weit verbreitet ist und nach dem 11. September 2001 die Politik der Bush-Administration – wie insbesondere die Einrichtung des Lagers Guatanamo und die Foltervorfälle in Abu Ghraib belegen – einen wesentlichen Beitrag zur weltweiten Erschütterung des Folterverbotes geleistet hat. Zwar hat die Zahl autoritärer Staaten abgenommen, wie etwa die Veränderungen in Chile und Osteuropa erweisen. Andererseits sind seit 1989 infolge der Veränderungen der Weltkarte und der in vielen Regionen zerfallenden Staaten neue Formen der Folterpraxis durch neue Akteure hinzugekommen, die anders als Staaten kaum oder nur unzulänglich mit überkommenen völkerrechtlichen Instrumenten angesprochen werden können. Hier versagen die rechtsförmigen Schutzinstrumente vollständig. Diplomatische oder andere politische Maßnahmen setzen eher selektiv an und sind kaum effektiv.

12 Das deutsche Recht enthält seit 1991 zwei Schutznormen, die Abschiebungsschutz bei drohender Verletzung des Folterverbotes gewährleisten. § 53 Abs. 1 AuslG 1990 und die Nachfolgernorm § 60 Abs. 2 AufenthG 2004 gewähren Abschiebungsschutz vor drohender Folter und unmenschlicher oder erniedrigender Behandlung und Bestrafung. § 51 Abs. 4 AuslG 1990 und nach geltendem Recht § 60 Abs. 5 AufenthG verweisen auf den Refoulementschutz nach der EMRK. Art. 3 EMRK stellt sicher, dass bei drohender Folter oder unmenschlicher Behandlung im Zielstaat der Abschiebung Schutz gewährt wird. Droht im Herkunftsland des Antragstellers keine Gefahr von Misshandlungen, wohl aber in einem dritten Staat, darf er nicht in diesen Staat abgeschoben werden und ist dieser in der Abschiebungsandrohung zu bezeichnen (§ 59 Abs. 3 Satz 2 AufenthG). Einer Rückkehr in das Herkunftsland steht indes nichts entgegen. Nach Art. 21 der Richtlinie ist zwar die Zurückweisung untersagt (§ 54 Rdn. 9 ff.). Die Frage des Abschiebungsschutzes lässt Art. 21 der Richtlinie jedoch offen. Es ist aber die Rechtsprechung des EGMR zu beachten, welche die Abschiebung in welcher Weise auch immer in einen Staat untersagt, in dem Gefahren drohen, vor denen Art. 3 EMRK Schutz gewährt.

2. Begriff der Folter

a) Funktion des juristischen Folterbegriffs

13 Die Anwendung von Art. 15 Buchst. b) RL 2004/83/EG erfordert an sich keine präzise Trennung zwischen dem Folterbegriff und anderen Misshandlungsformen. Jedoch hat der EGMR in diesem Zusammenhang wiederholt darauf hingewiesen, dass die Verfasser der EMRK mit der Unterscheidung zwischen Folter und anderen unmenschlichen Maßnahmen dem Folterbegriff ein **spezifisches Stigma** hätten anheften wollen.[82] Ein Staat, dem eine Folterpraxis nachgewiesen wird, verliert international dramatisch an Reputation. Deshalb reagieren die Staaten gegenüber Vorwürfen, sie würden Folter anwenden oder zulassen, weitaus empfindlicher als gegenüber sonstigen Misshandlungsvorwürfen. Darüber hinaus ist eine Differenzierung auch deshalb angezeigt, weil drohende Folter zumeist eine Anknüpfung an Verfolgungsgründe indiziert (Rdn. 5), eine Indizwirkung bei bloßen Misshandlungen jedoch nicht im gleichen Umfang angenommen werden kann.

14 Aus juristischer Sicht ist eine Differenzierung zwischen beiden Misshandlungsformen deshalb angezeigt, weil erst vor dem Hintergrund der normativen Konturen des engen Folterbegriffs Streitfragen des Begriffs der unmenschlichen Behandlung sachgerecht gelöst werden können. Daher sind zunächst die Schlüsselkriterien des Folterbegriffs zu klären, bevor der Misshandlungsbegriff behandelt werden kann. Ausgangspunkt für die juristische Erfassung des Folterbegriffs ist Art. 1 Abs. 1 des Übereinkommens gegen Folter (siehe auch § 14 Rdn. 15 ff., 23 ff.), der insoweit unter Rückgriff auf die bis dahin entwickelte Rechtsprechung und den wissenschaftlichen Diskurs Folter als jede Handlung definiert,

---

82 EGMR, Series A 25, § 161 = EuGRZ 1979, 149 – Ireland v. UK; EGMR, RJD 1999-V = HRLJ 1999, 238 – Selmouni v. France.

»durch die einer Person vorsätzlich große körperliche oder seelische Schmerzen zugefügt werden, zum Beispiel, um von ihr oder einem Dritten eine Aussage oder ein Geständnis zu erlangen, um sie für eine tatsächlich oder mutmaßlich von ihr oder einem Dritten begangene Tat zu bestrafen oder um sie oder einen Dritten einzuschüchtern oder zu nötigen, oder aus einem anderen, auf irgendeiner Art von Diskriminierung beruhenden Grund, wenn diese Schmerzen oder Leiden von einem Angehörigen des öffentlichen Dienstes oder einer anderen in amtlicher Eigenschaft handelnden Person, auf seine Veranlassung oder mit deren ausdrücklichem oder stillschweigendem Einverständnis verursacht werden.«

Nach der Rechtsprechung des EGMR ist Folter eine »**willkürliche unmenschliche Behandlung, die besonders ernsthaftes und grausames Leiden**« hervorruft.[83] Dem Folterbegriff ist damit ein **objektives** wie **subjektives Element** immanent. In objektiver Hinsicht muss die angewandte Maßnahme ein besonders ernsthaftes und grausames Leiden verursachen. Allerdings wird nicht gefordert, dass eine Körperverletzung hervorgerufen werden muss. Vielmehr kommt es in objektiver Hinsicht stets auf eine besondere Intensität der Leidenszufügung an. In subjektiver Hinsicht muss der Maßnahme ein vorsätzliches und willkürliches Handeln zugrunde liegen. Während Folter wie auch unmenschliche oder erniedrigende Maßnahmen danach grundsätzlich eine bestimmte Zweckrichtung voraussetzen, ist die Abgrenzung zwischen beiden Misshandlungsformen grundsätzlich vom Grad der Leidenszufügung abhängig.

15

Die erforderliche Abgrenzung ist **relativ**. Sie ist abhängig von den Umständen des Einzelfalles, wie z. B. der Dauer der Maßnahme, ihren körperlichen und psychischen Auswirkungen und in manchen Fällen vom Geschlecht, Alter und vom Gesundheitszustand des Opfers (**Relativitätstest**).[84] Nach der Definition des Übereinkommens wie auch nach der Rechtsprechung des EGMR prägen damit vier tatbestandliche Elemente den Folterbegriff: Es muss eine dem Staat zurechenbare Handlung festgestellt werden (b), die Schmerzufügung muss einen bestimmten Intensitätsgrad erreichen (c), die Handlung muss vorsätzlich begangen werden (d) und sie muss einen bestimmten Zweck verfolgen (e).

16

b) Verantwortlichkeit des Staates für die Folterhandlung

Nach der Definition des Übereinkommens der Vereinten Nationen gegen Folter muss die Folterhandlung dem Staat zurechenbar sein. Die frühere EKMR hatte in diesem Zusammenhang die Anordnung der Inkommunikadohaft über einen Zeitraum von 30 Tagen ohne gleichzeitige verfahrensrechtliche Schutzvorkehrungen gegen Folterungen für unvereinbar mit der Konvention angesehen.[85] Dem kann entnommen werden, dass es die staatliche Zurechenbarkeit für festgestellte Folterungen begründet, wenn das innerstaatliche Recht dem Festgenommenen über einen derart langen Zeitraum jeglichen individuellen Rechtsschutzes beraubt. Die Kommission hat ihre Ansicht ausdrücklich aus Art. 15 Abs. 2 EMRK, also aus dem notstandsfesten Kern der Konvention hergeleitet. Verfahrensschutz für Festgenommene sei jedoch notwendig, um dem Missbrauch staatlicher Macht zu begegnen.[86]

17

Soweit die Verpflichtung des Staates, Foltervorwürfen von Amts wegen nachzugehen, in Rede steht, hat der Ausschuss gegen Folter eine Vertragsverletzung in der 15 Monate dauernden Untätigkeit der staatlichen Behörden nach einer Anzeige über Folterungen gesehen. Eine derartige Verzögerung sei unangemessen lang und sei nicht vereinbar mit Art. 12 des Übereinkommens.[87] Dies verdeutlicht, dass die staatlichen Gewährleistungspflichten des Übereinkommens wichtige Hinweise auf

18

---

83 EGMR, Series A 25, § 161 = EuGRZ 1979, 149 (153) – Irland v. UK.
84 EGMR, RJD 1999-V = HRLJ 1999, 228 (238) – Selmouni v. France.
85 EKMR, HRLJ 1994, 394 (399) – Aksoy v. Turkey, unter Hinweis auf EGMR, HRLJ 1993, 184 (189) (§§ 61 f.) – Brannigan and McBride v. UK.
86 EKMR, HRLJ 1994, 394 (399) – Aksoy v. Turkey.
87 CAT, HRLJ 1994, 29 (31) (§ 13.5) – Informationsverein Lentia et al. v. Austria.

den Umfang der staatlichen Präventionspflicht enthalten und die Verletzung einer oder mehrerer Vertragspflichten die Zurechenbarkeit für Folterungen bewirkt.

19 Aus dieser Rechtsprechung kann nicht entnommen werden, dass die völkerrechtliche Zurechnungsdoktrin (§ 16 Rdn. 13 ff.) zwingender Bestandteil des Folterbegriffs wäre. Zwar erfüllt die Schmerzzufügung durch private Personen, die weder auf Veranlassung des Staates noch mit dessen ausdrücklichem oder stillschweigendem Einverständnis erfolgt, nicht den Folterbegriff. Der Ausschuss gegen Folter hat allerdings in einem Flüchtlingsfall im Fall Somalia die dort agierenden »Warlords« unter den Begriff »Angehörige des öffentlichen Dienstes« (»**public officials**«) subsumiert, weil er insoweit den Begriff der »**quasi-governmental institution**« als erfüllt angesehen hat.[88] Hingegen hat der EGMR in ständiger Rechtsprechung einen deutlich weiter gehenden Begriff der Regierungsverantwortlichkeit entwickelt (Rdn. 99 ff.). Danach ist der Staat positiv verpflichtet, Misshandlungen durch private Täter zu unterbinden.[89] Ebenso wie der Ausschuss gegen Folter hält der Gerichtshof in Flüchtlingsfällen auch Übergriffe durch somalische Warlords für erheblich.[90]

20 Gleichwohl besteht zwischen beiden Ansätzen ein Unterschied, weil das Übereinkommen gegen Folter den Zurechnungsbegriff sehr eng fasst und damit Folterungen durch private Täter aus dem Folterbegriff herausfallen. Konzeptionell gelingt es demgegenüber dem Gerichtshof, auch Misshandlungen durch Private in den Folterbegriff zu integrieren. Allerdings sind bislang keine Fälle bekannt geworden, in denen Gewalt durch private Täter als dem Staat zurechenbare Folterhandlungen bewertet, wohl aber als unmenschliche Behandlung dem untätigen Staat zugerechnet wurden.[91] In der in Deutschland umstrittenen Frage der Zurechenbarkeit von Misshandlungen (Rdn. 99 ff.) kommt es für die Anwendung und Auslegung von Art. 15 Buchst. b) RL 2004/83/EG auf die Rechtsprechung des EGMR sowie auch auf die Grundsätze zum Wegfall des Schutzes nach Art. 6 bis 8 RL 2004/83/EG an.

c) Grad der Schmerzzufügung

aa) Relativitätstest

21 Nach Art. 1 Abs. 1 des Übereinkommens gegen Folter setzt der Folterbegriff die Zufügung »**großer körperlicher oder seelischer Schmerzen**« voraus. Ebenso hat der EGMR in ständiger Rechtsprechung den Unterschied zwischen Folterungen und anderen unmenschlichen oder erniedrigenden Behandlungen im **Grad der Intensität der Schmerzzufügung** gesehen (§ 14 Rdn. 23 ff.). Es muss allerdings noch ein vorsätzliches und zweckgerichtetes Handeln hinzukommen. Während Foltermethoden, wie etwa die **Palästinenserschaukel**[92] oder **Vergewaltigungen**[93] unzweifelhaft den erforderlichen Schweregrad erreichen, ist die erforderliche Abgrenzung in anderen Fällen nicht ohne Weiteres derart eindeutig zu vollziehen. Diese ist nach Ansicht des Gerichtshofes notwendigerweise eine **relative**. Sie sei abhängig von allen Umständen des konkreten Einzelfalles, z. B. der Dauer

---

88 CAT, Entscheidung vom 14.05.1999 – Nr. 120/1998 – A 2 Nr. 4 – Dadig Shek Elmi v. Australia.
89 EGMR, Nr. 38719/97, Entscheidung vom 10.10.2002, § 109 – D.P and J. C. v. UK; EGMR, Reports 1998-VI, § 22 – A. UK; EGMR, Nr. 29392/95, Entscheidung vom 10.05.2001, § 73 – Z. et al v. UK.
90 EGMR, Reports 1996-VI, § 44 = EZAR 933 Nr. 5 = NVwZ 1997, 1110 = InfAuslR 1997, 279 – Ahmed v. Austria.
91 EGMR, RJD 2001-IV, § 81 – Cyprus v. Turkey; EGMR, Series A 26 §§ 29 bis 35 (1978) – Tyrer v. UK Körperstrafen, s. aber EGMR, HRLJ 1982, 221 (225) – Campbell and Cosans v. UK; EGMR, HRLJ 1991, 61 (62) – X and Y v. UK; EGMR, Series A 247-C (1993) – Costello-Roberts, in sämtlichen Fällen erreicht die Prügelstrafe in der Schule nicht die für unmenschliche Behandlung erforderliche Schwelle der Schmerzzufügung.
92 EGMR, HRLJ 1997, 221 (227 f.) – Aksoy v. Turkey.
93 EGMR, Aydin v. Turkey, HRLJ 1998, 59 (68).

der Behandlung, den körperlichen oder seelischen Auswirkungen, und in einigen Fällen, dem Geschlecht, Alter und dem gesundheitlichen Zustand des Opfers.[94]

In diesem Zusammenhang herrschte im **Nordirlandfall** zwischen der früheren Kommission und dem Gerichtshof Dissens in der Bewertung der in den Internierungslagern gegen Inhaftierte angewandten fünf Vernehmungstechniken. Die von britischen Behörden als Verhörmethoden angewandten »fünf Techniken« bestanden darin, dass die Gefangenen für mehrere Stunden gezwungen wurden, mit gespreizten Armen und Beinen gegen eine Wand zu stehen (»**wall standing**«), ihnen eine Kapuze über den Kopf gestreift wurde (»**hooding**«), sie bei den Vernehmungen in einem Raum einem ununterbrochenen hellen und scharfen zischenden Geräusch ausgesetzt waren, ihnen vor den Vernehmungen der Schlaf entzogen sowie Essen und Trinken auf ein Minimum reduziert wurde. Wenn jemand einschlief, wurde er sofort wieder geweckt und erneut an die Wand gestellt (Rdn. 57).[95]

Nach Ansicht des EGMR verursachten diese Vernehmungsmethoden kein Leiden jener besonderen Intensität und Grausamkeit, welche der Folterbegriff erfordere.[96] Er betonte zunächst, es müsse ein gewisses Minimum an Schwere erreicht sein, um eine Behandlung als Verstoß gegen Art. 3 EMRK ansehen zu können. Die Beurteilung dieses Minimums sei naturgemäß relativ und hänge von allen Umständen des Falles ab, insbesondere von der Dauer, den physischen und psychischen Folgen und in bestimmten Fällen dem Geschlecht, dem Alter sowie auch dem Gesundheitszustand des Betroffenen.[97] Demgegenüber hatte die Kommission die Qualifizierung der »fünf Techniken« als Folter damit begründet, dass deren **kombinierte Anwendung**, die die Benutzung der Sinne unmöglich mache, die Persönlichkeit physisch und psychisch unmittelbar beeinträchtige. In diesen Fällen könne der Wille, zu widerstehen, mit keinerlei Unabhängigkeit gebildet werden. Die systematische Anwendung der kombinierten Anwendung dieser Techniken müsse daher als Folter bezeichnet werden, obwohl sie nicht notwendig die schweren Folgen habe, die der herkömmlichen Folter eigen seien.[98]

Unter Berufung auf diese Rechtsprechung wird dem Gerichtshof entgegengehalten, er sei wohl der Gefahr erlegen, welche die Kommission bei der Qualifizierung dieser Methoden als Folter vor Augen gehabt habe: Moderne Vernehmungs- und Manipulationstechniken griffen nicht mehr notwendigerweise unmittelbar in die körperliche Integrität ein. Dennoch könne sie für den Betroffenen in der Wirkung herkömmlichen Foltermethoden gleich kommen. Deshalb hatte die Kommission die Freiheit der Willensentscheidung höher als der Gerichtshof bewertet. Sie betrachte als Folter sowohl den massiven Eingriff in die körperliche Integrität, der diese Freiheit aufhebe, wie auch moderne Techniken, die zwar nicht unmittelbar in die körperliche Integrität eingriffen, aber ebenfalls diese Freiheit aufheben würden, indem sie schwere geistige und psychische Störungen verursachten. Kennzeichnenderweise seien die Techniken auch als »**Desorientierungs- und Sinnberaubungsmethoden**« bezeichnet worden.[99]

Der Abgrenzungsbegriff der **Intensität des zugefügten Leidens** kann zwar nicht abstrakt bestimmt werden. Gewisse herkömmliche Methoden – wie etwa **Elektroschocks, Verstümmelungen, Verbrennungen mit Zigaretten, Bastonade, Papageienschaukel, Aufhängen an den auf dem Rücken zusammengebundenen Handfesseln an der Decke** – erreichen jedoch in aller Regel die geforderte

---

94 EGMR Selmouni v. France, RJD 1999-V = HRLJ 1999, 238.
95 EGMR, Series A 25 = EuGRZ 1979, 149 (150 f.) – Nordirland.
96 EGMR, Series A 25 = EuGRZ 1979, 149 (153) (§ 167) – Nordirland.
97 EGMR, Series A 25 = EuGRZ 1979, 149 (153) (§ 162) – Nordirland; so auch EGMR, EuGRZ 1979, 162 ((164) (§ 29)) – Tyrer; EGMR, InfAuslR 1991, 217 (218) (§ 83) = EZAR 933 Nr. 2 = HRLJ 1991, 142 – Cruz Varas.
98 Zitiert bei *Frowein/Peukert*, EKMR. Kommentar, Rn. 5.
99 *Frowein/Peukert*, EKMR. Kommentar, Rn. 5 f., unter Hinweis auf EGMR, Series A 25 = EuGRZ 1979, 149 (151) – *Nordirland*.

Intensität des körperlichen Eingriffs. Daneben erfüllt jedoch auch das **intensive Zufügen psychischer Schmerzen**, wie etwa **Hinrichtungsandrohungen, Scheinhinrichtungen, der Zwang, Folterungen oder Vergewaltigungen anderer, insbesondere nahe stehender Personen beizuwohnen**, ebenso den Folterbegriff wie der besonders schwerwiegende Entzug von Nahrung, Wasser und Schlaf oder die lange und vollständige Sinnesisolation als Folter bezeichnet werden.[100] So werden systematische Schläge, Elektroschocks, Zufügung von Verbrennungen, Daumenpresse, langes Hängen an den Hand- oder Beinfesseln, oftmaliges Eintauchen in eine Mischung aus Blut, Urin, Erbrochenem und Exkrementen (»**submarino**«), langes Stehen, Drohungen, vorgetäuschte Hinrichtungen sowie Nahrungsmittelentzug in der Rechtsprechung des Menschenrechtsausschusses als Folter angesehen.[101]

bb) Erweiterter Folterbegriff

26 Konnte aufgrund der Rechtsprechung des EGMR im Nordirland-Fall früher der Relativitätstest dahin missverstanden werden, als sei es im Fall polizeilicher und Schmerz zufügender Ermittlungsmethoden von den bezeichneten Kriterien abhängig, ob der erforderliche Grad der Schmerzzufügung erreicht worden sei, ist der Gerichtshof in seiner späteren Rechtsprechung einer derartigen Interpretation entschieden entgegen getreten: So hatte die französische Regierung im Fall eines in Polizeihaft misshandelten Anhängers einer korsischen Befreiungsorganisation argumentiert, wegen des jugendlichen Alters und des guten Gesundheitszustandes des Beschwerdeführers in Vebindung mit der Tatsache, dass dieser verdächtigt worden sei, an terroristischen Aktionen beteiligt gewesen zu sein, sei der erforderliche Schweregrad der Schmerzzufügung nicht erreicht worden.

27 Der Gerichtshof wies diesen Einwand deutlich zurück und verwies auf die ärztlich bestätigten zahlreichen körperlichen Zeichen von Gewalteinwirkung und deren Intensität. Darüber hinaus könnte die Notwendigkeit polizeilicher Ermittlungen zwecks Abwehr terroristischer Übergriffe nicht dazu führen, dass der konventionsrechtliche Schutz der körperlichen Unversehrtheit eingeschränkt werde.[102] Polizeiliche Misshandlungen im Rahmen von Ermittlungen, die dem Opfer gezielt Schmerz zufügen, erreichen damit stets die erforderliche Intensität des Leidens. Der Relativitätstest verfolgt vielmehr den Zweck, etwa bei Beschwerden über Haftbedingungen, körperliche Untersuchungen, polizeiliche Bedrohungen und rassische Diskriminierungen die Abgrenzung zwischen Folterhandlungen und anderen unmenschlichen oder erniedrigenden Behandlungen vorzunehmen.

d) Vorsätzliche Handlung

28 Nach Art. 1 Abs. 1 des Übereinkommens gegen Folter muss die in Rede stehende Handlung vorsätzlich verübt werden. Ebenso verlangt der EGMR für die Klassifizierung einer Handlung als Folter deren vorsätzliche Begehung.[103] Demgegenüber wird bei den unmenschlichen oder erniedrigenden Behandlungen – wie etwa das Beispiel der Haftbedingungen erweist – keine vorsätzliche Begehungsform gefordert. Zwar zieht der Gerichtshof darüber hinaus sogar nicht absichtlich verursachte Gefahren für Leib und Leben in Betracht. So hat er die dramatische Verschlechterung des Gesundheitszustandes infolge von Abschiebung im Rahmen von Art. 3 EMRK berücksichtigt (Rdn. 85 ff.).[104]

29 Bezugspunkt für das vorsätzliche Handeln ist in diesem Zusammenhang aber der die Abschiebung durchführende Vertragsstaat. Dieser muss vor der Abschiebung alle erkennbaren oder vorgetragenen konkreten Risiken für die körperliche Unversehrtheit des Beschwerdeführers im Zielstaat der Abschiebung, unabhängig davon, durch wen sie verursacht werden, berücksichtigen und ausschließen.

---

100 *Kälin*, Grundriss des Asylverfahrens, S. 241.
101 Hinweise bei *Nowak*, Kommentar zum IPbpR, Art. 7, Rn. 9.
102 EGMR, Series A 241-A = HRLJ 1992, 453 – Tomasi.
103 EGMR, HRLJ 1997, 221 (227 f.) – Aksoy v. Turkey.
104 EGMR, D. v. UK, Reports 1997-III, §§ 51 bis 53 = EZAR 933 Nr. 6 = NVwZ 1998, 163 = InfAuslR 1997, 381.

Kann er dies nicht und führt er gleichwohl die Abschiebung durch, verletzt er vorsätzlich Art. 3 EMRK.[105] Da es sich um ein zielstaatsbezogenes Abschiebungshindernis handelt, liegt auch ein ernsthafter Schaden im Sinne von Art. 15 Buchst. b) RL 2004/83/EG vor. Im Fall eines Verwahrhäftlings im österreichischen Voralberg, der vom Aufsichtspersonal schlichtweg vergessen worden war und deshalb zwanzig Tage lang ohne Essen und Trinken in der ständigen Angst leben musste, eines langsamen Hungertodes sterben zu müssen,[106] kann nicht von einer vorsätzlichen Handlung und damit auch nicht von Folter ausgegangen werden. Angesichts des starken körperlichen und geistig-seelischen Leidens liegt hier jedoch eine unmenschliche Behandlung im Sinne von Art. 3 EMRK vor.[107] Obwohl also der an sich für den Folterbegriff erforderliche Grad an Leidenszufügung erreicht worden war, lag dieser jedoch keine vorsätzliche Handlung zugrunde. Dies belegt, dass allein über den Begriff des besonders ernsthaften Leidens die erforderliche Abgrenzung nicht vorgenommen werden kann. Vielmehr setzt der Folterbegriff darüber hinaus auch ein vorsätzliches Handeln voraus.

e) Zweckrichtung der Schmerzufügung

Schließlich werden nach Art. 1 Abs. 1 des Übereinkommens gegen Folter nur die Misshandlungen als Folter qualifiziert, die ausgeübt werden, um eine Aussage oder ein Geständnis zu erlangen, um den Misshandelten für eine tatsächlich oder mutmaßlich von ihm oder einen Dritten begangene Tat zu bestrafen, oder um diesen oder einen Dritten einzuschüchtern oder zu nötigen, oder aus einem anderen, auf irgendeiner Art von Diskriminierung beruhenden Grund. Das Übereinkommen bezeichnet damit eine weite Brandbreite von Zweckrichtungen. Fehlt es an einem derartigen Zweck, liegt lediglich eine unmenschliche Behandlung oder Bestrafung vor. Umgekehrt wird keine Folter angenommen, wenn zwar bestimmte zweckgerichtete Misshandlungen festgestellt werden, die Misshandlungen als solche jedoch nicht die erforderliche Schwere aufweisen.[108]

Dem Folterbegriff ist damit gegenüber den unmenschlichen Maßnahmen über die bloße Vorsätzlichkeit hinaus eine bestimmte Zweckrichtung eigen. Die Ziel-Mittel-Relation ist daher immanentes Kriterium des Folterbegriffs. Die Folter verfolgt damit neben anderen Zwecken auch einen diskriminierenden Zweck.[109] Versteht man den Diskriminierungsbegriff in Art. 1 Abs. 1 Satz 1 des Übereinkommens gegen die Folter dahin, dass er die anderen Zweckbestimmungen überlagert, kommt auch in der Aussagenerpressung ein diskriminierendes Element zum Ausdruck. Wird eine Person zum Zwecke der Aussage misshandelt, verkörpert sich in dieser Handlung eine besondere Auffassung des Täters über den »Unwert« des Opfers,[110] ganz abgesehen davon, dass dadurch eine Dynamik und Steigerung der Gewaltausübung ausgelöst wird, die zwingend auch mit erniedrigenden und herabsetzenden Elementen verbunden ist. Bezweckt die körperliche oder psychische Behandlung des Opfers dessen Diskriminierung, handelt es sich um Folter. Bloßer Sadismus und Rachegelüste sind erheblich unter dem Gesichtspunkt der unmenschlichen Behandlung, ihnen fehlt jedoch die für den Folterbegriff geforderte spezifische Zweckrichtung.

Neben den in Art. 1 Abs. 1 Satz 1 des Übereinkommens aufgeführten Zwecken ist es insbesondere der Zweck der Diskriminierung, der einer Misshandlung das Stigma der Folter aufprägt und zugleich auch die namentlich genannten Zweckrichtungen überlagert. Das Erfordernis einer bestimmten Zweckrichtung der Behandlung hat in Asylverfahren einerseits Bedeutung für die Abgrenzung der Folter von unmenschlichen oder erniedrigenden Maßnahmen. Darüber hinaus können einer

---

105 EGMR, Series A 161 § 86 = EZAR 933 Nr. 1 = NJW 1990, 2183 = HRLJ 1990, 335 = EuGRZ 1989, 314 – Soering v. UK, EGMR, Series A 201, § 102 = EZAR 933 Nr. 3 = NVwZ 1992, 869 = InfAuslR 1992, 81 – Vilvarajah et al v. UK.
106 Oberster Gerichtshof Österreichs, EuGRZ 1981, 571.
107 *Nowak*, Kommentar zum IPbpR, Art. 7 Rn. 7.
108 ECHR, Series A 25, § 167 (1978) = EuGRZ 1979, 149 – Ireland v. UK.
109 *Treiber*, Die Asylrelevanz von Folter, Todesstrafe und sonstiger unmenschlicher Behandlung, S. 12.
110 *Treiber*, Die Asylrelevanz von Folter, Todesstrafe und sonstiger unmenschlicher Behandlung, S. 12.

festgestellten Zweckrichtung auch wichtige Aussagen zu einem Verfolgungsgrund entnommen werden. Erfüllt die nach Art. 1 des Übereinkommens gegen Folter geforderte Zweckrichtung zugleich auch die Voraussetzungen eines Verfolgungsgrundes nach Art. 10 Abs. 1 RL 2004/83/EG oder lässt sie insoweit gewichtige indizielle Schlussfolgerungen zu, liegen die Voraussetzungen der Flüchtlingseigenschaft vor. In der Rechtsprechung wird bei der Anwendung von Folter zwischen bloßen Ermittlungszwecken einerseits und der Anknüpfung der Folter an Verfolgungsgründe andererseits differenziert.[111] Dies ist im Ansatz nicht zu beanstanden, weil die in Art. 1 Abs. 1 Satz 1 des Übereinkommens bezeichneten Zwecke nicht identisch mit den in Art. 1 A Nr. 2 GFK genannten Konventionsgründen sind. Allerdings indiziert die Folteranwendung regelmäßig, dass ihr ein Verfolgungsgrund zugrunde liegt (§ 14 Rdn. 15 ff.).

33 Unvereinbar mit völkerrechtlichen Grundsätzen ist die Folterdefinition des BVerwG, weil diese auf die Zweckrichtung verzichtet. Wenn jemand eine Person vorsätzlich schwer misshandelt, ohne damit irgendeinen Zweck zu verfolgen, z. B. aus reinem Sadismus, liegt aus der Sicht des BVerwG Folter[112] vor. Es nimmt dem Folterbegriff damit das vom EGMR hervorgehobene spezifische Stigma, das diesem ja gerade wegen der spezifischen Zweckverfolgung von Misshandlungen immanent ist. Der Kritik, die sich gegen die Aufnahme der spezifischen Zweckrichtung, insbesondere des Diskriminierungsbegriffs in die Folterdefinition wendet, wird entgegengehalten, dass die Geschichte der Folter wie jene der Sklaverei gleichzeitig eine Geschichte der grausamsten Formen von Diskriminierungen sei. Sklaven, Hexen, Schwarze oder Juden seien allzu oft nur deswegen gefoltert worden, weil sie einer dieser Personengruppen angehört hätten. Jedoch könne man viele dieser Handlungen in Ermangelung einer anderen Zielrichtung nicht als Folter definieren, wenn das Merkmal der Diskriminierung nicht auch Teil des Folterbegriffs wäre.[113]

34 Diese Ansicht ist wohl dahin zu verstehen, dass es für die Abgrenzung der Foltermethoden von anderen unmenschlichen Handlungen zwar auch, jedoch nicht nur auf die Intensität der Leidenszufügung, sondern darüber hinaus auch auf die spezifische Zweckrichtung der Folter ankommt, um auf diese Weise eine möglichst weite Bandbreite von Misshandlungen dem Folterbegriff zuordnen zu können. Darauf weist auch die neuere Rechtsprechung des EGMR hin.[114] Sobald man sich dazu entschließen würde, den Folterbegriff auf bestimmte ausdrücklich genannte Zwecke zu beschränken – und damit andere Absichten wie Sadismus auszuschließen –, sei es im Lichte der historischen Erfahrung geboten und mit dem gewöhnlichen Sprachgebrauch im Einklang, die bloße Diskriminierung als einen dieser Zwecke anzunehmen.[115]

f) Abgrenzung zu »gesetzlich zulässigen Sanktionen«

35 Nach Art. 1 Abs. 1 Satz 2 des Übereinkommens gegen Folter umfasst der Folterbegriff nicht »Schmerzen oder Leiden, die sich aus **gesetzlich zulässigen Sanktionen** ergeben, dazu gehören oder damit verbunden sind.« Mit dieser Klausel sollte die Zustimmung der islamischen Staaten zur Ratifizierung des Übereinkommens erreicht werden. Grausame Körperstrafen des islamischen Strafrechts werden damit jedoch nicht aus dem Folterberiff heraus genommen. Den Berichten der zuständigen Arbeitsgruppe der Vereinten Nationen kann kein Hinweis auf die Ratio dieses Vorbehaltes entnommen werden.[116] Nach Ansicht der damaligen Bundesregierung bestehen Bedenken, ob körperliche Strafen,

---

111 BVerwG, InfAuslR 1994, 327 (328).
112 BVerwGE 67, 184 (194) = NVwZ 1983, 674 = InfAuslR 1983, 228 = DVBl. 1983, 1007.
113 *Nowak*, EuGRZ 1985, 109 (112).
114 EGMR, RJD 1999-V = HRLJ 1999, 239 – Selmouni v. France.
115 *Nowak*, Kommentar zum IPbpR, Art. 7 Rn. 7.
116 Report of the Working Group on a Draft Convention against Torture and other Cruel, Inhuman or Degrading Treatment or Punishment, U. N. Doc. E/CN.4/1982/L.40, 05.03.1982, Rn. 7 f.; Report of the Working Group on a Draft Convention against Torture and other Cruel, Inhuman or Degrading Treatment or Punishment, U. N. Doc. E/CN.4/1984/L.2, 20.02.1984, Rn. 5 f.

§ 41 Folter oder unmenschliche oder erniedrigende Behandlung oder Bestrafung Kapitel 12

wie sie teilweise in bestimmten Ländern dem Gesetz entsprechen, unter den Begriff der Folter fallen.[117] Auch das BVerwG vermag in der Verhängung und Vollstreckung von 100 **Peitschenhieben** als Strafsanktion keine diskriminierende Zielrichtung erkennen.[118]

Die Entstehungsgeschichte des Übereinkommens gibt freilich für diese Position nichts her. Maßgebend ist der internationale Ansatzpunkt. Ein völkerrechtlicher Vertrag kann nur nach den Auslegungsregeln von Art. 31 bis 33 WVRK, nicht jedoch aus Sicht des innerstaatlichen Rechts interpretiert werden. Ob islamische Körperstrafen aus dem Folterbegriff herausfallen, beurteilt sich demnach nicht nach dem innerstaatlichen Recht der Signatarstaaten, sondern nach internationalen Grundsätzen. Art. 31 WVRK bestimmt, dass bei der Interpretation vertraglicher Bestimmungen Ziel und Zweck einer Konvention sowie auch deren Präambel zu berücksichtigen sind. Zweck des Übereinkommens gegen Folter ist die Verbesserung des Rechtsschutzes in diesem Bereich, nicht jedoch ein Zurückgehen hinter den seinerzeit bereits erzielten Rechtsfortschritt.[119] 36

Aufschlussreich ist ein Vergleich des Übereinkommens mit der Erklärung der Vereinten Nationen gegen Folter von 1975, welche in Art. 1 Abs. 1 Satz 2 ebenfalls den Begriff der gesetzlich zulässigen Strafsanktionen enthält. Zugleich wird jedoch klargestellt, dass diese mit den Mindestgrundsätzen der Vereinten Nationen über die Behandlung von Strafgefangenen[120] vereinbar sein müssen, welche körperliche Strafmaßnahmen untersagen. Das rechtsverbindliche Übereinkommen gegen Folter kann freilich keinen Hinweis auf eine insoweit unverbindliche Erklärung des Wirtschafts- und Sozialrates in seinen Text aufnehmen. Daher dürften wohl eher rechtsdogmatische Gründe ursächlich für die ungelöste Frage der Vorbehaltsklausel sein.[121] Die Präambel des Übereinkommens nimmt ausdrücklich Bezug auf Art. 7 IPbpR. Nach dem Allgemeinen Kommentar des Menschenrechtsausschusses sind Körperstrafen mit dem Folterverbot des Art. 7 IPbpR unvereinbar.[122] Diese Interpretation ist auch für die Auslegung des Übereinkommens gegen Folter maßgebend.[123] Für den nach der Begründung zu Art. 15 Buchst. b) RL 2004/83/EG maßgebenden europäischen Rechtskreis ist darauf hinzuweisen, dass die Prügelstrafe als eine Verletzung der EMRK angesehen wird.[124] 37

Der Begriff der gesetzlich zulässigen Sanktionen kann nach Maßgabe der Rechtsprechung des EGMR inhaltlich konkretisiert werden. Um in einer Behandlung oder Bestrafung ein »unmenschliches« oder »erniedrigendes« Element feststellen zu können, muss das verursachte Leiden bzw. die Erniedrigung über das Maß hinausgehen, welches unvermeidbar mit jeder legitimen Behandlung oder Bestrafung verbunden ist.[125] Freiheitsentziehenden Maßnahmen sei häufig ein derartiges Element immanent. Daher könne nicht behauptet werden, dass die Freiheitsentziehung als solche mit Art. 3 EMRK unvereinbar sei.[126] Die entscheidende Frage zielt auf die Bandbreite der Umstände, die für die Anwendung von Art. 3 EMRK erheblich sind. Es gibt bestimmte Formen der Misshandlung, die stets als Folter bezeichnet werden können. Umgekehrt gibt es bestimmte Formen der Bestrafung oder Kombinationen bestimmter Umstände, die unabhängig davon, wie unerwünscht 38

---

117 Deutscher Bundestag, 10. WP, S. 4110, 14.03.1984; siehe auch *Maier*, Vereinte Nationen 1984, 77 (78 f.).
118 BVerwG, Buchholz 402.25 § 1 AsylVfG Nr. 106.
119 *Marx*, ZRP 1986, 81 (84).
120 Resolution 663 C (XXIV) des Wirtschafts- und Sozialrates vom 31.07.1957.
121 *Marx*, ZRP 1986, 81 (84).
122 General Comment No. 7/16, abgedruckt in: *Nowak*, Kommentar zum IPbpR, S. 880 (881).
123 In diesem Sinne *van Krieken*, Torture and Asylum, in: SIM-Newsletter Nr. 13 (1986), S. 27 (29).
124 EGMR, EuGRZ 1979, 162 ((165) (§ 35)) – Tyrer.
125 EGMR, HRLJ 1999, 459 (468) – V. v. UK; EGMR, HRLJ 2002, 378 (384) – Kalashinikow v. Russia; EGMR, NVwZ 2008, 1330 (1332) Rn. 135 – Saadi.
126 EGMR, HRLJ 2002, 378 (384) – Kalashinikow v. Russia.

oder unbequem diese von dem Betroffenen jeweils empfunden werden, nicht den Schweregrad von Art. 3 EMRK erreichen.[127]

39 Auch wenn eine Bestrafung nicht den erforderlichen Grad der Schmerzzufügung erreicht, muss gleichwohl noch untersucht werden, ob ihr ein erniedrigendes Element innewohnt. Dabei müssen über den bloßen Bestrafungscharakter einer Maßnahme hinaus zusätzliche Gesichtspunkte, also eine Reihe von Faktoren berücksichtigt werden, damit diese als Verletzung von Art. 3 EMRK gewertet werden kann. Damit eine Maßnahme als erniedrigend angesehen werden kann, muss die Erniedrigung oder Entwürdigung einen bestimmten Schweregrad erreichen und sich in jedem Fall von dem Maß der üblichen Erniedrigung, die mit an sich legitimen Maßnahmen verbunden sind, unterscheiden.[128]

40 Für die Anwendung von Art. 15 Buchst. b) RL 2004/83/EG gewinnt entsprechend der Rechtsprechung des EGMR das Problem der »legitimen Maßnahmen« bzw. der »gesetzlich zulässigen Maßnahmen« danach insbesondere bei der inhaltlichen Bestimmung des Begriffs der »erniedrigenden Behandlung oder Bestrafung« (Rdn. 41 ff.) Bedeutung. Auch das deutsche Recht gewährt gegen«gesetzmäßige Bestrafungen« anderer Staaten keinen Abschiebungsschutz (vgl. § 60 Abs. 6 AufenthG). Diese Vorschrift ist nach Maßgabe der dargestellten Rechtsprechung des EGMR auszulegen und anzuwenden.

3. Begriff der unmenschlichen oder erniedrigenden Behandlung oder Bestrafung

a) Funktion des Begriffs

41 Nach Art. 15 Buchst. b) RL 2004/83/EG gilt neben der drohenden Folter auch die drohende »unmenschliche oder erniedrigende Behandlung oder Bestrafung« als ernsthafter Schaden (siehe hierzu auch § 14 Rdn. 38 ff.). Art. 15 Buchst. b) RL 2004/83/EG wie auch Art. 3 EMRK enthalten zwei unterschiedliche Tatbestandsmerkmale: Verboten sind Maßnahmen, die unmenschlich oder erniedrigend sind. Art. 7 IPbpR umfasst dagegen drei Merkmale: Niemand darf einer »grausamen, unmenschlichen oder erniedrigenden Behandlung oder Strafe« unterworfen werden. Diesen Begriff greift auch das Übereinkommen gegen Folter bereits in seinem Titel wie auch in den Regelungen von Art. 16 Abs. 1 und 2 auf. Inhalt und Grenzen des für das Unionsrecht maßgebenden Begriffs der unmenschlichen oder erniedrigenden Maßnahmen sind aus der Abgrenzung zum Folterbegriff zu entwickeln (Rdn. 14). Anders als der Folterbegriff, der relativ klare Konturen aufweist (Rdn. 13 ff.), ist der Begriff der unmenschlichen oder erniedrigenden Bestrafung oder Behandlung einer präzisen begrifflichen Erfassung nur eingeschränkt zugänglich. Während etwa beim Folterbegriff vorsätzliches Handeln unabdingbare Voraussetzung ist (Rdn. 26 ff.), müssen unmenschliche oder erniedrigende Maßnahmen nicht notwendigerweise darauf gerichtet sein, Leiden zuzufügen,[129] wenn auch in der Praxis eine derartige Absicht zumeist feststellbar ist. Der Gerichtshof weist darauf hin, dass das Fehlen einer derartigen Absicht nicht zur Folge habe, dass keine Verletzung von Art. 3 EMRK vorliege.[130]

42 Der EGMR verzichtet bei der Erfassung unmenschlicher oder erniedrigender Maßnahmen unter bestimmten Voraussetzungen sogar vollständig auf den Handlungsbegriff,[131] weil er alle Gefahrenquellen, unabhängig von ihrer Entstehung, mit dem Begriff der unmenschlichen oder erniedrigenden

---

127 *Evans/Morgan*, Preventing Torture, S. 76.
128 EGMR, Series A 26, §§ 28 bis 30 – Tyrer.
129 EGMR, Series A 25, par. 167 (1978) = EuGRZ 1979, 149 – Ireland v. UK.
130 EGMR, HRLJ 2002, 378 (384) – Kalashnikov v. Russia.
131 EGMR, EZAR 933 Nr. 6 = NVwZ 1998, 163 = InfAuslR 1997, 381 – D. gegen Vereinigtes Königreich.

Maßnahmen erfassen will (Rdn. 85 ff.).[132] Dementsprechend verlangt er auch nicht begriffsnotwendig ein zweckgerichtetes Handeln. Dieser Ansatz wurde zwar in der deutschen Rechtsprechung vehement kritisiert.[133] Maßgebend für die inhaltliche Konkretisierung der Bestimmungen der Richtlinie ist jedoch die Rechtsprechung des EuGH, die sich an der Rechtsprechung des EGMR orientiert.[134] Auch das BVerfG verwendet zur inhaltlichen Konkretisierung der Garantie der Menschenwürde, freilich in kumulativer Weise, den Begriff der »grausamen, unmenschlichen und erniedrigenden Strafe«.[135] Diese terminologischen Fragen sind aber im Ergebnis für die eigentliche Abgrenzungsaufgabe bei den unmenschlichen oder erniedrigenden Maßnahmen nicht entscheidend. Vielmehr kommt es insoweit auf die zur Art. 3 EMRK ergangene Rechtsprechung des EGMR an.

§ 60 Abs. 2 AufenthG setzt Art. 15 Buchst. b) der Richtlinie um. Zudem untersagt § 60 Abs. 5 AufenthG die Abschiebung, soweit sich aus der Anwendung der EMRK ergibt, dass die Abschiebung unzulässig ist (§ 47 Rdn. 5 f.). Art. 15 Buchst. b) RL 2004/83/EG ist vorrangig nach Maßgabe der Rechtsprechung des EGMR auszulegen (Rdn. 41). Ergänzend können jedoch auch verfassungsrechtliche Grundsätze herangezogen werden. Nach dem BVerfG müssen bei der Auslegung und Anwendung des § 53 AuslG 1990, der Vorläufernorm des § 60 Abs. 2 bis 7 AufenthG, die **Ausstrahlungswirkung der Grundrechte**, insbesondere Art. 1 Abs. 1 und Art. 2 Abs. 2 Satz 1 GG beachtet werden.[136] Andererseits beruft sich das BVerfG zur Begründung eines Refoulementverbotes bei grausamen, unmenschlichen oder erniedrigenden Strafen auf Art. 1 Abs. 1 und Art. 2 Abs. 1 GG, ohne Art. 3 EMRK zu erwähnen.[137] Das BVerfG hat jedoch in anderem Zusammenhang auch auf den Refoulementschutz nach Art. 3 EMRK hingewiesen.[138]

43

Für die Anwendung der Richtlinie ergibt sich hieraus, dass Inhalt und Reichweite von Art. 15 Buchst. b) RL 2004/83/EG nach Maßgabe unionsrechtlicher Grundsätze und damit nach der Rechtsprechung des EGMR auszulegen ist. Der nationale subsidiäre Schutz, der die Refoulementverbote der EMRK einbezieht (§ 60 Abs. 5 AufenthG, § 47), ist ebenfalls nach Maßgabe der Rechtsprechung des EGMR auszulegen. Die innerdeutsche Auslegung und Anwendung der Normen der EMRK wird überdies durch die Ausstrahlungswirkung der Grundrechte bestimmt. Nach Ansicht des BVerfG ist bei der Auslegung des Grundgesetzes auch Inhalt und Entwicklungsstand der EMRK in Betracht zu ziehen, sofern dies nicht zu einer Einschränkung oder Minderung des verfassungsrechtlich gewährleisteten Grundrechtsschutzes führt. Deshalb diene insoweit auch die Rechtsprechung des EGMR als Auslegungshilfe für die Bestimmung von Inhalt und Reichweite von Grundrechten und rechtsstaatlichen Grundsätzen des Grundgesetzes.[139] Damit sind die verfassungsrechtlichen Grundrechte **im Zweifel** im Einklang mit der EMRK und der Rechtsprechung des EGMR auszulegen.[140] Das gilt aber nur für die deutschen Grundrechte, nicht jedoch für Normen der EMRK, auf die einfaches Recht verweist. Hier findet die Rechtsprechung des EGMR unmittelbar Anwendung.

44

---

132 So ausdrücklich *Trexel*, Art. 3 EMRK als Schranke der Ausweisung, in: *Barwig u. a.* (Hrsg.), Ausweisung im demokratischen Rechtsstaat, 1996, S. 223 (239 f.).

133 BVerwGE 104, 265 (271 f.) = EZAR 043 Nr. 21 = NVwZ 1997, 1127 = InfAuslR 1997, 341; BVerwGE 105, 187 (191) = EZAR 043 Nr. 26 = DVBl. 1998, 608.

134 EuGH, NVwZ 2006, 1033 (1034 ff.), Rn. 38, 52–56, 65–66, 85, 97–99 – EP v. Rat; EGMR, InfAuslR2010, 221 = NVwZ 2010, 697 Rn. 44 f. – Chakroun.

135 BVerfGE 1, 332 (348); 6, 389 (439); 45, 187 (228).

136 BVerfG, NVwZ 1992, 660 = InfAuslR 1993, 176 (178).

137 BVerfGE 75, 1 (16 f.).

138 BVerfGE 74, 51 (67) = EZAR 200 Nr. 18 = NVwZ 1987, 311 = InfAuslR 1987, 56; BverfGE 80, 315 (346) = EZAR 201 Nr. 20 = NVwZ 1990, 151 = InfAuslR 1990, 21.

139 BVerfGE 74, 358 (370); siehe hierzu auch *Paul Kirchhof*, EuGRZ 1994, 16 (31 f.).

140 *Bernhardt*, Einwirkungen der Entscheidungen internationaler Menschenrechtsinstitutionen auf das nationale Recht, in: Staat und Völkerrechtsordnung, Festschrift für Karl Doehring, S. 29.

b) Grad der Schmerzuzufügung

aa) Funktion des Relativitätstests

45 Zentrale Aufgabe bei der Begriffsbestimmung der unmenschlichen oder erniedrigenden Maßnahmen ist die Erfassung eines bestimmten Schweregrades der Leidenszufügung (Rdn. 21 ff.). Dies ist bereits bei der Definition des Folterbegriffs die zentrale Abgrenzungsaufgabe. Hierfür bedient sich der EGMR des **Relativitätstests** (Rdn. 21 ff.), um zu entscheiden, ob das zugefügte Leiden die für den Folterbegriff erforderliche Schwere erreicht hat. Wenn auch der Grad der Schmerzufügung hierfür nicht ausreicht, kann er im Einzelfall für die Bestimmung unmenschlicher Maßnahmen dennoch die insoweit erforderliche Schwere aufweisen.[141] Für die Abgrenzung »unmenschlicher« oder »erniedrigender« Maßnahmen im Sinne von Art. 3 EMRK zu anderen unmenschlichen oder erniedrigenden Maßnahmen, die nicht im Sinne von Art. 3 EMRK erheblich sind, verweist der EGMR ebenfalls auf den **Relativitätstest**. Art. 3 EMRK wird also durch einen zweifach abgestuften Relativitätstest geprägt. Maßgebend für die Konkretisierung »unmenschlicher« oder »erniedrigender« Maßnahmen ist letztlich die sachgerechte Handhabung des Relativitätstestes. Im deutschen Recht hat dieser Relativitätstest in § 60 Abs. 6 AufenthG seinen Niederschlag gefunden (Rdn. 40).

46 Um eine Maßnahme als »unmenschlich« oder »erniedrigend« im Sinne von Art. 3 EMRK ansehen zu können, muss nach der Rechtsprechung des EGMR die Bestrafung oder Behandlung über das notwendigerweise mit jeder legitimen Behandlung oder Bestrafung verbundene Maß des Leidens oder der Erniedrigung hinausgehen.[142] Freiheitsentziehenden Maßnahmen sei häufig ein derartiges Element immanent.[143] Eine Maßnahme sei erst dann als »unmenschlich« zu bewerten, wenn »zusätzliche Faktoren« ausgemacht werden könnten, diese etwa auf eine Dauer von mehreren Stunden angelegt sei und akute körperliche Verletzungen oder erhebliche körperliche oder seelische Leiden zur Folge habe. Ein »erniedrigender Charakter« zeige sich darin, dass eine derartige Maßnahme in dem Opfer ein Gefühl der Furcht, Schmerzen und Erniedrigung hervorrufe, welches geeignet sei, dieses zu erniedrigen und zu entwürdigen. Der EGMR differenziert zwischen »unmenschlicher« sowie »erniedrigender« Behandlung. Danach gibt es zwei alternative Formen der Verletzung von Art. 3 EMRK: Eine Behandlung oder Strafe ist entweder »unmenschlich« (Art. 3 EMRK) oder in der Sprache des universellen Paktes »grausam/unmenschlich« (Art. 7 IPbpR) oder sie ist »erniedrigend« (Art. 3 EMRK/Art. 7 IPbpR). Die entsprechenden tatbestandlichen Voraussetzungen müssen daher nicht kumulativ, sondern können auch alternativ erfüllt sein. Selbstverständlich können auch beide Voraussetzungen zugleich gegeben sein.

bb) Inhalt des Relativitätstests

47 Zur gebotenen Abgrenzung von insoweit unbedenklichen Maßnahmen kommt es darauf an, ob die Maßnahme darauf abzielt, den Betroffenen zu erniedrigen oder zu entwürdigen, und ob in Ansehung der Auswirkungen dieser Maßnahme die Persönlichkeit des Betroffenen in einer Weise beeinträchtigt wird, die mit Art. 3 EMRK unvereinbar ist. Maßnahmen »unmenschlichen« Charakters im Sinne von Art. 3 EMRK treten in unterschiedlichen Formen auf. Körperliche Angriffe, die Verwendung psychologischer Vernehmungsmethoden oder die Inhaftierung einer Person unter unmenschlichen Bedingungen können insoweit Art. 3 EMRK verletzen.[144] Auch wenn eine Maßnahme nicht den erforderlichen Grad an »unmenschlicher Behandlung« erreicht hat, kann sie gleichwohl »erniedrigenden« Charakter haben.

---

141 *Harris/O'Boyle/Warbrick*, Law of the European Convention on Human Rights, 1995, S. 62.
142 EGMR, HRLJ 1999, 459 (468) – *V v UK*; EGMR, HRLJ 2002, 378 (384) – Kalashnikov v. Russia; siehe auch EGMR, HRLJ 1990, 335 (362) = EZAR 933 Nr. 1 = NJW 1990, 2183 – Soering v. UK; EGMR, NVwZ 2008, 1330 (1332) Rn. 135 – Saadi.
143 EGMR, HRLJ 2002, 378 (384) – Kalashnikov v. Russia.
144 *Harris/O'Boyle/Warbrick*, Law of the European Convention on Human Rights, S. 62.

Der EGMR verweist auf den absoluten Charakter von Art. 3 EMRK (§ 54 Rdn. 9 ff.). Zwar wäre es absurd, wegen ihres gewöhnlicherweise für den Betroffenen erniedrigenden Charakters eine Bestrafung generell als »erniedrigend« im Sinne von Art. 3 EMRK anzusehen. Vielmehr müssten **zusätzliche Elemente** festgestellt werden können, um eine derartige Feststellung treffen zu können. Nach Ansicht des Gerichtshofes muss die Erniedrigung oder Entwürdigung mithin eine bestimmte Schwere erreicht haben und in jedem Fall über das übliche Maß an Erniedrigung hinausgehen, das gewöhnlicherweise mit Bestrafungsmaßnahmen verbunden ist. Daraus, dass Art. 3 EMRK ausdrücklich »unmenschliche« und »erniedrigende« Bestrafung verbiete, könne geschlossen werden, dass zwischen **derartiger** und **allgemeiner** Bestrafung grundsätzlich ein Unterschied bestehe. Die Demütigung oder Herabsetzung müsse einen bestimmten Grad erreichen, um als »erniedrigende« Bestrafung eingestuft zu werden, die gegen Art. 3 EMRK verstoße und jedenfalls anders als das gewöhnliche Element der Demütigung wirken. Die Einordnung sei naturgemäß relativ. Alles hänge von den Umständen des Einzelfalles ab und insbesondere von der Art und dem Zusammenhang der Strafe wie auch der Art und Weise ihrer Durchführung.[145]

48

Diese allgemeinen Grundsätze hat der EGMR am Beispiel der **Prügelstrafe** (Rdn. 58 ff.) entwickelt. Die Form der »institutionalisierten Gewalt«, also der rechtlich erlaubten Gewaltanwendung nehme einer Maßnahme ebenso wenig notwendigerweise ihren »erniedrigenden« Charakter. Obgleich das Opfer bei der Prügelstrafe keine ernstere oder länger dauernde psychische Beeinträchtigung erleide, stelle seine Bestrafung – durch welche es zum Objekt in der Gewalt der Behörden werde – einen Angriff auf genau einen der wichtigsten Zwecke von Art. 3 EMRK dar, nämlich die Würde und physische Integrität der Person zu schützen. Zudem sei nicht auszuschließen, dass die Bestrafung negative psychologische Auswirkungen haben könnte.[146] Die erforderliche Abgrenzung anhand der Erfassung »zusätzlicher Faktoren« ist hiernach relativ und umfasst alle Umstände des Einzelfalles, insbesondere die Natur und den Hintergrund der Bestrafungsmaßnahme sowie die Art und Weise ihrer Durchsetzung.[147]

49

Ersichtlich ist die Rechtsprechung des EGMR in der Frage der »unmenschlichen« oder »erniedrigenden« Behandlung oder Bestrafung eine **Einzelfallrechtsprechung** und entzieht sich dieser kasuistische Ansatz einer präzisen juristischen Definition.[148] Dies ist der Natur der Abgrenzungsaufgabe geschuldet: Einerseits empfinden Betroffene den gegen sie ausgeübten Zwang als »unmenschlich« oder »erniedrigend«. Andererseits hat der Staat die Aufgabe, die Rechte der Bürger gegebenenfalls auch unter Anwendung von Zwangsmitteln gegen Personen, die diese Rechte bedrohen, zu schützen, sodass staatliche Zwangsmaßnahmen begriffsnotwendig »unmenschlich« oder »erniedrigend« für die von Zwang betroffenen Personen sind. Daher fordert der EGMR, dass **zusätzliche Faktoren** festgestellt werden müssen, um eine Zwangsmaßnahme als »unmenschlich« oder »erniedrigend« ansehen zu können. Die Feststellung derartiger zusätzlicher Faktoren kann naturgemäß nur anhand eines Relativitätstests erfolgen. Ob eine Maßnahme mit Art. 3 EMRK unvereinbar ist, kann daher nur anhand der nachfolgenden Einzelprobleme (Rdn. 54 ff.) entschieden werden.

50

Allerdings darf die Gefahr nicht übersehen werden, dass eine extensive Anwendung des **Relativitätstestes** auf der begrifflichen Ebene zu einer Erosion der **absoluten** Schutzwirkung des Verbotes von Folter und anderen unmenschlichen oder erniedrigenden Maßnahmen führen kann. Die Rechtsprechung des EGMR wendet jedoch bei gezielt ausgeübter polizeilicher Gewalt im Rahmen von Vernehmungen den Relativitätstest zugunsten des Beschwerdeführers an.[149] Berücksichtigung findet dieser Test demgegenüber insbesondere bei der Bewertung nicht gezielt ausgeübter Handlungen.

51

---

145 EGMR, Series A 26 = EuGRZ 1979, 162 (164) (§ 30) – Tyrer.
146 EGMR, Series A 26 = EuGRZ 1979, 162 (164 f.) (§§ 31 f.) – Tyrer.
147 EGMR, Series A 26 = EuGRZ 1979, 162 (164 f.) (§ 28 bis § 30) – Tyrer.
148 Siehe hierzu *Harris/O'Boyle/Warbrick*, Law of the European Convention on Human Rights, S. 61 ff.; *Dutertre*, Key case-law extracts. European Court on Human Rights, S. 62–73.
149 Vgl. z. B. EGMR, Series A 241-A, § 116 = HRLJ 1992, 453 – Tomasi.

Verschärfend kommt in diesem Zusammenhang bei der Anwendung des **Refoulementschutzes** gegen unmenschliche oder erniedrigende Maßnahmen das Akzeptanzproblem der Vertragsstaaten hinzu, wie die Rechtsprechung des BVerwG anschaulich erweist.

52 Das BVerfG hat die Ratio des relativierenden Charakters des Schweregrades weniger kasuistisch, sondern historisch begründet: Die Würde des Menschen sei unverfügbar. Die Erkenntnis dessen, was das Gebot, sie zu achten, erfordere, sei jedoch nicht von der **historischen Erfahrung** zu trennen. Die Geschichte der Strafrechtspflege zeige deutlich, dass an die Stelle **grausamster** Strafen immer mildere Strafen getreten seien. Der Fortschritt in der Richtung von roheren zu humaneren, von einfacheren zu differenzierteren Formen des Strafens sei weitergegangen, wobei der Weg erkennbar werde, der noch zurückzulegen sei. Das Urteil darüber, was der Würde des Menschen entspreche, könne daher nur auf dem jetzigen Stand der Erkenntnis beruhen und keine **zeitlose** Gültigkeit haben.[150] Dies ist ein auf empirischen Feststellungen beruhendes Urteil, welchem die Vorstellung von einer fortschreitenden Tendenz innewohnt. Im Ergebnis ist zur Rechtsprechung des EGMR kein Unterschied auszumachen. Denn in dieser wird gerade bei der inhaltlichen Konkretisierung von Art. 3 EMRK dem Charakter der Konvention als einem »**living instrument**« besondere Bedeutung beigemessen.[151]

53 Das Völkerrecht muss ein alle regionale, kulturelle, religiöse und nationale Differenzierungen übergreifenden Konsensbegriff wählen: Was in Europa als grausam betrachtet wird, darf nicht im Blick auf Afrika oder Asien relativiert werden. Bemerkenswert ist andererseits, dass das BVerfG in den Menschenwürdebegriff eine historische Relativität einpflanzt, im Ergebnis jedoch auf den objektiven Begriff der Grausamkeit abzielt, der auf die **Mittelwahl** gemünzt ist. Daher ist die Dogmatik des EGMR vorzuziehen: Was im Einzelnen als unmenschliche Behandlung anzusehen ist, muss aufgrund der Gesamtumstände des jeweiligen Einzelfalles freilich anhand **einheitlicher Wertmaßstäbe** bewertet werden. Dies ist im Übrigen auch der methodische Weg, den das BVerfG bei der vergleichbaren asylrechtlichen Dogmatik des Ausgrenzungsbegriffs wählt. Danach kann das Maß der Intensität der ausgrenzenden Verfolgung nicht abstrakt vorgegeben werden. Vielmehr ist dieses aus der humanitären Intention zu entnehmen, die das Asylrecht trägt.[152] Ebenso kann das Mindestmaß des Schweregrades der unmenschlichen Behandlung nicht abstrakt bestimmt werden. Vielmehr ist dieses aus der humanitären Intention, welche die Konvention als Vertrag zur kollektiven Durchsetzung der Menschenrechte trägt, zu entnehmen.

c) Behördliche Misshandlungen

54 Es ist evident, dass im Rahmen des präventiven Schutzes der Schwerpunkt der Fälle unmenschlicher Behandlung behördliche Inhaftierungen einschließlich Vernehmungen (§ 14 Rdn. 42 ff.) betrifft. Hier wird insbesondere durch die Wahl der Vernehmungsmethoden häufig der Folterbegriff, jedenfalls aber der Begriff der unmenschlichen Behandlung erfüllt sein. So hat der Gerichtshof in Anknüpfung an den **Nordirlandfall**[153] in polizeilichen Misshandlungen während der Polizeihaft in Korsika eine Verletzung von Art. 3 EMRK gesehen.[154] Der Beschwerdeführer war wegen des Verdachts der Beteiligung an einer terroristischen Aktion der **CLNC (Corsican National Liberation Front)** im März 1983 vor der Überführung in Untersuchungshaft für zwei Tage im Polizeigewahrsam gehalten und 14 Stunden, davon drei Stunden des Nachts, vernommen worden. Der Gerichtshof hielt es allein für ausreichend, dass ärztliche Untersuchungen, welche in vollständiger Unabhängigkeit durchgeführt worden seien, eine große Anzahl von Schlägen und Hieben festgestellt hätten, welche auch intensiv gewesen seien. Diese beiden Elemente reichten für die Feststellung

---

150 BVerfGE 45, 187 (229) – lebenslange Freiheitsstrafe.
151 EGMR, Series A 26 §§ 29 bis 35 (1978) = EuGRZ 1979, 162 – Tyrer; EGMR, RJD 1999-V = HRLJ 1999, 239 – Selmouni v. France.
152 BVerfGE 80, 315 (335) = EZAR 201 Nr. 20 = NVwZ 1990, 151 = InfAuslR 1990, 21.
153 EGMR, Series A 25 = EuGRZ 1979, 149 (153 f.) (§ 167) – Irland v. UK.
154 EGMR, Series A 241-A, § 116 = HRLJ 1992, 453 – Tomasi.

einer Verletzung von Art. 3 EMRK aus. Die Notwendigkeit von Ermittlungen sowie die unzweifelhaften Schwierigkeiten, die dem Kampf gegen den Terrorismus eigen seien, könnten keine Einschränkungen des Schutzes rechtfertigen, welche die Konvention für die körperliche Integrität von Personen vorsehe.[155]

Aus der Rechtsprechung des EGMR folgt mit hinreichender Klarheit, dass Art. 3 EMRK verletzt wird, wenn eine Person während des amtlichen Gewahrsams körperlich angegriffen und verletzt wird,[156] sofern die ausgeübte Gewalt nicht ihre Rechtfertigung im rechtmäßigen Vollzug der Gesetze findet. Fluchtversuche von Gefangenen dürfen deshalb unter Anwendung von Gewalt verhindert werden. Freilich muss hierbei der Grundsatz der Verhältnismäßigkeit beachtet werden.[157] Die Tatsache, dass der Betroffene vor der Inhaftierung in einem guten Gesundheitszustand und während der Haft verstorben war, verschiebt nach dem Menschenrechtsausschuss die Beweislast auf die Regierung.[158] Probleme bereitet die **Beweisführung**, ob die behauptete Verletzung während des amtlichen Gewahrsams zugefügt wurde oder bereits vorher entstanden war, etwa in **Diaz Ruana**.[159] An Beweisschwierigkeiten scheiterte die Beschwerde auch in **Klaas**, weil nicht festgestellt werden konnte, ob die Verletzungen von polizeilichen oder eigenen Handlungen des Beschwerdeführers herrührten. Der Gerichtshof wies unter Bezugnahme auf **Tomasi** darauf hin, dass dort der Beschwerdeführer nicht aufklärbare Verletzungen während der zweitägigen Inhaftierung erlitten habe. Derart zwingende Beweise hatte die Beschwerdeführerin in **Klaas** jedoch nicht vorlegen können.[160]

55

Damit ist festzuhalten: Körperliche Misshandlungen während des behördlichen Gewahrsams kommen in unterschiedlichen Formen vor. Als unmenschliche Behandlung im Sinne von Art. 3 EMRK haben die Konventionsorgane etwa das tagelange Stehenlassen, den gänzlichen oder teilweisen Entzug von Nahrung und Wasser sowie von Schlaf zur Aussagen- oder Geständniserzwingung, das Zerstören des landwirtschaftlichen Betriebes zwecks Vertreibung, die Hausdurchsuchung und anschließende kurzfristige Inhaftierung[161] sowie die Unterbindung der ärztlichen Versorgung zur Abgabe einer belastenden Erklärung angesehen. Unerheblich ist, dass die festgestellten körperlichen Verletzungen relativ geringfügig sind. Erheblich ist allein, dass sie Ausdruck für die Anwendung von Gewalt gegen eine ihrer Freiheit beraubte Person durch die Behörden sind. Freilich müssen die körperlichen oder psychischen Verletzungen mit hinreichender Sicherheit feststehen. Das betrifft abernachträgliche Beschwerden. Dagegen geht es beim subsidiären Schutz um vorbeugenden Schutz und damit um das Beweismaß des tatsächlichen Risikos (Rdn. 122 ff.).

56

Die Anwendung körperlicher oder seelischer Gewalt im Rahmen behördlicher Vernehmungen, um von dem Betroffenen oder einer dritten Person eine Aussage oder ein Geständnis zu erlangen, erfüllt den Folterbegriff nach Art. 1 Abs. 1 Satz 1 des Übereinkommens gegen Folter. So stellte der Gerichtshof fest, dass die Anwendung der **Falaka** und Schläge gegen den Körper während der Vernehmung mit dem Ziel, ein Geständnis oder Informationen über Vergehen, deren der Vernommene

57

---

155 EGMR, Series A 241-A = HRLJ 1992, 453 (459) (§ 115)) – Tomasi.
156 *Dutertre*, Key case-law extracts. European Court on Human Rights, S. 63.
157 EGMR, Entscheidung vom 20.07.2000 – Nr. 33951/96, § 97 bis § 101– Caloc v. France.
158 Human Right Committee, Netherlands Quaterly of Human Rights 2008, 582.
159 EKMR, HRLJ 1994, 213 (13 f.) (§ 63 f.) – Diaz Ruano v. Spain; Wegen der Vernehmung in Abwesenheit des Verteidigers hatte die Kommission die Beschwerde jedoch zugelassen, die durch gütliche Einigung beigelegt wurde (EGMR, HRLJ 1994, 211).
160 EGMR, Series A 269, § 30 – Klaas v. Germany; siehe auch Zurückweisung der Beschwerde wegen Beweisproblemen in EKMR, HRLJ 1991, 173 – W. J. v. Austria; siehe auch CAT, HRLJ 1994, 29 ((31) (§ 13.4)) – Halimi-Nedzibi v. Austria; s. aber EGMR, Nr. 22493/93, §§ 168 bis 170, in: *Dutertre*, Key case-law extracts. European Court on Human Rights, S. 64; siehe auch Human Rights Committee, HRLJ 1991, 299.
161 EKMR, HRLJ 1993, 298 (299 f.) – X. v. Malta.

verdächtigt wird, zu erzwingen, den Folterbegriff erfüllen.[162] Abgrenzungsschwierigkeiten entstehen jedoch bei der Anwendung psychologischer Vernehmungsmethoden. Im **Nordirlandfall** hatte der Gerichtshof in den angewandten fünf Vernehmungstechniken (Rdn. 22 f.), nämlich stundenlanges mit gespreizten Armen und Beinen gegen eine Wand Stehen (»**wall standing**«), Überstreifen einer Kapuze über den Kopf (»**hooding**«), ununterbrochenes helles und zischendes Geräusch während der Vernehmungen, Schlafentzug sowie Reduzierung der Versorgung mit Essen und Trinken auf ein Minimum anders als die Kommission zwar keine Folter, wohl aber eine unmenschliche Behandlung gesehen.[163]

d) Disziplinar- und körperliche Strafen

58 Drohende Disziplinarmaßnahmen und körperliche Strafen können Art. 3 EMRK zuwiderlaufen und subsidiären Schutz begründen. Die Rechtsprechung des EGMR zu diesen Formen körperlicher Misshandlung wurde am Beispiel der **Prügelstrafe** im Rahmen nachträglicher Kontrollen im Beschwerdeverfahren entwickelt. Gleichwohl leiten die entwickelten Kriterien auch die Gefahrenprognose. Insbesondere für die in islamischen Herkunftsländern übliche **Auspeitschung** (Rdn. 63 ff.) liefert diese Rechtsprechung wichtige Kriterien. In **Tyrer** hatte der EGMR den Fall eines Schülers zu beurteilen, der auf der Insel Man lebte und wegen eines zusammen mit drei Mitschülern verübten tätlichen Angriffs auf einen älteren Mitschüler als Strafe zunächst in der Schule Stockschläge erhalten hatte. Der Einwand, dass die Prügelstrafe keine öffentliche Empörung auf der Insel Man hervorgerufen habe, ist unerheblich. Gegenüber dem »**Glauben an die generalpräventive Wirkung**« der Prügelstrafe erinnerte der EGMR daran, dass eine Bestrafung ihren erniedrigenden Charakter nicht allein dadurch verliere, dass man sie für eine wirksame Abschreckung oder Hilfe bei der Verbrechenskontrolle halte oder weil sie es tatsächlich sei. Niemals sei es zulässig, auf Bestrafungen zurückzugreifen, die gegen Art. 3 EMRK verstießen, gleichgültig welche abschreckende Wirkung sie auch haben mögen.[164]

59 Die **Öffentlichkeit** könne ein relevanter Faktor dafür sein, ob eine Bestrafung als »erniedrigend« im Sinne von Art. 3 EMRK anzusehen sei. Andererseits könne aus der Nichtöffentlichkeit keineswegs notwendig geschlossen werden, dass eine bestimmte Bestrafung nicht in diese Kategorie eingeordnet werden könne. Es könne nämlich durchaus sein, dass das Opfer in seinen eigenen Augen, wenn auch nicht in denen anderer, erniedrigt werde.[165] Durch die Hiebe erlitt der Beschwerdeführer Hautschwellungen und verspürte noch nach etwa einundeinhalb Wochen Schmerzen. Die Prügelstrafe erreichte nach Ansicht des Gerichtshofes zwar nicht den erforderlichen Schweregrad für eine unmenschliche Behandlung. Wegen ihres demütigenden Charakters verletze sie jedoch Art. 3 EMRK.[166]

60 Es liege in der Natur der Sache, dass ein Mensch gegenüber einem anderen Menschen physische Gewalt anwende. Mehr noch, es handele sich um **institutionalisierte Gewalt**, d. h. um rechtlich erlaubte Gewaltanwendung. Obgleich der Beschwerdeführer keine ernsteren oder länger wirkenden physischen Beeinträchtigungen erlitten habe, habe seine Bestrafung, durch welche er zum Objekt in der Gewalt der Behörden geworden sei, einen Angriff auf ein zentrales Ziel von Art. 3 EMRK dargestellt, nämlich der Schutz der Würde und physischen Integrität. Der institutionalisierte Charakter der Gewaltanwendung werde noch verstärkt durch die mit der Bestrafung verbundene Aura des offiziellen Verfahrens und durch die Tatsache, dass die Vollzugspersonen dem Beschwerdeführer völlig unbekannt gewesen seien. Die Schmach, dass die Strafe auf dem entblößten Gesäß ausgeführt

---

162 EGMR, Entscheidung vom 27.06.2000 – Nr. 21986/93, §§ 114 ff. – Salman v. Turkey; EGMR, Entscheidung v. 11.07.2000 – Nr. 20869/92, § 94 bis § 96 – Dikme v. Turkey.
163 EGMR, Series A 25 = EuGRZ 1979, 149 (§ 167) – Ireland v. UK.
164 EGMR, Series A 26 = EuGRZ 1979, 162 (164) (§ 31) – Tyrer.
165 EGMR, Series A 26 = EuGRZ 1979, 162 (164 f.) (§§ 31 f.) – Tyrer.
166 EGMR, Series A 26, §§ 29 ff. = EuGRZ 1979, 162 (164) – Tyrer.

§ 41 Folter oder unmenschliche oder erniedrigende Behandlung oder Bestrafung   Kapitel 12

worden sei, habe den erniedrigenden Charakter der Bestrafung noch etwas erhöht, sei jedoch nicht der einzige oder ausschlaggebende Faktor gewesen.[167]

In **Campbell and Cosans** hatte der Gerichtshof die Vereinbarkeit der körperlichen Bestrafung an schottischen Schulen mit Art. 3 EMRK zu prüfen. Zwar könne die Drohung mit Folter unter bestimmten Umständen als unmenschliche Behandlung angesehen werden. Die Drohung mit der körperlichen Bestrafung, die gegen eine unempfindliche Person gerichtet werde, habe auf diese zwar keine Auswirkungen, sei aber zweifellos erniedrigend. Umgekehrt könne eine empfindliche Person durch die Drohung mit einer als erniedrigend anzusehenden Strafe besonders betroffen sein. Der Gerichtshof fand jedoch im schottischen System der Schülerbestrafung kein herabwürdigendes Element. Daher verletze die Drohung mit der körperlichen Bestrafung nicht Art. 3 EMRK.[168] Hingegen sei Art. 2 des Protokolls Nr. 1 verletzt. Die Anwendung körperlicher Zuchtmittel möge zwar als Angelegenheit der internen Schulverwaltung anzusehen sein. Zugleich sei sie jedoch auch integraler Bestandteil des Erziehungssystems. Eine Zugangsvoraussetzung, die im Widerspruch zu den in Art. 2 Satz 2 des Protokolls Nr. 1 enthaltenen Grundsätzen stehe, wonach die Erziehung und der Unterricht entsprechend den religiösen und weltanschaulichen Überzeugungen sicherzustellen sei, verletze zugleich Art. 2 Satz 1 des Protokolls Nr. 1, der jedermann das Recht auf Bildung garantiere.[169]

61

Zusammengefasst erreicht nach Ansicht des Gerichtshofes die Prügelstrafe als schulische Disziplinierungsmaßnahme zwar nicht den für eine unmenschliche Behandlung notwendigen Schweregrad, sie kann jedoch Art. 3 EMRK wegen ihres demütigenden Charakters verletzen. Fehlt einer Maßnahme der Charakter der Unmenschlichkeit, kann sie gleichwohl Art. 3 EMRK zuwider laufen, wenn sie als erniedrigende Behandlung oder Strafe zu bewerten ist. Jemand kann andererseits bereits allein durch die Tatsache einer strafrechtlichen Verurteilung gedemütigt werden. Für Art. 3 EMRK ist jedoch von Bedeutung, dass er nicht allein durch die Verurteilung, sondern insbesondere durch die Ausführung der ihm auferlegten Strafe gedemütigt wird. In der Tat kann dies nach Ansicht des EGMR in den meisten, wenn nicht in allen Fällen eine der Wirkungen richterlicher Bestrafung sein, die die unfreiwillige Unterwerfung unter die Anforderungen des Strafsystems beinhalte.[170]

62

Nach diesen Grundsätzen können auch **Auspeitschungen** und andere nach der Sharia vorgesehene körperliche Bestrafungen in islamischen Herkunftsländern beurteilt werden. Diese stellen bereits im Blick auf den Schweregrad der Leidenszufügung eine »unmenschliche« Behandlung, aber auch in Ansehung der Umstände der Vollstreckung dieser Strafe eine »erniedrigende« Bestrafung (Rdn. 59, 61 f.) dar. In **Jabari** hatte sich die Beschwerdeführerin auf die ständige Rechtsprechung des Gerichtshofes berufen, wonach Steinigungen, Auspeitschungen und Prügelstrafe, welche die durch iranisches Recht vorgeschriebenen Strafen für Ehebruch seien, durch Art. 3 EMRK verbotene Strafen seien.[171] Der Gerichtshof befasste sich allerdings nicht inhaltlich mit diesem Vorbringen, weil die türkische Regierung dieses Vorbringen wegen »verspäteter« Antragstellung nicht geprüft hatte. Da Art. 3 EMRK eine sorgfältige Prüfung dieser Umstände erfordert, erkannte der Gerichtshof in der Anwendung einer derartigen innerstaatlichen verfahrensrechtlichen Präklusionsvorschrift eine Verletzung dieser Konventionsnorm.[172]

63

---

167 EGMR, Series A 26, §§ 32 ff. = EuGRZ 1979, 162 – Tyrer.
168 EGMR, HRLJ 1982, 221 (224 f.) (§§ 24 f.) – Campbell and Cosans v. UK.
169 EGMR, HRLJ 1982, 221 (231) (§ 41) – Campbell and Cosans v. UK.
170 EGMR, Series A 26, §§ 30 = EuGRZ 1979, 162 – *Tyrer*; bekräftigt in EGMR, Entscheidung v. 16.12.1999 – Nr. 24888/94, §§ 71 ff., 77 ff., in: *Dutertre*, Key case-law extracts. European Court on Human Rights, S. 66 ff.
171 EGMR, InfAuslR 2001, 57 (§ 34) = NVwZ-Beil. 2001, 97 – Jabari.
172 EGMR, InfAuslR 2001, 57 (§ 40) = NVwZ-Beil. 2001, 97 – Jabari.

64 In der obergerichtlichen Rechtsprechung wird vereinzelt eingewandt, die Auspeitschung werde im islamischen Rechtskreis nicht als menschenunwürdig empfunden.[173] Das Argument des unzulässigen Oktroys westlicher Wertvorstellungen über andere Rechts- und Kultursysteme ist jedoch spätestens nach der Diskussion um die »rechtmäßigen Zwangsmaßnahmen« nach Art. 1 Abs. 1 Satz 2 des Übereinkommens gegen Folter (Rdn. 35 ff.) überholt, wenn ihm überhaupt je Plausibilität hat zuerkannt werden können. Dem Begründungsversuch, dass mit der Auspeitschung unverheirateter Frauen wegen Schwangerschaft der darin liegende Verstoß gegen die öffentliche Moral und Sitte sanktioniert werde,[174] fehlt daher Überzeugungskraft. Ein Grund dafür, weshalb die Betroffene in diesem Fall nicht geschützt werden konnte, derselbe Senat jedoch in dem Fall, in dem wegen wiederholten Verstoßes gegen die islamische Kleiderordnung die Auspeitschung droht, ein Schutzbedürfnis anerkennt,[175] wird nicht gegeben. Festzuhalten ist, dass EGMR wie auch Menschenrechtsausschuss körperliche Strafen wegen ihres herabwürdigenden und erniedrigenden Charakters (Rdn. 38 f.) als unvereinbar mit Völkerrecht ansehen.

e) Haftbedingungen

aa) Funktion des präventiven Schutzes gegen Haftbedingungen

65 Die Inhaftierung einer Person kann ungeachtet ihres gesetzmäßigen Charakters unter verschiedenen Gesichtspunkten als unmenschliche oder erniedrigende Behandlung oder Bestrafung angesehen werden. Im Bereich des präventiven subsidiären Schutzes steht die Frage der Prognose im Zentrum der Bewertung (Rdn. 110 ff.), während die internationale Rechtsprechung sich im Rahmen nachträglicher Kontrollen im Beschwerdeverfahren – wie auch schon bei der Beweisführung körperlicher Misshandlungen im polizeilichen Vollzug (Rdn. 53 ff.) – heraus gebildet hat. Gleichwohl leiten die entwickelten Kriterien auch die Gefahrenprognose. Allerdings besteht wegen der Bandbreite der Gefährdungsmomente, die mit der Inhaftierung zusammenhängen, sowie der weit ausgreifenden Anwendung der Haft eine signifikante Zurückhaltung in der präventiv orientierten Rechtsprechung der Mitgliedstaaten.

66 Der Gerichtshof erlegt den Vertragsstaaten die Verpflichtung auf, sicherzustellen, dass eine Person unter Bedingungen inhaftiert wird, die mit Art. 3 EMRK vereinbar sind. Die Art und Weise des Vollzugs der Inhaftierung dürfe diese keiner Not und Bedrängnis aussetzen, die über das normalerweise mit einer Inhaftierung notwendigerweise verbundene Maß hinausgehe (Rdn. 45 ff.). Für die Gesundheit und das Wohlbefinden einer inhaftierten Person sei unter Berücksichtigung der tatsächlichen Inhaftierungsbedingungen angemessen Vorsorge zu tragen.[176] Die Umstände der Haft könnten in einigen Fällen dazu führen, dass diese als unmenschlich oder erniedrigend zu bewerten seien. Insbesondere müssten in diesem Zusammenhang die **kumulative** Wirkung der einzelnen Haftbedingungen wie auch die spezifischen Rügen des Beschwerdeführers in Betracht gezogen werden.[177] Darüber hinaus seien grundsätzlich die **persönlichen Umstände der inhaftierten Person** zu berücksichtigen. Die bloße Tatsache als solche, dass andere Personen unter denselben Umständen inhaftiert seien, könne deshalb nicht gegen den Opferstatus des Beschwerdeführers eingewandt werden.[178]

---

173 Bayerischer VGH, Urt. v. 27.04.1982 – Nr. 21 B 82 C. 27, in: *Marx*, AsylR 2, Nr. 30. 3 (S. 639 f.).
174 Bayerischer VGH, Urt. v. 11.11.1992 – 19 BZ 92.31853.
175 Bayerischer VGH, Urt. v. 01.03.1988 – 19 B 87.31241; Bayerischer VGH, Urt. v. 13.07.1989 – 19 B 88.31215.
176 EGMR, HRLJ 2002, 378 (384 f.) – Kalashnikov v. Russia.
177 EGMR, RJD 2001-II, § 46 – Dougoz v. Greece; EGMR, HRLJ 2002, 378 (385) – Kalashnikov v. Russia.
178 EGMR, RJD 1998-V, § 35 – Aerts v. Belgium.

bb) Unzumutbare Haftbedingungen

Aus materieller Sicht sind die gesamten äußeren Umstände des Haftvollzugs wie etwa die Art und Weise der Ernährung, die Dichte der Zellenbelegung, die medizinische Versorgung und die sanitäre und hygienische Situation sowie die Ausgestaltung der Kontaktmöglichkeiten während der Haft für die Bewertung, ob die Haft unmenschlich ist, zu berücksichtigen. Unter Bezugnahme auf die Praxis des Ausschusses zur Verhütung von Folter, der sieben Quadratmeter pro inhaftierter Person als angemessen bewertet, sieht der EGMR in der Tatsache, dass lediglich 0.9 bis 1.9 m² Raum pro Person zur Verfügung stehen,[179] eine Verletzung von Art. 3 EMRK. Als generelle Leitlinie hat er jedoch den Grundsatz entwickelt, dass die Haftumstände auf jeden Fall über das notwendigerweise mit einer legitimen Bestrafung verbundene Element der Leidenszufügung oder Erniedrigung hinausgehen müssen (Rdn. 45 ff.).[180] Zwar berücksichtigt der EGMR auch die Feststellungen des Ausschusses zur Verhütung von Folter in Bezug auf eine bestimmte Haftanstalt, verlangt jedoch wegen des rechtsförmigen Beschwerdeverfahrens darüber hinausgehend, dass gerade der Beschwerdeführer aufgrund der Haftbedingungen persönlich betroffen sein muss.[181] 67

Der vorsätzliche Entzug von Essen und Trinken stellt stets eine Verletzung von Art. 3 EMRK dar.[182] Die Frage, ob der Zweck der Maßnahme darin besteht, das Opfer zu erniedrigen oder zu entwürdigen, ist nach der Rechtsprechung des Gerichtshofes auf jeden Fall ein in Betracht zu ziehender Umstand, jedoch könne Art. 3 EMRK auch dann verletzt werden, wenn ein derartiger Zweck nicht festgestellt werden könne.[183] So stellte der Gerichtshof in **Peers** eine Verletzung von Art. 3 EMRK fest, weil der Beschwerdeführer jeweils im Rhythmus von 24 Stunden über längere Zeit an ein Bett gefesselt worden war, im Monat Juni in Griechenland in der fensterlosen Zelle keine Ventilation eingerichtet gewesen sei und dieser die Toilette nur in Anwesenheit eines anderen Zellengenossen und dieser seinerseits die Toilette nur im Beisein des Beschwerdeführers habe aufsuchen können.[184] 68

Zur Bewertung der Haftbedingungen sind auch die anerkannten **Mindestgrundsätze für die Behandlung von Gefangenen** des Wirtschafts- und Sozialrates[185] wie auch die des Europarates[186] zu berücksichtigen. Diese schreiben vor, dass alle für Gefangene, insbesondere für deren nächtliche Unterbringung, vorgesehene Räume allen Erfordernissen der Gesundheit zu entsprechen haben. Dabei sind die klimatischen Verhältnisse und insbesondere die verfügbare Luftmenge, eine Mindestbodenfläche, Beleuchtung, Heizung und Belüftung zu berücksichtigen (Regel 9). Die sanitären Einrichtungen müssen so beschaffen sein, dass jeder Gefangene seine natürlichen Bedürfnisse rechtzeitig und in einer sauberen und zumutbaren Weise verrichten kann (Regel 12). Andererseits können die als besondere Verschärfung des Vollzugs gezielt zugefügten Verschlechterungen der Haftbedingungen, wie etwa Entzug von Licht, Luft, räumlicher Bewegungsfreiheit oder sozialer Kontakt den unmenschlichen Charakter der Haftbedingungen bewirken. Zusätzlich dazu können die im Rahmen des Vollzugs eingesetzten Disziplinarmaßnahmen selbst eine grausame Bestrafung darstellen. So verbieten etwa die Mindestgrundsätze Zwangsmittel wie Handfesseln, Ketten, Eisen und Zwangsjacken als Bestrafungsmittel (Regel 33). 69

---

179 EGMR, HRLJ 2002, 378 (385 f.) – Kalashnikov v. Russia.
180 EGMR, RJD 2001-VIII, § 12 – Valasinas v. Lithunia; EGMR, Entscheidung v. 04.02.2003, § 48 – Nr. 50901/99 – Van der Veen v. The Netherlands.
181 EGMR, Entscheidung v. 04.02.2003, Nr. 52750/99 – Lorse et al v. The Netherlands.
182 EGMR, Series A 25, § 168 = EuGRZ 1979, 149 – Ireland v. UK.
183 EGMR; RJD 2001-III, § 74 – Peers v. Greece; EGMR, Entscheidung v. 04.02.2003, § 48 – Nr. 50901/99 – Van der Veen v. The Netherlands.
184 EGMR; RJD 2001-III, § 75 – Peers v. Greece.
185 Wirtschafts- und Sozialrat der UN, Resolution 663 C (XXIV) v. 31.07.1957.
186 Resolution (73) 5 of the Committee of Ministers of the Council of Europe: Standard minimum rules for the treatment of prisoners.

70 Schließlich kann die Haft selbst unabhängig von den Umständen ihres Vollzugs aufgrund ihrer Überlänge unmenschlich hart sein.[187] Dies ist jedoch keine Frage der Haftbedingungen, sondern der Unmenschlichkeit der verhängten Strafe. Zu differenzieren ist zwischen den Haftbedingungen während der Untersuchungshaft und denen während des Vollzugs. Eine Trennung der Untersuchungshäftlinge von verurteilten Gefangenen schreibt etwa Regel 8 b) der Mindestgrundsätze ausdrücklich vor. Es liegt auf der Hand, dass wegen der Besonderheiten der Untersuchungshaft für die Bewertung des »unmenschlichen« oder »erniedrigenden« Charakters der Haftbedingungen andere Maßstäbe anzuwenden sind als bei der Beurteilung der Vollzugsbedingungen. Soweit in diesem Zusammenhang auch auf die Überlänge der Freiheitsstrafe selbst hingewiesen wird, ist zu bedenken, dass die Konvention keine Regelungen zum Maß der Freiheitsstrafe enthält und der Rechtsprechung des Gerichtshofes hierfür kaum Hinweise entnommen werden können.

71 Nach innerstaatlichem Recht ist Art. 1 Abs. 1 GG zu berücksichtigen. Dadurch wird die Auffassung vom Wesen der Strafe und das Verhältnis von Schuld und Sühne bestimmt. Jede Strafe muss in einem gerechten Verhältnis zur Schwere der Straftat und zum Verschulden des Täters stehen. Der Täter darf nicht zum bloßen Objekt der Verbrechensbekämpfung unter Verletzung seines verfassungsrechtlich geschützten Wert- und Achtungsanspruchs gemacht werden.[188] Diese Grundsätze sind bei der Ausgestaltung der Vollzugsbedingungen wie bei der Festsetzung des Strafmaßes zu bedenken und sind zusätzlich bei der Auslegung und Anwendung von Art. 15 Buchst. b) RL 2004/83/EG in Betracht zu ziehen. Wann eine Strafe unangemessen hart ist, kann nicht abstrakt bestimmt werden. Auch lässt sich hierüber wohl kaum ein zureichender internationaler Konsens erzielen. Das Rechtsstaatsprinzip und der Grundsatz der Verhältnismäßigkeit vermögen für die Beurteilung dieser Frage nur die ungefähre Richtung vorzugeben. Es ist den zuständigen Organen der Bundesrepublik freilich verwehrt, an der zwangsweisen Rückführung eines Verfolgten mitzuwirken, wenn die Strafe, die gegen ihn im Zielstaat verhängt wird, »unerträglich hart, mithin unter jedem denkbaren Gesichtspunkt unangemessen erschiene«.[189] Art. 1 Abs. 1 GG wie Art. 3 EMRK können daher ein Refoulementverbot bewirken, wenn das drohende Strafmaß unter keinem Gesichtspunkt gerechtfertigt werden kann. Dies dürfte etwa der Fall sein, wenn relativ geringfügige Verfehlungen mit langjährigen Freiheitsstrafen sanktioniert werden.

cc) Haft im Hochsicherheitsgefängnis

72 Besondere Bedeutung haben die Grundsätze zur Ausgestaltung der Haftbedingungen in Fällen von Beschuldigten oder Verurteilten wegen **terroristischer Straftaten** oder **organisierter Kriminalität**. Der Gerichtshof wendet in diesem Zusammenhang die allgemeinen Kriterien zu den Haftbedingungen auch auf Hochsicherheitsgefängnisse an und betont ausdrücklich, die Inhaftierung in derartigen Einrichtungen als solche sei im Hinblick auf Art. 3 EMRK unerheblich. Dabei berücksichtigt er den besonderen Charakter des Phänomens der organisierten Kriminalität. Insbesondere bei Mafiastrukturen spielten familiäre Verbindungen eine erhebliche Rolle. Auch hätten zahlreiche Vertragsstaaten Hochsicherheitsgefängnisse für gefährliche Gefangene eingerichtet. Diese Gefängnisse seien von den normalen Gefängnissen getrennt und unterlägen einer strengen Kontrolle. Hochsicherheitsgefängnisse, die das Ziel verfolgten, zwecks Verhinderung weiterer Verbrechen den Austausch von Informationen zwischen den Gefangenen und mit der Außenwelt zu unterbinden, dienten daher einem legitimen Zweck.[190]

---

187 So die Differenzierung bei *Treiber*, in: GK-AuslR § 53 Rn. 196.
188 BVerfGE 45, 187 (228) – lebenslange Freiheitsstrafe.
189 BVerfGE 75, 1 (16).
190 EGMR, RJD 2000-X, § 66 – Messina v. Italy; EKMR, EuGRZ 1975, 455 (459) – Baader u.a.; EKMR, DR 14, 64 (109) = EuGRZ 1978, 314 (320) – Enslin u.a.; *amnesty international*, amnesty internationals Arbeit zu den Haftbedingungen in der BRD für Personen, die politisch motivierter Verbrechen verdächtigt werden oder wegen solcher Verbrechen verurteilt sind: Isolation und Isolationshaft, EUR 23/01/80, Mai 1980.

Der Gerichtshof insistiert aber darauf, dass zwar Gründe der öffentlichen Ordnung die Vertragsstaaten zur Einrichtung von Hochsicherheitsgefängnissen für besondere Kategorien von Gefangenen bewegen könnte, Art. 3 EMRK es aber erfordere, diese Personen unter Bedingungen festzuhalten, die mit dem Achtungsanspruch ihrer persönlichen Würde vereinbar seien. Die Art und Weise des Haftvollzugs dürfe die Gefangenen nicht einer Not und Bedrängnis aussetzen, die das notwendigerweise mit der Haft verbundene Maß von Leidenszufügung (Rdn. 35 ff.) überschreite. Auch sei für die Gesundheit und das Wohlbefinden der Gefangenen unter Berücksichtigung der tatsächlichen Inhaftierungsbedingungen angemessen Vorsorge zu tragen.[191] Auch im Blick auf terroristische Straftaten Verdächtige erlabe die Konvention keine Einschränkungen der Schutzbestimmungen zugunsten der körperlichen Integrität von Personen.[192] Dies betrifft insbesondere körperliche Misshandlungen im Rahmen von Vernehmungen, also **verbotene Vernehmungsmethoden** (Rdn. 57 ff.). Gewalthandlungen vermögen zudem auch nicht die Prügelstrafe zu rechtfertigen (Rdn. 58 ff.). Ist bei der Prügelstrafe sowie bei bestimmten Vernehmungsmethoden der unmenschliche Charakter jedoch evident, kann dies im Blick auf einzelne Sicherheitsvorkehrungen, die zwecks Unterbindung der Gefangenenbefreiung sowie zur Verhinderung der Aufrechterhaltung des Zusammenhaltes einer terroristischen Gruppierung getroffen werden, nicht mit der selben Eindeutigkeit festgestellt werden.

73

dd) Einzelhaft (»solitary confinement«)

Im Blick auf die Anordnung von Einzelhaft (»**solitary confinement**«) gewährt der Gerichtshof den Vertragsstaaten traditionell einen weiten Ermessensspielraum.[193] Dies gilt insbesondere hinsichtlich terroristischer Straftaten beschuldigter Gefangener (Rdn. 72 ff.). Die **vollständige sensorische Isolation** in Verbindung mit der totalen sozialen Isolation kann seiner Ansicht nach jedoch die Persönlichkeit des Gefangenen zerstören und daher Art. 3 EMRK zuwider laufen.[194] Um zu beurteilen, ob eine derartige Maßnahme in einem konkreten Fall den von Art. 3 EMRK geforderten Schweregrad erreiche, müssten die besonderen Umstände, die besondere Strenge der Maßnahme, deren verfolgtes Ziel sowie deren Auswirkungen auf die betroffene Person berücksichtigt werden.[195] Werden die gesundheitlichen Auswirkungen der angeordneten Haftbedingungen in den Blick genommen, wird der schmale Grad erkennbar, der zulässige von konventionswidrigen Haftbedingungen trennt. Darüber hinaus ist die Anordnung von »Isolationshaft« ein übliches Mittel repressiver Regierungen, politischen Widerstand zu brechen. So hat der Menschenrechtsausschuss festgestellt, dass die Anordnung und Durchführung von Isolationshaft über mehrere Monate die Würde des Menschen verletzt.[196]

74

Der Gerichtshof belässt den Vertragsstaaten einen besonders weiten Ermessensspielraum. So hat er in einem Fall eine Konventionsverletzung verneint, in dem der Beschwerdeführer über sechs Jahre besonders strengen Sicherheitsmaßnahmen unterzogen worden war. Während dieser Zeit wurden seine sozialen Kontakte strikt eingeschränkt. So durfte er nicht zu mehr als drei Mitgefangenen Kontakt pflegen und war der Verkehr mit dem Gefängnispersonal ebenfalls eingeschränkt worden. Mit Besuchern konnte der Beschwerdeführer nur über eine Trennscheibe kommunizieren. Die eingeholten medizinischen Berichte zu den gesundheitlichen Auswirkungen dieser Haftbedingungen waren uneinheitlich. Der EGMR vermochte in diesem Fall wohl insbesondere deshalb keine Konventionsverletzung erkennen, weil bei weniger strengen Haftbedingungen eine hohe Wahrscheinlichkeit für

75

---

191 EGMR, Entscheidung v. 04.02.2003 – Nr. 50901/99, §§ 48 ff. – Van der Veen v. The Netherlands; EGMR, Entscheidung v. 04.02.2003 – Nr. 52750/99, § 62 – Lorse et al v. The Netherlands, EGMR, HRLJ 2002, 378 (384 f.) – Kalashnikov v. Russia.
192 EGMR, Series A 241-A, § 115 = HRLJ 1992, 453 – Tomasi.
193 EGMR, RJD 2001-VIII, § 112 – Valsinas v. Lithunia.
194 EGMR, Entscheidung v. 04.02.2003 – Nr. 50901/99, § 51. – Van der Veen v. The Netherlands.
195 EGMR, Entscheidung v. 04.02.2003 – Nr. 50901/99, § 51. – Van der Veen v. The Netherlands; EGMR, Entscheidung v. 04.02.2003 – Nr. 52750/99, § 62 – Lorse et al v. The Netherlands.
196 Menschenrechtsausschuss, HRLJ 1984, 213 (214).

eine Flucht aus dem Gefängnis und ein nicht akzeptables Risiko der Begehung schwerwiegender gewalttätiger Verbrechen prognostiziert worden waren.[197]

76 In diesem Zusammenhang bedarf die Praxis der »incommunicado detenion«, d. h. der vollständigen Unterbindung von Kontakten zu Anwälten, Ärzten, Richtern, Angehörigen oder Freunden oder Bekannten eine besondere Bewertung. Diese zumeist zu Ermittlungszwecken geübte Praxis wird insbesondere in repressiven Staaten gegenüber Angehörigen der Opposition unabhängig davon geübt, ob sie terroristischer Straftaten verdächtigt sind oder nicht, wobei jegliche friedliche oppositionelle Regung als terroristische Bedrohung denunziert wird. Eine zu laxe Praxis der Einzelhaft in demokratischen Staaten dient repressiven Staaten zur Legitimation der »incommunicado detention«. Diese Haft birgt auch in demokratischen Staaten ein immanentes Risiko der Verletzung von Art. 3 EMRK in sich. So hatte der EGMR in **Tomasi** eine Verletzung von Art. 3 EMRK festgestellt, weil der Beschwerdeführer in gutem Gesundheitszustand festgenommen worden war und im Zeitpunkt seiner Entlassung aus der Polizeihaft Spuren von Verletzungen aufgewiesen hatte, ohne das die Regierung eine plausible Erklärung im Blick auf deren Verursachung liefern konnte (Rdn. 53 f.).[198]

77 Die Praxis der »incommunicado detention« versperrt dem Betroffenen insbesondere die Möglichkeit, den Nachweis einer Verletzung von Art. 3 EMRK zu führen. So konnte der Gerichtshof zwar in **Orhan** keine Verletzung von Art. 3 EMRK feststellen, wohl aber von Art. 5 EMRK. Zwar rufe die Inhaftierung ohne offizielle Registrierung und unter Verweigerung der gebotenen Schutzgarantien ein empfindliches Angstgefühl hervor. Dies reiche mangels konkreten Nachweises einer körperlichen Misshandlung für eine Verletzung von Art. 3 EMRK jedoch nicht aus.[199] Für die Auslegung und Anwendung von Art. 15 Buchst. b) RL 2004/83/EG kommt es auf eine Verletzung des Verbotes von Folter oder unmenschlicher oder erniedrigender Behandlung an. Die Praxis der »incommunicado detention« als solche verstößt zwar nicht gegen dieses Verbot. Im Rahmen der für die Anwendung von Art. 15 Buchst. b) RL 2004/83/EG gebotenen Gefahrenprognose kommt dieser Praxis jedoch deshalb eine erhebliche Bedeutung zu, weil diese ein gewichtiges Indiz für die ernsthafte Möglichkeit darstellt, dass der Betroffene nach der Abschiebung gefoltert oder unmenschlicher Behandlung ausgesetzt werden wird.

f) Psychiatrische Zwangsmaßnahmen

78 Maßnahmen, die aus therapeutischen Gründen notwendig sind, können nach der Rechtsprechung des EGMG als solche nicht als unmenschlich oder erniedrigend betrachtet werden. Der Gerichtshof überprüft jedoch seinerseits, ob tatsächlich eine medizinische Notwendigkeit für die durchgeführten Maßnahmen bestanden hat. Unabhängig von der Überlänge der Zwangsernährung und Zwangsmedikamentierung sowie den Umständen der Unterbringung vermochte der Gerichtshof etwa in **Herczegfalvy** keine evidenten Umstände festzustellen, welche gegen die medizinische Notwendigkeit der angewandten therapeutischen Maßnahmen gesprochen hätten. Daher verneinte er im Ergebnis eine Verletzung von Art. 3 EMRK.[200]

79 Zu den **Haftbedingungen** von Personen, die zwangsweise in psychiatrische Einrichtungen eingewiesen werden, hat der Gerichtshof in einem Einzelfall im Rahmen einer Gesamtbewertung der zwangsweisen Ernährung, der medikamentösen Zwangsbehandlung, der Isolation sowie des Anbindens des Beschwerdeführers mit Handschellen an ein Sicherheitsbett über Wochen wegen der darin zum Ausdruck kommenden starken Exzessivität festgestellt, dass diese zu einer unmenschlichen und

---

197 EGMR, Entscheidung v. 04.02.2003 – Nr. 52750/99, § 62 – Lorse et al v. The Netherlands.
198 EGMR, Series A 241-A, § 108 bis § 111 = HRLJ 1992, 453 – Tomasi.
199 EGMR, Entscheidung v. 18.06.2002 – Nr. 25656/94, §§ 354 ff. – Orhan v. Turkey; so auch EGMR, Entscheidung v. 14.11.2000 – Nr. 24396/94, § 76 – Tas v. Turkey.
200 EGMR, HRLJ 1993, 84 (88) (§§ 84 f.) – Herczegfalvy v. Austria.

erniedrigenden Behandlung im Sinne von Art. 3 EMRK geführt hätte.[201] Er verweist dabei auf die typische Situation der Unterlegenheit und Abhängigkeit von Personen, die wegen »Geisteskrankheit« zwangseingewiesen würden. Dies erfordere eine besondere Sorgfalt der Behörden. Zwar obliege es den medizinischen Sachverständigen auf der Grundlage anerkannter Regeln der Wissenschaft, über die Art der therapeutischen Methoden unter Einbeziehung etwaiger erforderlicher Zwangsmaßnahmen zu entscheiden, um die körperliche und psychische Gesundheit von Personen zu erhalten, für die sie verantwortlich und die selbst nicht zur eigenen Entscheidung fähig seien. Gleichwohl unterfielen diese Personen dem vorbehaltlos gewährten Schutz von Art. 3 EMRK.[202]

Als generelle Regel erachtet der Gerichtshof eine Maßnahme, die therapeutisch erforderlich sei, in Ansehung von Art. 3 EMRK für unbedenklich. Es müsse jedoch der überzeugende Nachweis geführt werden, dass eine derartige therapeutische Notwendigkeit bestanden habe.[203] Die Dauer der Behandlung, während deren Handschellen, Sicherheitsbetten und andere Zwangsmaßnahmen angewandt würden, bemesse sich nach der hierfür maßgeblichen medizinischen Notwendigkeit.[204] In einem Fall, in dem der Betroffene in der Vergangenheit durch impulsive und gefährliche Verhaltensweisen psychiatrisch auffällig geworden und wegen eines tätlichen Angriffs auf einen Arbeitskollegen zwangsweise in einem Krankenhaus eingewiesen worden war, erachtete der Gerichtshof das öffentliche Interesse gegenüber dem individuellen Interesse auf persönliche Freiheit für stärker.[205] Aber auch wenn die Zwangseinweisung medizinisch erforderlich sei, seien jedoch unverzüglich Überprüfungsverfahren durchzuführen.[206]

80

Der Gerichtshof überprüft die psychiatrische Zwangseinweisung darüber hinaus auch anhand der in Art. 5 EMRK verankerten Schutzgarantien. Deren Verletzung bzw. unzureichende Beachtung erleichtert Verletzungen des Verbotes unmenschlicher Behandlung. Die Missachtung bzw. ungenügende Beachtung dieser Garantien ist deshalb ein gewichtiger Prognoseaspekt bei der Anwendung von Art. 15 Buchst. b) RL 2004/83/EG. Die Konvention erlaubt die Freiheitsentziehung einer Person, die eine Gefahrenquelle für die Ausbreitung ansteckender Krankheiten bildet, oder weil sie geisteskrank, Alkoholiker, rauschgiftsüchtig oder Landstreicher ist (Art. 5 Abs. 1 Buchst. e) EMRK). Nach der Rechtsprechung des Gerichtshofes ist die Inhaftierung »geisteskranker Personen« von drei Voraussetzungen abhängig: Außer in dringenden Eilfällen müssen zuverlässige Beweise für die Geisteskrankheit einer Person sprechen, d. h., das zuständige Gericht muss auf der Grundlage objektiver medizinischer Sachverständigengutachten eine tatsächliche Geisteskrankheit festgestellt haben. Darüber hinaus muss die Art der festgestellten Geisteskrankheit zwingend eine zwangsweise Freiheitsentziehung erfordern. Schließlich darf diese Freiheitsentziehung nur aufrechterhalten werden, wenn die Krankheit andauert, sodass fortlaufende gerichtliche Überprüfungen erforderlich sind.[207]

81

Im Blick auf die Eilbedürftigkeit der Freiheitsentziehung betont der Gerichtshof ausdrücklich, es könne nicht verlangt werden, dass in allen denkbaren Fällen »objektive medizinische Sachverständigengutachten« vor der Entziehung der Freiheit eingeholt werden müssten. Erlaube das nationale Recht, die unverzügliche Ingewahrsamnahme einer Person, welche eine Gefahr für andere darstelle, könne nicht jeweils vor der freiheitsentziehenden Maßnahme eine sorgfältige medizinische Untersuchung durchgeführt werden.[208] Daher hatte der Gerichtshof im Fall eines Mannes, der bereits in der Vergangenheit psychiatrisch auffällig geworden war und in dem die Ehefrau aus Furcht vor

82

---

201 EGMR, HRLJ 1993, 84 (88) (§ 80) – Herczegfalvy v. Austria.
202 EGMR, HRLJ 1993, 84 (88) (§ 82) – Herczegfalvy v. Austria; zu den Haftbedingungen siehe auch EKMR, EuGRZ 1983, 432 – B. gegen Vereinigtes Königreich.
203 EGMR, HRLJ 1993, 84 (88) – Herczegfalvy v. Austria.
204 EGMR, HRLJ 1993, 84 (88) – Herczegfalvy v. Austria.
205 EGMR, HRLJ 1981, 380 (387) – X v. UK.
206 EGMR, HRLJ 1985, 242 (253) – Luberti v. Italy.
207 EGMR, HRLJ 1981, 380 (386) (§ 40) – X. v. UK; EGMR, HRLJ 1985, 242 (249) (§ 27) – Luberti v. Italy.
208 EGMR, HRLJ 1981, 380 (389) (§ 46) – X. v. UK.

Angriffen die zuständige Polizeidienststelle um Schutz ersucht sowie ein vorläufiges medizinisches Gutachten die Gefahr von Mordanschlägen und anderen ernsthaften Gewaltdelikten festgestellt hatte, keine Bedenken gegen die Ingewahrsamnahme.[209]

83 Die Behörden haben bei Zwangseinweisungen wegen »Geisteskrankheit« – nicht anders als in anderen Fällen von Freiheitsentziehungen – sicherzustellen, dass der Betroffene unverzüglich einem Richter vorgeführt wird, der über die Fortdauer der Zwangseinweisung oder über die Freilassung innerhalb einer angemessenen Frist zu entscheiden hat (Art. 5 Abs. 3 EMRK). Der EGMR hat festgestellt, es liefe Sinn und Zweck von Art. 5 EMRK zuwider, ließen die Behörden in Fällen der Zwangseinweisung wegen Geisteskrankheit und anderer in Art. 5 Abs. 1 Buchst. e) EMRK namentlich genannter Gründe die in Art. 5 Abs. 3 EMRK enthaltenen Verfahrensgarantien unberücksichtigt. Die besondere Natur der Zwangseinweisung wegen »Geisteskrankheit«, erfordere zudem eine **fortlaufende Überprüfung der Rechtmäßigkeit der Freiheitsentziehung** innerhalb angemessener Fristen. Daher habe eine wegen »Geisteskrankheit« für unbestimmte Zeit zwangsweise eingewiesene Person grundsätzlich jederzeit das Recht, innerhalb angemessener Zeit eine richterliche Überprüfung der Rechtmäßigkeit der Freiheitsentziehung zu verlangen, wenn ein derartiger Verfahrensschutz nicht bereits gesetzlich geregelt sei.[210] Die richterliche Prüfung dürfe sich dabei nicht lediglich auf formelle Aspekte beschränken, sondern habe auch den Gesundheitszustand des Betroffenen einbeziehen.[211]

84 Sofern eine Verwaltungsbehörde über die Rechtmäßigkeit der Zwangseinweisung befindet, hat der Betroffene das Recht auf richterliche Überprüfung.[212] Der Gerichtshof hat andererseits jedoch einschränkend festgestellt, nichts spreche dagegen, wenn eine derartige Entscheidung in der mündlichen Verhandlung im Hauptsacheverfahren getroffen werde.[213] Dies bedeute jedoch nicht, dass im Blick auf die anschließende Zeitphase eine gerichtliche Überprüfung der Rechtmäßigkeit der Freiheitsentziehung ausgeschlossen wäre.[214] Zur erforderlichen Zeitdauer, innerhalb deren das gerichtliche Überprüfungsverfahren durchzuführen ist, hat der EGMR wegen der besonderen Umstände des entschiedenen Falles eine Verfahrensdauer von nahezu neun Monaten nicht für unangemessen gehalten. Die besonderen Umstände waren insbesondere durch das vorübergehende Untertauchen des Beschwerdeführers geprägt, die seine weitere psychiatrische Untersuchung erschwert hatten, sowie durch die Einschaltung verschiedener nationaler Gerichte wegen mehrerer Rechtsbehelfe des Beschwerdeführers.[215]

g) Gesundheitsgefährdungen

aa) Funktion des präventiven Schutzes gegen Gesundheitsgefährdungen

85 Gefahren für Leib und Leben können bei der Bewertung der Situation nach Rückkehr im Herkunftsland wie bei der Beurteilung von Maßnahmen des Aufenthaltsstaates im Rahmen von Art. 3 EMRK erheblich werden. Zwar sind nach der Begründung des Vorschlags der Kommission Inhalt und Reichweite von Art. 15 Buchst. b) RL 2004/83/EG anhand der Verpflichtungen der Mitgliedstaaten aus der EMRK zu bestimmen.[216] Andererseits verweist die Vorschrift auf Folter oder unmenschliche oder erniedrigende Behandlung »**im Herkunftsland**«. Danach wird für die Anwendung von Art. 15 Buchst. b) RL 2004/83/EG eine Verengung auf **zielstaatsbezogene** Folter oder unmenschliche oder erniedrigende Behandlung vorgenommen (Rdn. 4). Auch im deutschen Rechts

---

209 EGMR, HRLJ 1981, 380 (389) (§ 46) – X. v. UK.
210 EGMR, HRLJ 1981, 380 (390) (§ 52) – X. v. UK; EGMR, HRLJ 1985, 242 (251) (§ 31) Luberty v. Italy.
211 EKMR, EuGRZ 1983, 432 – B. v. UK.
212 EGMR, HRLJ 1982, 236 (249) (§ 44) – Van Droogenbroeck v. Belgium.
213 EGMR, HRLJ 1985, 242 (251) (§ 31) – Luberti v. Italy.
214 EGMR, HRLJ 1982, 236 (249) (§ 45) – Van Droogenbroeck v. Belgium.
215 EGMR, HRLJ 1985, 242 (253) (§ 36) – Luberti v. Italy.
216 KOM (2001) 510, in: BR-Drucks. 1017/01.

§ 41 Folter oder unmenschliche oder erniedrigende Behandlung oder Bestrafung   Kapitel 12

ist für die Konkretisierung rechtlicher Abschiebungshindernisse die Unterscheidung in **zielstaatsbezogene Abschiebungshindernisse**, bei denen wegen der Verhältnisse im Zielstaat eine Abschiebung aus rechtlichen Gründen unzulässig ist, und in **inlandsbezogene Vollstreckungshemmnisse**, bei denen die Abschiebung als solche aus rechtlichen oder tatsächlichen Gründen unzulässig ist, grundlegend.

Demgegenüber ist eine Beschränkung auf zielstaatsbezogene Gefahren bei der Auslegung und Anwendung von Art. 3 EMRK nicht zulässig. Vielmehr kann die **Art und Weise der Rückführung** des Betroffenen durch die Behörden des Aufenthaltsstaates die Voraussetzungen einer unmenschlichen oder erniedrigenden Behandlung erfüllen.[217] Auch die Anordnung von Abschiebungshaft zur Durchführung der Abschiebung ungeachtet nachgewiesener »schwerer psychischer Störungen« kann Art. 3 EMRK zuwiderlaufen.[218] Die frühere Kommission hatte eine Entscheidung des BVerfG zu überprüfen, mit der dieses eine Zulieferung einer Suizidgefährdeten an die DDR mit dem ordre public der Bundesrepublik Deutschland für vereinbar erachtete.[219] Die Beschwerdeführerin hatte bereits zwei Mal wegen der bevorstehenden Zulieferung einen Suizidversuch begangen, war in einen Hungerstreik getreten und hatte den Berliner Behörden ein ärztliches Gutachten vorgelegt, wonach die Zulieferung die Gefahr des Suizids begründe. Wegen der komplexen Rechts- und Tatsachenfragen, die dieser Sachverhalt im Blick auf Art. 3 EMRK aufgeworfen hatte, hatte deshalb die Kommission die Beschwerde zugelassen.[220] Auch in weiteren Verfahren hatte die frühere Kommission der Suizidgefahr als Folge der Abschiebung von Asylsuchenden im Blick auf Art. 3 EMRK entscheidungserhebliche Bedeutung beigemessen.[221]

86

Da die Richtlinie eine zielstaatsbezogene Reduzierung der nach Art. 3 EMRK erheblichen gesundheitlichen Gefahren vornimmt, müssen die Mitgliedstaaten unabhängig von ihren sekundärrechtlichen Verpflichtungen nach ihrem innerstaatlichen Recht Abschiebungsschutz gewähren, wenn durch den Vollzug der Abschiebungsmaßnahme als solche eine Art. 3 EMRK zuwiderlaufende Auswirkung dieser Maßnahme droht. Die Rechtsprechung des BVerwG steht deshalb zwar mit der Richtlinie, nicht jedoch mit Art. 3 EMRK in Übereinstimmung. Das BVerwG hat für die Auslegung und Anwendung von § 53 AuslG 1990, jetzt § 60 Abs. 2 bis 7 AufenthG in ständiger Rechtsprechung auf den **zielstaatsbezogenen Charakter** dieser Abschiebungsverbote (§ 45 Rdn. 2) hingewiesen.[222]

87

Bei der zielstaatsbezogenen Bewertung von gesundheitlichen Risiken geht es zunächst um Vernehmungsmethoden und Haftbedingungen bei drohender Inhaftierung, für die keine Anknüpfung an einen Verfolgungsgrund dargelegt wird, sowie um Zwangseinweisungen zur psychiatrischen Behandlung (Rdn. 78 ff.). Dabei kommt der entsprechenden Praxis im Herkunftsland prognoserechtliche Bedeutung zu. So läuft etwa die Verweigerung der ärztlichen Versorgung zum Zwecke der Aussagenerpressung oder auch die Erzwingung der Zusammenarbeit mit den Behörden des Heimatstaates Art. 3 EMRK zuwider.[223] Auch die Unterlassung der sofortigen ärztlichen Versorgung in Fällen polizeilicher Inhaftierung verletzt Art. 3 EMRK.[224] Die zum Schutze der körperlichen Integrität gebotene ärztliche Versorgung von Häftlingen, Gefangenen und zwangseingewiesenen

88

---

217 EGMR, InfAuslR 1998, 97 (100), § 99 f. – Nsona; EGMR, §§ 52 ff., EZAR 933 Nr. 6 = NVwZ 1998, 163 = InfAuslR 1997, 381 (383) = D. v. UK, siehe auch EKMR, Yearbook 16, 356 (376, 388) (1973) – Amekrane.
218 EKMR, EuGRZ 1985, 748 – Bulus.
219 BVerfGE 37, 37 (66).
220 EKMR, Yearbook 17, 458 (476) (1974) – Ingrid Brückmann v. F. R. G.
221 Hinweise bei *Plender*, »Asylum and Maastricht«, 1993, S. 4 FN 14 f. (unveröffentlicht).
222 BVerwGE 105, 322 (324 f.) = EZAR 043 Nr. 24 = NVwZ 1998, 526 = InfAuslR 1998, 21; BVerwGE 111, 223 (226) = NVwZ 2000, 1302 (1303).
223 EKMR, HRLJ 1995, 130 (131) – Hüseyin and Devrim Berktay v. Turkey.
224 EGMR, Netherlands Quarterly of Human Rights 1993, 483 – H. v. Switzerland.

geistig-seelisch kranken Personen ist damit ein besonderes Anliegen von Art. 3 EMRK, dem im Rahmen von Art. 15 Buchst. b) RL 2004/83/EG Rechnung zu tragen ist. Soweit die **unzureichende medizinische Behandlung** von Personen, denen die Freiheit entzogen wird, zu beurteilen ist, kann hierin eine mit Art. 3 EMRK unvereinbare Behandlung liegen. Droht dem Betroffenen nach der Abschiebung eine Inhaftierung und ist er behandlungsbedürftig, ist zu prüfen, ob er im Herkunftsland nach der Abschiebung die erforderliche Behandlung erhalten wird.

89 Zwar kann aus Art. 3 EMRK keine Verpflichtung abgeleitet werden, eine Person aus gesundheitlichen Gründen aus dem Gewahrsam zu entlassen oder diese in ein ziviles Krankenhaus zur Ermöglichung der gebotenen spezifischen medizinischen Behandlung einzuweisen.[225] Der Vertragsstaat hat jedoch darauf zu achten, dass in Fällen geistig erkrankter Personen die angeordneten Maßnahmen in Übereinstimmung mit den von Art. 3 EMRK geforderten Standards stehen. Dabei hat er insbesondere deren besondere Schutzbedürftigkeit und teilweise deren Unfähigkeit, sich verständlich oder überhaupt über die individuellen Auswirkungen der angeordneten Behandlung zu äußern, in Betracht zu ziehen. Die Anwendung von Zwangsmaßnahmen, die nicht strikt auf das persönliche Verhalten des Betroffenen bezogen sind, verletzt die menschliche Würde und steht grundsätzlich nicht in Übereinstimmung mit Art. 3 EMRK.[226]

90 Eine Person, die bekanntermaßen an einer chronischen psychischen Störung leidet, benötigt besondere Hilfe und darf nicht schwerwiegenden disziplinarischen Zwangsmaßnahmen, wie z. B. der Isolierung in einer Strafzelle über einen Monat, ohne wirksame Überprüfung der Auswirkungen der Haftbedingungen ausgesetzt werden. Eine derartige Disziplinarmaßnahme kann die körperliche und moralische Integrität des Betroffenen gefährden und ist unvereinbar mit dem geforderten Behandlungsstandard für geistig erkrankte Personen und deshalb als eine unmenschliche und erniedrigende Behandlung zu werten.[227] In einem Fall, in dem der an einer chronischen Depression leidende Betroffene in der Haft mehrere Suizidversuche unternommen hatte, vermochte der Gerichtshof allerdings keine Verantwortlichkeit der Behörden festzustellen. Obwohl aufgrund des besonderen Charakters der psychologischen Situation des Betroffenen im Gegensatz zu normalen Gefangenen dessen besondere Schutzbedürftigkeit offensichtlich gewesen sei und dessen Inhaftierung deshalb bei diesem ohnehin vorherrschende Gefühle von Bedrängnis, Angst und Furcht verstärkt habe, vermochte der Gerichtshof nicht festzustellen, dass der Betroffene einer Behandlung ausgesetzt gewesen sei, welche die für Art. 3 EMRK erforderliche Schwere erreicht habe.[228]

bb) Unzulängliche medizinische Versorgung im Herkunftsland

91 Die unzureichende medizinische Versorgung im Zielstaat der Abschiebung ist ein Umstand, der nach Art. 3 EMRK einer Abschiebung in diesen entgegenstehen kann. Der Gerichtshof hat in der grundlegenden Entscheidung **D v. UK** allerdings sehr hohe Voraussetzungen für eine Konventionsverletzung aufgestellt.[229] In der nachfolgenden, einzelfallbezogenen Rechtsprechung können kaum einheitliche Kriterien ausgemacht werden. elf Jahre später bestätigte die Große Kammer unter Auflistung der bis dahin ergangenen Entscheidungen des Gerichtshofs zu Gesundheitsgefährdungen die aufgestellten Kriterien. Dabei hob sie hervor, dass der Gerichtshof nach **D v. UK** in keinem Verfahren mehr eine vergleichbare Gefährdung erkannt habe und fasste abschließend die materiellen Kriterien zusammen (Rdn. 95 ff.).[230] Allerdings wurde die Mehrheitsentscheidung von drei dissentierenden Richtern mit deutlichen Worten kritisiert (Rdn. 98).[231]

---

225 EGMR, HRLJ 2000, 451 (458) – Kudla v. Poland.
226 EGMR, RJD 2001 – III, § 111 bis § 113 – Keenan v. UK.
227 EGMR, RJD 2001 – III, § 116 – Keenan v. UK.
228 EGMR, HRLJ 2000, 451 (458 f.) – Kudla v. Poland.
229 EGMR, §§ 52 ff., EZAR 933 Nr. 6 = NVwZ 1998, 163 = InfAus lR 1997, 381 (383) – D. v. UK.
230 EGMR, HRLJ 2008, 289 (295) = NVwZ 2008, 1334 Rn. 42 – N. v. UK.
231 EGMR, HRLJ 2008, 289 (296 ff.), in NVwZ 2008, 1334 nicht abgedruckt.

§ 41 Folter oder unmenschliche oder erniedrigende Behandlung oder Bestrafung Kapitel 12

In **D v. UK** hatte der Gerichtshof festgestellt, dass ein an **Aids** erkrankter Drogenkurier, der nach 92
Verbüßung seiner Strafe im Vereinigten Königreich nach St. Kitts abgeschoben werden sollte, durch
diesen abrupten Abbruch der medizinischen Versorgung mit den denkbar dramatischsten Konsequenzen rechnen müsste. Die Abschiebung würde ohne Zweifel seinen Tod beschleunigen. Zwar
führten die im Zielstaat den Beschwerdeführer belastenden Bedingungen als solche nicht zu einer
Verletzung von Art. 3 EMRK. Die Abschiebung selbst setze ihn jedoch einem konkreten Risiko
aus, dass er unter den denkbar schmerzhaftesten Umständen sterben würde. Dies erscheine als unmenschliche Behandlung. Der Staat sei verpflichtet, dem Betroffenen die Rechte aus Art. 3 EMRK
unabhängig von der Schwere der ihm zur Last gelegten Tat zu gewährleisten. Zwar habe der Gerichtshof diesen Grundsatz bislang auf Situationen angewandt, in denen das für Art. 3 EMRK relevante Risiko von gezielt verursachten Handlungen staatlicher Behörden oder von nichtstaatlichen
Stellen im Zielstaat ausgehe und die staatlichen Organe unfähig zur effektiven Schutzgewährung
seien. Neben derartigen Situationen und unter Berücksichtigung der fundamentalen Bedeutung von
Art. 3 EMRK im System der Konvention müsse sich der Gerichtshof jedoch ausreichend Flexibilität
einräumen, um Art. 3 EMRK auch in anderen Zusammenhängen anzuwenden.[232]

Er sei daher nicht daran gehindert, ein Ersuchen nach Art. 3 EMRK in den Fällen zu behandeln, in 93
denen die Quelle der Gefahr der verbotenen Behandlung im Zielstaat auf Umständen beruhe, die
weder unmittelbar noch mittelbar die Verantwortlichkeit der Behörden des Zielstaates begründeten,
oder die für sich genommen nicht die Schwelle von Art. 3 EMRK erreichen. Den Schutzbereich
dieser Norm in dieser Weise zu reduzieren, würde ihre absolute Schutzwirkung aushöhlen. In all
diesen Situationen müsse der Gerichtshof daher sämtliche den Einzelfall betreffenden Umstände
einer strengen Prüfung unterziehen. Dies gelte insbesondere in Ansehung der persönlichen Situation
des Beschwerdeführers.[233] Dass diese Entscheidung einstimmig getroffen wurde, verdeutlicht den
besonders hohen Stellenwert, den der Gerichtshof der absoluten Schutzwirkung von Art. 3 EMRK
beimisst, und die es nicht zulässt, den Vertragsstaat mit Hinweis auf einen begrenzten Kanon von
erheblichen Gefahrenquellen aus seiner Verantwortung zu entlassen. Vielmehr demonstriert die
Einstimmigkeit der Entscheidung, dass der Gerichtshof aus konzeptioneller Sicht jede Gefahr, die
in ihrer Auswirkung auf den Betroffenen den Schweregrad von Art. 3 EMRK erreicht, unabhängig
davon erfassen will, auf welchen Umständen die Gefahr beruht.

Fehlt es an gezielten Handlungen staatlicher oder privater Stellen, die sich unmittelbar gegen den 94
Betroffenen richten, ist allerdings eine besonders strenge Prüfung der einzelnen Umstände des Einzelfalles geboten. Dies legt nahe, derartige Gefahrenquellen mit der gebotenen Zurückhaltung zu
behandeln. Diese Rechtsprechung des EGMR steht quer zur bisherigen deutschen Rechtsprechung,
die für die Auslegung und Anwendung von § 53 Abs. 4 AuslG 1990, jetzt § 60 Abs. 5 AufenthG,
zwingend ein geplantes und vorsätzliches Handeln der Organe des Zielstaates fordert (Rdn. 99 ff.).[234]
Nach der Rechtsprechung des EGMR ist eine derartige Differenzierung bei der Auslegung und Anwendung von Art. 3 EMRK nicht erforderlich. Ob die Gefahr auf einem vorsätzlichen und geplanten Entschluss der Organe des Heimatstaates oder auf den Einzelnen betreffenden gezielten Bedrohungen beruht, ist unerheblich. Entscheidungserheblich ist allein, dass der Betroffene aufgrund
der Abschiebung individuell einer Gefahr ausgesetzt wird, die seine in Art. 3 EMRK geschützten
Rechte verletzen.

---

232 EGMR, § 49, EZAR 933 Nr. 6 = NVwZ 1998, 163 = InfAuslR 1997, 381 (383) = NVwZ 1997, 1127 – D. v. UK.
233 EGMR, § 49, EZAR 933 Nr. 6 = NVwZ 1998, 163 = InfAuslR 1997, 381 (383) = NVwZ 1997, 1127 – D. v. UK.
234 BVerwGE 99, 331 (334) = NVwZ 1996, 476 = EZAR 043 Nr. 11; BVerwG, InfAuslR 1996, 224 (225); BVerwG, InfAuslR 1996, 289; BVerwG, NVwZ-Beil. 1996, 58 (59); BVerwG, NVwZ-RR 1997, 253 (254); Rn. 265.

95 In **N. v. UK** hob der Gerichtshof allerdings erneut hervor, dass seine in **D. v. UK** getroffene Entscheidung nur auf **besondere Ausnahmefälle** gemünzt sei. Ausländer könnten kein Verbleibsrecht geltend machen, um »weiter medizinische, soziale oder andere Hilfe und Unterstützung durch den Staat zu erhalten.« Der Umstand allein, dass aufgrund der Abschiebung »die Lebenserwartung erheblich beeinträchtigt würde«, werfe keine Frage nach Art. 3 EMRK auf. Die Entscheidung, einen Ausländer, der »an einer schweren psychischen oder physischen Krankheit« leide, in einen Staat abzuschieben, »in dem die Möglichkeiten einer Behandlung seiner Krankheit geringer seien,« als im Vertragsstaat, könne zwar Art. 3 EMRK verletzen, jedoch nur in besonderen Ausnahmefällen, in denen **humanitäre Gründe zwingend**« gegen eine Abschiebung sprechen würden. In **D. v. UK** sei der Beschwerdeführer »schwerstkrank und offenbar dem Tod nah«, Pflege und medizinische Versorgung seien im Zielstaat nicht gesichert gewesen, und er habe dort auch keine Familie gehabt, die bereit oder in der Lage gewesen wäre, ihm auch nur ein Minimum an Nahrung, Unterkunft oder soziale Hilfe zukommen zu lassen.[235]

96 Es sei zwar nicht ausgeschlossen, dass es andere ganz außergewöhnliche Fälle gebe, in denen humanitäre Erwägungen ebenso zwingend seien. Doch sei an der in **D. v. UK** aufgestellten und in späteren Entscheidungen bestätigten hohen Hürde festzuhalten. Sie sei grundsätzlich gerechtfertigt, wenn bedacht werde, dass in solchen Fällen die behaupteten künftigen Beeinträchtigungen nicht auf vorsätzliches Handeln oder Unterlassen von Behörden oder nichtstaatlichen Gruppen zurückgehe, sondern auf eine natürlich ausgebrochene Krankheit und unzureichende Mittel, sie im Zielstaat zu behandeln. Fortschritte in der Medizin zusammen mit sozialen und wirtschaftlichen Unterschieden zwischen den Staaten führten dazu, dass sich das Niveau einer ärztlichen Behandlung im Konventionsstaat erheblich von dem im Herkunftsland unterscheiden könne. Angesichts der grundlegenden Bedeutung von Art. 3 EMRK sei zwar eine gewisse Flexibilität erforderlich, um eine Abschiebung in besonderen Ausnahmefällen zu verhindern. Doch verpflichte diese Norm die Staaten nicht, solche Unterschiede durch freie und unbegrenzte Versorgung von Ausländern ohne Bleiberecht zu beseitigen.[236]

97 Die Beschwerdeführerin N. sei zwar an Aids und einer starken Immundepression erkrankt. Dank ihrer neun Jahre dauernden Therapie im Vereinigten Königreich sei ihr Zustand jetzt jedoch stabil. Sie könne reisen, und ihr Zustand würde sich nicht verschlechtern, solange sie die erforderliche Basisbehandlung erhalte. Die vorgelegten Beweise zeigten allerdings, dass sich ihr Gesundheitszustand bei Entzug der Medikamente schnell verschlechtern und sie in wenigen Jahren Krankheit, Beschwerden, Schmerzen und Tod erleiden würde. Nach den von der WHO zusammengetragenen Erkenntnissen seien aber in Uganda antiretrovirale Medikamente erhältlich. Zwar wende die Beschwerdeführerin ein, sie könne sich diese Therapie nicht leisten und auf dem Lande, von wo sie komme, gebe es die Medikamente nicht. Auch seien ihre Angehörigen nicht gewillt oder in der Lage, sie zu betreuen, wenn sie ernsthaft erkranke. Die Lebensqualität der Beschwerdeführerin würde zwar beeinträchtigt, wenn sie nach Uganda abgeschoben würde. Sie sei derzeit aber nicht »kritisch krank«.[237]

98 Die dissentierenden Richter **Tulkens** (Belgien) , **Bonello** (Malta) und **Spielmann** (Luxemburg) hielten der Mehrheitsmeinung entgegen, dass der Gerichtshof in ständiger Rechtsprechung entschieden habe, dass eine unmenschliche Behandlung, die ein Mindestniveau an Schwere erreiche und zu aktuellen körperlichen oder psychischen Leiden führen könne, in den Schutzbereich von Art. 3 EMRK falle. Ein Krankheitsleiden, das durch eine natürlich ausgebrochene Krankheit ausgelöst werde, sei daher nach dieser Norm relevant, wenn es durch die Abschiebung infolge unzulänglicher Mittel im Zielstaat der Abschiebung ein Mindestmaß an Schwere erreichen werde. Soweit die Mehrheitsmeinung nach Art. 3 EMRK einen »fairen Ausgleich zwischen den Anforderungen des allgemeinen

---

235 EGMR, HRLJ 2008, 289 (295) = NVwZ 2008, 1334 Rn. 42 – N. v. UK.
236 EGMR, HRLJ 2008, 289 (295) = NVwZ 2008, 1334 Rn. 43 ff. – N. v. UK.
237 EGMR, HRLJ 2008, 289 (295) = NVwZ 2008, 1334 Rn. 47 ff. – N. v. UK.

Interesses der Gesellschaft und den Erfordernissen des Schutzes der Rechte des Einzelnen«[238] suche, sei sie angesichts des notstandsfesten Charakters der Norm entschieden abzulehnen.[239]

4. Regierungsverantwortlichkeit im Rahmen von Art. 15 Buchst. b) RL 2004/83/EG

a) Funktion des Konzepts der Regierungsverantwortlichkeit

Die Vorschriften der Art. 6 bis 8 RL 2004/83/EG finden auch auf Art. 15 RL 2004/83/EG Anwendung. Dies folgt daraus, dass diese Vorschriften Kapitel II der Richtlinie und damit den allgemeinen Voraussetzungen des internationalen Schutzes zuzuordnen sind (Art. 18 RL 2004/83/EG). Der subsidiäre Schutz ist neben dem Flüchtlingsschutz Teil des internationalen Schutzes (Art. 2 Buchst. a) RL 2004/83/EG). Bereits aus der Systematik der Richtlinie folgt damit, dass die gegen die Rechtsprechung des Gerichtshofes gerichtete entgegenstehende Rechtsprechung des BVerwG (Rdn. 94) überholt ist. Aus Art. 6 bis 8 der Richtlinie folgt vielmehr, dass das unionsrechtliche Konzept der Regierungsverantwortlichkeit im Asyl- und Flüchtlingsrecht an den Wegfall des nationalen Schutzes im Herkunftsland anknüpft. Entfällt dieser Schutz, ist der zuständige Mitgliedstaat verantwortlich für die wirksame Schutzgewährung. Aufgrund des unionsrechtlichen Anwendungsvorranges kommt es daher nicht zwingend auf eine staatliche Zurechenbarkeit der Folter oder unmenschlichen oder erniedrigenden Behandlung an.

99

Um die Besonderheiten des Konzeptes der Regierungsverantwortlichkeit bei der Anwendung von Art. 15 Buchst. b) RL 2004/83/EG angemessen erfassen zu können, ist die für die Auslegung dieser Vorschrift maßgebende Rechtsprechung des EGMR zu berücksichtigen. Zwar folgt bereits aus der Anwendung von Art. 6 bis 8 RL 2004/83/EG auf den subsidiären Schutz, dass auch durch nichtstaatliche Akteure ausgeübte oder von diesen drohende Folter oder unmenschliche oder erniedrigende Behandlung zu berücksichtigen ist. Dabei liegt der Fokus jedoch nicht so sehr auf den Schutzakteuren nach Art. 7 Abs. 1 RL 2004/83/EG und den generellen Schutzkriterien nach Art. 7 Abs. 2 RL 2004/83/EG. Vielmehr ist nach der Rechtsprechung des EGMR der die Abschiebung durchführende Vertragsstaat Schutzgarant der EMRK. Die Frage, ob im Abschiebezielstaat Schutzakteure im Sinne von Art. 7 Abs. 1 RL 2004/83/EG verfügbar und in der Lage sind, Schutz nach Maßgabe von Art. 7 Abs. 2 RL 2004/83/EG zu gewähren, hat dabei lediglich die faktische Funktion einer Prognosetatsache.

100

Nach der Rechtsprechung des EGMR ist im Grundsatz entsprechend dem internationalen Konzept der Regierungsverantwortlichkeit der Vertragsstaat für unrechtmäßige Akte seiner Behörden verantwortlich, unabhängig davon, ob diese durch seine Sicherheitsbehörden oder durch die untergeordnete lokale Verwaltung ausgeübt werden.[240] Dabei muss der individuell handelnde Beamte nicht identifiziert werden.[241] Der Vertragsstaat ist für unrechtmäßige Akte seiner Behörden in den einzelnen Regionen des Staatsgebietes verantwortlich und hat sicherzustellen, dass seine Verwaltung die Konventionsrechte gewährleistet.[242] Nach der Rechtsprechung des Gerichtshofes enthält Art. 3 EMRK einen der fundamentalsten Werte demokratischer Gesellschaften und verpflichtet deshalb die Vertragsstaaten in Verbindung mit Art. 1 EMRK, die erforderlichen Maßnahmen zu ergreifen, um sicherzustellen, dass ihrer Obhut unterliegende Personen nicht Folterungen oder unmenschlichen oder erniedrigenden Maßnahmen ausgesetzt werden, einschließlich Misshandlungen durch

101

---

238 EGMR, HRLJ 2008, 289 (295) = NVwZ 2008, 1334 Rn. 44 – N. v. UK.
239 EGMR, HRLJ 2008, 289 (296 ff.), in NVwZ 2008, 1334 nicht abgedruckt.
240 EGMR, Series A 310, § 52 (1995) – Loizidou v. Turkey.
241 EGMR, HRLJ 1999, 213 (233) – Özgür v. Turkey.
242 EGMR, RJD 2001-II, § 67 = InfAuslR 2001, 417 – Hilal.

private Personen.²⁴³ Der Vertragsstaat ist daher auch verantwortlich für unrechtmäßige Handlungen nichtstaatlicher Organe, sofern diese mit behördlicher Zustimmung oder Duldung handeln.²⁴⁴

102 Ausgangspunkt ist danach bei der Anwendung von Art. 15 Buchst. b) RL 2004/83/EG wie im allgemeinen Völkerrecht die Regierungsverantwortlichkeit für Menschenrechtsverletzungen. Der Streit, ob die Zurechnungslehre (§ 16 Rdn. 8 ff.) auch auf den konventionsrechtlichen Menschenrechtsschutz Anwendung findet, macht jedoch deutlich, dass die Zuordnung der in der Konvention verankerten menschenrechtlichen Verpflichtungen einer Klärung bedarf. Der Gerichtshof hat für Menschenrechtsverletzungen im Gebiet des Vertragsstaates stets auf die Verantwortlichkeit des Vertragsstaates für Menschenrechtsverletzungen anhand der aufgezeigten Grundsätze hingewiesen. Zwar droht bei Gefahren im Herkunftsland des Antragstellers die Verletzung der in den konventionsrechtlichen Schutznormen verankerten individuellen Rechte durch die zuständigen Behörden des Zielstaates. Gleichwohl ist bei der Interpretation der Konvention auf deren besonderen Charakter als **Vertrag für die kollektive Durchsetzung der Menschenrechte und Grundfreiheiten** Bedacht zu nehmen.

103 Hiervon ausgehend weist der Gerichtshof darauf hin, dass Ziel und Zweck der Konvention deshalb erfordern, dass ihre Normen als **praktisch wirksam** und **effektiv gestaltete Schutzvorschriften** verstanden und angewendet werden.²⁴⁵ Ein Vertragsstaat darf daher keine Abschiebung durchführen, wenn er sich nicht zuvor zuverlässig davon überzeugt hat, dass dem Betroffenen nach seiner Rückkehr keine Verletzung der geschützten Konventionsrechte droht. Aus dem Charakter des Refoulementverbotes der einzelnen Schutzvorschriften der Konvention beantwortet sich damit die Frage nach der staatlichen Zurechenbarkeit der Konventionsverletzungen. Wie bereits der fehlende Hinweis in Art. 15 Buchst. b) RL 2004/83/EG auf Art. 3 EMRK deutlich macht, muss der Zielstaat der Abschiebung nicht Vertragsstaat der EMRK sein (Rdn. 4). Verantwortlich im Sinne der Konvention ist der die Rückführung vorbereitende und durchführende Mitgliedstaat. Ihm werden die als Folge seiner Maßnahmen vorausehbaren Konventionsverletzungen durch seine Behörden zugerechnet.

104 Dem entspricht auch die verfassungsrechtliche Ausgangslage, die bei der Auslegung und Anwendung der Abschiebungshindernisse Berücksichtigung fordert.²⁴⁶ Danach ist es den zuständigen Organen der Bundesrepublik verwehrt, eine Person zwangsweise in einen Staat zu verbringen, wenn ihm dort eine grausame, unmenschliche oder erniedrigende Strafe oder Behandlung erwartet.²⁴⁷ Zwar ist bei der Anwendung von Art. 15 Buchst. b) RL 2004/83/EG nach dem Wortlaut eine Verengung auf zielstaatsbezogene Gefahren vorzunehmen (Rdn. 4). Jedoch sind inlandsbezogene häufig sehr eng mit zielstaatsbezogenen Gefährdungsmomenten verschränkt, wie die Rechtsprechung des Gerichtshofes erweist.²⁴⁸ Dementsprechend ist auch § 60 Abs. 2 und Abs. 5 AufenthG auszulegen und anzuwenden, § 60 Abs. 5 AufenthG freilich nur insoweit, wie er den Refoulementschutz nach Art. 3 EMRK erfasst.

b) Zurechnung sämtlicher im Herkunftsland bestehender Gefahren

105 Das Konzept der Regierungsverantwortlichkeit umfasst sämtliche im Zielstaat der Abschiebung nach Art. 3 EMRK erhebliche Risiken. Bereits die frühere Kommission hatte hervorgehoben, dass die Feststellung derartiger Risiken nicht notwendig bedeute, dass für sie der Staat verantwortlich sei, der die Auslieferung begehre. Vielmehr habe die Kommission in Ausweisungsfällen bereits Gefahren

---

243 EGMR, Entscheidung v. 10.10.2002 – Nr. 38719/97, § 109 – D. P. and J. C. v. UK; EGMR, Reports 1998-VI, § 22 – A. v. UK; EGMR, Entscheidung v. 10.05.2001, § 73 – Z. et al v. UK.
244 EGMR, RJD 2001-IV, § 81 – Cyprus v. Turkey.
245 EGMR, EZAR 933 Nr. 1, § 87 = EuGRZ 1989, 314 = NJW 1990, 2183 – Soering.
246 BVerfG (Kammer), NVwZ 1992, 660 = InfAuslR 1993, 176.
247 BVerfGE 75, 1 (16 f.).
248 EGMR, EZAR 933 Nr. 6 = NVwZ 1998, 163 = InfAuslR 1997, 381 – D. v. UK.

in Erwägung gezogen, die nicht von den Behörden des Staates ausgehen, der den Betroffenen aufnehme.[249] Dafür, dass derartige Gefahren in den Refoulementschutz einzubeziehen sind, spricht, dass nicht der Zielstaat in seinem Verhalten an Art. 3 EMRK gebunden ist, sondern der die Rückführung vorbereitende und durchführende Vertragstaat der EMRK die Erhöhung der Gefahr durch sein Verhalten zu beachten hat.[250] So hatte bereits die Kommission in **Altun** für das Erfordernis einer objektiven Gefahr nicht zwingend vorausgesetzt, dass die Behörden des Zielstaates für diese verantwortlich seien. Vielmehr seien in Abschiebungsfällen wiederholt Gefahren in Betracht gezogen worden, die nicht durch die Regierung des Zielstaates herbeigeführt worden seien.[251] Der Einwand in der deutschen Rechtsprechung, eine Konventionsverletzung liege in diesen Fällen deshalb nicht vor, weil die Konvention eine fehlende Schutzwilligkeit und -fähigkeit voraussetze,[252] interpretiert in die Konvention unzulässigerweise asylrechtliche Konstruktionen hinein.

Besondere Probleme bereitet die Anwendung der Konvention auf Gefahren, die als Teil von **Bürgerkriegsauseinandersetzungen** erscheinen (vgl. auch Art. 15 Buchst. c) RL 2004/83/EG, § 42). Hier geht es einerseits um Opfer unkontrollierter staatlicher Sicherheitskräfte, also darum, ob die Konvention bei Schutzunfähigkeit der Regierung des Zielstaates Refoulementschutz gewährt. Andererseits stellt sich die Frage, ob die Konvention auch vor Gefahren schützt, die von nichtstaatlichen Gruppen ausgehen, die auf dem Territorium des Zielstaates unabhängig von einer Zentralregierung agieren. Der Ansatz der Konvention unterscheidet sich wesentlich von der deutschen asylrechtlichen Dogmatik, die bei der Frage der Zurechenbarkeit der Verfolgung ausschließlich auf die Regierung des Herkunftsstaates oder auf im Heimatstaat agierende autonome **quasi-staatliche Organe** abstellt (§ 16 Rdn. 8 ff.). Demgegenüber ist Anknüpfungspunkt für die Konvention die **Verantwortlichkeit des Aufenthaltsstaates**. Der Vertragsstaat ist für die Achtung der in der Konvention geschützten Rechte verantwortlich. Ihn treffen völkerrechtliche Gewährleistungspflichten, auszuschließen, dass durch seine Maßnahmen eine **Risikoerhöhung** für Konventionsverletzungen eintritt (Rdn. 105).

106

Daher wird nach allgemeiner Meinung nach der Konvention die Verantwortlichkeit des Vertragsstaates begründet, denjenigen, den er abzuschieben beabsichtigt, davor zu bewahren, dass er im Zielstaat in seinen in der Konvention geschützten Rechten verletzt wird, unabhängig davon, ob die unmittelbare Gefährdung durch die Regierung des Zielstaates, durch dieser unterstehende Behörden, durch autonome Gruppen oder private Dritte (nichtstaatliche Akteure)[253] oder sonstige Gefahrenquellen verursacht wird.[254] Begründet wird dies damit, dass im Blick auf den Begriff der »unmenschlichen oder erniedrigenden Behandlung oder Bestrafung« eine scharfe Trennung zwischen staatlichem und privatem Verhalten nicht gerechtfertigt sei. Weder aus Sicht des Betroffenen noch von einem objektiven Standpunkt aus mache es einen Unterschied, ob der unmittelbare Täter durch die Behörden oder private Gruppen beauftragt worden sei. Vielmehr habe der Gerichtshof ausdrücklich festgestellt, dass der Vertragsstaat eine Person nicht wissentlich an einen anderen Staat aushändigen dürfe, obwohl es begründete Anhaltspunkte dafür gebe, dass dieser dort einer im Gegensatz zu Art. 3 EMRK stehenden Behandlung ausgesetzt werde.[255] Es geht Art. 3 EMRK allein um die

107

---

249 EKMR, EuGRZ 1986, 324 (325 f.) (§ 3) – Sami Memis gegen BRD.
250 *Frowein/Peukert*, EKRK-Kommentar, Art. 3 Rn. 22.
251 EKMR, Yearbook 26, 163 (164) (1983).
252 VG Göttingen, Beschl. v. 08.10.1993 – 4 B 4257/93, unter Hinweis auf *Treiber*, in: GK-AuslR, § 53 Rn. 81; für § 53 Abs. 4 Satz 1 AuslG 1990: VG Würzburg, EZAR 632 Nr. 17.
253 EGMR, InfAuslR 2007, 223 (225) – Salah Sheekh; EGMR, InfAuslR 2010, 47 – Abdolkhani und Karimnia.
254 *Frowein/Peukert*, EKMRK-Kommentar, Art. 3 Rn. 22; *Frowein*, Rechtsgutachten im Verfahren der Verfassungsbeschwerde 2 BvR 502/86, S. 17; *Kälin*, ZAR 1986, 172 (176); *Gusy*, ZAR 1993, 63 (66); *Einarsen*, IJRL 1990, 361 (370); *Alleweld*, Schutz vor Abschiebung bei drohender Folter, S. 25; *Weberndörfer*, Schutz vor Abschiebung, S. 139 f.; *Heinhold*, InfAuslR 1994, 411 (416 f.); a.A. *Hailbronner*, ZAR 1993, 3 (8).
255 *Einarsen*, IJRL 1990, 361 (369), unter Hinweis auf EGMR, EZAR 933 Nr. 1, § 88 = NJW 1990, 2183 = EuGRZ 1989, 319 – Soering.

Verantwortlichkeit des Aufenthaltsstaates, der ausweise oder abschiebe, und nur um diese, und nicht etwa um irgendeine stellvertretende Verantwortlichkeit für den Zielstaat.[256]

108 Der Gerichtshof hat wiederholt bekräftigt, die Feststellung der Regierungsverantwortlichkeit für Konventionsverletzungen setze zwar notwendigerweise eine Analyse der Verhältnisse im Zielstaat der Abschiebung voraus. Diese bedeute jedoch nicht, dass dadurch die Regierungsverantwortlichkeit des Vertragsstaates auf die Regierung des Zielstaates der Abschiebung verschoben werde. Vielmehr bleibe der die Auslieferung oder Abschiebung durchführende Vertragsstaat für Konventionsverletzungen verantwortlich, wenn der davon Betroffene als Folge dieser Maßnahmen unmenschlichen Maßnahmen ausgesetzt werde.[257] Der abschiebende Staat, nicht der Zielstat, muss sich danach gegenüber dem Vorwurf verantworten, dass er den Betroffenen abschiebt. Dagegen kann es auf die »Quelle der Gefahr« nicht ankommen. Der abschiebende Staat verletzt seine aus Art. 3 EMRK folgenden Verpflichtungen vielmehr auch dann, wenn er einen Ausländer in einem Wildtierpark oder in einem Gewässer voller Haie aussetzen würde. Nur dann ist die Gefährdung durch Dritte nicht hinreichend, wenn erwartet werden kann, dass der Heimatstaat den Rückkehrer wirksam vor einer solchen Bedrohung schützen kann.[258]

109 Aus dieser Rechtsprechung wird ersichtlich, dass unabhängig davon, wer die unmittelbare Ursache für die Rechtsgutgefährdung setzt, der nach der Konvention verantwortliche Vertragsstaat zu prüfen hat, ob er durch seine Handlungen eine Ursachenkette in Gang setzt, die die Konventionsverletzung oder eine hierauf bezogene Risikoerhöhung herbeiführt. Alle unmittelbaren und mittelbaren Folgen, welche eine Zwangsmaßnahme des Aufenthaltsstaates auslösen, unabhängig davon, wer das letzte Glied der Ursachenkette in Bewegung setzt, ist der Mitgliedstaat verantwortlich. Wegen der Zielstaatsbezogenheit von Art. 15 Buchst. b) RL 2004/83/EG (Rdn. 4, 85 ff.) wird der subsidiäre Schutz allerdings nur begründet, wenn die durch Maßnahmen des Mitgliedstaates ausgelöste Ursachenkette im Herkunftsland Folter oder unmenschliche oder erniedrigende Behandlung oder Bestrafung zur Folge hat. Dabei liegt eine Konventionsverletzung vor, wenn der Vertragsstaat eine Person abschiebt, obwohl es stichhaltige Hinweise auf ein »konkretes Risiko« der Gefährdung der konventionsrechtlich geschützten Rechte gibt (Rdn. 122 ff.). Dies kann der Fall sein, weil ihr unmittelbar vom Staat ausgehende Gefahren für Leib und Leben drohen. Hierbei ist auch zu berücksichtigen, ob der Zielstaat jeweils unverzüglich Foltervorwürfen nachgeht und diese aufklärt.[259] Selbstverständlich hat der abschiebende Staat die **Natur** der drohenden Gefahren im Zielstaat der Abschiebung zu berücksichtigen.

5. Gefahrenprognose

a) Funktion der Gefahrenprognose

110 Art. 15 Buchst. b) RL 2004/83/EG verweist lediglich auf den als ernsthaften Schaden bezeichneten Begriff der »Folter oder unmenschlichen oder erniedrigenden Behandlung oder Bestrafung«, lässt die Frage, nach welchen Prognosegrundsätzen der ernsthafte Schaden festzustellen ist, jedoch wie auch beim Flüchtlingsschutz offen. Mit dem Hinweis auf »stichhaltige Gründe« in Art. 2 Bucht. e) RL 2004/83/EG nimmt die Richtlinie die Rechtsprechung des EGMR zu den Substanziierungspflichten nach Art. 3 EMRK (Rdn. 122 ff.) in Bezug. Anders als beim Flüchtlingsschutz kommt es ausschließlich auf den nach objektiven Grundsätzen zu ermittelnden ernsthaften Schaden und nicht auf eine begründete Furcht vor einer derartigen Gefahr (§ 29 Rdn. 28 ff.) an. Der zeitliche Bezugsrahmen (§ 29 Rdn. 1 ff.) erstreckt sich auf sämtliche im Entscheidungszeitpunkt erkennbaren wahrscheinlichen künftigen Geschehensabläufe bei einer hypothetisch zu unterstellenden Rückkehr

---

256 *Trechsel*, Art. 3 EMRK als Schranke der Ausweisung, S. 223 (239 f.).
257 EGMR, Entscheidung v. 06.02.2003, Nr. 46827/99, 46951/99, § 66 – Mamatkulov v. Turkey.
258 *Trechsel*, Art. 3 EMRK als Schranke der Ausweisung, S. 223 (239 f.).
259 Vgl. auch CAT, HRLJ 1994, 29 (31) (§ 13.5) – Halimi-Nedzibi v. Austria.

des Antragstellers ins Herkunftsland. Dabei ist auch die zukünftige Entwicklung des persönlichen Umfeldes des Asylsuchenden sowie sein eigenes zu erwartendes zukünftiges Verhalten in den Blick zu nehmen.[260]

Wegen der Vielzahl von Ungewissheiten über die relevante Situation im Herkunftsland des Antragstellers verlangt die Bewertung eine **sachgerechte** und der jeweiligen Materie angemessene und **methodisch einwandfreie** Erarbeitung ihrer **tatsächlichen Grundlagen** (§ 29 Rdn. 5 ff.).[261] Von einer solchermaßen erarbeiteten Prognosebasis kann nur die Rede sein, wenn die Tatsachenermittlungen einen hinreichenden Grad an Verlässlichkeit aufweisen und dem Umfang nach zureichend sind.[262] Der Prognoseprüfung selbst geht aber zunächst die Sammlung und Sichtung der tatsächlichen Grundlagen der Sachentscheidung **abtrennbar** voraus.[263] Diese hat die Behörde von Amts wegen festzustellen. Sie hat dabei jede mögliche Aufklärung des Sachverhalts bis zur Grenze der Unzumutbarkeit zu versuchen (§ 28 Rdn. 16 ff.). Die Amtsermittlungspflicht wird aber durch die Darlegungslasten des Antragstellers begrenzt.

111

Sind die Prognosetatsachen festgestellt worden, muss sich die Behörde Gewissheit verschaffen, ob aufgrund des als glaubhaft bewerteten Sachvorbringens unter Berücksichtigung der allgemeinen Verhältnisse im Herkunftsland des Antragstellers der Eintritt der Gefahr wahrscheinlich ist (§ 29 Rdn. 20 ff.). Dies ist eine wertende Prognoseentscheidung (§ 29 Rdn. 12). Dabei müssen die im Einzelnen festgestellten Gefährdungsfaktoren identifiziert, jeweils in ihrem Gewicht bestimmt und mit den gegen ein Risiko sprechenden Umständen abgewogen werden, um die Frage zu beantworten, ob der Eintritt des ernsthaften Schadens wahrscheinlich ist. Dabei ist nicht der Regelbeweis, sondern der Wahrscheinlichkeitsbeweis des »**konkreten Risikos**« (Rdn. 122 ff.) anzuwenden. Während für die nachträgliche Prüfung von Konventionsverletzungen das Beweismaß »**jenseits jeden vernünftigen Zweifels**«[264] maßgebend ist, erfordert demgegenüber der präventive Menschenrechtsschutz die Anwendung eines deutlich herabgestuften Beweismaßes. Dieses bezeichnet der Begriff des »konkreten Risikos«.

112

Ebenso wie bei der Entscheidung über die Flüchtlingseigenschaft sind beim subsidiären Schutz nach Art. 15 Buchst. b) RL 2004/83/EG die allgemeinen Verhältnisse im Zielstaat sowie die sich hieraus ergebende individuelle Gefährdung zu bewerten. In **Cruz Varas** weist der Gerichtshof darauf hin, dass er sich auf das gesamte ihm vorgelegte Material oder erforderlichenfalls auf **proprio motu** beschafftes Material stütze, um festzustellen, ob wesentliche Gründe vorgebracht worden seien, um **glaubhaft** zu machen, dass eine **reale Gefahr** für eine Art. 3 EMRK widersprechende Behandlung vorliege. Dabei muss es sich um eine **gegenwärtige** Gefahr handeln (vgl. auch Art. 4 Abs. 3 Buchst. a), RL 2004/83/EG).[265] Da die Verantwortlichkeit des Vertragsstaates nach Art. 3 EMRK in derartigen Fällen in der Tatsache begründet liege, dass er eine Einzelperson der Gefahr der Misshandlung aussetze, müsse zunächst das Bestehen dieser Gefahr mit Bezug auf die Tatsachen, die dem Vertragsstaat im Zeitpunkt der Abschiebung bekannt gewesen seien oder hätten bekannt sein

113

---

260 BVerwG, InfAuslR 1990, 211.
261 BVerwGE 87, 141 (150) = EZAR 200 Nr. 27 = NVwZ 1991, 384; so schon BVerwG, DÖV 1985, 68 = DVBl. 1984, 1016.
262 BVerwGE 87, 141 (150) = EZAR 200 Nr. 27 = NVwZ 1991, 384.
263 BVerfG (Kammer), InfAuslR 1993, 146.
264 EGMR, NVwZ-RR 2011, 251 (257) Rn. 182 – Varnava.
265 Siehe hierzu *Mole*, Asylum and the European Convention on Human Rights, S. 34 ff., mit zahlreichen Hinweisen.

müssen, beurteilt werden. Der Gerichtshof könne jedoch auch Informationen berücksichtigen, die er erst nach der Abschiebung erhalten habe.[266]

114 Der Hinweis auf den beweisrechtlichen Begriff der Glaubhaftmachung sowie auf die zu berücksichtigenden Prognosetatsachen lässt eine Nähe zum objektiven deutschen asylverfahrensrechtlichen Beweisrecht (§ 29 Rdn. 25 ff.) anklingen. Im Blick auf den kritischen Aspekt der Prognoseentscheidung selbst, die ja als »zukunftsorientierte Aussage« eine Vorwegnahme der Zukunft bedeutet, also die »voraussehbaren Folgen der Abschiebung«[267] betrifft, kommt es dem Gerichtshof für die spezifische Funktion seiner Prüfung der Vertragstreue der Vertragsstaaten darauf an, nicht sein später erlangtes Wissen, sondern seiner Entscheidung das Wissen der Behörden im Zeitpunkt deren Entscheidung zugrunde zu legen und die methodische Sachgerechtigkeit bei der Handhabung der Prognosekriterien zu überprüfen. Der Gerichtshof überprüft stets, ob die Regierung ihrer Verantwortung aus der Konvention gerecht geworden ist. Deshalb kann er grundsätzlich nur solche Erkenntnisse und Tatsachen berücksichtigen, die der Regierung vorgelegen haben oder hätten vorliegen können. Selbst nachträglich bekannt gewordenes Wissen kann er nur insoweit berücksichtigen, wie es die methodische Richtigkeit der Prognoseentscheidung – bezogen auf den Zeitpunkt, in dem sie getroffen wurde – bestätigt oder widerlegt.

115 Später erlangtes Wissen des Gerichtshofes kann für die Bestätigung oder Ablehnung der Bewertung von Bedeutung sein, die von der Vertragspartei vorgenommen worden war oder die Begründetheit der gehegten Befürchtung betrifft.[268] Ist der Beschwerdeführer jedoch noch nicht abgeschoben worden, kommt es auf den Zeitpunkt der Entscheidung des Gerichtshofs an. Dies betrifft nach der ausdrücklichen Klarstellung des Gerichtshofs alle Verfahren, in denen er eine einstweilige Maßnahme nach Regel 39 seiner Geschäftsordnung angeordnet hat.[269]

116 In **Vilvarajah** macht der Gerichtshof deutlich, dass seine eigene Prüfung wegen der Bedeutung der gefährdeten Rechtsgüter »notwendigerweise streng« sein müsse. Diese an die Anforderungen an die eigene Rechtsprechung bestehenden Verpflichtungen gelten erst recht für die Feststellungspraxis nationaler Behörden und Gerichte. Die EMRK entfaltet Geltung nicht erst im Beschwerdeverfahren nach Art. 34 EMRK. Im Hinblick auf den »absoluten Charakter« von Art. 3 EMRK und auf die Tatsache, dass diese Norm »einen der grundlegendsten Werte der demokratischen Gesellschaften bildet, die sich im Europarat zusammengeschlossen haben«, muss deshalb die Prognoseprüfung besonders streng sein.[270]

b) Darlegungslast

117 Der Antragsteller muss die Umstände und Tatsachen, die für die von ihm befürchtete Gefahr von Folter oder unmenschlicher oder erniedrigender Behandlung maßgebend sind, von sich aus konkret, in sich stimmig und erschöpfend vortragen (vgl. Art. 4 Abs. 1 Satz 1, Abs. 5 Buchst. c) RL 2004/83/EG, § 25 Abs. 2 AsylVfG). Ihn trifft insoweit eine Darlegungslast (vgl. Art. 4 Abs. 1 Satz 1, Abs. 5 Buchst. c) RL 2004/83/EG, § 25 Abs. 2 AsylVfG, § 82 Abs. 1 AufenthG). Auch der EGMR betont die Pflicht des Antragstellers, Beweise beizubringen, dass es ernsthafte Gründe für die Annahme gibt, im Fall der Abschiebung tatsächlich der Gefahr einer Art. 3 EMRK zuwiderlaufenden Behandlung

---

266 EGMR, EZAR 933 Nr. 2, §§ 75 ff. = NJW 1991, 3079 = InfAuslR 1991, 217 = HRLJ 1991, 142 – Cruz Varas; EGMR, EZAR 933 Nr. 3, § 107 = NVwZ 1992, 869 = InfAuslR 1992, 81 – Vilvarajah; zur gerichtlichen Aufklärungspflicht angesichts der Schwere der im Rahmen von Art. 3 EMRK relevanten Maßnahmen siehe auch BVerfG (Kammer), AuAS 1996, 3.

267 EGMR, NVwZ 1992, 869 (870) (§ 108) – Vilvarajah.

268 EGMR, EZAR 933 Nr. 2, §§ 76 = NJW 1991, 3079 = InfAuslR 1991, 217 = HRLJ 1991, 142 – Cruz Varas; EGMR, NVwZ 1992, 869 (870) (§ 107).

269 EGMR, NVwZ 2008, 1330 (1332) Rn. 133 – Saadi; EGMR, InfAuslR 2010, 47 (48) – Abdolkhani und Karimnia.

270 EGMR, NVwZ 1992, 869 (870) Rn. 108) – Vilvarajah.

ausgesetzt zu werden.²⁷¹ Die Darlegungspflicht begrenzt die Untersuchungspflicht der Behörde. Diese hat die Aufgabe, die allgemeinen rechtlichen und politischen Verhältnisse im Herkunftsland aufzuklären. Die Darlegungslast umfasst nicht die Tatsache, dass es tatsächlich zu einer Abschiebung kommen wird.²⁷² Anschließend muss sich die Behörde mit dem Vorbringen auseinandersetzen und möglicherweise weitere Ermittlungen auf der Grundlage des Sachvorbringens anstellen.²⁷³ Auch wenn das Begehren im Asylverfahren erfolglos geblieben ist, weil ein Verfolgungsgrund nicht dargelegt wurde, kann dem Antragsteller die Gefahr unmenschlicher oder erniedrigender Behandlung oder Bestrafung im Zielstaat drohen.²⁷⁴

Die Darlegungslast kann sich jedoch stets nur auf die in den persönlichen Erfahrungs- und Erlebnisbereich des Antragstellers fallenden Umstände beziehen. Hinsichtlich der allgemeinen politischen Verhältnisse in seinem Heimatstaat ist er lediglich gehalten, Tatsachen vorzutragen, aus denen sich – ihre Wahrheit unterstellt – hinreichende Anhaltspunkte für eine nicht entfernt liegende Möglichkeit von Gefahren der Folter oder unmenschlichen Behandlung für den Fall der Rückkehr ergeben (§ 28 Rdn. 11). In den Grenzen des individuellen Sachvorbringens haben Behörde und im gerichtlichen Kontrollverfahren auch das Verwaltungsgericht zur Ermittlung der Prognosetatsachen nach Maßgabe des Untersuchungsgrundsatzes (Art. 4 Abs. 1 Satz 2 RL 2004/83/EG, § 24 VwVfG, § 24 Abs. 1 AsylVfG, § 86 VwGO) den Sachverhalt bis zur Grenze der Unzumutbarkeit aufzuklären. Für die inhaltliche Konkretisierung der materiellen Kriterien der Gefahrenprognose selbst ist die Rechtsprechung des EGMR maßgebend. **118**

§ 25 Abs. 3 AsylVfG und § 82 Abs. 1 Satz 3 AufenthG enthalten **Präklusionsvorschriften**, welche die Behörde ermächtigen, nachträgliches Sachvorbringen unberücksichtigt zu lassen. Ebenso ist das Verwaltungsgericht nach § 87b Abs. 3 VwGO befugt, Tatsachen, die dem Asylsuchenden bereits im Asylverfahren bekannt waren, nicht zu berücksichtigen. Das BVerfG hat diese Vorschriften bislang nicht geprüft, aber keine Bedenken, dass das Verwaltungsgericht mangels eines entsprechenden Hinweises des Schutzsuchenden oder sonstiger Anhaltspunkte aus dem vorangegangenen Verwaltungsverfahren eine etwaige Foltergefahr nicht berücksichtigt.²⁷⁵ Dabei ist bei weiblichen Antragstellerinnen aber zu berücksichtigen, dass diese aus Angst um den Familienerhalt erlittene sexuelle Gewalt vor der Trennung zumeist nicht offenbaren.²⁷⁶ Gegen diese Rechtsprechung ist an sich nichts einzuwenden. Ebenso wie im allgemeinen Verwaltungsverfahrensrecht findet die gerichtliche Untersuchungspflicht ihre Grenze in der Darlegungspflicht des Antragstellers (vgl. auch Art. 4 Abs. 1 RL 2004/83/EG). Für den Folterschutz gilt nichts anderes. Auch der Gerichtshof verlangt einen substanziierten Sachvortrag.²⁷⁷ Vollständige Präzision und Widerspruchsfreiheit kann von Folteropfern jedoch in aller Regel nicht erwartet werden.²⁷⁸ **119**

Für Präklusionsvorschriften gibt es jedoch weder in der Qualifikationsrichtlinie noch in der Verfahrensrichtlinie eine unionsrechtliche Grundlage. Art. 4 RL 2004/83/EG, dessen Bestimmungen erschöpfend die verfahrensrechtlichen Pflichten für die Behörde und den Asylsuchenden regelt, ist kein Hinweis auf Präklusionsvorschriften zu entnehmen. Die Richtlinie enthält auch keine dahin gehende Freistellungsklausel. Ebenso enthalten Art. 8 und 9 RL 2005/85/EG, welche die behördlichen Anforderungen an die Prüfung und Entscheidung eines Asylantrags, noch Art. 10 und 11 RL 2005/85/EG, die Verfahrensgarantien und -verpflichtungen des Antragstellers bezeichnen, **120**

---

271 EGMR, NVwZ 2008, 1330 (1331) Rn. 129 – Saadi.
272 BVerfG (Kammer), InfAuslR 1995, 126 (128 f.).
273 BVerfG, (Kammer) InfAuslR 1993, 176 (178) = NVwZ 1992, 660.
274 BVerfG (Kammer), InfAuslR 1993, 176 (178) = NVwZ 1992, 660.
275 BVerfG (Kammer), InfAuslR 1993, 176 (179) = NVwZ 1992, 660.
276 Committee against Torture, Netherlands Quaterly of Human Rights 2007, 301 (302) – V L v. Switzerland.
277 Hinweise bei *Kälin*, ZAR 1986, 172 (175).
278 Committee against Torture, Netherlands Quaterly of Human Rights 2007, 302 (303) – C. T. and K. M. v. Sweden.

weder unmittelbar noch in Form einer Freistellungsklausel derartige Präklusionsregelungen. Die für das gerichtliche Verfahren nach Art. 23 RL 2005/85/EG maßgebenden Prüfungspflichten enthalten ebenfalls keine Präklusionsvorschriften, sondern lediglich Beschleunigungsgrundsätze im Fall der Verletzung von Mitwirkungspflichten.

121 Andererseits wird es kaum gelingen, die Anwendung von Präklusionsvorschriften einer unionsrechtlichen Überprüfung unterziehen zu lassen, weil die Behörde und das Verwaltungsgericht ihre Beweiswürdigung zumeist nicht allein auf diese abstützt. Der Asylsuchende ist daher gut beraten, stets umfassend und erschöpfend die gegen die Glaubhaftigkeit seiner Sachangaben aus der Verletzung von Darlegungslasten folgenden Zweifel erschöpfend und wirksam auszuräumen. Stets fordert andererseits das Gewicht der bedrohten Rechtsgüter in allen unterschiedlichen Verfahrenskonstellationen einen besonders behutsamen Umgang mit gesetzlichen Präklusionsvorschriften. So hat etwa der Ausschuss gegen Folter unter Hinweis auf die traumatischen Foltererlebnisse das erst nach Ablehnung des Asylantrags vorgetragene Sachvorbringen berücksichtigt.[279] Der Gerichtshof hat unter Hinweis auf die deutsche Verfahrensregel des § 51 Abs. 5 VwVfG darauf hingewiesen, dass die Vertragsstaaten auch nach Abschluss eines vorangegangenen Verfahrens stets ausreichende verfahrensrechtliche Sicherheiten irgendwelcher Art gegen die Gefahr von Folter oder unmenschlicher oder erniedrigender Behandlung bereithalten müssen.[280]

c) Beweismaß »tatsächliches Risiko«

122 Bei der Entscheidung, ob die Gefahr von Misshandlungen besteht, sind die **absehbaren** Folgen einer Abschiebung im Zielstaat unter Berücksichtigung der dortigen allgemeinen Lage und der besonderen Umstände des Betroffenen zu prüfen (Rdn. 110 ff.).[281] Für das Beweismaß verwendet der Gerichtshof den Begriff des »**tatsächlichen Risikos**« (Rdn. 112). Danach muss der Beschwerdeführer konkrete Gründe bezeichnen, um beurteilen zu können, ob im Fall der Abschiebung im Zielstaat ein tatsächliches Risiko besteht, einer Behandlung ausgesetzt zu werden, die über die durch Art. 3 EMRK gesetzte Grenze hinausgeht.[282] Das tatsächliche Risiko bezieht sich auf eine bestehende »**objektive Gefahr**«, einer Art. 3 EMRK zuwiderlaufenden Behandlung unterworfen zu werden.[283] Der Gerichtshof differenziert dabei zwischen unerheblichen »**bloßen Möglichkeiten**« sowie dem beachtlichen »**ernsthaften Risiko**« einer unmenschlichen oder erniedrigenden Behandlung.[284] Damit wird das ernsthafte und individualisierbare Risiko, einer Art. 3 EMRK verletzenden Behandlung ausgesetzt zu werden, zum Gegenstand der Gefahrenprognose. **Diplomatische Zusicherung** befreien die Behörden nicht von der sorgfältigen und notwendigerweise strengen Prüfung, ob im konkreten Einzelfall derartige Zusicherungen in ihrer tatsächlichen Anwendung wirksame Garantien gegen die Folteranwendung gewährleisten.[285] Der Gerichtshof überprüft insoweit auch das reale Risiko einer Weiterschiebung durch den Zielstaat in das Herkunftsland.[286]

---

279 CAT, HRLJ 1994, 426 (431) (§ 12.3) – Khan v. Canada; CAT, Netherlands Quaterly of Human Rights 2007, 301 (302) – VL v. Switzerland.
280 EGMR, EZAR 933 Nr. 8 = NVwZ 2001, 301 = InfAuslR 2000, 321 – T. I.
281 EGMR, NVwZ 2008, 1330 (1331) Rn. 131 – Saadi, mit Verweis auf EGMR, NVwZ 1992, 869 Rn. 111 – Vilvarajah.
282 EGMR, EZAR 933 Nr. 1, § 111 = EuGRZ 1989, 314 = NJW 1990, 2183 – Soering; bekräftigt EGMR, EZAR 933 Nr. 3, § 113 = NVwZ 1992, 879 = InfAuslR 1992, 81 – Vilvarajah.
283 EKMR, EuGRZ 1986, 324 (325) (§ 3) – Sami Memis gegen BRD; EKMR, Yearbook 10, 518 (528) (1967) – X v. F. R. G. zum auslieferungsrechtlichen Spezialitätsgrundsatz.
284 EGMR, NVwZ 1992, 869 (870) (§ 111 und § 115) – Vilvarajah; EGMR, NVwZ 2008, 1330 (1331) Rn. 131 – Saadi.
285 EGMR, NVwZ 2008, 1330 (1331) Rn. 147 f. – Saadi; Human Rights Committee, Netherlands Quaterly of Human Rights, 2007, 293 – Alzery.
286 EGMR, InfAuslR 2010, 47 (48) – Abdolkhani und Karimnia; EGMR, Urt. v. 21.01.2011 – Nr. 30696/09 – M.S.S.

Wo die verfügbaren Quellen eine allgemeine Lage beschreiben, bedürfen die spezifischen Behauptungen des Beschwerdeführers für seinen Fall **grundsätzlich** Bestätigung durch andere Beweise (Rdn. 116).[287] Der allgemeinen Lage kann aber eine indizielle Wirkung zukommen. Im Blick auf den Schutz vor Folter sind nach Art. 3 Abs. 2 des Übereinkommens gegen Folter alle relevanten Umstände, insbesondere das Bestehen einer »ständigen Praxis grober, offenkundiger oder massenhafter Verletzungen der Menschenrechte« zu berücksichtigen: Zwar ist es Ziel der Prüfung, festzustellen, ob der Beschwerdeführer persönlich Gefahr läuft, nach der Rückkehr gefoltert zu werden. Auch kann allein das Bestehen einer ständigen Praxis grober, offenkundiger oder massenhafter Menschenrechtsverletzungen in dem betreffenden Land noch nicht das Urteil einer individuellen Gefährdung rechtfertigen. Vielmehr müssen weitere Umstände festgestellt werden, welche die Annahme eines Indizes für die persönliche Gefährdung des Beschwerdeführers nahe legen. Umgekehrt, rechtfertigt das Fehlen einer derartigen Praxis nicht das Urteil, dass dieser wegen seiner individuellen Verhältnisse nach Rückkehr nicht gefoltert wird.[288]

123

Zu den individuellen Verhältnissen kann ein besonderer ethnischer Hintergrund, behauptete politische Verbindungen, eine bereits erfolgte Inhaftierung, die Desertion aus der Armee und anschließende illegale Flucht aus dem Herkunftsland sowie schließlich der Umstand, dass die vorgebrachten Asylgründe von der dortigen Regierung als verleumderisch gewertet werden können, gehören und die Schlussfolgerung rechtfertigen, dass der Beschwerdeführer im Fall seiner Rückkehr mit der vorhersehbaren realen und sich notwendigerweise aufdrängenden Gefahr, inhaftiert und dabei gefoltert zu werden, rechnen muss. Im Fall des Bestehens einer ständigen Praxis grober, offenkundiger oder massenhafter Menschenrechtsverletzungen wird diese Annahme verstärkt.[289] Sie rechtfertigt allein als solche ohne das Hinzutreten weiterer persönlicher Gefährdungsmomente aber noch nicht die Feststellung, dass für den Betroffenen **persönlich** eine tatsächliche Gefahr besteht, Foltermaßnahmen oder unmenschlicher oder erniedrigender Behandlung oder Bestrafung ausgesetzt zu werden.

124

Individuelle Behauptungen müssen nach dem Gerichtshof sowie dem Ausschuss gegen Folter grundsätzlich durch weitere Belege (Rdn. 123) erhärtet werden. Ein vorherrschendes repressives Niveau im Zielstaat erleichtert die Beweisführung. Eine ständige Praxis grober, offenkundiger oder massenhafter Menschenrechtsverletzungen rechtfertigt eher die Annahme, aufgrund persönlicher Umstände dem tatsächlichen Risiko einer unmenschlichen Behandlung ausgesetzt zu werden (Rdn. 124). Diese Grundsätze hat der Gerichtshof in seiner neueren Rechtsprechung weiter differenziert und ausdrücklich klargestellt, dass der in **Vilvarajah** aufgestellte Grundsatz, dass die bloße Situation genereller Unsicherheit Art. 3 EMRK noch nicht ins Spiel bringe,[290] nicht dahin verstanden werden könne, dass ein Beschwerdeführer stets besondere Unterscheidungsmerkmale (»**special distinguishing features**«) belegen müsse, wenn er auf andere Weise darlegen könne, dass die »**generelle Situation von Gewalt**« im Zielstaat ein derartiges Niveau an Intensität aufweise, dass jegliche Abschiebung in dieses Land Art. 3 EMRK zuwiderlaufen würde. In diesen Fällen zu fordern, der Beschwerdeführer müsse besondere Unterscheidungsmerkmale belegen, wäre mit der absoluten Schutzwirkung von Art. 3 EMRK unvereinbar und würde diese Norm leer laufen lassen.[291]

125

---

287 EGMR, NVwZ 2008, 1330 (1331) Rn. 131 – Saadi.
288 CAT, HRLJ 1994, 164 (168), Rn. 9.3 = A 2 Nr. 1 – Mutombo; CAT, HRLJ 1994, 426 (431), § 12.3 – Khan; zur unterschiedlichen Entscheidungspraxis des Gerichtshofes einerseits sowie der früheren des Ausschusses gegen Folter anderseits *Suntinger*, Austrian Journal of Public and International Law 1995, 203.
289 CAT, HRLJ 1994, 164 (168), Rn. 9.4 – Mutombo; siehe aber: Hessischer VGH, AuAS 1995, 276: Einzelfall eines aus der Bundesrepublik nach Indien abgeschobenen Sikh-Angehörigen, der anschließend von der Polizei zu Tode gefoltert wurde, hat keine exemplarische Bedeutung; dagegen EGMR, EZAR 933 Nr. 4 = NVwZ 1997, 1093 = InfAuslR 1997, 97 – Chahal.
290 EGMR, NVwZ 1992, 869 (870) Rn. 111 – Vilvarajah.
291 EGMR, Urt. v. 17.07.2008 – Nr. 25904/07, Rn. 115 – NA v. UK; bekräftigt EGMR, InfAuslR 2012, 121 (123) Rn. 217 – Sufi and Elmi.

126 Für **gruppengerichtete** Verfolgungen (§ 30) hat der Gerichtshof diesen Beweisgrundsatz näher konkretisiert: Würden **systematische Misshandlungen** spezifischer Personengruppen im Herkunftsland belegt, reiche der Nachweis der Zugehörigkeit zu einer dieser Gruppen für die Prognose eines tatsächlichen Risikos aus. Behaupte der Beschwerdeführer, einer Personengruppe anzugehören, die »**systematisch Misshandlungen**« ausgesetzt sei, komme der Schutz von Art. 3 EMRK ins Spiel, wenn unter Hinweis auf Berichte unabhängiger Menschenrechtsorganisationen, wie etwa Amnesty International, oder auf Informationen aus Regierungsquellen, wie das U.S.-State Department, bewiesen werde, dass es ernsthafte und stichhaltige Gründe gebe, eine solche Praxis anzunehmen und der Beschwerdeführer der betroffenen Personengruppe angehöre.[292] In **Salah Sheekh** hatte der Gerichtshof einen derart erweiterten Ansatz im Blick auf gruppengerichtete Verfolgungen erstmals entwickelt und den Einwand der niederländischen Regierung, der Beschwerdeführer sei »Opfer willkürlicher Gewalt« gewesen, zurückgewiesen. Dieser sei mit seiner Familie Ziel von Misshandlungen geworden, weil sie einer Minderheit angehörten und bekannt gewesen sei, dass sie sich nicht hätten schützen können. In diesem Fall könne kein Nachweis weiterer persönlicher Eigenschaften verlangt werden, um zu zeigen, dass er persönlich einer Gefahr ausgesetzt gewesen und weiterhin sei.[293]

127 Wird der Beschwerdeführer einer bestimmten gefährdeten Personengruppe zugerechnet, wird daher zunächst die generelle Situation in den betreffenden Regionen des Zielstaates geprüft. Hierbei sind Berichte unabhängiger Menschenrechtsorganisationen oder Informationen aus Regierungsquellen zu berücksichtigen. Folgt aus diesen die Gefahr einer systematischen Misshandlung, bedarf es keiner Darlegung besonderer Gefährdungsrisiken aufgrund persönlicher Unterscheidungsmerkmale. Anders als die deutsche Rechtsprechung, die mit dem Begriff der Verfolgungsdichte nahezu unerfüllbare Beweisanforderungen aufstellt (§ 30 Rdn. 14 ff.), verlangt der Gerichtshof lediglich den Nachweis einer systematischen Misshandlungspraxis. Eine am Begriff der Verfolgungsdichte ausgerichtete Beweisanforderung wäre mit der absoluten Schutzwirkung von Art. 3 EMRK unvereinbar und ließe diese Norm leer laufen. Wird die systematische Misshandlung einer bestimmten Personengruppe festgestellt, ist lediglich noch zu prüfen, ob der Beschwerdeführer dieser angehört (Rdn. 126). Darüber hinaus kann **in außergewöhnlichen Situationen** ebenso wie im Rahmen von Art. 15 Buchst. c) RL 2004/83/EG eine Situation genereller Gewalt eine derartige Intensität aufweisen, dass für jede Person, die in die betreffende Region zurückkehrt und dort allein aufgrund ihrer Anwesenheit gefährdet wird, ein tatsächliches Risiko besteht, Art. 3 EMRK zuwiderlaufenden Maßnahmen ausgesetzt zu werden (§ 42 Rdn. 76 ff.).[294]

128 Art. 3 EMRK schließt zwar die Berücksichtigung **interner Fluchtalternativen** nicht aus (Art. 8 RL 2004/83/EG). Die Berufung auf eine derartige Alternative setzt jedoch Mindestbedingungen voraus: So muss der Rückkehrer in der Lage sein, in die Ausweichregion zu reisen (§ 19 Rdn. 27 ff.), Zutritt zu dieser zu erhalten und sich dort niederzulassen. Erscheint es eher unwahrscheinlich, dass dem Beschwerdeführer von den zuständigen Stellen gestattet wird, sich dort niederzulassen, besteht die reale Möglichkeit, dass er aus diesem Gebiet abgeschoben oder gezwungen wird, sich in andere unsichere Gebiete im Herkunftsland zu begeben.[295] Sofern er keine familiären oder Stammesbindungen in einer Ausweichregion hat oder nicht ungefährdet in diese reisen kann und deshalb gezwungen sein wird, in einem Lager für Binnenflüchtlinge Aufnahme zu suchen, dürfen dort keine Bedingungen herrschen, die Ausdruck einer humanitären Krise sind. Die maßgebliche Prüfung wird

---

292 EGMR, NVwZ 2008, 1330 (1321) Rn. 132, 131 – Saadi, unter Hinweis auf EGMR, InfAuslR 2007, 223 (225) – Salah Sheekh.
293 EGMR, InfAuslR 2007, 223 (225) – Salah Sheekh; bekräftigt EGMR, Urt. v. 17.07.2008 – Nr. 25904/07, Rn. 116 – NA v. UK (Verfolgung wegen unterstellter Zugehörigkeit zur LTTE); EGMR, InfAuslR 2010, 47 (48) – Abdolkhani und Karimnia, für Mitglieder der MEK.
294 EGMR, InfAuslR 2012, 121 (123) Rn. 226 – Sufi and Elmi.
295 EGMR, InfAuslR 2007, 223 (225)Rn. 225 – Salah Sheekh; EGMR, InfAuslR 2012, 121 (123) Rn. 266 – Sufi and Elmi.

nicht nach Maßgabe des **N. v. UK**-Tests (Rdn. 95 ff.),[296] sondern anhand der in **M.S.S.** entwickelten Kriterien[297] durchgeführt, weil die humanitäre Krise durch die Konfliktparteien verursacht worden ist. Eine durch die Lagerbedingungen hervorgerufene Situation extremer Armut für Binnenflüchtlinge, die durch die Unfähigkeit gekennzeichnet ist, Grundbedürfnisse wie Nahrung, Hygiene und Unterbringung zu erfüllen, begründet ein tatsächliches Risiko, einer Art. 3 EMRK zuwiderlaufenden Behandlung ausgesetzt zu werden.[298]

Die verwaltungsgerichtliche Rechtsprechung verlangt für den Schutz vor Folter oder unmenschlicher oder erniedrigender Behandlung nicht anders wie bei der Entscheidung über den Asyl- und Flüchtlingsstatus die Feststellung einer **beachtlichen Wahrscheinlichkeit** (§ 29 Rdn. 25 ff.) des Eintritts der konkreten Foltergefahr.[299] Die Annahme einer konkreten Foltergefahr setzt voraus, dass **stichhaltige Hinweise** die Annahme rechtfertigen, dass der Betroffene bei einer Abschiebung in das Bestimmungsland dem **ernsthaften Risiko** einer derartigen Gefahr ausgesetzt werden wird.[300] Die bloße Möglichkeit, nach Rückkehr in das Herkunftsland gefoltert zu werden, reicht damit zwar nicht aus. Andererseits ist die Gefahr, dass der Betroffene nach seiner Rückkehr im Gefängnis gefoltert wird, real und damit im Sinne des Folterschutzes beachtlich.[301] Wie bei der Zuerkennung der Flüchtlingseigenschaft ist damit auch beim Folterschutz zwischen den unerheblichen entfernt liegenden, bloß theoretischen Möglichkeiten einerseits sowie der erheblichen realen Möglichkeit des Gefahreneintritts andererseits zu differenzieren.

129

Auch ist anerkannt, dass die grobe Missachtung von Menschenrechten ein Indiz für die individuelle Gefahr von Folter oder unmenschlicher oder erniedrigender Behandlung darstellt.[302] Zunächst sind deshalb die individuellen Gefährdungsmomente festzustellen, um die Frage zu beantworten, ob der Antragsteller eine konkrete Gefahr, Folterungen oder unmenschlicher oder erniedrigender Behandlung oder Bestrafung ausgesetzt zu werden, ernsthaft zu befürchten hat. Der hierfür maßgeblichen Prognose ist allein mit der Feststellung, dass im Zielstaat Folter ein weit verbreitetes Phänomen ist und das dort herrschende System sich rigoroser Methoden der Machterhaltung bedient und tatsächliche oder mutmaßliche politische Gegner mit allen nur erdenklichen Mitteln bekämpft, nicht Genüge getan.[303] Für die darauf beruhende individuelle Prognoseentscheidung kommt allerdings einer ständigen Praxis grober, offenkundiger oder massenhafter Menschenrechtsverletzungen stets eine gewichtige Indizwirkung zu.

130

Wie bei der Flüchtlingsentscheidung ist in den Fällen, in denen der Antragsteller bereits in der Vergangenheit Folterungen oder unmenschliche oder erniedrigende Behandlung erlitten hat, Art. 4

131

---

296 EGMR, HRLJ 2008, 289 (295) = NVwZ 2008, 1334 Rn. 43 ff. – N. v. UK.
297 EGMR, Urt. v. 21.01.2011 – Nr. 30696/09, Rn. 254 ff. – M.S.S.
298 EGMR, InfAuslR 2012, 121 (124 f.) Rn. 267 – Sufi and Elmi; zur Relevanz des internen Schutzes beim nationalen subsidiären Schutz siehe auch BVerwG, NVwZ 2009, 1308 (1310).
299 BVerwG, NVwZ-RR 1991, 215; VGH Baden-Württemberg, Beschl. v. 08.04.1992 – A 16 S 1765/91; Hessischer VGH, InfAuslR 1989, 323; VG Sigmaringen, Beschl. v. 28.09.1994 – A 1 K 11310/93; VG Weimar, Beschl. v. 20.09.1994 – 2 E 21349/94.We; a.A. VG Frankfurt am Main, Beschl. v. 10.04.1995 – 15 G 50108/95.A (2): An die Feststellung der im Einzelfall drohenden Folter sind keine allzu strengen Anforderungen zu stellen.
300 OVG Hamburg, EZAR 043 Nr. 4, unter Hinweis auf EGMR, EZAR 933 Nr. 2, §§ 75 ff. = NJW 1991, 3079 = InfAuslR 1991, 217 = HRLJ 1991, 142 – Cruz Varas; ebenso VGH Baden-Württemberg, NVwZ-RR 1991, 445 (447).
301 VG Sigmaringen, Beschl. v. 28.09.1994 – A 1 K 11310/93; VG Weimar, Beschl. v. 20.09.1994 – 2 E 21349/94.We.
302 VGH Baden-Württemberg, NVwZ-RR 1991, 445 (447); OVG Schleswig-Holstein, EZAR 043 Nr. 8; OVG Schleswig-Holstein, InfAuslR 1995, 253 (255).
303 VGH Baden-Württemberg, Beschl. v. 12.07.1991 – A 16 S 801/91.

Abs. 4 RL 2004/83/EG anzuwenden.[304] Die frühere entgegenstehende obergerichtliche Rechtsprechung[305] ist überholt, weil Art. 4 Abs. 4 RL 2004/83/EG auch den subsidiären Schutz erfasst (vgl. Art. 2 Buchst. a) RL 2004/83/EG). Bei der Gefahrenprognose sind dementsprechend alle individuellen Gesichtspunkte in den Blick zu nehmen, um die Frage beantworten zu können, ob dem Antragsteller eine ernsthafte Gefahr droht, gefoltert oder unmenschlich oder erniedrigend behandelt oder bestraft zu werden. Hierbei kommen in der Vergangenheit erlittenen Folterungen auch unter Berücksichtigung des Gewichtes der betroffenen Rechtsgüter entscheidungserhebliche Bedeutung zu.[306]

§ 42 Willkürliche Gewalt (Art. 15 Buchst. c) RL 2004/83/EG)

Übersicht
		Rdn
1.	Funktion von Art. 15 Buchst. c) RL 2004/83/EG	1
2.	Bewaffneter Konflikt	11
	a) Funktion dieses Erfordernisses	11
	b) Internationaler bewaffneter Konflikt	17
	c) Innerstaatlicher bewaffneter Konflikt	20
	aa) Funktion des Begriffs	20
	bb) Inhalt des Begriffs	23
3.	Willkürliche Gewalt	35
	a) Funktion des Begriffs der willkürlichen Gewalt	35
	b) Prüfkriterien	45
4.	Gefahrenprognose	52
	a) Funktion der Gefahrenprognose	52
	b) Darlegungslast	58
	c) Prognosetatsachen	61
	aa) Funktion der Prognosebasis	61
	bb) Ernsthafte Bedrohungen des Lebens oder der Unversehrtheit	64
	cc) Begriff der »Zivilperson«	69
	d) Prognosemaßstab	76
	aa) Funktion des Prognosemaßstabs	76
	bb) Maßstab bei fehlenden Unterscheidungsmerkmalen	79
	(1) Funktion des Begriffs der »außergewöhnlichen Lage«	79
	(2) Abgrenzung zu Art. 3 EMRK	90
	(3) Kriterien für die Gefahrenprognose	95
	cc) Maßstab bei besonderen Unterscheidungsmerkmalen	101
	dd) Maßstab bei Vorschädigungen (Art. 4 Abs. 4 RL 2004/83/EG)	105
5.	Interner Schutz (Art. 8 RL 2004/83/EG)	111
	a) Funktion des internen Schutzes im Rahmen von Art. 15 Buchst. c) RL 2004/83/EG	111
	b) Zugang zur internen Schutzregion	115
	c) Zumutbarkeit der Lebensverhältnisse	118

---

304 Siehe auch *Treiber*, in: GK-AuslR § 53 AuslG Rn. 93.
305 VGH Baden-Württemberg, Urt. v. 15.07.1993 – A 16 S 145/93.
306 *Einarsen*, IJRL 1990, 361 (371); ähnl. VG Leipzig, EZAR 632 Nr. 23.

§ 42 Willkürliche Gewalt   Kapitel 12

Leitsätze

Funktion des subsidiären Schutzes wegen willkürlicher Gewalt

1. Der subsidiäre Schutzstatus nach Art. 15 Buchst. c) RL 2004/83/EG unterscheidet sich vom **Flüchtlingsstatus** dadurch, dass die Gewalt nicht an einen Verfolgungsgrund anknüpft, und von den anderen Fallgruppen des subsidiären Schutzes dadurch, dass keine gezielte, gegen den Einzelnen gerichtete Gewalt belegt werden muss (Rdn. 4).
2. Zweck dieses Schutzes ist es, jenen Personen, die vor genereller Gewalt im Rahmen eines bewaffneten Konfliktes geflohen sind, die sich nicht aufgrund bestimmter Eigenschaften gezielt gegen bestimmte Personen richtet, also nicht »personenspezifisch« ist, subsidiären Schutz anstelle des Flüchtlingsstatus zu gewähren.
3. Vom **vorübergehenden Schutz** grenzt sich dieser subsidiäre Schutzstatus dadurch, ab, dass er ein **Rechtsstatus** ist, der nach Anerkennung des individuellen Schutzbedürfnisses und einer Feststellung der erforderlichen Voraussetzungen (vgl. Art. 15 Buchst. c) RL 2004/83/EG) in einem rechtsförmigen Verfahren zuerkannt wird (vgl. 18 RL 2004/83/EG). Hingegen ist der vorübergehende Schutz eine Ausnahmeregelung für **unüberschaubare Notsituationen**, in denen das Schutzbedürfnis auf der Hand liegt und vorerst keine oder nur eine geringe Möglichkeit besteht, das Schutzbedürfnis jedes Einzelnen festzustellen (Rdn. 6 f.).

Begriff der willkürlichen Gewalt im Rahmen eines bewaffneten Konfliktes

4. Der Begriff des innerstaatlichen bewaffneten Konflikts ist ein unionsrechtlicher, am humanitären Völkerrecht und Völkerstrafrecht orientierter autonomer Begriff (Rdn. 27). **Im Zweifel** ist daher auf den unionsrechtlichen Zweck der Schutzgewährung für Zivilpersonen abzustellen. Mittelbar dienen die Kategorien des humanitären Völkerrechts zwar u. a. auch dem Schutz der unbeteiligten Zivilbevölkerung, jedoch nicht unmittelbar durch Gewährleistung aufenthaltsrechtlichen Schutzes außerhalb des Konfliktgebietes. Dieser Zweck ist Auslegungsprinzip für die Erfassung der Zwischenformen des innerstaatlichen bewaffneten Konfliktes (Rdn. 26 f.).
5. Der Begriff »**willkürliche Gewalt**« hat insbesondere prognoserechtliche Bedeutung (Rdn, 39, 41 ff.), weil ernsthafte Bedrohungen infolge »willkürlicher Gewalt« kaum sachgerecht nach Maßgabe des Beweismaßes des konkreten Risikos oder nach den deutschen prozessualen Grundsätzen der beachtlichen Wahrscheinlichkeit festgestellt werden können. Andererseits erleichtert die Feststellung, dass ein **innerstaatlicher bewaffneter Konflikt** besteht, die Feststellung willkürlicher Gewalt. Der Schwerpunkt der Prognoseprüfung liegt aber auf dem aktuellen Bestehen willkürlicher Gewalt (Rdn. 98 ff.) und ist **im Zweifel** von einem innerstaatlichen bewaffneten Konflikt auszugehen (Rdn. 21 ff.), sodass eine ins Detail gehende völkerrechtliche Abgrenzung zu vermeiden ist (Rdn. 15 ff.).
6. Vorausgesetzt für den innerstaatlichen bewaffneten Konflikt wird ein »**gewisses Maß an Intensität und Dauerhaftigkeit**«. Mit Blick auf den unionsrechtlich maßgeblichen Zweck der Schutzgewährung für Zivilpersonen (Ls. 4) setzt Art. 15 Buchst. c) RL 2004/83/EG aber nicht zwingend voraus, dass die Konfliktbeteiligten einen so hohen Organisationsgrad erreicht haben müssen, wie er für die Erfüllung der Verpflichtungen nach den Genfer Konventionen und für den Einsatz des IKRK erforderlich ist (vgl. Art. 1 ZP II). Vielmehr kann bei einer Gesamtwürdigung der Umstände auch genügen, dass die Konfliktbeteiligten in der Lage sind, anhaltende Gewaltaktionen von solcher Intensität und Dauerhaftigkeit durchzuführen, dass die Zivilbevölkerung davon typischerweise erheblich in Mitleidenschaft gezogen wird (Rdn. 26, 98 ff.).
7. Die den staatlichen Streitkräften gegenüberstehenden Konfliktparteien müssen weder eine effektive Kontrolle über einen Teil des Staatsgebietes ausüben noch muss der Konflikt **landesweit** bestehen (Rdn. 24). Daher müssen im Rahmen der Prognoseprüfung die geografischen Ausmaße des Konfliktes präzis ermittelt werden (Rdn. 60, 112)

Funktion der Prognoseprüfung (Prognosebasis)

8. Nicht anders wie bei der flüchtlingsrechtlichen Prognoseprüfung (§ 29 Rdn. 19 ff.) ist im Rahmen der Gefahrenprognose beim Schutz vor willkürlicher Gewalt zwischen dem Beweismaß für die Feststellung allgemeiner Prognosetatsachen einerseits sowie dem Prognosemaßstab für den Gefahrengrad einer ernsthaften Bedrohung aufgrund willkürlicher Gewalt andererseits zu unterscheiden. Für die Prognosetatsachen (Rdn. 60 bis 74) findet das **Regelbeweismaß** Anwendung, hingegen ist die aufgrund dieser Tatsachen vorzunehmende Prognoseprüfung eine wertende Entscheidung (Rdn. 76, § 29 Rdn. 12).

9. Art. 15 Buchst. c) 2004/83/EG umfasst eine Schadensgefahr »**allgemeinerer Art**«, bei der die Bedrohung nicht aus bestimmten Gewalteinwirkungen, sondern »aus einer **allgemeinen Lage**« eines bewaffneten Konflikts folgt (Rdn. 39). Daher müssen nicht begrifflich scharf Situationen »willkürlicher Gewalt« von »Gewalteinwirkungen allgemeinerer Art« getrennt werden, wenn ein innerstaatlicher bewaffneter Konflikt festgestellt worden ist. Vielmehr sollen die tatsächlichen Erscheinungsformen willkürlicher Gewalt entsprechend ihrer prognoserechtlichen Funktion (Rdn. 35 bis 44) identifiziert werden, um festzustellen, ob eine Bedrohung des Lebens oder der Unversehrtheit der Zivilbevölkerung besteht (Rdn. 40 f.).

10. Daraus folgt für die Gefahrenprognose, dass sich die in die Prognosebasis einzustellenden Faktoren nicht auf den Antragsteller im konkreten Verfahren beziehen, sondern auf eher allgemeinere Gefahren in dessen Herkunftsregion (Rdn. 60). Nach dem Europäischen Gerichtshof ist der Begriff »individuell« dahin zu verstehen, dass es sich auf Gefahren bezieht, die sich gegen eine Zivilperson »**ungeachtet ihrer Identität**« richten (Rdn. 56 ff.). Die erforderliche Analyse bezieht sich deshalb auf die »**allgemeine Lage**« im Herkunftsland, jedoch nicht auf die konkrete Person des Antragstellers.

11. Eine möglichst weite Einbeziehung der Gefährdungsfaktoren, die mit willkürlicher Gewalt einhergehen, entspricht den typischen Erscheinungsformen heutiger innerstaatlicher bewaffneter Konflikte. Daher sind sämtliche unmittelbaren und mittelbaren Folgen der bewaffneten Auseinandersetzungen und Gewaltakte in die Bewertung einzuschließen (Rdn. 47 ff. [49]). Es wäre angesichts derartiger konflikttypischer Umstände methodisch verfehlt, die einzelnen Übergriffe, Terroranschläge und militärischen Operationen jeweils getrennt für sich zu behandeln. Vielmehr sind in die Gesamtschau der Situation im aktuellen Konfliktgebiet unmittelbare und mittelbare Folgen der bewaffneten Kämpfe und Gewaltakte einzustellen.

12. Im Rahmen der Prognoseprüfung kommt es auf »schädigende Ereignisse« an, die sich gegen **Zivilpersonen ungeachtet ihrer Identität** richten (Rdn. 13, 69) Daher sind ungeachtet der Identität des Antragstellers sämtliche gegen Zivilpersonen gerichtete Gewaltakte in die Prognosebasis einzustellen (Rdn. 69 ff. [75]).

13. Da es im Rahmen von Art. 15 Buchst. c) RL 2004/83/EG nicht auf die konkrete Person des Antragstellers ankommt (Rdn. 57), bedarf es für die nicht an Unterscheidungsmerkmale anknüpfende Gefahrenprognose – mit Ausnahme der Prüfung der Staatsangehörigkeit und der Herkunftsregion (Rdn. 60) – keiner Prüfung der Glaubhaftigkeit seiner Angaben. Sofern er sich jedoch auf gefahrenerhöhende Umstände beruft, ist das individuelle Sachvorbringen anhand der üblichen Beweisgrundsätze (§ 28 Rdn. 9 ff., 105 ff.) zu prüfen.

Prognoseprüfung (Gefahrengrad)

14. Bei der Bestimmung des Gefahrengrades einer auf willkürlicher Gewalt beruhenden ernsthaften Bedrohung des Lebens oder der Unversehrtheit nach Art. 15 Buchst. c) RL 2004/83/EG finden nach der Rechtsprechung des EuGH drei unterschiedliche Maßstäbe Anwendung: Werden keine besonderen Unterscheidungsmerkmale identifiziert, ist ein »**hoher Gefahrengrad**« maßgebend (Rdn. 79 ff., 95 ff.). Werden derartige Merkmale geltend gemacht, findet eine »**gleitende Skala**« (»**sliding scale**«) Anwendung (Rdn. 52, 101 ff.). Kann der Antragsteller als Ausreiseanlass eine ernsthafte Bedrohung des Lebens oder der Unversehrtheit geltend machen (**Vorschädigung**), findet die Vermutungswirkung der Vorschädigung Anwendung (Art. 4 Abs. 4 RL 2004/83/EG, Rdn. 105 ff.).

Beweismaß bei Anträgen ohne Unterscheidungsmerkmale

15. Die vom EuGH geforderte Feststellung einer »**außergewöhnlichen Lage**« ist gegenüber »**allgemeinen Gefahren**« abzugrenzen, denen die Bevölkerung durch »gewöhnliche« Risiken, die mit Kriminalität, Industrialisierung und Umweltrisiken einhergehen (Erwägungsgrund Nr. 26 RL 2004/83/EG), ausgesetzt ist. Die der Zivilbevölkerung im Rahmen eines bewaffneten Konflikts drohende wahllose Gewalt ist hingegen gegenüber den ihr außerhalb eines derartigen Konfliktes, also normalerweise drohenden allgemeinen Gefahren stets außergewöhnlich. Der akuten andauernden wahllosen Gewalt des bewaffneten Konfliktes immanent ist also stets ihr »außergewöhnlicher Charakter« im Vergleich zu allgemeinen Gefahren (Rdn. 84 ff.).

16. Der Hinweis auf die »außergewöhnliche Lage« durch den Gerichtshof rechtfertigt damit als solcher nicht die Anwendung eines extrem hohen Prognosemaßes. Vielmehr ist die Rechtsprechung des EuGH dahin zu verstehen, dass Art. 15 Buchst. c) der Richtlinie kein Erfordernis entnommen werden kann, dass der bewaffnete Konflikt selbst außergewöhnlich sein muss. Maßgebend ist, dass die Intensität der wahllosen Gewalt hoch genug ist, um dem **Elgafaji-Test** gerecht zu werden.

17. Die Richtlinie schützt nicht vor bloßen hypothetischen Möglichkeiten willkürlicher Gewalt, sondern vor tatsächlich gefährlichen Situationen im Rahmen willkürlicher Gewalt. Deshalb müssen stichhaltige Gründe für eine ernsthafte Bedrohung durch eine tatsächliche Gefahr festgestellt werden. Erforderlich ist eine verlässliche Prognose, dass eine bestimmte Person Opfer wahlloser Gewalt werden wird. Zu prüfen ist deshalb, ob das für die Zivilbevölkerung bestehende Gewaltniveau aufgrund der unterschiedlichen Gefährdungsfaktoren ernsthaft genug ist (Rdn. 85).

18. Es bedarf deshalb auf der Grundlage der festgestellten allgemeinen Tatsachen einer Einschätzung, ob in der Herkunftsregion des Antragstellers (Rdn. 60) nicht lediglich die Möglichkeit besteht, dass Kämpfe, Anschläge und sonstige Gewaltakte möglicherweise irgendwann in der Zukunft stattfinden könnten oder aufgrund von Gerüchten die früher vorherrschende Situation willkürlicher Gewalt wieder aufleben könnte, sondern dass diese Situation tatsächlich und andauernd besteht.

19. Daher kann der vom Unionsrecht gewollte Schutz gegen willkürliche Gewalt nicht anhand **quantitativer** Kriterien, sondern nur auf der Grundlage einer tatsächlichen Gefahreneinschätzung im konkreten Einzelfall verwirklicht werden (Rdn. 100 ff.). Deshalb ist die Heranziehung der prognoserechtlichen Grundsätze der Gruppenverfolgung mit Unionsrecht unvereinbar (Rdn. 85 ff.). Nicht erst eine derart hohe Vielzahl einzelner Übergriffe, dass daraus für jeden Bewohner der Kampfregion nicht nur die Möglichkeit, sondern die aktuelle Gefahr eigener Betroffenheit entsteht, begründet eine ernsthafte Bedrohung. Vielmehr ist das erforderliche Gewaltniveau erreicht, wenn die Feststellungen ergeben, dass die Zivilbevölkerung tatsächlich in erheblichem Umfang von Gewalttaten betroffen ist (Rdn. 99).

20. Ersetzt bei der **Gruppenverfolgung** der Beweisstandard die Prüfung nach Maßgabe der beachtlichen Wahrscheinlichkeit im Einzelfall, ob der konkrete Antragsteller aufgrund bestimmter Konventionsmerkmale gezielt verfolgt werden wird, kommt es bei willkürlicher Gewalt weder auf den konkreten Antragsteller noch auf Konventionsmerkmale an. Hier ergibt sich die Bedrohung aus einer allgemeinen Lage, nämlich der willkürlichen Gewalt (Rdn. 86 ff.). Es muss zu methodologischen Fehlschlüssen führen, wenn ungeachtet der den innerstaatlichen bewaffneten Konflikt prägenden entgrenzten Gewalt (Ls. 16) nach weiteren begrifflichen Steigerungen einer bereits außergewöhnlichen Lage geforscht wird, um zu erreichen, dass die Zahl der Schutzberechtigten absehbar bleibt.

Beweismaß bei persönlichen Unterscheidungsmerkmalen

21. Bei Anträgen mit besonderen Unterscheidungsmerkmalen werden die Anforderungen an das erforderliche Gewaltniveau im Rahmen einer »**gleitenden Skala**« in dem Maße herabgestuft, wie ein oder mehrere besondere Unterscheidungsmerkmale geltend gemacht werden (Rdn. 52, 101 ff.). Diese Rechtsprechung ist an der Rechtsprechung des EGMR

(Rdn. 90 ff.) orientiert, will aber nach der erklärten Absicht des EuGH über diese hinausgehen. Obwohl nach **Elgafaji** die Herabstufung anhand besonderer Merkmale **innerhalb** einer Situation »willkürlicher Gewalt« zugelassen wird, wird in den Mitgliedstaaten dieser Test dann angewandt, wenn die Situation willkürlicher Gewalt zwar nicht aktuell, wohl aber **latent** besteht (Rdn. 102).

Beweismaß bei Vorschädigung

22. Früheren **Vorschädigungen** kommt **Beweiskraft** für eine ernsthafte Bedrohung zu. Für deren Eintritt streitet die **tatsächliche Vermutung**, dass frühere Vorschädigungen sich wiederholen werden (§ 29 Rdn. 55 ff.). Es müssen keine stichhaltigen Gründe dargelegt werden, dass sich die für die Vorschädigung maßgebenden Umstände bei Rückkehr ins Herkunftsland erneut realisieren werden (Rdn. 105 ff.). Die tatsächliche Vermutung der Vorschädigung kann widerlegt werden (Rdn. 110, § 29 Rdn. 55 f.). Herrscht aufgrund andauernder und tatsächlich ausgeübter willkürlicher Gewalt weiterhin eine ernsthafte Bedrohung für Leben oder Unversehrtheit, ist die Beweiskraft nicht widerlegt (Rdn. 95 ff.).

Interner Schutz

23. Ein innerstaatlicher bewaffneter Konflikt liegt vor, wenn die entsprechenden Voraussetzungen nur in einem Teil des Staatsgebietes erfüllt sind. Droht in der **Herkunftsregion** des Antragstellers (Rdn. 60) ein ernsthafter Schaden, ist zu prüfen, ob ihm ein Ausweichen in andere Landesteile zuzumuten ist. Eine aus ihrem Herkunftsland geflohene Person kann aber nur auf eine Ausweichregion verwiesen werden, wenn diese außerhalb des Gebietes eines innerstaatlichen bewaffneten Konfliktes liegt (Rdn. 111 ff.).
24. **Zielort** ist jeder Ort im Herkunftsland, in dem eine Neuansiedlung für den Antragsteller zumutbar ist. Es müssen daher die einzelnen Regionen innerhalb des Herkunftslandes, in denen ein bewaffneter Konflikt und das erforderliche Gewaltniveau besteht, und anschließend die Regionen, in denen kein bewaffneter Konflikt herrscht, identifiziert werden.
25. Der Antragsteller muss in der Lage sein, den Zielort aufzusuchen und dort Aufnahme zu finden. Die Durchreise durch das Herkunftsland muss ohne Gefährdung seiner persönlichen Sicherheit möglich sein (Rdn. 115 ff.).
26. Eine Umsiedlung ist nur zumutbar, wenn der Antragsteller am Zielort keine wirtschaftliche Armut oder jedenfalls eine Existenz unterhalb eines zumindest angemessenen Lebensstandards erfahren wird. Davon abzugrenzen ist eine lediglich verminderte Einschränkung des Lebensstandards oder der wirtschaftlichen Situation des Antragstellers aufgrund der Umsiedlung. Insbesondere ist hierbei seine persönliche Situation zu berücksichtigen (Rdn. 118 ff.).

§ 42 Willkürliche Gewalt   Kapitel 12

> Besteht in der Herkunftsregion des Antragstellers (Rdn. 60) ein bewaffneter Konflikt (Rdn. 11 bis 34)?

↓

> Besteht in der Herkunftsregion des Antragstellers eine Situation aktueller und andauernder »willkürlicher Gewalt« (Rdn. 35 bis 51) oder lediglich latenter Gewalt (Rdn. 98 ff.)?

↓

> Welcher Gefahrengrad ist im Rahmen der Prognoseprüfung anzuwenden (Rdn. 52 ff., 76 ff.)?
> – Beweiskraft der Vorschädigung (Rdn. 105 bis 110)
> – Prognosemaß bei Anträgen mit Unterscheidungsmerkmalen: Gefahrengrad einer ernsthaften Bedrohung aufgrund latenter willkürlicher Gewalt (Rdn. 101 bis 104)
> – Prognosemaß bei Anträgen ohne Unterscheidungsmerkmale: Gefahrengrad einer ernsthaften Bedrohung aufgrund aktueller und andauernder willkürlicher Gewalt (Rdn. 79 bis 100)

↓

> Kann vom Antragsteller vernünftigerweise erwartet werden, dass er in andere Regionen seines Herkunftslandes umsiedelt (Rdn. 111 ff.)?

Schaubild 23 zur ernsthaften Bedrohung aufgrund willkürlicher Gewalt

1. Funktion von Art. 15 Buchst. c) RL 2004/83/EG

Nach Art. 15 b) RL 2004/83/EG gilt eine »ernsthafte individuelle Bedrohung des Lebens oder der Unversehrtheit einer Zivilperson infolge willkürlicher Gewalt im Rahmen eines internationalen oder innerstaatlichen Konfliktes« als ernsthafter Schaden. Nach der Begründung des Vorschlags der Kommission betrifft diese Fallkategorie eines ernsthaften Schadens Situationen, in denen Personen aus ihrem Herkunftsland vertrieben werden und nicht mehr dorthin zurückkehren können. Dabei ist es unerheblich, ob der Antragsteller aus einem Land kommt, in dem viele oder alle Menschen der Gefahr allgemeiner Unterdrückung oder Gewalt ausgesetzt sind. Bei der Gewährung subsidiären Schutzes müssen Antragsteller jedoch im Einzelnen darlegen, dass sie eine begründete Furcht um ihr Leben oder Unversehrtheit haben. Wenn auch die Gründe für diese Furcht nicht personenspezifisch sind, muss jeder Antragsteller dennoch nachweisen, dass die Furcht in seinem ganz bestimmten Fall begründet ist.[307]

Diese Vorschrift überführt die Praxis der Mitgliedstaaten zugunsten von Personen, die wegen der durch bewaffnete Konflikte hervorgerufenen »willkürlichen Gewalt« ihr Herkunftsland verlassen mussten oder dorthin aus diesem Grund nicht zurückkehren können, in eine unionsrechtliche Norm.[308] Vorausgesetzt wird, dass die willkürliche Gewalt keinen Bezug zu den Konventionsgründen nach Art. 1 A Nr. 2 GFK aufweist. Ist dies der Fall, ist nicht subsidiärer Schutz, sondern die Flüchtlingseigenschaft zuzuerkennen. Im Flüchtlingsrecht haben sich für derartige Situationen unterschiedliche Konzepte herausgebildet: Im afrikanischen und lateinamerikanischen Kontext wird insoweit der Begriff der »**generellen Gewalt**« (Art. 1 Nr. 2 OAU-Flüchtlingskonvention, Cartagena-Deklaration) und in der Richtlinie zum vorübergehenden Schutz der Begriff der »**dauernden Gewalt**« (Art. 2 Buchst. c) i) RL 2001/55/EG) verwendet (Rdn. 5).

---

307 Kommissionsentwurf v. 12.09.2001, in: BR-Drucks. 1017/01, S. 26.
308 *McAdam*, IJRL 2005, 461, (479).

3   Die deutsche Übersetzung »willkürliche Gewalt« trifft den Zweck von Art. 15 Buchst. c) RL 2004/83/EG nur unzulänglich, weil dem Begriff »Willkür« eine bestimmte Intention der die Gewalt ausübenden Akteure immanent ist. Demgegenüber bringt der englische Begriff »**indiscriminate violenc**e«, also »**wahllose**« Gewalt, wie auch die französische Fassung »**violence aveugle**« (»**blinde Gewalt**«) die Funktion der Norm besser zum Ausdruck (Rdn. 12, 36 ff.). Denn es geht darum, jenen Personen den subsidiären Schutz zuzuerkennen, die vor genereller Gewalt geflohen sind, die sich nicht aufgrund bestimmter Eigenschaften gezielt gegen bestimmte Personen richtet, also nicht »personenspezifisch« ist.[309] Dementsprechend weist der EuGH darauf hin, dass die Gewalt dadurch gekennzeichnet ist, dass sie sich gegen Personen »**ungeachtet ihrer Identität**« richtet. Art. 15 Buchst. c) RL 2004/83/EG sei eine Norm, deren Inhalt sich von dem des Art. 3 EMRK unterscheide und sei daher eigenständig nach unionsrechtlichen Grundsätzen auszulegen.[310]

4   Es überrascht nicht, dass der eigenständige Charakters des subsidiären Schutzstatus gerade am Beispiel der unionsrechtlichen Norm des Art. 15 Buchst. c) RL 2004/83/EG hervorgehoben wird. Diese unterscheidet sich vom Flüchtlingsstatus dadurch, dass die Gewalt nicht an einen Verfolgungsgrund anknüpfen muss, und von den anderen Fallgruppen des subsidiären Schutzes dadurch, dass keine gezielte, gegen den Einzelnen gerichtete Gewalt belegt werden muss. Die Begriffe der Todesstrafe und Folter sowie unmenschlicher oder erniedrigender Behandlung oder Bestrafung haben einen relativ klar umrissenen Inhalt. Demgegenüber ist das Konzept der »ernsthaften individuellen Bedrohung« infolge »willkürlicher Gewalt« kaum nach Maßgabe der Konvention zu lösen. Gerade an der Frage, ob und nach welchen Grundsätzen sich die willkürliche Gewalt auf den Einzelnen konkretisieren muss, entzündet sich derzeit ein bislang, auch nach der Entscheidung **Elgafaji** nicht gelöster Streit.

5   Nach Auffassung von UNHCR herrscht eine beständige Staatenpraxis, nach der subsidiärer Schutz Personen gewährt werde, die im Rahmen bewaffneter Konflikte oder allgemeiner Gewalt der Gefahr willkürlicher, jedoch ernsthafter Bedrohungen ausgesetzt seien. Darüber hinaus hätten die Mitgliedstaaten in der Vergangenheit wiederholt ihre Unterstützung von Aktivitäten von UNHCR bekräftigt, die dieser im Rahmen des Mandates zur Sicherung internationalen Schutzes zugunsten von Personen ausübe, die vor den willkürlichen Folgen von Gewalt im Zusammenhang mit bewaffneten Konflikten oder schwerwiegenden Störungen der öffentlichen Ordnung fliehen würden. Diese Fortentwicklung des Anwendungsbereichs des UNHCR-Mandates werde von regionalen Vereinbarungen begleitet, wie der afrikanischen Flüchtlingskonvention von 1969 und der Cartagena-Erklärung von 1984 (Rdn. 2). In Europa werde der Bedarf an internationalem Schutz in diesen Fällen durch eine Reihe von Empfehlungen des Europarates anerkannt, insbesondere durch Empfehlung (2001) 18 vom 27. November 2001.[311]

6   Die Richtlinie zum vorübergehenden Schutz kann ohne Zweifel in die Tradition des Europarates und anderer Regionen eingeordnet werden. Danach werden Personen geschützt, die aus Gebieten geflohen sind, in denen ein »**bewaffneter Konflikt** oder **dauernde Gewalt** herrscht« sowie Personen, die »**ernsthaft von systematischen oder weit verbreiteten Menschenrechtsverletzungen** bedroht waren oder Opfer solcher Menschenrechtsverletzungen sind« (Art. 2 Buchst. c) i) und ii) RL 2001/55/EG. Anders als nach der Qualifikationsrichtlinie sind hier die Fluchtgründe begrifflich deutlich weiter gefasst und wird keine individuelle Gefährdung voraus gesetzt. Den Zustrom großer Flüchtlingsbewegungen in Afrika und Lateinamerika regeln dort weitgehend regionale Flüchtlingsinstrumente. Demgegenüber wurde in Europa das Konzept des vorübergehenden Schutzes als provisorische Lösung für Situationen von Massenfluchtbewegungen entwickelt, deren Auslöser in der Mehrzahl der Fälle zwingende Gründe im Sinne der GFK oder mit diesen vergleichbare Ursachen sind.

---

309 Kommissionsentwurf v. 12.09.2001, in: BR-Drucks. 1017/01, S. 26.
310 EuGH, InfAuslR 2009, 138 (139) = NVwZ 2009, 705 = EZAR NF 69 Nr. 5 = AuAS 2009, 86 Rn. 28, 34 – Elgafai.
311 *UNHCR*, Kommentar zur Richtlinie 2004/83/EG, Mai 2005, S. 32.

Durch den vorübergehenden Schutz soll in den vom Massenzustrom von Flüchtlingen unmittelbar 7
betroffenen Ländern der sofortige Zugang zu Sicherheit und zum Schutz der grundlegenden Menschenrechte einschließlich des Refoulementschutzes gewährt werden. Vorübergehender Schutz kann auch dazu dienen, die Aussichten auf eine abgestimmte regionale Reaktion über die unmittelbar betroffenen Gebiete hinaus zu verbessern.[312] Vorübergehender Schutz ist eine Ausnahmeregelung für **unüberschaubare Notsituationen**, in denen das Schutzbedürfnis auf der Hand liegt und vorerst keine oder nur eine geringe Möglichkeit besteht, das Schutzbedürfnis jedes Einzelnen festzustellen. Die Konzeption des vorübergehenden Schutzes unterscheidet sich vom subsidiären Schutzstatus. Letzterer ist ein **Rechtsstatus**, der nach Anerkennung des individuellen Schutzbedürfnisses und einer Feststellung der erforderlichen Voraussetzungen (vgl. Art. 15 Buchst. c) RL 2004/83/EG) in einem rechtsförmigen Verfahren zuerkannt wird (vgl. 18 RL 2004/83/EG).

Demgegenüber bedeutet vorübergehender Schutz per definitionem eine Gruppenbeurteilung des 8
Bedarfs an internationalem Rechtsschutz auf der Grundlage der allgemeinen Verhältnisse im Herkunftsland im Entscheidungszeitpunkt (vgl. Art. 5 Abs. 2 RL 2001/55/EG). Der subsidiäre Schutz wird andererseits Einzelpersonen zuerkannt, deren Schutzbedürfnis im konkreten Einzelfall geprüft wird. Der vorübergehende wie der subsidiäre Schutz gewährleisten angemessene Behandlungsstandards. Doch erfordert der vorübergehende Schutz aufgrund seines provisorischen Charakters, seiner kurzen Geltungsdauer und vor allem seiner Anwendung auf große Gruppen die Einhaltung von Mindeststandards. Subsidiärer Schutz begründet hingegen eine auf Dauer festgelegte Behandlung ab dem Zeitpunkt der Anerkennung des Schutzbedürfnisses der betreffenden Person.[313]

Es besteht kein verfahrensrechtlicher Zusammenhang zwischen dem subsidiären und dem vorübergehenden Schutz, wie er etwa im deutschen Recht mit der verfahrensrechtlichen Sperrwirkung nach 9
§ 53 Abs. 6 Satz 2 AuslG 1990, jetzt § 60 Abs. 7 Satz 3 AufenthG, bezeichnet wird (§ 48 Rdn. 20 ff.). Dies folgt bereits aus dem oben beschriebenen unterschiedlichen Charakter beider Schutzformen sowie aus einer fehlenden entsprechenden Verweisungsregel in beiden Rechtsakten. Ist kein Ratsbeschluss nach Art. 5 Abs. 1 RL 2001/55/EG ergangen, sperrt dies mithin nicht die Anwendung von Art. 15 Buchst. c) RL 2004/83/EG (Rdn. 10, 57). Darauf weist auch die Kommission in der Begründung ihres Vorschlags hin.[314] Überdies können Personen, die vorübergehenden Schutz genießen, jederzeit einen Asylantrag stellen (Art. 17 Abs. 1 RL 2001/55/EG). Die Bundesregierung konnte sich während der Beratungen mit ihren Versuchen, eine entsprechende Sperrwirkung im Blick auf den Schutz nach Art. 15 Buchst. c) RL 2004/83/EG einzufügen, nicht durchsetzen. Erwägungsgrund Nr. 26 RL 2004/83/EG enthält lediglich eine Auslegungsregel für die Gefahrenprognoseprüfung (Rdn. 79 ff.).

Durch das Richtlinienumsetzungsgesetz 2007 wurde Art. 15 Buchst. c) RL 2004/83/EG in § 60 10
Abs. 7 Satz 2 AufenthG in einer freilich erheblich vom unionsrechtlichen Wortlaut abweichenden Fassung umgesetzt. Der Gesetzgeber hat auch den Schutz nach § 60 Abs. 7 Satz 2 AufenthG der Sperrwirkung nach § 60 Abs. 7 Satz 3 AufenthG untergeordnet (§ 48 Rdn. 20 ff.). Das BVerwG hat diese Norm jedoch nach dem Grundsatz der richtlinienkonformen Auslegung unter Hinweis auf den andernfalls gesperrten unionsrechtlichen Anspruch auf Erteilung einer Aufenthaltserlaubnis (Art. 24 Abs. 2 RL 2004/83/EG) dahin ausgelegt, dass bei Vorliegen der Voraussetzungen des Art. 15 Buchst. c) RL 2004/83/EG § 60 Abs. 7 Satz 3 AufenthG keine Sperrwirkung entfaltet. Daneben bleibt als Teil des nationalen subsidiären Schutzes die Konzeption in § 60 Abs. 7 Satz 1 AufenthG erhalten. Für diesen Schutzstatus wird die Sperrwirkung aufrechterhalten (Rdn. 9, 57, § 48 Rdn. 20 ff.).[315]

---

312 *UNHCR*, Komplementäre Schutzformen, April 2001, § 26.
313 *UNHCR*, Komplementäre Schutzformen, April 2001, § 27.
314 Kommissionsentwurf v. 12.09.2001, in: BR-Drucks. 1017/01, S. 26.
315 BVerwGE 131, 198 (211 f.) = EZAR NF 69 Nr. 4 = NVwZ 2008, 1241 = InfAuslR 2008, 474; BVerwGE 137, 226 (231) Rn. 11 = InfAuslR 2010, 249.

2. Bewaffneter Konflikt

a) Funktion dieses Erfordernisses

11 Der Prüfung der Voraussetzungen der willkürlichen Gewalt vorgängig ist die Feststellung eines internationalen oder innerstaatlichen bewaffneten Konfliktes. Denn nach Art. 15 Buchst. c) RL 2004/83/EG begründet allein die aufgrund willkürlicher Gewalt bestehende ernsthafte Bedrohung keinen Schutzanspruch. Vielmehr muss die erforderliche willkürliche Gewalt »**im Rahmen**« eines bewaffneten Konflikts ausgeübt werden. Dadurch unterscheidet sich der unionsrechtliche Schutzansatz wesentlich von den anderen regionalen Konzepten (Rdn. 2), aber auch von der Richtlinie zum vorübergehenden Schutz, die einen »bewaffneten Konflikt« **oder** »dauernde Gewalt« voraussetzt. Nach dem Vorschlag der Kommission sollte hingegen der Schutzstatus angewandt werden, wenn ein »bewaffneter Konflikt« oder »systematische oder allgemeine Menschenrechtsverletzungen« im Herkunftsland Anlass für die Flucht sind.[316] Obwohl damit ein sehr weiter, menschenrechtlich orientierter Ansatz vorgeschlagen wurde, führte dieser doch zu erheblichen Missverständnissen[317] und wurde wohl auch deshalb nicht weiter verfolgt.

12 Mit dem Erfordernis des bewaffneten Konflikts wird ein enger Sachzusammenhang zwischen dem subsidiären Schutzstatus, dem humanitären Völkerrecht und dem Völkerstrafrecht hergestellt. Das humanitäre Recht bezweckt ja den Schutz der unbeteiligten Zivilbevölkerung sowie der Kombattanten, die ihre Waffen niedergelegt haben. Es liegt daher nahe, dass für die begriffliche Eingrenzung des bewaffneten Konflikts im präventiv orientierten Flüchtlingsrecht auf die Kategorien des humanitären Rechts zurückgegriffen wird. Zentrale Kategorie des humanitären Rechts ist das **Unterscheidungsgebot**, das den Einsatz **wahllos** wirkender Gewalt, die nicht zwischen zivilen und militärischen Objekten differenziert, verbietet (Rdn. 36). Treffender ist deshalb auch der englische Begriff »**indiscriminate** violence«, also wahllose Gewalt (Rdn. 3, 36). Zugleich verweist der Begriff des bewaffneten Konflikts auf das Völkerstrafrecht, das ja insbesondere auf Verbrechen zielt, die im bewaffneten Konflikt begangen werden, wenn es auch nicht notwendigerweise auf diesen beschränkt ist.[318]

13 Fehlt es an einem bewaffneten Konflikt internationalen oder internen Charakters, kann subsidiärer Schutz nach Maßgabe von Art. 15 Buchst. a) und b) RL 2004/83/EG gewährt werden, wobei der EGMR in seiner neueren Rechtsprechung den Schutzbereich von Art. 3 EMRK deutlich erweitert hat (Rdn. 90, § 41 Rdn. 126 ff.). Der subsidiäre Schutz nach Art. 15 Buchst. c) RL 2004/83/EG setzt hingegen voraus, dass die individuelle Bedrohung des Lebens oder der Unversehrtheit einer Zivilperson ihre Ursache in willkürlicher Gewalt im Rahmen eines internationalen oder innerstaatlichen bewaffneten Konfliktes hat. Kombattanten können damit nicht den subsidiären Schutzstatus erlangen. Darauf weist auch der Begriff der Zivilperson (Rdn. 69 bis 75) im Wortlaut der Norm hin. Allerdings handelt es sich bei Antragstellern, die früher unmittelbar oder mittelbar an bewaffneten Auseinandersetzungen beteiligt waren, nicht mehr um Kombattanten, da sie im Zeitpunkt der Antragstellung nicht mehr an den bewaffneten Auseinandersetzungen teilnehmen. Hier sind indes die Ausschlussgründe nach Art. 17 RL 2004/83/EG zu beachten.

14 Die Richtlinie schließt nach ihrem Schutzzweck sämtliche bewaffnete Konflikte, internationale wie innerstaatliche, ein. Da nicht nur der Bürgerkrieg, sondern – wie der Begriff »bewaffneter Konflikt« nahe legt – bereits unterhalb dieser Schwelle liegende bewaffnete Konflikte erfasst werden, ist der Anwendungsbereich dieser Voraussetzung möglichst weit zu ziehen. Anschließend ist zu prüfen, ob der Konflikt willkürliche Gewaltmuster hervorbringt, was bei innerstaatlichen bewaffneten Konflikten in aller Regel der Fall ist. Der Begriff »willkürliche Gewalt« hat insbesondere auch prognoserechtliche Bedeutung, weil ernsthafte Bedrohungen infolge »willkürlicher Gewalt« kaum

---

316 Kommissionsentwurf v. 12.09.2001, in: BR-Drucks. 1017/01, S. 54.
317 Siehe hierzu *McAdam*, IJRL 2005, 461 (490 ff.).
318 Siehe hierzu *McAdam*, IJRL 2005, 461 (488 ff.).

sachgerecht nach Maßgabe des Beweismaßes des konkreten Risikos oder nach den deutschen prozessualen Grundsätzen der beachtlichen Wahrscheinlichkeit festgestellt werden können.

Eine von UNHCR durchgeführte Studie zur Anwendung von Art. 15 Buchst. c) RL 2004/83/EG in den Mitgliedstaaten hat ergeben, dass insbesondere in Belgien, Frankreich und Schweden der Voraussetzung des bewaffneten Konflikts besondere Bedeutung beigemessen wird, hingegen in den Niederlanden und im Vereinigten Königreich die Gerichte diesem Begriff keine Bedeutung beimessen, sich vielmehr insbesondere auf die Frage konzentrieren, ob die Intensität und Natur der willkürlichen Gewalt zu einer ernsthaften Bedrohung führt.[319] Andererseits erleichtert die Feststellung, dass ein bewaffneter innerstaatlicher Konflikt besteht, die Feststellung willkürlicher Gewalt. Denn gerade in den derzeit vorherrschenden internen Konflikten werden zumeist Kriegsverbrechen begangen und wird insbesondere das Unterscheidungsgebot (Rdn. 12) verletzt, sodass in derartigen Fällen die Annahme willkürlicher Gewalt nahe liegt (Rdn. 3 und 12). Schwerpunkt der Prognoseprüfung ist ohnehin das aktuelle Bestehen willkürlicher Gewalt (Rdn. 98 ff.) und ist **im Zweifel** von einem innerstaatlichen bewaffneten Konflikt auszugehen (Rdn. 21 ff.), sodass eine ins Detail gehende völkerrechtliche Abgrenzung zu vermeiden ist. 15

Demgegenüber kommt es in internationalen Kriegen zwar auch zu Kriegsverbrechen, jedoch nicht in der Häufigkeit wie in internen Konflikten. Dies ist insbesondere dem asymmetrischen Charakter der heute zumeist üblichen internen Konflikte geschuldet, der dazu führt, dass die Zivilbevölkerung von militärisch unterlegenen Konfliktbeteiligten gezielt in Mitleidenschaft gezogen wird, um das Gewalt- und Schutzmonopol des Staates durch terroristische Aktionen zu erschüttern. Der internationale bewaffnete Konflikt hat daher bei der Anwendung von Art. 15 Buchst. c) RL 2004/83/EG nahezu keine Bedeutung (Rdn. 17 ff.). 16

b) Internationaler bewaffneter Konflikt

Bei einem internationalen bewaffneten Konflikt handelt es sich um den klassischen **zwischenstaatlichen Krieg**. Dieser wird definiert als derjenige Zustand der Beziehung zwischen zwei Staaten – oder zwischen zwei Staatengruppen oder zwischen einem Staat und einer Staatengruppe – unter dem die Geltung des normalen Völkerrechts zwischen ihnen suspendiert ist. Das Kriterium der Anwendung von Waffengewalt ist allerdings kein zwingendes Erfordernis des internationalen Krieges. Krieg im völkerrechtlichen Sinne ist ein Ausnahmezustand, der dadurch charakterisiert wird, dass die Geltung des normalen Völkerrechts, also des Friedensrechts, für seine Dauer aufgehoben ist. Krieg existiert nur da, aber auch überall da, wo dies der Fall ist, unabhängig davon, ob es zu militärischen oder sonstigen Gewaltakten kommt oder nicht.[320] In diesem Fall herrscht aber keine willkürliche Gewalt. 17

Unterschieden wird in den erklärten Krieg, der also eine formelle Kriegserklärung voraussetzt, und in den unerklärten Krieg. Seit dem 19. Jahrhundert ist der unerklärte Krieg der Regelfall. Von den 117 kriegerischen Auseinandersetzungen im 18. und 19. Jahrhundert wurden nur zehn durch formelle Kriegserklärungen eröffnet. Nur für Vertragsstaaten des II. Haager Abkommens von 1907 ist die Kriegseröffnung durch formelle Kriegserklärung verpflichtend.[321] Beendet wird der internationale Krieg durch **Debellation**, d. h. durch totale Unterwerfung und Beseitigung der staatlichen Existenz eines Kriegsgegners, durch beiderseitige Einstellung der Feindseligkeiten oder durch Friedensvertrag. 18

Der Begriff des »internationalen bewaffneten Konfliktes« nach Art. 15 Buchst. c) RL 2004/83/EG ist **weit auszulegen**. Solange ein internationaler bewaffneter Konflikt und willkürliche Gewaltmuster vorherrschen, ist die Vorschrift anzuwenden. Die Grenzen sind weder für den Beginn noch für die Beendigung des internationalen bewaffneten Konfliktes präzis bestimmbar. Maßgebend ist letztlich 19

---

319 *UNHCR*, Safe at last?, July 2011, S. 65 ff.
320 *Berber*, Lehrbuch des Völkerrechts, II. Bd. Kriegsrecht, S. 3 f.
321 *Berber*, Lehrbuch des Völkerrechts, II. Bd. Kriegsrecht, S. 88 f.

nicht, wie die rechtlichen Beziehungen zwischen den Konfliktbeteiligten völkerrechtlich zu beurteilen sind, ob diese sich also nach Kriegs- oder Friedensrecht richten, sondern ob es im Rahmen eines andauernden internationalen bewaffneten Konfliktes zu willkürlicher Gewalt gegen die Zivilbevölkerung kommt. Auch wenn zwischen den Kriegsgegnern selbst keine bewaffneten Auseinandersetzungen herrschen, kann es im Einflussbereich der jeweiligen Kriegsparteien zu willkürlicher Gewalt durch unterschiedliche Akteure (vgl. Art. 6 RL 2004/83/EG) gegen die Zivilbevölkerung kommen.

c) *Innerstaatlicher bewaffneter Konflikt*

aa) *Funktion des Begriffs*

20 Die überwiegende Mehrzahl der heutigen bewaffneten Konflikte sind innerstaatliche Kriege. Der Begriff »innerstaatlicher bewaffneter Konflikt« setzt nicht notwendigerweise das Bestehen eines Bürgerkrieges voraus. Von einem »bewaffneten innerstaatlichen Konflikt« spricht man vielmehr, wenn die Regierung einen internen Konflikt nicht mehr mit den herkömmlichen Mitteln und den verfügbaren polizeilichen Kräften zu lösen vermag und Militär einsetzt. Umstritten ist, ob der Begriff des innerstaatlichen bewaffneten Konfliktes nach Maßgabe des humanitären Völkerrechts auszulegen ist oder ob Art. 15 Buchst. c) RL 2004/83/EG insoweit einen eigenständigen autonomen unionsrechtlichen Begriff heraus gebildet hat.[322] Sofern als Ausgangspunkt humanitäres Recht angewandt wird, ist ungeklärt, ob der weite Begriff des gemeinsamen Art. 3 der Genfer Konventionen oder ausschließlich der enge, asymmetrische Kriege nicht erfassende Begriff nach Art. 1 ZP II maßgebend ist.

21 Die britische Rechtsprechung hatte ursprünglich die in Art. 1 ZP II enthaltene Definition auf Art. 15 Buchst. c) RL 2004/83/EG angewandt. Wesentliche Voraussetzung für einen bewaffneten innerstaatlichen Konflikt sei, dass die Aufständischen in der Lage seien, die Verpflichtungen nach dem ZP II intern durchzusetzen.[323] Seit 2009 wird dieser Ansatz jedoch nicht weiter verfolgt. Das humanitäre Recht verfolge eigenständige Zwecke und habe einen spezifischen Anwendungsbereich, bezwecke insbesondere nicht die Schutzgewährung für Personen, die vor bewaffneten Konflikten fliehen. Die Begriffe bewaffneter Konflikt und wahllose Gewalt seien keine im humanitären Recht geregelten Begriffe, stellten aber großzügig zu handhabende Begriffe des unionsrechtlichen subsidiären Schutzesstatus dar. Die Richtlinie erweitere den Schutz in verpflichtender Weise auf jene Personen, die vor einem bewaffneten Konflikt fliehen, als eine Angelegenheit humanitärer Praxis.[324]

22 Demgegenüber bezieht sich die Rechtsprechung in Belgien, Deutschland, Frankreich, den Niederlanden und Schweden zur Bestimmung des Begriffs des bewaffneten Konflikts auf humanitäres Recht.[325] Das BVerwG hatte sich zunächst unmittelbar auf humanitäres Recht bezogen[326] und in Auseinandersetzung mit der früheren britischen Rechtsprechung (Rdn. 21) zwar hieran festgehalten, jedoch einschränkend eingeräumt, dass sein Ansatz keineswegs »eine bedingungslose Übernahme der Anforderungen des Art. 1 ZP II« vorsehe, sondern auf eine »**Orientierung**« an diesen Kriterien ziele, wobei daneben aber auch ergänzend auch die Auslegung dieses Begriffs im Völkerstrafrecht berücksichtigt werden könne.[327] Auch die britische Rechtsprechung hat inzwischen klarstellend anerkannt, dass zur Begriffsbestimmung eine Orientierung am humanitären und am Völkerstrafrecht zulässig sei.[328]

---

322 Siehe hierzu *UNHCR*, Safe at last?, July 2011, S. 67 ff.
323 Asylum and Immigration Tribunal, Urt. v. 15.08.2007 – AA/14710/2006, Rn. 16–17 – Lukman Hameed Mohammed (Irak); Asylum and Immigration Tribunal, Urt. v. 01.02.2008 – CG (2008) UKAIT 00023, Rn. 60 ff., 240 ff. (Irak).
324 UK Court of Appeal (2009) EWCA Civ 620 – QD and AH.
325 Siehe hierzu *UNHCR*, Safe at last?, July 2011, S. 67 ff.
326 BVerwGE 131, 198 (206) Rn. 19 = EZAR NF 69 Nr. 4 = NVwZ 2008, 1241 = InfAuslR 2008, 474.
327 BVerwGE 136, 361 (367 f.) Rn. 22 f. = EZAR NF 69 Nr. 7 = InfAuslR 2010, 404.
328 UK Court of Appeal (2010) UKUT 331 – HM.

bb) Inhalt des Begriffs

Der Begriff des bewaffneten innerstaatlichen Konflikts ist ein unionsrechtlicher Begriff, der in Anlehnung an humanitäres Recht und Völkerstrafrecht autonom zu bestimmen ist. Dies hat zur Folge, dass eine Orientierung an humanitäres Recht zwar zulässig, **im Zweifel** aber von einer Situation akuter und andauernder willkürlicher Gewalt auszugehen ist (Rdn. 26 ff.). Zwar liegt in einigen Mitgliedstaaten der Fokus auf Art. 1 Abs. 1 ZP II. Damit wird aber der Zweck der subsidiären Schutzgewährung verfehlt, weil durch diese Norm nur eine sehr begrenzte Gruppe von Konflikten erfasst wird. Nach Art. 1 Abs. 1 ZP II setzt die Annahme eines bewaffneten innerstaatlichen Konfliktes voraus, dass im Hoheitsgebiet eines Vertragsstaates zwischen dessen Streitkräften und abtrünnigen Streitkräften oder anderen »organisierten bewaffneten Gruppen« bewaffnete Konflikte ausgetragen werden, die unter einer verantwortlichen Führung eine solche Kontrolle über einen Teil des Hoheitsgebietes des Vertragsstaates ausüben, dass sie »**anhaltende, koordinierte Kampfhandlungen**« durchführen und das Protokoll anwenden können.

23

Es handelt sich damit um die klassische Situation eines Bürgerkrieges, in dem sich auf beiden Seiten Streitkräfte mit der Fähigkeit zu anhaltenden und koordinierten Kampfhandlungen (**symmetrischer Krieg**) gegenüberstehen. Auch das BVerwG hatte sich zunächst auf Art. 1 Abs. 1 ZP bezogen (Rdn. 22),[329] dabei aber den Ansatz der Vorinstanz, dass nur ein »landesweiter Konflikt« im Rahmen von Art. 15 Buchst. c) RL 2004/83/EG in Betracht komme,[330] zurückgewiesen. Vielmehr liege ein innerstaatlicher Konflikt auch dann vor, wenn die entsprechenden Voraussetzungen nur in einem Teil des Staatsgebietes erfüllt seien. Dies ergebe sich schon daraus, dass bei Art. 15 Buchst. c) RL 2004/83/EG auch der interne Schutz (Art. 8 RL 2004/83/EG) zu prüfen sei. Eine aus ihrem Herkunftsland geflohene Person könne aber nur auf eine Ausweichregion verwiesen werden, wenn diese außerhalb des Gebietes eines innerstaatlichen bewaffneten Konfliktes liege. Damit erkenne die Richtlinie an, dass sich ein innerstaatlicher Konflikt nicht auf das gesamte Staatsgebiet erstrecken müsse.[331] Bestätigt wird diese Position durch die Rechtsprechung des Gerichtshofs, wonach sich die tatsächliche Gefahr, durch bloße Anwesenheit einer Bedrohung im Sinne des Art. 15 Buchst. c) RL 2004/83/EG ausgesetzt zu sein, auf das Gebiet des Landes oder einer Region bezieht,[332] also durch diese Norm ein regional beschränkter Konflikt und dort herrschende willkürliche Gewalt erfasst wird.

24

Die Erwägungsgründe Nr. 11 und 25 RL 2004/83/EG erfassen humanitäres Recht insgesamt und nicht nur das ZP II. Das BVerwG hatte zunächst auch auf den gemeinsamen Art. 3 der Genfer Konventionen verwiesen, aber diese Frage nicht abschließend klären wollen. Ob die Konfliktbeteiligten einen so hohen Organisationsgrad erreichen müssten, wie es für die Erfüllung der Verpflichtungen nach den Genfer Konventionen erforderlich sei, bliebe offen. Die Orientierung an den Kriterien des humanitären Rechts finde ihre Grenze jedoch jedenfalls dort, wo ihr der Zweck der Schutzgewährung nach Art. 15 Buchst. c) RL 2004/83/EG widerspreche.[333] Klarstellend hat es später festgestellt, seine Rechtsprechung sehe »keineswegs eine bedingungslose Übernahme der Anforderungen des Art. 1 ZP II« vor. Vielmehr bedeute die Orientierung am humanitären Völkerrecht, dass einerseits – am unteren Rand der Skala – Fälle **innerer Unruhen und Spannungen** wie Tumulte, vereinzelt auftretende Gewalttaten und andere ähnliche Handlungen keinen innerstaatlichen Konflikt darstellten

25

---

329 BVerwGE 131, 198 (207) Rn. 21 = EZAR NF 69 Nr. 4 = NVwZ 2008, 1241 = InfAuslR 2008, 474.
330 Hessischer VGH, AuAS 2007, 202 (203); Hessischer VGH, Beschl. v. 22.02.2008 – 8 ZU 873/07; ebenso UK Asylum and Immigration Tribunal (2008) UKAIT 00023, Rn. 205 ff. (Irak).
331 BVerwGE 131, 198 (209) Rn. 25 f. = EZAR NF 69 Nr. 4 = NVwZ 2008, 1241 = InfAuslR 2008, 474.
332 EuGH, InfAuslR 2009, 138 (35) Rn. 36 = EZAR NF 69 Nr. 5 = NVwZ 2009, 705 = AuAS 2009, 86 – Elgafaji.
333 BVerwGE 131, 198 (206 ff.) Rn. 19 bis 22 = EZAR NF 69 Nr. 4 = NVwZ 2008, 1241 = InfAuslR 2008, 474; BVerwGE 136, 361 (369) Rn. 23 = EZAR NF 69 Nr. 7 = InfAuslR 2010, 404.

(Art. 1 Abs. 2 ZP II), andererseits – am oberen Ende der Skala – jedenfalls dann ein solcher Konflikt vorläge, wenn die Kriterien des Art. 1 Abs. 1 ZP II erfüllt seien.[334]

26 Für Zwischenformen sei die Annahme bewaffneter Konflikte nicht von vornherein ausgeschlossen. Typische Beispiele seien Bürgerkriegsauseinandersetzungen und Guerillakämpfe. Der Konflikt müsse aber jedenfalls ein »**gewisses Maß an Intensität und Dauerhaftigkeit** aufweisen.« Mit Blick auf den Zweck der Schutzgewährung für Zivilpersonen werde nicht zwingend gefordert, dass die Konfliktbeteiligten einen so hohen Organisationsgrad erreicht haben müssten, wie er für die Erfüllung der Verpflichtungen nach den Genfer Konventionen und für den Einsatz des IKRK erforderlich sei (vgl. Art. 1 ZP II). Vielmehr könne bei einer Gesamtschau der Umstände auch genügen, dass die Konfliktbeteiligten in der Lage seien, anhaltende und koordinierte Kampfhandlungen von solcher Intensität und Dauerhaftigkeit durchzuführen, dass die Zivilbevölkerung davon typischerweise erheblich in Mitleidenschaft gezogen werde. Entsprechendes dürfte auch für die Frage der effektiven Kontrolle über einen Teil des Staatsgebietes gelten. Im Rahmen der Gesamtwürdigung könne dies aber als Indiz für die Intensität und Dauerhaftigkeit des Konfliktes von Bedeutung sein.[335] Im konkreten Fall nähmen die Angriffe der Taliban in der Provinz Paktia »kriegsähnliche Dimensionen« an. Dass Feststellungen zum Organisationsgrad der Taliban fehlten, sei angesichts der festgestellten Stärke und »Erfolge« der Taliban in Teilen Afghanistans unschädlich, weil keine Zweifel am Vorliegen eines ausreichend intensiven und dauerhaften bewaffneten Konfliktes bestünden.[336]

27 Zusammenfassend stellt das BVerwG fest, dass damit dem Anliegen der neueren britischen Rechtsprechung, die unterschiedlichen Zielsetzungen des humanitären Völkerrechts einerseits und des internationalen Schutzes nach der Richtlinie andererseits zu beachten, hinreichend Rechnung getragen werde. Der Begriff des bewaffneten innerstaatlichen Konflikts ist damit ein unionsrechtlicher, am humanitären Völkerrecht und Völkerstrafrecht orientierter autonomer Begriff. **Im Zweifel** ist auf den **unionsrechtlichen Zweck der Schutzgewährung für Zivilpersonen** abzustellen. Demgegenüber sind die Kategorien des humanitären Rechts in erster Linie darauf gerichtet, dass die Konfliktbeteiligten internationale Verpflichtungen einhalten. Mittelbar dienen zwar auch humanitäres Recht und Völkerstrafrecht dem Schutz der unbeteiligten Zivilbevölkerung, jedoch nicht unmittelbar durch Gewährleistung aufenthaltsrechtlichen Schutzes für die Zivilbevölkerung außerhalb des Konflikgebietes. Dieser Zweck ist Auslegungsprinzip für die Erfassung der Zwischenformen des bewaffneten innerstaatlichen Konfliktes (Rdn. 26).

28 Das BVerwG vermeidet eine nähere Betrachtung des gemeinsamen Art. 3 der Genfer Konventionen. Es kommt jedoch nicht vorrangig auf die bei Art. 1 ZP II vorausgesetzte Symmetrie der Kriegführung an, wie seine Ausführungen (Rdn. 26) nahe legen. Während es für die Feststellung von Ausschlussgründen dessen völkerstrafrechtliche Funktion hervorhebt,[337] spricht es im Rahmen des subsidiären Schutzes diese Norm zwar an, ohne sich aber festzulegen.[338] Im Rahmen der grundsätzlichen Klärung, ob Fälle **innerer Unruhen und Spannungen** wie Tumulte, vereinzelt auftretende Gewalttaten und andere ähnliche Handlungen keinen innerstaatlichen Konflikt darstellten (Rdn. 26) erwähnt es Art. 3 jedoch nicht. Inhaltlich verweist es jedenfalls mit dem Hinweis auf die die untere Grenze markierenden **inneren Unruhen und Spannungen** wie Tumulten, vereinzelt auftretenden Gewalttaten und anderen ähnlichen Handlungen (Art. 1 Abs. 2 ZP II, Art. 8 Abs. 2 Buchst. b) und f) IStGH-Statut) auf diesen. Das humanitäre Recht kommt erst dann ins Spiel, wenn die Polizeikräfte nicht mehr in der Lage sind, mit inneren Unruhen und Spannungen wegen ihrer Intensität

---

334 BVerwGE 136, 361 (368) Rn. 23 = EZAR NF 69 Nr. 7 = InfAuslR 2010, 404.
335 BVerwGE 136, 361 (369) Rn. 23 = EZAR NF 69 Nr. 7 = InfAuslR 2010, 404.
336 BVerwGE 136, 361 (370) Rn. 25 = EZAR NF 69 Nr. 7 = InfAuslR 2010, 404.
337 BVerwGE 135, 252 (265) Rn. 32 = EZAR NF 68 Nr. 7 = NVwZ 2010, 979 = InfAuslR 2010, 256; BVerwGE 136, 90 (97) Rn. 27 = EZAR NF 68 Nr. 8 = NVwZ 2010, 974.
338 BVerwGE 131, 198 (206) Rn. 20 = EZAR NF 69 Nr. 4 = NVwZ 2008, 1241 = InfAuslR 2008, 474.

und ihrer Dauerhaftigkeit fertig zu werden und deshalb etwa militärische Kräfte eingesetzt und Sondermaßnahmen erlassen werden.

Für den Zwischenbereich, insbesondere für die oberhalb des unteren Randbereichs liegenden Konflikte liefert der gemeinsame Art. 3 der Genfer Konvention wichtige Erkenntnisse. Dieser ist einerseits Bestandteil des humanitären Völkerrechts wie des Völkerstrafrechts,[339] andererseits setzt er auch eine gewisse Intensität und Dauerhaftigkeit des Konflikts voraus (Rdn. 30, 32), nicht aber eine Symmetrie »**anhaltender, koordinierter Kampfhandlungen**« auf beiden Seiten wie bei Art. 1 Abs. 1 ZP II. Der gemeinsame Art. 3 der vier Genfer Konventionen ist die einzige Norm innerhalb der ausschließlich auf den internationalen Konflikt bezogenen vier Genfer Konventionen, die auf den bewaffneten innerstaatlichen Konflikt gemünzt ist. Gerade im Blick auf den Schutz der Opfer hatte es seit Beginn des 20. Jahrhunderts im Rahmen der Rot-Kreuz-Konventionen Bemühungen gegeben, für den innerstaatlichen Konflikt zusätzliche Völkerrechtsregelungen zu schaffen, welche von der Anerkennung als kriegführende Partei unabhängig sind. Einen Durchbruch haben diese Bemühungen erst 1949 erzielt, allerdings nur halbherzig. Hatte die Bevollmächtigtenkonferenz eine integrale Anwendung des humanitären Rechts auf den innerstaatlichen Konflikt gefordert, ist mit dem gemeinsamen Art. 3 der Genfer Konventionen nur eine **besondere** Minimalkonvention erreicht worden.[340]

29

Art. 1 Abs. 1 ZP II hat einen wesentlich engeren Anwendungsbereich als Art. 3. Beide Normen unterscheiden sich in der unterschiedlichen **Anwendungsschwelle**. Für die Anwendung von Art. 3 sind »Kampfhandlungen **einer gewissen Intensität**« erforderlich.[341] Die Norm umfasst damit insbesondere auch die heute im Rahmen interner Konflikte typische **asymmetrische Kriegführung**. Hingegen zielt Art. 1 Abs. 1 ZP auf die **symmetrische Kriegführung** (Rdn. 35 ff., 50 ff.). Der Internationale Gerichtshof misst den in Art. 3 »**niedergelegten Grundsätzen der Menschlichkeit**« ge**wohnheitsrechtlichen Charakter** bei.[342] Die in Art. 3 zum Schutze von Nichtkombattanten enthaltenen Verpflichtungen haben danach einen nicht aufhebbaren humanitären und bindenden gewohnheitsrechtlichen Charakter.[343] Diese Grundsätze bezwecken den Schutz der unbeteiligten Zivilbevölkerung und werden allgemein als menschenrechtlicher Kernbestand bezeichnet, der auch in innerstaatlichen bewaffneten Konflikten unabhängig von der Ausrufung des Ausnahmezustandes von den Konfliktbeteiligten und unabhängig von ihrer Bereitschaft, diese anzuerkennen, gelten.

30

Da ein innerstaatlicher bewaffneter Konflikt zur Folge hat, dass Schutznormen zugunsten der Zivilbevölkerung Anwendung finden, muss der Anwendungsbereich von Art. 3 **so weit wie möglich** gezogen werden.[344] Von einem Art. 3 zuzuordnenden Konflikt ist auszugehen, wenn auf beiden Seiten bewaffnete Kräfte in Feindseligkeiten gegeneinander verstrickt sind, die zwar in vielen Beziehungen einem internationalen Konflikt vergleichbar sind, sich jedoch im Hoheitsgebiet eines einzelnen Staates ereignen.[345] Zwar beherrschen die Konfliktbeteiligten in vielen Situationen bewaffneter Konflikte einen Teil des Landes und besteht auch häufig irgendeine Art von Front. Dies wird jedoch nicht zwingend vorausgesetzt. Vielmehr ist von einem bewaffneten Konflikt etwa auch bei einer grenzüberschreitenden militärischen Operation auszugehen, bei der eine feindliche Patrouille in ein Land eindringt, ohne die Absicht, dort auf Dauer zu bleiben.[346] Im Schrifttum findet diese Position Bestätigung. Danach setzt der Begriff des innerstaatlichen bewaffneten Konfliktes ein

31

---

339 BVerwGE 136, 90 (97) Rn. 27 = EZAR NF 68 Nr. 8 = NVwZ 2010, 974.
340 *Bothe*, Friedenssicherung und Kriegsrecht, S. 660.
341 *Bothe*, Friedenssicherung und Kriegsrecht, S. 661.
342 I. C. J. Reports 1986, 1 (104) – Nicaragua v. US.
343 *Meron*, Human Rights and Humanitarian Norms as Customary Law, S. 35.
344 So auch OVG Schleswig-Holstein, Urt. v. 21.11.2007 – 2 LB 38/07.
345 *Pictet*, IV Geneva Convention. Commentary, S. 36.
346 *Pictet*, The Geneva Conventions of 12 August 1949. Commentary. IV, S. 36, 60, bezogen auf den Begriff der militärischen Besetzung nach Art. 6 IV. Genfer Konvention.

Ausmaß an Feindseligkeiten voraus, dessen die Regierung mit den normalen polizeilichen Mitteln nicht mehr Herr werden kann.[347] Dabei ermöglicht die definitorische Unbestimmtheit von Art. 3 eine flexible Handhabung und dem IKRK die Möglichkeit, Hilfestellungen in einer Vielzahl von Fallgestaltungen anzubieten.[348]

32 Für die **Anwendungsschwelle** von Art. 3 wird mit der Voraussetzung, dass Kampfhandlungen eine »gewisse Intensität« aufweisen müssen (Rdn. 29 f.),[349] ein eher pragmatischer Ansatz gewählt. Das IKRK hat wiederholt hervorgehoben, dass bewaffnete Auseinandersetzungen einen »**minimalen Grad von Intensität**« und die Konfliktbeteiligten ein »**Minimum an Organisation**« aufweisen müssen.«[350] Der Internationale Gerichtshof hatte in der **Nicaragua-Entscheidung** auf den Konflikt zwischen der damaligen Regierung von Nicaragua und den Contras Art. 3 angewandt und damit diese Beziehung als einen innerstaatlichen bewaffneten Konflikt gewertet. Nach dem dem Gerichtshof unterbreiteten Material hatten die Contras 1982 zunächst von Costa Rica aus begrenzte militärische Operationen im Grenzgebiet von Nicaragua unternommen. Die Regierung von Nicaragua hatte auf die dadurch entstandenen erheblichen Sachschäden und weit verbreiteten Tötungen der Zivilbevölkerung hingewiesen. Außerdem hätten die Contras Gefangene getötet und wahllos Zivilpersonen umgebracht (»**indiscriminate killings of civilians**«) sowie Folterungen und Vergewaltigungen begangen sowie mithilfe der CIA »**verdeckte Operationen**« unternommen. Nachdem wiederholte militärische Operationen mit dem Ziel, in Nicaragua territoriale Herrschaft zu erlangen, fehlgeschlagen waren, waren die Contras mit Unterstützung der CIA dazu übergegangen, Anschläge auf Versorgungseinrichtungen wie z. B. Elektrizitätswerke, und Kämpfe in den Städten durchzuführen.[351] Die in Rede stehenden Aktionen der Contras hätten »die Ausbreitung von **Terror** und Gefahren für Nichtkombattanten als Ziel als solches, ohne das Bemühen, humanitäre Standards und das Prinzip der militärischen Notwendigkeit zu beachten« eingeschlossen.[352]

33 Die Contras hatten danach die Regierung von Nicaragua nicht mit fortdauernden militärischen Operationen, begangen von koordinierten Streitkräften unter zentralem Kommando angegriffen, sondern über einen längeren Zeitraum eine Vielzahl von vereinzelten militärischen und terroristischen, im Rahmen einer Gesamtbetrachtung aber intensiven Operationen (»weiche Ziele«) unternommen, ohne dabei jemals effektive Herrschaft über eine bestimmte Region des Landes zu erzielen (**asymmetrischer Krieg**). Aufgrund der Vielzahl vereinzelter militärischer und terroristischer Operationen, die über einen längeren Zeitraum durchgeführt wurden, erachtete der Gerichtshof die für die Anwendung von Art. 3 der Genfer Konvention erforderliche »gewisse Intensität« der Auseinandersetzungen wie selbstverständlich für gegeben, ohne dies auch nur zu begründen.

34 Daraus folgt, dass im Rahmen von Art. 3 ein örtlich begrenzter und nicht lediglich kurzfristiger Bandenkrieg mit einer gewissen Intensität zu berücksichtigen ist, wenn hierdurch die Zivilbevölkerung in schwerwiegender Weise dauerhaft in Mitleidenschaft gezogen wird. Auch das BVerwG stellt kriminelle Gewalt in die Betrachtung ein, wenn sie von einem der Konfliktbeteiligten ausgeübt wird.[353] Es kommt damit in erster Linie auf die Auswirkungen des Konfliktes auf die unbeteiligte Zivilbevölkerung in der entsprechenden Region an. Mit dem Begriff der »willkürlichen Gewalt« verweist Art. 15 Buchst. c) RL 2004/83/EG auf derartige Auswirkungen und bestimmt damit entsprechend dem Schutzzweck von Art. 3 die Bandbreite der in Betracht kommenden bewaffneten Konflikte.

---

347 *Gasser*, Armed Conflict within the Territory of a State, S. 231.
348 *Kalshoven*, The Netherlands Yearbook of International Law 1977, 107 (113).
349 *Bothe*, Fiedenssicherung und Kriegsrecht, S. 661.
350 ICRC, Opinion Paper, »How ist he term ›armed conflict‹ definded in international humanitarian law?«, March 2008.
351 International Court of Justice, Reports of Judgments 1986, 14, Rn. 20, 93, 104 bis 106 – Nicaragua v. US.
352 International Court of Justice, Reports of Judgments 1986, 14, Rn. 113 – Nicaragua v. US.
353 BVerwGE 131, 198 (209) Rn. 24 = EZAR NF 69 Nr. 4 = NVwZ 2008, 1241 = InfAuslR 2008, 474.

3. Willkürliche Gewalt

a) Funktion des Begriffs der willkürlichen Gewalt

Zweck von Art. 15 Buchst. c) RL 2004/83/EG ist es, Opfer von willkürlicher Gewalt im Rahmen eines bewaffneten Konfliktes zu schützen. Der Begriff der willkürlichen Gewalt zielt auf die Auswirkungen bewaffneter Konflikt auf die Zivilbevölkerung. Allein die Feststellung eines innerstaatlichen bewaffneten Konflikts rechtfertigt zwar noch nicht die Feststellung willkürlicher Gewalt. Vielmehr ist in einem zweiten Schritt zu prüfen, ob im Rahmen eines bewaffneten Konflikts willkürliche Gewalt ausgeübt wird. Die Funktion dieses Begriffs geht jedoch insbesondere dahin, die durch Gewalt infolge bewaffneter Konflikte bedrohte Zivilbevölkerung möglichst umfassend zu schützen. Es kommt daher entscheidend auf eine akute Situation andauernder willkürlicher Gewalt an (Rdn. 23, 98 ff.). Deshalb wird ein breiter Gewaltbegriff gewählt, um den asymmetrisch geprägten Charakter interner Konflikte (Rdn. 30 ff., 50 ff.), die in aller Regel durch Muster willkürlicher Gewaltakte geprägt sind, sachgerecht erfassen zu können. Die Feststellung eines derartigen Konfliktes dürfte deshalb häufig willkürliche Gewaltmuster indizieren. Innerstaatliche bewaffnete Konflikte und derartige Gewalt sind also wechselseitig aufeinander bezogen und bedingen einander, wobei es für die Prognoseprüfung im Ergebnis aber auf eine akute andauernde Situation willkürlicher Gewalt ankommt (Rdn. 98 ff.).

Insoweit bringt der englische Begriff »**indiscriminate violence**« (»wahllose Gewalt«) sowie der französische Begriff »**violence aveugle**« (»blinde Gewalt«) den Inhalt dieses Begriffs treffender zum Ausdruck als der deutsche Begriff »willkürliche Gewalt« (Rdn. 3, 12). Der Begriff »indiscriminate« wird verwendet, um Angriffe zu beschreiben, welche nicht zwischen militärischen und zivilen Zielen unterscheiden. Auch der Internationale Gerichtshof verweist im Zusammenhang mit Art. 3 auf »**indiscriminate killings of civilians**« (Rdn. 32).[354] Dies weist auf das grundlegende Prinzip des humanitären Völkerrechts, das Prinzip der Unterscheidung (»**principle of distinction**«), hin (Rdn. 12).[355] Danach sind die Konfliktbeteiligten verpflichtet, zwischen der Zivilbevölkerung und Kombattanten zu unterscheiden, um die zivile Bevölkerung und deren Eigentum zu schonen. Weder die zivile Bevölkerung als solche noch zivile Einzelpersonen dürfen zum Ziele militärischer Angriffe gemacht werden. Vielmehr sind diese ausschließlich auf militärische Ziele zu richten. Dieses Prinzip verbietet ferner den Einsatz von Waffen sowie die Anwendung von Kriegsstrategien, welche nicht zwischen zivilen und militärischen Zielen unterscheiden.

Der Begriff der »indiscriminate violence« erfordert danach einen sehr weit angelegten Ansatz: Es verbietet unmittelbare Angriffe auf Zivilpersonen, weil derartige Angriffe als solche nicht gegen militärische Ziele gerichtet sind. Es verbietet ferner den Einsatz von Mitteln und Methoden, z. B. chemische Waffen, Streubomben, Landminen, welche die Zivilbevölkerung in unverhältnismäßiger Weise beeinträchtigen. Ferner verbietet es den Einsatz terroristischer Gewalt, weil diese gezielt gegen die Zivilbevölkerung (»weiche Ziele«) gerichtet wird, um den militärischen Gegner zu treffen. Schließlich verbietet es die Anwendung nicht gezielter und absichtsloser Gewalt, wenn dies dazu führt, dass nicht mehr zwischen militärischen und zivilen Zielen unterschieden wird. Ergänzend findet das **Prinzip der Verhältnismäßigkeit** Anwendung: Nicht immer kann vor einem Einsatzbefehl verlässlich eingeschätzt werden, ob und in welchem Umfang die Zivilbevölkerung betroffen sein könnte. Daher ist die größtmöglich schonende Einsatzstrategie zu verfolgen (§ 35 Rdn 18 ff.) und sind so weit wie möglich zivile Opfer auszuschließen.

Das BVerwG legt den Begriff der willkürlichen Gewalt ebenfalls im Lichte des humanitären Völkerrechts aus. Das schließe solche Gewaltakte ein, die unter Verletzung des humanitären Völkerrechts begangen würden. Dies sei insbesondere bei Gewalt der Fall, die nicht zwischen zivilen und militärischen Objekten unterscheide (Rdn. 12, 36 f.). Ferner erstrecke sich der Begriff auf Gewaltakte,

---

354 International Court of Justice, Reports of Judgments 1986, 14, Rn. 20, 93, 104 bis 106 – Nicaragua v. US.
355 UK Asylum and Immigration Tribunal, UKAIT 00023, Rn. 90.

bei denen die Mittel und Methoden in unverhältnismäßiger Weise die Zivilbevölkerung träfen (Rdn. 37). Nach anderer Ansicht solle der Begriff der willkürlichen Gewalt die Anforderungen begrenzen, die an das Vorliegen einer erheblichen individuellen Gefahr zu stellen seien. Diese werde mit der fehlenden Zielgerichtetheit willkürlicher Gewalt begründet. Werde Gewalt nicht gezielt gegen bestimmte Personen oder Personengruppen, sondern wahllos ausgeübt, könnten die Betroffenen in aller Regel keine individualisierenden Merkmale vorweisen, die sie von anderen unterscheiden. Der EuGH habe jedoch die Zweifelsfragen, die aus dem Begriff der »willkürlichen Gewalt« folgten, zu klären.[356]

39 Eine Entscheidung zwischen den beiden Bedeutungen des Begriffs der willkürlichen Gewalt erscheint nicht mehr erforderlich, weil der EuGH diese Frage inzwischen zwar nicht in begrifflicher Hinsicht, so doch in ihrer rechtlichen Bedeutung für den subsidiären Schutz geklärt hat: Der Gerichtshof verweist darauf, dass Art. 15 Buchst. c) RL 2004/83/EG eine Schadensgefahr **»allgemeinerer Art«** umfasse. Dort sei nämlich in einem weiteren Sinne von einer »Bedrohung des Lebens oder der Unversehrtheit« **statt** von bestimmten Gewalteinwirkungen die Rede. Außerdem ergebe sich diese Bedrohung »aus einer **allgemeinen Lage**« eines bewaffneten Konfliktes.[357] Für den ernsthaften Schaden nach Art. 15 Buchst. c) RL 2004/83/EG kommt es danach weniger auf eine begrifflich präzise Erfassung des bewaffneten Konfliktes und der willkürlichen Gewalt, sondern auf den erforderlichen Gefahrengrad an, um eine »Bedrohung des Lebens und der Unversehrtheit« der Zivilbevölkerung annehmen zu können (Rdn. 45 ff.). Der Fokus, der teilweise in der Rechtsprechung der Mitgliedstaaten, insbesondere in der Bundesrepublik, auf die Klärung der bezeichneten Begriffe gelegt wird, ist danach nicht gerechtfertigt.

40 Zweck von Art. 15 Buchst. c) RL 2004/83/EG ist der Schutz der Zivilbevölkerung vor Gewalteinwirkungen durch bewaffnete Konflikte. Dafür kommt es nicht notwendigerweise auf persönliche Unterscheidungsmerkmale, sondern auf die Festlegung des Gefahrengrades an, ab dem von einer Bedrohung des Lebens oder der Unversehrtheit des Zivilbevölkerung im Konfliktgebiet ausgegangen werden kann (Rdn. 52 ff., 99 ff.). Folgerichtig hatte der Generalanwalt in seinen Schlussanträgen hervorgehoben, dass Art. 15 Buchst. c) RL 2004/83/EG zwar untrennbar mit dem Begriff der »willkürlichen Gewalt« verbunden sei. Aufgabe des Rechtsanwenders sei es jedoch, »zu einer Auslegung zu gelangen, die zugleich dem Erfordernis einer individuellen Bedrohung Rechnung« trage.[358]

41 Aus dem Zweck und dem Ziel des subsidiären Schutzes folgt, möglichst umfassend die Zivilbevölkerung in bewaffneten Konflikten zu schützen. Dem entspricht eine großzügige Handhabung des Begriffs der willkürlichen Gewalt. Dies rechtfertigt es, die Funktion des Begriffs der willkürlichen Gewalt sowohl in der möglichst weiten Einbeziehung typischer Gewaltmuster interner Konflikte zu sehen wie auch in der Herabsetzung prognoserechtlicher Kriterien, um möglichst umfassend ernsthafte Bedrohungslagen infolge willkürlicher Gewalt zu erfassen: Wird Gewalt wahllos ausgeübt, macht es keinen Sinn, anhand des individuelle Gefahren identifizierenden beachtlichen Wahrscheinlichkeitsmaßstabes nach auf den Einzelnen wegen besonderer Unterscheidungsmerkmale zielenden Gewalthandlungen im Rahmen eines innerstaatlichen bewaffneten Konfliktes zu forschen. Zwar hat § 60 Abs. 7 Satz 2 AufenthG den Begriff »willkürliche Gewalt« nicht übernommen. Die Begründung des Gesetzentwurfs verweist aber ausdrücklich auf diesen Begriff, sodass dessen Voraussetzungen nachzuweisen sind.[359]

42 Mit der Einschränkung auf Situationen »willkürlicher Gewalt« im Rahmen bewaffneter Konflikte folgt die Richtlinie weder der **Empfehlung R (2001) 18** des Ministerkomitees des Europarates

---

356 BVerwGE 131, 198 (215 f.) Rn. 37 f. = EZAR NF 69 Nr. 4 = NVwZ 2008, 1241 = InfAuslR 2008, 474.
357 EuGH, InfAuslR 2009, 138 (139) Rn. 36 = EZAR NG 69 Nr. 5 = NVwZ 2009, 705 = AuAS 2009, 86 – Elgafaji.
358 Schlussantrag des Generalanwalts M. Poiares Maduro vom 09.09.2008 in der Rechtssache C-465/07, Rn. 31, http://curia.europa.eu/jurisp/cgi-bin/gettext.pl?where=&lang=de&num= 79919090C19.
359 BVerwGE 131, 198 (214 f.) Rn. 36 = EZAR NF 69 Nr. 4 = NVwZ 2008, 1241 = InfAuslR 2008, 474.

über »Subsidiären Schutz«, die unmittelbar nach Vorstellung des Vorschlags der Kommission verabschiedet wurde und bewaffnete Konflikte lediglich als einen Beispielfall »willkürlicher Gewalt« auflistete,[360] noch den afrikanischen und lateinamerikanischen Schutzkonzepten (Rdn. 2). Wie das afrikanische und lateinamerikanische Modell verzichtet zwar auch die europäische Konzeption auf eine Prognoseprüfung anhand unterscheidbarer persönlicher Merkmale und wird damit wie bei den anderen regionalen Konzepten dem Erfordernis der begründeten individuellen Furcht durch den Hinweis genügt, dass diese ihren Grund in den eher zufälligen, aber gleichwohl gefährlichen, wenn auch ziellosen Auswirkungen intensiver Kämpfe und damit zusammenhängender Schutzlosigkeit hat.[361] Demgegenüber beschränken die Vergleichsmodelle den Begriff »generelle Gewalt« nicht ausschließlich auf den bewaffneten Konflikt.[362]

So erstreckt sich z. B. nach **Art. 1 Abs. 2 der Flüchtlingskonvention der OAU** der Flüchtlingsbegriff auch auf Personen, die u. a. aufgrund von Ereignissen, durch welche die öffentliche Ordnung in einem Teil des Landes oder im gesamten Land schwerwiegend beeinträchtigt wird, ihr Herkunftsland verlassen mussten. In Anlehnung an die afrikanische Konzeption verabschiedete die Generalversammlung der OAS 1984 im kolumbianischen Cartagena die **Cartagena-Erklärung**, wonach internationaler Schutz gewährt werden soll, wenn die Asylsuchenden u. a. aufgrund »**genereller Gewalt**« (»**generalized violence**«), innerstaatlicher Konflikte, massiver Menschenrechtsverletzungen oder anderer Umstände, welche die öffentliche Ordnung schwerwiegend beeinträchtigen, ihr Herkunftsland verlassen mussten. Weder wird die Feststellung eines konkreten Schadens noch eine hierauf bezogene individual bezogene Prüfung gefordert.[363] Der Antragsteller muss lediglich darlegen, dass eine Bedrohung seines Lebens, seiner Sicherheit oder Freiheit besteht und diese Bedrohung ihre Ursache in einen der in ihrer Gefährdungsintensität eher generellen Gründen hat.[364]

43

Dadurch wird Personen Schutz gewährt, deren vorgebrachte Furcht ihren Grund in den zwar eher zufälligen, aber dennoch gefährlichen Auswirkungen hat, die mit intensiven militärischen Kämpfen einhergehen und Schutz- und Rechtlosigkeit zur Folge hat.[365] Bei internen bewaffneten Konflikten und vergleichbaren Situationen werden viele Personen nicht deshalb Opfer von gewaltsamen Handlungen, weil sie durch die Aggressoren als Feinde identifiziert werden, sondern weil sie eher zufällig in den durch generelle Gewalt und bewaffnete Auseinandersetzungen geprägten Kontext geraten. Diese Personen werden nicht zielgerichtet zum Zwecke der Verfolgung identifiziert. Gleichwohl ist ihr Leben aufgrund der allgemeinen Bedrohung in Gefahr.[366] Ausgangspunkt der Prüfung ist die nach objektiven Kriterien festzustellende und eine unbestimmte Vielzahl von Personen betreffende Situation genereller Gewalt, in den Worten der Richtlinie »willkürlicher Gewalt«. Die Union löst das durch bewaffnete Konflikte hervorgerufene Flüchtlingsproblem anders als Afrika und Lateinamerika nicht über den Flüchtlingsbegriff, sondern über den subsidiären Schutzstatus. Ebenso wie in Afrika und in Lateinamerika erfordert Art. 15 Buchst. c) RL 2004/84/EG indes nicht die Feststellung eines auf persönlichen unterscheidbaren Merkmalen drohenden »ernsthaften Schadens« (Rdn. 79 ff.). Als ernsthafte Bedrohung eines ernsthaften Schadens gilt vielmehr bereits die »Bedrohung« infolge »willkürlicher Gewalt«.

44

b) Prüfkriterien

Zusammenfassend ist zunächst festzuhalten, dass anhand der Prüfkriterien der willkürlichen Gewalt entsprechend ihrer Funktion (Rdn. 35 bis 44) typische Gewaltmuster bewaffneter innerstaatlicher

45

---

360 Kommissionsentwurf v. 12. Sept. 2001, in: BR-Drucks. 1017/01. S. 54.
361 *Arboleda*, in: IJRL 1991, 185 (195).
362 Kritisch hierzu auch *McAdam*, IJRL 2005, 461 (487).
363 *Shoyele*, IJRL 2004, 547 (553).
364 *Gros Espiell u. a.*, IJRL 1990, 83 (93); *Arboleda*, IJRL 1991, 185 (194).
365 *Arboleda*, IJRL 1991, 185 (194, 203).
366 *Kälin*, IJRL 1991, 435 (438).

Konflikte zu identifizieren sind, um entscheiden zu können, ob eine Bedrohung des Lebens oder der Unversehrtheit der Zivilbevölkerung besteht (Rdn. 40 f.). Art. 15 Buchst. c) RL 2004/83/EG umfasst eine Schadensgefahr »**allgemeinerer Art**«. Die Bedrohung folgt nicht aus bestimmten Gewalteinwirkungen, sondern »aus einer **allgemeinen Lage**« eines bewaffneten Konflikts (Rdn. 39).[367] Funktion der Prüfkriterien ist es daher nicht, begrifflich scharf Situationen »willkürlicher Gewalt« von »Gewalteinwirkungen allgemeiner Art«zu trennen, wenn ein innerstaatlicher bewaffneter Konflikt festgestellt worden ist. Vielmehr bedarf es einer Identifizierung der Regionen im Herkunftsland, in denen der bewaffnete Konflikt aktuell mit willkürlicher Gewalt einhergeht (Rdn. 98 ff.). Im Lichte der vom EuGH entwickelten Grundsätze hat der Begriff willkürliche Gewalt eher prognoserechtliche Funktion (Rdn. 39 ff.): Die identifizierten Tatsachen, die die Annahme willkürlicher Gewalt im Rahmen eines bewaffneten Konfliktes rechtfertigen, sind entscheidungserhebliche Prognosetatsachen für die Feststellung einer Bedrohung des Lebens oder der Unversehrtheit.

46 Im Lichte dieser Funktion des Begriffs willkürlicher Gewalt kann auch der Streit, ob nur direkte oder auch indirekte Auswirkungen von Handlungen der Konfliktbeteiligten in die Prüfung eingestellt werden dürfen, gelöst werden. UNHCR hat in seiner Untersuchung der Praxis der Mitgliedstaaten festgestellt, dass in Schweden, im Vereinigten Königreich und in den Niederlanden auch indirekte Folgen bewaffneter Konflikte berücksichtigt werden. Nur in der Bundesrepublik werde scharf zwischen gezielten Gewaltaktionen der Konfliktbeteiligten einerseits und kriminellen Handlungen anderer Akteure und mittelbaren Auswirkungen auf die Infrastruktur des Landes andererseits unterschieden. Aus anderen Mitgliedstaaten würden keine Erkenntnisse über den Umgang mit dieser Frage vorliegen.[368] Seit **Elgafaji** ist diese Frage geklärt. Das BVerwG hat diese zwar erneut aufgegriffen und festgestellt, erfasst würden nicht nur humanitäres Völkerrecht verletzende, sondern auch andere Gewaltakte, die nicht zielgerichtet gegen bestimmte Personen oder Personengruppen, sondern wahllos ausgeübt würden.[369] Nach dem **Elgafaji**- Test liegt der Fokus auf dem Gefahrengrad und Schadensgefahren »**allgemeinerer Art**« und weniger auf einer Differenzierung zwischen den mittelbaren und unmittelbaren Auswirkungen dieser Gefahren. Damit unvereinbar ist die Fokussierung auf begrifflich klare Abgrenzungen bei der Ermittlung der Prognosetatsachen.

47 In der britischen Rechtsprechung wurde zunächst zwischen kriminellen Banden (Rdn. 34), welche die Situation der Gesetzlosigkeit während eines bewaffneten Konfliktes in einer Region ausnutzten, um das Leben deren Bewohner zu bedrohen, und Kriegshandlungen differenziert. So leiteten etwa kriminelle Gangs illegal Öl aus einer Pipeline und töteten dabei unbeteiligte Zivilpersonen. Es sei andererseits aber nicht einfach, zwischen militärischen und kriminellen Aktivitäten zu differenzieren, weil die Trennlinie häufig verschwinde. So könnten auch Aufständische illegal Öl entwenden, um ihre militärischen Operationen zu finanzieren.[370] Inzwischen hat sich die britische Rechtsprechung korrigiert und festgestellt, es gebe im Grundsatz keine Rechtfertigung dafür, kriminelle Handlungen aus dem Kanon willkürlicher Gewaltakte auszuschließen. Nicht sachgerecht sei es, danach zu differenzieren, ob willkürliche Gewalt krimineller Art sei oder als Ausdruck eines bewaffneten Konfliktes erscheine. Erforderlich sei ein Zusammenhang zwischen der Bedrohung des Lebens und willkürlicher Gewalt. Diese müsse nicht notwendigerweise durch einen der Konfliktbeteiligten oder den Staat ausgeübt werden. Maßgebend sei, dass kriminelle Gewalt wie jede andere Form willkürlicher Gewalt ernsthaft genug sei, um den erforderlichen Gefahrengrad des Art. 15

---

367 EuGH, InfAuslR 2009, 138 (139) Rn. 36 = EZAR NG 69 Nr. 5 = NVwZ 2009, 705 = AuAS 2009, 86 – Elgafaji.
368 *UNHCR*, Safe at last?, 2011, S. 60 ff.
369 BVerwGE 136, 360 (376) Rn. 34 = EZAR NF 69 Nr. 7 = InfAuslR 2010, 404.
370 UK Asylum and Immigration Tribunal, UKAIT 00023, Rn. 96 f.

Buchst. c) RL 2004/83/EG anhand des **Elgafaji-Tests** zu erreichen.[371] Diese Position wurde durch die obergerichtliche Rechtsprechung bestätigt.[372]

Unter Verweis auf die frühere britische Rechtsprechung hat das BVerwG darauf hingewiesen, dass kriminelle Gewalt wohl nur dann berücksichtigt werden dürfe, wenn sie von einem der Konfliktbeteiligten ausgeübt werde, hatte sich insoweit jedoch noch nicht endgültig festgelegt. Die allgemeinen Lebensgefahren, die lediglich Folge des bewaffneten Konflikts seien – etwa eine dadurch bedingte Verschlechterung der Versorgungslage – dürfe jedoch nicht in die Bewertung einbezogen werden.[373] Diese Rechtsprechung ist durch **Elgafaji** geklärt (Rdn. 46). Dementsprechend berücksichtigt die britische Rechtsprechung bei der Gefahrenprognose auch den allgemeinen Zusammenbruch der Rechtsstrukturen und der öffentlichen Ordnung als – mittelbare – Folge eines bewaffneten Konflikts.[374] Allerdings wird die Verschlechterung der wirtschaftlichen Versorgungslage als solche im Allgemeinen nicht berücksichtigt. Hat aber etwa die Bombardierung in einer Region Versorgungskrisen in den Zufluchtsregionen zur Folge, werden diese als durch bewaffnete Konflikte bedingt berücksichtigt.[375] Auch der EGMR berücksichtigt direkte und indirekte Folgen der Handlungen der Konfliktparteien und die dadurch hervorgerufene Situation extremer Armut für Binnenflüchtlinge, die durch die Unfähigkeit gekennzeichnet ist, Grundbedürfnisse wie Nahrung, Hygiene und Unterbringung zu erfüllen (Rdn. 128).[376] 48

Eine möglichst weite Einbeziehung der Gefährdungsfaktoren, die mit willkürlicher Gewalt einhergehen, entspricht den typischen Erscheinungsformen heutiger innerstaatlicher bewaffneter Konflikte. Daher sind sämtliche unmittelbaren und mittelbaren Folgen der bewaffneten Auseinandersetzungen und Gewaltakte in die Bewertung einzuschließen. Im bewaffneten Konflikt kann zwischen militärischer und krimineller Gewalt keine scharfe Trennlinie gezogen werden. Versorgungskrisen haben in derartigen Konflikten häufig ihre Ursache in den Gewaltakten der Konfliktbeteiligten und sind daher ohne Weiteres einzubeziehen, wenn sie in einer Region herrschen, in der akute willkürliche Gewalt besteht.[377] Insbesondere oppositionelle Kräfte habe ein Interesse daran, Versorgungskrisen auszulösen und ihre Lösung zu behindern, um dadurch die Legitimation der Regierung oder faktischer Machthaber zu erschüttern. Häufig benötigen Transporte internationaler Organisationen bewaffnete Schutzkräfte, um ihre Plünderung durch Aufständische abzuwehren. Es wäre angesichts derartiger konflikttypischer Umstände methodisch verfehlt, die einzelnen Übergriffe, Terroranschläge und militärischen Operationen jeweils getrennt für sich zu behandeln. Vielmehr sind in die Gesamtschau der Situation im aktuellen Konfliktgebiet unmittelbare und mittelbare Folgen der bewaffneten Kämpfe und Gewaltakte einzustellen. 49

Eine derart ausgerichtete Gesamtbewertung erscheint insbesondere aufgrund der typischen Erscheinungsformen innerstaatlicher bewaffneter Konflikte sachgerecht. Die »neuen Kriege« differenzieren zumeist nicht mehr zwischen Kombattanten und Nichtkombattanten, einem klassischen Paradigma des überkommenen Rechts. Jeder kann jederzeit und überall in den Krieg einbezogen werden. Nicht symmetrische militärische, sondern asymmetrische Strukturen beherrschen diese bewaffneten Konflikte (Rdn. 30 ff., 35 ff., 72). Die bewaffnete Auseinandersetzung mit den überlegenen Gegnern wird vermieden, terroristische und kriminelle Aktionen werden bewusst durchgeführt, um den militärischen Gegner als machtlos vorzuführen. In den wenigsten Fällen sind in einem derartigen Konflikt auf beiden Seiten reguläre Streitkräfte beteiligt. Allerdings kämpfen häufig reguläre Truppen auf der einen Seite gegen Guerillas, Terroristen und sogar Zivilpersonen und auch gegen Frauen und 50

---

371 UK Asylum and Immigration Tribunal (2009) UKAIT 00044, Rn. 65 – GS.
372 UK Court of Appeal (2010) UKUT 331, Rn. 80 – HM.
373 BVerwGE 131, 198 (214) Rn. 24, 35 = EZAR NF 69 Nr. 4 = NVwZ 2008, 1241 = InfAuslR 2008, 474.
374 UK Court of Appeal (2010) UKUT 331, Rn. 80 – HM.
375 Asylum and Immigration Tribunal (2009) UKAIT 00044, Rn. 70 – GS.
376 EGMR, InfAuslR 2012, 121 Rn. 282 – Sufi and Elmi.
377 VG Ansbach, Urt. v. 16.12.2010 – AN 11 K 10.30358 – Afghanistan.

Kinder. Angesichts der Entwicklung der letzten 50 Jahre wird davon ausgegangen, dass der Krieg der Zukunft das sein wird, was heute, wie vage auch immer, als »Terrorismus« bezeichnet werde.[378]

51 Beim unionsrechtlichen Begriff der willkürlichen Gewalt ist zwar eine Auseinandersetzung mit der jeweiligen aktuellen Ausprägung willkürlicher Gewalt im Rahmen eines bewaffneten Konfliktes erforderlich (Rdn. 45, 98 ff.) und deshalb eine geografische Identifizierung der einzelnen Regionen des Konfliktgebietes erforderlich. Angesichts der heutigen Formen innerstaatlicher bewaffneter Konflikte mit ihren entgrenzten Gewaltformen, bei denen die zahlreichen und häufig kaum noch jeweils im Einzelnen identifizierbaren Kriegsakteure mit kaum noch von einander unterscheidbaren militärischen, terroristischen und kriminellen Gewaltakten die unbeteiligte Zivilbevölkerung als »Geisel« für die jeweils verfolgten »höheren Ziele« in Haft nehmen (»weiche Ziele«), spricht jedoch Vieles für eine aktuelle Situation »willkürlicher Gewalt«, wenn einmal das Bestehen eines innerstaatlichen bewaffneten Konfliktes festgestellt worden ist. In diesem kann häufig die Tendenz ausgemacht werden, eine regelrechte Schlacht zu vermeiden und in erster Linie gewaltsam gegen die Zivilbevölkerung vorzugehen. Die Auswirkungen bewaffneter Konflikte manifestieren sich im dramatischen Anstieg ziviler im Verhältnis zu militärischen Opfern: Zu Beginn des 20. Jahrhunderts waren 85 bis 90 % der Kriegsopfer Armeeangehörige. Seit den späten 1990er Jahren hat sich das statistische Verhältnis umgekehrt. Heute gehören nahezu 80 % der Kriegsopfer der Zivilbevölkerung an.[379]

4. Gefahrenprognose

a) Funktion der Gefahrenprognose

52 Nach der Rechtsprechung des Gerichtshofes ist das Adjektiv »individuell« in Art. 15 Buchst. c) RL 2004/83/EG dahin zu verstehen, dass es sich auf schädigende Eingriffe bezieht, die sich gegen Zivilpersonen ungeachtet ihrer Identität richten, wenn der den bestehenden bewaffneten Konflikt kennzeichnende Grad »ein so hohes Niveau erreicht«, dass stichhaltige Gründe für die Annahme bestehen, dass der Antragsteller allein durch seine Anwesenheit in der Region, in der ein bewaffneter Konflikt herrscht, Gefahr läuft, ernsthaften Bedrohungen von Leben oder Unversehrtheit ausgesetzt zu sein.[380] Wann im Einzelnen dieser Grad erreicht und anhand welcher Kriterien er festzustellen ist, d.h welche Prognosetatsachen und welcher Gefahrengrad eine ernsthafte Bedrohung begründet, hat der Gerichtshof offen gelassen. Die Mitgliedstaaten handhaben den Elgafaji-Test als »gleitende Skala« (»sliding scale«). Bei fehlenden persönlichen Unterscheidungsmerkmalen wird er jedoch überwiegend auf »außergewöhnlich hohe Gefahren« beschränkt.[381] Dieser extreme Standard ist sicherlich einerseits der auf individuelle Verfolgungen fokussierten traditionellen europäischen Praxis der Schutzgewährung, andererseits aber auch dem Hinweis des Gerichtshofs auf eine »außergewöhnliche Situation«[382] geschuldet.

53 UNHCR kommt aufgrund einer Untersuchung der Praxis zu Art. 15 Buchst. c) der Richtlinie – bezogen auf Anträge ohne besondere Unterscheidungsmerkmale – zu dem Schluss, dass nicht nur der **Gefahrengrad** unklar sei, sondern überdies auch, nach welchen **methodologischen Kriterien** das Ausmaß willkürlicher Gewalt und die daraus folgende ernsthafte Bedrohung festzustellen seien. Einige Mitgliedstaaten unterschieden nicht klar zwischen dem für Buchst. c) einerseits und dem für Buchst. b) von Art. 15 anderseits erforderlichen Gefahrengrad, andere verfehlten die in die

---

378 *Van Crefeld*, Dunkle Vorschau im Kristall. Historische Überlegungen zu den Kriegen, die kommen, in: Lettre International Nr. 59, IV/02, S. 6 (12).
379 *Kaldor*, Neue und alte Kriege, 2000, S. 158 ff.
380 EuGH, InfAuslR 2009, 138 (35) Rn. 36 = EZAR NF 69 Nr. 5 = NVwZ 2009, 705 = AuAS 2009, 86 – Elgafaji; ausführlich *Marx*, InfAuslR 2012, 145.
381 *UNHCR*, Safe at last?, 2011, 49 f., 33 ff.
382 EuGH, InfAuslR 2009, 138 (35) Rn. 36 = EZAR NF 69 Nr. 5 = NVwZ 2009, 705 = AuAS 2009, 86 – Elgafaji.

§ 42 Willkürliche Gewalt Kapitel 12

Zukunft gerichtete Gefahreneinschätzung und wiederum andere unterließen die methodologisch und prognoserechtlich gebotene Klärung des Standards aus Furcht, eine »Gruppenanerkennung« zuzulassen.[383] Daraus folgt für die Gefahrenprognose, dass die Frage der in die Prognosebasis einzustellenden Faktoren, insbesondere, ob die Prognose »willkürlicher Gewalt« auf den Antragsteller im Verfahren, auf eher allgemeinere oder nur auf Einzelpersonen zielende Gefahren zielt, zu klären ist. Die insoweit in den Mitgliedstaaten herrschende Unsicherheit über die Tatsachen, die in die Prognose der ernsthaften Bedrohung aufgrund willkürlicher Gewalt einzustellen sind, ist allerdings bereits durch den **Elgafaji-Test** ausgeräumt (Rdn. 54), sodass die Probleme in der Praxis eher auf einen Unwillen, den gebotenen Test anzuwenden, schließen lassen. Nicht eindeutig geklärt ist derzeit allerdings, nach Maßgabe welchen Gefahrengrades die Prognose zu erstellen ist. Dies bedarf der Klärung durch den Gerichtshof.

Der Gerichtshof hat die Grundlagen für die **methodologischen Kriterien**, nach denen das Ausmaß der willkürlichen Gewalt im Herkunftsland oder einer Region in diesem festzustellen ist, bereits geklärt (Rdn. 53): Art. 15 Buchst. c) RL 2004/83/EG umfasst eine Schadensgefahr »**allgemeinerer Art**«. Dort ist in einem weiteren Sinne von einer »Bedrohung des Lebens oder der Unversehrtheit« statt von bestimmten, auf den einzelnen zielenden Gewalteinwirkung die Rede. Außerdem ergibt sich diese Bedrohung »aus einer allgemeinen Lage« eines bewaffneten Konfliktes (Rdn. 39).[384] Daraus folgt, dass nach dem ersten Prüfungsschritt – Feststellung eines bewaffneten Konfliktes im Herkunftsland oder in einer Region in diesem – sowie nach dem zweiten – Feststellung willkürlicher Gewalt –, im dritten Prüfungsschritt die Tatsachen und Umstände zu identifizieren sind, die auf eine ernsthafte Bedrohung des Lebens oder der Unversehrtheit hinweisen.

54

Nach den klaren Vorgaben des Gerichtshofs kommt es danach nicht darauf an, ob dem konkreten Antragsteller derartige Gefahren drohen. Wird Gewalt wahllos ausgeübt, macht es keinen Sinn, anhand des individuelle Gefahren identifizierenden beachtlichen Wahrscheinlichkeitsmaßstabes nach dem Einzelnen geltenden Gewalthandlungen im Rahmen eines bewaffneten Konfliktes zu forschen (Rdn. 42). Der für § 60 Abs. 7 Satz 1 AufenthG maßgebende Gefahrengrad kann daher für § 60 Abs. 7 Satz 2 AufenthG nicht maßgebend sein, obwohl der Gesetzgeber abweichend vom Begriff der »ernsthaften Bedrohung« in der Richtlinie wie bei Satz 1 auch bei Satz 2 von § 60 Abs. 7 AufenthG den Begriff der »erheblichen Gefahr« gewählt hat. Die Begriffe einer Richtlinie werden jedoch nicht nach nationalen Grundsätzen, sondern als autonome des Unionsrechts nach dessen Grundsätzen ausgelegt.

55

Damit besteht Klarheit, dass für die erforderliche Identifizierung der in die Gefahrenprognose einzustellenden Gefährdungsfaktoren nicht auf die konkrete Person des Antragstellers abzustellen ist. Nach dem Gerichtshof ist der Begriff »individuell« dahin zu verstehen, dass es sich auf Gefahren bezieht, die sich gegen eine Zivilperson »**ungeachtet ihrer Identität**« richten.[385] Die erforderliche Analyse bezieht sich deshalb auf die »**allgemeine Lage**« im Herkunftsland, jedoch nicht auf die konkrete Person des Antragstellers. Auch der Gesetzgeber erkennt diese unionsrechtliche Vorgabe an. Den Begriff »für diesen Ausländer« verwendet er zwar in Satz 1, nicht aber in Satz 2 von § 60 Abs. 7 AufenthG. Das abgeschwächte »er« in Satz 2 erfordert nicht »für diesen Antragsteller« eine individual bezogene Prognose, sondern bezieht sich auf die allgemeine Bezugsgruppe »Zivilbevölkerung« im Herkunftsland oder in der Region des Antragstellers. Herrscht ein bewaffneter Konflikt nur in einer Region des Landes, ist die Person des Antragstellers lediglich für die Frage von Bedeutung, ob es sich hierbei um seine Herkunftsregion handelt. Ist dies nicht der Fall, bricht die Prüfung ab. Ist dies der Fall, stellt sich die weitere Frage nach dem Umfang der Gefahren, die im Einzelnen in die Gefahrenprognose einzustellen sind (Rdn. 60 ff.).

56

---

383 *UNHCR*, Safe at last?, 2011, 30.
384 EuGH, InfAuslR 2009, 138 (139) Rn. 36 = EZAR NF 69 Nr. 5 = NVwZ 2009, 705 – Elgafaji.
385 EuGH, InfAuslR 2009, 138 (139) Rn. 35 = EZAR NF 69 Nr. 5 = NVwZ 2009, 705 – Elgafaji.

57 Die **Sperrwirkung des § 60 Abs. 7 Satz 3 AufenthG (§ 48 Rdn. 20 ff.**) ist **richtlinienkonform** dahin auszulegen, dass diese nicht die Fälle erfasst, in denen die Voraussetzungen des Art. 15 Buchst. c) RL 2004/83/EG erfüllt sind (Rdn. 9 f.).[386] Nach Auffassung des BVerwG hat ein Antragsteller, der die Voraussetzungen dieser Norm erfüllt, nach Maßgabe von Art. 24 Abs. 2 RL 2004/83/EG einen Anspruch auf Erteilung eines Aufenthaltstitels. Es widerspräche den Vorgaben der Richtlinie, wenn einem Antragsteller, der Anspruch auf subsidiären Schutz nach Art. 15 Buchst. c) RL 2004/83/EG habe und nicht den Ausschlusstatbestand des Art. 24 Abs. 2 Halbs. 2 RL 2004/83/EG erfülle, kein Aufenthaltstitel, sondern lediglich eine Duldung erteilt würde. Überzeugungskräftiger ist jedoch der Einwand, dass es innerhalb des Systems von Art. 15 Buchst. c) RL 2004/83/EG keine Grundlage dafür gibt, eine Gefahrenprognose auszuschließen.

b) Darlegungslast

58 Im Rahmen des Art. 15 Buchst. c) RL 2004/83/EG kommt es nicht auf die konkrete Identität des Antragstellers an (Rdn. 57). Dementsprechend bedarf es für die nicht an die Identität anknüpfende Gefahrenprognose (Rdn. 79 ff.) auch keiner Prüfung der Glaubhaftigkeit seiner Angaben. Sofern er sich jedoch auf gefahrenerhöhende Umstände beruft, ist das individuelle Sachvorbringen anhand der üblichen Beweisgrundsätze (§ 29 Rdn. 101 ff.) zu prüfen. Hinsichtlich der Umstände, die eine Situation willkürlicher Gewalt im Rahmen eines bewaffneten Konflikts und daraus folgender ernsthafter Bedrohungen von Leben oder Unversehrtheit der Zivilbevölkerung ergeben, handelt es sich um **allgemeine Verhältnisse im Herkunftsland.** Hierfür trifft den Antragsteller eine eingeschränkte Darlegungslast (§ 28 Rdn. 11).[387] Deshalb hat die Behörde von Amts wegen die erforderlichen Tatsachen zu ermitteln. Es genügt, dass der Tatsachenvortrag die **nicht entfernt liegende Möglichkeit** ergibt, dass ein bewaffneter Konflikt im Herkunftsland des Antragstellers oder in der Herkunftsregion besteht.

59 Im Blick auf die geltend gemachte Staatsangehörigkeit ist der Antragsteller darlegungspflichtig. Von der Wahrheit des Sachvorbringens muss die Behörde überzeugt sein und darf deshalb nur von einem von ihr als feststehend erachteten, nicht dagegen von einem lediglich für wahrscheinlich gehaltenen Sachverhalt ausgehen (§ 23 Rdn. 44).[388] Sind die Einlassungen glaubhaft, ist – sofern keine dagegen sprechenden stichhaltigen Gründe vorliegen – nach dem Grundsatz »**im Zweifel für den Antragsteller**« zu entscheiden (Art. 4 Abs. 5 Bucht. c) RL 2004/83/EG, § 23 Rdn.).[389] Die Rechtsprechung berücksichtigt insoweit die **besondere Beweisnot** des nach den allgemeinen Grundsätzen des Verwaltungsprozessrechts mit der **materiellen Beweislast** beschwerten Antragstellers.[390] Hat er mehrere Staatsangehörigkeiten, entfällt der subsidiäre Schutz, wenn in einem der Herkunftsländer keine von Art. 15 RL 2004/83/EG vorausgesetzte Situation besteht. Vielmehr muss im Blick auf jeden dieser Staaten eine derartige Situation bestehen.[391]

---

[386] BVerwGE 131, 198 (214) Rn. 30 f. = EZAR NF 69 Nr. 4 = NVwZ 2008, 1241 = InfAuslR 2008, 474; so bereits *Marx*, Handbuch zur Flüchtlingsanerkennung, § 40 Rn. 67; *Marx*, Aufenthalts-, Asyl- und Flüchtlingsrecht, S. 1246–1249; *Hruschka/Lindner*, NVwZ 2007, 645 (648); *Funke-Kaiser* InfAuslR 2008, 90 (92); *Möller/Klaus Stiegeler*, § 60 AufenthG Rn. 58; a.A. OVG Schleswig-Holstein, AuAS 2007, 155 (156); Hessischer VGH Hessen, Beschl. v. 08.01.2008 – 10 ZU 3025/06.A; wohl auch VGH Baden-Württemberg, Beschl. v. 08.08.2007 – A 2 S 229/07; Bayerischer VGH, Beschl. v. 21.12.2007 – 19 ZB 07.2361.

[387] BVerwG, InfAuslR 1982, 156 (156 f.) = Buchholz 402.24 § 28 AuslG Nr. 31; BVerwG, InfAuslR 1983, 76 (77); BVerwG, InfAuslR 1984, 129; BVerwG, DÖV 1983, 207; BVerwG, BayVBl. 1983, 507; BVerwG, InfAuslR 1989, 350 (351).

[388] BVerwG, *Buchholz* 402.25 § 1 AsylVfG Nr. 1255 = InfAuslR 1990, 238.

[389] *UNHCR*, Handbuch über Verfahren und Kriterien zur Feststellung der Flüchtlingseigenschaft, 1979, Rn. 195; *UNHCR*, Auslegung von Art. 1 GFK, April 2001, S. 3.

[390] BVerwGE 71, 180 (181 f.) = EZAR 630 Nr. 17 = NVwZ 1985, 685 = InfAuslR 1985, 244.

[391] So Canada Federal Court, (1998) 4 F. C. 21 – Thabet.

Maßgebend ist die **Herkunftsregion** des Antragstellers, also die Region, in die er typischerweise zurückkehren wird.[392] Es kommt also darauf an, wo für den Fall der Rückkehr wahrscheinlich der geografische Bezugspunkt des Antragstellers sein wird. Maßgebend hierfür dürften zuallererst der Geburtsort und der Ort sein, in dem der Antragsteller nach seiner Geburt überwiegend gelebt hat. Zudem sind seine familiären und vergleichbaren Bindungen maßgebend. Zwischenaufenthalte nach der Flucht aus der Herkunftsregion sind unerheblich. Zu Recht kritisiert UNHCR die belgische Praxis, die allein auf den letzten Aufenthaltsort vor der Ausreise abstellt.[393] Hat der Antragsteller nach seiner Geburt in unterschiedlichen Regionen seines Herkunftslandes gelebt, kommt es in Anlehnung an den Begriff des »vorherigen gewöhnlichen Aufenthaltes« in Art. 2 Buchst. c) RL 2004/83/EG (§ 23 Rdn. 28) auf die letzte Region an, in welcher er sich vor seiner Ausreise niedergelassen und eine gewisse Dauer gelebt hat.[394]

60

c) Prognosetatsachen

aa) Funktion der Prognosebasis

Die Prognose einer Gefahr setzt klare und verbindliche Kriterien voraus, auf welcher tatsächlichen Grundlage diese Prognose zu treffen ist. Nach dem **Elgafaji-Test** besteht Klarheit, dass der durch bewaffnete Konflikte geprägte besondere Charakter von Art. 15 Buchst. c) RL 2004/83/EG auf Schadensgefahren »**allgemeinerer Art**« beruht (Rdn. 52 ff.). Nicht »**bestimmte Gewalteinwirkungen**«, sondern »Bedrohungen des Lebens oder der Unversehrtheit« von Zivilpersonen »**ungeachtet ihrer Identität**« (Rdn. 54) werden in die Prognosebasis eingestellt. Es sind also die Faktoren zu berücksichtigen, die ihren unmittelbaren oder mittelbaren Grund in den zwar eher zufälligen, aber dennoch gefährlichen Auswirkungen und Bedrohungen haben, die mit intensiven militärischen Kämpfen einhergehen und Schutz- und Rechtlosigkeit zur Folge haben, in die Prognose einzustellen (Rdn. 44).[395] Indirekte Auswirkungen der Handlungen der Konfliktbeteiligten, die zu Bedrohungen des Lebens oder der Unversehrtheit führen (Rdn. 46 ff.), sind deshalb zu berücksichtigen.

61

Es dürfen also nicht nur die Auswirkungen intensiver Kämpfe (Rdn. 42) in die Prognose eingestellt werden. Vielmehr müssen die Bedrohungen des Lebens und der Unversehrtheit nicht notwendigerweise durch einen der Konfliktbeteiligten oder den Staat ausgeübt werden. Maßgebend ist, dass kriminelle Gewalt wie jede andere Form von willkürlicher Gewalt ernsthaft ist.[396] Ist die Versorgungslage als mittelbare Folge des bewaffneten Konflikts zusammengebrochen oder jedenfalls ernsthaft gestört, dürfen derartige Schadensgefahren »**allgemeinerer Art**« nicht von vornherein aus der Prüfung ausgeschlossen werden (Rdn. 48). Die entgegenstehende Rechtsprechung des BVerwG, die »**allgemeine Lebensgefahren**«, die lediglich Folge des bewaffneten Konflikts sind – etwa eine dadurch bedingte Verschlechterung der Versorgungslage –, nicht berücksichtigt,[397] ist durch die Rechtsprechung des EuGH überholt (Rdn. 48). Das maßgebende Abgrenzungskriterium ist nicht die »konkrete Lebensgefahr« gegenüber der »allgemeinen Lebensgefahr«. Vielmehr kommt es auf ernsthafte Bedrohungen des Lebens oder Unversehrtheit an, die durch Schadensgefahren »**allgemeinerer Art**« hervorgerufen werden.[398]

62

---

392 UK Court of Appeal (2009) EWCA Civ 620 Rn. 40 – QD; BVerwGE 134, 188 (195) Rn. 17 = NVwZ 2010, 196 = AuAS 2010, 31.
393 *UNHCR*, Safe at last?, 2011, S. 76.
394 Canada Federal Court (1994) 1 C.F. 723 – Maarouf.
395 *Arboleda*, IJRL 1991, 185 (194, 203).
396 UK Court of Appeal (2010) UKUT 331, Rn. 80 – HM; Asylum and Immigration Tribunal (2009) UK AIT 00044, Rn. 65 – GS.
397 BVerwGE 131, 198 (214) Rn. 24, 35 = EZAR NF 69 Nr. 4 = NVwZ 2008, 1241 = InfAuslR 2008, 474.
398 EuGH, InfAuslR 2009, 138 (139) Rn. 35 = EZAR NF 69 Nr. 5 = NVwZ 2009, 705 – Elgafaji.

63 Der Fokus bei der Identifizierung der Prognosetatsachen liegt demnach nicht auf der Abgrenzung »allgemeiner« von »konkreten« Lebensgefahren. Dieser traditionelle, nach persönlichen Unterscheidungsmerkmalen differenzierende Ansatz ist mit dem **Elgafaji-Test** unvereinbar. Auch der Gesetzgeber erkennt die Vorgabe des Art. 15 Buchst. c) RL 2004/83/EG an, indem er den Begriff »konkret« zwar in Satz 1, nicht aber in Satz 2 von § 60 Abs. 7 AufenthG verwendet. Damit sind nicht lediglich die von den Konfliktbeteiligten ausgehenden Gewaltakte und Bedrohungen, sondern alle mit dem bewaffneten Konflikt zusammenhängenden Auswirkungen in den Blick zu nehmen, unabhängig davon, ob sie gezielt oder ungezielt, mittelbar oder unmittelbar Leben oder Unversehrtheit der Zivilbevölkerung gefährden. Maßgebend ist allein, ob diese Auswirkungen zu »ernsthaften Bedrohungen des Lebens oder der Unversehrtheit« der Zivilbevölkerung führen. Der Klärung bedarf lediglich noch der Umfang der Rechtsgüter Leib und Leben (Rdn. 64 ff.).

bb) Ernsthafte Bedrohungen des Lebens oder der Unversehrtheit

64 Art. 15 Buchst. c) RL 2004/83/EG setzt eine »ernsthafte Bedrohung des Lebens oder der Unversehrtheit« voraus. Nicht jede, sondern nur eine ernsthafte Bedrohung ist danach entscheidungserheblich. Im deutschen Recht kommt es auf eine »**erhebliche Gefahr**« an (§ 60 Abs. 7 Satz 2 AufenthG). Die Gefahr bezieht sich jedoch auf den erforderlichen Gefahrengrad. Bevor dieser bestimmt werden kann, sind zunächst die hierfür maßgeblichen »ernsthaften Bedrohungen« zu identifizieren. Der Begriff »erheblich« setzt den unionsrechtlichen Begriff »ernsthaft« um. Der Wortlaut der Richtlinie bezieht den Begriff »ernsthaft« auf die »Bedrohung«. Die Bedrohung muss glaubhaft in dem Sinne sein, dass sie ernst zu nehmen ist.[399] Nicht jede marginale Bedrohung ist ernsthaft, sondern nur solche von qualifiziertem Gewicht.[400] Ähnlich wie der Begriff der Verfolgung müssen die Bedrohungen eine gewisse Schwere aufweisen.

65 Die Rechtsgüter **Leben** oder **Unversehrtheit** müssen ernsthaft bedroht sein. Der Ansatz der Richtlinie unterscheidet sich zwar vom Wortlaut des Art. 33 Abs. 1 GFK, der **Leben** und **Freiheit** umfasst (§ 48 Rdn. 6). Den Materialien kann nicht entnommen werden, warum anstelle des Begriffs »Freiheit« der Begriff »Unversehrtheit« gewählt wurde. UNHCR kritisiert das BVerwG, es begrenze die in Betracht kommenden Rechtsgüter lediglich auf »Leib und Leben«.[401] Diese Kritik ist nicht berechtigt. Das BVerwG hat lediglich den Wortlaut des § 60 Abs. 7 Satz 2 AufenthG wiedergegeben, ohne sich näher mit dem Umfang dieser Rechtsgüter auseinanderzusetzen. Soweit es in diesem Zusammenhang allein auf die »körperliche Unversehrtheit« verweist, werden die entsprechenden Ausführungen unter dem Gesichtspunkt von Art. 15 Buchst. b) RL 2004/83/EG auf die Frage der Vorschädigung (Rdn. 105 ff.) bezogen. Im Blick auf den **Elgafaji-Test** verwendet es lediglich den Begriff ernsthafte Bedrohung,[402] klärt also nicht den Umfang des Schutzbereichs von Leben und Unversehrtheit.

66 Zunächst ist festzuhalten, dass es nicht auf die Frage ankommt, ob der konkrete Antragsteller im Fall der Rückkehr im Blick auf seine Identität ernsthaft bedroht ist (Rdn. 55),[403] sondern darauf, nach welchen Kriterien zu bestimmen ist, ob »Leben oder Unversehrtheit« der Zivilbevölkerung betroffen sind. Abschließend sind die entsprechenden Tatsachen festzustellen und in die Prognosebasis einzustellen. Ausgangspunkt der Analyse von Art. 15 Buchst. c) RL 2004/83/EG ist, dass nicht nur das Rechtsgut Leben, sondern auch die »**Leibesgefährdung**« (Unversehrtheit) erfasst wird. Dementsprechend umfasst § 60 Abs. 7 Satz 2 AufenthG auch das Rechtsgut »Leib«. Ist das Leben bedroht, wird auch die Unversehrtheit betroffen. Es lässt sich im Rahmen der Gefahrenprognose zumeist gar

---

399 UK IAT (2008) UKAIT 00023, Rn. 111.
400 *Funke-Kaiser*, InfAuslR 2008, 90 (91).
401 *UNHCR*, Safe at last?, 2011, S. 59.
402 BVerwGE 136, 360 (375 ff.) Rn. 32, 31 = EZAR NF 69 Nr. 7 = InfAuslR 2010, 404.
403 EuGH, InfAuslR 2009, 138 (139) Rn. 35 = EZAR NF 69 Nr. 5 = NVwZ 2009, 705 – Elgafaji; BVerwGE 136, 360 (375 ff.) Rn. 32 = EZAR NF 69 Nr. 7 = InfAuslR 2010, 404.

nicht mit der gebotenen Zuverlässigkeit vorhersehen, ob aufgrund der festgestellten allgemeinen Verhältnisse Lebensgefahren drohen oder lediglich die Unversehrtheit bedroht ist.

Nach der britischen Rechtsprechung erfasst der Begriff »Leben einer Person« »erhebliche körperliche Verletzungen, ernsthafte psychische Traumata sowie ernsthafte Bedrohungen der körperlichen Integrität«.[404] In der niederländischen Rechtsprechung werden alle nach Art. 3 EMRK relevanten ernsthaften Schäden einschließlich Inhaftierung und Haft berücksichtigt.[405] Art. 3 EMRK ist insoweit aber nur für die in Betracht zu ziehenden Eingriffe in Rechtsgüter, nicht aber im Rahmen von Art. 15 Buchst. c) RL 2004/83/EG zugleich auf für den Gefahrengrad maßgebend (Rdn. 89 ff.). Der in Art. 33 Abs. 1 GFK bezeichnete Begriff Freiheit ist identisch mit dem Begriff der Unversehrtheit. Stillschweigend verweist dieser auf Beeinträchtigungen der körperlichen und seelischen Unversehrtheit, also auf Folter und Misshandlungen. Durch unzulässige Eingriffe in die Freiheitsrechte, insbesondere durch Gewahrsamnahme oder andere Formen der Freiheitsentziehung oder durch psychischen Druck wird in aller Regel ebenfalls die Unversehrtheit betroffen. 67

Art. 15 Buchst. c) RL 2004/83/EG will ebenso wie Art. 33 Abs. 1 GFK und Art. 3 EMRK bestimmte Formen der Eingriffe in geschützte Rechtsgüter erfassen. Freiheitsentziehungen bringen stets ernsthafte Bedrohungen der Unversehrtheit mit sich. Diese gilt für sämtliche Bedrohungen von anerkannten Rechtsgütern. Art. 15 Buchst. c) RL 2004/83/EG will Schutz vor der »**ernsthaften Bedrohung**« der Unversehrtheit gewähren, nicht aber die Mitgliedstaaten dazu veranlassen, im Rahmen einer Analyse der faktischen Verhältnisse im Herkunftsland ernsthafte Bedrohungen der Zivilbevölkerung zu identifizieren, diese aber nicht durch einen begrifflichen Abgrenzungsfilter zu zwängen. Der Begriff Unversehrtheit ist hinreichend offen, um im Rahmen eines bewaffneten Konfliktes drohende Risiken zu erfassen. Für die Entscheidung maßgebend ist nicht so sehr die begriffliche Reduzierung der Bedrohungen auf bestimmte Rechtsgüter, sondern die – aus prognoserechtlicher Sicht – Ernsthaftigkeit der Bedrohungen dieser Rechtsgüter. 68

cc) Begriff der »Zivilperson«

Im Rahmen der Prognoseprüfung kommt es auf »schädigende Ereignisse« an, die sich gegen Zivilpersonen ungeachtet ihrer Identität richten (Rdn. 13).[406] Die Richtlinie will die unbeteiligte Zivilbevölkerung im bewaffneten Konflikt schützen. Daher werden ernsthafte Bedrohungen von Kombattanten im Rahmen eines bewaffneten Konflikts nicht in die Prognoseprüfung eingestellt. Alle Gewaltakte, welche die feindlichen Kombattanten unmittelbar gegeneinander verüben, werden nicht berücksichtigt. Haben die Kombattanten die Waffen niedergelegt, weil sie sich ergeben haben oder verwundet wurden, sind sie nicht mehr »unmittelbar an den Feindseligkeiten« beteiligt und werden durch humanitäres Völkerrecht geschützt (Art. 3 Genfer Konventionen). Sind sie ungeachtet dessen von Gewaltakten betroffen, sind diese als Prognosetatsachen in die Prüfung einzustellen. Dem Erfordernis, dass eine »Zivilperson« in ihren Rechtsgütern ernsthaft bedroht sein muss, kann daher nur eingeschränkte Bedeutung zukommen. Deshalb hat der Begriff »Zivilperson« in der Praxis der Mitgliedstaaten kaum eine Bedeutung.[407] 69

Im internationalen Konflikt kann die Unterscheidung zwischen der Zivilbevölkerung und den kämpfenden Streitkräften vergleichsweise relativ leicht gezogen werden. Der Gegenbegriff zur »Zivilperson« ist der »Kombattant« (vgl. Art. 3 Haager Landkriegsordnung von 1907). Der Begriff Kombattant kommt in zwei Bedeutungen vor: Einerseits wird die Unterscheidung für zwei Gruppen innerhalb der Streitkräfte verwendet, so z. B. für diejenigen Angehörigen der Streitkräfte, die zum Kampf bestimmt sind, sowie Personen, die zwar zur Armee gehören und Uniform tragen, aber nicht 70

---

404 Upper Tribunal CG(2010) UKUT 331 (IAC) Rn. 76 – HM.
405 *UNHCR*, Safe at last?, 2011, S. 60.
406 EuGH, InfAuslR 2009, 138 (139) Rn. 35 = EZAR NF 69 Nr. 5 = NVwZ 2009, 705 – Elgafaji; BVerwGE 136, 360 (375 ff.) Rn. 32 = EZAR NF 69 Nr. 7 = InfAuslR 2010, 404.
407 *UNHCR*, Safe at last?, 2011, S. 56 ff.

zum Kampf bestimmt sind, etwa Verwaltungsbeamte, Militärärzte, Sanitäter und Militärgeistliche. Letztere können, mit Ausnahme des Sanitätspersonals und der Militärgeistlichen, am Kampf teilnehmen. In diesem Fall dürfen auch Kampfhandlungen gegen sie vorgenommen werden.[408]

71 Rechtlich bedeutsamer und für die Anwendung der Richtlinie maßgebend ist die weitere Unterscheidung zwischen Streitkräften, d. h. zwischen am Kampf unmittelbar Beteiligten und zwischen am Kampf nicht beteiligten Zivilpersonen. Wer nicht als Kombattant eingestuft werden kann, ist der Zivilbevölkerung zuzurechnen, ist also »Zivilperson« im Sinne der Richtlinie. Nach der belgischen Praxis ist im Zweifel von einer Zivilperson auszugehen.[409] Kombattanten sind alle am militärischen Kampf gegen den Gegner unmittelbar beteiligte Personen. Umfasst werden normale Armeeangehörige, der regulären Armee nicht eingegliederte, aber von ihr autorisierte Milizen und Freiwilligenkorps, irreguläre, aus eigenem Antrieb handelnde Streitkräfte, organisierte Partisanen und Rebellen sowie Einzelkämpfer. Nur Kombattanten in diesem Sinne können Ziel legitimer Kampfhandlungen sein, unterfallen nach der Gefangennahme als Kriegsgefangene im internationalen bewaffneten Konflikt aber dem Schutz nach der I. und II. Genfer Konvention. Zivilpersonen haben demgegenüber Anspruch auf Schutz nach der IV. Genfer Konvention.[410]

72 Eines der wesentlichen Merkmale des innerstaatlichen bewaffneten Konfliktes ist es, dass nicht mehr zwischen Kombattanten und Nichtkombattanten differenziert werden kann (Rdn. 30 ff., 35 ff., 50 ff.). Jeder kann jederzeit und überall in den Krieg einbezogen werden. Jeder Einzelne ist sowohl »Krieger« wie auch »legitimes Kriegsziel«. Gewalt ist innerhalb dieses Krieges nicht ein bloßes Mittel zur Überwältigung des Feindes. Sie ist vielmehr stets auch eine Form der Politisierung und Mobilisierung der eigenen Gruppe, nicht selten expressive Erscheinungsform von Politik überhaupt.[411] Aber auch im internationalen Konflikt verliert die Unterscheidung zwischen Kombattanten und Nichtkombattanten zunehmend an Bedeutung, wie die wahllose Bombardierung von Städten und Ballungsräumen etwa im Zweiten Weltkrieg anschaulich belegt. Derartige Kriegsverbrechen kommen aber auch in internen Konflikten vor, wie das Beispiel der Zerstörung von Grosny in beiden Kriege in Tschetschenien zeigt.

73 Zu bedenken ist, dass im maßgebenden Zeitpunkt der Entscheidung (vgl. Art. 4 Abs. 3 Buchst. a) RL 2004/83/EG) jeder Antragsteller eine »Zivilperson« (ist). Die Unterscheidung in Kombattant und Nichtkombattant hat vorrangige Bedeutung für das anwendbare Recht nach der Gefangennahme im Kriegsgebiet. Außerhalb des Kriegsgebietes und damit außerhalb der Hoheitsgewalt des Kriegsgegners, d. h. auch im Feststellungsverfahren der Mitgliedstaaten verliert diese Unterscheidung jegliche rechtliche Bedeutung. Denn hier ist nicht Kriegsrecht, sondern Friedensrecht anzuwenden. Allenfalls für die Prognoseprüfung kann es im Rahmen von Art. 4 Abs. 4 RL 2004/(3/EG von Bedeutung sein, ob eine früher erlebte ernsthafte Bedrohung im Kriegsgebiet in die Prüfung einzustellen ist (Rdn. 105 ff.). Hat der Antragsteller diese Bedrohung erlebt, als er den Status eines Kombattanten besaß, ist sie bei der Prognoseprüfung nicht als besonderes Unterscheidungsmerkmal (Rdn. 101 ff.) zu berücksichtigen, es sei denn, es werden zusätzliche Faktoren, wie z. B. die drohenden unmenschlichen Maßnahmen durch einen Verfolgungsakt wegen der Teilnahme am Konflikt oder Vergeltung wegen der Desertion festgestellt.

74 Maßgebend ist jedoch die in die absehbare Zukunft gerichtete Gefahrenprognose und damit die Frage, ob der Antragsteller im Fall der Rückkehr als Zivilperson eine ernsthafte Bedrohung befürchten muss. Dass er früher den Status eines Kombattanten innehatte, schließt nicht zwingend aus, dass er im Fall der Rückkehr als Zivilperson ernsthafte Bedrohungen seiner Rechtsgüter infolge »willkürlicher Gewalt« erfahren kann. Die bloße Tatsache der Zugehörigkeit zu einem Kampfverband kann

---

408 *Berber*, Lehrbuch des Völkerrechts, II. Bd., S. 140 f.
409 *UNHCR*, Safe at last?, 2011, S. 57.
410 *Berber*, Lehrbuch des Völkerrechts, II. Bd. Kriegsrecht, S. 141 f.; *Bothe*, Friedenssicherung und Kriegsrecht, in: *Bothe u. a.*, Völkerrecht, S. 636.
411 *Preuß*, Krieg, Verbrechen, Blasphemie, S. 45.

§ 42 Willkürliche Gewalt   Kapitel 12

unter keinen rechtlichen Umständen den Ausschluss vom internationalen Schutz rechtfertigen (§ 35 Rdn. 119).[412] Umgekehrt kann auch eine Zivilperson Täter eines Kriegsverbrechens sein.[413] Zudem können aus dem früheren Kombattantenstatus auch gefahrenerhöhende Umstände (Rdn. 73, 101 ff.) etwa bei drohenden nach humanitärem Völkerrecht unzulässigen Vergeltungsakten folgen.

Die Frage, ob ein früherer Kombattant unter die Definition einer Zivilperson fällt, ist nach der britischen Rechtsprechung eine Tatsachenfrage.[414] Eine individuelle Analyse der Verhältnisse ist jedoch nur bei Art. 4 Abs. 4 RL 2004/83/EG und bei gefahrenerhöhenden Umständen angezeigt. Liegen derartige Besonderheiten nicht vor, sind ungeachtet der Identität des Antragstellers im Rahmen der Prognosetatsachen sämtliche gegen Zivilpersonen gerichtete Gewaltakte in die Prüfung einzustellen. Dabei ist unerheblich, ob die Zivilpersonen früher Kombattanten waren (Rdn. 69 ff.). Hat der Antragsteller jedoch vor der Ausreise im Kriegsgebiet als Kombattant oder Nichtkombattant etwa an Kriegsverbrechen, Verbrechen gegen den Frieden oder die Menschlichkeit teilgenommen oder eine schwere Straftat begangen, entfällt der subsidiäre Schutz unabhängig davon, ob eine ernsthafte Bedrohung besteht (vgl. Art. 12 Abs. 2 Buchst. a) und b), Art. 17 Abs. 1 Buchst. a) und b) der Richtlinie). In diesem Fall kann aber Refoulementschutz nach Art. 3 EMRK geboten sein (vgl. Art. 21 RL 2004/83/EG).

75

d) *Prognosemaßstab*

aa) *Funktion der Prognosemaßstabs*

Nicht anders wie bei der flüchtlingsrechtlichen Prognoseprüfung (§ 29 Rdn. 19 ff.) ist im Rahmen der Gefahrenprognose beim Schutz vor willkürlicher Gewalt zwischen dem Beweismaß für die Feststellung allgemeiner Prognosetatsachen einerseits sowie dem Maßstab der Eintrittswahrscheinlichkeit einer ernsthaften Bedrohung aufgrund willkürlicher Gewalt andererseits zu unterscheiden. Für die Prognosetatsachen (Rdn. 60 bis 74) findet das Regelbeweismaß Anwendung. Die Behörde muss sich Gewissheit verschaffen, ob aufgrund der festgestellten Prognosetatsachen der Eintritt der ernsthaften Bedrohung des Antragstellers aufgrund willkürlicher Gewalt wahrscheinlich ist. Dies ist eine wertende Prognoseentscheidung (§ 29 Rdn. 12). Während sich beim Flüchtlingsschutz wie auch bei den anderen Tatbeständen des Art. 15 RL 2004/83/EG wegen des Erfordernisses der individuellen Zuspitzung der Verfolgung bzw. des ernsthaften Schadens in den Mitgliedstaaten übereinstimmende Beweisstandards herausgebildet haben, ist beim Prognosemaßstab der willkürlichen Gewalt derzeit Vieles ungeklärt.

76

Bei der Prognose der Eintrittswahrscheinlichkeit einer auf willkürlicher Gewalt beruhenden ernsthaften Bedrohung des Lebens oder der Unversehrtheit nach Art. 15 Buchst. c) RL 2004/83/EG finden nach der Rechtsprechung des EuGH drei unterschiedliche Maßstäbe Anwendung: Werden keine besonderen Unterscheidungsmerkmale identifiziert, ist ein »**hoher Gefahrengrad**« maßgebend (Rdn. 79 ff., 95 ff.). Werden derartige Merkmale geltend gemacht, findet eine »**gleitende Skala**« (»**sliding scale**«) Anwendung (Rdn. 52, 101 ff.). Kann der Antragsteller zudem eine ernsthafte Bedrohung des Lebens oder der Unversehrtheit als ausreisebestimmenden Anlass geltend machen, findet die Vermutungswirkung der früheren ernsthaften Bedrohung Anwendung (Art. 4 Abs. 4 RL 2004/83/EG, Rdn. 105 ff.). Es empfiehlt sich daher zunächst zu prüfen, ob eine frühere Bedrohung, welche das Niveau von Art. 15 der Richtlinie erreicht hat (**Vorschädigung**), glaubhaft gemacht worden ist. Ist dies der Fall, bedarf es keiner weiteren Prüfung mehr. Ist keine erhebliche oder eine nur vorübergehende Änderung der Verhältnisse im Herkunftsland eingetreten, wird der subsidiäre Schutzstatus gewährt.

77

---

412 BVerwGE 135, 252 (266) = NVwZ 2010, 979 = InfAuslR 2010, 256 = EZAR NF 68 Nr. 7.
413 BVerwGE 136, 252 (90) Rn. 30 = NVwZ 2010, 974 = EZAR NF 68 Nr. 68.
414 UK AIT CG (2009) UKAIT 00044 Rn. 26 – GS.

78 Es sind also zunächst frühere schädigende Ereignisse zu prüfen. Führen diese nicht zur Anwendung von Art. 4 Abs. 4 RL 2004/83/EG, sind besondere Unterscheidungsmerkmale zu identifizieren, weil dies die Anwendung eines hohen Gefahrengrades ausschließt. Erst wenn derartige Merkmale nicht festgestellt werden können, muss der hohe Gefahrengrad beachtet werden. In der nachfolgenden Darstellung wird jedoch zunächst der hohe Gefahrengrad untersucht, weil der EuGH ausgehend von diesem die gleitende Skala entwickelt[415] und deshalb zunächst eine Bestimmung dieses Gefahrengrades geboten ist.

bb) Maßstab bei fehlenden Unterscheidungsmerkmalen

(1) Funktion des Begriffs der »außergewöhnlichen Lage«

79 Nach der Rechtsprechung des Gerichtshofes ist das Adjektiv »individuell« in Art. 15 Buchst. c) RL 2004/83/EG dahin zu verstehen, dass es sich auf schädigende Eingriffe bezieht, die sich gegen Zivilpersonen **ungeachtet ihrer Identität** richten, wenn der den bestehenden bewaffneten Konflikt kennzeichnende Grad »ein so hohes Niveau erreicht, dass stichhaltige Gründe für die Annahme bestehen, dass eine Zivilperson bei einer Rückkehr in das betreffende Land oder gegebenenfalls die betroffene Region allein durch ihre Anwesenheit im Gebiet dieses Landes oder dieser Region tatsächlich Gefahr liefe, einer ernsthaften Bedrohung im Sinne des Art. 15 Buchst. c) der Richtlinie ausgesetzt zu sein.«

Der Gerichtshof begründet dies damit, dass nach Erwägungsgrund Nr. 26 der Richtlinie allein die allgemeine Lage eines Landes nicht genügt, um den Tatbestand des Art. 15 Buchst. c) der Richtlinie hinsichtlich einer bestimmten Person als erfüllt anzusehen. Durch die Verwendung des Wortes »**normalerweise**« bleibe die ernsthafte Bedrohung von Leben oder Unversehrtheit einer »**außergewöhnlichen** Situation vorbehalten, die durch »einen so hohen Gefahrengrad gekennzeichnet« sei, dass »stichhaltige Gründe für die Annahme, bestünden, das die betreffende Person dieser Gefahr ausgesetzt wäre.[416]

80 Welcher Gefahrengrad eine ernsthafte Bedrohung begründet, hat der Gerichtshof offen gelassen. UNHCR hat in seiner Studie festgestellt, dass in der Praxis der Mitgliedstaaten das erforderliche Niveau willkürlicher Gewalt »sehr hoch« angesetzt werde. Dieser extreme Standard ist sicherlich einerseits der auf individuelle Verfolgungen fokussierten traditionellen europäischen Praxis der Schutzgewährung, andererseits aber auch dem Hinweis des Gerichtshofs auf eine »außergewöhnliche Situation«[417] geschuldet (Rdn. 52). Das BVerwG sieht sich durch den **Elgafaji-Test** in seiner Rechtsprechung bestätigt. Der erforderliche Gefahrengrad könne nur dann bejaht werden, wenn die im Herkunftsland drohenden Gefahren einen »derart hohen Grad« aufwiesen, dass allein durch die Anwesenheit des Antragstellers in der Herkunftsregion eine ernsthafte Bedrohung eintreten würde.[418] Erforderlich seien eine »jedenfalls annäherungsweise **quantitative** Ermittlung der Gesamtzahl der in dem betreffenden Gebiet lebenden Zivilpersonen einerseits und der Akte der willkürlichen Gewalt andererseits« sowie eine wertende Gesamtbetrachtung mit Blick auf die Anzahl der Opfer und die Schwere der Schädigungen (Todesfälle und Verletzungen) bei der Zivilbevölkerung.

---

415 EuGH, InfAuslR 2009, 138 (139) Rn. 39 f. = EZAR NF 69 Nr. 5 = NVwZ 2009, 705 – Elgafaji; BVerwGE 136, 360 (375 ff.) Rn. 32 = EZAR NF 69 Nr. 7 = InfAuslR 2010, 404; siehe hierzu ausführlich *Marx*, InfAuslR 2012, 145 (149 f.).

416 EuGH, InfAuslR 2009, 138 (35) Rn. 35 ff. = EZAR NF 69 Nr. 5 = NVwZ 2009, 705 = AuAS 2009, 86 – Elgafaji.

417 EuGH, InfAuslR 2009, 138 (139) Rn. 36 = EZAR NF 69 Nr. 5 = NVwZ 2009, 705 = AuAS 2009, 86 – Elgafaji; *Marx*, InfAuslR 2012, 145 (146).

418 BVerwGE 134, 188 (195) Rn. 17 = NVwZ 2010, 196 = AuAS 2010, 31 – Irak.

§ 42 Willkürliche Gewalt   Kapitel 12

Insoweit könnten auch die für die Feststellung einer **Gruppenverfolgung** entwickelten Kriterien (§ 30 Rdn. 14 ff.) herangezogen werden.[419]

Fraglich ist, ob der Hinweis des EuGH auf eine »außergewöhnliche Situation« eine derartige Handhabung des erforderlichen Prognosemaßes zulässt. Die Funktion der Gruppenverfolgung besteht darin, die auf den Einzelnen bezogene Verfolgungsprognose durch beweiserleichternde Grundsätze zu ersetzen. Bezugspunkt der Beweiserleichterung bleiben auf bestimmte Konventionsmerkmale des Einzelnen zielende Verfolgungen. Mit diesem Begriff werden schlagwortartig die tatsächlichen Voraussetzungen bezeichnet, unter denen anzunehmen ist, dass jedes Gruppenmitglied ohne Rücksicht auf seine persönliche Situation Verfolgung wegen eines gruppenspezifischen Merkmals befürchten muss.[420] Diese beweisrechtliche Ausgangssituation bei der Gruppenverfolgung unterscheidet sich wesentlich von der ernsthaften Bedrohung aufgrund willkürlicher Gewalt. Die Rechtsprechung des EuGH ist in diesem Zusammenhang aus methodologischer Sicht alles andere als hilfreich, weil sie das prognoserechtliche Verhältnis zwischen kollektiven Gesichtspunkten, persönlichen Unterscheidungsmerkmalen und etwaigen anderen Kriterien für die ernsthafte Bedrohung des Einzelnen nicht im Ansatz aufgearbeitet hat. 81

Danach können »kollektive Gesichtspunkte« für die Anwendung von Art. 15 Buchst. c) der Richtlinie »eine bedeutende Rolle in dem Sinne spielen, dass die fragliche Person zusammen mit anderen Personen zu einem Kreis von potenziellen Opfern willkürlicher Gewalt« gehöre. Dies ändere aber nichts daran, dass Buchst. c) systematisch im Verhältnis zu den anderen beiden Tatbeständen des Art. 15 der Richtlinie stehe und deshalb in enger Beziehung zu dieser Individualisierung auszulegen sei.[421] Andererseits verweise Buchst. c) auf eine »Schadensgefahr allgemeinerer Art« und nicht auf »bestimmte Gewalteinwirkungen.« Dies sei dahin zu präzisieren, dass der erforderliche Gefahrengrad umso geringer sein werde, je mehr der Antragsteller personenspezifische Umstände vorbringen könne. 82

Dem Gerichtshof wird vorgehalten, dass die Anknüpfung an eine »außergewöhnliche Gewaltsituation« die Frage aufwerfe, wie diese in das Konzept von Art. 15 Buchst. c) der Richtlinie eingefügt werden könnte. Unklar bleibe, ob der Gerichtshof das Erfordernis der »außergewöhnlichen Gewaltsituation« auf den bewaffneten Konflikt beziehen wolle. Eine Unterscheidung zwischen »**normalen**« Konflikten, die nicht durch ein hohes Niveau wahlloser Gewalt geprägt seien, und »**außergewöhnlichen**« Konflikten, die durch ein außergewöhnlich hohes Maß an wahlloser Gewalt gegen Zivilpersonen gekennzeichnet seien, beruhe jedoch auf der nicht tragfähigen tatsächlichen Voraussetzung, es gebe innerstaatliche bewaffnete Konflikte, die nicht mit einem erheblichen Ausmaß wahlloser Gewalt gegen die Zivilbevölkerung verbunden seien. Dies spreche dafür, dass es nicht auf die Einstufung der Gewalt als außergewöhnlich ankomme, sondern darauf, ob im Ergebnis eine tatsächliche Gefahr für Leben oder Unversehrtheit bestehe. Folglich müsste das Ausmaß der Gewalt dahin gehend bewertet werden, ob es hinreichend ist, um für jeden Anwesenden die tatsächliche Gefahr einer Bedrohung zu verursachen.[422] 83

Dieser Kritik kann dadurch Rechnung getragen werden, dass das Erfordernis der »**außergewöhnlichen Lage**« auf »**allgemeine Gefahren**« bezogen wird, der die Bevölkerung durch »gewöhnliche« Risiken, die mit Kriminalität, Industrialisierung und Umweltrisiken einhergehen (Erwägungsgrund Nr. 26 RL 2004/83/EG), ausgesetzt sind. Die der Zivilbevölkerung im Rahmen eines bewaffneten Konflikts drohende wahllose Gewalt ist gegenüber den ihr außerhalb eines derartigen Konfliktes, 84

---

419 BVerwGE 136, 360 (375) Rn. 33 = EZAR NF 60 Nr. 7 = InfAuslR 2010, 404 – Afghanistan; VGH Baden-Württemberg, AuAS 2010, 142 (143 f.) – Irak; VGH Baden-Württemberg, Urt. v. 06.03.2012 – 11 S 3070/11 - und VGH Baden-Württemberg, Urt. v. 06.03.2012 – 11 S 3171/11 – beide zu Afghanistan.
420 BVerwGE 89, 162 (168) = EZAR 202 Nr. 22 = Buchholz 402.25 § 1 AsylVfG Nr. 147.
421 EuGH, InfAuslR 2009, 138 (139) Rn. 38 = EZAR NF 69 Nr. 5 = NVwZ 2009, 705 = AuAS 2009, 86 – Elgafaji.
422 *Bank*, NVwZ 2009, 695 (697).

also normalerweise drohenden allgemeinen Gefahren stets außergewöhnlich. Erwägungsgrund Nr. 26 RL und Art. 15 Buchst. c) 2004/83/EG bezeichnen damit gleichermaßen eine gegenüber allgemeinen Gefahren »außergewöhnliche Situation«. Der wahllosen Gewalt des bewaffneten Konfliktes immanent ist also stets ihr »außergewöhnlicher Charakter« im Vergleich zu allgemeinen Gefahren (Rdn. 98 ff.). Dagegen kann nicht eingewandt werden, dass Erwägungsgrund Nr. 26 der Richtlinie alle Fälle ausschalte, in denen der Einzelne infolge willkürlicher Gewalt einer Bedrohung seiner Person ausgesetzt ist.[423] Für eine derartige, eher am Wortlaut der nationalen Sperrwirkung des § 60 Abs. 7 Satz 3 AufenthG ausgerichtete Interpretation des Erwägungsgrundes gibt dessen Wortlaut nichts her.

85 Der Hinweis auf die »außergewöhnliche Lage« durch den Gerichtshof rechtfertigt damit als solcher nicht die Anwendung eines extrem hohen Beweismaßes. In der britischen Rechtsprechung wird die Rechtsprechung des EuGH dahin verstanden, dass Art. 15 Buchst. c) der Richtlinie kein Erfordernis entnommen werden könne, dass der bewaffnete Konflikt außergewöhnlich sein müsse.[424] Maßgebend sei, dass die Intensität der wahllosen Gewalt hoch genug ist, um dem **Elgafaji-Test** gerecht zu werden. Es müssten deshalb stichhaltige Gründe für eine ernsthafte Bedrohung durch eine tatsächliche Gefahr angegeben werden können. Was gefordert werden könne, sei eine verlässliche Prognose, dass eine bestimmte Person Opfer wahlloser Gewalt werden wird. Dazu sei erforderlich, festzustellen, ob das für die Zivilbevölkerung bestehende Gewaltniveau aufgrund der unterschiedlichen Gefährdungsfaktoren ernsthaft genug sei.[425] Die britische Rechtsprechung versteht den Hinweis des EuGH auf die »außergewöhnliche Lage« damit dahin, dass er damit auf den Umstand habe hinweisen wollen, dass **allgemeine Gefahren**«, denen die Bevölkerung aufgrund »gewöhnlicher« Risiken ausgesetzt ist (Erwägungsgrund Nr. 26 RL 2004/83/EG), normalerweise nicht das erforderliche Gewaltniveau erreichen (Rdn. 84). Diese erreichen sie erst, wenn sie in andauernde und aktuelle willkürliche Gewaltmuster umschlagen.

86 Wird die Rechtsprechung des EuGH so verstanden, kann sie für die Herleitung sachgerechter Prognosemaßstäbe aus der flüchtlingsrechtlichen Gruppenverfolgung nicht herangezogen werden. Die Gruppenverfolgung hat ihren prognoserechtlichen Bezugspunkt in der Verfolgung wegen eines gruppenspezifischen Merkmals (Rdn. 79).[426] Demgegenüber hat die ernsthafte Bedrohung aufgrund willkürlicher Gewalt ihren prognoserechtlichen Bezugspunkt nicht in dem Erfordernis, dass der »Einzelne aufgrund bestimmter Konventionsmerkmale« aus einer unbestimmten Vielzahl von Personen herausgegriffen wird, sondern dass er »als Teil der Zivilbevölkerung« einer ernsthaften Bedrohung aufgrund willkürlicher Gewalt ausgesetzt sein wird. Es fehlt für eine Heranziehung der Gruppenverfolgung die Vergleichbarkeit der relevanten Situation: Ersetzt bei der Gruppenverfolgung der Beweisstandard die Prüfung nach Maßgabe der beachtlichen Wahrscheinlichkeit im Einzelfall, ob der konkrete Antragsteller aufgrund bestimmter Merkmale gezielt verfolgt werden wird, kommt es bei willkürlicher Gewalt weder auf den konkreten Antragsteller noch auf Konventionsmerkmale an. Hier ergibt sich die Bedrohung aus einer allgemeinen Lage,[427] nämlich der willkürlichen Gewalt.

87 Prognoserechtliche Aufgabe bei der Anwendung des Art. 15 Buchst. c) der Richtlinie ist es, den Gefahrengrad einer ernsthaften Bedrohung einer Zivilperson **ungeachtet ihrer Identität** festzustellen. Dazu muss die willkürliche Gewalt »**ein so hohes Niveau**« erreichen, dass **stichhaltige Gründe** für die Annahme bestehen, dass eine Zivilperson bei einer Rückkehr allein durch ihre Anwesenheit im Gebiet dieses Landes oder dieser Region **tatsächlich Gefahr liefe**, einer ernsthaften Bedrohung im

---

423 So *Tiedemann*, ZAR 2011, 206 (207).
424 UK Court of Appeal (2009) EWCA Civ 620 Rn. 25 – QD; UK UT CG (2010) UKUT 331 (IAC) Rn. 67 Buchst. h), 82 – HM.
425 UK UT CG (2010) UKUT 331 (IAC) Rn. 67 Buchst. h), 82 – HM.
426 BVerwGE 89, 162 (168) = EZAR 202 Nr. 22 = Buchholz 402.25 § 1 AsylVfG Nr. 147.
427 EuGH, InfAuslR 2009, 138 (139) Rn. 35 = EZAR NF 69 Nr. 5 = NVwZ 2009, 705 = AuAS 2009, 86 – Elgafaji; *Marx*, InfAuslR 2012, 145 (146 f.).

Sinne des Art. 15 Buchst. c) der Richtlinie ausgesetzt zu sein.[428] Das Erfordernis der stichhaltigen Gründe verweist auf die erforderlichen Prognosetatsachen (Rdn. 60 ff.). Auf deren Grundlage ist zu entscheiden, ob das erforderliche »hohe Niveau« an willkürlicher Gewalt besteht. Dazu ist die Prognose erforderlich, ob das für die Zivilbevölkerung bestehende Gewaltniveau aufgrund der unterschiedlichen Gefährdungsfaktoren ernsthaft genug ist.[429] Dies ist der Fall, wenn am Herkunftsort des Antragstellers (Rdn. 60) eine akute und andauernde Situation willkürlicher Gewalt herrscht (98 ff.).

Weder an Konventionsmerkmale anknüpfende Beweiserleichterungen noch eine fiktive außergewöhnliche Lage wahlloser Gewalt sind geeignete Bezugspunkte für die Wahrscheinlichkeitsprognose. Es muss zu methodologischen Fehlschlüssen führen, wenn ungeachtet der den innerstaatlichen bewaffneten Konflikt prägenden entgrenzten Gewalt weitere begriffliche Steigerungen einer bereits außergewöhnlichen Lage versucht werden, um zu erreichen, dass die Zahl der Schutzberechtigten absehbar bleibt. Die Außergewöhnlichkeit einer aktuellen willkürlichen – entgrenzten – Gewaltsituation (Rdn. 98 ff.) kann nicht mehr gesteigert werden (Rdn. 83). Entsprechende Versuche führen zu einem rein quantitativen Umgang mit der willkürlichen Gewalt, welche jedoch deren spezifischen Charakter verfehlen. Dies belegt die Rechtsprechung des BVerwG, die eine »jedenfalls annäherungsweise **quantitative** Ermittlung der Gesamtzahl der in dem betreffenden Gebiet lebenden Zivilpersonen einerseits und der Akte der willkürlichen Gewalt andererseits« (Rdn. 78)[430] verlangt, diese Faktoren gegeneinander abwägen und aus der ermittelten Relation das erforderliche Gefahrenniveau der willkürlichen Gewalt bestimmen will (Rdn. 100). An diesen in der Rechtsprechung der Instanzgerichte[431] umstrittenen und von der obergerichtlichen britischen Rechtsprechung abgelehnten Ansatz hält das BVerwG unverändert fest.[432] Erst der EuGH kann hier die gebotene Klarstellung vornehmen, 88

Bei der Gruppenverfolgung hatte das BVerwG über Jahrzehnte einen quantitativen Maßstab angewandt. Danach bestehe zwischen der Größe der verfolgten Gruppe und den Anforderungen an die Intensität der Verfolgungsdichte eine Abhängigkeit.[433] Später relativierte es seinen quantitativen Maßstab. Die zahlenmäßigen Grundlagen der gebotenen Relationsbetrachtungen zur Verfolgungsdichte ließen sich nicht mit quasi naturwissenschaftlicher Genauigkeit feststellen. Es reiche vielmehr aus, die »ungefähre Größenordnung der Verfolgungsschläge« zu ermitteln und sie in Beziehung zur Gesamtgruppe der von Verfolgung Betroffenen zu setzen.[434] Aber auch diese Relativierung eines immer noch quantitativen Beweisstandards lässt sich mit dem traditionellen und normalerweise angewandten qualitativ ausgerichteten Beweismaß des BVerwG nicht vereinbaren: Dieses erfordert eine »**qualifizierende**« Betrachtung im Sinne einer Gewichtung und Abwägung aller festgestellten Umstände und ihrer Bedeutung. Auch wenn aus einer »**quantitativen**« oder »**statistischen**« Sicht 89

---

428 EuGH, InfAuslR 2009, 138 (35) Rn. 35 ff. = EZAR NF 69 Nr. 5 = NVwZ 2009, 705 = AuAS 2009, 86 – Elgafaji.

429 UK UT CG (2010) UKUT 331 (IAC) Rn. 67 Buchst. h), 82 – HM.

430 BVerwGE 136, 360 (375) Rn. 33 = EZAR NF 60 Nr. 7 = InfAuslR 2010, 404 – Afghanistan; VGH Baden-Württemberg, AuAS 2010, 142 (143 f.) – Irak.

431 Bayerischer VGH, Urt. v. 03.02.2011 – 13a B 10.30394, UA, S. 10 ff.; VGH Baden-Württemberg, AuAS 2010, 142 (143 f.); VG München, Urt. v. 23.11.2009 – M 4 K 09. 50443, UA, S. 7 ff.; gegen Bayerischer VGH, Hessischer VGH, Urt. v. 25.08.2011 – 8 A 1657/10.A, UA, S. 26; VG Wiesbaden, Urt. v. 26.08.2007 – 7 K 450/09; durch BVerwG, Beschl. v. 08.03.2012 – 10 B 2.12 – bestätigt; VG Würzburg, Urt. v. 30.03.2009 – W 6 K 08.30037, UA, S. 17 ff.

432 BVerwG, NVwZ 2012, 451 (453).Rn. 22.

433 BVerwG, Urt. v. 22.05.1996 – BVerwG 9 B 136.96, NVwZ 1996, 1116 (nur LS); BVerwGE 126, 243 (249 ff.) = EZAR NF 62 Nr. 8 = NVwZ 2006, 1420 = InfAuslR 2007, 33; BVerwG, NVwZ 2009, 1237 (1238) = InfAuslR 2009, 315 = EZAR NF 60 Nr. 12.

434 BVerwG, NVwZ 2009, 1237 (1238) = InfAuslR 2009, 315 = EZAR NF 60 Nr. 12, mit Hinweis auf BVerwGE 96, 200 (213) = InfAuslR 1994, 424 = NVwZ 1995, 175 = EZAR 202 Nr. 25.

weniger für eine Eintrittswahrscheinlichkeit spricht, kann eine »**zusammenfassende**« Bewertung den für eine Verfolgung sprechenden Umständen größeres Gewicht beimessen und können deshalb die dagegen sprechenden Tatsachen überwiegen.[435]

(2) Abgrenzung zu Art. 3 EMRK

90 Ausgangspunkt des **Elgafaji-Tests** war die Vorlagefrage nach dem Verhältnis von Buchst. c) zu b) des Art. 15 RL 2004/83/EG.[436] Nach dem EuGH erfassen Buchst. a) und b) Situationen, in denen der Betroffene »**spezifisch der Gefahr** ausgesetzt ist, einen Schaden **ganz bestimmter Art** zu erleiden«, hingegen der in Buchst. c) definierte Schaden eine »Schadensgefahr allgemeiner Art.« Buchst. c) stehe jedoch »systematisch im Verhältnis zu den beiden anderen Tatbeständen des Art. 15 der Richtlinie und deshalb in enger Beziehung zu dieser Individualisierung.[437] Nach der Rechtsprechung des EGMR begründet eine allgemein herrschende Gewaltsituation grundsätzlich kein konkretes Risiko,[438] vielmehr müssen besondere Unterscheidungsmerkmale (»**special distinguishing features**«) hinzukommen. Diese lassen auf das konkrete Risiko einer unmenschlichen Behandlung, in der Sprache des EuGH auf die spezifische Gefahr, einen Schaden ganz bestimmter Art zu erleiden, schließen. Die Prognoseprüfung nach Art. 15 Buchst. c) der Richtlinie fordert hingegen keine Unterscheidungsmerkmale (Rdn. 125). Jedoch verlangt der Gerichtshof eine »Individualisierung« der Gefahr. Dies setzt jedoch nicht zwingend Unterscheidungsmerkmale voraus. Deren Vorliegen erleichtert lediglich die Prognose (Rdn. 101 ff.).

91 Buchst. b) unterscheidet sich von Buchst. c) des Art. 15 der Richtlinie also durch das nicht zwingende Erfordernis besonderer Unterscheidungsmerkmale. In seiner ersten grundlegen Entscheidung, die sich auf innerstaatliche bewaffnete Konflikte bezog, hatte der EGMR auf »eine ständige Bedrohung durch Gewalt und die Gefahr, dass die Zivilbevölkerung in Kämpfe verwickelt würde«, hingewiesen. Die vorliegenden Erkenntnisse »über den Hintergrund der Beschwerdeführer und die allgemeine Lage« belegten jedoch nicht, »dass ihre **persönliche Situation**« in irgendeiner Hinsicht schlechter gewesen sei, als die der Mehrzahl der anderen Mitglieder der tamilischen Bevölkerung oder anderer junger männlicher Tamilen.[439] Für den EGMR reicht danach die »bloße Möglichkeit der Misshandlung« unter den gegebenen Umständen, nämlich einer »ständigen Bedrohung durch Gewalt und die Gefahr«, dass die Mehrzahl der Mitglieder der tamilischen Bevölkerung oder insbesondere junge männliche tamilische Rückkehrer misshandelt werden, für die Feststellung einer »tatsächlichen Gefahr« nicht aus. Die »allgemeine Gewaltsituation« begründe kein reales Risiko, solange die »persönliche Situation« des Antragstellers »nicht schlechter als« die der gesamten Bevölkerung oder einer bestimmten Bevölkerungsgruppe sei.[440]

92 In **Vilvaraja** hatte die britische Regierung eingewandt, die tatsächlichen Vorfälle und Ereignisse, auf die die Beschwerdeführer zur Begründung ihrer Verfolgungsfurcht verwiesen, seien eher zufällig und Teil der gegen tamilische Extremisten gerichteten militärischen Angriffe der Regierungsarmee und stellten deshalb als solche »keine Verfolgung« dar.[441] Der EGMR verneinte deshalb

---

435 BVerwGE 79, 143 (150 f.) = EZAR 201 Nr. 13 = NVwZ 1988, 838 InfAuslR 1988, 230; bestätigt BVerwGE 88, 367 (377 f.) = EZAR 202 Nr. 21 = NVwZ 1992, 578 = InfAuslR 1991, 363; BVerwGE 89, 162 (168 f.) = EZAR 202 Nr. 22 = NVwZ 1992, 582; BVerwG, InfAuslR 1989, 163.
436 Raad van Staat, InfAuslR 2008, 147.
437 EuGH, InfAuslR 2009, 138 (139) Rn. 34, 38 = EZAR NF 69 Nr. 5 = NVwZ 2009, 705 = AuAS 2009, 86 – Elgafaji.
438 EGMR, NVwZ 1992, 869 (870) Rn. 109 ff. – Vilvaraj; siehe hierzu *Hruschka/Lindner*, NVwZ 2007, 645 (648).
439 EGMR, EZAR 933 Nr. 3 = NVwZ 1992, 871 = InfAuslR 1992, 81 Rn. 109–110 – Vilvarajah. Hervorhebungen nicht im Original.
440 EGMR, EZAR 933 Nr. 6 = NVwZ 1998, 163 = InfAuslR 1997, 333, Rn. 41-42 – H. L. R.
441 EGMR, NVwZ 1992, 809 = InfAuslR 1992, 81 – Vilvaraja.

ein konkretes Risiko im Sinne von Art. 3 EMRK, da eher zufällige Auswirkungen militärischer Auseinandersetzungen als solche – also die Begleiterscheinungen von »wahlloser« Gewalt – keine »stichhaltigen Hinweise dafür« lieferten, dass die Betroffenen »der ernsthaften Gefahr von Folter oder unmenschlicher oder erniedrigender Behandlung oder Bestrafung ausgesetzt« seien.[442] In der neueren Rechtsprechung (Rdn. 93 ff., 126 ff.) hat der EGMR behutsame Auflockerungen dieser strengen Rechtsprechung erkennen lassen:

In **Salah Sheekh** wurde der Einwand der niederländischen Regierung, die »generelle instabile Situation in Somalia, nach der kriminelle Banden häufig Personen einschüchterten und bedrohten« reiche nicht aus, um ein Risiko nach Art. 3 EMRK anzunehmen, im Lichte des persönlichen Hintergrundes des Beschwerdeführers zurückgewiesen. Dieser und seine Angehörigen seien wegen ihrer Zugehörigkeit zum Ashraf-Clan bereits gezielten Übergriffen ausgesetzt gewesen. Aus diesem Grund hätten sie keinen Schutz erlangen können. Unter diesen Umständen könne vom Beschwerdeführer nicht verlangt werden, weitere zusätzliche unterscheidbare persönliche Merkmale darzulegen. Zwar sei in **Vilvarajah** die bloße Möglichkeit unmenschlicher Behandlung nicht für ausreichend erachtet und die Darlegung zusätzlicher unterscheidbarer Gefährdungsmomente verlangt worden. Hier seien jedoch Angehörige des Ashraf-Clans in »relativ sicheren Regionen« in Somalia gefährdet. Der durch Art. 3 EMRK bereit gehaltene Schutz wäre deshalb illusorisch, würde man vom Beschwerdeführer zusätzlich zu seiner Gruppenzugehörigkeit weitere besondere unterscheidbare Merkmale fordern.[443]

93

Diesen an Gruppenmerkmale anknüpfenden Prognoseansatz hat der Gerichtshof unter Bezugnahme auf die bisherige Rechtsprechung in **NA** fortgeführt. Zwar werfe die »generelle Situation von Gewalt« als solche im Fall der Abschiebung »normalerweise« keine Frage nach Art. 3 EMRK auf. Aus der Rechtsprechung des EGMR folge aber auch, dass der Gerichtshof niemals die Möglichkeit ausgeschlossen habe, dass die generelle Situation von Gewalt in einem bestimmten Herkunftsland eine Frage nach Art. 3 EMRK aufwerfen könne.[444] In **Mawaka** deutet der EGMR an, dass die generelle Situation in der Demokratischen Republik Kongo, insbesondere in der Kivu-Provinz und in den nordöstlichen Provinzen besonders schlimm sei und deshalb Anlass geben könnte zu prüfen, ob die Rückführung dorthin Art. 3 EMRK zuwiderlaufen könnte. Da die Herkunftsregion des Beschwerdeführers jedoch Kinshasa war, wurde diese Frage nicht näher behandelt.[445] In **Sufi and Elmi** nimmt der EGMR Bezug auf **Eljafaji** und verneint, dass der in **NA** entwickelte Standard nicht angemessenen Schutz nach Maßgabe der Richtlinie bieten könne. Auch der in Art. 3 EMRK gesetzte Prognosestandard erfasse wie Art. 15 Buchst. c) der Richtlinie eine Situation genereller Gewalt mit einem derart hohen Niveau, dass jede Person, die in die Gewaltregion zurückkehre, allein durch ihre dortige Anwesenheit gefährdet wäre.[446] Eine Situation extremer Armut, die durch die Unfähigkeit gekennzeichnet sei, Grundbedürfnisse wie Nahrung, Hygiene und Unterbringung zu erfüllen, begründe ein tatsächliches Risiko, einer Art. 3 EMRK zuwiderlaufenden Behandlung ausgesetzt zu werden (Rdn. 128).[447]

94

(3) Kriterien für die Gefahrenprognose

Aufgrund der festgestellten Prognosetatsachen zur allgemeinen Lage müssen stichhaltige Gründe die Annahme rechtfertigen, dass der Eintritt einer ernsthaften Bedrohung des Antragstellers aufgrund willkürlicher Gewalt im Rahmen eines bewaffneten Konfliktes wahrscheinlich ist. Die Intensität der Gewalt muss also hoch genug sein, um dem **Elgafaji-Test** gerecht zu werden. Dies ist der Fall, wenn

95

---

442 EGMR, NVwZ 1992, 809 = InfAuslR 1992, 81 – Vilvaraja.
443 EGMR, InfAuslR 2007, 223 (225) Rn. 147–148 – Salah Sheekh.
444 EGMR, Urt. v. 06.08.2008 – 06/08/2008, Rn. 114–115 – NA.
445 EGMR, Urt. v. 01.06.2010 – 29031/04, Rn. 41 ff. – Mawaka.
446 EGMR, InfAuslR 2012, 121 (123) Rn. 226 – Sufi and Elmi.
447 EGMR, InfAuslR 2012, 121 (124 f.) Rn. 267–292, 296 – Sufi and Elmi; zur Relevanz des internen Schutzes beim nationalen subsidiären Schutz siehe auch BVerwG, NVwZ 2009, 1308 (1310).

aufgrund der ermittelten Gefährdungsfaktoren die Bedrohung für die Zivilbevölkerung ernsthaft genug ist (Rdn. 83 ff.).[448] Es müssen nicht stichhaltige Gründe dafür vorgebracht werden, dass für den Antragsteller aufgrund seiner persönlichen Situation eine ernsthafte Bedrohung seines Lebens oder seiner Unversehrtheit infolge willkürlicher Gewalt besteht (Rdn. 55). Vielmehr ist die Folge der Feststellung des erforderlichen hohen Gewaltniveaus im Konfliktgebiet, dass das Leben oder die Unversehrtheit des Antragstellers allein aufgrund seiner Anwesenheit in diesem Gebiet ernsthaft bedroht sein wird. Die auf Tatsachen beruhende Feststellung, dass im Herkunftsland oder der Herkunftsregion des Antragstellers das erforderliche hohe Gewaltniveau herrscht, schließt damit seine ernsthafte Bedrohung ein.

96   Die erforderliche, nicht aus besonderen Unterscheidungsmerkmalen folgende ernsthafte Bedrohung des Antragstellers setzt also ein hohes Gewaltniveau voraus. Die Verwendung des Begriffs »außergewöhnlich« durch den Gerichtshof bedeutet nach Auffassung des britischen Berufungsgerichtes lediglich, dass nicht jeder bewaffnete Konflikt oder jede Gewaltsituation zur Anwendung von Art. 15 Buchst. c) RL 2004/83/EG führt (Rdn. 79 ff.).[449] Bereits nach dem Wortlaut der Norm begründet nicht jede Gewaltsituation das erforderliche hohe Gewaltniveau, sondern eine Situation »willkürlicher Gewalt.« Ist willkürliche Gewalt festgestellt worden, ist damit ein derartiges Gewaltniveau erreicht und bedarf es nicht mehr der Darlegung besonderer auf den Antragsteller zielender Unterscheidungsmerkmale.[450] Vielmehr ist ohne weitere Ermittlungen festzustellen, dass sein Leben oder seine Unversehrtheit in der Herkunftsregion ernsthaft bedroht ist.

97   Bei internationalen bewaffneten Konflikten kann nicht ohne Weiteres von einer Situation willkürlicher Gewalt ausgegangen werden. Hingegen indiziert angesichts der heutigen Formen innerstaatlicher bewaffneter Konflikte (Rdn. 20 ff.) eine andauernde derartige aktuelle Konfliktsituation regelmäßig auch das Bestehen »willkürlicher Gewalt« in den Regionen, in denen Kämpfe und Gewaltakte stattfinden. Dies folgt aus den entgrenzten Gewaltformen der meisten internen Konflikte, bei denen die zahlreichen und häufig kaum noch jeweils im Einzelnen identifizierbaren Kriegsakteure mit kaum noch voneinander unterscheidbaren militärischen, terroristischen und kriminellen Gewaltaktivitäten die unbeteiligte Zivilbevölkerung als Ziel benutzen (»weiche Ziele«), um ihre jeweils spezifischen Ziele durchzusetzen (Rdn. 30 ff., 35 ff., 50 ff.). Dementsprechend wird in den Mitgliedstaaten der Frage, ob ein Konflikt als internationaler oder innerstaatlicher bewaffneter Konflikt einzuordnen ist, regelmäßig keine Bedeutung beigemessen. Vielmehr liegt der Fokus der Ermittlungen auf der Frage, ob eine tatsächliche Gefahr einer ernsthaften Bedrohung des Antragstellers aufgrund der Intensität und der Natur der willkürlichen Gewalt in seiner Herkunftsregion besteht.[451]

98   Besteht eine andauernde Situation willkürlicher Gewalt in der Herkunftsregion, ist das erforderliche hohe Gewaltniveau erreicht. Die Richtlinie schützt nicht vor bloßen hypothetischen Möglichkeiten willkürlicher Gewalt, sondern vor tatsächlichen gefährlichen Situationen im Rahmen willkürlicher Gewalt, wie z. B. Autobomben auf Marktplätzen, Heckenschützen, die gezielt auf Passanten in den Straßen schießen. Ob willkürliche Gewalt herrscht und damit das erforderliche Gewaltniveau erreicht ist, bedarf also einer Abgrenzung tatsächlicher Gefahren von eher theoretischen oder hypothetischen Risiken, etwa dass eine nicht mehr aktive Miliz erneut den Kampf aufnehmen könnte oder Gerüchte, es könnten Wasserbrunnen vergiftet sein.[452] Gehen terroristische Bombenangriffe über einen längeren Zeitraum erheblich zurück und werden lediglich noch vereinzelt Gewaltakte

---

448 UK UT CG (2010) UKUT 331 (IAC) Rn. 67 Buchst. h), 82 – HM.
449 UK Court of Appeal (2009) EWCA Civ 620 Rn. 25 – QD.
450 UK Court of Appeal (2009) EWCA Civ 620 Rn. 25 – QD.
451 *UNHCR*, Safe at last?, 2011, S. 65.
452 UK Court of Appeal (2009) EWCA Civ 620 Rn. 27 – QD; UK UT CG (2010) UKUT 331 (IAC) Rn. 67 Buchst. h), 67 Buchst. d) – HM.

festgestellt, kann nicht mehr von einer tatsächlichen Situation akuter und willkürlicher Gewalt gesprochen werden und ist deshalb das erforderliche Gewaltniveau nicht erreicht.[453]

Es sind also Feststellungen geboten, dass in der Herkunftsregion des Antragstellers die Kampfhandlungen oder Anschläge ein »**gewisses Maß an Intensität und Dauerhaftigkeit**« aufweisen.[454] Wenn etwa die Angriffe der Taliban in bestimmten Provinzen von Afghanistan »kriegsähnliche Dimensionen« annehmen, können am Bestehen einer ausreichend intensiven und dauerhaften Situation willkürlicher Gewalt keine Zweifel bestehen.[455] Jede zusätzliche Voraussetzung, etwa dass die willkürliche Gewalt ein »beständiges Muster« (»**consistent pattern**«) oder eine außergewöhnliche Dimension aufweisen müsste, verfehlt den Zweck des Art. 15 Buchst. c) RL 2004/83/EG (Rdn. 79 ff.).[456] Deshalb ist die Heranziehung der prognoserechtlichen Grundsätze der Gruppenverfolgung mit Unionsrecht unvereinbar (Rdn. 85 ff.).[457] Nicht erst eine derart hohe Vielzahl einzelner Übergriffe, dass daraus für jeden Bewohner der Kampfregion nicht nur die Möglichkeit, sondern die aktuelle Gefahr eigener Betroffenheit entsteht,[458] begründet eine ernsthafte Bedrohung. Vielmehr ist das erforderliche Gewaltniveau erreicht, wenn die Feststellungen ergeben, dass die Zivilbevölkerung tatsächlich in erheblichem Umfang von Gewaltakten betroffen ist. 99

Maßgebend für die Annahme des erforderlichen Gewaltniveaus ist also nicht eine statistische Zahl von Anschlägen (Rdn. 88 f.), sondern die durch Tatsachen getragene Feststellung, dass in der Region derartige Anschläge nicht lediglich vereinzelt, sondern im großen Umfang und dauerhaft verübt werden. Es bedarf dazu auf der Grundlage der festgestellten allgemeinen Tatsachen einer Einschätzung, ob in der betreffenden Region nicht lediglich die Möglichkeit besteht, dass Kämpfe, Anschläge und sonstige Gewaltakte möglicherweise irgendwann in der Zukunft stattfinden könnten oder aufgrund von Gerüchten die früher vorherrschende Situation willkürlicher Gewalt wieder aufleben könnte, sondern dass diese Situation tatsächlich besteht. Der vom Unionsrecht gewollte Schutz gegen willkürliche Gewalt kann nicht anhand begrifflicher Abstraktionen anhand quantitativer Kriterien, sondern nur auf der Grundlage einer tatsächlichen Gefahreneinschätzung im konkreten Einzelfall verwirklicht werden. 100

cc) Maßstab bei besonderen Unterscheidungsmerkmalen

Nach der Rechtsprechung des EuGH ist der erforderliche Gefahrengrad willkürlicher Gewalt umso geringer, je mehr der Antragsteller zu belegen vermag, dass er aufgrund »von seiner persönlichen Situation innewohnenden Umständen spezifisch betroffen ist« (Rdn. 52, 90).[459] Die Anforderungen an das erforderliche Gewaltniveau werden also im Rahmen einer »**gleitenden Skala**« (Rdn. 52) in dem Maße herabgestuft, wie ein oder mehrere besondere Unterscheidungsmerkmale geltend gemacht werden. Diese Rechtsprechung ist an der Rechtsprechung des EGMR orientiert (Rdn. 90 ff.), will aber nach der erklärten Absicht des EuGH über diese hinausgehen. Anderseits hat der EGMR 101

---

453 Finnland Supreme Administrative Court, Urt. v. 30.12.2010 – KHO: 2010:84, http://www.unhcr.org/refworld/docid/4ea028162.html.
454 BVerwGE 136, 361 (369) Rn. 23 = EZAR NF 69 Nr. 7 = InfAuslR 2010, 404.
455 BVerwGE 136, 361 (370) Rn. 25 = EZAR NF 69 Nr. 7 = InfAuslR 2010, 404.
456 UK Court of Appeal (2009) EWCA Civ 620 Rn. 32 – QD; UK UT CG (2010) UKUT 331 (IAC) Rn. 67 Buchst. h), 67 Buchst. g) – HM.
457 Finnland Supreme Administrative Court, Urt. v. 30.12.2010 – KHO: 2010:84, http://www.unhcr.org/refworld/docid/4ea028162.html.
458 So für die Gruppenverfolgung BVerwG, NVwZ-RR 1989, 502 = Buchholz 402.25 § 1 AsylVfG Nr. 105; BVerwG, Buchholz 402.25 § 1 AsylVfG Nr. 115; BVerwGE 85, 139 (143 f.); BVerwGE 89, 162 (168) = Buchholz 402.25 § 1 AsylVfG Nr. 147; BVerwG, EZAR 202 Nr. 3 = NVwZ 1992, 192 = Buchholz 402.25 § 1 AsylVfG Nr. 156.
459 EuGH, InfAuslR 2009, 138 (139) Rn. 39 = EZAR NF 69 Nr. 5 = NVwZ 2009, 705 = AuAS 2009, 86 – Elgafaji.

in seiner neuesten Rechtsprechung, ohne das besondere Merkmale vorgebracht wurden, wegen einer Situation extremer Armut, die durch die Unfähigkeit gekennzeichnet ist, Grundbedürfnisse wie Nahrung, Hygiene und Unterbringung zu erfüllen, ein tatsächliches Risiko, einer Art. 3 EMRK zuwiderlaufenden Behandlung ausgesetzt zu werden, angenommen (Rdn. 94, § 41 Rdn. 128).

102 Der EuGH geht davon aus, dass der »Grad willkürlicher Gewalt« geringer sein kann, wenn Unterscheidungsmerkmale dargelegt werden. Die Rechtsprechung in den Mitgliedstaaten vermeidet eine Auseinandersetzung mit dem Gewaltbegriff, sondern wendet den differenzierenden Gefahrenmaßstab in Situationen an, in denen die willkürliche Gewalt tatsächlich nicht mehr besteht, sondern nur noch vereinzelt Anschläge berichtet werden (Rdn. 98 f.). Während sich in derartigen Situationen Antragsteller ohne Unterscheidungsmerkmale nicht mehr auf eine ernsthafte Bedrohung berufen können, wird für bestimmte Risikogruppen, wie etwa Regierungsbedienstete, Mitglieder der Sicherheitskräfte, politische Führer, Mitglieder religiöser Minderheiten ein größeres Risiko angenommen (Rdn. 104 f.).[460] Obwohl der Gerichtshof in Rdn. 39 in **Elgafaji** die Herabstufung anhand besonderer Merkmale **innerhalb** einer Situation »willkürlicher Gewalt« zulässt, wird in der Praxis der Mitgliedstaaten dieser Test auch dann angewandt, wenn die Situation willkürlicher Gewalt an sich aktuell nicht mehr besteht. In Wirklichkeit wird aber nicht ein durch entgrenzte Gewalt nicht mehr steigerungsfähiger Gewaltbegriff (Rdn. 83) nach verschiedenen Gefahrenstufen differenziert, sondern es wird in **aktuelle** Situationen willkürlicher Gewalt und in **latente** derartige Gewaltsituationen unterschieden (Rdn. 98 ff.).

103 Die niederländische Praxis wendet demgegenüber die »gleitende Skala« nicht im Rahmen von Art. 15 Buchst. c) RL 2004/83/EG an, weil der Raad van State für dessen Anwendung eine außergewöhnliche Gefahrenlage, also eine aktuelle Situation willkürlicher Gewalt verlangt. Stattdessen wird in derartigen Fällen Schutz nach Art. 15 Buchst. b) RL 2004/83/EG gewährt. Dies wird von den Instanzgerichten jedoch nicht akzeptiert.[461] Da der EGMR früheren oppositionellen Aktivitäten nur dann eine prognoserechtliche Bedeutung beimisst, wenn sie im Zeitpunkt seiner Entscheidung über die Beschwerde noch ein konkretes Risiko im Sinne von Art. 3 EMRK begründen,[462] könnten diese bei Zugrundelegung der Rechtsprechung des Raad van Staat nicht den erforderlichen Gefahrengrad bezeichnen. Nach dem EuGH steht Buchst. c) jedoch zwar in enger Beziehung zu den anderen Fallgruppen des Art. 15 der Richtlinie, bezeichnet indes eine Schadensgefahr allgemeinerer Art.[463] Daher müssen persönliche Merkmale bei der Herabstufung des Gefahrengrades nicht notwendigerweise den Gefahrengrad von Art. 3 EMRK erreichen. Gefahrenerhöhende Umstände sind im Lichte der allgemeinen Lage zu bewerten und müssen nicht die Schwelle von Art. 3 EMRK erreichen, wenn latent oder aktuell eine Situation willkürlicher Gewalt besteht.[464]

104 Die Praxis in Frankreich erkennt bei jungen männlichen Afghanen aus Provinzen mit hohem Gewaltniveau das Risiko der Zwangsrekrutierung durch die Taliban und bei weiblichen Afghanen das Risiko sexueller Übergriffe als besonderes Unterscheidungsmerkmal an.[465] Das BVerwG bezeichnet als besondere Risikogruppe Ärzte und Journalisten, sofern sie gezwungen seien, sich nahe der Gefahrenquelle aufzuhalten.[466] Daraus zieht das Bundesamt den Schluss, Ärzte seien von Berufs wegen verpflichtet, sich dort aufzuhalten, Journalisten könnten jedoch um ihre Versetzung in weniger

---

460 UK UT CG (2010) UKUT 331 (IAC) Rn. 85 – HM.
461 *UNHCR*, Safe at last?, 2011, S. 50 f.
462 EGMR, Urt. v. 01.06.2010 – Nr. 29031/04, Rn. 45 ff. – Mawaka.
463 EuGH, InfAuslR 2009, 138 (139) Rn. 39 = EZAR NF 69 Nr. 5 = NVwZ 2009, 705 = AuAS 2009, 86 – Elgafaji.
464 VG Wiesbaden, Urt. v. 21.07.2011 – 2 K 92/10.WI.A, UA, S. 14.
465 *UNHCR*, Safe at last?, 2011, S. 50 f.
466 BVerwGE 136, 360 (375) Rn. 33 = EZAR NF 69 Nr. 7 = InfAuslR 2010, 404; BVerwG, NVwZ 2012, 451 (453) Rn. 18.

gefährliche Provinzen nachsuchen.[467] Nach dem BVerwG können ferner auch solche persönlichen Umstände, aufgrund deren der Antragsteller zusätzlich der Gefahr gezielter Gewaltakte – etwa wegen seiner religiösen oder ethnischen Zugehörigkeit – ausgesetzt ist, berücksichtigt werden, sofern sie nicht bereits die Zuerkennung der Flüchtlingseigenschaft rechtfertigen.[468] Die Berücksichtigung derartiger Umstände setzt jedoch keine gezielten Gewaltakte voraus, weil diese nach dem EuGH Buchst. c) zwar in enger Beziehung zu den anderen Fallgruppen des Art. 15 der Richtlinie stehen, jedoch eine Schadensgefahr allgemeinerer Art bezeichnen (Rdn. 103).[469] Besondere Merkmale können auch aus der Tatsache eines langjährigen Aufenthalts im Westen und hieraus folgenden zusätzlichen Risiken[470] sowie aus früheren politischen Vorbelastungen, die nicht die Schwelle eines ernsthaften Schadens erreichen, folgen, z. B. aus verwandtschaftlichen Beziehungen zu politischen Gegnern und der früheren Zugehörigkeit zu oppositionellen Organisationen (Rdn. 104).[471]

dd) Maßstab bei Vorschädigungen (Art. 4 Abs. 4 RL 2004/83/EG)

Nach dem EuGH ist bei der Prognoseentscheidung insbesondere das Vorliegen eines ernsthaften Hinweises auf eine tatsächliche Gefahr im Sinne von Art. 4 Abs. 4 RL 2004/(3/EG zu berücksichtigen. Angesichts dessen könne der Grad der Gefahr geringer sein.[472] Einerseits folgt die Herabstufung bereits aus dem gleitenden Ansatz (Rdn. 52, 101), wonach besondere Unterscheidungsmerkmale die Annahme eines geringeren Grades der Gefahr rechtfertigen. Andererseits folgt diese aus Art. 4 Abs. 4 RL 2004/83/EG. Berücksichtigt der gleitende Ansatz auch politische Vorbelastungen, die noch nicht die Schwere eines ernsthaften Schadens erreicht haben und nicht notwendigerweise im unmittelbaren zeitlichen Zusammenhang mit der Ausreise stehen, bei der Herabstufung des Gefahrengrades (Rdn. 103), setzt die Anwendung des Art. 4 Abs. 4 RL 2004/83/EG voraus, dass der Antragsteller vor der Ausreise von einem ernsthaften Schaden betroffen war oder dieser ihm gedroht hatte sowie dass zwischen diesem und der Ausreise ein zeitlicher Zusammenhang besteht. Zu diesen Fragen äußert sich der Gerichtshof nicht. In **Abdulla** hatte er mit Blick auf den Flüchtlingsstatus gefordert, dass Art. 4 Abs. 4 der Richtlinie eine frühere Verfolgung oder Verfolgungsbedrohung nach Art. 9 der Richtlinie voraussetzt und an Verfolgungsgründe anknüpfen muss.[473]

105

Für die Anwendung des Art. 4 Abs. 4 im Rahmen von Art. 15 der Richtlinie ist daraus zu schließen, dass jedenfalls ein ernsthafter Schaden im Sinne von Art. 15 der Richtlinie vor der Ausreise gedroht haben muss. Die Anwendung der Zusammenhangsklausel entfällt. So setzt das BVerwG für die Beweiserleichterung nach Art. 4 Abs. 4 voraus, dass der Antragsteller bereits einen ernsthaften Schaden im Sinne von Art. 15 RL 2004/83/EG im Herkunftsland erlitten hat oder von einem solchen Schaden unmittelbar bedroht war (**Vorschädigung**).[474] Auch wenn dem Antragsteller vor der Ausreise unmenschliche Behandlung im Sinne von Buchst. b), jedoch keine ernsthafte Bedrohung nach Buchst. c) von Art. 15 gedroht hatte, ist diese im Rahmen von Buchst. c) zu berücksichtigen. Ist die Verfolgungsgefahr entfallen, steht der Rückkehr aber eine ernsthafte Bedrohung entgegen, ist diese als Vorschädigung im Rahmen von Art. 15 Buchst. c) zu beachten (§ 36 Rdn. 140 f.)

106

Die Vorschädigung kann auch in Form ernsthafter Bedrohungen nach Buchst. c) bestanden haben. Der Antragsteller muss im unmittelbaren zeitlichen Zusammenhang mit seiner Ausreise als Zivilperson betroffen gewesen sein. Das BVerwG unterstellt dies zugunsten des Antragstellers, vertieft

107

---

467 *UNHCR*, Safe at last?, 2011, S. 50 f.
468 BVerwG, NVwZ 2012, 451 (453) Rn. 18.
469 EuGH, InfAuslR 2009, 138 (139) Rn. 39 = EZAR NF 69 Nr. 5 = NVwZ 2009, 705 = AuAS 2009, 86 – Elgafaji.
470 VG Wiesbaden, Urt. v. 21.07.2011 – 2 K 92/10.WI.A, UA, S. 15.
471 VG Wiesbaden, Urt. v. 21.07.2011 – 2 K 92/10.WI.A, UA, S. 15, für Iraqi National Congress.
472 EuGH, InfAuslR 2009, 138 (139) Rn. 40 = EZAR NF 69 Nr. 5 = NVwZ 2009, 705 – Elgafaji.
473 EuGH, InfAuslR 2010, 189 (192) = NVwZ 2010, 505 = AuAS 2010, 150, Rn. 96 – Abdulla.
474 BVerwGE 136, 360 (371) Rn. 29 = EZAR NF 69 Nr. 7 = InfAuslR 2010, 404.

dies jedoch nicht näher.[475] Soweit es Feststellungen zum Bestehen einer früheren Gefahr für Leib oder Leben des Antragstellers fordert,[476] prüft es eine Vorschädigung nach Buchst. b) von Art. 15 der Richtlinie. Für eine Vorschädigung nach Buchst. c) muss in der Herkunftsregion des Antragstellers das erforderliche Gewaltniveau aufgrund einer Situation akuter willkürlicher Gewalt bestanden haben (Rdn. 95 ff.). Ist er unmittelbar aus der Herkunftsregion ausgereist und hat er zuvor keine interne Ausweichregion aufgesucht, kommt es wie bei der erlittenen Verfolgung oder Verfolgungsbedrohung auf eine in die Zukunft gerichtete Betrachtung an. Die Rechtsprechung hat den zweistufigen Prognosemaßstab aufgegeben und wendet den internen Schutzeinwand nicht auf die Situation vor der Ausreise, sondern nur noch im Rahmen der Gefahrenprognose an (§ 29 Rdn. 61; § 30 Rdn. 57).[477] Art. 8 RL 2004/83/EG gilt gleichermaßen für den Flüchtlings- wie für den subsidiären Schutz (Art. 18 i.V.m. Art. 8 RL 2004/83/EG).

108 Gefordert wird in der Rechtsprechung des BVerwG ferner ein innerer Zusammenhang der Vorschädigung nach den anderen Fallgruppen des Art. 15 der Richtlinie mit der geltend gemachten ernsthaften Bedrohung nach Buchst. c) dieser Norm. Die drohende Zwangsrekrutierung durch die Taliban habe nicht den Tatbestand des Art. 3 EMRK erfüllt, sondern sei im Rahmen des nationalen Abschiebungsschutzes nach § 60 Abs. 7 Satz 1 AufenthG geprüft worden.[478] Andererseits berücksichtigt das BVerwG die Beweiserleichterung im Rahmen des Art. 15 Buchst. c) RL 2004/83/EG auch bei Vorschädigungen im Sinne von Buchst. c) der Vorschrift (Rdn. 107). Im Übrigen ist der inhaltliche Zusammenhang zwischen Buchst. c) und b) nach der neueren Rechtsprechung des EGMR fließend (Rdn. 90 ff., 101 ff.). Jedenfalls sind derartige Vorschädigungen als besondere Unterscheidungsmerkmale (Rdn. 103) zu berücksichtigen.

109 Früheren Vorschädigungen kommt **Beweiskraft** für eine ernsthafte Bedrohung zu.[479] Für deren Eintritt streitet die **tatsächliche Vermutung**, dass frühere Vorschädigungen sich wiederholen werden (§ 29 Rdn. 55 ff.). Es müssen keine stichhaltigen Gründe dargelegt werden, dass sich die für die Vorschädigung maßgebenden Umstände bei Rückkehr ins Herkunftsland erneut realisieren werden.[480] Bereits der Umstand, dass das BVerwG in diesem Zusammenhang auf die Rechtsprechung zu Art. 3 EMRK verweist, verdeutlicht, dass die Beweiskraft nicht nur durch frühere Verfolgungen, sondern durch alle ernsthaften Schädigungen im Sinne von Art. 15 der Richtlinie begründet wird. Folgrichtig bezieht das BVerwG den früheren ernsthaften Schaden ein.[481] Nicht nur eine dem konkreten Antragsteller früher drohende Gefahr für Leib und Leben, sondern darüber hinaus auch eine aufgrund willkürlicher Gewalt ernsthafte Bedrohung begründet die Vorschädigung und damit deren Beweiskraft nach Art. 4 Abs. 4 RL 2004/83/EG (Rdn. 106 f.).

110 Die tatsächliche Vermutung der Vorschädigung kann widerlegt werden. Hierfür ist erforderlich, dass stichhaltige Gründe die Wiederholungsträchtigkeit der Vorschädigung entkräften (§ 29 Rdn. 55 f.). Diese Beurteilung obliegt tatrichterlicher Würdigung im Rahmen freier Beweiswürdigung. Während das BVerwG für die Entkräftung der Beweiskraft der Vorverfolgung darauf hinweist, dass diese im Einzelfall selbst dann widerlegt sein kann, wenn keine hinreichende Sicherheit im Sinne

---

475 BVerwGE 136, 360 (372) Rn. 29 = EZAR NF 69 Nr. 7 = InfAuslR 2010, 404.
476 BVerwGE 136, 360 (372) Rn. 28 = EZAR NF 69 Nr. 7 = InfAuslR 2010, 404.
477 BVerwGE 133, 55 (65) = NVwZ 2009, 982 = EZAR NF 61 Nr. 4 = AuAS 2009, 115; BVerwG, NVwZ 2009, 1308 (1310) = EZAR NF 67 Nr. 6; Hessischer VGH, NVwZ-RR 2008, 828; siehe hierzu *Lehmann*, NVwZ 2007, 508 (513); *Marx*, InfAuslR 2008, 462.
478 BVerwGE 136, 360 (372 f.) Rn. 29 = EZAR NF 69 Nr. 7 = InfAuslR 2010, 404, bezieht sich auf § 53 Abs. 6 AuslG 1990, der Vorläufernorm des § 60 Abs. 7 Satz 1 AufenthG.
479 EuGH, InfAuslR 2010, 189 (192) Rn. 96 – Abdulla, für Vorverfolgungen.
480 BVerwG 136, 377 (385) Rn. 23 = EZAR NF 62 Nr. 21 = InfAuslR 2010, 410, mit Hinweis auf EGMR, NVwZ 2008, 1330 Rn. 128 – Saadi.
481 BVerwGE 136, 377 (385) Rn. 23 = EZAR NF 62 Nr. 21 = InfAuslR 2010, 410.

des herabgestuften Wahrscheinlichkeitsmaßstabes besteht,[482] ist für Art. 15 Buchst. c) RL 2004/83/EG eine andere Betrachtung angezeigt. Die Beweiskraft der Vorschädigung kann nicht entkräftet werden, wenn aufgrund willkürlicher Gewalt eine ernsthafte Bedrohung für Leben oder Unversehrtheit weiterhin besteht (Rdn. 95 ff.), wobei besondere Unterscheidungsmerkmale eine Herabsenkung des Gefahrengrades rechtfertigen (Rdn. 101 ff.). Die nach Art. 4 Abs. 4 der Richtlinie in ihrer Beweiskraft entkräftete Vorschädigung ist ein derartiges Unterscheidungsmerkmal (Rdn. 103 f., 107).

5. Interner Schutz (Art. 8 RL 2004/83/EG)

a) Funktion des internen Schutzes im Rahmen von Art. 15 Buchst. c) RL 2004/83/EG

Nach Art. 18 RL 2004/83/EG muss der Antragsteller die Voraussetzungen von Kapitel II und damit von Art. 8 RL 209094/83/EG erfüllen, d. h., auch wenn in der **Herkunftsregion** ein ernsthafter Schaden im Sinne von Art. 15 Buchst. c) RL 2004/83/EG droht (Rdn. 60), ist zu prüfen, ob ihm unter Berücksichtigung der Voraussetzungen von Art. 8 RL 2004/83/EG ein Ausweichen in andere Landesteile zuzumuten ist.[483] Für das deutsche Recht bestimmt § 60 Abs. 11 AufenthG, dass bei der Anwendung von § 60 Abs. 2, 3 und 7 Satz 2 AufenthG (Art. 15 RL 2004/83/EG) Art. 8 der Richtlinie zu berücksichtigen ist. Die Anwendung von Art. 8 im Rahmen von Art. 15 der Richtlinie ist darin begründet, dass kein »landesweiter Konflikt« nachgewiesen werden muss (Rdn. 24). Vielmehr liegt ein innerstaatlicher Konflikt auch dann vor, wenn die entsprechenden Voraussetzungen nur in einem Teil des Staatsgebietes erfüllt sind. Dies ergibt sich schon daraus, dass bei Art. 15 Buchst. c) RL 2004/83/EG der interne Schutz (Art. 8 RL 2004/83/EG) zu prüfen ist. Eine aus ihrem Herkunftsland geflohene Person kann aber nur auf eine Ausweichregion verwiesen werden, wenn diese außerhalb des Gebietes eines innerstaatlichen bewaffneten Konfliktes in ihrem Herkunftsland liegt.[484]

111

Die tatsächliche Gefahr, durch bloße Anwesenheit einer Bedrohung im Sinne des Art. 15 Buchst. c) RL 2004/83/EG ausgesetzt zu sein, wird nur selten im gesamten Gebiet des Staates bestehen. Nach dem EuGH sind daher insbesondere das geografische Ausmaß der willkürlichen Gewalt sowie der tatsächliche Zielort des Antragstellers im Fall seiner Rückkehr, wie es sich aus Art. 8 der Richtlinie ergibt, zu identifizieren.[485] Herkunftsort ist der Ort, in den der Antragsteller typischerweise zurückkehren wird (Rdn. 60),[486] Zielort jeder Ort im Herkunftsland, in dem eine Neuansiedlung unter Berücksichtigung von Art. 8 Abs. 2 RL 2004/83/EG für den Antragsteller zumutbar ist. Es müssen daher die einzelnen Regionen innerhalb des Herkunftslandes in denen ein bewaffneter Konflikt herrscht, der das erforderliche Gewaltniveau erreicht, und anschließend die Regionen, in denen kein bewaffneter Konflikt herrscht, identifiziert werden.[487] Allein der Umstand, dass eine Region »vergleichsweise ruhig« ist,[488] macht sie aber noch nicht zum internen Ausweichort.

112

Vielmehr muss der Antragsteller auch in der Lage sein, diesen aufzusuchen und dort Aufnahme zu finden.[489] Der Maßstab für die Neuansiedlung ist wie bei der flüchtlingsrechtlichen Entscheidung

113

---

482 BVerwG 136, 377 (385) = EZAR NF 62 Nr. 21 = InfAuslR 2010, 458, mit Hinweis auf EGMR, NVwZ 2008, 1330 Rn. 128 – Saadi.
483 EuGH, InfAuslR 2009, 138 (139) Rn. 40 = EZAR NF 69 Nr. 5 = NVwZ 2009, 705 = AuAS 2009, 86 – Elgafaji; BVerwGE 134, 188 (196) Rn. 18 = NVwZ 2010, 196 = AuAS 2010, 31.
484 BVerwGE 131, 198 (209) Rn. 25 f. = EZAR NF 69 Nr. 4 = NVwZ 2008, 1241 = InfAuslR 2008, 474.
485 EuGH, InfAuslR 2009, 138 (139) Rn. 40 = EZAR NF 69 Nr. 5 = NVwZ 2009, 705 = AuAS 2009, 86 – Elgafaji.
486 BVerwGE 134, 188 (195) Rn. 17 = NVwZ 2010, 196 = AuAS 2010, 31.
487 UK Court of Appeal (2009) EWCA Civ 620 Rn. 40 – QD.
488 So OVG Rheinland-Pfalz, NVwZ-Beil. 1998, 94 (95).
489 EGMR, Urt. v. 11.01.2007 – Nr. 1948/04, Rn. 141 – Salah Sheekh.

der Begriff der »unangemessenen Härte« (§ 19 Rdn. 75 ff.).[490] Es sind also dieselben Voraussetzungen wie beim Flüchtlingsschutz, also insbesondere der Zugang zum internen Ausweichort (§ 19 Rdn. 29 ff.) und in diesem Zusammenhang praktische Hindernisse nach Art. 8 Abs. 3 RL 2004/83/ EG (Rdn. 117, § 19 Rdn. 38 ff.) sowie die Zumutbarkeit der Lebensbedingungen am internen Schutzort (§ 19 Rdn. 85 ff.) zu prüfen. Spätestens ab dem 22. Dezember 2013 darf Art. 8 Abs. 3 RL 2004/83/EG jedoch nicht mehr angewandt werden (Art. 39 Abs. 1 i.V.m. Art. 8 RL 2011/95/ EU).

114 UNHCR rügt, dass die Art und Weise wie in den Mitgliedstaaten im Rahmen von Art. 15 Buchst. c) der Richtlinie die Voraussetzungen des internen Schutzes geprüft werde, dazu führe, dass subsidiärer Schutz nach dieser Norm kaum gewährt werde. Die Feststellungen dieser Voraussetzungen seien wie bei der flüchtlingsrechtlichen Entscheidung nach einem **individuellen Maßstab** (§ 19 Rdn. 100 ff.), wonach sowohl die allgemeine Lage wie auch persönliche Umstände in Betracht zu ziehen seien, zu treffen. Die am Beispiel der Praxis zu Afghanistan, zum Irak und zu Somalia durchgeführten Länderanalysen hätten andauernde und weitreichende Unterschiede im Blick auf die generelle Relevanz des internen Schutzeinwandes zutage gefördert.[491]

b) Zugang zur internen Schutzregion

115 Die zentrale Frage bei der Anwendung des internen Schutzeinwandes im Rahmen der Feststellung des subsidiären Schutzes zielt auf die Voraussetzungen, unter denen angenommen werden kann, dass der Antragsteller tatsächlich Zugang zu der Schutzzone erlangen kann (§ 19 Rdn. 29 ff.). Falls innerhalb des Herkunftslandes ein Ausweichort besteht, diese aber nicht erreicht werden kann, ist ein Verweis auf den internen Schutz rein spekulativer Natur und bleibt er eine lediglich theoretische Option.[492] Die Entscheidung wird maßgeblich von dem Grundsatz geleitet, dass der Antragsteller tatsächlich in der Lage sein muss, die Schutzzone sicher und auf legalem Wege zu erreichen.[493] Ist die Durchreise durch das Herkunftsland ohne Gefährdung der persönlichen Sicherheit des Antragstellers nicht möglich, ist der Verweis auf den internen Schutz unzulässig.[494] So besteht kein interner Schutz, wenn heftige militärische Kämpfe am Zielort vorherrschen und deshalb die Gefahr besteht, dass der Antragsteller bei seiner Ankunft getötet wird.[495] Im Blick auf zurückkehrende Tamilen hat der EGMR z. B. festgestellt, dass diesen bei der Ankunft auf dem Flughafen Colombo Art. 3 EMRK zuwiderlaufende Maßnahmen drohen.[496] Generell kann der Zugang zum Ort des internen Schutzes dem Antragsteller nur zugemutet werden, wenn er tatsächlich Zugang zu diesem erlangen kann (Rdn. 113).[497]

116 Damit ist die bisherige Rechtsprechung des BVerwG, wonach etwaige **Gefährdungen auf dem Reiseweg** zum internen Schutzort innerhalb des Herkunftslandes regelmäßig nicht Gegenstand der Prüfung sind,[498] überholt. Maßgebend ist, ob der Antragsteller einen sicheren Zugang ins Herkunftsland hat und ob ihm innerhalb des Zielstaates von dort eine gefährdungsfreie Weiterreise zum Zielort möglich ist. Eine derartige zweistufige Prüfung hat also zunächst den Ankunftsort in

---

490 UK Upper Tribunal CG (2010) UKUT 331 (IAC) Rn. 93 – HM.
491 *UNHCR*, Safe at last?, 2011, S. 79 f.
492 *Storey*, IJRL 1998, 499 (523).
493 EGMR, Urt. v. 11.01.2007 – Nr. 1948/04, Rn. 141 – Salah Sheekh.
494 Finland Supreme Administrative Court, Urt. v. 18.03.2011 – KHO: 2011: 25 http://www.unhcr.org/refworld/docid/4ea0333e2.html.
495 Österr.VwGH, Entsch. v. 28.04.2000 – Nr. 96/21/1036; BVerwGE 105, 187 (194); US Board of Immigration Appeals, Nr. 3276 (1996) – Matter of H; Canada Court of Appeal, Nr. IMM-2124–96 (1997) – Dirshe.
496 EGMR, Urt. v. 17.07.2008 – Nr. 25904/07, Rn. 134 – *NA*.
497 *Hathaway*, The Law of Refugee Status, S. 134.
498 BVerwGE 104, 265 (277 ff.) = InfAuslR 1997, 341 = NVwZ 1997, 1127 = EZAR 043 Nr. 21.

§ 42 Willkürliche Gewalt   Kapitel 12

den Blick zu nehmen. Ist der Zugang zu diesem zwar sicher, dem Antragsteller aber ein Aufenthalt dort nicht zumutbar, ist in einem zweiten Schritt zu prüfen, ob möglicherweise in anderen Teilen des Herkunftslandes ein Ausweichort unter zumutbaren Lebensbedingungen besteht und dorthin eine sichere Weiterreise möglich ist.

Praktische Hindernisse stehen nach Art. 8 Abs. 3 RL 2004/83/EG einer Rückkehr in das Herkunftsland des Antragstellers der Anwendung des internen Schutzeinwandes grundsätzlich nicht entgegen (Rdn. 113, § 19 Rdn. 38 ff.). Rechtliche Hindernisse auf dem Weg dorthin vernichten hingegen diese Option.[499] Mit Wirkung vom 22. Dezember 2013 darf Art. 8 Abs. 3 RL 2004/83/EG nicht mehr angewandt werden (Art. 39 Abs. 1 RL 2011/95/EU). Anschließend ist subsidiärer Schutz auch dann zu gewähren, wenn praktische Hindernisse der Rückkehr ins Herkunftsland entgegenstehen. Bis dahin sollte bereits jetzt auf eine Inanspruchnahme dieser Freistellungsklausel verzichtet werden, jedenfalls steht sie unter dem Vorbehalt der Zumutbarkeit (§ 19 Rdn. 43). 117

c) Zumutbarkeit der Lebensverhältnisse

Nach Art. 8 Abs. 2 RL 2004/(3/EG sind für die Bewertung der Zumutbarkeit der Ansiedlung des Antragstellers die allgemeinen Gegebenheiten am Zielort unter Berücksichtigung seiner persönlichen Umstände im Zeitpunkt der Entscheidung maßgebend. **Vergleichsmaßstab** zur Beurteilung der Verhältnisse im anderen Landesteil sind sowohl die Verhältnisse im gesamten Herkunftsland wie auch am Herkunftsort. Erforderlich ist eine faire Würdigung aller entsprechenden Tatsachen. Die Ermittlungen müssen sich auf die spezifische Situation des Antragstellers konzentrieren. Relevant sind insbesondere dessen Geschlecht, Alter, Erfahrungen, Fähigkeiten und familiäre Bindungen (§ 19 Rdn. 79 ff.).[500] Aus menschenrechtlicher Sicht kann dem Antragsteller die Umsiedlung nicht zugemutet werden, wenn er dort wirtschaftliche Armut oder eine Existenz unterhalb eines zumindest angemessenen Lebensstandards erfahren wird. Davon abzugrenzen ist eine lediglich verminderte Einschränkung des Lebensstandards oder der wirtschaftlichen Situation des Antragstellers aufgrund der Umsiedlung. 118

Bestehen keine familiären und Stammesbindungen am Zielort ist eine Ansiedlung dort unzumutbar. Häufig stellen erweiterte Familien- oder Stammesstrukturen erforderliche Mittel für Schutz, wirtschaftliches Überleben sowie Zugang zu Wohnmöglichkeiten dar.[501] Auch wenn die ethnische Zugehörigkeit des Antragstellers mit der Volkszugehörigkeit der Bevölkerung am Zielort identisch ist, spricht dies nicht notwendigerweise für sein wirtschaftliches Überleben. So ist etwa für die Niederlassung in den kurdischen Provinzen des Irak ein Bürge erforderlich und haben die Kurden darüber hinaus kein Interesse daran, kurdische Antragsteller aus der Provinz Tamim (Kirkuk) aufzunehmen, um den kurdischen Bevölkerungsanteil dort nicht zu vermindern.[502] 119

Häufig bestehen in von bewaffneten Konflikten zerrissenen Herkunftsländern in den Ausweichregionen keine wirksamen Schutzstrukturen. Sind keine schützenden Instanzen verfügbar, kann deshalb ein Schutzersuchen nicht gefordert werden.[503] Bei der Frage, ob eine den Staat oder wesentliche Teile des Staatsgebietes beherrschende Organisation effektiven Schutz gewähren kann und dieser auch für den Einzelnen zugänglich ist, ist zu prüfen, ob diese lediglich reine militärische oder auch effektive zivile Verwaltungsstrukturen aufgebaut hat (§ 17 Rdn. 11 ff.). 120

---

499 *Kelley*, International Journal of Refugee Law 2002, 4 (14).
500 *Lordrichter Bingham*, UK House of Lords, (2006) UKHL 5, Rn. 21. – Januzi; bekräftigt *Lordrichter Bingham*, UK House of Lords, (2007) UKHL 49, Rn. 5 – AH (Sudan) and others.
501 VG Ansbach, Urt. v. 13.05.2011 – AN 11 K 11.30032, UA, S. 18 f.; ebenso Hessischer VGH, Urt. v. 25.08.2011 – 8 A 1667/10.A, UA, S. 31, beide für Afghanistan.
502 VG Wiesbaden, Urt. v. 21.07.2011 – 2 K 92/10.WI.A, UA, S. 16.
503 Canadian Immigration and Refugee Board, Guidelines issued by the Chairperson on »Civilian Non-Combatants fearing Persecution in Civil War Situations«, 1996, S. 12, mit Verweis auf Canada Supreme Court, Entscheidung vom 30.06.1993 – Nr. 21937 – Ward.

Kapitel 13 Ausschlussgründe

> **Leitsätze**
>
> 1. Die Ausschlussgründe beim subsidiären Schutz sind den flüchtlingsrechtlichen Ausschlussgründen (§ 35) nachgebildet, gehen aber sowohl in ihrem Rechtscharakter wie auch in ihrer Reichweite weit über diese hinaus, wie sich insbesondere an den auf Straftaten bezogenen Ausschlussgründen von Buchst. b) und d) sowie Abs. 3 von Art. 17 RL 2004/83/EG erweist.
> 2. Völkerrechtliche Gründe sprechen aber dafür, die Ausschlussgründe des Art. 17 RL 2004/83/EG nach denselben Grundsätzen wie die Ausschlussgründe des Art. 12 Abs. 2 RL 2004/83/EG auszulegen und anzuwenden (Rdn. 4).
> 3. Während die Richtlinie im Bereich des Flüchtlingsschutzes den an Art. 33 Abs. 2 GFK angelehnten Ausschlussgrund in Form einer Freistellungsklausel dem Ermessen der Mitgliedstaaten anheim gibt (Art. 14 Abs. 4 RL 2004/83/EG), wird er im Bereich des subsidiären Schutzes zwingend ausgestaltet (Art. 17 Abs. 1 Buchst. d) RL 2004/83/EG, Rdn. 2).
> 4. Zwingende völkerrechtliche Vorgaben enthalten Art. 3 EMRK, Art. 3 Übereinkommen gegen Folter und Art. 7 IPbpR (vgl. auch Art. 21 RL 2004/83/EG), d. h., auch wenn Ausschlussgründe eingreifen, ist eine Abschiebung, Zurückweisung oder Auslieferung in einen Staat, in dem Folter oder andere unmenschliche oder erniedrigende Behandlung oder Bestrafung drohen, völkerrechtlich untersagt (Rdn. 5).
> 5. Daraus ergibt sich folgender Mechanismus: Liegt ein Ausschlussgrund nach Art. 12 Abs. 2 RL 2004/83/EG vor, darf die Flüchtlingseigenschaft nicht zuerkannt werden. In diesem Fall entfällt nach Art. 17 RL 2004/83/EG zugleich auch die Gewährung des subsidiären Schutzstatus (§ 25 Abs. 3 Satz 2 Alt. A AufenthG). Eine Abschiebung in den Staat, in dem Folter oder andere unmenschliche oder erniedrigende Behandlung oder Bestrafung drohen, ist untersagt (§ 54 Rdn. 9 ff.). Der Betroffene ist auf den Restbestand der Rechte nach Maßgabe von Art. 14 Abs. 6 RL 2004/83/EG (§ 35 Rdn. 188 f.) beschränkt (Rdn. 5).
> 6. Das Bundesamt führt im Rahmen seiner Feststellungen nach § 60 Abs. 2, 3 und 7 Satz 2 AufenthG keine Prüfung der Ausschlussgründe durch, vielmehr ist die Ausländerbehörde bei Erteilung und Verlängerung der Aufenthaltserlaubnis hierzu verpflichtet. Sie hat allerdings das Bundesamt im Rahmen dieser Prüfung zwingend zu beteiligen (Rdn. 6).
> 7. Art. 17 Abs. 2 RL 2004/83/EG setzt jedenfalls im Blick auf die Fallgruppen Buchst. a) bis c) des Abs. 1 in Anlehnung an Art. 1 F GFK voraus, dass der Betroffene ein entsprechendes Verbrechen **begangen** hat (Rdn. 20) Bei Zugehörigkeit zu einer sich terroristischer Mittel bedienenden Organisation sind einerseits genaue Feststellungen dazu erforderlich, wann und wie lange der Antragsteller tatsächlich die maßgebende Funktion ausgeübt hat und welche konkreten terroristischen Straftaten die Organisation in diesem Zeitraum begangen oder geplant hat. Andererseits sind auch besondere, die Vermutung der individuellen Verantwortlichkeit entkräftende Faktoren zu berücksichtigen (Rdn. 23).

§ 43 Ausschlussgründe (Art. 17 RL 2004/83/EG)

Übersicht

		Rdn
1.	Funktion der Ausschlussgründe	1
2.	Verbrechen gegen den Frieden, Kriegsverbrechen oder Verbrechen gegen die Menschlichkeit (Art. 17 Abs. 1 Buchst. a) RL 2004/83/EG)	8
3.	Schwere Straftat (Art. 17 Abs. 1 Buchst. b) RL 2004/83/EG)	11
4.	Zuwiderhandlung gegen Ziele und Grundsätze der Vereinten Nationen (Art. 17 Abs. 1 Buchst. c) RL 2004/83/EG)	13
5.	Gefahr für die Allgemeinheit oder für die Sicherheit des Aufnahmemitgliedstaates (Art. 17 Abs. 1 Buchst. d) RL 2004/83/EG)	15
6.	Persönliche Verantwortung (Art. 17 Abs. 2 RL 2004/83/EG)	19
7.	Straftaten vor der Einreise (Art. 17 Abs. 3 RL 2004/83/EG)	25

§ 43 Ausschlussgründe

1. Funktion der Ausschlussgründe

Nach Art. 17 RL 2004/83/EG ist der Antragsteller von der Gewährung des subsidiären Schutzstatus ausgeschlossen, wenn er einen der in dieser Vorschrift bezeichneten Ausschlussgründe erfüllt. Der Ausschlussgrund nach Buchst. a) von Art. 17 Abs. 1 RL 2004/83/EG ist identisch mit dem Wortlaut von Art. 12 Abs. 2 Buchst. a) RL 2004/83/EG (§ 35 Rdn. 13 bis 32) und führt den Rechtsgedanken von Art. 1 F Buchst. a) GFK auch in das System des subsidiären Schutzes ein. Ebenso verhält es sich mit Buchst. c), der mit dem Wortlaut von Art. 12 Abs. 2 Buchst. c) RL 2004/83/EG (§ 35 Rdn. 85 bis 97) identisch ist und auf den Rechtsgedanken von Art. 1 F Buchst. c) GFK zurückgreift. Der Ausschlussgrund nach Buchst. b) ist Art. 12 Abs. 2 Buchst. b) RL 2004/83/EG (§ 35 Rdn. 33 bis 84) und damit Art. 1 F Buchst. b) GFK nachgebildet.

Demgegenüber lehnt sich Art. 17 Abs. 1 Buchst. d) RL 2004/83/EG an Art. 14 Abs. 5 RL 2004/83/EG und damit an Art. 33 Abs. 2 GFK an, geht jedoch über den Anwendungsbereich dieser Normen weit hinaus. Während die Richtlinie im Bereich des Flüchtlingsschutzes den an Art. 33 Abs. 2 GFK angelehnten Ausschlussgrund in Form einer Freistellungsklausel dem Ermessen der Mitgliedstaaten anheim gibt, wird er im Bereich des subsidiären Schutzes zwingend ausgestaltet. Die Ausschlussgründe des Art. 17 RL 2004/83/EG waren bereits im Vorschlag der Kommission enthalten.[1] Demgegenüber waren die auf den Flüchtlingsschutz bezogenen Ausschlussgründe und insbesondere der in der Richtlinie in Art. 12 Abs. 2, Art. 14 Abs. 4 RL 2004/83/EG geregelte Ausschlussgrund im Vorschlag nicht enthalten. Es kann daher der Begründung des Vorschlags für diese unterschiedliche Ausgestaltung der Ausschlussgründe kein Hinweis entnommen werden. Grund dieser unterschiedlichen Ausgestaltung der Ausschlussgründe ist völkerrechtlicher Natur:

Während im Bereich des Flüchtlingsschutzes wegen des **abschließenden Charakters** der Ausschlussgründe im Sinne von Art. 1 F GFK die Umgestaltung der Einschränkung der Refoulementverbotes nach Art. 33 Abs. 2 GFK in einen Ausschlussgrund auf schwerwiegende völkerrechtliche Bedenken stößt, sind im Bereich des subsidiären Schutzes keine derart schwerwiegenden völkerrechtlichen Hindernisse erkennbar. Wegen der völkerrechtlichen Bedenken hat der Richtliniengesetzgeber den an Art. 33 Abs. 2 GFK orientierten Ausschlussgrund des Art. 14 Abs. 4 und 5 RL 2004/83/EG im Bereich des Flüchtlingsschutzes nicht mit verpflichtender Wirkung für die Mitgliedstaaten vorgeschrieben, sondern die Verantwortung für völkerrechtswidriges Handeln mittels der Wahl einer Freistellungsklausel dem Ermessen der Mitgliedstaaten zugewiesen. Allerdings hat der EuGH die Freistellungsklauseln dahin interpretiert, dass durch ihre Inanspruchnahme keine völkerrechtlichen Verpflichtungen verletzt werden dürfen.[2]

Da gegen die Einschränkung des subsidiären Schutzes durch Ausschlussgründe völkerrechtliche Bedenken nicht geltend gemacht werden können (Rdn. 3), hat der Richtliniengesetzgeber beim subsidiären Schutz seine im Bereich des Flüchtlingsschutzes vorherrschende Zurückhaltung aufgegeben und insoweit für die Mitgliedstaaten **zwingende Vorgaben** festgelegt. UNHCR weist aber darauf hin, dass die Ausschlussgründe des Art. 17 RL 2004/83/EG nach denselben Grundsätzen wie die Ausschlussgründe des Art. 12 RL 2004/83/EG ausgelegt und angewandt werden sollten.[3] Darüber hinaus enthält Art. 19 Abs. 3 RL 2004/83/EG nach dem Vorbild des Art. 14 Abs. 3 Buchst. a) RL 2004/83/EG (§ 37 Rdn. 14 bis 24) einen Beendigungsgrund, der sich inhaltlich auf die Ausschlussgründe des Art. 17 RL 2004/83/EG bezieht.

Zwingende völkerrechtliche Vorgaben enthalten Art. 3 EMRK, Art. 3 Übereinkommen gegen Folter und Art. 7 IPbpR (vgl. auch Art. 21 RL 2004/83/EG, § 53), d.h. auch wenn Ausschlussgründe eingreifen, ist eine Abschiebung, Zurückweisung oder Auslieferung in einen Staat, in dem Folter

---

[1] Kommissionsentwurf, in: BR-Drucks. 1017/01, S. 30.
[2] EuGH, NVwZ 2006, 1033 Rn. 62f. – EP gegen Rat der EU; EuGH, NVwZ 2010, 697 = InfAuslR 2010, 221 Rn. 41 ff. (44) – Chakroun.
[3] *UNHCR*, Kommentar zur Richtlinie 2004/83/EG, Mai 2005, S. 33.

oder andere unmenschliche oder erniedrigende Behandlung oder Bestrafung drohen, völkerrechtlich untersagt.[4] Daraus ergibt sich folgender Mechanismus: Liegt ein Ausschlussgrund nach Art. 12 Abs. 2 RL 2004/83/EG vor, darf die Flüchtlingseigenschaft nicht zuerkannt werden. In diesem Fall entfällt nach Art. 17 RL 2004/83/EG zugleich auch die Gewährung des subsidiären Schutzstatus (§ 25 Abs. 3 Satz 2 Alt. A AufenthG). Eine Abschiebung in den Staat, in dem Folter oder andere unmenschliche oder erniedrigende Behandlung oder Bestrafung drohen, ist untersagt. Der Betroffene ist auf den Restbestand der Rechte nach Maßgabe von Art. 14 Abs. 6 RL 2004/83/EG (§ 35 Rdn. 188 f.) beschränkt.

6 Der Gesetzgeber des Richtlinienumsetzungsgesetz 2007 hat versäumt, die Ausschlussgründe im Bereich des subsidiären Schutzes ebenso wie beim Flüchtlingsschutz verfahrensrechtlich zu regeln. Während das zuständige Bundesamt bei Vorliegen von Ausschlussgründen nicht die Flüchtlingseigenschaft zuerkennen darf (§ 3 Abs. 2 AsylVfG), bleibt es verpflichtet, bei Bestehen der entsprechenden Voraussetzungen Abschiebungshindernisse nach § 60 Abs. 2, 3 oder 7 Satz 2 AufenthG festzustellen. Die Ausländerbehörde darf allerdings bei Vorliegen der Voraussetzungen des § 25 Abs. 3 Satz 2 Buchst. a) bis c) AufenthG – der nationalen Umsetzungsnorm des Art. 17 RL 2004/83/EG – die Aufenthaltserlaubnis nicht erteilen. Dies hat zur Folge, dass das Bundesamt im Rahmen seiner Feststellung nach § 60 Abs. 2, 3 und 7 Satz 2 AufenthG keine Prüfung der Ausschlussgründe durchführt, sondern die Ausländerbehörde bei Erteilung und Verlängerung der Aufenthaltserlaubnis hierzu verpflichtet. Sie hat allerdings das Bundesamt im Rahmen dieser Prüfung zwingend zu beteiligen (§ 72 Abs. 2 AufenthG).

7 Aus verfahrensrechtlicher Sicht ist damit zu bedenken, dass das Bundesamt im Bereich des Flüchtlingsschutzes im Fall des Vorliegens von Ausschlussgründen nicht die Flüchtlingseigenschaft zuerkennen darf, aber die Voraussetzungen nach § 60 Abs. 2, 3 oder 7 Satz 2 AufenthG zu prüfen hat. In diesem Fall enthält der Bescheid im Rahmen der Ablehnungsbegründung Ausführungen zum Ausschlussgrund und kann die Ausländerbehörde bereits aufgrund der Begründung eigenständig über das Vorliegen eines Ausschlussgrundes nach § 25 Abs. 3 Satz 2, 3. Alt. AufenthG entscheiden. Aufgrund des § 72 Abs. 2 AufenthG hat die Ausländerbehörde aber gleichwohl vor ihrer Entscheidung das Bundesamt zu beteiligen. Wird subsidiärer Schutz isoliert – außerhalb des Asylverfahrens – beantragt, hat die Ausländerbehörde eigenständige Ermittlungen zu Art. 17 der Richtlinie anzustellen, ist damit aber regelmäßig überfordert. Das Bundesamt selbst hat im Rahmen seiner Beteiligung nicht die Befugnis, den Betroffenen persönlich anzuhören.

2. Verbrechen gegen den Frieden, Kriegsverbrechen oder Verbrechen gegen die Menschlichkeit (Art. 17 Abs. 1 Buchst. a) RL 2004/83/EG)

8 Art. 17 Abs. 1 Buchst. a) RL 2004/83/EG ist Art. 12 Abs. 2 Buchst. a) RL 2004/83/EG und damit Art. 1 F Buchst. a) GFK nachgebildet. Danach werden jene Personen vom subsidiären Schutz ausgeschlossen, in Bezug auf die aus schwerwiegenden Gründen die Annahme gerechtfertigt ist, dass sie ein Verbrechen gegen den Frieden, ein Kriegsverbrechen oder ein Verbrechen gegen die Menschlichkeit im Sinne der internationalen Vertragswerke begangen haben.[5] Danach können völkerrechtliche Entwicklungen im Völkerstrafrecht, insbesondere das Statut des Internationalen Strafgerichtshofes, bei der Auslegung und Anwendung dieser Norm heran gezogen werden. Die Verbrechenskategorien des Art. 1 F Buchst. a) GFK sind grundsätzlich dynamisch auszulegen.[6] Darauf weist der Begriff »internationale Vertragswerke« in Art. 17 Abs. 1 Buchst. a) RL 2004/83/EG hin.

9 Nach der Begründung des Vorschlags der Kommission sind hiermit jene Vertragswerke gemeint, denen die Mitgliedstaaten beigetreten sind und die in Resolutionen der Vereinten Nationen oder anderer internationaler oder regionaler Organisationen definiert sind, soweit sie von den

---

4 *McAdam*, IJRL 2005, 461 (494).

5 Zu den Einzelheiten s. § 35 Rn. 7 bis 32.

6 *Zimmermann*, DVBl. 2006, 1478 (1481).

Mitgliedstaaten angenommen wurden.⁷ Zu den verschiedenen internationalen Vertragswerken, die in Bezug auf die Definition internationaler Verbrechen eine Orientierungshilfe bieten, zählen das Übereinkommen von 1948 über die Verhütung und Bestrafung des Völkermordes, die vier Genfer Abkommen von 1949 zum Schutz von Kriegsopfern und die zwei Zusatzprotokolle von 1977, die Satzungen der Internationalen Strafgerichtshöfe für das ehemalige Jugoslawien und Ruanda, die Charta des Internationalen Militärtribunals von 1945 (»Londoner Charta«) und zuletzt die Satzung des Internationalen Strafgerichtshofes von 1998, die am 1. Juli 2002 in Kraft getreten ist.⁸

Darüber hinaus setzt Art. 1 F Buchst. a) GFK voraus, dass der Betroffene ein entsprechendes Verbrechen **begangen** (vgl. auch Art. 17 Abs. 1 Buchst. a) RL 2004/83/EG) oder andere zu einem derartigen Verbrechen angestiftet oder sich in sonstiger Weise daran beteiligt haben muss (Art. 17 Abs. 2 RL 2004/83/EG). Es muss danach die Annahme begründet sein, dass sich nach den allgemeinen strafrechtlichen Bestimmungen über Täterschaft und Teilnahme, gegebenenfalls modifiziert durch völkerstrafrechtliche Regelungen (z. B. Art. 25 IStGH-Statut) ein eigener Tatbeitrag nachweisen lässt und kein völkerstrafrechtlich relevanter Straffreistellungsgrund vorliegt.⁹ Die in Art. 1 F Buchst. a) GFK bezeichneten Verbrechen können demnach nur von Personen verübt werden, die eine hohe Machtstellung in der Machtstruktur eines politischen Systems innehaben und einen Staat oder ein staatsähnliches Gebilde vertreten (§ 35 Rdn. 29 ff.).¹⁰ 10

3. Schwere Straftat (Art. 17 Abs. 1 Buchst. b) RL 2004/83/EG)

Nach Art. 17 Abs. 1 Buchst. b) RL 2004/83/EG wird kein subsidiärer Schutzstatus gewährt, wenn der Antragsteller eine schwere Straftat begangen hat. Anders als bei Art. 12 Abs. 2 Buchst. b) RL 2004/83/EG fehlt die Einschränkung »nichtpolitisch«. Dies hat seinen Grund darin, dass ein schwerwiegendes politisches Delikt nach Art. 1 F Buchst. b) GFK und Art. 12 Abs. 2 Buchst. b) RL 2004/83/EG nicht zum Ausschluss vom Flüchtlingsschutz führt (§ 35 Rdn. 42 ff.)¹¹ und deshalb die Flüchtlingseigenschaft zuzuerkennen ist, sodass die Frage des subsidiären Schutzstatus unter diesen Voraussetzungen gar nicht relevant wird. Ist die schwere Straftat nichtpolitischer Art (§ 35 Rdn. 37 bis 41), entfällt der Flüchtlingsschutz nach Art. 12 Abs. 2 Buchst. b) RL 2004/83/EG. Der Betroffene soll aber darüber hinaus auch nicht in den Genuss des subsidiären Schutzstatus gelangen. 11

Deshalb bestimmt Art. 17 Abs. 1 Buchst. b) RL 2004/83/EG, dass ihm auch kein subsidiärer Schutzstatus gewährt wird. Drohen ihm Folter oder andere unmenschliche oder erniedrigende Behandlung oder Bestrafung, ist die Abschiebung nach Art. 21 RL 2004/83/EG i.V.m. Art. 3 EMRK untersagt (Rdn. 5). Im Übrigen gelten für die Feststellung einer »schweren Straftat« die in Art. 12 Abs. 2 Buchst. b) RL 2004/83/EG bezeichneten Grundsätze. Allerdings fehlt die temporäre Einschränkung. Die Straftat muss mithin nicht vor der Ausstellung eines Aufenthaltstitels begangen worden sein. Nach der Begründung des Entwurfs ist »die Schwere der zu erwartenden Verfolgung gegen die Art der Strafe, deren der Betroffene verdächtigt wird, abzuwägen.«¹² Demgegenüber lehnt der EuGH im Bereich des Flüchtlingsschutzes die Anwendung des Verhältnismäßigkeitsgrundsatzes ab (§ 35 Rdn. 71).¹³ 12

---

7 Kommissionsentwurf, in: BR-Drucks. 1017/01, S. 30.
8 *UNHCR*, Richtlinien zum Internationalen Schutz: Anwendung der Ausschlussklauseln, Mai 2005, Rn. 10.
9 *Zimmermann*, DVBl. 2006, 1478 (1481 f.).
10 OVG Nordrhein-Westfalen, Urt. v. 27.03.2007 – 8 A 5118/05.A.
11 *McAdam*, IJRL 2005, 461 (494).
12 Kommissionsentwurf, in: BR-Drucks. 1017/01, S. 31.
13 EuGH, InfAuslR 2011, 40 (43) = NVwZ 2011, 285 = AuAS 2011, 43 Rn. 108 ff. – B. und D.

4. Zuwiderhandlung gegen Ziele und Grundsätze der Vereinten Nationen (Art. 17 Abs. 1 Buchst. c) RL 2004/83/EG)

13 Nach Art. 17 Abs. 1 Buchst. c) RL 2004/83/EG wird in Übereinstimmung mit Art. 12 Abs. 2 Buchst. c) RL 2004/83/EG und mit Art. 1 F Buchst. c) GFK der subsidiäre Schutzstatus jenen Personen nicht zuteil, in Bezug auf die aus schwerwiegenden Gründen die Annahme gerechtfertigt ist, dass sie sich Handlungen zuschulden kommen ließen, die den Zielen und Grundsätzen der Vereinten Nationen zuwiderlaufen (§ 35 Rdn. 85 bis 97). Die Ziele und Grundsätze der Vereinten Nationen sind in der Präambel und in Art. 1 und 2 der UN-Charta definiert und darüber hinaus in zahllosen zwischenstaatlichen Konventionen enthalten. Diese Bestimmungen enthalten eine Aufzählung von fundamentalen Grundsätzen, von denen sich die Mitgliedstaaten der Vereinten Nationen im Verhältnis zueinander und im Verhältnis zur Völkergemeinschaft insgesamt leiten lassen sollten. Eine Berufung auf Art. 17 Abs. 1 Buchst. c) GFK ist nur unter extremen Umständen, in Fällen von Handlungen, die einen Angriff auf die Grundlagen der Koexistenz der internationalen Staatengemeinschaft darstellen, zulässig. Solche Handlungen müssen dementsprechend eine **internationale Dimension** aufweisen.[14]

14 Der Täter muss innerhalb einer dem Staat vergleichbaren Organisation eine machtvolle Position ausgeübt haben (§ 35 Rdn. 93 ff., 144 ff.). Auch bei einer dynamischen Auslegung von Art. 1 F Buchst. c) GFK kann der Verantwortlichkeitsbereich nicht auf bloße Einzelpersonen ohne machtvolle Position innerhalb einer staatsähnlichen Organisation ausgeweitet werden.[15] Zu prüfen ist zunächst, ob der zu beurteilende Sachverhalt nicht bereits durch die anderen Ausschlussklauseln erfasst wird. Dies betrifft insbesondere Art. 1 F Bucht. a) GFK. Für Verbrechen, in Bezug auf die nicht die nach strikten juristischen Kriterien zu ermittelnde Verantwortlichkeit für Kriegsverbrechen, Verbrechen gegen den Frieden und die Menschlichkeit festgestellt werden kann, kann Art. 1 F Buchst. c) GFK herangezogen werden, weil hier eine internationale Dimension evident ist (§ 35 Rdn. 87). Nicht dagegen kann eine nach Art. 1 F Buchst. b) GFK schwere nichtpolitische Handlung, die nicht den internationalen Frieden und die Sicherheit gefährdet, wie z. B. der Drogenhandel, unter Art. 1 F Buchst. c) GFK subsumiert werden,[16] weil dieser nicht als ernsthafte und andauernde Verletzung von Menschenrechten verstanden werden kann.

5. Gefahr für die Allgemeinheit oder für die Sicherheit des Aufnahmemitgliedstaates (Art. 17 Abs. 1 Buchst. d) RL 2004/83/EG)

15 Art. 17 Abs. 1 Buchst. d) RL 2004/83/EG ist an Art. 33 Abs. 2 GFK angelehnt. Danach müssen schwerwiegende Gründe die Annahme rechtfertigen, dass der Flüchtling eine Gefahr für die Sicherheit des Aufnahmestaates oder für die Allgemeinheit dieses Staates darstellt. Anders als Art. 14 Abs. 4 Buchst. b) RL 2004/83/EG (§ 37 Rdn. 47 ff.), der den Gefahrenbegriff an eine rechtskräftige Verurteilung wegen eines besonders schweren Verbrechens knüpft, ist der Wortlaut von Art. 17 Abs. 1 Buchst. d) RL 2004/83/EG bedeutend offener. Im Vorschlag der Kommission war dieser Ausschlussgrund nicht vorgesehen.[17] Anders als beim Ausschlussgrund des Art. 14 Abs. 4 RL 2004/83/EG ist der Ausschlussgrund nach Art. 17 Abs. 1 Buchst. d) RL 2004/83/EG nicht in das Ermessen der Mitgliedstaaten gestellt, sondern hat zwingenden Charakter (Rdn. 2 f.). Darüber hinaus wurde gegenüber dem Vorbild des Art. 33 Abs. 2 GFK ein bedeutend weiter gehender Wortlaut gewählt.

16 Die Anwendung der Ausschlussklausel setzt anders als bei Art. 14 Abs. 4 RL 2004/83/EG kein **rechtskräftiges Urteil** (§ 37 Rdn. 50) wegen eines **besonders schweren Verbrechens** voraus. Vielmehr reicht es aus, dass schwerwiegende Gründe zu der Annahme berechtigen, der Betroffene stelle

---

14 *UNHCR*, Richtlinien zum Internationalen Schutz: Anwendung der Ausschlussklauseln, Mai 2005, Rn. 17.
15 Canada Supreme Court (1998) 1 S.C.R. 982 Rn. 68 – Pushpanathan.
16 Canada Supreme Court (1998) 1 S.C.R. 982 Rn. 69 – Pushpanathan; Canada Federal Court (2000) 4 F.C. 390 (2000) F.C.J-. No. 1180 Rn. 5 – San Tong Chan.
17 Kommissionsentwurf, in: BR-Drucks. 1017/01, S. 31.

aufgrund bestimmter Straftaten eine Gefahr für die Allgemeinheit oder die Sicherheit des Aufnahmestaates dar. Nicht eine Straftat, sondern die vom Antragsteller ausgehende Gefahr[18] begründet die Anwendung der Ausschlussklausel. Daher ist eine strafrechtliche Verurteilung nicht erforderlich.[19] Diese Gefahr muss für die Allgemeinheit oder für die Sicherheit des Aufnahmestaates bestehen. Die Norm des Art. 17 Abs. 1 Buchst. d) RL 2004/83/EG dient der **Gefahrenabwehr**. Die bloße Feststellung einer in der Vergangenheit begangenen Straftat oder Gefährdung genügt daher nicht. Vielmehr muss eine weiterhin bestehende Gefahr festgestellt werden.[20] Deshalb ist es für die Anwendung von Art. 17 Abs. 1 Buchst. d) RL 2004/83/EG nicht in erster Linie der abstrakte Charakter der begangenen Straftat, sondern sind die Umstände maßgebend, unter denen sie begangen wurde, und ob hieraus eine Gefahr für die Sicherheit des Aufnahmestaates oder die Allgemeinheit folgt.

Da Art. 17 Abs. 1 Buchst. d) RL 2004/83/EG der Gefahrenabwehr dient, greifen die Bedenken des EuGH im Rahmen des Art. 12 Abs. 2 Bucht. b) RL 2004/83/EG gegen die Verhältnismäßigkeitsprüfung und das Erfordernis einer gegenwärtigen Gefahr (Rdn. 12, § 35 Rdn. 66 ff.) bei Art. 17 Abs. 1 Buchst. d) der Richtlinie nicht durch. Vielmehr erfordert die Vorschrift eine einzelfallbezogene **Verhältnismäßigkeitsprüfung**. Der EuGH hat ausdrücklich darauf hingewiesen, dass nach der Systematik der Richtlinie die Frage, ob vom Betroffenen eine gegenwärtige Gefahr ausgehe, bei der Anwendung von Art. 14 Abs. 4 Buchst. a) RL 2004/83/EG zu berücksichtigen sei (§ 35 Rdn. 60).[21] Art. 17 Abs. 1 Buchst. d) ist spiegelbildlich zum Art. 14 Abs. 4 RL 2004/83/EG zu verstehen. 17

In die Verhältnismäßigkeitsprüfung sind alle für die Beurteilung relevanten Faktoren einzustellen. Dazu zählen zunächst die Umstände, die für eine **Wiederholungsgefahr** sprechen. Es stellt z. B. einen erschwerenden Umstand dar, dass der Antragsteller in der Vergangenheit wiederholt als Straftäter in Erscheinung getreten ist. Relevant ist umgekehrt die Tatsache, dass ein wegen eines schwerwiegenden Deliktes verurteilter Straftäter seine Strafe verbüßt hat, er begnadigt oder ihm eine Amnestie gewährt worden ist. Im letzteren Fall ist zu vermuten, dass die Ausschlussklausel nicht mehr länger anwendbar ist, es sei denn, es kann bewiesen werden, dass – ungeachtet der Begnadigung oder der Amnestie – der »kriminelle Charakter« der Tatbegehung immer noch vorherrscht.[22] 18

6. Persönliche Verantwortung (Art. 17 Abs. 2 RL 2004/83/EG)

Nach Art. 17 Abs. 1 RL 2004/83/EG müssen »schwerwiegende Gründe zu der Annahme berechtigen«, dass der Antragsteller einen der Ausschlussgründe persönlich erfüllt hat. Im Allgemeinen liegt eine persönliche Verantwortung dann vor, wenn eine Person die Straftat bzw. sonstige sicherheitsgefährdende Handlung begangen oder in dem Bewusstsein, dass ihre Handlung oder Unterlassung die Ausübung des Verbrechens erleichtern würde, wesentlich zu ihrer Durchführung beigetragen hat (§ 35 Rdn. 144 ff.).[23] Art. 17 Abs. 2 RL 2004/83/EG bestimmt in Anlehnung an Art. 12 Abs. 3 der Richtlinie, dass die Ausschlussklauseln auch auf Personen Anwendung finden, die andere zu den in Art. 17 Abs. 1 der Richtlinie bezeichneten Handlung angestiftet oder sich in sonstiger Weise daran beteiligt haben. Dies steht in Übereinstimmung mit der Sicherheitsresolution 1373 (2001), wonach der Ausschluss vom Flüchtlingsstatus ausdrücklich auf die »**Planung, Erleichterung oder Beteiligung an terroristischen Handlungen**« bezogen, also eine an äußere Handlungsformen anknüpfende individuelle Zurechnungskategorie vorausgesetzt wird. 19

---

18 *Goodwin-Gill/McAdam*, The Refugee in International Law, S. 235 f.
19 Nr. 25.3.8.3.4 Abs. 2 AufenthG-VwV.
20 Nr. 25.3.8.3.4 Abs. 2 AufenthG-VwV.
21 EuGH, InfAuslR 2011, 40 (42) = NVwZ 2011, 285 = AuAS 2011, 43 Rn. 101 bis 105 – B und D.
22 Vgl. *UNHCR*, Handbuch über Verfahren und Kriterien zur Feststellung der Flüchtlingseigenschaft, 1979, Rn. 157.
23 Vgl. *UNHCR*, Richtlinien zum Internationalen Schutz: Anwendung der Ausschlussklauseln, Mai 2005, Rn. 18.

20 Art. 17 Abs. 2 RL 2004/83/EG setzt damit jedenfalls im Blick auf die Fallgruppen Buchst. a) bis c) des Abs. 1 in Anlehnung an Art. 1 F GFK voraus, dass der Betroffene ein entsprechendes Verbrechen **begangen** hat. Es muss die Annahme begründet sein, dass sich nach den allgemeinen strafrechtlichen Bestimmungen über Täterschaft und Teilnahme, gegebenenfalls modifiziert durch völkerstrafrechtliche Regelungen, wie z. B. Art. 25 Abs. 3 IStGH-Statut, ein eigener Tatbeitrag nachweisen lässt und kein völkerstrafrechtlich relevanter Straffreistellungsgrund vorliegt. Ein »schwerwiegendes« Verbrechen kann danach nur angenommen werden, wenn die zugrunde liegende Handlung durch eine »**unmittelbare und persönliche Beteiligung des Asylsuchenden**« geprägt ist (§ 35 Rdn. 146 ff.).[24]

21 Im Allgemeinen stellt sich die Frage der persönlichen Verantwortung und damit die Grundlage für den Ausschluss, wenn der Betroffene einen wesentlichen Beitrag zu einem Verbrechen in dem Bewusstsein leistet, dass seine Handlung oder Unterlassung die Verbrechensausführung erleichtert. Deshalb muss der Umfang der Tatbeteiligung einer Person in jedem Einzelfall sorgfältig analysiert werden. Ob der individuelle Tatbeitrag zu einem gemeinsamen verbrecherischen Unternehmen wesentlich war oder nicht, ist von einer Vielzahl von Faktoren abhängig, wie z. B. die spezifische Funktion des Betroffenen, seine Position in einer Organisation oder Gruppe und insbesondere der konkrete Tatbeitrag in Beziehung zu der Schwere und dem Umfang des verübten Verbrechens (§ 35 Rdn. 127 bis 132, 137 bis 144, 148 ff.).[25]

22 Eine strafrechtliche Verantwortung liegt im Allgemeinen nur dann vor, wenn der Betroffene **wissentlich** und **vorsätzlich** wesentliche Elemente eines entsprechenden Tatbestands erfüllt hat. Ist der subjektive Tatbestand nicht gegeben, etwa weil dem Betroffenen eine wesentliche Tatsache nicht bekannt war, kann keine persönliche Verantwortung angenommen werden. Nach Art. 30 IStGH-Statut ist der Täter individuell verantwortlich, wenn er in Kenntnis der tatbestandlichen Elemente des entsprechenden Verbrechens vorsätzlich handelt. Fehlt es an dieser Voraussetzung, kann eine persönliche Verantwortung für das entsprechende Verbrechen nicht festgestellt werden. Eine Person begeht die Tat vorsätzlich, wenn sie den Taterfolg herbeiführen will oder sich bewusst ist, dass dieser bei normalem Verlauf der Ereignisse eintreten wird. Wissen bedeutet Kenntnis der Tatumstände oder das Bewusstsein, dass bei normalem Verlauf der Ereignisse der Taterfolg eintreten wird.

23 Im Hinblick auf den Ausnahmecharakter der Ausschlussgründe müssen die zugrunde liegenden individual bezogenen Umstände und Tatsachen besonders sorgfältig und erschöpfend auf der Grundlage zugänglicher Informationen festgestellt werden (§ 35 Rdn. 154 ff.).[26] Bei Zugehörigkeit zu einer sich terroristischer Mittel bedienenden Organisation sind einerseits genaue Feststellungen dazu erforderlich, wann und wie lange der Antragsteller tatsächlich die maßgebende Funktion ausgeübt hat und welche konkreten terroristischen Straftaten die Organisation in diesem Zeitraum begangen oder geplant hat. Andererseits sind auch besondere, die Vermutung der individuellen Verantwortlichkeit entkräftende Faktoren zu berücksichtigen.[27] Lediglich »tatsächliche Anhaltspunkte« oder gar nur bloße Vermutungen reichen für die geforderten Feststellungen nicht aus.[28] Es findet das **Regelbeweismaß** (§ 108 Abs. 1 Satz 1 VwGO) Anwendung. Nur Tatsachen dürfen in die erforderliche Prüfung eingestellt werden (§ 35 Rdn. 154 ff.).

24 Kann die Behörde nicht den erforderlichen Nachweis führen, dass auf den Antragsteller die Ausschlussklausel des Art. 17 Abs. 1 RL 2004/83/EG Anwendung findet, geht die Unerweislichkeit der Tatsachen zu ihren Lasten (§ 35 Rdn. 163 ff.). Dem Antragsteller ist Gelegenheit einzuräumen, sämtliche Verteidigungsmittel zur Ausräumung der Annahme, er sei in Verbrechen im Sinne von Art. 1 F

---

24 *Lisbon Expert Roundtable, Global Consultations on International Protection*, Summary Conclusions – Exclusion from Refugee Status, 3–4 May 2000, Nr. 11.
25 *UNHCR*, Background Note on the Application of the Exclusion Clauses, September 2003, Rn. 55.
26 EuGH, InfAuslR 2011, 40 (87) = NVwZ 2011, 285 = AuAS 2011, 43 – B. und D.
27 BVerwG, Urt. v. 07.07.2011 – BVerwG 10 C 26.11 Rn. 36.
28 *UNHCR*, Background Note on the Application of the Exclusion Clauses, September 2003, Rn. 107; a.A. *Zimmermann*, DVBl. 2006, 1478 (1481).

GFK verwickelt, vorzubringen. Seine mangelnde Bereitschaft zur Zusammenarbeit mit den Behörden ist als solche kein Schuldbeweis im Blick auf die Tatsachen, die zur Stützung des Ausschlusses herangezogen werden, wenn keine eindeutigen und überzeugenden Beweismittel vorliegen. Es kann daher irrelevant sein, den Ausschluss zu prüfen, wenn durch fehlende Bereitschaft zur Zusammenarbeit die wesentlichen anspruchsausschließenden Fakten eines Asylantrags nicht ermittelt werden können[29] und trifft auch in diesem Fall die Behörde die Beweislast. Es ist darüber hinaus stets erforderlich, die Gründe für die fehlende Aussagebereitschaft zu ermitteln. Denn diese können durch unzulängliche Übersetzung, ein erlittenes Trauma, den geistigen Zustand des Antragstellers, Furcht oder andere Faktoren beeinflusst sein.[30]

7. Straftaten vor der Einreise (Art. 17 Abs. 3 RL 2004/83/EG)

Nach Art. 17 Abs. 3 RL 2004/83/EG können die Mitgliedstaaten den Antragsteller von der Gewährung des subsidiären Schutzstatus ausschließen, wenn er vor seiner Aufnahme ein oder mehrere nicht unter Art. 17 Abs. 1 RL 2004/83/EG fallende Straftaten begangen hat, die mit Freiheitsstrafe bestraft würden, wenn sie in dem Aufnahmemitgliedstaat begangen worden wären, und er sein Herkunftsland nur verlassen hat, um einer Bestrafung wegen dieser Straftat zu entgehen. Das Erfordernis der Bestrafung mit Freiheitsstrafe lässt den Mitgliedstaaten einen erheblichen Spielraum. Der Wortlaut ist im Sinne des Verhältnismäßigkeitsprinzips dahin zu konkretisieren, dass die Freiheitsstrafe nicht zur Bewährung ausgesetzt gewesen sein darf. Die Anwendungsschwelle dürfte deutlich unterhalb der Eingriffsschwelle der »schweren Straftat« nach Art. 17 Abs. 1 Buchst. b) und auch Buchst. d) RL 2004/83/EG liegen.

25

Die Klausel findet nur Anwendung, wenn der Antragsteller sein Herkunftsland **ausschließlich** (»nur«) verlassen hat, um einer Strafverfolgung wegen der von ihm begangenen Straftaten zu entgehen. War der Ausreiseentschluss daneben durch weitere Motive geprägt, etwa die Furcht, einen ernsthaften Schaden im Sinne des Art. 15 RL 2004/83/EG zu erleiden, fehlt es an dieser Voraussetzung. Vielmehr muss das Motiv, der Strafverfolgung zu entgehen, das ausschließliche Ausreisemotiv gewesen sein. Deshalb kann diese Vorschrift nicht auf nachträglich eintretende Umstände (Art. 5 RL 2004/83/EG) im Sinne von Art. 15 RL 2004/83/EG angewandt werden.

26

Art. 17 Abs. 3 RL 2004/83/EG hat den Charakter einer Freistellungsklausel, ist mithin nicht zwingend. Besondere unionsrechtliche Vorgaben, welche die Mitgliedstaaten bei deren Inanspruchnahme zu beachten hätten, sind nicht ersichtlich, sofern sie den Refoulementschutz wegen drohender Folter und unmenschlicher Behandlung (Art. 21 RL 2004/83/EG i.V.m. Art. 3 EMRK) beachten. Es darf deshalb zwar der Genuss der Rechte nach Art. 23 ff. der Richtlinie ausgeschlossen werden, nicht aber der Schutz vor Abschiebung, Zurückweisung und Zurückschiebung. Die Bundesrepublik hat die Klausel nicht in Anspruch genommen (vgl. § 25 Abs. 3 AufenthG).

27

---

29 *UNHCR*, Richtlinien zum Internationalen Schutz: Anwendung der Ausschlussklauseln, September 2003, Rn. 35.
30 *UNHCR*, Background Note on the Application of the Exclusion Clauses, September 2003, Rn. 111.

Kapitel 14 Verlustgründe

§ 44 Verlustgründe (Art. 16 und 19 RL 2004/83/EG)

Übersicht	Rdn
1. Funktion der Verlustgründe	1
2. »Wegfall der Umstände« (Art. 19 Abs. 1 i.V.m. Art. 16 RL 2004/83/EG)	5
3. Nachträgliche Straffälligkeit (Art. 19 Abs. 2 i.V.m. Art. 17 Abs. 3 RL 2004/83/EG)	9
4. Nachträgliche Ausschlussgründe (Art. 19 Abs. 3 Buchst. a) i.V.m. Art. 17 Abs. 1 und 2 RL 2004/83/EG)	13
5. Rücknahme des subsidiären Schutzstatus (Art. 19 Abs. 3 Buchst. b) RL 2004/83/EG)	15
6. Verfahren zur Verlustfeststellung	19
7. Rechtsfolgen der Verlustfeststellung	25
8. Rechtsstellung nach Entzug des subsidiären Schutzstatus	29

Leitsätze

1. Ebenso wie nach Art. 11 RL 2004/83/EG der Flüchtlingsschutz kann nach Maßgabe von Art. 16 RL 2004/83/EG der subsidiäre Schutzstatus erlöschen. Darüber hinaus regelt Art. 19 Abs. 2 und 3 Buchst. a) RL 2004/83/EG in Anlehnung an Art. 14 Abs. 3 bis 6 RL 2004/83/EG die Aufhebung des subsidiären Schutzstatus wegen Schutzunwürdigkeit und Sicherheitsgefährdungen (Rdn. 1 bis 3).
2. Allerdings weicht die Systematik der Regelungen im subsidiären Schutzsystem im Blick auf ihren spezifischen Charakter von der Systematik der entsprechenden Bestimmungen beim Flüchtlingsschutz ab. Sie beschränkt sich auf lediglich einen der flüchtlingsrechtlich relevanten Verlustgründe des Art. 1 C GFK, nämlich auf die »Wegfall-der-Umstände-« Klausel (Rdn. 1, § 36 Rdn. 61 ff.). Die Ausschlussgründe werden anders als beim Flüchtlingsschutz obligatorisch geregelt.
3. Allein Einreise und nur kurzfristige Aufenthalte im Herkunftsland bewirken nicht ohne Weiteres den Wegfall des subsidiären Schutzstatus, vielmehr grundsätzlich nur die dortige dauerhafte Niederlassung (Rdn. 2, § 36 Rdn. 56 ff.). Dabei wird eine dauerhafte und nicht nur lediglich vorübergehende und grundlegende Änderung der Umstände gefordert, die dem Test genügen muss, dass der bislang Schutzberechtigte tatsächlich nicht länger Gefahr läuft, einen ernsthaften Schaden zu erleiden (Art. 16 Abs. 2 RL 2004/83/EG, Rdn. 5). Beim Eintritt neuartiger Umstände, die eine erneute Gewährung des subsidiären Schutzstatus erfordern (§ 36 Rdn. 138 ff.), darf der subsidiäre Schutzstatus nicht widerrufen werden (Rdn. 8).
4. Die Rücknahme des subsidiären Schutzstatus ist **abschließend** geregelt (Rdn. 15, § 37 Rdn. 26). Nur unter den in Art. 19 Abs. 3 Buchst. b) RL 2004/83/EG genannten Voraussetzungen ist die Rücknahme eines Statusbescheides zulässig. Ein Ermessen für andere Rücknahmegründe wird den Mitgliedstaaten nicht eingeräumt. § 48 VwVfG findet deshalb keine Anwendung (Rdn. 15 ff.).
5. Nach Art. 19 Abs. 4 RL 2004/83/EG ist in jedem Einzelfall nachzuweisen, dass der Betroffene keinen oder nicht mehr Anspruch auf subsidiären Schutz hat (Rdn. 19 ff.). Die Behörde muss daher sorgfältig prüfen, ob und in welchem Umfang die Voraussetzungen für die einzelnen Verlustgründe vorliegen. Beruhte die Statusentscheidung auf Vorschädigungen im Sinne des Art. 15 RL 2004/83/EG ist deren Beweiskraft zu widerlegen (§ 36 Rdn. 108 ff.).
6. Es reicht aus, dass Anhaltspunkte für das Vorliegen eines Rücknahmegrundes bestehen, um ein Verfahren zu eröffnen. Die Rücknahme des subsidiären Schutzstatus selbst ist aber nur gerechtfertigt, wenn die neuen Tatsachen die Annahme rechtfertigen, dass deren Berücksichtigung im Zeitpunkt der Statusentscheidung dazu geführt hätte, dass die vorgebrachten Tatsachen unglaubhaft sind (Rdn. 22).

> 7. Auch wenn Verlust- oder Rücknahmegründe vorliegen, hat die Behörde zu prüfen, ob eine Abschiebung Art. 3 EMRK verletzt (Art. 21 RL 2004/83/EG) und ist deshalb zur Gewährleistung des Refoulementschutzes eine entsprechende behördliche Feststellung geboten (Rdn. 29 ff.). Die Betroffenen sind zu dulden (§ 60a Abs. 2 AufenthG) und haben Anspruch auf die Erteilung der Duldungsbescheinigung nach § 60a Abs. 4 AufenthG. Aus Gründen der Verhältnismäßigkeit besteht grundsätzlich nach einer angemessenen Zeit, sofern Sicherheitsbedenken ausgeräumt sind, eine humanitäre Verpflichtung, eine Aufenthaltserlaubnis nach § 25 Abs. 5 AufenthG zu erteilen.

1. Funktion der Verlustgründe

Ebenso wie nach Art. 11 RL 2004/83/EG der Flüchtlingsschutz kann nach Maßgabe von Art. 16 RL 2004/83/EG der subsidiäre Schutzstatus erlöschen. Art. 16 RL 2004/83/EG beschränkt sich jedoch auf lediglich einen der flüchtlingsrechtlich relevanten Verlustgründe des Art. 1 C GFK, nämlich auf die »Wegfall der Umstände« – Klausel (§ 36 Rdn. 61 ff.), und integriert diesen in das Regelungssystem zum subsidiären Schutz. Danach bleibt »der subsidiäre Schutzstatus so lange bestehen, bis die zuständigen Behörden nachgewiesen haben, dass ein solcher Schutz nicht mehr benötigt wird, weil der Grund für die Schutzgewährung weggefallen ist.«[1] Aus verfahrensrechtlicher Sicht bestimmt Art. 19 Abs. 1 RL 2004/83/EG, dass bei Vorliegen der Voraussetzungen des Art. 16 der Richtlinie die zuständigen Behörden den subsidiären Schutzstatus entziehen. Spätestens bis zum 21. Dezember 2013 ist die humanitäre Klausel (§ 36 Rdn. 121 ff.) auch beim Entzug des subsidiären Schutzstatus zu beachten (Art. 16 Abs. 3 i.V.m. Art. 39 Abs. 1 RL 2011/95/EU).

Die auf die Wiedererlangung des diplomatischen Schutzes bezogenen Erlöschensgründe des Art. 1 C Nr. 1 bis 3 GFK (Art. 11 Abs. 1 Buchst. a) bis c) RL 2004/83/EG) sind nicht übernommen worden, weil der subsidiäre Schutzstatus nicht im Wegfall des diplomatischen Schutzes, sondern in der Drohung eines ernsthaften Schadens seinen Grund hat. Die Passerlangung etwa kann bereits deshalb nicht den Verlust bewirken (s. aber Art. 11 Abs. 1 Buchst. a) RL 2004/83/EG, § 36 Rdn. 18 ff.), weil der subsidiär Schutzberechtigte grundsätzlich verpflichtet ist, nach Erlangung der Berechtigung bei den zuständigen Behörden seines Herkunftslandes einen Pass zu beantragen (vgl. Art. 25 Abs. 2 RL 204/83/EG; § 57 Rdn. 10 ff.). Der Verlustgrund der **dauerhaften Niederlassung im Herkunftsland** (Art. 1 C Nr. 4 GFK, Art. 11 Abs. 1 Buchst. d) RL 2004/83/EG) kann hingegen sicherlich als Indiz für den Wegfall der Umstände, die den drohenden ernsthaften Schaden begründet hatten, genommen werden. Allein Einreise und nur kurzfristige Aufenthalte im Herkunftsland bewirken indes nicht ohne Weiteres den Wegfall des subsidiären Schutzstatus, vielmehr grundsätzlich nur die dortige dauerhafte Niederlassung (§ 36 Rdn. 56 ff.). Insofern ist zu bedenken, dass bei Übergriffen durch nichtstaatliche Akteure diesen der Aufenthalt des Betroffenen im Herkunftsland nicht bekannt geworden sein muss.

Art. 19 Abs. 2 und 3 Buchst. a) RL 2004/83/EG regeln in Anlehnung an Art. 14 Abs. 3 bis 6 RL 2004/83/EG die Aufhebung des subsidiären Schutzstatus wegen Schutzunwürdigkeit und Sicherheitsgefährdungen (Art. 19 Abs. 3 Buchst. a) i.V.m. Art. 17 Abs. 1 und 2 RL 2004/83/EG). Allerdings weicht die Systematik der Regelungen im subsidiären Schutzsystem im Blick auf ihren spezifischen Charakter von der Systematik der entsprechenden Regelungen beim Flüchtlingsschutz ab: Art. 19 Abs. 3 Buchst. a) RL 2004/83/EG regelt wie Art. 14 Abs. 3 Buchst. a) RL 2004/83/EG einen Verlustgrund wegen nachträglicher Schutzunwürdigkeit. Hingegen führt Art. 14 Abs. 4 Buchst. a) RL 2004/83/EG in Form einer Freistellungsklausel im Blick auf Sicherheitsgefährdungen nach Art. 33 Abs. 2 GFK einen eigenständigen Verlustgrund in das System des Flüchtlingsschutzes ein, der zugleich auch bereits die Zuerkennung der Flüchtlingseigenschaft sperrt (Art. 14 Abs. 5 RL 2004/83/EG). Die Zuerkennungssperre wegen Sicherheitsgefährdungen ist im System des subsidiären Schutzes hingegen in obligatorischer Weise in Art. 17 Abs. 2 Buchst. d) RL 2004/83/EG

---

1 Kommissionsentwurf, in: BR-Drucks. 1017/01, S. 30.

und der Verlustgrund in Art. 19 Abs. 3 Buchst. a) i.V.m. Art. 17 Abs. 1 Buchst. d) RL 2004/83/EG RL 2004/83/EG zwingend geregelt.

4 Darüber hinaus wird den Mitgliedstaaten in Form einer Freistellungsklausel zusätzlich zum Sicherheitsbegriff nach Art. 19 Abs. 3 Buchst. a) i.V.m. Art. 17 Abs. 1 Buchst. d) RL 2004/83/EG unter dem Gesichtspunkt des erweiterten Begriffs der nachträglichen »Straffälligkeit« (§ 43 Rdn. 25 ff.) die Befugnis eingeräumt, den subsidiären Schutzstatus nach Maßgabe von Art. 19 Abs. 2 nach Art. 17 Abs. 3 der Richtlinie zu entziehen. Schließlich regelt Art. 19 Abs. 3 Buchst. b) der Richtlinie die Rücknahme des Status. Art. 19 Abs. 4 enthält schließlich in Anlehnung an Art. 14 Abs. 2 der Richtlinie wichtige Regelungen zur behördlichen Aufklärungs- und Informationspflicht.

2. »Wegfall der Umstände« (Art. 19 Abs. 1 i.V.m. Art. 16 RL 2004/83/EG)

5 Nach Art. 16 Abs. 1 RL 2004/83/EG tritt ein Verlustgrund ein, wenn die Umstände, die zur Zuerkennung des subsidiären Schutzstatus geführt haben, nicht mehr bestehen oder sich in einem Maße verändert haben, dass ein derartiger Schutz nicht mehr erforderlich ist. Dabei wird eine nicht nur vorübergehende und grundlegende Änderung der Umstände gefordert, die dem Test genügen muss, dass der bislang Schutzberechtigte tatsächlich nicht länger Gefahr läuft, einen ernsthaften Schaden zu erleiden (Art. 16 Abs. 2 RL 2004/83/EG). Die vom Verlustgrund des Art. 11 Abs. 1 Buchst. e) und f) der Richtlinie abweichende Erweiterung der Klausel ist nicht erforderlich. Ob die Umstände weggefallen sind oder sich in einem Maße verändert haben, dass die Schutzbedürftigkeit entfällt, ist in einem wie im anderen Fall davon abhängig, dass der bislang Schutzberechtigte **tatsächlich** nicht länger Gefahr läuft, einen ernsthaften Schaden zu erleiden (Art. 16 Abs. 2 RL 2004/83/EG).

6 Es muss eine solcherart Veränderung der Verhältnisse eingetreten sein dass subsidiärer Schutz nicht mehr erforderlich ist (Art. 16 Abs. 1 RL 2004/83/EG). Zwar werden beide Voraussetzungen der Vorschrift alternativ geregelt (Rdn. 5). Bei der Anwendung von Abs. 1 des Art. 16 der Richtlinie ist jedoch zu berücksichtigen, dass die Umstände sich so »**verändert**« haben müssen, dass tatsächlich keine Gefahr mehr besteht, einen ernsthaften Schaden – aus welchen Gründen auch immer – zu erleiden (Art. 16 Abs. 2 RL 2004/83/EG). Die Auslegungsregel des Abs. 2 bezieht sich auf beide Alternativen des Abs. 1. Nicht der »bloße Wegfall«, sondern erst die »Veränderung der Umstände« wird nach der Auslegungsregel des Abs. 2 für den Eintritt der Erlöschenswirkung nach Abs. 1 vorausgesetzt. Der Prozess »eines **umfassenden politischen Wandels**« in Richtung auf eine »**tiefgreifende Veränderung der Umstände**«[2] ist danach maßgebend für die Entscheidung, ob der subsidiäre Schutzstatus entfallen ist.

7 Bei der Anwendung des Verlustgrundes des Art. 16 RL 2004/83/EG ist danach in Anlehnung an die allgemeinen flüchtlingsrechtlichen Beendigungsklauseln des Art. 11 Abs. 1 Buchst. e) und f) RL 204/83/EG zu berücksichtigen, dass der subsidiäre Schutz »**umfassende** und **dauerhafte Lösungen**« zum Ziel hat und dieser Anspruch des Berechtigten Gegenstand und Zweck der allgemeinen Beendigungsklauseln prägt.[3] Die Art der Anwendung der Beendigungsklausel darf nicht dazu führen, dass die bislang Berechtigten zur Rückkehr in instabile Verhältnisse gezwungen werden.[4] Dies verringert die Wahrscheinlichkeit einer dauerhaften Lösung und verursacht darüber hinaus zusätzliche oder erneute Instabilität andernfalls sich bessernder Verhältnissen. Deshalb gilt der Grundsatz, dass sich die Verhältnisse im Herkunftsland »**grundlegend** und **dauerhaft**« geändert haben müssen, bevor die allgemeinen Beendigungsklauseln angewendet werden können.[5]

---

2 Kommissionsentwurf, in: BR-Drucks. 1017/01, S. 30.
3 *UNHCR*, NVwZ-Beil. 2003, 57 (58).
4 Kommissionsentwurf, in: BR-Drucks. 1017/01, S. 30.
5 *UNHCR*, NVwZ-Beil. 2003, 57 (58).

§ 44 Verlustgründe　　　　　　　　　　　　　　　　　　　　　　　　　　　　　　　　Kapitel 14

Wie beim Wegfall des Flüchtlingsschutzes muss die Änderung der allgemeinen Verhältnisse grundlegend und dauerhaft sein (§ 36 Rdn. 71 ff.). Ob darüber hinaus auch wieder wirksame Schutzstrukturen bestehen müssen (§ 36 Rdn. 98 ff.) ist in dem Umfang maßgebend, wie es die Feststellung rechtfertigt, dass der bislang Schutzberechtigte **tatsächlich** nicht länger Gefahr läuft, einen ernsthaften Schaden zu erleiden (Rdn. 5). Es ist selbstredend, dass bei Eintritt neuartiger Umstände, die eine erneute Gewährung des subsidiären Schutzstatus erfordern (§ 36 Rdn. 138 ff.), der subsidiäre Schutzstatus nicht widerrufen werden darf. Die Art. 1 C Nr. 5 Satz 2 und Nr. 6 Satz 2 GFK nachgebildete humanitäre Klausel des Art. 16 Abs. 3 RL 2011/95/EU ist bis spätestens zum 22. Dezember 2013 zu ersetzen (Rdn. 1). 8

3. Nachträgliche Straffälligkeit (Art. 19 Abs. 2 i.V.m. Art. 17 Abs. 3 RL 2004/83/EG)

Nach Art. 19 Abs. 2 der Richtlinie wird den Mitgliedstaaten freigestellt, bei nachträglicher Straffälligkeit (§ 43 Rdn. 25 ff.) des bislang Schutzberechtigten den subsidiären Schutzstatus zu entziehen. Der Wortlaut der Vorschrift ist dahin zu verstehen, dass es sich nicht um nachträglich bekannt werdende, sondern um neu auftretende Straffälligkeit des Statusberechtigten handelt: Hindert vor der Zuerkennung des Status bekannt werdende Straffälligkeit dessen Gewährung nach Art. 19 Abs. 3 RL 2004/83/EG, rechtfertigt nachträglich eintretende Straffälligkeit den Entzug dieses Status nach Art. 19 Abs. 2 RL 2004/83/EG. Hat der Berechtigte derartige Umstände vor der Zuerkennung des Status verschwiegen, wird dieser nach Art. 17 Abs. 3 Buchst. b) der Richtlinie zurückgenommen. 9

Unklar ist, ob die Rücknahme obligatorisch ist, wie es Art. 19 Abs. 3 Buchst. b) der Richtlinie bestimmt. Ob die Mitgliedstaaten von ihren Befugnissen nach Art. 19 Abs. 2 und Art. 17 Abs. 3 der Richtlinie Gebrauch machen, obliegt ihrem Ermessen. Haben sie hiervon Gebrauch gemacht, ist fehlende Straffälligkeit eine tatbestandliche Voraussetzung für die Zuerkennung des Status. Sie können ihre Befugnis nach Art. 17 Abs. 3 der Richtlinie aber auch derart in Anspruch nehmen, dass sie die Rücknahme bei Verschweigen der entsprechenden Voraussetzungen nach nationalem Recht ins Ermessen stellen, sodass es nicht zur Anwendung von Art. 19 Abs. 3 Buchst. b) der Richtlinie kommt. 10

Das Erfordernis der Bestrafung mit Freiheitsstrafe lässt den Mitgliedstaaten einen erheblichen Spielraum und geht weit über den Grundgedanken des Art. 33 Abs. 2 GFK (§ 54 Rdn. 3 ff.) hinaus, der sich in den Vorschriften des Art. 17 Abs. 1 Bucht. b) und Art. 19 Abs. 3 Buchst. a) der Richtlinie verkörpert. Der Wortlaut ist im Sinne des Verhältnismäßigkeitsprinzips dahin zu konkretisieren, dass die Freiheitsstrafe nicht zur Bewährung ausgesetzt gewesen sein darf (§ 43 Rdn. 25). 11

Art. 19 Abs. 2 RL 2004/83/EG hat den Charakter einer Freistellungsklausel, ist mithin nicht zwingend. Besondere unionsrechtliche Vorgaben, welche die Mitgliedstaaten bei deren Inanspruchnahme zu beachten hätten, sind nicht ersichtlich, sofern sie den Refoulementschutz wegen drohender Folter und unmenschlicher Behandlung (Art. 21 RL 2004/83/EG i.V.m. Art. 3 EMRK) beachten. Es darf deshalb zwar der Genuss der Rechte nach Art. 23 ff. der Richtlinie ausgeschlossen werden, nicht aber der Schutz vor Abschiebung, Zurückweisung und Zurückschiebung (§ 43 Rdn. 27). Die Bundesrepublik hat die Klausel nicht in Anspruch genommen (vgl. § 25 Abs. 3 AufenthG). 12

4. Nachträgliche Ausschlussgründe (Art. 19 Abs. 3 Buchst. a) i.V.m. Art. 17 Abs. 1 und 2 RL 2004/83/EG)

Nach Art. 19 Abs. 3 Buchst. a) RL 2004/83/EG ist der subsidiäre Schutzstatus zu entziehen, wenn der Schutzberechtigte nach Zuerkennung des Status gemäß Art. 17 Abs. 1 und 2 RL 2004/83/EG hätte ausgeschlossen werden müssen oder ausgeschlossen wird. Dieser Verlustgrund ist dem Ausschlussgrund des Art. 14 Abs. 3 Buchst. a) RL 2004/83/EG nachgebildet, doch anders als dieser nicht in Form einer **Freistellungsklausel**, sondern einer unionsrechtlichen Verpflichtung geregelt. Inhaltlich verweist verweist Art. 19 Abs. 3 Buchst. a) RL 2004/83/EG auf Art. 17 Abs. 1 und 2 der Richtlinie, also auf die dort geregelten Ausschlussgründe (§ 43 Rdn. 8 bis 18). 13

615

14 Art. 19 Abs. 3 Buchst. a) RL 2004/83/EG zielt auf zwei unterschiedliche verfahrensrechtliche Situationen: Nach der ersten Alternative bestanden die Ausschlussgründe bereits **im Zeitpunkt der Statusentscheidung,** waren der Behörde jedoch nicht bekannt. Die Norm begründet eine Verpflichtung zur Aufhebung des Statusbescheides unabhängig davon, wann die Ausschlussgründe entstanden sind.[6] Die Mitgliedstaaten erkennen den subsidiären Schutzstatus ab, beenden ihn oder verlängern ihn nicht, wenn nachträglich bekannt wird, dass der Schutzberechtigte wegen eines Ausschlussgrundes hätte ausgeschlossen werden müssen (Art. 17 Abs. 1 Buchst. a) bis d) RL 2004/83/EG) oder ausgeschlossen ist (Art. 17 Abs. 1 Buchst. a) und c) RL 2004/83/EG). Der Wortlaut der unionsrechtlichen Norm ist zwingend. Es handelt sich nicht um eine Freistellungsklausel.

5. Rücknahme des subsidiären Schutzstatus (Art. 19 Abs. 3 Buchst. b) RL 2004/83/EG)

15 Nach Art. 19 Abs. 3 Buchst. b) RL 2004/83/EG ist der Statusbescheid unter den dort genannten Voraussetzungen zurückzunehmen. Die Norm ist Art. 14 Abs. 3 Buchst. b) RL 2004/83/EG (§ 37 Rdn. 25 ff.) nachgebildet und unterscheidet wie diese zwei Rücknahmegründe: Das **Vorbringen einer falschen Darstellung** oder das **Verschweigen von Tatsachen** einerseits und die **Verwendung gefälschter Dokumente** andererseits. Bei der Verwendung gefälschter Dokumente handelt es sich jedoch lediglich um einen Unterfall der falschen Darstellung von Tatsachen (»einschließlich«). Art. 19 Abs. 3 Buchst. b) RL 2004/83/EG hat **abschließenden** Charakter (§ 37 Rdn. 26). Nur unter den in dieser Norm genannten Voraussetzungen ist die Rücknahme eines Statusbescheids zulässig. Ein Ermessen für andere Rücknahmegründe wird den Mitgliedstaaten nicht eingeräumt. Soweit die Rechtsprechung bislang für die Rücknahme zusätzlich auf § 48 VwVfG zurückgegriffen hat,[7] ist sie mit Unionsrecht nicht mehr vereinbar.

16 Der Rücknahmegrund falsche Darstellung oder Verschweigen von Tatsachen liegt vor, wenn
1. die Angaben des Betroffenen in objektiver Hinsicht unzutreffend sind,
2. Kausalität zwischen den Angaben und der Statusentscheidung besteht und
3. der Betroffene die Absicht gehabt hat, die zuständigen Behörden irrezuführen.[8]

Alle drei Elemente müssen kumulativ festgestellt werden. Daher muss nachgewiesen werden, dass die Darstellung des Betroffenen objektiv nicht zutreffend war, sich auf die maßgebenden tatsächlichen Entscheidungsgrundlagen bezog und die Absicht der Irreführung bestand. Die Rücknahme ist unzulässig, wenn ein Verfahrensfehler vorliegt und dieser darauf beruht, dass der Behörde wesentliche Tatsachen im Entscheidungszeitpunkt deshalb nicht bekannt waren, weil sie die Ermittlungen nicht korrekt geführt hat. Hier fehlt es an einer vom Unionsrecht vorausgesetzten Täuschungshandlung.

17 Im Grundsatz bezieht sich diese verfahrensrechtliche Regel auf alle Aufhebungs- und Ausschlussgründe, und zwar unabhängig davon, ob der Betroffene die entsprechenden Tatsachen verschwiegen hat oder nicht.[9] Es wird jedoch auf die abweichende Verwaltungspraxis in Deutschland (vgl. § 48 VwVfG)[10] hingewiesen.[11] Danach ist die Statusgewährung auch bei nicht dem Asylsuchenden zuzurechnenden Gründen von Anfang an rechtswidrig, etwa wegen einer falschen Einschätzung der Gefährdungslage oder rechtsirriger Annahme der Statusvoraussetzungen seitens des Bundesamtes.[12] Da in diesen Fällen die Voraussetzungen des Art. 19 Abs. 3 Buchst. b), 1. Alt. RL 2004/83/EG nicht vorliegen, ist wegen des enumerativen Charakters dieser Norm (Rdn. 25 f.) die Rücknahme unzulässig.

---

6 BVerwG, Urt. v. 31.03.2011 – BVerwG 10 C 2.10 Rn. 23.
7 BVerwGE 112, 80 (88 ff.) = NVwZ 2001, 335 (337) = InfAuslR 2001, 532 = EZAR 214 Nr. 13.
8 *Kapferer*, Cancellation of Refugee Status, March 2003, S. 7.
9 *Kapferer*, Cancellation of Refugee Status, March 2003, S. 25, S. 13–16.
10 BVerwGE 112, 80 (88 ff.) = NVwZ 2001, 335 (337) = InfAuslR 2001, 532 = EZAR 214 Nr. 13; VG Koblenz, InfAuslR 1995, 428 (429); *Marx*, Kommentar zum AsylVfG, § 73 Rn. 160; siehe auch Rdn. 166.
11 *Kapferer*, Cancellation of Refugee Status, March 2003, S. 25.
12 BVerwGE 112, 80 (88 ff.) = NVwZ 2001, 335 (337) = InfAuslR 2001, 532 = EZAR 214 Nr. 13.

Der Rücknahmegrund der »Verwendung gefälschter Dokumente« liegt von vornherein nicht vor, wenn diese für die Zuerkennung des subsidiären Schutzstatus nicht maßgebend war (§ 37 Rdn. 34 ff.). Die Verwendung muss kausal für die Statusgewährung gewesen sein. So kann die Vorlage **gefälschter** oder **verfälschter Beweismittel** die Rücknahme der Statusentscheidung nur tragen, wenn diese allein auf dem unter Beweis gestellten behaupteten ernsthaften Schaden beruhte.[13] Die Bezugnahme allein auf ein gefälschtes Dokument zur Rechtfertigung der Statusversagung ist daher nicht zulässig, wenn dieses sich nur auf einen Teilkomplex, nicht aber auf sämtliche mit dem Sachvorbringen geltend gemachten Schädigungsgründe bezieht.[14] Die Rücknahmegründe sind von der Behörde sorgfältig und umfassend zu prüfen (Rdn. 22 bis 24).

6. Verfahren zur Verlustfeststellung

Art. 16 Abs. 1 RL 2004/83/EG regelt in Anlehnung an Art. 1 C GFK, dass der subsidiäre Schutzstatus **erlischt**, wenn die für seine Gewährung maßgebenden Gründe nachträglich entfallen sind. Der Fortbestand des subsidiären Schutzstatus ist damit an die Bedingung geknüpft, dass die für seine Gewährung maßgebenden Gründe fortbestehen bzw. nicht nachträglich Ausschluss- oder Rücknahmegründe bekannt werden. Es bedarf wegen der häufig komplexen tatsächlichen Faktoren und Rechtsfragen aus folgenden Gründen eines vorgängigen **Verwaltungsverfahrens**. Im Blick auf den Wegfall der Umstände (Art. 16 Abs. 1 RL 2004/83/EG) ist es in aller Regel nicht ein singuläres Ereignis, vielmehr sind häufig eine Vielzahl miteinander zusammenhängender, in ihren Auswirkungen und ihrem Gewicht zumeist nicht sicher einzuschätzenden Tatsachen bei der Prüfung zu berücksichtigen, ob sich die Umstände tatsächlich »wesentlich und nicht nur vorübergehend verändert haben« (Art. 16 Abs. 2 RL 2004/83/EG).

Mit anderen Worten, wird sich in aller Regel kein eindeutiges und von jedem Laien aus der bloßen Anschauung erkennbares Ereignis ausmachen lassen, an das wie etwa bei der Neubeantragung eines Passes des Herkunftslandes der Anfangsverdacht für das Eingreifen eines Verlustgrundes festgemacht werden kann. Aus diesem Charakter des Verlustgrundes folgt die Erforderlichkeit der Durchführung eines vorgängigen Verwaltungsverfahrens im Blick auf Art. 16 der Richtlinie. Im Blick auf die Ausschlussgründe sind ebenfalls zumeist sehr komplexe tatsächliche, aber insbesondere auch rechtliche Fragen zu prüfen. Im Fall der Rücknahme können die entsprechenden Voraussetzungen, insbesondere das Kausalitätserfordernis zumeist nicht ohne sorgfältige Prüfung der konkreten Umstände und Tatsachen bewertet werden.

Nach Art. 19 Abs. 4 RL 2004/83/RL ist in jedem Einzelfall nachzuweisen, dass der Betroffene keinen oder nicht mehr Anspruch auf subsidiären Schutz hat. Diese Beweisregel verweist auf die vorangehenden Absätze und damit auch auf Abs. 1, der wiederum die Beendigungsklausel nach Art. 16 in Bezug nimmt. Damit umfasst sie alle Verlustgründe, d. h. die Beendigungsklausel, den nachträglichen Eintritt von Ausschlussgründen sowie Rücknahmegründe. Die Behörde muss daher sorgfältig prüfen, ob und in welchem Umfang die Voraussetzungen für die einzelnen Verlustgründe vorliegen. Im Blick auf die Beendigungsklausel sind die **tatsächlichen Grundlagen** für die Prognose offenzulegen, dass sich die Veränderung der Umstände als stabil erweist und der Wegfall der für die subsidiäre Schutzgewährung maßgebenden Umstände auf absehbare Zeit anhält (§ 36 Rdn. 113 ff.).[15] Beruhte die Statusentscheidung auf Vorschädigungen im Sinne des Art. 15 RL 2004/83/EG ist deren Beweiskraft zu widerlegen (§ 36 Rdn. 108 ff.).

Es reicht aus, dass Anhaltspunkte für das Vorliegen eines Rücknahmegrundes bestehen, um ein Verfahren zu eröffnen. Die Rücknahme des subsidiären Schutzstatus selbst ist aber nur gerechtfertigt, wenn die neuen Tatsachen die Annahme rechtfertigen, dass deren Berücksichtigung im Zeitpunkt der Statusentscheidung dazu geführt hätte, dass die vorgebrachten Tatsachen unglaubhaft sind. Bei

---

13 BVerfGE 65, 76 (97) = EZAR 630 Nr. 4 = NVwZ 1983, 735 = InfAuslR 1984.
14 BVerfG (Kammer), NVwZ-Beil. 1994, 58 (59) = AuAS 1994, 222.
15 BVerwG, InfAuslR 2011, 408 (411).

der Prüfung der Voraussetzungen für die Rücknahme ist also der Glaubhaftmachungstest im Rahmen der Statusentscheidung zugrunde zu legen und zu prüfen, ob die Berücksichtigung der nunmehr bekannt gewordenen Tatsachen damals dazu geführt hätte, dass das Sachvorbringen als widersprüchlich, ungereimt oder unvollständig erschienen wäre.[16] Von vornherein unzulässig ist daher die Rücknahme, wenn die falsche Darstellung oder die gefälschten Dokumente sich nur auf Nebenaspekte des Verfolgungsvortrags beziehen, ohne damit zugleich auch der glaubhaften Einschätzung des Kernvorbringens insgesamt die Grundlage zu entziehen. Im Rahmen des Art. 15 Buchst. c) RL 2004/83/EG dürfte daher die Rücknahme jedenfalls bei nicht personenspezifischen Gefährdungsrisiken (§ 42 Rdn. 95 ff.) wohl kaum Bedeutung erlangen. Unzulässig ist die Rücknahme auch, wenn die **Behörde** ihre **Meinung** zur Einschätzung bestimmter vom Antragsteller vorgebrachter Tatsachen zu dessen Lasten geändert hat und nunmehr diese seinerzeit den Statusbescheid stützenden Tatsachen als nicht glaubhaft wertet.[17]

23 Entscheidend ist allein die Frage, ob im Lichte der neu bekannt gewordenen Tatsachen die Statusentscheidung ihre Rechtfertigung verliert. Darüber hinaus sind vom Antragsteller neu vorgebrachte Tatsachen in der Gesamtwürdigung zu berücksichtigen, wenn diese neuen Tatsachen als solche den Erlass des Statusbescheides gerechtfertigt hätten. Dies betrifft insbesondere die Fälle, in denen die falsche Darstellung nur einige Sachverhaltselemente betrifft.[18] Naturgemäß ist eine solche Prüfung mit erheblichen Schwierigkeiten verbunden und in der Praxis zu beobachten, dass eine falsche Darstellung bestimmter Sachverhaltselemente häufig zur Einschätzung aller Sachverhaltselemente als unglaubhaft führt, obwohl sie nur einen Teilbereich des Sachvorbringens betreffen und das Kernvorbringen vom fehlerhaft vorgebrachten Teil des Sachvortrages unberührt bleibt.

24 In der Staatenpraxis wird darüber hinaus geprüft, ob dem Betroffenen – unabhängig davon, dass die falsche Darstellung oder die Verwendung gefälschter Dokumente das frühere Sachvorbringen insgesamt als nicht glaubhaft erscheinen lassen – aus anderen Gründen der subsidiäre Schutzstatus zuerkannt werden müsste, sodass unter diesen Voraussetzungen die Rücknahme nicht zulässig ist.[19] Dies kann der Fall sein, wenn der Betroffene aufgrund des nunmehr vorgebrachten Vorbringens zu seinen wahren Ausreisegründen der subsidiäre Status zuerkannt werden muss. In der Praxis scheitern derartige Verfahren jedoch häufig an der Unwilligkeit der Behörden, angesichts der verfahrensrechtlichen Vorbelastung unvoreingenommen den neuen Vortrag zu prüfen.

7. Rechtsfolgen der Verlustfeststellung

25 Nach Art. 19 Abs. 1 bis 3 RL 2004/83/EG wird bei Erfüllung der jeweiligen tatbestandlichen Voraussetzungen eines Verlustgrundes der Flüchtlingsstatus aberkannt, beendet oder nicht verlängert. Der Wortlaut der unionsrechtlichen Norm ist zwingend. Damit wird die in der Staatenpraxis übliche Ermessenspraxis im Rücknahmeverfahren[20] für die Mitgliedstaaten nicht anerkannt. Vielmehr sind die Mitgliedstaaten nach Unionsrecht verpflichtet, die erforderlichen Schritte einzuleiten, sofern ihnen Rücknahmegründe bekannt werden. Sie haben den Status aufzuheben, sofern sie sich davon überzeugt haben, dass die erforderlichen Voraussetzungen hierfür erfüllt sind. Für das deutsche Recht legt bereits § 73 Abs. 2 AsylVfG abweichend von § 49 VwVfG eine **Rücknahmeverpflichtung** fest.[21]

26 Die Mitgliedstaaten können die Rücknahme durch Aberkennung des subsidiären Schutzstatus, durch dessen Beendigung oder durch Nichtverlängerung vollziehen. Die Richtlinie unterscheidet

---

16 *Kapferer*, Cancellation of Refugee Status, March 2003, S. 27.
17 *Kapferer*, Cancellation of Refugee Status, March 2003, S. 28.
18 *Kapferer*, Cancellation of Refugee Status, March 2003, S. 28.
19 *Kapferer*, Cancellation of Refugee Status, March 2003, S. 28 f.
20 *Kapferer*, Cancellation of Refugee Status, March 2003, S. 30.
21 BVerwGE 112, 80 (99) = NVwZ 2001, 335 = InfAuslR 2001, 532 = EZAR 214 Nr. 13.

damit zwischen Aberkennung (Rücknahme), Beendigung und Nichtverlängerung. Mit Rücknahme ist eine Entscheidung gemeint, welche die Unwirksamkeit der Statuszuerkennung zur Folge hat (§ 37 Rdn. 19 ff., 41 ff., 56 ff.)[22] Anders als bei der Aberkennung nach Art. 19 Abs. 1 und 3 Buchst. a) RL 2004/83/EG, die erst nach der – unanfechtbaren – behördlichen Feststellung wirksam wird, dürfte die Rücknahme nach Art. 19 Abs. 3 Buchst. b) RL 2004/83/EG **rückwirkende** Wirkung entfalten. Dies folgt daraus, dass die Rücknahme die Unwirksamkeit der Statuszuerkennung zur Folge hat.[23] Wählt der Mitgliedstaat die Form der Beendigung des Flüchtlingsstatus, ergibt sich bereits aus dem Wortlaut dieses Begriffs die **ex nunc**-Wirkung.

Schließlich kann der Mitgliedstaat die Verlängerung des subsidiären Schutzstatus ablehnen, wenn ein Verlust- oder Rücknahmegrund bekannt wird. Im deutschen Recht dokumentiert sich der Besitz dieses Status im Aufenthaltstitel nach § 25 Abs. 3 AufenthG. Dieser wird bei Eingreifen eines Verlustgrundes nicht verlängert. Ob er im Fall der Rücknahme auch rückwirkend zurückgenommen werden kann, beurteilt sich nach § 51 Abs. 1 Nr. 3 AufenthG i.V.m. § 48 VwVfG des jeweiligen Bundeslandes. 27

Anders als Abs. 1 und Abs. 2 verweist Abs. 3 von Art. 19 RL 2004/83/EG nicht auf die von einer Regierungs- oder Verwaltungsbehörde, einem Gericht oder einer gerichtsähnlichen Behörde zuerkannten subsidiären Schutzstatus. Vielmehr wird lediglich auf diesen Status abgestellt (§ 37 Rdn. 24, 46, 60). Aber auch bei nachträglichen Ausschlussgründen dürfte es häufig um Statusentscheidungen gehen, die aufgrund gerichtlicher Verpflichtung erlassen wurden. Aus welchen Gründen die Norm des Art. 19 RL 2004/83/EG insoweit unterschiedliche Begrifflichkeiten wählt, bleibt unerfindlich. Von der Sache her geht es aber stets um einen Statusbescheid, der bei Vorliegen der entsprechenden Voraussetzungen aufgehoben wird. Die Aufhebung selbst kann gegebenenfalls gerichtlich überprüft werden (Art. 39 Abs. 1 Buchst. e) RL 2005/85/EG). 28

8. Rechtsstellung nach Entzug des subsidiären Schutzstatus

Auch wenn Verlust- oder Rücknahmegründe vorliegen, hat die Behörde zu prüfen, ob eine Abschiebung Art. 3 EMRK verletzt (Art. 21 RL 2004/83/EG) und ist deshalb zur Gewährleistung des Refoulementschutzes eine entsprechende behördliche Feststellung geboten, die gegebenenfalls gerichtlich erstritten werden kann. An diese Feststellung knüpft allerdings nicht der Genuss der Rechte nach Art. 22 ff. der Richtlinie an, da diese ja gerade durch die Verlustfeststellung entzogen wurden. Art. 19 enthält keine Art. 14 Abs. 6 der Richtlinie vergleichbare Regelung über den Kernbestand der Rechte. Bei den Personen, denen zuvor die Flüchtlingseigenschaft entzogen wurde und die sich im Verfahren zur Verlustfeststellung auf den subsidiären Schutz berufen hatten, scheitert dieser Einwand an Art. 17 Abs. 1 der Richtlinie. Sie können sich aber auf den Kernbestand der Flüchtlingsrechte nach Art. 14 Abs. 6 der Richtlinie berufen. 29

Den Personen, die nur im Besitz des subsidiären Schutzstatus gewesen waren, bleibt diese Möglichkeit versperrt. Sie sind im Fall drohender Zuwiderhandlungen gegen Art. 3 EMRK im Zielstaat der Abschiebung jedenfalls zu dulden (§ 60a Abs. 2 AufenthG) und haben Anspruch auf die Erteilung der Duldungsbescheinigung nach § 60a Abs. 4 AufenthG. Aus Gründen der Verhältnismäßigkeit besteht nach einer angemessenen Zeit und unter der Voraussetzung des Wegfalls der Gefährdung der Sicherheit der Bundesrepublik Deutschland eine humanitäre Verpflichtung, eine Aufenthaltserlaubnis nach § 25 Abs. 5 AufenthG zu erteilen. 30

Besonders schutzunwürdige Personen, die ein internationales Verbrechen oder den Zielen und Grundsätzen der Vereinten Nationen zuwidergehandelt haben, haben in aller Regel ein Verfahren zur Flüchtlingsfeststellung durchlaufen, sodass diesen der Kernbestand der Rechte aus Art. 14 Abs. 6 der Richtlinie ohnehin zusteht. Ob in derartigen Fällen stets auch der Zugang zum Aufenthaltstitel 31

---

22 *UNHCR*, Kommentar zur Richtlinie 2004/83/EG, Mai 2005, S. 28.
23 *UNHCR*, Kommentar zur Richtlinie 2004/83/EG, Mai 2005, S. 28.

nach § 25 Abs. 5 AufenthG versperrt bleibt, bedarf einer sorgfältigen Prüfung im Einzelfall. Dabei ist auch das Gewicht des Verbrechens, die Umstände der Tatausführung sowie die persönlichen Umstände in die Bewertung einzustellen.

Abschnitt 2 Nationaler subsidiärer Schutz

Kapitel 15 Funktion des nationalen subsidiären Schutzes

> **Leitsätze**
>
> 1. Liegen die Voraussetzungen des § 60 Abs. 5 oder Abs. 7 Satz 1 AufenthG vor, besteht Anspruch auf Gewährung nationalen subsidiären Schutzes (§ 45 Rdn. 1 ff.). Der Berechtigte hat Anspruch auf die Erteilung einer befristeten Aufenthaltserlaubnis nach § 25 Abs. 3 AufenthG, die unter den Voraussetzungen des § 26 Abs. 4 AufenthG unbefristet verlängert wird (Niederlassungserlaubnis).
> 2. Grundlegend für die Konkretisierung rechtlicher Abschiebungshindernisse im Rahmen des nationalen subsidiären Schutzes ist die Unterscheidung in **zielstaatsbezogene Abschiebungshindernisse**, bei denen wegen der Verhältnisse im Zielstaat der Abschiebung eine Abschiebung aus rechtlichen Gründen unzulässig ist, und in **inlandsbezogene Vollstreckungshemmnisse**, bei denen die Abschiebung als solche aus rechtlichen oder tatsächlichen Gründen unzulässig ist (§ 45 Rdn. 5)
> 3. § 60 Abs. 5 AufenthG bezieht sich auf **zielstaatsbezogene Abschiebungsverbote** aus der EMRK (§ 45 Rdn. 2). Bei Eingriffen in den Kernbereich besonderer Normen der Konvention – wie etwa das Recht auf ein faires Gerichtsverfahren nach Art. 6 EMRK (§ 47 Rdn. 9 ff.), die Gedanken-, Gewissens- und Religionsfreiheit nach Art. 9 EMRK (§ 47 Rdn. 14 ff.) einschließlich des Rechts auf Kriegsdienstverweigerung (§ 47 Rdn. 19 ff.) – ist eine Abschiebung unzulässig, wenn die drohenden Beeinträchtigungen von ihrer Schwere her einer unmenschlichen Behandlung nach Art. 3 EMRK vergleichbar sind.
> 4. § 60 Abs. 7 Satz 1 AufenthG begründet nationalen subsidiären Schutz, wenn im Abschiebezielstaat für den Antragsteller eine erhebliche, konkrete Gefahr für Leib, Leben oder Freiheit besteht. Diese Norm ist Auffangnorm für alle individuell-konkreten Gefahren, die nicht bereits in Art. 15 RL 2004/83/EG und § 60 Abs. 5 AufenthG enthalten sind (§ 45 Rdn. 3).
> 5. Nationale Abschiebungshindernisse sind nachrangig gegenüber dem unionsrechtlichen subsidiären Schutz (§ 46 Rdn. 1). Beim nationalen Abschiebungsschutz handelt es sich um einen einheitlichen und nicht weiter teilbaren Verfahrensgegenstand mit mehreren Anspruchsgrundlagen (§ 60 Abs. 5, Abs. 7 Satz 1 und 3 AufenthG).

§ 45 Begriff des nationalen subsidiären Schutzes

Der Gesetzgeber hat mit der **deklaratorischen Verweisung** auf die EMRK in § 60 Abs. 5 AufenthG die Beachtung unmittelbar aus der EMRK selbst folgender Abschiebungsverbote anerkannt und angeordnet.[1] Zur wirksamen Gewährleistung des Abschiebungsverbots des Art. 3 EMRK enthält Art. 15 Buchst. b) RL 2004/83/EG eine unionsrechtliche Rechtsgrundlage, die zur Gewährung des subsidiären Schutzstatus führt. § 60 Abs. 5 AufenthG ist damit auf die durch Art. 15 Buchst. b) RL 2004/83/EG geregelten Fälle nicht gemünzt. Greifen jedoch Ausschlussgründe (§ 43) oder Verlustgründe (§ 44) ein und droht unmenschliche Behandlung im Zielstaat der Abschiebung, wird der nationale subsidiäre Schutz relevant. Es wird in diesen Fällen zwar nicht der unionsrechtliche subsidiäre Schutzstatus gewährt oder aufrechterhalten, wohl aber nationaler subsidiärer Schutz nach § 60 Abs. 2 und § 60 Abs. 5 AufenthG i.V.m. Art. EMRK. Der Schutz wird sich in derartigen Fällen allerdings auf den bloßen Abschiebungsschutz in Form der Duldung nach § 60a Abs. 2 AufenthG beschränken (§ 44 Rdn. 29 ff.).

1

---

1 BVerwGE 111, 223 (229 f.) = NVwZ 2000, 1302 (1303) = InfAuslR 2000, 461.

2 Beim nationalen Abschiebungsschutz handelt es sich um einen einheitlichen und nicht weiter teilbaren Verfahrensgegenstand mit mehreren Anspruchsgrundlagen (§ 60 Abs. 5, Abs. 7 Satz 1 und 3 AufenthG). Dies entspricht der prozessualen Lage beim unionsrechtlichen subsidiären Schutzstatus (§ 47 Rdn. 1).[2] Daher ist eine Abschichtung einzelner nationaler Abschiebungsverbote ungeachtet des materiellen Nachrangs des Abschiebungsverbotes in verfassungskonformer Auslegung des § 60 Abs. 7 Satz 1 und 3 AufenthG nicht zulässig.[3] Mit § 60 Abs. 5 AufenthG hat der Gesetzgeber **zielstaatsbezogene Abschiebungsverbote** aus der EMRK als **zwingende rechtliche Abschiebungshindernisse** ausgestaltet, die bereits dem Erlass einer Abschiebungsandrohung in einen entsprechenden Zielstaat entgegenstehen. Auch bei Eingriffen in den Kernbereich solcher anderen, speziellen Konventionsgarantien – wie etwa die Gedanken-, Gewissens- und Religionsfreiheit nach Art. 9 EMRK – ist nach dem BVerwG eine Abschiebung unzulässig, wenn die drohenden Beeinträchtigungen von ihrer Schwere her dem vergleichbar sind, was nach der Rechtsprechung wegen unmenschlicher Behandlung zu einem Abschiebungsverbot nach Art. 3 EMRK geführt haben.[4]

3 Schließlich vermittelt § 60 Abs. 7 Satz 1 AufenthG wie die Vorgängernorm des § 53 Abs. 6 Satz 1 AuslG 1990 nationalen subsidiären Schutz, wenn im Abschiebezielstaat für den Antragsteller eine erhebliche, konkrete Gefahr für Leib, Leben oder Freiheit besteht. Diese Norm ist Auffangnorm für alle individuell-konkreten Gefahren, die nicht bereits in Art. 15 RL 2004/83/EG und § 60 Abs. 5 AufenthG enthalten sind. Von Bedeutung ist dies insbesondere in den Fällen, in denen im Zielstaat der Abschiebung kein bewaffneter Konflikt besteht und daher kein vorrangiger Schutz nach § 60 Abs. 7 Satz 2 AufenthG gewährt werden kann, die Abschiebung aber wegen einer erheblichen Gefahr unzulässig ist. Darüber hinaus ist der Prognosemaßstab des nationalen subsidiären Schutzes nach § 60 Abs. 7 Satz 1 AufenthG wesentlich strenger als der nach § 60 Abs. 7 Satz 2 AufenthG (§ 42 Rdn. 95 ff.).

4 Das BVerwG hat für die Auslegung und Anwendung des § 60 Abs. 5 AufenthG auf den **zielstaatsbezogenen Charakter** dieses Abschiebungsverbotes hingewiesen. Bei § 60 Abs. 7 Satz 1 AufenthG folgt dies bereits aus dem Wortlaut der Norm (»dort«). Der Gesetzgeber habe mit § 60 Abs. 5 AufenthG die zielstaatsbezogenen Abschiebungsverbote aus der EMRK als zwingende rechtliche Abschiebungshindernisse ausgestaltet, die bereits dem Erlass einer Abschiebungsandrohung in einen entsprechenden Zielstaat entgegenstünden. Auch nach der Rechtsprechung des EGMR stelle nicht die Ausweisung, Auslieferung oder Abschiebung selbst eine unmenschliche oder erniedrigende Behandlung dar. Vielmehr begründe dieses hoheitliche Handeln des Vertragsstaates lediglich seine Verantwortlichkeit und die Pflicht zur Unterlassung der Abschiebung, wenn dem Ausländer im Zielstaat eine schwerwiegende Menschenrechtsverletzung drohe.[5]

5 Grundlegend für die Konkretisierung rechtlicher Abschiebungshindernisse nach deutschem Recht ist deshalb die Unterscheidung in **zielstaatsbezogene Abschiebungshindernisse**, bei denen wegen der Verhältnisse im Zielstaat der Abschiebung eine Abschiebung aus rechtlichen Gründen unzulässig ist, und **inlandsbezogene Vollstreckungshemmnisse**, bei denen die Abschiebung als solche aus rechtlichen oder tatsächlichen Gründen unzulässig ist.[6] Der nationale subsidiäre Schutz bezieht sich lediglich auf zielstaatsbezogene Abschiebungshindernisse. Angesichts der gefestigten Rechtsprechung

---

2 BVerwGE 131, 198 (201) Rn. 11 = EZAR NF 69 Nr. 4 = NVwZ 2008, 1241 = InfAuslR 2008, 474; BVerwG, Urt. v. 08.09.2011 – BVerwG 10 C 14.10, Rn. 16; BVerwG, Urt. v. 17.11.2011 – BVerwG 10 C 13.10, Rn. 11.

3 BVerwG, Urt. v. 08.09.2011 – BVerwG 10 C 14.10, Rn. 17; BVerwG, Urt. v. 08.09.2011 – BVerwG 10 C 20.10, Rn. 16.

4 BVerwGE 111, 223 (229 f.) = NVwZ 2000, 1302 (1303); BVerwGE 120, 16 ff. (24) = InfAuslR 2004, 319 (322) = NVwZ 2004, 1000 = AuAS 2004, 125; BVerwGE 122, 271 (276) = EZAR 51 Nr. 2.

5 BVerwGE 122, 271 (276 f.) = EZAR 51 Nr. 2.

6 Siehe hierzu *Marx*, Kommentar zum AsylVfG, § 24 Rn. 82 ff., *Marx*, Aufenthalts-, Asyl- und Flüchtlingsrecht, § 6 Rn. 63, 72, 178, 250, § 7 Rn. 435 ff.

des BVerwG ist dieser spezifische Ansatz bei der Auslegung und Anwendung von § 60 Abs. 5 AufenthG aus pragmatischen Gründen zugrunde zu legen. Beim subsidiären Schutz folgt der zielstaatsbezogene Charakter der Schädigungsgründe bereits aus der Systematik der Regelungen in Art. 15 RL 2004/83/EG

Die Rechtsprechung des BVerwG ist nicht überzeugend. Vielmehr kann nach der früheren Rechtsprechung der Europäischen Kommission für Menschenrechte die Abschiebung als solche Art. 3 EMRK verletzen, wenn vernünftige Zweifel daran bestehen, dass diese Zwangsmaßnahme als solche nicht ohne ernsthafte Gesundheitsgefährdung einschließlich einer etwaigen Suizidgefahr durchführbar ist. Auch nach der Rechtsprechung des EGMR kann die **Art und Weise der Rückführung** des Betroffenen durch die Behörden des Aufenthaltsstaates die Voraussetzungen einer unmenschlichen oder erniedrigenden Behandlung erfüllen (§ 41 Rdn. 106 ff.).[7]

§ 46 Vorrang des unionsrechtlichen subsidiären Schutzes

Nach der gefestigten Rechtsprechung des BVerwG sind nationale Abschiebungshindernisse nachrangig gegenüber dem unionsrechtlichen subsidiären Schutz. Die »Abschiebungsverbote« des § 60 Abs. 2, 3 und 7 Satz 2 AufenthG (Art. 15 RL 2004/83/EG) bilden einen eigenständigen, vorrangig vor den verbleibenden nationalen Abschiebungsverboten des § 60 Abs. 5 und 7 Satz 1 AufenthG zu prüfenden Streitgegenstand.[8] Begehrt der Antragsteller unionsrechtlichen subsidiären Schutz und steht ihm zugleich ein nachrangiges nationales Abschiebungsverbot, muss er sich nicht auf dieses verweisen lassen. Auch wenn ihm aufgrund des nachrangigen Abschiebungsverbotes ein Aufenthaltstitel nach § 25 Abs. 3 AufenthG erteilt worden ist, hat er weiterhin Anspruch auf Gewährung unionsrechtlichen subsidiären Schutzes, denn die mit diesem verbundenen Rechte erschöpfen sich nicht in der Erteilung eines befristeten Aufenthaltstitels. Zudem würde es dem Sinn und Zweck der Richtlinie 2004/83/EG, die von einer Verpflichtung der Mitgliedstaaten zur Zuerkennung des subsidiären Schutzstatus ausgeht (Art. 18), widersprechen, wenn dem Antragsteller mit Rücksicht auf den nach nationalem Recht erteilten befristeten Aufenthaltstitel eine Entscheidung über das Vorliegen eines unionsrechtllich begründeten Schutzes versagt würde.[9]

Das BVerwG geht noch einen Schritt weiter und bejaht ein Rechtsschutzinteresse an der Feststellung eines unionsrechtlichen Abschiebungshindernisses, wenn der Antragsteller über den nationalen subsidiären Schutz bereits in den Besitz einer Niederlassungserlaubnis nach § 26 Abs. 4 AufenthG gelangt ist. Da der Gesetzgeber entgegen den Vorgaben von Erwägungsgrund Nr. 5 und Art. 2 Buchst. f) und Art. 18 RL 2004/83/EG den Status des subsidiär Schutzberechtigten im nationalen Recht nicht explizit ausgeformt habe, dürften für Rechtsuchende keine Nachteile entstehen. Dies hätten daher ein legitimes Interesse, dass trotz einer gesicherten aufenthaltsrechtlichen Stellung mit Blick auf diesen Schutzstatus und die damit einhergehenden Vergünstigungen über das Bestehen eines unionsrechtlich begründeten Abschiebungsverbotes entschieden werde.[10]

Wegen der Sperrwirkung des § 60 Abs. 7 Satz 3 AufenthG besteht im Hinblick auf den vorrangigen Schutz nach § 60 Abs. 2, 3 und 7 Satz 2 AufenthG keine Schutzlücke, solange die Zuerkennung von subsidiären Schutz nicht ausgeschlossen ist. Es darf daher über den Antrag nach § 60 Abs. 7 Satz 1

---

7 EGMR, InfAuslR 1998, 97 (100), § 99 f. – Nsona.
8 BVerwGE 134, 188 (190) Rn. 9 = EZAR 69 Nr. 7 = InfAuslR 2010, 404; BVerwGE 131, 198 (201) Rn. 11 ff. = EZAR 69 Nr. 7 = InfAuslR 2010, 404; BVerwGE 136, 360 (365) Rn. 16 f. = EZAR 69 Nr. 7 = InfAuslR 2010, 404; BVerwGE 137, 226 (229) Rn. 7 f. = InfAuslR 2010, 249; Hessischer VGH, EZAR NF 66 Nr. 1, S. 4 f.; *Hoppe*, ZAR 2010, 164 (169).
9 BVerwGE 136, 360 (366) Rn. 17 f. = EZAR 69 Nr. 7 = InfAuslR 2010, 404.
10 BVerwG, Urt. v. 17.11.2011 – BVerwG 10 C 13.10, Rn. 12.

AufenthG nicht entschieden werden.[11] Eine bloße Inzidentprüfung des unionsrechtlichen Schutzes im Rahmen der Entscheidung über die Gewährung von Abschiebungsschutz nach § 60 Abs. 7 Satz 1 und 3 AufenthG wäre keine geeignete Alternative, weil das Ergebnis dieser Prüfung keine Bindungswirkung hätte.[12] Daraus folgt, dass vor einer Prüfung nationaler Abschiebungsverbote stets erst die Voraussetzungen des unionsrechtlichen subsidiären Schutzstatus nach § 60 Abs. 2, 3 und 7 Satz 1 AufenthG zu prüfen sind.

4 Auch wenn der Kläger im Verwaltungsstreit kein bestimmtes Rangverhältnis kenntlich macht, muss das Gericht – entsprechend der typischen Interessenlage des Schutzsuchenden – das Begehren des Klägers dahin gehend auslegen, dass primär über die unionsrechtlichen Abschiebungsverbote entschieden wird.[13] Dies entspricht der gefestigten Rechtsprechung des BVerwG, wonach die einzelnen Ansprüche im Asylverfahren nach dem erkennbaren Regelungszweck des AsylVfG und des AufenthG in einem **bestimmten Rangverhältnis** in dem Sinne stehen, dass Schutz vor geltend gemachten Gefahren im Heimatstaat vorrangig auf der **jeweils den umfassenderen Schutz vermittelnden Stufe** zu gewähren ist.[14]

5 In den Fällen, in denen das Bundesamt vor der gesetzlichen Umsetzung des Art. 15 RL 2004/83/EG durch das Richtlinienumsetzungsgesetz am 28. August 2007 nicht über den unionsrechtlichen subsidiären Schutz entschieden hatte, wächst der unionsrechtliche subsidiäre Schutz im anhängigen Verwaltungsstreit **automatisch** an. Es braucht nicht erst ein neues Verwaltungsverfahren beim Bundesamt durchgeführt werden.[15] Die nationalen Abschiebungsverbote bleiben unbeschieden, wenn der unionsrechtliche Schutz durchgreift. Über diese ist aber dann eine Entscheidung herbeizuführen, wenn der unionsrechtliche Status versagt wird. In diesem Fall entsteht auch wieder eine Schutzlücke und damit ein Rechtsschutzbedürfnis für die Anwendung des § 60 Abs. 7 Satz 3 AufenthG (Rdn. 3). Falls eine gerichtliche Entscheidung, in der das Anwachsen des unionsrechtlich begründeten Schutzes in Übergangsfällen nicht berücksichtigt worden ist, rechtskräftig geworden ist, ist die Rechtshängigkeit dieses Teils des Streitgegenstandes entfallen und kann dieses unbeschieden gebliebene Begehren beim Bundesamt geltend gemacht werden.[16]

---

11 BVerwG, Urt. v. 08.09.2011 – BVerwG 10 C 14.10, Rn. 11; BVerwG, Urt. v. 08.09.2011 – BVerwG 10 C 20.10, Rn. 8 ff.

12 BVerwG, Urt. v. 08.09.2011 – BVerwG 10 C 14.10, Rn. 11; BVerwG, Urt. v. 08.09.2011 – BVerwG 10 C 20.10, Rn. 8 ff.

13 BVerwGE 137, 226 (230) Rn. 10 = InfAuslR 2010, 249; Hessischer VGH, EZAR NF 66 Nr. 1, S. 4 f.; so bereits *Marx*, Kommentar zum AsylVfG, § 74 Rn. 34 ff.

14 BVerwGE 104, 260 (262) = InfAuslR 1997, 420 (421); bekräftigt BVerwGE 114, 16 (27) = InfAuslR 2001, 353 = EZAR 202 Nr. 31; BVerwGE 115, 111 (117) = EZAR 631 Nr. 52 = NVwZ 2002, 343; BVerwGE 115, 267 (272) = NVwZ 2002, 855; BVerwGE 116, 326 (328 f.) = EZAR 631 Nr. 57 = NVwZ 2003, 356 = InfAuslR 2003, 74; BVerwG, Beschl. v. 24.05.2000 – BVerwG 9 B 144.00; BVerwG, InfAuslR 2004, 43 (44); VGH Baden-Württemberg, AuAS 2000, 190 (191); BVerwG, InfAuslR 2003, 74 (75) = AuAS 2003, 30; EZAR 631 Nr. 57 = NVwZ 2003, 356 = InfAuslR 2003, 74.

15 BVerwGE 136, 360 (365) Rn. 16 = EZAR 69 Nr. 7 = InfAuslR 2010, 404; BVerwG, Urt. v. 08.09.2011 – BVerwG 10 C 14.10, Rn. 11.

16 BVerwG, Urt. v. 08.09.2011 – BVerwG 10 C 14.10, Rn. 14 ff., mit Verweis auf BVerwGE 95, 269 (274) = EZAR 230 Nr. 3 = NVwZ 1994, 497 = InfAuslR 1994, 196.

Kapitel 16 Voraussetzungen des nationalen subsidiären Schutzes

§ 47 Refoulementverbote nach der EMRK (§ 60 Abs. 5 AufenthG)

Übersicht
		Rdn
1.	Funktion des Abschiebungsverbotes nach § 60 Abs. 5 AufenthG	1
2.	Verletzung des Rechtes auf ein faires Verfahren (Art. 6 EMRK)	9
3.	Verletzung des Rechtes auf Religionsfreiheit (Art. 9 EMRK)	14
4.	Verletzung des Rechtes auf Kriegsdienstverweigerung (Art. 9 EMRK)	19
5.	Vorbehalt der gesetzmäßigen Bestrafung (§ 60 Abs. 6 AufenthG)	26
6.	Prognosekriterien	29

Leitsätze

1. Ein Abschiebungsverbot nach § 60 Abs. 5 AufenthG kommt nicht bereits dann in Betracht, wenn der hohe Menschenrechtsstandard, zu dessen Einhaltung sich die Vertragsstaaten der EMRK verpflichtet haben, im Zielstaat der Abschiebung nicht oder nicht in vollem Umfang gewährleistet erscheint, sondern nur, wenn Eingriffe in den Kernbereich der Menschenrechte drohen (Rdn. 1).
2. Darüber hinaus wird der Anwendungsbereich von § 60 Abs. 5 AufenthG außerhalb des Refoulementschutzes nach Art. 3 EMRK grundsätzlich auf die Abschiebung in Staaten eingeschränkt, die nicht Vertragsstaaten der EMRK sind (Rdn. 3).
3. Der Norm des Art. 3 EMRK kommt bei der Anwendung von § 60 Abs. 5 AufenthG daher eine Schlüsselfunktion zu, soweit insoweit nicht schon der vorrangig zu behandelnde subsidiäre Schutz nach § 60 Abs. 2 AufenthG (§ 41, § 46) in Betracht kommt (Rdn. 5).
4. Das Recht auf einen fairen Prozess im Strafverfahren nach Art. 6 EMRK nimmt einen herausragenden Platz in jeder demokratischen Gesellschaft ein. Deshalb kann **ausnahmsweise** eine Verletzung von Art. 6 EMRK in Fällen vorliegen, in denen der Betroffene im Zielstaat der Abschiebung eine **offenkundige Verweigerung eines fairen Prozess** erfahren hat oder ihm eine solche droht (Rdn. 9 ff.).
5. Zum menschenrechtlichen Mindeststandard nach Art. 9 Abs. 2 EMRK gehört ein **nicht beschränkbarer – Kern der Religionsfreiheit**. Im Ergebnis reicht der unbedingt zu schützende menschenrechtliche Kern der Religionsfreiheit daher nicht weiter als das **religiöse Existenzminimum** (§ 22 Rdn. 25 ff.) Die unionsrechtliche Erweiterung des Schutzbereichs findet bei § 60 Abs. 5 AufenthG keine Anwendung (Rdn. 16 ff.)
6. Staatliche Beschränkungen und Verbote in die Öffentlichkeit hineinwirkender Formen religiöser Betätigung, wie etwa der Missionierung oder des Tragens religiöser Symbole in der Öffentlichkeit werden nicht dem unverzichtbaren Inhalt der Religionsausübung zugerechnet. Müssen aber zum Christentum konvertierte Muslime konkrete Gefahren für Leib und Leben befürchten und kann ein Konvertit dieser Gefahr nur durch eine Verleugnung seines Glaubens entgehen, wird das religiöse Existenzminimum verletzt (Rdn. 17).
7. Beschwerdeführer, die gegen ihre Heranziehung zum Wehrdienst religiöse oder andere Gewissensgründe geltend machten, werden durch Art. 9 EMRK geschützt (Rdn. 19 ff.). Der dynamischen Entwicklung des **Rechts auf Kriegsdienstverweigerung** (§ 14 Rdn. 159 ff.) steht dem Ausschluss des konventionsrechtlichen Schutzes von Kriegsdienstverweigerern entgegen.
8. Wer sich darauf beruft, eine drohende Zwangsrekrutierung setze ihn dem Risiko aus, Kriegsverbrechen oder schwerwiegende Menschenrechtsverletzungen zu begehen, ist nach der Konvention zu schützen, wenn in diesem Fall nicht bereits die Flüchtlingseigenschaft zuerkannt werden kann (Rdn. 22).
9. Zusätzlich zu Art. 9 EMRK ist auch eine Berufung von Kriegsdienstverweigerern auf den Grundrechtsschutz im Abschiebungsverfahren zulässig. Ihnen steht zwar kein Recht auf Durchführung eines auf Art. 4 Abs. 3 GG beruhenden förmlichen Anerkennungsverfahrens

ihres Status als Kriegsdienstverweigerer zu. Die Ausländerbehörde hat vor dem Vollzug aufenthaltsbeendender Maßnahmen jedoch eine geltend gemachte Kriegsdienstverweigerung aus Gewissensgründen zu beachten (Rdn. 24 f.).
10. Die allgemeine Gefahr, dass einem Ausländer in einem anderen Staat Strafverfolgung und Bestrafung drohen können und die konkrete Gefahr einer nach der Rechtsordnung eines anderen Staates gesetzmäßigen Bestrafung als solche stehen der Abschiebung grundsätzlich nicht entgegen (§ 60 Abs. 6 AufenthG). Das schließt den Schutz vor bestimmten Formen der Behandlung, die stets unzulässig sind, nicht aus. Umgekehrt gibt es bestimmte Formen der Bestrafung oder Kombinationen bestimmter Umstände, die nicht den für eine Konventionsverletzung erforderlichen Schweregrad erreichen (Rdn. 26 ff.).
11. Für die Anwendung der Prognosekriterien im Zusammenhang mit § 60 Abs. 5 AufenthG sind die allgemeinen für die Ermittlung einer konkreten Gefahr maßgebenden Grundsätze maßgebend (Rdn. 29, § 41 Rdn. 122 ff.). Es ist daher zwischen unerheblichen »**bloßen Möglichkeiten**« sowie dem beachtlichen »**ernsthaften Risiko**« einer Rechtsgutgefährdung zu unterscheiden.

1. Funktion des Abschiebungsverbotes nach § 60 Abs. 5 AufenthG

1   Mit § 60 Abs. 5 AufenthG werden alle **zielstaatsbezogene Abschiebungsverbote** aus der EMRK als **zwingende rechtliche Abschiebungshindernisse** ausgestaltet (§ 45 Rdn. 2). Auch bei Eingriffen in den Kernbereich solcher anderen, speziellen Konventionsgarantien – wie etwa das Recht auf ein faires Verfahren nach Art. 6 EMRK und die Gedanken-, Gewissens- und Religionsfreiheit nach Art. 9 EMRK – ist eine Abschiebung unzulässig, wenn die drohenden Beeinträchtigungen von ihrer Schwere her dem vergleichbar sind, was nach der Rechtsprechung wegen unmenschlicher Behandlung zu einem Abschiebungsverbot nach Art. 3 EMRK führt.[1] Die Feststellung eines Abschiebungsverbotes kommt danach nicht bereits dann in Betracht, wenn der hohe Menschenrechtsstandard, zu dessen Einhaltung sich die Vertragsstaaten der EMRK verpflichtet haben, im Zielstaat der Abschiebung nicht oder nicht in vollem Umfang gewährleistet erscheint, sondern nur, wenn Eingriffe in den Kernbereich der Menschenrechte drohen.[2]

2   Begründet wird diese Rechtsprechung damit, dass der EGMR seine Rechtsprechung zu Refoulementverboten bisher nur auf Art. 3 EMRK gestützt und nicht entschieden habe, ob sich auch aus anderen Konventionsnormen als Art. 3 EMRK ein Verbot der Abschiebung wegen der Verhältnisse im Zielstaat ergeben könne. Diese Frage sei dahin zu entscheiden, dass die Abschiebung eines Ausländers nicht nur unzulässig sei, wenn ihm im Zielstaat unmenschliche oder erniedrigende Behandlung drohe. Ein Abschiebungsverbot komme vielmehr auch dann in Betracht, wenn im Einzelfall andere in der EMRK verbürgte, von allen Vertragsstaaten als grundlegend anerkannte Menschenrechtsgarantien **in ihrem Kern** bedroht seien.[3] Die in **Soering** hervorgehobenen, für die Vertragsstaaten schlechthin konstituierenden Grundwerte, zu denen über Art. 3 EMRK hinaus ein **Kernbestand weiterer spezieller menschenrechtlicher Garantien der EMRK** gehöre, verkörperten einen »menschenrechtlichen ordre public« aller Signatarstaaten. Daher komme ein Abschiebungsverbot im Blick auf Nicht-Vertragsstaaten, in denen Maßnahmen drohten, die einen äußersten menschenrechtlichen Mindeststandard unterschritten, in Betracht.

3   Danach schränkt das BVerwG den Anwendungsbereich des § 60 Abs. 5 AufenthG außerhalb des Refoulementschutzes nach Art. 3 EMRK grundsätzlich auf die Abschiebung in Staaten ein, die nicht

---

1 BVerwGE 111, 223 (229 f.) = NVwZ 2000, 1302 (1303); BVerwGE 120, 16 ff. (24) = InfAuslR 2004, 319 (322) = NVwZ 2004, 1000 = AuAS 2004, 125; BVerwGE 122, 271 (276) = EZAR 51 Nr. 2.
2 BVerwGE 111, 223 (229 f.) = NVwZ 2000, 1302 (1303) = InfAuslR 2000, 461.
3 BVerwGE 111, 223 (229 f.) = NVwZ 2000, 1302 (1303) = InfAuslR 2000, 461; so bereits BvwerG, BverwGE 105, 322 (325) = EZAR 093 Nr. 29 = NVwZ 1998, 526 = InfAuslR 1998, 121; ebenso *Breitenmoser/Wilms*, Michigan Journal of International Law 1990, 845 (883 ff.), für Auslieferung.

Vertragsstaaten der EMRK sind.[4] Es begründet diese Einschränkung damit, die bisher ergangenen Entscheidungen des EGMR zum Refoulementschutz aus Art. 3 EMRK hätten, soweit ersichtlich, nur Abschiebungen in Nicht-Vertragsstaaten betroffen. Deshalb seien die Grundsätze zum Refoulementschutz aus der EMRK »**nur eingeschränkt auf die Abschiebung in einen Vertragsstaat anwendbar.**« Denn hier stehe die eigene Verantwortung des Abschiebezielstaates als Vertragsstaat für die Einhaltung der Konventionsrechte im Vordergrund. Eine Mitverantwortung des abschiebenden Staates, den menschenrechtlichen Mindeststandard im Zielstaat der Abschiebung zu wahren, bestehe nur dann, wenn dem Ausländer nach seiner Abschiebung Folter oder sonstige schwere und irreparable Misshandlungen drohten und effektiver Rechtsschutz – auch durch den EGMR – nicht oder nicht rechtzeitig zu erreichen sei.[5]

Die Frage, welche Gewährleistungen der EMRK in diesem Sinne zum gemeinsamen menschenrechtlichen ordre public aller Unterzeichnerstaaten zu zählen seien, hat das BVerwG offen gelassen. Nicht alle Konventionsrechte wiesen einen »absolut geschützten Menschenrechtskern« auf. Darüber hinaus sei der absolut geschützte Kern einzelner Menschenrechte regelmäßig enger als deren Schutzbereich. Was bereits nicht den Tatbestand einer einfachen Konventionsverletzung im Konventionsgebiet erfüllen würde, könne erst recht keinen qualifizierten Eingriff in den von der Konvention absolut geschützten menschenrechtlichen Mindeststandard darstellen.[6] In der Kommentarliteratur wurde früher für die Auslegung von § 53 Abs. 4 AuslG 1990 vereinzelt auf Art. 6 und 8 EMRK hingewiesen.[7] In der neueren Rechtsprechung wird auch aus Art. 9 EMRK im Grundsatz ein konventionsrechtlicher Abschiebungsschutz abgeleitet.[8] Darüber hinaus wird unter bestimmten Voraussetzungen aus Art. 6 EMRK[9] wie auch aus Art. 3 Abs. 1 und 2 EMRK Prot. Nr. 4 bei Verweigerung der Rückkehr eigener Staatsangehöriger[10] Refoulementschutz abgeleitet.

4

Nach § 60 Abs. 5 AufenthG ist die Abschiebung untersagt, »**soweit**« aus der EMRK die Unzulässigkeit der Abschiebung folgt. Alle Vorschriften der EMRK und der Zusatzprotokolle sind daher zu berücksichtigen. Auch die britische Rechtsprechung geht im Hinblick auf Art. 2, 4, 5, 6, 8 und 9 EMRK davon aus, dass sich aus diesen Normen grundsätzlich ein Refoulementverbot ergeben kann. Dies komme jedoch nur bei besonders schwerwiegenden Rechtsverletzungen in Betracht. Anders als beim absoluten Schutz nach Art. 3 EMRK könne in derartigen Fällen auch eine Abwägung zwischen individuellen und öffentlichen Interessen vorgenommen werden.[11] Der Norm des Art. 3 EMRK kommt bei der Anwendung von § 60 Abs. 5 AufenthG eine Schlüsselfunktion zu, soweit insoweit nicht schon der vorrangig zu behandelnde subsidiäre Schutz nach § 60 Abs. 2 AufenthG (§ 41, § 46) in Betracht kommt. § 60 Abs. 5 AufenthG bekräftigt die völkerrechtlichen Refoulementverbote nach der EMRK, um den entscheidenden und vollziehenden Behörden eindeutige Anweisungen zu geben. Andererseits sind die EMRK und deren Zusatzprotokolle bereits innerstaatlich geltendes

5

---

4 BVerwGE 111, 223 (226 f.) = NVwZ 2000, 1302 (1303) = InfAuslR 2000, 461.
5 BVerwGE 122, 271 (277) = EZAR 51 Nr. 2.
6 BVerwGE 111, 223 (229 f.) = NVwZ 2000, 1302 (1303); Niedersächsisches OVG, NVwZ-Beil. 1998, 65 (67); Hessischer VGH, AuAS 1998, 226 (227).
7 *Treiber*, in: GK-AuslR § 53 Rn. 219 f.; so auch VG Frankfurt am Main, NVwZ 1994, 1137.
8 BVerwGE 111, 223 (229 f.) = NVwZ 2000, 1302 (1303); BVerwGE 120, 16 ff. (24) = InfAuslR 2004, 319 (322) = NVwZ 2004, 1000 = AuAS 2004, 125; Niedersächsisches OVG, NVwZ-Beil. 1998, 65 (67) = AuAS 1998, 203 (LS); Hessischer VGH, InfAuslR 1998, 486 (489) = NVwZ-RR 1999, 340 = AuAS 1998, 226; OVG Nordrhein-Westfalen, NVwZ-Beil. 2002, 10; OVG Rheinland-Pfalz , NVwZ-Beil. 2000, 90 (91); OVG Thüringen, NVwZ-Beil 1999, 19 (20); a.A. VG Gießen, NVwZ-Beil. 1998, 60 (61); VG Köln, AuAS 1998, 35 (36); offengelassen OVG Rheinland-Pfalz, NVwZ-Beil. 1998, 79.
9 BVerwGE 122, 271, (280) = EZAR 51 Nr. 2.
10 VG Darmstadt, Beschl. v. 13.12.2010 – 2 L 1379/10.DA.A – Kuba.
11 UK House of Lords (2004) All ER (D) 153 = IJRL 200 4, 411, Rn. 17 ff. (25) – Do.

Recht und entfalten aufgrund ihres Wortlautes und ihrer Zweckrichtung auch innerstaatlich subjektive Rechtswirkungen.[12]

6 Die Vorschrift des § 60 Abs. 5 AufenthG erkennt damit die aus der Ratifizierung der Konvention für die Bundesrepublik folgenden völkerrechtlichen Verpflichtungen an und stellt im Blick auf den lediglich einfachgesetzlichen Anwendungsbefehl, den das Zustimmungsgesetz enthält, klar, dass die Regelungen des Aufenthaltsrechts nicht als späteres Gesetz die aus der Konvention folgenden Abschiebungshindernisse verdrängen sollten.[13] Während § 60 Abs. 5 AufenthG ausdrücklich sämtliche Refoulementverbote der EMRK in Bezug nimmt, fehlt in Art. 15 RL 2004/83/EG eine spezifische Bezeichnung völkerrechtlicher Normen. Art. 15 Buchst. b) RL 2004/83/EG beschränkt den subsidiären Schutz darüber hinaus auf Folter oder unmenschliche oder erniedrigende Behandlung, verengt damit den subsidiären Schutz insoweit im Ergebnis auf den Refoulementschutz nach Art. 3 EMRK.

7 Im Ausgangspunkt ist die Rechtsprechung des BVerwG sowie die britische Rechtsprechung zwar weiter gehend als Art. 15 Buchst. b) RL 2004/83/EG, weil hiernach prinzipiell alle Menschenrechtsnormen der EMRK zum Gegenstand des nationalen subsidiären Schutzes gemacht werden können, soweit ihnen ein Refoulementcharakter entnommen werden kann. Mit der Beschränkung auf menschenunwürdiger Behandlung vergleichbare Menschenrechtsverletzungen und damit auf einen »**absolut geschützten Menschenrechtskern**«,[14] erweist sich der generöse Maßstab jedoch im Ergebnis als nicht weiter gehend als Art. 15 Buchst. b) RL 2004/83/EG. Eine unmenschlicher Behandlung vergleichbare Menschenrechtsverletzung nach anderen Konventionsnormen außerhalb von Art. 3 EMRK ist eine unmenschliche Maßnahme im Sinne von Art. 3 EMRK und führt damit über Art. 15 Buchst. b) RL 2004/83/EG zur vorrangigen Zuerkennung des subsidiären Schutzstatus (Rdn. 5).

8 Der EGMR untersucht in diesem Zusammenhang im Rahmen der Prüfung von Konventionsverletzungen stets auch eine darin möglicherweise enthaltene Verletzung von Art. 3 EMRK. Denn seiner Auffassung nach muss die Konvention stets als Ganzes gelesen und deshalb Art. 3 EMRK immer im Einklang mit anderen Normen der EMRK ausgelegt werden.[15] So weist er etwa darauf hin, dass rassische Diskriminierung nicht nur unter Art. 14 EMRK, sondern eine darauf beruhende Praxis auch nach Art. 3 EMRK relevant sein könne.[16] Über Art. 3 EMRK hinausgehende Refoulementverbote sind im Rahmen der § 60 Abs. 5 AufenthG zu prüfen. Die deutsche Rechtsprechung hat insoweit aus Art. 6 und 9 EMRK ein Refoulementverbot hergeleitet. Das Unionsrecht enthält hierzu jedoch keine bindenden Vorgaben. Vielmehr findet insoweit ein spezifischer nationaler subsidiärer Schutz Anwendung, dessen Konkretisierung allerdings eine Berücksichtigung der Rechtsprechung des EGMR erfordert.

2. Verletzung des Rechtes auf ein faires Verfahren (Art. 6 EMRK)

9 Der EGMR schließt nicht aus, dass aus Art. 6 EMRK ein Refoulementverbot folgen kann. Das Recht auf einen fairen Prozess im Strafverfahren nach Art. 6 EMRK nehme einen herausragenden Platz in jeder demokratischen Gesellschaft ein. Deshalb könne **ausnahmsweise** eine Verletzung von Art. 6 EMRK durch eine Auslieferungsentscheidung in Fällen vorliegen, in denen der flüchtige Straftäter im ersuchenden Staat eine **offenkundige Verweigerung eines fairen Prozess** erfahren habe oder

---

12 Vgl. hierzu: BGHZ 18, 22 (26); BVerwGE 80, 233 (235); BVerwGE 87, 11 (13f.); BVerwGE 88, 254 (257); BVerwGE 89, 296 (299); VGH Baden-Württemberg, EZAR 250 Nr. 1; § 78 Rn. 2.
13 Niedersächsisches OVG, NVwZ-Beil. 1998, 65 (66), mit Hinweis auf BVerwGE 99, 331 (333) = NVwZ 1996, 476 = EZAR 043 Nr. 11.
14 BVerwGE 111, 223 (229) = NVwZ 2000, 1302 (1303) = InfAuslR 2000, 461.
15 EGMR, EZAR 933 Nr. 1 = NJW 1990, 2183 = EuGRZ 1989, 319 – Soering.
16 EGMR, HRLJ 2001, 217 (247) – Cypris v. Turkey; EGMR, Entscheidung v. 18.05.2000, Nr. 41488/98, § 94 – Velikova v. Bulgaria; EGMR, Entscheidung v. 13.06.2003, Nr. 38361/97, § 168 – Anguelova v. Bulgaria.

ihm eine solche drohe.[17] Da nach Auffassung des Gerichtshofes die Fakten in **Soering** eine solche Gefahr nicht ersichtlich machten, verneinte er eine Verletzung von Art. 6 EMRK. Der Gerichtshof hat seine Auffassung wiederholt bekräftigt und festgestellt, er könne nicht ausschließen, dass ausnahmsweise Art. 6 EMRK dann einer Auslieferung entgegenstehen könne, wenn der flüchtige Straftäter eine krasse Verletzung des Rechts auf einen fairen Prozess erlitten hätte oder ihm eine solche Verletzung drohe.[18]

Ohne Zweifel drohe eine Verletzung des Rechts auf einen fairen Prozess, wenn der Angeklagte **in Abwesenheit** verurteilt worden und deshalb nicht in der Lage sei, sich vor dem Gericht zu verteidigen und Rechtsmittel gegen ein Urteil einzulegen. Die Auslieferung verletze deshalb Art. 6 EMRK, wenn vernünftige Gründe dagegen sprächen, dass nach der Auslieferung des Verfolgten das Verfahren neu eröffnet werde und er deshalb das in Abwesenheit erlassene Strafurteil verbüßen müsse. Der Beschwerdeführer müsse in derartigen Fällen aber den krassen Verfahrensverstoß belegen.[19] Der Gerichtshof hat diese Rechtsprechung für **Auslieferungsverfahren** entwickelt, jedoch festgestellt, dass Art. 6 EMRK auf Verfahren über die Einreise, den Aufenthalt und die Abschiebung von Ausländern grundsätzlich keine Anwendung findet.[20]

10

Die deutsche und britische Rechtsprechung erkennen an, dass aus Art. 6 EMRK ein Abschiebungsverbot folgen kann. Dies komme aber nur in krassen Fällen in Betracht, wenn dem Betroffenen im Abschiebezielstaat Beeinträchtigungen drohten, die einen äußersten menschenrechtlichen Mindeststandard unterschritten und in einen absolut geschützten Menschenrechtskern eingriffen und damit von ihrer Schwere her dem vergleichbar seien, was nach der bisherigen Rechtsprechung wegen menschenunwürdiger Behandlung zu einem Abschiebungsverbot geführt habe.[21] Auch die grundlegenden Strukturen eines fairen Strafverfahrens gehörten zum menschenrechtlichen Mindeststandard, dessen Missachtung in einem anderen Staat eine Abschiebung dorthin unzulässig machen könne. Die Garantie für ein faires Verfahren nach Art. 6 Abs. 1 EMRK stelle einen unantastbaren Grundwert dar, den es zu schützen gelte.[22]

11

Ein mit beachtlicher Wahrscheinlichkeit drohender **besonders schwerer Verstoß** gegen die Garantie eines fairen Verfahrens könne deshalb im Einzelfall zu einem Abschiebungsverbot führen, soweit dadurch der Menschenwürdekern der Garantie verletzt werde. Dies setze voraus, dass die drohende Beeinträchtigung nach Qualität und Quantität dem vergleichbar sei, was ein Abschiebungsverbot nach Art. 3 EMRK wegen menschenunwürdiger Behandlung begründe. Für diese Beurteilung seien alle Umstände des Einzelfalles maßgebend. Zu berücksichtigen seien insbesondere die Art der Behandlung bzw. Strafe sowie der Zusammenhang, in dem sie erfolge, die zeitliche Dauer der Maßnahme sowie psychische und physische Auswirkungen unter Berücksichtigung der Konstitution des Betroffenen.[23] Soweit Schutz gegen die Verletzung von Konventionsrechten in einem Strafverfahren beantragt werde, müsse der Beschwerdeführer sich grundsätzlich darauf verweisen lassen, seine Rechte gegenüber dem Vertragsstaat geltend zu machen, in den er abgeschoben werden solle.[24]

12

---

17 EGMR, EZAR 933 Nr. 1 = NJW 1990, 2183 = EuGRZ 1989, 319 – *Soering*.
18 EGMR, Series A No. 240, § 110 – Drozd and Janousek; EGMR, Entscheidung v. 16.10.2001 – Nr. 71555/01, § 32 – Einhorn.
19 EGMR, Entscheidung v. 16.10.2001 – Nr. 71555/01, § 33 – Einhorn.
20 EGMR, InfAuslR 2001, 109 = EZAR 933 Nr. 1 – Maaouia; OVG Thüringen, NVwZ 1998, 1100 (1101).
21 BVerwGE 122, 271 (280 f.) = EZAR 51 Nr. 2; OVG Thüringen, NVwZ-Beil. 1999, 19 (20); OVG Nordrhein-Westfalen, Urt. v. 26.05.2004 – 8 A 3852/03.A.
22 OVG Nordrhein-Westfalen, Urt. v. 26.05.2004 – 8 A 3852/03.A.
23 OVG Nordrhein-Westfalen, Urt. v. 26.05.2004 – 8 A 3852/03.A.
24 BVerwGE 122, 271 (277) = EZAR 51 Nr. 2; UK House of Lords (2004) All ER (D) 153 = IJRL 2004, 411, Rn. 17 ff. – Do.

13 Insbesondere in diesem Zusammenhang gewinnt die Tatsache Bedeutung, dass der Zielstaat der Abschiebung Vertragsstaat der EMRK ist. Das BVerwG hat deshalb nicht abschließend erörtert, welche ausländerrechtlichen Folgen Verletzungen des **Beweisverwertungsverbotes** (vgl. Art. 15 des Übereinkommens gegen Folter) im Fall der Türkei nach sich ziehen. Verstöße gegen Verfahrensgarantien seien in aller Regel korrigierbar. Daher sei allenfalls in Ausnahmefällen denkbar, dass dem Betroffenen schwere und insbesondere irreparable Beeinträchtigungen drohten. Nach den Feststellungen der Vorinstanz sei in der Türkei effektiver Rechtsschutz erreichbar.[25] Das Beweisverwertungsverbot gehört jedoch wegen seines unauflöslichen Zusammenhangs mit dem absoluten Folterverbot zu den zwingenden Regeln des Völkerrechts. Ein drohendes Strafverfahren, in dem mit überwiegender Wahrscheinlichkeit – wie etwa in der Türkei in politischen Verfahren – unter Folter erpresste Aussagen gegen den Angeklagten verwertet werden und hiergegen kein wirksamer Schutz gewährleistet wird, steht deshalb der Abschiebung entgegen.

3. Verletzung des Rechtes auf Religionsfreiheit (Art. 9 EMRK)

14 Nach Art. 9 EMRK hat jede Person das Recht auf Gedanken-, Gewissens- und Religionsfreiheit. Dieses Recht umfasst die Freiheit, seine Religion oder Weltanschauung zu wechseln, und die Freiheit, seine Religion oder Weltanschauung einzeln oder gemeinsam mit anderen öffentlich oder privat durch Gottesdienst, Unterricht oder Praktizieren von Bräuchen und Riten zu bekennen (§ 22 Rdn. 1 ff.). Nach Auffassung des BVerwG ist die Abschiebung eines Ausländers in solche Nicht-Vertragsstaaten unzulässig, in denen ihm Maßnahmen drohen, die einen äußersten menschenrechtlichen Mindeststandard unterschreiten würden. Bei Eingriffen in die Gedanken-, Gewissens- und Religionsfreiheit nach Art. 9 EMRK sei eine Abschiebung deshalb »nur in krassen Fällen« unzulässig, wenn nämlich »die drohenden Beeinträchtigungen von ihrer Schwere her dem vergleichbar sind, was nach der bisherigen Rechtsprechung wegen menschenunwürdiger Behandlung zu einem Abschiebungsverbot nach Art. 3 EMRK geführt« habe.[26]

15 In der britischen Rechtsprechung wurde zunächst eine isolierte Berufung auf Art. 9 EMRK in Verfahren, in denen gegen die geplante Abschiebung Eingriffe in die Religionsfreiheit im Herkunftsland geltend gemacht wurden, abgelehnt. Insoweit könne nur eine Zuwiderhandlung gegen Art. 3 EMRK geltend gemacht werden.[27] Das Oberhaus ist dieser restriktiven Auffassung zwar nicht gefolgt, hat aber im Ergebnis offengelassen, unter welchen Voraussetzungen eine Berufung auf Art. 9 EMRK der Abschiebung entgegensteht.[28] Nur scheinbar geht die deutsche Rechtsprechung über die britische hinaus. Denn das BVerwG beschränkt den Schutz vor der Verletzung der Religionsfreiheit im Abschiebungsverfahren auf den notstandsfesten Kern des Art. 15 Abs. 2 EMRK[29] und damit im Ergebnis auf Art. 3 EMRK. Der EGMR hat sich bislang zu dieser Frage noch nicht geäußert.

16 Das BVerwG hat die Frage, welche Gewährleistungen der EMRK zum »**gemeinsamen menschenrechtlichen ordre public**« aller Unterzeichnerstaaten zu zählen sind, nicht abschließend entschieden. Der **absolut geschützte Kern einzelner Menschenrechte** sei regelmäßig enger als deren **Schutzbereich**.[30] Zu dem menschenrechtlichen Mindeststandard, dessen Missachtung in einem Nicht-Vertragsstaat eine Abschiebung dorthin unzulässig machen könne, gehöre auch ein

---

25 BVerwGE 122, 271 (280 f.) = EZAR 51 Nr. 2 – Metin Kaplan; OVG Nordrhein-Westfalen, Urt. v. 26.05.2004 – 8 A 3852/03.A – Metin Kaplan.
26 BVerwGE 111, 223 (226 f.) = NVwZ 2000, 1302 (1303) = InfAuslR 2000, 461; BVerwGE 138, 270 (278) Rn. 23.
27 UK Court of Appeal (2002) EWCA Civ 1856 Rn. 62 bis 64 – Ullah und Do; siehe auch BVerwGE 138, 270 (283 f.) Rn. 35.
28 UK House of Lords (2004) All ER (D) 153 = IJRL 200 4, 411, Rn. 25 – Do.
29 BVerwGE 138, 270, (278) Rn. 23.
30 BVerwGE 111, 223 (229 f.) = NVwZ 2000, 1302 (1303); BVerwGE 120, 16 ff. (24) = InfAuslR 2004, 319 (322) = NVwZ 2004, 1000 = AuAS 2004, 125.

»unveräußerlicher – nach Art. 9 Abs. 2 EMRK **nicht beschränkbarer – Kern der Religionsfreiheit**«, der für die personale Würde und Entfaltung eines Menschen unverzichtbar sei. Dessen Verletzung könne im Einzelfall zu einem Abschiebungsverbot aus der EMRK führen. Im Ergebnis könne aber der unbedingt zu schützende menschenrechtliche Kern der Religionsfreiheit indessen nicht weiterreichen als das **religiöse Existenzminimum**, wie es asylrechtlich geschützt werde (siehe hierzu § 22 Rdn. 25 ff.) und sich auf die Religionsausübung im nichtöffentlichen, privaten Bereich (**forum internum**) beschränke.[31] Die Erweiterung des Schutzbereichs nach Art. 10 Abs. 1 Buchst. b) RL 2004/83/EG findet danach bei § 60 Abs. 5 AufenthG keine Anwendung.[32]

Werde **Apostaten** eine Teilnahme an Gottesdiensten abseits der Öffentlichkeit nicht oder nicht ohne Gefahr für Leib, Leben oder persönliche Freiheit ermöglicht, müsse der Betroffene durch diese Beschränkung der Religionsausübung **persönlich betroffen** sein. Das setze voraus, dass diese Form der Glaubensausübung im Bereich des »forum internum«, nämlich die Teilnahme an Gottesdiensten gemeinsam mit anderen Christen, insbesondere anderen Apostaten, abseits der Öffentlichkeit nach dem Selbstverständnis der betroffenen Religionsgemeinschaft unter den besonderen Bedingungen der Diaspora in einem Land mit fundamentalistischer Staatsreligion zum schlechthin unverzichtbaren Bestandteil des religiösen Lebens gehöre. Staatliche Beschränkungen und Verbote in die Öffentlichkeit hineinwirkender Formen religiöser Betätigung, wie etwa der Missionierung oder des Tragens religiöser Symbole in der Öffentlichkeit,[33] seien aber unabhängig davon, ob sie nach dem Selbstverständnis der Glaubensgemeinschaft zum unverzichtbaren Inhalt der Religionsausübung gehörten, allein noch nicht erheblich.[34] Müssen aber zum Christentum konvertierte Muslime wie im Iran konkrete Gefahren für Leib und Leben befürchten und kann ein Konvertit dieser Gefahr nur durch eine Verleugnung seines Glaubens entgehen, wird das religiöse Existenzminimum verletzt.[35]

Darüber hinaus seien Feststellungen dazu gefordert, ob der Asylsuchende durch eine Beschränkung von derartigen Gottesdienstbesuchen auch selbst in seiner **religiös-personalen Identität** betroffen sei. Da das religiöse Existenzminimum – sofern nicht die Zugehörigkeit zu einer Glaubensgemeinschaft als solche unter Strafe gestellt werde – für jeden Gläubigen je nach dem Grad seiner praktizierten religiösen Betätigung unterschiedlich zu bestimmen sei, komme es darauf an, ob die Gottesdienstbesuche abseits der Öffentlichkeit gerade für den Asylsuchenden selbst unverzichtbar seien. Hierfür könne neben den eigenen Angaben des Asylsuchenden über die von ihm bei einer Rückkehr beabsichtigte Ausübung seines Glaubens und der stets zu prüfenden Ernsthaftigkeit des während des Asylverfahrens im Bundesgebiet vollzogenen Glaubenswechsels u. a. auch dessen bisherige religiöse Betätigung und der Grad der Verbundenheit mit einer Kirchengemeinde oder anderen Gläubigen im Bundesgebiet ein Indiz sein.[36] Ließe sich etwa ein regelmäßiger Gottesdienstbesuch schon unter den Bedingungen der umfassend gewährten Religionsfreiheit im Bundesgebiet nicht feststellen, so spräche Vieles dafür, dass diese Form des religiösen Bekenntnisses für den Asylsuchenden nicht

---

31 BVerwGE 111, 223 (229 f.) = NVwZ 2000, 1302 (1303); BVerwGE 120, 16 ff. (24) = InfAuslR 2004, 319 (322) = NVwZ 2004, 1000 = AuAS 2004, 125; BVerwGE 122, 271 (283) = EZAR 51 Nr. 2; Niedersächsisches OVG, NVwZ-Beil. 1998, 65 (67) = AuAS 1998, 203 (LS); Hessischer VGH, InfAuslR 1998, 486 (489) = NVwZ-RR 1999, 340 = AuAS 1998, 226; OVG Nordrhein-Westfalen, NVwZ-Beil. 2002, 10; OVG Rheinland-Pfalz, NVwZ-Beil. 2000, 90 (91); OVG Thüringen, NVwZ-Beil 1999, 19 (20); VG Gießen, AuAS 2007, 262; VG Braunschweig, AuAS 2008, 69 (70 f.); a.A. VG Gießen, NVwZ-Beil. 1998, 60 (61); VG Köln, AuAS 1998, 35 (36); offengelassen OVG Rheinland-Pfalz, NVwZ-Beil. 1998, 79.
32 VG Gießen, AuAS 2007, 262 (263).
33 Siehe aber Art. 10 Abs. 1 Buchst. b) RL 2004/83/EG.
34 BVerwGE 120, 16 ff. (20 f.) = InfAuslR 2004, 319 (322) = NVwZ 2004, 1000 = AuAS 2004, 125; unter Hinweis auf BVerwGE 74, 31 (40) = EZAR 202 Nr. 7 = NVwZ 1986, 569.
35 Hessischer VGH, EZAR NF 66 Nr. 1 S. 8 ff. – Iran.
36 BVerwGE 120, 16 ff. (25 f.) = InfAuslR 2004, 319 (322) = NVwZ 2004, 1000 = AuAS 2004, 125.

unverzichtbar sei. Hierzu könne es auch erforderlich sein, die bisherige Praktizierung des christlichen Glaubens durch den Asylsuchenden näher aufzuklären.[37]

4. Verletzung des Rechtes auf Kriegsdienstverweigerung (Art. 9 EMRK)

19 Die Große Kammer des EGMR hat kürzlich unter Berufung auf die Rechtsprechung zur dynamischen Auslegung der Konventionsbestimmungen abweichend von der Spruchpraxis der früheren Kommission entschieden, dass Beschwerdeführer, die gegen ihre Heranziehung zum Wehrdienst religiöse oder andere Gewissensgründe geltend machten, durch Art. 9 EMRK geschützt seien. Werde ihnen kein angemessener alternativer Dienst angeboten, sei der Eingriff in die Religionsfreiheit nach der Konvention nicht gerechtfertigt.[38] Das Verfahren gab keinen Anlass, sich mit dem Refoulementcharakter von Art. 9 EMRK auseinanderzusetzen. Die Kommission hatte hingegen früher wiederholt Beschwerden von Kriegs- und Wehrdienstverweigerern behandelt und eine isolierte Berufung auf Art. 9 EMRK in Abschiebungsfällen verneint. Diese Position kann nach der grundsätzlichen Klärung durch die Große Kammer möglicherweise nicht mehr aufrechterhalten werden.

20 Die Kommission hatte im Fall eines ägyptischen Deserteurs, der seine Weigerung, am Kriegseinsatz gegen Israel teilzunehmen, mit seiner pazifistischen Gesinnung begründet hatte, zunächst auf Art. 3 EMRK verwiesen und überdies darauf hingewiesen, dass nicht jede Dienstleistung militärischen Charakters als unzulässige **Zwangsarbeit** im Sinne von Art. 4 Abs. 2 Buchst. b) EMRK anzusehen sei. Daraus zog die Kommission den Schluss, dass die Verpflichtung des Beschwerdeführers zur Wehrdienstleistung grundsätzlich vereinbar mit den Bestimmungen der Konvention sei und deshalb seine Abschiebung nach Ägypten keine Verletzung von Art. 3 EMRK begründen könne.[39] Demgegenüber äußert die Große Kammer Zweifel, dass damit der wirkliche Sinn und Zweck von Art. 4 Abs. 2 Buchst. b) EMRK erfasst werde. Angesichts der dynamischen Entwicklung des Rechts auf Kriegsdienstverweigerung (§ 14 Rdn. 159 ff.) könne nicht mehr festgestellt werden, dass diese Norm den Ausschluss des konventionsrechtlichen Schutzes von Kriegsdienstverweigerern rechtfertigen könne.[40]

21 Festgehalten werden kann damit, dass die Rechtsprechung zum konventionsrechtlichen Schutz wegen der dynamischen Entwicklung der internationalen Staatenpraxis im Fluss ist, eine Entwicklung hin zu einem Refoulementverbot des Art. 9 EMRK aber erst in Anfängen zu beobachten ist. Die Kommission hatte bereits früher festgestellt, die Bestrafung eines Deserteurs könne **diskriminierenden Charakter** annehmen, wenn die Behörden des Heimatstaates damit die politische Überzeugung des Deserteurs, seine Religion oder seine Rasse treffen wollten, sodass in diesem Fall seine Abschiebung Art. 3 EMRK verletze.[41] Der Gerichtshof hat im Fall eines tschetschenischen Kriegsdienstverweigerers, der wegen seines Einsatzes in der tschetschenischen Armee im ersten Tschetschenienkrieg durch russische Behörden eine Art. 3 EMRK zuwiderlaufende Behandlung befürchtete, die Beschwerde für zulässig erklärt. Dabei hatte die niederländische Regierung eingewandt, der Beschwerdeführer könne in anderen Landesteilen der Russischen Föderation Schutz erlangen. Dagegen hatte der Beschwerdeführer darauf hingewiesen, dass er durch den russischen Geheimdienst und damit landesweit verfolgt werde.[42]

22 Das BVerwG hat sich mit dieser Frage bislang nicht auseinandergesetzt. Der geltend gemachten allgemein gehaltenen Befürchtung eines Asylsuchenden, durch die Taliban zwangsrekrutiert zu

---

37 BVerwGE 120, 16 ff. (25 f.) = InfAuslR 2004, 319 (322) = NVwZ 2004, 1000 = AuAS 2004, 125.
38 EGMR, Urt. v. 07.07.2011 – Nr. 23459/03, Rn. 110 ff., 124 ff. – Bayatan (Zeugen Jehovas).
39 EKMR, Yearbook 13, 900 (904) (1970) – X v. Federal Republic of Germany; EKMR, Decisions and Reports 7, 153 (154 f.) (1976) – X. v. Denmark.
40 EGMR, Urt. v. 07.07.2011 – Nr. 23459/03, Rn. 99 ff. – Bayatan (Zeugen Jehovas).
41 EKMR, Yearbook 13, 806 (824) (1970) – X. v. Federal Republic of Germany.
42 EGMR, Entscheidung v. 03.07.2001 – Application No. 58964/00 – K. K. C. v. the Netherlands.

werden, hat es lediglich entgegengehalten, dass die Zwangsrekrutierung zum Kriegsdienst als solche ebenso wie die Tötung oder Verletzung im Krieg nicht ohne Weiteres eine unmenschliche oder erniedrigende Behandlung darstelle.[43] Wer sich indes darauf beruft, eine drohende Zwangsrekrutierung setze ihm dem Risiko aus, Kriegsverbrechen oder schwerwiegende Menschenrechtsverletzungen zu begehen, ist nach der Konvention zu schützen, wenn in diesem Fall nicht bereits die Flüchtlingseigenschaft zuerkannt werden kann (§ 15 Rdn. 194).[44]

Die obergerichtliche Rechtsprechung beurteilt die Frage, ob die EMRK ein Recht auf Kriegsdienstverweigerung enthält, kontrovers. Einerseits wird vertreten, dass die Abschiebung in ein Land, das ein Recht auf Kriegsdienstverweigerung nicht kenne, nicht Art. 9 EMRK verletze.[45] Demgegenüber geht die Gegenmeinung davon aus, dass eine Einberufung zum Wehrdienst verbunden mit der Gefahr, bei der Ableistung des Grundwehrdienstes unmenschlich behandelt zu werden, ein Abschiebungsverbot nach § 60 Abs. 5 AufenthG begründen könne.[46] Dem Betroffenen sei es aber zuzumuten, nach Mitteln und Wegen zu suchen, der Einberufung nicht Folge zu leisten. Damit werde dem Betroffenen kein nach hiesigem Rechtsverständnis strafbares Verhalten angesonnen. Es erscheine vielmehr nicht unzumutbar, von dem Betroffenen zu erwarten, dass er sich wie ein Großteil der russischen Wehrpflichtigen verhalte, sich also gewissermaßen an den in seinem Herkunftsland gegebenen Verhältnissen und Gepflogenheiten ausrichte.[47]

23

Zusätzlich zu Art. 9 EMRK ist auch eine Berufung auf den Grundrechtsschutz im Abschiebungsverfahren zulässig. Das BVerwG hat unter ausführlicher Auseinandersetzung mit der auslieferungsrechtlichen Rechtsprechung des BGH zwar Zweifel daran geäußert, ob der Schutz aus Art. 4 Abs. 3 GG so weit reiche, dass deutsche Stellen durch Überstellung eines Ausländers an sein Heimatland nicht daran mitwirken dürften, dass dieser gegen sein Gewissen zur Ableistung des Militärdienstes gezwungen werde. Eine Entscheidung dieser Frage könne indes auf sich beruhen. Jedenfalls sei dem Kriegsdienstverweigerer zu ermöglichen, sein Anliegen einredeweise gegenüber aufenthaltsbeendenden Maßnahmen geltend zu machen. Art. 4 Abs. 3 GG gebiete es aber nicht, dem betroffenen Ausländer in solchen Fällen ein förmliches Anerkennungsverfahren nach Art. des im Kriegsdienstverweigerungsrechts geregelten Verfahrens zur Verfügung zu stellen.[48] Danach steht ausländischen Kriegsdienstverweigerern aus Gewissensgründen zwar kein Recht auf Durchführung eines auf Art. 4 Abs. 3 GG beruhenden förmlichen Anerkennungsverfahrens ihres Status als Kriegsdienstverweigerer zu. Die Ausländerbehörde hat vor dem Vollzug aufenthaltsbeendender Maßnahmen jedoch eine geltend gemachte Kriegsdienstverweigerung aus Gewissensgründen zu beachten.

24

Dabei ist keine Beschränkung auf ernsthafte Gewissenskonflikte, die sich auf völkerrechtswidrige Einsätze beziehen, zulässig. Vielmehr ist Art. 4 Abs. 3 GG bei der Gewährung des Abschiebungsschutzes im vollen Umfang zu berücksichtigen. Danach kommt es ausschließlich auf ein glaubhaft begründetes Vorbringen an, dass der Kriegsdienst aus Gewissensgründen verweigert wird und im Abschiebezielstaat ungeachtet dessen die Einberufung zum Kriegs- und/oder Wehrdienst droht. In diesem Zusammenhang ist auch auf die frühere verwaltungsgerichtliche Rechtsprechung hinzuweisen, welche aus Art. 1 Abs. 1 und Art. 2 Abs. 2 Satz 1 GG einen humanitären Abschiebungsschutz

25

---

43 BVerwGE 136, 360 (372) Rn. 29 = EZAR NF 69 Nr. 7 = InfAuslR 2010, 404.
44 UK House of Lords, (2003) UKHL 15, Rn. 8 – Sepet and Bulbul.
45 OVG Hamburg, NVwZ-RR 1999, 342 (343) = InfAuslR 1999, 105 = AuAS 1998, 275, mit zahlreichen Hinweisen; OVG Hamburg, InfAuslR 2007, 240 (241) = NVwZ-RR 2007, 332 = AuAS 2007, 102; Niedersächsisches OVG, Beschl. v. 02.03.2007 – 11 LA 189/06.
46 Bayerischer VGH, Beschl. v. 21.06.2001 – 11 B 97.34642; ähnlich für die GFK Bayerischer VGH, NVwZ-Beil. 1999, 3.
47 Bayerischer VGH, Beschl. v. 21.06.2001 – 11 B 97.34642; ähnlich für die GFK Bayerischer VGH, NVwZ-Beil. 1999, 3.
48 BVerwG, InfAuslR 2005, 432, unter Hinweis auf BGHSt 27, 191 = NJW 1977, 1599; dagegen OVG Hamburg, InfAuslR 2007, 240 = NVwZ-RR 2007, 332 = AuAS 2007, 102.

für jugoslawische und armenische Deserteure abgeleitet hatte, die sich durch ihre Kriegsdienstverweigerung und anschließende Flucht der Teilnahme an den völkerrechtswidrigen Aktionen des serbischen Militärs in Bosnien-Herzegowina bzw. des armenischen Militärs in Berg-Karabach entzogen hätten.[49]

5. Vorbehalt der gesetzmäßigen Bestrafung (§ 60 Abs. 6 AufenthG)

26 Die allgemeine Gefahr, dass einem Ausländer in einem anderen Staat Strafverfolgung und Bestrafung drohen können und, soweit sich aus § 60 Abs. 2 bis 5 AufenthG nichts anderes ergibt, die konkrete Gefahr einer nach der Rechtsordnung eines anderen Staates gesetzmäßigen Bestrafung stehen der Abschiebung nicht entgegen (§ 60 Abs. 6 AufenthG). Wie sich bereits aus dem Wortlaut des § 60 Abs. 6 AufenthG ergibt, enthält diese Vorschrift eine Auslegungsregel für die in § 60 Abs. 2 bis 5 AufenthG geregelten Abschiebungsverbote. Ihr kommt zudem auch eine prognoserechtliche Funktion zu (Rdn. 29). Die Richtlinie 2004/83/EG enthält keine § 60 Abs. 5 AufenthG korrespondierenden Vorschrift. Diese hat daher lediglich klarstellende Funktion im Blick auf die Auslegung von § 60 Abs. 5 AufenthG. Sie definiert die Grenzen des Respekts vor fremden Rechtsordnungen, bezieht sich ihrem Wortlaut nach aber nur auf drohende staatliche Strafverfolgungen und Bestrafungen, nicht jedoch auf außerhalb eines Strafverfahrens drohende Rechtsgutgefährdungen.

27 Die Vorschrift hat ihre völkerrechtliche Entsprechung in Art. 1 Abs. 1 Satz 2 des Übereinkommens der Vereinten Nationen gegen Folter. Danach umfasst der Folterbegriff nicht »Schmerzen oder Leiden, die sich aus **gesetzlich zulässigen Sanktionen** ergeben, dazu gehören oder damit verbunden sind«. Im Ergebnis beruht auch der Relativitätstest des EGMR (§ 41 Rdn. 45 ff.) auf dem hierin zum Ausdruck kommenden Rechtsgedanken. Danach muss eine Behandlung oder Bestrafung ein »unmenschliches« oder »erniedrigendes« Element enthalten. Das verursachte Leiden bzw. die Erniedrigung muss über das Maß hinausgehen, welches notwendigerweise mit jeder legitimen Behandlung oder Bestrafung verbunden ist.[50] Freiheitsentziehenden Maßnahmen sei häufig ein derartiges Element immanent. Daher könne nicht behauptet werden, dass die Freiheitsentziehung als solche mit Art. 3 EMRK unvereinbar sei.[51] Die entscheidende Frage zielt auf die Bandbreite der Umstände, die für die Anwendung der entsprechenden Norm der EMRK erheblich sind. Es gibt bestimmte Formen der Behandlung, die stets unzulässig sind. Umgekehrt gibt es bestimmte Formen der Bestrafung oder Kombinationen bestimmter Umstände, die unabhängig davon, wie unerwünscht oder unbequem diese von dem Betroffenen jeweils empfunden werden, nicht den für eine Konventionsverletzung erforderlichen Schweregrad erreichen.[52]

28 Auch wenn eine Bestrafung nicht den erforderlichen Grad der Schmerzzufügung erreicht, muss gleichwohl noch untersucht werden, ob ihr ein erniedrigendes Element innewohnt (§ 41 Rdn. 48 ff., 62 ff. Dabei müssen über den bloßen Bestrafungscharakter einer Maßnahme hinaus zusätzliche Gesichtspunkte, also eine Reihe von Faktoren berücksichtigt werden, damit diese als Konventionsverletzung gewertet werden kann.[53] Auch wenn Strafsanktionen fremder Rechtsordnungen nach dem dortigen Rechtsverständnis legal sind, stehen sie der Abschiebung entgegen, wenn sie mit konventionsrechtlichen Grundsätzen unvereinbar sind. Ein Vorrang der formalen Legalität der fremden Rechtsordnung[54] ist deshalb mit der Konvention unvereinbar. Vielmehr ist die EMRK in ihrer Fortentwicklung durch die Rechtsprechung des EGMR Maßstab für die Bewertung der Frage, ob

---

49 VG Schleswig, InfAuslR 1994, 167 – Bosnien-Herzogowina; VG Greifswald, Beschl. v. 23.01.1995 – 5 B 10615/94 – Armenien; VG Düsseldorf, Urt. v. 17.10.1994 – 25 K 9228/93.A – Armenien: erheblich nur nach § 53 Abs. 6 Satz 1 AuslG 1990.
50 EGMR, HRLJ 1999, 459 (468) – V. v. UK; EGMR, HRLJ 2002, 378 (384) – Kalashinikow v. Russia.
51 EGMR, HRLJ 2002, 378 (384) – Kalashinikow v. Russia.
52 Evans/Morgan, Preventing Torture, S. 76.
53 EGMR, Series A 26, §§ 28 bis 30 – Tyrer.
54 So *Treiber*, in: GK-AuslR, II – § 53 AuslG Rn. 224.

gesetzmäßige Sanktionen nach dem Recht des Zielstaates der Annahme eines Abschiebungsverbotes nach § 60 Abs. 5 AufenthG entgegensteht.

6. Prognosekriterien

Für die Anwendung der Prognosekriterien im Zusammenhang mit § 60 Abs. 5 AufenthG sind die allgemeinen für die Ermittlung einer konkreten Gefahr maßgebenden Grundsätze maßgebend (§ 41 Rdn. 122 ff.). Das tatsächliche Risiko bezieht sich auf eine bestehende »**objektive Gefahr**«, einer gegen Konventionsnormen verstoßenden Behandlung unterworfen zu werden. Es ist dabei zwischen unerheblichen »**bloßen Möglichkeiten**« sowie dem beachtlichen »**ernsthaften Risiko**« einer Rechtsgutgefährdung zu unterscheiden. Damit wird das ernsthafte und individualisierbare Risiko, einer gegen die EMRK verstoßenden Behandlung ausgesetzt zu werden, zum Gegenstand der Gefahrenprognose. Die »allgemeine Gefahr«, dass dem Antragsteller im Zielstaat der Abschiebung Strafverfolgung und Bestrafung drohen können, steht der Abschiebung nicht entgegen. Vielmehr wird eine konkrete Gefahr vorausgesetzt. Allein die Tatsache, dass im Zielstaat Maßnahmen praktiziert werden, die mit den Normen der EMRK unvereinbar sind, begründet keinen Abschiebungsschutz. Vielmehr muss die konkrete Gefahr dargelegt werden, dass dem Antragsteller für den Fall der Abschiebung in den Abschiebezielstaat dort persönlich derartige Gefahren drohen.

29

§ 48 Erhebliche konkrete Gefahr für Leib, Leben oder Freiheit (§ 60 Abs. 7 Satz 1 AufenthG)

Übersicht	Rdn
1. Funktion des Abschiebungsverbotes nach § 60 Abs. 7 Satz 1 AufenthG.	1
2. Voraussetzungen des § 60 Abs. 7 Satz 1 AufenthG.	6
a) Erhebliche Gefahr für Leib, Leben oder Freiheit.	6
b) Vorbehalt der gesetzmäßigen Bestrafung (§ 60 Abs. 6 AufenthG).	10
3. Gefahrenprognose.	12
4. Interner Schutz.	16
5. Sperrwirkung (§ 60 Abs. 7 Satz 3 AufenthG).	20
6. Gesundheitsgefährdungen.	23
a) Funktion des Abschiebungsverbotes bei Gesundheitsgefährdungen.	23
b) Erforderliche Schwere der Gesundheitsgefährdungen.	27
aa) Erhebliche Gesundheitsgefährdung.	27
bb) Psychische Gesundheitsgefährdung.	29
cc) Posttraumatische Belastungsstörung.	31
c) Gefahrenprognose.	38
aa) Keine Anwendung der Sperrwirkung des § 60 Abs. 7 Satz 3 AufenthG.	38
bb) Darlegungsanforderungen.	40
cc) Funktion des Begriffs der konkreten Gefahr.	51
dd) Einwand der Nachsorge.	53
ee) Gefahr der Retraumatisierung.	55
d) Feststellung der psychischen Gesundheitsgefährdung.	58

> **Leitsätze**
>
> 1. Wegen der Ausstrahlungswirkung der Grundrechte könnte der in § 60 Abs. 7 Satz 1 AufenthG geregelte subsidiäre Schutz im Sinne eines grundrechtsorientierten Verständnisses ausgelegt und angewendet werden. Der durch die Rechtsprechung entwickelte rechtliche Gesamtkontext (Rdn. 1 ff.) hat jedoch dazu geführt, dass nationaler Abschiebungsschutz wegen erheblicher konkreter Gefahren, die nicht bereits durch § 60 Abs. 2, 3 und 7 Satz 2 AufenthG erfasst werden, im Ergebnis nur noch bei krankheitsbedingten Abschiebungshindernissen (Rdn. 23 ff.) gewährt wird.

2. Hingegen hat die Sperrwirkung des § 60 Abs. 7 Satz 3 AufenthG (Rdn. 20 ff.), die nicht Ausdruck einer grundrechtsorientierten Interpretation, sondern Instrument einer verfassungsunmittelbaren Durchbrechung des Hindernisses gegen ein Abschiebungshindernis ist, dazu geführt, dass wegen des extrem hohe Gefahrenmaßes kaum nationaler Abschiebungsschutz gewährt wird.
3. Erheblich ist nicht jede geringfügige Bedrohung der körperlichen oder seelischen Unversehrtheit oder der Freiheit der Person. Vielmehr bedarf es eines nicht unerheblichen Umfangs der Verletzung der bezeichneten Rechtsgüter (Rdn. 8 ff.). § 60 Abs. 7 Satz 1 AufenthG erfasst auch Gefahren, die nicht dem Zielstaat zuzurechnen sind.
4. Nach § 60 Abs. 7 Satz 1 AufenthG muss eine **konkrete** Gefahr »**für diesen Ausländer**« bestehen (Rdn. 12 ff.) Die »konkrete Gefahr« bezieht sich auf den **Gefährdungsgrad** und ist in Abgrenzung zur »allgemeinen Gefahr« (vgl. § 60 Abs. 6 AufenthG) zu bestimmen. Eine allgemeine Gefahr begründet eine lediglich mögliche Gefahr, ist aber nicht hinreichend wahrscheinlich. Nicht jede abstrakte oder nur entfernt liegende Möglichkeit der Rechtsgutbeeinträchtigung, sondern nur die »ernsthafte« Möglichkeit einer Rechtsgutverletzung löst den Schutzanspruch aus (Rdn. 14, § 29 Rdn. 25 ff.).
5. Konkret ist danach eine Gefahr für Leib, Leben oder Freiheit, wenn die hierfür sprechenden Umstände nach ihrer Intensität und Dichte von einem solchen Gewicht sind, dass sich hieraus die ernsthafte Möglichkeit ihrer Verletzung für den Fall der Rückkehr ergibt.
6. Dem Einzelnen droht keine persönliche Gefahr, wenn er sich im Herkunftsland der konkreten Gefahr durch Umsiedlung in andere Regionen entziehen kann, in denen diese Gefahr nicht besteht. Es ist daher stets zu prüfen, ob ihm eine Ansiedlung in einer anderen Region seines Herkunftslandes zuzumuten ist und mit welchen konkreten Nachteilen für diesen eine derartige Ansiedlung verbunden wäre (Rdn. 16 ff.).
7. Das Ausweichgebiet muss erreichbar sein. Etwaige Gefährdungen auf dem Reiseweg dorthin sind ebenso wie Gefahren, die sich durch die Wahl bestimmter Abschiebungswege durch die einzelnen Ausländerbehörden ergeben, regelmäßig nicht Gegenstand des Abschiebungsschutzes nach § 60 Abs. 7 Satz 1 AufenthG. Derartige Gefährdungen betreffen die Art und Weise der Durchsetzung der Ausreisepflicht im Wege der Verwaltungsvollstreckung und unterliegen daher grundsätzlich allein der Prüfung durch die Ausländerbehörde.

Besteht eine erhebliche Gefahr oder nur eine geringfügige Bedrohungen von Leib, Leben oder Freiheit (Rdn. 6 ff.)?

Besteht die Gefahr allgemein oder droht sie konkret dem Antragsteller (Rdn. 12 ff.)?

Besteht eine interne Ausweichregion und ist diese für den Antragsteller erreichbar (Rdn. 16 ff.)?

Liegen die Voraussetzungen der Sperrwirkung des § 60 Abs. 7 Satz 3 AufenthG (Rdn. 20 ff.) vor?

Schaubild 24 zur erheblichen konkreten Gefahr

1. Funktion des Abschiebungsverbotes nach § 60 Abs. 7 Satz 1 AufenthG

1 Wie die Vorgängernorm des § 53 Abs. 6 Satz 1 AuslG 1990 vermittelt § 60 Abs. 7 Satz 1 AufenthG subsidiären Schutz, wenn im Abschiebezielstaat für den Antragsteller eine erhebliche konkrete Gefahr für Leib, Leben oder Freiheit besteht. Diese Norm ist Auffangnorm für alle ernsthaften Gefahren, die nicht bereits in § 60 Abs. 7 Satz 2 AufenthG i.V.m. Art. 15 RL 2004/83/EG und § 60 Abs. 5 AufenthG enthalten sind. Zwischen Satz 1 und Satz 2 von § 60 Abs. 7 AufenthG gibt es jedoch einen

bedeutsamen Unterschied: Art. 15 Buchst. c) RL 2004/83/EG ist auf Bedrohungen infolge **willkürlicher Gewalt** im Rahmen eines internationalen oder innerstaatlichen **bewaffneten Konfliktes** eingeschränkt. Diese Einschränkung enthält § 60 Abs. 7 Satz 1 AufenthG nicht. Andererseits beruht der Prognosemaßstab des § 60 Abs. 7 Satz 2 AufenthG auf einer ernsthaften Bedrohung und damit auf einer völlig andersgearteten Konzeption (§ 42 Rdn. 76 ff. [95 ff.]).

Entwicklungsgeschichtlich ergibt sich damit ein paradoxer Befund: Zielrichtung der Rechtsprechung des BVerwG in den 1990er Jahren war, unter Hinweis auf § 53 Abs. 6 Satz 2 AuslG 1990 (jetzt § 60 Abs. 7 Satz 3 AufenthG) individuelle Gefahren, die ihre Ursache in einem bewaffneten Konflikt haben, aus dem Anwendungsbereich von § 53 Abs. 6 Satz 1 AuslG 1990 auszuschließen. Nach Art. 15 Buchst. c) RL 2004/83/EG kommt es hingegen gerade auf Bedrohungen infolge willkürlicher Gewalt im Rahmen bewaffneter Konflikte an. Derartige Bedrohungen können folglich nicht nach Satz 1, sondern müssen nach Satz 2 von § 60 Abs. 7 AufenthG geltend gemacht werden. Das dogmatische Konstrukt, mit welcher der bewaffnete Konflikt aus dem deutschen Recht des Abschiebungsschutzes ausgeschieden wurde, ist also die Sperrwirkung nach § 53 Abs. 6 Satz 2 AufenthG (Rdn. 20 ff.). Diese lebt jedoch in § 60 Abs. 7 Satz 3 AufenthG fort und wird heute, da nach § 60 Abs. 7 Satz 1 AufenthG Gefahren aus bewaffneten Konflikten nicht berücksichtigt werden dürfen, auf Gefahren angewandt, die unabhängig von derartigen Konflikten drohen. Hingegen darf dieses Konstrukt aus unionsrechtlichen Gründen (§ 42 Rdn. 9 f., 57) heute nicht mehr gegen Gefahren aus bewaffneten Konflikten eingewandt werden. Der Gesetzgeber sollte aus dieser paradoxen Entwicklungsgeschichte der beiden Vorschriften die Konsequenzen ziehen und § 60 Abs. 7 Satz 3 AufenthG aufheben.

Vor einer Prüfung nationaler Abschiebungsverbote sind stets erst die Voraussetzungen des unionsrechtlichen subsidiären Schutzstatus nach § 60 Abs. 2, 3 und 7 Satz 1 AufenthG zu prüfen. Wegen der Sperrwirkung des § 60 Abs. 7 Satz 3 AufenthG besteht im Hinblick auf den vorrangigen Schutz nach § 60 Abs. 2, 3 und 7 Satz 2 AufenthG keine Schutzlücke, solange die Zuerkennung von subsidiären Schutz nicht ausgeschlossen ist. Es darf daher über den Antrag nach § 60 Abs. 7 Satz 1 AufenthG nicht entschieden werden.[55] Eine bloße Inzidentprüfung des unionsrechtlichen Schutzes im Rahmen der Entscheidung über die Gewährung von Abschiebungsschutz nach § 60 Abs. 7 Satz 1 und 3 AufenthG wäre keine geeignete Alternative, weil das Ergebnis dieser Prüfung keine Bindungswirkung hätte.[56]

Man kann die subsidiäre Schutznorm des § 60 Abs. 7 Satz 1 AufenthG insgesamt als Ausdruck verfassungs- und völkerrechtlicher Wertsetzungen verstehen und § 60 Abs. 7 Satz 1 AufenthG auf individuelle Bedrohungen, die ihren Grund in allgemeinen Gefahren haben, auslegen und anwenden. In diesem Sinne hatte das BVerfG die fachgerichtliche Rechtsprechung dazu angehalten, bei der Interpretation des § 60 Abs. 7 Satz 1 AufenthG die **Ausstrahlungswirkungen der Grundrechte** aus Art. 1 Abs. 1 und Art. 2 Abs. 2 Satz 1 GG zu beachten.[57] Diese Rechtsprechung ist mithin so zu verstehen, dass aus der Verfassung keine zusätzlichen Abschiebungshindernisse abgeleitet werden müssen, sondern der in § 60 Abs. 7 Satz 1 AufenthG geregelte subsidiäre Schutz im Sinne eines grundrechtsorientierten Verständnisses ausgelegt und angewendet werden soll. Dies gilt in materieller wie auch in prognoserechtlicher Hinsicht.

Der aufgezeigte rechtliche Gesamtkontext ist Ergebnis einer Entwicklung, die die verfassungsgerichtliche Rechtsprechung nicht aufgegriffen und dazu geführt hat, dass nationaler Abschiebungsschutz wegen erheblicher konkreter Gefahren, die nicht bereits durch § 60 Abs. 2, 3 und 7 Satz 2 AufenthG erfasst werden, nur noch bei krankheitsbedingten Abschiebungshindernissen gewährt

---

55 BVerwG, Urt. v. 08.09.2011 – BVerwG 10 C 14.10, Rn. 11; BVerwG, Urt. v. 08.09.2011 – BVerwG 10 C 20.10, Rn. 8 ff.

56 BVerwG, Urt. v. 08.09.2011 – BVerwG 10 C 14.10, Rn. 11; BVerwG, Urt. v. 08.09.2011 – BVerwG 10 C 20.10, Rn. 8 ff.

57 BVerfG (Kammer), NVwZ 1992, 660 = InfAuslR 1993, 176.

wird, weil dort die Sperrwirkung nicht angewandt werden darf (Rdn. 20 ff.). Hingegen führt die Sperrwirkung dazu, dass im Übrigen kaum nationaler Abschiebungsschutz gewährt wird, weil das BVerwG mit dieser eine extreme hohe Gefahrenprognose beachtet wissen will. Hier aktualisiert sich die bereits bei der Gruppenverfolgung (§ 30 Rdn. 14 ff.) sowie dem umstrittenen Gefahrengrad willkürlicher Gewalt (§ 42 Rdn. 80 ff.) deutlich werdende Tendenz, aus Sorge vor einer nicht überschaubaren Zahl potenziell Berechtigter die Prognosekriterien in nahezu unerfüllbare Höhen zu treiben.

2. Voraussetzungen des § 60 Abs. 7 Satz 1 AufenthG

a) Erhebliche Gefahr für Leib, Leben oder Freiheit

6   Nach § 60 Abs. 7 Satz 1 AufenthG müssen die Rechtsgüter **Leib, Leben** oder **persönliche Freiheit** gefährdet sein. Der Begriff Leben umfasst zugleich auch die »**Leibesgefährdung**«. Die relevanten Bedrohungsfaktoren lassen zumeist keine hinreichend zuverlässigen Schlussfolgerungen zu, ob durch diese lediglich die körperliche wie seelische Unversehrtheit oder darüber hinaus auch das Leben betroffen ist. Auch wenn im Einzelfall das Rechtsgut Leben nicht berührt wird, kann aus prognoserechtlicher Sicht eine Bedrohung der Unversehrtheit nicht von vornherein ausgeschlossen werden (§ 42 Rdn. 64). Im Rahmen der Prognoseprüfung lässt sich zumeist gar nicht vorhersehen, ob aufgrund der festgestellten Tatsachen Lebensgefahren drohen oder lediglich die körperliche oder geistige Unversehrtheit bedroht ist. Der Begriff »Leib« verweist auf Beeinträchtigungen der körperlichen oder seelischen Unversehrtheit, also auf Folter und Misshandlungen. »Leibesgefährdungen« sind insbesondere gesundheitliche Gefahren, die den Hauptanwendungsfall des § 60 Abs. 7 Satz 1 AufenthG, darstellen (Rdn. 4). Auch eine ohne Verletzung der äußerlichen Integrität des Leibes mögliche, gravierende Störung der inneren Lebensvorgänge, d. h. eine **schwere Gesundheitsgefährdung** ist bei der Anwendung und Auslegung von § 60 Abs. 7 Satz 1 AufenthG zu beachten.[58]

7   Der Begriff »**Freiheit**« ist ein offener Begriff. Er umfasst grundsätzlich alle Freiheitsrechte. Das notwendige Korrektiv erfolgt durch das Erfordernis der Individualisierbarkeit der Freiheitsbedrohung und das Moment der erheblichen konkreten Gefahr. Es ist deshalb im Ansatz unzulässig, den Freiheitsbegriff von vornherein auf Freiheitsentziehungen im Sinne des Art. 104 GG einzuschränken,[59] wenn auch im Ergebnis beide Ansichten zum selben Ergebnis führen. Der Freiheitsbegriff ist prinzipiell offen. Da aber nur erhebliche und konkrete Gefahren für die Freiheitsrechte subsidiären Schutz begründen, wird man wohl in Anlehnung an die Rechtsgüter Leib und Leben eine vom Gewicht und Intensität her vergleichbare Rechtsgutverletzung fordern müssen.

8   Dem Erfordernis der »**Erheblichkeit**« in § 60 Abs. 7 Satz 1 AufenthG kommt eine materielle Funktion zu, d. h., es zielt auf den Umfang des Bedrohungserfolges. Die Bedrohung der Rechtsgüter Leib, Leben oder Freiheit ist in unterschiedlichen Abstufungen möglich. Die Bedrohung des Rechtsgutes Leben ist allerdings keiner Abstufung zugänglich. Das Leben ist entweder bedroht oder nicht. Demgegenüber sind Bedrohungen der Rechtsgüter Leib und Leben in unterschiedlicher Intensität möglich. Nicht jede geringfügige Bedrohung der körperlichen oder seelischen Unversehrtheit oder der Freiheit der Person, sondern nur erhebliche Gefahren sollen den subsidiären Schutzstatus nach § 60 Abs. 7 Satz 1 AufenthG begründen. Es bedarf eines nicht unerheblichen Umfangs der Verletzung der bezeichneten Rechtsgüter. Da die Feststellung Prognosetatsachen betreffen und deshalb Grundlage prognostischer Einschätzungen sind, kann eine präzise Abstufung des Bedrohungserfolges nicht verlangt werden. Es reicht die ernsthafte Möglichkeit (Rdn. 20 ff., § 29 Rdn. 25 ff.) aus, dass Leib, Leben oder Freiheit erheblich gefährdet sind.

9   Durch § 60 Abs. 7 Satz 1 AufenthG werden auch die Gefahren erfasst, die nicht dem Zielstaat zuzurechnen sind. Im Rahmen des § 60 Abs. 7 Satz 1 AufenthG ist es deshalb unerheblich, ob die Gefahren von staatlichen Behörden ausgehen, von diesen offen oder stillschweigend geduldet werden

---

58 *Treiber*, in: GK-AuslR, II – § 53 AuslG Rn. 235.
59 *Treiber*, in: GK-AuslR, II – § 53 AuslG Rn. 235.

oder ob sie aufgrund nichtstaatlicher Bedrohungen bestehen. In diesen Fällen ist aber stets zu prüfen, ob dem Betroffenen ein Ortswechsel zuzumuten ist.[60]

b) Vorbehalt der gesetzmäßigen Bestrafung (§ 60 Abs. 6 AufenthG)

Nach § 60 Abs. 6 AufenthG stehen der Abschiebung die allgemeine Gefahr, dass einem Ausländer in einem anderen Staat Strafverfolgung und Bestrafung drohen können und, soweit sich aus § 60 Abs. 2 bis 5 AufenthG nichts anderes ergibt, die konkrete Gefahr einer nach der Rechtsordnung eines anderen Staates gesetzmäßigen Bestrafung nicht entgegen. Umstritten ist, ob existenzielle Gefährdungen nach § 60 Abs. 7 Satz 1 AufenthG auch dann zu berücksichtigen sind, wenn sie auf die Strafrechtsordnung des Zielstaates zurückgehen.[61] Der Wortlaut von § 60 Abs. 6 AufenthG zwingt nicht zu der Annahme, der in ihr enthaltene Vorbehalt sei als umfassende Ausschlussregelung für alle nicht unter § 60 Abs. 2 bis 5 AufenthG fallenden gesetzlichen Strafen zu verstehen. Solche gesetzmäßigen Strafen stehen zwar einer Abschiebung nicht zwingend entgegen, hindern andererseits aber nicht ihre Berücksichtigung im Wege des Ermessens nach § 60 Abs. 7 Satz 1 AufenthG.

Wie bei § 60 Abs. 5 AufenthG (§ 47 Rdn. 26 ff.) besteht die Funktion des Vorbehalts darin, das über das Maß hinausgehende Leiden, das notwendigerweise mit jeder legitimen Behandlung oder Bestrafung verbunden ist, zu identifizieren.[62] Die entscheidende Frage zielt auf die Bandbreite der Umstände im konkreten Einzelfall. Es gibt bestimmte Gefahren, die ihre Ursache in bestimmten Formen der Behandlung haben, die stets unzulässig sind. Umgekehrt gibt es bestimmte Formen der Bestrafung oder Kombinationen bestimmter Umstände, die unabhängig davon, wie unerwünscht oder unbequem diese von dem Betroffenen jeweils empfunden werden, nicht den für eine Gefahr erforderlichen Schweregrad erreichen.[63]

3. Gefahrenprognose

Nach § 60 Abs. 7 Satz 1 AufenthG muss die Gefahr »**für diesen Ausländer**« bestehen. Damit muss die Gefahr **individualisierbar** sein. Letztlich geht es um die sachgerechte prognoserechtliche Einschätzung, ob die aufgezeigten, festgestellten oder sonstwie erkennbaren Gefahren dem Antragsteller **persönlich** drohen. Eine Gefahrenquelle kann gleichzeitig die bezeichneten Rechtsgüter einer Vielzahl von Personen oder aller Angehörigen der Bevölkerung bzw. Bevölkerungsgruppe bedrohen und damit für jeden Einzelnen aus dieser Gruppe eine konkrete, individuelle Gefahr darstellen. In diesem Fall findet indes die Sperrwirkung nach § 60 Abs. 7 Satz 3 AufenthG Anwendung (Rdn. 2 ff., 20 ff.). Letztlich geht es stets um eine prognoserechtliche Bewertung, ob aufgrund des Charakters, der Intensität sowie des Umfangs derart allgemeiner Gefahren die ernsthafte Möglichkeit besteht, dass diese auch für den Antragsteller drohen.

Stets ist festzustellen, welche Gefährdungsmomente im Einzelnen für die Anwendung des Begriffs der konkreten Gefahr herangezogen werden können. Sind diese Folge der Praxis willkürlicher Gewalt im Rahmen eines bewaffneten Konfliktes, findet nicht § 60 Abs. 7 Satz 1 AufenthG, sondern vorrangig Art. 15 Buchst. c) RL 2004/83/EG (§ 60 Abs. 7 Satz 2 AufenthG) Anwendung (Rdn. 2). Erscheint die allgemeine Gefahr nicht als Ausdruck eines bewaffneten Konfliktes und hat sie für den Einzelnen eine Gefahr für Leib, Leben oder Freiheit zur Folge, ist Abschiebungsschutz nach § 60 Abs. 7 Satz 1 AufenthG zu gewähren. Nach § 60 Abs. 7 Satz 3 AufenthG greift in diesem Fall aber eine verfahrensrechtliche Sperrwirkung ein (Rdn. 20 ff.).

---

60 BVerwGE 99, 324 (330) = EZAR 046 Nr. 6 = NVwZ 1996, 199 = AuAS 1996, 32; BVerwG, EZAR 043 Nr. 26; VGH Baden-Württemberg, EZAR 043 Nr. 12; VGH Baden-Württemberg, EZAR 043 Nr. 25; *Treiber*, in: GK-AuslR, II – § 53 AuslG Rn. 233.
61 *Fraenkel*, Einführende Hinweise zum neuen Ausländergesetze, S. 290; *Cremer*, Schutz vor den Auslandsfolgen aufenthaltsbeendender Maßnahmen, S. 124; *Treiber*, in: GK-AuslR, II – § 53 AuslG Rn. 226.
62 EGMR, HRLJ 1999, 459 (468) – *V. v. UK*; EGMR, HRLJ 2002, 378 (384) – Kalashinikow v. Russia.
63 *Evans/Morgan*, Preventing Torture, S. 76.

14 Der Begriff der »konkreten Gefahr« in § 60 Abs. 7 Satz 1 AufenthG bezieht sich auf den **Gefährdungsgrad**.[64] Er ist in Abgrenzung zur »allgemeinen Gefahr« (vgl. § 60 Abs. 6 AufenthG) zu bestimmen. Eine allgemeine Gefahr begründet eine lediglich mögliche Gefahr, ist indes noch nicht hinreichend wahrscheinlich. Anders als bei Bedrohungen nach Art. 15 Buchst. c) RL 2004/83/EG, § 60 Abs. 7 Satz 2 AufenthG, bei denen bei erlittenen oder unmittelbar bevorstehenden Bedrohungen vor der Ausreise wegen Art. 4 Abs. 4 RL 2004/83/EG eine Beweiswirkung eingreift (§ 42 Rdn. 105 ff.), ist bei § 60 Abs. 7 Satz 1 AufenthG auch in derartigen Fällen der normale Beweismaßstab anzuwenden.

15 Allerdings wird bei einer beachtlichen Wahrscheinlichkeit einer drohenden Rechtsgutverletzung das Ermessen nach § 60 Abs. 7 Satz 1 AufenthG regelmäßig auf Null reduziert. Es geht damit um die **Eintrittswahrscheinlichkeit** der Gefahr. Nicht jede abstrakte oder nur entfernt liegende Möglichkeit der Rechtsgutbeeinträchtigung, die noch nicht hinreichend wahrscheinlich ist, löst danach den Schutzanspruch aus, sondern nur die »ernsthafte« Möglichkeit (Rdn. 14, § 29 Rdn. 25 ff.). Konkret ist danach eine Gefahr für Leib, Leben oder Freiheit, wenn die hierfür sprechenden Umstände nach ihrer Intensität und Dichte von einem solchen Gewicht sind, dass sich hieraus die ernsthafte Möglichkeit ihrer Verletzung für den Fall der Rückkehr ergibt.

4. Interner Schutz

16 Dem Einzelnen droht keine persönliche Gefahr, wenn er sich im Herkunftsland dieser Gefahr durch Umsiedlung in andere Regionen entziehen kann, in denen die erhebliche konkrete Gefahr nicht besteht. Es ist daher stets zu prüfen, ob dem Einzelnen eine Ansiedlung in einer anderen Region seines Herkunftslandes zuzumuten ist und mit welchen konkreten Nachteilen für diesen eine derartige Ansiedlung verbunden wäre.[65] Während beim Flüchtlingsschutz die Verfügbarkeit wirksamen internen Schutzes die Feststellung rechtfertigt, dass der nationale Schutz nicht weggefallen ist, stehen interne Schutzalternativen damit beim nationalen subsidiären ebenso wie beim unionsrechtlichen subsidiären Schutz der Feststellung einer erheblichen konkreten Gefahr für den Antragsteller entgegen. Es finden im Grundsatz dieselben Kriterien wie bei der Anwendung von Art. 15 Buchst. c) RL 2004/83/EG (§ 42 Rdn. 110 ff.) Anwendung.

17 Das Ausweichgebiet muss erreichbar sein. Das ist nicht der Fall, wenn bereits bei der Einreise in das Herkunftsland dem Einzelnen aufgrund der an den Einreiseorten bestehenden allgemeinen Gefahren eine Rückkehr nicht zugemutet werden kann.[66] Die Rechtsprechung des BVerwG zu **Gefährdungen auf dem Reiseweg** bei der Einreise in das Herkunftsland und von dort auf dem Weg zum Gebiet des internen Schutzes ist im Zusammenhang mit bewaffneten Konflikten entwickelt worden, in denen Gewaltaktionen von Warlords und anderen Kriegsfürsten für die Zivilbevölkerung eine ständig präsente Gefahr für Leib und Leben des Einzelnen darstellen.[67] Ist die Einreise in das Herkunftsland **faktisch unmöglich** und besteht nur in einem Teil des Herkunftslandes eine erhebliche konkrete Gefahr für den Einzelnen, begründet ein lediglich nur **vorübergehendes – faktisches – Hindernis** für die freiwillige Ausreise oder für die Vollstreckung der angedrohten Abschiebung ein tatsächliches Abschiebungshindernis im Sinne des § 60 a Abs. 2 AufenthG. Hierüber entscheidet nicht das Bundesamt, sondern die zuständige Ausländerbehörde.[68]

18 Das Bundesamt hat hingegen zu prüfen, ob der Antragsteller sichere Landesteile nicht wird erreichen können, weil er – **innerhalb des Zielstaates** – auf dem Weg dorthin erheblichen Leibes- oder Lebensgefahren ausgesetzt ist. Wegen der grundsätzlichen Beschränkung der Prüfung des Bundesamtes auf

---

64 *Treiber*, in: GK-AuslR, II – § 53 AuslG Rn. 237.
65 BVerwGE 104, 210 (217) = EZAR 045 Nr. 6 – NVwZ 1997, 1112 = InfAuslR 1997, 341.
66 BVerwGE 105, 187 (194) = EZAR 043 Nr. 26 = DÖV 1998, 608; BVerwG, NVwZ-Beil. 1996, 57 (58).
67 BVerwG, NVwZ-Beil. 1996, 57 (58).
68 BVerwGE 104, 265 (279) = EZAR 043 Nr. 21 = NVwZ 1997, 1127 = InfAuslR 1997, 341.

die Verhältnisse im Zielstaat der Abschiebung sind nur die dort eintretenden Wirkungen einer freiwilligen Ausreise oder zwangsweisen Abschiebung zu überprüfen. Etwaige Gefährdungen auf dem Reiseweg dorthin sind ebenso wie Gefahren, die sich durch die Wahl bestimmter Abschiebungswege durch die einzelnen Ausländerbehörden ergeben, regelmäßig nicht Gegenstand des Abschiebungsschutzes nach § 60 Abs. 7 Satz 1 AufenthG. Derartige Gefährdungen betreffen die Art und Weise der Durchsetzung der Ausreisepflicht im Wege der Verwaltungsvollstreckung und unterliegen daher grundsätzlich allein der Prüfung durch die Ausländerbehörde.

Stellen das Bundesamt oder das Verwaltungsgericht allerdings fest, dass eine freiwillige Rückkehr oder zwangsweise Abschiebung nur auf **ganz bestimmten Reisewegen** in Betracht kommt, welche bei Ankunft im Zielstaat die Erreichbarkeit relativ sicherer Landesteile unzumutbar erscheinen lassen, kann ausnahmsweise bereits ein Abschiebungshindernis nach § 60 Abs. 7 Satz 1 AufenthG bestehen, weil dann die festgestellte Zufluchtsmöglichkeit nur theoretisch besteht.[69] 19

5. Sperrwirkung (§ 60 Abs. 7 Satz 3 AufenthG)

Das BVerwG schließt aus dem Verhältnis von Satz 1 zu Satz 3 in § 60 Abs. 7 AufenthG, nach der gesetzgeberischen Konzeption sei Abschiebungsschutz immer, aber auch nur dann zu gewähren, wenn konkrete Gefahren drohten. Berufe sich ein Antragsteller hingegen lediglich auf allgemeine Gefahren, »die **nicht nur ihm persönlich**, sondern zugleich auch der ganzen Bevölkerung oder einer Bevölkerungsgruppe im Zielstaat drohten, dürfe Abschiebungsschutz **auch für den Einzelnen** ausschließlich durch eine – möglichst bundeseinheitliche – generelle Regelung gewährt werden.«[70] Fehle diese, rechtfertigten verfassungsunmittelbare Gründe nur dann eine Korrektur einfachgesetzlicher Konzeptionen, wenn die obersten Landesbehörden »trotz einer extrem allgemeinen Gefahrenlage, die jeden einzelnen Ausländer im Falle seiner Abschiebung **gleichsam sehenden Auges dem sicheren Tod oder schwersten Verletzungen** ausliefern würde, von ihrer Ermessensermächtigung« keinen Gebrauch machten.[71] Die Feststellung eines Abschiebungsverbotes nach § 60 Abs. 7 Satz 1 AufenthG ist andererseits aber nicht dadurch ausgeschlossen, dass der Asylsuchende Schutz in einem anderen Staat finden kann, dessen Staatsangehörigkeit er ebenfalls besitzt. In diesem Fall kann jedoch das Rechtsschutzbedürfnis fehlen.[72] 20

Wann danach allgemeine Gefahren zu einem Abschiebungsverbot führen, hängt wesentlich von den Umständen des Einzelfalls ab und entzieht sich einer rein quantitativen oder statistischen Betrachtung. Die drohenden Gefahren müssen nach Art, Ausmaß und Intensität von einem solchen Gewicht sein, dass sich daraus bei objektiver Betrachtung die begründete Furcht ableiten lässt, selbst in erheblicher Weise Opfer der extremen allgemeinen Gefahrenlage zu werden. Dabei ist von einem erhöhten Maßstab der beachtlichen Wahrscheinlichkeit auszugehen. Die Gefahren müssen dem Asylsuchenden mit hoher Wahrscheinlichkeit drohen. Dieser Wahrscheinlichkeitsgrad markiert die Grenze, ab der seine Abschiebung in den Zielstaat verfassungsrechtlich unzumutbar erscheint.[73] 21

Diese Gefahren müssen sich alsbald nach der Rückkehr realisieren. D.h. zwar nicht, dass im Fall der Abschiebung der Tod oder schwerste Verletzungen sofort, gewissermaßen noch am Tage der Abschiebung, eintreten müssen. Vielmehr besteht eine extreme Gefahrenlage auch dann, wenn der Asylsuchende mangels jeglicher Lebensgrundlage dem baldigen sicheren Hungertod ausgeliefert 22

---

69 BVerwGE 104, 265 (277 f.) = EZAR 043 Nr. 21 = NVwZ 1997, 1127 = InfAuslR 1997, 341.
70 BVerwGE 99, 324 (327 f.) = EZAR 046 Nr. 6 = NVwZ 1996, 199 = AuAS 1996, 32; dagegen *Niewerth*, NVwZ 1997, 228 (231 f.).
71 BVerwGE 99, 324 (329 ff.) = EZAR 046 Nr. 6 = NVwZ 1996, 199 = AuAS 1996, 32; OVG Rheinland-Pfalz, AuAS 2009, 7 (8).
72 BVerwG, EZAR NF 69 Nr. 2.
73 BVerwGE 137, 226 (233) Rn. 15 = InfAuslR 2010, 458; siehe auch BVerwG, NVwZ-RR 2011, 382 = AuAS 2011, 142; Bayerischer VGH, AuAS 2011, 250.

werden würde.[74] Bei der Prüfung der **Lebensbedingungen** dürfen die verschiedenen Risiken – wie etwa Mangelernährung, fehlende winterfeste Unterkunft, medizinische Versorgung und hygienische Verhältnisse – nicht in mehrere hintereinander geschaltete Teilprognosen zerlegt werden, deren Schlussfolgerungen aufeinander aufbauen. Vielmehr ist eine Gesamtprognose erforderlich, mit der die Lebensbedingungen und die sich daraus für den Asylsuchenden ergebenden Risiken anhand des hohen Wahrscheinlichkeitsgrades insgesamt gewürdigt werden.[75]

6. Gesundheitsgefährdungen

Leitsätze

1. Eine erhebliche konkrete Gefahr besteht insbesondere, wenn als Folge der Abschiebung eine »**wesentliche oder gar lebensbedrohende Gesundheitsgefährdung**« droht. Der für die Anwendung des nationalen subsidiären Schutzes maßgebende Krankheitsbegriff ist danach **zielstaatsbezogen**. Verschlechterungen des Krankheitsbildes, die als Folge der Vollzugsmaßnahme selbst drohen, werden als »**inlandsbezogene Vollstreckungshemmnisse**« behandelt, die nicht von § 60 Abs. 7 Satz 1 AufenthG, sondern von § 60a Abs. 2 AufenthG erfasst werden und deshalb auch keinen nationalen subsidiären Schutzstatus begründen können.
2. Auch bei psychischen **Erkrankungen** wird in **zielstaatsbezogene Abschiebungshindernisse** und **inlandsbezogene Vollstreckungshemmnisse** differenziert. Die Zielstaatsbezogenheit zielt auf die im Abschiebezielstaat verfügbaren psychotherapeutischen und psychiatrischen Behandlungsmöglichkeiten und auf die besondere psychische Dynamik der Erkrankung insbesondere bei chronischen Krankheitsverläufen.
3. Die drohende Gesundheitsgefährdung muss erheblich sein (§ 60 Abs. 7 Satz 1 AufenthG). Dies ist der Fall, wenn im Abschiebezielstaat eine Gesundheitsbeeinträchtigung von **erheblicher Intensität**, d.h. eine **wesentliche oder gar lebensbedrohliche Verschlimmerung der Krankheit** (Rdn. 27 ff.) zu erwarten ist.
4. Bei psychischen Erkrankungen führt die zielstaatsbezogene Betrachtungsweise zu einem Vergleich der Behandlungssituation im Abschiebezielstaat mit der im Bundesgebiet (Rdn. 29 ff.). Dabei sind heilberufliche Vorstellungen über die gebotene Behandlung und die Folgen einer Ortsveränderung durch Behandlungsabbruch oder -unterbrechung und eine möglicherweise drohende Retraumatisierung (Rdn. 55 ff.) zu berücksichtigen.
5. Beim Vergleich der Situation im Bundesgebiet mit der im Abschiebezielstaat darf der Blick nicht ausschließlich auf existenzielle Bedrohungen verengt, sondern müssen die aus fachärztlicher Sicht bezeichneten Behandlungserfordernisse in die Prognose eingestellt werden. Dabei sind auch die familiären Betreuungsverhältnisse im Herkunftsland zu berücksichtigen.
6. Die Komplexität des psychischen Krankheitsbildes erfordert, das gesamte Spektrum psychischer Erkrankungen in den Blick zu nehmen und das Blickfeld nicht ausschließlich auf **posttraumatische Belastungsstörungen** (Rdn. 31 ff.) zu verengen. Derartige psychische Störungen sind nur ein Aspekt aus dem Gesamtspektrum psychischer Erkrankungen.
7. Die verfahrensrechtliche Sperrwirkung des § 60 Abs. 7 Satz 3 AufenthG (Rdn. 20 ff.), welche die Gefahrenprognose einer konkreten Gefahr für den Antragsteller ausschließt, findet bei zielstaatsbezogenen Gesundheitsgefährdungen keine Anwendung (Rdn. 38 ff.). Die befürchtete Verschlimmerung gesundheitlicher Beeinträchtigungen als Folge fehlender Behandlungsmöglichkeiten im Zielstaat muss deshalb nicht existenzbedrohend, sondern lediglich »erheblich« sein.

---

74 BVerwGE 137, 226 (233) Rn. 15 = InfAuslR 2010, 458, mit Verweis auf BVerwG 115, 1 (9 f.).
75 BVerwGE 137, 226 (235) Rn. 19 = InfAuslR 2010, 458, BVerwG, Urt. v. 08.09.2011 – BVerwG 10 C 14.10, Rn. 22 f.; BVerwG, Urt. v. 08.09.2011 – BVerwG 10 C 20.10 Rn. 24 ff.

8. Zur Darlegung einer psychischen Erkrankung ist grundsätzlich eine fachärztliche Stellungnahme vorzulegen (Rdn. 40 ff.). Diese soll die Behauptungen des Antragstellers über eine psychische Erkrankung stützen und deshalb in nachvollziehbarer Weise Aussagen zum Charakter wie auch zur Ursache der psychischen Erkrankung, zum Umfang der Behandlungsbedürftigkeit sowie auch zu den Folgen enthalten, die im Fall des Abbruchs der Behandlung eintreten können.
9. Entsprechend allgemeinen verfahrensrechtlichen Grundsätzen reicht zur Antragsbegründung und Beweisführung der schlüssige Hinweis auf die **Möglichkeit** aus, dass psychische Krankheitssymptome vorliegen können. Verbleiben Zweifel am Bestehen eines krankheitsbedingten Abschiebungshindernisses, ist von Amts wegen zu ermitteln und ein Gutachten zur behaupteten psychischen Erkrankung einzuholen.
10. Durch den **Einwand der Nachsorge** kann grundsätzlich der Wegfall der Gefahrenlage bewirkt werden, dass die tatsächliche Behandlung des Antragstellers vor Ort sichergestellt und finanziert wird. Die von der zuständigen Behörde in diesem Zusammenhang ergriffenen oder zugesagten Maßnahmen müssen jedoch so konkret und Erfolg versprechend sein, dass sie eine Unterbrechung des Kausalverlaufs erwarten lassen, der ansonsten alsbald eine erhebliche Gesundheitsverschlechterung zur Folge haben würde (Rdn. 53 ff.).
11. Die gebotene **Nachsorge** kann nicht lediglich auf die Gewährleistung des Übergangs in Form einer Erstbetreuung beschränkt bleiben. Vielmehr entfällt ein zielstaatsbezogenes Abschiebungshindernis nur dann, wenn die erforderliche weiter reichende und auf Dauer angelegte medizinische Versorgung sichergestellt ist.
12. Bei psychischen Erkrankungen ist im Rahmen der Gefahrenprognose insbesondere die Gefahr einer **Retraumatisierung** (Rdn. 55 ff.) zu berücksichtigen. Der erheblichen Gesundheitsgefährdung kann in diesem Fall nicht dadurch begegnet werden, dass der Asylsuchende sich unverzüglich nach der Abschiebung in psychologische oder psychotherapeutische Behandlung begibt, in deren Rahmen eine Retraumatisierung gleich mit behandelt werden könnte. Eine Behandlung von seelischen Wunden ist nämlich nur dann sinnvoll und Erfolg versprechend, wenn sie nicht durch die tägliche Konfrontation mit der Umgebung und den dort verorteten leidvollen Erinnerungen wieder neu aufgerissen werden.

Besteht eine erhebliche Gesundheitsgefährdung für den Antragsteller (Rdn. 27 ff.)?

Droht eine erhebliche Verschlechterung der Krankheit als Folge des Abbruchs der Behandlung im Bundesgebiet (Rdn. 29 ff.)?

Welche gesundheitlichen Folgen ergeben sich aus einem Vergleich der Behandlungssituation im Bundesgebiet mit der Behandlungssituation im Abschiebezielstaat (Rdn. 29 ff.)?

Erscheint es aufgrund der vorgelegten fachärztlichen Stellungnahme möglich, dass nach der Abschiebung im Zielstaat wegen der dort vorherrschenden therapeutischen Möglichkeiten unter Berücksichtigung des spezifischen psychischen Krankheitsbildes des Antragstellers und seinen persönlichen und familiären Umständen eine erhebliche Gesundheitsgefährdung droht (Rdn. 40 ff.)?

Kann die Gesundheitsgefährdung durch verbindliche und zureichende Finanzierung der Versorgung im Abschiebezielstaat dauerhaft abgewendet werden (Rdn. 53 ff.)?

Erscheint als Folge der Abschiebung im Zielstaat die Gefahr einer Retraumatisierung als möglich (Rdn. 55 ff.)?

Schaubild 25 zu erheblichen konkreten Gesundheitsgefährdungen

a) Funktion des Abschiebungsverbotes bei Gesundheitsgefährdungen

23 Den Hauptanwendungsbereich der Vorschrift des § 60 Abs. 7 Satz 1 AufenthG bilden seit 1997 krankheitsbedingte Abschiebungshindernisse. Zunächst hatte der EGMR festgestellt, dass bei einer schwerwiegenden Erkrankung die Abschiebung selbst als unmenschliche Behandlung erscheint, wenn diese dem Betroffenen einem konkreten Risiko aussetzt, dass er unter den denkbar schmerzhaftesten Umständen sterben würde (§ 40 Rdn. 85 ff.).[76] Anknüpfend hieran kann nach der Rechtsprechung des BVerwG die fehlende oder unzureichende Versorgung einer Krankheit im Abschiebezielstaat mit der Folge einer **erheblichen Verschlimmerung des Krankheitsbildes** eine konkrete Gefahr für Leib und Leben im Sinne des § 60 Abs. 7 Satz 1 AufenthG begründen.[77] Für die Auslegung und Anwendung von § 60 Abs. 7 Satz 1 AufenthG kommt es zunächst auf die Feststellung einer schwerwiegenden Krankheit an. Das allein reicht jedoch nicht aus. Vielmehr ist anschließend zu untersuchen, ob als Folge der Abschiebung eine »**wesentliche oder gar lebensbedrohende Gesundheitsgefährdung**«[78] droht.

24 Entsprechend der normativen Vorgabe einer **erheblichen Gefahr** für Leib und Leben im **Zielstaat** der Abschiebung in § 60 Abs. 7 Satz 1 AufenthG begründet eine ernsthafte Verschlechterung des Gesundheitszustandes nach Einreise im Abschiebezielstaat als Folge der dort herrschenden Verhältnisse

---

[76] EGMR, EZAR 933 Nr. 6 = NVwZ 1998, 163 = InfAus lR 1997, 381 (383) Rn. 52 f. – D. v. U. K.; bestätigt durch EGMR (Große Kammer), HRLJ 2008, 289 (295) = NVwZ 2008, 1334 Rn. 42 – N.v. U. K.
[77] BVerwGE 105, 383 (386 f.) = NVwZ 1998, 524 = EZAR 043 Nr. 27 = InfAuslR 1998, 189.
[78] BVerwGE 105, 383 (386 f.) = NVwZ 1998, 524 = EZAR 043 Nr. 27 = InfAuslR 1998, 189.

ein Abschiebungshindernis.[79] Der für die Anwendung des nationalen subsidiären Schutzes maßgebende Krankheitsbegriff ist danach **zielstaatsbezogen**. Verschlechterungen des Krankheitsbildes, die als Folge der Vollzugsmaßnahme selbst drohen, werden als »**inlandsbezogene Vollstreckungshemmnisse**« behandelt, die nicht von § 60 Abs. 7 Satz 1 AufenthG, sondern von § 60a Abs. 2 AufenthG erfasst werden und deshalb auch keinen nationalen subsidiären Schutzstatus begründen können und von der Ausländerbehörde zu prüfen sind.[80]

Auch bei **psychischer Erkrankung** wird in **zielstaatsbezogene Abschiebungshindernisse** und **inlandsbezogene Vollstreckungshemmnisse** differenziert. Die **Zielstaatsbezogenheit** zielt auf die Frage der im Abschiebezielstaat verfügbaren psychotherapeutischen und psychiatrischen Behandlungsmöglichkeiten und auf die besondere psychische Dynamik der Erkrankung insbesondere bei chronischen Krankheitsverläufen: Dass die Folgen einer Ortsveränderung in die Umgebung, in der die objektiven Gründe der psychischen Erkrankung ihren territorialen Ort haben, sodass eine Verschärfung der Erkrankung oder gar eine Retraumatisierung (Rdn. 55) als Folge der Rückkehr drohen kann, wird jedoch häufig nicht anerkannt. Sind im Herkunftsland ausreichende psychotherapeutische und psychiatrische ambulante und stationäre Behandlungsmöglichkeiten verfügbar, wird deshalb unter dem rechtlichen Gesichtspunkt des zielstaatsbezogenen Abschiebungshindernisses der Vollzug der Abschiebung nicht ausgesetzt. Vielmehr muss belegt werden, dass wegen der Konfrontation mit den örtlichen Verhältnissen eine Verschärfung der Erkrankung, etwa in Form einer Retraumatisierung, unmittelbar bevorsteht. Das kann bei einer psychischen Erkrankung jedoch nicht stets, gleichsam zwangsläufig, unterstellt werden. 25

Der Wortlaut von § 60 Abs. 7 Satz 1 AufenthG (»dort«) erfordert eine zielstaatsbezogene Betrachtungsweise (Rdn. 24 f.). Gesundheitsgefährdungen erschließen sich andererseits erst aus der Komplexität des psychischen Krankheitsbegriffs. Welche Folgen im Abschiebezielstaat eintreten, kann nur dann sachgerecht beantwortet werden, wenn der juristischen Entscheidung Umfang, Inhalt und Reichweite des psychischen Krankheitsbegriffs zugrunde gelegt und anhand dessen die ermittelten Tatsachen bewertet werden. Dabei beschreibt das im Zentrum stehende rein deskriptive System der posttraumatischen Belastungsstörung (Rdn. 31 ff.) nur einen Ausschnitt möglicher Störungsbilder. Es wird insbesondere dem **Prozesscharakter psychischer Verletzungs- und Kompensationsprozesse** nicht gerecht. Aus klinischer Sicht sind nicht nur Personen, die an einem Störungsbild infolge einer Traumatisierung im Herkunftsland leiden (**Gefahr der akuten Reaktualisierung**), sondern auch Personen mit psychosenahen Störungen (**Gefahr des Realitätsverlustes** und der **psychotischen Dekompensation**), Personen mit schweren Depressionen (**Psychodynamik der Autoaggression**) und Personen mit schweren Persönlichkeitsstörungen und deutlich herabgesetzter Stressresistenz (Gefahr des Impulsdurchbruchs mit Eigen- oder Fremdgefährdung) besonders gefährdet. 26

b) Erforderliche Schwere der Gesundheitsgefährdungen

aa) Erhebliche Gesundheitsgefährdung

Die drohende Gesundheitsgefährdung muss erheblich sein (§ 60 Abs. 7 Satz 1 AufenthG). Dies ist der Fall, wenn im Abschiebezielstaat eine Gesundheitsbeeinträchtigung von **erheblicher Intensität** zu erwarten ist, d. h., eine **wesentliche oder gar lebensbedrohliche Verschlimmerung** der 27

---

79 BVerwGE 105, 383 (386 f.) = NVwZ 1998, 524 (525) = EZAR 043 Nr. 27 = InfAuslR 1998, 189 = AuAS 1998, 62; BVerwG, NVwZ 1998, 973 = InfAuslR 1998, 409 = AuAS 243; BVerwG, NVwZ 2000, 206 (207) = AuAS 2000, 14; BVerwG, NVwZ-Beil. 2003, 53 (54) = AuAS 2003, 106; VGH Baden-Württemberg, NVwZ-Beil. 2003, 98 (100) = InfAuslR 2003, 423; OVG Rheinland-Pfalz, NVwZ-Beil. 11 (12).

80 BVerwGE 105, 383 (386 f.); BVerwG, EZAR 043 Nr. 40; BVerwG, NVwZ-Beil. 2003, 53 (54); so auch BVerfG (Kammer), NVwZ-Beil. 1996, 73 (73 f.) = InfAuslR 1996, 342 = EZAR 043 Nr. 17 = AuAS 1996, 209; BVerfG (Kammer), InfAuslR 1998, 241 (242).

Krankheit.[81] Neben der vom BVerwG bezeichneten Herzkrankheit kann eine lebensbedrohliche akute myeloische **Leukämie** (Blutkrebs) eine erhebliche Gesundheitsgefährdung begründen.[82] Dabei handelt es sich um die Entartung und Reifestörung weißer Blutzellen mit Auftreten unreifer, von der Norm äußerlich und biochemisch unterscheidbarer Zelltypen vor allem im Blut und im Knochenmark. Der Krankheitsverlauf ist bestimmt durch eine fortschreitende schwere Knochenmarkinsuffizienz aufgrund einer Verdrängung der übrigen blutbildenden Zellen.[83]

28 Auch die lebensnotwendige und lebenslang erforderliche Medikation eines krebsbedingten Verlustes der Schilddrüse begründet eine erhebliche Gesundheitsgefährdung, wenn die erforderliche Behandlung im Abschiebezielstaat nicht gewährleistet ist.[84] Zudem kann eine schwere **insulinpflichtige Diabetes mellitus Typ I** eine erhebliche Gesundheitsgefährdung zur Folge haben.[85] Ebenso besteht ein Abschiebungshindernis bei einer kontinuierlich behandlungsbedürftigen fokalen **Epilepsie** nach frühkindlichem Gehirnschaden.[86] Die Gefahr, dass sich die Krankheit eines an **Asthma bronchiale** leidenden Asylsuchenden verschlimmert, begründet ebenfalls ein Abschiebungshindernis.[87] Auch die Erkrankung eines an **Asthma bronchiale, degenerativer Wirbelsäulenveränderung** und **chronischer Magenschleimhautentzündung** leidenden Asylsuchenden kann eine erhebliche Gesundheitsgefährdung begründen.[88] Ist zwar eine Behandlung der **Hepatitis C** im Abschiebezielstaat möglich, jedoch für einen mittellosen Rückkehrer nicht finanzierbar, sodass dieser nach Rückkehr in eine existenzbedrohende Lage gerät, besteht ein Abschiebungshindernis.[89]

bb) Psychische Gesundheitsgefährdung

29 Auch im Blick auf psychische Erkrankungen setzt wird die erforderliche Schwelle der Gesundheitsgefährdung durch eine **erhebliche Verschlimmerung des Krankheitsbildes** durch Ortsveränderung überschritten.[90] Für die zielstaatsbezogene Betrachtungsweise von § 60 Abs. 7 Satz 1 AufenthG kommt es damit auf einen Vergleich der Behandlungssituation im Abschiebezielstaat mit der im Bundesgebiet an. In diesem Zusammenhang sind heilberufliche Vorstellungen über die gebotene Behandlung zu berücksichtigen. Ferner sind die Folgen einer Ortsveränderung durch Behandlungsabbruch oder -unterbrechung und eine möglicherweise drohende Retraumatisierung (Rdn. 55 ff.) zu berücksichtigen. Beim Vergleich der Situation im Bundesgebiet mit der im Abschiebezielstaat darf der Blick nicht ausschließlich auf existenzielle Bedrohungen verengt, sondern müssen die aus fachärztlicher Sicht bezeichneten Behandlungserfordernisse in die Prognose eingestellt werden. Dabei sind auch die familiären Betreuungsverhältnisse im Herkunftsland zu berücksichtigen. Sind diese nicht oder nicht im erforderlichen Umfang so wie im Bundesgebiet vorhanden, kann eine erhebliche Gesundheitsverschlechterung eintreten.[91]

---

81 BVerwGE 105, 383 (386 f.) = NVwZ 1998, 524 (525) = EZAR 043 Nr. 27 = InfAuslR 1998, 189 = AuAS 1998, 62.
82 OVG Rheinland-Pfalz, NVwZ-Beil. 1998, 85.
83 OVG Rheinland-Pfalz, NVwZ-Beil. 1998, 85 (86).
84 VG Saarlouis, Urt. v. 09.03.2005 – 10 K 346/02.A.
85 VG Ansbach, Urt. v. 10.03.1999 – AN 13 K 94434.94; VG Münster, Urt. v. 28.10.1998 – 9 K 3186/95. A; VG Arnsberg, Urt. v. 13.12.1997 – 5 K 7927/93. A; VG Sigmaringen, Urt. v. 11.12.2003 – A 5 K 10662/03.
86 VGH Baden-Württemberg, EZAR 622 Nr. 9.
87 Niedersächsisches OVG, AuAS 1999, 100 (101); s. aber zur Asthma bronchiale BVerwG, NVwZ 2000, 206 = AuAS 2000, 14.
88 Niedersächsisches OVG, Beschl. v. 29.05.2000 – 12 L 4189/99.
89 VG Weimar, Beschl. v. 02.11.1999 – 5 E 20531/99. We.
90 BVerwGE 105, 383 (386 f.) = NVwZ 1998, 524 = EZAR 043 Nr. 27 = InfAuslR 1998, 189; OVG Nordrhein-Westfalen, NVwZ-RR 2005, 359.
91 OVG Nordrhein-Westfalen, EZAR 51 Nr. 3.

Die individual bezogene Bewertung einer erheblichen Gefahr gebietet nicht zwingend eine Reduzierung des Blickfelds auf existenzbedrohende Krankheitsfolgen. Es muss vielmehr eine nicht unerhebliche Gesundheitsgefährdung dargelegt werden. Dieser materielle Maßstab liegt jedoch weit unterhalb der Schwelle existenzbedrohender Gefährdungen. Vor der Klarstellung durch das BverwG, dass die Sperrwirkung des § 60 Abs. 7 Satz 1 AufenthG bei Gesundheitsgefährdungen keine Anwendung findet (Rdn. 38 ff.), hatte die Rechtsprechung diesen Maßstab unter Hinweis auf die Sperrwirkung angewandt. Bedrohungen der Rechtsgüter Leib und Leben sind in unterschiedlicher Intensität möglich. Nicht jede geringfügige Bedrohung der körperlichen oder seelischen Unversehrtheit, sondern nur erhebliche Gefahren begründen den subsidiären Schutzstatus nach § 60 Abs. 7 Satz 1 AufenthG. Dabei dürfen nicht nur die Behandlungsmöglichkeiten im Abschiebezielstaat in den Blick genommen werden. Vielmehr sind sämtliche therapeutische, familiäre, persönliche, rechtliche und sonstige relevante Umstände der im Bundesgebiet angewandten Behandlung den korrespondierenden Bedingungen gegenüberzustellen, die den Betroffenen wahrscheinlich im Abschiebezielstaat erwarten. Ist danach eine nicht lediglich geringfügige Verschlechterung des Gesundheitszustandes wahrscheinlich, besteht eine erhebliche Gefahr. 30

cc) Posttraumatische Belastungsstörung

Die Komplexität des psychischen Krankheitsbildes erfordert, das gesamte Spektrum psychischer Erkrankungen in den Blick zu nehmen und das Blickfeld nicht ausschließlich auf posttraumatische Belastungsstörungen zu verengen. Maßgeblich ist stets, ob aufgrund einer diagnostizierten psychischen Erkrankung durch die bevorstehende Ortsveränderung eine erhebliche Gesundheitsgefährdung droht. Andererseits wurde in der psychologischen Fachdisziplin der Diskurs über Traumafolgen zunächst am Begriff der posttraumatischen Belastungsfolgen geführt und hat damit das Bewusstsein für psychische Erkrankungen insgesamt geschärft. Es ist deshalb nachvollziehbar, wenn die juristische Disziplin den Fokus auf diesen spezifischen Krankheitsbegriff legt. Posttraumatische Belastungsstörungen (PTBS) sind aber nur ein Aspekt aus dem Gesamtspektrum psychischer Erkrankungen. Die Rechtsanwendung darf deshalb den Blick nicht ausschließlich auf diese reduzieren. Andererseits kommt diesem in diesem Zusammenhang eine besondere Bedeutung zu. 31

Der Begriff der posttraumatischen Belastungsstörung zielte ursprünglich auf die Erfassung der Nachwirkungen extremer Ereignisse wie etwa Naturkatastrophen und Alltagsereignisse wie z. B. Verkehrsunfälle. Er wurde im Zusammenhang mit der Holocaust-Forschung auch auf die Nachwirkungen von Völkermord und Verfolgung und im Anschluss daran auf Terrorismus, Vergewaltigung und generell auf die von Menschen gezielt ausgeübte Gewalt angewandt. Diese historische Entwicklung des PTBS-Begriffs ist wohl der Grund für die gegen diesen gerichtete fachinterne Kritik.[92] Dagegen wird bewusst der Begriff »**Extremtraumatisierung**« gesetzt. Diese wird beschrieben als »ein Prozess im Leben der Subjekte einer Gesellschaft, der definiert wird durch seine Intensität, durch die Unfähigkeit der Subjekte und der Gesellschaft, adäquat darauf zu antworten, und durch die Erschütterung und die dauerhaften pathogenen Wirkungen, die er in der psychischen und sozialen Organisation hervorruft.«[93] 32

Für die medizinische und psychotherapeutische Behandlung des Phänomens posttraumatischer Erkrankungen hat sich universell der Begriff »**Post Traumatic Stress Disorder**« (**PTSD**) durchgesetzt. Für den deutschen Sprachgebrauch wird dieser Begriff mit »**Posttraumatisches Belastungssyndrom**« (PTBS) übersetzt.[94] 1980 erschien die erste deutsche Übersetzung des »**International Classification of Diseases**« (**ICD-9**), in der das erste Mal der Begriff der posttraumatischen Belastungsstörung erwähnt wurde. Erst in der deutschen Ausgabe des **ICD-10 (1993)** wird PTSD indes erstmals in 33

---

92 *Becker*, Politische Psychologie 1999, 165 (171 f.); *Becker*, Prüfstempel PTSD, S. 25 (27 ff.).
93 *Becker*, Prüfstempel PTSD, S. 25 (37).
94 Vgl. hierzu *David Becker*, Politische Psychologie 1999, 165 (171, 165 (171); *Dhawan/Eriksson Söder*, Politische Psychologie 1999, 201 (203 ff.); *Summerfield*, Das Hilfsbusiness mit dem »Trauma«, S. 9.

Deutschland diskutiert.[95] PTSD nach den international anerkannten Diagnosestandards ICD-10 und DSM IV entsteht als eine verzögerte oder protrahierte Reaktion auf ein belastendes Ereignis oder eine Situation außergewöhnlicher Bedrohung.[96]

34 **Typische Merkmale der PTBS** sind das Wiedererleben der traumatischen Ereignisse, damit einhergehend wiederkehrende Fantasien, andauernde Gefühle von Betäubtsein und emotionaler Stumpfheit, Tag- oder Alpträume (**Nachhallerinnerungen, flashbacks**). Darüber hinaus wird auf die persistente **Vermeidung von Kontakten zur Umwelt** hingewiesen, die mit dem traumatischen Ereignis assoziierbar sind und zur Vermeidung von Aktivitäten und Situationen führen, die mit dem Trauma zusammenhängen. Als drittes Symptom von PTBS werden persistente Symptome einer **Aktivitätssteigerung** wie Schlafstörungen, Überempfindlichkeit und ständige Alarmhaltung, vegetative Übererregtheit mit Vigilanzsteigerung, Konzentrations- und Erinnerungsstörungen identifiziert. Angst und Depression sind häufig mit diesen Symptomen assoziiert und gehen oft auch mit **Suizidgedanken** einher.[97]

35 PTBS bezeichnet mithin ein vitales Diskrepanzerlebnis zwischen bedrohlichen Situationsfaktoren und den individuellen Bewältigungsmöglichkeiten, das mit den Gefühlen von Hilflosigkeit und schutzloser Preisgabe einhergeht und so eine dauerhafte Erschütterung des Selbst- und Wertverständnisses bewirkt. **Überforderung und Überbeanspruchung eigener Bewältigungsmöglichkeiten** sind **wesentliche Merkmale** des Psychotraumas. War aufseiten der Täter eine gezielte Verletzungsabsicht im Spiel, wird dadurch die traumatische Wirkung erheblich gesteigert. Diese Wirkung tritt auch ein, wenn wie etwa bei sexueller Gewalt und Folter die Würde des Opfers bewusst herabgesetzt wird. PTBS wird oft auch als **schwere Angsterkrankung** bezeichnet. Unterbleibt – wie zumeist – therapeutische Hilfestellung in der Frühphase der Erkrankung (»**Krisenintervention**«), kommt es regelmäßig zu psychischen Dysfunktionen und bleibenden Schädigungen des psychischen Apparates. Folgen hiervon sind Introjektionen des Traumas in das Selbst des Opfers, Fixierung an das Trauma, maligne Regression, Schädigungen von Ich-Funktionen, Zerstörung innerer Objektrepräsentanzen, Selbstzerstörung, Unfähigkeit zur Ambivalenz und **Verlust des Urvertrauens**. Das in der Kindheit herausgebildete Urvertrauen umgibt den Einzelnen mit einer Schutzhülle, die bei posttraumatischen Belastungsstörungen mithin durchbrochen wird. Diese erschüttern die Weltannahmen und greifen die psychische Integrität im Innersten an.[98]

36 Für die Frage der **Eingriffsintensität**, welche einer drohenden Abschiebung eines posttraumatisierten Betroffenen anhaftet, können ungeachtet der fachinternen Kritik die typischen Merkmale des PTBS-Konzepts hilfreiche Aussagen über das Gewicht der drohenden Rechtsgutverletzung vermitteln. Dabei ist zu bedenken, dass nach ICD-10 die Reaktionen in verschiedene Verlaufstypen unterteilt werden: Die auf die ersten vier Wochen nach dem erlebten Trauma beschränkte **akute Belastungsstörung** wird von der **posttraumatischen Belastungsstörung** unterschieden, die nach Ablauf von vier Wochen eintreten kann. Liegt ein Trauma über zwei Jahre zurück und besteht noch immer die posttraumatische Symptomatik oder bricht sie infolge eines die Erinnerung auslösenden Ereignisses erst Jahre später aus, wird von einer **chronischen posttraumatischen Belastungsstörung** ausgegangen, die als **schwere Krankheit** diagnostiziert wird. Es werde nicht nur die psychische und physische Befindlichkeit des Kranken, sondern auch das **soziale Beziehungsgeflecht** beeinträchtigt. Die generelle Anpassungs- und Belastungsfähigkeit und die allgemeine Leistungsfähigkeit seien **tief greifend gestört**.[99]

---

95 *Bittenbinder*, Politische Psychologie 1999, 41 (44).
96 *Bittenbinder*, Politische Psychologie 1999, 41 (44).
97 *Fischer/Riedesser*, Lehrbuch der Psychotraumatologie, S. 307 ff.; *von Hinckeldey/Fischer*, Psychotraumatologie, S. 23 ff.; *Bittenbinder*, Politische Psychologie 1999, 41 (45); *Becker*, Prüfstempel PTSD, S. 25 (30).
98 *Möller/Regner*, Politische Psychologie 1999, 59 (79).
99 *Koch/Winter*, Psychische Reaktionen nach Extrembelastungen bei traumatisierten Kriegsflüchtlingen, S. 4.

Prämorbide Persönlichkeitsfaktoren wie bestimmte Persönlichkeitszüge oder neurotische Vorbelastungen können dabei die Schwelle für die Belastung senken und deren Verlauf verstärken.[100] Eine psychische Verletzung (»Trauma«) aufgrund eines oder einer Reihe traumatisierender Ereignisse verläuft ähnlich wie eine körperliche Verletzung in Prozessen, in denen phasenhaft unterschiedliche Symptome vorherrschen können. Bei einem Extremtrauma handelt es sich zumeist um einen lebenslang dauernden traumatischen Prozess. Chronische Verläufe, wie sie im ICD-10 unter andauernder Persönlichkeitsänderung nach Extrembelastung benannt werden, sowie komplexe Störungen und Co-Morbiditäten wie Depression, Sucht und körperliche Beschwerden finden sich häufig insbesondere bei langfristigen Traumatisierungen und sind über die Fachwelt hinaus noch wenig bekannt, sodass es zu Fehlschlüssen kommt, falls die bekannte Diagnose PTBS nicht explizit erwähnt wird oder der Schwerpunkt der Symptomatik in einer anderen Kategorie des derzeitigen diagnostischen Systems liegt.

c) Gefahrenprognose

aa) Keine Anwendung der Sperrwirkung des § 60 Abs. 7 Satz 3 AufenthG

Die verfahrensrechtliche Sperrwirkung des § 60 Abs. 7 Satz 3 AufenthG (Rdn. 20 ff.), welche die Gefahrenprognose einer konkreten Gefahr für den Antragsteller ausschließt, findet bei zielstaatsbezogenen Gesundheitsgefährdungen keine Anwendung. Das BVerwG hatte zunächst auch bei einer durch Krankheit bedingten Gefahr eine »extreme individuelle Gefahrensituation« und damit eine »Gefährdung mit dieser besonderen Intensität« verlangt.[101] Die nunmehr maßgebende Rechtsprechung verlangt hingegen keinen erhöhten Gefahrengrad mehr. Vielmehr muss die befürchtete Verschlimmerung gesundheitlicher Beeinträchtigungen als Folge fehlender Behandlungsmöglichkeiten im Zielstaat lediglich zu einer »erheblichen Gesundheitsgefahr« führen. Ausdrücklich stellt das BVerwG klar, dass es eine (erhöhte) »existenzielle« oder »extreme« Gefahr, die den Betroffenen im Fall seiner Abschiebung gleichsam sehenden Auges dem Tod oder schwersten Verletzungen ausliefern würde, nur bei verfassungskonformer Durchbrechung der verfahrensrechtlichen Sperrwirkung gefordert habe.[102] Die Gefahr, dass sich eine Erkrankung aufgrund der Verhältnisse im Zielstaat der Abschiebung verschlimmert, sei in der Regel als individuelle Gefahr einzustufen, die am Maßstab von § 60 Abs. 7 Satz 1 AufenthG **in direkter Anwendung** zu prüfen sei.[103]

Das BVerwG hatte den Schwenk in seiner Rechtsprechung zunächst nicht näher begründet. Da Gesundheitsgefährdungen auch dann zu berücksichtigen sind, wenn sie »erheblich«, also bereits unterhalb der Schwelle einer »(erhöhten) existenziellen oder extremen Gefahr« zu berücksichtigen sind, kann dies nur bedeuten, dass die verfahrensrechtliche Sperrwirkung bei Gesundheitsgefahren keine Anwendung findet.[104] Einschränkend hat das BVerwG aber festgestellt, eine Gesundheitsgefährdung aufgrund zielstaatsbedingter unzureichender Versorgungslage sei **ausnahmsweise** dann als **allgemeine Gefahr** oder **Gruppengefahr** im Sinne von § 60 Abs. 7 Satz 3 AufenthG zu qualifizieren, wenn es – etwa bei Aids – um eine große Anzahl Betroffener im Zielstaat gehe und deshalb ein Bedürfnis für eine ausländerpolitische Leitentscheidung nach § 60 a Abs. 1 Satz 1 AufenthG bestehe.[105] Es muss daher zwischen dem singulären Charakter einer Erkrankung und einer Erkrankung, die »eine große Anzahl Betroffener« erfasst, differenziert werden. Letzteres kann nur ausnahmsweise angenommen werden.

---

100 *Bittenbinder*, Politische Psychologie 1999, 41 (44).
101 Zuletzt noch BVerwGE 122, 103 (108) = NVwZ 2005, 462 = InfAuslR 2005, 120.
102 BVerwG, Beschl. v. 24.05.2006 – BVerwG 1 B 118.05.
103 BVerwGE 127, 33 (36) = EZAR 51 Nr. 16 = AuAS 2007, 30 (31); Niedersächsisches OVG, AuAS 2009, 160 (161).
104 So ausdrücklich BVerwGE 127, 33 (36) = EZAR 51 Nr. 16 = AuAS 2007, 30 (31).
105 BVerwGE 127, 33 (36 f.) = EZAR 51 Nr. 16 = AuAS 2007, 30 (31).

bb) Darlegungsanforderungen

40 Für den Nachweis einer psychischen Erkrankung ist zwischen einem **Gutachten**, das auf einem ausdrücklichen gerichtlichen oder behördlichen Gutachtenauftrag beruht, und einem auf Bitten des Antragstellers erstellten ärztlichen **Attest** oder einer ärztlichen **Stellungnahme** bzw. einem **Privatgutachten** zu unterscheiden. Für die Geltendmachung einer psychischen Erkrankung im Rahmen der Antragstellung reicht ein Attest oder eine Stellungnahme aus. Die Stellungnahme soll die Behauptungen des Antragstellers über eine psychische Erkrankung stützen und deshalb in nachvollziehbarer Weise Aussagen zum Charakter wie auch zur Ursache der psychischen Erkrankung, zum Umfang der Behandlungsbedürftigkeit sowie auch zu den Folgen enthalten, die im Fall des Abbruchs der Behandlung eintreten können. Entsprechend allgemeinen verfahrensrechtlichen Grundsätzen reicht die **Möglichkeit** aus, dass psychische Krankheitssymptome vorliegen können. Psychologen und Psychiater in der Behandlungspraxis müssen deshalb für den Beweisantritt kein Gutachten erstellen, das den strengen prozessualen Voraussetzungen für ein Gutachten entspricht. Vielmehr ist ausreichend, wenn ihre Stellungnahme anhand konkreter Befundtatsachen die Möglichkeit aufzeigt, dass psychische Krankheitssymptome vorliegen können.

41 Für medizinische – posttraumatologische und psychotherapeutische – Fachfragen gibt es keine eigene, nicht durch entsprechende medizinische Sachverständigengutachten vermittelte behördliche Sachkunde.[106] Erst das Gutachten selbst muss Erkenntnisse liefern, welche es der Behörde ermöglichen, dem Maßstab der Überzeugungsgewissheit (§ 108 Abs. 1 Satz 1 VwGO) entsprechende Feststellungen zu treffen, ob ein krankheitsbedingtes Abschiebungshindernis vorliegt. Der Beweisantrag auf Einholung eines Gutachtens zur Erkrankung des Asylsuchenden an einer PTBS darf nicht mit der Begründung abgelehnt werden, dass dieser die »Erkrankung nicht glaubhaft gemacht habe«. »Eine Pflicht zur **Glaubhaftmachung**, etwa im Sinne von § 294 ZPO, besteht für die Beteiligten in dem vom Untersuchungsgrundsatz beherrschten Verwaltungsprozess regelmäßig ebenso wenig wie eine **Beweisführungspflicht**«.[107]

42 Allerdings gehört nach der Rechtsprechung zur Substanziierung eines krankheitsbedingten Abschiebungshindernisses, welches das Vorliegen einer behandlungsbedürftigen PTBS (Rdn. 31 ff.) zum Gegenstand hat, angesichts der **Unschärfen des Krankheitsbildes** sowie seiner **vielfältigen Symptome** regelmäßig die Vorlage eines gewissen Mindestanforderungen genügenden fachärztlichen Attests. Aus diesem muss nachvollziehbar hervorgehen, auf welcher Grundlage der Facharzt seine Diagnose gestellt hat und wie sich die Krankheit im konkreten Fall darstellt. Dazu gehören etwa Angabe darüber, seit wann und wie häufig sich der Patient in ärztlicher Behandlung befunden hat und ob die von ihm geschilderten Beschwerden durch die erhobenen Befunde bestätigt wurden. Des Weiteren soll das Attest Aufschluss über die **Schwere der Krankheit**, deren **Behandlungsbedürftigkeit** sowie den **bisherigen Behandlungsverlauf** (Medikation und Therapie) geben. Wird das Vorliegen einer PTBS auf traumatisierende Erlebnisse im Herkunftsland gestützt und werden die Symptome erst längere Zeit nach der Ausreise aus dem Herkunftsland vorgetragen, ist in der Regel auch eine Begründung dafür erforderlich, warum die Erkrankung nicht früher geltend gemacht worden ist.[108]

43 Eine vorgelegte ärztliche Bescheinigung, durch die dem Antragsteller eine psychische Erkrankung attestiert wird, gibt andererseits nicht erst dann Anlass zur weiteren Sachaufklärung, wenn sie in jeder Hinsicht den an ein zur Beweisantritt geeignetes Sachverständigengutachten zu stellenden Anforderungen genügt.[109] Vielmehr kann die Behörde schon dann gehalten sein, den Sachverhalt

---

106 BVerwG, InfAuslR 2006, 485 (486); a.A. OVG Nordrhein-Westfalen, NVwZ-RR 2005, 358 = AuAS 2005, 80; OVG Nordrhein-Westfalen, InfAuslR 2007, 408; siehe hierzu *Marx*, Kommentar zum AsylvfG, § 78 Rn. 865 ff.

107 BVerwG, InfAuslR 2008, 142 (143) = NVwZ 2008, 330; mit Hinweis auf BVerwG, InfAuslR 2002, 149; BVerwGE 109, 174 = InfAuslR 1999, 526; *Marx*, Kommentar zum AsylvfG, § 78 Rn. 865 ff.

108 BVerwG, InfAuslR 2008, 142 (143) = NVwZ 2008, 330.

109 OVG Nordrhein-Westfalen, NVwZ-RR 2005, 507 = AuAS 2005, 93.

unter Inanspruchnahme ärztlichen Sachverstandes weiter aufzuklären, wenn zwar keine ärztliche Bescheinigung vorliegt, sich aber die Annahme einer schwerwiegenden psychischen Erkrankung dennoch aufgrund besonderer Einzelfallumstände aufdrängt. Fehlen derartige, für die Behörde erkennbare Umstände, kann die Vorlage einer ärztlichen Bescheinigung Anlass geben, das Vorliegen eines Abschiebungshindernisses in Betracht zu ziehen. Voraussetzung hierfür ist allerdings, dass die vorgelegte Bescheinigung substanziiert und in für die Behörde nachvollziehbarer Weise ernstliche Anhaltspunkte für das Vorliegen einer psychischen Erkrankung aufzeigt, dass dem Antragsteller gesundheitliche Beeinträchtigungen der für die Anwendung von § 60 Abs. 7 Satz 1 AufenthG vorausgesetzten Schwere drohen und nicht etwa lediglich bloße Befindlichkeitsstörungen zu erwarten sind.[110]

Wenn bereits die ärztliche Stellungnahme ausführliche, internationale Diagnosekriterien berücksichtigende Ausführungen zum Charakter und zur Ursache der psychischen Erkrankung enthält, kann bereits aufgrund der Antragsbegründung die Sachentscheidung getroffen werden. An eine ärztliche Bescheinigung sind jedoch aus den aufgezeigten Gründen weniger strenge Anforderungen als an ein Gutachten zu stellen. Sie muss aber bestimmte Mindestvoraussetzungen erfüllen, insbesondere zumindest nachvollziehbar die tatsächlichen Umstände darlegen, auf deren Grundlage eine fachliche Beurteilung erfolgt ist. Nicht verlangt werden kann, dass bereits die Stellungnahme Befundtatsachen und Ausführungen zur Methode der Tatsachenermittlung bezeichnet. Sofern die Rechtsprechung bereits im Rahmen der Antragsbegründung Angaben zur fachlichen medizinischen Beurteilung des Krankheitsbildes (**Diagnose**) wie auch eine ärztliche Beurteilung der Folgen fordert, die sich aus der krankheitsbedingten Situation voraussichtlich ergeben (**prognostische Diagnose**, Rdn. 46),[111] werden die Anforderungen für den Beweisantritt prozessordnungswidrig überdehnt. Derartige Angaben sind lediglich auf Schlüssigkeit, nicht aber auf Stimmigkeit und Widerspruchsfreiheit zu überprüfen. 44

Verbleiben Zweifel am Bestehen eines krankheitsbedingten Abschiebungshindernisses, ist von Amts wegen zu ermitteln und ein Gutachten zur behaupteten psychischen Erkrankung einzuholen. Auch in Ansehung einer behaupteten psychischen Erkrankung trifft den Antragsteller nicht anders als im allgemeinen Verwaltungs- und Verwaltungsprozessrecht keine Beweisführungslast. Vielmehr ist es grundsätzlich Aufgabe der Behörde bzw. des Gerichts, den Sachverhalt von sich aus aufzuklären.[112] Jedoch können im Rahmen eines Folge- oder Wiederaufgreifensantrags erhöhte Anforderungen an die Darlegung der Schlüssigkeit gestellt werden. Insoweit dürfen vor Einholung eines Gutachtens auch schlüssige Ausführungen zur Ursache und zum Umfang des Krankheitsbildes gefordert werden. Kann aber die Möglichkeit nicht ausgeschlossen werden, dass eine psychische Erkrankung vorliegt, ist von Amts wegen zu ermitteln. Allenfalls dann, wenn die Antragsbegründung unauflösbare Widersprüche enthält, die erkennbar auch durch eine Beweiserhebung nicht ausgeräumt werden können, dürfen Ermittlungen abgelehnt werden. 45

Die Behörde hat bei unzureichendem Beweisantritt vor der Antragsablehnung den Antragsteller konkret und sachbezogen auf ihre Zweifel hinzuweisen und unter Fristsetzung zur Stellungnahme aufzufordern. Erst wenn auch auf behördliche Aufforderung keine Angaben gemacht werden, welche die geltend gemachte psychische Erkrankung schlüssig beschreiben, darf die Beweisaufnahme sowie auch der Antrag abgelehnt werden. Abweichend von diesen Grundsätzen verlangt die Rechtsprechung teilweise bereits für die Antragsbegründung eine substanziierte Beschreibung der traumatisch bedingten Gesundheitsstörung (Befunde/messbare Angaben/Diagnosemethode) wie auch Angaben zum spezifischen Therapieplan (Therapieform/Therapiemaßnahmen/zeitlicher 46

---

110 OVG Nordrhein-Westfalen, NVwZ-RR 2005, 507 = AuAS 2005, 93.
111 So VGH Baden-Württemberg, NVwZ-Beil. 2003, 98 (99) = InfAuslR 2003, 423.
112 OVG Nordrhein-Westfalen, NVwZ-RR 2005, 507 = AuAS 2005, 93.

Behandlungsrahmen/Medikation).[113] Liege ein fachärztliches Attest vor, das dem Antragsteller eine psychische Erkrankung, insbesondere eine posttraumatische Belastungsstörung bescheinige, könne die Behörde dieses mangels hinreichender eigener Sachkunde zwar nicht von sich aus als nicht aussagekräftig zurückweisen. Anders sei es aber dann, wenn die vorgelegte Bescheinigung nicht nachvollziehbar sei, weil sie insbesondere keine den anerkannten wissenschaftlichen Anforderungen genügende Begründung enthalte, weil sie von anderen, nicht offensichtlich unzureichenden ärztlichen Stellungnahmen abweiche oder weil sie nicht erkennen lasse, dass objektiv bestehende diagnoserelevante Zweifel berücksichtigt worden seien (Rdn. 44).[114]

47 Diese Rechtsprechung überspannt die Anforderungen an die Antragsbegründung und stellt bereits an die Antragsbegründung Anforderungen, die für die Sachentscheidung maßgebend sind. Sie ist mit der neueren Rechtsprechung des BVerwG nicht vereinbar. Insofern sind nicht anders wie im Blick auf Verfolgungstatbestände schlüssige Angaben zu verlangen, aus denen sich ergibt, dass der Antragsteller für den Fall der Abschiebung eine erhebliche Gesundheitsgefährdung befürchtet. Der Maßstab ist **Schlüssigkeit** und **nicht Widerspruchsfreiheit**. Da krankheitsbedingte Abschiebungshindernisse in aller Regel nach Abschluss des Asylverfahrens geltend gemacht werden, sind zwar erhöhte Anforderungen an die Schlüssigkeit zu stellen. Widerspruchsfreiheit und Stimmigkeit bezeichnen jedoch verfahrensrechtliche Kriterien für die Glaubhaftmachung und sind auch im Rahmen eines weiteren Verfahrens nicht bereits für die Antragsbegründung vorgeschrieben.

48 Insbesondere bei Flüchtlingen und Asylsuchenden, die einer erheblichen Unsicherheit und Einschränkung ihrer Lebensbedingungen ausgesetzt sind, überlagert die anhaltende Belastung durch Flucht und Exil (»**ongoing stress**«) das posttraumatische Geschehen.[115] Deshalb rechtfertigt allein die Tatsache der »**verspätet**« vorgebrachten psychischen Erkrankung keine erhöhte Darlegungslast (Rdn. 39). Untersuchungen belegen, dass eine traumatische Erfahrung häufig dissoziierte Erinnerungsfragmente zur Folge haben kann. Dabei handelt es sich um explizit nicht verfügbare Erinnerungen, die vom normalen Bewusstsein abgespalten und deshalb einer bewussten Reflektion unzugänglich sind. Da sie nicht in den vorhandenen Erfahrungsschatz des Individuums integriert werden können, werden sie in dissoziierter Form abgespeichert und können damit bewusst nicht abgerufen werden. Vermeidungssymptome können daher in der gänzlichen Unfähigkeit, sich an wichtige Aspekte des Traumas zu erinnern, bestehen. Traumatische Gedächtnisinhalte können deshalb auch nicht in sprachlicher Form, sondern lediglich als Symptome ausgedrückt werden.[116]

49 Kognitive Verleugnung oder Vermeidung entspricht einer Tendenz, die Wahrnehmung des traumatischen Ereignisses zu **blockieren**.[117] Bei Personen mit traumatischer Erfahrung kann häufig beobachtet werden, dass einzelne schwer belastende Ereignisse oder deren Umstände (etwa Haftperioden) zunächst nicht bewusst zugänglich sind oder aufgrund der Vermeidungssymptomatik nicht benannt werden und erst in späteren Aussagen zugänglich sind, angedeutet oder ausgesprochen werden.[118] Manchmal werden trauma-assoziierte Gedächtnisinhalte zu späteren Zeitpunkten aufgrund voranschreitender intrapsychischer Verarbeitung der traumatischen Ereignisse oder aber wegen auslösender Reize auch wieder zugänglich und können dann ausgesagt werden.[119] Stress kann also zu Gedächtnisblockaden führen, die als **Abrufblockaden** zu verstehen sind. Die Information ist aller Wahrscheinlichkeit nach weiterhin im Gehirn existent, der Zugang zu ihr ist indes blockiert.[120]

---

113 OVG Nordrhein-Westfalen, InfAuslR 2004, 438; VG Freiburg, NVwZ-RR 2005, 64 (65); VG Braunschweig, NVwZ-RR 2005, 65.
114 VG Braunschweig, NVwZ-RR 2005, 65.
115 *Graessner/Wenk-Ansohn*, Die Spuren von Folter, S. 75–77.
116 *Von Hinckeldey/Fischer*, Psychotraumatologie der Gedächtnisleistung, S. 15 f., 32.
117 *Fischer/Riedesser*, Lehrbuch der Psychotraumatologie, S. 145.
118 *Birck*, Traumatisierte Flüchtlinge, S. 114, 119.
119 *Birck*, Traumatisierte Flüchtlinge, S. 118.
120 *Markowitsch*, Dem Gedächtnis auf der Spur, S. 151.

In manchen Fällen sind Teile des erlebten Geschehens der bewussten Erinnerung nicht oder nur unvollständig zugänglich. Fragmentarische Erinnerungsbilder (**Hypermnesien**) können mit **Gedächtnislücken** abwechseln. Der Erinnerungsverlust kann sich nicht nur auf die Phase oder Details des Traumas, sondern auch auf die Zeit danach beziehen, manchmal auch auf eine Episode vor dem traumatischen Ereignis. Als Ursachen für Erinnerungslücken kommen auch komplexe Verdrängungsvorgänge in Betracht, die unmittelbar nach dem Trauma im Rahmen von psychischen Verarbeitungsversuchen spontan einsetzen. Teile der traumatisierenden Erlebnisse und damit verbundene Konflikte werden ins Unbewusste abgedrängt, da die Psyche sich gegen das Ich destabilisierende Inhalte und Gefühle, z. B. Scham, Schuld, Angst, Aggression, schützen muss.[121]

cc) Funktion des Begriffs der konkreten Gefahr

Die Rückführung muss für den Betroffenen persönlich eine konkrete Gefahr, d. h., eine wesentliche Verschlechterung des Gesundheitszustandes **alsbald** nach dessen Rückkehr im Abschiebezielstaat zur Folge haben. Soweit eine psychische Erkrankung diagnostiziert und festgestellt wird, dass aufgrund der spezifischen Ausprägung des Krankheitsbildes die Ortsveränderung wegen des Kontaktes mit den örtlichen Verhältnissen, die maßgeblich die traumatische Erfahrung geprägt hatten, eine nicht lediglich geringfügige Verschlechterung des Gesundheitszustandes zur Folge haben wird, wird damit häufig auch eine konkrete Gefahr festgestellt. Soweit die örtlichen Behandlungsmöglichkeiten zu bewerten sind, geht die Rechtsprechung davon aus, der Antragsteller müsse sich bei einer psychischen Erkrankung wie bei allen anderen Gesundheitsstörungen auch grundsätzlich auf den in medizinischer und therapeutischer Hinsicht allgemein üblichen Standard in seinem Heimatland verweisen lassen. Zudem sei auch die Erbringung zumutbarer familiärer Unterstützungsmaßnahmen jedenfalls im Rahmen der im Herkunftsland hierzu üblichen Gepflogenheiten gewöhnlicherweise zu erwarten.[122]

Das BVerwG hat jedoch klarstellend festgestellt, dass seine Rechtsprechung nicht nur den Fall erfasst, in dem aufgrund unzureichender Behandlungsmöglichkeiten im Herkunftsland eine Verschlimmerung der Krankheit droht. Vielmehr könne sich ein zielstaatsbezogenes Abschiebungshindernis darüber hinaus **trotz an sich verfügbarer medikamentöser und ärztlicher Behandlung** auch aus sonstigen Umständen im Zielstaat ergeben, die dazu führten, dass der Betroffene diese medizinische Versorgung **tatsächlich nicht erlangen könne**.[123] Eine zielstaatsbezogene Gefahr für Leib und Leben bestehe auch dann, wenn die notwendige Behandlung oder Medikation zwar allgemein verfügbar, dem Betroffenen indes aus **finanziellen oder sonstigen Gründen nicht zugänglich** sei.[124] Fehle diesem etwa die Einsichtsfähigkeit in die Behandlungsbedürftigkeit seiner Krankheit und bedürfe er deshalb der Überwachung durch Bezugspersonen, sei aber eine Überwachung einer erforderlichen medikamentösen oder ärztlichen Behandlung durch eine austauschbare Bezugsperson oder Betreuungseinrichtung im Herkunftsland auch bei entsprechender Ausgestaltung der Abschiebung voraussichtlich nicht gewährleistet, gehöre dieser Umstand zu den zielstaatsbezogenen Verhältnissen.[125] Dementsprechend genießt ein herzkranker Marokkaner, der nach wiederholten herzchirurgischen Eingriffen einer dauerhaften, mit entsprechenden Laborkontrollen verbundenen Antikoagulationstherapie mit Marcumar bedarf, Abschiebungsschutz, weil für ihn in seinem Heimatstaat keine Krankenkasse die Bezahlung der Behandlung übernimmt.[126]

---

121 *Graessner/Wenk-Ansohn*, Die Spuren von Folter, S. 83 f.
122 OVG Nordrhein-Westfalen, NVwZ-RR 2005. 359.
123 BVerwG, NVwZ-Beil. 2003, 53 (54) = AuAS 2003, 106; Niedersächsisches OVG, AuAS 2003, 126; VG Braunschweig, NVwZ-RR 2004, 300.
124 BVerwG, NVwZ-Beil. 2003, 53 (54) = AuAS 2003, 106; Niedersächsisches OVG, AuAS 2003, 126; VG Braunschweig, NVwZ-RR 2004, 300.
125 BVerwG, NVwZ-Beil. 2003, 53 (54) = AuAS 2003, 106.
126 VG Frankfurt am Main, Beschl. v. 02.10.2001 – 11 G 2825/00 (1).

dd) Einwand der Nachsorge

53 Nach der Rechtsprechung kann der Wegfall der Gefahrenlage grundsätzlich dadurch bewirkt werden, dass die tatsächliche Behandlung des Antragstellers vor Ort sichergestellt und finanziert wird.[127] Die von der zuständigen Behörde in diesem Zusammenhang ergriffenen oder zugesagten Maßnahmen müssen jedoch so konkret und Erfolg versprechend sein, dass sie eine Unterbrechung des Kausalverlaufs erwarten lassen, der ansonsten alsbald zu einer erheblichen Gesundheitsverschlechterung führen würde. Nicht ausreichend ist es hingegen, wenn alternativ verschiedene Maßnahmen zugesagt werden, deren Erfolgsaussichten ungeprüft sind, oder wenn diese Maßnahmen lediglich geeignet erscheinen, das ansonsten zu erwartende Geschehen um eine Zeitspanne hinauszuschieben, die einer dann eintretenden Aktualisierung der Gefahr nicht die zeitliche Nähe zum Abschiebungsakt nähme.[128] Die von den zuständigen Behörde in diesem Zusammenhang ergriffenen oder zugesagten Maßnahmen müssen jedoch so konkret und Erfolg versprechend sein, dass sie eine Unterbrechung des Kausalverlaufs erwarten lassen, der ansonsten eine nicht unwesentliche Verschlechterung des Gesundheitszustandes zur Folge hat.

54 Darüber hinaus kann die gebotene **Nachsorge** nicht lediglich auf die Gewährleistung des Übergangs in Form einer Erstbetreuung beschränkt bleiben. Vielmehr entfällt ein zielstaatsbezogenes Abschiebungshindernis nur dann, wenn die erforderliche weiter reichende und auf Dauer angelegte medizinische Versorgung sichergestellt ist.[129] Es darf also nicht nur eine zeitnahe medizinische Versorgung in den Blick genommen werden. Die Sicherstellung einer medizinischen Versorgung lediglich für einen Zeitraum von zwei Monaten nach der Abschiebung das Abschiebungshindernis ist regelmäßig nicht ausreichend.[130] Bei psychischen Erkrankungen ist ein bedeutend längerer Zeitraum in die Bewertung einzustellen. Bei schweren Herzfehlern, die regelmäßige ambulante kardiologische Kontrollen im Abstand von zwei Wochen bis zwei Monaten und im Alltag eine umfassende Betreuung und Überwachung erforderlich machen, kann diese Vorsorge nicht erbracht werden. Selbst wenn entsprechende behördliche Vorkehrungen getroffen werden, können sie doch lediglich der Gewährleistung des Übergangs des Rückkehrers in eine Erstbetreuung, nicht aber der Sicherstellung der von diesem benötigten weiter reichenden und auf Dauer angelegten medizinischen Versorgung dienen, auch wenn sie zeitnah nach der Rückkehr einsetzt.[131]

ee) Gefahr der Retraumatisierung

55 Bei psychischen Erkrankungen ist im Rahmen der Gefahrenprognose insbesondere die Gefahr einer Retraumatisierung zu berücksichtigen. Auch das BVerfG misst dem Risiko einer Retraumatisierung hohe verfahrensrechtliche Bedeutung bei und verpflichtet das Verwaltungsgericht dazu, das Risiko besonderer Anfälligkeit und Vulnerabilität des Asylsuchenden für neu psychotische Schübe, ausgelöst durch den Kontakt mit Repräsentanten des Herkunftsstaates, zu ermitteln.[132] Von einer Retraumatisierung[133] spricht man, wenn eine Belastung, die mit einer erneuten Erfahrung des Gefühls einhergeht, hilflos ausgeliefert zu sein, zu einer weiteren Sequenz des traumatischen Prozesses

---

127 Niedersächsisches OVG, AuAS 2009, 160 (162); VG Braunschweig, AuAS 2005, 137; VG Göttingen, NVwZ-RR 2004, 536.

128 VG Braunschweig, NVwZ-RR 2004, 300, Unzulässigkeit der Abschiebung eines an Bluthochdruck leidenden Armeniers.

129 OVG Rheinland-Pfalz, NVwZ-Beil. 2004, 11 (13); siehe auch BVerwGE 127, 33 (41) = EZAR 51 Nr. 16 = AuAS 2007, 30 (31).

130 OVG Rheinland-Pfalz, NVwZ-Beil. 2004, 11 (13); a.A. Bayerischer VGH, NVwZ-Beil. 2004, 14 (15), die finanzielle Übernahme der medizinischen Versorgung für 3 Monate ist ausreichend.

131 OVG Rheinland-Pfalz, NVwZ-Beil. 2004, 11 (13).

132 BVerfG (Kammer), Beschl. v. 23.10.2007 – 2 BvR 542/02; siehe auch BVerfG (Kammer), NVwZ 2008, 418; VG Stuttgart, NVwZ-RR 2009, 401 (402).

133 Zum Begriff *Soeder*, ZAR 2009, 314 (316).

führt mit akuter und/oder anhaltender Verschlimmerung des Krankheitsprozesses. Der Begriff »Retraumatisierung« ist allerdings insofern irreführend, weil es sich nicht um objektiv die gleichen oder weitgehend ähnlichen Situationen handeln muss, die schon einmal den traumatischen Prozess ausgelöst haben.

Für den nicht traumatisierten, außenstehenden Beobachter kann eine potenziell retraumatisierende Situation sehr viel weniger bedrohlich sein als das ursprüngliche krankheitsauslösende traumatische Erlebnis. Vor dem Hintergrund der vorangehenden Traumatisierung wird eine Situation subjektiv als potenzielle Bedrohung bewertet.[134] Die Bewertung der Situation und die ausgelösten Reaktionen sind nicht willentlich steuerbar. Es handelt sich vielmehr um ein krankheitsbedingtes psychobiologisches Reaktionsmuster. Eine Vertiefung des traumatischen Prozesses kann durch spezifische, d. h., mit der ursprünglichen traumatischen Situation assoziativ verbundene Belastungen, aber auch durch unspezifische Belastungen oder anhaltende Stresssituationen ausgelöst werden. Reaktualisierungen, z. B. durch die Konfrontation mit dem Ort des Traumas oder Personen, die zum Kreis der Täter gehören könnten, können über vorübergehende Verstärkung der Symptomatik hinaus mit einer andauernden Vertiefung der traumatischen Reaktion einhergehen.[135]

56

Unter derartigen Voraussetzungen kann der erheblichen Gesundheitsgefährdung nicht dadurch begegnet werden, dass der Asylsuchende sich unverzüglich nach der Abschiebung in psychologische Behandlung begibt, in deren Rahmen eine Retraumatisierung gleich mit behandelt werden könnte. Eine Behandlung von seelischen Wunden ist nämlich nur dann sinnvoll und Erfolg versprechend, wenn sie nicht durch die tägliche Konfrontation mit der Umgebung und den dort verorteten leidvollen Erinnerungen wieder neu aufgerissen werden. Es geht also nicht nur um die Sicherung der Fortsetzung eines eventuell in Deutschland eingeleiteten Linderungsprozesses im Herkunftsland, sondern insbesondere um den Schutz vor eigenständigen neuen seelischen Verletzungen.[136]

57

d) Feststellung der psychischen Gesundheitsgefährdung

Ist der Antrag durch Vorlage einer ärztlichen Stellungnahme bereits schlüssig begründet, kann die Behörde bereits aufgrund der Stellungnahme eine konkrete Gesundheitsgefährdung feststellen, wenn diese Aussagen zum Umfang der Behandlungsbedürftigkeit und dazu enthält, dass der Ausfall einer weiteren Behandlung im Bundesgebiet ohne Fortsetzung der Behandlung im Abschiebezielstaat unter relativ vergleichbaren therapeutischen, persönlichen und familiären Bedingungen eine nicht unwesentliche Verschlechterung des Krankheitszustandes zur Folge haben wird. Wird die Gefahr der Retraumatisierung geltend gemacht, kann eine Beschreibung der maßgebenden Ursache der psychischen Erkrankung sowie die Erörterung und der Ausschluss alternativer Ursachen gefordert werden. Soweit es ausschließlich um die Voraussetzungen der psychotherapeutischen Versorgung im Herkunftsland geht, stehen klinische Beschreibungen von Art und Umfang des psychischen Leidens und die Anforderungen an die gebotene Behandlung im Vordergrund. Ausführungen zur Ursache können insoweit das Verständnis des Krankheitsbildes erleichtern, sind aber nicht zwingend gefordert. Für die Bewertung der Effizienz der im Herkunftsland verfügbaren medizinischen Versorgung fehlt dem Gericht die eigene Sachkunde.[137]

58

Das eingeholte Gutachten muss die medizinischen Untersuchungsmethoden nach dem aktuellen wissenschaftlichen Kenntnisstand darlegen und eine nachvollziehbare, logisch begründete Antwort auf die gestellte Beweisfrage enthalten. Umfang und Genauigkeit richten sich nach den Umständen des jeweiligen Einzelfalles, insbesondere der Komplexität des Krankheitsbildes, Gewichtigkeit und Konsequenzen der Diagnose, und entziehen sich deshalb einer generellen Beurteilung. Darüber

59

---

134 *Graessner/Wenk-Ansohn*, Die Spuren von Folter, S. 78 f.
135 *Graessner/Wenk-Ansohn*, Die Spuren von Folter, S. 79.
136 VG Göttingen, Urt. v. 05.09.2003 – 3 A 3238/01.
137 BVerwG, NVwZ 2007, 345.

hinaus sind gegebenenfalls Angaben über die Einhaltung und die Berücksichtigung internationaler Qualitätsstandards zu verlangen, wenn eine entsprechend gewichtige und komplexe Diagnose mit weitreichenden Folgen bescheinigt wird. Es ist andererseits nicht Aufgabe des Gutachtens, etwaige rechtliche Folgen der fachlich begründeten Feststellungen und Folgerungen darzulegen oder Rechtsfragen (Ausweisung, Verbleibsrecht) zu behandeln.[138]

---

138 VGH Baden-Württemberg, NVwZ-Beil. 2003, 98 (99) = InfAuslR 2003, 423.

Teil 3 Inhalt des Internationalen Schutzes

Kapitel 17 Funktion der Rechtstellung

Leitsätze

1. Flüchtlingen ist in den Mitgliedstaaten eine uneingeschränkte und umfassende sowie einheitliche Rechtsstellung nach Maßgabe der Art. 2 bis 34 GFK zu gewähren. Eine Absenkung des Schutzniveaus unter diesen Maßstab ist nicht zulässig. Aus Art. 20 Abs. 1 GFK folgt der **Vorrang der GFK**, sodass **im Zweifel** die entsprechenden Bestimmungen der Richtlinie nach Maßgabe der GFK auszulegen und anzuwenden sind. Die Mitgliedstaaten dürfen bei der Gestaltung der Rechtsstellung für Flüchtlinge also über diesen Standard hinausgehen, sofern die Vereinbarkeit mit der Richtlinie gewahrt bleibt (§ 49 Rdn. 2).
2. Nach den Erwägungsgründen Nr. 5 und 24 soll der subsidiäre Schutzstatus die in der GFK geregelte Rechtsstellung **ergänzen**. Dabei stellt Art. 20 Abs. 2 RL 2004/83/EG den **Grundsatz der grundsätzlichen rechtlichen Gleichbehandlung** auf (§ 49 Rdn. 3 f.).
3. Die Mitgliedstaaten gewähren den Personen, denen internationaler Schutz gewährt wurde, so bald wie möglich nach Zuerkennung des Status Zugang zu Informationen über Rechte und Pflichten im Zusammenhang mit dem Status in einer Sprache, von der angenommen werden kann, dass sie dies verstehen (§ 49 Rdn. 12).
4. Die Mitgliedstaaten haben bei der Gewährung der Rechtsstellung die spezielle Situation von **schutzbedürftigen Personen** wie **Minderjährige, unbegleitete Minderjährige, Behinderte, ältere Personen, Schwangere, Alleinerziehende mit minderjährigen Kindern und Personen, die Folter, Vergewaltigung oder sonstige schwere Formen psychischer, physischer oder sexueller Gewalt** erlitten haben, zu berücksichtigen (Art. 20 Abs. 3 RL 2004/83/EG). Wie im Fall des Art. 17 Abs. 2 RL 2003/9/EG ist nach Art. 20 Abs. 4 RL 2004/83/EG die Berufung auf diese besondere Schutzvorschrift von einer **Einzelprüfung** abhängig. Diese ist von Amts wegen einzuleiten (§ 50 Rdn. 1).
5. »So rasch wie möglich« nach Gewährung internationalen Schutzes sind die erforderlichen Maßnahmen einzuleiten, um sicherzustellen, dass **Minderjährige** durch einen gesetzlichen Vormund oder gegebenenfalls durch eine entsprechende Einrichtung vertreten werden (§ 50 Rdn. 4 f.). Bereits zu Beginn des Asylverfahrens sind die zum Schutze der unbegleiteten Minderjährigen erforderlichen Schritte einzuleiten.
6. Nach Art. 23 Abs. 2 RL 2004/83/EG tragen die Mitgliedstaaten dafür Sorge, dass Familienangehörige von Flüchtlingen und subsidiär Schutzberechtigten gemäß den einzelstaatlichen Verfahren Anspruch auf die in Art. 24 bis 34 RL 2004/83/EG bezeichneten Rechte haben, sofern dies mit der persönlichen Rechtsstellung der Familienangehörigen vereinbar ist. Dies läuft im Ergebnis auf eine automatische Erstreckung des Rechtsstatus des Stammberechtigten auf die Familienangehörigen hinaus. In der Bundesrepublik wird im Blick auf Flüchtlinge der Gleichbehandlungsgrundsatz des Art. 23 Abs. 2 RL 2004/83/EG durch § 26 Abs. 4 AsylVfG umgesetzt (§ 509 Rdn. 8 f.).
7. Die Mitgliedstaaten haben bis spätestens zum 21. Dezember 2013 Familienangehörigen von subsidiär Schutzberechtigten nach § 60 Abs. 2, 3 und 7 Satz 2 AufenthG eine Aufenthaltserlaubnis nach § 25 Abs. 3 AufenthG und auch im Übrigen die Rechtsstellung des subsidiär Schutzberechtigten zu gewähren (§ 50 Rdn. 11).
8. Die Vergünstigungen für Familienangehörige werden nicht gewährt, wenn diese einen Ausschlussgrund nach Art. 12, 14 oder 17 RL 2004/83/EG erfüllen (Art. 23 Abs. 3 RL 2004/83/EG, § 50 Rdn. 12 ff.).
9. Die Bestimmungen zum **Nachzug** von Familienangehörigen zu **Flüchtlingen** werden in Art. 9 bis 12 RL 2003/86/EG (**Familienzusammenführungsrichtlinie**) geregelt. Der Nachzug zu subsidiär Schutzberechtigten wird im Unionsrecht demgegenüber überhaupt nicht geregelt.

§ 49 Gleichbehandlung von Flüchtlingen und subsidiär Schutzberechtigten

Übersicht
	Rdn
1. Umsetzung der Art. 2 bis 34 GFK.	1
2. Rechtsstellung der subsidiär Schutzberechtigten	3
3. Einheitlicher Status.	5
4. Einschränkung der Rechtsstellung (Art. 20 Abs. 6 bis 7 RL 2004/83/EG)	7
5. Informationspflichten (Art. 22 RL 2004/83/EG).	12

1. Umsetzung der Art. 2 bis 34 GFK

1   Die Qualifikationsrichtlinie enthält in den Bestimmungen der Art. 20 bis 34 Regelungen, welche den Inhalt des zu gewährenden internationalen Schutzes im Einzelnen gestalten. Die Regelungen der Art. 20 bis 34 RL 2004/83/EG dienen zunächst der Umsetzung der in Art. 2 bis 34 GFK geregelten Rechtsstellung für Flüchtlinge. Art. 20 Abs. 1 RL 2004/83/EG bezieht sich auf die GFK und bestimmt zugleich, dass die dort geregelte Rechtsstellung unberührt bleibt. Nach Erwägungsgrund Nr. 2 der Richtlinie beruht das Gemeinsame Europäische Asylsystem auf der uneingeschränkten und umfassenden Anwendung der GFK und des New Yorker Protokolls. Nach Erwägungsgrund Nr. 3 der Richtlinie stellen diese Instrumente einen wesentlichen Bestandteil des internationalen Rechtsrahmens für den Schutz von Flüchtlingen dar. Schließlich bestimmt Erwägungsgrund Nr. 7 RL 2004/83/EG, dass die Richtlinie eine Angleichung der Rechtsvorschriften in den Mitgliedstaaten über den Inhalt der Flüchtlingseigenschaft bezweckt.

2   Im Blick auf die Antragsteller, denen nach Art. 13 RL 2004/83/EG die Flüchtlingseigenschaft zuerkannt wird, verfolgt die Richtlinie damit den Zweck, in den Mitgliedstaaten eine uneingeschränkte und umfassende sowie einheitliche Rechtsstellung nach Maßgabe der Art. 2 bis 34 GFK zu gewähren. Eine Absenkung des Schutzniveaus unter diesen Maßstab ist nicht zulässig. Aus Art. 20 Abs. 1 GFK folgt der **Vorrang der GFK**, sodass **im Zweifel** die entsprechenden Bestimmungen der Richtlinie nach Maßgabe der GFK auszulegen und anzuwenden sind. Andererseits kann die in Art. 2 bis 34 GFK geregelte Rechtsstellung nur als Mindeststandard (Erwägungsgrund Nr. 8 RL 2004/83/EG) angesehen werden. Die Mitgliedstaaten dürfen bei der Gestaltung der Rechtsstellung für Flüchtlinge also über diesen Standard hinausgehen, sofern die Vereinbarkeit mit der Richtlinie gewahrt bleibt (Art. 3 RL 2004/83/EG).

2. Rechtsstellung der subsidiär Schutzberechtigten

3   Entsprechend dem auf den Flüchtlingsschutz wie auf den subsidiären Schutzstatus gleichermaßen bezogenen Begriffsinhalt des internationalen Schutzes (vgl. Art. 2 Buchst. a) RL 2004/83/EG) regeln die Vorschriften der Art. 20 ff. der Richtlinie die Rechtsstellung für beide Schutzformen. Dementsprechend bestimmt Art. 20 Abs. 2 RL 2004/83/EG dass die Vorschriften der Art. 20 bis 34 RL 2004/83/EG grundsätzlich für beide Personengruppen gelten, soweit nicht anderes bestimmt wird. Nach den Erwägungsgründen Nr. 5 und 24 soll der subsidiäre Schutzstatus die in der GFK geregelte Rechtsstellung **ergänzen**. Dabei stellt Art. 20 Abs. 2 RL 2004/83/EG den **Grundsatz der grundsätzlichen rechtlichen Gleichbehandlung** auf: Danach gelten vorbehaltlich abweichender Regelungen die Bestimmungen für Flüchtlinge auch für subsidiär Schutzberechtigte. Die in Art. 20 bis 34 RL 2004/83/EG geregelten Rechte gelten damit grundsätzlich für beide Personengruppen. Abweichungen bedürfen einer ausdrücklichen Regelung in der Richtlinie.

4   Der Gleichbehandlungsgrundsatz hat insbesondere zur Folge, dass das Schutzniveau grundsätzlich nicht verringert wird, wenn einer internationalen Schutz beantragenden Person die Flüchtlingseigenschaft oder eine subsidiäre Schutzform zuerkannt wird.[1] Allerdings folgt aus zahlreichen Bestimmungen der Richtlinie, dass das Schutzniveau der subsidiär Schutzberechtigten gegenüber den

---
[1] Kommissionsentwurf, in: BR-Drucks. 1017/01, S. 31.

für Flüchtlinge geltenden Regelungen abgesenkt wird (vgl. z. B. Art. 23 Abs. 2, 24 Abs. 2, 25 Abs. 2, 26 Abs. 3, 28 Abs. 2, 29 Abs. 2 und 33 Abs. 2 RL 2004/83/EG). Durch die Richtlinienänderung vom 13.Dezember 2011 (RL 2011/95/EU) wird dieser Mangel nur teilweise aufgehoben. Die Änderungen sind bis spätestens zum 21. Dezember 2013 umzusetzen (Art. 39 Abs. 1 RL 2011/95/EU). Dabei sollen die Bestimmungen zum Inhalt und Umfang der Rechtsstellung der subsidiären Schutzberechtigten völkerrechtlichen Verpflichtungen im Bereich der Menschenrechte und bestehenden Praktiken entsprechen (Erwägungsgrund Nr. 25 RL 2004/83/EG). Allerdings regeln die Menschenrechte den subsidiären Schutzstatus nur rudimentär.

3. Einheitlicher Status

Im Stockholmer Programm hat der Europäische Rat wiederholt sein Ziel betont, bis spätestens 2012 auf der Grundlage eines gemeinsamen Asylverfahrens und eines **einheitlichen Status** gemäß Art. 78 AEUV für Personen, denen der internationale Schutz gewährt wurde, einen gemeinsamen Raum des Schutzes und der Solidarität zu erreichen (Erwägungsgrund Nr. 9 RL 2011/95/EU). Daher werden die in der Richtlinie 2004/83/EG zugrunde gelegten Prinzipien bestätigt und auf dieser Grundlage »eine stärkere Angleichung der Vorschriften zur Zuerkennung und zum **Inhalt des Schutzes auf der Grundlage höheren Schutzes**« angestrebt (Erwägungsgrund 10 RL 2011/95/EU).

Insbesondere diesem Ziel dient die Überarbeitung und Neufassung der Qualifikationsrichtlinie durch die Änderungsrichtlinie 2011/95/EU. Dieses Ziel beruht auf der Einsicht, dass zwischen den Mitgliedstaaten weiterhin beträchtliche Unterschiede bei der Gewährung von Schutz und den Formen dieses Schutzes bestehen. Deswegen hat der Europäische Rat gefordert, dass neue Initiativen ergriffen werden sollen, um die Einführung des im Haager Programm vom 4. November 2004 vorgesehenen Gemeinsamen Europäischen Asylsystems zu vollenden und ein höheres Schutzniveau zu bieten (Erwägungsgrund Nr. 9 RL 2011/95/EU). Bei der nachfolgenden Darstellung des Inhalts des internationalen Schutzes ist auf diese im Erwägungsgrund Nr. 9 RL 2011/95/EU angesprochene Zielvorgabe Bedacht zu nehmen. Die Richtlinie ist bis spätestens zum 21. Dezember 2013 in nationales Recht umzusetzen (Art. 39 Abs. 1 RL 2011/95/EU, Rdn. 4).

4. Einschränkung der Rechtsstellung (Art. 20 Abs. 6 bis 7 RL 2004/83/EG)

Bis zum 21. Dezember 2013 gelten weiterhin die Regelungen in Abs. 6 und Abs. 7 von Art. 20 RL 2004/83/EG. Wie sich aus Art. 20 RL 2011/95/EU ergibt, wurden die bisherigen Abs. 6 und 7 nicht wieder aufgenommen. Mit Wirkung zum 22. Dezember 2013 (Art. 39 Abs. 1 RL 2011/95/EU) dürfen deshalb die einschränkenden Regelungen der jetzigen Fassung des Art. 20 Abs. 6 und 7 RL 2004/83/EG nicht mehr angewandt werden. Diese erlauben es den Mitgliedstaaten bis dahin, aufgrund einer Freistellungsklausel, die normalerweise Flüchtlingen und subsidiär Schutzberechtigten zu gewährenden Rechte einzuschränken. Abs. 6 zielt auf Flüchtlinge, Abs. 7 auf subsidiär Schutzberechtigte. Beide Vorschriften knüpfen an ein »taktisches« Sachvorbringen an, das zwar erkennbar »einzig oder hauptsächlich« deshalb aufgenommen wurde, um die entsprechenden statusrechtlichen Voraussetzungen zu schaffen, ungeachtet dessen aber eine Verfolgungsgefahr bzw. eine Gefahr, einen ernsthaften Schaden zu erleiden, auslöst. Es kann nicht erkannt werden, dass diese einschränkenden Klauseln in der Praxis der Mitgliedstaaten eine besondere Bedeutung haben. Deshalb ist ihre Aufhebung nur folgerichtig.

Das Sachvorbringen muss »**einzig** oder **hauptsächlich**« auf einer taktischen Motivation beruhen. Hauptsächlich ist im Sinne von »überwiegend« zu verstehen. Sofern festgestellt wird, dass daneben andere Motive verfolgt wurden, ist im Zweifel davon auszugehen, dass das taktische Vorbringen nicht überwiegt. Die Feststellung der maßgebenden Motivation beruht auf objektiven Umständen. Weder die subjektive Einschätzung der Behörde noch allein die Erklärungen des Antragstellers sind verlässliche Erkenntnismittel. Vielmehr muss sich aufgrund einer zusammenfassenden Bewertung des gesamten Vorbringens und weiterer gewichtiger objektiver Umstände im bisherigen Verfahren der Schluss aufdrängen, dass der Antragsteller die Verfolgungsgefahr oder die Gefahr, einen ernsthaften Schaden zu erleiden, bewusst und gezielt herbeigeführt hat und daneben nicht legitime Motive verfolgt wurden. Legitime Motive werden etwa durch die Inanspruchnahme universell verbürgter Menschenrechte, wie das Recht auf Meinungsfreiheit, Demonstrationsfreiheit und Gewissensfreiheit (Art. 18, 19, 21 und 22 IPbpR, Art. 9, 10, 11 EMRK) geprägt.

9   Keinesfalls reicht es für die Feststellung eines ausschließlich oder überwiegend taktischen Vorbringens aus, wenn Anhaltspunkte gegen die »generelle Glaubwürdigkeit« (Art. 4 Abs. 5 Buchst. e) RL 2004/83/EG) sprechen. Es gibt keinen schematischen Begriff der Glaubwürdigkeit. Sicherlich kann das Urteil eines taktischen Verhaltens auch aus Zweifeln an der Glaubwürdigkeit des Antragstellers hergeleitet werden. Diese Zweifel müssen aber durch objektive Umstände getragen werden und müssen ein derartiges Gewicht aufweisen, dass sich der Schluss auf ein ausschließlich oder überwiegend taktisches Vorbringen geradezu aufdrängt. Für eine derartig zwingende Feststellung reichen Zweifel an der »generellen Glaubwürdigkeit« unter keinem denkbaren rechtlichen Gesichtspunkt aus. Aus Art. 20 Abs. 6 RL 2004/83/EG folgt, dass taktisches Sachvorbringen, das eine Verfolgungsgefahr im Sinne von Art. 1 A Nr. 2 GFK auslöst, bei der Auslegung und Anwendung von Art. 5 Abs. 3 RL 2004/83/EG zu berücksichtigen ist. Es rechtfertigt nicht die Versagung der Zuerkennung der Flüchtlingseigenschaft, wohl aber bis zum 21. Dezember 2013 (Art. 20 i.V.m. 39 Abs. 1 RL 2011/95/EU) nach Art. 20 Abs. 6 RL 2004/83/EG die Reduzierung auf den Kernbestand der Rechte der GFK.

10 Die Kernrechte nach Art. 20 Abs. 5 RL 2004/83/EG sind nicht mit den in Art. 14 Abs. 6 RL 2004/83/EG bezeichneten Rechte identisch. Vielmehr gehören hierzu sämtliche Rechte nach Art. 2 bis 34 GFK, die keinen rechtmäßigen Aufenthalt voraussetzen, über die in Art. 3, 4, 16, 22, 31, 32 und 33 GFK bezeichneten Rechte hinaus auch die in Art. 12 (Personalstatut), Art. 13 (Eigentum), Art. 14 (Urheberrecht), Art. 27 (Personalausweis), Art. 29 (Steuer) und Art. 31 GFK erwähnten Rechte. Zu bedenken ist auch, dass beim Zugang zur Arbeit (Art. 17 bis 19 GFK) und zur öffentlichen Fürsorge (Art. 23 GFK) der rechtmäßige Aufenthalt das Prinzip der Gleichbehandlung mit anderen Ausländern (Art. 17 bis 19 GFK) bzw. mit den Staatsangehörigen des Aufnahmemitgliedstaates (Art. 23 GFK) ins Spiel bringt. Insoweit können die Mitgliedstaaten abweichend vom entsprechenden Prinzip der Gleichbehandlung Einschränkungen vornehmen. Sie dürfen dem Flüchtling aber keinesfalls die Voraussetzungen entziehen, welche für ein Leben in menschlicher Würde erforderlich sind.

11 Ähnlich verhält sich die Rechtslage im Blick auf subsidiär Schutzberechtigte. Auch hier schreiben einige Vorschriften der Richtlinie die Berücksichtigung des Prinzips der Gleichbehandlung mit anderen Ausländern (Art. 27 Abs. 2 RL 2004/83/EG) bzw. des Prinzips der Gleichbehandlung mit den Staatsangehörigen des Aufnahmemitgliedstaates (Art. 28 Abs. 2 RL 2004/83/EG) vor. Insoweit sind Abweichungen erlaubt. Abweichungen aus zwingenden Gründen der öffentlichen Sicherheit oder Ordnung (z. B. Art. 24 Abs. 2, Art. 25 Abs. 2 RL 2004/83/EG) bezeichnen eine anders geartete Einschränkungsmöglichkeit als Art. 20 Abs. 6 RL 2004/83/EG).

5. Informationspflichten (Art. 22 RL 2004/83/EG)

12 Die Mitgliedsstaaten gewähren den Personen, denen internationaler Schutz gewährt wurde, so bald wie möglich nach Zuerkennung der Flüchtlingseigenschaft bzw. des subsidiären Schutzstatus Zugang zu Informationen über Rechte und Pflichten im Zusammenhang mit dem Status in einer Sprache, von der angenommen werden kann, dass sie dies verstehen (Art. 22 RL 204/83/EG). Danach sind die Mitgliedstaaten verpflichtet, den Berechtigten möglichst unverzüglich, am besten im Zusammenhang mit der Zuerkennung des Flüchtlings- oder subsidiären Schutzstatus, über die jeweiligen Rechte, so wie sie in Art. 21 bis 34 RL 2004/83/EG verankert sind, zu informieren. Die Vorschrift knüpft an die Informationspflichten an, welche den Mitgliedstaaten zu Beginn des Asylverfahrens nach Art. 15 RL 2003/9/EG (**Aufnahmerichtlinie**) obliegen.

§ 50 Besonders schutzbedürftige Personen (Art. 20 Abs. 3 und 4 RL 2004/83/EG)

Übersicht	Rdn
1. Einzelprüfung (Art. 20 Abs. 3 RL 2004/83/EG)	1
2. Unbegleitete Minderjährige (Art. 30 RL 2004/83/EG)	4
3. Wahrung des Familienverbundes (Art. 23 RL 2004/83/EG)	6
a) Funktion der Vorschrift	6
b) Gleichbehandlung der Familienangehörigen	8
c) Ausschlussgründe (Art. 23 Abs. 3 und 4 RL 2004/83/EG)	12
d) Nachzug der Familienangehörigen	14

1. Einzelprüfung (Art. 20 Abs. 3 RL 2004/83/EG)

Die Mitgliedstaaten haben bei der Gewährung der Rechtsstellung die spezielle Situation von **besonders schutzbedürftigen Personen** wie **Minderjährige, unbegleitete Minderjährige, Behinderte, ältere Personen, Schwangere, Alleinerziehende mit minderjährigen Kindern und Personen, die Folter, Vergewaltigung oder sonstige schwere Formen psychischer, physischer oder sexueller Gewalt** erlitten haben, zu berücksichtigen (Art. 20 Abs. 3 RL 2004/83/EG). Im Bereich der medizinischen Versorgung wird dieser Grundsatz ausdrücklich wiederholt (Art. 29 Abs. 3 RL 2004/83/EG). Eine identische Bestimmung enthält die Aufnahmerichtlinie (Art. 17 Abs. 1 RL 2003/89/EG). Wie im Fall des Art. 17 Abs. 2 RL 2003/9/EG ist nach Art. 20 Abs. 4 RL 2004/83/EG die Berufung auf diese besondere Schutzvorschrift von einer **Einzelprüfung** abhängig. Diese ist von Amts wegen einzuleiten. 1

Im Regelfall bedarf es nach der Statusgewährung keiner neuen Einzelprüfung, wenn bereits zu Beginn des Verfahrens die besondere Schutzbedürftigkeit dieser Personen in einer Einzelprüfung festgestellt wurde (Art. 17 Abs. 2 RL 2003/9/EG). In diesen Fällen deckt die Prüfung nach Art. 17 Abs. 2 RL 2003/9/EG die Prüfung nach Art. 20 Abs. 4 RL 2004/83/EG ab. Es ist kaum vorstellbar, dass sich während des Verfahrens die die besondere Schutzbedürftigkeit begründenden Umstände verändert haben. Sind die Minderjährigen inzwischen volljährig geworden, dürfte häufig für den jungen Erwachsenen eine weitere Schutzbedürftigkeit bestehen. Diese ist gegebenenfalls in der Einzelprüfung zu überprüfen. 2

Wurde zu Beginn des Asylverfahrens die Einzelprüfung nicht durchgeführt, ist sie nunmehr nachzuholen. Insbesondere für Opfer von Folter und sexueller Gewalt ergibt sich die Notwendigkeit einer Prüfung, weil diese sich nach den Erfahrungen in der Vergangenheit zumeist nicht offenbaren und deshalb unentdeckt bleiben. Insbesondere dann, wenn im Laufe des Verfahrens dieser Umstand ermittelt wird, hat die zuständige Behörde eine besondere Verpflichtung, die Schutzbedürftigkeit festzustellen. Zuständige Behörde ist in der Regel die Ausländerbehörde. Diese ist im Besitz der Anhörungsniederschrift und kann so die Notwendigkeit einer Bedarfsprüfung erkennen. Nach Ablauf der Umsetzungsfrist am 21. Dezember 2013 kommt es nicht mehr auf eine »**besondere**«, sondern lediglich noch auf die »**spezielle Situation von schutzbedürftigen Personen**« an (Art. 20 Abs. 3 RL 2011/95/EU). Der Schutzbedarf wird als ohne Weiteres unterstellt, wenn der Statusberechtigte einer der genannten Gruppen zuzuordnen ist. 3

2. Unbegleitete Minderjährige (Art. 30 RL 2004/83/EG)

Für die in Art. 20 Abs. 3 RL 2004/83/EG bezeichneten unbegleiteten Minderjährigen enthält Art. 2 Buchst. i) RL 2004/83/EG eine Begriffsbestimmung und Art. 30 RL 2004/83/EG darüber hinaus eine spezielle Regelung. Danach ergreifen die Mitgliedstaaten »so rasch wie möglich« nach Gewährung des internationalen Schutzes die erforderlichen Maßnahmen, um sicherzustellen, dass Minderjährige durch einen gesetzlichen Vormund oder gegebenenfalls durch eine entsprechende Einrichtung vertreten werden. Das Betreuungspersonal muss im Hinblick auf die Bedürfnisse des unbegleiteten Minderjährigen adäquat ausgebildet sein oder ausgebildet werden (Art. 30 Abs. 6 4

RL 2004/83/EG). Allerdings enthalten bereits Art. 19 Abs. 1 RL 2003/9/EG und Art. 17 Abs. 1 2005/85/EG ähnliche Bestimmungen. Die Mitgliedstaaten haben danach bereits zu Beginn des Asylverfahrens die zum Schutze der unbegleiteten Minderjährigen erforderlichen Schritte einzuleiten. Diese wirken auch nach Gewährung des internationalen Schutzes fort. Die Maßnahmen nach Art. 19 Abs. 1 RL 2003/9/EG und Art. 17 Abs. 1 2005/85/EG decken damit die Maßnahmen nach Art. 30 Abs. 1 RL 2004/83/EG ab.

5   Dem **Wohl des Kindes** ist im besonderen Maße Rechnung zu tragen (Art. 30 Abs. 4 Satz 1, Abs. 5 Satz 1 RL 2004/83/EG). Dies gilt bereits für die Gestaltung des Asylverfahrens (Art. 18 Abs. 1 RL 2005/85/EG) und hat auch Bedeutung für die Zuerkennung der Flüchtlingseigenschaft und des subsidiären Schutzstatus (Art. 20 Abs. 5 RL 2006/83/EG). Geschwister sollen möglichst zusammenbleiben. Der Wechsel des Aufenthaltsortes ist auf ein Mindestmaß zu begrenzen (Art. 30 Abs. 4 Satz 1 RL 2004/83/EG). Die Behörden haben sich zu bemühen, die Familienangehörigen so bald wie möglich ausfindig zu machen (Art. 30 Abs. 5 Satz 1 RL 2004/83/EG).

3. Wahrung des Familienverbundes (Art. 23 RL 2004/83/EG)

a) Funktion der Vorschrift

6   Nach Art. 23 Abs. 1 RL 2004/83/EG tragen die zuständigen Behörden im Rahmen der Statuszuerkennung Sorge dafür, dass der Familienverband aufrechterhalten wird. Im Vorschlag der Kommission waren zum Familienverband keine besonderen Vorschriften zugunsten der Familienangehörigen von Flüchtlingen und subsidiär Schutzberechtigten enthalten. In der Begründung zu den allgemeinen Grundsätzen wurde darauf hingewiesen, dass die Rechte, welche Flüchtlingen und subsidiär Schutzberechtigten zuerkannt werden, gleichermaßen für begleitende Familienangehörige gelten.[2] Während der Beratungen der Qualifikationsrichtlinie trat die Familienzusammenführungsrichtlinie in Kraft. Da dort nur der Nachzug geregelt wird (Art. 9 bis 12 RL 2003/86/EG), wurde es erforderlich, die anderen die Familie betreffenden Fragen in der Qualifikationsrichtlinie zu behandeln.

7   Art. 2 Buchst. h) RL 2004/83/EG regelt den Familienbegriff. Dieser schließt auch den unverheirateten Partner ein, sofern eine dauerhafte Beziehung geführt wird und das Recht des Mitgliedstaates entsprechende Rechtsvorschriften vorsieht. Darüber hinaus muss die Beziehung bereits im Herkunftsland bestanden haben. Die Mitgliedstaaten können ferner auch enge Verwandte einbeziehen, die im Zeitpunkt der Ausreise aus dem Herkunftsland innerhalb des Familienverbandes lebten und in diesem Zeitpunkt für ihren Unterhalt vollständig oder überwiegend auf den Stammberechtigten angewiesen waren (Art. 23 Abs. 5 RL 2004/83/EG). Die Bundesrepublik Deutschland hat den erweiterten Familienbegriff nicht eingeführt. Vielmehr hat sie spezifische Regelungen für Angehörige von Flüchtlingen ausschließlich auf Ehegatten und minderjährige ledige Kinder beschränkt (§ 26 AsylVfG, § 29 Abs. 2 AufenthG).

b) Gleichbehandlung der Familienangehörigen

8   Nach Art. 23 Abs. 2 RL 2004/83/EG tragen die Mitgliedstaaten dafür Sorge, dass Familienangehörige von Flüchtlingen und subsidiär Schutzberechtigten gemäß den einzelstaatlichen Verfahren Anspruch auf die in Art. 24 bis 34 RL 2004/83/EG bezeichneten Rechte haben, sofern dies mit der persönlichen Rechtsstellung der Familienangehörigen vereinbar ist. Dies läuft im Ergebnis auf eine automatische Erstreckung des Rechtsstatus des Stammberechtigten auf die Familienangehörigen hinaus. Denn nach Art. 23 Abs. 2 UAbs. 1 RL 2004/83/EG haben alle Familienangehörige, denen nicht aus eigenem Recht die Flüchtlingseigenschaft oder der subsidiäre Schutzstatus zuerkannt wird, Anspruch auf dieselben Rechte wie der stammberechtigte Familienangehörige. Der Genuss dieser

---

2 Kommissionsentwurf, in: BR-Drucks. 1017/01, S. 31.

Rechte ist danach allein an die Zuerkennung der Flüchtlingseigenschaft oder des subsidiären Schutzstatus an den Stammberechtigten geknüpft.

In der Bundesrepublik wird im Blick auf Flüchtlinge der Gleichbehandlungsgrundsatz des Art. 23 Abs. 2 RL 2004/83/EG durch § 26 Abs. 4 AsylVfG umgesetzt. Dieser regelt den **Familienflüchtlingsschutz**. Danach erhalten die engen Familienangehörigen des Flüchtlings denselben Rechtsstatus wie der Flüchtling. Nicht vereinbar mit der unionalen Vorschrift ist die bisherige Rechtsprechung, wonach der Anspruch auf den abgeleiteten Status die Prüfung eigener Verfolgungsgründe ausschließt.[3] Denn nach Art. 23 Abs. 2 RL 2004/83/EG setzt die Gewährung der abgeleiteten Rechtsstellung voraus, dass der Angehörige selbst nicht die Voraussetzungen für die Zuerkennung der Flüchtlingseigenschaft erfüllt. Daraus folgt, dass ihm die Prüfung offen stehen muss, ob er diese Voraussetzungen erfüllt.

Nach geltendem Recht wird den Mitgliedstaaten in Form einer Freistellungsklausel Ermessen bei der Erstreckung des subsidiären Schutzstatus auf Familienangehörige eingeräumt (Art. 23 Abs. 2 UAbs. 2 RL 2004/83/EG). Machen die Mitgliedstaaten von dieser Freistellungsklausel Gebrauch, haben sie lediglich sicherzustellen, dass die gewährten Vergünstigungen einen angemessenen Lebensstandard sicherstellen (Art. 23 Abs. 2 UAbs. 3 RL 2004/83/EG). Die Bundesrepublik hat für Familienangehörige von subsidiär Schutzberechtigten keinen abgeleiteten Rechtsstatus geregelt und damit von der Freistellungsklausel des Art. 23 Abs. 2 2. Unterabs. RL 2004/83/EG Gebrauch gemacht. Der Anspruch auf Erteilung einer Aufenthaltserlaubnis folgt aus den allgemeinen Vorschriften der § 30 und § 32 AufenthG und setzt den Nachweis humanitärer Gründe voraus (§ 29 Abs. 3 Satz 1 AufenthG). Diese sind in der Regel gegeben. Gegebenenfalls ist für den Angehörigen eine Regelung über § 25 Abs. 5 AufenthG anzustreben.

Aufgrund der Änderungsrichtlinie dürfen die Mitgliedstaaten Familienangehörige von subsidiär Schutzberechtigten nicht mehr schlechter stellen als die Angehörigen von Flüchtlingen, da die Ermessensklauseln des Art. 23 Abs. 2 UAbs. 2 und 3 RL 2004/83/EG durch die Änderungsrichtlinie aufgehoben worden sind. Vielmehr ordnet Art. 23 Abs. 2 RL 2011/95/EU an, dass der auf Familienangehörige bezogene Gleichbehandlungsgrundsatz uneingeschränkt Anwendung findet, wenn der Stammberechtigte internationalen Schutz genießt. Die Mitgliedstaaten haben diese Regelung bis zum 21. Dezember 2013 umzusetzen (Art. 39 Abs. 1 RL 2011/95/EU). Die Bundesrepublik wird deshalb Familienangehörigen von subsidiär Schutzberechtigten nach § 60 Abs. 2, 3 und 7 Satz 2 AufenthG spätestens ab 22. Dezember 2013 eine Aufenthaltserlaubnis nach § 25 Abs. 3 AufenthG und auch im Übrigen die Rechtsstellung des subsidiär Schutzberechtigten gewähren müssen.

c) Ausschlussgründe (Art. 23 Abs. 3 und 4 RL 2004/83/EG)

Die Mitgliedstaaten dürfen darüber hinaus die Vergünstigungen für Familienangehörige nicht gewähren, wenn dieser einen Ausschlussgrund nach Art. 12, 14 oder 17 RL 2004/83/EG erfüllt (Art. 23 Abs. 3 RL 2004/83/EG). Die Vorschrift bezieht sich auf den Angehörigen. Er muss selbst in seiner Person den Ausschlussgrund erfüllen. Dieser wirkt sich nicht zulasten der anderen Angehörigen des Stammberechtigten aus. Erfüllt der Stammberechtigte selbst einen Ausschlussgrund, wird ihm die Rechtsstellung des Flüchtlings oder subsidiär Schutzberechtigten nicht gewährt, sodass sich die Frage der Erstreckung des Status auf die Familienangehörigen nicht stellt. In der Bundesrepublik wird der Ausschluss der Angehörigen vom Flüchtlingsstatus in § 26 Abs. 3 AsylVfG geregelt.

Anders als bei den Ausschlussgründen des Art. 12, 14 oder 17 RL 2004/83/EG steht es nach Art. 23 Abs. 4 RL 2004/83/EG im Ermessen der Mitgliedstaaten, ob sie aus Gründen der öffentlichen Sicherheit oder Ordnung den abgeleiteten Status ausschließen. Die Vorschrift lässt den

---

3 BVerfG (Kammer), NVwZ 1991, 978; BVerwG, EZAR 215 Nr. 4 = NVwZ 1992, 987; OVG Nordrhein-Westfalen, InfAuslR 1991, 316; OVG Nordrhein-Westfalen, NVwZ-Beil. 1998, 70; VGH Baden-Württemberg, InfAuslR 1993, 200; Bayerischer VGH, Urt. v. 18.12.1990 – 19 CZ 90.30661; siehe hierzu *Marx*, Kommentar zum AsylVfG, § 26 Rn. 127 bis 130.

personenspezifischen Bezug offen, sodass unklar ist, ob die Gründe der öffentlichen Sicherheit oder Ordnung in der Person des Angehörigen gegeben sein müssen oder ob ihm der Status auch verweigert werden kann, wenn diese Gründe nur in der Person des Stammberechtigten erfüllt sind. Auch wenn sich die Behörden auf eine nationale Ermessensklausel berufen, handelt es sich um Durchführung von Unionsrecht, sodass die Gründe der öffentlichen Sicherheit oder Ordnung als autonome unionsrechtliche Begriffe und wegen ihres Eingriffscharakters eng auszulegen sind. Die Änderungsrichtlinie 2011/95/EU lässt die Freistellungsklausel unberührt. Die Mitgliedstaaten können unter diesen Voraussetzungen die Rechtsstellung verweigern oder die bereits gewährte wieder zurücknehmen. Sie können sie aber auch von vornherein oder nachträglich auf den Genuss bestimmter Rechte einschränken.

d) Nachzug der Familienangehörigen

14 Die Richtlinie enthält in Art. 23 RL 2004/83/EG detaillierte Bestimmungen, die der **Wahrung des** – bereits im Aufnahmemitgliedstaates bestehenden – **Familienverbandes** gelten. Die Bestimmungen zum **Nachzug** von Familienangehörigen zu **Flüchtlingen** werden in Art. 9 bis 12 RL 2003/86/EG (**Familienzusammenführungsrichtlinie**) geregelt. Der Nachzug zu subsidiär Schutzberechtigten wird im Unionsrecht demgegenüber überhaupt nicht geregelt. Insofern können die Mitgliedstaaten nach ihrem nationalen Recht entsprechende Bestimmungen treffen. Mit dem Grundsatz der rechtlichen Gleichbehandlung (§ 49 Rdn. 3 f.) ist dies nur schwerlich vereinbar. Dieses Defizit wurde auch durch die Änderungsrichtlinie 2011/95/EU nicht behoben, wohl aber wird den hier lebenden Familienangehörigen mit Wirkung zum 22. Dezember 2014 im selben Umfang wie dem subsidiär Schutzberechtigten ein Anspruch auf Erteilung eines Aufenthaltstitels gewährt (§ 55 Rdn. 10). Die Rechtsprechung geht aber davon aus, dass auch bereits nach geltendem Recht im Aufnahmemitgliedstaat lebende Familienangehörige Anspruch auf die Erteilung einer Aufenthaltserlaubnis haben.[4]

---

4 VG Frankfurt am Main, InfAuslR 2007, 411 (412); *Marx*, Aufenthalts-, Asyl- und Flüchtlingsrecht, S. 483, mit weiteren Hinweisen.

Kapitel 18 Refoulementschutz

Leitsätze

1. Art. 21 Abs. 1 RL 2004/83/EG erfasst alle anerkannten Refoulementverbote, also nicht nur Art. 33 GFK, sondern insbesondere auch Art. 3 EMRK, Art. 3 Übereinkommen gegen Folter und Art. 7 IPbpR (§ 51 Rdn. 1 ff.). Das Refoulementverbot bei drohender Folter und unmenschlicher oder erniedrigender Behandlung folgt nicht nur aus Völkervertragsrecht, sondern auch aus Gewohnheitsrecht und hat inzwischen zwingenden Charakter im Sinne von Art. 53 WVRK (§ 53 Rdn. 6).
2. Der rechtlich maßgebliche Inhalt völkerrechtlicher Refoulementverbote zielt auf eine **staatliche Unterlassungspflicht**. Verboten sind alle staatlichen Maßnahmen, die im Ergebnis dazu führen, dass der Asylsuchende dem Zugriff seines Verfolgerstaates ausgesetzt wird. Eingeschlossen ist auch das Zurückweisungsverbot an der Grenze (§ 51 Rdn. 5, § 52 Rdn. 7 ff.).
3. Eine territoriale **Vorverlagerung von Grenzkontrollen** hebt nicht die aus dem Refoulementverbot folgenden Verpflichtungen auf. Asylsuchende, die auf hoher See aufgegriffen werden, sind durch das Refoulementverbot geschützt. Entscheidend ist nicht der Ort, an dem sich der Betroffene und das Herrschaftsgewalt ausübende staatliche Organ befinden. Vielmehr gibt es außerhalb des Staatsgebietes des Herkunftslandes keinen Ort, an dem das Refoulementverbot nicht gilt, sei es innerhalb des eigenen Territoriums des um Schutz ersuchten Staates, an dessen Grenze, oder jenseits seiner Staatsgrenze (§ 52 Rdn. 10 ff.).
4. Aus der Anerkennung, dass der Refoulementschutz des Flüchtlingsrechts sowie der Menschenrechtsabkommen auch auf hoher See gilt, folgt darüber hinaus, dass Asylsuchenden ein **wirksamer Zugang zu einem Verfahren** zu gewähren ist. Der EGMR hat eine derartige auf hoher See geltende Verpflichtung ausdrücklich aus Art. 13 EMRK abgeleitet (§ 52 Rdn. 12 ff.).
5. Die Richtlinie erkennt mit Art. 15 Buchst. b) RL 2004/83/EG eine extraterritoriale Verpflichtung der Mitgliedstaaten zur Schutzgewährung bei drohender Todesstrafe im Zielstaat der Abschiebung an (§ 53 Rdn. 7 ff.).
6. Soweit Art. 15 Buchst. c) RL 2004/83/EG auch von Art. 3 EMRK erfasste Gefahren einschließt (§ 42 Rdn. 101 ff.), folgt der Abschiebungsschutz aus Art. 3 EMRK. Für die über Art. 3 EMRK hinausgehenden Fälle (§ 42 Rdn. 95 ff.) kann der Abschiebungsschutz jedoch nicht aus Art. 3 EMRK hergeleitet werden. Wenden die Staaten Art. 17 RL 2004/83/EG an, können gegen aufenthaltsbeendende Maßnahmen außerhalb des Anwendungsbereichs von Art. 3 EMRK kaum stichhaltige Einwände vorgebracht werden (§ 53 Rdn. 13 f.).
7. In Anlehnung an Art. 33 Abs. 2 GFK erlaubt Art. 21 Abs. 2 RL 2004/83/EG, dass ein Flüchtling unter den dort genannten Voraussetzungen zurückgewiesen werden kann. Die Durchbrechung des Refoulementschutzes nach Art. 33 Abs. 2 GFK rechtfertigt jedoch nicht zugleich auch die Durchbrechung des Refoulementschutzes aus Art. 3 EMRK (§ 54 Rdn. 1 ff.). Vielmehr haben die Mitgliedstaaten das absolute Folterverbot zu beachten.
7. Der in Art. 3 EMRK gewährleistete Schutz vor Folter oder unmenschlicher oder erniedrigender Strafe oder Behandlung gilt **ausnahmslos** und ist umfassender als der Schutz nach Art. 33 GFK (§ 54 Rdn. 11 ff.).
8. Nur eine **sehr hohe Gefahr** für die Sicherheit des Aufnahmestaates erlaubt nach Art. 21 Abs. 2 RL 2004/83/EG die Abschiebung. Die Vorschrift setzt darüber hinaus eine in die Zukunft gerichtete Prognoseentscheidung voraus (§ 54 Rdn. 4 ff.).

§ 51 Völkerrechtliche Bedeutung des Refoulementschutzes

Übersicht

	Rdn
1. Funktion des Art. 21 RL 2004/83/EG...	1
2. Umfang des Refoulementschutzes...	4

1. Funktion des Art. 21 RL 2004/83/EG

1 Nach Art. 21 Abs. 1 RL 2004/83/EG achten die Mitgliedstaaten den Grundsatz der Nichtzurückweisung in Übereinstimmung mit ihren völkerrechtlichen Verpflichtungen. Internationale Verpflichtungen schreiben den Mitgliedstaaten zwingend vor, einen Flüchtling oder subsidiär Schutzberechtigten nicht nur nicht zurückzuweisen, sondern darüber hinaus auch nicht abzuschieben. Generell sind Maßnahmen unzulässig, die im Ergebnis dazu führen, dass der Flüchtling auf irgendeine Weise (»in any manner whatsoever«) in das Herkunftsland verbracht wird (Art. 33 Abs. 1 GFK). Die Vorschrift bezieht sich auf alle völkerrechtlich anerkannten Refoulementverbote, also nicht nur auf Art. 33 GFK, sondern auch auf Art. 3 EMRK, Art. 3 Übereinkommen gegen Folter und Art. 7 IPbpR und insbesondere auf Refoulementverbote mit **ius cogens**- Charakter (Rdn. 6).

2 Art. 21 Abs. 2 RL 2004/83/EG verweist auf die Einschränkungen des Refoulementverbotes nach Art. 33 Abs. 2 GFK. Derartige Einschränkungsmöglichkeiten sehen die menschenrechtlichen Refoulementverbote (Art. 3 EMRK, Art. 3 Übereinkommen gegen Folter und Art. 7 IPbpR) nicht vor. Dementsprechend bezieht sich Art. 21 Abs. 2 RL 2004/83/EG nur auf Flüchtlinge, stellt zugleich aber klar, dass ungeachtet dessen völkerrechtliche Verpflichtungen zu beachten sind, also insbesondere das absolute Folterverbot nach Art. 3 EMRK. Art. 21 Abs. 2 RL 2004/83/EG spiegelt damit die völkerrechtliche Rechtslage wieder, wonach Art. 33 Abs. 2 GFK zwar die Einschränkung des Refoulementschutzes bezogen auf Flüchtlinge zulässt, aber nicht den Schutz vor Folter und anderen unmenschlichen oder erniedrigenden Maßnahmen aufhebt. Dieser ist nach Art. 3 EMRK strikt zu beachten (§ 54).

3 Art. 21 Abs. 3 RL 2004/83/EG ist im Zusammenhang mit Art. 14 Abs. 4 und 5 RL 2004/83/EG zu sehen. Während dort aus den bezeichneten Gründen in Form einer Freistellungsklausel aus den Gründen des Art. 33 Abs. 2 GFK der Flüchtlingsstatus entzogen bzw. bereits dessen Gewährung versagt werden kann, ermächtigt Art. 21 Abs. 3 RL 2004/83/EG ebenfalls in Form einer Freistellungsklausel die Mitgliedstaaten dazu, unter diesen Voraussetzungen nachträglich den bereits gewährten Aufenthaltstitel zu entziehen.

2. Umfang des Refoulementschutzes

4 Nach Art. 21 Abs. 1 RL 2004/83/EG achten die Mitgliedstaaten den Grundsatz der Nichtzurückweisung in Übereinstimmung mit ihren völkerrechtlichen Verpflichtungen. Die Formulierung der Vorschrift ist missglückt. Die Entstehungsgeschichte verweist auf einen darüber hinausgehenden Schutz (§ 52 Rdn. 1). Der Vorschlag der Kommission enthielt in Art. 19 die Formulierung, dass die Mitgliedstaaten »den Grundsatz der Nichtzurückweisung« achten und Personen nur in Übereinstimmung mit ihren völkerrechtlichen Verpflichtungen ausweisen. In der Begründung wurde unter Hinweis aus Art. 32 und 33 GFK hervorgehoben, dass die vorgeschlagene Formulierung diese völkerrechtlichen Normen bestätige.[1]

5 Art. 33 GFK ist jedoch nicht lediglich auf das Verbot der Zurückweisung beschränkt, sondern untersagt insbesondere die Abschiebung in das Herkunftsland. Ob diese Norm auch die Zurückweisung verbietet, war lange Zeit umstritten. Art. 21 Abs. 1 RL 2004/83/EG kann insoweit als Bestätigung eines entsprechenden jedenfalls regionalen gewohnheitsrechtlichen Grundsatzes verstanden werden. Internationale Verpflichtungen schreiben den Mitgliedstaaten danach zwingend vor,

---

[1] Kommissionsentwurf, in: BR-Drucks. 1017/01, S. 32.

einen Flüchtling nicht nur nicht zurückzuweisen, sondern darüber hinaus auch, diesen nicht abzuschieben. Generell sind Maßnahmen unzulässig, die im Ergebnis dazu führen, dass der Flüchtling auf irgendeine Weise (»**in any manner whatsoever**«) in das Herkunftsland verbracht wird (Art. 33 Abs. 1 GFK).

Darüber hinaus bezieht Art. 21 Abs. 1 auch die Refoulementverbote aus Art. 3 EMRK, Art. 3 Übereinkommen gegen Folter und aus Art. 7 IPbpR ein. Hierauf weist auch die Kommission in der Begründung ihres Vorschlags hin. Allerdings verweist sie nur auf Art. 3 EMRK.[2] Auch die Refoulementverbote aus Art. 3 Übereinkommen gegen Folter und aus Art. 7 IPbpR begründen jedoch internationale Verpflichtungen. Aufgrund dieser vertraglichen Entwicklung ist das Refoulementverbot inzwischen zu einer zwingenden Regel des Völkerrechts nach Art. 53 WVRK (**ius cogens**) erstarkt. Dies betrifft insbesondere das Folterverbot, dem ein Refoulementcharakter immanent ist.

§ 52 Refoulementschutz für Flüchtlinge (Art. 33 GFK)

Übersicht

	Rdn
1. Reichweite des Refoulementschutzes nach Art. 33 Abs. 1 GFK	1
2. Auswirkungen des extraterritorialen Effekts des Refoulementverbots	8
3. Verfahrensrechtliche Auswirkungen des Refoulementverbotes	12
4. Rechtscharakter des Refoulementverbotes	16

1. Reichweite des Refoulementschutzes nach Art. 33 Abs. 1 GFK

Nach Art. 33 Abs. 1 GFK dürfen die Vertragsstaaten einen Flüchtling nicht »auf irgendeine Weise« über die Grenzen von Gebieten ausweisen oder zurückweisen, in denen sein Leben oder seine Freiheit (Art. 9 RL 2004/83/EG) wegen seiner Rasse, Religion, Nationalität, Zugehörigkeit zu einer bestimmten sozialen Gruppe oder wegen seiner politischen Überzeugung (Art. 10 RL 2004/83/EG) bedroht sein würde. Mit der Formulierung »auf irgendeine Weise« wird Flüchtlingen ein umfassender Refoulementschutz gewährt. Im insoweit völkerrechtlich maßgebenden englischen Text wird anstelle des Begriffs »ausweisen« der Begriff »expel« verwendet. Im englischen Sprachgebrauch umfasst dieser Begriff sowohl die Ausweisung wie auch die Abschiebung. Art. 33 Abs. 1 GFK und damit auch Art. 21 Abs. 1 RL 2004/83/EG erstrecken den Refoulementschutz damit insbesondere auf die Abschiebung. Der Ausweisungsschutz wird nicht in Art. 33 Abs. 1 GFK, sondern in Art. 32 GFK geregelt.

Andererseits wurde früher aus der Entstehungsgeschichte von Art. 33 GFK der Schluss gezogen, dass das dort geregelte Verbot nach dem Willen der Staaten nicht für Flüchtlinge an der Grenze gelten sollte. So vertrat z. B. der schweizerische Delegierte während der Diskussion die Ansicht, das Wort »**return**« (»**refouler**«) solle nur auf jene Flüchtlinge Anwendung finden, die bereits in das Land eingereist seien. Daher seien die Staaten nicht verpflichtet, größeren Gruppen von Flüchtlingen zu erlauben, ihre Grenze zu überqueren. Zahlreiche Delegierte bekundeten hierzu ihre Zustimmung.[3] Bei einer weiteren Sitzung wiederholte der niederländische Delegierte die Auffassung, dass der Begriff »**expulsion**« (Ausweisung) sich auf Personen beziehe, denen bereits im Staatsgebiet des Vertragsstaates rechtmäßiger Aufenthalt gewährt worden sei, während der Begriff »**return**« oder »**Refoulement**« (Zurückweisung) Personen erfasse, die bereits eingereist seien, denen aber noch kein rechtmäßiger Aufenthalt gewährt worden sei. Nach dieser Interpretation begründe Art. 33 GFK im Fall von größeren Flüchtlingsgruppen keinerlei Verpflichtung der Staaten zu deren Aufnahme. Ohne formelle Abstimmung wurde diese Ansicht durch den Präsidenten der Konferenz zu Protokoll genommen.

---

[2] Kommissionsentwurf, in: BR-Drucks. 1017/01, S. 32.
[3] Siehe hierzu *Weis*, BYIL 1953, 478 (482 f.); *Marx*, Kommentar zum AsylVfG, § 18 Rn. 8 ff.

3   **Nemiah Robinson** zog 1953 aus dieser Entstehungsgeschichte den scharfen Schluss, Art. 33 Abs. 1 GFK finde Anwendung nur auf jene Flüchtlinge, die bereits legal oder illegal das Staatsgebiet betreten hätten, aber nicht auf jene Asylsuchenden, die an der Grenze Einlass begehrten. Kein Staat könne daher davon abgehalten werden, Flüchtlingen an seiner Grenze die Einreise zu verweigern. Habe es ein Flüchtling geschafft, unter Umgehung der Grenzkontrollen in das Land zu kommen, sei er sicher. Misslinge ihm dies, habe er Pech gehabt.[4] Zugleich wandte er aber auch kritisch ein, dass dies keine befriedigende Lösung des Flüchtlingsproblems sei. Noch 1962 stimmte **Otto Kimminich** dieser Ansicht von Nemiah Robinson freilich mit Bedauern zu.[5] Auch **Atle Grahl-Madsen** wies 1972 darauf hin, dass Art. 33 Abs. 1 GFK Flüchtlingen kein Recht auf Einlass gewähre.[6] Noch im Jahr 1976 vermochte auch der damalige Hohe Flüchtlingskommissar **Sadruddin Aga Khan** keinen anderen Befund festzustellen. Er wies aber zugleich auch auf den weiter gehenden **regionalen Standard** hin.[7]

4   Gegen die zurückhaltenden Stimmen ist einzuwenden, dass nach Art. 32 WVRK die Entstehungsgeschichte eines Vertrages nur ergänzend zur Auslegung seiner Bestimmungen herangezogen werden kann. Vorrangig ist demgegenüber die Auslegung eines Vertrages im Lichte seines Zieles und Zweckes (Art. 31 Abs. 1 WVRK). Schon die Entstehungsgeschichte der Konvention ist jedoch nicht derart eindeutig, dass aus ihr mit hinreichender Bestimmtheit abgeleitet werden könnte, dass die Delegierten den nicht im Rahmen einer großen Gruppe um Asyl nachsuchenden einzelnen Flüchtling an der Grenze nicht geschützt wissen wollten. Negativ ausgedrückt ist es gewiss nicht das Ziel der GFK, Flüchtlingen Aufnahme und Asyl zu gewähren. Aus der Entstehungsgeschichte wird aber andererseits lediglich deutlich, dass man sich gegen ein Recht auf Asyl bei Massenfluchtbewegungen wandte. Deshalb wird auch zutreffend eingewandt, aus der Entstehungsgeschichte lasse sich allenfalls herleiten, dass die Staatenvertreter ein Aufnahmerecht bei Massenfluchtbewegungen abgelehnt hätten.[8] Die Entstehungsgeschichte ist aber nicht derart eindeutig, dass aus ihr hergeleitet werden könnte, ein Recht auf Schutz vor Zurückweisung an der Grenze sei übereinstimmend verneint worden.

5   Die Entstehungsgeschichte der Konvention bleibt damit unergiebig. Was den vorrangig zu betrachtenden Zweck der Konvention betrifft, ist es sicherlich zutreffend, dass ein breiter Staatenkonsens über die Gewährung eines Asylrechts für Flüchtlinge nicht festgestellt werden kann.[9] Eine derartige Zweckrichtung kann daher in die Konvention nicht hineingelesen werden. So wurde auch bei den Beratungen über die Asylrechtsdeklaration von 1967 von den Staatenvertretern hervorgehoben, dass das in Art. 33 GFK enthaltene Prinzip den Staaten bei Massenfluchtbewegungen (»**mass migration**«) keine rechtlichen Verpflichtungen auferlege.[10] Eine an der Zweckrichtung der Konvention orientierte Auslegung kommt damit zu dem Ergebnis, dass keine ihrer Regelungen dahin interpretiert werden kann, es solle durch sie ein Recht auf Aufnahme und Asylgewährung begründet werden. Art. 33 GFK darf also nicht in einer Weise ausgelegt werden, dass hierdurch Flüchtlingen ein dauerhafter Aufenthalt gewährt werden soll. Darin allein erschöpft sich der Zweck von Art. 33 GFK jedoch nicht. Vielmehr zielt diese Norm zuallererst auf die Vermeidung des Eintritts eines **extraterritorialen Effekts**:

6   Die Staaten verpflichten sich, alles zu unterlassen, was letztendlich (»**in any manner whatsoever**«, »auf irgendeine Weise«) dazu führen könnte, dass ein Flüchtling »über die Grenzen« von Gebieten,

---

4 *Robinson*, Convention relating to the Status of Refugees, S. 163.
5 *Kimminich*, Der internationale Rechtsstatus des Flüchtlings, S. 327.
6 *Grahl-Madsen*, The Status of Refugees in International Law, Bd. 2, S. 94.
7 *Aga Khan*, Recueil des Cours 1976, 287 (318); ähnlich *Hofmann*, Refugee Law in Africa 1989, 79 (85).
8 *Kälin*, Grundriss des Asylverfahrens, S. 219.
9 *Aga Khan*, Recueil des Cours 1976, 287 (318); *Kimminich*, Der internationale Rechtsstatus des Flüchtlings, S. 327.
10 *Weis*, CanadianYIL 1969, 92 (124).

in denen er verfolgt wird, gelangt. Schon die Wortlautauslegung[11] legt damit ein Verständnis von Art. 33 GFK nahe, wonach der Staat den Flüchtling **nicht** an der Grenze zurückweisen darf, wenn dieser als Folge der Zurückweisung in den Zugriffsbereich des Verfolgerstaates geriete. Bereits 1954 stellte daher **Paul Weis** fest, dass Art. 33 GFK den Staaten eine zwingende Verpflichtung auferlege, sich jeglicher Maßnahmen zu enthalten, die dazu führen könnten, dass ein Flüchtling in den behaupteten Verfolgerstaat verbracht werde. Zwar hätten die Staaten ein uneingeschränktes Recht, den Zugang zu ihrem Gebiet zu regeln. Es entwickle sich jedoch eine gewohnheitsrechtliche Regel, wonach die Staaten bona fide Flüchtlingen den Zugang nicht verweigern dürften, wenn dies im Ergebnis dazu führen würde, dass der Flüchtling der befürchteten Verfolgung ausgesetzt werde. Hieraus folge zwar nicht die Anerkennung eines dauerhaften Aufenthaltsrechtes. Der den Zugang gewährende Staat könne jedoch nur auf der Grundlage seiner völkerrechtlichen Verpflichtungen den Flüchtling an einen dritten Staat verweisen.[12]

Der rechtlich maßgebliche Inhalt von Art. 33 GFK zielt damit auf eine **staatliche Unterlassungspflicht**. Er **verbietet** alle staatlichen Maßnahmen, welche im Ergebnis dazu führen, dass der Asylsuchende dem Zugriff seines Verfolgerstaates ausgesetzt wird.[13] Mit dieser Bedeutung wird Art. 33 GFK heute in der **Staatenpraxis** allgemein angewandt.[14] Aus diesem Grund wird auch hervorgehoben, dass eine grammatikalische, teleologische und an der nachfolgenden Staatenpraxis (Art. 31 Abs. 3 Buchst. b) WVRK) orientierte Interpretation von Art. 33 GFK in den Schutzbereich dieser Norm auch das Verbot der Zurückweisung an der Grenze einbeziehen müsse.[15] Mit diesem Inhalt ist das völkerrechtliche Prinzip des Non-Refoulements heute im völkerrechtlichen Schrifttum allgemein anerkannt.[16] Zahlreiche internationale und regionale Erklärungen und Verträge beziehen ausdrücklich das Zurückweisungsverbot an der Grenze in den Schutzbereich des Refoulementverbots ein. Die Staatenpraxis in den letzten nahezu sechs Jahrzehnten erweist, dass heute das Verbot der Zurückweisung allgemein anerkannt ist. Damit kann festgestellt werden, dass das Prinzip des Non-Refoulement heute die Abschiebung aus dem Gebiet wie auch die Zurückweisung an der Grenze der Vertragsstaaten zwingend untersagt.[17]

2. Auswirkungen des extraterritorialen Effekts des Refoulementverbots

Die GFK regelt die Frage des Zugangs zum Staatsgebiet nicht direkt. Das Refoulementprinzip hat sich aber seit 1951 insbesondere auch durch die europäische Praxis als ein »**lebendiges Instrument**« (»living instrument«) dynamisch entwickelt. Zwar hatte der Oberste Gerichtshof der Vereinigten Staaten 1993 in der **Haiti-Entscheidung** aus Anlass der Beschwerden haitianischer Bootsflüchtlinge entschieden, dass Art. 33 GFK nicht das Staatenverhalten **außerhalb** der nationalen Grenzen regele. Daher könne es den Einwanderungsbehörden nicht untersagt werden, Asylsuchende über die nationalen Seegrenzen hinweg zu bringen.[18] Die dynamische Entwicklung des Refoulementschutzes ist jedoch über diese Entscheidung hinweggegangen. Seit den 1990er Jahren ist eine völkerrechtliche

---

11 So auch *Kälin*, Das Prinzip des Non-Refoulement, S. 105 ff.
12 *Weis*, AYIL 1954, 193 (198 f.).
13 *Goodwin-Gill*, VirginiaJIL 1986, 897 (902 f.).
14 *Sexton*, Vanderbuilt JTL 1985, 731 (739 f.).
15 *Kälin*, Grundriss des Asylverfahrens, S. 219; *ders.*, Das Prinzip des Non-Refoulement, S. 105 f.
16 *Sinha*, Asylum and International Law, S. 110 f.; *Goodwin-Gill/McAdam*, The Refugee in international Law, S. 206 ff.; *Perluss/Hartman*, Virginia JIL 1986, 551 (599 f.); *Sexton*, Vanderbuilt JTL 1985, 731 (739 f.); *Hailbronner*, ZAR 1987, 1 ff. (5); *Crawford/Hyndman*, IJRL 1989, 157; *Helton*, IJRL 1990 (Special Issue), S. 119 (123); *Hathaway*, The Law of Refugee Status, S. 26 f.; *Sternberg*, Non-Expulsion and Non-Refoulement, S. 253 (257, 261); *Weinzierl*, Flüchtlinge: Schutz und Abwehr in der erweiterten EU, S. 125 f.; a.A. *Reichel*, Das staatliche Asylrecht »im Rahmen des Völkerrechts«, S. 41.
17 *Goodwin-Gill/McAdam*, The Refugee in international Law, S. 208.
18 US Supreme Court, Nr. 92–344, The United States Law Week 1993, 4684 (4691 ff.).

Entwicklung festzustellen, die auf Ausweitung der bislang territorial gebundenen Verantwortung geht.

9 Wegweisend ist die Rechtsprechung des Internationalen Gerichtshofes, des höchsten Gerichtes der Vereinten Nationen: Zwar ist die Herrschaftsgewalt der Staaten grundsätzlich territorialgebunden. Wird sie außerhalb des nationalen Territoriums ausgeübt, löst sich die menschenrechtliche Bindung jedoch nicht auf. Den Staaten ist es nicht erlaubt, sich aus ihren internationalen Verpflichtungen zu lösen, wenn sie Herrschaftsgewalt außerhalb ihres Territoriums ausüben.[19] Auch der Menschenrechtsausschuss sieht die Vertragsstaaten aufgrund von Art. 2 Abs. 1 IPbpR in der Verpflichtung, die Konventionsrechte zu beachten und sicherzustellen, dass alle Personen **innerhalb** ihres Territoriums **und** darüber hinaus alle Personen, die ihrer Herrschaftsgewalt unterworfen sind, diese Rechte in Anspruch nehmen können. Daraus folge, dass die Vertragsstaaten die Inanspruchnahme der Konventionsrechte durch alle Personen **innerhalb ihrer Gewalt** oder ihrer **wirksamen Kontrolle** sicherstellen müssen, auch wenn sie sich **nicht innerhalb ihres Gebietes** aufhielten.[20] Auch der Ausschuss gegen Folter wendet den Refoulementschutz nach Art. 3 Übereinkommen gegen Folter an, wenn sich der Betroffene in der Herrschaftsgewalt des Staates an Bord seiner Schiffe befindet.[21]

10 Eine territoriale Vorverlagerung von Grenzkontrollen hebt also nicht die aus dem Refoulementverbot folgenden staatlichen Verpflichtungen auf. Auch der EGMR hat ausdrücklich die extraterritoriale Wirkung der EMRK an Bord von Schiffen des Flaggenstaates anerkannt.[22] Diese Position hat er ein Jahrzehnt später ausdrücklich am Beispiel von Asylsuchenden bestätigt, die auf dem Mittelmeer von italienischen Grenzbehörden aufgegriffen und nach Libyen gebracht wurden, ohne das ihnen vorher die Möglichkeit eingeräumt wurde, einen Asylantrag zu stellen. Da in Libyen die tatsächliche Gefahr einer Zuwiderhandlung gegen Art. 3 EMRK gedroht habe, hätte Italien diese Norm verletzt.[23] Entscheidend kann danach nicht der Ort sein, an dem sich der Betroffene und das Herrschaftsgewalt ausübende staatliche Organ befinden. Vielmehr gibt es außerhalb des Staatsgebietes des Herkunftslandes keinen Ort, an dem das Refoulementverbot nicht gilt, sei es innerhalb des eigenen Territoriums des um Schutz ersuchten Staates, an dessen Grenze, oder jenseits seiner Staatsgrenze.[24] Das Prinzip des Refoulementschutzes nach Art. 33 Abs. 1 GFK gilt damit auch auf **Hoher See**.

11 Das Exekutivkomitee von UNHCR hatte bereits 1988 diesen fundamentalen Grundsatz des Flüchtlingsschutzes entwickelt.[25] Auch die Union erkennt diese Rechtsentwicklung an. Noch vor Einrichtung der Grenzschutzagentur FRONTEX wurde die Umdrehung von Booten als eine **Methode der Grenzkontrolle** zwar für zulässig erachtet.[26] Inzwischen sind die Leitlinien für FRONTEX jedoch überarbeitet worden und stellen klar, dass keine Person »ausgeschifft oder auf andere Weise den Behörden eines Landes überstellt werden« darf, wenn die Gefahr der Verletzung des Refoulmentverbotes besteht.[27] Damit erkennt die Union an, dass das Refoulementverbot der Konventionen von 1950 und 1951 auch auf Hoher See gilt.

---

19 Internationaler Gerichtshof, Gutachten »Legal consequences of the construction of a wall in the occupied Palestian Territory« vom 09.07.2004, General List No. 131.
20 Human Rights Committee, General Comment No. 31(80) »Nature of the General Obligation imposed on State Parties to the Covenant«, CCPR/C/21/Rev.1/Add.13, Par. 10.
21 CAT, IJRL 2010, 104 (111) Rn. 8.2 – J.H.A.
22 EGMR, EuGRZ 2002, 133 (139), § 73 – Bankovic et. al. v. Belgium et. al.
23 EGMR (Große Kammer), Urt. V. 23.02.2012 – Nr. 27765/09, Rn. 136 – Hirsi.
24 *Goodwin-Gill/McAdam*, The Refugee in International Law, S. 245.
25 UNHCR ExCom, Empfehlung Nr. 53 (XXXIX) (1988).
26 Ratsbeschluss, EU, Doc. No. 15445/2003, Rn. 30, bullet point 4.31.
27 Ratsbeschl. v. 26.04.2010 (2010/252/EU) zur Ergänzung des Schengener Grenzkodex hinsichtlich der Überwachung der Seegrenzen, Anhang Teil I Nr. 1.2.

3. Verfahrensrechtliche Auswirkungen des Refoulementverbotes

1998 hat das Exekutivkomitee von UNHCR festgestellt, das Refoulementverbot und das Gebot, ein Verfahren zur Prüfung der Flüchtlingseigenschaft bzw. einer drohenden Menschenrechtsverletzung zu eröffnen, habe ein **verfahrensgebundenes Recht auf vorübergehende Aufnahme** des Flüchtlings zur Folge.[28] Insbesondere wegen der **gemischten Fluchtgründe** der auf hoher See aufgegriffenen Personen kommt dem Recht auf Zugang zu einem wirksamen Verfahren eine besondere Bedeutung zu. Solange die Flüchtlingseigenschaft nicht überprüft worden ist, bestehen die internationalen Verpflichtungen aus dem Refoulementverbot auch auf hoher See fort. Aus der Anerkennung, dass der Refoulementschutz des Flüchtlingsrechts sowie der Menschenrechtsabkommen auch auf hoher See gilt, folgt, dass Asylsuchenden ein **wirksamer Zugang zu einem Verfahren** zu gewähren ist. Der EGMR hat eine derartige auf hoher See geltende Verpflichtung ausdrücklich aus Art. 13 EMRK abgeleitet.[29]

12

Zwar regelt die GFK selbst nicht unmittelbar ein Verfahren. Jedoch folgt aus dem Refoulementverbot des Art. 33 Abs. 1 GFK, dass die Vertragsstaaten ein Verfahren bereithalten müssen, um Refoulementgefahren nach Möglichkeit zu minimieren. Das Exekutivkomitee von UNHCR hat den Staaten empfohlen, dass »unbeschadet irgendwelcher Verantwortlichkeiten des Flaggenstaates« sicherzustellen sei, dass es den geretteten oder sonstwie an Bord befindlichen hilfsbedürftigen Personen, wann immer möglich, erlaubt werden soll, »im nächst gelegenen Hafen an Land zu gehen. Auch sollte ihnen Gelegenheit gegeben werden, ihre Flüchtlingseigenschaft durch die Behörden feststellen zu lassen, mit der Maßgabe, dass dies nicht notwendigerweise eine dauerhafte Lösung im Lande des angelaufenen Hafens bedeuten muss.«[30] Der Asylsuchende muss dort jedoch sicher vor Refoulementrisiken sein. Es reicht nicht aus, dass lediglich der Zustand der Seenot beendet wird. Vielmehr muss der Asylsuchende in dem Staat, in dem der angelaufene Hafen gelegen ist, sicher vor der Abschiebung sein. Sowohl der Schifffahrtssicherheitsausschuss wie auch die Generalversammlung der Vereinten fordern deshalb die Staaten zur internationalen Zusammenarbeit auf, um zu verhindern, dass die Ausschiffung in Länder erfolgt, in denen der Schutz der Asylsuchenden und Flüchtlinge nicht sichergestellt werden kann.

13

Der EGMR hat wiederholt entschieden, dass Art. 13 EMRK die Verfügbarkeit einer Beschwerdemöglichkeit auf nationaler Ebene zur Durchsetzung der Konventionsrechte garantiert. Angesichts der »Unwiderruflichkeit des Leids, das sich im Falle der Verwirklichung der Gefahr von Folter und Misshandlung« einstelle und dem »Gewicht, das Art. 3 EMRK beizumessen« sei, müsse eine »**unabhängige und gründliche Prüfung des Vorbringens**, dass stichhaltige Gründe für die Furcht vor einem tatsächlichen Risiko« einer Art. 3 EMRK zuwiderlaufenden Behandlung bestehen, sichergestellt werden.[31] Ebenso sehen die Empfehlungen Nr. 8 (XXVIII) und Nr. 30 (XXXIV) des Exekutivkomitees des Programms von UNHCR eine wirksame Beschwerdemöglichkeit vor. Auch die Union hat mit der **Verfahrensrichtlinie** die Reichweite der entsprechenden internationalen Verpflichtungen anerkannt und sowohl den **Zugang zum Asylverfahren** (Art. 6 bis 17 RL 2005/85/EG) wie auch eine wirksame Beschwerdemöglichkeit vor einer unabhängigen Instanz (Art. 39 RL 2005/85/EG) mit zwingender Wirkung für die Mitgliedstaaten geregelt.

14

Ein wirksamer Zugang zum Verfahren wie auch eine rechtsstaatliche Prüfung von Asylbegehren können nicht auf hoher See gewährleistet werden; aber auch nicht in »Transit Verfahrenszentren« (»**Transit Processing Centres**«) außerhalb Europas, weil diese zwar der Prüfung von Asylanträgen dienen sollen (»**outsorcing of refugee protection**«), aber keinen gerichtlichen Rechtsschutz

15

---

28 UNHCR ExCom, Empfehlung Nr. 85 (XLIX) (1998), Nr. Q.
29 EGMR (Große Kammer), Urt. V. 23.02.2012 – Nr. 27765/09, Rn. 205 – Hirsi.
30 UNHCR ExCom, Empfehlung Nr. 53 (XXXIX) (1988), Nr. 2.
31 Z.B. EGMR, InfAuslR 2001, 57 = NVwZ-Beil. 2001, 97 – Jabari.

vorsehen.³² Die Mitgliedstaaten bleiben in der Verantwortung. Sie müssen wirksame Verfahren und Überprüfungsmechanismen einrichten. Vor diesem Hintergrund zwingt der völkerrechtliche Auslegungsgrundsatz des **effet utile** zur Einrichtung von Verfahren innerhalb der Union, wenn Flüchtlinge auf hoher See aufgegriffen werden. Sowohl die in Seenot geratenen und darüber hinaus auch alle auf hoher See aufgenommene Asylsuchende sind daher an einen sicheren Ort in der Union zu verbringen.³³ Bei der bloßen Verbringung an den nächstgelegenen Hafen kann die effektive Gewährleistung von Verfahrensgarantien nicht sichergestellt werden.

4. Rechtscharakter des Refoulementverbotes

16 Die Staatenlosenkonferenz stellte 1954 in Abschnitt IV der Schlussakte den Grundsatz auf, Art. 33 GFK sei Ausdruck eines allgemein anerkannten Grundsatzes. Sie bestätigte damit jedoch lediglich den bereits damals herrschenden Grundsatz, wonach das Refoulementverbot bereits Bestandteil des allgemeinen Völkerrechts geworden war.³⁴ **Atle Grahl-Madsen** hebt hervor, dass dieses Verbot Ausdruck eines fundamentalen Prinzips zivilisierter Nationen und als solches eines der Grundpfeiler des Völkerrechts sei.³⁵ Andere argumentierten früher eher zurückhaltend. Es wiesen verschiedene Faktoren darauf hin, dass das Refoulementverbot ein in der Entwicklung begriffenes Gewohnheitsrecht sei, jedoch dieses Stadium noch nicht erreicht habe.³⁶ Hiergegen wurde eingewandt, Art. 33 GFK habe generellen Charakter und seine Anwendung in der Staatenpraxis rechtfertige das vom Internationalen Gerichtshof für das Aufspüren einer gewohnheitsrechtlichen Regel geforderte Urteil einer einheitlichen und konsistenten Praxis. Vollständige Einheitlichkeit und Konsistenz könne nicht verlangt werden. Vielmehr reiche es aus, wenn in der Praxis einzelner Staaten oder generell in der Staatenpraxis dieselbe gewohnheitsrechtliche Regel angewandt werde.³⁷

17 Im Hinblick auf das Refoulementverbot im Allgemeinen und auf Art. 33 GFK im Besonderen könne festgestellt werden, dass gewichtige Gründe das Urteil einer einheitlichen Staatenpraxis rechtfertigten, auch wenn einzelne Staaten gelegentlich Flüchtlinge in den Verfolgerstaat verbringen würden. Auch die geforderte Rechtsüberzeugung (**opinion iuris**) könne in der Staatenpraxis nachgewiesen werden.³⁸ Verletzungen des Refoulementverbots einschließlich Zurückweisungen von Flüchtlingen an der Grenze seien in der Vergangenheit durch andere Staaten und UNHCR deutlich kritisiert worden.³⁹ Hier wird nicht nur eine lediglich unverbindliche moralische Intention, sondern die **nachweisbare Rechtsüberzeugung der Staaten** des Inhalts evident, dass sie **kein Recht** haben, einen Flüchtling dem Zugriff seines Verfolgerstaates auszusetzen. Die Berichte von UNHCR gehen noch einen Schritt weiter und sprechen dem Prinzip des Non-Refoulement den Charakter von **ius cogens** zu,⁴⁰ sodass dieser Grundsatz nur durch eine spätere Norm des allgemeinen Völkerrechts derselben Rechtsnatur geändert werden könnte (Art. 53 WVRK).

---

32 *Fischer-Lescano/Löhr*, Rechtsgutachten Menschen- und flüchtlingsrechtliche Anforderungen an Maßnahmen der Grenzkontrolle auf hoher See, S. 23, *Löhr/Pelzer*, KJ 2008, 303 (307 ff.).

33 Siehe hierzu im Einzelnen *Fischer-Lescano/Löhr*, Rechtsgutachten Menschen- und flüchtlingsrechtliche Anforderungen an Maßnahmen der Grenzkontrolle auf hoher See, S. 28.

34 *Kimminich*, AVR 1982, 369; *Hyndman*, The Australian LJ 1986, 153 f.; *Goodwin-Gill/McAdam*, The Refugee in international Law, S. 206 ff.; *Weis*, AYIL 1954, 199; *Sexton*, Vanderbuilt JTL 1985, 731 (737); *Sinha*, Asylum and International Law, S. 160.

35 *Grahl-Madsen*, AAPSS 1983, 14.

36 Z.B. *Kälin*, Das Prinzip des Non-Refoulement, S. 72.

37 *Stenberg*, Non-Expulsion and Non-Refoulement, S. 275 f.

38 *Stenberg*, Non-Expulsion and Non-Refoulement, S. 278.

39 *Goodwin-Gill*, The Refugee in International Law, S. 77.

40 *UNHCR*, Report, UN Doc. E/1985/62 (1985), Rn. 22 f.; *UNHCR*, Report, UN Doc. E/18989/64 (1989), Rn. 24; so auch *Allain*, IJRL 2001, 533 (534).

Für die **innerstaatliche Anwendbarkeit** folgt die Beachtung des Refoulementverbotes des Art. 33 GFK bereits aus Art. 59 Abs. 1 GG. Der Gesetzgeber hat dem seit jeher Rechnung getragen (§ 14 AuslG 1965, § 51 Abs. 1 AuslG 1990, § 60 Abs. 1 AufenthG). Darüber hinaus ist es als allgemeine Regel des Völkerrechts über Art. 25 Satz 1 GG Bestandteil des Bundesrechts geworden. Zwar verpflichtet das Völkerrecht nur Staaten. Auch wenn sich inzwischen im Völkerrecht zahlreiche individualschützende Normen herausgebildet haben, bleibt allein der Staat Völkerrechtssubjekt.[41] Entsprechend der herrschenden **Mediatisierungslehre**, wonach der Einzelne nur vermittelt durch den Staat in den Genuss völkerrechtlicher Schutznormen gelangen kann, begründet die GFK aus völkerrechtlicher Sicht zunächst Rechte und Pflichten nur zwischen den Vertragsstaaten, nicht jedoch zugunsten des Einzelnen.[42] Jedoch wird aus innerstaatlicher Perspektive durch die Transformation eines völkerrechtlichen Vertrages innerstaatlich ein unmittelbares subjektives Recht vermittelt, wenn die betreffende Vertragsnorm nach Wortlaut, Zweck und Inhalt hinreichend bestimmt ist, wie eine innerstaatliche Vorschrift rechtliche Wirkung zu entfalten, sodass sie keiner weiteren normativen Ausfüllung bedarf.[43]

18

Aus völkerrechtlicher Sicht vermitteln derartige Normen zwar keine subjektiven Rechte. Durch ihre Transformation begründen sie jedoch aufgrund der für die Umsetzung in das innerstaatliche Recht maßgeblichen Transformationslehre in der Bundesrepublik subjektive Rechtswirkungen, wenn Inhalt, Zweck und Fassung der Vorschrift des Vertrages mit voller Klarheit die Annahme zulassen, dass eine solche Wirkung gewollt ist.[44] Eine derartige Wirkung hat das BVerwG für die Vorschriften der GFK unterstellt.[45] Art. 33 Abs. 1 GFK will Flüchtlinge im Sinne von Art. 1 GFK vor Zurückweisung, Ausweisung, Abschiebung und jeglichen Zwangsmaßnahmen schützen. Es handelt sich damit ganz offensichtlich um eine völkerrechtliche Norm mit subjektiver Schutzwirkung. Asylsuchende können sich daher an der Grenze unmittelbar auf Art. 33 Abs. 1 GFK berufen und haben aus dieser Norm einen einklagbaren Anspruch auf Zulassung zum Asylverfahren.[46] Ein subjektives Recht ergibt sich auch aus Unionsrecht (Art. 21 Abs. 1 RL 2004/83/EG i.V.m. Art. 33 Abs. 1 GFK).

19

§ 53 Refoulementschutz für subsidiär Schutzberechtigte

Übersicht

	Rdn
1. Refoulementschutz nach Art. 3 EMRK	1
2. Refoulementschutz nach Art. 3 Übereinkommen gegen Folter	5
3. Refoulementschutz bei drohender Todesstrafe	7
4. Refoulementschutz bei willkürlicher Gewalt (Art. 15 Buchst. c) RL 2004/83/EG)	12

1. Refoulementschutz nach Art. 3 EMRK

Art. 21 Abs. 1 RL 2004/83/EG schließt auch menschenrechtliche Refoulementverbote, insbesondere Art. 3 EMRK,[47] Art. 3 Übereinkommen gegen Folter und Art. 7 IPbpR ein. Nach der Rechtsprechung des EGMR regelt die Konvention weder die Handlungen von Nichtmitgliedstaaten noch bezweckt sie eine Weisung an die Mitgliedstaaten, den Konventionsstandard anderen Staaten aufzuerlegen. Daher kann Art. 1 EMRK nicht zu einem allgemeinen Grundsatz herangezogen werden,

1

---

41 *Delbrück*, Die Rassenfrage als Problem des Völkerrechts, S. 94; *Mosler*, ZaöRV 1976, 36 f.
42 BVerfGE 52, 391 (496) = EZAR 150 Nr. 1 = NJW 1980, 516.
43 BVerwGE 80, 233 (235) = EZAR 271 Nr. 19 = InfAuslR 1989, 98; BVerwGE 87, 11 (13) = EZAR 252 Nr. 5 = NVwZ 1991, 787 = InfAuslR 1991, 72; BVerwG, EZAR 232 Nr. 1; BGHZ 18 Nr. 22 (25 f.).
44 BGHZ 18, 22 (26); VGH Baden-Württemberg, EZAR 250 Nr. 1; siehe hierzu *Marx*, ZAR 1992, 3 (12).
45 BVerwGE 88, 254 (257) = EZAR 232 Nr. 1 = NVwZ 1992, 180 = InfAuslR 1991, 365; siehe auch § 57 Rn. 2.
46 BVerfGE 94, 49 (97) = EZAR 208 Nr. 7 = NVwZ 1996, 700.
47 Kommissionsentwurf, in: BR-Drucks. 1017/01, S. 32.

dass ein Mitgliedsstaat, unbeschadet seiner Auslieferungspflichten, ein Individuum nicht herausgibt, solange er nicht davon überzeugt ist, dass die Bedingungen, die es im Zielstaat erwarten, in voller Übereinstimmung mit jedem der Schutzrechte der Konvention stehen würden. Unstreitig sei andererseits, dass der Vertragsstaat keine Einflussmöglichkeiten auf die Praktiken und Regelungen der Behörden des ersuchenden Staates habe. Ebenfalls treffe es zu, dass in internationalen Regelungen die Probleme, die mit der Verbringung eines Menschen in einen anderen Herrschaftsbereich, in dem unerwünschte Folgemaßnahmen möglich erschienen, dort ausdrücklich und detailliert angesprochen würden. Dies sei der Fall in Art. 33 GFK, Art. 11 EuAuslÜbK und in Art. 3 des Übereinkommens gegen Folter.

2   Diese Überlegungen könnten jedoch die Vertragsstaaten nicht aus ihrer Verantwortlichkeit nach Art. 3 EMRK für alle und besonders die vorhersehbaren Auslieferungsfolgen ihres Herrschaftsbereiches entlassen. Bei der Interpretation der Konvention müsse vielmehr ihr besonderer Charakter als **Vertrag für die kollektive Durchsetzung der Menschenrechte und Grundfreiheiten** berücksichtigt werden. Ziel und Zweck der Konvention als ein **Instrument zum Schutz des Individuums** erforderten deshalb, dass ihre Vorschriften als **Schutzvorschriften praktisch wirksam** und **effektiv gestaltet**, verstanden und angewendet würden. Fraglich bleibe jedoch, ob die Auslieferung eines Flüchtlings an einen anderen Staat, in dem er aller Wahrscheinlichkeit nach der Folter oder unmenschlicher oder erniedrigender Behandlung oder Bestrafung unterworfen werde, allein schon die Verantwortlichkeit eines Mitgliedstaates nach Art. 3 EMRK auslöse. Dass andererseits eine Spezialregelung wie Art. 3 des Übereinkommens eine detaillierte Verpflichtung im Blick auf das Folterverbot ausspreche, bedeute nicht, dass eine grundsätzlich ähnliche Verpflichtung nicht schon den allgemeinen Bestimmungen des Art. 3 EMRK entnommen werden könne.

3   Es wäre jedoch mit den der Konvention zugrunde liegenden Werten kaum vereinbar, auch nicht mit dem »gemeinsamen Erbe an geistigen Gütern, politischen Überlieferungen, Achtung der Freiheit und Vorherrschaft des Gesetzes«, auf die die Präambel hinweise, wenn ein Vertragsstaat wissentlich einen Flüchtling an einen anderen Staat ausliefere, obwohl es begründete Anhaltspunkte dafür gebe, dass der Flüchtling dort Gefahr laufe, der Folter oder unmenschlicher oder erniedrigender Behandlung oder Bestrafung ausgesetzt zu werden, gleichgültig, welchen schrecklichen Verbrechens er dort beschuldigt werde. Die Auslieferung stehe in derartigen Fällen, auch wenn der kurz und allgemein abgefasste Art. 3 EMRK hierzu ausdrücklich nichts aussage, schlicht im Gegensatz zum Sinn und Zweck dieser Norm. Ausdrücklich weist der Gerichtshof abschließend darauf hin, dass sich die Art. 3 EMRK innewohnende Verpflichtung zur Nichtauslieferung auch auf die Fälle erstrecke, in denen der Flüchtling im ersuchenden Staat einem echten Risiko unmenschlicher oder erniedrigender Behandlung oder Bestrafung im Sinne von Art. 3 EMRK ausgesetzt sei.[48]

4   Leitete der Gerichtshof in **Soering** aus Art. 3 EMRK ein Refoulementverbot in Auslieferungsfällen ab, erweiterte er in **Cruz Varas** wie auch in **Vilvarajah** das aus dieser Norm hergeleitete Refoulementverbot auf ausländerrechtliche Entscheidungen. In **Cruz Varas** nimmt der Gerichtshof ausdrücklich Bezug auf **Soering** und fährt anschließend fort, obwohl es im vorliegenden Fall nur um Ausweisung und nicht um Auslieferung gehe, seien die in **Soering** entwickelten Prinzipien auf Ausweisungsfälle anwendbar.[49] Hieran anknüpfend hat der Gerichtshof in **Vilvarajah** hervorgehoben, die Abschiebung eines Asylbewerbers durch einen Vertragsstaat könne eine Verletzung von Art. 3 EMRK darstellen. Hieraus ergebe sich die Verantwortlichkeit des Staates gemäß der Konvention, wenn stichhaltige Hinweise dafür vorlägen, dass die betreffende Person in dem Land, in das sie zurückkehre,

---

48   EGMR, EZAR 933 Nr. 1, Rn. 88 = EuGRZ 1989, 319 = NJW 1990, 2183 – Soering.
49   EGMR, EZAR 933 Nr. 2, Rn. 79 = NJW 1991, 3079 = InfAuslR 1991, 217 = HRLJ 1991, 142 – Cruz Varas.

der ernsthaften Gefahr von Folter oder unmenschlicher oder erniedrigender Behandlung oder Bestrafung ausgesetzt sei.[50]

2. Refoulementschutz nach Art. 3 Übereinkommen gegen Folter

Alle Mitgliedstaaten sind Vertragsstaaten des Übereinkommens gegen Folter. Nach Art. 3 dieses Übereinkommens darf ein Vertragsstaat eine Person nicht in einen anderen Staat ausweisen, abschieben oder an diesen ausliefern, wenn stichhaltige Gründe für die Annahme bestehen, dass sie dort Gefahr liefe, gefoltert zu werden. Anders als Art. 3 EMRK schließt Art. 3 des Übereinkommens unmenschliche oder erniedrigende Behandlung oder Bestrafung nicht ein. Der EGMR hatte in **Soering** (Rdn. 2 ff.) bei der erstmaligen Entwicklung einer Refoulementdimension aus Art. 3 EMRK ausdrücklich Bezug auf den normierten Refoulementcharakter des Folterverbotes in Art. 3 Übereinkommen gegen Folter genommen.[51]

Aus der vertraglichen Entwicklung einschließlich der hierzu ergangenen internationalen Rechtsprechung kann daher der Schluss gezogen werden, dass die Behörden kraft Völkervertragsrecht bei ausländerrechtlichen Entscheidungen den zwingenden völkerrechtlichen Schutz vor Folter und unmenschlicher oder erniedrigender Behandlung oder Bestrafung nach Art. 7 IPbpR, Art. 3 Abs. 1 des Übereinkommens gegen Folter und Art. 3 EMRK zu beachten haben. Das BVerwG hatte früher offen gelassen, ob das völkerrechtliche Folterverbot bereits als **allgemeine Regel des Völkerrechts** über Art. 25 Satz 1 GG Bestandteil des Bundesrechts ist.[52] Diese Frage ist angesichts der inzwischen erreichten Entwicklung des Refoulementcharakters des Folterverbots zu bejahen.

3. Refoulementschutz bei drohender Todesstrafe

Zwar hat sich im Völkerrecht bislang noch kein absolutes Verbot der Todesstrafe mit Refoulementschutz durchsetzen können. Gleichwohl kann sich unter bestimmten Umständen aus der angedrohten Verhängung oder Vollstreckung dieser Sanktion Refoulementschutz zugunsten des Betroffenen ergeben (§ 40 Rdn. 13 ff.). Wegweisend für diese neuere völkerrechtliche Entwicklung ist die Rechtsprechung des EGMR (§ 40 Rdn. 17 ff.). Die Richtlinie erkennt mit Art. 15 Buchst. b) RL 2004/83/EG eine extraterritoriale Verpflichtung der Mitgliedstaaten zur Schutzgewährung auch über den Folterschutz hinaus an. Dies folgt auch aus der Begründung des Vorschlags der Kommission.[53] Auch wenn sich bislang kein absolutes Verbot der Todesstrafe in der Staatenpraxis durchgesetzt hat, erkennen die Mitgliedstaaten für ihren Bereich mit Art. 15 Buchst. b) Rl 2004/83/EG ein derartiges Verbot an. Dies hat auch Auswirkungen auf die internationale Ächtung der Todesstrafe und damit auf die Anerkennung eines Refoulementverbotes. Diese Entwicklung wiederum wirkt auf die Auslegung und Anwendung von Art. 21 der Richtlinie bei drohender Todesstrafe im Zielstaat der Abschiebung zurück.

Droht ein ernsthafter Schaden nach Art. 15 Buchst. a) RL 2004/83/EG, erkennen die Mitgliedstaaten zwingend den subsidiären Schutzstatus zu (Art. 18 RL 2004/83/EG) und erteilen dem Betroffenen so bald wie möglich einen Aufenthaltstitel (Art. 24 Abs. 2 RL 2004/83/EG). Demgegenüber normiert § 24 Abs. 3 Satz 1 AufenthG lediglich einen Sollanspruch. Wegen des Anwendungsvorrangs des Unionsrechts besteht insoweit kein Restermessen, vielmehr ein zwingender Anspruch auf Erteilung der Aufenthaltserlaubnis. Die Mitgliedstaaten können allerdings die Zuerkennung des subsidiären Schutzstatus verweigern, wenn ein Ausschlussgrund nach Art. 17 RL 2004/83/EG Anwendung findet. Da die Berufung auf Art. 15 Buchst. b) RL 2004/83/EG häufig durch Straftäter erfolgt, ist insoweit der Ausschlussgrund nach Art. 17 Abs. 1 Buchst. b) RL 2004/83/EG zu prüfen.

---

50 EGMR, EZAR 933 Nr. 3, Rn. 103 = NVwZ 1992, 809 = InfAuslR 1992, 81 – Vilvarajah; siehe auch EGMR, HRLJ 1993, 24 (25) – Vijaynathan; EKMR, HRLJ 1991, 170 – Mansi.
51 EGMR, EZAR 933 Nr. 1, Rn. 88 = EuGRZ 1989, 319 = NJW 1990, 2183 – Soering.
52 BVerwGE 67, 184 (194) = NVwZ 1983, 674 = InfAuslR 1983, 228.
53 Kommissionsentwurf KOM(2001)510 endg.; Ratsdok. 13620/01, in: BR-Drucks. 1017/01, S. 29.

9 In diesem Fall stellt sich die Frage, ob eine Abschiebung in den Zielstaat der Abschiebung zulässig ist, obwohl feststeht, dass dem Betroffenen dort mit überwiegender Wahrscheinlichkeit die Verhängung oder Vollstreckung der Todesstrafe droht. Die Richtlinie regelt für diesen Fall lediglich das Zurückweisungsverbot (vgl. Art. 21 RL 2004/83/EG), verhält sich jedoch nicht zur Frage des Abschiebungsverbotes bei drohender Todesstrafe im Fall der Anwendung eines Ausschlussgrundes. Eine sachgerechte Auslegung und Anwendung von Art. 21 der Richtlinie umfasst jedoch auch das Abschiebungsverbot (§ 51 Rdn. 1, 4 ff.). Für das deutsche Recht folgt aus der Verweisung in § 15 Abs. 4 Satz 1, § 57 Abs. 3 AufenthG auf § 60 Abs. 3 AufenthG, dass die Zurückweisung und Zurückschiebung bei drohender Verhängung und Vollstreckung der Todesstrafe zu unterbleiben hat.

10 Der für das deutsche Recht maßgebende § 60 Abs. 3 AufenthG gewährt umfassenden und effektiven Schutz: Die Abschiebung ist zwingend untersagt. In Übereinstimmung mit Art. 17 RL 2004/83/EG sperrt das Vorliegen von Ausschlussgründen nach § 25 Abs. 3 Satz 2, 3. Alt. AufenthG lediglich die Erteilung der Aufenthaltserlaubnis nach § 25 Abs. 3 Satz 1 AufenthG. Der Betroffene ist zu dulden (§ 60 a Abs. 2 AufenthG). Die frühere Rechtsprechung erkannte bei drohender Verhängung und Vollstreckung der Todesstrafe ein Abschiebungshindernis, nicht jedoch ein Ausweisungshindernis an.[54] Demgegenüber ist nach der Rechtsprechung des BVerwG bei drohender Todesstrafe bereits das Ausweisungsermessen begrenzt. Das Ausländerrecht unterscheidet zwar zwischen Ausweisung und Abschiebung. Die Ausweisung schreibt dem Betroffenen nicht vor, wohin er auszureisen hat.[55] Ungeachtet der Selbstständigkeit von Ausweisung und Abschiebung besteht jedoch eine Verbindung zwischen beiden Rechtsinstrumenten. Die Ausweisung begründet die Pflicht zur unverzüglichen Ausreise. Erscheint eine freiwillige Ausreise nicht gesichert oder die Überwachung der Ausreise aus Gründen der öffentlichen Sicherheit oder Ordnung erforderlich, ist der Ausländer abzuschieben. Ist davon auszugehen, dass voraussichtlich nur der Heimatstaat des Betroffenen diesen aufzunehmen bereit sei, gebietet eine sachgerechte Interessenabwägung, einen derartigen faktischen »Zugzwang« bereits im Rahmen des Ausweisungsermessens zu berücksichtigen.[56]

11 Damit ist festzuhalten: Der Abschiebungsschutz des § 60 Abs. 3 AufenthG ist zwingender Natur und findet unabhängig davon Anwendung, welcher strafrechtliche Vorwurf Anlass zur Prüfung ausländerrechtlicher Schritte gegeben hat. Das Bundesamt ist von Amts wegen verpflichtet, eine drohende Todesstrafe im Asylverfahren zu prüfen (§ 24 Abs. 2 AsylVfG) und in der Abschiebungsandrohung zu berücksichtigen (vgl. § 31 Abs. 3 Satz 1, § 34 Abs. 1 AsylVfG, § 59 Abs. 3 Satz 2 AufenthG). Für die Ausländerbehörde ergibt sich diese Verpflichtung aus § 72 Abs. 2 AufenthG. Auch in Haftfällen darf die Ausländerbehörde nicht auf die Abschiebungsandrohung verzichten,[57] da andernfalls ein effektiver Abschiebungs- und Rechtsschutz nicht mehr gewährleistet wäre. In der Abschiebungsandrohung hat das Bundesamt den Staat, in dem die Gefahr der Todesstrafe droht und in den deshalb die Abschiebung nicht durchgeführt werden darf, zu bezeichnen (§ 34 Abs. 1 Satz 1 AsylVfG i.V.m. § 59 Abs. 3 Satz 2 AufenthG). Die Ausländerbehörde trifft diese Verpflichtung unmittelbar aus § 59 Abs. 3 Satz 2 AufenthG.

4. Refoulementschutz bei willkürlicher Gewalt (Art. 15 Buchst. c) RL 2004/83/EG)

12 Wird bezogen auf das Herkunftsland eine ernsthafte Bedrohung des Lebens oder der Unversehrtheit des Antragstellers als Folge willkürlicher Gewalt im Rahmen eines internationalen oder innerstaatlichen bewaffneten Konflikts (§ 42) festgestellt, besteht Anspruch auf die Gewährung des subsidiären Schutzstatus (Art. 18 RL 2004/83/EG) und Erteilung eines Aufenthaltstitels (Art. 24 Abs. 2 RL 2004/83/EG). Liegen zwar die Voraussetzungen des Art. 15 Buchst. c) RL 2004/83/EG vor, werden indes zugleich Ausschlussgründe festgestellt, wird der subsidiäre Schutzstatus nicht gewährt (vgl.

---

54 OVG Hamburg, EZAR 130 Nr. 3.
55 BVerwGE 78, 285 (291) = EZAR 120 Nr. 11 = NVwZ 1987, 288 = InfAuslR 1987, 228.
56 BVerwGE 78, 285 (291) = EZAR 120 Nr. 11 = NVwZ 1987, 288 = InfAuslR 1987, 228.
57 VGH Baden-Württemberg, InfAuslR 1994, 27 (28).

Art. 17 RL 2004/83/EG). Dies bedeutet indes nicht, dass eine Abschiebung in das Herkunftsland des Antragstellers erlaubt wäre. Nach der Rechtsprechung des EGMR ist bei Gefahr von Folter oder unmenschlicher oder erniedrigender Behandlung vielmehr eine zwangsweise Rückführung in den Staat, in dem diese Gefahren drohen, verboten (Rdn. 1 ff.).

Soweit Art. 15 Buchst. c) RL 2004/83/EG auch von Art. 3 EMRK erfasste Gefahren einschließt (§ 42 Rdn. 101 ff.), folgt der Abschiebungsschutz aus Art. 3 EMRK. Für die über Art. 3 EMRK hinausgehenden Fälle (§ 42 Rdn. 95 ff.) kann der Abschiebungsschutz insoweit nicht aus Art. 3 EMRK hergeleitet werden. Wenden die Staaten Art. 17 RL 2004/83/EG an, kann zwar bezogen auf die Feststellung der hierfür maßgebenden Voraussetzungen Rechtsschutz beantragt werden. Liegen jedoch die tatbestandlichen Voraussetzungen eines der Ausschlussgründe vor, können gegen aufenthaltsbeendende Maßnahmen außerhalb des Anwendungsbereichs von Art. 3 EMRK aus dem Völkerrecht kaum stichhaltige Einwände abgeleitet werden.

13

§ 25 Abs. 3 Satz 2, 1. Alt. AufenthG findet wegen des unionsrechtlichen Anwendungsvorrangs keine Anwendung.[58] Sind die Voraussetzungen für die Zuerkennung des subsidiären Schutzstatus festgestellt worden, besteht Anspruch auf Erteilung eines Aufenthaltstitels. Deshalb darf weder das Bundesamt noch die Ausländerbehörde eine Abschiebungsandrohung (vgl. § 34 AsylVfG, § 59 AufenthG) erlassen. Auch im deutschen Recht können aber die Ausschlussgründe den Refoulementschutz, dem bei willkürlicher Gewalt durch Erteilung des Aufenthaltstitels Rechnung getragen wird, begrenzen (§ 25 Abs. 3 Satz 2 Buchst. a) bis d) AufenthG).

14

§ 54 Durchbrechung des Refoulementschutzes (Art. 21 Abs. 2 und 3 RL 2004/83/EG)

Übersicht
	Rdn
1. Funktion des Art. 21 Abs. 2 und 3 RL 2004/83/EG	1
2. Voraussetzungen des Art. 21 Abs. 2 RL 2004/83/EG	3
3. Beendigung des Aufenthaltstitels (Art. 21 Abs. 3 RL 2004/83/EG)	8
4. Absolute Schutzwirkung des Folterverbotes	9

1. Funktion des Art. 21 Abs. 2 und 3 RL 2004/83/EG

In Anlehnung an Art. 33 Abs. 2 GFK bestimmt Art. 21 Abs. 2 RL 2004/83/EG, dass ein Mitgliedstaat einen Flüchtling unabhängig davon, ob er als solcher förmlich anerkannt ist oder nicht, unter den dort genannten Voraussetzungen zurückweisen kann. Die Vorschrift enthält eine Freistellungsklausel, verpflichtet die Mitgliedstaaten damit nicht zur Durchbrechung des Refoulementschutzes. Darüber hinaus können die Mitgliedstaaten nach Art. 21 Abs. 3 RL 2004/83/EG aus den Gründen des Art. 21 Abs. 2 RL 2004/83/EG, Art. 33 Abs. 2 GFK den einem Flüchtling erteilten Aufenthaltstitel widerrufen, beenden oder seine Verlängerung bzw. Erteilung ablehnen. Diese Vorschrift steht in engem Zusammenhang mit Art. 14 Abs. 4[59] und 5[60] RL 2004/83/EG und Art. 21 Abs. 2 RL 2004/83/EG. Die Änderungsrichtlinie 2011/95/EU hat diese Freistellungsklauseln nicht aufgehoben.

1

Zwar verwendet Art. Art. 21 Abs. 2 RL 2004/83/EG den Begriff Zurückweisung. Entsprechend der Reichweite des Refoulementschutzes (§ 51 Rdn. 1, 4 ff.), der die Abschiebung und Zurückweisung umfasst, dürfte daher auch die Durchbrechung dieses Schutzes sich auf beide Maßnahmen beziehen. Die Vorschrift verweist aber auf den Vorbehalt nach Abs. 1 und stellt damit klar, dass die Durchbrechung des Refoulementschutzes nach Art. 33 GFK nicht zugleich auch etwa die Durchbrechung

2

---

58 BVerwG, NVwZ 2008, 1241 (1242 f.), Rn. 13 = InfAuslR 2008, 474.
59 Siehe § 36 Rdn. 50 ff.
60 Siehe § 34 Rdn. 181 ff.

des Refoulementschutzes aus Art. 3 EMRK nach sich zieht. Art. 21 Abs. 2 RL 2004/83/EG beruht auf dem Wortlaut von Art. 33 Abs. 2 GFK. Die Vorschrift ist im Zusammenhang mit Art. 14 Abs. 4 RL 2004/83/EG (§ 36 Rdn. 50 ff.) und Abs. 3 zu sehen. Nach Art. 21 Abs. 2 können die Mitgliedstaaten den Flüchtling abschieben und zurückweisen, wenn er die Sicherheit des Aufnahmemitgliedstaates gefährdet. Nach Abs. 3 können sie unter diesen Voraussetzungen die bislang erteilte Aufenthaltserlaubnis entziehen. Bei Vorliegen dieser Voraussetzungen können die Mitgliedstaaten darüber hinaus bereits aus diesem Grund die Gewährung des Flüchtlingsstatus versagen (Art. 14 Abs. 5 RL 2004/83/EG, § 34 Rdn. 181 ff.).

2. Voraussetzungen des Art. 21 Abs. 2 RL 2004/83/EG

3 Nach Art. 21 Abs. 2 RL 2004/83/EG und Art. 33 Abs. 2 GFK müssen stichhaltige Gründe für die Annahme sprechen, dass der Flüchtling eine Gefahr für die Sicherheit des Aufnahmestaates oder für die Allgemeinheit dieses Staates darstellt, weil er wegen eines schwerwiegenden Verbrechens rechtskräftig verurteilt wurde. Abweichend von Art. 14 Abs. 4 Buchst. b) RL 2004/83/EG verwendet Art. 21 Abs. 2 RL 2004/83/EG nicht den Begriff »Verbrechen«, sondern den der »Straftat«. Eine gesetzessystematische Betrachtungsweise erfordert indes, den Begriff der »Straftat« im Sinne von »Verbrechen« auszulegen. Art. 33 Abs. 2 GFK und damit auch Art. 21 Abs. 2 Buchst. a) RL 2004/83/EG setzen einen Sicherheitsbegriff voraus, der von den Staaten nach ihrem eigenen Recht definiert wird. Der dem Begriff der nationalen Sicherheit immanente Charakter bedeutet, dass dieses Konzept im Völkerrecht nicht definiert werden kann.[61] Art. 33 Abs. 2 GFK hat insoweit die Funktion, für die Ermessensfreiheit der Staaten, Flüchtlinge abschieben zu können, bestimmte Grenzen zu setzen.

4 Es besteht Übereinstimmung darin, dass nur eine **sehr hohe Gefahr** für die Sicherheit des Aufnahmestaates die Abschiebung rechtfertigen kann. Insoweit ist die Schwelle für die Anwendung von Art. 21 Abs. 2 Buchst. a) RL 2004/83/EG höher als die für die Anwendung von Art. 1 F Buchst. b) GFK. Die Vorschrift setzt darüber hinaus eine in die Zukunft gerichtete Prognoseentscheidung voraus. Es ist deshalb unvereinbar mit der Systematik der GFK, den Begriff der »Gefahr« in Art. 33 Abs. 2 GFK auf Sachverhalte anzuwenden, in denen weniger als eine sehr ernsthafte **gegenwärtige** Gefahr für die Sicherheit des Landes oder die Allgemeinheit besteht.[62] Am Ausgangspunkt steht die Frage, ob der Flüchtling eine Gefahr für die Sicherheit des Staates oder der Allgemeinheit darstellt. Das Erfordernis der rechtskräftigen Verurteilung wegen einer besonders schweren Straftat fügt ein weiteres Element hinzu, kann aber nicht dahin verstanden werden, dass allein wegen dieser Straftat eine Gefahr für die Sicherheit des Staates oder die Allgemeinheit besteht. Vielmehr entspricht es völkerrechtlichen Grundsätzen, dass Art. 33 Abs. 2 GFK als Ausnahme vom Refoulementschutz eine Berücksichtigung aller Umstände des Falles einschließlich z. B. des Charakters der Straftat, des Hintergrunds ihrer Ausübung, des Verhaltens des Täters und des konkreten Strafurteils erfordert.

5 Die Anwendung von Art. 21 Abs. 2 RL 2004/83/EG setzt damit voraus, dass ein **rechtskräftiges Urteil** wegen einer **besonders schweren Straftat** gegen den Flüchtling ergangen ist. Es reicht danach nicht wie bei Art. 1 F GFK aus, dass schwerwiegende Gründe zu der Annahme berechtigen, der Betroffene habe bestimmte Straftaten begangen. Art. 33 Abs. 2 GFK enthält eine Schutzgarantie dahin, dass gegen einen Flüchtling, der im Aufnahmestaat eine Straftat begangen hat, nur im Fall der rechtskräftigen Verurteilung vorgegangen werden darf.[63] Darüber hinaus genügt es nicht, dass der Flüchtling ein »schwerwiegendes« Verbrechen begangen hat. Vielmehr muss er eine »besonders schwerwiegende Straftat« verübt haben. Schließlich muss aufgrund der Gesamtumstände die Prognose begründet sein, dass er gegenwärtig (»darstellt«) eine Gefahr für die Sicherheit des Aufnahmemitgliedstaates oder seine Allgemeinheit darstellt.

---

61 *Goodwin-Gill/McAdam*, The Refugee in International Law, S. 235.

62 *Goodwin-Gill/McAdam*, The Refugee in International Law, S. 237; *Hathaway*, The Law of Refugee Status, S. 226.

63 *Robinson*, Convention relating to the Status of Refugees, S. 140.

Der deutsche Gesetzgeber hat mit § 60 Abs. 8 Satz 1 AufenthG von der Freistellungsklausel des 6
Art. 21 Abs. 2 RL 2004/83/EG Gebrauch gemacht und knüpft damit an die Vorläuferregelungen
des § 14 Abs. 2 AuslG 1965 und § 51 Abs. 3 AuslG 1990 an. Danach darf die Abschiebung eines
Flüchtlings immer nur als »**ultima ratio**« in Betracht gezogen werden. Dementsprechend sind schon
die tatbestandlichen Voraussetzungen des § 60 Abs. 8 Satz 1 AufenthG **eng auszulegen**. Sie erfordern, dass mit Blick auf die erste Alternative nicht lediglich die **Annahme** gerechtfertigt ist, der Betroffene sei als eine Gefahr für die Sicherheit der Bundesrepublik anzusehen. Dies muss vielmehr **feststehen**.[64] Bei der zweiten Alternative kann nicht schon allein deswegen angenommen werden, der Betroffene bedeute eine schwerwiegende Gefahr für die Allgemeinheit, weil er wegen eines besonders schweren Verbrechens rechtskräftig verurteilt worden ist. Vielmehr muss eine **Wiederholungsgefahr** hinzukommen.[65]

Die deutsche Rechtsprechung steht damit in Übereinstimmung mit der internationalen Staaten- 7
praxis, da sie nicht vorrangig auf die Straftat abstellt, sondern die Anwendung der Ausnahme vom
Refoulementschutz zusätzlich und letztendlich entscheidend auf einer Gefahrenprognose beruht.
Dabei muss die Wiederholung eines besonders schweren Verbrechens zu besorgen sein.[66] Es reicht
also nicht aus, wenn lediglich neue Verfehlungen nicht ausgeschlossen werden können. Vielmehr
muss **aufgrund konkret festgestellter Umstände** (§ 108 Abs. 1 Satz 1 VwGO) die Annahme einer
Wiederholungsgefahr mit Blick auf die qualifizierte Straftat im Sinne des § 60 Abs. 8 Satz 1, 2. Alt.
AufenthG gerechtfertigt sein.[67] Eine strafgerichtlich festgestellte **günstige Sozialprognose** spricht
dabei regelmäßig gegen die Annahme einer Wiederholungsgefahr.[68] Auch persönliche Bindungen,
die zu einer charakterlichen Festigung des Flüchtlings führen können, sind zu berücksichtigen.[69]

3. Beendigung des Aufenthaltstitels (Art. 21 Abs. 3 RL 2004/83/EG)

Während Art. 14 Abs. 5 RL 2004/83/EG (§ 35 Rdn. 181 ff.) den Mitgliedstaaten die Befugnis ein- 8
räumt, bereits die Zuerkennung der Flüchtlingseigenschaft aus den Gründen des Art. 33 Abs. 2 GFK
zu versagen, Art. 14 Abs. 4 RL 2004/83/EG (§ 37 Rdn. 50 ff.) die Beendigung der Flüchtlingseigenschaft aus diesen Gründen regelt und Art. 21 Abs. 2 RL 2004/83/EG den Mitgliedstaaten unter den
Voraussetzungen des Art. 33 Abs. 2 GFK die Ermächtigung zur Abschiebung und Zurückweisung
einräumt, können die Mitgliedstaaten nach Art. 21 Abs. 3 RL 2004/83/EG unter diesen Voraussetzungen den einem Flüchtling erteilten Aufenthaltstitel beenden. Art. 21 Abs. 3 RL 2004/83/EG
ist im Zusammenhang mit der Durchbrechung des Refoulementschutzes zu sehen (Rdn. 3 bis 7).
Auch wenn Art. 33 Abs. 2 GFK (Art. 21 Abs. 2 RL 2004/83/EG) die Abschiebung und Zurückweisung eines Flüchtlings zulässt, kann diese gegen Art. 3 EMRK (Rdn. 9 ff.) verstoßen. In diesen Fällen
sollen die Mitgliedstaaten aber nicht daran gehindert werden, den dem Flüchtling gewährten Aufenthaltstitel zu beenden. Dieser bleibt auf den Kernbestand der GFK-Rechte nach Art. 14 Abs. 6
RL 2004/83/EG (§ 35 Rdn. 188 ff.) beschränkt.

4. Absolute Schutzwirkung des Folterverbotes

Nach Art. 21 Abs. 2 RL 2004/83/EG haben die Mitgliedstaaten bei der Inanspruchnahme der Frei- 9
stellungsklausel nach Art. 21 Abs. 1 RL 2004/83/EG völkerrechtliche Verpflichtungen zu beachten.

---

64 BVerwGE 49, 202 (209 f.) = NJW 1976, 490 = DVBl. 1976, 500 = EZAR 134 Nr. 1.
65 BVerwGE 49, 202 (209 f.) = NJW 1976, 490 = DVBl. 1976, 500 = EZAR 134 Nr. 1.
66 OVG Hamburg, EZAR 132 Nr. 2 = NVwZ-RR 1990, 374 = InfAuslR 1990, 188; OVG Nordrhein-Westfalen, EZAR 227 Nr. 3; siehe auch OVG Hamburg, EZAR 035 Nr. 6.
67 OVG Nordrhein-Westfalen, EZAR 227 Nr. 3.
68 OVG Nordrhein-Westfalen, EZAR 227 Nr. 3; OVG Hamburg, EZAR 132 Nr. 2 = NVwZ-RR 1990, 374 = InfAuslR 1990, 188; OVG Hamburg, NVwZ-RR, 1996, 358; VGH Baden-Württemberg, ESVGH 37, 226; VGH Baden-Württemberg, InfAuslR 1996, 328 (330) = EZAR 234 Nr. 1 = AuAS 1996, 125.
69 OVG Hamburg, EZAR 132 Nr. 2.

Auch wenn die Voraussetzungen von Art. 21 Abs. 2 RL 2004/83/EG vorliegen, sind die Mitgliedstaaten deshalb nicht ohne Weiteres berechtigt, den Flüchtling abzuschieben oder zurückzuweisen. Der EGMR hat in diesem Zusammenhang ausdrücklich und wiederholt festgestellt, dass der in Art. 3 EMRK gewährleistete Schutz vor Folter oder unmenschlicher oder erniedrigender Strafe oder Behandlung **ausnahmslos** gilt, sodass der in Art. 3 EMRK gewährte Refoulementschutz umfassender als jener in Art. 33 GFK ist.[70] Der Refoulementschutz nach Art. 3 EMRK hat **absoluten Charakter** und steht **nicht unter Terrorismusvorbehalt**.[71] Vielmehr hat der EGMR insbesondere in seiner ausländerrechtlichen Rechtsprechung an seine traditionelle, bereits 1978 entwickelte Auffassung vom **notstandsfesten Charakter des Folterverbots** nach Art. 3 EMRK[72] angeknüpft und in inzwischen gefestigter Rechtsprechung festgestellt, dass der aus dieser Norm herzuleitende **Abschiebungsschutz** ein **absoluter** ist.[73]

10 Dabei hebt der EGMR ausdrücklich die »immensen Schwierigkeiten« hervor, mit denen »sich Staaten in modernen Zeiten beim Schutz ihrer Gemeinschaften vor **terroristischer Gewalt** konfrontiert sehen«. Allerdings verbiete selbst unter diesen Umständen die »Konvention in **absoluten Begriffen Folter, unmenschliche oder erniedrigende Behandlung oder Strafe, unabhängig vom Verhalten des Opfers**«.[74] Auch das BVerwG hat ausdrücklich darauf hingewiesen, dass mit dem Ausschluss des Asyl- und Abschiebungsschutzes nicht zugleich auch der Schutz nach Art. 3 EMRK ausgeschlossen werde.[75] Das BVerwG stellt ausdrücklich fest, dass vom Flüchtlingsschutz ausgeschlossene Personen dem absoluten Refoulementschutz des Art. 3 EMRK unterfallen.[76] Auch der EuGH hat in diesem Zusammenhang ausdrücklich festgesetzt, dass die Entscheidung über den Ausschluss vom Flüchtlingsschutz keine Stellungnahme zu der Frage enthalte, ob der Betroffene in sein Herkunftsland abgeschoben werden dürfe.[77]

11 Die Große Kammer des EGMR hat mit deutlichen Worten den Versuch der britischen Regierung zurückgewiesen, den Schutz von Art. 3 EMRK gegen die staatlichen Sicherheitsinteressen abzuwägen. Der Schutz gegen Folter und unmenschliche oder erniedrigende Strafe oder Behandlung sei absolut. Art. 3 EMRK begründe deshalb einen absoluten, durch keine Ausnahme durchbrochenen Schutz gegen Auslieferung und Abschiebung. Die Auffassung, die Risiken, die dem Betroffenen im Zielstaat drohten, könnten gegen seine Gefährlichkeit abgewogen werden, beruhe auf einem unzutreffenden Verständnis von Art. 3 EMRK. Die Begriffe »Gefahr« (für den Betroffenen) und »Gefährlichkeit« (für die Bevölkerung) könnten nicht gegeneinander abgewogen werden, weil beide unabhängig voneinander festgestellt werden müssten. Die Gefahr, dass der Betroffene eine Gefahr für die Allgemeinheit darstelle, reduziere nicht in irgendeiner Weise das ihm drohende Risiko im Zielstaat.[78]

12 Ebenso wenig hat der Gerichtshof den zweiten Einwand der britischen Regierung akzeptiert, dass bei Gefährdungen der Allgemeinheit die Prüfung des konkreten Risikos, nach der Abschiebung einer Art. 3 EMRK zuwiderlaufenden Behandlung ausgesetzt zu werden, weniger streng ausfallen könnte,

---

70 EGMR, EZAR 933 Nr. 4 = InfAuslR 1997, 97 = NVwZ 1997, 1093 – Chahal; EGMR, InfAuslR 1997, 279 (281) = NVwZ 1997, 1100 = EZAR 933 Nr. 5 – Ahmed.

71 EGMR, NVwZ 1992, 869 (870) – Vilvarajah; EGMR, InfAuslR 1997, 97 (101) = NVwZ 1997, 1093 – Chahal; EGMR, InfAuslR 1997, 279 (281) = NVwZ 1997, 1100 – Ahmed; *Hathaway/Harvey*, Cornell ILJ 2001, 257 (316).

72 EGMR, EuGRZ 1979, 149 (155) – Nordirland.

73 EGMR, InfAuslR 1997, 97 = NVwZ 1997, 97 (99) – Chahal; EGMR, InfAuslR 1997, 279 (281) = NVwZ 1997, 1100 – Ahmed; EGMR, InfAuslR 2000, 321 (323) – *T. I.*

74 EGMR, InfAuslR 1997, 97 (98) – Chahal; EGMR, InfAuslR 1997, 279 (281) – Ahmed.

75 BVerwGE 109, 12 (24) = EZAR 200 Nr. 34 = InfAuslR 1999, 366 = NVwZ 1999, 1349, für § 53 Abs. 4 AuslG 1990.

76 BVerwGE 132, 79 (94) = EZAR NF 68 Nr. 3.

77 EuGH, InfAuslR 2011, 40 (43) Rn. 110 = NVwZ 2011, 285 = AuAS 2011, 43 – B. und D.

78 EGMR, NVwZ 2008, 1330 (1332) Rn. 139 – Saadi.

wenn die Allgemeinheit durch den Betroffenen gefährdet sei. Eine derartige Verfahrensweise sei unvereinbar mit der absoluten Schutzwirkung von Art. 3 EMRK. Deshalb erklärte die große Kammer des Gerichtshofes ausdrücklich, dass sie keinen Grund dafür sehe, den maßgeblichen Beweisstandard zu ändern.[79]

Nach welchen Grundsätzen der weitere Aufenthalt im Aufnahmemitgliedstaat von Personen, die nach Art. 3 EMRK gegen eine Abschiebung in ihr Herkunftsland absolut geschützt sind, geregelt wird, kann der Richtlinie nicht entnommen werden. Jedenfalls sind den nach Art. 14 Abs. 4 und 5 RL 2004/83/EG ausgeschlossenen Personen die Kernrechte der GFK zu gewähren (Art. 14 Abs. 6 RL 2004/83/EG; § 35 Rdn. 188 ff.). Eine analoge Anwendung dieser Norm auf die nach Art. 17 RL 2004/83/EG ausgeschlossenen Antragsteller erscheint sachgerecht. Diese Personen sind nämlich in aller Regel zuvor auch bereits an Art. 14 Abs. 4 und 5 RL 2004/83/EG gescheitert.

13

---

79 EGMR, NVwZ 2008, 1330 (1332) Rn. 138 bis 140 – Saadi.

Kapitel 19 Recht zum Aufenthalt

Leitsätze

1. Die Richtlinie ist das erste völkerrechtliche Instrument, das für Flüchtlinge einen Anspruch auf Erteilung der Aufenthaltserlaubnis verbindlich festlegt. Völkerrecht regelt nur den negatorisch wirkenden Refoulementschutz nach Art. 33 Abs. 1 GFK, verpflichtet die Vertragsstaaten hingegen nicht dazu, den Flüchtlingen einen Aufenthaltstitel zu gewähren (§ 55 Rdn. 1 ff.).
2. Es steht daher nach Unionsrecht nicht wie im Völkerrecht im Ermessen der Mitgliedstaaten, den Antragstellern, denen sie die Flüchtlingseigenschaft zuerkannt haben, einen rechtmäßigen Aufenthalt sicherzustellen.
3. Art. 3 EMRK und andere völkerrechtliche Refoulementverbote verpflichten die Vertragsstaaten nicht dazu, einen Aufenthaltstitel auszustellen. Lediglich die zwangsweise Verbringung in den Staat, in dem die Gefahr droht, ist untersagt (§ 55 Rdn. 4).
4. Nach Art. 24 Abs. 1 RL 2004/83/EG wird so bald wie möglich nach Zuerkennung der Flüchtlingseigenschaft der Aufenthaltstitel ausgestellt, es sei denn, die Voraussetzungen des Art. 21 Abs. 3 RL 2004/83/EG) liegen vor (§ 54 Rdn. 8; § 55 Rdn. 5 ff.). Der Aufenthaltstitel hat mindestens eine drei Jahre dauernde Gültigkeit und muss verlängerbar sein, es sei denn, zwingende Gründe der öffentlichen Sicherheit oder Ordnung stehen dem entgegen. Der Anspruch auf Verlängerbarkeit besteht solange, wie der Flüchtlingsstatus nicht nach Maßgabe von Art. 14 RL 2004/83/EG aufgehoben worden ist.
5. Nach Art. 24 Abs. 2 RL 2004/83/EG wird so bald wie möglich nach Zuerkennung des subsidiären Schutzstatus der Aufenthaltstitel ausgestellt. Dieser ist mindestens für ein Jahr gültig und muss verlängerbar sein, es sei denn zwingende Gründe der öffentlichen Sicherheit oder Ordnung stehen dem entgegen (§ 55 Rdn. 13 ff.). Nach Ablauf der Umsetzungsfrist der Änderungsrichtlinie 2011/95/EU am 21. Dezember 2013 wird der Anspruch auf die Familienangehörigen (Art. 2 Buchst. i) RL 2004/83/EG) im selben Umfang wie für die subsidiär Schutzberechtigten erweitert (Art. 24 Abs. 2 RL 2011/95/EU).
6. Bis dahin besteht ein derartiger Anspruch für die Familienangehörigen nicht. Die Rechtsprechung geht aber davon aus, dass auch bereits nach geltendem Recht Familienangehörige Anspruch auf die Erteilung eines Aufenthaltserlaubnis haben (§ 50 Rdn. 14, § 55 Rdn. 10).
7. Der Rechtsanspruch auf Erteilung des Aufenthaltstitels ist bei Flüchtlingen wie bei subsidiär Schutzberechtigten davon abhängig, dass keine »zwingenden Gründe der öffentlichen Sicherheit oder Ordnung« entgegenstehen. Die Vorschrift lehnt sich an Art. 28 Abs. 1 Satz 1 und Art. 32 Abs. 2 Satz 1 GFK an. Der Ausdruck »zwingende Gründe der öffentlichen Sicherheit oder Ordnung« ist in Übereinstimmung mit Art. 28 Abs. 1 GFK auszulegen und anzuwenden, der ebenfalls diesen Begriff enthält (§ 55 Rdn. 13 ff., § 57 Rdn. 15 ff.).
8. In Deutschland besteht ein erhöhter Ausweisungsschutz für Flüchtlinge nach § 56 Abs. 1 Satz 1 Nr. 5 AufenthG. Danach ist die Ausweisung eines Flüchtlings nur »aus schwerwiegenden Gründen der öffentlichen Sicherheit und Ordnung« zulässig. Ein vergleichbarer Ausweisungsschutz für subsidiär Schutzberechtigte ist nicht geregelt, nach Art. 24 Abs. 2 RL 2004/83/EG jedoch vorgeschrieben (§ 55 Rdn. 15 ff.).
9. Die Rechtsprechung wendet Art. 28 Abs. 3 RL 2004/38/EG an, verlangt also, dass »zwingende Gründe der öffentlichen Sicherheit oder Ordnung« dem weiteren Aufenthalt entgegenstehen müssen Nur aus zwingenden Gründen der öffentlichen Sicherheit oder Ordnung darf daher die Erteilung oder Verlängerung der Aufenthaltserlaubnis versagt werden. Deshalb dürfen auch die Sperrwirkung der Ausweisung nach § 11 Abs. 1 Satz 1 AufenthG und der Versagungsgrund des § 5 Abs. 4 Satz 1 AufenthG nicht dem Aufenthaltsanspruch von Flüchtlingen und subsidiär Schutzberechtigten nach Art. 24 RL 2004/83/EG entgegengehalten werden (§ 55 Rdn. 15 ff.).

10. Nach Art. 32 RL 2004/83/EG haben Flüchtlinge und subsidiär Schutzberechtigte Bewegungsfreiheit im Aufnahmemitgliedstaat unter den gleichen Bedingungen und Einschränkungen wie Drittstaatsangehörige, die sich rechtmäßig in diesem Staat aufhalten. Dieseunionale Norm ist Art. 26 GFK nachgebildet und erstreckt das dort geregelte Recht auf Bewegungsfreiheit über die Flüchtlinge hinaus auch auf subsidiär Schutzberechtigte (§ 56 Rdn. 1 ff.).
11. Sinn und Zweck von Art. 32 RL 2004/83/EG ist es, die Stellung von Flüchtlingen und subsidiär Schutzberechtigten derjenigen von anderen ausländischen Personen anzugleichen (**Grundsatz der Ausländergleichbehandlung**). Es sollen nur diejenigen Beschränkungen im Blick auf die selbst bestimmte Wahl des Aufenthaltsortes und auf die Bewegungsfreiheit angeordnet werden, die auch für andere Ausländer gelten (§ 56 Rdn. 5 ff.).
12. Da Art. 32 RL 2004/83/EG auf Art. 26 GFK beruht, können Beschränkungen der Freizügigkeit nicht nach Maßgabe des nationalen Aufenthaltstitels, sondern nur nach Maßgabe des Unionsrechts angeordnet werden. Für **Wohnsitzbeschränkungen** kann Art. 32 RL 2004/83/EG kein Hinweis entnommen werden (§ 56 Rdn. 7 f.).
13. Die Konvention will den von ihr erfassten Flüchtlingen einen gesicherten **internationalen Rechtsstatus** verschaffen und ihnen im Einzelnen aufgeführte Rechte in ihrem gewöhnlichen Aufnahmeland, aber auch auf Reisen in andere Länder gewährleisten. Daher haben Flüchtlinge nach Art. 25 Abs. 1 RL 2004/83/EG in Anknüpfung an Art. 28 GFK ohne weitere Voraussetzungen einen **Rechtsanspruch auf Ausstellung eines Reisedokumentes** (§ 57 Rdn. 1 ff.).
14. Subsidiär Schutzberechtigten haben nur dann einen Rechtsanspruch auf Ausstellung eines Reisedokumentes, wenn sie einen nationalen Pass nicht erhalten können **und** schwerwiegende Gründe ihre Anwesenheit in einem anderen Staat erfordern. Können sie einen nationalen Pass erhalten, liegen die Voraussetzungen für die Ausstellung eines Dokumentes auch bei schwerwiegenden Gründen nicht vor. Können sie keinen nationalen Pass erlangen, steht die Ausstellung eines Reisedokumentes grundsätzlich im Ermessen des Aufnahmemitgliedstaates. Nur im Fall von schwerwiegenden Gründen besteht unter diesen Voraussetzungen ein Rechtsanspruch (§ 57 Rdn. 10 ff.).
15. Unmöglich ist die Passerlangung, wenn es für den subsidiär Schutzberechtigten im Hinblick auf seine besondere humanitäre und familiäre Situation nicht zumutbar ist, einen Pass zu beantragen. An die Voraussetzung der Unmöglichkeit der Passerlangung dürfen im Hinblick auf die besondere Situation des Schutzberechtigten keine zu hohen Anforderungen gestellt werden (§ 57 Rdn. 12 ff.).
16. Spätestens bis zum 21. Dezember 2013 ist Art. 25 Abs. 2 RL 2011/95/EU umzusetzen. Subsidiär Schutzberechtigte erhalten dann ein Reisedokument, wenn ihnen die Passerlangung unzumutbar ist (§ 57 Rdn. 13). Ist diese Voraussetzung erfüllt, werden sie wie Flüchtlinge behandelt und haben einen Rechtsanspruch auf Ausstellung eines Reisedokumentes. Der Betroffene muss nicht mehr darlegen, dass zwingende Gründe seine Anwesenheit in einem anderen Staat erfordern.
17. Nach den Verwaltungsvorschriften wird in der Weigerung, einen Nationalpass vorzulegen, grundsätzlich ein gröblicher Verstoß gegen Mitwirkungspflichten gesehen (Nr. 25.3.2 AufenthG-VwV). Dieser Ausschlussgrund ist jedoch auf unionsrechtlich subsidiär Schutzberechtigte nicht anwendbar (Nr. 25.3.1 AufenthG-VwV).
18. Bei »zwingenden Gründen der öffentlichen Sicherheit und Ordnung« darf das grundsätzlich gewährte Recht auf grenzüberschreitende Freizügigkeit eingeschränkt und dadurch der Aufenthalt des Flüchtlings auf das Staatsgebiet beschränkt werden. Hingegen berechtigt Art. 28 Abs. 1 Satz 1 Halbs. 2 GFK die Vertragsstaaten nicht, die Rückkehr von Flüchtlingen auf ihr Staatsgebiet unmöglich zu machen, denen sie vor deren Ausreise den Flüchtlingsstatus gewährt haben und die deshalb ihre Rechte aus dem internationalen Rechtsstatus im Vertrauen auf vertragstreue Anwendung der sich hieraus ergebenden staatlichen Verpflichtungen in Anspruch genommen haben und ins Ausland gereist sind (§ 57 Rdn. 16 ff.).

> 17. Zu den vertragsgemäßen Verpflichtungen gehört es insbesondere, dass dem Flüchtling die Wiedereinreise ermöglicht wird, es sei denn, während des Auslandsaufenthaltes ist die völkerrechtliche Zuständigkeit auf einen anderen Vertragsstaat übergegangen. Art. 28 Abs. 1 Satz 1 Halbs. 2 GFK stellt keine Eingriffsgrundlage für die Mitgliedstaaten dar, den Aufenthalt ihnen nach der Statusgewährung unliebsam gewordener Flüchtlinge durch Versagung der Neuausstellung oder der Erneuerung oder Verlängerung der Geltungsdauer des Reiseausweises unmöglich zu machen.

§ 55 Aufenthaltstitel (Art. 24 RL 2004/83/EG)

Übersicht

	Rdn
1. Funktion des Aufenthaltsrechts für den internationalen Schutz.	1
2. Anspruch auf Erteilung eines Aufenthaltstitels für Flüchtlinge (Art. 24 Abs. 1 RL 2004/83/EG)	5
3. Anspruch auf Erteilung eines Aufenthaltstitels für subsidiär Schutzberechtigte (Art. 24 Abs. 2 RL 2004/83/EG)	9
4. Einschränkung aus zwingenden Gründen der öffentlichen Sicherheit oder Ordnung	13

1. Funktion des Aufenthaltsrechts für den internationalen Schutz

1 Art. 24 Abs. 1 RL 2004/83/EG regelt die Erteilung des Aufenthaltstitels an Flüchtlinge, Art. 24 Abs. 2 RL 2004/83/EG an subsidiär Schutzberechtigte, allerdings in unterschiedlicher Weise. Demgegenüber wird in Art. 32 Abs. 1 RL 2004/83/EG die Freizügigkeit innerhalb des Aufnahmemitgliedstaates für beide Personengruppen einheitlich gestaltet. Freizügigkeit im Unionsgebiet besteht derzeit nicht, wird aber mit Inkrafttreten der Änderungsrichtlinie zur Daueraufenthaltsrichtlinie im beschränkten Umfang eingeführt werden. Die Ausstellung von Reisedokumenten wird in Art. 25 RL 2004/83/EG für Flüchtlinge und subsidiär Schutzberechtigte wiederum unterschiedlich geregelt.

2 Die Richtlinie ist das erste völkerrechtliche Instrument, das für Flüchtlinge einen Anspruch auf Erteilung der Aufenthaltserlaubnis verbindlich festlegt. Insoweit steht die Richtlinie in Übereinstimmung mit der Praxis der Mitgliedstaaten. Das Völkerrecht regelt nur den negatorisch wirkenden Refoulementschutz nach Art. 33 Abs. 1 GFK, verpflichtet die Vertragsstaaten hingegen nicht dazu, den Flüchtlingen einen Aufenthaltstitel zu gewähren. Vielmehr steht die Gewährung der Rechte, die einen »rechtmäßigen Aufenthalt« voraussetzen (Art. 17 Abs. 1, 18, 19 Abs. 1, 21, 23, 24 Abs. 1, 26 und 28 Abs. 1 und 32 Abs. 1 GFK), unter nationalem Ermessensvorbehalt. In der Staatenpraxis ist mit der Zuerkennung des Flüchtlingsstatus jedoch die Gewährung eines rechtmäßigen Aufenthaltes verbunden. Wird dieser sichergestellt, haben die Flüchtlinge Anspruch auf die entsprechenden Rechte. An diese Praxis knüpft Art. 24 Abs. 1 der Richtlinie an.

3 Vor diesem völkerrechtlichen Hintergrund wird die unionsrechtliche Bedeutung des Art. 24 Abs. 1 der Richtlinie deutlich. Es steht nicht wie im Völkerrecht im Ermessen der Mitgliedstaaten, den Antragstellern, denen sie die Flüchtlingseigenschaft zuerkannt haben, einen rechtmäßigen Aufenthalt sicherzustellen. Vielmehr sind sie nach Unionsrecht verpflichtet, einen Aufenthaltstitel zu erteilen. Der Anspruch auf Erteilung des Aufenthaltstitels hat die Funktion, die Wirksamkeit der GFK sicherzustellen.[1] UNHCR ist in diesem Zusammenhang der Ansicht, dass Flüchtlinge über eine sichere Rechtsstellung verfügen müssen, um Selbstständigkeit zu erlangen und sich in die Gesellschaft, einschließlich in den Arbeitsmarkt, einzugliedern.[2]

4 Art. 3 EMRK und andere völkerrechtliche Refoulementverbote verpflichten die Vertragsstaaten nicht dazu, einen Aufenthaltstitel auszustellen. Lediglich die zwangsweise Verbringung in den Staat, in dem die Gefahr droht, ist untersagt. Mit Ausnahme des Flüchtlingsrechts hat sich im Völkerrecht

---

1 *Klug*, GYIL 2004, 594 (623).
2 *UNHCR*, Kommentar zur Richtlinie 2004/83/EG, Mai 2005, S. 39.

bislang noch kein anerkannter Katalog von weiteren Rechten, die über die Gewährung des bloßen Refoulementschutz hinausgehen, entwickelt. Vor diesem völkerrechtlichen Hintergrund kommt dem Grundsatz der grundsätzlichen Gleichbehandlungsgrundsatz subsidiärer Schutzstatus mit Flüchtlingen, der in den Art. 23 ff. der Richtlinie zum Ausdruck kommt, insbesondere der Anspruch auf Erteilung eines Aufenthaltstitels nach Art. 23 Abs. 2 RL 2004/83/EG, eine hohe Bedeutung zu.

2. Anspruch auf Erteilung eines Aufenthaltstitels für Flüchtlinge (Art. 24 Abs. 1 RL 2004/83/EG)

Nach Art. 24 Abs. 1 RL 2004/83/EG wird so bald wie möglich nach Zuerkennung der Flüchtlingseigenschaft der Aufenthaltstitel ausgestellt, es sei denn, die Voraussetzungen des Art. 21 Abs. 3 RL 2004/83/EG, § 54 Rdn. 8) liegen vor. Der Aufenthaltstitel hat mindestens eine drei Jahre dauernde Gültigkeit und muss verlängerbar sein, es sei denn zwingende Gründe der öffentlichen Sicherheit oder Ordnung stehen dem entgegen. Danach entsteht mit Eintritt der Bestandskraft der Statusentscheidung ein zunächst auf drei Jahre befristeter verlängerbarer Aufenthaltstitel. Die ursprüngliche Konzeption, Flüchtlingen nach Ablauf von fünf Jahren des Besitzes des Aufenthaltstitels eine unbefristete Aufenthaltsposition zu vermitteln,[3] konnte sich in den Beratungen nicht durchsetzen. Das geltende Recht legt lediglich eine Minimalfrist von drei Jahren Gültigkeitsdauer sowie das Erfordernis der Verlängerbarkeit fest und überlässt den Mitgliedstaaten im Übrigen die weitere Gestaltung des Aufenthaltes.

5

Der Anspruch auf Verlängerbarkeit besteht solange, wie der Flüchtlingsstatus nicht nach Maßgabe von Art. 14 RL 2004/83/EG aufgehoben worden ist. UNHCR ist in diesem Zusammenhang der Ansicht, dass in Übereinstimmung mit der Empfehlung Nr. 69 (XLIII) des Exekutivkomitees des Programms von UNHCR von 1992 Anträge auf Erneuerung oder erneute Bewilligung des Aufenthaltstitels wohlwollend zu bewerten sind, wenn der Flüchtlingsstaus beendet wurde und sich die betroffene Person gut in das Aufnahmeland integriert hat.[4] In der Empfehlung Nr. 69 (XIII) zur Beendigung des Flüchtlingsstatus hat das Exekutivkomitee unter Nr. e) empfohlen, dass die Vertragsstaaten ernsthaft »angemessene und nicht gefährdende Maßnahmen« für Personen erwägen, von denen wegen ihres langen Aufenthalts, der zu starken, familiären, sozialen und wirtschaftlichen Bindungen geführt hat, eine Ausreise aus ihrem Asylland nicht erwartet werden kann.

6

Nach Art. 24 Abs. 1 UAbs. 2 RL 2004/83/EG kann der Aufenthaltstitel, der Familienangehörigen von Flüchtlingen ausgestellt wird, weniger als drei Jahre und verlängerbar sein. Die Vorschrift weicht von der auf den Flüchtling bezogenen Regel ab und soll wohl sicherstellen, dass der den Familienangehörigen ausgestellte Aufenthaltstitel in seiner Gültigkeit in Abhängigkeit von der Geltungsdauer des Aufenthaltstitels des Flüchtlings gestaltet wird. Sie muss unter diesen Voraussetzungen verlängerbar sein.

7

Deutschland hat Art. 24 Abs. 1 RL 2004/83/EG in sein nationales Recht umgesetzt. Nach § 26 Abs. 1 Satz 2 Halbs. 1 AufenthG ist einem Flüchtling die Aufenthaltserlaubnis für mindestens drei Jahre zu erteilen. Nach Ablauf von drei Jahren wird die befristete in eine unbefristete Aufenthaltserlaubnis (Niederlassungserlaubnis) überführt, wenn das Bundesamt mitgeteilt hat, dass die Voraussetzungen des Widerrufs oder der Rücknahme nicht vorliegen (§ 26 Abs. 3 AufenthG). Nach § 27 Abs. 4 Satz 1 AufenthG darf die Aufenthaltserlaubnis des Familienangehörigen längstens für den Gültigkeitszeitraum der Aufenthaltserlaubnis des Flüchtlings erteilt werden. Solange die Erteilungsvoraussetzungen vorliegen (§ 8 Abs. 1 AufenthG), besteht Anspruch auf Verlängerung der Aufenthaltserlaubnis.

8

---

3 Kommissionsentwurf, in: BR-Drucks. 1017/01, S. 32 f.
4 *UNHCR*, Kommentar zur Richtlinie 2004/83/EG, Mai 2005, S. 39.

3. Anspruch auf Erteilung eines Aufenthaltstitels für subsidiär Schutzberechtigte (Art. 24 Abs. 2 RL 2004/83/EG)

9   Nach Art. 24 Abs. 2 RL 2004/83/EG wird so bald wie möglich nach Zuerkennung des subsidiären Schutzstatus der Aufenthaltstitel ausgestellt. Dieser ist mindestens für ein Jahr gültig und muss verlängerbar sein, es sei denn, zwingende Gründe der öffentlichen Sicherheit oder Ordnung stehen dem entgegen. Danach entsteht mit Eintritt der Bestandskraft der Statusentscheidung ein zunächst auf ein Jahr befristeter verlängerbarer Aufenthaltstitel. UNHCR kritisiert die kürzere Geltungsdauer. Es gebe keinen Grund für die Annahme, dass der Bedarf an subsidiärem Schutz kürzer andauere als die Schutzbedürftigkeit für Flüchtlinge. Daher sollte der Aufenthaltstitel für subsidiär Schutzberechtigte für dieselbe Dauer gewährt werden wie der Aufenthaltstitel für Flüchtlinge.[5] Nach dem 21. Dezember 2013 ist die Aufenthaltserlaubnis zunächst für ein Jahr und im Fall der Verlängerung für mindestens zwei Jahre zu erteilen (Art. 24 Abs. 2 i.V.m. Art. 39 Abs. 1 RL 2011/95/EU).

10 Der Anspruch auf Verlängerbarkeit besteht solange, wie der Flüchtlingsstatus nicht nach Maßgabe von Art. 19 RL 2004/83/EG aufgehoben worden ist. UNHCR bezieht sich auch in diesem Zusammenhang auf die Empfehlung Nr. 69 (XLIII) des Exekutivkomitees des Programms von UNHCR von 1992 und empfiehlt, Anträge auf Erneuerung oder erneute Bewilligung des Aufenthaltstitels wohlwollend zu bewerten, wenn der subsidiäre Schutzstaus beendet wurde und sich die betroffene Person gut in das Aufnahmeland integriert hat.[6] Nach Ablauf der Umsetzungsfrist der Änderungsrichtlinie 2011/95/EU am 21. Dezember 2013 wird der Anspruch auf die Familienangehörigen (Art. 2 Buchst. i) RL 2004/83/EG) im selben Umfang wie für die subsidiär Schutzberechtigten erweitert (Art. 24 Abs. 2 RL 2011/95/EU). Bis dahin besteht ein derartiger Anspruch für die Familienangehörigen nicht. Die Rechtsprechung geht aber davon aus, dass auch bereits nach geltendem Recht Familienangehörige Anspruch auf die Erteilung eines Aufenthaltserlaubnis haben (§ 50 Rdn. 14).[7]

11 Deutschland hat Art. 23 Abs. 2 RL 2004/83/EG nicht richtlinienkonform in sein nationales Recht umgesetzt. Nach § 25 Abs. 3 Satz 1 AufenthG soll einem subsidiär Schutzberechtigten die Aufenthaltserlaubnis erteilt werden. Damit wird der Rechtsanspruch nach Art. 24 Abs. 2 RL 2004/83/EG missachtet. Die Vorschrift ist deshalb nach dem Grundsatz der richtlinienkonformen Anwendung als Rechtsanspruch zu verstehen. Bei der Fristbestimmung verwendet der Gesetzgeber den auf eine Anspruchsnorm verweisenden Begriff »wird« und legt fest, dass die Aufenthaltserlaubnis für mindestens ein Jahr erteilt wird (§ 26 Abs. 1 Satz 2 Halbs. 2 AufenthG). Die Sperrwirkung des § 10 Abs. 3 Satz 2 AufenthG findet keine Anwendung (§ 10 Abs. 3 Satz 3 Halbs. 2 AufenthG). Nach Ablauf von sieben Jahren kann eine unbefristete Aufenthaltserlaubnis (Niederlassungserlaubnis) erteilt werden (§ 26 Abs. 4 AufenthG).

12 Für Familienangehörige von subsidiär Schutzberechtigten ist der Nachzug nur unter erschwerten Voraussetzungen möglich (§ 29 Abs. 3 Satz 1 AufenthG). Erst nach Erteilung der Niederlassungserlaubnis (Rdn. 11) besteht Anspruch auf Nachzug der Angehörigen (§ 30 Abs. 1 Satz 1 Nr. 3 a, § 32 Abs. 3 AufenthG). Während die Kinder eines Flüchtlings bis zur Erreichung der Volljährigkeit nachziehen dürfen, besteht für den Nachzugsanspruch der Kinder des subsidiär Schutzberechtigten eine Altersgrenze von 16 Jahren. Für die im Bundesgebiet lebenden Familienangehörigen besteht mit Wirkung zum 22. Dezember 2014 im selben Umfang wie für die subsidiär Schutzberechtigten ein Anspruch auf Erteilung des Aufenthaltstitels (Art. 24 Abs. 2 RL 2011/95/EU, Rdn. 10).

---

5   *UNHCR*, Kommentar zur Richtlinie 2004/83/EG, Mai 2005, S. 39 f.
6   *UNHCR*, Kommentar zur Richtlinie 2004/83/EG, Mai 2005, S. 39.
7   VG Frankfurt am Main, InfAuslR 2007, 411 (412); *Marx*, Aufenthalts-, Asyl- und Flüchtlingsrecht, S. 483, mit weiteren Hinweisen.

4. Einschränkung aus zwingenden Gründen der öffentlichen Sicherheit oder Ordnung

Der Rechtsanspruch auf Erteilung des Aufenthaltstitels ist nach Art. 24 Abs. 1 RL 2004/83/EG bei Flüchtlingen wie nach Art. 24 Abs. 2 RL 2004/83/EG bei subsidiär Schutzberechtigten davon abhängig, dass keine »zwingenden Gründe der öffentlichen Sicherheit oder Ordnung« entgegenstehen. Die Vorschrift lehnt sich an Art. 28 Abs. 1 Satz 1, 32 Abs. 2 Satz 1 GFK an.[8] Der Ausdruck »zwingende Gründe der öffentlichen Sicherheit oder Ordnung« ist in Übereinstimmung mit Art. 28 Abs. 1 GFK auszulegen und anzuwenden, der ebenfalls diesen Begriff enthält (§ 57 Rdn. 15 ff.). 13

Danach ist dieser Begriff **eng** auszulegen. Der Anlass für die Ausweisung muss danach schwerwiegend sein. Außerdem ist der Grundsatz der Verhältnismäßigkeit zu beachten. Nach Art. 32 Abs. 2 Satz 1 GFK darf die Ausweisung nur in Ausführung einer Entscheidung erfolgen, die in einem durch gesetzliche Bestimmungen geregelten Verfahren ergangen ist (»**due process of law**«). Diese für Ausweisungen geltende Voraussetzung ist sinngemäß auf die Erteilung des Aufenthaltstitels an Flüchtlinge nach der Richtlinie anzuwenden. Als ein Minimum ist zu verlangen dass der Betroffene zu seiner Entlastung Beweismittel vorbringen kann, die Entscheidung mit Gründen versehen ist und ein Rechtsmittel gewährt wird, über das eine von der Ausgangsbehörde unabhängige Stelle zu entscheiden hat (vgl. auch Art. 13 EMRK).[9] 14

In Deutschland besteht ein erhöhter Ausweisungsschutz für Flüchtlinge nach § 56 Abs. 1 Satz 1 Nr. 5 AufenthG. Danach ist die Ausweisung eines Flüchtlings nur »aus schwerwiegenden Gründen der öffentlichen Sicherheit und Ordnung« zulässig. Ein vergleichbarer Ausweisungsschutz für subsidiär Schutzberechtigte ist nicht geregelt, nach Art. 24 Abs. 2 RL 2004/83/EG jedoch vorgeschrieben. Die Rechtsprechung wendet auf diesen Personenkreis Art. 28 Abs. 3 RL 2004/38/EG an, verlangt also, dass »zwingende Gründe der öffentlichen Sicherheit oder Ordnung« dem weiteren Aufenthalt entgegenstehen müssen.[10] Nur aus zwingenden Gründen der öffentlichen Sicherheit oder Ordnung darf daher die Erteilung oder Verlängerung der Aufenthaltserlaubnis versagt werden. Deshalb dürfen auch die Sperrwirkung der Ausweisung nach § 11 Abs. 1 Satz 1 AufenthG und der Versagungsgrund des § 5 Abs. 4 Satz 1 AufenthG nicht dem Aufenthaltsanspruch von Flüchtlingen und subsidiär Schutzberechtigten nach Art. 24 RL 2004/83/EG entgegengehalten werden.[11] 15

§ 56 Abs. 1 Satz 1 Nr. 5 AufenthG wird deshalb in Fällen von Flüchtlingen und subsidiär Schutzberechtigten durch Art. 24 RL 2004/83/EG i.V.m. Art. 28 Abs. 3 2004/38/EG verdrängt. Schwerwiegende Gründe der öffentlichen Sicherheit und Ordnung sind nach deutschem Recht nicht die »mehr lästigen als gefährlichen oder schädlichen Unkorrektheiten des Alltags, Ordnungswidrigkeiten und Übertretungen, Bagatellkriminalität oder ganz allgemein die minder bedeutsamen Verstöße gegen Strafgesetze«. Andererseits gehören im Regelfall die Fälle **mittlerer** und **schwerer Kriminalität** in den Bereich der schwerwiegenden Gründe.[12] Demgegenüber ist der Ausweisungsschutz nach Art. 28 Abs. 3 RL 2004/38/EG unvergleichlich höher,[13] sodass die auf § 56 Abs. 1 Satz 1 Nr. 5 AufenthG gemünzte Rechtsprechung in Fällen von Flüchtlingen und subsidiär Schutzberechtigten nicht mehr Anwendung findet. 16

---

8 *Klug*, GYIL 2004, 594 (623).
9 *Goodwin-Gill/McAdam*, The Refugee in International Law, S. 523.
10 VG Münster, EZAR NF 40 Nr. 7, S. 9 f.; VG Münster, Urt. v. 10.12.2009 – 8 K 491/09; siehe auch OVG Bremen, InfAuslR 2011, 341 (346).
11 OVG Hamburg, InfAuslR 2008, 415 (417), zur Sperrwirkung; OVG Rheinland-Pfalz, InfAuslR 2011, 257 (260 f.).
12 BVerwG, Buchholz 402.24 § 11 AuslG Nr. 6 = InfAuslR 1984, 309; BVerwG, EZAR 223 Nr. 10 = InfAuslR 1985, 103; BVerwGE 81, 155 (159) = EZAR 227 Nr. 4 = Inf-AuslR 1988, 152; ebenso BayObLG, InfAuslR 1988, 284; Hessischer VGH, NVwZ 1993, 204; Bayerischer VGH, InfAuslR 1994, 253 = NVwZ-Beil. 1994, 43 zur Autobahnblockade; zur Autobahnblockade s. ebenfalls; BayObLG, EZAR 355 Nr. 16; siehe hierzu *Marx*, Kommentar zum AsylVfG, § 2 Rn. 37–40.
13 EuGH, InfAuslR 2011, 45 (47 f.) = NVwZ 2011, 221 Rdn. 44-56 – Tsakouridis.

§ 56 Freizügigkeit (Art. 32 RL 2004/83/EG)

Übersicht **Rdn**
1. Funktion der völkerrechtlichen Freizügigkeitsgewährleistung 1
2. Inhalt der unionalen Freizügigkeitsgewährleistung 6

1. Funktion der völkerrechtlichen Freizügigkeitsgewährleistung

1   Nach Art. 32 RL 2004/83/EG haben Flüchtlinge und subsidiär Schutzberechtigte Bewegungsfreiheit im Aufnahmemitgliedstaat unter den gleichen Bedingungen und Einschränkungen wie Drittstaatsangehörige, die sich rechtmäßig in diesem Staat aufhalten. Nach der Begründung des Vorschlags der Kommission wird lapidar festgestellt, diese Vorschrift gewähre ein Recht, dass die Bewegungsfreiheit nicht eingeschränkt wird.[14] Die Einschränkung auf den Grundsatz der Ausländergleichbehandlung enthielt der Entwurf nicht,[15] ist aber nach Art. 26 GFK zulässig. Die Änderungsrichtlinie 2011/95/EU regelt die Freizügigkeit in Art. 33, enthält aber keine inhaltlichen Abweichungen von der geltenden Fassung des Art. 32 RL 2004/83/EG. Diese unionale Norm ist Art. 26 GFK nachgebildet und erstreckt das dort geregelte Recht auf Bewegungsfreiheit über die Flüchtlinge hinaus auch auf subsidiär Schutzberechtigte. Freilich wird die rechtliche Gleichstellung bei der Regelung der Sozialleistungen wieder zurückgenommen.

2   Art. 32 RL 2004/83/EG verlangt keinen »rechtmäßigen Aufenthalt«. Die Freizügigkeit innerhalb des Aufnahmemitgliedstaates knüpft jedoch an die Statusgewährung an, welche wiederum die Erteilung eines Aufenthaltstitels nach Art. 24 Abs. 1 und 2 RL 2004/83/EG zur Folge hat. Nicht eingeschlossen sind jedoch Flüchtlinge und subsidiär Schutzberechtigte, die ausgewiesen worden sind. Art. 32 RL 2004/83/EG beruht auf Art. 26 GFK, welcher ein traditionelles und kontrovers diskutiertes Problem behandelt, nämlich die Bewegungsfreiheit von Flüchtlingen. Art. 26 GFK fordert anders als andere Normen wie etwa Art. 15, 17 Abs. 1, 19 Abs. 1, 20, 21, 23, 24 Abs. 1, 27 Abs. 2 und 28 Abs. 1 Satz 1, die einen »rechtmäßigen Aufenthalt« voraussetzen, lediglich, dass sich der Flüchtling rechtmäßig im Vertragsstaat **befindet**, stellt also allein auf die physische Anwesenheit und fehlende Illegalität ab. Damit werden alle Aufenthalte einbezogen, die nicht gegen die Aufenthaltsbestimmungen verstoßen, so etwa der Aufenthalt von Studenten, Besuchern und Asylsuchenden, die für die Zwecke des Asylverfahrens aufgenommen wurden.[16]

3   Bereits Art. 7 Abs. 1 GFK enthält den generellen Grundsatz, dass Flüchtlinge vorbehaltlich günstigerer in der Konvention geregelter Bestimmungen grundsätzlich wie andere Ausländer behandelt werden sollen. Auch wenn nach dem Wortlaut von Art. 26 GFK die Bewegungsfreiheit unter bestimmten Voraussetzungen beschränkt werden kann, enthält die Norm unter diesen Bedingungen eine die Vertragsstaaten verpflichtende Vorgabe.[17] Nach dem Willen der Verfasser der GFK sollten Flüchtlinge, sofern sie einmal Aufnahme im Aufnahmeland gefunden hatten, nur noch den aufenthaltsrechtlichen Beschränkungen unterworfen werden, wie sie auch gegenüber anderen Ausländern zulässig sind.[18] Daher sind die Beschränkungen der Freizügigkeit von Asylantragstellern mit Art. 26 GFK unvereinbar.[19]

4   Aus der Entstehungsgeschichte von Art. 26 GFK wird deutlich, dass Flüchtlinge wie andere Ausländer auch behandelt werden sollen. Dies wurde als ausreichend angesehen, weil normalerweise allen Ausländern Freizügigkeit im Aufnahmeland gewährt wird, jedoch unter bestimmten

---

14 Kommissionsentwurf, in: BR-Drucks. 1017/01, S. 37.
15 Kommissionsentwurf, in: BR-Drucks. 1017/01, S. 60.
16 *Marx*, in: *Zimmermann*, The 1951 Convention, Article 26 Rn. 48.
17 *Grahl-Madsen*, Commentary on the Refugee Convention 1951, S. 110.
18 *Hathaway*, The Rights of Refugees under International Law, S. 705.
19 *Marx*, in: *Zimmermann*, The 1951 Convention, Article 26 Rn. 58 ff.

Voraussetzungen Einschränkungen für zulässig erachtet werden. Wie im Fall der selbstständigen Erwerbstätigkeit nach Art. 18 GFK wird als einzige Voraussetzung für die Inanspruchnahme der Freizügigkeit verlangt, dass sich der Flüchtling rechtmäßig im Mitgliedstaat aufhält (Rdn. 2). Befindet sich der Flüchtling im Aufnahmemitgliedstaat und wurde er in das Asylverfahren aufgenommen, darf er nur noch den Restriktionen unterworfen werden, welche die interne Bewegungsfreiheit und den Aufenthalt von Ausländern im Allgemeinen regeln.[20]

Sinn und Zweck von Art. 26 GFK ist es, die Stellung von Flüchtlingen derjenigen von anderen ausländischen Personen anzugleichen. Flüchtlinge sollen nur denjenigen Beschränkungen im Blick auf die selbst bestimmte Wahl des Aufenthaltsortes und auf die Bewegungsfreiheit unterworfen sein, die auch für andere Ausländer gelten. Art. 26 GFK scheint deshalb inhaltlich hineichend bestimmt und klar zu sein, weil die selbst bestimmte Wahl des Aufenthaltsortes und die Bewegungsfreiheit normalerweise allen ausländischen Personen gewährt wird, wobei Einschränkungen in gewissen Fällen zulässig sind, wie etwa speziell erforderliche Bewilligungen für ausländische Personen, um sich an bestimmten übervölkerten Orten oder in Sperrgebieten aufzuhalten. Art. 26 GFK zielt danach darauf ab, die Einschränkungen der freien Wahl des Aufenthaltsortes und der Freizügigkeit auf ein Minimum zu beschränken, auf Fälle etwa, wo eine freie Ortswahl von Ausländern die Sicherheit des Landes tangieren würde.[21]

2. Inhalt der unionalen Freizügigkeitsgewährleistung

Die unionale Freizügigkeitsgewährleistung für Flüchtlinge und subsidiär Schutzberechtigte knüpft an den rechtmäßigen Aufenthalt, also an die Gewährung des Aufenthaltstitels nach Art. 24 Abs. 1 und 2 RL 2004/83/EG an, wird also nach Unionsrecht einheitlich und verbindlich für Flüchtlinge und subsidiär Schutzberechtigte geregelt. Art. 26 GFK bestimmt den Inhalt des rechtmäßigen Aufenthaltes und nicht der nationale Aufenthaltstitel. Die Konvention unterscheidet zwischen Beschränkungen der Freizügigkeit von Flüchtlingen, deren Rechtsstellung noch nicht geregelt ist (Art. 31 Abs. 2 GFK), und solchen, bei denen – etwa durch Erteilung eines Aufenthaltstitels – geklärt ist, dass sie sich rechtmäßig im Aufnahmeland befinden (Art. 26 GFK).

Aus der Tatsache, dass Art. 31 Abs. 2 GFK – anders als Art. 26 GFK – ausdrücklich zum Erlass aller notwendigen **Wohnsitzbeschränkungen** ermächtigt, muss geschlossen werden, dass derartige Beschränkungen im Rahmen von Art. 26 GFK nicht ohne Weiteres zulässig sind, sondern als Eingriff in den Schutzbereich dieser Norm nur unter den hierfür geltenden Voraussetzungen verfügt werden dürfen.[22] Da Art. 32 RL 2004/83/EG auf Art. 26 GFK beruht, gelten diese Grundsätze auch für das Unionsrecht. Daher können Beschränkungen der Freizügigkeit nicht nach Maßgabe des nationalen Aufenthaltstitels (§ 25 Abs. 2 AufenthG), sondern nur nach Maßgabe des Unionsrechts angeordnet werden. Für derartige Beschränkungen kann Art. 32 RL 2004/83/EG indes kein Hinweis entnommen werden.

Da Art. 32 RL 2004/83/EG subsidiär Schutzberechtigte im gleichen Umfang wie Flüchtlinge begünstigt, kann im Blick auf diesen Personenkreis das Aufenthaltsrecht ebenfalls nicht nach Maßgabe des nationalen Rechts – etwa aufgrund von § 12 Abs. 2 Satz 2 i.V.m. § 25 Abs. 3 AufenthG – beschränkt werden. Auch insoweit enthält Art. 32 RL 2004/83/EG keine Rechtsgrundlage für wohnsitzbeschränkende Auflagen. Die Freizügigkeit derjenigen, die aufgrund einer Feststellung nach § 60 Abs. 2, 3 oder 7 Satz 2 AufenthG im Besitz der Aufenthaltserlaubnis nach § 25 Abs. 3 AufenthG sind, darf also nach Unionsrecht nicht beschränkt werden. Dies gilt nicht für nach nationalem Recht subsidiär Schutzberechtigte nach § 60 Abs. 5 und 7 Satz 1 AufenthG.

---

20 *Robinson*, Convention relating to the Status of Refugees, S. 112–113; *Marx*, in: *Zimmermann*, The 1951 Convention, Article 26 Rn. 55.
21 BVerwG (Schweiz), Urt. v. 06.02.2012 – Abteilung V, E-2324/2011, Rn. 5.2.2.
22 BVerwGE 130, 148 (152), Rn. 17 = InfAuslR 2008, 268; a.A. *Fritsch*, ZAR 2007, 356 (359).

§ 57 Reisedokument (Art. 25 RL 2004/83/EG)

Übersicht
	Rdn
1. Funktion des Reisedokuments	1
2. Rechtsanspruch des Flüchtlings nach Art. 25 Abs. 1 RL 204/83/EG	5
3. Reisedokument für subsidiär Schutzberechtigte (Art. 25 Abs. 2 RL 2004/83/EG)	10
4. Zwingende Gründe der öffentlichen Sicherheit oder Ordnung	15

1. Funktion des Reisedokuments

1 Nach Art. 25 Abs. 1 RL 2004/83/EG haben Flüchtlinge in Anknüpfung an Art. 28 GFK ohne weitere Voraussetzungen einen Rechtsanspruch auf Ausstellung eines Reisedokumentes. Demgegenüber gewährt Art. 25 Abs. 2 RL 2004/83/EG subsidiär Schutzberechtigten keinen vergleichbaren Rechtsanspruch. Vielmehr wird ihnen nur dann ein Dokument zwecks Reisen ausgestellt, wenn sie keinen nationalen Pass erhalten können. In beiden Fällen steht der Anspruch unter dem Vorbehalt zwingender Gründe der öffentlichen Sicherheit oder Ordnung. Mit Wirkung zum 22. Dezember 2013 ist die Neufassung von Art. 25 Abs. 2 RL 2011/95/EU umzusetzen. Dann erhalten subsidiär Schutzberechtigte unter erleichterten Voraussetzungen ein Reisedokument.

2 Zweck der entsprechenden Regelungen der GFK ist es, den Flüchtlingen nach dem Vorbild des zu Zeiten des Völkerbundes eingeführten **Nansenpasses** einen einheitlichen, allgemein anerkannten Reiseausweis zur Verfügung zu stellen.[23] Die Konvention will den von ihr erfassten Flüchtlingen einen gesicherten internationalen Rechtsstatus verschaffen und ihnen im Einzelnen aufgeführte Rechte in ihrem gewöhnlichen Aufnahmeland, aber auch auf Reisen in andere Länder gewährleisten.[24] Aus der Entstehungsgeschichte von Art. 28 GFK wie auch aus dem Wortlaut und dem Zweck folgt, dass eine Verpflichtung der Signatarstaaten, Flüchtlingen einen Reiseausweis auszustellen, besteht.[25] Nach der Transformationslehre folgt aus Art. 28 GFK ein innerstaatlich durchsetzbarer Rechtsanspruch auf Ausstellung eines Reiseausweises (§ 52 Rdn. 9 ff.).[26]

3 Diese **grenzüberschreitende Freizügigkeit** ist jedoch von der Einreiseerlaubnis anderer Staaten abhängig. Zahlreiche europäische Staaten haben das Europäische Übereinkommen über die Aufhebung des Sichtvermerkszwangs für Flüchtlinge vom 20. April 1959 (BGBl. II 1961, S. 1097) ratifiziert (**Belgien, Bundesrepublik, Dänemark, Finnland, Frankreich, Irland, Island, Italien, Liechtenstein, Luxemburg, Malta, Niederlande, Norwegen, Portugal, Schweden, Schweiz, Spanien** und **Vereinigtes Königreich**). Danach sind im Bundesgebiet anerkannte Flüchtlinge, die ihren Status durch den Besitz eines Reiseausweises nach Art. 28 GFK und damit ihren rechtmäßigen Aufenthalt im Bundesgebiet nachweisen können, bei der Einreise in einen anderen Vertragsstaat vom Visumzwang befreit.

4 Im Übrigen erkennen die Vertragsstaaten der GFK die Gültigkeit der nach Art. 28 GFK ausgestellten Reiseausweise an (§ 7 GFK Anhang). Diese Norm stellt damit sicher, dass das einem Flüchtling durch den Aufnahmestaat ausgestellte Reisedokument in den anderen Staaten ohne erneute Prüfung anerkannt wird. Den Flüchtlingen wird dadurch grundsätzlich grenzüberschreitender Reiseverkehr ermöglicht.[27] Nähere Bestimmungen zur Ausgestaltung des Rechtsanspruchs auf Erteilung des Reiseausweises enthalten die Vorschriften des Anhangs zur GFK. Dementsprechend verweist Art. 25

---

23 BVerwGE 4, 309 (311).
24 BVerfGE 52, 391 (403) = JZ 1980, 24 = NJW 1980, 516 = DVBl. 1980, 191 = DÖV 1980, 447 = BayVBl. 1980, 79 = EZAR 150 Nr. 1.
25 *Vestedt-Hansen*, in: *Zimmermann*, The 1951 Convention, Article 28/Schedule Rn. 61, 67.
26 BVerwGE 88, 254 (257) = EZAR 232 Nr. 1 = NVwZ 1992, 180 = InfAuslR 1991, 365, für Art. 28 GFK; BVerwGE 87, 11 (13) = EZAR 252 Nr. 5 = NVwZ 1991, 787 = InfAuslR 1991, 72, für Art. 28 StlÜb; BVerwGE 80, 233 (235) = EZAR 271 Nr. 19 = NVwZ 1989, 89, allgemein zur Transformationslehre.
27 BVerfGE 52, 391 (403) = NJW 1980, 516 = DVBl. 1980, 191 = DÖV 1980, 447 = BayVBl. 1980, 79 = EZAR 150 Nr. 1.

Abs. 1 RL 2004/83/EG ausdrücklich auf diesen Anhang. Nach § 5 GFK Anhang beträgt die **Geltungsdauer** des Reiseausweises **je nach Wahl** der ausstellenden Behörde ein oder **2 Jahre**. Nach der obergerichtlichen Rechtsprechung ist diese Bestimmung zwingend, sodass die Behörde nicht befugt ist, nach pflichtgemäßem Ermessen zu prüfen, ob eine über zwei Jahre hinausgehende Geltungsdauer festgesetzt werden kann.[28]

2. Rechtsanspruch des Flüchtlings nach Art. 25 Abs. 1 RL 204/83/EG

Art. 28 GFK gewährt Flüchtlingen einen **Rechtsanspruch** auf Ausstellung eines **internationalen Reiseausweises** (Rdn. 2).[29] Dementsprechend gewährt auch Art. 25 Abs. 1 RL 2004/83/EG einen entsprechenden Rechtsanspruch. Der Rechtsanspruch wird nach Maßgabe des Anhangs zur GFK gewährt. Da diese Vorschrift auf Art. 28 GFK beruht[30] und Flüchtlinge danach einen Rechtsanspruch auf Ausstellung eines Reiseausweises haben, kann von ihnen – anders als im Fall von subsidiär Schutzberechtigten nach Art. 25 Abs. 2 RL 2004/83/EG – nicht verlangt werden, dass sie sich zuvor um einen nationalen Pass bemühen. Eine derartige Voraussetzung wäre mit der Systematik der Richtlinie unvereinbar. Denn nach Art. 11 Abs. 1 Buchst. a) RL 2004/83/EG erlischt der Flüchtlingsstatus, wenn der Flüchtling freiwillig einen nationalen Reiseausweis beantragt und antragsgemäß erlangt.

Während Art. 28 GFK für die Begründung des Rechtsanspruchs einen rechtmäßigen Aufenthalt voraussetzt, fehlt eine derartige Voraussetzung in Art. 25 Abs. 1 RL 2004/83/EG. Der Wortlaut der Norm setzt jedoch die Zuerkennung der Flüchtlingseigenschaft voraus, welche ihrerseits einen Anspruch auf Erteilung des Aufenthaltstitels begründet (Art. 24 Abs. 1 RL 2004/83/EG). Damit ist der Flüchtling im Besitz eines Aufenthaltstitels und verfügt über einen rechtmäßigen Aufenthalt. Der der Begründung eines rechtmäßigen Aufenthaltes entgegenstehende Vorbehalt der zwingenden Gründe der öffentlichen Sicherheit oder Ordnung hebt auch den Anspruch auf Ausstellung eines Reisedokumentes auf. Aus der Systematik beider Vorschriften folgt, dass die in Art. 25 Abs. 1 RL 2004/83/EG vorausgesetzte Zuerkennung der Flüchtlingseigenschaft regelmäßig den Anspruch auf den Aufenthaltstitel begründet, es sei denn, die Vorbehaltsgründe finden im Einzelfall Anwendung. Nur in diesem Fall ist der Aufenthalt nicht rechtmäßig und entfällt zugleich auch der Anspruch auf Ausstellung des Reisedokumentes.

Art. 28 GFK bestimmt, dass der Reiseausweise ausgestellt wird, um dem Flüchtling Reisen außerhalb des Aufnahmestaates zu gestatten. Das bedeutet nicht, dass der Rechtsanspruch die Geltendmachung eines besonderen Anlasses voraussetzt. Weder der Wortlaut von Art. 28 GFK noch der Anhang zur GFK macht den Anspruch von der Darlegung einer spezifischen Zweckbestimmung abhängig.[31] Für die Erneuerung der Geltungsdauer des Reisedokumentes ist die ausstellende Behörde zuständig, solange der Flüchtling sich nicht in einem anderen Gebiet niedergelassen hat und rechtmäßig im Gebiet der genannten Behörde wohnhaft ist (§ 6 Nr. 1 GFK Anhang). Der ausstellende Staat ist verpflichtet, dem Flüchtling während der Geltungsdauer des Reiseausweises die Rückkehr in sein Hoheitsgebiet zu einem beliebigen Zeitpunkt zu gestatten (§ 13 Nr. 1 GFK Anhang). Diese Vorschrift ist für jene Flüchtlinge bedeutsam, die sich aus beruflichen oder anderen Gründen für längere Zeit im Ausland aufhalten wollen.[32]

Das in Art. 28 Abs. 1 Satz 1 Halbs. 2 GFK angelegte Regel-Ausnahme-Verhältnis lässt nicht schon bei jedem wie auch immer gearteten Zweifel, sondern nur bei **ernsthaften** Zweifeln an der Identität

---

28 OVG Nordrhein-Westfalen, InfAuslR 1981, 110.
29 BVerwGE 4, 309 (311); Bayerischer VGH, VGH n.F. 26, 17; Bayerischer VGH, InfAuslR 2004, 109 = NVwZ-Beil. 2004, 5.
30 Kommissionsentwurf, in: BR-Drucks. 1017/01, S. 33.
31 *Goodwin-Gill/McAdam*, The Refugee in International Law, S. 516 f., *Vestedt-Hansen*, in: *Zimmermann*, The 1951 Convention, Article 28/Schedule Rn. 68 ff.
32 Siehe hierzu auch § 51 Abs. 7 AufenthG.

des Flüchtlings Einschränkungen des Anspruchs auf Ausstellung des Reiseausweises zu. Die den Konventionsflüchtling insoweit treffenden Einschränkungen bedeuten nicht notwendig, dass ihm bei Identitätszweifeln stets der Reiseausweis zu versagen wäre.[33] Die Ausländerbehörde ist nicht befugt, die im Asylverfahren bejahte Flüchtlingseigenschaft und damit etwa das Fortbestehen der Verfolgungsgefahr selbst zu prüfen. Ergeben sich aber **aufgrund neuer Tatsachen** oder des **Fehlens von geeigneten Dokumenten** ernsthafte Zweifel an der Identität des Flüchtlings, kann die Ausländerbehörde hierzu weitere Nachweise verlangen.

9 Dabei ist allerdings im Einzelfall sorgfältig zu prüfen, ob dies dem Betroffenen – insbesondere wegen der Verhältnisse im Herkunftsland – zumutbar ist. Insbesondere ist eine **Beweisnot** des Flüchtlings hinsichtlich des Nachweises seiner Identität zu berücksichtigen. Unzumutbar sind u. a. Handlungen, mit denen sich der Flüchtling dem Schutz des Verfolgerstaates unterstellen würde.[34] Je nach Lage des Einzelfalls ist zu prüfen, ob es dem Flüchtling zumutbar ist, sich beispielsweise an im Herkunftsland lebende Familienangehörige, Verwandte oder Bekannte bzw. einen dortigen Rechtsanwalt zu wenden, um geeignete Nachweise zu erhalten oder ob etwa Möglichkeiten der Kommunikation fehlen oder er sich oder andere damit in Gefahr bringen würde. Unterbleibt eine zumutbare Mitwirkungshandlung oder ist sie unzureichend und lässt sich die Identität auch nicht auf andere Weise klären, darf die Ausländerbehörde die Ausstellung des Reiseausweises ablehnen. Ist hingegen eine Klärung der Identität wegen Unzumutbarkeit der Mitwirkung oder trotz der Mitwirkung des Flüchtlings nicht möglich, darf der Reiseausweis nicht verweigert werden.[35]

3. Reisedokument für subsidiär Schutzberechtigte (Art. 25 Abs. 2 RL 2004/83/EG)

10 Nach Art. 25 Abs. 2 RL 2004/83/EG stellen die Mitgliedstaaten subsidiär Schutzberechtigten ein Dokument aus, mit dem sie reisen können, wenn sie keinen nationalen Pass erlangen können. Die zunächst als Anspruchsfassung erscheinende Norm wird indes dadurch relativiert, dass nur dann, wenn »schwerwiegende Gründe ihre Anwesenheit in einem anderen Staat erfordern«, die Mitgliedstaaten subsidiär Schutzberechtigten ein Reisedokument ausstellen müssen. Aus dem Gesamtkontext von Art. 25 Abs. 2 RL 2004/83/EG folgt damit, dass subsidiär Schutzberechtigte nur dann einen Rechtsanspruch auf Ausstellung eines Reisedokumentes haben, wenn sie einen nationalen Pass nicht erhalten können **und** schwerwiegende Gründe ihre Anwesenheit in einem anderen Staat erfordern. Können sie einen nationalen Pass erhalten, liegen die Voraussetzungen für die Ausstellung eines Dokumentes auch bei schwerwiegenden Gründen nicht vor. Können sie keinen nationalen Pass erlangen, steht die Ausstellung eines Reisedokumentes grundsätzlich im Ermessen des Aufnahmemitgliedstaates. Nur im Fall von schwerwiegenden Gründen besteht unter diesen Voraussetzungen ein Rechtsanspruch.

11 Diese gravierende Schlechterstellung von subsidiär Schutzberechtigten gegenüber Flüchtlingen wird nicht begründet. In der Begründung des Vorschlags der Kommission wird lediglich festgestellt, dass mit dieser Norm sichergestellt werden soll, dass den subsidiär Schutzberechtigten »nur dann Reisedokumente ausgestellt werden, wenn sie keinen Nationalpass erhalten können, weil es beispielsweise keine funktionierenden Konsularbehörden mehr« gebe.[36] Gegenüber dieser bereits in der Entwurfsfassung vollzogenen Schlechterstellung enthält die Endfassung der Vorschrift eine weitere Verschärfung. Während nach dem Entwurf der Anspruch auf Ausstellung eines Reisedokumentes begründet war, wenn ein nationaler Reiseausweis nicht erlangt werden konnte, knüpft die Endfassung von Art. 25 Abs. 2 RL 2004/83/EG den Rechtsanspruch an die zusätzliche Voraussetzung der schwerwiegenden Gründe.

---

33 BVerwGE 120, 206 (214 f.) = NVwZ 2004, 1250 = InfAuslR 2004, 408 = AuAS 2004, 207.
34 BVerwGE 120, 206 (215) = NVwZ 2004, 1250 = InfAuslR 2004, 408 = AuAS 2004, 207.
35 BVerwGE 120, 206 (215) = NVwZ 2004, 1250 = InfAuslR 2004, 408 = AuAS 2004, 207.
36 Kommissionsentwurf, in: BR-Drucks. 1017/01, S. 34.

An die Voraussetzung der Unmöglichkeit der Passerlangung dürfen im Hinblick auf die besondere 12
Situation des Schutzberechtigten keine zu hohen Anforderungen gestellt werden. Unmöglich ist die
Passerlangung, wenn es für den subsidiär Schutzberechtigten im Hinblick auf seine besondere humanitäre und familiäre Situation nicht zumutbar ist, einen Pass zu beantragen. Geht der ernsthafte
Schaden auf gezielte Bedrohungen durch staatliche Behörden zurück oder befürchtet der Betroffene
eine Gefährdung seiner im Herkunftsland lebenden Verwandten, wenn er die heimatliche Auslandsvertretung aufsucht, ist die Passbeantragung unmöglich. UNHCR empfiehlt den Mitgliedstaaten,
sie sollten keine zu hohen Anforderungen an die Ausstellung von Reisedokumenten stellen.[37] Unterhalb der Voraussetzungen des Rechtsanspruchs verbleibt den Mitgliedstaaten ein Ermessensspielraum, der zugunsten des subsidiär Schutzberechtigten wohlwollend ausgeschöpft werden kann.
Wenn nämlich die Voraussetzungen des Rechtsanspruchs nicht vorliegen, bedeutet dies nicht, dass
damit keine Ermessensausübung zulässig wäre. Die schwerwiegenden Gründe bezeichnen nur die
Schwelle, ab der zwingend das Reisedokument auszustellen ist, verbieten den Mitgliedstaaten indes
nicht, auch unterhalb dieser Voraussetzungen ein Reisedokument auszustellen.

Spätestens bis zum 22. Dezember 2013 ist die Neufassung von Art. 25 Abs. 2 RL 2011/95/EU um- 13
zusetzen. Danach erhalten subsidiär Schutzberechtigte ein Reisedokument, wenn sie keinen nationalen Reiseausweis erhalten können, ihnen die Passerlangung also unzumutbar ist (Rdn. 10). Ist diese
Voraussetzung erfüllt, werden subsidiär Schutzberechtigte wie Flüchtlinge behandelt, d. h. sie haben
in diesem Fall einen Rechtsanspruch auf Ausstellung eines Reisedokumentes. Der Betroffene muss
nicht mehr darlegen, dass zwingende Gründe seine Anwesenheit in einem anderen Staat erfordern.
Diese bislang bestehende Voraussetzung darf dem Betroffenen mit Wirkung vom 22. Dezember
2013 nicht mehr entgegengehalten werden.

Nach den Verwaltungsvorschriften wird in der Weigerung, einen Nationalpass vorzulegen, grund- 14
sätzlich ein gröblicher Verstoß gegen Mitwirkungspflichten gesehen (Nr. 25.3.2 AufenthG-VwV).
Dieser Ausschlussgrund ist jedoch auf unionsrechtlich subsidiär Schutzberechtigte nicht anwendbar (Nr. 25.3.1 AufenthG-VwV), sodass für diese auch keine Passpflicht besteht. Vielmehr ist auch
bereits nach geltendem Recht ein Reisedokument (§ 5 AufenthV) auszustellen.[38] Die Verwaltungspraxis verlangt jedoch überwiegend zunächst den Nachweis, dass der Betroffene sich ernsthaft und
wiederholt um die Erlangung eines nationalen Reiseausweises bemüht hat und stellt ein Reisedokument erst dann aus, wenn derartige Bemühungen über einen längeren Zeitraum ergebnislos verlaufen sind.

4. Zwingende Gründe der öffentlichen Sicherheit oder Ordnung

Gegen den Rechtsanspruch des Flüchtlings und des subsidiär Schutzberechtigten auf Ausstellung 15
eines Reisedokumentes können die zuständigen Behörden »**zwingende Gründe** der öffentlichen Sicherheit oder Ordnung« einwenden. Dieser Vorbehalt ist Art. 28 Abs. 1 Halbs. 2 GFK nachgebildet
und wird auch auf subsidiär Schutzberechtigte übertragen. Deshalb gelten die nachfolgenden Ausführungen für Flüchtlinge wie für subsidiär Schutzberechtigte. Der Ausgangsfall des Art. 28 Abs. 1
GFK ist der Flüchtling, der im Gebiet des Vertragsstaates, der die Statusentscheidung ausgesprochen
hat, einen Reiseausweis beansprucht, um Auslandsreisen durchzuführen. Die GFK will den von ihr
erfassten Flüchtlingen einen internationalen Rechtsstatus verschaffen und ihnen neben Rechten
in ihrem gewöhnlichen Aufenthaltsstaat auch Rechte auf Reisen in andere Länder gewährleisten
(Rdn. 2).[39] Diese Zweckbestimmung erfasst nach der Systematik des Art. 25 RL 2004/83/EG auch
subsidiär Schutzberechtigte.

---

37 *UNHCR*, Kommentar zur Richtlinie 2004/83/EG, S. 40.
38 VGH Baden-Württemberg, Beschl. v. 30.05.2006 – 13 S 1310/04.
39 BVerfGE 52, 391 (403) = JZ 1980, 24 = NJW 1980, 516 = DVBl. 1980, 191 = DÖV 1980, 79 = EZAR
150 Nr. 1.

16 Auf diesen Fall ist die in Art. 28 Abs. 1 Satz 1 Halbs. 2 GFK eingeräumte Eingriffsbefugnis des Vertragsstaates gemünzt. Dies belegt auch die Entstehungsgeschichte der Konvention. Danach wurde darüber diskutiert, dass die Konvention eine staatliche Verpflichtung festlegen sollte, den Flüchtlingen Auslandsreisen zu ermöglichen.[40] Auch eine systematische Auslegung der Konvention wie auch der Zweck des internationalen Rechtsstatus stehen einer Verwaltungspraxis entgegen, die unter Berufung auf Art. 28 Abs. 1 Satz 1 Halbs. 2 GFK den Rückkehranspruch von Flüchtlingen verhindern wollte. Der Mitgliedstaat darf bei »zwingenden Gründen der öffentlichen Sicherheit und Ordnung« dieses grundsätzlich gewährte Recht auf grenzüberschreitende Freizügigkeit einschränken und dadurch den Aufenthalt des Flüchtlings auf sein Staatsgebiet beschränken. Hingegen berechtigt Art. 28 Abs. 1 Satz 1 Halbs. 2 GFK die Vertragsstaaten nicht, die Rückkehr von Flüchtlingen auf ihr Staatsgebiet unmöglich zu machen, denen sie vor deren Ausreise den Flüchtlingsstatus gewährt hat und die deshalb ihre Rechte aus dem internationalen Rechtsstatus im Vertrauen auf vertragstreue Anwendung der sich hieraus ergebenden staatlichen Verpflichtungen in Anspruch genommen haben und ins Ausland gereist sind.

17 Zu den vertragsgemäßen Verpflichtungen gehört es insbesondere, dass dem Flüchtling die Wiedereinreise ermöglicht wird, es sei denn, während des Auslandsaufenthaltes ist die völkerrechtliche Zuständigkeit auf einen anderen Vertragsstaat übergegangen. Art. 28 Abs. 1 Satz 1 Halbs. 2 GFK stellt keine Eingriffsgrundlage für die Mitgliedstaaten dar, den Aufenthalt ihnen nach der Statusgewährung unliebsam gewordener Flüchtlinge durch Versagung der Neuausstellung oder der Erneuerung oder Verlängerung der Geltungsdauer des Reiseausweises unmöglich zu machen. Zur Verwirklichung dieses Zwecks dürfen die Vertragsstaaten nur auf Art. 32 und 33 GFK zurückgreifen.

18 Im Fall »zwingender Gründe« kann die Durchsetzung des Rückkehranspruchs auch mittels eines ausschließlich auf die Einreise beschränkten nationalen Reisedokumentes gewährleistet und der anschließende Antrag auf Erneuerung oder Verlängerung der Geltungsdauer des Reiseausweises unter Berufung auf Art. 28 Abs. 1 Satz 1 Halbs. 2 GFK zurückgewiesen werden. Allerdings bestimmt § 14 GFK Anhang, dass die Bestimmungen des Anhangs in keiner Weise die Gesetze und Vorschriften berühren, die in den Gebieten der vertragsschließenden Staaten die Voraussetzungen für die Aufnahme, Durchreise, den Aufenthalt, die Niederlassung und Ausreise regeln. Andererseits können die Bestimmungen des Anhangs nicht so verstanden werden, als erlaubten sie die Außerkraftsetzung konventionsrechtlicher Verpflichtungen. Aus einer am Zweck der Konvention ausgerichteten Auslegung (vgl. Art. 31 Abs. 1 WVRK) folgt, dass § 14 GFK Anhang keine Bedeutung für die Aufnahme von Flüchtlingen hat, denen der Mitgliedstaat bereits vor ihrer Ausreise durch Statusgewährung die Aufnahme gewährt hat.[41] Bedeutung mag § 14 GFK Anhang für die Unterbindung der begehrten Ausreise des Flüchtlings haben und insoweit die bereits im Text des Art. 28 Abs. 1 Satz 1 Halbs. 2 GFK verankerte Eingriffsbefugnis des Vertragsstaates bekräftigen.

19 Wie sich bereits aus der Voraussetzung »zwingend« ergibt, ist der Begriff »zwingende Gründe« **eng** auszulegen[42] und als deutliche Einschränkung des Konzepts der öffentlichen Sicherheit und Ordnung zu verstehen und darf nicht für eine allgemeine Glaubwürdigkeitsprüfung missbraucht werden. Vielmehr muss nachgewiesen werden, dass der Erteilung eines Reiseausweises im konkreten Einzelfall eine zwingende Gefahr für die Sicherheit und Ordnung entgegensteht. Nach der Entstehungsgeschichte der Konvention handelt es sich um ein **Regel-Ausnahme-Verhältnis**. Danach soll die ursprünglich nicht vorgesehene Ausnahme nur für bestimmte wenige Ausnahmefälle Geltung erlangen, etwa um die Ausreise straffällig gewordener Flüchtlinge zu unterbinden. Durch die temporäre Verweigerung oder Einziehung des Reiseausweises soll verhindert werden, dass der Flüchtling

---

40 *Robinson*, Convention relating to the Status of Refugees, S. 115.
41 So wohl auch *Goodwin-Gill*, The Refugee in International Law, S. 302 f.
42 *Vestedt-Hansen*, in: *Zimmermann*, The 1951 Convention, Article 28/Schedule Rn. 70 ff.

sich dem anhängigen Strafverfahren entzieht oder sich weiterhin am grenzüberschreitenden illegalen Handel beteiligt.[43]

---

43 *UNHCR*, Stellungnahme zu Art. 28 GFK, NVwZ-Beil. 2004, 1 (3).

Kapitel 20 Wirtschaftliche, soziale und kulturelle Rechte

Leitsätze

1. Nach der Konvention unterliegt der Zugang von Flüchtlingen zur **Beschäftigung** dem **Prinzip der Ausländergleichbehandlung**. Dementsprechend steht der Anspruch nach Art. 26 Abs. 1 RL 2004/83/EG lediglich unter dem Vorbehalt der Vorschriften, die für den betreffenden Beruf oder für die öffentliche Verwaltung allgemein gelten (§ 45 Rdn. 1 ff., 4 ff.).
2. Nach § 25 Abs. 2 Satz 2 i.V.m. Abs. 1 Satz 4 AufenthG berechtigt die einem Flüchtling erteilte Aufenthaltserlaubnis zur Ausübung einer Erwerbstätigkeit. Diese Berechtigung umfasst die Aufnahme einer selbstständigen Erwerbstätigkeit wie die Ausübung einer Beschäftigung (§ 45 Rdn. 9).
3. Nach Art. 26 Abs. 3 RL 2004/83/EG steht der Anspruch subsidiär Schutzberechtigten auf Zugang zum Arbeitsmarkt demgegenüber unter dem Vorbehalt der nationalen **Arbeitsmarktlage**, was auch eine **Vorrangprüfung** für einen begrenzten Zeitraum nach Maßgabe des nationalen Rechts einschließt. Damit ist nach geltender Rechtslage der Zugang subsidiär Schutzberechtigter zum Arbeitsmarkt ungleich ungünstiger gestaltet als bei Flüchtlingen (§ 45 Rdn. 10 ff.).
4. Mit Wirkung zum 22. Dezember 2013 werden jedoch einheitliche Vorschriften zur Erwerbstätigkeit für beide Personengruppen gelten, sodass auch subsidiär Schutzberechtigten wie Flüchtlingen der freie Zugang zum Arbeitsmarkt zu gewähren ist (§ 58 Rdn. 3, 11).
5. Die Aufenthaltserlaubnis subsidiär Schutzberechtigter nach § 25 Abs. 3 AufenthG enthält bis zum 21. Dezember 2013 nicht zugleich auch die Berechtigung, eine selbstständige Erwerbstätigkeit oder eine Beschäftigung auszuüben. Vielmehr muss hierzu eine besondere Beschäftigungserlaubnis eingeholt werden (§ 4 Abs. 2 Satz 3 AufenthG), die nur nach Zustimmung der Arbeitsverwaltung (§ 39 Abs. 2 AufenthG) erteilt werden kann (§ 58 Rdn. 13 ff.). Hierzu ist grundsätzlich das **Vorrangprinzip** (**Arbeitsmarktprüfung**) zu beachten (Art. 26 Abs. 3 Satz 2 RL 2004/83/EG).
6. Art. 28 RL 2004/83/EG differenziert im Blick auf den Zugang zu **Sozialhilfeleistungen** zwischen Flüchtlingen und subsidiär Schutzberechtigten. Dürfen bei Flüchtlingen Sozialhilfeleistungen nicht auf den Kernbereich eingeschränkt werden, ist dies zulasten subsidiär Schutzberechtigte zulässig. Die erforderliche Sozialhilfe wird nach Maßgabe des Grundsatzes der **Inländergleichbehandlung** gewährt (§ 59 Rdn. 1 ff.).
7. Flüchtlinge haben Anspruch auf **medizinische Versorgung** im Umfang wie eigene Staatsangehörige (Prinzip der **Inländergleichbehandlung**). Art. 29 Abs. 1 RL 2004/83/EG hat kein Vorbild in der GFK, kann aber dem Anspruch auf Gewährleistung öffentlicher Fürsorge nach Art. 23 GFK zugeordnet werden, der auf dem Prinzip der Inländergleichbehandlung beruht (§ 59 Rdn. 2 f.; § 60 Rdn. 3).
8. Die Richtlinie stellt eine **kontinuierliche medizinische Versorgung** schutzbedürftiger Personen vom Beginn des Aufenthalts im Mitgliedstaat sicher und knüpft an den während des Asylverfahrens bestehenden Anspruch auf medizinische Versorgung nach Art. 15 RL 2003/9/EG (**Aufnahmerichtlinie**) an, übernimmt indes nicht die Einschränkungen dieser und anderer Normen (vgl. Art. 13 Abs. 2 und 4 UAbs. 2 RL 2003/9/EG). Allerdings darf nach Art. 29 Abs. 2 RL 2004/83/EG anders als bei Flüchtlingen die medizinische Versorgung subsidiär Schutzberechtigter auf den Kernbereich eingeschränkt werden (§ 60 Rdn. 1).
9. Die Richtlinie verzichtet auf eine Definition der »**Kernleistungen**«. Die Mitgliedstaaten sind bei der Inanspruchnahme der Freistellungsklausel des Art. 28 Abs. 2 RL 2004/83/EG indes an völkerrechtliche Vorgaben gebunden. Darüber hinaus dürfen sie die Kernleistungen nicht lediglich auf die **Notversorgung** und **unbedingt erforderliche Behandlung** (Art. 15 RL 2003/9/EG) beschränken (§ 60 Rdn. 6 ff.). Der Begriff »Kernleistungen« ist mit dem Prinzip der Inländergleichbehandlung verknüpft. Werden nur medizinische

Kernleistungen gewährt, sind diese »im gleichen Umfang und unter denselben Voraussetzungen wie für eigene Staatsangehörige« sicherzustellen.
10. Der Umfang der Versorgung **besonders Schutzbedürftiger** muss dem besonderen Krankheitsleiden »angemessen« sein (Art. 29 Abs. 3 RL 2004/83/EG). Zur »Förderung der Genesung und Wiedereingliederung« im »**Bedarfsfall** sind daher eine geeignete psychologische Betreuung und qualifizierte psychologische Beratung« anzubieten. Die zuständigen Behörden hatten bereits unmittelbar zu Beginn des Asylverfahrens eine entsprechende **Bedarfsprüfung** vorzunehmen, sodass im Regelfall nicht erneut eine Bedarfsprüfung durchzuführen ist (§ 60 Rdn. 12 f.).
11. Flüchtlinge und subsidiär Schutzberechtigte haben Anspruch auf Zugang zu **Wohnraum** unter Bedingungen, die denen für andere im Mitgliedstaat sich rechtmäßig aufhaltende Drittstaatsangehörigen gleichwertig sind (Art. 31 RL 2004/83/EG). Der Zugang zu Wohnraum wird damit entsprechend Art. 21 GFK nicht dem Prinzip der Inländergleichbehandlung (z. B. Art. 26 Abs. 1, 28 Abs. 1, 29 Abs. 1 RL 2004/83/EG), sondern dem Grundsatz der **Ausländergleichbehandlung** unterworfen. Allerdings wird das Günstigkeitsprinzip des Art. 21 GFK nicht erwähnt. Flüchtlingen und subsidiär Schutzberechtigten wird andererseits der Zugang zu Wohnraum unter gleichen Bedingungen eröffnet (§ 61 Rdn. 1 ff.).
12. Flüchtlinge und subsidiär Schutzberechtigte unterliegen nach der Zuerkennung des Status nicht mehr den Wohnsitzbeschränkungen der §§ 55 ff. AsylVfG, insbesondere besteht weder Residenzpflicht in einer Aufnahmeeinrichtung (§ 47 AsylVfG) noch in einer Gemeinschaftsunterkunft (§ 53 AsylVfG). Vielmehr dürfen sie sich eine eigene Wohnung suchen. Die einem Flüchtling bzw. subsidiär Schutzberechtigten gewährte Freizügigkeit liefe leer, wenn nicht auch den Mitgliedern seiner Kernfamilie Zugang zu Wohnraum gewährleistet würde (§ 61 Rdn. 6 f.).
13. Nach Art. 39 Abs. 1 RL 2011/95/EU sind die Mitgliedstaaten bestrebt, Maßnahmen zur Verhinderung der Diskriminierung von Personen, denen internationaler Schutz zuerkannt worden ist, und zur Gewährleistung der Chancengleichheit beim Zugang zu Wohnraum zu ergreifen. Diese bis spätestens zum 21. Dezember 2013 umzusetzende Norm entwickelt das Flüchtlingsrechts fort. Aus der Formulierung der Norm kann jedoch kaum auf eine Gewährleistungspflicht geschlossen werden (§ 61 Rdn. 8 f.).

§ 58 Erwerbstätigkeit

Übersicht   Rdn
1. Funktion des Art. 26 RL 2004/83/EG... 1
2. Zugang für Flüchtlinge zum Arbeitsmarkt (Art. 26 Abs. 1 und 2 RL 2004/83/EG).............. 4
3. Zugang für subsidiär Schutzberechtigte zum Arbeitsmarkt (Art. 26 Abs. 3 und 4 RL 2004/83/EG).. 10
4. Arbeitsbedingungen (Art. 26 Abs. 5 RL 2004/83/EG).................................... 16

1. Funktion des Art. 26 RL 2004/83/EG

Das Recht auf Beschäftigung kann im Fall von Drittstaatsangehörigen an sich nicht als **Leistung** des Staates gegenüber dem Arbeitswilligen verstanden werden. Denn es geht nicht um eine Leistung, sondern um die **Beseitigung rechtlicher Barrieren** gegen den Zugang zum Arbeitsmarkt. Es geht auch nicht um die Verwirklichung des umstrittenen Rechts auf Arbeit (Art. 23 Abs. 1 AEMR). Denn nach Wegfall der rechtlichen Barrieren werden häufig faktische Hindernisse dem Beschäftigungswunsch entgegenstehen. Gleichwohl wird das Beschäftigungsrecht im Ausländerrecht traditionell den sozialen Leistungsrechten zugeordnet. Die Richtlinie 2004/83/EG lässt diese Frage offen.

2 Die Vorschrift beruht auf Art. 17 bis Art. 19 GFK, geht jedoch darüber hinaus, indem es die eher kompliziert gestalteten Vorschriften der Konvention vereinfacht.[1] Nach der Konvention unterliegt der Zugang von Flüchtlingen zur Beschäftigung dem **Prinzip der Ausländergleichbehandlung**, privilegiert sie jedoch z. B. nach Art. 16 Abs. 2 GFK unter bestimmten Voraussetzungen gegenüber Ausländern.[2] Demgegenüber steht der Anspruch nach Art. 26 Abs. 1 RL 2004/83/EG lediglich unter dem Vorbehalt der Vorschriften, die für den betreffenden Beruf oder für die öffentliche Verwaltung allgemein gelten.

3 Art. 26 RL 2004/83/EG regelt für Flüchtlinge und subsidiär Schutzberechtigte den Zugang zum Arbeitsmarkt in differenzierender Weise. Mit Wirkung zum 22. Dezember 2013 wird aufgrund der Änderungsrichtlinie 2011/95/EU die Umsetzungsfrist für die Neufassung von Art. 26 in Kraft treten. Ab diesem Zeitpunkt werden einheitliche Vorschriften zur Erwerbstätigkeit für beide Personengruppen gelten. Bis dahin gelten die differenzierenden Vorschriften von Art. 26 RL 2004/83/EG. Während bei Flüchtlingen der Zugang zur Beschäftigung nicht unter dem Vorbehalt der Arbeitsmarktlage steht (Abs. 1), wird der Zugang von subsidiär Schutzberechtigten durch diesen Vorbehalt einschneidend verschärft (Abs. 3). Dies steht nicht im Einklang mit dem Grundsatz der rechtlichen Gleichbehandlung beider Personengruppen. Die in den Mitgliedstaaten geltenden Rechtsvorschriften über das Arbeitsentgelt und den Zugang zu Systemen der sozialen Sicherheit sind zu beachten (Abs. 5).

2. Zugang für Flüchtlinge zum Arbeitsmarkt (Art. 26 Abs. 1 und 2 RL 2004/83/EG)

4 Nach Art. 26 Abs. 1 RL 2004/83/EG haben Flüchtlinge Anspruch auf Zugang zur Beschäftigung jedweder Art, d. h. auf Aufnahme einer nichtselbstständigen wie einer selbstständigen Erwerbstätigkeit. Das entspricht den entsprechenden Regelungen in Art. 17 GFK (nichtselbstständige Arbeit), Art. 18 GFK (selbstständige Tätigkeit) und Art. 18 GFK (freie Berufe). Die Berechtigung zur freiberuflichen Tätigkeit ist im Anspruchsumfang des Art. 26 Abs. 1 RL 2004/83/EG eingeschlossen. Dies folgt auch daraus, dass die freiberufliche Tätigkeit eine Form der selbstständigen Erwerbstätigkeit ist.

5 Voraussetzung für die Aufnahme einer selbstständigen Tätigkeit ist lediglich die (bestandskräftige) Zuerkennung der Flüchtlingseigenschaft. Danach entsteht der Anspruch auf den Zugang zur Beschäftigung kraft Unionrecht. Die während des Asylverfahrens der Beschäftigung entgegenstehenden Barrieren (vgl. Art. 11 RL 2003/9/EG) entfallen. Vielmehr sind die Mitgliedstaaten verpflichtet, den Zugang zur Beschäftigung unmittelbar nach der Statuszuerkennung, also unverzüglich nach Eintritt der Bestandskraft des Statusbescheides, sicherzustellen. Aus einem Vergleich zwischen Abs. 1 und Abs. 3 folgt, dass für Flüchtlinge der Vorbehalt der Arbeitsmarktlage nicht gilt.

6 Die Kommission begründet diese großzügige Regelung damit, dass der Zugang zur Beschäftigung die Eigenständigkeit fördert und es den Betroffenen ermöglicht, ihren Unterhalt selbst zu sichern und nicht mehr auf staatliche Unterstützung angewiesen zu sein.[3] Nach Ansicht von UNHCR sind für eine wirksame Gewährleistung des Rechts auf Zugang zur Beschäftigung eine Vielzahl praktischer Maßnahmen förderlich. Dazu gehörten z. B. die Ausstellung eines Personalausweises und eines Aufenthaltstitels mit möglichst längeren Geltungsdauern, Strategien zum Umgang mit fehlenden schriftlichen Nachweisen hinsichtlich Ausbildung und beruflichen Qualifikationen sowie der Verzicht auf Bedingungen, die übermäßig belastend seien und von den Flüchtlingen nicht erfüllt werden könnten.[4]

---

1 *Klug*, German Yearbook IL 2004, 594 (624).
2 *Elbering*, in: *Zimmermann*, The 1951 Convention relating to the Status of Refugees and its 1967 Protocol. A Commentary, Article 16 Rn. 31 ff.
3 Kommissionsentwurf, in: BR-Drucks. 1017/01, S. 34.
4 *UNHCR*, Kommentar zur Richtlinie 2004/83/EG, S. 41.

Eingeschlossen in das Recht auf Zugang zur Beschäftigung nach Art. 26 Abs. 1 RL 2004/83/EG ist das Recht der Flüchtlinge auf »beschäftigungsbezogene Bildungsangebote« für Erwachsene, berufsbildende Maßnahmen und praktische Berufserfahrung am Arbeitsplatz, die zu gleichwertigen Bedingungen wie eigenen Staatsangehörigen angeboten werden (Art. 26 Abs. 2 RL 2004/83/EG). Ab 22. Dezember 2014 werden diese Rechte erweitert um Schulungsmaßnahmen zur Weiterqualifizierung und Beratungsleistungen der Arbeitsverwaltung (Art. 26 Abs. 2 RL 2011/95/EU). Allerdings werden mit Wirkung zum 22. Dezember 2014 diese Rechte unter den Vorbehalt gestellt, dass die Mitgliedstaaten bestrebt sind, Personen, denen internationaler Schutz zuerkannt worden ist, uneingeschränkt Zugang zu diesen Maßnahmen zu erleichtern (Art. 26 Abs. 3 RL 2011/95/EU).

Zwar enthält die Vorschrift eine entsprechende Verpflichtung der Mitgliedstaaten. Aus der Formulierung, dass die Mitgliedstaaten für derartige Angebote sorgen, ergibt sich indes zugleich auch ein entsprechender subjektiver Anspruch des Flüchtlings. Die Mitgliedstaaten dürfen danach nicht untätig bleiben, sondern haben Sorge dafür zu treffen, dass der Flüchtling beschäftigungsbezogene Bildungsangebote und die weiteren in der Vorschrift bezeichneten berufsfördernden Maßnahmen in Anspruch nehmen kann.

Nach § 25 Abs. 2 Satz 2 i.V.m. Abs. 1 Satz 4 AufenthG berechtigt die einem Flüchtling erteilte Aufenthaltserlaubnis zur Ausübung einer Erwerbstätigkeit. Diese Berechtigung umfasst die Aufnahme einer selbstständigen Erwerbstätigkeit wie die Ausübung einer Beschäftigung. Es handelt sich damit um einen Fall nach § 4 Abs. 2 Satz 1 1. Alt. AufenthG, wonach der Aufenthaltstitel kraft Gesetzes die Berechtigung zur Erwerbstätigkeit vermittelt. Die Eintragung dieser Berechtigung in den Aufenthaltstitel ist nach § 4 Abs. 2 Satz 2 AufenthG vorgeschrieben, jedoch wegen der kraft Gesetzes begründeten Berechtigung lediglich **deklaratorischer** Art. Darüber hinaus besteht Anspruch auf Berufsausbildungsbeihilfe, berufliche Ausbildung, berufsvorbereitende Maßnahmen und berufliche Weiterbildung (§ 63 Abs. 1 Nr. 6 i.V.m. §§ 59 ff., §§ 77 ff. SGB II). Damit hat die Bundesrepublik Art. 26 Abs. 1 RL 2004/83/EG unionsrechtskonform umgesetzt.

3. Zugang für subsidiär Schutzberechtigte zum Arbeitsmarkt (Art. 26 Abs. 3 und 4 RL 2004/83/EG)

Nach Art. 26 Abs. 3 RL 2004/83/EG ist subsidiär Schutzberechtigten unmittelbar nach Zuerkennung ihres Status die Aufnahme einer nichtselbstständigen oder selbstständigen Erwerbstätigkeit zu gestatten. Allerdings steht dieser Anspruch unter dem Vorbehalt, dass die Mitgliedstaaten die nationale **Arbeitsmarktlage** berücksichtigen können, was auch eine **Vorrangprüfung** für einen begrenzten Zeitraum nach Maßgabe des nationalen Rechts einschließt. Damit ist nach geltender Rechtslage der Zugang subsidiär Schutzberechtigter zum Arbeitsmarkt ungleich ungünstiger gestaltet als bei Flüchtlingen.

Ursprünglich hatte die Kommission vorgeschlagen, den Zugang zur Beschäftigung der subsidiär Schutzberechtigten wie im Fall der Flüchtlinge zu regeln, den Mitgliedstaaten jedoch die Möglichkeit eingeräumt, dieses Recht in den ersten sechs Monaten nach Zuerkennung des Status auszusetzen.[5] Mit Wirkung zum 22. Dezember 2014 sind die Mitgliedstaaten verpflichtet, Zugangsbarrieren zulasten subsidiär Schutzberechtigter zu beseitigen. Ab diesem Zeitpunkt sind diese Personen den Flüchtlingen bei der Aufnahme der Erwerbstätigkeit im vollen Umfang (Rdn. 4 bis 8) rechtlich gleichgestellt.

UNHCR kritisiert den geltenden Vorbehalt in Art. 26 Abs. 3 Satz 2 RL 2004/83/EG mit dem Hinweis, es gebe keinen stichhaltigen Grund, subsidiär Schutzberechtigte im Hinblick auf den Zugang zur Beschäftigung anders zu behandeln als Flüchtlinge.[6] Demgegenüber wird der Zugang subsidiär Schutzberechtigte zu beschäftigungsbezogenen Bildungsangeboten und zu weiteren

---

5 Kommissionsentwurf, in: BR-Drucks. 1017/01, S. 57.
6 *UNHCR*, Kommentar zur Richtlinie 2004/83/EG, S. 41.

berufsfördernden Maßnahmen nach Art. 26 Abs. 4 RL 2004/83/EG in Angleichung an den entsprechenden Anspruch der Flüchtlinge (Art. 26 Abs. 5 2004/83/EG) geregelt. Art. 26 Abs. 3 Satz 2 RL 2004/83/EG lässt den Mitgliedstaaten damit auch die Möglichkeit, beide Gruppen einheitlich zu behandeln. UNHCR empfiehlt eine Gleichbehandlung subsidiär Schutzberechtigter mit Flüchtlingen. Da Art. 28 Abs. 2 RL 2004/83/EG die Beschränkung von Sozialleistungen auf »Kernleistungen« zulasse, hätten subsidiär Schutzberechtigte möglicherweise ein dringendes Bedürfnis, eine angemessene Einkommensquelle für sich und ihre Familien in Form einer rechtmäßigen Beschäftigung sicherzustellen.[7] In einer Untersuchung wird darauf hingewiesen, dass lediglich Österreich und Deutschland die Freistellungsklausel in Anspruch genommen haben.[8]

13 Anders als bei Flüchtlingen enthält die Aufenthaltserlaubnis für subsidiär Schutzberechtigte nach § 25 Abs. 3 AufenthG nicht zugleich auch die Berechtigung, eine selbstständige Erwerbstätigkeit oder eine Beschäftigung auszuüben. Diesen Personen wird damit nicht kraft Gesetzes eine derartige Berechtigung erteilt. Vielmehr müssen sie hierzu eine besondere Beschäftigungserlaubnis einholen (§ 4 Abs. 2 Satz 3 AufenthG), die nur nach Zustimmung der Arbeitsverwaltung (§ 39 Abs. 2 AufenthG) erteilt werden kann. Hierzu ist grundsätzlich das **Vorrangprinzip (Arbeitsmarktprüfung)** zu beachten (Art. 26 Abs. 3 Satz 2 RL 2004/83/EG). In der Praxis führt dies dazu, dass selbst beim Nachweis eines konkreten Arbeitsplatzes wegen der Nachrangigkeit dieser Personengruppe auf dem Arbeitsmarkt die Beschäftigungserlaubnis nicht erteilt wird. Erst nach einem Aufenthalt von insgesamt drei Jahren nach Einreise entfällt das Vorrangprinzip (§ 3b Abs. 1 Nr. 2 BeschVerfV). Die Zustimmung der Arbeitsverwaltung darf dann nur noch von der **Arbeitsplatzprüfung** (§ 39 Abs. 2 Satz 1 Halbs. 2 AufenthG) abhängig gemacht werden.

14 Unzutreffend ist, dass in diesem Fall die Vorrangprüfung nur nach Ermessen entfällt.[9] Vielmehr wird in der Verwaltungspraxis bei Vorliegen der entsprechenden Voraussetzungen keine Arbeitsmarktprüfung durchgeführt, sondern lediglich geprüft, ob der Antragsteller »zu ungünstigeren Arbeitsbedingungen als vergleichbare deutsche Arbeitnehmer beschäftigt« werden soll (Arbeitsplatzprüfung).[10] Die Kritik, dass Art. 26 Abs. 3 RL 2004/83/EG nicht hinreichend im deutschen Recht verankert ist,[11] ist zutreffend. Denn nach Unionsrecht darf die Vorrangprüfung nur für »einen begrenzten Zeitraum« (Art. 26 Abs. 3 RL 2004/83/EG) beibehalten werden. Die Dauer von drei Jahren nach § 3b Abs. 1 Nr. 2 BeschVerfV kann nicht mehr als ein »begrenzter« und damit verhältnismäßiger Zeitraum gewertet werden. Hinzu kommt, dass nach deutschem Recht auch dann die Vorrangprüfung Anwendung findet, wenn der Antragsteller ein konkretes Arbeitsplatzangebot nachweisen kann.[12] Zwar haben die Mitgliedstaaten nach Art. 26 Abs. 3 Satz 3 RL 2004/83/EG sicherzustellen, dass subsidiär Schutzberechtigte Zugang zu einem Arbeitsplatz erhalten, der ihnen angeboten worden ist. Allerdings steht auch dieser Anspruch unter dem Vorbehalt der »entsprechenden nationalen Rechtsvorschriften«.

15 Der Zugang zur selbstständigen Erwerbstätigkeit wird darüber hinaus erst sieben Jahre nach Einreise und auch nur unter der Voraussetzung eingeräumt, dass der subsidiär Schutzberechtigte bis dahin seinen Lebensunterhalt bestreiten kann und nicht von Sozialleistungen abhängig ist (§ 26 Abs. 4 i.V.m. § 9 Abs. 1 Satz 2 AufenthG). Denn erst mit Erteilung der Niederlassungserlaubnis, welche in Fällen einer humanitären Aufenthaltserlaubnis nur nach § 26 Abs. 4 AufenthG und damit erst nach sieben Jahren Mindestaufenthalt im Bundesgebiet zulässig ist, wird das Recht auf Ausübung einer selbstständigen Erwerbstätigkeit vermittelt (§ 9 Abs. 1 Satz 2 AufenthG). Wie ausgeführt, entfallen die in Rdn. 13 und 14 bezeichneten Beschränkungen mit Wirkungen ab 22. Dezember 2014

---

7 *UNHCR*, Kommentar zur Richtlinie 2004/83/EG, S. 41.
8 *ECRE*, The Impact of the EU Qualification Directive on International Protection, S. 33.
9 *Bank*, Rechtsstellung von Flüchtlingen und subsidiär geschützten Personen, S. 169 (178).
10 Unklar *Stiegeler*, in: *Hofmann/Hoffmann*, Ausländerrecht, § 39 AufenthG Rn. 16–17.
11 *Bank*, Rechtsstellung von Flüchtlingen und subsidiär geschützten Personen, S. 169 (178).
12 *Marx*, Aufenthalt-, Asyl- und Flüchtlingsrecht, S. 344 mit Hinweis auf BSGE 54, 14.

(Rdn. 9). Ab diesem Zeitpunkt sind diese Personen den Flüchtlingen bei der Aufnahme der Erwerbstätigkeit im vollen Umfang (Rdn. 4 bis 8) rechtlich gleichgestellt.

4. Arbeitsbedingungen (Art. 26 Abs. 5 RL 2004/83/EG)

Die in den Mitgliedstaaten geltenden Rechtsvorschriften über das Arbeitsentgelt und den Zugang zu Systemen der sozialen Sicherheit im Rahmen der abhängigen und selbstständigen Erwerbstätigkeit sowie sonstige Beschäftigungsbedingungen sind zu beachten. Danach verweist das Unionsrecht im Blick auf die Arbeitsbedingungen auf das nationale Recht der Mitgliedstaaten. Diese haben sicherzustellen, dass nach Gewährung des Zugangs zum Arbeitsmarkt das einzelstaatliche Recht in Ansehung von Entlohnung, Zugang zu beschäftigungsbezogenen Sozialleistungen und sonstigen Arbeitsbedingungen berücksichtigt wird. Der in diesem Zusammenhang von der Kommission vorgeschlagene Grundsatz der Inländerländergleichbehandlung[13] wurde nicht aufgegriffen. Die Änderungsrichtlinie behält diese Regelung in Art. 26 Abs. 4 RL 2011/95/EU bei.

16

§ 59 Sozialhilfe (Art. 28 RL 2004/83/EG)

Übersicht	Rdn
1. Funktion von Art. 28 RL 2004/83/EG	1
2. Zugang für Flüchtlinge zu Sozialhilfeleistungen (Art. 28 Abs. 1 RL 2004/83/EG)	3
3. Zugang für subsidiär Schutzberechtigte zu Sozialhilfeleistungen (Art. 28 Abs. 1 RL 2004/83/EG)	8

1. Funktion von Art. 28 RL 2004/83/EG

Art. 28 RL 2004/83/EG differenziert im Blick auf den Zugang zu Sozialhilfeleistungen zwischen Flüchtlingen (Abs. 1) und subsidiär Schutzberechtigten (Abs. 2). Während bei Flüchtlingen Sozialhilfeleistungen nicht auf den Kernbereich eingeschränkt werden dürfen, ermöglicht Abs. 2 zulasten subsidiär Schutzberechtigte eine derartige Einschränkung. Dieses Muster ungleicher Behandlung wiederholt sich im Rahmen der medizinischen Versorgung (Art. 29 RL 2004/83/EG). Im Blick auf die medizinische Versorgung wird durch Art. 30 RL 2011/95/EU diese unterschiedliche Behandlung beider Personengruppen ab 22. Dezember 2013 (Art. 39 Abs. 1 RL 2011/95/EU) aufgehoben werden (§ 50 Rdn. 2).

1

Art. 28 Abs. 1 RL 2004/83/EG beruht auf Art. 23 GFK. Wie beim völkerrechtlichen Vorbild wird öffentliche Fürsorge bzw. die erforderliche Sozialhilfe nach Maßgabe des Grundsatzes der Inländergleichbehandlung gewährt. Dies gilt auch für subsidiär Schutzberechtigte. Der Anspruch auf Kernleistungen steht nach Art. 28 Abs. 2 RL 2004/83/EG unter Geltung des Grundsatzes der **Inländergleichbehandlung.** Der Begriff der »gleichen Behandlung« im Sinne von Art. 23 GFK ist ein weit gefasster Ausdruck, der nicht nur die gleichen Leistungen nach Art und Höhe einschließt, sondern auch voraussetzt, dass in vergleichbaren Situationen mit Flüchtlingen nicht anders wie mit den eigenen Staatsangehörigen umgegangen wird.[14]

2

2. Zugang für Flüchtlinge zu Sozialhilfeleistungen (Art. 28 Abs. 1 RL 2004/83/EG)

Nach Art. 28 Abs. 1 RL 2004/83/EG haben Flüchtlinge Anspruch auf die notwendige Sozialhilfe im Umfang wie eigene Staatsangehörige (Prinzip der Inländergleichbehandlung). Die während des Asylverfahrens bestehenden Beschränkungen (Art. 13 RL 2003/9/EG) fallen weg. Die Vorschrift beruht auf dem Vorbild von Art. 23 GFK. Danach haben die Vertragsstaaten Flüchtlinge, die sich

3

---

13 Kommissionsentwurf, in: BR-Drucks. 1017/01, S. 57.
14 BVerwGE 111, 200 (205) = EZAR 464 Nr. 1 = NVwZ 2000, 1414 = DVBl. 2000, 1535; *Lester*, in: *Zimmermann*, The 1951 Convention, Article 23 Rn. 38.

rechtmäßig in ihrem Staatsgebiet aufhalten, auf dem Gebiet der öffentlichen Fürsorge und sonstigen Hilfeleistungen die gleiche Behandlung wie ihren eigenen Staatsangehörigen zu gewähren.

4 Nach Auffassung von UNHCR sind die Formulierungen in Art. 28 Abs. 1 RL 2004/83/EG weit genug gefasst, um alle sozialen Vergünstigungen im Bereich der öffentlichen Fürsorge einzuschließen, die den eigenen Staatsangehörigen zustehen.[15] Dagegen wird eingewandt, dass die Konvention Flüchtlingen gleiche Rechte wie Inländern auf dem Gebiete der öffentlichen Fürsorge gewähre und dieser weite Begriff alle verschiedenen sozialen Berechtigungen umfasse, die im jeweiligen Mitgliedstaat gewährt würden. Die Konvention erfasse deshalb einen weitaus größeren Bereich von Fürsorgeleistungen als die Richtlinie, die sich lediglich auf die Sozialhilfeleistungen und die medizinische Versorgung beschränke.[16] Die Kritik erscheint nicht nachvollziehbar. Der Begriff »notwendige Sozialhilfe« in Art. 28 Abs. 1 RL 2004/83/EG dürfte sich kaum vom Begriff der »öffentlichen Fürsorge« im Sinne von Art. 23 GFK unterscheiden. Vielmehr ist dieser Begriff flexibel genug, um den Mitgliedstaaten eine Angleichung der Sozialhilfe für Flüchtlinge an ihre jeweils spezifischen Sozialsysteme zu ermöglichen[17] Im Gegenteil, während die Konvention den Begriff der medizinischen Versorgung nicht besonders erwähnt, er aber der öffentlichen Fürsorge zuzuordnen ist,[18] regelt die Richtlinie in Art. 29 ausdrücklich den Bereich der medizinischen Versorgung. Nach Auffassung von UNHCR sollten die Mitgliedstaaten aufgrund dieser unionsrechtlichen Vorschrift »sämtliche Sozialansprüche auf derselben Grundlage wie den eigenen Staatsangehörigen zur Verfügung stellen«.[19]

5 Anders als Art. 23 GFK setzt Art. 28 Abs. 1 RL 2004/83/EG zwar keinen **rechtmäßigen Aufenthalt** voraus. Vielmehr stellt die Vorschrift allein darauf ab, dass dem Berechtigten die Flüchtlingseigenschaft zuerkannt worden ist. Ausschlussgründe führen jedoch regelmäßig zur Versagung der Zuerkennung der Flüchtlingseigenschaft (Art. 12 RL 2004/83/EG) und stehen damit auch der Ausstellung des Aufenthaltstitels nach Art. 24 Abs. 1 RL 2004/83/EG entgegen. Es bedurfte daher nicht der Einführung des Vorbehalts des rechtmäßigen Aufenthalts. Die Zuerkennung der Flüchtlingseigenschaft vermittelt damit grundsätzlich den Anspruch auf Ausstellung des Aufenthaltstitels und damit einen rechtmäßigen Aufenthalt.

6 Da die Richtlinie auch insoweit auf der Konvention beruht, ist das Zusammenspiel der in Art. 26 GFK geregelten Freizügigkeit mit dem Grundsatz fürsorgerechtlicher Gleichbehandlung in Art. 23 GFK zu beachten. Daraus folgt, dass freizügigkeitsbeendende Maßnahmen gegenüber Flüchtlingen nicht zum Zwecke der angemessenen Verteilung öffentlicher Sozialhilfelasten eingesetzt werden dürfen. Verfolgt die Ausländerbehörde bei der **Anordnung von Wohnsitzauflagen** derart fiskalische Ziele, macht sie von ihrem Ermessen in einer dem Zweck der Ermächtigung widersprechenden Weise Gebrauch.[20] Andererseits verbietet Art. 23 GFK bei aufenthaltsbeendenden Beschränkungen nicht prinzipiell gegebenenfalls auch am Sozialhilfebezug anzuknüpfen, wenn z. B. aus migrationspolitischen Gründen damit eine Gruppe von Ausländer erfasst werden soll, für die ein besonderer Bedarf an Integrationsmaßnahmen gesehen wird. Auch die Zusammenschau von Art. 26 und Art. 23 GFK schließt es nicht aus, Flüchtlingen als Folge zulässiger aufenthaltsrechtlicher Beschränkungen ihre Sozialhilfe nur am Ort ihres rechtmäßigen Aufenthaltes zu erteilen.[21]

---

15 *UNHCR*, Kommentar zur Richtlinie 2004/83/EG, S. 43.
16 *Klug*, German Yearbook IL 2004, 594 (624).
17 *UNHCR*, Kommentar zur Richtlinie 2004/83/EG, S. 43; *Lester*, in: *Zimmermann*, The 1951 Convention, Article 23 Rn. 39 f.
18 *Lester*, in: *Zimmermann*, The 1951 Convention, Article 23 Rn. 39 f.
19 *UNHCR*, Kommentar zur Richtlinie 2004/83/EG, S. 43.
20 BVerwGE 130, 148 (153), Rn. 20 = InfAuslR 2008, 268.
21 BVerwGE 130, 148 (153), Rn. 20 = InfAuslR 2008, 268.

Flüchtlinge haben nach deutschem Recht einen uneingeschränkten Anspruch auf Gewährung von **Sozialleistungen** nach den für Inländer geltenden Bestimmungen.[22] Dieser Anspruch umfasst Leistungen im Rahmen der **Grundsicherung für Arbeitssuchende** sowie die **Sozialhilfe** (§ 23 Abs. 1 Satz 4 SGB XII). Sie haben darüber hinaus Anspruch auf Gewährung von **Elterngeld** (§ 1 Abs. 7 Nr. 1 und Nr. 2 Halbs. 1 BEEG), von **Kindergeld** (§ 1 Abs. 3 Nr. 1 und Nr. 2 Halbs. 1 BKGG) sowie von **Ausbildungsförderung** (§ 8 Abs. 1 Satz 1 Nr. 6 BAföG). Nach § 23 Abs. 5 Satz 2 und 3 SGB XII kann der Sozialleistungsbezug mit Blick auf die Freizügigkeitsregelungen der GFK davon abhängig gemacht werden, ob der Flüchtling einen räumlich beschränkten oder räumlich unbeschränkten Aufenthaltstitel besitzt. Rechtmäßig ist eine solche die Sozialleistungsgewährung nach Art. 23 GFK erfassende Regelung aber nur als Folge einer aus anderen Gründen gerechtfertigten aufenthaltsrechtlichen Beschränkung, nicht als ihr eigentlicher Zweck. Das gebietet die Auslegung der Art. 23 und 26 GFK nach den Grundsätzen der praktischen Konkordanz.[23]

3. Zugang für subsidiär Schutzberechtigte zu Sozialhilfeleistungen (Art. 28 Abs. 1 RL 2004/83/EG)

Nach Art. 28 Abs. 1 RL 2004/83/EG haben auch subsidiär Schutzberechtigte Anspruch auf die notwendige Sozialhilfe im Umfang wie eigene Staatsangehörige (**Prinzip der Inländergleichbehandlung**). Im Grundsatz orientiert sich das Unionsrecht damit wie bei Flüchtlingen auch im Blick auf subsidiär Schutzberechtigte am Vorbild von Art. 23 GFK (Rdn. 2). Allerdings kann nach Maßgabe der Freistellungsklausel des Art. 26 Abs. 2 RL 2004/83/EG dieser grundsätzliche Anspruch auf Kernleistungen beschränkt werden. Art. 29 Abs. 2 RL 2011/95/EU wird an dieser unterschiedlichen Behandlung beider Personengruppen nichts ändern (Rdn. 1).

Art. 28 Abs. 1 RL 2004/83/EG setzt zwar keinen **rechtmäßigen Aufenthalt** voraus. Vielmehr stellt die Vorschrift allein darauf ab, dass dem Berechtigten der subsidiäre Schutzstatus zuerkannt worden ist. Ausschlussgründe führen jedoch regelmäßig zur Versagung der Zuerkennung der Flüchtlingseigenschaft (Art. 17 RL 2004/83/EG) und stehen damit auch der Ausstellung des Aufenthaltstitels nach Art. 24 Abs. 2 RL 2004/83/EG entgegen. Die Zuerkennung des subsidiären Schutzstatus vermittelt damit grundsätzlich den Anspruch auf Ausstellung des Aufenthaltstitels und damit einen rechtmäßigen Aufenthalt. Es bedurfte daher nicht der Einführung des Vorbehalts des rechtmäßigen Aufenthalts (Rdn. 5).

Art. 28 Abs. 2 RL 2004/83/EG räumt den Mitgliedstaaten die Möglichkeit ein, den Anspruch auf Sozialleistungen für subsidiär Schutzberechtigte auf »Kernleistungen« zu beschränken. Eine derartige Beschränkung ist wegen Art. 23 GFK zulasten von Flüchtlingen nicht zulässig. Entgegenstehende völkerrechtliche Gründe im Blick auf subsidiär Schutzberechtigte sind nicht ersichtlich. Gleichwohl widerspricht diese auch bei der medizinischen Versorgung vollzogene Schlechterstellung subsidiär Schutzberechtigter gegenüber Flüchtlingen dem die Richtlinie beherrschenden Grundsatz der rechtlichen Gleichbehandlung beider Personengruppen. Im Vorschlag der Kommission war diese Schlechterstellung nicht vorgesehen.[24] UNHCR kritisiert diese und fordert die Mitgliedstaaten auf, diese nicht anzuwenden. In Anbetracht der unionsrechtlichen Zulässigkeit der beschränkten Zulassung der Schutzberechtigten zur Beschäftigung (Art. 26 Abs. 3 Satz 2 RL 2004/83/EG), sei es wichtig, angemessene Sozialleistungen sicherzustellen.[25] Die unterschiedliche Behandlung beider Personengruppen beim Zugang zur Beschäftigung wird zwar mit der Änderungsrichtlinie aufgegeben (§ 58 Rdn. 15). Art. 29 Abs. 2 RL 2011/95/EU) ändert aber an der unterschiedlichen Behandlung beider Personengruppen bei der Gewährung von Sozialhilfe nichts (Rdn. 1, 8).

---

22 BVerwGE 111, 200 (205 f.) = EZAR 464 Nr. 1 = NVwZ 2000, 1414 = DVBl. 2000, 1535.
23 BVerwGE 130, 148 (153 f.), Rn. 20 = InfAuslR 2008, 268, mit Bezug auf BVerwGE 111, 200 (210).
24 Kommissionsentwurf, in: BR-Drucks. 1017/01, S. 58.
25 *UNHCR*, Kommentar zur Richtlinie 2004/83/EG, S. 43.

11 Im deutschen Recht ist im Bereich der Gewährung von Sozialleistungen der Grundsatz der Gleichstellung subsidiär Schutzberechtigter mit Flüchtlingen sichergestellt. Subsidiär Schutzberechtigte haben wie Flüchtlinge einen uneingeschränkten Anspruch auf Sozialleistungen nach den entsprechenden Vorschriften wie Flüchtlinge (§ 6 Abs. 2 Satz 1 SGB VIII; Rdn. 7). Das AsylbLG findet auf diesen Personenkreis keine Anwendung (vgl. § 1 AsylbLG). Im Bereich des Kindergeldes und des Erziehungsgeldes bzw. Elterngeldes ist die Gleichstellung indes nicht vollzogen worden. Entsprechende für Flüchtlinge anerkannte Ansprüche sind für subsidiär Schutzberechtigte ausdrücklich durch Gesetz ausgeschlossen. So wird zulasten subsidiär Schutzberechtigte der Anspruch auf Gewährung von **Elterngeld** (§ 1 Abs. 7 Nr. 2 c BEEG) und von **Kindergeld** (§ 1 Abs. 3 Nr. 2 c BKGG) **ausgeschlossen**. Bei den Anspruchsberechtigten im Bereich der **Ausbildungsförderung** sind die subsidiär Schutzberechtigten nicht erwähnt (vgl. § 8 BAföG). Insoweit wird zutreffend kritisiert, dass es sich beim Kinder- und Erziehungsgeld nach Art. 6 GG relevante Leistungen handele, sodass diese zu den Kernleistungen gehören.[26]

§ 60 Medizinische Versorgung (Art. 29 RL 2004/83/EG)

Übersicht
	Rdn
1. Funktion des Art. 29 RL 2004/83/EG.	1
2. Anspruch des Flüchtlings auf medizinische Versorgung (Art. 29 Abs. 1 RL 2004/83/EG)	3
3. Anspruch subsidiär Schutzberechtigten auf medizinische Versorgung (Art. 29 Abs. 2 RL 2004/83/EG)	4
4. Besonders schutzbedürftige Personen (Art. 29 Abs. 3 RL 2004/83/EG)	9

1. Funktion des Art. 29 RL 2004/83/EG

1 Art. 29 RL 2004/83/EG differenziert im Blick auf den Zugang zur medizinischen Versorgung zwischen Flüchtlingen (Abs. 1) und subsidiär Schutzberechtigten (Abs. 2). Die Richtlinie stellt damit eine kontinuierliche medizinische Versorgung schutzbedürftiger Personen vom Beginn des Aufenthalts im Mitgliedstaat sicher und knüpft an den während des Asylverfahrens bestehenden Anspruch auf medizinische Versorgung nach Art. 15 RL 2003/9/EG (**Aufnahmerichtlinie**) an, übernimmt indes nicht die Einschränkungen dieser und anderer Normen (vgl. Art. 13 Abs. 2 und 4 UAbs. 2 RL 2003/9/EG). Allerdings darf anders als bei Flüchtlingen die medizinische Versorgung subsidiär Schutzberechtigter auf den Kernbereich eingeschränkt werden (Art. 29 Abs. 2 RL 2004/83/EG).

2 Dieses Muster ungleicher Behandlung wird bereits im Rahmen der Sozialhilfeleistungen vorgegeben (Art. 28 RL 2004/83/EG). Allerdings bestehen Zweifel ob der Kernbereich medizinischer Versorgungsleistungen in Anlehnung an Art. 15 RL 2003/9/EG derart eng gezogen werden darf, dass nur die unbedingt notwendige Behandlung sicherzustellen ist (Rdn. 6 ff.). Art. 30 RL 2011/95/EU wird diese unterschiedliche Behandlung beider Personengruppen aufheben (Rdn. 5). Frist für die Umsetzung der Änderungsrichtlinie ist allerdings erst der 21. Dezember 2013 (Art. 39 Abs. 1 RL 2011/95/EU).

2. Anspruch des Flüchtlings auf medizinische Versorgung (Art. 29 Abs. 1 RL 2004/83/EG)

3 Nach Art. 29 Abs. 1 RL 2004/83/EG haben Flüchtlinge Anspruch auf medizinische Versorgung im Umfang wie eigene Staatsangehörige (**Prinzip der Inländergleichbehandlung**). Die Vorschrift hat kein Vorbild in der GFK, kann aber dem Anspruch auf Gewährleistung öffentlicher Fürsorge nach Art. 23 GFK zugeordnet werden, der auf dem Prinzip der Inländergleichbehandlung beruht (§ 59 Rdn. 2 f.). Nach der Begründung des Vorschlags der Kommission haben die Mitgliedstaaten »eine angemessene medizinische und psychologische Betreuung von Personen, die internationalen Schutz

---

26 *Bank*, Rechtstellung von Flüchtlingen und subsidiär geschützten Personen, S. 169 (179).

§ 60 Medizinische Versorgung   Kapitel 20

genießen«, sicherzustellen.²⁷ Das geltende Unionsrecht differenziert insoweit zwischen Flüchtlingen und subsidiär Schutzberechtigten (Rdn. 1). Aus dem Wortlaut von Art. 29 Abs. 1 RL 2004/83/EG wie auch aus der Zusammenschau der Gesamtvorschrift folgt, dass der medizinische Versorgungsanspruch der Flüchtlinge uneingeschränkt nach Maßgabe des Prinzips der Inländergleichbehandlung gewährt wird, eine Reduzierung wie zulasten subsidiär Schutzberechtigter danach nicht zulässig ist.

3. Anspruch subsidiär Schutzberechtigten auf medizinische Versorgung (Art. 29 Abs. 2 RL 2004/83/EG)

Nach Art. 29 Abs. 1 RL 2004/83/EG haben subsidiär Schutzberechtigte grundsätzlich Anspruch auf medizinische Versorgung im Umfang wie eigene Staatsangehörige (**Prinzip der Inländergleichbehandlung**). Allerdings kann nach Art. 29 Abs. 2 RL 2004/83/EG dieser grundsätzliche Anspruch auf **Kernleistungen** beschränkt werden. Damit wird den Mitgliedstaaten wie beim Zugang zur Sozialhilfe die Möglichkeit eingeräumt, den Anspruch auf Sozialleistungen für subsidiär Schutzberechtigte auf »Kernleistungen« zu beschränken. Eine derartige Beschränkung ist wegen Art. 23 GFK zulasten von Flüchtlingen nicht zulässig. Entgegenstehende völkerrechtliche Gründe im Blick auf subsidiär Schutzberechtigte sind nicht ersichtlich.

4

Gleichwohl widerspricht diese Schlechterstellung der subsidiär Schutzberechtigten gegenüber Flüchtlingen dem die Richtlinie beherrschenden Grundsatz der rechtlichen Gleichbehandlung beider Personengruppen. Sie wird deshalb durch Art. 30 Abs. 1 RL 2011/95/EU spätestens mit Ablauf der Umsetzungsfrist am 21. Dezember 2013 aufgehoben. Bis dahin haben die Mitgliedstaaten die erforderlichen Rechts- und Verwaltungsvorschriften zur Durchsetzung der Gleichbehandlung in Kraft zu setzen (Art. 39 Abs. 1 RL 2011/95/EU). Im ursprünglichen Vorschlag der Kommission war die Schlechterstellung nicht vorgesehen.²⁸ UNHCR kritisiert die noch bis zum 21. Dezember 2013 geltende Freistellungsklausel (Rdn. 2) und weist darauf hin, dass Art. 12 IPwskR das Recht eines jeden »auf das für ihn erreichbare Höchstmaß an körperlicher und geistiger Gesundheit« anerkenne. Darüber hinaus habe der Menschenrechtsausschuss festgestellt, dass das in Art. 6 IPbpR gewährleistete Recht auf Leben eine staatliche Verpflichtung zur Ergreifung aktiver Maßnahmen begründe. Der persönliche Geltungsbereich dieser Vorschrift erstrecke sich auf alle Personen und sei nicht auf eigene Staatsangehörige beschränkt.²⁹

5

Die Richtlinie verzichtet auf eine Definition der »**Kernleistungen**«. Damit bleibt den Mitgliedstaaten sowohl die Inhaltsbestimmung wie auch die Grenzziehung von »Kernleistungen« überlassen. Bereits die Definition dieses Begriffs wird den Mitgliedstaaten damit überlassen. Bei der Inanspruchnahme der Freistellungsklauseln sind diese indes an völkerrechtliche Vorgaben gebunden. Darüber hinaus dürfen die Mitgliedstaaten die Kernleistungen nicht nach Maßgabe von Art. 15 RL 2003/9/EG beschränken. Danach kann die medizinische Versorgung auf die **Notversorgung** und die **unbedingt erforderliche Behandlung** beschränkt werden. Aus dem Wortlaut, der Systematik des Art. 29 RL 2004/83/EG wie auch aus der unterschiedlichen Situation der Bedürftigen während des Asylverfahrens einerseits wie nach Statuszuerkennung andererseits folgt, dass eine derartige Inanspruchnahme der Freistellungsklausel nicht zulässig ist.

6

Der Begriff »Kernleistungen« wird mit dem Prinzip der Inländergleichbehandlung verknüpft. Nach dem Wortlaut der Vorschrift haben die Mitgliedstaaten, wenn sie nur medizinische Kernleistungen gewährleisten, diese »im gleichen Umfang und unter denselben Voraussetzungen wie für eigene Staatsangehörige« zu gewähren. Dies bedeutet zunächst, dass der medizinische Standard im Zusammenhang mit der gewährten Kernleistung zu beachten ist. Darüber hinaus bedeutet dies aber auch, dass bei der Entscheidung darüber, welche medizinische Leistung zu gewähren ist, sämtliche

7

---

27 Kommissionsentwurf, in: BR-Drucks. 1017/01, S. 58.
28 Kommissionsentwurf, in: BR-Drucks. 1017/01, S. 58.
29 *UNHCR*, Kommentar zur Richtlinie 2004/83/EG, S. 43.

Leistungen, auf die Inländer Anspruch haben, einzubeziehen sind und nicht etwa eine beanspruchte Leistung mit der Begründung versagt werden kann, dass diese nur Deutschen vorbehalten ist.

8   Schließlich ist die unterschiedliche Situation nach der Statusgewährung zu beachten. Mit der Zuerkennung des internationalen Schutzes wird grundsätzlich eine auf Dauer gerichtete Entscheidung getroffen. Auch wenn diese insoweit unter Widerrufsvorbehalt steht, ist doch die erwartbare Dauer des Aufenthaltes ungleich länger als die lediglich auf die Länge des Asylverfahrens bezogene Phase. Darüber hinaus wird in vielen Fällen auf nicht absehbare Zeit ein Widerruf nicht in Betracht kommen. Diese unterschiedliche Ausgangsposition schließt es etwa aus, die Kernleistungen lediglich auf eine »**Notversorgung**« (Art. 15 RL 2003/9/EG) zu beschränken (Rdn. 6). Aber auch die Reduzierung der medizinischen Versorgung auf die »**unbedingt notwendige Behandlung**« (Art. 15 RL 2003/9/EG) ist mit der Verantwortung, welcher der Mitgliedstaat durch Zuerkennung des subsidiären Schutzstatus für einen zunächst nicht absehbaren Zeitraum übernommen hat, unvereinbar.

4. Besonders schutzbedürftige Personen (Art. 29 Abs. 3 RL 2004/83/EG)

9   Nach Art. 29 Abs. 3 RL 2004/83/EG gewährleisten die Mitgliedstaaten nach Maßgabe des Grundsatzes der **Inländergleichbehandlung** nach der Zuerkennung des Status besonders hilfsbedürftigen Personen eine **angemessene medizinische Versorgung**. Dieser Anspruch gilt uneingeschränkt für Flüchtlinge wie für subsidiär Schutzberechtigte. Nach der Systematik von Art. 29 RL 2004/83/EG gilt der Vorbehalt des Abs. 2 nicht im Rahmen von Abs. 3. Vielmehr gewährt Abs. 3 **unabhängig** von Abs. 1 und 2 einen eigenständigen medizinischen Versorgungsanspruch zugunsten besonders hilfsbedürftiger Personen und unabhängig von der rechtlichen Natur des gewährten Status. Ab 22. Dezember 2013 entfällt die unterschiedliche Behandlung beider Personengruppen ohnehin (Rdn. 3).

10 Auch der Begriff der angemessenen medizinischen Versorgung lässt eine Reduzierung auf Kernleistung bei besonders hilfsbedürftigen subsidiär Schutzberechtigen nicht zu. Darüber hinaus folgt aus der Situation während des Asylverfahrens, dass die Reduzierung auf Kernleistungen unzulässig ist. Ist bereits nach Art. 17 Abs. 1 RL 2003/9/EG eine Reduzierung auf Kernleistungen in Fällen von besonders hilfsbedürftigen Personen unzulässig, kann ohne ausdrückliche Ermächtigung nach der Zuerkennung des Status eine derartige Reduzierung nicht vollzogen werden. Dem Wortlaut von Art. 29 Abs. 3 RL 2004/83/EG kann anders als dem Wortlaut von Abs. 2 dieser Norm keine entsprechende Freistellungsklausel entnommen werden. Gegen eine derartige Auslegung von Abs. 3 spricht insbesondere auch, dass im Zeitpunkt der Beschlussfassung über die Richtlinie 2004/83/EG die Aufnahmerichtlinie bereits in Kraft getreten war (Art. 27 RL 2003/9/EG).

11 Art. 29 Abs. 3 RL 2004/83/EG knüpft an den **Personenkreis** des Art. 17 Abs. 1 RL 2003/9/EG an. Danach werden als besonders hilfsbedürftige Personen **schwangere Frauen, behinderte Personen**, Personen, die **Folter, Vergewaltigung** oder **sonstige schwere Formen psychischer, physischer** oder **sexueller Gewalt** erlitten haben, **Minderjährige**, die Opfer irgendeiner Form von **Missbrauch, Vernachlässigung, Ausbeutung, Folter, grausamer, unmenschlicher oder erniedrigender Behandlung** gewesen sind oder unter **bewaffneten Konflikten** gelitten haben, umfasst. Art. 29 Abs. 3 RL 2004/83/EG erweitert damit den **Personenkreis** des Art. 17 Abs. 1 RL 2003/9/EG, indem Minderjährige mit der bezeichneten besonderen Vorbelastung besonders hervorgehoben werden, obwohl sie bereits dem Begriff der Personen, die Folter oder andere Misshandlungen erlitten haben, zugeordnet werden können. Insbesondere **Kindersoldaten** haben einen fachmedizinischen (psychotherapeutischen) Versorgungsanspruch. Mit dem Hinweis auf bewaffnete Konflikte in Art. 29 Abs. 3 RL 2004/83/EG (vgl. auch Art. 15 Buchst. c) RL 2004/83/EG) schärft die Richtlinie das Bewusstsein für die besonders häufig traumatischen individuellen Folgen derartiger Konflikte, unter denen insbesondere Kinder, aber auch Erwachsene, insbesondere Angehörige der unbeteiligten Zivilbevölkerung leiden.

12 Der Umfang der Versorgung muss dem besonderen Krankheitsleiden »angemessen« sein (Art. 29 Abs. 3 RL 2004/83/EG). Die Kommission hebt in der Begründung ihres Vorschlags für die Richtlinie insbesondere hervor, dass zur »Förderung der Genesung und Wiedereingliederung« im »**Bedarfsfall** eine geeignete psychologische Betreuung und qualifizierte psychologische Beratung« anzubieten

ist.[30] Im Blick auf diesen Personenkreis hatte die zuständigen Behörden bereits unmittelbar zu Beginn des Asylverfahrens eine entsprechende **Bedarfsprüfung** vorzunehmen,[31] sodass nicht erneut eine Bedarfsprüfung durchzuführen ist. Wegen der regelmäßig langfristigen traumatischen Belastung kann nicht davon ausgegangen werden, dass bereits während des Asylverfahrens eine Besserung des Leidens eingetreten ist.

Im Regelfall entfällt damit eine Wiederholung der Bedarfsprüfung. Lediglich bei nachträglich auftretenden besonders hilfsbedürftigen Notlagen wie etwa eine Schwangerschaft oder eine schwere Krankheit ist der Bedarf an medizinischer Versorgung besonders festzustellen. Die anderen in Art. 29 Abs. 3 RL 2004/83/EG genannten besonderen Bedürfnisse bestanden bereits zu Beginn des Asylverfahrens. Insoweit kann es allerdings nach Zuerkennung des Status angezeigt sein, den Versorgungsbedarf erneut zu überprüfen und im Hinblick auf die Dauerhaftigkeit des Krankheitsbildes langfristige Therapiekonzeptionen zu entwickeln. 13

§ 61 Wohnraum (Art. 31 RL 2004/83/EG)

Übersicht
		Rdn
1.	Funktion des Art. 31 RL 2004/83/EG 1	1
2.	Umfang des Anspruchs aus Art. 31 RL 2004/83/EG	3
3.	Anwendung des Diskriminierungsverbots (Art. 32 Abs. 2 RL 2011/95/EU)	8

1. Funktion des Art. 31 RL 2004/83/EG 1

Nach Art. 31 RL 2004/83/EG haben Flüchtlinge und subsidiär Schutzberechtigte einen Anspruch auf Zugang zu Wohnraum unter Bedingungen, die denen für andere im Mitgliedstaat sich rechtmäßig aufhaltende Drittstaatsangehörigen gleichwertig sind. Anders als in Ansehung andere Rechte in der Richtlinie wird damit der Zugang zu Wohnraum nicht dem Prinzip der Inländergleichbehandlung (z. B. Art. 26 Abs. 1, 28 Abs. 1, 29 Abs. 1 RL 2004/83/EG), sondern dem Grundsatz der Ausländergleichbehandlung unterworfen. Darüber hinaus weicht die Vorschrift vom Vorbild des Art. 21 GFK ab, weil das Günstigkeitsprinzip nicht erwähnt wird. Andererseits unterscheidet die Vorschrift nicht wie beim Zugang zur Beschäftigung und zum Sozialsystem einschließlich medizinischer Versorgung (vgl. Art. 26, 28 und 29 RL 2004/83/EG) zwischen Flüchtlingen und subsidiär Schutzberechtigten. Vielmehr wird beiden Personengruppen der Zugang zu Wohnraum unter gleichen Bedingungen eröffnet. Insoweit wird subsidiär Schutzberechtigten der auf dem Vorbild des Art. 21 GFK beruhende Anspruch ebenso wie Flüchtlingen zuteil. Die während des Asylverfahrens bestehenden Beschränkungen im Blick auf die Unterbringung (Art. 7 RL 2003/9/EG) entfallen. 1

Mit Wirkung zum 22. Dezember 2013 haben die Mitgliedstaaten die erforderlichen Rechts- und Verwaltungsvorschriften in Kraft zu setzen (Art. 39 Abs. 1 RL 2011/95/EU), um die Neuregelung des Art. 32 Abs. 2 RL 2011/95/EU (Diskriminierungsverbot) umzusetzen (Rdn. 8 ff.). Danach sind diskriminierende Maßnahmen bei der Zuweisung von Wohnraum für Flüchtlinge und subsidiäre Schutzberechtigte untersagt. Allerdings wird das Diskriminierungsverbot nur verletzt, wenn den Mitgliedstaaten nachgewiesen werden kann, dass sie nicht bestrebt sind, die erforderlichen Maßnahmen zur Gewährleistung von Chancengleichheit beim Zugang zu Wohnraum zu ergreifen. 2

2. Umfang des Anspruchs aus Art. 31 RL 2004/83/EG

Art. 31 RL 204/83/EG beruht auf Art. 21 GFK. Danach haben die Vertragsstaaten den sich rechtmäßig in ihrem Gebiet aufhaltenden Flüchtlingen eine möglichst günstige und jedenfalls nicht weniger günstige Behandlung beim Zugang zu Wohnraum zu gewähren, als sie Ausländern unter 3

---

30 Kommissionsentwurf, in: BR-Drucks. 1017/01, S. 58.
31 *Marx*, Kommentar zum AsylVfG, § 62 Rn. 15 ff.

gleichen Bedingungen gewährt wird. Während die Konvention damit den Zugang zu Wohnraum über den Grundsatz der Ausländergleichbehandlung hinaus nach Maßgabe des Günstigkeitsprinzips gewährt und den Ausländergleichbehandlungsgrundsatz lediglich als **Minimalbedingung** festlegt,[32] entsteht der entsprechende Anspruch nach Unionsrecht **von vornherein** nur unter dem Vorbehalt des Grundsatzes der Ausländergleichbehandlung.

4 Die Richtlinie beruht damit auf der Minimalvoraussetzung des Art. 21 GFK. Es ist jedoch fraglich, ob eine lediglich für einzelne Vertragsstaaten vorgesehene Erleichterung (vgl. Präambel der GFK) von vornherein von einer **gesamten Staatengruppe** wie der Europäischen Union in Anspruch genommen werden darf, bei der es sich darüber hinaus noch um die wichtigste, die Entstehungsgeschichte der Konvention prägende Staatengruppe handelt. Mit der Verpflichtung, Vertragsnormen im Lichte ihres Zieles und Zweckes auszulegen (Art. 31 Abs. 1 WVRK), dürfte diese Praxis kaum vereinbar sein. Dementsprechend kritisiert UNHCR die Nichtberücksichtigung des Günstigkeitsprinzips. In Abhängigkeit von den besonderen Umständen des Aufnahmemitgliedstaates und dem jeweiligen Einzelfall könne die Verpflichtung zu einer »möglichst günstigen Behandlung« den Flüchtlingen das Recht auf einen höheren Standard verschaffen. Ebenso sollten die in internationalen und regionalen Menschenrechtsabkommen enthaltenen Standards (Art. 25 AEMR, Art. 11 Abs. 1 IPwskR und Art. 27 Abs. 3 Kinderschutzkonvention) beachtet werden.[33]

5 Da Art. 31 RL 2004/83/EG eine subsidiär Schutzberechtigte ungünstiger als Flüchtlinge stellende Behandlung nicht zulässt, gilt diese Kritik auch für diesen Personenkreis. Zwar ist die Union insoweit nicht im gleichen Maße wie gegenüber Flüchtlingen völkerrechtlich gebunden. Andererseits differenziert das Unionsrecht beim Zugang zu Wohnraum nicht zwischen Flüchtlingen und subsidiär Schutzberechtigten. Das Günstigkeitsprinzip des Art. 21 GFK ist damit in völkerrechtskonformer Weise bei der Auslegung des Art. 31 RL 2004/83/EG im Blick auf beide Personengruppen anzuwenden.

6 Art. 31 RL 2004/83/EG setzt anders als Art. 21 GFK keinen **rechtmäßigen Aufenthalt** voraus.[34] Diesen wird der Flüchtling und subsidiär Schutzberechtigte nach Zuerkennung des Status in aller Regel nachweisen können. Die Bundesrepublik hat Art. 31 RL 2004/83/EG unter Beachtung des Günstigkeitsprinzips des Art. 21 GFK umgesetzt. Flüchtlinge und subsidiär Schutzberechtigte unterliegen nach der Zuerkennung des jeweiligen Status nicht mehr den Wohnsitzbeschränkungen der §§ 55 ff. AsylVfG, insbesondere besteht weder Residenzpflicht in einer Aufnahmeeinrichtung (§ 47 AsylVfG) noch in einer Gemeinschaftsunterkunft (§ 53 AsylVfG; § 56 Rdn. 7 f.). Vielmehr dürfen sie sich eine eigene Wohnung suchen.

7 Familienangehörige von Flüchtlingen und subsidiär Schutzberechtigten, die nicht selbst über einen entsprechenden Status verfügen, können nach der Rechtsprechung zwar in einer Gemeinschaftsunterkunft untergebracht werden. Denn nach Art. 23 Abs. 2 UAbs. 3 RL 2004/83/EG reicht die Gewährleistung eines angemessenen Standards aus. Die einem Flüchtling bzw. subsidiär Schutzberechtigten gewährte Freizügigkeit liefe jedoch leer, wenn die Mitglieder seiner Kernfamilie zwingend in eine Gemeinschaftsunterkunft eingewiesen würden.[35] Flüchtlinge haben im selben Umfang wie Deutsche einen Anspruch auf Mietzuschuss (**Wohngeld**). Dabei ist der Umfang des Anspruchs auf Wohngeld von der Zahl der zum Haushalt gehörenden Familienangehörigen, der Höhe des Familieneinkommens und der Höhe der Miete abhängig. Beim Wohngeld handelt es sich um einen nicht auf eigenen Beitragszahlungen beruhenden öffentlich-rechtlichen Anspruch.[36]

---

32 *Klug*, GermanYIL 2004, 594 (625).
33 *UNHCR*, Kommentar zur Richtlinie 2004/83/EG, S. 45; *Leckie/Simperingham*, in: *Zimmermann*, The 1951 Convention, Article 21 Rn. 27 ff.
34 *Klug*, GermanYIL 2004, 594 (625).
35 VG Würzburg, Urt. v. 03.03.2008 – W 7 K 07.683.
36 BVerwG, InfAuslR 1997, 156 (157) = EZAR 020 Nr. 5 = NVwZ-RR 1997, 441; BVerwG, InfAuslR 1997, 156 (157); Hessischer VGH, InfAuslR 2007, 101 (102).

3. Anwendung des Diskriminierungsverbots (Art. 32 Abs. 2 RL 2011/95/EU)

Mit Wirkung zum 22. Dezember 2013 haben die Mitgliedstaaten die erforderlichen Rechts- und Verwaltungsvorschriften in Kraft zu setzen (Art. 39 Abs. 1 RL 2011/95/EU), um die Neuregelung des Art. 32 Abs. 2 RL 2011/95/EU umzusetzen. Danach sind die Mitgliedstaaten bestrebt, Maßnahmen zur Verhinderung der Diskriminierung von Personen, denen internationaler Schutz zuerkannt worden ist, und zur Gewährleistung der Chancengleichheit beim Zugang zu Wohnraum zu ergreifen. Diese Neuregelung ist einerseits eine Fortentwicklung des bloßen Diskriminierungsstandards des Art. 21 GFK. Andererseits schließt sie Flüchtlinge wie subsidiär Schutzberechtigte ein.

Art. 21 GFK enthält keine positive Gewährleistungpflichten über den bloßen Diskriminierungsschutz hinaus. Daher wird zutreffend darauf hingewiesen, dass Flüchtlinge sich nicht lediglich auf Art. 21 GFK, sondern darüber hinaus insbesondere auf menschenrechtliche Schutznormen zur Sicherstellung angemessenen Wohnraums berufen sollten.[37] Daran knüpft die Neuregelung des Art. 32 Abs. 2 RL 2011/95/EU an und entwickelt das Flüchtlingsrechts fort. Allerdings handelt es sich lediglich um einen ersten Schritt in die richtige Richtung, weil aus der Formulierung der Norm kaum auf eine Gewährleistungspflicht geschlossen werden kann.

---

37 *Leckie/Simperingham*, in: *Zimmermann*, The 1951 Convention, Article 21 Rn. 48 f.; *Hathaway*, The Rights of Refugees under International Law, S. 826 ff.

Kapitel 21 Integrationsmaßnahmen

Leitsätze

1. Die Richtlinie enthält kein in sich geschlossenes, überzeugendes Konzept zur Integration von Flüchtlingen und subsidiär Schutzberechtigten. Mit dem Anspruch auf Zugang zu **Bildung** (Art. 27 RL 2004/83/EG) und **Integrationsmaßnahmen** (Art. 33 RL 2004/83/EG) werden lediglich Versatzstücke eines Integrationskonzepts gezeichnet, die rudimentär bereits während des Asylverfahrens Geltung haben (vgl. Art. 10 und 12 RL 2003/9/EG, § 62 Rdn. 1 f.).
2. Art. 27 und Art. 33 RL 2004/83/EG stehen im engen Zusammenhang mit Art. 34 und Art. 22 GFK. Der Einbürgerung vorgelagert ist der Anspruch auf öffentliche Erziehung (Art. 22 GFK) und der in Art. 34 GFK auch geregelte Anspruch auf Eingliederung in die Aufnahmegesellschaft (§ 62 Rdn. 2).
3. Zugang zur Bildung ist die Grundvoraussetzung für eine erfolgreiche Eingliederung. Integration ist ein anderes Wort für Eingliederung, wenn man in diesem Begriff nicht bereits auch ein Versprechen auf vollständige Zugehörigkeit zur Gesellschaft (Einbürgerung) verstehen will.
4. Nach Art. 27 RL 2004/83/EG wird Flüchtlingen und subsidiären Schutzberechtigten ein **Rechtsanspruch** auf Zugang zum Bildungssystem »zu denselben Bedingungen« wie eigenen Staatsangehörigen gewährt. Damit werden nicht nur die gleichen Leistungen nach Art und Höhe eingeschlossen, sondern wird auch vorausgesetzt, dass in vergleichbaren Situationen Flüchtlinge und subsidiär Schutzberechtigte nicht anders wie eigene Staatsangehörige behandelt werden (§ 62 Rdn. 4).
5. Die Erweiterung des Anspruchs der Erwachsenen auf Zugang zum Bildungssystem ist einleuchtend, weil das allgemeine Bildungssystem grundsätzlich auf Kinder und Jugendliche gemünzt ist. Auch wenn die Mehrzahl der Erwachsenen keinen Unterricht an allgemeinbildenden Schulen benötigen wird, wird es doch Fälle geben, in denen vor der Aufnahme nie die Möglichkeit eines Schulbesuchs bestanden hatte (§ 62 Rdn. 4 ff.).
6. Flüchtlinge und subsidiär Schutzberechtigte, die keine Nachweise für ihre Qualifikation beibringen können, wird spätestens ab 22. Dezember 2013 der uneingeschränkte Zugang zu geeigneten Programmen für die Beurteilung, Validierung und Bestätigung früher erworbener Kenntnisse erleichtert (Art. 28 Abs. 2 RL 2011/95/EU, § 62 Rdn. 9 ff.).
7. Die Mitgliedstaaten sehen für Flüchtlinge »von ihnen für sinnvoll erachtete **Integrationsprogramme** vor oder schaffen die erforderlichen Rahmenbedingungen, die den Zugang zu diesen Programmen garantieren« (Art. 33 Abs. 1 RL 2004/83/EG). Hingegen haben subsidiär Schutzberechtigte lediglich Zugang zu derartigen Programmen, wenn der Mitgliedstaat dies »für sinnvoll erachtet« (Art. 33 Abs. 2 RL 2004/83/EG, § 63 Rdn. 1 ff.).
8. Die Formulierung »sehen vor« enthält eine entsprechende Verpflichtung und damit korrespondierend einen Rechtsanspruch zugunsten der Flüchtlinge, der bei subsidiär Schutzberechtigten unter Ermessensvorbehalt steht. Die Änderungsrichtlinie hebt mit Wirkung zum 21. Dezember 2013 die unterschiedliche Behandlung von subsidiär Schutzberechtigten auf (Art. 34 RL 2011/95/EU).
9. Nach geltendem Unionsrecht sind die Mitgliedstaaten – **politisch** – zur Schaffung von Integrationsprogrammen oder den entsprechenden Rahmenbedingungen zugunsten der Flüchtlinge verpflichtet. Sobald derartige Programme oder Rahmenbedingungen bestehen und der jeweilige Mitgliedstaat seinen Ermessensvorbehalt nicht zulasten der subsidiär Schutzberechtigten ausübt, haben auch subsidiär Schutzberechtigte im gleichen Umfang wie Flüchtlinge – **rechtlich** – Zugang zu diesen (§ 63 Rdn. 3).
10. Mit der Formulierung »für sinnvoll erachtet« wird den Mitgliedstaaten ein unangemessen weiter und weder politisch noch rechtlich überprüfbarer Ermessensspielraum eröffnet. Art. 34 RL 2011/95/EU gewährt hingegen allen Personen, die internationalen Schutz genießen, spätestens mit Wirkung zum 22. Dezember 2013 Zugang zu Integrationsprogrammen.

11. Die Richtlinie regelt lediglich den Zugang zu Integrationsmaßnahmen, nicht jedoch die **Einbürgerung** für Flüchtlinge und subsidiär Schutzberechtigte. Insoweit ist zugunsten von Flüchtlingen aber Art. 34 GFK zu berücksichtigen (Art. 20 Abs. 1 RL 2004/83/EG, Rdn. 1 ff., 7 ff.). Die Einbürgerung von subsidiär Schutzberechtigten erfolgt nach den für andere Drittstaatsangehörige geltenden Rechtsvorschriften.
12. Art. 34 GFK beruht auf dem Verständnis, dass ein Flüchtling, der gezwungen ist, außerhalb des Landes seiner Staatsangehörigkeit zu verbleiben, ab einem bestimmten Zeitpunkt in die Lage versetzt werden sollte, bestimmte Privilegien einschließlich politischer Rechte zu genießen. Die Vorschrift verpflichtet die Vertragsstaaten aber nicht zur Einbürgerung noch verpflichtet sie die Flüchtlinge, ein derartiges Angebot anzunehmen.
13. Wird für die Einbürgerung von Flüchtlingen ein Mindestaufenthalt von **sechs** Jahren vorausgesetzt (Nr. 8.1.2.6.3.5 StAR-VwV) und werden sie unter **Hinnahme von Mehrstaatigkeit** eingebürgert (Nr. 8.1.2.6.3.5 StAR-VwV, § 12 Abs. 1 Satz 2 Nr. 6 StAG, § 64 Rdn. 10), wird die Einbürgerung subsidiär Schutzberechtigte gesperrt, werden sie also gegenüber anderen Drittstaatsangehörigen schlechter gestellt (§ 10 Abs. 1 Satz 1 Nr. 2 StAG i.V.m. § 25 Abs. 3 AufenthG). Erst nach Erlangung einer Niederlassungserlaubnis (§ 26 Abs. 4 AufenthG), also nach einem mindestens sieben Jahre dauernden Aufenthalt, kann der subsidiär Schutzberechtigte eingebürgert werden, wenn er in einer wirtschaftlich gesicherten Position ist und auf seine bisherige Staatsangehörigkeit verzichtet (§ 64 Rdn. 11 ff.).

§ 62 Bildung (Art. 27 RL 2004/83/EG)

Übersicht	Rdn
1. Funktion von Art. 27 RL 2004/83/EG	1
2. Umfang des Anspruchs auf Bildung	4
3. Anerkennung von ausländischen Zeugnissen (Art. 27 Abs. 3 RL 2004/83/EG)	9

1. Funktion von Art. 27 RL 2004/83/EG

Die Richtlinie enthält kein in sich geschlossenes, überzeugendes Konzept zur Integration von Flüchtlingen und subsidiär Schutzberechtigten. Es werden mit dem Anspruch auf Zugang zu **Bildung** (Art. 27 RL 2004/83/EG) und **Integrationsmaßnahmen** (Art. 33 RL 2004/83/EG) lediglich Versatzstücke eines Integrationskonzepts gezeichnet, die rudimentär bereits während des Asylverfahrens Geltung haben (vgl. Art. 10 und 12 RL 2003/9/EG). Demgegenüber geht die Konvention, die anders als die Union grundsätzlich allen Staaten offen steht und deshalb weitaus vorsichtiger und behutsamer die nationale Souveränität einzubinden versucht, und zudem vor über sechzig Jahren nach einer dramatischen Erschütterung der alten Ordnung entwickelt wurde, einen bedeutenden Schritt weiter, als der in sich geschlossene Staatenzusammenschluss Europäische Union. Die Konvention vermittelt mit Art. 34 den Flüchtlingen die ernsthafte und realistische Aussicht, dass über ihren Wunsch auf politische Zugehörigkeit zur Aufnahmegesellschaft wohlwollend entschieden werden wird. 1

Art. 27 und Art. 33 RL 2004/83/EG stehen gleichwohl im engen Zusammenhang mit Art. 34 und auch mit Art. 22 GFK. Der Einbürgerung vorgelagert ist der Anspruch auf öffentliche Erziehung (Art. 22 GFK) und der in Art. 34 GFK auch geregelte Anspruch auf Eingliederung in die Aufnahmegesellschaft. Zugang zur Bildung ist die Grundvoraussetzung für eine erfolgreiche Eingliederung. Integration ist ein anderes Wort für Eingliederung, wenn man in diesem Begriff nicht bereits auch ein Versprechen auf vollständige Zugehörigkeit zur Gesellschaft (Einbürgerung) verstehen will. Nach Art. 27 RL 2004/83/EG wird Flüchtlingen und subsidiären Schutzberechtigten ein **Rechtsanspruch** auf Zugang zum Bildungssystem gewährt. Anders als im Bereich der Beschäftigung und der Sozialhilfe differenziert die Richtlinie damit beim Zugang zu Bildungsmaßnahmen nicht zwischen Flüchtlingen und subsidiär Schutzberechtigten, sondern gewährt beiden Personengruppen einen gleichen Zugang zum Bildungssystem. 2

3 Während des Asylverfahrens hatten nur Minderjährige Anspruch auf Grundschulerziehung und weiterführende Bildung (Art. 10 RL 2003/9/EG). Art. 27 RL 2004/83/EG differenziert jedoch zwischen Minderjährigen und Erwachsenen und erweitert damit den während des Asylverfahrens bestehenden Anspruch auch auf Erwachsene, stuft den Umfang des Bildungsanspruchs jedoch dementsprechend ab: Während **Minderjährigen** nach Maßgabe des **Grundsatzes der Inländergleichbehandlung** der Zugang zum Bildungssystem gewährt wird, wird der entsprechende Anspruch der **Erwachsenen** unter den Vorbehalt des Grundsatzes der **Ausländergleichbehandlung** gestellt, allerdings um den Anspruch auf Weiterbildung und Umschulung erweitert. Der Begriff Minderjähriger wird nach dem nationalen Recht der Mitgliedstaaten bestimmt.

2. Umfang des Anspruchs auf Bildung

4 Volksschulbildung (Grund- und Hauptschule) ist in Übereinstimmung mit Art. 28 Kinderschutzkonvention sowie Art. 2 Abs. 2 und Art. 13 IPwskR für alle kostenlos und obligatorisch.[1] Der Begriff »zu denselben Bedingungen« in Art. 27 Abs. 1 RL 2004/83/EG ist ein weit gefasster Ausdruck, der nicht nur die gleichen Leistungen nach Art und Höhe einschließt, sondern auch voraussetzt, dass in vergleichbaren Situationen mit Flüchtlingen und subsidiär Schutzberechtigten nicht anders wie mit den eigenen Staatsangehörigen umgegangen wird.[2] Die Erweiterung des Anspruchs der Erwachsenen auf Zugang zum Bildungssystem ist einleuchtend, weil das allgemeine Bildungssystem grundsätzlich auf Kinder und Jugendliche gemünzt ist, erwachsenen Flüchtlingen und subsidiären Schutzberechtigten deshalb allein mit einem derartigen Anspruch nicht gedient wäre.

5 Erwachsene benötigen in erster Linie Weiterbildungs- und Umschulungsmaßnahmen, um sich auf die für sie zumeist fremden wirtschaftlichen und beruflichen Rahmenbedingungen in der Aufnahmegesellschaft einzustellen. Die Abstufung des Bildungsanspruchs der Erwachsenen beruht auf dem Grundsatz der Ausländergleichbehandlung und war im Vorschlag der Kommission nicht vorgesehen. In diesem wurde vorgeschlagen, den Zugang zum Bildungssystem für beide Personengruppen gleichermaßen nach Maßgabe des Grundsatzes der Inländergleichbehandlung zu verwirklichen.[3] Gegen die Abstufung sprechen Bedenken aus Art. 22 GFK, weil diese für die Mitgliedstaaten verbindliche Norm den Zugang von Flüchtlingen zum Unterricht in Volksschulen dem Prinzip der Inländergleichbehandlung unterstellt und lediglich den Zugang auf erweiterte Bildungsmaßnahmen nach Maßgabe des Grundsatzes der Ausländergleichbehandlung verwirklicht.

6 Erwachsene Flüchtlinge können sich deshalb unmittelbar auf Art. 22 GFK berufen (Art. 20 Abs. 1 RL 2004/83/EG) und den Zugang zu allgemein bildenden Schulen nach Maßgabe des Grundsatzes der Inländergleichbehandlung einfordern. Der Begriff »Volksschule« im Sinne von Art. 22 Abs. 1 GFK ist nach dem maßgeblichen englischen Begriff »elementary education« und nach der französischen Fassung »**enseignement primaire**« im Lichte der gewandelten Verhältnisse für den deutschen Bereich als »Grund- und Hauptschule« auszulegen. Maßgebend ist insoweit, welche Schultypen jeweils in den Mitgliedstaaten an die Stelle der traditionellen im Zeitpunkt der Verabschiedung der Konvention elementaren Schulausbildung getreten sind. Jedenfalls muss allen Flüchtlingen nach Maßgabe der für Inländer geltenden Vorschriften eine schulische Grundversorgung sichergestellt werden. Besser noch ist die Gewährleistung des Zugangs zu allgemein bildenden Schulen.

7 Art. 27 Abs. 2 RL 2004/83/EG ist deshalb im Sinne von Art. 22 Abs. 1 GFK auszulegen. Auch wenn die Mehrzahl der Erwachsenen keinen Unterricht an allgemeinbildenden Schulen benötigen wird, wird es doch Fälle geben, in denen vor der Aufnahme nie die Möglichkeit eines Schulbesuchs bestanden hatte. Aus einer nicht unbeträchtlichen Zahl von Herkunftsländern kommen aus ländlichen Gebieten häufig Analphabeten in die Union. UNHCR fordert deshalb, dass eine derartige schulische Bildung gefördert werden sollte, da sie die Integration der Flüchtlinge und subsidiär

---

1 *UNHCR*, Kommentar zur Richtlinie 2004/83/EG, S. 42.
2 Vgl. BVerwGE 111, 200 (205) = EZAR 464 Nr. 1 = NVwZ 2000, 1414 = DVBl. 2000, 1535.
3 Kommissionsentwurf, in: BR-Drucks. 1017/01, S. 58.

Schutzberechtigten verbessert.[4] Darüber hinaus sollte erwachsenen Flüchtlingen und subsidiär Schutzberechtigten über den Unterricht an Grund- und Hauptschulen hinaus auch der Zugang zur weiter gehenden schulischen Ausbildung ermöglich werden und diese im Blick auf Gebühren, Abgaben und Stipendienvergabe eine bestmögliche Behandlung erhalten. Flüchtlingen und subsidiär Schutzberechtigten ist auch der Zugang zu Sprachkursen zu gewähren.[5]

Die Schulpflicht ist in der Bundesrepublik Deutschland gesetzlich in den Bundesländern geregelt. Erwachsene unterliegen dieser Pflicht nicht. Für den Anspruch auf ein Studium ist der Anspruch auf **Ausbildungsförderung** (§ 8 Abs. 1 Nr. 5 BAföG) zugunsten von Flüchtlingen von Bedeutung. Subsidiär Schutzberechtigte haben erst nach insgesamt fünf Jahren rechtmäßigen Aufenthalt unter der Bedingung einen Anspruch auf Ausbildungsförderung, dass sie zuvor erwerbstätig gewesen sind (§ 8 Abs. 2 Nr. 1 BAföG) oder wenn ein Elternteil sich vor Beginn des Studiums insgesamt drei Jahre im Bundesgebiet aufgehalten hat und erwerbstätig gewesen ist (§ 8 Abs. 2 Nr. 2 Halbs. 1 BAföG). Darüber hinaus sieht das nationale Rechte Förderungsmaßnahmen für Flüchtlinge im Bereich der **Berufsausbildungsbeihilfe, der beruflichen Ausbildung und Weiterbildung sowie der berufsvorbereitenden Bildungsmaßnahmen** (§ 63 Abs. 1 Nr. 6 i.V.m. §§ 59 bis 61, 77 SGB III) vor.

3. Anerkennung von ausländischen Zeugnissen (Art. 27 Abs. 3 RL 2004/83/EG)

Im Vorschlag der Kommission wurde in einem gesonderten Absatz vorgeschlagen, dass die Mitgliedstaaten die Gleichbehandlung mit Inländern bei der Anerkennung von Diplomen, Prüfungszeugnissen und sonstigen Befähigungsnachweisen, die von einer zuständigen Behörde ausgestellt werden, sicherstellen. Begründet wurde dies mit dem Anspruch auf Anerkennung der Qualifikationen von Personen, die internationalen Schutz genießen. Diese sollten wie Unionsbürger behandelt werden.[6] Ein derartiger Anspruch wird Flüchtlingen nach Art. 22 Abs. 2 GFK nach Maßgabe des Grundsatzes der Ausländergleichbehandlung gewährt. Nach Ablauf der Umsetzungsfrist am 22. Dezember 2013 ist für den Zugang zu Verfahren für die Anerkennung von Befähigungsnachweisen Art. 28 RL 2011/95/EU maßgebend.

Art. 27 Abs. 3 RL 2004/83/EG stellt ein Verfahren zur Anerkennung von ausländischen Hochschul- und Berufsabschlüssen bereit, der dem Grundsatz der Inländergleichbehandlung unterstellt ist.[7] Die Änderungsrichtlinie übernimmt diesen Anspruch in Art. 28 Abs. 1 RL 2011/95/EU. Während nach geltendem Recht die Mitgliedstaaten lediglich für eine Gleichbehandlung zu sorgen haben, verpflichtet sie die Neuregelung zur Einführung derartiger Verfahren. Der Wortlaut der geltenden Vorschrift enthält keinen Anspruch. Demgegenüber folgt aus der Formulierung »stellen sicher« in Art. 28 Abs. 1 RL 2011/95/EU ein Rechtsanspruch auf Zugang zu einem Anerkennungsverfahren. Bei der Auslegung der Norm ist im Übrigen unmittelbar auf Art. 22 Abs. 2 GFK zurückzugreifen (Art. 20 Abs. 1 RL 2004/83/EG).[8] Insoweit ist jedoch der Grundsatz der Ausländergleichbehandlung maßgebend. Für subsidiär Schutzberechtigte sollten die gleichen Grundsätze Anwendung finden. Die Neuregelung beseitigt Auslegungszweifel und gewährt unabhängig von Art. 22 Abs. 2 GFK auch subsidiär Schutzberechtigten einen derartigen Anspruch.

Nach Art. 28 Abs. 2 RL 2011/95/EU sind die Mitgliedstaaten bestrebt, Personen, denen internationaler Schutz zuerkannt worden ist und die keine Nachweise für ihre Qualifikation beibringen können, den uneingeschränkten Zugang zu geeigneten Programmen für die Beurteilung, Validierung und Bestätigung früher erworbener Kenntnisse zu erleichtern. Diese Regelung geht über das geltende Recht hinaus. Allerdings folgt aus dem Wortlaut kein Anspruch des Flüchtlings. Es muss

---

4 *UNHCR*, Kommentar zur Richtlinie 2004/83/EG, S. 42.
5 *UNHCR*, Kommentar zur Richtlinie 2004/83/EG, S. 42 f.
6 Kommissionsentwurf, in: BR-Drucks. 1017/01, S. 35.
7 *UNHCR*, Kommentar zur Richtlinie 2004/83/EG, S. 42.
8 *Zimmermann/Dörschner*, in: *Zimmermann*, The 1951 Convention, Article 22 Rn. 82 ff.

auch kein Verfahren bereitgehalten werden. Vielmehr sollen lediglich Programme eingerichtet werden mit dem Ziel, bei der Integration in die Aufnahmegesellschaft dafür Sorge zu tragen, dass die früher erworbenen fachlichen Kenntnisse nutzbringend angewandt werden können.

12 Art. 28 Abs. 2 RL 2011/95/EU verweist hierzu auf Art. 2 Abs. 2 und Art. 3 Abs. 3 2005/36/EG. Diese Richtlinie regelt die Anerkennung von Berufsqualifikationen. Sie ersetzt 15 verschiedene Richtlinien, die seit den 1970er Jahren zur Verwirklichung der Arbeitnehmerfreizügkeit sowie der Niederlassungs- und Dienstleistungsfreiheit erlassen wurden. Die Richtlinie sieht die automatische Anerkennung von Ausbildungsnachweisen für bestimmte »reglementierte« Berufe (Art. 3 Abs. 1 Buchst. a) RL 2005/36/EG) vor. Ein »reglementierter Beruf« ist eine berufliche Tätigkeit oder eine Gruppe beruflicher Tätigkeiten, bei der die Aufnahme oder Ausübung oder eine der Arten der Ausübung direkt oder indirekt durch Rechts- und Verwaltungsvorschriften an den Besitz bestimmter Berufsqualifikationen gebunden ist. Eine Art der Ausübung ist insbesondere die Führung einer Berufsbezeichnung, die durch Rechts- oder Verwaltungsvorschriften auf Personen beschränkt ist, die über eine bestimmte Berufsqualifikation verfügen.

13 Die entsprechenden Regelungen beruhen auf den sektoralen Richtlinien zur Anerkennung der Berufsqualifikationen von **Krankenpflegern, Zahnärzten, Tierärzten, Hebammen, Architekten, Apothekern** und **Ärzten**. Die Richtlinie 2005/36/EG enthält allgemeine Vorschriften zur Anerkennung beruflicher Qualifikationen für die Aufnahme und Ausübung reglementierter Berufe, die auf den nach den genannten sektoralen Richtlinien erlassenen Regelungen zur Anerkennung von Berufsqualifikationen beruhen. Nach Art. 3 Abs. 3 RL 2005/36/EG wird einem Ausbildungsnachweis jeder in einem Drittstaat ausgestellte Ausbildungsnachweis gleichgestellt, sofern sein Inhaber in dem betreffenden Beruf drei Jahre Berufserfahrung nachweisen kann. Die näheren Einzelheiten zur Anerkennung bereits im Herkunftsland erworbener beruflicher Qualifikationen erteilen die Fachbehörden in den Bundesländern, also die Regierungspräsidien bzw. Bezirksregierungen.

§ 63 Integrationsmaßnahmen (Art. 33 RL 2004/83/EG)

Übersicht Rdn
1. Funktion von Art. 33 RL 2004/83/EG 1
2. Grundsätze zur Gestaltung von Integrationsprogrammen 5

1. Funktion von Art. 33 RL 2004/83/EG

1 Nach Art. 33 Abs. 1 RL 2004/83/EG sehen die Mitgliedstaaten für Flüchtlinge »von ihnen für sinnvoll erachtete **Integrationsprogramme** vor oder schaffen die erforderlichen Rahmenbedingungen, die den Zugang zu diesen Programmen garantieren.« Hingegen haben subsidiär Schutzberechtigte lediglich dann Zugang zu den Integrationsprogrammen, wenn der Mitgliedstaat dies »für sinnvoll erachtet« (Art. 33 Abs. 2 RL 2004/83/EG). Die Formulierung »sehen vor« enthält eine entsprechende Verpflichtung und damit korrespondierend einen Rechtsanspruch zugunsten der Flüchtlinge, der bei subsidiär Schutzberechtigten unter Ermessensvorbehalt steht. Art. 34 RL 2011/95/EU tritt an die Stelle der jetzigen Regelung und ist bis spätestens zum 21. Dezember 2013 umzusetzen (Art. 39 Abs. 1 RL 2011/95/EU). Die Änderungsrichtlinie hebt die unterschiedliche Behandlung von subsidiär Schutzberechtigten auf und gewährt entsprechende Rechtsansprüche.

2 In der Begründung des Vorschlags der Kommission wird insoweit auf die in den meisten Mitgliedstaaten geltende Praxis hingewiesen. Die meisten Mitgliedstaaten hätten in unterschiedlichen Bereichen, wie z. B. Bildung, Sozialschutz, Gesundheits- und Wohnraumversorgung entscheidend zur erfolgreichen Eingliederung von Flüchtlingen in die Gesellschaft und insbesondere in den Arbeitsmarkt beigetragen. Flüchtlingen müsse nicht nur ein gleichberechtigter Zugang zu Beschäftigung

und Bildung eingeräumt werden, sondern es seien gezielte Fördermaßnahmen erforderlich.[9] Subsidiär Schutzberechtigte sollten nach dem Vorschlag denselben Zugang zu Integrationsmaßahmen »spätestens ein Jahr« nach der Zuerkennung des subsidiären Schutzstatus haben.[10] Mit Wirkung vom 22. Dezember 2013 wird diese unterschiedliche Behandlung aufgehoben (Art. 34 i.V.m. Art. 39 Abs. 1 RL 2011/95/EU).

Nach geltendem Unionsrecht sind die Mitgliedstaaten – **politisch** – zur Schaffung von Integrationsprogrammen oder den entsprechenden Rahmenbedingungen nur zugunsten der Flüchtlinge verpflichtet. Mit anderen Worten geben die Bedürfnisse von Flüchtlingen die Kriterien für die Schaffung derartiger Programme oder Rahmenbedingungen vor. Sobald derartige Programme oder Rahmenbedingungen bestehen und der jeweilige Mitgliedstaat seinen Ermessensvorbehalt nicht zulasten der subsidiär Schutzberechtigten ausübt, haben auch subsidiär Schutzberechtigte im gleichen Umfang wie Flüchtlinge – **rechtlich** – Zugang zu diesen. Der ursprünglich vorgesehene verzögerte Beginn des Zugangs wurde nicht verwirklicht. Vielmehr können die Mitgliedstaaten auch subsidiär Schutzberechtigten unmittelbar nach der Zuerkennung ihres Status Anspruch auf Zugang zu den entsprechenden Programmen gewähren.

3

Allerdings eröffnet die Formulierung »für sinnvoll erachtet« den Mitgliedstaaten einen unangemessen weiten und weder politisch noch rechtlich überprüfbaren Ermessensspielraum. Macht der Mitgliedstaat von seinem Vorbehalt Gebrauch, kann er subsidiär Schutzberechtigte von Integrationsmaßnahmen auch vollständig ausschließen. Die Neuregelung des Art. 34 RL 2011/95/EU ist hingegen schärfer gefasst. Danach wird allen Personen, die internationalen Schutz genießen, Zugang zu Integrationsprogrammen gewährleistet. Derartige Programme sind auf die besonderen Bedürfnisse dieses Personenkreises einzurichten. Zwar wird den Mitgliedstaaten mit der Formulierung »die sie als (...) angemessen erachten« ein gewisser Gestaltungsspielraum eröffnet. Andererseits haben sie jedoch »die erforderlichen Voraussetzungen« zu schaffen, dass derartige Programme bestehen. Darauf folgt, dass die Mitgliedstaaten verpflichtet sind, entsprechende Integrationsprogramme für Personen, die internationalen Schutz genießen, zu schaffen. Für derartige Programme haben sie aber einen gewissen Gestaltungsspielraum. Diesem Personenkreis ist der Zugang zu diesen zu eröffnen.

4

2. Grundsätze zur Gestaltung von Integrationsprogrammen

Mit der Formulierung »von ihnen für sinnvoll erachtete Integrationsprogramme« wird den Mitgliedstaaten ein weiter Gestaltungsspielraum für die Schaffung von Integrationsprogrammen eingeräumt. Dabei haben sie sich jedoch nach Auffassung der Kommission nach Punkt 7 der Beschäftigungsleitlinien des Rates (2001/63/EG) vom 19. Januar 2001 auszurichten.[11] Danach haben die Mitgliedstaaten:
- alle Formen der Diskriminierung beim Zugang zum Arbeitsmarkt und zur allgemeinen und beruflichen Bildung zu ermitteln und zu bekämpfen;
- auf wirksame präventive und aktive Maßnahmen setzende Konzepte zur Förderung der Eingliederung gefährdeter oder benachteiligter Personengruppen oder Einzelpersonen in den Arbeitsmarkt zu entwickeln, um Marginalisierung, die Entstehung von Armut trotz Arbeit und ein Abdriften in die Ausgrenzung zu vermeiden;
- geeignete Maßnahmen zu treffen, um den Bedürfnissen von Menschen mit Behinderungen, Angehörigen ethnischer Minderheiten und Wanderarbeitnehmern im Hinblick auf ihre Integration in den Arbeitsmarkt gerecht zu werden und zu diesem Konzept gegebenenfalls nationale Zielvorgaben festzulegen.[12]

5

---

9 Kommissionsentwurf, in: BR-Drucks. 1017/01, S. 37.
10 Kommissionsentwurf, in: BR-Drucks. 1017/01, S. 38.
11 Kommissionsentwurf, in: BR-Drucks. 1017/01, S. 38.
12 Beschluss des Rates vom 19.01.2001 – 2001/63/EG, Nr. 7.

6 Der Kommissionsvorschlag sah keine unterschiedliche Behandlung von Flüchtlingen einerseits und subsidiär Schutzberechtigten andererseits bei der Schaffung von Integrationsprogrammen bzw. entsprechender Rahmenbedingungen vor, sondern lediglich zulasten der letzten Personengruppe einen verzögerten Beginn der Leistungen. Wie aber insbesondere der dritte Spiegelstrich des Ratsbeschlusses verdeutlicht, lässt sich bei der Schaffung derartiger Programme weder zwischen beiden Gruppen noch zwischen diesen Gruppen einerseits und Migranten andererseits überhaupt sinnvoll differenzieren bzw. eine spezifische Migrantengruppe ausschließen. Im Übrigen würde eine derartige Ausschließung das im ersten Spiegelstrich genannte Diskriminierungsverbot verletzen. Als Leitlinien für die Schaffung von Integrationsprogrammen schlägt die Kommission die folgenden Gesichtspunkte vor und weist zugleich darauf hin, dass derartige Programme grundsätzlich für eine Finanzierung aus dem Europäischen Flüchtlingsfonds in Betracht kommen:
– ein »maßgeschneiderter« Aktionsplan für Beschäftigung und Bildung;
– Sprachkurse;
– Grundausbildung und fortgeschrittene Ausbildungskurse;
– spezifische Maßnahmen zur selbstständigen Sicherung des Lebensunterhaltes;
– Veranstaltungen zur Einführung in die Geschichte und Kultur des Mitgliedstaates;
– gemeinsame Veranstaltungen mit Bürgern des Mitgliedstaates, um das gegenseitige Verständnis zu fördern.[13]

7 Dementsprechend wird mit Wirkung zum 22. Dezember 2013 die unterschiedliche Behandlung von Flüchtlingen und subsidiär Schutzberechtigten aufgehoben. Für beide Personengruppen sind auf deren besondere Bedürfnisse zugeschnitte Integrationsprogramme zu schaffen (Rdn. 4 ff.). Der weite Gestaltungsspielraum des geltenden Unionsrechts, wonach mit dem Vorbehalt »für sinnvoll erachtet« den Mitgliedstaaten ein unangemessen weiter und weder politisch noch rechtlich überprüfbarer Ermessensspielraum eingeräumt wird (Rdn. 4), wird aufgehoben. Vielmehr sind die Mitgliedstaaten verpflichtet, entsprechende Integrationsprogramme für Personen, die internationalen Schutz genießen, zu schaffen. Dies folgt aus der Formulierung, dass sie die erforderlichen Voraussetzungen schaffen. Flüchtlinge und subsidiär Schutzberechtigte ist der Zugang zu diesen zu eröffnen. Dies folgt aus der Formulierung »gewährleisten.«

8 Nach § 44 Abs. 1 Satz 1 AufenthG wird die Integration von rechtmäßig auf Dauer im Bundesgebiet lebenden Ausländern in das wirtschaftliche kulturelle und gesellschaftliche Leben in der Bundesrepublik gefördert und gefordert. Dementsprechend werden Eingliederungsbemühungen von Ausländern durch ein Grundangebot zur Integration (**Integrationskurs**) unterstützt (§ 43 Abs. 2 Satz 1 AufenthG). Ziel des Integrationskurses ist es, den Berechtigten die Sprache, die Rechtsordnung, die Kultur und die Geschichte in Deutschland erfolgreich zu vermitteln (§ 43 Abs. 2 Satz 2 AufenthG). Diese sollen dadurch mit den Lebensverhältnissen im Bundesgebiet so vertraut werden, dass sie ohne Hilfe oder Vermittlung Dritter in allen Angelegenheiten des täglichen Lebens selbstständig handeln können (§ 43 Abs. 2 Satz 3 AufenthG). Der Bund ist verpflichtet, zu diesem Zweck ein flächendeckendes Kursangebot anzubieten und zu finanzieren. Der Integrationskurs umfasst 630 Unterrichtsstunden und findet in Deutsch statt (§ 10 Abs. 1 Satz 1 IntV). Er ist in einen Basis- und in einen Aufbausprachkurs (Sprachkurs) sowie in einen Orientierungskurs unterteilt (§ 10 Abs. 1 Satz 2 IntV). Am Ende des Integrationskurses findet ein Abschlusstest statt (§ 17 Abs. 1 Satz 1 IntV).

9 Nach § 44 Abs. 1 Nr. 1 c AufenthG haben **Flüchtlinge** einen Anspruch auf einmalige Teilnahme an einem **Integrationskurs**. Der Anspruch entsteht nur einmal bei Ersterteilung des Aufenthaltstitels,[14] berechtigt also nicht die Flüchtlinge, denen vor dem 01. Januar 2005 die Flüchtlingseigenschaft zuerkannt wurde. Angehörige dieses Personenkreises haben nach § 104 Abs. 5 AufenthG einen derartigen Anspruch, wenn sie nicht vor dem 01. Januar 2005 mit der Teilnahme an einem Deutschkurs begonnen haben. Nach früherem Recht hatte dieser Personenkreis einen Anspruch auf kostenlose

---

13 Kommissionsentwurf, in: BR-Drucks. 1017/01, S. 38.
14 *Clodius*, in: *Hofmann/Hoffmann*, Ausländerrecht, § 44 AufenthG Rn. 4.

Teilnahme an einem Deutschkurs (§ 419 SGB III a.F.). Beim Nachweis der erfolgreichen Teilnahme an einem Integrationskurs wird die gesetzliche Dauer von acht Jahren für den Rechtsanspruch auf Einbürgerung um ein Jahr verkürzt (§ 10 Abs. 3 Satz 1 StAG). Der Ermessensanspruch auf Einbürgerung für Flüchtlinge nach § 8 StAG entsteht bereits nach sechs Jahren (Nr. 8.1.3.1 StAR-VwV).

Subsidiär Schutzberechtigte haben nach geltendem Recht keinen Anspruch auf Teilnahme an einem Integrationskurs. § 44 Abs. 1 c) AufenthG bezeichnet ausdrücklich nur die Aufenthaltserlaubnis nach § 25 Abs. 1 und 2 AufenthG und nicht die nach § 25 Abs. 3 AufenthG, welche subsidiär Schutzberechtigten erteilt wird. Da nach Art. 33 Abs. 2 RL 2004/83/EG der Zugang subsidiär Schutzberechtigter zu Integrationsmaßnahmen unter dem Vorbehalt steht, dass die Mitgliedstaaten dies »für sinnvoll erachten«, können kaum unionsrechtliche Bedenken gegen diesen Ausschluss subsidiär Schutzberechtigter geltend gemacht werden. Spätestens zum 22. Dezember 2013 sind subsidiär Schutzberechtigte jedoch uneingeschränkt in die Integrationsmaßnahmen (Rdn. 9) einzubeziehen (Art. 34 i.V.m. Art. 39 Abs. 1 RL 2011/95/EU). 10

§ 64 Einbürgerung

Übersicht Rdn
1. Funktion der Einbürgerung 1
2. Einbürgerung von Flüchtlingen (Art. 34 GFK) 7
3. Einbürgerung von subsidiär Schutzberechtigten 11

1. Funktion der Einbürgerung

Die Richtlinie regelt lediglich den Zugang zu Integrationsmaßnahmen, nicht jedoch die Einbürgerung für Flüchtlinge und subsidiär Schutzberechtigte. Insoweit ist zugunsten von Flüchtlingen aber Art. 34 GFK zu berücksichtigen (Art. 20 Abs. 1 RL 2004/83/EG, Rdn. 7 ff.). Die Einbürgerung von subsidiär Schutzberechtigten erfolgt nach den für andere Drittstaatsangehörige geltenden Rechtsvorschriften. Allgemeines Völkerrecht gewährt den Staaten insoweit ein weites Ermessen (Rdn. 12 ff.). Art. 34 GFK enthält neben dem Tatbestand der Einbürgerung auch den der Eingliederung. Insoweit ist Art. 33 RL 2004/83/EG bzw. ab 22. Dezember 2013 Art. 34 RL 2011/95/EU in Übereinstimmung mit Art. 34 GFK auszulegen und anzuwenden. Integration umfasst drei miteinander verbundene, nämlich rechtliche, sozioökonomische und kulturelle Aspekte. Aus rechtlicher Sicht soll der Aufnahmemitgliedstaat Flüchtlingen zunehmend umfassendere Rechte und Ansprüche gewähren, die mit der Zeit einen ständigen Aufenthaltstitel und die Möglichkeit zum Erwerb der Staatsangehörigkeit des Aufnahmelandes beinhalten sollten.[15] 1

Dieser schrittweise Prozess der Integration in die Aufnahmegesellschaft beruht auf dem Anspruch der Flüchtlinge auf Eingliederung in die Aufnahmegesellschaft nach Art. 34 GFK. Art. 34 GFK stellt ein neuartiges Konzept in einem internationalen Flüchtlingsinstrument dar. Bereits das Statut von UNHCR weist dem Amt die Aufgabe zu, Regierungen und nichtstaatliche Organisationen bei der Eingliederung der Flüchtlinge in die Gesellschaft zu unterstützen. Zugleich wird das internationale Schutzkonzept dadurch beschrieben, dass dauerhafte Lösungen durch Erleichterung der freiwilligen Rückkehr oder durch Unterstützung der Flüchtlinge bei ihrer Eingliederung in den Aufnahmegesellschaften gesucht werden müssten (Kap. I Nr. 1). Ferner können dauerhafte Lösungen auch durch eine Neuansiedlung in dritten Ländern (»**resettlement**«) erreicht werden. Art. 34 GFK ist damit Teil eines dreifachen Konzeptes des internationales Schutzes, welches auf der Eingliederung der Flüchtlinge in die Aufnahmegesellschaft (»**local integration**«), der freiwilligen Rückkehr in das Herkunftsland (»**voluntary repatriation**«) oder der Neuansiedlung in dritten Staaten (»**resettlement**«) beruht. Eingliederung bedeutet, dass dem Flüchtling in irgendeiner Form ein dauerhafter Status gewährt werden soll, welcher es ihm ermöglicht, für eine unbestimmte Zeit im Aufnahmeland zu bleiben 2

---

15 *UNHCR*, Kommentar zur Richtlinie 2004/83/EG, S. 46.

und sich vollständig in das soziale, wirtschaftliche und kulturelle Leben der Aufnahmegesellschaft zu integrieren.[16]

3   Eingliederung und Einbürgerung sind eng miteinander verbunden, wie insbesondere aus der Entstehungsgeschichte von Art. 34 GFK folgt. Der englische Begriff **assimilation**, der in der deutschen Fassung von Art. 34 GFK mit »**Eingliederung**« übersetzt wird, darf nicht im ursprünglichen Sinne des Wortes verstanden werden. Es war keine Auflösung einer spezifischen Identität der Flüchtlinge beabsichtigt, sondern ihre Integration in das wirtschaftliche, soziale und kulturelle Leben der Aufnahmegesellschaft als Voraussetzung der Einbürgerung.[17] Während der zweiten Sitzung des Vorbereitungsausschusses äußerte der israelische Delegierte Besorgnis über den Begriff »assimilation«. Während der Begriff »naturalization« (Einbürgerung) einen klaren und allgemein bekannten Inhalt habe, wohne dem Begriff »assimilation« eine Bedeutung von Zwang inne. Falls er dahin verstanden werde, dass damit das Erlernen der Sprache der Aufnahmegesellschaft erleichtert werden sollte, habe er keine Bedenken gegen diesen Begriff.[18] Bona fide-Flüchtlinge seien politische Flüchtlinge wie etwa die spanischen Republikaner. Weder habe Frankreich diese Flüchtlinge assimilieren wollen noch hätten die Flüchtlinge selbst diesen Wunsch gehabt.[19]

4   Auch nach Auffassung des Delegierten von Venezuela wohnt dem Begriff »assimilation« keine Bedeutung von Zwang inne. Sein Land wünsche wie andere lateinamerikanische Länder auch, dass die Flüchtlinge sich in die Gesellschaften integrieren und nicht isoliert bleiben würden.[20] Diese Position wurde vom französischen Delegierten unterstützt. Er räumte zwar ein, dass der Begriff »assimilation« eine bestimmte soziologische Wortbedeutung habe und deshalb durchaus eine unangenehme Assoziation hervorrufe. So wie er jedoch in der Konvention eingesetzt werde, bedeute er einen vorwärtsweisenden Schritt im Leben des Flüchtlings. Die Konvention wolle die Flüchtlinge in ihrer Existenz im Aufnahmeland unterstützen und ihnen zugleich eine bessere Behandlung zukommen lassen als Ausländern im Allgemeinen. Daher sei der Begriff »assimilation« so zu verstehen, dass er die Flüchtlinge darüber informiere, welche Schritte von ihnen erwartet würden, um ihre Einbürgerung vorzubereiten.[21]

5   Die Entstehungsgeschichte der Konvention macht damit deutlich, dass die Verfasser eine wirksame Eingliederung der Flüchtlinge in die Aufnahmegesellschaft und mit dem Begriff »assimilation« eine Vorbereitung auf diesen Schritt beabsichtigten. Dadurch sollte den Staaten zugleich auch die Unterzeichnung der Konvention erleichtert werden.[22] Denn Staaten würden kaum zur Einbürgerung von Flüchtlingen bereit sein, wenn diese nicht in die Gesellschaft ihres Landes integriert wären.[23] Der Begriff »assimilation« ist danach identisch mit dem Begriff einer »dauerhaften Niederlassung«.[24] Dadurch dass die Staaten den Flüchtlingen bei ihrer Eingliederung in die Gesellschaft helfen, erleichtern sie zugleich auch deren Einbürgerung.[25]

6   Die Eingliederung von Flüchtlingen kann nicht als angemessene Alternative zur Einbürgerung verstanden werden. Der Schwerpunkt muss vielmehr auf der Möglichkeit liegen, den Flüchtlingsstatus zu überwinden und die Flüchtlinge einzugliedern. Durch die Einbürgerung erhält der Flüchtling

---

16 *Hathaway*, The Rights of Refugees under International Law, S. 978.
17 *Robinson*, Convention relating to the Status of Refugees, S. 142.
18 UN Doc. E/AC.32/SR.39, S. 26.
19 UN Doc. E/AC.32/SR.39, S. 26.
20 UN Doc. E/AC.32/SR.39, S. 27.
21 UN Doc. E/AC.32/SR.39, S. 27.
22 Statement des Delegierten von Venezuela, UN Doc. E/AC.32/SR.39, S. 27.
23 Statement des kanadischen Delegierten, UN Doc. E/AC.32/SR.39, S. 28.
24 Statement des kanadischen Delegierten, UN Doc. E/AC.32/SR.39, S. 28.
25 *Grahl-Madsen*, Commentary on the Refugee Convention 1951, S. 247; *Marx*, in: *Zimmermann*, The 1951 Convention, Article 34 Rn. 32 ff.

nicht lediglich die Gewissheit, dauerhaft im Aufnahmeland bleiben und grundlegende Rechte in Anspruch nehmen zu können. Vielmehr wird ihm dadurch ermöglicht, auf gleicher Basis mit den Einheimischen am sozialen und politischen Leben der Aufnahmegesellschaft teilzunehmen. Die Einbürgerung beseitigt damit das bis dahin bestehende Defizit im Leben des Flüchtlings, im vollen Umfang politische Rechte in Anspruch nehmen zu können.[26]

2. Einbürgerung von Flüchtlingen (Art. 34 GFK)

Nach Art. 34 GFK werden die Vertragsstaaten soweit wie möglich die Eingliederung von Flüchtlingen erleichtern. Ein Flüchtling mag Bürger des Aufnahmelandes aufgrund eines Gesetzes werden, z. B. durch Eheschließung mit einem Staatsangehörigen dieses Landes oder aufgrund einer Adoption als Minderjähriger durch einen Staatsangehörigen dieses Landes. Dieser Fall wird nicht durch Art. 34 GFK geregelt. Da der Erwerb auf einem freiwilligen Akt beruhen muss, findet der Verlustgrund des Art. 1 C Nr. 3 GFK keine Anwendung. Sofern der Flüchtling nicht aufgrund eines Gesetzes, sondern aufgrund eines freiwilligen Aktes eingebürgert wird, beruht dies auf Art. 34 GFK und führt zum Verlust des Flüchtlingsstatus nach Art. 1 C Nr. 3 GFK.

Die Entscheidung des Aufnahmestaates, den Flüchtling einzubürgern, ist absolut. Der Staat kann nicht gezwungen werden, die Staatsangehörigkeit zu verleihen. Selbst nach einem langen Aufenthalt im Aufnahmestaat kann der Staat nicht zur Einbürgerung des Flüchtlings verpflichtet werden, weil die Einbürgerung eine Reihe von Privilegien einschließlich politischer Rechte mit sich bringt.[27] Ohne formelle Verpflichtungen zur Einbürgerung zu begründen, können die Staaten ungeachtet dessen verpflichtet werden, die Einbürgerung von Flüchtlingen so weit wie möglich zu erleichtern, indem erleichterte Bedingungen für die Einbürgerung und deren Kosten eingeführt werden.[28] Art. 34 GFK beruht andererseits auf dem Verständnis, dass ein Flüchtling, der gezwungen ist, außerhalb des Landes seiner Staatsangehörigkeit zu verbleiben, ab einem bestimmten Zeitpunkt in die Lage versetzt werden sollte, bestimmte Privilegien einschließlich politischer Rechte zu genießen. Die Vorschrift verpflichtet die Vertragsstaaten aber nicht zur Einbürgerung noch verpflichtet sie die Flüchtlinge, ein derartiges Angebot anzunehmen.[29]

Art. 34 GFK gewährleistet deshalb kein Recht des Flüchtlings auf Einbürgerung. Vielmehr enthält die Vorschrift eine entsprechende **Empfehlung** an die Vertragsstaaten.[30] Wie der Wortlaut von Art. 34 GFK deutlich macht, handelt es sich insoweit eher um einen allgemeinen Grundsatz, nicht aber um eine verbindliche Verpflichtung.[31] Art. 34 GFK verdrängt nicht die allgemeine Regel des Völkerrechts, dass ein Staat nach seinem freien Ermessen darüber entscheidet, wen er als seinen Staatsangehörigen betrachtet. Das den Diskussionen über die Konvention zugrunde liegende Memorandum des Generalsekretärs wies ausdrücklich darauf hin, dass Staaten selbst nach einer langen Aufenthaltszeit des Flüchtlings nicht gezwungen werden können, diesen einzubürgern.[32] Die Verfasser der Konvention wollten den Flüchtlingen die Einbürgerung als eine Option offen halten. Die entsprechende Entscheidung sollte jedoch wohlwollend getroffen werden.[33]

Nach der Rechtsprechung des BVerwG folgt aus Art. 34 GFK ein **Wohlwollensgebot** zugunsten von Asylberechtigten und Flüchtlingen, das Behörden und Gerichte bindet und auf dessen Beachtung

---

26 *Hathaway*, The Rights of Refugees under International Law, S. 979 ff.
27 *Weis*, The Refugee Convention, S. 344.
28 *Weis*, The Refugee Convention, S. 344.
29 *Hathaway*, The Rights of Refugees under International Law, S. 981.
30 *Robinson*, Convention relating to the Status of Refugees, A Commentary, S. 141; *Weis*, The Refugee Convention, S. 352; *Grahl-Madsen*, Commentary on the Refugee Convention 1951, S. 246.
31 *Hathaway*, The Rights of Refugees under International Law, S. 983.
32 Memorandum des Generalsekretärs, UN Doc. E/AC.32/32, S. 50.
33 *Weis*, The Refugee Convention, S. 352.

die Flüchtlinge Anspruch haben.[34] Durch das **gruppentypische** Schicksal dieser Personen ist aus der Wertordnung des Grundgesetzes heraus ein **besonderes Interesse** an deren Einbürgerung präjudiziert. Die Behörde darf deshalb den Einbürgerungsantrag des Flüchtlings, dessen volle Eingliederung in die hiesigen Lebensverhältnisse erfolgt ist oder doch gewährleistet erscheint, im Rahmen sachgerechter Ermessensausübung nur ablehnen, wenn andere staatliche Interessen entgegenstehen und überwiegen.[35] Nr. 8.1.3.1. StAR-VwV setzt für die Ermessenseinbürgerung nach § 8 StAG einen Mindestaufenthalt des Flüchtlings von **sechs** Jahren voraus.[36] Flüchtlinge werden unter **Hinnahme von Mehrstaatigkeit** eingebürgert (Nr. 8.1.2.6.3.5 StAR-VwV, § 12 Abs. 1 Satz 2 Nr. 6 StAG). Die frühere Rechtsprechung, die auch in Fällen von Asylberechtigten und Flüchtlingen die Kontaktaufnahme mit den Heimatbehörden zum Zwecke des Entlassungsantrags grundsätzlich für zumutbar erachtete, ist daher nicht mehr anwendbar.[37] Damit sind auch die extremen Folgen, die das frühere Verfahren für **iranischer Asylberechtigte** mit sich brachte,[38] beseitigt worden.

3. Einbürgerung von subsidiär Schutzberechtigten

11   Subsidiär Schutzberechtigte werden gegenüber anderen Drittstaatsangehörigen im Einbürgerungsverfahren nicht bevorzugt. Im Gegenteil, der ihnen verliehene Aufenthaltstitel (§ 25 Abs. 3 AufenthG) sperrt die Einbürgerung (§ 10 Abs. 1 Satz 1 Nr. 2 StAG), benachteiligt diese Personen also gegenüber anderen Drittstaatsangehörigen. Erst nach Erlangung einer Niederlassungserlaubnis (§ 26 Abs. 4 AufenthG), also nach einem mindestens 7 Jahre dauernden Aufenthalt, kann der subsidiär Schutzberechtigte eingebürgert werden, muss dann aber noch ein Jahr warten (vgl. § 10 Abs. 1 Satz 1 Halbs. 1 StAG).

12   Das bedeutet jedoch nicht, dass subsidiär Schutzberechtigte sich für ihren Einbürgerungswunsch nicht auf rechtlich anerkannte Grundsätze berufen könnten. Zwar steht es nach Art. 1 Satz 1 der Haager Konvention über gewisse Fragen beim Konflikt von Staatsangehörigkeitsgesetzen vom 12. April 1930 jedem Staat zu, durch seine Gesetzgebung zu bestimmen, wer seine Staatsangehörigkeit besitzt. Das allgemeine Völkerrecht überlässt den Staaten grundsätzlich die Regelungsbefugnis in Fragen des Staatsangehörigkeitsrechtes. Allgemein anerkannt ist auch, dass ein freiwilliger Antrag auf Einbürgerung ein zulässiger Anknüpfungspunkt für die Verleihung der Staatsangehörigkeit ist.[39]

13   Unabhängig von der im allgemeinen Völkerrecht anerkannten staatlichen Ermessensfreiheit, kann der Staat jedoch nach innerstaatlichem Recht gebunden sein. Zwar schützt Art. 2 Abs. 1 GG nur die allgemeine Handlungsfreiheit und steht dem Gesetzgeber ein erheblicher Gestaltungsspielraum bei der Festlegung der tatbestandlichen Voraussetzungen für die Einbürgerung zu. Hat der Gesetzgeber jedoch auf einfachgesetzlicher Ebene die entsprechenden Voraussetzungen für die Einbürgerung generell-abstrakt für bestimmte Personengruppen geregelt, verletzt es das Grundrecht aus Art. 2 Abs. 1 GG i.V.m. Art. 1 Abs. 1 GG, wenn die zuständigen Behörden bei der Anwendung des einfachen Gesetzes aufgrund sachfremder Erwägungen den einfach gesetzlich normierten Rechtsanspruch versagen.

---

34   BVerwGE 49, 44 (47) = NJW 1975, 2156 = EZAR 271 Nr. 1; BVerwG, InfAuslR 1982, 295; BVerwG, InfAuslR 1984, 312; BVerwG, InfAuslR 1989, 48; ebenso *Weis*, The Refugee Convention, S. 352.

35   BVerwGE 49, 44 (47) = NJW 1975, 2156 = EZAR 271 Nr. 1; BVerwG, InfAuslR 1982, 295; BVerwG, InfAuslR 1984, 312; BVerwG, InfAuslR 1989, 48.

36   Siehe hierzu *Marx*, in: GK-StAR, IV – § 8 Rn. 147 ff.

37   Vgl. BVerfG, NJW 1991, 633; BVerwG, InfAuslR 1984, 312; BVerwG, InfAuslR 1989, 54; BVerwG, InfAuslR 1989, 48; OVG Rheinland-Pfalz, Beschl. v. 16.12.1986 – 7 A 55/86.

38   Vgl. hierzu BVerwG, InfAuslR 1984, 312; BVerwGE 80, 233 (240) = InfAuslR 1989, 98 = EZAR 271 Nr. 19 = NJW 1989, 1441; BVerwGE 80, 249 (251); BVerwG, InfAuslR 1989, 54; BVerwG, InfAuslR 1989, 48; BVerwG, InfAuslR 1989, 91; Hessischer VGH, InfAuslR 1987, 295; Hessischer VGH, Urt. v. 15.01.1988 – 7 UE 2623/84; OVG Rheinland-Pfalz, Urt. v. 17.02.1987 – 7 A 92/86.

39   Vgl. Internationaler Gerichtshof, I. C. J.-Report 1955, 4 (23) – Nottebohm.

Nach Auffassung des BVerfG steht das Grundrecht aus Art. 2 Abs. 1 GG auf die freie Entfaltung der Persönlichkeit als allgemeines Menschenrecht auch Ausländern in der Bundesrepublik Deutschland zu. Die Beschränkung des Grundrechts auf Deutsche und auf das Bundesgebiet schließe nicht aus, auf den Aufenthalt von Menschen in der Bundesrepublik Deutschland auch Art. 2 Abs. 1 GG anzuwenden.[40] Der Gesetzgeber sei danach grundsätzlich zu Regelungen über den Aufenthalt von Ausländern und die Verlängerung einer befristeten Aufenthaltserlaubnis befugt.[41] Wenn bereits der aufenthaltsrechtliche Status von Ausländern als solcher dem Schutzbereich der allgemeinen Handlungsfreiheit zuzuordnen ist, so ist die Höchststufe der Verfestigung des Aufenthaltsrechts, nämlich die Einbürgerung in den deutschen Staatsverband, erst recht durch die allgemeine Handlungsfreiheit geschützt. Verstärkt wird insoweit die durch Art. 2 Abs. 1 GG i.V.m. Art. 1 Abs. 1, Art. 3 Abs. 1 und 3 GG gewährleistete Rechtsposition des Einbürgerungsbewerbers durch Art. 8 Abs. 1 EMRK.

---

40 BVerfGE 35, 382 (399); 49, 168 (180 f.).
41 BVerfGE 49, 168 (181).

Gesetzesregister

Genfer Flüchtlingskonvention (GFK)
Abkommen über die Rechtsstellung der Flüchtlinge vom 28. Juli 1951

Art. 1 A Nr. 2	1.1, 1.2, 1.5, 3.6, 4.1, 5.2, **6.1 ff.**, **7.1 ff.**, **8.1 ff.**, 10.1 ff., 11.11 ff., 14.2, 14.215, 15.1 ff., 16.3, 17.1 ff., 17.11 ff., 19.6 ff., 19.69, 19.76, 22.30, 23.1, 23.1^0, 23.24, 24.1 ff. 26.1 ff., 27.1, 27.11 ff., **28.1**, 29.25, 29.37, 31.1 f., 23.12, 33.11, 34.12
Art. 1 C	**36.1 ff.**, 44.1 ff.
Art. 1 C Nr. 1	**36.1, 36.10 ff.**,
Art. 1 C Nr. 2	36.32 ff.
Art. 1 C Nr. 3	36.40 ff.
Art. 1 C Nr. 4	36.49 ff.
Art. 1 C Nr. 5	36.61 ff., 36.121 ff.
Art. 1 C Nr. 6	36.61 ff., 36.121 ff.
Art. 1 D	33.4
Art. 1 E	33.4, 34.1
Art. 1 F	14.148, 14.193, **35.1 ff.**, 35.7 ff., 35.158, 43.1 ff.
Art. 1 F Buchst. a)	**35.1 ff.**
Art. 1 F Buchst. b)	14.103, **35.38 ff.**, **35.56 ff.**, 35.79, 35.100
Art. 1 F Buchst. c)	**35.85 ff.**, 35.101, 35.171
Art. 3	35.189
Art. 4	35.189
Art. 7	56.3
Art. 16	35.189
Art. 17	58.2
Art. 21	61.1 ff.
Art. 22	35.189, 62.2, 62.6
Art. 23	59.2 ff., 60.3 ff.
Art. 26	56.2 ff., 56.7 f.
Art. 28	55.13, 57.1 ff.
Art. 31	35.189, 56.6
Art. 32	33.40, 34.12, 35.80, 35.189
Art. 33 Abs. 1	3.1, 3., 16.3, 23.4, 29.25, 29.37, 32.12, 33.40, 34.12, 35.78, 35.166, 35.189, 38.8, 42.68, **51.1 ff.**, 52.1 ff.
Art. 33 Abs. 2	35.7 ff., 35.37, 35.61, 35.80, **35.176 ff.**, **35.184 ff.**, 37.11 ff., 37.47 ff., 43.3 ff., 54.1 ff.
Art. 34	62.1 ff., 64.1, 64.7 ff.
Art. 35	1.4

Gesetzesregister

Europäische Menschenrechtskonvention (EMRK)
Europäische Konvention zum Schutze der Menschenrechte und Grundfreiheiten vom 4. November 1950

Art. 1	41.71, 41.102
Art. 2	40.9 f., 40.19
Art. 3	12.1, 14.24 ff., 14.56, 14.168, 19.91, 19.110, 33.78, 35.73, 35.188, **35.190 ff.**, 36.111, 37.61, **40.19 ff.**, 40.50 ff., **41.2 ff.**, 42.67, **42.90 ff.**, 47.1 ff., **53.1 ff.**, **54.9 ff.**
Art. 6	47.1 ff, 47.9 ff
Art. 8	25.6 ff., 25.27 f., 25.30, 47.4
Art. 9	22.67, 22.75 f., 45.2 ff., 47.1, 47.14 ff., **47.19 ff.**
Art. 10	27.3
Art. 12	26.151 f., 26.157
Art. 13	52.12 ff., 55.14
Art. 14	25.7
Art. 15 Abs. 2	41.10, 47.15
Prot. Nr. 1 Art. 2	41.61
Prot. Nr. 4	47.5
Prot. Nr. 6	**40.2**

Qualifikationsrichtlinie

Richtlinie **2004/83/EG** des Rates über Mindestnormen für die Anerkennung und den Status von Drittstaatsangehörigen oder Staatenlosen als Flüchtlinge oder als Personen, die anderweitig internationalen Schutz benötigen, und über den Inhalt des zu gewährenden Schutes vom 29. April 2001 in der Fassung der Richtlinie des Europäischen Parlaments und des Rates **2011/95/EU** vom 13. Dezember 2011

Erwägungsgrund Nr. 3	2.5
Erwägungsgrund Nr. 7	49.1
Erwägungsgrund Nr. 9	49.5
Erwägungsgrund Nr. 10	49.5
Erwägungsgrund Nr. 11	42.25
Erwägungsgrund Nr. 16	1.1, 2.8, 3.2, 16.4
Erwägungsgrund Nr. 17	2.6 f.
Erwägungsgrund Nr. 20	14.225, 14.234
Erwägungsgrund Nr. 24	38.1
Erwägungsgrund Nr. 25	38.3
Erwägungsgrund Nr. 26	42.9, 42.25, **42.84 ff.**
Art. 2 Buchst. a)	16.11, 38.1
Art. 2 Buchst. b)	6.3
Art. 2 Buchst. c)	1.1, 5.1, 7.3 ff., 8.1, 9.1 ff., 14.2, 15.1, 16.4, 29.57
Art. 2 Buchst. e)	39.5 f., 40.30, 41.110
Art. 2 Buchst. j)	14.226, 14.235
Art. 3	2.9
Art. 4 Abs. 1	28.8 f., 28.19, 40.37, 41.117 f.
Art. 4 Abs. 3 Buchst. a)	6.3, 9.5, 11.12, 16.4, 19.100, 22.38, 28.1, 28.20
Art. 4 Abs. 3 Buchst. b)	40.30
Art. 4 Abs. 3 Buchst. c)	9.2 f., 11.7, 19.9, 14.224, 19.104, 22.45, 23.15, 24.25, 28.1, 28.20
Art. 4 Abs. 4	3.9, 14.63, 19.4, 19.56, 19.119 ff., 22.92, 26.39, 26.91, 26.150, **29.54 ff.**, 30.57, 36.109 ff., 41.131, 42.105 ff.
Art. 4 Abs. 5 Buchst. c)	9.5, **11.15 ff.**, 28.8, 28.13, 40.37, 41.117
Art. 4 Abs. 5 Buchst. e)	7.3 ff.
Art. 5 Abs. 1	11.12, 29.74, 31.1 ff., 31.7 ff., 42.9
Art. 5 Abs. 2	31.6, 31.15 ff., 31.20 ff., 31.24, 32.30
Art. 5 Abs. 3	31.6, 32.1 ff., 32.5, 32.12, 32.30
Art. 6	6.6, 15.8 ff., 15.1 ff., 16.12
Art. 6 Buchst. a)	16.17 ff., 17.9
Art. 6 Buchst. b)	16.22 ff.
Art. 6 Buchst. c)	14.16, 16.16, 16.33 ff., 18.4, 19.62 ff., 24.54, 30.48
Art. 7 Abs. 1	11.5, 15.8 ff., 16.12, 16.34 ff., 17.2, 18.11, 41.100
Art. 7 Abs. 1 Buchst. b)	17.11
Art. 7 Abs. 2	18.26 ff., 18.32 ff., 19.104, 20.10, 36.92,
Art. 8 Abs. 1	19.3, 19.15, 19.66, 42.24, 42.107, 42.111 ff.
Art. 8 Abs. 2	16.4, 19.90, 19.100 ff., 19.117, 28.1, 42.24
Art. 8 Abs. 3	19.38 ff.
Art. 9	6.3 ff., 9.9
Art. 9 Abs. 1 Buchst. a)	11.25 ff., 12.1 ff.,
Art. 9 Abs. 1 Buchst. b)	12.8, **14.73**, 25.14, 25.35
Art. 9 Abs. 2	11.25 ff., 12.8, 13.1 ff.
Art. 9 Abs. 2 Buchst. a)	14.12 ff., 14.51 ff., 26.45, 26.56, 26.111
Art. 9 Abs. 2 Buchst. b)	14.67 ff., 14.152, 19.119, 27.12
Art. 9 Abs. 2 Buchst. c)	14.97 ff., 14.152, 14.160, 26.24, 27.12

Art. 9 Abs. 2 Buchst. d)	14.104 ff., 14.135 ff.
Art. 9 Abs. 2 Buchst. e)	14.148 ff.
Art. 9 Abs. 2 Buchst. f)	14.210 ff., 26.56
Art. 9 Abs. 3	12.7, 14.1 ff.
Art. 10 Abs. 1 Buchst. a)	21.1 ff.
Art. 10 Abs. 1 Buchst. b)	22.1 ff., 29.2
Art. 10 Abs. 1 Buchst. c)	23.1 ff.
Art. 10 Abs. 1 Buchst. d)	24.1 ff., 25.1 ff., 25.30, 26.1 ff., 26.140, 26.159, 29.2
Art. 10 Abs. 1 Buchst. e)	25.30, 27.1 ff., 27.11
Art. 10 Abs. 2	20.11, 27.2, 27.6, 27.36
Art. 11 Abs. 1 Buchst. a)	36.10 ff., 36.41
Art. 11 Abs. 1 Buchst. b)	36.32 ff.
Art. 11 Abs. 1 Buchst. c)	36.40 ff.
Art. 11 Abs. 1 Buchst. d)	36.49 ff.
Art. 11 Abs. 1 Buchst. e)	29.58, 36.61 ff., 36.126 ff., 37.30
Art. 11 Abs. 1 Buchst. f)	29.58, 36.69 ff., 36.126 ff., 37.30
Art. 11 Abs. 2	36.66, 36.91, 36.103
Art. 12 Abs. 1 Buchst. a)	33.1 ff.
Art. 12 Abs. 1 Buchst. b)	34.1 ff., 36.42
Art. 12 Abs. 2	14.148, 14.184, 14.192, 35.1 ff., 35.11, 35.62, 35.144, 37.6, 43.1 ff.
Art. 12 Abs. 2 Buchst. a)	35.5, 35.13 ff., 36.96
Art. 12 Abs. 2 Buchst. b)	14.103, 35.5, 35.33 ff., 35.96
Art. 12 Abs. 2 Buchst. c)	35.5, 35.85 ff.
Art. 12 Abs. 3	35.135, 35.144
Art. 13	3.3, 36.145
Art. 14'	36.2 ff.
Art. 14 Abs. 1	36.142 ff.
Art. 14 Abs. 2	36.112
Art. 14 Abs. 3	37.1 ff., 37.14 ff
Art. 14 Abs. 4	35.11, 35.60, 35.175 ff., 37.8, 37.47 ff., 54.3 ff.
Art. 14 Abs. 5	35.11, 35.60 ff., 35.175 ff., 37.8
Art. 14 Abs. 6	35.188, 37.62 ff., 44.29 ff., 44.10
Art. 15	36..137 ff, 38.4 f., 39.5
Art. 15 Buchst. a)	39.9, 40.1 ff
Art. 15 Buchst. b)	3.8, 12.5, 14.15, 14.38 ff., 14.158, 39.9, 40.7 f., 40.10, 40.15, 40.25, 40.27, **41.1 ff.**, 41.41 ff., 42.103, 53.7 ff., 53.12 ff.
Art. 15 Buchst. c)	14.183, 17.21, 39.9, 42.1 ff.
Art. 16	44.11 ff., 44.19 ff.
Art. 17	41.5, 43.1 ff., 44.9 ff., 53.10
Art. 17 Abs. 1	39.5, 42.9, 43.8 ff
Art. 17 Abs. 1 Buchst. d)	35.176
Art. 17 Abs. 2	39.5
Art. 18	40.15, 45.3, 53.8
Art. 19	44.1 ff, 44.9 ff., 44.25 ff.
Art. 20	49.1 ff., 50.1 ff., 62.6, 64.1
Art. 21	41.12, 51.1 ff, 54.1 ff.
Art. 23	50.6 ff., 55.11 ff.
Art. 24	42.10, 42 57, **55.1 ff.**, 56.2, 57.6
Art. 25	55.1, 57.1 ff.
Art. 26	58.1 ff.
Art. 27	62.1 ff.
Art. 28	55.15, 58.12, 59.1 ff.
Art. 29	60.1 ff.

Verfahrensrichtlinie

Richtlinie **2005/85/EG** vom 1. Dezember 2005 über Mindestnormen für Verfahren in den Mitgliedstaaten zur Zuerkennung und Aberkennung der Flüchtlingseigenschaft

Art. 2 Buchst. a)	38.7
Art. 8	28.17, 28.24
Art. 23	28.15
Art. 31	61.1 ff.
Art. 32	55.1
Art. 33	62.2 f., 63.1 ff., 63.10, 64.1
Art. 37	36.144 ff., 37.23
Art. 38	36.144 ff., 37.23
Art. 39	37.46

Gesetzesregister

Asylverfahrensgesetz (AsylVfG)
in der Fassung vom 22. November 2011

§ 1 Abs. 1	5.3
§ 3 Abs. 4	3.4
§ 13	3.3, 38.7
§ 24	28.16, 28.19, 32.25, 32.3041.118, 53.10
§ 25 Abs. 1	28.3, 28.18
§ 25 Abs. 2	40.37, 40.38, 41.117
§ 26	50.12, 38.7
§ 28 Abs. 1	31.26, 32.1
§ 28 Abs. 1a	31.24
§ 28 Abs. 2	32.15, 32.23 ff., 32.30
§ 30 Abs. 4	35.12, 30.166, 35.177 ff., 53.11
§ 47	61.6
§ 53	61.6
§ 55	61.6
§ 72	36.145, 37.22
§ 73	36.127, 36.145, 37.22, 37.27
§ 77	19.2

Gesetzesregister

AufenthG
Gesetz über den Aufenthalt, die Erwerbstätigkeit und die Integration von Ausländern im Bundesgebiet (Aufenthaltsgesetz – AufenthG) in der Fassung vom 1. Juni 2012

§ 4	58.13
§ 9	58.15
§ 10	55.11
§ 25 Abs. 2	55.8
§ 25 Abs. 3	40.376, 53.8 ff., 53.14, 55.11, 64.11
§ 25 Abs. 5	50.10
§ 26	58.15, 64.11
§ 29	50.10, 55.8, 55.11
§ 39	58.13
§ 43	63.8
§ 44	63.8 ff.
§ 56	55.15
§ 59	53.11, 53.14
§ 60 Abs. 1	3.1 ff., 3.6 f.,, 5.2, 14.214, 16.36 ff., 18.11,
§ 60 Abs. 2 bis 7	32.12, 38.7, 42.55
§ 60 Abs. 2	41.4 ff., 41.104
§ 60 Abs. 3	40.5, 40.25, 40.30 ff., 40.38, 53.11
§ 60 Abs. 5	3.8, 23.4, 26.7, 26.12, 29.25, 41.44, 41.105, 45.1
§ 60 Abs. 6	41.40, 47, 26, 47.1 ff., 48.10 ff.
§ 60 Abs. 7	45.3 ff., 48.1 ff., 42.55
§ 60 Abs. 7 Satz 3	42, 9, 48.20 ff., 48.38 ff.
§ 60 Abs. 8	37.13
§ 72 Abs. 2	40.38, 53.11
§ 82 Abs. 1	40.37 f.
§ 72 Abs. 3	40.38

Stichwortverzeichnis

Die **fetten** Ziffern beziehen sich auf den § und die mageren Ziffern auf die dazugehörige Randnummer.

Aberkennung **36** 144, **37** 20
Abrufblockaden **48** 49
Abschiebung **51** 10, **53** 10
Abschiebungshindernis
– krankheitsbedingtes **48** 23
– tatsächliches **19** 45
– zielstaatsbezogenes **41** 85, **45** 5, **48** 22, 25
Abschiebungsschutz
– nationaler **45** 2
Abschiebungsverbot
– zielstaatsbezogenes **45** 2, 4, **47** 1
Abtreibung
– erzwungene **14** 220
Abu Ghraib **41** 11
Abwägungsgebot **35** 71
accountability standard **15** 17
Admission **35** 83
Afghanistan **36** 83
Aggression **35** 15
Aggressionsverbrechen **35** 16
Ahmadi **22** 69
Aids **41** 92, 97
– Aids-Verdacht **25** 15
Akteur
– nichtstaatlicher **16** 1, 16, **18** 2, **41** 107
– privater **17** 10
Aktion
– politische **27** 5
– terroristische **14** 182, **35** 103 f.
Aktivitäten
– exilpolitische **29** 74
Al-Quaida **35** 113
Altun **41** 105
Amnestie **36** 75
Amputation **14** 232
Amtsermittlungspflicht **28** 31
Amtsermittlungsprinzip **28** 16
Amtswalterexzess **18** 49
Analphabeten **62** 7
Änderungsrichtlinie 2011/95/EU **55** 10
Angsterkrankung **48** 35
Anhörung
– persönliche **28** 22
Annexion **19** 24
Anschläge vom 11. September 2001 **35** 105
Anwendungsvorrang **3** 6
– unionsrechtlicher **37** 15, 26
Apostasie **26** 154
Apostaten **47** 17
Arbeitsmarktlage **58** 10
Arbeitsmarktprüfung **58** 13
Arbeitsplatzprüfung **58** 13 f.
Armut

– wirtschaftliche **14** 74
Aspekte
– geschlechterbezogene **26** 5
Asthma bronchiale **48** 28
Asylantrag
– Vertraulichkeit des **35** 173
Asylbewerberaufnahmerichtlinie **14** 236
Asylverfahren
– Integrität des **35** 173
Aufenthaltstitel **55** 1, 5, 7, 9
– Flüchtling **55** 5
– subsidiär Schutzberechtigter **55** 9
– zwingende Gründe der öffentlichen Sicherheit oder Ordnung **55** 13
Aufhebung des Flüchtlingsstatus
– Anwendung des Terrorismusvorbehaltes **37** 8, **44** 13
– Einschränkung des Refoulementschutzes **37** 8, **44** 13
– ex nunc-Wirkung **37** 57
– Folterschutz **37** 61
– nationale Sicherheit **37** 8, **44** 13
Aufhebungsgründe **35** 178, 181
– ex-nunc-Wirkung **37** 22
– nachträgliche Verwirklichung von Ausschlussgründen **37** 1
– rückwirkende Wirkung **37** 21
Aufnahmeeinrichtung **61** 6
Aufnahmerichtlinie **60** 1
Aufnahmestaat
– Sicherheit des **35** 8, **51** 4, **54** 4
Ausbeutung
– sexuelle **14** 227, **26** 110
Ausbildung
– akademische **14** 90
– berufliche **58** 9, **62** 8
Ausbildungsförderung **59** 7, **62** 8
Ausbildungsnachweise
– Anerkennung von **62** 11
Ausbürgerung **23** 9 f., 12, 15, 19, 34
– staatenlose Flüchtlinge **36** 30
– Zusammenhangsklausel **23** 18
Auschwitz **14** 72
Ausländergleichbehandlung **62** 5
– Grundsatz der **56** 1 f., **58** 2, **61** 1
Auslegung
– Gebot der richtlinienkonformen Auslegung **3** 5, **32** 31, **41** 52, **42** 10
Auslegungsgrundsätze
– dynamische **25** 9, **35** 96
Auslieferung **51** 3, **53** 3
Auslieferungsrecht **35** 46
Auslieferungsverbot **14** 158, **27** 38, **40** 31

Stichwortverzeichnis

Auslieferungsverfahren 47 10
Ausnahmegericht 14 119, 27 18
Auspeitschung 26 26, 28, 30, 38, 41 58, 63 f.
Ausreiseverbot 26 120
Ausrottung 35 26
Aussagenanalyse 29 15
– kriterienbezogene 28 26
Ausschlagungsoption 36 37
Ausschlussgrund 35 55, 85, 126, 151 f., 188, 37 10, 62
– abschließende Natur 35 4
– Abwägen nach Wahrscheinlichkeitsgraden 35 160
– Auslieferungsrecht 35 46
– Beweislastverteilung 35 163
– Beweisstandard 35 154, 158
– Drogenhandel
– ehemaliger Kombattant 35 123
– Folterschutz 35 190
– Gültigkeitsprinzip 35 163
– hinreichender Tatverdacht 35 154, 161
– hochrangige Beamte 35 144
– hochrangige Funktion im Staat 35 29
– Menschenrechtsverletzung 35 97
– persönliche Verantwortung 35 32, 43 19
– politisches Delikt 35 46
– Prognosebasis 35 162
– Refoulementverbot 35 7
– Regelbeweismaß 35 155, 43 23
– reguläres Asylverfahren 35 166
– restriktive Auslegung 35 4
– strafrechtliches Beweismaß 35 160
– Täterbegriff 35 93
– terroristische Straftaten 35 98
– Verfahrensgarantien 35 169
– verfahrensrechtliche Fragen 35 166
– Verhältnis zur Einschränkung des Refoulementschutzes 35 7
– vernünftige Zweifel 35 160
– völkerstrafrechtliche Zurechnungskriterien 35 160
– Vorrangigkeit der Prüfung der Flüchtlingseigenschaft 35 170
– Wiederholungsgefahr 35 55
Ausschlussgrund Art. 1 D GFK
– Anwendungsklausel 33 38
– Ratio 33 15
– Wegfall 33 17
Außen- und Sicherheitspolitik
– gemeinsame 35 114
Aussperrung 23 6, 11, 13, 19
Ausweisung 51 10, 53 10
Autoaggression
– Psychodynamik 48 26
Autobomben 42 98
Balkankrieg 35 95
Barttracht 22 23
Bastonade 14 30, 41 25

Bedarfsprüfung 60 12 f.
Bedrohung
– ernsthafte individuelle 42 4, 64
– individuelle 48
– Kombattant 42 70
Beendigung 36 144
Beendigungsklauseln 36 126
– Beweislast 36 113
– Bürgerkrieg 36 81, 116
– dauerhafte Änderung der politischen Situation 36 80
– dauerhafte Änderung der Umstände 36 79
– deutsche Rechtsprechung 36 77
– effektiver nationaler Schutz 36 87
– Friedensverhandlungen 36 82
– grundlegende Änderung der Umstände 36 63
– staatenloser Flüchtling 36 69
– Voraussetzungen 36 71, 87
– Wiederaufbau des Landes 36 82
Beendigungsklauseln, siehe auch Wegfall-der-Umstände-Klauseln 36 61
Befehlshaber
– militärischer 35 31
Begraben
– bei lebendigem Leib 40 15
Begriff
– soziale Gruppe 24 6
Behandlung
– medizinische 41 88 f.
– psychiatrische 41 88
– unmenschliche 3 8, 41 15
Behandlung, unmenschliche
– Abgrenzung zum Folterbegriff 41 41
– Bürgerkriegsauseinandersetzungen 41 106
– erniedrigender Charakter 41 47
– Hochsicherheitsgefängnisse 41 72
– Inhaftierung 41 47
– kein Handlungsbegriff 41 42
– kein unzulässiger Oktroy westlicher Werte 41 64
– keine vorsätzliche Handlung 41 41
– psychologische Vernehmungsmethoden 41 47
– Relativitätstest 41 45, 47
– Schlüsselkriterien 41 41
– Schweregrad der Leidenszufügung 41 45
– Zwangseinweisung wegen Geisteskrankheit 41 83
Beistand 33 14
Bekenntnisfreiheit 22 8
Belastungsstörung
– Anforderungen an das posttraumatische Gutachten 48 59
– posttraumatische 48 22, 31, 41
Belastungsstörung, posttraumatische
– Aufgabe des Gutachtens 48 59
– Begriff 48 33
– chronische 48 36
– konkrete Gefahr 48 51

Stichwortverzeichnis

– Sperrwirkung 48 38
– typische Merkmale 48 33
benefit of the doubt 28 5, 29 52
Beruf
– reglementierter 62 11
Berufsausbildungsbeihilfe 58 9, 62 8
Berufsausübungsfreiheit 22 48
Beschäftigung 58 4
– andersartige 14 86
Beschäftigungsleitlinie des Rates (2001/63/EG) 63 5
Beschluss Nr. 94 (LIII) 35 122
Beschneidung 22 53
– pharaonische 26 83
Besetzung
– militärische 16 44
Besorgnispotenzial 29 42
Besuchssystem 41 9
Betätigung
– berufliche und wirtschaftliche 14 75
Betrachtungsweise
– holistische 19 82
Bewährungsstrafe 35 62
Bewegungsfreiheit
– im Aufnahmemitgliedstaat 56 1
– von Flüchtlingen 56 2
Beweis
– des ersten Anscheins 28 10
Beweisanforderung 9 8
Beweisführungslast 48 45
Beweisführungspflicht 28 10, 48 42
Beweiskraft
– früherer Verfolgungen 36 119
Beweislast 18 52
– materielle 28 13
Beweisnot 28 13, 57 9
Beweisnotstand
– sachtypischer 14 126
Beweisstandard 2 2
– zivilprozessualer 29 34
Beweisverwertungsverbot 47 13
Beziehungen, sexuelle
– außereheliche 26 155
Bezogenheit
– familiäre 26 131
Bezüge
– terroristische 14 141
Bigamieverbot 26 160
Bildung
– weiterführende 62 3
Bildungsanspruch
– der Erwachsenen 62 5
Bildungsmaßnahme
– berufsvorbereitende 58 9, 62 8
Bildungssystem
– Zugang zum 62 2
Binnenvertriebene 19 70
Blutrache 26 180, 184

– Anwendung der Zusammenhangsklausel 26 184
– Sippenkontext 26 184
– soziale Gruppe 26 180
Bluttransfusion 22 78
Bombardierung
– wahllose 42 72
Bombenangriffe
– terroristische 42 98
Bombenterror 30 55
bona fide
– Flüchtlinge 35 41, 73, 161, 64 3
Bootsflüchtlinge 51 8, 52 8
Bosnienkonflikt 14 55, 26 62
Bürgerkrieg 17 23, 18 11, 19 21, 42 14
Cárdoza-Fonseca 29 28
Cartagena Erklärung 39 1, 42 2, 43
clear probability 29 28, 30, 32
CLNC (Corsican National Liberation Front) 41 54
Commonwealth 34 6
Darlegungslast 18 34, 36, 47 f., 19 7, 28 12, 20, 33
– eingeschränkte 28 11, 41 118
– Präklusionsvorschriften 41 119
– sozio-kulturelle Verständnisprobleme 28 20
– Verhältnis zum Untersuchungsgrundsatz 28 20
Daueraufenthaltsrichtlinie 55 1
Dauerhaft 14 48
Daumenpresse 14 31, 41 25
de facto-Ausbürgerung 23 11
de facto-Autorität 16 1, 24, 27, 17 12, 14, 19 17
– fehlende völkerrechtliche Verantwortlichkeit 17 14
– de facto-Flüchtling 38 2
de facto-Regime 16 27
death row phenomenon 40 17
Debellation 42 18
Dekompensation
– psychotische 48 26
Delikt
– politisches 27 43, 35 46, 49, 53
Deliktsfähigkeit 16 27
Deliktsrecht
– völkerrechtliches 15 15
Denunziation
– Dritter 40 48
Desertion 14 160, 35 152
Desorientierungs- und Sinnberaubungsmethoden 14 29
DHKP/C 35 118
Diabetes mellitus Typ I 48 28
Diagnose 48 44
– prognostische 48 44
Diaspora 47 17
Diskriminierung 14 8
– aufgrund der Rasse 21 5
– bloße 13 17

735

Stichwortverzeichnis

- ernsthafte und systematische 35 26
- geschlechtsbedingte 14 219
- religiöse 22 51
- schwerwiegende 14 155
- stetige und anhaltende 13 17

Diskriminierungsmaßnahmen 14 68, 70
Diskriminierungsverbot 16 45, 61 2
- völkerrechtliches 14 71

distinct identity 24 28
Disziplinarmaßnahmen 20 18
Disziplinierung 14 21
- politische 27 29

Dokumente
- falsche 37 34
- gefälschte 37 27

Doppelbestrafung 40 26
- Verbot der 40 26

Dorfschützersystem 20 18
Dorfzerstörung 30 46
Drogenhandel 35 92 f.
Drohnen 14 196
due diligence 15 13, 16, 16 45
due process of law 55 14

Effekt
- extraterritorialer 51 5, 52 5

Ehebruch 26 33, 99, 161, 41 63
Ehefähigkeit 26 160
Ehehindernisse 26 161

Ehepartner
- freie Wahl des 26 156

Eheschließung 31 14
Eheschließungsfreiheit 26 151
Eheverbot 26 161
Ehrenmord 26 171, 173 f.
- Anwendung der Zusammenhangsklausel 26 178
- Folgeantragsverfahren 26 177
- Genderstatus 26 178
- soziale Gruppe 26 171

Einbürgerung 62 2, 64 3, 6
- allgemeines Völkerrecht 64 1, 13
- antragslose 36 43
- Hinnahme vom Mehrstaatigkeit 64 10
- von Flüchtlingen 64 1
- von subsidiär Schutzberechtigten 64 1, 11
- Wohlwollensgebot 64 10

Eingliederung 62 2, 64 3
- der Flüchtlinge 64 5

Ein-Kind-Politik 24 23, 26 167 f.
Einreiseverweigerung 23 14
Eintrittswahrscheinlichkeit 42 77, 48 15
Einzelhaft 41 74
Einzelprüfung 50 1
Einzelverfolgung
- anlassgeprägte 30 11, 30 32, 45
- anlassprägend 30 13
- politische Aktivität 29 72

- wegen Gruppenzugehörigkeit 30 12, 35, 40, 43 f.

Eisen 41 69
Elektroschock 14 30 f., 41 25
Elgafaji 42 4, 46
Elgafaji-Test 42 47, 53, 61, 63, 65, 80, 85, 90, 95
Elterngeld 59 7
Empfehlung Nr. 8 (XXVIII) 51 14, 52 14
Empfehlung Nr. 30 (XXXIV) 51 14, 52 14
Empfehlung Nr. 69 (XLIII) 55 6, 10, 36 100

EMRK
- Ausstrahlung auf Grundrechte 41 44

Enduring Freedom 17 30
Entfernung
- von der Truppe 27 26

Enthauptung 14 232
Entzug
- von Nahrung und Wasser 41 25

Epilepsie 48 28
Erkrankungen, psychische 48 29
Erlöschensgründe 36 1, 9, 61
- Beendigungsklausel 36 62
- dauerhafte Niederlassung 36 58
- dauerhafte Niederlassungsabsicht 36 53
- Fortbestand der Verfolgungsgefahr 36 27, 54
- freiwillige Schutzunterstellung 36 10
- freiwilliger Erwerb einer neuen Staatsangehörigkeit 36 40
- Indizwirkung 36 18
- Neuerwerb der früheren Staatsangehörigkeit 36 35
- Rechtsfolgen 36 142
- rückwirkende Wirkung 36 145
- staatenlose Flüchtlinge 36 30
- vorgängiges Prüfungsverfahren 36 144

Ermittlungspflichten
- besondere 20 20

Erniedrigung 3 8
Erschießung
- standrechtliche 27 28

Erwerbstätigkeit 58 9 f.
- selbständige 58 15

Erziehung
- öffentliche 62 2

ethnische Säuberung 26 62
Europäischer Flüchtlingsfonds 63 6
Europäisches Übereinkommen über die Aufhebung des Sichtvermerkszwangs für Flüchtling vom 20. April 1959 57 3
Exilorganisation 31 11
Exilregierung 16 44
Existenzminimum
- religiöses 19 95, 98, 22 36, 72, 47

Existenzsicherung 14 86
Existenzvernichtung 14 81
expulsion 51 2, 52 2
Extremtraumatisierung 48 32
Exzessstaten

Stichwortverzeichnis

- vereinzelte 18 50
Exzision 26 82
Fahnenflucht 14 171
faits connexes 27 39, 35 50
Falaka 41 57
Familienangehörige
- Ausschlussgrund 50 12
Familienangehöriger 55 10
Familienbegriff 50 7
Familienbesitz 14 83
Familienehre 26 92, 99, 172
Familienflüchtlingsschutz 50 9
Familiengründung
- Recht auf 26 155
Familienplanung 26 4, 25
Familienverband 50 14
Familienverbund
- Wahrung des 50 6
Familienzusammenführungsrichtlinie 50 6, 14
FDLR 35 31
Feigling 27 35
Female Genitile Mutilation (FGM) 26 81
Festnahme
- kurzfristige 14 42
Feststellungsverfahren 29 26
FGM (Female Genitile Mutilation) 26 81
Flaggengruß 22 52
Flaggenstaat 51 13, 52 13
Fluchtalternative
- inländische 15 7
- interne 19 2
Fluchtgründe
- gemischte 51 12, 52 12
Flüchtlinge
- ausländische 34 8
- im weiteren Sinne 39 7
- nationale 34 2
- ostdeutsche 34 8
- Rückkehranspruch 57 16
- volksdeutsche 33 4, 34 10
Flüchtlingsausschluss 14 184
Flüchtlingsbegriff 5 2, 6 1, 8 2, 7, 9 1, 15 2, 19 76, 26 1, 3, 28 1
- Herkunftsland 7 1
- mehrere Staatsangehörigkeiten 23 30
- politische Überzeugung 27 1
- Staatsangehörigkeit 7 1
Flüchtlingsbegriff von Art. 1 A Nr. 2 GFK 1 1
Flüchtlingsdefinition 8 5, 19 69, 34 12
Flüchtlingseigenschaft 2 1
Flüchtlingsfrauen
- palästinensische 33 12
Flüchtlingskinder 17 36
Flüchtlingskonvention
- der OAU 42 43
Flüchtlingsproblem
- palästinensisches 33 3, 6
Flüchtlingsschutz 39 1

- Begriff des erweiterten 39 1
- Kombattant 35 123
- Zweck des 15 21
Flüchtlingsstatus
- Rücknahme des 37 25, 44 15
Flüchtlingsströme 39 3
Flugzeugentführung 35 98
Folgewirkungen
- traumatische 36 129
Folter 3 8, 12 6, 14 15, 39, 27 18, 33, 35 26, 40 1, 41 1, 64
- Aussagenerpressung 41 31
- Bandbreite von Zweckrichtungen 41 30
- Begriff 14 23, 38, 41
- besonderes Stigma 14 23
- Diskriminierungsbegriff 41 31
- Entzug von Nahrung 14 31
- erweiterter Folterbegriff 41 26
- gesetzlich zulässige Sanktionen 41
- Grad der Schmerzzufügung 41 21
- Indizwirkung 14 17, 39, 27 33
- Intensität des zugefügten Leidens 14 24
- nichtstaatlicher Täter 41
- Relativitätstest 41 16, 21
- Schlüsselkriterien 41 14
- spezifische Zweckverfolgung 14 19
- spezifisches Stigma 41
- staatliche Gewährleistungspflichten 41 18
- Verfolgungsgrund 41 32
- völkerrechtliche Definition 14 16
- vorsätzliche Handlung 41 28
- Zurechnung 41 17
- Zweckgerichtetheit 14 39
- Zweckrichtung der Misshandlung 41 30
Folterbegriff 41
- Intensität der Leidenszufügung 41 15
- Intesität des zugefügten Leidens 41 25
- Schweregrad der Schmerzzufügung 14 33
- spezifische Zweckrichtung 41 34
Folterbehandlung 20 21
Folterschutz 40, 41
- besondere Unterscheidungsmerkmale 41 125
- Bürgerkriegsauseinandersetzungen 41 106
- Darlegungslast 40, 41
- Ermittlungspflichten 41 111
- generelle Situation von Gewalt 41 125
- Glaubhaftmachung 41 114
- gruppengerichtete Verfolgung 41 126
- interne Fluchtalternativen 41 128
- konkretes Risiko 41 112
- Kriterien der Gefahrenprognose 40 30, 41 113
- living instrument 41 52
- Prognosegrundsätze 41 110
- Prognosekriterien 41 114
- Refoulementverbot 41 3
- subsidiärer Schutzstatus 41 3
- tatsächliches Risiko 40 30, 41 113, 122
- Zusicherung 41 122

Stichwortverzeichnis

Folterverbot 12 2, 40, 41
– Abschiebungsschutz 35 190; 51 9, 54 9
– Erfolgsgeschichte 41 7
– extraterritoriale Reichweite 41 102
– ius cogens 41 6
– Mindestrechte der GFK 35 188, 37 62
– notstandsfester Charakter 35 190, 41 10; 51 9, 54 9
– Terrorismusvorbehalt 35; 51 9, 54 9
– völkergewohnheitsrechtliche Norm 41 6
forum internum 47 16
Fragetechnik 28 27
Frauen
– alleinstehende 26 78, 179
Frauenhandel 14 216, 26 110, 113
– Anwendung der Zusammenhangsklausel 26 113
Freistellungsklausel 37 4, 11, 43 2
Freizügigkeit 56 1
– aufgrund von Unionsrecht 56 6
– grenzüberschreitende 57 3, 16
Freizügigkeitsgewährleistung
– für Flüchtlinge 56 6
Fremdenrecht
– völkerrechtliches 15 15
Friedensbewahrung 17 30
Friedensmission 17 31
Friedensrecht 42 73
Friedenstruppen 17 35
Friedensvertrag 42 18
FRONTEX 51 11, 52 11
Furcht 8 10 f., 28 2
Fürsorge
– öffentliche 59 3 f.
gas asphyxiation 40 24
Gaza-Streifen 33 9
Gebietsherrschaft 19 24
Gebietskontrolle 17 26
Geburtserlaubnis 26 167
Gedächtnisinhalte
– traumatische 48 48
Gedächtnislücke 48 50
Gefahr
– konkrete 48 14
– allgemeine 36 103, 42 85
Gefahr, willkürliche
– ernsthafte Bedrohung 42 68
Gefährdungslage
– latente 9 7, 31 24
Gefahrenabwehr 35 183, 37 52, 43 16
Gefahrenabwehrrecht 29 43
Gefahrenbegriff 9 9, 11 16, 29 23
– polizeirechtlicher 29 42
Gefahrenprognose
– präventivpolizeiliche 35 184, 37 48
Gefahrenverdacht 29 42
Geiselnahme 26 121 f., 127, 35 24, 98

Gemeinsamer Standpunkt 2001/931/GASP 35 117
Gemeinschaftsunterkunft 61 6 f.
Gender 26 2, 8, 12, 74
Genderstatus 14 54, 22 58, 26 62, 70, 75, 94, 178
Generationen-Großfamilie 26 144
Genfer Flüchtlingskonvention (GFK) 3 1
Genfer Konvention 42 20, 28
Genitalverstümmelung 26 80, 93, 101
– Ermittlungspflichten 26 101
Genozid 14 62
Geschlecht 26 8, 10, 12, 14
– alleinstehende Frau 26 19
– angeborenes Merkmal 26 12
– Diskriminierung 26 16
– Identität 26 12
– Stammeszugehörigkeit 26 19
Geschlechtsverkehr
– außerehelicher 26 28
Geschlechtsverstümmelung 14 216, 220, 26 81, 86, 91, 94
– biologisches Merkmal 26 92
– Gender 26 92
– Genderstatus 26 94
– unveränderbares Merkmal 26 96
Gesetzgebung
– diskriminierende 22 53
Gesinnung
– politische 27 50
Gesundheitsfürsorge 22 78
Gesundheitsgefährdung 48 22 f., 29
– Antragsbegründung 48 40
– Darlegungsanforderungen 48 40
– erforderliche Schwere 48 27
– erhebliche Verschlimmerung 48 29
– erhebliche Verschlimmerung des Krankheitsbildes 48 23
– Gutachten 48 40
– inlandsbezogene Vollstreckungshemmnisse 48 22, 24
– inlandsbezogenes Vollstreckungshemmnis 48 25
– keine Anwendung der Sperrwirkung 48 38
– lebensbedrohende 48 23
– Nachsorge 48 22, 53 f.
– psychische 48 22, 25
– Retraumatisierung 48 55
– schwere 48 6
– zielstaatsbezogenes Abschiebungshindernis 48 22, 25
Gewalt
– generelle 39 1, 42 2, 43
– häusliche 14 216, 220, 26 4, 43 f., 46 f., 49
– institutionalisierte 41 60
– sexuelle 14 4, 12, 51, 53, 56, 221, 227 f., 18 46, 22 32, 26 55, 57, 111
– wahllose 42 3
– willkürliche 39 9, 42 1 f., 4, 11, 34 f., 44, 101

Stichwortverzeichnis

Gewalt, häusliche
– Genderstatus 26 51
Gewalt, sexuelle 26 58
– Begriff der 14 56, 26 57
– Funktion 14 60
– internationale Ächtung 14 57, 228, 26 57
– Kriegsverbrechen 26 58
– Verbrechen gegen die Menschlichkeit 26 58
– Völkermord 26 58
Gewalt, willkürliche 42 51, 48 13
– besondere Unterscheidungsmerkmale 42 90
– Gefahrengrad 42 40, 52, 67
– Gefahrenprognose 42 76
– Gefährdungen auf dem Reiseweg 42 116
– Gruppenverfolgung 42 80, 86
– Herkunftsort 42 112, 118
– Herkunftsregion 42 60, 111
– kriminelle Banden 42 47
– kriminelle Gewaltakte 42 51
– Leibesgefährdung 42 66
– Maßstab bei Vorschädigungen 42 105
– Prognosebasis 42 61
– quantitativer Maßstab 42 89
– unangemessene Härte 42 113
– Vergleichsmaßstab 42 118
– Versorgungskrisen 42 49
– Zumutbarkeit der Ansiedlung 42 118
Gewalttat
– sexuelle 26 4
Gewissenfreiheit
– Recht auf 14 166
Gewissensüberzeugung 24 43
GFK 18 19, 35 96, 98
– Ausschlussgründe 35 1, 36 1
– Begründetheitstest 28 3
– prognoserechtliche Kriterien 29 25
– Rechte und Pflichten 34 11
– Schutzzweck 28 5
GFK, objektiver Maßstab
– Ungeeignetheit der 29 26
Glaubenspraxis 22 4
– öffentliche 22 17
Glaubensüberzeugung 22 2, 4, 24 42
Glaubenswechsel 22 8, 42, 96, 98, 100, 105, 107, 47 18
– Folgeantragsverfahren 22 103
– gewillkürter 22 101
– im Aufnahmeland vollzogener 22 81
– Nachfluchtgrund 22 100
Glaubhaftigkeit 10 11
– der Angaben 28 15
Glaubhaftmachung
– der Sachangaben 28 33
Glaubwürdigkeit 28 24
Glaubwürdigkeitsprüfung 8 9
Gleichbehandlungsgrundsatz 50 9
gleitende Skala 42 77, 101
Gottesdienst 22 23 f., 47 14

Gottesdienstbesuch
– regelmäßiger 47 18
Großfamilie 26 146, 176
group determination 30 2
Grund- und Hauptschule 62 6
Grundrechte
– Ausstrahlungswirkung der 48 4
Grundrechtecharta 32 9, 14, 37 11
Grundschulerziehung 62 3
Grundversorgung
– schulische 62 6
Gruppe
– soziale 23 2, 24 1, 11 f., 25 1
– sozialegeschlechterbezogene Aspekte 26 6
Gruppe, soziale
– Abgrenzung zu anderen Verfolgungsgründen 24 8
– angeborene Merkmale 24 21
– Behinderte 24 19
– beruflicher Hintergrund 24 47
– Blutrache 26 180
– deutlich abgegrenzte Identität 24 28, 47
– Ehrenmord 26 171
– Einarmige 24 19
– ethnische Abstammung 24 22
– externe Merkmale 24 13, 30, 40, 44
– externer Ansatz 24 33
– freiwilliger Status 24 24, 47
– Funktion des Verfolgungsbegriffs 24 16, 51
– Geschlecht 24 22
– geschützte Merkmale 24 21, 34
– Gruppenverfolgung 24 16, 51
– Homosexuelle 24 14
– interne Merkmale 24 13, 30, 40
– Kriterien 24 9, 11
– kumulative Verschränkung beider Ansätze 24 40
– Linkshänder 24 19
– Schutzlosigkeit 24 27
– sexuelle Orientierung 25 1
– unverfügbare Merkmale 24 15, 24
– Zugehörigkeit zu einer Gewerkschaft 24 47
– Zusammenhangsklausel 24 53
Gruppengerichtetheit
– der Verfolgung 30 7
Gruppenverfolgung 30 4, 8, 12, 15, 23, 44, 36 58, 42 99
– anlassgeprägte Einzelverfolgung 30 15, 32
– Beweislast 30 61
– feindliches Klima 30 19
– fließende Übergänge 30 10
– gruppengerichtete Massenausschreitungen 30 14
– interne Schutzalternative 30 59
– kein juristischer Begriff 30 5
– Prognosetatsachen 30 45, 49
– prozessuale Kriterien 30 16
– Referenzfälle 30 31 f., 38 f.

739

Stichwortverzeichnis

- Relation der festgestellten Eingriffshandlungen zur Größe der verfolgten Gruppe 30 25
- Religionszugehörigkeit 29 72
- rückschauende Prognose 30 57
- staatliche 30 30
- tatsächliches Moment 30 5
- tatsächliches Prognoseelement 30 5
- typische Verfolgungsform 30 5
- Verfolgungsdichte 30 14, 21, 23
- Verfolgungsprognose 30 60
- vergleichbares Verfolgungsgeschehen 30 11
- Vergleichsfälle 30 31
- wesentlicher beitragender Faktor 30 56
- Zukunftsprognose 30 57
- Zusammenhangsklausel 30 52

Gruppierungen
- terroristische 35 121

Guantanamo 41 11
Guantanamo-Bay 14 140
Günstigkeitsprinzip 18 52, 35 163, 43 24
- des Art. 21 GFK 61 5 f.

gurung approach 35 128
Gutachten 48 40
Haager Abkommen über Staatsangehörigkeitsfragen 23 33
Haager Konvention über gewisse Fragen beim Konflikt von Staatsangehörigkeitsgesetzen 64 12
habeas corpus 14 140
hadd-Strafen 25 18
Haftbedingungen 41 65, 67
- Bestrafungsmittel 41 69
- Dichte der Zellenbelegung 41 67
- Disziplinarmaßnahmen 41 69
- klimatische Verhältnisse 41 69
- kumulative Wirkung 41 66
- Mindestgrundsätze für die Behandlung von Gefangenen 41 69
- Relitivitätstest 41 67
- Überlänge 41 70
- unmenschliche 41 4
- Untersuchungshaft 41 70
- unzumutbare 41 69
- verfügbare Luftmenge 41 69
- vollständige sensorische Isolation 41 74
- Vollzugsbedingungen 41 71
- Vollzugshaft 41 70
- Zellengröße 41 67

Haiti-Entscheidung 51 8, 52 8
Handfesseln 41 69
Handlungen, terroristische
- Beteiligung an 35 145
- Förderung oder Unterstützung 35 143

Handlungsfreiheit
- allgemeine 25 8, 64 14

Härte
- außergewöhnliche 27 24
- unangemessene 19 75

Hebamme 16 33
Heimtücke 35 22
Heiratsverbot 20 19, 22 43, 26 150 ff., 156
- faktisches 26 153
- identitätsprägendes Merkmal 26 156, 158
- rechtliches 26 150, 164
- soziale Gruppe 26 163
- unveränderliches Merkmal 26 158
- Verfolgungsprognose 26 164
- Zusammenhangsklausel 26 156

Hepatitis C 48 28
Herkunftsland 19 15
Hinrichtung
- durch Gas 40 24
- extralegale 40 8
- im Schnellverfahren 40
- willkürliche 40

Hinrichtungsandrohung 41 25
Hintergrund
- unveränderbarer 24 11

Hochsicherheitsgefängnisse 41 72 f.
Hochverrat 27 50 f.
Homosexualität 25 11
- bloße gesellschaftliche Ächtung 25
- Freiheit der sexuellen Selbstbestimmung 25 5
- gewandelte gesellschaftliche Anschauungen 25 9
- identitätsprägenes Merkmal 25 2
- Iran 25 17
- krankhaftes oder strafwürdiges Verhalten 25 28
- Peitschenhiebe 25 18
- Schrankenvorbehalt 25 27
- schwerwiegende Diskriminierung 25
- Strafverfolgung 25 17
- unentrinnbare schicksalhafte Festlegung 25 2
- Unentrinnbarkeit der homosexuellen Neigung 25 32
- Verfolgungsprognose 25 31

Homosexuelle
- Verfolgung von 25 2
- weibliche 25 21

hooding 14 26, 41 22, 57
Horvath 18 30, 33
Hunger 11 9
Hypermnesien 48 50
IKRK 42 26
Immundepression 41 97
Impfpflicht 22 78
Impotenz 26 161
in dubio pro reo 29 52
inclusion before exclusion 35 170
incommunicado detention 41 76
indiscriminate killings of civilians 42 36
Individualansatz 11 8, 30 6
Infibulation 26 83
Informationen
- anonyme 35 156

Inhaftierungsmaßnahme

Stichwortverzeichnis

– kurzfristige 14 50
Injektion
– tödliche 40 24
Inkommunikado-Haft 14 48
Inländergleichbehandlung 59 2, 60 9
– Grundsatz der 62 3, 5
– Prinzip der 59 3, 8, 60 3 f.
Integration
– der Flüchtlinge 62 7
Integrationskurs 63 8 f.
Integrationsmaßnahmen 62 1, 63 4
– Zugang zu 63 1
Integrationsprogramme 63 1, 3, 5
– Anforderungen 63 5
Interesse
– öffentliches 28 19
interner Schutz
– Anwendung der Verfolgungsprognose 29 63
Internierungslager 14 55
Inzestverbot 26 160
Irak 36 83
Iran 25 18
IRO 8 3, 33 2 f.
IRO-Standard 8 4
IRO-Statut 8 3 f., 7, 10 2 f., 34 1, 35 34
ISAF 17 30
IStGH-Statut 35 14
ius ad bellum 35 22
ius cogens 41 6, 51 6, 17, 52 17
ius in bello 35 22
Jabari 41 63
Jeziden 19 98 f., 26 73
Kampf, bewaffneter
– Teilnahme am 35 22
Kämpfer
– bewaffneter 35 110
Kampfhandlungen 35 36, 42 23, 42 29
Kampfregion 42 99
Kampftruppe 35 118
Kampfverband 35 121, 42 74
Kanonenfutter 27 28
Kausalzusammenhang 6 7
Kemalismus 27 53
Kern
– notstandsfester 11 27, 12 1
Kernfamilie 61 7
Kernleistungen 59 10, 60 6 f.
– medizinische 60 7
Ketten 41 69
KFOR 17 34
Kinder 14 227
– unbegleitete 14 234
Kindererziehung 26 155, 31 14
Kindergeld 59 7
Kinderheirat 14 227
Kindersoldaten 14 230, 35 28, 150, 60 11
– Erreichung der Volljährigkeit 14 239
– Zwangsrekrutierung 14 230

Kindesentziehung 26 53
Kindesmorde 14 227
Kindstötung 14 220, 26 81
Klauseln
– genereller humanitärer Grundsatz 36 62, 125
– humanitäre 36 121, 36 123, 130
Klauseln des Art. 1 C Nr. 5 Satz 2 und Nr. 6 Satz 2 GFK
– humanitäre 36 126
Klauseln, humanitäre
– allgemeine Gefahren 36 132
– deutsche Rechtsprechung 36 130
– Kausalitätserfordernis 36 134
– keine Voraussetzung der Vorverfolgung 36 131
– Nachwirkungen früherer Verfolgungsmaßnahmen 36 130
– traumatische Folgewirkungen 36 129
– Verhältnis zum subsidiären Schutz 36 137
– zwingende Gründe 36 128 f.
Kleidung
– religiöse 22 23
Kleriker 26 163
Klima
– allgemeines politisches 8 12
Klitorisbeschneidung 22 78, 26 82
Kollaborateur 35 86
Kombattant 16 26, 35 18, 23, 110, 119, 124, 42 69 f.
Kombattantenstatus 35 124
Komplizenschaft 17 10
– des Staates 17 10, 18 27, 20 10
Konflikt
– bewaffneter 14 182, 17 21, 36 75, 84, 39 1, 42 2, 6, 11, 14, 44 f., 47, 51 12, 53 12
– bewaffneter innerstaatlicher 35 21, 35 53, 39 1, 42 20
– internationaler bewaffneter 42 17, 19
– interner bewaffneter 42 31
Konflikt, interner bewaffneter
– gewisse Intensität der Kampfhandlungen 42 32
– hermeneutische Betrachtung 42 32
– minimaler Grad von Intensität 42 32
– Minimum an Organisation 42 32
Kongra-Gel 37 13
Konnexität 27 41, 35 51, 54
Konventionsgründe 6 2, 13 1
Konventionsvorbehalt 32 10 f., 13, 20, 22
Konversion 22 96
Konzentrationslager 26 62
Körperstrafen 14 40, 41 35
– islamische 41 36
Krankheit
– Anforderungen an das psychische Gutachten 48 59
– Aufgabe des psychische Gutachten 48 59
– psychische 36 130
Krankheit, psychische
– Anforderung an Antragsbegründung 48 42

Stichwortverzeichnis

- Beweisantrag   48 42
- Beweisführungspflicht   48 41
- keine richterliche Sachkunde   48 41
- Unschärfen des Krankheitsbildes   48 42

Krankheitsbegriff
- psychischer   48 26

Kreuzigung   40 15

Krieg   11 9
- asymmetrischer   42 33
- im völkerrechtlichen Sinne   42 17
- innerstaatlicher   42 20
- symmetrischer   42 24
- zwischenstaatlicher   42 17

Kriegefangener   42 71

Kriegsdienstverweigerer
- GFK   14 159

Kriegsdienstverweigerung   14 149
- aus Gewissensgründen   14 153, 162, 168, 47 24
- Beweisstandard   14 174
- Recht auf   14 153 f., 166, 47 23

Kriegserklärung
- formelle   42 18

Kriegsflüchtling   8 4

Kriegsführung
- asymmetrische   42 30
- symmetrische   42 30

Kriegsgefangener   31 7, 35 18

Kriegskommandant   16 33

Kriegsrecht   42 73

Kriegsverbrechen   14 58, 180, 196, 35 13, 18 ff., 36, 120 f., 37 3, 42 15 f., 74, 43 8, 47 22

Kriegsverbrecher   35 2

Kriminalität
- organisierte   41 72

Krisenintervention   48 35

Kultusfreiheit   22 21

Kumulationsansatz   10 9, 11 28 f., 12 12, 13 1 f., 22 47, 25 14

Kumulierungsansatz   13 12

Lage
- ausweglose   11 17

Langzeittrauma   36 129

Leben
- Recht auf   12 1

Leibesgefährdung   42 66

Linkshänder   24 18

living instrument   24 5, 41 52
- Erweiterung des Folterbegriffs   14 35

local integration   64 2

Londoner Charta   35 27, 43 9

Mafiaboss   16 33

mass migration   51 5, 52 5

Massaker   39 4

Massenausschreitungen
- gruppengerichtete   30 20

Massenfluchtbewegung   38 5, 51 4, 52 4, 35 125

Massenfluchtsituation   35 124

Maßnahme

- diskriminierende   14 79

Mediatisierungslehre   51 18, 52 18

Medikamente
- antiretrovirale   41 97

Medikation   48 46

Mehrstaatigkeit
- Hinnahme von   64 10

Meinungsfreiheit   27 14

Menschenhandel   26 4, 110 f., 35 93

Menschenraub   26 68

Menschenrechtskern
- absolut geschützter   47 4

Menschenrechtskommissar   35 32

Menschenrechtskommission   35 32

Menschenrechtsrat   35 32, 41 9

Menschenrechtsverletzung
- schwerwiegende   11 27

Menschenrechtszentrum
- Vereinte Nationen   41 9

Merkmale
- angeborene   24 11
- asylerhebliche   12 7

Minderheitenschutzabkommen   22 16

Minderjährige
- unbegleitete   14 235, 50 4

Minendetektoren   14 231

Missbrauch
- sexueller   14 220, 17 37, 36 128

Misshandlungen
- behördliche   41 54
- körperliche   14 38, 42
- polizeiliche   14 34, 14 36

Misshandlungen, behördliche
- Beweisführung   41 55

Moral   25 27

Mord   35 26
- an einem Staatsmann   27 42

Moscheen   22 24

Mossahekah   25 21

Nachfluchtgrund   11 12
- exilpolitische Aktivität   29 74

Nachfluchtgründe   2 8, 31 20
- Differenzierung zwischen Vor- und Nachfluchtgründen   31 10
- Folgeantrag   32 6, 20
- Funktion des Kontinuitätserfordernisses   31 20
- Kontinuitätskriterium   32 5, 29
- Kontinuitätsmerkmal   31 23, 25
- Konventionsvorbehalt   32 8, 20
- latente Gefährdungslage   31 23
- latenter Konflikt   31 9
- Missbrauchsvermutung   32 29
- objektive   31 7, 11
- Regelvermutung   32 5
- subjektive   31 15
- Vermutungswirkung   31 21
- Widerlegungslast   32 28

Nachfolgestaat   7 4

Stichwortverzeichnis

Nachhallerinnerungen
- (flashbacks) 48 34

Nachzug
- von Familienangehörigen 50 14

Nansenpass 57 2

Nationalität 23 1, 3 f., 10, 16
- Nichterfüllung des Wehrdienstes 23 20
- Zielrichtung der Verfolgung 23 19
- Zusammenhangklausel 23 16

Nationalsozialisten 14 72

nation-building 17 30

naturalization 64 3

Naturkatastrophen 11 9

Nicaragua-Entscheidung 42 32

Nichteinmischungsprinzip 16 25

Nichtkombattanten 42 30

Nichtverlängerung 36 144, 37 20, 42, 44 26

Nichtzurückweisung
- Grundsatz der 51 4

Niederlassung
- dauerhafte 64 5
- im Herkunftsland 36 56

Niederlassungserlaubnis 55 11, 58 15

Nordirland-Fall 14 32, 41 3, 22, 54, 57
- Relativitätstest 14 25

Norm
- völkergewohnheitsrechtliche 41 6

Normalbürger 8 18

Nothilfe 35 153

Notversorgung 60 6, 8

Notwehr 35 153

nulla poena sine lege 12 1

»Null-Toleranz-Politik« 17 37

Nürnberger Kriegsverbrecherprozesse 35 2, 15

Nürnberger Prinzipien 35 151

OAU-Flüchtlingskonvention 39 1, 42 2

Öffentlichkeit
- des Evangeliums 22 21

Offizialmaxime 28 19

ongoing stress 48 48

Operation Enduring Freedom 14 196

Operationen
- verdeckte 42 32

Option
- staatsangehörigkeitsrechtliche 7 4

ordre public 47 4, 16

Organe
- quasi-staatliche 41 106

Organisation, terroristische
- Funktionär 35 141

Organisationen
- eigene terroristische Gewaltbeiträge 35 141
- internationale 17 5, 24, 28, 38, 36 93
- Liste terroristischer 35 113, 116
- terroristische Fragmentierungen 35 132

Orientierung, sexuelle
- deutlich abgegrenzte Identität 25 12
- externe Merkmale 25 12

- Recht auf sexuelle Selbstbestimmung 25 24
- Zusammenhangklausel 25 24

Pachtland
- Entziehung von 14 85

Palästinenser-Flüchtling 33 1

Palästinenserschaukel 14 24, 41 21

Papageienschaukel 14 30, 41 25

Pasdaran 26 27

Passbeantragung 36 18

Peitschenhiebe 14 40, 25 21, 41 35

Personen
- besonders hilfebedürftige 60 10 f.
- besonders schutzbedürftige 50 1

Personen, schutzlose
- de facto 23 36
- de iure 23 36

PKK 37 13

Plausibilitätskriterien 29 22

Plausibilitätsprüfung 29 18

Pogrome 30 16, 43

politisches Delikt 14 114

Politmalus 14 121, 164, 27 22, 28 f., 32 f.

Polizeihaft 14 33, 36

Polygamie 26 160

Präklusionsvorschriften 41 120 f.

Präventions- und Repressionspflichten
- völkerrechtliche 15 13

Predigt 22 21

presumption of humanitarian need 29 52

prima facie 30 2
- »prima-facie-Beweis« 29 43

Primärrecht 2 6

Primärrechtskonformität 35 64

Privatgutachten 48 40

Privatleben 25 6

Privatsphäre 25 8

Prognose
- rückschauende 30 57

Prognosebegriff
- völkerrechtlicher 29 27

Prognoseerwägungen 28 33

Prognosekriterien 11 16

Prognoseprüfung 19 5, 29 19, 27, 36
- Beweislastumkehr 29 54
- Eintrittswahrscheinlichkeit 29 41
- nicht erfüllbare Beweislast 29 53
- Risikoverteilung 29 51, 53
- Vorverfolgung 29 54

Prognosetatsachen 28 29

Propaganda
- politische 27 45

Propaganda, politische
- Inhaltsbestimmung 27 49

Propagandabegriff 27 53

Propagandatätigkeit 27 49

Prostituierte 25 22

Prostitution 26 114

protection view 15 17

743

Stichwortverzeichnis

Protest- und Kampflieder 27 45
Prozessionen 22 23, 78
Prügelstrafe 26 26, 155, 41 49, 58 f., 73
Psychodynamik
– der Autoaggression 48 26
PTBS 48 33
PTSD 48 33
Qualifikationsrichtlinie 9 1, 10 1, 29 29, 34 8, 35 1, 96, 98, 36 1, 49 1
– ergänzende Anwendung 3 5
– Erlöschensgründe 36 5
– Flüchtlingsbegriff 9 1
– Flüchtlingsbegriff der GFK 9 1
– Flüchtlingsbegriff, Verfolgungsgründe 20
– Gruppenverfolgung 30 1
– humanitäre Klauseln 36 126
– subsidiärer Schutz 38 1
– Umsetzung in deutsches Recht 3 3, 5
– Verfolgungshandlung 10 1
– Wahrscheinlichkeitsmaßstab 29 29
– wesentliches Ziel 2 4
– Zweck 3 2
Rabbinatsehe 26 162
Rachegelüste 41 31
Rasse 23 2
– Ausschluss aus dem nationalen Schutzsystem 21 4
– Begriff 21 2
– Diskriminierung 21 5
– internationales Verbrechen 21 5
– Minderheitenstatus nicht erforderlich 21 4
– Nationalität 21 11
– rassische Gruppen 21 5
– soziale Gruppe 21 11
– sozialer Begriff 21 10
– Verfolgungsgrund 21 10
– weite Auslegung 21 1
Rassendiskriminierung 21 7 f.
Rassendiskriminierungsabkommen 21 7
Rassenhass 22 79
reasonable chance 28 6
Recht
– auf Fortpflanzung 26 168
– auf Gedanken-, Gewissens- und Religionsfreiheit 47 14
– auf Kriegsdienstverweigerung 14 154, 47 23
– auf Selbstbestimmung 25 24
– auf sexuelle Selbstbestimmung 25 27, 36
Rechtsentscheidung 35 84
Rechtsschutzverweigerung 14 139
Rechtsstatus
– internationaler 57 2
Rechtsstellung
– der Flüchtlinge 49 1
– der subsidiär Schutzberechtigten 49 1
Referenzfälle 8 12
Refoulement 51 2, 52 2

Refoulementschutz 3 1, 35 190, 38 8, 51 4, 9, 54 9
– Abschiebung in einen Vertragsstaat 47 3
– aus Art. 3 EMRK 51 1, 53 1
– Einschränkung des 37 47, 51 1, 54 1
– für subsidiär Schutzberechtigte 51 1, 53 1
– Recht auf ein faires Verfahren, 47 9
– Reichweite der extraterritorialen Schutzwirkung 51 8, 52 8
Refoulementschutz, wegen Folter
– keine Zurechnung 41 99
Refoulementverbot 35 7, 51 16 f., 52 16 f.
– Aufenthaltstitel 55 4
– innerstaatliche Anwendbarkeit 51 18, 52 18
– völkerrechtlicher Charakter 51 16, 52 16
Regelbeispiele 11 30
Regelbeweis 29 15, 22
Regelbeweismaß 28 33, 43 23
Regelvermutung 2 2
Reiseausweis 57 4
– internationaler 57 5
Reisedokument 57 1
– Rechtsanspruch des Flüchtlings 57 5
– subsidiär Schutzberechtigter 57 10
– zwingende Gründe der öffentlichen Sicherheit oder Ordnung 57 15
Relativitätstest 14 32, 34, 41
Religion 22 1
– als Glaube 22 5
– als Identität 22 6
– als Lebensform 22 6
– Begriff 22 2
– Doppelcharakter 22 19
– Ermittlungspflicht 22 82
– Folgeantragsverfahren 22 103
– individuelles Verhalten 22 90
– innerreligiös 22 43
– interreligiös 22 43
– Kernbereich 22 91
– kollektiver Charakter 22 19
– Konversion 22 96
– Nachtfluchtgrund 22 100
– Neutralitätsgebot 22 44
– öffentliche Glaubenspraxis 29 2
– öffentliche Meinungsfreiheit 22 22
– ordre public 22 77
– Schranken 22 63, 22 40
– Schrankenvorbehalt 22 79
– subjektiver Charakter 22 7
– Trennungsgebot 22 25
– Trennungsprinzip 22 33
– Verfolgungsgrund 22 59
– Verzicht auf öffentliche Betätigung unzulässig 22 89
– Zusammenhangsklausel 22 56
Religionsausübung
– im öffentlichen Bereich 22 16
– Recht auf 35 189, 37 63

Stichwortverzeichnis

Religionsfamilie 19 96
Religionsfreiheit 22 3, 21, 67, 79, 93, 26 164, 47 18
– geschlechtsspezifische Anträge 22 61
– Glaubenspraxis im öffentlicher Bereich 22 15
– kein objektiv vorgegebener Religionsbegriff 22 12
– Prognosegrundsätze 22 81
– Schrankenvorbehalt 22 64
– subjektive Grundentscheidung 22 88
– Unverfügbarkeit der 22 20
remote possibilities 28 7
Repressalien
– sippenhaftartige 26 117
– versteckte 27 16, 23, 35 75
Republikflucht 14 111, 23 8
resettlement 64 2
Resolution 1267 (1999) 35 114
Resolution 1373 (2001) 35 101, 103, 105 f., 111, 114 f.
Resolution 1624 (2005) 35 102
Retraumatisierung 48 29, 58
– Begriff 48 55
– Merkmale 48 55
Revolution 11 9
Richtlinienumsetzungsgesetz 3 5
Risiko, tatsächliches
– Beweisstandard 40 30
Riten und Gebräuche
– religiöse 22 23
Rückkehranspruch 57 16
Rücknahme 37 4, 42
– Beendigungsklauseln 37 30
– Rechtsfolgen 37 41, 44 25
– Rücknahmegründe 37 28, 44 16
– Verfahren 37 37
– Verfahrensfehler 37, 44 16
– Verhältnis zu den Beendigungsklauseln 37 30
– Verwendung gefälschter Dokumente 37 34, 44 18
Rücknahmegrund 37 25, 44 15
Rücknahmeverpflichtung 37 26, 41, 44 25
Sachvorbringen
– taktisches 49 9
Sachvortrag
– widersprüchlicher 28 27
Sadismus 41 31
Salah Sheekh 41 126
Sanktionen
– intelligente 35 113
Säuberungen
– ethnische 14 55, 23 7
Schaden
– ernsthafter 39 5
Schador 26 34
Scheinhinrichtungen 40 12, 41 25
Schlafentzug 41 56
Schübe

– psychotische 48 55
Schulausbildung 14 95
Schulpflicht 62 8
Schutz 33 14
– Anfangsschwierigkeiten 19 106
– Bürgerkrieg 19 107
– Dahinvegetieren am Rande des Existenzminimums 19 86
– Darlegungslast 19 116
– des Herkunftslandes 17 2
– diplomatischer 16 5, 23 14, 36 17
– eingeschränkte Darlegungslast 19 117
– ergänzender 38 6
– Gefährdungen auf dem Reiseweg 19 32
– generalisierende Betrachtungsweise 19 65
– generelle Schutzbereitschaft 19 105
– Gruppenverfolgung 19 54
– humanitärer 38 4
– individueller Zugang zum nationalen Schutzsystem 19 104
– internationaler 2 1, 36 141, 38 1
– interner 15 7, 48
– komplementärer 38 4, 6
– kriminelle Organisation 19 88
– nationaler 3 6, 6 2, 4 f., 18 53, 19 70
– nationaler Menschenrechtsschutz 19 73
– persönliche Lebensumstände 19 65, 100
– Regelvermutung der landesweiten staatlichen Verfolgung 19 49
– Reiseweg vom Aufnahmemitgliedstaat 19 47
– relativ normales Leben 19 85
– Religionsfreiheit 19 93
– religiöses Existenzminimum 19 94
– Sicherheit vor dem Zugriff des Verfolgers 19 48
– subsidiärer 42 2
– Subsidiarität des internationalen 19 46
– Todesgefahr 19 86
– unduly harsh 19 75
– Verfolgungen durch Staatspartei 16 23
– verfolgungsbedingte Nachteile 19 113
– Vergleichsmaßstab der Beurteilung 19 67, 79
– vorübergehender 38 4 f., 42 6
– Wegfall des nationalen 15 3 f., 8, 16 15, 18 18, 19 70
– Wehrdienstverweigerung 19 49
– Zugang zur internen Schutzzone 19 29
– Zumutbarkeitstest 19 78, 80
Schutz, internationaler
– einheitlicher Status 49 5
– Gleichbehandlungsgrundsatz 49 4, 55 4
Schutz, interner
– Art. 3 Standard nicht ausreichend 19 110
– Beweislast 19 52, 61
– Beweislastverteilung 19 120
– Gefährungen auf dem Reiseweg 19 32
– kriegerische Auseinandersetzung 19 92
– kumulative Wirkung 19 101, 119
– Luftangriffe 19 92

745

Stichwortverzeichnis

- Michigan Guidelines   19 72
- polizeiliche Standardmaßnahme   19 54
- Schutz durch de facto-Autorität   19 108
- sicherer Zugang zum Zielstaat   19 34
- tatsächliche Hindernisse   19 35
- Terrorismusabwehr   19 55 f.
- unangemessene Härte   19 77
- unduly harsh   19 72
- Untersuchungspflicht   19 120
- Verfolgung durch lokale oder regionale Behörden   19 58
- Verfolgungen durch nichtstaatliche Akteure   19 62
- Verfolgungen durch Staatspartei   19 60
- Verlust familiärer Bindungen   19 102
- widerlegliche Vermutung   19 52
- Zugangsbarrieren   19 35
- Zumutbarkeitsbegriff   19 66
- Zumutbarkeitstest   19 73

Schutz, nationaler
- individueller Zugang   18 7
- Zugang zum   36 91

Schutz, subsidiärer   59 11
- Abgrenzung zu ausländerpolitische Entscheidung   39 10
- Abschiebung in einen Vertragsstaat   47 3
- Arbeitsbedingungen   58 16
- Ausschlussgründe   43 1 f.
- Erlöschensgründe   44
- Folter   43 12
- Gefährdungen auf dem Reiseweg   48 17
- interne Schutzalternativen   48 16
- interner Schutz   42 111
- kein Elterngeld   59 11
- kein Kindergeld   59 11
- keine Ausbildungsförderung   59 11
- Kombattant   42 70
- Kriegsdienstverweigerung   47 23
- nachträgliche Straffälligkeit   44 9, 13
- Recht auf ein faires Verfahren   47 9
- schwere Straftat   43 11
- Sicherheitsgefährdungen   44 3
- unionsrechtlicher   46 1
- Verlustgründe   44 1
- Vorrang des Flüchtlingsschutzes   39 8
- Vorrangprinzip   58 13
- vorübergehender Schutz   38 5
- vorübergehendes – faktisches – Hindernis   48 17
- Wegfall der Umstände   44 5
- Wehrdienstverweigerer   47 19
- Zugang zur internen Schutzzone   42 115
- Zuwiderhandlung gegen Ziele und Grundsätze der Vereinten Nationen   43 13

Schutz, Wegfall des nationalen
- Bürgerkrieg   18 11

Schutzakteure   16 29, 17 2 f., 4, 10, 36 91, 93, 41 100

Schutzalternative
- interne   19 2

Schutzbeantragung
- Zumutbarkeit der   18 42

Schutzbedürftigkeit   35 70
- internationale   15 11, 14, 19 46, 68

Schutzbereitschaft   18 25, 20 10

Schutzfähigkeit   15 10

Schutzformen
- komplementäre   38 6, 39 2, 6

Schutzhaft   26 176

Schutzkonzepte
- unterschiedliche   19 71

Schutzlehre   15 8, 10, 19, 16 41, 18 17, 28, 20 10

Schutzlosigkeit   26 48, 75

Schutzmonopol   42 16

Schutzstandard
- Einschränkung   49 7
- genereller   18 32

Schutzstatus
- subsidiärer   2 1, 38 1, 3, 6

Schutzstatus, subsidiärer
- Aberkennung   44 26
- Beendigung   44 26
- Nichtverlängerung   44 26
- Rücknahmeverfahren   44 25
- Rücknahmeverpflichtung   44 25

Schutzstrukturen, nationale
- Wiederherstellung   36 104

Schutzsystem
- komplementäres   38 2

Schutzunfähigkeit   18 27, 36 100

Schutzunvermögen   16 42

Schutzversagen   16 41

Schutzvorkehrung   18 24

Schutzwille   18 32

Schwangerschaft   41 64

Schwangerschaftsabbruch   26 158, 170

schwarze Messe   22 78

Sekundärmigration   2 7

Selbstbestimmung
- Freiheit der religiösen   22 7
- Recht auf sexuelle   25 7, 27

Selbstbestimmung der Frau
- Recht auf   26 65, 74

Selbstbestimmung, sexuelle
- Recht auf   25 36

Selbstbestimmungn
- Recht auf   25 24

Selbstmordoperation   14 231

Selbstverteidigung   14 169

Separatismusverdacht   30 54

Sex   26 2, 8

Sezession   19 24

Sharia   41 63

Sicherheit
- der Bundesrepublik   35 141
- internationale   35 103

– nationale 35 9
Sicherheitsbegriff 35 56
Sicherheitsgefährdungen 44 3
Sicherheitsrat 14 195
– Mandat des 14 196
Sicherheitsresolution 1373 (2001) 35 145
Sicherheitsrisiko 14 141
Sichtvermerkszwang 57 3
Sierra Leone 14 232
Singularität 14 47
Sinnberaubungsmethoden 41 24
Sinnesisolation 41 25
Sippe 26 184
Sippenehre 26 180
Sippenfehde 26 180
Sippenhaft 26 122
Sippenhaftungsmaßnahme 26 126
Sippenverfolgung 14 219, 26 120, 124 f., 127, 31 13
– Anwendung der Zusammenhangsklausel 26 128
– eigenständiger Verfolgungsgrund »Familie« 26 139
– Funktion 26 127
– internes Merkmal 26 131
– Regelvermutung 26 143
– stellvertretende Verfolgung 26 132
– Verfolgungsgrund 26 128
– Verfolgungsprognose 26 141
Sklaverei 14 220
smart sanctions 35 113
social cleansing 25 22
Soering 40 20, 50, 47 2, 9, 51 4, 53 4
Soldateska 16 33
Sonderberichterstatter
– gegen Folter 41 9
Sondergericht 14 113, 119, 35 75
soziale Gruppe
– bestimmte 14 52
– sexuelle Gewalt 14 52
Sozialhilfe 59 7
– Flüchtlinge 59 3
– subsidiär Schutzberechtigte 59 11
Sozialhilfebezug 59 6
Sozialhilfeleistungen 59 1, 4, 60 2
– Zugang zu 59 3
Sozialleistungen 59 7
Sozialprognose
– günstige 37 55, 51 7, 54 7
Sperrwirkung 42 9 f., 57, 48 3, 5, 12, 20, 55 11
Spezialitätsgrundsatz
– auslieferungsrechtlicher 40 54
Spezialitätszusagen 40 55
Sprachkurs 63 6, 8
Staat 16 1
– Verfolgung durch den 16 18
Staatenlose 23 23
– de facto 23 35

– de iure 23 35
– Feststellung 23 32
– Land seines gewöhnlichen Aufenthaltes 23 27
Staatenlosenkonvention 23 25
Staatenloser 23 33, 44
Staatenlosigkeit 23 24 f., 46
– Darlegungsanforderungen 23 43
– Verhältnis zum Flüchtlingsschutz 23 24
Staatenpraxis 1 5, 9, 2 6
Staatenverantwortlichkeit 15 18
Staatenzerfall 7 4
Staatsangehörigkeit 7 1 f., 23 1, 4, 24, 33, 46
– de facto 34
– mehrere 23 31
– ungeklärte 23 38
– Verbot der 23 39
Staatsgebiet 16 44
Staatspartei 16 23, 19 60 f.
Staatsreligion 17 16, 22 72
Staatsschutzdelikt 14 114, 116, 128, 130, 27 20
Staatsstreich 35 53
Standardmaßnahmen
– polizeiliche 19 54
Statusgewährungsnorm 36 1
Statut des Internationalen Strafgerichtshof 35 27
Steinigung 26 28, 40 15, 41 63
Stellungnahme
– ärztliche 48 40
Sterilisation 24 23
Steuerungskompetenz
– zuwanderungspolitische 19 47
Strafmonopol 14 101
Strafnorm
– Analyse allgemeiner politischer Verhältnisse 14 108
– politische 27 49
– Wortlautauslegung 14 108, 117
Strafrecht
– internationales 35 9
Straftaten 35 148
– terroristische 35 29, 42, 41 72
– terroristische, persönliche Verantwortung 43 21
– terroristische, unmittelbare und persönliche Beteiligung 43 20
Straftaten, terroristische
– unmittelbare und persönliche Beteiligung 35 146
– Zwangssituation 35 151
Straftäter
– gemeiner 35 35
– politischer 14 115
Strafurteil
– manipuliertes 14 121, 27 16, 21
Strafverfolgung 14 97, 101, 107, 123, 27 12, 15
– Abgrenzung zur Verfolgung 14 100
– Begriff 14 98
– diskriminierender Charakter 14 97
– Individualisierbarkeit 14 123

Stichwortverzeichnis

- politische 27 20, 35 34, 46
- Unverhältnismäßigkeit 14 97
- Verfolgungsprognose 14 130

Straßenkinder 25 22
Streitkräfte 35 119
submarino 14 31, 41 25
subsidiärer Schutz
- Reichweite des Schutzes 51 12, 53 12
- Religionsfreiheit 47 14

Subsidiarität 19 22
- des Flüchtlingsschutzes 15 5, 7
- des internationalen Schutzes 16 11

Subsidiaritätsprinzip 18 29, 19 12
Suizidgedanken 48 34
Suizidgefährdete 41 86
Suizidversuch 41 86, 90
sur place 2 8, 31 5
- Flüchtling 31 3, 8, 10, 15

Taliban 42 26, 104
Taliban-Regime 35 113
Tatbestandmerkmal
- negatives 35 178

Tatverdacht
- hinreichender 35 161 f.

Täuschungshandlung 37 27
tazir-Strafen 26 28
Teilungsplan 33 2
Tempel 22 24
Terroranschläge des 11. September 2001 35 27
Terrorismus 27 47, 35 99, 102, 107, 111, 42 50
- Abwägungsgebot 35 66
- Art. 25 Abs. 3 Buchst. d) IStGH-Statut 35 126, 133, 140
- eigene Gewaltbeiträge 35 141
- Erfordernis der Einzelfallprüfung 35 137
- freiwilliger Beitritt 35 130
- führende Position 35 131
- Funktionär 35 141
- individuelle Verantwortlichkeit 35 103
- individuelle Verantwortung 35 138
- Kampfverband 35 119
- kein juristischer Begriff 35 98, 103
- Liste terroristischer Organisationen 35 113, 116
- persönliche Verantwortung 35 108, 118
- persönliche Zurechnung 35 126
- persönlicher Einfluss 35 131
- Regelvermutung der persönlichen Verantwortlichkeit 35 133
- Verhältnismäßigkeitsgrundsatz 35 66
- Zugehörigkeit zu einer Organisation 35 126
- Zwangsrekrutierung 35 130

Terrorismusabwehr 14 33
Terrorismusbegriff 35 104
Terrorismusvorbehalt 35 188, 37 62
Terrorliste 35 116
Therapieplan 48 46
Todesschwadrone 25 22
Todesstrafe 22 74, 26 28, 27 24 f., 40 1 f., 5, 25

- Abschiebungshindernis 51 10, 53 10
- Abschiebungsschutz 40 6
- Abschiebungsverbot 51 9, 53 9
- ausländerrechtlicher Schutz 51 8, 53 8
- Auslieferungsverbot 40 5 f.
- Ausweisungshindernis 51 10, 53 10
- beachtliche Wahrscheinlichkeit 40 51
- Begriff 40
- Doppelbestrafung 40 26
- eingeschränkte Darlegungslast 40 35
- Folterverbot 40
- Gefahrenprognose 40 30, 49
- individualbezogene Gefahrenprognose 40
- Iran 40 29
- Kumulation von Verdachtsmomenten 40 42
- Präklusionsvorschriften 40
- Prognosegrundsätze 40 30, 34
- Prognosekriterien 40 46, 49
- Rauschgifttat 40 29
- Refoulementcharakter 40 14
- Refoulementschutz 51 7, 53 7, 40 32
- Straf- und Vollstreckungspraxis 40 35
- universelle Ächtung 40 4
- Zurückweisungsverbot 51 7 ff., 53 7 ff.
- Zusicherung 40 36, 53

Todeszelle 40 18
Todeszellensyndrom 40
Tötungen
- rituelle 22 63

Transformation 51 19, 52 19
Trauma
- psychologisches 40 17

Traumatisierung
- verfolgungsbedingte 36 130

Truppe
- multinationale 17 24

Tschetschenienkrieg 47 21
Tur Abdin 30 24
Turban 22 23
Tyrer 41 58
Übergriffe
- sexuelle 42 104

Überprüfung
- sicherheitsrechtliche 14 47

Überzeugung
- politische 27 1, 5, 14, 38

Überzeugung, politische
- Anwendung der Zusammenhangklausel 27 14, 38
- Begriff 27 1
- Betätigung 27 7
- beweisrechtliches Problem 27 9
- Folgeantrag 27 1
- Gewaltaktionen 27 46
- individuelles Verhalten 29 3
- Nachfluchtgründe 27 1
- politische Propaganda 27 44
- Prognosegrundsätze 27 55

Stichwortverzeichnis

- Propaganda 27 46
- Verzicht auf Betätigung der 14 133

Überzeugungsgewissheit 18 38, 28 22, 32, 29 9, 15, 48 41

ultima ratio 51 6, 54 6

Umma 22 71

Umschulmaßnahmen 62 5

Umschulung 62 3

Umsturz
- gewaltsamer 27 50

Unglaubwürdigkeit 28 23

UNHCR 1 4 f., 33 5
- Handbuch 1 1, 6
- humanitärer Charakter 33 2
- Mandat von 39 2
- UNRWA 33 1

UNHCR-Statut 35 1, 34, 36 5

Unionsverträge 2 6

United Nations Korean Reconstruction Agency (UNKRA) 33 3

United Nations Work and Relief Agency for Palestine Refugees in the near East (UNRWA) 33 1

UNKRA 33 3

UNMIK 17 31, 34

unprotected persons 23 36

Unruhen 11 9

UNRWA 33 4
- Ägypten 33 9, 35
- Anwendungsproblem 33 23
- Ausreisemotiv 33 24
- bürgerkriegsartige Situation im Aufnahmeland 33 26
- contingent inclusion clause 33 37
- Gaza-Streifen 33 35
- ipso facto 33 15
- Jordanien 33 9
- Libanon 33 9
- Mandatsgebiet 33 9
- Registrierungskarte 33 16
- Rückkehrmöglichkeit 33 25, 30
- Syrien 33 9

Untergrundarbeit 9 7

Unterscheidungsgebot 42 12, 15
- völkerrechtliches 14 205

Unterstützung
- terroristische 27 48

Untersuchungsgrundsatz 18 47, 28 16, 19
- Darlegungslast 28 16
- Mitwirkungspflicht 28 20

Unversehrtheit
- körperliche 12 6

Unzucht
- widernatürliche 25 10

Urvertrauen
- Verlust des 48 35

Verbot
- der Folter 12 2

Verbrechen 35 15

- besonders schwere 37 53
- gegen den Frieden 14 180 f., 35 13, 15, 120, 147, 37 3, 43 8
- gegen die Menschlichkeit 14 58, 180, 35 13, 26 f., 53, 94, 120 f., 37 3, 43 8
- politisches 35 34
- schweres nichtpolitisches 35 33 f., 66
- schwerwiegende 35 100, 51 3, 54 3
- unmittelbarer Zusammenhang 35 42

Verbrechen, schweres nichtpolitisches
- politische Motive 35 42
- Wiederholungsgefahr 35 55

Verbrennen
- auf Scheiterhaufen 40 15

Verbrennungen
- mit Zigaretten 14 30

Verbundenheit
- familiäre 26 116, 132

Verdächtigung
- falsche 27 15

Vereinigung
- terroristische 35 107 f., 110

Vereinigungsfreiheit 22 22, 48

Vereinte Nationen 34 4, 35 85 f., 104, 106, 147
- persönliche Verantwortung 35 93
- Ziele und Grundsätze 35 89
- Zuwiderhandlung gegen Ziele und Grundsätze der 35 85

Verfahren
- Grundsätze eines fairen 14 138

Verfahrensgegenstand 28 16

Verfahrensherrschaft 28 31

Verfassungsverrat 27 50 f.

Verfolgung 6 2, 5, 18 2
- Begriff 5 3
- geschlechtspezifischesexuelle Gewalt 14 51
- geschlechtsspezifische 14 210, 212, 22 32, 26 2, 8
- gruppengerichtete 29 62, 30 6, 8
- mittelbar staatliche 30 9
- politische 9 13
- unmittelbar staatliche 15 12, 30 9

Verfolgung, geschlechtsspezifische
- Anwendung der Zusammenhangsklausel 26
- GFK 26 1
- islamische Bekleidungsvorschriften 26 32
- Kleidungsvorschriften 26 24
- nonkonformistisches Verhalten 26 23, 33, 35
- sexuelle Gewalt 14 210, 212, 214, 217
- Verfolgungshandlung 14 212

Verfolgungsakteure 16 12, 17 3
- hoheitliche Macht 16 38
- keine zusätzlichen Qualifikationsmerkmale 16 40
- nichtstaatliche 16 40

Verfolgungsbetroffenheit 30 10

Verfolgungsdichte 30 14 f., 18 ff., 29, 44, 49 f.

Verfolgungsdruck

749

Stichwortverzeichnis

- akuter 11 20, 29 61
- ausreisebestimmender Charakter 29 61

Verfolgungsfurcht 3 6, 6 3, 8 1, 17, 19, 9 6 f., 9 f., 10 12, 11 11, 19 7, 14, 27 2, 6, 33, 28 1 f., 9, 29 10, 21, 25, 45, 48, 30 20, 31 21, 35 77, 36 59, 75
- Beweis des ersten Anscheins 28 10
- Beweisführungspflicht 28 10
- Beweislast 28 5
- Beweisnot 28 13, 42 59
- Beweisregeln 28 5
- Darlegungslast 28 9
- Gruppenverfolgung 30 44
- im Zweifel für den Antragsteller 28 13, 42 59
- materielle Beweislast 28 13, 42 59
- Prognoseprüfung 28 6
- Verfolgungsprognose 28 3, 8
- Wahrscheinlichkeit der Verfolgung 28 3, 6, 8
- Wohlwollensgebot 8 19, 28 3, 14

Verfolgungsgefahr 9 6 f., 10

Verfolgungsgrund 6 7
- Nationalität 23 1
- Religion 22 59

Verfolgungsgründe 3 6, 6 4, 8, 12 7, 15 4
- »but for«-Test 20 7
- behördliche Ermittlungspflicht 20 20
- Intensität der Zielrichtung 20 7
- politische Überzeugung 27 4
- Rasse 21 1
- Religion 22 2
- spezifische Zielrichtung 20 9, 17
- wesentlicher beitragender Faktor 20, 24 53
- Zusammenhangsklausel 20 1

Verfolgungshandlung 6 3 f., 14 139, 15 4
- Begriff 6 5
- Diskriminierung 13 17, 14 8
- exzessive Betrafung 14 104
- faires Gerichtsverfahren 14 104
- finaler Zusammenhang 11 2
- finales Verhalten 11 5
- Flüchtlingskinder 14 225
- gegenwärtige Verfolgungsbetroffenheit 11 13
- gerichtlicher Rechtsschutz 14 136
- Gewalthandlungen 14 13
- Handlungsbegriff 11 1
- Individualisierung der 11 7
- Indizwirkung der Diskriminierung 14 135
- Indizwirkung der Schutzversagung 14 136
- Kinder 14 225
- Kumulierungsansatz 13 11, 14
- prinzipielle Offenheit 10 8
- Progonoseentscheidung 11 13
- Regelbeispiele 6 8, 12 12, 13 4, 14 1, 22 47
- schulische Beeinträchtigung 14 93
- sexuelle Gewalt 14 51
- ungehinderte berufliche und wirtschaftliche Betätigung 14 76
- Unterlassung 11 3

- Verweigerung von Rechtsschutz 14 137
- Vorenthaltung staatlichen Schutzes 11 4
- zielgerichtete Menschenrechtsverletzung 11 3

Verfolgungsprognose 14 132, 19 2, 4, 27, 29 25, 45, 30 45
- Anwendung eines Erfahrungssatz 28 29
- Darlegungslast 28 30
- Gruppenverfolgung 30 45
- Kern des Sachvorbringens 28 30
- methodische Grundlage 29 5
- Strafverfolgung 14 130
- subjektives Furchtempfinden 29 47
- Verfolgungsfurcht 28 1, 4
- zeitlicher Bezugsrahmen 29 1
- Zumutbarkeitsbegriff 29 40

Verfolgungsprogramm 30 30

Verfolgungsprovokation
- risikolose 32 12

Verfolgungsrisiken
- Abschätzung von 8 8

Verfolgungsschläge 30 20, 24, 42 89

Verfolgungstendenz 14 5

Verfolgunsgprognose
- zukünftiges eigenes Verhalten 29 2

Vergewaltigung 14 24, 30, 53, 56, 61 f., 216, 232, 17 37, 18 43, 46, 26 4 f., 54, 35 26, 38, 41 21
- Genderstatus 26 59
- Genozid 26 60
- Kriegsstrategie 26 59

Verhaftung 14 42

Verhältnismäßigkeit
- Grundsatz der 55 14
- Prinzip der 42 37

Verhältnismäßigkeitprinzip 35 77, 44 11

Verhältnismäßigkeitsgrundsatz
- völkerrechtlicher 14 205

Verhältnismäßigkeitsprüfung 35 68, 71, 74, 78, 43 17
- individuelle Prüfung 35 39

Verlustgründe 36 1
- dauerhafte Niederlassung 36 60
- dauerhafte Rechtsbeziehung zum Heimatstaat 36 23
- freiwilliger Erwerbsakt 36 37
- Freiwilligkeit der Handlungen 36 7
- Inanspruchnahme einer Dienstleistung der Auslandsvertretung 36 15
- Niederlassung 36 51
- regemäßige Besuche des Herkunftslandes 36 56
- Routinekontakte 36 15
- Rückkehroption 36 52
- staatenlose Flüchtlinge 36 30
- Wiederbelebung der früheren Beziehungen 36 39

Vermeidungssymptome 48 48

Vernehmungsmethoden 41 54
- psychologische 41 57
- verbotene 41 73

Stichwortverzeichnis

Verpflichtung, extraterritoriale
- Schutzgewährung 40 1

Versammlungsfreiheit 22 22
Versammlungsverbot 22 49
Verschwindenlassen 35 26, 40 8
Versklavung 35 26
Versorgung
- medizinische 41 91, 59 4, 60 1

Versorgung, ärtzliche
- Unterbindung 41 56

Versorgung, medizinische
- besonders schutzbedürftige Personen 60 9
- Flüchtlinge 60 1, 3
- Kernleistungen 60 4
- subsidiär Schutzberechtigte 60 4

Versorgungsleistungen
- Kernbereich medizinischer 60 2

Verstümmelung 14 30, 35 19, 41 25
Vertreibung 23 19, 35 26
Vertreibungsschläge 30 30
Verwaltungshaft 14 140
Verwaltungshoheit 17 26
Verweigerung
- des Kriegsdienstes 14 149
- des Wehrdienstes 14 149
- gerichtlichen Rechtsschutzes 14 135

Verwendung gefälschter Dokumente 44 15
Vieh
- Raub von 14 85

Viehdiebstahl 26 68, 30 24
Völkerbund 23 26
Völkermord 14 58, 229, 26 58, 35 14, 26
Völkerrecht
- humanitäres 42 20, 27

Völkerrechtskommission 35 95
Völkerrechtssubjekt 15 8 f., 16 43, 17 14
Völkerstrafrecht 14 174, 184, 42 27, 43 8
Volksdeutsche 34 4
Volkskrieg 35 118
Volksmudjaheddin 30 4, 37 13
Volksschulbildung 62 4
Volksschule 62 6
Vollstreckung 40
Vollstreckungshemmnisse
- inlandsbezogene 19 47, 41 85, 45 5

voluntary repatriation 64 2
Vorbeugehaft 14 48
Vorenthaltung
- medizinischer Versorgung 14 147

Vorhaltepflicht 28 31
Vorrangprüfung 58 10, 13
Vorschädigung 42 77, 106, 108
- Beweiskraft 42 109

Vorverfolgung 26 39, 150, 29 39, 61
- Beweiskraft 29 54
- feindseliges Klima 29 60
- Gruppenverfolgung 29 62
- unmittelbar drohende Verfolgung 29 60

- Vermutungswirkung 29 59, 63

Wahrscheinlichkeit 28 32, 29 19
- beachtliche 29 37
- hohe 29 29
- überwiegende 29 29, 37

Wahrscheinlichkeitsbegriff 29 14
Wahrscheinlichkeitsbeweis 29 43
Wahrscheinlichkeitsmaßstab
- herabgestufter 29 56
- prozessuale Kriterien 29 30
- qualifizierender 29 37

Wahrunterstellung 23 39
wall standing 14 26, 41 22, 57
Ward 26 11
Warlord 16 33
Wegfall
- des nationalen Schutzes 6 4

Wegfall-der-Umstände-Klausel 44 1
- dauerhafte Änderungen 36 79
- grundlegende Änderungen 36 62, 71
- spontane Rückkehr von Flüchtlingen 36 75
- Wiederherstellung wirksamer Schutzstrukturen 36 86

Wehrdienst
- Politmalus 14 161
- unverhältnismäßig schwere Strafe 14 160

Wehrdienstentziehung 27 27, 31 13
Wehrdienstverweigerer 47 19
Wehrdienstverweigerung 14 149, 27 23, 27, 35, 37
- Anknüpfung an Verfolgungsgründe 14 156
- aus Gewissensgründen 14 153
- Beweisstandard 14 198
- Darlegungslast 14 198
- ernsthafter Gewissenskonflikt 14 199
- generelles Gesetz 14 154
- Gewissensgründe 14 162
- in einem Konflikt 14 179
- Kriegsverbrechen 14 188
- politische Überzeugung 27 35
- Regelbeispiele nach Art. 9 Abs. 2 Buchst. b) – d) 2004/83/EG 14 151
- religiöse Gründe 14 162
- religiöse Verpflichtung 14 164
- schwerer Gewissenskonflikt 14 164
- Strafverfolgung 14 172
- systematische Folterpraxis 14 181
- terroristische Gruppierung 14 182
- Verbrechen gegen den Frieden 14 188
- Verbrechen gegen die Menschlichkeit 14 188
- völkerrechtlicher Beweisstandard 14 201

Weiterbildung
- berufliche 58 9

Weltfrieden
- Bedrohung des 35 103

Widerruf 37 13, 20
Widerrufsverpflichtung 37 60
Widerstandskämpfer 35 23

Stichwortverzeichnis

Wiedereinreise 57 17
Wiederholungsgefahr 37 54 f., 43 18, 51 6, 54 6
withholding of deportation 29 31
Wohl
– des Kindes 50 5
Wohlwollensgebot 64 10
Wohngeld 61 7
– Diskriminierungsschutz 61 9
Wohnraum
– Gewährleistung der Chancengleichheit 61 8
– Günstigkeitsprinzip 61 1, 3 f.
– Minimalbedingung 61 3
– Zugang zu 61 1, 3
Wohnsitzauflagen 59 6
Wohnsitzbeschränkungen 56 7, 61 6
Zerstörung
– von Feldern 26 68
Zeugen
– vom Hörensagen 35 157
Zeugnisse, ausländische
– Anerkennung von 62 9
Zivilbevölkerung 42 38 f.
– Übergriffe gegen die 39 4
Zivilperson 35 18 f., 25, 42 27, 69 ff., 73, 75
Zuchtmittel
– körperliche 41 61
Zugehörigkeit
– familiäre 26 123
Zumutbarkeitsbegriff 19 69
Zumutbarkeitslehre 29 45
Zumutbarkeitstest 19 75
Zurechnungsdoktrin 16 18
Zurechnungslehre 15 8, 15, 16 37, 18 28
Zusammenhangsdelikt 35 52
Zusammenhangsklausel 20 5
– Frauenhandel 26 113
– Sippenverfolgung 26 128

– wesentlicher beitragenderFaktor 20, 24 53
– Zuschreibung von Verfolgungsgründen 20 11
Zusammenhangstat 27 39, 42, 35 50, 54
Zusatzprotokoll Nr. I 35 119
Zuschreibungsklausel 20 13
Zuständigkeit
– völkerrechtliche 57 17
Zwangsabtreibung 14 220, 26 25, 165 f.
Zwangsarbeit 47 20
Zwangsassimilation 27 29
Zwangsbekehrung 26 68, 72
Zwangsbeschneidung 22 43, 26 72, 81
Zwangsehe 26 68
Zwangseinbürgerung 36 43
Zwangseinweisung
– psychiatrische 41 81
– wegen Geisteskrankheit 41 83
Zwangsentführung 26 68, 72, 74 f., 77
Zwangsernährung 41 78
Zwangserziehungsmaßnahmen 26 119
Zwangsevakuierung 30 26, 46 f., 54
Zwangsheirat 14 220, 26 72, 75
– Schutzlosigkeit 26 75
Zwangsjacken 41 69
Zwangsmaßnahmen
– psychiatrische 41 78
Zwangsmaßnahmen, unmenschliche
– rechtmäßige 41 64
Zwangsmedikamentierung 41 78
Zwangsprostitution 14 57, 26 57, 110, 114
Zwangsrekrutierung 27 36, 42 104, 47 22
Zwangsscheidung 26 154
Zwangssterilisation 14 220, 26 25, 81, 165 f., 168
Zwangsumerziehung 20 19
Zwangsverheiratung 26 67, 111